笔耕论语

《日讲论语解义》译注评析 上卷

华国栋 撰

中山大学出版社
·广州·

版权所有　翻印必究

图书在版编目（CIP）数据

笔耕论语：《日讲论语解义》译注评析：全三卷/华国栋撰．—广州：中山大学出版社，2022.8

ISBN 978-7-306-07561-1

Ⅰ.①笔…　Ⅱ.①华…　Ⅲ.①《论语》-注释　Ⅳ.①B222.2

中国版本图书馆CIP数据核字（2022）第104026号

BIGENG LUNYU：《RIJIANG LUNYU JIEYI》YIZHU PINGXI

出 版 人：	王天琪
策划编辑：	王延红
责任编辑：	王延红
封面设计：	林绵华　陆炜銮
责任校对：	邱紫妍　李昭莹
责任技编：	靳晓虹
出版发行：	中山大学出版社
电　　话：	编辑部 020-84111946，84113349，84111997，84110779，84110776
	发行部 020-84111998，84111981，84111160
地　　址：	广州市新港西路135号
邮　　编：	510275　传　真：020-84036565
网　　址：	http://www.zsup.com.cn　E-mail：zdcbs@mail.sysu.edu.cn
印 刷 者：	广东虎彩云印刷有限公司
规　　格：	787mm×1092mm　1/16
总 印 张：	102.5
总 字 数：	1830千字
版次印次：	2022年8月第1版　2025年4月第2次印刷
总 定 价：	168.00元（全三卷）

如发现本书因印装质量影响阅读，请与出版社发行部联系调换

先圣小像（圣行颜随像）

前页图片说明：

　　康熙二十三年（1684）十一月十七日，康熙帝视察曲阜。十八日，在圣迹殿，他浏览关于孔子的图画、雕像及石刻时，询问衍圣公孔毓圻：哪一个最像孔子本人？孔毓圻禀告："惟行教小影——颜子从行者为最真。乃当年端木赐传写，晋顾凯（恺）之重摹者。"（《清实录·圣祖仁皇帝实录》）这是孔子后人较为明确而权威的认定。

　　据载，北宋后期传"孔行颜随"类型的作品有顾恺之画《颜子从行小影》（宋绍圣二年，1095）、《先圣画像》和宋刻《先圣小像》（宋政和八年，1118）等。康熙帝当时所见或正乃这一时期真迹。

　　上图出自《大明万历孔圣夫子周游列国全图册页》，由明代何出光、孔弘复二人于万历十九年（1592）刊印，名《先圣小像》。此像与北宋后期传像大体相同，且人物面相、发髻、胡须及冠帻等细微处较石刻略胜，故选用之。

　　实际上，孔子形象的树立是与其弟子们分不开的。一方面，正是师徒间的交往和问答，才激发出一个真切而深刻的孔子；另一方面，孔子思想的传播，也仰赖弟子及再传弟子的不懈努力。孔子或正因此而成就其伟大并产生深远影响。故本书有意"复古"，录此孔子与其弟子中最具代表者颜回的"合照"，以彰明上述之义。

　　"夫子步亦步，夫子趋亦趋，夫子驰亦驰，夫子奔逸绝尘，而回瞠若乎后矣。"（《庄子·田子方》）颜回崇信孔子，故亦步亦趋，坚定跟随，然又感慨夫子之道实在高超而望尘莫及。简短数语便呈现孔行颜随、师徒共道的问学情景，亦可解此画像立意之精妙。

目 录

上 卷

凡例 …………………………………………………………………… 1
序 ……………………………………………………………………… 1

御制《日讲四书解义》序 ………………………………………… 1
《日讲四书解义》提要（《四库全书》文渊阁本） ……………… 10
《日讲四书解义》提要（摛藻堂"四库全书荟要"本）………… 15

学而第一 …………………………………………………………… 19
为政第二 …………………………………………………………… 69
八佾第三 …………………………………………………………… 133
里仁第四 …………………………………………………………… 203
公冶长第五 ………………………………………………………… 261
雍也第六 …………………………………………………………… 351
述而第七 …………………………………………………………… 427

中 卷

泰伯第八 …………………………………………………………… 533
子罕第九 …………………………………………………………… 603
乡党第十 …………………………………………………………… 683
先进第十一 ………………………………………………………… 735
颜渊第十二 ………………………………………………………… 811
子路第十三 ………………………………………………………… 899
宪问第十四 ………………………………………………………… 1001

· 1 ·

下 卷

卫灵公第十五 …… 1161
季氏第十六 …… 1289
阳货第十七 …… 1343
微子第十八 …… 1437
子张第十九 …… 1471
尧曰第二十 …… 1539

《论语》重要概念及人物索引 …… 1566
  重要概念 …… 1566
  孔门弟子 …… 1588
  其他人物 …… 1593

参考书目 …… 1601

后记 …… 1619

凡　例

一、条目。每章分为原文、解义、注释、译文、评析和标签等六个部分。

二、编序。杨伯峻《论语译注》（简称"杨本"）在当代流通较广，故本书《论语》原文依据杨本编序，以便查对。如遇杨本与《日讲论语解义》（简称《解义》）序次不合之处，则做相应调整：若《解义》原文为一处而杨本为两章，即将杨本两章并列一处，编序仍然不变；若杨本原为一章而《解义》分作几处，则将杨本一章做次级编目，并同样分作几处。

三、标点及原文注释。本书《论语》原文主要采用杨本标点，个别处依《解义》文意或笔者判断有所改动。需要特别说明的是，本书对《解义》原文及译文部分，对应的涉及《论语》中人物言辞部分（即直接引语部分），做了特殊处理——不加双引号，而代之以楷体进行标记。理由有三：一是《解义》相应对话部分是对人物话语进行阐发，并非人物自身话语的简单翻译，因此不宜译为直引；二是《解义》文字旁征博引，引文较多，以致出现引中又引的情况，故减少引号的使用以避免多层引用造成的冗杂和混乱；三是《论语》精义多集中于对话部分，使用楷体专门标记，则使引语文本的呈现更加清晰，便于读者就原文、解义和译文对应部分进行比对。因古今译注已对《论语》字词有极深入、全面的解析，建议读者参照杨本、钱穆《论语今读》、金良年《论语译注》及刘强《论语新识》等名家版本做篇章字词基本的了解；而《解义》化译《论语》原文，又兼善朱熹、张居正等古人精解，为其独胜之处，笔者引以为妙，故除极个别难解、易混字词外，本书不再针对《论语》原文单独胪列字句解释，以免画蛇添足，弄巧成拙。

另一，因古今言语表达习惯差异，《解义》原文与译文对应位置所采用标点未必相同。

另二，本书以［ ］标记《论语》篇章，用在行文中，不再标注《论语》书名，不再使用书名号，而是只以篇名开始，标明章数，以便于快速查找。

另三，因注释中引文内容较为复杂，故注释引介部分，一般用冒号、双引号引文，若引文中又有引语，则一般只用冒号引入，不在冒号后直接用双引号，以免繁复难辨。

四、注释。本书体量较大，词条注释前后有所重复，因此既考虑便于查阅，又兼顾节省篇幅的需要，故个别注释词条会重复出现，但详细解释一般仅出现一次，其余则简化，如需了解其详，则需要通过索引来完成。较简短词条注释一般不再进行简化。

又，因本书精彩之处在于对词语的运用具有"原生"意义，即词语本身的出处与所使用的语言环境具有高度的相似性，故理解《解义》所使用词语的出处，亦有助于理解《解义》遣词造句的精妙，使其彼此会通，相互发明。故为便于读者扩展相关信息，深度掌握《解义》的遣词意蕴，本书特意对注释中引文部分也进行了适度拓展和译注，甚至进行了较为深入的论证，这可能会使注释部分过于冗长，让文本结构呈现"喧宾夺主"的状态，提请读者知悉勿怪。

五、评析。该部分或为对《论语》原文的分析，或为对《解义》内容的评点，或为引介相关精要论述，或为个人主观联想有感而发，力图为读者做较为清晰的阅读引导。其中个人书写部分识见粗浅，不足之处甚多，仅供参考。

六、标签。因本书与其他儒籍关联度较高，可谓涵盖了儒籍要目和主要概念，故本书设置"标签"（亦即"关键词"）来标注每章所涉及的儒学重要概念或范畴及重要人物、历史典故等，以便于快速了解或检索查询。

序

本书源于《日讲四书解义》一书，乃抽取该书关于《论语》的部分，进行标点、注释、翻译和评析而成。

清王朝重视吸收儒家文化，赓续经筵日讲这种发端于汉代的皇室学习传统而发扬光大之，至康熙帝尤盛。康熙帝勤勉于学，自18岁开始，坚持日讲学习长达16年之久。他钦定进讲官员的名单，并任命朝廷各部高官为主讲，每日于御前进讲汉儒经学典籍，隔数月，则举行大典交流进讲，令满朝文武拱立竦听；而其学习方式由开始的从学、复讲（在日讲官之后复述），直至试讲（先于日讲官讲解），再至与日讲官对讲，在课堂上反客为主，君臣共同切磋，教学相长。经过这样勤奋而高强度的学习，康熙帝的思想越来越成熟，逐渐形成其"帝王理学"，其本人可谓不折不扣的"学习型皇帝"。

康熙十六年（1677），24岁的康熙皇帝在学习完"四书"后，旋即命令将学习过程中所使用的讲义编纂成书，是为《日讲四书解义》（因皇帝钦定，故又称《御制日讲四书解义》）。他亲自为此书作序，其中对《论语》给予极高评价："孔子以生民未有之圣，与列国君大夫及门弟子论政与学，天德王道之全、修己治人之要，俱在《论语》一书。"他将道统和治统合而为一，并以其对儒学的深度把握和对日讲四书的高度重视，表现出欲在思想文化领域兼任"教主"，从而达到一统"思想江湖"的政治野心。

该书经康熙帝御定刊刻之后，即被作为御赐恩典颁发给大臣们，并且成为清代学子参加科考的必修书目，一时竞相流传、洛阳纸贵。但依靠威权之学术所获一时之殊荣必定难以持久，故该书今日已然湮没于《论语》注疏之林，籍籍无名，鲜为人知。然而，洗去历史的尘埃，就该书本身而言，无论是义理的阐发，还是现实的观照，抑或是语言的提炼，都有其可圈可点之处，足资阅读和参考。其特色和价值可概括如下：

其一，皇室教材，康熙钦定。《日讲四书解义》作为皇室的官方教材，由喇沙里、陈廷敬等一众翰林学士精心编纂，康熙帝亲自指导刊刻，可谓凝聚当时"理学名臣"之学识智慧，满载君臣切磋之治政经验和学术成果，集古往今来之胜义、举清廷上下之力量而成之，一时蔚为大观，举世瞩目。故此，该书对研究清初社会发展及儒学变革历程具有极重要的参考价值。

其二，本自经典，切近实务。明代张居正编著《四书集注直解》，主要在朱熹《四书章句集注》的基础上，进行浅近引申和演绎，以之作为年幼的万历皇帝的学习材料。《日讲四书解义》以《四书集注直解》为蓝本，并采用其编写方式：先总括章意，然后通过边译边解的方式将四书原义绅绎出来，最后进行评论，或引申义理，或劝诫君王，往往有画龙点睛之妙。就此而言，《日讲四书解义》是对四书和朱熹《四书章句集注》同步进行阐释，同时在文辞和解义等内容上往往比《四书直解》更为精要和深刻。以朱熹在中国思想史上的重大影响来看，如果仅将该书作为朱熹《论语集注》的精良注疏版本，其学术价值已不可小觑；而集合当时群儒之力对儒学进行检讨和阐发，亦堪称学术史上一大盛事。

《日讲论语解义》（下简称《解义》）貌似只是用一段精简的文字对《论语》原文进行阐发，实则删繁就简，别裁伪体，是对众多注疏文字进行精细梳理后直观呈现的结果。因此，其撰述者通过选择和审订，表达较为清晰的学术主张，微言之间已含褒贬取舍，属特殊形式的学术注疏，可谓文不按古，别出心裁。

同时，清初经筵日讲讲求务实之风，身兼博学鸿儒和肱股之臣的解义者们又在此过程中植入时政经验，力主对康熙皇帝展开时政教育，以期引导其成为明君圣主，从而恢复儒家仁政传统。故《解义》较一般"纸上谈兵"的注疏文字更切近现实而具有实践意义，因而于诸多《论语》注疏文字中卓然独著，别具精神。惜乎"风流总被雨打风吹去"，该书之价值至今尚未为世人所见识。

其三，融通儒籍，涵纳精要。《论语》为"不经之经"，因为是记述孔子思想言论的第一手材料而备受瞩目，对中国社会产生的影响极其深远，其价值不言自明。东汉赵岐《孟子题辞》曰："《论语》者，五经之馆锌，六艺之喉衿也。"唐陆德明于《经典释文》中阐释曰："盖以《论语》一书撰圣师之微言，撷古今之法语，包罗弘富，不专一业。"明杨宗吾则说："六经譬则山海，《论语》其泛海之航、上山之阶乎？"（载朱彝尊《经义考》）《日讲四书解义》为当时饱学之士所作，故引用、化用诸多经籍史传文字，如《诗经》《尚书》《周易》《左传》《孟子》《礼记》（包括《大学》和《中庸》）《孝经》，以至二程、朱熹等诸儒文字，顺手拈来，俯拾即是。因而更可见孔子之人格气象与仁道学说乃贯穿经籍的主线，与它们一脉相通，遥相呼应，犹如枝叶纷披而杂花生树，千回百转而万涓归流，绮丽壮阔，蔚为可观，证实赵、杨之语为不虚。故若深入研读，即可以深切感知儒籍气脉互通之势，闻一而可知十，触类而能旁通，因此有兼收并蓄之功、点石成金之效，实堪称泛流学海的舟楫、儒学通关的津梁。

由于上述原因，《解义》几乎囊括儒学的主要概念及命题。本书对其进行较为全面的梳理，并随其文意而将之纳入对《论语》这部"原典"的注释和评析中，从而使其本原意义得以清晰完整地呈现。因此在注解过程中将《论语》转换成儒学体系的"花园"（母体兼载体），使一些我们常见的汉语词汇重回"故土"，展现其富有魅力的"原生态"语义，以近距离感知古人文辞之生动与精妙。

儒学经秦火而不息，后经有汉一代尊崇而独大，成为官方治理体系的主要思想依据，研习者极众，但其发展也因此变得芜杂滋蔓，所以也给学习者带来繁重的学习负担。在儒学方兴的汉代，即有学者一针见血地指出这一问题。西汉早期的司马谈公开批评："夫儒者以六艺为法，六艺经传以千万数，累世不能通其学，当年不能究其礼。故曰：博而寡要，劳而少功。"（《论六家要旨》）认为儒学渐趋芜杂的发展状态着实堪忧。而西汉末期的刘歆则批评："后世经传既已乖离，博学者又不思多闻阙疑之义，而务碎义逃难，便辞巧说，破坏形体，说五字之文，至于二三万言。后进弥以驰逐，故幼童而守一艺，白首而后能言；安其所习，毁所不见，终以自蔽。此学者之大患也。"（《七略·六艺略》）认为儒学者自身投机取巧、不负责任的研习和传播，造成儒学更为混乱的局面。

诚然，儒学典籍可谓浩如烟海、汗牛充栋，如果不加以甄选，则一般学习者往往难以望其项背、得其要领，于儒学研习或传播殊为不利。《解义》融通古典经籍，涵纳儒学要义，于普通读者可谓"一本通"，实为上善之学习材料。笔者以自我学习和助人学习之初心撰著此书，故注解无不细致周详，以求最大可能融汇儒学精要，方便读者从"一"到"万"的学习和进阶。读者如能尽早接触本书，或可在儒学学习上免走很多弯路。

当前可见已出版之《日讲四书解义》，虽基本上能够呈现其原貌，但惜乎有的版本在文字、标点上存在较多错漏，且或无注释，或注释简略，尚不能准确而完整地呈现该书原貌，更未能梳理发掘其真正内涵及价值，这恐怕也是该书"藏在深山无人识"的重要原因。本书以《四库全书》文渊阁本为底本，参以武英殿本和摘藻堂荟要本，逐字逐句比对审校，标点句读。兼之本书要求深度注释和全文翻译，在此过程中对文字校对、标点句读的工作就有了更高要求，故笔者字斟句酌，反复核校，力求本书成为当前最精良之版本。

笔者研习《论语》多年，通览《论语》注疏文字及相关儒籍，每有心得，辄手抄笔记，如获至宝。在本书的撰著过程中，笔者以写代读，以评促思，将阅读积累和心得体会悉数融入其中，故"注释""评析"部分学习吸纳古今中外数十方家学者注疏之精华，同时也融入个人贯通儒学并借以构建知识体系的不懈努力，对《解义》倾注更多基于现代视野的思考和审视，并对其本身存在的问题也进行深入剖析和批判。因此，本书基于原书，但不限于原书，亦大量吸收古今学术对话交互的优秀成果，使其于此书中碰撞和沉淀。因此，本书可谓具有较为开阔的学术视野和一定的创新性，不乏学理上大胆的质疑和突破性的探索。

因笔者热衷于习读《论语》，且自知个人修学之路惟艰，故敢竭鄙怀，恭成此作。经过长期反复研习，笔者对《论语》很多命题的理解更加深入，而且以此为契机，几乎通读前述相关经籍，通过爬梳各类材料，落实为手写笔记，研精覃思，以至积沙成塔，撰成此书。其过程可谓"贪多务得，细大不捐。焚膏油以继晷，恒兀兀以穷年"（韩愈《进学解》），务求博洽周流、通译详解。通过对一本书的深耕细作，笔者增强了对儒学体系的全面了解和对重要概念的深入把握。因自己学问根柢尚浅，积累不厚，且又兼顾多方，分身乏术，所以爬梳过程尤为艰难。但同时也因这一历程，充分触摸到儒学典籍致密而精要的文字肌理，深切感受到传统文化的深厚底蕴和无穷魅力。虽然千淘万漉，千辛万苦，却也贵在一得，深感欣幸。"譬如为山，未成一篑，止，吾止也；譬如平地，虽覆一篑，进，吾往也。"（[子罕第九·十九]）以"功成一篑"的心态学习，便是如此，虽然耗费了大量的精力，吃过不少苦头，甚至为此放弃很多，但是一路走来，却可以切身感受到"进，吾往也"的踏实。此过程亦如南宋文学家刘过之诗云："力学如力耕，勤惰尔自知。便使书种多，会有岁稔时。"（《游郭希吕石洞二十咏·书院》）笔者不才，放言"岁稔"尚早，但作为耕者的苦乐业已丰足。故此，本书以"笔耕"为名以自勉，并标识撰写此书的状态和历程。其中诸多谬误不足之处，诚请方家及读者批评指正。

是为序。

华国栋
2020 年 11 月 1 日

御制《日讲四书解义》序

【原文】

朕惟①天生圣贤作君作师②，万世道统③之所传，即万世治统④之所系也。

自尧、舜、禹、汤、文、武之后，而有孔子、曾子、子思、孟子；自《易》《书》《诗》《礼》《春秋》而外，而有《论语》《大学》《中庸》《孟子》之书。如日月之光昭于天，岳渎⑤之流峙于地，猗欤⑥盛哉！

盖有四子，而后二帝三王之道传；有四子之书，而后五经之道备。四子之书得五经之精义而为言者也。孔子以生民未有之圣⑦，与列国君大夫及门弟子⑧论政与学，天德王道之全、修己治人之要，俱在《论语》一书。

《学》《庸》皆孔子之传，而曾子、子思独得其宗⑨。明、新、止善，家、国、天下之所以齐、治、平也；⑩性、教、中和，天地万物之所以位育，九经达道之所以行也。⑪

至于《孟子》，继往圣而开来学⑫，辟邪说以正人心⑬，性善仁义之旨著明于天下。此圣贤训辞昭后，皆为万世生民而作也。道统在是，治统亦在是矣。

历代贤哲之君，创业守成，莫不尊崇表章⑭，讲明斯道。朕绍⑮祖宗丕基⑯，孳孳⑰求治，留心问学⑱，命儒臣撰为讲义，务使阐明义理，裨益政治，同诸经史进讲。经历寒暑⑲，罔敢间辍，兹以告竣。思与海内臣民共臻至治⑳，特命校刊，用垂永久。爰㉑制序言，弁㉒之简首。

每念厚风俗必先正人心，正人心必先明学术，诚因此编之大义，究先圣之微言㉓，则以此为化民成俗㉔之方用㉕。期夫一道同风㉖之治，庶几㉗进于唐虞三代㉘文明㉙之盛也夫！

康熙十六年十二月初八日

【注释】

①惟：想，思考。
②作君作师：《尚书·泰誓上》："天佑下民，作之君，作之师，惟其克相上帝，宠绥四方。"（上天佑护天下万民，为之设立君主，设立师长，让他们辅助上帝，爱护和安定四方。）

③道统：宋明理学家称儒家学术思想传续授受的系统。道统之说滥觞于孟子，由宋儒特别是朱熹明确提倡。详参本书［泰伯第八·七］同名词条注释。

④治统：治理国家的一脉相传的统系。

⑤岳渎：五岳四渎。五岳指东岳泰山、西岳华山、北岳恒山、中岳嵩山、南岳衡山。四渎指长江、黄河、淮河、济水。

⑥猗欤：音 yīyǔ，叹词，表赞美。

⑦生民未有之圣：《孟子·公孙丑上》子贡云："自有生民以来，未有孔子也。"（子贡说："自从有人类以来，还没有超过孔子的。"）

⑧门弟子：即及门弟子，又称"受业弟子"，亲自登门去老师家里或教学地点受教育的学生。可详参本书［泰伯第八·三］"及门弟子"词条注释。

⑨曾子、子思独得其宗：曾子为孔子晚期弟子，子思为孔子之子孔鲤的儿子，曾受教于曾子。传《礼记·大学》为曾子所作，《礼记·中庸》为子思所作。

⑩明、新、……治、平也：乃索引《礼记·大学》中"三纲领"［明明德、新民（亲民）、止于至善］和"八条目"（格物、致知、诚意、正心、修身、齐家、治国、平天下）。《礼记·大学》："大学之道，在明明德，在亲民，在止于至善……古之欲明明德于天下者，先治其国；欲治其国者，先齐其家；欲齐其家者，先修其身；欲修其身者，先正其心；欲正其心者，先诚其意；欲诚其意者，先致其知；致知在格物。物格而后知至，知至而后意诚，意诚而后心正，心正而后身修，身修而后家齐，家齐而后国治，国治而后天下平。"（大德之人所习之道，在于彰显光明的德性，在于使人民受到感化，弃旧图新，日渐达到一个完美的境界。古代凡是想将高尚的德性弘扬于天下的人，必先治理好自己的国家；想要治理好自己国家的人，必先整顿好自己的家族；想要整顿好自己家族的人，必先修养好自身的品德；想要修养好自身品德的人，必先端正自己的心意；想要端正自己心意的人，必先使自己的意念真诚；想要使自己意念真诚的人，必先获取知识；获取知识的途径则在于探究事理。探究事理后才能获得正确认识，认识正确后才能意念真诚，意念真诚后才能端正心意，心意端正后才能修养好品德，品德修养好后才能调整好家族，家族调整好后才能治理好国家，国家治理好后才能使天下太平。）

⑪性、教、中和，……九经达道之所以行也：《礼记·中庸》："喜怒哀乐之未发谓之中，发而皆中节谓之和。中也者，天下之大本也；和也者，天下

之达道也。致中和，天地位焉，万物育焉。……凡为天下国家有九经，曰：修身也，尊贤也，亲亲也，敬大臣也，体群臣也，子庶民也，来百工也，柔远人也，怀诸侯也。……凡为天下国家有九经，所以行之者一也。……自诚明谓之性，自明诚谓之教。诚则明矣，明则诚矣。"（喜怒哀乐没有表现出来，叫作"中"；表现出来，没有太过和不及，都能恰如其分地符合自然之理，就叫作"和"。所谓"中"，是天下一切道理的根本所在；所谓"和"，是天下一切事物最普遍的规律。能够达到"中和"的境界，那么，天地就可以各就其位而运行不息，万物便能够各随其性而生长发育了。……治理天下国家，有九条大纲：一是修养品德，二要尊重贤人，三要亲爱亲人，四要敬重大臣，五要体恤群臣，六要爱民如子，七要招徕百工，八要怀柔远人，九要绥靖地方。……但凡治理天下国家，虽然有以上九条大纲，而用来实现这些大纲的原则只有一个——"诚"……由于天然具有真诚之心而自然明白什么是善，并能自觉自立于至善之境的，叫作圣人的天性；由后天的修养而明白什么是善，然后能够以真诚之心追求至善之境的，这是贤人通过努力的结果，叫作人为的教化。天然具有真诚之心，自然就明白什么是善；若能明白什么是善，也就可以拥有真诚之心了。）

⑫继往圣而开来学：北宋张载（字横渠）《横渠语录》："为天地立心，为生民立命，为往圣继绝学，为万世开太平。"（当代哲学家冯友兰称此语为"横渠四句"。）南宋朱熹《隆兴府学濂溪先生祠记》："所以继往圣，开来学，而有功于斯世也。"

⑬辟邪说以正人心：《孟子·滕文公下》："昔者禹抑洪水而天下平，周公兼夷狄、驱猛兽而百姓宁，孔子成《春秋》而乱臣贼子惧。《诗》云：'戎狄是膺，荆舒是惩，则莫我敢承。'无父无君，是周公所膺也。我亦欲正人心，息邪说，距诐行，放淫辞，以承三圣者。岂好辩哉？予不得已也。"（过去，大禹控制住洪水之后，天下就太平了；周公收服夷狄，驱逐野兽，百姓才获得安宁；孔子著述《春秋》，使乱臣贼子感到惧怕。《诗经·鲁颂·闷宫》说，西戎夷狄不服就要讨伐，楚国舒国不贡就要严惩，凡有所违逆一定要他好看。我也想扶正偏颇人心，止息邪说歪理，拒斥素隐行怪，抨击巧言淫辞，来继承上述三位圣人的事业。我哪里是喜欢论辩啊，不过是不得已而为之罢了。）

⑭表章：即表彰，彰明，表扬。

⑮绍：继承。

⑯丕基：巨大的基业。丕，音 pī，大。

⑰孳孳：同"孜孜"，勤勉，努力不懈。《礼记·表记》："《小雅》曰：

'高山仰止，景行行止。'"子曰："《诗》之好仁如此，乡道而行，中道而废，忘身之老也，不知年数之不足也，俛焉日有孳孳，毙而后已。"（《诗经·小雅·车舝》上说，高山使人仰望叹息，大路使人行走到达。孔子说："《诗》是如此爱好仁。我依从仁道而行，无奈却半途而废，我已经忘记了自己的衰老，不知不觉时日无多，因此只有更加勤勉用力，孜孜不倦，死而后已。"）舝，同"辖"。

⑱问学：求知，求学。《礼记·中庸》："故君子尊德性而道问学，致广大而尽精微，极高明而道中庸，温故而知新，敦厚以崇礼。"（所以，君子既要尊崇天赋的德性，又要致力于后天的学问；既要达到宽广博大的道的境界，也要抵达精细入微的道的空间；既要追求极其高明深奥的道理，又必须符合中和适用的原则；随时温习已经习得的学问，并由此获取新的进步；应以忠厚朴实的本质为基础，然后崇尚礼仪来加以修养。）郑玄注："问学，学诚者也。"

⑲寒暑：代表一年。

⑳至治：指安定昌盛、教化大行的政治局面或时世。

㉑爰：于是。

㉒弁：音 biàn，本意是指古代一种尊贵的冠，此指放在头上、前面。

㉓微言：精深微妙的言辞。

㉔化民成俗：教化百姓，以形成良好的社会风尚。出自《礼记·学记》："君子如欲化民成俗，其必由学乎！"可详参本书［泰伯第八·二］同名词条注释。

㉕方用：准则和效用。

㉖一道同风：又作"道一风同"，或"道德一，风俗同"，意谓受道德教化而形成同一社会风习。出自《礼记·王制》："司徒修六礼以节民性，明七教以兴民德，齐八政以防淫，一道德以同俗，养耆老以致孝，恤孤独以逮不足，上贤以崇德，简不肖以绌恶。"（司徒职掌修习冠礼、婚礼、丧礼、祭礼、乡饮酒礼、乡射礼和相见礼等六礼，以节制人民的性情；明辨父子、兄弟、夫妇、君臣、长幼、朋友、宾客等七教，以提高人民的道德；整齐饮食、衣服、百工技艺、各类用器、长度单位、容量单位、计数单位和布帛规格等八政，以防止放肆淫邪；规范道德，以形成共同的社会风习；赡养老人，以倡导孝顺的风气；救济孤独，以引导人们接济困乏；尊重贤者，以勉励人们崇德尚学；区分宵小，以警戒人们不要作恶。）《陆九渊集》卷三十五"语录下"："古者道德一，风俗同，至当归一，精义无二，同古者适所以为美。"《宋史全文》卷三十六"宋理宗六"："故必赖济济之贤、

蔼蔼之士，布列中外，道德一而风俗同，然后可望其举行不悖，相维于长久也。"

㉗庶几：差不多，近似。

㉘唐虞三代：唐指陶唐氏，尧出于该族；虞指有虞氏，舜出于该族。唐虞三代指尧、舜和夏（包括禹）、商、周三代，儒家以之为圣君贤臣治理下的政治清明、社会太平的理想时代。

㉙文明：谓文教流行而其世呈现出文采光明的状态。可参本书［子罕第九·九］"天兆文明"词条注释。

【译文】

我想，天生圣贤作为君王、作为宗师，这使万世的道统能够得以流传，也使万世的治统得以维系。

在唐尧、虞舜、夏禹、商汤、周文王和周武王之后，有孔子、曾子、子思和孟子；在《周易》《尚书》《诗经》《礼记》和《春秋》诸经之外，有《论语》《大学》《中庸》和《孟子》四书。这些人和这些经书就像日月光辉朗照在天，五岳四渎屹行于地，这是多么盛大啊！

大概是因为有孔子、孟子等四子，尧、舜等二帝三王的政道才得以流传；有《论语》《孟子》等四书，《尚书》《春秋》等五经所讲的大道才更加完备。四书是吸取了五经的精华而著成的。孔子作为生民未有的圣人，与各国国君、卿大夫以及门人弟子讨论为政和为学之道，天德和王道的全部、修己和治人的关键，都在《论语》这部书里面了。

《大学》《中庸》的思想都是传自孔子，而只有曾子、子思掌握了它们的宗旨。能够明明德、亲民（新民）、止于至善，所以齐家、治国、平天下；能够明性（由诚而明）、教化（由明而诚）、中和（由中而和），所以使天地正位而万物生育，使人伦之九经和中和之达道能够运行。

到了《孟子》，它能够继承过去圣人之旨而开辟新学，大力驳斥歪道邪说以扶正人心，所宣扬的性善、仁义学说传布天下。这些圣人贤士的训令辞章是用来昭告后人，是为万世的民众而作的。道统都在其中，治统也都在其中了。

历代贤明智慧的君主，创立基业和守护成果，对孔孟之道无不尊崇和表扬，并经过日讲学习来明白其中的道理。我继承祖宗留下来的巨大基业，孜孜不倦以求天下得到有效治理，注重日讲问答学习，因此让儒学之臣把我在日讲中学习四书相关的内容撰写成讲义，务必做到阐明义理，裨益政治，并同其他经史一同讲授。这项工作经历了一年的时间，每日坚持，不敢间断，现在终于完成了。我希望能够与天下的臣民共同实现繁荣昌盛的政治局面，因此专门安排审校刊刻这些讲义并进行传布，希望它能够发挥长久的作用。于是我作此序言，置于书首。

我每每思量为政之道，认识到要敦厚风俗就一定要先扶正人心，要扶正人心就要先昌明学术，因此编写四书大义，细究先圣们的精微言说，可以用它实现化育良好民风的功用。如果能够统一思想而风行教化，大概就有可能实现像唐虞三代之时的盛世之治了吧！

康熙十六年（1677）十二月初八日

【评析】

这篇序言意蕴颇丰，只开篇一句"天生圣贤作君作师，万世道统之所传，即万世治统之所系"，便极具概括和统摄的力量。如果结合清初思想的脉络和康熙帝的生平，则更显其时代内涵和深远意味：

康熙十六年十二月，他在御制《日讲四书解义序》中明确宣布清廷要将治统与道统合一，以儒家学说为治国之具。康熙帝的这一态度为清朝内部持续了数十年的文化纷争（也是治国方略的纷争）画上了一个圆满的句号。此后，儒学在清朝社会特别是在国家政治生活中获得了正统、合法的主导地位。这一重大的历史转折意味着清朝政权在保持自己独有的民族特色的同时，又因吸收了博大精深的中原政治传统，从而具有了更加丰厚的文化底蕴。政治伦理的儒学化使这个政权第一次具有了系统而明确的理论指导，从根本上解决了清初社会政治的演变方向，为清朝社会进入协调、稳定的发展阶段打下了坚实的思想基础和制度基础。❶

以康熙帝对儒学道统的高度颂扬来看，他极为推崇儒学，将其作为治国指导思想，以之为治道之本。当然，这也是承继顺治帝的治国方略，为打通满族统治和汉族文化通道做出努力。然而，这种将道统和治统相统一的说法，本就另有一种自负的气质，撇开道统独立于治统的传统，而硬生生将二者合而为一，使自己赫然盘踞天道，在文化上掌握着制高点与合法性，有点自我加冕"哲学家王"的味道。

---

❶ 故宫博物院网站《钦定日讲四书解义》介绍，撰稿人：张广生，网址：https://www.dpm.org.cn/ancient/hall/161528.html?ivk_sa=1024320u。

康熙二十年以后，可以说是一个国家统一、集权中央，人民得到休养生息的时代，也是文治与武功隆盛的时代。这些成就是由多种因素缔造而成的，但是康熙的文化政策绝对是其中重要的一项。

满洲人在明清之际的汉人眼中是"边夷"，由于夷夏之防的牢不可破，汉人对他们的成见很深。加上明清鼎革带来的动乱不安，整个社会陷入空前危机之中。因而不少知识分子便进行反思，希望提出救国救民的新主张来，黄宗羲、王夫之、顾炎武等人就是其中的代表。这些汉人思想家是明朝的遗臣，当然极富民族精神，他们的言论与想法在当时是不利于清廷的，例如他们认为"天下之治乱，不在一姓之兴止，而在万民之忧乐"，甚至他们明白地指出："天下之大害者，君而已矣。"直接地批判君主了。清朝入关伊始，首重南明反清势力的平服，所以在顺治年间，便以尊孔崇儒作为表面上安抚汉人知识分子的政策，不过无法落实执行。康熙皇帝自幼饱读汉儒经书，又总结他祖先对汉人施政的经验，深知要治理汉人国家，不能不推行以儒家思想为主流的政策，因此他就把以儒术来强化思想统治的政策真正实施了起来。康熙选定了程朱理学作为他官方文化政策的哲学基础，因为程朱等宋朝的大学者，强调三纲五常的儒家大道理，并解释纲常是永恒不变、不可抗拒的天理，若有人企图改变这种天经地义的教条，就会被视为罪大恶极。中国人已经在儒家思想中生长了几千年，因而很容易地被这套三纲五常的理论束缚与钳制。康熙皇帝本人又在当时的名理学家熊赐履的教授之下通晓程朱理学的内涵。他把儒家文化思想中的经世、忧患、变通等理想与使命的意识加以淡化，也就是把一些活跃的、可能影响专制皇权的思想部分予以忽略，而只着重在静态的关系和谐与社会平衡一方的鼓吹，所以他把理学局限于归结为伦理道德学说，教"人读书，宜身体力行，空言无益"，教人以儒家的君仁、臣忠、父慈、子孝、朋友有信这些纲常为伦理道德的规范，如果全国人民都如此，皇帝当然就可以"治万邦于衽席，和内外为一家"了。康熙皇帝的文化政策，说穿了是不谈程朱理学家们思想中的哲学思辨部分，不去探讨程朱思想的博大精深的体系，而只宣扬他们的修身齐家的伦理道德，把大臣与人民都约束在儒家道德教条之下，以维护他的皇权，巩固满族的统治地位，康熙皇帝的文化政策不能不算是高明的创作了。❶

不管康熙皇帝在此处如何服膺儒学，但他仍然是从政治的角度来看待

---

❶ 陈捷先：《康熙写真》，商务印书馆2011年版，第78-79页。

儒学的。所以，这开篇一句话不啻是解读其"帝王理学"❶的核心密码：当理学遇到帝王，那就只能为帝王所用，而无论帝王多么尊崇理学，理学也只能是其权力的附庸。只有为权力服务时，它才会大放异彩，然而这也正是它被"收编"和阉割的时候——

清廷及儒臣的理学与明遗理学截然不同，就学理而言，以尊朱子学为特色，在政治上则与清廷所推崇的"崇儒重道"政策渐趋一致，朱子学已沦为统治者的工具。明遗理学所特有的批判救世精神荡然无存，代替的是服从新朝的统治，朱子学作为官方意识形态对巩固新朝起着不可替代的作用。❷

经筵制度本和谏官制度、宰相制度、封驳制度、史官制度等政治制度有着类似的作用，即所谓"格君心之非"，即通过强制皇帝学习的过程，强调道统高于治统，以实现对皇权的制约，防范皇权的无限膨胀。而康熙亲政后力推的经筵日讲，却反客为主，提出"帝王图治，必稽古典学，以资启沃之益"❸，悄然把其变成施政的重要策略。他正可以凭此让内阁各部重臣主动学习汉儒经学，从而起到树立威信、统一认识、拨乱反正的重要作用。所以，尽管当时康熙如此倚重理学名臣并对理学推崇备至，然而日后，他又以真伪理学的名义将理学名臣打压殆尽，名为维护理学正道，实则是将最高政治话语权牢牢掌握在自己手里。而此后的社会思潮，则是一直背负着清初帝王理学的沉重包袱并最终致使思想僵化、儒学沦落：

康熙二十年以后，新兴王朝的统治业已巩固，按理对于文化上的高压可以缓解，然而清廷却又在文化凝聚力的选择上，重蹈短视旧辙。在理学史上，朱熹与王阳明学术的是非，这本来是学术界讨论的事情，完全可以通过学术争鸣去解决。可是清廷却以惩治王学儒臣、独尊朱熹学说的形式，一再进行粗暴干预。其结果，王阳明学说中的理性思维光辉被抹煞，博大的朱熹学术体系则沦为封建伦理道德教条。在文化高压之下早已谨小慎微的清初思想界，既被人为地加上了封建道德教条的桎梏，旋即又遭戴名世《南山集》案的打击，畏首畏尾，噤若寒蝉。从此，清廷留给知识界的，就是唯一的经学考据的狭路。至于作为中西文化交流媒介的传教士，则被清

---

❶ 可参本书［子路第十三·五］"帝王之学"词条注释。
❷ 汪学群：《中国儒学史·清代卷》，北京大学出版社2011年版，第44页。
❸ 《清实录·圣祖仁皇帝实录》康熙九年十月丁酉条，中华书局1985年影印版。

廷严密控制在京城有限的范围之内。他们所带来的天文、历法、数学知识，尽管已经深入皇室，但是由于得不到清廷的提倡，始终未能成为显学。简言之，上述历史教训是值得我们认真记取的。❶

联系儒学在清初的发展，再回味康熙为《日讲四书解义》所作的这篇序言，似乎其中又早已潜藏着一种山雨欲来的气息了。

---

❶ 陈祖武：《论清初学术的历史地位》，《清史研究》1991年第1期。

《日讲四书解义》提要❶

(《四库全书》文渊阁本)

【原文】

臣等谨案：《日讲四书解义》二十六卷，康熙十六年圣祖仁皇帝①御定。自朱子定著四书，由元、明以至国朝，悬为程试②之令甲③，家弦户诵④，以为习见无奇。实则内圣外王⑤之道备于孔子——孔子之心法寓于六经⑥，六经之精要括于《论语》，⑦而曾子、子思、孟子遂衍其绪。⑧故《论语》始于言学，终于尧舜汤之政、尊美屏恶之训；⑨《大学》始于格物致知，终于治国平天下；⑩《中庸》始于中和位育，终于笃恭而天下平；⑪《孟子》始于义利之辨，终于尧舜以来之道统。⑫圣贤立言大旨灼然可见盖千古帝王之枢要⑬，不仅经生章句之业⑭也。我圣祖仁皇帝初年访落⑮，即以经筵讲义⑯，亲定是编。所推演者皆作圣之基、为治之本，词近而旨远，语约而道宏。圣德神功⑰所为，契洙泗之传⑱而继唐虞⑲之轨者，盖胥⑳肇㉑于此矣。

乾隆四十一年五月恭校上。

       总纂官 臣纪昀㉒ 臣陆锡熊㉓ 臣孙士毅㉔
       总校官 臣陆费墀㉕

【注释】

①圣祖仁皇帝：即清朝第四位皇帝爱新觉罗·玄烨，年号康熙（"平和宁静"之意），故常称"康熙帝"。"圣祖"是其庙号，"仁"是其谥号的简写。

②程试：按规定的程式考试。后多指科举铨叙考试。铨叙，指审查官员的资历，并根据才能、成绩确定级别和职位。

③令甲：第一道诏令，法令的第一篇。后用作法令的通称。

④家弦户诵：家家都歌诵，形容流传很广。

⑤内圣外王：中国古代的一种理想人格。意为内修圣人之德，外施王

---

❶ 该提要载于《四库全书总目》卷三十六"经部三十六"。

者之政。语出《庄子·天下》："内圣外王之道，暗而不明，郁而不发，天下之人各为其所欲焉以自为方。"其具体内容随学派而异。先秦儒家已有圣王统一的思想，孔子认为内备仁德，外施德政，方为圣人（见[雍也第六·三十]）。孟子认为："人，人伦之至也。"（《孟子·离娄上》）又说："行仁政而王，莫之能御。"（《孟子·公孙丑上》）荀子进而"圣""王"并举，明确指出："圣人者，尽伦者也；王也者，尽制者也。两尽者，足以为天下极矣，故学者以圣王为师。"（《荀子·解蔽》）"尽伦"为内圣，"尽制"为外王，两者统一为最高的理想人格。道家也主张圣王统一，《庄子·天下》说："圣有所生，王有所成，皆原于一。"但道家有自己的"圣王"观，认为圣人超然世俗，"游心"于"无何有之乡"，"顺物自然，而无容私焉"（《庄子·应帝王》），不以王者自居，不以"为天下"为务，惟其如此，"而天下治矣"（《庄子·应帝王》）。魏晋时期郭象融合儒道，以道家"自然"原则阐发儒家名教的合理性与必然性，提出："通天地之统，序万物之性，达死生之变，而明内圣外王之道。"（《〈庄子注〉序》）认为圣人"虽在庙堂之上，然其心无异于山林之中"（《庄子·逍遥游注》），"虽终日见形而神气无变，俯仰万物而淡然自若"（《庄子·大宗师注》）。合内圣与外王于一体，迎合了门阀士族既要清高之名，又不废一切现实权益的需求。宋明理学家的理想人格基本倾向是重"内圣"而轻"外王"。二程提出以孔、颜的"圣贤气象"为理想人格的标准。朱熹则明言"向内便入圣贤之域，向外便是趋愚不肖之途"（《朱子语类》卷一一九），故反对陈亮的"事功之学"。综而论之，以儒家内圣外王为主的理想人格，对中国社会的政治、伦理、哲学、文化产生深远影响，是中国政治伦理一体化格局形成的重要原因，也是中国社会士人与知识分子人生追求的理想目标所在。❶

⑥六经：六部儒家经典，亦称"六艺"。《庄子·天运》：孔子谓老聃曰："丘治《诗》《书》《礼》《乐》《易》《春秋》六经，自以为久矣，孰知其故矣。"

⑦六经之精要括于《论语》：东汉赵岐《孟子题辞》云："《论语》者，五经之馆辖，六艺之喉衿也。"馆辖，机要，关键。喉衿，纲领，要领。

⑧曾子、子思、孟子遂衍其绪：传孔子弟子曾参作《大学》，孔子之孙子思作《中庸》，子思之弟子孟轲著《孟子》，故谓《大学》《中庸》《孟子》为《论语》余绪，一脉贯通。

---

❶ 《中国哲学大辞典》，上海辞书出版社2014年版，第166页。本书略有修改。

⑨《论语》始于言学,终于尧舜汤之政、尊美屏恶之训:指《论语》以首章"学而时习之"的学习之道开始,以终篇《尧曰》三章结束:第一章记尧、舜、禹、汤、武等五位古圣先王的为政训诫;第二章记述子张请教从政之道,孔子教之以"尊五美,屏四恶";第三章为孔子论说"知命""知礼""知言"之要。此以前两章代指终篇,亦有接续上下、言说为政之义。

⑩《大学》始于格物致知,终于治国平天下:《大学》阐述"大学之道"即儒家的政治哲学的基本纲领,提出了关于圣王"修己以安人"的三大原则和八项具体步骤,简称为"三纲领""八条目"。"三纲领"即"明明德""亲(新)民""止于至善"。"八条目"是"格物""致知""诚意""正心""修身""齐家""治国""平天下",前五条为"修己""内圣"之学,后三条为"安人""外王"之道,修己以安人,行内圣外王之道,从而实现明明德、亲(新)民、止于至善的根本纲领和总体目标。

⑪《中庸》始于中和位育,终于笃恭而天下平:"中和位育"是《中庸》首章最终提出来的理想社会状态,即人们能够达到"中和"的境界,而天地万物均能各得其所,臻至和谐,从而使万物正常生育,实则"天人合一"之终极境界。(可详参本书[子罕第九·十七]"中和位育"词条注释。)"笃恭而天下平"出自《中庸》末章(第三十三章)倒数第二段,意指君子能够做到敦厚恭敬,国家天下自然就会太平,说明君子修身的政治效验。实则《中庸》末章末段引《诗经·大雅·烝民》"德輶如毛"(用德行感化人民,轻而易举如羽毛),终引《诗经·大雅·文王》"上天之载,无声无臭"(上天生长化育万物,于无声无味之中),来说明以德化民犹未足以呈现中庸之道,而中庸之道的功用在于无声无臭之中化育万物,极力赞美中庸之道的妙用。意思较"笃恭而天下平"更进了一步,与首章也有暗合之意。

⑫《孟子》始于义利之辨,终于尧舜以来之道统:《孟子》首篇《梁惠王上》,孟子见梁惠王,以"王亦曰仁义而已矣,何必曰利"之言进谏,论说以仁政行王道。此开启史传"义利之辨"之传统。(可详参本书[宪问第十四·十五]"评析"部分。)《孟子》终篇《尽心下》之终章,言说儒学"由尧舜至于汤……由汤至于文王……由文王至于孔子"的赓续传统。此亦开启史传"道统"理论之先河。(可详参本书[泰伯第八·七]"道统"词条注释。)

⑬枢要:关键,纲领。

⑭经生章句之业:经生,研治经学的书生。章句,本指诗文的章节和

句子，此指剖章析句，经学家解说经义的一种方式。

⑮访落：嗣君与群臣谋商国事，此指康熙亲政。康熙八岁登基，十四岁亲政。《诗经·周颂·访落》："访予落止，率时昭考。"毛传："访，谋。落，始。"郑玄笺："成王始即政，自以承圣父之业，惧不能遵其道德。故于庙中与群臣谋我始即政之事。"

⑯经筵讲义：汉唐以来帝王为讲论经史而特设的御前讲席。宋代始称经筵，置讲官以翰林学士或其他官员充任或兼任。宋代以每年二月至端午节、八月至冬至节为讲期，逢单日入侍，轮流讲读。元、明、清三代沿袭此制，而明代尤为重视。除皇帝外，太子出阁后，亦有讲筵之设。清制，经筵讲官，为大臣兼衔，于仲秋、仲春之日进讲。讲义，则是特指经筵进讲的讲稿。

⑰圣德神功：对帝王歌功颂德的常用语。圣德，犹言至高无上的道德。一般用于古之称圣人者，也用以称帝德。神功，神一般的功绩。

⑱洙泗之传：洙泗，洙水和泗水。古时二水自今山东省泗水县北合流而下，至曲阜北，又分为二水，洙水在北，泗水在南。春秋时属鲁国地。孔子在洙泗之间聚徒讲学。后因以"洙泗"代称孔子及儒家。故"洙泗之传"指儒学正统学问。

⑲唐虞：即指"唐虞三代"，代指由圣君贤臣治理下的太平盛世。可详参本书康熙《御制〈日讲四书解义〉序》"唐虞三代"词条注释。

⑳胥：全，都。

㉑肇：开始，创始。

㉒纪昀（1724—1805）：字晓岚，别字春帆，号石云。清朝直隶献县（今属河北）人，校勘目录学家、文学家。乾隆十九年（1754）进士，官至礼部尚书、协办大学士、太子少保等。曾任《四库全书》总纂官，萃一生精力纂定《四库全书总目》。

㉓陆锡熊（1734—1792）：字健男，号耳山，江苏上海（今上海市）人。乾隆二十六年（1761）进士，授内阁中书。后与纪昀等同为《四库全书》总纂官。

㉔孙士毅（1720—1796）：字智冶，一字补山，浙江仁和（今浙江杭州市）人。乾隆二十六年（1761）进士，历任内阁中书、侍读、编修、太常少卿等职。参与纂校《四库全书》，《四库全书》修成之后，任太常寺少卿、山东布政使、广西巡抚等职，后署理两广总督。

㉕陆费墀（1731—1790）：字丹叔，号颐斋，浙江桐乡人。乾隆三十一年（1766）进士，授编修，充《四库全书》总校官。乾隆五十二年

(1787)，因《四库全书》讹谬甚多，受罚独重，革职后，于乾隆五十五年（1790）郁郁而死。陆费，复姓。

【译文】

臣子们谨备注说明：《日讲四书解义》共计二十六卷，由康熙十六年（1677）圣祖仁皇帝亲自定稿。自从朱子编立四书之名，由元、明至今，都是将其当作科考的首选书目，无家不学，无人不习，似乎已成司空见惯之事。其实这正是因为孔子已完备内圣外王之道——孔子的心法寓托于六经，六经之精要亦全部囊括于《论语》，而曾子、子思、孟子著述《大学》《中庸》《孟子》等以接续孔子哲思文脉。所以，《论语》始于为学之道的讨论，而终于古圣善政和尊美屏恶的戒告；《大学》始于格物致知的个体体悟，而终于治国平天下的终极目标；《中庸》始于中和位育的天人原则，而终于"君子笃恭而天下平"的理想状态；《孟子》始于义利之辨的条分缕析，而终于尧舜道统的发扬光大。圣贤们著书立说的微言大义灼然可见，其中实皆千古帝王君临天下、为政治国的要略，而不徒是儒生学者寻章摘句、著书谋食用的活计。我们的圣祖仁皇帝一开始亲政，就开设经筵讲学经义，并亲自审订本书的编纂内容。其中所推论演绎的都是成圣的基础、为政的根本，文辞浅近而旨意深远，语言简约而内涵宏大。以其圣德神功，能够做到品德学问契合儒学正统，治世功业追继古圣先王，大概都是由此开创的吧。

乾隆四十一年五月恭谨检校后呈奉上书。

　　　　　　　　　　　　　　　　总纂官　臣纪昀　臣陆锡熊　臣孙士毅
　　　　　　　　　　　　　　　　总校官　臣陆费墀

【评析】

《四库全书》编纂者对《日讲四书解义》给予极高的评价，这自然在情理之中，而且结合康熙帝的文治武功以及该书成书质量和水平，也算不失公允。不过有意思的是，尽管编纂者对该书推崇备至，且其"挂名主编"为九五至尊的皇帝，但在《四库全书》的编次中，并未予该书以特殊待遇，而是依照原定的朝代次序来编排，位列卷三十六·经部三十六·四书类二，将其放置到明代古文家章世纯撰写的《四书留书》之后。

《日讲四书解义》提要

(摛藻堂"四库全书荟要"本)

【原文】

臣等谨案：《日讲四书解义》二十六卷，康熙十六年总裁①臣库勒纳②等奉敕③校刊。钦惟④圣祖仁皇帝以冲龄即阼⑤，典学⑥懋修⑦，孜孜不辍。儒臣⑧排日⑨进讲⑩，寒暑罔间⑪。复命撰为讲义⑫，以次⑬进览⑭。年终汇呈诸经并有成编，而四书最先刊布⑮。伏读⑯序文⑰所云："厚风俗必先正人心，正人心必先明学术"，则知生安之圣⑱不废问学⑲，洵⑳有以扬万祀㉑文明㉒之盛矣。

乾隆四十二年二月恭校上。

        总纂官 臣纪昀㉓ 臣陆锡熊㉔ 臣孙士毅㉕
        总校官 臣陆费墀㉖

【注释】

①总裁：官职名，明清中央编纂机构的主管官员。如清代武英殿、国史馆、会典馆、贤政院等均置总裁及副总裁。

②库勒纳：清朝大臣，满洲镶蓝旗人，时任翰林院侍讲、日讲起居注官、侍讲学士、经筵讲官、礼部侍郎兼翰林院掌院学士，《日讲四书解义》总裁官。

③奉敕：奉皇帝的命令。

④钦惟：发语词，犹言敬思。

⑤圣祖仁皇帝以冲龄即阼：此指康熙皇帝八岁即位。圣祖仁皇帝，即康熙帝。冲龄，少年，早年。即阼，即位，登基。

⑥典学：指勤学。典，常。《尚书·说命》："念终始典于学，厥德修罔觉。"（始终用心于学习，这样修养就会在不知不觉中提高。）

⑦懋修：勤勉修习。懋，音 mào，勤勉，努力。

⑧儒臣：泛指读书人出身的或有学问的大臣。

⑨排日：每天，逐日。

⑩进讲：谓为帝王讲解诗书文史等。

⑪罔间：不间断。

⑫讲义：指经筵进讲的讲稿。

⑬以次：按次序。

⑭进览：呈请阅览。

⑮刊布：刻版或排版印行。

⑯伏读：谓恭敬地阅读。伏，表敬之词。

⑰序文：指康熙《御制〈日讲四书解义〉序》。

⑱生安之圣：生安，即"生知安行"，亦即"生而知之"和"安而行之"（发于本愿从容不迫地实行大道），比喻具有极高的禀赋和修为，古人以为圣人方能具有这样的资质。语出《礼记·中庸》，可详参本书［为政第二·四］"生知安行"词条注释。

⑲问学：求知，求学。

⑳洵：诚然，实在。

㉑万祀：万年。

㉒文明：文采光明。谓文教流行以致呈现出文采光明的状态。可参本书［子罕第九·九］"天兆文明"词条注释。

㉓㉔㉕㉖：纪昀、陆锡熊、孙士毅、陆费墀的介绍分别见前述《日讲四书解义》提要（《四库全书》文渊阁本）同名词条注释。

【译文】

臣子们谨备注说明：《日讲四书解义》二十六卷，康熙十六年总裁官库勒纳等奉皇帝之名进行校刊。圣祖仁皇帝年少即位，好学勤修，孜孜不倦。饱学之士依照日程侍奉讲读，寒暑不辍。后圣祖仁皇帝又命令将日讲内容编纂为讲义，按照次序呈奉御览。当年年终之际汇总所有呈奉的经籍并编纂完成，其中这部《日讲四书解义》是最先印刻的。我们拜读圣祖仁皇帝为之所作的序文，其中阐明"厚风俗必先正人心，正人心必先明学术"之旨，即此可知，即便像圣祖仁皇帝这样具有生知安行的圣人资质者，尚且不废求知求学，所以才能够成就足可传扬万年的盛治。

乾隆四十二年二月恭谨检校后呈奉上书。

总纂官　臣纪昀　臣陆锡熊　臣孙士毅
总校官　臣陆费墀

【评析】

本提要仅见于摘藻堂"四库全书荟要"本,但未见于《四库全书总目》,亦未见于武英殿刻本。武英殿刻本与摘藻堂"四库全书荟要"本文字相同,只是一为刻本,一为抄本,但刻本却无此提要。

就提要而言,作于乾隆四十一年五月的文渊阁本文字较为丰润,而作于乾隆四十二年二月的荟要本文字较为简略,但其中文字内容并非简单简化,而是重新书写,前者偏重于主观论说,后者注重于客观记事。何以两者撰写之人相同,前后隔时不远,而简繁不同,风格迥异,其故尚不得而知。

学而第一

《论语》一书，皆孔子与及门弟子及当时君臣论学、论政之辞。门人记之，凡二十篇。其言不外乎人伦日用之常，而其义则该①乎天德王道之大。学者②反复寻绎③乎此，而圣人之气象可得而见矣。

【注释】

①该：同"赅"，完备。
②学者：即学习者。《解义》中多有此谓，与今之"学者"专称不同。故本书默认"学者"为"学习者"。
③寻绎：抽引推求。

【译文】

《论语》这部书，都是关于孔子与其弟子或者当时的君主、大臣们讨论学问和政治的言辞。由弟子记录下来，共计二十篇。其所言说，不外乎人伦日用的常理；其所涵义，正符合天德王道的大义。学习者如果能够反复从中推求，就自然可以观望到圣人气象。

【原文】

子曰："学而时习之，不亦说乎？有朋自远方来，不亦乐乎？人不知而不愠，不亦君子乎？"

【解义】

此一章书，是孔子教人勤学之意。

孔子曰：穷理尽性①，期臻圣贤②，其功在学。己所未知，效圣贤之所已知，己所未能，效圣贤之所已能，学之事也。而或以此事为苦者，不克时习之故耳。若既学矣，又能时时习之，无有间断，则所知益精，所能益熟，中心叠叠③然不厌，不亦说乎？

学既有得，人自信从，同类之朋自远方而来，以求教诲。一人之学广为众人之学，一人之说广为众人之说，中心油油然不倦，不亦乐乎？

然朋，知我者也。朋之外，岂无不知我者？苟以人不知我而稍有不乐焉，学犹未纯也。惟人不知而无一毫含怒之意，中心旷旷然无累④，不亦君子乎？

夫学由说而乐，至于不愠，而为君子，则臻乎圣贤之域矣。总而论之，学之正、习之熟、说之深，而不已，成德⑤岂难事哉？

【注释】

①穷理尽性：穷究天下万物的根本原理，彻底洞明人类的心体自性。语出《周易·说卦》："穷理尽性，以至于命。"（穷究天下万物的根本原理，彻底洞明人类的心体自性，以达到改变人类命运的崇高目标，从而使人类行为与自然规律能够和谐平衡、生生不息。）穷理尽性是宋明思想家所推崇的认识方法和道德修养方法。
②期臻圣贤：期望达到圣贤的程度。臻，音zhēn，达到。
③亹亹：勤勉不倦的样子。亹，音wěi。
④无累：不受牵累。
⑤成德：盛德，高尚的品德。

【译文】

这一章是讲孔子劝导人们勤于学习。

孔子说：穷究天理，明了天性，以期达到圣贤的境地，就需要依靠学习来实现。自己不知道的，向圣贤学习就知道了，自己所不能做到的，向圣贤学习就能做到了，这就是所谓的"学习"。有人会觉得学习是一件苦差，只不过是（因为）没有坚持学习而已。如果已经开始学习，而且能够做到不断坚持，那么就会了解得越来越精深，做得越来越娴熟，自然就会更加兴奋而倍加勤勉，令心志和悦。

既已开始品尝到学而有得的甜头，别人也自然会认同跟从，志同道合的朋友就会远道而来，以寻求教诲。如果一个人所学能够转化为众人的学问，一个人的见解能够转化为众人的见解，心中油然而生奋发不倦之志，自然快乐无比。

然而，所谓朋友，自然了解我。而朋友之外，岂能人人都了解我？如果只是因为别人不了解我而稍有不快，这就说明个人修学还未达到纯粹的地步。而即便别人不了解、不认同，但你却没有任何愤懑不平，心中仍然泰然自得，毫无挂碍，要是到了这种境界，那就真的是一个君子了。

由开始学习到享有学习之和悦，以至学习之快乐，乃至心中无怨，襟怀坦荡，具备一个君子的器度，就是达到圣贤的境界。总而言之，能够端正学习态度，习练至于精熟，发自内心喜欢，并爱之不能自已，这样修德成己，岂是难事？

【评析】

　　学习为什么会快乐？你常常可以见到把学习当作一件乐事的人吗？人们熟知孔子的这三句话，所以很容易忽视对这三句话内在语义关联的考察。实际上，《论语》首章易知而难解，三句话彼此跳跃性很大，字面意思关联度并不大，如果不是出现在《论语》首章且为孔子本人言说，而是其他人这样说，恐怕人们会认为这是胡言乱语了。所以，我冒妄认为，这可谓妇孺皆知的一章，一直存在于人们理所当然的认知中，实际上却并没有多少人能够真正理解。

　　是的，我们时常听说"苦学"而非"乐学"。其实苦学的目的不在于学习本身，而是考试、职位和名利。把学习只是当作一座桥梁，毕了业就扔书，过了河就拆桥，既然是不得已面对，不苦而何？

　　在孔子的世界里，学习的根本目的乃是对自身的体认，是成长成人的必要途径，也是获取自我价值的重要源泉。一言以蔽之，学习是孔子人学的主通道，而开篇之谓学，便是向我们洞开人生奥义的大门。它如此简单，又如此深邃，乃至《论语》的每一个篇章，和我们习得这一章以后的人生，都要不断向本章回溯：学而时习之，未必真的有什么可乐；但未能学而时习的人，恐怕未必能够获得终生成长的快乐和自足。不明白此处孔子之所悦所乐，亦难明其所学所习矣！

　　明代学者王艮作《乐学歌》云：

　　乐是乐此学，学是学此乐。
　　不乐不是学，不学不是乐。
　　乐便然后学，学便然后乐。

　　以学为乐，以乐成学，徇学乐之道而为之，如国画之皴染技法，渐次描绘出以学为乐之悦人景象。

　　通览古今《论语》注疏文字，见其第一章，便可尽知其阐释"功力"之深浅。《解义》本篇阐释，从未学到初学，再到熟习而生自信，从一人独学到与众人交流，再到不求外知而求内在满足，逐层来讲学的进阶以及带给人的精神涵养的变化，将《论语》首章三句话的内蕴及彼此关联讲明、讲透，可谓难得。前人所解甚好，可参照阅读而深得其妙。或参看宋朱熹《论语集注》、明张居正《四书直解》、明王夫之《读四书大全说》、清陆陇其《四书困勉录》、清陈澧《东塾读书记》等对首章的注解。另建议读者扩充阅读马一浮《泰和宜山会语·〈论语〉首末二章义》、熊十力《读经示要》第二讲"读经应取之态度"、金克木《书读完了·〈论语〉"子曰"析》等大家所作相关文字。

【标签】

学；说（悦）；乐；知；成长；成人

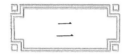

【原文】

有子曰："其为人也孝弟，而好犯上者，鲜矣；不好犯上，而好作乱者，未之有也。君子务本，本立而道生。孝弟也者，其为仁之本与！"

【解义】

此一章书，是有子①重本之意。

有子名若，孔子弟子。

有子曰：孝弟之心，良心也。②乃失其良心者，有父母而不能孝，有兄长而不能弟，由是犯上作乱，所必至矣。苟其为人也，善事父母、兄长而为孝弟之人，则其和顺之心必无乖戾③，敢于干犯上人之事断然少矣。犯上是乖戾之小者，且不敢为；悖礼乱常，乖戾之大者，反敢为之，岂有是理哉？孝弟之当务也，如此。所以君子凡事用力于根本，根本既立，则事事物物各当其理，而道自生。因思孝弟也者，爱其亲因而及人之亲；敬其长，因而及人之长。至于抚民育物，皆从此而推之。其行仁之本与④！

为人上者务此，则亲亲而仁民，仁民而爱物，⑤德教加于百姓，刑于四海⑥，人人亲其亲，长其长，而天下平⑦矣。

【注释】

①有子：有若（前508或前518—？），字子有，或云字子若。孔子重要弟子，被尊称为"有子"。重视孝和礼，首先提出孝悌"为仁之本""礼之用，和为贵"等主张，对后世统治思想影响颇大。柳宗元《论语辩二篇》："有子何以称子？曰：孔子之殁也，诸弟子以有子为似夫子，立而师之。其后不能对诸子之问，乃叱避而退，则固尝有师之号矣。"

②孝弟之心，良心也：出自王守仁《传习录·答顾东桥书》："知是心之本体，心自然会知。见父自然知孝，见兄自然知悌，见孺子入井自然知

恻隐，此便是良知，不假外求。"

③乖戾：逆反悖常。

④与：同"欤"，语气词。

⑤亲亲而仁民，仁民而爱物：出自《孟子·尽心上》："君子之于物也，爱之而弗仁；于民也，仁之而弗亲。亲亲而仁民，仁民而爱物。"（君子对于万物，爱惜它，但谈不上仁爱；对于百姓，仁爱，但谈不上亲爱。亲爱亲人而仁爱百姓，仁爱百姓而爱惜万物。）

⑥刑于四海：刑，通"型"，典型，示范使人效仿。《孝经·天子章第二》："爱敬尽于事亲，而德教加于百姓，刑于四海。盖天子之孝也。"（以亲爱恭敬的心情尽心尽力地侍奉双亲，而将德行教化施加于黎民百姓，从而成为天下的典范，使百姓能够遵从效法。这就是天子的孝道啊！）

⑦人人亲其亲，长其长，而天下平：出自《孟子·离娄上》："道在迩而求诸远，事在易而求诸难。人人亲其亲，长其长，而天下平。"（为人之道本在浅近，却充耳不闻，故作远求他说；治政之事不过日常，却视而不见，故以艰难为功。只要人人能够亲爱亲人，尊敬尊长，足可以使天下太平了。）

【译文】

这一章主要是讲有子注重把握为人处世的本源。

有子的名字叫有若，是孔子的弟子。

有子说：孝悌之心，就是良知之心。那些失去良心的人，对待父母不孝敬，对待兄长不能友爱，自然会犯上作乱，无恶不作。如果一个人能够好好对待父母兄长，孝养父母而恭敬兄长，那么他内心一定和顺安定，毫无逆反悖常之态，这样的人断然不会去冒犯尊长、造次行事。冒犯尊长，只是逆反悖常中的轻微事件，这样的事情都不敢做，像违背礼法、扰乱常理这样逆反悖常的严重事件，反而敢去做，怎么会有这样的道理？务从孝悌之道的意义正在于此。

所以，君子凡为人处世如能把握住根本的东西，那么，凡事就纲举目张、条理清楚，各种观察和解决事务的方法自然就明了了。由孝悌之情，到亲友之爱，推及别人的亲亲长长之情；由尊敬自己的尊长，推及尊敬别人的尊长。以至于抚养民众，化育万物，都是使用这种"本立而道生"的方式推演开去。

为一国之领导者依照这种原理做事，就会使亲者亲，使民众仁，使万物各有所归，各有所爱，也会让道德教化在民众中得到推行，因而为四海之内、天地之间所效仿，人人能够真正做到以亲人为亲，以长者为长，天下亦将因此而太平。

【评析】

"本立而道生"，说得何其简明直白，可以说任何社会的上层建筑皆如此，其一丝一毫、一举一动，皆源于社会主体的世界观和价值观，即所谓其"本"；而社会运行的各种规则，则是各种"道"。"本""道"之间映射、互动，形成社会的上层建筑和日常行为方式的方方面面。所以，一个社会价值体系的哲学基础特别重要，因为这是社会运行总的指导法则。

自然，宗法社会的"本"，就是姻亲血缘关系，由基本的人伦关系作为上层建筑的基准，并辐射开去，以建构社会价值体系。宗法社会是以姻亲血缘关系为社会构建的出发点的。所谓"家国天下"，兼顾人的自然性和社会性，因而在中国历史的很长一段时期内有其合理性和稳固性。

本章《解义》以良心之说解孝悌之举，大概是引入了明代阳明心学的概念。而阳明"致良知"之说，则或许也正是这种"本立而道生"观点下的个体主体性的自觉，而非纯然自说自话，游谈无根。不管怎样，倘若社会的每个成员，心中都树立这样的"本"，都怀有这样的"道"，则社会就会在同一平面上和谐发展。这应该是社会意识形态建构的基本模式和方法。

《孟子·公孙丑上》云："生于其心，害于其政；生于其政，害于其事。"《孟子·滕文公下》也有类似的表述："作于其心，害于其事；作于其事，害于其政。"其反复言说，旨在强调树立社会之本心的重要性。所以，当我们面对社会的突出问题或种种困难的时候，首先要追问的是，这个社会的"根本"在哪里，"初心"是什么，务使本立而道生，心正而义行。如是之问，社会才能行稳致远，人民幸福才能仓箱可期。

另，对本章的理解，亦可参本书［公冶长第五·二十五］的"评析"部分。

【标签】

有子；本立而道生；孝；悌

【原文】

子曰："巧言令色，鲜矣仁！"

【解义】

此一章书，是孔子论观人之法。

孔子曰：养德惟在存心①，务学莫重为己②，即言色之间而理欲辨焉。

言贵乎诚也，法与巽③未常不善，乃有巧其言者——逢人之意以为顺，欲人喜其顺；讦④人之私以为直，欲人夸其直。

色贵乎正也，俨与温未常不善，乃有令其色者——曲⑤为柔色⑥以媚人，欲人悦其可亲；故为厉色⑦以欺人，欲人悦其可敬。

此等人纯是私意，私意胜则天理亡，鲜矣仁。

此孔子言其自坏心德如此。但此等人交人而人近之，即足以损人之心德，损友⑧也；事君而君悦之，即足以累君之心德，邪臣⑨也。

《书》云："知人则哲……何畏乎巧言令色？"⑩用人者不可不知人哉！

【注释】

①存心：保持心中先天固有善性。儒家以之为重要的自我修养方法。语出《孟子·尽心上》："尽其心者，知其性也。知其性，则知天矣。存其心，养其性，所以事天也。"（把自己本有的善心充分发挥，就能体察到自己的本性。能体察到自己的本性，也就体察到天道了。保持自己的本心，守护自己的本性，这是以之敬奉上天的方法。）另，《孟子·离娄下》："君子所以异于人者，以其存心也。君子以仁存心，以礼存心。仁者爱人，有礼者敬人。爱人者，人恒爱之；敬人者，人恒敬之。"（君子之所以不同于普通人，就是因为存的心思不一样。君子以仁爱存于心中，以礼义存于心中。能建立仁爱关系的人能爱别人，心中有礼义规范的人能尊敬别人。能爱别人的人，别人也能常常爱他；能尊敬别人的人，别人也常常尊敬他。）朱熹认为，人心本光明通达，包含众德、众理，并能了解、应对各种问题，"心者，人之神明，所以具众理而应万事也"（《孟子集注》）。人性是人心之理，它本是纯善无碍，但因为物欲的遮蔽引诱，心中天理固不能光明，人性也趋向恶，"人性本善，只为嗜欲所迷，利害所逐，一齐昏了"（《朱子

语类》卷八）。人们只要保持本心，不为物欲所诱，就可以明理返性，知道自己所当为，并能正确处理各种问题。"学者须是此心常存，方能审度事理，而行其所当行也。""若常存得此心，应事接物，虽不中不远。"（《朱子语类》卷六）朱熹认为，"存心"的关键在于正确认识自己的本心，在日常生活中为人处世以诚，并且不可有懈怠。"存心不在纸上写底，且体认自家心是何物。""孔子曰'居处恭，执事敬，与人忠'，便是存心之法。""存得此心，便是要在这里常常照管。若不照管，存养要做甚么用！"（《朱子语类》卷十二）。

②务学莫重为己：儒家强调学习的主要目的是为自身内在成长而非为向外人炫示。[宪问第十四·二十四]：子曰："古之学者为己，今之学者为人。"（夫子说："古时的学者做学问是为了充实自己，而现在的学者做学问是为了给别人看。"）朱熹《论语集注》：程子曰："为己，欲得之于己也。为人，欲见知于人也。"程子曰："古之学者为己，其终至于成物。今之学者为人，其终至于丧己。"愚按：圣贤论学者用心得失之际，其说多矣，然未有如此言之切而要者。于此明辨而日省之，则庶乎其不昧于所从矣。

③法与巽：[子罕第九·二十四] 子曰："法语之言，能无从乎？改之为贵。巽与之言，能无说乎？绎之为贵。说而不绎，从而不改，吾末如之何也已矣。"（夫子说："他人的正言相劝，岂能不虚心听从呢？只要能帮改过那就是好事。他人的赞不绝口，岂能不乐于接受呢？但要能寻绎出其恭维的本质才好。如果只是乐于听信恭维，而不细加寻绎自省，只是表面上听从忠告，而不肯真正改过从善，对于这样的人，我恐怕也是无可奈何，爱莫能助了！"）法，此指"法语之言"，即符合法则的话。法，法则义。巽，此指"巽与之言"，即谓人以恭顺许与之辞婉言相劝。巽，恭顺义。与，许与义。

④讦：音 jié，攻击。

⑤曲：伪装，故意。

⑥柔色：和颜悦色。

⑦厉色：严厉的神情。

⑧损友：对自己有害的朋友。[季氏第十六·四] 孔子曰："益者三友，损者三友。友直，友谅，友多闻，益矣。友便辟，友善柔，友便佞，损矣。"（夫子说："与人交往，要当心其中的利害。要交结那些中肯诚挚、讲求信义和博学多识的人；而与那些致饰于外内无真诚的人、工于媚悦假面善变的人，或者口是心非夸夸其谈的人交往，可能会让你受到伤害。"）

⑨邪臣：奸佞之臣。西汉陆贾《新语·辅政》："邪臣好为诈伪，自媚

饰非，而不能为公方，藏其端巧，逃其事功。"北宋曾巩《陈书目录序》："惑于邪臣，溺于嬖妾，忘患纵欲，则其终之所以亡。"

⑩知人则哲……何畏乎巧言令色？：《尚书·皋陶谟》："知人则哲，能官人。安民则惠，黎民怀之。能哲而惠，何忧乎驩兜？何迁乎有苗？何畏乎巧言令色孔壬？"（知人善任，是大智慧，有此智慧才能用人得当。爱民如子，是大恩惠，才能为民爱戴。治政既有智慧又有恩惠，何必担心驩兜这样的恶人，何必迁逐三苗这样的族群？何必畏惧巧言令色、油嘴滑舌的人呢？）孔，非常。壬，奸佞。

【译文】

这一章是讲孔子论观察人的法则。

孔子说：涵养道德在乎内心，务求学业重在为己，这在一个人的言语、容色之间便可以辨别天理、人欲。

言语贵在发自真诚，严正之辞、谦逊之语都没有什么不好的，但是这些话却往往从巧舌如簧的人嘴里说出来——只是为了逢迎别人以表示和顺，想要别人喜欢这种和顺；以攻击别人的隐私为正直，只是希望别人夸赞他正直。

容色贵在端正，发自内心的严肃与温和没有什么不好，但这些表情却往往挂在逢场作戏的人的脸上——假装和颜悦色来取媚他人，希望人家认为他可亲；故作严厉来欺诈人，好让人觉得他可敬。

这种人纯粹是自私的表现，自私过头那就没有什么天理可言了，所以自然是不仁之人。

孔子所说的自行毁坏心德就是这样。然而这样的人，与人交往而如果被人接受，就会损害别人的心德，可谓损友；侍奉君王而如果君王喜欢他，就会牵累君王心德的修为，可谓邪臣。

其实，正如《尚书》上所说的"知人则哲"，何必怕他巧言令色、油嘴滑舌呢？这一点，管人用人者不可不明白啊！

【评析】

《论语》原文所表达的与《解义》所阐释的实际上是两个层面，原文旨在修心成仁，而《解义》意欲谏言选人，各有偏重。

孔子所严防深戒、坚决禁绝的是那些似是而非的伪道者，把他们当作最大的敌人，因为他们会从思想内部产生强大的破坏力。所以，他在鲁国甫一掌权，就立即杀掉哗众取宠的少正卯，这或许是其在从政经历中绝无仅有的一次杀戮行为。而这一切，恰恰是因为少正卯一身兼有"心达而险、行辟而坚、言伪而辩、记丑而博、顺非而泽"等五种恶劣品性（《荀子·宥坐》），而这五种恶劣的品性多具有似是而非、巧言令色的性质。可见孔子在内心是多么反感这种人及其行为。

孔子即便是面对与自己政治主张极其乖离的上卿大夫，或者是与自己入世态度相逆反的隐者，都是采取或隐忍或苟从或沉默的态度，都不像对待少正卯那样激烈。这不仅仅是孔子有无权力对他们进行攻击、杀伐的问题，而是在孔子这里，虚伪矫饰是一个在认知层面上的更大的原则性的问题：宁可与敌对的学说或行为共处，也决不能容忍似是而非、貌合神离的伪道德，哪怕只是言语、容色这样可以轻易变更的东西——虚伪的道德和操守本身俨然成为真道德和君子人格的最大的威胁——伪装成羊的狼远没有伪装成狗的狼更可怕、更可恨。

进而言之，这句话其实也是对自己和弟子们深刻的警告：自以为得道，但或许也只是巧言令色、虚张声势。在臻于至善之前，都不容有任何懈怠和自满。犹如爬山登顶，好不容易登上了一个峰顶，自以为到达了目的地，正沾沾自喜之际，却发现那个真正的绝顶还在前头。那么，所有的努力不仅不再是可以矜夸的资本，反而是错误的证明。求道问仁，不能有些微差错，因而更容不得虚伪造作、自欺欺人。孔门学问之精严谨细，于此可见一斑。

细细揣摩本章，寥寥七字而未加润色，看似简短随意，却如妙手锁穴，切中要害；又如泰山压顶，力沉万钧。其辞色亦如孔子其人，"温而厉，威而不猛"（[述而第七·三十八]），每每温和之处，也须正襟危坐，慎思明辨以得之，正心诚意以待之。

孔子告诉弟子的话，其实也是告诉自己的话，更是告诉世人的话，言简意赅，语重心长。但可惜，他本人最终也没能逃离语言的陷阱，在其身后，围绕他本人，不断上演着种种巧言令色的闹剧。

【标签】

巧言令色；知人则哲；少正卯

四

【原文】

曾子曰："吾日三省吾身——为人谋而不忠乎？与朋友交而不信乎？传不习乎？"

【解义】

此一章书，曾子毋自欺之学也。

曾子名参，孔子弟子。

曾子曰：吾每日间常以三事省察吾身。三者维何——

凡人谋己之事必尽其心，若为他人谋，便不与谋己之事一般，是不忠也。吾每日自省：为人谋事，倘有不尽其心者乎？

与朋友交，当于理无违、于情无伪，所谓"信"也。吾每日自省：与朋友交，倘有面交而不以心交者乎？

师之所传，当细细理会，实实力行，所谓"习"也。吾每日自省：受之于师者，倘有苟明焉而即止、苟能焉而即怠者乎？

此三者，如其有之，是欺人也，欺友也，欺师也。自欺而已，不可不改。如其无之，一念无欺，当求念念无欺，一事无欺，当求事事无欺，不可不勉。① 是以不敢一日少懈耳。

曾子毋自欺之学如此。《书》云"兢兢业业"②，又云"无怠无荒"③，又云"君子所其无逸"④，言省身也，皆此意也夫！

【注释】

①如其无之……不可不勉：可理解为："如其无之，不可不勉：一念无欺，当求念念无欺；一事无欺，当求事事无欺。"

②《书》云"兢兢业业"：《尚书·皋陶谟》："无教逸欲有邦，兢兢业业，一日二日万几。"（舜帝的大臣皋陶在和舜、禹一起讨论政事的时候，说："作为君主，不要贪图私欲享受，要谨慎勤勉地处理政务，要知道每天都要日理万机。"）兢兢，形容小心谨慎。业业，畏惧的样子。兢兢业业，即谨慎戒惧，形容做事小心谨慎，认真踏实。一日二日，指天天。万几，即万端，指纷繁的政务。

③无怠无荒：出自《尚书·大禹谟》："无怠无荒，四夷来王。"［对政

事不要懈怠，不要荒疏，（就会实现盛治，）四方边民的首领就会来朝见天子了。］引文详见本书［子路第十三·十六］"违道干誉"词条注释。

④君子所其无逸：出自《尚书·无逸》："呜呼！君子所其无逸！先知稼穑之艰难（乃逸），则知小人之依。"（哎呀！君子居其位，不要贪图安逸！先了解农事的艰辛，就知道平民的苦衷了。）

【译文】

这一章是讲曾子的不自欺的学问。

曾子的名字叫曾参，是孔子的弟子（被尊称为曾子）。

曾子说：我每天都常常用三件事情来自我省察。是哪三件事情呢——

但凡一个人考虑自己的事情一定会尽心尽力，但若是为他人考虑不跟考虑自己的事情一样，就是不忠实。我每天就会自省：为别人考虑事情，是不是还有不够尽心尽力的地方？

与朋友交往，应当不违义理，真心实意，这就是所谓的"诚信"。我每天都会自省：交朋友，是不是还有只是面子上像那么回事，但并没有真心交往的情况？

老师所传经义，应当细细揣摩把握，切实躬身实践，这就是所谓的"习练"。我每天都会自省：从老师那里学来的东西，是不是还有一知半解便浅尝辄止的情况？

这三种情况，如果还存在，就是欺骗人、欺骗朋友、欺骗老师。这其实也是欺骗自己，不能不改。如果没有这些情况，那么还要更加自勉：从一个念想不欺骗，做到每一个念想都不欺骗；从一件事情不欺骗，做到每一件事情都不欺骗。所以没有一天敢稍微松懈而不自省。

曾子的不自欺的学问就是这样。《尚书》说"兢兢业业"（做事小心谨慎，认真踏实），又说"无怠无荒"（天子常戒慎，不要怠惰荒废），还说"君子所其无逸"（君子不要贪图安乐），都是要自省其身之意，跟曾子所说的意思差不多吧！

【评析】

泛泛而谈的修身养性的大道理，在曾子这里变成了非常具体的实践条目。

为什么是三件事，而且是这样三件事呢？在现代生活中，人们所关心的不外乎妻子、孩子、车子、房子、票子、面子，"天下熙熙，皆为利来；天下攘攘，皆为利往"（《史记·货殖列传》）。利益往来，似乎更应该是我们关注的"人生大事"。然而，生活在繁杂的现实生活中，哪些事务是最为紧要的呢？

曾子所言恰好给了我们一个参考，即在有限的生命中，哪些是值得我们真正关注的。笔者的理解是：也许物质资产是我们须臾不可离开的生存基础，然而，它们却未必构成能进一步体现个人价值和人格的要素，而一个人拥有得越多，未必就越能够得到高层次的精神享受和价值回报。只有在内心深处，在与他人交往的时候保持良好的状态，才能于日常生活中赋予生存的意义，也才能够真正做到内心安然，不空虚度日。这种生活的状态，是需要依靠每日不断的自省才能达到的。曾子临终仍检视手足（[泰伯第八·三]），以示自省忠信之义，恪守仁者心怀。由此可知，其志有定，其行有守，儒者所谓"躬行践履"，言之不虚也。

【标签】

曾子；反省；忠信；传习

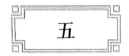

五

【原文】

子曰："道千乘之国，敬事而信，节用而爱人，使民以时。"

【解义】

此一章书，是孔子论治国之要，实千古治天下之本务也。

孔子曰：千乘之国，事繁人众，治要有五。

凡事无论大小，动于一念，便思及治乱所关，则不敢忽；施于一时，便虑及安危所系，则不敢轻。兢兢业业①，无有不敬。

"而信"者，又上下感通②之要也：政令一，使人有所遵守；赏罚明，使人有所激劝③；布一纶诰④，使四方亮其不欺；定一制度，虽百年守而不变。一言一动，无有不信。

国家理财，量入为出。先王之世，三年余一年之蓄，九年余三年之蓄。虽或兴军旅而繁费，恤水旱而蠲租⑤，而不忧用诎者，只是平日用所当用，而不敢妄用，故常有余也。乌可不节？

人者，国之本。古之王者，一夫失所，引为己辜，爱之至也。故当视百姓有无食者，犹己饥之；视百姓有无衣者，犹己寒之。⑥必使之得所而后已。

国家有事，不免使民，但不妨农务之时，方可使耳。

此五者，治国之要也，治天下之道亦不外此。然孔子首言敬，五者又以敬为主。尧舜以来，治道皆兢兢业业之心为之也。⑦

【注释】

①兢兢业业：保持对事业的谨慎戒惧，形容做事谨慎、勤恳。出自《尚书·皋陶谟》，可详参本书［学而第一·四］"兢兢业业"词条注释。

②感通：谓此有所感而通于彼。意即一方的行为感动对方，从而导致相应的反应。出自《周易·系辞上》："《易》有圣人之道四焉：以言者尚其辞，以动者尚其变，以制器者尚其象，以卜筮者尚其占。是以君子将有为也，将有行也，问焉而以言，其受命也如响。无有远近幽深，遂知来物——非天下之至精，其孰能与于此？参伍以变，错综其数。通其变，遂成天下之文；极其数，遂定天下之象——非天下之至变，其孰能与于此？《易》无思也，无为也，寂然不动，感而遂通天下之故——非天下之至神，其孰能与于此？夫《易》，圣人之所以极深而研几也。唯深也，故能通天下之志；唯几也，故能成天下之务；唯神也，故不疾而速，不行而至。子曰'《易》有圣人之道四焉'者，此之谓也。"（《易》有圣人四种道术，即辞、变、象、占——讲求文辞的人则崇尚其辞章之美，务求行动的人则崇尚其变化之妙，制造器具的人则崇尚其形象之丰，占卜问卦的人则崇尚其卜筮之灵。所以君子将要有所作为、有所行动的时候，探问于《易》以筮卦，而《易》如回响应声一样，即以其六十四爻当中的吉辞应答。凭借《易》之占筮，无论远近幽深，都能推演未来事物的情状——如果不是通晓天下最精深的道理，又有谁能做到这样呢？三才五行或阴阳之数参合五位的变化，错综其数字的推演。通达它的变化，终于成就阴阳之数的神妙，而《易》中阴阳卦爻的文辞也由此可以推知了；极尽数字的变化，就能肇定天下的物象——如果不是通晓天下最精深的道理，又有谁能做到这样呢？《易》本身是宁静无思、清静无为、寂然不动的，人若能感发兴起而运用之，终能通达天下一切的事故——若非天下最为复杂神妙之道，又有谁能做到这样呢？《易》是圣人极尽幽深、研究神机莫测的一门大学问。正因它的幽深，所以能通达天下人的心志；正因为它的神机莫测，所以能成就天下的一切事务；正因为它的神妙，所以看似不见其急速而自然快速，看似不见其行动却能到达。夫子所说的"《易》拥有圣人所具备的四种道术"，便是就此而言的。）

③激劝：激发劝勉。

④纶诰：亦作"纶告"，皇帝的诏令文告。诰，音 gào。

⑤蠲租：免除租税。蠲，音 juān，免除。

⑥故当视百姓有无食者，犹己饥之；视百姓有无衣者，犹己寒之：视百姓的饥寒窘困为自己的，推己及人，感同身受，形容对民生疾苦感到急迫而想有所改变。《孟子·离娄下》："禹思天下有溺者，由己溺之也；稷思天下有饥者，由己饥之也，是以如是其急也。"（禹想着天下有处于水深火热中的人，就像自己也处于水深火热中一样；稷想着天下还有忍饥挨饿的人，好像自己也在忍饥挨饿一样——所以他们拯救百姓才这样急迫。）因有成语"己饥己溺"。

⑦尧舜以来，治道皆兢兢业业之心为之也：此典出自《尚书·皋陶谟》。舜帝的大臣皋陶在和舜、禹一起讨论政事的时候，皋陶告诫他们要兢兢业业为事。可详参本书［学而第一·四］"《书》云'兢兢业业'"词条注释。

【译文】

这一章是讲孔子谈论治国的紧要做法，实在是自古以来治理天下的根本所在。

孔子说：一个有一千乘兵马的国家，人多事杂，治理这样的国家有五个最为紧要的做法。

但凡做事，无论事大事小，都要高度重视，因为你一个念头之间便会产生顺治与动乱的区别，所以都不敢疏忽；因为你一时的思虑便直接关系到国家的安危，所以都不敢轻视。因此，要谨慎小心，做事虔敬。

而诚信，是国人上下内在沟通的要义之所在：政令统一，使人们拥有能够共同遵守的规约；赏罚分明，使人们清楚地知道什么可为，什么不可为；发布昭告文书，让天下四方都明白国家发生了什么；制定规章制度，长年坚持不变。凡是所言所行，无不坚守诚信。

国家管理财务，要根据进项来决定出项。先王的时代，用三年的时间积累一年必要的开支，用九年的时间积累三年必要的开支。即便是征兵打仗开支巨大，或者因为救恤天灾而减免赋税，仍然不用担心物资不够用，就是因为在平时注意节俭，该用的就用，不该用的坚决不用，这样才会有所结余（以用于非常时期）。所以说，怎么能够不节俭呢？

人民，是国家的根本。古代的君王，哪怕是一个老百姓没有居所，都会因此怪罪自己，这是极度爱护民众的表现啊。所以，如果看到老百姓没有饭吃，就像自己在忍饥挨饿；看到老百姓没有衣服穿，就像自己衣不蔽体。因此，一定要让老百姓有饭吃、有衣穿，然后才考虑自己。

国家因事不得不征用民力，最好避开农忙季节。

这五项，是治理国家最为紧要的做法，治理天下之道也不外乎此。而且，孔子在这五项中，首先谈"敬"，大概"五要"以"敬"为首，最为紧要。自从尧、舜以来，治理之道大多是在兢兢业业的诚敬心理基础上建立的。

【评析】

敬事而信、节用爱人、使民以时，可谓孔夫子的十二字治政理念，极为简明且重要。

宋邵伯温《邵氏闻见前录》载北宋神宗时期名相李沆事云：

李文靖公作相，尝读《论语》。或问之，公曰："沆为宰相，如《论语》中'节用而爱人''使民以时'两句，尚未能行。圣人之言，终身佩之可也。"

李沆谥"文靖"，为官光明正大，一时有"圣相"之美誉，明清之际王夫之则称赞其为"宋一代柱石之臣"（《宋论》）。然而，有如此成就之人物竟然也以无法实现孔子的两句话为憾事，而终身感佩并以之自勉，可知孔子话语深入人心而影响深远。

四句话中，《解义》特别强调其中第一句，第一句又强调"敬"。其所谓"敬"，是以至高价值理念来敦促内心，无不以此为准则。心中有至高准则，则无事不敬；既敬，则事无所不周。治政事无所不周而不偏私己利，则自然生信。

[为政第二·二十二]中说"人而无信，不知其可也"，[颜渊第十二·七]中说"民无信不立"，都非常强调"信"的作用，把信任当作做人或治政的基本原则。从价值观的角度来解释，"信"是人与人或人与社会之间稳固而共赢的价值链条，上能惠下，则下能唯上，以至政通人和，百业兴旺。

所以，这里的"敬"并不是我们今天一般所谓的"敬业"，而是一个更宏大、更通达的范畴，宋明理学对其定位极高而阐发极深。

如果说"敬"是治理的态度和出发点，那么"信"则是其治理的效果和理想状态。因此，可谓"敬"与"信"密不可分——因敬生信，大概是治政最基础的原则吧。

【标签】

治国之要；敬；信；节用；爱人

【原文】

子曰："弟子，入则孝，出则弟，谨而信，泛爱众，而亲仁。行有余力，则以学文。"

【解义】

此一章书，是孔子教弟子之法。

孔子曰：凡为弟子者，入处家庭之内，须善事父母以尽其孝；出在宗族乡党①之间，须善事兄长以尽其弟。凡遇一事，必慎始慎终而行之惟谨；凡出一言，必由中达外而发之惟信。其与人接也，于众人皆一体爱之，而不憎不忌；于仁人则益加亲厚，而是则是效。②此皆伦常日用之要务，须一一力行，随在③自勉，不可少懈。而燕闲之顷，又不可使之暇逸，则以其余力学夫《诗》《书》"六艺"④之文⑤。

盖《诗》《书》所载，皆教人为人之道，而礼、乐、射、御、书、数，亦日用之不可缺者，必博求广览，以为修德之助。如此，德行、文艺，内外交养，则爱敬日生，醇厚日积，聪明日广。虽小学之功，实为大学之基⑥矣。

【注释】

①乡党：周制，一万二千五百家为乡，五百家为党。本为行政建制，二者连用，泛指家乡或本土。另如"州里"等，用法相似。

②于众人皆一体爱之……而是则是效：《诗经·小雅·鹿鸣》："呦呦鹿鸣，食野之蒿。我有嘉宾，德音孔昭。视民不恌，君子是则是效。"（一群鹿儿呦呦叫，任情原野吃蒿草。我有满座好宾客，品德高尚有美名。待人宽厚不轻薄，君子贤人来仿效。）恌，同"佻"，音tiāo，苟且。"不恌"指不苟且轻薄。是则是效，即"则是效是"，效法仁人，向他们学习。

③随在：随处，随地。

④《诗》《书》"六艺"：本章《解义》对"六艺"概念有所混淆。此

处《诗》《书》"六艺",应指《诗》《书》等"六艺"(亦称"六经"),泛指古代典籍。(可详参本书［雍也第六·二十七］同名词条注释。)而此后却列举礼、乐、射、御、书、数等技能,显然有所混淆。技能六艺与典籍六艺有所关联,但并不相同。《解义》自身在［述而第七·六］中,将"《诗》《书》《礼》《乐》之文"和"射、御、书、数之法"对举,由此可见。

⑤文:文献。

⑥小学之功,实为大学之基:此为引用朱熹对学业的定义及其关系的立论,认为日常生活及基本文化教育是人生悟道立业的重要基础,不容忽视。朱熹《经筵讲义·大学》:"大学者,大人之学也。古之为教者,有小子之学,有大人之学。小子之学,洒扫、应对、进退之节,《诗》《书》《礼》《乐》、射、御、书、数之文是也。大人之学,穷理、修身、齐家、治国、平天下之道是也。此篇所记皆大人之学,故以大学名之。""圣人施教,既已养之于小学之中,而后开之以大学之道。""大学之道,凡平日所以涵养其本原、开导其知识者。既已一切卤莽而无法则,其一旦居尊而临下,决无所恃,以应事物之变,而制其可否之命。至此而后始欲学于小学以为大学之基,则已过时而不暇矣。"(《晦庵集》卷十五)

【译文】

这一章是讲孔子教育弟子的方法。

孔子说:凡是作为弟子,在家庭之中,务必善于侍奉父母以尽孝顺之心;对宗族乡亲,一定要善于侍奉兄长以表敬爱和顺之意。每做一件事,一定要始终心怀谨慎而行动谨细;每说一句话,一定要由衷而发,诚心诚意。与人交往,应博爱广施,毫无差等;如果是与仁爱之人交往,就应当更加亲近、温厚,并效法他们。这些都是日常人伦中重要的事情,每一件都要尽力去做,随时随地都要自我诚勉,不能有丝毫松懈。即便是闲暇的时候,也不能贪闲偷懒,用余下的精力来学习《诗经》《尚书》等"六艺"文化知识。

大概《诗经》《尚书》等书所记载的,都是教导人如何做人的道理,而礼、乐、射、御、书、数等"六艺",也是日常使用所不可缺失的技能,必须博学广记,以有助于道德的修炼。做到道德的操练和文化知识的学习内外相互促进,就会让亲爱、和敬之情逐日滋长,纯粹、温厚之德逐日累积,聪慧、精明之识逐日拓展。虽然这些只是初步的文字知识的学习,却也是天理仁道之学的基础。

【评析】

清朝秀才李毓秀以此章为纲要，并吸收朱熹《童蒙须知》文句，作《弟子规》❶，将《论语》之一章铺衍演绎成为一篇教导劝诫世人行善尽孝的韵文，通俗易懂，循循善诱，其中为人处世的道理虽然常见，但鞭辟入里，切中肯綮，实则生活之道的要领，因此被誉为"人生交规"。其文字纯朴而敦厚，平易而近人，乃使本章文字因此重光。传统文化教育往往以此入门，真乃上善之作，功莫大焉。

然而，为何独有此章被如此演绎并广泛传播，却也值得探究一番。

其主要原因，或在于这一章最"接地气"而能引发想象——在一个大家族中，总能有这么一位诚善待人而又发奋努力的"劳谦君子"，人们总会在遇到困难的时候想到他，教育子女的时候念叨他，谈天说地的时候推崇他。这里正可以看到孔子标举君子人格的重要意义，社会价值正是由这样的标准形象"代言"，他犹如开在人群中的花朵，给人带来芬芳和喜悦。

美国汉学家罗思文（Henry Rosemont Jr.）和安乐哲（Roger T. Ames）提炼出"儒家角色伦理"理论，认为"社会政治秩序肇始并依赖于个体在家庭结构中的修养"。❷他们通过中西方语境对比，发现西方"词语"有其对应之"事物"，而中国则可能对应到一定家庭或社会关系上，激活人们基于过去经验的类比性认识，进而落实到具体的人物形象上，从而使人的行动具有实质性效果，并借此给予人生指导。

儒家"角色伦理"当然给出了对行为的指导性规则，但是它不是求诸"抽象"的"原理"价值或者"德行"（virtue），而是从根本上根据我们实际熟悉的、社会的"角色"而找到"指南"。这些"角色"具有存在性指导意义，而不是"抽象"（原则）。依据我们的生活经验，在兄弟姊妹这样"角色"里，我们有实在性的直观体悟。"角色伦理"所给予的指南，是如何活得最有成就感，而且是在人活动的不可避免复杂性上做考虑，对"恰当行为"做出解释。与"抽象原理"相比，它在我们的实在性"角色"与关系之中，有一种至关重要的"恰当性"，相当具体地提示我们——下一步

---

❶ 《弟子规》原名为《训蒙文》，后经贾存仁修订，改为此名。
❷ ［美］安乐哲：《"生生"的中国哲学——安乐哲学术思想选集》，田辰山、温海明等译，人民出版社2021年版，第155页。

该怎么做。❶

这是儒家文化的一个显著特点，本章恰可作鲜明之例证。

这样一个君子形象的塑造则为理想社会的营构夯实了基础，从此延伸开去，则"角色伦理"具有强大的社会建构作用和价值生成意义。作为"主角"的"圣人"则自然被置于社会价值坐标系的核心位置：

人类，远不是小角色，而是重要的，甚至是宇宙的合作者那样的宗教性角色。个人修养是一切意义的最终来源，在这个过程中，个人角色和关系达到的强度和广度决定了个人对自然、社会和文化世界的影响程度。人通过修养而建立生活规则，既有机会也有责任参与天地（the heavens and the earth）的共同创造。从这个意义来说，作为最接近完美状态的人，"圣人"可以提升到一个真正的宇宙层面，被称为"天地之心"（the heart-mind of cosmos）。❷

孔子作为"伦理角色"的缔造者，也自然成为践行者者。孔子的形象被投射到现实中，演绎出不同的角色。安乐哲在为罗思文《莫把〈论语〉作书读》一书所作的序言中，洋洋洒洒地列举了孔子的多种角色，并借此再次申明"角色伦理"的重要价值和意义：

《论语》作为一部经典，并非要设计某种人人皆应依从的生活准则。其所载孔子之典范，毋宁令人想起对某个人的描述：他如何于芸芸众生中修身养性，如何过一种备受仰慕的完满人生。的确，阅读《论语》的过程中，我们接触的是一位由其诸关系建构起来的孔子，他一生之路都是尽最大可能，通过"活在"各种各样富有张力的角色中完成的：作为一位严格且有时又主观臆断的老师之角色；作为一位谨慎清廉的官员之角色；作为关爱家人的家庭成员之角色；作为一名积极参与社会生活的热心邻居与社群成员之角色；作为一名总有批判，且有时又不情愿的政治谋士之角色；作为一名对其先祖胸怀感恩之情的后代之角色，以及作为一名对活着的文化遗产充满热情的承继者之角色；甚至，作为一名与友朋、童子于沂水中徜徉

---

❶ ［美］安乐哲：《儒家角色伦理学：一套特色伦理学词汇》，［美］孟巍隆译，田辰山等校译，山东人民出版社2017年版，第178页。

❷ ［美］罗思文：《负重而行：儒家文化的代际传承》，载［美］罗思文、［美］安乐哲《儒家角色伦理：21世纪道德视野》，吕伟译，王秋校，浙江大学出版社2020年版，第177–178页。

一日后，一路高歌而归者之角色。根据世代相传孔子教义中所载其生活轶事，孔子形象更倾向于此：其诉诸历史典范，而非援用疏离抽象诸原理；喜举例类推，而非征引种种设定之系统理论；使直达心扉之劝诫得以发生，而非发布指令。如同我试图于本序中所呈现，孔子种种洞见之力量及其持久价值，存在于该事实中：其中许多思想直感上就有说服力，且易调适用于后世，亦包括我们自己的时代。❶

美国汉学家狄百瑞（William Theodore de Bary）偏向于将这一角色定义为儒家自有的概念——君子。在其所著《儒家的困境》一书中，他明确揭示了《论语》与君子形象之间的关系，同时也彰显了君子之于《论语》的意义，此与"角色伦理"实则异曲同工：

虽然《论语》作为一部语录和轶事的集子看起来缺乏系统的结构，叙述也颇为游离，但是它作为一个整体仍然具备自身的焦点——君子。从"君子"入手十分有利于我们更好地理解《论语》。《论语》的魅力之所以经久不衰，并不在于它阐释了一套哲学或者思想体系，而是在于它通过孔子展现了一个动人的君子形象。❷

不过狄百瑞探索的焦点与方向与罗、安两位并不相同。他发现，君子这一形象/角色既成为儒家思想的主要承担者，则儒家之得失成败也必然关乎君子。狄百瑞将君子与先知进行比较，以探究君子的独特之处及其遭遇之因：

儒家思想的问题就不在于它赋予作为个体的君子太小的空间或者太微弱的意义，而是在于它或许给得太多了。儒家思想把以色列先知放在整个民族身上的所有重担都抛给了君子一人。如果君子和统治者之间麻烦不断，那么，在很大程度上是因为孔孟二人让君子与统治者共同为百姓的苦难负责。❸

这一段文字正揭示出作者将该书名之以"儒家的困境"的原因。儒家学说既为主导思想，君子既然为社会"脊梁"，则社会的种种问题往往也会因此归咎到他们身上，使他们承受不应受到的责难，特别是当古代政治倾颓以致解体，整个社会都在寻求原因时，儒家自然而然地承担了过多的责难。对此，狄百瑞以缠足为例进行了辩解：

---

❶ ［美］安乐哲：《莫把〈论语〉作书读·序》，载［美］罗思文《莫把〈论语〉作书读》，何金俐译，北京大学出版社 2020 年版。
❷ ［美］狄百瑞：《儒家的困境》，黄水婴译，北京大学出版社 2009 年版，第 34 页。
❸ ［美］狄百瑞：《儒家的困境》，黄水婴译，北京大学出版社 2009 年版，第 27 页。

儒学承载了所有的历史负担和旧秩序不计其数的罪名，例如政治腐败和镇压、压迫妇女、纳妾、杀（女）婴、文盲等等。人们经常以缠足现象作为典型来象征裹足不前、残忍和男权至上的儒学。在这个问题上，史实并不重要。从起源上来说，缠足出现在佛教处于强势而儒学陷入低潮的唐代。但是，这并不重要。从观念之间的联系上来说，缠足与佛教或者儒学的关联程度并不大于西方鲸骨束身内衣或者细高跟鞋与基督教的关联。既然缠足远非强加给下层社会用来表示顺服的标志，那么，从更加贴近我们的主题的方面来说，重要的是，缠足代表了当时上层社会一种极为时髦的事物。它显示了当时人们对"贵族妇女"的期望，"贵族妇女"必须忍受非同寻常的牺牲和自律才能"一直高高在上"，也就是人们所谓的保持社会的高标准。❶

就缠足这一现象的直接原因而言，狄百瑞的分析不无道理。而儒家作为传统社会的主导思想，早就与政治完全捆绑在一起，特别是"三纲五常"制下形成的男权意识，从某种程度上仍然是缠足这一女性身体事件的"幕后主使"，故也难辞其咎。但同时，男权意识在世界历史很长一个时期是一个共性特点，不独中国有之，而社会总体上对于女性的态度或并不能仅仅归罪于某一家之思想学说。

同理，对于中国历史进程中儒家所能起到的作用也应该进行辩证地分析。此如郑永年提出：

在西方人的概念里，就中国来说，儒家和东方专制主义是联系在一起的。但是在实践层面，这种概念上的联系越来越被证明是不能成立的。……二战后东亚儒家文化圈的发展就说明了很难证明儒家和东方专制主义之间的关系。❷

现代意义上的东亚儒家文化圈的形成与现实表现，说明儒教与专制主义并无必然联系，而且也回应了马克斯·韦伯（Max Weber）"儒教阻碍资本主义在中国产生"的观点，以及维特福格（Karl Wittfogel）"东方专制主义"理论，认为这些实则东西方意识形态战争中的偏见。❸

---

❶ [美]狄百瑞：《儒家的困境》，黄水婴译，北京大学出版社2009年版，第122—123页。

❷ 郑永年：《中国崛起：重估亚洲价值观》（珍藏版），东方出版社2015年版，第43—44页。

❸ 详参郑永年：《中国崛起：重估亚洲价值观》（珍藏版）《第三章"东方专制主义"在西方的起源与演变》，东方出版社2015年版。

英国学者庄士敦（Reginald Fleming Johnston）也从反向角度质疑新文化运动以来所形成的社会文化认知：

> 儒学是使中华民族生生不息，并使中国成为当今世界上历史最悠久的国度之一的最主要因素，想否认这一点无疑是徒劳的。在上个世纪里，中国也曾沉沦落后，但是，仅仅把视野局限在中国那些灾难时期，而无视汉、唐、宋时期的中国是何等辉煌，难道这样是公平的吗？为什么单单拿今天混乱、屈辱的中国作为标准来评判儒家思想，而不是以在17世纪得到文明但欠发达的欧洲国家热情赞扬的安宁繁荣的中国为评价标准呢？❶

庄氏所采用的这种比较方法对于"一刀切""一边倒"式的批判无疑是非常有力的一击。但是，毕竟儒学作为当时社会的主导思想，其自身发展过程中的内在因素，导致其不能应时所需，而为时代所淘汰，也是客观事实。庄氏未能掌握历史及儒学发展中的变量，只是出于对中国文化的敬爱而进行简单而绝对的对比，逻辑上难免存在漏洞。

不管怎样，历史发展到今天，对儒学的革新必将由"君子"对自身进行检讨，才能更好地服务社会。"道德成功一般都陷入道德失败的陷阱。"❷君子本是道德的化身，而若道德陷入悖论，则君子何去何从？墨子刻（Thomas A. Metzger）一语道尽君子的生存困境和价值困局。

儒家本来"认为道德行为高于任何对理论真理或纯粹学问的探究"，然而终究失去自信，"在失败的边缘摇摇欲坠的自我，时时在担忧道德报恩循环的解体"❸，但最终，"当'外在'的变革行为对现代中国人来说显得尤为清晰时，寻求内在变革的努力就放松了。道德净化和抽象联系的'内在'困境不再那么激烈、那么重要了"❹。"个人内心中的道德努力与宇宙中的任何变革力量无关。参与国家政治的是'外在的'物质生活，而不是'功夫'，前者是实现世界现存的自然和历史条件所提供的变革机会的唯一途径。当'功夫'由此而不再是宇宙变革的媒介时，圣贤理想中的核心部分

---

❶ ［英］庄士敦：《儒学与近代中国》，潘崇、崔萌译，李宪堂审校，天津人民出版社2010年版，第156页。

❷ ［美］墨子刻：《摆脱困境——新儒学与中国政治文化的演进》，颜世安、高华、黄东兰译，江苏人民出版社1996年版，第195页。）

❸ ［美］墨子刻：《摆脱困境——新儒学与中国政治文化的演进》，颜世安、高华、黄东兰译，江苏人民出版社1996年版，第196页。

❹ ［美］墨子刻：《摆脱困境——新儒学与中国政治文化的演进》，颜世安、高华、黄东兰译，江苏人民出版社1996年版，第202页。

必将失去意义"❶。作者致力于探究的"摆脱困境",即新儒学如何在中国政治文化的演进中找到自身的出路。然若"内在"与"外在"无关,"功夫"与"为政"间隔,"内圣"与"外王"断裂,恐怕儒学失去的不是"理想",而是全部。而作者又提出"新儒家之成为圣人的愿望被看成是一种为寻求变革力量而斗争的途径"❷,寄全部希望于此以"摆脱困境",与前述内容又显然是自相矛盾的。

【标签】

教育;君子;六艺;《弟子规》

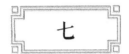

七

【原文】

子夏曰:"贤贤易色;事父母,能竭其力;事君,能致其身;与朋友交,言而有信。虽曰未学,吾必谓之学矣。"

【解义】

此一章书,是子夏勉人以躬行实践之学。

子夏①姓卜,名商,孔子弟子。

子夏曰:人之为学,于纲常伦理上见得明白,方是根本切要工夫。

如见人之贤,真知笃信,凡嗜好不足以移之,直以易其好色之心,而好善极其诚矣。

如事父母,委曲承顺,凡分所当为、情所当尽者,俱竭其力而无遗,而事亲极其诚矣。

如事君,实心任事,无虞必儆②,艰大不辞③,直④以己身委置于君,而事君极其诚矣。

如与朋友交,言语之间极其诚信,内不欺己,外不欺人,虽久要而不忘⑤,而交友极其诚矣。

---

❶ [美]墨子刻:《摆脱困境——新儒学与中国政治文化的演进》,颜世安、高华、黄东兰译,江苏人民出版社1996年版,第206页。

❷ [美]墨子刻:《摆脱困境——新儒学与中国政治文化的演进》,颜世安、高华、黄东兰译,江苏人民出版社1996年版,第206页。

此四事，皆经常日用之大者，而行之各尽其诚，此即见道分明，践履⑥笃实⑦所在。虽或言其未尝为学，而躬行之外有何讲究？纲常⑧之外有何名理⑨？我必谓之已学矣。

子夏此言，以敦行为实学，自是探本之论。但学者于人伦日用，事事求造其极，则又不可恃德性而不加学问之功，故圣人教人文、行不偏废也。

【注释】

①子夏：卜商，字子夏。其生平详见本书［先进第十一·三］"子夏"词条注释。子夏作为孔门十哲之一，擅长文学，后至魏国传教授学，受众颇广，影响堪称深远。本章所倡导真学实用之观点，可以窥见其学术思想之一斑。与其学术流布，亦不无关系。

②无虞必儆：无虞，没有忧虑。儆，音 jǐng，使人警醒，不犯过错。《尚书·大禹谟》："儆戒无虞，罔失法度，罔游于逸，罔淫于乐。"（警惕不要失误，不要放弃法度，不要沉湎于游玩安逸，不要放恣于安乐享受。）出处可详参本书［子路第十三·十六］"违道干誉"词条注释。

③艰大不辞：再难再重的任务也不推辞。艰大，至艰至大。

④直：径直，直接。

⑤虽久要而不忘：［宪问第十四·十二］："见利思义，见危授命，久要不忘平生之言，亦可以为成人矣。"（采钱穆《论语新解》译文：见有利，能思到义。见有危，能不惜把自己生命交出。平日和人有诺言，隔久能不忘。这样也可算是一成人了。"）

⑥践履：经历，实践。

⑦笃实：忠厚老实。

⑧纲常："三纲五常"的简称。"三纲"是指"君为臣纲，父为子纲，夫为妻纲"，要求为臣、为子、为妻的必须绝对服从于君、父、夫，同时也要求君、父、夫为臣、子、妻做出表率。它反映了传统社会中君臣、父子、夫妇之间的一种特殊的道德关系。"五常"即仁、义、礼、智、信，是用以调整规范君臣、父子、兄弟、夫妇、朋友等人伦关系的行为准则。

⑨名理：为世人所熟知的名物与道理。马王堆汉墓帛书《经法·名理》："天下有事，必审其名……循名厩（究）理之所之，是必为福，非必为材（灾）"，"故执道者之观于天下……能与（举）曲直，能与（举）冬（终）始，故能循名厩（究）理"。即要按照名号职分的意义来判断一个人的是非曲直，此谓"循名究理"或"审察名理"。探究名理关系，是对治政之道的深入考察。故此处"名理"乃指研究探讨治政之道。

【译文】

这一章主要讲子夏劝勉人们要真学实干。

子夏叫卜商,是孔子的弟子。

子夏说:一个人的学习,要做到对日常伦理通透明晰,才是最根本、最实在的修为。

比如见到别人的贤德,真诚以待,深信不疑,即便受到平日嗜好的诱惑也不足以使其改变,甚而这种尊贤养德之心能够替代其好色之心,这就说明他向善好贤的心灵十分诚敬了。

比如侍奉父母,委婉表达以做到和顺相处,凡是职分应当做、情理应当尽的事情,一定要竭尽全力、巨细无遗,这样侍奉双亲就十分诚敬了。

比如侍奉君王,真心实意地做事,精忠进谏以防忧患,不避忌艰难重大的任务,直接将自己终身奉献给君王的事业,这样侍奉君王就十分诚敬了。

比如和朋友交往,一言一行都极为诚实守信,不自欺,也不欺人,虽然誓约已久,但绝不背弃,这样交往朋友就十分诚敬了。

这四种情形,都是日常伦理中最主要的内容,而如果能够诚敬以待,那么这就是真知灼见、实干笃行的大学问了。虽然也有人会说他其实没有怎么上学读书啊,但是,除了躬身实践之外还有什么可以讲求之道,除了人伦纲常之外何谈治政之道?我一定会说诚敬以待纲常伦理的人是真正有学问的人。

子夏这番话,以实实在在的行动为真正的学问,自然是发自本真的论断。可是,进学之人在日常伦理方面,虽然要处处极尽诚敬,但绝不能以此居德自傲,而不去读书求教,所以圣人教导人们读书、行事,二者不可偏废。

【评析】

人之为人,乃在于学;学之为学,乃在于用;用之为用,乃在于行。人、学、用、行,四位一体。学以致用,方能为学;学以成人,乃能成学。正所谓"虽曰未学,吾必谓之学矣"!人而不学,学而不用,用而不行,概皆为教育体系或价值体系之弊端所致,是为证书教育、学历教育,非真学也。故可仿本章语句慨叹:"虽曰学,吾必谓之未学矣。"

【标签】

子夏；学；贤贤易色；言；信

【原文】

子曰："君子不重，则不威；学则不固。主忠信。无友不如己者。过，则勿惮改。"

【解义】

此一章书，是孔子勉人以进德修业之功也。

孔子曰：君子为学，气质必须厚重。若使轻浮浅露，则见于外者，无威之可畏，而所知所行之学必不坚固。故立身以厚重为贵。

而存心又以忠信为主。忠以不贰，信以不欺，止而思，动而为，无往而不在是焉，则德立矣。

至于友以辅德，必胜己者方为有益。若友不如己者，虽非便佞善柔①，而学业未深，切磋难藉，慎勿与之为友。

人有过，每苦于不及觉；既觉矣，犹因循不改，则德日损矣。故或闻人谏诤，或自己省悟，须持之以刚断，随觉随改，不可稍存畏难之念。

如此，则治气以庄，治心以实，取友以明，克己以勇。内外人已，交相存养②，而后学固而德成。学者③可不勉哉！

【注释】

①便佞善柔：便佞，花言巧语。善柔，阿谀奉承。[季氏第十六·四]："友便辟，友善柔，友便佞，损矣。"（与那些致饰于外、内无真诚的人，工于媚悦、假面善变的人，或者口是心非、夸夸其谈的人交往，可能会让你受到伤害。）

②存养：存心养性。出自《孟子·尽心上》："尽其心者，知其性也。知其性，则知天矣。存其心，养其性，所以事天也。夭寿不贰，修身以俟之，所以立命也。"（充分发挥自己本有的善心，就能够知晓自己的本性。知晓自己的本性，就知晓天命了。保持自己的本心，守护自己的本性，这是以之敬奉上天的方法。无论寿命长短，都持之以恒，加强自身修养以恭

从天道,这样就可以安身立命了。)

③学者:做学问的人,求学的人,《论语》及《解义》皆取此义,并指孜孜以求道者。本书通译作"求学问道者"或"学习者"。

【译文】

这一章主要是讲,孔子规勉人们在提升道德、修习功业时应该注意的一些事项。

孔子说:君子在做学问的时候,心气精神一定要温厚而凝重。如果心气轻浮浅露,全部都写在脸上,那么内心一定没有威严紧迫之感,因此所学所用一定不会持久而稳固。所以,安身立命之学首要便是温厚、凝重。

而存心发愿之念的根本便是忠实、诚信。忠实而不背叛,诚信而不欺诈,停下来就省思,动起来就实干。如果不论在何时何地何种情况,都忠实如初、诚信如一,那么一个人的德行就圆满了。

至于用朋友来辅助自己进德修身,那一定是德行超过自己的朋友才对自己真正有益。如果朋友不如自己,即便不是那种花言巧语、阿谀奉承之辈,如果其学业不够深厚,难以与其进行高层次的交流,也千万不要与这种人做朋友。

人们犯错,常常郁闷于未能及时觉察;然而即便是觉察到了,但也往往因循旧路,死不悔改,这样道德就会渐渐滑坡。所以,如果有人直言相劝,或者自己幡然醒悟(觉察到了自己的错误所在),那么就应当毅然决然改错,什么时候发现就什么时候改正,毫不犹豫。

如果这样,那么就可以做到怡养庄重之气,锤炼信实之心,交往贤明之友,涵养决断之勇。通过内外相参、人己互动,不断存养心性,然后就可以做到学业稳固而德行圆满。求学问道者岂可不勉力为之啊!

【评析】

本章语义诘屈,因此引发诸多争议。《论语》诸多篇章,亦且如此,故而古今注疏不断,以致连篇累牍,汗牛充栋。但《解义》所述,将文本与实证经验融为一体,平实透彻,恰到好处,给人气脉畅通之感。这其实也正是其精到之处,即只主一说,略去征引争议,寓正理于评述,化歧解于无形,因而使大义精要彰显卓著而不隐奥晦暗,文字平实可读而非芜杂繁复。这其实正是文字上的"养正"工夫,与其章句阐释义格相通,乃《解义》魅力之所在,也是笔者叹为观止并译介传布的重要原因。

【标签】

君子不重,则不威;存心养性;养正

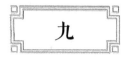

【原文】

曾子曰:"慎终,追远,民德归厚矣。"

【解义】

此一章书,是曾子勉为人上者敦本①以起化②之意。

曾子曰:人伦莫重于事亲,而事亲者每能尽孝于生前,易忽略于身后。故于亲之终也,凡丧葬之事,不能尽礼者多矣。居丧③之初,或能思念其亲,至于岁时既远,而祭祀之顷,不能竭诚思慕者多矣。此皆民德之薄,由上之人无以倡导之耳。若能致谨于亲终之时,非徒哭泣之哀而已,凡事详密尽礼,不遗后日之悔;又能于祭之时,追思既远,忾乎如闻,僾乎如见④,极其孝敬爱慕之情,则己之德厚矣。

凡此,皆上之人自致其情以厚其德。初非以此作则于民也,而民油然观感,咸生仁孝之心,以至居丧皆能尽礼,致祭皆能尽诚,各念所生,咸敦⑤天性,而其德亦归于厚矣。可见德为人之所同,而表率自上。为人君者,岂可不知教化之本哉?

【注释】

①敦本:注重根本。
②起化:改变社会风尚。
③居丧:犹守孝。处在直系尊亲的丧期中。
④忾乎如闻,僾乎如见:出自《礼记·祭义》:"祭之日,入室,僾然必有见乎其位;周还出户,肃然必有闻乎其容声;出户而听,忾然必有闻乎其叹息之声。"(到了祭祀那天,进入庙室就仿佛看到去世的亲人在神位上;祭祀结束转身出门,就肃敬地如同听到他们的声音;出门倾听,又哀伤地听到他们的叹息之声。)因有成语"僾见忾闻"。僾,音 ài,仿佛,隐约。忾,音 xì,叹息。
⑤敦:厚重,笃实。此指使敦厚笃实。

【译文】

这一章主要讲，曾子劝勉治国者敦厚人伦之本以教化民众。

曾子说：人之伦理最重要的是侍奉双亲，而侍奉双亲的人大多是能够在双亲生前尽孝，往往容易忽略在他们亡故之后继续尽孝。所以双亲去世的时候，在处理丧葬方面，不能够依照礼教的就很多。在守丧之初，或许能够专心思念亡亲，但时日一久，就连外在的正常的祭祀也做不到了，更不用说专心思念了。这都是因为治国者没有对民风民德加以引导，而导致其日渐浇薄。如果能够小心谨慎地处理双亲亡故时的事情，不只是痛苦哀嚎，而是把丧礼的每个细节都做好，不使以后追悔莫及；又能够在祭祀的时候，深切追思父母生时景象，如闻其声，如见其人，尽情表达内心的孝敬亲爱之情，那么自身的道德就归于淳厚了。

总之，这些都是治国者通过对待父母的至孝之情来修养道德。一开始这些并不是用来为民众做示范的，但是民众看到以后，自然而然有所感化，都会因此滋生仁孝之心。在守丧的时候能够完全依照礼节去做，在祭祀的时候能够发自内心地追思父母，把天性本真的亲情重新唤醒，这样一来，民风也就归于淳厚了。由此可见，道德是人人可以达到同等境地的，但需要治国理家的人来做表率。作为一国的君王，怎么能够不知道这个教化的根本方法呢？

【评析】

古人对生命的理解，不是个体性的、断点式的，而是群体性的、纽带式的，个体生命紧密联接于亲族的生命链条之上，故个人价值也寄存于族群价值之中，因此，"慎终追远"必然是一种自我价值在族群价值中探寻和认定的过程。

钱锺书在其散文名篇《读〈伊索寓言〉》里，把人类的代际关系俏皮地做了个翻转：

把整个历史来看，古代相当于人类的小孩子时期。先前是幼稚的，经过几千百年的长进，慢慢地到了现代。时代愈古，愈在前，它的历史愈短；时代愈在后，他积的阅历愈深，年龄愈多。所以我们反是我们祖父的老辈，上古三代反不如现代的悠久古老。这样，我们的信而好古的态度，便发生了新意义。我们思慕古代不一定是尊敬祖先，也许只是喜欢小孩子，并非为敬老，也许是卖老。没有老头子肯承认自己是衰朽顽固的，所以我们也

相信现代一切，在价值上、品格上都比了古代进步。❶

"我们反是我们祖父的老辈"，此结论简直石破天惊，然而却也反经合道，言之成理！这正好是"慎终追远"的一个侧面，因为从这个意义上而言，所谓慎终追远，就是我们个体回溯到族群记忆之中，来反观自己完整的"成长历程"，从而找寻到这与生俱来的"宿命"，明确与我们的生命本质同质同构的责任与使命。这实际上是一个自我"归化"的过程，对个人成长具有重要的教育意义，对于社会文化传承也具有不可替代的作用。

同时，我们看到，《解义》把治国者对这一观念的认同和执守，当作一个重大的不可疏忽的事务，希望他们首先要遵从这个为人的基本信条，并以之为政治的开端。虽然今日国家是现代政体形式，治理方式已现代化，特别是经历了近现代革命的峥嵘岁月，其呈现出新时代的特征和风貌。但未必就要完全不同于以往，传统的治政方式也仍有值得借鉴的地方：政治并不远离人情日常，不是政治指导文化、驯化文化，而是顺从文化、悦纳文化，把文化当作最重要的政治资源。

【标签】

慎终追远；孝；祭祀；教化

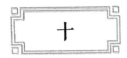

【原文】

子禽问于子贡曰："夫子至于是邦也，必闻其政，求之与？抑与之与？"子贡曰："夫子温、良、恭、俭、让以得之。夫子之求之也，其诸异乎人之求之与？"

【解义】

此一章书，是明孔子盛德感人、自然闻政之验。

子禽①姓陈，名亢。子贡姓端木，名赐。俱孔子弟子。

子禽问于子贡曰：夫子每至一邦，必然与闻国政。此是夫子访求而闻之与②，抑是列国之君自以其政事告于夫子而闻之与？

---

❶ 钱锺书：《写在人生边上》，生活·读书·新知三联书店2019年版，第32—33页。

为求为与，俱未可以测夫子，此子禽之所以疑而问也。

子贡答曰：夫子之闻政，岂是有心，然亦非无故。其平日德盛化神，积中形外③，故与列国之君相接，或着于仪容，或发于辞气——见其蔼然和厚者为温；坦然易直④者为良；肃然庄敬者为恭；敛抑而不自纵、谦退而不自高者，为俭与让。备此德容，人人感动，既敬信之兼至，亦疑忌之皆忘。凡国中政事应因应革者，咸来访问于夫子。其得闻也，盖有故矣。即就子之所谓"求"者而论之，而夫子之求，岂不异乎他人之求之与？

此子贡深知孔子，而信其能得之也。子禽、子贡一问一答，圣人过化存神⑤之德，万世而下可想见焉。

【注释】

①子禽：陈亢（前511—前430），妫姓，字子亢，一字子禽，春秋末年陈国人。小孔子40岁。

②与：同"欤"，语气词。

③德盛化神，积中形外：内在聚集的道德力量会对外在形成神奇的影响，积存于内心的精神会体现在外部的事物上。语出《礼记·乐记》："是故情深而文明，气盛而化神，和顺积中而英华发外，唯乐不可以为伪。"（因此当情感发自内心深处时，所作的文章才能彰明志向；当志气充实盛大，使得心体灵秀的时候，受外物感动所引发的变化就会神奇微妙；和谐顺化之气积聚于心中，美好的光华发扬于外，到达这样由内至外、和谐光明的状态才有乐的流露，因此声、音都是可以造作的，而乐却是无法伪造的。）

④易直：平易正直。

⑤过化存神：指圣人通过自己的道德感化而产生良好的社会治理效果。《孟子·尽心上》："霸者之民驩虞如也，王者之民皞皞如也。杀之而不怨，利之而不庸，民日迁善而不知为之者。夫君子所过者化，所存者神。上下与天地同流，岂曰小补之哉？"（霸主统治下的百姓以欢娱的形式来博取满足，而享有圣王之道的百姓却可以自得其乐。圣王的百姓，被杀而不怨恨谁，得了好处而不报答谁，一天天趋向于善，却不知道谁使他们这样。圣人所到之处，人民无不被感化，而永远受其精神影响。其造化之功上与天齐，下与地同，怎能说只是小小的补益呢？）

【译文】

这一章是说，孔子通过高尚的道德修养打动别人，因此能够获得与闻政事的经验。

子禽姓陈，名亢。子贡复姓端木，名赐。二人都是孔子的弟子。

子禽问子贡说：夫子每到一个国家，都会与闻政事。这是夫子寻访门径探知到的呢，还是各国国君主动把政事告诉他的呢？

是自己探求还是他人告与，对孔夫子来说似乎都不像，所以子禽会有这样的疑问。

子贡回答说：夫子与闻政事，哪有心思专门去探听，但也不是没有途径。他平时涵养修炼，内在聚集的道德力量会形成外在神奇的影响，积存于内心的精神会体现在外部的事物上，所以在与各国君主交往的时候，有的是体现在仪容上，有的是体现在辞令上——温（和蔼温厚）、良（坦诚正直）、恭（端庄恭敬）、俭（收敛自制）、让（谦逊低调）。既然具备了这些道德品貌，人人会为之所动，不仅会对他尊敬、信任，同时猜疑、妒忌也会遁入无形。因此，凡涉及国家的政事上的因循变革等重大事项，都会来向夫子咨询。他能够在各国参知政事，大概就是这个原因吧。就你所谓的探求来说，即便说夫子是在探求，也是有别于他人的。

这是子贡深知孔子，相信他能够依靠道德修为获得政务信息。在子禽和子贡的一问一答之间，所展现出来的圣人感化民众、涵养精神的功德，即便是万世之后也是可想而知的。

【评析】

"闻政"一词实际上是含糊其辞，隐晦其义，所以并不好翻译。它的真正涵义，在子禽那里，更多的是与社会高层交往，是谋职求生、寻求荣华富贵；而于子贡，则是参与国家治理的机会和事件，是功名、荣耀；但于孔子的真实人生际遇而言，不过是周游列国而施政无门、"累累若丧家之狗"（《史记·孔子世家》）的疲态。因此子禽所问的是求职经验（一种世俗的期待），子贡回答的是修身之道（一种理想化的解读）。而孔子本人的真实境遇则介乎二者之间，大概这正是他自己认同别人对他的"丧家之狗"的评价——他虽拥有"温、良、恭、俭、让"的优秀品格，但能够影响的范围极其有限，所参与的政事也非常少，因此他曾经激越地表示自己三年就可以使一个国家达到基本理想的境地（[子路第十三·十]：子曰："苟有用我者，期月而已可也，三年有成。"），甚至一度想背反常理，试图到一些反叛的邦国一试身手，来施展仁政（[阳货第十七·七]："佛肸召，子欲往。"）。这些都反证他并没有多少参政施政的机会。

道德修为是孔子学说的出发点，但不是归宿，更不可能是闻政施教的根本依据——在那个云波诡谲、残酷斗争的年代,是非界限都已变得十分模糊,像孔子那样坚持自己政治理想的人,实在难得。就这一点而言,他渴望植根现实政治实现社会理想,但又向往超越于自身的时代,这种极致的政治理想是必然要遭遇失败的。孔子的仁学毕竟是主体性的哲学(但非心学所指向的把现实纳入主观意志,而是将主观情志演化为现实,因此此处定义孔子之学为"仁学"而非一般"儒学",称"情志"而非"意志";李泽厚将儒家归根于"实践理性",实在深刻而重要。)——他能接受这种理想遭遇现实的失败,但绝不能接受改变理想、变节折中的失败。就这个层面而言,非独子禽不理解孔子,子贡也不是那么理解孔子。

《解义》化用《礼记·乐记》语句的"德盛化神,积中形外",抓住了子贡话语的精髓,实属本章《解义》的神来之笔:以艺术的生成及其感染力来喻指主体道德、精神性对现实的作用力,的确对人具有极强的教育和激励作用。但是人格力量与艺术表现毕竟不同,它往往囿于个体影响的范围,且往往容易与社会价值脱轨,并不容易像艺术生成和艺术感染那样具有直接的效果,甚至遭受社会庸俗价值观念的围困,深陷"个""群"矛盾之中。因此,也可以说这是仁学进入强调公共秩序的现代必然面临艰难处境的根本原因之一。

【标签】

温良恭俭让;闻政;子贡;子禽

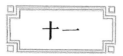

【原文】

子曰:"父在,观其志;父没,观其行;三年无改于父之道,可谓孝矣。"

【解义】

此一章书,是孔子言为人子者不可须臾有忘亲之心也。

孔子曰:事亲乃终身之事,而观人子者亦不在旦夕之间。是故父在之时,子不得自专,仅可观其志向何如;父没①之后,子之行事昭然,乃观其实行何如。至于三年之久,犹不忍有亡其亲之心,而无改于父之道,则终始不渝,存没无间,方可谓之孝矣。

可见父子之间，原属一体，其父已善之规，当恪遵之；未竟之业，当缵承②之。即使偶有缺陷，势须盖愆③，亦止可有变化之方，不可彰一改革之迹。如此则善继善述④，丕显丕承⑤，而后可传美于无穷。为人子者，不可不知也。

【注释】

①没：同"殁"，死。

②缵承：继承。缵，音 zuǎn。

③盖愆：修德行善以弥补过去之罪恶。愆，音 qiān。

④善继善述：善于继承。语出《礼记·中庸》，子曰："武王、周公，其达孝矣乎！夫孝者，善继人之志，善述人之事者也。"（孔子说："武王和周公，可以称得上是至孝了！所谓孝道，就是善于继承先人的志向，善于传承先人未竟的事业。"）达孝，至孝，最大的孝道。达，通"大"。继，继承。述，遵循。

⑤丕显丕承：继承和发扬先人志业。语出《尚书·君牙》："呜呼！丕显哉，文王谟！丕承哉，武王烈！启佑我后人，咸以正罔缺。"（嗯！文王的宏图，要大力发扬！武王的事业，要努力继承！）丕，音 pī，好。丕显，英明之意，上古时代常用于对上帝和天子的尊称。丕承，很好地继承，古时谓帝王承天受命。

【译文】

这一章是讲，孔子说作为人子一刻都不能忘记双亲。

孔子说：侍奉双亲是终身的事业，观察一个人（是否孝顺）并不只是在一朝一夕之间。父亲在世之时，儿子还不能够自主决断，所以此时就主要看他怀有什么样的心志（是否有孝敬的心思）；父亲去世之后，儿子独立做事，能够彰显其真实品行，因此可以观察他的行为处事（是否有孝敬的举动）。如果在三年的时间里，仍然对父亲念念不忘，为其去世而悲恸，并且不违逆父亲的教导，自始至终都能一贯行事，无论是父亲在世还是去世，都没有什么区别，这样真的可以称得上"孝"了。

由此可知，父与子本就是一个整体，父亲已经完善的规矩，儿子应当恪守不移；父亲没有完成的志业，儿子应当继承光大。即便父亲在人格事业方面有所缺陷，儿子也应该尽力弥补，但也只能在一定范围内去改变，而不能彻底更改。这样才能够很好地顺承父亲的志业，然后才能够让这种好的传统得到永久传播。为人之子，不能不知道这些。

【评析】

尽管人类文明已历时几千年，但其步履也还走不出"父与子"这个小圆圈。父与子之间有老牛舐犊、父析子荷，也有剑拔弩张、反目成仇。曹雪芹的《红楼梦》、屠格涅夫的《父与子》、巴金的"激流三部曲"《家》《春》《秋》，甚而有约翰·韦恩《打死父亲》这样命名的作品，都是在叙写父子代际关系的严重危机，两代人格格不入，誓不两立，甚至不惜兵戎相见，斗得你死我活。而家庭关系的紧张对立又是社会新旧关系更迭演化的基本元素和表征，家庭往往是一个小社会、一个时代的缩影——总之，这是个非常沉重而又言说不尽的话题。

如果依儒家礼制，父亲在世，儿子便不得自由；唯命是从，便没有个性。父亲去世，儿子仍不得自主，守三年之丧，遵制守礼，敬之如在。即便是父亲生前有所缺失，也只能在极小范围内进行改动，而不能进行彻底变革。以现代眼光来看，这种制度显得十分保守，甚至是对人性的压制和对社会变革的阻碍，三年"考察期"的设置更是蛮不讲理。

对此的质疑和批判已经足够多。然而，我们不妨换个角度来看：在这里，孔子这么小心翼翼维护的是什么，这么做的合理性又在哪里呢？

笔者认为这不单纯是认同父权，而是"克己复礼"的表现，是在思想和言行的桎梏之中进行自我驯化。而这种驯化的过程是文化传承的必要条件。传承首先是回归。在儒家看来，父子之间不只有天然亲情，而且也是一种承载文化意义的程式关系，因此父子之间共性大于个性，遵从大于革变。"三年"就像一道时间藩篱，隔离逼身的俗务和切近的利益，让人潜心回归一个已经流传几千年而且仍将继续流传下去的传统。这三年，就像是一个地下通道，虽然在这里只是跟从人群缓慢前进，但是它却最终把你引向可以高速奔驰的列车——虽然一个中年人三年无所事事会对事业路线产生很大的影响，但是他的人生却可能会因此而走上一条皈依乃至自我超越的道路。《尚书·太甲》记载，因为太甲过于任性，伊尹不得不将其放逐到商汤的墓前守丧反省。如是三年，太甲脱胎换骨，终成大器。这或许是三年之孝的源起，也正是其制度化的根本原因所在。

于一个人，三年的时间，似乎太长，但用来沉淀出可以服膺终生的道理，重启一个真正值得遵循的开端，让以后的每一步都更踏实，每一天都更有意义，又何尝不可呢？毕竟是：朝闻道，夕死可矣。（［里仁第四·

八]）借用苏格拉底的话来说则是：未经审视的生活是不值得过的。❶

【标签】

三年之孝；伊尹；太甲

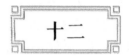

【原文】

有子曰："礼之用，和为贵。先王之道，斯为美，❷ 小大由之。有所不行，知和而和，不以礼节之，亦不可行也。"

【解义】

此一章书，是有子言用礼者当探其原，而不可直任①其情也。

有子曰：礼者，所以范围天下，使人不敢过，不敢不及，何其严也！然正于秩然不紊之中，尊卑上下各尽其道，则心安理得，自有蔼然②浃洽③之意。所谓"和"也，是其用，盖以和为贵焉。此先王治天下之道，以斯为美，而小事大事莫不由之，所以行之久而无弊④也。

和既可贵如此，宜无不可行矣。乃又有所不行者，何哉？盖徒知和之为贵而一意于和，任情恣意，全不以礼节制之，则心如何安，理如何得是？求和而反不和，亦不可行也。

盖当时周末，文胜⑤流于虚伪，于是有一等任真⑥之人，脱略⑦简易⑧，以为可以矫当世之弊，而不知其荡检逾闲⑨，愈失先王制礼之原矣。有子所以深警之也。

【注释】

①直任：径自任由，任性而为。直，副词，径直，直接。任，放纵，不加约束。

②蔼然：温和、和善。

---

❶ ［古希腊］柏拉图：《申辩篇》，参考中译本见《柏拉图全集》第一卷，王晓朝译，人民出版社2017年版，第27页。

❷ 此处标点，杨伯峻本为分号，刘强《论语新识》为逗号。本书依照《解义》文意，故采用逗号。

③浃洽：音 jiāqià，和谐，融洽。
④弊：阻碍。
⑤文胜：文采辞华。
⑥任真：听其自然，率真任性，不假修饰。
⑦脱略：放任，不拘束。
⑧简易：平易，不拘礼节
⑨荡检逾闲：荡、逾，超越；检、闲，指规矩、法度。形容行为放荡，不守礼法。

【译文】

这一章，是有子认为使用礼节要探知其原始和根本，而不能任性失礼。

有子说：礼制，是用来规范天下的，让人不敢过火，也不敢有差误，这是多么严谨啊！然而正是处于有条不紊的规范中，尊贵与卑下都能够遵从其所处的道义，因而心安理得，彼此关系自然会和善融洽。所谓的"和"，是言其功用，主要因为可以达到和合的上善境地吧。这是前代君王治理天下的要道，其治政行事无不以此为准则，无论大事小事都依从此道，所以历行经久也不会受到阻碍。

和合之道既然如此重要，因此无处不可以施行。但是仍然有人不去施行，这是为什么呢？大概是只知道"以和为贵"，因而总是只注重和善，任由个人情意发挥，而不用礼节来进行克制，那么怎么能够做到内心安定，又怎么可以探知正确的道理？追求和合却闹得不和，这是不可以的。这也是不可行的。

大概时值周代末年，文采辞华流于虚伪造作，于是就有那么一批率真任性的人，放任闲散而不拘礼节，以为这样就可以矫正时弊，却不知道这样无法无天，更是丧失了先王礼制的根本。这正是有子所特意告诫的。

【评析】

新文化运动之后，传统礼制饱受批判。鲁迅著《狂人日记》《祝福》等小说，把"封建礼制"的虚伪性和残忍性揭露得一览无余，其"吃人"之论令人印象深刻，影响广泛。鲁迅对传统礼制之沦落现象进行的极其精准的批判，却不适宜用作对传统礼制的评价，因为礼制在中国传统社会中具有基础建构作用，自有其光辉历程和重要价值，切不可一概而论。不过，鲁迅对时局的观察所折射出来的诸多问题，即礼的本质是什么，对人有何意义，对社会有何作用，等等，仍然值得深入探究并积极回应。

其实回归到孔子的时代，孔门于礼的重视及重新定义，与其仁道思想、中庸精神一体同构，成为建构理想社会及其人格之基础。礼制自身有其发展历程。最初之礼源于宗教仪式，高高在上，诸多禁忌。但经儒家注入人文气息加以改造之礼，则犹如一道藩篱，从外面看是一种限制，从里面看则是一种保护。《礼记·经解》云："夫礼，禁乱之所由生，犹坊止水之所自来也。故以旧坊为无所用而坏之者，必有水败。以旧礼为无所用而去之者，必有乱患。"即把礼比作预防河水泛滥的河堤，可以帮助避免灾祸；礼制遭到破坏，则会导致天下大乱。

后来的士人礼、家庭礼的出现，才给礼制注入更多活力，因此而形成礼的包容性和日常性，其更大价值是为个人或集体生活有序赋义。"礼与其说是一种外在束缚，不如说是一种赋予，一种基于人情人性和社会情况而确定的适当的文化形式。"❶"爱是自然之情，敬是有秩序的爱，礼即为爱敬之文。相比而言，礼文倒更像是工具，但这个工具不是为了人为地制造出一个什么产品来，而是为了使自然之实更好地表达出来。"❷《松阳讲义》之阐释最为精详："礼何尝是束缚人者，其为体虽至严，然皆本乎人之性，发乎人之情，所谓'天秩''天叙'也。故其用，必从容而不迫，不待驱之而始就，不待诱之而始从。"❸

《荀子·礼论》则将礼阐释为对现实情感的调和，这一点近似于对本章有子所言"和为贵"的解释：

礼者，断长续短，损有余，益不足，达爱敬之文，而滋成行义之美者也。故文饰、粗恶，声乐、哭泣，恬愉、忧戚，是反也，然而礼兼而用之，时举而代御。故文饰、声乐、恬愉，所以持平奉吉也；粗衰、哭泣、忧戚，所以持险奉凶也。故其立文饰也，不至于窕冶；其立粗衰也，不至于瘠弃；其立声乐、恬愉也，不至于流淫、惰慢；其立哭泣、哀戚也，不至于隘慑、伤生，是礼之中流也。

译文：
所谓礼，是可以通过取长补短，减少有余，弥补不足，充分表达爱慕

---

❶ 彭亚非：《论语选评》，岳麓书社2006年版，第50－51页。
❷ 吴飞：《人伦的"解体"：形质论传统中的家国焦虑》，生活·读书·新知三联书店2017年版，第197页。
❸ [清] 陆陇其：《松阳讲义》，周军、彭善德、彭忠德校注，华夏出版社2013年版，第131页。

恭敬的形式，而滋养躬行仁义的美德。所以文饰和粗恶，音乐和哭泣，愉快和忧戚，这是对立的，然而礼都加以采用，交替运用。所以文饰、音乐、愉快，是用来对待平安吉祥的；粗恶、哭泣、忧戚，是用来对待危险和不幸的。所以在设立仪式时，不至于浮薄；设立简陋的仪式时，不至于太寒酸；设立欢乐愉快的仪式时，不至于放荡懈怠；设立哭泣悲哀的仪式时，不至于悲伤过度、损害身体，这是礼的中和之道。

古代礼乐并称，但功用不同："乐以治内而为同，礼以修外而为异；同则和亲，异则畏敬；和亲则无怨，畏敬则不争。"（《汉书·礼乐志》）陈桐生敏锐地发现这一章与礼乐一贯之定义有所错位的现象，从而延伸至对"和为贵"的辩证解析：

这一条语录非常简练，颇不容易理解。礼以制中，乐以发和，乐和同，礼别异，这是礼与乐的大致区分。所以古代注家认为本章讲的是礼乐相须为用，他们认为"和为贵"之"和"，是指用乐之和来解决"礼胜则离"的弊端。其实，不一定非要用乐来讲"和"，有若其实注意到"礼胜则离"的问题，故而提出了"礼之用，和为贵"的新观点。在有若看来，礼在发挥别异功能的同时，也要注重起到"和"的作用。无论大事还是小事都要以礼为用，不用礼是行不通的。不过，有若同时注意到，一味地讲"和为贵"是不可行的，必要时还是要用礼来节制。可能是有若有感于春秋战国之际社会矛盾日趋尖锐的现实，故而刻意强调礼的"和为贵"精神，以此来淡化尊卑、上下、贵贱之间的矛盾，缓和激烈的社会矛盾。"和而不同"之"和"与"和为贵"之"和"，两者内涵互有异同："和而不同"之"和"是多样性的统一，它强调的是一个君子应该具备容忍不同意见的心胸气度；而"和为贵"之"和"是指多种因素的和谐，它是对立、分歧、矛盾、斗争、区别的反义词，侧重指矛盾的调和。两个"和"的共同之处是都强调多种因素的和谐统一。❶

由此对比可知中庸与礼制的共生关系，对礼的理解也可以帮助我们理解中庸的真正含义。《中庸》所谓"极高明而道中庸"，即言礼制的和合境界。因此，中庸不是无原则无立场的盲目折中，而即便于和合这样的高层次境界追求中，更其需要内敛和克制。由此而言，中庸乃为学的最高准则、礼制的精神内核；舍弃了"礼之用，和为贵"的总体要求，则无以成礼。

---

❶ 陈桐生：《〈论语〉十论》，暨南大学出版社2012年版，第87页。

做不到或看不到这个层面的礼制，则亦不足言礼。

由上，礼之于人和社会自有其价值建构之大用。但何以"成人"的礼制最终变成了"吃人"的呢？只需探究其中庸精神是真是假、是存是亡，便可明了。

【标签】

礼；中庸；和合；和为贵

【原文】

有子曰："信近于义，言可复也。恭近于礼，远耻辱也。因不失其亲，亦可宗也。"

【解义】

此一章书，是有子教人以谨始之学也。

有子曰：天下之事必谨之于始，而后可善其后。即如与人言语相约谓之"信"，后日践之于行谓之"复"。倘约信而不合于义理之正，则虽欲践行而有所不能矣。惟是约信之初，即不以非道。相期而近于义，则今日所言者，他日皆可行，不待既复而已知其言固可复也。

敬以待人谓之"恭"，内惭于己则为"耻"，招尤①于人则为"辱"。倘恭敬而不合于当然之节②，则虽欲自立而有所不能矣。惟是致恭于人之时，即不以足恭③取悦而近于礼，则内不失己，外不失人，自不至于卑贱，而知耻辱之已远也。

与人相倚谓之"因"，终身依归谓之"宗"。倘相因而不择夫有德之人，则虽欲不乖离④而有所不能矣。惟是偶然因依之顷，即慎审于贤否，而不失其可亲。则一时定交⑤者，生平可托，不待既宗而已知其可宗也。

可见人之言行、交际，惟能善始者，自能善终。与其悔之于后，不若虑之于前。不然，则因循苟且⑥之间，将有不胜其失者矣。

【注释】

①招尤：招致他人的怪罪或怨恨。

②当然之节：当然，应当如此。节，义，要求，礼度。

③足恭：过度谦敬，以取媚于人。[公冶长第五·二十五]：子曰："巧言、令色、足恭，左丘明耻之，丘亦耻之。"（夫子说："花言巧语、容貌伪善、过于恭顺的人，左丘明不屑与之交往，我孔丘也是如此。"）
④乖离：抵触，背离；离别，分离。
⑤一时定交：双方意气相投，刚一交谈，就成了至交。
⑥因循苟且：沿袭旧的，敷衍应付。

【译文】

这一章是有子教给人谨慎开端的道理。

有子说：天下的事情一定要在开始的时候谨慎，后面才可以做得好。就像与人话语相约叫"信"，后面用行动来兑现叫"复"。如果话语约定不符合正义之理，那么即便是想去兑现恐怕也很难。这就是因为当初约定的时候就不符合道。如果所期许的事情符合道义，那么今天所说的，改天也可以做得到，其实即便还没有开始去做，也是知道可以兑现的。

尊敬待人叫"恭"，内心羞愧叫"耻"，招人怪罪叫"辱"。如果只是一味恭敬但不符合应有的礼节，恐怕很难获得自尊和尊重。即便是向别人表示恭敬的时候，也不过度谦敬以取悦于人，而是切近礼制，这样在己不失尊严，于人不失亲切，自然不会有辱人格，而能够远离耻辱也是可想而知的了。

与人相互倚靠叫"因"，终身依傍叫"宗"。如果不是选择那些有德之人作为倚靠，那么即便是想不相互抵触恐怕也是不可能的。因此，即便是那些偶尔接触的人，也要审慎地看他是不是贤良，是否值得亲近交密。如果能够一见如故，感觉此生可以托付，那么即便尚未托付，也知道他是可以终生伴随的人了。

因此可以知道，人的言行、交际，只有能够善于把握开始的，才能有好的结果。与其在此后追悔莫及，不如在此前慎重考虑。不然的话，前后因循，恶性循环，这中间恐怕随时都会出现差错。

【评析】

善始方可善终。所谓的善，则是要符合礼节和道义，而如果符合礼节和道义，本身已然是美好的，结果不论怎样，也都值得期待，也正所谓可以"善终"。

"谁能出不由户，何莫由斯道也！"（[雍也第六·十七]）以中庸之道为精神内核的理想礼制，不只是一套外在的吃穿行用的表征系统，也更应该是一个精严的道德和价值评价体系。它是人们可以借以完善自身的通道，除此别无他路。虽然世俗的追求可以取得一定的获得感，却未必能够行稳致远，臻于至善；而唯有此"道"可行可致，人与道相得益彰，并行不废。这正是儒学的品格与儒家的信念之所在。

【标签】

有子；中庸；礼；信；义；善

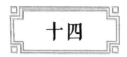

【原文】

子曰："君子食无求饱，居无求安，敏于事而慎于言，就有道而正焉，可谓好学也已。"

【解义】

此一章书，是孔子言君子笃学之心也。

孔子曰：凡人学之不能有成者，嗜欲①胜之也。即如食与居二者，人所不能免，但有一妄求之心，则其害于义理、妨于学业者不小。惟君子非不食而无求饱，非不居而无求安。其不为俗情所摇惑者，如此。

至于躬行之事，人所易忽也，君子则汲汲皇皇②，敏以图之。有余之言，人所易发也，君子则讷讷收敛，慎以持之。其审于缓急之宜者，又如此。

然则君子其遂可以自足乎？犹未也。又必就有道之人，或考证其所已得，或借资③其所未至而取正焉。其虚心以广益者，复如此。

此其自治④之功，每进而不止，正其笃好之心愈精而愈深也。信可谓之好学也已。

盖不学不可以为君子，而不好不可以为真学。人能好学，则人欲自净，天理自纯，聪明闻见将有日进而不自觉者，虽希圣希天⑤，何难之有哉？

【注释】

①嗜欲：指肉体感官上追求享受。
②汲汲皇皇：急切匆忙。
③借资：借助，凭借。

④自治：修养自身的德性。

⑤希圣希天：周敦颐《通书·志学》："圣希天，贤希圣，士希贤。"（圣人希望道德修为达于至境，贤能之人希望成为圣人，而普通读书人则希望成为贤能之人。）

【译文】

这一章是讲，孔子谈论君子要笃志于学。

孔子说：凡是一个人学习但未能有所成效，是因为过度追求各种欲望。就比如说吃饭和居住这两样，每个人都必不可少，但如果一旦贪多妄求，就一定会在很大程度上妨害掌握义理而耽误学业。君子并非不吃饭，但是不贪求过饱；并非不居住，但不贪求过度安定。笃志学习，不被庸常的人情世故动摇迷惑，君子就是如此。

至于躬行实践（所学知识）这件事，人们往往会忽略，但是君子却非常迫切，敏锐行动以求做到。多余的话，一般人会很容易说出来，但是君子反而沉默内敛，谨慎言辞。躬行实践，对事务的轻重缓急格外审慎，君子还会如此。

然而，君子因此就可以自满自大了吗？仍然不可以。君子仍然需要接近那些掌握大道的人，通过与他们比照来观察自己的修为，或者验证自己已经达到的层次，或者对照自己的不足并加以补正。自我审视，对于修身养德虚心求进，君子更是如此。

这就是自我修炼的功夫，每每进无止境，笃志于学之心愈加精纯，它就会越加深厚。这才确实称得上"好学"了。

总而言之，不学习不能够成为君子，而不笃好学习也不可能成就真学问。如果一个人能够笃好学习，那么心灵自然会得到净化，感悟道理自然会真纯，智慧与见识在不知不觉中日益增长，（这样的话，）即便是希望成为圣人，使道德修为臻于至境，又有什么不可能的呢？

【评析】

人生苦短，而根本意义上的"学习"本就是掌握人生使用规范的过程。所以，孔子孜孜以求于学，希望通过学习不断给人生赋值，故而孔子的仁学也是一门"学"学（两个"学"字，前者为孔子思想范畴，后者为现代学科范畴），后世不仅延续了孔子的仁学，也将"学"学一同继承下来，如《荀子·劝学》《颜氏家训》以及韩愈《符读书城南》、白居易《劝学文》、司马光《劝学歌》、朱熹《劝学文》等，以至清末曾国藩家书、张之洞《劝学篇》，均遵循儒家"学"的血脉和传统。这种注重日常学养教育的思想，对中国传统文化的习染和传承产生了决定性的影响，值得重视。

"敏于事而慎于言"，在这里并不是人情世故，而是要把对自我的学习和提升放到首位，要求于"事上练"，而不要被语言文字所溺而自我欺瞒，更要有"慎独"的精神在。而单一个"慎"字，后人却用来指导为人处事，成为与他人交往的基本原则，行事谨小慎微，俨然犬儒，罔顾大义。这未免令人感慨——其实儒学本是灵动活泼而又超越的，而经过世俗化、功利化以后，则左支右绌，不无拘束，因此终究不免走向沦落的命运。

【标签】

君子；敏于事而慎于言；好学；儒家"学"学

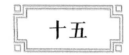

【原文】

子贡曰："贫而无谄，富而无骄，何如？"子曰："可也；未若贫而乐，富而好礼者也。"

子贡曰："《诗》云'如切如磋，如琢如磨'，其斯之谓与？"子曰："赐也，始可与言诗已矣！告诸往而知来者。"

【解义】

此一章书，见圣贤教学相长之益也。

子贡曰：夫人所遇之境，皆学力见端之地。即如贫人之常也，每有自歉①于贫者，于是谄心生焉；富亦人之常也，每有自恃其富者，于是骄心生焉。若处贫而能无谄，处富而能无骄，此其得力为何如？

孔子曰：此其人固能制胜于贫富之际者，殆亦可也，然犹有进焉，未若贫矣而欣然自乐、富矣而秩然②好礼者。又超于贫富之外也。

子贡有悟而言曰：无谄无骄，赐盖自以为至矣，而不知又有所谓乐与好礼者。可见道理无穷，不可自足。彼《淇澳》③之诗言："君子之好学，如治骨角者，切矣而又磋，精而益求其精；如治玉石者，琢矣而又磨，密而益求其密。"其斯不可自足④之谓与！

于是孔子称许之曰："切磋琢磨"之诗，非为贫富言也，而赐忽见及此，非深于《诗》而若是乎？赐也如此颖悟⑤，始可与言《诗》已矣。吾方告之以往，而赐已知我所未言之来者。

盖《诗》虽三百，理无不通，以此言诗，安往而不得全《诗》哉？此可见贤者得力之处，圣人不欲其自足；贤者颖悟之处，圣人更欲其推广。其教学相长⑥之益，宁⑦有限量哉？

【注释】

①自歉：自卑。
②秩然：秩序井然。
③《淇澳》：指《诗经·卫风·淇奥》。奥，音 yù，澳或隩的借字。《解义》用其本字。
④自足：自我满足，画地自限。
⑤颖悟：聪慧过人。
⑥教学相长：教和学两方面互相影响和促进，都得到提高。《礼记·学记》："是故学然后知不足，教然后知困。知不足然后能自反也，知困然后能自强也。故曰教学相长也。"
⑦宁：岂，难道。

【译文】

这一章是讲孔圣人与其贤明弟子之间教学相长的裨益。

子贡问说：每个人的境遇，实际上不过是每个人修养学问的呈现。就像贫穷的人，往往因为贫穷而自卑，于是谄媚阿附的心态就产生了；富人也常见这种情况，也多是依凭自己拥有财富而萌生骄傲自大的心态。如果身处贫穷但不谄媚，身处富裕但不骄傲，这样自我修为的功力怎么样？

孔子回答说：这样的人可以超越贫富等物质条件的界限，也算是可以的了，但是仍然可以更进一步——不如身处贫穷但是能够欣然自乐，身处富裕但能够遵规守礼。这又超越了一个层次。

子贡恍然大悟，说：不谄媚、不骄傲，我以为做得算最好的了，但是不知道还可以更进一步，达到乐与好礼的境界。由此可见，道理是无穷无尽的，不能自我画限而止步不前。《淇奥》这首诗中说"君子探求学习进步，就像是用骨头或兽角进行制作，整块切割之后就进行锉削，精良之上更求其精良；就像是对玉石进行加工，先进行雕刻然后进行打磨，细密之上更求其细密"，这就是不能自我画限的意思吧！

于是，孔子称许子贡说："切磋琢磨"这句诗，并不是为了讨论贫富的事情，但是子贡能够感悟到这个层面，这不正是对《诗》深有领会才能够达到的吗？子贡能够这样颖慧通达，可以开始跟他探讨《诗》了。我只需要告诉他已知的事情，子贡就能够明白我所要说但还没有说的事情了。

尽管《诗经》有三百篇之多，但是道理却是相通的，如果能够像孔子师徒这样来探讨，怎么可能做不到对它的达诂？由此可见，子贡这样的贤明弟子能够自我修为的时候，孔圣人不希望他因自满而止步不前；而当弟子颖慧通达的时候，孔圣人更勉励他能够推广扩充。这个教学相长的过程所产生的裨益，自然广大无边，不可限量。

【评析】

当经典的文字或其意蕴，经过合理的解释，并在学习它的人身上释放光芒，即如古人所谓"斯文在兹"，这大概是人类文明图景中最美好的情境之一。诚如本章所述，师徒二人以诗文励志进德的讨论极其生动精彩，不仅展现了《诗经》自身的意蕴，也展现了子贡其人的颖悟，更可看到孔子以不断进升的境界层级来引导弟子的过程。这是何等美妙！

反之，习典籍文字之人，却散略所学，背弃大义，以诗礼发冢，弥近理而大乱真，则乃所谓"斯文扫地"，又是何等丑陋！

【标签】

子贡（赐）；诗经；如切如磋，如琢如磨

【原文】

子曰："不患人之不己知，患不知人也。"

【解义】

此一章书，是孔子教人贵于知人之意。

孔子曰：学求在己，不求人知。但人多好名，不肯务实。或我有品行，我有学问，不见知于人，便以为患。其于人之贤否不能分辨，正是可忧患之事，而每贸贸然①处之。君子则以为立身惟贵内修，不在浮誉②。人不己知，此其责在人，何患之有？若我不知人，或其人而贤者，不能与之相亲；其人而不贤者，偏自以为可信。心体不明，邪正莫辨，是则可患也已。

夫知人之明，自古帝王皆以为难。有正直之人，有邪曲之人，又有似贤非贤、似忠非忠之人。倘不审择，势必是非颠倒，举措乖宜③。然则所以清心明理，以为鉴别之地者，又何可已哉？

【注释】

①贸贸然：轻率冒失的样子。
②浮誉：虚名。
③乖宜：失当。

【译文】

这一章是讲孔子教导人们理解别人的重要性。

孔子说：学问所探求的是充实自己，而不是为了让别人知道。但是人们往往喜好名声，而不肯充实自我内在。我之品行、学问，如果不能被人知道，便总是为此忧心忡忡、焦虑不安。而对于别人是否贤良不能做出清晰的判断，这本是高度关切并忧虑的事情，然而却每次都轻率处之，不以为然。所以君子就会以为安身立命重在向内修行，而不在于外面的虚名。别人不能够理解我，而这种责任在于其本人（跟我自身有什么必然联系呢），所以还有什么好担心的？如果是我并不了解别人，或者这个人非常贤良，但是我不能够与其密切交往；或者这个人很是无良，而我却仍以为他值得信赖。本心本体都不明了，邪恶正义也不能分辨，这些都是应该注意的。

具备了解别人的明智，自古以来连帝王都觉得困难。有正直的人，有奸邪不正的人，也有似贤非贤、似忠非忠的人，假如不进行审度和择取，一定会造成是非颠倒、行止失当。然而，只要自身心地清净而通明事理，并以此为鉴别他人的依据，又有什么做不到的呢？

【评析】

学问本是自求为己之学，因此有首章"学而时习之"的内心悦动，而非"患人之不己知"的忧虑。

"患人之不己知"之所以是学问的第一道梗，在于把外在的并不与思想品质直接相关的学习当作自己的终极目标，并对自己的真正进步造成困扰。第二道梗则是"不知人"。也就是说不知道他人的优缺点，也因此无法向他人学习，这样则会阻断优化学问的可能性。

不患人之不己知，而要有自知之明、进学之智，是谓知己，这是首要之义。《解义》将知己与知人分解而又将其密切关联，将知己当作知人的基础。其实知人也是知己的必要补充和延伸,这在一个人的成长过程中十分重要又不可或缺。不过,《解义》将此种关系当作治术而非学术,似乎跑题了。

【标签】

患;己知;知人

为政第二

【原文】

子曰："为政以德，譬如北辰居其所而众星共之。"

【解义】

此一章书，是孔子言人君尚德之化也。

孔子曰：国家之政，有科条①，有禁令，无非欲驱率万民，咸归于正。但天下之本在身，身正然后可以正人。诚能端本澄源②，自正其身，去嗜欲，存天理，③凡其立纲陈纪，皆根诸躬行心得，方是以德为政。由是至德所熏被④，至诚⑤所感动，不待赏而民自劝，不待怒而民自威，⑥跫迹率俾⑦，倾心向化。譬诸北极之辰，为天之枢，在天之中，居于其所凝然不动，而众星分布，四面环绕，尽皆拱向。

人君德修于己而化及于天下，感应之神，拟诸其象⑧。固有如此。所以，从古帝王虽天纵⑨聪明，亦不敢自恃⑩，常怀兢业之心⑪，守精一之传⑫，务修其德，以为天下先。为君者可不以修德为要务哉？

【注释】

①科条：法令条文、法律条文。

②端本澄源：犹"正本清源"，从根本上加以整顿清理。

③去嗜欲，存天理：凡事依照天理而行，克制过分欲望的干扰。嗜欲：过分的、非分的欲望。可详参本书［里仁第四·四］"存天理，遏人欲"词条注释。

④熏被：熏染和覆盖。被，音 pī，覆盖。

⑤至诚：极其真挚诚恳的心意，亦指达到道德修养的最高境界的圣人。《礼记·中庸》："唯天下至诚，为能经纶天下之大经，立天下之大本，知天地之化育。"（天下只有达到至诚境界的圣人，才能够创制天下的根本大法，树立天下的根本大德，通晓天地化育万物的道理。）《礼记正义》："至诚，性至诚，谓孔子也。大经，谓六艺，而指《春秋》也。大本，《孝经》也。"

⑥不待赏而民自劝，不待怒而民自威：《礼记·中庸》：《诗》曰："奏假无言，时靡有争。"是故君子不赏而民劝，不怒而民威于铁钺。（《诗经·

商颂·烈祖》曰:"默默无言地祷告,感格于神明,当时人们肃穆安静,没有争执。"因此,君子不用奖赏,老百姓自然会受到鼓励;不用发怒,老百姓自然比看见刑具还要敬畏。)

⑦率俾:音 lǜbǐ,顺从。

⑧感应之神,拟诸其象:感应,即"天人感应",中国哲学中关于天人关系的一种学说,指天意与人事交相感应,认为上天能影响人事、预示灾祥,人的行为也能感应上天。"拟诸其象"出自《周易·系辞上》:"圣人有以见天下之赜,而拟诸其形容,像其物宜,是故谓之象。"(圣人见到天下运化的微妙,从而模拟它的形态,以象征万物应有的形象,所以称为象。)

⑨天纵:天所放任,意谓上天赋予。

⑩自恃:过分自信,自以为是。

⑪兢业之心:兢业即兢兢业业,谨慎戒惧意。语出《尚书·皋陶谟》,可详参本书［学而第一·四］"兢兢业业"词条注释。

⑫精一之传:指仁学。王阳明《象山文集序》:"圣人之学,心学也。尧、舜、禹之相授受曰:'人心惟危,道心惟微,惟精惟一,允执厥中。'此心学之源也。"中也者,道心之谓也;道心精一之谓仁,所谓中也。孔孟之学,惟务求仁,盖精一之传也。

【译文】

这一章讲的是,孔子论人君要崇尚道德来化育百姓。

孔子说:一个国家的政事,有法律条款,有公文禁令,无非都是想要驱使和率领老百姓,使他们都归于正道。但是治理天下的根本在于自身,自身做到行事正义然后才能让人归于正义。如果真的能够端正根本、澄清源头,自正其身,去除贪嗜欲望,依存天道真理,凡是设立纲纪规则,都是根源于自身躬行实践的心得体会,这才是真正用道德来为政。在这种情况下,百姓受至高的道德所熏陶润泽,被真挚诚恳的心意所感动鼓舞,不用奖赏,他们自然就会感到勉励,不用发怒,他们自然就会心生敬畏,各处的人都会顺从,并向往在这样受到教化的国度里生活。这就像是处于天空枢纽的北极星,居于天上中正的位置,它只是在那里安然不动,而其他星辰虽遍布四方,却都要围绕着它运行。

人君只是修养自身道德,却能够因此推演分化到全天下,会通天人感应之神灵,并把它喻为物象,以产生广泛影响。道理本就是如此。所以,自古及今的帝王虽然天生聪明,也不敢骄纵自恃,而是常常谨慎小心,守护仁道学说，坚持修习德行，并以此引导天下人。身为一国之君的人岂能不把修德作为重要事务呢？

【评析】

这一章，虽然只是一个简单的譬喻，却是孔门政治学的核心密码，关涉到古代中国社会政治结构的顶层设计：在儒学政治学的社会基础架构中，金字塔尖高踞着集权力与道德于一体的君王，正所谓"为政以德"；君王之所以为君王，不光有可以翻云覆雨的极权，也还是天然生成的道德典范，头上戴着与生俱来的道德光环，这样既赋予权力以"政治正确"，同时也促使权力之所出、君王之所行，务必符合至高的道德规范，从而将君王包装成真和善的化身。从这个意义上而言，儒学的确是维护专制体制的。但是，儒学主张并非单纯地向权力献媚讨好，在赋予君王至高道德的同时，儒家也牢牢掌握着这种道德评价的机制和权力。因此，实际上是把君王捆绑在金字塔的尖顶，形成"道统"对"治统"的钳制，从而达到社会力量的平衡，实现儒家的政治意志。美国汉学家约瑟夫·列文森（Joseph R. Levenson）对此有非常深刻的认识，他将儒家与君王的这种制衡关系作为解码中国传统社会政治的关键所在——

儒家的"民意"观念，并不具有任何"民主"的含义。相反，在本质上儒家是反对多数统治的，因为他们认为，这种多数统治具有无人格的、数字上抽象化的味道。但是，如果不是数量上的多数统治，那必定是权力上的强者统治，而权力的强者统治，并不比无人格的数量上的多数统治更符合儒家的要求。不像那些无脸面的芸芸众生，皇帝仍然具有道德完美的可能性，所以儒家成了皇帝的依附者。当一个王朝还能正常运作时，他们便为王朝的君主们披上一件道德的外衣，但这将掩盖统治的真实基础。当儒家虚伪地甚至是奴才似的将道德献给皇帝时，他们似乎真正地成了他的工具。然而正是这一君主需要并只能由儒家制定的道德，是儒家自主性的标志——说得难听一点，是君主和儒家相互依赖的标志。❶

然而，在列文森看来，这种"天赋异禀"式的道德高标并不只是对君王的"暗送秋波""投怀送抱"，也还是左右和制衡君王权力的"独门利器"，正所谓"以道抗势"：

---

❶ ［美］约瑟夫·列文森：《儒教中国及其现代命运》，郑大华、任菁译，广西师范大学出版社2009年版，第189页。

儒家的"天命观"真正是他们与皇帝的冲突的一种表现，尽管它是官僚的而非民主的表现。依据儒家的道德主义，官僚历史学家们把社会衰败的征兆归咎于皇帝，然而实际上它是官僚自身之正常功能运作的结果。

儒家不得不把皇帝当作道德的化身（用社会学的语言来说，官员需要国家），但是，通过那种能为皇帝加冕的道德体系，儒家在道德上对皇帝的责难则部分地掩盖了官僚们对国家的损害，而国家又是官员们所需要的。"天命"理论并不能保护人民，但由于它削弱了专制主义，因此保护了士大夫，这些人在治理国家时与皇帝存在一种合作和冲突的关系。❶

这种合作与冲突的关系，形成对贵族的裹挟力量，产生了对封建制度的强烈冲击：

在周代，在公元前一千年的大部分时间内，贵族一直是中央集权的一个障碍，虽然专制的秦朝给贵族以毁灭性打击，但自公元3世纪起，在傀儡的后汉王朝和军事征服期间，贵族又得到了完全复兴。经唐朝打击后，贵族转而站到了君主一边。官僚曾是秦汉和后来唐朝的君主反封建的一种工具，现在它直接与王权对立。在帮助王权除掉了所有的对手之后，官僚自己则成了唯一能与王权相抗衡的力量。曾经得到过官僚的有效支持从而制服了贵族的君主，现在则通过自己握有的大权，在某种程度上对官僚采取排斥的态度，而那些把儒学的存在归功于得到了反贵族的君主之庇护的儒家，当贵族对君主的抵抗减弱时，他们自己则充当了与君主相对抗的角色。❷

因此，列文森的结论是：

王权在对古代贵族的斗争中取得了如此明显的胜利，以至于改变了贵族、君主和官僚这三者之间的相互关系。❸

很显然，这种观点与把中国秦汉以来的社会泛泛称为"封建社会"的观点是不一致的，甚至认为中央集权制在某种程度上是"反封建"的。而儒家通过赋予君王道德名号以获得自身特殊的地位，而这种地位不是当代一些电视剧中所戏说的那样，臣子只能在皇帝面前卑躬屈膝，而皇帝掌握

---

❶ ［美］约瑟夫·列文森：《儒教中国及其现代命运》，第220－221页。
❷ ［美］约瑟夫·列文森：《儒教中国及其现代命运》，第170页。
❸ ［美］约瑟夫·列文森：《儒教中国及其现代命运》，第170页。

着对臣子生杀予夺的一切大权。列文森的研究可以直面冲击部分电视剧在我们头脑中植入的庸俗观点——

在一个纯粹的专制政府中，政府雇员是最易受到责难的人，其法律地位和社会地位完全没有保障。但是一个未受职业教育的儒家官员，并不仅仅是"雇员"。他或许被无理地勒令致仕，甚至被杀头，或者他自己主动地隐退，但他的尊严和社会地位不会因此受到损害，因为固定的官职只是一种品质的象征（很高的文化修养，并不仅仅是职业专长），而是否具有这种品质与作官或不作官无涉。是儒家把这种品质带给了官职，而不是官职（作为君主的赐予物）给了儒家这种品质。如果君主缺乏授予荣誉的唯一权力，那他就不可能以威胁收回这种荣誉的方式来制服他的官僚。❶

"与天地参"（《礼记·中庸》）的价值方法论，也被恰切地运用到政治中，形成哲学与政治的有效对接，这是儒学臻至高妙之处。这不仅重新定义了君王，也重新定义了儒家，在儒学的不断发展过程中，由孔夫子的一个政治譬喻，最终演变成一种影响深远的政治策略。虽然儒学并非宗教，但是其在政治构型过程中，仍然赋予了儒者给君王戴上道德桂冠而使之随时可以变化出紧箍咒的能力——这可能也不失为君王能够掌握的最为有效的政治手段了。

然而问题并未就此结束，上述内容只是讨论儒学在现代中国命运的一个铺垫而已。美国汉学家魏斐德（Frederic Evans Wakeman, Jr.）循着这一脉络，根据列文森遗留的《儒教中国》原始笔记对其思想进行检讨，得出儒家与君主之间平衡关系被打破的必然结果：

封建阶级的缺失的确是儒教中国长期延续的一个原因，但是列文森还必须前后一致地解释导致1911年君主制和官僚制垮台的内在动力。他因此扩展了他在笔记中运用的隐喻。如果对立关系是力量和活力，那么，官僚体制的健康依赖于能够保持不同学派之间对立关系的儒教。曾国藩温和的折中主义导致儒教的破产。按列文森的说法，这是因为：[一个] 具有内在对立关系的儒教（也就是说，活力）不同于整体性儒教，其各个部分尽管仍然存在，但已经失去了对立性。

儒教失去了自身"内在"对立性时，也同时失去了与君主的对立性。如果像法国那样的革命需要统治阶级的一部分成为寄生阶层，那么儒教官

---

❶ ［美］约瑟夫·列文森：《儒教中国及其现代命运》，第179页。

僚在 1911 年以前一定也被看作是寄生分子——这是从隐喻中推导出的一个结论，这使列文森注意到太平军对士绅阶层指责的重要性。这些攻击，加上太平天国宣称的超验君主制，迫使儒教士大夫和君王形成防卫联盟，从而消除了他们之间的对立。"当儒教［被］耗尽，"列文森的笔记写道，"当儒士完全站在了君主一方，革命的条件也就［最终］形成了。"❶

魏斐德所言是对列文森《儒教中国及其现代命运》第二卷第八章"太平天国对儒家天命观的批评"所提出问题的回应和深化：

> 儒教之所以缓和了它与君主制的紧张关系，原因就在于太平天国在表现这种紧张关系的"天"的问题上伤害了儒教，也正是这一原因，使太平天国成了儒教之势不两立的仇敌。当它对儒家的"天命"之内在性进行先验主义的攻击时，太平天国的宗教也就否定了儒教，因为正是依据其"天命"之内在性，儒教才宣称自己拥有独特的自由，也正是依据其"天命"之内在性，儒家官僚才拒绝承认君主有把他们变成工具的权力。儒家的"天"属于抬高非职业化的文人理想的文化。但太平天国的"天"则以两种方式抹掉了这种非职业化的文人理想。因为太平天国所信奉的基督教是科学的先驱，而科学在文化上对儒家的文人理想构成的严重威胁，就如同太平天国的基督教在政治上对儒家的文人理想构成的严重威胁一样。科学的价值是专家、非人格性和反传统主义者——而这一切都与儒家的文人理想格格不入。因此，不仅在与权力的联系方面，而且还在与文化氛围的联系方面，太平天国的宗教都打击了儒教。尽管太平天国的宗教被消灭了，但它产生的影响十分重大和深远。❷

一种平衡关系是来自内部与外部各种力量对立抗衡的结果。儒家曾与君主联手对抗贵族，且儒学保持了独立性。但当儒学内部不再分化，而与君主联手应对太平军这一来自儒家外部的真正的异己力量时，平衡被打破，它所预示的不只是儒学理想的倾颓，更是整个政体的覆灭。魏斐德这样总结道：

> 儒教君主制的基础恰恰是反儒教的法家原则。这样的矛盾在制度上表现为官僚体制和君主体制之间一种生死攸关的独立关系。这样的矛盾体——

---

❶ ［美］魏斐德：《小议列文森的官僚体系——君主对立关系主题的发展》，载魏斐德《讲述中国历史》，梁禾主编，岳麓书社 2022 年版，第 103 页。

❷ 《儒教中国及其现代命运》，第 232 页。

"儒教—君主的相吸相斥性"——一旦丧失,中国的政权也就终结了。❶

【标签】

为政以德;中央集权制;贵族;与天地参;以道抗势;列文森

【原文】

子曰:"《诗》三百,一言以蔽之,曰'思无邪'。"

【解义】

此一章书,是孔子教人读《诗》之要。

孔子曰:凡学者诵读,必务知要。即如《诗》之《风》《雅》《颂》,其篇数有三百之多,或托物比兴,或随事成赋,①体则不同,类则不一,然就其大旨而约论之,实一言可括全义,这一言就是《诗经》②上《鲁颂·駉》篇有曰"思无邪"。

凡人念虑一动,便不能无邪正。《诗》之立教③,善者美之,恶者刺之,无非欲人去其邪而归于正。学者诚知《诗》之教在于使人无邪,而于念虑之间省察谨慎,④求自慊,毋自欺,⑤庶⑥体贴⑦躬行⑧,开卷有益矣。

【注释】

①或托物比兴,或随事成赋:赋、比、兴是《诗经》的三种主要表现手法,也是古代中国对诗歌表现方法的归纳。赋即平铺直叙,铺陈、排比;比即类比,比喻;兴即托物起兴,先言他物,然后借以联想,引出诗人所要表达的事物、思想、感情。

②《诗经》:《解义》虽是对《论语》原文进行演绎,但是孔子当时称《诗》而非《诗经》(《诗》进入经学体系而称《诗经》,应为汉代事)。《解义》此处用词不够严谨,故本书在译文中复又译作《诗》。

③立教:树立教化;进行教导。

④于念虑之间省察谨慎:明刘宗周《学言二》:"省察二字,正存养中

---

❶ 魏斐德:《讲述中国历史》,第94页。

吃紧工夫。如一念于欲,便就此念体察,体得委是欲,立与消融而后已。"《学言三》:"就性情上理会,则曰涵养;就念虑上提撕,则曰省察;就气质上消镕,则曰克治。省克得轻安,即是涵养;涵养得分明,即是省克。其实一也,皆不是落后事。"提撕,振作。

⑤求自慊,毋自欺:《礼记·大学》:"所谓诚其意者,毋自欺也。如恶恶臭,如好好色,此之谓自谦(同"慊")。故君子必慎其独也。"(所谓使自己的意念诚实,就是说不要自己欺骗自己。就如同厌恶污秽的气味,就如同喜爱美丽的女子,不要欺骗自己,使自己感到心安理得,心满意足。所以君子一定要在独处的时候保持慎重。)自慊,自足,自快。慊,音qiè,满足。《传习录·答欧阳崇一》:"义者,宜也,心得其宜之谓义。能致良知则心得其宜矣,故'集义'亦只是致良知。君子之酬酢万变,当行则行,当止则止,当生则生,当死则死,斟酌调停,无非是致其良知以求自慊而已。"

⑥庶:将近,基本,差不多。
⑦体贴:体会、体悟。
⑧躬行:亲身实行。

【译文】

这一章讲的是,孔子教人领略《诗经》的要旨。

孔子说:学习者诵读书籍,一定要掌握其要旨。就像《诗经》中的《风》《雅》《颂》,有三百篇之多。有的是托物比兴,有的记记述铺陈,其体式不同,类别也不尽一样,但就其主旨大概而言,实际上用一句话就可以概括,这一句话就是《诗经》上《鲁颂·駉》这一篇中所说的"思无邪"。

只要是人的思虑起意,就不能没有邪正之分。《诗经》树立教化,对诚善者进行赞美,对邪恶者进行讥刺,无不是要去除人们念想中的邪恶而使其归于正道。学习者一定要知道《诗经》的教旨在于使人无邪,在思考念虑之时内省自察、谨细审慎,以求悟道自足,而不是自我欺瞒,基本能够体悟躬行,这样才能做到开卷受益。

【评析】

"思"在《诗经》中本是语气助词,并无实意,然而孔夫子故意曲解为"思想""思虑"之实词。《解义》可能是出于尊敬未敢指出,所以解释起来,只是强以为辞,兴味索然,毫无新意。

孔夫子故意曲解《诗经》文本，到底在向我们透露一个怎样的讯息？接受美学认为读者之维是作品的最终完成，因此不管孔子如何曲解，但是在孔子的维度，《駉》篇正具有这种意义。于是，在孔子这里，给经典文本正向赋义，已非严谨的治学态度，更非拘泥于历史考据，而是教育引导（即所谓"教化"）社会民众的方式。而这种做法彰显的是一种什么样的教育理念呢？

一个重视教育的社会，也必然重视师德师风，因为这是良好学风的源头。然而师风与学风到底孰先孰后，谁影响谁呢？有一本很有趣的论文集，名字叫《谁来教育老师》，其同名篇（作者 Herman L. Sinaiko）所解析的是柏拉图对话著作《普罗泰戈拉》中苏格拉底与普罗泰戈拉的论辩。该书末写道："在苏格拉底缺席的情况下，谁能有望成功地教育老师们呢？只有一种答案：学生们。"

学生如何去教育老师呢？书中没有说。不过我倒是可以从老师的角色定位来解析，而非固化于其职业身份——其实最好的老师首先就应该是一名好的学生，应该从学的本位和学生的成长需要出发去当一名老师，虚心好学、善于学习，这样才能传道解惑，授人以渔。

学生只是老师的一个读者或者是一面镜子，虽然好老师与好学生之间并无必然联系，但是好学生在很大程度上可以使好老师的能量得以释放。从这个意义上而言，《礼记·学记》中所提出的"教学相长"概念，不仅是个人学识思想的进步，而且可以延展为师生关系的互动，继而可以认为是社会价值面向的标识——政府应与民间积极互动，主导价值应与民生价值有效接驳——正因为如此，儒家才能够在历史和现实面前主动作为，其所强调的教化才能真正对社会产生广泛而深远的影响。就这个意义而言，孔子对《诗经》的有意曲解，乃是为师者的责任使然，而非"不符合学术规范"的典型错误。

进而言之，师道学风实则是社会思潮的一个路标。一个积极正向的社会，一定是尊师重教且师道尊严成为教师律己律人的首要原则的社会。亚里士多德所说"吾爱吾师，但吾更爱真理"，一般的理解是真理比老师更重要，而实际上，爱真理本身可能比真理本身更加重要，而爱真理和爱老师是同一个道理，没有爱真理而闭门造车却不虚心求教于师者，也没有墨守成规、故步自封就可以成为一名值得敬爱的老师的人。因此，我因爱真理而更爱我的老师；也因此，爱老师的社会，必将是一个积极正向、弘扬真善美的社会。这也是中国学统能够持久不衰的根本原因。

作品之完成，终究在读者那里。仁者见仁，智者见智。聪明的读者对经典文本一定要汲取营养，而非吹毛求疵。毕竟，终日评判一块土地多么贫瘠或者肥沃是无用的，我们的任务是有效利用其中的营养土质，培植出鲜艳的花朵。

【标签】

《诗经》；思无邪；教学相长；师道；学统

【原文】

子曰："道之以政，齐之以刑，民免而无耻；道之以德，齐之以礼，有耻且格。"

【解义】

此一章书，是孔子论治效之浅深，见任法不如任道之为得也。

孔子曰：人君之治天下，有法术①、道术之不同。法术为致治之具，而道术为致治之本。若不知本原所在，只用法制禁令以开导之——如事亲，则禁民不孝；事长，则禁民不弟②。有违犯者便加以刑罚，俾③尽归约束。以此治民，虽能使民不敢为恶，然只是畏刑惧法，苟且幸免，而其中全无愧耻之心。政刑之效如此。

若君之导民，不徒以其法，而必躬行实践，以为天下先——如欲民兴孝，先自尽孝道；欲民兴弟，先自尽弟道。如此，民既有所观感矣。而其间或有厚薄、浅深之不同，则又有品秩④、节文⑤以齐一⑥之。以此治民，自然感发兴起，不但耻为不善，亦且勉至于善矣。德礼之效，如此。

总而论之，政、刑、德、礼，四者相为表里，岂可偏废？但措注⑦有本末，设施有先后，人主诚不可不致审也。

【注释】

①法术：法律和权术。《韩非子·难三》："人主之大物，非法则术也。"（君主治国，不过是法和术两种重器。）又，《韩非子·定法》："今申不害言术而公孙鞅为法。术者，因任而授官，循名而责实，操杀生之柄，课群臣之能者也。此人主之所执也。法者，宪令著于官府，刑罚必于民心，赏存乎慎法，而罚加乎奸令者也。此臣之所师也。君无术则弊于上，臣无法则

乱于下，此不可一无，皆帝王之具也。"

②弟：同"悌"，音tì，本指敬重乡中长辈，亦专指敬爱兄长。
③俾：音bǐ，使。
④品秩：官制中与官职并行的身份等级制度。
⑤节文：礼节，仪式。可参本书［子罕第九·十一］"天理节文"词条注释。
⑥齐一：整齐一致。
⑦措注：处置，摆放。

【译文】

在这一章中，孔子论述了社会治理方法的不同层次，证明依法治理不如依道治理更有效果。

孔子说：人君治理天下，有法术和道术的不同选择。法术是治理的工具，而道术是治理的根本。如果不知道这个的根本所在，而只是采用法制、禁令来开导老百姓——比如对待亲人，就禁止他们不孝；侍奉长辈，就禁止他们不尊。如果有所违反就施以刑罚，使他们全都接受法律的管束。如果这样来治理民众，虽然能让他们不敢去作恶，但只是因为畏惧刑法的处罚，即便是没有犯法受刑，也根本没有羞愧耻辱的心理。只依凭政令和刑罚来治理的效果是这样。

如果人君引导民众，不只是使用法律，而是真的去躬行实践，作为天下人言行的表率——如果想要民风尊尚孝亲之道，就应该自己先尽孝道；如果想要民风尊尚尊长之道，就应该自己先尽悌道。这样，民众就会有所观察感知了。这里面所要表达的厚薄、轻重，就通过等级及其对应的礼仪来达到系统一致。这样来治理民众，他们自然会受到感发而有所作为，不但使他们羞耻于做不善的事情，而且也会激励他们去做善事。以道德、礼仪来治理的效果就是这样。

总之，政令、刑法、道德、礼仪，这四者互为表里，怎么能够有所偏废？但是对他们进行设置和安排，有本末、先后的区别，君主实在是不能不予以充分考虑。

【评析】

这一章非常著名，通过礼治和法治的能效对比彰显儒家基本的治政主张和理念。一言以蔽之，正所谓"文化至上主义"，强调政治教化对民众精神的塑造和培养，使他们自内而外地遵从社会公共规范，而不是依靠自外而内的法令约束，毕竟"礼禁未然之前，法施已然之后；法之所为用者易见，而礼之所为禁者难知"（《史记·太史公自序》）。

孔子这一重礼轻法、德主刑辅的思想，在《礼记·缁衣》中也有体现：

子曰："夫民，教之以德，齐之以礼，则民有格心；教之以政，齐之以刑，则民有遁心。故君民者，子以爱之，则民亲之；信以结之，则民不倍；恭以莅之，则民有孙心。《甫刑》曰，苗民匪用命，制以刑，惟作五虐之刑，曰法。是以民有恶德，而遂绝其世也。"（夫子说："民众，如果用道德来教育他们，用礼义来统领他们，那么他们就有向善、进取之心；如果用政令来教训他们，用刑罚来统管他们，那么他们就只会有逃避刑狱、免于责罚之心。所以统领民众的人，对待民众如同爱护自己的儿子，那么人们就会亲近他；如果秉持诚信来团结民众，那么人们就不会背叛他；如果以恭敬的态度来面对民众，那么人们就会有顺服之心。《尚书·吕刑》说：三苗之民不听从政令的管理，于是就制定刑罚来统治；最终制定了五种酷虐的刑罚，称之为'法'。因此造成了三苗之民品德恶劣，到后世终于就灭绝了。"）

其中具有特别意味的是，崇礼复古的孔子引用了《甫刑》（即《尚书·吕刑》）的内容，却逆反其原意，将本是高度重视法治的文本阐释为对法治终极效能的质疑和批判。因此，他将道德教化置于优先于政治刑罚的位置：

子曰："政之不行也，教之不成也，爵禄不足劝也，刑罚不足耻也。故上不可以亵刑而轻爵。《康诰》曰：'敬明乃罚。'《甫刑》曰：'播刑之不迪。'"（夫子说："政令之所以不能推行，教化之所以不能成功，是由于爵禄的颁发失当不足以劝人守法向善，刑罚惩处失据不足以使坏人感到耻辱。所以君长不可以滥用刑罚，或轻率地封爵授禄。《康诰》上说：'动用刑罚一定要慎之又慎。'《甫刑》上说：'施行刑罚要合情合理。'"）

本来，古代崇尚"礼乐刑政，其极一也"（《礼记·乐记》），但也认为"圣人之教化，必政刑相参焉"（《孔子家语·刑政》），将礼乐与刑政平行一体对待。但是，为什么孔子主张打破这种平衡关系，突出礼乐而压制刑政呢？笔者以为原因有三：

其一，孔子对古代政治制度的改造，使之"文化"化。即以文化为主导，为既往行政管理手段涂抹"意识形态"色彩，从而构建儒家的政治学说。这也是孔子删述改作商周文化的典型做法。

其二，孔子施行仁政主张的必然选择。强调为政者的德行主导责任而淡化其威权力量，减少或尽量避免使用刑罚，这在其"必也使无讼乎"（[颜渊第十二·十三]）的司法思想上有充分体现。

其三，基于当时的社会现实。文中提到的"齐之以刑"，大概是特指孔子同时代出现的，如郑国"铸刑书"和晋国"铸刑鼎"的成文法制（详参本书[公冶长第五·十六]"评析"部分）。这些全新法制的出现，绝不是原有法制的简单强化，而是意味着对社会上层建筑以至社会关系的全面改革，这是作为文化保守主义者的孔子所不能接受的，故而以对比的方式来阐明自己的为政理念。

孔子的这一主张影响广泛而深远。然而吊诡的是，即便是那些大力推举儒学、以儒教治国的朝代，也不过是"阳儒阴法"（或称"儒表法里"），只是把儒学用作装饰或调和社会矛盾的工具，而不以礼乐文化为社会价值引领的主导因素。有清一代，法制繁密严苛，因此《解义》者在面对最高统治者时，也不便将本章意涵做过多阐释，不过是虚与委蛇，一笔带过而已。

【标签】

政；刑；德；礼

四

【原文】

子曰："吾十有五而志于学，三十而立，四十而不惑，五十而知天命，六十而耳顺，七十而从心所欲，不逾矩。"

【解义】

此一章书，是孔子自叙其生平心学以渐而进之功也。

孔子曰：凡人为学，当先定志向，继加体验，终归纯熟。不可躐等①而进，亦不可半途而废②。

吾自十有五时则志于学。"学"者所以学乎所当由之道也，如何而致知，如何而力行，念念在此，必求其成。然此时仅向乎道，犹未得乎道也。

由十五而进至于三十，觉道得诸己，有以自立，私意不能侵，外物不能夺，守之固矣。然知未至于融通，而守犹假③于勉强。

由三十而进至于四十，觉于道之所当然④者，皆无所惑，即事之粗而见其精，即物之显而得其微，⑤知之明矣。然犹但知其所当然，而未能知其所以然。

由四十而进至于五十，凡天命之赋于物，而为事物所以当然之故者，皆无不知。契⑥二气⑦之大原⑧，会万殊于一本，⑨知极其精矣。然知之虽精，而犹假于思也。

由五十而进至于六十，觉心与理融，理与心会，人之言方入于耳，而言之理即契于心。知之之至，不思而得矣。然所知虽出于自然，而所行或犹未出于自然。

由六十而进至于七十，觉涵养⑩者纯熟，矜持⑪者浑化⑫，随心之所欲，于大中至正⑬、确然⑭不易之矩，自无逾越。夫岂待于勉而后中哉？

吾自十五至七十，所进之次第大约如此。

夫孔子为生知安行⑮之圣，而其工夫⑯绝无间断，其效验⑰亦以渐臻⑱。然则人欲希圣希贤⑲，可不先立其志，以渐期于有成哉？

【注释】

①躐等：逾越等级。躐，音 liè。

②半途而废：做事不能坚持到底，中途停顿，有始无终。《礼记·中庸》："君子遵道而行，半途而废，吾弗能已矣。"（君子一生依循大道，半途而废这样的事情，我是不会做的。）可详参本书［泰伯第八·九］"索隐行怪"词条引文。

③假：借助。

④当然：应当这样，事物本来应有的样子。

⑤即事之粗而见其精，即物之显而得其微：语见明汤传楹《四书明儒大全精义》卷六，紫峰陈氏（陈琛）语。

⑥契：融契，使之交融。

⑦二气：指阴气和阳气。《周易·咸》："柔上而刚下，二气感应以相与。"（兑为少女，以阴柔之美居上，艮为少男，以阳刚之强居下；阴阳二气相互感应，相互亲和。）

⑧大原：根源，根本。

⑨会万殊于一本：融会天地万物为一个本原。万殊，各种不同的现象、事物。《朱子语类》卷二十七："到这里只见得一本万殊，不见其他。"清戴震《孟子字义疏证》："理散在事物，于是冥心求理，谓一本万殊。"

⑩涵养：指涵养德性或涵养本原，道德修养要重视养心存心的工夫。主要有两种涵义：一指涵养工夫兼顾已发未发两面，贯通动静内外；二指

与致知穷理相对而言的居敬涵养，偏于未发工夫。朱熹认为涵养与致知、居敬与穷理须"交相发"，就是指未发的主敬修养不仅可以涵养德性，还能够成为致知穷理的主体条件。"平日涵养本原，此心虚明纯一，自然权量精审。伊川尝云：'敬以直内，则义以方外。义以为质，则礼以行之。'"（《朱子语类》卷三十七）"已发未发，不必大泥，只是既涵养，又省察，无时不涵养省察。""未发已发，只是一件工夫，无时不涵养，无时不省察耳。"（《朱子语类》卷六十二）无时不涵养，无时不省察，如水长流，使心始终虚明纯一，自能贯通动静，发而中节。他在《答胡广仲》中强调说："须是平日有涵养之功，临事方能识得，若茫然都无主宰，事至然后安排，则已缓而不及于事矣。"（《朱文公文集》卷四十二）朱熹还将涵养与致知穷理说贯通浑化，视为车之两轮，鸟之两翼，交相互发。他在《答陈师德》中说："程夫子之言曰：'涵养须是敬，进学则在致知。'此二言者，实学者立身进步之要。而二者之功，盖未尝不交相发也。"（《朱文公文集》卷五十六）"存养与穷理工夫皆要到。然存养中便有穷理工夫，穷理中便有存养工夫。穷理便是穷那存得底，存养便是养那穷得底。"（《朱子语类》卷六十三）涵养与穷理两不偏废，内外兼顾，动静交修。朱熹提出的敬贯动静、贯知行、贯始终的涵养论，也是综合张载、二程等理学家涵养论的新思路。与朱熹同一时期的陆九渊则提出"涵养本心"说，明·吴与弼发展了这一学说，他在其《日录》一书中，指出"言工夫，则静时存养，动时省察"，认为涵养省察的对象是性情本身，"涵养此心，不为事物所胜，甚切日用工夫"，把读圣贤书作为涵养的重要方法，并常常"省察四端"，"痛省身心"。吴与弼弟子陈献章"得其静观涵养，遂开白沙之宗"（《康斋集》四库全书提要），可见其影响之重大。

⑪矜持：内心有所持重而外表有所拘谨的样子。

⑫浑化：浑然化解，自然而然的样子。

⑬大中至正：极为中正（之道），博大、居于核心而至真至正（的学问）。汉王逸《楚辞章句》："皇舆宜安行于大中至正之道，而当幽昧险隘之地则败绩矣。"《传习录》："不知先生居夷三载，处困养静，精一之功，固已超入圣域，粹然大中至正之归矣。"

⑭确然：信实，正确。

⑮生知安行：即"生而知之"（天生就知道天下通行的大道）和"安而行之"（发于本愿从容不迫地实行大道），比喻具有极高的禀赋和修为，古人以为圣人方能具有这样的资质。出自《礼记·中庸》："或生而知之，或学而知之，或困而知之，及其知之，一也。或安而行之，或利而行之，或

勉强而行之,及其成功,一也。"[有的人生来就通晓大道,有的人通过学习才通晓大道,有的人经历过困惑后才通晓大道,(虽然先决条件不一样,)他们最终都能通晓大道,其结果是一样的。有的人从容不迫地实行大道,有的人追名逐利去实行大道,有的人勉强为之去实行大道,(虽然其目的和过程不一样,)其最终成功的时候是一样的。]

⑯工夫:理学上指积功累行、涵蓄存养心性的过程。

⑰效验:成效,效果。

⑱臻:音 zhēn,至,到达美好的境地。

⑲希圣希贤:希望成为圣人,成为贤人。希,效法,仰慕。

【译文】

这一章讲的是,孔子自叙平生的学问心路。这些都是循序渐进的结果。

孔子说:凡是一个人做学问,一定要先确立志向,然后进行体验,最终归于纯熟的境界。不能越次冒进,急于求成,也不能有始无终,半途而废。

我十五岁的时候就立志向学。所谓"学"是指学习人生所必经的道,怎样获得知识,怎样努力实践,每时每刻都要铭记,力求能够做到。这时只是志向于道,但并没有掌握它。

从十五岁到了三十岁,感觉已然得道,能够以此自立,私心杂念不能侵夺,名利外物不能干扰,能够坚守道心了。但还不能够圆融通达,只是能够勉强掌握。

从三十岁到了四十岁,明了了应然之道,不再有什么疑惑,能够从事物的大体来推知其精细,从事物的表面来判断其幽微,这算是通达之知了。但这仍然只是知道事物本来的样子,但是还不知道为什么会是这样。

从四十岁到了五十岁,但凡是天命所赋予、物性所固有,都无所不知。交合阴阳二气于源始,融合天地万物于根本。然而,知识虽达于精微,但是仍然需要通过思考才能获得。

从五十岁到了六十岁,感到心思与道理能够融通,道理能够与心思会合,别人的话才能够真正听得进去,所说的话才能与心思相投合。知识的极致,就是这样不用思虑也能够得到。然而即便这样自然而然地获得知识,但是在行动方面或许还不够随意安然。

从六十岁到了七十岁,便觉得自身道德修养已经达到纯熟,原来的矜持拘谨也已浑然化解,能够随心所欲,对于博大而正统、确信不可改易的规矩,也毫无违和感。哪里需要在劝勉之后才做得到呢?

我从十五岁到七十岁的渐进历程，约略如此。

孔子是生知安行的圣人，但是他修身立德的努力从未间断，其产生的效果也是渐入佳境。然而如果一个人只是希慕成贤成圣，难道可以不先确立志向而期望渐渐有所成就吗？

【评析】

这是孔子的个人小传，但主要记述的是个人心路的进阶，而非单纯的人生实写，既非功名利禄，亦非喜怒哀乐。它如此精要而又如此宽泛，如此抽象而又如此恰切，乃至于它在正解或误解、有形或无形中，对绝大部分中国人的人生都起到了模范或参照作用。《论语》与孔子立论之强大，影响之深远，于此可见一斑。

【标签】

三十而立；四十不惑；知天命；从心所欲，不逾矩；生知安行；一本万殊

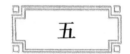

【原文】

孟懿子问孝。子曰："无违。"

樊迟御，子告之曰："孟孙问孝于我，我对曰，无违。"樊迟曰："何谓也？"子曰："生，事之以礼；死，葬之以礼，祭之以礼。"

【解义】

此一章书，见人子事亲有当然之理，即有一定之分^①也。

孟懿子^②是鲁大夫，樊迟是孔子弟子。

孟懿子问孝。

孔子曰：人子事亲，有至当不易之理，所当遵守不失，不可有一毫违背。

盖孝亲之道，惟在无违而已。彼时孔子尚未说明，懿子不能再问。

孔子恐其误以为无违为从亲之命，故因樊迟御车之时，复以孟孙问答之语告之。樊迟问曰：何谓之"无违"？

孔子曰：所谓"无违"，只是不违乎礼。礼即天理之节文^③也。尊卑上

下，各有一定之礼。如父母在生之时，定省④奉养，俱依于礼。及其没也，殡葬祭享，必诚必信，亦俱依于礼。自始至终，礼之所当为者不敢不为，不至苟且⑤简陋，而不敬其亲。礼之所不当为者即不敢为，亦不至僭越非分，而陷亲于有过。此之谓"无违"，此之谓孝。

可见人道以孝行为先，孝行以礼法为重。在一人为维持百行之端，在天下即为纪纲⑥万世之法。孔子此言，所以⑦警僭越者深矣。

【注释】

①分：音 fèn，名位，职责，权利的限度。
②孟懿子：姬姓，鲁国孟孙氏第九代宗主，本姓仲孙，也称孟孙，名何忌，世称仲孙何忌，谥号懿。
③节文：礼节，仪式。可参本书［子罕第九·十一］"天理节文"词条注释。
④定省：昏定晨省，早晚问候、请安。
⑤苟且：马虎，敷衍。
⑥纪纲：治理，管理。
⑦所以：所用来。不同于表示因果关系的"所以"。

【译文】

这一章所展示的是作为儿女侍奉双亲所必须遵循的道理，也就是要按照自己的身份定位来履行责任。

孟懿子是鲁国的大夫，樊迟是孔子的弟子。

孟懿子向孔子请教怎样遵循"孝"道。

孔子告诉他：儿女侍奉双亲，有一个绝不能违背的道理，应当坚持遵守，不能有一点儿违背。

大概孝养双亲之道，最重要的不过就是不违背他们。因为孔子当时不加明示，所以孟懿子也没办法继续追问。

孔子后来恐怕孟懿子误会自己所说的"无违"就是完全听信父母的话，因此在樊迟为他驾车的时候，就把与孟懿子之间的对话告诉了樊迟。樊迟也是不解，问：什么是"无违"？

孔子回答说：所谓的"无违"，（并不是不违背父母之命，）而是不违背礼。礼是天道真理的呈现形式。无论地位尊卑、分工上下，都有其固定的礼数。父母活着的时候，早晚问候、衣食奉养，都要依照礼制。他们去世的时候，殡葬祭祀，一定要由衷而发，同时也都要依从礼制。自始至终，礼制所要求做到的不能不做到，不能敷衍塞责、因陋就简，而表现出对父母的不孝敬。礼制所不认可的就不敢去做，这样也就不至于使自己僭越礼制等级，而同时陷父母双亲于不义。这就是"无违"，（做到这样的"无违"，）也就是真正的"孝"了。

由此可见，为人之道要以行孝为先，而孝行最为重要的是遵守礼法。它对于一个人来说，就是各种行为处事的首要法则；对于整个社会来说，就是社会治理所要永久依从的。孔子的这些话，是用来严厉警告僭越礼制的人的。

【评析】

孔子所谓的"无违"，很容易让人误解为"父母之命媒妁之言"或"三从四德"式的伦理法则，唯唯诺诺，令行禁止。孔子也是生怕孟懿子误解，所以借与樊迟的谈话加以申明。

孔子论孝，以"无违"礼法为旨归。这倒是让笔者联想到现在常用的词语——"毫无违和感"。一个"孝"字不仅体现了宗亲血缘关系、父母儿女之间的情感，而且也体现了个人与族群、亲情与礼制之间的平衡与调和。好的社会法则不会漠视人性人情和常识，而是在顶层设计和人伦日常之间实现顺利对接。所以，好的礼法对人绝非约束和限制，而是引导和升华。因此，我们可以说，法治精神的至高境界是"情法之平"，而非"惟法是从"，它要求更高层面的和谐，服务于人性人情的提升，让人充满对美好人生的向往。

就此意义而言，我们就不难理解"直躬之父攘羊"（[子路第十三·十八]）的故事载入《论语》并被广泛讨论的意义所在。直躬的父亲偷了羊，于法制的框架内去选择，恐怕一定要直言举报、大义灭亲，否则可能会犯包庇罪。然而，此法如果只是让人背离人性人情，那么它的存在又于人何助，于社会何益？法制只是一面警戒的镜子，而非一面无所不包的大网，毕竟它只是面向少数罪恶事件及其施行者，而非要把所有人一网打尽或持刀相向，以致世人畏罪避忌，道路以目。因此，在儒学的设计版图中，法制反倒被装进笼子里，不轻易被释放出来，而是在更广大的范围推行礼制，倡导日常自主的规范和约束（克己复礼），这样看起来容易使人拘谨乃至固缚，但这总可以使人际流动一股清新的空气，而使人于其中自由呼吸。

【标签】

樊迟；孟懿子；孝；无违；礼；情法之平

六

【原文】

孟武伯问孝。子曰:"父母唯其疾之忧。"

【解义】

此一章书,见人子当以守身为孝也。

孟武伯是孟懿子之子。

孟武伯问孝。

孔子曰:凡人欲尽事亲之心,必先体父母之心以为心。何也?天下无不爱子之父母,唯爱之也切,故忧之也深。如服食起居、寒暑燥湿之类,举足以致疾病者,无不切切①焉以为忧。不但忧于有疾之时,即无疾之日,亦常忧其爱护之不谨。若为子者体此心以敬守其身,时时谨饬②,处处堤防,不敢有一毫纵肆,自然清明强固③,保身无失,可不谓之孝乎?

凡处富贵逸乐之地,纷华靡丽④,一有不慎,最易致疾,尤当屏却⑤护持,以培养身心也。

【注释】

①切切:深切。
②谨饬:谨慎小心。饬,音 chì。
③清明强固:清明,神志清晰,清察明审。强固,身体健壮。
④纷华靡丽:讲究排场,追逐华丽。
⑤屏却:拒绝。屏,音 bǐng,摒弃,放弃。

【译文】

这一章是讲,为人儿女应当把守护好自己的身体作为孝道的重要内容。

孟武伯是孟懿子的儿子。

孟武伯向孔子请教孝道。

孔子回答说:一个人想要尽心做好奉养双亲的事情,就一定要先体会父母的心思。什么意思呢?天下没有不疼爱儿女的父母,因为爱之深切,所以担忧也多。比如衣食起居、冷暖湿燥等等,凡是容易引生疾病的问题,都无不心存忧虑。不但在子女生病的时候担心,即便是在其无病的时候,也常常担心自己不会照顾子女。如果作为儿女能够体会到父母的这一层心意,以钦敬的心理保护好自己的身体,时刻谨慎小心,到处提防意外,不敢有一丝一毫的放松和随意,这样自然就会做到神志清晰而身体健壮,使身体没有丝毫闪失,这样不是可以称作"孝"了吗?

凡是处于富贵享乐的地方,过着声色犬马、莺歌燕舞的生活,如果稍有不慎,就容易导致疾病,尤其应当拒绝而自我保护,以此来养护身心。

【评析】

如果将《解义》的意思递进一步,则父母担忧儿女在贫穷时窘困受难,而在富贵时贪奢淫逸,倒是"贫亦忧,富亦忧,然则何时而乐也"了。因此,此处倒可以理解为:不仅是劝谏作为子女者爱惜身体发肤以为孝养之举,同时劝谏为人父母者,不对儿女做富贵幻想,惟求其平安即好。

父母子女之间为人间至情,然如何维护,如何表达?此章《论语》犹如一帧绝妙的照片,攫取了这份情感中最为动人的瞬间。

【标签】

孟武伯;孝;疾;忧

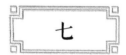

【原文】

子游问孝。子曰:"今之孝者,是谓能养。至于犬马,皆能有养;不敬,何以别乎?"

【解义】

此一章书,见人子当以敬亲为孝也。

子游姓言,名偃,孔子弟子。

子游问孝。

孔子曰:人子于亲,饮食供养固不可缺,然必内有尊敬之心,外有恭敬之礼,方可谓"孝"。古之仁人事亲如事天,岂非至敬之道?若今世俗之人,谓"能以饮食供养父母即谓之孝",不知徒以饮食供养而已,岂特父母为然?虽至微贱如犬马之类,待食于人,人亦有以养之。若事亲者狎恩恃爱①,少有②不敬之心,而徒以供养为事,其后骄慢③成习,无所忌惮,穷极④其不敬之罪，便与那养犬马者何所分别乎？

此孔子深究人情之失而甚言其流弊⑤至此，以警天下之人也。

【注释】

①狎恩恃爱：因为享受恩惠和爱护而不加珍惜，放纵自己，对亲近之人不够庄敬。

②少有：稍有，略有。

③骄慢：亦作"骄嫚"。骄傲怠慢。

④穷极：穷尽，极尽。

⑤流弊：由于事物本身不完善或工作中有偏差而产生的弊端。

【译文】

这一章是讲，为人儿女应当把恭敬地侍奉作为孝道。

子游姓言，名偃（字子游），是孔子的弟子。

子游向孔子请教孝道。

孔子回答说：儿女侍奉父母，一日三餐是必不可少的，但是这种供养，一定要有发自内心的尊敬，以及合乎礼制的恭敬，这样才能称得上真正的"孝"。古代的仁人侍奉父母就像侍奉天神一样，难道这不是至尊至敬的做法吗？如果像今天的世俗之人，认为"能够给父母提供衣食住行的基本条件就是孝敬了"，而不知道这只是给口饭吃，难道只是对父母可以这样？即便是像那些卑贱的家畜犬马，也要人来喂养，人也会拿东西给他们吃。（难道对待父母只是像喂养犬马那样就足够了吗？）如果侍奉父母时只是一味地撒娇任性，有恃无恐，而毫无尊敬，只是把供养当作孝敬，久而久之习以为常，毫无顾忌，以至于把不敬之罪过推演到极致，这与那些养狗喂马的人有什么区别呢？（不仅所作所为像他们，而且道德节操也很卑下。）

这是孔子在探察人心人情的过失，痛斥其固有弊病，借此警告全天下的人。

【评析】

不敬之养，或乃人之常情，古今皆然。而孔子只是从我们不经意的日常之处发出来，未必语惊四座，却掷地有声，振聋发聩。

不敬之养的对立面是有敬无养。世人或从不否定自己的孝敬之心，而只是囿于现实的困境，自己需要有充足的物质来尽孝。但这两者有本质的不同。自以为有敬无养者，将物质作为先决条件，意思是自己需要努力挣钱，然后才能够孝养父母。但是实际上，真正孝敬父母，从根本上说是发自内心的情义，跟物质的多少实在没有太大关系。物欲迷惑了内心，自然会造成情感的空洞，包括孝敬之心的流失、真诚之心的漫灭，而这是用多少外物都无法填补的。《论语》在此记录了孔子最具善意的提醒，希望人们进入"孝"的语境并重新体验，这或许并非单纯为了孝敬父母，而是达成对生命本质最深度的体认。

其实何止是在孝敬父母这件事情上，情感物质化的现象也极为严重。或自古皆然，所以孟子发出"不失其赤子之心"，宋儒发出"存天理，灭人欲"的大声呼吁。其实都是让人回归本心。

这里只是用孝敬父母作为谈论人情人性的引子而已。如果连孝敬父母这种最内在的情感都没有了，那就说明完全为物欲所遮蔽，丧失了心灵的根本。何止是父母，就连其自身，恐怕也毫无幸福感可言。

《解义》说，这是孔子通过孝道探察人心人情的过失，也就是通过孝的心理表现来考察人心，而不只局限于孝，因而更具有普遍性意义。很多人把儒学定义为孝道，有一定的道理，若只归结于孝道，亦大谬矣！

【标签】

言偃（子游）；孝；本心

【原文】

子夏问孝。子曰："色难。有事，弟子服其劳；有酒食，先生馔，曾是以为孝乎？"

【解义】

此一章书，见人子以深爱为孝也。

子夏①问孝。

孔子曰：人子事亲之际，凡事可以勉强，独是和婉愉悦之色发于中心，②毫不可以伪为，故为最难。盖真有此深爱笃孝之心，方能见此和婉愉悦之色。诚于中，形于外，③全要内求之心，不在容色上做工夫也。若夫父兄有事，为子弟者代任其劳；子弟有酒食，进奉于父兄，以供饮馔——此则力之所可勉而事之，无难为者，曾是可以为孝乎？

此言孝之末节不足重轻，正见深爱之当重，愉色之难至。为人子者，不可不深长思④也。

【注释】

①子夏：卜商，字子夏，孔门十哲之一，擅长文学。其生平详见本书［先进第十一·三］"子夏"词条注释。

②和婉愉悦之色发于中心：《礼记·祭义》："孝子之有深爱者必有和气，有和气者必有愉色，有愉色者必有婉容。"（如果孝子对父母有深深的爱戴，心中就必然充满和顺之气；心中充满和顺之气，脸上就一定会表现为和颜悦色；脸上有和颜悦色，就一定会表现为曲意承欢的样子。）

③诚于中，形于外：《礼记·大学》："诚于中，形于外，故君子必慎其独也。"（心里是什么样的，就会显露在外表上。因此，君子在独处的时候一定要慎重自持。）可详参本书［子路第十三·二十六］"道德润身，心广体胖"词条引文。

④深长思：深沉思考而长久念想。

【译文】

这一章是说，儿女要把对父母深切的爱戴之情作为孝（的首要因素）。

子夏向孔子请教孝道。

孔子告诉他说：儿女侍奉父母的时候，有很多事可以勉强为之，但是唯独那种欢愉温婉的脸色一定要发自内心，丝毫不可以虚伪造作，这一点是最难做到的。大概只有深切笃厚的爱敬孝顺之心，才能自然而生这种欢愉温婉的脸色。一个人的内心，一定会通过外表透露出来，所以孝道一定要发自内心，而不是在容貌表情上下功夫。如果只是遇到父母兄长有事情需要处理，子弟去帮一下忙；或者子弟有酒有菜，进献给父母兄长来饮食——这只不过是力所能及的事情，并不难以做到，难道连这个也称得上孝顺吗？

这就是说孝顺的细枝末节并不重要，深切的爱戴之情最为重要，和欢愉悦的表情最难做到。为人儿女，对这一点不能不做深入长远的考虑。

【评析】

孝不是豢养而是赡养，孝道不是说教而是体认。大概世事艰难、人生不易，对长辈克尽孝道并不轻松。然而，孝道的本义是亲情的回报而非单纯的物质供给，说得直白一点儿，孝敬是一笔感情账，要用心血和感情来还报。"子生三年,然后免于父母之怀"([阳货第十七·二十一]),父母养育子女,并不只是吃饭穿衣,而更多的是亲爱与呵护,并寄托无限的期待;子女对待父母,也需要给予同样的付出和回报,这样才能使美好的人伦图景得以完美呈现。

《解义》化用《礼记·祭义》的话,已将道理说得非常明白:不要以为对待父母的日常琐碎是小事,它不仅不是小事,更重要的是,它反映了人子内心最为真实的状态,所以要以孝养父母之心来检讨自己。孝不只是这件事情本身,还折射出一个人思想的全部。

【标签】

子夏;孝;赡养;《礼记·祭义》

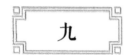

【原文】

子曰:"吾与回言终日,不违,如愚。退而省其私,亦足以发。回也不愚。"

【解义】

此一章书,是孔子深赞颜回悟道之妙也。

颜回是孔子弟子。孔门高弟①,唯颜子已具圣人体段②。故孔子称赞之曰:我与颜回讲论道理,至于终日之久,所言不止一端,在他人必有所疑而有待于问难③;回则默默听受,绝无一语问难,有类于愚人者。然及回既退,我省察其闲居独处时,见其动静语默之间,以我所言之理躬行实践,一一有以发明④。乃知回之不违,正其深潜纯粹、默识心融之处。⑤功力既到,一经指点,便触处洞然,无不心领神会。可见回本无所疑而不必问,非有可疑而不知问也。⑥回也岂真愚者哉?

孔子知之切,信之深矣。颜子虽气禀⑦清粹⑧,毕竟由博约克复⑨上来,故能尽发圣人之蕴。此见有天纵之资者,尤不可无希圣⑩之学也。

【注释】

①高弟:高足,高材生。
②圣人体段:指颜回已具备圣人的气象。体段,指事物的形象。朱熹

《论语集注》:"颜子深潜纯粹,其于圣人体段已具。其闻夫子之言,默识心融,触处洞然,自有条理。"

③问难:对于疑难问题,两方各申己见,互相驳斥,互相诘问,展开辩论。

④发明:创造性地阐发。

⑤正其深潜纯粹、默识心融之处:出处见注②"圣人体段"。纯粹,纯正不杂,精纯完美。"纯粹"一词出自《周易·乾·文言》:"刚健中正,纯粹精也。"详参本书[泰伯第八·八]同名词条注释。

⑥回本无所疑而不必问,非有可疑而不知问也:本句系引用张居正《四书直解》同章解析。

⑦气禀:亦称禀气,指人生来对气的禀受,某种程度上决定了人与人后天的差别。《韩非子·解老》:"是以死生气禀焉。"《论衡·命义》:"人禀气而生,含气而长,得贵则贵,得贱则贱。"宋理学家认为气禀形成人的气质之性,人禀受天地之气而生,因气有清浊不同,故人有贵贱、智愚、善恶之别。"禀得至清之气者为圣人,禀得至浊之气者为恶人。"(《二程遗书》卷二十二上)

⑧清粹:清高纯正。

⑨博约克复:博约,指"博我以文,约我以礼"(用文化知识开拓我的视野,用礼制规矩约束我的行为)。[子罕第九·十一]:颜渊喟然叹曰:"仰之弥高,钻之弥坚,瞻之在前,忽焉在后。夫子循循然善诱人,博我以文,约我以礼。欲罢不能,既竭吾才,如有所立卓尔。虽欲从之,末由也已。"克复,即"克己复礼",克制自己来复现礼制。[颜渊第十二·一]:颜渊问仁。子曰:"克己复礼为仁。一日克己复礼,天下归仁焉。为仁由己,而由人乎哉?"颜渊曰:"请问其目。"子曰:"非礼勿视,非礼勿听,非礼勿言,非礼勿动。"颜渊曰:"回虽不敏,请事斯语矣。"《解义》巧妙地运用颜回与孔子交往的认知,来回应孔子对颜回的评价。

⑩希圣:仰慕圣人,效法圣人。

【译文】

这一章是写孔子大为赞赏颜回的善于悟道。

颜回是孔子的弟子。在孔门高足之中,只有颜回已经具备圣人的气象。所以孔子称赞他说:我与颜回讲论道理,即便是讲了一整天,讲的事情也是千头万绪,换了别人肯定会有所疑问并提出很多难题;而颜回只是默默倾听,竟然连一句疑问、反驳的话都没有,就好像一个呆子一样。然而等到他回去之后，我观察他闲居独处的时候，看到他在言谈举止方面，都是对我所说的话躬身实践，每一样都能够创造性地阐发。这才知道颜回的毫无辩诘（不是麻木无知、无动于衷），正是由于他沉浸其中、欣然忘我，只顾着默而识之、心领神会了。其基本的工夫已经做到，所以一经老师指点，便马上明晓，没有不心领神会的。由此可见，颜回本就没有什么疑问才不必去问，而不是有所疑问且不懂得去问。颜回哪里是真的愚笨啊！

孔子对他的了解极深切，所以对他的认可度也极高。颜回虽然天生清高纯正，但毕竟是经过博学以文、约之以礼、克己复礼的修为方能做到的，所以能够阐发圣人的微言意蕴。由此可知，即便是有天生的禀赋，也不能不效法圣贤的学问而向他学习。

【评析】

学习的进阶不同，表现也就不同。孔子尚学，至成圣而犹学；颜回好学，其不违也如愚。孔颜师徒，贵为知己，相互映照，关系非一般师生所能及。颜回是孔子的寄托，故孔子对他深察细究，语重心长；而孔子只是颜回的验证，孔子所讲，只是给他以信心和清晰的行动信号。故当孔子讲学于前，则默而识之，不违如愚，其行为乖于常人；而此后见习从事，无不依据圣人之言，且有发挥独到之处，可见用心之深，修行之力。所以，孔子一疑一究之后，则更加信之任之，充满欢喜。寻常人等于学焦躁，修辞虚浮，哗众取宠，以不知为知，学有未到而行有不逮者，众矣。而众弟子之中，独有颜回不仅默识心通，而且不违如愚，知之益深，行之益切，无不契合孔子定义之学，自是孔子心中的好学生。此处师徒相知、相勉，诚可谓"教学相长"的典范。

【标签】

颜回（颜渊）；不违如愚；学；教学相长

十

【原文】

子曰："视其所以，观其所由，察其所安，人焉廋哉？人焉廋哉？"

【解义】

此一章书,是孔子言观人之法也。

孔子曰:观人之法,据迹考心,由显极微①,方是彻底穷源②学问。凡人行事,善恶昭然处谓之"以",意所从来谓之"由",心安意乐、绝无勉强谓之"安"。

观人者当先视其所为之事,为善则为君子,为恶则为小人。若为善之人,又须观其意所从来,果能毫无假饰,方是为善之诚意所从来。既善,又须察其平日心之所存。果能毫无矫强③,方是为善之纯。

夫自"以"而"由"而"安",在人者,既从外而探其内;自"视"而"观"而"察",在我者,又因略而致其详。④考验至此,人何得而藏匿之哉?人何得而藏匿之哉?

重言之者,以见其必不能隐也。人主以此衡鉴⑤天下,其行事之淑慝⑥,心术之邪正,百不爽一⑦。若视观察之本,则程子所谓"知言穷理"⑧,不可不加之意也。

【注释】

①由显极微:由外在的表现来探知其内心的细微变化。极微,研求几微。

②穷源:亦作"穷原",探寻事物的本原。

③矫强:勉强。

④夫自"以"而"由"而"安",……又因略而致其详:基本引用张居正《四书直解》原文。

⑤衡鉴:衡器和镜子,喻指品评、鉴别。

⑥淑慝:善恶。慝,音 tè。

⑦百不爽一:用来判断,一百个中间都不会有差错,形容做事有充分的把握,绝不会失误。爽,失,差。

⑧程子所谓"知言穷理":朱熹《论语集注》:程子曰:"在己者能知言穷理,则能以此察人如圣人也。"(如果自己真能做到观其言行,知其所以,那我们就可以像圣人那样用理来准确衡量别人了。)程子,即二程中的程颐。

【译文】

这一章是孔子谈论观察判断人的方法。

孔子说：观察判断一个人的方法，就是要根据一个人的行为来考察他的内心，由外在的表现来探知其内心的细微变化，这样才是彻底探求事物本原的学问。凡是人行为处事，善恶分明之处叫作"以"，心意所从出发叫作"由"，心意所安乐、绝不受外因所勉强，叫作"安"。

观察判断一个人，应当先看他的所作所为，做好事的就是君子，做坏事的就是小人。对于做好事的人，又要看他的初衷，如果能够毫不虚伪矫饰，才是诚心诚意做好事。既然可以称善，又要考察他平时心意的状态。如果能够做到丝毫不为外物所勉强和逼迫，那么，就可以判断他为善是完全出于内心的纯正。

从"以"到"由"再到"安"，对于被观察的人而言，是从外在探究其内心；从"视"到"观"再到"察"，对于观察人的人而言，是从简略到详尽。对一个人的考察验证到了如此地步，他哪里还能够藏匿自己呢？他哪里还能够藏匿自己呢？

重复一句说辞，是强调人无论如何也无法隐藏自己的真实心态。君主从这个角度来对天下之人事进行评判，行为的善恶，心术的正邪，百发百中，屡试不爽。如果认识到观察判断也是观察者内心修为的重要方式，那么，对于程子所说的"知言穷理"，就不能不在上面多用心了。

【评析】

看人要全方位，逐层深入，缜密辨别；但是真正做到对人的准确判断，首先自己要守文持正，穷理尽性，先行构建一个周正的坐标系，这样才能给予他人公正的评价。其次，不应以单纯评价为目标，而是以自我成长为动力，因此要建立自省的观察视角。观察别人的人也在被别人观察，故此过程也是最好的观察自己的方式。因此"观察"这一行为好似一杆双头标枪，一头刺进被观察者的身体，而观察者这一头也会同样会感受到被刺痛。孔子云"其不善者而改之"（[述而第七·二十二]），因为"其不善"也正可能是我之不善。如此"敏感"于为人的不足而致力于改进，反倒是仁者的表现；鲁迅笔下的"看客"形象，则正好是"麻木不仁"者的状态。

本章原文表面上只是孔子在警告那些心术不正的人，但经《解义》的阐发，似乎又回到自我修为的路子上了。

【标签】

视其所以；观其所由；察其所安

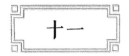

十一

【原文】

子曰:"温故而知新,可以为师矣。"

【解义】

此一章书,是孔子言君子之学贵乎理明、心得,不徒以闻见为事也。

孔子曰:天下之义理无穷,吾人之见闻有限,若专在记问上做工夫,虽日积月累,究非心得。如能将旧日所闻反复玩味,久而心领神会,日知所无,不但已知者义理融洽,即未知者无不触类旁通。于常闻习见之中,自有油然独得之益。如此,则智虑日新,学问日益充足。如有相质问①者,便能应答不竭,剖晰②无遗。岂不可以为人之师乎?

孔子恐学者驰骛③于口耳文字之末,故示之以心得之妙。"温故"即"时习"之意。人可不自勉乎哉?

【注释】

①质问:根据事实提出疑问;责问。
②剖晰:即"剖析",辨析,分析。
③驰骛:疾驰,奔腾。此处有仅在外围事务、细枝末节上努力的意思。

【译文】

这一章主要是讲,孔子认为君子之学不止于多见多闻多识,更在于得之于心,明之于道。

孔子说:天下的道理无穷无尽,我们可以了解的非常有限,如果只是机械地记忆,即便经过日积月累,但终究只是外在的知识,而不是得之于心。如果能够将原来所学内容反复玩味、消化,时间久了,就能够做到发自内心的理解与领会,每天知道自己原来所不知道的东西。不仅已经知道的道理可以做到融会贯通,学以致用,那些原来不知道、不明了的东西也因此见微知著,触类旁通。(具备了这种思考的能力后,)在日常见闻之中,也自然可以见常人所不能见,发常人所不能发,独树一帜,超凡脱俗。如果能够做到这样,那么,就会使思智能力与日俱进,学问素养与日俱增。遇到那些关乎是非黑白的问题,就能够如同有源之水,随心应答,条分缕析，头头是道。如果能够做到这样，难道不是可以成为别人的老师吗？

孔子担忧学习的人只注重见闻、文字等表面功夫，所以给出启示要得之于心，才能达到真知和妙用的境地。"温故"实际上也就是"学而时习之"中的"时习"的意思。学人难道不应该以此章之内容认真对照自勉吗？

【评析】

孔子之"学"非现代程式化教育之"学"，它不是一个单向度的知识接收过程，更非一系列毕业证、学位证的证明材料，而是一个知与行、学与用之间交互的过程：由闻见而入心，由心领神会、融会贯通而举一反三、闻一知十，以实现由具体的闻见上升到掌握认知的方法、判断的能力，从而真正运用到现实，做到活学活用。学与用（"习"）不断交互和对话，形成互动而递进的局面。所以，孔子之"学"是一个有机系统，不仅是方法论，也是实践观，可谓是对"学"最本质、内涵最丰厚的定义。而这种定义，不仅是一般认识论层面的问题，也是孔子以人伦教化为主导的政治体系的基本施政方法。这样就极大地凸显了"学"与"人"之间的共生关系，而此正乃孔学宏大而精深之处。

《解义》此章说："'温故'即'时习'之意"，所言甚妙。温故即时习，时习而能知新，知新方以成学，成学方以致用。致用之一端，即本章所谓"可以为师也"。

另，本书称为"孔学"而非"儒学"，以示孔子学说本真和《论语》原典价值。

从词源意义上讲，"儒学"一词不过是"18世纪晚期耶稣会会士的一项发明。……不同于基督教以基督为中心、柏拉图哲学以柏拉图为中心、佛教以佛陀为中心这种模式，儒学并非专注孔子思想的单一、统一学说。……为了更容易获得西方世界的接受，耶稣会会士对于儒学术语的发明实际上简化和世俗化了'儒'的概念。与耶稣会会士定义的'儒学'所暗含的清晰度相反，残存于先秦典籍中的资料表明，生活在上古时代的儒生或'儒'的信息已经相当模糊并存在诸多矛盾之处。"[1] 而考察"五经"，则"'儒'字只存在于《礼记》中，而学者们普遍认为《礼记》成书

---

[1] ［美］罗丽莎：《儒学与女性》，丁佳伟、曹秀娟译，江苏人民出版社2015年版，第18页。

于西汉早期。'儒'同样也不存在于儒家'四书'之《中庸》和《大学》内。"❶

当然，这是从儒学发展史的角度而言的，儒学已然不能被孔子思想所完全限定和解释，所以不能将孔子的思想学说泛泛定义为"儒学"。然它仍是儒学之内核，其重要性不言而喻，无可替代。为了凸显孔子思想学说的核心特质及独特魅力，笔者毋宁将其专称为"孔学"。

但同时，"孔学"偏又无法从"儒学"中脱离出来，因有原始儒学赋予"孔学"思想源泉：

> 在现存资料中，"儒"最早出现在《论语》中的一个段落：子谓子夏曰："汝为君子儒！无为小人儒！"实际上，根据汉字的词源，这些"儒"是一类"文雅"（gentle）的人，至少可以追溯到孔子六十代之前的商朝（公元前1600—公元前1046年），包括孔子死后的八十代学者和知识分子。这个士绅的知识分子阶层在不同的时代以不同的方式为这种"儒学"（literati learning）贡献了自己最好的思想，这是一种持续的、有生命力的传统。在商代，儒者们开始认真地将城市生活美学化，其精心打造的青铜文化已经成为世界各地博物馆里中国新兴文化的象征。这恰好符合孔子的预设，这种学术遗产被称为"儒学"，常常作为中国文化的核心——既重要又共享。而我们现在所称的"儒家"实际上是一个共享的文化，被每一代人欣赏、评论、重新解释、进一步阐明并授予权威。儒学并非某些固定教条的卫道士，在漫长的十几个世纪的不同阶段，儒学反映了不同的价值观，并接受了不断发展的各种思想和文化的检验。❷

罗思文从儒学起源和流变的角度，强调孔子对既往"儒学"的传承与发扬，体现出儒学的历史传承性、整体一贯性和丰富多变性等重要特点。

称述先孔子之"儒学"，则凸显孔子的集大成和再创造而至形成较为系统、完整的文化哲学话语体系。而描绘后孔子之"儒学"，则展现孔子思想的发展和分化，乃至繁琐和芜杂。孔子后学发展出来"孔子都不熟悉的儒

---

❶ [美]罗丽莎：《儒学与女性》，丁佳伟、曹秀娟译，江苏人民出版社2015年版，第19页。
❷ [美]罗思文、[美]安乐哲：《儒家角色伦理：21世纪道德视野》，吕伟译，王秋校，浙江大学出版社2020年版，第181–182页。

学"❶。尽管像朱熹那样伟大的学者殚精竭虑对孔子的思想进行了开发，但仍然难免为后世所诟病。而批评朱熹者似乎仍然无法回归孔子，乃至批评孔子者也似乎只是自说自话，于孔子的思想并无实质上的触动。孔子已成为绝对现象级的文化景观：

圣人的虔诚弟子和他最冷酷的敌人都不厌其烦地，一遍遍地剖析他的人生经历或探索能够指导事业、提高思想境界的智慧，或寻找攻击儒家原则的铁证、借机宣传本派学说。孔子的弟子把他的人生视为人生典范，把他的行为视为道德高尚、品行正直的标准。这段两千五百年前的历史至今仍然振聋发聩，影响着东亚的思维和行为模式。要理解东亚，我们就要先理解孔子。❷

笔者无意于从儒学中单独剥离出来一个叫作"孔学"的独立思想体系，而是通过这一"否定之否定"的过程，来认识儒学概念的历史流变，从而有助于我们认识一个更加真实的孔子及其在中国文化史中的地位和作用。

【标签】

温故而知新；学；学而时习之

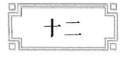

十二

【原文】

子曰："君子不器。"

【解义】

此一章书，是孔子言有成德①者自有全才，欲人以德备才之意。

孔子曰：人之可以器言者，必拘于才之有限，譬如器皿一般，虽各有用处，终不能相通。惟成德之君子，其心虚能具众理，其心灵能应万事——大之任经纶②、匡济③之业，小之理兵刑④、钱谷⑤之事——件件周

---

❶ ［美］迈克尔·舒曼：《孔子改变世界》，路大虎、赵良峰译，中国青年出版社2020年版，第103页。

❷ ［美］迈克尔·舒曼：《孔子改变世界》，路大虎、赵良峰译，中国青年出版社2020年版，第31页。

到，无往不宜，不可以一材、一艺拟之，所以说"君子不器"。

然此以君子学问而言。若论用人，则全才不可多得；即一材一艺，亦必因人器使，无求备于一人⑥。则天下之寸长⑦足录者，皆得效用于圣世矣。

【注释】

①成德：盛德，高尚的品德。
②经纶：整理蚕丝。比喻筹划、处理国家大事，也指治理国家的抱负和才能。
③匡济：挽救艰难时势，救助当今人世。
④兵刑：指军事和司法。
⑤钱谷：货币和谷物，多指地方上财政方面的事务。
⑥无求备于一人：［微子第十八·十］中周公谓鲁公曰："君子不施其亲，不使大臣怨乎不以。故旧无大故，则不弃也。无求备于一人！"（伯禽代父亲周公旦去鲁国上任，周公告诫他："治政之道首要在以宽厚之道治人用人，君子施政，不能够疏忽其亲族情谊，要真诚而周详地对待；对股肱之臣充分信任并委以重任，用人不疑，疑人不用，不让大臣们有所疑忌；老部下要抚恤照顾，如非大逆不道，绝不停止供养；选人用人贵在知人善任，重要的不是对他们做过多的要求，求全责备，而是因材施用，把合适的人放到合适的位置上去。"）
⑦寸长：一寸之长，形容较小的长处。

【译文】

这一章讲的是，孔子认为有高尚的品德就自然具备各种才能，希望人能够德才兼备。

孔子说：如果用"器具"来喻指一个人，只是说明这个人的才能非常有限，就像一个器皿一样，即便有多种用途，但（仍然有所局限，）不能通用。只有具备盛德的君子，他的心窍虚空而能融通各种道理，他的心志灵通而能够应对各种事务——无论是大至担当经邦治国、匡时济世的宏大事业，小到处理军事、司法、财务、税赋的具体业务——每一样都能做得周到妥帖，没有什么办不到的。因此不能拿某一种具体的才能或技艺对君子进行界定，所以说是"君子不器"。

然而这是要君子务求学问完备的意思。如果选人用人，恐怕很难得到全才全能；即便有某种特长或技艺，也要因材施用，不能对一个人求全责备（而舍弃）。这样就会使天下之人各施所能，为此盛世效力。

【评析】

《解义》这一篇又几乎依照惯例,很大程度上照抄了张居正的《论语直解》(而张解则是对朱注的演绎),而且又玄虚化了:君子不器,并非因德性提升便无所不能,而是将实现人之为人之道德品质作为人的终极目标。因此本章的原义,重点不是增长才能而是提升品德境界。但凡具体的才能只是使人专业化、器具化,乃至于僵化、固化,越是如此,对人的主体价值的观照就越少。但人毕竟不是机器,他需要的是"自由王国"而不是"机械世界",只有建立在主体性基础之上,才能成就其价值,也才能彰显人的尺度。然而数千年以来,人类进步却体现在科学发展和工具发明上,人们对科技发展乐此不疲,却不知人类的发明创造却有可能成为人的异己力量——它们一方面给人的生活带来便利,但另一方面却使人产生过度的依赖,乃至于迷信。要知道,能够带给人安适和快捷之物,往往也同样可能会制造问题甚至灾难,人类的生存环境其实早已危机四伏。只有以高度的人文意识来平衡和抑制物欲的膨胀,才能使人生活在人的世界,而非物的世界,一切为我们提供便利的物品也才是安全的。

安全第一。

【标签】

君子不器;以德备才;异化

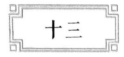

【原文】

子贡问君子。子曰:"先行,其言而后从之。"❶

【解义】

此一章书,是孔子教人以躬行①践履之实②也。

子贡问君子。

孔子曰:圣贤垂世立教③,言之功居多。六经皆言也,须从躬行心得上

---

❶ 依宫崎市定标点。见《宫崎市定读〈论语〉》,王新新等译,广西师范大学出版社2019年版,第29页。

出来，方可以传世。如子、臣、弟、友之道，仁、义、礼、智之德，一一身体力行。凡欲言之理，无不先行之，然后议论所发，皆实有诸己，而不徒托诸空言④。是行常在先，而言常在后，此乃为笃实⑤之君子。

《易》曰"修辞立诚，所以居业"⑥，即是此意。学者修身，固当敏行而慎言。人主用人，亦宜听言而观行矣。

【注释】

①躬行：身体力行，亲身实行。

②践履之实：朱熹《答曹元可》："为学之实，固在践履。苟徒知而不行，诚与不学无异。"（《晦庵集》卷五十八）践履，实行，实践。

③垂世立教：垂世，垂光百世。立教，树立典范以教导人。明方孝孺《豫让论》："生为名臣，死为上鬼，垂光百世，照耀简策，斯为美也。"

④托诸空言：寄托所怀于文词议论。《史记·太史公自序》子曰："我欲载之空言，不如见之于行事之深切著明也。"司马贞《索隐》："空言，谓褒贬是非也。空立此文，而乱臣贼子惧也。"此指孔子未能获位施政，将理论见之于行事，而于晚年编纂《春秋》，以褒贬时事政治，标榜普世价值，寄托仁政理想，并流传生前身后。空言，只起褒贬作用而不见用于当世的言论主张。此仅相对于政治实践而言的，是相对的"空"，而非小觑或无视语言的力量。实际上儒家传统非常注重"立言"，甚而将其作为重要人生目标。如《左传·襄公二十四年》："豹闻之，'太上有立德，其次有立功，其次有立言'，虽久不废，此之谓三不朽。"（我叔孙豹听说，"最高的是修身立德，其次是建功立业，再其次是著书立说"，这三样功业历久不衰，经久弥新，可以称得上是"三不朽"了。）孔颖达疏："立言，谓言得其要，理足可传，其身既没，其言尚存。"

⑤笃实：忠厚老实。

⑥"修辞立诚，所以居业"：《周易·乾·文言》子曰："君子进德修业。忠信，所以进德也；修辞立其诚，所以居业也。"孔颖达疏："辞谓文教，诚谓诚实也；外则修理文教，内则立其诚，内外相成，则有功业可居，故云居业也。"居业，保有功业。

【译文】

这一章讲的是，孔子教导人要身体力行、脚踏实地。

子贡请教君子之道。

孔子回答说：圣贤之人以身示范、流芳百世，大多是言谈之功。六经也都是这些言辞，但是一定是在躬身实践的基础上总结出来的，才可以（成为经书并）流传后世。例如为子、为臣、孝悌、交友等各类人道，仁爱、公义、礼敬、智慧等各种品德，都逐一身体力行。凡是想要言明的道理，无不先去实践，然后发表言论，都是实实在在的个人体验，而不是空发评论。言与行，往往都是行先言后，这样才能成为敦厚笃实的君子。

《周易·乾·文言》上说"修辞立其诚，所以居业也"（外修文辞教化，而内修诚实笃信，这样才可以保有功业），就是这个意思。学者修养身心，本就应当敏于行动而慎于言语。君主选人用人，也应将听其言和观其行并举。

【评析】

言行关系的道理并不难懂，前人之述亦备矣，然而实际情形却是莫衷一是，越辩越复杂。

关于言行关系，陆游说："纸上得来终觉浅，绝知此事要躬行。"（《冬夜读书示子聿》）王阳明说："知是行的主意，行是知的功夫。"（《传习录》）其实都说得明白，也广为传颂，被奉为至理。但是这一点，却是明代梅之熉说得最为深切，他在给冯梦龙《古今谭概》作的序言里说："士君子得志则见诸行事，不得志则托诸空言。"有些人读圣贤书，没有读得明白，自然无可行迹；然而即便读懂了，现实中却并无太多施展的空间。于是文字书写就演变为一种隐者行迹，"藏诸名山，传之其人"（司马迁《报任少卿书》），托遗志于书卷，寄希望于未来。依海德格尔的话，语言是存在的家园。回归语言文字不仅没有远离现实，倒是敞开了存在的可能性，未必不是一种好的选择。

窃以为中国文明自有一套不成文的诸如"厚黑学"之类的潜规则存在，与儒学政治理想构成无形对立，潜在而又真正主宰了中国人的心理（其外在表现正乃鲁迅所谓的"国民性"）。明面上是儒学的风光荣耀，勤王兴国，百家独尊，然而，又有哪一个朝代真正恪守遵从了呢？知是一套，行则是另一套。言语知识只是用来博取功名学历的点缀修饰，而所奉行的则是一套潜规则，心照不宣，秘不示人，形成了强大的集体无意识和治政权术。因此，儒学从来都是精英文字、几案摆设，很少被官方或民间真正推行。试看杜甫的自叙诗《奉赠韦左丞丈二十二韵》，他年幼勤学苦练，养成"读书破万卷，下笔如有神"之才，并怀有"致君尧舜上，再使风俗淳"之志，但终究还是惨淡寥落，只能在长安街上"朝扣富儿门，暮随肥马尘。残杯与冷炙，到处潜悲辛"，依靠权贵来生活。因此，诗首那一句"纨绔不饿死,儒冠多误身",不仅是强烈的悲慨,也是内心极度失落和彷徨的写照吧。"文章憎命达,魑魅喜人过"(杜甫《天末怀李白》),他的种种遭遇,终以化为不朽的诗歌为归宿。

儒家希望自己的理想能够落地,实现一个"政者正也"、人人君子的合理社会,因而希望知行合一,让行为在一个文明有礼、合理有序的框架下进行;但是人们却更倾向于马上可以变现的利益,故而他们对于行动的敏锐度极高,唯利是图,无所不用其极,乃至毫无原则和标准可言。因此,其行动敏捷,见机行事,趁势而上。这种速度和机制,岂是遇事还要计较衡量于义利之间的儒家所能比得上的?

此种境况,我们不妨以高速路上行车为喻:儒家遇到堵车,就尽量让自己全身心开车,不光努力使自己走得更快,而且也希望通过合理的避让让他人也顺畅行车;然而,一辆辆富有厚黑精神的车子从应急通道上呼啸而过,早早地超到前面去了。很显然,这样,只能让道路越来越拥堵。

由此来看,由本就被急功近利之现实疏远的儒学,来谈论如何敏行以致实用和实效,不是太讽刺了吗?

【标签】

子贡;六经;践履;修辞立其诚

【原文】

子曰:"君子周而不比,小人比而不周。"

【解义】

此一章书,是孔子言君子小人之待人有公私、大小之别也。

孔子曰:君子、小人迥然不同,而迹实相近。

以待人言之,君子从天下起见,其心常公,公则自有民胞物与①之度。凡理所当爱、恩所当施,不必人来附和,自然亲疏、遐迩,均令得所。所以周遍广阔,不为偏党之私。

小人止从一身起见,其心常私,私则因势附利,伐异党同。或任情②以为好,或交结以为援,所以偏党私昵而无普遍之公。周则不比,比则不周。天理、人欲不并立③也。

人臣以身许国，若无一念营私，自可告天地，质鬼神；④稍有偏向，不能见谅于天下后世矣。存心⑤可不慎哉？

【注释】

①民胞物与：民为同胞，物为同类，泛指爱人和一切物类。北宋张载《西铭》："民吾同胞，物吾与也。"与，同类。

②任情：任心，任意，放任自己的性情，不受任何拘束。

③天理、人欲不并立：即主张"存天理，遏人欲"。可详参本书［里仁第四·四］"存天理，遏人欲"词条注释。

④告天地，质鬼神：向天地告白（而不会造成悖乱），向鬼神质证（也不会感到疑惑）。语出《礼记·中庸》："君子之道，本诸身，征诸庶民，考诸三王而不缪，建诸天地而不悖，质诸鬼神而无疑，百世以俟圣人而不惑。质诸鬼神而无疑，知天也；百世以俟圣人而不惑，知人也。是故君子动而世为天下道，行而世为天下法，言而世为天下则。远之则有望，近之则不厌。"（君子治理天下应该以自身的德行为根本，并从老百姓那里得到验证，再用夏、商、周三代先王的礼乐制度加以考察而没有悖谬，把它立于天地之间而没有悖乱，用卜筮质证于鬼神而没有疑问，百世以后再有圣人出现也不会对此感到迷惑。质证于鬼神而没有疑问，这是知道天理；百世以后待到圣人出现也不会对此感到迷惑，这是知晓人道。所以君子的举止能世世代代成为天下的先导，行为能世世代代成为天下的楷模，言论能世世代代成为天下的准则。在远处的人对他大为仰慕，心向往之；在近处的人则向他学习求益，不知满足。）

⑤存心：保持心中先天固有之善性。儒家以之为重要的自我修养方法。语出《孟子·尽心上》："存其心，养其性，所以事天也。"可详参本书［学而第一·三］同名词条注释。

【译文】

这一章讲的是，孔子讨论君子、小人的交往之道，二者有出发点的公与私、境界的大与小之别。

孔子说：君子、小人迥然有别，但表现却十分相近。

从待人接物方面来说，君子心怀天下，所以考虑事情的出发点往往公正无私，公正无私就会怀有同情心、同理心而善待万事万物。只要是应该爱护的人或物和应该施加的恩惠，不用有人来附加是非，也不论远近亲疏，按照本然的比例进行分配。所以能够做到周到而广泛地施加恩惠和爱护，不去做那些结党营私的事情。

小人只是从个人的得失来看待问题，其心理只是偏狭自私，自私就会趋炎附势，党同伐异。要么感性地做自己喜好的事情，要么结交朋党，狼狈为奸，所以，他们结党营私而不顾天下公道。关怀周遍而不攀附结党，结党攀附而不关怀周遍。天道公理与私心杂念势不两立。

臣子把自己的身家性命托付给国家朝堂，如果没有一丝图谋私利的念想，自然可以向天地告白，向鬼神质证（经得起天地鬼神的考验）；如果稍有偏私，恐怕就不会被天下后世的人谅解。因此，一个人怎么可以不谨慎对待自己的心性修养呢？

【评析】

这一章对君子小人的界定如此精准，似乎总能令君子鼓舞振奋，也使小人怵惕心惊。而现实中，为私利纠合在一起的人，大搞"圈子主义""山头文化"，党同伐异，无往而不利。而以君子人格自持者却往往孤立无援，落寞无助，处境惨淡。正所谓"君子道消，小人道长"（《周易·否》），"天若有情天亦老，人间正道是沧桑"（毛泽东《七律·人民解放军占领南京》）也。

这是孔夫子的失策，还是儒学本属应然的宿命？

窃以为，就孔子对君子小人的界定而言，并不是从日常的人格表现与评价出发，更多的应该是从在位为政的表现和效能来谈的。在上位的君子应该公而忘私，国而忘家，舍弃个人名利，正所谓"正其谊不谋其利，明其道不计其功"（《汉书·董仲舒传》），所谓"苟利国家生死以，岂因祸福避趋之"（林则徐《赴戍登程口占示家人》），这样国家、社会、集体才有美好的前景。当然，这只是对理想治政状态和完美治政人格（即君子）的美好期许。而如果上位的是小人，只顾结党营私，中饱私囊，如同社会的蛀虫，其所作所为虽可获得个人一时的满足，但往往会腐蚀社会，最终也必会殃及自身。

今日社会，许多贪腐工作的根本问题，或正因社会集体文化心理于公私之限和义利之辨懵懂不清，逻辑错乱。虽然人类社会经历了生产力的长足发展，但关于社会治理的基本命题并没有得到相应的解决。孔夫子留下来的只是命题、方向和理想，既非答案，亦非终点，更非结果；如果社会责任不是由具有坚定明晰的公共价值观念的文化精英来担当，如果社会治理者不具备"公天下"的政治情怀，又岂能担当家国天下的重任呢？

然而，在专制权力话语的时代，有的仅仅是王侯将相、歌功颂德和鼠目寸光,一代代的仁人志士、"民族脊梁"们,"铁肩担道义,妙手著文章"(李大钊语),为时代、为人民、为理想抛洒一腔热忱,但未必就能够得到施展抱负的机会,甚至不为时代所认可,就匆匆走完短暂的一生。如此,就像宋人秦观的一句词——"郴江幸自绕郴山,为谁流下潇湘去?"(《踏莎行·郴州旅舍》)所言,他们最终也如同郴江之水,看似有情却也无情,自此流下潇湘之地,只给后人留下无尽的绵思。

历史并不虚无,无名未必渺小,但有《论语》为之作证,且有大江大河为之言说。

【标签】

君子;小人;公私;义利

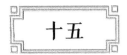

【原文】

子曰:"学而不思则罔,思而不学则殆。"

【解义】

此一章书,是孔子言学思不可偏废也。

孔子曰:"学"之为言"效"也①,取圣贤言行而效法之,一一习之于事谓之"学"。就圣贤言行之中有所然之理,细细体会于心,谓之"思"。二者阙一不可。

若但学其事而不思索其义,则所学者不过在外之粗迹,其道理精微处未能理会于心,心体上不得洞达分晓,常昏而无所得,是谓"罔"。若但在心上空空思索,而不身体力行实践其事,则所思者不过意中之虚见,终无安稳着实处,是谓"殆"。

惟学而思则知益精,思而学则守益固。知之精,守之固,作圣之功不外乎此。

《商书》曰"念终始典于学"②,《周书》曰"思曰睿","睿作圣",③思学兼进,帝王不可不加意④也。

【注释】

①"学"之为言"效"也:"学而时习之,不亦说乎?"朱熹注曰:

"学之为言效也。"

②"念终始典于学":出自《尚书·商书·兑命》:"念终始典于学,厥德修罔觉。"(始终用心于学习,这样修养就会在不知不觉中提高。)典,一般释为"常"。

③《周书》曰"思曰睿","睿作圣":《尚书·周书·洪范》:"五事:一曰貌,二曰言,三曰视,四曰听,五曰思。貌曰恭,言曰从,视曰明,听曰聪,思曰睿。恭作肃,从作乂,明作晰,聪作谋,睿作圣。"(五事:一是态度,二是言论,三是观察,四是听闻,五是思考。态度要恭敬,言论要正当,观察要明白,听闻要聪敏,思考要通达。态度恭敬臣民就严肃,言论正当天下就大治,观察明白就不会受蒙蔽,听闻聪敏就能判断正确,思考通达就能成为圣明的人。)

④加意:留心,注意。

【译文】

这一章主要是讲,孔子认为学习与思考两者应当并重,不可偏废。

孔子说:所谓"学",说的就是"效"。选取圣贤所言所行来效法,每每验证于实务,就是"学"。圣贤言行体现出来的道理,用心体会,就是"思"。二者缺一不可。

如果只通过学习来知晓一些事情,却并不深入思考其内在运行的机制,那么所学到的只不过是外在的皮毛功夫,心中并不能真正掌握精微的义理,不能洞悉事物的要义,只是昏昏然装模作样,无所适从,这就是"罔"。如果只是在心中一味揣摩、求索,而不是身体力行,躬身实践,考虑得再多也都是虚浮之见,没有实际的意义和可资进学的价值,这就是"殆"。

只有不断仿效圣贤而学,兼以深入思考,洞烛幽微,学识才能日进益精;本身审问慎思之外,还要转益多师,博采众长,品操才能坚定安固。学识日益精进,品操坚定安固,修身成圣的门径也就如此而已。

《尚书·商书·兑命》说"念终始典于学"(要自始至终用心于学习),《尚书·周书·洪范》也说"思曰睿""睿作圣"(思考要通达,久于通达,就会成为圣人),都是讲思考与学习要兼容并进。这一点,君王不可不留心。

【评析】

其实在《论语》中,对"思"强调的并不多,而"学""思"并举,概仅此一例。这实际上仍然强调学的外在性与内在性的统一,而非把两个概念完全对立起来,更非强调思辨性哲学。因此,就其本质而言,孔子在这里所探讨的仍然是"学"的问题,由之来统一知行问题——知而能行,行而能知,皆在于学识的内化与思想的外现。然放眼后世,"学""思"两立,门第森然,或以尚学而泥古,或以致思而游心,更以近代之"西学东渐",乃由"师夷长技以制夷"以至"打倒孔家店",只求外学而无内思,是以倒儒不惜,斯文扫地;而儒家亦仍醉心于义理、辞章、考据之学,分而据之,持其一端,为求学问而学问,完全丧失自反自省之"思"之精神——既已腐矣,自然倒也,何须"打倒"?

如此等等,大概均未明了孔子深意。而未明此章,又何必为学呢?

【标签】

学而不思则罔,思而不学则殆;念终始典于学;知行合一

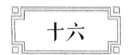

【原文】

子曰:"攻乎异端,斯害也已。"

【解义】

此一章书,是孔子欲人正学术以维持世道人心之意。

孔子曰:自古圣人继往开来,止是一平正通达之理;其伦则君臣、父子、夫妇、昆弟、朋友,其德则仁、义、礼、智、信,其事则礼、乐、刑、政。可以修己,可以治人。世道所以荡平①,人心所以正直,皆由于此。

舍此以外,有与圣人之道相悖而别为一端者,便是异端。邪说诬民②,左道惑众,为害不小。若使惑于其说,专治而欲精之,如工人之攻金玉者。然则以之治己,则汩没③一己之性情,以之治人,则败坏天下之风俗,世道不得太平,人心不能归正,害莫大焉。

异端指杨氏、墨氏及仙家、佛家一切妖妄术数之类。后世邪教横行,左道日盛,奸诡邪僻之徒方为之标榜,附会其说以蛊惑天下,弃人伦而灭天理,放肆猖狂,斯文扫地,其为害不可胜言。

惟正道昌明,则邪道自熄。叙④人伦,明教化,渐仁摩义⑤,使纲常名教⑥昭然,斯世则几⑦尧舜之治无难矣。

【注释】

①荡平：平坦。

②诬民：欺蒙百姓。《孟子·滕文公下》："杨墨之道不息，孔子之道不著，是邪说诬民，充塞仁义也。"

③汩没：沉没。汩，音 gǔ。

④叙：同"序"，依次序排列。

⑤渐仁摩义：用仁惠浸润，用节义砥砺，形容用道德教化百姓。渐摩，亦作"渐磨"，浸润磨砺，教育感化。《汉书·董仲舒传》："立大学以教于国，设庠序以化于邑，渐民以仁，摩民以谊（义），节民以礼，故其刑罚甚轻而禁不犯者，教化行而习俗美也。"

⑥纲常名教：西汉董仲舒倡导"审察名号，教化万民"。汉武帝把符合封建统治利益的政治观念、道德规范等"立为名分，定为名目，号为名节，制为功名"，用它对百姓进行教化，称"以名为教"。内容主要就是三纲五常，故也有"纲常名教"的说法。纲常即"三纲五常"的简称。"三纲"是指"君为臣纲，父为子纲，夫为妻纲"，要求为臣、为子、为妻的必须绝对服从于君、父、夫，同时也要求君、父、夫为臣、子、妻做出表率。它反映了传统社会中君臣、父子、夫妇之间一种特殊的道德关系。"五常"即仁、义、礼、智、信，是用以调整、规范君臣、父子、兄弟、夫妇、朋友等人伦关系的行为准则。

⑦几：达到。

【译文】

这一章主要是讲，孔子希望人们树立正确的学术观，以便教化世道人心使之归于正路。

孔子说：自古以来，圣人相续传道，都不过是平正通达的道理：讲伦理就讲君臣、父子、夫妻、兄弟、朋友这五种伦常，讲道德就讲仁、义、礼、智、信这五种品德，讲事务就讲礼、乐、刑、政这四种业务。这些都是可以修己安人、治人治世的正道。世道之所以能够和平安定，人心之所以能够公正率直，都源于圣人务求正道正义（而不旁顾）。

若非如此，与圣人大相迥异的做法就是秉持异端，用邪恶的言说来欺蒙人民，用旁门左道来迷惑百姓，造成的危害着实不小。如果有人因受到蛊惑而专心研究，以致就像炼金制玉那样执迷。然而，这样做害己害人，泯灭人性，伤风害俗，天下因此不得保有太平，人心因此不能服膺正义，没有比这更大的祸害了。

这里的"异端"是指杨朱学、墨学以及道家、佛教等妖邪狂妄的学说和术数之流。后世邪教歪理横行无忌，旁门左道日渐兴盛，奸邪诡辩的人道听途说，穿凿附会，拿着这些来标榜自己并蛊惑天下的人们，使他们放弃天理伦常而无所不为，文教道义零散破败，如花萎地。它们所造成的危害言之不尽，罄竹难书。

只有当正道得到最大程度的彰显时，邪道自然会消弭。坚持人间正道便要列序人伦，简明教化，使百姓渐渐归于仁义之途。如果能够使伦理纲常之文辞、正定名分之制度清晰明了，昭然于世，那么我们达到尧舜那样的圣治时代，也就不难了。

【评析】

所谓"攻乎异端"，一般有两种相对的解释，一者解"攻"为"攻击"，一者为"攻习"，《解义》默认为后者，且特以杨朱学说、墨学、道家、佛教等为异端邪说，显然乃附会其意，而非孔子本人之见。

观《论语》之篇章，孔子并未明言"异端"为何物，亦且"不语怪、力、乱、神"（［述而第七·二十一］）。而据笔者所见，孔子对于异端并不发力追讨，（就此而言，似解"攻"为"攻击"较为合适，但还不够完整，）而更在乎对似是而非、以假乱真者的讨伐（"巧言令色，鲜矣仁。"［学而第一·三］），因为他更加强调主体的自我审视，而非力求通过排除外在的异己力量来标榜自己的正确。比如对待隐者接舆、长沮、桀溺等人的态度：虽然他们公开否定孔子，但孔子并未正面回应他们，而是表现得较为内敛和谦逊。

就此而言，《解义》的阐释只是依据时代的政治需要来衍生一些内容来附会其说，这在学术上显然不够严谨。而同时，《解义》也无意中揭示出来孔子儒学中一个重要的思维向度，即极度倡导正向的、积极的思想，让那些异端邪说没有空间和市场，以此达到扶正人心、匡济社会的目的："惟正道昌明，则邪道自熄。"而在此"方法论"的基础上，"攻"无论是解释为"攻击"还是"攻习"，都可以说得过去："攻习"自然不对，"攻击"也无必要，孔子对此都是一概反对的。这在《论语》中也是显而易见的。

【标签】

攻乎异端；杨朱；隐者

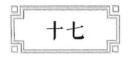

十七

【原文】

子曰:"由!诲女知之乎!知之为知之,不知为不知,是知也。"

【解义】

此一章书,是孔子示子路以本体①之知也。

子路姓仲,名由,孔子弟子。

孔子教之曰:人之入道全在乎知。真知之本体须从自知自觉处体验,不必无所不知,方谓之知。我今教汝以知之之道,汝于义理事物之间有所知,必有所不知,必虚心体认。凡义理事物,体之于心,果能真知确见,已知之者则以为知之;若未能真知确见,尚有所不知,则以为不知。如此,则虽不能尽知天下之理,而本心之灵毫无自欺之蔽,即是真知之本体,是知也。

若以此自知之明,从事于学问思辨,则"格致诚正"②之功可以次第渐进,而知之为用亦无穷矣。

【注释】

①本体:本真,指根本的、内在的、本质的定位。

②"格致诚正":即格物、致知、诚意、正心,代指儒家围绕明德、亲(新)民、至善"三纲领",由个人身心修养而逐层达成社会理想的"八条目"。《礼记·大学》:"大学之道,在明明德,在亲民,在止于至善……古之欲明明德于天下者,先治其国;欲治其国者,先齐其家;欲齐其家者,先修其身;欲修其身者,先正其心;欲正其心者,先诚其意;欲诚其意者,先致其知;致知在格物。物格而后知至,知至而后意诚,意诚而后心正,心正而后身修,身修而后家齐,家齐而后国治,国治而后天下平。"(大德之人所习之道,在于彰显光明的德性,在于使人民受到感化,弃旧图新,日渐达到一个完美的境界。古代凡是想将高尚的德性弘扬于天下的人,必定要治理好自己的国家;想要治理好自己国家的人,必定要整顿好自己的家族;想要整顿好自己家族的人,必定要修养好自身的品德;想要修养好自身品德的人,必定要端正自己的心意;想要端正自己心意的人,必定要使自己的意念真诚;想要使自己意念真诚的人,必定要获取知识;获取知

识的途径则在于探究事理。探究事理后才能获得正确认识，认识正确后才能意念真诚，意念真诚后才能端正心意，心意端正后才能修养好品德，品德修养好后才能调整好家族，家族调整好后才能治理好国家，国家治理好后才能使天下太平。）

【译文】

这一章主要讲，孔子告诉子路"知"的根本涵义。

子路姓仲名由，字子路，孔子的弟子。

孔子教导他说：一个人通向"道"的过程就是"知"，怎样对待"知"，就会获取怎样的"道"。真知的根本须从自身所能感知的范围内获取，所以一个人不一定要无所不知，这才是真实的"知"。我现在告诉你"知之道"：对于事物和义理，你能有所知，就一定有所不知，还需要放空自我以加强体知。对于事物和义理，如果是用心体会，从而得到真知灼见，那么你所谓的"知道"才算是名副其实；如果内心还不能够真正把握，实际上不过是一知半解，则要明白这其实就是"不知"。如果做到这样，那么，即便不能通晓天下的道理，如知的本心没有受到蒙蔽，就是遵循了体物致知的基本原则，也算得上真正有"知"了。

如若将自知之明用于学问思辨之中，那么格物、致知、正心、诚意的功夫就可以渐次提高，进无止境。这样的"知"才能成为求道的利器，无往而不至。

【评析】

所谓"知"，就是一种不断自反的过程。它所侧重的并不是一般而言的耳闻目见、口诵心记，而在于得心应手、真知灼见。它不是简单地强调客观的见闻，而是更加注重主体的可参与度。"道"的"合法性"来源于"知"的"合法性"，知的方法、原则本身就构成了"知"的向度；《解义》中所谓"知之之道"（笔者把它简化为"知之道"）也是道的一种，符合"知之道"的知，才对人有实际的作用，才有真正的价值。因此，孔子所谓的"知"是一个囊括知之过程、方法、标准和效果的总体性概念，它不是knowledge（知识），而是intellectuality（知性）。

【标签】

子路（仲由）；知；知之为知之，不知为不知

十八

【原文】

子张学干禄①。子曰:"多闻阙疑,慎言其余,则寡尤;多见阙殆,慎行其余,则寡悔。言寡尤,行寡悔,禄在其中矣。"

【解义】

此一章书,是孔子勉子张以修身用世之实学也。

子张姓颛孙,名师。孔子弟子。

子张为学,常求人知,有系恋利禄之意。孔子教之曰:凡人处己接物②,莫大于言行。出言非是容易,必多闻古今人之善言,以为所言之资。多闻之中有疑而未信者,必阙③而不敢言。其余已信者,又慎言之不敢轻忽④。则所言当理,自不取咎于人,岂不寡尤⑤?

行事非是容易,必多见古今人之善行,以为所行之资。多见之中有殆⑥而未安者,必阙而不敢行。其余已安者,又慎行之不敢怠肆⑦。则所行当理,自无内疚于心,岂不寡悔⑧?

言既寡尤,行既寡悔,则为有道有德之士。朝廷言扬行举,必用此等人。未尝求禄,而得禄之理自在其中矣。

可见学者不袭⑨虚声⑩,国家务崇实学,庶几⑪真儒出而奔竞⑫之风亦息耳。

【注释】

①干禄:求取禄位,即从政。

②处己接物:要求自己,与别人交往。物,事物,人们。接物,指跟别人往来接触。

③阙:空,此处作放置一旁解。

④轻忽:轻率随便。

⑤尤:在原文中,杨本解作过错、错误。但《解义》中应解为怨尤、怨恨,即遭人怨尤意。

⑥殆:古同"怠",懈怠。冯梦龙《四书指月》:心上不稳当曰"殆"。

⑦怠肆:怠惰放纵。

⑧悔:在原文中如果对应"尤",当解为过失,灾祸。(杨本解作懊

悔。）在《解义》中应解为后悔，即自身后悔意。与"尤"正好相对，一为他人态度，一为自身态度。

⑨袭：因袭，追求。

⑩虚声：虚名，虚誉。

⑪庶几：差不多。

⑫奔竞：奔走权门，争名夺利。

【译文】

这一章讲的是，孔子用修身致用的学问来勉励子张。

子张复姓颛孙，名师（字子张），是孔子的弟子。

子张做学问向外探求，常常希望为人所知，著书都为稻粱谋。孔子就教导他：一个人无论是修身养性，还是待人接物，最重要的莫过于一言一行上的谨慎克制。言谈并非随口说说那么简单，一定要多学多听古往今来的有益之言，以作为自己言谈的根据。在此过程中如果有所疑惑而不能确信，一定要有所保留而不能轻易出口。而那些已经确信的言辞，也要谨慎言之，不能轻率大意。这样就能够做到言谈恰切在理，自然不会招致别人的责难，岂不会因此减少怨尤？

做事也并非出手就做那么轻快，一定要多学多看古往今来的善行义举，将其作为自己做事的榜样。在此过程中如果有所惶惑不解，一定要搁置而不能施行。而那些能够安然处之的事情，也要谨慎行事，不能有所恣情放纵。这样就能够做到做事恰切在理，自然不会导致内心的愧疚，岂不是会因此避免懊悔？

既然言谈能够减少怨尤，做事减少懊悔，这样就是怀有道义和品德的人了。朝廷选贤举能、考察言行，一定会选用这样的人。所谓的不求官职却也能够得到，正是这个意思。

由此可见，为学者不贪求虚名浮誉，治国者务求真才实学，这样差不多就会使真儒之风盛行而争名夺利之风止息。

【评析】

这一章的孔子是让人感到陌生的：正儿八经地谈起来求官谋生之道，而且谨小慎微，深于城府，把世态人心顺手拈出。甚至可以想象，如果孔子真的纯粹醉心于谋职，应该是非常容易的事情。然而他的话锋一转，则要求在修身成己，并不为任职当官所虑。一则是因为自然会被选中，另外一方面则是不把干禄求仕作为人生的必需。所以，他既讲了为官之道的精髓，又认为这些于做不做官并不重要，而于做人则息息相关。前者为常人所深感兴趣的话题，而后者是孔夫子悉心关切的重点。

这样迂回曲折的表达在《论语》中很少见。

【标签】

子张（颛孙师）；言寡尤，行寡悔；为政

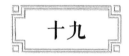

【原文】

哀公问曰："何为则民服？"孔子对曰："举直错诸枉，则民服；举枉错诸直，则民不服。"

【解义】

此一章书，是言人君服民之道也。

哀公是鲁国之君。问于孔子曰：人君以一身居群臣百姓之上，不知何所作为，方能使众人悦服？

孔子对曰：民服者，服其心也。人心之公，惟好贤，恶不肖，为生人①之正情。人主之权，惟进贤退不肖②为治国之大本。凡臣下有心术光明、行事端慎者，即正直之君子，必然人人敬爱；有心地奸昧、行事乖方③者，即邪枉④之小人，必然人人憎恶。此好恶之公心，人所同有也。人君诚能将直者举而授之以位，枉者舍置之而不用，则用舍各当，合乎人心之公，民自悦服；若将枉者举而使之在位，直者舍置之而不用，则用舍颠倒，拂乎人心之公，虽欲服民而民不服。民之服与不服，只在用舍之公与不公，可不慎哉？

推而言之，举错之道，贵其能公，又贵其能明、能断。惟明则能知邪正之辨，惟断则能伸黜陟⑤之权。而其本全在读书穷理，⑥理明则是非贤否不至混淆。人主加意于此，天下之福也。

【注释】

①生人：众人。

②不肖：不像，不如，指品行不好或没有出息的人。

③乖方：违背法度，失当，反常。

④邪枉：邪曲，不合正道。

⑤黜陟：指人才的进退，官吏的升降。黜，音 chù，废掉官职。陟，音 zhì，提升官职。

⑥其本全在读书穷理：朱熹《性理精义·行官便殿奏札二》："盖为学之道，莫先于穷理；穷理之要，必在于读书；读书之法，莫贵于循序而致精。"穷理，即"穷理尽性"，穷究天下万物的根本原理，彻底洞明人类的心体自性。语出《周易·说卦》。可详参本书［学而第一·一］"穷理尽性"词条注释。

【译文】

这一章谈的是君主如何使民众服膺的问题。

哀公是鲁国的国君。他向孔子请教说：国君作为群臣百姓的首领，该怎么做，才能让他们心悦诚服呢？

孔子回答：所谓的"民服"，指的是内心服膺。人心自有公道，喜好贤良，憎恶无良，这是众人的常情。那么君主的权力之所在，治理国家之根本，就是使贤良之人受到重用，无良之人受到排斥。凡是那些心地光明磊落、做事持重谨慎的臣子，也即正直君子，一定会受到广泛的尊敬和爱戴；而那些心地奸邪、做事反常的人，也即搬弄是非的小人，一定会受到大家的憎恨和厌恶。这是因为人人都有辨别是非曲直的公心。如果君主能够推举正直君子并授予职位，而将邪曲小人丢在一边，对人才的取舍恰如其分，合乎公道人心，那么老百姓自然会心悦诚服；如果任用邪曲小人而弃置正直君子，对人才的取舍不清不楚，有悖于公道人心，那么想让老百姓臣服恐怕也很难。百姓是否服膺主上，关键在于主上选人用人是否公道，因此怎么可以不谨慎从事呢？

由此延伸开去，选人用人的关键，在于执政者能够以天下为公，而且善于明辨和决断。明察秋毫则可区分正直和邪曲，当机立断则能够有效处理人事进退。之所以能够做到这样，根本还是在于所读圣贤书、所知之大道理，道理制度明晰之后，就会使圣贤与不肖得到有效区分。如果君主能够在这方面收心属意，那就是天下人的福分啊。

【评析】

上一章讲君子个人的自我约束，这一章则讲君主的选人用人，上下实为承续和递进的关系。作为君子，做好自己就实现了自我价值的预期，而价值的完整实现，则很大程度上依赖于君主的择用。因此君主有选人用人以调配社会力量、引导社会价值取向的重要责任。君主内心的一个念想，会在社会上形成晕轮效应，一个小小的举措，就可能会被演绎为社会的风潮，乃至波澜起伏，云合景从："吴王好剑客，百姓多创瘢；楚王好细腰，宫中多饿死。"❶

所以儒学在推举君主至至高位置掌握无限权力的时候，也把他们放置到道德评判的天平上，貌似惟君惟上、等级森严的政治设计，实际上也对权力进行了捆绑和限定。因此，本章原文貌似平和，实则带有浓厚的戒告意味。而在《解义》中，因为是向皇帝解经，所以弱化了警示戒告的严肃意味，而是化为理性隐忍的劝导之语。

说来这样的状态也恰好直观地呈现出儒家政治学说的明显缺陷：君子只依赖独立人格以自足，而于现实社会中手无缚鸡之力；君王要借助宏阔无边的道德律令来治理国家，因此面对权力纵横的欲望便需更大的毅力来自我约束。人人能够克己复礼当然是莫大的好事，然而如果缺乏对权力强有力的制衡力量，那么即便是设置监察机构、配备监察官员来进行形式上的监督，也不过是形同虚设，所以希望君主通过道德自律来实现政治平衡多半是痴心妄想。扁鹊见蔡桓公（《韩非子·喻老》）和邹忌讽齐王纳谏（《战国策·齐策》）等故事恰好说明了治政者难以避免的自负和任性等性格痼疾。既然政治是人的政治，便不免带有人的痕迹，也因此同样负有人性的缺陷。项羽力拔山兮气盖世，但最终无法像传说中所吹嘘的那样，可以薅着自己的头发渡江。这恰恰构成一个隐喻：一个人或一种权力，仅仅依靠自身的力量是无法真正从根本上改变自己的，就算其自身大力筹措，不仅于事无补，反而南辕北辙，事与愿违。

因此这一章的主旨与本篇首章相呼应，是"为政以德"的一个例证。不独《论语》，在《尚书·仲虺之诰》和《荀子·王霸》等古籍中也多设有此类命题。总而言之，在儒家眼里，权力与责任是紧密关联的：有多大的权力就有多大的责任，甚至权力只是实现责任的一个通道，与偌大的权力相比，责任更是被无限放大了。"儒家伦理，就社会规范（social norms）而言，系'责任伦理'（duty ethics）……孔子所谓'君君、臣臣、父父、子子'，强调的是做君、做臣、做父、做子的'责任'，而非'权利'。"❷（笔者认为这种建立在责任伦理基础上，强化与权力对等甚或比权力更为重

---

❶ 〔东汉〕马廖：《上明德太后疏》，载于《后汉书·马廖传》。
❷ 黄进兴：《从理学到伦理学：清末民初道德意识的转化》，中华书局2014年版，第161页。）

要的责任意识所构成的本位评价机制,可视作儒家所特有的"内在民主"形式。)关于儒家思想中民主因子的探究,美国学者顾立雅《孔子与中国之道》等书,相对集中地探讨了这一问题及其对西方的影响。❶

试想,如果人与人之间、一个群体、一个社会、一个国家,到处都充斥着对彼此的责任,而非权力、利益,君子人格因此广受社会尊崇,人际关系因此更加和谐稳定,这应该是多么美好的社会图景!

另:本章命题在[颜渊第十二·二十二]重复出现在樊迟和子夏的讨论中,且讨论更加具体。故两章评析也可互相参看。

【标签】

鲁哀公;为政;用人;项羽;扁鹊;邹忌

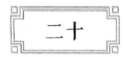

【原文】

季康子问:"使民敬、忠以劝,如之何?"子曰:"临之以庄,则敬;孝慈,则忠;举善而教不能,则劝。"

【解义】

此一章书,是孔子言以身化民之意。

季康子是鲁大夫,问于孔子:使百姓敬于我而不敢慢,忠于我而不敢欺,相劝于为善而不敢怠,何道可以致此?

孔子曰:民原无不敬其上者,但上示以可慢,则民慢心生焉。诚能临民之时容貌端庄,衣冠瞻视①,不敢少忽,安有上不敢忽而民反敢忽其上者?则不期敬而自敬矣。

民原无不忠于上者,但上示以可欺,则民欺心生焉。诚能尽其心以事亲而孝,尽其心以爱众而慈,安有上尽其心而民反不尽其心于上者?则不期忠而自忠矣。

---

❶ 详参[美]顾立雅《孔子与中国之道》,第十章《改革者》、第十五章《儒学与西方民主》和书跋等,高专诚译,大象出版社2014年修订版。另可参[美]倪培民《孔子:人能弘道》,李子华译,上海人民出版社2013年版,第86—89页。

民原无不可劝者,但上示以可怠,则民怠心生焉。诚能善者举用之,使知善之当为;不能者教诲之,使知善之可为。安有知善而不相勉于善者?则不期劝而自劝矣。

使民敬、忠以劝②,其道如此。

盖季康子之意专在责民,孔子之言专在责己。责民者,民未必应;责己者,不求应而民自应之。是故身者,化民之本也。

【注释】

①衣冠瞻视:衣冠整齐,目不斜视。[尧曰第二十·二]:"君子正其衣冠,尊其瞻视,俨然人望而畏之,斯不亦威而不猛乎?"(君子衣冠整齐,目光端正,庄严地使人望而有所畏惧,这不也是威严却不凶猛吗?)

②劝:勤勉,努力。

【译文】

这是孔子谈论如何以身作则来教化民众。

季康子是鲁国的士大夫,有一天他来请教孔子说:如果让百姓都对我敬畏而不敢有丝毫怠慢,对我忠诚而不敢欺骗,彼此劝善规过而不敢懈怠,怎样才能做得到这样呢?

孔子回答:百姓本来就没有不敬畏尊长的,但是尊长自身却常有侮慢之态,所以百姓也渐渐产生了侮慢的心态。如果真的能够在百姓面前容貌端庄,不敢有丝毫的轻慢之态,哪里有尊长自己不敢轻慢而下面的人反而敢于对他轻慢无理的?这样就不用期许他们的敬畏而自然使他们敬畏。

百姓本来没有不忠诚于尊长的,但尊长却常有奸诈的表现,所以使百姓也生发了欺诈的心思。如果真的能够全身心地去侍奉双亲而达到孝的标准,去博爱民众而保持仁慈,哪里有尊长尽其善心而百姓不回报以完全的善意呢?这样就不用期许他们忠诚就可以使他们忠诚。

百姓本来就没有不努力进取的,但尊长自身却表现得怠惰无聊,所以百姓也表现为懒散松懈的状态。如果真的能够举用品格优秀的人,使人们知道应当行善做好事;对品格不够优秀的人也要进行教诲,让他们知道可以行善做好事。哪里有知道做好事的好处却不去勉励他人做好事的呢?这样就不用期许他们勤勉就可以使他们勤勉。

所谓的让老百姓敬畏、忠诚和勤勉,其中的道理应该是这样的。

大概季康子的本意旨在如何向百姓问责以惩治,而孔子的话却专门把矛头指向为政者自身。问责于百姓的人,老百姓未必能够给予适当的回应

（产生积极的效果）；内省自咎的人（治政者），虽然未必能指望民众有所响应，但是民众自然会跟从呼应。所以治政者对自身的省察和规约是教化百姓的根本方法。

【评析】

政者，正也，这是《为政篇》讨论的核心论题，本章也可谓通过孔子与季康子的对话对这一核心论题进行回应。如果延展开去，可以关涉三个层面：一、为政者与百姓并非价值和利益的对立面，而是共同体；二、为政的最大利益不在自身而在与百姓共赢；三、为政者的基本执政方法是约束自身以引导百姓，与自己一起实现最大价值，而非只是通过强制手段来驱使百姓，从百姓手中剥夺利益。对于这一点，孔子在[颜渊第十二·九]里的表述就更加直白了——"百姓足，君孰与不足？百姓不足，君孰与足？"就此而言，孔子的确把治政者心中的那点隐私全部剖解出来了。

【标签】

季康子；为政；敬；忠

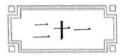

【原文】

或谓孔子曰："子奚不为政？"子曰："《书》云：'孝乎惟孝，友于兄弟，施于有政。'是亦为政，奚其为为政？"

【解义】

此一章书，是孔子明为政之理。

定公初年，孔子不仕，盖为季氏擅权，阳货作乱，非可有为之时也。或人不知，谓孔子曰：夫子怀才抱道，正宜致君泽民①，何故不肯出仕而理国政乎？

孔子曰：古来言政，莫备于《书》②。岂不闻《书》之言孝乎？《周书·君陈》篇言，君陈能孝于亲，因而友爱于兄弟，又能推此孝友之心施为一家之政，使一家之人有恩、有礼，无有不正。③《书》之所言如此。由此观之，政之事不同，政之理则一。家庭之间，帅人以正，是亦为政，何必居官任职方谓之为政乎？

盖孔子不仕之意难以明言,故托辞以答之。但《大学》言修身、齐家而治国、平天下之道,即不外是。则孔子托辞,实为政不易之至理也。

【注释】

①致君泽民:南宋王应麟《三字经》:"上致君,下泽民。"(对上辅佐君主,对下惠泽百姓。)致君,辅佐国君,使其成为圣明之主。

②《书》:指《尚书》。

③君陈能孝于亲,……无不有正:语出《尚书·周书·君陈》:"君陈,惟尔令德孝恭。惟孝友于兄弟,克施有政。"君陈,《礼记·坊记》中"君陈曰",东汉郑玄注:"君陈,盖周公之子,伯禽弟也。"后人因此用以比喻皇家之重臣。《论语》引作"孝乎惟孝,友于兄弟,施于有政",而与《尚书·君陈》中文字并不一致。杨伯峻《论语译注》认为《论语》所引"乃《尚书》的逸文,作《伪古文尚书》的便从这里采入《君陈篇》。"这一观点可详参本书[尧曰第二十·一]"评析"部分,该部分围绕这一问题进行了阐发。

【译文】

这一章是讲,孔子阐明为政的内涵。

鲁定公刚刚当政的时候,孔子不去当官,大概是因为季氏家族擅权干政,季氏家族的大臣阳货又起来叛乱,即便是当官也不能有所作为。有人不知情,就对孔子说:夫子怀有才干而又抱持匡济天下的大道,正适合辅佐君主而泽被百姓,为什么不愿意做官处理国家政务呢?

孔子回答:自古至今谈论政治的,无不已经写在《尚书》里了。难道你没有听说过《尚书》里面对孝道的讨论吗?其《周书·君陈》篇说,君陈能够孝养双亲,也能够对兄弟友爱,又能够将此孝悌之心推演到家族的治理,让族人皆能够知恩感恩、知礼守礼,没有不良的言行。《尚书》里就是这样说的。从这一点来看,虽然诸多政事各不相类,但其实其内在的肌理都是一样的。即便是在家庭内部,若是以正道来统帅,那也就是在从事政治了,未必一定是去当官任职才能称得上是在从政。

大概孔子不太方便明言自己不当官的真实原因,所以用《尚书》的内容来为自己开脱。但是《大学》里所说的修身、齐家也是治国、平天下的通用之道,和孔子所说的也是一个道理。即便这是孔子一时托辞,也仍然是操持政事所应该遵从的基本原则啊。

【评析】

《解义》的表述有些拗口，没有摆明人伦与政治之间的关系。以儒家来看，人伦大于政治，是政治的基础，而理想的政治形态就是美好人伦的放大。这是"本立而道生"说的一个演绎。从此角度而言，真正的政治反而是人伦道德，是正向社会价值的引导，而不是官位，更不是权谋。（所以孔子每每与弟子谈论政治理想的时候，归结点都是放到美好的人伦上，而非具体的职位或事务上。见［公冶长第五·二十六］［先进第十一·二十六］。）怀抱天下的人，不应该为官位和权力而斤斤计较，而为官从政者，也应该清晰地知道自己应从何做起，要做好什么。

当然，这样说来，孔子的话语里面也有对当政者的不满。但是，这种不满绝然不是他不出仕的理由，而是申明自己仁政主张的一种表达方式而已。

【标签】

《尚书》；孝乎惟孝；君陈

【原文】

子曰："人而无信，不知其可也。大车无輗，小车无軏，其何以行之哉？"

【解义】

此一章书，是孔子欲人立心诚实之意。

孔子曰：信者，人之根本。人而无信，则所言欺妄①，所行虚伪。彼且自以为机诈过人，何所不可，吾不知其可也。譬之车然：平地任载之车，大车也，必有辕端之輗，乃可以驾牛而行；田车②、兵车、乘车③，小车也，必有辕端之軏，乃可以驾马而行。若大车无輗，小车无軏，虽具轮、辕，不能运动④，其何以行之哉？

盖无信之人，言行不顾，人皆贱恶之。闻其言即以为欺妄，见其行即以为虚伪。居家不可行于父母妻子，而况于疏焉者乎？处世不可行于宗族乡党⑤，而况于远焉者乎？甚矣，人之立心不可不诚实也！

【注释】

①欺妄：欺骗。
②田车：打猎用的车子。田通"畋"，打猎。
③乘车：即"安车"，古代可以坐乘的小车。古车立乘，此为坐乘，故称安车，往往供年老的高级官员及贵妇人乘用。
④运动：驱动。
⑤乡党：周制，一万二千五百家为乡，五百家为党。本为行政建制，二者连用，泛指家乡或乡里乡亲。另如"州里"等，用法相似。

【译文】

这一章是孔子想让人心地诚实的意思。

孔子说：信誉，是为人之根本。若是一个人不讲求信用，那么所说的话都是骗人的，所做的事都是虚伪的。他还自以为聪明过人，高人一等，自以为无所不可、肆无忌惮，但是我却不知道他"可"在哪里。这就像一辆车子：在平坦地面上使用的大车（大车上装有两个车辕），在车辕的尽头要用"輗"这个构件来与横木连接，才可以套上牛来拉车；打猎用的车子、作战用的车子、坐乘的车子，都是小车（小车上都只有一个车辕），在车辕的尽头要用"軏"这个构件来与横木连接，才可以套上牛马来拉车。如果大车没有輗，小车没有軏这样的关键构件，即便一辆车子已然具备了车轮、车辕这样大的构件，但仍然不能（配以牛马来）驱动，那么它们又怎么可以行进呢？

凡是没有信誉的人，不顾忌言行，往往招致人们的鄙弃。只要听到他说的话就以为是在欺骗，看到他做事就以为是在造作。即便在家里也不会被父母和妻子、儿女所认同，更何况是关系更疏远的人呢？在宗族乡里尚且吃不开，更何况是在外地他乡呢？的确是这样啊，一个人的心地不可以不诚实！

【评析】

诚信、信任和信誉是一回事吗？很难讲。一个人讲求诚信，但是未必能够得到信任，而信誉也有可能要么是欺骗要么是伪造，也有可能名不副实或徒有虚名。总之，诚信是社会的基石，却不是唯一的支点，它不过存在于社会的宏观价值体系之中。只有在一个弘扬诚信、维护诚信的价值体系中，才能发挥其真正价值。所以，只一味地宣扬个人色彩的诚信，对于社会治理的意义并不大。

当然，我们或许应该看到孔子此处所言谈的对象，很大程度上是指治政的君子，而不是普通的老百姓。（可参［宪问第十四·十七］"管仲非仁者与"章和［子路第十三·二十］"硁硁然小人哉"章。）他们作为治政者，更应该具备基本的价值自觉，以自己之诚获取他人之信；而如果一个社会连诚信的基本保障都没有，或者连诚信的人也得不到足够尊重，那么宏观的价值体系又如何站得住脚呢？

无信不立。

【标签】

信；人而无信，不知其可

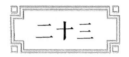

【原文】

子张问："十世可知也？"子曰："殷因于夏礼，所损益，可知也；周因于殷礼，所损益，可知也。其或继周者，虽百世，可知也。"

【解义】

此一章书，是孔子明礼为百世不易之经①也。

子张问孔子：自今以后易姓受命②，至于十世③之远，其间一世必有一世之事，可得而前知乎？

孔子曰：欲识将来，当观已往。继夏之世者，殷也。殷所行之礼，止是因袭夏所行之礼。若夫制度文为或以太过而损，或以不及而益，其所损益，亦止扶植此礼，其事可考而知也。继殷之世者，周也。周所行之礼只是因袭殷所行之礼。若夫制度文为或以太过而损，或以不及而益，其所损益亦止扶植此礼，其事可考而知也。由此观之，三纲五常④，立国之本，三代不易，是诚不可易也。损益者，随时变通，正是善于因袭之处。后之视今，亦犹今之视昔。其或继周而兴者，虽百世之远可以前知，岂但十世而已哉？

然孔子所谓前知，第据理而论，虽圣人弗易。非若后世谶纬⑤占候⑥，及术家⑦射覆⑧之言，求之杳冥不可知之域，为荒诞而难信也。

【注释】

①经：本义织布时用梭穿织的竖纱，编织物的纵线。此处是指构成事物的基本框架。

②易姓受命：受天之命而改朝换代。受命，受天之命。古代帝王把国家视为一姓之家业，故称改朝换代为"易姓"。

③世：一世为三十年。

④三纲五常：儒家文化中对人伦和道德的礼制规约。三纲是指"君为臣纲，父为子纲，夫为妻纲"三种人伦关系规约；五常是指"仁、义、礼、智、信"五种品德要求。孔子曾提出君君、臣臣、父父、子子和仁、义、礼、智、信等伦理道德观念；孟子进而提出"父子有亲，君臣有义，夫妇有别，长幼有序，朋友有信"的"五伦"道德规范；西汉董仲舒提出三纲原理和五常之道；南宋朱熹则将之发展为完整的三纲五常学说。

⑤谶纬：谶，音 chèn，是秦汉间巫师、方士编造的预示吉凶的隐语，假托神仙圣人，预决吉凶；纬是汉代神学迷信附会儒家经义的一类书。谶纬之学也就是对未来的一种政治预言，一种把经学神学化的学说。

⑥占候：古代中国星占家视天象变化以附会人事，预言吉凶。

⑦术家：指操持占验、阴阳等方术的人。

⑧射覆：古代数术家为了提高自己的占卜技能而玩的一种游戏。"射"是猜度之意，"覆"是覆盖之意，即在瓯、盂等器具下覆盖某一物件，让人根据卦象猜测里面是什么东西。

【译文】

在这一章中，孔子阐明礼制是各个朝代不可更易的治政框架。

子张向孔子请教：各个朝代都会有不同的治政方法和社会面貌，从今以后的改朝换代，以至于十代之后，不知道会是什么样子，这个您也说得上来吗？

孔子回答：想要推测将来的事情，就应该从以往的事情中寻找线索。夏代之后，是商代。商代所推行的礼制，不过是因袭了夏代。（夏代的）那些规章制度，如果要求太过，就减轻一些；如果要求还有所欠缺，就增加一些。对其进行增删，只不过是进行修改扶正，所以这件事（前后两个朝代礼制的更迭）是通过考证就能够知道的。周代对商代礼制的因袭增删也是如此。由此来看，三纲五常是立国的根本，夏、商、周三代都没有改变，是因为实在是不可以改变。对其进行增删，不过是根据时代不同而进行变通处理，这种改变反而恰恰是一种因袭（而非否定）。（正因为如此，朝代虽然更替，但实际上没有本质性的改变，所以）从此后的朝代来看我们，就像我们看以往的朝代一样。那么如果有在周代之后兴起的朝代，即便是一百个之多，也可以推测得出来是什么样子，何况是你说的十个朝代？

然而孔子所说的推测，乃依理而言（的客观判断），这是圣人自己也不能改变的。它不像后世的胡乱联系、故作玄秘，也不是占卜术师的随机猜想、坑蒙拐骗，他们只是把现实人事的问题放置到茫然不可探知的领域，是荒诞无稽而令人难以置信的。

【评析】

《解义》的观点颇为开明，把孔子所云"百世可知"解释为改朝换代的规律。话说孔子本人实际上可能未必真的有这种"前知五百年，后知五百载"的信心，因为其言说的重点并不在于预测朝代更迭，而在于强调文教礼制对于国家建设的重要性。

然而，回看孔子与子张的谈话，的确触及朝代更迭的本质，即"换汤不换药""旧瓶装新酒"的问题。应该说在孔子之时，真正意义上的朝代更迭并不多，从政权转换的方式而言，夏、商、周三代之前，都是禅让制，不存在世代变革的问题，而夏王朝本身也带有禅让的印记。那么，在这个历史时期，孔子竟然能发现朝代更替的规律，实在是让人匪夷所思。然而，更令人感到吊诡的是，后面几乎每个王朝时代都尊奉孔子，却似乎都对他关于朝代更迭的警告视若不见，这真有点"后人复哀"的味道。

【标签】

子张；礼制；朝代更替；后人复哀

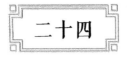

【原文】

子曰："非其鬼①而祭之，谄也。见义不为，无勇也。"

【解义】

此一章书，是孔子欲人专心务义之意。

孔子曰：凡人有当为之事，不可不为；有不当为之事，必不可为。夫不当为之事非一端，即以祭言之：非其所当祭之鬼而祭之，非致敬也，乃媚神以邀福，谄也。当为之事不一端，总以义名之：苟见义所当为而不为，非不明也，乃畏难而偷安，无勇也。

盖此二者，一则不当为而为，一则当为而不为，然而未有不相因者：谄者，其中甚馁，其态甚柔，安得有浩然之勇气？勇于义者，内直而外方，至刚而至大，安得有无耻之谄心？②孔子并举言之，欲人去谄心而养义勇也。

【注释】

①鬼：已死的祖先。

②谄者，其中甚馁，……安得有无耻之谄心：此为转借《孟子·公孙丑上》语："'敢问夫子恶乎长？'曰：'我知言，我善养吾浩然之气。''敢问何谓浩然之气？'曰：'难言也。其为气也，至大至刚，以直养而无害，则塞于天地之间。其为气也，配义与道；无是，馁也。是集义所生者，非义袭而取之也。'"（公孙丑说："请问老师您擅长哪一方面呢？"孟子说："我善于分析别人的言语，我善于培养自己的浩然之气。"公孙丑说："请问什么叫浩然之气呢？"孟子说："这很难用一两句话说清楚。这种气，极端浩大，极端有力量，用正直去培养它而不加以伤害，就会充满天地之间。不过，这种气必须与仁义道德相配，否则就会缺乏力量。而且，必须要有经常性的仁义道德蓄养才能生成，而不是靠偶尔的正义行为就能获取的。）馁，气馁，馁怯，缺乏勇气。内直而外方，内心正直，做事方正。语出《周易·坤》："'直'其正也，'方'其义也。君子敬以直内，义以方外，敬义立而德不孤。'直、方、大，不习无不利'，则不疑其所行也。"（"直"是指品性正直，"方"是指行为仁义。君子以其恭敬之德而使内心正直，行为仁义则使其外形端方。树立了恭敬、仁义的品德就会在道德上不孤立。"正直、端方、宏大，不熟悉也未必不获利"，这说明只要道德美好，就应对自己的行为无所疑虑。）

【译文】

这一章里，孔子希望人们心无旁骛，专心做好自己应该做的事情。

孔子说：每个人都有自己应当做的事情，就不能不做；也有不应该做的事情，那就一定不要去做。不该做的事情有很多，就拿祭祀来说吧：不是你应该祭祀的祖先，却去祭祀，这不是真的向他致敬，乃是想取媚于他，幻想他能够给予福惠，这就是谄媚了。应该做的事情也非常多，但是总的来说可以用"义"字来归纳：如果应该去做的事但不去做，不是不知道要去做，而是害怕困难而苟且偷安，这就是没有勇德了。

　　大概这两种情况：一种是不该做的做了，一种是该做的没有做，（好似迥然有别，）但是实际上却恰恰是互为因果关系：谄媚的人，其内在过于馁怯，其外表过于柔弱，哪里会有充沛的勇气呢？奋勇于道义的人，内心正直，做事方正，就会极其正大、刚强，哪里还会滋生鲜廉寡耻的谄媚之心呢？孔子把它们并列，就是希望人们祛除谄媚之心而涵养见义勇为的品格。

【评析】

　　孔子此语看似简短、平和，实际上却无比深沉、严厉。道德并没有模糊的界限，做到了就是做到了，没做到就是没做到，要勇于承担道义，不做无谓的幻想。"非其鬼而祭之"，实在是太精警了，可是人们却常常对着不着边际的人或偶像起誓发愿；"见义不为无勇也"，实在是太讽刺了。如果该做的时候不去做，还如何谈得上有好的品格呢？由此可知，"勇"在孔学辞典里，不仅仅具有"勇敢"的含义，更兼具"仁"的情怀和"义"的精神，是行为仁义的诉求和表现，与"仁"和"义"三位一体，不可分割。因此，笔者在译文里将其翻译为"勇德"。

【标签】

　　非其鬼而祭之；谄；勇；浩然之气

八佾第三

一

【原文】

孔子谓季氏，"八佾舞于庭，是可忍也，孰不可忍也？"

【解义】

此一章书，是孔子诛①权臣僭窃②之心也。

季氏是鲁大夫。"佾"是祭祀时乐舞行列。古者，乐舞各有定数：天子用八行，每行八人，名为"八佾"。诸侯六佾，大夫四佾，不可紊乱。当时，周成王以周公有大勋劳，特赐天子礼乐以祭周公。其后，鲁之群公俱因循僭用，已是失礼。乃季氏于家庙中祭祀，亦用八佾之舞于庭，故孔子因其事而罪其心曰：凡人于天理上行不去之事，未有不惕然动心者，此即所谓"不忍之心"也。③今季氏，大夫也，于家庙中祭祀时僭用天子八佾之舞，俨然行之，毫无顾忌，是忍为人所不忍为者，则其蔑理乱常，自无所不至矣，又何事不忍为乎此？

孔子罪之深，故言之切。

如此可见，人臣越礼犯分，起于一念之敢忍，而其后肆行无忌，遂至横决④而不可制。而为之君者，又不能防微杜渐⑤，始于一事之容忍，而其后优柔不断，遂至威福⑥下移而不悟。所当取孔子责季氏之言而深思之也。

【注释】

①诛：责罚，批判。

②僭窃：越分窃取。

③凡人于天理……"不忍之心"也：孟子曰："人皆有不忍人之心。先王有不忍人之心，斯有不忍人之政矣。以不忍人之心，行不忍人之政，治天下可运之掌上。所以谓人皆有不忍人之心者，今人乍见孺子将入于井，皆有怵惕恻隐之心——非所以内交于孺子之父母也，非所以要誉于乡党朋友也，非恶其声而然也。由是观之，无恻隐之心，非人也；无羞恶之心，非人也；无辞让之心，非人也；无是非之心，非人也。恻隐之心，仁之端也；羞恶之心，义之端也；辞让之心，礼之端也；是非之心，智之端也。人之有是四端也，犹其有四体也。有是四端而自谓不能者，自贼者也；谓其君不能者，贼其君者也。凡有四端于我者，知皆扩而充之矣，若火之始然，泉

之始达。苟能充之，足以保四海；苟不充之，不足以事父母。"［孟子说："每个人都有同情心，即怜悯体恤别人的心理。先王因为有同情心，所以才有怜悯体恤百姓的政治。以同情心，施行怜悯体恤百姓的政治，治理天下易如反掌。之所以说每个人都有同情心，是因为，如果今天有人突然看见一个小孩将要掉进水井里面，必然会产生惊惧同情的心理——这不是因为想去和这孩子的父母结交，也不是因为想在乡邻朋友中博取声誉，更不是因为厌恶这孩子的哭叫声（而是发自内心地对他人境遇产生共情的自然反应，这就是怀有同情心的表现）。由此看来，没有同情心，简直不是人；没有羞耻心，简直不是人；没有谦让心，简直不是人；没有是非心，简直不是人。同情心是仁的发端；羞耻心是义的发端；谦让心是礼的发端；是非心是智的发端。人有这四种发端，就像有四肢一样。有了这四种发端却说自己做不到，那是自暴自弃；认为他的君主不行，那是暴弃君主。凡是有这四种发端的人，知道都要扩大充实它们，就像火之初燃，不可扑灭；就像水之源流，不可阻遏。如果能够把这四种发端扩充开去，便足以安保天下，但如果不能够扩充它们，就连奉养自己的父母都成问题。"］

④横决：表示大水冲破堤岸横溃而出的样子，比喻事态发展冲破常轨，无法控制。

⑤防微杜渐：指当错误的思想和行为刚有苗头或征兆时，就加以预防与制止。

⑥威福：指统治者的赏罚之权。后多谓当权者妄自尊大，恃势弄权。出自《尚书·洪范》："惟辟作福，惟辟作威。"孔颖达疏："惟君作福得专赏人也，惟君作威得专罚人也。"

【译文】

这一章是讲孔子讨伐权臣僭越礼制、窃夺尊荣的不良用心。

季氏是鲁国大夫。"佾"是祭祀时乐舞的行列单位。在古代，乐舞对行列数量有明确的规定：天子乐舞八佾，即前后八行，每行八人，其名为"八佾"。以此类推，诸侯是六佾，大夫是四佾，不能乱用。在当时，周成王认为周公对国家劳苦功高，特许以天子之礼来祭祀周公。但随后，鲁国各代国公却因袭使用，这实际上就僭越礼制了。而季氏在家庙中祭祀，也在厅堂中使用天子专用的八佾乐舞，所以孔子指责其用心说：凡是一个人做了天理上行不通的事情，没有内心不诚惶诚恐的，就是所谓的"不忍之心"。现在的季氏，作为士大夫，在家庙中祭祀竟然僭越礼制使用八佾乐舞，煞有介事，毫无顾忌，这是能够安心去做常人所不能忍心去做的事情啊,他如此蔑视天理,扰乱伦常,自然无所顾忌,无所不为了!

孔子极其反对季氏八佾舞于庭,深以为非,所以痛陈其事。

这样看来,臣僚僭越礼制冒犯名分,不过是缘于一念之过而不加克制,此后变本加厉,肆无忌惮,最终达到恣肆泛滥、一发不可收拾的地步。作为君王,如果不能敏锐觉察,从事情初露端倪的时候便加以控制,一开始就对事情不以为然,姑息纵容,随后又首鼠两端,优柔寡断,最终会导致权威下降却浑然不觉。君王理应认真从孔子责怪季氏的话语中明白这个道理,并审慎思考。

【评析】

夫子这一骂举世闻名。但是,笔者在这里唱个反调——季氏为什么要八佾舞于庭,他们这样做的根本原因或合理性在哪里?

依唯物史观,当时的社会生产力已经大幅发展,铁器被较为广泛地应用于农业生产,由此也催生出经济制度的改革(如鲁国初税亩),在此情况下,大夫家臣作为新兴生产力的掌握者,自然渴望拥有与其实力相匹配的社会表征系统。❶"八佾舞于庭"这种对象征特殊政治待遇的礼仪形式的僭越,正暴露孔子所津津称道的文化体制的弊端:从体制规定来看,季氏所为自然是极不合礼,属于连越三级的严重违规行为,"是可忍孰不可忍";但是从社会发展变化的角度来看,既定文化机制并没有满足新兴阶级的精神诉求,也没有给他们任意发挥的空间,于是他们只能借由这种僭越礼制的狂欢行为,来满足那极度膨胀的权力欲望和精神诉求。但同时,他们并无力创制一个全新的文化形式来表达自己——就像某人一夜暴富之后,只能按照自己所看到的富人那样穿着打扮——因而也只能去冒天下之大不韪,煞有介事,沐猴而冠。他们即使可以废黜、驱逐或杀戮君主,却不能取而代之来变革社会制度、更新文化机制。僭越礼制,其实也是寻找历史的出口的一种表现,只不过手法很笨拙而已。

礼制,本就是固化的形式,但容易僵化,成为一种束缚,使人找不到出路,得不到自由,无法实现意义和价值的突围。就此角度而言,那些僭越者实在是可怜大于可恨——在那样的时代,他们也只能如此喧嚣而又归于寂灭。而且,相较于接下来在 [八佾第三·十] 中所揭示的,对于古代礼制中最高端的形式——禘祭,鲁君拥有这种体制赋予的至高荣誉,却并

---

❶ 参任继愈《中国哲学史》卷一,人民出版社2010年版,第86页。

不珍惜，只是敷衍了事，心不在焉，相较于季氏的那种跃跃欲试、为所欲为，反倒斯文扫地，可气可恨。孔子对季氏僭礼痛加指斥，而对鲁君疏礼深表遗憾，显得过于保守和迂执。

孔子直接斥责当朝权贵季氏，而且有可能是当面斥责，实在是已经忍无可忍，怒不可遏了。但是，并未记录孔子是在何时何地何种情境下发出这种言辞的，以及是否因此而受到季氏的攻击和责罚。总而言之，在那个政治行径十分暴虐的时代，当权者并未以残暴的手段来打击报复孔子，也堪称奇迹了。大概是因为孔子居于文化的制高点，有着嵩高的社会声望，使他们有所敬畏而不敢轻举妄动。

【标签】

季氏；是可忍孰不可忍；礼制；八佾

【原文】

三家者以《雍》彻。子曰："'相维辟公，天子穆穆'，奚取于三家之堂？"

【解义】

此一章书，是孔子讥权臣自取僭妄①之罪也。

"三家"②是鲁大夫孟孙、叔孙、季孙之家。天子祭毕，则歌《雍》③诗以彻俎④，告成礼也。鲁三家者，亦歌《雍》以彻，是大夫而僭用天子之乐章矣。

故孔子讥之曰：彼三家之不顾礼义，忍心⑤僭越者，盖由率意妄为，绝无顾名思义之念耳。抑⑥知义有一定，名无可假。即如《雍》诗中所云"相维辟公，天子穆穆"，是言祭文王于庙中，于时骏奔走，执豆笾，⑦肃雝⑧以相⑨者，诸侯也；秉瓒瓒⑩，俨对越⑪，穆穆然诚敬以将者，天子也。今三家之堂，助祭者不过陪臣⑫，主祭者不过大夫，亦何取于此义而歌之哉？不惟僭越，抑且甚无谓矣。

孔子此言，词婉而意严，不特警当时僭窃者之心，即以立万世人臣之大防⑬也。

【注释】

①僭妄：僭越本分，冒用上级的地位和名义。

②三家：即"三桓"。鲁桓公有四子：嫡长子鲁庄公继承鲁国国君；庶长子庆父，谥共，又称共仲，其后代称仲孙氏（因庶子之长又称"孟"，故又称孟氏、孟孙氏）；庶次子叔牙，谥僖，其后代称叔孙氏；嫡次子季友，谥成，其后代称季氏。孟孙氏、叔孙氏、季氏三家皆按封建制度被鲁庄公封官为卿，后代皆形成大家族。由于三家皆出自鲁桓公之后，所以被人们称为"三桓"。

③《雍》：即《诗经·周颂·雍》：雍亦作"雝"（yōng），两字应通用，但本书所依文渊阁版本中，《雍》诗作"雍"，"肃雝"而作"雝"，此处因循古版，未做调整。《雍》（《雝》）诗："有来雍雍，至止肃肃。相维辟公，天子穆穆。于荐广牡，相予肆祀。假哉皇考！绥予孝子。宣哲维人，文武维后。燕及皇天，克昌厥后。绥我眉寿，介以繁祉，既右烈考，亦右文母。"（来时路上和睦虔诚，到达宗庙谨慎恭敬。诸侯王储协助进祭，天子主祭端庄静穆。在赞叹声中献上雄牲，助我肆祀陈列庙堂。伟大先父在天之灵，保佑孝子安定下方。人臣贤能众星拱月，君主英明举世无双。安定朝邦德感天庭，今世盛明子孙永昌。赐我年寿绵绵，助我享受吉福无疆。既敬先父香酒一杯，又拜先母伏维尚飨。）

④彻俎：撤去祭祀时用以载牲的礼器。

⑤忍心：昧着良心。

⑥抑：抑，发语词。

⑦骏奔走，执豆笾：《尚书·武成》："丁未，祀于周庙，邦甸侯卫，骏奔走，执豆笾。"（四月丁未末，武王在周庙举行祭礼，远近的诸侯都忙于奔走，陈设木豆、竹笾等祭器。）《诗经·周颂·清庙》："於穆清庙，肃雝显相。济济多士，秉文之德。对越在天，骏奔走在庙。不显不承，无射于人斯！"（美哉清静庄严宗庙，助祭诸侯庄重从容。众士祭祀排列整齐，文王美德秉承心中。颂扬文王在天之灵，疾步摆设祭器不停。光辉显耀后人继承，仰慕之情永远无穷。）马瑞辰《毛诗传笺通释》："《尔雅·释诂》：'骏，速也。速与疾义同'……疾奔走言劝事，骏、疾以声近为义，庙中奔走以疾为敬。"❶

---

❶ 马瑞辰：《毛诗传笺通释》，中华书局1989年版，第1042页。

⑧肃雝：亦作"肃雍"，庄严雍容，整齐和谐。

⑨相：即"傧相"（bìnxiàng），指导引宾客，执赞礼仪。可参本书［乡党第十·三］"摈相"词条注释。此处用作动词。

⑩瓒鬯：瓒，音 zàn，古代祭祀用的一种像勺子的玉器。鬯，音 chàng，古代祭祀用的酒，用郁金草酿黑黍而成。《礼记·祭统》："君执圭瓒祼尸，大宗执璋瓒亚祼。"（国君手执圭柄的瓒舀郁鬯酒给尸行祼礼，然后是主持祭礼的大宗手执璋柄的瓒舀郁鬯酒给尸行第二次祼礼。祼尸，对尸主行灌礼，主人向尸献酒，尸接过酒不饮，灌地降神。祼，音 guàn，祭名，以香酒灌地而求神。尸，代表死者受祭的活人。）

⑪俨对越：参上注"骏奔走，执豆笾"。

⑫陪臣：臣属的臣属，此指诸侯的家臣。古代天子以诸侯为臣，诸侯以大夫为臣，大夫又自有家臣。因之大夫对于天子，大夫之家臣对于诸侯，都是隔了一层的臣，即所谓"重臣"，因之都称为"陪臣"。

⑬大防：大堤，比喻重要的、原则性的界限。

【译文】

这一章是讲孔子讥评权臣僭越礼节的僭妄之罪。

"三家"即鲁国大夫孟孙、叔孙、季孙这三大家族。天子祭祀完毕，撤去祭祀时用以载牲的礼器时就演奏《诗经·周颂·雍》诗，以宣告祭祀礼仪的结束。三家竟然也用《雍》诗来结束祭礼，这是卿大夫僭越礼制，采用了天子才能使用的乐章啊！

所以孔子讥评：那三家这么不顾礼制公义，昧着良心做出僭越的事情，大概是因为肆意妄为，毫无从诗名联系其背后意义的思虑。要知道礼制有定而名实相副。就像《雍》诗中所唱的"相维辟公，天子穆穆"，说的是当时在宗庙中祭祀文王的情形：心怀恭敬疾步快走安排祭礼，负责摆设竹木祭器，庄重而不慌乱，来辅助祭祀的，那是各国诸侯；秉持盛有鬯酒的玉瓒，文辞优雅地颂扬先王的功德，仪态端庄毕恭毕敬地主祭，那是天子。现在三家的礼堂之上，助祭的只是家臣，主祭的不过是卿大夫，这样演奏是源自哪一章哪一条制度呢？不光是僭越造次，而且也实在没有什么必要啊！

孔子的此番话，言辞委婉但意涵庄严，不只是警告当时那些僭越者的无礼之心，也是用来明确千秋万世的臣子所不应该跨越的界限。

【评析】

可参上一章评析。这一章有两个观察点：一是由季氏一家折射到三桓，僭越礼制已是普遍现象；另一是三家似乎是对礼制还很严谨，搞得像模像样，煞有介事，毫不马虎，不管合不合法，多少也是形式整饬地完成了仪式。因此，与鲁君在行礼过程的马马虎虎、敷衍了事（一说是鲁君"穷得无力支付乐师和舞者在宗庙进行礼仪表演的费用"❶）。对比来看，三桓所为或许还不能单纯地定义为骄奢放逸，而更像是冲到前台，替代鲁君完成一项不可或缺的政治任务，即便是僭越了礼制，但至少是维护了高层统治者的尊严。

【标签】

三家（三桓）；《雍》

三

【原文】

子曰："人而不仁，如礼何？人而不仁，如乐何？"

【解义】

此一章书，是孔子言礼乐本乎人心也。

孔子曰：天所赋之德而具于人之心者，所谓仁也。仁存于心，敬而将①之以仪文，谓之礼；和而达之于声容②，谓之乐。故人必先有恭敬之心③存于中，而后玉帛升降不为虚文；有和平之心蕴于内，而后钟鼓干戚④不为虚器。若人而不仁，则其心放佚⑤，已失礼之本矣，纵使三揖百拜⑥，心与礼相背而驰，礼其为我用乎？人而不仁，则其心乖戾⑦，已失乐之本矣，纵有五音六律⑧，心与乐不相联贯，乐其为我用乎？

可见仁者，礼乐之本。礼乐不可斯须⑨或去，人心不可顷刻不仁。用礼乐者，求之心焉可也。

---

❶ 参看［英］凯伦·阿姆斯特朗《轴心时代》第六章"悲悯天下"，孙艳燕、白彦兵译，海南出版社 2010 年版，第 231 页。

【注释】

①将：奉行，秉承。
②声容：声调。
③恭敬之心：《孟子·告子上》："恻隐之心，仁也；羞恶之心，义也；恭敬之心，礼也；是非之心，智也。"（有同情心，就能近仁了；有羞耻心，就能从义了；有恭敬心，就能成礼了；有是非心，就能明智了。）出处可详参本书[子路第十三·十九]"评析"部分。
④干戚：古时乐舞有文武之分，文舞执羽旄，武舞执干戚。干，盾。戚，斧。羽，雉羽。旄，旄牛尾。
⑤放佚：放纵，不受约束。
⑥三揖百拜：多次行礼，以示尊重。《礼记·乡饮酒义》："主人拜迎宾于庠门之外，入，三揖而后至阶，三让而后升，所以致尊让也。""百拜"语出《礼记·乐记》："是故先王因为酒礼，一献之礼，宾主百拜，终日饮酒而不得醉焉，此先王之所以备酒祸也。"郑玄注："百拜以喻多。"
⑦乖戾：乖悖违戾，抵触而不一致。
⑧五音六律：指古代音律，泛指音乐。五音指宫、商、角、徵、羽五个音阶。六律，古代乐音标准名，即黄钟、太簇、姑洗、蕤宾、夷则、无射。可详参本书[八佾第三·二十三]"六律、五声、八音"词条注释。
⑨斯须：片刻，一会儿。

【译文】

这一章是讲孔子论述礼乐本源于人的内心。

孔子说：上天所赋予的品德，充实于人的内心，这就是所谓的"仁"了。仁存于内心，心怀诚敬，将它表现为仪礼文华，称之为"礼"；通达调和，将它通过声调表现出来，称之为"乐"。所以人要先有恭敬的心理，这样陈设的玉帛和升降的威仪才不是徒有形式；有安稳平和的心理，然后振响之钟鼓和舞动之斧盾，才不是徒具器用。如果人而不仁，其内心放纵失德，已经不具备礼的根本了。即便是行使三揖百拜这样繁复的礼节，但内心与礼的要义已经背离，这种礼貌对我还有什么用呢？为人而不仁，其内心乖离失和，已经不具备乐的根本了。即便是演奏五音六律纷繁复杂的乐音，但内心与乐不能和鸣共振，这种乐音对我还有什么用呢？

由此可见，仁是礼乐的根本。礼乐不能片刻离身，人心不能片刻不仁。演礼作乐的人，要在内心探求才行。

【评析】

仁是价值观的核心，而礼乐是价值体系的表征，故夫子有此反问，以强世人之知。美国学者丹尼尔·贝尔在其《资本主义文化矛盾》一书中将文化作为"解释系统"，亦与孔学仁礼关系学说不谋而合：

> 文化本身是为人类生命过程提供解释系统，帮助他们对付生存困境的一种努力。……它们来源于所有人类面临的生存环境，不受时代的限制，基于意识的本质：例如怎样应付死亡，怎样理解悲剧和英雄性格，怎样确定忠诚和责任，怎样拯救灵魂，怎样认识爱情与牺牲，怎样学会怜悯同情，怎样处理兽性与人性间的矛盾，怎样平衡本能与约束。❶

礼不仅仅用来束缚，还用以释放和平衡，辅助体验仁德的。但是，如果内心不亲近仁德，又何谈在此过程中受到感染和教化，从而达到慎终追远、亹亹穆穆的理想效果呢？一般人将儒学归结为文化至上主义，或者将儒学简化为礼乐文化，实际上没有抓住儒学的核心。其实诚如丹尼尔·贝尔所揭示的，孔夫子的文化主义，是将人纳入仁爱的天地系统之中，是给人以美好的启迪和保护。如果不去追求仁心而只是局限于礼乐形式，那么，礼乐很有可能只是带来更多的束缚和窘困，而不是导向仁者悦乐和合的心境。

【标签】

仁；礼；乐；文化

【原文】

林放问礼之本。子曰："大哉问！礼，与其奢也，宁俭；丧，与其易也，宁戚。"

---

❶ ［美］丹尼尔·贝尔：《资本主义文化矛盾》，赵一凡等译，生活·读书·新知三联书店1989年版，第24、58页。

【解义】

此一章书,是孔子救礼之失而为反本①之论也。

林放是鲁国人。当春秋时,人俱逐于礼之末节,乃林放以礼之本问于孔子。

孔子曰:时方逐末,而子独有反本复古之思,大哉子之问也!原夫制礼之始,有朴素之质,而后有周旋之文②;有恻怛③之心,而后有衰麻之节④。不可过也,不可不及也。今行礼则专事繁缛⑤,失于奢矣;居丧⑥则专治仪文⑦,失于易⑧矣——是皆不知本也。然则今之为礼者,与其敬不足而文有余,流而为奢,宁使文不足而敬有余,失之于俭;居丧者,与其哀不足而文有余,流而为易,宁使文不足而哀有余,不失为戚。夫俭与戚,虽未得乎礼之中,然朴素者万物之质,恻怛⑨者天性之诚,以是求之,可识礼之本矣。

此孔子以复古之论,为补偏救弊之方、移风易俗之意,深已⑩。

【注释】

①反本:即返本,复归本源或根本。

②周旋之文:周旋,古代行礼时进退揖让的动作。《礼记·乐记》:"升降上下,周还裼袭,礼之文也。"(升阶,降阶,上堂、下堂,环绕转身,启合外衣衣襟,都是表现礼的形式。)陆德明《经典释文》:"还,音旋。"孔颖达疏:"周谓行礼周曲回旋也。"裼袭:古代礼服之制。袒正服(外衣)而敞开前襟,露裼衣(中衣),且不尽覆其裘,叫作"裼";掩好正服前襟,叫作"袭"。可参本书[泰伯第八·二]"动容周旋中礼"词条注释。

③恻怛:忧伤悲痛。怛,音dá。

④衰麻之节:服丧的礼制要求。《礼记·乐记》:"衰麻哭泣,所以节丧纪也。"(制定丧服的等次与哭泣的礼数,用来节制丧事。)衰麻代指丧服。一指代"五服",即古代天子以下,丧服分为五个等级:斩衰(cuī)、齐(zī)衰、大功、小功、缌(sī)麻。服丧的年月分别为三年、期(jī)年(一年)、九月、七月、五月、三月。一指衰衣麻绖。衰衣,指斩衰或齐衰。麻绖(dié),服丧期间系在头部或腰部的葛麻布带。

⑤繁缛:多而琐碎。

⑥居丧:安排丧礼,治办丧事。

⑦仪文:礼仪形式。

⑧易:治理,办理,此指人们熟悉礼节仪文,因而将丧礼形式办得充

足、周到，但也因此显示出对丧礼的麻木，情感投入不足。朱熹《论语集注》："易，治也……在丧礼，则节文习熟，而无哀痛惨怛之实者也。"

⑨恻怛：恻隐。

⑩已：语气词。表肯定而带感叹语气，相当于"啊"。

【译文】

这一章是孔子为挽救失礼之举而进行的返本溯源之论。

林放是鲁国人。春秋的时候，人们都只追求礼的细枝末节，这个林放却向孔子请教何谓礼的根本。

孔子告诉他：这个时代，人们都只顾着舍本逐末，而你却有返本溯源、崇礼复古的思考，你这一问太好了！推原制定礼制初始的时候，先有朴素的本质，然后才有举手投足、穿衣戴帽的礼仪形式；有沉痛悲伤之心，然后才有衰衣麻绖、居丧哭泣的节制形式。礼仪形式不能太过，也不能欠缺。而今举行礼仪，则尽可能繁文缛节，失之于奢侈过度；处理丧事，则又只做形式工夫，流于面面俱到——这都是不懂得礼仪形式要守住根本的东西。所以说，现在举行礼仪，与其恭敬不足而文饰有过，乃至奢侈过度，宁可使文饰不到位但恭敬过度，不管怎么说这也是做到了节俭；处理丧事，与其不够哀伤而文饰周全，乃至于流于形式，宁可使文饰不备而哀伤有过，不管怎么说这也是出于悲伤。过于节俭与悲伤，虽然不完全符合礼制的标准和要求，但是，朴素的形式源于事物的本质，悲痛的情感源于诚挚的天性，从这些方面去探求，才能认识到礼的本质。

这是孔子用复古溯源的言论，作为对国家补偏救弊的方略，并对社会移风易俗寄予厚望，其用心真是太深切了。

【评析】

守本方成礼。对礼的恪守，绝不是照猫画虎、按图索骥，而应既依据根本原则，又灵活处理，才不至于使礼成为僵化乃至束缚、缠绊。近世所谓礼教"吃人"就是礼制僵化的恶果，而非礼本身的目的或预期。所以"礼之用，和为贵"（有子语，见［学而第一·十二］），不能和谐为用，或者为了过度追求和谐而舍弃礼的节制，都是不可取的。

延伸开去，孔子在这里对仁礼关系的把握和灵活处理，也可以为社会治理提供一种有益的参考。社会治理应该是本立而道生，清源以成流，绝不能僵化、教条。如果社会的运行机制过于机械，则人浮于事，事倍功半，治理成本必然大量增加，治理成效也自然会大打折扣。就此意义而言，《孟子》反复痛言直陈的"生于其心,害于其政;发于其政,害于其事"(《公孙丑上》),正与之相呼应而尤为激烈。

【标签】

林放;仁;礼;乐;俭;丧;礼之用,和为贵

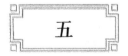

【原文】

子曰:"夷狄之有君,不如诸夏之亡也。"

【解义】

此一章书,是孔子伤春秋之世臣下僭乱,而重叹之也。

孔子曰:分莫严于君臣。有君则礼乐以定,征伐以一,①尊卑上下以辨。自周室衰微,王纲②不振,或以诸侯而凌天子,或以大夫而分公室③,或以陪臣④而执国命,君臣定分荡然无存矣。彼外国⑤犹且上统其下,下奉其上,俱知有君长,反不似诸夏⑥之君弱臣强,绝无上下之分也。

此孔子甚言之,以见体统⑦不可一日不正,名分不可一日不严。君臣上下各安其位,自然四海永清⑧,万方效顺⑨,中外禔福⑩。君道不万世永存哉?

【注释】

①礼乐以定,征伐以一:[季氏第十六·二]:孔子曰:"天下有道,则礼乐征伐自天子出;天下无道,则礼乐征伐自诸侯出。自诸侯出,盖十世希不失矣。自大夫出,五世希不失矣。陪臣执国命,三世希不失矣。天下有道,则政不在大夫。天下有道,则庶人不议。"(如果天下遵从天道礼义,那么,礼乐之仪、征伐之权都应该由天子来掌握;如果不遵从,那么,礼乐征伐都会由诸侯来掌握。如果政权由诸侯一直掌控,那么,这个天下差不多也就只能勉强支撑十代的样子;如果政权由大夫掌控,那么,这个天下也就差不多能够维持五代人的样子;如果只是由更下一级的家臣来掌控,这个天下说不定三代后就完了。如果天下遵从道义,那么,就不应由士大夫来执政;如果天下有道,那么,老百姓也就不会总是交头接耳、议论纷纷了。)

②王纲：天子的纲纪。

③公室：本指周代诸侯的家室，后泛指诸侯一家独大，直接掌有的政权、军力、财产。

④陪臣：臣属的臣属，此指诸侯的家臣。古代天子以诸侯为臣，诸侯以大夫为臣，大夫又自有家臣。因之大夫对于天子，大夫之家臣对于诸侯，都是隔了一层的臣，即所谓"重臣"，因之都称为"陪臣"。

⑤⑥外国、诸夏：诸夏是指周代分封的"王之支子母弟甥舅"等具有姻亲关系的诸侯国，主要是围绕周朝都城镐京（今陕西西安）和洛邑（成周，今河南洛阳）而建立的中原诸国。而此处"外国"是针对"诸夏"而言的非周王室亲族建立的、中原地区以外的诸侯国，如楚、吴等，并非现代意义上中国以外的国家。

⑦体统：体制，格局，规矩。

⑧四海永清：语出《尚书·泰誓》："尔尚弼予一人，永清四海。时哉弗可失！"（周武王告诫友邦诸侯和治事大臣："希望你们辅助我，使天下永远安宁。不可丧失时机啊！"）

⑨万方效顺：各地诸侯忠顺。万方，指万国，那各地诸侯、各地方。

⑩中外禔福：内外福安。禔，音 zhī，安宁。

【译文】

这一章是讲孔子感伤春秋时代的臣子犯上作乱而深有感慨。

孔子说：名分最为严格区分的莫过于君臣。有君主在，则礼乐有所规范，征伐听其号令，尊卑上下的等级能够分明。自从周朝王室衰微，天子的纲纪不能得到完全推行，以致诸侯欺凌天子，或者卿大夫分割诸侯的政权，甚或家臣掌握诸侯国的权柄，君臣之间的分级荡然无存了。即便是非王室成员的诸侯国，犹且知道由上级统治下级，下级尊奉上级，都还能够尊君爱长，反而不像王室亲族这样君弱而臣强，已经不分上下尊卑，完全乱套了。

这是孔子夸张的说法，只不过是以此来说明，体统不能有一日不正规，名分不能有一日不严格。君臣上下都各安其位，自然就会使天下太平，诸侯忠顺，内外福安。这样的话，君王之治不就能万世永存了吗？

【评析】

可以想象，当日讲官对着康熙帝讲读这一章的时候，是何等紧张，因为"华夷之辨"（又称"夷夏之辨"）这个儒学传统中聚讼纷纭的一个主题,恰恰是对清朝政权合法性的强力挑战,稍有差池,则必然招致龙颜大怒,下旨降罪,万劫不复。于是乎,日讲官讲解这一章的时候,赶紧做了概念偷换,把夷夏关系转换成中外关系,并借机渲染君明臣忠的重要性,方且勉强把这尴尬的局面遮掩过去。

其实,对于清朝统治者来说,这必然是心知肚明而且耿耿于怀的事情。比如雍正帝故意篡改韩愈《原道》的话,来置换"华夷之辨"的概念。韩愈《原道》原作:"诸侯用夷礼则夷之,进于中国则中国之。"被雍正改为:"中国而夷狄也,则夷狄之;夷狄而中国也,则中国之。"(《大义觉迷录》)偷换概念,将满族的夷狄文化身份悄然进行转化。而其整整一部《大义觉迷录》也是以消解"夷夏之辨"为重要起因的。

将儒家文化推崇到至高位置,然而骨子里又只是将其作为工具而非信仰,这是清朝政权最为内在的矛盾和永远无法消解的危机。无论康雍乾三代雄才大略的皇帝如何惨淡经营,如何大兴文字狱,这骨子里的文化基因不会发生突变,直到政权覆灭之时,他们也无法消解对汉人的提防。

如此看来,中国古代的历史,好似都是游离于孔子所定义的理想政治之外,而又往往不得不于孔子设定的理论体系里说来说去。

【标签】

华夷之辨(夷夏之辨);雍正;《大义觉迷录》

【原文】

季氏旅于泰山。子谓冉有曰:"女弗能救与?"对曰:"不能。"子曰:"呜呼!曾谓泰山不如林放乎?"

【解义】

此一章书,是孔子明僭礼者之无益也。

古者祭祀之礼,天子祭天地,诸侯祭境内山川。泰山者,鲁之镇①也,惟鲁侯得而祭之。季氏乃不安于大夫之分,而欲行旅祭②之礼于泰山,其僭妄为已甚矣!

冉有名求,孔子弟子,时为季氏家臣。于是孔子谓之曰:尔季氏欲旅泰山,甚为非礼。汝为家臣,自有尽言匡救之责,乃竟坐视其失,而不一救正③之与？

冉求对曰：季氏之意已定，实非求所能挽回也。

孔子乃叹曰：呜呼！季氏之越礼而谄求④者，吾不知其何心！彼林放，一鲁人耳，尚悼流俗之弊而问礼之本；⑤何况泰山，五岳之尊，其神必聪明不可欺，必正直不可谄。岂反不如林放之知礼，而享季氏非礼之祭乎？

盖神人一理也，干名犯分⑥之事，既不合于人，自无当于神。孔子此言，其所以维持世道者，至矣。

【注释】

①镇：古代对一方主山的称谓。

②旅祭：旅，祭祀名，祭山川、天帝。

③救正：匡正，纠正。

④谄求：拜祭不是自己应该拜祭的鬼神，以谄媚求进（实则是无益的）。[为政第二·二十四]："非其鬼而祭之，谄也。"（不是你的祖先却要去祭拜，这不是孝敬而是谄媚。）

⑤彼林放，……问礼之本：见本书［八佾第三·四］"林放问礼之本"词条注释。

⑥干名犯分：即"干犯名分"，冒犯名分，违背礼教。干犯，冒犯，触犯。中国旧制视卑幼控告尊长为触犯伦常道德，因此入罪。

【译文】

这一章讲的是，孔子言明僭越礼制者得不到什么好处。

古代祭祀，天子祭天地，诸侯祭境内的山川。泰山，是鲁国的主山，只有鲁国国君才能到上面祭祀。季氏却不安于卿大夫的本分，打算到泰山上举行祭山之礼，这种僭礼妄为的举动实在太过分了。

冉有姓名冉求，是孔子的弟子，当时为季氏的家臣。当时，孔子就正告他：你的主公季氏将要旅祭泰山，这是极其不合礼法的。你身为其家臣，本就有极言劝谏、扶危除弊的义务，现在竟然对他的过失坐视不管，难道不可以试一下进行救正吗？

冉求回答说：季氏主意已定，实在不是我能改变的。

孔子于是感叹说：哎呀！季氏僭越礼制而妄求赐福，我不知道这是怎么想的！那个林放，只是一个普通的鲁国人，尚且能够悼惋世俗僭礼的流弊，而向我询问礼制的根本。更何况泰山贵为五岳之尊，其山神一定是聪明不可欺骗，也一定会正直护礼，而不接受谄媚不当的祭祀。难道它反而不像林放这样的普通人深明礼之大义,而享受季氏不合礼的祭祀吗?

大概神和人都是遵循同样的道理,冒犯名分的事情,既不被人接受,也不会被神认可。孔子的这番话,对于维持社会正道来说,可谓已经达到极致了。

【评析】

这里的孔子可以说是胆大包天了,竟公然责怪起泰山神来!

在孔子之时代,宗教气息仍然非常浓厚,恐怕孔子本人还未超脱到不畏神灵的地步,然而他竟然敢于责怪泰山之神不如林放这个普通人对礼的恭从和尊敬,由此可知,他当时对季氏僭礼祭山的极度失望和愤怒,乃至语气激变——你这个泰山神,是怎么当的啊?!

然亦由此可见孔子内心之坚贞,为尊礼守礼而无所畏惧。

【标签】

季氏;泰山;林放;僭越(僭礼)

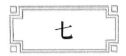

七

【原文】

子曰:"君子无所争。必也射乎!揖让而升,下而饮。其争也君子。"

【解义】

此一章书,是孔子以君子止天下之争也。

孔子曰:凡人之不能无争者,正以德器①未成,彼我之心未化耳。惟成德②之君子,心气和平,仪容恭逊,未常③有所争竞④,无已⑤,其必行射礼之时乎?盖射,胜负相形,正争之所也。然观将射之初,则三揖三让⑥而后升堂;既射之后,同射者俱下堂,胜者乃揖不胜者,使之升堂,取觯⑦,立饮罚酒。射礼之行如此。是虽有胜负之相形,而终不失雍容之雅。其争也,仍然君子之争,而非小人血气之争矣。

夫惟射之必争,而究竟不见其争,则君子真无所争哉!

是知,天下有君子,自能使太和⑧满宇宙,而天下享和平之福,乡曲⑨遵礼让之化,风俗人心日进于淳古⑩,岂独一人之美哉?

【注释】

①德器：道德修养与才识度量。
②成德：盛德，高尚的品德。
③未常：未尝，未曾，不曾。
④争竞：为名利而争逐奔走，泛指互相争胜。
⑤无已：不得已。
⑥三揖三让：古代迎宾之礼。《仪礼·乡射礼》："及门，主人一相出迎于门外，再拜，宾答再拜。揖众宾。主人以宾揖，先入。宾厌众宾，众宾皆入门左，东面北上，宾少进。主人以宾三揖，皆行。及阶，三让，主人升一等，宾升。主人阼阶上当楣北面再拜，宾西阶上当楣北面答再拜。"（众宾到了州学门前，主人由一名傧相辅助出门迎接，对宾行两次空首礼，宾答行两次空首礼。接着向众宾拱手行礼。主人与宾拱手谦让后，主人先进门内。宾向众宾长揖后入门，众宾接着从门西侧入内，面向东，以北为上，宾稍稍向前走一点。主人与宾相对三揖后，一同前行。到达堂下阶前，主人与宾相互谦让三次，主人升一级台阶后，宾才登阶升堂。主人在东阶上方对着屋前梁的地方面朝北行两次空首礼。宾则在西阶上方对着屋前梁的地方面朝北答两次空首礼。）依《礼记·射义》，乡射礼与乡饮酒礼实际上是同时开始的，所以乡射礼的前面部分是与乡饮酒礼叠合的，故其记述文字中均含有"三揖三让"的过程，"主人拜迎宾与库门之外，入三揖而后至阶，三让而后升，所以致尊让也"。所以"三揖三让"可谓一个通用的迎宾礼仪形式，充分体现主客以礼相待，相互尊敬。
⑦觯：音zhì，古代酒器，青铜制，形似尊而小，或有盖。
⑧太和：天地阴阳冲和之气。《周易·乾》："保合大和，乃利贞。"朱熹《周易本义》："太和，阴阳会合冲和之气也。"
⑨乡曲：乡里，亦指穷乡僻壤。
⑩淳古：淳厚古朴。

【译文】

这一章讲的是，孔子用君子的方式来消解天下的争端。

孔子说：人们之间发生争执，还是因为道德修养与才识度量还没有修炼完全，人我的区别心还没有消除。盛德的君子，心平气和，仪容恭敬谦逊，一般不与人争胜，但如果不得不争的话，那就是举行射礼的时候了吧。大概射礼，胜负可见于形，是交竞的好方式。然而我们看射礼的开始，是宾客先行三揖三让之礼后进入大堂；射完之后，射箭的人都下来，胜者向不胜者拱手行礼，请他回到堂上，拿觯杯，站着罚酒。射礼就是这样举行的。它虽然有胜负的形式，但终究不失雍容风雅。即便是争竞，也仍然是君子式的，而不是小人之间那种血腥的争斗。

君子之间，只有射箭是必要的比争，但终究并不是真的拼争，所以说君子实际上是没有什么可以比争的！

由此可知，天下如果有君子在，自然能够使天地阴阳冲和，以至天下享有和平之福，民间尊礼重教，风俗人心更加淳厚古朴。这哪里只是因为君子一人的品格优秀呢？

【评析】

春秋末年，孔子生活在杀机四伏、波诡云谲的历史洪流之中，却未把精力和智力用于如何运兵布阵、克敌制胜的军事谋略上，反而努力把军事、武力上的争斗纳入"礼"的范畴之内。或许孔子所描述的是当时贵族射箭的一个实况，然而，这种描述所指向的是一个根本性的原则和方向，即希图"以礼化争"（《钱穆《论语新解》》），从根本上改变"争"的形式和性质，从而避免杀戮，使这件在当时最厉害、最血腥的武器也变得温文尔雅、文质彬彬。故《礼记·乡饮酒义》曰："乡饮酒之义——主人拜迎宾于庠门之外，入，三揖而后至阶，三让而后升，所以致尊让也。盥、洗、扬觯，所以致絜也。拜至、拜洗、拜受、拜送、拜既，所以致敬也。尊让、絜、敬也者，君子之所以相接也。君子尊让则不争，絜、敬则不慢，不慢不争，则远于斗、辨矣。不斗、辨则无暴乱之祸矣。斯君子所以免于人祸也。故圣人制之以道。"

那么，作为"射"之"礼"，是如何做到的呢？《礼记·射义》曰："古者诸侯之射也，必先行燕礼；卿、大夫、士之射也，必先行乡饮酒之礼。故燕礼者，所以明君臣之义也；乡饮酒之礼者，所以明长幼之序也。故射者，进退周还必中礼。内志正，外体直，然后持弓矢审固，持弓矢审固，然后可以言中。此可以观德行矣。"

古代诸侯之间举行射礼，要先举行燕礼；卿士大夫举行射礼前，要先举行乡饮酒礼。燕礼是用来明确君臣之义的，乡饮酒礼是用来明确长幼之序的。先举行礼仪的意义，不在于只是一个"开场白"，而是一个引子——实际上整个过程都被礼仪化了。

所以，结合以上对射礼、射义的了解，就不难发现本章的奇特之处——虽说是射箭，但对射箭这一核心内容没有任何具体描述，而只是写了射箭前后的礼仪表现。至于是否射中,谁输谁赢,是否罚酒,似乎并不那么重要,重要的只是仪节形式本身。所以,战场上杀声震天的厮杀格斗,演变为一场安安静静的礼仪演习,虽有紧张对峙的局面,但没有剑拔弩张,更无性命之虞,反而让人在此过程中调整心态,涵养道德,故《射义》总结射礼的要义是"射以观德"。

在这一过程中,真正文雅地执行了射礼者才是真正的赢家,从而获得他人的尊重。这种对规则的尊重,和对人本身优雅行为的推崇,也算得上是古今一致的"体育精神"或"绅士风度"了吧。

【标签】

射礼;乡射礼;乡饮酒礼;以礼化争

【原文】

子夏问曰:"'巧笑倩兮,美目盼兮,素以为绚兮。'何谓也?"子曰:"绘事后素。"

曰:"礼后乎?"子曰:"起予者商也!始可与言诗已矣。"

【解义】

此一章书,见经义无穷,善悟者可以相通也。

子夏①问曰:逸诗有云:"(巧笑倩兮,美目盼兮)人皆有笑,而笑之巧者,则倩兮而口辅②端好;人皆有目,而目之美者,则盼兮而黑白分明。"此商之所知也。乃又云"素以为绚兮"——夫素则无文,绚乃华饰,未有以无文而谓之为华饰者——此非商之所知也。何谓也?

孔子曰:诗言"素以为绚",非即以素为绚,是言因素而为绚耳。譬如绘画之事,必先有其质地,而后加以文彩,则是素常在先,绘常在后。人之美好华饰,理无不然。素与绚正相须而不可少也。

子夏遂有悟而言曰:观夫子之言,可见素不得不先,绘不得不后,然后知先王制礼,缘人情而为之节文,③盖必有处乎其先者;而大经④小曲⑤,因事制宜,殆亦绘事之后矣乎。不然,何以文质相扶,历世而无弊也?

孔子急称之曰:吾以绘明诗,而商即绘以通礼,是起发予者商也。夫诗之意无尽,即素绚而可知诗之所包者广,即于礼而无不可推也。商之颖悟岂易得哉，始可与言诗已矣。

即一问答间，而圣人之教、贤人之学，俱有会悟于意言之表⑥者，令人可深长思⑦也。

【注释】

①子夏：卜商，字子夏，孔门十哲之一，擅长文学。其生平详见本书[先进第十一·三]"子夏"词条注释。

②口辅：面颊的下部，也指嘴边。

③知先王制礼，缘人情而为之节文：《管子·心术上》："礼者，因人之情，缘义之理，而为之节文者也，故礼者谓有理也。"节文，礼节，仪式。可参本书[子罕第九·十一]"天理节文"词条注释。

④大经：常道，常规。《左传·昭公十五年》："礼，王之大经也。"此指大的礼节，即礼仪。

⑤小曲：细微之事物。此指小的礼节，即威仪。

⑥意言之表：有限的语言表达形式。《周易·系辞上》："书不尽言，言不尽意。"《庄子·秋水》："可以言论者，物之粗也。可以意致者，物之精也。言之所不能论，意之所不能察致者，不期精粗焉。"郭象注："唯无而已，何期精粗之有哉！夫言意者，有也；而所言所意者，无也。故求之于言意之表，而入乎无言无意之域，而后至焉。"

⑦深长思：深沉思考而长久念想。

【译文】

这一章是说六经奥义无穷，善于领悟之人可以触类旁通。

子夏请教说：逸诗上说"人都可以笑，但是笑得巧妙的，是满面春风，口型恰到好处；人都有眼睛，但是眼睛好看的，是顾盼生情而目光澄澈。"这是我卜商所能理解的。但是上面又说"素以为绚兮"——"素"就是没有纹理，"绚"就是有华彩，可是连个纹理都没有但又称为华彩——这是我所不能够理解的。这到底是什么意思呢？

孔子回答：逸诗上说"素以为绚"，并非把"素"本身称作'绚"，而是用素来烘托绚罢了。就像绘画工作，就要先打好底子，然后在上面涂画文彩，也就是素（纯净的底色）在先，绘制绚彩在后。人们绘制好看的图纹花饰，无不如此。"素"与"绚"相互映衬，必不可少。

子夏于是有所感悟道：体味夫子的话，可知素在先，绘在后，以此类推，先王创立礼制，因缘人情而制定礼仪，使人行之有度，大概这就是先要做的"打底"工作；而后各种大小礼仪，才能具体制定，也就是后面完成"绘事"的工作。不这样的话，怎么能够做到文质彬彬，经历数个朝代而没有弊病呢？

孔子马上称赞他：我用绘画来比喻诗之义，而子夏即刻就用绘画来申明礼制之要，他对我也有很大的启发啊。诗的意蕴无穷无尽，即从"素绚"之说便可知道其涵义万千，与种种礼节都有关联相通的地方。子夏这种颖悟真是难得，这样可以与他更进一步探讨诗了。

在这一问一答之中，圣人的教和贤人的学，都能够在有限的语言表达上有所颖悟，这其实同时也是我们要深思熟虑，以为镜鉴的。

【评析】

礼者何谓？社会主导价值观的表征体系者也。所谓"绘事后素"，是指社会上下都可以依礼来探求价值归属，从而为人生赋值。体系即所谓"素"，赋值即所谓"绚"。因此，这种对礼的执着追求，与其说是在追求固化的文化形式，毋宁说是在塑造共同的价值基础。只有价值基础牢固而博大，具有强大的模范和标识功能，才能够使人们举手投足有所规范，养生送终有所依从，从而使文质彬彬、物我相谐。

孟懿子问孝。子曰："无违。"……"生，事之以礼；死，葬之以礼，祭之以礼。"（[为政第二·五]）

子曰："恭而无礼则劳，慎而无礼则葸，勇而无礼则乱，直而无礼则绞。君子笃于亲，则民兴于仁；故旧不遗，则民不偷。"（[泰伯第八·二]）

非礼勿视，非礼勿听，非礼勿言，非礼勿动"（[颜渊第十二·一]）

礼对人而言，具有强大的价值生成作用，而非捆绑束缚之碍；反对某些僵化了的礼仪形式或许并没有错，但是如果因之全面反对礼的精神，那恐怕就是反文明、反文化了。

概言之，"道德仁义，非礼不成。礼之于人，成始而成终者也"❶。礼是"斯文"的核心框架和建构基础。礼本有一种自觉、自在的精神和俯瞰、全面的视角，舍此，难成人类文明之蓝图。

---

❶ 唐文治：《四书大义》，上海交通大学出版社2016年版，第59页。

故曰：素以为绚兮，绚必以素。

【标签】

子夏；礼；《诗经》；绘事后素；素以为绚

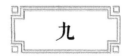

【原文】

子曰："夏礼，吾能言之，杞不足征也；殷礼，吾能言之，宋不足征也。文献不足故也。足，则吾能征之矣。"

【解义】

此一章书，是孔子欲考古礼而叹其无征也。

孔子曰：礼莫备①于我周，而周礼皆取法于二代者也。昔禹有天下，其制度文章②为有夏一代之礼者，吾尚能言之。乃夏之后为杞。③杞国虽存，然不足取以为证矣。

汤有天下，其制度文章为有殷一代之礼者，吾尚能言之。乃殷之后为宋。④宋国虽存，然亦不足取以为证矣。

所以然者，礼非书籍不能记载，非贤人不能诵习。今杞、宋二国世祚⑤衰微，简编既已残缺，老成⑥亦复凋谢，文献⑦不足故也。使文献果足，则吾能取之以为证，以可据之典型，合吾一人之闻见，斟酌进退，定为世法⑧。将⑨我周文武监视二代，郁郁彬彬之盛，⑩不亦万世昭然也哉？惜乎其未之逮也！⑪

圣人以礼维世⑫之意如此。

【注释】

①莫备：无不赅备。
②文章：此处指典籍或相关记录。《诗经·大雅·荡》序："厉王无道，天下荡然无纲纪文章，故作是诗也。"
③夏之后为杞：《礼记·乐记》："武王克殷反商，未及下车而封黄帝之后于蓟，封帝尧之后于祝，封帝舜之后于陈；下车而封夏后氏之后于杞，投殷之后于宋，封王子比干之墓，释箕子之囚，使之行商容而复其位。"（武王战胜了商纣王，来到了商都，未等下车，就把黄帝的后代封于蓟，把

帝尧的后代封于祝,把帝舜的后代封于陈;下车以后又封夏禹的后代于杞,把商汤的后代安置于宋,整修了王子比干的墓,把箕子从牢中释放出来,让他去看望商容,并且让其官复原位。)

④殷之后为宋:见本章上注"夏之后为杞"词条注释。

⑤世祚:国运。

⑥老成:年高而有德的人。

⑦文献:典籍与贤人。与今意有所区别。"文"即上文所说的"简编","献"即上文所说的"老成"。朱熹《四书章句集注》:"文,典籍也;献,贤也。"

⑧世法:世人的典范,社会沿用的习惯常规。

⑨将:连词,且,又。

⑩我周文武监视二代,郁郁彬彬之盛:[八佾第三·十四]:"周监于二代,郁郁乎文哉,吾从周。"(周制借鉴了夏商两代的精华,真是文华馥郁,葳蕤多姿,我要依从周制来筹策当代的文化。)监,犹视也,借鉴的意思。二代指夏、殷。文指礼乐制度文物,又称文章。郁郁,文之盛貌。

⑪惜乎其未之逮也:《礼记·礼运》:"大道之行也,与三代之英,丘未之逮也,而有志焉。"(大道运行的五帝时代,和夏、商、周三代英明的君主当政的时代,我孔丘都未能赶上,但是古书里都是有记载的。)可详参本书[子路第十三·九]"复其性"词条注释。

⑫维世:维护世道。

【译文】

这一章记述了孔子想通过现实来考证古代礼制而不得的叹惋。

孔子说:礼制在我周朝无不周备,而周礼都是取法于夏商两朝的。当年禹帝治理天下,其关于夏朝礼制的规章法度,我倒是可以说一说。夏的后代聚居于封地杞。现在杞国虽然还存在,但是(关于夏朝的礼制却无人实施,已荡然无存),我无法在现实中进行验证。商汤治理天下,其关于商朝礼制的规章法度,我也可以说一说。商的后代聚居于封地宋。现在宋国虽然还存在,但是我也无法在现实中进行验证了。之所以会这样,是因为礼制要用书籍进行记载,而且要通过贤良之士学习和操练(以不断传播)。现在杞、宋两国国运衰微,书牍木简已经残缺,有所经历的贤人们也多已辞世,典籍和贤人实在是太少了(所以我无从查验)。如果典籍和贤人充足,那么我就可以进行验证,用可靠的案例,结合我个人的见闻,斟酌取舍,然后重新确定为当世可用之制度。而且,周代文武两朝的建设,借鉴了夏商两代的精华，真是文华馥郁，葳蕤多姿，不也是万世昭然可见的吗？可惜我竟然没有赶上这样的时代！

孔圣人希望以推行礼制来维护此道，就是如此。

【评析】

在这一章中，孔子对于夏商两代礼制传而不具的现状，表现出难以抑制的遗憾和批评的语气，语言虽然还算平实，但是其中传递的情绪已足够压抑了。明人冯梦龙常以小说家之细腻解读《论语》篇章，多得其言语间之婉曲，对本章的解读即其一鲜明案例：

> 周礼原监夏、殷之制，迨后文胜，而先周一脉荡然矣。夫子言"夏""殷"，即思先进之意。（夫子与禹、汤精神心术真有会通处，不以文献为存亡，故"能言"。）然本文未露"周"字，须含蓄。玩三个"吾能"字，分明以文献自任，直欲定礼乐以为万世，则非但求信吾言……"能言"，非言其迹，乃阐先王之遗意，使天下信而从之耳。天下能会意者少，必须还他个证据。盖"文献"所存，亦是粗迹；有此粗迹，就中指出精意示人，人才肯信。奈杞沦于夷，宋流于弱，即有一二遗编故老，亦所谓存什一于千百，叫不得"足"，如何"能征"？……"足则"句，正欲以征文考献之权责重当时，有无限感慨。
>
> 愚按：周初封夏、殷之后于杞、宋，统承先王，修其礼物，一时文献彬彬，何其盛也。杞、宋不足征，由周道之衰也。思昔日之杞、宋，思文、武也。❶

冯梦龙认为夫子说"能言"而求证杞宋不足的真实原因，不是在于不懂不知，而在于求实求信于世人，也不在于探究杞宋礼制之实际情形，而在于追思文武盛世之治道也。斯论已深得孔子之意，但仍然给人隔靴搔痒之感——很显然，孔夫子不是在考据历史，亦非为考据而考据，他不过是在寻找建构历史与未来的可能性。因此，历史在夫子这里仍然不过一个可以随意解构和建构的文本，历史的实况其实并非他关注的核心问题所在。当然，他所说的"文献不足"，很显然不过是一种婉讽之词而已——不是文献（典籍、贤人）不足（《礼记·礼运》："大道之行也，与三代之英，丘未之逮也，而有志焉。"明明是说先圣大道都已记录在案），而是在现实中

---

❶ 〔明〕冯梦龙：《四书指月》，《冯梦龙全集》第 21 册，李际宁、李晓明校点，江苏古籍出版社 1993 年版，第 34 页。

找不到可以表彰文献所承载的治政表现，因为杞宋之国已然丧失为政之道，完全堕落了！

【标签】

夏礼；殷礼；杞；宋

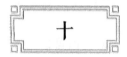

【原文】

子曰："禘自既灌而往者，吾不欲观之矣。"

【解义】

此一章书，是孔子讽僭礼之非也。

古者，天子既祭其始祖，又推始祖所自出之帝，祭于太庙，而以始祖配之，五年一行此礼，谓之曰"禘"。①

鲁，诸侯也，乃以周公有大勋劳，遂得用天子之禘祭。虽系报功之典②，然而非周公之意也。故孔子讽之曰：古先王制祭③，自始至终，足以起敬起慕④，无有不可观者。我鲁之行禘祭也，我亦尝入太庙而观之矣。乃自灌地降神⑤而往，礼未尝不九献⑥也，乐未尝不八佾也，然而虚文徒具⑦，诚意未孚⑧，吾殆⑨不欲观之矣。

盖礼莫大于禘，而禘非徒贵乎其名。孔子之所不欲观，又岂周公之所乐享哉？何鲁人之不悟也！

【注释】

①天子既祭其始祖，……谓之曰"禘"：《礼记·丧服小记》："礼不王不禘。王者禘其祖之所自出，以其祖配之，而立四庙。"[礼制规定，不是天子不得举行祭天的禘祭。天子举行禘祭，是祭祀降生了始祖的天神，因此要以始祖配祭，建立始祖庙祭祀之外，还要立高祖庙、曾祖庙、祖庙、祢（父）庙等四亲庙]。郑玄注："始祖感天灵而生，祭天则以祖配之。"周人认为自己的祖先后稷是感天而生，所以其禘祭即祭天。笔者认为，同样是祭天，应区别禘祭与郊祀。郊祀，也是祭天，但属于公共性质的活动，即周朝君王率领群臣可以祭祀，其他历代君王也可以率领群臣祭祀，但是周代禘祭之祭天，实则是祭祖，只是因为天神是其祖先所从出，所以祭祖

也成了祭天,其他朝代的君王则非如此。由此可以知道,同样是祭天,一个是在郊外举行的公共行为,一个是宗庙内举行的宗族内部行为,其祭祀的时段、地点和内容都有着本质的区别。

②报功之典:报功,酬报有功者。典,恩典。

③制祭:《礼记·礼器》:"大庙之内敬矣:君亲牵牲,大夫赞币而从;君亲制祭,夫人荐盎;君亲割牲,夫人荐酒。卿大夫从君,命妇从夫人,洞洞乎其敬也,属属乎其忠也,勿勿乎其欲其飨之也。"(太庙中的祭祀非常虔敬:国君亲自把牺牲牵入太庙,大夫协助拿着杀牲告神的玉帛紧跟其后;国君亲自制作祭肉,君夫人进献白色的盎齐酒;国君又亲自进献煮熟的牲体,君夫人再次献酒。卿大夫跟从国君,也让他们的妇人跟从者君夫人。他们毕恭毕敬,忠诚专一,执着地希望神灵享用贡品。)制祭,孔颖达疏:"制牲肝洗以郁鬯,以祭于室及主。""祭"为象形字,左边是牲肉,右边是"又"(手),中间为祭桌,表示以手持肉祭祀神,因此"制祭"即制作祭肉。此处代指进行祭祀的整个过程。

④起敬起慕:产生敬慕之心。

⑤灌地降神:祭祀过程中,向代表祖先的"尸"献酒,尸把酒洒在地上,求神降临。可参本书[八佾第三·二]"祼鬯"词条注释。

⑥九献:古代宗庙多次献礼的环节。《宋史·礼志十一》:"古者宗庙九献,皇及后各四,诸臣一。"

⑦虚文徒具:即徒具虚文。虚文,虚浮不诚的形式。

⑧未孚:不够至诚,不能使人信服。

⑨殆:几乎,差不多。

【译文】

这一章是讲孔子讽刺僭越礼制的过错。

古时候,天子祭祀完自己的始祖,又推认自己始祖所从出的天神,在太庙中进行祭祀,让始祖配祭(在旁陪伴受到祭祀),每五年举行一次,这就叫作"禘"。

鲁国本是诸侯之国,(并不享有禘祭的权力,)只是因为周公有极大的功劳,于是能够执行天子禘祭之礼。虽然这是周天子奖励有功之臣的恩典,然而并不符合周公的本意。所以孔子讽刺道:古时先王制祭献祭的时候,自始至终,都无不让人心生敬慕,到处都值得观瞻。而我们鲁国举行的禘祭,我也曾经到太庙里去观看。从灌地降神的环节以后,虽然有九次献礼、八佾之舞这样繁复壮大的仪式,然而只是徒具形式,毫无诚意,我差不多就不想再看下去了。

大概最隆重之礼莫过于禘祭，而禘祭不只是重在其声名形式（而在于其真心实意）。连孔子都不想再看下去，又岂能是周公所乐于享用的呢？为什么鲁国人如此不明理啊！

【评析】

这一章文本的呈现非常含糊。孔子既然观看了禘祭，却不想看完，然而又未言明因由，惹得后人众说纷纭，主要可以分为两类：一说是因为鲁国僭礼，周公作为鲁国开国之君，享有这种特殊礼遇，但其后世不应再持有此礼，因此构成僭越；一说是祭祀徒具形式，不怀诚意，《解义》即持此说。总体来说，孔子对当时礼制的混乱和散失感到痛惜，所以无论是僭越还是不诚之说，在孔子那里都有所表现，但为什么是在灌地降神的环节之后才不想看下去呢？如果说是因为僭越，则早已经僭越，如果说是因为不怀诚意，则早就不怀诚意，何必有头无尾、有始无终呢？这可能要通过探究禘祭的具体流程来寻找到孔子弃观的蛛丝马迹。可惜文史资料中关于禘祭留下的内容并不多，而且对禘祭本身的解释也很含混，所以，笔者有意在注释中进行了粗略的分辨。《解义》对禘祭的文字表述实际上也很笼统，可能当其编纂的清初期，恐怕这种古代最高等级的禘祭也并无实质性的留存，所以他们也只能是因循前人，做了大致的推论而已。

实际上，禘祭早在宋明之际已然蜕化：

虽然禘礼很重要，但自宋神宗始，不得不被废除。因为汉以降，已经很难从血缘上为皇族追溯上古的帝王了。宋神宗时，有儒者建议行禘礼以标榜所谓政通人和，但神宗回答："禘者，本以审禘祖之所自出，故礼，不王不禘。秦汉以后，谱牒不明，莫知其祖之所自出，则禘礼可废也。"（《宋史·礼十》）既然弄不清血缘联系，那么强调血缘的禘礼也就必然是要消亡的。又随着宋明理学的崛起，"上帝"或"天"概念的逐渐抽象化与性理化，它与血缘上祖先的关系已经渐行渐远，实际上，此后禘礼与郊礼也就成为两回事了。

有明一代，禘礼的不可行已经成为儒者们的共识，当时人认为"汉唐以来，世系无考，莫能明其始祖所自出"。并认为，宋以前"所谓禘祭，不过祫已祧之主，序昭穆而祭之，乃古之大祫，非禘也"（《翰林记》卷七）。

也就是说，宋代的禘礼实际上是古代集中祭祀祖先的祫祭，早已名不副实。❶

清代礼教主义兴起，清廷内部也就禘祭之礼的兴废进行过专门讨论。康熙年间，御史李时谦疏请举行禘礼。康熙帝命九卿会议。礼部尚书张玉书报告说：经过大臣们对禘祭资料进行考查，无论其礼仪体制和形式，还是举行场所及周期，等等，众说不一，纷杂难辨。祭祀祖先，本就有祫、禘之别，到了夏商两代以后，关于禘祭的礼制就已经不是很清楚了，到了汉唐以后，虽然有禘祭之名，而实际上与祫祭并无区别。而且，本来周朝举行禘祭也是为了专门祭祀始祖后稷，不具有普遍性，且与祫祭没有本质性区别。所以前代如宋神宗、明太祖等君王均因此否定了举行禘祭的谏议。朝廷如果想要隆重祭祀功德隆盛的先祖们，只需在太庙里举行祫祭就可以了。（《清朝通典》之《皇朝通典》卷四十五）。

【标签】

禘祭；灌礼；郊祀

十一

【原文】

或问禘之说。子曰："不知也；知其说者之于天下也，其如示诸斯乎！"指其掌。

【解义】

此一章书，是孔子为鲁讳禘①之意。

或人以禘为祭礼之大者，问其说于孔子。

孔子不欲显言鲁禘之非，因答曰：祭礼有可知者，有不易知者。若禘之礼仪重大、意义深远，吾所不知。有能于②禘之说而知其所以然之故，则通之于天下——何以正典礼，何以定名分，何以聚天下人之欢心③，以祀其祖宗。凡治天下之理，俱昭示于禘礼之中，其如示诸斯乎。

门人记：孔子言及此而即自指其掌。

---

❶ 周赟：《中国礼仪文化》，中华书局2019年版，第50—51页。

盖禘为天子大祭，鲁以诸侯僭用，孔子有人臣之谊，不欲显言其非。而禘之义则通诸天下，实明白易晓，既对或人以不知，而复指掌以示之。孔子之寓意深矣！

【注释】

①禘：见上一章注①。
②能于：精熟于。
③欢心：此处应指"诚心"。

【译文】

这一章是讲孔子为鲁国避讳其禘祭的不当。

因为禘祭是祭礼当中最高的形式，所以有人向孔子打听禘祭的场面。

孔子不想明说鲁国举行禘祭时的不当之处，因此就回答：祭礼有容易通晓的，也有不容易通晓的。像禘祭这样形式繁复、用意深远的祭礼，是我自己也无法通晓的。如果有人能够精熟于禘祭之制，说得上来那些仪礼形式所代表的大义与因由，就会使禘祭周知于天下——怎么正用典礼、怎么确定名分、怎么聚拢天下所有人来诚心诚意地祭祀祖宗。治理天下的道理，其实都在禘祭之礼中展示出来了，就像现在展示的这么容易。

门人记录：孔子说到这里的时候，就伸出手掌以示意。

大概禘祭是天子才能致祭的大礼，而鲁国国君作为诸侯竟然也敢僭越等级来使用，孔子遵从臣子的道义，并不想明言这样做为非分之举。而禘祭的要义其实早已为天下周知，大家都清楚明了，所以既对这个前来打听的人说自己不懂，而又指着自己的手掌给他看（说全天下的人都很容易知晓）。孔子的用意，真是深啊！

【评析】

礼非常繁复，但并不神秘，即便是禘祭这样重大的礼仪形式，其关键亦不过诚敬的态度与谨细的形式。但当礼仪失去其诚敬的内核，知道再多的细节，也是徒劳。所以，此处问者是明知故问，而答者自是故作深沉了。

【标签】

禘祭；礼；僭越（僭礼）；了如指掌

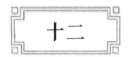

十二

【原文】

祭如在,祭神如神在。子曰:"吾不与祭,如不祭。"

【解义】

此一章书,是门人记孔子祭祀之诚也。

门人曰:祭以诚为主,吾夫子之于祭,有独极其诚者。其祭先祖则孝心纯笃,俨如先灵之在上焉。其祭外神则敬心专一,俨如神明之在上焉。

夫鬼神无形无声,非真有在,但其诚敬所至,则忾闻僾见①,固有若此。故夫子平日亦尝有言,谓:祭必尽其诚。惟亲行享献,乃慊于心②。倘或有故不得与祭,至使他人代之,虽行享献之文,而诚意终不能伸,即与不曾致祭者无异。

观孔子所言则知:身在即心在,心在即神在,总不外一诚。所以古来帝王,每于祭祀,必亲致虔恭,以致天神感,地祇格,③百灵④效顺⑤。岂非本诸一诚以致之哉?

【注释】

①忾闻僾见:出自《礼记·祭义》:"祭之日,入室,僾然必有见乎其位;周还出户,肃然必有闻乎其容声;出户而听,忾然必有闻乎其叹息之声。"(到了祭祀那天,进入庙室就仿佛看到去世的亲人在神位上;祭祀结束后转身出门,心中肃然如同听到他们的声音;出门倾听,又哀伤地听到他们的叹息之声。)僾,音 ài,仿佛,隐约。忾,音 xì,叹息。

②慊于心:《孟子·公孙丑上》:"行有不慊于心,则馁矣。"(要是做了于心有愧的事情,这种浩然之气就会垮掉了。)慊,音 qiè,满足。

③天神感,地祇格:即"天神地祇感格"。地祇(qí),地神。感格,感于此而达于彼,感动,感化。格,感通,谓此有所感而通于彼。

④百灵:各种神灵。班固《东都赋》:"礼神祇,怀百灵。"李善注:"《毛诗》曰:'怀柔百神。'"(谓帝王祭祀山川,招来神祇,使各安其位。)

⑤效顺:表示忠顺。

【译文】

这一章是讲门人记录孔子诚心祭祀的情形。

门人记录：祭礼主要在于虔诚，我们的夫子对于祭礼，极尽虔诚之能。他祭拜先人时孝心纯真而笃定，犹如先人之英灵就在面前。他祭拜神明时，心思诚敬专一，犹如神明就在面前。

虽然先人和神明无形无声，并没有真的在这里，但因为发自内心的诚敬所致，就好像他们真的就在这里，如闻其声，如见其人，就像一直就在那里。所以夫子平时也曾讲过：祭祀一定要极尽诚敬，只有亲自献祭才能让内心满足。如果因故不能祭祀，而让别人代办，即便是书写了祭文，但诚意仍然不能得到传递，差不多与未曾祭祀一样。

寻思孔子的话，就会明白：身体所在，就应该是心魂所在；心魂所在，就是神明所在，其实不过就是心诚罢了。所以，自古以来的帝王，每次祭祀，一定都是亲自参加，虔诚恭敬，使得天神地祇为之感通，各种神灵各安其位。这不都是发自诚心而达到的吗？

【评析】

胡适说："一个'如'字，写尽宗教的心理学。"❶李泽厚也认为："从文化心理结构说，两个'如'字，显示既未论证鬼神的存在，也未否定其存在。强调的是行祭礼的时候必须设想鬼神（祖先）是存在的，要求的仍是一种心理情感的呈奉而不是理知的认识或论证。"❷都基本抓住了儒家宗教文化观念的基本精神。然而皆不过片言只语，惜乎太简。倪培民勾连其他重要篇章来考察，并将儒家对古代宗教的超越命名为"如在主义"，其解释最为宏富而详细，笔者深以为然，故引录在兹，以与读者共习之：

"祭如在"反映出的是儒家的精神人文主义，是既根植于古代宗教又超出了古代宗教；既与"洋洋乎如在其上，如在其左右"的鬼神之德相接，又能够与鬼神本身保持距离，不倚赖于鬼神，从自身中开发出精神性的生活方式。正是由此，导致了儒家"内在的超越性"和"世俗的神圣性"的特点。而这也就是它的"天人合一"。人本身通过"如在"而有了神性，并且在礼仪的场境里，成了神性的代表。它与原始宗教里的巫觋和童乩不

---

❶ 胡适：《中国哲学史大纲》，岳麓书社 2010 年版，第 101 页。
❷ 李泽厚：《论语今读》，中华书局 2015 年版，第 56 页。

同……人不但不是在鬼神面前无能为力，听从摆布和乞求恩赐，反而是超出自己，达到了人神合一。祭礼从原先的仅仅用祭物去讨好鬼神，变成了通过我的身心而调动"鬼神之德"的过程。这是个根本的逆转。

孔子的精神性不仅表现为通过"祭如在"克服了人神之间的断裂，还表现在他把人生当作了礼仪的实践场所，把"祭"礼拓展到了整个的人生。"礼"的原始含义是祭礼。《说文》对礼的解释就是"所以事神致福也"。但在孔子那里，礼几乎无处不在，而且他不止一次地用礼来诠释他自己的核心价值"仁"……《论语·述而》记载："子疾病，子路请祷。子曰：'有诸？'子路曰：'有之。诔曰：祷尔于上下神祇。'子曰：'丘之祷久矣。'"也是同样的意思。子路请祷的"祷"，是祈求上下神祇的传统民间宗教，是狭义的祷；而孔子的"丘之祷久矣"之"祷"，是通过自己在日常生活中的敬德来达到的与鬼神合德。

经过孔子的这个转折，一方面，人与鬼神的外在关系变成了人本身与他的精神状态的内在关系，于是人人可以成为鬼神之德的主体；另一方面，通过将原先主要指祭礼的礼拓展到日常生活的各个方面去，于是事事可以是礼的实践。这种精神性的最理想的境界，就是即凡而圣，满大街都是圣人，整天介无非祭礼的精神人文主义。这也间接地说明了为什么曾子说"慎终，追远，民德归厚矣"。❶

【标签】

祭如在；忾闻僾见；如在主义

【原文】

王孙贾问曰："与其媚于奥，宁媚于灶，何谓也？"子曰："不然；获罪于天，无所祷也。"

【解义】

此一章书，是孔子称天以折权臣之心也。

---

❶ [美] 倪培民：《儒学的精神性人文主义之模式：如在主义》，载《南国学术》（澳门）2016年第3期。

王孙贾①是卫国大夫之有权者。时孔子在卫，王孙贾疑其有求仕之心，欲其附己，又不便直言，因借俗言以讽②曰：俗语云："与其媚于奥，宁媚于灶。"（祭有灶有奥。灶是灶神，位虽卑而有专祀；奥是室西南隅之神，位虽尊③，而非专祀。凡人祀神以祈福者，与其媚于奥，以仰其徒尊之位，不如媚于灶，以希其默助之力。）时俗所言，自有深意。果何谓乎？

此王孙贾明以灶自喻，以奥比君，谓自结④于君，不如阿附于己。

孔子知其意，亦不明斥其非，但答曰：媚奥、媚灶，吾皆以为不然。奥灶之上，至尊无对，莫过于天。顺理而行，则天降之祥；逆理而行，则天降之灾。倘所行不能安分，不能循理，即为得罪于天。天之所罪，将何所祷以求免哉？

从来国家权臣，每欲借天子威福⑤，使人才予夺尽出私门，惟光明正大之人方能以道自持。即如王孙贾欲孔子附己，讽以媚灶，孔子则对以"获罪于天"。他日，弥子瑕欲其附己，告以"主我，卫卿可得"，孔子则辞以"有命"。⑥诚以行止非人能为，进退俱各有数，倘一失足权门，则天谴有归，清议⑦难逃。为君子者，可不进以礼、退以义，而效法圣人以自爱其身哉？

【注释】

①王孙贾：卫灵公时期权臣，在本章中暗示孔子归附于他。[宪问第十四·十九]中孔子称他善于"治军旅"。另有战国时齐闵王侍臣名王孙贾，与此人不同。

②讽：用委婉的言语暗示、劝告。

③位虽尊：《礼记·曲礼》："为人子者，居不主奥，坐不中席，行不中道。"孔颖达疏："居不主奥者，主，犹坐也。奥者，室内西南隅也。室向南，户近东南角，则西南隅隐奥无事，故呼其名为奥。常推尊者于闲乐无事之处，故尊者居必主奥也。既是尊者所居，则人子不宜处之也。"

④自结：主动攀附、缔交。

⑤威福：作威作福。此指统治者的赏罚之权。语出《尚书·洪范》，可详参本书[八佾第三·一]同名词条注释。

⑥他日，……辞以"有命"：语出《孟子·万章上》：万章问曰："或谓孔子于卫主痈疽，于齐主侍人瘠环，有诸乎？"孟子曰："否，不然也。好事者为之也。于卫主颜雠由。弥子之妻与子路之妻，兄弟也。弥子谓子路曰：'孔子主我，卫卿可得也。'子路以告。孔子曰：'有命。'孔子进以礼，退以义，得之不得曰'有命'。而主痈疽与侍人瘠环，是无义无命也。"（万章问道："听说孔子在卫国的时候，是住在宠臣痈疽家里，在齐国是住在宦

官瘠环的家里,有这回事吗?"孟子回答说:"不,不是这样的,这是好事之徒编出来的。他在卫国是住在颜雠由家里。弥子瑕的妻子和子路的妻子是姊妹。弥子瑕对子路说:'如果孔子住到我家里[依附于我],便可得到卫国的卿相之位。'子路把这话告诉孔子,孔子说:'得不得卿相之位是由天命决定的。'孔子依礼而进,依义而退,得到或得不到都说'由天命决定'。如果住在痈疽和瘠环的家里,就是无视道义、无视天命了。")

⑦清议:社会舆论。

【译文】

这一章是讲孔子表示遵从天道来回击权臣趁机拉拢的企图。

王孙贾是卫国士大夫当中的实权派。当时孔子在卫国,王孙贾猜测他有出仕任官的想法,就想让他归附到自己的门下,但又不便直说,于是就借用俗语来暗示他说:俗话说:"与其媚于奥,宁媚于灶。"(祭祀有祭灶,有祭奥。灶是灶神,地位虽然卑微,却享有专门的祭祀;奥是屋子西南角的神,地位虽然尊贵,但是却不享有专门的祭祀。但凡人们祭祀神灵来祈求福祉,与其讨好奥神,仰慕他高高在上的地位,不如讨好灶神,来渴求他实实在在的恩惠。)时俗所言,自有道理。那么这到底说的是什么意思呢?

这是王孙贾把自己比喻成灶神,把国君卫灵公比喻成奥神,意思是,与其求仕于徒有高位的国君,还不如归附到手握实权的他本人那里。

孔子明白他的意思,但是也不明说他的错误,只是回答道:求奥还是求灶,其实我都觉得无所谓。在奥和灶之上,是至高无上的天。如果顺从天理行事,自然会天降吉祥;如果逆反天理行事,自然会天降灾难。倘若行事不能安于本分,不能依循天理,这就会得罪上天。上天降罪,又怎么可以奢望通过祷告来免于惩戒呢?

权臣官宦,从来都是狐假虎威,希望借助皇帝的权威,使人事定夺的权力归于私人掌控,而只有光明正大的人才能够遵从天道以自律。就像王孙贾这样希望孔子能够归附他个人,用讨好灶神的比喻来暗示他,而孔子就直接用"获罪于天"这样义正辞严的话语来回击他。还有一次,弥子瑕也想让孔子归附于他,说"奉我为主,你就很容易当上卫国的卿相了",孔子却回绝说"自有天命"。的确,凡事是否可行并非人力所能左右,进退取舍也自然要依照命数所定,如果一旦屈身于权力之门,则不光上天的责罚迟早会到来,也必然受到社会公众的评判。所以,作为大人君子,怎么能不效法孔夫子来洁身自爱,依照礼义而进退呢?

【评析】

这一章可见孔子信念的坚定和话语的机巧。

俗话说"县官不如现管",权力形式与实权未必对称,因此王孙贾对孔子威逼利诱,借机拉拢。但是孔子不唯权,亦不唯上,而是唯天。权力并不是可以肆无忌惮的,因为至高之处还有天。

此处的"天"既是公理,也是民意。

【标签】

王孙贾;弥子瑕;天

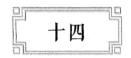

【原文】

子曰:"周监于二代,郁郁乎文哉!吾从周。"

【解义】

此一章书,是孔子追思周初之礼,以挽当时文胜①之弊也。

孔子曰:夏之天下尚忠,商之天下尚质,二代法度俱有可观。至我周初,以武王为君,周公为相,监视②二代之礼,因革损益③以成一代典章。品式④仪文俱本忠、质之遗意,所以其文郁郁然特盛。吾生周之世,为周之民,舍周其何从哉?

孔子当日见周末文胜⑤,务华鲜实,因追思周初制礼之意,见其非专事浮靡,徒尚繁华。然则国家制礼,诚不可不取法往古,斟酌时宜,以定世守⑥之规模⑦也。

【注释】

①文胜:指浮文虚礼,尚文太过,务虚而不务实。[雍也第六·十八]:子曰:"质胜文则野,文胜质则史。文质彬彬,然后君子。"(质朴超过了文采,就会粗野;文采超过了质朴,就显浮华。文采和质朴相辅相成,配合恰当,这才是君子。)

②监视:参照。监,同"鉴",借鉴,参考。视,比照。

③因革损益:顺着事情发展的趋势,根据所需而有所增减。因,沿袭。

革，改变。损，减少。益，增加。

④品式：标准，法式。

⑤周末文胜：指周代末期注重文采装饰而不注重实质的社会风潮。可参本章"文胜"词条注释。

⑥世守：世代守护、传承。

⑦规模：制度；程式。

【译文】

这一章讲的是，孔子追思周朝初期的礼制，希望凭此来去除当时礼仪文胜质弱的毛病。

孔子说：夏朝推崇忠诚，商朝推崇质实，两个朝代的法度都有可取之处。到了我们周朝，武王作为国君，周公作为国相，借鉴夏商两朝的礼制，在此基础之上进行增删改革，终于形成自己的典章制度。其标准和形式都本着忠诚、质实的历史遗训，所以它的典章制度极为丰富。我生在周朝，作为周的子民，不学习周礼，又去学习什么呢？

孔子当时看到周朝末期的文采浮华，（看到）人们只顾追求外在形式而鲜有实际内容，所以追思周初制礼的本意，展现其礼制并非专门从事浮靡繁华之风。然而，国家制定礼仪，着实应该遵循传统，取法前人，同时也应因时制宜，因势利导，形成世代都可以因循的规则。

【评析】

王博在其所著《中国儒学史·先秦卷》中说：

可见在孔子看来，三代之礼是同质的，其间有很强的连续性，到周代更是后出转精。目前看来，这个说法有重新检讨的必要。检讨的关键是在连续性背后的精神性转变，具体而言，即是殷周之际的变化。史称周公制礼作乐，当然不是说周公是礼乐秩序的奠基者。这个说法的真正意义也许在于周公对于礼乐精神的理解与此前存在着重大的差异，如我们后面论述周公时会指出的，即把以祭祀为主的事神模式转变为以德政为主的保民模式。相应地，礼也由最初主要处理神人关系变成处理人和人之间的关系。❶

由此而言，本章与上两章有着非常密切的内在关联，它们共同阐释了

---

❶ 王博：《中国儒学史·先秦卷》，北京大学出版社2011年版，第22页。

孔子文化变革的肌理及其实质。虽然身为殷之遗民，但孔子并没有民族主义的情结，并借助周制构建了自己的"理想国"。

《解义》因为当时的文化背景，似乎是有意回避了这个问题，毕竟解义者主要考虑了清代政权对待汉文化的政治态度，而非单纯的学术问题。❶

【标签】

殷商文化；周文化；文化变革；祭祀；敬天保民

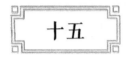

【原文】

子入太庙，每事问。或曰："孰谓鄹人之子知礼乎？入太庙，每事问。"子闻之，曰："是礼也。"

【解义】

此一章书，是孔子明礼意于鲁之庙也。

鲁有大庙，以祀周公。孔子时入而助祭，于庙中陈设之礼器，享献①之礼仪，一一详问。盖其敬慎独至，故其询问必详。或人不知，乃从而议曰：鄹人之子，人俱称为知礼，由今以观，孰谓其知礼乎？知者不待问，问者必不知。观其每事必问，其为不知礼明矣！"

孔子闻之，乃曰："礼有不可不考究者，不考究则无以明。吾入大庙，每事必问，是乃所以为礼也。或人顾谓我不知礼，抑独何哉？

孔子之学，致知格物，无表里精粗，俱必详究，②而况于祭祀之大乎。审问之心，正其敬事之心，非或人之所能识也。

【注释】

①享献：奉献供品祭祀。

②致知格物，无表里精粗，俱必详究：致知格物，即格物致知，谓研究事物原理而获得知识。为中国古代认识论的重要命题之一。致知、格物

---

❶ 可详参本书序言部分。另可参杨念群《何处是"江南"？》第二章《礼制秩序的重建与"士""君"关系的重整》，生活·读书·新知三联书店2017年版，第62–107页。

之说出自《礼记·大学》，可详参本书［为政第二·十七］"格致诚正"词条注释。朱熹《大学章句》："所谓致知在格物者，言欲致吾之知，在即物而穷其理也。盖人心之灵莫不有知，而天下之物莫不有理，惟于理有未穷，故其知有不尽也。是以《大学》始教，必使学者即凡天下之物，莫不因其已知之理而益穷之，以求至乎其极。至于用力之久，而一旦豁然贯通焉，则众物之表里精粗无不到，而吾心之全体大用无不明矣。此谓物格，此谓知之至也。"（经文所说的"达到明确认识在于探究物理"，意思是说，要想让我们有明确的认识，就需要接触外界的事物，并极力探究其中的规律。一般来说，人心之灵性可以探知事物，而一切事物都也有理可循，正因为义理无穷，所以知也无涯。所以《大学》所教导的，一开始就要求学习者对于天下万物，都要根据已知的道理去进一步探究，以达到极致。到了日积月累之后的融会贯通、豁然开朗，众多事物的现象与本质、精微与粗浅无不明察秋毫、判然清晰，而自己对于本体与其作用也就了然于胸、无不洞察了。这就是对事物进行探究的历程，也是认识事物的最高境界。）

【译文】

这一章是讲孔子在鲁国太庙之中显明礼的本意。

鲁国的太庙是用来祭祀周公的。孔子经常到里面助祭，对于摆设的礼器和进献贡品的礼仪，都一一详细询问。大概他特别恭敬谨慎，所以询问得也特别仔细。然而有的人不理解，于是就议论说：这个鄹邑大夫家的儿子，人们都说他精通礼仪，但是以现在看来，谁能说他懂得礼仪啊？懂得就不会问，问了肯定是不懂。我看他什么都要问一下，明明就是不懂嘛！

孔子听说后，就说：凡是礼仪（都有其特定意义），不能不考究，不考究就不能明白其特定意义。我到了太庙，什么都询问，是问为什么礼是这样的（有什么意义）。这个人却说我不懂礼，何以如此不明智啊？

孔子学习，格物致知，穷究物理，何况是祭祀这样重大的学问。他每事必问，正是因为他怀有诚敬的心理（而有别于懵懂无知），这恐怕是常人所不能理解的。

【评析】

《解义》将这一章解释为孔子诚敬求知的态度，虽然未为不可，但还不够通透，有些勉强。日本学者子安宣邦跳出对本章的一般性解释，发掘孔子"重问"这一动作的重要意义：

《论语》中关于"礼"的言说,几乎全都是在对"礼"进行重问。《论语》中对"学""仁""君子"等的问题,全都是一种重问。换言之,孔子是第一个对这些问题进行重问的人。在"礼"这个问题上,孔子也是第一个重新叩问其意义的人。如果没有把握住孔子之重问的意义,我们怕是很难理解《论语》最后的这句话吧:"孔子曰:不知命,无以为君子也;不知礼,无以立也;不知言,无以知人也。(《尧曰篇》最终章)"❶

所谓重问,亦即重构,乃孔子的文化策略。就此而言,就不能简单从知识论的角度来简单理解其貌似无知的表现。实际上,孔子将礼一分为二来谈,既要有礼的知识,也要有礼的态度,惟有以礼的态度来求礼的知识,将两者紧密合并,才符合礼的内在要求,所以他说自己的"每事问""是礼也"。一般人认为礼就是纯粹的知识,实际上,态度恰恰是礼的重要组成部分,却往往为人们所忽略。所以年轻的孔子现身说法,巧妙地给太庙里的执礼者补上了这重要的一课。

【标签】

礼;太庙;鄹人之子;祭祀

【原文】

子曰:"射不主皮,为力不同科,古之道也。"

【解义】

此一章书,是孔子思古道①以救当时之失也。

孔子曰:先王之教射也,贵其容比于礼,节比于乐②,原以观人之德。故但主于中的,不必穿贯皮革方见胜负。所以乡射礼③文有云"射不主皮",其所以然之故。盖为人之气力,有强有弱,科等不同,但主乎中,则强弱俱可以习学而能;若必贯革,则气力不可以勉强而至,此所以不主皮也。然此乃古者盛王④,偃武修文⑤,尚德不尚力,其道如此。

---

❶ [日]子安宣邦:《孔子的学问》,吴燕译,生活·读书·新知三联书店2017年版,第208页。标点有改动。

代至春秋，礼衰化息，列国兵争，尚德之风不可见矣，故孔子叹之。盖帝王创制立教，莫不以尚德修礼，潜消其强悍之气，兴起其协和⑥之风。由是推之，凡事皆然，天下之治所以日进于古也。

【注释】

①古道：古代的方式方法，此处指古代帝王的礼制文教、治政之道。

②容比于礼，节比于乐：《礼记·射义》："古者天子之制，诸侯岁献贡士于天子，天子试之于射宫。其容体比于礼，其节比于乐，而中多者，得与于祭；其容体不比于礼，其节不比于乐，而中少者，不得与于祭。"（古代的天子做出规定：诸侯每年都要向天子报告国计、贡献方物，还要向天子推荐人才，天子便在射宫里考核他们的箭术。其仪容体态合乎礼的要求，其射箭节奏合乎乐曲的节拍，而且射中得又多，那就有资格参加天子的祭祀；其仪容体态不合乎礼的要求，其射箭节奏不合乎乐曲的节拍，而射中的又少，就没有资格参加天子的祭祀。）

③乡射礼：古代射礼的一种，盛行于先秦时期，每年春秋两季，各乡的行政长官乡大夫都要以主人的身份邀请当地的卿、大夫、士和学子，在州立学校中举行乡射礼，其目的是荐贤举士。射礼前后，常有燕饮，因此乡射礼也常与乡饮酒礼同时举行，它不仅是一种娱乐，而且还有敦化民俗的作用。乡射礼的规范在《仪礼·乡射礼》中有详细记述。

④盛王：盛世有德的帝王。

⑤偃武修文：停止武事，振兴文教。偃，停止。修，昌明，修明。

⑥协和：即"协和万邦"，意为协调万邦诸侯，努力使各个邦族之间都能够做到团结无间，亲如一家。出自《尚书·尧典》，可详参本书［泰伯第八·十九］"格于上下"词条注释。

【译文】

这一章讲的是，孔子考虑用古代的方式来扶正时弊。

孔子说：先王立规射箭，重视仪容体态合乎礼，射箭节奏合乎乐，本就是用于观察一个人的品德。所以虽然目的是击中靶子，但是不必使箭头贯穿靶子的皮革，以此来判断胜负。所以乡射礼规定"射不主皮"（射箭不穿透靶子），正是由于这个缘故。大概人的气力有强有弱，等次不同，只是注重射中，则气力强弱的人都可以习练做到；如果一定要射穿靶子，这就是一般气力的人所不容易做到的，所以不要求射穿靶子。这就是古代盛德之王的举措，他们废弃武力而昌明文教，崇尚道德而不崇尚武力，其为政之道就是如此。

春秋时代，礼制衰落而教化止息，各国兵戎相见，战火纷起，崇尚道德的风习已经看不到了，所以孔子发出这种感慨。

帝王创立礼制推行教化，无不是用尚德修礼的政治策略来消解武力竞夺的强悍之风，以振兴昭明文德、协和万邦的文雅气象。由此而言，天下事无不如此，这也是历代统治者治理天下时不断推崇和呼吁重返古风的原因。

【评析】

虽然这只是涉及射箭过程中的一个细节，我们却可以中看出孔子所主张之礼的实质。

很显然，射箭绝非为了礼仪而发明的，而且就当时社会来说，射箭属于高科技的杀伤性武器，是战场上摧枯拉朽、无往不利的重武器，因此有相当多的人殒命于强弓劲弩之下。然而，射箭也出现在文质彬彬的礼仪场所。虽然仍然是比武竞赛，"耀武扬威"，但命中率和伤害性不是目的，射的过程只是射礼中一个中心的但比重不大的环节，礼仪形式大于比赛结果，劝善止杀的意图大于剑拔弩张的敌意。因此，从射战到射礼，虽然从形式到性质都仍未脱离暴力，但这种暴力形式被纳入礼仪文明的范畴，点到为止，文质彬彬，通过将战斗过程礼仪化，努力消弭武力对抗给当时世界所带来的伤害，真可谓人类文明的一大进步。

或正因如此，孔儒之学在当时并不见用，毕竟在那种"秀才遇到兵，有理说不清"的战乱时代，一个国家仅凭文礼而不靠武力是根本无法生存下去的。

然而，礼不实用却适用。毕竟人类并非每天都在打仗，和平共处的时间远多于战争和杀戮，而礼所注重的是通过沉淀下来的礼仪形式对日常人心人性进行调节。如果仅以纯粹现实功用的角度来看礼仪，自然没有人感兴趣。但礼又是价值系统的表征，具有超越现实功用的价值，而在价值体系当中，一定要把现实价值置于更为广泛的人文价值体系中去观察，不然人类又将会如何野蛮、狂暴和残忍呢？那时的人类或将重归荒野，同野兽草木无异！

由此转化过程，我们也可以探知：礼原先不过是法天祖德的祭祀仪式，然后其外延不断扩大，已然可以泛指人类文质彬彬的生活，礼的功用不断被放大，与每个人的日常交融，犹如精神世界的水和空气，不可分割，不可须臾离开。这就是孔子所赋予礼的新发展、新精神。

八佾第三

【标签】

礼；射礼；乡射礼

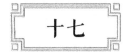

【原文】

子贡欲去告朔之饩羊。子曰："赐也！尔爱其羊，我爱其礼。"

【解义】

此一章书，见圣贤维礼之心也。

古者天子以季冬①颁来岁十二月之朔于诸侯，诸侯受而藏之祖庙。每遇月朔，以特羊②告庙，请而行之。鲁自文公不行告朔之礼，有司③犹供此羊，故子贡欲去之，亦有激而为此言也。

孔子曰：赐也，尔之欲去饩羊者，岂非以告朔之礼不行，饩羊之供无益，爱惜此羊而并欲去之乎？若我之所爱，则更有重于此者：盖正朔颁于天子，所以示天下尊君之礼；告朔行于祖庙，所以示天下尊祖之礼。今此礼虽废，而饩羊尚存。则因羊求礼，犹可冀其复行；若并去此羊，则礼随羊亡，是礼终不可复见矣——岂不尤可惜乎？

可见持世④之权在乎礼，而维礼之实寓乎名。存名正所以存实也。孔子正名⑤之意，大抵如此。

【注释】

①季冬：古代称农历十二月，即冬季最末一个月。
②特羊：公羊。
③有司：主管某部门的官吏，古代设官分职，各有专司，故称有司。
④持世：维持世道。
⑤孔子正名：孔子为治理乱世，坚持循名责实的方法来恢复周礼，从而肯定宗法等级秩序和社会规范。语见［子路第十三·三］：子路曰："卫君待子而为政，子将奚先？"子曰："必也正名乎！"子路曰："有是哉，子之迂也！奚其正？"子曰："野哉，由也！君子于其所不知，盖阙如也。名不正，则言不顺；言不顺，则事不成；事不成，则礼乐不兴；礼乐不兴，则刑罚不中；刑罚不中，则民无所错手足。故君子名之必可言也，言之必

可行也。君子于其言,无所苟而已矣。"[子路问孔子:"卫国国君如果请夫子主政,您打算最先从什么入手?"夫子回答:"如果是这样,那么我肯定先从确立声名做起。"子路不禁嘲弄:"夫子难道会这么迂腐啊,声名本就是浮华的东西,你怎么会先搞这个呢?"孔子说:"真是粗鄙啊,子路!你不要望文生义,强不知以为知,要虚怀以待,等我把话说明白了。(所谓正名,正是要名实相符。)名义不正当,道理就讲不通;道理讲不通,做事很难成功。事情不成功,礼乐威仪很难受重视。礼乐为人所敬重才能使赏善罚恶达到良好效果;赏罚分明那么人们的言行就会中规中矩,动静得宜,知礼守法。君子所说的每一个字都是实在的,那么所说的话才可信,说话可信则执行也就得力。所以,君子说话要一丝不苟,谨慎庄重。"]

【译文】

这一章是讲展现圣人贤士(孔子和子贡)维护礼制的心愿。

古时候,天子在十二月份,颁布载有来年十二个月的每月初一时日(的历书)给诸侯,诸侯接受历书后,将其珍藏于祖庙。每月初一,都要用杀一只活羊来祭告祖庙,请示上天并按照历书行事。鲁国自从鲁文公开始就不举行告朔之礼,但是专事祭祀的官员还是按照惯例进献活羊,所以子贡(认为这已然徒具形式而)建议免除,但这不过也是愤激之辞。

孔子说:赐啊,你想免除祭祀的活羊,不也是因为告朔之礼并未真办,供奉活羊并无意义,因此怜惜这只羊,就连这进献羊的形式也免除吗?但是我所怜惜的,是比这只羊更重要的——历书是由天子颁布的,所以它代表着天下尊崇君主的礼仪;告朔之礼在祖庙举行,因此就是一种昭告天下要尊崇祖先的礼仪。现在这个礼仪虽然遭到废弃,但是进行活羊祭献的形式仍然存在。而根据它来进行求证,仍然可以有希望恢复古礼;但如果连这只羊也不要了,那么告朔之礼就彻底消亡,再也看不见了——这难道不尤为值得珍惜吗?

由此可知,维持世道的关键在于礼制,而维护礼制实体的希望也就寓存于对其名声的维护上。保存名声,实际上就是保存其现实存在。孔子所坚持主张"正名"的主要用意,正在于此。

【评析】

告朔之礼,以现在看来无聊,但在其时,却非常重要。"自古有国牧民之君,必以钦天授时为立治之本。"(元李谦《颁授时历诏》)因为历法本来就代表着天意,象征着王权和威仪,颁布时间,就是主宰着日常,一切将

以之为终始,为标准。杨伯峻《论语译注》注释:

"告朔饩羊",古代的一种制度。每年秋冬之交,周天子把第二年的历书颁给诸侯。这历书包括那年有无闰月,每月初一是哪一天,因之叫"颁告朔"。诸侯接受了这一历书,藏于祖庙。每逢初一,便杀一只活羊祭于庙,然后回到朝廷听政。这祭庙叫作"告朔",听政叫作"视朔",或者"听朔"。❶

这条注释有一个比较明显的问题:告朔之礼应该是发生在每年最后一个月,即"季冬"(农历十二月),而非秋冬之交。告朔,就是宣布"时间开始了",宣告新的时间,也就意味着给时间命名和定序,而万物生命无不在时间之流中涤荡。

历法本为农耕生产之需要,但是却衍生出辅助政治的重要功用:

除了敬授民时,古代历法的内容远不止于此。它还包括了对日、月、五星位置的推算,日月交食的预报,每日午中日影长度和昼夜时间长度的计算等。这些内容显然很多与农牧生产的需求无关,更多的是与统治者希望预知某些天象的意愿有关。殷商时期,人们就对日食、月食予以特殊的关注;周代之后,人们对于月亮和某些行星的运动也格外注意。因为古人认为这些天象与人间的凶吉祸福存在着某种关系,将祥瑞和灾异看作是上天的旨意,天象也被认为与国家的兴亡、帝王的祸福有着直接的联系,即"天人感应"。观象以见吉凶的这种观念后来发展成为一种根深蒂固的思想,于是古人更加注重对天体各种运动规律的总结,以求准确预报天象,从而化险为夷。所以除了安排历日之外,日食、月食以及行星运动位置的推算等,就逐渐成为中国古代历法中不可或缺的内容。

作为可以窥天的重要途径,天文和历法也因此逐渐被官方所垄断,至迟从周代开始,就已经形成了由中央政权每年向王朝管辖范围内的地区颁布历日的制度,制定和颁布历法被历代帝王认为是统治权的重要象征,即"受天命,改正朔"。在这种特定机制的制约与推动下,中国古代历法又多了一层政治含义,并且具有了官办的性质和实用的特征,而历代统治者与历法之间的互动,也成为中华民族历史长河中的重要篇章之一。❷

《礼记·大传》记载"圣人南面而听天下"就要全面采取变革措施:

---

❶ 杨伯峻:《论语译注》,中华书局2009年版,第29页。
❷ 李亮:《古代兴衰:授时历与大统历》,中州古籍出版社2016年版,第2—3页。

"立权度量，考文章，改正朔，易服色，殊徽号，异器械，别衣服，此其所得与民变革者也。""正"是一年之首，"朔"是一月之首，"正朔"常代指历法。"改正朔"即新朝必然的改革措施之一。当此之时，历法就差不多等于王权威仪了，自然为统治者所重视，因此历代王朝每年都向统治的地区以及认同王朝统治的周边民族政权颁布历法、宣布正朔。

然而现在这个仪礼已经式微了。子贡说我们不如面对这个现实，干脆彻底废弃这种形式主义的做法。但孔子说这项仪礼的价值远非一只羊那么简单，我看重的是它所代表的王权规范。

这段对话发生在孔子和爱徒子贡之间，对话的内容不难理解，语气也较为平和，全文不足30个字，省略了事件的场景和过程，却内涵丰赡，富有张力，仍然让我们感受到一个真实而激烈的思想史事件——

"子贡欲去羊"，《翼注》云：是核实之意；吴因之云：是愤激之论；《说丛》云：羊之去留，君相事也，谋野之圣贤，安得与之？总是痛惜古礼之亡，而闲居叹息如此。子贡曰："《礼》已亡矣，不如去之！"夫子曰："《礼》虽亡矣，何忍去之？"两人相对，凄然满目，盖有无穷之感焉。❶

《论语》中记述孔子与子贡对话的次数最多，亦蕴含丰富，极有深度。本次发生在师徒之间的争辩并不是完全相悖的观点，而是在某一同质问题上度的把握问题。不过越是在同一向度的观点上，孔子就越是较真，这是他一贯的学术性格，也是其中庸精神的具体呈现。

无论是从节约还是仁爱的角度，子贡的建议都是合乎常情的，一个"欲"字大概写尽了他的情绪。而孔子实际上也有着同样的悲慨，但仍然否定了子贡。越是对待亲近之人，越是在细节的形式上，以及在同质问题的分歧上，孔子就越是斤斤计较，寸步不让，其对仪礼文化的深明和对历史使命的担当，也越是能够彰显：不管怎样，传统乃是我们借以呼吸而至再生的空气；背离传统绝不是一种负责任的态度。

虽然这不是水火不两立的争辩，但在孔子温和的语气中，更能看出他此时的坚定和执着。他虽然表面上看起来固守陈旧的礼仪形式，实际上坚守的是这形式背后的价值体系，以及对正向建构新的社会价值体系及其表征系统的不懈努力，故而他正名、唯名，循名责实，孜孜不倦，当仁不让。在这个过程中，我们又可见孔子的孤独和勇毅。

---

❶〔明〕冯梦龙：《四书指月》，《冯梦龙全集》第 21 册，李际宁、李晓明校点，江苏古籍出版社 1993 年版，第 38 页。

【标签】

子贡；告朔；饩羊；正名

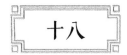

【原文】

子曰："事君尽礼，人以为谄也。"

【解义】

此一章书，见人臣事君有当然之礼也。

孔子曰：臣之于君既有一定之分，即有一定之礼。尊卑上下，为维系纲常①之大法②；恪恭敬慎③，为臣子畏罪之小心。此万世通行而无敝者也。今我之事君，一事不敢苟且，无时不存敬畏，不过分之当然④、心之本然，止求尽乎礼之中，初未尝有加于礼之外也。乃时人不知，以为事君之礼不必如是，反以为求媚取悦。可见礼法之不明，于天下甚矣。

孔子欲挽回世道，故其言如此。若夫君子之事君，责难以为恭，陈善以为敬，以礼自持，其心迹断不容一毫谄媚。小人之事君，阿顺以求容，逢迎以求悦，⑤一意谄媚，其外貌却似乎尽礼！此又为人臣者心术之邪正不同，所当熟察而明辨之也。

【注释】

①纲常：三纲五常的简称。三纲指君为臣纲，父为子纲，夫为妻纲，要求为臣、为子、为妻的必须绝对服从于君、父、夫，同时也要求君、父、夫为臣、子、妻作出表率。它反映了传统社会中君臣、父子、夫妇之间的一种特殊的道德关系。五常即仁、义、礼、智、信，是用以调整、规范君臣、父子、兄弟、夫妇、朋友等人伦关系的行为准则。

②大法：基本法则。

③恪恭敬慎：恭敬谨慎。恪，音kè，恭敬，谨慎。

④不过分之当然：不超过本分应当尽的礼数。

⑤阿顺以求容，逢迎以求悦：刻意阿谀奉承来求得欢颜，曲意逢迎来求得高兴。

【译文】

这一章是说，人臣侍奉君主要遵照理所当然的礼数。

孔子说：臣子对于君主既然要尽一定的本分，那么自然就有一定的礼仪。尊卑上下的定位，是维系伦理纲常的根本手段；恪恭敬慎的态度，出于臣子事君畏罪的谨慎心理。这是万世通行而无不有效的做法。现在我侍奉君主，任何事情都不敢马虎敷衍，无时无刻不心存敬畏，不超越本分做不该做的事情，不逾越心灵自身划定的界限，都只是希望合乎礼仪，自始至终不贪求以过度礼敬的方式来表达。只是现在的人不理解我，以为没有必要用这样的礼数来侍奉君主，反而认为我这是刻意求媚取悦。由此可知，这个时代，全天下的人对真正的礼法是多么无知。

孔子希望挽救颓乱的世道，于是便说了这番话。假如君子侍奉君主，把应答他的诘难当作一种恭从，把称颂他的优点权作一种尊敬，前后都是遵照礼的原则来把握，那么他的心里自然不会有丝毫的谄媚。小人侍奉君主，刻意阿谀奉承来求得欢颜，曲意逢迎来求得高兴，全部的心思都用在谄媚讨好上面，其表现却似乎比谁都能恪尽礼数！所以这也是由于臣子心术邪恶和正直有所不同（而外在表现近似），因此这是应当仔细审察而明确辨别的。

【评析】

《解义》只是从字面意义上来解释，认为人们不屑于孔子在礼数中表现出极度谦恭驯顺的态度，笔者倒认为可以从另外一个向度来看待这一章。

在孔子那里，把事君尽礼作为发自内心的本分，所尊之君是遵礼之君，事君之臣是守礼之臣，"礼"是君臣之间唯一的关系纽带；而在世人那里，把谄媚之态作为礼的最高形式，因此在谄媚的两端是极不正常的人际关系和凸显的利益纽带，君臣关系也变得复杂起来，这恐怕也是社会混乱的一个基本成因。

因此，《解义》综论部分对比非常现实而深刻：事君尽礼，人以为谄也，恰是因为人们在日常生活中已习惯于将谄媚当作尽礼，殊不知尽礼和谄媚是天差地别的事情——他们只不过在孔子这面镜子前，照见了自己的内心。

【标签】

礼；君臣关系；谄媚

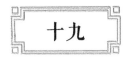

十九

【原文】

定公问:"君使臣,臣事君,如之何?"孔子对曰:"君使臣以礼,臣事君以忠。"

【解义】

此一章书,见君臣各有当尽之道①也。

定公是鲁国之君。问于孔子曰:为君上者,使令臣下,为臣下者,奉事君上,各有当尽之道,不知如何?

孔子对曰:君之于臣,以尊临卑,易至于简慢②,道在以礼。如大而股肱③心膂④之寄⑤,待以优崇之体;小而奔走御侮⑥之人,加以周恤⑦之情。外则隆以体貌,内则达以至诚,情文备而不失,此所谓礼也。使臣之道如是。

臣之于君,以下奉上,易至于欺罔,道在以忠。如近而赞襄⑧补衮⑨之职,必不敢沽名干誉⑩以自欺;远而屏藩⑪保障⑫之司,亦不敢罔上⑬行私⑭以自利。上之可以格⑮帝天⑯,下之可以信寤寐⑰,心力交尽而无遗。此所谓忠也。事君之道如是。

君臣各尽其道,《易》所谓"上下交而其志同也"⑱,岂非明良⑲之极盛⑳哉?

【注释】

①道:孔子一贯不主张追求玄远高邈的道,如[公冶长第五·十三]:子贡曰:"夫子之文章,可得而闻也;夫子之言性与天道,不可得而闻也。"(子贡说:夫子讲诗书礼乐,是可以听到的。夫子讲性与天道,是难得听到的了。)因此这一章《解义》所谓的"道",只是一个习惯性的宽泛的用法,可以理解为原则性的要求,所以此处译为"行事原则"。

②简慢:轻忽怠慢。

③股肱:又作"肱股",胳膊和大腿,比喻左右辅佐之臣。

④心膂:心与脊骨,喻亲信得力之人。膂,音lǔ。

⑤寄:依托,重托。

⑥奔走御侮:具体做事的文武职员。奔走,指为公事仪礼而奔忙的文

官。御侮，指用武力防御外侮的武臣。

⑦周恤：体恤，帮助。

⑧赞襄：辅助，协助。

⑨补衮：补救规谏帝王的过失。

⑩沽名干誉：沽名钓誉，指用某种不正当的手段捞取名誉。可参本书［子路第十三·十六］"违道干誉"词条注释。

⑪屏藩：屏风和藩篱，比喻周围的疆土或卫国的重臣。

⑫保障：起保护防卫作用的事物。

⑬罔上：欺罔君上。

⑭行私：怀着私心行事。

⑮格：感通，谓此有所感而通于彼。

⑯帝天：上天。

⑰信寤寐：安然休息。喻指心中坦荡，问心无愧。信，随便，放任。

⑱"上下交而其志同也"：《周易·泰》象辞："天地交而万物通也，上下交而其志同也。"（天地阴阳交气，才有万物生长；君臣上下交心，方能志同道合。）

⑲明良：贤明的君主和忠良的臣子。可参本书［子路第十三·十五］"明良喜起"词条注释。

⑳极盛：鼎盛的时代。

【译文】

这一章是说，君和臣都要根据本分而遵从行事原则。

定公是鲁国的君主。他向孔子询问：作为君上，要指令臣下，作为臣下，要侍奉君上，各自都有应当遵从的原则，是不是这样呢？

孔子回答：君上对于臣下，那是居高临下，容易产生轻忽怠慢之态，那么他要遵从的原则就是礼。对待上层所依托的肱股之臣和心腹亲信，要给予优厚尊崇的待遇；对于底层具体做事的文员武将，要给予周到体贴的关怀。外表上要有到位的仪态，内心要怀有至真至诚的情感，只有情感和仪态都做到位，才算得上是依礼了。君上指使臣下的原则即是如此。

臣下对于君上，那是以下奉上，容易滋生欺骗蒙蔽之心，所以他要遵从的原则就是忠诚。近到君上身边的辅臣谏官，一定不要用各种手段来沽名钓誉，自欺欺人；远到守土卫国的封疆大吏，也一定不要欺罔君上怀着私心行事，以自私自利。对上可以感通上天，对下可以问心无愧，鞠躬尽瘁而无所保留，这就算是忠诚了。臣下侍奉君上的原则即是如此。

君臣各依本分而恪守原则，就像《周易·泰》所说的"上下交而其志同也"（君臣上下交心，方能志同道合），这不正是明君良臣（相处）的最好状态吗？

【评析】

礼、忠本是一体，只是于君于臣各有侧重；君臣本是一体，只是于上于下有所区别。所以，孔子针对君臣容易轻忽的地方予以提醒，并提出可行的建议。孔子所强调的本位意识，不是权力和荣耀，而是责任和义务；他所说的"不在其位，不谋其政"（[泰伯第八·十四]），或恰恰是强调其对应面"在其位，谋其政"——只有那些严格遵从本职本位原则，很好地定义并履行本职责任的君臣才是合格的治政者。

由此而言，孔子所谓的君君臣臣、父父子子（[颜渊第十二·十一]）的"等级论调"，乍看上去是维护等级，实际上是强调社会各阶层、伦理各方面，都要主动承担起自己的责任，做到应尽之义、应有之仪。

这种设计，如果得到正向的理解，即便从现在来看，其实已然具有相当强的现代意识，甚至可谓一种具有特殊内涵的民主机制——尽管人与人之间权责不平等，却要求每个人身上权责相对应。即便是在弘扬民主和法治的现代社会，实际上也很难要求人与人之间机械、简单、表面的平等，而如果每个人的权与责能够得到平衡，那么自然公权力才不会被滥用，公众利益和社会公平才会得到有效维护。

当然，当一个有效的运行机制得到应用之前，所有的政治理想都显得极其脆弱。缺乏有效的运行机制和保障机制，恐怕是孔子政治理想中的最大弊病，他所有政治理想的基础是"政者，正也"（[颜渊第十二·十七]），"为政以德，譬如北辰居其所，而众星拱之"（[为政第二·一]），希望政治在君主的主导下而走向价值昌明、民生安定。这一构想抓住了社会价值体系和政治体系建构的主脉，然而却缺乏制度基础和法制保障——没有对君主的监管和平衡机制。将这种政治设计完全寄托于血肉之躯、七情六欲的君主身上，很容易因失去平衡而显得非常脆弱，就好像将一个编织得非常精密结实的鸟巢系于脆弱易折的苇苕（《荀子·劝学》："南方有鸟焉，名曰蒙鸠，以羽为巢而编之以发，系之苇苕，风至苕折，卵破子死。"）——当君主为民不以其道，待臣下不以其礼，臣下此时当如何，仍然效忠吗？

孔子没有说。

【标签】

鲁定公；礼；忠；君臣；系之苇苕

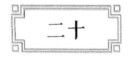

【原文】

子曰："《关雎》，乐而不淫，哀而不伤。"

【解义】

此一章书，是孔子表诗人性情①之正以风世②也。

孔子曰：哀与乐，二者皆人之性情所发也。然乐过于淫，则流于邪僻③；哀过于伤，则病在忧思——俱失其性情之正矣。惟《关雎》之诗，宫人为周文王求后妃太姒而作也。④当其求之既得，则有琴瑟钟鼓之乐，乐虽盛而不失其正，故不至于淫放；当其求之未得，不无寤寐辗转侧之忧，忧虽深而不害其和，故不至于悲伤。至今听其声音，中正和平⑤，足使欲心消，躁心释⑥，此岂无所本而能然乎？

盖诗本性情⑦，乐以观德⑧。唯文王有刑于之化⑨，后妃有贞静之德，故能感格⑩宫人，使各得其性情之正，发为音节之和。可见王化始于闺门⑪，周家八百年之基业皆起于此，故孔子以《关雎》列三百篇之首。读者所当玩其辞，审其音，以为养德之助也。

【注释】

①性情：人的禀性和气质。
②风世：劝勉世人。
③邪僻：乖谬不正。
④惟《关雎》……后妃太姒而作也：《毛诗序》："《关雎》，后妃之德也。《风》之始也，所以风天下而正夫妇也。"朱熹《诗集传》："周之文王生有圣德，又得圣女姒氏以为之配。宫中之人，于其始至，见其有幽闲贞静之德，故作是诗。"汉代阐释《诗经》，有鲁、齐、韩、毛四家。前三家为今文经学派，早立于官学，却先后亡佚。赵人毛苌阐释的《诗经》，称"毛诗"，属古文学派，汉代未立官学，独传于世。毛诗于《诗经》三百篇均有小序，而首篇《关雎》题下的小序（"《关雎》，后妃之德也。"）后，

另有一段较长文字（自"《风》之始也，所以风天下而正夫妇也"开始），世称《诗大序》，又称《毛诗序》。

⑤中正和平：《清圣祖实录》卷二四六，"康熙五十年六月癸亥"条："凡人于事，贵能中正和平。能合乎中，即是合理。朱子曰：'所谓中者，在在皆有。如房室有房室之中，庭园有庭园之中，床有床之中。惟中为难得，得中，则诸德悉备矣。'"

⑥欲心消，躁心释：周敦颐《通书·乐上第十七》："古者，圣王制礼法，修教化。三纲正，九畴叙，百姓大和，万物咸若。乃作乐以宣八风之气，以平天下之情。故乐声淡而不伤，和而不淫。入其耳，感其心，莫不淡且和焉。淡则欲心平，和则躁心释。优柔平中，德之盛也；天下化中，治之至也。"

⑦诗本性情：朱熹《四书章句集注》注［阳货第十七·九］"诗，可以兴"："兴，起也，诗本性情，有邪有正。"

⑧乐以观德：《礼记·乐记》："乐者，所以象德也。"孔颖达疏："谓君作乐以训民，使民法象其德也。"

⑨刑于之化：指以礼法对待。《诗经·大雅·思齐》："刑于寡妻，至于兄弟，以御于家邦。"（文王对正妻以礼相待，对待兄弟也一样，以此来从事家族邦国政治。）刑，法，礼法，此处作动词，指文王以礼法对待其妻。（从郑玄之说）

⑩感格：感动，感化。

⑪闺门：古代称内室的门，也指家门。

【译文】

这一章讲的是，孔子通过说明诗人对性情的合理表达来劝勉世人。

孔子说：哀伤与快乐，这两者都是出于人的性情。然而快乐过度，就会变得乖谬不正；哀以至于伤，其病因在于思虑忧愁——都是性情偏颇所造成的。而《诗经·周南·关雎》这首诗，是宫中的人记录周文王求得后妃太姒的过程。当他追求成功，自然会琴瑟钟鼓齐鸣以示高兴，虽然非常高兴，却不失乐曲的中正，所以不会过度张扬；而当初他追求受挫的时候，也有辗转反侧夜不能眠的忧伤，虽然十分忧伤，却并不扰动内心的平和，所以不至于过于悲伤低沉。现在倾听这首乐诗，仍然能够做到意志中正而心态和平，足可以使欲望消解，而使焦躁的情绪得到释放，这岂是无所持守的人能够做到的呢？

大概诗源于人之本性常情，乐引导人来涵养品德。正因为文王对后妃能够以礼相待，后妃也以端庄娴静的品德来回报，所以能够激发宫中的人们，使他们立正性情，并创作出平和的音乐。由此可见，王道教化是以家庭（礼敬和睦）为基础的，周朝拥有长达八百年的基业，正是根据这一点来治政的。所以，孔子把《关雎》作为《诗经》三百篇之首。阅读《关雎》及其他诗作的人，应当仔细把玩其词句，审慎体会其乐音，把它们作为涵养品德的襄助之法。

【评析】

《解义》依从《毛诗》对《关雎》及《诗经》的阐释来阐发本章的意蕴。

《毛诗序》开篇小序"《关雎》，后妃之德也"，致使后人疑惑丛生，聚讼纷纭。这主要是因为，如果从字面意义上来理解，这首诗只是表达了男主追求女主的恋爱过程及心理，跟《毛诗序》所主张的道德教养和政治教化关系似乎并无瓜葛。

对此有学者做了比较合理的训诂考释，在探究文字细节方面下足了功夫。比如"钟鼓"在当时并非一般的乐器，而是贵族豪门的装配，具有较强的礼教意义，因此从器物考据的角度来看，把《关雎》视为一般意义的恋爱诗歌，自然有所不妥。❶

抛开具体的考据，我们在儒家的政治思路中也可以找到合理的解释：儒家认为伦理即道理，家庭即政治。男女关系实际上也是一种基本的政治关系，基于伦理日常、本性人情的政治才接地气和富有生命力。所以，从这个角度来看，《关雎》所体现出来的是"郎礼女德"，而非"郎才女貌"，有别于日常恋爱的情景预设，用男女关系象征基于伦理的政治风貌。当然，这一象征也延展为一种文化传统（如以男女关系喻君臣关系等）。因此，《解义》基于这一阐释传统，并做出比较恰切的阐释。

理解这一点，《毛诗序》后面大序的内容才变得可解："《风》之始也，所以风天下而正夫妇也。故用之乡人焉，用之邦国焉。《风》，风也，教也；风以动之，教以化之。"（《关雎》作为《风》的首篇，是周文王从自己的妻子开始推行风化天下，树立夫妇之间的美德。特意用它来教化百姓，引导封国诸侯。《风》就是讽喻，就是教导；以讽喻来感动他们，以教导来化育他们。）

---

❶ 参张庆霞《"和平中正"的雎鸠和鸣》，载《呼伦贝尔学院学报》2006 年第 3 期。

【标签】

《关雎》；乐而不淫，哀而不伤；伦理；《毛诗序》

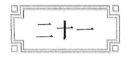

【原文】

哀公问社于宰我。宰我对曰："夏后氏以松，殷人以柏，周人以栗，曰，使民战栗。"子闻之，曰："成事不说，遂事不谏，既往不咎。"

【解义】

此一章书，见告君当慎言，不可以妄发也。

宰我名予，孔子弟子。

鲁哀公问宰我曰：国家立社以祭地①，其义何居？

宰我对曰：古者立社，俱种树木，使神依焉——夏人则用松树，殷人则用柏树，周人则用栗树。松柏之义已不可考，惟用栗则取于"战栗"之义，若曰"使民望而恐惧战栗也"。

夫先王立社，原以祭地报功②。所树之木，不过因方土所宜，非有取义。宰我此论，既非立社之本意，又将启时君以严猛之心，可谓失言矣。所以孔子闻之曰：如予之言，本当救正，但天下事已成者不须辨说，已遂者不须谏诤，已往者不须追咎。今"使民战栗"之言已出诸口，是事之已成、已遂、已往者也，吾又何责哉？

孔子之不责宰我，正深责之也。可见立言不可妄发，况人臣告君，尤当引经断义③，岂可穿凿附会，以一偏之说④进哉？

【注释】

①国家立社以祭地：社，本义土神。立社，即建立神社以祭祀土神。古代祭祀为国之大事，非私人行为，故称国家立社。

②祭地报功：中国古代帝王祭天为"封"，祭地为"禅"，向天地报告重整乾坤的伟大功业，同时表示接受天命来治理人世。

③引经断义：引经据典，断之以大义。

④一偏之说：个人片面的说辞。

【译文】

这一章的意思是，跟君主交谈要谨慎，不能胡乱说话。

宰我名字是予（字子我），亦称宰我，是孔子的弟子。

鲁哀公有一次问宰我关于社的事情：国家建立神社以祀土神，应该怎么解释呢？

宰我回答说：古代建立神社，都在上面种植树木，从而使神有所依附——夏朝的时候种植松树，商朝的时候种植柏树，周朝则种植栗树。种植松柏的含义已经无从查考，只有栗树还说得清楚，就是"战栗"的意思，意思是让老百姓望而生畏。

先王建立神社，祭祀土地并报告自己的治政功绩。所种植的树木，不过是因地制宜，并没有特别的意义。宰我的这番话，既不是立社的本意，又刺激了君主萌生严苛治政的心理，真的是失言了。所以孔子听到后，就说：像宰我这样的话，本来一定是要纠正的，但是既成之事，多说无益，既往的过错不予追究吧。现在"使民战栗"这样的话已经说出口，那就是既成事实，我无论怎样责怪也没有用了。

孔子所说的不责怪宰我，其实是更深刻的责怪。由此可知，话不能乱说，特别是臣下对君上所言，更要引经据典，断以大义，怎能穿凿附会，随便拿一己偏见来报告呢？

【评析】

这一章记录比较平实，表面上是说不老实的学生宰我在鲁哀公那里信口胡说，于是招致孔夫子的一顿"紧箍咒"。然而，这一章通过宰我这个"坏学生"透露出孔子文化建构之外一种令人不安的气息，用今天的话来说，就是"细思极恐"。

据笔者统计，《诗经》总共有12处使用"栗"字，含2处通假，所以在真正使用栗字的10处中，有5处是指栗子树，而且一般是指象征意义比较好的树。其中仅有一处，《秦风·黄鸟》中有"惴惴其栗"一词中的栗是指悚栗、害怕的意思，但又与象征意义无关，即没有由栗子树实物到战栗恐惧的情绪表达之间的过渡线索或案例。

另，《尚书》中有四个"栗"字，基本上都是使人心存敬畏之意。但这些都在商之前的内容中，而在与周相关的文字里面，基本上没有类似的表述。

因此，在目前所能掌握的与周代密切相关的历史文存，像《诗经》这样的记录资料相对丰富且具有语义表象系统的文字，或《尚书》这样专门记录政治人物、事件、观念的文字中，尚且不能建立周代政治文化中栗树与"使人战栗"之间的必然联系。

如果考查到此为止，似乎也还不够。仔细揣摩原文文本，宰我在回答鲁哀公的时候，并不是说自己认为周代如何，而是说"当时的人"是这样说的，是间接引用，而非直陈观点。故而说明这并非他本人的杜撰，而是渊源有自。孔子知道此事后的批评，在语词表达上也是比较暧昧，并不明言宰我之过（至少从记述来看是这样），而且也在很大程度上承认了这应该是个"既往不咎"的事实。《解义》将孔子的话单纯地解释为是对宰我的批评，并不准确。

由于《诗经》《尚书》等典籍都经过孔子编纂，而且这些典籍在经典化的过程中，相关编纂阐释也可能相应地顺应儒学教义而影响到其中对于威权文化的修订。实际上，我们至少在周代初期的青铜器上还能感受到那种狞厉的气息。宰我所言，恐怕也是对这种改朝换代的历史文化传承过程进行断章取义，也就是说，周代的政治文化在起始时段承传了殷商文化，但于其后又进行了深度的变革。宰我所说固然有所依凭而非胡言乱语，但是仍有以偏概全、故弄玄虚之嫌。而在孔子那里，一切文化建构都是旨在面向未来的、美好的期许，有意忽略历史中不仁的表现，不为淡化历史，而是"正能量"文化建构的需要。"成事不说，遂事不谏，既往不咎"之说，正是阐明了这一观念，并因此使儒家思想学说深度影响未来中国文化格局的建构。

【标签】

鲁哀公；宰我；神社；祭祀；成事不说，遂事不谏，既往不咎

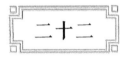

【原文】

子曰："管仲之器小哉！"

或曰："管仲俭乎？"曰："管氏有三归，官事不摄，焉得俭？"

"然则管仲知礼乎？"曰："邦君树塞门，管氏亦树塞门。邦君为两君之好，有反坫，管氏亦有反坫。管氏而知礼，孰不知礼？"

【解义】

此一章书，是以器之大小定王霸之分也。

管仲，齐国大夫，名夷吾。

孔子曰：管仲相桓公，一匡九合①，功亦大矣；但出于权谋功利之私，不本于圣贤大学之道②，故局量③褊浅，规模狭隘，其器不亦小哉。

或人问曰：管仲器小，得非过于俭约乎？

孔子曰：俭约之人必遵制度。管仲筑三归之台④为游观地，其兴作之烦费可知。又设官属各治一事，不使兼摄，其廪禄⑤之冗滥可知，焉得为俭？

或人又问曰：建台、备官⑥，或因礼不可缺，意者⑦管仲知礼乎？

孔子曰：知礼之人必守名分。邦君为树屏塞门，障蔽内外，管氏以大夫而亦树塞门；邦君为两君好会，有献酬反爵之坫⑧，管氏以大夫而亦有反坫。二者皆属僭越。若谓管氏知礼，天下孰为不知礼者？

孔子见管仲一生只用私意小智为功利富强之计，即其奢僭所形，正见其器量狭小。若能扩而充之，自可致君王道⑨，不徒以霸业终。此孔子所以深惜之也。

【注释】

①一匡九合：指管仲辅助齐桓公"一匡天下，九合诸侯"，建立霸业。[宪问第十四·十六]："桓公九合诸侯，不以兵车，管仲之力也。"

②大学之道：朱熹《大学章句集注》释"大学之道，在明明德，在亲民，在止于至善"："大学者，大人之学也。明，明之也。明德者，人之所得乎天，而虚灵不昧，以具众理而应万事者也。"此指超越事功而扩大境界、充实学问的道理。

③局量：器量，度量。

④三归之台："三归"之说，最早见于《论语》，但解释不一，有谓房产、采邑、高台、市租或府库等。《解义》倾向于高台之说。西汉刘向《说苑·善说》："管仲故筑三归之台，以自伤于民。"（未言明"三归"涵义及数量）明冯梦龙《东周列国志》："管仲乃于府中筑台三层，号为三归之台，言民人归，诸侯归，四夷归也。"（界定为一台三层，各有涵义。）

⑤廪禄：禄米，俸禄。

⑥备官：设立官职、岗位。

⑦意者：表示测度，指大概，或许，恐怕。

⑧献酬反爵之坫：钱穆《论语新解》："古礼两君相宴，主人酌酒进宾，

宾在筵前受爵，饮毕，置处爵于坫上，此谓反爵。坫，以土筑之，可以放器物，为两君之好有反坫，则可移而彻之。后世改以木制，饰以朱漆，略如今之矮脚几。宾既反爵于坫，乃于西阶上拜谢，主人于东阶上答拜，然后宾再于坫取爵，洗之，酌酒献主人，此谓之酢。丰人受爵饮，复放坫上，乃于东阶上拜，宾于西阶答拜，然后主人再取爵，先自饮，再酌宾，此谓之酬。此反爵之坫，仅天子与诸侯得有之。若君宴臣，仅置爵于两竹筐之内，此两竹筐置堂下，不置堂上。今管仲乃大夫，而堂上亦有反爵之坫，安得谓知礼？"

⑨致君王道：辅佐国君以实现王道。王道，儒家提出的一种"以德服人"、用"仁政"进行统治的政治主张，与霸道相对。详参本书［颜渊第十二·二十二］同名词条注释。

【译文】

这一章讲的是，通过辨别器度大小来彰显王道和霸道的差别。

管仲，名夷吾，是齐国大夫。

孔子说：管仲辅佐齐桓公，匡正天下，多次召集诸侯议事，谋划国策，功绩堪谓巨大；但其出发点是权谋和功利的私心，而不是本着圣贤之心、大学之道，所以他的器识浅薄，格局促狭，所以说他小器。

有人问：说管仲小器，难道是因为他过于俭约吗？

孔子回答说：生活俭约的人一定会遵守制度。管仲修筑三归高台，以便观赏游览，这种铺张浪费，可想而知。又有设立官职，一人一岗，专事专办，不让他们兼职通办，这样所造成的职位冗杂、人浮于事的情况就可想而知了。这样怎么还能称得上俭约？

这个人又问：修建高台和设置官职，或许都是因为依照礼制而不可或缺，大概管仲还是懂得礼制的吧！

孔子回答说：懂得礼制的人一定安守名分。礼制规定，国君可以设立照壁把门口隔开，屏蔽视线，结果这个姓管的卿大夫，却也这样做；按照礼制，国君与别国国君见面，主宾相互敬酒时，有用于敬酒后，专门将青铜酒爵倒过来放置的土台，结果这个姓管的卿大夫，家里也有这个。这两样都是属于僭越礼制的。如果说管仲懂得礼制，那么天下的人都算是懂得礼制了！

孔子看到管仲，终其一生，不过是为蝇头小利钻营取巧，这在他奢侈僭礼方面一览无余，完全可以判断他是个器量狭小的人。如果他能够扩大格局，自然可以辅佐君主成就王道，而不只是完成了霸业。这也正是孔子所深为惋惜的。

【评析】

总体来说，孔子对管仲的态度比较暧昧，很难说是纯粹肯定还是否定。但是，实际上孔子对管仲的态度又是非常清晰的，否定的时候大加挞伐，毫不留情，一个小小的细节也不放过（如本章管仲僭礼使用塞门、反坫）；肯定的时候又热情洋溢，即便是管仲有某些显而易见的人格缺陷（[宪问第十四·十七]："微管仲，吾其披发左衽矣。岂若匹夫匹妇之为谅也，自经于沟渎，而莫之知也。"[宪问第十四·十六]："管仲九合诸侯，不以兵车，管仲之力也。如其仁！如其仁！"），也仍然给予充分的肯定，只是两方面各有侧重和偏向。

其实，孔子与管仲两人并非同时，相差近乎百年：管仲生于约公元前723年，逝于公元前645年；孔子诞生公元前551年，逝于公元前479年。这是一个说长不长、说短不短的时间段。大概孔子希望在这样一个时间段内找到一个政治上的"标本"来作为其政治学案例，于是他找到了管仲。但是管仲并不完全符合他的理想，所以在孔子的话语里，对管仲时而褒扬，寄托自己对施政事功的渴望；又时而贬抑，认为管仲的功绩尚未达到王道仁政，不够完美。因此，管仲之于孔子，主要还是起到一种理想寓托和政治批评的作用，而不是单纯的人格评价，更不是政治攻击。由此而言，孔子对管仲暧昧而清晰的批评态度便可以理解。

【标签】

管仲；小器；俭；礼

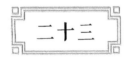

【原文】

子语鲁大师乐，曰："乐其可知也：始作，翕如也；从之，纯如也，皦如也，绎如也，以成。"

【解义】

此一章书，见正乐必先审音也。

大师，鲁国掌乐之官。孔子语之曰：先王本人心之太和①，以传之于乐。就声音、节奏之中有始终条理之妙，可得而知也。盖乐有六律、五声、八音，②一有不备，不可言乐。故始作时，众音齐举而翕然以合；及其从之，清浊高下，调适中节而纯然以和；就纯之中，又宫自为宫，商自为商，一一分晓，皦然明白；皦则易于间断，却又宫商相续，终始相生，络绎不绝。自始至终，曲尽条理、节奏。此乃乐之一成③也。

盖声音之道与政相通，既可养性情，又可移风俗。王者昭德象功④，成一代之乐，和上下而格⑤神人，关系最重，故圣人谆谆告戒之。

【注释】

①太和：天地间冲和之气。《周易·乾》："保合大（太）和，乃利贞。"（保全太和之气，以利于和谐贞正。）朱熹《周易本义》："太和，阴阳会合冲和之气也。"

②六律、五声、八音：《尚书·益稷》："予欲闻六律、五声、八音，在治忽；以出纳五言，汝听。"（舜对禹说：我要听到各种不同声调、不同乐器的音乐演奏，从音乐中考察政治疏漏；而各地民众的直接反馈，你去听取。）六律，古代的六个音律，通指黄钟、太簇、姑洗、蕤宾、夷则、无射六阳律与大吕、夹钟、仲吕、林钟、南吕、应钟六阴律，总共十二律。其中六阳律也称"六律"，六阴律也称"六吕"。五声，我国五声音阶中五个不同音的名称：宫、商、角、徵、羽。八音，古代八种制造乐器的材料，通常为金、石、丝、竹、匏、土、革、木八种不同的材质所制。

③乐之一成：《礼记·乐记》："且夫《武》，始而北出，再成而灭商。"郑玄注："成，犹奏也。每奏《武》曲，一终为一成。"

④昭德象功：即"文以昭德""武以象功"，用文舞和武舞来表现自己的文治武功。

⑤格：感通，谓此有所感而通于彼。

【译文】

这一章是讲，正定音乐，必定要先审订乐音。

太师，是鲁国掌管仪礼音乐的官员。孔子跟他谈论音乐，说：先王本着人心太和融会之气，将其体现在音乐上。因此声音、节奏之中有美妙的旋律和音色，这是可以感知的。音乐包含六律音律、五声音阶和八音乐器，哪一样不到位，都谈不上作乐。音乐开始的时候，各种乐音一起合鸣奏响；随后，清音、浊音、高音、低音，都各自合乎其节奏，彼此又相应和谐；在各自的节奏之中，宫商分明，清朗有别；各种乐音清朗就容易分别，然而音阶旋律不断,和谐一体,始终相伴相生,络绎不绝。自始至终,一曲下来,各种乐音都完美地演绎了各自的韵律、节奏。这就是演奏了一遍乐曲。

大概声音之道与为政之道是相通的,既可以颐养性情,也可以移风易俗。君王用文舞和武舞来表现自己的文治武功,因此制作当时的音乐,协和上下而感通神人,它所关系到的,是对治政最终的事情,所以孔圣人要对这件事谆谆告诫。

【评析】

用文字表述音乐并非易事,然而孔子却轻松地做到了。当然,孔子这里所说的不是具体的音乐,而是音乐的整体呈现,重在描写乐音的独立、婉转,而又彼此和谐、共鸣的状态。在古代社会,宫廷音乐本是泛政治化的,诗、乐、舞一体,共同构成礼仪形式的重要组成部分,同时它也构成人伦政治的情理单元——兴于诗,立于礼,成于乐——孔子之"成于乐",或谓:最高的政治表意形态却是未加言明的,或者是难以言说的。由此而言,孔子的言说,亦可以说是对为政之道深度把握的基础上发出的。

【标签】

乐;大师(乐官);成于乐

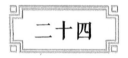

【原文】

仪封人请见,曰:"君子之至于斯也,吾未尝不得见也。"从者见之。出曰:"二三子何患于丧乎?天下之无道也久矣,天将以夫子为木铎。"

【解义】

此一章书,是封人①信孔子有先知先觉、垂教万世之任也。

仪,卫邑。封人,掌封疆之官。孔子周流②列国,偶至卫邑,封人请见,曰:凡君子至止③,必蒙接纳,未有拒而不见者,夫子或亦不我拒乎?

从者因其求见之诚,为之引见。

既见而出,对门人曰:夫子失位去国,④亦一时之不遇耳,二三子⑤何必以此为患乎?今天下风教⑥陵替⑦,人心不古,亦已久矣。然乱极当治,剥后有复⑧。以夫子之德盛化神⑨，自有"以斯道觉斯民"⑩之实用。天生非常之人，必不终困。⑪殆将使之得位，施教以开生民之耳目，启天下之愚蒙，如木铎之徇⑫于道路，以警众也。

从来圣人一身关乎气运⑬。封人能独见孔子忧世觉民之意，可谓知圣，且知天矣。奈列国诸君不能推心⑭委任，竟以辙环终老⑮，惜哉！

【注释】

①封人：封疆之官，边官。

②周流：周游，到处漂泊。

③君子至止：止，语尾助词。《诗经·秦风·终南》有"君子至止，锦衣狐裘"（君子来了，衣装华贵），《诗经·小雅·瞻彼洛矣》有"君子至止，福禄如茨"（君子来了，福禄成堆），都是把君子的到来作为美好的象征。

④夫子失位去国：指孔子辞去相位而离开鲁国事。可参本书［微子第十八·四］评析部分。

⑤二三子：口语，犹言诸位，你们几个。

⑥风教：风俗教化。《诗大序》："风，风也，教也。风以动之，教以化之。"

⑦陵替：纲纪废弛，上下失序。陵，凌驾。替，废弛。《左传·昭公十八年》："下陵上替，能无乱乎？"（在下者凌驾于上，在上者政务废弛，能不发生动乱吗？）

⑧剥后有复：喻物极必反，否极泰来。剥、复，《易》二卦名。剥（坤下艮上），表示阴盛阳衰。复（震下坤上），表示阴极而阳复。

⑨德盛化神：内在积郁的道德力量会造成外在神奇的影响。语出《礼记·乐记》："是故情深而文明，气盛而化神，和顺积中而英华发外，唯乐不可以为伪。"（因此当情感发自内心深处时，所表达的文采才是志向的显露；当志气充实盛大，使得心体灵秀的时候，受外物感动所引发的变化就会神奇微妙；和谐顺化之气积聚于心中，美好的光华发扬于外，到达这样由内至外和谐光明的状态才有乐的流露，因此声、音都是可以造作的，而乐却无法伪装出来。）

⑩"以斯道觉斯民"：《孟子·万章上》："天之生此民也，使先知觉后知，使先觉觉后觉也。予，天民之先觉者也；予将以斯道觉斯民也。非予觉之，而谁也？"（上天生育这些民众，使先明理的人启发后明理的人，使先觉悟的人启发后觉悟的人。我，是天生的先行觉悟的人，我要用我所掌

握的尧舜之道来启发这些普通的民众。如果不是我去启发他们觉醒，那还将会有谁呢?）可详参本书［卫灵公第十五·二十九］"斯道之任"词条注释。

⑪天生非常之人，必不终困：天生不同寻常的人，即便处于困境，但（因能秉持正道），终究不会为困境所困。《周易·困》："困，亨，贞，大人吉，无咎，有言不信。"《高岛易断》解析："古来贤哲，其蒙难艰贞，不知几经困苦，而始得亨通者，类如斯矣。故曰：'大人吉，无咎。'……《易》之大旨不外扶阳抑阴，即所以戒小人而进君子。观小人之处困，困则终困矣；君子之处困，困即为亨也。以此卦拟国家，在人为困亨，在国为治乱，人不能有亨无困，国不能有治无乱。困不终困，秉正以守之，则困亨；乱不终乱，有道以治之，则乱治。"

⑫徇：巡行，对众宣传。

⑬气运：气数，命运。

⑭推心：诚心，以诚相待。

⑮辙环终老：韩愈《进学解》："昔者孟轲好辩，孔道以明，辙环天下，卒老于行。"辙环，喻周游各地。

【译文】

这一章文字，是写仪地的封人相信孔子有先知先觉之圣，怀万世师表之德。

仪是卫国的一个城市。封人是封疆之官。孔子周游列国，偶尔有一次到了仪地，这个封人就请求拜见，说：凡是有高贵的君子来了，必然接受我的招待，尚且没有对我拒而不见的，夫子大概也不会拒绝我吧?

孔门弟子看到他言辞恳切，就引他去见孔子。

会见之后要离开的时候，他就对孔子的门人弟子说：夫子失去职位并离开鲁国，只不过是一时时机不好，怀才不遇而已，你们何必顾虑那么多呢？现在天下风俗教化衰落颓废，人心不古，斯文扫地，这样已经很久了。然而极乱之后就会得到治理，事物好坏有所转化。就像夫子这样，可以通过内在积郁的道德力量来造成外在神奇的影响，自然就会产生"以斯道觉斯民"（用这尧舜之道来启发上天所生的民众，使其觉悟）的实际功用。天生不同寻常的人，即便处于困境，但（因能秉持正道），终究不会为困境所困。大概他很快就会得到从政的职位，施行教化来开阔民众的视野，使天下愚昧之人受到启迪，就像那沿大路上传播政令的木铎，使民众容易受到警警。

八佾第三

自古以来，圣人个人即可以关系到国家的气运兴衰。封人慧眼独具，一眼看出孔子怀有忧怀世事、觉醒民众的志向，可谓是理解圣人的，而且感知到了天命。怎奈各国的诸侯却不能诚心委以重任，竟使他周游各地、到死也不见用，太可惜了！

【评析】

这一章的文辞着实巧妙，但也透露着辛酸之气。仪封人作为一个边关小吏，地位不高，却因一面之缘而深识并激赞孔子，预言孔子未来之大用，可见他本人也是个巨眼的英雄、实干的政治家，因此这一番话也大有惺惺相惜、相见恨晚之意。而孔子周游列国，为诸侯权臣所见弃，当用而不用，却偶然在流浪之旅途遇到知己——遇朋于远方，不亦乐乎？然而，此人位卑言轻，自顾不暇，于孔子爱莫能助。孔子的价值被深刻认识，但只不过是惊鸿一瞥，而不能被赋予施政机会，其政治抱负仍然不能在有生之年得以施展，只能留下不尽的遗憾。

【标签】

仪封人；君子；天将以夫子为木铎；斯道觉斯民；德盛化神

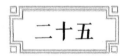

二十五

【原文】

子谓《韶》，"尽美矣，又尽善也"。谓《武》，"尽美矣，未尽善也"。

【解义】

此一章书，是孔子评论圣乐之不同也。

记者谓，帝王昭德象功①，必宣之于乐，观乐之情文，可以知功德②之不同矣。夫子尝谓③：舜乐名《韶》，取继尧致治之义④。其声音节度⑤极盛美而可观，然美之中更觉雍容广大，德意⑥悠长，又尽善也。武乐名《武》，以象武功之成⑦。其声容⑧节度亦盛美而可观，但美之中犹觉发扬蹈厉⑨，比于《韶》乐未尽善也。

盖舜以生知安行⑩之圣，际雍熙⑪揖让之时，自然心气和平，神人协应。武以反身修德⑫之圣，值取残伐暴⑬之时，未免举动猛厉，声音激亢。孔子神游⑭两朝，就乐而赞论之，以见帝王之分，皆时与德为之也。

【注释】

①昭德象功：即"文以昭德""武以象功"，用文舞和武舞来表现自己的文治武功。

②功德：功业与德行。

③夫子尝谓：《解义》本章结合《礼记·乐记》进行阐释，而《乐记》篇末注明是"子贡问乐"，则可知请教的对象是孔子，且其中讨论《武》乐的时候明确标记，是一个叫宾牟贾的人向孔子请教的对话。因此此处称是孔子所说，也有其根据。

④取继尧致治之义：《礼记·乐记》："《韶》，继也。"郑玄注："韶之言绍也，言舜能继绍尧之德。"致治，使国家安定清平。

⑤节度：节奏韵律。

⑥德意：厚德和诚意。

⑦以象武功之成：《诗经·周颂·维清·序》："《维清》，奏象舞也。"孔颖达疏："《维清》诗者，奏象舞之歌乐也。谓文王时有击刺之法，武王作乐，象而为舞，号其乐曰象舞。"马瑞辰《毛诗传笺通释》："舞、武古通用。象舞，蔡邕《独断》作'象武'，盖以象文王之成功也。"

⑧声容：声调。

⑨美之中犹觉发扬蹈厉：这是认为《武》舞中的战场动作有宣扬武力的方面。《礼记·乐记》："发扬蹈厉之已蚤，何也？"对曰："及时事也。"（孔子问："《武》舞一开始就猛厉迅疾地举手顿足，这是为什么呢？"宾牟贾答道："这表示及时发动军事行动，以求速战速决。"）

⑩生知安行：即"生而知之"（天生就知道天下通行的大道）和"安而行之"（发于本愿从容不迫地实行大道），比喻具有极高的禀赋和修为。语出《礼记·中庸》："或生而知之，或学而知之，或困而知之，及其知之，一也。或安而行之，或利而行之，或勉强而行之，及其成功，一也。"可详参本书 [为政第二·四] 同名词条注释。

⑪雍熙：和乐升平。张衡《东京赋》："百姓同于饶衍，上下共其雍熙。"雍，团结，和谐，和睦。熙，和乐。

⑫反身修德：《周易·蹇》："山上有水，蹇，君子以反身修德。"（君子在面对挫折、困难的时候，应该反躬自问，修养品德。）

⑬取残伐暴：即"除残伐暴"。《礼记·乐记》："《大章》，章之也。《咸池》，备矣。《韶》，继也。《夏》，大也。殷、周之乐尽矣。"（尧之乐叫《大章》，意为昭彰尧的德行。黄帝之乐叫《咸池》，意为黄帝之德普施天

下。舜之乐叫《韶》,意为舜能绍继尧之德行。禹之乐叫《夏》,意为禹能发扬光大尧舜之德。以上都是以文德命名的,如果再加上以武功命名的殷周之乐《大濩》《大武》,表现文治武功的音乐也就齐备了。)孔颖达疏:"自夏以前,皆以文德王有天下,殷、周二代,唯以武功为民除残伐暴,民得以生,人事道理尽极矣。"

⑭神游:从内在精神气质去理解和探讨。

【译文】

这一章是讲孔子评论先圣(舜和周武王)时代乐舞的不同。

记录者认为,帝王表现自己的文治武功,就一定会采用配合雅乐的文舞和武舞,因此感受其采用雅乐的情感与状态,就可以从中感知他们的功业与德行的不同。夫子曾经说过:舜帝时代的乐舞叫作《韶》,是表示舜能够继承尧的事业,使国家安定清平的意思。它的音色韵律极其盛大壮美,而且壮美之中又有一种雍容豁达之气,其中蕴含着厚德和诚意,绵长而悠扬,因此《韶》乐又具有极其和善的一面。周武王时代的乐舞叫作《武》,用模拟战场击刺的表演来象征武王的赫赫战功。它的音色韵律也是极其盛大壮美,但是美中不足的是它在一开始就表现出宣扬武力的氛围,这比起《韶》乐而言尚不具备厚德和诚意,因此还不够和善。

舜作为生而能知、安道以行的圣人,正当和乐升平、崇文厚礼的时代,自然能够心气和平,天神和臣民也都受到感应。武王作为反身修德的圣人,正当天下混乱、除残伐暴的时候,因此难免在舞蹈中表现出猛厉的攻击性动作,音调也激昂高亢。孔子会通两个朝代的内在气质,从乐舞艺术的角度进行讨论和赞叹,从而引申出帝王的应尽之责,这都是应该通过因时而动、厚德载物来做到的。

【评析】

古代声、乐、舞一体,大概类似今天的歌舞剧,而非单纯的器乐,故言乐亦即言舞也。但声、乐、舞有所偏重,或偏重乐,或偏重舞,但都是乐舞一体,且统称为"乐"。从《礼记·乐记》中留存下来的宾牟贾与孔子的对话而言,《武》主要表现为舞,因有谓《武》即舞,可为佐证。《武》当中因为含有武力展示的内容,所以不太为孔子所接受。他批评《韶》《武》两种乐,实则是对文武之政进行批判和扬弃,同时也开启了美学史上美善分立的传统,此亦堪称微言大义的典范。

【标签】

《韶》；《武》；尽善尽美；反身修德

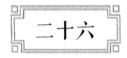

【原文】

子曰："居上不宽，为礼不敬，临丧不哀，吾何以观之哉？"

【解义】

此一章书，见凡事当得其本也。

孔子曰：凡有一事，必有一本。如居上者有政教号令之施，要之以宽为本；为礼者有进退周旋^①之节，要之以敬为本；临丧者有哭泣擗踊^②之文，要之以哀为本。有其本，则所行之得失可见。如宽有过不及，敬有至不至，哀有浅深，皆可从其本而观之。若使居上苛细而不宽，为礼慢忽而不敬，临丧虚饰而不哀，是其本既已无矣。虽有政教号令之施，进退周旋之节，哭泣擗踊之文，而大本既失，其余皆无从置论，将何所依据以观之哉？

可见，凡事当得其本之所在，而居上用宽，尤帝王之要道。《书》曰"敬敷五教，在宽"^③，又曰"克宽克仁"^④，孔子又云"宽则得众"^⑤。宽者，千古不弊之道，非纵弛^⑥之谓也，纲举目张，皆以宽大之意行之。此居上之大体^⑦也。

【注释】

①进退周旋：古代行礼时进退揖让的动作。可参本书［泰伯第八·二］"动容周旋中礼"词条注释。

②擗踊：音 pǐyǒng，捶胸顿足，形容极度悲哀。

③"敬敷五教，在宽"：敬敷五教，指对百姓进行五种伦常规范教育。敬，恭谨。敷，传播。《古文尚书·舜典》：帝曰："契，百姓不亲，五品不逊，汝作司徒，敬敷五教，在宽。"（舜说："子契，现在百姓很不友好，君臣、父子、夫妇、长幼、朋友等五种伦常关系不能恭顺，你做了负责教化的司徒，要对他们进行父子有亲、君臣有义、夫妇有别、长幼有序、朋友有信五种道德规范的教育，一定要本着宽怀的原则。"）契（生卒年不详），子姓，名契，又名禼（xiè），别称"阏伯"。契是帝喾与简狄之子、帝尧异

母兄。被帝尧封于商（今河南省商丘市），主管火正，其部族以地为号，称"商族"，契成为商族始祖，是商朝建立者商汤的先祖。后世尊称其为"商祖""火神"。

④"克宽克仁"：《尚书·仲虺之诰》："克宽克仁，彰信兆民。"（宽大仁慈，德行昭著，取信于万民。）

⑤"宽则得众"：［阳货第十七·六］："恭、宽、信、敏、惠。恭则不侮，宽则得众，信则人任焉，敏则有功，惠则足以使人。"（要谦恭，宽仁，诚信，敏锐，慈惠。能谦恭，便不易被人侮慢；能宽仁，便会得到拥护；能诚信，便会得人信任；能反应敏锐，便易于成事；能对人慈惠，便易于使人做事。）

⑥纵弛：放纵恣肆。

⑦大体：事情的要领或有关大局的道理。

【译文】

这一章是讲阐明凡事要抓住根本。

孔子说：每一件事，都有其根本。比如，领导者发号施令，总体要以宽仁为本；行礼者举手投足，总体要以诚敬为本；临丧者顿足痛哭，总体要以哀伤为本。明确其根本，则其行为得失都能够参照可见。如果宽仁或多或少，诚敬似有似无，哀伤有浅有深，都可以根据这些事情的根本进行判断。如果领导者过于谨细而不够宽怀，行礼者有所怠慢而不够诚敬，临丧者敷衍形式而不哀伤，这是其根本已经丧失了。（如果这样，）即便是政令的发布、言谈举止的规范、顿足痛哭的仪礼，但是其最根本的东西已经丢失了，其他的都已经无足轻重、不足为谈了，那还能够拿什么来判断呢？

由此可见，凡事都要抓住根本所在，身居高位而宽仁，更是帝王治政之要道。《尚书》的《尧典》中说"敬敷五教，在宽"（恭谨传播五常教育，一定要本着宽怀的原则），又在《仲虺之诰》中说"克宽克仁"（要宽厚仁德），孔子也说"宽则得众"（能宽仁，便会得到民众拥护）。所以说，宽厚的治政品格，是自古及今保持政治长盛不衰的关键。但是这也绝对不是说让人放任自流，肆无忌惮，而是要树立法纪道德体系，纲举而目张，在纲纪的范围内对人事以宽大的态度进行处理。这就是为政的要领。

【评析】

为政有很多基本原则，但是宽仁尤为重要。这里，《解义》把《论语》和《尚书》中涉及"宽政"的内容进行了小结，以强化对这一点的认识，同时也强调这种宽仁是有条件的,即是要在法纪道德体系之下尽可能宽大、宽容、宽厚。为什么要宽仁?主要是获取民众的信任——"宽则得众"([阳货第十七·六]);为什么要获得民众的信任?因为"人而无信,不知其可"([为政第二·二十二])。

  细细梳理孔子为政之学的要义,他将宽政纳入仁德的范畴,亲亲而仁民,仁民而爱物,从而建立广泛而深厚的信任关系。这是为政的基本原则和出发点,因此屡被提及和重视。

【标签】

宽(宽政);礼;敬;丧;哀

里仁第四

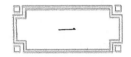

一

【原文】

子曰:"里仁为美。择不处仁,焉得知?"

【解义】

此一章书,见择居亦必处仁也。

孔子曰:凡人居处必择其里。二十五家为一里,里之中习俗仁厚,孝、友、睦、姻、任、恤①之风行于乡里间,是为里之至美者。有识者择居于此,熏陶渐染可以成其德,赒恤②保爱③可以全其生④。若择之而不处于仁里,则美恶不辨,昧其是非之本心矣,焉得为知乎?

甚矣,人之不可不居仁也!夫仁道至大,一里为然,天下亦皆然。诚能广仁之化,使天下处处皆仁里,则道德一而风俗同⑤,太和之气⑥在宇宙⑦间,岂不更美乎哉?

【注释】

①孝、友、睦、姻、任、恤:即儒家"六行",西周大司徒教民的六项行为标准。《周礼·地官·大司徒》:"六行:孝、友、睦、姻、任、恤。"郑玄注:"善于父母为孝;善于兄弟为友;睦,亲于九族;姻,亲于外亲;任,信于友道;恤,振忧贫者。

②赒恤:周济救助。赒,音 zhōu。

③保爱:保重自珍。

④全其生:保全自然赋予人的天性。生通"性"。出自《庄子·养生主》,可详参本书［雍也第六·十九］同名词条注释。

⑤道德一而风俗同:又作"道一风同"或"一道同风"。受统一道德教化而形成同一社会风习。化用《礼记·王制》中言语。可详参本书康熙《御制〈日讲四书解义〉序》"一道同风"词条注释。

⑥太和之气:天地间冲和之气。《周易·乾》:"保合大(太)和,乃利贞。"(保全太和之气,以利于和谐贞正。)朱熹《周易本义》:"太和,阴阳会合冲和之气也。"

⑦宇宙:天地。

【译文】

这一章主要是讲，选择居所一定要处于仁爱之地。

孔子说：凡是一个人选择居所，一定会对其所在的乡里进行一番考察。古代二十五家称作一个"里"，乡里的习俗仁爱宽厚，孝敬父母、兄弟友好、亲族和睦、姻亲融洽、诚信待人、扶危济困等六种品行在乡里传播，这样的乡里称得上最好的了。有见识的人就会选择这样的地方居住，久而久之耳濡目染，使自己修善积德；相互周济而各自珍重，可以安身立命。如果不加选择，没有居住在仁爱之地，就会美丑不分、善恶不辨，使本心遭受蒙蔽而不辨是非，哪里称得上是有智慧啊！

的确，人不能不选择仁爱之地居处！仁道至广至大，一个乡里如此，全天下也都是这样。如果能够广施仁政教化，使天下各个地方都变成仁爱之地，就会使道德风范统一而风俗教化达到一致，冲和之气弥漫在天地之间，这不是更美的事情吗？

【评析】

从孔子对君子人格的极限界定（[里仁第四·五]："君子无终食之间违仁，造次必于是，颠沛必于是。"）回溯本章，则会发现一个貌似强大到不食人间烟火的君子，其实君子也不是天生的，而是需要在一个很好的成长环境中才能养成。念此，也很容易让人联系到孔子的另一番感慨：

子谓子贱，"君子哉若人！鲁无君子者，斯焉取斯？"（[公冶长第五·三]）

终究是人以群分，物以类聚，君子之间也是惺惺相惜，固守着志同道合的情谊。

然而，君子的聚处是抱团取暖吗？细究本章及"子谓子贱"章之义，或并非如此。对于本章的意蕴，明人冯梦龙深入文字肌理，对本章意涵进行了细腻而深入的解析：

择里，非正意，亦非譬喻，盖借以醒人之"处仁"也，要得虚映的光景。大意云：甚哉，仁不可不处也！即以择里言之，但是仁厚之俗就好。择里不居于是，可谓智乎？夫人本心未昧，当思所以"处仁"矣。

一里中安得皆仁？《注》"仁厚之俗"，绝有斟酌。此"仁"字，亦浅

浅看。只重"处"字,"择"字轻,"不处仁"便是不知其美了。非两层。❶

简要言之,人间并没有理想之国,君子也难以回避非仁之地,正是君子向仁之心,让他不断寻找有"仁"之"里",这样才更有助于他修仁成仁。这里强调的并非"仁""里"这种可以明确定性和标记的事物,而是"处""择"这种主动选择有所作为的意向。冯梦龙抓住了这简短一句话中的轻重虚实,经过他的爬梳,将君子精进不已、求仁不倦的心志清晰地呈现出来。于是,在后面连续几章中,那个坚强独立的君子仁人反复出现:

子曰:"不仁者,不可以久处约,不可以长处乐。仁者安仁,知者利仁。"([里仁第四·二])

子曰:"唯仁者能好人,能恶人。"([里仁第四·三])

子曰:"苟志于仁矣,无恶也。"([里仁第四·四])

君子无终食之间违仁,造次必于是,颠沛必于是。([里仁第四·五])

君子的道路首先是一种主动选择、自我成长的过程,其次也是一种坚守、统一和自我实现的过程。从首章开始,孔子对君子日常选择的期许,便孕育了君子人格最为坚实的思想和行为基础。

唐文治亦将本章置于全篇乃至儒学整体进行衡量,以此为开启全篇之要,亦为儒家心理学之锁钥:

开篇曰:"里仁为美,择不处仁,焉得知?"其论境耶?其言心耶?其验之于力行耶?盖全篇之例,起于此矣。下言惟仁者而后可处约、乐,惟仁者而后能好、恶,重言仁者,令人向往不置矣。下言志仁、不违仁、好仁、恶不仁、观过知仁,皆为仁之实功,而必以志仁为首务。仁即道也。孟子曰:"仁也者,人也。合而言之,道也。"盖仁者,为人之道也。就其具于心者而言,谓之仁;就其著于事物之当然者而言,谓之道。故下又特标"闻道"。闻道必先志道,志道必比义、怀德、怀刑,去利心、争心、名位心,故自"士志于道"以下,皆详言闻道之功,而必以志道为首务。道一而已矣。一则纯乎天理而为仁,存于中为忠,推于人为恕。若稍有耻恶

---

❶ 〔明〕冯梦龙:《四书指月》,《冯梦龙全集》第21册,李际宁、李晓明校点,江苏古籍出版社1993年版,第44页。

衣食心、适莫心、怀土怀惠心、放利心、不能以礼让心、患无位莫已知心，是二也。二则杂，杂则存于中者不能忠，施于人者不能恕，故又特标"吾道一以贯之"为纲领。而下以喻义、喻利为分途，此学者求仁之大界也。陆子静先生曰："喻义、喻利，视其所志。志乎义则喻义矣，志乎利则喻利矣。"学者可不先辨之哉！"见贤"以下，皆道之见于伦常言行者。见贤、事父母、事君、交友、言行之间，无一不合道，而后谓之闻道，而后谓之仁。于此可见，曰仁曰道，有弥纶万物之功；求仁求道，皆切近真实之诣。（以上采方氏宗诚说。）故曰"鞭策身心""至严至密"，无过于是。后世求心理学者，读此篇足矣。❶

其说勾连广深，分析细密，一气呵成，圆融无碍。可见唐文治注解《论语》之苦心孤诣和深思熟虑。虞万里尤推重其所作20篇章大义❷，于此可见一斑。

【标签】

里仁为美；君子；仁；君子无终食之间违仁

【原文】

子曰："不仁者，不可以久处约，不可以长处乐。仁者安仁，知者利仁。"

【解义】

此一章书，是欲人存其本心之仁，而不为外境所夺也。

---

❶ 唐文治：《四书大义·里仁篇大义》，上海交通大学出版社2016年版，第99-101页。

❷ 虞万里：《唐文治〈论语大义〉探微》："最能显示先生在《论语》文章学上精进独到者，当推二十篇《论语大义》。先生二十岁肆力古文辞，已卓有所成，而立之后又问学于桐城吴汝纶，饫闻湘乡曾国藩《古文四象》之阴阳刚柔说，一洗理学之气，为文更臻妙境。又十年，作《大义》二十篇：就中数篇，足以俾拟古人。"原刊于《经学文献研究集刊》第16辑，收录于吴飞主编：《南菁书院与近世学术》（二版），生活·读书·新知三联书店2019年版，第436页。

孔子曰：仁为本心之德，纯然天理，①非外物所能夺。若不仁之人，私欲锢蔽②，失其本心，中无所主而外物得以移之：使处贫贱穷困之境，或一时犹能强制，久之则为穷困所迫，必至苟且③放荡④而不能自守⑤，不可以久处约；使处富贵安逸之地，或一时犹能矫持⑥，久之则为富贵所溺，必至骄奢淫纵而不能自守，不可以长处乐。

惟仁者，心与仁为一，纯乎天理，不待勉强，安其仁而无适不然，不以约、乐系于心也。知者心未能即与仁为一，而中有定见⑦，深知笃好，孳孳⑧求得利于仁，而不易所守，不以约、乐移其念也。

此其所存皆天理，物欲不以累其心。虽处约乐之久，亦岂为之动哉？盖圣贤为仁，必先在境遇上持守得定，彼不仁者可以为戒。若夫中心安仁者，天下一人而已。⑨惟知者之利仁，为自明而诚之学⑩。从此用功，由利而得安，庶几本心无失，而穷通⑪不以为累矣。

【注释】

①仁为本心之德，纯然天理：仁，是人本心就具有的至德，纯然符合天理。朱熹《论语集注》释［颜渊第十二·一］"克己复礼为仁"："仁者，本心之全德……礼者，天理之节文也。为仁者，所以全其心之德也。盖心之全德，莫非天理，而亦不能不坏于人欲。故为仁者必有以胜私欲而复于礼，则事皆天理，而本心之德复全于我矣。"可详参本书［颜渊第十二·一］"仁者，心之全德"词条注释。

②锢蔽：禁锢蔽塞。

③苟且：不循礼法。

④放荡：放纵，不受约束。

⑤自守：自坚其操守。

⑥矫持：同上文"强制"，自强自持。矫，坚强的样子。《礼记·中庸》："故君子和而不流，强哉矫！中立而不倚，强哉矫！国有道，不变塞焉，强哉矫！国无道，至死不变，强哉矫！"（所以君子与人平和相处，而又不同流合污以丧失自己的原则立场，这是强中之强啊！君子恪守中庸之道，而坚持做事不偏不倚，这是强中之强啊！国家政治清明、社会安定的时候，身居高位而不为富贵所腐蚀，不改变身处窘困时的志向，这是强中之强啊！国家政治昏暗、社会动荡的时候，濒临危境乃至死亡，也不改变自己的道德节操，这是强中之强啊！)

⑦定见：明确的见解或主张。

⑧孳孳：同"孜孜"，勤勉，努力不懈。可详参本书康熙《御制〈日讲

⑨中心安仁者，天下一人而已：出自《礼记·表记》：中心安仁者，天下一人而已矣。《大雅》曰："德辊如毛，民鲜克举之；我仪图之，惟仲山甫举之，爱莫助之。"（内心安于仁道的人，天下很少有人做得到。《诗经·大雅·烝民》中说："道德说起来轻如鸿毛，但很少有人去举动。我前后思量，也就只有周宣王的大臣仲山甫做得到，但可惜没有人帮助他。"）辊，音yóu，轻。

⑩自明而诚之学：《礼记·中庸》："自诚明，谓之性；自明诚，谓之教。诚则明矣，明则诚矣。"（由于诚恳而明白事理，这叫作天性；由于明白事理而做到诚恳，这就是教育。真诚就会明白事理，能够明白事理也就能够做到真诚了。）伊川先生（程颐）《颜子所好何学论》："君子之学，必先明诸心，知所养，然后力行以求至，所谓'自明而诚'也。"

⑪穷通：困厄与显达。

【译文】

这一章是说，希望人们保存其本身就具有的仁德，而不受到外事外物的侵夺。

孔子说：仁就是人之本心就具有的至德，纯然符合天理，不是外物所能侵夺的。但若是不仁之人，为私欲所禁锢蔽塞，丧失了他的本心，心中空洞而容易被外物所诱惑而发生转变：假使让他身处贫贱窘困的境地，或许一时间还能自我克制，遭受困境逼迫久了，就容易无礼放纵而不能坚持操守，不能长时间自我约束；假使让他身处富贵安逸的境地，或许一时间还能自我把持，但是沉溺于富贵久了，就容易骄奢放纵而不能坚持操守，不能长时间安然自乐。

只有仁者（不失本真），内心与仁道合而为一，纯粹是天理的反映，不用外力勉强和约束，内心安于仁道而无不释然，甚至感受不到有什么需要可以规避或快乐起来不为外物所拘系。智者虽然内心尚未能与仁道完全合一，但心中已然怀有成熟的想法，深得仁道而笃好之，孜孜不倦地追求仁所带来的好处，所以也不会改变自己的追求，不会因为一时约束或享乐来改变自己的观念。

这就是明晓天理，而不受物欲牵累以致遮蔽本心。即便是长久身处窘困或享乐的环境中，也不会为之所改变。大概圣贤之人求仁得仁，首先是在亲身所处的环境中能够坚定信念，安然自得，那不仁的人应据此自我诫勉。真正安心于为仁者，天下只有极少数的人而已。但是知道为仁之利好的，就是由明理而达到心诚的学问之路。在这个路径上用功，就会由"利仁"而转向"安仁"，这样差不多就不会使本心丢失，即便身处穷困窘境或通达富贵，都不会使内心受到牵累了。

【评析】

孔子这句话是个"死结"，不容易打开。

他作为一个圣人，对于仁者表现的定位可能是随手拈来的，其便易程度，简直就像某商界要人说先定个"挣上一个亿"的小目标。对于富豪而言，这一个亿的确是个小目标；但对于一般人而言，这一个亿是永远都挣不到的。因为对商界要人来说不成问题的前提条件，一般人却几乎完全不具备。

同样，对于不仁者（一般之人）而言，能够长处约（窘困的境地）、长处乐是有前提条件的，而且至少在他们看来，这些条件是难以逾越的障碍。

其实不仁者也有自己的坚守和自己的快乐。关键是仁者和不仁者的区别在哪里呢？其区别之一，如前所述，或正在于影响心境的前提条件；其区别之二，正如孔子所说，是"长"（持久性）。正因为是有条件的，所以是有限的，无法长久。那么仁者的快乐何以是无条件的？仁者的快乐并非无条件，只是这条件不依托于外在，而是依存于内心。正因如此，仁者之乐不是时有时无、患得患失，而是自得其乐、乐在其中。

梁漱溟说，"孔子最重要的观念是仁，最昭著的态度是乐"，良有以也。

【标签】

仁；乐；不仁；约；困

三

【原文】

子曰："唯仁者能好人，能恶人。"

---

❶ 李渊庭、阎秉华：《梁漱溟先生讲孔孟》，上海三联书店2008年版，第20页。

【解义】

此一章书，言仁人之心公而情正也。

孔子曰：好恶之心，人皆有之。但稍有私心，则所发便不能当理，好非所好，恶非所恶，不可谓之能好、能恶也。惟仁者之心，浑然天理①，廓然大公②，绝无一毫私意。人之善则好之，好其所当好也——好得其正，乃为能好人；见人之恶则恶之，恶其所当恶也——恶得其正，乃为能恶人。好人、恶人，惟仁者能之。

盖由其心公，所以其情正也。夫好恶之为用甚大——亲贤远奸，信赏必罚③，皆由好恶一念措之施为。惟纯其心于仁，则喜怒无偏而好恶自当。无私好，无私恶，王道之所以大中至正④也。

【注释】

①浑然天理：人心和天理浑然一体。王阳明《传习录》："人心天理浑然，圣贤笔之书，如写真传神，不过示人以形状大略，使之因此而讨求其真耳；其精神意气，言笑动止，固有所不能传也。后世著述是又将圣人所画摹仿誊写，而妄自分析加增以逞其技，其失真愈远矣。"（人心和天理浑然一体，圣贤把天理写在书上，如同给人画像，不过展示给人一个基本的轮廓，使人因此而探求画像的本人；至于人的精神风貌、谈吐举止，确实有些不能表达出来。后世的著述，是又将圣人所画的模仿抄写，并且胡乱地加以分析评判，有所增减，以炫耀自己的文才技艺，这就离圣人所要传达的精神越来越远了。）

②廓然大公：公而忘我，坦荡无私。语出程颢《答横渠先生定性书》："夫天地之常，以其心普万物而无心；圣人之常，以其情顺万事而无情。君子之学，莫若廓然大公，物来而顺应。"（天地的常态，是以包容万物为心而看似无心；圣人的常态，是以顺应万事为情而看似无情。所以君子做学问，不过是参天参圣，公而忘我，坦荡无私，遇到事情时能够自如地应对。）廓然，旷远寂静的样子。

③信赏必罚：指赏罚严明，该赏的必定赏，该罚的必定罚。出自《韩非子·外储说右上》："信赏必罚，其足以战。"

④大中至正：极为中正（之道），博大、居于核心而至真至正（的学问）。可详参本书［为政第二·四］同名词条注释。

【译文】

这一章是说，仁人内心公正而用情诚直。

孔子说：人都有好恶之心，但是如果稍有私心，那么判断就不会合理，因此不能做到选择自己所真正喜好的，厌弃自己真正厌恶的，所以不能称其为"能好""能恶"。只有仁者，其内心和天理浑然一体，心胸宽广而大公无私，绝没有一丝一毫私心杂念。因此，能够对别人的美好大加赞赏，喜好他应该喜好的——所喜好合理公正，才能真正喜好人；能够对别人的丑恶大加厌弃，厌弃他应当厌弃的——所厌弃合理公正，才能真正厌弃人。喜好人、厌弃人，都是真正的仁者才能做到的。

大概是由于其内心公正，所以用情才诚直。喜好或者厌弃的影响实在是太大了——亲近贤良而疏远奸佞，言出必行而赏罚分明，都是出自好恶一念之差。只要使为仁之心更加纯粹，就会使喜怒好恶适当而不偏颇。不因一己喜好而好恶，这是王道之所以成为博大、居于核心而至真至正的学问的原因。

【评析】

儒家本有"天地万物一体为仁"的情怀，于人本不应有好恶，但恰有一些人，背离本情本性，乖和中庸，逆反仁道，仁者因此也并不矜持于"仁慈""谦恭"的狭小定义之内，明确表示出对这一类人的厌恶之情，以彰显仁者的姿态。此如在［阳货第十七·二十四］中，孔子与子贡师徒二人对于此类失去中道而造成人格分裂之人进行了集中的批判。（见本书［泰伯第八·十六］"评析"部分。）

好恶是人之常情，而常情里面往往寓存至理。好恶看似个人的随机选择，但是并非本乎天性，而是为社会影响和个人选择的双重力量所左右。孔子这里所说的"能"，不单纯是指能力或意愿，而是二者的结合，即能够独立于社会影响之外而通过个人自主选择来实现。当然，这不是那种如当下所谓的"任性"选择，而是一种仁者天命在身、匡扶人心的自负和自信。就此意义而言，则又须牵出前人对"人欲""天理"问题的辩证，具体可以参看下一章。

【标签】

仁者；好恶；中庸；万物一体

【原文】

子曰:"苟志于仁矣,无恶也。"

【解义】

此一章书,是孔子勉人志仁也。

孔子曰:天理人欲不容并立,人心亦无两用,志于此,必遗于彼。故人特患无志耳。诚能使心之所向专在于仁,其思虑所至,孳孳①存天理,遏人欲,②则趋向坚定,惟有天理之公,而必不入于人欲之私矣。方志仁时,便无为恶之事也。

可见,求仁必先立志,所志既定,则一念无恶,至于念念无恶。省察愈精,存养愈熟。③虽天行之健④、安土之敦⑤,皆从立志时始矣。

【注释】

①孳孳:同"孜孜",勤勉,努力不懈。可详参本书康熙《御制〈日讲四书解义〉序》同名词条注释。

②存天理,遏人欲:即"遏人欲而存天理",出自朱熹对《孟子》的一则注解。《孟子·梁惠王下》:王曰:"寡人有疾,寡人好色。"对曰:"昔者太王好色,爱厥妃。《诗》云:'古公亶父,来朝走马,率西水浒,至于岐下,爰及姜女,聿来胥宇。'当是时也,内无怨女,外无旷夫。王如好色,与百姓同之,于王何有?"朱熹《孟子集注》注解曰:"杨氏曰:'孟子与人君言,皆所以扩充其善心而格其非心,不止就事论事。若使为人臣者,论事每如此,岂不能尧舜其君乎?'愚谓此篇自首章至此,大意皆同。盖钟鼓、苑囿、游观之乐,与夫好勇、好货、好色之心,皆天理之所有,而人情之所不能无者。然天理人欲,同行异情。循理而公于天下者,圣贤之所以尽其性也;纵欲而私于一己者,众人之所以灭其天也。二者之间,不能以发,而其是非得失之归,相去远矣。故孟子因时君之问,而剖析于几微之际,皆所以遏人欲而存天理。其法似疏而实密,其事似易而实难。学者以身体之,则有以识其非曲学阿世之言,而知所以克己复礼之端矣。"

"天理人欲"观被误认为是朱熹的原创观点,并遭受严重误解。

其一,这一观点实际上古已有之,渊源有自,并非朱熹独创。早在

《礼记·乐记》中就提出："人化物也者，灭天理而穷人欲者也。于是有悖逆诈伪之心，有淫泆作乱之事。"而北宋张载注解之曰："穷人欲，则心无由得虚，须立天理。人心者，人欲；道心者，天理；穷人欲，则天理灭；既无人欲，则天理自明。明则可至于精微。谓之危，则在以礼制心。"（《礼记说》）二程中的程颐也说："人心私欲，故危殆。道心天理，故精微。灭私欲则天理明矣。"（《二程遗书》卷二十四）"孔子所谓'克己复礼'，《中庸》所谓'致中和''尊德性''道问学'，《大学》所谓'明明德'，《书》曰'人心惟危，道心惟微，惟精惟一，允执厥中'，圣贤千言万语，只是教人存天理、灭人欲。"（《朱子语类》卷十二）至此，朱熹旗帜鲜明地提出"存天理灭人欲"的概念。张载的"存天理灭人欲"说，经过二程与朱子的强化，成为宋明理学的重要命题，而朱子学在南宋成为显学后，理欲之辨转变为对普通民众的要求，并由此产生了诸多附会和误解的成分。

其二，"灭人欲"不是"灭人性"。"灭人欲"中的"灭"是克制，合理控制，而非完全消灭，彻底压抑；而朱熹提出这一概念的逻辑是，克制私念而探求大道，"灭人欲"的目的是弄明白实实在在的人生道理以实现美好的人生，而不是为了空洞的道理来泯灭人性、戕害人伦。

其三，"灭人欲"是为了去蔽求真。《朱文公文集》卷十四《经筵讲义》中说："古之圣王，设为学校，以教天下之人……必皆有以去其气质之偏，物欲之蔽，以复其性，以尽其伦而后已焉。"综观朱熹天理人欲之论，实际上是明理见性之论，即认为：人为自己的私欲所蒙蔽，所以不能体悟到天地之理，要想体验、找到万事万物的共同之理，就要克制私欲。因此"遏人欲而存天理"本身不是为了压抑人的本能本性，而是将其控制在一定范围内，并由此而领悟天理正道，提升认知并指导行动。

但是，后世的犬儒却望文生义，将其曲解并将之绝对化，以致此语成为朱熹思想中一大罪证，而朱熹也因此成为中国思想史上的又一个"始作俑者"。

③省察愈精，存养愈熟：省察，自我反省以修养道德。[学而第一·四]："吾日三省吾身。"存养，存心养性，保存本心，培养善性。出自《孟子·尽心上》："尽其心者，知其性也。知其性，则知天矣。存其心，养其性，所以事天也。"可详参本书[学而第一·八]同名词条注释。《传习录》："省察是有事时存养，存养是无事时省察。"朱熹《晦庵集·答胡季随》："涵养工夫，实贯初终。而未发之前，只须涵养；才发处，便须用省察工夫。至于涵养愈熟，则省察愈精矣。"

④天行之健：《周易·乾·象传》："天行健，君子以自强不息。"（君子

效仿上天刚健、运转不息之象,而自强不息,进德修业,永不停止。)

⑤安土之敦:《周易·系辞上》:"旁行而不流,乐天知命,故不忧;安土敦乎仁,故能爱。"(能遍行天下而未有流弊,通易道者能乐行天道之所当然,知天命之造化,故无忧。安于所处之境,而敦行仁道,故能泛爱天下。)王弼注:"安土敦仁者,万物之情也。物顺其情,则仁功赡矣。"孔颖达疏:"言万物之性,皆欲安静于土,敦厚于仁。圣人能行此安土敦仁之化,故能爱养万物也。"程颐提出"人心私欲,故危殆。道心天理,故精微。灭私欲则天理明矣"。

【译文】

这一章讲的是,孔子勉励人们用心于为仁。

孔子说:天理人欲势不两立,人心也不能一心二用,用心于此,就无法为彼。所以人最怕的是没有志向。如果真的能够使心志有所定向,专注于为仁,其心思达到了一定程度,专注于寻求天理而克制私欲。只要明了天理的博大公正,就会因此笃信而志坚,不会再沉溺于个人偏私之欲望了。当你真正用心于仁道天理,就不会因私欲膨胀而做有损道德的事情了。

由此可知,探求仁道就要先立定志向,志向一旦确立,就会做到从一念无恶,到念念无恶。每天对自己的反省自查越是谨细,存心养性的工夫就越是纯熟。无论是效法上天的刚健品格,还是包容万物的仁爱之心,都是从立志为仁开始做起的。

【评析】

孔子有时候也爱说"半边话",似乎需要别人"脑补"一些条件或注释才能成立。但是这样的话,或许更能引发人的好奇和揣测,却又给人很多启发,比表达完整的话反而更加发人深省。本章即属这种情况。

对于这一章,朱熹《集注》亦不过轻轻略过,只是在"恶"与"过"的联系中轻点一下,几无波澜。解义者用力却极猛,引出"存天理,遏人欲"这一理学核心命题(当然,也是饱受争议之话题),以"存"对"志",以天理对仁,以私欲对恶,又以省察、存养来应对私欲之恶,几以此牵动理学根系。故此注释大于翻译。笔者也不得不重新进入理学话语之中整理论证一番。此可详见注释部分。

【标签】

志;仁;恶;省察;存养;存天理,遏人欲

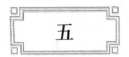

五

【原文】

子曰:"富与贵,是人之所欲也;不以其道得之,不处也。贫与贱,是人之所恶也;不以其道得之,不去也。君子去仁,恶乎成名?君子无终食之间违仁,造次必于是,颠沛必于是。"

【解义】

此一章书,是孔子言君子为仁,无时无处而不用其力也。

孔子曰:顺逆之数①在天,而取舍之分在我。且如富与贵是人人之所愿欲者,欲之则思处之矣。然而有义存焉,不可不审。苟道理②不当得富贵而偶得之,非义也,见利思义者决然辞之而不处也。

贫与贱是人人之所厌恶者,恶之则思去之矣,然而有命存焉,不可不安。苟道理不当得贫贱而偶得之,是命也,乐天知命者决然受之而不去也。此非君子其孰能之?

盖君子之所以名为君子者,以其体仁③耳。若贪富贵,厌贫贱,是徇欲丧理④,舍去此仁矣,何以成其为君子之名乎?故君子必不去仁者也。其不去仁也,不但富贵贫贱之间,也即终食之间,须臾耳,念念在仁,无有违背。虽当造次之时,急遽苟且,⑤其心必在于是;虽当颠沛之际,倾覆流离,⑥其心必在于是。君子之不去仁,如此。

然则为仁者,取舍之分当明,存养之功当密⑦,无时无处而不用其力,乃可以为君子矣。

【注释】

①顺逆之数:处于顺境或者逆境的运数。
②道理:天道事理。
③体仁:躬行仁道。
④徇欲丧理:因循私欲罔顾天理。
⑤造次之时,急遽苟且:朱熹《四书章句集注》:"造次,急遽苟且之时。"造次,慌忙,仓促。苟且,随便,马虎,敷衍了事。
⑥颠沛之际,倾覆流离:朱熹《四书章句集注》:"颠沛,倾覆流离之际。"

⑦取舍之分当明，存养之功当密：朱熹《论语集注》释本章："言君子为仁，自富贵、贫贱、取舍之间，以至于终食、造次、颠沛之顷，无时无处而不用其力也。然取舍之分明，然后存养之功密；存养之功密，则其取舍之分益明矣。"存养：存心养性，保存本心，培养善性。出自《孟子·尽心上》，可详参本书［学而第一·八］同名词条注释。密，精致，细致。

【译文】

这一章讲的是，孔子谈论君子躬行仁道，无时无处不坚守努力。

孔子说：顺利或阻逆的命数是由天决定的，然而决定进退取舍的主动权在我自己这里。就好比富裕和显贵是人人想得到的，想得到就会时刻念想如何得到。然而凡事有其道义，不能不审慎对待。如果依照天道事理不应该获得富贵，但是却因偶然原因得到了，这就是不符合道义了，见利思义的人就会毅然决然推辞而不占取。

贫穷与卑贱是人人都厌弃的，厌弃就会弃之唯恐不及，然而一切都是命定的，不能不安于现状。如果依照天道事理不应该身处贫贱，但是却因偶然原因置身其中，这就是命中注定，乐天知命的人就会果断接受而不离弃。如果不是君子，这还有谁能做得到呢？

大概君子之所以被称为"君子"，就是因为他们躬行仁道。如果只是贪图富贵而厌弃贫贱，这就是徇求私欲而丧失天理，已经失去了仁心了，又何以成全他君子的名声呢？所以君子一定不能离开仁道。这种不离开仁道，不但不因富贵或者贫贱，即便是一顿饭的短暂工夫，片刻之间，也不可以。心心念念于仁道，没有一丝一毫违背。即便是手忙脚乱、人心惶惶的时候，也要心存仁道；即便是颠沛流离、连蹇不遇的时候，也要心存仁道。君子就是这样，时刻不离弃仁道。

然而躬行仁道的人，取舍进退的时势要辨明，存心养性的功夫要细密。时时刻刻尽心尽力，这样才能成为真正的君子。

【评析】

君子便是怀仁之人，任何时候都不背离仁道。这一章既对君子进行了明确的定义，也提出了谨严的要求。富贵贫贱的日常状态、造次颠沛的命运周折，其本身与仁并没有必然的联系，但是作为生活常态或非常态的境遇，被用作对君子信守仁道之心的考察，而不是仁道本身，亦非其必然要求。

所以，孔子的话是在通过情景假设进行提醒和告诫，尽管其辞气淋漓，回声激越,然而真正做到,既非车马舟楫之需,亦非刀枪剑戟之威,而不过是秉持最真最坚定的心念,在最简单俗常的现实生活中丝毫不动摇。

【标签】

仁;君子

【原文】

子曰:"我未见好仁者,恶不仁者。好仁者,无以尚之;恶不仁者,其为仁矣,不使不仁者加乎其身。有能一日用其力于仁矣乎?我未见力不足者。盖有之矣,我未之见也。"

【解义】

此一章书,是孔子望人用力于仁之意。

孔子曰:仁之当好,不仁之当恶,谁不知之?然我未尝见好仁者、恶不仁者。盖我所谓"好仁"者,非泛泛然好之也,真知仁之可好,而好之极其笃,举天下可好之物无可以加之,方是"好仁";我所谓"恶不仁"者,非泛泛然恶之也,其为仁也,惟恐不仁之为害,而恶之极其深,不使一毫不仁之事及于其身,方是"恶不仁"。此成德①之事,难得而见之也。然为仁在我,欲之即至。若有人焉,一旦奋然用其力于仁,精以察理而守之以刚,严以辨私而遏②之以断,则志之所至,气亦至焉。③我未见有心欲进而力不足以副④之者。盖人气禀⑤不同,或亦有此昏弱之甚者,既用其力矣,而力有不足,中道而废,⑥但我未之见耳。

夫成德既难其人⑦,而学者复甘于自弃⑧。圣人反复叹息,其责人也深,而望人也切矣。

【注释】

①成德:修为道德。

②遏:遏制,阻断。明王阳明《传习录》:"善念发而知之,而充之;恶念发而知之,而遏之。"

③志之所至,气亦至焉:《孟子·公孙丑上》:"夫志,气之帅也;气,体之充也。夫志至焉,气次焉,故曰'持其志,无暴其气'。"明王阳明

《传习录》:"'志之所至,气亦至焉'之谓,非极至、次贰之谓。'持其志',则养气在其中;'无暴其气',则亦持其志矣。孟子救告子之偏,故如此夹持说。"

④副:匹配,相称。

⑤气禀:亦称"禀气",指人生来对气的禀受,从某种程度上决定了人与人后天的差别。详参本书[为政第二·九]同名词条注释。

⑥力有不足,中道而废:[雍也第六·十二]:冉求曰:"非不说子之道,力不足也。"子曰:"力不足者,中道而废。今女画。"(冉求向夫子坦陈:"夫子,我不是不热衷于您的思想,但是心有余而力不足啊。"夫子说:"即便是力量不足,也只会是半途而废;但你不过画地自限,根本没有起步去做"。)

⑦成德既难其人:朱熹《四书章句集注》:"此章言仁之成德,虽难其人,然学者苟能实用其力,则亦无不可至之理。"

⑧自弃:《孟子·离娄上》:"自暴者,不可与有言也;自弃者,不可与有为也。言非礼义,谓之自暴也;吾身不能居仁由义,谓之自弃也。"

【译文】

这一章是讲孔子恳望人们用心于为仁。

孔子说:应当爱好仁道而厌弃不仁,这是谁都知道的。但是我并没有见到真正的爱好仁道而厌弃不仁的人。原因是我所谓的"爱好仁道",并不是泛泛而谈的爱好,而是真正地明白为什么要爱好,而且十分笃定地爱好,即便是拿全天下最值得爱好的东西,也没有比得过它的,这才是"爱好仁道";我所谓的"厌弃不仁",也不是泛泛而谈的厌弃,只是这个为仁的过程,深恐不仁造成侵害,所以极其厌弃,不使自身带有一丝一毫的不仁表现,这才是"厌弃不仁"。这种比较纯粹的修为道德的事情,是很难见到的。然而为仁的关键在于我自身,我想要做到就能做到。就像有的人,一天全然努力于为仁,精细地察明公理并刚毅地坚守,严苛地辨别私欲并果断地遏制,那么意志所达到的地方,意气就充沛(而有力量)。我没有见过意志想要前进而力气不能够支撑的。大概人的天生体质有所不同,或许真的有种极其迂笨而衰弱的人,即便是竭尽全力,但是还是力有不逮,不得不半途而废,但我还没有见过这种人。

成就仁德,对于人来说的确是非常之难,(但不是无法做到,)然而为学者却甘于自暴自弃(这就更令人遗憾了)。圣人反复叹惋,这是深深的责备,但也是恳切的期望啊。

【评析】

诚于中而必能发于外;"力不足"之谓,实唯诚中不足,如此而已。

【标签】

仁;好仁;不仁

【原文】

子曰:"人之过也,各于其党。观过,斯知仁矣。"

【解义】

此一章书,是孔子论观人心术之法。

孔子曰:凡人心术①之邪正难知,而行事之差失②易见,即差失之中而邪正自分焉。君子存心③宽厚,倘有过失,必是过于宽厚;小人存心刻薄,其为过失,必是过于刻薄。其党类各自不同,观人者不可以为过而概视之也。观其过于宽厚,知为忠恕之君子;观其过于刻薄,知为残忍之小人。忠恕,仁也;残忍,不仁也。观忠恕之过异于残忍,不即此可以知仁哉?

此可见观人之法,无过者不可苛求,有过者不可轻弃,当察其心术何如耳。

【注释】

①心术:心志,心思。
②差失:差错,失误。
③存心:保持心中先天固有善性。儒家以之为重要的自我修养方法。语出《孟子·尽心上》:"存其心,养其性,所以事天也。"可详参本书[学而第一·三]同名词条注释。

【译文】

这一章是讲孔子谈论观察判断人心的方法。

孔子说:人心的好坏难以判断,但是通过做事的错误因由就容易进行区分,也就是说通过一个人的过失也自然可以判断其心思是好是坏。君子存心宽厚，如果有所过失，那么往往也是由于太过宽厚；小人存心刻薄，如果有所过失，那么往往也是由于太过刻薄。（虽然过失表面上相似，但是）其归类却各不相同，观察判断者不能把所有的过失相提并论，等而视之。看到过于宽厚之失，就知道他是心怀忠恕的君子；看到过于刻薄之失，就知道他是生性残忍的小人。忠恕就是仁，残忍就是不仁。忠恕即便有所过失，但还是跟残忍大不相同，不明白这一点，还怎么可以判断仁与不仁呢？

由此可以知道观察判断人的方法，不能苛求一个人不犯错误，但是对于犯了错误的人不能简单否定，也要看其做事的初衷和动机是怎样的。

【评析】

看（观察判断）人之法，亦即修己之法。如果只是以是为是，以非为非，不去探察是非的究竟，不只是于人不利，也说明自身过于粗浅，不够宽厚，难成大器。因此，孔子此论，既是宽容之辞，也是警示之语。

【标签】

君子；忠恕；仁；不仁；过；残忍

【原文】

子曰："朝闻道，夕死可矣。"

【解义】

此一章书，是孔子甚言①道之不可不闻也。

孔子曰：人之生也，皆有日用常行之道。如为人子，即有孝之道；为人臣，即有忠之道。所宜讲求体认者也。若不闻此道，则生也有愧，死亦有恨②。故平日间，用心讲求③，竭力体认④，一旦豁然贯通，虽夕死亦可以无遗憾矣。

甚矣，道之不可不闻也！然不学不知道⑤，欲闻道者，当以务学⑥为急。

【注释】

①甚言：极言，强调。

②恨：遗憾。
③讲求：修习研究。
④体认：体察认识。
⑤不学不知道：语出《礼记·学记》："玉不琢，不成器；人不学，不知道。"
⑥务学：努力学习。

【译文】

这一章是讲孔子强调要及时闻道。

孔子说：人活着，就要遵循日用恒常的道理。比如作为子女，就要遵循孝道；作为臣民，就要遵循忠道。这都是需要不断讲求和体认的。如果没能懂得（并遵循）这些道理，那么活着也会羞愧，死了也会遗憾。所以，在日常生活中，要用心研习，尽力体认，如果有朝一日能够豁然贯通，哪怕是晚上就死去，也可以没有什么遗憾了。

的确，大道不能不闻知！然而大道不通过学习就很难获得，而得道最要紧的，是努力学习。

【评析】

《解义》及众说似乎并未辨明孔子真意。

闻道可死，但是道不是让人"死"，而是让人"生"，将内在的生命与天地的规则并行于广阔的时空，从而获得自由自在的生命体验。因此，"夕死可矣"极言闻道的价值和重要性，以至可以生命的代价来换取，而非《解义》所谓"死而无憾"云云。所以，我们不妨将孔子的话进行一个转化：未闻道，虽生犹死；既闻道，虽死犹生。《中庸》开篇即言"道也者，不可须臾离也，可离非道也"，道与人生相偕而生，本章虽未言明此道为何道，但是我们可以理解为生人之道、为人之道、成人之道、众道之道。只有不断努力探求并体认这些"道"，人生才富有意义和价值。

进而，我们可以将此章之"道"分析为两层意蕴：一个是终极之道，即为人之道；一个是基础之道，即为道之道。为道之道不离为人之道，为人之道应辅以为道之道。"朝闻道"是闻为人之道，"夕死可也"是死为道之道。两者相协，共铸大道。其实，凡人生存，无不有道，只是此道非彼道，一般之道大概只是生存之意识、生产之技能，而于为人之道或偏狭或局促，未能周全，且缺乏自致更新的能力，甚而知道而不循道，得道而不持道，与孔子之道尚有天壤之别。

孔学是将人生归于道的框架之下，道是指导、成就，而不是约束、禁忌，是自强不息、生生大德，与人生并行不悖，百无一害，而不是取代人生，别求他物，更不是鄙薄欲望，无视性命。真正遵循此道必将给人以人格、人性的尊重，以精神、伦理的自由，孔学因此堪称积极探索人生，使人进入自由王国的实践之道。

【标签】

道；为人之道；为道之道；朝闻道，夕死可矣；可离非道

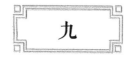

九

【原文】

子曰："士志于道，而耻恶衣恶食者，未足与议也。"

【解义】

此一章书，是孔子论士之识趣①不可不高也。

孔子曰：为学之士有志于斯道，宜其斯道以外之物皆不足以动其心矣。而乃以衣服饮食之不美为愧耻，则是羞贫贱，慕富贵，其识趣之卑陋②甚矣。与之论道，其于性分③可乐之事必且茫然，岂足与议哉？

颜子一箪食一瓢饮不改其乐，④子路衣敝缊袍与衣狐貉者立而不耻。⑤此真能志于道者也，士当如是矣。

【注释】

①识趣：识见志趣。
②卑陋：平庸浅陋。
③性分：犹天性，本性。
④颜子一箪食一瓢饮不改其乐：[雍也第六·十一]：子曰："贤哉回也！一箪食，一瓢饮，在陋巷，人不堪其忧，回也不改其乐。贤哉回也！"（夫子说："颜回真是贤良啊！像这种每天一竹筒饭、一瓢水，住在穷陋小室中的生活，别人都会不堪其忧，叫苦不迭，颜回却仍能津津有味，乐在其中。颜回这得是达到了怎样贤良的境地啊！"）
⑤子路衣敝缊袍与衣狐貉者立而不耻：[子罕第九·二十七]记载，子曰："衣敝缊袍，与衣狐貉者立，而不耻者，其由也与？'不忮不求'，何用

不臧。"（夫子说："穿着破衣烂裳，与那些穿着锦衣绣服的人站在一起，却不以为耻，大概子路就是这个样子吧？《诗经·邶风·雄雉》里说，如果一个人不奢求不贪婪，那么还有什么不足的呢？"）

【译文】

这一章是讲孔子谈论读书人的眼界见识要高。

孔子说：做学问的人，既然有志于求道，就应该做到对道以外的事物不动心念。而如果仅仅以衣服不够华美、饮食不够美味为羞耻，就是羞于贫贱而贪慕富贵，他的眼界见识是太过于平庸浅陋了。如果和他一起论道，他连本分应做的事情都还搞不清楚，那还有什么可谈的呢？

颜渊过着一箪食、一瓢饮的简单生活，但是乐在其中；子路穿着破旧的衣服，与穿着裘皮大衣的人在一起，也丝毫不以为卑微。这就是真正有志于道的人啊，读书人就应该做到这样（才能得道）。

【评析】

学问出于自觉。若做学问而不能自觉于己，心向于道，只是把学问作为敲门砖、表演道具和交换条件，恐怕其道非真道，所学非真学，人亦非真人，物亦非真物。此章本义是用贫穷的生活来喻指安然于道的状态，不受外物困扰，既不否定富贵，也不把贫穷与道对等。可是，人们似乎依然习惯外求，把贫富简单对等于有道和无道，比如所谓"为富不仁矣，为仁不富矣"（《孟子·滕文公上》，阳虎语）。因此，"贴标签"的方式使对道的鉴别越发简单粗暴，同时脱离道的本义也越来越远。孔老夫子本来用于纠偏补正的话，却又常常被粗浅理解并挪作他用，偏之又偏，不可理喻，最终演绎为一幕幕闹剧。

【标签】

道；贫富；学问；自觉

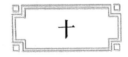

【原文】

子曰："君子之于天下也，无适也，无莫也，义之与比。"

【解义】

此一章书,是言君子精义①之学也。

孔子曰:天下有至当之理,处天下事者必不可任一己之私。是故有意主于必为,虽或不可为而犹为之者,谓之"适"。意主于必不为,虽或可以为而犹不为者,谓之"莫"。二者但偏执己见,于以处天下事,必有害矣。

惟君子之于天下也,未尝主于必为而无适也,未尝主于必不为而无莫也,是非可否,一断之以当然之义。义之所在,坦然无私,确然无疑,既不至于轻率而败事,亦不至于拘滞而不通,是谓"义之与比"。天下所以赖有君子也。

然精义之学,若非讲究于平日,焉能泛应②于临时?有天下之责者,所宜自审也。

【注释】

①精义:坚守道义并使之精纯。
②泛应:广泛应对。

【译文】

这一章书是说君子坚守道义并使之精纯的学问。

孔子说:天下自有公道,因此经理天下事务的人绝不能仅仅只谋求个人的一己之私,而不顾公理和公利的存在。因此,有些本来想做的事情,虽然有时候不可以做,但仍然做了,这叫作"适"。有些本不想做的事情,虽然有时候也可以做,但还是不去做,这叫作"莫"。这两种情形,只是秉持私人之见来做事,一定是有害处的。

只有君子,在处理天下事的时候,从不因为个人主观意志一定要去做什么,或者一定不去做什么,是对是错,可做还是不可做,都完全根据道义来判断。因为秉持道义,所以就会坦荡无私,毫不犹疑,既不会在不该做的时候轻率出手,把事情搞砸,也不会在该做的时候呆板固执,不会变通。这就是所谓的"义之与比"。这也正是为什么天下需要仰赖君子来做事。

然而,道问之学贵在坚持并不断精进,若不是日常的修炼,怎么会应用到临时突发的事件上呢?这是主政天下的人应该不断自我审视(和自我锤炼)的。

【评析】

对待工作,要有敬业精神,而不只是谋一份口粮,挣一份工资。衡量一件事是否应该去做,以事情的本然角度去考虑,应该做的不犹豫,不该做的不含糊,这就是"义"。"义之于比",就是"按照义的原则去做事",放下个人得失,工作的格局就会更加开阔,工作的思路就会更加清晰。所谓"敬业",并不只是一味地投入工作,而是对工作设定一种人格内涵和价值评价,在完成工作的同时也完成对自己的塑造。既然是把工作自身设定为自我价值的映射,那么为工作兢兢业业、任劳任怨也就是义之所在、理所当然的了。

【标签】

君子;天下;义

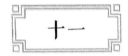

十一

【原文】

子曰:"君子怀德,小人怀土;君子怀刑,小人怀惠。"

【解义】

此一章书,是言君子小人心术之别也。

孔子曰:人各有所怀,而人品之不同即于此见之。君子之所怀者在固有之德,本体惟恐其或昧,分量惟恐其或亏。盖有戒慎恐惧①而不自宽者矣。至于小人之所怀者在乎土,不知德之可行,而沾沾②于自适③之处,何其图安而不能迁也!

君子之所怀者在朝廷之刑,闲居惟恐其纵肆,举动惟恐其隕越④。盖有淡泊宁静⑤而不妄营⑥者矣。至于小人之所怀者在于惠,不知刑之可畏,而孳孳于自利之谋⑦,何其贪营而不知厌也!

是知怀德则无所为而为,善怀刑则有所惮而不为恶,此君子之所以日进于高明⑧也。若怀土则已得而吝于己,怀惠则未得而求诸人,此小人之所以日入于卑陋也。思念之间,可不慎哉?

【注释】

①戒慎恐惧:自戒谨慎,警惧忧患。《礼记·中庸》:"道也者,不可须

臾离也，可离非道也。是故君子戒慎乎其所不睹，恐惧乎其所不闻。莫见乎隐，莫显乎微，故君子慎其独也。"（道是人们须臾所不能背离的，能够背离的，那就不是道了。正因为如此，君子在别人看不见的地方也要自戒谨慎，严格自律，在别人听不到的地方也要警惧忧患，不乱说话。越是在隐蔽的地方，越易暴露本性；越是在细小的地方，越易彰显品德，所以君子在独处时要特别慎重。）

②沾沾：执着。

③自适：悠然闲适而自得其乐。

④陨越：颠坠，败绩，失职。

⑤淡泊宁静：恬静寡欲，不追求名利，不装腔作势。诸葛亮《诫子书》："夫君子之行，静以修身，俭以养德。非淡泊无以明志，非宁静无以致远。"

⑥妄营：胡乱作为。

⑦孳孳于自利之谋：《孟子·尽心上》："鸡鸣而起，孳孳为善者，舜之徒也。鸡鸣而起，孳孳为利者，跖之徒也。欲知舜与跖之分，无他，利与善之间也。"（鸡叫就起床劳作，用力于善的人，这是舜的门徒；鸡叫就起床劳作，用力于利益的人，这是盗跖的门徒。要想知道是属于舜一类还是跖一类，没有别的，看看他是逐利还是向善。）

⑧高明：指君子修为达到高大光明的境地，上配于天，以普惠万物。《礼记·中庸》："故至诚无息，不息则久，久则征，征则悠远，悠远则博厚，博厚则高明。博厚，所以载物也；高明，所以覆物也；悠久，所以成物也。博厚配地，高明配天，悠久无疆。如此者，不见而章，不动而变，无为而成。"（所以，最高境界的真诚是永生不息的。永不停息，就会持久运行；持久运行，就会有所效验；有所效验，就会悠久长远；悠久长远，就能够广博深厚；广博深厚，就能高大光明。广博深厚，是用以承载万物的；高大光明，是普惠万物的；悠久长远，是用以成就万物的。广厚如地，高明如天，悠久无限。达到这样的境界，不必表现就能自然彰明，无所行动就会自然变化，无所作为就可以自然成就万物。）

【译文】

这一章是谈君子和小人在心志上的区别。

孔子说：人心都有所记挂，而人品之高下也在此处彰显。君子所记挂的，是自身本就具有的品德，唯恐内在精神有所不明，而所居层次有所不足，因此担心自己有所缺失而不放松对自己的要求。而在小人那里，他们心里挂念的是土地财产，因此并不觉得要修养品德，而只是执着于自己贪求的东西，这是多么顽固不化啊！

君子所记挂的，是朝廷的刑罚。因此在闲散生活的时候也不敢骄纵放肆，一举一动都不敢失职，因此淡泊以明志，宁静以致远，而不轻狂躁动。而在小人那里，他们心里挂念的是恩惠利益，因此不觉得刑罚可怕，而只是孜孜不倦地思忖如何对自己有利，这是多么贪得无厌啊！

所以由此可知，君子记挂品德修为，即便什么都不做，但还是有所作为；勤于考虑刑罚之事，就会有所顾忌而不去作恶。这就是君子逐渐臻于高明之境的原因啊。如果记挂土地财产，即便是得到了，也会吝于自用（遑论周济他人）；只是贪求恩惠利益，如果没有得到，就会低声下气，乞求于人。这就是小人逐渐沦落至卑微鄙陋境地的原因。所以，人的一思一念（都关系重大），怎能不慎重对待呢？

【评析】

这一章相关的注疏在具体字词的解释上有很多歧解。但是，笔者在此处想阐明的是，这一章对于"君子""小人"的界定本身就可能比较含混。一般而言，"君子"在孔子那里从"有位者"转换为"有德者"，然而此处的"君子"则是既有"有位者"又有"有德者"的涵义，而综合在一起，就是希望"有位者"成为"有德者"。因此，此处怀德怀刑、怀土怀惠的君子小人，并不构成简单对立，最好也不要与现实直接对号入座。

唐文治在《四书大义》中指出，这一章"盖自其事为言之，则君子小人之分途，指示尚易，惟其所怀者不可知，故圣人抉其心而言，谓如是则为君子，如是则为小人也"❶。意思是说，不是因为你是君子就一定怀德怀刑，而是怀德怀刑则成为君子，要根据其思想行为进行判定，特别是心理的出发点。一个"怀"字寓意颇丰，这一点，《解义》说得恳切，所以笔者将其翻译成"记挂"，即时刻念想、随处计较的意思。

将这一章的内涵通俗地来讲，不外乎今天所流行一段"鸡汁"：一个人只能看到他想看到的，只能成就他想成就的。换言之，道德人格底事？修为也是种瓜得瓜，种豆得豆，如此而已。

【标签】

君子怀德，小人怀土；君子怀刑，小人怀惠；戒慎恐惧

---

❶ 唐文治：《四书大义》，上海交通大学出版社2016年版，第89页。

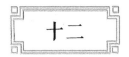

十二

【原文】

子曰："放于利而行，多怨。"

【解义】

此一章书，是醒趋利者之甚无益也。

孔子曰：人能好义，居心淡泊，处事公平，则人皆悦服①而身自安荣。乃有人焉，念念事事惟利是循。夫我之所爱亦人之所惜，利既专之于己，害必归之于人。将见与争利者必不能怡然以受，即不与同利者，亦莫不闻声而共忿②矣，宁不多怨也乎？

然则放利者本为身谋、为家计，非以招怨也，而怨实自此生，于身家何益哉？故善言利者，亦惟求之义而已矣。

【注释】

①悦服：心悦诚服。
②忿：生气，愤恨。

【译文】

这一章是讲使人警醒过度逐利的危害。

孔子说：如果一个人能够急公好义，淡泊自甘，处事公平，那么就会使他人心悦诚服，自己也就容易平安并享有荣华。但是有的人，却时时处处、心心念念地唯利是图，不择手段。其实自己所喜欢的也往往是别人所珍惜的，如果把全部利好都归于自己，那么别人就会因此受到损失。由此就能判断，在两个争夺名利的人之间必然不能爽快地接受对方，即便没有利益纠葛的人，听到这件事也没有不同慨共忿的，这样怎么会不滋生怨恨呢？

然而逐利的人本是为自身谋划，为家庭考虑，并不想招致怨恨，不过却恰是由此引发怨恨，这于己于家又有什么好处呢？所以真正善于逐利的人，反而也在义的范围内去追求。

【评析】

追求利益最大化是团体或个人的本性，但是只是一味逐利而不注重利益的均衡与协调，就很容易出问题。对利益的均衡与协调所遵循的就是"义"的原则。由此而言，义就是通过系统性整体性平衡的方式，尽可能使社会或团体总体利益最大化（社会最大之"公义"不过是国家安定、人民幸福、人际和谐），同时避免过分逐利或利益不均，以防产生破坏性的后果。所以孔子总是义利并举，强调君子维护义的责任，警戒小人逐利的恶果。

其实无论是在一国之内，还是于二人之间，逐利是必然性的，但是利益的最大化并非利益独占而是互惠共赢。对于一个国家的治政者而言，能够协调国人之间的利益，树立正向的价值观（仁义平衡）就是最大的利了；而如果治政者自身的眼光非常狭隘，把依凭权力来为自身逐利作为目标，那么不仅会形成上行下效的连锁反应，同时也必然会造成严重的后果：资源垄断，贪腐滋生，人心涣散，经济混乱，民生凋敝……孟子见梁惠王，梁惠王就问他如何为国家获得利益。孟子回答说："上下交征利而国危矣……王亦曰仁义而已矣，何必曰利？"（《孟子·梁惠王上》）为政者有仁有义，社会和个人利益才能有所保障。这话说得是再明白不过了。

【标签】

义利；价值观；为政

十三

【原文】

子曰："能以礼让为国乎？何有？不能以礼让为国，如礼何？"

【解义】

此一章书，是言为国者当敦礼教之实也。

孔子曰：礼也者，治天下之具也。而仪文节目①之中，实出于恭敬谦逊之意，谓之"让"。为人君者能以礼让为国，或修之一身，以示之标准，或昭之制度，以防其僭慢②，则礼教既足以训俗③，诚意④又足以感人，将见⑤纲纪可正而风俗可淳。其于治国乎何难之有？

若不能以礼让为国，外虽极其文饰，而中则鲜有实心，即曰"行礼"，已失礼之实矣，如礼何哉？礼既不可行，而欲其治国，不亦难乎？

可见礼之原出于让，而让之仪即为礼。先王所以缘情而制宜⑥，天下所以一道而同风⑦，皆在乎此。为国者当急务⑧也。

【注释】

①仪文节目：礼仪形式的条目。

②僭慢：僭越本分而无视规则。

③训俗：教化民众。

④诚意：心志真诚。《礼记·大学》："欲正其心者，先诚其意。"

⑤将见：很快就可看到，立竿见影。

⑥缘情而制宜：根据人情来制定礼制。《史记·八书·礼书》："洋洋美德乎！宰制万物，役使群众，岂人力也哉？余至大行礼官，观三代损益，乃知缘人情而制礼，依人性而作仪，其所由来尚矣。"

⑦一道而同风：受统一道理教化而形成同一社会风习。化用自《礼记·王制》。可详参本书康熙《御制〈日讲四书解义〉序》"一道同风"词条注释。

⑧急务：以此务为急。

【译文】

这一章是说治理国家应当落实礼教。

孔子说：礼，是治理天下的工具。而在各种礼仪条目中，凡是那些带有恭敬谦逊意味的，都可以称之为"让"。君主能够以礼让的态度来治理国家，一方面躬身实践来以身示范，一方面申明制度防患于未然，这样推行礼教即足以教化民众，其心志真诚又足以感化众人，其效果可谓立竿见影，使纲纪清正而民风淳朴。这样用礼教来治理国家还有什么困难呢？

但是如果不用礼让的态度来治理国家，外表上虽然极尽繁文缛节、藻饰文华，但其内在却毫无实际内容，即便是强调"行使礼节"，也毫无礼的实质内容了，这样怎么算得上是礼呢？礼教既然无法推行，而又想把国家治理好，不是异想天开吗？

由此可见，礼的根源是恭敬谦让，而恭敬谦让的形式就是礼。先王之所以根据人情来制定礼制，天下之所以能够在同一道统下传习风化，其根本都在于礼让。因此，治国者应当把推行礼教作为当务之急。

【评析】

儒学的逻辑，是君主为天下师，以身作则推行礼制，来实现"一道同风"的社会教化效果。这是一种理想的建构，也是儒学社会价值体系和治理体系的顶层设计核心："为政以德，譬如北辰居其所，而众星共之。"（［为政第二·一］）"政者，正也。"（［颜渊第十二·十七］），等等，都对君主提出极高的道德要求，在赋予他们至高地位的同时，也绑定了治政化民的重任。《解义》通过解析"礼"与"让"的关系，向我们清晰地呈现了这一点。然而，这只能是一个纸上谈兵的理论框架；在真实的政治实践中，这种框架很难成立并产生实际效果。毕竟万金之躯的君主实则也不过一介普通人，一方面有着极高的权力，另一方面又是一个有着七情六欲的肉体凡胎，两者相加，便极有可能催化出一个任性妄为、无法无天的政治寡头。这种设计的初衷是好的，但是有缺陷，或者是为现实所迫，不得不在强权政治的既有基础之上进行调节和平衡。实际上，儒家天命观本是他们与皇权既合作又冲突的一种表现❶，儒家本以为制约和限定了皇权，然而却屡屡被皇权绑架和利用，而其结果，是儒学为其独裁行为的种种恶果背书，因此儒学之兴衰命运似乎也是早就注定了的。

【标签】

礼让；为政；缘情制宜；一道同风

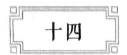

【原文】

子曰："不患无位，患所以立。不患莫己知，求为可知也。"

【解义】

此一章书，是示人以反求诸己①之学也。

孔子曰：人不能无所患，然舍己而求人则失之矣。如位者，人之所欲也，不得其位而患之者，常人之情也。殊不知朝廷之位取之有道，得之有

---

❶ ［美］约瑟夫·列文森：《儒教中国及其现代命运》，郑大华、任菁译，广西师范大学出版社2009年版，第220页。

命，虽患，岂能必得哉？故不患无位，而当患所以立乎其位者——致君泽民②之事，一皆讲求于身心，庶无尸位③之诮④也。

名者，人之所慕也，人不知我而患之者，常人之情也。殊不知令闻⑤之著，发之有原，致之有渐，虽患，岂能必至哉？故不患莫己知，而当求为可知之实也。

明善诚身⑥之要，一皆无忝⑦于幽独⑧，庶无虚誉之耻也。夫"患所以立"，非以觊位⑨；"求为可知"，非以沽名。君子为己之学，重此而轻彼者，正以尸位之诮与虚誉之耻有百倍于无位、无名也。不然，有为而为⑩，亦奚足贵哉？

【注释】

①反求诸己：反过来追究自己，从自己方面找原因。语出《孟子·公孙丑上》："射者正己而后发，发而不中，不怨胜己者，反求诸己而已矣。"可详参［卫灵公第十五·二十一］同名词条注释。

②致君泽民：南宋王应麟《三字经》："上致君，下泽民。"（对上辅佐君主，对下惠泽百姓。）致君，辅佐国君，使其成为圣明之主。

③尸位：尸位素餐，在其位不谋其职，空占着职位而不做事。

④诮：责备。

⑤令闻：美好的声誉。

⑥明善诚身：明理修身。明善，指格物穷理然后致知。诚身，是以至诚立身行事。《礼记·中庸》："诚身有道，不明乎善，不诚乎身矣。诚者，天之道也；诚之者，人之道也。诚者，不勉而中，不思而得，从容中道，圣人也；诚之者，择善而固执之者也。博学之，审问之，慎思之，明辨之，笃行之。有弗学，学之弗能，弗措也；有弗问，问之弗知，弗措也；有弗思，思之弗得，弗措也；有弗辨，辨之弗明，弗措也；有弗行，行之弗笃，弗措也。人一能之己百之，人十能之己千之。果能此道矣。虽愚必明，虽柔必强。"［使自己做到真诚是有途径的，不知晓善就不能真诚。真诚，是上天的品德；做到真诚，是人的品德。天生真诚，不必勉为其难就能达到，不必苦思冥想就能获得，从容而自然地符合天道法则，这是圣人才能做到的；要使人做到真诚，则需要主动选择实践善德并坚持不懈。（怎样坚持?）要广泛地学习，审慎地询问，慎重地思考，明确地分辨，切实地实践。除非不学习，学了没有学会就绝不放弃；除非不询问，询问了还不明白就绝不中止；除非不思考，思考了没有获得结果就绝不中止；除非不辨析，辨析没有彻底明白就绝不中止；除非不履行，履行了没有切实做到就绝不中止。别人一次能做的，我用

百倍的工夫；别人十次能做的，我用千倍的工夫。如果真能这样努力，即便愚笨也会变得聪明，即使柔弱也会变得刚强。]

⑦无忝：不玷辱，不羞愧。

⑧幽独：独处。即戒慎独之意。

⑨觊位：觊觎职位。觑，音qù，偷看，窥视。

⑩有为而为：刻意为之，为了追求某种特定效果而去做某事。《了凡四训·积善之方》："根心者真，袭迹者假；又无为而为者真，有为而为者假。"

【译文】

这一章是告诉人们反求诸己的学问。

孔子说：人都有所忧虑，但是如果只是在他人身上寻求（解决忧患的途径），而不在自身上努力，就是错位了。比如职位，每个人都想得到，得不到而为之忧虑，这是人之常情。殊不知朝廷的职位，要依据一定的途径获取，依从命运的安排而获得，不是因为你忧虑了就一定能得到的。所以不应该忧虑自己有没有这个职位，而是忧虑获取这个职位之后如何做好——辅佐君主、泽润百姓的政事，于身于心，时刻讲求，这样才不会遭到"尸位素餐""无所作为"之类的差评。

名誉，是人人都向往的，所以如果忧虑别人不了解我，也是人之常情。殊不知美好声誉的显扬，其发出是有所源起的，其高致是有所积累的，不是因为你忧虑就一定能够获得的。所以不忧虑不被人知道（名声），而是在被人知道的事实上下功夫。

明理修身的关键，皆在无愧于幽静独处，更不在虚名浮誉。其"患所以立"，不是觊觎职位；"求为可知"，也不是沽名钓誉。君子所学是为己之学，重视自身而轻视外在，正是因为"尸位素餐"的讥讽和"虚名浮誉"的诟病，更甚于无位、无名的尴尬。不然的话，如果为位为名就去装模作样，刻意为之，对于一个人又有什么实在意义呢？

【评析】

对"患所以立"的解释，《解义》是从官方的角度来解读的，所以跟一般的阐释略有不同。它说，不要去忧虑是否有职位，因为那不是靠忧虑就能得到的，所要考虑的是一旦获得这个职位，之后怎么才能做得称职。而笔者的理解则是：不要忧虑是否有某个职位，而是要考虑通过什么方式来获取这个职位。《解义》的重点是希望读到它的"干部"都好好立足本职岗

里仁第四

位,把工作做好。而孔子讨论"所以立"自身给予我们的,不光是对于职位的渴求,而是对职位获取方式的计较——它是否与自己的政治主张方式一致,不违心,不逆志。如果一个职位是自己"朝扣富儿门,暮随肥马尘"(杜甫《奉赠韦左丞丈二十二韵》),通过向权贵乞怜得来,那么势必不被孔子接受。孔子讨论获取职位的目的是实现政治抱负,而如果这种获取职位的方式与自己的政治抱负的核心理念截然背反,那么自然不会接受,更不会去主动讨要。这在孔子自身已屡见不鲜,他因齐国人用美人计离间([微子第十八·四]"齐人归女乐"),兼之鲁定公未以礼制致赐祭肉(《孟子·告子下》)而辞去大司寇的职位离开鲁国;卫灵公询问用兵之事([卫灵公第十五·一]"卫灵公问陈"),与孔子文治之政见不一致,于是孔子放弃为官治政的机会而离开卫国。

所以,《论语》还是主张反身自求,奋发有为,"有为才有位";《解义》则从官方的角度,认为有位要有为;而现实则是有位才可能有为,但有位也未必有为。当然这与社会最基本的价值观/义利观有非常密切的联系,正因为"位"代表着"利",而"为"代表"义",两者之间并非那么容易对位和平衡,所以现实总是与理想有着很大的距离。孔子的话,或许只能用来宽慰和自己境遇相似的那些连蹇不遇的读书人罢了。

【标签】

名;位;患;反求诸己

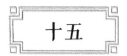

【原文】

子曰:"参乎!吾道一以贯之。"曾子曰:"唯。"
子出,门人问曰:"何谓也?"
曾子曰:"夫子之道,忠恕而已矣。"

【解义】

此一章书,是圣贤心学①之传也。
曾子平日学问主于诚身②,随事精察而力行之,功力既已深矣。故孔子直呼其名而告之曰:参乎,尔亦知吾道乎?吾道统乎天地万物,虽精粗、大小、本末、内外、条理各殊,其实总是一理贯通。万事自然,施之各当,应之不穷。

曾子闻孔子此语，不待辨问，直应之曰"唯"。盖其学力独到，为能深契其旨。

其余门人俱未能解，故孔子既出，门人私问于曾子，曰：所谓一贯者何谓也？

曾子答曰：夫子之道无他，"忠""恕"而已矣。至诚无妄，无一毫不自尽之心，所谓"忠"也；推己心以及人，曲当周详③，各从其愿，所谓"恕"也。"

盖忠为体，具于一心；恕为用，通乎万理。"一以贯之"之实，不过如是，岂更有他说哉？夫虞帝传心，以精一为旨。④孔门传道，以一贯为宗。圣功、王道，其致一也。

【注释】

①心学：核心学说。

②诚身：以至诚立身行事。《礼记·中庸》："顺乎亲有道，反诸身不诚，不顺乎亲矣；诚身有道，不明乎善，不诚乎身矣。"（顺从父母是有途径的——如果反求于自身而缺乏真诚，就不能顺从父母；内心真诚是有途径的——如果不明了什么是真正的善，就不能使自身做到真诚。）

③曲当周详：做事考虑细致周全，完全恰当。

④虞帝传心，以精一为旨：见于《尚书·大禹谟》，虞舜禅位于夏禹，对禹传授治政心要："人心惟危，道心惟微，惟精惟一，允执厥中。"（人的欲念芜杂而有危害，而道的内涵是精微至极的，只有体察道的精微并始终如一地遵守，如此才是实实在在地秉承不偏不倚的中和之道。）

【译文】

这一章是讲圣贤核心学说的传习。

曾子平时修习学问重在至诚，随各种具体的事务精细观察并尽力而为，其修为功夫已经达到很深的层次了。所以孔子直呼其名说：参啊，你也懂得我的道吗？我的道统摄了天地万物，虽然它们精粗、大小、本末、内外、条理都不一样，但其实都是用一个理来贯通的，各种事务都是顺其自然，施用起来也合适，可以得到无穷的运用。

曾子听了孔子的这番话，并不细问，就只是回答了一声"唯"，就不再做声了。大概是因为他学力超乎一般，只消听孔子一说，就能够深刻领会这些话的意思。

其他的门人都不明白孔子话里的意思,所以等到孔子离开,门人就私下向曾子询问,说:夫子说的"一贯"到底是指的什么啊?

曾子回答说:夫子的道没有别的,只是"忠""恕"这两个字而已。极致真诚而不虚妄,对人对事没有不尽心的,就是"忠"了;根据自己的所思所想,推己及人,考虑周全,都能够符合他们的愿望,就是"恕"了。

总之,忠是本体,都在心中;恕是功用,可以通达万事万物。"一以贯之"之说的核心,就是这个,难道还有其他的说法吗?舜传授给禹治政心要,就是以"惟精惟一"为要旨。孔门传道,也以"吾道一贯"为宗旨。圣人之功、王佐之道,其要义也都是一样的。

【评析】

《朱子读书法》云:"读书,须是看着他缝罅处,方寻得道理透彻。若不见得缝罅,无由入得;看见缝罅时,脉络自开。"此语用于《论语》的研读,也极为恰切。《论语》中的很多对话,如果加以扩展想象和引申联系,会让人觉得不可思议。这里因原文语境之"缝罅"提出三个问题。

第一个问题,孔子为什么突然向曾参点名提问,而曾参的回答只是"嗯"了一声就结束了;然后孔子为什么一下子从对话中缺席,而让曾子出来解释。如果我们通过想象还原这一场景,就会感受到很强的画面感,但是又很跳跃,在语义表达上不是很连贯,就好像是采用了蒙太奇的手法。

《解义》似乎是想努力解决第一个问题,认为孔子之所以向曾参提问,乃是因为他修行很深。然而,曾参既非老资格(孔子后期弟子),也非优等生(名不见于孔门四科十哲),又怎么会在当时受到孔子的赏识和重视,以致师徒二人问答之间如此简单而默契呢?

第二个问题:为什么一以贯之的道不是孔子思想的核心"仁"这一个字,而是"忠"和"恕"这两个字?尽管它们之间存在必然的联系,但是曾子为何如此回答,他的答案是否就是孔子心目中的"标准答案"呢?起码我们知道,孔子最为主张仁,孔学即为仁学,但是为何不作如此概括,而是阐释为"忠恕"之道呢?北宋程颢似乎深入思考了这个问题,也想尽力给出一个圆满的解释,不过仍然比较笼统:

以己及物,仁也。推己及物,恕也。忠恕一以贯之。忠者天理,恕者人道。忠者无妄,恕者所以行乎忠也。忠者体,恕者用,大本达道也。❶

---

❶ 《河南程氏遗书》卷第十一《明道先生语一》。

第三个问题，则是在第二个问题之上，回归到孔子哲学的方法论问题。孔子"一以贯之"的深意，是希望弟子门生们专注当前所学，掌握大道至简的道理。然而，实际上在孔子之后，儒学分裂得非常严重："故孔、墨之后，儒分为八，墨离为三，取舍相反不同，而皆自谓真孔、墨。"（《韩非子·显学》）儒学的发展也是波折起伏，虽然自汉至清，儒学基本上都是中国的主流思想，对中国社会和集体意识构成了深远的影响，但是其过程曲折反复，崎岖不平。这大概是儒学发展的必然。但是，儒家学术背离了"一以贯之"的基本原则，早在儒学兴起为官学的汉代，儒学就似乎已经变得面目全非，让人不堪忍受。

夫儒者以六艺为法，六艺经传以千万数，累世不能通其学，当年不能究其礼。故曰：博而寡要，劳而少功。❶

后世经传既已乖离，博学者又不思多闻阙疑之义，而务碎义逃难，便辞巧说，破坏形体，说五字之文，至于二三万言。后进弥以驰逐，故幼童而守一艺，白首而后能言；安其所习，毁所不见，终以自蔽。此学者之大患也。❷

其实，孔子当时所谓的"一以贯之"，乃是申述"本立而道生"之理，昌明学术体系的重要性。所言乃是为学之道，而非为仁之道（因为毕竟是"贯于一"而非"定于一"），但为学之道又是与为仁之道相辅相成的，为学之道亦不外为仁之道。后世儒家为学之道的纷然杂陈，亦不过是仁道思想歧解而致倾颓的表征。就刘歆和司马谈所感慨的儒学流变而言，孔夫子在当时所言旨意宏远，恐非曾参辈真能识见。

【标签】

曾参（曾子）；一以贯之；为学；仁

---

❶ 司马谈：《论六家要旨》，载《史记·史公自序》。
❷ 刘歆：《七略·六艺略》，载《汉书·艺文志》。

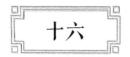

十六

【原文】

子曰:"君子喻于义,小人喻于利。"

【解义】

此一章书,是以心术①辨人品也。

孔子曰:人之心术各有专向,大约不过义、利二者而已,君子、小人实于此辨焉。君子循乎天理,其生平见识,只在义上看得精微透彻,故其立身行己②,大而进退行藏③,小而取与辞受,总是向义上行去,以至从权达变④,亦无非委曲以成其是。盖君子之心惟知有义,舍义之外,一切不足动其心矣。

小人徇乎人欲,其朝夕图维,只在利上见得纤悉⑤分明,故其处心积虑,上而贪爵恋位,下而全躯肥家,无非为利上起见,甚至沽名干誉⑥,亦不过假托以营其私。盖小人之心惟知有利,舍利之外,一切不足动其心矣。

君子、小人所喻不同如此。

先儒谓"学者莫先于义利之辨"⑦,诚以义利者,在一人为公私邪正之关,在天下为世道人心之系,不可不慎择而深辨之也。

【注释】

①心术:心志,心思。
②立身行己:存身自立,行为有度。行己,谓立身行事。
③进退行藏:指出处或行止,对有关名节的事情有所为有所不为的态度。[述而第七·十一]记载,子谓颜渊曰:"用之则行,舍之则藏,惟我与尔有是夫!"(夫子对颜渊说:"如果被任用,就去依道而行;如不被任用,干脆就藏身事外。大概只有我和你才能做到这样吧!")
④从权达变:即"通权达变",比喻做事不拘泥旧法,懂得随机应变。
⑤纤悉:细致而详尽。
⑥沽名干誉:即"沽名钓誉",指用某种不正当的手段捞取名誉。可参本书[子路第十三·十六]"违道干誉"词条注释。
⑦"学者莫先于义利之辨":张栻《孟子讲义·序》:"学者潜心孔孟,必得其门而入,愚以为莫先于义利之辨。"朱熹《与延平李先生书》:"义利

之说乃儒者第一义。"义利之辨为自古以来学术争论焦点,可详参本书〔宪问第十四·十五〕"评析"部分。

【译文】

这一章是从心志所向来辨别人的品格。

孔子说:人的心志各有偏向,但总归于义利二字,君子、小人也可以通过这一点来辨认。君子遵循天理,他终其一生,所见所识的,都是从义的角度来看细看透,所以他的立身行事——大至出处进退,小至收授取舍——总是根据义的原则来做,即便是通权达变,但都不过是迂回曲折地来成全道义。大概君子的心里只知道有道义,除此之外,其他一切都不能够使他心动。

小人寻求欲望,他从早到晚,贪图谋划的,都是从利的角度来精打细算,所以他处心积虑的——上至功名利禄,下至保命发财——总是从利的角度来看待,甚至沽名钓誉,假托名誉之事来谋求私利。大概小人的心里只知道有利益,除此之外,其他一切都不能够使他心动。

君子、小人的心志就是如此不同。

先儒说"学者莫先于义利之辨",实在是认为义利之辨,在个人那里关乎公与私、邪与正的判断和走向,在社会那里关乎社会治理、时代思潮的选择和依据,所以不能不慎重选择而加以深入辨别啊。

【评析】

"喻"字用得很妙,但很难翻译。喻,就是比喻,就是映射,心与外物的相互映照。甲喻作乙,所以乙在某种程度上也可以喻作甲,世界在广泛的关联中,总有情理可以互见。仁者见仁,智者见智,或者说仁见于仁者,智见于智者。"以我观物,故物皆著我之色彩"(王国维《人间词话》),有什么样的内心,就能看到什么样的世界,看到什么样的世界,也就能判断一个人的内心。

朱熹说:"义利之说乃儒者第一义。"❶ 其实,义利本是一体,明智者无须辩争。义乃全体之大利,利乃私人之小义。顾小利而忘大义固然不对,然而全大利而忽小义,似也不周。因此,这有待详加斟酌,从长计议。

---

❶ 〔宋〕朱熹:《与延平李先生书》,见《朱文公文集》卷二十四。

里仁第四

【标签】

义利之辨；君子；小人

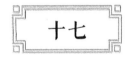

十七

【原文】

子曰："见贤思齐焉，见不贤而内自省也。"

【解义】

此一章书，是示人以反身之学也。

孔子曰：人心之明于人之贤、不贤未有不较然①者，至于己之贤、不贤反不加检点②，岂是"为己"之学③？今有人于此，如为有德之贤人，我一见之，岂不中心羡之？然徒羡之而不反求之身，究于己身何益？必皇皇焉④思所以齐之：我如何砥砺而后可比彼之学问，如何操持而后可比彼之品行。亹勉⑤奋发，有刻刻不能自已者，是之谓"见贤思齐"焉。

有人于此，如为不贤之人，我一见之，岂不中心恶之，然徒恶之而不反问之心，则于己身何补？必切切焉省之于内：我之所为万一如彼，改之不可不速；即我之所为未必如彼，戒之不可不严。提撕⑥警觉，有时时不能自安者，是之谓"见不贤而内自省"也。

《书》曰："德无常师，主善为师。"⑦修己用人之法，俱当于此留意焉。

【注释】

①较然：明显貌。
②检点：查点，检视。
③"为己"之学：[宪问第十四·二十四]："古之学者为己，今之学者为人。"
④皇皇焉：匆忙的样子。
⑤亹勉：勉力，努力。
⑥提撕：警觉，提醒。
⑦"德无常师，主善为师"：《尚书·咸有一德》："德无常师，主善为师；善无常主，协于克一。"（德行修养是没有固定的老师的，以善为原则的人都是自己学习的榜样；善行不固定于某一个人身上，能始终如一合乎

纯正之德者，才能保持善行。)

【译文】

这一章是告诉人们反身自省的道理。

孔子说：对于判断一个人的贤良与否，都很清楚；然而对于自己是否贤良，反而从不进行检视，这怎么能够称得上是"为己"之学？现在有人在这里，如果是贤德之人，我一看见，心中怎能不钦羡？然而只是钦羡却不反身自求，那么到底对自己有什么好处呢？所以一定要考虑如何尽快向他看齐：我如何磨炼，然后可以和他一样有学问；（我）如何修炼，然后可以像他一样拥有良好的品行。奋发努力，一刻也不能停止进步，这就是所谓的"见贤思齐"了。

现在有人在这里，如果不是贤德之人，我一看见，心中怎能不厌恶？然而只是厌恶却不反身自求，那么到底对自己有什么帮助呢？所以一定要实实在在地进行自省：万一我的行为像他那样，就要立刻改正；即便不像，也要严加防范。不断提醒自己加强警惕，使自己随时保持警觉，这就是所谓的"见不贤而内自省"啊。

《尚书·咸有一德》中说："德无常师，主善为师。"（德行修养是没有固定的老师的，以善为原则的人都是自己学习的榜样。）无论是修己还是用人的考察方法，就都在这里了。

【评析】

世上本无师道，师道本是学道，学道是不舍昼夜，精进不息。所以，孔子强调见贤思齐、见不贤而自省。而世人惯于见贤思齐而自视甚高，吝于自省，对不贤者口诛笔伐，颐指气使。此实则为不明智之学也。

如果进一步而言，反诸己身之后，或许本以为不贤者，情有可原，理有可解，于人于事于理，有进一步的思量，反而更容易从固执处脱胎，转获新生。所以，见不贤而反躬内省，是更重要的修身学习之法。子曰"三人行必有我师焉"，世人多识，然其末句"其不善者而改之"，世人多忘。明人冯梦龙《四书指月》云："合'思''省'两念，总成一个希贤之心。盖省自己之不贤，正欲为贤，不是两件事。"❶ 从人、己、思、省处合观，方成为己之学矣。

---

❶〔明〕冯梦龙：《四书指月》，《冯梦龙全集》第 21 册，李际宁、李晓明校点，江苏古籍出版社 1993 年版，第 54 页。

【标签】

见贤思齐；自省；德无常师，主善为师

【原文】

子曰："事父母几谏，见志不从，又敬不违，劳而不怨。"

【解义】

此一章书，是言人子成亲之孝也。

孔子曰：人之事亲，凡事固以承顺为孝。然当父母有过失之时，若惟事顺从，不行谏诤，是陷亲于有过；若直言面诤，又恐伤亲之心。故有一进谏之道，不但容色必当婉顺，或微词以讽①，或乘闲而导②，委曲③转移，不令人知。务使父母乐从，而后已是，谓之"几谏"。

惟其几谏，刻刻从隐微之处体贴亲心，不待形于声色。

但窥其志意未肯听从，便有踧踖④不自安之意，更加敬谨，依旧几谏，冀亲悔悟，而不敢微有违拂⑤。万一亲心蔽锢⑥，或加之责备劳苦之事，只自念己之诚意不能感动父母，岂敢惮劳⑦，有一毫怨咎之心？

总是人子深爱其亲，曲折恳挚，始终几谏如此。稽古⑧帝王，惟大舜能之，万世所当取法也。

【注释】

①微词以讽：隐藏批评之意，用婉转的说辞使其明白道理。微词，隐含批评和不满的话语。讽，讽喻，用委婉的言语进行劝说，使其明白。

②乘闲而导：在日常无事，情绪不那么对立的时候进行劝导。

③委曲：周全，调和。

④踧踖：音 jújí，形容畏缩不安。

⑤违拂：违背，不顺从。

⑥蔽锢：亦作"蔽固"，迂拙固执。

⑦惮劳：怕苦怕累。

⑧稽古：考察古事。

【译文】

这一章是讲子女对父母要周全孝道。

孔子说：一个人侍奉父母，凡事固然以言听计从为孝顺。但是当父母有过失的时候，只是一味顺从，不去辩解劝阻，这就是陷父母于不义了；但如果当面直言谏阻，恐怕会让他们伤心。所以对他们要有一种劝解的办法，不但要态度婉顺，而且，要么隐藏批评之意，用委婉的说辞使其明白道理；要么在日常无事、情绪不那么对立的时候进行劝导，考虑周备而转移话题，旁敲侧击，在不让他们察觉的情况下完成劝解。务必先使父母乐于接受，然后表达自己的真正意图，这就是所谓的"几谏"。

只有用这种方法，时刻从细致入微的地方来体贴父母的心理，而不是喜怒形于色，好恶发于声。

但如果暗中觉察他们的心思，父母仍然不愿意听从，便要抱持畏缩不安的心态，更加恭敬谨慎，坚持这种几谏的办法，期待他们最终醒悟，而不敢有丝毫的违背。但万一父母固执己见，甚或责成子女去做更加不妥的事情，那就只能怪自己的诚心还不够，未能感动父母，哪能怕苦怕累（拒不服从），心存丝毫抱怨与归咎之意呢？

总而言之，为人子女因为深爱父母，所以要这样委婉而真诚地劝谏。考察古代的帝王，也只有舜帝能够做到这一点，这是值得千秋万世所效法的。

【评析】

奉养父母，本是出于情感而归于情感，所以照顾他们的情感体验是非常重要的。《解义》的阐释可谓细腻，然而却过于委曲求全，未必真的可行。

其一，过度把孝的责任归结于子女，而不讲对父母的规约，在情感上可以理解，然而在情理上却大可不必。毕竟父母之为人也要有自己的担当，并非子女一味委曲求全就能够给他们带来幸福。

其二，这种孝道不适合在社会范围内进行转化。古代以孝治天下，其核心纲目所谓的"三从四德"，从积极意义上而言，是明确了各个层级各个岗位的责任，做好分内之事，而非一味地服从而不加分辨。如果下级对官长也是委曲求全地微言"几谏"，而任由官长"任性"自专，则社会难以达成有效的对话机制，从而使管理系统出现机制黑洞，容易造成社会整体性的失衡而带来不可预期的灾难。

儒家极度强调责任，这是非常积极正向的，然而如果把它理解为无节制的责任和无名分的责任，仅由所谓的"君子"去承担，而其他人却不受责任和名分的制约。那么，即便是君子再努力，对于整个社会来说，其效用也还是微乎其微的，因此也可能是完全无效的。

【标签】

孝；敬；不违；怨

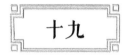

十九

【原文】

子曰："父母在，不远游，游必有方。"

【解义】

此一章书，是欲人子体亲心以为孝也。

孔子曰：凡人父母，念子之心，刻刻不忘。为人子者，亦当时时体贴亲心，方可为孝。父母在堂之时，冬温夏清，昏定晨省[1]，此是人子之常职，不可不尽。若离亲左右，出外远游，定省旷缺，音问稀疏，无论[2]子心依恋，举念不安，且使父母倚门倚闾[3]，欲见无从，岂不伤亲之心，有亏子职乎？所以不可远游。即使男子生而有事四方，亦有不得已出游之时，然必有一定之方所[4]，使父母知己所在而无忧。设有缓急，一闻亲命便可应期即至。所以，此身虽在远方，此心仍在父母。其委曲[5]深爱之情，即一出游不敢轻易[6]如此。

由此推之，古之孝子，"不登高，不临深"[7]，无非欲安亲心而全子道也。为人子者，可不常存此念乎？

【注释】

①冬温夏清，昏定晨省：指儿女嘘寒问暖，早晚照顾和行礼，恪尽孝亲之道。《礼记·曲礼上》："凡为人子之礼，冬温而夏清，昏定而晨省。"冬温夏清：冬天使父母温暖，夏天使父母凉爽。昏定晨省：晚间服侍就寝，早上省视问安。省，音 xǐng，探望，问候。

②无论：不用说。

③倚门倚闾：倚靠着门，形容父母盼望子女归来的迫切心情。闾，音

lú，古代里巷的门。

④方所：方向处所，范围。

⑤委曲：周全，调和。

⑥轻易：随便改变。与今意有所区别。轻，随便，随意。易，改变。

⑦"不登高，不临深"：《礼记·典礼上》："不登高，不临深，不苟訾，不苟笑。孝子不服暗，不登危，惧辱亲也。"（不攀登高处，不临近深渊，不随便诋毁他人，不轻易开玩笑引发争端。孝子不在黑暗中做事，不到危险的地方，深恐因此使父母受辱。）

【译文】

这一章讲的是，希望儿女体会父母的心思来尽孝道。

孔子说：所有当父母的，挂念儿女的心思，一刻也不会停下来。所以作为子女，也应当时刻体贴父母的心思，这样才谓尽孝道。父母在家中堂上，冬天要使他们温暖，夏天要使他们凉爽，晚间服侍就寝，早上省视问安，这是人之常情、儿女之责，不可以不尽心尽力做到。如果离开父母身边，外出远行，无法在身前照应，音讯问候也很少，不用说子女心怀眷念，心意不安，而且让父母翘首望归，却怎么也看不到，这岂不会使他们伤心，而辜负自己的责任吗？所以不能远行。即使因为事业出走四方，不得已出远门，也一定要有一个固定的范围，使父母明确自己所在的位置，从而减少担忧（并便于联络）。如果一旦有急事，一听到父母的讯息便能够及时赶回家。所以，即使自己身在他乡，心思却仍然和父母在一起。这种考虑周到、细致关心的情感，即便是在出门远行的时候也不会轻易改变。

由此而言，古代的孝子，不攀登高处以防跌落，不临近深渊以防失足，无非是想让父母安心而做到自己该做的。为人儿女，怎么能不常常考虑这些呢？

【评析】

如何在现代语境下来解读这一章，并做现实的转换，是一个极其重大的命题。

《说苑·敬慎》（另见于《韩诗外传》卷九）里面记述了孔子与丘吾子之间的一段感人至深的对话。孔子的车在大路上驱驰，正好遇到了在路边哭泣的丘吾子。孔子问他为何哭泣，他回答说是有三个原因：一个是出外学习，但学业完成后父母俱亡，孝敬无亲；一个是忠君进谏，但是君主不听，报国无门；一个是真诚交友，却最终绝交，辅仁无路。君、亲、友三者是个人志业、做人、修身的三个重要支撑,然而这些条件现在都已不具备,白白辜负了个人的情志,"树欲静而风不止,子欲养而亲不待",追悔不及,有心无力。所以,丘吾子绝望而死,弟子之中也有十余人因此立即返回家中孝养父母。

被现代化交通工具和通讯方式所贯通而同时阻隔的现代人,也同样面临着丘吾子的困境,或甚之。或者说,现代人的困境在丘吾子的时代早已有之。父母迟早要远离我们而去,而现实的处境却并没有随着社会的发展而变得更加温情。如何孝亲养志,如何在多重责任与义务、情感与现实之间找到一个平衡点?在儒家而言,"古人一日养,不以三公换"(王安石《送乔执中秀才归高邮》)。不论面对多大的权利诱惑,仍然要义无反顾地回归家庭,因为孝不仅是个人生命观的基础,也是国家主流价值观的载体。政治诉求不背离人的根本需求,从而使人在人情人性许可的空间内自由发展——谁能否认这是一种充满温情的学说呢?

【标签】

孝;游必有方

【原文】

子曰:"三年无改于父之道,可谓孝矣。"

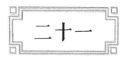

【原文】

子曰:"父母之年,不可不知也。一则以喜,一则以惧。"

【解义】

此一章书,是孔子醒人及时尽孝之意。

---

❶ 本章内容重出,见[学而第一·十一],故《解义》未重载。

孔子曰：一往而不留者，父母之年；常存而不懈者，人子之心。凡为子者，日侍亲侧，每至习而忘焉。必以父母年岁时时记忆于心，微察①其精神、血气之盛衰，周旋②调护，则瞻依③奉养，自不能已。盖父母寿考④康宁⑤，得以承欢膝下⑥，固是可喜；然父母年近衰迈，安能保其遐龄⑦，则又可惧。诚知一端可喜，又一端可惧，则爱日⑧之诚，刻刻在念，而所以奉事之者，焉敢有一毫之不尽哉？

昔人"一日之养，不以易三公"⑨，正是此意。人子诚不可不知也。

【注释】

①微察：细致地观察。
②周旋：周全反复。
③瞻依：瞻仰依恃，表示对尊长的敬意，此处指报答父母的养育之恩。出自《诗·小雅·小弁》："靡瞻匪父，靡依匪母。"郑玄笺："此言人无不瞻仰其父取法则者，无不依恃其母以长大者。"
④寿考：长寿。
⑤康宁：健康安宁，平安无病。
⑥承欢膝下：指侍奉父母。承欢，侍奉父母。膝下，子女幼时依于父母膝下，故表示幼年。
⑦遐龄：高龄。此处讳言因年龄过高而逝去的父母。
⑧爱日：指子女供养父母的时日。
⑨"一日之养，不以易三公"：王安石《送乔执中秀才归高邮》诗："古人一日养，不以三公换。"三公，代指最显贵的官职。

【译文】

这一章是讲孔子提醒人们及时尽孝。

孔子说：时光飞逝，人生易老；儿女存心，念念不忘。身为子女，每天要在双亲身边服侍，结果因为日常生活的习惯性安排，常常对父母的年龄的逐年增长未加留意。因此，一定要把父母的年龄时刻记挂在心，细致地观察他们精神、血气的强弱，全面周到地加以调理呵护。那么，以此报答父母的养育之恩，自然不会停止。如果父母健康高寿，以此能够得以侍奉，自然是可喜之事；然而当父母年老体弱，哪里能够一直高龄而不老去呢？所以（要记住他们的年龄）时时有所恐惧。应当切实地知道，记住父母的年龄一方面是有所欢喜，另一方面是有所恐惧，这样就会在孝敬父母的时日里真心诚意，无时无刻（不为他们）而喜忧，因此在侍奉他们的时候，哪里还敢有一丝一毫的懈怠呢？

前人云"一日之养，不以易三公"（即便是高官厚禄，也比不上在父母身前尽孝一天重要），说的也正是这个意思。为人儿女，实在不应该不明白这个道理啊。

【评析】

儿女至孝，则对父母的生辰、年龄耿耿于心，念念不忘，一则喜其健在，一则忧其衰病。此情此意，如值青春，如逢美景，如遇佳期，如赏好花，都是叹其美妙而悲其易逝。"生年不满百，常怀千岁忧。昼短苦夜长，何不秉烛游！"（《古诗十九首》）"只恐夜深花睡去，故烧高烛照红妆。"（苏轼《海棠》）"遗音能记秋风曲，事去千年犹恨促。揽流光，系扶桑，争奈愁来一日却为长！"（贺铸《梅花引》）凡此种种喜忧矛盾，皆为人生至情至爱所致，极苦亦极乐，一有而尽有。孝之为道，亦极尽人情，涵纳世理，其可谓大矣！

【标签】

孝；父母之年；一日之养，不以易三公

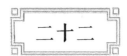

【原文】

子曰："古者言之不出，耻躬之不逮也。"

【解义】

此一章书，是孔子发古人慎言之心也。

孔子曰：人之言行，贵乎相顾。若言而不行，固为夸诞无实之人；行不及言，亦为浮华无用之学。所以古人沉静简默，不肯轻易出诸口者，诚恐一言既出，不能实践躬行，便贻①终身之玷②，可耻孰甚？故言忠尽忠，言孝尽孝，言言俱归实践，此心方可自安。古人之慎言如此。

试观唐虞三代③，"兢业万几"④，"惟日不足"⑤，其垂诸谟诰⑥者，不过数篇而已。可见古人唯尚实行，故多淳厚之风；后世徒事空谈，故入虚浮之习。世道人心，日趋于下，孔子所以有怀古之思也。

【注释】

①贻：遗留。

②玷：音 diàn，本指白玉上的斑点，比喻人格上的污点。

③唐虞三代：唐指陶唐氏，尧出于该族；虞指有虞氏，舜出于该族。唐虞三代指尧、舜和夏（包括禹）、商、周三代。

④"兢业万几"：《尚书·皋陶谟》："无教逸欲有邦，兢兢业业，一日二日万几。"（舜帝的大臣皋陶在和舜、禹一起讨论政事的时候，说："作为君主，不要贪图私欲享受，要谨慎勤勉地处理政务，要知道每天都要日理万机。"）兢兢，形容小心谨慎。业业，畏惧的样子。兢业，即兢兢业业，谨慎戒惧，形容做事小心谨慎，认真踏实。一日二日，指天天。万几，即万端，指纷繁的政务。

⑤"惟日不足"：只觉时日不够。《尚书·泰誓中》："我闻吉人为善，惟日不足；凶人为不善，亦惟日不足。"（我听说好人做好事，天天做还是做不够；坏人做坏事，也是天天做而做不够）这是周武王在出师伐纣誓词中的内容，彰明统率人们惩处暴君的决心。

⑥谟诰：谟，音 mó，即"谋"，谋划治国方略。诰，音 gào，古代统治者以上对下的一种训诫勉励的文告。"谟诰"代指《尚书》中像《皋陶谟》《泰誓》那样讨论治政方法及态度的文辞。孔安国《〈尚书〉序》："典、谟、训、诰、誓命之文凡百篇，所以恢弘至道，示人主以轨范也。"

【译文】

这一章是讲孔子阐发古人谨慎言语的心意。

孔子说：人的言与行，最为重要而值得注意的，是相互照应、回顾。如果说了而不去做，就一定是夸夸其谈之人；如果做了，但没有做到，那肯定是运用了华而不实的学识。所以古人沉默简静，不肯轻易言语的原因，实在是唯恐把话一旦说出，而不能够付诸行动，由此遗留终身的污点，哪里还有比这更可耻的呢？因此，（他们）说要忠心，便要尽心尽忠；说要孝道，就要恪尽孝道。每一句话都要落实在行动上，心里才能踏实、安定。古人就是这样谨慎言语的。

试看唐尧虞舜和夏、商、周三代，像"兢业万几""惟日不足"这样勉励君主勤于治政的政治文辞，只不过那么几篇而已。由此可知古人只注重实际行动，所以其时代风气淳朴敦厚。而后世的治政，往往崇尚空谈，所以常常流于虚夸不实的社会风习。人心不古，江河日下，所以，孔子在这里借以寻幽怀古，寄托忧思。

【评析】

孔子抛出一个"古者"的概念，《解义》马上就接住了。

孔子似乎总是在推举古人，好像古人的一切都很好。但是，孔子时代的古人，并未因为成为古圣先王就变得更加优秀，所以我们大概也可以推测，古人的古人亦且不过如此，未必像孔子说的那样完美。因此，孔子所言的古代人的行为，恰是为了和现代人的行为进行对比，而且这种对比模式的虚拟情境似乎在今天仍然成立，甚至是有过之而无不及。如果说自古至今，人性未变，官僚态度、形式主义依然，然而从文字角度却显见一种社会文明内涵中"熵"的存在，比如说话办事，古代人少说话多办事，生恐说到做不到，因此慎之又慎；今天的人也有一些非常谨慎的，但是他们不是怕无法履行所言，而是怕"言多必失"，惹是生非。同样是谨慎之态，但彼此悬殊，势同霄壤。另外诸如孝、慎、名、默、忍、友（可参［先进第十一·六］［里仁第四·二十二］［里仁第四·二十三］［乡党第十·二十四］等章评析）等诸多与修为相关的概念，也在随着时代的推移而悄然发生语义上的"衰变"，有些是名不副实，有些已然面目全非了。（另可参看本书［先进第十一·一］对文化生存机制的论述。）

"词语是存在的家园"（海德格尔语），因此笔者不惜在本书中，以繁复的注释和引用来试图证明这家园曾经存在，并仍然存在。

【标签】

古人；言行；慎

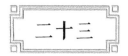

【原文】

子曰："以约失之者鲜矣。"

【解义】

此一章书，是孔子教人务实之意。

孔子曰：凡人立身行己①，务期无失。然无失之道全在小心收敛②，不敢侈然③自放④，庶可纳于规矩之中。从来广心浩大⑤之人，细行不谨，便多过差；约则近里⑥务实，事事收拾，此心何失之有？

盖人情稍放纵，则日就旷荡；能敛戢⑦，则日就准绳。所以成汤制事制心，只是一懋敬；⑧太甲败礼败度，只是一纵欲。⑨圣、愚之介遂于此分，可不慎哉？

【注释】

①立身行己：存身自立，行为有度。行己，谓立身行事。

②收敛：检点行为，约束身心。

③侈然：骄纵自大的样子。

④自放：自我放纵。

⑤广心浩大：心宽体胖，思虑粗放。《汉书·匡张孔马传》："治性之道，必审已之所有余，而强其所不足。盖聪明疏通者戒于大（太）察，寡闻少见者戒于雍（壅）蔽，勇猛刚强者戒于大（太）暴，仁爱温良者戒于无断，湛静安舒者戒于后时，广心浩大者戒于遗忘。必审己之所当戒，而齐之以义，然后中和之化应，而巧伪之徒不敢比周而望进。"

⑥近里：即"鞭辟近里"，意指深入剖析，探求透彻。程颢语："学只要鞭辟近里，著己而已。"可详参本书［雍也第六·十三］"近里著己"词条注释。

⑦敛戢：收敛，止息。戢，音 jí。

⑧成汤制事制心，只是一懋敬：《尚书·仲虺之诰》："王懋昭大德，建中于民，以义制事，以礼制心，垂裕后昆。"［大王（商汤）要努力显扬大德，对人民建立中正之道，用义裁决事务，用礼制约思想，把宽裕之道传给后人。］懋敬，勉励戒慎。懋，音 mào。

⑨太甲败礼败度，只是一纵欲：《尚书·太甲中》："予小子不明于德，自厎（zhǐ）不类。欲败度，纵败礼，以速戾于厥躬。"［小子我（太甲）不清楚什么是德，以致走向不善的境地。私欲败坏法度，放纵败坏礼仪，因而自身迅速招致罪责。］

【译文】

这一章的大意是，孔子教导人们（自我约束），务实守真。

孔子说：但凡人们立身行事，都希望自己没有过失。但是避免过失的方法不过是小心克制，不敢骄傲放纵，所有言行都几近中规中矩。从来都是那些心宽体胖的人，在细小的行为上不够谨慎，所以就容易出差错；自我约束以至于切近内在，务求实际，使事事处理得当，那么心里还有什么过失呢?

大概人心稍有放松，就会逐渐懈怠旷放而一发不可收拾；能够自我克制，就会逐渐符合标准。所以商汤能够用义裁决事务，用礼制约思想，只是出于自我勉励戒慎；太甲能够败坏法度和荒废礼仪，只是因为放纵私欲。圣明和愚暗的界线在此就已明了，怎么能不慎重对待呢?

【评析】

上一章说"慎"，这一章说"约"。而由之可以联系到曾经风靡一时的"忍"字。

曾几何时，"忍"字曾因影视的影响而流布于市井乡村、书房中堂，以及纹身座右、器皿文玩，成为一种根源于传统但也受现代流行因素影响的修身文化，至今依然余脉不绝，拥趸甚众。

《尚书》中说"必有忍，其乃有济"，孔子说"小不忍，则乱大谋"，孟子说"动心忍性，增益其所不能"，也都确乎是把忍让作为修身的一条重要条目。《增广贤文》里"忍一时风平浪静，退一步雨过天晴（后被改作'海阔天空'）"，也更是广为传布，尽人皆知。

那么，"忍"的本质是什么呢？把"忍"字与"约"相对比，便可通过其中鲜明的差别来界定"忍"的本质。

"约"是由主观出发，自我约束，自我革命，根据自我的要求进行调节，使自身不超过原则的界限；而"忍"，则是根据外在的客观刺激条件进行自我控制，使不与他人或外物发生冲突，从而使发生冲突的可能性降到最低，乃至可能是要求自己突破个人性情和利益的底线（当然，忍让的最终目的仍然是避免颠覆性的后果，避免鱼死网破、同归于尽）。因此从本质而言，"约"是主动性的，"忍"是被动性的，前者更见个人的修为涵养，后者则是避免直面矛盾冲突，平衡极端人际关系的单边策略。（因此，"忍"与"仁"之间的关系亦值得深入研究。）

忍无可忍，则不必忍。孔子也曾经发出"是可忍孰不可忍"的愤懑疾呼，不是吗？

【标签】

约；忍；仁

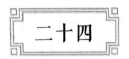

【原文】

子曰:"君子欲讷于言而敏于行。"

【解义】

此一章书,是孔子勉人以笃实自修之意。

孔子曰:吾人最易出者,言也,故言常失之有余;最难践者,行也,故行常失之不足。唯成德①之君子,于言行之间,时存一矫轻警惰②之意。故言语务欲其讷,不唯谨所不当言,亦慎其所当言;行事务欲其敏,不唯勇于所能行,亦勉于所难行。斯言能顾行,行能顾言,允称③笃实④之君子也。

古来见为文章者,即存诸德行⑤;播为训词⑥者,即措诸事业。人臣事君,不仅敷奏⑦飏言⑧,又必克修厥职⑨,以图实效。则可以见其存心⑩之诚,与立品之正矣。

【注释】

①成德:盛德,高尚的品德。
②矫轻警惰:矫正轻慢,警惕怠惰。曾国藩在家书中说:"天下古今之庸人,皆以一惰字致败,天下古今之才人,皆以一傲字致败。""大约军事之败,非傲即惰,二者必居其一;巨室之败,非傲即惰,二者必居其一。戒骄字,以不轻易笑人为第一义;戒惰字,以不晏起为第一义。""傲为凶德,惰为衰气,二者皆败家之道。"此即矫轻警惰之语。
③允称:称得上,称职。
④笃实:忠厚老实。
⑤存诸德行:《周易·系辞上》:"默而成之,不言而信,存乎德行。"
⑥训词:教导和告诫的话。
⑦敷奏:陈奏,向君上报告。语出《古文尚书·舜典》(亦属于今文《尚书·尧典》):"敷奏以言,明试以功,车服以庸。"可参本书 [先进第十一·二十一]"古帝王取人之法"词条注释。
⑧飏言:高声朗朗地讲话。多用于臣下奏辞。飏,音 yáng。
⑨克修厥职:恪尽职守。厥,代词,其,他(她)的。

⑩存心：保持心中先天固有之善性。儒家以之为重要的自我修养方法。语出《孟子·尽心上》："存其心，养其性，所以事天也。"可详参本书［学而第一·三］同名词条注释。

【译文】

这一章的大意是，孔子劝勉人们要笃信诚实，自我修行。

孔子说：人们说话最容易了，所以常常言说过多；做事最困难了，所以常常行动太少。具有高尚品格的君子，往往在言与行之间，时刻保持矫正轻慢、警惕怠惰的心思。所以，对于话语表达务求其迟钝少言，不但谨慎不说不该说的话，即便是应该说的话也要格外小心；做事务求敏捷，不但勇于去做应该做的，即便不好做的也要知难而进。这样说话的时候会考虑是否可行，做事的时候要努力回应所说的话，这样才称得上笃信诚实的君子。

自古以来，凡是被写入文章的，都以德行显著；凡是因教导传世的，都以事功传世。臣子侍奉君主，不仅要大声奏报，也要恪尽职守，以取得实效。这样就可以见证他真诚的内心和正直的品格了。

【评析】

孔子所倡导的讷言敏行，是言行一致、忠于职守的君子修行，不是腐儒的陈词滥调，不是犬儒的明哲保身，也不是乡愿的口是心非，更不是小人的急功近利。只有自身对言辞进行克制和驯化，才能够让心地澄明而真诚无私，从而有愿力和勇力付诸行动。更重要的是，虽然儒家倡导道德，却非常反感做道德的宣传家，而一再要求成为道德的行动家，所以孔子屡屡提出言行一致、行先于言的问题。只知道强调言行一致的问题，而忽略孔学背后对道德的审问慎思，就会落入孔子所云的"言必信，行必果，硁硁然小人哉"（［子路第十三·二十］）的狭小境地，甚至落入巧言令色、哗众取宠而背反初衷的道德盲区。

所以，在这里，作为道德家的孔子并没有谈及道德，但是仍然通过谨慎处理言行关系来界定道德的日常底线和依归，警示人须臾不可忘记，不可背离。这看似简单的一句话，实则关切而中肯，诚如《中庸》所言："君子之道，淡而不厌，简而文，温而理，知远之近，知风之自，知微之显，可与人德矣。"

【标签】

君子；言行；讷于言而敏于行

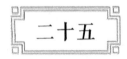

【原文】

子曰："德不孤，必有邻。"

【解义】

此一章书，是孔子勉人修德也。

孔子曰：德者，人所同得，亦人所同好，所谓"此心同，此理同"①也。人而无德，便独立无与，不相亲附。若有德之人，自无孤立之事，声应气求②，闻风斯起③，真有"一念克复，天下归仁"④气象。故曰"有邻"。

此天理自然之合，不待招致而然，人亦务为修德而已。

昔舜之成聚成都⑤，汤、武之天人协应⑥，实德足以洽众心，故翕然⑦信从耳。岂待有意招徕⑧，而后群心悦附⑨哉？

【注释】

①"此心同，此理同"：陆九渊《年谱》："人同此心，心同此理。往古来今，概莫能外。"

②声应气求：同类的事物相互感应，比喻志趣相投的人自然地结合在一起。语出《周易·乾》："同声相应，同气相求。水流湿，火就燥，云从龙，风从虎，圣人出而万物睹。"

③闻风斯起：一听到风吹草动，就立刻起身响应。南宋陈亮《祭赵尉母夫人文》："登堂莫及，闻风而起。"

④"一念克复，天下归仁"：[颜渊第十二·一]记载，子曰："克己复礼为仁。一日克己复礼，天下归仁焉。为仁由己，而由人乎哉？"（夫子说："约束自己，使所为合乎礼，就是为仁了。只要一天做到这样，全天下便都是无所不仁了。所以为仁之事，全在自己，岂在于他人？"）

⑤昔舜之成聚成都：《史记·五帝本纪》："舜耕历山，历山之人皆让畔；渔雷泽，雷泽上人皆让居；陶河滨，河滨器皆不苦窳（即盬窳，音 gǔ yǔ，粗糙质劣）。一年而所居成聚，二年成邑，三年成都。"

⑥汤、武之天人协应：《周易·革》："天地革而四时成，汤武革命，顺乎天而应乎人，革之事大矣哉。"

⑦翕然：一致的样子。

⑧招徕：招揽。

⑨悦附：乐于归附。

【译文】

这一章是讲孔子勉励人们修养道德。

孔子说：德，就是人们都可以得到的东西，也是人们所共同喜好的东西，这就是所谓的"此心同，此理同"（心都一样的，所以能够感受的道理也是相通的）。如果一个人没有德性，就会孤立无助，没有人来结交附和。如果是一个有德之人，自然不会遭遇孤立，同声相应，同气相求，一闻风动，起而景从，真是有那种"一念克复，天下归仁"（一念之间克己复礼，整个世界都归于仁爱）的大气象。所以说是"有邻"。

这个过程是自然符合天理的，不用施加外力就会自动呈现，而作为人，只要做好修养道德的事情就够了。

往时大家都愿意居住在舜的周围，以至于那地方一年就汇聚成村镇，两年就成了城市，三年就成为一个大都市了。成汤灭夏、武王伐纣，也是顺天应人之举。这实在是他们的德行足以符合百姓的期待，所以百姓一下子都起来跟从响应。哪里需要专门进行宣传和招募，然后才能使百姓认同而乐于归附呢？

【评析】

子曰"毋必"（[子罕第九·四]），然而却又在本章说，"必有邻"。其实，"毋必"不过是要虚己待人，"必有邻"是强调为德者当自信，也是要做好自己，一正一反之间，竟然同样涵义。

似不合理而成合理，似相矛盾而不矛盾，本篇诸章多此情境。若跳出这些翻转婉曲的表达，便更能感知孔夫子苦心孤诣、剑走偏锋之话语背后的天赋大义和坚定信念。郑玄云："论者，纶也，轮也。理也，次也，撰也。"邢昺疏解曰："以此书可以经纶世务，故曰纶也；圆转无穷，故曰轮也；蕴含万理，故曰理也；篇章有序，故曰次也；群贤集定，故曰撰也。"（邢昺《论语注疏解经序·序解》）简单概括来说，这些道理和这些语言，以及这些人和这些编纂，共同铸就了这样一个孔子和这样一部《论语》。

这或许也正是《论语》的无穷魅力之所在。

【标签】

德不孤，必有邻；毋必

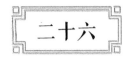

【原文】

子游曰："事君数，斯辱矣；朋友数，斯疏矣。"

【解义】

此一章书，是子游论事君交友之道也。

子游曰：君臣、朋友，皆以义合。人臣事君以匡救为忠，君子交友以切磋为正。其间当言则言，不可则止，唯义所在而已。

如君有过，必当极谏，冀君之必听也。倘或不听，则当审于进退之义而去，非避咎也，无负而已。苟不知去，而徒事烦数，戆激①琐渎②，则君必厌闻，未免加之斥辱矣。徒取辱而无补于君，义所不取也。

朋友有过，必当规正，欲友之必从也。倘或不从，则当审于可否之义而止，非曲意也，无疚而已。苟不知止，而徒事烦数，尽言取尤③，则友必厌听，势将日见疏远矣。徒见疏而无益于友，义所不必也。

子游论事君交友之道如此。要之，谏诤之本在于立诚，苟能明善诚身，自能获上信友。④至于纳谏以作敢言之气，则在乎君；纳善以取直谅之益⑤，则在乎友。使君有诤臣而士有诤友，其为社稷之福、道德之助者，岂浅鲜⑥哉？

【注释】

①戆激：迂直激切。戆，音 gàng，鲁莽，迂笨。

②琐渎：琐琐絮叨而亵犯对方。

③取尤：招致怨恨。

④苟能明善诚身，自能获上信友：《礼记·中庸》："凡事豫则立，不豫则废。言前定则不跲（jiá，绊倒），事前定则不困，行前定则不疚，道前定则不穷。在下位不获乎上，民不可得而治矣。获乎上有道，不信乎朋友，不获乎上矣；信乎朋友有道，不顺乎亲，不信乎朋友矣；顺乎亲有道，反诸身不诚，不顺乎亲矣；诚身有道，不明乎善，不诚乎身矣。诚者，天之

道也；诚之者，人之道也。"（凡事有预备就会成功，没有预备就会失败。说话事先想好就不会语塞，做事事先谋划就不会受阻，行动之前事先准备就不会动摇，道理则事先明了就不会被动。在下位的人得不到上级的信任，就治理不好百姓。得到上级的信任是有途径的——得不到朋友的信任，就得不到上级的信任；得到朋友的信任是有途径的——不顺从父母，就得不到朋友的信任；顺从父母是有途径的——如果反求于自身而缺乏真诚，就不能顺从父母；内心真诚是有途径的——如果不明了什么是真正的善，就不能使自身做到真诚。诚，天道也；以诚相待，人道也。）另，可参本书[里仁第四·十四]"明善诚身"词条引文。

⑤直谅之益：出自[季氏第十六·四]，孔子曰："益者三友，损者三友。友直，友谅，友多闻，益矣。友便辟，友善柔，友便佞，损矣。"（夫子说："与人交往，要当心其中的利害。要交结那些中肯诚挚、讲求信义和博学多识的人；而与那些致饰于外内无真诚的人、工于媚悦假面善变的人，或者与口是心非夸夸其谈的人交往，可能会让你受到伤害。"）

⑥浅鲜：细小，微小。

【译文】

这一章是子游谈论侍奉君主和交往朋友的注意事项。

子游说：君臣、朋友之间，都是按照一定的原则来交往的。臣子侍奉君主，肯定是要以匡扶救护来表现忠心，君子结交朋友肯定是要以切磋交流来呈现正直。但是这个过程要在该说时说，不该说时就要停止，这是有一定原则的。

如果君主有过失，一定要极力劝谏，希望君主一定能够接受。如果他不接受，那么就应该根据进退适时的原则离开，这不是回避罪责，而是履职尽责，不负使命而已。如果不懂得离开，而是一味地劝谏，态度鲁莽而激烈，言辞琐絮而不恭，那么，君主一定不愿意听，难免要进行斥责和羞辱。白白地受到羞辱而又对君主没有什么帮助，所以按照原则是不可取法，不可为之的。

如果朋友有过失，也一定要规劝和修正，希望朋友一定能够听从。如果他不接受，那么就应该根据可否判断适可而止，这不是曲意逢迎，而是做到真诚以待，问心无愧而已。如果不懂得适可而止，而只是屡屡规劝，尽说那些容易招致怨恨的话，那么，朋友一定不愿意听，势必使彼此关系日渐疏远。白白地受到疏远但是又对朋友没有什么益处，所以按照原则是大为不可,大有不必的。

子游就是这样来谈论侍奉君主和交往朋友的注意事项的。简而言之,劝谏的根本在于诚直的心理,如果能够明了真善而使自己真诚,自然就能取得主上和朋友的信任。至于能否通过虚心纳谏来振起群臣敢于直言进谏的风气,就在于君主的胸襟;真诚采纳他人的良言而接受诚直信义的朋友,就在于朋友的情怀。如果君主拥有诤谏之臣而士人拥有劝善之友,这就是国家社稷的福音、道德修为的助手了,难道这还是小事吗?

【评析】

本章恰好可以与《中庸》里的诚明之道相互印证:"诚则明也,明则诚也。"《解义》化用了《中庸》的内容进行阐释,可谓一语中的,切中肯綮。

《论语》中的道德劝善,并非一味地鼓励做好事,而是使原则性与平衡性相互让渡,即符合中庸之道。做坏事的人常见,但把好事做成坏事的人亦不少见;打着做好事的旗号,恣意任性地侵犯践踏他人尊严的事情似乎在各个时代都有,人们司空见惯,见怪不怪。子游的这番话,算是提了个醒,也让我们深刻领会中庸之道的精义。

【标签】

子游;事君;朋友;辱

公冶长第五

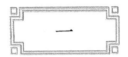

【原文】

子谓公冶长,"可妻也。虽在缧绁之中,非其罪也"。以其子妻之。

【原文】

子谓南容,"邦有道,不废;邦无道,免于刑戮"。以其兄之子妻之。

【解义】

此一章书,见孔子择贤而配——于公冶长取其素履之无咎①,于南容取其言行之能谨——总无愧保身②刑家③之道也。

公冶长,孔子弟子,姓公冶,名长,字子长。

南容,孔子弟子,居南宫因以为姓,名绦,又名适,字子容。

古者以黑索拘挛罪人,谓之"缧绁"。④孔子谓公冶长之为人:平日束身修行,素履无咎,可以女配之为之妻也。虽曾有在缧绁之中一事,然实是无妄之灾⑤,非其自致之罪也。

遂以所生之女妻之。

盖人之有罪、无罪,惟信其在我,不以自外至者为荣辱也。孔子之于公冶长所信者深矣。

南容尝三复《白圭》,能谨于言行者。孔子谓南容之为人:是有德之君子。若遇邦有道,乃君子道长⑥之时,其嘉言善行必能见信于僚友⑦,见用于朝廷,不至废弃。若遇邦无道,乃小人道长⑧之时,其谨言慎行,必能全身以远害,不至尽言以招尤,自免于刑罚戮辱⑨。

遂以兄所生之女妻之。

盖人之立身处世,至于治乱皆宜,则其贤可知。孔子之于南容所取者大矣。

总之,明哲保身乃君子修德凝道之事,圣人所取,莫要于此。若夫盛治之世,不使贤者误罹于罪,而积行⑩之君子必见用于朝,不弃于野,则帝王慎刑举贤之道得也。

【注释】

①素履之无咎：《周易·履》："素履往，无咎。"（以朴素坦白之态度行事，此自无咎）素履，用朴实无华、清白自守的处事态度面对心中所向往的事物。

②保身：保全自己。

③刑家：刑，法，礼法。此处做动词，指以礼法治家。

④古者以黑索……"缧绁"：古代用以捆绑犯人的黑色大绳索，称"缧绁"，音 léixiè。故又以之喻监狱。拘挛，拘禁。

⑤无妄之灾：平白无故受到的灾祸或损害。

⑥君子道长：君子德行之道发扬光大。《周易·泰》："《象》曰：'泰，小往大来，吉，亨。'则是天地交而万物通也，上下交而其志同也。内阳而外阴，内健而外顺，内君子而外小人。君子道长，小人道消也。"（《象传》说："泰的卦象征亨通太平，阴柔之气离去，阳刚之气到来，故吉祥顺利。表明了天地的阴阳交合，才有万物的生养畅通，君臣上下的交流沟通，方能志同道合。内心刚阳而外表阴柔，对内刚健而对外柔顺，内养为君子而外现是小人。君子德行之道发扬光大，小人卑劣之道路尽途穷。"）

⑦僚友：指官职相同的人。

⑧小人道长：与"君子道长"相反，因此亦与《周易·泰》相反，见之于《周易·否》："《象》曰：'否之匪人，不利君子贞，大往小来。'则是天地不交而万物不通也，上下不交而天下无邦也。内阴而外阳，内柔而外刚，内小人而外君子。小人道长，君子道消也。"（《象传》说："否卦象征闭塞黑暗的局势，不利于君子坚守正道。这时乾刚正气外泄，阴暗浊气盛起，天地阴阳互不交合，万物的生养互不畅通，君臣上下互不沟通，天下离异难成邻邦。内心阴柔而外表阳刚，对内柔顺而对外刚健，内养为小人而外现是君子。小人卑劣之道盛起畅通，而君子德行之道云消日落。"）

⑨戮辱：受刑被辱。

⑩积行：累积善行。

【译文】

这一章写了孔子选择贤良之人配亲——在公冶长身上看重其朴素清白处事而无过错，在南容身上看重其谨言慎行而能自保——总体来说，就是能够顺应明哲保身、礼法治家之道。

公冶长，是孔子的弟子，复姓公冶，名长，字子长。

南容，也是孔子的弟子，因为居住在南宫，所以以之为姓，名绦（同"绦"），别名适（同"括"），字子容。

古时候，用黑的枷锁来拘禁罪犯，称之为"缧绁"。孔子认为公冶长这个人：平时能够自我约束以修行，清白做事无所过失，可以把女子许配给他做妻子。即便他曾经被羁押，但实际上不过是无妄之灾，并不是因他自身有过错造成的。

于是，孔子将自己的亲生女儿嫁给了他。

大概一个人是有罪还是无罪，主要还是看他自身的修为，而不能用外在的际遇加以判断。孔子这是深信公冶长的人品才这样做。

南容曾经反复吟咏《白圭》之诗，这说明他是个谨言慎行的人。孔子认为南容这个人是个有德行的君子。当邦国政治清明，也是君子之道得以运行的时候，他就会以美好的言行获取左右之人的认可，也会被朝廷采纳，而不至于遭遇诋毁和冷落。但如果邦国政治混乱，也就是小人之道横行之时，他就会谨言慎行，保全身家并避开祸患，不因言获罪、动辄得咎，使自己免于刑戮苦辱。

于是，孔子就把亲侄女嫁给了他。

大概一个人立身处世，无论在治世还是乱世，都能很好地生存，那么也算是贤良之人了。孔子这是从南容身上看到了处世智慧。

总而言之，明哲保身也是君子修身修道的必修课，圣人之所以看重，因为这是最基本的一点。如果在政治昌明的时代，就不会让贤良的人遭受不白之冤，而且修德行善的君子，也会被朝廷任用，不是埋没于市井荒野。这样，帝王就掌握了慎用刑罚而选贤举能的治政之道。

【评析】

综观《论语·公冶长》全篇，多讲个人修为，从多个角度进行考察，强调在变幻环境中能够坚守个人修为的鼓励与肯定，而当弟子稍有不足，即加以斥责。《解义》敞开了对品德修为极其重视的政治意义的一面：提醒治政者要从这些角度出发来选人用人。因此，《解义》阐释和评论的重点都是如何借鉴《论语》客观地进行人格判断，从而选取贤良有为的君子。

当然，如果治政者有意昌明道德，其考察人的出发点是选择品德高尚的人，那么，本篇确实具有非常重要的借鉴意义；而如果治政者只是出于功利目的，那么，考察人的标准就未必依从道德标准。战国时代的孟尝君有三千食客，其中既有冯谖这样的有识之士，也有一众鸡鸣狗盗之辈，在某种特殊的时刻，他们都各自发挥了重要的作用。所以，孔子的本意未必只是为治政者取材现身说法,而治政者也未必仅仅以道德为标准进行判断。《解义》还是将《论语》的本意过度政治化、理想化了。

【标签】

公冶长;南容;素履无咎

【原文】

子谓子贱,"君子哉若人!鲁无君子者,斯焉取斯?

【解义】

此一章书,是孔子嘉子贱之成德①,而又幸鲁之多贤,有以成其德也。

子贱,孔子弟子,姓宓,名不齐,字子贱。

孔子尝谓子贱:其成德之君子哉,若人乎!夫其所以能为君子者,岂无所取益而然与?良以鲁国多君子,师者有人,友者有人,故能取众君子之益,以成其君子之德耳。若使鲁无君子,则熏陶切磋无所取资,斯人其焉所取以成斯德乎?

此孔子言美质系乎师友之助,非特叹鲁之多贤也。

由此观之,学务资师友以取益,国家务崇教化以作人②。教化兴于上而人材③盛于下,自一乡、一国至于天下,皆崇儒尚德,渐摩陶淑④,贤人君子有不日盛乎哉?

【注释】

①成德:盛德,高尚的品德。
②作人:任用和造就人才。《诗经·大雅·棫朴》:"周王寿考,遐不作人?"(周王长寿久治,何不树人百年?)
③人材:也作人才,指人的才能。
④渐摩陶淑:渐摩,教育感化。陶淑,陶冶使之美好。

【译文】

这一章是讲孔子嘉许子贱高尚的品格,而且欣幸鲁国济济多士,能够帮助子贱来成就其品格。

子贱，是孔子的弟子，姓宓（fú），名不齐，字子贱。

孔子曾经评价子贱说：所谓品格高尚的君子，他就是啊！然而一个人之所以能够成为君子，一定是有所求教取益。恰恰因为鲁国有诸多贤人君子，他的老师是这样的人，朋友中也有这样的人，所以他能够从他们身上汲取有益的滋养，从而成就自己的君子品格。如果整个鲁国都匮乏君子，他得不到这样的环境和人格的熏陶，又从哪里受到启发来成就至德呢？

其实，这是孔子言明好的品质是受师友的熏陶，而不是说鲁国一定就有很多贤人君子。

由此观之，一个人的成长一定要多向师友取益受教，一个国家也要推行教化以便培养和任用贤才。教化自上而下，就会使人才丛生猛长，从一乡一里，到一邦一国，乃至于全天下，都尊崇儒学而向往道德，人人都能够耳濡目染，潜移默化，这样怎么不会使贤人君子逐日倍增呢？

【评析】

"橘生淮南则为橘，生于淮北则为枳。"（《晏子春秋·内篇杂下》）君子固然要坚强自持，遗世独立，但是其生长和培育依然需要一个大环境，如果有这个大环境，君子就会如雨后春笋拔节而起；没有这个大环境，再坚强的君子也将如寒霜孤叶凋谢零落。

一个社会文明的高度发达，最终体现在每个人的生存和精神状态，社会每一个体的状态也对社会的发展产生重大的影响。所以孔子对社会改造的基点，就是一个个个体，他赋予传统"君子"之名以新意，以此"新人"❶来推动社会理想的建构。在这一章，他的用意或许并非单纯夸赞子贱，亦非为了赞扬自己的祖国，而只是想说明一个道理：用君子来呼唤和滋养君子，则人人可期成为君子。

一个人人皆可成为君子的社会，着实令人期待。

---

❶ 新人：特指19世纪中叶俄国文学中出现的具有民主主义思想倾向的平民知识分子艺术形象。他们来自社会底层，与人民联系密切，有远大的革命理想、坚定的信念，重视实践，推崇实用科学，还有积极乐观的思想情绪和埋头苦干的精神。有别于"多余人"（指远离人民、缺少行动而无力改变现状的俄国贵族知识分子）形象，代表着社会的进步力量，寄托了美好的人格理想。屠格涅夫小说《父与子》中的巴扎洛夫、车尔尼雪夫斯基《怎么办》中的薇拉等人，是俄国文学中的"新人"典型。塑造理想人格以寓托社会理想，是俄国文学之"新人"与儒家思想之"君子"的共通之处。

【标签】

子贱（宓不齐）；君子；鲁

【原文】

子贡问曰:"赐也何如?"子曰:"女,器也。"曰:"何器也?"曰:"瑚琏也。"

【解义】

此一章书,是孔子因子贡之自考,而深许其才之美也。

瑚琏①,宗庙中盛黍稷②之器,以玉为之,夏曰"瑚",商曰"琏"。

子贡见孔子以君子许子贱,故以己为问曰:赐也,学问之所至,分量为何如?

孔子曰:女是有用之成材,犹夫器之适于用者。女乃已成之器也。

子贡又问曰:器之为类不同,如赐,果何器也?

孔子曰:器中有瑚琏者,陈之于庙,至贵重也;饰之以玉,至华美也。以女之才,见之于用,既达于政事,而又有言语文章之可观,其为庙堂之用、邦家之光者,非女而谁乃器中之瑚琏也?

孔子之许子贡如此。

然则子贡虽未至于君子之不器③,而于器之中亦其至贵者矣。惜当时明王④不作,未能尽其用也。

【注释】

①瑚琏：瑚琏是一种祭祀时盛粮食的礼器,夏朝的时候称之为瑚,商朝的时候称之为琏,周的时候称为簠簋(fǔguǐ)(方形为簠,圆形为簋)。为什么孔子不称子贡为簠簋而是瑚琏,身为周人而不用周的名称,而用了前朝的名称。这有两种解释：一说是称子贡有古人之贤；一说是今人不古,觚而不觚,故称古而不称今。两说均较为牵强。

②黍稷：黍,音 shǔ,小米。稷,音 jì,高粱。二者为古代主要农作物,合用亦泛指五谷。

③君子之不器：君子不能只像器皿一样(有一种功用),还要有理想的

人格。[为政第二·十二]记载，子曰："君子不器。"

④明王：圣明的君主。

【译文】

这一章讲的是，孔子通过子贡（主动询问而）自我考查，对他的才能给予夸奖。

瑚琏，是宗庙中盛放五谷的器物，是用玉石做成的，夏朝称之为"瑚"，商朝称之为"琏"。

子贡看到孔子以"君子"之名嘉许子贱，所以也要看看老师对自己的评价，便问孔子：我子贡的学业到了哪个层次啊？

孔子说：你于社会是一个有用之材，就像一个器皿一样可以使用了——你是一个器皿。

子贡追问：器皿有很多种，我是哪一种呢？

孔子回答：有瑚琏这种礼器，陈设在宗庙里，极其尊贵；它是用玉雕饰，极其华美。以你的才干，如果用起来，既能够通达政事，又可以文采斐然，如果要用来彰显宗庙的重要和邦家的荣光，除了你还能有谁更像众器之尊的瑚琏？

孔子对子贡的赞许就是这样。

虽然子贡没有达到孔子所谓"君子不器"的境界，但是在众器之中也是相当金贵的（在众人之中也是佼佼者）。可惜当时没有遇到圣明的君主，他也因此未能完全施展自己的才干。

【评析】

这一章沿用朱熹《四书章句集注》的观点，认为此章与"君子不器"章密切相关，借评定子贡还不够君子来鞭策他。唐文治、钱穆等人则强调要避免把这一章与"君子不器"章简单关联在一起。实际上，称"君子不器"本身也是一种对君子的激励，并非否定器识及其作用。

按说，在孔子心目中，礼器兼具崇高的地位和美好的形象，所以对子贡来说，已经是极为赞许的言辞了。但是对于这个非常聪明、极富语言才干而又有些自负的学生，他并未进行明确的评价，而只是通过一个令人捉摸不定的比喻来回答——虽然很巧妙，不过这与其平日恭谨之个人形象相比，着实有点狡黠吧！

【标签】

子贡（端木赐）；瑚琏；器；君子

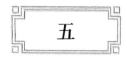

【原文】

或曰："雍也仁而不佞。"子曰："焉用佞？御人以口给，屡憎于人。不知其仁，焉用佞？"

【解义】

此一章书，孔子极言佞之不可用也。

雍，孔子弟子，姓冉，字仲弓。

仲弓为人重厚①简默②，而当时以口才便利为尚，故或人③语于孔子曰：雍也禀性醇厚，固可谓优于德者矣，而惜乎其短于口才也。

或人之言，徇④外而不务内，求名而不务实，谬之甚矣。

孔子曰：焉用佞为哉？佞者，恃口以御人，其应答人处，全以便利取给，似乎可听，而中心绝无情实。心口既不相副，终是邪佞小人，不足以取重，徒多为人所憎恶耳。女以雍为仁，其仁与否我不知之，但焉用佞为哉？雍之不佞，正雍之所以为贤也。

孔子深晓或人如此。

盖有德有言，原相为表里，⑤而仁佞之分，正是相反。仁是本心之德⑥，佞则亡其本心之德。察于仁、佞，即知君子小人之分，所以端学术、正人心、维世道者，其在此夫！

【注释】

①重厚：持重而敦厚。

②简默：简静沉默。

③或人：某人。

④徇：谋求。

⑤有德有言，原相为表里：［宪问第十四·四］记载，子曰："有德者必有言，有言者不必有德。仁者必有勇，勇者不必有仁。"

⑥仁是本心之德：仁，是人之本心就具有的至德。朱熹《四书章句集

注》释［颜渊第十二·一］"克己复礼为仁"："仁者，本心之全德……为仁者，所以全其心之德也。盖心之全德，莫非天理，而亦不能不坏于人欲。故为仁者必有以胜私欲而复于礼，则事皆天理，而本心之德复全于我矣。"可详参本书［颜渊第十二·一］"仁者，心之全德"词条注释。

【译文】

在这一章中，孔子极言不可贪用口才。

雍，是孔子的弟子，姓冉，字仲弓。

仲弓为人持重而敦厚，简静而沉默，而当时社会崇尚伶牙俐齿、能言善辩之风，所以就有人告诉孔子说：冉雍这个人天生纯朴忠厚，固然可以说是德性优良，但可惜不太会说话，口才不够好。

这个人的话，只是谋求外在表现而非内在心性，寻求虚名浮誉而非真才实学，实在是荒谬。

所以孔子回答他说：那么会说话干什么呢？口才，只是凭借说辞来应对别人，其所回应之词，不过都是巧言令色，好像很有道理，但实际上连自己心里都绝非真情实意。心口既然不能相符，说得再好，也不过是奸邪伪善的小人做派，很难获得尊重，而且会更容易惹人厌恶。你说冉雍仁道，他是仁还是不仁我不能确定，但是要口才干什么呢？冉雍的不善言辞，恰恰是他能够被称为贤良的原因。

孔子就是这样，非常明白这个人的心思。

大概德行与言辞互为表里，而仁道与口才却往往相反。仁依据本心就具有的品德，佞恰恰是失去本自于心的品德。审察区别仁、佞，就可以凭此判断是君子还是小人，用来端正学术、扶正人心、维持世道的学问，也都是从这一点出发的。

【评析】

孔子早就说过，"有德者必有言，有言者不必有德"（［宪问第十四·四］），所以本章仍然延续了孔子一贯的主张，对虚词浮语、巧言令色极度防范。

他厌弃佞者及其表现，因此本章的"佞"，与其说是口才，不如说是善于表现和伪装，也就是［学而第一·三］所说的"巧言令色"。这是孔子所极度排斥的，可谓深恶痛绝，势不两立。因为它们是仁道的死敌，毫无道德依据，只一味地似是而非、哗众取宠、逢场作戏，犹如假药假酒，更加具有迷害性，往往伤人也更加深重。

【标签】

冉雍（仲弓）；佞；巧言令色；仁

六

【原文】

子使漆雕开仕。对曰："吾斯之未能信。"子说。

【解义】

此一章书，见圣门贵真信之学也。

当日孔子以治安天下为心，使弟子漆雕开仕而从政。盖因其才可用世，非姑试之也。乃漆雕开对曰：人之为学，必于此理真知确见，返诸心而无毫发之疑，然后出而在位，推己治人，始能知之明，处之当，而万物各得其所。今吾于此理尚未能真知确见，实信不疑，此时正宜参求体勘①，以求自信之不遑②，而岂敢出而治人乎？

开为此言，盖其求道甚诚，而已见大意；所期甚远，而不安小成——其将来成就有未可量。故孔子说③之，乃说其不务人知，而止求自信。其笃志于学，殆无难造道之极④也。

是知用世者，必求有自信之处，而不可躁竞⑤于功名；用人者，必知其有自信之处，而不可不慎重夫名器⑥。庶于圣贤之学为无愧⑦，而收得人⑧之实效与！

【注释】

①参求体勘：参求，参悟求道。体勘，体验探察。
②不遑：没有时间，来不及。
③说：同"悦"。
④造道之极：悟道修为，达到至高修养。造道，穷究事理并躬行实践，以提高品德修养。
⑤躁竞：急于进取而争竞。
⑥名器：犹大器，比喻国家的栋梁。
⑦愧：同"愧"。
⑧得人：谓得到德才兼备的人。［雍也第六·十四］：子游为武城宰。

子曰:"女得人焉尔乎?"

【译文】

这一章讲的是,显示圣人之门中重视真知实信的学问。

当时孔子心怀治理天下之志,所以让弟子漆雕开出仕从政。大概是因为他已经具备了一定的治政才干,而不是一时试探他。但是漆雕开却禀告说:我们求学问道,一定要把所学之道理理解透彻,在心中审度而没有丝毫疑问,然后才能出仕从政,把自身所思所想用于治理他人,这样才能做到明了认知,处事得当,使每件事得到恰如其分的处理。但是,现在我还做不到对所学道理的透彻体悟和确信无疑,当此之时我正需要参悟求道,体验探察,现在务求自信还有所不及,更不用说是去治理别人了。

漆雕开说这番话,主要是由于他精诚求道,其道已初具规模;他抱负远大,而不是安心于小政小道——若他未来从政,其成就恐怕不可限量。所以孔子听说之后非常高兴,因为漆雕开为政之心不是贪求人所共知的政绩,而是追求自身对为政之道的真正掌握。他如此专心向学,恐怕距离至高的修为已经不远了。

由此可知,那些有意于治世的人,一定要对道了然于胸而怀有自信,切不能急功近利,好高骛远;任用他人,也一定要知道他所独擅自得之处,而为国选材不能不慎重有加。这样差不多就无愧于圣贤之学,也能够获得选人用人的实际效用了吧!

【评析】

在儒家看来,本立而道生,政治只是政道的外现与实操,所以政道比政绩更重要,学习比从政更优先。如果只是为了当官而当官,为了从政而从政,只是一味追求外在的功名利禄,而没有在内心树立可以确信而依从的为政之道,是做不好官也治不好政的。所以,孔子与漆雕开师徒之间只有一番简单的对话,却充分展示了师徒间相知相悦的融洽关系,这着实是一幕动人景象。

【标签】

漆雕开;为政;本立而道生

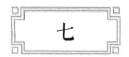

七

【原文】

子曰:"道不行,乘桴浮于海。从我者,其由与?"子路闻之喜。子曰:"由也好勇过我,无所取材。"

【解义】

此一章书,见孔子济世之心甚殷,未尝果于忘世①也。

昔孔子之心在于得时行道,致君泽民②,乃所如不合,而信用无期,故偶然有感而叹曰:吾之所以周流③列国,不遑④安处者,本欲吾道之行,而使世道人心咸登上理⑤也。乃人莫我知,而世莫我用,是吾之道已不行矣!虽复栖栖⑥道路何为乎?亦惟乘彼木筏浮于海中,以为避世之计而已。然能从我者,弟子之中其惟由乎?(盖彼临难不避,当不以浮海为惧也。)

孔子此言,惟叹夫道之不行,而实非果有浮海之意。乃子路闻之,以为不许人而独许己,必避世之心有合于师也,遂以为喜。其亦勇于自信,而于事理之宜未尝揆度⑦矣。

故孔子曰:人之怯者,一闻浮海则无有不惧,今由不以为惧而反以为喜,是其好勇,岂非过于我者乎?然吾之所云"浮海"者,不过因世不我用而为此不得已之言,以冀望吾道之行耳。试思海岂可居之处?吾岂浮海之人?由也惟知好勇,亦未取义理而裁之耳。可无思所以自进乎?

观孔子之言,虽以之教子路,而亦自明其未尝忘天下之心。但圣如孔子,而世莫能用,此春秋之所以不复治与!

【注释】

①果于忘世:固执于出世之见,完全忘却世情。可详参本书[宪问第十四·三十九]同名词条注释。

②致君泽民:南宋王应麟《三字经》:"上致君,下泽民。"(对上辅佐君主,对下惠泽百姓。)致君:辅佐国君,使其成为圣明之主。

③周流:周游,到处漂泊。

④不遑:没有时间,来不及。

⑤咸登上理:都能够理解大道至理。

⑥栖栖:忙碌不安的样子。栖,音xī。

⑦揆度：揣度，估量。

【译文】

这一章显示了孔子匡时济世的急切心理，从未真正有遁世隐居的心思。

当时孔子一门心思地考虑如何入世行道，对上辅助其君，对下惠泽其民，但怀才不遇，受聘无期，所以偶然感慨道：我辗转浪迹于列国，连片刻安息的时间都没有，本打算推行我的为政之道，使世道人心都秉持大道至理。可是人们不理解我，亦不为当世所用，看来我的仁道无法推行了！即便是再忙碌奔波，往返于各国之间，又有什么用呢？也只有乘着那木筏漂流于海上，作为避开当世的权宜之计好了。在此期间，能够跟从我的弟子门人之中，也只有子路了吧！（这大概是因为子路有临危不惧之大勇，所以即便是到了大海之上，也不会惧怕。）

孔子说这番话，主要是感慨自己的仁政理想无法实现，而不是真的有遁世浮海的念头。但是子路听到后，以为孔子不称许别人而只提到自己，一定是因为避离当世的心理与老师的想法相接近，所以沾沾自喜。他勇于自我表现，但是对事情的内在逻辑从未能深入揣度。

所以孔子批评说：怯懦的人，一听到在海上漂流就没有不怕的，现在子路不觉得恐惧，反而认为这值得欣喜，这说明他勇力过人，连我都比不上。但是，我所说的漂流海上，不过只是因为当时不被任用，不得已才这么说，其实仍然希望能够推行我的仁政理想。你想想大海怎能适合居住？我怎能长期生活在海上？子路这个人只知道好用勇力，但是尚未达到对义理的透悟。他怎么能够不考虑让自己更加长进呢？

细细品味孔子说言，虽然只是用来教导子路的话，但也无意间表露了他无时无刻不怀有匡时济世的心思。（他又怎么能够真的舍得遁世浮海，而完全放弃自己的理想呢？）即便是像孔子这样的圣人，也不能为时所用，这也正是春秋之世无可避免地衰败的重要原因啊！

【评析】

如果我们从子路的视角出发，想象他听到孔子后面话语时候的场景，他会一脸茫然地看着孔夫子，随即暴怒，青筋暴起，铁拳紧握——恐怕是又要打人了（《史记·仲尼弟子列传》载他曾经"陵暴孔子"）。当然，上一次暴打孔子是他们刚认识的时候，他们都还年轻气盛，互不了解，可谓不打不相识；而跟随孔子周游列国时，子路表现出对孔子深度的信从和忠诚，没有他赤胆忠心的保护，恐怕孔子周游的路途会更加艰难。

然而，孔子在此章中的表现却前后不一，让人大跌眼镜。此时子路之勇，并非平素的粗莽之勇、野蛮之勇，而是忠心之勇、忠义之勇。这一点我们可以从他不避危难，急就家臣之忠，而最终死于卫国内乱的事件上看得清清楚楚。所以，他能够追随孔子乘桴浮于海，未必只是因为胆大心粗、天生勇力，而恐怕是对老师的赤胆忠心才使他无所畏惧。他诚然不能从孔子的思想纵深处来理解孔子此时的失落，也未必能够达到从仁的角度来探知勇的更高层次，但是他有匹夫之勇——匹夫之勇，即知即行，甚至因于匹夫之懦：本篇后章载"子路有闻，未之能行，唯恐有闻"——在这里我们看到一个连一句新道理都不敢多听多闻的粗莽汉子，也有懦弱和恐惧。勇与懦，两相对比，我们可以看到子路摩拳擦掌、跃跃欲试，想同赏识自己的老师一同浮海漂流时候的激动心情，所付诸的完全是忠心和诚意，哪里是什么勇力与智识？这样的人格已经足够可爱和可敬了！

孔老夫子的"套路"太深，对子路前扬后抑，如此奚落，实在不够厚道。

然而，也不应因此责怪孔子。此时的孔子其实并无意贬低子路，而只不过是在极度失落之时，仍然借对子路的批评来表明为道的心志而已。他心怀天下，当仁不让，并为之孜孜不倦，九死不悔。如果说在［述而第七·十一］中孔子与子路关于勇力的讨论（"暴虎冯河，死而无悔者，吾不与也。必也临事而惧，好谋而成者也。"）还是理性和智慧之勇，显然已经远远超过子路式的武夫之勇（"子行三军，则谁与？"），但是这些对于孔子来说还远远不够。因为他所心心念念的是天下归仁的大道，在这条大道上行进，是没有任何退路的，故"见义不为，无勇也"（［为政第二·二十四］），"知其不可而为之"（［宪问第十四·三十八］），"天下有道，丘不与易也"（［微子第十八·六］），是情怀和道义之勇，是真正的无惧之勇——这也是他所谓"勇者不惧"（［子罕第九·二十九］）的真正涵义吧。

从与子路讨论用舍行藏（恰好在那个时候孔子选择了颜回而非子路）时对勇力问题的讨论，到孔子心灰意冷无比落魄时对勇力的否定，恰恰构成了其对"勇"的三个层次的探讨：第一个层次，是"暴虎冯河，死而无悔"的武夫之勇、粗莽之勇；第二个层次，是"临事而惧，好谋而成"的智慧之勇、理性之勇；第三个层次，是"天下有道，丘不与易也"的情怀之勇、道义之勇。这三个层次，恰好在《孟子》中也有专门的论述，而且彼此印证，十分吻合：

公孙丑问曰："夫子加齐之卿相，得行道焉，虽由此霸王不异矣。如此，则动心否乎？"

孟子曰："否。我四十不动心。"

曰："若是，则夫子过孟贲远矣？"

曰："是不难，告子先我不动心。"

曰："不动心有道乎？"

曰："有。北宫黝之养勇也：不肤挠，不目逃；思以一毫挫于人，若挞之于市朝；不受于褐宽博，亦不受于万乘之君；视刺万乘之君，若刺褐夫，无严诸侯；恶声至，必反之。孟施舍之所养勇也，曰：'视不胜犹胜也——量敌而后进，虑胜而后会，是畏三军者也。舍岂能为必胜哉？能无惧而已矣！'孟施舍似曾子，北宫黝似子夏。夫二子之勇，未知其孰贤；然而孟施舍守约也。昔者曾子谓子襄曰：'子好勇乎？吾尝闻大勇于夫子矣：自反而不缩，虽褐宽博，吾不惴焉；自反而缩，虽千万人吾往矣。'孟施舍之守气，又不如曾子之守约也。"（《孟子·公孙丑上》）

译文：

公孙丑问孟子："如果让您担任齐国的卿相，得以实行您的主张了，那么即使因此而建立霸业或王业，也不必感到奇怪的了。如果这样，您动心不动心呢？"

孟子说："不，我四十岁起就不动心了。"

公孙丑说："如果这样，老师就远远超过孟贲了。"

孟子说："做到这点不难，告子在我之前就做到不动心了。"

公孙丑问："做到不动心有什么方法吗？"

孟子说："有。北宫黝是这样培养勇气的：肌肤被刺不退缩，双目被刺不转睛；但他受不了一点小委屈，（受训的话，）就像被人当众鞭打了一般；既不受平民百姓的羞辱，也不受万乘大国之君的羞辱；视刺杀大国君主跟刺杀普通百姓一样，丝毫不把一国诸侯放在眼里；只要别人恶语相向，他就一定回骂过去。孟施舍这样培养勇气的，他说：'对付不能战胜的敌人和能够战胜的敌人是一样的——如果充分估量对手实力才会进攻，如果考虑到能够取胜再去交战，这其实是畏惧强大的敌人（没有勇气的表现）。我哪里能做到无战不胜呢？只是无所畏惧罢了。'（培养勇气的方法）孟施舍像曾子，北宫黝像子夏。这两人的勇气，不知道谁强些，不过孟施舍把握住了要领。以前曾子对子襄说：'你向往勇敢吗？我曾经在夫子那里听到过关于大勇的道理：反观自己觉得理亏，那么即使对普通百姓，我也不去恐吓；反观自己觉得理直，纵然面对千军万马，我也勇往直前。'孟施舍持守勇气的想法，又不如曾子能把握住要领。"

北宫黝恃力之勇、孟施舍守气之勇与曾子守约之勇，正乃上述之勇的三个层次和表现。

在追求仁道的路上，需要勇力，但不是子路式的勇力（尽管他已经超越了低层次的勇），这是子路所不能理解的，所以这也正是孔子批评他的根本原因。因此，我们不妨将孔子对子路的先扬后抑，理解为用子路的勇力来比衬孔子知其不可而为之的仁者之勇，而非只是刻意批评贬低子路。我们恰好也可以通过这段记录，深入体会夫子矢志仁道的心路历程。

【标签】

子路；勇；道不行，乘桴浮于海

【原文】

孟武伯问子路仁乎？子曰："不知也。"又问。子曰："由也，千乘之国，可使治其赋也，不知其仁也。"

"求也何如？"子曰："求也，千室之邑，百乘之家，可使为之宰也，不知其仁也。"

"赤也何如？"子曰："赤也，束带立于朝，可使与宾客言也，不知其仁也。"

【解义】

此一章书，见治世之才易见，而本心之德难全也。

鲁大夫孟武伯见孔子教人必以仁为本，则及门之中必有能全其心德者。乃首以子路为问，意以如子路者，其人果，则求道必决；其力勇，则用功必专：是果能全其心德而为仁乎？

孔子曰：仁道至大，固未可以轻许，而仁具于心，又难必其有无。由之于仁，所不知也。

孟武伯以弟子之造诣师所必知，岂以子路之仁而有不知之理，故又以为问。

子曰❶：由也，仁固不可知，而才则有可见。若夫千乘之大国，其兵赋①之事甚为难理，如使由而治之，必能时其简练②，作其忠义③，不但有勇，而且可知方。④此才之可见者如是耳，而其心之仁则不知也。

孟武伯以从教者多，子路之外，必有能全其仁者，故复以求为问。

孔子曰：求也，多才者也。如千室之大邑，百乘之大家，邑长家臣最难胜任，若使求为宰，而在邑则治其人，在家则治其事，必能人民乂安⑤，而庶务⑥修举⑦。此才之可见者如是耳，而其心之仁则不知也。

孟武伯又以赤为问。

孔子曰：赤也，知礼者也。如国之有摈⑧，所以昭国威，通邻好，未易得人。若使赤而束带⑨立朝，以应对来朝之宾与来聘之客⑩，其威仪辞令必能通两国之情，而达宾主之意。此才之可见者如是耳，而其心之仁则不知也。

总之，仁蕴于心，人不能知，而才见于外，人所易见。所以兵、农、礼、乐，可以随才而器使之，而求仁之功，则惟在独知之地⑪而已。

【注释】

①兵赋：朱熹《论语集注》注本章："赋，兵也。古者以田赋出兵，故谓兵为赋。"故《解义》解"赋"作"兵赋"。杨伯峻《论语译注》："赋——兵赋，古代的兵役制度。这里自也包括军政工作而言。"

②时其简练：按时演习训练。

③作其忠义：培养其忠义品格。作，兴起。

④不但有勇，而且可知方：出自［先进第十一·二十六］（"子路、曾皙、冉有、公西华侍坐"），子路语："千乘之国，摄乎大国之间，加之以师旅，因之以饥馑，由也为之，比及三年，可使有勇，且知方也。"（子路说：倘使有一个千乘之国，夹在大国之间，外面战争不断，内部连年岁饥荒，让我去管理，只要三年，可使民众勇武，并遵守礼法。）知方，知礼法。

⑤乂安：太平，安定。

⑥庶务：古时指各种政务。

⑦修举：谓事务处理及时、得当。

⑧摈：即"摈相"，同"傧相"，古时称替主人接引宾客和赞礼的人。可详参本书［乡党第十·三］"摈相"词条注释。

---

❶ 子曰：本章《解义》上下文均作"孔子曰"，故疑此处漏掉"孔"字。但文渊阁本及武英殿刻本均无"孔"字。

⑨束带：穿戴好礼服。古代在礼服之外须用束带，故此以束带代指礼服。

⑩来朝之宾与来聘之客：朝聘，古代诸侯亲自或派使臣按期朝见天子。春秋时期，政在霸主，诸侯朝见霸主。《礼记·王制》："诸侯之于天子也，比年一小聘，三年一大聘，五年一朝。"郑玄注："比年，每岁也。小聘，使大夫；大聘，使卿；朝，则君自行。然此大聘与朝，晋文霸时所制也。"天子诸侯的客人称"宾"，一般的客人称"客"。故本句指参加朝聘的诸侯或使臣。

⑪独知之地：《礼记·中庸》："故君子慎其独也。"朱熹《四书章句集注》："独者，人所不知，而己所独知之地也。"

【译文】

这一章所阐明的是，有治世才能的人比较常见，但是能够保全本心仁德的人却很少。

鲁国大夫孟武伯看到孔子教人以人为本，那么他的学生中一定能够有保全仁德的人。于是就先拿子路开问，意思是像子路这样的人，性格果断，那么求道之心必然坚决，勇力过人，那么悟道之心必然专一：他是否达到仁德的境地了呢？

孔子回答说：仁道极其广大，肯定不能轻易认可谁能够得道，而且仁存于心中，很难判断谁仁或者不仁。那么，子路是否达到仁德的境地，我还说不准。

孟武伯本来以为当老师的肯定知道弟子修为造诣的水平，哪里会不知道子路仁德进阶的情况，所以还是坚持再问。

孔子回答说：我虽然不知道子路是不是已至仁德，却可以说他是很有才的。像那种藏有千乘兵车的大国，其军事业务很难管理，但如果让子路去承担，他一定能够按时演习训练军队，培养兵士的忠义品格，不但作战勇敢，而且遵守礼法。这些才能我是可以看得到的，但是他内心是否具有仁德，我还是说不准。

孟武伯认为孔子学生众多，除了子路以外，一定会有达到仁德的人，所以仍然继续追问另一个弟子冉求怎么样。

孔子说：冉求这个人呢，算得上博学多才。像有千户人家这样的大型采邑，或者是有百乘兵车的大号邦家，其地方的主管官员很不好当，而如果让冉求去主管这些地方，无论是采邑还是邦家中的人和事，他都能使各种事务处理得当，百姓安居乐业。这些才能我是可以看得到的，但是他内心是否具有仁德，我说不准。

孟武伯还问了公西赤怎么样。

孔子说：公西赤，是一个懂得礼仪的人。一个邦国需要辅助君主行使仪礼的傧相，用来昭示国威，与邻邦示好，但是不容易找到合适的人。如果让公西赤（担任傧相之职），着礼服上朝，来应对参加朝聘的诸侯或使臣，以其威仪和辞令，一定能够联络两国的感情，传达清楚主宾双方的意图。这些才能我是可以看得到的，但是他内心是否具有仁德，我也说不准。

总之，仁德蕴藏于人心，是他人所不容易探知的，但是才干容易显露出来，是他人所容易看见的。所以用兵、务农、行礼、奏乐之类，都可以根据其才干而发挥其功用，但是探求仁德的工夫，恐怕只有他们自己心里清楚了。

【评析】

孔子不是不清楚这些弟子仁否，而是不想让人把仁德和才干混为一谈，并单纯以才干标准来评价人物，以事功名利代替修德修心。他实际上屡屡以拒绝回答这样的问题来表明自己的态度，但是孟武伯又屡屡追问。二人的立场和出发点迥然不同，有种驴唇不对马嘴的架势，而其对话之情境如若复现若干次，便如塞缪尔·贝克特的戏剧《等待戈多》一样，循环往复一个简单而无聊的剧情，有一种荒谬派的气质。

但其实这出戏一开始我们就应该知道：没有答案，便是答案。

【标签】

仁；孟武伯；子路；冉求；公西赤

【原文】

子谓子贡曰："女与回也孰愈？"对曰："赐也何敢望回？回也闻一以知十，赐也闻一以知二。"子曰："弗如也；吾与女弗如也。"

【解义】

此一章书，是孔子以心学觉子贡，而且进之也。

昔子贡好方人①，孔子恐其骛于知人而暗于知己②，故谓之曰：女与回同学吾门，彼此造诣知之必确，女试自思果与回孰胜乎？

孔子之言，盖欲观其自知何如也。

子贡对曰：人之资质高下不齐，而悟道亦浅深不一。如赐也，其何敢辄以望回乎？回也以生知之亚③，而功力又纯，其明睿④所照，能即始见终⑤，而周遍⑥无遗，盖闻一以知十也。赐也学而知之，而功力又浅，仅因此识彼⑦而无所泥执⑧，但闻一以知二而已。是回之胜赐者甚远夫，岂赐之所敢望乎？

此子贡以己方⑨回，而见为不可企及。

故孔子因而进之曰：女以为弗如，诚弗如也。凡人已较量之际，莫难于自知，而更莫难于自屈⑩。观女之言，是能自知，而且能自屈矣。既自知，则必不以已知自足；既自屈，则必不以未至自安。女以为弗如，吾之所与者，正此"弗如"也。而可无由是以自勉乎？

后子贡因此"弗如"一念，遂得闻性与天道⑪，不止闻一知二。可见为尧为舜，惟在乎见贤思齐之心而已。

【注释】

①方人：评价他人。[宪问第十四·二十九]："子贡方人。子曰：'赐也贤乎哉？夫我则不暇。'"

②鹜于知人而暗于知己：精明于察知别人，却疏于了解自己。鹜，追求。

③生知之亚：生而知之的那一类。生知，生而知之。[季氏第十六·九]："生而知之者上也，学而知之者次也；困而学之，又其次也；困而不学，民斯为下矣。"亚，流亚（同一类的人或物），同类。

④明睿：聪颖明智。

⑤即始见终：原始察终，考察事物的开端而预见到它的结果。

⑥周遍：周全，全面。

⑦因此识彼：由此及彼。

⑧泥执：拘泥固执。

⑨方：比较。

⑩自屈：自认不如。

⑪闻性与天道：[公冶长第五·十三] 记载，子贡曰："夫子之文章，可得而闻也；夫子之言性与天道，不可得而闻也。"（子贡说："夫子讲诗书礼乐，是可以听到的。夫子讲性与天道，是难得听到的了。"）

【译文】

这一章讲的是，孔子用修为要义来使子贡觉悟并进步。

当时子贡喜欢评价别人，孔子恐怕他精明于察知别人却疏于了解自己，所以就告诉他说：你与颜回是同学，你对你们两个人的学习情况应该比较清楚，你私下里有没有试过拿自己与颜回比较？

孔子这番话，大概是想测验他的自知之明。

子贡回答说：人与人的资质有很大的差别，对道的认识也非常悬殊。就我自己而言，怎么能指望拿来与颜回进行比较呢？颜回属于生而知之的那一类天赋异禀的人，而且自身修为功力又非常纯正，以其聪明才智来判断，考察事物的开端而预见到它的结果，各个方面都考虑到了，毫无遗漏，算得上是由一件事而能够推知十件事了。而我只是次一等的学而知之者，而且自身修为功力又很浅薄，只能做到由此及彼，算得上比较灵活，这充其量不过因一而知二而已。颜回比我高明太多了，我怎敢奢望与他进行比较？

这是子贡通过与颜回比较，从而看到自己与他的修为水平相比还遥不可及。

孔子因此勉励他说：你自认为不如，的确是这样啊。凡是拿自己和别人比较的时候，已经很难做到自知之明，而更难的是（和别人比较之后，发现自己有所差别，并）承认自己与别人的差别。考量你所说的话，你已经能够做到自知，而且能够做到自屈了。既然有自知之明，就不应该以有自知之明而自满；既然能够自认不如，就必然不能安于现状，不思进取。你自己都觉得不如颜回，而我认同你的，正是因为你有这种自知之明的"不如"（有自知之明才有进步，而不是因别人而贬低你），所以你一定要随时自醒自勉啊！

后来的子贡因此"弗如"一念，终于得道，不再仅仅是闻一知二那种水平了。由此可见，要想成为尧或者舜那样的人，只要能够坚持见贤思齐的心法，不断提升自己，就可以做得到了。

【评析】

先有子贡问夫子对自己的评价，后有夫子让子贡自我评价。这似乎是孔门召开的"民主生活会"，集中开展批评与自我批评。而拿子贡与颜回这两个高足来作比，这于孔子而言，是较少有的行为（另一次也是拿此二人作比，见［先进第十一·十九］），因此可谓孔门人物谱系上的一个标志性事件。

至于用子贡与颜回进行比较的真实用意，孔子本人并未言明，章末一句"吾与女弗如也"，《解义》认为是"你自认为不如颜回，我很欣赏你这种真诚实际的态度"，或可解释为"我和你在闻一知多方面，都不如颜回"，所以，不能单单作为孔子教训子贡，纠正其偏狂态度的证据。毕竟，人与人之间，各有所长，特别是子贡，具有多方面的才干，颖悟能力极强，比如他与孔子论诗，现场发挥对《诗经·卫风·淇奥》的理解，受到孔子的肯定（[学而第一·十五]）。而颜回却是在现场"不违如愚"之后，"退而省其私，亦足以发"（[为政第二·九]）。琢磨一番后才表示对孔子教诲的理解。从这个角度而言，子贡的机敏程度远胜于颜回。

从孔子平常对子贡和颜回的态度来看，他不仅从未批评过颜回，而且对他一直大加赞赏，但对子贡却常常旁敲侧击，暗示他要更进一步，不断提升自己。所以，就此而言，本章确实有点用颜回来"刺激"子贡的意思。但是，我们也应该看到，以子贡之颖悟，孔子欲教之以自省，又何必拿颜回作比？这样做恐怕也太伤人自尊，而且于教人或并无益！故《解义》之说，仅从字面解析，望文生义，未加审详，实在是有些草率了。

显然，孔子以极高智商之子贡与极高学力之颜回相比，是在阐明为学之道，而为学之道即如所谓颜回之闻一知十。

然而，何以闻一知十重要呢？重要的不是因一知十，而是有将"一"与"十"相贯通的意识和能力。

既要有"一"又要"贯"之，如果此道不能一贯，则不能统一，不能统一，则必然饾饤琐屑而歧义丛生。一旦如此，则巧言令色，恶紫夺朱，则觚而不觚，道亦非道了。

所以，重要的不仅是"闻一以知十"，"闻十以知一"也同样重要。"道一以贯之"，通过点滴获得而无限接近于老师孔子的大道，又能将大道贯彻于日常的点滴之中。（故夫子赞叹颜回"其心三月不违仁"，见[雍也第六·七]。）所以，孔子虽然把子贡与颜回进行比较，但目的恐怕绝非为了抑此扬彼，而不过是借以明确修道进学的一般原则，从而点拨众人——即便以子贡之颖悟和智慧（[先进第十一·十九]中说他"亿则屡中"，料事如神，是投资高手），于修道进学仍然不够，尚非理想的状态；所以更要像颜回那样，能够闻一知十而融会贯通，身与道合，心与物应。指出这种差别，绝非是孔子鄙薄子贡，而是借以来言明修道进学之道，激励众弟子不拘所得，能更进一步。

因此，回过头来，我们看孔子对颜回的态度问题。谈及颜回，孔子实

际上往往并不谈及"学"与"道"的具体内容,而只是涉及对待"学"与"道"的"心法",比如本章的"闻一以知十",又如:

吾与回言终日,不违如愚。退而省其私,亦足以发。回也不愚。([为政第二·九])

不迁怒,不贰过。([雍也第六·三])

语之而不惰者,其回也与!([子罕第九·二十])

孔子非常重视学习,所以也非常强调学习的能力、方式和心态。举一反三,闻一知十,不仅是获取信息的推论方法,更是好学乐知者的心态表现。如果没有对道的向往,恐怕再聪慧的头脑也不会将其专注于透彻理解老师的讲义上。

同时,我们也要清晰地看到,孔子所强调的学习"心法"与一般的学习方法有很大的区别:不是专一,而是"一贯";不是勤奋,而是"不惰"。如果说一般的学习方法旨在记忆和理解,拥有一份漂亮的成绩单,而孔学心法则是学之习之,融会贯通,精进不息,学而为人。学与道,犹如方法论之于世界观,两者相互融合,难分彼此。颜回正是在学习心法上已然达到孔子所高度认同的状态,故而将其推举出来作为示范,实际上是抛出进修孔学的心法要旨,以供众人参考。

其苦心孤诣,不知世人知否。

【标签】

子贡;颜回;为学;闻一知十;一以贯之

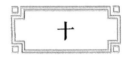

【原文】

宰予昼寝。子曰:"朽木不可雕也,粪土之墙不可杇也;于予与何诛?"子曰:"始吾于人也,听其言而信其行;今吾于人也,听其言而观其行。于予与改是。"

【解义】

此一章书，是孔子教人不倦、爱人无已之心也。

凡人从事于学，必志气清明，工夫勤密，而后有受教之地，可以入道。昔宰予在孔子之门，一日当昼而寝，则其昏昧怠惰①、不能好学可知。虽有善教，亦将无可施矣。故孔子责之曰：人欲施工于木，使成器用，必其质之坚者，然后可雕。若夫腐朽之木，虽加雕刻，必然坏烂，岂可雕乎？人欲施工于墙，使之完整，必其基之固者，然后可杇。若夫粪土之墙，虽欲杇镘②，必然剥落，岂可杇乎？如人之向学，必自加黾勉③，然后可教。今予也，寝非其时，昏惰如是，其与腐朽之木、粪土之墙何异乎？是彼已无受教之地，而吾亦无所用其责备矣。

盖言"不足责"者，正欲使其猛然警醒也。

夫宰子以一寝之失，而孔子责之如此，则为学之事，岂不以怠荒④为戒，而有贵乎自强不息与？

又，宰予夙在言语之科⑤，每自言其能学，而乃不自勉励，行不掩言⑥。

故孔子复警之曰：凡人言行相符，则听言者乃无疑虑。始吾于人也，以其言如是，则其行亦必如是。故既听之，即信之，而不复有所疑。今吾之于人也，见其言如是，则恐其行未必如是，故虽听之，必再观之，而不能不有所虑。如此初终顿易⑦，非我之薄待斯人也，因宰予能言而行不逮⑧，乃知听言信行未可概施于人，亦于予而改之耳。

盖言"于予改"者，正使其惕然⑨悔悟也。统观孔子之言，岂非深责之，正所以厚望之与？

【注释】

①昏昧怠惰：愚昧懒散。

②杇镘：即"杇墁"，涂饰。杇，音wū，形声字，"木"指木制工具，"亐"指"磨损"，"木"与"亐"合起来，表示把墙体凹凸不平的表面铲平，或对粗糙的表面进行磨平处理的木制工具。

③黾勉：勉力，勤勉。

④怠荒：神情懒惰，身体放荡。《礼记·曲礼上》："毋侧听，毋噭应，毋淫视，毋怠荒。"郑玄注："怠荒，放散身体也。"孔颖达疏："谓身体放纵，不自拘敛也。"

⑤宰予夙在言语之科：见［先进第十一·三］，子贡在孔门"四科十哲"中与宰我并列"言语"科高材生。夙，音sù，一直，素来。

⑥行不掩言：行为不能达到言语表达要达到的程度。掩，同"按"，按照。

⑦初终顿易：前后发生遽然变化。遽，急遽，突然。

⑧能言而行不逮：善于言辞而行动却跟不上。逮，到，及。

⑨惕然：警觉醒悟貌。

【译文】

这一章表现了孔子育人而不知倦、爱人而不保留的心志。

一个人要想进行学习，一定要保持明确的志向，勤勉踏实肯花功夫，然后才有受教进步的可能。昔日宰我在孔门求学的时候，有一天在白天上课的时候竟然睡着了，那么，他的愚昧懒散，不用心学习，便可想而知了。（对于这样的人）即便是有最好的教育，恐怕也爱莫能助。所以孔子就责备他说：人们加工木头，使其能够当作器具来使用，那么这种木头一定是质地坚硬，然后才能动手去雕刻。如果你只是那种腐朽的木头，即便是进行雕刻，也一定会纷纷脱落败烂，哪里值得雕刻呢？人们想要在墙体上施工，使它平整，一定要在它基础稳固后，才能涂抹缝隙。如果是用粪土烂泥做成的墙体，即便是想对它进行涂饰，恐怕一碰就会脱落，根本经不起涂抹。同理，一个人的学习，首先是自己要足够勤勉，别人才能够教。现在，这个宰我，不到睡觉的时候就睡觉，实在是愚昧懒散，本性难移，这与腐朽之木和粪土之墙有什么差别？他自身就没有主动接受教育的可能，就不值得我再责备他什么了。

大概所谓"不值得责备"的意思，正是希望使他能够幡然醒悟。

宰我也就是在上课时偶然打了个瞌睡，就遭到了孔夫子这样严厉的批评，可想而知，为学求道，怎么能不力戒懒惰放荡之气，而自强不息，持身自重呢？

又有：宰我本来一直位列孔门言语科（擅长言辞），常常说自己好学，但是实际上却不能真正要求自己去做，说到却不能做到。

于是，孔子就又警告他说：做人要言行一致，这样你就不会失信于人。一开始的时候，我听到一个人的话，认为他一定会按照自己所说的去做，所以一开始就坚信不疑。但是现在我对于一个人，听到他所说的话，就担心他实际上做不到，所以尽管听了（也还不能信任），要反复观察判断（才能下结论），不能不有所顾虑。之所以前后发生如此遽然的变化，不是我以轻薄多疑的态度去对待别人，而是因为通过宰我这个人话说得漂亮却根本做不到这样的表现，才知道听说即信（这种信任）不能一概用于所有的人，我也是接受了宰我的教训才改变自己的观念的。

大概所谓的"接受了宰我的教训"云云，只不过是想让他猛然醒悟。综观孔子的话，对宰我既是严厉的批评，更是深切的期望。

【评析】

在孔子所有弟子当中，宰我算得上是性格最尖刻的一个，因此他跟孔子之间的关系也往往非常紧张。

他向孔子提问，不像子路那么粗浅，也不像子贡那么精明，因为无论是子路，还是子贡，他们求问的出发点，实际上都还算是依从于孔学，在其学术框架之内进行提问（如何为仁），以期受到点拨并获得进步。而宰我所提出的，往往是直接对孔学自身有所质疑的、具有挑衅性质的问题（为仁者设陷）：

宰我问曰："仁者虽告之曰井有仁焉，其从之也？"子曰："何为其然也？君子可逝也，不可陷也；可欺也，不可罔也。"（[雍也第六·二十六]）

宰我在这里提出的预设，大概是他内心最深处的困惑，也可能是世人最为非议儒学的所在，因此这也可能是儒学行世的最为根本性的难题——仁者只以仁心处世。但是世俗并不以仁心对待仁者，而是以世俗价值和手段来对待他——"井有仁焉，其从之也？"仁者所努力建构的是万物一体、即此即彼、相互观照的伦理世界，却沉陷在世俗所营造的唯利是图、非此即彼、竞相残杀的无边黑暗之中。如果说仁者想努力拉近人与人之间的距离，从而型构一个理想的社会，而宰我所呈现的却恰恰是现实与人心之间的距离，一个"他者"遍布的世界——用萨特的话说，就是"他人即地狱"（《禁闭》）。简言之，这个问题就是：仁者如何破解"他者"的困局呢？

这是仁者的孤独，也是仁者所必须面对的困境。宰我直端端地提出来，也许是他内心对于仁者的处境怀有严重的焦虑，也许更是因为他对孔学不够坚信而有所动摇。他还质疑三年之丧的合理性（[阳货第十七·二十一]），曲解立社植栗的礼制涵义（[八佾第三·二十一]）。要知道仁、礼乃孔子思想学说的两根主线，而宰我的这些观念都构成了对孔子学说的更深层次的触犯，乃至是根本性的背离，因此师徒二人的对立尤为尖锐。❶ 对于仁道坎陷的问题，恐怕包括子路和子贡在内的儒学者都会遇到。但是如

---

❶ 可参金良年《论语译注》，上海古籍出版社2012年版，第40页。

果是子路，遇到对孔子不解的地方，他会直白地发起攻势——

　　在陈绝粮，从者病，莫能兴。子路愠见曰："君子亦有穷乎？"子曰："君子固穷，小人穷斯滥矣。"（[卫灵公第十五·二]）

　　子见南子，子路不说。夫子矢之曰："予所否者，天厌之！天厌之！"（[雍也第六·二十八]）

子路是一个感情用事的人，但感情用事的人往往也是忠于职守的人。他对孔子的攻击，却可以理解为，恰恰是源于对孔子之道的热爱与忠诚。

而如果是子贡，他就会非常理性，只是将对自己内心深处的疑问先搁置，因为他知道，自己还不足够了解夫子之道（[公冶长第五·十三]记载，子贡曰："夫子之文章，可得而闻也；夫子之言性与天道，不可得而闻也。"）；仅凭一个问题的预设，哪怕是非常重要的命题，哪怕现实中呈现出仁道不行的迹象，但也不足以构成他对夫子信仰的否定，他只是小心翼翼地不说出来（参[述而第七·十五]"夫子为卫君乎"），用向夫子不断提问的方式（据统计，《论语》中子贡向孔子提问最为繁复）来解除对仁道学说的疑惑。孔子一生给子贡这样的智者留下了至高的形象，他为孔子庐墓六年之久，且为捍卫孔子的声名不遗余力。

相较于子路和子贡，宰我显然是个另类，可以说他在孔门弟子中扮演了精神上的"犹大"❶，有背叛师门的嫌疑。

如果说上一章孔子与子贡关于颜回"闻一知十"的讨论彰显了"学"与"道"之间的关系，好学乐知则近道，体现了为仁者的一体两面；那么这一章很明显，"宰予昼寝"的细节则不独是对一时过失的批驳，而且凸显了师徒之间根本性的矛盾，也即儒学受世俗思想最大限度的挑战，恐怕还不是君主的为政非德，亦非权臣的僭越礼制，而恰恰是亲炙弟子对其学说的怀疑乃至设陷。虽然只是一个小小的生活细节，却被孔子敏锐地捕捉到，并马上破口大骂，言辞凌厉，态度激烈，而且还喋喋不休，语带讥讽。这虽然有违孔子一贯的温文尔雅的形象，但确实是"是可忍孰不可忍"，不得不大动肝火，迎头痛击。

前后两章，在内容上深度关联，又恰好形成极其鲜明的对比。

---

　　❶ 犹大，耶稣十二门徒之一，却并不深信耶稣，最终将耶稣出卖给罗马政府，致耶稣受难于十字架。

【标签】

宰予；朽木不可雕也；子路；子贡；仁道坎陷；井有仁焉

【原文】

子曰:"吾未见刚者。"或对曰:"申枨。"子曰:"枨也欲,焉得刚?"

【解义】

此一章书,是孔子思刚之真,辨刚之似也。

孔子曰:人立身天地间,须坚强不屈,卓然自立①。有此刚德,乃为可贵。然其人吾未之见也。

孔子之所谓"刚",乃"浩然之气",平日义理养成,凡富贵贫贱、祸福荣辱,皆不为之动,然后能剖决②大疑,担当大事。此大丈夫之真刚,非"血气强勇"之谓也。

或人不知其义,见申枨血气强勇,疑其为刚,对曰:夫子之弟子申枨,岂非刚乎?

孔子曰:刚者,不屈于物欲③者也。枨也多欲,世间可欲之事皆足以动其心,其心一动,便为物揜④,焉能光明磊落,不愧不怍⑤,常伸于万物之上⑥乎?

可见血气之强,物欲得以屈之;义理之刚,外物不得而夺⑦之。刚与欲正相反,而不相似——有欲则不能刚,刚则自能制欲耳。抑⑧刚者天德,惟无欲者乃能之。人君法"天行健",自强不息,⑨则刚之一言,实为君德之要与!

【注释】

①卓然自立:与众不同,非同一般。
②剖决:剖断,决断。
③物欲:物质和欲望。
④揜:同"掩",捕获,袭取。
⑤不愧不怍:《孟子·尽心上》:"君子有三乐,而王天下不与存焉。父母俱存,兄弟无故,一乐也;仰不愧于天,俯不怍于人,二乐也;得天下英才而教育之,三乐也。君子有三乐,而王天下不与存焉。"(君子有三件

值得快乐的事，称王天下却不在其中。父母健在，兄弟没病没灾，这是第一件快乐的事；抬头无愧于天，低头无愧于人，这是第二件快乐的事；得到天下的优秀人才而教育他们，这是第三件快乐的事。君子有这三件至为快乐的事，就连称王天下的快乐都不包括在内。）怍，音zuò，惭愧。

⑥常伸于万物之上：心体刚毅，不为物欲所困，而能够统筹制理万物。朱熹《四书章句集注》注本章：谢氏曰："刚与欲正相反。能胜物之谓刚，故常伸于万物之上；为物揜之谓欲，故常屈于万物之下。"伸，扩展，扩大。概取《周易·系辞上》"引而伸之"之意。

⑦夺：动摇，改变。[子罕第九·二十六]："三军可夺帅也，匹夫不可夺志也。"

⑧抑：表示推测，或许，也许。

⑨人君法"天行健"，自强不息：《周易·乾·象传》："天行健，君子以自强不息。"（君子法上天刚健、运转不息之象，而自强不息，进德修业，永不停止。）

【译文】

这一章是说，孔子希望做人真正刚强，并辨别何为刚强。

孔子说：一个人要顶天立地，一定要坚强不屈，卓尔不群。拥有这种刚毅的品格，才是难能可贵的。可是实际上我从未见到过这样的人。

孔子所谓的"刚"，其实就是孟子所谓的"浩然之气"，平时在义理之中滋养生成，不论富贵还是贫贱、荣辱还是福祸，都不能使其动心，因此能够决断极端的矛盾，担当重大责任。这就是大丈夫、真刚毅，而非一般所谓"艺高人胆大"式的勇敢。

有个人没有领会孔子这番话的含义，见到申枨这个人身体强健，以为这样的人算得上是刚毅了，就因此提出来说：夫子您的弟子申枨，难道也算不上刚毅吗？

孔子回答说：我所谓的刚毅之人，就是那种不受物质和欲望所左右的人。申枨这个人有太多的欲望，一旦有太多的欲望，就会因各种事物而扰动自己的内心，一旦动心而为物所役，又怎么能够做到光明磊落、俯仰无愧，超然物外呢？

由此可见，即便是身强体健，却往往屈从于物欲；然而深明义理的刚毅，是外物不能改变的。因此可以说，刚毅与欲望正好是相反的，而不是相近——有欲望就不能刚毅，真的刚毅自然就可以控制住欲望了。恐怕刚毅是天纵之德，只有没有欲望的人才能做到。君王本就应当取法"天行健，君子以自强不息"之道，那么，这一番关于刚毅的讨论，可谓切中了君王修德的关键了啊！

【评析】

朱熹《论语集注》将"刚""欲"简单对立，作"无欲则刚"之解：

程子曰："人有欲则无刚，刚则不屈于欲。"谢氏曰："刚与欲正相反。能胜物之谓刚，故常伸于万物之上；为物揜之谓欲，故常屈于万物之下。自古有志者少，无志者多，宜夫子之未见也。枨之欲不可知，其为人得非悻悻自好者乎？故或者疑以为刚，然不知此其所以为欲尔。"

冯梦龙的阐释则似对朱注进行了反复思辨：

此章须重"未见刚"句。"欲，焉得刚"，则因或人举申枨及之耳。"刚"与"勇"异：勇者，作用之发舒；刚者，本体之坚定也。首句"刚"且虚说，慢露无欲意。"刚"，足以翼道统，维世风。思"见刚"意思甚大，语气原不为辨"刚"而发。

"刚"从涵养纯粹来，外貌退然若不胜，而力有确乎不可拔者，乃真任重道远之具也。《左传》云："使柔而无刚者，尝寇而速去之。"可见"刚"是耐久。

"慾"（"欲"字异体）字，从心从欲，勿说得粗。只此心微有粘带，便是。欲是不刚的病根；惟无欲，乃能刚而不屈。非不屈于欲，亦非与欲相反。或人以申枨为刚，是就气质上看；夫子直就隐微处勘破。人一生不得成大丈夫真男子，只被一"欲"字消磨埋没了。如神龙之气非不强，然人得而蒙之者，以欲故也。

"焉得刚"，照"未见刚者"句，作"不是"字看，固当；然根"欲"字来，作"不能"字看，亦通。

无一念缠得我住，则念念常伸；无一事压得我倒，则事事可做。

冯五玉说：此章语脉与"器小"章颇类。夫子小仲，原不指定奢僭。所谓"刚"，亦不单指无"欲"，但或人谬以枨对，则愈远矣。夫子姑就枨解之，则刚之为刚，已跃然言外。若指定无欲即刚，则廉如原、思，便可谓之刚乎？❶

---

❶ 〔明〕冯梦龙：《四书指月》，《冯梦龙全集》第21册，李际宁、李晓明校点，江苏古籍出版社1993年版，第62-63页。

将"刚"与"勇"对比,使人先了解"刚"之本义,是冯解一大妙笔。然后道出"刚""欲"相对之语境,最终引冯五玉之语辨明将"刚""欲"对立之非。如风行水上,自然成文,更加细腻、透彻,可谓更加合理而准确地揭示了原文的意蕴。

【标签】

申枨;刚;欲;勇

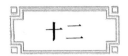

【原文】

子贡曰:"我不欲人之加诸我也,吾亦欲无加诸人。"子曰:"赐也,非尔所及也。"

【解义】

此一章书,是孔子教子贡以由恕及仁之意。

子贡自言其志于孔子曰:人之未能无我者,以人己之见犹未化也。大凡非礼之事,人加于我,我心固所不欲;度量他人之心,亦所不欲。若以此加人,是止见有我,不见有人矣。赐则视人犹己,凡我所不欲人加于我之事,我亦欲无加于人。

子贡此言,是本体①明净,物我浑忘,不待勉强,乃仁者之事。彼未能臻此,视为太易。故孔子呼其名而抑之曰:最难克者,己私;未易全者,仁德。依汝所言,则是视天下为一人②,合万物为一体③,非己私克尽、心德纯全者不能。汝今日岂遽能及此乎?

要之:"不欲""无加"者,自然之仁也;"不欲""勿施"者,勉然之恕也。贤人之学,必由恕以及仁,不得言仁而舍恕。孔子非言仁之难以阻赐之志,正欲使知其难以勉进于仁尔。

【注释】

①本体:指最根本的、内在的、本质的定位;本真。
②视天下为一人:把全天下看作一个人(把天下视作自我的延伸,也把天下的问题归于自我的修为)。北宋张载《正蒙·中正篇第八》:"中心安仁,无欲而好仁,无畏而恶不仁,天下一人而已,惟责己一身当然尔。"

③合万物为一体：即儒学所谓"天地万物为一体"，是说通过人生而具有的仁爱之性，由"爱人"扩展到"爱物"，从而把人与天地万物构成一个息息相关的有机整体。北宋程颢和明代王阳明等理学家，在儒家"爱人"的思想基础上提出这一整体性观念。

【译文】

这一章讲的是，孔子教导子贡以恕道得仁道。

子贡向孔子报告自己的心志：一个人不能做到廓然无我，大概是因为纠缠于他人与个己的执念。如果是不合礼仪的事情，有人想要强加于我，我自然不愿意这样；将心比心来衡量他人，恐怕他们也不愿意。如果把这种行为强加于他人，就是只看到自己，却不顾别人的意愿。我端木赐就会不分人我彼此，凡是我不想让别人强加给我的事情，我也绝不会强加给他人。

子贡这番话，说的是自然而然可以达到内心明净、物我不分的层次，这正是仁者的境界。但实际上他把这件事看得太简单了，并不是真的能够做到。所以孔子直呼其名并教训他说：最难克制的，就是自己的私心；最难完善的，就是仁德。依你所说，那是把全天下看作一个人，把世间万物联系为一个整体，如果不是能够完全克除私心，达到心体纯然仁德的人，是做不到的。难道你现在一下子就能够做得到吗？

简而言之，所谓的"不欲""无加"，应当是自然而然的仁道；所谓的"不欲""勿施"，应当是勉力以从的恕道。贤良之人的学习，必然是由恕道而到达仁道，但不能因为说是为了仁道而舍弃恕道。孔子所言，并不是以仁道艰难来打击子贡，而恰恰是想让他知难而进，臻至仁境。

【评析】

这一章也颇有意味。笔者姑且将其分解为两个要点：

一是孔子所正面警告子贡的话：认识得好，说得漂亮，但是很难做到。这是为道之路上的常态，然而不易为人警觉。所以孔子在肯定子贡认识的同时，警告他不要以言语自欺，轻易以悟道取代为道。实际上，如前所述，巧言令色是孔子最为忌讳、最为反感的行为。

二是《解义》所阐发的仁道与恕道之微妙关系：因能够推己及人，所以颇具仁道；而若不能推己及人，仅以自己为仁，而妄以为他人不仁，就有失于恕道。此种情况亦属常见，且害人不浅，实为修学大患，所以也应力避之。

由此两点来品味夫子对子贡所说的话，实在是温而厉，厉而温。

【标签】

子贡；仁；恕

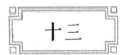

【原文】

子贡曰："夫子之文章，可得而闻也；夫子之言性与天道，不可得而闻也。"

【解义】

此一章书，是子贡得闻性、道之后，而深叹圣人之教人有序也。

子贡曰：千圣百王①之道属②之夫子，学者固欲尽其所有而闻之矣，然而功候未至，不可强也。如吾夫子平日之著③为威仪、发为文辞，粲然有条理者，文章④是也；文章之中原寓至理，然无行不与⑤，夫子未尝隐秘，故不待真积力久⑥方能有得，即浅学之士⑦皆可得闻。至若仁、义、礼、智⑧，禀于生初之谓性⑨；元、亨、利、贞⑩，运于於穆之谓天道⑪。性、天之理，亦有流行⑫发见⑬之端，然渊微精奥⑭，夫子非其人不传，非其时不授，故不但浅学之士不得而闻，即聪明深造者亦不可得而闻也。

夫文章、性、道、理本一贯，然为显为微，圣人之施教固有后先，见浅见深，学者之闻道亦有难易。此以见圣门之教不躐等⑮。子贡进德之后，始得闻之而叹其美也。

【注释】

①千圣百王：古圣先贤和历代帝王。
②属：音 zhǔ，集中于。
③著：显现。
④文章：礼乐制度。
⑤无行不与：[述而第七·二十四]：子曰："二三子以我为隐乎？吾无隐乎尔。吾无行而不与二三子者，是丘也。"（小子们，你们会以为我传道有所保留吗？没有啊，我没有什么是不与你们共享的，这就是我孔丘的为人为学之道。）

⑥真积力久：认真积累并持之以恒。《荀子·劝学》："学恶乎始？恶乎终？曰：其数则始乎诵经，终乎读礼；其义则始乎为士，终乎为圣人，真积力久则入，学至乎没而后止也。"（学习究竟应从何入手？又至何结束呢？答：按其方法途径而言，从诵读《诗经》《尚书》等经典开始，到研习典礼文籍结束；就其为人成学而言，则从做士人开始，到成为圣人结束，认真积累并持之以恒，活到老，学到老。）

⑦浅学之士：学识浅薄的人。

⑧仁、义、礼、智：《孟子·公孙丑上》："恻隐之心，仁之端也；羞恶之心，义之端也；辞让之心，礼之端也；是非之心，智之端也。人之有是四端也，犹其有四体也。"（同情心就是施行仁的开始；羞耻心就是施行义的开始；辞让心就是施行礼的开始；是非心就是智的开始。仁、义、礼、智是四个初始，就像我本来就所具有的，人有这四种开端，就像他有四肢一样。）

⑨禀于生初之谓性：《礼记·中庸》："天命之谓性。"（天然所赋予的禀性叫作"性"。）禀，音 bǐng，承受。

⑩元、亨、利、贞：《周易·乾》彖辞：元亨利贞。明来知德《周易集注》："元，大；亨，通；利，宜；贞，正而固也。'元亨'者，天道之本然也，数也。'利贞'者，人事之当然，理也。《易经》理、数不相离，因乾道阴阳纯粹，无纤毫阴柔之私，惟天与圣人足以当之，所以断其必'大亨'也。故数当'大亨'，而必以'贞'处之，方与乾道相合。不贞则非理之当然，安能大亨？此圣人教人以反身修省之切要也。"

⑪运于於穆之谓天道：《诗经·周颂·维天之命》："维天之命，於穆不已。"（上天的道理，庄严而深远。）於，音 wū，叹词，表示赞美。穆，庄严粹美。

⑫流行：广泛传布。

⑬发见：发现，阐发以显现。

⑭渊微精奥：深奥精微，此代指关于天道人性的精深理论。渊，深。

⑮躐等：超越等级，不按次序。躐，音 liè。

【译文】

这一章是说，子贡在听夫子讲授本性、天道的内容后，深切感叹他在教导学生的时候能够循序渐进。

子贡说：古圣先贤和历代帝王的治政之道归纳于夫子之学，学习者即便竭尽全力来听闻，恐怕学力也不一定能够达到，所以不可勉强为之。我们夫子的日常，有所显现便有威仪，有所阐发即成文章，文采光华而条理清晰，这就是礼乐制度了；礼乐法度中本来就寓含至理大道，实际上夫子本人毫无保留地通过这些（将大道）传授给大家了，所以不需要那么刻苦学习就能有所习得，即便是学识浅薄的人也能闻道。至于仁、义、礼、智，这是人的天生本性；元、亨、利、贞，这是庄严美好的天道。关乎人性与天道的真理，也可以广为流布并为常人所感知。然而，它们深奥精微的部分，不是对的人，或者不是适当的时候，夫子都是不传授的，所以不光学识浅薄的人听不到，就连聪明灵敏、有一定基础的人也未必能够听得到。

礼乐制度、人性、天道和真理，本就是一贯相通的，然而是显扬还是隐微，圣人自然会按照先后顺序予以施教；认识浅显还是深刻，也还是受学习者能力高低影响的。由此可以看出，圣人之门的教学是循序渐进而不是无序跳跃。子贡在德性提升之后，才能感悟到这一点，并为之叹服。

【评析】

如《解义》所示，本章开启后世"性""道"之论。对此，刘强在《论语新识》一书中已阐发通明，兹录如下：

> 子贡此言，在中国思想史上颇可注意。孔子所不言者，后世常言之。可以说，子贡此一话头，开启了儒道两家的形上之思。如孟子道性善，有言尽心知性以知天；荀子性恶，以为其善者伪也。《庄子》书中则有《天道》一篇。又《中庸》云："天命之谓性，率性之谓道，修道之谓教。""诚者，天之道也；思诚者，人之道也。"进而提出"君子尊德性而道问学"之主张。宋儒张载则在此基础上，将知识分为"君子之知"和"德性之知"，指出："见闻之知，乃物交而和，非德性所知，德性所知，不萌于见闻。"又说："圣人尽性，不以见闻梏其心，其视天下无一物非我。孟子谓尽心则知性知天，以此。"（《正蒙·大心》）程颢亦承此而为说，云："闻见之知，非德性之知。物交物则知之，非内也。今之所谓博物而多能者是也。德性之知，不假见闻。"
>
> 今按：子贡偏于"闻见之知"，故其于夫子所言之文章之学，自能心领神会，而"性与天道"则属"德性之知"，正夫子所谓"见之于行事"者也，又岂是言语名相所可传？❶

---

❶ 刘强：《论语新识》，岳麓书社2016年版，第136页。

诚然，不可否认，"性"与"天道"之立论，"见闻之知"与"德性之知"的分解，在思想学术的探讨上都具有深刻而长远的意义，但是，这些都是后人所造的衍生之物，而未必是子贡的本意及孔学的真相，因此用于解读本章，难免画地为牢，落入窠臼。此诚如钱穆解本章云：

> 孔子之教，本于人心以达人道，然学者常教由心以及性，由人以及天，而孔子终不深言及此。故其门人怀有隐之疑，子贡发不可得闻之叹。及孔子殁，墨翟、庄周昌言天，孟轲、荀卿昌言性，乃开此下思想界之争辩，历百世而终不可合。可知圣人之深远。后之儒者，又每好以孟子说《论语》。孟子之书，诚为有功圣学，然学者仍当潜心《论语》，确乎有得，然后治孟子之书，乃可以无病。❶

钱穆于解［为政第二·四］与［阳货第十七·二］时，再三引用本章，以阐明孔子之学，并纾解后世纷解之难：

> 孔子非一宗教主，然孔子实有一极高无上之终极信仰，此种信仰，似已高出世界各大宗教主之上。孔子由学生信，非先有信而后学。故孔子教人，亦重在学。子贡曰："夫子之文章，可得而闻也。夫子之言性与天道，不可得而闻也。"盖孔子仅以所学教，不以所信教。孔子意，似乎非学至此境，则不易有此信，故不以信为教。此乃孔子与各宗教主相异处。故学孔子之学，不宜轻言知天命，然亦当知孔子心中实有此一境界。孔子既已开示此境界，则所谓"高山仰止，景行行止，虽不能至，心向往之"。学者亦当悬存此一境界于心中，使他日终有到达之望。❷

> 子贡曰："夫子之言性与天道不可得而闻。"《论语》惟本章言及性字，而仅言其相近。性善之说始发于孟子。盖孔子就人与人言之，孟子就人与禽兽言之。孔子没而道家兴，专倡自然，以儒家所言人道为违天而丧真，故孟子发性善之论以抗之。然亦未必尽当于孔子之意，故荀子又发性恶之论以抗孟子。本章孔子责习不责性，以勉人为学。❸

在孔子看来，性、道本是不可言说、不必言说之混沌圆融之学。而在孟子等诸学，或亦有得鱼忘筌、得意忘言之意，然而，一旦开凿，则必然

---

❶ 钱穆：《论语新解》，生活·读书·新知三联书店2002年版，第122页。
❷ 钱穆：《论语新解》，生活·读书·新知三联书店2002年版，第28页。
❸ 钱穆：《论语新解》，生活·读书·新知三联书店2002年版，第444页。

零散失序，越是探赜钩深、寻幽入微，便越是饾饤琐屑、积重难返，使后之学者难免盲人摸象、以偏概全之失。

更者，夫子之学从哲学角度论，乃本体之学、悬置之学。是所谓"存而不论""敬而远之"，故有一体圆融、通贯气象，此正乃儒学可与西方现象学接渚之所在。后人不识其本真，登峰而以为山，折枝而以为树，曰"此为心""此为性""此为天""此为道""此为理"，一叶障目，以偏概全，不亦谬乎？

话说回来，探究子贡此话真意，笔者以为应从其与夫子之关系说起。此番关系不是师徒之人身关系，而乃二人在道义上的关系，即子贡与孔子之间在思想上的差异和张力。

夫子已经明确对门人弟子们说过"吾无隐乎尔"（[述而第七·二十四]），而且自陈"我非生而知之者"（[述而第七·二十]），"吾有知乎哉？无知也。有鄙夫问于我，空空如也。我叩其两端而竭焉"（[子罕第九·八]）。他认为，有生而知之者，但是自己却不是这样的人。也就是说，他坦陈自己只是一个踏踏实实学习的人，对弟子毫无保留，因此不过是一个非常努力的凡夫俗子。但是，子贡字里行间却透露出他对孔子的神秘化认识——"夫子之言性与天道，不可得而闻也。"

"不可得而闻"可以有三种解释：其一是说孔子从不谈及（[子罕第九·一]："子罕言利与命与仁。"），此上一段夫子自述有所揭示。其二是说自己还没有资格听说过（[先进第十一·十五]："由也升堂矣，未入于室也。"）。其三是说自己还没有达到对夫子之性与天道的理解，表现出对夫子之道的敬畏。不管子贡的实际意图如何，但是将这番话置于子贡与夫子之间思想的差异和张力之中，就会体味出其多重内涵。

子贡极其精明，善于盈利而屡有事功（亿则屡中而富可敌国；陈蔡之厄中他游说楚国出兵解困。《史记·仲尼弟子列传》："子贡一出，存鲁，乱齐，破吴而霸越。"），同时也最为信从孔子，对孔子顶礼膜拜，其于孔门弟子中，为称颂孔子最多者：

譬之宫墙，赐之墙也及肩，窥见室家之好。夫子之墙数仞，不得其门而入，不见宗庙之美，百官之富。得其门者或寡矣。（[子张第十九·二十三]）

仲尼不可毁也。他人之贤者，丘陵也，犹可逾也；仲尼，日月也，无得而逾焉。人虽欲自绝，其何伤于日月乎？多见其不知量也。（[子张第十

九·二十四])

见其礼而知其政,闻其乐而知其德,由百世之后,等百世之王,莫之能违也。自生民以来,未有夫子也。(《孟子·公孙丑上》)

齐景公问子贡曰:"先生何师?"
对曰:"鲁仲尼。"
曰:"仲尼贤乎?"
曰:"圣人也,岂直贤哉!"
景公嘻然而笑曰:"其圣何如?"
子贡曰:"不知也。"
景公悖然作色曰:"始言圣人,今言不知,何也?"
子贡曰:"臣终身戴天,不知天之高也;终身践地,不知地之厚也。若臣之事仲尼,譬犹渴操壶杓,就江海而饮之,腹满而去,又安知江海之深乎?"
景公曰:"先生之誉,得无太甚乎!"
子贡曰:"臣赐何敢甚言,尚虑不及耳!臣誉仲尼,譬犹两手捧土而附泰山,其无益亦明矣;使臣不誉仲尼,譬犹两手把泰山,无损亦明矣。"(《韩诗外传·卷八》)

譬之若宫墙、江海、泰山、日月、天地,极高极远,极深极厚,以为生民未有,百王莫违,极尽赞美之能事,足见其钦服之心迹。

而本章,也是子贡发自内心的感慨,表明自己的学习状态,感到夫子之学高深莫测,也算是对夫子的一种恭维和赞美。(此属于上述原因之第三种。)

孔子虽不为时用,但其思想学说迅速发展扩散,广为人知,概因众弟子在社会上的优异表现,更与子贡之大力推广密切相关。司马迁说:"夫使孔子名布扬天下者,子贡先后之也。"❶。崔述亦云:"子贡之推崇孔子至矣,则孔子之道所以昌明于世者,大率由于子贡。"❷

然而,从另一个方面来看,尽管子贡非常优秀,也得到孔子一定程度的认可,但也未得到完全的认可,孔子总是劝勉他更进一步:

---

❶ 司马迁:《史记·货殖列传》。
❷ 崔述:《洙泗考信余录》卷一,商务印书馆1937年版,第23页。

子贡曰:"贫而无谄,富而无骄,何如?"子曰:"可也;未若贫而乐,富而好礼者也。"子贡曰:"《诗》云'如切如磋,如琢如磨',其斯之谓与?"子曰:"赐也,始可与言诗已矣,告诸往而知来者。"([学而第一·十五])

子贡问曰:"赐也何如?"子曰:"女,器也。"曰:"何器也?"曰:"瑚琏也。"([公冶长第五·四])

子谓子贡曰:"女与回也孰愈?"对曰:"赐也何敢望回?回也闻一以知十,赐也闻一以知二。"子曰:"弗如也;吾与女弗如也。"([公冶长第五·九])

笔者曾谓三年之孝不仅是对子女三年方免于父母之怀的养育之恩的回馈,也是自我凝思、反省和沉静的过程,故"三年无改于父之道"其实是一个很好的沉淀过程。(可参看[学而第一·十一]评析)子贡于孔子逝后庐墓六年之久,笔者一直对此迷惑不解:孔子倡导三年之孝,然而子贡却用两倍于常人的时间在墓前守护,恐怕此种行为已然超出孝与敬的范畴,更乃对悟道的深切追求。而子贡庐墓六年而后离开,大概是在与夫子一生的纠缠之后,需要用更多的时间来慢慢盘点自己与夫子之间在思想上的距离。

而再回过头来体味子贡的这番话,却很难辨明其中滋味,不过最鲜明的还是其中那种酸涩气息——一方面感喟夫子之道的精深博大,而另一方面又猜疑孔子对学问之道的保留或偏向——所以他说:"夫子之文章,可得而闻也;夫子之言性与天道,不可得而闻也。"在世俗中间获得了极大成功("亿则屡中")的他,很想得到孔子的肯定,但终究未能如愿。孔子对这个最为热心其学说同时拥有巨大现实成就的弟子总是过于严格,很少给到像颜回那样的"优秀"评分,而往往褒贬参半,而又多有指摘。本来在现实中成功和自信的子贡在老师面前常常是"遭遇战",因为他遇到的毕竟是理想主义乃至心灵主义的孔子,而非世俗的功利主义的孔子。而子贡越是在现实当中有所成就,在孔子面前就越感到一种巨大的落差,其自信心乃至自尊心经常受到严重的打击。从这一点来说,子贡又是孔门最具悲情的人物。因此,他在对孔子赞美之余,似乎又夹杂着一种难以言说的情绪。总之是五味杂陈、百感交集。

【标签】

子贡；性；天道；见闻之知；德性之知

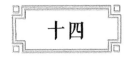

【原文】

子路有闻，未之能行，唯恐有闻。

【解义】

此一章书，是门人记子路急于勇行之意。

子路有兼人之才①，每闻善言即时行之。人但见其闻无不行，行无不力，然不观其未行之时，则其勇行之心不见。当其既有所闻，若或未之能行，则其心惕然②，唯恐复有所闻而行之不及，汲汲皇皇③，必力行其所闻而后已焉。何其勇也！

盖子路为己之实，不急于所闻，而急于所行。故"惟恐有闻"者，非不欲闻之至也，乃其惟日不足④之心，欲急行其所已闻，而预待其所未闻耳。观未行而惟恐有闻，则其既行而惟恐不闻可知矣。商傅说之告高宗曰："非知之艰，行之维艰。王忱不艰……"⑤此即勇行之意也。

【注释】

①兼人之才：过人的才华。兼人，指超过别人，一人顶两人。
②惕然：惶恐、忧虑的样子。
③汲汲皇皇：急切匆忙。
④惟日不足：只觉时日不够。《尚书·泰誓中》："我闻吉人为善惟日不足，凶人为不善亦惟日不足。"
⑤商傅说之告高宗曰："……王忱不艰"：傅说（yuè），生卒年不详，古虞国（今山西平陆）人，殷商时期著名贤臣。《尚书》有"说命"三章，记述商高宗（武丁）任命傅说为相的命辞，并记录傅说对武丁的进言。《尚书·说命中》："非知之艰，行之惟艰。王忱不艰，允协于先王成德；惟说不言，有厥咎。"（不是弄清楚这些道理困难，而是去做到很困难。王如果真正相信就不会感到困难了，因为这些道理合乎先王的高尚品德；而如果我傅说不将这些道理说出来，那就是我的过错了。）忱，诚，信。成德，盛

德，高尚的品德。

【译文】

这一章讲的是，门人记录子路急于勇猛做事。

子路有过人的才干，只要是听到有道理的话，就马上依照去做。人们只看到他，凡听到就无不去做，凡去做就无不用力，却从没有看到过他有不去做的时候，所以反而显示不出他勇猛做事的心境。实际上，当他一旦听闻道理而不能马上去做的话，心里就会十分忧虑，唯恐再听到其他道理而无力马上去做到。所以他总是急头急脑，匆匆忙忙，一定要把所听闻的道理做到了才能安心。这是多么勇猛啊！

子路修身为己，不是急于闻道，而是急于行道。所以这里所说的"唯恐有闻"，不是不想再听到什么道理，而是恐怕做事的时间不够用，只顾着去做到所听说的道理，并期待着听闻下一个道理。我们看他，未付诸实践时，唯恐听到新的道理，那么就可以知道，他付诸实践后而唯恐听不到新的道理（而不是真的害怕再听到下一个）。商代的傅说劝勉高宗说："非知之艰，行之维艰。王忱不艰……"（不是难于得道，而是难于行动。如果大王您足够相信，就不难做到……）这番话的意思就是要勇于行动。

【评析】

《解义》给出了不同于原文字面的解释，既贴合子路勇猛好义的品格，也符合孔学对知行观的定义，却不怎么符合子路的总体性格和修为层次，也不切合日常行为的规则和孔门学业的艰难程度。

实际上，子路所闻之道，恐怕多是夫子之道；唯恐有闻，是因为经常误解。比如本篇［公冶长第五·七］章（"道不行，乘桴浮于海"）和［子罕第九·二十七］章（"衣敝缊袍，与衣狐貉者立，而不耻者，其由也与"），每当子路为得到孔子的些许认同而自得，就会马上遭遇孔子的打击。他是最早追随孔子的人，但非孔子的高材生。若不是因为尊崇孔子其人，恐怕他早已经对自己的学业失去了信心。

夫子之道，层层叠叠，密密匝匝，精进不止，境界无穷，致使像冉有那样的高材生也望而却步，直道"非不说子之道，力不足也"（［雍也第六·十二］）；而孔子最为欣赏的弟子颜回，也慨叹孔子之学问"瞻之在前，忽焉在后"（［子罕第九·十一］）。而这对于学力一般、资质平平的子路来说，就更加困难了。

所以，把"唯恐有闻"理解为一般而言的不敢再进一步学习的心理，恰恰符合子路的性格特点，因为这实则一个正常人的心态和表现，也无可厚非，既不贬损子路的形象，也非贬低孔子的思想，甚至通过这样的细节，可以看到子路的勇敢是有条件的，符合他的修为层次的（可参［公冶长第五·七］的评析）；同时也可以看到子路对孔子的敬畏之心，唯恐有闻而已，不是避而远之，而是勉强为之，即便并非真正理解，也因为信从夫子而坚守其道——这着实是子路的可怜可爱之处。

【标签】

子路；惟日不足；非知之艰，行之惟艰

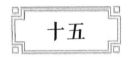

【原文】

子贡问曰："孔文子何以谓之'文'也？"子曰："敏而好学，不耻下问，是以谓之'文'也。"

【解义】

此一章书，是因论谥①而发见圣人节取人善之意。

孔文子是卫大夫，姓孔，名圉，谥"文子"。谥者，行之迹，人有贤否，则谥有善恶。文，乃美谥。

孔圉素行多疵②，得谥为"文"，子贡疑其未必相称，故问曰：孔文子何以得谥为"文"也？

孔子曰：凡人资性③明敏，便恃聪明不肯向学。孔圉虽有明敏之资，不敢自恃④，凡《诗》《书》"六艺"⑤，讲习讨论，无有厌心。其好学也如此。爵位尊显，便自视过高，耻于下问。孔圉虽居大夫之位，不敢自亢⑥，事有未知，必一一访问。虽卑贱之人，虚怀谘⑦询，不以为耻。其下问也，又如此。考其生平，虽无经天纬地之才、道德博闻之实，⑧然一善足称，君子不没。⑨谥法亦有云"勤学好问为文"者，孔圉之行，正与相合，此其所以得谥为"文"也。"

盖圣人鼓人为善，其心甚平，其量甚宽。以孔圉之为人，而犹节取之，其即大舜隐恶扬善⑩之心与！

【注释】

①谥：君主时代帝王、贵族、大臣等死后，依其生前事迹所给予的

称号。

②孔悝素行多疵：此指卫国贵族孔悝翻雨覆云、弄权作势，但又未能真正治理好家国，造成卫国上下混乱不堪，间接导致子路之死。《左传·哀公十一年》载，卫国贵族太叔疾娶宋国公子朝（史称宋子朝）的女儿，她的妹妹随嫁。后来，宋子朝因故逃出宋国。孔悝就让太叔疾休了子朝之女，然后把自己的女儿孔姞嫁给太叔疾。但太叔疾却派人把他前妻的妹妹安置在"犁"这个地方，并给她修建了一所宫室。孔悝得知后恼羞成怒，准备派兵攻打太叔疾，被孔子劝阻了。最后孔悝把女儿强行要了回来。又，《史记·仲尼弟子列传》载，孔悝是卫灵公的女婿，也就是伯姬的丈夫。卫灵公长子、伯姬之弟蒯聩作为太子，不满灵公的宠妾南子，企图谋害，反而遭到卫灵公驱逐。卫灵公死后，蒯聩之子姬辄即位，称"卫出公"。孔悝的仆人浑良夫与伯姬私通，蒯聩企图与儿子争位，就以成全浑良夫和伯姬为由策动浑良夫和伯姬襄助。出公十二年（前481），伯姬谋立蒯聩为卫君，胁迫孔悝弑出公，出公逃至齐国。蒯聩立，称"庄公"。子路是孔悝的家宰，当此驱逐卫出公事件发生之时，子路并不知情。孔子学生子羔逃离卫国，刚好碰到要从陈国回卫国的子路，子羔就警告子路，不能再进去了。子路却觉得自己作为家臣，没有怕死的道理，执意回返卫国。子路质问蒯聩为什么挟持孔悝，并且威胁说如果蒯聩敢杀了他的主人，他会马上找人继承孔悝，且不会和蒯聩结盟。除此之外，子路以为蒯聩胆小，就动手焚烧蒯聩所在的高台，以此要挟他释放孔悝。蒯聩派遣石乞和盂黶（yǎn）击杀子路。

③资性：资质，天性。

④自恃：过分自信而骄傲自负。

⑤《诗》《书》"六艺"："六艺"一指古代六种技能，即礼、乐、射、御、书、数；一指古代六部典籍，又称"六经"，即《诗》《书》《礼》《乐》《易》《春秋》。董仲舒《春秋繁露·玉杯篇》："君子知在位者之不能以恶服人也，是故简'六艺'以赡养之。《诗》《书》序其志，《礼》《乐》纯其美，《易》《春秋》明其知，六学皆大，而各有所长。"清章学诚《校雠通议》："六艺，非孔氏之书，乃周官之旧典也。《易》尊太卜，《书》藏外史，《礼》在宗伯，《乐》隶司乐，《诗》颂太师，《春秋》存于国史。"根据下文，此处"六艺"应指《诗》《书》等典籍，此处《诗》《书》与"六艺"是从属关系。《解义》多处列举《诗》《书》和"六艺"，基本上是从属关系而非并列关系，如本章与［雍也第六·二十七］［述而第七·二十五］等。［学而第一·六］则为解义者混淆了两者关系，可详见该章同名词

条注释。

⑥亢：自高，自傲。

⑦谘：同"咨"。

⑧经天纬地之才、道德博闻之实：按照古谥法，有经天纬地之才或道德博闻之能，都可以封谥为"文"。可参《周公制谥》《苏洵释义》等。

⑨一善足称，君子不没：只要他人有一个可取之处，君子就应该以欣赏的态度予以肯定。《国语·楚语下》："闻一善若惊，得一士若赏，有过必悛，有善必惧。"五代前蜀贯休《偶作：君子称一善》："君子称一善，馨香遍九垓。小人妒一善，处处生嫌猜。"苏轼《刑赏忠厚之至论》："尧、舜、禹、汤、文、武、成、康之际，何其爱民之深，忧民之切，而待天下以君子长者之道也。有一善，从而赏之，又从而咏歌嗟叹之，所以乐其始而勉其终。有一不善，从而罚之，又从而哀矜惩创之，所以弃其旧而开其新。"

⑩大舜隐恶扬善：《礼记·中庸》：子曰："舜其大知也与！舜好问而好察迩言，隐恶而扬善，执其两端，用其中于民，其斯以为舜乎！"（夫子说："舜帝真是有大智慧的人啊！他爱好学习求教并善于审察身边人的话语，能够包涵并隐忍别人的缺点而宣扬他们的长处，能够把握事情的好坏轻重，而选择适度的政策来引导民众，这正是舜之所以成为舜的原因啊！"）

【译文】

这一章从讨论谥号内涵来展现孔圣人善于择取人之好善的一面。

这里的孔文子指的是卫国大夫孔圉，他的谥号是"文子"。谥号所标识的是一个人的行为记录，一个人贤良与否，都会通过谥号来进行评价。而"文"，堪称非常高的评价了。

实际上孔圉这个人的行为有很多劣迹，但是却得封谥为"文"，子贡质疑其人行迹与谥号不符，所以就询问孔子：孔文子这个人怎么会得到"文"的封谥呢？

孔子回答说：一般来说，如果一个人天性聪敏，往往就凭着一些小聪明而不肯虚心学习。孔圉这个人虽然天资聪敏，但是并不因此自负，对于《诗》《书》等典籍的学习讨论，没有丝毫的自满情绪。他就是这样好学。如果一个人地位尊贵，往往就会颐使气指，自视甚高，不耻于向地位卑下的人请教。孔圉这个人呢，虽然身为士大夫，却不敢以此自傲，如果有不明白的事情，也一定会逐项向别人请教。即便对方是地位卑下的人，他也会虚心向他请教，不以此为耻辱。他就是这样向地位不如他的人求教。考察其生平为人，虽然没有经天纬地之才、道德博闻之能，但是如果他人有一处优长值得称道，君子就应该以欣赏的态度予以肯定，按照谥法中"勤学好问为文"的说法，孔圉敏学下问的行为正好与之符合，所以他能够获得"文"的谥号。

孔圣人鼓励人们为善好学，其心地平和而胸怀宽大，连孔圉这样的人也会择取他的优长之处，这其实就是舜帝隐恶扬善、善导民众的心法啊！

【评析】

《解义》对此章注解得极为恰切，不仅简要地揭示子贡所深疑之由，也周到地揣摩孔子答语的深意。

孔圉作为卫灵公时代的权臣，翻云覆雨，炙手可热，不仅搅动政局，也败坏人伦（详参本章注释②）。就是这样一个人，竟然得到"文"的封谥，实则"有失体统"。据笔者查考，孔子爱徒、孔门大师兄子路的离世给孔子师徒造成了极大的伤害，孔子的悲恸之情不言而喻。恰好这一年，孔圉也死去并获得"文"的美谥。在这样的情势下，子贡所生此问，并非空穴来风，也绝非只是一个查查封谥书籍就可以理解的知识问题，而是怀有极其强烈的不满情绪，一时间，愤怒与失望俱陈，疑惑与责问同在。

然而，孔子却"择其善者"，只说其是，不言其非，给到一个貌似简捷的答案之后，就再也没有其他言辞了。

子贡与孔子的对话，往往暗藏玄机。子贡之问既怒而温，孔子之答既简也厚，用心更深，意味更长。

【标签】

孔文子（孔圉）；子贡；子路；谥；敏而好学，不耻下问

【原文】

子谓子产，"有君子之道四焉：其行己也恭，其事上也敬，其养民也惠，其使民也义。"

【解义】

此一章书，是孔子赞美子产①，以明人臣之道也。

子产是郑大夫公孙侨。

孔子称子产有君子之道四。四者维何——

恭以行己②，君子之道也。子产之行己也，不矜其能，不伐其功，③谦谦自牧④，何其恭也。（是有君子之道一。）

敬以事上，君子之道也。子产之事上也，公尔忘私，国尔忘家，⑤翼翼匪懈⑥，何其敬也。（是有君子之道二。）

惠以养民，君子之道也。子产之养民也，利则必兴，害则必去，⑦有抚字⑧之深恩，何其惠也。（是有君子之道三。）

义以使民，君子之道也。子产之使民也，田畴有经，衣冠有制，⑨无姑息之弊政，何其义也。（故曰有君子之道四。）

然则子产备此四美，诚贤大夫也。而郑能用之，是以国安而政理。可见为臣者不可不知君子之道，而用人者不可不用君子之人也。

【注释】

①子产（约前580—前522）：姬姓，公孙氏，名侨，字子产，又字子美，谥号"成"。郑穆公之孙，公子发之子。居东里（今河南郑州），故又称"东里子产"。春秋时期著名政治家、思想家。郑简公十二年（前554）为卿，任少正；郑简公二十三年（前543），执掌国政。先后辅佐郑简公、郑定公。当时晋楚争霸，郑国逼处其间，国势危困，故子产锐意改革，为政宽猛相济，作丘赋，铸刑书，选贤举能，不毁坏国人议论国政的乡校，提出"天道远，人道迩"的著名论断，不迷信鬼神而力行人事。孔子对子产较为推崇，在其去世后，称其为"古之遗爱"（"继承和发扬了古人仁爱为政的遗风"，语见《左传·昭公二十年》）。关于子产的生平事迹，可参本章及［宪问第十四·九］相关注释。

②行己：立身行事。

③不矜其能，不伐其功：不矜夸自己的能力，不夸耀自己的功劳，指子产具有谦恭的品格。此从子产辞让郑简公赏赐一事，可见一斑。《左传·襄公二十六年》：郑伯赏入陈之功。三月甲寅朔，享子展，赐之先路、三命之服，先八邑。赐子产次路、再命之服，先六邑。子产辞邑，曰："自上以下，隆杀以两，礼也。臣之位在四，且子展之功也。臣不敢及赏礼，请辞邑。"公固予之，乃受三邑。公孙挥曰："子产其将知政矣，让不失礼。"（郑简公赏赐攻入陈国有功劳的人。三月初一日，设享礼宴请子展，赐给他先路大车和三命车服，然后再赐给他八座城邑。赐给子产次路大车和再命车服，然后再赐给他六座城邑。子产推辞不要城邑，说："依礼，从上而下，礼数以二的数目递降。微臣只是第四等级，而且这是子展的功劳，所

以我不敢受到这种级别的赏赐，请求辞去城邑。"郑简公坚决要给他，他就只接受了三座城邑。公孙挥因此说："子产恐怕将要主持政事了，因为他如此谦让而不失礼。"）

④自牧：自我修养。出自《周易·谦》："谦谦君子，卑以自牧也。"（君子谦之又谦，初六以阴爻居阳位，又处在谦卦最下位，这说明君子以谦卑来制约自己以提升修为。）可详参本书［泰伯第八·十一］同名词条注释。

⑤公尔忘私，国尔忘家：此语出自《汉书·贾谊传》："上设廉耻礼义以遇其臣，而臣不以节行报其上者，则非人类也。故化成俗定，则为人臣者主耳忘身，国耳忘家，公耳忘私，利不苟就，害不苟去，唯义所在。"（主上设立廉耻礼义来对待他的臣子，而臣子不以节操和德行报答他的主上，那他就不是人了啊！所以如果推行教化、厘定风俗，那么作为臣子，就会一心考虑奉行主上而忽略自身，一心考虑奉献国家而忽略小家，一心考虑砥节奉公而忽略私利，面对利益不随便谋取，遭遇祸患不苟且逃避，只依道义为准则进行判断取舍。）

《左传·襄公三十年》记载子产为了派伯石办公事，而把自己的私人城邑赠送给他。子太叔认为都是为国家办事，没有必要，而子产以为只要能够激励他人把公事办好，对国家有利，也算是自己的功劳了。

南宋真德秀《郑子产论》对子产大公无私的为政品格做了全面概述："郑子产以郑简公十二年为卿，明年得政。简公为政三十六年乃卒，又历事定公、献公、声公，合凡四十余年。方其始也，内则有诸大夫之争权，互相诛杀；外则有晋楚之兵，无岁不至城下。国之危且弱，几不可为矣。子产于此从容回斡，皆有次第。其于内也，务息诸大夫之争，而去其尤不可令者。然根之难拔者，不轻动以激其变；恶之既稔者，不缓治以失其机。有劝惩之公，而无怨疾之过。故自子南逐、子晳死，豪宗大姓，弥然听顺，无复有梗其政者。其于外也，事大国以礼，而不苟徇其求，故终其身免于诸侯之讨，而郑能以弱为强。考其所为，惟作丘赋、铸刑书见讥当世，自余鲜不合于理者。然大人格心之业则未之闻焉，岂其所事四公，皆凡庸之主，不足与有进耶？不然，何其无有以一善著者？至于用人，各以所长，盖得圣门所谓器使之道，春秋卿大夫未有能及之者。后之以权衡人物为识者，当观法焉。"（郑国的子产于郑简公十二年担任卿大夫，次年主政。郑简公去世时已在位三十六年，然后又服事郑定公、郑献公和郑声公，总共为政四十余年。当他开始主政的时候，国内有诸多大夫争权夺势，互相倾轧残杀；诸侯国之间则有晋楚争霸之战乱，每年都兵临城下。国家内忧外患而积贫积弱,几乎毫无希望。子产在这种情况下从容应对,依次施政,有条不紊。在国内,全力止息大夫之间的争斗,铲除那些拒不服从者。在此过程中,能够把握轻重缓急,见机行事:对于根深蒂固者,不轻易触动,以免激化矛盾,扰乱局势;但同时对于恶贯满盈者,绝不手软,除恶务尽,当机立断。警戒或惩治都是出自公心,但又不会因愤世嫉俗而操之过急。所以当他放逐子南,杀死子皙,那些豪门贵族,马上就变得顺从起来,再也没有敢于阻挠他施政的了。在外交上,他对大国以礼相待,不是一味地无原则地退让,以满足他们的贪欲,这样使得柔弱的郑国反而得到强国的尊重,再也没有遭遇诸侯的讨伐。考量子产终生施政的作为,只有作丘赋、铸刑书这两件事遭受世人的批评,其余的就再也没有不合理的了。尽管他施政如此高能,几乎完美,但却没有任何关于民风教化的事迹,难道他所侍奉的四代国君,全都是平庸之辈,在治政方面毫无作为?不然,这几个人怎么没有一件值得称颂的事载于史册呢?当然,子产知人善用,像对子羽、裨谌、冯简子、太叔等人,他使其各施所长,几无败事,这大概是因为他深谙孔门所谓的量材使用之道。在这一点上,应该说在整个春秋时代,没有哪个卿士大夫比得上他。后世的量人选才者,也不妨从中取法借鉴。)

⑥翼翼匪懈:恭谨勤勉。翼翼,恭敬谨慎貌。《诗经·大雅·大明》:"维此文王,小心翼翼。"匪懈,不敢懈怠。《诗经·大雅·烝民》:"夙夜匪解,以事一人。"

⑦利则必兴,害则必去:指子产为国家发展大计,坚持进行改革,不为阻力和个人安危所动。《左传·昭公四年》:郑子产作丘赋。国人谤之,曰:"其父死于路,已为虿尾。以令于国,国将若之何?"子宽以告。子产曰:"何害?苟利社稷,死生以之。且吾闻为善者不改其度,故能有济也。民不可逞,度不可改。《诗》曰:'礼义不愆,何恤于人言?'吾不迁矣。"(郑国的子产制定丘赋制度,使原属于封邑的私产也要纳税,以供国家之用。国内的人们指责他,说:"他的父亲不得好死,他自己却毒如蛇蝎,这样的人发布政令,国家不知道会怎样啊!"子宽把这些话告诉子产。子产说:"这又何妨?如果是有利于国家的事情,我都会坚持去做,赴汤蹈火,万死不辞。而且我听说做好事者坚持不变其原则,所以能够有所成就。不能任由老百姓来放纵所欲,原则不能随便变动。《诗》上说:'在礼法道义上没有过失,何必忧虑别人的议论呢?'我不会迁就改变的。")

⑧抚字:对百姓安抚体恤。

⑨田畴有经,衣冠有制:指子产在郑国主导经济改革,对田产土地进行了有序的规划,并规范礼制,不使当时的贵族占用过多的公共资源和享

有太大特权。这一系列举措最终推动郑国快速发展，子产也因此受到公众的认可。《左传·襄公三十年》：子产使都鄙有章，上下有服，田有封洫，庐井有伍。大人之忠俭者，从而与之；泰侈者，因而毙之。……从政一年，舆人诵之曰："取我衣冠而褚之，取我田畴而伍之，孰杀子产，吾其与之！"及三年，又诵之曰："我有子弟，子产诲之；我有田畴，子产殖之；子产而死，谁其嗣之？"（子产让城市和乡村有所区别，上下尊卑各有职责，田地四界有水沟，庐舍和耕地能互相匹配。卿大夫中忠诚俭朴的，就听从他，亲近他；骄傲奢侈的，就打击他，惩罚他。……子产主政一年后，人们对他议论纷纷，说："计算我的家产而收财物税，丈量我的耕地而征收田赋。谁要是去杀死子产，我和他一起动手！"子产主政三年后，人们对他赞不绝口，说："我们家族的子弟，都让子产教诲得彬彬有礼；我们家族的土地，都依靠子产的政策获得了更好的收成。如果子产不在了，还有谁能够做到这样呢？"）

【译文】

这一章讲的是，孔子通过称赞子产来宣明为臣之道。

子产就是郑国士大夫公孙侨。

孔子称赞子产有君子的四种美德。哪四种呢——

立身行事谦恭有礼，是君子之道。子产为人处世，不矜夸自己的才能，不显摆自己的功劳，谦虚而自持，这是多么谦恭。（这是他的第一种美德。）

经理公务敬业守则，是君子之道。子产经理公务，因公而忘私，因国而忘家，小心谨慎，不敢懈怠，这是多么敬业。（这是他的第二种美德。）

管理百姓慈惠爱民，是君子之道。子产管理民众，对他们好的事情一定去做，对他们不好的事情一定去除，对百姓有抚育之深情，这是多么慈惠。（这是他的第三种美德。）

驱使民众仗义执法，是君子之道。子产驱使民众，无论田畴划分还是衣冠穿戴，都严格遵照法规制度，绝不姑息枉法，这是多么仗义。（这是他的第四种美德。）

子产兼备这四种美德，实在是贤良的士大夫。而郑国能够任用他，并因此使国家安定，政通人和。由此可知，作为臣子，不能不知道君子所应具备的美德；而作为君王，不能不任用君子。

【评析】

孔夫子的执政用人理念非常具体而简明，不需要连篇累牍、长篇大论，其实也就不过对己、对公、养民、用民四个方面，恭、敬、惠、义四个字。孔子不能亲治政务，就把各种理想投射到现实中，或者找到理想的寄托人或代言人。所谓惺惺相惜，莫过于此。

子产是春秋末年的重要人物，明唐锡周认为，"后半部《左传》，全赖此人声色"（《左传管窥》）；清人王源则评价说，"子产当国，内则制服强宗，外则接应大国，二者乃其治国大端……子产为春秋第一人"（《文章练要》）。可知子产在当时有着非常广泛的社会影响力，而细究其为政、尊礼、尚德的行迹，则后世亦多有所颂扬。我们在子产与孔子就以上诸方面的关联中，就能够探寻出子产对孔子可能性的影响。充分了解子产，方知孔子思想的来路，亦且更加明了孔子重学的理路。此大概分为为政观、天神观、仁礼观和博学观等四个方面。

一是为政观。

樊迟问仁。子曰："居处恭，执事敬，与人忠。虽之夷狄，不可弃也。"（[子路第十三·十九]）

子曰："道千乘之国，敬事而信，节用而爱人，使民以时。"（[学而第一·五]）

子张问仁于孔子。孔子曰："能行五者于天下为仁矣。""请问之。"曰："恭，宽，信，敏，惠。恭则不侮，宽则得众，信则人任焉，敏则有功，惠则足以使人。"（[阳货第十七·六]）

子产临终前总结自己治政"宽猛相济"的施政要略，孔子听闻之后深表赞许，甚至认为子产是"古之遗爱"，即子产的行为具有古人仁爱之风，可谓评价极高。（《左传·昭公二十年》，详见[宪问第十四·九]"郑国之政，宽猛相济"词条注释。）我们看以上屡为孔子标榜之为政理想的标准，其实与本章中对子产的概括行事如出一辙，多处可见子产为政处事的影子。因此而言，子产的为政经历，极有可能成为孔子为政思想的一个重要渊源。

《解义》在末段评论部分，将孔子对子产的概述中所传递的情感也点明了，即既表达了对子产的景仰，也寄托了孔子对理想政治的探求。孔子的施政理想是周公，然而周公却处在距离孔子较为久远的年代，在《论语》中似乎只是一个被孔子加工塑造出来的人物（详见[述而第七·五]"评析"部分）。而子产则是一个实实在在的历史人物，其生存时代与孔子也有交集，其去世时，孔子三十岁，据载，孔子称子产"夫子产于民为惠主，于学为博物",而自己是"以兄事之"(《孔子家语·辩政》),可见对子产非同一般的认同和情感上的亲近。

二是天神观。

季路问事鬼神。子曰:"未能事人,焉能事鬼?"曰:"敢问死。"曰:"未知生,焉知死?"([先进第十一·十二])

樊迟问知。子曰:"务民之义,敬鬼神而远之,可谓知矣。"([雍也第六·二十二])

子路虽忠诚于孔子,但是在思想上仍然是世俗乃至迷信的,所以他提出这样的问题,倒是一个符合常人行为的表现,契合当时一般民众的心理。所以子路之问,是未知之问,也是公众的心理之问,它本身就代表了当时社会的认知水平。但是居处这样一个时代的孔子,能够如此悬置鬼神而不论,实际上不啻一声炸雷,石破天惊。而这种思想也不是孤立或独创的,原来在子产那里也有所呈现:

夏五月,火始昏见。丙子,风。梓慎曰:"是谓融风,火之始也。七日,其火作乎!"戊寅,风甚。壬午,大甚。宋、卫、陈、郑皆火。梓慎登大庭氏之库以望之,曰:"宋、卫、陈、郑也。"数日,皆来告火。裨灶曰:"不用吾言,郑又将火。"郑人请用之,子产不可。子大叔曰:"宝,以保民也。若有火,国几亡。可以救亡,子何爱焉?"子产曰:"天道远,人道迩,非所及也,何以知之?灶焉知天道?是亦多言矣,岂不或信?"遂不与,亦不复火。(《左传·昭公十八年》)

鲁昭公十八年(前524),夏五月,大火星在黄昏出现,鲁国大夫梓慎判断会发生火灾,果然,宋、卫、陈、郑四国都发生了火灾。其后,郑国大夫兼星占家裨灶预言郑将发生大火,人们劝子产按照裨灶的话,用玉器禳祭,以避免火灾。但子产认为,天道复远而不可知,而人道切近而可为,两者并不相关而人道更可信,于是没有答应按照裨灶的话去做,结果也没有发生火灾。这在当时尚对自然缺乏科学认知的情况下,不以神秘不可控的力量来左右为人的自信和自觉,突出表现出以人为中心的价值建构。在这一方面,子产与孔子的思想有着惊人的相似性。

三是仁礼观。

子产为政,遵礼而行。《左传·襄公二十六年》记载,子产因功受赏,但他解释说"自上以下,隆杀以两,礼也",认为自己按照礼的规范不应该得到那么多的封赏，因此坚持辞让。（详参本章"不矜其能，不伐其功"词条）《左传·昭公十二年》记载子产不毁游氏之庙，"君子谓子产于是乎知礼。礼，无毁人以自成也"。这些都可以看出子产的知礼守礼。而且子产在当时郑国国内和诸侯国间，确实也以知礼闻名。《左传·襄公三十年》记载：子驷氏欲攻子产，子皮怒之，曰"礼，国之干也。杀有礼，祸莫大焉"，将子产看作"礼"的化身；《左传·昭公四年》载，王使问礼于左师与子产，说明子产知礼已是天下共闻。这在礼崩乐坏、瓦釜雷鸣的春秋末世政坛上，可谓独树一帜、难能可贵。

不仅如此，子产作丘赋、铸刑书，本质上是对社会的经济和政治进行改革，从一般意义上而言，这些都是作为保守主义者的孔子所极力反对的，而且孔子对于鲁国季氏的田赋改革和晋国的铸刑鼎这两项与子产改革项目相似的行为都大加挞伐，但是独独对子产的改革不仅没有反对，甚而表现出高度的赞同。孔子反对季氏的田赋，说："君子之行也，度于礼，施取其厚，事举其中，敛从其薄，如是，则以丘亦足矣。若不度于礼，而贪冒无厌，则虽以田赋，将又不足。"（《左传·哀公十一年》）而子产的"作丘赋"（见《左传·昭公四年》，详见本章"利则必兴，害则必去"词条注释）虽然遭遇国人的强力反对，但是子产却因此更加坚定，因为他认为"苟利社稷，死生以之。且吾闻为善者不改其度，故能有济也。民不可逞，度不可改。"而且他相信这是符合《诗》中所定位的礼义之举，所以更加坚定。简而言之，季氏所主导的鲁国经济改革，破坏了当时的公有制并加速了私有制的进程，而子产所主导的郑国经济改革，打击私人对土地的过量占有，以维护公有制。其因出发点公私不同，对于"体制"的遵逆也不同，因而受到孔子的褒贬也不同。

昭公六年（前536），郑国执政子产将郑国的法律条文铸在象征诸侯权位的金属鼎上，向全社会公布，史称"铸刑书"（实则与晋国铸刑鼎为同类事件，后人为加以区别，则记之一为"书"，一为"鼎"）。叔向（羊舌氏，名肸）因此写信告知子产，认为铸造刑书不符合往圣先贤的治政之道，有可能导致更多的问题。子产答复时认为他所讲有理，并感谢他，但铸造刑书可以解燃眉之急，有效缓解郑国处于大国威逼下的困境。（见《左传·昭公六年》，可详参［宪问第十四·九］"尝铸刑书以禁民之非"词条引文。）因此，这与当时鼎霸诸侯的晋国所开展的法治行为（即"铸刑鼎"）相比，虽然都是改革图强之举，但一者为不得已而为家国生存之大计，一者为贵族之权欲与私利（特别是"董逋逃"之策，限定民众自由移居的政策，严重背离人道。详见《左传·文公六年》）使然，价值取向迥然有别。因此，

孔子对子产的"铸刑书"保持了沉默,而对晋国的"铸刑鼎"提出了理性而严厉的批判。(见《左传·昭公二十九年》)

子产为政,又依仁而行。《左传·襄公二十五年》载:

> 晋程郑卒,子产始知然明,问为政焉。对曰:"视民如子。见不仁者诛之,如鹰鹯之逐鸟雀也。"子产喜,以语子大叔,且曰:"他日吾见蔑之面而已,今吾见其心矣。"子大叔问政于子产。子产曰:"政如农功,日夜思之,思其始而成其终。朝夕而行之,行无越思,如农之有畔。其过鲜矣。"

子产在与然明交流施政问题的过程中,借然明的话来彰显自己"视民如子"的仁政主张,又借与子太叔的交流,申明了自己的勤政思想,这实际上也正是仁政思想的延伸。此恰如《左传·襄公三十年》中所说的那样:子产顶着极大的压力进行社会变革,因触动了一些人的利益而不被人理解,因此受到百姓的诅咒。但改革成功之后,他得到社会的广泛理解和赞誉。(详见本章"田畴有经,衣冠有制"词条注释引文。)因此,当有人问起孔子对子产的评价,子曰:"惠人也。"([宪问第十四·九])

但是"惠人"不是"仁人"。孔子心目中的仁者,是"富之""教之"([子路第十三·九]),而"子产犹众人之母也,能食之不能教也"(见于《礼记·仲尼燕居》,可详参[阳货第十七·十一]"中者,无体之礼"词条引文),所以尽管孔子非常尊崇子产,但是也并不轻许"仁人"之号。可见其对理想政治要求之严、目标之高。

四是博学观。

《左传·襄公三十一年》中记载了"子产不毁乡校"的著名故事。一般只以为子产具有民主作风,然而细观其语,则可发现与孔子博学观点的密切关联,乃至奇妙的生发:

> 郑人游于乡校,以论执政。然明谓子产曰:"毁乡校,何如?"子产曰:"何为?夫人朝夕退而游焉,以议执政之善否。其所善者,吾则行之;其所恶者,吾则改之。是吾师也,若之何毁之?我闻忠善以损怨,不闻作威以防怨,岂不遽止?然犹防川:大决所犯,伤人必多,吾不克救也;不如小决使道,不如吾闻而药之也。"然明曰:"蔑也今而后知吾子之信可事也。小人实不才。若果行此,其郑国实赖之,岂唯二三臣?"仲尼闻是语也,曰:"以是观之,人谓子产不仁,吾不信也。"[郑国人在乡校里游玩聚会,议论国家政事。然明对子产说:"毁了乡校怎么样?"子产说:"为什么要这么做呢?人们早晚做完事情就到那里游玩,来议论政事的好坏。他们认为

好的，我就推行它；他们所讨厌的，我就改掉它。他们让我学到很多东西，堪称我的老师，为什么要毁掉乡校呢？我听说忠于为善能减少怨恨，没有听说摆出权威能防止怨恨。靠权威难道不能很快制止议论？但是就像防止河水一样：大水来了，伤人必然更多，乃至我们无法挽救。不如把水稍稍放掉一点儿加以疏通，不如让我听到这些话并将其作为药石。"然明说："我蔑蔑（Zōng Miè，字然明）从今以后知道您确实是可以成就大事的。小人实在没有才能。如果坚持这样做下去，确实有利于郑国，岂独有利于二三位大臣？"孔子听到这些话，说："从这些来看，无论别人再怎么说子产不仁，我都不会相信。"]

故而亦可认为，孔子所谓"三人行，必有我师"（［述而第七·二十二］），所谓"见贤思齐焉，见不贤而内自省"（［里仁第四·十七］），不仅限于学业、思想，也可以视作为政、交际主张。将其生发一点来说，就是孔子倡导的学习精神中，也具备现代民主意识。当然，孔子的思想不能用后世的政治范畴去圈定，只能将其作为一个参照物。

子产和孔子是都被认为是其时代最为博学多识的人物，但是他们的博学，也不尽然只是博物，而是带有思想性的认知，这是两人的一大相似点，也是他们遵从传统，坚持不断学习的结果。

子产与孔子以上诸方面的比照，或可使我们对二人的关系有较为清晰的认识。实际上，笔者一直非常奇怪：孔子三十余岁时便以知礼闻名，孟僖子将死，嘱其二子孟懿子与南宫敬叔向孔子学礼；而后其步入仕途，提出政治主张，表现出非常成熟的政治思想和仁礼主张。但其学业来源一直空白，没有比较清晰详实的记录，所以堪称怪事。［子张第十九·二十二］中只是隐约触及这个问题，但是子贡的回答比较含糊，语焉不详，或只是为了维护夫子而搪塞对方：

卫公孙朝问于子贡曰："仲尼焉学？"子贡曰："文武之道，未坠于地，在人。贤者识其大者，不贤者识其小者，莫不有文武之道焉。夫子焉不学，而亦何常师之有？"

当然，这里最关键的是指出了孔子善于学习而学无常师的特点，与其"三人行，必有我师焉"之主张相印证。

《史记·仲尼弟子列传》曾经列举孔子求学的对象：

孔子之所严事：于周则老子；于卫，蘧伯玉；于齐，晏平仲；于楚，老莱子；于郑，子产；于鲁，孟公绰。数称臧文仲、柳下惠、铜鞮伯华、介山子然。孔子皆后之，不并世。

这一段陡然出现在孔子弟子的列传中间，本就不清不楚，而文字本身也有很多问题：要么本属虚构，经不起推理（如孔子问礼老子，此典曾引起学界热议，但老子晚于孔子的基本事实比较清楚），要么具体事实阙然（比如老莱子、铜鞮伯华、介山子然等人物本就子虚乌有），或只是捕风捉影（孟公绰、臧文仲、柳下惠只因孔子对他们有所评论，甚至对孟公绰的评价并不高），再者是以讹传讹（如民间传说孔子七岁跟随晏婴学习，只是因为晏婴曾经在距离孔子家乡比较近的地方任职。清改琦绘《孔子圣迹图》❶ 录此故事）。总之，这些表述恐怕也是古人为了解答孔子学业的问题而努力搜罗的答案，都没有说服力。

司马迁所列举的"孔子导师组"中，只有子产这个人物，不仅史料明确有记载，而且其人格、思想、言行都有清晰的轨迹可查。经过上文所梳理孔子与子产的对比，可知孔子之学乃广泛之学、时习之学，很有可能是其通过对社会传闻的政治事件不断进行探索和琢磨，终于从中吮吸到足够的营养，使自身的学问终于丰满起来。公元前522年，子产去世，而这一年孔子恰好30岁，听闻子产去世的消息，孔子表示非常痛心并给予子产很高的评价（可参〔宪问第十四·九〕注④）。他自谓的"三十而立"，或即指学有所成，在此之前，在一个人人生中最佳的学习时光，他的生命轨迹与子产发生了交集。而在此后的岁月中，他还有一段在历史记录中比较晦暗的时光，直到50岁左右。

至于《论语》中为何没用更大的篇幅来表现子产，可能是因为孔子对子产铸刑书的不置一词，以及对其"惠人也"（而非"仁人也"）的有所保留的评价，影响了后人对子产形象的升华。毕竟子产是现实中的人物，而现实中的人物，是不可能完美的。

【标签】

子产；仁政；铸刑鼎；作丘赋；子产不毁乡校

---

❶ 见〔清〕改琦绘《孔子圣迹图》，福建美术出版社2004年版，第2页。

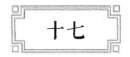

【原文】

子曰:"晏平仲善与人交,久而敬之。"

【解义】

此一章书,是孔子赞晏平仲以明交道也。

晏平仲①名婴,齐大夫。

孔子曰:朋友之交,五伦之一,不可忽也。但交友者多,善交者少,惟晏平仲善与人交。凡人初交,未有不相敬者也,久之则习狎②矣,因习狎而生怠玩③,因怠玩而生嫌隙,敬心渐衰,久要④遂废,比比⑤皆然。平仲之与人交也,始固相敬,久亦不替⑥,岂不善哉?

盖君子交友,上而协恭⑦以事君,下而同心以谋道,一有不敬,将起乖异⑧之端,关系诚非小也。故孔子赞晏平仲,以为交友者法⑨。

【注释】

①晏平仲(?—前500):史称晏子,名婴,字仲,谥号"平",故此章称晏平仲。春秋时期齐国著名政治家、思想家、外交家。

②习狎:亲近。

③怠玩:轻慢疏忽,不够敬重。

④久要:相约时久。出自[宪问第十四·十二],可详参本书[学而第一·七]"虽久要而不忘"词条注释。

⑤比比:屡屡,处处。

⑥替:松弛,怠惰。

⑦协恭:勤谨合作。《尚书·皋陶谟》:"同寅协恭和衷哉。"(君臣之间相互敬重,同心同德办好政务。)

⑧乖异:怪异反常。

⑨法:标准,模式。

【译文】

这一章讲的是,孔子通过称赞晏平仲来明示交友之道。

晏平仲就是晏婴,齐国的士大夫。

孔子说：朋友关系，是人之五伦之一种，不能不重视。但是一般人往往有很多朋友，但并不代表其善于交朋友，只有晏平仲善于与人交往。一般朋友之间开始认识的时候，没有不相互尊敬礼让的。但时间久了关系密切了，因而彼此之间会滋生一些不是那么庄重的陋习，并因此在内心结怨。这样一点点积累，彼此敬重之心逐渐丧失，时间久了朋友关系也就毁弃了。这种情况比比皆是。然而，晏平仲与人交往，恭敬得体，始终如一，坚持不变，这样就会很好地维护朋友关系，岂不是很好吗？

但凡君子交友，在朝堂之上要勤谨合作以侍奉君王，在朝堂之下要同心合德，探求大道。如果稍微失敬，恐怕会引起友情的异变、政道的损伤，所及实非小事。所以，孔子要通过称赞晏平仲来树立交友的榜样。

【评析】

本章《解义》把孔子的朋友观演绎得极其透彻。

在孔子这里，朋友关系作为一个人最基本的五种生活伦常中的一种，朋辈之间相互促进、共同提升。其所谓交朋友是为了辅仁、修德、为政，貌似功利而不自私，本于内心而非外求。

如果对比一下，就会发现孔子所提倡的朋友关系以及交友之道，似乎与今天的观念有很大差异：

首先，目的不尽相同。现在的朋友关系多是事务方面的相互扶持和帮助，是善于利用而非善于养护，是出于私心而非出于公义。因此极其受到重视，但也极其贫乏，就像在一件文物上贴上一个兜售的关键词一样，友情本身的目的性和物质性都比较强。

其次，进阶表现不同。现在的朋友之间，为显示交情深厚，往往是通过彼此间的随意乃至任性的言行方式来体现；而孔子认为最好是"久而敬之"，越是接触得久，就越是要注意彼此之间的分寸，坚守基本原则，保持相互尊重。这样才更利于维护良好的朋友关系。

中国社会历来重视朋友关系，但是只有深入了解这种关系的古今差异，才能更加深入了解儒学将朋友关系列入"五伦"的重要意义。

齐景公曾考虑重用孔子，这可能是史上孔子最接近施政的一次，却被晏婴的一番话彻底浇灭，从此孔子仓皇逃离齐国。（可参《史记·孔子世家》）有人分析，晏婴与孔子的关系十分密切，抨击儒学、反对孔子事齐的那番话实际上是保护孔子，因为这样才可以使其避免陷入齐国激烈权斗的漩涡。不管怎样，孔子因晏婴而丧失施政良机，这对一般人而言，或多或少都会心生怨隙。但孔子非但对晏婴没有讥讽之辞，而且还表示非常敬佩晏婴的交友之道。可见孔子的胸襟多么开阔，又是多么重视朋友关系。

对朋友诚敬与否，根源其实还是自身对道义的理解和探求，以及对个人修为的提升和高标。"有朋自远方来"，不是呼朋引伴喝酒吃肉，而是修习正道、同学共进，实在是人生修身进德的必经之路，亦乃孔子言之再三的教诲之语。交友之道，即修持之道，岂可不明，岂可不慎？

【标签】

晏平仲（晏子）；友；敬

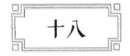

【原文】

子曰："臧文仲居蔡，山节藻棁，何如其知也？"

【解义】

此一章书，言谄渎①鬼神之不得为知也。

臧文仲②名辰，鲁大夫。蔡是大龟，出蔡地，故名蔡。

孔子曰：臧文仲，人皆以为知。夫知者明理，当无谄渎鬼之事，乃臧文仲之于蔡也，为室以居之，又将柱头斗拱刻为山形，梁上短柱画以水草，文仲之意，以为敬蔡如此，必能降福。不知蔡为占卜之用，止可决吉凶之几，不能操祸福之柄。文仲理既不明，心且大惑，何如谓之知乎？

孔子答樊迟问知曰"务民之义，敬鬼神而远之"，③盖知者明理，必无谄渎鬼神之事。从事于知者可以醒矣。

【注释】

①谄渎：谄媚尊长而侮慢下人。《周易·系辞下》："君子上交不谄，下交不渎。"高亨注："谄，甘言媚人曰谄。渎借为嬻，轻侮人曰嬻。"嬻，音dú，同"渎"，亵渎，轻慢，对人不尊敬。

②臧文仲：姬姓，臧氏，名辰，臧哀伯次子，谥号"文"，故称臧文仲。

③孔子答樊迟问知曰"务民之义，敬鬼神而远之"：出自［雍也第六·二十二］。

【译文】

这一章是说，通过不正当的方式来致祭祖先和神明，实际上是一种冒犯而非礼敬，因此是不明智的。

臧文仲名辰，鲁国的士大夫。"蔡"是一种大龟，因为是蔡地的特产，所以把它也叫作"蔡"。

孔子说：人们都以为臧文仲明智，但真正明智的人是不会冒犯祖先和神明的，可臧文仲却冒犯了。他用蔡龟来装饰房屋，而且房子使用了山形的柱头斗拱，梁上刻绘了繁复的水草图案。他本意是表达对蔡的恭敬，并祈望神明能够因此降福于他。但他并不明了，蔡龟只是用来占卜吉凶、评测吉凶概率的，而不具备执掌祸福的权力。臧文仲既然如此迷信而不明理，说明他压根没有想明白啊，怎么能够称得上明智呢？

孔子回答樊迟关于"知"的问题时说："务民之义，敬鬼神而远之。"（引导民众的要义，在于对鬼神足够敬畏，但又不至于迷信。）其实也就是说，明智的人一定会明白其中的道理，不会用这种浮于外在而极为庸俗的做法来轻易替代内心对神明的诚敬。那些自作聪明的人可以醒醒了。

【评析】

人心实际上是非常脆弱无助的，总是要依托某些实有的物质来寄放心灵或者心神。臧文仲把居所装修得富丽堂皇，一方面骄奢炫富，另一方面却恰恰把蔡龟简单等同于神明，就像有人把佛像当作佛，把书本当作智慧，把货币当作财富一样。它们虽然有一种表里关系，但是彼此并不等同。徒具形式的追求，可能距离其实质越来越远。

这里有一个颇具象征意味的故事。第二次世界大战期间，太平洋上的那些弹丸小岛成了美军和日军之间争夺最激烈的战场。岛上的原住民吃惊地看到穿着奇异制服的人们在使用各种工具交战。特别是，一些巨型飞鸟在天空盘旋后，投下装满了罐头的包裹。他们得以从士兵手里分享这些食物。之后，形成了一种信仰。战后，军队全部撤出，这种信仰促使新鲜事发生了：

原住民烧掉了山丘顶部的灌木丛，将烧荒得到的土地用石头围了起来。他们按照1∶1的比例，用秸秆制作了飞机，并将这些飞机放置在自建的"跑道"中。除此之外，他们还用竹子搭建通信塔，将木头削成耳机的形状，模仿在战争中看到的士兵。他们用点火的方式来模仿信号灯，还将曾在士兵军装上见到的徽章文在自己身上。总而言之，他们模拟机场的情景，只为能吸引那只曾在战争中对他们慷慨赠予的"巨型飞鸟"。

这是一种典型的实物崇拜现象：萨摩亚群岛上的原住民并不知道那些"巨型飞鸟"终究为何物，却希望通过模仿来得到相应的结果。"他们所做的一切都是对的，他们的仪式无可挑剔，他们营造的场景和过去如出一辙，然而一切都是徒劳的，没有一架飞机降落于此。"❶

因欲望过剩而盲目追求形式，笔者将其称之为"形式主义心态"，大概萨摩亚群岛原住民的表现，在某种程度上正代表了人类心灵中的这种最本真的元素。

孔子曾说："非其鬼而祭之，谄也；见义不为，无勇也。"（[为政第二·二十四]），又说"敬鬼神而远之"（[雍也第六·二十二]），其所阐明的对待鬼神的态度，其实是重新定义了"鬼神"——是以人来定位鬼神，而非以鬼神来定义人；是以自我来定位外物，而非以外物来定位自我。"人"才是"万物的尺度"。这正是对社会人生的理性把握和深刻研判的表现。因此，也可以将对本章与上述两章并置来读，将我们对孔子鬼神观的理解推向更为纵深的层次。

儒家积极入世但不世俗，维护礼仪但不迷信形式，一直保持着理性和批判精神，这一点着实难能可贵。这是儒家内核的东西，即一直警惕完全世俗化或流于形式的思想诉求。而此特点或许并未被一般学习者掌握，反而把儒学本身当成了世俗追求的进阶形式。所以，学习儒学一定是掌握其精义，而不是望文生义，人云亦云，附庸常说。经过《论语》内文相互支撑、彼此援奥的思想才是真儒学。孔子从来不教人庸俗堕落的东西，所以用庸俗堕落之事件来批判孔子，则肯定是没有掌握儒学精义。

总之，不自欺欺人，不信口雌黄，就好。

【标签】

臧文仲；理性；祖先；神明；形式主义心态

---

❶ ［德］罗尔夫·多贝里：《清醒思考的策略》，杨耘硕译，中信出版社2019年版，第259–260页。

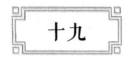

【原文】

子张问曰:"令尹子文三仕为令尹,无喜色;三已之,无愠色。旧令尹之政,必以告新令尹。何如?"子曰:"忠矣。"曰:"仁矣乎?"曰:"未知;——焉得仁?"

"崔子弑齐君,陈文子有马十乘,弃而违之。至于他邦,则曰:'犹吾大夫崔子也。'违之。之一邦,则又曰:'犹吾大夫崔子也。'违之。何如?"子曰:"清矣。"曰:"仁矣乎?"曰:"未知;——焉得仁?"

【解义】

此一章书,是言论人者不可据事而信心也。

子文姓斗,名谷於菟①,楚之上卿,官名令尹②。崔子名杼③,陈文子④名须无,皆齐大夫。

子张问曰:楚国令尹子文曾三次进用为令尹,人未有不喜形于色者,彼却无喜悦之色;三次罢官,人未有不愠形于色者,彼却无愠怒之色。其喜怒不形如此。当其罢官时,是一旧令尹矣,以旧令尹见新令尹,嫌忌之心,人或不免,彼以旧日所行之政一一告之新令尹,略无猜嫌妒忌之心。其物我无间如此。夫子以为何如?

孔子曰:贪位恋禄、妒贤嫉能,知为己而不知为国,谓之"不忠"。子文如此,是实心为国者也,可以为"忠"矣。

子张曰:亦可谓之"仁人"矣乎?

孔子曰:子文之行虽忠,但未知,其心若何?倘有一毫立名为人之意,便是人欲之私,而非纯乎天理之公矣,焉得遽信其为仁?

子张又问:齐大夫崔子弑齐君,陈文子恶其为逆,不肯隐忍与之同列,虽以大夫之富,有马十乘,一旦弃而去之,毫无顾惜之意。及至他国,见其臣不忠,则曰:"与吾国大夫崔子无异,岂可与之共事?"遂去之。又往一国,见其臣亦不忠,则又曰:"与吾国大夫崔子无异,岂可与之共事?"又去之。其审于去就如此,夫子以为何如?

孔子曰:人与恶人居,或至污坏名节,陈文子洁身如此,可以为"清"矣。

子张曰:亦可谓之仁人矣乎?

孔子曰：文子之行虽清，但未知其心。若何倘有一毫怵于利害之意，后来不免怨悔，便是人欲之私，而非纯乎天理之公矣，焉得轻许其为仁？

大抵人之行事易见，心术难知。行事之美者，宜节取⑤之；而心术之隐者，则宜深察之也。

【注释】

①谷於菟：子文因是私生子，被遗弃于云梦泽中，但有老虎以乳喂养他，使他长大。楚语称喂乳为"谷"，称老虎为"於菟（wūtú）"，而子文是芈（mǐ）姓，斗（dòu）氏，故其姓名为斗谷於菟，字子文。

②令尹：春秋战国时楚国的最高官衔，身处上位，以率下民，对内主持国事，对外主持战争，总揽军政大权于一身，执掌一国之权柄。

③崔子名杼：即崔杼，春秋时齐国大夫，执政齐国期间，骄横暴虐，杀戮无常。公元前548年，杀掉国君齐庄公，立齐景公，史称"崔杼弑君"。弑君为以下犯上之行，故为世所不容。但据载，崔杼杀齐庄公是因为齐庄公与崔杼的妻子棠姜私通，并不是仅仅因为权势之争。

④陈文子：即田文子，谥文，齐庄公时大夫，与晏婴、崔杼等同时。

⑤节取：《左传·僖公三十三年》："《诗》曰：'采葑采菲，无以下体。'君取节焉可也。"杜预注："葑菲之菜，上善下恶，食之者不以其恶而弃其善，言可取其善节。"节取，即选取其美善可用的部分。

【译文】

这一章是说，不能单纯根据某件事情来评测一个人的内心。

令尹子文姓斗，名谷於菟，位列楚国上卿，官职是令尹。崔子叫崔杼，陈文子叫陈须无，都是齐国的士大夫。

子张问孔子：楚国的令尹子文，曾经有三次被任命为令尹之职，然后又都被免职。一般人得到晋升时都难免喜形于色，而在遭到罢免时都难免垂头丧气，但子文却不为所动，毫不动容。在他被罢免后，就成了前任的令尹，并以此身份来和新上任的令尹进行工作对接，一般人难免会因此悻悻不已，但他却能够手把手地把令尹的工作逐一交待给新令尹，毫无猜疑妒忌的心思。他在外物得失和个人荣辱之间毫不违和，只是一心一意把事情做好而已。夫子认为这个人怎么样？

孔子说：一心争名夺利，嫉贤妒能，只知道为自己谋划而不为国家大计考虑，可以称之为"不忠"。而像子文这样，是诚心报国，可以称得上"忠诚"了。

子张于是问：这也可以称得上"仁人"了吧？"

孔子回答说：子文的举止虽然堪称"忠诚"，但仍然还不能说明他内心的真正意图，如果他还存有那么一点点成名立就的意图，就还是局限在私欲的范围内，而不是纯粹为了天理正义，怎么能唐突地肯定他就是仁人？

子张又问：齐国士大夫崔杼杀害了国君，陈文子憎恶他的大逆不道之举，不肯隐忍自己的不满而仍然与他同朝为官，虽然身为大夫，家资巨富，也要立即舍弃这一切离开齐国，毫无顾惜。但到了别的国家，他看到臣下仍然不够忠诚，就说："这与我国的士大夫崔杼有什么区别，怎么能够和这种人一起共事？"于是就离开了。可是到了另外一个国家，仍然如此。他如此审慎守节，不肯与世同流合污，夫子认为这样的人怎么样？

孔子回答说：一个人与不好的人相处，也许会因此受到污染而丧失名节，陈文子却能够出淤泥而不染，可以称得上"清贞"了。

子张于是问：这也可以称得上"仁人"了吧？

孔子回答说：陈文子虽然言行清贞，但还不知道他内心到底是怎样的，如果他还有一点点心思为得失利害而忧虑，以致后来或多或少有追悔的念头，就还是局限在私欲的范围内，而不是纯粹为了天理正义，怎么能随便地肯定他就是仁人？

一般而言，一个人的为人处世容易看得见，但内心的真实想法却很难判定。对于行迹端正的人，适宜有条件地用他好的那一方面；而对于心思缜密、守口如瓶的人，则更需要深入细致地观察和考验他。

【评析】

此处其实也是孔子思想主张的一大矛盾处，故所表达之内容极富张力效果。

孔子平时主张"躬行""力行""敏行"，凡有所学则必见于行动，成为日常。然而徒有行动，仍有不足，即便是那些所谓"忠诚""清贞"等被高度赞誉的美德，虽然已经非常难得，但也并不是一个人修为的制高点。因为这些美德的背后还不能彻底澄清个人私欲与天下公义之间的关系，因此也还不能轻易地许以"仁"。可见仁是诸德的制高点，如果尚未达到仁的境地，则人格尚不够完美，即便是行为上已经难能可贵，其更重要的仍然在于心机、心态，在于内心的修炼是否已经纯粹。

这里的孔子显然并非一个简单的"行动派"，不再单纯地推行"行"的指针，而是让弟子门人更加注重从内心去修炼和观察，毕竟心志是一切行动的出发点。当现实变得越来越粗砺、冷峻，只有不断回归内心反复修炼，才足以保持初心，矢志不渝。

【标签】

子张；令尹子文；崔杼；陈文子；忠；知；清；仁

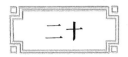

【原文】

季文子三思而后行。子闻之，曰："再，斯可矣。"

【解义】

此一章书，是孔子教人以义制事①之意。

季文子名行，父鲁大夫。昔季文子每事思之数次，然后施行。其用心周密如此。孔子闻之曰：凡事固不可不思，而亦不可过思；思之已得其理，犹恐未确，再平心易气以思之，则是非已明，从违已审，行之自无不当，斯亦可矣。何必三思为哉？

盖天下之事，断以大义，再思可决；揣以私意，愈思愈疑。故贵乎以义制事也。然格物穷理②之功在乎平日，而不在临事致思之际。"格物穷理"学问之道愈思愈精，思之不厌其多。此云"再斯可"者，但为应事言之耳。

【注释】

①以义制事：《尚书·仲虺之诰》："王懋昭大德，建中于民，以义制事，以礼制心，垂裕后昆。"（大王［商汤］要努力显扬大德，对人民建立中正之道，用义裁决事务，用礼制约思想，把宽裕之道传给后人。）制事，处理政治、军事等重大事件。

②格物穷理：穷究事物的原委、道理。格物，推究事物的道理。穷理，追寻事物的究竟。即"格物致知"和"穷理尽性"。可分别参考本书［八佾第三·十五］"致知格物"词条和［学而第一·一］"穷理尽性"词条注释。

【译文】

这一章是讲孔子教导我们要根据道义来处理重大事件。

季文子的名字叫行，父亲是鲁国的大夫。季文子每次考虑事情总是前思后想，反反复复考虑很多之后才下决定去做。他做事情就是这样心思周密，以保万无一失。孔子听说后，说：做事固然不能不用心思虑，但是也不能过虑。如果已经考虑得比较到位了，如果仍然觉得不放心，恐怕有所不周，那么就平心静气地再好好考虑一番，这样是非可否差不多就足够清楚了，去做的话基本上不会差到哪里去，这样也就差不多了。何必总是要前思后想，如此患得患失呢？

一般天下之事，从大是大非的角度，反复考虑一下便可下决定；如果怀有私心杂念，考虑越多疑惑越多。所以，根据道义来判断很重要。然而，致知和运思的能力在乎日常的修炼，而不在于临阵磨枪、随机应变。而这种日常思维的修炼则是越多越好，日求三省，精进不息。这里之所以认为"三思"是过虑了，主要是就事而言（而不是就探求大道而言）的。

【评析】

凡事要冷静思考，缜密推理，这样有助于成事。然而过度的谨慎和思虑，恐怕就不是就事论事了，而是顾虑事情本身之外的各种因素，要么源于外在的压力，要么出于自身的欲望，总归是公私两端的竞夺、个人得失的利害。这些极大程度上影响甚至完全左右了决策的进度。《解义》非常透辟地指出了这一点。

大道之行也，天下为公。如果事事出于公心，而减少私心，则大事可谋，大利可图。因此联想，朱熹等人提出"存天理，灭人欲"，是应对私心对公共事务和他人利益的戕害，跟大同社会之理想建构并不相悖。故其说不只是道问学，也是政治学。而政治学也不可忽略对道德修养根基的关注。

孔子自述："吾道一以贯之。"（[里仁第四·十五]）苏轼解本章说："再愈于一，而况三乎？"（金王若虚《论语辨惑》）如果平时思虑精熟，廓然大公，自然不会患得患失、犹豫不决。个人情志的边界大小直接决定了其行为方式。"楚弓楚得"的故事屡为前人传述，其事未必为真，但其中意味却尤为深切，可想可知，可思而至：

楚王出游，亡弓，左右请求之。
王曰："止，楚王失弓，楚人得之，又何求之？"
孔子闻之曰："惜乎其不大也，不曰人遗弓，人得之而已，何必楚也！"（《孔子家语·好生第十》）

【标签】

季文子；三思而后行；以义制事，以礼制心；格物穷理；楚弓楚得

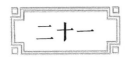

【原文】

子曰:"宁武子,邦有道,则知;邦无道,则愚。其知可及也,其愚不可及也。"

【解义】

此一章书,是孔子赞宁武子①之大知若愚②也。

宁武子是卫大夫,名俞,谥武子。当时卫国有难,上下交讼,惟宁武子周旋其间,卒能免君于危。③故夫子称之曰:宁武子之为大夫也,当邦家有道之时,则任其才识,知无不为,何其知。及至无道之时,则不计利害,不露声色,而卒以济其艰难,殆又甚愚。就平常论之,必以为愚不如知。自我观之,时势可以有为,凡有才识者皆可以见长。惟是事关重大,时值危急,必至性纯笃、宠辱不惊者,乃能善藏其用,而曲成④其功。平日所称为知者,反有疑畏⑤逊谢⑥,而不能措手者矣。所以谓"其知可及也,其愚不可及也"。

然谓之曰"愚",必奉公而不狥⑦于势利,必恬退⑧而不乐于竞争,必朴拙而不长于粉饰,必戆直⑨而不善于委顺,必特立⑩而不喜于结纳⑪,必尽瘁⑫而不习于规避⑬。然究其终,天下之大知,无以加焉。用人者可不知哉?

【注释】

①宁武子:名俞,谥号"武",春秋时期卫国大夫。生卒年不详,其事迹集中见于《左传》鲁僖公二十九年至鲁文公四年(前631—前623)。

②大知若愚:即"大智若愚"。知,同"智"。

③当时卫国有难,……卒能免君于危:可详参本章"评析"部分第4—6段内容。交讼,互相诉讼。

④曲成:多方设法使有成就;委曲成全。

⑤疑畏:迟疑畏缩。

⑥逊谢:道歉谢罪。

⑦狥:音xùn,同"徇",谋求。

⑧恬退:淡于名利,安于退让。

⑨戆直：憨厚而刚直。戆，音 gàng。
⑩特立：独立，孤立。
⑪结纳：犹结交。此指拉帮结派。
⑫尽瘁：竭尽心力，不辞劳苦。
⑬规避：设法躲避。

【译文】

这一章是孔子赞叹宁武子能够大智若愚。

宁武子是卫国大夫，名字叫俞，谥号"武"。当卫国处于危难之时，君臣上下相互诘难，只有宁武子在当中上下周旋，左右平衡，终于使卫王摆脱困境。所以孔子称赞他说：宁武子作为一名士大夫，在国家政治清明的时候，就充分发挥才能，凡是能够做到的，无不勉力而为，这就是聪慧；在国家政治混乱的时候，就抱残守缺，与世无争，最终安全渡过危难时期，这就是愚钝。就平常而言，一般都认为愚钝不如聪慧。然而在我看来，在可以大有作为的时势下，有才能的人可以因此而充分得以施展。但在事关重大、生死存亡的紧要关头，只有那些品行纯正、安稳镇定的人，才能够善于隐藏自己的才干，多方设法求得成功。那些平时所谓的聪明人，反而畏首畏尾、游移不定，举手无措。这就是为什么我说宁武子"其知可及也，其愚不可及也"。

然而所谓的"愚"，一定是奉公守法而非徇私舞弊，一定是淡泊名利而非追腥逐臭，一定是朴拙自然而非矫揉造作，一定是憨厚刚直而非见风使舵，一定是特立独行而非拉帮结派，一定是鞠躬尽瘁而非临阵脱逃。然而归根结底，即便是全天下最大的聪明，也比不上这种"愚"。选官任事者，不能不懂得这一点。

【评析】

孔子频发"有道""无道"之论，这种对举句式所传递的情绪过于极端，然又未具署实际语境，反倒显得过于严正和绝对，一似老庄之语，而非夫子所言。即如本章，虽然牵出"宁武子"这样一个具体的历史人物，但从其仅有的史料中所反馈出来的信息，他所生之世、所处之国、所事之君、所为之事，似乎都无法清晰地界定何者为其有道之智，何者为其无道之愚。故笔者拟以此为契机，探求对本章的解释。

诚如孟子所言，"春秋无义战"（《孟子·尽心下》）。在这样一个诸侯纷争、弱肉强食、矫行仁义的时代，哪里还有什么有道和无道呢？当时的鲁、卫、郑、宋、陈、蔡等诸多中小国家恰好夹在晋楚两个超级强国之间，被晋楚争霸的洪流裹挟着，身不由己，朝不保夕。因此他们的生存之道就是卑躬屈膝、依附大国，见风使舵、背信弃义。在必然选择的生存之道面前，没有国格和尊严可谈。在没有国格的国家里，国君又何从谈起"人格"二字？

宁武子所忠心服事的主公卫成公（卫康叔之后，卫国第二十一任国君）便是如此：楚国攻打宋国，宋国向晋国求助，但晋国无法从国境线上直接援助宋国，必须穿过卫国和曹国。而卫国和曹国，一个与楚国有姻亲关系，一个与楚国是领属关系，所以晋国就打算直接以攻打曹卫两国的方式来"围魏救赵"。僖公二十八年（前631）春，晋国攻打曹国，托辞要从卫国借道。很显然，这是一招"假道伐虢"的手段，说是借道，实际暗藏杀机，想趁机入侵卫国。卫国明白其中用意，自然不会答应。结果晋国出其不意，南下渡过黄河，绕道去攻打曹国，同时也要攻打卫国。这时，晋、齐两大国结盟，力量空前，于是，卫国马上想依附加盟，但被晋国拒绝。于是，卫成公就考虑与楚结盟，却因与国人意见不一致，而被国人驱逐，藏身卫国边境一个叫襄牛的小地方。后来形势发展，晋楚难免正面冲突，就是史上著名的城濮之战，晋国以少胜多，大败楚国。卫成公先是逃到楚国，而后逃到陈国。晋文公挟制天子，称霸诸侯，在践土这个地方召开诸侯大会，以确认其霸主身份。卫成公只能让大夫元咺（xuǎn）奉弟弟叔武以摄政（代理政事）国君的身份参会。结果在这个过程中，有人诬告元咺，说他要拥立叔武为国君。于是，卫成公不经调查就杀掉了元咺的儿子。元咺知道后，仍然隐忍地辅佐叔武回国摄政，但君臣之间从此结下深仇大恨。

此后，晋国同意让卫成公回国，宁武子通过一番精彩的演说化解了卫成公与国人的矛盾，取得他们的信任，为卫成公顺利回国铺平道路。然而，出乎预料的是，当弟弟叔武听闻卫成公要回来的消息，喜出望外，马上出门迎接，却被卫成公的先遣将士射杀。表面上这是一场误会，但实际上是一场你死我活的权力竞夺，毫无亲情可言。元咺深谙此道，赶紧逃到晋国，并向晋文公告状。君臣的这场官司终以卫成公的失败和被拘禁到晋国而结束。卫成公一方参与诉讼的辩护人士荣被杀，诉讼代理人鍼庄子被处以刖刑。担任诉讼人的宁武子因表现出极度的忠心而免于刑罚，并留在晋国，负责给关在大牢中的卫成公送衣送饭。元咺则回到卫国，主持政事，扶立公子瑕为君。

晋文公想让一个叫衍的大夫以鸩代药毒杀卫成公，宁武子就重金贿赂衍，让他冲淡了毒酒，救了卫成公一命。

以上就是《解义》所谓的"当时卫国有难……卒能免君于危",事见于《左传》僖公二十八年至二十九年。《史记·卫康叔世家》则对此段历史记录甚简,并未出现君臣争讼之事,更不见宁武子其人其事。

　　在仅有的关于宁武子事迹的记录中,我们很难发现何者为有道,何者为无道,何者为智,何者为愚。即便是宁武子在卫出公与国人的矛盾对立中表现出机智的一面,在卫出公危难时表现出忠诚的一面,但是其所忠心服事的卫出公,作为政治斗争的一个棋子,其本身的性格已然扭曲。比如为了权力,先是猜忌多疑,滥杀无辜,后是同根相煎,杀害胞弟,再后来就是贿赂上下,不仅逃出晋国大狱,而且恢复了王位,但是又致助他复位的大臣暴死,真可谓残忍狡猾、忘恩负义。而作为其忠臣的宁武子,只是尽一名臣子的责任,已然失去了是非正反的评价标准,又遑论道与无道、智与愚呢?

　　回过头来看强大一时的晋国及其以德高为名而称霸的晋文公重耳。重耳曾是因国内政治斗争而流浪他国的破落贵族,一旦回国掌权后,就马上以报恩兼复仇为由头开展权势扩张运动。其大肆攻打曹国,本质是在与楚国进行利益博弈,通过这一军事行动来向楚国施压,借以缓解楚国进攻盟友宋国的压力。但是却说成是报复当时曹共公偷看骈胁的无礼,以及报答大夫僖负羁的知遇之恩,使自己能够包藏祸心却能够堂而皇之地入侵他国,这也许是晋文公最拿手的本领。

　　在攻打曹国的时候,曹军把晋军士兵的尸体堆积在城上,于是晋军就驻扎到曹国的墓地,任意践踏破坏,可谓不择手段,睚眦必报。

　　宋国专门派使者向晋国告急,晋国表现出要解救宋国之围的样子,但并不直面与楚国交涉,而是私下里让宋国去求助齐、秦两国,恶化两国与楚国的关系。同时又把曹卫两国的土地分割给宋国,更增加楚国与宋国的矛盾,将局势推向不可挽回的境地。

　　当楚国主动提出条件,要求楚国放弃攻打宋国,晋国也恢复曹卫两国的统治,本来这样就可以达到救宋的目的,也使战争局势就此化解,各国相安无事。但是晋国认为,由于这个和平方案是楚国提出来的,三个被解救的国家都会因此感激楚国,被楚国收买人心,因此对晋国的国家形象十分不利。于是囚禁楚国的使者,并不告知曹卫两国实情,只是私下答应扶植,致使两国与楚国绝交,从而使楚国更加孤立而转为激怒。在这个过程中,晋国名曰救助宋国,实际上一直将宋国作为与楚国博弈的筹码,这无异于将其放在战争的"火炉"中进行炙烤,使宋国饱受战争侵扰。所谓的盟国关系,其实质却如此冷酷无情。

当晋楚两军直面交锋于城濮时，晋军不敢正对楚军主力，于是主动退避。但是，晋国却为自己的退避找了一个好的理由：当时晋文公重耳避难楚国时，曾有此约定。各种道德说辞，都十分仁义，但实际上不过是骄兵之计、诱敌深入之策。这一招最终致使楚军因大意而惨败，而晋国因此称霸。

城濮之战后，郑国因为此前将军队交给楚国指挥来对抗晋国，因而非常害怕，于是主动向晋国求和并结盟。在践土之盟时，周王封赐晋文公，郑文公还亲自担任了这一礼仪过程的傧相，表现出晋、郑两国非同一般的紧密关系。结果一年后（僖公三十年），晋国和秦国联手攻打郑国，其中一个重要理由实在让人啼笑皆非——七年前（僖公二十三年），晋文公重耳出亡经过郑国时，没有受到其国君的接待。

堪称"天下文心""礼仪之邦"的鲁国，在此间也扮演了不忠不义的角色。本来鲁国与卫国为兄弟之国，所以在卫成公被驱离国都的时候，鲁国派公子买戍卫国。但在晋国攻卫而楚国救助失利的情况下，鲁国当机立断，就主动杀掉公子买，以讨好取悦晋国；同时，又向楚国解释说，公子买戍守尚未期满就撤退，所以才杀他。如此斯文之国，在军事和政治斗争方面竟然两面三刀，毫无底线。

由以上种种可知，时势如此糟糕，无道者无往不利，有道者徒有其名，遑论有道、无道！宁武子本名宁俞，谥号"武"，大概因为他在化解卫成公与国人的矛盾过程中起到了重要作用。但"武"这个谥号本身并不带有很强的道德色彩，而是性格或行为的表现。《逸周书·谥法解》云："刚强直理曰武。威强敌德曰武。克定祸乱曰武。刑民克服曰武。夸志多穷曰武。安民立政曰成。"因此，从这些解释来说，实际上宁武子也只能勉强称"武"而已，故我们也不能从其谥号中获得道之有无和知之智愚的判断依据。

那么，到底从何种角度来理解孔子对宁武子的评价呢？笔者以为，有两则材料可以作为重要参考，而这两则材料恰好都是关于礼的：

卫成公梦康叔曰："相夺予享。"公命祀相。宁武子不可，曰："鬼神非其族类，不歆其祀。杞、鄫何事？相之不享于此久矣，非卫之罪也，不可以间成王、周公之命祀。请改祀命。"（《左传·僖公三十一年》）

卫宁武子来聘，公与之宴，为赋《湛露》及《彤弓》。不辞，又不答赋。使行人私焉。对曰："臣以为肄业及之也。昔诸侯朝正于王，王宴乐之。于是乎赋《湛露》，则天子当阳，诸侯用命也。诸侯敌王所忾，而献其功，王于是乎赐之彤弓一、彤矢百、玈弓矢千，以觉报宴。今陪臣来继旧好，君辱贶之，其敢干大礼以自取戾？"（《左传·文公四年》）

第一则发生在鲁僖公三十一年（前628），恰恰是晋楚争霸之后的一段时光，各国关系相对平衡，社会总体安定。卫成公因为梦见了自己的始祖康叔说夏帝相侵夺他的祭祀供品。于是，卫成公马上命令祭祀相来解决这一问题。宁武子明确劝阻，认为卫成公不应该如此，因为不是本族的奉祀，所以相是不能享用的。这件事被专门记录下来，但没有记录宁武子劝谏之后的结果。大概"no news is good news"，卫成公最终接受了劝谏。

第二则发生在鲁文公四年（前623），宁武子出使鲁国，行使聘问之礼。文公设宴招待，并让乐工为他演奏《诗经·小雅·湛露》和《诗经·小雅·彤弓》两首诗。宁武子没有按照一般的礼仪程式进行辞谢，又不赋诗回答，似乎非常愚鲁。于是，文公派使者私下探问。宁武子故意回答说，他以为是乐工们在练习演奏，而不是专门为他演奏的。其实是因为这两首诗所记录的是天子宴飨诸侯之诗，表现的是天子和诸侯之间的主从关系、赠赐之礼，若将其用于文公与他之间，显然是不合乎礼的。他故作不知，借以抗拒。

如果做个简单的对应的话，那么第一则当属"邦有道，则知"，第二则当属"邦无道，则愚"。首先，有道、无道的一个重要标志在于礼。[季氏第十六·二]孔子曰："天下有道，则礼乐征伐自天子出；天下无道，则礼乐征伐自诸侯出。"有礼，即有道；无礼，即无道。卫成公准备祭祀相，用孔子的话来说，正是"非其鬼而祭之"（[为政第二·二十四]）的行为，是不符合礼的，所以宁武子依礼谏阻其事。虽然卫成公其本人曾有诸多不光彩的事迹，但仍然不失因尊礼而成为一个有道的君主。鲁文公擅用高一等级的礼制，也是不符合礼的，因为宁武子并非其臣属，所以只能用故作不懂而不回礼的方式来对抗失礼的行为，显然是一种大智若愚的表现。鲁国虽称礼仪之邦，却常常滥用礼制，反倒悖礼失德。

其次，对《论语》中"知"这一概念的一个定向：

子曰："臧文仲居蔡，山节藻棁，何如其知也？"（[公冶长第五·十八]）

仲尼曰："臧文仲，其不仁者三，不知者三：下展禽，置六关，妾织蒲，三不仁也；作虚器，纵逆祀，祀爰居，三不知也。"（《左传·文公二

年》)(可详参本书 [卫灵公第十五·十四] "评析" 部分)

管仲僭越士大夫应有的建筑规制,所以孔子对这个建立极大功业之人的"知商"提出了疑问。臧文仲因为用蔡龟装饰房屋而暴露其粗俗迷信,纵容夏父弗忌举行逆序之祭而不加阻止,让国人祭祀海鸟爰居而有失国体,都是关于礼的事情,而孔子称之为"三不知",可见,知重在礼,知礼为知。

不光要知礼,而且还应遵守礼。所以,宁武子在鲁文公面前的"愚",则是在知的基础上默默以行的表现,所以孔夫子称其为"其愚不可及也"。这里的"愚"并非一般解释的"大智若愚",而犹如"刚毅木讷"中的"木讷",不是言语的反面,而是通过一种特别的方式进行言说,"愚"乃行知,它并非刻意伪装,而是行为主体因内在认识自然呈现出来的真实状态。

尽管《论语》采用了古白话来书写,所以大部分言辞不经注释也能为今人所大致理解,而且很多内容切近日常生活,具有很强的适用性。然而实际上,从其发端以至主旨,都是伦理学、政治学范畴的。比如当代学者陈壁生提出,《论语》并非给一般人来阅读的,而是专门给专业的讲经师的。❶ 因为对象不同,所以其书写的内容容易引起误解,这也是正常的。不过,对于《论语》的理解,还是要依从孔子的思想脉络和政治理想来展开。其中,孔子对礼的主张是一以贯之的,所以要从礼的视角来理解孔子的话语,而不是依靠一时的直觉来望文生义。比如 [述而第七·十三]:"子之所慎:齐,战,疾。"并非谨慎于这三种事务本身,而是在处理这三种非常事务时,仍然要谨慎而不失礼。(详见该章"评析"部分。)

故而,本章对宁武子的评价根本在于其对礼的明智态度。我们通过梳理宁武子的生平,并遵循孔子的一贯主张,便不难发现这一点。也许我们在《论语》中多次见到夫子针对"有道"和"无道"的对比分析,而唯独本章是突出礼的本质和内在要求,所以不妨独立且审慎地对待。

【标签】

有道;无道;知;愚;宁武子;春秋无义战;卫成公;晋文公

---

❶ 陈壁生:《〈论语〉的性质——论一种阅读〈论语〉的方式》,载《人文杂志》2018 年第 1 期。

【原文】

子在陈,曰:"归与!归与!吾党之小子狂简,斐然成章,不知所以裁之。"

【解义】

此一章书,是孔子因道不行,而思传道于后也。

孔子周流①列国而淹留②于陈,一旦兴叹曰:吾之初心,本欲行道于天下,乃至今而竟不一遇,是道之不行,可知矣。我其归于鲁国与,我其归于鲁国与!

盖我之道虽不行于天下,然不可不传于后世。今吾党之小子,有识见高明、志趣远大而言行不甚相掩③者,盖狂而简也,其规模体段已自斐然有文理之可观,但不知以中正之道自裁④,而时出于规矩之外。若我归而裁之,使抑其所有余,勉其所不逮⑤,皆可以任斯道之重,而于吾行道之心不少慰哉!

可见天生圣人,原为天下万世。然圣人得志,则道行于天下;不得志,则道传于万世。继往圣,开来学,⑥斯文一线⑦,亘⑧古今而不息者,其在于"归与"之一叹乎?

【注释】

①周流:周游,到处漂泊。

②淹留:羁留,长期逗留。

③言行不甚相掩:即"行不掩言"意,行为不能达到言语表达要达到的程度。掩,同"按",按照。

④自裁:自我判断、裁定。

⑤不逮:达不到。

⑥继往圣,开来学:宋张载《横渠语录》:"为天地立心,为生民立命,为往圣继绝学,为万世开太平。"

⑦斯文一线:亦作"斯文一脉",儒学礼乐传统一线贯通,不绝如缕。斯文,指礼乐教化、典章制度。[子罕第九·五]:"天之将丧斯文也,后死者不得与于斯文也。"一线,一脉,喻指连贯相承。明李贽《与焦弱侯书》:"不知

孔子教泽之远，自然遍及三千七千，乃至万万世之同守斯文一脉者。"

⑧亘：空间和时间上延续不断。

【译文】

这一章是讲，孔子已看不到政治理想可以实现的可能，就考虑回归鲁国，将其思想学说传续给后世。

孔子周游列国，但无人采用他的政治学说，最后辗转滞留卫国。有一天，他感慨说：我最初的心思，是想让天下各国实现王道仁政，但是至今却无一采用，这种理想看来是无法实现了。我还是回到鲁国去吧，我还是回到鲁国去吧！

或许我的政治理想在当今不能实现，但是我还可以把它传续给后世。在我门下的这些小子后生们，不少都是识见深刻、志向远大，但同时又往往言行不合、轻狂草率，还不够成熟。他们已然富有文采辞华，但还不知道要加强自我修养，用中正之道来调适自己，因此还不能够中规中矩，适度行事。如果我回去鲁国调教他们，平抑他们过激的态度和过度的做法，勉励他们去达到所不曾预期的境界，增强他们的自信心。这样，他们都可以做我的很好的传人，承续推行仁政王道的重任。这多多少少可以慰藉我平生为道之志。

由此可见，老天降生圣人，本来就是为了天下苍生，为了千秋万代。如果圣人能够如愿实现他的政治理想，那么大道就会通行天下，福泽苍生；如果圣人不能施行政治理想，也可以将其传诸后世，有待来者。以古圣先贤为楷模，而启发后人承续，儒道斯文，一线贯穿，自古及今，不绝如缕，中国文化存亡续绝之功，大概都出于这一声"归与"之叹吧！

【评析】

文化自信源于文化责任，文化责任生于文化自信。夫子以仁为己任，而又寻绎周道复兴之路，以实现当世之治、民众之生。他一生坎坷流离，不仅有周游列国、游说施政的风雨，更有洞见世情、检阅人心的曲折。然而他终归有一个故乡，在地理上，是鲁国；在心理上，是仁道学说。只有当两者合而为一时，他才能算得上真正的回归。当故乡的远影和文化的图景出现在眼前时，夫子乐不自禁，喜形于色，手之舞之，足之蹈之。归与！归与！"却看妻子愁何在，漫卷诗书喜欲狂"！

无论过去经历了怎样的风雨和曲折，在人生的暮年能够返回故里，叶落归根，也终算是圆满。更何况，还能让孔夫子拥有安闲的时光来回顾过往的漂泊，并删定诗书，授徒讲学。

这一幕着实令人欣慰。

【标签】

文化自信；孔子归鲁；狂简

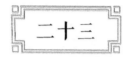

【原文】

子曰："伯夷、叔齐不念旧恶，怨是用希。"

【解义】

此一章书，是孔子推言①古圣人之量，以示人存心②不可过刻也。

孔子曰：伯夷、叔齐，古之至清介者也。③人之论二子者必以为度量浅狭，主于记人之过耳。不知二子持身虽介而处心甚平，律人虽严而推情甚恕，殆不念人之旧恶者。故人皆服其恶恶之公，而又不绝其自新之路，怨恨之端自然鲜矣。不然，以伯夷、叔齐之操行如此其隘也，而何以当时有"义士"之称，后世有闻风之感④哉？

推而言之，一人不能求备，观过可以知仁。人主宽以御众，恕以待下，宥其小失而录其大节⑤，略其形迹而原其情素⑥，则才者见长，不肖⑦者更化，而天下无弃人矣。

【注释】

①推言：推断论说。

②存心：保持心中先天固有善性。儒家以之为重要的自我修养方法。语出《孟子·尽心上》："存其心，养其性，所以事天也。"可详参本书［学而第一·三］同名词条注释。

③伯夷、叔齐，古之至清介者也：《孟子·万章下》记载孟子曰："伯夷，目不视恶色，耳不听恶声。非其君不事，非其民不使。治则进，乱则退。横政之所出，横民之所止，不忍居也。思与乡人处，如以朝衣朝冠坐于涂炭也。当纣之时，居北海之滨，以待天下之清也。故闻伯夷之风者，顽夫廉，懦夫有立志……伯夷，圣之清者也。"（孟子说："伯夷，眼睛不看邪恶的事物，耳朵不听邪恶的声音。不是他心目中理想的君主，就不去服

事；不是他心里满意的百姓，就不去役使。天下太平就进仕为官，至于世道昏乱就退身隐居。至于暴政肆虐的国度，暴民居住的地方，他是不会在那儿居住的。他感觉跟世俗之人相处好像穿着上朝的礼服、戴着上朝的冠帽坐在泥污炭灰里。在纣当政的时候，伯夷居住在渤海边上，等待着天下太平。所以听闻了伯夷的品行作风，贪婪无耻的人变得廉洁，软弱胆怯的人具有了坚强独立的意志……伯夷是圣人中最清高的。"）

④后世有闻风之感：闻风之感，像是闻到了花的芳香而感怀不已。唐代张九龄《感遇十二首·其一》："谁知林栖者，闻风坐相悦。"夷齐风骨影响深远，历代文人志士借以寓托时代兴替之感或个人怀抱，因而有大量相关诗文、画作传世。可详参本章评析部分首段文字。

⑤大节：高远宏大的志节、节概，或指品德操守的主要方面（对小节而言）。

⑥略其形迹而原其情素：略过事物的表面情状，而从其用心上加以体谅。有成语"略迹原情"或"略迹原心"。语出明代张煌言《答赵安抚书》："英君察相，尚能略其迹而原其心，感其诚而哀其遇。"

⑦不肖：本指不孝，引申为不正派，品行不好。也被用于向他人指称自己以自谦。

【译文】

这一章是孔子通过事例来论说古代圣人的度量，来告诉我们做人不能怀有过于苛责的心态。

孔子说：伯夷、叔齐，是古代极其清高而有原则的人。按照他们的行迹，人们可能会认为他们度量狭小，往往会揪住别人的过失不放。但是实际上并非如此。他们虽然以清高自许但心态平和，对别人要求非常高，但也很善于推理事情的原委而宽容别人，虽然可能满眼看到的都是时世人心的污浊，但并不往心里去，他们就是这样一种人吧。他们对人间是非的判断十分公正，即便是对于那些有过人生污点的人，也不会穷追猛打，落井下石，而是给他们改过自新的机会，这两点让人非常信服，自然不会让人因为受到他们尖刻的批评而心生怨愤。如果不然，他们只是那种小肚鸡肠、尖酸刻薄的人，又怎么会在当时就被人们尊称为"义士"，而在身后得以称颂不绝，美名流传呢？

由此说开去，我们不能对一个人求全责备，即便是通过其所犯错误的性质也可以判断出一个人是否怀有仁心。君王以性情宽厚来统率众人，对待臣民能将心比心，推己及人，不纠缠其细节的过失而注重大是大非的操守，忽略表面的行迹而更加重视为人处世的初衷和出发点，这样就会使身边有才德的人受到勉励，并不断增加，也会让不肖之徒潜移默化，转而向善。这样，全天下的人都因此受到了教化，没有一个被遗弃的了。

【评析】

夷齐风骨影响深远，后人专门立庙祭祀，并因以作诗文传颂。如《孟子》一书中七次对夷齐进行评价和比对，《庄子》列述五次提及，《韩非子》四处，《列子》《管子》《吕氏春秋》，屈原《橘颂》《九章》《天问》等均有涉及；司马迁、曹操、阮籍、郭璞、卢纶、李白、韩愈、白居易等人的诗文中均有诗文凭吊并有所寓托。乃至到了近现代，鲁迅因之作有小说《采薇》（见其小说集《故事新编》）。另有南宋画家李唐绘有《采薇图》，被徐悲鸿赞誉为"绘画史上的极峰"。司马迁《伯夷列传》冠《史记》列传之首，文简意丰，回环曲折；韩愈《伯夷颂》借朝代兴替之事以彰明儒者自信。相关作品非常之多，又各有怀抱。其实，早至孔子、孟子、司马迁等诸人的阐释中，伯夷、叔齐的文化象征意义已然超过其自身的内涵，已被符号化和概念化，成为中国文化之一脉，寓托古今共同之悲慨。

现在已经无从考据夷齐二人如何不念旧恶，而孔子当时也并未明言。孔子对夷齐二人的评论，更多的是对历史遗留问题的一种主观评断，也夹杂了对时人君子的定义和劝导。而《解义》的臣子们，通过阐释这一章，将其巧妙地转化为对于君王施教的谏言，真可谓用心良苦。

【标签】

伯夷；叔齐；不念旧恶；圣之清者；略迹原心

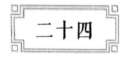

【原文】

子曰："孰谓微生高直？或乞醯焉，乞诸其邻而与之。"

【解义】

此一章书，是孔子欲人谨名实之辨也。

孔子曰：鲁人有微生高者，人皆以为直人。由今观之，孰谓其为直也夫？所谓"直"者，有即为有，无即为无，绝无一毫委曲，斯可谓之

"直"。而高有不然者——或有人乞醯于高，于时高本无也，乃乞诸其邻而与之。

即此一事观之，饰己之无以徇物①，掠人之有以市恩，其为不直孰甚？则他端之虚伪，又不问可知矣。可见，务矫饰以要②虚名者，一事败露，生平都丧③，亦何益哉？

然孔子此言，非是于盛名之下为刻责④之论，正欲于真伪之间立乱德之防。用人者惟致谨于名实之辨，于众好恶而必察，则真人品出矣。

【注释】

①徇物：顺从物欲，引申为曲从世俗。徇，音 xùn，顺从，曲从。
②要：邀，博取。
③生平都丧：一辈子都完了。生平，一生，终身。丧，丢掉，失去。
④刻责：严加责备，严格要求。

【译文】

这一章是孔子希望人们能够谨慎地辨别名实。

孔子说：鲁国有一个叫微生高的人，人们都认为他是一个直诚的人。但是现在看来，谁能说他直诚啊？所谓的"直诚"，有就是有，没有就是没有，绝对没有一丝一毫不实之处，这才称得上"直诚"。但是微生高却并非如此——例如有人向他借醋用，而恰好他当时没有，就到邻居那里借来，然后再转借给人。

就这样一件事来看，微生高只是为了曲从世俗的好名声而故意"无中生有"，自己本没有，还要以向邻居借来掩饰自己，借花献佛，还有比这更加不直诚的做法吗？而且，（小事尚且如此，）他在其他事情上的虚伪造作就可想而知了。由此可见，那些（为道而不纯粹）一味地矫揉造作、沽名钓誉的人，通过一件小事就泄露了自己的心机，恐怕会造成一生污名，（对自己）又有什么好处呢？

然而，孔子说这番话，不是对哪一个有盛誉的人吹毛求疵，而是在真伪君子行迹之间画出一道明确的分割线，以防祸乱道德。因此，用人者一定要谨慎地进行名实的鉴别，对大家所喜好或厌恶的人都要做到深察明鉴，这样就会使真正好品格的人被挑选出来。

【评析】

微生高的做派，俨然是我们现在日常生活中的"老好人"，却受到孔子的批判。在孔子那里,道德首先是对自己的一种非常纯粹的要求和界定,不能有丝毫的含糊,而微生高所为,显然还达不到真道德的标准。明人冯梦龙犀利地指出"微生高型"道德的虚伪和缺陷:

> 世人于大利、大害处,再不肯为人周旋;偏是没要紧所在,与人不必益,于己不必损,如"乞醯"之类者,最会委曲。此只是陪奉世情套子,而世反以为美事。在卑卑随俗者不足道,素以"直"名如微生而亦如为此,何欤?此章重辩"直",不重贬高。"直"者,本心之体,无些子矫揉。才转念,便涉委曲相。❶

在小是小非上这样乐善好施,委曲求全,然而,在大是大非上却未必能够做到果断。而现实中的我们似乎已经习惯这种近似虚伪的"帮忙式道德"了,这其实是一种"小恩小惠",无关宏旨,但实则会沉醉其中,不思进取,反而不利于真道德的养成。

日本兵法家宫本武藏有一个非常恰切的比喻:"如果你已经到了群山深处,还要想去更远的地方,你就必须再一次走出这些大山。"❷王阳明也有一个类似的比喻:每个人都已经尽心种植了小德虚名这棵大树,要想在树的周围种植优良的谷物,就必须砍掉大树,以防其根叶对谷苗产生影响。❸要想实现更高的人格理想,那就得放下身段,从真正值得的地方重新做起,而不是拘泥于当前的道德标准,更不消说是沉迷于一种自欺欺人式的道德表现——而这也往往是现实生活中的一个常态表现。

【标签】

微生高;直;伪道德

---

❶ 〔明〕冯梦龙:《四书指月》,《冯梦龙全集》第 21 册,李际宁、李晓明校点,江苏古籍出版社 1993 年版,第 69 页。

❷ 〔日〕宫本武藏:《五轮书》,见《武艺二书》(《五轮书》《兵法家传书》),〔日〕宫本武藏、柳生宗矩著,何峻译,海南出版社 2006 年版,第 120 页。

❸ 《传习录·门人陆澄录》:"譬如方丈地内,种此一大树。雨露之滋,土脉之力,只滋养得这个大根;四傍纵要种些嘉谷,上面被此树叶遮覆,下面被此树根盘结,如何生长得成?须用伐去此树,纤根勿留,力可种植嘉种。不然,任汝耕耘培壅,只是滋养得此根。"

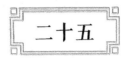

【原文】

子曰:"巧言、令色、足恭,左丘明耻之,丘亦耻之。匿怨而友其人,左丘明耻之,丘亦耻之。"

【解义】

此一章书,是孔子警人以知耻之学也。

孔子曰:习俗之渐漓①也,盖有极可羞愧之事而不自知者矣。即如人之相接,词色体貌自有不易之礼,乃巧好其言,务悦人之听,令善其色,务悦人之观,足过其恭,务悦人之意。此其人或自以为善于周旋矣,然左丘明固耻之而不为,丘亦耻之而不为焉,盖耻其甘心于谄媚也。

人之相交,恩怨亲疏,自有直行之道。若匿怨于心而佯友其人,既不能惩小忿②以示宽大,又不能执义概③以正朋比。此其人方自以为巧于报施矣,然左丘明固耻之而不为,丘亦耻之而不为焉,盖耻其设心于奸险也。

大抵人情乐于顺从,故谄媚者易入;人情忽④于面交⑤,故奸险者得计。有国家者宁取⑥朴诚坦易之士,远屏从谀饰伪之人,则廉耻以立,风俗以正,而奸伪之徒亦少矣。

【注释】

①漓:音lí,浅薄,浇薄。
②惩小忿:惩忿,克制愤怒。《周易·损》:"君子以惩忿窒欲。"朱熹《孟子集注·梁惠王章句下》:"人君能惩小忿,则能恤小事大,以交邻国;能养大勇,则能除暴救民,以安天下。"
③义概:严正的气节。
④忽:粗心,不注意。
⑤面交:非真心相交的朋友。
⑥宁取:最好选取。

【译文】

这一章是讲孔子警诫人们要知耻而不为。

孔子说:社会的习俗逐渐浅薄,大概也是因为那些本应让人感到极其羞愧的事情，人们却淡漠无感，麻木不觉，从而发生变化。比如人与人的交往，言行举止本应该遵守不可随意变动的礼节，却花言巧语以求动听，和颜悦色谄笑取媚，毕恭毕敬觍颜示好。或许这样的人自以为八面玲珑、左右逢源，但是左丘明却以这样的行迹为可耻而不为，我孔丘也是如此。主要是因为我们以曲意逢迎、阿谀谄媚为羞耻。

人与人交往，感恩或不满，亲近或疏远，自然有直观、明白的方法。如果隐藏彼此不满而假装友好待人，既不会容忍克制那些小小的怨气，来显示其度量宽大，很容易暴露内心不满的一面，也不会仗义执言来纠正朋党阿附之气，这也显示出其虚伪的一面。这些让人自以为可以投机取巧、投桃送李的做法，却为左丘明先生所不齿而不为，我孔丘也是如此，主要是因为我们以用心阴险、机心过重为羞耻。

一般而言，人们喜欢别人顺从自己，所以容易接受那些谄言献媚的人；人们轻易相信泛泛之交，所以那些别有机心的人容易阴谋得逞。一国之君主，最好是选用那些朴实、诚直、坦率、平易的人，把那些只顾着阿谀奉承、矫揉造作的人屏蔽得远远的，这样就会树立廉耻之心，端正世俗风气，而同时奸诈虚伪之流也会减少。

【评析】

孔子还在认真地讲交友之道，而《解义》则按照惯例，把它活生生地变成了选人用人之道，有些张冠李戴了。但是细想起来，如果从政治角度来论，却也算得上恰切，因为既然五伦之中父子、兄弟、夫妻之伦都算得上政治，那么朋友之伦也自然是政治的一环。

孔子修身为己的学术，可以自然转换为治国教民的政道，这样的人伦政治能够把个人思想与集体精神相通贯，使个体生命生活在一个通感而温情的社会里。故称长官为父母官，称陌生人为兄弟，社会俨然一个大家庭，正所谓"家国天下""四海之内皆兄弟也"。

但同时，从反向来看，这种被泛政治化的人伦关系，使"大家"的价值观念入侵"小家"的领域，因此使其本自天然的属性被社会过度"异化"，所谓"夫为妻纲，父为子纲"之论，给"天伦之乐"也附着了权力和功利的色彩，犹如给一个柔软的身体穿上了生硬的外套，而且这种外套久而久之也就自然而然成为身体的一部分，使人见怪不怪——"大家"看似温情却并不真实，"小家"也沦为政治的演武场。

凡事有利有弊。所以，当孔子自矜"是亦为政，奚其为为政"（[为政第二·二十一]）之时，是以自然人伦为政治教化立论，所谓"君子务本，本立而道生。孝弟也者，其为仁之本与"（有子语，见［学而第一·二］），算得上非常精明的政治设计；但与此同时，把"小家"放大为"大家"的同时，这幅图片却被虚化了，反而使人感觉不清晰了。这也正是伦理政治给家庭自然伦理造成的反噬和破坏。从这个意义而言，鲁迅所谓之"吃人"（《狂人日记》），是多么深刻！

【标签】

交友之道；政治伦理；纲常；家国天下；礼教

【原文】

颜渊、季路侍。子曰："盍各言尔志？"

子路曰："愿车马、衣轻❶裘与朋友共，敝之而无憾。"

颜渊曰："愿无伐善，无施劳。"

子路曰："愿闻子之志。"

子曰："老者安之，朋友信之，少者怀之。"

【解义】

此一章书，见圣贤大道为公①之心也。

昔颜渊、季路尝侍于孔子一堂之上，正考德问业之时，孔子因问二子曰："为学莫先于立志尔，二人何不各言尔之志乎？"

于是子路对曰：人不可以自私。凡天下之所有者，皆吾身外物也，惟愿以所乘之车马、所衣之轻裘，与朋友共乘而共衣之，虽至敝坏亦无憾焉。（子路性地②高明③，勇于为义，不屑为鄙吝④之事，故其言如此。）

颜渊对曰：人不可以自足。凡一身⑤之所为者，皆吾分内事也，惟愿善有诸己而不矜夸，劳及于人而不张大，只以全其固有⑥，尽所当为，而无伐无施焉。（颜渊克己功深，资质⑦纯粹⑧，无一毫满假⑨之心，故其言如此。）

二子之言志已毕，子路因进而请曰：愿闻夫子之志何如。

孔子曰：我之志无他，惟愿天下之人各得其所而已。天下之人有老者，

---

❶ 轻：钱穆、杨伯峻认为"轻"字为衍文。本书依《解义》语义保留之。

有朋友，有少者。老者当安，吾愿安之，而使各得其养。朋友当信，吾愿信之，而使各全其交⑩。少者当怀，吾怀之，而使各适其性⑪。因⑫吾身之所接⑬，而尽其性之所本然；随物之自来⑭，而予以理之所各足。我之志如此而已。

合而观之，子路志在公物⑮而犹知有物，颜渊志在公善⑯而犹知有善，至孔子则利济天下而仁育群生⑰，真与天地万物为一体⑱也。本⑲是志而行之，则时雍风动之化⑳，当与尧舜比隆㉑。惜乎不得其位㉒，徒有志而未遂也。

【注释】

①大道为公：即"大道之行也，天下为公"，大道运行的时代，天下为大家公有（天下人都怀有公心）。语出《礼记·礼运》，参本书［子路第十三·九］"型仁讲让"词条注释。

②性地：禀性，性情。

③高明：特指君子修为达到高大光明的境地，上配于天，以普惠万物。出自《礼记·中庸》，引文详解参本书［里仁第四·十一］"高明"词条注释。

④鄙吝：过分爱惜钱财。

⑤一身：谓独自一人。

⑥全其固有：全面操持个人的德行。固有，指德行。朱熹《学校贡举私议》："德行之于人大矣！然其实则皆人性所固有，人道所当为——以其得之于心，故谓之德；以其行之于身，故谓之行。非固有所作为增益，而欲为观听之美也。士诚知用力于此，则不唯可以修身，而推之可以治人，又可以及夫天下国家。"

⑦资质：禀性，质素。

⑧纯粹：纯正不杂，精纯完美。出自《周易·乾·文言》："刚健中正，纯粹精也。"详参本书［泰伯第八·八］同名词条注释。

⑨满假：自满自大。满，自满。假，大，自大。《尚书·大禹谟》："克勤于邦，克俭于家，不自满假，惟汝贤。"（舜对禹说："你要能够勤于政务，又能勤俭持家，不自满自大，就是贤能之人了。"）

⑩各全其交：全交，谓保全、维护交谊或友情。《礼记·曲礼上》："君子不尽人之欢，不竭人之忠，以全交也。"（君子不强求别人全心全意的喜欢，也不强求别人尽心竭力的忠诚，这样才能保持与他人的交情。）

⑪各适其性：适性，称心，合意。

⑫因：顺应。

⑬接：会合，交往。

⑭随物之自来："物来顺应"之意，遇到事情时能坦然自如地应对。语出程颢《答横渠先生定性书》："君子之学，莫若廓然大公，物来而顺应。"可参看本书［里仁第四·三］"廓然大公"词条注释。

⑮公物：使物共有，分享财物。

⑯公善：一心为公之善，不求个人名利。

⑰仁育群生：贾谊《治安策》："建久安之势，成长治之业，以承祖庙，以奉六亲，至孝也；以幸天下，以育群生，至仁也；立经陈纪，轻重同得，后可以为万世法程，虽有愚幼不肖之嗣，犹得蒙业而安，至明也。"

⑱与天地万物为一体：参［雍也第六·三十］"仁者，以天地万物为一体"词条注释。

⑲本：怀有，依据。

⑳时雍风动之化：指自上而下实行教化，用美德感化民众。时雍，民众因受教化而和睦。时，通"是"，这样。雍，和睦。《尚书·尧典》："黎民于变时雍。"（天下臣民在尧的教育下，因此也就随之和睦起来。）可详参本书［泰伯第八·十九］"格于上下"词条注释。风动，指用美德进行教化，并产生广泛响应。《尚书·大禹谟》：帝曰："俾予从欲以治，四方风动，惟乃之休。"（舜帝对皋陶说："使我能够按照愿望治理百姓，四方的臣民闻风而动，这是你的美德使然。"）乃，你的。休，美，美德。

㉑比隆：同等兴盛。

㉒惜乎不得其位：孔子虽然曾担任过鲁国大司寇一职，甚至行摄相事（代理国相），但实际上并未掌握过实权。他的任命乃是鲁国内部政治斗争的权宜之计。后孔子周游列国，以求施政空间，但终未如愿。

【译文】

这一章彰显了孔子师徒大道为公的圣贤之心。

当时颜渊、子路与孔子聚集一堂，正好是考察德行探究志业的好时机，所以孔子就问两位弟子说：为学之初，重在立志，你们两个就谈谈你们的志向吧！

于是子路马上回答说：为人不能自私自利。举天下之所有，不过都是身外之物，我愿意将我所驾乘的车马、所着装的裘衣，与朋友们一起分享，即使穿旧了、用坏了，也毫不可惜。（子路秉性高风亮节，慷慨仗义，不屑于怜财惜物，所以会有这番言论。）

颜渊回答说：为人不能自满自大。自己所作所为，都是分内应为之事，只希望自己为善而不自矜自夸，对人有助而不言过其实，只是秉持本性所有之德行，尽力为所当为，而不可以张扬显摆自己。（颜回自我修为功力深厚，天资精纯完美，毫无自满自大的心思，所以会这样说。）

两个人都说了自己的志向，于是子路就上前请愿说：我们还想听听夫子的志向是怎样的啊！

孔子说：我的志向没有什么特别的，只是希望天下之人能够各得其所而已。天下之人中，有的是老年人，有的是我的朋友，也有不少年轻人。老年人应当安康，所以我希望他们能够安康，使他们得到足够的给养。朋友间最重要的是信任，所以我希望能够得到他们的信任，从而使交往融洽。年轻人应该得到足够的关怀，所以我希望能够关怀他们，使他们都能够感到满意。无论什么样的因缘际会，我都会让人们尽其本性，各安其理。我的志向就是如此而已。

总而言之，子路志在与人分享财物，那么心里仍然还是有物我的区分；颜渊志在一心为善，那么心中仍然还是有善与不善的差别；至于孔子，他怀有兼济天下而孕育群生的仁心，可谓天地万物为一体了。他怀有这样的志向并坚定地推行，那么自然会感化百姓，经纶天下，使社会堪比尧舜之时。可惜他没有获得施政的机会，只是空有其志无法实现啊。

【评析】

子路不私己物，慷慨仗义，一至于"忠"；颜回克己致诚，不事矜伐，一至于"恕"；而夫子万物一体，老安少怀，推己及人，成人达己，一至于"仁"。师徒三人之志，实乃其心境写照，正好演绎仁道的三重境界。

最要者乃夫子之志。夫子简单一句，便将仁者心境和盘托出，仁者万事，盛世之治，亦不过如此。故夫子之志极普通，又极精妙，极简单，又极美好，念之令人景仰动容，感怀不已。

【标签】

子路；颜回；忠；恕；仁；万物一体；时雍风动

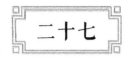

二十七

【原文】

子曰:"已矣乎,吾未见能见其过而内自讼者也。"

【解义】

此一章书,是孔子望人改过,而激其自新之意也。

孔子曰:凡人不能无过,而有过贵乎能改。若人时时克治,念念省察,偶有过失即深加悔责,自讼于心,则必能改而无复有过。

我尝以此致望于人,而今则已矣。凡人自见其过,或掩饰以自文,或委靡以自安。求其自悔、自责,而能讼之于心者,则未之见也。如是而望其改过迁善,岂可得乎?

盖一念无悔过之机,则终身无自新之路。此吾之所以致叹①也。

然此特为中人以下者言。若圣人居敬穷理②,预养此心,邪念不萌,自无过失,岂待有过而后悔耶?

【注释】

①致叹:发出感叹。致,表达。

②居敬穷理:"居敬"语见［雍也第六·二］"居敬而行简",意为以恭敬自持。"穷理"语见《周易·说卦》"穷理、尽性,以至于命",意为穷究天下万物的根本原理,彻底洞明人类的心体自性,以达到改变人类命运的崇高目标,从而使人类行为与自然规律能够和谐平衡、生生不息。(可详参本书［学而第一·一］"穷理尽性"词条注释。)"居敬穷理"是中国宋代程朱学派所倡导的一种道德修养方法:"学者工夫唯在居敬、穷理二事。此二事互相发:能穷理,则居敬工夫日益进;能居敬,则穷理工夫日益密。"(《朱子语类》卷九)其所谓"居敬",就是"心"的"主一""专一""自作主宰"(引程颐语,明胡居仁《居业录·圣贤第三》),不为外物所牵累;穷理即致知明理:"穷理者,欲知事物之所以然与其所当然者而已。知其所以然,故志不惑;知其所当然,故行不谬。"(朱熹《答或人》)。因此,"居敬穷理"就是程朱理学一贯所主张"存天理,灭人欲"说的翻版,即要明理见性,排除私欲对认知的干扰,自觉遵守传统伦理道德的基本准则。

【译文】

这一章主要是讲，孔子希望人能够改过，并激励人以此求进自新。

孔子说：是人都会犯错，但关键是知错能改。如果一个人时刻克心制欲，对每一个念想都反省自察，即便是偶然犯错也要深刻悔悟自责，从内心进行自我批判，只有这样，才能改过而不再犯。

我曾经希望人们能够做到这样，但是现在我已经不再抱这样的期待了。现在所有的人一旦出错不是文过饰非、矢口否认，就是托辞避过、自欺欺人。我希求有能够有反省自责，发自内心地进行自我批判的人，却从没有见到过。连承认错误都不肯，怎么能够通过改错而向善呢？

概言之，如果一个人不在一思一念上抓住悔过自新的机缘，有意逃避或不以为然，那么这个人恐怕一辈子都不能有真正的更新和进步。这正是我为什么禁不住慨叹的原因。

然而，孔子所说的情况，应该是针对中等程度以下的人而言的。要是像那些圣人们，举止诚敬，穷究天理，每每慎独自省以洁身自好，根本连邪恶的念想都没有，自然就不会做错事，他们怎么会等到犯了错之后才悔悟呢？

【评析】

《解义》认为圣人在修心改过的层次上更近一步，即邪念不生，初心无过。这自然与夫子之意旨相近，然而也过于激进，比孔夫子的期望还高。相比而言，孔夫子首先就已经明确了"凡人不能无过"，而解义者认为修炼到一定程度可以完全无过，对人之所能达到的道德层次，过度拔高了。

夫子慨叹，是要让人观过知人，改过自新，从错误中判断和学习，这或许是唯一的真正的学习近仁之道。夫子的慨叹是极其失望，亦是极其希冀。《解义》似乎没有抓住孔夫子的这种情绪。

【标签】

观过知人；居敬穷理；存天理，灭人欲

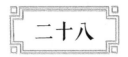

【原文】

子曰:"十室之邑,必有忠信如丘者焉,不如丘之好学也。"

【解义】

此一章书,是孔子勉人好学,以全其生质之美也。

孔子曰:凡求道者固贵有天资之美,而尤贵有学问之功。如我之从事于道也,不敢恃乎天资,而惟恃乎学力,终身黾勉①,故底于有成②。

如但以生质之美而已,即彼十室之邑③,地甚狭而人无多,亦必有忠诚信实可以进道如我者,焉放而天下之广,又不胜其多矣。

如彼以粹美之姿而加以勤敏之力,岂不皆得成就?而顾成就者鲜,乃彼恃其美质,不如我之孜孜于学而好之也。

人可无以学自勉乎?

盖从古无不学之圣人,亦未有圣人而不好学者。圣如尧舜,犹必精一执中④,孳孳⑤不倦。法尧舜者,又安可不务学乎哉?

【注释】

①黾勉:努力,勉力。

②底于有成:达到成功的境地。清代史洁珵《德育古鉴》:"朱晦翁先生云:'四书为理,此格为条,初学不可一日不置案头。'盖古之君子,未有不从绳趋矩步,日积月累,而克底于有成者也。"

③邑:封地、国。

④精一执中:《尚书·大禹谟》:"人心惟危,道心惟微。惟精惟一,允执厥中。"(人的欲念芜杂而有危害,而道的内涵是精微至极的,只有体察道的精微并始终如一地遵守,如此才是实实在在地秉承那不偏不倚的中和之道。)

⑤孳孳:同"孜孜",勤勉,努力不懈。可详参本书康熙《御制〈日讲四书解义〉序》同名词条注释。

【译文】

这一章是孔子勉励人们通过用心于学来充分发挥先天优势。

孔子说：修道之人本来就具有很好的天资禀赋，但更重要的是在学问上的用功。像我这样致身于道义事业的人，其实并不是仅仅凭借先天条件，而是更加依托于学问上的努力。一辈子不断勉励自己，最终肯定会有所成就。

如果仅就先天禀赋而言，即便是在只有十户人家的这样人口稀少的小地方，也一定会有像我这样天生忠信诚实、可以进道修业的人，更不用说放眼天下，那肯定会多得数不胜数。

如果这些人依凭良好的先天条件，再加上机敏勤奋的学习，难道不会有所成就？但是检视那些没能成就的人，都是因为没能够像我这样孜孜不倦地爱好学习而已。

一个人怎么能够不时刻把学习作为自勉奋进的途径呢？

大概古代没有不学习的圣人，也没有圣人不爱好学习。即便是像尧舜那样的圣人，也始终"惟精惟一，允执厥中"，修身进学，孜孜不倦。而向尧舜学习的人，又怎么能够不奋力学习呢？

【评析】

极言自己对学习的重视，抑扬之间，鼓励有之，自勉有之，惋惜有之，惊警有之。凡夫子自道之辞，未必只是单纯"自恋"，而是借机示人以道，故皆用心深婉，意涵丰赡，读者用心潜入字里行间，深味体认，自能得之。

【标签】

好学；忠信；尧舜；精一执中

雍也第六

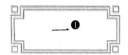

【原文】

子曰:"雍也可使南面。"

【原文】

仲弓问子桑伯子。子曰:"可也简。"

仲弓曰:"居敬而行简,以临其民,不亦可乎?居简而行简,无乃大简乎?"子曰:"雍之言然。"

【解义】

此一章书,是言临民之贵于居敬也。

雍,是孔子弟子冉雍①。

昔,冉雍宽洪②简重③,故孔子称许之曰:临民之道,贵乎有容而驭下之方,尤当不扰。我观雍之为人度量宽弘,器宇④凝静,即使之居于南面之上⑤,以理庶政⑥而统庶民⑦,亦无不可。

维时⑧,仲弓知孔子许己之意在于简重,于是以子桑伯子⑨为问。盖因伯子为人亦有与己近似者,故问之,以探孔子之评品何如耳。

孔子曰:凡人立身行事,多有自为烦扰、过于琐屑者,如伯子为人有可取者,其简易而不烦乎!

孔子此言,因伯子超乎流俗、简略率真而取之,非即以其简为可也。

仲弓见孔子之许伯子,而益不能无疑于心,遂进而质⑩之曰:居上临下,固贵于简,然简亦不可概论,不可以不辨也。如居心于敬,兢兢业业⑪,惕励⑫于中而无敢肆慢⑬。如此则心有主而自治,严以此行,简以临其民。虽几务⑭纷乘⑮,皆能得其大体⑯之所在,静而不纷,动而不扰,执要御烦⑰,无为而治⑱,不亦简所当简而可乎?若先自处于简,恣意任情⑲,

---

❶ 依据杨伯峻版本,一、二为两章,但解义所依据的朱熹版本,因而是合在一起注解的。下文类似情况不再注。

无复收敛谨饬㉓之意,则中无主而自治疏矣。而所行又概从简略,厌事㉑之心一生,百度之矩㉒尽废,是则为苟简之简,无乃失之过甚,而为太简乎!

仲弓此言至当不易㉓,故孔子深与之,曰:雍也,以居敬之简为可,以居简之简为过,其言岂不诚然乎?

此见敬者,乃从古帝王心法。详味仲弓之言,而所谓"笃恭而天下平"㉔者在是矣。

【注释】

①冉雍(前522—?):字仲弓,春秋末期鲁国(今山东省菏泽市定陶区)人。孔门四科中列德行科。

②宽洪:同"宽宏",胸怀宽阔,气量弘深,能容人。

③简重:严肃持重。

④器宇:气质,气概,风度。

⑤使之居于南面之上:一般阐释"雍也可使南面",是面南而治,是为君一方的意思。《解义》则认为"居于南面之上",即担任大臣,治政一方。

⑥庶政:各种政务。

⑦庶民:一般的民众。

⑧维时:斯时,当时。

⑨子桑伯子:亦称桑户、子桑户,春秋末鲁国隐士,事迹不可考。《庄子·大宗师》记载:"子桑户死,未葬,孔子闻之,使子贡往事焉。"《楚辞·九章·涉江》:"接舆髡首兮,桑户裸行。"《说苑·修文》:孔子见子桑伯子,子桑伯子不衣冠而处。弟子曰:"夫子何为见此人乎?"曰:"其质美而无文,吾欲说文之。"可见,虽然子桑伯子裸行和在家不穿衣服,行为狂放而倨傲,但孔子认为他本质好,死后还派学生去祭奠他。

⑩质:询问,责问。

⑪兢兢业业:谨慎戒惧。《尚书·皋陶谟》:"无教逸欲有邦,兢兢业业,一日二日万几。"(舜帝的大臣皋陶在和舜、禹一起讨论政事的时候,说:作为君主,不要贪图私欲享受,要谨慎勤勉地处理政务,要知道每天都要日理万机。)可详参本书[学而第一·四]"兢兢业业"词条注释。

⑫惕励:即"惕厉",警惕谨慎,警惕激励。语出《周易·乾》:"君子终日乾乾,夕惕若厉,无咎。"(君子每日自强不息,深夜也要谨慎自省,如临危境,不能稍懈,这样才能免于灾患。)

⑬肆慢:恣行轻慢。

⑭几务:机要的事务,多指军国大事。几音jī。

⑮纷乘：纷纷乘之而起。
⑯大体：大要，纲领。
⑰执要御烦：掌握关键点来处理纷繁的事务。
⑱无为而治：一般被认为是道家思想，然而其实是儒家首倡，且两家主张似同实异，内涵相去甚远。孔子较早明确提出"无为而治"概念："无为而治者，其舜也与？夫何为哉？恭己正南面而已矣。"（［卫灵公第十五·五］）儒家主张"无为而治"并非"不作为"，而是倡导在政治典范引导化育下的无为而治，所谓"无为"，便是简政，而此简政，即做好德治（为政以德）和人治（选贤任能）两个最为重要的为政因素，从而自然有治政的功效。道家认为治理天下，应当在遵循客观规律的基础上，尽量减少人为的、主观的部分（因为容易逆反客观规律），从而达到良好的治理效果。"无为"不是不作为、什么都不做、消极悲观，而是强调要冷静、客观地看待并处理问题，尽力克除人情欲望的影响，从而更加顺利地实现目标。因此"老子讲'无为而治'，是讲祛除繁苛，顺其自然；孔子讲'无为而治'，是讲德盛化民，'惇信明义，崇德报功，垂拱而天下治'（《尚书·武城》）。"❶《论语》多处涉及"无为而治"思想意涵，相关论述较为丰富，可参看［雍也第六·一］［雍也第六·二］［泰伯第八·一］［泰伯第八·九］［泰伯第八·十九］［颜渊第十二·十三］［颜渊第十二·十七］［为政第二·十九］［颜渊第十二·二十二］［子路第十三·十一］［子路第十三·十三］［宪问第十四·四十］和［卫灵公第十五·五］等诸章原文及评析。
⑲恣意任情：放纵，不加限制。
⑳谨饬：谨慎。饬，音 chì。
㉑厌事：厌倦于事。
㉒百度之矩：通过各种制度来确立行事规范。《礼记·大学》："所谓平天下在治其国者，上老老，而民兴孝；上长长，而民兴弟；上恤孤，而民不倍。是以君子有絜矩之道也。所恶于上，毋以使下；所恶于下，毋以事上；所恶于前，毋以先后；所恶于后，毋以从前；所恶于右，毋以交于左；所恶于左，毋以交于右。此之谓絜矩之道。"（之所以说平定天下首先要治理好自己的国家，这是因为：如果在上位的人尊敬老人，民众就会兴起孝敬之风；在上位的人尊重长辈，民众就会兴起尊长之风；在上位的人体恤救济孤儿，民众也会同样跟着去做。所以，君子怀有以身作则、推己及人、

---

❶ 冷成金：《论语的精神》，上海古籍出版社2016年版，第411页。

以达到人与人之间协调平衡的"絜矩之道"。如果厌恶上司对你的某种行为,那就不要以类似的行为去对待你的下属;如果厌恶下属对你的某种行为,那就不要用类似的行为去对待你的上司;如果厌恶在你前面的人对你的某种行为,那就不要用类似的行为去对待在你后面的人;如果厌恶在你后面的人对你的某种行为,那就不要用类似的行为去对待在你前面的人;如果厌恶在你右边的人对你的某种行为,那就不要用类似行为去对待在你左边的人;如果厌恶在你左边的人对你的某种行为,就不要用类似的行为去对待在你右边的人。这就叫作"絜矩之道"。)百度,百事,各种制度。

㉓至当不易:极为恰当,不能改变。

㉔"笃恭而天下平":《礼记·中庸》:"《诗》曰:'不显惟德,百辟其刑之。'是故君子笃恭而天下平。"(《诗经·周颂·烈文》中说,天子充分发扬美好的德性,诸侯百官自然都会效法他。所以,君子能够做到敦厚恭敬,天下国家自然就会太平无事。)

【译文】

这一章说的是,要以虔敬的心理来应对民众事务。

雍,指的是孔子的弟子冉雍。

昔时,冉雍为人宽宏大量而又严肃持重,所以孔子称赞他说:应对民众事务,贵在宽怀以待,尽可能不扰动他们。我看冉雍这个人,度量宽宏,气质宁静,即使为臣一方,来治理各种政务,统领民众,也没有什么不可以的。

当时,冉雍知道孔子称赞自己为人严肃持重,就问子桑伯子怎么样。大概是因为他于自己也有相近之处,所以拿来询问,且看孔子如何评价。

孔子说:一个人为人处世,往往容易无事生非,咎由自取。而子桑伯子这个人的可取之处,也正在于不生事,不多事吧!

孔子的这番话,是因为伯子这个人超凡脱俗,为人简单率直才这样说,但并不代表认为他的简单就是好的(不同于冉雍的"简")。

冉雍见到孔子这样称许子桑伯子,却更加疑惑了,于是马上追问:居官治民,虽然贵在简政,但是"简"字不能一概而论,也不能不加以分辨。如果始终保持虔敬,做事就兢兢业业,内心警惕谨慎,而丝毫不敢轻慢。这样才能心中安定自治,行为严谨,简政治民。虽然国家大事接连不断,仍然能够做到抓住要领,保持冷静而不纷乱,开展行动而不扰民,提纲挈领,以简御繁,做到无为而无不治,这不就是该简则简的效果吗?但如果一开始就简少无为、任性妄断,而没有收敛、谨慎的意识,那么就会造成心中没数而治理疏松。如果这个时候还一概从简,如果人们心生厌烦,那么百般建立的规矩就随之坍塌了,如果因陋就简,不也是大错特错,实在是太过于简了!

冉雍此话极其正确而不可颠扑。所以孔子深深赞叹他说:雍啊,以怀有虔敬之心而从事简政为是,以居于简政复又简政为非,这样不是说得很对吗?

因此可以看出,这里的"敬",乃是依从了古代帝王的心法。仔细品味冉雍的话,所谓的"笃恭而天下平"(天子充分发扬美好的德性,诸侯百官自然都会效法他。所以,君子能够做到敦厚恭敬,天下国家自然就会太平),就是这个意思。

【评析】

因为相邻的两章都是关于冉雍的,所以《解义》把两章合为一章来解,而且把孔子对冉雍的评价引申到对简政问题的探讨,从而见证冉雍的从政能力,回应了孔子对他的高度评价——言其可以使南面,不是说他有帝王的气象,而是说他理解到了"居敬行简"的治政要领。所以,合为一章来理解也是很有道理,而且颇具故事性。

表面上同样是简政,但其内涵却大不相同:居敬而行简,是日积月累而成其功,诚敬修为而结其果,自然而然地达到以简御繁、无为而治的效果;居简而行简,是一味懒政庸政,不思进取,敷衍塞责,因陋就简,自然会失序于世,失信于民,其后果可想而知,且无可补救和挽回。

凡阐释都有所本而发。清朝已经不再允许一介平民上升到王侯的位置,更毋庸说是去做帝王,所以把冉雍的"南面"解释为"处于南面的位置",便是在普通人与权贵之位之间人为地开设了一道鸿沟,或乃解义者难以排除之奴性使然。

【标签】

冉雍;子桑伯子;居敬行简;无为而治;絜矩之道;君子笃恭而天下平

【原文】

哀公问:"弟子孰为好学?"孔子对曰:"有颜回者好学,不迁怒,不贰过。不幸短命死矣,今也则亡,未闻好学者也。"

【解义】

此一章书，是称颜回之心学以勉天下也。

昔孔子以学诲人，于是哀公问之曰：夫子之门，学者甚众，然弟子之中果孰为好学者乎？

孔子对曰：人之为学，必体之身心，时加克治，而后谓之"能好"，非徒事呫哔①可以谓之好学也。吾弟子之中有颜回者，乃真好学之人。盖人当拂意之时，不能无怒，但血气用事者，一有触发，即不能禁止，或有怒于此而移于彼者。回则不然：未怒之先，心和气平；既怒之后，冰消雾散，盖不以稍有沾滞而迁其怒也。

抑②人有秉质③之偏，不能无过，但志气委靡者，一有过失，每不知改悔，多有过于前而复于后者。回则不然：方过之时，觉察精明；知过之后，克治④勇猛，亦不以稍存系吝⑤而贰其过也。

惟回克己之功无有间断，故谓之好学。惜其丰于德而啬于年，不复存矣。今弟子之中，求如回者已不可得，未闻更有好学者也。

大抵圣门之学，不在辞章记诵之末，而在身心性命之微。诚能居敬穷理⑥，涵养此心，自然如衡常平，如鉴常明，而得无怒、无过之本体，又何有不迁、不贰之足云哉？故圣学以正心为要。

【注释】

①呫哔：音 tièbì，泛称诵读。

②抑：或许。

③秉质：受于自然的资质。

④克治：克制私欲邪念。出于王阳明《传习录》，详参本书［述而第七·三］"省察克治"词条注释。

⑤系吝：有所眷恋，不能割舍。

⑥居敬穷理：恭敬自持，穷理尽性。"居敬穷理"乃程朱理学一贯所主张的"存天理，灭人欲"说的翻版，即要明理见性，排除私欲对认知的干扰，自觉遵守传统伦理道德的基本准则。可详见本书［公冶长第五·二十七］同名词条注释。

【译文】

此一章书，是孔子称道颜回修心之学来勉励天下人。

当时孔子教人不断学习，于是鲁哀公问他：向夫子学习的人很多，但是您的学生中谁称得上是最好学的呢?

孔子回答说:一个人的学习,一定是依靠身心体会,并对自己不断进行克制修炼,然后才能称得上"爱好";不是仅仅在那里摇头晃脑照本宣科,把读诗诵书这种外在的功夫当作学习就称得上"好学"了。我的学生当中,真正能够称得上"好学"的,恐怕就只有颜回了。大概一个人的意志受到违逆的时候,很难不动怒。然而意气用事的人,一旦受到刺激,就无法自已,而且会迁怒于与此并不相干的人或物。但是颜回却不这样。他处事安然,很少动怒,即便动怒,也很容易消气,往往并不固执于怨念且迁怒于人。

但凡个人,都会因禀赋各异而各有缺失,但是那些意志不够坚韧的人,即便明知自己之过,也没有勇气和魄力去改正,于是一而再再而三地犯同样的错误。颜回就不会这样,一有过错,马上就会觉察得到,既然知道自己有过失,就马上改正。勇毅而刚猛,不容许自己再犯半点过失。

正因为颜回修炼了这种不断自我克制的功夫,所以才说他"好学"。可惜天妒英才,不幸离世。现在这些学生当中,很难找到像颜回那样品行的了,所以也说不上谁算是"好学"了。

总体来说,圣人门第的学问,并不在于记诵辞章、照本宣科这样的细枝末节,而在于关乎身心性命的切身体验。如果心意诚明,涵养身心,就自然会像秤杆那样平正,像镜子那样光亮,达成不迁怒、不贰过的根本心性,此时自然不加克制也能够做得到不迁怒、不贰过了。所以,学问的根本是诚心正意。

【评析】

不迁怒,不贰过,看似简单,但确非常人所能为。但是问题来了——何以称"不迁怒,不贰过"为"好学"?

联系笔者试解之［颜渊第十二·一］,夫子教颜回"克己复礼为仁",然后续之以非礼而勿视、听、言、动之辞。颜回答曰:"回虽不敏,请事斯语矣。"联系两章,概能"克"自"不迁怒",既"复"则"不贰过",颜回于夫子之教,毅然践行,其勇猛精进如此,已完全掌握礼的精髓并能践行之而不违,故夫子称其"好学"。

本篇第十一章记颜回"安贫乐道"事,以见其好学之状。可参看该章评析。

【标签】

颜回（渊）；鲁哀公；不迁怒，不贰过；好学；克己复礼

【原文】

子华使于齐，冉子为其母请粟。子曰："与之釜。"
请益。曰："与之庾。"
冉子与之粟五秉。
子曰："赤之适齐也，乘肥马，衣轻裘。吾闻之也：君子周急不继富。"

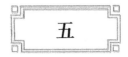

【原文】

原思为之宰，与之粟九百，辞。子曰："毋！以与尔邻里乡党乎！"

【解义】

此一章书，见圣人用财必准之以义也。
子华是孔子弟子公西赤，字子华。冉子即冉求。
釜是六斗四升，庾是十六斗，秉是十六斛。①
子华一日奉师命出使于齐，时有母在堂，冉求笃于友谊，恐其无以为养，乃为请粟于孔子。孔子与之釜，甚少者示不当与也。
请益，与之庾，亦不多者，示不当益也。
冉求未达，遂自与粟五秉，则过多而伤惠矣，孔子因而晓之曰：赤之为我适齐也，所乘者肥马，所衣者轻裘，富见于外，知其不约于内矣；富形于身，知其不缺于亲矣。我闻之"君子周济人之窘急而不继续人之富足"，汝之与粟，是"继富"非"周急"也。是不当与而与者。（孔子教之以义如此。）
原思②，孔子弟子，名宪，字子思。时孔子为鲁司寇③，有采邑④，故以思为邑宰，与粟九百，乃其常禄所当得者也。思素性狷介⑤，以为多而不受，则过于廉而非理之中矣，孔子因而教之曰：官有常禄，乃国家养廉之

典，安得以私意而辞之？即俸禄有余，尔之邻里乡党⑥有贫乏者，推以与之，亦足广君惠也，何以辞为？（是不当辞而辞者，孔子教之以义如此。）

大抵取与辞受必有当然不易之理。冉求务多与以为惠，则失之滥；原思辞常禄以为廉，则失之矫⑦。圣人于赤非吝，于思非奢，斟酌乎义理之中，而化裁⑧其过当之失。故惠非私惠，廉非矫廉。善用财者，以圣人为准可也。

【注释】

①釜、庾、斛、秉、斗、升：古代量器名称，也是古代容量单位。其中升是较小的计量单位，古代1升约200毫升。

1钟=10釜，1釜=4区，1区=4豆，1豆=4升，1斛（后作"石"，音dàn）=10斗，1斗=10升，1釜=64升=6斗4升，1庾=24升=2斗4升，一说1庾=16升，1秉=16斛=160斗，5秉即800斗，等于8000升。

孔子给1釜加1庾，等于80升，而冉有却自作主张，给了5秉，几乎是孔子所给数量的100倍（按照1庾=16升计算，则孔子希望总共给80升，则正好是100倍）。即便是后面孔子对原宪表现比较大方的900斗，也不过比冉求多了100斗。

②原思（前515—?）：即原宪，字子思，春秋末年宋国商丘人。孔门七十二贤之一。原宪出身贫寒，个性狷介，一生安贫乐道，不肯与世俗合流。孔子为鲁司寇时，曾做过孔子的家宰。孔子死后，原宪遂隐居卫国草泽中，生活极为清苦。

③时孔子为鲁司寇：司寇，中国古代司法官吏名称。《周礼·秋官》载，大司寇"掌建邦三典，以佐王刑邦国，诘四方"，小司寇"以五刑听万民之狱讼"。《史记·孔子世家》："定公以孔子为中都宰，一年，四方皆则之。由中都宰为司空，由司空为大司寇……定公十四年，孔子年五十六，由大司寇行摄相事，有喜色。"传孔子53岁时（前499）曾任鲁国大司寇一职。

④采邑：音càiyì，古代国君封赐给卿大夫作为世禄的田邑（包括土地上的农民），也叫"采地""封邑""食邑"。

⑤狷介：正直孤傲，洁身自好。

⑥乡党：周制，一万二千五百家为乡，五百家为党。本为行政建制，二者连用，泛指家乡或本乡的人。另如"州里"等，用法相似。

⑦矫：假装。

⑧化裁：谓随事物变化而相裁节，后多指教化裁节。语出《周易·系辞上》："是故形而上者谓之道，形而下者谓之器，化而裁之谓之变。"

【译文】

这一章是讲，圣人依凭义的标准来使用钱财。

子华是孔子的弟子公西赤，字子华。冉子就是冉求。

古时候1釜是6斗4升，1庾等于16斗，1秉等于16斛。

有一天公西赤受孔子派遣出使齐国，当时他家里还有一个老母亲需要照顾，冉求其人看重友情，恐怕公西赤的母亲没有什么生活来源，就请求孔子接济一些小米给她。孔子给了1釜（64升），比较少，实际上是在表示不应该给。

冉求又请求增加，孔子就又给了1庾（24升），增量更少了，实际上是表示再也不能增加了。

冉求未达到目的，就私下里拿了5秉（800斗）小米给公西赤的母亲。这实际上太多了，反而有损恩惠的效应。所以孔子不得不明白告诉他：公西赤受我派遣出使齐国的时候，衣着富贵，驾乘豪奢，处处露富，这就说明他自家的生活不会有什么困难；他既然如此富贵风光，自然不会短缺对亲人的供给。我听说君子急人之难而非锦上添花，你给了他们家这么多小米，是锦上添花而不是急人之难啊。（孔子教导冉求济助他人要遵循这样的基本原则。）

原思，也是孔子的弟子，叫原宪，字子思。当时孔子是鲁国的司寇，有采食的封地，就让原宪去那里当主管，并且给他900斗小米的工资，这在当时应该是比较正常的薪酬水平。但是原宪生性清高，认为给得太多而不愿意接受，这实际上又过于耿直而不符合义理了，所以孔子教导他说：官员发放俸禄都是依照一定的标准，这也是国家薪金养廉的制度，怎么能够以一己私念而拒绝呢？如果你觉得这些薪酬太多，也可以拿回去济助乡里的穷人，这样也就把君主的恩惠普施到民众身上，何必刻意去推辞高薪呢？（对于财物不应该推辞却推辞的人，孔子又是这样教导他们要遵循这样的基本原则。）

大概获取与辞让这两种情形都需要遵循一些基本原则。冉求一再请求，以为多了就是优惠，却失之于贪婪；原宪以为连基本的薪金都没有必要拿那么多，然而也失之于造作。孔圣人对于公西赤并不吝啬，对于原宪并不奢侈，只是依据基本原则对具体的情形进行判断，并对他们的行为进行裁定和引导。所以给予恩惠并不是小恩小惠，为官清廉但不需要矫枉过正。

要想很好地支配财物，就应该遵循孔圣人的这些教诲。

【评析】

如果以现代社会的眼光来看，冉求的诉求也是正当的：不管公西赤自身多么富有，但是在出使的时候，孔子理应补给一定的"差旅费"，并根据实际情况给予一定量的家庭"慰问金"，这是由工作量和工作性质决定的，而非由公西赤的财产状况决定的。而原宪本人所表现出来的似乎有些矫揉造作，毕竟，似乎，将薪金转赠他人并不需要孔子来提醒。或者他之所以表示薪酬太多，是想尽量给孔子节约一些开支。

孔子的教导仍然遵循一些个人所谓的"基本原则"，不徇私情，秉持公义，书本里看似不食人间烟火（很少谈经济）的老夫子其实还是有一套清晰而谨严的经济理论（其实更应该称之为"经济伦理"）的。只是，从不同时代、不同角度去看，关于经济问题的讨论不能带有过多的道德因素，否则就会造成很多麻烦和混乱。

【标签】

子华；冉有；赤（公西赤）；原宪（子思）；君子周急不继富

六

【原文】

子谓仲弓，曰："犁牛之子骍且角，虽欲勿用，山川其舍诸？"

【解义】

此一章书，见用人者不当拘以世类也。

仲弓为圣门高弟，以德行著名。其父贱而行恶，当时有以此病之者，故孔子譬之曰：天之生才何常，而世之用才无定。如杂文之牛，固不足贵，而生子纯赤，合乎昭代①之尚，角且周正，中乎牺牲②之选，正祭祀之所须而不可弃者，世人虽以其所生，可议欲置之而不用然？山川之神岂能舍而不享乎然？则仲弓之德自当见用于世，不当以父而见废也。

可见，贤哲之生，克肖象贤者固多，迈迹③自身者亦复不少。故《易》称"干蛊"④，《书》贵"盖愆"⑤。果其才德出众，圣主不遗。古之明扬侧陋⑥、立贤无方⑦者，固有超乎寻常庸俗之见，而不拘乎世类之迹也。

【注释】

①昭代：政治清明的时代。

②牺牲：供祭祀用的全身纯色的牲畜。

③迈迹：开创事业。

④干蛊：继承并能胜任父亲曾从事的事业。《周易·蛊》："干父之蛊，有子，考无咎。厉，终吉。《象》曰：'干父之蛊'，意承考也。"（纠正父辈的弊乱之事，可以指望儿子来做，即便是父辈去世了，也不会造成太大的伤害。而且，即使一时有一些危害，因为儿子能够纠正并继续父辈未竟的事业，故最终也是吉利的。《象传》说："纠正父辈的弊乱之事说明儿子愿意继承故去父辈未竟的事业。"）干，正。蛊，蛊惑，惑乱。

⑤盖愆：修德行善以弥补过去之罪恶。《尚书·蔡仲之命》："尔尚盖前人之愆，唯忠唯孝。"（你要免于你父亲的过错，要思忠思孝。）

⑥明扬侧陋：明察荐举出身微贱而德才兼备的人。《尚书·尧典》："明明，扬侧陋。"

⑦立贤无方：推举贤人不以常法，选拔贤能不拘泥于常规。《孟子·离娄下》："汤执中，立贤无方。"（商汤秉持中道，选用贤人不拘一格。）

【译文】

这一章是讲选人用人不能因循门第出身。

仲弓是孔门高材生，以品德行为高尚著称。但是他的父亲出身贫贱且行为恶劣，因此在当时就有人拿这一点来讥评仲弓。所以孔子就用这样的比喻来宽慰他：天生的人才有很多，但是未必都能够为时世所采用。就像毛色驳杂的牛，虽然它不足珍贵，但是生下的小牛毛色是纯红色，正合乎政治清明的时代风尚；犄角对称周正，适合作为牺牲祭礼，这正是祭祀大典所需的不二选择。即便世人觉得它出于杂色牛，难道就会放置到一边不加使用？山川神灵难道舍弃不享用？那么，你的品德一定会被当世采用，而不会因为令尊的行迹而遭遇废弃。

可见，贤良聪慧的人，能够依循先贤而铸就品格的人有很多，而依靠自身开创之功来成就道德的人也有不少。所以《周易》里赞赏继承并能胜任父亲曾从事的事业的人，而《尚书》里则勉励修德行善以弥补过去之罪恶。如果一个人才识品德超乎一般，一定不会被贤明君主遗弃的。古人选举人才讲求洞烛幽微、不拘一格，自然会超越俗常观念，不受出身门第的限制。

【评析】

孔夫子对弟子的关爱和鼓励以及对道德价值的笃信,于此可见一斑。然而背后的关联却耐人寻味:在血统、出身几乎决定一切的时代,孔子提出不以此为人才选用标准的主张,这决然是个大胆的挑战和勇敢的呐喊。但仅凭"圣王"的英明来决定人才的取舍并不是建立在某种常规的机制之上,而是建立在当政者个人的喜好之上,导致这种设计本身必然存在极大的不可靠性和不稳定性。所以,这种选贤举能的基本政治诉求和理想为政机制,又难免经常落空。

【标签】

仲弓;犁牛之子;明扬侧陋;立贤无方

七

【原文】

子曰:"回也,其心三月不违仁,其余则日月至焉而已矣。"

【解义】

此一章书,言求仁者贵纯其心,许回以励群弟子也。

孔子曰:仁者,心之全德,①降衷②之初,浑然一体,原无彼此之分。自为私欲所隔,心便违仁,却与为二,不无久暂之异矣。吾门弟子如颜回者,平日克己之功无少间断,至于三月之久,纯乎天理,毫无人欲,心与仁常不相离,庶几与时俱永者矣。其余之群弟子,非不从事于仁,但已得而复失,暂明而复蔽,或一日之内能至于仁,过此则私欲间之矣。或一月之内能至于仁,过此则嗜好乘之矣。心之于仁不过有时而存耳,欲如三月之久,不概见也。

盖仁道至精,不容一念之或杂,不容一息之或疏。故纯亦不已者,圣人之仁也;终食无间③者,君子之仁也;三月不违者,大贤之仁也。求仁者,亦在持守之久、操存④之力,勉勉循循⑤,忘其至焉之名,并化其不违之迹,以几于中心安仁焉可也。

【注释】

①仁者，心之全德：仁是本心就具有的至德。全德，至德，完美的道德。可详参本书［颜渊第十二·一］"仁者，心之全德"词条注释。

②降衷：降福，施善。衷，善。《尚书·汤诰》："惟皇上帝，降衷于下民。若有恒性，克绥厥猷惟后。"（每个人身上，其实都有天赋的美德。而要使人们能够长久安然地保持这些美德，就需要不断施行教化。）

③终食无间：一段时间内不间断。终食，一顿饭的工夫。

④操存：执持心志，不使丧失。出自《孟子·告子上》："操则存，舍则亡。"详解可参本书［子罕第九·十六］同名词条注释。

⑤勉勉循循：勉勉，力行不倦的样子。循循，有顺序的样子。

【译文】

这一章是讲，孔子认为追求仁道的人最重要的是要让内心纯粹，他称许颜回以激励其他的众弟子。

孔子说：仁，是心灵的全部涵养。人出生的时候，心性就浑然一体，归于仁道，没有仁和心的分别。但一旦心灵为私欲所迷惑，内心的情志就会违背仁道，与仁分裂，实际上并不存在是否持久的问题。我有一个叫颜回的学生，平时克制内心的功夫一刻也不间断，以至于连续三个月都可以这样，纯然依从天理，没有丝毫的人身之欲，心灵与仁道常常达到一致，差不多可以时时做到这样了。其他的学生，也不是不修炼仁道，但是往往是达到仁道又放弃，偶尔明道之后，又被个人欲望所遮蔽。有的只是一天当中做到仁道，结果第二天就浑然忘记了。有的是连续一个月天天都能够做到仁道，但是再往下就坚持不住了，又成为物欲嗜好的奴隶。他们只是偶尔会感悟到仁道，但要做到三个月那么久，就很罕见了。

大概仁道极其精微，不能心怀一丝杂念，不能容忍丝毫马虎。所以，纯然无暇而愈求完美，那就是圣人心仁一致的状态；一日之间无时无刻心仁一体，那是君子诚心怀仁的样子；连续三个月不能够容忍一点点差误，那就是贤士持之以恒的为仁之心。追求仁道的人，也需要注重事务的持久性和可操作性。砥砺前进而又能够循序渐进，以至连这各种外在名誉也弃置了，甚至连那种产生思想冲突后的不愉快感也没有了。这样的就可以全力修仁，心外无物了。

【评析】

圣人对于仁的要求过于纯粹,这种定位实在太高了。所以就一般人而言,偶尔触发一点感悟,操劳一些善事,距离仁的标准还相差太远。我们因此或许可以牵出仁与心、仁与善的关系等一系列问题进行探讨,想必会非常"哲学"。这里的仁与心虽然是不分的,但这种心仁又不是纯然的善,而是仁自身所设定的追求,也即讲心、讲善,不过仁不是心,亦不是善。这与后世过于强调心性(主体性或精神性)有很大的区别,以心为仁,并不完全符合仁的定义和要求。

纯然的仁,一定是"从心所欲,不逾矩"([为政第二·四]),顺心自然、与世无违,达到自由无我而乐在其中的境地。

【标签】

颜渊;仁;违仁

【原文】

季康子问:"仲由可使从政也与?"子曰:"由也果,于从政乎何有?"

曰:"赐也可使从政也与?"曰:"赐也达,于从政乎何有?"

曰:"求也可使从政也与?"曰:"求也艺,于从政乎何有?"

【解义】

此一章书,见人才有各当之用,国家不可无器使①之道也。

季康子问于孔子曰:夫子之门人若仲由者,可使为大夫而从政也与?

孔子答曰:从政必须果断之人,方能决大疑,定大计。由也资性②刚决,遇事能断,使之从政,有振作③而无废弛④矣,何难之有?

康子又问曰:如端木赐者,可使为大夫而从政也与?

孔子答曰:从政必须通达之人,方能审事几⑤,晓物理。赐也,知识高明,料事多中,使之从政,有变通而无执滞⑥矣,何难之有?

康子又问曰:如冉求者,可使为大夫而从政也与?

孔子答曰:从政必须多才多艺之人,方能理繁治剧⑦,区处⑧周详。求也,长于政事,才堪肆应⑨,使之从政,有余裕而无竭蹶⑩矣,何难之有?

盖三子之才，分之可以各奏⑪一能，合之即以共成至理⑫。国家量能授职，辨材定官，有知人善任之明，自有明作有功⑬之效。孔子此言，实万世用人之良法也。

【注释】

①器使：量材使用。
②资性：资质，天性。
③振作：奋发。
④废弛：废弃懈怠，谓应施行而未施行。
⑤事几：事情的苗头、征兆。
⑥执滞：执着，固执，拘泥。
⑦理繁治剧：同"剚（shí）繁治剧"，裁处繁杂的政务。
⑧区处：处理，筹划安排。
⑨肆应：各方响应，引申指善于应付各种事情。
⑩竭蹶：亦作"竭匮"，颠仆倾跌，行步匆遽的样子。
⑪奏：呈现。
⑫至理：最完善最美好的政治。
⑬明作有功：《尚书·洛诰》："伻向即有僚，明作有功，惇大成裕，汝永有辞。"（您要使官员们团结友善，劝勉他们建功立业，优厚地对待宗族，这样您就会永远获得美誉了。）明，通"孟"，勉励。

【译文】

这一章是说，各种人才都有其恰当的用处，国家选人用人要量材使用。

季康子问孔子：夫子门下的子路，能够让他担任大夫的职位来从事政治吗？

孔子回答说：从政需要果决明断的人，这样才能决断大的疑难问题，确定根本性的策略。子路天性刚强果决，遇到事情能果断处理，让他来从政，定会奋发有为而无丝毫懈怠，这有什么难的呢？

季康子又问：子贡呢？

孔子回答说：从政需要聪慧通达的人，这样才能明察秋毫，洞悉事理。子贡见多识广，料事如神，让他来从政，定会通权达变而不会拘执顽固，这有什么难的呢？

季康子再问：那么冉求呢？

孔子回答说：从政需要多才多艺的人，这样才能多方应对，并处理周到得当。冉求擅长行政，做事八面玲珑，让他来从政，定如闲庭信步而不会手忙脚乱，这有什么难的呢？

大概这三位贤良的才能，分开来说是各擅专长，合到一起，就足以达成完美的政治。国家如果能够根据其才识能力来授予职位，做到知人善任，就能够帮助他们建功立业。孔子的这番话，实则选人用人的万世之法。

【评析】

孔子在这里所谈的是三个爱徒的才干，然而期冀的却是为政者选人用人的品格——"于从政乎何有"这样的话说了三遍，把个人才能与政事本身看得轻而易举，几乎不值一提；而越是贬抑个人才干的成分，就越凸显对为政者选人用人的品格要求。

选人用人其实也是为政者的一面镜子，他们选择了什么样的人，也充分说明他们自身的政治品格。

【标签】

人才；为政；季康子；子路（仲由）；子贡（端木赐）；冉有（冉求）

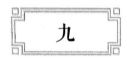

【原文】

季氏使闵子骞为费宰。闵子骞曰："善为我辞焉！如有复我者，则吾必在汶上矣。"

【解义】

此一章书，见闵子出处①之守甚正、公私之辨甚严也。

闵子骞是孔子弟子，名损，字子骞。

季氏为鲁大夫，专执国政。费②乃季氏私邑③，据以抗鲁。孔子为司寇④时，常欲堕之者⑤。

一日，季氏使人召闵子为宰⑥，其意无非欲收人望⑦。然闵子是圣门德行之贤，岂肯私附权臣之党？对使者曰：（大夫虽欲用我，然荣禄非我所愿，汝其为我从容委曲⑧，达我不仕之心，而止其用我之意。若再来召我，则我必出境而避于汶水之上矣，岂能强⑨我出仕乎？）

盖辞之之意虽婉，而绝之之意甚决，非德行素优、审于进退者不能也。

他如仲由、冉求辈未能早见豫决⑩，遂致失身⑪于权臣。独闵子守正不阿⑫，卓然自立⑬。观其辞宰数语，真足明大义于千古矣。

【注释】

①出处：指出仕及退隐。
②费：同"鄪"，音bì，今山东费县。季氏封邑，也是闵子骞故里。
③私邑：封邑，私人的领地。
④司寇：中国古代司法官吏名称。寇，古同"宼"。可详参本书［雍也第六·五］"时孔子为鲁司寇"词条注释。
⑤常欲堕之者：指史上"隳三都"事件。春秋时期，鲁国政在三桓（鲁桓公之后的公族季孙氏、叔孙氏、孟孙氏），他们仰仗其封邑"三都"（季孙氏的费邑、孟孙氏的郕邑、叔孙氏的郈邑）而成为国君无法撼动的政治力量。而且其城墙都超出周制，超过百雉（雉，古代计算城墙面积的单位，长三丈高一丈为一雉）。鲁定公十二年（前498），孔子为鲁国的大司寇兼摄相事，派子路毁坏三都城墙。堕，通"隳"（huī），毁坏。
⑥宰：主管，主持。此指费地的行政长官。
⑦人望：声望。
⑧从容委曲：适当地表达。刘熙载《艺概·文概》："文章从容委曲而意独至。"
⑨强：强求。
⑩豫决：预作判断并下决定。
⑪失身：失去操守。
⑫守正不阿：处理事情公平正直，不屈从他人。
⑬卓然自立：卓然独立。与众不同，非同一般。卓然，卓越，突出。

【译文】

这一章，展现了闵子骞对待出仕问题能够坚持原则，对于公私问题能够泾渭分明。

闵子骞是孔子的弟子，姓闵名损，字子骞。

季氏是鲁国大夫，执掌国政实权。费地是季氏的私人领地，季氏以之作为大本营，对鲁国形成政治威慑。孔子当时担任鲁国的大司寇，他一直想着要毁掉费地的城墙（以打击季氏的政治力量，还政于国君）。

有一天，季氏派人征召闵子骞为费地的行政长官，其本意不过是利用闵子骞孝贤天下的名望来收买人心。然而闵子骞是孔子门下品德高达的贤士，怎么愿意私下与权臣结党营私？于是他对使者说：虽然季大人想任用我，但是我个人淡泊名利，所以还是请你替我婉言告知，表达我不想当官的意思，并让他放弃用我的想法。如果不尊重我的意愿再来征召我，那我一定会逃离出境，躲到远远的汶水以北去，那样就没办法强迫我了吧？

虽然推辞的话语比较委婉，但是拒绝的意思十分坚决，如不是一贯德行优秀、明智取舍的人就不能做到。其他像子路、冉有等人正是因为没有及早把这件事看清楚，所以导致寄附于权贵，陷身于政治斗争。只有闵子骞能够做到坚守原则，不屈从权贵而坚强独立。审视他拒绝出仕任职的寥寥数语，那真的算阐明千古大义了。

【评析】

闵子骞以至孝著名，《解义》把季氏请闵子骞出仕，解释为假借其声名；而闵子骞拒不合作，虽是婉拒，但矢志不渝，大义凛然。这大概是中国历史上最早的"非暴力不合作"的典型吧。

笔者原来一直对孔子所频频论说的"邦有道，邦无道"十分疑惑，以其本具入世精神，却讲出世的道理，着实说不通。然至此却豁然开朗：所谓"邦有道，谷。邦无道，谷，耻也。"（[宪问第十四·一]）、"君子哉蘧伯玉！邦有道，则仕；邦无道，则可卷而怀之。"（[卫灵公第十五·七]）谷，就是出仕，拿薪资俸禄。在乱世出仕效力，就与狼为伍、助纣为虐，既无益于道德，也无益于社会。所以，宁以其有所不为而以为大道，才是仁者之举、君子风范。

【标签】

为政；季氏；闵子骞；有所不为

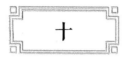

【原文】

伯牛有疾，子问之，自牖执其手，曰："亡之，命矣夫！斯人也而有斯疾也！斯人也而有斯疾也！"

【解义】

此一章书，是孔子深惜德行之人，而致叹于天命也。

冉伯牛名耕，孔子弟子。昔伯牛有疾，孔子往问之。

伯牛乃自北牖下迁于南牖，使孔子得南面视己。盖以尊君之礼尊师也。①

孔子不敢当，故不入其室，但自牖中执其手而叹曰：疾势至此，殆将不起矣！然此乃天之所命，一定不易②，非人之故也。凡人平日检身③，或有不谨以至灾咎，此人所自取，不可委之于命。今以如此之贤人，而乃有如此之疾病也，岂非莫之致而至者④耶？

孔子重言⑤而深惜之如此，可见圣贤平日守身慎疾，时时儆惕⑥，务求尽其在我。所谓"居易俟命"⑦，"修身立命"⑧，其道不越乎此也。

【注释】

①伯牛自北牖下迁于南牖，……盖以尊君之礼尊师也：古时候，生病之人应该卧在房间的北侧，如果国君去看望，就应移到南侧，以便国君以君主之位面南而视。这是冉伯牛以接待国君的礼节来对待孔子。

②不易：无法改变。

③检身：检点自身。

④莫之致而至者：《孟子·万章上》："莫之为而为者，天也；莫之致而至者，命也。（没有努力却得到了，这就是天意；没有主动招致却来了，这就是命数。）

⑤重言：重复言说。

⑥儆惕：戒惧。儆，音 jǐng。

⑦"居易俟命"：《礼记·中庸》："君子素其位而行，不愿乎其外。素富贵，行乎富贵；素贫贱，行乎贫贱；素夷狄，行乎夷狄；素患难，行乎患难；君子无入而不自得焉。在上位不陵下，在下位不援上，正己而不求于人则无怨。上不怨天，下不尤人。故君子居易以俟命，小人行险以徼幸。"（讲求中庸之道的君子，安心地处于平素的位置上，做自己应该做的事情，不羡慕本分以外的名利。本来富贵，就做富贵者该做的事；本来贫贱，就做贫贱者该做的事；本就是"夷狄"，那就按照"夷狄"的习惯来做事；本来多灾多难，就心怀忧患做事。这样的话，君子无论处于何种境地，都可以自得其乐。君子居于上位，则不会欺凌居于下位的人；居于下位，也不会巴结居于上位的人。端正自己的行为而不苛求别人，这样就不会满腹抱怨。对上不抱怨老天，对下不苛责别人。所以君子讲求中庸之道，安分守己，居于平坦安全之地，静待天命的来临；而小人却背离中庸之道，肆无忌惮，铤而走险，以期获得非分之物。）

⑧"修身立命":语出《孟子·尽心上》:"尽其心者,知其性也。知其性,则知天矣。存其心,养其性,所以事天也。夭寿不贰,修身以俟之,所以立命也。"(把自己的本心发挥到极致,就能体察到自己的本性。能体察到自己的本性,就能体察到天道了。保护好自己的本心,以涵养本性,这就是对待天道的方法。无论寿命长短,都一心一意,修身以待天道,这就是安身立命的方法。)

【译文】

这一章讲的是,孔子为注重德行但遭遇不幸的人深感惋惜,叹息天命难测。

冉伯牛,姓冉名耕,是孔子的弟子。当时他在病中,孔子前去探望他。

伯牛于是就从平时卧病的北窗下搬到南窗下,以便于孔子面向南方来看他。大概这是以对待君主的礼节来对待自己的老师。

孔子不敢当此大礼,所以就没有进到房间里,而是在窗口将伯牛的手紧紧握住,感叹说:病情竟然到了这种地步,恐怕是起不来了!但这是天命,无法改变,也不是人为因素造成的。一般一个人平时都会注意检点自身,如果有所不到而招致灾病,这是自己造成的,不能把它归结为命数。但是现在,如此贤良之人,竟然也会遭遇这么严重的病患,这不就是不去招致却依然来临的命数吗?

孔子重复说"斯人也而有斯疾也!",如此深切惋惜,也可看得出,圣贤们平时是多么守身自律,慎防生病,时时刻刻保持戒惧,务求以自我修为来把握命运。《中庸》中所说的"居易俟命"(居于平坦无危险之地,静待天命的到来),《孟子》中所说的"修身立命"(修养身心,以使精神有所寄托),都是同样的道理啊。

【评析】

冉伯牛是孔子德行科的弟子,位列颜回、闵子骞之后。(参[先进第十一·三])由此可见孔子对他德行的肯定以及由其重疾引发的对天命的感慨。

德行的最高旨归当然是顺乎上天,正所谓"皇天无亲,惟德是辅"(《尚书·蔡仲之命》)。诸如此类的命题,在《国语》《老子》中也被郑重推出,可知这是中国文化传统的基础性的、共性的认识,也是中国传统价值观念的底色,即以天道伦常为最高价值原则而不轻易背离。

然而事实上,冉伯牛的遭遇让夫子非常之疑惑,因此我们可以从中看到他不仅是出于对爱徒的性命之忧，更是对自己道德体系的反思和质问。然而儒家并未就此停滞，陷于矛盾，不可自拔，而是在天命中努力寻找能动的因素，来使人道与天道相契合，因为其本身诉诸努力的意识就是不囿于天命而被动地"听天由命"，或可谓天命即存在求道之途中。

求则得之，舍则失之，是求有益于得也，求在我者也。求之有道，得之有命，是求无益于得也，求在外者也。（《孟子·尽心上》）

所以，在天命面前，人还是要依靠自己。回归到人情人性自身来发掘可与天命相一致之处。

仁者如射。射者正己而后发，发而不中，不怨胜己者，反求诸己而已矣。（《孟子·公孙丑上》）

行有不得者，皆反求诸己，其身正而天下归之。（《孟子·离娄上》）

只要自己努力，所得不论如何，终归是属于自己最大的收获。一个人的德行也终归是其生命最基本的底色。

因此，真正的儒者不会抱怨。诚如《中庸》所云："上不怨天，下不尤人，故君子居易以俟命。"《庄子·人间世》中也说，"知其不可奈何而安之若命，德之至也"。做好了自己的人无须抱怨，因为结果并不取决于个人意志，甚至不受制于已知的既定的因素。而安然接受努力之后的结果，才是顺天应命的大智慧。

此正乃所谓"尽人事以听天命"（语出李汝珍《镜花缘》）也。

【标签】

冉伯牛；命；居易俟命；修身立命

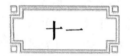

【原文】

子曰:"贤哉,回也!一箪食,一瓢饮,在陋巷,人不堪其忧,回也不改其乐。贤哉,回也!"

【解义】

此一章书,是孔子赞颜回造道①之深,不以境遇累②其心也。

孔子曰:吾人学道工夫③纯熟,实有所得,如颜回者,方是有道之贤人。如何见之?凡人见道未深,动为外物所移故。人情每莫难于处贫,回也不过一箪之食、一瓢之饮,所居在陋巷之中,其贫困如此。使他人处之有不胜其忧愁者,回也心中自有乐处,不以贫困而少④改其乐。盖回克去己私,无非天理,举一切外至之物毫不足以累其本体⑤。是何等涵养,何等造诣!贤哉,回真有道之人也!

《易》曰:"乐天知命,故不忧。"⑥困而能亨⑦,穷居不损⑧,"颜氏之子,其庶几乎"⑨!

【注释】

①造道:穷究事理并躬行实践,以提高品德修养。

②累:音 léi,拖累,干扰。

③工夫:亦称"功夫",儒学对修治学问所用精力、时间、方法及其结果等的一个概括性的概念。

④少:稍微。

⑤克去己私,无非天理,举一切外至之物毫不足以累其本体:《宋元学案》:"其(朱熹)言有曰'克己复礼为仁',言能克去己私,复乎天理,则此心之体无不在,而此心之用无不行也。"本体,本真,指最根本的、内在的、本质的定位。

⑥乐天知命,故不忧:《周易·系辞上》:"《易》与天地准,故能弥纶天地之道。仰以观于天文,俯以察于地理,是故知幽明之故;原始反终,故知死生之说;精气为物,游魂为变,是故知鬼神之情状。与天地相似,故不违;知周乎万物,而道济天下,故不过;旁行而不流,乐天知命,故不忧;安土敦乎仁,故能爱。范围天地之化而不过,曲成万物而不遗,通

乎昼夜之道而知。故神无方而《易》无体。"(《周易》的易理准则于天地，所以能包括统贯天地间一切的道理。上则观察天上日月星辰的文采，下则观察大地山河动植的理则，所以知道昼夜光明幽晦的道理；追原万事万物的始终，故知死生终始循环的道理；精神气质合则构成万物，灵魂是生命的泉源，它是随着生老病死而变化的，由是我们可以探知鬼神的情态。《周易》与天地之道相似，故不违背自然规律之奥秘；能周知万物的情态，而其道义足以匡济天下，故能合理致用而不过分；能遍行天下而未有流弊，通易道者能乐行天道之所当然，知天命之造化，故无忧。安于所处之境，而敦行仁道，故能泛爱天下。能包容天地一切的变化，而不会有过失；能委曲成全万物，而不会有遗漏；能通明于昼夜、阴阳的道理，而尽知其道。所以神的奥妙难测，不是单纯以某种固定的方法便可推求的；易理的变动不居，也不是局限于一个卦体来呈现。)

⑦困而能亨：《周易·困》象辞："困而不失其所，亨，其唯君子乎？"（遭遇困境但不失其本心，仍然不愧不怍，只有君子才能这样吧！）

⑧穷居不损：《孟子·尽心上》："广土众民，君子欲之，所乐不存焉；中天下而立，定四海之民，君子乐之，所性不存焉。君子所性，虽大行不加焉，虽穷居不损焉，分定故也。君子所性，仁义礼智根于心，其生色也睟然，见于面，盎于背，施于四体，四体不言而喻。"（广阔的土地，众多的人民，是君子想得到的，但他的快乐不在这方面；站立在天下的中央，安定普天下的百姓，君子对此感到快乐，但他的本性不在这方面。君子的本性，即使他的理想完全实现了，也不会因此而有所增加，即使窘困隐居，也不会因此而有所减少，这是由于本分已经确定的缘故。君子的本性，仁义礼智植根在心中，它们产生的气色是纯正和润的，显现在脸上，充满在体内，延伸到四肢。四肢虽然不会言语，但别人一看其形态就可以感知到了。）

⑨"颜氏之子，其庶几乎"：《周易·系辞下》：子曰："知几其神乎！君子上交不谄，下交不渎，其知几乎？几者，动之微，吉之先见者也。君子见几而作，不俟终日。《易》曰：'介于石，不终日，贞吉。'介如石焉，宁用终日？断可识矣。君子知微知彰，知柔知刚，万夫之望。"子曰："颜氏之子，其殆庶几乎？有不善未尝不知，知之未尝复行也。《易》曰：'不远复，无祗悔，元吉。'"（孔子说：能预先晓得几微的事理，则将达到神妙的境界了吧？可说是神妙的人物了吧？君子对上绝不谄媚阿谀，对下绝不傲慢，坚定立场，不至于受到危害的牵连，可说是位知道神机妙算的人了吧？几，是事情微妙的征兆，能先见到征兆之人定然掌握主动而大吉大利。

君子能根据微弱的征兆进行判断,所以能够把握时机的来临而兴起而有所行动,不必等待以后。《周易》豫卦六二爻辞上说:"被坚硬的石头所阻隔,不必等到整天才离开,要想到当下脱离此境,这是贞固而吉利的。"像被硬石所阻隔,应当机立断离开,何待终日?君子晓得事理的微妙,也知道事理的彰显,知道柔弱的一面,也晓得刚强的一面,能通达而应变自如,就是万众所景仰的人物了。孔子赞赏弟子颜回说:颜家的这个子弟,要算知几通达的君子了吧!对于自己的过失,没有自己不知道的,一经反省发觉以后,就立即改正,从此不再犯了。《周易》复卦初九爻辞上说:"迷途了,走到不远的地方,即时回头猛省,便不至于有太大的悔吝,经此警觉,则有大吉。")

庶几:差不多。此指颜回差不多就是仁者了,对其算是较高的评价。后人也因之称"庶几"为贤者或可以成才的人。

【译文】

这一章讲的是,孔子赞叹颜回悟道修德层次之高,其心灵已经不受外物干扰了。

孔子说:我们当中,能够修习悟道,达到工夫纯熟,切实有所得,像颜回那样的,才称得上得道的贤士。何以此论?一个人如果悟道不到位,是很容易受到外物干扰的。按照人情常理,一个人很难在贫困中自立,而这个颜回呢,过着非常清贫的生活,饭食不过一箪,饮水不过一瓢,一直生活在破巷子中。他就是如此贫困。这在别人看来恐怕早已经忧愁死了,而他却身处贫困而自得其乐。大概是因为他已经彻底清除了内心的私欲,而所见所行无不是天道真理,什么尘世纷扰都不足以使他动心。这是怎样的涵养,怎样的修为啊!真是贤良啊,颜回真是个得道之人!

《周易·系辞上》说:"乐天知命,故不忧。"(乐于天道而晓达命数,所以无可忧虑。)处于困境而能安然,居于陋室而能坚定,所以《周易·系辞上》又说:"颜氏之子,其庶几乎!"(这个颜家的子弟,真的是知几通达的君子了吧!)

【评析】

一般将此章作为成语"安贫乐道"的原典出处。当然,它也可能是断章取义的最著名案例——将贫与道直接挂钩,乃至对等。这自然是很大的误解,却也可能因为投合了人的某种天性,而易于被其不假思索地接受。其实,对孔子来说,"安贫乐道"是针对颜回这名高足而言的,其强调大道能够赋予人的是真正而持久的快乐，因而不能将道与贫穷简单对等。本来只不过将颜回所处的贫穷状态当作一种映衬，却不想被人们过分强调，喧宾夺主了。

明人冯梦龙对此作细究道：

> 与夫子"乐在其中"同，不是乐贫，亦非乐道。此亦自人看他见得乐，颜子不自知乐……无言不悦，欲罢不能，颜子平日之乐，不过如此。故了凡谓此章，夫子实取颜子之精进，非称其安贫。❶

贫穷不能等同于道，而道也不能等同于乐。冯梦龙借袁了凡的观点，认为颜回之乐在学，在精进。明儒王艮深谙学习之乐，作《乐学歌》云：

> 人心本自乐，自将私欲缚。
> 私欲一萌时，良知还自觉。
> 一觉便消除，人心依旧乐。
> 乐是乐此学，学是学此乐。
> 不乐不是学，不学不是乐。
> 乐便然后学，学便然后乐。
> 乐是学，学是乐。
> 于乎，
> 天下之乐，何如此学，
> 天下之学，何如此乐。

学以为道，但道体周流故应为学不已，以勤奋砥砺之我应对运转无穷之道，这一动态互动的过程才成为惜身爱命的乐事。

至此可知，孔子对颜回的欣赏，只不过借"安贫"和"乐道"之事来表现自己对好学行为的推举而已。

【标签】

颜回；箪食瓢饮；安贫乐道；忧；乐；乐天知命；知几其神

---

❶ 〔明〕冯梦龙：《四书指月》，《冯梦龙全集》第 21 册，李际宁、李晓明校点，江苏古籍出版社 1993 年版，第 76 页。

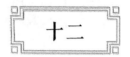

【原文】

冉求曰:"非不说子之道,力不足也。"子曰:"力不足者,中道而废。今女画。"

【解义】

此一章书,是孔子勉学者以自强之功也。

冉求见孔子曰:夫子之道高矣,美矣。自受教以来,非不中心①欣慕②求至于道,但气禀③昏弱,力不足以从心,故不能至耳。

孔子教之曰:女所谓力不足者,曾④用其力以求前,至于中道,欲进不能?譬如负重行远之人,行至中途,气匱力竭,不得已而废,方谓之力不足。今女自安于怠惰⑤,不加懋勉⑥,如画地自限者然,乃力能进而心有所不欲,非心欲进而力有所不及也。女奈何自弃也哉?

可见圣人之道只在日用常行,尽人可以用力。诚能真知笃好,自然日新月异,欲罢不能,岂患力有不足哉?

董子曰:"事在勉强而已……勉强行道,则德日起而大有功。"⑦薛瑄曰:"为学不在多言,顾力行何如耳。"⑧然则求道者其亦可以知所务矣!

【注释】

①中心:衷心。
②欣慕:欣羡,爱慕。
③气禀:亦称"禀气",指人生来对气的禀受,从某种程度上决定了人与人后天的差别。详参本书[为政第二·九]同名词条注释。
④曾:音 zēng,岂,难道。
⑤怠惰:懒惰,不勤奋。
⑥懋勉:勉励。懋,音 mào,劝勉。
⑦董子曰:"……则德日起而大有功":董子,即董仲舒。语出董仲舒《举贤良对策》(见于《汉书·董仲舒传》):"自非大亡道之世者,天尽欲扶持而全安之,事在强勉而已矣。强勉学问,则闻见博而知益明;强勉行道,则德日起而大有功:此皆可使还至而有效者也。《诗》曰'夙夜匪解',《书》云'茂哉茂哉',皆强勉之谓也。"(如果不是非常无道的世代,天总

是想扶持和保全君主，事情在于君主是否发奋努力罢了。发奋努力于学问，就会博闻广见，才智就会更加聪明；奋发努力于行道，德行就会逐日提高，而承销费人。这些都是可以很快做到，并马上见效的。《诗经》上说"从早到晚，不敢懈怠"，《尚书》说"努力呀，努力呀"，都是要尽力而为的意思。）《解义》引文与原文稍异。

⑧薛瑄曰："……顾力行何如耳"：薛瑄《读书录》卷二载，申公曰："为治不在多言，顾力行何如耳。"余谓："为学不在多言，亦顾力行何如耳。"申公语见《汉书·儒林传·申传》。薛瑄（1389—1464），字德温，号敬轩。河津人。明代著名思想家、理学家、文学家，河东学派的创始人，世称"薛河东"。隆庆五年（1571），从祀孔庙。清人视薛学为朱学传宗，称之为"明初理学之冠""开明代道学之基"。著作集有《薛文清公全集》四十六卷。

【译文】

这一章讲的是，孔子勉励学习的人要自强不息。

冉求拜见孔子的时候说：夫子的道可谓峻极于天，至善至美。自从跟随您学习以来，我由衷地欣美爱慕您的学说，并向往修成正道，可惜我天生愚昧虚弱，实在是力不从心，所以不能达于正道。

孔子教导他说：你所说的力量不足，难道是真的用力探求，到了中间的时候，想继续进步却做不到？例如一个负重远行的人，走到一半路程的时候，筋疲力尽，不得不半途而废，这样才算是力有不足。现在你不过是本性懒惰且自甘堕落，毫不勤勉自新，这就是像画地自限的人那样，是那种有力前进但内心却不想去做的类型，而不是心有余而力不足。你为什么要这样自暴自弃呢？

由此可见，圣人的道，不过是在伦常日用之中，人人都可以用力做到的。只要能够真切理解并坚持用功，自然能够达到日新月异的进步，想停都停不下来，哪里还用担心力量不够？

董仲舒说：凡事都是要靠勤勉努力而已，只要足够用心，就自然会使品德逐日进步而终究成就大功。薛瑄也说：求学问道不在于多说，而是要看是否用心去做。这样的话，求学问道的人就应该知道自己该怎么做了吧！

【评析】

这与上一章颜回的表现恰恰相反：颜回无意于世俗，而诚心于夫子之道；冉求沉陷于世俗名利，而甘心放弃夫子之道。潜心于道，未必获得俗世的功名福惠，但心境是开阔的，精神是自由的；罔顾于道，则心心念念于世俗，自然无力于问道。尽管夫子向冉求敞开了大门，但冉求在现实的干扰下转向了另一条道路。虽然事实上证明，他在某种程度上也是非常成功的——为季氏尽心经营，积累了大量财富，但并不受孔子认可。孔子强烈地批评他："季氏富于周公，而求也为之聚敛而附益之。子曰：'非吾徒也。小子鸣鼓而攻之可也。'"（[先进第十一·十七]）

如果再拿同样积累了个人财富的子贡和拒绝为季氏出力的闵子骞进行比较，就不难明白，冉有对孔子所说的，并非只是有心无力那么简单。对于这一章，明人冯梦龙阐释得尤为细致而深入：

"悦""画"二字，正相反。"画"者不"悦"，"悦"者必不"画"。只求浮慕，非真悦。其曰"子之道"，便以道属之夫子，不向自身体认，宜无欲罢不能之趣。"中道而废"，是姑就求所谓"力不足者"而解之，非谓世上果有此等人也。人只有志不足者，无"力不足者"。且待废时，说力不足也未迟。如何不曾上路，预定我没力气了，岂真没气力哉？要得夫子励其进意，勿直用贬词。❶

从冉求实际的行为选择来看，他对于孔子所要求做到的事情，并非无力，而是无心，因为他与孔子的政见不合，而且分歧很大。[季氏第十六·一]"季氏将伐颛臾"一章中有充分的体现（可详参该章评析）。

其实，也许孔子与冉有都明白对方说话的更深一层的涵义，但是彼此既不点破，又不退让。故夫子仍然苦口婆心，语重心长；而实际上冉有无动于衷，仍旧坚持己见，继续投身于季氏的造富事业——仿照夫子的句式，就是"求财得财"去了。

【标签】

冉求；画地自限

---

❶ [明]冯梦龙：《四书指月》，《冯梦龙全集》第21册，李际宁、李晓明校点，江苏古籍出版社1993年版，第76-77页。

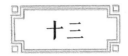

十三

【原文】

子谓子夏曰:"女为君子儒!无为小人儒!"

【解义】

此一章书,是孔子教人以真儒之学也。

孔子谓子夏①曰:今之学者皆谓之"儒",然所以为儒之实不同,不可以不辨也。有所谓"君子儒"者,其用心专在为己,不求人知。凡理有未明,行有未修,无不切实讲求,绝无干名求誉②之心。此"君子儒"也。有所谓"小人儒"者,其用心专在骛名③,不肯务实。若知得一理,行得一事,便欲沽取声誉,绝无近里著己④之意。此"小人儒"也。吾愿女学为君子之儒,无学为小人之儒,庶几⑤心术正、人品端,可日进于成德⑥矣。"

夫此君子、小人之分,在一人为学术之辨,在天下即为世道之关。诚用君子儒,以实心行实事,则天下咸被⑦其泽;倘用小人儒,以伪学窃虚名,则天下胥⑧受其患。用人者,亦何可不审其微而慎其选也哉?

【注释】

①子夏:卜商,字子夏,孔门十哲之一,擅长文学。其生平详见本书[先进第十一·三]"子夏"词条注释。

②干名求誉:沽名钓誉,用不正当的手段谋取名誉。干,求。

③骛名:追求声誉。骛,音wù,求。

④近里著己:意指深入剖析,使靠近最里层。形容探求透彻,深入精微。宋儒常用语。《二程全书·遗书十一》(程颢):"学只要鞭辟近里,著己而已。故'切问而近思',则'仁在其中矣'。"(做学问要深入剖析,切中要害,提高自己就可以了。所以切问近思,就能够体会到仁了。)里,衣服的内层。著己,音zhuó jǐ,贴身。

⑤庶几:希望。

⑥成德:盛德,高尚的品德。

⑦被:古同"披",覆盖。

⑧胥:音xū,都,皆。

【译文】

这一章讲的是，孔子教导人们真心诚意地体知儒学。

孔子对子夏说：现在凡是学习的人都称作"儒"，但其内质却大不相同，所以不能不加以分辨。其中有的是"君子儒"，他们专心于提高自己，而不贪图为人所知。只要是还有不明白的道理，还不到位的行为，无不脚踏实地研习，毫无追名逐利之心。这就是"君子儒"。当然，还有"小人儒"，他们一门心思追求虚名，不肯务实。如果知道了一条道理，做了一点实事，马上就想沽名钓誉，而不会更近一步探知事理以提升自己的认识。这就是"小人儒"。我希望你通过学习成为求学为己、进无止境的君子儒，不要成为求学为人、半途而废的小人儒，这样就有望使心术正直，人品端庄，逐日进步，乃至于成为道德高尚的君子了。

这里对君子儒、小人儒的区分，对于一个人来说可辨明学术，对于全天下来说则关乎世道。如果能够任用君子儒，让他们真心实意地来做求真务实的事，那么全天下都会受惠；而如果不幸任用了小人儒，任凭他们以伪学术来欺世盗名，那么全天下的人也都会深受其害。用人之治政君王，又怎能不谨严审慎地对待选人用人的事务呢？

【评析】

这里把小人儒界定为读书人，仍有接续上章来谈学与人之关系的意思。如果说儒学对人的成长界定为"学而为人"，那么冉求之画地自限（被动），与小人儒之半途而废（主动），都还没有完成修学进德的实质性任务，甚至对为学之道造成很大的干扰。因此，孔子专门拿出来告诫子夏。

《解义》习惯性地把为学的事情也说成为政的事情，以便用来劝说治政者，希望他们以此为鉴，从而在选人用人时仔细考虑。此举虽然有些牵强，但也的确深富实际意义——毕竟，国家选人用人的定位与标准，也往往决定了士人辛苦奔忙的方向，这也自然与为学之种种密切关联在一起。

【标签】

子夏；君子儒；小人儒；知；德

雍也第六

【原文】

子游为武城宰。子曰："女得人焉尔❶乎？"曰："有澹台灭明①者，行不由径，非公事，未尝至于偃之室也。"

【解义】

此一章书，是见圣贤取人之法也。

昔子游为武城邑宰，孔子问曰：为政之道以人才为先，武城一邑之中，岂无道高德重表见于时②者？女亦曾得其人，以之维人心而正风俗否乎？

子游对曰：人才不可多得。有澹台灭明者，其存心制行③，正大光明④。即如寻常行路，必由正途，而不由邪曲⑤之小径。岁时⑥进见，必因公事，公事之外，未尝轻至邑宰之室。以此二事观之，动必以正⑦，无见小欲速⑧之心，守必甚严，无枉己徇人⑨之事。如斯人者，岂不可以表式⑩多士⑪乎？

由此推之，用人之法，立心必取其至正，正则可以杜⑫巧利⑬之门，而邪士无所容矣；行事必取其大公⑭，公则可以塞奔竞⑮之路，而宵人⑯不能进矣。虽以之宰天下，道岂外是乎？

【注释】

①澹台灭明（前512—?）：复姓澹（tán）台，名灭明，字子羽，东周时期鲁国武城（今属山东临沂市平邑县）人。孔门七十二贤之一，小孔子三十九岁。《史记·仲尼弟子列传》为之作小传云："（澹台灭明）状貌甚恶。欲事孔子，孔子以为材薄。既已受业，退而修行，行不由径，非公事不见卿大夫。南游至江，从弟子三百人，设取予去就，名施乎诸侯。孔子闻之，曰：'吾以言取人，失之宰予；以貌取人，失之子羽。'"

②表见于时：扬名一时。表见，显现，显扬。

③存心制行：心存善念，并克制言行。《了凡四训·谦德之效》："须使我存心制行，毫不得罪于天地鬼神，而虚心屈己，使天地鬼神时时怜我，方有受福之基。彼气盈者，必非远器，纵发亦无受用。稍有识见之士，必

---

❶ 杨伯峻《论语译注》依唐《石经》、宋《石经》及皇侃《义疏》本作"耳"。《解义》依通行本，作"尔"。

不忍自狭其量，而自拒其福也。况谦则受教有地而取善无穷，尤修业者所必不可少者也。"（只要我心存善念，克制言行，丝毫不得罪天地鬼神，而且谦虚内敛，毫不放纵，使得天地鬼神时时同情怜悯我，才有接受上天福报的根基。那些盛气凌人者，一定没有远见卓识，就算能够一时发达，也不会长久地享受福报。稍有见识的人，一定不愿画地自限，从而拒绝可以得到的福报。何况只有胸怀谦虚，心中才有空间接受教诲，从而受益无穷。这是进德修业的人所必不可少的。）

④正大光明：胸怀正大坦荡，言行光明磊落。朱熹《答吕伯恭书》："大抵圣贤之心，正大光明，洞然四达。"

⑤邪曲：不正。

⑥岁时：每年一定的季节或时间。

⑦动必以正：以正直立身行动。

⑧见小欲速：追求小利而急于求成。[子路第十三·十七]：子夏为莒父宰，问政。子曰："无欲速，无见小利。欲速，则不达；见小利，则大事不成。"

⑨枉己徇人：委屈自己去曲从他人。徇人，依从他人，曲从他人。

⑩表式：表率，楷模。此用作动词，成为……的表率。

⑪多士：古指众多的贤士，也指百官。《诗经·大雅·文王》："济济多士，文王以宁。"

⑫杜：堵塞。

⑬巧利：即利巧，贪婪利益而诡诈机巧。《礼记·表记》："其民之敝，利而巧，文而不惭，贼而蔽。"（这样的流弊是，百姓变得钻营逐利，投机取巧，善于文辞而无羞愧之心，互相残害而愚昧不明。）

⑭大公：极其公正。

⑮奔竞：谓为名利而奔走争竞。

⑯宵人：小人，坏人。

【译文】

这一章讲的是，展现圣人选取人才的方法。

当时子游担任武城的行政长官，孔子问他说：为政之道，首要的便是人才问题。武城这个地方，不会没有德高望重的显扬出来。你也曾经见到过这样的人，用他来维持人心，端正风俗吗？

子游回答说：人才难得，可遇不可求。有一个叫澹台灭明的人，他存心良善而克制言行，心胸正大而行为坦荡。就拿走路来比喻——如果走一般的路，一般都是走正道，而不走歪门邪道。每次在一定的时间内会见，也是因公到访，除此之外，很少到我的官署。就这两件事来看，他能够正直立身行动，不贪图小利和急于求成，对个人的品德守护得很好，也不做委屈己意而屈从别人的事情。如果显扬这样的人，不是可以给众多的士子大夫们以良好的楷模吗？

由此推论，选人用人的途径，首先是要立心公正，公正就能够堵塞贪婪诡诈的门径，这样邪曲奸佞者就无处容身了；行为做事也要极其公正，公正就可以堵住为名利奔竞之路，而使小人无法插足。其实，即便是主宰天下，也不过是用这个办法。

【评析】

师徒二人的对话，一上来就切中为政之要——人才；子游也不含糊，对老师的问题早就有了非常成熟的答案。与其说子游在谈对澹台灭明这个人的评价和任用，不如说他在谈论其在孔子影响下的人才主张。而人才本有极多标准，却只谈及"行不由径"一条，切中肯綮，要言不烦。

费孝通曾揭示中国社会是乡土性的，而乡土社会本质上是熟人社会，人际交往从熟悉中获得信任❶，从而形成"面对面社群"（face to face group）❷。因而就人才鉴定和选拔来说，应该警惕这种传统的社交文化对为政所造成的影响。在选择澹台灭明这一点上，子游所使用的并非学历、能力之类的常规人才标准，也不是私交关系或个人私德，而是依据"行不由径"这样一种日常行为。这个角度非常单一，却正好避免了熟人社会中外在因素对选人用人过程乃至标准的干扰，可谓别出心裁，独具慧眼。

仔细品味这一番恰切的对话景象，虽然所见不过一问一答、只言片语，师徒间对话如此简明，没有一句废话，却又达到如此默契，一唱一和，如出一辙，而师道之高妙，治道之精严尽在其中，念之令人不禁拍案叫绝。

【标签】

子游（言偃）；澹台灭明；行不由径；为政；人才

---

❶ 费孝通：《乡土本色》，载《乡土中国》（修订本），刘豪兴编，上海人民出版社2013年版，第6—11页。

❷ 费孝通：《文字下乡》，载《乡土中国》（修订本），刘豪兴编，上海人民出版社2013年版，第14页。

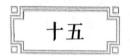

【原文】

子曰:"孟之反不伐,奔而殿,将入门,策其马,曰:'非敢后也,马不进也。'"

【解义】

此一章书,是孔子称①鲁大夫有功不伐②,以风世③也。

孟之反名侧,鲁大夫。鲁哀公十一年,齐帅师伐鲁北鄙④,鲁师及齐师战于郊。鲁师奔⑤,孟之反后入为殿⑥。抽矢策⑦其马曰,非敢后也,马不进也。其事如此。

孔子特称扬之曰:凡人有功,多易于夸伐。若孟之反,可谓不伐其功者也。凡战败而还,以居后为功。孟之反当我师奔北⑧,独居军后以为殿,却⑨敌以全众,可谓有功矣。乃于将入国门之时,正众人属目⑩之地,鞭策其马而言曰:非我敢于居后也,乃马不能前进也。非惟不自有其功,而且自揜⑪其功。其不伐也,如此。

盖之反之意以为,不能立功于战阵,而反论绩于败奔,深可羞愧,故托言马不前以揜之,可谓贤大夫矣。凡宇宙内事,皆吾分内事。⑫彼自矜⑬自炫⑭者,皆斗筲之器⑮也。故孔子特称之反,以为天下后世法。

【注释】

①称:称赞。

②伐:夸耀。

③风世:讽喻世人。风同"讽",讽喻。

④北鄙:北部边境。鄙,边邑。

⑤奔:逃跑。

⑥殿:殿后,压阵。

⑦策:鞭打。

⑧奔北:败逃。

⑨却:击退。

⑩属目:瞩目。属同"瞩"。

⑪揜:同"掩",掩盖。

⑫凡宇宙内事，皆吾分内事：陆九渊《年谱》："宇宙内事乃己分内事，己分内事乃宇宙内事。"陆九渊为宋明两代"心学"的开山之祖，主张"心（我）即理"说。"四方上下曰宇，往古来今曰宙。宇宙便是吾心，吾心即是宇宙。千万世之前，有圣人出焉，同此心同此理也。千万世之后，有圣人出焉，同此心同此理也。东南西北还有圣人出焉，同此心同此理也。"（《陆九渊全集·杂说》）

⑬自矜：自夸，自负。

⑭自衒：亦作"自眩"，炫耀自己，自我吹嘘。

⑮斗筲之器：气量狭小的人。筲，音 shāo，仅容一斗二升的竹器。

【译文】

这一章说的是，鲁国大夫孟之反有功劳也不自夸，孔子通过夸赞他来讽喻世人。

孟之反，姓孟，名侧，字之反，鲁国的大夫。鲁哀公十一年（前484），齐国军队攻打鲁国北部边境，鲁、齐两国军队在城郊交战。鲁军战败奔逃回城内，孟之反负责殿后，最后进城。他抽出箭杆鞭打自己的坐骑说，实在是不想挡在最后面，只是因为这笨马死活不肯往前走。这件事情就是这样。

孔子却特别称赞他说：凡当一个人立了功，往往容易夸耀自负。但是像孟之反这样的，应该说是不算夸口邀功的了。战败回来，往往是殿后的人算得上是有功的。在我们鲁军奔逃的时候，只有孟之反在大军后面压阵，击退敌人来保全众人，可谓立了战功。在进入国门的时候，他在大家众目睽睽之下，鞭打自己的坐骑说：不是我主动挡在后面，是马不往前跑的缘故。不但不贪功自傲，反而主动掩盖功绩。他就是如此不自夸其功。

大概孟之反的意思是，不能在战场上杀敌立功，而只是在败逃中称功，实在是有愧，所以托辞是坐骑不往前跑，以此来掩盖自己的功劳。能够这样做，真可谓贤士大夫了。其实，（君子应该以天地为心，树立"大我"观念，"宇宙便是吾心，吾心即是宇宙"。因此，）宇宙之中（应该做）的事情，也就是我自己应该做的事。而那些有点功绩就吹嘘炫耀的人，都不过是宵小之人，无足轻重。所以孔子故意称赞孟之反，借以为天下后世设立判别人格的标准。

【评析】

实际上，尽管孟之反如此"低调"，也仍然被人指为造作。而孔子也未必真相信这件事。其实，在这种情况下，事实是怎样的并不重要，重要的是讨论逃离浮名的约束。如果一个人只是在名与非名之间左右犹疑、前后挣扎，恐怕再也无力做好自己的事情了。所以，一个人应该以天地间的道义为己任，只是做好该做的，没有什么功绩，更不需要什么名声。那些都是负累，只能使人辛苦，却不能让人释怀。《解义》化用象山先生（陆九渊）的话，把君子人格与天地道义关联在一起，认为它是解锁浮名、定格君子的关键。

【标签】

道义；人格；名声；孟之反；陆九渊

【原文】

子曰："不有祝鮀之佞，而有宋朝之美，难乎免于今之世矣。"

【解义】

此一章书，是孔子叹好谀悦色之非也。

祝鮀①是卫大夫治宗庙②者，有口才。朝是宋公子③，有美色。此二人盖春秋时最著者。

孔子叹之曰：方今人心不古，不好直而好谀，不好德而好色。必佞口④如祝鮀，美色如宋朝，方能取悦于世，不为人所憎疾；若不有祝鮀之佞口，与宋朝之美色，则无以投俗之好，难免于今世之憎疾矣。

孔子盖伤之深也。

夫世教⑤明，则人知善之可好而不好谀，知德之可悦而不悦色。《书》云："何畏乎巧言令色。"⑥盖佞口，蛇蝎也；美色，鸩毒也。人主防之不早，去之不速，一为所惑，为害不小。孔子对哀公问政曰"去谗远色"⑦，答颜渊问为邦曰"放郑声，远佞人"⑧，其为后世诫至深远也。

【注释】

①祝鮀：字子鱼，春秋时期卫国大夫，以善于辞令、谙熟历史典章制度著闻。前506年，祝鮀随卫灵公参加周王室大臣刘文公在皋鼬（今河南汝州南）举行的会盟。晋国以蔡祖蔡叔年长于卫祖康叔为由，欲列蔡于卫

之前，他以周初分封以德不以长据理以争，指出康叔有德而先被封，蔡叔叛乱曾被削国，又说晋文公所主践土之盟，也列卫于蔡前，晋乃从之。（详见《左传·定公四年》）鮀，音 tuó。

②治宗庙：主管宗庙，负责国家祭祀事务。[宪问第十四·十九]："仲叔圉治宾客，祝鮀治宗庙，王孙贾治军旅。"

③宋公子：宋，即宋国（前1114—前286），周朝的一个诸侯国，国都商丘（今河南商丘）。周初被周天子封为公爵，国君子姓宋氏。公子，《仪礼·丧服》："诸侯之子称公子……公子之子称公孙。"

④佞口：善辩，巧言谄媚。

⑤世教：当世的正统思想、正统礼教。

⑥"何畏乎巧言令色"：何必畏惧巧言令色、油嘴滑舌的人。出自《尚书·皋陶谟》："知人则哲，能官人……何畏乎巧言令色孔壬？"可详参本书[学而第一·三]"知人则哲"词条注释。

⑦"去谗远色"：《礼记·中庸》：哀公问政。子曰："文武之政，布在方策。其人存，则其政举；其人亡，则其政息……去谗远色，贱货而贵德，所以劝贤也……"（鲁哀公问孔子如何治理好政事。孔子说："周文王、武王的政令，都写在木板竹简上。有贤臣，政令就会得到贯彻施行，没有贤臣，政令就形同虚设……摒弃谗言，远离美色，轻视财物，重视德行，这是勉励贤人的方法……"）

⑧答颜渊问为邦曰"放郑声，远佞人"：[卫灵公第十五·十一]：颜渊问为邦。子曰："行夏之时，乘殷之辂，服周之冕，乐则《韶》《舞》。放郑声，远佞人。郑声淫，佞人殆。"（颜渊问治理邦国之道。孔子说："推行夏代利农之法，乘殷代质朴之车，戴周代华美之冕，赏《韶》《舞》美善之乐。同时要弃绝郑国音乐，疏远奸佞之人。因郑国音乐淫荡放纵，而奸佞之人祸国殃民。"）

【译文】

这一章讲的是，孔子感慨喜好阿谀奉承、贪婪美色的世道之非。

祝鮀是卫国主管宗庙祭祀的大夫，善于言辞。朝是宋国的公子，天生美色。这两个人算得上是春秋时代在这两方面最有名的人了。

孔子慨叹说：现在人心不古，不喜好直诚而乐于谄媚，不喜好美德而偏好美色。一定像祝鮀那样能言善辩，宋朝那样巧姿生色，才能使人悦纳，而不被人所排斥。否则，如果不能投机取巧，就很难为世所容。

孔子恐怕是为此大伤脑筋而愤愤不平。

如果世道正统明朗可行，那么人们就会认同真诚为善而不是虚夸伪作，也就会认同修为美德慎于喜好美色。《尚书·皋陶谟》中说："何畏乎巧言令色。"（能做好分内之事，知人善任并爱民如子，还怕什么巧言令色的小人。）大概巧言谄媚，就像蛇蝎一样婉曲而有害；美色，就像鸩酒一样美味但有剧毒。君主如果不及早提防，尽力去除，一旦被其所蛊惑，定然产生很大祸害。孔子针对鲁哀公问到的为政问题，告诫他要拒绝谗言远离美色，回答颜渊关于治理邦国的问题时，提示他要禁绝郑国音乐，疏远奸佞之人，他对后人所谆谆告诫的，极富深远的意义。

【评析】

如果深究儒学的哲学根源，则其为本体主义，化为世用，则是血缘法则、宗族效应。这是敬鬼神而远之、慎终追远的结果，即相信神性但不仰赖天神关照，而是寄托于人性提升。既然根植于人性，则当并不排斥审美与超越。也就是说，于眼前世界，不探究其终极，而安然于自我；于生命生活，不纠缠其本质，而欣然其存有和成长。所以，借此而言的儒学，本质上并不排斥外在美貌和修辞。

子曰："已矣乎！吾未见好德如好色者也。"（[子罕第九·十八]）

子曰："质胜文则野，文胜质则史。文质彬彬，然后君子。"（[雍也第六·十八]）

仲尼曰："《志》有之：'言以足志，文以足言。'不言，谁知其志？言之无文，行而不远。"（《左传·襄公二十五年》）

美色与美文，可以赋予道理以具有超越性特质的审美价值，符合人的本性和儒家的修养。只要运用恰切，就可以起到扶正人心、助人为善的正向作用。用美言美色编织假象欺骗他人，纯粹牟利的行为，不符合儒家的义利观，往往背信弃义，罔顾正道，不仅粗鄙，而且可恶，以致破坏社会公信并不断滋生恶果。

【标签】

祝鮀；宋朝；佞；美；巧言令色

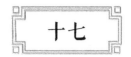

十七

【原文】

子曰:"谁能出不由户?何莫由斯道也?"

【解义】

此一章书,是孔子醒人由道也。

孔子曰:"道之在人,如君臣、父子、昆弟①、夫妇、朋友,以至一作止、一语默之间,莫不各有当然之道。在所必由,无时可忽,无地可离,若必出由户②者然。试问③人谁能出不由户,何故不肯由斯道也?

此怪④而叹之之辞,欲人知道之必当行,而亦以见道之本不难行也。

【注释】

①昆弟:同"昆仲",指兄和弟。

②户:古字"户"形像一扇门的形状,本义指单扇的门,由本义引申为房屋的出入口。

③试问:试着提出问题,试探性地问。这种问法,貌似比较谦虚,对问题不够确定,但实际上有着比较明确的答案。

④怪:责怪。

【译文】

这一章讲的是,孔子提醒人们要依从大道而行。

孔子说:道在人身上的运行,就是君臣、父子、兄弟、夫妻、朋友这些伦常关系,乃至于一动一静、一语一默之间,无不符合其所应遵循的道。这是必须遵循的,无时无刻可以忽略,无地无处可以离开,就像一定要经由房门外出一样。请问哪个人能不从门口出来呢?为什么偏偏不走伦常日用之道呢?

这是一番"哀其不幸,怒其不争"的感慨,希望人们不仅认识到必须依道而行,而且要明白,这条路其实并不难走。

【评析】

夫子的意思是说,一个人本可以光明正大地从正门出去,又何必翻墙跳窗呢？如果不从正门出去，你只是身体出去了，但内心最终无法获得那种从正门出去的坦荡和从容。

斯道何谓？中庸之道也。中庸之道体现在伦常日用之上、言语行动之中。回到中道，即是回到可大可久的价值世界的中心，从容获得一份合情合理的价值认定。因此无论从事什么、经历什么，都会因此拥有最为广阔的心灵空间，从而安定从容、自由自在。

【标签】

中道（中庸之道）；出不由户

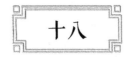

十八

【原文】

子曰："质胜文则野，文胜质则史。文质彬彬，然后君子。"

【解义】

此一章书，是孔子欲人去文、质之偏胜①，以进于成德②也。

孔子曰：人之一身，内有忠信、诚悫③之本然者为质，外有威仪④、文词之灿然者为文。质以生文，文与质称，相为表里，不可偏胜。若专尚质实胜过乎文，则径遂⑤鄙陋，与野人相似；若专尚文采胜过乎质，则粉饰华美，与掌文书之史⑥相似。是岂君子之所贵乎？必也内有其质，外有其文，无或⑦有余，无或⑦不足，彬彬然适相匀称，然后为成德之君子矣。

此孔子为人之治身⑧而言。由此推之，凡人心风俗、礼乐教化，皆行以实意而济⑨之以文，斯上下通行，万世无弊也已。

【注释】

①偏胜：谓一方超越另一方，失去平衡。
②成德：盛德，高尚的品德。
③诚悫：诚朴，真诚。悫，音què，诚实，谨慎。
④威仪：庄重的仪容举止。
⑤径遂：直捷。
⑥掌文书之史：像那种徒务虚文的祝史一样，多听闻因袭的惯例，而事实上又有不足之处。朱熹《四书章句集注》："史，掌文书，多闻习事，而诚

或不足也。"程树德《论语集释》引"四书驳异"说:"史乃祝史之史,知其文而不知其文之实,《郊特牲》所谓'失其义,陈其数,祝史之事也'。"

⑦无或:没有或者……情形。

⑧治身:修身。

⑨济:有益,有助成事。

【译文】

这一章讲的是,孔子希望人们对文华、质实进行平衡,从而达到高尚之德。

孔子说:一个人身上,内在有忠信和真诚的天生素质,外观有威仪和辞藻的绚烂文华。由质实而生文华,文华更能衬托质实,两者相为表里,不能失衡。如果只注重内在质实而忽略外观文华,就会直接造成粗鄙简陋,像一个毫不开化的野人一样;如果只注重外观文华而忽略内在质实,就会像因循雕琢的史官一样。这哪里是君子所注重的呢?一定是内怀质实而外观华美,没有或有余或不足之情形,两者配合匀称得当,然后才能成为完美道德的君子。

这是孔子针对人们的修身所说的。由此推延开去,凡是人心风俗、礼乐教化等事务,都既要据其本质踏实开展,同时也要兼具文华以便宣传,这样就可以从上到下都行之有效,经用万世也不会有弊病。

【评析】

《解义》点明本章的要义,但似乎还不够透彻。所谓"文质彬彬",乃言明中庸之道的一个切面,即在形式和本质之间达到有效的平衡和互动,才能够优美和谐地发展。因此可以说,中庸之道乃动态平衡之道,蕴含生机之道。

一个君子如此,一个社会也是如此。稳固的文化传统或政治机制(所谓"文"),是对朴质的元素(所谓"质")不断进行驯化的结果,从而形成形式固定、运转快速而相对高效的社会机器;但如果过于形式化和固化,缺乏本质、内在的力量以激发其活力,增加其动力,社会就会固化乃至僵化,本来有效的社会组织形式,反而束缚了社会的发展。《周易·系辞上》云:"一阴一阳之谓道,继之者善也,成之者性也。"阴、阳或可对位文、质,有"继"有"成",乃能"彬彬"者也。

【标签】

文质彬彬；中庸；君子；一阴一阳之谓道

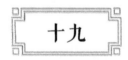

【原文】

子曰："人之生也直，罔之生也幸而免。"

【解义】

此一章书，是孔子深儆①人之不直也。

孔子曰：天理本直，而人得此理以生者也。故人之生于天也，实理自然，初无委曲②。凡是是非非、善善恶恶，推而至于应事③接物④之间，无不有大中至正⑤之理。无所矫强⑥，无所造作，所谓直也。夫人之所以生者，皆此直理，则人当顺此理以生于天地之间，乃为无愧。若使不直而罔⑦，存心⑧虚伪，行事邪曲，则生理⑨既灭，而犹然生于世间者，不过侥幸而得免于死耳，岂尚可以为人哉？

可见人性皆善，能率其性⑩，即所以"全其生"⑪，"践形"⑫，"尽性"⑬。圣贤修身立命之道，不外是也。

【注释】

①儆：音 jǐng，使人警醒，不犯过错。

②委曲：情意委曲。

③应事：处理世务，应付人事。

④接物：接触外物；交往，交际。

⑤大中至正：极为中正（之道），博大、居于核心而至真至正（的学问）。可详参本书［为政第二·四］同名词条注释。

⑥矫强：矫情。

⑦罔：诬罔，罔屈，不正直。

⑧存心：保持心中先天固有善性。儒家以之为重要的自我修养方法。语出《孟子·尽心上》："存其心，养其性，所以事天也。"可详参本书［学而第一·三］同名词条注释。

⑨生理：生存的道理。

⑩率其性：遵循人的自然禀赋。《礼记·中庸》："天命之谓性，率性之谓道，修道之谓教。"（天然赋予人的秉性叫作"性"，遵循本性自然规律而发展的行动叫作"道"，把道加以修明并推广于民众叫作"教"。）

⑪"全其生"：保全自然赋予人的天性。生，通"性"。《庄子·养生主》："吾生也有涯，而知也无涯。以有涯随无涯，殆已！已而为知者，殆而已矣！为善无近名，为恶无近刑。缘督以为经，可以保身，可以全生，可以养亲，可以尽年。"（我们人的生命是有限的，而思虑是无限的。用有限的生命去追求无限的思虑，那就很危险了！业已危险而仍汲汲于思虑，那就更加危险了啊！做了世人所谓的善事却不贪图名声，做了世人所谓的恶事却不至于面对刑戮的屈辱。把顺应自然的中虚之道作为养生的常法，可以保全自然天性，可以修身养性、不辱双亲，可以享尽天年。）

⑫"践形"：践人之形，在人身上体现天赋品质。《孟子·尽心上》："形色，天性也；惟圣人然后可以践形。"（形体容貌是天生的，只有成了圣人才能以完美的品德充实于天赋美好的形体之中。）清焦循《孟子正义》："圣人尽人之性，正所以践人之形。苟拂人性之善，则以人之形入于禽兽矣，不践形矣。"

⑬"尽性"：一谓尽其性。《礼记·中庸》："唯天下至诚，为能尽其性；能尽其性，则能尽人之性；能尽人之性，则能尽物之性；能尽物之性，则可以赞天地之化育；可以赞天地之化育，则可以与天地参矣。"（只有天下最为真诚的圣人，才能充分发挥自己的本性。能发挥自己的本性，就能发挥万物的本性；能发挥万物的本性，就能充分调动一切人的本性；能够调动一切人的本性，就可以协助天地造化养育万物；可以协助天地造化养育万物，则至诚的功效就可以与天地并列为三了。）或谓尽心知性。《孟子·尽心上》："尽其心者，知其性也。知其性，则知天矣。"（把自己本有的善心充分发挥，就能体察到自己的本性。能体察到自己的本性，也就体察到天道了。）

【译文】

这一章讲的是，孔子深刻警示不遵循直道的人。

孔子说：天理本是直道，人也是因遵循这个道理而生存。所以人所能因天而生，实在是自然而然，本就不需要委曲求全。那些是非善恶的事情，以至待人接物，无不符合博大而正统的道理。不矫情，不造作，就是"直"了。人之所以能够生存，就是依靠这个"直"的道理，只有顺从此理以生存于天地之间，才能无愧此生。假若不遵循直道，而内心虚伪，做事不正，就会自毁生存之道。而如果仍然还能于世间生存,那真的算是侥幸免死了,怎么还能称得上一个完整的人呢?

由此可见,人的本性都是完善的,能够遵循天赋本性,也就能做到《庄子》中所谓的"全生(性)"、《孟子》中所谓的"践形"和《中庸》里所谓的"尽性"。圣贤修身立命的道理,都在这里了。

【评析】

这里所谓的"直",辞典的解释是"内心所具有的道德意识"❶,而德的古文就是"悳",是所谓"直心为德"(《六书精蕴》)。直德的修为,依照我们今天流行语的说法,就是"成为你自己"。当然,这个"自己",不是单纯的、任性的、我行我素的"自我",而是依存于天性中的自我,是主体与客体相统一、尊重和实现本体价值自觉的自我。

人本于直德,成于中德。直是依从天地之道而行,中是行于天地之道而成。《礼记·中庸》:"君子之道:本诸身,征诸庶民,考诸三王而不缪,建诸天地而不悖,质诸鬼神而无疑,百世以俟圣人而不惑。质诸鬼神而无疑,知天也;百世以俟圣人而不惑,知人也。是故君子动而世为天下道,行而世为天下法,言而世为天下则。"(可详参本书[为政第二·十四]"告天地,质鬼神"词条引文。)直,就是指人的本体价值,这种价值没有预设,以自身为价值,所以有很高的自由度,又须有很高的自律度,因此它赋予人真正的生命价值,故有本章"人之生也直"之谓。

一个"直"字道出人生对本体价值的追求,其实际上也是儒学人生价值理论的重要支撑。为此,《论语》中亦反复讨论直道,把它当作人格评价的一项基本标准。

【标签】

直;直心为德

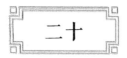

【原文】

子曰:"知之者不如好之者,好之者不如乐之者。"

---

❶ 《中国哲学大辞典》,上海辞书出版社2014年版,第77页。

【解义】

此一章书，是孔子鼓舞学者以进境①也。

孔子曰：理道②固有浅深，造诣亦有渐次。人之于道，明于心而知向往③者，知也；体于心而知爱慕者，好也；融于心而知会通者，乐也。彼不知者无论，已若知为不易之理④，未能寻绎⑤讨论，道犹不与我相属⑥。好则爱慕之诚，操持之力，不使物欲之蔽⑦偶间⑧于中。以视知者，则有间矣，故知不如好。然好固胜于知，只是黾勉⑨进修，未能实有诸己⑩，道犹不与我浃⑪。乐则融会于中，充然⑫自得，天地万物之理⑬皆具⑭于身。以视好者，又有间矣，故好不如乐。

学者诚能驯致其功⑮，而又深造不已，学问岂易量⑯哉？

【注释】

①进境：提升境界。

②理道：寻理问道。

③向往：事理逻辑，来龙去脉。

④不易之理：指天地自然不可改变的根本规律。

⑤寻绎：反复探索，推求。

⑥相属：相接连，相关。

⑦物欲之蔽：《朱子语类》卷五十五载，李仲实问："注云：'惟尧舜为能无物欲之蔽，而充其性。'人盖有恬于嗜欲而不能充其性者，何故？"曰："不蔽于彼，则蔽于此；不蔽于此，则蔽于彼，毕竟须有蔽处。物欲亦有多少般。如白日，须是云遮，方不见；若无云，岂应不见耶！此等处，紧要在'性'字上，今且合思量如何是性？在我为何物？反求吾心，有蔽无蔽？能充不能充？不必论尧如何，舜又如何，如此方是读书。"

⑧间：音jiàn，隔开，不连接。

⑨黾勉：勉强。

⑩实有诸己：先要求自己做到要做的事情。《礼记·大学》："君子有诸己而后求诸人，无诸己而后非诸人。"（君子要求自己具有品德后再要求他人，自己先不做坏事，然后再要求他人不做。）《孟子·尽心下》："可欲之谓善，有诸己之谓信，充实之谓美，充实而有光辉之谓大，大而化之之谓圣，圣而不可知之之谓神。"（值得追求的叫作善，自己有善叫作信，善充盈全身叫作美，充盈并且能发出光辉叫作大，光大并且能使天下人感化叫作圣，圣又高深莫测叫作神。）

⑪浃：音 jiā，相通，通达，理解。
⑫充然：满足的样子。
⑬天地万物之理：《庄子·知北游》："天地有大美而不言，四时有明法而不议，万物有成理而不说。圣人者，原天地之美而达万物之理，是故至人无为，大圣不作，观于天地之谓也。"（天地具有负载万物的美德而不需赞美，四时运行具有显明的规律但却无须评议，万物的变化具有定规却用不着说明。所谓的圣人，就是探求天地之美而通晓万物生长的道理，所以，至人顺应万物自然，大圣也不会妄动，这是说效法天地无为之道。）
⑭具：有，存在。
⑮驯致其功：逐渐达到这种功效。驯致，亦作"驯至"，指逐渐达到。《周易·坤》：《象》曰："'履霜坚冰'，阴始凝也；驯致其道，至坚冰也。"（《象传》说："'踩着微霜即将迎来寒冬和坚冰'，从时间上说，这说明已经到阴气开始凝结的时节，顺从其中的规律看待事物，那么，结成坚冰的时候也就自然到来。"）
⑯量：称量。

【译文】

这一章讲的是，孔子鼓励学习者不断进阶从而提升境界。

孔子说：寻理问道本就有深有浅，修为造诣也有渐进的层次。一个人面对道，心里明了而且知道其来龙去脉，这就是"知"；有心得体会并爱好贪慕更多的知识，这就是"好"；能够融会贯通，这就是"乐"了。那些什么都不知道的姑且不论，但如果已经知道是不可改变之道理，但还不能反复推求讨论，恐怕这道理还不能与我有效连通（我还未能通达，亦且未能实践）。好，就是发自内心的喜好，而且会尽力实践，一刻也不受尘嚣外物、私心杂念的影响。从这个角度来看，普通的"知"，容易受到外物的影响，所以知之不如好之。虽然好之明显胜过知之，但不过是勉强有所进步，还未能真切地从自身出发，道和我还未能融合为一。乐之，就会将身心融会于所知，欣然自得，天地万物之理都存在于我身。以"乐之"来看"好之"，那么"好之"也显有所隔阂。所以，"好之不如乐之"。

学习者如果真的能够日积月累，渐入佳境，而又精益求精，进无止境，学问自然会不可限量了。

【评析】

"知"有两端，一者为我，一者为物；粗知则物我两隔，好知则物我相交，乐知则物我相融。乐知本于直德而成于中德。《论语》上下两章相连同理，可以互释，而可以借此通达"天人合一"之道。

《解义》化用道家（《庄子》）的认识论来解儒家的认识论，也是很有意思的事情。概两者虽表现悬殊，但在"天人合一"之理上却有着高度的一致性，故仍可互为借用，并行不悖。

【标签】

知之；好之；乐之；天人合一

【原文】

子曰："中人以上，可以语上也；中人以下，不可以语上也。"

【解义】

此一章书，是言因材施教之意也。

孔子曰：凡人资质有高下，学问有浅深，教人者当观其力量①如何，不可以概施也。若是中等以上之人，禀资②既异，学力已深，自可超乘③而上，一经指示便能领会。则言者适当其可，而听者不苦其难，故可以语上④也。若中等以下之人，禀质既庸，学力未粹，尚须积累之功，遽语精微，卒难解悟。则言者徒觉其劳，而听者未悉其奥，故不可以语上也。

然上、下岂有定哉？奋志⑤图功⑥，下学亦可以上达；因循⑦玩忽⑧，中人亦等于下愚。总在人之自励何如耳。学者其勉诸！

【注释】

①力量：功力，基础条件。
②禀资：禀姿，天赋的资质。
③超乘：跳跃上车，喻勇猛敏捷。
④语上：告之高深的学问。
⑤奋志：奋发的心志。
⑥图功：图谋建立功业。
⑦因循：拖延。
⑧玩忽：不严肃认真对待。

【译文】

这一章的大意是要因材施教。

孔子说：人的资质有高有低，学问有深有浅，教导者要看施教对象本身的基础条件如何，不能用同一标准来对待。如果是中等基础以上的施教对象，天赋异禀，学力深厚，本就可以奋发上进，一点就透。这样对他指导，只需要点到为止，听讲的人也不会勉为其难，所以可以告诉他高深的学问。如果是中等基础以下的施教对象，资质平平，学力有限，还需要逐日积累，如果现在一下子就告诉他精微的道理，他恐怕很难理解。这样即便教导者讲得口干舌燥，听讲者恐怕也很难真正领会其中真义，所以是不能告诉他超出其接受能力的学问。

但是，学习者学识和学力的基础并不是学习的绝对条件。如果他能够立志求学而奋发图强，即便是下等学力也仍然可以领会高深的道理；而如果他拖沓潦草，不够虚心认真，即便是中等资质，恐怕也跟下等条件的人相差无几。学习者要警悟此理以自勉！

【评析】

这一章的本义应该是告诫老师的话，而且似乎有些蔑视资质一般的学习者的倾向，因此容易引发一些"教育公平"或者"故作玄妙"之类的评价与争议。而《解义》则翻转了夫子的话，注重从学习者的角度来解析，使之理解起来更加容易，也更加使人警醒：即便资质一般，但是只要奋发求进，也自然可以参悟上等的学问；如果本身资质很好，但不虚心求进，那么也就是令人鄙弃的下等学者了。人与人之间本就有地位、财富，乃至智力的个体差异，然而是否有志于学、用心于学，可以让不同的人回到同一起跑线上，经过学习重新形成差距，而且这种差距恐怕更甚于地位和财富的差异。

人的一生所能达到的高度，应是由学习的态度所决定的。从这个角度来玩味夫子的话，自然能感受到其中勉人自新的厚意与深情，它的确值得每一个人警悟和自勉。

【标签】

中人；言辞；学；愚

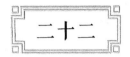

【原文】

樊迟问知。子曰:"务民之义,敬鬼神而远之,可谓知矣。"
问仁。曰:"仁者先难而后获,可谓仁矣。"

【解义】

此一章书,是言"知""仁"之实理①也。

樊迟问知于孔子,孔子曰:是非之心,"知"也。见理既明,则是非不惑。盖人生日用自有常行之则,如伦理所当尽,职分所当为者,勉力是务;至于鬼神,诚敬以事②,略无③谄渎④之心,则祸福不足以撄⑤其胸矣。可不谓之知乎?

又问仁。

孔子曰:心无私欲,"仁"也。存心⑥既公,则私欲不眩⑦。盖为人之道,本有自然之理,如身心之所属、性分之所关者,不辞其难;至于后效,俟⑧其自至,绝无觊觎⑨之念,则功利不足以撼其中矣。可不谓之仁乎?

总之,知者敏于见事而心不淆⑩,仁者纯以居心⑪而事不扰。仁、知虽有殊名,而其理则一而已。

【注释】

①实理:真实的道理。
②事:侍奉。
③略无:全无,毫无。
④谄渎:谄媚尊长而侮慢下人。《周易·系辞下》:"君子上交不谄,下交不渎。"高亨注:"谄,甘言媚人曰谄。渎借为嬻,轻侮人曰嬻。"嬻,音 dú,亵渎,轻慢,对人不尊敬。
⑤撄:扰乱,纠缠。
⑥存心:保持心中先天固有善性。儒家以之为重要的自我修养方法。语出《孟子·尽心上》:"存其心,养其性,所以事天也。"可详参本书[学而第一·三]同名词条注释。
⑦眩:迷惑,迷乱。
⑧俟:音 sì,等待。

⑨觊觎：音 jìyú，非分的希望或企图。
⑩敏于见事而心不淆：判断事理清晰而不致心理混乱。敏于见事，即"见事于敏"，明察秋毫，能够机敏地对事物进行判断。不同于"敏于事"。淆，音 xiáo，混乱，混杂。
⑪纯以居心：居于纯心，安于纯净的心理。

【译文】

这一章是谈"智"和"仁"的内在意蕴。

樊迟向孔子请教关于智慧的问题。

孔子说：能够判别是非，这就是"智"了。如果能够明理，当然就会明辨是非。人伦日用都是有常规常识的，比如依照伦理所应该尽的义务，依照职位所应担当的责任，都应该依照常规常识去努力做好；而对于鬼神等玄秘不可知的事情，就要真诚敬畏以对待，没有半点谄媚或亵渎的心思，这样，即便遭遇了福祸得失，都不会对其内心造成扰动。这样能不称得上明智吗？

樊迟又请教仁的问题。

孔子说：没有私心杂念，就是"仁"了。内心公正，就不会受到私心杂念的干扰。为人处世，本就有自然而然的方法和途径，如果事关身心性命的根本，再难也要知难而进；至于能够达到什么效果，结局如何，只要静待结果就可以了，没有丝毫非分之想，这样功名利禄、成败得失，都不会扰动其内心。这样能不称得上仁心吗？

总而言之，智者明察秋毫而心静如水，仁者厚德载物而与世无争。仁和智虽然名字不一样，但是其内蕴却是一样的。

【评析】

智慧和仁心都是选择的结果，也都是态度的见证。智慧不是毫无原则和立场的"小聪明"，因而智慧是更需要"明智"的"大智慧"。仁心不仅出于仁爱，而要归于自然，用心付出，但也要顺承一切结果。所以，既要明于识见，也要敢于选择，无论如何，都要以与天地并行之心来观照一切，这样才能起于斯而终于斯，给生命境界勾画一个圆满的轨迹。

这可以用儒家自身的话来简单概括：

见仁见智（《周易·系辞上》："仁者见之谓之仁，智者见之谓之智"）；
求仁得仁（[述而第七·十五]："求仁而得仁，又何怨"）。

【标签】

樊迟；知（智）；敬鬼神而远之；仁者先难而后获

【原文】

子曰："知者乐水，仁者乐山。知者动，仁者静。知者乐，仁者寿。"

【解义】

此一章书，是累言①以形仁、知之妙也。

孔子曰：天下人品不同，性情亦异。然由内而想其外，俱不相沿②，各有根心之验③。如知者，本心虚明④，毫无窒滞⑤，有似于水，故乐水。仁者本性端凝⑥，不可摇撼，有似于山，故乐山。（此以其性情⑦而言也。）

知者聪明四达⑧，尽事物之灵通⑨，殆⑩极其动。仁者天理自然，无人欲之纷扰，殆极其静。（此以其体段⑪而言也。）

人惟心有拘系，触境多忧；知者志气⑫清明⑬，不为境累，岂不乐乎？人惟嗜欲无节，败度⑭损寿；仁者精神强固，不为物侵，岂不寿乎？（此以其效验⑮而言也。）

仁、知之理，历历可见⑯，如此，人可不务反身修德⑰以自勉乎？

【注释】

①累言：反复言说。

②相沿：递相沿袭。

③根心之验：对其本心的体现。根心，初心，本心。《后汉书·宋弘传论》："夫器博者无近用，道长者其功远，盖志士仁人所为根心者也。"

④本心虚明：本心，天性，天良。虚明，空明，清澈明亮，喻指内心清虚纯洁。

⑤窒滞：阻碍。

⑥端凝：端庄，凝重。

⑦性情：人的禀性和气质。《易·乾》："利贞者，性情也。"孔颖达疏："性者，天生之质，正而不邪；情者，性之欲也。"

⑧聪明四达：《老子》第十章："明白四达，能毋以知乎？"（通过智慧，

来感悟并做到通达。)

⑨灵通：神通，灵性。

⑩殆：大概，几乎，差不多。

⑪体段：本体。《朱子语类》卷六二："'道不可须臾离，可离非道'，是言道之体段如此。"

⑫志气：志向和意气。

⑬清明：清朗明净。

⑭败度：败坏法度。《尚书·太甲中》："予小子不明于德，自厎（zhǐ）不类。欲败度，纵败礼，以速戾于厥躬。"［小子我（太甲）不清楚什么是德，以致走向不善的境地。私欲败坏法度，放纵败坏礼仪，因而自身迅速招致罪责。］

⑮效验：成效，效果。

⑯历历可见：清晰可见。历历，分明，清楚。

⑰反身修德：通过自我反省来修为道德。《周易·蹇》："《大象》曰：山上有水，蹇。君子以反身修德。"（《大象传》说：蹇卦下艮上坎，高山上有水，象征行走艰难。君子因此而自我反省，修好自己的道德。）反身，反省自身，自我检束。

【译文】

这一章是通过反复言说来形容仁和智的奥妙。

孔子说：普天之下，人各有异，人品、性情自不相同。如果由其内在来推敲其与外在事物的联系，也都是各有表里、因果，并都能从其本心处得到验证。比如智者，能够依循本性而做到通达纯净的状态，丝毫不会受到外在影响，就像流水一样，所以他就很喜欢水。又比如仁者，本性端庄凝重，不曾轻易动摇，就像高山一样，所以他就很喜欢山。（这是就其外在性情来说的。）

智者聪明透顶，能够穷尽事物之本性，差不多极尽能动之本事；仁者依天理而顺自然，没有欲望的纠缠扰动，差不多极尽安静之状态。（这是就其自身本体来说的。）

一个人只要心里有所牵绊和拘束，就会触景生情，心生忧虑；而智者却志向坚定而意气清朗，不受环境影响，这怎能不怡然自乐呢？一个人只要贪求欲望而没有节制，就会败坏法度而损毁寿命；仁者精神气力坚强而稳固，不受外物干扰，怎么不长寿百岁呢？（这是就其效验方面来说的。）

仁和智的理路，由此清晰可见，因此可以说，一个人怎么能够勉力于反省自身、修为道德呢?

【评析】

这一章紧承上章,继续谈仁和智(把"知"译为"智",总让人觉得缺少了点什么),渐入化境,更加曼妙。

张居正《四书直解》乃《解义》的蓝本,康熙帝曾予以"义俱精实,无泛设之词"(《清史稿·圣祖本纪》)这样的好评,并希望经筵讲官们引为参考。而《解义》后出转精,在《直解》的基础上,把义理和文字拿捏得更加恰切,可谓青出于蓝,更胜一筹。不过在这一章上,笔者认为《直解》反倒更加平实周到,兹录如下,读者可对比阅读,从中见仁见智:

知者,是明理的人。乐,是喜好。仁者,是全德的人。孔子说:"天下有明智之人,有仁德之人,人品不同,则其性情亦异。大凡知者之所喜好,常在于水,仁者之所喜好,常在于山。盖知者于天下之理见得明白,其圆融活泼,无一些凝滞,就似水之流动一般,此其所以乐水也。仁者于吾心之德养得纯粹,其端凝厚重,不可摇夺,就似山之镇静一般,此其所以乐山也。夫人惟心有拘系,所以多忧。知者既流动不拘,则胸次宽宏,遇事便能摆脱。凡世间可忧之事,皆不足以累之矣!岂不乐乎!人惟嗜欲无节,所以损寿。仁者既安静寡欲,则精神完固,足以养寿命之源。凡伐性丧生之事,皆不足以挠之矣,岂不寿乎?"夫人情莫不欲乐,亦莫不欲寿,而唯有知仁之德者,为能得之,则反身修德之功,人当知所以自勉矣!

【标签】

仁者;智者;仁者乐山,智者乐水;《四书直解》

【原文】

子曰:"齐一变,至于鲁;鲁一变,至于道。"

【解义】

此一章书,是孔子尊王贱霸之意也。

孔子曰:国家求治,必遵先王之道,庶可垂为久大之模①。然废其法而衰替②者,易复更其法,而富强者难变。我周初有天下,封太公于齐,封周公于鲁③，其时政教风俗依然文武之遗继④。而齐尚功利，喜夸诈⑤，太公之治荡然无存矣。若齐之君臣能变功利而为礼教，变夸诈而为信义，则仅可如今日之鲁；鲁虽式微⑥，而纪纲制度不改先王之旧，若能修举废坠⑦，焕然维新⑧，即可一变而如王道之盛也。

二国俱宜更变，而变有难易之不同。如此可见，孔子经纶⑨自有次第，期月而可，三年有成⑩，一变再变之余，治功⑪自臻⑫醇茂⑬。奈二国俱不能用，惜哉！

【注释】

①垂为久大之模：以其可大可久之治垂范后世。模，法式，规范。《说文·木部》："模，法也。"

②衰替：衰败。

③封太公于齐，封周公于鲁：周初封地而建，封姜太公齐国，封周公鲁国。实际上周公并未到封邑履职，而是其长子伯禽代为治理。

④遗继：遗传和继承。

⑤夸诈：虚夸狡诈。

⑥式微：暮色昏暗天要黑了，喻指事物由兴盛走向衰落。《诗经·邶风·式微》："式微式微，胡不归？"式，语气助词，无实意。微，黄昏，天将黑。

⑦修举废坠：修补恢复业已毁废的纲纪制度。范仲淹《奏乞两府兼判》："至岁终，具礼乐有所损益，或废坠有所修举，画一进呈。"

⑧维新：乃能更新。《诗经·大雅·文王》："周虽旧邦，其命维新。"（周虽然是殷商旧邦，但其使命在革故鼎新。）

⑨经纶：整理蚕丝。此喻政治理想、治国方略。

⑩期月而可，三年有成：一年小成，三年大成。[子路第十三·十]：子曰："苟有用我者，期月而已可也，三年有成。"邢昺疏："期月，周月也，谓周一年之十二月也。"

⑪治功：治理国家的政绩。

⑫臻：音zhēn，达到。

⑬醇茂：淳厚丰茂。

【译文】

这一章讲的是，孔子对尊崇王道而蔑视霸道的现状的感慨。

孔子说：国家希望得到有效治理，那就一定要遵循先王的方法，这样才可以使国家繁荣昌盛、万寿无疆，从而垂范后世。然而废弃其法规制度并任其衰落下去后，新的国家就会再度更改其法规制度，这样想达到国家富强是不太可能了。我们周朝初建的时候，分封姜太公治理齐国，周公治理鲁国，当时的政治教化和风俗传统，仍然是文王和武王时的遗存和继承。但是在后代，齐国上下崇尚功利，喜好虚夸狡诈，完全丢弃了姜太公治国的理念。如果齐国君臣能够改变功利态度来从事礼制教化，改变虚夸狡诈的作风而信守道义，就差不多能像今天的鲁国了；鲁国虽然也没落了，但是好在仍然坚持使用先王的纪纲制度，如果能够从中振作起来，焕然一新，就可以一下子成为昌盛的王道之国了。

两个国家都适合进行更新变革，只是其难易程度不同罢了。由此可见，孔子的经世策略自然有步骤，一年可以初具规模，三年就能大有成就，经一两次变革之后，治理国家之功自然会达到淳厚丰茂的境地。奈何两国都不能任用孔子来推行王道仁政，真是可惜啊！

【评析】

一变而齐，一变而鲁；再一变，则理想之国者也。此可见夫子对包括齐鲁在内的春秋各国政治状态的判断和迫切而自信的施政期待。他认为鲁国的政治状态要好于齐国，两国都需要进一步改革升级，既有否定，也有肯定。总而言之，须"一变"再变，而后可也。

实际上，史上就曾围绕齐鲁两国的施政方向及发展走向展开讨论，有诸多不同的观点。

延陵季子游于晋，入其境曰："嘻！暴哉国乎！"

入其都曰："嘻！力屈哉，国乎！"

立其朝曰："嘻！乱哉国乎！"

从者曰："夫子之入境未久也，何其名之不疑也？"

延陵季子曰："然，吾入其境田亩荒秽而不休，杂增崇高，吾是以知其国之暴也。吾入其都，新室恶而故室美，新墙卑而故墙高，吾是以知其民力之屈也。吾立其朝，君能视而不下问，其臣善伐而不上谏，吾是以知其国之乱也。"

齐之所以不如鲁者，太公之贤不如伯禽，伯禽与太公俱受封，而各之国三年，太公来朝，周公问曰："何治之疾也？"对曰："尊贤，先疏后亲，先义后仁也。"此霸者之迹也。周公曰："太公之泽及五世。"五年伯禽来朝，周公问曰："何治之难？"对曰："亲亲者，先内后外，先仁后义也。"此王者之迹也。周公曰:"鲁之泽及十世。"故鲁有王迹者,仁厚也;齐有霸迹者,武政也;齐之所以不如鲁也,太公之贤不如伯禽也。(《说苑·政理》)

吕太公望封于齐,周公旦封于鲁,二君者甚相善也。相谓曰:"何以治国?"太公望曰:"尊贤上功。"周公旦曰:"亲亲上恩。"太公望曰:"鲁自此削矣。"周公旦曰:"鲁虽削,有齐者亦必非吕氏也。"(《吕氏春秋·长见》)

鲁公伯禽之初受封之鲁,三年而后报政周公。周公曰:"何迟也?"伯禽曰:"变其俗,革其礼,丧三年然后除之,故迟。"太公亦封于齐,五月而报政周公。周公曰:"何疾也?"曰:"吾简其君臣礼,从其俗为也。"及后闻伯禽报政迟,乃叹曰:"呜呼,鲁后世其北面事齐矣!夫政不简不易,民不有近;平易近民,民必归之。"(《史记·鲁周公世家》)

昔者,太公望、周公旦受封而见,太公问周公何以治鲁?周公曰:"尊尊亲亲。"太公曰:"鲁从此弱矣。"周公问太公曰:"何以治齐?"太公曰:"举贤赏功。"周公曰:"后世必有劫杀之君矣。"后齐日以大,至于霸,二十四世而田氏代之。鲁日以削,三十四世而亡。(《韩诗外传》卷十)

昔太公望、周公旦受封而相见,太公问周公曰:"何以治鲁?"周公曰:"尊尊亲亲。"太公曰:"鲁从此弱矣!"周公问太公曰:"何以治齐?"太公曰:"举贤而上功。"周公曰:"后世必有劫杀之君!"其后齐日以大,至于霸,二十四世而田氏代之。鲁日以削,至三十二世而亡。(《淮南子·齐术训》)

昔太公始封,周公问:"何以治齐?"太公曰:"举贤而上功。"周公曰:"后世必有篡杀之臣。"其后二十九世为强臣田和所灭,而和自立为齐侯。……周兴,以少昊之虚曲阜封周公子伯禽为鲁侯,以为周公主。其民有圣人之教化,故孔子曰"齐一变至于鲁,鲁一变至于道",言近正也。……周公始封,太公问:"何以治鲁?"周公曰:"尊尊而亲亲。"太公曰:"后世浸弱矣。"故鲁自文公以后,禄去公室,政在大夫,季氏逐昭公,陵夷微弱,三十四世而为楚所灭。(《汉书·地理志第八下》)

一组材料对比下来,真可谓众说纷纭,莫衷一是。《说苑》对齐鲁之政都有所肯定,但显然更推崇鲁政,因为鲁政遵循了王道;《吕氏春秋》对两者都有所否定,认为齐政虽强而易亡,而鲁政虽弱但易存,所以也相对认可鲁政；《史记》则认可齐政的精简，而排斥鲁政的繁缛；余下《韩诗外传》《淮南子》和《汉书》有着相似的故事，甚至文本相差无几，同时也传递着同样的观点——齐鲁政治都有其不足，恰可用"强自取柱，柔自取束"（《荀子·劝学》）这样一句话来阐释，大有老子关于牙舌刚柔的辩证意味。

今人裴斐从历史的流变来看待此事："孔子当时，齐强鲁弱，他认为鲁犹胜于齐……孔子反对霸权的武力征服，主张以礼治国并统一天下。这里他说鲁须一变，而齐须再变，而终于未变。最后统一天下的还是以武力取胜的秦国。"❶ 将视野延展到战国之后的秦代来看，认为武功终胜文治。此确有其实，但未必恰当。因为如果将以武力取胜的秦放到历史的长河中来评测，其实秦不过二世而衰，即以此宣告武力治国的极大弊端并以为盖棺论定，实在操之过急，且有因陋就简之嫌。

概武力是"变"的推动力量，而文化则是"固"的生成机制。变为一时，固为常态。是故，不以文化束缚抗偶然之机变，亦不以一时之变而斥长久之固。秦胜于武力而输于文治，汉汲此教训而有数百年鸿业，且泽被后世千年，固化了中华文明的形态。所以，孔子所言的"一变"而再变，可谓极其高明久远之策，良有其道也。

【标签】

齐；鲁；王道；文化；武力

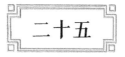

【原文】

子曰："觚不觚，觚哉？觚哉？"

【解义】

此一章书，是孔子欲人顾名思义之意。

觚或曰酒器，或曰木简，①以其有棱②，故名为觚。

孔子曰：天下事物，有其名必具其实，有其实方称其名。如器之名为觚者，以其有棱角也。若去其棱角，是失觚之实矣，而人犹以觚名之。按

---

❶ 裴斐：《〈论语〉讲评》，凤凰出版社2007年版，第240页。

其名觚也，按其实不觚也。名虽存而实已亡，尚得谓之觚哉？尚得谓之觚哉？

孔子见世之有名无实者多，故因觚而感叹如此。

盖子必孝而后可以为子，臣必忠而后可以为臣，礼必敬而后可谓之礼，乐必和而后可谓之乐。推之凡事凡物，莫不皆然，所当③顾名而思义也。

【注释】

①觚或曰酒器，或曰木简：觚，一般指商代流行的青铜盛酒器，也用作礼器。圈足，敞口，长身，口部和底部都呈现为喇叭状。因此此义一般称为"商觚"。觚另指古代用来书写的木简，故又有"操觚"一词，指执简写字，引申为写文章。晋陆机《文赋》："或操觚以率尔，或含毫而邈然。"

②以其有棱：棱指觚棱，棱角之义，原义为宫阙上转角处的瓦脊成方角棱瓣之形，亦借指宫阙、故国等，也有喻指言行方正刚烈。

③所当：所以应当。

【译文】

觚，有的说是商代敞口细腰的青铜酒器，也有的说是古代用于书写文章的木简，因为它上面有觚棱的形状，所以称其为"觚"。

孔子说：天下的万事万物，有其名就一定有其实，有其实才称其名。像这个东西叫觚，正是因为它上面有觚棱。如果把这个特点去掉，就不具备觚的事实了，但人们却仍然要称它为觚。虽然名字叫觚，但实际上已经不是觚了。既然名存实亡，怎么还能叫作觚呢？怎么还能叫作觚呢？

孔子看到世间太多有名无实的事情，所以借着对觚的感慨表达出来。

大概儿女孝顺才能称为儿女，臣子忠诚才能称为臣子，礼仪恭敬才能叫作礼仪，乐音和合才能叫作音乐。把这个道理推广到各种事物，无不如此，所以最为正当的事就是顾其名而思其义（循其名而责其实）。

【评析】

被记录在《论语》中的物体，本应该随儒学思潮与世流传，受人景仰。但解义者讲解之时，皇族官宦竟然也不知其究竟。这着实令人不可思议。

因此可以做两种推测：一则是在孔子时代，觚已经面目全非，无以标的；一则是后世仍然觚而不觚，使之名实不副，名存实亡。时代和人心并没有因为孔夫子的呼吁而改变轨迹。毕竟，人们既习惯名实脱钩带来的利益空间，也喜欢浮名虚誉轻松给予的心理满足。

其实名与实本就很难准确对位，它要求的是宏观价值体系的稳定和严谨，一旦这个宏观结构发生位移，里面的钉头线脑、瓶瓶罐罐，自然会摇晃散乱，各失其位。

所以，这里孔子所触及的不仅仅是名实问题本身，而是其社会总体价值观念的震荡。有的人在这场震荡中，自觉履行大道正义，宁为脊梁，以支撑社会的价值稳定；有的人则是在此过程游离道义，趁火打劫，落井下石，把短期的、个人的利益放在首位。前者则为君子，后者则成小人。因此夫子有深婉而刚毅之语云：

岁寒，然后知松柏之后凋也。（[子罕第九·二十八]）

君子固穷，小人穷斯滥矣。（[卫灵公第十五·二]）

由此可知"觚不觚"之句，乃是以非物喻非心，直指人心之公私正邪，足值深戒。

【标签】

觚不觚；君子；小人；义利；本位

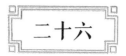

【原文】

宰我问曰："仁者，虽告之曰'井有仁焉'，其从之也？"子曰："何为其然也？君子可逝也，不可陷也；可欺也，不可罔也。"

【解义】

此一章书，是言为仁者当明理也。

宰我不知为仁之道，忧其济人而害己，故问曰：仁者以爱人为心，闻人有难，即当往救。虽①或②告之曰"有人溺在井中"，亦将入井而救之乎？（不救，则无济于人，为不仁；救之，则有害于己，为不智。甚矣，为仁之难也。）

孔子曰：仁者虽切于救人，然救之必有其道，未闻从井可以救人者，仁者何为其愚若此乎？大凡③仁人君子，闻人有难，必生恻隐④之心，使之往救则可；若使之自陷其身，如从井以救人，则不可。盖凡事有理，君子，明理者也，井中有人，理之所有，人以此欺诳⑤君子则可；若从井救人，理之所无，而欲以此诬罔⑥君子，则不可尔。欲为仁，亦权⑦于缓急轻重之间而已。

夫济人利物⑧者，仁之心；揆事度理⑨者，智之事。天下无不仁之君子，亦无不智之仁人。是以好仁必好学，而后不失之愚⑩也。

【注释】

①虽：但是，假如。

②或：有人。

③大凡：大要，大概。

④恻隐：对别人的不幸表示同情。

⑤欺诳：用蛊惑人心的言辞，欺骗迷惑别人。

⑥诬罔：欺骗。

⑦权：权衡。

⑧济人利物：指救助别人，对世事有益。

⑨揆事度理：揆度事理。揆度，音kuíduó，揣度，估量。

⑩好仁必好学，而后不失之愚：[阳货第十七·八]："好仁不好学，其蔽也愚。"《解义》实则将两章内容互相对照，此可见之于[阳货第十七·八]"从井救人"词条注释。

【译文】

这一章是说，想要做仁义之事的人，也需要明白事理（并依理而行）。

宰我对为仁之道还不够理解，担心去济人危困反而会伤害到自己，所以就问孔子：仁者本应怀爱人之心，一听到别人有难，就应该马上过去救助。但是假如有人在这个时候告诉你'有人掉到井里了'，那我也要跳进去施救吗？（宰我这番话的意思是：不救，就算不上帮助他人，这是不仁的；去救，就恐怕会拖累自己，极不明智。做仁义之事，实在是太难了。）

孔子说：仁者虽然救人心切，但是救人要依循救人之道，我还从来没听说可以从井里救出来人的，仁者怎么会愚蠢到干这种傻事呢？一般而言，只要是仁人君子，一旦知道他人有难，就必然会动心恻隐，让他去救助，是可以的；但如果他自己也可能给自己招惹麻烦，还要去井里救人，当然是不可以的。凡事都有其道理，君子正是明理知道的人，井里面有人，按理也是正常的，有人拿这个来欺骗君子，也是有可能的；但是像从井里救人的事，按理就不应该去做，却偏还要拿这件事来欺骗君子，这就不应该了。要想做仁义之事，也要在轻重缓急之中进行权衡。

能够帮助他人，而对世界有益的，是仁义之心；充分揣度事物与道理，是明智之事。天下没有不仁的君子，也不会有不明智的仁人。所以说，爱好仁道就要好好学习，然后才不至于犯浑失误。

【评析】

先看《孟子》中的一则故事：

昔者有馈生鱼于郑子产，子产使校人畜之池。校人烹之，反命曰："始舍之，圉圉焉，少则洋洋焉，悠然而逝。"子产曰："得其所哉，得其所哉！"校人出曰："孰谓子产智，予既烹而食之，曰'得其所哉，得其所哉'。"故君子可欺以其方，难罔以非其道。（《孟子·万章上》）

从前有人送一条活鱼给郑国的子产，子产叫校人（管理水产养殖的小官）把它畜养在池塘里。校人却把鱼煮熟吃了，然后回来报告说："刚放进池塘里时，它还是病恹恹的，一会儿便摇摆着尾巴活动起来了，突然间，一下子就游得不知去向了。"子产说："它去了它应该去的地方啦，它去了它应该去的地方啦！"那人从子产那里出来后说："谁说子产聪明呢？我明明已经把鱼煮来吃了，可他还说'它去了它应该去的地方啦，它去了它应该去的地方啦'。"因此，孟子总结道：君子可能被不合道的计谋所欺骗，但绝不会被自己所信从的道所欺骗。子产以仁心养鱼，以仁道看待失去鱼的事件，虽然被人用看似合情合理的假话所欺骗，但是自始至终却是在坚守仁道，并没有因为失去鱼和被欺骗而丧失对道的依守。

这一幕与宰我之问何其相似！宰我之问孔子，机心过重，早有谋划和判定，其实答案已经在他的心中。这一问，看似一个学生在向老师虚心求教，却不是随意的、普通的一问，而是离经叛道的具有很强的挑衅性的一问，向老师的思想权威发起了强有力的挑战。

夫子的回答，《解义》已然阐释得非常清楚。似乎夫子此时心境很好，所以没有像宰我问三年之丧时那么激动，语气沉静而平和，非常理性。

将这一章融汇到孔门师徒关系的大背景中，便能看出其在孔学（本书称为"孔学"而非"儒学"，以示《论语》原典价值）中的层次，并彰明孔学真谛。

且不论孔子如何有教无类、因材施教，弟子如何对孔子尊崇恭敬，但看孔子与其几个弟子在思想主张上的亲疏关系——

关系最近者颜回，与孔子毫无违和感，孔子常称其"不违如愚"，而颜回感喟孔子"瞻之在前，忽焉在后""循循善诱，如有所立卓尔"，师徒之间莫逆于心，惺惺相惜，甚至生死相许。困厄于匡之时，颜回走失，后复归，竟许孔子以"子在，回何敢死"，乃见其对夫子之诚敬。颜渊死，子哭之恸，说"非夫人之为恸而谁为"，可见其对颜回之挚爱。

关系稍远者子路。子路与夫子交谊最久但思想每每无法同步。子路每有问，则遭夫子阻击。子路问生死，夫子曰："未知生，焉知死。"子见南子，子路怒，质问，夫子气急，连声发誓。夫子困于陈蔡，子路质问君子固穷……可见子路内心对夫子之敬爱，犹如子女之于父母，幼童之于兄长，冲突中更见其坦率诚挚的师徒情感。

关系再远者子贡。他思想上用功，但是屡屡偏离孔子之道，因此孔子不得不屡屡予以扶正。在事功上，子贡虽然走得很远、很成功，但似乎并未因此得到孔子认可。因为孔子培养的是君子人格和仁政之才，而非商业之才或权谋之士，而子贡恰恰在后面这两个方面做得很成功。

关系更远者冉有。冉有更注重事功，在具体行政事务上大力支持孔子所大加挞伐的季氏，其所深度参与的经济政策和军事攻略，严重违背孔子的仁政思想和礼教精神。但是冉有仍然表现出对孔子的诚敬，委婉地称自己对学习孔子之道力有不足。这样既体现了对孔子的尊重，但同时也委婉地表达了自己的意见，呈现出一种理性的务实的态度。而且最终是在他的努力下，孔子得以极高的礼遇回归鲁国，得以删述文章，安度晚年。

关系最远者即宰予。宰予昼寝，夫子破口大骂。（[公冶长第五·十]，此在该章"评析"部分已作较细致分析。）因为宰予关于"三年之丧""井有仁焉""使人战栗"等问题，都触及了孔学的核心，但是提问都是从庸常视角出发，而不是在孔学的思想范畴内讨论，跟其他众弟子对孔子提出的疑问有着本质的不同，好似对儒学和孔子的主张缺乏基本的理解，甚至可以理解为是对孔学最基础问题的质疑和攻击。从这一角度来看，宰予昼寝，绝非春困秋乏之节气原因或者懒散懈怠之性格原因，而是对夫子之道完全无感，甚至不以为然。对于这样一个"反叛者"的角色，即如夫子之温良性格，亦然失去了耐心，遂破口大骂之。

颜渊、子路和宰我均死于孔子之前，但孔子对三人之死的态度却不相同。颜渊的死在《论语》中可谓大书特书，绝无仅有，被视作孔门的大事件。当然，这件事显然与孔子关切和喜爱颜回密切相关。

子路的死，曾被孔子所预警（[先进第十一·十三]："若由也，不得其死然。"），夫子闻子路死于卫国内乱，哀叹曰："噫！天祝（断绝）予！"（《春秋公羊传·哀公十四年》）不顾礼节，痛哭于中庭，哭累了就地而睡，醒了就再哭，难尽其悲。后知子路死后被剁成肉酱，遂覆家中肉酱（《礼记·檀弓上》）。实在悲戚感人。

然而宰我死于齐国内乱，孔子不但不悲，反以为耻："宰我为临菑大夫，与田常作乱，以夷其族，孔子耻之。"（《史记·仲尼弟子列传》）时在鲁哀公十四年（前481），孔子71岁，次年子路死。宰我与子路同为弟子，同样死于战乱，而孔子却表现出截然不同的态度。

经过一番简单的梳理，我们大概可以推测和总结出三点：其一，孔门内部一直活跃着思想碰撞与学术交流，孔夫子在思想学说上虽然坚持己见，一以贯之，但不师心自用，专断独语，而是以开放的态度接受弟子的各种提问，并都能够给予准确而有效的回应。其二，孔子其实不仅兴办私学，也树立了师生关系的典范，即所谓"尊师重教"的传统。师生之间即便有子路之直言顶撞，宰我之刁顽质疑，但只是思想方面的碰撞，并未至于师生人格冲突，关系破裂。其三，孔子与其弟子，实则教学相长，恰因为有不同类型的弟子，反倒使夫子的思想得以深度激发和立体呈现。

其实撇开孔子身上的巨大光环，其弟子的表现也尤为可敬：他们固然幸运地遇到了一位"万世之师"为老师，但在当时的社会情境下，能够忠心地追随自己的老师，坚持学习而不为利诱，不也是慧心独具、难能可贵吗？

弟子遇到孔子，实乃其大幸；孔子遇到弟子，亦乃其大幸焉。

【标签】

宰予；颜回；子路；子贡；冉有；井有仁焉

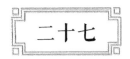

【原文】

子曰："君子博学于文，约之以礼，亦可以弗畔矣夫！"❶

【解义】

此一章书，是孔子教人以知行兼尽之功也。

---

❶ 本章在［颜渊第十二·十五］重出，但少"君子"二字。

孔子曰：凡人求道，不旁通①夫事物则理不明，不实体②诸身心则守不要，或与道相违背者有之。所以君子以为③天地民物④之理，载在《诗》《书》"六艺"⑤之文，旁搜远览⑥，讲习讨论，凡可以广闻见、益聪明者，无不究心⑦焉。然又不徒务博己也。学愈弘通⑧，心愈收敛，凡视听言动，一一持守天理之节文⑨，无敢纵逸⑩。如此，既不病于孤陋，又不涉于支离⑪。虽未必即能与道为一，然由此进之，亦可以至于道矣。何违背之有？

盖为学之方，贵乎知行兼尽。博文是致知之事，约礼是力行之事。诚能读书穷理，即以此体验于践履⑫之间，用功不已，入圣⑬非难，岂但弗畔而已哉？

【注释】

①旁通：遍通，广泛通晓。旁，广泛。
②实体：实在地体验。
③以为：即以之为，把大道著述为。
④天地民物：天地、民众、万物。
⑤《诗》《书》"六艺"：此处"六艺"指儒家的"六经"，即《诗》《书》《礼》《乐》《易》《春秋》。详参本书［公冶长第五·十五］同名词条注释。
⑥旁搜远览：广泛搜集，全面观览。旁，广泛。
⑦究心：专心研究。
⑧弘通：宽宏通达。
⑨节文：礼节，仪式。可参本书［子罕第九·十一］"天理节文"词条注释。
⑩纵逸：亦作"纵佚"。恣纵放荡。
⑪支离：分散，离奇不正或残弱不堪的样子。
⑫践履：实行，实践。朱熹《答曹元可》："为学之实，固在践履。苟徒知而不行，诚与不学无异。"
⑬入圣：达到圣贤的境界。

【译文】

这一章讲的是，孔子教导人们要将知与行都做到位。

孔子说：但凡一个人求学问道，不广泛通晓各种事物，就不能通明道理，不实实在在地付诸身心实践，就无法持守其关键，乃至于背道而驰。所以，君子就把大道著述为关乎天地、民众和万物的道理，记载于《诗》

《书》和六艺文字之中，广泛搜集，全面观览，讲习之，讨论之，凡是可以扩大见闻、有益智识的，无不专心研究。然而，也不只是追求面上的广博。学习越是宽宏通达，内心越是收敛克制，凡耳闻目见、口言身动，每样都持守天理所赋予的仪式，不敢有丝毫放纵。这样，就既不会受限于孤陋寡闻，也不至于分散乏力。即便一时未必能够完全入道，但是如果从这个路向前进，肯定是可以达道的。这样还有什么可以违背的呢？

大概为学的方法，重在知和行都做到位。博学文籍是为了实现知的任务，以礼自约是完成行的目的。如果真的能够博览群书而穷理尽性，从而把它们放到实践中推行，不断努力，坚持不懈，其实并不难达到圣贤的境界，哪里只是不背道而驰那么简单？

【评析】

不仅要博学以文，而且要约之以礼，礼仍是学的准绳、旨归与见证。

《解义》用知行说来解本章，却也恰切。王阳明倡导"知行合一"，所谓"知是行的主意，行是知的工夫，知是行之始，行是知之成。"（《传习录·徐爱引言》），强调真知真行，以知正行，以行证知，将"知""行"两个宽泛的概念聚合为同一范畴，以此互相检视扶正，简单四字而成认识论的圭臬。

【标签】

博学；礼；文；知行合一

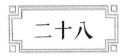

【原文】

子见南子，子路不说。夫子矢之曰："予所否者，天厌之！天厌之！"

【解义】

此一章书，是见圣人所为必合乎天也。

孔子至卫，卫灵公之夫人南子请见，孔子辞谢不得已而见之。盖古者仕于其国，有见小君①之礼，原非一时之权变②已也。子路不知，以见此不正之人为辱，故不说。

孔子不明言其意，但出誓言以告之曰：凡人立身行己③，务期不愧于天，若使我之所为不合于理，不由其道，是获罪④于天也，天必弃绝⑤之！天必弃绝之！

此孔子欲子路信此，而深思以得之也。

盖圣人道大德全，无可不可，故于南子有可见之礼，不必峻拒⑥之。至于灵公问陈，明日遂行。⑦孔子岂屈己以徇人⑧者哉？

【注释】

①小君：诸侯夫人的称谓。《毛诗正义》："夫妻一体，妇人从夫之爵，故同名曰小君。"

②权变：通权达变，随机应变。

③立身行己：存身自立，行为有度。行己，谓立身行事。

④获罪：得罪。

⑤弃绝：抛弃。

⑥峻拒：严厉拒绝。

⑦至于灵公问陈，明日遂行：[卫灵公第十五·一]：卫灵公问陈于孔子。孔子对曰："俎豆之事，则尝闻之矣；军旅之事，未之学也。"明日遂行。（卫灵公向孔子询问治军的方法。孔子回答说："礼器礼仪的事情，我倒是有所了解；军旅的事情，我就没有学过。"第二天，孔子便离开了卫国。）

⑧屈己以徇人：徇人，依从他人，曲从他人。

【译文】

这一章意在展现孔圣人所行无不合乎天道。

孔子到了卫国，卫灵公的夫人南子约见，他不好推辞就只能答应了。大概古时候，到一个国家去，本就有拜见其国君夫人的礼节，倒不是孔子一时的权宜之选。子路不了解这一点，以为孔子去见一个举世公认的淫邪的女性是可耻的，所以很不高兴。

孔子也不便详细解释，只能对他发誓说：一个人做人做事要顶天立地，如果我这样做属于不合理、不遵道的话，就是得罪上天，一定会遭天谴！一定会遭天谴！

这是孔子想让子路相信他，认真思考并理解这件事。

大概圣人的道德修为至高至大（不为细节所拘），已经达到了无可无不可的境地，所以对于南子本就依礼可见，没有必要严词拒绝。而至卫灵公询问军旅战阵之事（已经不符合孔子的仁道学说，即便是依礼当见，依规当从），第二天就毫不犹疑地离开（以回避的方式来拒绝不合理的要求）。孔子岂是那种委屈自己意志而曲意逢迎他人的人呢？

【评析】

这一章也是聚讼纷纭，莫衷一是。

其实产生问题的根本原因，并非孔子见南子这一事件本身，而是因为《论语》乃一部道德书，全书只有南子这一个真实而清晰的女性形象出现，且她是一个在现实中本就有争议的人物，这与孔子的道德主张和个人形象形成鲜明对立，所以特别吸引眼球。司马迁也在其《史记·孔子世家》里，很诡巧地把见面时南子的表现想象和虚化为一句"环佩玉声璆然"，简直是故意制造混乱，因为这很容易令人浮想联翩，想入非非。而如果这个情节出现在一部言情小说里，主角同样是南子样的人物，变成"南子见子"的视角，自然是司空见惯、习以为常的事情，估计就绝没有那么多问题和议论了。

《论语》里的孔子虽然也有些许争议，但是总体上非常纯粹，毫无缺点，甚至连庸常人性都几乎是一片空白。这是后世选择和阐释的结果，还是他的确本就如此？虽然其对立面的批评大皆游谈无根，毫无道理，犹如淤泥无法附着于清洁之莲；但是其预设却是合理的，即孔子只是一个人，他既然可以上升为圣，也可能堕落为兽，人性的二律背反似乎是颠扑不破的属性，无往而不胜。孔子展开的是人学，学而为人，学以成人，但其根源却是讳莫如深的人性、悬而不论的本质，像孟子和荀子专门展开人性善恶的讨论，这样一个基本性的问题在孔子那里被悬置了。是有意还是无意，是什么原因悬置不论，还有多少这样的内容呢，自秦汉到唐宋，再到明清，学术史上对此皆是一片空白，讳莫如深，一直留存至今。这些问题，今天的儒学者们是否可以回答？

【标签】

子见南子；子路；天厌之

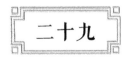

二十九

【原文】

子曰："中庸之为德也，其至矣乎！民鲜久矣。"

【解义】

此一章书，是孔子以中庸之德望人，所以维世教①而兴民行②也。

孔子曰：本乎天命人心之正，而不离乎人伦日用之常者，中庸之德也。其为德也，不偏于太过，无可减损；不偏于不及，无可增益。非有新奇之足喜，自然经久而可行，岂非尽善尽美，至极而无以加者乎？是德也，民之所同得也，但或拘于气禀之偏③，或安于习俗之敝，少有此德亦已久矣。

盖民不兴行，由于世教之衰。苟主持世教者修其身而明其道，仁、义、礼、智之性，生而同然；君、臣、父、子之经，人所易晓。中庸之德，何难率天下而行之哉？

【注释】

①世教：当世的正统思想、正统礼教。

②民行：民众的行为。《周易·系辞下》："因贰以济民行，以明失得之报。"（《周易》用天地间相反相生，或行善而吉，或作恶而凶的道理，使以教导并济助人民的行事，以明辨善恶虽非吉凶得失的报应。）

③气禀之偏：同"气质之偏"。北宋张载认为人性可分为"天地之性"和"气质之性"。天地之性至善；气质之性有善有恶，甚至进而肯定它是恶的根源。为改恶从善，便提出"为学大益，在自求变化气质"，强调后天的学习与道德的自我修养在改变气质之性中的决定性作用。可参 [阳货第十七·二] 注释⑩。气禀，亦称"禀气"，指人生来对气的禀受，从某种程度上决定了人与人后天的差别。详参本书 [为政第二·九] 同名词条注释。

【译文】

这一章讲的是，孔子希望人们拥有中庸之德，用它来推行礼教而提升民众德行。

孔子说：那出自上天赋命和人心正道，又离不开人伦日用的常识常规的，就是中庸的品德。这种品德，要求做事不要太过，但是一点也不能减少；要求做事不要不及，但是一点也不能增加。对人们来说毫无新奇可言，但是能顺应自然之理，长久地施行，这不就是尽善尽美、无以复加的大道吗？这种品德，是每一个人都可以获得的，但往往有人因为个人先天遗传的气质，或后天习俗的遮蔽，已经缺少这种品德很久了。

大概民风不好，是因为礼教衰落。如果秉持礼教的人能够修身明道，（那么）仁义礼智诸品性，人人天生平等拥有；君臣父子关系的经营，人人可以通晓掌握。这样的话，带领天下之人推行中庸之德，又有何难呢？

【评析】

一般来说，孔子被认为是一个道德家。批评者中最为著名的大概是黑格尔的说法：

孔子只是一个现实的世间智者，在他那里没有一点思辨哲学——只有一些善良的、老练的、道德的教训，我们不能从中获得什么特殊的东西。西塞罗留给我们的"政治义务论"便是一本有关道德教诲的书，它比孔子所有书的内容都更加丰富，而且更好。我们根据他的原著就可以断言：为了保持孔子的名声，假使他的书从来不曾被翻译过，那会是更好的事。❶

但其实孔子这个道德家，与一般人所理解的道德家并不相同，从某种意义上来说，他更是一个反道德主义者。所谓的反道德主义，就是不会泛泛地去谈论道德，而是要实现真道德，不能把道德主义圈定在一个固定的范围或样式中，不以俗常的道德为限来限制人的发展的可能性和价值实现的自由。孔子的反道德主义，最为突出的表现是反对伪道德。故此，孔子才提出中庸之德。

中庸非常具体，但其本身因变量太多而使人感到"玄虚"，乃至皇皇一部《中庸》也终未能辨其究竟。笔者私谓：中庸乃先立其大，然后取其中，平衡左右，故愈能为大，而致天人和合，各安于道。故此谓中庸为至德，实因中庸为以天地宏观价值为基础、以仁民爱物为主导的平衡原则。中庸为成德之德（此观点可详参［卫灵公第十五·二十九］评析部分），是为德的原则而非德之本身，但如果脱离中庸这把标尺，道德就很容易陷入混乱而危险的境地。因此夫子彼时有"民鲜久矣"之感喟。

【标签】

中庸；天人；平衡；德；成德之德

---

❶ ［德］黑格尔：《哲学史讲演录》第一卷，贺麟、王太庆译，商务印书馆2009年版，第130页。

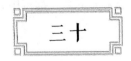

【原文】

子贡曰："如有博施于民而能济众，何如？可谓仁乎？"子曰："何事于仁，必也圣乎！尧舜其犹病诸！夫仁者，己欲立而立人，己欲达而达人。能近取譬，可谓仁之方也已。"

【解义】

此一章书，是孔子教子贡以求仁之方也。

子贡曰："凡仁主乎爱，必尽爱之事而后成仁之用。如有人加惠于民，其施甚博，无一夫之不被，而又能于所施之众莫不有济，此其人何如，可谓仁乎？

孔子曰：仁之量固无穷，而仁之力则有限。若云博施济众，岂但止于仁而已，必也圣。人体乎仁以造其极①者，庶②足以当此圣。如尧舜宜其于博施济众，无有不慊③矣。然而势实有所不能，虽尧舜犹歉然④有不足也。必欲以此求仁，则愈求而愈远矣。何不观仁者之心乎？夫所谓仁者，不必事功之广阔，而在心体之周流。⑤己欲成立，便思扶植人，使之皆得以自立；己欲通达，便不沮塞⑥人，使之皆得以自达。如此立心，全然天理之公，毫无私欲之间⑦，不必偏物⑧而爱之。凡天下之大，已无不在吾胞与⑨之内，其体量固如此也。然则求仁者，亦但求诸心而已。诚能近取诸身，以己譬人⑩，己欲立，知人亦欲立，即推以立人；己欲达，知人亦欲达，即推以达人。始虽由于勉强，后必进于自然，未可谓臻乎仁之至，而实可谓造乎仁之方也已。"

子贡欲于功用求仁，则难而愈远；孔子教以心体求仁，则约而可成。盖仁者，以天地万物为一体，⑪无非见得人己相通，故到得一体地位⑫。法尧舜者，务存仁者之心则得矣，何事博施济众为哉？

【注释】

①造其极：达到其极致。造，达到。
②庶：几乎，差不多。
③慊：音 qiè，满足，满意。
④歉然：惭愧的样子。

⑤夫所谓仁者，不必事功之广阔，而在心体之周流：意谓对人的考察要"略迹原心"，即略过事物的表面情状，而从其用心上加以体认，从而鉴定何为仁者。心体，心之本体，本真的思想。周流，周转，周遍流行。《周易·系辞下》："《易》之为书也，不可远。为道也屡迁，变动不居，周流六虚，上下无常，刚柔相易，不可为典要，唯变所适。"(《周易》这部书，是一部经世致用的学问，人生不可须臾疏远的。《周易》是以阴阳运行，互相推移变化的，故其道常常变迁，变动不拘于一爻一卦，周流于六个爻位之间，上下没有经常不变的爻位，阳刚阴柔，互相变易，在另一卦爻时，解释又不同，不可固执于一种典常，唯有观其变化的所往，才能周明其道。)

⑥沮塞：阻塞。

⑦间：干扰阻碍。

⑧徧物：徧同"辨"，分辨，识别。《墨子·修身》："志不强者智不达，言不信者行不果。据财不能以分人者，不足与友；守道不笃，徧物不博，辩是非不察者，不足与游。"（意志不坚强的，智慧一定不高；说话不讲信用的，行动一定不果敢。拥有财富而不肯分给人的，不值得和他交友；守道不坚定，阅历事物不广博，辨别是非不清楚的，不值得和他交游。)

⑨胞与：即"民胞物与"，民为同胞，物为同类，泛指爱人和一切物类。语出北宋·张载《正蒙·乾称篇·订顽》（后程颐将《订顽》改称为《西铭》）："民吾同胞，物吾与也。"

⑩以己譬人：推己及人。

⑪仁者，以天地万物为一体：朱熹《论语集注》解本章：程子曰："医书以手足痿痹为不仁，此言最善名状。仁者以天地万物为一体，莫非己也。认得为己，何所不至；若不属己，自与己不相干。如手足之不仁，气已不贯，皆不属己。"❶王阳明《传习录·答顾东桥书》："夫圣人之心，以天地万物为一体，其视天下之人，无外内远近；凡有血气，皆其昆弟赤子之亲，莫不欲安全而教养之，以遂其万物一体之念。天下之人心，其始亦非有异于圣人也，特其间于有我之私，隔于物欲之蔽，大者以小，通者以塞，人各有心，至有视其父、子、兄、弗如仇仇者。圣人有忧之，是以推其天地万物一体之仁以教天下，使之皆有以克其私，去其蔽，以复其心体之同然。"

⑫地位：程度，地步。

---

❶ 《二程遗书·二先生语二上·元丰己未吕与叔东见二先生语》，程颢语。

【译文】

这一章讲的是,孔子教给子贡求仁的方法。

子贡问:仁主要表现为爱,用心爱了才能发挥出仁的作用。如果有这样的一个人,他广施博爱,不漏掉一个人,而且受到他施助的人没有不达到目的的,这个人怎么样呢,可以称之为"仁"了吧?

孔子回答说:仁道广阔无边,为仁的力量则是非常有限。如果像你所说的博施济众,岂止是达到了仁,一定是成圣了。如果一个人的行仁到了极致,就差不多可以称为圣人了。就像尧舜能够博施济众,人们无不拍手称赞。然而事实上很难达到这种成就,即便是尧舜等人,也还不是没有缺憾。如果盲目把这个作为体仁求仁的目标(恐怕目标过大,而致心浮气躁,急功近利,反倒徒生困惑,于事无补),越是想得到,反而越是得不到。为什么不好好体察仁者的心理呢?真正的仁者,并不在事功大小,而在精神的变动不居、周流合道。自己想要立身成事,就考虑帮助别人,使他也能够自立;自己想要通达无碍,但也不阻塞他人,使他顺畅地到达。这样摆放心态,完全是依天理而大公无私,丝毫不受个人私欲干扰阻碍,对事物没有分别心而一视同仁。举天下之大、品类之盛,但无不是我的同类,其心胸体量本就应当如此。如果真的能够做到以同情心、同理心去看待万事万物,通过自身来理解别人,推己以及人,自己想要立身成事,就知道别人也想,因而也就帮助他人立身成事;自己想要通达天命,就知道别人也想,因而也就帮助他人通达天命。虽然一开始有所勉强生硬,后面就好自然而然地去做,虽然这还称不上达到了至上之仁,但也可谓切实掌握了为仁的法门。

子贡想要在事功上求仁,实则是此路不通且背道而驰;孔子教导他从内在精神、思想去探求,才差不多可以成就仁道。仁者要视天地万物为一体,实际上不过就是打破人我的界限而相互连通,是故能够达到一体境界。想要效法尧舜者,其实只要怀有仁心便可以了,何必一定要博施济众呢?

【评析】

这一章是发生在孔子与其高足子贡之间的讨论,其中涉及儒学多个最为核心的概念,因此这一章像是一个交汇的平台,便于我们将这些核心概念拿到同一个台面来讨论——仁与圣是什么关系?仁和忠、恕之间是什么

关系？刘强总结得好："恕是仁之方，忠是仁之体，圣是仁之至。"❶

【标签】

子贡；圣；仁；忠；恕；己欲立而立人，己欲达而达人

---

❶ 刘强：《论语新识》，岳麓书社2016年版，第181页。

述而第七

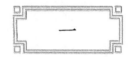

一

【原文】

子曰:"述而不作,信而好古,窃比于我老彭。"

【解义】

此一章书,是孔子自叙其立言之有本也。

孔子曰:凡前人所已言已行,而于我传之谓之"述";前人所未言未行,而自我创之谓之"作"。作者为圣①,岂所易几②哉?我但述前人之旧,或考诸典籍而为之阐扬③,或闻诸故老④而加以裁订,实未尝有所作也。所以然者,盖天下之理不出古人论说之中,我深信不疑而笃好不厌,是以惟知其当述,而无容复作也。然岂由我一人之见如是哉?商时有贤大夫老彭者,信古而传述,已先我而作则于前矣。我私自效法,以庶几得比于我老彭耳。

夫孔子删定赞修⑤,发明⑥古圣王之道,以垂教万世。虽为述之事,实胜作之功。乃不特不自居于作,并不遽⑦任为述。圣人德愈盛而心愈下,固如此夫!

【注释】

①作者为圣:《礼记·乐记》:"故知礼乐之情者能作,识礼乐之文者能述。作者之谓圣,述者之谓明,明圣者述作之谓也。"(所以懂得礼乐精神和作用的人能够制礼作乐,懂得礼乐表现形式的人能够传授音乐。能够制作礼乐的人称为"圣",能传授礼乐的人称为"明"。所谓"圣明",就是传授礼乐、制礼作乐的意思。)

②几:达到。

③阐扬:阐明、宣扬。

④故老:年高而见识多的人。

⑤删定赞修:指孔子老年时知政治不行,而悉心于编纂经籍,以寓托理想,传诸后世。朱熹《四书章句集注》:"孔子删《诗》《书》,定《礼》《乐》,赞《周易》,修《春秋》。"

⑥发明:阐明。

⑦遽:就,遂,竟。

【译文】

这一章讲的是，孔子说明他所言是有所根本的。

孔子说：对前人已经说过做过的进行传布，我称之为"述"；前人没有说过做过的，而是我自己创造的，我称之为"作"。能够制作礼乐的人都称得上圣人了，哪能轻而易举地做到呢？我只不过是传述前人的旧作，要么从典籍中考查以阐发宣扬，要么从前辈那里请益听闻并加以编订，实际上并没有著作。之所以这样，是因为古人都已经把道理说尽了，我对此深信不疑，并笃好学习，不知满足，所以只知道应当对他们进行传述，而无须再行著作。而且，并非我一个人有这种看法，商代先贤大夫老彭，他笃信古代的道理并早就开始了传述的工作，已经先于我这样做了。我不过是偷偷地向他学习，以期能够做得跟我的老彭先生差不多啊。

孔子精选《诗》《书》，核定《礼》《乐》，序说《周易》，修编《春秋》，阐明古代圣王治政之道，以便为天下万世留下学习资料。虽然只是做了传述的工作，实际上其功绩不亚于著作。而且，不但不自认为是著作，而且也不轻易地以开创传述自任。圣人的品德修为越高，其心怀就越是谦恭，本来就是如此吧！

【评析】

孔子在这里表明了对于典籍的态度和方法。一是"述而不作"的方法：传述的过程，也正是学习、吸收和转化的过程；二是慎而又慎、谦之又谦的传承态度：不光对于典籍的学习恭敬而谨慎，甚至连这种传述的方法，也承认是学来的，因古人早已有之。经《解义》阐释，这两层意思非常清晰地呈现出来。

孔子精选《诗》《书》，核定《礼》《乐》，序说《周易》，修编《春秋》，其过程及结果在《礼记》中得到完美的概括及评价：

孔子曰："入其国，其教可知也。其为人也：温柔敦厚，《诗》教也；疏通知远，《书》教也；广博易良，《乐》教也；洁静精微，《易》教也；恭俭庄敬，《礼》教也；属辞比事，《春秋》教也。故《诗》之失，愚；《书》之失，诬；《乐》之失，奢；《易》之失，贼；《礼》之失，烦；《春秋》之失，乱。其为人也：温柔敦厚而不愚，则深于《诗》者也；疏通知远而不诬，则深于《书》者也；广博易良而不奢，则深于《乐》者也；洁静精微而不贼，则深于《易》者也；恭俭庄敬而不烦，则深于《礼》者也；

属辞比事而不乱,则深于《春秋》者也。"(《礼记·经解》)

译文:

孔子说:进入一个国家,只要看看那里的风俗,就可以知道该国的教化如何了。那里的人们如果是温和柔顺、朴实忠厚,那就是《诗》的教化效果;如果是通达事理、明晓史事,那就是《书》的教化效果;如果是和通广博、单纯善良,那就是《乐》的教化效果;如果是清静整洁、精细入微,那就是《易》的教化效果;如果是谦恭节俭、庄重虔敬,那就是《礼》的教化效果;如果是善于辞令、惯于用典,那就是《春秋》的教化效果。学《诗》不到位,就容易变得迂腐呆滞;学《书》不到位,就容易使人胡编乱造;如果学《乐》不到位,就容易造成奢侈放纵;如果学《易》不到位,就容易使人心机重重;如果学《礼》不到位,就容易陷于繁缛琐碎;如果学《春秋》不到位,就容易导致犯上作乱。作为一个国民,如果温和柔顺、朴实忠厚而不迂腐呆滞,那就是真正把《诗》学好了;如果通达事理、明晓史事而不胡编乱造,那就是真正把《书》学好了;如果和通广博、单纯善良而不奢侈放纵,那就是真正把《乐》学好了;如果清静整洁、精细入微而不心机重重,那就是真正把《易》学好了;如果谦恭节俭、庄重虔敬而不繁缛琐碎,那就是真正把《礼》学好了;如果善于辞令、惯于用典而不犯上作乱,那就是真正把《春秋》学好了。

文章千古事。孔子以其谨慎、谦虚的态度,和对文化典籍述而不作的方法,织就了以六艺典籍为基础的古代绚烂文化图景,并因此赢得了后世广泛而持久的尊重。

【标签】

述而不作;老彭;删定赞修;六艺(六经);《礼记·经解》

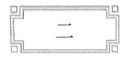

【原文】

子曰:"默而识之,学而不厌,诲人不倦,何有于我哉?"

【解义】

此一章书,是圣人德有余而心愈不足也。

孔子曰：人于性命、事物之理，言时则存诸心，不言时即去诸心，由心与理未洽耳；若乃①沉潜②渊默③，而此心常能体会，举平时所阅历而有得者，皆识之不忘。（非见之深、习之熟，岂易至此？）

凡学者，久则易厌；若乃学焉，而已知者益求其知，已能者益求其能，深信义理之无穷而孜孜④向进，未尝有厌弃之意。（此成己⑤而不息者也。）

凡诲人者，视人与己不相涉则易倦；若乃诲人，而未知者导之使知，未能者导之使能，深见物我之无间，而循循造就，未尝有倦怠之心。（此成物⑥而不息者也。）

三者皆我所从事焉，以期其必然者。以我自考⑦，遂敢谓体备⑧而无歉耶？何者能有于我哉？

夫圣人总群圣而会其全，合万物而归于极。人见其义精仁熟⑨，而圣人不自以为能。盖惟造道之极⑩者，乃望道而未见⑪也。

【注释】

①若乃：至于。用于句子开头，表示另起一事。

②沉潜：在水里潜伏，此处喻指集中精神，潜心。

③渊默：像死水一样沉默，喻指沉默不言。《庄子·在宥》："故君子不得已而临莅天下，莫若无为。无为也，而后安其性命之情。故贵以身于为天下，则可以托天下；爱以身于为天下，则可以寄天下。故君子苟能无解其五藏，无擢其聪明，尸居而龙见，渊默而雷声，神动而天随，从容无为，而万物炊累焉。"（所以，君子不得已而居于统治天下的地位，那就不如一切顺其自然。顺其自然方才能使天下人保有人类自然的本性与真情。正因为这样，看重自身甚于看重统驭天下的人，便可以把天下交给他；爱护自身甚于爱护统驭天下之事的人，便可以把天下托付给他。也正因为这样，君子倘能不敞露心中的灵气，不表明自己的才华和智巧，那就会安然不动而精神腾飞，默默深沉而撼人至深，精神一动而天道随应——只要你从容无为，而万事万物如炊烟游尘那样自在运行。）

④孜孜：勤勉，不懈怠。

⑤成己：成就自己。出自《礼记·中庸》："诚者，非自成己而已也，所以成物也。成己，仁也；成物，知也。"（真诚，并不只是成全自己就可以了，还要成全万物。成全自己是仁义，成全万物是智慧。）可详参本书[季氏第十六·十一]"成己成物"词条注释。

⑥成物：成全万物，使自身以外的一切有所成就。详见上注。

⑦自考：自我考查。

⑧体备：各方面都已具备。

⑨义精仁熟：至仁至义的境地。朱熹《中庸章句》注解"天下国家可均也，爵禄可辞也，白刃可蹈也，中庸不可能也"："三者亦知仁勇之事，天下之至难也，然不必其合于中庸，则质之近似者皆能以力为之。若中庸，则虽不必皆如三者之难，然非义精仁熟，而无一毫人欲之私者，不能及也。三者难而易，中庸易而难，此民之所以鲜能也。"

⑩造道之极：悟道修为，达到至高修养。造道，穷究事理并躬行实践，以提高品德修养。

⑪望道而未见：《孟子·离娄下》："文王视民如伤，望道而未之见。"（文王看待老百姓，就像他们受到伤害一样充满怜悯，所以渴望政道真理而永不满足。）

【译文】

这一章的主旨是，孔圣人越是德行高超，就越是谦逊自省。

孔子说：一个人对于性命、事物的道理，说的时候才有所考虑，不说的时候就不想，这是因为其心灵与道理并未能够融合洽同；只有沉静专注并保持沉默，内心才可以从容体会，但凡平时阅读习练时的心得体会，都能入心不忘。（如果不是识见深刻而操练精熟，又怎么能够做得到呢？）

凡是学习者，时间久了就容易滋生厌烦情绪；但也有这种情况的学——已经知道的追求更多的知识，已经有能力的追求更大的能力，坚信义理是无穷无尽的而孜孜不倦地追求进步，从未有过厌弃的念头。（这是为成就自己而自强不息的情况。）

凡是教育他人者，对于那些跟自己非亲非故的受教者，很容易心生倦怠（而不愿意用心教导）；但也有这种情况的教诲：对于不懂得的人教他使他懂得，对于能力不足的人教导他，使他具备一定的能力，深刻领会物我一体无间的道理，而且循循善诱，使其与时俱进，从不感到有所倦怠。（这是成就他人而不知疲倦的情况。）

这三种情况，都是我所从事的工作，并对其成效充满期待。如果让我自己来评估，是否能够称得上基本完备而毫无亏欠呢？我哪一样堪称做到位了呢？

孔圣人集萃往圣先贤之所能而无所不备，和融天地万物之心而达于极致。人们领略了圣人至仁至义的境界，而圣人却以为这不算什么。这大概是想说：只有那些登峰造极、出神入化之人，才更加渴望政道真理而永不满足。

【评析】

　　夫子每言自己之不足，既是自我检讨，也是自我激励，更是对弟子门人的鞭策。《解义》用《孟子》中"文王望道"的典故来对应夫子言学唯恐不足的感慨，既将圣人心迹接续古圣先王的美德善举，同时也将孔子自省不足以求仁道的心理呈现出来，真是太精妙了。

　　巧的是，苏轼曾经把这个典故也用到了他的一篇精巧的小品文《黠鼠赋》中。文中说在书房里听到有老鼠咬东西的声音，于是各处搜寻，却在一只袋子里搜到一只死老鼠。当他们正因为好奇死老鼠竟然会咬东西而走神的时候，老鼠突然跳起来，一溜烟儿跑掉了。原来，老鼠因为困在了袋子里，所以故意咬东西，然后装死，诱使他们发现并打开袋子，然后得以出其不意地逃脱。这件事让苏轼感觉智商遭到碾压，郁闷得不行。他说，本来人的才智完全可以"扰龙伐蛟，登龟狩麟，役万物"，却斗不过一只小小的老鼠，真是太伤自尊了。然而后来他却因此突然开悟，于是矫托他人的口吻自我安慰道：

　　汝为多学而识之，望道而未见也，不一于汝而二于物，故一鼠之啮而为之变也。人能碎千金之璧而不能无失声于破釜，能搏猛虎不能无变色于蜂虿（chài，蝎子），此不一之患也。言出于汝而忘之耶！

　　他的意思是说，其实自己是明白成事在于专注的道理的，但是一时忘记了这个道理，因此就连细小的变故也会造成莫大的干扰，所以一定要谨慎防范这种情况发生。

　　苏轼将一个生活中非常小的事件写得活灵活现，其中寓存着趣味和哲思。不过，他只将"望道而未见"理解为明白道理但没有贯彻，将"而"字当作转折。而原典文本的"而"字本应当作"如""若"解，意思是即便周文王深明治政之道，但他像没有得道一样，仍不断探求，唯恐不足，以求最大程度解决民生疾苦。但经苏轼这一曲解，却恰恰构成对原义的映射，使之更加清晰，即以天下、大道为己任者，是绝不能拥理自重、自以为是而故步自封的。良知而致良能，良能以成良知，此正是一个相互转化、不断循环的过程。这恰与孔子为实现仁道而不断学习和探求的精神是一致的。从这个角度来看，曾子倡导"仁以为任""死而后已"（［泰伯第八·七]）的"弘毅"心志，恰恰也是这种精神的提炼和传承。

　　所以，通过一些古代典故的植入，反而可以桥接《论语》章句之间的内在联系，从而显现儒学经义的贯通和各自的精彩。《解义》在这一方面做得尤为出色。

【标签】

学而不厌，诲人不倦；望道而未之见；苏轼；《黠鼠赋》

【原文】

子曰："德之不修，学之不讲，闻义不能徙，不善不能改，是吾忧也。"

【解义】

此一章书，是圣人忧勤①不已之意。

孔子曰：凡理得于心谓之德②。德者，人所固有，惟修以蓄之，则德日进于高明③矣。乃不从事于省察克治④，以自全其本体⑤，将德何由而成乎？

凡效法圣贤之所为谓之学。学者⑥，人所当勉，惟讲以明之，则学日至于纯熟矣。乃不从事于讲习讨论，以深究其精微，将学何自而明乎？

事之宜为义。若已闻之，是明知其益，便当奋发有为，而迁徙⑦以从之也。乃闻义而不能即用其力，以求合乎当然，则善无由而积⑧矣。

人之心本善，其有不善，是私欲之累，便当深自愧悔，而勿惮⑨于改也。乃不善而不能内疚于心，以绝远乎非僻⑩，则过无由而去矣。

此四者，其功不可不全，其责无可他诿⑪。是吾所深忧而不能自已者也。

夫修德、讲学、徙义、改过，皆日新⑫之要，圣人岂真有所不能？而犹以此为忧，盖其进修无已之心固⑬，惟日不足⑭也。

【注释】

①忧勤：因有所忧虑而勤勉努力。《诗经·小雅·鱼丽》毛诗序："始于忧勤，终于逸乐。"

②理得于心谓之德：北宋张载《张子正蒙·至当篇第九》："循天下之理之谓道，得天下之理之谓德。"

③高明：特指君子修为达到高大光明的境地，上配于天，以普惠万物。出自《礼记·中庸》，引文详解参本书［里仁第四·十一］"高明"词条注释。

④省察克治：省察，反省检查自己。克治，克制私欲邪念。出于王阳明《传习录》，指初始为学时用于省察自身、克除杂念的为学工夫：一日，论为学工夫。先生曰："教人为学，不可执一偏。初学时心猿意马，拴缚不定，其所思虑多是人欲一边。故且教之静坐息思虑。久之，俟其心意稍定。只悬空静守，如槁木死灰，亦无用，须教他省察克治。省察克治之功，则无时而可间，如去盗贼，须有个扫除廓清之意。无事时，将好色、好货、好名等私，逐一追究搜寻出来，定要拔去病根，永不复起，方始为快。常如猫之捕鼠，一眼看着，一耳听着，才有一念萌动，即与克去。斩钉截铁，不可姑容，与他方便，不可窝藏，不可放他出路，方是真实用功，方能扫除廓清。到得无私可克，自有端拱时在。虽曰'何思何虑'，非初学时事，初学必须思。省察克治即是思诚。只思一个天理，到得天理纯全，便是'何思何虑'矣。"（一天，大家讨论做学问的修为工夫。先生说："教人做学问，不能偏执。人在刚开始学习的时候，容易心猿意马，不能集中心思，而且所考虑的更多是私欲杂念。所以要先教他静坐来减少思虑。这样持续一段时间，等他心神稍微安定下来。但如果只让他空悬意念、守静而坐，身如槁木、心如死灰一般，也没有作用，还要教他内省检查、克制私欲。省察克制的功夫在任何时候都要持守，就像铲除盗匪，必须要有斩草除根的决心。观察自己在闲散无事时的心思，要将好色、贪财、求名的欲念逐一省察，务必要拔除病根，使它永不复发，才算是痛快。就好比猫捉老鼠，一边用眼睛盯着，一边用耳朵听着，私心妄念一出现，就要把它除掉。必须斩钉截铁，当机立断，绝不姑息纵容，以免后患，这才算是真真切切地用功，才能够将私欲扫除干净。等到没有任何私欲可以克除的时候，自然可以正襟危坐了。虽然说要'何思何虑'，但这不是初学时的功夫，初学的时候必须去思考。内省检查、克制私欲就是使心意诚敬。只要心念所思均是天理，到了心中纯然都是天理的时候，就是'何思何虑'的物我一体境界了。"）

⑤本体：指最根本的、内在的、本质的定位；本真。

⑥学者：学习这件事。

⑦迁徙：变化。《荀子·非相》："与时迁徙，与世偃仰。"（变化自己以顺应时势。）

⑧善无由而积：就无法累积善行了。《周易·坤·文言》："积善之家，必有余庆；积不善之家，必有余殃。"（积累善行的人家，必有不尽的吉祥；积累恶行的人家，必有不尽的灾殃。）

⑨惮：音 dàn，害怕，抗拒。

⑩非僻：亦作"非辟"，邪恶。《礼记·玉藻》："古之君子必佩玉，右徵角，左宫羽，趋以《采齐》，行以《肆夏》，周还中规，折还中矩，进则揖之，远则扬之，然后锵鸣也。故君子在车，则闻鸾和之声；行，则鸣佩玉，是以非辟之心无自入也。"（君主行止有度，玉音叮咚，鸾凤和鸣，这样邪僻的念头就无从进入君子的心中。）

⑪诿：推诿，推托。

⑫日新：每天都在更新，指发展或进步迅速。《礼记·大学》："汤之《盘铭》曰：'苟日新，日日新，又日新。'《康诰》曰：'作新民。'《诗》曰：'周虽旧邦，其命维新。'是故君子无所不用其极。"（商汤在沐浴用的铜盘上镂刻的铭辞说："如果一天能够洗涤自身的污垢，从而焕然一新，那么就该天天这样清洗，天天有新的面貌，并应该持之以恒，从不间断，一天又一天地加以清洗，便能永远呈现新面貌。"《尚书·康诰》说："国君应该引导人民振作起来，除恶从善，改过自新。"《诗经·大雅·文王》说："周虽然是个古老的诸侯国，但是它所秉承的天命却在于不断地自我更新。"所以，治政的君子无不勤勉坚毅，以达到至善的境地。）又，《周易·系辞上》："富有之谓大业，日新之谓盛德。"（圣人效法天地阴阳之道，广大悉备，万事富有，因此可谓拥有伟大的事业；圣人庞统变化，能够日新其德，所以德极能盛，就具备了盛明的德行了。）

⑬固：坚定。

⑭惟日不足：只觉时日不够。《尚书·泰誓中》："我闻吉人为善，惟日不足；凶人为不善，亦惟日不足。"（我听说好人做好事，天天做还是做不够；坏人做坏事，也是天天做而做不够。）

【译文】

这一章的意思是，圣人心忧德、学、义、善诸品格修养，而勤勉不已。

孔子说：心中识见道理，便成道德。道德，是每一个人本就拥有的，只有不断修护并积累，才能使道德每日提升，最终达到崇高明睿的境界。如果不省察自身而克制私欲，自我保全天性本体，又怎么能成就道德呢？

效法圣贤所作所为，叫作"学"。学，是每个人都应该勤勉应对的，只有参与讲习讨论，才能够明白，而且才能渐渐至于纯熟的程度。如果不进行讲习讨论，来探究其精细微妙处，那么学业又怎么能够通明呢？

事情之当然而应然，就是"义"。如果已经知道什么是义所应然，明明知道这样做是对的，就应奋发为之，改变自己来顺应大义。如果听闻道义却不用力去做，以求合乎当然之理，那么就无从积累善行了。

人心本善，如果存有不善，是因为累积了私欲，这样就应该深感愧疚，而不应拒绝悔改。如果心怀不善却不能从心底感到愧疚，以弃绝并远离邪恶的念头，那么最终是无法改过了。

这四种情况，要全力以赴而责无旁贷。这也是我一直忧心忡忡而无法释怀的。

修身立德、讲学进业、迁善从义、改过自新，都是每日进步的重要内容，圣人不是做不到，但仍然为此忧虑，大概正是因为他坚守精进不息之心，所以总是担心时间不够用。

【评析】

夫子曰"仁者不忧"（［子罕第九·二十九］，亦见于［宪问第十四·二十八］），又曰"君子不忧不惧"（［颜渊第十二·四］），这一章却又大谈其所忧，而有的时候又说"发愤忘食，乐以忘忧"（［述而第七·十九］）。他到底是忧呢，还是不忧呢？简直是要把人弄糊涂了。

其实并不矛盾。李鍌对此解释道：

人生在世，难免有远虑和近忧，但一个人所忧者，如不是自己可以掌握的，那么不仅于事无补，反而容易怨天尤人，甚至灰心丧志。反之，所忧者自己有能力去改善，那么只要奋发图强，躬行实践，效果必然可以预期。

孔子所举四事：修德、讲学、徙义、改过，都是人人能自勉，亦应努力去做的。他所忧的，不是个人处境之穷达顺逆，而有关修德讲学之事。❶

大概人之不忧，而夫子忧之，是因人燕幕自安，而其大道斯任；人之所忧，夫子则不忧，是因人患得患失，而其乐天知命。故在人为患，在夫子为安；在人为安，在夫子为忧者也。孟子曰：

君子有终身之忧，无一朝之患也。乃若所忧则有之：舜人也，我亦人也。舜为法于天下，可传于后世，我由未免为乡人也，是则可忧也。忧之如何？如舜而已矣。若夫君子所患则亡矣。非仁无为也，非礼无行也。如有一朝之患，则君子不患矣。（《孟子·离娄下》）

此正与本章之义相合。而千载之后，宋儒范仲淹一篇千古弘文《岳阳楼记》，亦寻蹑而出，将此忧患观念尽情绅绎，云：

---

❶ 李鍌：《论语》，台湾正中书局2008年版，第71-72页。

嗟夫！予尝求古仁人之心，或异二者之为，何哉？不以物喜，不以己悲。居庙堂之高，则忧其民；处江湖之远，则忧其君。是进亦忧，退亦忧。然则何时而乐耶？其必曰"先天下之忧而忧，后天下之乐而乐"乎。

噫！微斯人，吾谁与归？

【标签】

忧；患；乐；君子；《岳阳楼记》

【原文】

子之燕居，申申如也，夭夭如也。

【解义】

此一章书，是形容圣人闲居气象。

记者谓：凡人当闲暇之时，怠肆①者易流于亵②，敛束③者或过于严。盖由积于中者未极其纯，故见于外者未协乎节也。④惟夫子周旋中礼⑤，随在⑥各当。如当燕居⑦无事，自不同于在朝在庙、应务接物⑧之时，则见其舒徐自若，而无迫遽⑨之意。其容申申如也⑩，温润可亲，而无震厉⑪之气；其色夭夭如也⑫，自其德性之纯粹⑬，发为气体⑭之和平。诚有拟议⑮之所难穷者耳。

夫圣人举止动静，无不适合乎当然，而其见于燕居者如此。非善观圣人者，其孰能知之？

【注释】

①怠肆：怠惰放纵。

②亵：轻慢。

③敛束：约束，收敛。

④积于中者未极其纯，故见于外者未协乎节也：内心修为不够精纯，所以外在表现不够协调。《礼记·大学》："诚于中，形于外，故君子必慎其独也。"（心里是什么样的，就会显露在外表上。因此，君子在独处的时候一定要慎重自持。）可详参本书[子路第十三·二十六]"道德润身，心广体胖"词条引文。

⑤周旋中礼：进退揖让符合礼节。出自《孟子·尽心下》："动容周旋中礼者，盛德之至也。"可参本书［泰伯第八·二］"动容周旋中礼"词条注释。

⑥随在：随处，随地。

⑦燕居：退朝而处，闲居。

⑧接物：接触外物；交往，交际。

⑨迫遽：迫促，急迫。

⑩申申如也：庄敬安适的样子。

⑪震厉：威猛严厉。

⑫夭夭如也：从容和悦的样子。

⑬纯粹：纯正不杂，精纯完美。出自《周易·乾·文言》："刚健中正，纯粹精也。"详参本书［泰伯第八·八］同名词条注释。

⑭气体：精气和身体。

⑮拟议：比拟。

【译文】

这一章讲的是，描述形容了圣人在家闲居时候的景象。

记录者说：一般人们在闲暇的时候，有的怠惰放纵以至于轻慢无礼，有的还是紧绷神经以至于严肃无趣。这大概都是因为，内心修为不够精纯，所以外在表现不够协调。只有夫子进退举止、容颜相貌都合乎礼节，到了哪里都恰如其分。比如在家闲居无事的时候，自然不同于在朝堂或宗庙待人接物的时候，就看到他动作舒缓、神态悠然，没有丝毫慌乱急迫的样子。他的面容也是气定神闲、温润可亲的，没有平时办公或教学时候的不怒而威、温而厉的感觉；他的脸色也是从容愉悦、满面春风的，这是由于他内在怀有纯粹完满的德性，表现于外在，就是这种平和舒缓的气质。这些其实是用语言文字所无法完全描摹的。

圣人的举止动静，无不合乎礼义，即便是在闲居的时候也是这样。这如果不是善于观察的人，恐怕也是看不出来的。

【评析】

在家赋闲时的孔夫子，穿着睡袍，趿着拖鞋，面容不整，睡眼惺忪，一股子懒散气息，与平日的正襟危坐、道貌凛然大不相同……

朱熹《论语集注》云：

燕居，闲暇无事之时。杨氏曰："申申，其容舒也。夭夭，其色愉也。"程子曰："此弟子善形容圣人处也，为申申字说不尽，故更着夭夭字。今人燕居之时，不怠惰放肆，必太严厉。严厉时着此四字不得，怠惰放肆时亦着此四字不得，惟圣人便自有中和之气。"

如果尚不能体会《解义》或《集注》所言，可以参照 [乡党第十·四] 所体现出来孔子在朝堂之上的神态。两相比较，一张一弛，形神立见：

入公门，鞠躬如也，如不容。
立不中门，行不履阈。
过位，色勃如也，足躩如也，其言似不足者。
摄齐升堂，鞠躬如也，屏气似不息者。
出，降一等，逞颜色，怡怡如也。
没阶，趋（进），翼如也。
复其位，踧踖如也。

译文：

孔子走进朝廷大门，便一直是一副诚惶诚恐、手足无措的样子，好像没有容身之地。站，不站在门的中间；走，不踩门槛。经过君主的座位，面色矜庄，脚步轻快，说话轻声细语，好似中气不足。向堂上走时，提起衣服下摆不使牵扯，恭敬谨慎，屏息凝气。走出来，下了一级台阶后，面色才开始放松，怡然舒缓。走完了台阶，快走几步，好像鸟儿舒展翅膀。回到自己的位置，仍恭敬而紧张，似心有余悸的样子。❶

孔子所表现出来的这种紧张兮兮、忐忑不安的状态，并非没有见识、内心胆怯、手忙脚乱，而是对主上的诚敬以及礼制的内在要求使然，既紧张又不失分寸，使体态、言行完美地呈现礼制的精神和本质。它与色厉内荏、装模作样的表现是迥然有别的。同样的，本章中孔子的表现，一如《集注》中程子所言，是孔夫子涵养的和平之气使然。如果用个形象的比喻来说，孔子的一张一弛，犹如一张弓的引和放一样：其引也紧张，其放也松散，但二者并非完全独立无关的形态，而是引而后放，放而后可再引。一动一静，一张一弛，动静因时，张弛有度。

联系开去，《礼记》中有两章，《仲尼燕居》和《孔子闲居》，其命名之渊源或正自本章。这两篇文字中没有任何"闲"的意思，而是孔子师徒

---

❶ 参杨伯峻译文，有改动。亦可详参该章解义部分。

正儿八经地讨论礼制和《诗经》中的问题。与其说是闲居，反倒不如说是在自在地讨论学术问题，使夫子的精神和思想得以自由地抒发。

所以，经过一番对比和探知，乃明夫子之申夭自如，正是其行为中庸、表里如一的日常表现。而从这一角度理解，则使本章刚好承续上一章，表现出夫子亦忧亦乐的人生状态。其所忧，是悲天悯人，大道斯任，并非为一己得失而愁苦；而只有内心真正达到乐天知命的状态，才会如此轻松安适。在夫子的人生当中，忧与乐并不构成反义，而恰是因果共生的关系。

有学者以为本章乃简单记述夫子日常情形，疑为错简，应归位到《乡党篇》中。然而，《论语》这种看似松散的编排结构，其上下章句之间却有着紧致的内在关联性，它们或连贯，或并置，或映射，或呼应，编纂者依据语义的内在表达逻辑进行精心安排，而并非随意放置。因而这种看似松散而内在关联紧密的篇章营构了语言矩阵，矩阵中的每一个点与其他的点，或连贯，或强化，或并置，或对举，或映射，或呼应，这种多点共振的关系，使语言的张力被拉伸到极致，从而形成宏阔的具有强大的表意和传达功能的语义场。如果我们能够细细将《述而篇》开始的上下几章并置，就会发现它们便具备这种语义场的特点。裴斐曾感叹道：

《论语》是部奇书，奇就奇在这种"有头无尾，得后遗前"的天女散花般的写法；奇之又奇的是，如此杂乱无章，总共12700字，竟能表达一个涉及哲学、伦理、政治、历史、教育、文学、音乐……的完整的思想体系，并从而充分显示出孔子的智慧和性格，从中也能看出其若干弟子的性格。❶

此言正是点到了《论语》的魅力所在，但是没有讲到为什么会产生如此奇特的效应。其实这个秘密，或许就隐藏在《论语》这不可随意重新编排的篇章顺序当中。

【标签】

《论语》编纂；孔子闲居；忧乐；张弛

---

❶ 裴斐：《论语讲评》，凤凰出版社2007年版，第5页。

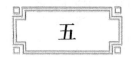

五

【原文】

子曰:"甚矣吾衰也!久矣吾不复梦见周公!"

【解义】

此一章书,是孔子为道不行而叹也。

孔子曰:凡人之气,壮而盛,老而衰。方其盛也,习焉而不觉;及其衰也,随感而可知。甚矣吾气之衰也!何以验之?吾向①也,年当少壮,常梦见周公,不能以身接,而犹得以神遇;②至于今,久矣不复梦见周公矣!即此而观,不可以见吾衰之甚乎?

盖孔子志在行周公之道,原不因年而有异,虽自叹其不梦周公,终何尝一日忘周公哉?夫孔子之不忘周公,乃孔子之不忘天下万世也,而仅托之梦想发诸浩叹③,岂不深可惜耶?

【注释】

①向:从前。

②不能以身接,而犹得以神遇:虽然不能亲见其人,但仍然能够通过周公流传的事迹和文化上的建树进行想象和还原,以达到跨越时空的精神相通。"神遇"出自《庄子·养生主》,喻在精神实质上有所把握:庖丁为文惠君解牛,手之所触,肩之所倚,足之所履,膝之所踦,砉然向然,奏刀騞然,莫不中音,合于《桑林》之舞,乃中《经首》之会。文惠君曰:"嘻,善哉!技盖至此乎?"庖丁释刀对曰:"臣之所好者,道也,进乎技矣。始臣之解牛之时,所见无非牛者。三年之后,未尝见全牛也。方今之时,臣以神遇而不以目视,官知止而神欲行。依乎天理,批大郤,导大窾,因其固然,技经肯綮之未尝,而况大軱乎!良庖岁更刀,割也;族庖月更刀,折也。今臣之刀十九年矣,所解数千牛矣,而刀刃若新发于硎。彼节者有间,而刀刃者无厚;以无厚入有间,恢恢乎其于游刃必有余地矣,是以十九年而刀刃若新发于硎。虽然,每至于族,吾见其难为,怵然为戒,视为止,行为迟。动刀甚微,謋然已解,如土委地。提刀而立,为之四顾,为之踌躇满志,善刀而藏之。"文惠君曰:"善哉!吾闻庖丁之言,得养生焉。"(庖丁给梁惠王宰牛。手接触的地方,肩膀倚靠的地方,脚踩的地方,

膝盖顶的地方，哗哗作响，进刀豁豁，没有不合音律的，合乎汤时《桑林》舞乐的节拍，又合乎尧时《经首》乐曲的节奏。梁惠王说："嘻，好啊！你剖解牛的技术怎么会如此高超啊？"庖丁放下刀回答说："我追求的是道，而已经不再是一般的技术了。起初我宰牛的时候，眼里看到的是一只完整的牛；三年以后，再未见过完整的牛了。现在，我凭精神和牛接触，而不用眼睛去看，感官停止了而精神在活动。依照牛的生理上的天然结构，砍入牛体筋骨相接的缝隙，顺着骨节间的空处进刀，依照牛体本来的构造，筋脉经络相连的地方和筋骨结合的地方，尚且不曾拿刀碰到过，更何况大骨呢！技术好的厨师每年更换一把刀，是因为他们用刀割断筋肉；技术一般的厨师每月就得更换一把刀，是因为他们将刀砍断骨头。如今，我的刀用了十九年，所宰的牛有几千头了，但刀刃锋利得就像刚磨好的一样。那牛的骨节有间隙，而刀刃很薄；用很薄的刀刃插入有空隙的骨节，仍然是宽绰的，所以刀刃的运转必然是有余地的啊！正因如此，十九年来，我的刀刃还像刚从磨刀石上磨出来的一样。即使是这样，每当碰到筋骨交错聚结的地方，我看到那里很难下刀，就小心翼翼地提高警惕，视力集中到一点，动作缓慢下来，动起刀来非常轻，豁啦一声，牛的骨和肉一下子就解开了，就像泥土散落在地上一样。我提着刀站立起来，为此举目四望，为此悠然自得，心满意足，然后把刀擦抹干净，收藏起来。"梁惠王说："好啊！我听了庖丁的这番话，懂得了养生的道理了。"）

③浩叹：长叹，大声叹息。唐王勃《益州夫子庙碑》："命归齐去鲁，发浩叹于衰周。"

【译文】

这一章讲的是，孔子感叹自己为仁行道身衰力穷了。

孔子说：人的气力，壮年的时候盛大，至老而衰。当它盛大的时候，任意挥洒也不觉得乏力；但是当它衰减的时候，一有消耗便可感知。我的气力已经衰落得很厉害了！怎么说呢？当年我年轻力壮的时候，常常在睡梦中见到周公，即便不能亲身接触，却可以在精神上相遇；但是现在，我不再梦见周公已经很久了！就此而言，不正说明我年老力衰得很厉害了吗？

大概孔子立志推行周公的治政之道，本来这并不会因为年岁的变化而改变，即便是他感叹不再梦见周公，但是又何尝有一天不想到周公呢？孔子对周公念念不忘，是孔子以天下万世为志业（而不是仅仅迷恋周公其本人），而现在却只能依托对周公的梦而大声叹息（施政无门），这不是太可惜了吗？

【评析】

  周公是殷周之际文化转型及礼乐文化、道德规范建构的主导者，因此深受孔子推崇，并以之为典范。孔子之梦周公，正是其渴望推行政治理想的象征。然而梦境从来都有两个维度——既有梦中的美好，便有梦醒的失落。孔子在暮年叹惋"久矣吾不复梦见周公"，既可实指景仰周公之梦境，亦可虚指礼乐政治之理想，但都终归于梦醒和无望，陷入无边的失落之中。细品夫子之叹惋，状语前置而波折起伏，尤具韵律之感而辞气激烈。

  殷周之际的文化变革可谓翻天覆地，据说周公乃这一变革的中坚人物，可谓居功至伟。但其事功与命运悬殊，颇令人感慨：

  在中国可信的历史上，孔子以前最伟大的人物，就是周公，孔子不仅是站在巨人肩膀上前进，周公其人实已内化到他的灵魂深处，从文化精神来看，孔子简直就是周公的化身，如果没有周公创制的这一独特形态的周文传统，恐怕就不可能产生孔子这一独特形态的儒学。可是这位对中国文化与西周建国都有大贡献的伟人，在中国史上的命运却不及孔子，孔子生平事迹，早有巨细靡遗的考订，一部一万七千零五字的《论语》，产生有关的专著，当以千计，且至今不衰。而周公的生平事迹，诚如杜正胜先生所说，向来没有明白精确的记述，历来说史者，以帝王权威树立后之伦理观念逆推帝王权威树立前的君臣关系，以为周公不能称王，结果使一位不世出的英杰变成奉命惟谨的拘士，碌碌庸庸的成王变成承基奠业的明君。于史失实，莫此为甚，真乃周公不幸。[1]

  但我常好奇，是何种文化基因，让中国文化至于周而遭遇大变，此或非一人一际可以实现的。尽管史传关于周公也有不少的记述，但是总觉得这个人的印象是模糊的。而孔子口中，只有对周公的赞美和服膺，却并未涉及其政教文化的核心内容。因此，周公其本人史实与其文化形象或并不能合一，而或许是经过孔子的加工和推举使然。也就是说，孔子对周制的文化再造的过程中，也同步塑造了周公的形象。这种文化改造的影响之大，乃至于因为孔子一句"不复梦见周公"的话语，便使周公成为解梦的专家（实际上周代确实有了为天子解梦的专职官员，但恐怕只是比较低等的级别，与周公之身份完全对应不上），即可视为一例。

---

[1] 韦政通：《传统与现代之间》，中华书局2011年版，第19—20页。

从理论上来说，孔子崇拜周公，心心念念地学习周公，意在恢复周礼，再现成康之治那样的盛世。这与周公在摄政时期的文治武功密不可分。然而事实上的周公却远非如此。美国汉学家夏含夷（Edward L. Shaughnessy）撰写《周公居东与中国政治思想中君臣对立辩论的开端》一文，首先对王国维、顾颉刚二人所支持的周公"为王"一说提出质疑；随后，他据当前可考材料进行分析发现，不独仅有为数不多的青铜器上刻有关于周公的铭文，"《诗经》中几乎没有提到周公，在西周的部分更是完全不见踪影"，而且，《尚书》中《君奭》《召诰》这两篇文字，实际上寓存了同为摄政大臣的周公、召公二人关于朝政的争论，其结论是：周公不能继续摄政，应当还政于周成王。而在《金縢》一文中，则寓存着周公还政于王后被流放的信息。❶ 就周公所遭遇的政治挫折来看，恐怕其并无机会真正施展政治抱负，其所产生的政治影响，或并不像孔子所推举的那样宏远。那么，关乎周制、文化和周公的一切，是否都不过是孔子及其影响之下文化再造的产物呢？

周公其人究竟如何，孔子眼里"原生态"的周公到底是什么样子？因为就连孔子本人的相关的话语也一并阙如，我们也无处查考。毕竟，那只是孔子的一个梦境而已，他梦到的周公到底是什么样子的，只有他自己知道。

【标签】

周公；梦；《竹书纪年》；《庄子·养生主》；游刃有余

六

【原文】

子曰："志于道，据于德，依于仁，游于艺。"

【解义】

此一章书，是孔子教人以心学①之全功也。

孔子曰：学莫先于立志，若非所当志而志，则志失其正矣。夫人伦日

---

❶ ［美］夏含夷：《孔子之前：中国经典诞生的研究》，黄圣松等译，中西书局2019年版，第91-120页。

用之间各有当然之理，所谓道也，必志于此，而致知以究其原②，力行以尽其事，务使心神专一，以期渐进于高明③，则所适者正，而不惑于他途矣。

行此道而有得于心谓之德。德而不据则持循④不密，将⑤心之所得能保其永存乎？必也操以强忍之力，务使此德恒守而不失，德愈积而守愈坚，则始终允执而众善备矣。⑥

行此道而德全于心谓之仁。⑦仁而不依则物欲时引，将心之所全能保其不亏乎？必也尽其存养⑧之功，务使此仁日习而不违，仁愈至而习愈熟，则常变⑨悉协⑩而天理纯矣。

自志道而据德、依仁，本之在内者既无不尽，而末之在外者又安可遗乎？如《诗》《书》《礼》《乐》之文，射、御、书、数之法，皆至理所寓，所谓艺也，诚能游心于此，朝夕涵泳⑪，以陶养其性情，则有以通乎物理⑫，周⑬乎世用⑭，而心亦无所放⑮矣。

盖道、德、仁、艺，所以会乎理之全；志、据、依、游，所以尽其心之用。本末兼该⑯，内外交养，而不失乎先后轻重之序焉！圣学之所以有成也与！

【注释】

①心学：修养内心的学问、途径。

②致知以究其原：即"格物致知"，谓研究事物原理而获得知识。为中国古代认识论的重要命题之一。出自《礼记·大学》。引文及详解可参本书［八佾第三·十五］"致知格物"词条注释。

③高明：特指君子修为达到高大光明的境地，上配于天，以普惠万物。出自《礼记·中庸》，引文详解参本书［里仁第四·十一］"高明"词条注释。

④持循：遵循。

⑤将：假如……那么……，此处表示在前一假设的情况下，对其所产生的结果猜测。

⑥允执而众善备矣：允执，即"允执厥中"，执守中和之道。《尚书·大禹谟》，虞舜禅位于夏禹，对禹传授治政心要："人心惟危，道心惟微，惟精惟一，允执厥中。"（人的欲念芜杂而有危害，而道的内涵是精微至极的，只有体察道的精微并始终如一地遵守，如此才是实实在在地秉承那不偏不倚的中和之道。）众善备矣：儒家视中庸为至德，具备中庸之德即兼备众德。［雍也第六·二十九］："中庸之为德也，其至矣乎！民鲜久矣。"

⑦行此道而德全于心谓之仁：朱熹《论语集注》："仁者，本心之全

德……为仁者，所以全其心之德也。盖心之全德，莫非天理，而亦不能不坏于人欲。故为仁者必有以胜私欲而复于礼，则事皆天理，而本心之德复全于我矣。"可详参本书［颜渊第十二·一］"仁者，心之全德"词条注释。

⑧存养：存心养性，保存本心，培养善性。出自《孟子·尽心上》，可详参本书［学而第一·八］同名词条注释。

⑨常变：此指道的不同形态。《荀子·解蔽》："夫道者，体常而尽变，一隅不足以举之。"（道，就像天地一样常存，能曲尽万物变化，如果仅从其一处去观察，还远不够全面。）

⑩协：合，共同。

⑪涵泳：浸润，沉浸。

⑫物理：事物的内在规律或道理。

⑬周：完备。

⑭世用：处世治事的才能。

⑮放：放纵，恣纵。《孟子·梁惠王上》："苟无恒心，放辟邪侈，无不为己。"（如果没有恒常之心，恐怕百姓就会放纵恣肆，无法无天，无恶不作。）

⑯兼该：亦作"兼赅"，兼备。

【译文】

这一章讲的是，孔子教导人们修养内心的完整途径。

孔子说：学习首先要立志，如果把不该学的作为志向，那就是定位偏差了。人伦日用都有自身的理路，这就是所谓的"道"，而学应当以此为志，探究事物原理，而从中获得智慧，并努力推行于实务，聚精会神，心无旁骛，这样才有望于逐日进步，最终达到崇高明睿的境地。果能志于正道，就不会迷失于歪门邪道了。

遵行大道而内心有所得就是"德"。但如果有德但不严格遵循，这种所得之道又怎么会长久呢？一定要用坚强隐忍的力量来操守道德，务必使它长久保有而不丧失，而且德行积累越多，就要更加坚强隐忍。这样始终执守中庸之道，就会各善也兼备了。

行道而全德，就是"仁"。如果不时时依仁而立，就会被物欲杂念所引诱，那么心德还能保持完善而不亏缺吗？所以一定要恪尽保持本心的工夫，务必日日操守仁道而不违背，怀仁的层次越高就越要勤于操守，使道法统一而天理纯粹。

从"志于道"到"据于德""依于仁"，把内在本心都列举完毕，那么外在之表现又怎么能遗漏呢？像《诗》《书》《礼》《乐》等典籍，射箭、驾车、书写和算术等技艺，都寓存着大道至理，就是所说的"艺"，如果真的能够在其中优游，早晚浸润其中，用以熏陶滋养性情，那么就会使人通达事物之理，从而使处世治事的才能更加完备，这样就不会让心意放纵而无所归属了。

大概孔子倡导的道、德、仁、艺四个方向，能够用来完整地体悟天理；志、据、依、游四种行为，能够对心灵产生作用。这样就可以做到本末兼顾、内外互补，同时还观照了轻重缓急的顺序。这也正是圣人之学能够卓有成就的原因吧！

【评析】

《解义》仅将"艺"阐释为两种"六艺"的内容，或乃承袭了解经者一贯的说法，但这样使"艺"并不能和"道""德""仁"这几个大的概念相匹配，实在太过局限了。"游于艺"居于最后，有种总结和升华的意味，透露着儒学思想中的审美精神和品格。倪培民对此之论说深入而精彩：

> 谈到修养的过程，孔子把"游于艺"当作最高的理想，超越了"志于道，据于德，依于仁"这几个儒家修养实践的阶段。同样，孔子说："兴于诗、立于礼、成于乐。"这三句话的次序说明了艺术的生活方式是人生自我修养的结果和最高境界。……儒家艺术人生的理想是将艺术贯穿整个人生，而不仅仅是人们偶尔面对的重要时刻，比如像跳进着火的楼房救人，或者是为了保卫国家而承担一项危险的使命。实际上在日常生活中、在提供各种社会服务中、在建立牢固的社会关系中始终如一地保持美学姿态，要比偶尔面对的重大时刻当中作出艺术的表现更为困难。这也是曾点精神不同于道家和佛家理想之处。❶

因之，倪培民认为应当以"功夫"的方式进行涵养个人品质，而这种"功夫"涉及生活的各个方面，而不只是局限于道德修为。他在《孔子：人能弘道》这本书的修订版前言中总结道：

> 儒家学说的终极目标不是建立道德规范来束缚人，而是提供一种让人美好、艺术地生活的指南。换言之，儒者与其说是道德家，不如说是美学

---

❶ [美]倪培民：《孔子：人能弘道》，李子华译，上海人民出版社2013年版，第134-135页。

家。儒家当然也关心道德，但是用今天通常意义上的道德概念去把握孔子的目标就太狭隘了。孔子的目标远远超出了道德义务的范围而进入了艺术人生的领域。❶

【标签】

志于道；据于德；依于仁；游于艺；六艺

【原文】

子曰："自行束脩以上，吾未尝无诲焉。"

【解义】

此一章书，是圣人诲人不倦之意。

孔子曰：人性本无不善，而不能使之同归于善，是亦教者之过也。人不知来学，而必欲往教，固无是礼；①苟其求教之诚，执贽②而来，虽自行一束之脩以上，厚薄不同，而向道之心则同，皆可与为学者也，吾未尝不惓惓③以尽其诲焉。

夫圣人设教，不轻授人，教之义也；亦不轻弃人，教之仁也。教泽④所以无穷也与！

【注释】

①人不知来学，而必欲往教，固无是礼：《礼记·曲礼上》："礼闻来学，不闻往教。"孔颖达疏："不闻往教者，不可以屈师亲来就己。"
②执贽：同"执挚"，古代礼制，谒见人时携礼物相赠，以表达敬意。挚，音 zhì，礼品。
③惓惓：同"拳拳"，恳切诚挚。
④教泽：教育的恩泽。

---

❶ ［美］倪培民：《孔子：人能弘道》，李子华译，世界图书出版公司 2020 年版，修订珍藏本，修订版前言。

【译文】

这一章主要表现了圣人诲人不倦的心意。

孔子说：人之初，性本善。但如果不能使其向善，这就是教导者的过失了。如果别人不来求学，你自己跑去教，自然是无礼；但如果人家主动上门请教，带赞见之礼而来，哪怕是带来一束腊肉献上，礼物虽有轻重，但是其问道之心是一样的，都算作来求学者了，我没有不真诚以待而尽心教诲的。

圣人开展教育，未曾入门就不轻易传授，这是教育的应有之义；但既已入门，就不轻言放弃，这是教育的仁道属性。（以仁义立教，）就会使教育永久地惠泽他人！

【评析】

孔门立教，门槛低而起点高，教义严而施教宽。夫子言近旨远，寓意无穷，用一束腊肉，既区分了学与不学，也区分了教与不教、义与不义、仁与不仁，其道理充实可观。这种内涵和旨趣，经《解义》的理性分析，渐次清晰起来。

一般阐释者也多在腊肉（礼物）上联想，但腊肉本身并不是孔子的教育理念，孔子的教育理念是大众教育，兼容并包，有教无类。而一般的研究者也在腊肉（薪金）多寡上讨论，但腊肉本身也并非孔子所求，孔子的职业道德是"学而不厌，诲人不倦"，而一束腊肉，所代表的既非薪资，亦非财富，不过是一种教习之礼而已。如日本茶室之入口，故意使之低矮狭小，而不管身份高低贵贱，皆由此入，以示众生平等、洗去荣名之意，以一束腊肉作为进贽之礼，不过是标志为学进修的入口及对入学者基本的礼仪要求。孔子之学尽在于礼，以礼始，以礼终，敬于礼，慎于礼，无不依礼。故此番赞见，礼仪形式最不可少，初见便为初学矣。身在礼中，不亦乐乎？

孟子对于求教者的态度应该是顺承了孔子的教育思想，并把孔子比较含蓄的意思表达得更加清晰明睿：

公都子曰："滕更之在门也，若在所礼，而不答，何也？"孟子曰："挟贵而问，挟贤而问，挟长而问，挟有勋劳而问，挟故而问，皆所不答也。滕更有二焉。"（《孟子·尽心上》）

然而这并不有悖于"有教无类"的思想，而将"不教"作为"教"的一种方式，是所谓"不教之教"：

孟子曰："教亦多术矣，予不屑之教诲也者，是亦教诲之而已矣（《孟子·告子下》）

由孔孟一脉承传之教育思想，可知他们将教育作为一个整体关注对象来加以谨慎对待："当学习者的态度存在问题时，不屑于教他，让他退回去反省自己的问题，这本身也是教育方式的一种。求学的人应具备基本的礼仪，更应该有积极向老师学习的态度。"❶ 因之可谓孔孟之教育之"无类"，由此不仅可以取消阶层身份之差别，亦且取消可教与不可教之差等。其因仁而施教，因教而施仁，寓哲、教于一体而使教育之功用发挥到极致之努力，于此可见一斑。

故此，一束腊肉，意义着实非凡，而执拗于腊肉多寡之研究可以休矣。

【标签】

有教无类；诲人不倦；束脩；礼；学

【原文】

子曰："不愤不启，不悱不发。举一隅不以三隅反，则不复也。"

【解义】

此一章书，是圣人施教之有方也。

孔子曰：教人者岂不欲尽言而无隐，但必俟受教者有地，而后设教者可施。人有心求通而未得通，其意愤然不能自已者，在彼先有可通之势，而我为之开其意，则不难释彼之疑，是启之有益于愤也；若不愤，则彼原无志于求通，而何以启之？是以不启。

人有口欲言而未能言，其貌悱然不克自伸者，在彼先有可言之机，而我为之达其辞，则不难畅彼之隐，是发之有益于悱也；若不悱，则彼原未有所欲言，而何从发之？是以不发。

---

❶ ［韩］姜莹基：《孔子，那久远的未来之路》，强恩芳等译，北京大学出版社2014年版，第87页。

至于人有为我所面命①者，如举一隅以告之，必能触类引伸，以三隅反证，然后复告，则彼之悟无穷，而我之言亦易入；若举一隅，而不更即三隅还以相质②，则是执一③而寡所旁通，绝不能自用其力者，即复之何益？是以不复也。

盖教者固有欲尽之心，学者尤必有自致④之力，然后教学相长，可与有成。否则，虽谆谆告语⑤，无庸⑥也。孔子之不轻于教，正其不倦于教之意也夫！

【注释】

①面命：即"耳提面命"，当面告知。《诗经·大雅·抑》："匪面命之，言提其耳。"郑玄笺："我非但对面语之，亲提撕其耳。"

②相质：彼此质询，对质。

③执一：固执一端，不知变通。

④自致：自己要有主观上的努力。

⑤谆谆告语：即"谆谆告诫"，恳切耐心地劝告。《诗经·大雅·抑》："诲尔谆谆，听我藐藐。"（我讲得不知疲倦，你听得若无其事，真是徒费我唇舌。）

⑥无庸：无用。

【译文】

这一章展示了圣人施教有方。

孔子说：教人者无不希望"知无不言，言无不尽"，但一定是要等受教的人有所准备，然后教人者才可以施教。一个人心里想破解问题但做不到，所以他会因此郁闷不已。在他来说，本就有可能破解，而我为他点拨，实际上并不难做到，所以郁闷于心的人容易一点就透；如果本就不那么郁闷，说明他本身并不积极于问题的破解，那我又能从何做起呢？所以我干脆不点拨了。

一个人有话想说但不会表达，所以他会看起来很憋屈，却不能找到合适的辞令，因此当他有言说的欲望的时候，我就会用适度的方法引导他说出来，其实也不难疏通这种隐曲之言，只是要趁着他欲言又止、词不达意的时候；如果他本身就没有憋屈不能言的状态，那是他本就不想表达，那我又怎么能够引导他说出来呢？所以我干脆不引导了。

而当我对某个人耳提面命、谆谆教诲的时候，如果从一个角度来告诉他一个道理，他能够予以推演引申，从其他角度来反复推求，然后告诉我他的所得，这就说明他善于开悟，而我的教导也容易奏效；但如果从一个角度告诉他，他并不能从更多的角度来追问，那么就是他固执一端而不求变通，毫不动脑筋思考，那我反复教导他还有什么意义？所以我也就不反复了。

大概所有教导者都希望把自己所知悉数付与受教者，但学习者一定要具备自我探知的动力和能力，然后才能实现教学相长，彼此成就。否则，只依靠教导者的苦口婆心是无用的。孔子不会随便去教一个人，正是因为他不轻易对待教人这件事啊！

【评析】

既注重教育的内容，更注重教育的方法，两者合在一起，则是注重教育的选择和路径。经《解义》这样平行地解析，不独前后三句被同一主旨贯穿起来，更加容易理解，而且也使本章与上一章的内容产生同理并置的效果：上一章是择人而教，本章则是择时而教，前后的层递，呈现出孔子更为深刻的教育理念。一般公认孔子是主张"有教无类"（[卫灵公第十五·三十九]），意谓不分贵贱贫富，一视同仁地收纳入学，予以教育权利的公平对待，但实际上他也提倡有差等、有区别的教育，笔者姑且名之为"无教有类"，即"无礼不教""不学不教""不愤不启""不悱不发""不反不教"。这使我们领略到孔子对教育事业深刻而全面的界定，也可以想见他为之倾注了多少心神和努力。

【标签】

不愤不启，不悱不发；举一反三；教育方法

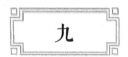

【原文】

子食于有丧者之侧，未尝饱也。

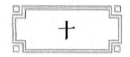

【原文】

子于是日哭，则不歌。

【解义】

此一章书，是见圣人性情之正也。

记者谓：吾夫子德性纯粹①，哀乐适当乎中。如人当有丧，夫子推见至隐②而哀之。时而食于其侧，则不能甘味③，而未尝饱也；如于是日吊④人而哭，余哀未忘，则终是日哀乐不相袭⑤，而自不能歌也。

夫圣人之不饱不歌，岂有心行乎其间，乃随所遇而各中其节。圣人自然之忠厚也，学者能识圣人用情之忠厚，其亦足以进于道矣夫！

【注释】

①纯粹：纯正不杂，精纯完美。出自《周易·乾·文言》："刚健中正，纯粹精也。"详参本书［泰伯第八·八］同名词条注释。

②推见至隐：推演明显的事物、情状。隐，精深，微妙。《史记·司马相如列传》："《春秋》推见至隐，《易》本隐之以显，《大雅》言王公大人而德逮黎庶，《小雅》讥小已之得失，其流及上。所以言虽外殊，其合德一也。"(《春秋》能推究到事物的极隐微处，《周易》原本隐微却容易阐释得明白，《大雅》说的是王公大人却德及黎民百姓，《小雅》讥刺小人的得失，却也可以用于君王主上。表面上它们言说的方式及其内容不一样，但是对于正道品德的诉求是一样的。)

③甘味：美味。

④吊：吊唁，吊丧，祭奠死者或对遭到丧事的人家、团体给予慰问。

⑤相袭：因循，沿袭。

【译文】

这一章，展现了圣人的率真性情。

记录的人说：我们的夫子德性纯粹，喜怒哀乐都符合中道。如果遇到人家举行丧礼，夫子将心比心、感同身受，而同样为之哀恸。如果当时在丧葬之地的旁边吃饭，就无心品尝，以至于不吃饱就结束了；如果当天去吊丧哭泣，之后还是很哀伤，以至于这一整天都深色哀戚，面无喜色，当然也就不会唱歌逸乐了。

圣人对于丧亡的情感如此深惋，寝食难安，弃绝安乐，哪里是刻意这样做，只不过是随机而动，却又都符合礼节。圣人就是这种天生忠厚的品格，而学习者如果能够充分体会到圣人的这一情感，也就说明道行又要有所长进了。

【评析】

当今传媒发达，凡种种天灾人祸、伤亡事件，传布迅速，浓重如雾，四散弥漫，令人或悲痛不已，或义愤难平。人们不禁或哀悼或发泄，哀戚充塞，铺天盖地，怅惘寥廓。

诚然，民胞物与，物伤其类，同情之哀，理所当然。但是，围绕这些事件却呈现出缺少节制而任性妄为、滥施网络暴力的种种令人错愕、尴尬的情形。如何理解死亡，对于死者的合理的情感表达应该是怎样的呢？我们或可以从孔子这里发现答案。

首先，死亡对于死者意味着什么？海德格尔说，当我们面向死亡时，死亡便消失了。死亡之于死者，是彻底的空无，对于生者而言，又是完全的未知。既然如此，又怎能以生者的痛苦来通达对死者的哀悼呢？

阴阳两隔、生死阻断是人类及诸生灵的大悲痛，然而却痛苦无地，无以言表，惟以沉默相对，以心灵之独白告慰死者，也让这亡灵在未知世界自在升腾，不受搅扰。惟有沉默，方可以空无对空无，以灵魂对灵魂。子曰："孝子之丧亲也，哭不偯，礼无容，言不文，服美不安，闻乐不乐，食旨不甘，此哀戚之情也。"（《孝经·丧亲章第十八》）夫子食丧不饱，哭亦不歌，正合其"五至三无"之说（《礼记·孔子闲居》中语，见［阳货第十七·十一］"中者，无体之礼"词条），至情至性，至真至纯，诚如赤子，死事哀戚。然非独如是，何以告慰死生之大者？

西蒙·利斯（Simon Leys）在其英译本《论语》序言中，专节讨论了"孔子的沉默"，将孔子以沉默对待死亡的深沉意蕴清晰地揭示出来：

Confucius's silences occurred essentially when his interlocutors tried to draw him into the question of the afterlife. This attitude has often led commentators to conclude that Confucius was an agnostic. Such a conclusion seems to be very shallow. Consider this famous passage: "Zilu asked about death. The Master said: 'You do not know life; how could you know death?'" Canetti added this comment: "I know of no sages who took death as seriously as Confucius." Refusal to answer is not a way of evading the issue, but on the contrary, it is its most forceful affirmation, for questions about death, in fact, always "refer to a time after death. Any answer leaps past death, conjuring away both death and its incomprehensibility. If there is something afterwards as there was something before, then death loses some of its weight. Confucius refuses to play along with this most unworthy legerdemain."

Like the empty space in a painting—which concentrates and radiates all the inner energy of the painting—Confucius's silence is not a withdrawal or an escape; it leads to a deeper and closer engagement into life and reality. Near the end of his career, Confucius said one day to his disciples: "I wish to speak no more." The disciples were perplexed: "But, Master, if you do not speak, how would little ones like us still be able to hand down any teachings?" Confucius replied: "Does Heaven speak? Yet the four seasons follow their course and the hundred creatures continue to be born. Does Heaven speak?"❶

孔子对死亡问题保持沉默，但并不意味着他是一个不可知论者。子路问死，孔子以"未知生，焉知死"拒之。卡内蒂（Elias Canetti）对此补充道："我知道从未有一个圣人像孔子那样认真对待死亡。"拒绝回答并不是回避这个问题，相反，它是对死亡问题最有力的肯定，事实上，这总会"涉及死后的事情。而任何答案都会越过死亡本身，试图探究死亡及其不可理解性。如果有什么东西在死后可以感知，就像在生前一样，死亡就不再那么沉重。孔子拒绝参与这个最无聊的骗局。"

就像一幅画布有留白，却焕发出画中所有的内在能量——孔子的沉默不是一种退缩或逃避；它引导人们更深入、更紧密地参与生活和现实。当孔子的生命历程将要结束时，有一天他对弟子们说："予欲无言。"弟子们都很困惑：可是，"子如不言，则小子何述焉？"孔子回答说："天何言哉？四时行焉，百物生焉，天何言哉？"

【标签】

哀；民胞物与；死亡

---

❶ Simon Leys: *The Analects of Confucius*, W. W. Norton & Company (1997): xxxi - xxxii.

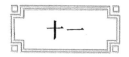

【原文】

子谓颜渊曰:"用之则行,舍之则藏,惟我与尔有是夫!"

子路曰:"子行三军,则谁与?"

子曰:"暴虎冯河,死而无悔者,吾不与也。必也临事而惧,好谋而成者也。"

【解义】

此一章书,是见圣贤出处①之必有其具②也。

孔子谓颜渊曰:吾人出处之道,所遇者系乎时,而所操者存乎己。有如用之,是时可以有为也,则出而行道,以成弘济③之功;其或舍之,是时不可以有为也,则卷而藏之④,以全独善⑤之志。仕、止、久、速⑥,既听其遇之自然,又不失其理之宜然,当吾世孰能有此哉?惟我与尔有是夫!(固有⑦独喻⑧而不可以告人者矣。)

子路闻是言而请曰:用舍行藏,夫子固与回共之矣。若夫子一旦行三军而有战伐之事,则将谁与乎?(子路盖自负其勇而以为非己莫与也。)

孔子曰:兵,凶器也,战,危事也,而可以血气⑨逞⑩乎?如暴虎⑪徒搏,冯河⑫徒涉,轻生妄动⑬,死而无悔者,既不知一己之利害⑭,又焉能措⑮大事于万全⑯?吾所不与也。必也平日之涵养⑰裕⑱乎一心,临事之际不但不肯妄动,且有战兢危惧之意,又好深谋远虑,斟酌至当,而后果决以成之。如此之人,以敬慎⑲养其义气⑳,以详密㉑保其全功,可谓智勇兼备者。是乃吾之所与也。

由前观之,则知可以退者乃可以进,彼尸位恋禄㉒与干时躁进㉓之徒,皆非用世㉔之具也;由后观之,则知有谋者乃能有勇,彼卤莽㉕剽锐㉖与轻浮㉗喜事㉘之子,皆非成功之人也。人主论相㉙择将,其必取法乎此哉!

【注释】

①出处:进退,出仕及退隐。

②必有其具:必须具备一定的条件才能有所成就。《吕氏春秋·审应览第六·具备》:"今有羿、逢蒙、繁弱于此,而无弦,则必不能中也。中非独弦也,而弦为弓中之具也。夫立功名亦有具,不得其具,贤虽过汤、武,

则劳而无功矣。汤尝约于郼、薄矣,武王尝穷于毕、郢矣,伊尹尝居于庖厨矣,太公尝隐于钓鱼矣。贤非衰也,智非愚也,皆无其具也。故凡立功名,虽贤,必有其具,然后可成。"(假如有后羿、逄蒙这样的神射手和繁弱这样的良弓劲弩,却没有弓弦,那么必定不能射中。射中不仅仅是依靠弓弦,但是弓弦是弓发挥作用的条件。建立功名也需要一定的条件。如果不具备这些条件,即便贤德和才能超过了商汤、武王,那也会徒劳无功。商汤曾经受困于郼、亳两地,武王曾在毕、郢两地窘迫,商代的建国元老伊尹在功成名就之前也不过是在厨房里服劳役,周代的开国功臣在号令三军之前也不过是靠钓鱼为生。当时并非他们的能力或品德不够,也不是他们的智力或知识不够,只是由于还不具备足够的条件。所以凡是建立功业和名声,即便是贤良的人,也必须因势利导,万事俱备,然后才能取得成功。)

③弘济:兼济,广为济助。

④卷而藏之:收身隐藏。[卫灵公第十五·七]:子曰:"直哉史鱼!邦有道,如矢;邦无道,如矢。君子哉蘧伯玉!邦有道,则仕;邦无道,则可卷而怀之。"(夫子说:史鱼好正直啊!家邦遵守道义的时候,他像一支不可弯折的箭矢,不遵守道义的时候,他也还是如此坚贞。蘧伯玉真是个君子啊!家邦遵守道义的时候他就出仕而有所作为,家邦不守道义的时候他就退身而有所隐忍。)

⑤独善:《孟子·尽心上》:"尊德乐义,则可以嚣嚣矣。故士穷不失义,达不离道。穷不失义,故士得己焉;达不离道,故民不失望焉。古之人,得志,泽加于民;不得志,修身见于世。穷则独善其身,达则兼善天下。"(尊崇德行而仰慕道义,就能悠然自得了。所以士人穷困时不舍弃义,得志时不背离道。穷困时不舍弃义,所以士人能保持自己的操守;得志时不背离道,所以不会使百姓失望。古代的人,得志时,惠泽百姓;不得志时,修身立世。穷困时,保存好自身,得志时,广济百姓。)

⑥仕、止、久、速:指孔子因时因地来决定自己的行动。《孟子·万章下》:"孔子之去齐,接淅而行;去鲁,曰:'迟迟吾行也,去父母国之道也!'可以速而速,可以久而久,可以处而处,可以仕而仕,孔子也。"(孔子离开齐国的时候,不等把米淘完就走;离开鲁国时却说:"我们慢慢走吧,这是离开父母之邦的路啊!"该快就快,该慢就慢,该隐居就隐居,该做官就做官。这就是孔子。)

⑦固有:本来就有。

⑧独喻:特别的含义。

⑨血气：血性，勇气，骨气。
⑩逞：显示，炫耀，卖弄。
⑪暴虎：空手搏虎。
⑫冯河：徒步涉水过河。
⑬轻生妄动：不爱惜自己的生命而胡乱作为。
⑭一己之利害：能否正确处理个人得失会影响到天下公利。清黄宗羲《明夷待访录·原君》："有生之初，人各自私也，人各自利也；天下有公利而莫或兴之，有公害而莫或除之。有仁者出，不以一己之利为利，而使天下受其利；不以一己之害为害，而使天下释其害。"（自有人类社会以来，人都是自私自利的。天下有公共的利益，没有人去兴办它；有公共的祸害，没有人去除掉它。后来有仁人出现，不以自己的利益为利益，要使得天下人都能享有利益；不以自己的祸害为祸害，要使得天下人都能免除祸害。）
⑮措：筹措。
⑯万全：完满。
⑰涵养：指涵养德性或涵养本原，道德修养要重视养心存心的工夫。可详参本书［为政第二·四］同名词条注释。
⑱裕：充足。
⑲敬慎：恭敬谨慎。
⑳义气：节烈、正义的气概。
㉑详密：详细周密。
㉒尸位恋禄：尸位素餐，尸禄保位，居位食禄而不做事。
㉓干时躁进：干（gàn）时，违犯时势。躁进，冒进，轻率前进。
㉔用世：见用于世，为世所用。儒家指以积极负责的心态来为社会服务。
㉕卤莽：鲁莽。
㉖剽锐：强悍勇猛。
㉗轻浮：轻佻浮夸。
㉘喜事：好事，喜欢多事。
㉙论相：论同"抡"，挑选。

【译文】

这一章是说，圣贤决定出仕还是隐居，都是根据一些条件来判定的。

孔子对颜渊说：我们的人，决定是出仕当官还是在家隐居，要根据当时的境遇来决定，但怎么选择还是可以由自己把握。如果得到任用的邀约，而且在当时是可以有所作为的，那就去做，以推行大道来兼济天下；如果没有人愿意任用，而且在当时也无可作为，那就退身隐居，这样也能符合独善其身的意愿。该做官就做官，该隐居就隐居，该慢就慢，该快就快，既是顺其自然，也是理所当然，当今之世，有谁能够做到这样呢？恐怕只有你我了吧！（这自然是有特殊的寓意，但不方便告诉别人。）

子路听到这句话，就来请教孔子说：任用就做事，不用就隐退，夫子爱跟谁一起就跟谁一起吧！我就想知道，如果夫子有一天遇到了三军行进征战突起，还会跟谁在一起呢？（子路大概是因为自负自己的勇力，所以认为孔子更应该选择他。）

孔子回答说：兵器，是凶杀之器，战争，是危险之事，又怎么可以用逞强好胜来解决？就像赤手空拳与老虎搏斗，就像挽起裤腿光着脚过河，不爱惜自己的生命而胡乱作为，甚至至死也不知悔改的人。既然不知道个人对于得失利害的态度会直接影响到公利公义，又怎么能够将家国大事筹措得尽善尽美、万无一失？这种人是我不愿意共处的啊。如果要我说该怎么做，那就应该在平时灌注心思，在日用伦常之上进行沉潜修炼，这样在突发事件之前，就不会手忙脚乱、轻举妄动，而且会敬畏以待，同时又能深思熟虑、周密计划，然后果决行动。这样的人，通过恭敬谨慎的态度来涵养其正义的气概，用详细周密的行动来确保事功圆满，可以称得上是智勇兼备了。这种人则是我愿意与之共处的。

由孔子前半部分的话可知，谦恭让步的人反而可以更好地前进，而那些尸位素餐而不劳而获或者是急功近利而掩耳盗铃的一干人，都不会成为世所任用的人才；由后半部分的话可知，有思考有谋划的人才有大勇力，而那种鲁莽冒进或者轻薄多事的小子们，都是不可能成功的。君主物色将相人选，也一定要借鉴这番话啊！

【评析】

每一种品质，其实都包含不同的层次，只有达到纯粹的境地，才真正堪称美德，否则可能亦成为其缺点。比如说勇德，如果只是因为崇尚勇力而以勇德自居，反而未必有助于成人、成事。比如［为政第二·二十四］中对"见义不为"行为的蔑视，以及在［公冶长第五·七］中对子路"好勇过我，无所取材"的批评。又比如微生高借醯（醋）助人（［公冶长第五·二十四］），假设有周公之才之美而又骄且吝（［泰伯第八·十一］），等等。这些都是道德修为不彻底、不纯粹、不完美的表现，甚至是以委曲求全而至欺世盗名之嫌。所以夫子在此借助人们所熟知而自是的勇德为例，鞭策人们涵养道德，提升修为。

关于勇德层次的讨论，可参看［公冶长第五·七］的"评析"部分。

【标签】

颜渊；子路；勇德；暴虎冯河

【原文】

子曰："富而可求也，虽执鞭之士，吾亦为之。如不可求，从吾所好。"

【解义】

此一章书，是圣人破人妄求之心也。

孔子曰：天下之物，未尝不有求而得之者。至于富则何如哉？若富而可以人力强求也，则虽执鞭之士，吾亦为之矣。（盖执鞭虽贱役，而屈己足以致富，又何辞焉？）但人之贫富亦非偶然，在天有一定①之数，在己有一定之理，如不可强求而得，则何不从吾心中之所好，为安于命而合于理也乎！

夫求富则乞诸人而不得从好，则反诸己而有余，人亦何必营营②取辱哉？然则士之所以立身，君子之所以取人，必先观其所守，而后可知其所为矣。

【注释】

①一定：固定不变，注定。明薛瑄《道论》："人之子孙，富贵贫贱，莫不各有一定之命。"

②营营：追求奔逐。

【译文】

这一章是讲，圣人希望人们破除非分妄求的心思。

孔子说：天下万物，都可以求取而得。那么求富会是什么情况呢？如果富是通过个人的努力能够求得的，那么即便是当马车夫为人赶车，我也愿意。（大概赶车是苦差，虽然有些遭罪，但是可以致富，又干嘛不做呢？）但是一个人的贫富情况并不是偶然获得的，于天而言是有注定的命数，在

461

己而言则要依从必然的道理,如果即使强求也未必可得,那还不如去做我自己喜好的事情,这样既算是乐天知命,也算是合理合道。

如果一味求富,则必然对他人有所求,而不得不委屈自己的意志,无法自由追求个人志趣所好,但如果反身自求,其实所得就已然足够,所以一个人又何必蝇营狗苟而自取其辱呢?反过来看,士人安身立命,君长选人用人,就要看重其所坚守的原则(有所不为),然后就可以知道他平时做了什么了。

【评析】

孔夫子这番话极其洒脱,放在当今学界,可谓一语说尽"主体性价值"。寻绎古人文字,陶渊明《饮酒》(其九)意蕴正好与之相应:

清晨闻叩门,倒裳往自开。
问子为谁与?田父有好怀。
壶浆远见候,疑我与时乖。
褴缕茅檐下,未足为高栖。
一世皆尚同,愿君汩其泥。
深感父老言,禀气寡所谐。
纡辔诚可学,违己讵非迷!
且共欢此饮,吾驾不可回。

这首诗是模仿《楚辞·渔父》的方式,通过作者与一位农夫的对话来表达自己决然归隐之心,清早听到敲门的声音,来不及穿好衣服就去开门。请问来者是何人?原来是好心的老农。拿着酒远道来问候,担心我一个人不合时宜那么孤单。穿着破烂衣服住在茅草棚里,太委屈了我的身份。世上的人都随波逐流,希望我也顺势而为。老人这一番话让我深深感动,只是我天性如此难以改变。官场上那一套不是不可以学,但违背了自己的本心岂非迷失了自己?不如一起痛饮一杯,我再也不会回到我不喜欢的地方了。❶

陈冠学借此诗评价本章,十分恰切:

富贵是生物世界事,苟得其方,求无不得之。虽然,夫子则自有所好,

---

❶ 译文采自费勇:《人生真不如陶渊明那一杯酒》,浙江文艺出版社2017年版,第96–97页。

夫子固在超越于生物层次之义理世界中行也。"从吾所好"四字美极，千载而下，独靖节"吾驾不可回"五字足与相当。然靖节则住在艺术世界或自我世界中，夫子则在道德世界中。❶

"靖节"即陶渊明。陶渊明私谥"靖节"，世称靖节先生。他坚持辞官不做，归隐田园，并作有《饮酒》《归园田居》《五柳先生传》《桃花源记》和《归去来兮辞》等诗文，因此被钟嵘评为"古今隐逸诗人之宗"。《饮酒》组诗二十首大概都是陶渊明力争"从吾所好"的最佳见证。然而这位真正的隐士并不是道家的，而是确确凿凿的儒家，他虽然隐居田园，与世无争，但是在其《饮酒》组诗的最后一首，也就是第二十首中借着酒力吐出胸中的块垒，满怀儒家情怀：

羲农去我久，举世少复真。
汲汲鲁中叟，弥缝使其淳。
凤鸟虽不至，礼乐暂得新，
洙泗辍微响，漂流逮狂秦。
诗书复何罪，一朝成灰尘。
区区诸老翁，为事诚殷勤。
如何绝世下，六籍无一亲。
终日驰车走，不见所问津。
若复不快饮，空负头上巾。
但恨多谬误，君当恕醉人。

诗的意思是说：孔老夫子一生孜孜以求于实现古代盛世景象，虽然没有达到目标，也恢复了部分礼乐制度，可惜这种努力被秦朝暴力所打断，而后世之人再不习读经书，无人遵循前圣之路，以至于世风日下，无路可走。在这样的时代实在令人苦闷，我何不因此多喝几杯，方不负时光韶华。

【标签】

从吾所好；主体性价值；陶渊明；《饮酒》

---

❶ 陈冠学：《论语新注》，东大图书公司1995年版，第111–112页。

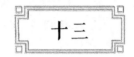

【原文】

子之所慎：齐，战，疾。

【解义】

此一章书，是门人记夫子谨身①之大节②也。

吾夫子③何事不慎、何时不慎，而又有所更慎焉者，盖有三也：其一曰齐④。夫齐以交神⑤，神之所以享格⑥者，在诚意不在虚文⑦；一有不慎，则备礼备乐⑧无益也。（若夫清明其志⑨，俨恪其体⑩，所谓"祭如在"⑪者，惟夫子有焉。）

一曰战。夫战以卫国，国之所以灵长⑫者，在胜算不在黩武⑬；一有不慎，则坚甲利兵无益也。（若夫临事而惧，好谋而成，⑭所谓"神武不杀"⑮者，惟夫子有焉。）

一曰疾。夫疾为身累⑯，身之所以保摄⑰者在平日，尤在一时⑱；一有不慎，则补救怨尤无益也。（若夫养其天和⑲，择其医药，所谓"守身为大"⑳者，惟夫子有焉。）

可见圣人无所不慎，而三者关系非轻，故谨之又谨，要非㉑深窥圣人者，焉能知其如此哉？

【注释】

①谨身：整饬自身。
②大节：高远宏大的志节、节概，或指品德操守的主要方面（对小节而言）。
③夫子：指孔子。
④齐：通"斋"，斋戒。
⑤交神：与神接交。
⑥享格：献祭而能感通。享，献，祭祀。格，感通，谓此有所感而通于彼。
⑦虚文：虚浮不诚的形式。
⑧备礼备乐：完备的礼乐。
⑨清明其志：清明，神志清晰，清察明审。

⑩俨恪其体：俨恪，音 yǎnkè，庄严恭敬。《礼记·祭义》："严威俨恪，非所以事亲也。"孔颖达疏："俨，谓俨正；恪，谓恭敬。"

⑪祭如在：[八佾第三·十二]："祭如在，祭神如神在。"（祭祀祖先就像祖先真在面前，祭神就像神真在面前。）

⑫灵长：广远绵长。南朝宋刘义庆《世说新语·黜免》："若晋室灵长，明公便宜奉行此诏。"

⑬黩武：滥用武力，好战。

⑭临事而惧，好谋而成：[述而第七·十一]：必也临事而惧，好谋而成者也。

⑮神武不杀：神明英武而又不好残暴杀伐。《周易·系辞上》：子曰："夫《易》何为者也？夫《易》开物成务，冒天下之道，如斯而已者也。"是故圣人以通天下之志，以定天下之业，以断天下之疑。是故蓍之德圆而神，卦之德方以知，六爻之义易以贡。圣人以此洗心，退藏于密，吉凶与民同患。神以知来，知以藏往，其孰能与此哉？古之聪明睿知、神武而不杀者夫！是以明于天之道，而察于民之故，是兴神物以前民用。圣人以此斋戒，以神明其德夫！是故阖户谓之坤，辟户谓之乾，一阖一辟谓之变，往来不穷谓之通，见乃谓之象，形乃谓之器，制而用之谓之法，利用出入，民咸用之谓之神。（孔子说："《周易》为什么会这样呢？这是圣人开通天下人的智慧，成就天下之事物，包容天下万物，包容天下万物中蕴涵的道理，如此而已。"所以，圣人用《周易》来汇通天下人的意志和思想，以成就天下之事业，以决断天下之疑难。所以，用来演算卦象的蓍草具有圆通而神奇的特征，而用以象征吉凶的卦体则具有方正而明智的特征。六爻的意义在于通过变化告知人们卦爻辞中所包含的吉凶。圣人以此来净化心灵，然后，退而深藏于隐秘之处，在吉凶方面则与百姓同忧同患。由此可知，其神奇可预测判断未来以未雨绸缪，其智慧可总结教训以扬长避短，还有谁能做到这样呢？古代聪明智慧、神明英武而又不好残暴杀伐的君主才能够达到这样的境界吧！所以明白天地万物之道，而复能观察民生百态，所以圣人取用神妙的蓍草占验吉凶得失，以有效指导民众，使趋吉避凶于未做事之前。圣人以此斋戒其心，使其德业达到神明的境地吧！《周易》之阴阳、变通、象器、法神八者之理，随处可见，比如以门户比喻：关起门户包藏万物，叫"神"，打开门户生成万物，叫"乾"；一关一开，叫"变"；一开一关使人们可以自由自在地出入往来，未有穷尽，就叫作"通"；显现于外面，有物象可观，就叫作"象"；表现于器用，有尺度的大小，合于规矩方圆的形状，就叫作"器"；造屋宇之时，即用门户以出入，有法度可

寻，就叫作"法"；利用乾坤开闭的道理出入于宇宙万物之中，往来不穷，百姓都使用根据《周易》之象所制造的器物，却浑然不知这些器物从何而来，圣人对民众的教化和恩德真是奇妙如神啊！）

⑯身累：使身体过度劳累。

⑰保摄：保养。

⑱尤在一时：在特定的时刻。

⑲天和：先天的和气，是与生俱来的、尚未被破坏的冲和之元气。《庄子·知北游》："若正汝形，一汝视，天和将至；摄汝知，一汝度，神将来舍。德将为汝美，道将为汝居，汝瞳焉如新出之犊，而无求其故。"（只要能端正你的形体，集中你的心神，就能恢复天生的冲和之气；泯灭你的智识，集中你的心气，就能使神明重新返回。德将会使你显得美好，道将成为你的优居之所，你将会像初生牛犊那样无知无识，不再执着于旧我。）

⑳守身为大：守护自己的身体最为重要。《孟子·离娄上》："事，孰为大？事亲为大。守，孰为大？守身为大。不失其身而能事其亲者，吾闻之矣；失其身而能事其亲者，吾未之闻也。孰不为事？事亲，事之本也；孰不为守？守身，守之本也。"（生活里侍奉谁最重要？侍奉父母最重要。守护什么最基础？守护自身的身体最基础。让自己身体健全而能侍奉好父母的，我听说过；失去生命和健康而能侍奉好父母的，我从来没听说过。谁能不侍奉呢？侍奉父母，是诸事之首要；谁能不守护呢？守护身体，是诸善之基础。）

㉑要非：若不是。

【译文】

这一章说的是，门人记录了夫子持重修身的重要条目。

我们的夫子无事不慎、无时不慎，而且特别慎重对待的，有三点：其一，斋戒。斋戒就是与神灵交接的过程，之所以在献祭的时候能够感通神灵，重在诚意而非摆摆样子；稍有不慎，就算是完备的礼乐，也都无济于事（像那种神志清晰明朗，本体庄严恭敬，犹如所谓"祭如在"的诚敬状态，恐怕只有夫子才能如此坚持。）

其二，战争。战争用来保家卫国，是使国家长治久安的保障，但是其贵在运筹帷幄而不在穷兵黩武；稍有不慎，即便是坚甲利兵，装备精良，也都不会胜算。（像那种面临事情保持敬畏，而能够巧妙策划的，犹如《周易·系辞上》所谓的"神武不杀"的止战战略，恐怕只有夫子才能如此运思。）

其三，疾病。疾病是因为烦扰身体，身体的保健保养贵在平时，一刻都不能疏忽。稍有不慎，病后再去补救或者怨天尤人，也都于事无补，毫无意义。（像那种能够颐养自然冲和之气，注重医药保健，犹如《庄子·知北游》所说的"守身为大"的知性抉择，恐怕只有夫子才能如此决断。）

由此可知，其实圣人无事无时不加谨慎，而这三样关系重大，所以要谨慎再谨慎，若不是深得圣人要旨而能有所收获的人，又怎么能选择判断得如此透彻呢？

【评析】

《解义》从内容本身牵连出古人对于斋、战、疾三者的精致论述，可谓精彩。但惜乎仅从字面意思来解，尚不够透彻。从一般意义上而言，《论语》的阐释要植根于宏观的时代背景与合理的思想逻辑，仅仅根据个别词句进行解释，往往失之片面或浅薄，无法透析其内在的真义。孔子并不推崇武力，所以较为排斥谈论军事问题。此处貌似反倒论起来他是如何谨慎对待这件事，但实际情况却大相径庭，毕竟反战和慎战并非同一内涵，两者绝不可等同。因此，仅仅认为他只是因为反战而慎战，就有悖于他一贯的政治主张。由这一点推演开去就会明白，孔子固然谨慎于斋、战、疾，但是所谨慎的不是其本身，这些事务不是依凭谨慎而可成事或者避免的，虽然谨慎于其事本身是有帮助的，但并不是解决的根本之道，因此也不应该理解为孔子所关注的重点。

那么，三者的共同之处，即理解本章的关键。笔者以为，考查这三者如何贯通于一体不应只局限于事务本身，更应关注孔子对于相关礼制的态度。孔子终其一生，推行以礼治天下，特别是在斋戒、战争、疾病这三种特殊的时刻。一般的人，要么于独处时无视礼，要么在战斗时忽略礼，要么在病弱时放弃礼，但是夫子仍然要求自己谨慎守礼，心心念念于礼，孜孜以求于礼，足可见其对礼的坚守和执着。

其于战之不屑，见《论语·卫灵公》之篇首论不知战阵，可知也；其于疾中守礼，于《论语·乡党》中诸多关于夫子疾病时的记述，亦可知也；而古代斋戒时非常诚敬谨慎，是有所谓"七日戒、三日斋"（《礼记·坊记》），《论语》中如［乡党第十·七］等诸章，谨慎以礼而无以复加者比比皆是，不遑多论。

实际上，商周时期的礼仪作为重大社会治理机制，在某种程度上与"文化"一词在外延上可以等量齐观，而战争不过是一种仪礼形式。费正清引用刘易斯（Mark Edward Lewis，1990）的研究，认为当时各国统治者的权威基于"献祭、征伐、狩猎等形态的以仪礼为宗旨的暴力行为",献祭与征战都是仪式化的,因此成为政府的两大要务。"周代与商代情形一样,经由献祭——不拘是献人或牲畜——完成的祖先崇拜仪式,使用了代表当时铸造技艺最高成就的青铜礼器,也借祭拜活动维持统治者的合法性。狩猎可供应牲祭的动物,征战则提供了献祭用的俘虏。征战本身就是一项宗教崇拜行为,出征前的占卜、告上苍、誓师,以及征战后在祖宗灵位前郑重其事的告慰列祖、献战利品、献俘,整个是一套宗教仪式。藉参与狩猎、征战、献祭而完成崇拜仪式,可确定自己隶属供奉同一祖先的统治阶级。"❶ 简而言之,当时礼制的范畴大于战争,而孔子之慎战只不过是谨守礼制的一个表现而已。

【标签】

慎;齐(斋);战;疾

【原文】

子在齐闻《韶》,三月不知肉味,曰:"不图为乐之至于斯也。"

【解义】

此一章书,是见圣人之神游①古帝②也。

昔帝舜之作乐也,名曰《韶》,以至圣之德当极治之时,其声容③美善④,虽得之传闻,而未易亲见也。舜之后有陈敬仲者奔齐,故齐有《韶》乐,⑤夫子至齐而得闻焉。于是三月之久,一心向往,至于饮食俱忘,不知肉味,且赞叹曰:古乐之入人也深矣,而《韶》之入人也,更有出于意想之外者,不图为乐之至于斯也。非甚盛德⑥,乌能若此乎?

盖治之象征乎乐⑦,而乐之原系乎德⑧。孔子之所以极赞舜乐者,其亦与舜合德⑨,而后知其深也,岂仅在声音节奏之际哉?

【注释】

①神游:神交,以精神相交。

---

❶ [美]费正清:《费正清论中国》,薛绚译,台北正中书局1994年版,第50-51页。

②古帝：指舜帝。

③声容：乐音和气象。

④美善：尽善尽美。[八佾第三·二十五]：子谓《韶》，"尽美矣，又尽善也"。

⑤舜之后有陈敬仲者奔齐，故齐有《韶》乐：陈敬仲，即陈完（前705—?），春秋时陈国公族，陈厉公妫（guī，姓）跃之子，字敬仲。厉公死后，其弟陈宣公继位。陈敬仲平时与太子御冠交谊很深，后来陈宣公想立妃子所生之子陈款为太子，陈敬仲怕受牵连，于是逃到齐国。因陈、田上古读音很相近，于是改姓田，所以他又称田敬仲。《史记·田敬仲完世家》："周武王克殷纣，乃复求舜后，得妫满，封之于陈，以奉帝舜祀。"陈姓即舜之后人，得传其《韶》乐。因此据说，陈敬仲出逃齐国，将《韶》乐也带入齐国，故孔子在齐国能够习得之。

⑥盛德：高尚的品德。

⑦治之象征乎乐：音乐是政治状况的真实呈现。《礼记·乐记》："凡音者，生人心者也。情动于中，故形于声；声成文，谓之音。是故，治世之音安以乐，其政和；乱世之音怨以怒，其政乖；亡国之音哀以思，其民困。声音之道，与政通矣。"（音，是发自内心的。心感情动，就会用声音表现出来；这种声音形成纹理，就是乐音。所以，治世的乐音安详和欢乐，可见其政治和谐；乱世的乐音幽怨而不平，可见其政治混乱；亡国的乐音悲哀而忧郁，可见其民众困苦。声音传达的情理，与政治现状往往息息相关。）

⑧乐之原系乎德：乐音是内在道德的外现。《礼记·乐记》："德者，性之端也；乐者，德之华也；金石丝竹，乐之器也。诗，言其志也；歌，咏其声也；舞，动其容也。三者本于心，然后乐器从之。是故情深而文明，气盛而化神，和顺积中而英华发外，唯乐不可以为伪。"（德，是人性的终端；乐，是品德的展现；金石丝竹，都可以用作乐器。诗，是传达政治怀抱；歌，则是赋予语言以流动形式；舞，是歌咏之不足，手之舞之足之蹈之，以仪容来释放情志。诗、歌、舞三者都是发自内心，然后伴以文辞、声响、动作来充分表现。因此当情感发自内心深处时，所发明出来的文华才是志向的显露；当志气充实盛大，使得心体灵秀的时候，受外物感动所引发的变化就会神奇微妙；和谐顺化之气积聚于心中，美好的光华发扬于外，达到这样由内至外、和谐光明的状态才有乐的流露，因此声、音都是可以造作的，而乐却无法伪装出来。）

⑨合德：同德。出自《周易·乾·文言》："夫'大人'者，与天地合其德。"可详参本书[述而第七·三十五]"与天地合德"词条注释。

【译文】

这一章是讲，圣人通过音乐与上古帝王神交。

舜帝时候所作的音乐，叫作《韶》，它蕴含至高的品格而恰逢盛世，它的乐音、气象尽善尽美，虽然其名声如雷贯耳，但并未真正接触和欣赏。舜的后人陈敬仲因陈国内部政治因素出逃齐国，把《韶》乐也带到了那里，所以孔子在齐国也能习得之。在长达三个月的时间里，夫子全身心投入，以至于废寝忘食，不觉肉味，而且常常感叹说：古乐实在能够动人心扉，而《韶》更胜一等，超乎想象，没想到我能够因为此愉悦而达到这种地步。如果其中不是寓托了高尚的品德，又怎么会让我如此痴迷呢？

大概政治气象表征为乐音，而乐音本就是道德的真实呈现。孔子之所以对《韶》乐大加赞赏，说明他本人具备与舜一样的品德，然后才会有如此深切的体验，而非仅仅停留在音调乐理的感官体验上。

【评析】

冯梦龙解本章云："'闻'字重看，要想孔子与舜两心相契处。"❶ 本章评析以此说张本。

闻，听也，不是看。但是《韶》本不是用来"闻"的：

夔曰："戛击鸣球、搏拊、琴瑟，以咏。"祖考来格，虞宾在位，群后德让。下管鼗鼓，合止柷敔，笙镛以间。鸟兽跄跄；箫韶九成，凤皇来仪。夔曰："於！予击石拊石，百兽率舞。"（《尚书·益稷》）

译文：

夔说："敲起玉磬，打起搏拊，弹起琴瑟，唱起歌来吧。"先祖、先父的灵魂降临了，我们舜帝的宾客就位了，各个诸侯国君登上了庙堂互相揖让。庙堂下吹起管乐，打着小鼓，合乐敲着柷，止乐敲着敔，笙和大钟交替演奏，扮演飞禽走兽的舞队踏着节奏跳舞，韶乐演奏了九次以后，连凤凰都成双成对，上下翻舞。夔说："唉！我轻敲重击着石磬，扮演百兽的舞队都跳起舞来，各位官长也合着乐曲一同跳起来吧！"

因为作为舜帝时代标志的《韶》，本就是诗、乐、舞一体的，大致类似

---

❶ 〔明〕冯梦龙：《四书指月》，《冯梦龙全集》第 21 册，李际宁、李晓明校点，江苏古籍出版社 1993 年版，第 92 页。

今天的大型歌舞剧，场面极其壮观，气氛极其热烈，须在现场动用视觉、听觉乃至触觉，以全部身心进行观赏。《韶》《武》虽并举，但似乎《韶》偏向于乐，而《武》偏向于舞，所以又一般称"《韶》乐"和"《武》舞"。关于《武》的描写，可以参看《礼记·乐记》中孔子与宾牟贾关于《武》的讨论，里面对舞蹈动作的描述更为丰富。

所以"子在齐闻《韶》"这样的记录有两种可能性：一种是孔子未必是在表演现场近距离观赏，而只是在附近听闻，甚至有可能只是听到一些民间传说；另一种可能是《韶》已经残落，只剩下音乐演奏部分，仅可供听闻。

仅从文字来感受《韶》，"箫韶九成，凤皇来仪"就已美不胜收。但在当时的媒介条件下，恐怕孔子所能接收的讯息非常有限。舜距孔子太过遥远，而古代音乐极难留存下来。《益稷》所载的搏拊这种打击乐器，不独《论语》，就连《左传》这样记述闳富的史书中也没有记载。当然，这并不能确证《韶》乐于孔子之时代就不存在了，只是在何种程度上能够得到保留很令人怀疑。

孔子具有极高的音乐天分。其与鲁大师讨论音乐的内容表现了他对音乐的深刻把握（见［八佾第三·二十三］），而跟从鲁国乐师襄学习音乐的故事（《孔子家语·辩乐解第三十五》，见本书［宪问第十四·三十九］评析），更见其对音乐的深刻理解和丰富想象。

但是这一切并不能证明他见识过《韶》的真面目，而只能说明，他拥有极强的音乐敏感性，能够依托仅有的信息进行感知《韶》乐之美。而让他着迷的，或并非音乐本身，而乃音乐所能寄托的政治理想。

朱熹《四书或问》载苏轼对本章的解读："孔子之于乐，习其音，知其数，得其志，知其人。而于文王也，见其穆然而深思，见其高望而远志，见其黝然而黑，顾然而长。其于舜也可知。是以三月不知肉味。"意思是说，既然孔子可以通过《文王操》而想象到文王其人，那么通过《韶》，也自然可以神遇舜帝。其实这个故事可以倒过来看，正因为孔子崇敬舜帝、文王之政，故而能够在欣赏其音乐时将这种情感因素融入进去。孔子具体在哪儿听到了如此高雅的音乐或许没那么重要，重要的是这个契机引发了他对古圣先贤的无限追思：于周公则寄托于梦，于文王则兴怀于乐。这只是孔子的理想表达方式而已。故此处孔子的所思所感，并非围绕音乐本身，更未投入学习。至于"三月不知肉味"之说，读者既不要拘于"三月"之时长，亦不必迷于"肉味"之难得。而司马迁在《孔子世家》中增加"学之"二字，实在无稽。

此一章中最具兴味的，实乃"不知"二字。与本章同属《述而篇》的［述而第七·十九］中亦有"不知"之谓：

其为人也，发愤忘食，乐以忘忧，不知老之将至云尔。

两章情境何其相似！"发愤忘食""不知老之将至"，不正与"三月不知肉味"同义吗？生命中既有值得全身心投入而更高层次的追求，那么饮食、年龄等关乎生存的基本条件亦且不必那么在意了。故此"不知"，非不知也，乃不觉、不以为意也，因为已有更高的志业使人乐在其中，乐以忘忧，乐天知命了。

【标签】

《韶》；乐；德；形式主义

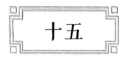

【原文】

冉有曰："夫子为卫君乎？"子贡曰："诺；吾将问之。"

入，曰："伯夷、叔齐何人也？"曰："古之贤人也。"曰："怨乎？"曰："求仁而得仁，又何怨？"

出，曰："夫子不为也。"

【解义】

此一章书，是见圣贤正名之心也。

昔卫世子①蒯聩得罪出奔②，国人立其子辄为君，以继灵公之后。及晋人③送蒯聩归国，辄遂拒之不受，当时之人莫不以蒯聩为罪人，而辄拒之为是也。

冉有有疑而问子贡曰：卫君之立，人皆为之矣，不知夫子亦以为然而为之乎？

子贡曰：诺。吾将入见夫子而问之。

子贡不敢直言卫君，而取古之尊父命让国祚④者以为问，曰：伯夷叔齐何人也？

孔子曰：二子逊国⑤而逃，制行⑥高洁，古之贤人也。

子贡曰：二子固是贤人，但不知让国之后亦有后悔而怨焉否乎？（子贡之意以为，贤如二子，苟尚不免于怨，则卫君又何责焉？）

孔子曰：凡人有所求而不得则怨，若伯夷以尊父命为正，叔齐以不遵乱命⑦为安，各行其志，皆合乎理，是求仁而得仁矣，又何怨乎？

于是子贡出，谓冉有曰：夫子不为卫君也。

盖国之得失，孰如父子之大伦⑧？观夷齐之遵父命为孔子之所深取，则卫君之拒父，又岂待再问而知之乎？惜也，圣贤正名⑨之心徒存之空谈而已也！

【注释】

①世子：太子，帝王和诸侯的嫡长子。

②蒯聩得罪出奔：蒯聩（Kuǎi Kuì），卫灵公之子，被立为太子。时卫灵公夫人南子，生性淫乱，与宋国公子朝私通。卫灵公不加阻止，反而纵容南子，召公子朝与其在洮地相会。卫太子蒯聩知道南子私通之事后，非常愤怒，便和家臣戏阳速商量，在公子朝见南子时趁机刺杀她。结果戏阳速反悔没有行动。事情被南子所察觉，灵公大怒，蒯聩被迫逃往宋国，后又投奔晋国赵简子。

③晋人：指赵鞅（？—前458），世称赵简子，又名志父。时赵简子在晋国位列正卿，左右晋国政权，并奠定了赵国的基础。

④古之尊父命让国祚：伯夷、叔齐（合称"夷齐"）商末孤竹国君的两位王子，依伯仲叔季之传统排行，伯夷是老大，叔齐是老三。相传孤竹君遗命立叔齐为君。孤竹君死后，叔齐认为应该依照传统让老大伯夷继位，伯夷则认为应该按照父名由老三继位，因此拒不接受。结果二人相从逃离孤竹国。国祚，国君之位。

⑤逊国：把国家的统治地位让给别人。

⑥制行：德行。

⑦不遵乱命：不遵从不合情理的命令。《左传·宣公十五年》：秋，七月，秦桓公伐晋，次于辅氏。壬午，晋侯治兵于稷，以略狄土，立黎侯而还。及雒（luò），魏颗败秦师于辅氏，获杜回，秦之力人也。初，魏武子有嬖妾，无子。武子疾，命颗曰："必嫁是。"疾病则曰："必以为殉。"及卒，颗嫁之，曰："疾病则乱，吾从其治也。"及辅氏之役，颗见老人结草以亢杜回，杜回踬而颠，故获之。夜梦之曰："余，而所嫁妇人之父也。尔用先人之治命，余是以报。"（秋七月，秦桓公攻打晋国，驻扎在辅氏。二十七日，晋景公在稷地检阅军队，并攻取狄人的土地，立了黎国国君后才回国。到雒地的时候，晋国大夫魏颗在辅氏大败秦军，俘虏秦国的大力士

杜回。当初，魏武子有一个宠爱的小妾，没有子嗣。魏武子生病的时候，命令魏颗说，"我死后，就把她嫁出去吧"。但到了临死前，却说，"一定要让她殉葬"。魏武子死后，魏颗就把她嫁出去了。他说："人在病重的时候神志不清，我还是依照他神志清醒的时候的话来做。"到了辅氏战役的时候，魏颗看见一个老人把草结在一起绊住杜回，结果杜回跌倒在地，所以就被魏颗捉住了。魏颗夜里梦见了那个老人，他说："我，是你所嫁妇人的父亲。你采用先主神志清醒时候的决定，救了我女儿一命，所以我来报答你。"）

⑧大伦：基本的伦理道德。

⑨正名：辨正名分。[子路第十三·三]："名不正则言不顺，言不顺则事不成。"

【译文】

这一章所展示的是，孔子维护名誉系统的心志。

当年卫国公子蒯聩因得罪南子而出逃宋国，于是国人后来扶持蒯聩的儿子姬辄为国君，来继承卫灵公的王位。后来蒯聩在晋国权臣赵简子的支持下回国争夺王位，遭到姬辄的拒绝，当时的人们也都认为父亲蒯聩这样做不合法，而儿子姬辄拒绝其父的要求是对的。冉有对此疑惑不解，就问子贡：卫君姬辄上位，人们都很支持他，不知道夫子是否认同呢？

子贡说：好吧，我要去问一下夫子。

子贡不敢直接谈卫国君主的问题，而是拿伯夷、叔齐这种古代的礼让国君之位的事情来请教，说：伯夷、叔齐是什么样的人啊？

孔子回答说：两位能够为了礼让国君之位而逃离本国，德行高洁，是古代的贤人啊。

子贡继续问：既然两位是贤人，但是会不会在谦让君权后有所后悔，以至于幽怨呢？（子贡的意思是，即便是像夷齐这样的贤人，恐怕多多少少都会有所幽怨，不会毫不在意，那么卫君辄拒绝父亲也是符合常情，不应对其进行责备。）

孔子说：如果一个人心里有所图求，一旦得不到，自然会心生怨念；但是像伯夷这样的，是把遵从父命为正当，而叔齐则以不遵从不合情理的命令而心安，他们都是各行其是，而又都合乎情理，那就是求仁得仁了，又怎么会怨恨呢？

于是子贡明白了夫子的意思，出来告诉冉有说：夫子是不会支持卫君的了。

但凡对于国家的得失来说，还有什么比父子之间的伦理更加重要的呢？我们看夷齐对于父命的态度都很明智，所以深得孔子赞同；而卫君辄却完全不遵从孝道，不用问就可以知道其是非了。不过可惜的是，孔子师徒圣者贤人，一心想让社会名正言顺地去为人做事，但是无处施展，只能是纸上谈兵而已。

【评析】

仔细一想，这一章全是问题：冉有为什么不自己直接问夫子呢？子贡为什么不直接与夫子讨论卫国的问题呢？子贡的问与夫子的答，是否完整的回应？从夫子一贯的政治主张来看，冉有和子贡的疑问是否多余？冉有和子贡对夫子的请教，是否只是赞同卫君（卫出公姬辄）与否这样一道简单的二选一的选择题？

如果倒过来回答，问题或许也就渐次清晰了：从本质意义上来讲，蒯聩、姬辄父子争权，不是谁对谁错的问题，而是都有错。他们父子与夷齐兄弟的做法恰恰相反：伯夷该让则让，是因为遵循父命；叔齐不该让而让，是因为遵循长幼之序；蒯聩不该争而争，是违背父命；姬辄该让而不让，是违背孝道。父不慈而子不孝，名不正而行不当，因此内部政治斗争十分丑恶，没有正义的一方。《解义》偏向于对儿子姬辄的否定，则也意味着对父亲蒯聩的肯定，大概是误解了本章人物的真实意图。

真实意图是什么呢？笔者认为，对于政治家而言，这场激烈的政治斗争虽然残酷，但似乎也正是选班站队的好时机。冉有、子贡作为非常机警的政客，敏锐地察觉到这是一个登上卫国政治舞台的好时机，他们所真正想要判断的不是道德是非问题，而是政治站位问题，因此他们希望得到孔子的行动抉择和指令：是否参与这场政治斗争，选择哪一边进行站队。

因为涉及极为敏感的政治话题，所以冉有不敢问，子贡则机巧地用讨论历史人物和学术思想的方式变相询问。一方面是因为他们自身有投身政治实践的冲动，渴望抓住这个机会；而另一方面，他们非常了解孔子一贯的主张，按说应该不会主动介入这场斗争，但同时，孔子本人也有政治实践的强烈愿望，他也应该会明白这场斗争意味着一个难逢的机会——也许他本人也有通过这场斗争介入卫国政治的想法？因此，在这种相当矛盾的心理下，两个相当聪明的人也无法做出清晰的判断，反而在提问这件事情上表现出扭捏的姿态。

孔子的态度非常明朗：完全不认同这场内战，自然也不会介入。夫子曾自道："富与贵，是人之所欲也，不以其道得之，不处也。贫与贱，是人之所恶也，不以其道得之，不去也。君子去仁，恶乎成名？君子无终食之间违仁，造次必于是，颠沛必于是。"（［里仁第四·五］）理性的价值观，也必然体现于其方法论/工具理性上——"不以其道得之"的结果无论怎样，都已经背离了为道者的初衷，犹如饮鸩止渴、杀鸡取卵，固然可以受益一时一地，但完全背反整体价值的事情，是任何明智的人都不会做的，更何况是孔子。

十二年后，蒯聩卷土而来，终于夺权成功。而孔子的爱徒子路则因为主动介入这场政治斗争而不幸罹难。孔子曾判断他会"不得其死然"（［先进第十一·十三］），这句话被后人译成"不得好死"，在今天看来是一句骂人的话，意味着一个人惨遭横死，而其实孔子的本意是，一个人应该死得其所，为正义、和平、友爱等正向价值的事情而牺牲生命，如果是因为本就无谓乃至不义的事情而死，死得毫无价值，实在是太可惜了。

由此联想当时子路曾向孔子提出鬼神问题，而孔子当即回绝以"未知生，焉知死"。当时的子路还很天真，而孔夫子却有点不通情理的严肃。未能明生死之道，故纵然义勇而死亦属枉然。如果子路早就能够明白这个道理就好了，毕竟，以生命为代价来验证的话语实在太过于沉重。

【标签】

伯夷；叔齐；冉有；子贡；蒯聩；卫出公；卫国内乱；子路；求仁得仁

十六

【原文】

子曰："饭疏食饮水，曲肱而枕之，乐亦在其中矣。不义而富且贵，于我如浮云。"

【解义】

此一章书，是见圣人自得之乐不以境遇而移也。

孔子曰：人之常情，莫不厌贫贱而慕富贵，至于我则不然——即如疏食，可饭也，则饭之；水，可饮也，则饮之；肱，可曲也，则枕之。其为淡泊不亦甚乎？然我之真乐初不因此而减，盖亦在其中矣。其或不义而富且贵，似亦胜于疏水曲肱，然自我视之，殆①如浮云之于太空，任其往来，而不足以动其清虚②也。其乐何如哉！

可见圣人之心原有真乐，故一切境遇不足为累，岂仅矫③当世而薄富贵者比与？

【注释】

①殆：大概，差不多。
②清虚：清高淡泊。
③矫：矫正，纠正，匡正。

【译文】

这一章主要是说，圣人能够怡然自得而乐在其中，不为外物所动。

孔子说：人之常情，一般都是嫌贫爱富，但是我却不这样——就像粗饭，如果有的吃，那就吃；水，有的喝，那就喝；胳膊，只要能弯曲，就可以用来枕着睡觉。如此淡泊寡欲不也是太过了吗？其实我原本所真心安乐的所在（不是在具体的事物上，所以）也不会因此而减少，反而对这些仍然感到满足和快乐。而如果由不义的途径来享有富贵，看上去生活条件要比粗茶淡饭、曲肱而枕要好得多，但是在我看来，这些也就像天上的浮云一样，飘来飘去，又与我何干？我怎么会让它们来扰动我清净的内心呢？这样的欢乐怎么样啊！

由此可见，圣人内心怀有自足之乐，完全不受外物所影响，这岂是那些以鄙薄富贵来矫正世态的人所能比附的呢？

【评析】

孔子赞赏颜回箪食瓢饮、不改其乐的志道状态（[雍也第六·十一]），而他的自述也有异曲同工之妙。但是俗人的解释，总是把圣贤的志道之乐简化为以贫为道，由是乐此不疲，津津自道，乃至仇富倡贫。道理一经简化，就变成"为富必不仁"的荒唐逻辑，而致美化劫富以济贫的暴力行径。

其实，《解义》将这一章的意思已经说得很清楚：孔夫子这种自得自足之乐，并不是凭借外在物质才获得的，而是依托这些条件来彰显，它不在一般物质和价值评价上迂回，而是借以显现后，让人回归快乐之道的本体。即如孔子所云"不以其道得之，不处也"，"不以其道得之，不去也"（[里仁第四·五]），本章与上一章，虽然貌似无关，但在价值判断与工具理性上，均与《里仁》篇对为道之法的论述，有一种相互呼应的关系。

这种说道的方式，经宋人范仲淹《岳阳楼记》演绎得淋漓尽致：岳阳楼上的阴晴风雨，牵动着途经这里的官宦商旅者得失荣辱的心境，然而真正有担当的士大夫，"不以物喜，不以己悲，先天下之忧而忧，后天下之乐而乐"，超然于个人的得失悲喜，而以天下为志，以大道为怀，虽所见风景各异，但忧国忧民之心常一。故而有《岳阳楼记》传世，而令仁人志士千古同慨。

【标签】

不义而富且贵，于我如浮云；安贫乐道；不以物喜，不以己悲；《岳阳楼记》；为富不仁；为道之道

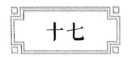

【原文】

子曰："加我数年，五十以学《易》，可以无大过矣。"

【解义】

此一章书，是圣人明《易》理之当学也。

孔子曰：古圣人之制《易》也，天道于是乎昭焉，人事于是乎备焉，广大精微①，前民利用②之书也，我留心用力久矣。若天再假我数年，使得竟其学《易》之功，或观其象而玩其辞，或观其变而玩其占，③则吉凶消长之理明，进退存亡之道得。④一动一静，虽未必全然无过，其亦可以无大过矣。

可见圣如孔子，尚以读《易》寡过自勉，况有裁成辅相⑤之责者，其可不务于穷理尽性⑥，以几⑦参赞位育⑧之能事哉？

【注释】

①广大精微：对道的观察体验既广阔无边，又精深微妙。《礼记·中庸》："大哉，圣人之道！洋洋乎，发育万物，峻极于天。优优大哉！礼仪三百，威仪三千，待其人然后行。故曰：苟不至德，至道不凝焉。故君子尊德性而道问学，致广大而尽精微，极高明而道中庸，温故而知新，敦厚以崇礼。是故居上不骄，为下不倍。国有道，其言足以兴；国无道，其默足以容。《诗》曰：其此之谓与！"［真实，伟大啊，圣人之道！它浩浩荡荡充塞天地，生育万物，使其高大挺拔，直至天宇。真是宽裕丰富而广大啊，礼的纲要有三百之多，而细目多达数千，要等到圣贤出现才能得以实行。

所以说，如果不是具有至高德行的人，大道也就不会在他身上凝聚。所以，君子既要尊崇天赋的德性，又要致力于后天的学问；既要达到宽广博大的道的境界，也要至于精细入微的道的空间；既要追求极其高明深奥的道理，又必须符合中和适用的原则；随时温习已经习得的学问，并由此获取新的进步；应以忠厚朴实的本质为基础，然后又崇尚礼仪来加以修养。因此，君子身居上位而不骄傲，身居下位而无所违背。国家政治清明的时候，他能诚直谏言，来促进国家振兴；而国家政治昏乱的时候，他能够沉默不语，以求自保。《诗经·大雅·烝民》中说，"'既明且哲，以保其身。'"（既通达道理，又很有智慧，就能保全自身），大概说的就是这个意思吧！〕

②前民利用：圣人根据《周易》的智慧采用蓍草占卜来指导民众，使其趋吉避凶。前民，引导民众。利用，为利以用于民。出自《周易·系辞上》："是以明于天之道，而察于民之故，是兴神物以前民用。"详参本书〔述而第七·十三〕"神武不杀"词条注释。

③观其象而玩其辞，或观其变而玩其占：出自《周易·系辞上》："圣人设卦观象，系辞焉而明吉凶，刚柔相推而生变化。是故吉凶者，失得之象也；悔吝者，忧虞之象也；变化者，进退之象也；刚柔者，昼夜之象也。六爻之动，三极之道也。是故君子所居而安者，《易》之序也；所乐而玩者，爻之辞也。是故君子居则观其象而玩其辞，动则观其变而玩其占。是以'自天佑之，吉无不利'。"〔圣人通过观察宇宙间万事万物的现象而设置六十四卦，三百八十四爻以规范之，复于六十四卦三百八十四爻下各系以吉凶悔吝及有关卦爻象之文辞，使人明白吉凶的趋向，《周易》中阳刚阴柔相与切摩推荡，而产生变化。所以《周易》中有"吉"和"凶"，是处事有得有失的象征；"悔""吝"（困难），是表示有忧愁与困难的象征；"变化"，是推陈出新的象征；"刚柔"，即昼夜，是夜尽昼来，昼尽夜来的象征。六爻的变动，包含了天、地、人的道理。所以君子能够安居而稳定，是因为能遵循《周易》的秩序；能够乐在其中，是因为卦爻辞中有所涵义。所以君子平常居家之时就观察易象而探索玩味卦爻的文辞；出门行动，则观察六爻的变化，揣摩占筮的吉凶。所以能如"大有"卦上九爻辞所说，"自天佑之，吉无不利"（从上天佑助之，完全的吉而没有不利的）。〕

④吉凶消长之理明，进退存亡之道得：北宋程颐《伊川易传·序》："《易》有圣人之道四焉：以言者尚其辞，以动者尚其变，以制器者尚其象，以卜筮者尚其占'。吉凶消长之理，进退存亡之道，备于辞，推辞考卦可以知变，象与占在其中矣。"（《周易·系辞上》说："《周易》承载了四种圣人之道的取向：用它来表达言说，是因为推崇它的文辞；用它来参考行动，

是因为推崇它的变易;用它来装饰器物,是因为迷信它的符号;用它来卜筮的,是因为迷信它的预测。"吉利还是凶险,滋长还是衰落,进取还是败退,生存还是灭亡,其道理,都在卦爻辞中说尽了,所以琢磨它的释辞,推求它的卦位,就可以明了变化的道理,因而其卦象和占卜也都在这个过程之中了。)

⑤裁成辅相:认识天地运行之道而顺应它,并将其进行转换以适应民众接受,从而使民众的行为符合天地运行之道而生存发展。《周易·泰》:"天地交泰,后以财(同"裁")成天地之道,辅相天地之宜,以左右民。"(天地交合,通泰。君王由此而裁制天地运行之道,辅助天地以适当的方式运行,这样就可以保佑百姓生存发展。)

⑥穷理尽性:穷究天下万物的根本原理,彻底洞明人类的心体自性。出自《周易·说卦》。可详参本书[学而第一·一]同名词条注释。

⑦几:差不多,接近。

⑧参赞位育:指人尽其诚信,达于中庸平和的境地,从而辅助天地正常运转,以达到万物和谐生长的效果。参赞,即三赞。参,通"叁"(三),指人依照天地规律来抚育万物,故可以与天地并列为三。赞,协助,协助天地造化养育万物。位育,正位而育,天地依照自然规律运转,从而使万物正常生育。《礼记·中庸》:"喜怒哀乐之未发谓之中,发而皆中节谓之和。中也者,天下之大本也;和也者,天下之达道也。致中和,天地位焉,万物育焉。"(喜怒哀乐没有表现出来,叫作"中";表现出来,没有太过和不及,都能恰如其分地符合自然之理,就叫作"和"。所谓"中",是天下一切道理的根本所在;所谓"和",是天下一切事物最普遍的规律。能够达到"中和"的境界,那么天地就可以各就其位而运行不息,万物便能够各随其性而生长发育了。)又《礼记·中庸》:"唯天下至诚,为能尽其性;能尽其性,则能尽人之性;能尽人之性,则能尽物之性;能尽物之性,则可以赞天地之化育;可以赞天地之化育,则可以与天地参矣。"(只有天下最为真诚的圣人,才能充分发挥自己固有的本性;能发挥自己固有的本性,就能充分调动一切人所固有的本性;能够调动一切人所固有的本性,就可以协助天地造化养育万物;可以协助天地造化养育万物,则至诚的功效就可以与天地并列为三了。)

【译文】

这一章讲的是,孔圣人明示世人应该好好学习《周易》。

孔子说:古圣先贤编制《周易》之后,天道运行的规律就明了了,人事行为的准则就完备了，道理广大无边而又精细入微，是引导民众以成兼济实用的著作，我在这部书上已经花费了大量的时间和心血来钻研。如果老天再给我数年的时光，让我有时间彻底研习《周易》，居家之时就观察易象而探索玩味卦爻的文辞，出门行动则观察六爻的变化，而揣摩占筮的吉凶，或许这样就会通达吉利还是凶险、滋长还是衰落、进取还是败退、生存还是灭亡等的道理，然后可以修正自己的行为举止。虽然在动静举止上未必能做到完全没有过失，但也差不多没有重大的过失了。

由此可见，即便是像孔子那样的圣人，也非常推崇通过阅读《周易》来减少过失，并用以自勉，更何况有得道化民责任之人呢？怎能不穷尽物理，洞明本性，尽力参悟并顺从天道，而使天地正位合序，以利于万物生育呢？

【评析】

《解义》对原文进行了过度解读，以至于注释的内容要远大于文本本身。但它只通过这么简短的文字，便概括贯通了《周易》的精髓和儒学的要义，因此其本身又不失为一篇短小精悍的学术佳作。其大意是：人要认知天道并"替天行道"，这样才能使天地万物归于正位，从而正常生长发育；《周易》正好是这样一部可以帮助人去认知天道而执行人道的著作，所以孔子非常珍惜这个阅读的机会。

其实，孔子的话语本身就很有意味。"加我数年"（如果再给我数年的生命），这句话说得太动情，有点像"我真的好想再活五百年"（电视剧《康熙王朝》主题曲《向天再借五百年》歌词）的味道。这应该是夫子唯一一次祈愿神意的施舍，然而他对于生命的渴望，不是扩展生命长度的欲望，也非建功立业的寄托，而是源于对知识和道理的追求，是给生命赋能的强烈意愿驱使他做这样一个假设。尽管他从不对超越生命极限的事情做任何预设。

此语一出，其意有三：一、生命愿长；二、《易》书可贵；三、吾生好知。实际上，生命并不可随意延长，而人生也充满无尽迷藏，只是，有限的生命与无尽的迷藏遭遇于《周易》之中，便成就孔子的痴迷和梦想。"加我数年"着实不可能，而穷究《易》理又谈何容易？但由此可以知见，孔子学而不厌之心如此执着。人生本就是唯一，也是一个人终其一生应该探索不止、不断发掘的神秘空间，对于生命的发掘，也只有永不疲倦地探知和学习，才能使之愈发充盈而饱满吧！

【标签】

《周易》；裁成辅相；穷理尽性；参赞位育；前民利用

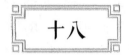

【原文】

子所雅言，《诗》、《书》、执礼，皆雅言也。

【解义】

此一章书，是门人记圣教之有常也。

夫子设教，因人而施，固亦无所不言矣。而更有所雅言①者，一曰《诗》。《诗》之为教，有美有刺②，而温厚和平③，足以养性情。一曰《书》。《书》之为教，有治有乱，而典则④详明，足以考⑤政事。一曰"执礼"⑥。《礼》⑦之为教，有情有文⑧，而斟酌损益⑨，足以定法守⑩。是三者，皆日用切身⑪之具⑫，故夫子皆雅言之。

有时言《诗》《书》《礼》，固是雅言，即有时不言《诗》《书》《礼》，亦无非雅言也。学者尚可舍此而别求异闻与？

【注释】

①雅言：端庄文雅的话语。《汉语大词典》释："雅正之言，古时指通语，同方言对称。一说，是指平素之言。"从上下文来看，《解义》偏向于前者，在［子罕第九·一］的解义中，则直接释为"常言"。

②有美有刺：即"美刺"，赞美和讽恶。中国古代关于诗歌批判功能的一种说法。东汉郑玄《诗谱序》："论功颂德，所以将顺其美；刺过讥失，所以匡救其恶。"南朝宋谢灵运《山居赋》："篇章以陈美刺，论难以核有无。"

③温厚和平：《礼记·经解》："入其国，其教可知也。其为人也，温柔敦厚，《诗》教也。"朱熹《论语集注》卷七："《诗》本人情，该物理，可以验风俗之盛衰，见政治之得失。其言温厚和平，长于风谕。故诵之者，必达于政而能言也。"由《礼记》定位"温柔敦厚"之政治教化、人格伦理，到南宋朱熹释经"温厚和平"之诗学追求、审美风格。两者本义相通，并无根本区别，但有一种内在转向，于此简单列出，提请读者稍加注意。

④典则:规章制度。

⑤考:问,咨询。

⑥"执礼":依照礼书进行礼仪实践。

⑦《礼》:孔子时代尚无成文礼书,故《论语》谓之"执礼",而《解义》谓之《礼》,有所不妥。此处只能将其理解为关于礼的资料或片段文字,所以不能简单以《周礼》《仪礼》或《礼记》等后世礼书来代称。

⑧有情有文:质与文,犹言内容与形式。《荀子·礼论》:"故至备,情文俱尽;其次,情文代胜。"杨倞注:"情,谓礼意,丧主哀,祭主敬之类;文,谓礼物、威仪也。"

⑨斟酌损益:仔细考虑,斟情酌理,掌握分寸。

⑩法守:按法度履行自己的职守。《孟子·离娄上》:"上无道揆也,下无法守也。"(上边没有顶层设计,下边就无章可循。)

⑪切身:亲身、随身。

⑫具:知识。

【译文】

这一章讲的是,门人所记述的圣人平常教人的方式。

夫子施行教育,会因人而异,因材施教,但也都会谆谆教导,不遗余力。而他之言谈之中,最为注重的是用端庄文雅的话来教导。一个是《诗》。《诗》作为教材,是因为它既能够赞美,也能有所讽刺,总体上思想温厚而文风平和,可以用来颐养性情。一个是《书》。《书》作为教材,是因为它能够判断政治的治乱,规章制度详细明了,可以用来资政议事。一个是"执礼"实践。《礼》作为教材,既具备礼敬之意,又包含祭礼细节,可以用来参照考详,按图索骥。这三门课程,都是随身日用所需的知识,所以夫子用雅正之言教导,以示重要。

其实不光是教这三门课程的时候采用雅正之言,在其所有的教学过程中,也都是如此。除此之外,恐怕学习者再也听不到什么怪力乱神或者阴阳怪气的话了。

【评析】

这一章不甚明了。《解义》基本上因袭了张居正《四书直解》的内容,但在具体的解释上也有很明显的区别。"雅言"一词历来歧解,一为平素之言,一为雅正之言。《直解》解为前者,而《解义》选其后者。因袭又有所变动,可见《解义》者在本章的阐释上别有心裁。

从这种歧义的选择来看,将"雅言"解为平素之言,则意味着孔子注重这几个基本教材,言谈话语之中无不涉及,可见其教材的核心地位和重要作用;解为雅正之言,则意味着孔子非常注重教学语言的使用,以有效阐释教学内容,给学生以感官上的影响——在经典教材上如此,在其他时间也不松懈,更可见孔子的教学态度和教学方法。由此可见,《解义》的阐释还是更进了一个层次,更有道理。

【标签】

雅言;《诗经》;《尚书》;礼

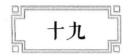

【原文】

叶公问孔子于子路,子路不对。子曰:"女奚不曰,其为人也,发愤忘食,乐以忘忧,不知老之将至云尔。"

【解义】

此一章书,是圣人自明其好学之笃也。

昔叶公①问孔子之为人于子路,子路不对。盖以圣人之德难以名言耳。

孔子闻而教之曰:叶公欲知我而后问,而尔复不对,不愈令彼疑我耶?女奚不曰:其为人也,好学无厌者也。当其发愤之时,遂至于忘食;及其自得而乐也,遂至于忘忧;或愤而愈乐,或乐而益愤,学以忘年②,惟日不足③,又焉知老冉冉④其将至乎?我之为人不过云尔,有何深远⑤而不以对也?

要之,孔子不过自言其平常,而功夫至此已极纯粹⑥。学圣人者其亦知所向往哉!

【注释】

①叶公:春秋时楚国贵族,名子高,封于叶(古邑名,今河南叶县)。
②忘年:忽略了岁月的流逝,忘记了年龄的增长。
③惟日不足:只觉时日不够。《尚书·泰誓中》:"我闻吉人为善,惟日不足;凶人为不善,亦惟日不足。"(我听说好人做好事,天天做还是做不够;坏人做坏事,也是天天做而做不够。)

④冉冉：时光渐渐流逝。屈原《离骚》："老冉冉其将至兮，恐修名之不立。"（岁月渐去，恐怕还没有树立美好的名声。）

⑤深远：隐秘，深藏不露。

⑥纯粹：纯正不杂，精纯完美。出自《周易·乾·文言》："刚健中正，纯粹精也。"详参本书［泰伯第八·八］同名词条注释。

【译文】

这一章讲的是，孔子自道其极其好学。

往日，叶公问子路孔子怎么样，子路没有回答。大概是觉得自己的老师的品德和形象极其广大而难以名状。

孔子知道后，就这样告诉他：叶公本来想了解一下我的情况，然后再进一步问一些问题，你竟然什么也没说，这不是让他对我有更多疑虑了吗？你何不这么说：这个人啊，只贪心学习，不知疲倦。发愤起来，连饭都忘记吃了；常常乐在其中，无忧无虑，超然物外；越是发愤就越是喜乐，越是喜乐就越加发愤，学得忘记了时间流逝，只恐怕时日不够用来学习，不知不觉间人都快老了——我做人也就不过如此罢了，又有什么隐秘可藏而闭口不言的呢？

总而言之，孔子只不过把自己的常态说出来了，而实际上修为的功夫已经到了纯粹自然的地步。我们向圣人学习也要学到这种程度啊！

【评析】

本章一语将夫子为学之境界和盘托出，大妙！

生命实促，为学日迫。子在川上曰"逝者如斯夫"，又曰"朝闻道，夕死可矣"，极言生命之短促，励人以奋进。而奋进之途，莫如闻道；闻道之径，莫如进学。故敏以求之，发愤忘食，惟日不足。

乐天知命，至诚无息。子曰，学而时习之，不亦说乎；又曰，好之者不如乐之者。于是闻《韶》而忘肉，曲肱而枕之，五十以学易，怡然自得，快然自足，全心投入而乐以忘忧，不知老之将至。

时间本是组成生命的材料，亦且是人生哲学的基础命题。然而于夫子，不暇忧愁，忘却时间，以乐知进学消解了时间的束缚和生命的局限，使每一个学习的时间都变得从容而逍遥。时间的紧迫感和从容感，竟能浑化融会于乐学为人的体验中，毫无违和感。此番境界，不独为妙乎哉！

【标签】

叶公；子路；发愤忘食；乐以忘忧；不知老之将至；惟日不足

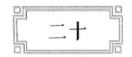

【原文】

子曰："我非生而知之者，好古，敏以求之者也。"

【解义】

此一章书，是圣人揭己以示人也。

孔子曰：人皆以我为无不知矣，抑知我所以知之之故乎？大凡人有聪明睿智出于天然者，是谓生知；又有逊志时敏①，期于有获者，是谓学知。我亦不可谓非知者也，然非生而知之者，乃笃信好古，不自暇逸②，敏以求之者也。我何敢自欺以欺人乎？

盖生知、学知，成功皆一③。生知而不加之以学，亦未能尽知之量。至于孔子生知之圣，犹加之以学问之功，所以④集千古之大成⑤。人岂可自恃⑥质禀⑦，而废勉强之功哉？

【注释】

①逊志时敏：《尚书·说命下》：惟学，逊志务时敏，厥修乃来。（学习态度要谦逊，必须时时努力，这样学业才能长进。）

②暇逸：悠闲逸乐。

③生知、学知，成功皆一：生而知之和学而知之，虽然本源不同，但是都可以最终成功掌握大道。《礼记·中庸》："或生而知之，或学而知之，或困而知之，及其知之，一也。或安而行之，或利而行之，或勉强而行之，及其成功，一也。"可详参本书［为政第二·四］"生知安行"词条注释。

④所以：是……的原因。

⑤集千古之大成：《孟子·万章下》："伯夷，圣之清者也；伊尹，圣之任者也；柳下惠，圣之和者也；孔子，圣之时者也。孔子之谓集大成。集大成也者，金声而玉振之也。金声也者，始条理也；玉振之也者，终条理也。始条理者，智之事也；终条理者，圣之事也。"（伯夷，是圣人中清高的；伊尹，是圣人中勇于担责的；柳下惠，是圣人中比较随和的；孔子，

是圣人中能够与时偕行的。孔子可以说是综合了上述诸人的优点。"集大成"的意思，就好像先敲钟后击磬以完成一段完美音乐的演奏过程。先敲钟，开始就合乎音律；玉器也随之震响，也合乎音律。善始，是有智慧；善终，则是成圣。)

⑥自恃：自以为有所依靠，过分自信而骄傲。

⑦质禀：先天的气质禀赋。

【译文】

这一章讲的是，孔圣人通过展示自己的求知之道来启发众人。

孔子说：人们都以为我无所不知，但哪里知道我是怎么达到如此广博之知的呢？大概有的人是本来就天生聪明，这就是所谓的生而知之；也有的是通过不断地虚心学习而期望有所获得的，这就是所谓的学而知之。我还算得上一个有知识的人，但并不是生而知之的那一种，不过也是笃信好学，喜爱古道，一刻也不松懈，勤敏追求而得到这么多知识。我又怎么敢虚夸来欺骗自己，然后拿自己也不相信的事情去欺骗别人呢？

大概，无论生而知之，还是学而知之，最终达到的效果都是一样的。虽然生而知之起点较高，但如果不以后天之学来补充，恐怕也达不到无所不知的境地。而像孔子这样生而知之的圣人，仍然还要用功学习来求知，这正是他能够集千古之大成的原因。所以，一个人怎么能够以天赋自恃，而废弃努力精进的功夫呢？

【评析】

不否定生知，而又说自己并非生知，而乃学知。此犹如绕口令一般，颇令人费解，但也颇有一番心思藏在其中。笔者不妨姑妄联系，将生知与学知的关系表述如下：心存生知以励学知，自能勤勉学无止境；学知敏求自能生知，方知真学离心不远。

【标签】

生而知之；逊志时敏；集大成

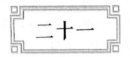

【原文】

子不语怪、力、乱、神。

【解义】

此一章书,是门人记夫子谨言以立世防也。

吾夫子教人曷尝有所隐①哉?而亦有所不语者:其一曰"怪",怪则诡异不经②,惑人听闻;其一曰"力",力则恃强好胜,不顾义理;其一曰"乱",乱者干名犯分③,为人伦之大变;其一曰"神",神者幽远难测,为日用之所不切④。

此四者或非理之正,或非理之常,在言之者或足以快一时之听闻,而信之者必至于坏生人之心术。夫子之绝口不语者,其防世之心岂不远哉!

大抵怪诞不经者,必崇⑤恃诈力以济邪谋;犯上作乱者,多托言鬼神以惑愚众。此圣人首严异端之防,而明王⑥必申左道⑦之禁也。

【注释】

①夫子教人曷尝有所隐:[述而第七·二十四]子曰:"二三子以我为隐乎?吾无隐乎尔。吾无行而不与二三子者,是丘也。"

②不经:不合常理,不合常法,或不见于经典,没有根据。《尚书·大禹谟》:"罪疑惟轻,功疑惟重;与其杀不辜,宁失不经。"(对可疑之罪从轻处理,对可疑之功从重奖励;与其杀掉悬疑未决的人,宁可冒着不守法度的责任而放过他。)

③干名犯分:即"干犯名分",冒犯名分,违背礼教。干犯,冒犯,触犯。中国旧制视卑幼控告尊长为触犯伦常道德,因此入罪。

④不切:不切近,不切合。

⑤崇:同"专"。

⑥明王:圣明的君主。

⑦左道:邪门旁道。多指非正统的巫蛊、方术等。《礼记·王制》:"执左道以乱政,杀。"(用旁门左道来扰乱政令败坏政治的,杀掉。)

【译文】

这一章中,门人记述了孔子小心说话来为当世人心设防的事情。

我们夫子教导人毫不保留,但并不是无所不言:一个是怪诞之事,怪诞就是诡怪而不合常理,妖言惑众;一个是暴力之事,暴力就是强暴而争强好胜,罔顾道义;一个是悖乱之事,悖乱就是不孝而犯上作乱,违背人伦;一个是神异之事,神异就是迷信而装神弄鬼,乖离日用。

这四种情况,要么不合正理,要么不合常理,谈论他的人或许一时能够哗众取宠,耸人听闻,并产生不好的引导效应。夫子绝口不说的原因,也正是因为怕稍有不慎,就会产生这样负面而深远的影响。

大体来说,怪诞不经者,往往凭借诡诈暴力的手段来协助邪恶的谋划;犯上作乱者,往往假托鬼怪神异的形象来达到愚弄众人的目的。而正因为如此,圣人十分重视严防异端邪说,明君必定严禁旁门左道。

【评析】

"子不语"的语境阙如,所以不清楚孔子此番话的真实语义,但正因为如此,却使它产生了多个面向的意义:

一个是世界观层面的("怪、力、乱、神")。以人为中心,不关注非人的一切成分,不被他者的力量所牵制(他者的最大化,就是怪力乱神)。

一个是方法论层面的("不语")。不提及,不讨论,不攻讦,不宣传,不炒作。"知之为知之,不知为不知"([为政第二·十七]),对于人的认知层面的内容,虽然做不到釜底抽薪,但也不能扬汤止沸,只是将问题悬置,并保持距离,并做好自己该做的,保持对未知的肃静和沉默。故子亦曰"攻乎异端,斯害也已"([为政第二·十六])。

一个是历史主体层面的("子")。子有不语,则世人亦有所不言,且欲言而又无所托。尽管孔子难免成为历史评议的中心人物,但是其所不语的部分始终也无法成为谈资,甚或淡化衰退,可谓不言之功。风起于青萍之末,但谣言止于默者。这种刻意的沉默为孔子减少了不少麻烦。

王夫之《读四书大全说》云:"圣人之语,自如元气流行,人得之以为人,物得之以为物,性命各正,而栽者自培,倾者自覆。"[1] 应当补充说:其不语的部分,也发挥了重要的功能,对于历史的裁定也产生了莫大的影响。

【标签】

子不语;怪、力、乱、神;他者

---

[1] 王夫之:《读四书大全说》,中华书局1975年版,第214页。

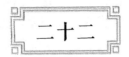

【原文】

子曰："三人行，必有我师焉：择其善者而从之，其不善者而改之。"

【解义】

此一章书，是欲学者随在取益也。

孔子曰：人之不能精进者，往往以得师为难。不知师亦何地不有哉！即如三人同行，言其数则甚寡，论其时则甚暂，然亦必有我师焉。彼其一言一动有合于理而为善者，亦有悖于理而为不善者，若我不能存心为己，则彼之善、不善于我何与？好学者择其善者而从之，惟恐己之善不如彼也；其不善者而改之，唯恐己之不善如彼也。

是一时之观感兴起①，善者固我之师；而一念之警省惩创②，不善者亦我之师也。安往而非我得力③之处哉？

可见圣德以日新为大④，学问以交修⑤而成，因人见道，随处求益。《书》经所谓"德无常师，主善为师"⑥，职⑦此意也。

【注释】

①观感兴起：因感动而奋起。《孟子·尽心下》："奋乎百世之上，百世之下，闻者莫不兴起也。"（圣人在百代之前奋发有为，百代之后的人，凡是听说过他们品格的没有不振作起来的。）

②惩创：惩戒，警戒。

③得力：得其助力，受益。

④圣德以日新为大：《周易·系辞上》："富有之谓大业，日新之谓盛德。"（圣人效法天地阴阳之道，广大悉备，万事富有，因此可谓拥有伟大的事业；圣人庞统变化，能够日新其德，所以德极能盛，就具足了盛明的德行了。）圣德，至高无上的道德。一般用于古之称圣人者，也用以称帝德。另，可参本书［述而第七·三］"日新"词条注释。

⑤交修：多方面培养。《尚书·说命下》："尔交修予，罔予弃，予惟克迈乃训。"（你要多方面培养我，不要抛弃我，我一定能按你的教导去做。）孔颖达疏："令其交更修治己也。"后用为天子要求臣下匡助之词。

⑥"德无常师，主善为师"：《尚书·咸有一德》："德无常师，主善为

师；善无常主，协于克一。"（德行修养是没有固定的老师的，以善为原则的人都是自己学习的榜样；善行不固定于某一个人身上，能始终如一合乎纯正之德的，才能保持善行。）

⑦职：因由，由于。

【译文】

这一章讲的是，希望学习的人随时随地向他人学习。

孔子说：如果一个人不善于精进，是在于他看不到值得自己学习的地方。其实哪里没有自己的老师呢？就像是三个人一起走路，若按照人数来说是很少，按照时间来说是很短，但这其中也必然有我的老师和可学之处。这些人中有言语行动合乎道理而行为良善处，也有不合道理行为不善处，如果我不能够用心于自己的得失，那么这些善还是不善与我何干？但是好学的人就会从这些良善处习得良善，唯恐自己不如他人良善；而对照不善处则自省而改过，唯恐自己也有同样的问题。

因此，如果一时的观感就能使我受到触动并从善而为，这自然是我的老师；而如果一念之间警醒自觉，不善之处反而也会成为我的老师。如果这样，哪里不都是使我受益的所在呢？

由此可知，至高的道德也要每天更新，深厚的学问也要多方面吸取，在不同的人身上都能得道，随时随地都可受到教益。《尚书·咸有一德》上所说的"德无常师，主善为师"（培养品德没有固定的老师，只要是注重善行的便可以作为老师），也正是这个意思。

【评析】

《解义》以"三人行"之"行"，谓时极短而学极速，虽超乎常解，但正合乎本章大义，更平添一种善学之精神，真乃细读之妙也。

【标签】

学；三人行，必有我师焉

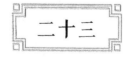

【原文】

子曰："天生德于予，桓魋其如予何？"

【解义】

此一章书,是圣人援天以自信也。

昔孔子周流①至于宋国,有司马桓魋者忌孔子而欲害之②,是时从者皆惧其不免也。孔子晓之曰:人之祸福皆系于天。天虽旷远而难知,然返观于予,而有可以自信者——思予何以有是德哉,乃天生是德于予,非偶然也。天意既如此,则予之命天自主之,桓魋其如予何?

要之,圣人有知天之明,有先天后天之学③,故能见之确,决之定,有迪吉④而无凶咎⑤也。不然,宁不为妄人⑥所借口哉?

【注释】

①周流:周游,到处漂泊。

②有司马桓魋者忌孔子而欲害之:桓魋(tuí),又称向魋,东周春秋时期宋国(今河南商丘)人。时任宋国司马,掌控宋国兵权。因忌惮孔子受宋景公重用而影响自己的权势,于是想加害孔子。《史记·孔子世家》:孔子过宋,与弟子习礼大树下,桓魋伐其树,孔子去。弟子曰:"可以速矣。"子曰:"天生德于予,桓魋其如予何?"遂之郑。

③有先天后天之学:既有生而知之之学,也有学而知之之学。

④迪吉:吉祥,安好。《尚书·大禹谟》:"惠迪吉,从逆凶。"孔安国传:"迪,道也。"

⑤凶咎:灾殃。

⑥妄人:奸佞之人。

【译文】

这一章讲的是,圣人援引天意来表示自信。

当日孔子周游到宋国,宋国的司马桓魋因为忌惮孔子而打算迫害他,孔子随行的人都非常担心。孔子就明确地告诉他们:人的祸福都是由天命注定的。上天虽然旷远而难以捉摸,但是从我自身来看,倒是完全可以自信——想想我为什么怀有诸德,这是上天所赋予我的,而不是偶然所得。既然天意如此,那么我的命运是由上天主宰的,而区区一个桓魋怎么能够背反上天的意志而为所欲为呢,他能奈我何?

简而言之,圣人深知天意,既有生而知之之能,又有学而知之之志,所以对万事万物能够了然于胸而果断判定,因此能够逢凶化吉,诸事安顺。不然的话,岂不是很容易为奸佞之人托辞诬陷?

【评析】

因本章言及"天",所以《解义》所遵循的还是天意、天命之说,但是其蓝本,无论是朱熹的《集注》,还是张居正的《直解》,实际上都没有像《解义》这样神化孔子的倾向,《集注》只是以极简的文字,称孔子为"天赋之德",而《直解》则认为孔子安于天命,怀有"乐天之仁",最终还是使孔子回归到其儒学主张,而不是渲染更多的神性。

实际上,《史记·孔子世家》还原这一章的情境时,将桓魋杀树警示在前,孔子言辞在后,也就是孔子把天德自谓作为解释事情的原因以自勉,而不是像《解义》(本于《直解》)中写在桓魋欲将加害孔子之当时,以天命自赋,以彰显其自信。以天德自谓的自勉和以天命自赋的自信,从本质上而言是截然不同的。今人冷成金释本章,对是否天命进行了辩证:

> 这里的"天"不是人格神,而是"天命",即人类总体。所谓人类总体,就是以人类时空总和为思考问题的范围,以人类整体的生存和发展这一最根本的利益为思考问题的出发点和归结点;人类总体是一种意识、观念和思维方式,也是终极关怀;作为一种思维方式,人类总体以个体的感性欲求为原点,以人类整体的根本利益为追求的目标,以既感性而又超感性的方式进行不断的超越,最终达到审美化的圣贤境界,实现人类大同。人类总体不是超验的或先验的,而是在漫长的历史实践——尤其是在社会—道德实践——中建立起来的,并以"人能弘道,非道弘人"的开放姿态指向未来。这是孔子的基本思想,也是中国哲学和中国文化的基本思想。孔子得出了桓魋、匡人不可能伤害自己的结论,绝不是基于对人格神的相信,而是来自人与历史合一、"君子"与"天命"合一的巨大自信,是"君子知命"式的宣言!❶

钱穆释[为政第二·四]"知天命"时亦联系此章,云:

> 虽对事理不复有惑,而志行仍会有困。志愈进,行愈前,所遇困厄或愈大。故能立不惑,更进则须能知天命。天命指人生一切当然之道义与职责。道义职责似不难知,然有守道尽职而仍穷困不可通者。何以当然者而竟不可通,何以不可通而仍属当然,其义难知。遇此境界,乃需知天命之学。孔子曰:"天生德于予,恒魋其如予何?"又曰:"文王既没,文不在兹

---

❶ 冷成金:《论语的精神》,上海古籍出版社2016年版,第197-198页。

乎？天之将丧斯文也，后死者不得与于斯文也。天之未丧斯文也，匡人其如予何？"孔子为学，至于不惑之极，自信极真极坚，若已跻于人不能知，惟天知之之一境。然既道与天合，何以终不能行。到此始逼出知天命一境界。故知天命，乃立与不惑之更进一步，更高一境，是为孔子进学之第三阶段。

孔子非一宗教主，然孔子实有一极高无上之终极信仰，此种信仰，似已高出世界各大宗教主之上。孔子由学生信，非先有信而后学。故孔子教人，亦重在学。子贡曰："夫子之文章，可得而闻也。夫子之言性与天道，不可得而闻也。"盖孔子仅以所学教，不以所信教。孔子意，似乎非学至此境，则不易有此信，故不以信为教。此乃孔子与各宗教主相异处。故学孔子之学，不宜轻言知天命，然亦当知孔子心中实有此一境界。孔子既已开示此境界，则所谓"高山仰止，景行行之，虽不能至，心向往之"。学者亦当悬存此一境界于心中，使他日终有到达之望。❶

从孔学基本理路出发来理解本章，去除神化孔子的意蕴，才使对本章的解读更具价值，而不应背离儒学的根本精神。

当然，总归孔夫子是安全了，桓魋并没有真的伤害他，也并没有吓倒他。这恐怕要仰赖孔子完美无瑕的德行及其远播的声誉，而或更在于他的对手桓魋仍然保留着当时贵族的习性，即便对孔夫子这样的异己力量，也不会随意滥杀，而只是采用了象征性的警告手段❷。而如果桓魋不是一个贵族，而是一个普通的军官，或许就不好说了。毕竟秀才遇到兵，有理说不清。

另，对本章解读可参看［颜渊第十二·四］"评析"部分。

【标签】

桓魋；宋国；天命；道德

---

❶ 钱穆：《论语新解》，生活·读书·新知三联书店2002年版，第27－28页。
❷ 关于当时的贵族精神，可参看张宏杰《中国国民性演变历程》，第三章《春秋时代的"贵族精神"》，湖南人民出版社2013年版，第24－37页。

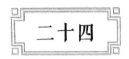

【原文】

子曰:"二三子以我为隐乎?吾无隐乎尔。吾无行而不与二三子者,是丘也。"

【解义】

此一章书,是孔子以身教示门人也。

孔门弟子每以言语求圣人,故以无言为吝教。孔子示之曰:二三子之来学久矣,抑知丘之为丘乎?其无乃以为隐讳而不言乎?不知吾之于尔,初未尝有所隐也。盖道之在人,不过日用寻常之际;吾之立教,原不离动静云为①之间。不但吾不欲隐,即道本无可隐者。不但吾无所隐,即二三子谁是可隐者?吾无行而不与二三子者,是丘之为丘固如是也。尚何疑于丘哉?

总之,圣人与化工②合德③,而凡人亦原与圣人同体④,苟能反诸身心之间,以求契乎无隐之旨,虽圣人可学而至⑤也,何圣教之难窥耶?

【注释】

①云为:言行。

②化工:自然的造化者。贾谊《鹏鸟赋》:"且夫天地为炉兮,造化为工。"

③合德:同德。出自《周易·乾·文言》:"夫'大人'者,与天地合其德。"可详参本书[述而第七·三十五]"与天地合德"词条注释。

④凡人亦原与圣人同体:同体,同一形体,共一形体,比喻无区别,一致。词语具体出处不详,本注谨列相关度较高文字供参考。北宋吕惠卿《道德真经传》释"天地不仁"章:"万物者,与天地同体者也。百姓者,与圣人同体者也。天地圣人自视犹刍狗,则其视万物百姓亦若是而已,则生之畜之,长之育之,何所事仁哉?夫唯不仁,是之谓大仁。"北宋张载《西铭》:"民吾同胞,物吾与也。"《传习录拾遗》:张元冲在舟中问:"二氏与圣人之学所差毫厘,谓其皆有得于性命也。但二氏于性命中着些私利,便谬千里矣。今观二氏作用,亦有功于吾身者。不知亦须兼取否?"先生曰:"说兼取便不是。圣人尽性至命,何物不具?何待兼取?二氏之用,皆

我之用。即吾尽性至命中完养此身，谓之仙；即吾尽性至命中不染世累，谓之佛。但后世儒者不见圣学之全，故与二氏成二见耳。譬之厅堂，三间共为一厅，儒者不知皆我所用，见佛氏则割左边一间与之，见老氏则割右边一间与之，而己则自处中间，皆举一而废百也。圣人与天地民物同体，儒、佛、老、庄皆吾之用，是之谓大道。二氏自私其身，是之谓小道。"

⑤圣人可学而至：每个人都是可以通过学习成为圣人。典出《王阳明全集·年谱·弘治二年》："（孝宗弘治）二年己酉，先生十八岁，寓江西。十二月，夫人诸氏归余姚。是年先生始慕圣学。先生以诸夫人归，舟至广信，谒娄一斋谅，语宋儒格物之学，谓"圣人必可学而至"，遂深契之。"娄谅，字克贞，别号一斋，江西广信上饶人。

【译文】

这一章讲的是，孔子展示自身来教导门人。

孔门弟子有时候向孔圣人请教，每每遇到他不开口回答，就以为他有所保留。孔子就告诉他们：你们来这里学习已经很久了，但是你们知道我孔丘之所以是孔丘的根本所在吗？你们是不是以为我有所保留，隐晦所学而不明说？这是你们不知道，我对你们自始至终都没有什么隐藏。实际上，大道显现于人的，也就是日用伦常之间；我设坛讲学，其实所讲的也不过就是一动一静、一言一行之间的事情。不但我本就不会隐藏，其实大道本身就显豁而无处藏匿。不但我无法隐藏大道，就是你们自己可以把它隐藏起来吗？我没有什么是不与你们一起来做的，这是我孔丘之所以是孔丘所固有的做人原则。你们现在还有什么可怀疑的吗？

总而言之，圣人与造化自然具有相同的德性，而凡人与圣人本来也具有一样的本心，只要能够返回本心，不断探求那显豁无隐的大道，即便是普通人也可以通过学习而成为圣人，圣人之教其实有什么难学的呢？

【评析】

倪培民在其《孔子：人能弘道》的中文版序言中不无感慨地说道：

和我一样在"文革"以后最早出国留学攻读哲学的一批人，当年大多都是抱着"取经"的心态，出去学习西方哲学的，后来几乎都不约而同地转向了中国传统哲学和东西方比较哲学的研究。这里面当然也有着发挥自己母语和文化基础的优势以在海外立足的考虑，但更多的是在深入了解了西方哲学以后，反过来对中国传统哲学的博大精深有了更深切的体会。回想当年在复旦读研究生的时候,我选择的主攻方向乃西方近代经验主义的传统,尤其是苏格兰哲学家休谟,以为中国之落后于西方,关键在于缺乏科学理性的精神,而近代西方经验主义正是这一精神的哲学基础。记得当时在复旦访问的美国教授罗思文(Henry Rosemont)在为我们讲授西方哲学课程时,经常以溢美之词提到中国传统哲学,尤其是儒家思想。那时我还以为他只是客气,好比一个客人客套地恭维主人的家很漂亮一样,不能太当真。后来到美国攻读博士,我最初依然专注于西方分析哲学,博士论文做的是因果观念的本体论分析,与孔子、儒家,都毫不相干。然而,就像是去西天"取经",最后却发现佛祖就在心中一样。在美国多年,越来越发现西方经验分析哲学虽然有种种不可否认的优点,但包含着许多重大的局限,而且当今世界的许多深刻危机,都可以在这些局限性里找到根源。再反观中国古典哲学,却从那些耳熟能详的句子里来也还是超前的观念,看到它们常常恰可弥补西方主流哲学的许多不足。从20世纪90年代初开始,我和其他一些大致在相同年代出国学哲学的人开始在西方大学里任教,也相继走精神的"海归"之路,无论是研究的方向,还是我们讲授的课程,都开始转向中国古典哲学与中西方哲学的比较。❶

用"取经"这个比喻来形容"得道"的方式实在是太贴切和巧妙了。而结合其具有代表性的学术和心路历程,我们也不难看得出一代知识分子探索、求知过程的辗转与崎岖。当他们回到母国的文字中的时候,孔夫子就像对待自己的弟子一样告诉他们说:我已经把道理都告诉你们了,毫无隐瞒。人世间的道理本无秘宗,也无玄妙,只不过是些人伦日用,中和庸常,重在一以贯之。如果一味地坐而论道,谈玄说妙,舍近求远,反倒是一条不归之路。用于此际社会来说就是:回归常识,老实做人,就可以了。

本章文字注释中所引用王阳明的话语,也恰恰深度关涉了本章主题。这是一个阳明先生提出的一个非常巧妙的比喻——三间共为一厅(详见本章注④引《传习录拾遗》文字)如果仅凭直觉去理解,就可能会将儒释道三家不加分别地对应为"三室",从而认为这是阳明先生是在主张"三教合一",但实则远非如是。张元冲询问释道两教是否可以与儒"兼取",王阳明否定张元冲的想法,并直截了当地指出"二氏自私其身,是之谓小道"。他认为,虽然释道两家有些东西是与儒家共通的,但儒家圣学本身是完全

---

❶ [美]倪培民:《孔子:人能弘道》,李子华译,上海人民出版社2013年版,第1—2页。

的，不需要从两家身上兼取，即便释道有些东西，儒家可以拿来用，不过也要合乎儒家的解释。有些儒者把儒释道平行看待，三家共为一厅，儒家只是在中间，是大谬不然的（"举一而废百"）。因此王阳明真正主张的是：这个"三室"皆是儒家的，不能割舍给释、道两家。即便在道理上可以共通，但是就思想的整体性、系统性而言，却迥然有别。

孔子谆谆告诫弟子和世人，一方面不要巧言令色（［学而第一·三］），自欺欺人，一方面不要言怪力乱神（［述而第七·二十一］），顾彼失此，而是要默而识之（［述而第七·二］），一以贯之（见［里仁第四·十五］和［卫灵公第十五·三］）。即便是对自己的儿子孔鲤进行教导，也绝无家传或私授（［季氏第十六·十三］），而同样是保持坦诚"无隐"的态度。所以这一章孔子师徒之间学术探讨的巨大张力，可以通贯孔门很多学术或思想探讨的案例，所以也可谓体现了孔子思想及学说的根本性主张。

【标签】

三间共为一厅；理一分殊；儒释道；三教合一

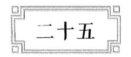

【原文】

子以四教：文、行、忠、信。

【解义】

此一章书，是门人记圣教之全功①也。

孔子之教人，盖亦多术矣，而其大端有四。四者唯何？文、行、忠、信是也。盖天下之义理②无穷，而《诗》《书》"六艺"③已备载之，学而可以不文④乎？平日之闻见皆虚，躬行实践乃有获焉，学而可以无行乎？至于居心⑤之间偶涉于虚伪，应物⑥之际或近于欺诈，则文行虽优，而根本已失，不但自误，而且以误人矣，学而可以不忠⑦，可以不信乎？

此夫子所以谆谆⑧垂示⑨，恐人不留意于四者之中，亦恐人复妄求于四者之外。其为教也，不亦严且切与？学者究心于此，则知行并茂，表里如一，其以几⑩于成德⑪也无难矣。

【注释】

①全功：功业完美，泽被万物。
②义理：道理。
③《诗》《书》"六艺"：此处"六艺"指儒家的"六经"，即《诗》《书》《礼》《乐》《易》《春秋》。详参本书［公冶长第五·十五］同名词条注释。
④文：文献。
⑤居心：心地，存心。
⑥应物：待人接物。《晋书·外戚传·王濛》："虚己应物，恕而后行。"
⑦忠：中心为忠。《说文解字》："尽心为忠。""忠"本义是出于本心而忠，虽然显现出来的是对他人的诚敬，却是发自"中心"的，是对自我的要求。故此处的"忠"使用了本义，请读者留意。
⑧谆谆：耐心引导，恳切教诲的样子。
⑨垂示：赐示。
⑩几：将近，差不多。
⑪成德：盛德，高尚的品德。

【译文】

这一章所讲，是门人记述的圣人全面教育的功业。

孔子教育学生，应该有很多方面，但大的方向有四个。哪四个呢？就是典籍、践行、忠心、诚信。大概天下的道理无穷无尽，而《诗经》《尚书》等六艺典籍已经悉数记述其中，所以学习怎么能够不研读这些文字典籍呢？平时所听闻的道理都还是虚浮的理念，只有躬行实践才算是真正有所收获，所以学习怎么能够不去亲身实践呢？自己存心难免偶尔虚伪矫作，对待他人有时也可能心存欺诈，虽然学习典籍和躬行实践方面做得很好，但内在的根本都丢失了，（文、行越是做得好，）就越是误导自己，也会误导别人，因此，学习又怎么能不对己忠心，对他人诚信呢？

这是夫子恳切告知的，恐怕学人不注意这四教，也恐怕他们在这四教之外盲目用功。他从事教育，不是谨严而又关切吗？学人如果专心于此四教，就会知行合一，表里一致，这样也就不难渐渐地养成高尚的品德了。

【评析】

四个字的总结，实实在在，要言不烦，教育学研究所能达到的极致高度也不过如此。

【标签】

文；行；忠；信；教

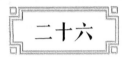

【原文】

子曰："圣人，吾不得而见之矣；得见君子者，斯可矣。"

子曰："善人，吾不得而见之矣；得见有恒者，斯可矣。亡而为有，虚而为盈，约而为泰，难乎有恒矣。"

【解义】

此一章书，是孔子教人存恒心以为作圣①之基也。

孔子曰：天下之人品不同，然有其根基，则皆可上进。如神明不测，谓之圣人。②吾未始不欲见其人也，然圣人不世出③，吾不得而见之矣。得见才德兼优之君子，斯可矣。盖君子虽未至于圣人，然学已有成，去圣不远，不亦慰吾见圣之思乎？

若君子而外，天资粹美④谓之善人。吾未始不欲见其人也，然善人亦不常有，得见立心纯常之有恒者，斯可矣。（盖有恒者虽未即为善人，然存心⑤朴质，立志坚贞，不亦慰吾见善之思乎？）

夫有恒之与圣人，高下固甚悬绝然，其姿质极醇，无所虚伪，使充之以学，未始不可作圣。若夫人之虚伪者，本无也而作为实有之状，本虚也而作为盈满之状，本约也而作为侈泰⑥之状，其人如此，虽一时伪以欺人，久之自不能继，难望其有恒矣。有恒既不可得，又何以为作圣之基哉？

大抵圣人、君子、善人总不外此有恒之一心：在圣人则为至诚无息之心，在君子则为自强不息之心，在善人则为纯一不二之心。人能常守此心，即是作圣根本。此孔子思见有恒，即所以思见圣人也。

【注释】

①作圣：成为圣人。

②神明不测，谓之圣人：《孟子·尽心下》："大而化之之谓圣，圣而不可知之之谓神。"（博大又能感化万物就叫"圣"，"圣"到妙不可知就叫

"神"。）详参本书［泰伯第八·五］"大而化之"词条注释。朱熹《论语集注》："圣人，神明不测之号。"（圣人，有难以测量之神明，故称为圣人。）

③不世出：世间少有。

④粹美：纯洁善良。

⑤存心：保持心中先天固有善性。儒家以之为重要的自我修养方法。语出《孟子·尽心上》："存其心，养其性，所以事天也。"可详参本书［学而第一·三］同名词条注释。

⑥侈泰：奢侈无度。

【译文】

这一章讲的是，孔子教人保有恒心，来作为成圣的基础。

孔子说：天下之人，人品各不相同，但是只要具备了一定的根基，就可以逐级上进。比如，其神明难以测量者，称为圣人。我不是不想见到圣人，但是圣人世所罕见，我见不到啊。但是如果能够见到才德都很突出的君子，也就可以了。大概君子虽然没有达到圣人的境界，但是其学问已经有所成就，距离圣人已经不远了，这也算慰藉我想见圣人的渴望了吧！

除了君子之外，天生纯洁善良者，称为善人。我不是不想见到善人，然而善人也不常见，但如果能够见到心志纯粹而恒久的人，也就可以了。（大概有恒心的人虽然不能马上称为善人，但是内心质朴、志向坚贞，也聊可慰藉想见到善人的心愿了。）

有恒心的人与圣人，虽然相较之下，高下悬殊，但是他的底质极为纯净，毫不虚伪，如果能够使其不断学习来增益自身，也未尝不能达到圣人的境地。但如果这个人生性虚伪，以无为有，以虚为实，以少为多，虽然一时弄虚作假，自欺欺人，但定不能持续，更不会长久。既然不能持之以为恒，又怎么能奠定成圣的基础呢？

概括来说，圣人、君子、善人（虽然各不相同），但是都有恒常之心这个共同点：在圣人那里是至诚无息之心，在君子那里是自强不息之心，在善人那里是纯正不杂之心。一个人能够守住这恒常之心，就是守住了成圣的基础。孔子虽然谈的只是恒心，但最终还是关乎如何成圣的问题。

【评析】

本章如［阳货第十七·二十二］言"饱食终日，无所用心，难矣哉！不有博弈者乎？为之，犹贤乎已"，非为鼓励博弈，而为勉人奋进之语——起码要做个有恒心的善人，这样才可成贤成圣。钱穆解之曰：

圣人君子以学言，善人有恒以质言……时世浇漓，人尚夸浮，匿无为有，掩虚为盈，心困约而外示安泰，乃难有恒。人若有恒，三人行，必可有我师，积久为善人矣。善人不践迹，若能博文好古，斯即为君子。君子学之不止，斯为圣人。有恒之与圣人，相去若远，然非有恒，无以至圣。章末申言无恒之源，所以诫人，而开示其入德之门。❶

平时有所坚守操持，至关键紧要时方可不失风骨，得成君子之节；若平时不加谨饬，而空高自诩，无所依傍，恐怕最终不过愚夫贩卒，徒为人耻笑而已。学习如我辈者当谨记此戒。

【标签】

圣人；君子；善人；恒心

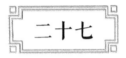

【原文】

子钓而不纲，弋不射宿。

【解义】

此一章书，是记圣人爱物①之仁也。

钓，是以饵取鱼。纲，是用大网绝流而取。弋，是以丝系矢而射。宿，是鸟之栖者。

记者曰：孔子贫贱之时，常亲取鱼鸟为祭祀奉养之用。但常人处此，每多贪得之念，而孔子行之，则弥②见好生③之心。其取鱼也，但用钓以钓，任其自至而已，未尝以绳系网绝流而尽取之也。其取鸟也，但以丝系矢射其飞者而已，未尝伺其栖宿，用射以掩取④之也。

由此观之，不得不取者，有必尽之理；不忍尽取者，寓爱物之仁。盖圣人浑然仁体，心同造化，故于取物之中见生物⑤之意，如此。本此意而推之，岂不人人咸遂⑥其生，而万物各得其所⑦与？惜乎不得其位，老安少怀之志⑧仅托之梦寐⑨东周⑩而已。

---

❶ 钱穆：《论语新解》，生活·读书·新知三联书店2002年版，第187—188页。

【注释】

①爱物：爱护万物。《孟子·尽心上》："亲亲而仁民，仁民而爱物。"章炳麟《菌说》："《荀子》曰：'万物同宇而异体。'以异体故必自亲亲始，以同宇故必以仁民爱物终。"

②弥：满。

③好生：爱护生灵，不杀生。

④掩取：乘其不意而夺取或捕捉。

⑤生物：使物生存。

⑥咸遂：感到顺利。遂，成功，顺利。

⑦各得其所：原指每个人都得到了满足。后指每一个人或事物都得到恰当的安置。

⑧老安少怀之志：[公冶长第五·二十六] 中，孔子自述平生之志，是"老者安之，朋友信之，少者怀之"。（天下的老人都能得到安养，朋友都能相互信任，年轻人都能得到关爱。）

⑨梦寐：指孔子时时梦见周公，表达其内心施行仁政，一展政治抱负的急切心理。但是这终究只是个梦境，而且到后来连这样的梦也没有了。[述而第七·五]：子曰："甚矣吾衰也！久矣吾不复梦见周公！"

⑩东周：指不合礼法的政治邀约，表现了孔子急于施行仁政而饥不择食，但终归不得施展的政治困境。[阳货第十七·五]：公山弗扰以费畔，召，子欲往。子路不说，曰："末之也，已，何必公山氏之之也？"子曰："夫召我者，而岂徒哉？如有用我者，吾其为东周乎？"

【译文】

这一章是写，孔圣人的仁爱之心扩展到天地万物。

钓，就是用饵料钓鱼。纲，就是用大网拦在河流中捕鱼。弋，就是用带绳子的箭射猎。宿，指的是鸟栖息的地方。

记述者记录：孔子贫穷卑贱的时候，常常亲自捕捉鱼鸟来用于祭祀或奉养。一般人在捕猎的时候，往往贪多务得，而孔子捕猎的时候，却满怀爱护生灵、不滥杀之心。他捕鱼，只是用鱼钩来钓，只钓得那些上钩的鱼儿，而不是用绳网横绝河流一网打尽。他猎取飞鸟，只是用带绳子的箭射击飞起来的鸟儿，而不是等到他们归巢之后，突然射击一窝端。

由此来看，对于不得不取的事物，也有要遵循的事理；而不忍心悉数猎取，则意味着怀有仁爱万物的心理。大概圣人仁心浑化，同自然造化一样广阔,所以即便是从自然中获取之时,也仍然存有仁人爱物之心。如果这样,人人都能够感到人生顺利,万物都能适当生存。可惜他没有得到施行仁政的机会,使"老者安之,朋友信之,少者怀之"（[公冶长第五·二十六]）的政治理想只能托之于对周公的昼思夜想,甚至是乱臣贼子的非礼邀约之中。

【评析】

孔子之仁,不但于人,而且于物；不但于平时讲论,而且于特殊需要；不但于可仁、能仁之时,而且于似不必仁,不须仁（如饮食供奉的猎杀）之时。在仁者的世界里,没有他者,没有你死我活的冲突,万事万物都是共生共存的关系。

此仁或出于民胞物与的世界观构设。然而即使非达不到如此高度,从日常情理而言,即便石头不语,花兀自开,万物无知,世态冷漠,而仁者依然以仁爱面对之,以此主体建构了一个有情世界、温馨家园,将寥廓世界改造为一个宜居的所在。这不也很智慧、很美好吗？

【标签】

仁；老安少怀；生物

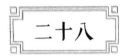

二十八

【原文】

子曰："盖有不知而作之者,我无是也。多闻,择其善者而从之；多见而识之——知之次也。"

【解义】

此一章书,是孔子自叙求知之功以示人也。

孔子曰：天下之事莫不有理,必先知之明,而后行之当。今天下之人有不知其理而妄有所作为者,我则无是也。盖天下之义理无穷,闻见不博,非所以求知于人；择识不精,非所以求知于己。我惟是多闻天下之理,择其善者而从之,务使有得；多见天下之事,无分善恶而识之,以备参考。此由学问以广聪明,虽未为生知,而亦可为知之次也。

夫生知安行①如孔子而谦冲②自勉如此,则知闻见、择识乃求知之法,而讲学穷理之功,诚不可以或③废也。

【注释】

①生知安行:即"生而知之"(天生就知道天下通行的大道)和"安而行之"(发于本愿从容不迫地实行大道),比喻具有极高的禀赋和修为。出自《礼记·中庸》:"或生而知之,或学而知之,或困而知之,及其知之,一也。或安而行之,或利而行之,或勉强而行之,及其成功,一也。"可详参本书[为政第二·四]同名词条注释。

②谦冲:谦虚谨慎,自我控制。

③或:有时。

【译文】

这一章是讲,孔子自述求知的方法给人看。

孔子说:天下事无不有理可循,一定要先明理,然后才能行为得当。而现今世界有些人不能明理而胡作非为,我不会这样。天下的道理无穷无尽,如果自己不足够博闻多识,就不要指望通过请教别人而获得;如果自己不能够精读深思,也算不上向自己探求。我先是读万卷书,广泛涉猎事理,同时也要善于判断,精选出其中有益的部分来学习,务求使自己有真才实学;还要行万里路,不断丰富个人阅历,好事坏事都见识一下,以积累生活经验。这是通过学问之路来促进自己的聪明智慧,虽然并不是生而知之的知识,但也算得上第二等的知识了。

生而知道、安而行道的孔子,尚且如此(通过博闻多见和择识而学来提高自己)谦虚而自勉,因此可知,博闻多见、择识而学实是求知进学的良方,而强求学问、穷尽事理的功夫,实在不能有一刻荒废啊。

【评析】

有视域(理论体系)有选择(价值判断)的知识才能真正成为知识,才能称为"知",它既可以解读为知识,又可以解读为智慧;反而言之,没有视域和选择的知识,虽然也称得上知识,但恐怕未必是"智慧"的,甚或是"反智"的。

这是孔子将"学"与"知"两个范畴进行的深度关联——它们相互界定。

【标签】

知；作；学；生知安行；择善而从

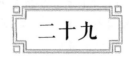

【原文】

互乡难与言，童子见，门人惑。子曰："与其进也，不与其退也，唯何甚？人洁己以进，与其洁也，不保其往也。"

【解义】

此一章书，是圣人与人为善、不为已甚之心也。

昔孔子之时，有地名"互乡"者，一乡皆习为不善，人皆以其难与言善而绝之。

一日，有童子者慕道①请见，孔子不加拒绝，进而见之。时门人不能无疑，以为设教固不可不宽，而疾恶则不可不严。如互乡之人，君子之所绝，而童子之来，夫子顾见之，殊不能不惑也。

孔子晓之曰：君子之处已原贵于严，而加惠②后学③则不可执成见而阻其自新之路。今互乡俗虽不善，而童子则有向善之心，我特取其进而求见之诚耳，非取其退而为不善也，何得因其习俗遂绝之已甚耶？且凡天下之人，特患不能洁己耳；若一旦洗心涤虑④，洁己以求见，此即好善之机，可与入德⑤。吾但取其今日之能洁耳，至往日之或善或恶，安能保耶？今童子之见⑥，二三子⑦亦可无惑矣。

总之，立教贵于公，而待人则本于恕。孔子欲化导愚顽以移易其风俗，故不为已甚如此。若在君师之位，则无论贤愚不肖⑧，自皆在其陶铸⑨之中。《书》曰："敬敷五教，在宽。"⑩此帝王教人之法也。

【注释】

①慕道：向往修道。
②加惠：施予恩惠。
③后学：后进的学者或读书人。
④洗心涤虑：涤除私心杂念，比喻彻底悔改。
⑤可与入德：可以进入圣人品德修养的境域。《礼记·中庸》："君子之

道，淡而不厌，简而文，温而理，知远之近，知风之自，知微之显，可与入德矣。"（君子所奉行的大道，恬淡自然而不会使人厌倦，形式简约而文采斐然，温雅和顺而条理清晰，懂得由近及远、推己及人、见微知著的道理，这样就可以进入圣人的道德境界了。）

⑥童子之见：接见童子。

⑦二三子：口语，犹言诸位，你们几个。

⑧贤愚不肖：贤良、愚蠢还是不肖，指好坏各类人等。不肖，不孝之子，不才，不正派。

⑨陶铸：制作陶范并用以铸造金属器物，比喻造就、培育。

⑩"敬敷五教，在宽"：敬敷五教，指对百姓进行五种伦常规范教育。《尚书·尧典》：帝曰："契，百姓不亲，五品不逊，汝作司徒，敬敷五教，在宽。"（舜说："子契，现在百姓很不友好，君臣、父子、夫妇、长幼、朋友等五种伦常关系不能恭顺，你做了负责教化的司徒，对他们要进行父子有亲、君臣有义、夫妇有别、长幼有序、朋友有信的五种道德规范教育，一定要本着宽怀的原则。"）详解见本书［八佾第三·二十六］同一词条注释。

【译文】

这一章，展示的是圣人与人为善而不固执己意的心态。

孔子那个时候，有一个叫"互乡"的地方，整个乡里风习很差，因为这里的每个人都很难友好交往而遭到外界的抵触和排斥。

一天，互乡有一个男童因为向往修习学问而请求拜见，孔子没有拒绝他，让他过来见面。此时门人弟子有所疑虑，认为施教的门槛虽然不能太高，但是对于恶习劣风不能不严加防范。像互乡的人，早已为君子所弃绝，但这个男童过来，夫子竟然还要接见他，这实在是令人困惑。

孔子就解释说：君子对于自身自然是贵在严苛，但既然要惠顾后生晚辈的学习就不能怀有成见而阻断他们自新上进的道路。现在互乡的风俗虽然不好，但是这个男童却有向善进取之心，我只是针对他进取来求见的诚意，而不是顾虑他回去仍然从事不善之习惯，毕竟，即便是他那个地方习俗不好，也不能彻底断绝他上进的道路。而且，举全天下的人，无不以损毁自己品性洁净为忧患的；如果他们一旦洗心革面，以崭新的状态来拜见，这就是向好处转变的机缘，可由此可以进入修身养性的境地。我只是肯定他今天的洁身自好，而改天他是好还是坏，我就不敢保证了。所以今天接见这个小孩子（不会有道义和责任的负担），你们就不用疑虑了。

总而言之，树立教化贵在出于公心，待人接物贵在出于恕道。孔子想感化教导愚昧顽固之人,以此来达到移风易俗的目的,所以他能够如此从容无私而宽恕陋习。当一个人为君为师,不管对象是贤良还是愚蠢、不肖的各类人等,都要对其进行教化熏陶。《尚书·尧典》中说:"敬敷五教,在宽。"(对百姓进行五种伦常规范教育,最重要的是要宽恕。)这正是帝王教化百姓的常理。

【评析】

不以赘见礼不收(自行束脩以上,吾未尝无诲焉。[述而第七·七]),不到必要时不教([述而第七·八]:"不愤不启,不悱不发。"),孔子教育之门可谓严矣。然而,此互乡"难为言"的童子却能破格入见,可谓独例,于此更可见孔子有教无类之量、诲人不倦之心。大概为仁、求学、诲人三者本是三位一体:为仁则求学不已、诲人不倦;求学则是体仁之道,诲人则是为仁之方,而教学相长,相得益彰。三者不可拆裂而须合为一体。由此来看,更见教育之重要性,以及师者之道义和责任。

【标签】

师道;学道;教学相长;有教无类;敬敷五教,在宽;可与入德

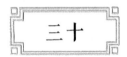

【原文】

子曰:"仁远乎哉?我欲仁,斯仁至矣。"

【解义】

此一章书,是孔子勉人求仁也。

孔子曰:世之惮于求仁者,皆以仁为远而难求。自吾观之,仁果远乎哉?盖天下无无心之人,亦无无仁之心,是仁乃本来之良人所固有,但人蔽于私欲而不知求,遂流于不仁,而以为远耳。若能以一念之觉反,而求吾固有之仁,即此有觉之中,天理来复①,是欲之斯至,无俟②他求也,而又何远之有哉?

要之,仁具于心,得之易,失之亦易。人能时时提醒,在在操存,则一念欲之,一念之仁也;念念欲之,念念之仁也。③由此而进于天德之纯,亦惟存乎一心而已,可不勉哉?

【注释】

①来复：往还，去而复来。

②俟：音 sì，等待。

③人能时时提醒……念念之仁也：言人能弘道，念兹在兹之意。《尚书·大禹谟》："帝念哉！念兹在兹，释兹在兹。名言兹在兹，允出兹在兹，惟帝念功。"可详参本书[卫灵公第十五·三十三]"念兹在兹"词条注释。

【译文】

这一章讲的是，孔子勉励人主动求取达到仁境。

孔子说：世间不敢求仁者，大都以为仁境高远难求。但依我看来，仁真的很遥远吗？其实天下没有无心之人，所以也就没有无仁之心，因为仁本来就是良善之人所固有的，只是人们受私欲遮蔽，而不能主动求取，因此流于不仁的处境，并且以为仁境距离自己很远。如果能够有一念反省自觉，从自己身上去寻找本来就含有的仁，那么就在这一念一觉之中，天理就会去而复来，是你想得到就能得到的，不需依靠其他，那怎么会感到遥不可及呢？

总之，仁本就在心里，容易得，也容易失。如果能够时时刻刻提醒自己，无处不在地操练持有，那么一个念头想到，那就会有一念的仁；时刻念想，那么念念皆仁。其实由这种状态进入到纯粹的天德境地，不过是在于你的内心而已（而非受外物限制），所以怎么能不努力去追求呢？

【评析】

越是简短的话语，其所关涉越是广泛，意味也越是深长。如本章，虽然简短，却因讨论儒学核心概念"仁"的呈现问题，而具有统摄的作用——可回应冉有"力不足"之说，可援引夫子"唐棣之华"之叹，可对应夫子"求仁而得仁"的答案，亦可关涉孟子"求其放心"之论，陆王"心即理""致良知"之说，乃至现代学术关乎主体价值、他者存在等命题的讨论——借此，亦可以体会儒学的肌理和张力。倪培民说："完整的孔子体系更应该看成是一个水晶体，其任何一面都能反射出其他各面，又完全不必介意从哪一面开始欣赏。"[1] 而像本章，则属于多面体的顶点，具有非常强的架构

---

[1] [美]倪培民：《孔子：人能弘道》英文版前言，李子华译，上海人民出版社2013年版，第3页。

和连接作用。

又因此,本章因为牵涉太广,属于可以意会而难以解说的一章。我们与其强行作解,不妨藏拙而弄巧,反其辞而言之——

不仁远乎哉?我欲不仁,斯不仁至矣!

【标签】

仁;操存;主体价值

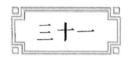

【原文】

陈司败问:"昭公知礼乎?"孔子曰:"知礼。"

孔子退,揖巫马期而进之,曰:"吾闻君子不党,君子亦党乎?君取于吴,为同姓,谓之吴孟子。君而知礼,孰不知礼?"

巫马期以告。子曰:"丘也幸,苟有过,人必知之。"

【解义】

此一章书,是见孔子为君受过也。

陈国名司败官名。昭公是鲁国之君。

昔鲁昭公素称知礼,而不免娶同姓为婚。①故陈国有司败者不能无疑于心,因问于孔子曰:人皆以昭公为知礼,果知礼乎?

是时司败之问有心,而孔子之答无意,故直以"知礼"答之。

及孔子既退,司败适遇孔子弟子巫马期,乃揖而进之曰:吾闻君子为人平心直道②,有事关名义者必公是公非,而无所私党③。由今观之,君子亦阿党④于人乎?何以见之?如同姓不为婚,周道也,⑤今鲁与吴皆姬姓⑥,而鲁君乃娶吴国之女为夫人,乃自为之而自讳之——不谓之"吴孟姬",而谓之"吴孟子"。⑦既已干越⑧于前,而又复掩饰于后,悖礼甚矣!使鲁君而犹为知礼,则人孰不可为知礼乎?(夫鲁君不知礼如此,而夫子犹以"知礼"与之,非党而何?)

司败之议昭公固是,然以孔子为党,彼岂知圣人用意之厚哉?于是巫马期述司败之言以告孔子,孔子竟不辨其礼之知与不知、己之党与不党,但自引咎⑨曰:人之所不幸者,莫甚于不闻过,今丘也幸矣,苟有过失,人必知之。既知于人,即得闻于己,由是改图⑩,归于无过,岂非我之所甚幸者乎?

盖无容昧⑪者,天下是非之公;而曲为讳者,臣子忠厚之谊。如孔子,善则归君,过则归己,岂非万世人臣之法乎。

【注释】

①鲁昭公素称知礼,而不免娶同姓为婚:周朝先祖为古公亶父,姬姓,名亶(dǎn)。长子泰伯,次子虞仲,三子季历。据《史记》载,古公亶父觉得季历最为贤明,而季历的儿子姬昌有圣瑞之兆。长子泰伯、次子虞仲明白了父亲的心意,于是让位到吴地,建立吴国。姬昌即周文王。周文王与太姒的次子为周武王姬发,第四子为周公姬旦。周公封地为鲁,但因忙于政务,于是让长子伯禽(姬禽)至鲁国代父受封,因此伯禽实为鲁国首任国君。鲁昭公为鲁国第二十五任国君。因鲁、吴均源于古公亶父,同姓姬。所以鲁昭公迎娶吴国女子,属于同姓婚姻。陈登原《中国文化史》:"故所谓'同姓不婚',其发源,亦由于女系之社会;由于母的关系,而非由于父的关系。故鲁昭公娶于吴为同姓,谓之吴孟子。良由吴之男子,其氏虽变,而吴之女子,其姓不变。鲁为姬姓,而吴亦姬姓,故不得谓之'吴姬',而仅谓之吴孟子也。"❶

②平心直道:平心,用心公平,态度公正。直道,正道,指确当的道理、准则。

③私党:私结党徒。

④阿党:阿附权势,结党营私。

⑤同姓不为婚,周道也:《礼记·坊记》:"取妻不取同姓。"《礼记·曲礼》:"取妻不取同姓,买妾不知其姓,则卜之。"《左传·昭公元年》:"男女辨姓,礼之大司也。"《礼记·昏义》:"昏礼者,将合二姓之好,上以事宗庙,而下以继后世也,故君子重之。"《左传·僖公二十三年》:"男女同姓,其生不蕃。"《国语·晋语四》:"同姓不婚,恶不殖也。"《礼记·大传》:"系之以姓而弗别,缀之以食而弗殊,虽百世而婚姻不通者,周道然也。"(他们这些人相互系联于同姓之下而没有区别,通过定时合族聚餐来加强联系,不加疏离,因此,即使他们相隔百代也不能相互通婚,周代的规定就是这样。)

⑥鲁与吴皆姬姓:见注①。

---

❶ 陈登原:《中国文化史》,商务印书馆2014年版,第118页。

⑦不谓之"吴孟姬",而谓之"吴孟子":"吴孟姬"是当时称有名望的女性的比较规范的样式,即"氏+排行+姓"。古代姓氏既有联系又有区别。《通鉴外纪》:"姓者,统其祖考所自出;氏者,别其子孙所自分。"姓是同一家族的标志,同姓者有着共同的祖先,共同的血缘,并且实行族外婚;氏是姓的分支,是从原来的血缘族群中分离出去,有了新的族号,但仍保留本姓。故称"吴孟姬",说明了此女是:吴氏,排行第二,姓姬。因此也就暴露了她的本姓,但为了避忌周礼,而被称为"吴孟子"。然而却恰恰此地无银三百两,欲盖弥彰,暴露了其失礼的性质。

⑧干越:干犯名分,僭越礼制。
⑨引咎:归过失于自己。
⑩改图:改过图新。
⑪昧:蒙昧,不明白。

【译文】

这一章是说,孔子替国君接受指责。

司败是陈国的官职名。昭公是鲁国国君姬裯的谥号。

往日鲁昭公向来以知礼而闻名内外,却有违礼制迎娶了同姓女子。所以陈国的一个司败官感到非常疑惑,就问孔子,人们都说昭公知礼,这也算得上知礼吗?

当时陈司败是有心而问,而孔子是无意作答,所以干脆直接回答说,昭公知礼。

孔子离开后,陈司败碰巧遇到孔子的弟子巫马期,就揖礼后上前说道:我听说君子为人处世公平正直,凡在关乎声名道义的事情上必定是非分明,大义凛然,而不会结党营私,贪赃枉法。但是现在看来,君子也会阿附权贵并私下结党吗?怎么这么说呢?是因为周礼规定,同姓不婚,而你们的国君就娶了吴国同姓的女子为夫人,自己做了事情却又在名讳上矫饰——不叫她"吴孟姬",而是叫她"吴孟子"。既然已经干犯名分而僭越礼制,却又在后面不断掩饰,这是更加背反礼制的啊!如果像鲁君这样的行为也算知礼的话,那么还有谁不知礼呢?(鲁君已经如此不知礼,而夫子仍然说他"知礼",这不是结党偏私吗?)

陈司败这样议论鲁昭公固然符合事实,但以为孔子也结党偏私,哪里知道孔圣人的良苦用心啊?当巫马期将陈司败的话转告孔子的时候,孔子竟然对是否知礼、是否结党之类的话一概不作回应,而只是归咎自己道:人之一大不幸,就是不知道自己的过错,今天我孔丘算是幸运的了,一旦有所过失，就被人察觉了。既已被人察觉，而又马上让自己知道，由此改过图新，直到没有过错，这不也是我之大幸吗？

不容混淆的，是天下是非之公义；而枉曲为之避讳，则是臣子对君主的忠心厚谊。像孔子这样，尽力维护君主的好名声，其过失则由自己来担，这不是千秋万世的臣属所应该效法的吗？

【评析】

这一次的会话，大概发生在"各国司法工作座谈会"上，既然是与陈国司法部门的长官（司败）会晤，孔子也是以对等的司法官身份（即大司寇），才有这样平行对话的机会。理由有三：一、上述身份对等，朱熹《论语集注》："司败，官名，即司寇也。"二、巫马期小孔子30岁，则巫马期能够担任孔子的门人，并与陈司败交流，起码要在20岁左右，则此时孔子起码50岁，这正是其政治地位上升期，孔子52岁的时候，由中都宰升小司空，53岁由小司空升大司寇，摄相事。三、从陈司败直称昭公这一谥号而言，应在昭公死后。公元前510年，孔子42岁的时候，鲁昭公于这一年冬天卒于乾侯。杨伯峻《论语译注》："'昭'是谥号，陈司败之问若在昭公死后，则'昭公知礼乎'可能是原来语言。"但杨本又推论说："如果他这次发问尚在昭公生时，那'昭公'字眼当是后人的记述。我们已无从判断，所以这句不加引号。"此番推论本身并无错误，但是至少忽略了当中的小人物巫马期的年龄问题。且不论对话时孔子的身份，如若此言发生在昭公在世时，则巫马期才是一个至多12岁的孩子，实不能跟从孔子出入政门，陈司败也不可能与他对话。基于这点来看，孔陈对话不可能发生在昭公去世之前，故而本章首句，最好以直接引语的形式进行标点。

从整个事件来看，陈司败来者不善，既有意评判鲁昭公无礼，也有挑衅孔子礼教权威的用心，刚上来不明言其事，而是直接问是否知礼，有点设陷使套的嫌疑。他为什么如此刻意评议昭公，尚不得而知。但是由之可明礼有两种：一种为祭祀和交往仪礼，另一种为日常行为规范，乃至政治行为准则。盖昭公熟习前者并以此闻名，却在后者上面违犯了禁忌，此正符合史上对其所谓"知仪不知礼"的评价。《左传·昭公五年》载：

公如晋，自郊劳至于赠贿，无失礼。
晋侯谓女叔齐曰："鲁侯不亦善于礼乎？"
对曰："鲁侯焉知礼？"
公曰："何为？自郊劳至于赠贿，礼无违者，何故不知？"

对曰:"是仪也,不可谓礼。礼,所以守其国,行其政令,无失其民者也。今政令在家,不能取也。有子家羁,弗能用也。奸大国之盟,陵虐小国。利人之难,不知其私。公室四分,民食于他。思莫在公,不图其终。为国君,难将及身,不恤其所。礼之本末将于此乎在,而屑屑焉习仪以亟。言'善于礼',不亦远乎?"

如此评价却记入鲁国的专史《左传》,真是情何以堪!看来,对昭公的评价似乎已是时论,陈司败只是说出了一个公认的事实而已。所以,可以判断,其所针对的主要是孔子,倒不是昭公。

暂且不论孔子如何为尊者讳,也不论他怎样闻过则喜。相关的讨论文字已经非常之多了。我所好奇的倒是昭公的爱情史——为什么一定要娶这个同姓女子,是出于爱情还是美色?只因至少二十代之前同宗,所以不能通婚,是礼俗的禁忌还是礼俗的碾压,竟然连一国之主也有所忌惮?那个被叫作吴孟子的女人是否会跟随昭公在其晚期政治生涯,于风雨飘摇中避难他国呢,其最终结局又是如何呢?

【标签】

鲁昭公;吴孟子;陈司败;巫马期;同姓不婚

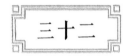

【原文】

子与人歌而善,必使反之,而后和之。

【解义】

此一章书,是孔子乐于取人之善也。

记者曰:夫子好善无穷,诚意恳至①,每遇人有一善,则相为契合。如与人歌也,若人之音律节奏有相和而善者,此时夫子之心不知有己,止知有善,好善之心遂油然而不能自已,必使其人反复歌之。凡其音律节奏之美,皆默会而详味焉。然后自歌以和之,同声相应②,音节克谐。是不但取人之善为己之善,而且以己之善助人之善,其好善之诚为何如哉?

观孔子于一歌之善而好之,恳至如此,其与大舜之舍己从人、乐取人善③何以异乎?盖圣心浑然至善,随在④具足⑤,故于一歌而全体皆见也。

【注释】

①恳至：恳切。

②同声相应：同样的声音能产生共鸣。《周易·乾》："同声相应，同气相求。"（同样的声音能产生共鸣，同样的气味会相互融合。指志趣、意见相同的人互相响应，自然地结合在一起。）

③大舜之舍己从人，乐取人善：《尚书·大禹谟》："稽于众，舍己从人，不虐无告，不废困穷，惟帝时克。"（舜对禹说：考察民众，舍弃自己的意见，听从民众的意见，不虐待无依无靠的人，不抛弃困苦贫穷的人，只有尧帝才能够做到这些啊！）《孟子·公孙丑上》："子路，人告之以有过，则喜。禹闻善言，则拜。大舜有大焉：善与人同，舍己从人，乐取于人以为善；自耕稼陶渔以至为帝，无非取于人者。取诸人以为善，是与人为善者也。故君子莫大乎与人为善。"（子路，闻过则喜。禹，见善而从。伟大的舜又超过了他们：愿意与人共享美德，抛弃自己的缺点而学习别人的长处，乐于吸取别人的优点来修养自己的品德。舜从当农夫、陶工、渔夫，直到成为天子，没有哪一点长处不是从别人那里学来的。吸取众人的长处来修养自己的品德，这又有助于别人培养品德。所以，君子没有比鼓励人为善更好的了。）

④随在：随处，随地。

⑤具足：具备。

【译文】

这一章是讲，孔子乐于学习别人的善处。

记录者记述：夫子极其喜好向善而学，其诚恳之至，以至于只要遇到别人有一个良善的品格，他就去积极响应。就像与人唱歌一样，如果这个人的音律节奏和谐而动听，这时候夫子内心就忘记了自己，而只知道有动听的音乐，向善之心油然而生，忘乎所以，一定要请人家反复歌唱，以便于自己陶冶其中，仔细品味音律节奏之美。然后他再自己歌唱来迎合这个人的歌声，使之能够做到同声相应，合响共鸣，音律节奏都能彼此和谐呼应。这不光是吸取别人的善以助长自己的善，而且也是用自己的善来助长别人的善，他的这种诚心向善的状态怎么样啊！

我们看，孔子对于一首歌曲的善都是如此向往和追求，如此恳切，那么他与伟大的舜帝之不断舍弃故我而乐于向他人学习的表现，又有什么差别呢？大概圣人之心浑然一体，一心向善，无时无地都具备这种品格。一叶知秋，窥斑见豹，我们也大概能够从一首歌上面看到其品格的全部。

【评析】

孔子云"见贤思齐"，又云"游于艺"，字面上本不相关，然而与本章可合为一体，即以音乐之声律和学习之体验来展现品德、艺术和精神的恰切融合，诚实美妙。

《解义》用《孟子》中舜帝向善而从的典故来回应本章，极为贴切，又引人入胜：在圣人先贤那里，只有不断地学习，才能成就自我，而不是固执己见，因循旧我，因此最好的品格不是哪一种具体的品德，而是向善而学的品格；这种品格不仅对自己有极大的好处，也肯定和鼓励了本来具有良善品格之人，益发使其向善，因此好学向善的品格对他人也有极大的帮助。

所以，笔者认为"与人为善"一词，不应只是解释为"和别人一起为善"（"与"解释为"和"），而是"勉励他人为善"（"与"解释为"勉励"）的意思，这样更能揭示体善向善对己、对人都有所裨益的内涵。

【标签】

乐取人善；与人为善；闻过则喜；歌（乐）

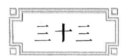

三十三

【原文】

子曰："文，莫吾犹人也。躬行君子，则吾未之有得。"

【解义】

此一章书，是孔子勉人以实行也。

孔子曰：吾人终身为学，不徒贵可见之英华①，而贵有克敦之践履②。如敷陈③理道④、焕然成章者谓之"文"，此不过语言之工，文采可观而已。我虽未能过人，而犹可以及人。若夫有才而不见其才，有德而不矜⑤其德，事事皆求实践，不事空言⑥，此乃躬行之君子也。吾非不欲企而及之，而反心自思，则全未有得。吾朝夕之间，亦惟以此自勉而已。

观孔子此言，可见文易而行难，行急而文缓。故君子之进德必以忠信，而修辞立诚乃所以居业⑦也。

【注释】

①英华：本指花木之美，喻指文采芳华或美好的外观。

②克敦之践履：能够勉力为之的行动。克，能。敦，勉励，督促。践履，经历，实践。

③敷陈：详尽地陈述。

④理道：文章的义理。

⑤矜：自大，自夸。

⑥空言：只起褒贬作用而不见用于当世的言论主张。

⑦君子之进德……所以居业：《周易·乾》："君子进德修业：忠信，所以进德也；修辞立其诚，所以居业也。"（君子要不断增进自己的道德修养并发展事业：忠诚待人，言而有信，来提高道德修养；注意修饰自己的言辞，以充分表达自己的诚心，这也是蓄积功业的方法。）

【译文】

这一章讲的是，孔子勉励人们切实践行所学。

孔子说：我们一生坚持学习，不只是为了文采芳华、谦谦风貌，而更应注重去勉力而为，躬身实践。那些仅仅是铺陈道理、辞章焕然的样式往往被称为"文"，其实这不过是文从字顺，略具文采而已。在这一方面，我虽然不比别人强，但也不比别人差。如果有才而不故意显露，有德而不到处显摆，力求将个人才德沉潜到实践中，不说半句假大空的话，这就是躬身实践的君子了。对于这样的人，我不是不企望追上他，但自我忖度一下，还真的暂且做不到。因此我在一早一晚，都要以这一点来勉励自己躬行其道。

品味孔子的话就可以知道，的确是言说、辞令比较容易，而行动、实践非常困难，而且行动要快而文辞宜慢。所以要像乾卦所说的那样，要以忠信之行为来提升道德，以诚敬修之辞来蓄积功业。

【评析】

人文只能在字里行间，在诗情画意，或存诸精神或心理的阈限之中吗？

孔子说，不是的。漂亮的字句谁都可以写出来，我也可以，只是如果对美好人格和理想世界的期许，并没有在我们自己身上呈现，又有什么意义呢？只有破除语言的迷障，真正有所作为，才能使有限的人生在生之大德的观照之下获得完整的意义。所以孔子要"述而不作"，要"君子不器"，要"学而不厌,诲人不倦",要"朝闻道,夕死可矣"。人生要追求的,是实在的意义,所以它只能在人本身的行为中呈现,而非其他种种形式。

《解义》句句沉实,值得习读者对照自省和反思。但也惜乎还没有将这一章的意蕴讲透,主要是因为它将言辞与行动对立来看,即便是最后引用了乾卦的文字,把德业和修辞并列,有以言立德的意向,故仍不足以言明孔子所寄托的深意。

因为这里已然不是简单的所谓"慎言敏行"或"诗言志"式的言与行的平行或共生关系,而是涉及人的主体性价值的实现过程,更深层次把握言行关系的自觉。语言文字既可以是展现自我的表达,也可能是成就自我的障碍,即便是最美好的文辞,也不能替代人自身的行为,亦不足以代表个人品质。而现实中,有多少人巧言令色,言不由衷,说一套,做一套;又有多少人耽于语言,成为"语言上的巨人,行动的矮子"。语言本是人改造世界最有力的工具,却不幸成为作茧自缚、自我坎陷的道具。人们如果一旦陷入文字表意系统所构建的习惯性精神"意淫"中,则恐怕距离道德堕落不远矣。所以孔子主张"修辞立其诚"(《周易·乾》),又要听其言必观其行([公冶长第五·十]),对于语言文字始终保持警惕。

孔子在其晚年删述六经,是在对道德、功业追求之后的一个选择,是通过这种方式对人生志业的总结和转化。尽管六经在中国历史上产生广泛而深远的影响,但终归是其人格与道德的"副产品",使人们能够借由这些文字追溯孔子,并为其人格思想所化。从这一意义上来说,叔孙豹所言"太上有立德,其次有立功,其次有立言"(《左传·襄公二十四年》)之"三不朽"之说,与这一章的意旨极其贴合,而且也就此可解了。

【标签】

言行;修辞立其诚;三不朽;删述六经

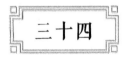

【原文】

子曰:"若圣与仁,则吾岂敢?抑为之不厌,诲人不倦,则可谓云尔已矣。"公西华曰:"正唯弟子不能学也。"

【解义】

此一章书,是孔子以无己之学①,示求圣求仁之实也。

昔孔子道全德备②,当时有称为"圣"与"仁"者,故孔子辞之曰:人之品量③不齐,而学之造诣④不一,如神化不测之圣人⑤,与万物一体之仁人⑥,则吾岂敢当乎?抑惟以圣仁之道敏勉力行,为之于己⑦,不敢自止,而生厌足⑧之心;即以圣仁之道鼓舞诱掖⑨,教诲于人,不敢言劳,而萌倦怠之意——此乃我之所能者,亦但可云如此而已矣,敢云"圣""仁"哉?

维时⑩,弟子有公西华闻斯言而叹曰:为可能,而不厌则不可能;诲可能,而不倦则不可能。自非至诚无息⑪、善与人同⑫者,未易几⑬此,在弟子⑭虽欲学之,而正有所不能也。(是夫子虽不居圣、仁之名,而愈以征⑮圣、仁之实矣。)

要之,圣人之心常虚,如大禹不自满假⑯,文王望道⑰,未见其存心⑱,皆无异也。观于孔子之言而从事圣、仁者,惟常存自不足之心而已。

【注释】

①无己之学:参[述而第七·三十二]"大舜之舍己从人,乐取人善"词条。无己之学,即大舜舍己从人之意,放空自己,虚心向他人学习,唯恐学之不足。

②道全德备:拥有完美之道德。

③品量:品格胸怀。

④造诣:学业、专门技术等达到的水平、境地。

⑤神化不测之圣人:《孟子·尽心下》:"大而化之之谓圣,圣而不可知之之谓神。"(博大又能感化万物就叫"圣","圣"到妙不可知就叫"神"。)详参本书[泰伯第八·五]"大而化之"词条注释。朱熹《论语集注》:"圣人,神明不测之号。"(圣人,有难以测量之神明,故称为圣人。)

⑥万物一体之仁人:万物一体,即儒学所谓"天地万物为一体",是说通过人生而具有的仁爱之性,由"爱人"扩展到"爱物",从而把人与天地万物构成一个息息相关的有机整体。北宋程颢和明代王阳明等理学家,在儒家"爱人"的思想基础上,提出了这一整体观念。

⑦为之于己:为己而学。

⑧厌足:满足。

⑨诱掖:诱导扶助。掖,音 yè,用手扶着别人的胳膊。

⑩维时:斯时,当时。

⑪至诚无息：真诚永不停息而至博厚高明的境地。《礼记·中庸》："故至诚无息，不息则久，久则征，征则悠远，悠远则博厚，博厚则高明。博厚，所以载物也；高明，所以覆物也；悠久，所以成物也。博厚配地，高明配天，悠久无疆。如此者，不见而章，不动而变，无为而成。"（所以，最高境界的真诚是永生不息的。永不停息，就会持久运行；持久运行，就会有所效验；有所效验，就会悠久长远；悠久长远，就能够广博深厚；广博深厚，就能高大光明。广博深厚，是用以承载万物的；高大光明，是普惠万物的；悠久长远，是用以成就万物的。广厚如地，高明如天，悠久无限。达到这样的境界，不必表现就能自然彰明，无所行动就会自然变化，无所作为就可以自然成就万物。）

⑫善与人同：自己有优点，愿意别人同自己一样，别人有长处，就向别人学习。出自《孟子·公孙丑上》，可详参本书［泰伯第八·十一］同名词条注释。

⑬几：差不多，接近。

⑭在弟子：我们这些弟子。在，表示当前存在，这些。

⑮征：体现，证明，证验。

⑯大禹不自满假：《尚书·大禹谟》："克勤于邦，克俭于家，不自满假，惟汝贤。"（舜对禹说："你要能够勤于政务，又能勤俭持家，不自满自大，就是贤能之人了。"）不自满假，不自满，不自大。满，自满。假，大，自大。

⑰文王望道：《孟子·离娄下》："文王视民如伤，望道而未之见。"（文王看待老百姓，就像他们受到伤害一样充满怜悯，所以渴望政道真理而永不满足。）而，释为如，若。

⑱存心：居心。《孟子·离娄下》："君子所以异于人者，以其存心也。"

【译文】

这一章是说，孔子虚心无我以向学，展现出他不断追求圣贤之道的状态。

往昔孔子已然拥有完美的道德，当时就有人称他是"圣人"和"仁者"，但是孔子却推辞说：人的品格胸怀各不相同，学力层次也不一致，像那种有不测之神明的圣人，和那种通达天地万物而与之合为一体的仁者，哪能是我可以贸然僭称的？如果说用为圣为仁之道来自勉并努力去做，纯粹为了提升自己而学，从不自满而止步不前；或者说是用为圣为仁之道来教导、勉励后进，广泛施教，孜孜不倦而不敢称累——这两样是我可以做到的，但是也不过如此而已，哪里敢说是成仁成圣呢。

在当时，一个叫公西华的弟子听到了孔子这段话，感慨道：为学容易做到，但是为学永不满足是非常难能可贵的；教学容易做到，但是教学不知疲倦是非常难能可贵的。如果不是那种至诚不息、见善而从的人，很难达到这种境界。我们这些弟子虽然也想这样，但实在做不到啊。（孔夫子越是不贪占圣、仁的名义，越是能够体现其圣、仁的实质。）

总之，孔圣人虚心应物，就像大禹勤勉节俭治政，不自满、不自大，也像文王务求济民之道，不疲倦、不止息，他们其实都是一样的。学习孔夫子的话来从事圣仁之道者，一定要虚心不自满才行。

【评析】

学，在儒家来说，是一个涵纳方法、心态、修养、知识、能力，以及训练、实践、转化的完整体验的过程。孔子屡屡强调学的心态，以示其重要性和必要性，用孟子的话来说："君子所以异于人者，以其存心也。"（《孟子·离娄下》）心态是学习的底色，如果不足够重视学习而放空自己，又怎么会是真正的学呢，又如何可以因学而成为君子呢？

在这个意义上，引用老子的一句话来发明这一章的意涵最为合适不过：

三十辐共一毂，当其无，有车之用。埏埴以为器，当其无，有器之用。凿户牖以为室，当其无，有室之用。故有之以为利，无之以为用。（《老子》第十一章）

三十根辐条汇集到一根毂中，有了车毂中空的地方，才能成为车轮而运转全车。揉和陶土做成器皿，有了中空的地方，才能成为器皿盛放物品。开凿门窗建造房屋，有了门窗空洞，才能成为房屋便于居住。所以，所"有"之物给人便利，所"无"之空乃有大用。

【标签】

学；公西华；大禹；存心；诲人不倦

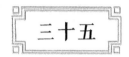

【原文】

子疾病，子路请祷。子曰："有诸？"子路对曰："有之；《诔》曰：

'祷尔于上下神祇。'"子曰:"丘之祷久矣。"

【解义】

此一章书,是言圣人修身立命之学,无事祈祷以求福也。

昔孔子曾有疾病,门人皆以为忧。子路请行祷祀①之礼。盖虽出于至情,而实昧于正道,故孔子不直斥其非,而先问之曰:果有祷祀之理乎。(盖欲子路自省也。)

子路未达,对曰:有之。古《诔》②词云:"祷尔于上之天神、下之地祇③"。(盖言人有疾病,当祷祀以祈福佑也。)

于是孔子晓之曰:夫所谓祷者,乃悔前非以禳④灾患耳。若丘平日敬畏天命,一言一动皆不敢得罪于鬼神⑤,原无所为祷也。即以祷言,而丘之自祷于心者亦已久矣,岂待有疾而后祷耶?

盖圣人与天地合德,鬼神亦不能违,⑥自无事于祷。凡人但宜修德行善,以尽人道之常,至鬼神之不可知者,敬而远之可也。

【注释】

①祷祀:祷求鬼神而致祭。
②《诔》:古祈祷文。诔,音 lěi。杨本注:本应作䌸,祈祷文。和哀悼死者的"诔"不同。
③地祇:地神。祇,音 qí。
④禳:祈祷消除灾殃。禳,音 ráng。
⑤鬼神:鬼,死去的祖先。神,神明。
⑥与天地合德,鬼神亦不能违:《周易·乾·文言》:"夫'大人'者,与天地合其德,与日月合其明,与四时合其序,与鬼神合其吉凶;先天而天弗违,后天而奉天时。天且弗违,而况于人乎?况于鬼神乎?"(九五爻辞所称颂的"大人",其德行符合天地,化育万物;其光明符合日月,普照一切;其政令符合四季,井然有序;其赏罚符合鬼神,吉凶一致。其行动先天而发,而上天对他无可挑剔;其行动后天而发,就会依奉天时行事。上天尚且对他无可挑剔,更何况人呢?更何况鬼神呢?)

【译文】

这一章是说,圣人注重修养身心来安身立命,而不是指望祈祷许愿来求取福运。

往日孔子卧病在床的时候,门人弟子非常担忧。子路请求举行祷告祭祀之礼来祈福。虽然这是真情所致,却不合孔学正道,所以孔子虽然没有直接否定他,但还是在话语行间提醒了他。孔子问他:为什么要祷告祭祀,有什么道理吗?(大概是希望子路自我反省。)

子路没有会意,就回答说:有啊,古代的《诔》词上说:"为你祷告,向上之天神、下之地祇。"(大概是说,当人有病的时候,应该进行祈祷和祭祀以祈求鬼神造福保佑。)

于是孔子就明白告诉他:所谓的祈祷,不过是悔改前非来禳解灾患。而我孔丘平时就敬畏天命,一言一行从不敢得罪先祖和神灵,其实本就无从祷告祈求了。即便是需要,恐怕我孔丘平时在心里已经无数次祷告过了,哪里要等到生病之后再祷告啊!

大概圣人所作所为,符合天地德行,连鬼神都无可挑剔,自然不用专门去祈祷。但凡人们只要注重修德行善,做好人伦日常的事情,而鬼神之类不可尽知的领域(不用妄求),只用心怀敬畏而保持距离就可以了。

【评析】

《解义》将这一章关键部分(即孔子云"丘之祷久矣")解读为:敬神最好的方式,是使内心保持对待神明的真诚敬畏,让自己与神明"同频共振",而不要指望依托祈祷等外在形式。换言之,首先是心中有神,致祭如在,这样才能坦然面对病痛和灾难,而不是"临时抱佛脚","病急乱投医"。

中国人对宗教持有一种功利主义态度,这大概也算是一种共识了。电视剧《民兵葛二蛋》中有展现这样观点的一个情节:

吉田少佐对麦子说:"我已经来中国十年了,发现中国人有一个很有趣的特点,平时不烧香,家人生病了,有难了,才捧着香火和猪头到庙里去拜。如果灵,就去还愿;如果不灵就不去。你们是在跟神做生意吗?"

这实际上是编剧借外来者的判断,揭示中国传统文化中的实践理性彻底沦落为功利主义、实用主义的现实状况。

孔子的意旨,是让人通过对神敬仰的过程来成就更好的自己,超越个人的私欲和执念,因而不会畏忌命运及其结果,因而将宗教信仰的东西纳入人文精神的范畴之下,而不是将其托举为遥不可及、神秘莫测的极天穹顶,从而也消解了神性和神的存在。这是一个背反而巧妙的过程,使神人关系从一种观照关系变成共生关系,故而孔子说"丘之祷久矣",言外之意是,我所信奉的神明,是要通过我自身的行为呈现的。因此,要有更高程度的理性,并坚持在生活中依照自己的"心神"指引去行动。这与儒家"慎独"精神高度一致,开启了儒家所能够与宗教力量对峙并立的独特人文精神。

在孔子时代,像子路这样的普通人物,其所具有的宗教心理是一种完全无助的、对神臣服的和信仰者的状态。而孔子在重病之中这样一句简单而坚定的回答,虽然仍然不出神灵敬仰的范畴,但也昭示着这位圣人内心对人自身存在价值的深切肯定和固然执守。这不啻一场宗教观念变革的宣言,真可谓慧心独运而石破天惊之语。

【标签】

子路;宗教;神明;慎独;祭如在

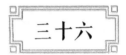

【原文】

子曰:"奢则不孙,俭则固。与其不孙也,宁固。"

【解义】

此一章书,是孔子甚言奢之为害,而为维世之论①也。

孔子曰:先王制礼,自有中道②,无过不及③,所以一时之人心相安,而百年之风俗无弊。

如专尚侈靡④而过乎中者,谓之"奢"。奢则意气骄盈⑤,虽理之所不当为者,亦僭越⑥为之。其弊,将⑦干犯名分⑧而不孙⑨。

若专务省约而不及乎中者,谓之"俭"。俭则力行节省,虽理之所当为者,亦吝啬而不为。其弊,将规模鄙陋而固⑩。

此二者皆非中道也。然就二者较之,与其骄盈僭越,败坏风俗,其为害也大,宁可狭小鄙吝,贻讥⑪固陋,终是世道人心无甚流弊也。

昔帝尧茅茨土阶⑫,大禹恶衣菲食⑬,古帝王躬行节俭,遂成淳庞⑭之治。后世人心不古,日趋靡滥⑮。所赖在上者辨等威⑯,定制度,塞其源而遏其流,庶几返淳还朴⑰,不至成极重难反⑱之势也。

【注释】

①维世之论:经世之论。维,纲纪,纲要。

②中道：中庸之道。

③无过不及：中道（中庸之道）为用，无过无不及。[先进第十一·十六]：子贡问："师与商也孰贤？"子曰："师也过，商也不及。"曰："然则师愈与？"子曰："过犹不及。"（子贡问："子张和子夏两个人，谁强一些？"夫子回答说："师有些过；商有些不到位。"子贡追问："那么是师强一些吗？"夫子说："过和不到位同样不好。"）

④侈靡：奢侈浪费。

⑤骄盈：骄傲自满。

⑥僭越：超越本分。

⑦将：是，谓。

⑧干犯名分：干名犯分，冒犯尊长。卑幼控告尊长因而被认为触犯伦常道德。

⑨不孙：不逊。孙，同逊。

⑩固：顽固不化。

⑪贻讥：招致讥责。

⑫帝尧茅茨土阶：茅茨，茅草盖的屋顶。土阶，泥土砌的台阶。《韩非子·五蠹》："尧之王天下也，茅茨不翦，采椽不斫；粝粢之食，藜藿之羹；冬日麂裘，夏日葛衣；虽监门之服养，不亏于此矣。"（尧统治天下的时候，居所简陋，茅草盖的屋顶都不加修剪，栎木做的椽子都不加砍削；吃粗糙的粮食，喝野菜煮的羹；冬天穿小鹿皮做的袍子，夏天穿葛布做的衣服。即使现在的看门人，生活条件都不会比这更差了。）

⑬大禹恶衣菲食：[泰伯第八·二十一]：子曰："禹，吾无间然矣。菲饮食而致孝乎鬼神，恶衣服而致美乎黻冕，卑宫室而尽力乎沟洫。禹，吾无间然矣。"（夫子说："禹，我对他是无可批评的了。他自己饮食菲薄，却要尽心孝敬鬼神；自己衣服恶劣，却要讲究祭服之美；自己宫室卑陋，却要尽力修治沟洫水道。我对他真是无可批评的了。）

⑭淳庞：淳厚。

⑮靡滥：浮靡失实。浮靡，浪费。

⑯等威：与身份、地位相应的威仪。

⑰返淳还朴：一作"还淳返朴"，返璞归真，回复到人本来的淳厚、朴实的状态或本性。

⑱极重难反：即积重难返。

【译文】

这一章讲的是，孔子极言奢侈的害处，并作规范世道的论说。

孔子说：先王制作礼仪，其中蕴含着中庸之道，无过无不及，所以使人心于其时各有所安，乃至数百年风俗良善而无弊病。

如果专门追求侈靡过度的生活，即所谓"奢侈"。奢侈就会骄纵，即便是依理不应该做的，也会造次去做。其弊端，是冒犯尊长而桀骜不驯。

如果专门追求俭省节约而不能适中，即所谓"俭约"。俭约就会凡事节省，即便是依理应该做的，也会因为吝啬而不去做。其弊端，是器识狭隘而顽固不化。

这两种情况都不符合中庸之道。然而将其进行比较，（发现）与其骄纵造次，败坏风俗，造成很大破坏，还不如器识狭隘，遭人讥讽，但终归不会对世道人心造成遗患。

往昔尧帝居所简陋，大禹粗衣简食，古代的帝王都能够力行节俭之事，因而成就敦厚的政治风习。后世却人心不古，风习糜烂，背离古圣先贤之德。所以要依靠在上的治政者明示等级威仪，确定法规制度，从根本上进行治理，才能使社会返璞归真，而不是沦落到积重难返的地步。

【评析】

中庸有居中之意，但非个人之居中，而是居天下之中。即在社会、集体、他人价值利益与个人价值利益之间做平衡，取其两和之利，而能得两利之和。而如或不作平衡，只图求个人得失，或不计个人得失，均会使天平失衡。俭奢之论，实则为公私之论、中庸之论、平衡之论也。

【标签】

中庸；奢侈；简朴；平衡；价值观

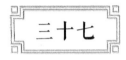

【原文】

子曰："君子坦荡荡，小人长戚戚。"

【解义】

此一章书,是即心术以严君子小人之辨也。

孔子曰:天下有君子,有小人。然欲知君子、小人之分,当内察其心术而外观其气象①。盖君子循理而行②,心无所累,但见其随遇而安,不愧不怍③,无适而不宽舒自得④也。(盖"坦荡荡"焉。)小人行险侥幸⑤,心役于私,但见其忧劳⑥不宁,患得患失,无时而不思虑愁苦也。(盖"长戚戚"焉。)

由此观之,即气象可以知心术,即心术可以定人品。君子、小人之分原不可掩⑦,欲观人者,可不致辨⑧哉。

【注释】

①气象:气概,气度。

②循理而行:依照道理行事。《淮南子·齐俗训》:义者,循理而行宜也;礼者,体情制文者也。义者,宜也,礼者,体也。昔有扈氏为义而亡,知义而不知宜也;鲁治礼而削,知礼而不知体也。"(义,是依照道理而实行合宜的事情;礼,是体察情理和节制文饰。义,就是合宜;礼,就是得体。从前贤人有扈氏其人遵守道义而遭灭亡,是因为他只懂得道义但不懂得适合时宜;鲁国修制礼仪而逐渐衰落,是因为只懂得礼节而不知道得体。)

③不愧不怍:光明正大,问心无愧。愧、怍,惭愧。《孟子·尽心上》:"仰不愧于天,俯不怍于人。"(抬头无愧于天,低头无愧于人。)可详参本书［公冶长第五·十一］同名词条注释。

④宽舒自得:愉快,舒畅,宽敞舒展。《管子·内业》:"见利不诱,见害不惧,宽舒而仁,独乐其身,是谓云气,意行似天。"(见到利益不为所动,见到危害临危不惧,宽容舒展以展现仁者之态,于其自身有独得之乐,这样气行如云,意气飞扬,有行空之感。)

⑤行险侥幸:冒险行事以求利。《礼记·中庸》:"君子居易以俟命,小人行险以徼幸。"(讲求中庸之道的君子安分守己,居于平坦安全之地,静待天命的来临,而小人却背离中庸之道,肆无忌惮,铤而走险,以期获得非分之物。)出处详见本书［雍也第六·十］"居易俟命"词条注释。徼,同"侥"。

⑥忧劳:忧患劳苦。

⑦掩:遮蔽。

⑧致辨：仔细辨别、甄详。

【译文】

这一章，是讲孔子从心术心法角度来明辨君子和小人。

孔子说：天下有君子，也有小人。要想知道君子和小人的区别，应当从其内在的心术和外在的气度进行判断。大概来说，君子会依照道理行事，心理上没有牵累，因此他会随遇而安，俯仰不愧，无论到哪里都会宽舒愉快，自得其乐。（大概这就是所谓的"坦荡荡"吧。）小人冒险行事以求利，心为物役，这样他就会保守忧患劳苦之累，患得患失，没有一刻不陷入思虑愁苦的心境当中。（大概这就是所谓的"长戚戚"吧。）

由此来看，从外在气度可以知晓内在心术，而从其心术便可确定人的品格。君子、小人的区别本来就昭然若揭，想要对人观察判断，怎能不在这一点上仔细甄详呢？

【评析】

《解义》对本章的注解非常到位。连续化用了《淮南子·齐俗训》《孟子·尽心上》《管子·内业》《礼记·中庸》四篇文字的意涵（详见注释），尤见其通明畅达。四则典故也值得一并研习。

【标签】

君子；小人

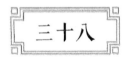

三十八

【原文】

子温而厉，威而不猛，恭而安。

【解义】

此一章书，是记孔子之容以见盛德①之征也。

记者曰：容貌者，德性之符。②人惟气质有偏，涵养未粹，故见于容貌者不能得其中和③。吾夫子全体浑然，阴阳合德，④虽见乎容者随时不同，然未有不出于中且和者。

如近仁者其容温，而仁胜者鲜刚方⑤之概，则厉⑥为难。若夫子和厚可亲，见为温矣，而和厚之中自然严肃。盖可亲而不可犯也，又何其厉乎！此温之得乎中也。

如近义者其容威，而义胜者鲜柔嘉⑦之则，则不猛难。若夫子尊严可畏，见为威矣，而尊严之下自无暴戾。盖可畏而亦可近也，何至于猛乎？此威之得乎中也。

如近礼者其容恭，而致恭者多矜持之迹，则安为难。若夫子颙然⑧庄敬，见为恭矣，而庄敬之内自然舒泰。盖不慢而亦不拘也，又何其安乎！此恭之得乎中也。

盖孔子躬秉盛德，故内外有时措⑨之宜，动静协中和之极，其见于容貌者有如此。学圣人者，惟在涵养德性至于纯全，则容貌之间自有不期然而然者矣。

【注释】

①盛德：极盛之德，完美之德。《周易·系辞上》："富有之谓大业，日新之谓盛德。"（圣人效法天地阴阳之道，广大悉备，万事富有，因此可谓拥有伟大的事业；圣人庞统变化，能够日新其德，所以德极能盛，就具备盛明的德行。）

②容貌者，德性之符：东汉徐幹《中论·法象》："夫容貌者，人之符表也，符表正，故性情怡。"（容貌是人的品格性情的外在显现，外观方正则说明性情和悦。）

③中和：中庸之道的主要内涵。儒家认为能"致中和"，则天地万物均能各得其所，达于和谐境界。《礼记·中庸》："喜、怒、哀、乐之未发谓之中，发而皆中节谓之和。中也者，天下之大本也；和也者，天下之达道也。致中和，天地位焉，万物育焉。"（喜、怒、哀、乐没有表现出来，叫作"中"；表现出来，没有太过和不及，都能恰如其分地符合自然之理，就谓"和"。所谓"中"，是天下一切道理的根本所在；所谓"和"，是天下一切事物最普遍的规律。能够达到"中和"的境界，那么，天地就可以各就其位而运行不息，万物便能够各随其性而生长发育了。）

④全体浑然，阴阳合德：朱熹《论语集注》："人之德性本无不备，而气质所赋，鲜有不偏，惟圣人全体浑然，阴阳合德，故其中和之气见于容貌之间者如此。"阴阳合德，出自《周易·系辞下》："子曰：'乾坤，其《易》之门耶？'乾，阳物也；坤，阴物也。阴阳合德，而刚柔有体。以体天地之撰，以通神明之德。"（夫子说："乾坤两卦，应该算得上是《周易》的开门之作了吧？"乾卦，是阳刚之物的象征；坤卦，是阴柔之物的象征。

阴阳的德性相与配合，而刚柔各得其所。依靠阴阳两德与大衍之数，则能会通创造万物的神明之德。）

⑤刚方：刚直方正。

⑥厉：严厉。

⑦柔嘉：温和善良。

⑧颙然：颙，音 yóng，颙颙，肃静的样子。

⑨时措：因时制宜。《礼记·中庸》："成己，仁也；成物，知也；性之德也，合外内之道。故时措之宜也。"（引文详解参本书［述而第七·二］注释"成己"词条注释。）郑玄注："时措，言得其时而用也。"孔颖达疏："措犹用也。言至诚者成万物之性，合天地之道，故得时而用之，则无往而不宜"。

【译文】

这一章讲的是，通过记录孔子的容貌以见证其完美之德。

记述者记载：容貌，是德性的显现。一个人如果气质偏颇，涵养不够纯粹，那么他的容貌就不会呈现出中和之气。我们的夫子内外上下都能浑然一体，呈现出阴阳合德、刚柔并济的状态，即便是容貌不时发生变化，但都能够符合致中和平的特点。

比如，切近仁道的人容貌温和，而优胜于仁道的人则很少有刚正方直的气概，所以很难做到严厉。而夫子性格和蔼可亲，虽然表现温和，但是和蔼之中又自然有一种严肃之气。虽然可亲可近但不可冒犯，这是多么严厉啊！这是温和而符合中和之道。

比如，切近义理的人容易威严，而优胜于义理的人则很少有温和善良的外表，所以很难做到不猛厉。而夫子尊严凛然可畏，虽然表现为威严，但其尊严之中又自然没有暴戾之气。虽然可畏可敬但可以亲近，这又怎么会猛厉呢？这是威严而符合中和之道。

比如，切近礼仪的人容易恭谨，而苛求恭谨的人多带有矜持的痕迹，所以难以安定。而夫子庄敬安然，虽然表现为恭敬，但庄敬之中自然舒泰安闲。虽然不缓慢但也不拘束，这是多么安定啊！这是恭谨符合中和之道。

孔子亲躬秉持极盛之德，所以内外表现能够因时合宜，动静符合中和之道，呈现于容貌就会有上述表现。向圣人学习，只有不断涵养道德品性，使之达到纯粹完全的境地，那么在容貌上会自然而然地达到适宜中和的状态。

【评析】

似乎是相反的两种气质，却能够容纳于孔子一人身上。不知道描述者为谁，孔子当时年龄几何，身处何地，何种语境，等等。甚至所言并非其具体相貌，而只是其气质、神态。《解义》及诸解多努力论证这种面容气质的内在一致性与合理性。其实与其如此，不如简单对举一组常人常态来加以比较：温而柔弱，威而骄纵，恭而猥琐；或色厉内荏，外强中干，故作镇定；等等。相形之下，高下立见。

容貌是心灵的外现，既可以是真实的表现，也可以因掩饰内心而装腔作势。而唯独这里所描述的孔子的仪容，恐怕是无法矫饰或扮演出来的。或许因为这是一个十分敏感并善于捕捉和表达者的言辞，或是由于孔子本身就所具有这种鲜明而独特的气质，因而容易给人留下强烈且深刻的印象。

遍览当今遗存之孔子像，似难以表现出孔子的这种气息。这或许是因为关于孔子容貌的具体描述阙如，何况是"意态由来画不成"（王安石《明妃曲》），因此对孔子的各种画像或雕像也差别甚远。此一如孔子后学，千姿百态，众说纷纭，各安其道，各行其是。

【标签】

孔子容貌；孔子像；温而厉；威而不猛

笔耕论语

《日讲论语解义》译注评析 中卷

华国栋 撰

中山大学出版社
广州

版权所有　翻印必究

图书在版编目（CIP）数据

笔耕论语：《日讲论语解义》译注评析：全三卷/华国栋撰.—广州：中山大学出版社，2022.8
ISBN 978-7-306-07561-1

Ⅰ.①笔…　Ⅱ.①华…　Ⅲ.①《论语》-注释　Ⅳ.①B222.2

中国版本图书馆 CIP 数据核字（2022）第 104026 号

BIGENG LUNYU：《RIJIANG LUNYU JIEYI》YIZHU PINGXI

出 版 人	王天琪
策划编辑	王延红
责任编辑	王延红
封面设计	林绵华　陆炜錾
责任校对	邱紫妍　李昭莹
责任技编	靳晓虹
出版发行	中山大学出版社
电　　话	编辑部 020-84111946，84113349，84111997，84110779，84110776 发行部 020-84111998，84111981，84111160
地　　址	广州市新港西路 135 号
邮　　编	510275　传　真：020-84036565
网　　址	http://www.zsup.com.cn　E-mail：zdcbs@mail.sysu.edu.cn
印 刷 者	广东虎彩云印刷有限公司
规　　格	787mm×1092mm　1/16
总 印 张	102.5
总 字 数	1830 千字
版次印次	2022 年 8 月第 1 版　2025 年 4 月第 2 次印刷
总 定 价	168.00 元（全三卷）

如发现本书因印装质量影响阅读，请与出版社发行部联系调换

泰伯第八

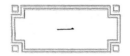

【原文】

子曰："泰伯，其可谓至德也已矣。三以天下让，民无得而称焉。"

【解义】

此一章书，是孔子阐扬潜德①之意。

昔周太王古公生三子，长泰伯，次仲雍，次季历。季历生子昌，是为文王。太王知文王有圣德，欲传位季历以及文王。泰伯知之，即与弟仲雍托名采药，逃之荆蛮。太王于是传位季历，至武王而有天下焉。②

孔子称之曰：我周肇基③王迹始于太王，其后世世相承，皆贤圣之君也，而太王之长子泰伯其德之盛，真可谓至极而无以复加矣。何也？泰伯以长当立，是后之天下乃泰伯所宜有也；泰伯知太王之意，于是逃之荆蛮，示不可复用，故太王传位季历，至武王而遂有天下。自当日观之，不过让国，而自今思之，实则以天下之大，固让④于弟侄而不居也。但其让隐微，无迹可见，故民莫得而称颂之也。

盖泰伯之心无一毫私欲之累，而曲全⑤乎父子兄弟之间，至使身与名俱隐，而世与我两忘，此所以谓之至德也。孔子特为表章⑥之，其让德之美岂不昭著于万世哉！

【注释】

①潜德：不为人知的美德。

②昔周太王古公生三子……至武王而有天下焉：此典可参考《史记》两篇文字。《史记·周本纪》："古公有长子曰太伯，次曰虞仲。太姜生少子季历，季历娶太任，皆贤妇人，生昌，有圣瑞。古公曰：'我世当有兴者，其在昌乎？'长子太伯、虞仲知古公欲立季历以传昌，乃二人亡如荆蛮，文身断发，以让季历。"《史记·吴太伯世家》："吴太伯，太伯弟仲雍，皆周太王之子，而王季历之兄也。季历贤，而有圣子昌，太王欲立季历以及昌，于是太伯、仲雍二人乃奔荆蛮，文身断发，示不可用，以避季历。季历果立，是为王季，而昌为文王。太伯之奔荆蛮，自号句吴。荆蛮义之，从而归之千余家，立为吴太伯。"太王即古公亶父，周朝创始人。荆蛮：古代周人对荆楚之地土著的称呼。

③肇基：建立基础，始创基业。《尚书·武成》：王若曰："呜呼，群后！惟先王建邦启土，公刘克笃前烈，至于大王肇基王迹，王季其勤王家。"（武王这样说道："唉，众位诸侯！先人们开疆辟土，建立基业，随后经曾祖公刘迁都定居，不断壮大。到了太王庆节，正式立国，随后又有文王季历勤劳经营王家事业。"）

④固让：坚决推让。

⑤曲全：委曲求全。

⑥表章：同"表彰"，显扬，表扬。

【译文】

这一章讲的是，孔子称赞潜藏而不显扬之德为至德。

往昔周太王古公亶父生有三个儿子，长子泰伯，次子仲雍，三子季历。季历生儿子姬昌，也就是后来的周文王。古公亶父观察到姬昌有圣德气象，于是就打算将王位传给三子季历，以便于他再传位给姬昌。泰伯明白了父亲的心意，就和二弟仲雍借口采药，逃到了荆蛮之地。古公亶父于是顺利地将王位传给季历，（季历传位给儿子周文王姬昌，后来，姬昌又将王位传给儿子姬发，也就是周武王），到了周武王的时候，周王朝就统治了整个天下。

孔子赞叹说：我周王朝源起于太王古公亶父，其后世代沿袭，都是圣贤的君主，太王长子泰伯的道德之盛大，那可以说是至高而无以复加了。为什么呢？因为他身为长子，本当继承王位，天下本来应该是他的才对；泰伯领会了父亲的心意，于是逃到荆蛮之地，表示自己不可再被任用，所以太王能够把王位传给季历，直至武王如期统治了天下。在当时看来，泰伯不过是推让国君之位，而从今天来看，实则是把偌大的天下坚决让位给了兄弟、侄儿而不占有。只是这种推让的方式非常隐蔽，甚至让人无迹可寻，所以人们都找不到充足的理由来称颂他。

大概泰伯的内心毫无私欲牵绊，所以能够在父子兄弟的关系之中委曲求全，以致行迹与声名都隐藏起来，忽略自身与周围世界的差别，这正是其堪称至德的原因。孔子专门显扬此事，目的是将其推让之德昭著于万世。

【评析】

这一章让人有些"不明觉厉"，吊诡的感觉十分明显——逃避王位的泰伯实际上是逃到了吴地，并开创了吴国；如果说他不关心权位而甘心归隐，或没有政治抱负和治理能力，恐怕吴国就不会出现在历史的版图上了。

《泰伯篇》整体大都是在"死磕"为政者的道德修养和为政责任。作为首章，推出的则是"让德"，这一点即使放在道家那里也是深许的。从儒家"无为而治"的基本政治理念（可参［泰伯第八·九］评析）来看，"让德"恰是无关功利、不求权位的极致表现。虽然未必是周朝史实的真实再现，但《论语》仍然将其放在首章的位置，以彰明所倡导为政理念的历史渊源及合法性。从这一点来看，篇首一章虽然有些突兀，但也是可以理解的了。

【标签】

泰伯；让德；为政；无为而治

【原文】

子曰："恭而无礼则劳，慎而无礼则葸，勇而无礼则乱，直而无礼则绞。君子笃于亲，则民兴于仁；故旧不遗，则民不偷。"

【解义】

此一章书，是孔子勉人以礼成其德也。

孔子曰：人之立身必一禀①于礼，而后动静之间皆合乎自然之秩序，而无太过、不及之弊。如待人固贵于恭，使不有礼以节文②之，则仪文烦多，周旋③过当，自检④而反以自苦矣，不免乎劳；处事固贵于慎，使不有礼以权度之，则逡巡⑤惶惧，谨畏太过，敬事⑥而反以废事矣，不免乎葸⑦；至于勇者，美德也，使不以礼自守⑧，则一往⑨之气逞逞其血气之刚，必将至于犯分⑩而乱矣；直，亦善行也，使不以礼自闲⑪，则径遂⑫之情，遂无复含容之意，必将至于急切而绞⑬矣。

夫恭、慎、勇、直皆人之美德，但无礼以为之节制，遂各有其弊，而反为美德之累，信乎！礼不可以斯须⑭去身，而动容周旋中礼者，乃盛德之至⑮乎！

孔子又曰：化民成俗⑯，必有所本，在上之举动，即下民之则效也。如有位之君子，于一本九族⑰，因情谊之当然而敦笃⑱之，此上之自尽其仁也；彼下民贵贱虽殊，要⑲莫不有其亲，亦必孝于父母，睦于宗族，各亲其亲，而兴起于仁矣。于故交耆旧⑳，不以迹疏年远而遗弃之，此上之自居于厚也；彼下民尊卑虽异，亦莫不有故旧，必将信于朋友，和于乡邻，各厚其故旧而不为偷薄㉑矣。

夫上行下效，其感应如此其速。可见"时雍"㉒"风动"㉓，致之无难，唯在为上者之躬行率导焉而已。

【注释】

①禀：音 bǐng，承受。

②节文：礼节，仪式。可参本书［子罕第九·十一］"天理节文"词条注释。

③周旋：见下注"动容周旋"。

④自检：自我检点约束。

⑤逡巡：徘徊不进，滞留。

⑥敬事：敬慎处事。［学而第一·五］："敬事而信，节用而爱人，使民以时。"

⑦葸：音 xǐ，畏惧的样子。有成语"畏葸不前"。

⑧自守：自坚其操守。

⑨一往：一往无前，此谓不计后果。

⑩犯分：僭越等级名分。

⑪以礼自闲：用礼来自我设限。自闲，自设防范。

⑫径遂：直捷。

⑬绞：把两股以上条状物扭在一起，形容事态胶着，混乱，不易解决。

⑭斯须：片刻，一会儿。

⑮动容周旋中礼者，乃盛德之至：动容，举止，仪容。周旋，古代行礼时进退揖让的动作。中礼，合乎礼节。《孟子·尽心下》："动容周旋中礼者，盛德之至也。哭死而哀，非为生者也。经德不回，非以干禄也。言语必信，非以正行也。君子行法，以俟命而已矣。"（举止相貌合乎礼，是最高境界的德。为死者哭得很哀痛，不是给活着的人看的。依守道德而不改变，不是为了谋取俸禄。说话讲求信用，不是为了向别人证明自己。君子只是按照规则来做，结局就只能听天由命了。）

⑯化民成俗：教化百姓，使形成良好的风尚。《礼记·学记》："发虑宪，求善良，足以谀闻，不足以动众。就贤体远，足以动众，不足以化民。君子如欲化民成俗，其必由学乎！"（思想符合法度，用人招贤纳士，这样能够产生小范围的效果，但不能广泛发动民众。亲近贤人、体恤广泛，足以发动民众，但是还不能进行教化。君子如果想要教化民众，使之形成良

好的风俗，就一定要兴办学校，施行全民教育。）

⑰九族：以自己为本位，上推至四世之高祖，下推至四世之玄孙，是为九族。

⑱敦笃：敦厚笃实。《左传·成公十三年》："勤礼莫如致敬，尽力莫如敦笃。"

⑲要：总要，总而言之。

⑳耆旧：年高望重者。耆，音 qí。

㉑偷薄：浇薄，浮薄，不淳朴敦厚。

㉒时雍：民众因受教化而和睦。《尚书·尧典》："黎民于变时雍。"（天下臣民在尧的教育下，因此也就随之和睦起来。）可详参本书［泰伯第八·十九］"格于上下"词条注释。

㉓风动：指用美德进行教化，并产生广泛响应。《尚书·大禹谟》：帝曰："俾予从欲以治，四方风动，惟乃之休（休，美，美德）。"（舜帝对皋陶说："使我能够按照愿望治理百姓，四方的臣民闻风而动，这是你的美德使然。"）

【译文】

这一章是说，孔子勉励人们依照礼来促成德行。

孔子说：人安身立命一定要全部秉承礼的要求，然后一动一静之间都能合乎自然的秩序，而不会有太过或不及的弊端。比如待人接物，虽然贵在恭敬，但假使不用礼来进行节制和文饰，就可能会导致繁文缛节，过多礼节动作，自我太过约束反而给自己制造麻烦，难免疲惫不堪；做事固然贵在谨慎，然而假使不用礼来权衡审度，就会犹豫不决，过度小心谨慎，则越是敬慎对待反而越容易坏事，难免畏缩不前；至于勇敢，本是一种美德，但假使不能够用礼来自我持守，而一旦血气上涌，不计后果，仅凭莽夫之勇去做事，一定会冒犯名分而造成乱局；直诚，本是属于善行，但假使不用礼来加以节制，说话做事就会过于直截，没有回旋的余地，也必然导致过激而使事态陷入僵局。

恭敬、谨慎、勇敢、直诚，本是人的美德，但如果不用礼来进行节制，就会各自产生弊端，美德之名反倒成了进德的负累，不是吗！所以礼是须臾不能离开的，言行举止和衣装容貌合乎礼，是最高境界的德。

孔子又说：教化民众，培育风俗，要有所遵循，因为社会上层的举动会成为民众效仿的对象。在位的君子大夫，对于同源亲族，要因情谊而使之敦厚笃实，这是在上者主动尽力为仁；在下的民众即使贫富不同，也无不尊亲孝敬，亲族和睦，各亲其亲，使仁道大兴。对于亲朋故交、年高德劭者，不因为交往空疏和多年未见而将彼此关系遗弃，这是在上者为人厚道；在下的民众即使尊卑有别，也无不怀亲念旧，交友以信，亲邻和合，珍惜故交而不至于人情淡薄。

上行下效，其作用就是如此迅速。可见古人说的"时雍"（民众因受教化而和睦）、"风动"（教化产生广泛响应）这样的教化效果，想要做到并不难，只要在上位的人能够躬行正道，以亲身表率来引导民众就可以实现了。

【评析】

人性本无标准，但依礼而行，就能够使好的禀性在一定的框架内自由施展，张弛有度，来往自如。所以礼固然是束缚，也还是成就，因为它给了人行为举止的标尺和参照，使人性不至于无度或散漫，而能够从社会的角度予以赋义和"增值"，从而使人获得为人的道理和尊严。

从表面来看，这是孔夫子对个人修为的劝勉，让人们时时处处依从礼制；但从内在来看，这更是孔夫子对为政者的告诫，让他们把礼制作为规范和引导民众的重要机制。套用今天的法治话语，就是"有礼可依，有礼必依"。

社会治理的基础是人性的引导和价值的建构，礼制一举兼得，完成了这样两个任务。孔子主张以礼齐民（［为政第二·三]），可谓抓住了社会治理的"牛鼻子"。

【标签】

君子；礼；恭；慎；勇；直；以礼齐民；化民成俗

【原文】

曾子有疾，召门弟子曰："启予足！启予手！《诗》云：'战战兢兢，如临深渊，如履薄冰。'而今而后，吾知免夫！小子！"

【解义】

此一章书，是曾子守身之孝也。

曾子在圣门素以孝称。其于身体发肤，受之父母，不敢毁伤。①迨②夫有疾将终，追思生平守身之道，至此可以无愧，故呼其及门弟子③而教之曰：父母全而生之，子全而归之，不亏其体，不辱其亲，方谓之孝。④汝等试启而视吾之足，启而视吾之手，有不全焉者乎？然吾身体之所以得全者，以吾有以保守之也。《诗经·小旻》之篇有云："战战兢兢，如临深渊，如履薄冰。"⑤戒慎恐惧⑥，常忧陨坠⑦。无时无处不存此心，所以得保此身。而今而后，吾方知得免于毁伤矣。汝小子其念之哉！

盖语毕而呼之以致叮咛之意，亦欲使及门弟子如己之戒慎恐惧，一举足而不敢忘亲也。曾子守身之孝如此。

盖立身行道、显亲扬名⑧，固为孝之大节⑨，然不亏其体⑩者，自能不亏其行。体且不亏，而况于行乎？皆由曾子平日见道明，信道笃，故能始终不息也。

【注释】

①其于身体发肤，受之父母，不敢毁伤：《孝经·开宗明义》："身体发肤，受之父母，不敢毁伤，孝之始也。立身行道，扬名于后世，以显父母，孝之终也。"（人的身体四肢、毛发皮肤，都是来自父母，不敢有所损伤，这是孝的开始。修养自身，推行道义，有所建树，显扬名声于后世，以彰显父母的养育之恩，这是孝的归宿。）

②迨：等到。

③及门弟子：又称"受业弟子"，指亲自登门去老师家里或教学地点受教育的学生。老师对及门弟子的传授方法可能是直接传授，也可能是"次相授业"，即老师先传授高足弟子，再由高足弟子转授其他弟子。次相传授的弟子同样称及门弟子。

④父母全而生之……方谓之孝：《礼记·祭义》：乐正子春下堂而伤其足，数月不出，犹有忧色。门弟子曰："夫子之足瘳矣，数月不出，犹有忧色，何也？"乐正子春曰："善如尔之问也！善如尔之问也！吾闻诸曾子，曾子闻诸夫子，曰：'天之所生，地之所养，无人为大。父母全而生之，子全而归之，可谓孝矣。不亏其体，不辱其身，可谓全矣。故君子顷步而弗敢忘孝也。'今予忘孝之道，予是以有忧色也。壹举足而不敢忘父母，壹出言而不敢忘父母。壹举足而不敢忘父母，是故道而不径，舟而不游，不敢以先父母之遗体行殆；壹出言而不敢忘父母，是故恶言不出于口，忿言不反于身。不辱其身，不羞其亲，可谓孝矣。"（乐正子春下堂时，不小心扭伤了脚，好几个月不出门，还时常面带忧色。弟子对此不解，就问道："老师的脚伤已经好了，几个月都不出门，而且面带忧色，这是为什么呢？"乐

正子春说:"你问得太好了!你问得太好了!我听曾子说过,而他是从孔子那儿听到的:'天之所生,地之所养,没有比人更高贵的了。父母给儿女完整的身体,子女保全身体以归还父母,不使身体受损,这才叫作孝。不使身体受到损伤,不使名声受到污辱,这才叫作完整。所以君子半步都不敢忘掉孝道。'现在我扭伤了脚,是忘掉孝道的表现,所以我才面有忧色啊。每迈出一步都不敢忘怀父母,每说一句话都不敢忘怀父母。由于每迈出一步都不敢忘怀父母,所以走路的时候光走大道而不抄小路,过河的时候要乘船而不敢游泳,这都是因为不敢拿父母留给我们的身体去冒险;由于每说一句话都不敢忘怀父母,所以伤人的话不出口,同样的话就不会报复到自己身上。不让自己的身体受辱,不使自己的父母蒙羞,这样就可以称得上孝了。")

⑤《诗经·小旻》之篇有云:"战战兢兢,如临深渊,如履薄冰":《诗经·小雅·小旻》:"哀哉为犹,匪先民是程,匪大犹是经。维迩言是听,维迩言是争。如彼筑室于道谋,是用不溃于成。国虽靡止,或圣或否。民虽靡膴,或哲或谋,或肃或艾。如彼泉流,无沦胥以败。不敢暴虎,不敢冯河。人知其一,莫知其他。战战兢兢,如临深渊,如履薄冰。"(程俊英译文:可叹执政太糊涂,不学祖宗不师古,不遵正道走邪路;只肯听些浅陋话,还要吵闹争输赢!如造房子问路人,终究没法盖成屋。国家虽然不算大,也有天才有凡夫。人民虽然不算多,也有明智谋略富,也有干才责任负。国运如水一泻去,终将败亡拦不住!不敢空手打老虎,不敢徒步河中渡。这个道理人皆知,别的危险就糊涂。战战兢兢过日子,如临深渊须留步,如踩薄冰防险路。)

⑥戒慎恐惧:自戒谨慎,警惧忧患。出自《礼记·中庸》:"君子戒慎乎其所不睹,恐惧乎其所不闻。"详参本书[里仁第四·十一]同名词条注释。

⑦常忧陨坠:提防飞来横祸、不测之灾。

⑧立身行道、显亲扬名:见本章注①。

⑨大节:基本法则、条目。

⑩体:本体。

【译文】

这一章记录曾子守护身体以成孝道。

曾子在圣人之门以孝著称。他(在《孝经》中说),对于身体四肢、毛发皮肤,因都是来自父母,所以不敢有所损伤。到了他病危的时候,追怀一生守护身体之道,到此时堪称无愧,所以召唤亲授弟子并教导他们说:(我听夫子说过,)父母给儿女完整的身体,子女保全身体以归还父母,不使身体受损,才能称得上孝道。你们试试揭开(被子)看看我的手脚,有没有残缺不全的地方?我的身体能够完整无缺,是因为我时刻注意保全。《诗经·小雅·小旻》说:"战战兢兢,如临深渊,如履薄冰。"(时刻保持谨慎,紧张得战战兢兢、哆哆嗦嗦,就像站在万丈深渊前,就像踩在片纸薄冰上。)在别人看不见的地方也要自戒谨慎,严格自律,在别人听不到的地方也要警惧忧患,不乱说话,常常忧心并提防飞来横祸、不测之灾。因为无时无地不存有这个念头,所以才能使身体得到保全。从这以后,我可以确认自己的身体足够完整,再也不用担心了。你们这些小子们一定要记得!

说完还要再次呼喊"小子",大概是加强叮咛的意思,也是想让亲授弟子们像自己一样保持足够的戒备审慎的心理,举手投足都不敢忘怀双亲。曾子守护身体的孝道就是这样。

但凡修养自身,推行道义,有所建树,显扬名声于后世,以彰显父母的养育之恩,自然是孝道的重要内容,然而只有不使身体亏缺,才能不使其行为亏缺。身体都不亏缺,更何况是其行为呢?这都是因为曾子平时能够深明大道并笃信不疑,所以才能做到守身之孝始终如一啊!

【评析】

生时谨小慎微,死时了无无憾。曾子所为,虽不免有过度小心之嫌,却因此使生命中的每个细节都因为与最为可贵的"此生"密切关联而富有意义。日常行为即属履行道义,养护身体就是力行孝道。因为身体不光关乎自身,而且关乎血缘和生命总体。故张载《西铭》曰:"体其受而归全者,参乎?"

后世之《孝经》概源起于本章,故而传说《孝经》乃曾子所作。《解义》也因此化用了《孝经》的内容。因一章而成一经,《论语》之义可谓大矣!

【标签】

曾子;戒慎恐惧;孝;《孝经》

【原文】

曾子有疾，孟敬子问知。曾子言曰："鸟之将死，其鸣也哀；人之将死，其言也善。君子所贵乎道者三：动容貌，斯远暴慢矣；正颜色，斯近信矣；出辞气，斯远鄙倍矣。笾豆之事，则有司存。"

【解义】

此一章书，是曾子以省身之学告临民者①知所重也。

孟敬子②是鲁大夫，仲孙氏，名捷。

曾子有疾，敬子往问之。曾子言曰：大凡鸟之将死，其鸣必哀；人之将死，其言必善。（盖曾子将告以为政之道，恐敬子忽略而不加之意，故先言此，以起③其听也。因告之曰：）凡在位之君子，不宜琐屑于细务，惟当崇尚乎大体。其余临民之道，所最重者有三：

容貌彰之于身，一有不谨，易至粗厉④怠肆⑤。君子不动容貌则已，动容貌便当雅饬⑥恭谨，而远于暴慢⑦。道之可贵者，此其一。

颜色形之于面，一有不察，易至色取行违⑧。君子不正颜色则已，正颜色便当表里如一，而近于信实。道之可贵者，此其一。

辞气宣之于口，一有不敬，易至凡陋⑨背理。君子不出辞气则已，出辞气便当成章顺理，而远于鄙倍⑩。道之可贵者，此又其一。

（盖有诸中必形诸外，制乎外必养乎中。⑪操存⑫于平日，省察于临时，故能内外交尽⑬，动静兼该⑭。此诚修身之要、为政之本，君子所贵之道，惟此而已。）

若夫用笾豆⑮以供祭祀之事，不过器数⑯、仪文⑰之末节耳，自有执事者司之，曾俨然⑱人上而屑屑⑲留心于此哉？

至于帝王之学，与士庶异。⑳凡正心诚意㉑、建极绥猷㉒，以君临㉓天下之上，固操之有其要，出之有其本，而不在区区度数㉔之末也，当知所先务矣。

【注释】

①临民者：治民者。

②孟敬子：姬姓，鲁国孟孙氏第十一代宗主，名捷，世称"仲孙捷"，

谥号"敬",孟武伯之子。

③起:同"启"。

④粗厉:粗暴严厉。

⑤怠肆:怠惰放纵。

⑥雅饬:典雅整饬。

⑦暴慢:暴,粗暴无礼。慢,懈怠不敬。

⑧色取行违:又作"色仁行违",表面上主张仁德,实际行动却背道而驰。[颜渊第十二·二十]:子张问:"士何如斯可谓之达矣?"子曰:"何哉,尔所谓达者?"子张对曰:"在邦必闻,在家必闻。"子曰:"是闻也,非达也。夫达也者,质直而好义,察言而观色,虑以下人。在邦必达,在家必达。夫闻也者,色取仁而行违,居之不疑。在邦必闻,在家必闻。"[子张问夫子:"一个人如何才能算是'达'?"夫子反问:"那么你所谓的'达'是什么意思呢?"子张说:"在邦国之内或者卿大夫家都很有名。"夫子说:"你所说的是显达,是声名上的事情,而不是通达。真正的通达,是秉性尚义,察言观色,运思周到。这样的人,在哪里都会通达。而追求名声上显达的人,会用过多的言辞来矫饰自己,反而会造成内心的麻木不仁,甚而在实际行动中做出与自己言辞不一致的事情,却又自以为是,自欺欺人。这样的人很善于推销和宣传自己,往往在各处也很有名气。(但实际上恰好是不"达"的表现。)"]

⑨凡陋:平庸浅陋,平凡陋劣。

⑩鄙倍:浅陋背理。倍,通"背"。

⑪有诸中必形诸外,制乎外必养乎中:朱熹、吕祖谦《近思录》卷五:"伊川先生曰:'颜渊问克己复礼之目,夫子曰:"非礼勿视,非礼勿听,非礼勿言,非礼勿动。"四者身之用也,由乎中而应乎外,制于外所以养中也。颜渊"请事斯语",所以进于圣人。后之学圣人者,宜服膺而勿失也。'"(程颐说:"颜渊问克己复礼的具体内容。孔子说:'非礼勿视,非礼勿听,非礼勿言,非礼勿动。'视、听、言、动四个方面,是人体的感官,都受人内心的支配而感应外在事物,而约束这些外在形式,也是存养心性的良方。颜渊请求践行孔子的这些话,所以他进道几乎成为圣人。后人学习圣人之道,也应牢记勿忘。")

⑫操存:执持心志,不使丧失。《孟子·告子上》:孔子曰:"操则存,舍则亡,出入无时,莫知其乡,惟心之谓与!"《朱子全书》卷三:"为学之要,只在着实操存,密切体认自己身心上理会。"

⑬内外交尽:内在情志与外在行为相互吻合,表里一致。

⑭兼该：亦作"兼赅"，兼备。

⑮笾豆：笾和豆。古代祭祀及宴会时常用的两种礼器。竹制为笾，木制为豆。笾，音 biān。

⑯器数：指古礼中礼器、礼数的种种规定。

⑰仪文：礼仪形式。

⑱俨然：严肃庄重的样子。

⑲屑屑：特意，着意。

⑳帝王之学，与士庶异："帝王之学"有广义和狭义之分。广义上是泛指古代君主治国理政、驾驭政权的经验和学说。狭义而言是指自宋以来，理学家专门为皇帝治政提供的学说体系。北宋范祖禹著《帝学》称："帝王之学谓之大学"，"帝王之学，所以学为尧舜"。朱熹也提出以《大学》为"不可以不熟讲"的"帝王之学"（《壬午应诏封事》），并专门撰写《经筵讲义》为建构帝王学之需。清李光地主张将治统与道统相结合以形成帝王之学，对康熙皇帝思想的形成及文化政策的抉择产生了较大影响。《解义》多次提及"帝王之学"，于康熙皇帝影响可见一斑。"帝王之学"不是简单地对经学的延伸，而是几乎完全不同的路径。"帝王之学与士庶异"已为共识。北宋王蘋《寅冬上殿劄子（三）》："臣窃谓帝王之学与世儒之学异。盖世儒之学从事于章句之末，解析文义而已。至于圣人经世大法，往往莫之察也。而帝王之学在得其至，措诸事业，此其所以异也。"（《王著作集》）明徐问《读书劄记》与清曹鸿勋状元卷均谓"帝王之学与世儒之学异"一语出自程氏（程颢），而王蘋为二程高足，概其语转出自二程。强调帝王之学与儒生之学相异，主要强调其宏观性和实用性。帝王之学的出现及强化，也是儒学史上重要的历程。❶

士庶：士人和普通百姓，亦泛指人民、百姓。

㉑正心诚意：《礼记·大学》："古之欲明明德于天下者，先治其国；欲治其国者，先齐其家；欲齐其家者，先修其身；欲修其身者，先正其心；欲正其心者，先诚其意；欲诚其意者，先致其知；致知在格物。"（古代凡是想将高尚的德性弘扬于天下的人，必定要治理好自己的国家；想要治理好自己国家的人，必定要整顿好自己的家族；想要整顿好自己家族的人，必定要修养好自身的品德；想要修养好自身品德的人，必定要端正自己的心意；想要端正自己心意的人，必定要使自己的意念真诚；想要使自己意

---

❶ 相关论述可参姜广辉、夏福英《宋以后儒学发展的另一走向——试论"帝王之学"的形成与发展》，载《哲学研究》2014 年第 8 期。

念真诚的人，必定要获取知识；获取知识的途径则在于探究事理。）另可详参本书［为政第二·十七］"格致诚正"词条注释。

㉒建极绥猷：天子上对皇天、下对庶民的双重神圣使命，既须承天而建立法则，又要抚民而顺应大道。建，建立、创设。极，原义为屋脊之栋，引申为中正的治国最高准则。绥，原义为挽手上车的绳索，引申为安抚、顺应之意。猷，音 yóu，道，法则。"建极"出自《尚书·洪范》："皇建其有极。"（天子应当建立起至高无上的原则。）"绥猷"出自《尚书·汤诰》："惟皇上帝，降衷于下民。若有恒性，克绥厥猷惟后。"（伟大的天帝，把美好的品德示范给百姓。如果要使他们拥有恒久坚定的品德，就需要天子来做好引导教育。）皇，伟大。衷，美德。克，能。厥，此，这。后，天子，帝王。

㉓君临：统治。

㉔度数：标准，规则。《周礼·春官·冢大夫》："令国民族葬，而掌其禁令。正其位，掌其度数。"郑玄注："度数，爵等之大小。"

【译文】

这一章讲的是，曾子告诉治政者应该偏重反身自省。

孟敬子是鲁国大夫，仲孙氏，名捷。

有一次曾子生病的时候，孟敬子前往慰问。曾子告诉他：大概鸟儿临死的时候，鸣声哀痛；人要快死的时候，言说诚善。（大概曾子想要告诉敬子为政之道，但是恐怕他不够用心听，于是先说这番话来引起他的注意，然后接着说：）凡是在位的君子大夫，不应该把时间精力浪费在细小的事情上，而应该关注大的格局。经过筛选，共有三种最为重要的治理之道：

一是彰显于身的容貌。容貌上稍不注意，就容易导致粗暴严厉或怠情放纵。君子要么不动声色，要么就要使容貌典雅整饬而恭敬谨慎，绝不能粗暴无礼或懈怠不敬。为政之道，这是重要的一点。

一是表露在面的脸色。脸色上稍不注意，就容易导致道貌岸然而外强中干。君子要么不正颜厉色，正颜厉色就要表里如一，以图信任。为政之道，这也是重要的一点。

一是宣扬于口的话语。话语稍有不敬，就容易导致平庸浅陋而违背事理。君子要么不出口言辞，出口言辞就应当顺理成章，避免浅陋背理。为政之道，这又是重要的一点。

（大概内在所有，就会展现于外在，反过来，如果对外在有所制约，也会涵养内在。在平时能够自我持守不失，在关键时候能够自我省察不昏，所以能够使表里如一,动静得宜。这着实是修身之关键、为政之根本,君子要注重的治政之道,只有这些而已。)

至于那些用笾豆礼器来供奉祭祀之类的事情,实则只是仪礼器具、仪式文辞之类的细微形式,自然会有专门执掌礼仪的人来操作,哪里需要严肃庄重、位在人上者去特意留心这类事情?

帝王的学问,自然与普通士人不同。因为他要正心诚意,平治天下,而且要承天建制,教化百姓,以此才能成为统率天下的帝王。本来帝王所操持的事务关系重大,所决策的事务依据根本原则,而不是把心思用在一些计量数据的细枝末节上,所以尤其应该知道政务处理的轻重缓急。

【评析】

容貌、脸色和话语,这些貌似很个人、很内在、无关大体的事情,实际上对于为政者极为重要,反而是那些看起来像模像样、人前威严的公共礼仪事务,并不应该成为治政者关切的重心。因为前者是治政者真实心境的投射,不仅对其心理产生一定的约束和引导作用,而且内外交相影响,实际上会由治政者个人辐射到整个社会,进而会深刻地影响治政效果;后者虽然属于"国之大事"(《左传·成公十三年》:"国之大事,在祀与戎。祀有执膰,戎有受脤,神之大节也。"),貌似神圣庄严,但治政者不过是在司仪的导引下完成规定动作,完全是一场公共活动中的表演,治政者与其说是其中主角,倒不如司仪这个导演的责任更大,因此公共礼仪并不是政治生活中最应关切的事务。

如用孔子对待礼的重视程度来衡量曾子的这番话,则会给人以曾子背反了孔子之信条的印象,其实我们可这样来理解:其一,曾子并非不重视祭祀礼仪,此处只是相较而言,拿如此重要的祭祀礼仪来作比,以突出治政者日常修为的重要性;其二,如果治政者能够一贯注重内心外貌的整饬,那么在重大仪礼上自然诚敬恭谨、威仪显露,使祭祀礼仪回归其真正内核。而这一点正是孔子所经常指斥治政者所不能做到的。如果说孔子一贯批判重大祭祀不够到位,以维护古礼来维护古制,借以维护旧有的治政和价值体系,强调君主在特殊时刻的表现,是政治理想宏观格局下的产物;那么曾子则以日常修为为出发点,从微观上指导治政者进行治政训练,恰好是对孔子学说的一种探索性的注释和实践。因此两者并不构成冲突,而且是基本一致的。它也让我们看到,曾子在孔子为政学说基础上提出了鲜明的政治/道德实践的向度。

【标签】

曾子；孟敬子；礼；知；鸟之将死，其鸣也哀；人之将死，其言也善

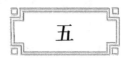

【原文】

曾子曰："以能问于不能，以多问于寡；有若无，实若虚；犯而不校——昔者吾友尝从事于斯矣。"

【解义】

此一章书，是明颜子无我之学①也。

曾子曰：凡人志意盈满，少有②所得，便见己之有余、人之不足，其能下问③者谁乎？若乃己之学力精到，既已能矣，却不自恃其能而以问于不能之人；己之学问充足，既已多矣，却不自恃其多而以问于寡少之人。此其心体④谦虚，绝无满假⑤，虽有，而自视若无，虽实，而自视若虚。其真知义理之无穷，有如此。

凡人度量浅狭，少有触犯便谓在己为是、在人为非，其能容忍者谁乎？若乃人有触犯于我，我能情恕理遣⑥，置之度外，全无计较，不惟不发露于颜色，而直不藏蓄于胸臆。其不见物我⑦之有间，又如此。

此何人哉？惟旧日吾友颜渊。潜心好学，有善不伐⑧，故能谦以受人；有怒不迁，故能恕以容人。尝拳拳服膺⑨，用力于此。如此之人，诚不可多见也。

总之，圣贤无我之心尝如太虚：能容天下之理，而不见己之有余；能容天下之物，而不见人之不足。⑩然非真积力久⑪，以几⑫于大而化之⑬之境，则亦未足以语此也。

【注释】

①无我之学：即无己之学，指放空自己，虚心向他人学习，以求不断进步。可参本书［述而第七·三十二］"大舜之舍己从人"词条注释，和［述而第七·三十四］"无己之学"词条注释。

②少有：稍有。

③下问：不耻下问。

④心体：心之本体，本真的思想。

⑤满假：自满自大。满，自满。假，大，自大。《尚书·大禹谟》："克勤于邦，克俭于家，不自满假，惟汝贤。"（舜对禹说："你要能够勤于政务，又能勤俭持家，不自满自大，就是贤能之人了。"）

⑥情恕理遣：以情相恕，以理排遣。指待人接物宽厚和平，遇事不加计较。恕，原谅。遣，排遣。

⑦物我：彼此，外物与己身。

⑧伐：自夸。

⑨拳拳服膺：形容恳切地牢记不忘。拳拳：紧握不舍，引申为恳切、勤勉的样子。服膺，铭记在心，衷心信奉。《礼记·中庸》：子曰："回之为人也，择乎中庸，得一善，则拳拳服膺而弗失之矣。"（夫子说："颜回的做人方式，在于选择了中庸之道，如果从中领悟了一条有益的道理，就牢牢地记在心中，真诚信服，永不丢失。"）

⑩圣贤无我之心尝如太虚……不见人之不足：出自元胡炳文《四书通》。太虚，广大之天。

⑪真积力久：认真积累并持之以恒。《荀子·劝学》：学恶乎始？恶乎终？曰：其数则始乎诵经，终乎读礼；其义则始乎为士，终乎为圣人，真积力久则入，学至乎没而后止也。（学习究竟应从何入手？又从何结束呢？答：按其方法路径而言，从诵读《诗经》《尚书》等经典开始，到研习典礼文籍结束；就其为人成学而言，则从做士人开始到成为圣人结束，认真积累并持之以恒，活到老，学到老。）

⑫几：将近，近乎。

⑬大而化之：思想品德之广博、光大，以至可以教化天下。《孟子·尽心下》：浩生不害问曰："乐正子何人也？"曰："善人也，信人也。""何谓善？何谓信？"曰："可欲之谓善，有诸己之谓信，充实之谓美，充实而有光辉之谓大，大而化之之谓圣，圣而不可知之之谓神。乐正子，二之中、四之下也。"（浩生不害问道："乐正子是怎样一个人？"孟子说："是个善人、信人。"浩生不害问："什么叫'善'？什么叫'信'？"孟子说："值得交往的叫'善'，自己确实值得交往就叫'信'，'善'充实在身上就叫'美'，既充实又有光辉就叫'大'，既'大'又能感化万物就叫'圣'，'圣'到妙不可知就叫'神'。乐正子是在'善'和'信'二者之间，'美''大''圣''神'四者之下的人。"）

【译文】

这一章讲的是，谈颜回的虚心无己之学。

曾子说：凡是一个人志得意满，稍微有所心得，便会自以为是，哪里还能做到不耻下问？而如果自己的学力已经精到，虽然多能，却不自恃所能，仍旧虚心向还不如自己多能的人求教；自己的学问已经充足，虽然博学，却不自恃所学，仍旧向还不如自己博学的人求教。这是因为他内心谦虚，绝不自满自大，将所有视为无，将所实视为虚，这是因为他深谙义理之无穷无尽，所以才能做到这样。

凡是一个人度量狭窄，稍加触犯，便是己非人，哪里还能容忍别人？而如果有人触犯了我，我能够将心比心，宽宏大量，毫不计较，不光不露声色，甚至无所动念。这个人处于一种物我无间而成一体共生的状态，所以才能做到这样。

这个人是谁呢？只有我的故交颜渊同学。他潜心而好学，有优胜之处却不自夸，所以能够谦虚而包容他人；即便生气也不迁怒，能够宽恕而包容他人。他一直勤恳执着于此，尽心尽力。这样的人，实在是世所罕见。

总而言之，圣贤虚心无我，就像广阔的宇宙：博大得能够容纳天下所有道理，却不见其显得多余；宽广得能够容纳天下所有事物，却不会挑剔人的不足。然而，如果不是认真积累并持之以恒，差不多达到学问广博而能化育万物的境地，恐怕还谈不上用这样的语词来描述。

【评析】

《解义》借元人胡炳文语，以太虚喻虚心，曰：能容天下之理，而不见己之有余；能容天下之物，而不见人之不足。极妙。明洪应明《菜根谭》云："霁日晴天，倏变为迅雷震电；疾风怒雨，倏转为朗月晴空；气机何尝一毫凝滞？太虚何尝一毫障塞？人之心体，亦当如是。"可谓同声相应。

【标签】

曾子；颜回；犯而不校；无我之学

【原文】

曾子曰："可以托六尺之孤，可以寄百里之命，临大节而不可夺也——君子人与？君子人也。"

【解义】

此一章书，是曾子以全德①望人之意。

曾子曰：天下言成德②者必归于君子，然才者德之用，节者德之守，才、节二者不全，均不可谓之成德。若有人焉，其才不但可辅长君而已，即将六尺③幼冲④之君付托于其身，可以承受而辅佐之，既能保卫其国家，又能养成其令德⑤，而不负所托焉；不但可共国政而已，即将一国之政令专寄于其身，可以担荷而总摄之，既能安定其社稷，复能绥辑⑥其民人，而不负所寄焉。其才之过人如此。

至若国势艰难之会，人心离合之几⑦，从违趋避⑧，正大节⑨之所系。苟非见理精明，持志坚定，鲜有不为其所夺者。其人当此之际，却能卓然自立⑩，利害不以移其心，死生不以易其守，保辅幼孤，维持百里，始终不渝。其节之过人又如此。

既有其才，又有其节，果可谓之君子人乎？反复思之：信乎，其为君子人也！

夫是人也，言其品行，则为成德之君子；任以官守⑪，即为社稷之纯臣⑫。使当太平无事之时，自能敢言犯诤⑬，一德同心⑭，致吾君于尧舜⑮，垂芳名于百世。此曾子所以叹赏之不置⑯也。

【注释】

①全德：至德，完美的道德。
②成德：盛德，高尚的品德。
③六尺：周代的"一尺"，相当于现在的 23.1 厘米，六尺则不足 140 厘米。古人以七尺指成年。六尺，应理解为不足七尺，形容未成年。
④幼冲：年龄幼小（而孤弱）。《尚书·大诰》："洪惟我幼冲人，嗣无疆大历服。"（现在我代替我年幼的侄儿，执掌我们永恒的权柄。）
⑤令德：美德。

⑥绥辑：安抚集聚。
⑦国势艰难之会，人心离合之几：国势孤危、人心涣散的时候。
⑧从违趋避：依从或违背，趋向或避开。
⑨大节：大的节义，在关键时候的抉择。
⑩卓然自立：卓然独立，与众不同，非同一般。卓然，卓越，突出。
⑪官守：官位职守。
⑫纯臣：忠纯笃实之臣。
⑬敢言犯诤：不惜冒犯而敢于直言进谏。诤，谏，照直说出人的过错。
⑭一德同心：同"同心同德"。思想统一，信念一致。《尚书·泰誓中》："受有亿兆夷人，离心离德；予有乱臣十人，同心同德。"（商纣有亿万平民，不同心不同德；我有治国拨乱的大臣十人，却同心同德。）
⑮致吾君于尧舜：辅佐君主，使其圣明在尧舜之上。杜甫《奉赠韦左丞丈二十二韵》："致君尧舜上，再使风俗淳。"致君：辅佐国君，使其成为圣明之主。致，致使。
⑯不置：不舍，不止。

【译文】

这一章讲的是，曾子期望人们可以养成至德。

曾子说：天下人认为品德高尚的人就是君子了。然而，才能是有德者用之，节操是有德者守护，才能和节操二者缺一，都不能称得上品德高尚。如果有一个人，他的才能不但可以辅佐成年的君主，即便是将未成年的孤弱之君托付给他，也能够接受并辅佐，既能够保卫这个国家，又能培养君主使其具有高尚的品德，不辜负所受的嘱托；不但可以与幼君共同执掌国政，即使将国家政权暂时全部委托其一身，也可以全部承担并总理之，既能够使社稷安定，又能安抚聚集其百姓，不辜负所受的寄托。他的才能是如此非同一般。

当国势孤危、人心涣散，是依从还是违背，是上前还是避逃，正是大的节义显现的时候。如果不是深明义理，志向坚定，很少有不动摇的。而这个人，在这个时候，却能够挺身而出，勇担道义，不为利害所动，不为生死改志，保护和辅佐幼君，维持国政，做好本分，始终不变。他的节操实在是非同一般。

既有足够的才华，又有坚定的节操，这样的人真的可以称为君子了吗？我反复审度思考后确认：的确，这样的人就是君子啊！

这样的人，说起他的品格操行，就是品德高尚的君子；任命其担任官职，他就会成为辅佐江山社稷的肱股之臣。当天下太平的时候，他敢于直言进谏，与大臣们同德同心，辅佐君主，使其圣明堪比尧舜，自己也会因此流芳百世。这是让曾子赞叹不已的地方。

【评析】

曾子的此番话语，为后世多少忠臣义士所演绎，使他们大义凛然，赴汤蹈火，在所不辞；又为多少忠魂烈士所赋义，使他们舍生忘死，毁家纾难，永世流芳！孔子所定义之君子，多在仁德，在修养；曾子所定义之君子，多在义举，在志业。但儒家终归是为生死赋义的学说，用仁义礼智等人格品质为凡俗之人开辟切近伦理的精神道场，使生命有所皈依但不遥远，使死亡有所赋义但不玄秘。正所谓"人能弘道，非道弘人"，将人的主体性发挥到了极致。此或为儒家思想深入人心而影响久远的根本原因。

【标签】

曾子；君子；人能弘道，非道弘人

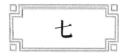

七

【原文】

曾子曰："士不可以不弘毅，任重而道远。仁以为己任，不亦重乎？死而后已，不亦远乎？"

【解义】

此一章书，是曾子责士以体仁①之意。

曾子曰：士立身天地间，以圣贤自期，必须度量宽广，不以一善自足，是之谓弘；持守坚忍，不以半途自废，是之谓毅。但心体②本自刚大，一有私欲，便狭隘而不弘，柔懦而不毅矣。缘③平日无省察克治④之功，所以无至大至刚⑤之体。曾⑥是异于凡民，俨然⑦为士，而可以不弘毅哉？

所以然者为何？盖以士所负之任甚重，而其所行之路又甚远也。惟任重，非弘不能胜；惟道远，非毅不克⑧荷⑨也。

然果何以见其重且远哉？凡以为此仁也。仁者，心之全德⑩，原与天地同其广大。士以为一己之任，不但知之而已，必欲身体而力行之。则是举天下之善，尽万物之理，皆在士之一身——其任不亦重乎？且仁之理原与天地同其悠久⑪，士任此仁无有间断，终食于是，造次、颠沛亦于是，⑫一息尚存，此志不容少懈⑬，直至没⑭焉而后已——其道不亦远乎？

士之所以贵弘毅者，以此。

总之，仁道至大，非全体不息⑮者不足以当之。惟其全体也，则无一理之不该⑯；惟其不息也，则无一念之可间⑰。此圣门为学莫大于求仁，而曾子卒得道统⑱之传，有以也夫！

【注释】

①体仁：躬行仁道。

②心体：心之本体，本真的思想。

③缘：因为，由于。

④省察克治：省察，反省检查自己。克治，克制私欲邪念。出于王阳明《传习录》，指初始为学时用于省察自身、克除杂念的为学工夫。详参本书［述而第七·三］同名词条注释。

⑤至大至刚：极为浩大有力。《孟子·公孙丑上》："敢问夫子恶乎长？"曰："我知言，我善养吾浩然之气。""敢问何谓浩然之气？"曰："难言也。其为气也，至大至刚，以直养而无害，则塞于天地之间。其为气也，配义与道；无是，馁也。是集义所生者，非义袭而取之也。"（公孙丑说："请问老师您擅长哪一方面呢？"孟子说："我善于分析别人的言语，我善于培养自己的浩然之气。"公孙丑说："请问什么叫浩然之气呢？"孟子说："这很难用一两句话说清楚。这种气，极端浩大，极端有力量，用正直去培养它而不加以伤害，就会充满于天地之间。不过，这种气必须与仁义道德相配，否则就会缺乏力量。而且，必须有经常性的仁义道德蓄养才能生成，而不是靠偶尔的正义行为就能获取的。"）

⑥曾：音 zēng，竟然，难道。放在句首，表示反问。

⑦俨然：严肃庄重的样子。

⑧克：能。

⑨荷：承担。

⑩仁者，心之全德：仁，是人之本心就具有的至德。可详参本书［颜渊第十二·一］同名词条注释。

⑪仁之理原与天地同其悠久：仁道与天地之道同构，并育万物。朱熹《仁说》："天地以生物为心者也。而人物之生，又各得夫天地之心以为心者也。故语心之德，虽其总摄贯通，无所不备，然一言以蔽之，则曰仁而已矣。请试详之。盖天地之心，其德有四，曰元亨利贞，而元无不统；其运

行焉,则为春夏秋冬之序,而春生之气无所不通。故人之为心,其德亦有四,曰仁义礼智,而仁无不包;其发用焉,则为爱恭宜别之情,而恻隐之心无所不贯。故论天地之心者,则曰'乾元''坤元',则四德之体用不待悉数而足;论人心之妙者,则曰'仁,人心也',则四德之体用亦不待举而该。盖仁之为道,乃天地生物之心即物而在。"

悠久:出自《礼记·中庸》:"悠久,所以成物也。"特指持久保持真诚的状态,以达到博厚高明的状态,而成就万物。详参本书[里仁第四·十一]"高明"词条注释。

⑫士任此仁无有间断,终食于是,造次、颠沛亦于是:[里仁第四·五]:"君子去仁,恶乎成名?君子无终食之间违仁,造次必于是,颠沛必于是。"(君子若背离了仁德,又怎么能称为君子呢?君子连一顿饭的时间都不会背离仁德,仓促急遽之时不会背离仁德,颠沛流离时不会抛弃仁德。)

⑬少懈:稍有松懈。

⑭没:同"殁",音mò,死。

⑮全体不息:竭尽全力,终其一生来体悟。

⑯该:同"赅",完备。

⑰间:间断。

⑱道统:儒家学术思想传续授受的系统。道统之说源起于孔子所授,滥觞于孟子,经韩愈发扬,由宋儒特别是朱熹明确提倡。孔子所叙尧舜传授之言,为此说之本。[尧曰第二十·一]:尧曰:"咨!尔舜!天之历数在尔躬,允执其中。四海困穷,天禄永终。"舜亦以命禹。(尧让位给舜的时候,说道:"哎,你,舜啊!天的历数命运在你身上了。好好掌握中道!如果天下民生困穷,上天给你的禄位也便永久终止了。"舜让位给禹的时候,也把这番话交代给禹。)本章记述尧舜禹以治道传递相授。不关孔子言论,而或以为孔子教授弟子之内容(参柳宗元《论语辩二篇》);孔子又以恢复东周为己任([阳货第十七·五]"吾其为东周乎"),《解义》亦多将二帝三王(即尧、舜、禹、汤、文或武),以至周公、孔子并举,以为道统之序列,故本书以此为道统说之原始。

孟子继孔子之说,并自命继承孔子正统。《孟子·尽心下》孟子曰:"由尧、舜至于汤,五百有余岁,若禹、皋陶,则见而知之;若汤,则闻而知之。由汤至于文王,五百有余岁,若伊尹、莱朱,则见而知之;若文王,则闻而知之。由文王至于孔子,五百有余岁,若太公望、散宜生,则见而知之;若孔子,则闻而知之。由孔子而来至于今,百有余岁,去圣人之世若此其未远也,近圣人之居若此其甚也,然而无有乎尔,则亦无有乎尔!"(孟子说:"从尧、舜到商汤,有五百多年,像禹和皋陶,是亲眼见到过而知道尧、舜的;至于商汤,则是听了传说才知道的。从商汤到文王,有五百多年,像伊尹和莱朱,是亲眼见过而知道商汤的;至于文王,则是听了传说才知道的。从文王到孔子,又有五百多年,像太公望和散宜生,是亲眼见过而知道文王的;至于孔子,则是听了传说才知道的。从孔子到现在,有一百多年,离圣人的时代是这样的不远,离圣人的家乡是这样的近,这样的条件下还没有继承的人,那也就不会有继承的人了!")

韩愈作《原道》以排斥佛老,仿照佛教诸宗的祖统,正式提出"尧、舜、禹、汤、文、武、周公、孔、孟"关于道的传统系统说,开宋代道学先声。朱熹则以周敦颐、二程上承孟子,自谓其后,以接续道统为己任。"若只谓'言忠信,行笃敬'便可,则自汉唐以来,岂是无此等人,因其道统之传却不曾得?亦可见矣。"(《朱子语类》卷十九)"《中庸》何为而作也?子思子忧道学失其传而作也。盖自上古圣神继天立极,而道统之传有自来矣。"(《四书章句集注·中庸章句序》)

【译文】

这一章是讲,曾子责成士人充分体证仁道。

曾子说:士立身于天地之间,期待能够成贤成圣,因此必须胸怀广阔,不能满足于小德小善,这就是"弘大";要坚韧不拔,不能半途而废,这就是"坚毅"。虽然心之本体本来就刚直正大,一旦怀有私欲,就会使人狭隘而不够弘大,柔弱而不够坚毅。这是因为平时没有能够反省检查自己,来克制私欲邪念,所以没有造就浩大刚强的心体。既然已是严肃庄重的士,自当与普通的老百姓有所不同,难道可以不弘大、坚毅吗?

为什么要这样呢?大概是因为士的责任重大而使命长远。因为责任重大,所以不弘大不能胜任;因为使命长远,所以不坚毅不能完成。

然而怎么说是任务重大而使命长远呢?是因为所承载的是仁道。仁,是人之本心就具有的至德,它本来就与天地同样广大。士以仁为己任,不只是知道就可以的,而是一定要身体力行仁道。就此而言,全天下的善和万物的理,都要通过士来承担——他的责任还不够重大吗?而且,仁的道理本来与天地一样长久,士承载仁道,须臾不能间断,连一顿饭的工夫都不能抛弃,匆忙急遽、颠沛流离的时候都不能抛弃,只要一息尚存,就不能有丝毫松懈,直到死后才能停止——这使命还不够长久吗?

士之所以重在以弘大、坚毅自持,正因为如此。

总而言之，仁道极其广大，如不是竭尽全力，终其一生来体悟，则难以胜任。只有竭尽全力，才能尽悟事理；只有坚守终生，才能不被迷惑。之所以圣人之门将求仁作为最大的学问，而曾子能够承传儒学体系，这是有其原因的。

【评析】

曾子强调心体责任而又语气浩荡，致使随心之语而成千载雄文。以文风论，谓曾子遗钵于孟子，不亦宜乎？

【标签】

曾子；士；弘毅；孟子；道统

【原文】

子曰："兴于诗，立于礼，成于乐。"

【解义】

此一章书，是明经学①之有益于人也。

孔子曰：性情之理②、中和之德③，固人心之所同，具不待外求。然古人立教，皆已先我为之，使非始终有资④，何以浅深各得？

当其始也，欲为善而去恶，必先有以感发其好善恶恶之心，所谓兴也。然兴非无自，必于诗⑤乎？盖诗本性情⑥，有美刺⑦、讽谕⑧之旨，其言近而易晓，而从容咏叹之间，所以感动于人者。又为易入，故学者之初必于此，而有以起发其仁义之良心⑨也。

及其中也，善念既起，又必卓然⑩有以自持⑪，方能有善而无恶，所谓立也。然立非无自，必于礼乎？盖礼有恭敬辞逊之意、节文度数之详⑫，服习既久，则德性之守得以坚定而不移，酬酢⑬之际，得以贞固⑭而不乱。故学者之中必于此，而不为事物所摇夺也。

及其终也，既能自立，又必造于纯粹⑮至善之域，所谓成也。然成非无自，必于乐乎？盖乐有声音之高下⑯、舞蹈之疾徐，所以养其耳目、和其心志，荡涤邪秽⑰，消融渣滓⑱。故学者之终必于此，而有以至于义精仁熟⑲也。

由此观之，《诗》、礼、乐，其可以不学耶？

要之，人止一心，兴、立、成，乃学者因心之获；《诗》、礼、乐，即学者治心⑳之资。言其序虽有后先，究其归㉑总无内外。孰谓经学非即心学哉？㉒

【注释】

①经学：注解经书的学问。"经"，本义织布时用梭穿织的竖纱，编织物的纵线，与"纬"（横线）相对，喻指书籍中作为思想、道德、行为等标准或基础的部分，即经典书籍。"经学"中的"经"，主要指儒家经典，一般是指儒学十三经等。

②性情之理：即"性即理"和"心即理"的学问，宋明理学的两个向度。"性即理"指的是性理之学。因宋程朱理学提出"性即理也"的主要哲学主张，因称性理之学或性理学。包括两个方面：一是由内在"吾之性"的人格本体来确认外在"天地之理"的宇宙本体，这是一种天人同构的本体论；一是通过人格内向修身功夫（"知性""养性"等），最终实现内外合一、天人合一的精神境界，即功夫论。"心即理"指的是良知之学，因南宋陆九渊、明王阳明提出"心即理""明本心""致良知"，谓人类先天具有道德意识，并对认知事物和实践道德起决定作用。王阳明《传习录·答顾东桥书》："若鄙人所谓致知格物者，致吾心之良知于事事物物也。吾心之良知，即所谓天理也。致吾心良知之天理于事事物物，则事事物物皆得其理矣。致吾心之良知者，致知也。事事物物皆得其理者，格物也。是合心与理而为一者也。"

③中和之德：即中庸之德。"中和"是中庸之道的主要内涵。儒家认为能"致中和"，则天地万物均能各得其所，达于和谐境界。《礼记·中庸》："喜怒哀乐之未发谓之中，发而皆中节谓之和。中也者，天下之大本也；和也者，天下之达道也。致中和，天地位焉，万物育焉。"（喜、怒、哀、乐没有表现出来，叫作"中"；表现出来，没有太过和不及，都能恰如其分地符合自然之理，就叫作"和"。所谓"中"，是天下一切道理的根本所在；所谓"和"，是天下一切事物最普遍的规律。能够达到"中和"的境界，那么天地就可以各就其位而运行不息，万物便能够各随其性而生长发育了。）

④资：天资，天赋。

⑤《诗》：孔子删述六经，对古代诗歌进行搜集选定，成"诗三百"，即后世所谓《诗经》；然当时之《诗》，一是或许并未选定，二是并未被称为经，故此处不当以为《诗经》，甚而不以为书作，不加书名号亦可。

⑥盖《诗》本性情：朱熹《论语集注》："兴，起也。《诗》本性情，有邪有正，其为言既易知，而吟咏之间，抑扬反复，其感人又易入。故学者之初，所以兴起其好善恶恶之心，而不能自已者，必于此而得之。"

⑦美刺：又称"美恶"，赞美和讽恶。中国古代关于诗歌批判功能的一种说法。东汉郑玄《诗谱序》："论功颂德，所以将顺其美；刺过讥失，所以匡救其恶。"南朝宋谢灵运《山居赋》："篇章以陈美刺，论难以核有无。"

⑧讽谕：又作"讽喻"，指对不合理的事物不正面直言，只以微词托意，希望统治者闻而知改。东汉班固《两都赋》序："或以抒下情而通讽谕，或以宣上德而尽忠孝。"

⑨起发其仁义之良心：《孟子·尽心上》：孟子曰："人之所不学而能者，其良能也；所不虑而知者，其良知也。孩提之童无不知爱其亲者，及其长也，无不知敬其兄也。亲亲，仁也；敬长，义也；无他，达之天下也。"（孟子说："人不经学习就能做的，那是良能；不经思考就能知道的，那是良知。年幼的孩子，没有不知道要爱他们父母的；长大后，没有不知道要敬重他们兄长的。爱父母就是仁，敬兄长就是义，这没有别的原因，只因为仁和义是通行于天下的。"）

⑩卓然：卓越，突出。

⑪自持：自我约束。

⑫礼有恭敬辞逊之意、节文度数之详：朱熹《论语集注》："礼以恭敬辞逊为本，而有节文度数之详，可以固人肌肤之会、筋骸之束。故学者之中，所以能卓然自立，而不为事物之所摇夺者，必于此而得之。"

节文：礼节，仪式。可参本书［子罕第九·十一］"天理节文"词条注释。

度数：标准，规则。可参本书［泰伯第八·四］同名词条注释。

⑬酬酢：宾主互相敬酒，泛指交际应酬。酬，向客人敬酒。酢，音zuò，向主人敬酒。

⑭贞固：守持正道，坚定不移。《周易·乾》："贞者，事之干也……贞固足以干事。"高亨注："贞固，正而坚，即坚持正道。"

⑮纯粹：纯正不杂，精纯完美。《周易·乾·文言》："乾始能以美利利天下，不言所利，大矣哉！大哉乾乎！刚健中正，纯粹精也。"（乾为天，只有天才能把美满的利益施予天下，而且从不提起它的恩德，伟大呀！伟大的上天！真正是刚强、劲健、适中、均衡，达到了纯粹精妙的境地。）孔颖达疏："纯者不杂于阴柔，粹者不杂于邪恶也。"

⑯乐有声音之高下：朱熹《论语集注》："乐有五声十二律，更唱迭和，

以为歌舞八音之节，可以养人之性情，而荡涤其邪秽，消融其查滓。故学者之终，所以至于义精仁熟而自和顺于道德者，必于此而得之，是学之成也。"

⑰荡涤邪秽：邪秽，邪恶污秽。《史记·乐书》："凡作乐者，所以节乐。君子以谦退为礼，以损减为乐，乐其如此也。以为州异国殊，情习不同，故博采风俗，协比声律，以补短移化，助流政教。天子躬于明堂临观，而万民咸荡涤邪秽，斟酌饱满，以饰厥性。故云雅颂之音理而民正，嘄噭之声兴而士奋，郑卫之曲动而心淫。及其调和谐合，鸟兽尽感，而况怀五常，含好恶？自然之势也。"（大凡创作音乐的原因，是为了节制欢乐。使君子以谦虚退让为礼，以自损自减为乐，音乐的作用就在于此啊。由于地域不同，性情习俗也不相同，所以要博采风俗，与声律相谐调，以此补充治道的缺陷，移易风化，帮助政教的推行。天子亲临明堂观乐，而众百姓能受乐的感化而洗荡、涤除人性中的邪恶和污秽，采取健康、饱满的人性，以整饬其性情。所以说习正派、文雅的诵歌则民风正，激烈呼号的音乐兴起则士心振奋，郑、卫的歌曲使人心生邪念。等到音乐与情性调谐和合，鸟兽尽受感动，何况怀五常之性，含好恶之心的人？受音乐的感染更是自然之势了。）嘄噭，音 jiāojiào，高亢激昂。五常，即仁、义、礼、智、信，是儒家用以调整规范君臣、父子、兄弟、夫妇、朋友等人伦关系的行为准则。

⑱渣滓：物体取出精华后残留的东西，杂质，糟粕。

⑲义精仁熟：至仁至义的境地。可详参本书［述而第七·二］同名词条注释。

⑳治心：修养自身的思想品德。

㉑归：回到原处、根本。

㉒孰谓经学非即心学哉：谁说经学不是修心之学呢？经学，把儒家经典当作研究对象的学问，内容包括今天的哲学、史学、语言文字学等。心学，本指以陆九渊、王守仁为代表的宋明理学的一个流派，即所谓良知之学。为学主"明本心""致良知"，认为心为宇宙的本原。但此处"心学"概不能使用本义，因为康熙时期是崇尚理学而排斥心学的❶，因而可以解释为宽泛的"修心之学"，而非特指阳明心学。

---

❶ 此可参考陈祖武《论清初学术的历史地位》，见本书《御制〈日讲四书解义〉序》。

【译文】

这一章阐明了经学对人的益处。

孔子说：本心本性之理、中庸中和之德，本来对于每个人来说都是同样内在的，不必向外探求。然而古人设教立学，在我提出这些概念之前都已经做到了，如果不是每个人自始至终都怀有这些天资，何以无论是哪种层次的人都能够体悟道理而成就道德呢？

开始的时候，想要为善去恶，一定要有用来感动发起其喜好善而厌弃恶的心理，就是"兴"。然而，兴不是没有根据，如果有，恐怕就一定是诗了吧。大概诗本乎人的本性真情，有美刺和讽喻的作用，其表达简明易晓，而在轻快从容的歌咏慨叹之间，就能打动人心。又因为比较容易入门，所以，学习者刚开始的时候一定要学习诗，以开始发动他们对仁义的良知良能。

到了中等层次，善念已经被唤醒，就需要有明确的规范用来自我约束，才能维持善而消除恶，这就是"立"。然而立不是没有根据，如果有，恐怕就一定是礼了吧。大概礼既有神情恭敬而言辞谦逊的自我约束，又有礼仪形式、标准规则的外在要求，服习练久了，就能够使德性稳固而不轻易改变，即便在往来应酬的时候，也能够守持正道而不会败德乱性。所以，学习者在中等层次的时候能够立于礼，本心本性就不容易受到外物的侵扰。

到了高级阶段，既然能够立德立性，就要进一步达到纯粹完美的至善境地，就是"成"。然而，大成并非没有根据，如果有，恐怕就一定是音乐了吧。大概音乐有声调的高低、舞蹈动作的快慢，能够熏陶感染，怡情养性，同时能涤荡邪恶污秽的思想，消融糟粕芜杂的念头。所以学习者最终要成于乐，德性才能至于至仁至义的境地。

从以上来看，怎能不学习诗、礼、乐呢？

总之，人的一切都不过是心的外现。初始、立身、成就，都是由心而起；诗、礼仪、音乐，都是学习者用来修养身心的资源。虽然它们说起来有先有后，但归根结底并无内外之分。所以，谁能说经学不是修心之学呢？

【评析】

彭亚非先生对本章如是翻译并解读：

孔子说："诗歌激发人的心志，礼仪使人立身于社会，音乐使人获得完美的教养。"

孔子的这句话，既可看作一个君子学养逐渐完成和道德人格逐渐形成的成长过程，也可看作不同的人文内容对于一个君子所具有的不同的意义。依前一个意义，则君子的学习开始于诗歌，确立于礼仪，而完成于音乐。依后一个意义，君子的人格修为可从诗歌得到启发，从礼仪得到行为规范，从音乐得到信念传承和道德完善。后一个意义可能更接近孔子的本意一些。❶

在孔子看来，音乐的特质使其有极好的抒情、表意作用，容易达成人际同情同理而具有政治教化功能。（可参《礼记·乐记》）

然而，此处的乐，则可以逆向来看，不是人因音乐而动，而是人本身的最高境界是无形的、自由的、灵活的，总而言之是审美的、超越的。

谓"成于乐"，不仅是个人理想人格与社会理想政治的接洽，而且是礼仪教化与个人审美的融合。故此孔子两个关于乐的向度聚焦于是，解此方知孔子之乐论。

【标签】

《诗》；礼；乐；成于乐；教化；审美；《礼记·乐记》

【原文】

子曰："民可使由之，不可使知之。"

【解义】

此一章书，是孔子示为上者以范民①之道也。

孔子曰：圣人在上②，其知先知，其觉先觉，岂不欲家喻户晓，以斯道觉斯民哉？③然必尽人而觉之，其势有所不能，故但可使之由于理之当然，而不能使之知其所以然也。

盖所当然者，如父当慈、子当孝之类，皆民生之秉彝④日用，即寻常至愚之人，俱可遵道遵路⑤，率循⑥而无难，故可使之由也。若其所以然之故，皆出于天命之自然，人性之固有，其理精微奥妙，自非中人以上，未易得闻⑦，况蚩蚩之氓⑧，如何遍喻⑨？故不可使之知也。

---

❶ 彭亚非：《论语选评》，岳麓书社2006年版，第128—129页。

虽知之理不外行、习之事，由之久，自有领悟之机；若必使知之，则力行之心，反不胜其求知之心。惟由之而听其自知，则知者不失之过，不知者亦不为不及。要在因民以治民，不必强民以从己。此圣人率天下以中庸之道，而无索隐行怪⑩之弊也。与有化民之责者，可勿致审于其间哉？

【注释】

①范民：以礼教匡正人民。《汉书·严安传》："夫佳丽珍怪，固顺于耳目，故养失而泰，乐失而淫，礼失而采，教失而伪。伪、采、淫、泰，非所以范民之道也。"（佳丽美色，珍奇异宝，本来就顺耳悦目，缺失扶养就会奢侈，缺失音乐就会淫逸，缺失礼制就会浮华，缺失教化就会伪诈。伪诈、浮华、淫佚、奢侈，不是用来规范百姓的方法。）颜师古注："范，谓为之立法也。"

②在上：在上位而以德感召在下者。《尚书·吕刑》："穆穆在上，明明在下，灼于四方，罔不惟德之勤。"（美德的国王在上，明智的臣民在下，上下光辉映照四方，所有的人无不勤勉地依据德行教化办事。）孔颖达疏："言尧躬行敬敬之道，在于上位。"

③其知先知，其觉先觉，岂不欲家喻户晓，以斯道觉斯民哉：《孟子·万章上》："天之生此民也，使先知觉后知，使先觉觉后觉也。予，天民之先觉者也；予将以斯道觉斯民也。非予觉之，而谁也？"（伊尹说："上天生育这些民众，使先明理的人启发后明理的人，使先觉悟的人启发后觉悟的人。我，是天生的先行觉悟的人，我要用我所掌握的尧舜之道来启发这些普通的民众。如果不是我去启发他们觉醒，那还将会有谁呢？"）可详参本书［卫灵公第十五·二十九］"斯道之任"词条注释。

④秉彝：持执常道。秉，执。彝，音yí，法度，常规。《诗经·烝民》："天生烝民，有物有则。民之秉彝，好是懿德。"（老天生下这些人，有着形体有法则。人的常性与生来，追求善美是其德。）

⑤遵道遵路：遵循正道，遵循原则。《荀子·儒效》："故君子务修其内而让之于外，务积德于身而处之以遵道。如是，则贵名起如日月，天下应之如雷霆。故曰：君子隐而显，微而明，辞让而胜。《诗》曰：'鹤鸣于九皋，声闻于天。'此之谓也。"（所以，君子致力于内在的思想修养，在行为上要谦让，应当致力于自身美德的积聚，遵循正确的原则处理事务。这样，那么他高贵的名声就会像日月那样显明，天下的人响应他，声音就会像雷霆一样轰响。所以说，即使君子隐居了，但名声仍然显著；地位虽然卑微，却荣耀显赫；即使谦让，仍能胜过他人。《诗经》上说："仙鹤在沼泽里鸣

叫，声音却直冲云霄。"说的就是这个意思。)

⑥率循：遵循，依循。率，音 lǜ。

⑦非中人以上，未易得闻：融合了《论语》中的两章内容，意谓不是中等水平以上的人，就不会有机会听到高妙的道理。[雍也第六·二十一]：子曰："中人以上，可以语上也；中人以下，不可以语上也。"（夫子说："中等水平以上的人，可以告诉他高深学问；中等水平以下的人，不可以告诉他高深学问。"）[公冶长第五·十三]：子贡曰："夫子之文章，可得而闻也；夫子之言性与天道，不可得而闻也。"（子贡说："夫子讲诗书礼乐，是可以听到的。夫子讲性与天道，是难得听到的了。"）

⑧蚩蚩之氓：愚昧无知之人。蚩蚩，无知，痴愚。氓，同"民"。《诗经·卫风·氓》："氓之蚩蚩，抱布贸丝。"

⑨遍喻：全都明白。

⑩索隐行怪：求索隐暗的道理，奉行怪迂之道。《礼记·中庸》：子曰："素隐行怪，后世有述焉，吾弗为之矣。君子遵道而行，半涂而废，吾弗能已矣。君子依乎中庸，遁世不见知而不悔，唯圣者能之。"（夫子说："追求生僻的道理，行为荒诞不经，后代对此会有所称述，但我不这样去做。君子一生依循大道，半途而废这样的事情，我是不会这样做的。君子遵循中庸之道行事，即便为世所忘，鲜为人知，但仍义无反顾，只有圣人才能做到这一点。"）涂，通"途"。《汉书·艺文志》：孔子曰："索隐行怪，后世有述焉，吾不为之矣。"朱熹《中庸章句》："素，按《汉书》当作'索'，盖字之误也。索隐行怪，言深求隐僻之理，而过为诡异之行也。然以其足以欺世而盗名，故后世或有称述之者。"

【译文】

这一章是讲，孔子把如何以礼教匡正人民的方法展示给治政者看。

孔子说：圣主明君居于上位，他们能够先知先觉，难道不希望把自己的智慧广泛传播，使家喻户晓，用天道来使民众觉醒？然而如果想要每个人都能觉醒，实际上是做不到的，所以只能够让他们依照理之当然去做，而未必一定要让他们知道理之所以然。

大概所谓的"理之当然"，比如父慈子孝之类的，都是民生日用的寻常法则，普通之人哪怕是愚蠢至极的人，也都可以遵循这些规则去做，有所依循而毫无障碍，所以说是可以循由来做。至于那些背后的逻辑和事理，都是因循天命自然而然的过程，也是人性本身所与生俱来的，这其中的道理精微而奥妙，如果不是中等资质以上的人，都没有机会听闻，何况只是愚笨之民，（即便他们能够听闻也不会理解，）又怎么能够使所有人都明白？所以说是"不可使之知"。

知晓道理，不外乎践行和习得两种情况，循理日久，自然有机会领悟其内在道理；如果一定要让他们明晓道理，那么恐怕他们无心去践行，反而会对探知事理更感兴趣。只有先让他们依循去做，然后让他们顺其自然地去琢磨其中的道理，那么能够明白也不会强到哪里去，不能知道也不会差到哪里去。最重要的是要根据民情来治理民众，不必一味硬性强迫民众来听从自己的指令。圣人正是如此，用中庸之道来统率天下，而不会有搜异猎奇的弊病。那些负有教化民众责任者，岂能不用心审详这其中的道理？

【评析】

"民可使由之，不可使知之"的理由可以有很多种，《解义》所给出的答案也算是中肯："要在因民以治民，不必强民以从己。"

依笔者浅见，孔子在这里所倡导的治民政策，应该纳入儒家为政的顶层设计中去。而这种顶层设计就是"无为而治"。当然，儒家的"无为而治"极不同于道家：儒家倡导在政治典范引导化育下的无为而治，即注重顶层设计和价值引导，但不过多干预具体的政务，因为只需要选拔和委派优秀的人去治理，并且根据实际情况进行奖惩就可以了；道家则是尽力去除人为的因素，实际上是过度强调了自然的力量而贬抑人为的可能性。

为政者的要务在于操守道德、选用人才和教化百姓。前面两项是儒家对为政者的最基本最严格也是最迫切的要求，实则是过度强调了为政者的责任。教化百姓之所以是"教化"而非其他，正在于使"百姓日用而不知"❶，是在无形之中享有，但不必作为精神或思想上的负担，需要通过专门的学习和转化，才能获得治国政策的"利好"。

因此，"民可使由之，不可使知之"实质上是一种爱民之道，而非愚民政策。《列子·仲尼》中举尧帝治政时民间儿童传唱《康衢谣》云："不识不知，顺帝之则。"（不用知识也不用智慧，只需顺应天帝的法则。）（全文可详参本书［泰伯第八·十九］"康衢之歌"词条引文。）所讲正是要为政者为老百姓的生活全面"埋单"，因而能够获取老百姓的高度信任。因此无论是"不可使知之"还是"不识不知，顺帝之则"，都是在极力强调为政者的治理责任而非对民政策，因此这与老百姓的智力水平和接受能力并没有

---

❶ 《周易·系辞上》。

什么关系,更非愚民政策或政治手段。对儒家治民政策的理解应该从其宏观要略上来观察判断,而非咬文嚼字,断章取义。

【标签】

为政;无为而治;教化;民可使由之,不可使知之;康衢谣;索隐行怪

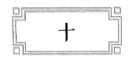

【原文】

子曰:"好勇疾贫,乱也。人而不仁,疾之已甚,乱也。"

【解义】

此一章书,是孔子示人以弭乱①之道也。

孔子曰:天下刚勇之人,恃其血气之强而又疾恶贫穷,不肯安守义命②,则有勇无义,适为乱资。此等之人,固为天下之首恶矣。至于不仁之人,本心已失,当其罪恶未著,尚可容忍而化之以善;若其罪恶贯盈,即当屏弃③而惩之以威。不然,而徒疾恶太过,使之无地可容,则事势穷迫,彼将以不肖④之心肆其不仁之毒,未有不激而生乱者。

是恶不仁之人,本为好恶之正,特⑤以处之过当,反足致变。则君子之待小人,岂可轻发而不善处之乎?

是以古之圣王⑥保治⑦于已安⑧,制乱⑨于未萌,使夫材能⑩效用⑪,奸宄⑫回心⑬,则御之之道得也。

【注释】

①弭乱:平息或制止变乱。
②义命:正道,天命,本分。
③屏弃:废弃。
④不肖:不成材,不正派。
⑤特:只,但,不过。
⑥圣王:古指德才超群达于至境之帝王,后也用作为对皇帝的谀称。
⑦保治:治理使安定。
⑧己安:修己安人。[宪问第十四·四十二]:子路问君子。子曰:"修己以敬。"曰:"如斯而已乎?"曰:"修己以安人。"曰:"如斯而已乎?"

曰:"修己以安百姓。修己以安百姓,尧舜其犹病诸?"(子路问怎样才算是君子。夫子说:"持恭敬的态度修养自己。"子路又问:"这样就够了吗?"夫子说:"修养自己,进而使别人安乐。"子路又问:"这样就够了吗?"夫子说:"修养自己,再使百姓都得到安乐。修养自己,使百姓都得到安乐,连尧舜都恐怕不能完全做到呢!")

⑨制乱:整治、改变混乱状况。

⑩材能:指有才智和能力的人。

⑪效用:效劳,发挥作用。

⑫奸宄:指违法作乱的人。宄,音 guǐ,奸邪、作乱。《说文解字》:"宄,奸也。外为盗,内为宄。"

⑬回心:回心转意,改变心意。

【译文】

这一章讲的是,孔子展示预防和平息悖乱的方法。

孔子说:社会上那些有勇力的人,如果依凭其身强力壮,同时又极度厌弃贫穷,不肯安守本分,就会有勇力而无道义,其勇力反而会导致动乱。这种人,肯定会成为社会上的头号罪犯。至于那些不仁的人,其良善本性已经丢失,当其违法乱纪行为不很嚣张的时候,尚可以有所容忍,而且用善举来感化其改正;如果其已然恶贯满盈,就应当放弃对他的感化而直接严肃惩处。如果不这样,而只是因为过度仇恨罪犯,不给他们任何退路,就会激化局势,使那些本来就不善的人歇斯底里而恣意妄为,因激成乱。

这种厌弃不仁之人的做法,本来是出自是非分明、善恶有别的正道,但如果处理不当,反而可能致变为颠倒善恶,混淆是非。所以,君子对待小人,也不能随意而为,而要慎重处理。

所以古代的圣王修己以安人,防患于未然,让有才德的人发挥作用,使心怀奸邪的人回心转意,这才是他们的统御之道。

【评析】

荀子云:"凡人之患,蔽于一曲,而暗于大理。"(《荀子·解蔽》)而朱熹云:"弥近理而大乱真。"(《中庸章句序》)自以为正义,自以为仁道,总是以"超道德"的眼光去看待他人,反而最可能是这个世界的破坏者。陀思妥耶夫斯基《罪与罚》中的主人公拉斯科尔尼科夫,自以为是道德上的"超人",因而可以为了自己所以为的高尚品德而杀死别人,可实际上连他所不齿的普通人的道德还不如——这个庸俗世界的审判者最终变成了被审判者。

如果说仁有忠恕两端,那么"己所不欲,勿施于人"的恕道,则是时时对人发出警告的提示语,劝导人们不要在偏至的道路上走得太远。只有忠恕并行才符合中庸之道的要求。在价值的链条上,并没有绝对的正误,而只有坚持不断的追求和无过不及的平衡,才能实现人生和社会价值的最大化。

【标签】

乱;好勇疾贫;人而不仁;恕;中庸

【原文】

子曰:"如有周公之才之美①,使骄且吝,其余不足观也已。"

【解义】

此一章书,是孔子戒人②恃才③之意。

孔子曰:凡人不可无才,尤不可不善居其才④。自古材能⑤技艺之美者,莫如周公。然周公之所以见重⑥于天下者,以"公逊硕肤"⑦"握发吐哺"⑧,有才而不自恃,故可贵耳。若有周公之才之美,乃骄焉而夸人所无,不肯卑以自牧,吝焉而挟己所有,不肯善与人同,⑨则无其德量⑩,而大本⑪失矣。纵使多才多艺,特⑫其绪余⑬而已,何足观哉?

夫有周公之才之美,而一涉骄吝,尚不足观,况无周公之才者乎?甚矣,骄吝之不可也!

盖有才者必当居之以德,德极其盛则才自极其全⑭,故圣如帝舜而舍己从人⑮,功如大禹而闻言则拜⑯。"满招损,谦受益"⑰,诚圣贤居心⑱之要道也。

【注释】

①之才之美:学者解释不一:一将才、美视为并列关系,一将才、美视为偏正关系。韩廷一《论语新解读》释"才"为"才干","美"为"技艺"。❶ 刘强《论语新识》译"美"为"美德"。❷ 杨本译为"才能的

---

❶ 韩廷一:《论语新解读》,台湾商务印书馆2016年版,第165页。
❷ 刘强:《论语新识》,岳麓书社2016年版,第230页。

美妙"❶，概也是源于朱熹《论语集注》："才美，谓智能技艺之美。"《解义》采用了朱熹的解释，但后面行文似又将"美"视为"美德"或"技艺"。而若将"美"视作"美德"，则既称美德，又何可有"骄且吝"之心态表现呢？故此，本书认同韩廷一的注释。

②戒：同"诫"，警告，劝人警惕。

③恃才：恃才傲物，自视甚高。

④善居其才：好以有才自居，喜好夸耀自己有才。

⑤材能：才智和能力。

⑥见重：受到重视、推崇。

⑦公逊硕肤：公孙硕肤。"逊"应为抄录者笔误。《诗经·豳风·狼跋》："公孙硕肤，德音不瑕？"（王子公孙大腹便便，品德名誉有没有问题？）旧说诗中"公孙"即周公，以老狼的进退有难，喻周公摄政"虽遭毁谤，然所以处之不失其常。"朱熹《诗集传》认为此诗符合《尚书·金縢》之旨，赞美周公摄政，虽遭四方流言、幼主致疑，却处变不惊，王业终成，而又功成还政，圣德无瑕。

⑧握发吐哺：《史记·鲁国公世家》：成王封伯禽于鲁，周公诫之曰："往矣！子其无以鲁国骄士！我文王之子，武王之弟，成王之叔父，我于天下亦不贱矣。然我一沐三捉发，一饭三吐哺，起以待士，犹恐失天下之贤人。子之鲁，慎无以国骄人。"（周成王将鲁国转封给周公姬旦的儿子伯禽，周公告诫儿子伯禽说："去吧！但是你千万不要因身为国君而骄慢待人！我是文王之子、武王之弟，当世周成王之叔父，在全天下人中可谓位高权重。但我却洗一次头要多次握起头发，吃一顿饭多次吐出正在咀嚼的食物，起来接待贤士，这样还怕不够谦逊，而失掉天下的贤人。你到鲁国之后，千万不要因身为国君而骄慢待人！"）

⑨骄焉而夸人所无，不肯卑以自牧，吝焉而挟己所有，不肯善与人同：《朱子语类》卷三十五，释本章："骄吝，是挟其所有，以夸其所无。挟其所有，是吝；夸其所无，是骄。而今有一样人，会得底不肯与人说，又却将来骄人。"（骄吝，就是藏掖自己所有，不与人分享共进，而又去夸口自己所有而别人没有的。前者即为吝，后者即为骄。现在就是有这样一种人，自己所会的死活不肯与人分享，但又在有些时候拿来夸口自负。）

夸人所无：夸耀自己有而别人没有的。

---

❶ 杨伯峻：《论语译注》，中华书局 2009 年版，第 81 页。

卑以自牧：以谦卑心态加强自我修养。出自《周易·谦》："谦谦君子，卑以自牧也。"（君子谦之又谦，初六以阴爻居阳位，又处在谦卦最下位，这说明君子以谦卑来制约自己以提升修为。）《韩诗外传》中记载，周公劝诫儿子伯禽："故《易》有一道，大足以守天下，中足以守其国家，近足以守其身，谦之谓也。"而谦卦中倡导"自牧""鸣谦""劳谦""撝谦"等，说明周公身体力行谦道，与其事典暗合，而且与本章主旨相印。

善与人同：自己有优点，愿意别人同自己一样，别人有长处，就向别人学习。《孟子·公孙丑上》："子路，人告之以有过，则喜。禹闻善言，则拜。大舜有大焉：善与人同，舍己从人，乐取于人以为善；自耕稼陶渔以至为帝，无非取于人者。取诸人以为善，是与人为善者也。故君子莫大乎与人为善。"（子路，闻过则喜。禹，见善而从。伟大的舜又超过了他们：愿意与人共享美德，抛弃自己的缺点而学习别人的长处，乐于吸取别人的优点来修养自己的品德。舜从当农夫、陶工、渔夫，直到成为帝王，没有哪一点长处不是从别人那里学来的。吸取众人的长处来修养自己的品德，这又有助于别人培养品德。所以，君子之为善没有比励人为善更好的了。）可与本章"圣如帝舜而舍己从人""功如大禹而闻言则拜"词条注释互参。

⑩德量：道德涵养和胸怀气量。

⑪大本：根本，事物的基础。

⑫特：只，只不过。

⑬绪余：抽丝后留在蚕茧上的残丝，喻指事物之残余或主体之外所剩余者。

⑭德极其盛则才自极其全：如果道德全备，那么也自然会才能全具，无所不能。

⑮圣如帝舜而舍己从人：指舜帝放空自己，而虚心向他人学习，一是能从善如流，二是能够助人为善。可参上注"善与人同"词条注释，及本书［述而第七·三十二］"大舜之舍己从人"词条注释。

⑯功如大禹而闻言则拜：大禹在一筹莫展之际，听了伯益劝谏修德自谦的话，觉得非常有道理，就拜谢接纳。《尚书·大禹谟》：三旬，苗民逆命。益赞于禹曰："惟德动天，无远弗届。满招损，谦受益，时乃天道。帝初于历山，往于田，日号泣于旻天，于父母，负罪引慝。祗载见瞽瞍，夔夔斋栗，瞽亦允若。至诚感神，矧兹有苗。"禹拜，昌言曰："俞！"班师振旅。帝乃诞敷文德，舞干羽于两阶，七旬有苗格。（[三苗一族不服从舜帝的统治，舜帝命令禹去征讨使之降服]，但是经过三十天，苗民还是不服。伯益拜见禹，说："通过修习道德便能感天动地，就是再远的地方也能感化

招抚。盈满招损，谦虚受益，这是天道铁律。帝舜先前到历山去耕田的时候，天天向上天号泣，不以父母有错，而是代他们认罪自咎；恭敬奉行人子之事去见父亲瞽瞍，诚惶诚恐庄敬战栗。瞽瞍自此信任并顺从了他。至诚可以感动神明，何况这些苗民呢？"禹感激伯益以良言相劝而拜谢，说："好啊！"还师之后，帝舜便推行文教德政于天下，在大殿两阶之间舞以干盾和羽翳［以示文治武功］。七十天后，苗民便前来归附。）另可参上注"善与人同"词条注释。

⑰满招损，谦受益：见上注"功如大禹而闻言则拜"词条注释。

⑱居心：心地，存心。

【译文】

这一章是讲，孔子告诫人们不要恃才傲物，自视甚高。

孔子说：一个人不能没有才华，尤其是不能不善于处置自己的才华。自古及今，才能和技艺水平没有比得上周公的了。然而周公能够为天下人所敬仰，是因为他才识卓著，本是大腹便便的王子公孙，却因忙于政务而狼狈不堪，内在务实而忠心，同时还尊贤使能，求之不得，犹恐失之。自己本就富有才华，却不显露，而且更加尊重有才华者，这是十分可贵的。所以，即便是像有周公那样的才华与品德，如果稍微有所骄傲自满，以自己所有夸耀于人所无，不能够谦卑而自我修为，或者稍微吝啬小气，藏掖自己所有，而不能与别人分享共进，那么其品德和胸襟就还不够，致使丢掉为人修为的根本。即便是多才多艺，其实只不过是细枝末节，不足为道。

即便是像周公那样有才华与品德，一旦有所骄傲而悭吝，就不足为道了，况且不如周公的人呢？所以，一定不能骄傲而悭吝啊！

大概有才华的人也一定要依守道德，而如果道德完美，想必其人也自然会全才全能，所以说像舜帝那样的先圣，仍然坚持放空自己，虚心向他人学习以助善，像大禹那样功绩赫赫的人，一旦听到别人好的建议，也马上拜谢依从。《尚书·大禹谟》上所说的"满招损，谦受益"，这实在是圣人贤士们修道存心的重要途径啊。

【评析】

骄和吝在表现上是两个向度，一个是自高自大、目空一切，一个是自私自利、猥琐不堪，但又往往归为一体，骄者必吝，即本章所谓"骄且吝"，用现在的话讲就是言语上的巨人、行动上的矮子，自论品格高人一等，私下勾当不堪入目。这样的人其实亦不过是孔子所深恶之"乡愿"的一种，自欺欺人，故步自封，一旦陷入这样的境地，其所具有的才华与品德，即使再好，也不会增益社会和他人——大概才华与技艺犹如漂亮的衣服，而品格犹如人的身体，只有谦虚大度的品格（身体）才能使才华与技艺（衣服）更具价值（好看）。如此而已。

【标签】

周公；骄吝；谦虚；善与人同

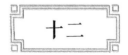

【原文】

子曰："三年学，不至①于谷，不易得也。"

【解义】

此一章书，是明纯心之学也。

孔子曰：吾人为学，原以明善诚身②，求其在我而已，利禄之来，奚暇外慕③？虽学成名立，亦有用世④之时，然一心以为学，又一心以求禄，则持志不专，必其见道不切也。有人于此从事于学，至于三年之久而不志于谷禄⑤，则是正谊而不谋利，明道而不计功⑥，操守坚定，工夫⑦纯笃，凡荣辱得失之故⑧，毫无足以动其中。使非专心为学，何以历久不迁如此？此其人岂易得哉！

可见，儒者惟在纯修，国家务求实学，下无干名求利⑨之人，则上有举贤任才之庆。圣人之言，其维持世教⑩不浅矣！

【注释】

①至：指意念之所至。（采杨伯峻本）

②明善诚身：明理修身。明善，指格物穷理然后致知。诚身，是以至诚立身行事。出自《礼记·中庸》："诚身有道，不明乎善，不诚乎身矣。"详解参本书［里仁第四·十四］"明善诚身"词条注释。

③利禄之来，奚暇外慕：文言文中反问语气下的宾语前置句，正常语序应该是：奚暇外慕利禄之来？（哪里有工夫去向外思慕利益荣禄之类的事情？）

④用世：见用于世，为世所用。

⑤谷禄：俸禄。古代以谷物作为俸禄。

⑥正谊而不谋利，明道而不计功：追求正义而不谋求利益，阐明大道而不占据功劳。《汉书·董仲舒传》："夫仁人者，正其谊不谋其利，明其道不计其功。"（做事情是为了匡扶正义而不是为了个人的利益，只是为了通明事理而不追求事功。）谊，通"义"。董仲舒《春秋繁露·对胶西王越大夫不得为仁》："仁人者，正其道不谋其利，修其理不急其功。"

⑦工夫：亦称"功夫"，儒学对修治学问所用精力、时间、方法及其结果等的一个概括性的概念。

⑧故：事，事情。

⑨干名求利：争名夺利，急功近利，以不正当的手段猎取名利。

⑩世教：当世的正统思想、正统礼教。

【译文】

这一章是讲，阐明使内心纯粹向学。

孔子说：我们做学问，本就是用来明理修身，用于自我的提升，哪里有工夫去向外贪慕功名利禄呢？虽然学有所成而声誉远播，也有将学问用于世务的时候，但如果是一边用心于学习，一边又用心于追求利禄，目标不一而用心分散，那么一定不会切实得道。有的人在我这里学习，长达三年的时间都不考虑薪资俸禄之类的利益，真的是只为道义而不贪图利益，阐明大道而不占据功劳，坚守初衷和原则，用功纯粹而笃厚，那些荣辱得失的事情，都丝毫不能让他动心改志。如果不是专注于学习，怎么会长时间都不发生改变呢？这样的人实在是很难得啊！

由此可见，儒者一定要纯粹用心于修为，国家一定要推崇真才实学，如果下面没有争名夺利不择手段之人，那么上面也就能选贤举能而无人才之忧。孔圣人的话，对于维持社会教化真的是大有裨益啊！

【评析】

一切政治、学术亦皆经济、利益，因无一政治、学术不与人类认识、改造世界相关，而此相关处，正乃经济、利益。然而一切政治、学术不应直涉为政者、为学者个人的经济、利益，如只求个人经济、利益，则其政治、学术必然带有私意而不能大公，既非大公，则偏私邪滞，离政治、学术之根本原则已远矣，如何可谓之政治、学术耶？程颢《定性书》云："夫天地之常，以其心普万物而无心；圣人之常，以其情顺万事而无情。君子之学，莫若廓然大公，物来而顺应。"即学者以天地之心为心，以圣人之情为情，如此才能公而忘我以成学，处变不惊以成事。

孔子之学，不过为政治学术之学，非今日专业术数之学，读者当明。

【标签】

学；政治；学术；利益

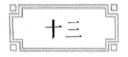

【原文】

子曰："笃信好学，守死善道。危邦不入，乱邦不居。天下有道则见，无道则隐。邦有道，贫且贱焉，耻也；邦无道，富且贵焉，耻也。"

【解义】

此一章书，是孔子教人立身处世之道也。

孔子曰：君子立身处世，必学问、操守兼造其极，方为全德①，未可苟也。凡人志向，不专不能为学，故信之必须诚笃。然见理不明，所信者或不得其正，反足为累。

又须格物致知②，穷理尽性③，以求其是非之真，尽其精微④之奥，则讲究⑤明而辨别审⑥，所信者一出于正，而为有学之人矣。

凡人持守⑦不定，不能入道，故守之必须坚固。然胶执⑧不化，所守者或不得其当，死亦徒然。又须事必由理，行必合宜，不徇⑨匹夫之小信⑩而乖⑪中庸之大道，则植纲常而扶伦纪⑫，所守者允⑬得其当，而为有守⑭之人矣。

有学、有守，则知之明而行之决，出处去就⑮，焉往而不善哉？故其于危邦也，则避之而不入；于乱邦也，则去之而不居。去就如是，其审也。

当天下之有道也，正君明臣良之会，则出仕而尽展其蕴；当天下之无道也，正潜身⑯养晦⑰之时，则隐居而独善其身⑱。出处如是，其正也。

（使非有学、有守，何以能咸宜如是？）

至若邦国有道，正君子向用之时也，乃避世绝俗而困处贫贱之中，上之不足以致君尧舜⑲，下之不足以泽被苍生，岂不可愧耻乎？邦国无道，正君子高蹈⑳之时也，乃希世取容㉑，致身富贵之地，既取贪位之讥，复无待时之节，岂不可愧耻乎？

（惟其学、守未能兼善，故其进退徒足贻羞㉒。甚矣，士之不可以无养也!)

盖学者须见之明,守之定,用有可行,舍有可藏。㉓然后,平时则能尊主庇民、建功立业;有事㉔则能砥砺名节㉕,匡扶世运。若碌碌庸人,何足取哉?

【注释】

①全德:至德,完美的道德。

②格物致知:谓研究事物原理而获得知识。可详参本书［八佾第三·十五］"致知格物"词条注释。

③穷理尽性:穷究天下万物的根本原理,彻底洞明人类的心体自性。出自《周易·说卦》。可详参本书［学而第一·一］同名词条注释。

④精微:精深微妙。《礼记·中庸》:"故君子尊德性而道问学,致广大而尽精微。"可详参本书［述而第七·十七］"广大精微"词条注释。

⑤讲究:研究。

⑥审:仔细思考,反复分析、推究。

⑦持守:操守。

⑧胶执:固执,拘泥。

⑨徇:音 xùn,顺从,曲从。

⑩匹夫之小信:普通百姓所坚守的小信小义。［宪问第十四·十七］:子贡曰:"管仲非仁者与?桓公杀公子纠,不能死,又相之。"子曰:"管仲相桓公,霸诸侯,一匡天下,民到于今受其赐。微管仲,吾其披发左衽矣。岂若匹夫匹妇之为谅也,自经于沟渎,而莫之知也。"(子贡说:"管仲算不上一名仁者吧?齐桓公杀了他原来的主人公子纠,管仲非但不能为公子纠效忠殉难,却又当了齐桓公的辅相。"夫子说:"管仲辅佐桓公,使其称霸诸侯,也让天下一切得到匡正,人民直到今天还受他的好处。假设没有管仲,我今天怕也还是披发左衽的蛮荒之人呢。哪像匹夫匹妇的小老百姓那样,因为遵循小信小义,而自缢于沟渎,哪里还能有机会建立不世之业,为世所见知啊!")

⑪乖:违背。

⑫植纲常而扶伦纪:纲常,即"三纲五常"的简称。"三纲"是指"君为臣纲,父为子纲,夫为妻纲",要求为臣、为子、为妻的必须绝对服从于君、父、夫,同时也要求君、父、夫为臣、子、妻作表率。它反映了封建社会中君臣、父子、夫妇之间的一种特殊的道德关系。"五常"即仁、义、礼、智、信,是用以调整规范君臣、父子、兄弟、夫妇、朋友等人伦关系

的行为准则。伦纪，伦常纲纪。

⑬允：诚然，果真。副词。

⑭有守：有操守，有节操。出自《尚书·洪范》，详参本书［宪问第十四·一］（一）"有守有为"词条注释。

⑮出处去就：指仕途的升迁和降职，出仕和退隐。

⑯潜身：藏身隐居。

⑰养晦：隐居匿迹，在不显眼的地方养精蓄锐，休养生息。

⑱独善其身：世道混乱时保存好自身。出自《孟子·尽心上》："古之人，得志，泽加于民；不得志，修身见于世。穷则独善其身，达则兼善天下。"详参本书［述而第七·十一］"独善"词条注释。

⑲致君尧舜：辅佐我们的君主，使其圣明在尧舜之上。杜甫《奉赠韦左丞丈二十二韵》："致君尧舜上，再使风俗淳。"致君：辅佐国君，使其成为圣明之主。致，致使。

⑳高蹈：隐居。

㉑希世取容：希世比周，苟合取容。迎合世俗而结党营私，苟且迎合，取悦于人。

㉒贻羞：使蒙受羞辱。

㉓用有可行，舍有可藏：［述而第七·十一］：子谓颜渊曰："用之则行，舍之则藏，惟我与尔有是夫！"（夫子对颜渊说："如果被任用，就去依道而行；如不被任用，干脆就藏身事外。大概只有我和你才能做到这样吧！"）

㉔有事：特指国家遇到重大变故。

㉕砥砺名节：砥砺磨炼，立名立节。

【译文】

这一章，是孔子教给人们立身处世的道理。

孔子说：君子立身处世，一定是学问和操守达到了极致，才算得上成就了至德，不能有丝毫疏漏。凡是有所立志，不专注则不能做学问，所以一定要真诚而坚信。但是如果本就没有能够通明正理，那么其所坚信的本就有所偏颇，这种坚信反倒成了南辕北辙，徒劳无功。

所以，就需要探究物理以完善知识，穷究物道以洞明心性，来明辨是非、寻幽入微，那么研究事理能够明白，辨别事物能够审详，所能信从的因此都是真正的道理，因而可以称得上是有学问的人了。

如果一个人对所学不能持守坚定，就无法真正依道而行，与道合为一体，所以要坚定地守护其道。但一味执守此道而不知变通，或此道又并非正道，即便是以死卫道也是枉然。因此要依理行事，行为要合乎常识，不信从匹夫匹妇之小信小义而违背中庸之道，就会使伦理纲常得到维护，所守护的事情合情合理，因而就可以称得上是有操守的人了。

有学问、有操守，就会知识明了而行动果决，是出仕还是归隐，其选择则必然有明确主见。所以如果是危险的邦国，就会避开而不去；如果是在混乱的邦国，就马上离开而不停留。对于去留，就要这样，审时度势。

如果是天下政治昌明，恰逢明君良臣共处，就要出仕做官，来全面展示自己的才德；如果是天下政治昏暗，此时需要藏身隐居，韬光养晦，所以就去隐居而独善其身。对于出处，就要这样，正道直行。

（如果不是有所学、有所守，怎么都能够做到如此恰当？）

如果邦国政治清明，这正是君子有所作为，出仕以施展兼济天下之志的大好时机，却避世绝俗，消极处世，连自己都处于贫贱的困境之中，对上不足以辅佐君王成为千古圣主，对下不足以惠泽百姓使其安居乐业，这不是让人感到羞愧和耻辱吗？如果邦国政治昏暗，这正是君子有所不为、隐居以彰明独善其身之志的特殊时刻，却迎合世俗，贪求富贵，既自取贪占官位的讥评，也丧失待时而出的节操，这不也是让人感到羞愧和耻辱的吗？

（学问和操守如果不能同时做到，那么进退出处就容易招致耻辱。所以，士人一定要加强自己的修养啊！）

学习者一定要见识清明，持守坚定，被任用则有所作为，不被任用则有所不为。这样的话，在平时就能够尊奉君主而庇护百姓，建立不世之功业；在特殊时刻，就能砥砺奋发以守护名节，扶大厦于将倾。像那种碌碌无为的庸常之辈，他们又能够做到什么呢？

【评析】

社会有社会的价值体系，个人有个人的价值观。孔子讨论天下有道还是无道的问题，其实讨论的是，社会的价值体系和个人的价值观是否能够并行运转，相互应和，以及个体如何判断、选择和行动。

孔子说，要做一个真正的君子，不要轻易为社会价值体系的有所动而动。因为社会和个人都要遵循一个更大的价值体系，即天地价值体系。天下有道，就是社会价值体系符合天地价值体系，天下无道，就是社会价值体系不符合天地价值体系。君子不光要做好自己，而且要承载和体现这种天地价值；君子人格，则是天地价值体系在个人身上的投射。所以，当社会价值体系顺应天地价值的时候，就是有道，君子应该奋发有为，弘扬正道；但当社会价值体系背离天地正道的时候，君子要坚守力行天地价值体系，而非随波逐流，追腥逐臭。我们常常引用《周易》象辞里的"天行健，君子以自强不息"，也正是激励君子以天道运行为准则来指导自己的行动。不因社会价值体系波动而动摇自己的信念和人格，君子因此成为支撑社会发展的脊梁和柱石。

我们说孔子是一个理想主义者，然而其构建的"理想国"的基石并非柏拉图城邦制度下缺乏个性的个体，而是通过塑造君子人格，构建"理想人"，从培养理想社会最为需要的个体成员和精神主体做起，因此这样的理想主义又具有很强的可操作性和可持续性。虽然孔子的理想社会一时并未实现，但是作为其基本元素的君子（或君子人格）却在历代社会不断衍生着，并在社会发展过程中扮演着重要的角色，发挥了中流砥柱的作用。他们是如颜渊所谓"舜何人也，予何人也，有为者亦若是"的自信者，是曾子口中的"自反而缩，虽千万人吾往矣"的求真者，是孟子所谓"富贵不能淫，贫贱不能移，威武不能屈"的"大丈夫"，是鲁迅所谓的或"埋头苦干"、或"拼命硬干"、或"为民请命"、或"舍身求法"的"民族的脊梁"，他们共同构成了横亘历史长河而绵延不绝的"群英谱"，不断给世人以人格的示范和精神的鼓舞，成为社会和谐发展的支撑力量。

因是可谓：一个社会的发展，关键在人，其成就首先在于人，其目标、其标准也应首先在于人。

【标签】

价值体系；价值观；君子；君子人格；耻

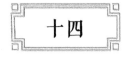

【原文】

子曰："不在其位，不谋其政。"

【解义】

此一章书，是孔子戒①人侵越职分之意。

孔子曰：凡人有是职位，始有是谋为②。如处公卿大夫③之位，则当谋公卿大夫之政。其谋为者，正以尽其分内之责，而非有所加于位之外也。

若无官守之责而为有位之谋，则为越分；非职掌④所及而为他位之谋，则为侵职⑤。故凡不在其位，则当介然⑥自守⑦。虽才识过人、智略有余而不敢预议⑧者，所以远出位之嫌，而尽自处⑨之道也。

盖君子素位⑩而行，循分自尽⑪，分内事不敢推诿，分外事不敢妄营。故无越职之谋者，乃无旷官⑫之失。孔子戒之之意深哉！

【注释】

①戒：同"诫"，警告，劝人警惕。
②谋为：谋干，谋为，有所作为。
③公卿大夫：三公九卿的爵位，泛指高官。
④职掌：掌管。
⑤侵职：超越职权。
⑥介然：耿介，高洁。
⑦自守：自坚其操守。
⑧预议：参与商议。
⑨自处：自持，自我克制。
⑩素位：谓现在所处之地位。语出《礼记·中庸》："君子素其位而行，不愿乎其外。"（讲求中庸之道的君子，安心地处于平素的位置上，做自己应该做的事情。）孔颖达疏："素，乡也。乡其所居之位而行其所行之事，不愿行在位外之事。"详解可参看本书［雍也第六·十］"居易俟命"词条注释。
⑪循分自尽：恪守职分。
⑫旷官：空居官位，指不称职。《尚书·皋陶谟》："无旷庶官，天工，人其代之？"（不要让那些平庸的人来填充空缺的职位，因为这些职位是天道所赋，怎么能够由无所作为的人来替天行道呢？）

【译文】

这一章是讲，孔子告诫人们不要越俎代庖，超越职权行事。

孔子说：一个人有相应的职位，才能去做相应的事情。比如，处在公卿大夫的职位，就应该做好公卿大夫的政事。所谓的有所作为，正是指要做好分内的事情，而不是去做与本分无关的事情。如果没有某官位，却为此官位上的事情去谋划，那就是超越本分了；如果（有了官位），却在不是自己权力所及的范围内谋事，那就是越权了。所以，只要不在其位，就应当坚持清高自守。有些人即便是才识过人、足智多谋，但也不会轻易参与与其职责无关的议论，是因为他们主动避讳出格越权的嫌疑，而能自我克制。

君子依守本职做事，恪守本职，不遗余力，分内的事不敢推诿逃避，分外的事不敢胡乱操作。所以说，如果没有越俎代庖的多事之人，也就不会有尸位素餐的失职之人。孔子谆谆告诫的话，真是意味深长啊！

【评析】

在其位，要谋其政，所以不在其位，不应谋其政。

不在其位，不谋其政，所以在其位，定要谋其政。

此处两个"不"字的前后叠用，却使短短两句八字具有了双重意蕴，两者相互映射，并最终实现了语义翻转，似警戒人、否定人，而实有激励人、鞭策人之意，极富语言张力，令人品味不尽。

【标签】

不在其位，不谋其政；不；责任

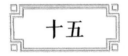

【原文】

子曰："师挚之始，《关雎》之乱，洋洋乎盈耳哉！"

【解义】

此一章书，是孔子有志王化①而追念正乐之时也。

孔子曰：昔吾自卫反鲁，既曾正乐，②适当师挚在官之始③，又能审音④。其时，乐之残缺者，已为之补，失次者，已为之序。无论其"始作""从之"之时，固能协律和声，无不美盛；⑤即至《关雎》之乱而为乐之卒章⑥，一皆清浊⑦相济，高下相宜，洋洋盈耳。

可想见夫王化之隆，鲁乐之正。惜乎今不得而闻也。

盖正乐有孔子之圣，掌乐有师挚之贤，故一时声音美备如此。且《关雎》为王化之始，当日化行江汉，泽及士女，实由文王后妃盛德所传。⑧孔子缅怀盛治，瘝瘝圣主⑨，闻韶之叹⑩，思挚之心⑪——有同情⑫也夫？

【注释】

①王化：天子的教化。

②昔吾自卫反鲁，既曾正乐：［子罕第九·十五］：子曰："吾自卫反鲁，然后乐正，《雅》《颂》各得其所。"（夫子说："我从卫国回到鲁国，开始了正定音乐的工作，让《雅》和《颂》得到了合理的处置。"）正乐，厘正乐音。《史记·乐书序》："自仲尼不能与齐优，遂容于鲁，虽退正乐以诱世，作五章以刺时，犹莫之化。"阮籍《乐论》："夫正乐者，所以屏淫声也。故乐废则淫声作。"

③在官之始：挚开始做乐官的时候。刘宗周《论语学案》："夫子自卫反鲁之后，适师挚在官之始，官守得而古乐明，凡作之郊庙朝廷者，自《关雎》之乱以往，洋洋乎其盈耳也。其大道晦明之会乎？惜乎不及睹师挚之终也。乐之以《关雎》乱也，其以风化终乎。始作翕如也，从之纯如也，皦如也，绎如也，以成，洋洋乎盈耳哉。"

④审音：辨别音调。《礼记·乐记》："凡音者，生于人心者也；乐者，通伦理者也。是故，知声而不知音者，禽兽是也；知音而不知乐者，众庶是也。唯君子为能知乐。是故，审声以知音，审音以知乐，审乐以知政，而治道备矣。是故，不知声者不可与言音，不知音者不可与言乐。知乐，则几于礼矣。礼乐皆得，谓之有德。德者，得也。"（音，产生于人的内心；乐，可以通达人伦事理。因此，如果只能听到声音而不懂得乐音，那就还只是禽兽；懂得乐音而不能得其所乐，还只能算是庸众。只有君子能够懂得音乐。因此，审察声音而懂得乐音，审察乐音而懂得和乐，审察和乐而懂得政治。这样，治理国家的道理就完备了。所以，不懂得声音的，就无法跟他谈乐音；不懂得乐音的，就无法跟他谈和乐。懂得音乐，就差不多懂得礼了。对礼乐有所心得，就称之为有德。德，就是于礼乐有所得。）

⑤无论其"始作""从之"之时，固能协律和声，无不美盛：［八佾第三·二十三］：子语鲁大师乐，曰："乐其可知也：始作，翕如也；从之，纯如也，皦如也，绎如也，以成。"（夫子与鲁国音乐的主管谈论音乐时说：先王本人心之太和以传之于乐，就声音节奏之中有始终条理之妙，可得而知也。盖乐有六律、五声、八音，一有不备，不可言乐。故始作时，众音齐举，而翕然以合。及其从之，清浊高下，调适中节，而纯然以和。就纯之中，又宫自为宫，商自为商，一一分晓，皦然明白。皦则易于间断，却又宫商相续，终始相生，络绎不绝。自始至终，曲尽条理节奏。此乃乐之一成也。注：译文采《解义》自解。）

⑥即至《关雎》之乱而为乐之卒章：乱，音乐的结束，用合乐演奏。李炳南《论语讲要》："周代各种典礼，例如祭祀、乡饮酒、大射、燕礼等，都有音乐演奏。乐谱已经失传，乐辞就是《诗经》里的诗篇。在典礼时所

演奏的音乐，分为唱歌、吹笙、歌与笙相间的吹唱，最后歌、笙、瑟等全部合奏。凡是大祭祀，或其他重要典礼，开始时，都由太师率领专学音乐的瞽人登堂唱歌；典礼完成，歌笙等全部合奏，名为'合乐'。所奏的辞谱就是《诗经·周南》里的《关雎》《葛覃》《卷耳》，《召南》里的《鹊巢》《采蘩》《采蘋》，合为六篇。"❶

⑦清浊：音乐的清音与浊音。《礼记·乐记》："大小相成，终始相生。倡和清浊，迭相为经。"（音律的高低相辅相成，乐曲首尾承转呼应。唱与和、清音与浊音，相互交错，彼此糅合。）

⑧《关雎》为王化之始，当日化行江汉，泽及士女，实由文王后妃盛德所传：《毛诗序》："《关雎》，后妃之德也。《风》之始也，所以风天下而正夫妇也。"朱熹《诗集传》："周之文王生有圣德，又得圣女姒氏以为之配。宫中之人，于其始至，见其有幽闲贞静之德，故作是诗。"当日化行江汉，泽及士女：取《诗经·周南·汉广》之意，诗云："南有乔木，不可休思。汉有游女，不可求思。汉之广矣，不可泳思。江之永矣，不可方思。"本义为一名男子爱慕女子，却不能如愿。《毛诗》小序："《汉广》，德广所及也。文王之道，被于南国，美化行乎江汉之域，无思犯礼，求而不可得也。纣时淫风遍于天下，维江、汉之域先受文王之教化。"孔颖达疏："作《汉广》诗者，言德广所及也。言文王之道，初致《桃夭》《芣苢》之化，今被于南国，美化行于江、汉之域，故男无思犯礼，女求而不可得，此由德广所及然也。此与《桃夭》皆文王之化，后妃所赞，于此言文王者，因经陈江、汉，指言其处为远，辞遂变后妃而言文王，为远近积渐之义。"

⑨寤寐圣主：昼思夜想遇到圣君明主（以实现政治理想）。

⑩闻韶之叹：[述而第七·十四]：子在齐闻《韶》，三月不知肉味，曰："不图为乐之至于斯也。"（夫子在齐国沉浸于《韶》乐之中，几个月都忘乎所以，甚至连难得的肉菜也使他无动于衷。他不禁感慨道："没想到音乐如此美妙，竟让我如此着迷！"）

⑪思挚之心：思念乐官太师挚之心。

⑫同情：同情同理，同心同志，表示理解其心志。

【译文】

这一章是讲，孔子立志于王道教化，所以追思当年正定音乐的事情。

---

❶ 李炳南：《论语讲要》，长江文艺出版社2019年版，第143页。

孔子说：当年我从卫国回到鲁国，做过正定音乐的事情，使《雅》《颂》诸乐各得其所，恰好师挚开始做乐官，能够审察音乐。当时，音乐已经支离破碎，师挚给做了修补；次序混乱的，师挚给调整了顺序，音乐从其始作翕如，众音齐举，到从之纯然，各音和谐，都能协律和声，美不胜收；一直到演奏《关雎》及其合乐作为乐曲终结的时候，也都是清浊交错，高低糅合，美盛之音充盈于耳。

因此可以想见当时王道教化的兴隆，鲁国音乐之正定。可惜现在已经听不到了。

大概正定音乐有孔子这样的圣人，执掌音乐有师挚这样的贤者，所以彼时音乐能够如此美盛而完备。而且，《关雎》是王道教化的开始，能够广泛推行到江汉河广，泽被雅士静女，实在是因为文王和后妃的美德传布的结果。孔子时刻缅怀先王盛世之治，昼夜向往圣主明君，听闻《韶》乐而叹为观止，思念师挚而情不能已——他会遇到理解他的人吗？

【评析】

孔子的一生实则是与音乐"纠缠"的一生：将为人之最高境界定位为"成于乐"（[泰伯第八·八]），批判《韶》《武》之乐以申述尽善尽美之为政理想（[八佾第三·二十五]），热衷学习音乐而三月不知肉味（[述而第七·十四]），在弟子子游所治理的武城听到满城弦歌而喜不自禁（[阳货第十七·四]），人生最低迷时却弦歌不辍以自娱（《庄子·秋水》），怀才不遇时击磬以喻志（[宪问第十四·三十九]），指斥郑声而提携雅乐以为政（[卫灵公第十五·十一][阳货第十七·十八]），为政终不成而正定音乐（[子罕第九·十五]），批检玉帛钟鼓而甄明礼乐实质（[阳货第十七·十一]）……

将为政的最高理想的实现形诸音乐，亦将为政理想破灭后的希望诉诸音乐，在音乐中获得灵感和滋养，也在音乐中寻找安慰和寄托。

对往昔鲁乐《关雎》的美好回忆，恐怕实则是对于目前礼崩乐坏的痛苦思考。故此中记述孔子听闻师挚演奏《关雎》华章之感喟，情意款款，余音绕梁。其中几多向往，又几多失落，念之令人浮想联翩，感慨系之。

【标签】

师挚；鲁乐；乐；《关雎》

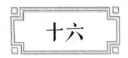

【原文】

子曰:"狂而不直,侗而不愿,悾悾而不信,吾不知之矣。"

【解义】

此一章书,是欲人不失其本然之真也。

孔子曰:天之生物,气质①不齐:中才以上之人有德而无病;若中才以下,虽有是病,不掩是德——如好高者多直率,无知者多谨厚,无能者多信实。此理之常,无足怪者。若赋性②疏狂之人,宜乎行事直率,不为邪曲,今却借公行私③,而又存心不直,是以罔济妄矣。赋性昏昧之人,宜乎厚重简默,不作聪明,今却轻举妄动,而又存心不愿④,是藏诡于愚矣。赋性愚拙之人,宜乎真诚无妄,不为欺诈,今却二三其德⑤,而又存心不信,是隐诈于拙矣。此等之人,出于常理之外,真难识其本体,吾不知之矣。

盖狂、侗⑥、悾悾⑦,是气禀⑧之偏,直、愿、信,是本体之真。本心未漓⑨,犹可以陶镕教化,而返其固有之良本。本心既失,则习染锢蔽⑩,而不可以化诲之矣。故孔子绝之。然天地无弃物,圣人无弃人,⑪使其知为圣人所绝而改焉。则不屑之教诲,是亦教诲之也。⑫

【注释】

①气质:资质,秉性。

②赋性:天性,品性。

③借公行私:假公济私,借公事的名义谋取私利。

④存心不愿:存心,居心,本心。《孟子·离娄下》:"君子所以异于人者,以其存心也。"愿,老实。

⑤二三其德:三心二意,没有操守。

⑥侗:音tóng,幼稚,无知。

⑦悾悾:愚拙无能的样子。

⑧气禀:亦称"禀气",指人生来对气的禀受,从某种程度上决定了人与人之间后天气质、禀性的差别。详参本书[为政第二·九]同名词条注释。

⑨漓:同"离",背离,丧失。

⑩锢蔽：同"痼弊""固弊"，长期存在不易消除的弊病。

⑪天地无弃物，圣人无弃人：明丘濬《大学衍义补》："先儒谓君子之教人如天地之生物，各因其材而笃焉。天地无弃物，圣贤无弃人。"《老子》："圣人常善救人，故无弃人；常善救物，故无弃物，是谓袭明。"（圣人常挽救人，所以没有被遗弃的人；善于物尽其用，所以没有被废弃的物，这就叫"内敛的聪明"。）

⑫不屑之教诲，是亦教诲之也：《孟子·告子下》：孟子曰："教亦多术矣。予不屑之教诲也者，是亦教诲之而已矣。"（孟子说："教育也有多种方式方法。我不屑于教诲他，本身就是对他的教诲。"）

【译文】

这一章是讲，希望人们不失去诚真的本心。

孔子说：苍天造物，各有禀赋：中等以上的人有德行而无弊病；中等以下的人，即便是有各种弊病，但仍然不妨其有优秀的品质——比如好自尊大的人大多很直率，愚昧无知的人大多小心厚道，无能为力的人大多信实无诈。这是人之常情，无足为怪。但如果天性疏狂的人，本应行事直率，不偷奸耍滑，而今却假公济私，而且心地扭曲，这就是用欺罔来助力狂妄了。天性愚昧的人，本应该为人木讷憨厚，不自作聪明，而今却轻举妄动，而且心地不老实，这是用愚昧来掩护诡诈了。天性愚笨的人，本应该真心诚意待人，不要自欺欺人，而今却毫无节操，而且存心欺骗，这是用愚笨来隐藏欺诈了。这些人的所作所为，完全不合情理，所以你看不到他的真实心意，我是不知道怎么对待他们了。

大概狂妄、无知、无能，是天性的偏差；而直率、老实和诚信，是本心的属性。只要本心不丧失，就仍然可以改造教育，使其回归良善的本性。但如果这种本心已经丧失，而又沾染了虚伪狡诈的弊病，那么就不再值得进行教育了。所以连孔子都拒绝再接纳这种人。然而，天地博厚，不放弃任何一物，圣人仁爱，不放弃每一个人，其目的是使他知道已经被圣人弃绝而自我改过。所以这种不屑进行的教诲，也仍然是一种教诲。

【评析】

狂者易为直，侗者易为愿，悾悾者易为信。如果一个人的缺点是出自本真本性，只不过是禀赋使之，率性而为，一般还都可以让人理解，也比较容易接受，因为属于正常表现，符合一般性的心理预期，正所谓"人之常情"。所以人们在与这一类人交往的时候会相对宽容和忍让，使彼此关系达到平衡、和谐。

但如果这个人不仅不反省自身禀性上的弱点，努力去弥补不足，反而利用人们的宽容和忍让，浮伪巧滑，得寸进尺，企图占取交往关系中更多的空间，并从中获得个人的便利。在这本质上是贪婪、欺诈的行为，在心理上已经达到了无耻的地步，不仅容易对既有平衡、和谐的交往关系造成严重破坏，也会对社会所默许的交往规则造成强烈冲击，以致人人自危、人际冷漠。不以道德进阶为务，而以巧取豪夺牟利，由天性之失以至于人格之失，失之又失，过而又过，故忍无可忍，无可恕也。是故孔子厉言直斥之。

在［阳货第十七·二十四］中，孔子与子贡师徒二人对于此类失去中道而造成人格分裂之人进行了集中的批判：

子贡曰："君子亦有恶乎？"

子曰："有恶：恶称人之恶者，恶居下流而讪上者，恶勇而无礼者，恶果敢而窒者。"

曰："赐也亦有恶乎？"

"恶徼以为知者，恶不孙以为勇者，恶讦以为直者。"

子贡问："君子对人也有所厌恶吗？"夫子说："有。厌恶津津乐道他人之恶的人；厌恶居下位谤毁在他之上的人；厌恶粗莽无礼而自以为勇敢的人；还厌恶刚愎自用、自以为是的人。"夫子反问道："赐，你也有厌恶的人吗？"子贡道："我厌恶以不知为知的人；厌恶以不逊为勇敢的人；还厌恶以冒犯他人隐私为耿直的人。"

"君子亦有恶乎"一句，钱穆先生将之译为："君子亦对人有厌恶吗？"杨伯峻先生则译为："君子也有憎恨的事吗？"一者将之翻译为所厌恶之人，一者将之翻译为所厌恶之事。将二者之翻译对比细究起来，也挺有意思。孟子说"仁者爱人"，故仁者眼中本该对人"一视同仁"，似乎不应该将厌恶的对象定位为人，而应该是事；而孔子原本却是说："唯仁者能好人，能恶人"（［里仁第四·三］），体现仁者所应有的态度，则是直接针对人的，不过所体现的是仁者为仁的态度，而不是对人的态度。因此，笔者以为杨伯峻先生在此细微处的翻译更有道理。

【标签】

狂者；直；禀性；人格分裂

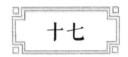

十七

【原文】

子曰:"学如不及,犹恐失之。"

【解义】

此一章书,是勉人进学之词。

孔子曰:人之为学,将以求进乎道也。然使无勤敏之功,则其心徒劳而无益;使无警省之心,则其功终怠而不前。所以君子之为学也,穷理以致其知,返躬以践其实,①孜孜②焉惟日不足③,常如有所追而不及者然。其用功之勤如此。然其心犹悚然④不敢自怠也。当日进之时,常怀日退之惧,惟恐失其所学而果有所不及也。其操心之危又如此。

盖学贵日新⑤,无中立之境,不日进者则必日退。如商宗之逊志时敏⑥、周成之日就月将⑦,乃为人主好学之芳规⑧也。

【注释】

①穷理以致其知,反躬以践其实:宋黄榦《朱子行状》:"其为学也,穷理以致其知,反躬以践其实。"[(朱熹)其人为学,通过深入探究事物的原理,掌握其内在规律;而后亲身付诸实践,将理论运用到实际生活中去。]穷理即"穷理尽性",致知即"格物致知"。可分别参考本书[学而第一·一]"穷理尽性"词条和[八佾第三·十五]"致知格物"词条注释。

②孜孜:勤勉,不懈怠。可详参本书康熙《御制〈日讲四书解义〉序》"孳孳"词条注释。

③惟日不足:只觉时日不够。《尚书·泰誓中》:"我闻吉人为善,惟日不足;凶人为不善,亦惟日不足。"(我听说好人做好事,天天做还是做不够;坏人做坏事,也是天天做而做不够。)

④悚然:惶恐不安貌。

⑤日新:每天都在更新,指发展或进步迅速。《礼记·大学》:汤之《盘铭》曰:"苟日新,日日新,又日新。"《周易·系辞上》:"富有之谓大业,日新之谓盛德。"可详参本书[述而第七·三]同名词条注释。

⑥商宗之逊志时敏:《尚书·说命下》:惟学,逊志务时敏,厥修乃来。

(傅说告诫商王武丁："学习态度要谦逊，必须时时努力，这样学业才能长进。")商宗，即商高宗武丁。

⑦周成之日就月将："日就月将，学有缉熙于光明。"（周成王自我戒勉：日有所得，月有所进，学问渐积广大以至于光明。出自《诗经·周颂·敬之》。）

⑧芳规：前贤的遗规。

【译文】

这一章是讲，勉励人们学习求进。

孔子说：人们学习，希望求道能够更进一步。然而若没有勤敏的功夫，那么仅仅只是一个心愿是没有用的。如果没有自我警醒之心，那么求学之功也始终倦怠不前。所以，君子为学，一方面要深入研究事理，掌握其内在规律；一方面要将所知付诸实践，勤勉不倦，唯恐时间不够用，就像追赶一样东西担心追不上一样。为学就要像这样勤勉用功。然而其内心仍然紧张而不敢松懈。即便是每日有所进步，也要担心和防止每天有所退步，唯恐有所遗失而追不上别人。为学就要像这样戒惧用心。

学习贵在每天都有所进步，而不会保持不动的状态，否则不进则退。所以要像商代的武丁态度谦逊，时时努力，以求长进，也要像周代的成王日有所得，月有所进，以求光大，这些都是作为君主而好学的优秀榜样。

【评析】

单以本章话题为引子，对比儒道两家的学问之道也很有意思。

儒家之学，学以为人，问道无穷，故"学而时习之，不亦说乎"，"学如不及，犹恐失之"；道家之学，宗法自然，不尚人事，故认为"鹪鹩巢林，不过一枝；偃鼠饮河，不过满腹"（《庄子·逍遥游》），"吾生也有涯，而知也无涯；以有涯随无涯，殆已"（《庄子·养生主》）。他们对待学的态度乃根植于各自的基本价值观念，所以在进退取舍上有明显的对立。道家在对儒家学说的攻击上也不遗余力：庄子直斥"儒以诗礼发冢"（《庄子·外物》）；西汉的司马谈（司马迁之父）则一针见血地指出儒学太过于繁琐，"累世不能通其学，当年不能究其礼"（《论六家要旨》）。

然而实际上，他们又都非常注重学对此际人生的有效性，儒家之推崇与道家之反对，又都是对人生的保护和勉励，因此其根本态度又确乎是一致的。由此亦可知儒道在哲学表现上可谓硬币的两面，似相反而实相成。

不过，他们互相批判的也都有道理：儒家之学虚伪泛滥起来也害人，道家之学消极怠惰起来也伤人。凡事都有其度，度量都有其法，读者只合取用，不可沉湎。"尽信书，则不如无书。"孟子此言公允。

【标签】

为学；儒家；道家；尽信书，则不如无书

十八

【原文】

子曰："巍巍乎，舜禹之有天下也而不与焉！"

【解义】

此一章书，是赞舜、禹心境之大也。

孔子曰：凡人平时难窥其器量，临境易见其襟怀。盖本自然，非由强勉。巍巍乎崇高，富贵不入其心者，其惟舜、禹乎！舜、禹皆以匹夫受禅天下①，原非素有②，然一旦尊为天子，而温恭允塞③，不伐不矜④，与未有天下之时毫无损益。舜、禹心体⑤超然，不为物役⑥，又何有天下入其意中哉？

盖圣人气象度越⑦千古，洵⑧乎，其不可及也！

【注释】

①舜禹皆以匹夫受禅天下：《孟子·万章上》中，万章向孟子请教尧舜禹三代禅让的事情，孟子认为不是尧舜个人禅让，而是天意为之，尧舜不过是顺从了天意；而禹传位于启，也是天意，因为启得民意，（因此有存在即合理的意味，也有为君主肆意鼓吹的嫌疑）因此他将天下之位归结为个人道德和天意授予两个要素："舜、禹、益相去久远，其子贤、不肖，皆天也，非人之所能为也。莫之为而为者，天也；莫之致而至者，命也。匹夫而有天下，德必若舜禹，而又有天子荐之者。"关于禅让制，一说认为符合史实，一说是虚假构设，两说均有史籍作为论据，众说纷纭，莫衷一是。❶

②素有：本来就有。

---

❶ 可参考彭邦本《再论近年出土文献中的先秦禅让传说——兼谈所谓尧舜禹"篡夺"说》，载《四川大学学报》（哲学社会科学版）2018年第4期。

③温恭允塞：《古文尚书·舜典》（亦属于今文《尚书·尧典》）："浚哲文明，温恭允塞。"孔颖达疏："舜既有深远之智，又有文明温恭之德，信能充实上下也。"温恭，温和之色，恭逊之容。允塞，充满，充实。

④不伐不矜：不自以为了不起，不为自己吹嘘。形容谦逊。《尚书·大禹谟》："汝惟不矜，天下莫与汝争能；汝惟不伐，天下莫与汝争功。"

⑤心体：心之本体，本真的思想。

⑥物役：为外界事物所役使。《荀子·正名》："故向万物之美而盛忧，兼万物之利而盛害……夫是之谓以己为物役矣。"

⑦度越：超过。

⑧洵：诚然，实在。

【译文】

这一章，是称赞舜、禹胸怀之广阔。

孔子说：一个人在平时看不出来他的胸怀和气度，然而在特殊时刻就很容易甄别。因为在特殊时刻的反应反而是其本心的呈现，是掩饰不了的。人格巍峨高耸，连日常富贵都不放在心上，也就是舜和禹这样的人了吧！他们本身不是天子后裔，却以卑微的身份而受禅执掌天下，本来一无所有，然而一下子变成天之骄子后，仍然满怀温和恭顺，毫无骄矜自夸的样子，跟没有成为天下之主的时候完全是一样的。尧、舜二人的存心已经超然物外，不受现实条件所影响，所以即便是整个天下也不能令其动心。

圣人们的胸怀已经超越了千古，这实在是一般人所无法比及的啊！

【评析】

居于上位而不骄矜，不摆架子、要官威者，无论古今，都难能可贵。

在位者居官为政、对待他人的态度或正是其为政心态的外现：为政以公，故屈己下人，坦荡如砥，虚怀若谷，自无骄态；为政以私，故翻云覆雨，炙手可热，颐指气使，不可一世。官者，亦乃天下公器，若以私意任用之，大概犹如一口大缸倒置过来，不仅于当下无用，反而有所妨害。

这一章中的舜和禹，有着至高无上的权位，但其本人却毫不以为然，该理政的时候理政，该下田的时候下田，种田和理政在他们心里可能就是两种活计而已，并不时刻带着"官职"身份来干活。拿今天的话来说，就是"拿自己不当干部""该干什么干什么"，其为政之道，是如此简单纯朴。唯有如此，才能排除各种虚名浮誉的干扰，成为真正的好干部吧！

【标签】

舜；禹；为政；圣人气象

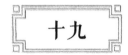

【原文】

子曰："大哉尧之为君也！巍巍乎！唯天为大，唯尧则之。荡荡乎，民无能名焉。巍巍乎其有成功也，焕乎其有文章！"

【解义】

此一章书，是极赞帝尧君德之大也。

孔子曰：吾尝论列①帝王，求其度量超越，德业兼隆者，大哉，尧之为君也！巍巍乎高大而无不覆冒②者，莫如天；唯尧之德格于上下③，与准则之④，荡荡乎广远无涯，形迹俱泯，当时康衢之歌⑤，"帝力何有"⑥，民亦涵泳⑦其中，莫得指而名焉——与天之不可言语形容无以异。（其大而难名者，若此。）

然以观其治功之成就，则平成⑧协和⑨，巍巍乎功业之隆盛，莫得而尚也。又观其治功之显烁，则格⑩、被⑪、昭垂⑪，焕⑫乎文章⑬之光显，莫得而掩也。（其大而可见者，又若此。）

大哉帝尧，洵⑭千古复绝⑮者矣！后世人主舍尧其奚法哉？

【注释】

①论列：一一论述。

②覆冒：蒙盖，掩蔽。

③格于上下：道德博大，感格天地上下。《尚书·尧典》："曰若稽古，帝尧曰放勋。钦、明、文、思、安安，允恭克让，光被四表，格于上下。克明俊德，以亲九族。九族既睦，平〔通'采'（非'采'），音 biàn，意同'辨'〕章百姓。百姓昭明，协和万邦。黎民于变时（通'是'）雍。"（考察古时传说，帝尧名叫放勋。他恭敬节俭，明察是非，道德纯备，温和宽容，他诚实恭谨，推贤尚善，光辉普照四方，感通天地上下。他能举用同族中德才兼备的人，使家族和睦团结。家族和睦以后，又考察百官中有善行者，加以表彰鼓励。百官的政事辨明了，又协调万邦诸侯，努力使各

个邦族之间都能够做到团结无间，亲如一家。天下臣民在尧的教育下，因此也就随之和睦起来。）

④与准则之：参上注引文，即"九族既睦，平章百姓。"为百官树立奖惩规则，以进行引导。

⑤康衢之歌：《列子·仲尼》：尧治天下五十年，不知天下治欤、不治欤，不知亿兆之愿戴己欤、不愿戴己欤。顾问左右，左右不知。问外朝，外朝不知。问在野，在野不知。尧乃微服游于康衢，闻儿童谣曰："立我烝民，莫匪尔极。不识不知，顺帝之则。"尧喜问曰："谁教尔为此言？"童儿曰："我闻之大夫。'问大夫，大夫曰：'古诗也。"（尧治理天下五十年，不知道天下得治与否，不知道百姓拥戴自己与否。于是向群臣、百姓询问，他们都说不知道。于是他到四通八达的大路上微服私访，正好听到一个孩子唱："养育我众多百姓，无不是因为你的中正美德。不用知识也不用智慧，只需顺应天帝的法则。"尧非常高兴，问是谁教他唱的，孩子回答是大夫，大夫说这是古诗。）后因称歌颂盛世之歌为《康衢谣》。

⑥"帝力何有"：出自古歌《击壤歌》。相传尧时有老人击壤（瓦片）而唱此歌。歌曰："日出而作，日入而息。凿井而饮，耕田而食。帝力于我何有哉？"（每天早上太阳升起来我开始一天的工作，太阳落山了，我就休息。想喝水就凿口井，吃饭就靠种田，生活多么悠闲快乐，即使拥有帝王的权力对我又有什么好处呢？）东汉王充《论衡·艺增》：传曰："有年五十击壤于路者，观者曰：'大哉，尧德乎！'击壤者曰：'吾日出而作，日入而息，凿井而饮，耕田而食，尧何等力！'"晋皇甫谧《帝王世纪》"击壤鼓腹"词条：史曰："尧时有老父者，击壤而嬉于路，言曰：'我凿井而饮，耕田而食，帝力何有于我哉？'《庄子》曰："赫胥氏时人，居不知所为，行不知所之，含哺而嬉，鼓腹而游。"（载唐欧阳询等《艺文类聚》）版本及说法不一。

⑦涵泳：浸润，沉浸。

⑧平成：《尚书·大禹谟》：帝曰：俞！地平天成，六府三事允治，万世永赖，时乃功。"（舜对禹说："对啊！大地上的水患治理好了，万物自然而然地成长。'六府'和'三事'处理得十分恰当，千秋万代永远依赖德政，这是你的功劳。"）

⑨协和：即"协和万邦"，协调万邦诸侯，努力使各个邦族之间都能够做到团结无间，亲如一家。详参上注"格于上下"词条引文。

⑩格、被：格，感格，即上文"格于上下"。被，覆盖，即"光被四表"。详参上注"格于上下"词条引文。

⑪昭垂：昭示，垂示。此指尧以品德启发、感格，逐渐扩大，以至天下大治。
⑫焕：光明。
⑬文章：礼乐制度。
⑭洵：音 xún，实在，确实。
⑮夐绝：超绝。夐，音 xuàn。

【译文】

这一章是讲，极力称赞尧帝的大德。

孔子说：我曾经对古代帝王一一论述，并寻找其中度量极大，品德和业绩都非常卓著者，这其中，当属尧帝尤为伟大了吧！巍峨高耸，高大无比而无所不覆的，只有天了；而尧帝的品德感通天地上下，成为百官万民的表率，浩荡广远，无边无际，难以描摹，以致当时的康衢之谣、击壤之歌，都传颂其功德，它使百姓日用而不知，举手称颂却无可名状——这就像是天一样，也是言语难以表述啊。（其博大广阔而难以修辞比拟，就是这样。）

然而，观察他的治理成就，则使灾患平治而万物成长，政通人和而万邦来朝，其功业鼎盛崇高，无以复加。而再看其功业的彰显，则感格天地，广被万民，垂世百族，乃至万邦，其礼仪制度光芒万丈，智愚可见。（其博大广阔而可昭示教化，又是这样。）

太伟大了尧帝，实在是古今独步、超绝千古啊！后世的君王不学习他还能学习谁呢？

【评析】

《解义》将《康衢歌》《击壤歌》等材料植入，为尧帝的生平增色不少。尧的功业能够做到无为而治而又妇孺皆知，进而演绎为喜闻乐见、通俗易懂之童谣，真乃民意所向，丰功伟绩。

【标签】

尧；无为而治；康衢之歌；《击壤歌》

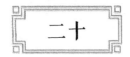

【原文】

舜有臣五人而天下治。武王曰:"予有乱臣十人。"孔子曰:"才难,不其然乎?唐虞之际,于斯为盛。有妇人焉,九人而已。三分天下有其二,以服事殷。周之德,其可谓至德也已矣。"

【解义】

此一章书,是赞美周才比隆①唐虞②,因思至德③以推原所自也。

记者曰:自古治天下者莫盛于虞舜,当时圣哲④之臣有禹、稷⑤、契⑥、皋陶⑦、伯益⑧,各尽厥⑨职,以成四方风动之休⑩。继夏、商而王者,莫盛于我周武王。武王尝曰:予有拨乱⑪之臣十人,外则周公旦⑫、召公奭⑬、太公望⑭、毕公⑮、荣公⑯、太颠⑰、闳夭⑱、散宜生⑲、南宫适⑳,内则贤妃邑姜㉑,夹辅㉒赞襄㉓,以臻㉔四海永清㉕之化。

虞、周得人之盛如此。孔子因而叹曰:古云"人才之生最为难得",岂不信然?惟在唐虞交会㉖之际,故贤哲挺生㉗,过此以往,独周为盛。然其间尚有妇人焉,奔走御侮㉘,不过九人而已。我因是有感于文王也:以天下之大势言之,三分已有其二;文王乃确守臣节,以服事㉙殷,初不以盛衰强弱二㉚其心。非盛德之极,能如是乎?

可见,周之媲美唐虞者,实以德,而不止于才也。

夫人才不择地而生,亦不择时而生,帝师王佐,何代无之?顾上之人㉛所以鼓舞任用之何如尔,亦何至有无才之叹哉?

【注释】

①比隆:同等兴盛。
②唐虞:唐指陶唐氏,尧出于该族;虞指有虞氏,舜出于该族。唐尧与虞舜的并称,亦指尧与舜的时代,古人以为太平盛世。
③至德:全德,完美之德。
④圣哲:超人的道德才智。
⑤稷:即后稷,周的始祖,姬姓,名弃。父帝喾,母姜嫄。相传姜嫄践天帝足迹,怀孕生子,因曾弃而不养,故名之为"弃"。舜命其位农官,教民耕稼,故称"后稷"。后,是古代对长官、郡守或将领的尊称。稷,本

指谷物,代指主管农事的官。《尚书·尧典》:帝曰:"弃,黎民阻饥,汝后稷,播时百谷。"(舜帝说:姬弃啊,现在黎民百姓没有饭吃,你来担任后稷,教导他们种植庄稼吧!)《韩诗外传》:"夫辟土殖谷者后稷也,决江疏河者禹也,听狱执中者皋陶也。"(开辟土地种植谷物,是农事官后稷的工作;开通江河疏通水道,是水利官大禹的工作;听讼判案决断功罪,是典狱官皋陶的工作。)

⑥契:音 xiè,即商契,子姓,名契,又名卨,别称"阏伯"。契是帝喾与简狄之子、帝尧异母兄。《史记·殷本纪》记载:"契长佐禹治水有功,帝舜乃命契为司徒。"封于商(今河南省商丘市),主管火正(民事)。契成为商族始祖,是商朝建立者商汤的先祖。后世尊称其为"商祖""火神"。

⑦皋陶:虞舜时的司法官以正直闻名天下。皋陶的主要功绩有制定刑法和教育,帮助尧和舜推行"五刑""五教",刑教兼施,坚守正义。其事迹见于《尚书·皋陶谟》等。

⑧伯益:舜时东夷部落的首领,为嬴姓各族的祖先。相传伯益助禹治水有功,禹欲让位于益,益避居箕山之北。事见于《古文尚书·舜典》(亦属于今文《尚书·尧典》)和《孟子·万章上》等。

⑨厥:其,他的。

⑩四方风动之休:指用美德进行教化,并产生广泛响应。《尚书·大禹谟》:帝曰:"俾予从欲以治,四方风动,惟乃之休。"(舜帝对皋陶说:"使我能够按照愿望治理百姓,四方的臣民闻风而动,这是你的美德使然。")四方,天下,各处。乃,你的。休,美,美德。

⑪拨乱:平定祸乱,治理乱政。

⑫周公旦:即周公,姬姓,名旦。周文王姬昌之子,武王姬发之弟,因封地在周(今陕西岐山北),故称为周公。先助武王灭商。武王死后,其子成王年幼,由他摄政。他的兄弟管叔、蔡叔、霍叔等人联合纣王之子武庚和东方夷族反叛,他出师东征,平定叛乱,并大规模分封诸侯。相传他制礼作乐,建立典章制度,对后世影响很大。周公一生的功绩被《尚书大传》概括为:"一年救乱,二年克殷,三年践奄,四年建侯卫,五年营成周,六年制礼乐,七年致政成王。"言论见于《尚书》之《大诰》《康诰》《多士》《无逸》《立政》诸篇。孔子非常推崇周公,把他作为自己的楷模。

⑬召公奭:即召公。一作邵公、召康公。周代燕国始祖。姬姓,名奭(shì)。采邑在召(今陕西岐山西南)。曾佐武王灭商,被封于燕。成王时任太保,与周公旦分陕而治,陕以西由其治理。他巡行乡邑,能得民和。其言论载于《尚书·召诰》。

⑭太公望：即姜太公，姜姓，吕氏，名尚。据《史记·齐太公世家》载，尚穷困年老，钓于渭滨。王出猎，遇之，与语大悦，曰："吾太公望子久矣。"故称太公望。载与俱归，立为师。后佐武王灭殷，封于齐。

⑮毕公：生卒年不详，姬姓，名高，周文王姬昌第十五子，周武王姬发异母弟，周武王灭商朝后，受封毕地（在今陕西咸阳，一说在今陕西西安），史称毕公高，是毕国与毕姓始祖。周成王临终时，遗命他与召公辅佐周康王继位，周康王命他治理东郊。由于毕公等人的辅佐，使周成王与周康王时期天下安定，四十多年没有使用刑罚，史称"成康之治"。

⑯荣公：不详。《国语·晋语》记载："文王即位，询于八虞，咨于二虢，度于闳夭，谋于南宫，诹于蔡、原，访于辛、尹，重之以周、召、毕、荣，亿宁百神，而柔和万民。"

⑰太颠：辅佐周文王、周武王的大臣。因慕文王"善养老"而归向。

⑱闳夭：《史记·殷本纪》记载："西伯之臣闳夭之徒，求美女奇物善马以献纣，纣乃赦西伯。"（西伯被纣囚禁在羑里，他的臣下闳夭等人设计，献给纣王美女宝物，营救西伯脱险。）西伯即周文王姬昌。

⑲散宜生：西周初年大臣。散氏，名宜生。与闳夭、太颠等同辅周文王。文王被纣囚禁，他们以有莘氏女、骊戎文马等献纣，使文王获释。后助武王灭商。

⑳南宫适：周文王时期，文王姬昌招贤纳士，南宫适归附于周文王。晋皇甫谧《帝王世纪》曰："文王昌……敬老慈幼，晏朝不食，以延四方之士，是以太颠、闳夭、散宜生、南宫适之属咸至，是为四臣。""四臣"即著名的"文王四友"。此后，南宫适成为周族的重要大臣，为周族的兴旺、周族的伐商大业，以及周朝的建立稳固立下了汗马功劳。文王即位之时，曾向南宫适问计。参上注"荣公"词条引文。

㉑邑姜：生卒年不详，姜姓，姜太公吕尚之女，周武王姬发的王后，周成王姬诵、唐叔虞的母亲。据传她怀成王的时候，"立而不跛，坐而不差，独处而不倨，虽怒而不詈，胎教之谓也。"（《大戴礼记·保傅》）

㉒夹辅：辅佐。

㉓赞襄：辅助，协助。赞，佐助。襄，治理。《尚书·皋陶谟》：皋陶曰："予未有知，思曰赞赞襄哉。"（皋陶说：其实我又知道什么呢？我只是成天想着如何协助国君治理国家啊！）

㉔臻：音 zhēn，达到。

㉕四海永清：《尚书·泰誓》："尔尚弼予一人，永清四海。时哉弗可失！"（武王说："希望你们辅助我，使天下永远安宁。不要丧失时机啊！"）

㉖交会：交接，交替。

㉗挺生：挺拔生长。

㉘御侮：抵御外侮。

㉙服事：五服之内所封诸侯定期朝贡，各依服数以事天子。亦泛谓尽臣道。

㉚二：不专一，不忠诚。

㉛上之人：在上之人，代指治政者、统治者。

【译文】

这一章是讲，赞美周朝的人才堪比尧舜盛世，并认为是为政者推崇完美的品德造就了这一现象。

记述是这样的：自古以来，治理天下，没有比虞舜的时代更加昌盛的了，当时极具才德的人物有大禹、后稷、商契、皋陶和伯益等，他们各尽其职，很好地完成了各个方面的工作，并养成可以教化天下百姓的美德。在夏、商之后统治天下的，没有比我们周武王的朝代更加兴盛的了。武王曾经说：我有拨乱反正的臣子十人，在外有召公奭、太公望、毕公、荣公、太颠、闳夭、散宜生和南宫适等九人，在家则有我的贤内助邑姜，他们辅助我治理天下，使之达到永远安宁的境地。

虞舜时期和周朝拥有如此优秀的人才。所以孔子因之感慨说：古语说"最为难得的是出生并滋养人才"，的确是这样啊！只有在尧舜交接过渡的时代，贤明之士脱颖而出；但从此之后，差不多只有周朝才能算是人才鼎盛时期。而这中间有一位妇女，奔袭杀敌，实际上只有九个人。所以我对文王的感想是这样的：从天下的大局势来看，实际上此时周已经拥有天下三分之二以上的疆土，如果不是文王坚持守护为臣之道，来任劳任怨地服事殷王，自始至终不用其本心的安宁。如果不是品德达到了极致的状态，又怎么会这样呢？

由此可见，周朝之所以能够与尧舜时期相媲美，实际上是对制度进行了柔化，而其兴盛的根本，在于其品德，而不仅仅是依靠其才华。

人才不会选择出生的地点，也不选择出生的时间，（所以人才随时随地都有，）能够辅佐帝王的人，哪个朝代没有呢？不过这要看君主们怎样进行鼓舞和发动了，（只要怀有品德，）哪里还需要担心没有人才可用呢？

【评析】

"有妇人焉，九人而已"可以直译为：在武王这十名治政大臣中，除了一个妇道人家,实际上只算是有九个人。

不知道这句话引发过多少争议。

《解义》的解读比较敦厚:虽说根据男女性别将其区分出来,但这并不代表着对女性的歧视,只是因为他们分工不同——国家依凭那九名男性大臣,他们有能力在外面奔忙抵御外侮,所以说只有九个人;而唯一的女性代表邑姜,则有着不同的业绩,从她悉心于今天所说的胎教来看,身上有着女性特有的美德,这也是建功立业的男性大臣们所无法取代的。《解义》在这唯一的女性身上着墨并不多,但也敢于在阐释中"为她说话",这在当时应该也属于难能可贵了吧。

【标签】

舜;武王;邑姜;周;至德;女性

【原文】

子曰:"禹,吾无间然矣。菲饮食而致孝乎鬼神,恶衣服而致美乎黻冕,卑宫室而尽力乎沟洫。禹,吾无间然矣。"

【解义】

此一章书,是极赞大禹以见王道之纯也。

孔子曰:自古治天下者,事无巨细,各有当然之则。况承帝之终,开王之始,最易有间可乘;吾观禹,无间然矣。禹之时,九州作贡,①所不足者,非玉食也,乃却珍羞②而甘淡薄③;至于奉祀鬼神,则牺牲粢盛④,极其丰洁⑤。玉帛万方⑥,所不足者,非文绣⑦也,乃舍华靡而敦⑧朴素;至于临朝承祭,则服物⑨采章⑩,务求尽制。四海为家,所不足者,非宫室也,乃安卑隘⑪而戒崇隆⑫;至于田间水道,则胼胝⑬经营⑭,力为御备⑮。此皆俭所当俭,丰所当丰,适合天则,无可訾议⑯。禹,吾无间然矣。

《书》称"克勤克俭"⑰,惟俭而后能勤。洵⑱足为万世人君法也。

【注释】

①禹之时,九州作贡:大禹划分九州,依据各地情况征收税赋。《尚书·禹贡·序》:"禹别九州,随山浚川,任土作贡。"(禹划分九州疆界,并因

山开河，征地纳贡。）

②珍羞：即"珍馐"，珍奇名贵的食物。

③淡薄：（味道）不浓。

④牺牲粢盛：祭祀用的肉类和谷物。供祭祀用的纯色全体牲畜。色纯为"牺"，体全为"牲"。粢盛，古代盛在祭器内以供祭祀的谷物。粢，音 jī，即稷，泛指谷物。东汉何休《春秋公羊传解诂》："黍稷曰粢，在器曰盛。"

⑤丰洁：谓俎豆饮食丰盛洁净。

⑥玉帛万方：玉帛，圭璋和束帛。古代祭祀、会盟、朝聘等均用之，用作诸侯国之间、诸侯与天子之间见面时互赠的礼物，与"干戈"相对，是和平共处的表征。万方，万国，各地诸侯。《淮南子·原道训》："昔者夏鲧作三仞之城，诸侯背之，海外有狡心。禹知天下之叛也，乃坏城平池，散财物，焚甲兵，施之以德，海外宾服，四夷纳职。合诸侯于涂山，执玉帛者万国。"（从前，禹的父亲夏鲧建造了九仞高的城墙，然而诸侯国背叛了他，海外的人也离心离德。禹知道天下的人将要叛离，于是便毁掉城墙，填平护城河，把财务分给民众，销毁甲兵武器，对人民广施恩惠，使海外的异族又来归服，四方诸侯纷纷献上贡赋。禹于是在涂山召集诸侯大会，带来美玉帛锦以示友好的有万千邦国。）《汉书·王莽传》："至于夏后涂山之会，执玉帛者万国，诸侯执玉，附庸执帛。"（大国献玉，小邦献帛。）

⑦文绣：刺绣华美的丝织品或衣服。

⑧敦：勉力，勉强。

⑨服物：指在祭礼等重要场合穿着使用的衣服器物。

⑩采章：辨别、彰明。《尚书·尧典》："九族既睦，平［通'采'（非'采'），音 biàn，意同'辨'］章百姓。"（家族和睦以后，又考察百官中有善行者，加以表彰鼓励。）可详参本书［泰伯第八·十九］"格于上下"词条引文。

⑪卑陬：低矮狭窄。

⑫崇隆：高，高起。

⑬胼胝：手掌脚底因长期劳动摩擦而生的茧子。

⑭经营：筹划营造。

⑮御备：防备。

⑯訾议：亦作"訿议"。非议。

⑰《书》称"克勤克俭"：《尚书·大禹谟》："克勤于邦，克俭于家，不自满假，惟汝贤。"（舜对禹说："你要能够勤于政务，又能勤俭持家，不

自满自大,就是贤能之人了。")

⑱洵:音 xún,实在,确实。

【译文】

这一章盛赞大禹的事迹来展现纯正的王道。

孔子说:自古以来,治理天下,事无巨细,都有其自身的规则。何况是承续上一任帝王而开启新的统治,这么庞大的事业,极为容易有所疏漏而招致批评;而据我观察,大禹却不会如此。在大禹治政的时候,他划分九州并分级征收贡赋,所以物产非常富足,他绝不会缺少精致的食物,然而他却推却珍馐美味而甘于粗茶淡饭;可是到了供奉祭祀祖先天神的时候,却全牛全羊、五谷杂粮一应俱全,祭器洁净而应有尽有。他当政之时,万国来朝,贡献的圭璋束帛,不计其数,所以他并不缺乏盛装华服,然而他却舍弃华丽奢靡而自求艰苦朴素;而如果是上朝议事或承担祭祀,则会正装礼服考究无比,务求完全符合礼制。他广有四海之大,并不缺乏宫殿豪宅,然而却力戒建造华屋广厦,而只是安居于低矮狭窄的小房子里;而对于农田水利,却不辞辛劳竭力打造,以备不时之需。这就是应该俭约的时候俭约,应该丰厚的时候丰厚,符合上天的规则,而无可非议。禹啊,我实在是对他没有什么可批评的了。

《尚书·大禹谟》说"克勤于邦,克俭于家"(要能够勤于政务,又能勤俭持家),能够有所节俭,才能有所勤务。这实在值得后世君主们效法。

【评析】

我们看到儒家典籍中的古圣先贤,可能都是塑造出来的,与其本身的实际情况有一定的差距。像禹的儿子启破坏了传说中的禅让制,而成为第一个世袭的帝王,使"公天下"转而为"家天下",是历史上的一次巨大变革。(可参[泰伯第八·十八]"舜禹皆以匹夫受禅天下"词条注释。)虽说这是禹死后发生的事情,但恐怕也是禹在生前埋下的突变的种子。如果没有禹生时权力的影响,仅凭启个人的努力,恐怕是很难改变古制的。

但是儒家这种略去历史原迹,积极塑造古圣先贤的做法,并不是出于功利目的,而只是一种政治手段。因为他们塑造的对象早已作古,并非现实中的当权者,甚至与儒家没有任何名义上的关联,故儒家亦不需要凭借这些人来获得现实利益,或彰显自己学说的正当性,而大概只是出于宣传的目的,故而发掘这些远古人物的蛛丝马迹,并将他们塑造为完美无瑕的政治人物,为的是给后人以直观而正面的形象,借以标榜自己的政治理想。

因为"大禹治水"的典故熟为人知，故而人们常称禹为"大禹"，而又不太熟悉他其他的政绩。孔子在这里所推举的，恰不是禹最显著的功绩，而是他勤俭、恭敬、无私的工作态度。当然，孔子很会表达，他不说禹完美无瑕，也不说禹没有缺点，而是说禹能够做到这些已经堪称为政者的典范，其他的我也不用说什么了。话说得很含蓄，也很巧妙。

勤俭、恭敬、无私之禹，孔子无间然，吾亦无间然矣。

【标签】

禹；启；礼；为政

子罕第九

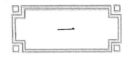

【原文】

子罕言利与命与仁。

【解义】

此一章书,是记圣教①之所谨也。

记者曰:夫子教人有常言者,《诗》、《书》、执礼是也;②有不言者,怪、力、乱、神是也;③若言之时甚少,谓之"罕言":

一曰利。利是人情所欲,然与义相背,学者若有计功谋利④之心,则害义甚矣。故罕言之,欲人知所戒也。

一曰命。命兼理气⑤,其故甚微而难测,若专以命言,则将怠弃⑥人事⑦而生怨尤⑧之心。故罕言之,欲人知自修也。

一曰仁。仁包四德⑨,其道甚大而难尽,若强以示人,则学者有躐等⑩之心。故罕言之,欲人渐次⑪以进也。

于此见圣人教人至意有在言语之外者⑫,学者宜深体之。

【注释】

①圣教:旧称尧、舜、文、武、周公、孔子的教导。

②夫子教人有常言者,《诗》、《书》、执礼是也:[述而第七·十八]:"子所雅言,《诗》、《书》、执礼,皆雅言也。"(夫子平日用雅言的,如诵诗,读书,及执行礼事,都必用雅言。)

③有不言者,怪、力、乱、神是也:[述而第七·二十一]:子不语怪、力、乱、神。(夫子闭口不提怪异、暴力、悖乱、神秘等使人偏离日常和仁爱的事物。)

④计功谋利:《汉书·董仲舒传》:"夫仁人者,正其谊不谋其利,明其道不计其功。"(做事情是为了匡扶正义而不是为了个人的利益,只是为了通明事理而不追求事功。)谊,通"义"。"计功谋利"则反其道而用之。

⑤命兼理气:命数是理、气共同作用的结果。理气,是中国程朱理学的一对基本范畴:"理"指万事万物运行所遵从的基本规律。《晦庵集·读大纪》:"宇宙之间,一理而已,天得之而为天,地得之而为地,而凡生于天地之间者,又各得之以为性;其张之为三纲,其纪之为五常,盖皆此理

之流行，无所适而不在。""气"指承载"理"的而构成现实世界的原始物质。《晦庵集·答黄道夫》："天地之间，有理有气。理也者，形而上之道也，生物之本也；气也者，形而下之器也，生物之具也。"理气两者的关系——《朱子语类》卷一："天下未有无理之气，亦未有无气之理。气以成形，而理亦赋焉。"

⑥怠弃：怠惰荒废。

⑦人事：人情事理。

⑧怨尤：怨天尤人，偏向于从外在因素来解决问题，而不从自身查找原因。

⑨仁包四德：四德即仁、义、礼、智。《孟子·公孙丑上》：恻隐之心，仁之端也；羞恶之心，义之端也；辞让之心，礼之端也；是非之心，智之端也。人之有是四端也，犹其有四体也。（同情心就是施行仁的开始；羞耻心就是施行义的开始；辞让心就是施行礼的开始；是非心就是智的开始。仁、义、礼、智是四个初始，就像我本来就所具有的，人有这四种开端，就像他有四肢一样。）（另可详参本书［八佾第三·一］"不忍之心"词条引文。）"仁包四德"指仁又包含了仁、义、礼、智的全部内涵，是程朱理学讨论的重要内容。《朱子语类》卷九十五："《近思录》首卷所论诚、中、仁三者，发明义理，固是有许多名，只是一理，但须随事别之，如说诚，便只是实然底道理。譬如天地之于万物，阴便实然是阴，阳便实然是阳，无一毫不真实处；中，只是喜、怒、哀、乐未发之理；仁，便如天地发育万物，人无私意，便与天地相似。但天地无一息间断，'圣希天'处正在此。仁义礼智，便如四柱，仁又包括四者。如《易》之'元亨利贞'，必统于元；如时之春秋冬夏，皆本于春。析而言之，各有所指而已。"该卷中有较长篇幅围绕这一命题进行讨论。

⑩躐等：越级，不循原有序列。躐，音 liè。

⑪渐次：渐渐地，逐渐。

⑫意有在言语之外者：即"意在言外"，语言的真正用意没有明白说出来，只有细细体会才能知道。南宋胡仔《苕溪渔隐丛话后集》卷十五："此绝句极佳，意在言外，而幽怨之情自见，不待明言之也。"

【译文】

这一章，记录了圣人所谨慎教导的内容。

记录者说：夫子的教导，有常常言说的内容，比如《诗经》《尚书》和如何行礼；也有闭口不谈的内容，比如怪异、暴力、悖乱、神秘等使人偏

离日常和仁爱的事物。如果说平时所"罕言",也就是很少提及的:

一个是利益。追求利益是人之常情,但是往往与道义相违背,学者如果不是"正其谊不谋其利,明其道不计其功",而只是追名逐利,斤斤计较,那就会严重损害道义。所以很少谈及利益,是希望人们有所戒备。

一个是命数。命数是理和气共同作用的结果,其具体原因十分微妙而难以测算,如果总是谈论命数,那么人们将会易于荒弃人情常理和主观努力,而容易怨天尤人。所以很少谈及命数,是希望人们提高自我修为。

一个是仁道。仁又兼备仁、智、礼、仪的内涵,所以仁道非常宏大而难以言明,如果只能对人强加解释,反而容易让人好高骛远、华而不实。所以很少直接谈论仁道,是希望人们在认识上能够循序渐进。

由此可见,圣人教导他人,有很多是不言之教,意在言外,所以学习者一定要深加体会。

【评析】

同是言说,有频频言说,有闭口不言,也有罕言寡语。同是罕言寡语,有忌庸俗而误导之名者,罕言以示责任;有知神秘而不可妄言者,罕言以示敬畏;也有明浩大而沉浸其中者,罕言以示涵养。罕言几同于不言,能不言说则不言说,这种临界状态的言说方式,也恰恰在寻找言说之外的出路,而非否定言说。《解义》说是意在言外,实则是难以凭借言辞能够表达的,亦非听者能够从言说之中获得的。所以子曰"不愤不启,不悱不发"([述而第七·八]),"中人以下,不可以语上也"([雍也第六·二十一]),子贡曰"夫子之言性与天道,不可得而闻也"([公冶长第五·十三])。

说者有心,听者有意,这才是完美的交流情境。

【标签】

言;利;命;仁

【原文】

达巷党人①曰:"大哉孔子!博学而无所成名。"子闻之,谓门弟子曰:"吾何执?执御乎,执射乎?吾执御矣。"

【解义】

此一章书，是圣人贵约不贵博之意。

达巷党人①称赞孔子曰：凡人才识，常患狭小，唯有孔子大哉，其不可量乎！大而道德性命之奥，细而礼乐名物之微，无所不知，无所不能，可云博矣。惜乎泛兼众艺，不能以一艺名之也。

夫孔子之大，在道全德备②，不在博学多能。党人虽称赞圣人，而非能深知圣人者。

孔子恐门弟子误听其言，将以务博为事，故进③门弟子④而谓之曰：党人言我无所成名，以我不能专守一艺耳。我将何所执乎？夫六艺⑤之中，随执一艺皆足成名，有所谓"御"与"射"者，我将执御乎，亦执射乎？就二者较之，御为易执，将执御以成名矣。

可见，随在⑥是道，不必泛求。学圣人者，可以悟矣。

【注释】

①达巷党人：古五百人为党，"达巷"地名。杨伯峻《论语译注》认为《礼记·杂记》有"余从老聃助葬于巷党"的话，所以认为"巷党"两字为一词。钱穆《论语新解》认为："或疑达是巷名，则不应复称党。"实则可能是因为历史沿革，原先称为"巷"的地方后又重新命名，本来属于类别的"巷"，则成为主名的一部分。比如石家庄市，本是一个石姓人家聚居的小村庄，后来因机发展，成为较大的城市，被命名为"石家庄市"，则"庄"由类名成为主名。笔者出生之地为鲁南一村，名"石庄村"，大概当年是一个叫"石"的村庄，故名"石庄"，而后行政区域称"村"，于是变为"石庄村"。区域单位叠用，则极可能因历史演变而成。"达巷党"之称，盖此类也。有所谓"达巷党人"指"七岁而为孔子师的项橐"，属无稽之谈。朱熹《论语集注》："达巷，党名。其人姓名不传。"注解最为平实。

②道全德备：道德全备。

③进：使……进来。

④门弟子：即"及门弟子"，又称"受业弟子"，亲自登门去老师家里或教学地点受教育的学生叫作及门弟子。可详参本书［泰伯第八·三］"及门弟子"词条注释。

⑤六艺：周朝的贵族教育体系中的六种技能：礼（礼仪）、乐（音乐）、射（射箭）、御（驾车）、书（书法）、数（数理）。《周礼·保氏》："养国子以道，乃教之六艺：一曰五礼，二曰六乐，三曰五射，四曰五御，五曰

六书，六曰九数。"

⑥随在：到处。

【译文】

这一章，是孔圣人注重集约而不注重泛泛的技艺。

达巷党有人称赞孔子说：一般人总是担心自己才识不够渊博，只有孔子博学多识，不可限量。大到道德、性命的奥妙，小到礼乐、物品的识别，他无所不知，无所不晓，真的是够广博的。但可惜我们只是听说他博学多能，但又不觉得他哪一方面非常厉害。

孔子的博大，其实在于完备的道德，而不在于博学多能。这些人虽然称赞孔圣人，但没有夸对地方，因为他们并不真正了解他。

孔子因此担心身边的弟子误会了达巷党人的话，然后以博文广记为务，所以就让他们进来，告诉他们说：党里有个人说我不够出名，是因为我没有一技之长。可是我应该习练哪一种呢？礼、乐、射、御、书、数，这六种技艺当中，随便选择哪一种来习练，都足以成为专长，这其中有驾车和射箭，我是该习练驾车呢，还是习练射箭呢？相比而言，驾车比较容易，我还是习练驾车来成名吧！

由此可见，到处都有道，本不必四处探求。向圣人学习的人，由此可以觉悟了。

【评析】

子又曰"君子不器"，或可谓其排斥专业化。专业化并非不好，然而却非为政之人所当为，亦非成德之人所当为，因为专业化易使人走向褊狭或功利，以专业所获之多，却也难以弥补因其所丧。林语堂曾以一个宫女的故事巧妙说明这一问题：

因为现在我们已达到一个只有着知识门类而并没有着知识本身的人类文化梯阶；只是专门化，但没有完成其整体；只有专门家，而没有人类知识的哲学家。这种知识的过分专门化，实和中国皇宫中尚膳房的过分专门化没有什么分别。当某一个朝代倾覆的时节，有一位贵官居然得到了一个从尚膳房里逃出来的宫女。他得意极了，特地在某天邀请了许多朋友来尝尝这位御厨高手所做的菜肴。当设宴的日期快到时，他即吩咐这宫女去预备一桌最丰盛的御用式酒席。这宫女回说，她不会做这样的一席菜。

"那么，你在宫中时，做些什么呢？"主人问。

"噢，我是专做席面上所用的糕饼的。"她回答。

"很好，那么你就替我做些上好的糕饼吧。"

宫女的答语使他几乎跳起来，因为她回说："不，我不会做糕饼，我是专切糕饼馅子里边所用的葱的。"❶

从生存的角度而言，在现代社会中拥有"一技之长"确有必要，无可厚非。但过度专业化也可能意味着"分化"乃至"异化"，使人难以全面发展。专业化就是专注，而专注就是聚光，犹如一只手电筒，聚光之处非常明亮，此外的地方却晦暗不清。

【标签】

博学；成名；六艺；御；射

三

【原文】

子曰："麻冕，礼也；今也纯，俭，吾从众。拜下，礼也；今拜乎上，泰也。虽违众，吾从下。"

【解义】

此一章书，是圣人维礼之意。

孔子曰：凡事无害于义者，或可随俗；有害于义者，不可苟从。即如冕之制，绩麻成布①，而缁②之以为冕者，古礼也；今也以其细密难成，改用为丝，较为省俭。③俭虽非礼，然于大义无碍，我固不必立异，从众亦可。若夫臣之拜君，必在堂下④，亦古礼也；今则竟拜堂上，是骄慢⑤而为泰⑥也，害义甚矣。虽违背众人，吾宁从下而不顾焉。

盖制度节文⑦之细，犹可随时；三纲五常⑧之礼，万世不易。孔子维持世教⑨之意深矣哉！

【注释】

①绩麻成布：把麻搓成线，再织成布。

---

❶ 林语堂：《生活的艺术》，越裔译，湖南大学出版社2016年版，第373-374页。

②缁：黑色，此用作动词，染黑。

③今也以其细密难成，改用为丝，较为省俭：朱熹《论语集注》："麻冕，缁布冠也，以三十升布为之。升八十缕，则其经二千四百缕矣。八十缕，四十抄也。"古代以"升"标识麻布的粗细程度，80根经纱为一升，在标准宽度为二尺二寸（44厘米）的范围内观察其升数多少，便可知布的精美程度。如果依照朱熹所言，是用30升精度的麻布来制作冕，则是极为精细，其所耗费的人工相当巨大。

④堂下：宫殿、厅堂门外，台阶下。

⑤骄慢：傲慢。

⑥泰：佳，美好。

⑦节文：礼节，仪式。可参本书［子罕第九·十一］"天理节文"词条注释。

⑧三纲五常："三纲"是指"君为臣纲，父为子纲，夫为妻纲"，要求为臣、为子、为妻的必须绝对服从于君、父、夫，同时也要求君、父、夫为臣、子、妻作出表率。它反映了封建社会中君臣、父子、夫妇之间的一种特殊的道德关系。"五常"即仁、义、礼、智、信，是用以调整、规范君臣、父子、兄弟、夫妇、朋友等人伦关系的行为准则。

⑨世教：当世的正统思想、正统礼教。

【译文】

这一章讲的是，孔圣人维护礼制。

孔子说：无伤大雅的事情要从简处理，入乡随俗就可以了；但是有碍道义的事情，绝对不能随意为之。就像麻冕的制作，把麻搓成线，再织成布，然后染成黑色来做成冕，是古礼的规定；而现在因为麻冕的制作工艺十分细密且费时，就有人改用丝线来制作冕，这样就很俭省。因俭省而改变材料，虽然不符礼的规制，但是对于执行祭礼来说，是丝冕还是麻冕并无本质区别，我固然不要随便改制，但是在这方面从众也无所谓。像臣子向君主跪拜，一定在大堂外，台阶下，这也是古礼的规制；而现在一般都是在大堂上跪拜，十分傲慢无礼而又泰然自若，实在是有损道义啊。虽然会引发众议，但我仍然坚持在台阶下跪拜的礼制而在所不惜。

大概规章制度和礼节仪式的条目，可以根据具体情况和时代环境而更新变化，而三纲五常作为仁礼核心机制，须坚持不懈，永久不变。孔子维持社会礼制教化的用心是多么深沉啊！

【评析】

一说,"拜下"为在阶下拜完之后上堂再拜。

此章可见孔子对古礼的因袭及变革,大概可归于"从众"与"从心"两类,抽取其中要义,则是"物事从简,心事从敬"的基本原则。这说明礼的本真在于心意,而非其他。由此可鉴,世人以为诚敬则繁复物事,恐其诚敬已间杂不纯矣;若有赤诚笃敬于心,则可随遇而安,随物赋形了。

【标签】

礼;俭;敬

【原文】

子绝四——毋意,毋必,毋固,毋我。

【解义】

此一章书,是记圣人心体①之虚也。

记者曰:吾观夫子应事接物②之间,所绝无者凡有四焉:人当事之未来,先为亿度③谓之"意④";先有专主谓之"必";既事之后,尚多留滞⑤,谓之"固";但顾己私谓之"我"。四者人情所不免。夫子浑然天理⑥,不任私意⑦,则毋意;随事顺理,不设期必⑧,则毋必;过而不留,无有偏执⑨,则毋固;大同于物⑩,不私一身,则毋我。

可见,圣人之心如鉴空水止⑪,本无系累⑫,不待禁止而自绝⑬之。学者惟力以去私,静以观理,则亦无四者之累矣。

【注释】

①心体:心之本体,本真的思想。
②应事接物:应事是处理世务,应付人事。接物,指接触外物,交往,交际。
③亿度:测度,揣测。
④意:臆测。
⑤留滞:搁置,阻塞。

⑥浑然天理：人心和天理浑然一体。出自《传习录》，详参本书［里仁第四·三］同名词条注释。
⑦不任私意：不放大个人的意向。
⑧期必：想着一定能够……
⑨偏执：偏激而固执。
⑩大同于物：与天地万物融合为一。《庄子·在宥》："颂论形躯，合乎大同，大同而无己。无己，恶乎得有有？"（容貌形体，与常人相同，与常人相同而能做到忘我。忘掉自我，哪里还会看到物我的区别，而眼里还有万物呢？）
⑪鉴空水止：像镜子一样空明，像止水一样安静。出自《庄子·德充符》的一个比喻：常季问孔子：王骀断了一足（身残），但是德性修为极高（全德），很多人愿意跟随他学习。其实他不过是修为了自身，而且这种修为也并不需要众人的崇拜，但是他竟然也愿意接受众人的学习，这是为什么呢？孔子回答他说："人莫鉴于流水而鉴于止水，唯止能止众止。"正因为他自身做到了"止"的至高状态，也才能成为众人学习的榜样，而实际上，以他的修为，他本就不把众人的学习当作一回事而已。《解义》下文说"本无系累，不待禁止而自绝之"，亦因由这个典故阐发出来。
⑫系累：拘囿，牵绊。
⑬自绝：自行禁绝。

【译文】

这一章，记载了孔圣人的虚心容物。

记录者记述说：我观察夫子待人接物的时候，有四件事情是绝对不会做的：一个人在事情没有发生的时候，先去猜度，称作"意"（臆测）；心里先有了主见，称之为"必"（成见）；事发之后，还要纠缠不休，称之为"固"（固执）；待人接物只从自己的角度考虑，称之为"我"（自我）。这四种情况是人之常情。夫子将个人情怀于天理大道相融合，不过于主观，所以不会过度臆测；对事情因势利导，不强加预期，所以不会太有成见；成事不说，既往不咎，所以不会拘泥固执；将自我与天地万物融合为一，不再将个人的存在视为中心，所以没有那么自我。

由此可见，圣人的心境如同空鉴止水一样空明而澄静，本身就无所挂碍，不用外在约束而自身已然达到了自觉自律的状态。学习者只有全力去除私心杂念，静心徜徉在物我自在的道路上，也就不会受到这四种局限的牵累了。

【评析】

本章诸解多采用朱注而奉为圭臬：

意，私意也。必，期必也。固，执滞也。我，私己也。四者相为终始，起于意，遂于必，留于固，而成于我也。盖意必常在事前，固我常在事后，至于我又生意，则物欲牵引，循环不穷矣。程子曰："此毋字，非禁止之辞。圣人绝此四者，何用禁止。"张子曰："四者有一焉，则与天地不相似。"杨氏曰："非知足以知圣人，详视而默识之，不足以记此。"（朱熹《论语集注》）

朱熹与弟子学人就此问题多有沟通，大概不离《集注》之意。此举一例：

徐问"意、必、固、我"。曰："意，是要如此。圣人只看理当为便为，不当为便不为，不曾道我要做，我不要做。只容一个'我'，便是意了。"

曰："必、固之私轻，意、我之私重否？"

曰："意、必、固、我，只一套去。意是初创如此，有私意，便到那必处；必，便到固滞不通处；固，便到有我之私处。意，是我之发端；我，是意之成就。"

曰："'我'，是有人己之私否？"

曰："人自是人，己自是己，不必把人对说。'我'，只是任己私去做，便于我者则做，不便于我者则不做。只管就己上计较利害，与人何相关。人多要人我合一，人我如何合得！吕《铭》❶ 曰：'立己与物，私为町畦。'他们都说人己合一。克己，只是克去己私，如何便说到人己为一处！物我自有一等差，只是仁者做得在这里了，要得人也如此，便推去及人。所以'亲亲而仁民，仁民而爱物'。人我只是理一，分自不同。"（《朱子语类》卷三十六）

朱熹细读固然透彻，层次、角度已阐释详明，但细者过于碎，大者又过于空。引论者往往泛泛而谈，而又多雷同，甚至有以"意、必、固、我"为一，往往以"主观""私心"概了之，而或略过不谈，实过于粗疏。

伊藤仁斋不惟朱注，偏向宏观把握，意旨上或更胜一筹：

---

❶ 吕《铭》：指吕大临作《克己铭》。

此言圣人道全德宏、混融无迹也。无意者，事皆自道出，而无计较之私也；无必者，行其所当行，止其所当止也；无固者，唯善是从，无所凝滞；无我者，善与人同，舍己从人。盖圣人之心，犹天地之变化，莫知其所以然也。（《论语古义》）

《解义》解原义则拘于朱注，其后阐发乃引入佛道，意境独到，尤有可取，但似以佛释玄，意思反更疏远而不可亲。

笔者以为，夫子此语乃是告诫与人交往过程中之"心法"，核心乃在恕道。其最关键处在理解"必"之义：不是自己之必，而是遇人之必，不过度责求他人，即以己度人，将心比心，特别是遇人之失，仍能自制而不失态。"不迁怒，不贰过"，于此乃见其义；"己所不欲，勿施于人"，于此乃见其行。体此恕道，则可近仁矣。"意""必""固""我"或为人所常有，亦在所难免。所以"绝"之使"毋"，以修己达人，开物成务。夫子所言，直达恕道，可从"四毋"中细细体味，而从人我交往中习得。

【标签】

鉴空水止；无所挂碍；大同于物

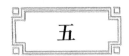

【原文】

子畏于匡，曰："文王既没，文不在兹乎？天之将丧斯文也，后死者不得与于斯文也；天之未丧斯文也，匡人其如予何？"

【解义】

此一章书，是圣人事天立命①之学也。

鲁有乱臣阳虎②，曾为暴虐于匡，匡人恨之。孔子貌似阳虎，经过其地，匡人举兵围之③。孔子戒心④于匡，其时从者皆惧。孔子慰之曰：道之显著者谓之文⑤，文必得人而传。尧、舜、禹、汤之统⑥传于文王，文王既没⑦，其所传之文不在于兹乎？夫斯文之得丧，天意存焉，若天将丧斯文，则所赋于我者，必有所靳⑧，我为后文王而死者，将不得考述⑨其礼乐，修明⑩其制度，以与于斯文也；今天之所以与我者如此，是天未欲丧斯文也，予之一身有命在天，匡人其如予何？窃有以自信矣。

于此知圣人见理之明、临变不惧。非达天知命，乌能几此？

【注释】

①立命：修身养性以奉天命。《孟子·尽心上》："夭寿不贰，修身以俟之，所以立命也。"赵岐注："修正其身，以待天命，此所以立命之本也。"

②阳虎：（生卒年不详），姬姓，阳氏，名虎，一名货。春秋后期鲁国人，季孙氏（季平子、季桓子）家臣。季氏曾几代掌握鲁国朝政，而这时阳货又掌握着季氏的家政。季平子死后，专权管理鲁国的政事。后来他与公山弗扰共谋杀害季桓子，失败后逃往晋国。

③匡人举兵围之：《史记·孔子世家》：将适陈，过匡，颜刻为仆，以其策指之曰："昔吾入此，由彼缺也。"匡人闻之，以为鲁之阳虎。阳虎尝暴匡人，匡人于是遂止孔子。孔子状类阳虎，拘焉五日。颜渊后，子曰："吾以汝为死矣。"颜渊曰："子在，回何敢死！"匡人拘孔子益急，弟子惧。孔子曰："文王既没，文不在兹乎？天之将丧斯文也，后死者不得与于斯文也。天之未丧斯文也，匡人其如予何！"孔子使从者为宁武子臣于卫，然后得去。

《庄子·秋水》：孔子游于匡，宋人围之数匝，而弦歌不辍。子路入见，曰："何夫子之娱也？"孔子曰："来，吾语女。我讳穷久矣，而不免，命也；求通久矣，而不得，时也。当尧、舜而天下无穷人，非知得也；当桀、纣而天下无通人，非知失也：时势适然。夫水行不避蛟龙者，渔父之勇也；陆行不避兕虎者，猎夫之勇也；白刃交于前，视死若生者，烈士之勇也；知穷之有命，知通之有时，临大难而不惧者，圣人之勇也。由，处矣！吾命有所制矣！"无几何，将甲者进，辞曰："以为阳虎也，故围之；今非也，请辞而退。"

《说苑·杂言》：孔子之宋，匡简子将杀阳虎，孔子似之。甲士以围孔子之舍，子路怒，奋戟将下斗。孔子止之，曰："何仁义之不免俗也？夫《诗》《书》之不习，礼、乐之不修也，是丘之过也。若似阳虎，则非丘之罪也，命也夫。由，歌，予和汝。"子路歌，孔子和之，三终而甲罢。

④戒心：戒备、警惕之心。

⑤道之显著者谓之文：明朱右《白云稿·元朝文颖序》："气化流行之谓道，道之显著之谓文。道有升降，故文有盛衰，而国家之气化系焉。"

⑥尧、舜、禹、汤之统：统，传统，此指帝业及其治政理念。

⑦没：通"殁"，去世。

⑧靳：音jìn，取。

⑨考述：稽考叙录。
⑩修明：阐明。

【译文】

这一章讲的是，孔圣人以侍奉上天的意志来作为自己生命的指南。

鲁国有个叫阳虎的乱臣，他曾经在陈国和卫国之间的匡地大肆掳掠烧杀，匡地的人对其恨之入骨。恰巧孔子跟阳虎长相相似，当他离开卫国前往陈国的时候，正好经过匡地，于是匡地的人起兵包围了孔子一行。孔子加强了对匡人的防备，跟从他的人也都非常害怕。孔子就宽慰他们说：大道显现，就是"文"，文要有人来传承（这种传承就是"文统"）。古圣先王尧、舜、禹、汤等人的文统传给了文王，而文王之后，这种文统不就在我这里吗？这种文统的得与失，是天意注定的，如果上天要丧失这种文统，那么所赋予我的，也一定要进行索回，那么我就要在文王之后死去，再也不能稽考叙录礼乐典籍，阐发彰明其各种制度，来肯定这种文统。但是现在赋予我传承文统的重任，那就是上天还不想失去它，既然连老天都不要丧失这种文统而抛弃我，那么区区匡人又能奈我何？我是有这种自信的。

从这件事来看，就可以知道圣人是通明事理的，所以临危不惧。如果不是通达天意而了知性命，怎么能够做到这一点呢？

【评析】

《子罕篇》读起来令人百感交集，因为这一整篇当中似乎都是暗潮涌动，大概最能照见孔夫子当时难以平静的心绪。而这些似乎又都是围绕着本章"子畏于匡"的事件生发出来的，如果将这一篇与孔子的境遇、心志等相关内容联系起来，则似乎可以找到一条比较清晰的线索。

首先，本章中的孔夫子貌似煞有介事、自信满满，但其实如果当时不是达到了一定的危急程度，老先生大概不会语若连珠地表达自己天赋使命的情怀。而且之前的情景，与本章何其相似：

子曰："天生德于予，桓魋其如予何？"（[述而第七·二十三]）

桓魋已然砍倒孔子身边的大树以儆效尤，可知孔子当时的处境是多么危险。然而也正是在那个时候，孔子仍然坚信自身乃天德所赋，不会受到伤害。所以，联系两章来看，孔夫子虽然非常自信，但是反过来看，也更加衬托出其处境的窘迫和尴尬。

如果说孔夫子此番遭遇是因为自己的长相与其宿敌阳虎非常相似这样

一个偶然性的事件，那么就还不能揭示出孔子遭遇的真正原因。孔子本有急迫用世的心思：

> 子贡曰："有美玉于斯，韫椟而藏诸？求善贾而沽诸？"子曰："沽之哉！沽之哉！我待贾者也。"（[子罕第九·十三]）

然而终究空有其志，无法施展。这凸显于与宋人的遭遇上。宋国其实是孔子真正的"父母之国"，孔子本是殷商后裔、宋人之后：

> 孔子生鲁昌平乡陬邑。其先宋人也，曰孔防叔。防叔生伯夏，伯夏生叔梁纥。纥与颜氏女野合而生孔子，祷于尼丘得孔子。（《史记·孔子世家》）

孔子也以殷人自居，却未曾提到过自己与宋国的关系，也未曾获得在宋国从政的机会，而实际上在宋国，无论是文职之首的太宰，还是武将之首的司马，都曾对他进行过非常严重的排挤或迫害。前者见于本篇下两章（[子罕第九·六]与[子罕第九·七]），后者见于[述而第七·二十三]。因此若将孔子此时的遭遇与后世演绎的内容接续起来看，则孔子之遭遇，则是其施政理想与暗藏着政治功利主义者所设置的道道防线相碰撞的必然结果，可想而知，绝非偶然。

因此，这里有孔夫子最惨痛最失落的人生境遇，故作出非常失望的选择并发出绝望的呼喊：

> 子欲居九夷。（[子罕第九·十四]）

> 子曰："凤鸟不至，河不出图，吾已矣夫！"（[子罕第九·九]）

也有不为世人理解的落寞及自嘲：

> 达巷党人曰："大哉孔子！博学而无所成名。"子闻之，谓门弟子曰："吾何执？执御乎，执射乎？吾执御矣。"（[子罕第九·二]）

> 子曰："苗而不秀者有矣夫！秀而不实者有矣夫！"（[子罕第九·二十二]）

不过也有其矢志不移的内心最强音：

> 子曰："三军可夺帅也，匹夫不可夺志也。"（[子罕第九·二十六]）

子曰:"岁寒,然后知松柏之后凋也。"([子罕第九·二十八])

还有砥砺奋发的努力及人生转向后的成果:

子在川上曰:"逝者如斯夫!不舍昼夜。"([子罕第九·十七])

子曰:"譬如为山,未成一篑,止,吾止也。譬如平地,虽覆一篑,进,吾往也。"([子罕第九·十九])

子曰:"吾自卫反鲁,然后乐正,雅颂各得其所。"([子罕第九·十五])

失望与希望交织,困难与砥砺共在,《子罕篇》就这样集中而婉转地记述了孔子的现实遭遇及其持志不变的表现。当然,反倒是这些遭遇,似乎正是一种天意,在故意磨炼孔子的意志,他最终并没有因此消沉反而变得更加坚定,并因此给自己的学术造物——君子人格——以更为清晰的定义和更加丰富的内涵。且看《史记·孔子世家》记述"陈蔡之厄"时,当孔子陷入身心双重困境的时候,爱徒颜回勉励他的一段话:

夫子之道至大,故天下莫能容。虽然,夫子推而行之,不容何病,不容然后见君子。夫道之不修也,是吾丑也;夫道既已大修而不用,是有国者之丑也。不容何病,不容然后见君子。(参见本书[先进第十一·三]"陈蔡之厄"相关注释)

与其说是师徒二人的对话,我们不妨说这是文章借助颜回说出了孔子内心的话。此事除了见于《孔子世家》之外,《荀子》《吕氏春秋》《韩诗外传》《说苑》等著作中均有类似撰述,因此可知其于孔子生平的意义,可谓孔子思想品格的真实见证。李长之因谓:"这种只问耕耘,不问收获,只求在己,不顾现实的精神,才是孔子的真正价值。"❶

这则故事实不见于《论语》,而见于诸说,《孔子世家》可谓其中最为精良之版本。李长之也因此故事而盛赞司马迁《孔子世家》在表现孔子人格方面把握得好,并未疑之为虚构:

这个故事有意义极了,孔子的真精神在这里,儒家的全部精华在这里!

---

❶ 李长之:《司马迁之人格与风格》,生活·读书·新知三联书店1984年版,第44页。

不错,孔子因为不顾现实,直然空做了一个像堂·吉诃德式的人物而失败了,然而是光荣的失败,他的人格正因此而永恒地不朽着!

司马迁便是最能在这个地方去把握孔子,并加以欣赏的。一篇整个的《孔子世家》,正是这样一个伟大的人格之光荣的失败的记录。❶

在政治理想与现实境遇之间,孔子重新定义了自己以及君子人格。他是一个理想主义者,也是一个失败者,凄凄遑遑犹如一只"丧家狗",然而恰是这种境遇使其更加坚定,而不为境遇所改变。这种不为境遇所改变又恰恰成就其理想主义。理想并不因为实现而成功,恰因其失败而成其为理想,成其为传奇,孔子也因此成其为圣人,成其为万世之师。彭亚非对此做了生动而深刻的阐释:

孔子是中国历史上第一个以建立一个理想的社会为己任的思想家和社会学者。在他之前,自然也有一些杰出的政治家和社会活动家,但从来没有过一个人像他那样以一个思想者的身份对整个社会问题进行系统的思考和研究,并在此基础上提出理想社会的基本原则和目标,并终生为了这一理想不懈地奋斗(包括到处奔走试图说服各国的统治者接受他的治国思想,一丝不苟地修炼自己,和一生都在为建立这样的社会而培养合格的政治人才)。

他是一个真正的理想主义者,正因为如此,他才为当时的社会现实所不容。他之所以生前就已被他的弟子尊为圣人,也在于他这种不妥协的、不打任何折扣的理想主义追求。他是中国历史上第一个以个人的人格力量、知识力量、理性精神、价值原则和社会理想与整个社会现实相抗衡的士人。孔子是第一个使个人成为人文精神和主体精神的体现者与代言人。他在中国历史上扮演了第一个先知、先觉者的角色。正是由于孔子的出现,个人的存在本质和意义才第一次在中国历史上凸显了出来。在他之前的周公,只是作为一个杰出的政治家和现实体制的设计者而名垂青史。他为孔子所景仰,就是因为他代表了最高的、最为理想的政治人格。但实际上,周公是一个大权在握者(他是摄政王),依然是集思想统治与政权专制于一身的统治者。只有孔子,才将思想的权威性从政权统治中分离了出来,而成为与现实政权相抗衡的意识形态统治的化身。

孔子之前,周代文化中只有圣王理想,是政教合一的社会。至孔子,

---

❶ 李长之:《司马迁之人格与风格》,生活·读书·新知三联书店1984年版,第44页。

才有了真正的圣人形象,并从此将意识形态统治权牢牢掌握在儒士的手中。对于这一点,孔子自己也是相当自觉和自负的。孔子被拘囚于匡地的时候曾说道:"周文王已经死了,可是一切文化道统不都在我这里吗!天如果要丧失这种文化道统,那我就不会掌握这种文化道统;天如果还不想丧失这种文化道统,匡人又能把我怎么样呢?"中国传统圣教相对于世俗政权的独立性与他者地位,是孔子终其一生毫不妥协地奋斗而争取到的。因此,孔子之前无圣人,孔子之后无圣王。❶

日本汉学家白川静也在其所作孔子传记中阐发了"失败"的另一重含义,特别是在孔子身上,失败似乎是一件光荣而伟大的事情,他动情地写道:

正因为他是现实中的失败者,所以孔子更能接近他的理想社会。社会性的成功一般会限定一个人进一步成长的可能性,有时还会拒绝新的世界。所以说,思想原本是失败者的所有物。对于孔子来说,政治上的彷徨对发扬其思想是绝对必需的。在极限的情况中,人会通过不断堆积内心的矛盾而成长起来。在这样的过程中,人能伟大起来。❷

"真正的成功经常以表面的失败作为自己的副产品"。❸ 人生在失衡处平衡,在缺失处圆满,最终因失败而成就伟大,并恒久伟大。或只有"致广大而尽精微,极高明而道中庸"的孔夫子才能如此。

【标签】

子畏于匡;文王;天;斯文;君子

六

【原文】

大宰问于子贡曰:"夫子圣者与?何其多能也?"子贡曰:"固天纵之将

---

❶ 彭亚非:《郁郁乎文》,《华夏审美风尚史》第二卷,北京师范大学出版社 2016 年版,第 281-282 页。

❷ [日] 白川静:《孔子传》,转引自 [韩] 姜莹基《孔子,那久远的未来之路》,强恩芳等译,北京大学出版社 2014 年版,第 274 页。

❸ [美] 狄百瑞:《儒家的困境》,黄水婴译,北京大学出版社 2009 年版,第 52 页。

圣，又多能也。"

子闻之，曰："大宰知我乎！吾少也贱，故多能鄙事。君子多乎哉？不多也。"

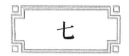

七

【原文】

牢曰："子云，'吾不试，故艺'。"

【解义】

此一章书，是圣人不贵多能之意。

大宰①，官名，问于子贡曰：吾观夫子，殆②生知之圣乎？何其无所不通，多能若此？（是大宰以多能为圣，而知圣也浅矣！）

子贡曰：大宰抑知圣之所以为圣乎？凡天生圣人皆有节制分限，独吾夫子不为限量，纵其才德，使造③于至圣之域。德既造于至圣，才自无所不通，故又多能也。（以多能为圣之余事④，可云知圣。）

孔子闻大宰与子贡问答之语，不敢以圣自居，又恐人以多能为重，因即大宰之言以明之，曰：大宰许我多能，其知我者乎？但我之多能亦自有故。吾少时未为世用而微贱，故能讲习众艺，此亦鄙末之事耳，岂君子所重哉？君子学问自有远且大者，不以多能为贵也。

门人因记琴牢⑤之言曰：夫子平日曾云，"吾不为世人所试用，故得习于众艺"。（即"少贱多能"之谓也。）

可见修己之道自有大本大原⑥，治人之道自有大经大法。博学多能，非所急也。

【注释】

①大宰：即太宰。相传殷置太宰。周称"冢宰"，为天官之长，掌建邦之六典，以佐王治邦国。春秋列国亦多置太宰之官，职权不尽相同。

②殆：大概。

③造：到达。

④余事：正事以外或不相干的其他小事。

⑤琴牢：姓琴名牢，字子开，一字子张，又称"琴张"，卫国人。《史记·仲尼弟子列传》中无此人记录，而在《孔子家语·七十二弟子解》中

列名七十二弟子,《左传·昭公二十年》也有孔子指教琴张的记载,《孟子·尽心下》中孔子称琴张为狂士。

⑥大本大原:大本,事物最主要的基本。大原,根源,根本。

【译文】

这一章是讲,圣人并不看重多才多艺。

太宰问子贡说:我看孔夫子,难道是天生智慧吗?怎么能够无所不知,才学过人呢?(这是太宰认为多才多艺就值得称圣了,但这只是肤浅的认识。)

子贡回答说:太宰您知道圣人为什么能够被称为圣人吗?即便是天生的圣人也都有所不足,而只有我们的夫子不可限量,才德充沛,以至于达到至圣的境地。道德既已登峰造极,那么才能自然无所不通,所以才多才多艺。(这是把才能作为成圣之后的一点点缀,可以称得上真正了解圣人。)

孔子听到太宰与子贡之间的对话,不愿以圣人自居,又不希望人们只注重技能,所以就趁着太宰的话进行解释,说:太宰认为我多才多艺,这算是了解我吗?实际上,我所谓的多才多艺是有原因的。我年轻的时候没有得到重用,身份卑微低贱,所以要通过练习多种技艺(来养活自己),这只不过是雕虫小技、细枝末节,哪里是君子所应该倚重的?君子修为学问,自当定位远大,而不应该贪求技能杂多。

门人因缘琴牢而听到他转述夫子的话,他说:我因为并不被世人所真正了解,所以不得已学习了多种技能。(也就是上面"少贱多能"的意思。)

由此可见修为自身要有其最根本的所在,治理民众也有最基本的遵循。而一般工具性的博学多能,反倒不是最急迫的。

【评析】

《解义》依朱熹《论语集注》合并两章。

孔子在当时社会的形象,大概是多才多艺、多知多能,因此像《国语·鲁语》《说苑·辨物》《淮南子·主术训》等文藉中集中记载着他博学多识的"异闻"(可详参杨树达先生《论语疏证》)。一般人都会因此自得、自负,而于孔子,这些恰恰是包括其弟子子贡等人在内对他的巨大误解——他虽以多才多艺著称,但这实际上并不是他想要的,他以才艺出名竟然是被闲出来的。他曾指点子游治理武城说"割鸡焉用牛刀"([阳货第十七·四]),本意是对子游用礼乐治理武城感到很满意,只是稍微调侃试探一下子游,但没想到自己在别人眼中成了"割鸡之牛刀",虽锋利直快,然于世何益哉——因此这里其实不过是孔子的自嘲而已,其中的无奈,可想而知。

提起文中的太宰,一般不作详解,但或为后人附会,却由此太宰牵连出孔子的两个故事,与本两章内容也有所关联,分见于《列子》和《韩非子》中:

商太宰见孔子曰:"丘圣者欤?"

孔子曰:"圣则丘何敢,然则丘博学多识者也。"

商太宰曰:"三王圣者欤?"

孔子曰:"三王善任智勇者,圣则丘弗知。"

曰:"五帝圣者欤?"

孔子曰:"五帝善任仁义者,圣则丘弗知。"

曰:"三皇圣者欤?"孔子曰:"三皇善任因时者,圣则丘弗知。"

商太宰大骇,曰:"然则孰者为圣?"

孔子动容有间,曰:"西方之人,有圣者焉,不治而不乱,不言而自信,不化而自行,荡荡乎民无能名焉。丘疑其为圣。弗知真为圣欤?真不圣欤?"

商太宰嘿然心计曰:"孔丘欺我哉!"(《列子·仲尼》)

子圉见孔子于商太宰。

孔子出,子圉入,请问客。

太宰曰:"吾已见孔子,则视子犹蚤虱之细者也。吾今见之于君。"

子圉恐孔子贵于君也,因谓太宰曰:"君已见孔子,亦将视子犹蚤虱也。"

太宰因弗复见也。(《韩非子·说林上》)

在《说苑》中,太宰是宋国的太宰,孔子经由子圉与其直面对话,并讨论了"多能"与"圣"的问题,很显然,这里的"圣"明显带有庄老杨朱的色彩了。而在《韩非子》中,好似紧承《说苑》的内容,但又恰恰解释了孔子遭人嫉妒,因之不能见用于世的根本原因——阻碍其施展政治才能的,恰是其政治才能本身。尽管孔子一再将目标定位于政治理想,而他却没有真正去面对骨感而功利的现实——"君子喻于义,小人喻于利",孔子既已知之,而又不能规避之,翻转之,利用之,则其政治理想如何能落地生根、开花结果?其政治遭遇也自然是注定的了。

【标签】

子贡；琴牢；圣；艺；庄老；杨朱

【原文】

子曰："吾有知乎哉？无知也。有鄙夫问于我，空空如也。我叩其两端而竭焉。"

【解义】

此一章书，是见圣心之虚，教人之诚也。

当时皆称孔子为无所不知，故孔子谦而不自居，曰：我果有知乎哉？我实无所知也。但是平日告人不敢不尽：无论贤智来问，必尽抒其蕴①；即有鄙陋之夫来问于我，彼固空空然一无所能，我不敢以鄙夫而忽之，必叩击发动其两端，凡事之始终、物之本末、道器之上下②、事理之精粗，无不尽我之知以相告焉。人见我告人必尽其诚，遂谓我无所不知，而我则实无所知也。

此是孔子不执己见，因人启发，正教人不倦之意。学者所当深思而自得也。

【注释】

①蕴：深奥的含义。

②道器之上下：《周易·系辞上》："形而上者谓之道，形而下者谓之器。"（在形器之上，无形体度量，抽象不可形而为万物，所共由者，就叫作"道"；在形体之下，有形体可寻，是具体之物，就叫作"器"。）

【译文】

这一章可以见出：圣人的虚心和教人的真诚。

当时的人都说孔子无所不知，但是孔子却非常谦虚而不以此自傲。他说：我真的有那么多知识吗？我实际上并没有啊。只不过平时如果有人询问，我知无不言言无不尽罢了，无论贤人雅士，还是山野村夫，我都尽力阐发其中奥义；即便是心中空空，一无所知，但仍然不敢稍有疏忽，一定从事情的因果、物体的本末、形体的上下、事理的精粗出发，极尽推敲之能事，无不竭尽我的思虑来给出一个答案。人们看到我凡问都会竭诚以待的样子，误以为我无所不知，但实际上我真的是一无所知啊。

这正是孔子不执着于自我，因人施教和启发，展示了他诲人不倦的一面。这一点，值得学习者深加思索而有所领悟。

【评析】

这也是一番别开生面的认识论，《解义》将之纳入"诚"的范畴，虽然仍未能尽解孔语之意蕴，然亦可谓达之者。

"诚"是《中庸》的一个核心概念，精要地概括了人对天人关系的态度，因而也对人的认识产生了决定性的影响：空己以容，虚怀以观，澄心以虑，故能得天地之正、学问之大、为人之真。"不诚无物"。

【标签】

学问；诚；叩其两端；不诚无物

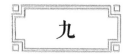

【原文】

子曰："凤鸟不至，河不出图，吾已矣夫！"

【解义】

此一章书，是圣人自叹其道之不行也。

孔子曰：大道将行，则天兆文明①，必有祥瑞②以应之：虞舜时，凤仪于庭③；文王时，凤鸣于岐山；④伏羲时，龙马负图而出。⑤虽圣王不重祥瑞，而文明之兆于此可征⑥。至于今，凤鸟不至，已非虞舜、文王之时矣！河不出图，已非伏羲之时矣！世莫有用我者，道其不行矣夫！

盖孔子非思凤鸟、河图也，思大道之行也。圣王在上，文治⑦兴起，则凤至图出，自然可期，岂若后世侈言祥瑞为附会夸大之辞⑧哉？

【注释】

①天兆文明：天下就会有文采光明的征兆。兆，征兆。文明，文采光明。《周易·乾·文言》："见龙在田，天下文明。"孔颖达疏："天下文明

者，阳气在田，始生万物，故天下有文章而光明也。"

②必有祥瑞：《礼记·中庸》："国家将兴，必有祯祥；国家将亡，必有妖孽。"（国家将要兴盛，往往会有吉兆；国家将要衰亡，也一定会有凶兆。）引文详参本书［宪问第十四·三十一］"至诚如神"词条注释。祥瑞，即祯祥，吉祥的征兆。西汉刘向《新序·杂事二》："成王任周召而海内大治，越裳重译，祥瑞并降。"（周成王任用了周召而使天下得到极好的治理，就连偏远的越国首领裳氏也几经语言翻译，不远万里，前来朝拜，天上也降临一些祥瑞的征兆。）

③虞舜时，凤仪于庭：载于《古文尚书·益稷》（亦属于今文《尚书·皋陶谟》），舜帝在和禹、皋陶等人讨论为政之道的时候，乐官夔表述了音乐对仁政的印证，以及其效果："夔曰：'戛击鸣球、搏拊、琴瑟，以咏。'祖考来格，虞宾在位，群后德让。下管鼗鼓，合止柷敔，笙镛以间。鸟兽跄跄；箫韶九成，凤皇来仪。夔曰：'於！予击石拊石，百兽率舞。'"（夔说："敲起玉磬，打起搏拊，弹起琴瑟，唱起歌来吧。"先祖、先父的灵魂降临了，我们舜帝的宾客就位了，各个诸侯国君登上了庙堂互相揖让。庙堂下吹起管乐，打着小鼓，合乐敲着柷，止乐敲着敔，笙和大钟交替演奏，扮演飞禽走兽的舞队踏着节奏跳舞，韶乐演奏了九次以后，连凤凰都成双成对，上下翻舞。夔说："唉！我轻敲重击着石磬，扮演百兽的舞队都跳起舞来，各位官长也合着乐曲一同跳起来吧！"）

④文王时，凤鸣于岐山：《竹书纪年》："商文丁十二年（周文王元年），有凤集于岐山"。《国语·周语上》："周之兴也，鸑鷟鸣于岐山。"鸑鷟，音yuèzhuó，古代中国民间传说中的五凤之一，身为黑色或紫色。《小学绀珠》："五色为赤者凤，黄者鹓鶵，青者鸾，紫为鸑鷟，白名鸿鹄。"

⑤伏羲时，龙马负图而出：《尚书·顾命》："大玉、夷玉、天球、河图，在东序。"（把从华山出产的大玉和东北贡献的夷玉，与雍州贡献度美玉天球，以及河图放在东墙向西的席前。）孔安国《传》："伏牺王天下，龙马出河。遂则其文以画八卦，谓之河图。"龙马，古代传说中龙头马身的神兽。河图：儒家关于《周易》卦形来源的传说。《周易·系辞上》："河出图，洛出书，圣人则之。"汉儒孔安国、刘歆等解说，伏羲时有龙马出于黄河，马背有旋毛如星点，称作"龙图"。故又有"河图洛书"一说。古代认为出现"河图洛书"是帝王圣者受命之祥瑞。

⑥征：证明，证验。

⑦文治：以文教礼乐治民。

⑧后世侈言祥瑞为附会夸大之辞：应该是指汉代的谶纬之学。谶纬是

古代中国官方的儒家神学，谶书和纬书的合称。汉代流行的神学迷信。"谶"是巫师或方士制作的一种隐语或预言，作为吉凶的符验或征兆；"纬"是相对于经学而言，指方士化的儒生编集起来附会儒家经典的各种著作。《四库全书总目》："儒者多称谶纬，其实谶自谶，纬自纬，非一类也。谶者，诡为隐语，预决吉凶。纬者，经之支流，衍及旁义。"谶纬之学以一种神秘主义的观点阐释世界，过度夸大了事物之间的联系，也神化了儒学典籍和人物行为，故《解义》称其为"侈言祥瑞为附会夸大之辞"。侈言，夸大其词不切实际地说。

【译文】

在这一章里，圣人感慨大道没有得到施行。

孔子说：如果大道得到施行，那么天下就会有文采光明的征兆，也就是会出现一些祥瑞的物象：舜帝时，凤凰出现在庭堂；周文王时，成群的凤凰，合鸣于岐山之上；伏羲时，龙马背负河图出现。虽然古圣先王并不以祥瑞为务，但是这些祥瑞确是文明盛世的见证。但是现在，再也没有凤凰翻飞合鸣，已经不是舜帝、文王的时代了！黄河也不再有龙马背负河图腾跃，已经不是伏羲的时代了！这个世界，没有人任用我，所有大道得不到施行了！

大概孔子并不是希求凤凰、河图这样的祥瑞之物，而是考虑如何让大道得到施行。只要有圣明的君主在上引领，以文教礼乐治民，那么像上面所说的凤凰、河图这些外在的征兆，都会自然而至，哪里像后世专门在这些表面功夫、因果之末上饶费心思呢？

【评析】

日月经天，江河行地，山鸣谷应，风起云涌……自然界总有一些壮阔的景观，像荀子所说的，自然存在而无关乎人世的是与非。（《荀子·天论》："天行有常，不为尧存，不为桀亡。"）但是盛世的时候，人们总是倾向于找到一些祥瑞来作为见证。衰世的时候，人们见到不好的事物，也往往会产生一些联想，从而建立一种联系，于"天"的范畴下寻找其合法性或非法性的证明："国家将兴，必有祯祥；国家将亡，必有妖孽。"（《礼记·中庸》）

人想要完成自身的使命，却需要不断向外寻求天启等人力所无法控制的东西，借以扶正人自身的狂妄、偏执和愚蠢。这有时候会显得非常迷信，但有时候也算是一种极高的理性吧！

对于自然界出现的重大灾异现象，古人一直保持高度敏感，并将其与政治结合起来，形成一种"灾异政治文化"。西汉董仲舒建立儒家灾异论的基本范式以后，儒家灾异理论不断充实、发展，在两汉之际才完成了体系的构建，最终被王朝体制所吸纳，对古代政治造成极其深远的影响。

综而为言，凡有三术。其一曰，君治以道，臣辅克忠，万物咸遂其性，则和气应，休征效，国以安。二曰，君违其道，小人在位，众庶失常，则乖气应，咎征效，国以亡。三曰，人君大臣见灾异，退而自省，责躬修德，共御补过，则消祸而福至。❶

灾异与政治可以归纳为三种互动模式：一是君臣和谐，政通人和，则无灾异；二是政治不善，则灾异生而有亡国之忧；三是灾异发生后，如果能修德修政，改正过失，也可以消除灾异的凶兆，反而得福。丰富了灾异内容的天人学说，所重点强调的是自然当中存在一种超乎人力的惩治力量。因此，汉儒说灾异的目的是"惩秦专制之失，略袭其旨，欲以灾异符命戒惧人主，使之自敛，不复为纵恣专横之事。盖以天权限制君权，藉防君主专制之流弊"❷，表现出极高的政治理性：

现代学者通常将灾异与"神秘""迷信"联系在一起，这样的看法不无道理。神秘主义的、非理性的因素长期存在于灾异论，特别是其技术层面中，并借由古人的迷信，维系着灾异政治文化。不过，本书把着眼点放在灾异的另一层面。在我看来，说灾异者的意图并不神秘，与灾异相关的政治行为、制度安排往往不取决于神秘因素，而是现实的思想、习惯和政治需要的产物。对灾异所示天意的迷信，根植于古代思想的大背景中，灾异论者无论认同与否，都必须借助它们达到目的。这本身是一种理性。❸

"子不语怪、力、乱、神"（[述而第七·二十一]），但是现实当中不断膨胀的权力和欲望却需要得到有效控制，因此在儒家天人理论框架下却发展丰富的灾异学说，极不合宜而又似理所当然。而其最终结果则是："考政治上之神道设教，虽可收一时之效，而行之既久，其术终为帝王所窥破，

---

❶ 〔唐〕李淳风：《晋书·志第十七·五行上》。
❷ 萧公权：《中国政治思想史》，商务印书馆2011年版，第290-291页。
❸ 陈侃理：《儒学、数术与政治：灾异的政治文化史》，序论，北京大学出版社2015年版。

遂尽失原有之作用。"❶

此时回首孔子所论"攻乎异端"（[为政第二·十六]）云云，就愈发模糊难辨了。

【标签】

中庸；凤鸟；河图；灾异

【原文】

子见齐衰者、冕衣裳者与瞽者，见之，虽少，必作；过之，必趋。

【解义】

此一章书，是见圣人仁敬之心随感而应也。

圣人之心，寂感①自然，内外如一，方其未感，如止水明镜②，一有所感，则油然而生。故记者曰：孔子见有丧服而齐衰③者、有尊爵而冕衣裳④者、无目而瞽⑤者，遇此三种人，虽年少于我，必作⑥而起，或行过其前，必急而趋⑦。所为哀有丧，尊有爵，矜⑧不成人⑨也。

哀矜是仁所发见⑩处，尊礼是敬所发见处，仁敬之心充积于中，故随感随应不待勉强。动容周旋，无不中礼，盛德之至也。⑪

【注释】

①寂感：寂，静。感，感通，谓此有所感而通于彼，意即一方的行为感动对方，从而导致相应的反应。出自《周易·系辞上》："《易》无思也，无为也，寂然不动，感而遂通天下之故——非天下之至神，其孰能与于此？"详解参本书［学而第一·五］"感通"词条注释。

②止水明镜：比喻先放弃自我，使内心达到平静，才能产生对认知对象的真正认识。《庄子·德充符》：仲尼曰："人莫鉴于流水而鉴于止水。唯止能止众止。"（孔子说：一个人不能在流动的水面照见自己的身影，而是要面向静止的水面，只有静止的事物才能使别的事物也静止下来。）可详参

---

❶ 萧公权：《中国政治思想史》，商务印书馆2011年版，第124页。

本书［子罕第九·四］"鉴空水止"词条注释。

③齐衰：音 zīcuī，丧服名。"五服"中列位二等，次于斩衰。其服以粗疏的麻布（衰）制成，衣裳分制，缘边部分缝缉整齐，故名。有别于斩衰的毛边。具体服制及穿着时间视与死者关系亲疏而定。

④冕衣裳：穿着礼帽礼服。

⑤瞽：音 gǔ，目盲。

⑥作：起身，起立。

⑦趋：快步走。

⑧矜：怜悯。

⑨不成人：不完整的人。古称肢体、器官等有缺陷的人。《礼记·礼器》："礼也者，犹体也。体不备，君子谓之不成人。"

⑩发见：显现，体现。

⑪动容周旋，无不中礼，盛德之至也：举止相貌合乎礼，是最高境界的德。动容，举止，仪容。周旋，古代行礼时进退揖让的动作。出自《孟子·尽心下》："动容周旋中礼者，盛德之至也。"盛德：极盛之德，完美之德。可参本书［泰伯第八·二］"动容周旋中礼"词条注释。

【译文】

这一章展现的是圣人仁敬之心随机外现。

圣人的心，能够在平静之中自然感通大道，内心能够与外物达到一致，当他没有感应的时候，心如止水明镜，清明澄澈；当他有感应的时候，即油然而生，全部呈现。所以记录者说：孔子见到穿着齐衰服丧的人，或者穿礼服尊贵的人，或者失去视力而目盲的人，遇到这三种人，即便是对方年龄比他小，（如果当时是坐着，）也要马上起立，如果是从他们前面经过，也一定要收身快步经过。这样做，是哀怜服丧者，尊敬尊贵者，怜悯残疾者。

哀怜同情，是仁的体现；尊重礼让，是敬的体现。如果心中充满仁敬，那么会自然感发，不用强加表现。举止相貌合乎礼，是最高境界的德。

【评析】

原文以极细微极生动之笔勾画夫子日常行为，使其仁爱诚敬之态溢于纸外，亲切可感。《解义》引用"止水明镜"之典来解，亦极为精妙。

【标签】

礼；诚；敬；止水明镜

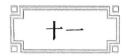

十一

【原文】

颜渊喟然叹曰:"仰之弥高,钻之弥坚。瞻之在前,忽焉在后。夫子循循然善诱人,博我以文,约我以礼,欲罢不能。既竭吾才,如有所立卓尔。虽欲从之,末由也已。"

【解义】

此一章书,是颜子①希圣②之学也。

颜渊游③于圣门,学既有得,喟然④叹曰:甚矣,夫子之道之难形也!尝专力以进,多方以求。见其高也,仰之庶几可及,乃仰之弥高;见其坚也,钻之庶几可入,乃钻之弥坚。又尝瞻之若在吾前,恍惚⑤之间,却又在后。盖仰弥高、钻弥坚,是道之无穷尽也;瞻在前、忽在后,是道之无方体⑥也。使不有善教之施,学者何自而入?幸夫子循循⑦有序,善于诱人,而使之自进焉。盖道之散于万殊⑧者,谓之文;就万殊中有天理节文⑨处,谓之礼。夫子先博我以文,使包举融会;约我以礼,使操持约束。回奉夫子之教,百倍加功,趣味日出,虽欲罢而有所不能,凡吾才力可用,既已竭尽无余矣。义理昭明,本心纯熟,向之高、坚、前、后,卓然⑩如立于我前。当此之时,则自大以趋于化⑪,自思勉而至于不思不勉,⑫介乎二者之境,非人力所能为,虽欲从之,末由⑬也已。回惟有黾勉⑭于文、礼之中而已。

噫!非深知圣道者,胡⑮能形容亲切⑯如此哉?

【注释】

①颜子:颜回。
②希圣:仰慕圣人,效法圣人。
③游:求学。
④喟然:感叹的样子。
⑤恍惚:倏忽,瞬息之间。
⑥道之无方体:大道没有确定的情状可以定位和描摹。《周易·系辞上》:"《易》与天地准,故能弥纶天地之道。仰以观于天文,俯以察于地理,是故知幽明之故;原始反终,故知死生之说;精气为物,游魂为变,

是故知鬼神之情状。与天地相似，故不违；知周乎万物，而道济天下，故不过；旁行而不流，乐天知命，故不忧；安土敦乎仁，故能爱。范围天地之化而不过，曲成万物而不遗，通乎昼夜之道而知，故神无方而《易》无体。"（易理以天地为准则，所以能涵盖天地间的一切道理。上则观察天上日月星辰的天文，下则观察大地山河的地理，所以能够明了昼夜光明幽晦的道理；追原万事万物的始终，所以能够了悟死生的道理；精气聚集就构成万物，反之，精气游离就会遭遇变故，由此可以探知鬼神的情态。易理与天地之道相似，所以自然不会违背；能周知万物的情态，而其道义足以匡济天下，故能致用而无过失；能遍行天下而不流于泛滥，通明易理者能乐行天道之所当然，明了天命造化，所以不会忧虑；安于所处之境，而敦行仁道，所以能泛爱天下。能涵盖包括天地一切的变化，而不会有过失；能细致周密地成全万物，而不会有遗漏；能通明于昼夜、阴阳的道理，而充满智慧。所以，易理神明，都是没有非常具体的方位和形态可以探求的。）

⑦循循：有顺序貌。

⑧万殊：各不相同。亦指各种不同的现象、事物。

⑨天理节文：礼者，天理之节文。礼是天理的表现形式。朱熹《论语集注》释［颜渊第十二·一］"克己复礼为仁"："仁者，本心之全德。克，胜也。己，谓身之私欲也。复，反也。礼者，天理之节文也。为仁者，所以全其心之德也。盖心之全德，莫非天理，而亦不能不坏于人欲。故为仁者必有以胜私欲而复于礼，则事皆天理，而本心之德复全于我矣。"可详参本书［颜渊第十二·一］"仁者，心之全德"词条注释。

⑩卓然：卓越，突出。

⑪自大以趋于化：从至大趋于化境（但非人力所能为）。朱熹《论语集注》注本章：吴氏曰："所谓卓尔，亦在乎日用行事之间，非所谓窈冥昏默者。"程子曰："到此地位，功夫尤难，直是峻绝，又大段着力不得。"杨氏曰："自可欲之谓善，充而至于大，力行之积也。大而化之，则非力行所及矣，此颜子所以未达一闲也。"程子曰："此颜子所以为深知孔子而善学之者也。"

⑫自思勉而至于不思不勉：指思想修为从可以追求到自然而然的境界。宋人借《中庸》语义阐明颜渊对自己与孔子差别的阐释。《礼记·中庸》："诚者，不勉而中，不思而得，从容中道，圣人也。"（秉性真诚，不必努力就能达到，不必思考就能获得，从容不迫、自然而然地实行中庸之道，这就是圣人。）可详参本书［里仁第四·十四］"明善诚身"词条引文。《朱

子语类》卷三十六：问："'如有所立卓尔'，是圣人不思不勉，从容自中处。颜子必思而后得，勉而后中，所以未至其地。"曰："颜子竭才，便过之。"问："如何过？"曰："才是思勉，便过；不思勉，又不及。颜子勉而后中，便有些小不肯底意；心知其不可，故勉强摆回。此等意义，悬空逆料不得，须是亲到那地位方自知。"……程子曰："到此地位工夫尤难，直是峻绝，又大段著力不得。"所以着力不得，缘圣人"不勉而中，不思而得"了。贤者若著力要不勉不思，便是思勉了，此所以说"大段著力不得"。今日勉之，明日勉之，勉而至于不勉；今日思之，明日思之，思而至于不思。自生而至熟，正如写字一般。会写底，固是会；不会写底，须学他写。今日写，明日写，自生而至熟，自然写得。

⑬末由：无由。
⑭黾勉：勉励，尽力。
⑮胡：怎么。
⑯亲切：贴切。

【译文】

这一章，表达了颜回仰慕圣人的心思。

颜回在圣人门下求学，学习有所得，于是感慨道：夫子的道太难形容了。我曾经全力以赴，多方求进。看到他高妙的地方，看着触手可及，但却越看越高（遥不可及）；看到他艰深的地方，觉得一蹴可就，却越学越深（深不可测）。又像是，看着就在前面（比较清晰），却在瞬间就出现在后面了（难以捉摸）。大概越看越高，越学越深，是因为他的道无穷无尽；看着在前面，忽然在后面，是大道无方无体可言。如果不是他善于因材施教，学习者又能怎么入门呢？幸好夫子善于循序渐进地诱导，使学习者自己入道。大概大道分布在各种事物上，称之为"文"（表现形式）；而在各种事物上都依从天理来表现，称之为"礼"。夫子先广泛引导我认识各种表现形式，让我总体认识并融会贯通；然后又教我以礼，让我学会依理自持。颜回我谨奉夫子的教诲，百倍努力，对学业领会越来越有增进，其中充满悟道的志趣，以至于我欲罢不能，身不由己，因此我为之竭尽全力，毫无保留。然而夫子了悟义理，本心纯熟，以往所遇到的"仰之弥高，钻之弥坚。瞻之在前，忽焉在后"的情况依然出现在我的面前，犹如不可跨越的高山。在这个时候，从极其阔达而至于最高境界，从勤思奋勉的状态达到不刻意思勉而能自然得道的状态，达到这两种地步，不是常人所能够做到的，即便是想去做到，也无从做起。我只有更加用力于文和礼的探究，如此而已。

唉！如果不是深刻了解圣人之道，哪里能够发出如此贴切的感慨？

【评析】

颜回与老师的心心相印、孔子对爱徒颜回的惺惺相惜，都在颜回这段诚敬的话语中得到了呈现和回应。只是这一段文字，就足以见证师徒之间无比深厚的情谊，细读回味之后，令人不禁拍案称快。

解义者不愧是阐释高手，在颜回的话语之外，只一句简单的感叹，余下无多言语，不像其他篇章之旁征博引、引经据典。能够删繁就简，避免画蛇添足，便是恰到好处。

美国学者赫伯特·芬格莱特（Herbert Fingarette，1921—2018）在其《孔子：即凡而圣》一书的序言中说：

初读孔子时，我觉得他是一个平常而偏狭的道德说教者。对我来说，他的言论集——《论语》，也似乎是一件陈旧的不相干之物。后来，随着逐渐增强的力量（按：原文是 with increasing force，或应译为：随着理解力的不断增加），我发现，孔子是一位具有深刻洞见与高远视域的思想家，其思想堂奥的辉煌壮观足可与我所知的任何一位思想家相媲美。渐渐地，我已然确信，孔子能够成为我们今天的一位人师——也就是一位历经人世沧桑、饱含人生智慧的思想导师，而不只是给我们一种早已流行的、稍具异国情调的思想景象。孔子所告诉我们的，不是在别处正在被言说着的东西，而是正需要被言说的东西。他的谆谆教诲会令我们耳目一新。❶

芬氏以一个不同文化传统的外国学者的角度，陌生而又诚恳地表达出对孔子及《论语》本身所具有的无穷魅力的叹服，却在某种程度上与孔子最喜欢的学生有着类似的感受。这种不谋而合，可以充分证明《论语》之思想的深邃和文辞的魅力。所以，如果要概括一个真诚的《论语》研习者的体验，引用这一章中颜回之语，应该是最合适不过的了。

【标签】

颜渊；仰之弥高，钻之弥坚；瞻之在前，忽焉在后；即凡而圣

---

❶ [美]赫伯特·芬格莱特：《孔子：即凡而圣》，彭国翔、张华等译，江苏人民出版社 2010 年版，第 1 页。

【原文】

子疾病，子路使门人为臣。病间，曰："久矣哉，由之行诈也！无臣而为有臣。吾谁欺？欺天乎！且予与其死于臣之手也，无宁死于二三子之手乎！且予纵不得大葬①，予死于道路乎？"

【解义】

此一章书，是见圣人守礼以正也。

昔孔子有疾，子路虑及身后之事。以为古时为大夫者，皆有家臣治丧，夫子曾为大夫，乃使门人为臣，是尊师意也。不知夫子时已去位，不当复有家臣，是未知所以尊之之道矣。

夫子病少间，乃责之曰：久矣哉，由之行事诈而不实也！昔我为大夫，则有家臣；今已去位，则无臣矣。无臣而为有臣，我将谁人之欺乎？无乃欺天乎！且由之用家臣也，欲以尊予也，然尊之必以礼，与其死于家臣之手而非礼自处，无宁死于二三子之手而自安其礼之为愈乎？且使我无家臣，不得行大葬之礼，然有二三子在，予岂死于道路而不得葬乎？

由前言之，见家臣之不当有；由后言之，见家臣之不必有。可见，爱人者，当爱以德；②敬人者，当敬以礼。③庶乎理顺心安，而无逾越之失也。

【注释】

①大葬：刘宝楠《论语正义》："大葬，谓用大夫礼葬也。"

②爱人者，当爱以德：《礼记·檀弓上》："君子之爱人也以德，细人之爱人也以姑息。"

③敬人者，当敬以礼：《孟子·离娄下》："君子以仁存心，以礼存心。仁者爱人，有礼者敬人。"

【译文】

这一章，可见圣人正直守礼。

当时孔子重病，子路不得不为其考虑身后之事。他以为，凡是大夫都应该由家臣来治丧，而夫子曾有任职，所以也准备用门人来行使家臣的职责，以表示对夫子的尊重。实际上他并不知道，夫子当时已经去官，不应该再有家臣，（自然也不应该以家臣的形式来治丧，）这是想表达尊重但不知道怎么尊重。

夫子的病情稍微好转的时候，就责怪子路说：仲由啊，你做事伪诈不实已经很久了！当年我担任大夫之职的时候，可以设有家臣；现在已经离职，不应该有家臣了。但如果不应该有家臣而又要非得表现出有的样子，我这是欺骗谁呢？难道是欺骗上天吗！而且，仲由你本意是想表达对我的尊重，但尊重一定要符合礼的规定，我与其葬于冒充家臣的失礼行为，还不如合礼地葬于亲授弟子之手更好。虽然我没有家臣，不能按照大夫那样举行隆重的葬礼，但不是还有你们在吗？难道我死了还能暴尸街头，没有人埋吗？

从前面的话来看，可知孔子的葬礼不应该用家臣；从后面的话来看，可知孔子的葬礼不必使用家臣。由此可知：爱戴一个人，应该用好的品德来陪伴他；尊敬一个人，应该遵从礼的规定来对待他。这样彼此既可以心安理得，也不会有逾越规矩的过失。

【评析】

这一章孔子又骂了子路。

前人解释说，当时这种私教的师生关系无礼可依，所以子路遵循大夫礼来准备孔子的丧事。仅就师徒二人之间的情感而言，因个人理解不同而产生的错位，恐怕在所难免。以世俗的子路来看，这是虚荣；以诚挚的子路来看，这是敬爱。泰戈尔诗云："所有的鸟儿都以为，把鱼举在空中，是一种善举。"（《飞鸟集》），因视角不同而造成的交往误区是无可回避的。故通达一点来理解，则也是无可无不可的。此时的孔夫子其实大可不必挞伐子路，但他之所以如此，是为了彰明礼制的严谨性，并非不能体会子路对他的敬爱之心。

因此是不得不骂，才骂。这一骂也还是骂出了中庸之道和礼教尊严。

【标签】

子路；大夫；家臣；葬礼

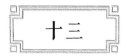

【原文】

子贡曰:"有美玉于斯,韫椟而藏诸?求善贾而沽诸?"子曰:"沽之哉!沽之哉!我待贾者也。"

【解义】

此一章书,是见圣人有用世①之心,而不苟用于世也。

古人比德于玉②,子贡以孔子有道不仕,故借美玉以为比,而问之曰:物之贵者莫如玉,而美玉则尤贵者也。今既有之于此,将韫于椟中而终藏诸与,抑将求贾直③之善者而沽④之与?

子贡之意,盖以美玉之沽藏,探孔子之行藏⑤也。

孔子曰:美玉本为世用,以理言之,断断当沽而不当藏者,其沽之哉,其沽之哉!然天下之宝,原自贵重,岂可自轻?若使求贾而沽,于人则本然之美先失之矣,我必待夫善贾之自来者也。

此可见孔子用舍行藏之心矣。盖藏则抱道⑥忘世⑦,圣人不忍;求则枉道⑧徇人⑨,圣人不为。惟待,则循乎天理而安于义命⑩之正。圣人之出处⑪,诚时中⑫之道也。

【注释】

①用世:见用于世,为世所用。

②古人比德于玉:《礼记·聘义》子贡问于孔子曰:"敢问君子贵玉而贱珉者,何也?为玉之寡而珉之多与?"孔子曰:"非为珉之多,故贱之也,玉之寡,故贵之也。夫昔者,君子比德于玉焉:温润而泽,仁也;缜密以栗,知也;廉而不刿,义也;垂之如队,礼也;叩之其声清越以长,其终诎然,乐也;瑕不掩瑜,瑜不掩瑕,忠也;孚尹旁达,信也;气如白虹,天也;精神见于山川,地也;圭璋特达,德也;天下莫不贵者,道也。《诗》云:'言念君子,温其如玉。'故君子贵之也。"(子贡向孔子请教:"请问君子为什么都看重玉而轻视珉石呢?是因为玉的数量少而珉石的数量多吗?"孔子回答说:"不是因为珉石的数量多就轻视它,也不是因为玉的数量少就看重它。从前的君子,都是拿玉来比拟人的美德:玉温厚润泽,就好比仁;缜密坚实,就好比智;有棱角而不伤人,就好比义;玉佩垂而

下坠，就好比礼；轻轻一敲，玉声清脆悠扬，响到最后，又戛然而止，就好比动听的音乐；既不因其优点而掩盖其缺点，也不因其缺点而掩盖其优点，就好似人的忠诚；光彩晶莹，表里如一，就好似人的言而有信；宝玉所在，其上有气如白虹，就好似与天绵绵相接；产玉之所，山川草木津润丰美，又好似与地息息相通。圭璋作为朝聘时的礼物可以单独使用，不像其他礼物还需要加上别的什么东西才能算数，这是玉的美德在起作用；普天之下没有一个人不看重玉的美德，这就好像普天之下没有一个人不看重道那样。《诗经》上说：多么想念君子啊，他就像玉那样温文尔雅。所以君子才看重玉。"）

③贾直：卖价。贾，卖或买。直，通"值"，价值，价格。

④沽：卖。

⑤行藏：是否出仕。[述而第七·十一]：子谓颜渊曰："用之则行，舍之则藏，惟我与尔有是夫！"（夫子对颜渊说："如果被任用，就去依道而行；如不被任用，干脆就藏身事外。大概只有我和你才能做到这样吧！"）

⑥抱道：抱持正道。

⑦忘世：忘却世情。可详参本书[公冶长第五·七]"果于忘世"词条注释。

⑧枉道：违背正道。

⑨徇人：依从他人，曲从他人。

⑩义命：正道，天命。

⑪出处：出仕和隐退。

⑫时中：立身行事，合乎时宜，无过与不及。《礼记·中庸》："君子之中庸也，君子而时中。"（君子的言行符合中庸，因为君子的言行时刻都不偏不倚。）可详参本书[宪问第十四·十三]"随时处中"词条注释。

【译文】

这一章是说，圣人有为世所用的心思，但又不会仅仅满足于为世所用而违背原则。

古人用美玉来比拟美德，子贡因为孔子怀有道术却不去做官，所以就用美玉来进行暗示，问他说：物品当中，最贵重的莫过于玉了，而精美的玉那就更加贵重了。现在如果手上握有一块美玉，是应该把它深藏于盒子中呢，还是找一个好买家卖掉它呢？

子贡的心意，就是用美玉是出售还是深藏进行暗喻，以此探知孔子出仕与否。

孔子回答说：美玉本来就应该为世所用，理论上讲，实在应该出售而不应该深藏，要卖掉啊，要卖掉啊！可是，作为天下所公认的宝贝，本就应该自尊自重，哪里能够（轻易出售）而因此贬损自己的价值？如果只是因为卖价高低而卖掉自我，那么一个人自身的价值和品格就已然掉价了，所以我宁可等待识货的人才肯出售。

从这番话就可以看出孔子"有意任用就去做，无意任用就去等"的心志。大概深藏，可以坚守正道而忘却世情，但是圣人心有不忍；主动去求取任用，就可能违背正道，曲从他人。只有待价而沽，才会遵循天理而安守正命。圣人出仕还是归隐，都会适时而动，符合中道。

【评析】

《礼记·聘义》"比德于玉"的典故与本章相呼应，或乃因本章而衍生。古文之间彼此回应如此，实为赏心乐事。子贡此论透露出他对玉器领域的深刻认知，或可堪称引领一时风潮的古玉文化批评家了——可能他当时也在经营玉石生意吧！

【标签】

子贡；比德于玉

十四

【原文】

子欲居九夷①。或曰："陋，如之何？"子曰："君子居之，何陋之有？"

【解义】

此一章书，是见圣人之化，无分中外也。

当时孔子因道不行，欲去中国而之外国②，偶发欲居九夷之叹，亦犹"乘桴浮海"③之意云耳。或人④未之喻⑤，以为真欲居之，乃问曰：外国习俗鄙陋，恐不可居，如之何？

孔子曰：君子居之，自能信其在我，忠、信、笃、敬，⑥无入而不自得。⑦且天地间人性皆善⑧，道德仁义之气，礼乐教化之习，安在行于中国者？不可行于外国乎？何陋之有哉？

盖上下古今，东西南朔⑨，此心此理，莫不相同⑩。圣人之化原无分于中外也。

【注释】

①九夷：古代称东方的九种民族。

②中国、外国：上古时代，我国华夏族建国于黄河流域一带，以为居天下之中，故称"中国"，而把周围其他地区称为四方。中央政府以外的政权称为外国。二者均乃古代"天下"范畴下相对而言的一组概念，而非现代意义上的独立政权及行政区域划分。

③"乘桴浮海"：［公冶长第五·七］：子曰："道不行，乘桴浮于海。"（夫子说："仁道不被应用于今世，我干脆乘只小船漂流到大海里。"）

④或人：有人。

⑤喻：明白。

⑥忠信笃敬：［卫灵公第十五·六］：子曰："言忠信，行笃敬，虽蛮貊之邦，行矣；言不忠信，行不笃敬，虽州里，行乎哉？立，则见其参于前也；在舆，则见其倚于衡也。夫然后行。"（夫子说："只要说话能忠信，行事能笃敬，纵使去到蛮荒之邦，也行得通；若说话不忠不信，行事不笃不敬，即使近在州部乡里，行得通吗？站立，像看见那忠、信、笃、敬并立在前，形影不离；乘车，那忠、信、笃、敬就应如倚靠在车前横木上一样，抬眼即视。能如此，自会到处行得通了。"）

⑦无入而不自得：君子无论处于何种境地，都因坚持追求内在圆满而自得。出自《礼记·中庸》："君子素其位而行，不愿乎其外。素富贵，行乎富贵；素贫贱，行乎贫贱；素夷狄，行乎夷狄；素患难，行乎患难；君子无入而不自得焉。"详解可参看本书［雍也第六·十］"居易俟命"词条注释。

⑧天地间人性皆善：《孟子·告子上》："人性之善也，犹水之就下也，人无有不善，水无有不下。"

⑨朔：北。

⑩此心此理，莫不相同：陆九渊《年谱》："人同此心，心同此理。往古来今，概莫能外。"

【译文】

这一章，可见圣人的施道教化没有中外之分。

当时孔子因为大道不得畅行，打算离开"中国"到"外国"去，所以偶有迁居东方夷族之地的感慨，意思犹如"道不行，乘桴浮于海"这样的怨言。有的人不明其理,以为孔子真的要前往东夷居住,就问道:"外国"的习俗粗鄙简陋,要是到了那地方却发现难以居处,怎么办呢?

孔子回答说:如果是君子在那里居住,自然能够做到持身谨严,信其在我,言忠信而行笃敬,到哪里都会因坚持追求自我约束和内在圆满而自得自足。而且人性本善向好,道德仁义的风气,礼乐教化的传习,哪里只是适用于"中国",难道不也一样可以在"外国"大行其道吗?你所谓的简陋粗鄙其实又有什么呢?(只是一时的物质条件——并非我所追求和顾虑;但不是道德礼仪——正是我所孜孜以求而自信可以传播的。)

大概天地上下、自古及今,由东到西,从南至北,人同此心而心同此理,没有什么本质性的差异。所以说,圣人的教化,可以广施普惠,并无中外远近的差别。

【评析】

本章所传达失落而又饱含自信的情绪动态,最能照见夫子当时心境。此中婉曲,可详参本书[子罕第九·五]"评析"部分。

又:"君子居之,何陋之有"一句,唐刘禹锡《陋室铭》因之而成篇,千载之下,兴然同慨,以文载道,不亦乐乎?

附:刘禹锡《陋室铭》

山不在高,有仙则名。水不在深,有龙则灵。斯是陋室,惟吾德馨。苔痕上阶绿,草色入帘青。谈笑有鸿儒,往来无白丁。可以调素琴,阅金经。无丝竹之乱耳,无案牍之劳形。南阳诸葛庐,西蜀子云亭。孔子云:何陋之有?

【标签】

君子;九夷;君子居之,何陋之有;《陋室铭》

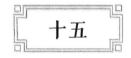

【原文】

子曰:"吾自卫反鲁,然后乐正,雅颂①各得其所。"

【解义】

此一章书,是孔子自叙正乐之事也。

"雅"是《大雅》《小雅》,"颂"是《周颂》《鲁颂》《商颂》。雅颂之诗词,即朝庙②所用之乐章③。必诗④得其所,而后乐得其正。故孔子追叙之曰:诗乐在鲁久矣,但历年既远,颇多残缺失次。吾自卫反鲁之年⑤,考订⑥既详,征验⑦足信,一一厘定⑧之,然后乐之声音节奏得归于正。其"二雅""三颂"之诗被诸管弦⑨者,篇章次序各得其所,而雅用于朝廷,颂用于宗庙,亦无有紊乱者矣。

盖诗乐所传,皆圣王之制作⑩、治道之精微;孔子述往圣以传后世,正乐之功匪浅鲜⑪也。

【注释】

①④雅颂,诗:本书认为,在孔子删述之时,雅、颂、诗还是通称而非著作或篇章专名,故本章涉及此三者,不宜用书名号。

②朝庙:朝廷与宗庙。

③乐章:古代指配乐的诗词。《礼记·曲礼下》:"居丧:未葬,读丧礼;既葬,读祭礼。丧复常,读乐章。"孔颖达疏:"乐章,谓乐书之篇章,谓诗也。"

⑤吾自卫反鲁之年:据《左传》,事在鲁哀公十一年(前484)冬,孔子时68岁。

⑥考订:考核订正。

⑦征验:证实。

⑧厘定:同"厘订",整理订正。

⑨被诸管弦:配乐唱诗。《墨子·公孟》:"诵诗三百,弦诗三百,歌诗三百,舞诗三百。"《礼记·乐记》:"弦谓鼓琴瑟也。"《史记·孔子世家》:"古者诗三千余篇,及至孔子,去其重,取可施于礼义,上采契后稷,中述殷周之盛,至幽厉之缺,始于衽席,故曰:'《关雎》之乱以为《风》始,《鹿鸣》为《小雅》始,《文王》为《大雅》始,《清庙》为《颂》始。'三百五篇孔子皆弦歌之,以求合《韶》《武》《雅》《颂》之音。礼乐自此可得而述,以备王道,成六艺。"

⑩制作:指礼乐等方面的典章制度。

⑪浅鲜:细小,微小。

【译文】

这一章讲的是孔子自叙厘正音乐的事情。

"雅"指的是《大雅》和《小雅》(即"二雅"),"颂"指的是《周颂》《鲁颂》和《商颂》(即"三颂")。雅和颂的诗文,也就是用于朝堂与宗庙的配乐篇章。一定是要诗文合适,然后配乐才能恰当。所以孔子追根溯源,述其经历说:诗乐在鲁国已经流传很久了,但是因为年代久远,导致这些诗篇残缺不全,次序混乱。我从卫国回鲁国之后,对其进行了详细的考订,并做了足够信实的验证,对他们逐一整理订正,然后匹配的声音和节奏都被定准。其中的"二雅"和"三颂"中的诗歌都能够配乐演唱,篇章次序也清晰归位,而且,雅专用于朝堂礼仪,颂专用于宗庙祭祀,再也不会混乱了。

大概诗乐所承载的,是古圣先王的规章制度、治理天下的精微之道;孔子传述古之圣道而惠泽后世,其厘正音乐的功绩实在是非同小可。

【评析】

孔子一心为政,尽可能与现实之间进行调和,但绝不苟且曲从,随波逐流:"如不可求,从吾所好。"([述而第七·十二])所以要用文字的方式流传,寄希望于未来。如果上一章是寄希望于异域,是在空间上的探求,那么这一章则是寄希望于未来,是在时间上的坚持。用文字对现实生命、人心和政治突围。文化之自信、为政之思想,全部寓托于删述过程和字里行间。

此举亦将文道传统高立于政道治统之侧,一言而成就后世文脉。李白用不朽之诗句将此精神发扬光大之——

且寄白鹿青崖间,
须行即骑访名山。
安能摧眉折腰事权贵,
使我不得开心颜!
(《梦游天姥吟留别》)

【标签】

自卫反鲁;删述;文统;雅颂

【原文】

子曰:"出则事公卿,入则事父兄,丧事不敢不勉,不为酒困,何有于我哉?"

【解义】

此一章书,是圣人于庸德①之行常见不足也。

孔子曰:人于伦理日用之间,虽甚卑近②、甚微小之事,视之若易能,而其实每多欠缺。即如:出而在邦国则事公卿,必有所以事之者,当尽其忠顺而不失上交之道也;入而在家庭则事父兄,必有所以事之者,当尽其孝弟③而克④修子弟之职也;若有丧事,不特⑤三年之丧,即期、功、缌麻⑥,皆不可忽,必于情所当致,礼所当尽者,不敢不勉力以从也;至于饮酒,原以合欢,若饮之过节,易于乱性而为所困,必操存⑦有主,勿使多饮至神昏气乱也。此四者虽若近易,然身体而力行之,工夫⑧却极细密,道理却极广大,非仁熟义精⑨、涵养纯粹⑩者不能也。以我自审,何者有于我哉?

可见,为学当不忽于卑近,不遗于微小,诚能于天理之当然者求尽其量,而于人情之易动者不逾其则,虽希圣希贤⑪,不外是矣。

【注释】

①庸德:常德,一般的道德规范。《礼记·中庸》:"庸德之行,庸言之谨。有所不足,不敢不勉;有余,不敢尽。言顾行,行顾言,君子胡不慥慥尔!"(尽力实行平常的道德,谨慎表达平常的言辞。行有不足,就不敢不有所勤勉;言有未行,就不敢不有所克制。说话要顾及可否实行,行动是要考虑是否与所言相符。如果能够做到言行一致,那就是忠厚诚实的君子了。)

②卑近:浅近。

③孝弟:孝悌。

④克:能。

⑤不特:不只。

⑥期、功、缌麻:依《仪礼·丧服》记载丧服的规制,天子以下,由重至轻,有五个等级(即"五服"):斩衰(cuī)、齐衰(zīcuī)、大功、小

功、缌（sī）麻。服丧的年月分别为三年、期（jī）年（一年）、九月、七月、五月、三月。期即期服，期衰，较重的丧服。功，大功、小功，大功九月，小功五月，中等的丧服。缌麻则是较轻的丧服。

⑦操存：执持心志，不使丧失。《孟子·告子上》：孟子曰："牛山之木尝美矣，以其郊于大国也，斧斤伐之，可以为美乎？是其日夜之所息，雨露之所润，非无萌蘖之生焉，牛羊又从而牧之，是以若彼濯濯也。人见其濯濯也，以为未尝有材焉，此岂山之性也哉？虽存乎人者，岂无仁义之心哉？其所以放其良心者，亦犹斧斤之于木也，旦旦而伐之，可以为美乎？其日夜之所息，平旦之气，其好恶与人相近也者几希，则其旦昼之所为，有梏亡之矣。梏之反复，则其夜气不足以存；夜气不足以存，则其违禽兽不远矣。人见其禽兽也，而以为未尝有才焉者，是岂人之情也哉？故苟得其养，无物不长；苟失其养，无物不消。孔子曰：'操则存，舍则亡；出入无时，莫知其乡。'惟心之谓与？"（孟子说："牛山的树木曾经是很茂盛的，但是由于它在大都市的郊外，经常遭到斧子的砍伐，还能够保持茂盛吗？当然，山上的树木日日夜夜都在生长，雨露也在滋润着，并非没有新枝嫩芽长出来，但随即又有人去放牧，所以也就像这样光秃秃的了。人们看见它光秃秃的，便以为牛山从来也不曾有过高大的树木，这难道是这山的本性吗？即使在一些人身上也是如此，难道没仁义之心吗？他们放任良心丧失，也像用斧头砍伐树木一样，天天砍伐，还可以保持仁义之心吗？他们日里夜里生发的善心，在天刚亮时接触到清明之气，这些在他心里所生发的好恶与一般人相近的也有那么一点点，可到了第二天，他们的所作所为，又把它们泯灭了。反复泯灭的结果，便使他们夜有所思的善念不复存在了，夜有所思的善念不复存在，也就和禽兽差不多了。人们见到这些人的所作所为和禽兽差不多，还以为他们从来就没有过善良的资质。这难道是人的本性如此吗？所以，假如得到滋养，没有什么东西不生长；假如失去滋养，没有什么东西不消亡。孔子说过：'把握住就存在，放弃就失去；进出没有一定的时候，也不知道它去向何方。'可能就是指人心而言的吧？"）

⑧工夫：亦称"功夫"，儒学对修治学问所用精力、时间、方法及其结果等的一个概括性的概念。

⑨仁熟义精：亦作"义精仁熟"，至仁至义的境地。可详参本书［述而第七·二］"义精仁熟"词条注释。

⑩涵养纯粹：至精至纯的修养。涵养，道德、学问等方面的修养。纯粹，纯正不杂，精纯完美。

⑪希圣希贤：仰慕并效法圣人和贤人。

【译文】

这一章是说，圣人认为人们在行为日常道德规范方面还做得不够。

孔子说：人们在伦理日用方面，即便是非常浅近微小的事情，看起来很简单，但其实都还做得不够好。比如说离开家到邦国之地侍奉公卿这件事，一定要对所侍奉者尽忠顺从，时刻遵守侍奉尊长之道；回到家就要侍奉父母兄长，一定要对他们恪尽孝悌之道而能够守护作为子弟的本分；遇到丧事，不只是三年之丧这样的重大丧礼，即便是期服、功服、缌麻这样的丧礼礼节，也都不能有所疏忽，一定要适当用情，适度行礼，不敢不尽心尽力而为之；至于喝酒，本身就是为了聚会合欢，但如果喝得过量，就容易迷乱心性而为其困扰，所以一定要有自我克制的能力，不能贪杯而导致神志不清、气息混乱。这四种情况虽然是日常所易见，但如果身体力行起来，却需要细密绵长的工夫，也蕴含广阔宏观的道理，如果不是达到至仁至义、至精至纯的境界和修养的人，是做不到这样的。如果自我审视，我做得怎么样了呢？

由此可知，为学的人不应该疏忽浅近的道理，不遗漏微小的言行，真的能够依照天理本然的要求尽力而为，而不超越情欲的界限而忘乎所以，那么即便是想要达到圣人贤者的层次，也不过是这样的法门。

【评析】

有一则寓言，说是国王让大臣去寻找长生不老之药，大臣回来后报告：那个会制作长生不老之药的人死了。国王大怒，不信。大臣坦陈：一个人有长生不老之药，但并不意味着他会吃啊！（关于"不死之药"的故事，可参考本书［卫灵公第十五·二十九］"评析"部分。）

所以，孔子告诉我们的，遵循常识常理很重要，而不要去贪求什么奇方妙法、怪力乱神。"庸德之行，庸言之谨"，反倒是生活的极则，不应被忽视乃至遗忘。

【标签】

庸德之行，庸言之谨；仁熟义精；涵养纯粹

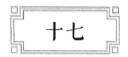

【原文】

子在川上,曰:"逝者如斯夫!不舍昼夜。"

【解义】

此一章书,是讲孔子就川流以指道妙也。

天地间大化流行①,无时少息,随处可见,然目前可以指示者,莫如川流。故孔子偶在川上,有会于心而言曰:天地之化,往者过,来者续,往而复来,来者复往,相续不已,无非逝者,有如此水夫!彻昼彻夜,流而不已,昼固如是,夜亦如是,未尝有一息之停止也。

人心体此,时时存省②,使私欲净尽,天理常存,无有毫发之间断,则庶乎不亏其本体矣。推而言之,天理流行,触处皆是,天运而不已,物生而不穷,日往则月来,寒往则暑来,大而造化③之开阖④,小而口鼻之呼吸,无在不有,无时不然,总是一无息之体。⑤论本体⑥则自然不息,论工夫⑦则自强不息。勉强之久,至于自然,而纯亦不已⑧焉。则天德在是,王道亦在是,所谓中和位育⑨,无非此理,惟在天纵之⑩。

圣人察识其本体而扩充之,存诚主敬⑪,无少间断,以造乎其极而已。

【注释】

①大化流行:大自然无时无刻不在按其自身规律运动变化。大化,宇宙,大自然。
②存省:保持省察。
③造化:自然界的创造者。亦指自然。
④开阖:开启与闭合。
⑤天理流行,触处皆……总是一无息之体:朱熹《论语集注》注解本章:程子曰:"此道体也,天运而不已,日往则月来,寒往则暑来。水流而不息,物生而不穷,皆与道为体,运乎昼夜,未尝已也。是以君子法之,自强不息,及其至也,纯亦不已焉。"
⑥本体:指最根本的、内在的、本质的定位;本真。
⑦工夫:理学家称积功累行、涵蓄存养心性为工夫。
⑧纯亦不已:《礼记·中庸》:"《诗》曰'维天之命,於穆不已',盖

曰天之所以为天也。'於乎不显，文王之德之纯'，盖曰文王之所以为文也，纯亦不已。"（《诗经·周颂·维天之命》中说，"上天的道理，庄严而深远"，这大概说的就是天之所以成为天的道理吧。"啊，岂不显著光明，周文王的道德是那么纯洁无瑕"，这大概就是说，周文王之所以被尊谥为"文"，就在于他的德行无比纯粹而持久。）

⑨中和位育：中和，中庸之道的主要内涵。位育：正位而育，天地依照自然规律运转，从而使万物正常生育。儒家认为能"致中和"，则天地万物均能各得其所，达于和谐境界，从而使万物正常生育。《礼记·中庸》："喜怒哀乐之未发谓之中，发而皆中节谓之和。中也者，天下之大本也；和也者，天下之达道也。致中和，天地位焉，万物育焉。"（喜怒哀乐没有表现出来，叫作"中"；表现出来，没有太过和不及，都能恰如其分地符合自然之理，就叫作"和"。所谓"中"，是天下一切道理的根本所在；所谓"和"，是天下一切事物最普遍的规律。能够达到"中和"的境界，那么天地就可以各就其位而运行不息，万物便能够各随其性而生长发育了。）

⑩在天纵之：天所放任，意谓上天赋予。

⑪存诚主敬：内心恪守诚敬。宋儒以此为律身之本。存诚，心怀坦诚。出自《周易·乾》：九二曰"见龙在田，利见大人"，何谓也？子曰："龙德而中正者也。庸言之信，庸行之谨，闲邪存其诚，善世而不伐，德博而化。《易》曰'见龙在田，利见大人'，君德也。"（九二的爻辞说"当巨龙出现在田间，就利于拜见大人"，这是什么意思呢？孔子说："龙德圣人，立身中正，他平常所言必讲信用，平常行为必然谨慎，防止邪恶而内心保持真诚，惠泽世人而不自矜，其道德广大能够感化人心。《周易》说'巨龙出现在田间，有利于拜见大人'，是在讲君子之德啊。"）

主敬：出自《礼记·少仪》："宾客主恭，祭祀主敬，丧事主哀，会同主诩。"（接待宾客要保持容貌谦恭，祭祀礼仪要保持内心诚敬，办理丧事要保持心情哀痛，国事会盟要保持勇武敏锐。）宋明理学以之为道德修养方法。程颐说："涵养须用敬，进学则在致知。"（《河南程氏遗书》卷十八）主张通过涵养使自己的思想专一而不涣散，不为外物牵引，以明天理。朱熹强调"敬只是此心自做主宰处"（《朱子语类》卷十二），并认为"主敬致知，交相为助"（《答张敬夫》），把道德修养和求知活动结合在一起。《明儒学案》卷五十："学者始而用功，必须立敬存诚，以持其志，而后有进。久而纯熟，动静与道为一，则诚敬不待养而自存，志不待持而自定矣。程子论持志曰：'只此便是私。'此言亦过高，儒者遂以主敬存诚，以持志为有意而不务，殊失下学上达之意，近禅氏之虚静矣。"

【译文】

这一章，是孔子借大川流水来喻示大道之妙。

天地间自然流转变化，没有一刻停止，随处可见，但是现在最适合喻示的，就是大川流水了。所以当孔子碰巧站在川上的时候，心有会意而不禁说道：天地变化，往者已过，来者不断，往往来来，相继不停，无不像这眼前的流水，都是过往之物。它们日日夜夜，川流不息，白天如此，黑夜仍然如此，没有一刻停止下来。

当一个人的心神能够体会此道，时刻保持省察，克除私欲而遵循天理，没有一丝一毫间断，这样就不会使自然之本体受到损伤。推演开来，天理运行，无处不在，天道运行不已，万物生生不息，斗转星移，寒来暑往，大至自然界的运转动静，小至人的口鼻呼吸，无处不有天理，无时不有天理，总之是运转不息的道体。从本体而言就是自然而然，生生不息；从修为而言就是厚德载物，自强不息。经过不断强化，这种修为就自然而然了，变得纯粹而持久。那么天理道德在这里，王道政治也在这里了，所谓的"中和位育"，也正是这个道理——它们无不是上天所赋予。

圣人通过本体而通达天道，恪守诚敬之心，毫不间断，所以能够登峰造极，臻于至境。

【评析】

水是中国哲学的母体之一，孔子"亟称于水"（《孟子·离娄下》），深释"君子见大水必观焉"（《荀子·宥坐》）之意，对水观察入微而颇多启悟。川上之叹，据美国汉学家艾兰（S. Allan）考查，为中国文化典籍中首开考察水的传统，❶ 而被李泽厚先生叹为"全书中最重要一句哲学话语"❷。《解义》也尽心解之，不遗余力。

不过笔者倒是想追问：子在哪个川上曰的呢？不知道有没有人考据过。如果依当时的地理，孔子很可能是在面对着泗河时发出这样的感慨。

但其实具体是在哪条河流上已然不重要。以笔者臆解，夫子的意思就是说：每个人都是站在自己人生的河流上，每个人也只有一个人生，因此要认真善待它。

如何善待？《论语》应该是给出了最好的参考答案。

---

❶ ［美］艾兰：《水之道与德之端》，商务印书馆2010年版，第150页。
❷ 李泽厚：《论语今读》，中华书局2015年版，第226页。

【标签】

水；逝者如斯

【原文】

子曰："吾未见好德如好色者也。"

【解义】

此一章书，是言好德之贵诚也。

孔子曰：天所赋于人之正理，而人得之于心者，德也；人之大欲，最易溺情乱性①者，色也。德、色二者，理、欲之分判然。乃吾观人情，理念②常衰，欲念常胜。德虽人所本有，而气禀③拘之，物欲蔽之，修己之德则不能亹亹④焉惟日不足⑤，见人之德则不能孜孜焉乐取于人。欲如好色之出于诚然，至真且切者，未之见也。

盖好德则修身亲贤，其益无穷；好色则伤生伐性⑥，其害不小。诚能易好色之心以好德，将贤人君子日至于前，而修齐治平⑦自收其效，其为乐不更多乎哉？

【注释】

①溺情乱性：因沉溺于情感而迷乱心性。

②理念：同下文"欲念"相对，理性的判断、想法。

③气禀：亦称"禀气"，指人生来对气的禀受，从某种程度上决定了人与人后天的差别。详参本书［为政第二·九］同名词条注释。

④亹亹：勤勉不倦貌。亹，音 wěi。

⑤惟日不足：只觉时日不够。《尚书·泰誓中》："我闻吉人为善，惟日不足；凶人为不善，亦惟日不足。"（我听说好人做好事，天天做还是做不够；坏人做坏事，也是天天做而做不够。）

⑥伐性：危害身心。

⑦修齐治平：指提高自身修为，管理好家庭，治理好国家，安抚天下百姓苍生的政治抱负。出自《礼记·大学》："古之欲明明德于天下者，先治其国；欲治其国者，先齐其家；欲齐其家者，先修其身；欲修其身者，

先正其心；欲正其心者，先诚其意；欲诚其意者，先致其知；致知在格物。物格而后知至，知至而后意诚，意诚而后心正，心正而后身修，身修而后家齐，家齐而后国治，国治而后天下平。"出处及译文可详参本书［为政第二·十七］"格致诚正"词条注释。

【译文】

这一章，是说要真诚于好德。

孔子说：上天赋予人真正的道理，人能够得之于心，这就是"德"；人身上的最大的欲望，最容易沉溺情感而迷乱心性的，就是"色"。德和色这两样，因理性和欲望而判然有别。而我观察人情，往往是理性的念想不足，而欲望的念想常有。德性虽然也是人自身所拥有的，但是受到气质的拘谨、物欲的围蔽，自我修行道德就无法做到勤勉不倦而唯恐时间不够用，见到他人美德也不会孜孜不倦地向他人学习。要想让好德像好色那样出于诚实，既真诚又急切，恐怕还见不到。

应该说，好德就会修身养性而亲近贤能，其好处是无穷无尽的；而好色就会伤害身体而危害身心，其害处不可小觑。如果能够用好德之心来替代好色之心，就会遇有更多的才德之士，而修齐治平的政治理想也自然会取得实效，这难道不是更大的乐事吗？

【评析】

好德、好色，都有天然的心理基础，只是人们易于好色而疏于好德。孔子提倡好德要像好色一样，其前提也是承认好色胜于好德，而好德何以能够像好色一样成为人们的所需所行，他并没有说明。

其实好色并非完全坏事，好德未必要强加于人。人们好色，则可进行美育，使好色与好德合二为一。所谓"好"（喜好），是需要积极回馈的。好色是出于个人而归于个人，但好德，则是出于个人而归于公众。如果好德之举在社会和国家得不到有效的回应，恐怕自然就没有好德之人和好德之举。然而，可惜，现在的"美人"是公众经济的产物，"大片"是狂暴商业的节奏，在利益纷争和"眼球"经济的世界里，仅凭好德恐怕是没有市场的，得不到应有的反馈。道德至多是一种点缀，而无法成为生活和人格的内核——你已经很难想见一个美人与美德之间有什么必然关系，而她则必然与化妆品、美容术、演艺圈、广告片等等联系在一起，没有聚光灯和奢侈品的美，早已不是大众眼中的"美"。你所一见钟情的只是一张PS出来的图片，与其真人可能真的关系不大。

这样的"好色",已纯然是商业导引的产物,不要也罢。

本章在［卫灵公第十五·十三］重出,亦可参该章评析。

【标签】

好德；好色；惟日不足；修齐治平

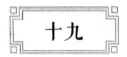

【原文】

子曰:"譬如为山,未成一篑,止,吾止也;譬如平地,虽覆一篑,进,吾往也。"

【解义】

此一章书,是见为学进止之机皆由于己也。

孔子曰:人之为学,必求有成。倘日积月累,已实用工夫①,而一旦厌怠心生,中道而止,则前功尽弃,究归②无成。譬如积土为山,势已垂成③,其未成者,但少一篑之土耳,于此成山岂不甚易?乃忽然中止,不肯加功,则前功俱置无用,而山终不成矣!此其止也,谁止之乎?只一己④因循⑤怠惰而止耳。(为学而至自弃,亦犹是也,可不戒哉!)

人之为学,勿可畏难。虽为圣为贤,未曾全用工夫,而一旦发愤精进,自强不息,则积少成多,不可限量。譬如平地未曾积土,其所覆者仅有一篑之土耳,冀望⑥成山,岂不甚难?乃锐然奋进,不肯少停,则功力积久⑦,高大山亦有时而成矣。此其进也,谁进之乎?只一己奋发精勤⑧以往耳。(为学而能自强,亦犹是也,可不勉哉!)

《易》曰:"天行健,君子以自强不息。"⑨《诗》曰:"靡不有初,鲜克有终。"⑩可见,为学在锐志,尤在有恒。诚使工夫无有间断,则盛德⑪大业岂难致哉?

【注释】

①工夫:做事所费的精力和时间。
②究归:终归。
③垂成:接近完成或成功。
④一己:自己,个人。

⑤因循：怠惰，疏懒。

⑥冀望：希望，企图。

⑦积久：即"真积力久"，认真积累并持之以恒。《荀子·劝学》：学恶乎始？恶乎终？曰：其数则始乎诵经，终乎读礼；其义则始乎为士，终乎为圣人，真积力久则入，学至乎没而后止也。（学习究竟应从何入手？又从何结束呢？答：按其方法途径而言，从诵读《诗经》《尚书》等经典开始，到研习典礼文籍结束；就其为人成学而言，则从做士人开始到成为圣人结束，认真积累并持之以恒，活到老，学到老。）

⑧精勤：专心勤勉。

⑨《易》曰："天行健，君子以自强不息。"《周易·乾·象传》："天行健，君子以自强不息。"（君子法上天刚健、运转不息之象，而自强不息，进德修业，永不停止。）

⑩《诗》曰："靡不有初，鲜克有终。"即《诗经·大雅·荡》中的诗句。做事没有人不肯善始，但很少有人善终。告诫人们为人做事要善始善终。靡，无，不，没有；和"不"构成双重否定。初，开始。鲜，少。克，能。

⑪盛德：高尚的品德。

【译文】

这一章是说，求学问道是进取还是停止完全取决于自己。

孔子说：人们求学问道，自然期望有所成就。如果已经经过日积月累的不懈努力，仅因偶然产生倦怠的心理，就马上停步不前，半途而废，则会前功尽弃，终无成就。就像累积土石以成山，总体上已经差不多了，之所以没有成功，只是差了几筐土而已，这要堆积成山不是很容易吗？但是你忽然终止了，再也不愿用功，那么前面的工夫就白白耗费了，山也堆不成了！这种止步，是谁阻止的呢？只是因为个人慵懒怠惰而停止的啊。（求学问道却自甘放弃，就是这样的啊，这种行为怎能不戒除呢！）

人们求学问道，不应有畏难情绪。即便是想成为圣人贤者，如果原来没有全力以赴，而现在一旦奋发图强，自强不息，就会积少成多，前景不可限量。就像一块平地，上面本来没有积累沙土，往上面倒一筐土，希望能够成为一座山，这不是痴人说梦吗？然而如果能够昂然奋进，一刻也不停歇，那么经过日积月累的努力，即便是堆积成高大的山峰也指日可待。这种进步，是谁催发的呢？不过是个人奋发向上、专心勤勉便可使然而已。（求学问道能够自强不息，就是这样的啊，这种行为怎能不多加勉励呢！）

《周易·乾·象传》上说："天行健，君子以自强不息。"（天道运行刚健，君子要法从上天而自强不息。）《诗经·大雅·荡》上也说："靡不有初，鲜克有终。"（做事没有人不肯善始，但很少有人善终。）可见，求学问道关键在于勤于励志，并持之以恒。如果真的能够做到坚持不懈，那么，无论是高尚的品德，还是宏大的事业，都不难实现。

【评析】

这一章记述夫子劝勉人们坚持为学的话语，极尽劝勉之功，而又极为宽厚慰藉，可谓古今劝学文字之圭臬。

夫子劝学有两个路向，用了两个妙喻，却表述了同一个道理：一个比喻是积土成山，以激励为学已经有所成就的人，劝勉他们要不断用功，即便已然成绩卓著，也要更进一步，而且也能够更进一步；一个比喻是平地覆土，以激励为学尚未起步的人，劝勉他们要有信心，即便是一片空白，也可以从头开始，走出一步就有一步的成就，因之可以不断进步。总之，夫子只是一味地劝勉人们为学，希望他们无论是在学问的何等层次，都能一点点地积累，其关键在于自己，哪怕只是进步一点点，那也是自身所学所得，不能松懈，也无须他顾。

《解义》释第一义乃为学接近成功，甚是不妥。因为为学之道无穷无尽，岂可谓一篑之差。释第二义，则过于拔高，急于求成。夫子只是劝勉人们去学，要对自己所学有所坚信，如此而已。如果一开始就要求初学者追逐成山成圣之志，岂不会令其望峰息心而窥谷却步？

【标签】

为学；譬如为山；天行健，君子以自强不息；靡不有初，鲜克有终

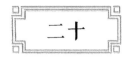

【原文】

子曰："语之而不惰者，其回也与！"

【解义】

此一章书，是孔子深赞颜子之能受教也。

孔子教门弟子①，发明②道理，常以言语相传。但诸弟子闻孔子之言，

未能会之于心，体之于身，便有怠惰之意。惟颜子能明睿③，故闻孔子之言而心解；能健决④，故闻孔子之言而力行。欲罢不能⑤，拳拳弗失⑥。所以孔子赞之曰：凡人听言，半疑半信，若在若亡⑦，罕有不惰者。若夫语之以道而心知力行，自不能已，绝无怠惰之意者，其惟回也与！

孔子称赞颜子，亦所以励群弟子也。

【注释】

①门弟子：即及门弟子，又称"受业弟子"，亲自登门去老师家里或教学地点受教育的学生叫作及门弟子。可详参本书［泰伯第八·三］"及门弟子"词条注释。

②发明：阐述，阐发。

③明睿：聪明有远见。

④健决：刚强果决。

⑤欲罢不能：指颜回对夫子之道迷恋而坚持践行的状态。见［子罕第九·十一］：颜渊喟然叹曰："仰之弥高，钻之弥坚。瞻之在前，忽焉在后。夫子循循然善诱人，博我以文，约我以礼，欲罢不能。既竭吾才，如有所立卓尔。虽欲从之，末由也已。"

⑥拳拳弗失：形容恳切地牢记不忘。拳拳，紧握不舍，引申为恳切、勤勉的样子。出自《礼记·中庸》。可参本书［泰伯第八·五］"拳拳服膺"词条注释。

⑦若在若亡：有的记在心里，有的则忘记掉。《老子》："上士闻道，勤而行之；中士闻道，若存若亡；下士闻道，大笑之——不笑不足以为道。"（上等的士听闻大道，就会坚信不疑，马上勤勉践履；中等的士听闻大道，就会将信将疑，信一半忘一半；下等的士听闻大道，就会不以为然，以为无稽之谈——但是，恰恰是这种无视道的态度，却可能是最有益于道的。）

【译文】

这一章是讲，孔子大为赞叹颜回能够领受教诲。

孔子教导及门弟子，阐发道理，常常以口述的方式传授。但是大多数门人弟子听孔子讲授，还未能完全得之于心而体之于身，便显露怠惰疲倦的状态。只有颜回足够明慧睿智，所以一听到孔子的话就心领神会；足够刚强果决，所以一听到孔子的话就身体力行。想要停止都停不下来，而且对夫子的话恳切地牢记，念念不忘。所以孔子赞扬他说：一般的人听我讲授，往往会半信半疑，有的会记住，有的则会忘记，很少有不倦怠的。像那种一点就透并马上付诸行动,而且忘我投入,乐此不疲而毫无怠惰之感的,恐怕就只有颜回了吧!

其实孔子对颜回大加赞赏,也正是给全体弟子树立一个榜样来勉励他们吧。

【评析】

说两个虽小而关乎大义的事情——

一个是对"子曰"的翻译。一般译为"孔子说",不妥。"子"实际是"夫子"的简写,"夫子"是尊称,代指孔子,是从孔门弟子口吻说出,故应对应译为现代汉语中的"先生",或干脆采用原生态的"夫子"一词也未为不可。如果把儒学典籍中的"夫子"直接译为孔子,则是陷儒门学子于夫子大不敬,失之草莽了。

一个是对"颜子"等诸子的说法。像本章《解义》,竟然将"颜子"与"孔子"并置,极不合宜。有孔子这一师尊"在场",便不能有"颜子"之称谓,亦无"有子""曾子""张子"等诸子之说法。不然,有不上不下、不伦不类之嫌。

如果我们将这一章还原到当时情境,置身孔子师徒之间,概可真见其貌,真知其味。故此提出《解义》中的两个小 bug,以明此义。

【标签】

为学;颜回(颜渊);拳拳弗失

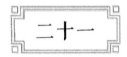

【原文】

子谓颜渊,曰:"惜乎!吾见其进也,未见其止也。"

【解义】

此一章书,是孔子追思颜子之好学也。

凡人为学,智愚、贤不肖之分①,所争惟在进止之间耳。进而不止,虽至圣人而无难;止而不进,则终于庸人而已。孔门惟颜子好学②,有日进而未已之势;使得永年③,必至圣人地位④。故孔子当颜子既逝,犹追思而谓之曰:惜乎!吾但见其奋往精勤⑤,方进而不已也,未见其逡巡⑥退缩,欲止而不前也。以其勤学如此，由此日进不已，其造诣⑦所到，岂可限量？而不意其早逝也，岂不深可惜哉！

孔子之惜颜子如此。

学颜子之学者，亦惟精进不已，则庶几矣。

【注释】

①智愚、贤不肖之分：智慧者和愚昧者、贤良者与不贤良者的分别。《礼记·中庸》：子曰："道之不行也，我知之矣：知者过之，愚者不及也。道之不明也，我知之矣：贤者过之，不肖者不及也。人莫不饮食也，鲜能知味也。"（夫子说："中庸之道不能被当世推行，我知道它的原因了：有智慧的人容易做得太过分，愚昧的人又达不到它。中庸之道不能被发扬，我知道它的原因了：贤明的人容易做得太过分，不贤明的人又达不到它。这就好像人没有不吃饭、不喝水，但能够品尝滋味的人却非常少。"）

②孔门惟颜子好学：［雍也第六·三］哀公问："弟子孰为好学？"孔子对曰："有颜回者好学，不迁怒，不贰过。不幸短命死矣，今也则亡，未闻好学者也。"［先进第十一·七］季康子问："弟子孰为好学？"孔子对曰："有颜回者好学，不幸短命死矣，今也则亡。"

③永年：长寿。

④地位：程度，地步。

⑤精勤：专心勤勉。

⑥逡巡：退避，退让。

⑦造诣：学业所达到的程度。

【译文】

这一章说的是，孔子追思怀念颜回的好学。

一般来说，人们求学问道，是智慧还是愚昧，是贤良还是不肖，其区别往往在于坚持进步还是中途而废。坚持进步而非半途而废，即便是达到圣人的境界也不难；半途而废而不坚持进步，那就只能是庸人一个了。孔门只有颜回堪称好学，他每天都有进步而不止息的态势；假如给他足够的寿命，必然达到圣人的程度。所以孔子在颜回去世之后，仍然追思怀念他，说：可惜呀！我只看到他奋力勤勉于学，正是进步而不止息的样子，没有见到他有所退缩畏难、想要止息而停滞不前的意思。他能够如此勤勉于学，并日有所进而不止步，那么他能够达到的程度，实在是不可限量。但没有想到他不幸短命早逝，这不是太可惜了吗！

孔子就是如此痛惜颜回的命运。

向颜回学习的人，也定要奋力勤勉，精进不已，这样才有可能成贤成圣。

【评析】

夫子感喟"逝者如斯夫，不舍昼夜"，或暗示生命之道的圆满，就在于惜时精进，自强不息。而学习正是精进自强的最重要途径。故此可将上下几章连贯来看，夫子对生命之感喟恰与颜渊之好学有着内在统一的联系而前后呼应。

但是，生命之可贵与为学之精进这两个命题，在堪称最为优秀的儒学者颜回身上却似乎是一个悖论——他如此勤奋好学，却生命短促。为学本是为了穿越生命之道，达到为道和生命的双重圆满，然而好学乐道的颜回竟是这样的"不幸短命死矣"！

颜回的好学与其早逝之间有没有必然的联系？固然好学而早逝令人惋惜，而若因好学而致早逝，则恐怕是对儒学的思想核心构成巨大冲击的现实事件。在古人那里，长寿是生命力和某种品德的象征。夫子也曾说"仁者寿"之类的话：

子曰："知者乐水，仁者乐山。知者动，仁者静。知者乐，仁者寿。"（［雍也第六·二十三］）

子曰："……故大德必得其位，必得其禄。必得其名，必得其寿，故天之生物，必因其材而笃焉。故栽者培之，倾者覆之。"（《礼记·中庸》）

生命本就不完美，尽心于学，则暴露出一种参透生命密码的企图。而这样一个最好学的学生的早死的寓意是什么呢？"学以成人"这一基本路径（详参［宪问第十四·十二］"评析"部分）的合法性又在哪里呢？

就此而言，儒家对道德的期许因为颜渊的死而遭受重创。因此颜渊之死于孔子而言业已超越了情感的界限，而更代表着哲学观念上最强力的挑战。这也就是《论语》中没有记载孔子的儿子孔鲤之死，也没有颜渊生时细节的详细表述，却以较多的篇幅记录颜渊之死的原因。而且孔子悲痛至极地表示"天丧予，天丧予"（［先进第十一·九］），"非夫人之为恸而谁为"（［先进第十一·十］）。

这个事件的后续，则或在孟子那里修正为"尽心知性""夭寿不二"（《孟子·尽心上》）的率性表达，在一定程度上放弃了生命作为道德本体的包袱，不再以生命的长短为限，而是尽情拥抱天命和本性，更多一些自由浪漫的色彩。而无论汉儒将儒学融入阴阳五行之说，或宋儒从理气说入手，实则将道理物化而设计出符合生命一惯性的公理，尽可能更像哲学的样子，从而使儒家补齐对死亡哲学阙如的短板。

然而，儒学终究不是坐忘长生或生死苦海的学问，其对死亡一直讳莫如深，它关注群体生活质量大于个体生命之有无得失。因为儒家缺乏对抗死亡的"秘诀"，所以个体生命在死亡之前终究是无力的；而儒家本就将生命整体视作息息相关的链条（是所谓"生生大德""生生不息"），培植群体性的生命超越，因此可以说儒家在死亡面前其实也是最切实、最有力的。

【标签】

颜渊；颜渊之死；儒学生死观；道家生死观；佛家生死观

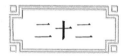

【原文】

子曰："苗而不秀者有矣夫！秀而不实者有矣夫！"

【解义】

此一章书，是孔子勉学者以有成也。

凡学者始有其质，犹谷之始生有苗；继加以学问，发达①其聪明，犹谷之吐花为秀；终焉实有诸己②，至于成就，犹谷之成谷为实。学必至于成，犹谷必至于实方为有用。

故孔子借喻而言曰：谷之生也，自苗而秀，自秀而实，乃为有成。苟或失其耕耘，逆其生理，培植滋养一有不到，则但生苗，而不吐花秀发者，有矣夫！即吐花秀发，而不结实者，亦有矣夫！美而不成，其何用哉？

可见，讲学修德，亦当有始有卒，勿致一暴十寒③，则日进无疆④，而底⑤于大成⑥矣。

【注释】

①发达：使充分发展。

②实有诸己：《近思录》卷二《为学大要》："学者识得仁体，实有诸己，只要义理栽培。如求经义，皆栽培之意。"（学道的人要懂得仁的基本

意思，并且实际使自己具备仁德，只要用义理培养自己就可以做到。比如寻求经书里面的含义，就是培养自己的一种方式。)

③一暴十寒：比喻做事没有恒心。暴，同"曝"，音 pù，曝晒。《孟子·告子上》："虽有天下易生之物也，一日暴之，十日寒之，未有能生者也。"（虽然是最容易生长的植物，在太阳下曝晒一天，在背阴处冷冻十天，也无法生长。）

④日进无疆：每天有无限的进步。《周易·益》："益：利有攸往，利涉大川。《象》曰：'益'，损上益下，民说无疆；自上下下，其道大光；'利有攸往'，中正有庆；'利涉大川'，木道乃行；益动而巽，日进无疆；天施地生，其益无方。凡益之道，与时偕行。"（"益卦象征着增益：利于有所前往，利于涉越大河。《象传》说：'益'，就是要减损于上，增益于下，这样民众就会万分欢悦；自上而下降恩施惠，这样为君之道也就会发扬光大了；'利有攸往'，这说明位居中正的九五必有大的喜庆；'利涉大川'，这说明木舟已可在水面顺利行驶；增益就是雷震动而巽风入，所以每日都会有无限的进步；上天广施恩惠，大地普生万物，故天地无不有助君子的增益。这种增益之道，是顺应四时而与之同步进行的。"）

⑤底：同"抵"，达到。

⑥大成：大的成就。

【译文】

这一章是讲，孔子勉励学者要学有所成。

但凡学者开始学习，就像谷粟发育幼苗；然后增长学问，开启智慧，就像谷粟抽蕊开花；最终使自己真正有所得，有所成就，就像谷粟结实而成谷粟。学习直到有所成就，就像育种最终结实，才真正有用。

所以，孔子借谷粟成长来比喻为学之道：谷粟的生长，从幼苗到开花，从开花到结实，才能有所收成。如果得不到耕种，而或不提供生长的必要条件，对它的培养稍有不足，恐怕即便是发育成苗，但也不会开花吐蕊，会这样吧！而即便是开花吐蕊，但也不会结实，也会这样吧！即便有青苗、繁花之美，但没有最终结实成果，又有什么用呢？

由此可见，讲学修德，应该善始善终，不能一曝十寒，这样才能每日无限进步，最终实现完美的成就。

【评析】

本章《解义》文字比较绕口、反复，就像是在堆累字数，有点强以为辞的味道。实际上，孔子在这里不独是勉励学习者要学有所成，更是在鞭策一些学问家要学有所戒：学问无他，只是让自己成长成人之路——学问为己成己，这是学问最实际、最切实的功用；如果把学问当成了敲门砖、装饰品，用于换取功名利禄，即便有繁花锦簇之盛，但终归无硕果累累之实，于世失职失责。这样的学问之道，实若买椟还珠，得不偿失，故不求也罢。

【标签】

苗而不秀；秀而不实；讲学；修德；日进无疆；与时偕行

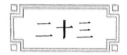

二十三

【原文】

子曰："后生可畏，焉知来者之不如今也？四十、五十而无闻焉，斯亦不足畏也已。"

【解义】

此一章书，是孔子教人及时勉学也。

孔子曰：君子进德修业①，贵于及时。若人之后生者，实是可畏——其年富，进学有余日；其力强，进学有余功。诚能不虚此年力，乘时勉学，日进不已，则其造诣所到，殆未可量。焉知将来不如今日之可畏乎？倘若因循②悠忽③，岁月蹉跎，转盼④间至于四十五十之年，而不以善闻，则衰老无成，后来更无可望，斯亦不足畏也已。

孔子先言"可畏"，是期望以勉励人；后言"不足畏"，是绝望以警戒人。总是教人及时勉学也。可见作圣⑤之功，全在春秋⑥方富之年，日新⑦不已，日进无疆⑧，则功崇业广，岂有不造其极者乎？

【注释】

①进德修业：提高道德修养，扩大功业建树。
②因循：怠惰。
③悠忽：放荡，游荡。
④转盼：犹转眼，喻时间短促。
⑤作圣：成为圣人。

⑥春秋：年纪。

⑦日新：每天都在更新，指发展或进步迅速。《礼记·大学》：汤之《盘铭》曰："苟日新，日日新，又日新。"《周易·系辞上》："富有之谓大业，日新之谓盛德。"可详参本书［述而第七·三］同名词条注释。

⑧日进无疆：每天有无限的进步。出自《周易·益·象传》，详解参本书［子罕第九·二十二］同名词条注释。

【译文】

这一章是讲，孔子教导人们应及时用功于学业。

孔子说：君子提升道德，扩大功业，重要的是要及时。因为那些后生晚辈，着实令人生畏——他们足够年轻，所以学业进步尚有充足的时日；他们精力充沛，所以学业进步尚有富余的空间。如果他们能够不虚废时光和精力，抓紧时间勤勉于学业，每日不断进步，那么他们学业所能达到的程度，恐怕是不可限量。而且，又怎知将来不会获得令今日更为敬畏的成就呢？而如果一味怠惰懒散，白白荒废时光，转眼间就到了四五十的年龄，却仍未能够以善闻名，恐怕也就这样垂老无成，不可再指望未来，更不要说有什么可以敬畏的了。

孔子前面说"可畏"，是用自己的期待来勉励他人；后面说"不足畏"，是用成长的绝望来警戒他人。总之这都是教导人们勤勉于学业啊。由此可见，若要成为圣人，重要的是在年轻力壮的时候，每天自新不停步，进步无限量，这样才能累积高德广业，而能够达到登峰造极的境地。

【评析】

财富可以积累，地位可以渐升，唯学识与声望未必与日俱增。大概人生四十、五十，经历了一定时期的积累，是财位俱丰的时期，也最容易骄矜自满、快然自足，但在学问道德上也容易固步自封、止步不前。孔子的这番话给这些"油腻"的脑袋上泼了一盆冷水，告诫他们什么才是最重要的，并且需要怎样调整心态以把握好这个阶段。

将"无闻"指向于"学"而非功名利禄，是明智之解。

【标签】

后生可畏；为学

【原文】

子曰:"法语之言①,能无从乎?改之为贵。巽与之言,能无说乎?绎之为贵。说而不绎,从而不改,吾末如之何也已矣。"

【解义】

此一章书,是孔子言听言者贵有受言之实也。

孔子曰:凡人听言,必当虚己以受②,求其实益。如见人有过,以正言直论,明白规谏之,是谓"法语之言"。此等言语,词严义正,人听之自然敬惮③,不得不允服④,其能不从乎?然非贵面从⑤而已,必因所言者一一反求⑥,既有过愆⑦,随即改正,乃为可贵。

见人有过,以婉词微意⑧,委曲⑨与之言,是为"巽与之言"⑩。此等言语婉转和平,人听之无所乖忤⑪,不得不欣喜,其能无说⑫乎?然非贵一时喜悦而已,必以所言者一一寻绎⑬,深得其微意之所在,乃为可贵。

若一时喜悦,而不能绎思其理,外貌顺从,而不能自改其过,则虽正直规谏之论日陈于前,委曲开导之词日闻于耳,究不足以醒其昏惰,救其过失,吾终无如之何也已矣。

孔子深绝以警之如此。

凡听言纳谏,虚己以受,务求实用,勿事虚文⑭,则讲学修德,治国平天下,均有裨益⑮矣。

【注释】

①法语之言:符合原则的规正之语。
②虚己以受:虚心听取别人的意见。《资治通鉴·唐纪八》:戊子,上谓侍臣曰:"朕观《隋炀帝集》,文辞奥博,亦知是尧、舜而非桀、纣,然行事何其反也。"魏征对曰:"人君虽圣哲,犹当虚己以受人,故智者献其谋,勇者竭其力。炀帝恃其俊才,骄矜自用,故口诵尧、舜之言而身为桀、纣之行,曾不自知以至覆亡也。"上曰:"前事不远,吾属之师也。"
③敬惮:敬畏。
④允服:信服。
⑤面从:当面顺从。

⑥反求：即"反求诸己"，反躬自问，谓从自己方面找原因。出自《孟子·公孙丑上》："射者正己而后发，发而不中，不怨胜己者，反求诸己而已矣。"可详参［卫灵公第十五·二十一］同名词条注释。

⑦过愆：过失，错误。

⑧微意：隐藏之意，精深之意。

⑨委曲：委婉。

⑩巽与之言：恭顺赞许的话。

⑪乖忤：同"乖迕"，抵触，违逆。

⑫说：同"悦"。

⑬寻绎：抽引推求。

⑭虚文：空洞的文字，空话。

⑮裨益：补益，益处。

【译文】

这一章是讲，孔子教导要善于听取别人的话。

孔子说：但凡听人说话，一定要虚心听取别人的意见，在其中得到实际对自己有益的作用。（一种是）见到别人的缺点，就正直说出，明明白白地进行规谏，这叫作"法语之言"（严肃而符合原则的话）。这种话，义正词严，听受的人自然会感到敬畏，而不能不信服，所以听到这样的话，怎能不听从呢？但是这种听从，不是当面顺从而已，而是根据所说的话逐一从自身查对，一旦有所过失，就马上改正，这样才难能可贵。

（第二种是）见到别人有缺点，就以婉言来表达深意，委婉地对他说话，这就是"巽与之言"（恭顺赞许的话）。这种话婉转而平和，使人听了不会有所抵触，甚至还会感到很高兴。然而在这种情况下，不能仅贪图一时开心，还要对人家所言逐一寻思回味，得到其内在所要表达的深意，这样才难能可贵。

如果（你听人说话）只是图一时开心，而不能寻思其内蕴，只顾表面上的应承，而不能深刻反省自身过失，那么，即便是每天都有人在你跟前直言进谏，每刻都有人在你耳边委婉陈词，终究也不能使你从昏愦中醒来，自己挽救过失，这样谁都帮不了你了。

孔子就是如此深刻而决绝地发出警告。

凡是听取意见和建议，就要虚心接受，务求实效，而非装模作样，这样无论是对于讲学修德，还是对治国治政，都大有好处。

【评析】

听话听音，知人知心。同路三人行，必有我师焉；别人三句半，亦必有可学焉。

本章其实是夫子所云"其不善者而改之"的进一步演绎，就是要善于听取他人的话，无论是正直（即便抵触）的话，还是委婉（但有深意）的话，都要从中汲取对自己有益的成分，时刻保持警醒和反省。

【标签】

法语之言；巽与之言；听言纳谏；虚己以受；讲学修德

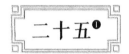

【原文】

主忠信。无友不如己者。过，则勿惮改。

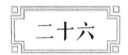

【原文】

子曰："三军可夺帅也，匹夫不可夺志也。"

【解义】

此一章书，是孔子勉人立志也。

孔子曰：凡士君子①必先立志，志于道，志于仁，皆志也。所志一定，方能为圣为贤，至于有始有卒，终不可得而夺。且以势之难夺者言之，如以三军②之众而卫一主帅，宜若不可夺者；然三军虽众，心有时不齐，力有时不合，则其帅可夺而取之也。若以匹夫③而守其志，宜若可夺者，然匹夫虽微，在己能守其志，则始终不变，生死不渝，必不可得而夺也。

可见，士君子只在立志，所志既定，则富贵不能淫，贫贱不能移，威

---

❶ 本章已见于［学而第一·八］，《解义》因其重出而未重解。

武不能屈，所谓大丈夫者如是而已。④

【注释】

①士君子：周制，"士"指州长、党正，"君子"指卿、大夫和士。泛指有学问而品德高尚的人或读书人。

②三军：军队的通称。

③匹夫：平常的人。

④富贵不能淫……所谓大丈夫者如是而已：《孟子·滕文公下》："居天下之广居，立天下之正位，行天下之大道。得志，与民由之；不得志，独行其道。富贵不能淫，贫贱不能移，威武不能屈，此之谓大丈夫。"（住在天下最宽广的住宅——"仁"里，站在天下最中正的位置——"礼"上，走在天下最开阔的大路——"义"上。志向得到施展的时候，和民众一起推行仁德，共享成果；不得志的时候，就自己一个人坚守主张。富贵不能使他骄奢淫逸，贫贱不能使他改移节操，威武不能使他屈服意志。这样才叫作大丈夫！）

【译文】

这一章是讲，孔子勉励人们立定志向。

孔子说：读书人一定要先立志，要么立志于道，要么立志于仁，都是志。只有志向确定，才能够行为圣贤之事，并有始有终，坚定而不可变夺。如果从这一方面而言，可以打个比方：三军拥护的主帅，看起来难以夺取；但是三军人数虽多，但也有心不齐、力不合的时候，所以它的主帅还是有可能被夺取。而相较而言，如果一介匹夫守护志向，看起来容易变夺，然而即便以个人之微弱力量坚守志向，则也能够始终不变，生死不渝，是任何人都无法变夺的。

由此可见，读书人重在立志，如果志向已定，那么富贵不能使他骄奢淫逸，贫贱不能使他改移节操，威武不能使他屈服意志，所谓的"大丈夫"就是这样的啊。

【评析】

三军以万人之众，极尽强势，难以夺其帅，而犹可为之；而匹夫以一人之弱，守志固穷，坚定不移，其心不渝。诗曰："我心匪石，不可转也；我心匪席，不可卷也。"（《诗经·邶风·柏舟》）心柔而刚，莫过于志坚。

【标签】

节操；三军可夺帅也，匹夫不可夺志也；大丈夫；士；君子

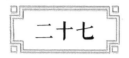

【原文】

子曰："衣敝缊袍，与衣狐貉者立，而不耻者，其由也与？'不忮不求，何用不臧？'"子路终身诵之。子曰："是道也，何足以臧？"

【解义】

此一章书，是言进道不可自足也。

凡人不以贫富动其心，方能进道①。子路识趣②高明③，能于贫富之际毫无系累④，故孔子称之曰：人情戚戚⑤于处贫，而汲汲⑥于求富，每于贫富相形之际，未有不动心者。若夫身衣敝坏之缊袍⑦，与衣狐貉⑧贵服之人并立，而恬然淡然，无动于中，不以为耻者，其惟由也与！夫由能不耻，其无忮求⑨之心可知矣。凡人情：嫉人之有而欲害之，则必忮；耻己之无而欲取之，则必求。忮、求心生，无所不至，皆耻贫之念为之也。今由独能不耻。卫《诗》有云："无所嫉而不忮，无所贪而不求，于外物一无系累，用是以往，何所为而不善乎？"此言惟由足以当之矣。

孔子引此以美之如此。

子路闻孔子许之，遂将此诗词时时讽咏，若将终身者。是自喜其能而不复求进于道矣。孔子警之曰：义理⑩无穷，必有日新不已⑪之功，以求至于尽善之地。是"不忮不求"之道，特进道之阶耳，若止于此，何足以尽善哉？

盖为学不以境遇动心，方可与进道，然须由此而进，至于中心安仁⑫，终食无违⑬，乃为尽善。故孔子警子路以勉其进也。

【注释】

①进道：进修道业。

②识趣：识见志趣。

③高明：特指君子修为达到高大光明的境地，上配于天，以普惠万物。出自《礼记·中庸》，详解参本书［里仁第四·十一］同名词条注释。

④系累：束缚，牵缠。

⑤戚戚：忧惧貌，忧伤貌。

⑥汲汲：心情急切貌，引申为急切追求。

⑦缊袍：以乱麻为絮的袍子。古为贫者所服。

⑧狐貉：指狐、貉（音 hé）的毛皮制成的皮衣。

⑨忮求：忮，音 zhì，嫉妒，嫉害。求，强求。《诗经·邶风·雄雉》："不忮不求，何用不臧？"臧，善。

⑩义理：道理。

⑪日新不已：每天都在更新，指发展或进步迅速。详解见本书［子罕第九·二十三］同名词条注释。

⑫安仁：自安于仁而无所它求。［里仁第四·二］子曰："不仁者，不可以久处约，不可以长处乐。仁者安仁，知者利仁。"［夫子说："不仁的人不可以长久地居于穷困中，也不可以长久地居于安乐中。有仁德的人安于仁（实行仁德便心安，不实行仁德心便不安）；聪明人利用仁（他认识到仁德对他有长远而巨大的利益，他便实行仁德）。"］

⑬终食无违：君子连一顿饭的时间都不会背离仁德。［里仁第四·五］子曰："富与贵，是人之所欲也，不以其道得之，不处也。贫与贱，是人之所恶也，不以其道得之，不去也。君子去仁，恶乎成名？君子无终食之间违仁，造次必于是，颠沛必于是。"（夫子说："富与贵，人人所欲，但若不以当得富贵之道而富贵了，君子将不安处此富贵。贫与贱，人人所恶，但若不以当得贫贱之道而贫贱了，君子将不违弃此贫贱。君子若背离了仁德，又怎么能称为君子呢？君子连一顿饭的时间都不会背离仁德，仓促急遽之时不会背离仁德，颠沛流离时不会背弃仁德。"）

【译文】

这一章是说，进修道业不能自满。

一个人不因为贫富而改变心志，才能进修道业。子路识见志趣高大光明，不会受到贫富变化的牵绊，所以孔子称赞他：人之常情是嫌贫爱富，特别是贫富悬殊的时候，没有不为之动心的。像那种身着破旧的乱麻絮袍子，与穿着裘皮大衣的人站在一起，也能够淡然处之，无动于衷，不以为耻的，大概也只有子路能够做到吧！子路能不以为耻，可以知道他没有嫉妒或贪求的心理。人情大抵如此：嫉妒他人之富有而想加害，就一定会嫉害；羞耻自己所贫乏而想获取，就一定会强求。嫉害、强求的心理一旦产生，就会不择手段，无所不用其极，这都是受耻辱、贫乏的心理影响产生的。现在独有子路能够（不受影响而）做到不耻。产生于卫国的《诗经·邶风·雄雉》中说："不忮不求，何用不臧"（无所嫉妒就不会嫉害，无所贪图就不会强求，内心足够坚持而不受外物负累，这样为人做事，又有什么不善之举呢？）这句诗，恐怕只有用在子路身上最合适。

孔子这样引用《诗经》来赞美子路。

子路听到孔子这样赞许他，就把这句诗挂在嘴边，时刻念叨，就好像一辈子都准备这样了。这是沾沾自喜而不再进取的架势。孔子因此警告他：义理无穷无尽，只有每日自新，坚持不懈，以求达到尽善尽美的境界。而这种"不忮不求"的层次，只不过是进步的一个阶段，（而非终极境界，）如果止步于此，又怎么做到尽善尽美呢？

大概求学问道不受外部环境影响心志，才能够进修道业，但也要从这一层次进一步提升，直到内心（无条件地）自安于仁而无所它求，连吃一顿饭的时间也不会违背仁的要求，这样才算得上完美之善。所以这里是孔子警告子路来勉励他不断进步。

【评析】

这一段太生动了！子路好可爱，也好可怜，似乎是一个长不大的小孩子，却遇到了人世间最好的老师，老师"温而厉"，所给予的却是最深厚的关切。不过，他的人生也给了孔子不少乐趣和启发吧！

【标签】

子路；不耻；不忮不求，何用不臧

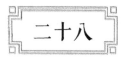

二十八

【原文】

子曰："岁寒，然后知松柏之后凋也。"

【解义】

此一章书，是孔子托物以比君子之节行也。

孔子曰：春夏和暖之时，草木无不畅茂，虽有坚刚柔脆之不齐，然未可辨也。及岁暮寒凝，草木零落，而松柏犹苍然不变，然后知其后雕①也。

盖治平无事之时，小人或与君子无异；至于遇事变、临利害，改节易操,甘与草木同腐者,多矣。惟君子处之弥艰,守之弥固,威武不能挫其志,死生不能动其心,即如后雕之松柏然。

夫士穷见节义,世乱识忠臣②。惟至时变,而后知君子之不同于庸众也。然必待有事而后思,得君子而用之,岂不晚哉?此圣王所以贵百年之计③也。

【注释】

①雕:同"凋"。

②士穷见节义,世乱识忠臣:朱熹《论语集注》:范氏曰:"小人之在治世,或与君子无异。惟临利害、遇事变,然后君子之所守可见也。"谢氏曰:"士穷见节义,世乱识忠臣。欲学者必周于德。"

③百年之计:同"百年大计",指关系到长远利益的计划或措施。大计:长远的重要的计划。

【译文】

这一章讲孔子依托松柏来比喻君子的节操。

孔子说:当春夏和暖之季,草木没有不茂盛生长的,很难辨别那种植物的生命力是强还是弱。等到年尾天寒,一般的草木枝枯叶落,只有松柏仍然苍翠常青,这个时候才知道它们的本色不容易改变。

那么,天下太平无事的时候,小人与君子表现上没有什么差异;但一遇到时世变故,面临利害抉择的时候,小人们大多会自甘变节堕落,就像草木遇寒冬而凋零一样。此时,只有君子在面临困境时更加坚强,固守节操更加坚贞,纵使施加威胁和暴力,也不能挫伤他们昂扬的志气,面临生死的考验,也不能使他们的忠心受到动摇。这就像那遇寒冬而不凋零的松柏啊。

遇到困境,才能展现出一个士人的节操;时代混乱,才能辨识一个人是否忠臣。只有遇到时世变故,才能看得出君子与庸人的不同。但是,如果只是等到非常之时才去辨识,并以此得到君子并委以重任,这不是太迟了吗?所以,圣王应当尽早识用君子人才,这是百年之计啊。

【评析】

《论语》这一章本身感情充沛而深婉。孔子用一个简单而精到的比喻,勾画了君子坚贞不屈的形象,开启了后世以植物来喻指人格的先河,也因此塑造了后世君子人格的心理结构和表征符号。故虽是简短的一句话,却深沉内敛，意有不尽，读起来让人有几分刻骨铭心，几分荡气回肠。

《解义》在将松柏之后凋与君子临危不惧、坚贞不屈的语义喻指关系加以明晰之后，却话锋一转，认为君子有此品格，但真正的用处却不应只在危难变故之时，而更应该注重平时，把君子与小人区别开来，对君子格外重用。这的确是有识之见，但同时也似乎揭示出一种无奈和尴尬：平常时期，小人混同君子，或致使小人当道、君子失时，小人人格压抑君子人格，庸常价值胜过精英价值。小人与君子的对比，因而不仅是两种人格的比较，而乃成为时代发展的明暗两条线索。这是一个有待深入讨论的专题，故此处不做延伸。

北宋吕蒙正作《破窑赋》（又作《寒窑赋》《劝世章》）也论及君子失时的问题，但将其归结为时运而非社会价值观念和选人用人机制，将一个有待深入甄论的学术话题引入消极俗套的论调，殊为可惜。

【标签】

岁寒，然后知松柏之后凋；士穷见节义，世乱识忠臣；学；德

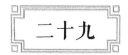

【原文】

子曰："知者不惑，仁者不忧，勇者不惧。"

【解义】

此一章书，是讲孔子指成德①者之心体以示人也。

孔子曰：知、仁、勇三者，人心之本体也。盖人之心体，本无障蔽而不惑，本无牵系而不忧，本无委靡退怯而不惧。

自人心一有所蔽，即有疑惑。惟夫有知之德者，格物致知②，不昧虚灵之体，③则事物之交，凡是非可否无不坐照④无遗，何惑之有？

自人心一有所累，即有忧患。惟夫有仁之德者，涵养纯熟，浑然天理⑤之公，则境遇之来，凡穷通得失无不顺理安行，何忧之有？

自人心一有所怯，即有恐惧。惟夫有勇之德者，至大至刚，直养浩然之气，虽当大节⑥重任，险阻艰难，皆毅然处之，无逡巡⑦退缩之意，何惧之有？

此皆成德之事，学者以之修己，帝王以之治天下国家，皆不外此。故

知至于不惑则足以照临四海，仁至于不忧则足以并包九有⑧，勇至于不惧则足以裁决万几⑨。帝王之学⑩尤所当加意者也。

【注释】

①成德：盛德，高尚的品德。

②格物致知：谓研究事物原理而获得知识。为中国古代认识论的重要命题之一。出自《礼记·大学》："古之欲明明德于天下者，先治其国；欲治其国者，先齐其家；欲齐其家者，先修其身；欲修其身者，先正其心；欲正其心者，先诚其意；欲诚其意者，先致其知；致知在格物。"引文及详解可参本书［八佾第三·十五］"致知格物"词条注释。

③不昧虚灵之体：不昧，不迷惑，不晦暗。虚灵，心灵。朱熹《大学章句集注》释"大学之道，在明明德，在亲民，在止于至善"："大学者，大人之学也。明，明之也。明德者，人之所得乎天，而虚灵不昧，以具众理而应万事者也。"朱熹、王阳明等人均对此有较深入的讨论，详参本书［宪问第十四·二十六］"虚灵不昧"词条注释。

④坐照：犹内观。道家谓通过内观，以心印道，以道印心，观照正理。清黄元吉《道德经讲义》："即此冲漠无朕之时，有此坐照无遗之概。虽曰无为，而有为寓其中；虽曰有为，而无为赅其内。"

⑤浑然天理：人心和天理浑然一体。出自《传习录》，详参本书［里仁第四·三］同名词条注释。

⑥大节：高远宏大的志节、节概，或指品德操守的主要方面（对小节而言）。

⑦逡巡：因为有所顾虑而徘徊不前。

⑧九有：九州。

⑨万几：即万端，纷繁的政务。出自《尚书·皋陶谟》，可详参本书［里仁第四·二十二］"兢业万几"词条注释。

⑩帝王之学：有广义狭义之分。广义上泛指古代君主治国理政、驾驭政权的经验和学说。狭义而言是指自宋以来，理学家专门为皇帝治政提供的学说体系。此为狭义。可详参［泰伯第八·四］"帝王之学，与士庶异"词条注释。

【译文】

这一章是讲，孔子明示高尚品德所呈现出来的品格。

孔子说：智、仁、勇这三样，是人心本来所具有的品格。但凡人的本心，本来不会受到遮蔽而感到迷惑，本来不会受到牵累而感到忧虑，本来不会萎靡退缩而是无所畏惧。

人心一旦受到遮蔽，就会有所疑惑。只有具有智德的人，穷究事物而致成知识，心理通明而不晦暗，一旦与事与物交接，但凡其是与非、可与否都自然内视而外通，洞烛幽微，一览无余。这样还有什么疑惑？

人心一旦有所负累，就会有所忧患。只有具有仁德的人，修为已经达到炉火纯青的境界，无处不遵循天理，无论在何种境遇——窘困或者通达、得利或者失利——之中，都依然按照天理公正行事。这样还有什么忧患？

人心一旦有所怯懦，就会有所恐惧。只有具有勇德的人，无上强大和刚毅，善养我浩然之气，即使承担重大的节义和责任，面临艰难险阻，都会毅然决然进行处理，毫无犹疑退缩的迹象。这样还有什么恐惧？

这些都是修炼道德以探求本心的事项，学人用它来修己，帝王用它来治人，除此无它。因此可以说，心智达到不惑，则四海之内无不可以观照；仁心达到不忧，则九州之土无不可以包容；勇猛达到不惧，则自然可以日理万机，游刃有余。帝王的学习，更应该注意这方面的训练。

【评析】

本章内容又见于［宪问第十四·二十八］，只是语句顺序稍不同。

知、仁、勇在《中庸》里面被称为"三达德"（《中庸》第二十章），可见此三项是道德的基石，亦深为孔子重视，故在此处加以界定。

知者不惑，仁者不忧，勇者不惧。似乎是同语反复，词义叠加，犹如说白的不是黑的，好的不是坏的。但如果仔细揣摩之，深深体会之，又不是那么简单，重复与叠加之间，意思递进了一层，体现出"达德"修炼的心路历程和至高标准。其实，所知之外自有未知，知者何尝不惑？仁义之外自有不仁，仁者何尝不忧？勇力之外更有艰难，勇者何尝不惧？然世人多以知为知，以仁为仁，以勇为勇，因此标榜名分、固守名号而浅尝辄止，自以为是。这自然是只达到皮毛而未能深入筋骨的修炼。真知者不是无所不知，而是知有所不知以为知（知之为知之，不知为不知，是知也。——［为政第二·十七］）；真仁者不是无处不仁，而是知有所不仁而仍为仁（君子可逝也，不可陷也；可欺也，不可罔也。——［雍也第六·二十六］）；真勇者不是无所不勇，而是心有所惧而仍然勇毅（必也临事而惧，好谋而成者也。——［述而第七·十一］）。

如上所示，这些道理之递进在孔子教导弟子的话语中也有所体现。这说明孔子的话有很强的针对性，而非只是一个口吐莲花、出口成章的语言艺术家。理解了这一层面的含义，则孔子所言便不再是同语反复，啰唆颠倒，而是取法精严，语重心长。"三达德"不再只是表面文章、贞节牌坊，而是实至名归，臻于纯粹。

从总体上来看，《解义》的阐释未为不当，但过多偏重于整体心性修炼，忽略具体情境下的心理调适；只注重心体自足、"一心不乱"（《阿弥陀经》）的终极状态，而忽略个体道德修炼提升的具体过程。此或非常人可进阶的道路可寻。"吾见其进也，未见其止也"（[子罕第九·二十一]），孔学之精髓即在不断超越自我，这一精神完整地体现在其"学"的范畴之中。这是一个动态的过程，而非静止在某一至高点。这也是孔子言学而不言心、孟子言心兼之言气的重要原因。心体动静，或为先儒与后儒之重要区别。

从孔学的一贯精神来把握本章，仔细揣摩玩味，自可感知其中言之未明、意犹未尽之处。

【标签】

知者不惑；仁者不忧；勇者不惧；格物致知

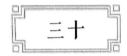

【原文】

子曰："可与共学，未可与适道；可与适道，未可与立；可与立，未可与权。"

【解义】

此一章书，是孔子以全学望人也。

孔子曰：人之造诣不同，学贵循途而进。如人志气迈往①，锐然以典学②自命，是可与共学矣。然学必专心致志，向道而行，而后不为他歧所惑。初学之人，或识见未定，未能实见吾道之美而勇往以从之。是可与共学者，未可遽与之适道也。

既勇往以从之矣，必躬行实践，有所执持，而后不为外诱所夺。适道之人，或操守不坚，未能固执而不变。是可与适道者，未可遽与之立也。

学至于固执而不变，亦可矣。然守而未化也。惟圣人一理浑然，泛应曲当③于事变之来，各适其轻重之宜，如权之称物者。然彼能立之人，或不能通权达变，以几夫时措咸宜④之妙。是可与立者，未可遽与之权也。学至于可权，然后为学之功全矣。

盖为学之道不容躐等⑤而进，当循序以致其功；亦不容得半而足，尤贵层累而造其极也。

【注释】

①迈往：一往直前。

②典学：勤奋于学。《尚书·兑命》："念终始典于学，厥德修罔觉。"（始终用心于学习，这样修养就会在不知不觉中提高。）

③一理浑然，泛应曲当：用一种道理来统摄万物，并无处不能够融通。朱熹《论语集注》："圣人之心，浑然一理，而泛应曲当，用各不同。""夫子之一理浑然而泛应曲当，譬则天地之至诚无息，而万物各得其所也。"泛应曲当：广泛适应，无不恰当。《朱子语类》卷十三："若得胸中义理明，从此去量度事物，自然泛应当。"

④时措咸宜：一切措施均得其时，无往而不宜。

⑤躐等：越级，不按次序。

【译文】

这一章是讲，孔子希望一个人能够达到通变之学的境地。

孔子说：虽然人与人本身的资质有所不同，但在学习上都要循序渐进。如果一个人踌躇满志，一往直前，以勤奋好学自称，那么这个人是可以一起来学习的。但是，学习上一定要专心致志，笃于求道而心无旁骛。刚开始学习的人，有的因为认识还不够充分，还认识不到我所传之道的好处，所以不能够坚定以从，持之以恒。这是能够一起开始学习，但是无法与他一起修道啊。

如果能够坚定地从学修道，就一定要躬身实践，凡事据道而行，这样才能不被周边环境所袭扰。修道的人，如果毅力不强，操守不固，就不能够完全据道而行。这就是可以一起开始修道，但不能够一起与他有所固守本位啊。

如果学习到了可以固守本位而不变的层次，就已经不错了。但是只是一味固守的状态，还不够变通。只有圣人把万事万物归于一个道理，又能够广泛而恰当地应用于事务前后，就像用秤来称量物品一样，轻重缓急，各得所宜。而那些固守此道的人，有时就不能够通权达变，做到凡事均得其时，无往而不宜。这是可以一起固守本位，但还是不能够一起与他通权达变啊。学习达到了可以通权达变的地步，那么学习的工夫就算是做到了。

求学问道，要循序渐进，不能越级冒进；更容不得浅尝辄止，半途而废；最好是脚踏实地，逐步积累，而最终达到化境。

【评析】

"通权达变"一般是指圆滑世故，善于机变。孔子也讲权变，似乎不符合其一贯的形象，更不符合公众历来所认知的师道尊严形象。然而这就是真实的孔子，不容妄加定义或简单固化。他在本章的话大概可以分为"学而时习""悟道立身"和"权变致用"三个层次，而致用权变层次，需要具体问题具体分析，把所学所悟与现实深层次地结合起来，以此据守于道而致用于世。这于俗常所理解的权变而言，一个是恪守原则、因地制宜，一个则是毫无原则、逢场作戏，二者实有根本性的区别。

但是这种区别，并不易为人体察和理解，因此容易使人把孔子之学局限在第二层次。一般的弟子未能够深度理解孔子，因此不能达到其所期许之境界；而世人也把孔子固化为一个"老学究"形象，因而把他的话当作僵硬的教条予以否定。然而，我们只需仔细品味这一章当中的三个"可与"和"不可与"，便可以明察孔子内心的柔软与刚决——语气比较和缓，然而态度严厉和决绝——既然为学是成人之必经之路，既然开启了为学之门，就必须坚持走下去，而且做到最好，把身心发展与悟道、用世完全结合到一起。

这是一个精进不息而悲天悯人的孔子。

【标签】

典学；一理浑然；权变

三十一

【原文】

"唐棣之华，偏其反而。岂不尔思？室是远而。"子曰："未之思也，夫何远之有？"

【解义】

此一章书，是孔子借《诗》以勉人用思之意。

昔逸诗有云：唐棣，物之无情者也，其花尚翩翩然摇曳，若有感而动矣。况我与尔，人之有情者也，岂无所感动而不尔怀思乎？但以所居之室相去隔远，而不能相及耳。

夫诗人之所思者，固未知其所指何在。孔子遂借其言而反之曰：思之为妙，不疾而速，不行而至。今诗所谓"室远"，毕竟是未之思耳。若果思之，则此心之灵明，虽千万里之外，千百年之上，一思即至。初无障隔雍蔽①，夫何远之有？

夫道在于心，思乃尽心求道之功。人之于道，只徒事口耳而不求之于心，故以为远。若求诸心，则欲仁斯至②，何远之有？是以君子贵近思③之学也。

【注释】

①雍蔽：隔绝蒙蔽。

②欲仁斯至：[述而第七·三十]：子曰："仁远乎哉？我欲仁，斯仁至矣。"（夫子说："仁德难道离我们很远吗？我想要仁，仁即来了。"）

③近思：就习知易见者思之。[子张第十九·六]：子夏曰："博学而笃志，切问而近思，仁在其中矣。"（子夏说："广泛学习而坚守志趣，恳切求问而切近思考，仁道就在这个过程中了。"）

【译文】

这一章，讲孔子借助《诗》来劝勉人们思考。

逸诗中有这样的句子：唐棣，本不过是无情之物，但是它的花却翩然摇曳，犹如因情而动。更何况我等有情之人，怎么会不见景生情，睹物生思？只是因为相距太远，因此没有思及。

诗人在这里没有言明所思为何物，所以我们不得而知。孔子于是借用这句话来反问：怀思是非常奥妙的事情，不用跑，就很快，不用走，就到了。现在这首诗中所谓的居所距离遥远，只不过是没有怀思而已。如果真的怀思，即便是千万里之外，千百年之久，依凭心灵之诚明，一怀思就想到了。本就没有什么可以阻隔的，又何必说距离遥远呢？

其实道理自在人心，怀思只不过是内心悟求道理的过程而已。人们对于求道，总只是贪求口耳文辞，而不用心思索，所以总觉得遥不可及。如果从内心去探求，又怎么会找不到呢？所以，君子非常注重近身而思的学问。

【评析】

孔子对《诗》极为重视，凡《论语》中涉及《诗》者 21 处❶，将其当作最基础的教材❷。

不学诗，无以言。（［季氏第十六·十三］）

小子何莫学夫诗？诗，可以兴，可以观，可以群，可以怨。迩之事父，远之事君；多识于鸟兽草木之名。"（［阳货第十七·九］）

其突出表现，则是将对于诗的理解作为衡定学生认知水平的标尺：

赐也，始可与言诗已矣，告诸往而知来者。（［学而第一·十五］）

起予者商也！始可与言诗已矣。（［八佾第三·八］）

只要弟子表现出对诗的兴趣或一定的理解力，孔子都会不禁欣喜于形并不吝褒奖。而孔子本人在对诗的阐释上，却表现为两个极端：一方面表现出极高的批评水平，例如对《关雎》"乐而不淫，哀而不伤"的评价，可谓不刊之论。而另一方面，却又表现出极大的随意性，比如对"思无邪"中"思"字词性的有意曲解，亦比如本章对诗意的刻意批驳。

本章所引用逸诗已不可考详，语境阙如而文辞清玄，颇具后世禅诗之风，所以反而难以具言其意。即便旷达如程子者，所作疏解也全凭意会，只说一句"此言极有含蓄，意思深远"（朱熹《论语集注》）便了，未予进一步申明。然其引发之力实不容小觑。谨以孟子、康有为为例。

一般依字面意义阐释，将本章与如下三章关联解读，强调为仁在于主观心力：

冉求曰："非不说子之道，力不足也。"子曰："力不足者，中道而废。今女画。"（［雍也第六·十二］）

---

❶ 详见本书附录"《论语》重要概念及人物索引"。
❷ 蔡尚思将此分为三类：一是用作常识教科书，要学生从中学习社会常识和自然常识；二是用作修身教科书，要学生从中学习立身处世的涵养功夫；三是用作政治教科书，要学生从中学习游说诸侯、办理交涉的本事。见蔡尚思《孔子思想体系 孔子哲学之真面目》，上海古籍出版社 2013 年版，第 120 页。

子曰:"我未见好仁者,恶不仁者。好仁者,无以尚之;恶不仁者,其为仁矣,不使不仁者加乎其身。有能一日用其力于仁矣乎?我未见力不足者。盖有之矣,我未之见也。"([里仁第四·六])

子曰:"仁远乎哉?我欲仁,斯仁至矣。"([述而第七·三十])

孟子尚"心",或许正是受《论语》诸章所启发。朱熹《孟子集注·孟子序说》载宋人杨时论孟子"心说"云:

孟子一书,只是要正人心,教人存心养性,收其放心。至论仁、义、礼、智,则以恻隐、善恶、辞让、是非之心为之端。论邪说之害,则曰"生于其心,害于其政";论事君,则曰"格君心之非","一正君而国定"。千变万化,只说从心上来。人能正心,则事无足为者矣。大学之修身、齐家、治国、平天下,其本只是正心、诚意而已。心得其正,然后知性之善。

《孟子·告子上》中以主观能动超越现实束缚而为君子,常被视为与本章意旨相近:

公都子问曰:"钧是人也,或为大人,或为小人,何也?"
孟子曰:"从其大体为大人,从其小体为小人。"
曰:"钧是人也,或从其大体,或从其小体,何也?"
曰:"耳目之官不思,而蔽于物。物交物,则引之而已矣。心之官则思,思则得之,不思则不得也。此天之所与我者。先立乎其大者,则其小者弗能夺也。此为大人而已矣。"

在孟子与公都子之间关于何以区分大人、小人的这则对话中,孟子强调善用自身官能对人物品格的影响:每个人都有耳目心脑,耳目都会受限,但是只要肯动脑思考,自然可以超越现实条件而成为大人,否则只能是小人。

《解义》援引"欲仁斯至"并"切问近思"两章进行解读,亦简明扼要、中规中矩。但以其取材广博,而未兼取冉有、孟子语,实非寻常。此中取舍,或有其故。

遍览本章诸解,康注最为详明有力而颇多启发:

"唐棣之华"为齐鲁韩之诗,刘歆伪《毛诗》无之。诸儒动指为逸诗,岂知凡经孔门所引,安有佚诗耶?何晏曰:"唐棣,栘也,华反而后合。赋此诗者,以言权、道反而后至于大顺。思其人而不得见者,其室远也,以言思权而不得见者，其道远也。"唐棣亦作"常"，亦通。作"棠"，诸书纷如。郝懿行《义疏》引年愿相说，唐棣即今小桃白，其树高七八尺，其华初开反背，终乃合并，得之目验，足为翩反之证。而，语助辞。

何晏曰："夫思者，当思其反，反是不思，所以为远。能思其反，何远之有？言权可知，惟不知思耳。思之有次序，斯可知矣。"盖权反于经而后合于道。道故甚多：东、西之相反而相通，南极、北极相反而相成。故问孝则人人异告，进退则由、求反异。既曰"天下有道则见，无道则隐"，而又曰"天下有道，丘不与易"；既曰"身体发肤，不敢毁伤"，而又曰"杀身成仁"；既曰"大夫无遂事"，而又曰"大夫出竟，有可以安社稷、利国家者，专之可也"。天有阴阳，故教有经权。常、变，开、合，公、私，仁、义，文、质，皆有二者。故三统不同，三世互异，大同与小康相反，太平与乱世相反，能思其反，乃为合道。若从常道，反不合道矣。故循常习故之人，不知深思天理人事之变，则不能行权。若于人事能思之，于物理思之，于时变思之，既思其正，又思其反，正反既具，真道乃见。故六经终于《易》，以变为义。是篇终于权，以思其反为义。孔子虑后人拘守一隅，特著是义，以教人无泥常而知权，当深思而知反。何晏所传，当为先师微言而今幸存者也。

盖天以变为运，人以变为体。人全体两月而尽变，安有可永远守常者？故日日守常，即日日思反。相反相成，乃可行也。

或以为慕道之人亦欲来学，但苦室远未能。岂知志士千里负笈，弃家事师，苟有志焉，万里异国，奔走相从，谓之远者，实未思耳。于义亦通。❶

康有为刚上来就否定了"逸诗"说——作为曾经被孔子重点讨论过的诗句，则自然不会落选于其所删述过的诗集。之所以不见于今传之《诗经》，是因为今通用版《诗经》根据的是为刘歆伪造出来的古文"毛本"（毛亨和毛苌所传），而非齐（辕固生所传）、鲁（申培公所传）、韩（韩婴所传）三家今文版本。然而，因为三家早已亡佚而不可考，此说尚无法对证。

随后，康有为列举众多案例以证明《论语》"反常合道"的突出特点，因此主张权变出新才是正道。既密切联系《论语》原文语境，也有意为自己变法维新之说张本。此虽一家之言，但照顾到逸诗说、权变说、合道说，

---

❶ 康有为：《论语注》，广西师范大学出版社2016年版，第272–274页。

既有学术的推论，也有语境的顺承，还有思想的抽绎，论述颇具气势且有其合理性。

唐文治仍持逸诗说，认为"盖夫子删此诗而复论之也"。他以《诗经·卫风·竹竿》中亦有诗句"岂不尔思，远莫致之"，表意与《唐棣》相类，但孔子未删而存入《诗经》，主要是因为：《竹竿》是写女子思归而不可得，与实情相符，因此情意真诚；而《唐棣》是写朋友怀人而不相访❶，可为而不为，且托辞作伪，诚不可取。因此孔子"尚诚而去伪也"。❷ 如此之说，倒亦可系引我们对孔子删诗之情景展开想象。

【标签】

唐棣之华；《诗》

---

❶ 关于《唐棣》所涉人物角色性别问题，萧兵认为是"歌颂兄弟、朋友乃至袍泽之情的"，是表达男性之间的情感。详细论证，见萧兵《孔子诗论的文化推绎》，河北人民出版社2006年版，第196-198页。

❷ 唐文治：《四书大义》，上海交通大学出版社2016年版，第262页。

乡党第十

《乡党》一篇，皆是记孔子容貌威仪①、起居动静之详。盖圣人盛德②积中③，动容周旋④，有自然中礼之妙也。

【注释】

①威仪：庄重的仪容、举止。
②盛德：崇高的品德。
③积中：蕴积于心中。
④动容周旋：动容，举止，仪容。周旋，古代行礼时进退揖让的动作。出自《孟子·尽心下》："动容周旋中礼者，盛德之至也。"可参本书［泰伯第八·二］"动容周旋中礼"词条注释。

【译文】

《乡党》整一篇文字，都是记述孔子的日常容貌威仪或早晚言谈举止的详细情况。大概正是因为孔圣人完美之德蕴积于内心而呈现于外在，所以他的揖让进退、言谈举止无不自然而然地符合礼的要求。

【评析】

在整部《解义》中只有本篇有小序性质的文字，这一点很奇特。究其因，概亦本自于朱熹《论语集注》：

尹氏曰："甚矣孔门诸子之嗜学也！于圣人之容色言动，无不谨书而备录之，以贻后世。今读其书，即其事，宛然如圣人之在目也。虽然，圣人岂拘拘而为之者哉？盖盛德之至，动容周旋，自中乎礼耳。学者欲潜心于圣人，宜于此求焉。"旧说凡一章，今分为十七节。❶

朱熹《集注》对各篇的概述或有或无，或多或寡，而此篇文字最多，堪称小序。此其一。其二，如朱熹原文所说，本篇原视为一章，各部分内容在本质上高度一致，故引杨氏、尹氏语总说其义。

不过，《解义》不同版本对此小序的处置略有不同：本书所本文渊阁版有此篇文字，但是置于首章之下；摛藻堂四库全书荟要本原与武英殿刻本相同，只是前者为手写，后者为刻本，但在此处却不相同：前者有此小序，也是置于首章之下，而武英殿刻本竟无此序，不知何故。按说在四库全书

---

❶ 按：本篇实有十八节（章），其中"入太庙，每事问"一节，朱熹认为与八佾篇重出，故称十七节。

刊刻书写极为严格的情况下，一般不会出现如此整段漏刻漏写的现象。

综上，本书根据朱熹文字将其还原到篇首，故未按照文渊阁本原文位置排布。

【标签】

乡党

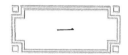

【原文】

孔子于乡党①，恂恂如也，似不能言者。

其在宗庙朝廷，便便言，唯谨尔。

【解义】

此一章书，是记孔子在乡党、宗庙、朝廷言貌之不同也。

门人记曰：吾夫子之居乡党也，则见其言貌之间，恂恂②然信实③而已，谦卑逊顺，不敢以贤智先人，有似乎不能言者。

（盖乡党乃父兄宗族之所在，故礼恭而辞简如此。）

至于与祭而在宗庙，居官而在朝廷，则便便④然与人议论，制度仪节之精微，问之必审；纪纲法令之详悉，辨之必明。但言所当言，常敬谨而不放尔。

（盖宗庙乃礼法之所在，朝廷乃政事之所出，又与处乡党之时不同，故言之不容不尽，而辨之不容不明如此。）

此圣人盛德之至，故随所处而皆合乎礼之中也。

【注释】

①乡党：周制，一万二千五百家为乡，五百家为党。本为行政建制，二者连用，泛指家乡或本地人。另如"州里"等，用法相似。孔子生陬邑之昌平乡，后迁曲阜之阙里，亦称"阙党"。此称乡党，应兼两地言。（采用钱穆《论语新解》注）

②恂恂：恭顺温和。

③信实：诚实可靠。

④便便：话语流畅，侃侃而谈。

【译文】

这一章,记述了孔子在故乡、宗庙和朝堂之上言语、容貌的不同表现。

门人记录:我们的夫子回到故乡,就会见他言语、容貌恭顺温和,诚实可靠,待人谦卑逊顺,不敢表现出超人一等的才智,简直就像不会说话的人一样。

(大概因为故乡是父兄长辈和宗族聚居的所在,所以要像这样,礼貌愈恭而言辞愈简。)

至于到宗庙里参与祭祀,在朝堂上处理政务,与人交流,就话语流畅,侃侃而谈。制度礼仪的精微之处,一定会细加审问;纲纪法令的具体细节,一定会明察秋毫。但也只是言所当言,常常保持恭敬谨慎的态度,而无丝毫放纵、任意。

(大概宗庙是守护礼法的所在,朝堂是发布政令的地方,这都与在乡里的情境有所不同,所以就是这样:话要说到位,而事情要辨明。)

这是圣人道德完善到极致,所以能够因地合宜而无不符合礼的要求。

【评析】

在父老乡亲面前尽可能谦恭低调,在办公的时候则自然而然,不卑不亢,一切都是本分使然。这一点,虽然看似普通,但实亦难得。

【标签】

言;礼;谦恭

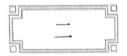

【原文】

朝,与下大夫言,侃侃如也;与上大夫言,訚訚如也。君在,踧踖如也,与与如也。

【解义】

此一章书,是记孔子在朝廷事上接下之不同也。

门人记曰:吾夫子之入朝也,方君未视朝①之时,正臣工议政之际,如与下大夫言,其势分②犹卑,言或可以直遂③,则当言即言,正辞断义④,

无所委曲⑤，但见其侃侃⑥然，刚而直也；若与上大夫言，其体貌尊重，言不可以径情⑦，虽理之所在，持正不阿⑧，然必颜色⑨和婉，辞气⑩从容，但见其訚訚⑪然，和悦而诤⑫也；至君既出而视朝，夫子极其敬谨，不敢一毫怠忽⑬，则踧踖⑭如而恭敬不宁也，但常人过于矜持⑮，未免失之拘迫⑯。夫子却又从容和缓，动容周旋⑰，不过其则⑱，与与⑲如而威仪⑳中适㉑也。

圣人之事上接下，各中其节，如此。

【注释】

①视朝：临朝听政。

②势分：权势，地位。

③直遂：直截了当地表达。

④正辞断义：端正言辞，明断是非。正辞，端正言辞。

⑤委曲：隐晦曲折。

⑥侃侃：和乐貌。

⑦径情：任性，任意，任凭主观意愿径直行事。可参本书［子路第十三·二十八］"径情直行"词条注释。

⑧持正不阿：持守公正正派，不迎合阿谀。

⑨颜色：面容，面色。

⑩辞气：语气，口气。

⑪訚訚：说话和悦而又能辩明是非之貌。朱熹《论语集注》："訚訚，和悦而诤也。"訚，音 yín。

⑫和悦而诤：和悦而正直地争辩。

⑬怠忽：怠惰玩忽，不认真对待。

⑭踧踖：音 cùjí，恭敬而局促不安的样子。

⑮矜持：竭力保持庄重。

⑯拘迫：束缚，限止。

⑰动容周旋：动容，举止，仪容。周旋，古代行礼时进退揖让的动作。出自《孟子·尽心下》："动容周旋中礼者，盛德之至也。"可参本书［泰伯第八·二］"动容周旋中礼"词条注释。

⑱则：规程，制度。

⑲与与：举止安详，威仪合度。

⑳威仪：古代祭享等典礼中的动作仪节及待人接物的礼仪。《礼记·中庸》："礼仪三百，威仪三千。"（礼的纲要有三百之多，而细目多达数千。）

㉑中适：中正适当。

【译文】

这一章,记述了孔子在朝堂之上对待不同等级的人,在态度和言行上也有所不同。

门人记录:我们的夫子进入朝堂,当君主还未临朝听政的时候,正是大臣们议论政事之时,如果是与底层的大夫说话,因为他们的地位卑下,所以说话可以直白,该说就说,义正词严,无须隐晦,但见他态度和乐,而话语刚直;如果是与高层的大夫说话,就会在体态容貌上表现出尊重的样子,说话也不那么随意了,即便是所说的理所当然,而且坚持正见,不会阿附,但也一定是面色和婉温顺,语气从容不迫,但见他态度和悦,而语言诤直;到了君主临朝听政的时候,夫子就极为恭敬谨慎,不敢有一丝一毫的怠惰马虎,就会神色局促,好像是因为过于恭敬而无法安宁,但是在一般人来说,往往会过于拘束而无所适从,但夫子此时仍然能够和缓从容,进退揖让,无不合乎规则,所以就见他态度安详,而容仪得体。

圣人对待上下,都是如此恰如其分。

【评析】

孔子表现可为镜鉴。此犹"事君尽礼,人以为谄也"([八佾第三·十八],孔子以礼,人以为谄,概孔子尽礼似谄,而世人以谄为礼,貌似而实不同。孔子在本章表现为说话因人因势而异,大有见风使舵、趋炎附势之态,人或以为此,而孔子乃是因循工作本职的需要,由内心诚敬而致言行相貌恭敬谨慎,并无功利之心、虚荣之相。恰是这种理解的分歧,亦可照见庸宦装腔作势、不可一世之态。两相比较,高下立见。

【标签】

威仪;言说

三

【原文】

君召使摈,色勃如也,足躩如也。揖所与立,左右手,衣前后,襜如也。趋进,翼如也。宾退,必复命曰:"宾不顾矣。"

【解义】

此一章书，是记孔子为君摈相①之容也。

古者列国诸侯朝聘②，往来主宾相见之时，有为之摈相者。主谓之"摈"，言其接待宾客也。客谓之"相"，言其辅相行礼也。

门人记曰：吾夫子当君命有召，使之为摈，迎接宾客。此乃两君交好大礼所系，故夫子一闻君命，敬慎之至，顿改常容。观其颜色则勃然变动，不类平时之安和自适。观其步履，则盘桓不安，屏营不宁，有似欲前进而不能之状。（此是承命之初，其敬有如此。）

及宾至而君迎之时，宾主有命，为摈者递传宾主之命以相达。夫子此时适为次摈，有上摈居于身之右，有末摈居于身之左，故拱揖所与同为摈者。或揖左人传命而出，则以手向左；或揖右人传命而入，则以手向右。然手虽有左右，而身则端整自如，未尝随之而动，但见其衣之前后襜如③，其整齐也。

及宾主相见之后，主君延宾而入，为摈者当从其后而趋入以有事。夫子于疾趋而进之时，足容虽疾，手容自恭，张拱端好④，如鸟之舒翼然。（此是行礼之时，其敬有如此。）

行礼既毕，主君送宾以出，宾方退出之际，主君之敬未解，夫子必复命于君曰："宾已出，不复回顾矣。"所以舒君之敬，不使劳于瞻望也。（此是礼毕之后，其敬有如此。）

夫以为摈一事，自始至终，无不中礼如此，此所以为盛德之至也。

【注释】

①摈相：同"傧相"，音 bìnxiàng，指导引宾客，执赞礼仪。《周礼·秋官·司仪》："掌九仪之宾客摈相之礼，以诏仪容辞令揖让之节。"郑玄注："出接宾曰摈，入赞礼曰相。"摈相也就是指代国君迎送接待来宾，并帮助来宾进行参见礼仪的人。《解义》中也有较为清晰的解释。

②朝聘：古代诸侯亲自或派使臣按期朝见天子。春秋时期，政在霸主，诸侯朝见霸主，亦称"朝聘"。《礼记·王制》："诸侯之于天子也，比年一小聘，三年一大聘，五年一朝。"郑玄注："比年，每岁也。小聘，使大夫；大聘，使卿；朝，则君自行。然此大聘与朝，晋文霸时所制也。"

③襜如：整齐的样子。襜，音 chān。

④张拱端好：以本书理解，应该是小步急走的时候，向斜后方伸直手臂，以防因快走带动衣襟乱飞，造成衣装不整的景象。这反而像鸟儿张翅

一样，形成一种翩然若飞的视觉效果。出自《论语注疏》邢昺疏："谓疾趋而进，张拱端好，如鸟之张翼也。"

【译文】

这一章记录了孔子给国君当摈相时候的仪容。

古时候各诸侯国之间举行朝聘的外交活动，主宾交往，就需要有人担任摈相之职。摈相对于君主而言，叫作"摈"，其作用是迎来送往、招待宾客。对于来宾而言，则叫作"相"，指的是辅助来宾行使礼仪。

门人记录说：我们的夫子为国君召命，给他当摈相，来迎接宾客。这是关系两国关系的大事件，因此夫子一旦接到君主的命令，即十分恭敬谨慎，马上一改平时的容貌。你看他神采焕发、精神奕奕，和平时那种安然自在的状态完全不同。你看他步法凌乱，坐立不安，好像想要前进但是又不能前进的样子（随时出门、待命而发的状态）。（这是一开始接到命令时，夫子诚敬积极的样子。）

等到宾客来到，国君前往迎接的时候，宾客与国君就会互通消息，摈相就会在宾主之间传递信息。夫子这个时候恰好是次摈，在身右有上摈，在身左有末摈，所以在传递信息的时候，要向两边的同事作揖拱手，以示礼节。有的时候是左边的人传递信息出来，就会向左作揖，抬手向左示意；有的时候是右边的人传递信息出来，就会向右作揖，抬手向右示意。有的时候是向右边的人传递信息进去，就会向右作揖，抬手向右示意；有的时候是向左边的人传递信息进去，就会向左作揖，抬手向左示意。虽然手势忽然向左，忽然向右，但体态端庄、衣着整洁，并不随手势而摇晃，只见他衣服前后摆动，但仍然十分整齐。（可见训练有素，忙而不乱。）

等到主宾见面之后，国君带领来宾进入会客大厅，摈相此时应该紧随他们身后，以便及时处理事情。夫子在疾步快走的时候，步子虽急，但手臂的姿态极为谦恭，垂臂前行，如鸟张翼，衣服飘起，翩然若飞。（这是聘礼进行的时候，夫子诚敬谨慎的样子。）

等到聘礼结束，国君送宾客出门，宾客离开之后，国君还处在仪礼的紧张状态，这时候夫子（还不忘完成最后一个细节，）一定会回来向国君报告："来宾已经走远，不会回头看了。"这就是为了使国君安适的诚敬之心。（这是在聘礼结束后，夫子诚敬周到的样子。）

就担任摈相一事来看，孔子自始至终依礼而行，这也是因为其内心怀有盛德才能做到的。

【评析】

这一章的重要意义,或许在于它再现了孔子担任摈相进行外交礼仪时候的细节。这时候,孔子对礼的熟稔和诚敬,以及仪礼对于外交的重要性,也因此得到了彰显。

《解义》认为孔子担任摈相是在朝聘之时。据说担任摈相是国相的一项职责,那么孔子担任鲁国代国相的时候,有史料明确记载曾经参与了鲁定公与齐景公的夹谷之会,也恰恰是诸侯国之间举行的聘问活动。在夹谷之会时,孔子据礼以争,力挽狂澜,终于击碎齐国的阴谋,为鲁国赢得了尊严和利益。此事可见于《左传·定公十年》,文字当中有提到孔子担任具体的摈相职务("孔丘相"),但没有展现孔子的具体仪容,而是更多地记录了他的外交言辞。此处记录或非本次聘问的实录,或本处文字并非一次具体礼仪活动的实录。如果非常具体地描绘,恐怕非常之难,因此只能大略地想象,并笼统地加以表述。

【标签】

摈相;色;足;衣;礼;动静

【原文】

入公门,鞠躬如也,如不容。
立不中门,行不履阈。
过位,色勃如也,足躩如也,其言似不足者。
摄齐升堂,鞠躬如也,屏气似不息者。
出,降一等,逞颜色,怡怡如也。
没阶,趋❶,翼如也。
复其位,踧踖如也。

---

❶ 趋:杨伯峻《论语译注》认为此处应为"趋进":"有些本子无'进'字,不对。自汉以来所有引《论语》此文的都有'进'字,《唐石经》也有'进'字,《太平御览》居处部、人事部引文,张子《正蒙》引文也都有'进'字。"但本书所本文渊阁本及参考版本武英殿刻本均无"进"字,故依照原作。

【解义】

此一章书，是记孔子在朝之容也。

门人记曰：吾夫子趋朝之时，方入宫门①，去君虽远，敬心已切，但见其曲身而行，鞠躬如②也，虽公门高大，却似不能容其身者然。其立也，必不敢当门之正中，避所尊也。其行也，必不敢践履③门限④，恐不恪⑤也。（敬于入门之始如此。）

由此而进，则为君所宁立⑥听治⑦之虚位⑧。夫子过之，见位如见君。其颜色⑨则勃然⑩而变动，其行步则躩⑪然而盘旋⑫，其言语则讷讷⑬然谨慎收敛，似气不足以出声者。（敬于过位如此。盖去君渐近，故其敬渐加，与入门之初不同矣。）

当升堂之时，则两手抠⑭衣下缝，使之离地，以防倾跌之患。历阶⑮升堂，曲身而行，鞠躬如也，其心敬气肃，深自屏藏⑯，似不息者。（盖愈近君则愈敬慎，视过位之时，又不同矣。）

夫子见君已毕，由是下堂而出，降阶级一等，始稍舒其颜色，有怡怡⑰然和悦之意。然其敬君之心有终不能忘者，但见其下尽阶级，趋走⑱以就于下，则端拱⑲如翼，手容之恭如故也。复其朝班⑳之位而立，依旧踧踖㉑而恭敬不宁，身容之肃㉒如故也。

盖自始至终，一于礼如此，可以为人臣法㉓矣。

【注释】

①宫门：帝王公侯所居宫室之门。《四库全书》文渊阁影印本即书作"宫门"，与《论语》原文不同，下又书作"公门"。公门：古称国君之外门。概"宫门"为实指，"公门"为泛指。

②鞠躬如："鞠躬"两字不能当"曲身"讲。这是双声字，用以形容谨慎恭敬的样子。参杨伯峻《论语译注》，中华书局2009年版，第97页。

③践履：踩，踏。

④门限：门槛。

⑤恪：音kè，恭敬，谨慎。

⑥宁立：音zhùlì，古代天子视朝时，在宫室门屏之间伫立。《礼记·曲礼下》："天子当依而立，诸侯北面而见天子，曰'觐'。天子当宁而立，诸公东面，诸侯西面，曰'朝'。"（天子站在绣有斧纹的屏风前，诸侯面向北朝见天子，称"觐"。天子朝南站在屏风和门之间，诸公面向东，诸侯面向西，称"朝"。）依，同"扆"，音yǐ，屏风，通常设置在户牖之间，绘有斧

纹，故又称"斧依（扆）"。宁，音 zhù，门与屏风之间，是天子、诸侯国君视朝之处。

⑦听治：断狱治事。《周礼·天官·太宰》："王视治朝，则赞听治。"郑玄注："王视之，则助王平断。"

⑧虚位：空的座位。

⑨颜色：面容，面色。

⑩勃然：兴起貌。

⑪躩：跳跃或快步走。

⑫盘旋：指仪节中遵照一定程式的回旋进退。

⑬讷讷：说话迟钝谨慎貌。

⑭抠：《集韵·虞韵》："抠，褰裳（撩起下裳）也。"即使用其本义：提起，提挈。

⑮历阶：解说不一。一说：一步一阶。《礼记·檀弓下》："杜蒉入寝，历阶而升。"孙希旦《礼记集解》："历阶，即栗阶。谓升阶不聚足也。"（登阶不聚足，一步一阶。）一说：越阶。《仪礼·燕礼》"凡栗阶，不过二等"唐贾公彦《仪礼义疏》："凡升阶之法有四等：连步，一也。栗阶，二也。历阶，三也，历阶谓从下至上皆越等无连步……越阶，四也。"

⑯屏藏：隐藏。

⑰怡怡：和顺貌，安适自得貌。

⑱趋走：古礼。小步疾行，以示庄敬。

⑲端拱：正身拱手。指恭敬有礼，庄重不苟。

⑳朝班：古代群臣朝见帝王时按官品分班排列。

㉑踧踖：音 cùjí，恭敬而局促不安的样子。

㉒肃：恭敬。

㉓法：效法。

【译文】

这一章，记述了孔子在朝见时候的仪容。

门人记录：我们的夫子去上朝的时候，刚进入宫门之时，虽然距离君主还很远，但恭敬的心理已经很真切，只见他躬身前行，谨慎恭敬的样子，虽然公侯的门第十分高大，却像怕碰到门框一样。他站立的时候，一定不敢站在门的中间位置，恐怕会挡住尊贵者。他走动的时候，也一定不敢踩踏门槛，恐怕会有所触犯。（他在进门的时候就是如此谨敬。）

由公门进入，就是君主伫立视朝的地方。虽然是空座位，见到它就像真的见到了君主，他的脸色突然兴奋激动起来，走路也快速移动而又遵从礼节而进退，言语也谨慎收敛就像迟钝了一样，气息轻微得像是发不出声音。（经过座位都是如此谨敬。大概距离君主越近，就愈加诚敬，与刚入大门的时候不一样了。）

当进入朝堂的时候，就用两手撩起下裳，使它离开地面，以防绞绊跌倒。连步登阶上堂，躬身而行，谨慎恭敬的样子，内心恭敬而神态肃静，屏息深藏，就像没有呼吸一样。（大概是越接近君主就越加恭敬谨慎，于刚才经过君主虚位的时候，又不一样了。）

夫子觐见君主之后，于是下堂离开，下了一等台阶之后，神色才开始舒缓，有种如释重负而安适自得的感觉。然而他尊敬君主的心理使他最终难以释怀，只见他走到阶梯末端的时候，小步快走，仍然正身拱手，如同张开两翼，手臂的姿态还是保持原来恭顺的样子。等回到朝见的队列之后，也依然恭敬而局促不安的样子，身体姿态也保持原来整肃庄敬的样子。

自始至终，孔子都能够如此守礼，这是足值人臣们效法的了。

【评析】

在前面［述而第七·四］一章的评析中，笔者将其与本章进行了对举，借以观察孔子对礼仪内在精神的展示。礼实乃个人精神与社会规范的交互，是个人内在心理、外在装容、言行与礼仪规范融为一体的过程，所以体态和表情也是礼仪的一个必要部分，不可或缺。这一章的特点在于，它并非在一个专门的大型礼仪活动过程中，也没有完整地描述孔子的礼服着装和所应遵循的礼制规范，而只是描述了出离礼制核心内容的零零碎碎的细节表现，既非一次有明确时间和地点标识的专访记录，却也细致入微，形神毕具，可见这是孔子一贯的表现。正因为孔子如此慎重而依从于礼，所以甚至在日常仪态和言行细节中，也呈现出礼的气质，乃至本质；同时，我们也可以从这些细节中充分感知孔子的精神特质和人格形象。此亦诚如安乐哲先生所说："《论语》中的这段文字没有给我们提供那种规定的正式行为的教学问答，而是向我们展示了孔子这位具体历史人物奋力展现他对于礼仪生活的敏感这样一种形象，正是通过这样一种努力，孔子最终使自己成为整个文明的导师。"❶

---

❶ 安乐哲：《儒学与杜威的实用主义》，见郭沂编《开新：当代儒学理论创构》，北京大学出版社2013年版，第198—199页。

【标签】

礼仪；日常；礼仪精神

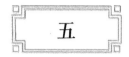

【原文】

执圭，鞠躬如也，如不胜。上如揖，下如授。勃如战色，足蹜蹜如有循。

享礼，有容色。

私觌，愉愉如也。

【解义】

此一章书，是记孔子为君聘于邻国①之礼容②也。

门人记曰：夫子承君命以聘问邻国，执持国君之命圭③以通其信，则敬谨之至，鞠躬如④也，有如至重而力不能举者。（身容何肃⑤也！）

执之平衡，心与手齐；有时举手向上，则如与人相揖者，未尝失之太高；有时俯手向下，则如以物与人者，未尝失之太卑。（手容何恭也！）

其色之见于面者，勃然变动，如临战阵之时。（色容何庄也！）

其容之形于足者，举足促狭⑥，曳地⑦而行，若缘⑧物然。（足容何重也！）

及聘问之后，以君命献礼物于邻国之君，所以达君之情，但见夫子有和悦之色，视聘时渐舒也。

享⑨毕，又以私礼⑩见邻国之君，所以⑪伸⑫己之敬，则愉愉⑬如而又加和也。

盖敬以尽聘问之礼，和以达聘问之情，惟夫子其能不辱君命乎！

【注释】

①为君聘于邻国：即下文"承君命以聘问邻国"。古代诸侯之间遣使互相通问叫"聘"，小规模的聘叫"问"，通称"聘问"。《说文解字》：聘，访也。

②礼容：礼节仪容。

③命圭：亦作"命珪"，天子赐给王公大臣的玉圭。《周礼·考工记·

玉人》:"命圭九寸,谓之桓圭,公守之;命圭七寸,谓之信圭,侯守之;命圭七寸,谓之躬圭,伯守之。"圭,古代帝王或诸侯在举行典礼时拿的一种玉器,上圆(或剑头形)下方。

④鞠躬如:身体微曲的样子。杨伯峻《论语译注》认为,"鞠躬"与"如"字连用时,不能当"曲身"讲,而是双声字,形容谨慎恭敬的样子。(见[乡党第十·四]同名词条注释)。本章似有不同,故不采用其说。

⑤肃:恭敬。

⑥促狭:局限,拘束。

⑦曳地:拖地。

⑧缘:攀爬。

⑨享:即享礼,如上文"聘问之后,以君命献礼物于邻国之君,所以达君之情",使臣向朝聘国君主进献礼物。

⑩私礼:代表个人的礼节。

⑪所以:所用来。

⑫伸:陈述,表白。

⑬愉愉:和顺貌,和悦貌。

【译文】

这一章,记述了孔子受国君派遣出使邻国进行聘问时候的礼节仪容。

门人记录:夫子受国君之命到邻国进行聘问,执奉国君的命圭并代为传达信息,就会极为恭敬谨慎。身体微曲的样子,就像命圭极重而力不能胜。(身体姿态是多么肃敬啊!)

执圭左右平衡,双手与心平齐;向上举起的时候,就像给人作揖的时候那样,不会举得太高;向下俯身的时候,就像给人东西的时候那样,不会放得太低。(手臂的姿态是多么恭敬啊!)

其仪容在脸上的表现,就是面色兴奋,神情激动,就像要打仗的样子。(面容姿态是多么庄敬啊!)

其仪容在腿脚上的体现,就是手足无措,拖拉走路,好像攀爬那样缓慢。(走路姿态是多么重敬啊!)

在聘问礼之后,就依照君主的命令向邻国国君进献礼物,来表达君主的情意,这时只见夫子面带和悦,比行聘问礼的时候舒缓多了。

献礼毕,又用个人的仪礼拜见邻国国君,来表达自己的敬意,这个时候则是和悦而又更加和乐了。

大概能够用诚敬来执行聘问之礼,用和乐来传递聘问之情的,恐怕只有像夫子这样的，才算是不辱君命吧！

【评析】

在礼的规范下，个人的行为举止、音容笑貌变成了最为清晰的身体语言，能够清晰地传情达意，而这些并不需要刻板地依照某一非常固定的程式，只需要发自内心的诚敬就可以了。由此可知：礼最繁复，然亦最单一；最抽象，亦最具体。

【标签】

礼；诚敬；聘问

【原文】

君子不以绀緅饰，红紫不以为亵服。
当暑，袗絺绤，必表而出之。
缁衣，羔裘；素衣，麑裘；黄衣，狐裘。
亵裘长，短右袂。
（必有寝衣，长一身有半。）①
狐貉之厚以居。
去丧，无所不佩。
非帷裳，必杀之。
羔裘玄冠不以吊。
吉月，必朝服而朝。

【解义】

此一章书，是记孔子衣服之制也。

门人记曰：圣人持身②，即一衣服亦不苟。如常服③，则不用绀④緅⑤二色以为衣之领缘⑥。盖绀乃深青扬赤色，为齐服⑦之饰；緅乃绛色⑧，为练服⑨之饰，故不以之饰常服也。私居⑩之服不用红、紫二色，合白而成红，合赤黑而成紫，皆色之不正者也，且近于妇人女子之服，故不以服之私居也。（其致谨于服色之辨如此。）

时当乎暑，则服单葛之衣⑪，或取夫絺⑫而精者，或取夫绤⑬而粗者。

然必先着里衣⑭，表绤绤而出之于外⑮。（盖暑服宜于轻浅而不宜见体也。）

时当乎冬，则随所服之裘，裼⑯以所宜之衣。如黑羊之裘服以朝觐⑰，则裼以缁衣⑱，欲黑色相称；白麑之裘服于聘享⑲，则裼以素衣⑳，欲白色相称；黄狐之裘服于蜡祭㉑，则裼以黄衣，欲黄色相称。（此公服之制也。）

若私居之裘，其制则长，取其温暖，而短其右边之袖。（盖作事常用右手，取其便于举动也。）

私居之裘则用狐貉为之，以其毛深温厚，可以御寒而适体也。（其致谨于裘葛之制如此。）

服必有佩也，居丧㉒之时去文就简，非所宜佩。若已免丧㉓，乃去凶即吉之时也，必玉以象德㉔，器以备用，无所不佩焉。

衣必有裳㉕也。朝祭之服取其方正，其下裳则用正幅㉖，如帷幔然，谓之帷裳㉗。然人身之腰为小，故于两旁为襞积㉘，有衣褶，而无杀缝㉙也。若非正服之帷裳，则不用襞积，而旁有斜裁㉚倒合㉛之杀缝矣。以其杀于下齐㉜者一半，故谓之杀缝。其制上窄下宽，取其省约而不妄费也。（其丰俭各有所宜如此。）

如吊服㉝，所以哀死也，若羔裘㉞之朝服，元冠㉟之祭服，则不用之以吊。（盖不以吉服而用之于凶服也。）

朝服所以觐君也，孔子时虽致仕㊱，每月之朔㊲必服其朝服而北面以朝㊳。（盖不以致仕而忘乎君也。其谨于吉凶之礼又如此。）

盖衣服所以文身㊴，亦圣人之所必谨也。

【注释】

①必有寝衣，长一身有半：此段文字，《解义》在本章中没有解释，而是并入到了下一章［乡党第十·七］。段意：睡觉一定要有小被，长度合本人身长的一又二分之一。寝衣，小被子。古制，大被为"衾"，小被为"被"。（参杨伯峻《论语译注》）

②持身：立身，修身。

③常服：日常之服。

④绀：音 gàn，深青中透红的颜色，相当于今天的"天青色"。

⑤緅：音 zōu，青多红少，比绀更暗的颜色，犹如今天的"铁灰色"。

⑥领缘：衣领和镶边。

⑦齐服：即"斋服"，斋戒时穿的衣服。

⑧绛色：深红色。

⑨练服：举行练祭时候所穿的衣服。练祭，又称"小祥"，古代亲丧一

周年的祭礼。《礼记·曾子问》:"小祥者,主人练祭而不旅。"孙希旦集解:"三年之丧,谓之小祥,小祥练冠、练衣。练祭,谓练冠以祭也。"练冠,厚缯或粗布之冠。古礼亲丧一周年祭礼时着练冠。《左传·昭公三十一年》:"季孙练冠麻衣跣行。"孔颖达疏:"练冠盖如丧服斩衰,既练之后布冠也。"练,本义是把生丝煮熟,亦指把麻或织品煮得柔而洁白。

⑩私居:家居。

⑪单葛之衣:单层的葛衣。

⑫绪:音 chī,细葛布,细葛布做的衣服。

⑬绤:音 xì,粗葛布,粗葛布做的衣服。

⑭里衣:又称中衣,是汉服的衬衣,起搭配和衬托作用。

⑮表绪绤而出之于外:在中衣外面套上葛布衣服,而且长度要超出中衣。一说是在葛布衣服外面还要穿上外套。本书认同《解义》释义。

⑯裼:音 xī,古代加在裘衣上面的无袖衣。《礼记·玉藻》:"裘之裼也,见美也。吊则袭,不尽饰也;君在则裼,尽饰也。服之袭也,充美也,是故尸袭,执玉龟袭,无事则裼,弗敢充也。"(裼裘是为了显露内服之美。吊丧时要有悲痛的表情,所以要袭,不可显露文饰。在国君面前要表示恭敬,所以要裼,显露文饰。袭服是为了掩盖内服之美。尸是象征鬼神的,要显示尊严,所以要袭;玉和龟甲是宝瑞,所以手执玉和龟甲时要袭。但在行礼完毕后要裼,不敢掩盖内服之美。)古代礼服之制:袒正服(外衣)而敞开前襟,露裼衣(中衣),且不尽覆其裘,叫作"裼";掩好正服前襟,叫作"袭"。

⑰朝觐:谓臣子朝见君主。

⑱缁衣:古代用黑色帛做的朝服。缁,音 zī。

⑲聘享:聘问享献,即诸侯国君之间互访并互相献礼。此代指重要外交活动。参本书[乡党第十·三]"朝聘"词条注释,[乡党第十·五]"为君聘于邻国"和"享"词条注释。

⑳素衣:白色丝绢中衣。

㉑蜡祭:音 zhàjì,祭名,年终合祭百神。

㉒居丧:犹守孝。处在直系尊亲的丧期中。

㉓免丧:谓守孝期满,除去丧服。

㉔玉以象德:古人比德于玉,用玉来喻示各种美好的品德。参本书[子罕第九·十三]"古人比德于玉"词条注释。

㉕裳:音 cháng,古代指遮蔽下体的衣裙。

㉖正幅:完整的布匹。幅,布的宽度。

㉗帷裳：古代朝祭的服装。用整幅布制成，不加裁剪。
㉘襞积：音 bìjī，亦作"襞绩"，衣服上的褶裥。
㉙杀缝：剪裁缝合之缝。杀，音 shài，减少，裁去。
㉚斜裁：裁片的中心线与布料的经纱方向呈一定夹角的裁剪法。
㉛倒合：翻转缝合。
㉜下齐：下衣的底边。《礼记·深衣》："下齐如权衡以应平。"
㉝吊服：吊丧之服。
㉞羔裘：用紫羔制的皮衣。古时为诸侯、卿、大夫的朝服。
㉟元冠：即玄冠，因避康熙皇帝爱新觉罗·玄烨之讳，故称"元冠"。古代朝服冠名，黑色。《仪礼·士冠礼》："主人玄冠朝服，缁带素韠。"
㊱致仕：辞去官职。《公羊传·宣公元年》："退而致仕。"何休注："致仕，还禄位于君。"
㊲每月之朔：农历每个月的初一。朔，农历每月初一。
㊳北面以朝：面向北朝见。参本书［乡党第十·四］"宁立"词条注释。
㊴文身：文饰身体。

【译文】

这一章，记载了孔子对衣服的定制。

门人记录：圣人修养身心，即便对一件衣服也不苟且马虎。比如日常服装，就不会使用绀緅两种颜色来作为衣服的领子或镶边。大概是因为绀是深青带红的颜色，往往用于斋戒之服；緅是深红色，往往用于练祭之服，所以不在家居服装上使用。家居服装不用红色和紫色，因为赤色和白色合在一起构成红色，赤色和黑色合在一起构成紫色，都不是正经的颜色，而且接近妇女服装的颜色，所以不用其作为家居的服装。（他是如此谨慎用心于服装的颜色。）

夏日暑热的时候，就会穿单层的葛布衣服，要么是精细的缔葛衣，要么是粗疏的绤葛衣。但是一定要在里面穿上中衣，然后再穿粗细的葛衣，并要超过中衣。（大概是因为暑天的衣服宜于轻巧简单，但又不过于裸露。）

冬日严寒之际，就会根据所穿的裘皮衣服的颜色，搭配相应颜色的裼衣。比如黑色羊皮做的裘皮衣服是用来朝觐的，就会搭配黑色的缁衣，使其黑色与黑色能够相称；白色麑皮做的裘皮衣服是用来聘享的，就会搭配白色的素衣，使其白色与白色能够相称；黄色的狐皮做的裘皮衣服是用来蜡祭的，就会搭配黄色的裼衣，使其黄色与黄色能够相称。（这是公共服装方面的规制。）

如果是家居穿用的裘皮衣服，为了保暖就会做得长一些，同时右边的袖子会做得相对短一些。（大概是因为做事常用右手，这样举动起来就会方便一些。）

家居穿用的裘皮衣服，就会用狐貉的皮来做，因为它们的皮毛深厚，更利于驱寒保暖。（夫子就是这样，对裘皮、葛布衣服也非常谨慎用心。）

服装一定要有佩饰，但在居丧礼的时候，就会删繁就简，简便从事，所以这个时候就不适合佩戴饰品。如果到了守孝期满，除去丧服，就是变凶为吉的时候，这个时候就适宜佩戴各种东西，比如玉器（使君子比德于玉），或者其他适用的物件。

上衣必有下裳。朝祭的服装要求方正，所以其下裳使用完整的布匹，就像帷幔一样，称之为"帷裳"。然而有的人腰围会小一些，所以就在两边做出褶裥以合身，但是这种衣服就不会有布匹剪裁留下的杀缝。如果不是用于正式服装的帷裳，就不再使用襞积衣褶的方式，而是通过剪裁的方式来缝制，所以会留下斜裁或者翻转而形成的杀缝。因为会剪裁到下衣底边一半的位置，所叫作"杀缝"。这种帷裳会做得上面窄而下面宽，主要是为了节约布匹，不造成浪费。（他制衣用料无论丰足还是节俭，都是如此合宜。）

吊丧服装，是用来哀悼死者的，像那种上朝用的紫羔皮衣，或者是祭祀用的黑色礼帽，都不适合在吊丧的时候穿。（大概是因为不能把吉服用作凶服。）

穿朝服是用来觐见君主的，孔子当时虽已离任，但是每月初一也必定穿上朝服面北行朝见礼仪。（不因离职而忘记君臣之礼。他对吉凶之礼的谨慎于此也可见一斑。）

衣服是用来文饰身体的，所以圣人对此非常谨慎。

【评析】

即便在今天来看，这样来做依然显得过于挑剔和精细了，在当时的物质条件和收入情况下，孔子又是如何做到的呢？或许这不仅是因为他享有士大夫的待遇，有一定的财力和物力来配置这些物资，更在于其作为"礼学家"，有依礼示礼的需要，故所着皆为礼服，因之而有精细的要求，但这些并不是单纯为了"讲究""体面"或"好看"，更非骄奢淫逸、挥霍无度的达官贵族气。如果有人以此认为孔子生活奢侈过度，我们便不妨借用孔夫子的话来回应——"尔爱其羊，我爱其礼。"（[八佾第三·十七]）

【标签】

礼；礼服

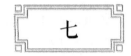

【原文】

齐，必有明衣，布。
（必有寝衣，长一身有半。）❶
齐必变食，居必迁坐。

【解义】

此一章书，是记孔子谨齐①之事也。

门人记曰：夫子将祭祀而齐戒，沐浴既毕，必更明衣②，而衣以布为之。不但内志之清明③，而且外体之纯洁也。

齐戒之时，既不可解衣而寝，又不可着明衣而寝，故必别有寝衣④以防其亵。而寝衣之制，周身之外仍长有一半，使其可以覆足也。（其致洁以尽敬如此。）

至于平居之食有常品矣，齐则必变其所食，不饮酒，不茹荤，恐以臭味之故，昏吾精明之德也。平居之坐有常处矣，齐则必迁其所坐，不安常，不袭故，恐以便安之习夺吾慎重之心也。（其变常以尽敬如此。）

此可以得圣人谨齐之心矣。

【注释】

①齐：同"斋"，斋戒。
②明衣：古人在斋戒期间沐浴后所穿的干净内衣。
③清明：神志清晰，清察明审。
④寝衣：寝衣，小被。古制，大被为"衾"，小被为"被"。（参杨伯峻《论语译注》）

---

❶ 必有寝衣，长一身有半：此段原见于上一章［乡党第十·六］，《解义》对其位置进行了调整。

【译文】

这一章记述了孔子对斋戒的谨慎。

门人记录:夫子为准备祭祀而进行斋戒,沐浴之后,就要穿上布做的明衣。这样不但会使内心神志清明,而且也会使身体保持干爽清洁。斋戒的时候,既不能解去衣服就寝,也不能穿明衣就寝,所以要有小被覆盖身体,以防冒犯神明。而小被的尺寸,是周身之外还要留有一半的长度,其长度足可以用来包裹脚部。(他就是这样做到清洁来尽心诚敬于斋戒。)

至于平时居住进食,会有常吃的东西,在斋戒期间就会变更饮食,不饮酒,不吃荤,这是因为怕这些酒菜的气味会使人理性和精神受到污染。平素有习惯居处的地方,在斋戒期间也会变更居处地点,不安于常态,不因循旧习,这是恐怕因习常的方便舒适会干扰到其敬慎持重的心理。(他就是这样来改变常态来尽心诚敬于斋戒。)

由此可以习得圣人谨慎斋戒的心意了。

【评析】

斋戒时无所不简,无不求静。虽然仍有精细的要求,但是没有繁复的规制了,将物质的因素淡化,便突出了精神层面的内容。

【标签】

礼;斋戒;礼服

八

【原文】

食不厌精,脍不厌细。

食饐而餲,鱼馁而肉败,不食。色恶,不食。臭恶,不食。失饪,不食。不时,不食。割不正,不食。不得其酱,不食。

肉虽多,不使胜食气。

唯酒无量,不及乱。

沽酒市脯不食。

不撤姜食,不多食。

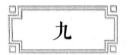

【原文】

祭于公，不宿肉。祭肉不出三日。出三日，不食之矣。

【原文】

食不语，寝不言。

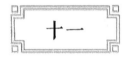

【原文】

虽蔬食菜羹，瓜祭，必齐如也。

【解义】

此一章书，是记孔子饮食之节也。

门人记曰：圣人之饮食不特为养生计，盖亦有道存焉。饭食虽不求其精，而亦不厌其精；牛羊与鱼之腥①，聂②而切之脍③，虽不求其细，而亦不厌其细。（盖食精脍细，有益于人者，圣人所不去也。）

夫食之有益于人者固不厌，而伤人者岂食之乎？故食取其精也，苟饭伤热湿而饐④，或味变而餲⑤，则不食；脍取其细也，苟鱼烂而馁⑥与肉腐而败，则不食；若未败⑦而色已变，此色恶也，则不食；未败而气已变，此臭恶也，则不食；人事之烹饪，或失其节者，不食；天时之成熟，未至其期者，不食。（盖以上数者，食之皆足伤生，故夫子谨之。）

夫物之有害者固不食，而无害者亦岂苟食之乎？割肉以正为贵，不正则与心体⑧违，不苟食焉；用酱各有所宜，不得则致用不备，不苟食焉。且不徒不苟食，而所常食者，亦自有节。（盖人资谷气⑨以养生，若肉味过多，反胜五谷之气，致失养生之道，故必节之，虽不辞其多，而不使其太过也。）

饮酒以合欢，若崇饮不已，既能昏性而丧德，又能致疾而伤生，故必节之，虽不限其量，而不及于醉乱也。至若酒出于沽⑩，脯⑪出于市，恐不精洁，或至伤人，故皆不食。若夫姜可以通神明⑫，去秽恶，故每食常设而不撤去。（凡饮食之道，惟适可而止，不太多而过饱，恐伤生也。其养生不既周乎？）

夫日用之饮食固慎，而颁⑬于人者亦有节。夫子当助祭于公庭⑭，而有胙肉⑮之得也，归即颁赐，不得经宿。（盖重神惠而尊君赐，故不敢迟也。）至于家庙之祭肉，虽可少缓，未能当日分赐，然亦不过三日，皆以颁之于人。若过三日，则肉败而人不食之，是亵神之余⑯矣，故不久留也。（其颁食有当可之节如此。）

夫子当食之时，则心安于食，虽人有问及，亦不轻于答也。当寝之时，心安于寝，亦不轻于言也。其食也，虽蔬食菜羹⑰，亦必每种各出少许，置之豆间之地⑱，以祭先代，始为饮食之人。（其祭虽小，亦必齐如⑲，其诚敬焉。）

此皆圣人饮食之节，无不中礼如此。盖不止于养身，而亦所以养德，学者能随事而体察焉，何莫非道之所在也！

【注释】

①腥：生肉。

②聂：通"摄"，执，持。

③脍：细切的肉。《礼记·内则》："肉腥，细者为脍，大者为轩。"

④饐：音yì，（食物）腐败发臭。

⑤餲：音ài，（食物）经久而变味。

⑥馁：音něi，鱼肉腐烂。

⑦败：变坏，腐烂。

⑧心体：心之本体，本真的思想。

⑨谷气：五谷之气。五谷，一说是稻、黍、稷、麦、菽，另一说是麻、黍、稷、麦、菽。

⑩沽：同"酤"，买酒。

⑪脯：肉干。

⑫通神明：提神醒脑。

⑬颁：分发，分赏。

⑭公庭：古代国君宗庙的厅堂或朝堂。

⑮胙肉：祭祀时供神的肉。胙，音zuò。古人认为，祈福时以牲体通

神，神灵在享受祭肉之后，便将福祉寄寓在祭肉中，所以，分胙就能够得到神的恩赐。

⑯亵神之余：参上注"胙肉"。既然胙肉寓托神意赐福，那么如果不能及时分发而致肉坏不食，就是对神灵的不恭了。

⑰蔬食菜羹：简单的素食。蔬食，粗食。菜羹，用蔬菜煮的羹。

⑱豆间之地：豆，形似高足盘，或有盖，新石器时代晚期开始出现，盛行于商周时，多陶制，也有青铜制或木制涂漆的。后世也作礼器，多用于盛放肉食。《说文解字·豆部》："豆，古食肉器也。"因为古礼祭献主要为肉类，故孔子把蔬食放在盛放肉食的器皿之间，表示微薄的祭献。

⑲齐如：即"斋如"，像斋戒那样整齐严肃。

【译文】

这一章记述了孔子依礼节制饮食。

门人记载：圣人进行饮食不只是为了饱腹生存，而且也是一种悟道行道的方式。谷物饭食虽然不刻意追求精致，但是尽可能做到精致；牛羊与鱼，就拿着切成细肉丝，虽然不刻意追求细碎，但是尽可能做到细碎。（大概食物精致而用肉细碎，（虽然有所耗费，）但对人体有益，所以圣人并不拒绝。）

追求对人有益的食物，那么对人不好的食物又怎么去食用呢？所以食物要选择精致的，如果饭食因湿热而腐败发臭，或者经久变味，就不会吃；细肉丝要选择细碎的，但如果鱼腐烂变质，或者是肉腐烂变坏，就不会吃；如果还未变坏，只是表面的颜色变了，这是"色恶"，就不会吃；没有变坏，但气味变了，这是"臭（嗅）恶"，就不会吃；如果烹饪的火候掌握不到位，不吃；不到自然时令生长成熟期的食物，不吃。（大概以上几种情况，如果吃了就会有害身体，所以夫子谨慎对待。）

如果说食物有害就坚决不吃，那么没有害的就会随便食用吗？切割的肉，以方正的为上品，不方正就会妨害心性修养，不会随便食用；用的蘸酱各有所专用，不配套的就达不到效用，不会随便食用。而且，不光不随便食用，而且日常所食用，也有所节制。（大概人凭借五谷的生气来养护生命，如果肉类吃得太多，反而超过五谷的生气，就会破坏养生之道，所以一定要节制，虽然也是多多益善，但是也不能太过。）

饮酒以欢聚，但一味喝酒，没完没了，既会使本性迷失而致丧失道德，又可能导致疾病而伤害身体，所以一定要节制，虽然不能说一定要喝多少，但是只要不喝醉乱性就可以了。如果薄酒和肉干是买来的，恐怕不够精致洁净，有可能会对人造成伤害，就不会食用。姜具有提神醒脑、除湿去秽的功能，所以每次吃饭的时候都配备。（饮食的要义是适可而止，不吃太多而至于过饱，恐怕伤害身体。孔夫子注重养生不也是很周到吗？）

自己日常饮食固然要谨慎，那么送给他人的饮食也要有所注意。夫子在国君宗庙里助祭的时候，往往会得到供神的胙肉，回来之后马上就会分发赠送，不隔夜。（大概这是感恩上神的福惠而尊重国君的赏赐，所以不敢延迟。）至于家庙里得到的祭肉，虽然没有分胙肉那么着急，但如果来不及在当天分发赠送，最迟也不超过三天，就全都送出去了。如果超过三天，恐怕肉质败坏，也不能够食用了，而且也是对神灵不恭，所以不能久留。（他分发食物缓急得当，如此用心。）

夫子在用餐的时候，就专心用餐，即便有人问话，也不轻易答话。在就寝的时候，就专心就寝，也不轻易说话。所食用的，即便是蔬食菜羹这样简简单单的素食，也不忘把每一样都留出一点儿，放在盛牲肉的俎豆之间，来祭祀先人，然后自己才开始食用。（这种祭祀虽然微薄，但是也像斋戒那样，虔诚恭敬。）

这是圣人饮食方面的修养表现，都是如此合乎礼。这样不只有益于身体，也有益于涵养道德，学习的人要善于通过每一件事情来体察觉悟，那么任何事情上面都可以得道。

【评析】

《乡党》于《论语》是一个非常特殊的呈现，虽然看似简单的生活实录，却是初版《论语》的"压轴"、终版《论语》的"中轴"，处于这样的"中心"位置，自然成为"一道靓丽的风景线"，其意义实不容小觑。

概观《乡党》全篇，每每起于生活细节，忠于生命实在，成于礼制教养，其中暗藏着儒家不易为人察知的精神"密码"。笔者从文本呈现到哲学定义，再到礼教本质，共三个层面展开，逐层推进发掘，尝试为读者提供一个探知的角度和有益的参考。

美国学者迈克尔·普鸣（Michael Puett）和克里斯蒂娜·格罗斯-洛（Christine Gross-Loh）在其合著的《哈佛中国哲学课》一书中以此记录生活琐碎的《乡党篇》为契机，以期从中发掘出其中所蕴含的中国哲学特质：

《论语》里充满了有关言行的具体的、微小的细节。我们知道孔子的手肘要举多高，我们能了解他走进一间屋子后会如何与不同的人说话，我们还可以发现孔子吃饭时最微小的细节。

你可能会怀疑，这些东西怎么会有哲学意义？你甚至忍不住要亲自翻翻《论语》，去寻找那些真正深奥的篇章。但是，为了理解使《论语》成为一部伟大哲学著作的原因，我们需要了解孔子在用餐时的举止，我们需要知道他在日常生活中都做了些什么。正如我们在下文中将看到的那样，这些日常的细节格外重要，这是因为我们正是通过经历这些时刻才能够成为与以往不同的、更加优秀的人。留意最微小的细节就是过上有道德的生活的开端，只有借助平凡的现实才能够获得真正的伟大。

这样的见地在哲学领域里是十分罕见的。如果你去上一堂哲学课或是读一本哲学书，很可能看到哲学家直接跳入一些很大的问题中，比如：我们有自由意志吗？生活的意义是什么？经验是否客观？道德是什么？

但孔子则采用了完全相反的做法，他不用那些宏观的哲学问题开头，而是提出了这样一个基础的、看似深奥的问题：你怎样应对你的日常生活？

对孔子来说，世上的一切都从这个最细微的问题开始。与那些宏观的、难处理的问题不同，这是一个所有人都能回答的问题。❶

引文末段与《解义》所云"学者能随事而体察焉，何莫非道之所在也"何其相似！显然，作者独辟蹊径而别开生面，未像一般研究者那样上来直击"仁""忠恕""义""礼""学"等核心概念，而从《论语》中择取犹如流水账似的日常记录作为观测案例，以其敏锐的感知能力找到中国哲学以"生活"为本体呈现的突出特点，应该说是已经找到了一个研究中国文化的重要入口，不过非常可惜的是，作者既没有展开论说，且未能深入"礼"的范畴进一步探究。

那么，何以使生活成为哲学的场域？或者说，哲学与生活是何种关系，我们应该怎样理解儒家的生活哲学呢？

何塞·奥尔特加·伊·加塞特（José Ortega y. Gasset，1883—1955），西班牙著名学者，现代大众理论的先驱，西方哲学人类学的重要代表人物，法国著名作家阿贝尔·加缪（Albert Camus，1913—1960）称其为欧洲继尼采之后最伟大的哲学家。他在政治、哲学、文学评论方面有着诸多方面的成就。纵观其《堂吉诃德沉思录》《大众的反叛》《大学的使命》和《哲学是什么》等重要著作，则不难发现贯穿其所有学术中的一个非常清晰的理路：由现实的关切到民众的思想，再从文化的担当到大学的使命，最终回

---

❶ [美] 迈克尔·普鸣、克里斯蒂娜·格罗斯－洛：《哈佛中国哲学课》，胡洋译，中信出版社2017年版，第26-27页。

归到哲学的层面,将关注点回归生活本身。加塞特一生游走于政治、教育、文化三重语境之间,热衷对于民众思想乃至欧洲文明的再造,坚持对哲学根本问题的不断探求,甚至毫不畏惧当时的政治风险,大胆地提出了对西班牙政治乃至欧洲文化发展倾向的严厉批判。然而存在主义的哲学基质最终使他将哲学定义为面向生活的事业,并贯穿其一生的学术研究之中。令人感到惊奇的是,这位深受欧洲文化滋养并大声呼吁重振欧洲文化的学者,虽然所居位置与中国远隔重洋,而且著作中几乎从未提及中国文化,其所提出的哲学主张,竟然背离欧洲哲学传统,而与中国儒家的生活哲学实践高度契合,不仅能够很好地回应本文上述几个问题,亦且提供我们诸多有益的启发。

首先,加塞特提出应重新审视哲学的命题,其关切点应该在于人本身及与之密不可分的生活:

> 哲学的首要问题,不在于寻找宇宙中最重要的实在,而在于寻找最真确、最毋庸置疑的实在,即使它有可能是最不重要、最不起眼且最无足轻重的。……我们发现,不可怀疑的根部实在并不是主体或者意识,而是那同时涵括了主体与世界的生命。……如果我们相信整个宇宙中我们能直接经验的就只是自己的生命,那我们就不该质疑是否还有其他我们无法直接经验到,但却更为重要的实在。❶

> 我的生活就是我直接经验的事物,除此之外别无其他事物可以进入我的生命。简而言之,世界就是生活中经历的一切。❷

从主体出发而回归主体,于是人的生命本身则是主客体统一体,而这个统一体的外延就是生活。因此哲学研究的终极并应该定位于人的生命和生活。于是,加塞特清晰地回应了在文章一开始所亮明的哲学新主张:

> 就让我们高挂起"存有""共存"及"存在"这些让人尊敬的神圣字眼吧,我们用以下说法取而代之:宇宙中最根本的事物乃是"我的生命活动",以及我生活范围内所有存在或不存的东西。❸

---

❶ [西]加塞特:《哲学是什么》,谢伯让、高慧涵译,电子工业出版社2013年版,第204-205页。

❷ [西]加塞特:《哲学是什么》,第208页。

❸ [西]加塞特:《哲学是什么》,第188页。

他将上述观点凝聚成一句简短而有力的定义（标题）："生活就是在世界中发现自我。"❶ 并借此批驳了唯心主义："思想的对象绝对不在思想者之内。"❷ 然后他用一个巧妙的比喻来支撑这个观点：

哲学的主旨与学说（如同书中可见到的一些理论），只是哲学之真正本体的抽象表征，它只是哲学的沉淀物、哲学的垂死身躯，好比香烟的真正实体其实是抽烟者吸食的对象，哲学的本体也是哲学家创造的对象；换句话说，哲思乃是一种生活的形态。❸

不仅哲学研究的对象应该是生活这种"最清晰且最明显可见的一种存在。"❹，而且哲学活动本身也只是一种生活：

哲学活动乃是特殊的生活形式，它预设生活的存在。我之所以从事哲学活动，是因为好奇宇宙的本质，而好奇心则来自我在生活之中感受到的欲望，一种总是指向自我的欲望，而且也可能是总是迷失在自我之中的欲望。总而言之，无论我们认为哪种实在是最基本的存在，我们都会发现它预设生活是种存在之事实。这种预设生活之存在的活动，其本身就是一种重要的生活活动，它就是"生活"本身。❺

既然哲学活动本身也是生活之一种，则岂有不进行"母体"体认的道理呢？接着，加塞特对于对上述哲学活动作为一种生活的特殊性进行了细致的剖析：

严格来说，理论活动与哲思活动并不是生活，因为，它们乃是另一种形态的生活：它们是理论的生活和沉思的生活。理论和哲学（后者乃是一种极端理论）是生命为了超越自我而做出的尝试，这是一种自我放空，是"去除生活"（de‑living），是停止对事物感兴趣。不过这种让自己不再对事物感兴趣的过程，并不是被动的过程，相反的，它是另一种形式的投入。也就是说，即使我们切除某事物与我们内在生命的关联，即使我们让某事物不再进入我们的生命，并让该事物因此得以独立存在、寻获自己的真正

---

❶ ［西］加塞特：《哲学是什么》，第 190 页。
❷ ［西］加塞特：《哲学是什么》，第 185 页。
❸ ［西］加塞特：《哲学是什么》，第 215 页。
❹ ［西］加塞特：《哲学是什么》，第 207 页。
❺ ［西］加塞特：《哲学是什么》，第 206–207 页。

本质，我们仍可以保持对该事物的兴趣。虽然表面上这是种不再对事物感兴趣的过程，但事实上它却是一种对每个事物之内在自我感兴趣的过程，它赋予每个事物独立性与重要性，你甚至可以说它让事物产生了人格，这个过程让我们得以从事物本身的角度观看一切，而不是从自我的角度。理论思考与哲学沉思，代表人们尝试转化与变动。不过，这一切，也就是切断我对事物的所有兴趣并只专注在事物自身中，寻找其绝对性，不再利用事物、不再希望事物能为我所用，转而以毫不偏颇的眼光看待它，并使它有机会可以看见自己、找到自己、成为独立的自己，且为了自己而存在：这一切，难道不正是爱吗？如此看来，理论思考与哲学沉思根本就是一种爱的行为，在这种爱（与欲求不同）的活动中，我们试着从对方的内心角度体验生命，我们为了其他事物而舍弃自我的生活。那古老且令人敬仰的柏拉图虽然没有得到我们认同，但他却一直慷慨地鼓舞激励我们的这种否定态度，他滋养、启发并支持我们；也因此，我们终于在他那"知识之情感根源"的看法中体会到了截然不同的崭新感受。❶

哲学源于生活，而又赋予生活以观照和意义。这才是哲学的完整定义。

应该说，加塞特对生活的"解码"，反而让我们看清楚这"透明之物"——"生活并不神秘，恰恰相反，生活是最清晰且最明显可见的一种存在。然而正由于它是如此纯粹清澈，我们反而不容易仔细审视它，因为没有视线会穿透它，并落在仍不真确的事物上。"❷ 生活不再是琐碎的，被离弃于哲学之外的，而是哲学的，生活本身就是哲学最大的主题而应为其所聚焦，重新发现生活而阐释生活，则是哲学的重大使命，以生命及其活动为主体，哲学才能避免沦为空中楼阁、高谈虚论。而这一切正可谓儒学观念下生活的呈现，两者不谋而合。虽然处于不同的时空之下，而且加塞特从未谈论过儒学相关的话题，但其哲学理论却与中国儒学的呈现及内涵有着较多的相似点，以其对"生活"的重新发现正乃中西方哲学可以榫接之处，无形中发掘并彰显出沉潜于生活的儒学于整个哲学体系的重要价值和地位，而非被排斥在"哲学"殿堂的大门之外。

综观加塞特著作，其与儒学观念契合处不止一端。早在其第一部著作《堂吉诃德沉思录》（1914）中，就提出"我即是我与我所处的环境，如果

---

❶ ［西］加塞特：《哲学是什么》，第214 - 215页。
❷ ［西］加塞特：《哲学是什么》，第207 - 208页。

我不能拯救我的环境,自己也无法得救"❶,人与所生存环境的共生关系,亦具有"仁"的内涵和指向,且可以为儒家之仁道学说张本,提供哲学层面的关照。加塞特在其《大学的使命》(1930)一书中旗帜鲜明地提出,大学教育应当面向生活开展教育,最终是面向人,而人的本质是生活。近30年后,加塞特才得以于《哲学是什么》(1958)一书中就此命题荡漾开去,娓娓道来,其深刻而致密的论述,可见是经过了深思熟虑之后,如同草蛇灰线,伏脉千里,但终究没有偏离最初的哲学思考,足可见加塞特是一位深刻而执着的人文主义者。

诚然,加塞特富于思辨和文采,思路清晰连贯,文辞滔滔不绝,有一种令人不容置辩的力量,但其最大的问题乃在于,他将"实在"(即"存在之物")混同于"存在",因而将生活这一包裹于生命外壳的"存在之物"视为唯一存在,实在太过狭隘了。存在本是高度抽象的范畴,因此是相对而非绝对的。尽管加塞特也注明这种"生活"指向宏观命题并非日常琐碎❷,但是将生活本身平面化、概念化了,并没有因为尊重生活而赋予生活更高的价值,反而回到"主体性"的老路(尽管加塞特本身也对此持批评的态度❸),甚至将不可预知的命运纳入思考范围❹,不仅不够理性,而且也有落入窠臼之嫌。

无论如何,加塞特的哲学理论导向于哲学而言富有开创性,而于儒学研究亦具有重要的导向作用。

不过,我们在进行借鉴的同时,要明白毕竟加塞特最终回归了海德格尔和"诗意"存在一路❺。因此其所定义的生活与《论语》笔下的生活实则是不同的。

在《哲学是什么》一书中,加塞特与海德格尔合流,转而以海德格尔

---

❶ [西]加塞特:《堂吉诃德沉思录》,王军、蔡潇洁译,商务印书馆2021年版,第18页。

❷ 他提出:"对古人来说,存在指的是'事物';对现代人来说,存在指的是'最内在的主体性';对我们来说,存在指的是'生活'(living)。"作者自注:living,不可误解为"生活"那种具有琐碎意义的生活,而应该理解为"体验生命"的意思。参见《堂吉诃德沉思录》,第184页。

❸ [西]加塞特:《堂吉诃德沉思录》,王军、蔡潇洁译,商务印书馆2021年版,第139页。

❹ [西]加塞特:《哲学是什么》,第223页。

❺ [西]加塞特:《堂吉诃德沉思录》,王军、蔡潇洁译,商务印书馆2021年版,第195页。

作为自己思考的终极。❶ 海德格尔所谓"诗意地栖居",是如何将普通生活升华为一种"诗意",然关切的不是日常而是"诗意",因此他最终转向于绘画与文字,以期于艺术和字里行间中超越和升华。而孔子将诗意寓存于日常,是真正的"栖居于诗意"。相较而言,孔子思想更具有乐观和积极的态度,而这也可能是孔子思想的最为显著的特点❷。

那么,这一"诗意"由何而来,或者说是如何产生的呢?加塞特懵懂地提出了哲学赋予生活以观照和意义,但又未言明这一作用如何在日常发挥作用。从"命运"和"艺术"中探寻,毕竟只能是暂时的自我安慰,不过是心灵鸡汤,而若源于"生活"但不能回归"生活",又何啻南辕北辙呢?

在此理论背景下,我们才能够更加理性地辨析《论语》记录生活细节的重要意义——将"生活"纳入"礼"的观照之下,这是赋予每个人生"即凡而圣"的最大的"秘密"。赫伯特·芬格莱特(Herbert Fingarette,1921—2018)在其《即凡而圣》一书中聚焦于此,集中阐发了孔子推举日常礼仪的重要意义:

> 孔子发现并竭力唤起我们注意到:就其特性而言,那种真正的、独特的人的力量具有一种神奇非凡的品质。因此,孔子的任务实际上就是被要求去揭示那些已经如此熟悉和普遍以至于不被察觉的东西。
>
> "礼":它们都是人际性的表达,都是相互忠诚和相互尊重的表达。……只有当其原始冲动受到"礼"的形塑时,人们才成为真正意义上的人。……孔子新颖而创造性的洞见,就是看到了人之存在的这个方面。
>
> 通常,我们没有注意到这种互相协调的"礼仪"行为中的微妙性和令人惊叹的复杂性。
>
> 我们透过"礼"的意象看到这些礼仪,由此认识到神圣化的礼仪显然能够被视为日常文明交际的一种有力的、强化的,并且十分精致的延伸。

---

❶ [西]加塞特:《哲学是什么》,第195页。
❷ 梁漱溟先生认为:"孔子最重要的观念是仁,最昭著的态度是乐。"见李渊庭、阎秉华《梁漱溟先生讲孔孟》,上海三联书店2008年版,第20页。

对一个克己复礼的人来说，这种方式比策略或者强迫更有力量、更加无可避免。孔子真正告诉我们的道理就是，运用礼的力量的人能够影响那些超越于他之外的东西——但那些仅仅按照命令而拥有物质力量的人却做不到这一点。

恰恰是在礼仪之中，精神得以生动表现并且获得了它的最大的灵性。

他偶尔使用大致接近有关选择或者责任的语言的用语。如果说那些用语在西方有关人的哲学与宗教理解中居于核心而且构成一种特征的话，那么在《论语》中这些用语并没有以这种方式得到发展或者详细的阐明。❶

显然，《乡党》所记录的绝不仅仅是生活本身，而是生活中的礼仪，或者说是孔子礼乐教化下的日常行为案例。因此，一举一动均被理性"观照"，而不是随心所欲。没有礼仪，则生活无意义。而在生活和意义之间，礼的作用尤其重要，礼使意义在生活中得以显现，并因此使生活焕发神采。

诗意和诗人还不能等同，哲思和哲理也并非一事。每个人都在生活及其哲学意蕴之内，但未必每个人都堪为哲学家。所以儒家所谓"百姓日用而不知"（《周易·系辞上》），不是愚民，也不是对平民智识能力的蔑视，而是用礼的形式来向民众传导"诗意"，或平民彼此传递"诗意"，是社会传情达意的工具，较语言表达更为高效，社会以此得到信息交换并和谐共处。如果说哲思就是诗意，那么礼就是生活中的格律，使对生活之认知的升华成为可能。这便是礼发挥重大作用的基本机制。

毫不奇怪，"道"的概念与孔子中心概念"礼"十分相近。对孔子来说，"礼"是伟大礼仪的明确而细致的模式，那种伟大礼仪就是社会交往，就是人类生活。从直道而行的意象转换到恰当地遵循礼仪，是一件轻而易举并且颇为亲切的事情。我们甚至可以把礼想象为道的地图或具体的道路系统。❷

礼便是"道"和生活的合体，是道融入生活而又有所标识的产物。它既是一种生成机制，也是一种结果呈现，因而可以说礼于日常是全方位的，

---

❶ ［美］赫伯特·芬格莱特：《孔子：即凡而圣》，彭国翔、张华译，江苏人民出版社2002年版。以上分别见于第5、6、7、9、10、13、18页。

❷ ［美］赫伯特·芬格莱特：《孔子：即凡而圣》，第17页。

故而孔子言辞凿凿地要求君子"非礼勿视,非礼勿听,非礼勿言,非礼勿动"([颜渊第十二·一]),衣食起居之间,出处语默之时,无不如是。日本伦理学者西晋一郎为此总结说:

> 礼在今日被限定在文化的范畴内,而在古代,则是中国人生活状态的全部。若懂得礼,就懂得中国人……礼是中国人以人为中心将天地万物各自按其理连贯统一,因此它是包括了所有的人之生活的样式。❶

礼既极为宏大,又非常具体,乃是汇聚了传统文化之精髓——"若懂得礼,就懂得中国人",而身为中国人,岂可不"知书达礼"呢?

【标签】

礼;饮食;生活哲学;加塞特

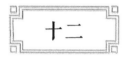

【原文】

席不正,不坐。

【解义】

此一章书,是记孔子所处必以正也。

门人记曰:夫子心安于正,事事皆整齐严肃①,故于席位或偏向不正,自不苟于坐焉。

盖东西南北,各有正位在,圣人心安于正,席不正则与心不合,心便不安。故虽小,不苟也。则其出入起居之无不正,可知矣。

【注释】

①整齐严肃:依《朱子语类》记录,是北宋理学家伊川先生(程颐)对其所主张"敬"这一范畴的阐释。《朱子语类》卷十二《学六·持守》:程子只教人持敬……程先生所以有功于后学者,最是"敬"字之一字之有

---

❶ [日]西晋一郎:《礼之意义与构造》,转引自[日]子安宣邦《孔子的学问》,吴燕译,生活·读书·新知三联书店2017年版,第207页。

力……敬字工夫，乃圣门第一义，彻头彻尾，不可顷刻间断……持敬之说，不必多言，但熟味"整齐严肃""严威严恪""动容貌，整思虑""正衣冠，尊瞻视"此等数语，而实加功焉，则所谓"直内"，所谓"主一"，自然不费安排，而身心肃然，表里如一矣。另可参《朱子语类》卷十七《大学四·或问上》，伊川先生围绕"整齐严肃便是敬"这一命题有较缜密论说。

【译文】

这一章，是记述孔子居处以正的事情。

门人记载：夫子心中求正，对待每件事都整齐严肃，所以如果席子摆放歪斜不正，当然不会随便坐上去。

但凡东西南北，各有准确的方位，圣人追求正位席子不够正位就不符合内心的追求，因此也会导致内心不安。所以席子方位的事情虽然很小，但也不能含糊苟且。也因此可以知道，关乎其他方面的出入起居，无不是追求正位而居处。

【评析】

曾国藩留有著名的"日课十二条"曰：

一、主敬：整齐严肃，无时不惧。无事时心在腔子里，应事时专一不杂。清明在躬，如日之升。

二、静坐：每日不拘何时，静坐四刻，正位凝命，如鼎之镇。

三、早起：黎明即起，醒后不沾恋。

四、读书不二：一书未完，不看他书。

五、读史：念二十三史，每日圈点十页，虽有事不间断。

六、谨言：刻刻留心，第一工夫。

七、养气：气藏丹田，无不可对人言之事。

八、保身：节劳，节欲，节饮食。

九、日知其所无：每日读书，记录心得语。

十、月无忘其所能：每月作诗文数首，以验积理的多寡，养气之盛否。

十一、作字：饭后写字半时。凡笔墨应酬，当作自己课程。凡事不待明日，取积愈难清。

十二、夜不出门：临功疲神，切戒切戒。

第一条即提出"整齐严肃"，亦源来有自。因知程子主敬之旨影响深远，本章内容亦可以此四字概括之。

【标签】

礼；居处；整齐严肃

【原文】

乡人饮酒，杖者出，斯出矣。

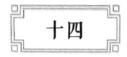

【原文】

乡人傩，朝服而立于阼阶。

【解义】

此一章书，是记孔子居乡之事也。

门人记曰：夫子之居乡也，或与乡人宴会饮酒时，则少长咸集矣，其中有六十以上执杖而行之老人，夫子必加尊敬。宴毕之后，杖者出，夫子即随之而出，未出不敢先，既出不敢后也。其敬长如此。

周礼：方相氏主索疫鬼而驱逐之；①季冬之月，则命有司大傩以驱除鬼祟，而迎纳吉祥也。②盖此礼虽古而近于戏。夫子家居，遇乡人行大傩③之礼，则敬君命而服朝服，以立于东阶④焉——以乡人傩于我家，我有主道也。其敬古礼如此。

此居乡之道也。

【注释】

①方相氏主索疫鬼而驱逐之：《周礼·司马·虎贲氏/道右》："方相氏掌蒙熊皮，黄金四目，玄衣朱裳，执戈扬盾，帅百隶而时难（傩），以索室驱疫。"（方相氏负责蒙着熊皮，戴着黄金铸造的有四只眼的面具，上身穿玄衣而下着朱裳，拿着戈举着盾，率领群隶四季行傩法，以搜索室中的疫鬼而加以驱逐。）方相氏是旧时民间普遍信仰的神祇，为驱疫避邪的神。方相，旧注谓系放想（想象）可畏怖之貌。

②季冬之月，则命有司大傩以驱除鬼祟，而迎纳吉祥也：傩，又称跳傩、傩舞、傩戏，即舞者戴面具跳舞迎神以驱除瘟疫灾邪的祭礼形式，是一种神秘而古老的原始祭礼，至今依然有其传统留存。《周礼·夏官》就记录了方相氏进行傩礼的早期雏形。（见上注）傩大约源起于旧石器中晚期狩猎活动的驱逐术，在"万物有灵论"的思想支配下，原始人主观上企望获得超自然的威力，以抵御猛兽的袭击和气候的恶劣，法术和巫术便应运而生。在狩猎的生产实践中，原始人逐渐将法术、巫术与驱逐术融合起来，用于消除自然灾害和人为灾害，包括驱逐瘟疫。到了周代，理性思维占据上风，傩被纳入"礼"的范畴。先秦文献记载，傩的主要目的是调理阴阳二气，以求寒暑相宜、风调雨顺、五谷丰登、人畜平安、国富民生。周代一年三季的大型傩祭活动，实际上是基于阴阳五行学说的具体实践。

《礼记·月令》："天气下降、地气上腾，天地和同，草木萌动。"天子在立春、立夏、立秋、立冬之时要迎气分别于东郊、南郊、西郊、北郊。相应的，天子则要在季春毕春气、仲秋御秋气、季冬送寒气。否则"仲春行秋令，则其国大水，寒气总至，寇戎来征。行冬令，则阳气不胜，麦乃不熟，民多相掠。行夏令，则国乃大旱，暖气早来，虫螟为害。……季春行冬令，则寒气时发，草木皆肃，国有大恐。行夏令，则民多疾疫，时雨不降，山林不收。行秋令，则天多沉阴，淫雨早降，兵革并起。……孟秋行冬令，则阴气大胜，介虫败谷，戎兵乃来。行春令，则其国乃旱，阳气复还，五谷无实。行夏令，则国多火灾，寒热不节，民多疟疾。"于是需要举行傩礼以驱疫，把遗存的旧气撵除干净。故《礼记·月令》又记："季春之月……命国难（傩），九门磔禳，以毕春气……仲秋之月……天子乃难（傩），以达秋气……季冬之月……命有司大难（傩），旁磔，出土牛，以送寒气。"季春"国傩"，是在国都范围内举行的傩礼。"九门磔禳"，裂牲以除祸。磔，音zhé，分裂牲体。杜佑《通典·礼》："磔禳以犬祭，犬属金也，故磔之于九门，所以抑金扶木，毕成春功"，即以毕春气。郑玄《周礼注疏》："凡祭祀，供犬牲，牲物，伏、瘗，亦如之。"即将犬牲埋于门前大道中，可阻止被傩逐出的疠气再也不能返回九门之中，侵害天子之国都。仲秋"天子傩"，在王室内城和寝庙进行，意在逐除阳暑之气，以达秋气，使人畜食物得以储藏，免遭饥荒，而"以狗御蛊"，一如季春磔狗，狗属"金畜""阳畜"，用以消除疫疠热毒之气。季冬"大傩"，是全民性的傩祭活动。高绣注《吕氏春秋·季冬纪》："大傩，逐尽阴气为阳导也。"

季冬之月，一年中最后一个月，农历十二月。土牛，用泥土制的牛。古代在农历十二月出土牛以除阴气。孙希旦《礼记集解》："出土牛者，牛为土畜,又以作之,土能胜水,故于旁磔之时,出之于九门之外,以禳除阴气也。"

③大傩:见上注。

④东阶:即"阼阶",东边的台阶,依礼是主人站立和行走的位置。

【译文】

这一章记述了孔子居住在乡里的故事。

门人记载:夫子在乡里居住的时候,有时会与乡亲宴会饮酒,老人小孩都来参加,其中有六十岁以上拄着拐杖的老人,夫子对其尊敬有加。宴会结束后,老人出门,夫子也会跟随出来,既不敢先于老人,但是也不敢落太后(而是紧随其后,以表现亲敬,同时便于扶持照顾)。他就是这样敬老的。

按照《周礼》,方相氏负责追索疫鬼,将他们驱逐;腊月的时候,就会命令有司举行大傩的仪式来去除鬼邪,来迎纳吉祥。大概这种礼仪在古代形同游戏。(门人又记:)夫子在老家居住的时候,如果遇到乡里人正好举行大傩,为对国君的命令表示足够的尊敬而身穿朝服,站立在东面的台阶上迎接——因为乡亲是到我家里来举行傩祭,所以我要遵行主人之礼。他就是这样崇敬古礼的。

这就是入乡随俗而持礼以敬的道理。

【评析】

孔子之敬老,并不过度热情,亦非敷衍了事,而是通过适宜的礼节来表现尊敬体贴之情;对待风俗,不以俗众的身份去凑热闹,也非态度高冷嗤之以鼻,而以恰当的礼节来表现自己的认同和敬畏。

其于礼不偏不倚,正合于中庸之道。

【标签】

礼;敬;傩

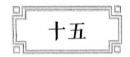

【原文】

问人于他邦，再拜而送之。

【原文】

康子馈药，拜而受之。曰："丘未达，不敢尝。"

【解义】

此一章书，是记孔子与人交之诚也。

门人记曰：夫子之与人交也，一出于至诚而不欺。如所交之人在于他邦，夫子遣使候问，使者临行，则必从后再拜而送之，有如亲见其人，不以其在远而废敬也。

季康子曾馈以药，夫子拜而受之，以答彼之殷勤①也。且直告使者曰：丘尚未知此药所用何品，所疗何病，不敢尝也。盖药有未达②，自不可尝。然受而不饮，则又虚人之赐，故直以不敢尝告之。其受馈之诚又如此。

夫子诚善与人交者哉！

【注释】

①殷勤：情意深厚。
②未达：不了解。

【译文】

这一章记述了孔子与人交往的真诚品格。

门人记载：夫子与人交往，全都是真心诚意毫无欺诈。如果交往的人在别的邦家，夫子派使者前往问候，在使者临出发的时候，一定会在后面两次礼拜送行，就像自己亲见要问候的人一样，不因为他身在远方而忽略诚敬的礼节。

季康子曾经赠送药物给他，夫子拜谢后接受了，这是答谢季康子的深厚情意。但是他也坦诚地告诉使者说：我孔丘不知道这药是用什么做成的，用来治什么病的，所以不敢试服。大概对这药并不了解，当然不敢试服。但是如果接受了却不服用，则说明是白白地受人所赠（带有故意欺骗的意味），所以他干脆坦诚地告诉人家不敢试服。这是他接受别人赠礼时所表现出来的真诚。

夫子实在是善于与人交往的人啊！

【评析】

此可与微生高乞醋遗邻（[公冶长第五·二十四]）之装模作样、虚与委蛇形成鲜明比照。

祭如在，受如在，祭鬼神以敬，与人交以诚。俯仰无愧，扪心无惧，坦坦荡荡，光明磊落。夫子之心，一至于此。

【标签】

礼；诚；敬

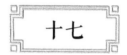

【原文】

厩焚。子退朝，曰："伤人乎？"不问马。

【解义】

此一章书，是记孔子仁民先于爱物①也。

门人记曰：一日，夫子养马之厩被火焚烧。夫厩为火焚伤，马必矣。夫子自君之朝退而来归，闻之即问曰"火得毋②伤人乎"，未尝问及马也。

盖惟恐人之伤故，不暇及于马耳。

夫天地之生物，于人为重。当仓卒③发问之时，意不在马而专在人，圣人其体天地之心为心④者乎？

【注释】

①仁民先于爱物：《孟子·尽心章句上》："君子之于物也，爱之而弗仁；于民也，仁之而弗亲。亲亲而仁民，仁民而爱物。"（君子对于万物，爱惜它但不以仁德来对待它；对百姓施行仁德，但不亲近他们。亲近自己

的父母亲，就能够以仁德对待百姓，以仁德对待百姓就会爱惜万物。）

②得毋：同"得无"；能不，莫非。

③仓卒："卒"通"猝"。

④圣人其体天地之心为心：《礼记·礼运》："故人者，天地之心也，五行之端也，食味、别声、被色而生者也。故圣人作则，必以天地为本，以阴阳为端，以四时为柄，以日星为纪，月以为量，鬼神以为徒，五行以为质，礼义以为器，人情以为田，四灵以为畜。以天地为本，故物可举也；以阴阳为端，故情可睹也；以四时为柄，故事可劝也；以日星为纪，故事可列也；月以为量，故功有艺也；鬼神以为徒，故事有守也；五行以为质，故事可复也；礼义以为器，故事行有考也；人情以为田，故人以为奥也；四灵以为畜，故饮食有由也。"（所以说，人是天地的心灵，是由五行构成的万物之首，是懂得何时应吃何味为好、何时应听何声为好、何时应穿何种颜色之衣为好的一种精灵。所以圣人制作法则，一定要以天地为根本，以阴阳为大端，以四时为关键，以日星为纲纪，以月之圆缺为区分，以鬼神为徒属，以五行为主体，把礼义当作耕地的工具，把人情当作田地，连"四灵"也成了家畜。因为以天地为根本，所以万物都能包罗；以阴阳为大端，所以人情可以察觉；以四时为关键，所以农时不失，事功易成；以日星为纲纪，所以做事的顺序便于安排；以月之圆缺为区限，所以每月做事都有条不紊；以鬼神为徒属，所以人人皆有职守；以五行为主体，所以事事皆可终而复始；把礼义作为耕具，所以事事才能办得成功；把人情当作田地，所以圣人就是田地的主人；把"四灵"作为家畜，所以饮食有所取材。）

【译文】

这一章讲的是，孔子对人仁爱之心优于对物珍惜之心。

门人记录说：一天，夫子的马厩失火。马厩一旦烧毁，马恐怕很难幸免。夫子退朝回来，听说此事后就问"火伤到人了吗"，却只字未提到马。大概是极度担心伤害到人，所以没有心思想到马。

天地之间，以人为贵。当面临突发事件的紧急时刻，一心一意关注于人而不是马匹，难道这不是圣人心怀天地之心吗？

【评析】

本章仅十二个字，但是如果悉心通过想象来还原故事原委，则火灾现场烟火余温，夫子还穿戴着朝见的礼服，一改平日温和稳重的口吻，连声疾问：有没有伤到人，有没有伤到人……《解义》对于火灾后果虽未详加描述，还原现场，却点到了紧要处：在危急时刻，却能够通过一言而见证孔子以天地之心为心的胸怀，何其广阔，何其仁爱！

如此妙笔，想象便知。遂使十二字小文成千古绝唱。

【标签】

仁民爱物；天地之心为心

【原文】

君赐食，必正席先尝之。君赐腥，必熟而荐之。君赐生，必畜之。侍食于君，君祭，先饭。

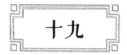

【原文】

疾，君视之，东首，加朝服，拖绅。

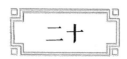

【原文】

君命召，不俟驾行矣。

【解义】

此一章书，是记孔子事君之礼也。

门人记曰：凡臣之于君，务期尽礼，毋论事之大小，悉当以谨敬持之。若夫子则无一事之越于礼者：君或赐以熟食，必正席致敬而先尝之，然后颁之于人，尊君赐也；君或赐以生肉，必烹调使熟而荐之祖考，荣君赐也；君或赐以生牲，必畜之于家，无故不杀，仁君赐也。（其尽礼于受赐，有然。）

夫子或侍于君而食于君之侧，其时君祭，而置品物①于豆间，则己不祭而先饭。盖礼，君赐之食而客之，则命之祭。夫子不敢当君之客己，故先饭，以示为君尝食之意。（其尽礼于侍食，有然。）

夫子或以疾寝而君视之，倘得扶疾②，而以臣礼接君，固其心矣；势必不能，则首居东以受生气③，加朝服于身，又拖大带于上，不忘恭也。（其不以疾而废礼，又有然。）

君或有事而以命来召，倘可即升车而行，所不辞矣；若犹未驾，则迫不容待，徒步以往，不俟驾而遂行，急君命也。（其不以劳而废礼，又有然。）

盖分、义之必循，斯礼、文之必谨，夫子于纤悉④委曲⑤无所不竭其诚敬，是不独持一身之小节，而正以立万世人臣之大常⑥也与！

【注释】

①品物：各类物品。

②扶疾：扶病。

③首居东以受生气：《礼记·丧大记》："疾病……寝东首于北牖下。"孔颖达疏："以东方生长，故东首乡生气。"生气，使万物生长发育之气。

④纤悉：细微详尽，精细周到。

⑤委曲：细微，琐碎。

⑥大常：常道，不变之道。

【译文】

这一章讲的是，记录孔子侍奉国君的礼仪表现。

门人记载：臣子对待国君，真心期望能够全力以礼相待，不论事情大小，都应当谨慎敬重对待。像夫子，没有一件事不符合礼仪的：国君有时候赠赐熟食，他就摆正坐席，端坐致敬，并先行品尝，然后再分给大家，这是表达对国君赠赐的尊重；国君有时候赠赐的是生肉，就先进行烹调，熟了之后再进献给祖先，共享国君赠赐之荣耀；国君有时候赠赐的是活畜，就先把它养在家中，没有特殊原因就不杀害它，以彰显国君赠赐的仁德。（在对待国君赠赐这件事上尽心于礼，毫不疏漏。）

夫子有时候陪伴国君进餐，国君要先进行餐前祭祀，把各种祭祀物品摆放在豆器上，而孔子不等祭祀就先吃饭。据礼，国君赠赐食物，待以客礼，就会让客人参与餐前祭祀。夫子不敢让国君把自己当作客人，所以先吃饭，表示先为国君品尝食物的意思。（他在陪伴国君进食这件事情上，尽心于礼，就是这样。）

夫子有时候卧病在床，国君前来探望，如果能够勉强起身，就坚持起来以君臣之礼参拜国君，无论如何都要坚持；如果实在起不来，就头向东方接受生长之气，并把朝服盖在身上，再把绅带搭在上面（表示着朝服见面），仍然不忘记恭敬之礼。（他不因为病痛而废弃礼仪，就是这样。）

国君有时有事命人来召，如果马上可以备好车马出发，连给家人说一声都等不及，就走了；如果车马还没有备好，就更加迫不及待，徒步就走，不等车马备好就出发了，这是急于遵从国君的命令。（他不辞辛劳而谨遵礼仪，就是这样。）

名分和道义是必须遵循的，礼仪和节文是必须恭谨的，夫子在细微周折的事情上，也无不是真诚恭敬，这不只是保持个人的小礼小节那么简单，而是以此示范给千秋后世作为臣属所应遵从的恒常不变之道啊！

【评析】

连续三章，同［乡党第十·二］，均为事君之礼。亦犹"事君尽礼，人以为谄也"（［八佾第三·十八］），孔子以礼，人以为谄，概孔子尽礼似谄，而世人以谄为礼，貌似而实不同。（可参该章"评析"部分）其苦心孤诣，昭然可见。

【标签】

事君；尽礼；祭祀；疾；餐

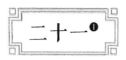

【原文】

入太庙，每事问。

---

❶ 本章已见于［八佾第三·十五］，《解义》因其重出而未重解。

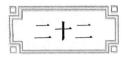

【原文】

朋友死，无所归。曰："于我殡。"

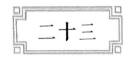

【原文】

朋友之馈，虽车马，非祭肉，不拜。

【解义】

此一章书，是记孔子交朋友之义也。

门人记曰：朋友为五伦之一，原以义合者也。夫子之于朋友，莫不以义为断。如朋友不幸而死，无亲属以主之，是无所归者，于义为当殡者也，夫子即曰："于我殡。"

盖揆①乎事理之宜，遂直任②而不辞也。

如朋友之馈或轻或重，皆交际之常，于义所不当拜者也。是以虽重如车马，非馈祭肉③者比，则直受之而不拜。

盖祭肉之所以拜者，敬其祖考④同于己亲也，车马岂其伦⑤乎？此夫子所为悉合乎当然也。

盖义受裁于心，夫子不以存殁易其心，不以货利动其心，惟心能有主，故义无不尽也。

【注释】

①揆：音 kuí，审度，考虑。
②直任：径直担当。直，副词，径直，直接。
③祭肉：天子和诸侯在祭礼之后，一般会将祭肉分赐朝廷重臣。
④祖考：祖先。
⑤伦：辈，类。《礼记·曲礼下》："儗人必于其伦。"（将人进行对比的时候，要找属于同一类的。）

【译文】

这一章,记述了孔子恪尽朋友之间的道义。

门人记载:朋友关系作为五伦之一伦,本就是因为道义而交往。夫子对待朋友,无不是从道义的角度考虑。如果有朋友不幸死亡,而且没有亲属担当,为他办理后事,依道义要有朋友给他殡葬,夫子就说:"让我来殡葬他吧。"

大概是审度前后情势,就直接担当而义不容辞。

如果得到朋友的馈赠,不论轻重多少,都是交际中常有的事,按照道义都不必拜谢。即便是像车马那样贵重的礼物,(只是朋友间平等的礼仪)也不比(来自君臣之间赠赐的)一块祭肉,就(依礼)直接承受而不拜谢。

大概接受祭肉而行拜谢之礼,是因为它代表着对祖宗的崇敬,就像对着自己的双亲一样,这哪里是车马所能够等同的。夫子所作所为都是理所当然的。

但凡道义也是依心意来衡定的,夫子不因为朋友的生死而改变心志,不因为财务的轻重而起心动念,惟心有所主,才能无条件地遵守道义。

【评析】

朋友就是另外一个自己,本就是对自己具有约束和见证的作用,所以对待朋友严守道义,就是对自己的人格和品德负责,因此无论是朋友的生死、物品价值的轻重,都无关乎、无碍乎朋友间对道义的遵守和执行。

孔子在朋友关系的处理上,似乎与现代社会完全背离:在朋友遍天下、"好友"处处有的今天,朋友关系已掺杂了过多的功利意识,拥有了非常"社会"的功能,甚至是巨大的利益潜能。这实在与孔子所定义之"朋友"相去甚远——

什么是朋友?这是一个问题!因为自己是谁,很多人尚未明了。

【标签】

礼;朋友;殡

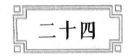

【原文】

寝不尸，居不客。

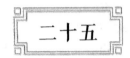

【原文】

见齐衰者，虽狎，必变。见冕者与瞽者，虽亵，必以貌。

凶服者式之。式负版者。

有盛馔，必变色而作。

迅雷风烈，必变。

【解义】

此一章书，是记孔子容貌①之变也。

门人记曰：容貌乃德之符。②夫子随事顺应，适当乎理，其形诸身而见于色者，各有不同：凡人寝处③恒易流于肆，夫子虽舒布其四体，而不至偃卧以如尸；私居不必过于拘，夫子虽慎持于平日，而不事矜庄以为度。（其容貌之见于处己者如此。）

若夫有丧之人所当哀也。夫子见齐衰④者，虽所亲狎⑤，必变色以待之。有爵与无目之人，所当致其尊与矜之诚也。夫子见冕者与瞽者，虽当燕见⑥，必礼貌加之。至夫子当在车之时，见有服凶服⑦者，则恻然⑧不宁而为之式⑨。见有负版籍者⑩，则肃然起敬而为之式。此一以哀有丧，一以重民数⑪也。至夫子当燕享之时，主人设盛馔以相待，必变色而起，以致其敬。所以重主人之礼也。（其容貌之见于接人者如此。）

至迅雷风烈，乃天变之大者，夫子当此必变其常色，惕然⑫恐惧。盖敬天之怒，而不敢逸豫⑬以自安也。（其容貌之见于敬天者又如此。）

夫圣人动容周旋⑭，无不中礼。其出之也非有心⑮，而观之者则各异。至如见负版而式，遇风雷而变，则尤所以重邦本而畏天威也哉！

【注释】

①容貌：体态相貌。

②容貌乃德之符：容貌是道德的显现。符，显现，验证。此取《庄子·德充符》标题之含义：道德充实于内，万物应验于外，有如符契一般。
③寝处：坐卧，息止。
④齐衰：音 zīcuī，丧服。"五服"中列位二等，次于斩衰。其服以粗疏的麻布制成，衣裳分制，边缘部分缝缉整齐，故名。有别于斩衰的毛边。"五服"具体服制及穿着时间视与死者关系亲疏而定。此处所着齐衰者，与死者关系较亲近，悲戚程度较深，所以孔子要保持矜持庄重的态度。
⑤亲狎：亲近而不庄重；狎昵。
⑥燕见：公余会见，非正式会见，不必拘礼。
⑦凶服：泛指丧服，包括上述齐衰、斩衰等五服。古称丧礼为凶礼，故称丧服为凶服。
⑧恻然：哀怜的样子，悲伤的样子。
⑨式：同"轼"，古代车前横木，便于乘车人抓扶，以保持身体平衡。
⑩负版籍者：为官府传送户籍资料的差役。
⑪民数：人口数字。人口在古代为国之根本，是国家盛衰的标志，因此孔子非常重视。
⑫惕然：惶恐貌。
⑬逸豫：安乐。
⑭动容周旋：动容，举止，仪容。周旋，古代行礼时进退揖让的动作。出自《孟子·尽心下》："动容周旋中礼者，盛德之至也。"可参本书[泰伯第八·二]"动容周旋中礼"词条注释。
⑮其出之也非有心：形如[泰伯第八·二]"动容周旋"词条所引："哭死而哀，非为生者也。经德不回，非以干禄也。言语必信，非以正行也。君子行法，以俟命而已矣。"

【译文】

这一章记录了孔子体态相貌的变化。

门人记载：容貌是品德的表征。夫子随机应变，符合道理，在音容相貌上表现出来的，均（与常人）有所不同：一般人在躺卧的时候很容易随意，而夫子虽然也是舒展四肢，却不会像尸体那样直挺挺地躺着；家居生活本不必拘束，所以夫子虽然一贯谨慎，但在家里却从不装模作样。（他在独处时候的体态相貌就是这样。）

办理丧事的人就应该哀戚。夫子看到为近亲居丧的人，即便是关系亲近，彼此素来狎昵，也一定改面色以庄重对待。对于有爵位的贵族和视力丧失的盲人，应当诚挚地致以尊敬与矜持。夫子见到尊贵者或目盲者，本可不必拘礼，但仍然以礼相待。夫子乘车的时候，如果见到路上穿着丧服的人，就会哀怜不安，扶轼俯身致意；如果遇到为官府传送户籍资料的人，一定会马上肃然起立，扶轼致意。一边是对丧事（民之死）表示哀戚，一边是对人口数量（民之生）表示关注。夫子参加宴会的时候，遇到主人用丰盛的食物来招待，就会马上改变面色，起身致敬。这是对主人表示尊重的礼节。（他待人接物时候的体态相貌就是这样。）

遇到迅雷风烈的异常天气，夫子也会面色大变，惊恐有加。这大概是认为上天有所震怒，所以也不敢安闲自得。（他敬畏上天时候的体态相貌就是这样。）

圣人举手投足、进退周旋，无不合乎礼。他这样做并非刻意，而在处理不同的事务时表现得也不一样。就像遇到背负户籍而扶轼，遇到风雷而失色，是尤其重视邦国的根本而对上天有所敬畏啊！

【评析】

礼，有别于日常，然而又是本于日常，在人与人之间架构一个桥梁，让情感通过合理的渠道得以表达。这一章的礼在四种关系中展开：一个是个人独处，一个是人际交往，一个是家国互动，一个是天人合一。独处之礼，夭申自如；人际之礼，将心比心；家国之礼，惜生畏死；天人之礼，夕惕若厉。无不是中庸的态度和情感，表达得恰到好处。

所以，礼并不一定是繁复和古板，更不是矫揉造作，沐猴而冠，装模作样。心中有礼，身上才有礼。任何时候以谨慎庄重的态度来保持对生命的珍惜，对他人的尊重，以及对上天的敬畏，都是守礼的表现，这是那些深信"人生如戏，全靠演技"者所无法做到的。

简言之，庄而不装，最好。

【标签】

礼；色；貌；敬畏

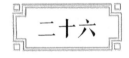

【原文】

升车，必正立，执绥。

车中，不内顾，不疾言，不亲指。

【解义】

此一章书，是记孔子升车之容也。

门人记曰：我夫子正直存于中，而肃恭①着于外，随其所在，莫不见其有敬容，无肆容。人当升车，自无不立而执绥②者，然或未免于偏倚也；惟夫子则必正立执绥，而一无偏倚焉。及既在车中，则瞻视③有常，未尝回首而顾也。言语必慎，未尝急遽而言也。手容必恭，未尝妄有所指也。（盖敬容之见于乘车者如此。）

夫礼，大夫得乘车，苟或稍纵，即不足以见盛德④之容，而且惑人之视听。夫子之不待谨而自谨也，此其所以为圣人也与！

【注释】

①肃恭：端严恭敬。
②执绥：谓持绳索登车。
③瞻视：观看，顾盼。
④盛德：崇高的品德。

【译文】

这一章记录了孔子上车时候的容貌。

门人记录：夫子内心正直，而外貌肃恭，无论在哪里，都能够看到他端严恭敬的容貌，而不会有丝毫的放松。当一个人上车的时候，自然会手拉扶手的绳索而站立，但是有的人不免东倒西歪，左依右靠；而夫子，却总是（保持稳重和平衡），手抓扶绳保持正立，毫不偏斜倚靠。当到了车里，他也会（保持端正的坐姿），把目光保持在一定的范围内，绝不回头往后看。说话非常谨慎，从不抢话疾语。手势始终恭谨，从不指指戳戳，随意指点。（他在乘车的时候保持恭敬的容貌，大略如此。）

依照礼，卿大夫乘车，稍微有所放松，就会有碍完好的品格形象，而且还会给别人不好的影响。夫子即便是在别人不作要求的情况下，也能够自我约束，恐怕这正是他之所以成为圣人的原因吧。

【评析】

于人所易于倾斜处端庄立正，于人所易于轻薄处收心敛视，于人所易于轻忽处谨言慎行——在孔子那里，即便最为日常普通的经历，也会变成修身成礼的场域。

【标签】

礼；车；容貌

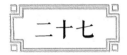

【原文】

色斯举矣。翔而后集。曰："山梁雌雉，时哉时哉！"子路共之，三嗅而作。

【解义】

此一章书，是见孔子时中之圣①，其所会心者，无非时也。

门人记曰：鸟之为物虽微，见人之颜色②不善，斯举翮③而他往，又必回翔审视，择可止之地而后集焉。何其能见几而举、择地而集如此？昔者，孔子见雌雉④存于山梁⑤之上，因感而叹曰：彼山梁之雌雉，当飞则飞，其飞也以时；当下则下，其下也以时。时哉！时哉！

子路不悟，以为时物而共向之⑥，有执之之意焉，遂三嗅⑦而作。其在山梁也，非翔而集于山梁者乎？其嗅而作也，非见子路之色而举者乎？是可以知鸟矣，更可以知夫子之有取乎时矣。

盖孔子于君臣、朋友、父兄、宗族之间，一言一动，莫不各尽其道，非屑屑⑧以求，其合时当然，自无不然耳。此所以深有取乎时也。记者⑨记此以终《乡党》，正以明圣人之悉因乎时云。

【注释】

①孔子时中之圣：《孟子·万章下》："伯夷，圣之清者也；伊尹，圣之任者也；柳下惠，圣之和者也；孔子，圣之时者也。"（伯夷，是圣人中清高的；伊尹，是圣人中勇于担责的；柳下惠，是圣人中比较随和的；孔子是圣人中能够与时偕行的。）时中，立身行事，合乎时宜，无过与不及。《礼记·中庸》："君子之中庸也，君子而时中。"（君子的言行符合中庸，因为君子的言行时刻都不偏不倚。）可详参本书［宪问第十四·十三］"随时处中"词条注释。

②颜色：表情，神色。

③翮：音 hé，鸟的翅膀。
④雌雉：山鸡，野鸡。此处译文遵从原文名称。
⑤山梁：山坡林间，山林的纵深处。一般译为"山间桥梁"，或直引不译，均不妥。
⑥以为时物而共向之：共，同"拱"，一般注解为拱手行礼。此处依《解义》上下文语境，子路由于误会了孔子的话而想抓住山鸡，故译为"猫腰"。
⑦三嗅：一般认为"嗅"是鸣叫的意思，但是值得商榷。鸟类判断周边情况，特别是针对潜在危险的对象，一般是歪着脖子侧看，然后歪到另一侧再看，同时发出警觉的低鸣。笔者认为三嗅应该是指鸟类这种习惯性姿态。
⑧屑屑：劳瘁匆迫的样子，刻意于某些事。
⑨记者：记述者。

【译文】

　　这一章是展示了孔子为圣适时的本色，他所言所行由衷而发，无不是与时偕行而随时以处中。

　　门人记载：飞鸟虽然只是小小物类，如果感受到来者不善，就会马上展翅飞走，然后飞旋回来观望，找到另外一个可以栖息的地方落下来。它们是怎么能够做到感知细微的预兆马上响应，而又能够选择安全的地方落下来的呢？当年，孔子看到雌雉栖息于山坡林间，于是感叹道：那些山坡林间的雌雉，该飞的时候就马上起飞，飞得正是时候；应该落下的时候，落下的也正是时候。真是时候啊！真是时候啊！

　　子路不明此道，误以为孔子所说的"真是时候啊"，就是及时下手的意思，于是就猫腰前进，想要抓住雌雉。（可是那些雌雉歪着头看了看，马上窥知了他的意图，）于是叫了几声就飞起来了。它们处于山坡林间，不是飞翔旋转之后选择到那里的吗？鸣叫而飞走，不是感知了子路的举动而飞走的吗？由此可以知道鸟儿，（都能选择判断，当落则落，当飞则飞，）也自然可以知道夫子能够审时度势，与时偕行。（当留则留，当去则去了。）

　　大概孔子对于处理君臣、朋友、父兄和宗族的关系时，一言一行，无不能够合乎相处之道，不是刻意追求，而是依照当时形势而顺其自然，也因此不会有不妥的地方。

　　这就是真正的合乎时际了。记录者用此章终结《乡党》篇，正是想言明，圣人无不是应时而为。

【评析】

本章难解，众说纷纭，莫衷一是，连朱熹也无意强解，只说可能是原文有所缺失。郑玄注解是子路抓住了山鸡，然后做菜给孔子吃，这可能有所本源，（如本篇亦有所谓"有盛馔，必变色而作"，）但实在是太过于牵强了。

钱穆先生却对这一章推崇备至，选择把它和孔子的生平关联在一起，阐释得允洽周详：

> 此章实千古妙文，而《论语》编者置此于《乡党》篇末，更见深义。孔子一生，车辙马迹环于中国，行止久速，无不得乎时中。而终老死于阙里。其处乡党，言行卧起，饮食衣着，一切以礼自守，可谓谨慎之至，不苟且，不卤莽之至。学者试取庄子《逍遥游》《人间世》与此对读，可见圣人之学养意境，至平实，至深细，较之庄生想像，邈乎远矣。然犹疑若琐屑而拘泥。得此一章，画龙点睛，竟体灵活，真可谓神而化之也。❶

如果说本章无解，却恰恰构成《论语》阐释的一极：《论语》曾经只有前十篇，正好到此为止，那么从其所属的位置来说，的确是比较特殊的一章，它近乎白描而未加修饰，过于简略而至于难解，因此，这一刻又俨似一幅精妙的画作，如若强加评述，则徒增画蛇添足之憾。

然其中深意，不必刻意穿凿，何妨将其当作一篇短小的写景散文来读，抛开春秋笔法和微言大义，只是凭借想象进入这个小故事的情境之中，恰恰能够感受到一种秋末玄远的气息——

这其中的意味，岂是能够说得尽的？

【标签】

子路；山梁雌雉；时

---

❶ 钱穆：《论语新解》，生活·读书·新知三联书店2002年版，第270页。

先进第十一

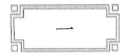

一

【原文】

子曰:"先进于礼乐,野人也;后进于礼乐,君子也。如用之,则吾从先进。"

【解义】

此一章书,是孔子思复古①以维世②也。

孔子曰:先王缘人情而制礼③,宣至和④而作乐,是二者诚不可斯须去身⑤也。但世运⑥不同,习尚⑦亦异,至今日而寖⑧非矣。如先进⑨之于礼乐,文质适中,今但见其简朴而以为野人⑩也。后进⑪之于礼乐,文过乎质,今反谓之彬彬而以为君子⑫也。以俗尚观之,孰不喜为君子以求观美哉?吾则不然,如用礼乐以治身,则思敛华而就实;如用礼乐以治人,则思去靡以还淳⑬——宁从先进而冒⑭野人之名耳。

是知移风易俗系乎一人,庸众虽安于习俗,君子贵求其当然。观孔子从先进之意,其即帝王议道⑮自己之法与!

【注释】

①复古:回到社会的原初状态,找到社会原始的动力和生命力,来给社会注入生机。

②维世:维护世道。

③缘人情而制礼:《史记·礼书》:太史公曰:"洋洋美德乎!宰制万物,役使群众,岂人力也哉?余至大行礼官,观三代损益,乃知缘人情而制礼,依人性而作仪,其所由来尚矣。"(太史公说:"礼的品格、功能,实在博大众多而又盛美啊!它主宰万物、驱策群众,岂是人力所能做到的?我曾到大行礼官那里,研究夏、商、周三代礼制的演变,才知道,按照人情制定礼,依据人性制定仪,是由来已久的事了。")

④至和:极和谐、安顺。

⑤二者诚不可斯须去身:《礼记·祭义》:"礼乐不可斯须去身。"斯须,须臾,片刻。

⑥世运:时代盛衰治乱的气运。

⑦习尚:风尚。

⑧寖：同"浸"，逐渐。
⑨先进：前辈。
⑩野人：庶人，平民。
⑪后进：后辈，亦指学识或资历较浅的人。
⑫今反谓之彬彬而以为君子：[雍也第六·十八]：子曰："质胜文则野，文胜质则史。文质彬彬，然后君子。"（质朴超过了文采，就会粗野；文采超过了质朴，就会浮华。文采和质朴相辅相成，配合恰当，这才是君子。）
⑬用礼乐以治身，则思敛华而就实；如用礼乐以治人，则思去靡以还淳：《礼记·乐记》："君子曰：礼乐不可斯须去身。致乐以治心，则易直子谅之心油然生矣。易直子谅之心生则乐，乐则安，安则久，久则天，天则神。天则不言而信，神则不怒而威，致乐以治心者也。"详见本书 [先进第十一·二十六]（三）"礼乐不可斯须去身"词条注释。敛华而就实：收敛浮华而归于平实。宋方回《次韵仁近见和怀归五首》："敛华就实嗟何及，悟往知来尚可为。"还淳，回复到原来的淳朴状态。杜甫《上韦左相二十韵》："庙堂知至理，风俗尽还淳。"
⑭冒：甘受。
⑮议道：议论大道，探讨治国之道。

【译文】

这一章是说，孔子考虑通过恢复制度的原生状态以恢复制度的活力，给社会注入生机。

孔子说：古圣先王们依据人情建立礼制，宣扬和乐而审定音乐，这两者是社会生活片刻不能缺少的。但是各个时代的运命有所不同，社会风尚也逐渐变化，到了现在依据逐渐面目全非了。那些创世之初的先人们，对于礼乐，形式与特质都能够适度，只是因为当时的形式比较简朴，所以就以为他们还很原始而落后。后世接受传承的晚生们，注重形式超过特质，却被认为是文质协调的君子。从风俗传统的角度来看，有谁不愿意成为君子而又能够拥有美好的形式呢？但我却不然，如果是用礼乐来修养自身，那么我就考虑收敛其华彩而接近于质实；如果是用礼乐来教化他人，那么我就考虑去除其奢靡而复归于淳朴——我还是宁愿学习先人们的做法而甘当所谓的"野人"啊。

所以可知，其实移风易俗的根本还是在于人，平庸之众虽然安于习俗，但君子却要根据事物之本然而求其必然、当然（以树立典范，引领世风）。

孔子推崇并跟从先人的做法，不也应该是帝王们治理国政所应该遵从的法则吗！

【评析】

本章《解义》采用了朱熹《论语集注》中所载程子的观点：

先进后进，犹言前辈后辈。野人，谓郊外之民。君子，谓贤士大夫也。程子曰："先进于礼乐，文质得宜，今反谓之质朴，而以为野人。后进之于礼乐，文过其质，今反谓之彬彬，而以为君子。盖周末文胜，故时人之言如此，不自知其过于文也。"

其实用现代文化研究的眼光来看，孔夫子的话实际上是抓住了文化最为核心的内容：文化不仅是一种表征形态，而且是一种生产/生成机制。文化的表现依存于内在的机制。"吾从先进"即保持文化生成之根，使之富有活力；文化一旦变得固化、僵化，因循守旧，固步自封，貌似诗书文艺、歌舞升平，但却再也无法给人以创造的自由，也就因此失去生机和活力。王国维说："凡一代有一代之文学。"（《宋元戏曲考》）乃是文艺保持了生命力和创造力的结果，创新的文艺和突破性的语言乃是这种生命力和创造力的产物。

文化是原生动力，而文明是动态效果，一旦文化僵化，文明也会呈现出衰落的迹象。对于中国和印度这两大世界古文明发源地的文明现状，印度开国总理尼赫鲁在其身陷囹圄之时曾不无悲观地写道：

中国和印度都出现了缓慢的衰退，古老的文明最终变成了类似绘画一样的东西，从远处看很精美，但没有生命；如果你靠近一点，还会看见上面布满了白蚁。与帝国一样，文明的衰落不是由于外来敌人的强大，而是因为自身的缺点和腐朽。❶

孔子在文明之初便不乏洞见，其对文化原力的强调和戒告，在今天看来似乎也同样富于理论和实践价值。

【标签】

文化生产机制；先进；礼乐；君子

---

❶ ［印度］贾瓦哈拉尔·尼赫鲁：《尼赫鲁世界史》，梁本斌等译，中信出版社2016年版，第77页。

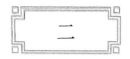

【原文】

子曰:"从我于陈、蔡者,皆不及门也。"

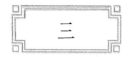

【原文】

德行:颜渊①,闵子骞②,冉伯牛③,仲弓④。言语:宰我⑤,子贡⑥。政事:冉有⑦,季路⑧。文学:子游⑨,子夏⑩。

【解义】

此一章书,见圣门之多才也。

昔孔子应楚昭王之聘,陈、蔡二国忌楚国之大,因阻孔子之行,于是受厄于陈蔡之间⑪。其后孔子归鲁,追思往事而叹曰:吾门之弟子从我者多矣,当陈蔡之厄犹济济⑫也。至于今或隐或显,或存或没,皆不及吾门也。夫患难适得相随,而闲居反致离索,聚散不常,宁不关情邪❶?

门人因孔子之思而记之曰:夫子之所谓从于陈、蔡者何人也哉?其姓、字犹可识也,其造诣更可观也:有得于己而谨于身者曰德行,颜渊、闵子骞、冉伯牛、仲弓是;有能立言而善答述者曰言语,宰我、子贡是;有通国政而练庶务⑬者曰政事,冉有、季路是;有风雅⑭可观而闻见博洽⑮者曰文学,子游、子夏是。此皆从夫子于陈、蔡者,其人其品,各擅其长,宜夫子之不忍忘也。

观门人四科之言,而孔子造就人才之法可见矣。即朝廷因材器使⑯之道,亦从可知矣。

【注释】

①颜渊:颜回(前521—?),字子渊,春秋时期鲁国人,孔门十哲之

---

❶ 邪:摘藻堂四库全书荟要本(同武英殿刻本)作"耶"。邪同"耶",表疑问或感叹语气词。

首。好学，自制，躬行践履孔子克己复礼为仁之教，安贫处困不改其乐。孔子深许其德行和学问，引为同道知己，颜回亦对孔子敬奉有加，困厄不辍，生死相随。不幸早卒（一说卒于公元前490年，年32岁；一说卒于公元前481年，年41岁），孔子深悲之，《论语》中特记其事。被后世尊为"复圣"。

②闵子骞：闵损（前536—前487），字子骞，春秋时期鲁国人，"孔门十哲"之一，以孝闻名。

③冉伯牛：冉耕（前544—?），字伯牛，春秋时期鲁国人，"孔门十哲"之一，以德行著名。恶疾而终，孔子以此叹乎天命。（[雍也第六·十]）

④仲弓：冉雍（前531—?），字仲弓，春秋时期鲁国人，"孔门十哲"之一。时称其父不肖，冉雍深以为卑，孔子喻之以"犁牛之子骍且角，山川其舍诸"（[雍也第六·六]）鼓励之。尚居敬行简之政，孔子以为其可使南面而治，为政一方。

⑤宰我：宰予（前522—前458），字子我，故亦名"宰我"，春秋时期鲁国人，曾任齐国临淄大夫，"孔门十哲"之一。宰我善于质疑孔子并向其发起挑战，如提出"井有仁焉"（[雍也第六·二十六]）的刁钻问题，对三年之孝亦颇有非议（[阳货第十七·二十一]），这与一般弟子在肯定孔子之学的基础上求问求进不同，而是在关乎"道路选择"的根本性问题上面表现出根本性的怀疑，显示出其极端另类的一面，但或也展示出其作为一个普通人对于孔子之学的直观感受。所以可以想见其人之自出机杼而又顽固不化，故孔子于"宰予昼寝"大动干戈，遗之千古名骂"朽木不可雕也"（[公冶长第五·十]），而又列入优等弟子之列。

⑥子贡：端木赐（前520—前456），字子贡，亦作子赣，春秋时期卫国人，"孔门十哲"之一。能言善辩，好疑多问，善于经商，十分富有。与孔子有较多问答，其中颇多智慧而见其自负，但孔子多抑止之，以"瑚琏"之器定义之。子贡历仕鲁、卫两国。相传曾劝阻齐国田常伐鲁，在吴、越、晋诸国之间游说，使之互为牵制，因有"故子贡一出，存鲁，乱齐，破吴，强晋而霸越"（《史记·仲尼弟子列传》）的传说。

⑦冉有：冉求（前522年—?），字子有，故亦通称为"冉有"。春秋时期鲁国人，"孔门十哲"之一，以政事见称。多才多艺，尤擅长理财。曾担任季氏宰臣，帮助季氏进行田赋改革，聚敛财富，受到孔子的严厉批评。公元前484年，率左师抵抗入侵齐军取得胜利，又趁机说服季康子迎回了在外流亡十四年的孔子。

⑧季路：仲由（前542—前480），字子路，又字季路，春秋时期鲁国卞人，孔门大师兄，"孔门十哲"之一。为人伉直，好勇力。长于政事，孔子谓其"片言可以折狱"（[颜渊第十二·十二]）。

⑨子游：言偃（前506—前443），字子游，又称"叔氏"，春秋时期吴国人，"孔门十哲"之一，擅文学。曾任鲁国武城宰，其间遵行孔子礼乐教化之旨，弦歌之声遍闻，故深得孔子赏识。

⑩子夏：卜商（前507—？），字子夏，春秋时期晋国温地（今河南温县）人。思想家、教育家，"孔门十哲"之一，长于文学。曾任鲁国莒父的邑宰。孔子去世后，子夏讲学于魏国西河，段干木（李克，有说李克即李悝）、吴起、禽滑离（后成为墨子大弟子）和魏文侯等人皆受业于子夏之伦，影响广泛，世称"三晋儒学"，其后为荀子承继而发扬光大。子夏多与孔子谈《诗》与《易》而见其才智聪明，故传子夏作《诗大序》《子夏易传》，颇多建树。有"死生有命，富贵在天"（[颜渊第十二·五]），"仕而优则学，学而优则仕"（[子张第十九·十三]）和"大德不逾闲，小德出入可也"（[子张第十九·十一]）等观点。曾于孔子闻"五至三无""三无私"之说，见于《礼记·孔子闲居》，可参本书[阳货第十七·十一]"中者，无体之礼"词条注释。

⑪昔孔子……受厄于陈蔡之间：史称"陈蔡之厄"。事见于《孔子家语·在厄第二十》《荀子》《吕氏春秋》《韩诗外传》《说苑》《史记·孔子世家》等。《孔子家语》等文字生动而稍嫌反复；《史记·孔子世家》则集采众说而较为简约，李长之深许其文，以为"孔子的真精神在这里，儒家的全部精华在这里"（详见[子罕第九·五]评析），故此录之如下：

孔子迁于蔡三岁，吴伐陈，楚救陈，军于城父。闻孔子在陈蔡之间。楚使人聘孔子，孔子将往拜礼。陈蔡大夫谋曰："孔子贤者，所刺讥皆中诸侯之疾。今者久留陈蔡之间，诸大夫所设行，皆非仲尼之意。今楚大国也，来聘孔子。孔子用于楚，则陈蔡用事大夫危矣！"于是乃相与发徒役围孔子于野。不得行，绝粮，从者病，莫能兴。孔子知弟子有愠心，乃召子路而问曰："《诗》云：'匪兕匪虎，率彼旷野。'吾道非耶，吾何为于此？"子路曰："意者吾未仁耶？人之不我信也；意者吾未知耶？人之不我行也。"孔子曰："有是乎，由？譬使仁者而必信，安有伯夷、叔齐？使智者而必行，安有王子比干？"子路出，子贡入见。孔子曰："赐，诗云：'匪兕匪虎，率彼旷野。'吾道非耶，吾何为于此？"子贡曰："夫子之道至大也，故天下莫能容夫子。夫子盖少贬焉！"孔子曰："赐，良农能稼而不能为穑，良工能巧而不能为顺。君子能修其道，纲而纪之，统而理之，而不能为其容。今尔不修尔道，而求为容。赐，而志不远矣！"子贡出，颜回入见。孔子曰："回，《诗》云：'匪兕匪虎，率彼旷野。'吾道非耶，吾何为于此？"颜回曰："夫子之道至大，故天下莫能容。虽然，夫子推而行之，不容何病，不容然后见君子。夫道之不修也，是吾丑也；夫道既已大修而不用，是有国者之丑也。不容何病，不容然后见君子。"孔子欣然而笑曰："有是哉，颜氏之子！使尔多财，吾为尔宰。"于是使子贡至楚，楚昭王兴师迎孔子，然后得免。（孔子迁往蔡国的第三年，吴国攻打陈国，楚国去援救陈国，楚军驻扎在城父这个地方。楚国听说孔子住在陈国与蔡国交界的地方，便派使者去聘请孔子，孔子也打算前往还礼致敬。陈国和蔡国的大夫们知道后纷纷议论说："孔丘是个贤人，他所批判的都切中诸侯的要害之处。而今他在陈蔡之间留居很久了，我们大夫所思所行，都不合孔丘之意，而今楚国这个大国却来聘请他。倘若孔丘被楚国任用，那我们陈国、蔡国当权的大夫们就很危险了！"于是，陈蔡两国便一起发动了许多人将孔子围在郊野。孔子被困，粮食也没有了，跟随孔子的弟子都饿倒了，几乎连站都站不起来。孔子知道弟子们心中不快，便叫子路进来，问他道："《诗》上说：'不是兕不是虎，却如一群野兽在旷野中奔走。'难道这样的局面是因我所主张的道理不对所造成的吗，我们为什么沦落到这种地步呢？"子路说："也许人们认为我们没有仁德，所以不相信我们；也许人们认为我们没有智谋，所以不让我们通行。"孔子说："由啊，真的是这样么？假如有了仁德就会使人相信，那么，伯夷、叔齐怎么饿死在首阳山呢？假如有了智谋就会通行无阻，那么王子比干怎么被商纣王剖心而死呢？"子路出去后，子贡进来拜见。孔子说："赐啊，《诗》上说：'不是兕不是老虎，却如一群野兽在旷野中奔走。'难道这样的局面是因我所主张的道理不对所造成的吗，我们为什么沦落到这种地步呢？"子贡说："夫子之道理至大无极，世人不能理解，所以无法容纳您。夫子能否考虑降低标准来适应这个社会呢？"孔子说："赐啊，优秀的农夫善于种植，却未必善于收获；优秀的工匠手艺灵巧，却未必能使别人称心如意。作为君子，能够修为其道，能够为社会设立标准原则，统筹治理，却不能为天下所容纳。如今，你不去修道，却为了容纳而放弃道？赐，你的志向不够远大啊！"子贡离开后，颜回进来拜见。孔子说："回啊，《诗》上说：'不是兕不是虎，却如一群野兽在旷野中奔走。'难道这样的局面是因我所主张的道理不对所造成的吗，我们为什么沦落到这种地步呢？"颜回说："夫子之道至大无极，所以天下人不能容纳您。然而，夫子按照这主张推行下去，不被容纳又有什么关系呢？不被容纳，方显出君子之伟大。所以说，如果我们不修道，那就是我们鄙陋；但如果我们修成大道，却不被治国为政者所使用，那就是他们的鄙陋。因此，不被容纳有什么关系呢？不被容纳，才更是所谓的君子。"孔子听了这番话，很开心地笑了，说："颜家的学子呀，是这样么！假使你有很多财产，我都愿意替你管理财务去了！"于是，孔子派遣子贡到楚国，成功游说楚昭王发兵迎接孔子，最终化解了这场危机。)

⑫济济：众多貌。

⑬练庶务：熟练各种政务。

⑭风雅：指《诗经》中的"风"（《国风》）和"雅"（《大雅》《小雅》）。亦用以指代《诗经》。又因《诗经》实为中国文学之发凡，故又代指文学。

⑮博洽：广博。

⑯器使：重用，量材使用。

【译文】

这一章可以见证圣人门下诸多良才。

当时孔子收到楚昭王的邀约，陈、蔡两国忌恨楚国的强大，因此派人阻止孔子前往楚国，孔子于是被困在陈、蔡两国之间。后来孔子派子贡出使楚国而解围，他追怀往事而感慨说：我门下弟子是那么多啊，即便是遭遇"陈蔡之厄"的时候仍然济济一堂。然而到现在，有的早已隐居，有的仍然显扬，有的尚且健在，有的不幸离世，有很多都不到我这里来了。能够患难与共，但却不能共享安闲，人生如此聚散无常，念之怎能不令人动情啊！

门人因由孔子之思叹而记录说：夫子所说的跟随他到陈、蔡之地的人，都是什么人呢？他们的姓名字号都很清楚，其学术造诣更是可观。得道于身而能行之，可称"德行"科，颜渊、闵子骞、冉雍、仲弓几位属于此类；善于言辞而能以此立身，可称"言语"科，宰我、子贡属于此类；通达国政而熟练政务，可称"政事"科，冉有、子路属于此类；富有文采而博学多识，可称"文学"科，子游、子夏属于此类。这些都是跟随夫子经历了陈蔡之厄的弟子，其人品才能，各有殊胜，夫子对他们念念不忘的确是有所因由的。

观察门人的四科分类，就可以窥见孔子培育人才之方法。而朝廷选人用人的道理，也可以从中借鉴而明了了。

【评析】

《史记·仲尼弟子列传》即以本章内容为纲,列传孔门弟子。故本书也仿之以为诸弟子小传,约略其事,传述精神,以使孔子师徒互相发见,负势竞上,互相轩邈。本章中所述"陈蔡之厄"中孔门师徒对话,也正具有这样的意义,故此不辞冗赘,于注释中全文抄录之,翻译之。

【标签】

四科;十哲;孔门弟子;陈蔡之厄

【原文】

子曰:"回也非助我者也,于吾言无所不说。"

【解义】

此一章书,是孔子深喜斯道之得人也。

孔子曰:学者于论辨之际,探求不已,不但自益,而更足以益人。而回则不然——盖人必疑而后有所问,问而后有所发,疑、问相长,而后有所助。回也,非助我者也,于吾所言无不默契于心,怡然神解①。盖无所不说,而又安得有所助哉?

虽然,此可为颜渊言也。至于学者,宜日事于博学切问②,圣贤之旨非辨晰③不精,天下之务非考究不明,默识④心通岂易言哉?

【注释】

①神解:不赖言传而能意会。
②博学切问:[子张第十九·六]:子夏曰:"博学而笃志,切问而近思,仁在其中矣。"(子夏说:"广泛学习而坚守志趣,恳切求问而切近思考,仁道就在这个过程中了。")
③辨晰:辨析,分析。
④默识:默而识之。[述而第七·二]:子曰:"默而识之,学而不厌,诲人不倦,何有于我哉?"(夫子说:"诚敬专一地识记,学习上永不自满,对弟子的教导丝毫不懈怠,这些我都做到了吗?")

【译文】

这一章是说,孔子对能够有透悟其道的人感到非常欣喜。

孔子说:学者通过论辩来探求道理,不但对自己有好处,也对他人有所启发而增益,但是颜回却不是这个样子——一般是人们有所疑虑而后发问,发问之后有所启发,这样一疑一问就会相互促进,然后才能对自己的成长有帮助——但是颜回却帮不到我,因为他对我说的话无不是心领神会,受之怡然。他倒是听到什么学到什么都沉默默而乐滋滋,但是我呢,一点儿也得不到反馈而无所受益!

虽说如此,但其实这样的情况只能在颜渊身上说事。至于一般的学习者而言,应该每日都用功于博学笃志、切问近思,而圣贤的意旨不加辨析就不会精解,天下的事务不加考究就不会通明,像颜渊这样一下子就能够默记而透悟,哪里是随便说说就能做到的?

【评析】

朱熹《论语集注》注本章云:"颜子于圣人之言,默识心通,无所疑问。故夫子云然,其辞若有憾焉,其实乃深喜之。"对原意拿捏得已是非常准确。不过继续延伸出去,却也可以发掘出夫子内心的两种取向:一种是自得之意,毕竟有颜渊这样的得意之徒,甚可欣慰;一种是自失之意,惜乎只有颜渊一人而已。似嗔而实喜,自得而又自失,两种情绪交互复杂,或正是孔夫子教育弟子过程中最为真实的心态。

【标签】

颜渊;默识心通

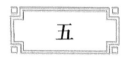

【原文】

子曰:"孝哉闵子骞!人不间于其父母昆弟之言。"

【解义】

此一章书,是孔子赞闵子之纯孝①也。

孔子曰:人之行莫大于孝②,而孝行以取信于人者为真。以今观之,孝哉闵子骞乎？天下之以孝名者，或易得之于父母昆弟③，而不能得之于人；又或易必④之于人，而反不能必之于父母昆弟。处顺处逆，非纯孝者不能尽也。今闵子（骞）⑤之孝，父母昆弟称之，人亦称之，内外之间无间言⑥者。其孝友⑦之实，积于中而著于外⑧也，如此。

"天地之性人为贵，人之行孝为大。"⑨宜孔子深赞闵子以风世⑩也。

【注释】

①纯孝：纯真之孝。

②人之行莫大于孝：《孝经·圣治章第九》：曾子曰："敢问圣人之德无以加于孝乎？"子曰："天地之性，人为贵；人之行，莫大于孝。孝莫大于严父；严父莫大于配天。则周公其人也。昔者周公郊祀后稷以配天，宗祀文王于明堂，以配上帝。是以四海之内，各以其职来祭。夫圣人之德，又何以加于孝乎？故亲生之膝下，以养父母日严。圣人因严以教敬，因亲以教爱。圣人之教不肃而成，其政不严而治，其所因者本也。父子之道，天性也，君臣之义也。父母生之，续莫大焉。君亲临之，厚莫重焉。故不爱其亲而爱他人者，谓之悖德；不敬其亲而敬他人者，谓之悖礼。以顺则逆，民无则焉。不在于善，而皆在于凶德，虽得之，君子不贵也。君子则不然，言思可道，行思可乐，德义可尊，作事可法，容止可观，进退可度，以临其民。是以其民畏而爱之，则而象之。故能成其德教，而行其政令。《诗》云：'淑人君子，其仪不忒。'"（曾子说："我很冒昧地请教，圣人的德行没有比孝道更大的了吗？"孔子说："天地万物之中，以人类最为尊贵；人类的行为，没有比孝道更为重大的了。在孝道之中，没有比敬重父亲更重要的了；敬重父亲，没有比在祭天的时候，将祖先配祀天帝更为重大的了。而只有周公能够做到这一点。当初，周公在郊外祭天的时候，以其始祖后稷配祀；在明堂祭祀天地，又以父亲文王来配祀。因为他这样做，所以全国各地诸侯能够恪尽职守，前来协助他的祭祀活动。可见圣人的德行，又有什么能超出孝道之上呢？因为子女对父母亲的敬爱，在年幼相依父母亲膝下时就产生了，待到逐渐长大成人，则一天比一天懂得对父母亲尊严的爱敬。圣人就是依据这种子女对父母尊敬的天性，教导人们对父母孝敬；又因为子女对父母天生的亲情，教导他们爱的道理。圣人的教化之所以不必严厉地推行就可以成功，圣人对国家的管理不必施以严厉粗暴的方式就可以治理好，是因为他们遵循的是孝道这一天生自然的根本天性。父亲与儿子的亲恩之情，乃是出于人类天生的本性，也体现了君主与臣属之间的义理关系。父母生下儿女以传宗接代，没有比这更重要的了；父亲对于子

女又犹如尊严的君王，其施恩于子女，没有比这样的恩爱更厚重的了。所以那种不敬爱自己的父母却去爱敬别人的行为，叫作违背道德；不尊敬自己的父母而尊敬别人的行为，叫作违背礼法。不是顺应人心天理以爱敬父母，偏偏要逆天理而行，人民就无从效法了。不是在身行爱敬的善道上下功夫，相反凭借违背道德礼法的恶道施为，虽然能一时得志，但仍然为君子所鄙视。君子的作为则不是这样，其言谈，必须考虑到要让人们所称道奉行；其作为，必须想到可以给人们带来欢乐；其立德行义，能使人民为之尊敬；其行为举止，可使人民予以效法；其容貌行止，皆合规矩，使人们无可挑剔；其一进一退，不越礼违法，成为人民的楷模。君子以这样的作为来治理国家，统治黎民百姓，所以民众敬畏而爱戴他，并学习仿效其作为。所以君子能够成就其德治教化，顺利地推行其政令。此正如《诗经·曹风·鸤鸠》篇所说：'善人君子，其容貌举止丝毫不差。'"）

③昆弟：兄弟。

④必：肯定。《韩非子·显学》："无参验而必之者，愚也；弗能必而据之者，诬也。"（听到某种说法，没有用事实进行验证就加以肯定的人，是愚蠢的人；不能够肯定的事情却引来作为依据，是欺世骗人。）

⑤闵子（骞）：此处以孔子语气说出，不当尊称闵子。或为编写过程中之一大谬误，故本书增加"骞"字。

⑥间言：间，同"闲"。非议之言。

⑦孝友：事父母孝顺，对兄弟友爱。《诗经·小雅·六月》："侯谁在矣，张仲孝友。"（出征酒宴还有谁？孝友张仲也在场。）毛传："善父母为孝，善兄弟为友。"

⑧积于中而著于外：《礼记·大学》："诚于中，形于外，故君子必慎其独也。"（心里是什么样的，就会显露在外表上。因此，君子在独处的时候一定要慎重自持。）可详参本书［子路第十三·二十六］"道德润身，心广体胖"词条引文。

⑨天地之性人为贵，人之行孝为大：引自《孝经》，见本章注②。

⑩风世：劝勉世人。

【译文】

这一章说的是孔子赞赏闵子骞的纯真之孝。

孔子说：人的行为没有比孝更大的了，而孝行要广泛使人信任才是真孝。以现在的情形来看，闵子骞是真的孝吗？天下以孝闻名的人，有的是很容易在父母兄弟那里获得名声，但却不容易在别人那里获得；又或者，容易受到他人的肯定,但却不能得到父母兄弟的肯定。无论是处于顺境还是逆境,如果不是纯真之孝的人是无法完全尽孝的。现在闵子骞行孝,父母兄弟称赞他,别人也称赞他,家内家外没有一个人说他不好的。他能够真正做到孝顺友爱,发自肺腑而见诸外表,就是这样。

《孝经》里说:"天地之间,以人为贵;人之行为,以孝为大。"孔子对闵子骞大加赞赏来劝勉使人行孝,这是非常合宜的。

【评析】

不难于知,而难于行;不难于本能,而难于尽心。闵子骞终其一生,毅行孝德,无内外之差,实属难能可贵,故人无间言而名扬后世。

【标签】

孝;闵子骞

【原文】

南容三复白圭,孔子以其兄之子妻之。

【解义】

此一章书,见孔子谨言之教也。

《诗经·大雅·抑》之篇有云:"白圭之玷,尚可磨也;斯言之玷,不可为也。"此深于谨言之旨也。

南容①每常三复②"白圭"③,念兹不忘,其用心加于人矣。孔子于是以兄④之女妻⑤之。

夫爱其女而择谨厚之士,则言之当谨为何如邪❶?

【注释】

①南容:[公冶长第五·二]章解义:"南容,孔子弟子,居南宫因以为姓,名绦,又名适,字子容。"

---

❶ 邪:摘藻堂四库全书荟要本(同武英殿刻本)作"耶"。邪同"耶",表疑问或感叹语气词。

②三复：反复诵读。
③"白圭"：此代指上文《诗经》诗句。
④兄：孔子的哥哥孟皮。
⑤妻：用作动词，嫁，与之为妻。

【译文】

这一章可见孔子对谨慎言辞的教诲。

《诗经·大雅·抑》中说，白圭上的污点，尚且可以磨除，但人言的污点却磨除不了。这是深明谨慎言辞的道理。

南容经常把这句话挂在嘴边，时刻不忘，可见他注重个人修为品德超过了一般人。孔子于是把兄长孟皮的女儿嫁给了他。

疼爱侄女就为她选择谨慎敦厚的对象，（而南容一句话就让孔子对他认可有加，）可见谨慎言辞是多么重要！

【评析】

言为心声，慎言乃为谨心之故，是乃慎独之意。此与后世所谓之谨小慎微、讳言避祸尚大有不同，其人格精神亦不可同日而语。

【标签】

慎言；南容；《诗经》

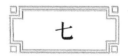

七

【原文】

季康子问："弟子孰为好学？"孔子对曰："有颜回者好学，不幸短命死矣，今也则亡。"

【解义】

此一章书，见好学之人不易得也。

鲁大夫季康子①问：弟子之中孰为真好学者？

孔子对曰：吾门有颜回者，真好学人也。使天假②之年③，其所优入④，当不可量，而不幸其命之不永也！今则亡是人矣。

夫人之为学，当世既不可及，身后不复再见，宁不动人深长思⑤哉？宜孔子之致忾⑥也。

【注释】

①季康子：即季孙肥（？—前468），姬姓，季氏，名肥。谥"康"，因此史称"季康子"。春秋时期鲁国的正卿，"三桓"中季氏家族的当权人物。

②假：借，给予。

③年：年纪，岁数，代指寿命。

④优入：进步，指"优入圣域"，优异到进入圣人的境界。韩愈《进学解》："昔者孟轲好辩，孔道以明，辙环天下，卒老于行。荀卿守正，大论是弘，逃谗于楚，废死兰陵。是二儒者，吐辞为经，举足为法，绝类离伦，优入圣域，其遇于世何如也？"（从前孟轲爱好辩论，孔子之道得以阐明，他游历的车迹遍及天下，最后在奔走中老去。荀况恪守正道，发扬光大宏伟的理论，因为逃避谗言到了楚国，结果还是丢官而死在兰陵。这两位大儒，说出的话成为经典，一举一动成为法则，远远超越常人，优异到进入圣人的境界，可是他们在世上的遭遇又是怎样呢？）

⑤深长思：深沉思考而长久念想。

⑥致忾：发出叹息，表示感慨。忾，音xì，叹息。

【译文】

这一章是说不容易出现好学之人。

鲁国大夫季康子问：您的弟子之中有谁是真正好学的人呢？

孔子回答说：我门下有一个叫颜回的弟子，是真正好学的人。如果老天再给他一些寿命，他就能够优入圣人境域，不可限量，却不幸早逝！现在已经没有这种人了。

好学之人，在孔子能够亲自指导的当时就没有人能够比得上颜回，在此之后，就更无法见到了，这不是令人深沉思考而长久念想的吗？无怪乎孔子会发出如此感慨。

【评析】

如若颜渊不死，乃能承传孔门之学并发扬光大之乎？中国之文化历史又当作如何改观呢？

颜渊之死，是孔门的大事件，这于《论语》中有突出的展现。但颜渊的生平形象于我们又是虚无的，以至于他的死因和实际寿命都不得而知，而其形象不过主要存在于孔子对他的好评以及几个微小的事件之中。其实，如其不死，他或也并不能改变什么，历史仍将一往如故，自然而然。

故而颜渊之死也确乎是一种宿命，或者是某种隐喻——孔子对于仁道礼教的美好期许，只能是一个夭折的理想，在孔子生时已不可能，而在其身后也必然陨灭。颜回的存在，只能是孔子的一个影子，这个影子，在孔子去世之前消失了，这难道不也是"天命"吗？孔子之悲恸于颜渊之死，不独因与颜渊之深厚情感而悲恸这一死亡事件，相比儿子孔鲤之死的记载阙如、无声无息，和听闻大弟子子路之死消息后的痛哭流涕和慨然"覆醢"（见《礼记·檀弓上》），这恐怕是宣告孔子生命理想彻底破产的标志，因为最能够承袭其衣钵的人先于他而逝。在此之后，这位风烛残年的老人或许再也经不起什么打击了。

【标签】

颜渊；好学；优入圣域；季康子；天命

【原文】

颜渊死，颜路请子之车以为之椁。子曰："才不才，亦各言其子也。鲤也死，有棺而无椁。吾不徒行以为之椁。以吾从大夫之后，不可徒行也。"

【解义】

此一章书，见孔子之爱回以义也。

昔颜渊死，其父颜路以家贫不能具葬①，乃请孔子所乘之车卖以为椁②，意欲从厚以安贤子也。孔子曰：人之子虽有才、不才之分，而以父视之，未尝有异，亦各言其子也。昔吾鲤③也死，有棺而无椁，吾不卖车而徒行④以为之椁，此故何也？以吾从大夫之后不可徒行⑤也。今岂可为回而舍车乎？

盖颜渊一生安贫乐道⑥，死生一致⑦，虽无椁何伤⑧？惟孔子知之深，故不以薄葬为嫌，非吝于一车也。

【注释】

①具葬：备办丧事。

②椁：音 guǒ，古指套在棺材外面的大棺材。

③鲤：孔子之子，名鲤，字伯鱼。因其诞时鲁昭公赐孔子一尾鲤鱼而得名。生于公元前532年，卒于公元前483年，先孔子而亡。

④徒行：徒步行走。

⑤以吾从大夫之后不可徒行也：孔子曾任大司寇一职且代理相位，故称"从大夫后"。不可徒行，谓不能无车而徒步行走。钱穆《论语新解》谓孔子之车为"诸侯赐命之车"，故"岂可卖之于市"。出自《礼记·王制》："有圭璧金璋，不粥（同"鬻"）于市；命服命车，不粥于市。"郑玄注："尊物非民所宜有。"命车，天子所赐之车。董仲舒在《对贤良策》中解《周易》解卦"负且乘，致寇至"，以"君子乘车"喻当在其位："乘车者君子之位也，负担着小人之事也，此言居君子之位而为庶人之行者，其患祸必至也。"《周礼·春官·巾车》："服车五乘：孤乘夏篆，卿乘夏缦，大夫乘墨车，士乘栈车，庶人乘役车。"（执行公务的车有五种：孤乘用夏篆，卿乘用夏缦，大夫乘用墨车，士乘用栈车，庶人乘用役车。）可参本书［卫灵公第十五·十一］"车辂之制"词条引文。

⑥安贫乐道：［雍也第六·十一］：子曰："贤哉，回也！一箪食，一瓢饮，在陋巷，人不堪其忧，回也不改其乐。贤哉，回也！"（译文可详参本书［里仁第四·九］"不改其乐"词条注释。）

⑦死生一致：对待其葬礼应该遵从其生前的节义。

⑧伤：妨碍。

【译文】

这一章展现的，是孔子以遵守道义来表达对弟子颜回的挚爱。

当时颜回死后，他的父亲颜路因为家贫而不能给他举办丧礼，于是请求孔子把平时乘坐的车子卖掉来购置外棺，想要用从厚处理丧事以安放这个贤良之子。孔子说：人子虽然有有才与无才的差别，但是从父亲的角度来看，并无这种区分，他们都是儿子而已，并无两样。当年我儿子鲤死的是时候，也是有棺而无外棺，我不也是没有卖掉车子使自己徒步行走来给他购置外棺，这是什么原因呢？是因为我自从当了大夫之后，（依照礼制，出行必须乘车，而）不能徒步行走了。现在又怎能因为颜回而卖掉车子呢？

大概因为颜回一辈子安贫乐道，生死无别，对他本人来说，即便是没有外棺又有什么大碍呢？只有孔子最了解他，（要用他所认同的道义来处理其后事，）所以并不排斥对他进行薄葬，而不是因为吝啬自己的车子。

【评析】

　　这是孔子人生中最为尴尬的时刻之一：一边是胜比骨肉的爱徒之死，一边大夫座驾所代表的礼法仪文，当两者相遇，便是生与死的纠缠、情与理的碰撞，只能择一而不能两全。当时孔子已处在人生暮年，其所面临的已不再是思想、信念或理想的胜利或失败，而是这种非常具体而微的现实困境，越是精神上高蹈，面对这种具体事件的时候，其选择也就越加艰难，稍不坚定，其偏失度也就会越大。所以，从孔子的人生经历来看，构成对其个人思想和人格的重大考验和严酷挑战的，反倒不是社会历史的重大事件，而是这些日常生活事务。

　　从字面来看，孔子的回答也是情理两具：首先以同情心、同理心来宽慰颜路的丧子之痛，然后提出拒绝的两个理由：于私是和自己的亲生儿子一样的待遇，于公是遵循士大夫出门不能无车的礼制。颜回的死对孔子来说无疑是精神上的重创，他无法自持，以恸哭重叹（见下两章）来表达自己强烈的情感，但即便如此，他还是理性地处理颜回的丧事——个人的情感归个人，而礼制是社会的公约，无论怎样，都不可任意突破和践踏。这种情理之间的矛盾，从公与私两个层面来切分，却完全可以并行无碍。

　　这件事的后续怎样，颜路后面怎样表态，不得而知。如果从人情常理来看，孔子的答案恐怕是不通人情世故的，这很难获得颜路的理解，也很容易招致世人的讽议。而从后来孔门一众弟子协同厚葬了颜回的结果来看，恐怕其弟子也并不认同孔子的这一持守态度。进入到暮年时期的孔子，在人际关系上，或仍不能调和，在思想学说上，或仍不被人深识，因此陷入深沉的孤独之中。

　　因此，本章看似只是人情世事的悲痛和抉择，其中仍然掩藏着更为尖刻和内在的矛盾。既然如此，孔子自述"七十而从心所欲，不逾矩"（[为政第二·四]），说自己已经达到了随心所欲、自由自在的境地，似乎已然消融了所有的矛盾，对于世事的选择已然没有什么困难，与其现实的境遇似乎并不相符，这又当如何理解呢？

　　后世很多人将礼当作一种束缚，乃至视为对人性的戕害。此"礼"恐怕是被法制化和僵化的礼的形态，而非孔子所倡导的礼。孔子所倡导的礼，不是一种约束，而是一种限定，通过一定的形式将人的情感有序、有效地抒发出来，因此给天地人神分别赋义，从而营构一个天人价值系统，让人在这个价值系统中，老安少怀，各得其所。

　　当然，完美礼制的实现条件也是非常严苛的，孔子必须面对来自礼制的内外双重夹击并做出自己的选择。在颜回丧事的处理上，他在感情上呈现出一个父亲般的温厚，而于理性上又表现出冷峻不可动摇，因为在他看来，他与颜回的师徒情谊更在于维护礼制的"义命"而非寻常的生命情感。他只有在他人无法理解的情况下坚持对颜回的教义，唯有如此，才是最好的祭奠和怀念的方式。

在人生的最低谷，孔子痛失爱子、爱徒，个人的情感何其沉痛与悲伤可想而知，但是仍然不会因此而放弃自己一贯坚持的理路，于礼制依然持守如故，可知其对礼的皈依正合乎"不逾矩"之说，其人格精神亦在此过程中铸就，何其坚毅而伟大！

【标签】

颜回；颜路；孔鲤；礼

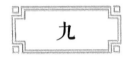

【原文】

颜渊死。子曰："噫！天丧予，天丧予！"

【解义】

此一章书，是孔子悼道之无传也。

昔颜渊死，孔子伤悼之曰：天之生回，斯道有赖，亦予之大幸也，而不意其遽①死也。噫！天丧予，天丧予！天岂独丧回也哉？予诚不能释然②于天道矣！

孔子上接文王之传③，则曰"天将丧斯文"④；下失颜渊之传，则曰"天丧予"。然则道统⑤之绝续⑥，皆天也。

【注释】

①遽：音jù，突然。
②释然：疑虑消除貌。
③孔子上接文王之传：详参本书［泰伯第八·七］"道统"词条注释。
④则曰"天将丧斯文"：［子罕第九·五］：子畏于匡，曰："文王既没，文不在兹乎？天之将丧斯文也，后死者不得与于斯文也；天之未丧斯文也，匡人其如予何？"［夫子在匡地受困，他感慨地说："文王所描绘的美好的人

文图景仅仅因为他的故去就会消失吗?如果真的如此,那么我就不会领受到这种图景了;既然我能够感受到这种美好的图景的存在,那么,匡人的围困又能算得了什么呢?"(并不会因为我所遭受的困厄而有毁文化图景的价值和延续。)]

⑤道统:宋明理学家称儒家学术思想传续授受的系统为道统。道统之说最早滥觞于孟子,而由宋儒特别是朱熹明确提倡。详参本书[泰伯第八·七]同名词条注释。

⑥绝续:断绝与延续。

【译文】

这一章是孔子悼惋颜回之死而道之无人传续。

当年颜回死了的时候,孔子感伤悼惋说:上天降生颜回,大道有所指望,也是我之大幸运,但是没想到他突然死掉了。哎呀!要命了,要命了!这哪里只是颜回的丧亡?(也是要了我的命啊!)我实在是无法依从天道来解释这件事情啊!

孔子承接周文王之道,所以说"上天不会使大道亡失";但却失去可以承传其道的颜回,所以说"这是上天要了我的命啊"。但是大道传布的系统,是断绝还是承续,都是天意注定的。

【评析】

《解义》本朱熹"悼道无传"之说,或有失偏颇。夫子与颜回惺惺相惜,情同父子,如上一章评析所述,夹杂着情理矛盾,既是道义上的,但同时也是感情上的,这种生离死别的情境中,仍只强调"道统"的理性层面,而无视二人之间的深情厚谊,似乎太过于道学了。

重叹,呼天,而词穷,当是一个人内心情感的极限表达式吧!司马迁感慨:"夫天者,人之始也;父母者,人之本也。人穷则反本,故劳苦倦极,未尝不呼天也;疾痛惨怛,未尝不呼父母也。"(《史记·屈原列传》)实是精准描述了人情表达的极致状态,而孔子情急之下,亦如普通人之呼天抢地,并不以情感节制或超越来自我标榜,如此才是情理兼容的"圣人",而非不食人间烟火的"神人"。而《解义》则代表着后世过度道学化的阐释,故而无法把握本章真义。

另,可参本书[子罕第九·二十二]"评析"部分从另一角度的解释。

【标签】

颜回；天；道统；情理

【原文】

颜渊死，子哭之恸。从者曰："子恸矣！"曰："有恸乎？非夫人之为恸而谁为？"

【解义】

此一章书，见孔子哀之发而中节①也。

昔颜渊死，孔子伤悼②之极，于是哭之恸③。

从者劝止之，曰：哀伤有节，子之哭回，可谓恸矣！

孔子曰：予之哭回，有恸乎？予不自觉也。虽然，哀可节也，至于回而有不能自已④者矣！非夫人之为恸而谁为哉？

恸者一时，而伤者无穷。孔子之为道惜人如此。

【注释】

①中节：合乎礼义法度。《礼记·中庸》："喜怒哀乐之未发谓之中，发而皆中节谓之和。"

②伤悼：对死者的悲伤悼念。

③恸：音 tòng，极其悲痛。

④自已：犹自止，抑制或约束自己。

【译文】

这一章展现的是，孔子在极其悲哀的状态下也合乎礼节。

当年颜回死后，孔子极其哀伤地悼念他，所以大声恸哭。

旁边的人劝告他说：哀伤也要有所节制，您为颜回而哭，已经太悲痛了！

孔子说：我哭颜回，很悲痛吗？我怎么没有感觉到呢？即便哀痛可以节制，但是对于颜回之死，却无法自我克制啊！不为这样的人哀痛哭泣，又能为谁呢？

哀声恸哭只是一时情绪激动，然而此后的感伤却是无穷无尽的。孔子因为其道失去传承之人而感伤，所以如此。

【评析】

夫子曾赞叹《关雎》之诗"哀而不伤"，以寓中庸之道。而于颜回之丧却不能自持，痛哭失声，无法自持。何以如此者？概此哭同于常人，而又不同于常人也。

其同于常人者，在于其与颜回师徒情谊深厚，可谓情同父子、生死之交，颜回之死自然令孔子悲痛异常，其痛哭失声，合情合理。

然而孔子与颜回之情感又超越于一般世俗情感，乃是道义上的共生状态：孔子每每以颜回好学而宽慰于心，颜回每有得孔子教诲而精进不已，师徒间不图情感上的亲近，更在学业上志同道合、惺惺相惜。故此孔子之哭颜回，即为其志业、学业痛哭，也为自己痛哭。所以当人问他为何也会如此失去克制而痛哭，孔子回答说："非夫人之为恸而谁为？"这个"夫人"不是别人，而是在道义上可以与孔子同病相怜之人。

别人看到孔子的恸哭，也感受到了他的伤心，但是却不知道他为何恸哭，也不知道真正令他伤心之所在。故人有此问而夫子有此答。

【标签】

颜渊；颜渊之死；礼；中庸

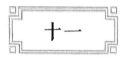

十一

【原文】

颜渊死，门人欲厚葬之。子曰："不可。"

门人厚葬之。子曰："回也视予犹父也，予不得视犹子也。非我也，夫二三子也。"

【解义】

此一章书，是孔子以①循理②责门人，正所以爱回之深也。

昔颜渊死，门人以其为大贤③也，而欲厚葬之。

孔子止之曰：回之为人，正无须于厚葬也，于理不可。

门人终以为不厚不足以宠异④颜回，于是厚葬之。

孔子叹曰：回之平日视予犹父也，予乃今不得视回犹子也。使回不安于身后，予亦何以自安哉？然此非我也，夫二三子⑤也。

二三子之心大异于回之心如此，愈令人思回矣。

【注释】

①以：因为。
②循理：依照道理或遵循规律。
③大贤：才德超群的人。
④宠异：以特殊的尊崇或宠爱。
⑤二三子：口语，犹言诸位，你们几个。

【译文】

这一章所说，是孔子因为遵循天理而责怪弟子们，而这正是深爱颜回的原因。

当年颜回死后，门人把他当作才德超群的大贤人，所以准备给他从重办理丧事。

孔子劝阻说：依据颜回自身的为人行事原则，是不需要对他进行厚葬的，所以厚葬是不合理的。

但是门人最终还是认为不用厚葬的方式不足以表达对颜回的深情厚谊，于是将其厚葬。

孔子因此感叹说：颜回平时视我为亲生父亲一样，但是现在我却无法待他像亲生儿子一样。如果颜回因为受到厚葬而违背了他安贫乐道的志愿，因此生前死后不一致而导致其神魂不安，我又怎么能够心安呢？但是这不是我造成的啊，是你们这些小子们啊！

弟子们的心志与颜回的差异在这件事情上更加显著，这就更加令人思念他了。

【评析】

"回也视予犹父也，予不得视犹子也"，孔子对颜回深挚的情感最终竟变为这样一句自责的话。孔子的理想和情愫并不复杂，他只是希望父亲像父亲，儿子像儿子，人伦关系中达到情与理的平衡。然而在现实中，这种情感却很难达到一种完好的对位关系，情感的沟通与表达往往存在这种缺憾，也最为让人感到无奈。

造成这种问题的原因，大而言之，是社会伦理秩序的僵化或者混乱，如孔子所遇到的，连门人弟子都不理解、不遵守；小而言之，也是情感表达过于泛滥，没有把握好"度"，以"悲痛"之名行"滥情"之实。

"故君子之治人也，即以其人之道，还治其人之身。"（朱熹《中庸章句》）孔子知颜回之贤而待之以其道；门人知颜回之贤，而待之不以其道。《解义》最后说："弟子们的心志与颜回的差异在这件事情上更加显著，这就更加令人思念他了。"的确如此。

【标签】

颜渊死；厚葬；礼；安

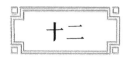

【原文】

季路问事鬼神。子曰："未能事人，焉能事鬼？"

曰："敢问死。"曰："未知生，焉知死？"

【解义】

此一章书，是孔子戒①人务远之心也。

季路②问：鬼神③者，人之所当事，其道当何如？

孔子曰：可见者人，不可见者鬼神。未能事人而得其欢心，焉能事鬼而冀④其来格⑤乎？

季路又问：死者人之所必有，其道为何如？

孔子曰：难穷者生，不必究者死。未能原始⑥而知所以生，焉能反终⑦而知所以死乎？

可见，人鬼总是一道，死生原属一理。惟务力于平实之处，即知明足以通幽⑧，而全生即以全归⑨，岂可舍近求远而骛⑩于幽杳⑪难知之域哉？

【注释】

①戒：同"诫"，警告，劝人警惕。

②季路：仲由（前542—前480），字子路，又字季路。

③鬼神：偏指鬼。鬼，一指死去的祖先，一指万物的精灵、鬼怪。此指后者。

④冀：音 jì，希望。

⑤格：至。《尚书·皋陶谟》：夔曰："戛击鸣球、搏拊、琴瑟，以咏。"祖考来格，虞宾在位，群后德让。（夔说："敲起玉磬，打起搏拊，弹起琴瑟，唱起歌来吧。"先祖、先父的灵魂降临了，我们舜帝的宾客就位了，各个诸侯国君登上了庙堂互相揖让。）

⑥原始：推原起始。

⑦反终：返回终点。《周易·系辞上》："原始反终，故知死生之说。"（追原万事万物的始终，故知死生终始循环的道理。）

⑧通幽：谓与神鬼交通。

⑨全生即以全归：全生，指出生时人体完整无缺。全归，谓保身而得善名以终。《礼记·祭义》："父母全而生之，子全而归之，可谓孝矣。不亏其体，不辱其身，可谓全矣。"因有成语"全受全归"。

⑩骛：音wù，本指马乱跑，引申为胡乱追求。

⑪幽杳：幽冥昏暗。

【译文】

这一章是讲，孔子劝人警惕舍近务远的心理。

子路问：鬼神，也是人们经常要处理的事情，应该遵循什么原则呢？

孔子回答说：人是可以见到的，而鬼神是见不到的。你连与人愉悦交往都做不到，哪里还能考虑去对待鬼神，并希望他们出现呢？

子路又问：死亡也是人所必然面对的，应该遵循什么原则呢？

孔子说：生已经探索不尽了，哪里有工夫去探究死的问题。如果不能推原生命的起始和根源，哪里能够回到终点去知悉死亡的究竟？

由此可知，人之道与鬼之道都是一样的，生之理与死之理也都是一致的。只有尽心于生活日常的平实、普通的一面，保持常识常理的认知，就已然具备与鬼神交通的能力，保全身体就足以全身致孝，死而无憾，怎么能舍生问死、舍近求远，光顾着去探求那些不着边际的问题呢？

【评析】

子路有一天忽生异想，跑到孔子那里去询问生死的事情。其实这个问题时人都会有，但未必会直接向孔子请教；而《论语》中独记子路这么直白地询问，足可见证子路的直率和对孔子的信赖。可是孔子就否定了他，用简单两句话仅仅十数字就彻底铲除了一大堆疑问。

回答越简短，似乎就越无可辩驳，且耐人寻味。于是"未知生，焉知死"这六个字成为传统文化一大命题，正因为这回答太过简短，反而带来了更多的疑问。钱穆先生在其所著《中国思想史》说:"人类对宇宙,对人生,有一个最迫切最重大的问题,便是'生和死'的问题。"❶ 故其《中国思想史》即是围绕生死问题展开,以之为红线,贯穿儒道墨法、古往今来,成为一部别致而深切的思想史,从中亦可见诸子对生死这一基本问题的关切和探索。

的确,不能让人直面生死的哲学或许还不足以让人信服。那么,以"斯文"自命的孔子是否就真的像对待子路那样,对死亡问题闭口不谈了吗?如果是这样,他岂不是从文化的宴席上要退席回避一下死亡这道"特色菜"?而且,作为专职操办丧礼的儒家,如果连死亡问题都不能回答,是不是显得太不专业呢?

实际上,在不同的场合,对不同的人,孔子甚至对死亡发表过比较直接的看法。这次是面对弟子中智商较高的子贡的时候:

子贡问于孔子曰:"死者有知乎?将无知乎?"子曰:"吾欲言死之有知,将恐孝子顺孙妨生以送死;吾欲言死之无知,将恐不孝之子弃其亲而不葬。赐不(衍文)欲知死者有知与无知,非今之急,后自知之。"(《孔子家语·致思》)

在这里,狡黠的子贡直接问了一个刁钻的问题:人死了之后有无知觉?(显然,在子贡这里,直接越过了生死是非,将社会学的问题转化为一个心理学的问题,提问的技巧比子路高明多了。)

孔子不仅没有规避问题,而且其回答也是同样狡黠——孔子说这个问题不好回答:如果回答有知觉,那么年轻人会因为追随死者而自戕生命,同时丧失对死亡的敬畏之心;如果回答没有知觉,那就麻烦了,等长者故去,年轻人再也无所束缚,也无须祭奠先人,"慎终追远"的淳朴民风恐怕也就从此消散不再了。

此时,孔子自己也觉得说来说去十分饶舌,于是马上总结道:干脆你还是别问了,等你死了以后就自然知道答案了。

这个故事读起来虽然诙谐有趣,但与孔子一贯的严谨态度不太相符。

在《孔子家语·困誓》里,记录了孔子与子贡师徒之间的另一番对话,则比较庄重地谈及生死的问题:

子贡问于孔子曰:"赐倦于学,困于道矣,愿息于事君,可乎?"

---

❶ 钱穆:《中国思想史》,九州出版社2012年版,第3页。

孔子曰："《诗》云：'温恭朝夕，执事有恪。'事君之难也，焉可息哉！"

曰："然则赐愿息而事亲。"

孔子曰："《诗》云：'孝子不匮，永锡尔类。'事亲之难也，焉可以息哉！"

曰："然赐请愿息于妻子。"

孔子曰："《诗》云：'刑于寡妻，至于兄弟，以御于家邦。'妻子之难也，焉可以息哉！"

曰："然赐愿息于朋友。"

孔子曰："《诗》云：'朋友攸摄，摄以威仪。'朋友之难也，焉可以息哉！"

曰："然则赐愿息于耕矣。"

孔子曰："《诗》云：'昼尔于茅，宵尔索绹，亟其乘屋，其始播百谷。'耕之难也，焉可以息哉！"

曰："然则赐将无所息者也？"

孔子曰："有焉，自望其广，则睪如也；视其高，则填如也；察其从，则隔如也。此其所以息也矣。"

子贡曰："大哉乎死也！君子息焉，小人休焉，大哉乎死也！"

子贡告诉孔子说：我已经疲倦于求学问道，想休息一下，可以吗？孔子回答说：作为一个人，要面对对君、亲、妻、子和朋友等的责任，怎么可以休息呢？

难道没有任何时间可以休息吗？子贡不禁反问。

孔子意味深长地说：有的。那高高实实、与世隔绝的坟墓，就是休息的地方。

子贡于是不禁感慨：哦，原来死亡是这么意义重大，它对于人格博大的人而言只是一场休息，而对于自私小我的人来说才是生命的终止！

在《列子》里面有一个类似的版本，但是在对话之后，则附有孔子比较细致的阐述：

仲尼曰："赐！汝知之矣。人胥（都）知生之乐，未知生之苦；知老之惫，未知老之佚；知死之恶，未知死之息也。晏子曰：'善哉，古之有死也！仁者息焉，不仁者伏焉。'死也者，德之徼（回归）也。古者谓死人为归人。夫言死人为归人，则生人为行人矣。行而不知归，失家者也。"（《列

子·天瑞》)

孔子大概是说，死亡对于不同的人生意义各异：对于有德有家的人，是休息，是回家；对于离家背德的人，不过是匍匐跌倒的"恶死"而已。

回过头来看，上述故事其实亦不过"未知生，焉知死"这一命题的翻版和扩大，更多地强调生之责任，对死亡问题的阐释更加倾向于生而有为，尽心尽力把握可知的有限的生命，而避免陷入死亡的荒诞和虚无。

孔子的这一阐释，在弟子曾参那里也得到了很好的转化和印证，而且更为凝练和著名：

曾子曰："士不可以不弘毅，任重而道远：仁以为己任，不亦重乎？死而后已，不亦远乎？"（[泰伯第八·七]）

曾参说，士人不能不坚毅，因为任务重大而路途遥远：以仁为一生奉行的任务，不是"重"吗？到了死才能结束，不是"远"吗？

【标签】

季路（子路）；未能事人，焉能事鬼；未知生，焉知死

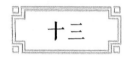

【原文】

闵子侍侧，訚訚如也；子路，行行如也；冉有、子贡，侃侃如也。子乐。

"若由也，不得其死然。"

【解义】

此一章书，是门人记诸贤之气象①也。

门人谓：昔夫子在坐，而闵子②侍侧③，则见其外和内刚，訚訚④如也；至于子路，则见其果敢发越⑤，行行⑥如也；冉有、子贡，则见其端庄正直⑦，侃侃⑧如也。

观四子之气象，即以知四子之造诣——斯道有人，斯世有赖。其时夫子若有欣欣然不自禁其乐者。然四子之中，惟子路过于刚强，非终吉⑨之

道，故夫子亦尝警之曰：若由也，不得其死然⑩。

此不过据理而论，欲子路之损过以就中⑪也，而不意子路之终不能⑫也，可惜矣夫！

【注释】

①气象：气度，气概。

②闵子：闵子骞。

③侍侧：陪侍左右。

④訚訚：说话和悦而又能辩明是非之貌。訚，音 yín。

⑤发越：激扬，激昂。

⑥行行：刚强负气貌。行，音 hàng。

⑦正直：《韩诗外传》卷七："正直者顺道而行，顺理而言，公平无私，不为安肆志，不为危激行。"

⑧侃侃：和乐貌。

⑨终吉：《周易》断占用语。吉，指吉祥。终吉，意指所要贞问的事情，兆象表明最终还得吉祥。《周易·讼》："六三，食旧德，贞厉，终吉。"

⑩不得其死然：不能死得其所。

⑪损过以就中：可参 [先进第十一·十六]。

⑫子路之终不能：卫灵公长子、伯姬之弟名叫蒯聩（kuǎikuì）。蒯聩作为太子，不满灵公的宠妾南子（据说因为她和宋国公子朝私通而卫灵公蒙在鼓里），企图谋害，反而遭到卫灵公驱逐。卫灵公死后，蒯聩之子姬辄即位，称"卫出公"。孔圉（即"不耻下问"的主角——孔文子，卫国重臣）的仆人浑良夫与孔圉的夫人伯姬私通，蒯聩企图与儿子争位，就以成全浑良夫和伯姬为由头策动浑良夫和伯姬襄助。出公十二年（前481），伯姬谋立蒯聩为卫君，胁迫儿子孔悝（时任卫国执政官，并且支持表弟卫出公）弑出公，出公逃至齐国。蒯聩立，称"庄公"，因卫国第十二个国君也称"庄公"，所以蒯聩为后庄公。子路是孔悝的家宰，当此驱逐卫出公事件发生之时，子路并不知情。正好在卫国的朝廷里还有孔子的另一名学生子羔。子羔眼看状况不对，就逃离卫国，要到陈国去，刚好碰到了要从陈国回卫国的子路，子羔就警告子路："卫国情况很危险，不能再进去了。"子路却觉得自己作为人家的家臣，没有怕死的道理，所以还是回返卫国。子路见到蒯聩，质问他为什么挟持孔悝，并且威胁蒯聩说，如果蒯聩敢杀了他的主人，他会马上找人继承孔悝，并且不会和蒯聩结盟。而且，子路以为蒯聩胆小，就动手焚烧蒯聩所在的高台，以此要挟他释放孔悝。蒯聩派遣石

乞和孟黡（yǎn）击杀子路。（参看《史记·仲尼弟子列传》）当年子贡曾经就卫国内乱的事情征求过孔子的意见，其结果是孔子表示不参与（[述而第七·十五]"夫子不为也。"），因为这是一场双方均不道义的争战。而子路却没有把握这一事件的实质，只为愚忠而赴死，也正是因其性格偏激易过的缺点所致。

【译文】

这一章是门人记述了各位贤人的非凡气度。

门人记录：当年夫子就座，闵子骞在旁边陪侍，只见他外柔内刚，言辞和悦而爽快；而子路，就见他英勇神武，风风火火的样子；冉有、子贡两个人，都是端庄正直，和乐无犯的样子。

观察四位贤人的气度，就知道他们为学修身的程度——这真称得上"大道得其人，此世有指望"。因此夫子在当时看到他们的状态而喜不自禁。然而，在这四个人当中，只有子路的性格过于刚强，恐怕这样处世不会善终，所以夫子也曾警告他：像仲由这样的，恐怕不能死得其所。

这也是根据情理而言的，不过是希望子路改正言行易过的毛病而修行中道，没想到子路最终也没有改正，（并因此受害，）真是太可惜了啊！

【评析】

《解义》这一章的作业没有抄好。其解虽得意于朱熹《四书章句集注》和张居正《四书直解》，却失之笼统，远不如张解明了。张居正《四书直解》解本章云：

侍侧，是侍立于旁。訚訚，是和悦而又正直的模样。行行，是强勇的模样。侃侃，是刚直的模样。不得其死，是不得正命而死。门人记说：昔闵子骞侍立于夫子之旁，其气象外和内刚，德器深厚，但见其訚訚如也。子路的气象，则多强勇而少含蓄，但见其行行如也。冉有、子贡的气象，则和顺不足，而刚直有余，但见其侃侃如也。四子气象虽不同，然皆禀刚明正直之资，而绝无阴邪柔暗之病。这等的人，熏陶造就，将来皆可以副传道之寄，而入于圣贤之域者。故夫子见之欣然而乐，盖喜其得英才而教育之也。然四子之中，惟子路过于刚强，有取祸之理。夫子亦尝警之说道："我看仲由的气象，却似不得正命而死的一般。若能克其气质之偏，则庶乎可以免祸矣。"其后子路死于孔悝之难，果如孔子之言，此可以见圣人知人之哲人也。

张解厘清了两个关键的问题：一是四人都具备"直"德，（这是将其四人并置讨论的基础，）但是直德因其性格和修为各异而有不同的呈现（这是对其四人进行比较，并单独评点子路的用意所在，这样的评点因而才不至于突兀）。二是对"不得其死然"一句的理解，并非一般译文中对接现代话语的"不得好死"，而是"不得正命而死"，其对应的现代话语应该是：不能死得其所。想子路不避其难，正缨而死，何等忠勇正直，慷慨悲壮！只是他投身其中的战斗，却是卫国父子争权、家族内斗的不堪之乱，蝇营狗苟，乌烟瘴气，毫无正义、尊严可言。（可参［公冶长第五·十五］"评析"部分）子路本身虽有性格的缺陷，但并无品格的不足，其遵守信条为道义而死，本难能可贵，足称千古，却犹如以金玉掩泥流，于事无补，毫无价值。夭寿本不二，舍生可取义。对于仁人义士，死本不足虑，但是毫无价值的死，实在令人惋惜。故论说之间，夫子忧其人，而更患其时也。子路罹难，夫子悲其死，而更愤其世也。

明人冯梦龙《四书指月》解此章云："夫子虑由，正爱由处，原与'子乐'不相悖……'得其死'，谓宜死而死，不必考终命也。"❶ 与张解同义。

【标签】

闵子骞；冉有；子贡；子路之死；直德；死得其所

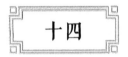

【原文】

鲁人为长府。闵子骞曰："仍旧贯，如之何？何必改作？"子曰："夫人不言，言必有中。"

【解义】

此一章书，见圣贤维鲁之心也。

昔鲁有长府①，其来旧矣。一旦②欲改作③而更新④之——此乃变制之渐，亦聚利之萌⑤也。闵子骞婉言以止之曰：天下事，创作⑥者难为功，完旧⑦者易为力。彼长府虽久，未至大坏，因⑧其旧制，稍加修葺⑨，何为不

---

❶〔明〕冯梦龙：《四书指月》，《冯梦龙全集》第21册，李际宁、李晓明校点，江苏古籍出版社1993年版，第146页。

可？何必改作而为劳费之事乎？

孔子闻而赞之曰：夫人不轻于言者也，惟其不轻于言，故一言而关生民之大计，动当事⑩之深思。言必有中，可谓仁人之言哉！

大抵劳民伤财之事，所损虽在一时，而变历代之规模⑪，启聚敛⑫之苛法⑬，关系⑭正自不小。闵子不极言其弊，所以婉而易入⑮。孔子复称说其美，愈令闻者知愧。圣贤之爱鲁民，正其深于爱鲁君臣也。

【注释】

①长府：藏财货武器的府库。
②一旦：有一天。
③改作：重制，另制；更改，变更。
④更新：革新，除旧布新。
⑤聚利之萌：聚敛利益的萌起。
⑥创作：始创。
⑦完旧：完善旧物。
⑧因：因循，因由。
⑨修葺：修缮。
⑩当事：当权者。
⑪规模：制度，程式。
⑫聚敛：用重税等搜刮（民财）。
⑬苛法：烦琐的法律。
⑭关系：关联，牵涉。
⑮入：接纳，采纳。《左传·宣公二年》："谏而不入，则莫之继也。"

【译文】

这一章可见圣贤维护鲁国制度的心思。

往昔鲁国设有长府，已经是很古老的制度了。有一天鲁国执政者想要改变其规制来重新建设——这实际上是想要逐渐变更制度，开始增加财税的办法。闵子骞于是委婉谏言：但凡天下的事情，首创的时候不容易，但在原有之物的基础上进行改进却非常容易。这座长府虽然存在很久了，但并没有大面积损坏，只要因循其旧有的规制，稍加修缮就可以了。何必更改规制重新建设而劳民伤财呢？

孔子听到后，对此大加赞赏说：一个人一般不随便说话，只有不随便说话，所以一旦开口，就可能是关乎国计民生的重要事情，使当权者能够慎重对待并深加考虑。一说话就能够说到要点上，这可以称得上是仁者之言了。

总体来说，表面上搞重复建设劳民伤财，所造成的损伤只是一时一地，但实际上变更的是古代的制度，开启了苛捐杂税的琐屑法规，所牵涉的社会面和历史影响实在不小。闵子只是不强调其弊端，而是用委婉之词以便于容易被接纳。孔子又对其言辞大加赞美，这样更容易让听到它的人（当权者）知道自身决策的问题而感到羞愧。圣贤们对鲁国民众的爱惜，比他们对鲁国君臣们的爱惜还要深厚。

【评析】

这里表现出来的分歧大概是改革与改良之间的差异，以及改革过程中经济与文化的协调。孔子很显然是一个文化名义上的保守主义者和实质上的改良主义者，但在经济上却绝对是一个保守主义者。面对当时的经济改革，他通过赞赏闵子骞来明确表达了自己的反对态度。但是实际上，当时社会的生产力已然在促动生产关系的改革，新兴地主阶级的政治诉求也通过僭越礼制等形式表现出来。如果一味地无视这种社会历史前进的必然趋势，不将自己的政治哲学适时调整和应对，那么其在当时失去市场，毫无用武之地，也是必然的。当然，孔子所倡导的礼，从宏观上来说，是对社会总体价值建构的系统工程，对于社会的正常运转具有坐标作用，有大用而于彼时不得其用而已。因此社会正常运转之后，仍然非常需要这样的顶层设计来加以架构社会的方方面面，所以经过秦火之后，儒学又回到了殿堂之上，成为统治性的学说。

【标签】

闵子骞；长府；经济；文化；礼；价值体系

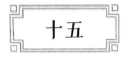

【原文】

子曰："由之瑟奚为于丘之门？"门人不敬子路。子曰："由也升堂矣，未入于室也。"

【解义】

此一章书，见孔子作人①之法也。

孔子曰：声音之道，通于性情。②瑟③虽一艺也，而平日所养皆可立见。由之鼓瑟④，若直任⑤气质⑥，无一涵养者，然奚为于丘之门乎？

此盖欲由⑦自警省而进于沉潜⑧也。乃门人不知，遂不敬子路。

孔子晓之曰：二三子何遽轻⑨由邪❶？据今日之由，可谓升堂⑩而登高明⑪之地矣，特⑫未入室⑬而造⑭于精微⑮之域耳。使由能自勉，宁⑯有限量？而二三子之轻由何邪？

可见，学问无穷，自足⑰者固非，而轻人者更非。孔子此言，不但造⑱由，亦所以造门人矣。

【注释】

①作人：任用和造就人才。《诗经·大雅·棫朴》："周王寿考，遐不作人。"（万寿无疆我周王，何不培育造就人。）孔颖达疏："作人者，变旧造新之辞。"

②声音之道，通于性情：音乐（包含舞蹈）和人的性情相通，关系密切。《礼记·乐记》："凡音之起，由人心生也。人心之动，物使之然也。感于物而动，故形于声。声相应，故生变，变成方，谓之音。比音而乐之，及干戚、羽旄，谓之乐。乐者，音之所由生也，其本在人心之感于物也。是故其哀心感者，其声噍以杀；其乐心感者，其声啴以缓；其喜心感者，其声发以散；其怒心感者，其声粗以厉；其敬心感者，其声直以廉；其爱心感者，其声和以柔。六者非性也，感于物而后动。是故先王慎所以感之者。故礼以道其志，乐以和其声，政以一其行，刑以防其奸。礼、乐、刑、政，其极一也，所以同民心而出治道也。凡音者，生人心者也。情动于中，故形于声，声成文，谓之音。是故治世之音安以乐，其政和；乱世之音怨以怒，其政乖；亡国之音哀以思，其民困。声音之道，与政通矣。"（大凡"音"的缘起，是出于人心。人心的活动，是外界事物影响的结果。受外界事物的影响，人的思想感情产生了变动，就会用"声"表现出来。声之间彼此应和，于是产生错综变化，把这种错综变化的声按照一定的规律表现出来，就叫"音"。把这些"音"按照顺序加以演奏，再加上武舞和文舞，

---

❶ 邪：摘藻堂四库全书荟要本（同武英殿刻本）作"耶"。邪同"耶"，表疑问或感叹语气词。

这就叫作"乐"。所谓"乐",是由音构成的,而其本源乃在于人心对于外界事物的感受。所以,人心悲哀时,发出的声音就焦急而短促;人心快乐时,发出的声音就宽厚而舒缓;人心喜悦时,发出的声音就开朗而畅达;人心愤怒时,发出的声音就粗暴而凌厉;人心崇敬时,发出的声音就正直而端方;人心爱慕时,发出的声音就和美而柔顺。这六种声音并非人们的内心原来就有,而是人们的内心受到外界事物触发才造成的。所以古代圣王十分注意能够影响人心的外界事物:用礼来引导人们的心志,用乐来调和人们的性情,用政令来统一人们的行止,用刑罚来预防人们做坏事。礼、乐、政、刑,手段虽然不同,但其目的是一样的,就是要统一民心而实现天下大治。音,是发自内心的。心感情动,就会用声音表现出来;这种声音形成纹理,就是乐音。所以,治世的乐音安详和欢乐,可见其政治和谐;乱世的乐音幽怨而不平,可见其政治混乱;亡国的乐音悲哀而忧郁,可见其民众困苦。声音传达的情理,与政治现状往往息息相关。)

③瑟:中国传统拨弦乐器。形状似古琴,有 25 根弦或 16 根弦,最早的瑟有 50 根弦,故又称"五十弦"。每弦一柱,但无徽位(古琴上的音位标志),按五声音阶定弦。平放演奏。

④鼓瑟:鼓,在古诗文中与"琴""瑟"联用一般作动词,弹奏、敲击的意思,《诗经·小雅·鼓钟》:"鼓钟钦钦,鼓瑟鼓琴。"《诗经·小雅·鹿鸣》:"我有嘉宾,鼓瑟吹笙。"

⑤直任:直接任由。直,副词,径直,直接。任,放纵,不加约束。

⑥气质:秉性。

⑦由:子路。

⑧沉潜:深沉潜伏。

⑨轻:轻视,慢待。

⑩升堂:登上厅堂。比喻学问技艺已入门。

⑪高明:特指君子修为达到高大光明的境地,上配于天,以普惠万物。出自《礼记·中庸》,引文详解参本书[里仁第四·十一]"高明"词条注释。

⑫特:只是。

⑬入室:进入内室。与"升堂"相对而言,比喻学问或技艺更进一步,造诣高深。

⑭造:到达。

⑮精微:精深微妙。《礼记·中庸》:"故君子尊德性而道问学,致广大而尽精微。"可详参本书[述而第七·十七]"广大精微"词条注释。

⑯宁：难道。
⑰自足：自满。
⑱造：造就，教育，培养。《礼记·王制》："顺先王诗、书、礼、乐以造士。"

【译文】

这一章显示了孔子培养人的原则。

孔子说：音乐（包含舞蹈）的运用，是因为它们可以触及人的本性和真情。鼓瑟虽然只是一门音乐技艺，但实际上却可以通过它来展现一个人平时的涵养。仲由弹奏瑟，如果只是一味任性张扬，就像一个没有涵养的人，那还到我孔丘门下来干什么？

大概这是想让子路自我警醒，能够克制自己，更加深沉潜伏。只是门人不理解，所以因此对子路开始不恭敬起来。

于是孔子又解释说：小子们何必因此马上就怠慢他呢？按照现在的仲由来说，可以说他是进入了厅堂，进到了君子修为的境地，但是还没有进到房间里，缺乏精深微妙的修炼。如果仲由能够自勉自新，也是不可限量的啊，你们怎么可以怠慢他呢？

可见，学问之道是无穷无尽的，那些骄傲自满的人固然不对，但是因此对他们轻忽怠慢更不对。孔子的这番话，不但是在教育子路，也是在教育门人啊。

【评析】

《说苑·修文》中称说"子路鼓瑟有北鄙之声"，❶"昔舜造《南风》之声，其兴也勃焉，至今王公述而不释；纣为北鄙之声，其废也忽焉，至今王公以为笑"。所以孔子认为："今由也，匹夫之徒，布衣之丑也，既无意乎先王之制，而又有亡国之声，岂能保七尺之身哉？"子路因此知过，七日不食，形销骨立。

孔子对音乐非常投入，乃至于沉迷，但其实他关切的并不仅仅是音乐本身，而更是音乐对人性品德的培养，所以在子路鼓瑟这件事情上，非之以是，是之以非，表现出中庸调和的态度。而于此可见，中庸不是一种虚无的架势，而是实实在在的处事方法，不然的话，恐怕子路将因此沉溺于

---

❶ 源自《史记·乐书》："北者败也，鄙者陋也，纣乐好之，与万国殊心，诸侯不附，百姓不亲，天下叛之，故身死国亡。"

孔子的言辞中，而非惨死乱政者的屠刀下。

【标签】

由（子路）；瑟；升堂入室

【原文】

子贡问："师与商也孰贤？"子曰："师也过，商也不及。"

曰："然则师愈与？"子曰："过犹不及。"

【解义】

此一章书，见孔子以中道①约②人也。

圣门弟子有颛孙师③与卜商④二人者，虽俱称为贤，而所造⑤各有不同，故子贡偶举⑥以问曰：师与商也，孰为胜乎？

孔子曰：师也才高意广，往往至于太过；商也笃信谨守，往往失于不及。二人所造如此，观其所造，而贤不贤可知也。

子贡不达其义，乃问曰：天下之事未有不以过为胜，以不及为不胜者，商既不及，然则师已愈⑦于商与！

孔子曰：学问之道贵适乎中，不及者固失之卑陋⑧，而太过者亦失之夸张，其非中道，正自⑨等耳，安⑩见其为愈哉？

盖无过、不及之谓中，使学者各省⑪其所有余，勉其所不足，庶几⑫斯道之有赖也。

【注释】

①中道：中庸之道。

②约：拘束，限制，要求。

③颛孙师：即子张。复姓颛孙、名师，字子张。春秋战国时期陈国人，小孔子四十八岁。

④卜商：即子夏，"孔门十哲"之一，擅长文学。其生平详见本书［先进第十一·三］"子夏"词条注释。

⑤造：修为，造诣，（学业等）达到的程度或境界。

⑥偶举：并列举出。

⑦愈：较好，胜过。
⑧卑陋：简陋。
⑨正自：正好是，正是。
⑩安：哪里。
⑪省：检视内省。
⑫庶几：差不多，近似。

【译文】

这一章是孔子要人遵从中庸之道。

孔门弟子中有子张和子夏两个人，虽然他们都是贤人，但是其修为造诣有所不同，所以子贡把这两个人相提并论，问道：颛孙师和卜商两个人，哪个更胜一筹呢？

孔子回答说：颛孙师才华过人而好高骛远，所以常常因偏激而太过分；卜商敦笃信实而谨小慎微，所以常常因保守而不到位。两个人的修为就是这样，观察他们各自的修为造诣，是贤还是不贤，就已经可以判断了。

子贡不理解话中的意思，就继续追问：天下的事情，多多益善，往往以多过为好，以少缺为差，既然卜商做不到位，不就是颛孙师比卜商更胜一筹吗？

孔子回答说：学问之道，贵在适中。不到位的，固然失之于太过简陋，但太过分的，也失之于夸张不实，它们不符合中庸之道，正是一样的，哪里能够区分孰好孰坏？

既不过分，也不少缺，就是"中"，如果让学习者都能够检省自己的过分之处，同时能够使其自勉，补充其所不足，仁道差不多就有所指望了。

【评析】

继续谈中庸之道。细品夫子言语行事，皆有中庸的旨意在。

【标签】

中庸；过犹不及；子张（颛孙师）；子夏（卜商）

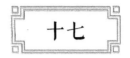

【原文】

季氏富于周公,而求也为之聚敛而附益之。子曰:"非吾徒也。小子鸣鼓而攻之,可也。"

【解义】

此一章书,是孔子正党恶^①之罪以警权臣也。

昔周公以叔父之尊兼安定之功分封鲁国^②,其富宜也。季氏,鲁大夫耳,而乃富于周公,其攘^③公害民之事可忍言哉?冉有以圣门之高弟^④,而为季氏之家臣,自宜救正^⑤其过,上全国体^⑥,下安民命^⑦,斯为尽忠之道也。乃不能以道事主,而为之聚敛^⑧而增益其富,其不义甚矣。孔子绝之曰:吾之门以致君泽民^⑨为教,而求乃以党恶害民为悦,殆^⑩非吾徒也。此而不声其罪,则不肖之徒亦何所不至哉?小子鸣鼓而攻之^⑪,可也!

可见,圣人恶恶必先绝其党——在冉有不过欲邀季氏之欢心,而不知难逃于圣门之公论,使小子传之而共惧,即季氏亦闻之而知警。真仁人之心哉!

【注释】

①党恶:结党作恶。

②昔周公以叔父之尊兼安定之功分封鲁国:周公姬旦是周武王姬发的弟弟。姬发去世后,周公与召公奭共同辅佐姬发的儿子周成王姬诵,两次东征安定周初政治局面:第一次东征灭掉了伙同纣王的儿子武庚叛乱的奄国(即曲阜及周边地区,后在此基础上建立鲁国);第二次东征,平定了武庚、管叔、蔡叔等人联合东夷部族的叛乱。周公因公分封鲁国,但因留在年幼的周成王身边辅佐,并未赴封地任职,而是让儿子伯禽赴封地代任。《解义》认为此周公是实指。实际上历史上周公姬旦本人并不以富有闻名,《论语》以"周公"为富,尚可存疑。另有认为周公是虚指:一说"周公"指承袭其职位的后代;另一说是泛指在周天子左右做卿士的人,如周公黑肩、周公阅之类。(参杨伯峻《论语译注》)

③攘:侵夺,偷窃。

④高弟:才优而品第高。

⑤救正：匡正，纠正。
⑥国体：国家的形象、声誉。
⑦民命：民众的意旨、意愿。
⑧聚敛：谓急于敛取赋税。聚，通"骤"。
⑨致君泽民：南宋王应麟《三字经》："上致君，下泽民。"（对上辅佐君主，对下惠泽百姓。）致君：辅佐国君，使其成为圣明之主。
⑩殆：大概，几乎。
⑪小子鸣鼓而攻之：小子，用为老师对学生的称呼。鸣鼓而攻之，谓宣布罪状而加以声讨。

【译文】

这一章是孔子指正结党作恶来警告权臣们。

当年周公作为周成王的叔父并且因为治理和维护社会安定的功劳，而分封鲁国。他富有一国是应该的。季氏，只是鲁国的大夫，却比整个国家的治理者还要富有，他们损公肥私、贪财害民的行径（孔子）怎么能够容忍而沉默呢？冉有作为孔门的高才生，去给季氏当家臣，也应该主动去纠正其过失，对上维护国家尊严，对下回应民众的诉求，这才是对国家尽忠的正道。然而他却不能遵从正道来侍奉主人，只是一味地为他急遽征敛赋税、增加财富，这是没有道义的行为。孔子因此决绝地说：我孔子门下都是教人辅佐明君而惠泽百姓，而冉求却以结党作恶为害百姓为乐事，大概他是不想当我的学生了。此时不讨伐他，更待何时，难道还要等到这个不肖之徒无所不为的时候再去问罪吗？小子们，你们声讨进攻他好了！

由此可见，圣人弃绝恶人，必定先讨伐其党羽——从冉有的角度而言，这样做不过是为了讨季氏的赏识和欢心，但是却不知道这样难以回避师门的批判，以至于门人弟子们纷纷传说而口诛笔伐，实在令人惊惧，即便是传到季氏那里，也自然会有所警醒。这是仁者之心才能起到的效果啊！

【评析】

冉有多才多艺，然而也只能是一个"器"——为统治者服务的工具。孔子要求他能够自觉维护仁道，并对抗其从属的主人，恐怕实在是难以从命，也是力不从心。（所以冉有曾向孔子坦陈"非不说子之道，力不足也"[雍也第六·十二]）孔子与冉有的政见之争，一个在本章，在经济上，推行田赋制度，实则是鲁国在宣公十五年（前594），就引领时代风气之先，打破井田制（公有制），实行初税亩制度，即承认了土地的私有，而冉有可能只不过是帮助季氏把田赋制度进行了适度的改革；另外一个是在政治和军事上，季氏将伐颛臾，师徒因此发生了一场激辩。

从历史进程来看，季氏家族无论在经济上的改革、军事上的侵略，还是政治上的强势、文化上的僭越，实际上与春秋末期生产力发展、社会关系变化有着密切的关系，可谓是社会发展的产物。如果从这一角度来看，反倒是季氏家族在自觉进行革新，而孔夫子的确是因循守旧了。

从实际工作成效来看，冉有业绩斐然，也因此得到了季氏家族的认可，所以在他建立军功后（哀公十一年，前484），趁机向季康子谏言迎接孔子返回鲁国，被顺利采纳。孔子才得以回国，并在人生的暮年安顿下来，致力于编辑古籍经典，留下珍贵的文化遗产。当然，当年季桓子去世时（哀公三年，前492），就留遗言给季康子要迎接孔子回国，而到孔子真正回来，已经过去了八年之久。

【标签】

冉有；季氏；井田制；初税亩

【原文】

柴也愚，参也鲁，师也辟，由也喭。

【解义】

此一章书，是示人宜进学①以化气质之偏②也。

孔子尝评论及门③之才质④，谓凡人气质不能无偏，而皆不妨于进道，特患不能自知其偏，则无以施转移之功耳。即如：柴⑤也，谨厚有余而明智不足，可谓曰愚。参⑥也，资禀⑦迟钝而警敏不逮，可谓曰鲁⑧。师⑨也，容止⑩可观而少诚实恻怛⑪之意，是之谓辟⑫。由也，粗直自遂⑬而少温润和雅之文，是之谓喭⑭。使此四子者各率其性，与庸俗人何以异？而不知能进之以学，则皆任道之器⑮也。

盖四子得圣人而师之，知其偏之所在，或⑯充之以学问，或文之以礼乐⑰，俱不失为大贤。然则人亦贵自勉耳，岂可以资气⑱之偏驳⑲自诿⑳哉？

【注释】

①进学：坚持学习而使进步。

②气质之偏:先天秉性的偏失。气质,先天秉性。宋代理学认为人的天生气质有好有坏,因而有所偏失,而人为自己的私欲所蒙蔽,因此要明理见性,"存天理,遏人欲",即克制私欲,通过不断对天理的探知和学习,来改变这种先天不良的因素,从而体悟得到万事万物的共同之理。《朱文公文集》卷十四《经筵讲义》:"古之圣王,设为学校,以教天下之人……必皆有以去其气质之偏,物欲之蔽,以复其性,以尽其伦而后已焉。"《朱子语类》第八:或问:"气质之偏,如何救得?"曰:"才说偏了,又着一个物事去救他偏,越见不平正了,越讨头不见。要紧只是看教大底道理分明,偏处自见得。如暗室求物,把火来,便照见。若只管去摸索,费尽心力,只是摸索不见。若见得大底道理分明,有病痛处,也自会变移不自知,不消得费力。"对朱熹天理人欲之论的辨析及"气质之偏"在朱熹哲学话语中的含义,可详参本书［里仁第四·四］"存天理,遏人欲"词条注释,以及［子路第十三·二十七］"变化气质"词条注释中张载关于人之气质的论述观点。

③及门:即及门弟子,又称"受业弟子",亲自登门去老师家里或教学地点受教育的学生叫作及门弟子。可详参本书［泰伯第八·三］"及门弟子"词条注释。

④才质:资质。

⑤柴:高柴,字子羔,又称子皋、子高、季高,小孔子三十岁,卫国人,一说是齐国人。

⑥参:曾参,曾子。

⑦资禀:天资,禀赋。

⑧鲁:迟钝,愚笨。

⑨师:颛孙师,字子张。

⑩容止:仪容举止。

⑪恻怛:音cèdá,恻隐,见到灾祸心生同情。

⑫辟:偏执,偏颇。

⑬粗直自遂:同"刚直自遂",刚正而自行其意,不为人所动摇。

⑭喭:音yàn,鲁莽,刚猛。

⑮任道之器:指可肩负重任的仁人志士。

⑯或:有的(人)。

⑰文之以礼乐:以礼乐来文饰、教育。

⑱资气:资禀气质。

⑲偏驳:不周遍。

⑳诿：音 wěi，推托，推诿。

【译文】

这一章告诉人们，要通过学习来修正偏颇的秉性。

孔子曾经评论受业弟子们的资质，认为人的秉性都是偏颇而不完美的，但这都不妨碍在道业上的进步，只是最怕自己认识不到这种偏颇，也因此无可救药。比如说：高柴，老实巴交而不够聪敏，所以可以称之为"愚笨"。曾参，反应迟缓而不够敏捷，所以可以称之为"迟钝"。颛孙师风度翩翩但不够踏实，所以可以称之为"偏执"。仲由，刚愎自用但不够温和，所以可以称之为"鲁莽"。如果只是让这四个人率性而为，那么可以说他们会与庸众毫无二致。恐怕连他们自身都不知道，只有通过不断学习进取，才能成为可肩负重任的仁人志士。

大概正是因为四个人能够拜孔圣人为师，明了自己偏颇之所在，有的是用学问来充实提高，有的是以礼乐来文饰教育，最终成为大贤之士。所以，一个人一定要自信自勉，不能因为禀赋或秉性的偏失而自卑自弃。

【评析】

人非生而完美，但人生并不因此绝望，因为只要不断学习，就会不断进步，就是在不断完善，因此可谓学习赋予人生以美好和希冀。

所以学而时习之，不亦说乎？所以称儒学以温情人生，不亦宜乎？

【标签】

高柴；曾参；颛孙师；仲由；愚；鲁；辟；喭

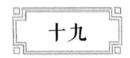

十九

【原文】

子曰："回也其庶乎，屡空。赐不受命，而货殖焉，亿则屡中。"

【解义】

此一章书，是孔子称人所长以进其所不足也。

孔子曰：吾门之有回①、赐②，其聪识未尝不相近也，而中实有不同者焉——回也，以明睿③之姿④务深潜之学⑤，其于道也，殆⑥庶几⑦乎，但见其陋巷⑧食贫，屡至空匮⑨而处之泰然，何其澹忘⑩若此也！若夫⑪赐，则不听受⑫贫富之命，而务生财以致富焉，较之安贫乐道者为何如乎？然其才识明敏，凡所亿度⑬，每每切中，实有过于人者。倘由此而充之，其进于回⑭何难乎？

　　此可见气质偏杂者不可以自画⑮，而赋资⑯明达⑰者尤不可以自炫。使子贡而不闻圣人之教，则安知不终以货利遗讥⑱而小慧⑲自误邪❶？

【注释】

①回：颜回，字子渊。
②赐：端木赐，字子贡。
③明睿：聪颖明智。
④姿：资质。
⑤深潜之学：深入的学问。
⑥殆：大概，几乎。
⑦庶几：差不多，近似。
⑧陋巷：简陋的巷子，代指简陋的房屋。（从钱穆《论语新解》注）[雍也第六·十一]：子曰："贤哉，回也！一箪食，一瓢饮，在陋巷，人不堪其忧，回也不改其乐。贤在回也！"（译文可详参本书[里仁第四·九]"不改其乐"词条注释。）
⑨空匮：穷乏，财用不足。
⑩澹忘：淡泊名利，乐以忘忧。
⑪若夫：至于。用于句首或段落的开始，表示另提一事。
⑫听受：听从接受。
⑬亿度：测度，揣测。
⑭进于回：达到颜回的水平。
⑮自画：画地自限。
⑯赋资：天资禀赋。
⑰明达：对事理有明确透彻的认识，通达。
⑱遗讥：犹见笑。
⑲小慧：小聪明。

---

❶ 邪：摛藻堂四库全书荟要本（同武英殿刻本）作"耶"。邪同"耶"，表疑问或感叹语气词。

【译文】

这一章,是孔子称许弟子的长处来勉励其弥补不足。

孔子说:我门下有颜回、端木赐两个优秀的弟子,他们的聪明才智看似不相上下,但实际上又很大的不同——颜回,资质聪明睿智而且能够深入学习,他对于大道的体悟已经差不多了,可是他却甘于箪食瓢饮、穷街陋巷的贫寒生活,屡屡到了身无分文的地步却仍然能够泰然处之,是多么淡泊名利而乐以忘忧啊!像那个端木赐,就不安于天命之贫富,务求积累财产以达到富裕的地步,这怎么能与颜回那种安贫乐道的人相提并论呢?而实际上,端木赐才识明敏,只要有所投资,都会得到比较高的回报,实在是具有非同一般的智识。如果在此基础之上予以充实,让他达到颜回的水平又有什么困难呢?

这说明,秉性偏颇混乱的人也不要画地自限,自甘堕落,而禀赋通达的人更不能沾沾自喜而自吹自擂。如果子贡不是听从圣人的教诲,恐怕还纯粹是一个见利忘义、投机取巧的大商人呢!

【评析】

这一章仍然在讲学习的重要性:一个人即便是天赋优秀、才智过人,学习与不学习的结果也相差迥异。这在孔门两个顶尖弟子之间便有明显的体现,然而他们只是作为例子——抛开"优秀""成功"的世俗观念,从道德修为的角度来评价颜渊和子贡,恰恰是对世俗观念的翻转。这一点,也值得今天的人们(特别是学人们)警醒。

《解义》遵循了《论语》编纂的内在脉络,所以阐释得比较清晰。

【标签】

颜回;子贡;为学

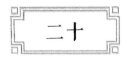

二十

【原文】

子张问善人之道。子曰:"不践迹,亦不入于室。"

【解义】

此一章书，是孔子论生质①之美而进之以学也。

子张问于孔子曰：天下之人品不一，而独有所谓善人②者，其道为何如？

孔子曰：凡人之囿③于气质④者多矣，即或有志向上，亦必循途守辙⑤，而后可以合道⑥。惟善人不拘圣贤之成法⑦，而自无偏杂之患，殆⑧不践迹⑨者。然每自任其性情之本然，未尝加以深造之功，而亦不入于室⑩。

合而观之，而善人之为善人可知矣：盖生质之美不可易得，亦不可尽恃⑪；况有圣人之基⑫，而能不⑬以学问自限⑭？其优入⑮也，不更易乎？

【注释】

①生质：禀赋。

②善人：有道德的人，善良的人。［述而第七·二十六］：子曰："善人，吾不得而见之矣；得见有恒者，斯可矣。亡而为有，虚而为盈，约而为泰，难乎有恒矣。"邢昺疏："善人，即君子也。"该章解义："君子而外，天资粹美谓之善人。"

③囿：音 yòu，局限，被限制。

④气质：秉性。

⑤循途守辙：循规蹈矩，遵守规矩。

⑥合道：谓合于自然或人事的道理。

⑦成法：榜样。

⑧殆：大概，几乎。

⑨践迹：踩着前人的足迹。犹蹈袭，因袭。

⑩不入于室：［先进第十一·十五］：子曰："由之瑟奚为于丘之门？"门人不敬子路。子曰："由也升堂矣，未入于室也。"升堂：登上厅堂。比喻学问技艺已入门。入室：进入内室。与"升堂"相对而言，比喻学问或技艺更进一步，造诣高深。

⑪恃：依赖，仗着。

⑫圣人之基：圣人成就的基础。

⑬能不：岂能不，谓不能不。

⑭自限：自我约束，自我要求。

⑮优入：进步。可参本书［先进第十一·七］同名词条注释。

【译文】

这一章,是孔子讨论禀赋优秀的人更要通过学习来进取。

子张向孔子请教:天下之人人品各异,像那些以善著称的人,是怎么做到的呢?

孔子回答说:但凡一个人,多受天生秉性的影响,即便有志于完善自身,也一定要先遵循一定的规则进行修为,才能符合大道的要求。只有这些善人,不受圣贤既定成功之路的影响,所以自然不会使修为走向偏失,就像不只是一味地因循前人的足迹走路一样。但如果只是遵循本心本性,不进行深造,至多算是登堂而未入室,使品格得不到进一步的提升。

综上所述,善人之所以能够成为善人的道理就很清楚了:天生禀赋不可多得,但也不是完全依靠它来成长;而且前面已经有圣人之路作为基础,怎么能够不力求学问呢?这样取得进步,不是更容易吗?

【评析】

人的进步,一方面凭借本心本性,让其自由发展;另外一方面,也要通过努力学习和自我约束,使之突破自身的局限。既要秉性自信以充分发展自我,也要通过改造学习以最终成就自我,两者的合围才能造就"善人"君子。

【标签】

君子;善人;登堂入室

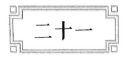

【原文】

子曰:"论笃是与,君子者乎?色庄者乎?"

【解义】

此一章书,是孔子示人考行①之法也。

孔子曰:人之情伪②不可见,所可见者,容貌词气③之间而已。然容貌词气,有一见而即决者,更有屡见而未易测者,若专以论之笃实④似乎有德,而即许与之,则安知其为表里如一之君子者乎?亦安知其为外笃而内不笃之色庄⑤者乎？以君子待人，虽忠厚之道，而倘为色庄所欺，则迎合⑥之弊自我开之矣。

甚矣，容貌词气不可以定人品也！所以古帝王取人之法，既观敷奏之言，尤详明试之功，然后赐之车服，申之考绩，⑦不遽以知人自任，所以无失人之讥也。

【注释】

①考行：考察行为事迹。
②情伪：真假，真诚与虚伪。
③词气：表达言辞的态度。
④笃实：忠厚老实。
⑤色庄：面色严肃，表面庄重。
⑥迎合：逢迎取悦。
⑦古帝王取人之法……申之考绩：《尚书·尧典》："五载一巡守，群后四朝。敷奏以言，明试以功，车服以庸。"（每五年巡视一次，诸侯在四岳朝见。普遍地使他们报告政务，然后认真地考察他们的政绩，赏赐车马衣物作为酬劳。）敷奏，陈奏，向君上报告。敷，普遍。明试，认真考验。明，认真。功，政绩。庸，功劳。

考绩：按一定标准考核官吏的成绩。

【译文】

这一章是孔子告诉人们考察言行的方法。

孔子说：个人表现的真实与否不容易判断，能够判断的，只是其外在容貌和话语形态而已。然而对于容貌和言辞，有的一下子就能判断出来，而更多的是高深莫测，如果只是因其言论貌似忠厚老实而像是个有德之人，就予以肯定，那谁知道他到底是一个表里如一的君子呢，还是一个表里不一的伪君子呢？不加预设地把人当作君子来对待，虽然是忠厚之道，但容易被那些伪君子所欺骗，这不就成了逢迎取悦的行迹了吗？

的确，不能简单通过容貌言辞来判断一个人的人品！所以古代的帝王选人用人，既看他的工作报告，也要考察其政绩，然后根据实际情况论功行赏，评定级别，而不轻易对人进行评断，所以也不会有误判的遗憾。

【评析】

如果说管理体系也有一种蝴蝶效应，那么选人用人与考核评价就是蝴蝶的一双翅膀。

从管理的角度来讲，与其去定义什么是人才，不如定位如何去择用人才。无论谁是人才，谁是否优秀，都不是最重要的，真正重要的是建立一个客观而全面的选人用人机制，并让机制本身不受干扰，自然而然地发挥作用。如果缺乏这样的机制，只是中饱私囊，任人唯亲，用个人化单一化的标准择取人才，且美其名曰"知人善用"而自以为是，长期如此，定会使一部分人才成为只会溜须拍马、阿谀逢迎的小丑，一部分真才实干者被完全边缘化，无法发挥真正的效用，从而破坏整个人才生态，形成劣币驱逐良币的恶性循环。一旦这种循环成为常态，浮华不实、推诿扯皮的事情必然接踵而至，而事故频发、业绩滑坡的局面自然也会不期而至，最终形成系统性崩塌的局面。起初只是一点点"权力的任性"惊起了纤弱的蝴蝶，却最终引发了大洋彼岸的风暴。然而这一切既非无辜，也非偶然。如果说儒家也讲"因果"，那么必然是这种价值范畴的因果。理论上考虑那些超出人力的因素有一定的意义，但于人的主体价值而言，反倒是人力所愿为、所能为处才有意义，才有价值。

所以，这种价值观运用于社会治理，便是选人用人与评价考核应该有机地结合在一起，这是管理体制的必修课和硬功夫。这一点，在《尚书》这部中国最古老的政治学典籍里面已经讲得非常简明而透彻了。具体可以参见本章"考绩"词条注释。

【标签】

选人用人；考绩；敷奏以言，明试以功，车服以庸；主体价值；因果

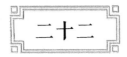

二十二

【原文】

子路问："闻斯行诸？"子曰："有父兄在，如之何其闻斯行之？"

冉有问："闻斯行诸？"子曰："闻斯行之。"

公西华曰："由也问'闻斯行诸'，子曰，'有父兄在'；求也问'闻斯行诸'，子曰，'闻斯行之'。赤也惑，敢问。"子曰："求也退，故进之；由也兼人，故退之。"

【解义】

此一章书,是孔子因人施教之意也。

昔孔门弟子有子路者,尝有闻而患未之能行①,因问曰:人之于道以能行为贵,自今一有所闻,即当勇往行之乎?

孔子曰:闻善固当勇为,然父兄在上,必须酌于义理,审于时势,有不敢不禀命②者,奈何可率意而行之也?

又弟子有冉有者,尝悦道而患力之不足③,因问曰:人之求道力行甚难,自今若有所闻,即宜黾勉④行之乎?

孔子曰:行善不宜推诿⑤,一有所闻,即宜去其因循⑥,鼓其志气,有不可不勤敏者,岂可不笃实行之也?

此孔子因人施教,妙于裁成⑦,在人或未之知也。维时⑧弟子公西华⑨者,见二子问同而答异,不能无惑,因问曰:为学者皆有定向,施教者自无异同。由之问"闻斯行诸",无异于求之问也,而夫子则告以"有父兄在";求也问"闻斯行诸"无异于由之问也,而夫子则告以"闻斯行之"。所问同而所答异,此赤之不能无惑也。

孔子曰:子知二子之问同,亦知二子之材异乎?求之资禀⑩过于柔,柔则凡事畏缩,不肯前进,故告以"闻斯行之",盖使勇往力行,以变其怯懦之习,乃因其不及而进之也;由之资禀过于刚,刚则凡事锐进,无所取裁⑪,故告以"有父兄在",盖使安分循理⑫,不流于妄动之失,乃因其过而退之也。

或进或退,总因其人而成就之,而又何疑乎?

总之,圣人教人,不欲其过,不欲其不及,惟使之合乎中道⑬而止,故无人不在其陶铸⑭之中。此所以为万世之师⑮也与!

【注释】

①孔门弟子有子路者,尝有闻而患未之能行:[公冶长第五·十四]:"子路有闻,未之能行,唯恐有闻。"

②禀命:奉行命令,接受命令。

③弟子有冉有者,尝悦道而患力之不足:[雍也第六·十二]:冉求曰:"非不说子之道,力不足也。"子曰:"力不足者,中道而废。今女画。"(冉求向夫子坦陈:"夫子,我不是不热衷于您的思想,但是心有余而力不足啊。"夫子说:"即便是力量不足,也只会是半途而废;但你不过画地自限,根本没有起步去做。")

④黾勉：勉励，尽力。
⑤推诿：推卸责任，推辞。
⑥因循：沿袭，承袭，继承。
⑦裁成：犹栽培，谓教育而成就之。
⑧维时：斯时，当时。
⑨公西华：公西赤（前509或前519—?），字子华，又称公西华。鲁国人，孔门弟子，"七十二贤"之一。小孔子四十二岁。
⑩资禀：天资，禀赋。
⑪无所取裁：[公冶长第五·七]：子曰："道不行，乘桴浮于海。从我者，其由与？"子路闻之喜。子曰："由也好勇过我，无所取材。""材"字多解，一说同"裁"，裁度义。《解义》持此说。
⑫安分循理：安守本分，遵循事理或礼法。
⑬中道：中庸之道。
⑭陶铸：制作陶范并用以铸造金属器物，比喻造就、培育。
⑮万世之师：《三国志·魏书·文帝纪》：诏曰："昔仲尼资大圣之才，怀帝王之器，当衰周之末，无受命之运，在鲁卫之朝，教化乎洙泗之上，凄凄焉，遑遑焉，欲屈己以存道，贬身以救世。于时王公终莫能用之，乃退考五代之礼，修素王之事，因鲁史而制春秋，就太师而正雅颂，俾千载之后，莫不宗其文以述作，仰其圣以成谋，咨！可谓命世之大圣、亿载之师表者也。"

【译文】

这一章是讲孔子因材施教。

往昔孔门弟子有一个叫子路的，因勇于求进而恐怕自己有所闻道而不能践行，所以他向孔子求问：人对于求道，贵在能行，现在一听到道，就勇往直前地去做吗？

孔子说：听到有道理的话当然要勇于去做，但是你还有父兄在上面，一定要对这些道理进行斟酌，审时度势，看看是否与他们的话语和命令相违背，怎么能够无所顾忌马上就去做呢？

孔门还有一个叫冉有的弟子，曾表示喜好孔学但恐怕做不到位，也向孔子求问：人对于求道，很难真正践行，如果现在有所闻道，就一定要勉力去做吗？

孔子说：事不宜迟，一旦有所闻道，就应该马上甩掉包袱，振作精神，勤敏以待，哪能不去踏实地去做呢？

这是孔子根据每个人的情况因材施教，巧妙地进行培育，但是在他人看来很难理解。当时弟子中有个叫公西华的，见到两个人问同样的问题而孔子的回答却迥异，不免心生疑惑，因此向孔子问道：既然学习者都有比较明确的发展方向，教导者自然也不会差别对待。仲由问'听闻道理就去做吗'，和冉求的问题是一样的，但是夫子却告诉他"有父亲兄长在，要斟酌行事"，而告诉冉求"听到就勉力而为"。同样的问题，为什么回答却不一样呢，这使我大惑不解啊！

孔子回答说：你只知道他们问了同样的问题，但是你知道他们两个的禀赋差异吗？冉求天性柔弱，因此做事往往畏缩不前，所以我就告诉他"闻道则行之"，使他勇往直前，借此来改变其怯懦的习性，正是因为他做事不够动力才激励他；仲由天性刚猛，因此做事争强好胜，不加克制，所以我就告诉他"要谨遵父兄之命"，使他安守本分，遵循礼法，不轻举妄动，正是因为他做事易过才克制他。

要么激励，要么克制，都是根据其本人的禀性来引导培育，这还有什么可疑问的呢？

总而言之，圣人教导人，不想让他太过，也不想让他不及，只有使他们符合中庸之道才满意，所以无人不在其教育引导中成就自己。这就是称孔子为"万世师表"的原因吧！

【评析】

既是圣人，又是老师，二者之间是何关系？依照本章《解义》的逻辑，孔子为人师表，万世称颂，最重要之处在于，其自身遵循中庸之道，而又教人以中庸之道，使学习之道与为师之道于此合而为一。我们一般熟知并宣扬其"因材施教"，只是将其简单认定为一种教育方法甚至是技巧，偏向于教学的单向度灌输，而缺乏对教育过程的总体关照，似未真正理解孔子的意图。实际上，"教学相长"这一实施过程中，所需要关注的，更是为师者的情志和境界，他必须将自己代入学生的现状及发展的身份后再从师者的角度进行教育。因此可以说，在教学过程中，学生与老师的身份实际上是相互定义，甚至是相互转化——在孔学中我们不难发现，为师者要勇于进学，先做一个好学生，才能堪为人师；为学者要温故知新，自为己师（［为政第二·十一］："温故而知新，可以为师矣"）。就此而言"因材施教"，也恰是对"教学相长"（《礼记·学记》）含义的延伸和丰富。

作为一名老师，身心为一，教学为一，不分裂，不扭曲，不做作，这样才能在面对学生时真正以诚相待，如钱穆先生所说的"心走向心"❶并倾囊相授，而因在此过程中完成为师者的责任而成为真正意义上的老师。这才是"因材施教"的完整释义。如果只看到师者对学生单方面的灌输，而无视在此过程中对于师者的触发、成长及考验的意义，则是有失偏颇的理解。

如此，可谓为师之道实亦成圣之道；师者亦要有成圣的心理。因此可谓"因材施教"这个概念，实在是最基本但也最不简单的一项"师德师风"标准吧！

【标签】

子路；冉有；中庸；因材施教；教学相长；圣人；师道；为学

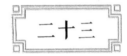

【原文】

子畏于匡，颜渊后。子曰："吾以女为死矣。"曰："子在，回何敢死？"

【解义】

此一章书，见圣贤遇变而惟以道自信也。

昔孔子为匡人所围，①仓卒②遇难③，颜渊偶失在后，其时匡人肆恶，在孔子自不能无虑焉。及其遇也，乃不胜其喜，而谓之曰：吾与汝相失，以汝被围而死矣，今幸在邪❷！

颜渊对曰：回于夫子，身虽二而道则一。今也道未坠地④，文既在兹，匡人自不得害夫子⑤，是夫子在也。夫子既在，则回亦以道为重，岂敢轻于赴斗以死乎？

---

❶ 钱穆：《如何安放我们的心》："孔子的教训在中国人听来，似是老生常谈，平淡无奇。但就世界人类文化历史看，孔子所牖启人心的，却实在是一个新趋向。他牖启心走向心，教人心安放在人心里。他教各个人的心，走向别人的心里找安顿，找归宿。父的心，走向子的心里成为慈；子的心，走向父的心里成为孝；朋友的心，走向朋友的心里成为忠与恕。心走向心，便是孔子之所谓仁。……这是孔子教训之独特处，也是中国文化之独特处。"见钱穆《人生十论》，生活·读书·新知三联书店2009年版，第84页。

❷ 邪：摛藻堂四库全书荟要本（同武英殿刻本）作"耶"。邪同"耶"，表疑问或感叹语气词。

可见，圣贤以道义自重，虽死生在前，审处⑥不苟，而况区区进退得失之故邪？

【注释】

①昔孔子为匡人所围：详参［子罕第九·五］解义部分及"匡人举兵围之"词条注释。

②仓卒：同"仓猝"。

③遇难：遭遇灾难。

④道未坠地：［子张第十九·二十二］：卫公孙朝问于子贡曰："仲尼焉学？"子贡曰："文武之道，未坠于地，在人。贤者识其大者，不贤者识其小者，莫不有文武之道焉。夫子焉不学，而亦何常师之有？"（卫国大夫公孙朝向子贡问道：你们孔夫子都是在哪里学习到那么多知识啊？子贡回答说："文王和武王的治政之道，并没有沦落毁弃，这在于能够承续它的人。只是——贤良之士能识其大体，顾全大局；不贤之士则仅仅得到其皮毛，聊作生存之资——无不得道于文王和武王之治。夫子哪里不是在学习呢，然而只是没有固定的老师罢了。"）

⑤文既在兹，匡人自不得害夫子：［子罕第九·五］：子畏于匡，曰："文王既没，文不在兹乎？天之将丧斯文也，后死者不得与于斯文也；天之未丧斯文也，匡人其如予何？"（夫子在匡地受困，他感慨地说："文王所描绘的美好的人文图景仅仅因为他的故去就会消失吗？如果真的如此，那么我就不会领受到这种图景了；既然我能够感受到这种美好的图景的存在，那么，匡人的围困又能算得了什么呢？他们并不会因为使我遭受困厄而损毁文化图景的价值并阻碍其延续。"）

⑥审处：审慎处理。

【译文】

这一章所展现的是，圣贤在危难的时候因为怀道而自信。

往昔孔子在匡地受困，因仓促之中遭遇灾难，颜渊不巧在后面走散了。当时匡地人穷凶极恶，孔子也不免为之担忧，恐怕发生意外。后面师徒相见，孔子喜不自胜，对颜渊说：我和你走散了，还以为你遭遇围攻死掉了呢，幸好没事！

颜渊回答说：颜回我对于夫子，虽然身体不同属，但所守护之道却是一样的。现在文王武王所传承的大道并未丢失，道统还在，匡人自然无法加害夫子，所以夫子还在。夫子还在，那我颜回以道为重，岂敢随意参加战斗而轻忽生死呢?

由此可见,圣贤们把道义看得比什么都重要,即便在生死面前,也审慎处理,毫不马虎,更何况在进退得失的日常小事上呢?

【评析】

师徒之间在生死之际的真情吐露,情真意切,感人至深,恐怕是超越了所有的世俗情感。大概生死爱恋有三重境界:第一重是"问世间,情为何物,直教生死相许。"(元好问《摸鱼儿·雁丘词》);第二重是"情不知所起,一往而深,生者可以死,死者可以生。"(汤显祖《牡丹亭》);第三重则是本章孔子师徒之言——不是相许以死,而是相许以生,不是可以死,而是"何敢死"。以生相许,存亡续绝,应算是爱的最高境界了吧。

然而后来颜渊还是不幸早死。在完全不可预期、神秘之如黑洞的死亡面前,言辞凿凿、信誓旦旦又有何用呢?可是,或许,唯其这种对生的坚定意志的表露,死亡亦被纳入生的悲哀之中而非恐惧之中,不再成为对生的否定,甚至被转化为生的动力,成为生的一部分,从而被消解。从这个意义上而言,"慎终追远"的祭祀仪式,就是生死的演习场,在那一刻,自古及今所有的亲人都同在,也昭告着一种永远的存在。

【标签】

颜渊;匡地之困;生;死;慎终追远

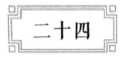

【原文】

季子然问:"仲由、冉求可谓大臣与?"子曰:"吾以子为异之问,曾由与求之问。所谓大臣者,以道事君,不可则止。今由与求也,可谓具臣矣。"

曰:"然则从之者与?"子曰:"弑父与君,亦不从也。"

【解义】

此一章书,见孔子沮①僭窃②、扶纲常③之深心④也。

季子然⑤是季氏子弟。

昔仲由、冉求为季氏家臣⑥。季子然问于孔子曰:夫子之门人若仲由、冉求者，其人品才识可谓大臣⑦与？（以陪臣⑧而拟⑨大臣，其僭甚矣！）

孔子答之曰：吾以子之问我，必有非常之人与非常⑩之事，今乃以由、求为问，亦非吾之所望于子者矣。且子以由、求为"大臣"，岂知大臣者邪？盖所谓大臣者，大以道耳。凡事皆以道佐其君，与百职事⑪之承顺⑫奔走者迥乎不同。如君之行合于道，则为之赞助⑬以成其美；如君之行不合于道，则为之匡救以补其阙⑭。务期引君于道而后已。如是人而信用之，则上而成就君德，下而利济⑮斯民，一德一心，可以复唐虞三代⑯之盛。使不加信用，而见有不可也，亦惟抱道⑰而退，必不枉道以为身辱也。大臣之为大臣，固如此。今由与求也，同为家臣，止可谓从政之具臣⑱而已，岂大臣之比乎？（此孔子抑二子，正所以折⑲季氏也。）

乃子然又问曰：二子既非大臣，则凡行事之际，亦唯唯⑳听命，而无所可否与？

孔子答曰：由、求虽不知大臣之道，然名分所在，则彼皆知之。使安常处顺㉑，彼从之可也；若不顾义理而犯天下之首恶，吾见其灼有定见，确有定守㉒，必不党同㉓以从人也。

盖季氏素有不臣之心，欲二子从己以助乱，故孔子阴折之。此僭窃之萌所以潜消㉔，而纲常之大，昭然而不可掩㉕也。

【注释】

①沮：阻止。

②僭窃：越分窃取。

③纲常："三纲五常"的简称。"三纲"是指"君为臣纲，父为子纲，夫为妻纲"，要求为臣、为子、为妻的必须绝对服从于君、父、夫，同时也要求君、父、夫为臣、子、妻做出表率。它反映了封建社会中君臣、父子、夫妇之间的一种特殊的道德关系。"五常"即仁、义、礼、智、信，是用以调整和规范君臣、父子、兄弟、夫妇、朋友等人伦关系的行为准则。

④深心：深远的心意或用心。

⑤季子然：张居正《四书直解》认为："季子然，是季孙意如之子。"《解义》因袭《直解》文意，但只讲"季子然是季氏子弟"，并不苟同。季孙意如，即季平子，鲁昭公时期季氏家族的掌权者，也是鲁国政权的操控者。

⑥家臣：春秋时各国卿大夫的臣属。

⑦大臣：德才俱佳的臣子。

⑧陪臣：臣属的臣属，此指诸侯的家臣。古代天子以诸侯为臣，诸侯

以大夫为臣，大夫又自有家臣。因之大夫对于天子，大夫之家臣对于诸侯，都是隔了一层的臣，即所谓"重臣"，因之都称为"陪臣"。

⑨拟：仿照。

⑩非常：非同寻常。

⑪百职事：百官。

⑫承顺：遵奉顺从。

⑬赞助：帮助，支持。

⑭阙：同"缺"。

⑮利济：救济，施恩泽。

⑯唐虞三代：唐指陶唐氏，尧出于该族；虞指有虞氏，舜出于该族。唐虞三代指尧、舜和夏（包括禹）、商、周三代。但从孔子的角度而言，三代断不能包含周代，故［泰伯第八·二十］中称"唐虞之际"而不指称三代。当然，《解义》是清人所作，应该是当时对先古圣明政治的惯用说法。

⑰抱道：持守正道。

⑱具臣：备位充数之臣。

⑲折：责难，指斥。

⑳唯唯：恭敬的应答声。

㉑安常处顺：安于时运而顺应自然。《庄子·养生主》："老聃死，秦失吊之，三号而出。弟子曰：'非夫子之友邪？'曰：'然。''然则吊焉若此可乎？'曰：'然。始也吾以为其人也，而今非也。向吾入而吊焉，有老者哭之，如哭其子；少者哭之，如哭其母。彼其所以会之，必有不蕲言而言，不蕲哭而哭者。是遁天倍情，忘其所受，古者谓之遁天之刑。适来，夫子时也；适去，夫子顺也。安时而处顺，哀乐不能入也，古者谓是帝之县解。'"（老聃死后，他的朋友秦失去吊丧，大哭三声便离开了。老聃的弟子问道："你不是我们老师的朋友吗？"秦失说："是的。"弟子们又问："那么吊唁朋友像这样，行吗？"秦失说："行。原来我认为你们跟随老师多年都是超脱物外的人了，现在看来并不是这样的。刚才我进入灵堂吊唁，有老年人在哭他，像父母般哭自己的孩子；有年轻人在哭他，像孩子般哭自己的父母。他们之所以会聚在这里，一定有人本不想说什么却情不自禁地诉说了什么，本不想哭泣却情不自禁地痛哭起来。如此喜生恶死是违反常理、背弃真情的，他们都忘掉了人是秉承于自然、受命于天的道理，古时候人们称这种做法就叫作背离自然的过失。应该来到世上，老聃就应时而生；当应该离开人世，老聃就顺理而死。能够安应时顺理，死生两忘，不为悲喜所动，古时候人们称之为自然的解脱，就好像解除了倒悬之苦。"）

㉒灼有定见，确有定守：有明确的见解和主张，并坚定地依照执行。灼，明白透彻。定见，明确的见解或主张。吕坤《呻吟语》："圣人于万事也，以无定体为定体，以无定用为定用，以无定见为定见，以无定守为定守。贤人有定体，有定用，有定见，有定守。故圣人为从心所欲，贤人为立身行己，自有法度。"

㉓党同：缔结同党，拉帮结派。

㉔潜消：暗中消除。

㉕掩：遮蔽。

【译文】

这一章，展现了孔子阻击僭越窃取名分的行迹来扶正伦理纲常的坚定意志。

季子然是季氏家族的子弟。

往昔仲由、冉求两个人都在季氏家族做臣子。季子然就问孔子说：夫子的门人之中，像仲由、冉求这样的，他们的人品和才识堪称重臣了吧？（把给大夫当臣子的说成是给诸侯当大臣的，明明是僭越之词！）

孔子回答他说：我以为您问我的，一定是事关重大、非同一般的人和事，原来只是问仲由、冉求这两个小子的事情，这与我对您的期望可不甚相符啊。而且，您把仲由和冉求都称作"大臣"，难道是不懂得什么叫大臣吗？所谓"大臣"，其"大"在于道（而非在于位）。无时无刻不都是根据大道来辅佐其主上，这与那些只是恭恭敬敬、跑来跑去办事的百官迥然不同。如果主上的行为合乎大道，就会予以支持襄助，以达成好的结果；如果主上的行为背离大道，就会予以匡扶纠正，以弥补其不足。总之是务必期待引导主上于正道才行。如果这个人被信任并使用，那么对上可以成就君主德业，对下可以有助于百姓，上下齐心同德，甚至可以达到唐虞三代那样的盛世。但如果不被予以信任和使用，一旦判断不可施展抱负，干脆就全身而退，以保持洁身自好，一定不辜负道业并招致身心之辱。大臣之所以能够称得上大臣，本就应该这样。现在仲由和冉求，都是季氏的家臣，只能算得上处理政务的职员而已，怎么能够把他们比作大臣呢？（孔子贬抑两个人，正是用来指斥季氏的僭越与狂妄。）

然而子然不明其意，仍然接着问道：两人既然不能称作大臣，那么，是不是做事都只是唯唯诺诺、低眉顺眼、逆来顺受呢？

孔子回答：二人虽然不懂得大臣的为臣之道，但对于名分礼节，都是有所了解的。如果说是主上安于规矩处事顺理，肯定是要听从的了；然而如果主上横行无忌，冒天下之大不韪的话，以我看他们做人还是很讲究原则和本分的，肯定不会阿附结党于其人的。

大概季氏本就有悖乱非分之想，希望仲、冉二人帮助自己兴风作浪，所以孔子借机来指斥他们。这样就在僭越非分的势力一开始就遭到迎头痛击而暗中化解，使纲常礼节得到宣扬，天理昭然。

【评析】

这真是一场机巧的对话：对弟子的评价竟也会被转换为表达政见的场域。在与当政者交流的时候，孔子的话往往语带机锋，借题发挥，并将话题引向当前政治问题的中心，有一种隔空打牛的强悍力量藏在其中。

【标签】

大臣之道；季子然；子路；冉求；季氏

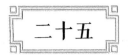

【原文】

子路使子羔为费宰。子曰："贼夫人之子。"
子路曰："有民人焉，有社稷焉，何必读书，然后为学？"
子曰："是故恶夫佞者。"

【解义】

此一章书，见学乃为政之本也。

子羔①，姓高，名柴，孔子弟子。

昔费邑②屡叛难治，子路曾为季氏家臣，因荐子羔为费邑之宰③，以子羔为人质朴④，可镇服⑤以弭⑥其乱也。不知子羔质虽美而未尝学问，将⑦内则妨于修己，外则妨于治人，爱之适所以害之也。故孔子曰"贼夫人之子"⑧，是深责子路之妄举也。

而子路不悟，乃强辞以应曰：费之中，有民人⑨焉可以治，有社稷⑩焉可以事，治之而求所以治之理，事之而尽所以事之道，此即学之大者，何必拘拘焉⑪从事诵读，然后谓之学哉？

子路此言盖与孔子之意左⑫矣，故孔子责之曰：凡人不论理之是非，情之当否，但以口辨⑬取胜，是我素所深恶而痛绝者也。今由也不揆⑭义理，而惟以口御人⑮，可无从⑯而自省乎？

古者学古入官，必先从事于学⑰，而后于修齐治平⑱之理，持之有本，而施之有渐。有天下国家之责者，诚不可不以典学⑲为要务也。

【注释】

①子羔：姓高名柴，字子羔，又称子皋、子高、季高，小孔子三十岁，卫国人，一说是齐国人。

②费邑：春秋时鲁国季氏的领地，今名山东费（音 fèi）县。费，古音 bì。

③宰：邑、县一级的地方行政长官。

④质朴：朴实淳厚。

⑤镇服：强使服从。

⑥弭：平息，安抚。

⑦将：连词。如果，假若。

⑧贼夫人之子：残害别人的孩子。

⑨民人：人民，百姓。

⑩社稷：社，土神。稷，谷神。社稷指祭祀土神和谷神的活动。

⑪拘拘焉：拘泥貌。

⑫左：相左，互相违异，不一致。

⑬口辨：同"口辩"，善辩。

⑭揆：度（duó），揣测。

⑮以口御人：即"御人以口"。[公冶长第五·五]：或曰："雍也仁而不佞。"子曰："焉用佞？御人以口给，屡憎于人。不知其仁，焉用佞？"（有人评价冉雍说："他宅心仁厚但不会表达。"夫子说："何必要口才呢？应对机敏，伶牙俐齿，滔滔不绝，往往会只让人心怀抵触，而且容易在不经意间得罪别人；冉雍仁与不仁且待另论，但所谓的口才就不需要了。"）

⑯无从：不依从。

⑰古者学古入官，必先从事于学：《尚书·周官》："王曰：'呜呼！凡我有官君子，钦乃攸司，慎乃出令，令出惟行，弗惟反。以公灭私，民其允怀。学古入官，议事以制，政乃不迷。其尔典常作之师，无以利口乱厥官。蓄疑败谋，怠忽荒政，不学墙面，莅事惟烦。戒尔卿士：功崇惟志，业广惟勤，惟克果断，乃罔后艰。位不期骄，禄不期侈。恭俭惟德，无载尔伪。作德，心逸日休；作伪，心劳日拙。居宠思危，罔不惟畏，弗畏入畏。推贤让能，庶官乃和，不和政厖（máng，杂乱）。举能其官，惟尔之

能。称匪其人，惟尔不任。'"（周成王说："哎呀！我所有的臣工诸君，要认真对待你们所管理的工作，慎重对待你们发布的命令。命令发出了就要推行，不能违反。要公正而消除私情，人民将会信服。先学古代法典再任职，议论政事依据法制，政事就不会错误。你们要把法典和常规作为法则，不要强词夺理扰乱政务。许多事务不根治而留下疑问，累积起来就会破坏大事，平时慵懒拖沓，累积起来就会废弃政事。不学习就像面墙而立，临事就会慌乱。请你们也告诉自己的手下：功高由于有志，业大由于勤劳。能够果敢决断，就不会留有后患。居官不当骄傲，享禄不当奢侈，谦虚和节俭是美德，千万不要行伪使诈。践行美德，就心理轻松而日趋完美；弄虚作假，就心思劳累而日复一日更加被动。身处尊宠时要想到危辱，无时不谨慎敬畏，如果不知敬畏，就很可能会进入可畏的境地。推贤让能，众官就会和谐；众官不和，政事就会复杂纷乱。推举之人能胜任的能力，也是你要具备的能力；如推举之人不胜任，则说明你也不胜任。"）

⑱修齐治平：指提高自身修为，管理好家庭，治理好国家，安抚天下百姓苍生的政治抱负。出自《礼记·大学》："古之欲明明德于天下者，先治其国；欲治其国者，先齐其家；欲齐其家者，先修其身；欲修其身者，先正其心；欲正其心者，先诚其意；欲诚其意者，先致其知；致知在格物。物格而后知至，知至而后意诚，意诚而后心正，心正而后身修，身修而后家齐，家齐而后国治，国治而后天下平。"出处及译文可详参本书［为政第二·十七］"格致诚正"词条注释。

⑲典学：勤奋于学。《尚书·兑命》："念终始典于学，厥德修罔觉。"（始终用心于学习，这样修养就会在不知不觉中提高。）

【译文】

这一章，说明学习是为政的根本。

子羔，即高柴，孔子的弟子。

往昔季氏领地费邑屡屡发生叛乱，难以治理，而子路曾经在季氏家族做过家臣，因此就推荐师弟子羔去主治费邑，或许这是因为他觉得子羔为人朴实淳厚，可以安抚当地百姓来平定叛乱。但他不知道为政者不仅需要品行好，而且还要具备治政的学问，如果缺乏这些必要的学问而贸然治政，不仅有碍于自我修为的提升，也将对治政造成不利，所以说是表面上爱惜子羔，实则是在坑害他。因此孔子说他是"贼害别人的孩子"，是深切责备子路的轻举妄动。

然而子路并未醒悟，继续强词夺理：费邑那里既有百姓可以治理，也有祭祀可以行事，在治理百姓的过程中自然就会探求到治政之理，举行祭祀的时候自然可以遵从应有之道，这不就是历练充实学问之道吗，何必只是拘泥于课本学习呢，难道只有那样才算是学习吗？

子路的这番话与孔子的意旨相违背，于是孔子责备他说：一般人常常不徇逻辑，不讲道理，只是伶牙俐齿，以口才取胜，然而这种情况正是我所深恶痛绝的。现在仲由却不仔细考虑，只想着凭借口才无理辩三分，可以不听从夫子教导而自我反省吗？

古代的人都是学习了古代的法典才能入仕做官的。一定要先进行学习，然后对于修齐治平的社会治理系统有根本性的把握和依据，并逐步施行。承担着整个国家责任的人，怎么能不把勤勉学习当作最重要的事呢？

【评析】

孔子曾经让弟子漆雕开出仕，漆雕开答复说："我对您的教诲还没有很好地掌握。"（不是对出仕没有信心，而是对自身的修为还不满意。）孔子因此反而很高兴。（见［公冶长第五·六］）于孔子而言，理想的政治是在完善的思想指导下的产物，即由仁而政，因学而仕。漆雕开的表态正与此相符，故深得孔子赞许；而子路的话仍然偏重于事功乃至于名利，为政而政，为仕而仕，且秉持庸见而执迷不悟，强词夺理，自然会招致孔子的批评。

《解义》化用了《尚书·周官》的内容（详见本章注⑰），虽看似不经意之笔，但周成王的这番训话，以王者身份充分肯定学以致用等多方面的为政"必备"，实堪后人深味和借鉴。

【标签】

学以致用；子路；子羔；《尚书》

（一）

【原文】

子路、曾晳、冉有、公西华侍坐。

子曰："以吾一日长乎尔，毋吾以也。居则曰：'不吾知也！'如或知尔，则何以哉？"

【解义】

此一章书,是见圣贤用世①必先考志也。

曾皙,名点,是曾参之父。

昔子路、曾皙、冉有、公西华侍坐②于孔子之侧,孔子欲观其志,乃谓之曰:人或拘于少长之分,而不罄③其所怀,故欲内考其心,不可不得也。今我与尔虽有一日之长④,但有怀必吐,毋以我长而不言也。且尔等平居⑤自念,则曰"吾之才识可为世用,但人莫知耳",如或有人知尔而用之,其将何所挟持⑥以副⑦其知邪❶?

此孔子欲观诸贤之志而裁成⑧之也。

【注释】

①用世:见用于世,为世所用。
②侍坐:在尊长近旁陪坐。
③罄:音 qìng,本义为器中空,引申为尽,用尽。
④一日之长:表示年龄稍大或资格较老。
⑤平居:平日,平素。
⑥挟持:抱持(志向、才能等)。
⑦副:相配,相称。
⑧裁成:犹栽培,谓教育而成就之。

【译文】

这一章是讲,圣贤想要有为于世,就要先考察其志向。

曾皙,名点,是曾参的父亲。

当时子路、曾皙、冉有、公西华陪在孔子旁边坐着,孔子想了解他们的志向,就跟他们说:人们往往拘泥于年龄辈分的差别,不敢坦露心志,所以很难交心。现在我比你们虽然年龄稍长,但你们可以尽情谈论,不要因为我在这里就拘束不言。而且你们平时自己念叨,会说"我才高八斗,但是可惜怀才不遇啊"之类的,如果真的有人了解你并想任用你,那么你将会抱持什么理想来应对这个知遇良机呢?

这是孔子想要探知众弟子的心志而加以栽培引导。

---

❶ 邪:摛藻堂四库全书荟要本(同武英殿刻本)作"耶"。

（二）

【原文】

子路率尔而对曰："千乘之国，摄乎大国之间，加之以师旅，因之以饥馑；由也为之，比及三年，可使有勇，且知方也。"
夫子哂之。

【解义】

此一节书，是子路之言志也。

时子路一闻孔子之言，遂不复退让，轻遽①而对曰：今有千乘之国②，兵赋③繁多，且管摄④乎大国之间，动多掣肘⑤，加之以师旅，而调发⑥不宁，因之以饥馑⑦而荒歉⑧不足，此固时势之难为者也。使由也当此而为之，外御强邻⑨，内养百姓，修政教，勤训练⑩，比及⑪三年之久，可以使民有勇，而且知亲上死长⑫之方⑬焉。是则由之志也。

孔子闻而哂⑭之，非哂其志之小，乃哂其言之轻也。

【注释】

①轻遽：轻率，直率。
②千乘之国：有兵车千辆的国家。古以一车四马为一乘（音 shèng）。一说：春秋时，指中等诸侯国。一说：战国时期诸侯国，小者称千乘，大者称万乘。（《汉语大词典》）因此其义应该根据具体语境来判断。根据下文（"方六七十里之小国"），此处应指中等诸侯国。
③兵赋：兵役税赋。
④管摄：管辖统摄。
⑤掣肘：从旁牵制。《吕氏春秋·具备》："宓子贱治亶父，恐鲁君之听谗人，而令己不得行其术也。将辞而行，请近吏二人于鲁君，与之俱至于亶父。邑吏皆朝，宓子贱令吏二人书。吏方将书，宓子贱从旁时掣摇其肘；吏书之不善，则宓子贱为之怒。吏甚患之，辞而请归……鲁君太息而叹曰：'宓子以此谏寡人之不肖也。'"
⑥调发：征调，征发。
⑦饥馑：灾荒。庄稼收成很差或颗粒无收。
⑧荒歉：荒年歉收。
⑨强邻：强大的邻国、邻地。隣，同"邻"。

⑩训练：教授并使之操练，以掌握军事纪律和技能。
⑪比及：等到。比，音 bì。
⑫亲上死长：为尊长效命。《孟子·梁惠王下》：邹与鲁哄。穆公问曰："吾有司死者三十三人，而民莫之死也。诛之，则不可胜诛；不诛，则疾视其长上之死而不救，如之何则可也？"孟子对曰："凶年饥岁，君之民老弱转乎沟壑，壮者散而之四方者，几千人矣；而君之仓廪实，府库充，有司莫以告，是上慢而残下也。曾子曰：'戒之戒之！出乎尔者，反乎尔者也。'夫民今而后得反之也。君无尤焉！君行仁政，斯民亲其上，死其长矣。"（邹国与鲁国交战。邹穆公对孟子说："我的官吏死了三十三个，百姓却没有一个为他们而牺牲的。杀他们吧，杀不了那么多；不杀他们吧，又实在恨他们眼睁睁地看着长官被杀而不去营救。到底怎么办才好呢？"孟子回答说："灾荒年岁，您的老百姓，年老体弱的弃尸于山沟，年轻力壮的四处逃荒，差不多有数千人吧；而您的粮仓里堆满粮食，货库里装满财宝，官吏们却从来不向您报告老百姓的情况，这是他们不关心老百姓并且还残害老百姓的表现。曾子说：'小心啊，小心啊！你怎样对待别人，别人也会怎样对待你。'现在就是老百姓报复他们的时候了。您不要归罪于老百姓吧！只要您施行仁政，老百姓自然就会亲近他们的官长，并肯为之尽忠效死。"）。
⑬方：义理，道理。
⑭哂：音 shěn，微笑。此处带有讥笑的意味。

【译文】

这一节，是子路谈论自己的志向。

当时子路一听到夫子的话，就不再谦让，马上直率地回答说：如果有个千乘级别的小国家，兵役赋税繁重，而且受大国挟制，行事动辄得咎，往往疲于征战，戎马倥偬，而往往荒年歉收民众饱尝饥馑之苦，这是时局和形势使然的困境。如果让我仲由在这种情境下去治理，对外抵御邻国强敌，对内蓄养人民百姓，修明政治教化，勤于教习训练民众，等到三年之后，就可以使民众勇武能战，而且懂得尽忠效命的道理。这是我仲由的志向。

孔子听后微微一笑，不是笑他志向小气，而是笑他说话比较随意。

（三）

【原文】

"求！尔何如？"

对曰:"方六七十,如五六十,求也为之,比及三年,可使足民。如其礼乐,以俟君子。"

【解义】

此一节书,是冉有之言志也。

当子路既对之后,于是问:求,尔之志何如?

冉求对曰:以求之志,不敢任千乘之国也。但方六七十里之小国,或五六十里之尤小者,使求也处此而为之,制田里①,教树畜①,轻徭薄赋②,开源节流③,比及三年之久,则仰事俯育④有其资,水旱凶荒⑤有其备,可使家给人足⑥,无冻馁⑦之虞⑧焉。如此者,亦但能使民不匮⑨耳。至若⑩民性易侈⑪,有礼以节之;民心易漓⑫,有乐以和之——则俟⑬夫才德兼全之君子,非求之所能也。

其言词谦退有如此。

【注释】

①制田里,教树畜:暗指以周制地官"遂人"的身份进行土地管理,引导民众进行耕种,以及征收赋税,分配资源,等等。详参《周礼·地官司徒第二·遂人》。

②轻徭薄赋:减轻徭役,降低赋税。

③开源节流:开发水源,节制水流。比喻增加收入,节省开支。

④仰事俯育:同"仰事俯畜"。上要侍奉父母,下要养活妻儿,泛指维持一家生活。《孟子·梁惠王上》:"无恒产而有恒心者,惟士为能。若民,则无恒产,因无恒心。苟无恒心,放辟邪侈,无不为已。及陷于罪,然后从而刑之,是罔民也。焉有仁人在位,罔民而可为也?是故明君制民之产,必使仰足以事父母,俯足以畜妻子,乐岁终身饱,凶年免于死亡。然后驱而之善,故民之从之也轻。今也制民之产,仰不足以事父母,俯不足以畜妻子,乐岁终身苦,凶年不免于死亡。此惟救死而恐不赡,奚暇治礼义哉?王欲行之,则盍反其本矣。五亩之宅,树之以桑,五十者可以衣帛矣;鸡豚狗彘之畜,无失其时,七十者可以食肉矣;百亩之田,勿夺其时,八口之家可以无饥矣;谨庠序之教,申之以孝悌之义,颁白者不负戴于道路矣。老者衣帛食肉,黎民不饥不寒,然而不王者,未之有也。"(没有固定的产业,却有稳定不变的思想,只有士人能做到。至于百姓,没有固定的产业,随之就没有稳定不变的思想。如果没有稳定不变的思想,就因极其自私而胡作非为,坏事做绝。等到犯了罪,然后就用刑法处置他们,这就像是布

下罗网坑害百姓。哪有仁人做了君主就用这种方法治理的呢？所以，贤明的君主制定产业政策，一定要让他们上足以赡养父母，下足以抚养妻子儿女；好年成丰衣足食，坏年成也不致饿死。然后督促他们走善良的道路，老百姓也就很容易听从了。现在各国的国君制定老百姓的产业政策，上不足以赡养父母，下不足以抚养妻子儿女；好年成尚且艰难困苦，坏年成更是性命难保。到了这个地步，老百姓连保命都恐怕来不及哩，哪里还有什么工夫来修习礼仪呢？大王如果想施行仁政王道，为什么不从根本上做起呢？在五亩大的宅地上种植桑树，五十岁以上的老人都可以穿上丝绵衣服了；依照时令饲养鸡、狗、猪等家禽家畜，七十岁以上的老人都可以有肉吃了；种好百亩良田，不在农忙季节干扰生产，八口人的家庭都可以吃得饱饱的了；认真地兴办学校，用孝顺父母尊敬兄长的道理反复教导学生，头发斑白的人也就不会在路上负重行走了。老年人有衣穿，有肉吃，一般老百姓也吃得饱，穿得暖，这样还不能使天下归服，是从来没有过的。）

⑤凶荒：荒灾。

⑥家给人足：同"人给家足"，家家富裕，人人饱暖。

⑦冻馁：饥寒交迫。《孟子·尽心上》："不暖不饱，谓之冻馁。"

⑧虞：忧虑。

⑨匮：音kuì，缺乏。

⑩至若：连词。表示另提一事。

⑪侈：邪行。

⑫漓：浇漓，浇薄，淡薄。

⑬俟：音sì，等待。

【译文】

这一节，是冉有谈论自己的志向。

当子路回应了孔子的要求后，于是孔子继续问：冉求，你的志向是怎样的呢？

冉求回答说：依我冉求的志向，不敢承担千乘之国这样规模的治理。但如果是六七十里见方的小国家，或者更小的五六十里见方那样的，如果让我在这样的国家任职，管理农业生产，教授植树养畜，减轻徭役，降低赋税，增加收入，节省开支，三年之后，可以做到物资充备，使百姓老小能够养活，可以应对水旱灾荒，使家庭给养充足，没有挨饿受冻的忧患。能够做到这样，也就是让百姓能够不缺乏必备的物资。而像那种以礼乐教化百姓，使其人心向善，移风易俗的工作，恐怕要仰赖德才兼备的君子才能做到，这不是我冉求能够做到的。

他的言辞就是这样谦虚。

（四）

【原文】

"赤，尔何如？"

对曰："非曰能之，愿学焉。宗庙之事，如会同，端章甫，愿为小相焉。"

【解义】

此一节书，是公西华①之言志也。

当冉有既对之后，于是又问：赤，尔之志何如？

赤对曰：礼乐之事，非敢曰我即能之也，但礼乐不可斯须去身②，惟愿于此而学之，如彼宗庙有祭祀之事，邻邦有会同③之事，皆礼之所在也。赤则服礼服，冠礼冠，愿为赞礼之小相④焉，于时序其仪节⑤，使君无失礼于宗庙；审其应对⑥，使君无失礼于诸侯。是赤之志也。

其言辞谦退又如此。

【注释】

①公西华：公西赤（前509或前519—？），字子华，又称"公西华"，孔子弟子，小孔子四十二岁。

②礼乐不可斯须去身：《礼记·乐记》："君子曰：礼乐不可斯须去身。致乐以治心，则易直子谅之心油然生矣。易直子谅之心生则乐，乐则安，安则久，久则天，天则神。天则不言而信，神则不怒而威，致乐以治心者也。致礼以治躬则庄敬，庄敬则严威。心中斯须不和不乐，而鄙诈之心入之矣，外貌斯须不庄不敬，而易慢之心入之矣。故乐也者，动于内者也；礼也者，动于外者也。乐极和，礼极顺。内和而外顺，则民瞻其颜色而弗与争也，望其容貌而民不生易慢焉。故德辉动于内，而民莫不承听，理发诸外，而民莫不承顺。故曰：致礼乐之道，举而错之，天下无难矣。"（君子说："礼乐不可片刻离身。深刻体会乐的作用并用以陶冶内心，平易正直慈爱诚信的心就会自然而然地产生。有了平易正直慈爱诚信之心就自然感到快乐，感到快乐就会心神安宁，心神安宁就会生命长久，久而久之就会被人信之如天，畏之如神。这就有如天虽不言，而四季的交替从不失信；

神虽不怒，而人人敬畏其威。这就是深刻体会乐的作用从而陶冶内心的结果。深刻体会礼的作用并用来整饬自身的外貌，就会给人以庄重恭敬之感，这种庄重恭敬之感又会使人感到威严。如果内心有片刻的不和不乐，卑鄙诈伪的念头就会乘隙而入；如果外貌有片刻的不庄不敬，轻易怠慢的心志就会乘隙而入。所以说，乐这个东西，是影响人的内心的；礼这个东西，是影响人的外貌的。乐追求的目标在于和，礼追求的目标在于顺。内心和悦而外貌恭顺，那么民众只要看到他的脸色就不会与他相争了，只要望见他的容貌就不敢有轻慢的念头了。由此可见，面色和善发自内心而民众莫不乐于听从，容貌庄敬展现于外而民众莫不乐于顺从。所以说：深刻的体会礼乐之道，并将它用来治理天下，就没有什么难办的事情了。")

③会同：古代诸侯朝见天子或互相见面的通称。

④赞礼之小相：小相，傧相（亦称"摈相"）的谦称。出接宾曰摈，入赞礼曰相。赞礼，举行典礼时司仪宣唱仪节，叫人行礼。可详参本书［乡党第十·三］"摈相"词条注释。

⑤于时序其仪节：到时候来引导宾客行使礼节。序，谓按次序区分、排列。《诗经·大雅·行苇》："序宾以贤。"《周礼·春官·肆师》："以岁时序其祭祀。"郑玄注："序，第次其先后大小。"

⑥应对：酬对，对答。

【译文】

这一节，是公西赤谈论自己的志向。

在冉有回答孔子的问题之后，孔子又问公西赤：你的志向是怎样的呢？

公西赤回答说：礼乐这种高层次的活动，我还谈不上掌握，但毕竟礼乐不能片刻离身，我只希望通过实操来深入学习，就像在宗庙里祭祀，或者与他国会见，都是对礼的演习。那我呢，就身穿礼服，头戴礼冠，希望能够成为辅助君主行礼的傧相，到时候能够按程序引导君主行使礼仪，使其在宗庙祭祀的时候不失礼；也能够提醒君主审慎应答酬对，使其在与诸侯会见的时候不失礼。这是我公西赤的志向。

他的言辞也是如此谦虚。

（五）

【原文】

"点，尔何如？"

鼓瑟希，铿尔，舍瑟而作，对曰："异乎三子者之撰。"

子曰："何伤乎？亦各言其志也。"

曰："莫春者，春服既成，冠者五六人，童子六七人，浴乎沂，风乎舞雩，咏而归。"

夫子喟然叹曰："吾与点也！"

【解义】

此一节书，是曾晳①之言志也。

三子之言既毕，于是问：点，尔之志何如？

盖三子言志之时，点正在鼓瑟，至是方阕②，而余音犹铿尔③可听也。迨④承孔子之问，乃舍瑟而作⑤，进而对曰：点之为志，与三子之所具不同也。

孔子曰：志虽不同，庸何伤⑥乎？亦各言其志之所在，正不必同也。

点乃曰：点之所志，原无需于异日，而正不外乎目前，即如今莫春⑦者，天地之气甚和，足以适怀⑧，单袷之服⑨既成，足以适体⑩，因而偕⑪我同志⑫，冠者⑬五六人焉，童子六七人焉，少长咸集⑭，薄言⑮出游，或相浴于沂水之温泉，或乘风⑯于舞雩⑰之高爽，乘兴而往，适兴而止⑱，此唱彼和，相与歌咏而归焉。是则点之志，如此而已，他⑲何慕焉？

孔子乃有契⑳于心，喟然㉑而叹曰：吾与㉒点也！盖喜其有民胞物与㉓之量❶，果不同于三子也。

【注释】

①曾晳：曾点（生卒年不详），字晳，又称曾晳、曾晰、曾蒧（音 diǎn）。曾子（曾参）之父，孔子弟子，小孔子六岁。

②阕：停止，终了。

③铿尔：象声词。形容金、石、玉、木等所发出的洪亮声。

④迨：等到。

⑤作：站起来。

⑥庸何伤乎：即"何用伤乎"，有什么关系呢。庸，同"用"。

⑦莫春：暮春。

⑧适怀：使心情舒适。

---

❶ 量：摛藻堂四库全书荟要本（同武英殿刻本）作"象"。一般作"民胞物与之量"。

⑨单袷之服：单衣，薄衣。袷，音 jiá，古代交叠于胸前的衣领。

⑩适体：使身体舒适。

⑪偕：共同，在一起。

⑫同志：志趣相同的人。

⑬冠者：戴冠者，即成年人。周制，男子二十岁行冠礼。

⑭少长咸集：年轻的年长的都聚集在一起，形容参加的人很多。王羲之《兰亭集序》："群贤毕至，少长咸集。"

⑮薄言：急急忙忙的样子。《诗经·周南·芣苢》："采采芣苢，薄言采之。"高亨注："薄，急急忙忙。言，读为焉或然。"

⑯乘风：驾着风，凭借风力。

⑰舞雩：古代求雨时举行的伴有乐舞的祭祀。此指舞雩用的台子。雩，音 yú，古代为求雨而举行的祭祀。

⑱乘兴而往，适兴而止：趁着兴致做事，没有兴致便停止，表现随意自我、洒脱不羁的情志。《世说新语·任诞》："王子猷居山阴，夜大雪，眠觉，开室命酌酒，四望皎然。因起彷徨，咏左思《招隐诗》。忽忆戴安道。时戴在剡，即便夜乘小舟就之。经宿方至，造门不前而返。人问其故，王曰：'吾本乘兴而行，兴尽而返，何必见戴？'"

⑲他：其他的。

⑳契：相合，相投。

㉑喟然：感叹、叹息貌。

㉒与：赞同。

㉓民胞物与：民为同胞，物为同类，泛指爱人和一切物类。与，同类。北宋张载《西铭》："民吾同胞，物吾与也。"

【译文】

这一节，是曾点谈论自己的志向。

子路、冉有和公西赤三个人都已经说完，于是孔子问曾点：你的志向是怎样的呢？

大概三个人在谈论志向的时候，曾点只是在鼓瑟，现在正好结束，而瑟声仍然余音绕梁。到孔子问他的时候，就马上放下瑟，站起身，走到前面回答说：我的志向，与三位有所不同。

孔子说：志向不同，又有什么关系？正是因为谈论自己个人的志向，所以本就应该有所不同。

曾点于是说：我的志向，并不需要假设，就说说当下好了，就像今天这样的暮春时节，天地之气和畅，足以怡情适意，而当季的单衣已经做好，正好合体，穿着舒适，因此就邀集志同道合者，也就是那么五六个人，再带上六七个孩童，老少一起出动，匆匆赶着踏春出游，要么是到沂水边泡个温泉，要么到舞雩台上兜兜风，兴起而往，兴尽而归，彼此唱和，边走边唱，高高兴兴地就回来了。这就是我的志向，如此而已，其他的也没有什么值得羡慕的了。

这正契合孔子的心意，因此他感叹道：我赞同曾点啊！大概是因为曾点所言正是民胞物与的仁爱之心志，果然与那三个人有所不同。

（六）

【原文】

三子者出，曾皙后。曾皙曰："夫三子者之言何如？"

子曰："亦各言其志也已矣。"

曰："夫子何哂由也？"

曰："为国以礼，其言不让，是故哂之。"

"唯求则非邦也与？"

"安见方六七十如五六十而非邦也者？"

"唯赤则非邦也与？"

"宗庙会同，非诸侯而何？赤也为之小，孰能为之大？"

【解义】

此五节书，是曾皙质①三子之言志也。

时三子既罄所怀，于是皆出，而唯曾皙独后。乃问于孔子曰：适三子之所言者，其是非得失何如乎？

孔子曰：三子之言虽有不同，要②不过各言其志之所存，固非夸大而无实也。

点又问曰：三子既各言志，而夫子之独哂由，何与③？

孔子曰：凡为国者，必以礼为先④，而后上下不争，各安其分，而国可治。今由之言辞急遽，有失逊让，是以哂之耳。

点又问曰：冉求志在足民⑤，其所治者亦必一国之民也，岂方六七十，如五六十之小⑥，而即谓非邦也与？

孔子曰：国有大小，其为邦则一也。安见百里者即为邦，而六七十、五六十者，遂非先王分茅胙土⑦之邦也者？

点又问曰：赤之志虽在礼乐，而所愿者则不过小相，岂赤之所为者，亦非邦也与？

孔子曰：宗庙以享亲⑧，会同以睦邻⑨，皆诸侯之事。赤之志既在此，谓非诸侯而何？且赤之所云小相者，特自谦耳。倘以赤之娴于礼乐而为之小，亦孰能出于其右而为之大乎？

观求与赤之所志，同是为邦，则孔子之哂由者，可无再问而自明矣。

要之，圣贤之学，务因时处中⑩，随在⑪各足。虽功盖天壤⑫，总无加于性分⑬之外，原无所容其矜张⑭也。所以才具⑮虽足以用世⑯，而尤必涵育⑰于中和⑱。观圣人许点哂由，其造就之方不更悠然可见⑲与？

【注释】

①质：问明，辨别。

②要：应该。

③与：同"欤"，语气词。

④凡为国者，必以礼为先：[里仁第四·十三]：子曰："能以礼让为国乎？何有？不能以礼让为国，如礼何？"（夫子说："如果任何行动仅仅以利益为旨归，容易产生社会的不平衡，人们怨声载道。而如果能够以礼制来运作这个社会，就会很顺利；但如果不能充分利用礼制，那么礼制被用来做了什么呢，难道只是一种摆设吗？"）为国，治国。

⑤足民：即"富民"。

⑥如五六十之小：或者五六十里见方那样的小地方。如，或者。

⑦分茅胙土：同"分茅列土"，分封侯位和土地。古时天子分封诸侯，用白茅包些土给他们，表示分封土地。

⑧享亲：把祭品、珍品献给祖先。

⑨睦邻：与邻国或邻家和睦相处。

⑩因时处中：顺应时势而抱持中庸之道。

⑪随在：随处，随地。

⑫功盖天壤：功劳天下第一。

⑬性分：天性，本性。

⑭矜张：夸张。

⑮才具：才能。

⑯用世：见用于世，为世所用。

⑰涵育：涵养化育。

⑱中和：中庸之道的主要内涵。儒家认为能"致中和"（《礼记·中

庸》），则天地万物均能各得其所，达于和谐境界。详参本书［述而第七·三十八］同名词条注释。

⑲悠然可见：随意可见。悠然，闲适的样子。陶潜《饮酒》诗之五："采菊东篱下，悠然见南山。"

【译文】

这第五节，是曾点问明孔子如何看待三个人的志向。

当时三个人既然已经尽情谈抒其志向，于是就离开了，只有曾点留在后面没有走。于是他向孔子请教：刚才三个人所说的，应该怎么看待呢？

孔子说：三个人所说的虽然不一样，但应该也是其内心志向所在，并没有夸大不实的言辞。

曾点又问：三个人都是谈论自己的志向，夫子独独哂笑仲由，为什么呢？

孔子回答说：治理国家，首先要遵从礼制，然后君臣上下不争名利，各自安于本分，然后国家才能得到治理。而现在仲由的言辞急遽，轻率不逊，不符合礼节，所以我哂笑他。

曾点又问道：冉求的志向是使民众富足，也是治理一国的民众啊，难道六七十里见方，或者五六十里见方的小地方，就不是邦国了吗？

孔子回答说：国土有大有小，但都也是邦国。百里见方是邦国，六七十、五六十见方的，难道不也是先王分封的邦国吗？

曾点接着问道：公西赤的志向虽然在于礼乐，而他渴望的职位不过是助祭助礼的傧相，难道他所想作为的，不也是治理邦国吗？

孔子回答说：在宗庙祭祀时祭献祖先，在国际交往中睦邻友好，都是诸侯要做的事情。公西赤既然有志于此，不是志在诸侯，又是什么呢？而他所谓的担任傧相，只不过是自谦罢了。如果像他这样娴熟于礼乐者只算是小打小闹，恐怕就没有人能超过他，做更大的事情了。

观察冉求和公西赤的志向，都是治理邦国，那么孔子为什么哂笑仲由，就不问自明了。

总而言之，圣贤的学问，务必要顺应时势而又持守中庸之道，随时随地都能够充实自足。即便是功盖天地，但总不过是秉持本性来做，不容许半分矜夸张扬。虽然满怀才干足以为世所用，也必须以中和之道进行涵养化育。我们看孔圣人赞许曾点而哂笑仲由的事情，其培育学生的方法不是在不经意间就见到了吗？

【评析】

关于本章，相关讨论往往聚焦于孔子为何赞同曾点所谈论的志向；而《解义》关注的重点，则是对子路、冉有和公西赤三个人才干及志向的分析，认为他们都有经国之志，只是冉有和公西赤的表达比较含蓄自谦，而子路的表达较为直白轻率。所以，这一番讨论，通过三个层次来进行分析和比较：第一层，是在冉有和公西赤之间，谈治国理政，礼乐重于实政；第二层，是在子路与冉有、公西赤二人之间，礼让的态度大于实干的才能；第三层，是在曾点与子路、冉有、公西赤三人之间，态度先于理念，生活的状态大于治政的理想。

这种师徒之间的讨论，大概便是孔夫子给弟子们授课的常态。其间有问有答，共同探讨关乎社会理想、人生要义之类的命题，虽然参与人数仅有寥寥五人，没有讲坛道场，也没有围观人群，论说也只是三言两语，实际上却关涉孔门代表性的为政理想，影响极其深远而成千古美谈。

其实联系［公冶长第五·二十六］中师徒间的讨论，我们不难发现这两章异曲同工，都是在谈人生理想，而且不约而同地谈到政治理想，而其中最大的分歧是，弟子往往谈到的是希望获得施政的机会和政治抱负，而孔夫子更注重理想政治的结果。虽然一为政治理想实现的途径，一为政治理想呈现的状态，两者本质上是一样的，但是就孔夫子而言，一定要明确这个终极目的，哪怕弟子们胸怀大志且各具禀赋，也只有忠信笃敬，淡泊名利，不驰于空想，不骛于虚声，真正做到奉公为民，这才是仁者的事业和境界。即使是最正确的理念，如果不是真真正正落实到百姓的福祉之上，使百姓能够安居乐业，老安少怀，让人之为人的生存和尊严得到维护，就只能是口号和空话，而不足谓"理想"二字。

所以，孔子只一句"吾与点也"，便轻淡而又清晰地表明了观点。然而孔子到底为什么在现场认同曾点而对三人基本没有表态呢？三子没有问，不知道他们明白否也。

【标签】

为政；子路；曾皙；冉有；公西华

颜渊第十二

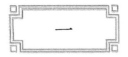

【原文】

颜渊问仁。子曰："克己复礼为仁。一日克己复礼，天下归仁焉。为仁由己，而由人乎哉？"

颜渊曰："请问其目。"子曰："非礼勿视，非礼勿听，非礼勿言，非礼勿动。"

颜渊曰："回虽不敏，请事斯语矣。"

【解义】

此一章书，是孔门治心之实学也。

为学莫切于求仁，故颜渊以仁为问，盖欲得仁之本体①而从事也。

孔子曰：仁者，心之全德②，莫可名言③。存乎人者，天理当然之则，谓之礼④；人心私欲之累，谓之己。为仁者，但能克⑤去己私，复还天理，即此是仁，原无俟⑥乎他求也。此理人所同具，但多习而不觉⑦耳。果能于一日之间克己以复礼，则天下虽大，遂莫不翕然⑧称许其仁焉。其效之大而速者盖如此。夫事之由己者易，由人者难，今之为克为复，止尽其在我者而已，岂借资⑨于外而由人乎哉？

于是❶，颜渊闻"克""复"之训，有会于心，而直问"克""复"之目，盖欲实用其力而不复疑也。

孔子曰：凡人欲心胜者，应物⑩之际多不合于礼，必也制于未发之初，谨于将动之始：视必以礼，非礼则勿视；听必以礼，非礼则勿听；言必以礼，非礼则勿言；动必以礼，非礼则勿动。盖视、听、言、动之非礼者，己也；勿视、勿听、勿言、勿动者，克己也。己克则礼复，而仁不在是乎？此所谓克己复礼为仁也。

颜渊一闻此言，自觉求仁之功实有可据，乃直任⑪之曰：回虽不敏，而夫子之教则确可循也。请从事于心，务于视、听、言、动之间自克而自复焉，岂敢自诿⑫以负夫子之教哉？

要之，为己、为礼，即人心、道心之说⑬也。苟随时省察，则人心自

---

❶ 是：摘藻堂四库全书荟要本（同武英殿刻本）作"时"。

去，道心自全，于以仁覆天下⑭，亦何难之有哉？

【注释】

①本体：形成现象的根本实体；根本原则。

②仁者，心之全德：仁，是人之本心就具有的至德。全德，至德，完美的道德。朱熹《论语集注》释本章"克己复礼为仁"："仁者，本心之全德。克，胜也。己，谓身之私欲也。复，反也。礼者，天理之节文也。为仁者，所以全其心之德也。盖心之全德，莫非天理，而亦不能不坏于人欲。故为仁者必有以胜私欲而复于礼，则事皆天理，而本心之德复全于我矣。归，犹与也。又言一日克己复礼，则天下之人皆与其仁，极言其效之甚速而至大也。又言为仁由己而非他人所能预，又见其机之在我而无难也。日日克之，不以为难，则私欲净尽，天理流行，而仁不可胜用矣。"

③名言：命名和言说。

④存乎人者，天理当然之则，谓之礼：朱熹《论语集注》注〔学而第一·十二〕："礼者，天理之节文，人事之仪则也。"

⑤克：克制。

⑥俟：音sì，等待。

⑦多习而不觉：《孟子·尽心上》："孟子曰：'行之而不著焉，习矣而不察焉，终身由之而不知其道者，众也。'"（孟子说："做了而不明白，习惯了而不觉察，一辈子走这条路，却不知道那是条什么路，这种人是一般的人。"）

⑧翕然：一致貌。

⑨借资：借助，凭借。

⑩应物：待人接物。

⑪直任：直接承担，直接承诺。

⑫诿：音wěi，推托，推诿。

⑬人心、道心之说：《尚书·大禹谟》："人心惟危，道心惟微，惟精惟一，允执厥中。"（人的欲念芜杂而有危害，而道的内涵是精微至极的，只有体察道的精微并始终如一地遵守，如此才是实实在在地秉承那不偏不倚的中和之道。）道心，即合乎道德标准之心。人心，指和各种物欲相联系之心。程颢以天理与人欲来解释道心、人心。"人心惟危，人欲也；道心惟微，天理也。"（《二程遗书》卷十一）朱熹做了进一步发挥："此心之灵，其觉于理者，道心也；其觉于欲者，人心也。"（《答郑子上》）认为人本身具有道心和人心，"道心是义理上发出来底，人心是人身上出来底，虽圣人

不能无人心"(《朱子语类》卷七八)。道心"源于性命之正",即纲常伦理,是很微妙的;人心"生于形气之私",与物欲联系,是很危险的。道心必须永远支配人心,"必使道心常为一身之主,而人心每听命焉"。(《四书章句集注》)要求人们的思想绝对遵守伦理道德的准则。陆王学派从"心即理"出发,强调"发明本心",反对以天理、人欲来分道心、人心。陆九渊说:"心一也,人安有二心?"(《象山先生全集·语录上》)明王阳明认为:"心一也,未杂于人谓之道心,杂以人伪调之人心。人心之得其正者即道心,道心之失其正者即人心,初非有二心也。"(《传习录》)

⑭仁覆天下:仁政是仁爱之心能够推行于天下并获得良好效应的必然途径。《孟子·离娄上》:孟子曰:"离娄之明,公输子之巧,不以规矩,不能成方圆。师旷之聪,不以六律,不能正五音。尧舜之道,不以仁政,不能平治天下。今有仁心仁闻,而民不被其泽,不可法于后世者,不行先王之道也。故曰:徒善不足以为政,徒法不足以自行。《诗》云:'不愆不忘,率由旧章。'遵先王之法而过者,未之有也。圣人既竭目力焉,继之以规矩准绳,以为方圆平直,不可胜用也;既竭目力焉,继之以六律正五音,不可胜用也;既竭心思焉,继之以不忍人之政,而仁覆天下矣。"[孟子说:"离娄视力好,公输班技巧高,但如果不使用圆规曲尺,也不能画出标准的方和圆;以师旷之耳力聪敏,但如果不依据六律,也不能校正五音;虽有尧舜之道,如果不遵行仁政之法,也不能使天下太平。如今有些国君虽有仁爱之心、仁慈之名,但老百姓却不能沐浴他们的恩泽,也不能被后世所效法,就是因为他们不实行先王之道的缘故。所以说:'仅有善心不足以用来治理好国政,仅有法度不能使之有效实施。'《诗经·大雅·假乐》说:'不愆不忘,率由旧章。'(不违背,也不遗忘,一切都按先王之典章。)遵循先王的法度而犯错误的,还从来没有过。圣人已然竭尽了视力,用圆规、曲尺、水准和墨线等来制作各种方圆平直的器具,使其用之不尽;已然竭尽了听力,用六律来校正五音,使其可以无穷应用;已然殚精竭虑,推行富有同情心的政治,使仁政足以普惠天下。"]

【译文】

这一章所展示的,是孔门修养思想品德的实际学问。

做学问最迫切的就是求得仁道,而颜渊急于问仁,大概是想探求仁道的根本并予以身体力行。

孔子说:仁,是人之本心就具有的至德,但不可名状。在人身上,依照天理所理所应当遵循的,就是"礼";人心私欲的累积,就是"己"。为仁，就是要能克除私心欲望，回归天理本真，这就是"仁"了，本无须从他处寻找。这个道理对每个人来说都一样，只是人们在认知上已经麻木不觉罢了。如果能够在一天当中做到克制私心欲念而回归天理应然，即便是天下这么大，也无不被人一致称颂为仁了。其效验就是如此广泛而且快速。做事从自身来做就容易很多，从他人身上来做就比较困难，现在让你"克"让你"复"，只是完全在于"我"而已，根本不需要借助于外力而受制于人。

在这种情况下，颜渊听到孔子关于"克""复"的训导，心领神会，内心没有任何疑问而想要马上用力去做，于是直接询问"克""复"的实践纲目。

孔子告诉他：凡是欲念强烈的人，待人接物的时候就往往不会依礼而为，所以一定要在控制私欲于未发，谨慎于杂念之将动：看的时候要依照礼，不看非礼的东西；听的时候要依照礼，不听非礼的东西；说的时候要依照礼，不说非礼的东西；动的时候要依照礼，不做非礼的事情。大概看、听、说、做之不合礼，是私欲使然；而不看、不听、不说、不做，就是克除私欲。私欲克除了，自然礼就回归了，仁也就显现了。这就是所谓的"克己复礼为仁"。

颜渊一听到这番话，觉得追求仁道有可操作性可言了，就径直表示：我颜回虽然不够敏捷，然而夫子的教诲的确值得遵循。因此我愿意从心而行，务求在看、听、说、做的时候做到自我克制而自我复礼，岂敢自我推诿而辜负夫子的教诲呢？

总而言之，是放纵欲望、自私自利，还是克己复礼、为仁为道，其实就是"人心惟危，道心惟微"的意思。只有随时保持对内心的省察，才能祛除私欲而顾全道德，这样使仁道遍及天下，又有什么困难呢？

【评析】

克己复礼，是君子所为。所谓君子，是谓成人。所谓成人，是个人生命价值自觉者；自觉以自成，是谓成人。个人生命价值如何自觉？即以个人价值与天地宇宙价值相汇通，以个体之我汇通天地之我。何以汇通天地、连接宇宙，克己复礼而已。一日克己复礼，即为实现天地价值之仁道矣。

故视听言动必依礼者，乃欲自觉以成君子之道者也，为夫子启迪高徒颜回，予以明成人为仁之道，非普通人之可知、可为者也。后人言礼教"杀人"，概一为社会滥用礼数，一为为人而不仁。人而不仁，如礼何，如乐何？

又，笔者曾言："我们说孔子是一个理想主义者，然而其构建的'理想国'的基石并非柏拉图的那一整套城邦制度下缺乏个性的个体，而是通过塑造君子人格，构建'理想人'，培养理想社会最为需要的个体成员和精神主体开始，因此这样的理想主义又具有很强的可操作性和可持续性。"（见[泰伯第八·十三]"评析"部分）对于这一点，萧公权先生则有更为精湛之论述：

孔子思想创新之要点，简言之，在以完成人格为政治最高之目的。孔子思想之起点，在假定一具有完全美善人格之君子（圣人，仁者）。君子本其固有之仁心，推其一己之至善，以及于人，使天下皆得成为君子，则行道之目的完全达到，然行道之程序必由近以及远。君子必先修身。道备于己，然后齐家、治国以迄于平天下之理想，故在孔子思想之中，个人与社会完全贯通，毫无间隔。个人之仁心为政治之起点，天下归仁为政治之终极。❶

始于人人之为仁人君子，而成于天下之为仁政王道，人在政治中，既是初始，又是桥梁，终是旨归，政治与人始终"不隔"而为一，这是多么简单而美好的构画啊！

【标签】

颜渊；克己复礼；天下归仁；仁覆天下；视听言动

【原文】

仲弓问仁。子曰："出门如见大宾，使民如承大祭。己所不欲，勿施于人。在邦无怨，在家无怨。"

仲弓曰："雍虽不敏，请事斯语矣。"

【解义】

此一章书，是以省心①为仁也。

---

❶ 萧公权：《中国政治思想史》，商务印书馆2011年版，第881-882页。

昔仲弓②问仁于孔子。

孔子曰：仁存于心，不外敬、恕二者而已——

凡人见大宾③时，无不肃然起敬，至出门之顷④，则易忽也。若心不敢肆，即一出门，而俨然⑤尊贵在前，如大宾之是见焉，则无一时之敢忽可知也。人承大祭⑥时，无不恪恭⑦致敬⑧，至使民之时则易慢也。若心不敢放，即一使民而宛然天祖⑨式临⑩，如大祭之是承焉，则无一事之敢慢可知也。此敬之至也。

又以见宾、承祭之心而体勘⑪于人己之间：凡人以非礼加诸我，是己所不欲也；己所不欲而即不以施于人，此恕之至也。如是存心⑫敬恕，则凡身之所处，或内或外，皆吾考证之地矣。若能外而上下相安，在邦无怨；内而宗族相悦，在家无怨——是无在⑬非敬恕之征验⑭，即无在非敬恕之流通⑮也，而宁不谓之仁乎？

故仲弓直任⑯之曰：雍虽不敏，而夫子之语则确有所据也，请自尽其敬恕之功以考⑰"无怨"之效，敢不黾勉⑱以副⑲明训⑳哉！

要之，仁存于心，有物蔽之而即昏，惟是时时体认㉑，敬以立其体，而恕以达其用。此天德㉒之所以常存，而身世㉓之所以咸善也与！

【注释】

①省心：内心自省。

②仲弓：冉雍，字仲弓，生于公元前522年（一说生于公元前531年），卒年不详，春秋末期鲁国人。冉雍在孔门弟子中以德行著称，孔子对其有"雍也可使南面"之誉。

③大宾：泛指国宾。

④出门之顷：出门的那一刻。

⑤俨然：宛然，仿佛。

⑥大祭：古代重大祭祀之称，包括天地之祭、禘祫之祭等。

⑦恪恭：恭谨，恭敬。

⑧致敬：犹致祭。祭必诚敬，故称。

⑨天祖：天神或祖先。他们是致祭的主要对象。

⑩式临：降临。式，副词，用于下对上或平辈之间，表示尊敬。

⑪体勘：探察。

⑫存心：保持心中先天固有善性。儒家以之为重要的自我修养方法。语出《孟子·尽心上》："存其心，养其性，所以事天也。"可详参本书[学而第一·三]同名词条注释。

⑬无在：无时无处。
⑭征验：证实。
⑮流通：流转通行，不停滞。
⑯直任：直接承担，直接承诺。
⑰考：推求，验证。
⑱黾勉：勉励，尽力。
⑲副：相配，相称。
⑳明训：明确的训诫。
㉑体认：体察认识。
㉒天德：天的德性。
㉓身世：个人与社会。

【译文】

这一章是说，要自省内心以为仁。

当年冉雍向孔子请教仁的问题。

孔子告诉他：仁存于内心，不外乎诚敬和宽恕两种情况——

凡人拜见国宾的时候，无不肃然起敬，但在出门的时候，还是比较容易疏忽放松。如果内心不敢放松，甫一出门，就好像是尊贵的国宾就在面前，一刻也不敢怠慢疏忽的样子。又如承担重大祭祀的时候，没有人敢不恭敬致祭，而在驱使民力的时候就容易疏忽怠慢。如果内心不敢放松，连驱使民力的时候也像面对天神或祖先降临，就像是在举行重大的祭祀，那么就没有一件事敢于疏忽怠慢了。这是极度诚敬的表现。

而且，还要把这种会见国宾、承担祭祀的心态用于探察人己关系的处理：如果有人对我不够礼貌，这是我不想面对的；而把我不想要的不去施加给别人，这就是极度宽恕的表现。如果内心怀有诚敬、宽恕，那么凡是所到之处，无论是宗族内外，都是对我进行考察验证的地方。如果外对他人能够上下左右相安无事，在邦国之中不结怨；在宗族之内相亲相爱，在家族之中不怀怨——这是无时无处不在诚勉敬恕之心，也无时无处不在运行敬恕之道，这样还不能实现仁道吗？

因此冉雍直接表白说：我冉雍虽然不够敏捷，但夫子的话确实有理，就让我尽心做到敬恕来验证无怨的效果，我岂敢不努力来使自己配得上夫子的这番告诫？

总而言之，仁存于心中，如果为外物遮蔽就会昏庸，只有时刻加以体察认识，以诚敬树立其本体，以宽恕达成其作用。这是天德之所在，也是个人和社会得以美好之所在。

【评析】

夫子善用"如"字。[八佾第三·十二]中也说:"祭如在,祭神如神在。"胡适在其《中国哲学史大纲》因由这一章议论说:"一个'如'字,写尽宗教的心理学。"❶点明夫子的话语是用"如"字来传递天人关系和诚敬心理。本章亦然。

"己所不欲,勿施于人"一句,在[卫灵公第十五·二十四]中重出:

子贡问曰:"有一言而可以终身行之者乎?"子曰:"其恕乎!己所不欲,勿施于人。"

牟宗三曾高度概括:"开辟价值之源,挺立道德主体,莫过于儒。儒家之所以为儒家的本质意义就在这里。"❷儒学的本质是价值学(关于价值定位及价值生成的学说)。如果从价值论角度来看,忠,是实现自我价值,恕,是容纳他者价值。自我价值为主体性价值,他者价值是主体间性价值。个人价值是主客体相互作用下的结果,而自我价值更突出个人主观意志在价值实现中的意义,主体为客体的标尺,而非将主体作为客体的附属物——此犹如一人开车,人为车之主导;他者价值是两个价值体乃至价值体系的碰撞,主体互为客体,一价值主体遭遇另一价值主体——此犹如两车在路,规则同一则相安无事,规则不一则一车总为另车之隐患。故而,主体价值与主体间性价值相互交叉。一个人总是逡巡于在自我价值与他者价值中,在两者的矛盾中正负和,得出个人价值。

以上述车喻为论,恕道则是克己以安人,时刻保持车距,将主体间性价值保持在正值范围,从而使每个人的价值保持最大化。因此,忠恕之道也是价值之道,而且是最优化价值之道。

【标签】

仲弓;仁;忠恕;己所不欲,勿施于人;价值

---

❶ 胡适:《中国哲学大纲》,岳麓书社2010年版,第101页。
❷ 牟宗三:《中国哲学十九讲》,吉林出版集团有限公司2010年版,第54页。

【原文】

司马牛问仁。子曰："仁者，其言也讱。"

曰："其言也讱，斯谓之仁已乎？"子曰："为之难，言之得无讱乎？"

【解义】

此一章书，见为仁在于存心①也。

司马牛，名犁②，孔子弟子，问仁于孔子。

孔子曰：仁之道在于存心，心之存与不存，可于其言见之。惟仁者涵养既纯，随在③缄默④，凡启口之际，若有所隐忍而不敢轻发者焉。子欲为仁，亦惟在乎谨言而已矣。

乃⑤司马牛未达⑥其故，复问曰：仁道至大，当非缄默足以尽之——"其言也讱⑦"，即此便可为仁矣乎？

孔子曰：讱言非易事也。人惟心之不存，故凡事率意而妄为，而言则轻出而无忌。若仁者，心存不放，凡事皆熟思审处⑧而不敢苟且，虑始图终，必敬必慎，是为之如其难也。彼为之既难，则虽欲轻出一言而不暇，多置一言而不敢，虽欲不讱，可得乎？

盖司马牛多言而躁⑨，虽⑩因其人而教诲之。

而要之言之，讱者则心必存，心之存者则理可得。此巧言者鲜仁⑪，而吉人之辞恒寡⑫也。

【注释】

①存心：保持心中先天固有善性。儒家以之为重要的自我修养方法。语出《孟子·尽心上》："存其心，养其性，所以事天也。"可详参本书［学而第一·三］同名词条注释。

②犁：同"犁"，异体字。

③随在：随处，随地。

④缄默：闭口不言。

⑤乃：连词。表转折。然而，可是。

⑥未达：没有明白。

⑦讱：音 rèn，慎言，出言缓慢谨慎。

⑧熟思审处：反复思考，审慎筹划。
⑨盖司马牛多言而躁：《史记·仲尼弟子列传》："牛多言而躁。"
⑩虽：疑为"遂"，于是。或解作副词，通"唯"，唯有，只有。
⑪巧言者鲜仁：[学而篇第一·三]：子曰："巧言令色，鲜矣仁。"（夫子说："言辞机巧以致满口套话，面色善变总是见风使舵，这样的人很少怀有仁心。"）
⑫吉人之辞恒寡：《周易·系辞下》："将叛者其辞惭，中心疑者其辞枝，吉人之辞寡，躁人之辞多，诬善之人其辞游，失其守者其辞屈。"（阴谋叛变的人，说话时定有惭愧神色；心怀疑惑的人，言辞必然婉曲多枝；贤善正直的人，言辞真诚而寡少；浮躁轻薄的人，言辞饶多而不实；污蔑好人的人，言辞游离而不定；失去操守的人，言辞邪曲而不正。）

【译文】

这一章表明，仁与不仁，在于用心。

司马牛，姓司马，名犁（一名"耕"），字子牛，向孔子请教仁的问题。

孔子说：仁道在于人心，心之仁与不仁，见证于言辞。只有仁者涵养纯粹，一般不轻易表态，即便想要开口，也会有所保留而隐忍不发。你想要体仁，要在谨慎言语上多下功夫。

大概是因为司马牛没有听明白，就接着问道：仁道广大，恐怕不是保持沉默这么简单的事情吧——"说话要缓慢而谨慎"，难道真的可以实现仁道吗？

孔子回答说：说话缓慢谨慎并不容易啊。人因为失去了心，所以做事轻举妄动，出言无忌。如果是仁者，谨守心志，凡事都深思熟虑，而不敢潦草马虎，瞻前顾后，敬慎有加，正是因为这样才用心良苦。既然用心如此良苦，没有时间多说一句话，不敢多说一个字，即便是不想慎言，也不行。

大概是因为司马牛这个人说话多而脾气躁，所以夫子根据其本人的性格特点进行教诲。

简要来说，慎言是因为用心，心在则理在。"巧言令色，鲜矣仁"，"吉人之辞寡"，说的都是这个意思。

【评析】

言为心声，由言语看用心。

20世纪哲学发生"语言学转向"，从语言角度探知世界奥义，从索绪尔普通语言学这只蝴蝶扇动翅膀开始,引爆整个人文研究领域的巨大风暴,诸如现象学、存在主义、结构主义、解构主义、接受美学,使哲学发生新变,甚至影响到其他学科,在全球范围内产生广泛影响,因此20世纪甚至被称为语言学世纪。

而在2500年前的孔子那里,其实早已经在小心翼翼、严肃而认真地进行着仁道语言关系的探知与实践。在《论语》当中,我们也能切身体会到其高度含蓄、洗练而富有张力的语言特征,《论语》虽有500余言语片段,不到一万六千言,却彼此联通,互文合义,形成巨大的语义矩阵,几乎涵括社会人生一切重要命题,影响极其广泛而深远。后人论著汗牛充栋以阐释论证,正可见其简约内敛而含蓄蕴藉的语言魅力,可谓达到了语言表意能力的极致。因此一部《论语》即可认作一部"论""语"(研究讨论语言)之书,是为人类语言学宝库举足轻重的构成部分。

【标签】

司马牛;仁;言;语言学

四

【原文】

司马牛问君子。子曰:"君子不忧不惧。"

曰:"不忧不惧,斯谓之君子已乎?"子曰:"内省不疚,夫何忧何惧?"

【解义】

此一章书,见君子无入而不自得①也。

昔司马牛问君子于孔子。彼以君子为成德②之人,意必有所奇特而不同于人者在也。

孔子曰:君子心常舒泰③,绝无系累之私。纵忧惧之来,亦不能免,而君子之心,恒不见有可忧可惧者焉,欲为君子,亦不忧不惧而可矣。

司马牛复问曰:君子之道,人所难能,岂不忧不惧斯谓之君子矣乎?

孔子曰:不忧不惧未易言也。凡人涵养④未纯,识见未定,则祸福、利害皆足以累其心,故事未至而多虑,事既至而若惊,此忧惧之所以不能免也。若君子之心光明正大,无愧无怍⑤,省于内者,无一毫之疲病足以累其心,纵有意外之事,皆以理自信而以命⑥自安,夫何忧惧之有哉?

此盖修已功深，造⁷于成德之域者乃能如是，诚未可以易视也。

按⑧：司马牛之兄桓魋作乱⑨，牛尝忧惧，故孔子从而慰释⑩之。

要之，内省不疚，诚君子切实之学也。盖君子常存敬畏，则其心皆天理，而无系吝⑪之私。然则兢兢业业⑫，夫亦内省之实际与！

【注释】

①君子无入而不自得：君子无论处于何种境地，都因坚持追求内在圆满而自得。出自《礼记·中庸》，可参本书［子罕第九·十四］同名词条注释。

②成德：盛德，高尚的品德。

③君子心常舒泰：［述而第七·三十七］：子曰："君子坦荡荡，小人长戚戚。"［子路第十三·二十六］：子曰："君子泰而不骄，小人骄而不泰。"

④涵养：指涵养德性或涵养本原，道德修养要重视养心存心的工夫。可详参本书［为政第二·四］同名词条注释。

⑤无愧无怍：《孟子·尽心上》："君子有三乐，而王天下不与存焉。父母俱存，兄弟无故，一乐也；仰不愧于天，俯不怍于人，二乐也；得天下英才而教育之，三乐也。君子有三乐，而王天下不与存焉。"（君子有三件值得快乐的事，称王天下都不在其中。父母健在，兄弟没病没灾，这是第一件快乐的事；抬头无愧于天，低头无愧于人，这是第二件快乐的事；得到天下的优秀人才而教育他们，这是第三件快乐的事。君子有这三件至为快乐的事，就连称王天下的快乐都不包括在内。）怍，音 zuò，惭愧。

君子之心光明正大……无一毫之疚病足以累其心：《周易·履》："履帝位而不疚，光明也。"孔颖达疏："能以刚中而居帝位，不有疚病，由德之光明故也。"疚病，疾病。

⑥命：义命，天命，正道。

⑦造：到达。

⑧按：按语，在正文之外所加的说明或论断。

⑨司马牛之兄桓魋作乱：桓魋兄弟五人（向巢、桓魋、司马牛、子颀、子车）在宋国政坛占据重要位置，声名显赫：向巢任宋国左师，是名义上的军队统帅；桓魋任宋国司马，握有军事实权，并深受宋景公宠幸；子牛身为贵族，有自己的封邑，是孔子的学生；子颀和子车跟从桓魋做事。桓魋恃权骄纵，过度膨胀，因宋景公未满足自己的奖赏条件，而打算杀掉他。宋景公设计矫夺向巢兵权并击败桓魋。事见《左传·哀公十四年》：宋桓魋之宠害于公，公使夫人骤请享焉，而将讨之。未及，魋先谋公，请以鞍易

薄，公曰："不可。薄，宗邑也。"乃益鞎七邑，而请享公焉。以日中为期，家备尽往。公知之，告皇野曰："余长魋也，今将祸余，请即救。"司马子仲曰："有臣不顺，神之所恶也，而况人乎？敢不承命。不得左师不可，请以君命召之。"左师每食击钟。闻钟声，公曰："夫子将食。"既食，又奏。公曰："可矣。"以乘车往，曰："迹人来告曰：'逢泽有介麋焉。'公曰：'虽魋未来，得左师，吾与之田，若何？'君惮告子。野曰：'尝私焉。'君欲速，故以乘车逆子。"与之乘，至，公告之故，拜，不能起。司马曰："君与之言。"公曰："所难子者，上有天，下有先君。"对曰："魋之不共，宋之祸也，敢不唯命是听。"司马请瑞焉，以命其徒攻桓氏。其父兄故臣曰："不可。"其新臣曰："从吾君之命。"遂攻之。子颀骋而告桓司马。司马欲入，子车止之，曰："不能事君，而又伐国，民不与也，只取死焉。"向魋遂入于曹以叛。六月，使左师巢伐之。欲质大夫以入焉，不能。亦入于曹，取质。魋曰："不可。既不能事君，又得罪于民，将若之何？"乃舍之。民遂叛之。向魋奔卫。向巢来奔，宋公使止之，曰："寡人与子有言矣，不可以绝向氏之祀。"辞曰："臣之罪大，尽灭桓氏可也。若以先臣之故，而使有后，君之惠也。若臣，则不可以入矣。"司马牛致其邑与珪焉，而适齐。向魋出于卫地，公文氏攻之，求夏后氏之璜焉。与之他玉，而奔齐，陈成子使为次卿。司马牛又致其邑焉，而适吴。吴人恶之，而反。赵简子召之，陈成子亦召之。卒于鲁郭门之外，阬氏葬诸丘舆。

　　杨伯峻先生认为，作为孔子的学生的司马牛（记载于《论语》）和宋国桓魋的弟弟司马牛（记载于《左传》）可能是两个不同的人，其理由是：距离春秋时期较近的司马迁在其《史记·仲尼弟子列传》没有把《左传》中桓魋弟弟的事迹记载进去，而首个将《论语》中的司马牛认作《左传》中的司马牛已是唐朝时的孔安国了，但是孔安国本身又说作为孔子弟子的司马牛名耕，而桓魋弟弟司马牛名犁，本就是两个人，故只是误会而已。❶

　　⑩慰释：宽慰，宽解。

　　⑪系吝：谓有所眷恋，不能割舍。

　　⑫兢兢业业：谨慎戒惧。《尚书·皋陶谟》："无教逸欲有邦，兢兢业业，一日二日万几。"（舜帝的大臣皋陶在和舜、禹一起讨论政事的时候，说："作为君主，不要贪图私欲享受，要谨慎勤勉地处理政务，要知道每天都要日理万机。"）可详参本书［学而第一·四］"兢兢业业"词条注释。

---

❶ 杨伯峻：《论语译注》，中华书局 2009 年版，第 123 页。

【译文】

这一章,可见君子无论处于何种境地,都因坚持追求内在圆满而自得的状态。

当年司马牛向孔子请教如何成为君子。或许他以为作为盛德之人,就有非同寻常之处。

孔子告诉他说:君子坦荡荡,不会患得患失。即便也会有所担忧害怕,但是就君子的本心来说,总体上并没有什么可忧可怕的,所以要想成为君子,能够做到不忧不惧就可以了。

司马牛追问道:君子之道恐怕没有这么简单吧,难道不担忧不害怕就能称为君子了吗?

孔子解释说:"不忧不惧"并非你所以为的那么简单。但凡一个人的涵养修为不够纯粹,认知不够清晰,意志不够坚定,一旦遇到祸福变化、利害攸关的事务,都会牵动他的心神,所以就会事之前焦虑不定,临事之时惊慌失措,这样的人是无法免除忧惧之心的。而君子内心光明正大,俯仰无愧,内省于心,没有丝毫可愧悔之处牵绊心神,即便遇到意外,能够依天理定夺而安之若素,又有什么可以忧惧的呢?

这大概正因为修为功夫深厚,能够达到盛德的境界的人才能做到这样,实在是不应该小觑。

(按:司马牛的哥哥桓魋犯上作乱,司马牛曾因此忧惧不已,所以孔子借机宽慰他。)

总之,内省不疚,问心无愧,实为君子切近实用的学问。正因为君子常怀敬畏之心,所以心中所思皆能合于天理,而不会受到私欲牵绊。如果能够做到小心谨慎而心存敬畏,并因此勤勉不倦,也算是内省的日常表现吧!

【评析】

有成语曰"内忧外患",本指国家内部的动乱和来自国外的侵扰,若借用于此处,来指个人内外之忧患,亦非常合适。司马牛对哥哥司马桓魋犯上作乱的行为忧心忡忡,但是孔子指出,这是"外患"而非"内忧",而若"内省不疚",则自然可以"不忧不惧"。孔子在明确判定司马牛个人品质与其哥哥行为之间没有必然联系的同时,又告诉他只有不断自我反省,才能"不忧",而实际上孔子正是通过该道理来引导司马牛走向仁的境地。("仁者不忧")因此夫子的话既是安慰之语,又是激励之辞,拥有一贯的强大的精神力量。

　　孔子与司马牛的几段谈话看似只是给其个人所做的"心理危机干预"，却意义重大，亦可以看作孔子对日常道德伦理的深度改造的标志，更具有人性的温度、思想的深度和文化的广度——

　　先秦儒家思想具有明显的内倾倾向，即注重人们的内心体验和心理感受。他们在处理人与自然、人与社会以及人与人之间的关系时，首先要求人们一切从内心出发，追求内心世界与外部环境和谐一致的境界。当人们的内心感受与外部世界发生不和谐时，他们则要求人们应该在自己的内心世界查找原因，如果人人都能够加强内省，做到克己复礼，那么外部世界的所有问题就迎刃而解了。这种由内（心）而外、推己及人的思维特征充分显示了儒家思想的处世智慧，这也是儒家学派对中国传统文化的重要贡献。❶

　　美国哲学家赫伯特·芬格莱特（Herbert Fingarette，1921—2018）著有《孔子：即凡而圣》（Confucius：The Secular as Sacred）❷ 一书，被誉为"英语学界儒学尤其孔子思想研究的一部现代经典"❸。该书的第三章《人格的所在》中，便以"不忧"二字为切口，进而阐发"仁者不忧"而"克己复礼"，引申出仁礼乃一体两面的共生与同构关系❹，可谓该书最为精彩也最具价值的观点。书中总结道：

　　总之，不忧是仁者的关键特征，"忧"则是一个人卷入客观上不安、忧虑的境地并对之做出回应的状况，在这种状况下，明显有可能产生一种不好的结果。

　　进一步说，不忧也就是以某种方式进行回应的人的状态，这种方式被很好地整合进一种客观上安定和有组织的情境之中。这种状况是什么？显然，我们描述的这种状况，对孔子来说，就是一个"克己复礼"的人的状况。从理想的意义上说，他应当生活在一个真正礼治的社会中。

　　既然"礼"是人类行为的结构，这种行为谐和一切人的所作所为，确立他们作为人类的福祉。那么，很显然，完全依照"礼"而立身行事的人，过的就是一种有完美组织，并完全有助于人类蓬勃发展、欣欣向荣的生活。

---

❶　卞朝宁：《〈论语〉语言评析》，江苏人民出版社2019年版，第509页。
❷　该书中文版由彭国翔、张华编译，江苏人民出版社2002年版。
❸　该书中文版译后记。
❹　[美]赫伯特·芬格莱特：《孔子：即凡而圣》，第43页。

如果"仁"就是指引我们注意那个特定的人及其作为行为者取向的品行的方面,那么很清楚,从行为者的视角看,客观上不能遵从"礼"(也就是不能"克己复礼")就会被理解为在行为者的态度中缺乏明确的方向或准备的一种客观且令人不安的状况;那将会产生混乱、忧虑和困惑。简言之,"忧"确实是不仁,"仁"者不忧。

……只有随着礼的发展,仁才会有相应的发展,仁也在礼之中塑造自我。❶

芬格莱特以"纯化孔子"的眼光和手法,发现孔子思想不以事实/价值、身/心、内/外、个体/社会等二分逻辑,而以礼化社群的思维模式,追求个人礼仪与道德修养对社会的效用:"人性在人类礼仪行为中充分展开","人由于礼仪活动而获得尊严,人类社群也因此获具神圣性"。❷这便是芬氏所谓的礼对人的"形塑"作用。❸他敏锐地捕捉到孔子思想的神奇魅力在于"即凡而圣":"孔子发现并竭力唤起我们注意到:就其特性而言,那种真正的、独特的人的力量具有一种神奇非凡的品质。因此,孔子的任务实际上就是被要求去揭示那些已经如此熟悉和普遍以至于不被察觉的东西。"❹芬格莱特最后总结道:

人在做关键决定的时候,常常害怕相信自己作为人的力量。因为长期以来,他一直依赖物质力量和动物力量。"仁"恰恰就是自己对于人道(human way)的完美奉献。❺

"不忧"不是一种克服忧虑心理的过程,而是一个主动选择的必然呈现;其中的"不"字,不是一种否定,而是一种限定,一种提醒,对仁者状态的描摹。就此意义而言,仁不仅是一种心理源动力或生活状态,同时也是一种方法和路径,使人不仅拥有美好的存在图景而且有力量实现这一图景。芬氏也借"不忧"这一日常心理切入对孔子的理解,为我们重新认识孔子思想而洞悉儒学关键打开了一个入口,就此意义而言,本章孔子与

---

❶ [美]赫伯特·芬格莱特:《孔子:即凡而圣》,第41-42页。
❷ 李丽琴:《芬格莱特与〈论语〉的后启蒙时代解读》,《中国社会科学报》2020年5月18日,第008版。
❸ 原文是:"只有当其原始冲动受到'礼'的形塑时,人们才成为真正意义上的人。"见[美]赫伯特·芬格莱特《孔子:即凡而圣》,第6页。
❹ [美]赫伯特·芬格莱特:《孔子:即凡而圣》,第5页。
❺ [美]赫伯特·芬格莱特:《孔子:即凡而圣》,第49页。

司马牛的对话实在是语重心长。联想一下当年司马牛的哥哥司马桓魋以武力威慑孔子，而欲使孔子恐惧、忧虑而臣服，岂知孔子胸中思虑早已成熟，志业早已坚定，而因此拥有人类最具神圣性的精神力量，这岂是赳赳武夫所能撼动的？他说：

天生德于予，桓魋其如予何？（［述而第七·二十三］）

【标签】

司马牛；司马桓魋；忧；惧；仁；勇

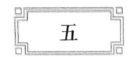

【原文】

司马牛忧曰："人皆有兄弟，我独亡。"子夏曰："商闻之矣：死生有命，富贵在天。君子敬而无失，与人恭而有礼。四海之内，皆兄弟也——君子何患乎无兄弟也？"

【解义】

此一章书，见人当修己以听天也。

昔司马牛之兄桓魋为乱于宋，而其弟子颀、子车者又与之同恶。司马牛忧其为乱而将死也①，曰：兄弟有手足之谊，若能相安相保，真天伦②至乐之事也。乃人皆有兄弟之乐，而我独无之，不亦大可忧者乎？

子夏乃从而解慰③之，曰：商也尝闻诸夫子之言矣，谓：人之死生皆有所禀④之命，不可移易；富贵各有所主之天，不可强邀。凡人于所处之境，但当顺受⑤之而已。观夫子此言，可见兄弟之有无，皆天命也，忧何益焉？且吾人处世，亦当以君子为法耳。君子知天命之所在而顺受之，惟尽其在我⑥，而不为外物之所摇⑦。故其持身以敬，而无始终之或渝；待人以恭，而亲疏厚薄之间，皆合于礼❶而得其当。以此恭敬于人，则人亦恭敬于我；由是而感化所及，即四海之广，皆我同胞⑧之兄弟也，而又何患乎无兄

---

❶ 礼：摘藻堂四库全书荟要本（同武英殿刻本）作"理"。

弟邪❶?

然则人之处世，特患不能自修⑨耳，忧何益哉？

盖子夏宽⑩牛之忧，故为是不得已之言。而要之，恭敬有礼，乃处己待人不易之道也。

【注释】

①昔司马牛之兄桓魋为乱于宋……司马牛忧其为乱而将死也：参本书上一章［颜渊第十二·四］"司马牛之兄桓魋作乱"注释。但实际上子车在此过程中劝阻桓魋直接攻击宋景公。为乱：作乱，造反。

②天伦：天然伦次。指兄弟。

③解慰：劝解安慰。

④禀：赋予，给予。

⑤顺受：顺从地接受。

⑥尽其在我：尽自己的力量做好应做的事。

⑦摇：动摇，骚扰。

⑧同胞：同父母所生。

⑨自修：自我修炼德性。

⑩宽：宽解，宽慰。

【译文】

这一章是说，一个人要坚持个人修为，以尽人事而听天命。

当年司马牛的兄长桓魋在宋国作乱造反，而他的弟弟子颀、子车与之沆瀣一气。所以司马牛担心他们终将因此丢了脑袋，说：兄弟如同手足，如果能够相互照顾和保护，这符合天道伦理，是再美好不过的了。可是人家都会享有兄弟相携的快乐，而独独我没有，这不是太让人忧心了吗？

子夏于是在一边安慰他说：我卜商曾经听夫子说，"死生有命，富贵在天"，这些都是人力所无法左右的，所以人们只能逆来顺受。体会夫子的这番话就知道，就连有没有兄弟这件事情，本就是天命注定的，再担心也没有用。而且我们人生在世，应当效法君子。君子知天命而以天命自任，尽自己的力量做好应做的事就可以，不再因外物得失而动心。所以他持身谨敬，始终不渝；待人谦恭，上下尽礼。对人谦恭谨敬，人家也还施以谦恭

---

❶ 邪：摘藻堂四库全书荟要本（同武英殿刻本）作"耶"。邪同"耶"，表疑问或感叹语气词。

谨敬；这种德行蔓延开去，即便是四海之大，人人也都会因此成为其同胞兄弟，又怎么会担心没有兄弟呢？

其实，为人处世，除了忧患自身不能持身进步之外，那就没有什么可以忧患的了。而且，如果只是一味地忧患，又有什么用呢？

大概是子夏为了宽解司马牛的忧虑，所以不得已说了这些话。但总而言之，无论是孑然独处还是待人接物，都要恭敬有礼。

【评析】

源于本情本性而又超越之，给人以心灵上的指引和慰藉，是孔子文化建构的路径。本章即为显著一例。子夏关于"兄弟"这个日常生活中再普通不过的语词的重新阐释，为司马牛所处的现实和精神双重困境进行解脱，从而实现文化意义上的"重生"。倪培民先生对此阐释尤精：

> 陈汉生（Chad Hansen）就中国儒家对语言的基本看法和西方主流的对语言的看法做了一个总体的比较。他说："西方哲学对语言的论述采用的是实在论的、柏拉图式的方式，集中关注形而上学和认识论。我们把哲学的活动看做是研究怎样使我们的思想反映实在。相反，中国哲学对语言的论述采用的是实用的、儒家的方式，集中关注社会的和心理的技巧，以便将决定人的行为倾向性和情感塑造得与道德相吻合。"（Hansen，1985）
>
> ……
>
> 在西方，"用句子表达的信念代表了人和他所相信的句子的关系，而用词组表达的信念，则表达一个人有对某个对象使用该词组的倾向性。在中文里，词组信念代表的是一种做出反应的方式，而不是一个命题的内容"（Hansen，1985）。
>
> ……
>
> 有意思的是，其实司马牛有两个兄弟❶，在他说那个话的时候，都还健在。（《左传·哀公14年》）其中之一就是那个在宋国图谋杀害孔子的司马恒魋。（7.23）如果把"兄弟"当作是指称有共同父母的男性的称谓，司马牛的悲叹自然是错误的。然而，从正名的角度来看，他哥哥的行为显然令司马牛无比失望，因为司马恒魋的所作所为已配不上"司马牛之兄"这个称号。司马牛在为"兄长"这一称号正名，认为他的哥哥不是真正意义上

---

❶ 桓魋实为兄弟五人：向巢、桓魋、司马牛、子颀、子车。详参上一章［颜渊第十二·四］"司马牛之兄桓魋作乱"词条注释。

的兄长,因为就像"人"的概念应当包含"仁"一样,"兄长"这个称号里面还需要包含道德的内容。有意思的是,子夏的言辞也是在为"兄长"这一名称正名。他将"兄长"这一概念作了延伸,使之超出了狭隘的"有共同父母的男性"的界限,并由此而重新塑造了司马牛的情感,从而引导他将包容和爱推向更广阔的人群。❶

这里由讨论语言问题切入,看似语言分析而实为正名之方。因兄弟之辩亦不外"君君、臣臣、父父、子子"的身份指涉(亦可称作"身份伦理")或名分主义(亦可称作"角色伦理")❷,具体而言,每一个政治名分中的权利义务关系是对等的,或者是有一定限度的。从这种关系中对每个人进行重新界定,则会形成一种超越现实而又符合理性的判断标准。这一标准无疑会让人从旧有的血缘、身份、阶层的束缚中得到解脱,而重获定义人生价值的自由。因此"兄弟"一词的所指在"实用的、儒家的"语义场中发生扭转,从而使子夏的一番话变得合情合理,想必无数个"司马牛"也会因此释然并奔赴更为理想、更有价值的人生路向。

【标签】

司马牛;司马桓魋;兄弟;仁

【原文】

子张问明。子曰:"浸润之谮,肤受之愬,不行焉,可谓明也已矣。浸润之谮,肤受之愬,不行焉,可谓远也已矣。"

【解义】

此一章书,见人心自有真明,不必骛①乎高远也。

子张问曰:人情多变,物类甚纷,难于鉴别,非至明之人不能窥其隐

---

❶ [美]倪培民:《孔子:人能弘道》,李子华译,上海人民出版社2013年版,第73页。参该书世界图书出版公司2020年修订珍藏本,修改个别字词。
❷ 可参考黄进兴《从理学到伦理学:清末民初道德意识的转化》,中华书局2014年版,第162页。另可参看本书[学而第一·六]"评析"部分对"角色伦理"的引介。

深②也。必何如，方谓之明乎？

孔子恐其驰于远而失之近，乃告之曰：人之蔽于远者，由其蔽于近也。如谮③人而直言人过，犹易窥测，惟谮而浸润焉者，旁引曲喻④，日积月累，一如水之浸物者然，则听之者必为所惑，而不觉其入矣。如诉冤而其词稍缓，犹可揆度⑤，惟愬而肤受⑥焉者，形容⑦痛楚，情词迫切，殆如身受其祸者然，则听之者必为所动，而不及致详⑧矣。夫用机如是之深，设心⑨如是之狡⑩，皆人所不能察识者。若能烛⑪其伪，辨其奸，而能不行焉，则是聪明独湛⑫，洞见⑬隐微，是可谓之明也已矣。且不但谓之明而已也，有如是浸润之谮，肤受之愬，而能不行焉者，自非鉴识⑭精明、超然万物之上者⑮，未易至此——岂非明之至而为远者乎？

盖人心本无不明，而惟至应物⑯之际，则往往为其所蔽而不及觉，或恐为其所蔽而以意揣度⑰，疑虑纷纭，是求明而愈不明矣。此致知格物⑱，居敬穷理⑲，为求明切要之旨也与！

【注释】

①骛：音 wù，本指马乱跑，引申为胡乱追求。

②隐深：幽深隐秘。

③谮：音 zèn，说别人的坏话，诬陷，中伤。

④旁引曲喻：同"旁引曲证"，广泛征引，委曲证明。

⑤揆度：揣度，估量。

⑥肤受：前人解释不一：一谓浮泛不实，一谓利害切身。前者如邢昺疏："皮肤受尘，垢秽其外，不能入内也。以喻谮毁之语，但在外萋斐，构成其过恶，非其人内实有罪也。"后者如朱熹《集注》："肤受，谓肌肤所受，利害切身。"《解义》取朱熹释义。

⑦形容：表情，神态。

⑧致详：仔细审察。

⑨设心：用心，居心。

⑩狡：奸诈。

⑪烛：察明、察见。

⑫聪明独湛：聪明过人，见解独到。湛，深。

⑬洞见：明察，清楚地看到。

⑭鉴识：审察辨识的能力。多指识别人才。

⑮超然万物之上者：指圣人，超越之人。董仲舒《春秋繁露·天地阴阳》："天、地、阴、阳、木、火、土、金、水，九，与人而十者，天之数

毕也。故数者至十而止，书者以十为终，皆取之此。圣人何其贵者？起于天，至于人而毕。毕之外谓之物，物者投所贵之端，而不在其中。以此见人之超然万物之上，而最为天下贵也。"（天、地、阴、阳、木、火、土、金、水九种，和人加起来，总共十种，这样天数就完备了。数目到十为止，书写以十终结，都是从这里来的。圣人是多么尊贵啊！从天开始，到人就终结了。终结之外的，就叫作"物"。万物各自按照所属的类别投入到从天到人的十端之下，而不在十端之中。从这里可以看出人超越万物之上且是天下最尊贵的。）

⑯应物：待人接物。

⑰以意揣度：臆想猜测。

⑱致知格物：谓研究事物原理而获得知识。为中国古代认识论的重要命题之一。出自《礼记·大学》："古之欲明明德于天下者，先治其国；欲治其国者，先齐其家；欲齐其家者，先修其身；欲修其身者，先正其心；欲正其心者，先诚其意；欲诚其意者，先致其知；致知在格物。"引文及详解可参本书[八佾第三·十五]"致知格物"词条注释。

⑲居敬穷理：恭敬自持，穷理尽性。"居敬穷理"乃程朱理学一贯所主张"存天理，灭人欲"说的翻版，即要明理见性，排除私欲对认知的干扰，自觉遵守传统伦理道德的基本准则。可详见本书[公冶长第五·二十七]同名词条注释。

【译文】

这一章是说，人内心自有鉴别能力，不必旁顾外求。

子张请教说：人情复杂多变，物类纷繁众多，难以辨别，恐怕不是聪明通达的人难以一下子看清楚其内在幽深隐秘的所在。应该怎样，才能练就火眼金睛，洞明世事呢？

孔子担心他好高骛远却不能体察近物，于是就告诉他说：一个人不能见识长远，乃在于连近处的事物都没有认识清楚。比如诬陷一个人，如果直接说别人的坏话，那就很容易被鉴别出来，但如果是慢慢侵蚀浸润，旁敲侧击，婉转表达，而且日积月累，像漫水浸地那样，那么听到的人就会受到蒙蔽和迷惑，不知不觉中被套进来。又比如诉冤，如果其言辞不那么激烈，也容易鉴别，但有的人就像深受切肤之痛那样诉冤，神情痛楚，言语神色迫切，就像其本身真的受到了莫大的冤枉，那么听到的人就必然为之所动，来不及仔细审察就相信了。其机心如此之深，用心如此奸诈，是一般人所不容易察觉辨识的。如果能够察明其伪作，辨别其奸诈，使其徒劳无功,这就是洞幽烛微,见识过人,可以说是聪明通达了。不光如此,如果面对漫润之诬陷、伪装之诉冤,而能够明鉴使其枉费心机,如果不是见识过人的圣人,恐怕难以拥有这种能力——这不是聪明通达而远见卓识吗?

大概人心自身本就聪明通达,却在待人接物的时候,不知不觉为其伪装所遮蔽而不能察觉,或者是因为过度担心他人伪装而过度揣测和疑虑,愈求聪明通达反而愈昏庸。所以说,研究事物原理而获得知识,恭敬自持以穷究天下万物的根本原理,彻底洞明人类的心体自性,才是实现聪明通达的要旨。

【评析】

这个世界有太多虚伪造作,太多巧言令色,它们罔顾道义,乔装打扮,远攻近交,无孔不入,是腐蚀道德的无形杀手,所以孔子最为鄙弃此种行迹,因此他在这里明确提出对巧言令色的辨伪方法,其实不过是见微知著、返躬内省之类,希望人们"明之","远之"。

【标签】

子张;明;虚伪;居敬穷理

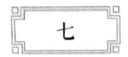

【原文】

子贡问政。子曰:"足食,足兵,民信之矣。"
子贡曰:"必不得已而去,于斯三者何先?"曰:"去兵。"
子贡曰:"必不得已而去,于斯二者何先?"曰:"去食。自古皆有死,民无信不立。"

【解义】

此一章书,见为政者有经有权①,而总以信为立国之要也。

昔子贡问政于孔子。孔子曰:为政者,凡以为此民也。民以食为天②,必制其田里,薄其税敛,③则食足而民生以遂④矣。民以兵为卫,必为充其行伍,时其训练,⑤则兵足而民生以安矣。然兵、食既足,而民心未孚⑥,则民岂可恃乎?必勤施教化,彰明礼义,使民皆尊君亲上,而无诈无虞⑦,则民信之矣。(此乃政之大经,缺一不可也。)

子贡又问曰:三者兼全诚美矣,倘不得已于三者之中姑⑧去其一,将以何者为先乎?

孔子曰:去兵。(盖民既足食,而且有信以固结之,则家自为卫,人自为守,虽无兵而国可保也。)

子贡又问曰:去兵已属权宜⑨,设不得已,于二者之中又去其一,将以何者为先乎?

孔子曰:去食。夫民无食则死,原不可去。但自古以来,人皆有死,必不能免。若信者,乃本心之德,而人之所以立于天地之间者也,⑩使民而无信,则形虽存而心已死,无以自立,民不立而国谁与立邪?(可见,为政者不可徒求之富强,而必以信为本。)

盖为上者以实心⑪教养其民,则为民者亦必以实心爱戴乎上,情谊联属,众志成城⑫,即不言富强,而富强在其中矣。三代⑬以上,建国长久者用此道也。不然,至强如秦,至富如隋⑭,而国运如彼其促,区区⑮富强亦安足恃邪?此仲尼之门三尺之童亦羞称五霸之事也。⑯

【注释】

①有经有权:《朱子语类》卷三十七:"经者,道之常也;权者,道之变也。"经权,为宋明理学用语。经,指事物的常住性或不易之常道;权,指事物发展过程中的变动性或权衡不同情况所采取的对策。

②民以食为天:《史记·郦生陆贾列传》:"王者以民人为天,而民人以食为天。"

③制其田里,薄其税敛:指依照周制进行土地管理,引导民众进行耕种,以及征收赋税、分配资源等。可参《周礼·地官司徒第二·遂人》。

④遂:成功,实现。

⑤充其行伍,时其训练:指依照周制进行征兵和军事训练。我国古代兵制,五人为伍,五伍为行,"行伍"因以指军队。时,名词用作动词,按时令进行。周制,按照时令进行定期军事训练。可参《周礼·夏官司马第四·大司马》。

⑥孚:音fú,信用,诚信。

⑦虞:音yú,欺骗。

⑧姑:姑且,暂且。

⑨权宜:谓暂时适宜的措施。

⑩若信者乃本心之德,而人之所以立于天地之间者也:张居正《四书

直解》原文作:"若夫信者乃本心之德,人之所以为人者也。民无信,则相欺相诈,无所不至,形虽人而质不异于禽兽,无以自立于天地之间,不若死之为安。"

⑪实心:真心实意。

⑫众志成城:万众一心,象坚固的城墙一样不可摧毁。比喻团结一致,力量无比强大。

⑬三代:指夏、商、周。

⑭至富如隋:元马瑞临《文献通考》:"古今称国计之富者,莫如隋。"

⑮区区:小,少。形容微不足道。

⑯仲尼之门三尺之童亦羞称五霸之事也:朱熹《四书章句集注》释《孟子·梁惠王上》"齐宣王问曰:'齐桓、晋文之事可得闻乎?'(齐宣王,姓田氏,名辟强,诸侯僭称王也。齐桓公、晋文公,皆霸诸侯者。)孟子对曰:'仲尼之徒无道桓、文之事者,是以后世无传焉。臣未之闻也。无以,则王乎?'""董子曰:'仲尼之门,五尺童子羞称五霸。为其先诈力而后仁义也,亦此意也。'"("五尺童子""三尺之童"均非实指,而是指称年幼不懂事的儿童。)明陆深《春风堂随笔》:"仲尼之门,五尺童子,羞称五霸。古以二岁半为一尺,言五尺,是十二岁以上。十五岁则称六尺。"

五霸:霸,政之名,即伯,音转为霸,又称州伯、方伯,即诸侯之长,其职表面上为会诸侯、朝天子,实为挟天子以令诸侯。春秋时期,天子衰,诸侯兴,周王室势力衰微,权威不再,已经无法有效控制天下诸侯。一些强大的诸侯国为了争夺天下,开启了激烈的争霸战争,相互之间合纵连横、东征西讨,前后共有数位诸侯依次成为霸,即"春秋五霸"(齐桓公、宋襄公、晋文公、秦穆公、楚庄王)。孟子笔下"桓、文之事"即指诸侯争霸之事。《孟子·公孙丑上》:孟子曰:"以力假仁者霸,霸必有大国;以德行仁者王,王不待大。汤以七十里,文王以百里。以力服人者,非心服也,力不赡也;以德服人者,心悦而诚服也,如七十子之服孔子也。《诗》云:'自东自西,自南自北,无思不服。'此之谓也。"(孟子说:"依靠武力,假借仁义之名,可以称霸,这一定得有强大的国力才行;依靠道德,施行仁义而统一天下,叫作称王,这不一定必须有强大的国力。商汤凭借七十里的土地开创王业,文王凭借百里的土地开创王业。靠武力使人服从,并不是真心服从,只是力量不足以反抗;凭借道德使人信服,百姓心悦诚服,就像孔子的弟子信服孔子一样。《诗经·大雅·文王有声》上说:'从西到东,自南至北,无不心悦诚服。'说的就是这种情况。") 征伐屠戮之霸道,与儒家提倡仁政王道相左,故云门下不懂事的小孩子也以谈论五霸之事为羞耻。

【译文】

　　这一章是说，为政者既坚守原则又通权达变，但诚实守信是最基本的立国原则。

　　当年子贡向孔子请教为政的事情。孔子说：为政就是为人民服务。民以食为天，进行土地管理，引导民众进行耕种，并尽量减免税赋，这样就会使食物丰足，民生保障就因此得到实现。军队是用来保卫民众的，所以要充实军队力量，按时令进行训练，这样就有足够的军力，民生安定因此得到保障。然而军力、食物充足，但民心不重诚信，这样的民众岂可指望？所以一定要勤加教化，使礼仪道义得到彰显，民众都能够做到尊君亲上，而毫无虚伪造作，这样民众也就讲诚信了。（这三者是为政的基本原则，缺一不可。）

　　子贡接着问道：三者都齐备诚然完美，但如果万不得已，必须从这三样当中暂且去除其中一样，应该先去掉哪个呢？

　　孔子回答说：去除军队。（大概是因为，民众如果能够有足够的食物的话，又能够相互信任和团结，那么自然能做到家可自卫，人可自守，即使没有军队，也能够保卫国家。）

　　子贡继续问：去除军队已经是权宜之计了。假设在不得已的情况下，还要在后面两者之中再去掉一个，要先去掉哪一个呢？

　　孔子说：去掉食物。本来民众没有食物就无法生存，是不可以去掉的。但人生自古谁无死呢？诚信，是人本身具有的品德，也是人能够顶天立地的根本，如果民众毫无诚信，那就是名存实亡，无立锥之地了，连民众都无法自立，国家还能靠谁去维持呢？（可见，为政者不能只图富强，必须以诚信为本。）

　　大概在上位者真心实意地教育培养民众，民众也定会真心实意地拥戴其尊长，上诚下信，情义相投，因而众志成城，家国稳固，即便是不刻意追求，恐怕也自然会使民富国强。夏、商、周三代及其以前，国家大都长治久安，正是因为遵循了"民无信不立"的原则。不然的话，即便暴强如秦，极富如隋，其国运却如此短促，这说明仅仅依靠富强还是不够的。这也正是孔子门下就连不懂事的小孩子也以谈论五霸之事为羞耻的原因。

【评析】

　　《论语》所记之言语在于其意，尤为致密而不可分解，虽可发散但应循其逻辑，否则失其机宜。本章历来多歧解，其实夫子已说明三者为治国之要，既为三者，不为四者五者六者七者八者，实在已为精要中之精要，食保其生，兵保其安，信保其和，均属不可或缺之类；在此基础上谈去兵去食，不过是为烘托治国以信的理念，乃语意表达之法，而非实际可行之举。此三者贯通一体如人体，兵、食、信如人体之皮、肉、骨，皮以御外护体，肉以护血养生，而骨以支撑躯干，各有其用，而又实难分割。其中，因骨有支撑整体、联系统筹之用，故最不可缺。如子曰"不患寡而患不均，不患贫而患不安"（[季氏第十六·一]），即可视为"食"与"信"之辩证关系："'民以食为天'，但此'天'要靠礼来建构；民生为'天'，但为民生则必定建构有利于民生的价值观念和行为准则。"❶"民以食为天"是常识，但若无协调平衡民食的社会机制，则依然豪取竞夺、土地兼并、天灾人祸、民不聊生，历史上的乱世几乎无不如此。"食"如此，兵亦如此。

若仁之为人格之核心，信实为国格之关键，乃治政者与民众之间的互动关系，而非简单为政取信于民或民心诚信的单向联系，它是关系社会治乱之"心"。韩廷一先生对这一问题的辨析可谓切中肯綮：

> 就政治论政治，食为民之天，兵为民之卫，信为民之心。仓廪实而武备修，教化行而民信于我，永不叛离。为政之道，不外治民生与民心，民心尤重于民生。❷

食物关乎生命，信念则关乎生存。民无食难以为生，然国无信不立。若失信于民，则天下大乱、民生凋敝，焉可谈食呢？郑永年先生说："一个没有道德的社会，无论你有多大的权力或多大的财富，都难以生存。没有道德、没有信任，社会到处就会是陷阱。"❸即从社会公德建设的角度来讨论"生存"的本质含义。其实"生存"于人而言是一个特殊的体系化的存在，而所谓道德，实则是平衡主观与客观、物质与意识、理想与现实、个体与社会、自我与他人等诸多方面，使社会体系平衡和稳定的节点；因而，此意义上的信任则是多方共同值守这一既有价值体系，主动维护这一平衡。如果只强调其中某一方面，则同样属于打破信任关系、破坏价值体系的行为，从而使整个体系分崩离析。这也正体现出德治的重要作用和意义。当然，如果不能全面正确诠释"德治"，把它仅仅当作个人的品德修为，并以

---

❶ 冷成金：《论语的精神》，上海古籍出版社2016年版，第326页。
❷ 韩廷一：《论语新解读》，台湾商务印书馆2016年版，第165页。
❸ 郑永年：《中国的文明复兴》，东方出版社2018年版，第56页。

固化的标准对个人强加约束，或者只是作为法治的对立面，而不是作为社会总体和长久利益角度去考虑，则自然会使其走向反面，成为历史的弃儿。

【标签】

子贡；为政；食；兵；信；无信不立

【原文】

棘子成曰："君子质而已矣，何以文为？"子贡曰："惜乎，夫子之说君子也！驷不及舌。文犹质也，质犹文也。虎豹之鞟犹犬羊之鞟。"

【解义】

此一章书，一是救①文胜②之弊，一是救质胜之弊，③皆维世④之深心也。

昔卫大夫名棘子成⑤者，见周末以靡文相尚⑥，而无忠实之心，乃立论曰：移风易俗之责，惟君子是赖。君子诚欲转移风化⑦，但朴素诚实，不失本来之质足矣，何必虚文⑧以相尚哉？

子贡闻而正之曰：人皆逐末，而夫子⑨之意独在崇本，其所立论⑩，诚君子维世之心也。但惜乎意虽美而言未善，虽驷马⑪之速亦不能追及其舌矣。盖人之为道，无质不立，无文不行，有文不可无质，有质亦不可无文，文与质可相有，而不可相无也。若尽去其文而独存其质，则君子小人无以辨，即如虎豹之鞟⑫不犹夫犬羊之鞟邪？此夫子之言为未善也。

夫文非质无以立，而质非文无以行，内外轻重，原自较然⑬。由棘子成之言固已矫枉过正⑭，而子贡之论亦浑然而无所别，必如孔子文质彬彬之说⑮，而后为大中至正⑯、万世无弊之道也。

【注释】

①救：纠正。

②③文胜、质胜：[雍也第六·十八]：子曰："质胜文则野，文胜质则史。文质彬彬，然后君子。"（质朴超过了文采，就会粗野；文采超过了质朴就浮华。文采和质朴相辅相成，配合恰当，这才是君子。）

④维世：维护世道。

⑤棘子成：春秋时卫国人。

⑥靡文相尚：浮靡文饰之风浓重。相尚，相互推崇。
⑦风化：风教（风俗教化），风气。
⑧虚文：虚浮不诚的形式。
⑨夫子：此为子贡对棘子成的尊称。
⑩立论：提出看法，作出结论。
⑪驷马：指驾一车之四马。
⑫鞟：音 kuò，皮革。
⑬较然：明显貌。
⑭矫枉过正：纠正偏差而超过应有的限度。
⑮孔子文质彬彬之说：参本章注②。
⑯大中至正：极为中正（之道），博大、居于核心而至真至正（的学问）。可详参本书 [为政第二·四] 同名词条注释。

【译文】

这一章，一方面是纠正夸饰不实的弊病，另一方面是纠正重质轻文的偏见，其实这都是维护世道的深切用心。

当年卫国一个叫棘子成的大夫，看到周朝末年浮靡夸饰的风气愈演愈烈，而忠诚实在的思想荡然无存，于是得出结论说：只能依托君子们来移风易俗，如果君子实在想转移风俗教化，只需要朴素诚实的内在，不失去其实质就足够了，何必用虚浮的形式进行包装呢？

子贡听到后就纠正他说：人们大都舍本逐末，但您却能够注重实质，您所得出的结论，也的确是以君子之心来维护世道。但是，很可惜您的意图很美好，但说得却不对，这可是一言既出驷马难追啊！一般而言，人们所追求的道，没有实质则无文饰可言，但有实质而无文饰则无法彰显，不为人知，所以寸步难行，故可以说文饰不能脱离实质，实质需要依托文饰，文质相生共存，但不能你死我活，势不两立。如果只要没有文饰的实质，那么还能依凭什么来区分君子和小人，就像去除了花纹的虎豹的皮革与狗羊的皮革有什么区别？这是您说话不到位的地方啊。

文饰如果不依托于实质则难以独立存在，而实质性的东西如果不凭借文饰也很难推广，内在与外表，孰轻孰重，本来就不言自明。据棘子成的话来说，本就是矫枉过正了，但子贡的辩驳也简单等同了文、质，而最可信从的，乃是孔子的"文质彬彬"说，然后才能践履不偏不倚、至真至正之道，并经得起历史考验。

【评析】

冯梦龙《四书指月》解本章道:"子成欲去伪文,恐小人上拟❶乎君子;子贡欲存真文,恐君子下混于小人。"❷ 直指二人论辩之核心,极精妙。以夫子"文质彬彬"说为旨归,《解义》得之。

【标签】

棘子成;子贡;质;文;文质彬彬

【原文】

哀公问于有若曰:"年饥,用不足,如之何?"

有若对曰:"盍彻乎?"

曰:"二,吾犹不足,如之何其彻也?"

对曰:"百姓足,君孰与不足?百姓不足,君孰与足?"

【解义】

此一章书,见足国莫先于足民也。

哀公问于孔子弟子有若曰:今者年岁①饥荒,国用匮乏,将何策以济其困乎?(盖哀公之意欲加赋以足用耳。)

有若对曰:国家之用原取足于民,若取之有制②,用之有经③,则国用常足而无凶年④之患。君欲足用,盍⑤行我周彻法乎?

公曰:彻⑥者,什一取民之制也。我鲁自宣公税亩⑦以来,已十分取二,至今用犹不足,如何更行彻法乎?

有若对曰:君民原属一体,彻田之制,正通乎上下而为之计也。如彻法行,则井地均而谷禄平⑧,取民有制而民无暴征⑨之虞⑩,是百姓足矣。百姓既足,则输⑪将恐后,凡军、国之需自无匮乏——是藏之田野者,非即藏之府库⑫者乎?与君不足者无有也。若彻法不行,井地不均,谷禄不平,

---

❶ 拟:模仿,假装。

❷〔明〕冯梦龙:《四书指月》,《冯梦龙全集》第21册,李际宁、李晓明校点,江苏古籍出版社1993年版,第163页。

取民无度，而民有贫窭⑬之苦，是百姓不足矣。百姓不足则正供⑭维艰，岂有赋税不前而经费⑮不缺者乎？是孰与君以足者乎？

可见，国用之足与不足，惟百姓与之。有国者不当以足用为念，而当以爱民为心。

盖民犹子也，君犹父也，岂有子富而父独贫者？诚知君民之一体，而后信"藏富于民"⑯"损上益下"⑰之说之非迂也。

【注释】

①年岁：年成，年景。

②制：节制。

③经：原则。

④凶年：荒年。

⑤盍：何不。

⑥彻：周代的田税制度，即下文"什一取民之制也"。《孟子·滕文公上》："夏后氏五十而贡，殷人七十而助，周人百亩而彻，其实皆什一也。"即统治者按若干年的土地平均产量征收十分之一的实物。

⑦宣公税亩：鲁宣公十五年（前594）实行的按亩征税的田赋制度。按井田征收田赋的制度，私田不向国家纳税，因此国家财政收入占全部农业产量的比重不断下降。鲁国实行初税亩，即履亩而税，按田亩征税，不分公田、私田，凡占有土地者均按土地面积纳税，税率为产量的十分之一（即"彻"）。

⑧井地均而谷禄平：《孟子·滕文公上》："夫仁政必自经界始，经界不正，井地不钧，谷禄不平，是故暴君污吏，必慢其经界。经界既正，分田制禄，可坐而定也。"（所谓仁政，首先必须从分清田土的经纬之界着手。经纬之界不正，井田就不会平均，作俸禄的税赋就不会公平。所以暴虐君主和腐败官吏往往在边界划分上不那么严格，以便从中得到更多的收入。田土的经纬之界一旦划分正确，怎样分配田土和俸禄就很容易解决了。）

井地：井田。井田制是我国奴隶社会的土地国有制度，西周时盛行。以方九百亩为一里，道路和渠道纵横交错，划为九区，形如"井"字，故名。其中为公田，外八区为私田，八家均私百亩，同养公田。公事毕，然后治私事。（据《孟子·滕文公上》）井田制是否真的存在尚有存疑。而井田制所代表的公有制的消解尚有迹可循。鲁宣公十五年（前594），鲁国施行初税亩，公有制开始消解；战国时期，秦国商鞅变法，"为田，开阡陌封疆"（《史记·商君列传》），彻底打破井田制，鼓励私人开发土地，推行土地个人私有制。秦汉以后，实行井田制的社会基础已不复存在，但其均分共耕之法及其所代表的"三代"典范，对后世的影响却极为深远。

谷禄：春秋晚期，封土赐田制度就逐渐被谷禄制度代替了。所谓谷禄制，即不是授予贵族封邑食田，而是按其官职地位的不同授予其相应数量的谷物作为俸禄。

⑨暴征：强行征收。

⑩虞：忧虑。

⑪输：交出，献纳。

⑫府库：旧指国家贮藏财物、兵甲的处所。

⑬贫窭：贫乏，贫穷。窭，音jù。《诗经·邶风·北门》："出自北门，忧心殷殷。终窭且贫，莫知我艰。已焉哉！天实为之，谓之何哉！"（我从北门出城去，心中烦闷多忧伤。既受困窘又贫寒，没人知我艰难样。既然这样算了吧，都是老天安排定，我有什么办法想！）

⑭正供：常供，法定的赋税。

⑮经费：旧指国家经常性的费用。

⑯藏富于民：把财富储存在民间。即让老百姓生活富裕，从而使国力强盛。明余继登《典故纪闻》卷四："太祖谕侍臣曰：'保国之道，藏富于民，民富则亲，民贫则离，民之贫富，国家之存亡系焉。'"

⑰损上益下：减少君上的权利以施惠下民。《周易·益》："损上益下，民说无疆；自上下下，其道大光。"详参本书 [子罕第九·二十二]"日进无疆"词条注释。

【译文】

这一章是说，要想使国家富足，就要先让百姓富足。

鲁哀公问有子说：现在年成不好，国力匮乏，该怎么做才能解决财政困难啊？（哀公暗示需要增加税赋来弥补财政漏洞。）

有子回答说：国家的物资本就取自百姓，如果敛取有所节制，而且依据一定的原则使用，就会使国库充足，甚至连灾荒之年也不用担心。主上您如果想使物资充足，何不采用我们周朝的彻法呢？

鲁哀公马上说道：彻法，才征收十分之一的税，可是从宣公的时候，已经开始采用了初税亩的制度，对公私田地均征收十分之二的税，可是即便如此，在当今都还不够用，怎么再降低税赋，施行彻法呢？

有子回答说：君民本就是一体的，对田地施行彻法，正是上下通盘考虑，兼顾各方利益的办法。如果推行彻法，那么就会使井田平均分配，用于俸禄的税赋也合理征收，取利于民但有所节制，而且使他们没有对横征暴敛的担忧，那么就会使百姓富足。百姓既已富足，就连缴税的时候都会争先恐后，这样军队、国家的物资需求自然不会匮乏——把物资藏存于百姓之田野，不就等于藏存于国家的仓库之中了吗？这样主上就不会有什么匮乏的了。但如果不实行彻法，土地分配不均，税赋征收不公，过度剥削百姓，使他们贫困交加，自求不顾。如果这样的话，他们还怎么纳税充公，一旦他们无法纳税服役，就连国家正常运转的费用都没有了。还有谁能够给主上进行供给呢？

因此可知，国家财用的充足与否，都是源自百姓。主政国家的人不应一门心思考虑财用是否充足，而是应该专注于爱护百姓。

大概百姓就像儿女，君主就像父母，哪里有儿女富有而父母贫困的呢？如果明白了君民一体、互惠共存的道理，就会知道"藏富于民""损上益下"之类的说法并非浮泛迂腐之辞了。

【评析】

本章多取义于《孟子·滕文公上》。在中国的历史上，井田制虽从未真正实现过，但其所代表的公有制理想，却从未在历代治政方略上缺席，就此而言，孟子对井田制的阐发及其影响，其实亦不过演绎着孔子"足食、足兵、民信"的基本为政条件（[颜渊第十二·九]），是对孔子学说的延伸和发挥。本章论说之焦点，即主张"藏富于民"（详见本章该词条注释），而其亦不过在"食"和"兵"两个非常具体的物质条件上实现"信"的问题。

【标签】

鲁哀公；赋税；井田制；藏富于民

【原文】

子张问崇德辨惑。子曰："主忠信，徙义，崇德也。爱之欲其生，恶之欲其死。既欲其生，又欲其死，是惑也。（'诚不以富，亦祇以异。①'）"

【解义】

此一章书,是言,治心之学贵于诚与明也。

子张问于孔子曰:得于心之谓德,而德何以崇?蔽于心之谓惑,而惑何以辨?(此盖欲求进于高明②也。)

孔子告以切己③之功,曰:德之欲崇④也,必须先立其本,而加以培益⑤之功夫。吾心之诚实真切者,忠信是也,要当常存于内,使为主宰,而无一毫之虚伪,则其本立矣。然忠信而或有拘牵⑥,则不合于义,而亦为德之累也。故于义之所在,又须随时迁徙,使合乎宜,则内外兼资⑦,表里交养,而德有不崇者乎?

至于欲惑之辨,亦当知其所为惑者,而惑自辨矣。如人之生死皆有一定之命,非因乎人之爱恶为转移也。有如爱是人也,则欲其生,究之,徒有是欲,不能使之生也;恶是人也,则欲其死,究之,徒有是欲,不能使之死也。况止此一人耳,忽而爱之,既欲其生,忽而恶之,又欲其死,总此一念,爱、恶之私变迁无常,直欲使造化⑧生死之权随我转移,岂非惑邪?诚一返心自思,则惑自辨矣。

总而言之,君子修德,必本于存诚而去蔽,莫先于穷理⑨。诚立则德日隆,理明则知自至,有志者亦惟加之意⑩而已。

【注释】

①诚不以富,亦祇以异:本句出自《诗经·小雅·我行其野》,但与文意无关。程颐认为是错简所致。故《解义》(本书所本四库全书文渊阁版)所用《论语》原文并未录入此句。《解义》相应地将其置入[季氏第十六·十二]中进行解释,但只是间接引用,亦并未在原文中置入该句。《诗经》本句原作:"成不以富,亦祇以异。""诚"为本字。另,"祇"同"只",而多有版本作"祗",虽古代视"祇""祗"为异体字,但视其本义,"祇"一音作 zhǐ,意同"只"(zhǐ),而"祗"只有一音 zhī,义为敬、恭敬,本义悬殊,非为本字,故此处应作"祇"而非"祗",以免误解。

②高明:特指君子修为达到高大光明的境地,上配于天,以普惠万物。出自《礼记·中庸》,引文详解可参本书[里仁第四·十一]"高明"词条注释。

③切己:切身。

④崇:高,提升。

⑤培益:培,益也。

⑥拘牵：拘泥。
⑦资：资助，供给。
⑧造化：自然界的创造者。亦指自然。
⑨穷理：即"穷理尽性"，穷究天下万物的根本原理，彻底洞明人类的心体自性。出自《周易·说卦》。可详参本书［学而第一·一］"穷理尽性"词条注释。
⑩加之意：加意，注重，特别注意，特别用心。

【译文】

这一章是说，治心在诚明。

子张向孔子请教说：内心有所自得称为"道德"，然而怎样提升道德呢？心灵受到遮蔽称之为"迷惑"，然而又怎么辨别迷惑呢？（这大概是想提升自我，达到高大光明的境地。）

孔子就告诉他切身修为的方法，说：要想提升道德，首先要树立其根本，再不断有增益之用功。我内心的诚实真切，就是"忠信"，忠信之心要坚定不移，主导一切，没有丝毫虚伪，这样根本就树立了。但如果为忠信而忠信，有所执着和游离，就不是发自内心的忠信了，这反而无益于修为道德。所以忠信之心要根据道义的要求，随时保持因循变化，使其合情合理，这样就会使一个人内外表里保持一致并相互支撑和滋养，这种情况下自然会提升道德。

至于想要辨别迷惑，就应知道为何所迷惑，那么自然就知道怎么辨别了。比如说，人的生死都是由命数决定的，并不受人的主观好恶所左右。爱一个人就想要他一直活着，探究起来，只不过是个愿望而已，并不能真的使他一直活着；厌恶这个人，就想要他马上死去，探究起来，也只是个愿望而已，再厌恶也不会让他马上死去。况且，就是只对着这一个人，忽而爱他，就希望他永生，转眼间厌恶他，就恨不得他暴死，就那么一念之间，因个人私心而爱憎无常，简直就是想使天地造化决定生死的权力根据个人意志来支配，这不是最大的迷惑吗？如果真的能够自反自省，这些迷惑自然不成其为迷惑了。

总而言之，君子修为道德，一定要以真诚为本而去除遮蔽，而这就要先穷究天下万物的根本原理。一旦树立诚信的根本，那么道德定会逐日高隆，而如果了悟万物的根本道理，那么智慧也就源源不断，有志于此的人只要不断用心于此就可以了。

【评析】

崇德就是主忠信、亲仁义之"尊德性",辨惑就是用功夫、事上见之"道问学"。"尊德性,所以存心而极乎道体之大也。道问学,所以致知而尽乎道体之细也。"(朱熹《中庸章句集注》)前者为存心养性,先立其大者;后者为格物致知,欲见诸行事。两者本不可分,而宋儒以后,"尊德性"与"道问学"渐成为中国思想界的两大主流,并在清代最终形成其完整理论建构,并引发旷日持久的汉学与宋学之争,堪称中国思想史之一大奇观。此概可肇源于本章师徒日常之议论,实为学术史上"蝴蝶效应"之一例。夫子一言而成史,一字而成学,信夫!

又,[颜渊第十二·二十一]中,樊迟从孔子游于舞雩之下,亦有类似之问。明冯梦龙《四书指月》云:"德本诸性,惑生于情。至诚而无妄者,性也,'崇'在还其所固有;幻出而无端者,情也,'辨'在究其所本无——都是治心工夫。子张主意只要高明,夫子告以切近之功。"❶从性、情角度分解,亦然分明;又以夫子为因人施教之语,及其夫子与樊迟语,同样命题而讲解各不相同,且极详明,可知夫子教习用心之深也。

【标签】

子张;崇德;辨惑;尊德性;道问学;爱之欲其生,恶之欲其死

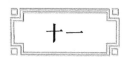

【原文】

齐景公问政于孔子。孔子对曰:"君君,臣臣,父父,子子。"公曰:"善哉!信如君不君,臣不臣,父不父,子不子,虽有粟,吾得而食诸?"

【解义】

此一章书,见为政在于尽伦①也。

齐景公②一日问为政之道于孔子。孔子曰:为政固自多端,而其要则在于尽伦。必为君者主治于上而止于仁,为臣者承事于下而止于敬;为父者

---

❶ 〔明〕冯梦龙:《四书指月》,《冯梦龙全集》第 21 册,李际宁、李晓明校点,江苏古籍出版社 1993 年版,第 165 页,标点有改动。

作则于前而止于慈，为子者祗载③于后而止于孝。斯大伦既敦④，而治理可由此而举。君臣、父子，岂非人道之大纲，而为政之根本与？

景公闻而叹曰：善哉此言，真切要之论也！信如君不尽君道，则不成其为君；臣不尽臣道，则不成其为臣；父不尽父道，则不成其为父；子不尽子道，则不成其为子。君、臣、父、子，彝伦既斁⑤，则纪纲⑥法度亦文具⑦耳，欲其长治久安必不可得。即使仓廪充实，米粟丰盈，吾亦安得而享之邪⑧？

盖景公失政⑨，纲常⑩倒置，启乱召变⑪非一日矣。追善孔子之言而又不能用，卒之乱之生也，果不出于君臣、父子之间。⑫信乎，为政者必以敦伦为要也！

【注释】

①尽伦：尽心力于人伦。

②齐景公：（？—前490），姜姓，吕氏，名杵臼，齐灵公之子，齐庄公之弟。齐庄公迷恋上大夫崔杼的妻子棠姜并与之私通，致使"崔杼弑君"而齐景公上位。齐景公任用晏婴、司马穰苴等人，将齐国治理得井井有条。此后齐景公纵情声色，不辨忠奸，贪婪无度，横征暴敛，致使民怨沸腾，国势衰落。孔子的人生与齐景公有"不解之缘"：据《史记·孔子世家》，孔子三十五岁时，齐景公问政于孔子（即本章所载），齐景公对孔子的言论深以为然，但遭到重臣晏婴的反对，所以并未能任用孔子。鲁定公十年（前500，孔子五十二岁）春，齐景公与鲁定公在夹谷相会，时任代国相的孔子力挫齐国君臣，取得巨大胜利。四年后，孔子任鲁国大司寇代国相，引起齐国恐慌，于是齐国用美女良马贿赂离间鲁国君臣，孔子因此被统治者疏离并主动辞职。

③祗载：恭敬行事。祗，音zhī，敬，恭敬。

④大伦既敦：敦，勉励。伦，伦常。敦伦，敦睦人伦。大伦，基本的伦理道德。董仲舒《春秋繁露·必仁且智》："何谓仁？仁者，憯怛爱人，谨翕不争，好德敦伦，无伤恶之心，无隐忌之志，无嫉妒之气，无感愁之欲，无险诐之事，无辟违之行，故其心舒，其志平，其气和，其欲节，其事易，其行道，故能平易和理而无争也，如此者，谓之仁。"（什么叫作"仁"？仁就是：忧伤痛苦地爱护别人，恭敬和合而不争斗，喜好并诚恳地敦睦人伦道德，毫无害人之心，不会暗中忌恨，不会心生嫉妒，没有抱怨抑郁的心态，不做阴险邪僻的事情，杜绝邪恶乖僻的行为。这样的人心情舒畅，心平气和，清心寡欲，容易相处，而行为合道，所以他能够平和易

处，言行合理而与世无争。这样的德行，就叫作"仁"。）

⑤彝伦既斁：伦常既已败坏。《尚书·洪范》："帝乃震怒，不畀洪范九畴，彝伦攸斁。"（天帝大怒，就没有把九种大法传给鲧，因而它们本是治国安民的常理，却因此遭到了破坏。）彝，音yí，常。斁，音dù，败坏。

⑥纪纲：法度。

⑦文具：谓空有条文。

⑧即使仓廪充实，米粟丰盈，吾亦安得而享之邪：实际上，齐景公并未真正认识到这一点的作用和意义。参［季氏第十六·十二］中对齐景公的述评："齐景公有马千驷，死之日，民无德而称焉。"（齐景公有马四千匹，死的时候，却没有谁觉得他有什么好处值得称道。）仓廪，贮藏米谷的仓库。廪，音lǐn。

⑨失政：政治混乱。

⑩纲常："三纲五常"的简称。详参本书［学而第一·七］同名词条注释。

⑫启乱召变：开启了变乱的序幕。

⑬迨善孔子之言而又不能用，卒之乱之生也，果不出于君臣、父子之间：指齐景公临终忘记了孔子当年的敦伦告诫，不听众臣劝阻而废长立幼，让宠妾鬻姒之子荼嬖（又名"孺子"，齐景公在其小时，把绳子拴在牙齿上给他当牛，孺子跌倒，把景公牙齿拉掉。此即"俯首甘为孺子牛"的典故，可见景公对其溺爱之心。）接任。景公死后不久，田乞（陈乞）乘虚发动政变，另立公子阳生，自立为相。从此田氏掌握齐国国政，史称"田氏代齐"。迨，音dài，将近，差不多。卒，终于。

【译文】

这一章是讲，为政之道在于尽心力于人伦。

齐景公有一天向孔子询问为政之道。孔子就说道：为政自然头绪多端，但最重要的是处置人伦关系。一定是要君主在上面统治而坚持仁义，要大臣在下面做事而保持诚敬；当父亲的以身作则并尽心慈爱，当儿子的恭敬行事而以孝为先。如果能够敦睦这些基本的伦理，那么治理起来就轻而易举。君臣、父子关系，就是人道的基础纲目和为政的根本原则啊。

景公听了这番话后，不禁感叹道：说得真好啊，真是切中肯綮之论！诚然，如果君主不遵守君主的道义，那就不配做君主了；大臣不恪守为臣的职属，那就不配做大臣了；父亲不履行为父的责任，那就不配当父亲了；儿子不尽人子的孝道，那就不配当儿子了。君、臣、父、子，如果这几种

（使臣民和睦相处的）治国安民的常理业已败落，那么一切法规法纪就是一纸空文，形同虚设了，又何谈这个国家的长治久安呢？哪怕是仓库里粮食谷物充足丰富，又哪里能够真正享用它们呢？

大概是因为景公时政治混乱失序，纲常颠倒失衡，冰冻三尺非一日之寒，其引发变乱的行为早已有之了。景公当时赏识孔子的话却并未真正采纳，最终招致混乱，自食其果，果真是因为破坏了君臣、父子的伦理关系/准则。的确，为政者一定要将敦睦伦理作为根本性的任务来做。

【评析】

说者有心，听者无意。孔子所谈的是理想治政原则：君臣父子各负其责，各安其位，因而推动构建纲举而目张、名正而言顺的治理体系和价值体系平行发展的理想社会。而齐景公所理解的，恰是非常现实的政治秩序：君臣父子各安其位，各尽其道，所以这样子我才好坐稳自己的位置，大家都唯我是从，因此事情也就好办了。表面上齐景公赞同孔子，但实际上是出自极大的误解。这种误解恰是孔子施政原则的死敌，因为孔子强调的是权责对位，而齐景公理解的则是权位对位，两者实际上是对立和背反的。孔子后因晏婴的阻挠而未获得在齐国的施政机会，这也因此阻断了孔子与齐景公深入交流和共事的可能性，否则孔子会否遭遇齐景公的打压和抛弃也为未可知。所以就孔子一生寻找施政机会而不得的遭遇来看，这个"美丽的误会"不知道幸也，否也？

似自朱熹始，将此番对话与齐景公晚年传位、田氏夺政联系起来，以证孔子所见臻至与景公为政之失。似乎很有道理。然而论说与现实之间本就缺乏契合度，只以结果论得失，尚且不足为据。

【标签】

齐景公；君君，臣臣，父父，子子；正名

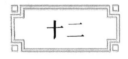

十二

【原文】

子曰："片言可以折狱者，其由也与？"
子路无宿诺。

【解义】

此一章书，见服人贵于素养①也。

孔子曰：凡人各怀求胜之心，而讼②成焉。讼则情伪③多端，变诈百出。听讼者虽竭❶力讯鞫④，多不能得其情而使之服。若不事繁词推问⑤，而止于片言⑥之下剖断曲直，各得其宜，无不爽然输服⑦者，其惟仲由⑧也与？

盖仲由为人忠信明决⑨，故足以服人如此，是盖非以言折⑩，直以心折之也。门人因孔子之言遂记之曰：子路平日未尝以一言负人，有所应诺，必❷急践之而不留宿⑪。盖有言必践是其忠信也，无宿诺⑫是其明决也。彼服人有素⑬，故言出而人自服之。

夫子之所以许由者，乃在平日，固不必于折狱⑭之时，而亦不必有折狱之事也。然则观人者亦唯觇⑮其素行⑯，考其生平而后可乎？否则，漫然而许之，漫然⑰而信之，鲜不失之轻忽矣。

一字褒贬，严于衮钺⑱。唯圣人能之。

【注释】

①素养：平时的涵养。
②讼：在法庭上争辩是非曲直，打官司。
③情伪：真假。
④讯鞫：亦作"讯鞠"。审讯。
⑤推问：审问。
⑥片言：一方陈辞。"片言"，古人也叫作"单辞"。打官司一定有原告和被告，称"两造"。判决案件应根据两造之言，而不能仅凭一方之辞。（采杨伯峻注释）
⑦输服：认输。
⑧仲由：即子路。子路姓仲，名由，字子路，又字季路。
⑨明决：明达果决。
⑩折：判决。
⑪不留宿：不过夜。
⑫无宿诺：即上文："子路平日未尝以一言负人，有所应诺，必急践之而不留宿。"

---

❶ 竭：摘藻堂四库全书荟要本（同武英殿刻本）作"极"。
❷ 必：摘藻堂四库全书荟要本（同武英殿刻本）作"即"。

⑬有素：本来具有，原有；由来已久。
⑭折狱：判决诉讼案件。
⑮觇：音 chān，看，偷偷地察看。
⑯素行：平素之品行。
⑰漫然：随便貌。
⑱一字褒贬，严于衮钺：孔子根据鲁史编撰编年体史书《春秋》，起于鲁隐公元年，止于鲁哀公十四年，共242年历史。《春秋》用笔严谨，褒则称字，贬则称名，其引文用笔，常用一字寓意褒贬。因称"春秋笔法"。晋杜预《春秋经传集解序》："《春秋》虽以一字为褒贬，然皆须数句以成言。"衮钺，音 gǔnyuè，谓褒贬。古代赐衮衣（帝王上公的礼服）以示嘉奖，给斧钺以示惩罚，故云。

【译文】

这一章是说，要想使人信服，重在平时的涵养。

孔子说：人们都急于求胜，因此就容易产生争讼。这样的争讼，也就容易伪作要诈。因此即便断案的人竭尽全力来审讯，也多半不会掌握真实的情状，并做出使各方信服的判断。如果不使用繁多的问讯来审理，而只是通过一方陈词就下定论、断曲直，使双方都认为合理而爽快地认同，大概只有仲由能够做到这样吧！

大概因为子路为人忠实诚信而明达果决，所以足够使人信服，这不是根据言辞进行判决，而是以其心性进行判决的。门人借着孔子的话记录：子路平时言出必行，从不食言，对人有所承诺就马上去做，事不过夜。言出必行是其忠实诚信的一面，事不过夜是其明达果决的一面。他从来都是让人信服，所以在断案的时候所说的也都使人信服。

孔夫子之所以赞许子路，是因为他在平时的表现，并不只因为他在判决诉讼案件的时候。所以，对人的考察，也要看他一贯的行为，对他的生平所为进行全面的考察才可以。不然的话，只是随意地夸许，随意地相信，那就太掉以轻心了。

（通过孔子对子路的评价来看，）能够通过一个字寓褒贬评价，严格地进行奖惩，恐怕只有圣人才具备这样的能力吧。

【评析】

本章所述亦乃所谓"无信不立"之意。

何以信？但见其一贯之行事风格而已。子路断案，出于公心，基于直觉，因于性格，成于声誉。以其行为处事，判决结果瑕疵恐怕不少，但是非清楚，奖惩分明，两相比较，百姓乐得其所。所以夫子如是说，《论语》如是记，没有什么毛病。

个人有诚信，政府有公信力，如此做事才有能效，甚至可以在信任的基础上节省某些过度的程序，从而减少社会消耗，创造更多价值。

本篇从［颜渊第十二·七］子贡问为政之要而强调"民信"以至于本章，诸章皆蕴含"信"的思想。所谓"信"，即以公平正义维护社会公共利益最大化。它既是目标，又是手段，也必然产生"善"的结果。"世上一切学问（知识）和技术，其终极目的各有一善；政治学术本来是一切学术中最重要的学术，其终极目的正是为大家所最重视的善德，也就是人间的至善。政治学上的善就是'正义'，正义以公共利益为依归。"亚里士多德如是说。❶

【标签】

子路；片言折狱；人格；无信不立

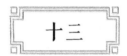

【原文】

子曰："听讼，吾犹人也。必也使无讼乎！"

【解义】

此一章书，是言治贵崇本也。

孔子曰：为治者当图其本，若徒治其末，非上理也。如民有争讼，而为上者审其是非，晰①其情伪②，吾亦可以及人也。必也正本清源③，有所以感格④于先，使民知耻向化⑤，相率⑥而归于无讼乎。然此非有法以驱之也，盖平日道之以德，齐之以礼，⑦潜消默夺⑧，若或使之⑨耳。

可见为治者不贵有听讼⑩之才，而贵乎无讼之可听，此本之所以当崇，而不必徒治其末也。《记》曰"大畏民志，此谓知本"⑪，《尚书》曰"刑期于无刑，民协于中"，⑫其斯之谓与！

---

❶ ［古希腊］亚里士多德：《政治学》，吴寿彭译，商务印书馆1965年版，第151-152页。

【注释】

①晰：辨明，分析。
②情伪：真假。
③正本清源：从根本上加以整顿清理。
④感格：谓感于此而达于彼。
⑤向化：归化，顺服。
⑥相率：相继，一个接一个。
⑦道之以德，齐之以礼：[为政篇第二·三]：子曰："道之以政，齐之以刑，民免而无耻；道之以德，齐之以礼，有耻且格。"（夫子说："用政法来引导他们，使用刑罚来整顿他们，人民只是暂时地免于罪过，却没有廉耻之心。如果用道德来引导他们，使用礼教来整顿他们，人民不但有廉耻之心，而且人心归服。"采用杨伯峻译，略有改动。）道，同"导"。
⑧潜消默夺：谓暗中消除或不露形迹地改变；潜移默化。
⑨若或使之：即"莫或使之，若或使之"，表面上没有要求一定要他们怎样，但实际上却影响到他们那样去做。
⑩听讼：听理诉讼，审案。
⑪《记》曰"大畏民志，此谓知本"：《礼记·大学》："无情者不得尽其辞，大畏民志。此谓知本。"（使那些违背实情的人，不敢尽狡辩之能事，因为十分敬畏民心。这就是把握了治政的根本。）
⑫《尚书》曰"刑期于无刑，民协于中"：《尚书·大禹谟》："帝曰：'皋陶，惟兹臣庶，罔或干予正。汝作士，明于五刑，以弼五教，期于予治。刑期于无刑，民协于中。时乃功，懋哉。'"（舜说："皋陶，希望你们这些大臣，不要干扰我们的正道。你担任法官，明悉五种刑罚，来助益五种教化，以期实现我们的政治理想。使用刑罚是希望达到不使用刑罚的目的，使百姓的行为都能合于正道。这是你的功绩所在，好好努力吧。"）

【译文】

这一章是说，治政重在治本。

孔子说：治政者要正本清源，而若舍本逐末，那就不是上策了。比如说，民间发生诉讼，在上者审查其是非对错，辨别其真假好坏，我在这方面的能力跟一般人也差不多。所以真正要做的，是要正本清源，做好事先的教育感化，使民众受教化，知荣辱，彼此影响，达到自觉守礼知法，乃至于不再产生争讼的事情。然而产生这样的情势，并不是依靠法规驱策所能使然，而是在平时能够以道德为先导，以礼仪来熏陶，潜移默化，虽然不强求他们那样做，而实际上也无形中影响他们那样去做。

可见治政者真正重要的不是有审案判决的才能，而是使社会公平而不起争端，无争讼可判，这就是应当重视本源，抓住根本，而不必在细枝末节上劳神费力。《礼记·大学》上说"大畏民志，此谓知本"（使社会敬畏民心正道，这就是抓住了治政的根本），《尚书·大禹谟》上说"刑期于无刑，民协于中"（使用刑罚是希望达到不使用刑罚的目的，使百姓的行为都能合于正道），说的也都是这个道理吧！

【评析】

"无讼"二字，亦《论语》中一极大命题，关涉礼治/德治与法治关系的协调。此协调又决定中国传统社会治理方式之调整，因此铺衍而成古代中国司法思想史的一条主线。

关于孔子"无讼"的主张，后世《荀子》《说苑》《孔子家语》和《韩诗外传》等典籍均用"父子讼"同一事件演绎其说，但表述有所不同。此处仅取《孔子家语》与《韩诗外传》两处文字：

孔子为鲁大司寇，有父子讼者，夫子同狴执之，三月不别。其父请止，夫子赦之焉。季孙闻之不悦，曰："司寇欺余。曩告余曰'国家必先以孝'，余今戮一不孝以教民孝，不亦可乎？而又赦，何哉？"

冉有以告孔子。子喟然叹曰："呜呼！上失其道而杀其下，非理也。不教以孝而听其狱，是杀不辜。三军大败，不可斩也。狱犴不治，不可刑也。何者？上教之不行，罪不在民故也。夫慢令谨诛，贼也；征敛无时，暴也；不试责成，虐也。政无此三者，然后刑可即也。《书》云：'义刑义杀，勿庸以即汝心，惟曰未有慎事。'言必教而后刑也。既陈道德以先服之，而犹不可，尚贤以劝之；又不可，即废之；又不可，而后以威惮之。若是三年，而百姓正矣。其有邪民不从化者，然后待之以刑，则民咸知罪矣。《诗》云：'天子是毗，俾民不迷。'是以威厉而不试，刑错而不用。今世则不然，乱其教，繁其刑，使民迷惑而陷焉，又从而制之，故刑弥繁而盗不胜也。夫三尺之限，空车不能登者，何哉？峻故也。百仞之山，重载陟焉，何哉？陵迟故也。今世俗之陵迟久矣，虽有刑法，民能勿逾乎？"（《孔子家语·始诛第二》）

传曰：鲁有父子讼者，康子欲杀。孔子曰："未可杀也。夫民不知父子讼之为不义久矣，是则上失其道。上有道，是人亡矣。"讼者闻之，请无讼。

康子曰："治民以孝，杀一不义，以僇不孝，不亦可乎？"

孔子曰："否。不教而听其狱，杀不辜也；三军大败，不可诛也；狱谳不治，不可刑也。上陈之教而先服之，则百姓从风矣；邪行不从，然后俟之以刑，则民知罪矣。夫一仞之墙，民不能逾，百仞之山，童子登游焉，凌迟故也。今其仁义之陵迟久矣，能谓民无逾乎？《诗》曰：'俾民不迷。'昔之君子道其百姓不使迷，是以威厉而刑措不用也。故形其仁义，谨其教道，使民目晰焉而见之，使民耳晰焉而闻之，使民心晰焉而知之，则道不迷，而民志不惑矣。《诗》曰：'示我显德行。'故道义不易，民不由也；礼乐不明，民不见也。《诗》曰：'周道如砥，其直如矢。'言其易也；'君子所履，小人所视。'言其明也；'睠言顾之，潸焉出涕。'哀其不闻礼教而就刑诛也。夫散其本教而施之刑辟，犹决其牢而发以毒矢也，不亦哀乎！故曰：未可杀也。昔者，先王使民以礼，譬之如御也。刑者，鞭策也，今犹无辔衔而鞭策以御也。欲马之进，则策其后，欲马之退，则策其前，御者以劳，而马亦多伤矣。今犹此也，上忧劳而民多罹刑。《诗》曰：'人而无礼，胡不遄死！'为上无礼，则不免乎患；为下无礼，则不免乎刑。上下无礼，胡不遄死！"

康子避席再拜曰："仆虽不敏，请承此语矣。"

孔子退朝，门人子路难曰："父子讼、道邪？"

孔子曰："非也。"

子路曰："然则夫子胡为君子而免之也？"孔子曰："不戒责成，虐也；慢令致期，暴也；不教而诛，贼也。君子为政，避此三者。且《诗》曰：'载色载笑，匪怒伊教。'"（《韩诗外传》卷三）

故事中针对的不是诉讼事件本身，而是季康子"杀一儆百"的政刑思想，孔子针锋相对地指出，如果仅就诉讼事件来处理，而不追究问题的实质与根源，反而于事无补，因此他顺理成章提出政治教化的主张。《孔子家语》对事件原委说明得较清楚，《韩诗外传》则对问题的讨论更加深入、细致。此外，《荀子·宥坐》中文字与上类似，无甚差异；《说苑·政理》的表述则较为简略。当然，四者观点基本一致：百姓的一切表现都与为政者之质素有关，因此为政者要为百姓负责到底，包括他们所犯的错误。如果从根本上处理不好治理者与被治理者之间的关系，则因此所产生的后果自然要归咎于治理者。这在《论语》中便有清晰的表述：

孟氏使阳肤为士师,问于曾子。曾子曰:"上失其道,民散久矣。如得其情,则哀矜而勿喜!"([子张第十九·十九])

孟氏让阳肤当典狱官,阳肤向曾子请教为官之道。曾子就告诉他:现在社会上层背离政道,在下的老百姓长期处于混乱无序的状态中。(他们犯错并非仅仅是由于自身原因造成的,)因此,即便你判明罪责,也不要为此沾沾自喜,而应心怀悲悯。

《论语》是政治书,但不是直接讲如何治民,而是重点关注并提醒为政者如何进行自我定位和调整,从个人修为到政策制定,都充满主体意识。面对当时社会,孔子仍然坚持"道之以德,齐之以礼",而非"道之以政,齐之以刑"。([为政篇第二·三])仅就孔子所处之时代而言,"无讼"固然过于理想,但究其因,这不过是对当时凡事以法治倾向的一种抵制或对冲。因而折射出鲜明的时代因素:随着社会发展,各共同体内部利益关系的突破与共同体之间关系的协调,都需要平等适用的依据,以治理标准化、客观化的法律观念就日益滋长,因此"共同体根基上的道德与法律社会根基上的法律在各处都发生冲突"❶。儒家的本质在于,"儒教是由孔子吸收共同体意识而创立的。所以说它是与共同体共命运的"❷;而"法家反对儒家礼治思想的一个重要立足点是认为礼治中所包含的亲疏和上下等级的差等化对待,会导致社会因关注家族的利益而损害国家的公义"❸,两者发生冲突实属必然,且其冲突结果成为影响中国历史进程的重要因素。

就社会治理而言,法律刑狱所针对的是人性的恶,而礼治教化所培养的是人性的善,两者实际上是相互补充和相须为用的,从来都不是孰有孰无、孰先孰后的问题,而是孰轻孰重、孰缓孰急的问题。对其中一方的强化,往往又体现出社会内在机制调整的节奏。此可以从康有为推行读经以倡德礼之治主张的时代遭遇说起。

1915年,袁世凯复辟帝制,范静生(字源濂)与梁启超、蔡锷等人积极从事倒袁运动,坚决反对复古逆流。袁世凯死后,段祺瑞任国务总理,组织新政府,任命范静生为教育总长,这是其第二次主持教育部工作。他召开教育行政会议,撤销袁时教育政策,禁小学读经,重新制定、颁布大学章程,并按专业分科。此举于国民文化教育影响深远。康有为作为读经

---

❶ [日]加地伸行:《论语之心》,林秋雯译,湖南人民出版社2021年版,第223页。
❷ [日]加地伸行:《论儒教》,于时化译,齐鲁书社1993年版,第78页。
❸ 干春松:《制度化儒家及其解体》,中国人民大学出版社2012年版,第52页。

运动的主导者，自然反应激烈，他于 1916 年 9 月作《致教育总长范静生书》，劝其收回成命。在这封公开信中，康有为对比分析德礼之治在日常的重要作用，以证明读经之价值：

> 《论语》曰："道之以德，齐之以礼，有耻且格。道之以政，齐之以刑，民免而无耻"又曰："听讼吾犹人也，必也使无讼乎。"太史公曰："法令者，治之具，而非致治清浊之源也。"盖法出而奸生，令下而诈起。今南洋之人在英籍者，父子夫妇兄弟之间，开口而言，则曰色拉无碍。色拉者，法律之谓也。盖苟不犯法律，则一切皆可无忌惮。而所其奸诈盗伪，险诐倾覆而无不可为矣。色拉色拉之声盈耳，诚所谓法治国矣，其如风俗何！
>
> 今姑勿论有法律即作弊于法律之中也。夫人之一身，一日之中，一生以内，动作云为，饮食居处，其涉于法律之中者几何？盖甚少也。而一举一动，一语一言，一谈一笑，一起一居，一饮一食，一坐一卧，一游一眺，一男一女，无一刻下不在道德礼仪之中。盖在法律之中者一，而在道德之中者万也。则试问法律之治要乎，抑德礼之治要乎？以此比之，则法律之治与德礼之治，有万与一之比也。万与一之比者，若泰山之于丘垤、河海之于行潦也，其为轻重若此矣。其比较至明矣。❶

康有为围绕读经对于社会公序良俗的生成作用和基层自治的能效问题进行论说，则自然得出读经之重要性和可行性。他表示并不否定法治，认为中国的民法、商法、国际法需要完善，但他抨击"以法治为政治之极"的观念。法律只是维系社会的底线，"苟不犯法律，则一切皆可无忌惮"的社会亦并非理想社会。而在传统中国，经典教义、风俗礼仪发挥了民间习惯法的作用，以自律之力减少了制度设施的成本，"法律之治与德礼之治，有万与一之比也"。这些都有赖于推行经典教化：

> 《论语》者，自汉、晋、六朝以来及于日本，皆以之教童子，熟习读之，令其深入脑间，习与性成者也。中国数千年，有律例而不行于民间，有长官而不与民接，无律师之保护维持，无警察之巡逻稽查，无牧师神父之七日教诲，然而礼让化行，廉耻相尚，忠信相结，孝弟相率，节行相靡，狱讼寡少，天下晏然。岂有他哉？盖所谓半部《论语》治之也。❷

---

❶ 康有为：《致教育总长范静生书》，载《康有为全集》第十集，姜义华、张荣华编校，中国人民大学出版社 2007 年版，第 321 页。

❷ 康有为：《致教育总长范静生书》，载《康有为全集》第十集，姜义华、张荣华编校，中国人民大学出版社 2007 年版，第 321 页。

陈独秀倡导新文化，因此将康有为及孔教运动作批判的靶子，所采用的论战策略是始终锁定"孔教与帝制"，因其"有不可离散之因缘"（《驳康有为致总统总理书》）。❶ 故康有为此文一出，陈独秀就撰写《孔子之道与现代生活》予以批判。然而较其以往反孔批康文字有所不同，"陈独秀对康有为论述所不及处作了补充，对康氏阐述的核心问题则避过不谈，再次说明他大体接受了康有为的孔教逻辑，而康氏孔教论说的某些部分亦委实难以挑战"❷。对于康有为"法律之治与德礼之治，有万与一之比也"之说，陈独秀对此全无置评；康有为强调德礼之治有不可替代的价值，陈独秀则予以曲折地部分认同。❸ 由此，我们可以看到康有为主张中确有其价值的部分。四年后，他还在电贺范源濂署靳云鹏内阁教育总长时恳挚劝说："以今人心风俗之坏，非尊孔读经无以救之。想弟留意。"❹ 可谓初衷不改，孜孜以求。但是，康有为作为政治上的保守派，所依附的仍然是旧有治理体系，而当时之军阀政府，不过以读经崇礼之名义为自己披上合法身份之外衣，达到刁买人心之目的，实未真心拥护和推行。因此无论康有为主张中含有多少合理的成分，都难以真正落地。而康有为的声音，在"清末新政和制度化儒家解体"的时代背景下❺，实不过一个行将终结的时代所发出的极其孱弱的尾声而已。

---

　　❶ 彭春凌：《儒学转型与文化新命：以康有为、章太炎为中心：1898—1927》，北京大学出版社2014年版，第361页。
　　❷ 彭春凌：《儒学转型与文化新命》，第374页。
　　❸ 彭春凌：《儒学转型与文化新命》，第378页。
　　❹ 康有为：《贺范源濂任教育总长书》（1920年7月31日），载《康有为全集》第十一集，姜义华、张荣华编校，中国人民大学出版社2007年版，第130页。
　　❺ 可参干春松：《制度化儒家及其解体》第五章"清末新政和制度化儒家的解体"。其第二节"立宪和新法律：儒家观念在新制度中的退场"，阐述1905年日俄战争中日本的"制度性胜利"所引发的中国长达10年的礼法大讨论之全过程和争论点，指出："很大程度上，制度的去儒家化是一个外力作用的结果。……制度变革最根本的原因则在于随着中国由传统社会走向现代社会，需要有一套相应的社会制度来适应之。无论是出于何种原因，从清末新政的种种具体措施和所带来的后果看，儒家的一些核心原则上下尊卑、重农抑商、礼治等等逐渐被平等和法治等现代观念所取代。这就是说儒家从政治法律制度中'退场'了。"（第273－274页）随之礼法分离，新法律对儒家秩序体系造成颠覆："对于儒家制度而言，科举制度可以说是儒家化制度的利益机制，而儒家化法律则是一种惩戒机制，它以强制的手段制裁那些违背儒家价值规范的行为。由此，如果说废除科举是瓦解了制度化儒家的利益机制的话，那么新法律的出台则是瓦解了儒家化法律的惩戒机制，从而使儒家制度彻底失去其有效地规范社会行为的效能。因而也就意味着制度化儒家的解体。"（第292－293页）

纵然这个时代已成为历史，但其遗留的问题仍然存在。当年围绕礼治与法治讨论中的细节仍然值得继续探讨，比如主持制定了《大清民律》《大清商律草案》《刑事诉讼律草案》等一系列法典的法学家沈家本认为，无夫之妇女有奸情，在欧洲法律中并无治罪之文，且属于风化，可以通过教育处理。但礼教派主要代表人物劳乃宣认为，要坚持"本旧律之义，用新律之体"的修律方针，凡属三纲五常的伦理纲常都纳入新刑律之中，所以应依照中国风俗对于孀妇和处女犯奸者治罪。❶ 双方争论的焦点在当时看，是法治与礼俗两种标准之间的冲突。恰好，费孝通在其一篇以"无讼"为题的文章中，也举了相似的案例：

> 有一位兼司法官的县长曾和我谈到过很多这种例子。有个人因妻子偷了汉子打伤了奸夫。在乡间这是理直气壮的，但是和奸没有罪，何况又没有证据，殴伤却有罪。那位县长问我：他怎么判好呢？他更明白，如果是善良的乡下人，自己知道做了坏事决不会到衙门里来的。这些凭借一点法律知识的败类，却会在乡间为非作恶起来，法律还要去保护他。我也承认这是很可能发生的事实。现行的司法制度在乡间发生了很特殊的副作用，它破坏了原有的礼治秩序，但并不能有效地建立起法治秩序。法治秩序的建立不能单靠制定若干法律条文和设立若干法庭，重要的还得看人民怎样去应用这些设备。更进一步，在社会结构和思想观念上还得先有一番改革。如果在这些方面不加以改革，单把法律和法庭推行下乡，结果法治秩序的好处未得，而破坏礼治秩序的弊病却已先发生了。❷

案例虽然类似，但是问题却变了——不再是以法治礼治何者为主的争论，而是两者中一者消失而另一者如何独存并发挥作用，或者说如何于一国之文化传统没落后进行有效法治的现代性问题。

单纯依靠法治的社会往往也面临巨大的风险，除上述运行成本、道德代价等问题之外，最令人震撼者莫过于"反噬"效应。《春秋公羊传·僖公十九年》载："此未有伐者，其言梁亡何？自亡也。其自亡奈何？鱼烂而亡也。"何休注曰："梁君隆刑酷法，一家犯罪，四家坐之，一国之中，无不被刑者，百姓一旦相率俱去，状若鱼烂。"僖公十九年，梁国在没有敌国攻打的情况灭亡了，很是怪异；原来，梁国采用严苛的法律治国，老百姓无

---

❶ 干春松：《制度化儒家及其解体》，中国人民大学出版社2012年版，第288页。
❷ 费孝通：《无讼》，载费孝通《乡土中国》（修订本），刘豪兴编，上海人民出版社2013年版，第54—55页。

法生存，纷纷逃离，这个国家自然就灭亡了。当然，梁国实为秦所灭，并非自灭，好事者不过以此凸显滥用法治之恶而已。而实际上，这样的记述并非没有现实对应物，秦王朝之兴亡，正是法家思想影响下国家畸形发展乃至"反噬"之案例：

> 法家在中国思想史上是一个奇观：初看极为理性，极其现实，极巧妙；初用之，极有成效，极能富国强兵。但它善反噬，稍有疏忽，或简直是不可逃避地会吃掉使用它的人。一个思想到了这种自我否定的程度也很不容易。❶

秦的特点已经由韩非、李斯、始皇、二世、赵高充分显示了，就是刻削寡情、暗算一时、急法尚同、出生入死。他们把所有与现在的利益无关的东西全都掐去，思维方式充分地对象化、功利化、算计化，赵高在刻削寡情方面达到顶峰，所以李斯斗不过赵高。他们只注重现在的利益，过去未来都被排除于考虑之外，亲人子女也在被怀疑、防备、暗算之列；用严刑峻法追求绝对同质化，而且同一于君主。❷

这种反噬所造成的影响非止于秦朝灭亡，而是极其深远的："从陈胜开始到汉末，就是一部反秦史。谁能最鲜明、彻底、创新地反秦，谁就能够成为历史的主流。秦韩做绝，所以刘汉通吃。汉有四百年的江山，有深远的文化历史影响，没有其他原因，就是反秦兴汉。"❸汉承秦制，但深度反省，放弃其繁刑苛法，使礼法一体有机结合，而成由汉至清长久的"隆礼至法"（《荀子·君道》）传统❹，也因此保障了社会形态的相对稳定。

在儒家的礼法思想中，法律与道德完全熔铸于一，礼具有法的权威，法也相应具有礼的性质。❺而中国法与礼的纠缠，实亦可谓价值理性和工具理性的对垒。理解和重构中国法制，固须徇由文化传统，虽不能照抄西方

---

❶ 张祥龙：《拒秦兴汉和应对佛教的儒家哲学：从董仲舒到陆象山》，广西师范大学出版社2012年版，第10页。

❷ 张祥龙：《拒秦兴汉和应对佛教的儒家哲学：从董仲舒到陆象山》，广西师范大学出版社2012年版，第41–42页。

❸ 张祥龙：《拒秦兴汉和应对佛教的儒家哲学：从董仲舒到陆象山》，广西师范大学出版社2012年版，第41页。

❹ 马小红：《礼与法：法的历史连接》，北京大学出版社2017年版，第200页。

❺ 梁治平：《寻求自然秩序中的和谐——中国传统法律文化研究》，中国政法大学出版社1997年版，第263页。

法律体系，但是或可从其对法律价值理性和工具理性的分析中获得经验和灵感：

> 根据韦伯的研究，现代化的法治只存在于法理型统治的社会，这一社会的合法性来自对理性法律的确认，而理性法律则具有"工具理性"和"价值理性"两种理想类型。所谓"工具理性"，一方面是指法律的规定、原则和体系符合严密的逻辑；另一方面则是指司法程序的理性化，其根本目的在于使法律成为一种具有可预测性、可计算性的制度秩序。而"价值理性"则是一种对主观判定的某种终极价值的信仰，在此信仰之下，法律、法规、规章、制度被认为是从终极价值公理演绎出来的，其内容是对价值基本原则的阐释。通过对历史的考察，韦伯发现，法律的工具理性是从罗马法的形式主义原则中发展而来的，而其价值理性则可以追溯到中世纪基督教所赋予法律的神圣性。显然，韦伯的这种划分模式的理论资源来自休谟哲学，如果用休谟哲学将韦伯的"理性法律"铺展开来的话，那么，毫无疑问，工具理性关注的是"法律是什么"，而价值理性关注的则是"法律应该是什么"。❶

由此表述，我们或可做如下粗疏推论：因为西方社会本就是法治传统，所以两种理性彼此融合，相安无事；而中国则很大程度上由礼治来对应价值理性，法治对应工具理性，因历史因素造成礼治崩塌而价值理性丧失，仅具有单一工具理性的法治很难建立起来。回溯费孝通所举案例，则暗含这样一种现实状态：

> 自近代以来，儒家的礼法思想以及中国的宗族社会结构就已经被完全摧毁，也就是说，宗族、家族都不再作为一个社会的政治单元而存在，在这种条件下，以儒家礼法思想作为理论基础的法律体系已经土崩瓦解。❷

那么，如何使承载社会现代化发展之基础保障之法制落地，发挥其应有的作用呢？我们或可在《荀子》中找到有益的参考：

> 有乱君，无乱国；有治人，无治法。羿之法非亡也，而羿不世中；禹之法犹存，而夏不世王。故法不能独立，类不能自行；得其人则存，失其

---

❶ 任强：《知识、信仰与超越：儒家礼法思想解读》，北京大学出版社2009年版，第154页。

❷ 任强：《知识、信仰与超越：儒家礼法思想解读》，北京大学出版社2009年版，第155页。

人则亡。法者，治之端也；君子者，法之原也。故有君子，则法虽省，足以遍矣；无君子，则法虽具，失先后之施，不能应事之变，足以乱矣。不知法之义而正法之数者，虽博，临事必乱。故明主急得其人，而暗主急得其势。急得其人，则身佚而国治，功大而名美，上可以王，下可以霸；不急得其人，而急得其势，则身劳而国乱，功废而名辱，社稷必危。故君人者，劳于索之，而休于使之。《书》曰："惟文王敬忌，一人以择（怿）。"此之谓也。（《荀子·君道》）

译文：

有使国家混乱的君主，没有自行混乱的国家；有使国家治理好的人才，没有使国家自行治理好的法制。羿的箭法并没有失传，但羿之后人并不能百发百中；禹的法制仍然存在，但夏之后代并不能世代称王。所以法制不能自行起作用，律例不能自行实施；得到合适的人才，法制就存在，失去合适的人才，法制就灭亡。法制，是治理的支柱；君子，是法制的本原。所以有了君子，那么法制即使简略，也足以全面管理；没有君子，那么法制即使完备，实施时也会前后失序，疲于应对，手忙脚乱。不懂得法治的道理而只顾增加法律条文的数目，所知数量再多，也于事无补。所以英明的君主急于得到治国的人才，而昏庸的君主才急于掌握权势。前者会使自身安逸且国家安定，丰功伟业而英名远播，上可以称王，下可以称霸；而后者会使自身劳碌且国家混乱，功业废弛而声名狼藉，治国大权也可能因此旁落。所以君主寻找人才时辛劳，而任用人才后就安逸了。《尚书·康诰》中说："要像文王那样敬慎用人在先，然后才能使自己喜悦。"说的就是这个道理。

从根本上来说，古代礼法问题的实质并不是"礼"与"法"何者为主何者为辅的问题，而是如何定义人以及如何管理人这个基本社会理念问题。就这一点而言，法治之乱往往不是因为其制度自身存在问题，而是主导者的观念和态度所致，此正乃荀子所谓"有乱君，无乱国；有治人，无治法"。单一法治机制在执行层面具有较强的工具性，往往片面追求管理效率，而容易将人情抽象化，将案例类型化，而若兼之从事者"三观"不正，徇私舞弊，贪赃枉法，则会对司法公正和社会诚信造成强烈冲击，给当事人造成严重损失。故此法律在执行过程中，需要从事者合理把握执法的角度和力度，使正义得到伸张，正气得到弘扬。"治法"尚需"治人"这一中坚力量的支撑。当然，此"治人"非"人治"。一字颠倒，则势分霄壤。

一个成熟的法治社会是与高度的社会文明及其公民素质密切相关的。

一些法治国家设有陪审团制度（中国采用的是人民陪审员制度），是公民参与司法的一种直接形式。这或正乃荀子"以'治人'来'治法'"理想的现代版。虽然它还不够完美，但似乎也是当前法治所能够采取的最佳选择了。

【标签】

无讼；刑狱；教化；无为而治；制度经济

【原文】

子张问政。子曰："居之无倦，行之以忠。"

【解义】

此一章书，是言为政本于诚也。

子张问为政之道于孔子。孔子曰：为政之道非可以苟且①取效②，而亦非可以虚伪成功，必所存所发各尽其诚，而后治可成。

盖政之存于心者谓之居。然求治非不甚切，而不能始终如一者有之，故居之必欲无倦。如养民，则必思何以遂其生③；教民，则必思何以复其性④。一日百年，无有间断⑤，自然⑥经营⑦图度⑧，用心精详，而成效可期矣。

政之发于事者谓之行。然科条⑨非不甚备，而不能内外如一者有之，故行之必期以忠。如养民，则必实使得所⑩；教民，则必实使成俗⑪。良法美意⑫，不事虚文⑬，自然设施⑭措注⑮，实意流通⑯，而上理⑰可臻⑱矣。

要之，政本于心，总不外乎一诚而已。惟诚则始终无改，内外相符，而政宁⑲有不善者乎？

先儒谓"有纯王之心，而后有纯王之政"⑳，此即"无倦""以忠"之说也。

【注释】

①苟且：随便，马虎，敷衍了事。
②取效：收效。
③遂其生：使其遂生。遂生，指养生（保养生命，维持生计）。

④复其性：使其复性。复性，谓回复本性之善。可参考本书［阳货第十七·二］"复性"词条注释。

⑤一日百年，无有间断：逐日累月，乃至百年，从不间断。

⑥自然：不勉强，不拘束，自然而然，无不身居其中。

⑦经营：筹划营造。

⑧图度：揣测，揣度。

⑨科条：法令条文。

⑩得所：谓得到安居之地或合适的位置。《诗经·魏风·硕鼠》："乐土乐土，爰得我所。"（乐土啊乐土，才是我的好去处。）

⑪成俗：形成良好的风俗。《礼记·学记》："君子如欲化民成俗，其必由学乎！"可详参本书［泰伯第八·二］"化民成俗"词条注释。

⑫良法美意：良好的法规和美好的意愿，代指古代美好的治政理念。吕坤《呻吟语》："有美意，必须有良法乃可行。有良法，又须有良吏乃能成。"

⑬虚文：徒具形式的规章、制度。

⑭设施：措置，筹划。

⑮措注：处置。

⑯流通：流转通行，不停滞。

⑰上理：大道至理。

⑱臻：音 zhēn，达到。

⑲宁：音 nìng，难道。

⑳先儒谓"有纯王之心，而后有纯王之政"：程颢《南庙试策五道》（载《二程集》卷五）："王者高拱于穆清之上，而化行于神海之外，何修何饰而致哉？以纯王之心，行纯王之政尔……老吾老以及人之老，幼吾幼以及人之幼，纯王之心也。使老者得其养，幼者得其所，此纯王之政也。"（王者高高在上，而其教化却可远播海外，这是怎样修为宣传而能够做到的呢？是因为怀有完美纯粹的王者之心，行使完美纯粹的王者之政啊……老吾老以及人之老，幼吾幼以及人之幼，这就是完美纯粹的王者之心。使老有所养，幼有所安，这就是完美纯粹的王者之政。）另外可参：吕坤《呻吟语》："只有不容已之真心，自有不可易之良法。其处之未必当者，必其思之不精者也。其思之不精者，必其心之不切者也。故有纯王之心，方有纯王之政。"《孟子·公孙丑上》："生于其心，害于其政；发于其政，害于其事。"《孟子·滕文公下》："作于其心，害于其事；作于其事，害于其政。"

【译文】

这一章是说,为政之根本在于真诚。

子张向孔子请教为政之道。孔子说:为政之道,就是不能指望敷衍了事而能有所成效,也不要以为虚伪造作就可以成功,一定是其内心所思口中所讲,都要竭尽真诚,然后才能有效治政。

专心于治政,称作"居"。然而治政心切,却未必能够始终如一,所以专心于此并且要有恒心而无倦怠之意。比如说养护民众,就要深入钻研怎样才能够使他们维持生计;教化民众,就要一心思考怎样使他们复归本性之善。逐日累月,乃至百年,从不间断,所思所想,无不为此筹划揣摩,用心精细而周详,这样,治政的成效指日可待。

运作实事,称作"行"。然而管理条目不是不齐备,却未必能够令出必行,所以做事要讲究忠诚。比如养护民众,一定考虑让他们乐得其所;教化民众,一定使他们养成良好风俗。推行良好的制度和美好的理念,而不务虚作伪,流于形式,所作所为,无不为此筹措构设,真诚之心流转不停,这样,想要理解大道至理也并不难了。

总而言之,治政本于内心,总不外乎诚心这一点而已。只有坚持真诚不变,表里如一,难道还有什么政事做不好的吗?

先儒明道先生(程颢)所说的"有纯王之心,而后有纯王之政",实际上就是孔子在这里所说的"居之无倦""行之以忠"啊。

【评析】

夫子语用今言一蔽之,"尽心尽力"而已。所谓"默默无闻,埋头苦干""鞠躬尽瘁,死而后已""兢兢业业,恪尽职守",等等,历史上、生活中亦不乏其人其事。孔子虽然极为强调为政者的尽职尽责、牺牲奉献精神,但是这不是无条件的,而是在权与责对位对等、君与臣互信互重的情况下产生的:

定公问:"君使臣,臣事君,如之何?"孔子对曰:"君使臣以礼,臣事君以忠。"([八佾第三·十九])

齐景公问政于孔子。孔子对曰:"君君,臣臣,父父,子子。"([颜渊第十二·十一])

孔子的政治学多用对话互文笔法以形成丰富语义关联,故此读者可将具有相关关键词章句并置来看。而在君臣关系下强调臣属责任，此亦笔者所谓"内在民主"之表现，可参看［为政第二·十九］"评析"部分。

【标签】

子张；为政；忠；民主

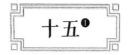
十五❶

【原文】

子曰："博学于文，约之以礼，亦可以弗畔矣夫！"

十六

【原文】

子曰："君子成人之美，不成人之恶。小人反是。"

【解义】

此一章书，是孔子论君子、小人用心之不同也。

曰：世之赖有君子，而不乐有小人者，以其所存不同，因而所好亦异，其关于世道人心者，非小也。如君子浑然①成德②，有美无恶，乃其所存③也。故见人之美，是与己相合，自然不忍弃置，故诱掖④之，由一事而推及事事，奖劝⑤之，由己能而勉其未能，务成其美而后已。至见人之恶是与己相背，自然不容滋蔓⑥，故规戒⑦之，不使其或⑧萌，沮抑⑨之，不令其或长；即人之恶或不能无，而君子则决不成之也。

至于小人则不然——见人之恶，喜其与己相合，则迎合容养⑩以成之；见人之美，恶其与己相背，则忌刻诋毁而不成之——此正与君子相反也。

可见，用一君子，众君子皆因之而成，岂有君子盈朝而天下弗治者乎？若用一小人，众小人亦因之而成，岂有小人盈朝而天下弗乱者乎？拔茅连茹⑪，则上下蒙休⑫；党恶济凶⑬，斯朝野受害。观《大易》⑭否泰剥复⑮，

---

❶ 本章与［雍也第六·二十七］重出（但少"君子"二字），故《解义》未重解。

阴阳消长⑯之间，而后知君子、小人之进退，实治乱⑰、休戚⑱所攸关⑲，用人者如之何不慎之又慎哉？

【注释】

①浑然：全然，完全。
②成德：盛德，高尚的品德。
③存：存放。此处指其内心所依据，存心，心灵底色。
④诱掖：引导扶持。
⑤奖劝：褒奖鼓励。
⑥滋蔓：生长蔓延。常喻祸患的滋长扩大。
⑦规戒：规劝告诫。
⑧或：稍微。
⑨沮抑：阻遏抑制。
⑩容养：蓄养。
⑪拔茅连茹：茅，白茅，一种多年生的草。茹，植物根部互相牵连的样子。比喻互相推荐，用一个人就连带引进许多人。《周易·泰》："拔茅茹，以其汇。征吉。"王弼注："茅之为物，拔其根而相牵引者也。"
⑫蒙休：承受吉祥。休，与"咎"相对，指吉庆、美善、福禄。《明太祖宝训·论治道》："盖闻灾而惧，或者蒙休，见瑞而喜，可以致咎。"
⑬党恶济凶：结党作恶，助纣为虐。
⑭《大易》：即《周易》。
⑮否泰剥复：《周易》的四个卦名。天地交，万物通，谓之"泰"；不交闭塞，谓之"否"（音pǐ）。后常以"否泰"指世事的盛衰，命运的顺逆。坤下艮上为"剥"，表示阴盛阳衰；震下坤上为"复"，表示阴极而阳复。后因谓盛衰、消长为"剥复"。
⑯消长：增减，盛衰。
⑰治乱：安定与动乱。
⑱休戚：喜乐和忧虑。
⑲攸关：所关系到的。攸，所。

【译文】

这一章讲的是，孔子论述君子和小人在初心方面的差别。

他说：社会上希望有君子而不喜欢有小人，正是因为他们的存心不同，所以他们的取向也不一样，而这其实是关乎世道人心的重要因素，非同一般。比如说，君子无不品德高尚，追求美德而无恶习，这就是他们的存心。所以如果见到别人的美德，恰与自己相投合，自然不会不管不顾，而会主动引导扶持，从一星一点到无所不包，而且会不断褒奖鼓励他们，用自己所作所为来感化激励他们，直到使他们完全成就自身为止。如果遇到那些有恶习的人，恰与自己格格不入，也自然不会容忍其野蛮生长，就会加以规劝告诫，不让恶习有所萌生，甚至直接进行阻遏抑制，不让其以后有所增长；而如果实在无法克除其恶，那么也会有所不为，绝不会助纣为虐。

至于小人，就不会这样——他们见到别人的恶习，恰好臭味相投，就引为知己，惺惺相惜，甚至推波助澜，无恶不作；而见到别人的美德，就水火不容，针锋相对，甚至落井下石，倒行逆施——这不正是与君子所作所为相反吗？

由此可见，物以类聚，人以群分，任用一个君子，就会影响到一大批人成为君子，那么哪里有满朝堂皆君子而国家得不到有效治理的情形呢？而如果任用一个小人，那么就会使小人扎堆，那么哪里有满朝堂皆小人而国家能保持不混乱的情形呢？如果推崇君子选贤举能，任人唯贤，那么就会引领好的社会风气，全社会都会因此受益；如果纵容小人结党营私，为非作歹，全天下都会因此受害。试看《周易》"否""泰""剥""复"四卦，它们恰好展现了阴阳（正负）两种力量此消彼长的互动关系，所以就会明白君子与小人，孰进孰退，直接关系到社会的治乱和人们的福祉，因此负责选任人才的人要慎之又慎啊！

【评析】

君子善与人同，美人之美，美美与共；小人追腥逐臭，同流合污，沆瀣一气。君子有君子的道德高标，小人有小人的生存之道。看一个人是君子还是小人，要看其所处的群体道德、生存之道和处世方式；看一个社会是君子社会还是小人社会，就要看是君子道长小人道消，还是小人道长君子道消。君子小人不只是个人品格行为，亦乃社会存在与发展、社稷存亡兴废的标识与缩影。不管社会是否理解悦纳君子，也不管小人如何叫嚣宣扬，君子最终总无害于社会，小人最终总无益于社会，因为从价值观这一行为源头上就已决定了这一切。

【标签】

君子；小人；君子成人之美；善与人同；美美与共

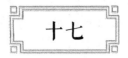

十七

【原文】

季康子问政于孔子。孔子对曰:"政者,正也。子帅以正,孰敢不正?"

【解义】

此一章书,是言正己为正人之本也。

季康子①问为政之道于孔子,孔子对曰:子欲知为政之方,先须识"政"字之义——盖政之为言,纪纲②整理③,名分齐肃④,所以⑤正人之不正,而使之各归于正也。

然正人者必先自正其身。子今为政,不当责⑥之于人,惟当求之于己。如欲人以正事君,则先自尽忠诚,以示为臣之则;欲人以正守官⑦,则先自尽职业,以立居官之准,作事可法,进退可度,⑧言则守经据理,不涉诡随⑨,行则持廉秉公,毫无私曲⑩。如是,则标准既立,模范克端,凡在子之下者,孰不畏而爱之,则而象之,⑪相率⑫而归于正哉?

苟不置身于规矩准绳之中,则所以自治犹疏,虽驱之以法,迫之以威,不能强之使从。子欲为政,亦惟本诸身焉可也。

盖康子之意专在正人,孔子之意务先正己。上者,表也,下者,影也,表正则影正,上行则下效。⑬孟子曰:"大人者,正己而物正。"⑭董仲舒曰:"为人君者,正心以正朝廷,正朝廷以正百官,正百官以正万民。"⑮孔子此言不独告鲁大夫,实治天下之要道⑯也。

【注释】

①季康子:即季孙肥(? —前 468),姬姓,季氏,名肥。谥"康",因此史称"季康子"。春秋时期鲁国的正卿,"三桓"中季氏家族的当权人物。他向孔子问政,应该是发生在孔子从卫国回到鲁国(鲁哀公十一年,公元前 484 年)之后。

②纪纲:法度。

③整理:整齐而有条理。

④齐肃:整齐严肃。

⑤所以:所用来。

⑥责:责求。

⑦守官：居官，为官。

⑧作事可法，进退可度：《左传·襄公三十一年》："故君子在位可畏，施舍可爱，进退可度，周旋可则，容止可观，作事可法，德行可象，声气可乐，动作有文，言语有章，以临其下，谓之有威仪也。"（所以君子不怒而威令人敬畏，重赏轻罚让人拥戴，进退合宜可资效法，周旋应对可圈可点，容貌举止典雅可观，做事周到堪称典范，德行高洁可供学习，声音气质幽默风趣，举手投足文明优雅，言谈话语出口成章，这样对待在下之人，就叫作有威仪了。）

⑨不涉诡随：即"言不诡随"，诡随，谓不顾是非而妄随人意。《诗经·大雅·民劳》："无纵诡随，以谨无良。"（绝不信口开河，以免无意中伤。）唐张说《齐黄门侍郎卢公神道碑》："清明虚受，磊落标奇，言不诡随，行不苟合，游必英俊，门无尘杂。"

⑩私曲：偏私阿曲，不公正。

⑪畏而爱之，则而象之：又敬畏又拥戴，以之为准则和模范，纷纷效法。《左传·襄公三十一年》："君有君之威仪，其臣畏而爱之，则而象之，故能有其国家，令闻长世。"亦可参考本章"作事可法，进退可度"词条引文。

⑫相率：相继，一个接一个。

⑬上者，表也……上行则下效：在上者，犹如日晷之标杆，在下的人，就像标杆的影子，标杆正则影子正，上面做什么，下面也就会做什么。表，古代天文仪器圭表的组成部分，为直立的标杆，用以测量日影的长度。《孔子家语·王言解第三》："孔子曰：'……凡上者，民之表也，表正则何物不正？'"《旧唐书·魏玄同传》："流清以源洁，影端由表正。"

⑭孟子曰……正己而物正：《孟子·尽心上》"孟子曰：'有事君人者，事是君则为容悦者也；有安社稷臣者，以安社稷为悦者也；有天民者，达可行于天下而后行之者也；有大人者，正己而物正者也。'"（孟子说："有侍奉君主的人，专以逢迎取媚为乐事；有心怀天下的臣子，以安邦定国为乐事；有顺应天理的人，当他的主张能行于天下时，他才去实行；有伟大的人，端正自己，天下万物便随之端正。"）

⑮董仲舒曰……正百官以正万民：董仲舒《举贤良对策》（载《汉书·董仲舒传》）："臣谨案《春秋》谓一元之意：一者，万物之所从始也；元者，辞之所谓大也。谓'一'为'元'者，视大始而欲正本也。《春秋》深探其本，而反自贵者始。故为人君者，正心以正朝廷，正朝廷以正百官，正百官以正万民，正万民以正四方。四方正，远近莫敢不壹于正，而亡有

邪气奸其间者。是以阴阳调而风雨时，群生和而万民殖，五谷孰而草木茂。天地之间，被润泽而大丰美；四海之内，闻盛德而皆徕臣。诸福之物、可致之祥，莫不毕至，而王道终矣。"（我认真考察《春秋》所讲的"一元"的意义："一"就是万物的开始；"元"就是形容"大"。说"一"是"元"，是要显示本始来确立根本。《春秋》深究其本源，原来却也要从尊贵者开始。所以做君主的，先正心才能正朝廷，正朝廷才能正百官，正百官才能正万民，正万民才能正四方。四方正了，远近就没有不趋向于正的，而且没有邪气掺染在里面。所以阴阳调和而风调雨顺，万物和谐而百姓繁衍，五谷丰收而草木茂盛。普天之下，浸润君主洪大恩惠，便呈现极为丰美景象；四海之内，闻知君主盛大之德，便都归顺而臣服。因此，福运意头的物品，象征祥瑞的征兆，无不出现——这就是王道实现了。）

⑯要道：重要的道理、方法。

【译文】

这一章是说，正人要先正己。

季康子向孔子请教为政之道，孔子回答说：您想要知道为政的方法，那就要先了解"政"字的本义——大概所说的"政"，就是法纪整齐条理，名分等级森严，能够用来更正人们行事的偏斜，使其归于正道。

然而，要想正人，就要先正自己。您现在为政，不应苛责于他人，而首当严格要求自己。如果想让他人依照正道来侍奉君主，那就要自己以身作则，首先对君主竭尽忠诚；如果想要他人依照正道来当官做事，那就要自己恪尽职守，来树立居官行政的准则，做事周到堪称典范，进退合宜可资效法，说话就要引经据典，言之有据，而绝不信口开河，妄随人意，做事就要清正廉洁，秉公用权，而绝不假公济私，贪赃枉法。这样的话，为政的标准有了，公正的模范也有了，您手下之人，就会因此无不敬畏而拥戴您，以您为模范而跟随效法，彼此携手而归于正道。

如果您不将自身设定在规矩准则之中，连自我治理都疏忽了，即便用严刑酷法和威逼利诱来驱迫他们，也不能强力使其屈从。您要想做好政事，唯独从本身做起才行啊。

大概季康子的目的是只去纠正他人品行，而孔子的意思是务必先纠正自身品行。在上者是标杆，在下者是标杆的影子，标杆正则影子正，在上者为人处世，无不为在下者依从效仿。孟子说："伟大的人，端正自己，天下万物便随之端正。"董仲舒说："做君主的，先正心才能正朝廷，正朝廷才能正百官，正百官才能正万民。"（他们所说的意思都是一样的。）所以说，孔子的这番话并不只是在告诫季康子这样的鲁国大夫，实际上（也是告诫天下之君主），是治理天下的重要原则。

【评析】

政者，正也。正者，正义也。正义者，公共利益也。公共利益者，社会价值之最大化也。儒家政治学，以天地价值为坐标，以生生仁人为大德，君臣父子各安其位，各尽其责。故此，其政治框架中，君王譬如北辰居其所，正南面，垂衣裳，选贤任能，无为而治；臣属以天下为己任，上为君，下为民，兢兢业业，恪尽职守。如是之政，方得天地之正、仁义之正、人性之正、人情之正。"正"因亦有正位、正责、正能、正情之意，涵前章所赋。

本章中，孔子所告季康子为政以正，是为臣之正，既以申明为政基本原则，又为戒告季氏之语：如果不能为政以正，其权力越大反而越易坏事，犹南辕北辙、缘木求鱼耳。

【标签】

季康子；为政；政者，正也；无为而治

【原文】

季康子患盗，问于孔子。孔子对曰："苟子之不欲，虽赏之不窃。"

【解义】

此一章书，是言弭①盗者贵清其源也。

季康子患国中多盗，问于孔子，思所以止盗之方。孔子对曰：民之为盗，起于一念之欲，贪财好利而盗窃生焉。此不在乎严缉盗②之法，而在乎清出政③之原。盖上者，下之倡也。④诚使子能清心⑤励节⑥，不事贪欲，则廉耻风行⑦，人知自守⑧，虽赏以诱之，使为盗窃，愧耻之心发于中，诚自不肯为矣，尚何盗之为患哉？

盖羞恶之心，人所同具，⑨未有上以不贪为宝⑩，而下犹以寇攘⑪为事者。况上之人诚能存此不欲之心，则诛求⑫不扰，矜恤⑬有加，使民仰足以事，俯足以畜，⑭安居乐业，永为盛世太平之民。将见衣食足而礼义自兴⑮，岂但不为盗而已乎？

【注释】

①弭：音 mǐ，平息，停止，消除。

②缉盗：搜捕盗贼。

③出政：施政，出台政令。《墨子·非命下》："故昔者三代圣王禹、汤、文、武，方为政乎天下之时，曰：'必务举孝子而劝之事亲，尊贤良之人而教之为善。'是故出政施教，赏善罚暴。"（所以古时候三代的圣王禹、汤、文、武，刚主持天下政事时，说："必举拔孝子而鼓励侍奉双亲，尊重贤良而教导人们做善事。"于是公布政令实施教化，奖赏善良惩罚凶暴。）

④上者，下之倡也：主上是百姓的倡导者和榜样。化用自《荀子·正论》："主者，民之唱也；上者，下之仪也。"唱，古同"倡"。

⑤清心：指居心清正。

⑥励节：砥砺节操。励，通"砺"。

⑦风行：普遍流行，盛行。

⑧自守：洁身自好，自坚其操守。

⑨羞恶之心，人所同具：做了错事、坏事而感到羞耻、憎恶的心情，人人都有。《孟子·告子上》："恻隐之心，人皆有之；羞恶之心，人皆有之。"（可参本书［子路第十三·十九］"评析"部分引文。）

⑩不贪为宝：《左传·襄公十五年》："宋人或得玉，献诸子罕。子罕弗受。献玉者曰：'以示玉人，玉人以为宝也，故敢献之。'子罕曰：'我以不贪为宝；尔以玉为宝，若以与我，皆丧宝也，不若人有其宝。'"（此典又见于《韩非子·喻老》，文字有异。）

⑪寇攘：劫掠，侵扰。

⑫诛求：强制征收。

⑬蠲恤：免除赋役，赈济饥贫。蠲，音 juān，除去，免除。恤，救济。

⑭使民仰足以事，俯足以畜：使百姓有足够的物产来维持举家生计。出自《孟子·梁惠王上》："是故明君制民之产，必使仰足以事父母，俯足以畜妻子，乐岁终身饱，凶年免于死亡。"可参本书［先进第十一·二十六］"仰事俯育"词条注释。

⑮衣食足而礼义自兴：化用自《管子·牧民》："凡有地牧民者，务在四时，守在仓廪。国多财则远者来，地辟举则民留处；仓廪实则知礼节，衣食足则知荣辱；上服度则六亲固，四维张则君令行。"（凡是一个国家的君主，必须致力于四时农事，确保粮食储备。国家财力充足，远方的人们

就能主动投靠;荒地开发得好,本国的人民就能安居乐业。物资充裕,人们就知道仁义礼节;衣食丰足,人们就懂得廉耻荣辱。君主的服用合乎法度,六亲就可以相安无事;仁、义、廉、耻四种社会道德规范得到显扬,君令就可以贯彻推行。)

【译文】

这一章是说,消除盗患重在从根源上解决问题。

季康子深受国内盗匪群起的困扰,就向孔子请教消除盗患的方法。孔子就告诉他:民众进行盗窃,只是出于一时的贪念,因为民众贪财好利,所以才会有盗窃的事件发生。因此,解决这个问题,重要的不是加强搜捕盗贼的手段,而在于更正施政的出发点。大凡在上者,是在下者的倡导者,如果你自身真的做到居心清正而砥砺节操,不贪求欲望的满足,就会让国人之中流行注重礼义廉耻的风习,人人都能洁身自好,即便用重金奖赏来诱惑他们去盗窃,他们也会因羞耻是非之心而拒绝,这样的话还用担心发生盗窃吗?

大概每个人都有羞耻是非之心,如果在上者视名节为生命,在下者就不会去偷鸡摸狗。何况,在上者如果真的做到清心寡欲,就不会对民众横征暴敛,过度剥削,而且会减赋降税,扶危济困,使他们拥有足够的物资来扶老携幼,安居乐业,享有盛世太平。这足以说明基本生活条件满足了,民众自然会去遵循礼义廉耻的社会道德规范,(这才是为政的重要任务和根本方法,)哪里还需要一门心思、想方设法来惩戒盗窃呢?

【评析】

一般的理解是,这一章顺承上下章的内容,强调为政者进行自我心灵调适的重要性。但此盗非彼盗,理解当时"盗"的情况,方有助于我们理解孔子话语的真意。

据传刘备留有告诫儿子的话说:"勿以恶小而为之,勿以善小而不为。"(《三国志·蜀书·先主传》)就这个逻辑而言,季康子用心于地方治安,似乎并非关乎国家大政,但总归不是坏事。但是孔子还是给他泼了一盆冷水,认为他自己没有做好本职本分之事,所以致使盗患四起,鸡犬不宁。如果从实际的治政经验来看,堂堂一国主政的大夫竟然解决不了境内的盗患问题,似乎也太窝囊无能了。季康子应该是饱受盗患困扰,因此才来诚恳地向孔子请教的。

依日本学者白川静的观点,应该重新审视当时"盗"的现象:这个盗,并不只是今天"盗窃者"的概念，而是在混乱的社会状态下，已然形成一个由叛乱者、亡命者组成的"具有相当组织力和行动力的集团"❶，突出的例子是盗跖。(《庄子·盗跖》："从卒九千人，横行天下，侵暴诸侯"，"所过之邑，大国守城，小国入保"。) 书中所举另外一个例子便是，鲁襄公十年（前532）❷的冬天，郑国之盗竟然在政治斗争中扮演了主角，直接刺杀了当时的执政大臣公子骈。因此，当时的"盗"大概有着雇佣兵的性质，成为社会中的一个具有相对明确身份的团体，其行为也对社会构成重大影响，甚至是在某种程度上构成政治势力的一极，而不是小偷小摸或劫掠财物那么简单。如果发散联系一下，就会赫然发现"战国四君子"之一的孟尝君善于养士，其中不乏"鸡鸣狗盗"之辈，虽然他们本身就是真正的盗贼，但是他们终究还是超出了一般盗贼的范畴，因为他们的第一身份其实是参与政治投机的政客，而不是仅仅以盗取财物为目的的"编外人士"。

白川静还对"盗"的概念做了进一步的分析。他认为孔子所严厉指责季康子"苟子之不欲"，是指当时的为政者本身就有利用群盗的行迹，特别是"外盗"，即外国流亡或叛乱的人，比如季康子的父亲季武子就曾经收留一个郯国的流亡者。❸而与孔子有宿怨且在政治上为宿敌的阳虎，就是一个典型的外盗——他拥兵自重，犯上作乱，以致囚禁主公季桓子，掌控了鲁国的国政，最终败亡，几经辗转逃到了晋国，却被赵简子收编重用。一国之贼，成为另外一国之重臣。从这个意义上而言，为政者为巩固势力而不择手段，拉拢社会上的一切势力，使当时的政治秩序遭到更为严重的破坏，社会沦入"无义"而混乱的状态。因此，孔子指斥的恐怕也不只是季康子，而是当时整个政坛的风气。

话说回来，治政是整体协调的工作，不能头痛医头脚痛医脚，盗患是要治，但是治理的根本却仍然在于顶层设计，而顶层设计却源于掌权者的内心，心的位置摆正了，顶层设计才合理和有效。季康子未能正己以正人，本身就可能与盗的势力有所勾连，是盗患滋生的根源，却又堂而皇之地说想要灭除盗患，真是贼喊捉贼，此地无银三百两。所以孔子一下子揪出了他的问题所在，并指出了从根本上解决问题的办法。（从这一点来说，孔夫子的"心学"又是最高明的政治学。）如果季康子懂得了这个道理，也就知道孔夫子骂他也真的是在帮助他。

---

❶ ［日］白川静：《孔子传》，吴守钢译，人民出版社2014年版，第104页。
❷ 此处有误，应为（前563）。
❸ ［日］白川静：《孔子传》，吴守钢译，人民出版社2014年版，第104页。

【标签】

季康子；阳虎；盗；外盗；盗跖；鸡鸣狗盗

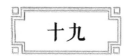

【原文】

季康子问政于孔子曰："如杀无道，以就有道，何如？"孔子对曰："子为政，焉用杀？子欲善而民善矣。君子之德风，小人之德草。草上之风，必偃。"

【解义】

此一章书，是言为政者当用德而不用刑也。

季康子问政于孔子，曰：世俗浇薄①，人多无道，若不加之刑威②，无所畏惮③。吾意欲剪除④无道之人，庶几⑤惩一儆百，使人皆趋就于有道，何如？

孔子对曰：操转移化导⑥之权者，子也。子今为政，民所视效⑦。志存于杀，固已失长人⑧之本矣，乌⑨能禁止其恶乎？且民性本善，为上者以善导之，未有不趋于善者，特⑩患子不欲善耳。使子欲善之心果能躬行实践，真笃⑪恳至⑫，发见⑬于政教之间，则民自然率从丕变⑭，而群归于善矣。所以然者，盖君子⑮之德主于感人，犹之风也，小人⑯之德主于从人，犹之草也，草上加之以风，无不偃仆⑰，小人而被君子之化，无不顺从。此必然之理耳，何以杀为？

盖康子之意专在以刑齐民⑱，孔子之意专在以善率民。以刑齐民者，日求民善而民未必善；以善率民者，不求民善而民自无不善。下之应上，如影之随形，响之应声。⑲人主可不以躬行德教为化民之本哉？

【注释】

①浇薄：指社会风气浮薄。
②刑威：谓严厉执法，以威慑民众。
③畏惮：畏惧。
④剪除：斫除，伐灭。
⑤庶几：差不多，近似。

⑥转移化导：教化开导，使其改变。
⑦视效：仿效，效法。
⑧长人：为人君长，指居上位者、官长。《周易·乾·文言》："君子体仁，足以长人。"（君子实践仁德之本，就足以为人们的尊长。）可与本书[卫灵公第十五·三十六]"君子体仁，足以长人"词条注释互参。
⑨乌：文言疑问词，哪，何。
⑩特：只，但。
⑪真笃：诚挚深厚。
⑫恳至：恳切。
⑬发见：亦作"发现"，显现，出现。
⑭丕变：大变。《尚书·盘庚上》："王用丕钦，罔有逸言，民用丕变。"（先王因此对故旧大臣们非常尊重，他们没有错误的言论，民众也因此大有变化。）
⑮君子：君子一指有德者，一指有位者。此偏向于有位者，有德行的有位者。
⑯小人：此指普通人，百姓。
⑰偃仆：仆倒。
⑱以刑齐民：用刑罚来整顿百姓。化用了[为政篇第二·三]语句：子曰："道之以政，齐之以刑，民免而无耻；道之以德，齐之以礼，有耻且格。"（夫子说："用政法来引导他们，使用刑罚来整顿他们，人民只是暂时地免于罪过，却没有廉耻之心。如果用道德来引导他们，使用礼教来整顿他们，人民不但有廉耻之心，而且人心归服。"）采用杨伯峻译，略有改动。
⑲下之应上，如影之随形，响之应声：《管子·任法》："然故下之事上也，如响之应声也；臣之事主也，如影之从形也。故上令而下应，主行而臣从，此治之道也。"（因此，下对上，就像回响反应声音一样；臣事君，就像影子跟着形体一样。所以上面发令，下面就贯彻；君主行事，臣民就遵从，这就是治政的大道。）

【译文】

这一章是说，应为政以德而非滥用刑罚。

季康子向孔子请教为政的问题，说：现在世风日下，人情浮薄，社会上有很多无良之人，如果不用刑罚施威，恐怕他们会无所畏惧，肆无忌惮。我考虑除去这些无良之人，杀一儆百，以儆效尤，从而使人们弃恶从善，怎么样呢？

孔子回答说：您，现在是操持生杀予夺大权的人了。您在政治上的一举一动，都将成为民众的表率。如果用心于杀伐，本来就失去了身为尊长的本分了，又如何能够消除罪恶呢？而且人性本善，在上位的人如果用善心来引导民众，他们没有不向善而行的，恐怕只是你自己不愿意行善罢了。如果能够让你想要行善的心思用于躬身实践，而且真心实意地去做，在政事和教化上都有所显现，那么民风自然会相应跟着产生巨大的转变，集体转向善的一面。之所以能够这样，大概是因为，君子的道德能够感化他人，就像风一样，而普通人的道德只能依从他人，就像草一样，如果草遇到风，没有不扑倒在地的，普通人受到君子的感化，就像风吹草低一样，无不响应顺从。这才是为政施教的应有之义，哪里需要杀伐惩戒呢？

大概季康子的治政理念在于用严刑酷法来整顿民众，而孔子的政治理想是用美德善行来引导民众。用严刑酷法来整顿民众的，每天都很努力但民众并未发生本质性的改变；用美德善行来引导民众的，不刻意追求而民心却自然向善。在下位的人来回应在上位的人，如影随形，如响应声。所以，身为天下之主的人，怎么能够不躬行道德，而以此为教化百姓的根本方法呢？

【评析】

儒家典籍里的君子，好像什么都不用做，只要坐在那里正心诚意就心想事成、万事如意了。可是在现实中，君子又好像是处处碰壁，出力不讨好，特别是在一切以经济利益为目的商品经济时代，君子的行为不独另类，恐怕也会被视作酸腐、柔弱的代名词，反为社会所排斥。

但是，从制度经济学的角度来说，为政者应当远离利益，做好最高价值和整体价值的界定，而不是直接参与到具体的利益纠葛之中，因为这样很容易引起政治混乱而陷国家于危围之中。《孟子》一书开篇即警告之曰："上下交征利而国危矣。"（《孟子·梁惠王上》）

理想的政治，应该像风一样，有力量而不黏滞，有方向而不孟浪，似有形而无形，似无为而有为。这样才能有效施政于民，造福百姓。《尚书·君陈》中，周成王告诫将要代替周公姬旦去镇守东郊的君陈说："尔惟风，下民惟草。"

君子之于民众，不独像风，也像水：

子贡问曰："君子见大水必观焉，何也？"

孔子曰："夫水者，君子比德焉：遍予而无私，似德；所及者生，似仁；其流卑下句倨，皆循其理，似义；浅者流行，深者不测，似智；其赴百仞之谷不疑，似勇；绵弱而微达，似察；受恶不让，似贞；包蒙不清以入，鲜洁以出，似善化；主量必平，似正；盈不求概，似度；其万折必东，似志。是以君子见大水观焉尔也。"❶

如果说以君子喻风，是对君子德行化民的自信；那么以君子喻水，则是对君子自身修为的激扬。中国民间向来重视堪舆之学，筑室选址、房间摆设，无不讲风水，求吉利。与其说这是一种"封建迷信"，倒不如说这是一种民间科学，因为起码它是于人世权力之外寻找影响生活的客观因素，并于其中发掘可以把握的逻辑关系来追寻塑造美好生活的可能性。其实，建构于人群之上的社会，其最为重要的莫过于"人"的因素，因此君子人格一定是这个社会最好的风水、最珍贵的资源，所以一定要好好珍惜。

【标签】

季康子；君陈；为政；教化；君子之德风，小人之德草；风水

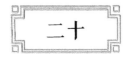

【原文】

子张问："士何如斯可谓之达矣？"子曰："何哉，尔所谓达者？"子张对曰："在邦必闻，在家必闻。"子曰："是闻也，非达也。夫达也者，质直而好义，察言而观色，虑以下人。在邦必达，在家必达。夫闻也者，色取仁而行违，居之不疑。在邦必闻，在家必闻。"

【解义】

此一章书，是辨闻与达有诚、伪之分也。

子张平日专于务外，而无切实为己之功。一日问于孔子曰：人既谓之士，当必有与天下感通①之处，何如斯可谓之达矣？

孔子逆知②其未识达字之意，故先诘③之曰：何哉，尔所谓达者？（将以发其谬④而正之也。）

---

❶ 《说苑·杂言》，文字及标点依向宗鲁《说苑校证》，中华书局1987年版，略有改动。此典故又见于《荀子·宥坐》《孔子家语·三恕》。

子张对曰：人之名誉不彰，其行必多窒碍⑤。吾之所谓达者，声称无间⑥，誉望⑦独隆，在邦在家，所至必闻。（此子张忽于近里著己⑧之功，未免有才高意广⑨之失，而误以闻为达矣。）

孔子曰：如尔之言，是闻也，非达也。夫虚誉⑩传闻，使彼知我之谓闻；实德⑪昭宣⑫，自我达彼之谓达。差之毫厘，谬以千里。⑬其间诚伪之分，不可不辨也——

夫达也者，以言其内，则质朴而无巧伪⑭，正直而无私曲⑮；以言其外，则秉经⑯合乎义之常，达权⑰尽乎义之变。其立心⑱行己⑲之实如此。然犹未敢自是，而察人言语之从违，观人颜色⑳之向背，以验在己之得失焉。人之颜色俱与我矣，又不敢以贤知先人，常思谦抑㉑退让，居人之下，以为受善之地焉。其接物㉒持躬㉓之谨又如此。此皆切实为己，初无为名之心，然诚中形外㉔，随处感孚㉕——其在邦也，则上得乎君，下得乎民；其在家也，则父母安其孝，兄弟悦其友。凡见于行者，自通达而无所窒碍焉。（盖所谓达者如此。）

若夫闻也者，不思务实，而专务求名。其于仁也，本非实有，却于声音笑貌间矫情饰之，及简点㉖其平日所行，则蹈履多怼㉗，而行与仁违，此与质直㉘而好义者异矣。且又自以为是，无所忌惮㉙，泰然居之，如实有此仁者。然此与观察、下人㉚者异矣——此其人事事反㉛乎暗修㉜，种种向外粉饰，欺世盗名，真伪莫辨。故其在邦也，动辄㉝见称于朝廷州里㉞焉；其在家也，动辄见称于父兄宗族焉。究之虚誉日隆，实德日损，欺掩之情必至败露，其可与达同日语哉？

要之，闻、达二者其迹虽若相似，其行判然㉟相反：一则作伪而从虚，一则存诚而务实，微之在学术趋向㊱之间，显之即关世道人心之大。衡量人才者，尤宜致慎于斯。

【注释】

①感通：谓此有所感而通于彼。意即一方的行为感动对方，从而导致相应的反应。出自《周易·系辞上》，详参本书［学而第一·五］同名词条注释。

②逆知：预知，逆料。

③诘：音jié，追问。

④发其谬：指出其谬误。发，打开，揭露。

⑤窒碍：障碍，阻碍。

⑥无间：无可非议，无懈可击。

⑦誉望：名誉声望。
⑧近里著己：意指深入剖析，使靠近最里层。程颢语："学只要鞭辟近里，著己而已。"可详参本书［雍也第六·十三］同名词条注释。
⑨才高意广：才学高的人，抱着奢望，难以成事。
⑩虚誉：虚假的名声。
⑪实德：真实的品德。
⑫昭宣：明宣。
⑬差之毫厘，谬以千里：开始相差一小点，结果就会造成很大的错误。《礼记·经解》："《易》曰：'君子慎始，差若毫厘，缪以千里。'"（"缪"同"谬"）而《汉书·司马迁传》作："故《易》曰：'差以豪牦，谬以千里。'"但今传《周易》自身并无此句。
⑭巧伪：虚伪不实。
⑮私曲：谓偏私阿曲，不公正。
⑯秉经：秉持原则。
⑰达权：通晓权宜，随机应付。
⑱立心：下决心。
⑲行己：立身行事。
⑳颜色：面容，面色。
㉑谦抑：谦逊。
㉒接物：谓与人交往。
㉓持躬：约束自己。
㉔诚中形外：心中精诚而表现于外在。《礼记·大学》："诚于中，形于外，故君子必慎其独也。"（心里是什么样的，就会显露在外表上。因此，君子在独处的时候一定要慎重自持。）可详参本书［子路第十三·二十六］"道德润身，心广体胖"词条引文。
㉕感孚：使人感动信服。
㉖简点：检查，挑选。
㉗蹈履多愆：每走一步都犯错，形容错误百出，动辄得咎。蹈履，踩踏。愆，音qiān，罪过，过失。
㉘质直：朴实正直。
㉙忌惮：顾虑畏惧。
㉚观察、下人：即本章原文所指"察言而观色，虑以下人"。
㉛反：同"返回"。
㉜暗修：沉潜修养。

㉝动辄：动不动就。
㉞州里：古代二千五百家为州，二十五家为里。本为行政建制，二者连用，泛指家乡或本土。另如"乡党"等，用法相似。
㉟判然：显然，分明貌。
㊱趋向：途径，方向。

【译文】

　　这一章是说，孔子告诉子张，要辨别闻名与通达之间有本质的区别。

　　子张平时追求外在声名，而缺少切实的内在修为功夫。有一天，他向孔子请教说：人们常常说的士人，一定可以使天下之人感知其非常之处，那么怎样才能做到通达呢？

　　孔子料知他并不懂得"通达"的真正内涵，所以就先反问他：那么你所谓的"通达"又是什么意思呢？（这是要先指出其知识上的偏差，然后再进一步纠正他的认识。）

　　子张回答说：如果一个人的名头不够大，做起事来也会事事遇阻。我所说的"通达"，声名鹊起，威动一时，无论是在邦国之中还是在大夫封地，到哪里都为人称道。（这就是子张，并不注重深切透辟的学问，难免眼高手低，误把闻名当作通达了。）

　　孔子说：你所说的，那是闻名，而非通达啊。那些虚名浮誉到处卖弄，有意让人家知道我的存在，那是"闻名"；真才实学自然彰显，因我之真有才德而让对方知道，叫作"通达"。一字之别，真是差之毫厘，谬以千里。这两者之间，是真诚还是伪作，不能不加以分辨啊——

　　通达，说其内在存心，朴实淳厚而不弄巧伪作，正直坦荡而不偏私阿曲；说其对外处事，要么坚持原则合乎道义，要么通权达变仍然合乎道义。其立身行事的实际情况，就是如此。但即便这样，他仍然不会自以为是，而是通过对他人察言观色，来判断自己言行的得失之处。即便人家都对他和颜悦色，他也不敢自以为贤，高人一等，而是常想着谦虚退让，把谦卑待人当作一种美好的享受。他的待人接物严谨自持，就是如此。这些都是为了切实提高自身，自始至终没有贪求名誉的心思，但正因为心中精诚而表现于外在，无处不使人信服——在邦国，上至国君，下至平民，都无不称道；在家族，父母因其尽心行孝而心安，兄弟因其兄友弟恭而和悦。其一举一动，无不顺畅自然，没有丝毫阻滞之感。（大概所说的"通达"，就是这样了。）

　　而所谓的闻名，不考虑真诚为人处世，而是一门心思追逐虚名。他本就没有仁者之心，却不断通过音容笑貌来矫饰伪装自己，如果检查他平日的所作所为，无不是错误百出，行为违背仁道，这与那些朴实正直而急公好义的人表面上相似，但实际上迥然有别。而偏偏是这种没有自知之明的人，自以为是，无所畏惧，以仁者自居，大言不惭，泰然自若，就好像他真的是一个大大的仁者一样。然而这种人与那种待人察言观色而虑以下人的人本质上是不一样的——这种人凡事不会反身自省，沉潜修养，而是随时随地搔首弄姿、装腔作势地卖弄自己，真是欺世盗名，真假不分。所以，当他在邦国的时候，动不动就说自己朝野共仰；在家族的时候，动不动就说自己宗亲称道。虚名浮誉一天天导致自我膨胀，忘乎所以，也会致使真正的品德一天天遭受冷落漠视，日渐衰亡。欺骗掩饰的虚假情况，终归有一天会败露，经不起时间的考验——这怎么可以与通达之道同日而语，相提并论呢？

总而言之，闻名和通达这两样，虽然在表现上有很多相似之处，但其行为本质却显然相反：一个是弄虚作假，一个是求真务实，从小处看，是在学问趣味之中，往大了说，就关乎整个世道人心。所以，选人用人，也要在这方面多加小心啊！

【评析】

本章亦为内外曲直之辨。冯梦龙的评析非常犀利："谓之士，绝非自了汉，其精神必有感通处，故子张究及于达。味'可谓'口气，不是问如何叫作达，乃问如何方能达也。据下文，他业以邦家必闻为达矣。"❶ 子张言辞之间展露了浮躁心态。闻名是向外求，通达是向内求，如此而已。《解义》中也已说得明白透彻。

可参看［颜渊第十二·二十二］"评析"部分。

【标签】

闻；达；直

---

❶ 〔明〕冯梦龙：《四书指月》，《冯梦龙全集》第21册，李际宁、李晓明校点，江苏古籍出版社1993年版，第170页。

【原文】

樊迟从游于舞雩之下，曰："敢问崇德，修慝，辨惑。"子曰："善哉问！先事后得，非崇德与？攻其恶，无攻人之恶，非修慝与？一朝之忿，忘其身，以及其亲，非惑与？"

【解义】

此一章书，是言治心之学也。

昔者孔子闲游于舞雩①之下，樊迟从焉，忽有触于心而问曰：德者，心之理，如何可以崇②之？慝③者，心之恶，如何可以修之？惑者，心之蔽，如何可以辨之？

孔子曰：尔于游息④之时而不忘治心⑤之功，善哉，尔之问乎！夫崇德，固有德分⑥中当为之事，若事未为而先计其功，事方为而遽图其效，心之不专，德何由积？必也先其当为，不计所得，纯乎天理之正，毋间以人欲之私，则心志专一，德日积而不自知矣，非崇德而何？

恶之形于外者易见，而匿于心者难知。若责人也重以周，而责己也轻以恕，⑦则吾心之恶其为藏匿也多矣。必也攻去在己之恶，痛加克治⑧，不使少有宽假⑨，而专于责己，无暇攻人之恶，则自治诚切⑩，毫发无遗憾矣，非修慝⑪而何？

人之感物而易动者莫如忿，一朝之忿不过起于细微，乃不能自制，遂至与人争斗，不知有身，并不知有亲，其祸大矣。以小忿而致大祸，岂非惑之甚者？诚能辨之于早，则心无所蔽。既能惩忿⑫，惑于何生？非辨惑而何？

要之，吾心之天理，必涵养操存⑬以培其源，吾心之人欲，必省察克治⑭以去其累。故德日起而大有功，疵累消而智益明。⑮分之虽有三事，合之不外一心。善学者体验而无间⑯焉可也。

【注释】

①舞雩：古代求雨时举行的伴有乐舞的祭祀。此指舞雩用的台子。雩，音yú，古代为求雨而举行的祭祀。

②崇：提高。

③慝：音 tè，奸邪，邪恶。朱熹《论语集注》引胡氏说："慝之字，从心从匿，盖恶之匿于心者。"

④游息：游玩与休憩。

⑤治心：修身养性，修养自身的思想品德。

⑥分：本分，本义。

⑦责人也重以周，而责己也轻以恕：对人吹毛求疵，求全责备；对己轻描淡写，文过饰非。韩愈《原毁》："古之君子，其责己也重以周，其待人也轻以约。重以周，故不怠；轻以约，故人乐为善。"（古代的君子，对自己要求严格而周全，对别人要求宽容而简单。对自己严格而周全，所以自我修为毫不懈怠；对他人宽容而简单，所以人们乐于与他交善。）

⑧克治：克制私欲邪念。详见下注"省察克治"。

⑨宽假：宽容，宽纵。

⑩诚切：真诚恳切。

⑪修慝：改正过错。

⑫惩忿：克制忿怒。忿，旧同"愤"。

⑬操存：执持心志，不使丧失。出自《孟子·告子上》："操则存，舍则亡。"详解可参本书［子罕第九·十六］同名词条注释。

⑭省察克治：省察，反省检查自己。克治，克制私欲邪念。出于王阳明《传习录》，指初始为学时用于省察自身、克除杂念的为学功夫。详参本书［述而第七·三］同名词条注释。

⑮德日起而大有功，疵累消而智益明：德行日有提升而显见功效，缺点逐渐消失而更加明智。化用自董仲舒《举贤良对策》（见于《汉书·董仲舒传》），详见本书［雍也第六·十二］"德日起而大有功"注释。疵累，音 cīlèi，缺点，过失。

⑯无间：没有空隙，不断，不分。

【译文】

这一章是说修炼心理的学问。

当年孔子在舞雩台下闲逛，樊迟随从，他突然有所触动，就问孔子：德，就是关乎人心的道理，但是怎样提高德行呢？慝，就是藏匿于心的邪恶，但是怎样消除邪恶呢？惑，就是心灵受到蒙蔽，但是怎样廓清迷惑呢？

孔子答道：你在游玩休憩的时候还不忘记努力修身养性，这样的问题，很好啊！提高德行，本就是德行自身应有之义，如果还没有做事就患得患失，想着争名夺利，事方始就心浮气躁，想着一蹴而就，这样心思都不集中了，又怎么能够积累德行而提高自己？所以，一定要先照着本分去做，不计得失，依存于天理正道，而不掺杂私心杂念，这样就会心志专一，德行在不知不觉中逐日积累——这德行不就提高了吗？

外观上的邪恶很容易判别，但是藏匿于内心的就难以察觉了。如果对待他人吹毛求疵，求全责备，而对自己的过失却轻描淡写，文过饰非，那么我们内心的邪恶就会越积越多。所以，一定要专攻消除自身的邪恶，对私欲邪念严加克制，不留余地，并且全神贯注于自责求进，而不把注意力放到别人身上，那么就是真诚恳切的自修，且不会留下任何遗憾——这不是消除邪恶了吗？

人容易受外界影响而起心动念，滋生怨愤。一时的怨愤往往因小事而起，如果不能自我克制，就容易激化矛盾，乃至与人争斗，一时间忘记自身安全，也忘记了亲人的寄托，而酿成大祸。因为小小的怨愤而导致大祸，这不是太过迷惑了吗？如果能够早早廓清认识，那么心灵就不会遭受蒙蔽。既然能够克制怨愤，哪里还会迷惑——这不就是廓清迷惑了吗？

总而言之，一定要涵养操存自己的心灵，使天理成为它的本源，也一定要省察克制自己的欲望，不使它成为心灵的累赘。这样就会使德行日有提升而显见功效，缺点逐渐消失而更加明智。崇德、修慝、辨惑，说起来是三件事，但实际上讲的都是关乎心灵的修炼。善于学习的人，要深加体验，坚持不懈，这样才可以。

【评析】

［颜渊第十二·十］中孔子与子张也讨论了崇德辨惑的问题。对差不多同样的问题，孔子却给出了不同的答案。相对而言，孔子对子张的指导是粗线条的，重点强调了世人易陷之惑，实际上应该是针对子张张扬个性的告诫；孔子对樊迟指导得更为细致、具体，通过解读崇德、修慝、辨惑的过程，也展示了君子自我修为的全貌，此亦因樊迟悟性迟钝而与之言。夫子之因人施教、循循善诱，于此二章略可窥见。

【标签】

樊迟；崇德；修慝；辨惑；因材施教

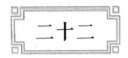

【原文】

樊迟问仁。子曰："爱人。"问知。子曰："知人。"

樊迟未达。子曰："举直错诸枉，能使枉者直。"

樊迟退，见子夏曰："乡也吾见于夫子而问知，子曰，'举直错诸枉，能使枉者直'，何谓也?"

子夏曰："富哉言乎！舜有天下，选于众，举皋陶，不仁者远矣。汤有天下，选于众，举伊尹，不仁者远矣。"

【解义】

此一章书，是言仁、知有相成之用也。

樊迟一日以仁为问。孔子曰：仁主于爱①，必也亲疏厚薄皆在怙冒②之中，斯可谓仁矣。

又以知问。孔子曰：智主于知③，必也邪正贤否无逃洞鉴④之下，斯可谓智矣。

樊迟一闻孔子之言，以为仁无不爱，而智有分别，似乎知有妨于爱，故尚未达其旨。孔子曰：仁、智虽有二用，其实只是一理。如立心正大，行事端方，此人之直者也。吾真知其为直，则举而用之。若立心邪曲⑤，行事偏僻⑥，此人之枉者⑦也。吾真知其枉，则舍而错之⑧。将见甄别⑨方行⑩，而感化⑪立效⑫，平日邪枉之人亦莫不翻然⑬愧耻，去恶从善，而俱变为直矣。是鼓舞⑭之妙即在黜陟⑮之中，道固有并行而不悖者。

樊迟尚未晓所以能使枉者直之理，故问之于师，又质⑯之于友，遂退而见子夏⑰，曰：乡也❶，吾见于夫子而问知，夫子告以"举直错诸枉，能使枉者直"，此言果何谓也？

子夏闻其说而叹曰：富矣哉！夫子之言所包者广。盖即古帝王有天下者选举之事也。昔者舜有天下，选于众人之中，得一皋陶⑱，举为士师⑲，由是天下之人感发兴起，咸化为仁，不仁者若远去而无迹矣。汤有天下，选于众人之中，得一伊尹⑳，举为阿衡㉑，由是天下之人鼓舞踊跃，咸化为

---

❶ 也：摘藻堂四库全书荟要本（同武英殿刻本）作"者"。

仁，不仁者若远去而无迹矣。

盖选于众而举皋陶、伊尹，此"知人"之智，所谓"举直错诸枉"也；不仁者皆化为仁，即"爱人"之仁，所谓"能使枉者直"也。分之若有异用，合之适以相成。子夏之言发明㉒孔子之旨详矣。

要之，仁乃天地之量，智如日月之明。日月遍照万物，而不出覆载㉓之大；天地并育㉔群生㉕，而必须照临之功。仁、智二者，信㉖人君之全德㉗、王道㉘之大端㉙也。

【注释】

①仁主于爱：仁的主要内涵是爱。主，崇尚，注重。朱熹《孟子集注·离娄章句上》注"仁之实，事亲是也；义之实，从兄是也"句："仁主于爱，而爱莫切于事亲。"

②怙冒：音 hùmào，犹丕冒，广泛覆盖。

③智主于知：智慧在于有所认识和辨别。

④洞鉴：亦作"洞监"。明察，透彻了解。

⑤邪曲：不正。

⑥偏僻：偏颇，不公正。

⑦枉者：邪恶的人。

⑧舍而错之：把他舍弃在一边。错，通"措"，舍弃，置而不用。

⑨甄别：鉴别，区别。

⑩方行：行为正直。

⑪感化：用言行感动人，使之转变。

⑫立效：立即效验。

⑬翻然：迅速转变貌。

⑭鼓舞：激发，激励。

⑮黜陟：音 chùzhì，指人才的进退，官吏的升降。

⑯质：询问。

⑰子夏：卜商，字子夏，"孔门十哲"之一，擅长文学。其生平详见本书［先进第十一·三］"子夏"词条注释。

⑱皋陶：虞舜时的司法官。以正直闻名天下。皋陶的主要功绩有制定刑法和教育，帮助尧和舜推行"五刑""五教"，刑教兼施，坚守正义。事见《尚书·皋陶谟》等。

⑲士师：亦作"士史"，古代执掌禁令刑狱的官名。

⑳伊尹：（前1649—前1550），姒姓，伊氏，名挚。辅助商汤打败夏

· 889 ·

桀，为商朝的建立立下不朽功勋。商朝建立后，商汤便封伊挚为尹。《史记·殷本纪》皇甫谧注云："尹，正也，谓汤使之正天下。""正天下"就是要以身作则，作天下楷模，师范天下。商汤死后，伊尹历经外丙、仲壬两代商王，又做了汤王长孙太甲的师保。

㉑阿衡：商代官名。师保之官。古时任辅弼帝王和教导王室子弟的官，有师有保，统称"师保"。

㉒发明：阐述，阐发。

㉓覆载：指天地。

㉔并育：共同生长。《礼记·中庸》："万物并育而不相害，道并行而不相悖。"

㉕群生：群生是指一切生物。《庄子·在宥》："今我愿合六气之精，以育群生。"

㉖信：确信，的确。

㉗全德：至德，完美的道德。

㉘王道：儒家提出的一种"以德服人"，用"仁政"进行统治的政治主张，与霸道相对。语出《尚书·洪范》："无偏无党，王道荡荡。"孟子主张王道，认为"以德行仁者王"，"以德服人者，中心悦而诚服也"（《孟子·公孙丑上》）。要使民"养生丧死无憾，王道之始也"，"是故明君制民之产（私产），必使仰足以事父母，俯足以畜妻子，乐岁终身饱，凶岁免于死亡。"（《孟子·梁惠王上》）得民心，用俊杰，则天下无敌。但不排斥刑罚，《孟子·离娄上》："徒善不足以为政，徒法不能以自行。"荀子认为"隆礼尊贤而王，重法爱民而霸"（《荀子·天论》），"义立而王，信立而霸"（《荀子·王霸》），重王道不反对霸道。韩非主张王霸合一，认为"明君务力"，"不务德而务法"（《韩非子·显学》），"治内以裁外"（《韩非子·忠孝》），行"霸王之道"（《韩非子·初见秦》）。汉代统治者总结秦亡的历史教训，提出："文武并用，长久之术"（《史记·郦生陆贾列传》），主张"王道"与"霸道"兼用，即"以霸王道杂之"（《汉书·元帝纪》）。宋代程朱理学以继承孔孟道统自居，重新把"王道"与"霸道"对立起来，贵"王道"而贱"霸道"，并以此作为褒贬历史和历史人物的标准，从而产生了朱熹与陈亮的一场"王霸之辨"。❶

㉙大端：根本。

---

❶ 本词条参考《中国哲学大辞典》，上海辞书出版社2014年版，第290页。

【译文】

这一章是说，仁道和智慧有相辅相成的作用。

樊迟有一天问及孔子仁道的事情。孔子告诉他：仁道的主要内涵是爱，无论关系亲疏远近与否，都一定要博爱广施，这就称得上"仁"了。

接着又问智慧的事情。孔子就告诉他：智慧在于有所认识和辨别，无论人品邪恶正直与否，都一定能够明察洞鉴，这就是称得上"智"了。

樊迟一听孔子此言，就以为仁道就是无所不爱，毫无差别，智慧就是善恶分明，水火不容，然而这样，"知"就与"爱"有所矛盾了，所以实际上并未真正理解孔子的话。孔子就又告诉他：仁道和智慧虽然表面是不同的用法，但实际上是一个道理。如果发心光明正大，做事端庄方正，这就是一个正直的人。我已经明了这个人为人正直，就推举任用他。但如果这个人发心邪恶，做事不公，就是一个邪恶的人。我已经明了这是个邪恶的人，就不任用他并把他晾在一边。这样就会展示出对正直行为的甄别，并马上产生感化人心的效果，那些在平时邪恶不正的人也自然会猛然感到羞愧，而去恶从善，也都会变成正直的人了。这样，通过对人才的黜陟，就能起到激人进取的妙用，（仁而有智，）两者实可并行而不悖。

樊迟并未能明白到底为什么"能使枉者直"，所以在向老师请教之后，又跑去向学友询问，于是他去找子夏，问他：先前我到夫子那里问什么是智慧，夫子就告诉我"举直错诸枉，能使枉者直"，这到底是什么意思啊？

子夏听到他所言，就感叹说：夫子的话所蕴含的内容太丰富了！大概在古代，帝王都是选贤举能。舜帝当政，君临天下的时候，就从众人之中选取了皋陶，让他担任司法官，因此天下的人因此受到感召而振作，都变成了仁人君子，而那些不仁之人自然就被边缘化乃至消亡了。商汤君临天下的时候，在众人之中择取伊尹为太子的老师，因此天下的人都受到激励而振奋，都变成了仁人君子，而那些不仁之人自然就被边缘化乃至消亡了。

大概从众人之中选举皋陶、伊尹这样的正人君子，就是"知人"的智慧，也就是夫子所说的"举直错诸枉"；不仁之人也都转化为仁人，就是"爱人"的仁道，也就是夫子所说的"能使枉者直"。仁道和智慧，分开来各有其用，合在一起相辅相成。子夏对孔子之言阐发得已经很详尽了。

总而言之，仁道广大如天地，智慧光照如日月。日月普照万物，但只在天地之间；天地仁而生育万物，也一定需要日月照耀。仁道和智慧这两样，的确是君主所应具备的完美品德，也是仁政王道的根本支柱啊。

【评析】

本章命题于［为政第二·十九］在孔子与鲁哀公的对话中已出现一次，此处又借樊迟转述而再现，可知此亦孔门一重要政治主张和研讨命题。

所谓直者与枉者，笔者以为恰可对应［颜渊第十二·二十］中的达者与闻者：

子张问："士何如斯可谓之达矣？"子曰："何哉，尔所谓达者？"子张对曰："在邦必闻，在家必闻。"子曰："是闻也，非达也。夫达也者，质直而好义，察言而观色，虑以下人。在邦必达，在家必达。夫闻也者，色取仁而行违，居之不疑。在邦必闻，在家必闻。"

达者，内外一致，正直无私，而又能够诚中形外，虚己下人；闻者巧言令色，矫揉造作，而又欺世盗名，自以为是。两者并行比较，形似而神异，高下立判，故不可相提并论，等同视之。

这是从直者和枉者自身来看，再从主政者对直者和枉者的选择和任用的角度来看。

权者，衡也。权力最忌任性而要求自律，但看这权力是天赋公用还是私授滥用。天赋公用，则会举直错诸枉；私授滥用，则易举枉错诸直。为政者的不同发心，则必然产生连锁反应而有不同的结果。于现实中看似偶然的结果，追根溯源，可能都是为政者的心理所致。故《孟子·公孙丑上》云："生于其心，害于其政；发于其政，害于其事。"《孟子·滕文公下》又云："作于其心，害于其事；作于其事，害于其政。"反复强调于此。任用直者还是枉者，不当仅以结果论，而更应该检视为政者的用心出于公还是私。

举直错诸枉，其用有三：其一使直者得正位；其二使枉者得以直；其三使直而未得正位者有所守，使枉而未得位者有所学。自是一策而贤人尽，一举而天下平，君王垂拱南面，无为而治，不外乎此道，可谓仁智之举。此亦为政之正道之一大表现而已。子夏所举古圣先王，亦皆因之而成就辉煌政绩和万世英名。子曰："人能弘道，非道弘人。"（［卫灵公第十五·二十九］）为政者主动作为，选贤举能，举直错诸枉，使政得其人，人得其用，以至政通人和，国富民强——此即"人能弘道"者乎！

【标签】

樊迟；子夏；举直错诸枉；无为而治

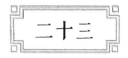

二十三

【原文】

子贡问友。子曰:"忠告而善道之,不可则止,毋自辱焉。"

【解义】

此一章书,是言交友贵始终相成也。

子贡问交友之道。孔子告之曰:友以辅德。凡有过相规①,非徒博夫责善之名,必须发乎至诚,尽心告诫。然使过于激烈,则受之者难堪;又须心平气和,委曲开导——或从容深远而有余味,或精切简当而可深思,使吾之言婉而易入,则己意伸而闻之者无忤②矣。若其蔽锢③执迷,犹不见省,则当见几④知止,无徒⑤以数见疏⑥而自取辱焉。非弃之也,所以全交道⑦也。

盖友以义合,既尽其心,又全其义,交友之道不过如此。虽然,天下忠直之言往往逆耳而难听,谀悦之词往往逊志⑧而易入,听言者亦当开诚⑨求谏,和颜虚受,庶⑩规诲⑪切磋,相与有成。诤友⑫之为益,岂不大哉?

【注释】

①规:规劝。
②忤:忤逆,触犯。
③蔽锢:同"蔽固",迂拙固执。
④见几:从事物细微的变化中预见其先兆。《周易·系辞下》:"君子见几而作,不俟终日。"(君子能根据几微的征兆进行判断,所以能够把握时机的来临兴起而有所行动,不必等待以后。)可参本书[雍也第六·十一]"颜氏之子"词条注释。
⑤无徒:不要白白地。
⑥以数见疏:[里仁第四·二十六]:子游曰:"事君数,斯辱矣;朋友数,斯疏矣。"(子游说:"劝谏君主言语繁复,就会招致君主的羞辱;劝说朋友言语繁复,就会遭到朋友的疏远。")
⑦交道:交友之道。
⑧逊志:顺心,迎合心意。
⑨开诚:推诚相待,表明诚意。

⑩庶：将近，差不多。
⑪规诲：规劝开导。
⑫诤友：能直言规劝的朋友。

【译文】

这一章是说，交友重在能够有所互助，彼此成就。

子贡向孔子请教交友之道。孔子就告诉他：交友是用来辅助进德的。凡是对朋友进行劝谏，不只是为了博取劝善的名声，而是必须真诚相见，尽心告诫。然而，如果言语过激，态度蛮横，那么承受者就不免难堪；所以需要心平气和、言辞委婉地进行开导——要么态度从容而意味深远，要么言辞简要而观点精到，使劝诫的话语尽量委婉而能够被接受，这样既可以表达自己的意思，又不会使承受者有被侵犯的感觉。如果他顽固不化，执迷不悟，那就应当见微知著，点到为止，不要指望只是通过繁复的言辞就能够打动他，那只会招致他的侮辱。这并不是放弃，而是成全交友之道而已。

大概朋友之间需要的是情投意合，彼此有情有义，交友之道不过如此。即便如此，但是忠言逆耳，马屁好拍，听取别人的话时，就应当虚心纳谏，乐于接受，这样就差不多可以使朋友之间彼此相互劝导交流，相互帮助，彼此成就。拥有能直言规劝的朋友，不是非常好吗？

【评析】

交友也是一种修炼，而"不可则止"显然是一种恕道。子游曰："事君数，斯辱矣；朋友数，斯疏矣。"（[里仁第四·二十六]）"子绝四——毋意，毋必，毋固，毋我。"（[子罕第九·四]）看来，恕人也是恕己，是对忠诚之心的调和与平衡，而朋友是我们修炼恕人恕己的重要法门，故下一章中曾子曰："君子以文会友，以友辅仁。"

【标签】

子贡；友；恕

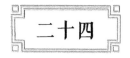

【原文】

曾子曰:"君子以文会友,以友辅仁。"

【解义】

此一章书,是曾子示人以取友之益也。

曾子曰:凡人为学,必先致知①,致知之后,必须力行,二者皆于良友是赖。

君子之于友,不徒会之也,或考诗书于古,而识圣贤之成法②,或稽③事物于今,而知理道④之当然。以文会友,则疑义析⑤而道益明矣。

君子之会友,亦不徒为虚文⑥已也,有过则相规,有善则相劝,亹勉⑦乎身心之要,砥砺⑧乎伦常⑨之大。以友辅仁,则取益深而德日进矣。

君子得友之助如此。至若人主居天下之上,讲学修德,尤为要务。商宗云:"朝夕纳诲,以辅台德。"⑩周成云:"佛时仔肩,示我显德行。"⑪其求助于臣下之心,先后一揆⑫也。

【注释】

①致知:儒家哲学用语。语出《礼记·大学》:"致知在格物。"历代儒家学者对此有不同解释。东汉郑玄认为"致知"是使人"知善恶吉凶之所终始";朱熹认为"致,推极也;知,犹识也。推极吾之知识,欲其所知无不尽也"。王阳明则认为"致知"即"致吾心之良知"。根据《解义》上下文,此处是"求知"意。

②成法:此指成就圣贤的法则。

③稽:音 jī,考核,查考。

④理道:道理,理法。

⑤疑义析:东晋陶渊明《移居》其一:"奇文共欣赏,疑义相与析。"(见有好文章大家一同欣赏,遇到疑难处大家一同探析。)

⑥虚文:虚浮不诚的形式。

⑦亹勉:勉励,尽力。

⑧砥砺:激励,勉励。

⑨伦常:人与人相处的常道。特指封建社会的伦理道德,即认为这种

道德所规范的君臣、父子、夫妇、兄弟、朋友五种关系，是不可改变的五伦常道。

⑩商宗云："朝夕纳诲，以辅台德"：出自《尚书·说命上》："命之曰：'朝夕纳诲，以辅台德。若金，用汝作砺；若济巨川，用汝作舟楫；若岁大旱，用汝作霖雨。启乃心，沃朕心。若药弗瞑眩，厥疾弗瘳；若跣弗视地，厥足用伤。惟暨乃僚，罔不同心，以匡乃辟。俾率先王，迪我高后，以康兆民。呜呼！钦予时命，其惟有终。'说复于王曰：'惟木从绳则正，后从谏则圣。后克圣，臣不命其承，畴敢不祇若王之休命？'"（商高宗武丁发布文告说："请早晚进谏，以帮助我修德吧！我比如铁器，要用你作磨石；我比如渡大河，要用你作船和桨；我比如年岁大旱，要用你作连绵大雨。敞开你的心泉来灌溉我的心吧！如果药物不猛烈，疾病就不会好；如果赤脚而不看路，脚因此会受伤。希望你和你的同僚们，齐心协力匡助你的君主，使其依从先王，踏着成汤的足迹，来安定天下的人民。唉，重视我的这个命令，要考虑取得好成果！"大臣傅说答复说："木依从绳墨砍削，就会正直，君主从谏如流，就会圣明。君主能够圣明，臣下不必等待教命就将奉行，谁敢不恭敬顺从我王英明的命令呢？"）台，音 yí，我。

⑪周成云："佛时仔肩，示我显德行"：周成王姬诵说："请群臣辅弼我担当大任，示我以光明美好的德行。"周成：周成王姬诵（？—前1021），姬姓，名诵，周武王姬发之子，母邑姜（齐太公吕尚之女），西周王朝第二位君主。佛，同"弼"，辅弼。时，是，这。仔肩，责任。显，光明。此典出自《诗经·周颂·敬之》，周成王姬诵警戒自己要敬天勤学，并告勉群臣进行辅助："敬之敬之，天维显思，命不易哉！无曰高高在上。陟降厥士，日监在兹。维予小子，不聪敬止。日就月将，学有缉熙于光明。佛时仔肩，示我显德行。"（小心谨慎常警惕，天理昭彰不可欺，保持天命不容易！莫说苍天在上面，职务升降由它定，每日监视在此地。想我这个年轻人，敢不听从不恭敬？日有成就月有进，学问日进明事理。群臣辅弼担大任，示我光明好德行。）

⑫先后一揆：《孟子·离娄下》："地之相去也，千有余里；世之相后也，千有余岁。得志行乎中国，若合符节，先圣后圣，其揆一也。"意谓古代圣人舜和后代圣人文王的所作所为是完全相同的。后因以"一揆"谓同一道理，一个模样。

【译文】

这一章，是曾子向人展示交友的益处之所在。

曾子说：凡人求学问道，首先要求知，然后努力践行，无论是求知还是践行，都需要良友的助益。

君子交接朋友，并不只是简单会面，寒暄客套，而是要么相互考证古代的诗书，从而认识古圣先贤的成就法则，要么稽考查究当前的事物，从而明了何以理当如此。以文会友，就会使疑难问题得到探析而道理更加明了。

君子会见朋友，也不只是吟诗作赋，装模作样，而是要勤恳务实，有过错之处就进行规劝，有良善之处就进行鼓励，相互激励提醒关乎身心的要旨，彼此切磋伦常纲纪等大事。以友辅仁，就会更加进取而使德行逐日增加。

君子就会像这样得到朋友的帮助。而对于主宰天下的君主来说，一方面讲求学问，一方面强调自我修正德行，是最为重要的事情。商高宗武丁发布文告说："请早晚进谏，以帮助我修德吧！"周成王姬诵昭告大臣说："群臣要辅弼我承担大任，明示我光明俊伟之德行。"他们努力向臣子寻求教益的心态和方式，实际上都是一样的。

【评析】

《解义》重点阐释了"以友辅仁"，却没怎么解析"以文会友"的意涵。虽然"以文会友"似乎是一个不言自明的常识，而且字面上也是围绕朋友展开的，但其实文字本身也具有其独立性的价值，是仁心的照见，恰因为如此，"以文会友"才成为可能。

【标签】

曾子；君子；以文会友，以友辅仁

子路第十三

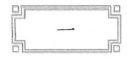

【原文】

子路问政。子曰:"先之劳之。"请益。曰:"无倦。"

【解义】

此一章书,是言政贵有恒也。

子路问为政之道。孔子曰:为政有本,不宜徒责乎人,惟当反求诸己①。凡孝弟②之行,民之日用所当然者,然上之人,非可徒以言语戒饬③之也,必也视民行为己行——欲民孝,则示以亲亲④之道;欲民弟,则示以长长⑤之道。先从一己⑥,躬行实践以倡率之,则民有所观感而教无不行矣。农桑之事,民之本业所应为者,然上之人,非可徒以政令驱使之也,必也视民事为己事——时当播种,则劝课⑦其树艺⑧;时当收获,则巡省⑨其田畴⑩。日与小民亲历艰难以区处⑪之,则民有所劝勉而事无不举矣。(为政之道不过如此。)

子路负兼人⑫之才,以为先、劳二者已所优为⑬,复请增益。孔子告之曰:兴行⑭劝事⑮者,政之全体⑯,而始勤终怠⑰者,人之常情。子但行此二者,持之永久,勿生厌怠,则万化⑱贞⑲乎一心,百年犹之一日,政之能事⑳毕矣。(先、劳之外,复何益哉?)

从来致治㉑之道,惟躬行足以率众,故明作者有功㉒;惟持久足以成化㉓,故体乾㉔者不息。孔子之言不独为子路告也。

【注释】

①反求诸己:反过来追究自己,从自己方面找原因。以孟子语证本章"君子求诸己"。出自《孟子·公孙丑上》:"射者正己而后发,发而不中,不怨胜己者,反求诸己而已矣。"详参[卫灵公第十五·二十一]同名词条注释。

②孝弟:即"孝悌",孝顺父母,敬爱兄长。

③戒饬:告诫。饬,音chì,古同"敕",告诫,命令。

④亲亲:以亲为亲,亲爱自己的亲属。

⑤长长:以长为长,尊敬自己的长辈。

⑥一己:个人,自己一人。

⑦劝课：鼓励与督责。
⑧树艺：种植，栽培。
⑨巡省：巡行视察。
⑩田畴：泛指田地。
⑪区处：处理，筹划安排。
⑫兼人：胜过他人；能力倍于他人。
⑬优为：谓任事绰有余力。
⑭兴行：盛行，使之盛行。
⑮劝事：劝导从事。
⑯全体：最基本的内容。
⑰始勤终怠：开始时勤奋而逐渐懈怠。概为古代成语。南宋袁燮《絜斋毛诗经筵讲义》卷四："始正而终邪，始勤而终怠，始明而终昏，皆不常其德也。"
⑱万化：万事万物。
⑲贞：坚固，坚致。
⑳能事：能任事。
㉑致治：使国家在政治上安定清平。
㉒明作者有功：《尚书·洛诰》："伻向即有僚，明作有功，惇大成裕，汝永有辞。"（您要使官员们团结友善，劝勉他们建功立业，优厚地对待宗族，这样您就会永远获得美誉了。）伻，音 bēng，使。明，通"孟"，勉励。
㉓成化：完成教化。《文子·道原》："天常之道，生物而不有，成化而不宰。"
㉔体乾：履行天命。

【译文】

这一章是说，为政贵在持恒。

子路请教为政之道。孔子说：为政要抓住根本，要闭门常思己过，做事莫问人非。对于那些孝亲敬长、兄友弟恭等日常行为规范，作为官长，不能只是空口说辞，一定要把百姓的行为视同自己的行为——想要百姓孝顺敬老，就做到亲爱自己的亲属给他们看；想要百姓兄友弟恭，就做到尊敬自己的长辈给他们看。先从自身做起，躬身实践来倡导，使百姓耳闻目见，亲身观感，然后就会受到教化而去遵行了。农耕与蚕桑之类的事情，这是百姓的本职劳动，作为官长，不能只是发号施令，一定要把百姓的事情当作自己的事情——适逢播种的季节，就劝导督促他们进行种植；适逢收获的季节，就在田地上巡行考查他们的劳作。每天都和小老百姓一起亲历劳作的艰辛，并共同筹划农事，这样百姓就会受到劝勉，而各种农事无不顺利完成。（为政之道不过如此。）

子路才识过人，认为为民先导以及与民同劳这两样自己已经做得绰绰有余了，于是又请求孔子给予更多指导。孔子于是就告诉他：鼓励行动和劝导农事，这是为政要基本做到的，但始勤终怠，也是人之常情。你只要坚持做到这两样，不心生倦怠，面对万千变化也要坚定不移，纵然时日漫长也要坚持不懈，这样就足够胜任了。（除了先之劳之，还是先之劳之。）

历来使政治清明的方法，只能是躬身示范来率领百姓，这样才能勉励他们劳作并创立功业；也只能是坚持不懈地进行教化，这样才能使百姓履行天命永不停息。孔子的这番话，其实不只是在告诫子路啊。

【评析】

孔子教诲子路的为政要诀，用今天的话说就是：身先士卒，任劳任怨，无怨无悔，有始有终。

"先之劳之"固然重要，但这次教学的重点倒是在"无倦"上。子路自认为自己完全可以做得到"先之劳之"，所以对夫子的话表示欣然接受，然后马上申领更高阶的"装备"，追问更为精妙的为政要领，岂料夫子说如果还要做什么的话，那就是，除了先之劳之，还是先之劳之。

如果借用鲁迅在散文《秋夜》中写两棵枣树的修辞手法来改写这一章，应该是这样：子路问政。子曰："其要有二：一曰先之劳之；二曰先之劳之。"当然，孔子不是在跟子路开玩笑，虽然"不倦"只是告诫子路要坚持先之劳之的做法，却在语义上附加了多重含义：其一是对子路虚浮自满的心态进行了告诫；其二是对先之劳之这一为政要领进一步强调；其三是诫勉为政者要以坚忍务实的心态来对待政事——为政并无太多秘诀和技巧可言，坚持做好自己，带好头，多互动，少犯错，这其实已是难能可贵了。

夫子再次回答，直以"无倦"二字，虽无批评之语，但有诫勉之意，将子路平日之所思、今后所应为尽皆融汇其中，看似平淡的言语中蕴涵着千钧之力，可见其对为政理想的深思熟虑和孜孜以求。

【标签】

子路；为政；先之劳之

二

【原文】

仲弓为季氏宰，问政。子曰："先有司，赦小过，举贤才。"

曰："焉知贤才而举之？"子曰："举尔所知；尔所不知，人其舍诸？"

【解义】

此一章书，是言为政宜敦①大体②也。

仲弓③为季氏属邑之宰④，问政于孔子。

孔子曰：宰兼众职，若不分任于先，何以责成⑤于后？必先委任属吏⑥，使之分猷专理⑦，而后核实课功⑧，则已不劳而政务毕举矣。人有大罪，固国法之所不贷⑨，惟过误则出于无心，况又过之小者？若一概苛责，则法网太密，而人无所容，必矜全⑩而赦宥⑪之，则刑不滥而人心悦服矣。至于贤而有德、才而有能之人，皆可以辅我为政者也。若遗弃田野，则众务⑫废弛⑬，谁与共理？必也旁求⑭俊彦⑮，使怀才抱德者悉任之以事权，则有司⑯得人而庶绩咸熙⑰矣。（政之大体如此。）

仲弓又问曰：贤才必知之真，而后举之当，亦必知之悉，而后举之遍，焉能以一人之智，尽天下贤才而举之？

孔子曰：贤才不患不知，特⑱患不举。尔虽不能尽知，岂无一人为尔所知者？尔但于已知者举而用之，则尔所不知者，自有以感兴⑲——好德之念，悉化媢嫉⑳之心，人亦各举所知，岂肯以积行㉑之君子壅㉒于上闻哉？诚以一己❶之聪明㉓有限，而天下之耳目无穷，不必求其尽知，自无往而不知也。（圣人识见之大如此。）

合而论之：细琐不亲，总揽㉔之体㉕也；烦苛㉖不事，惇大㉗之体也；俊乂㉘不遗㉙，延揽㉚之体也。操此道也，虽宰天下可也，一邑云乎哉㉛？

【注释】

①敦：崇尚，注重。

---

❶ 一己：本书所本四库全书文渊阁影印本作"一已"，疑为抄录笔误，应为"一己"，摘藻堂四库全书荟要本（本自武英殿刻本）作"一己"，故改作"一己"，意为"个人，自己一人"。

②大体：最根本的存在、本体。体，本体，与"用"相对。"体"与"用"是中国古典哲学的一对范畴，指"本体"和"作用"。一般认为"体"是最根本的、内在的；"用"是"体"的外在表现。

③仲弓：冉雍，字仲弓，生于公元前522年（一说生于前531），卒年不详，春秋时期鲁国人。冉雍在孔门弟子中以德行著称，孔子对其有"雍也可使南面"之誉。

④宰：邑、县一级的地方行政长官。

⑤责成：指令专人或机构负责完成任务。

⑥属吏：下属官吏。

⑦分猷专理：对工作进行分块管理并落实责任。分猷，分谋，分管。猷，音 yóu，计谋，打算，谋划。

⑧核实课功：考核功绩。核实，考绩。课功，考核功绩。

⑨贷：赦免，宽恕。

⑩矜全：怜惜而予以保全。

⑪赦宥：音 shèyòu，宽恕，赦免。

⑫众务：各方面的事情。

⑬废弛：废弃懈怠，谓应施行而未施行。

⑭旁求：四处征求，广泛搜求。

⑮俊彦：杰出之士，贤才。

⑯有司：指主管某部门的官吏，泛指官吏。古代设官分职，各有专司，故称。

⑰庶绩咸熙：众多事业都兴办起来，形容政绩显著。庶，众多。绩，事功，事业。咸，皆。熙，兴盛。《尚书·尧典》："允厘百工，庶绩咸熙。"（相信由此规定百官的职务，这样诸多事务都可以顺利进行了。）

⑱特：只，但。

⑲感兴：感发而兴起。

⑳媢嫉：嫉妒。媢，音 mào，嫉妒。

㉑积行：累积善行。

㉒壅：音 yōng，堵塞，阻挡。

㉓聪明：犹言视听——听到的和看到的。《尚书·皋陶谟》："天聪明，自我民聪明。"（上天所闻所见，都是来自民众的所闻所见。）

㉔总揽：全面掌握。

㉕体：本体。详见本章"大体"词条注释。

㉖烦苛：繁杂苛细。多指法令。

㉗惇大：敦厚宽大。惇，音 dūn。出自《尚书·洛诰》："明作有功，惇大成裕，汝永有辞。"可参上一章"明作者有功"词条注释。

㉘俊乂：亦作"俊艾"，才德出众的人。

㉙遗：遗漏。

㉚延揽：招致收揽，延伸包容。

㉛云乎哉：助词。用于句末，表示反诘。

【译文】

这一章是说，为政应该注重根本之本体。

仲弓担任季氏领邑的邑宰，向孔子请教如何为政。

孔子告诉他：宰这个官职所监管的事务众多，如果不在事先做好分工，那么后面怎么完成任务？所以一定要先委任下属官吏，使他们分别专项治理，然后对其业务进行核查求证，那么自己不用大动干戈就能把政务全额完成了。诚然一个人犯了重罪，本就是为国法所不容，但那些无心之错，以及更小的过失，如果一概加以苛责，那就会使制度过紧，不给人留下余地，所以一定要能够怜惜而使其保全，并且赦免宽恕他们，这样不会使刑罚泛滥，又能使人们心悦诚服。对于那些贤德之人、才能之辈，他们都可以辅佐我来治政。如果把他们闲置于荒野之中，就会使各方面事务废弃懈怠，还有谁能够一起来治理呢？所以一定要广泛招贤纳士，使那些才德之士都能够得到任用，就会使官员充足而各种政务得到顺利开展了。（政治的根本就是这样。）

仲弓接着问道：对于贤良而有才能的人要先辨认真切，然后再推举才合适，要先充分了解，然后才能广泛推举，但是又怎么能用一个人的力量，把全天下的贤才都推举出来呢？

孔子回答说：真正贤良有才的人是不怕不为人所知的，只是恐怕得不到推举。你虽然不能知道全部的贤才，难道连一个这样的人也找不到吗？你只要把你已经知道的贤才推举和任用，那么，你所不知道的，也自然会因此感而兴起——崇道好德的念头，会化释嫉妒不平的心理，人们会各自推举其所知道的贤才，哪里愿意让积德行善的君子受到埋没，而不为上官所知道呢？如果只是个人的所见所闻，那肯定是非常有限的，但是全天下的人目见耳闻，无所不知。所以不必希求自己一个人能全部掌握贤才的信息，却（可以通过对所知贤才的推举，使自己）走到哪里都能得到贤才的信息。（圣人的见识就是如此阔达。）

把上面的意思合并来说：不只是顾及细小琐碎的事物，这是总揽事务的根本要求；不从事繁杂苛细的事情，这是敦厚道德的根本要求；不遗漏任何贤德才俊，这是兼容并包的根本要求。如果能够掌握这样的为政之道，即便主宰天下也都足够了，区区一个县邑又何在话下？

【评析】

历史上任何一个社会都倡导选贤举能，也都有一套貌似完美的推选制度。诚然，制度设置的初衷当然是好的，但是制度只是工具性的，只有推行制度的人具备工具理性，即坚定地维护制度制定的初衷和运行的基本原则，才能使制度发挥应有的效用。推举贤才的重要意义不只是德、能、位的匹配，也在于激发其他贤才的热情和信心，从而形成社会正向激励效应，使人们各有所安，各得其所。反之，如果标榜正向的标准而选择了名不符实的人物，恐怕会很容易让人们丧失对制度的信任。选人用人是社会治理的核心因素，因选人用人而造成的信任崩塌往往也是不可修复的。汉乐府《桓灵时童谣》唱道："举秀才，不知书。察孝廉，父别居。寒素清白浊如泥，高第良将怯如鸡。"想象一下当时世道的混乱，在这幼稚而简单的儿歌声中，总给人一种强烈的世道浮沉之感。

【标签】

仲弓；季氏；人才

【原文】

子路曰："卫君待子而为政，子将奚先？"
子曰："必也正名乎！"
子路曰："有是哉，子之迂也！奚其正？"
子曰："野哉，由也！君子于其所不知，盖阙如也。名不正，则言不顺；言不顺，则事不成；事不成，则礼乐不兴；礼乐不兴，则刑罚不中；刑罚不中，则民无所措手足。故君子名之必可言也，言之必可行也。君子于其言，无所苟而已矣。"

【解义】

此一章书，是言明伦①为出治②之本也。

昔卫灵公逐其世子蒯聩出奔晋国,③灵公既卒,立蒯聩子辄为君。其后蒯聩欲返国,辄拒而不纳,不以蒯聩为父,是纲常④倒置,名实⑤乖乱⑥矣。

此时孔子自楚返卫,子路方仕于卫,因问于孔子,曰:卫君慕夫子之道德久矣,今将待子而为政,子之设施⑦当以何者为先?

孔子曰:政莫大于分,分莫大于名。⑧君臣父子,人之大伦,国所以立,政所以行。今卫君不父其父,而以祖为父,彝伦斁⑨而名实爽⑩矣。若使我为政于卫,必先正其君臣父子之分,俾⑪伦理昭然,名实不紊⑫,此今日之急务也。

子路未晓此义,遂率尔⑬而对曰:有是哉,夫子之迂阔⑭而不近于事情⑮也!今日事势何得以正名为先?(其言粗野甚矣!)

故孔子直责之曰:野⑯哉由也!大凡君子于事理有所疑而不知者,必阙⑰之以俟⑱考问⑲,何得率尔妄对如此?且我之欲先正名者,夫岂迂哉?名者,言、事⑳、礼乐、刑罚之所自出㉑也。若使名不当其实,则发号施令,称谓㉒之间必有碍而言不顺矣。言既不顺,则名实相违,言行不符,政务之施如何得成?夫惟事得其序,物得其和,而后礼乐乃兴。㉓若事既不成,则动皆苟且㉔,本末舛逆㉕,又安得有礼乐?礼乐不兴,则倒行逆施,法度乖张㉖,小人得以幸免,君子反罹于罪㉗,刑罚如何得中?刑罚不中,则凡民趋避无从,将安所置其手足乎?名之不正,其弊一至于此。故君子为政,无所名则已,其名也,必可以上告祖宗,下示臣民,见之称谓而无愧。斯名之若不可言者,则不敢名也。无所言则已,其言也,必可以正纲常,昭伦纪㉘,见之行事而可法。斯言之若不可行者,则不敢言也。君子于其言务求名当其实,无所苟而已矣。

从来政非分不彰,分非名不著。故繁缨,小物也,而孔子惜之;㉙假马,细故也,而孔子严之。㉚况事关人道之大,天伦㉛之重,而可以掩天下之耳目,欺万世之公论哉?然则《春秋》之作,即孔子正名之意也夫!㉜

【注释】

①明伦:《孟子·滕文公上》:"夏曰校,殷曰序,周曰庠;学则三代共之,皆所以明人伦也,人伦明于上,小民亲于下。"(乡里办的地方学校的名称,夏朝叫"校",商朝叫"序",周朝叫"庠";至于国家办的学校即大学,三个朝代都叫"学"。无论是乡学还是国学,共同的目的都是阐明并教导人们懂得人与人之间的伦理道德标准,如果处于社会阶层上面的诸侯、卿大夫能够宣明这种伦理道德标准,那么下面的普通百姓就会紧密团结在一起。)

②出治：治理国家。

③昔卫灵公逐其世子蒯聩出奔晋国：其事可参本书［述而第七·十五］"蒯聩得罪出奔"词条注释。

④纲常："三纲五常"的简称。"三纲"是指"君为臣纲，父为子纲，夫为妻纲"，要求为臣、为子、为妻的必须绝对服从于君、父、夫，同时也要求君、父、夫为臣、子、妻作出表率。它反映了封建社会中君臣、父子、夫妇之间的一种特殊的道德关系。"五常"即仁、义、礼、智、信，是用以调整、规范君臣、父子、兄弟、夫妇、朋友等人伦关系的行为准则。

⑤名实：名称与实质、实际。

⑥乖乱：变乱，反常。

⑦设施：施展才能。

⑧政莫大于分，分莫大于名：分，本分，名位、职责、权利的限度。《资治通鉴·周威烈王二十三年》："臣光曰：'臣闻天子之职莫大于礼，礼莫大于分，分莫大于名。何谓礼？纪纲是也。何谓分？君、臣是也。何谓名？公、侯、卿、大夫是也。'"（臣司马光认为："我知道天子的职责中最重要的是维护礼教，礼教中最重要的是区分地位，区分地位中最重要的是匡正名分。什么是礼教？就是法纪。什么是区分地位？就是君臣有别。什么是名分？就是公、侯、卿、大夫等官爵。"）

"夫以四海之广，兆民之众，受制于一人，虽有绝伦之力，高世之智，莫不奔走而服役者，岂非以礼为之纪纲哉！是故天子统三公，三公率诸侯，诸侯制卿大夫，卿大夫治士庶人。贵以临贱，贱以承贵。上之使下犹心腹之运手足，根本之制支叶，下之事上犹手足之卫心腹，支叶之庇本根，然后能上下相保而国家治安。故曰天子之职莫大于礼也。（四海之广，亿民之众，都受制于天子一人。尽管是才能超群、智慧绝伦的人，也不能不在天子足下为他奔走服务，这难道不是以礼作为礼纪朝纲的作用吗！所以，天子统率三公，三公督率诸侯国君，诸侯国君节制卿、大夫官员，卿、大夫官员又统治士人百姓。权贵支配贱民，贱民服从权贵。上层指挥下层就好像人的心腹控制四肢行动，树木的根和干支配枝和叶；下层服事上层就好像人的四肢卫护心腹，树木的枝和叶遮护根和干，这样才能上下层互相保护，从而使国家得到长治久安。所以说，天子的职责没有比维护礼制更重要的了。）

"文王序《易》，以乾、坤为首。孔子系之曰：'天尊地卑，乾坤定矣。卑高以陈，贵贱位矣。'言君臣之位犹天地之不可易也。《春秋》抑诸侯，尊王室，王人虽微，序于诸侯之上，以是见圣人于君臣之际未尝不也。非有桀、纣之暴,汤、武之仁,人归之,天命之,君臣之分当守节伏死而已矣。是故以微子而代纣则成汤配天矣,以季札而君吴则太伯血食矣,然二子宁亡国而不为者,诚以礼之大节不可乱也。故曰礼莫大于分也。(周文王演绎排列《周易》,以乾、坤为首位。孔子解释说:"天尊贵,地卑微,阳阴于是确定。由低至高排列有序,贵贱也就各得其位。"这是说君主和臣子之间的上下关系就像天和地一样不能互易。《春秋》一书贬低诸侯,尊崇周王室,尽管周王室的官吏地位不高,在书中排列顺序仍在诸侯国君之上,由此可见孔圣人对于君臣关系的关注。如果不是夏桀、商纣那样的暴虐昏君,对手又遇上商汤、周武王这样的仁德明主,使人民归心、上天赐命的话,君臣之间的名分只能是作臣子的恪守臣节,矢死不渝。所以如果商朝立贤明的微子为国君来取代纣王,成汤创立的商朝就可以永配上天;而吴国如果以仁德的季札做君主,开国之君太伯也可以永享祭祀。然而微子、季札二人宁肯国家灭亡也不愿做君主,实在是因为礼教的大节绝不可因此破坏。所以说,礼教中最重要的就是地位高下的区分。)

"夫礼,辨贵贱,序亲疏,裁群物,制庶事,非名不著,非器不形;名以命之,器以别之,然后上下粲然有伦,此礼之大经也。名器既亡,则礼安得独在哉!昔仲叔于奚有功于卫,辞邑而请繁缨,孔子以为不如多与之邑。惟名与器,不可以假人,君之所司也;政亡则国家从之。卫君待孔子而为政,孔子欲先正名,以为名不正则民无所措手足。夫繁缨,小物也,而孔子惜之;正名,细务也,而孔子先之:诚以名器既乱则上下无以相保故也。夫事未有不生于微而成于著,圣人之虑远,故能谨其微而治之,众人之识近,故必待其著而后救之;治其微则用力寡而功多,救其著则竭力而不能及也。《易》曰'履霜坚冰至',《书》曰'一日二日万几',谓此类也。故曰分莫大于名也。"(所谓礼制,在于分辨贵贱,排比亲疏,裁决万物,处理日常事务。没有一定的名位,就不能显扬;没有器物,就不能表现。只有用名位来分别称呼,用器物来分别标志,然后上下才能井然有序。这就是礼教的根本所在。如果名位、器物都没有了,那么礼教又怎么能单独存在呢!当年仲叔于奚为卫国建立了大功,他谢绝了赏赐的封地,却请求允许他享用贵族才应有的马饰。孔子认为不如多赏赐他一些封地,惟独名位和器物,绝不能假与他人,这是君王的职权象征;处理政事不坚持原则,国家也就会随之走向危亡。卫国国君期待孔子为他处理政事,孔子却先要确立名位,认为名位不正则百姓无所适从。马饰,是一种小器物,而孔子却珍惜它的价值;正名位,是一件小事情,而孔子却要先从它做起,就是因为名位、器物一紊乱,国家上下就无法相安互保。没有一件事情不是从微小之处产生而逐渐发展显著的,圣贤考虑久远,所以能够谨慎对待微小的变故及时予以处理;常人见识短浅,所以必等弊端闹大才来设法挽救。矫正初起的小错,用力小而收效大;挽救已明显的大害,往往是竭尽了全力也不能成功。《周易》说"行于霜上而知严寒冰冻将至",《尚书》说:"先王每天都要兢兢业业地处理成千上万件事情",就是指这类防微杜渐的例子。所以说,区分地位高下最重要的是匡正各个等级的名分。)

⑨彝伦攸斁:伦常败坏。《尚书·洪范》:"鲧堙洪水,汩陈其五行,帝乃震怒,不畀洪范九畴,彝伦攸斁;鲧则殛死,禹乃嗣兴,天乃锡禹洪范九畴,彝伦攸叙。"(鲧用堵塞的方法治理洪水,扰乱了天帝安排的水、火、木、金、土五行运行的规律,上帝大怒,就没有把九种大法传给鲧,因而使臣民和睦相处的那种治国安民的常理遭到了破坏;后来,鲧被流放而死,禹于是继承治水事业,上帝就把九种大法赐给了禹,治国的常理因此确定了下来。)彝,音 yí,常。斁,音 dù,败坏。

⑩爽:差失,违背。

⑪俾:音 bǐ,使。

⑫紊:音 wěn,乱。

⑬率尔:急遽、轻率的样子。

⑭迂阔:不切合实际。

⑮不近于事情:不了解实情。事情,事物的真相,实情。

⑯野:鄙俗,粗野。

⑰阙:同"缺",存疑不言,空缺不书。

⑱俟:音 sì,等待。

⑲考问:考查询问。

⑳言事:古代专指向君王进谏或议论政事。

㉑礼乐、刑罚之所自出:出自[季氏第十六·二]:孔子曰:"天下有道,则礼乐征伐自天子出;天下无道,则礼乐征伐自诸侯出……"可参考本书[八佾第三·五]"礼乐以定,征伐以一"词条注释。

㉒称谓:述说,言说。

㉓夫惟事得其序,物得其和,而后礼乐乃兴:朱熹《论语集注》引范氏语注解本章:"事得其序之谓礼,物得其和之谓乐。事不成则无序而不和,故礼乐不兴。礼乐不兴,则施之政事皆失其道,故刑罚不中。"

㉔苟且:不循礼法。

㉕舛逆:颠倒,悖逆。舛,音 chuǎn,错乱,错误。

㉖乖张:失当。

㉗罹于罪：罹罪，遭受罪罚。
㉘伦纪：伦常纲纪。
㉙从来政非分不彰……而孔子惜之：出自《资治通鉴·周威烈王二十三年》，详见上注"政莫大于分，分莫大于名"。繁缨，古代天子、诸侯所用辂马的带饰。繁，马腹带。缨，马颈革。本详参本书［卫灵公十五·十一］"车辂之制"词条注释。因为这是天子、诸侯所专用的物件，所以尽管仲叔于奚立了大功，但仍然不能因此而享有不符合其身份和名位的物品。事见《左传·成公二年》："卫侯使孙良夫、石稷、宁相、向禽将侵齐，与齐师遇……新筑人仲叔于奚救孙桓子，桓子是以免。既，卫人赏之以邑，辞。请曲县、繁缨以朝，许之。仲尼闻之曰：'惜也，不如多与之邑。唯器与名，不可以假人，君之所司也。名以出信，信以守器，器以藏礼，礼以行义，义以生利，利以平民，政之大节也。若以假人，与人政也。政亡，则国家从之，弗可止也已。'"（卫穆公派遣孙良夫、石稷、宁相、向禽率兵入侵齐国，和齐军相遇……新筑大夫仲叔于奚援救了孙良夫，孙良夫因此得免于难。不久，卫国人把城邑赏给仲叔于奚。仲叔于奚辞谢，而请求得到诸侯所用三面悬挂的乐器，并用繁缨装饰马匹来朝见，卫君允许了。孔子听说这件事，说："可惜啊，还不如多给他城邑。惟有器物和名号，不能假借给别人，因为这是国君的职权所在。名号用来赋予威信，威信用来保持器物，器物用来体现礼制，礼制用来推行道义，道义用来产生利益，利益用来治理百姓，这是政权中的大节。如果把名位、礼器假借给别人，这就是把政权给了别人。失去政权，国家也就跟着失去，这是不能阻止的。"）

㉚假马，细故也，而孔子严之：《韩诗外传》卷五：孔子侍坐于季孙。季孙之宰通曰："君使人假马，其与之乎？"孔子曰："吾闻君取于臣，谓之取，不曰假。"季孙悟，告宰通曰："今以往，君有取，谓之取，无曰假。"故孔子正假马之名，而君臣之义定矣。《论语》曰"必也正名乎"，《诗》曰"君子无易由言"，言名正也。［孔子陪侍季孙坐着。季氏一个名为通的主管来报告说："国君（鲁定公）派人来借马，给他吗？"孔子立刻说道："我听说国君到臣下那里拿东西，称为'取'，不说'借'。"季孙马上明白过来，就告诉通这个主管："从今以后，但凡国君让人来拿东西，都要说是'取'，再也不能说'借'了。"所以孔子是通过正定"借马"这个说法，来正定君臣之间的应有之义。《论语》中说"一定要正定名号"，《诗经·小雅·小弁》中说"不要轻易说话，小心隔墙有耳"，都是在说要正名。］细故，细小而不值得计较的事。

㉛天伦：泛指父子等天然的亲属关系。

㉜然则《春秋》之作，即孔子正名之意也夫：《孟子·滕文公下》："世衰道微，邪说暴行有作，臣弑其君者有之，子弑其父者有之。孔子惧，作《春秋》。《春秋》，天子之事也。是故孔子曰：'知我者其惟春秋乎！罪我者其惟春秋乎！'……孔子成《春秋》而乱臣贼子惧。"[社会正道衰微，荒谬的学说、暴虐的行为又纷纷出现了，有臣子杀君主的，有儿子杀父亲的。孔子感到忧惧，编写了《春秋》。《春秋》，（纠正君臣父子的名分，褒贬诸侯大夫的善恶，）记录的是天子的事。所以孔子说："了解我的，恐怕就在于这部《春秋》吧！怪罪我的，恐怕也就在于这部《春秋》吧！"]

【译文】

这一章是说，彰明伦理是治国的根本举措。

往昔卫灵公因为太子蒯聩企图杀害南子而驱逐了他，后来蒯聩逃亡到了晋国，卫灵公去世后，卫国立蒯聩的儿子辄为国君，是为卫出公。后来蒯聩想回国，卫出公不认这个父亲，拒不接纳。这是纲常颠倒混乱，名实不符啊。

这时候恰逢孔子从楚国返回卫国，子路正在卫国任职，因此就向孔子询问说：卫国国君仰慕夫子的道德人品已经很久了，如果现在延请您去主持政务，您将率先从什么地方着手来施政呢？

孔子说：政治没有比本分更大的了，本分没有比名号更大的了。君、臣、父、子，这四者之间所构成的人伦关系，是国家之所以建立、政治之所以运行的根本。现在卫国国君不以其父为父，（不能让位于本就是其父亲应该继承的王位，）因此是直接把祖父当成了父亲，致使伦常败坏而名实背离。如果要任用我来主持卫国政务，一定要先正定这种君臣父子的本分，使伦理得到昭示，名与实不相违背，这是当前迫切要做的事情。

子路并不明白其中道理，就轻率地回答说：有您这样不明真相而且不切实际的吗？现在这个形势下哪里还有工夫去咬文嚼字，尽谈些不着边际的正名问题！（子路的话的确是粗鄙野蛮啊！）

所以孔子就直接斥责他说：子路你真是粗野！一般君子对于自己有所疑惑的事理，就会先搁置一段时间，以便后面考证和询问，而你却为何这样轻率狂妄地回答我呢？而且，我想先进行正定名分的做法，哪里是不切实际呢？名号，是所谓进言献策、执礼演乐、奖赏惩罚等一切事务的依据。如果名不符实，那么去发号施令，连称谓名称都使人别扭以至于连言语都不顺畅了。言语不顺畅，就会使名号和实际相违背，言语和行动不相符，这样的话又怎么完成政务呢？事得其序之谓礼，物得其和之谓乐。因此依序办事，和合万物，而后礼乐才能够兴起。如果不能成事，那么行动都不合礼法，治政的本末倒置，那么礼乐制度存在还有何意义？制度不能推行，礼乐不能兴起，那么就会行为倒行逆施，法制混乱失当，小人嚣张而君子遭难，刑罚就胡乱施加，失去了本来的作用。刑罚的正义性一旦消失，那么老百姓就无所适从，手足无措。名号不正，就会导致如此弊病。所以君子为政，要么不进行命名，一旦命名，就一定要公平正义，可以对上祭告祖宗，对下昭示臣民，公开言说而毫无愧疚。如果命名但却羞于开口，那就不敢这样命名了。如果说了但是也无法做到，那就不敢去说了。君子说话希望能够名副其实一点也不能马虎草率而已。

　　本来，政治没有本位就不能彰显，本位没有名号就不显著。所以就像马饰这样的小物件，本是王侯才可以配备的，即便是像仲叔于奚这样功绩卓著的人也无权使用，所以孔子对于当时人们不注重这一点而惋惜感慨；鲁定公向季氏借马，这只是细小之事，但孔子却严格区分"借马"和"取马"的说法，以维护国君尊严。更何况那些关系人伦道德的重大事务呢，又怎么可以掩耳盗铃而自欺欺人呢？也正因为如此，孔子才著作"使乱臣贼子惧"的《春秋》，其目的就是要正名吧！

【评析】

　　孔子所谓"名"，实则为理想社会架构其理念及价值观念的表征系统，因之可谓"名"亦生活中另一散存之礼乐机制，以一字一言而寄托文化历史命脉。而子路以夫子所言之名为虚名浮誉，故而贸然反对。跳开孔夫子一长串绕口令来看，其所阐发宏言高论，即使为随身弟子，亦且不能理解，遑论世人。夫子之苦心孤诣，了然可见。

　　关于孔子正名之论，另可见本书［卫灵公第十五·二十］"评析"部分。

【标签】

　　子路；正名；名不正，则言不顺；礼乐

四

【原文】

樊迟请学稼。子曰："吾不如老农。"请学为圃。曰："吾不如老圃。"樊迟出。

子曰："小人哉，樊须也！上好礼，则民莫敢不敬；上好义，则民莫敢不服；上好信，则民莫敢不用情。夫如是，则四方之民襁负其子而至矣，焉用稼？"

【解义】

此一章书，是孔子教樊迟以经世①之学也。

樊迟所见不广，一日请于孔子学治耕稼之事。孔子曰：惟老于农者精于稼，吾不如老农。

迟又以园圃之事比稼尤易，请学为圃。孔子曰：亦惟老于圃者精于圃，吾不如老圃。

樊迟再问而孔子再拒，此其意自有在矣。乃樊迟不能复问而出。孔子惧其终不悟也，故责之曰：小人哉！识趣卑陋，樊迟之所为也。夫学能自治而治人者，谓之上；学不能自治而受治于人者，谓之民②。吾儒所学修己治人之道③，为上者事也。上诚好礼，而庄以自持，举动一秉④乎轨物⑤，则观瞻之下，自生其俨恪⑥之心，民之敢不敬者谁乎？上诚好义，而所行合宜，张弛⑦悉协乎经权⑧，则感应之间，自深其效顺⑨之心，民之敢不服者谁乎？上诚好信，而至诚接物⑩，始终皆示以不欺，则实意所孚⑪，自动其忠爱之心，民之敢不用情⑫者谁乎？上好礼、义、信，而民之类应⑬如是，则四方之民，将见襁负⑭其子而至，共归而为之耕稼。如迟所请，不但不屑，亦不必矣，躬亲稼穑⑮奚⑯为乎？

抑⑰《礼运》曰："圣王修义之柄、礼之序以治人情。故人情者，圣王之田也，修礼以耕之，陈义以种之……"又曰："讲信修睦，以固人肌肤之会、筋骸之束。"⑱则礼、义、信三者，实帝王经世之大学与！

【注释】

①经世：治理国事。

②夫学能自治而治人者，谓之上；学不能自治而受治于人者，谓之民：

《左传·襄公九年》知武子:"君子劳心,小人劳力,先王之制也。"《孟子·滕文公上》:"治天下独可耕且为与?有大人之事,有小人之事。且一人之身,而百工之所为备,如必自为而后用之,是率天下而路也。故曰,或劳心,或劳力;劳心者治人,劳力者治于人;治于人者食人,治人者食于人——天下之通义也。"(那么治理国家就偏偏可以一边耕种一边治理了吗?官吏有官吏的事,百姓有百姓的事。况且,每一个人立身行事,所需要的生活资料都要靠各种工匠提供,如果都一定要自己亲手做成才能使用,那就是率领天下的人疲于奔命。所以说:有的人从事脑力劳动,有的人从事体力劳动;脑力劳动者管理人,体力劳动者被人管理;被管理者奉养别人,管理者被人奉养——这是通行天下的法则啊。)自治,修养自身的德性。

③吾儒所学修己治人之道:[宪问第十四·四十二]:子路问君子。子曰:"修己以敬。"曰:"如斯而已乎?"曰:"修己以安人。"曰:"如斯而已乎?"曰:"修己以安百姓。修己以安百姓,尧舜其犹病诸?"(子路问怎样才算是君子。夫子说:"持恭敬的态度修养自己。"子路又问:"这样就够了吗?"夫子说:"修养自己,进而使别人安乐。"子路又问:"这样就够了吗?"夫子说:"修养自己,再使百姓都得到安乐。修养自己,使百姓都得到安乐,连尧舜都恐怕不能完全做到呢!")

④一秉:一贯。秉,掌握,主持。

⑤轨物:轨范,准则。

⑥俨恪:音 yǎnkè,庄严恭敬。

⑦张弛:谓弓弦拉紧和放松。因以喻事物之进退、起落、兴废等。

⑧经权:宋明理学用语,形容坚持原则而能变通、不固执。经,指事物的常住性或不易之常道;权,指事物发展过程中的变动性或权衡不同情况所采取的对策。

⑨效顺:忠顺。

⑩接物:与人交往。

⑪孚:信用。

⑫用情:以真实的感情相待。

⑬类应:类似的反应。

⑭襁负:用襁褓背负。襁,音 qiǎng,襁褓,包婴儿的被、毯等。

⑮稼穑:耕种和收获,泛指农业劳动。

⑯奚:文言疑问代词,相当于"胡""何"。

⑰抑:文言发语词。

⑱《礼运》曰……筋骸之束:《礼记·礼运》:"夫礼必本于天,动而之

地，列而之事，变而从时，协于分艺。其居人也曰养，其行之以货力、辞让、饮食、冠昏、丧祭、射御、朝聘。（那礼必定根源于天，运行于地，分列吉凶等事，根据四季变化，合乎每月行令的准则。礼使人安居生存称为"养"，它运行表现于财货、精力、辞让、饮食、冠礼、婚礼、丧礼、祭礼、射礼、驾车、朝聘等各项活动中。）

"故礼义也者，人之大端也。所以讲信修睦，而固人之肌肤之会、筋骸之束也。所以养生、送死、事鬼神之大端也，所以达天道，顺人情之大窦也。故唯圣人为知礼之不可以已也。故坏国、丧家、亡人，必先去其礼。（所以礼义，是人的头等大事。用它来讲究诚信，建立和睦关系，如同肌肤会合、筋骨相连一样，将人们团结起来；礼义是用以养生、送死、侍奉鬼神的头等大事；也是用以通达天道、疏理人情的主要渠道。所以，只有圣人才知道礼义是不可废止的。而凡是国破家亡、人员流亡，都必是因为先丢弃了礼义。）

"故礼之于人也，犹酒之有蘖也——君子以厚，小人以薄。故圣王修义之柄、礼之序以治人情。故人情者，圣王之田也。修礼以耕之，陈义以种之，讲学以耨之，本仁以聚之，播乐以安之。故礼也者，义之实也，协诸义而协，则礼虽先王未之有，可以义起也。义者，艺之分、仁之节也。协于艺，讲于仁，得之者强。仁者，义之本也，顺之体也，得之者尊。故治国不以礼，犹无耜而耕也；为礼不本于义，犹耕而弗种也；为义而不讲之以学，犹种而弗耨也；讲之于学而不合之以仁，犹耨而弗获也；合之以仁而不安之以乐，犹获而弗食也；安之以乐而不达于顺，犹食而弗肥也。（因此礼对于人，犹如酿酒要有酒曲：君子如同以醇厚的酒曲酿造美酒一样，讲究礼义故成君子；小人如同以淡薄的酒曲酿成薄酒一样，不重视礼义故成小人。所以圣王修行义的总纲、礼的顺序，以此治理人情。所以人情，是圣王的田地，修订礼制来耕耘它，陈说义理来播种它，讲授学问来清理它，依据仁爱来聚拢它，传布音乐来安定它。所以，礼是义的果实。和义协调配合，那么先王虽然没有礼制，也可以凭借义产生出来。义，是办事的分寸，仁爱的节制。将礼和义协调，且讲究仁爱，这样做的人就会强大。仁爱，是义理的根本，安定顺从的主体，谁能做到仁爱就会受人尊重。所以治理国家不用礼，如同耕田没有耒耜；实行礼不依据义，如同耕了地却不播种；实行义而不进行讲学，如同播种以后却不除草；讲学而不同仁配合，如同除草以后却不收获；配合了仁而不用音乐安定人心，如同收获以后却不食用；用音乐安定人心而不达到顺从和谐的境界，如同食用了以后却没有变得强壮。）

"四体既正，肤革充盈，人之肥也。父子笃，兄弟睦，夫妇和，家之肥也。大臣法，小臣廉，官职相序，君臣相正，国之肥也。天子以德为车，以乐为御，诸侯以礼相与，大夫以法相序，士以信相考，百姓以睦相守，天下之肥也。是谓大顺。大顺者，所以养生、送死、事鬼神之常也。故事大积焉而不苑，并行而不缪，细行而不失，深而通，茂而有间，连而不相及也，动而不相害也。此顺之至也。故明于顺，然后能守危也。"（四肢健全，肌肤丰满，这是人的强壮；父子情深，兄弟和睦，夫妇和谐，这是家庭的美满；大臣守法，小臣廉洁，官职上下有序，君臣互相匡正，这是国家的强壮；天子以德为车，用音乐驾驭，诸侯礼尚往来，大夫以法相约，士人以诚相待，百姓和睦相处，这是天下的强壮。这是安定和谐的大顺境界。大顺，是人们用以养生、送死、侍奉鬼神的法典伦常，所以事情繁多而不郁结，各种事情同时办理而不相互缠绕交错，事情细微却不疏漏，深奥却能通达，茂密却有间隙，密切联系却不相纠缠，一起运行却不相妨害。这是顺的最高境界。所以明白了顺的含义，才能守住高位而不至于危亡。）

【译文】

这一章是讲，孔子教导樊迟要学习经世治国的学问。

樊迟见识狭小，有一天向孔子请教耕地种庄稼的事情。孔子告诉他：只有那些惯常农事的人懂得如何耕种，在这一点上我比不上老农民。（你要问，不如去问他们好了。）

樊迟（不解其意），后来又觉得种植园林侍弄花草比耕地种庄稼更容易，就向孔子请教如何做一个花匠。孔子回答他说：也只有惯常园圃的人懂得如何打理，在这一点上我比不上老花匠。（你要问，不如去问他们好了。）

樊迟第二次请教，还是遭到了孔子的拒绝，他的意思已经很明确了。那樊迟就不好再问，于是就退出去了。孔子恐怕他最终还不能明白自己的意思，后来就责备他说：这个小器之人啊！樊迟的识见志趣竟然如此鄙陋。能够学习进修自我修为，并因此能够管理他人的，就是上人；学习了却不能自我修为而只是被人管理的，就称之为百姓。而我们儒者所学的，正是修己治人的道理，所从事的也是上人的事情。在上者如果知书达礼，能够庄重自持，言谈举止一贯合乎规范，看到的人，自然就会保持庄严恭敬的心理，这样老百姓还有谁敢不恭敬呢？在上者如果崇德好义，而所行合乎道义，一张一弛都符合原则而又灵活变通，感受到的人，自然就会心生忠顺之意，这样老百姓还有谁会不信服呢？在上者如果讲求诚信，而诚恳待人,始终保持诚实而不欺骗,领受到的人,自然就会心生忠爱之情,这样老百姓还有谁不会以诚相待呢?在上者崇好礼节、道义和诚信,那么老百姓也会有类似的反应和表现,那么就会见到天下的百姓携家带口来归附,并为其耕种土地。像樊迟所问询的事情,不但不值得问,也不必问(作为儒者,重要的是做好自治以安人的事情,)亲自去耕地种庄稼能有什么用?

《礼记·礼运》中说:"圣王修行义的总纲、礼的顺序,以此治理人情。所以人情,是圣王的田地,修订礼制来耕耘它,陈说义理来播种它……"又说:"(礼义,是人的头等大事。)用它来讲究诚信,建立和睦关系,如同肌肤会合、筋骨相连一样,将人们团结起来。"那么,礼节、道义和诚信这三样,实在是帝王经世治国的大学问啊!

【评析】

樊迟想要学点农业技能,解决一下现实收益问题并无过错,然而孔夫子不仅粗暴地拒绝他,还骂他是个"小人"(小器之人,并非人格上的贬义)。

为什么不仅拒绝教他而且要骂他呢?夫子机关炮扫射似的对着愚笨的樊迟解释了一通。我担心樊迟一时理解不了,所以索性用现代汉语给他翻译一下:我们政治人的作用是专心谋划政治。社会治理框架的合理建构及有效运行,就是在创造并保护社会的最大利益。如果通过我们的谋划,使社会政治日趋合理,并实现社会最大化的利益,那么身在其中的每个人才能够真正受益。如果你只考虑跑去种瓜种菜,没有担当你应该担当的社会责任,反而是个十足的小人,我都为你有这样自私自利的想法而感到害臊!

孔夫子将自己和弟子们都定位为"政治人",而政治人的使命是为天地立心,为生民立命,不以物喜,不以己悲,先天下之忧而忧,后天下之乐而乐。席不暇暖,遑论其他。虽然是生活在小农社会,但是孔夫子的管理思想却绝不小农,而是相当现代化,即其非常坚持政治人的职业操守和使命,不为人情或利益所动,要求绝对的专业化,富有分工协作精神和行政能效意识。

可是,现实是骨感的,生存不容掺杂太多的理想成分。孔子弟子中不独樊迟,像子张也曾经向孔子求教如何谋取官职,孔子却没有拒绝,而是耐心地告诉他"多闻阙疑""多见阙殆"之类的话([为政第二·十八]),其实这些也不是纯然的生存技能,而是为政工作的一般工作经验而已。

[卫灵公第十五·三十二]中,子曰:"君子谋道不谋食。耕也,馁在其中矣;学也,禄在其中矣。君子忧道不忧贫。"大概也是因由弟子们类似

于樊迟问农的事情而进行的统一解释吧。尽管在现在看来还是有点迂阔，但是从社会治理角度而言，又的确是重要的政治原则：政治人不能只考虑个人的利益，而应以社会利益为重。

《解义》援用《礼记·礼运》中"人情者，圣王之田"的比喻来印证孔夫子的话，真是再恰切不过了。

【标签】

樊迟；稼穑；农业；人情者，圣王之田；政治人

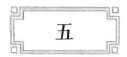

【原文】

子曰："诵《诗》三百，授之以政，不达；使于四方，不能专对；虽多，亦奚以为？"

【解义】

此一章书，是言穷经①贵有实用也。

孔子曰：《诗》之为经，本乎人情，该②乎物理③，上自朝庙设施④之典⑤，下及闾巷⑥鄙俚⑦之事，政治⑧之得失验焉。且其言多温厚而不激烈，多讽谕⑨而不直率，立言⑩之意旨见焉。学者若能验之于心，体之于身，则施之政而政宜，见之言而言善，有肆应咸宜⑪之用矣。乃有人焉，诵《诗》至于三百篇之多，授之以政务而漫无所设施，出使于四方而不能自为应对，则是徒为记诵之末，毫无心得之益。读《诗》虽多，亦有何用哉？

大凡《诗》《书》所载，皆经世之大典⑫、修身之实学，不徒托之空言，原欲见之行事⑬。故读书必明其理，明理必达诸用。不明其理，口耳之习⑭也；不达诸用，章句之功⑮也。况帝王之学尤与儒生异⑯，岂可不审所要务乎？

【注释】

①穷经：极力钻研经籍。
②该："赅"，完备。
③物理：事理。

④设施：措置，筹划。
⑤典：典礼。
⑥闾巷：里巷，乡里。闾，音 lǘ，原指里巷的大门，后指人聚居处，古代二十五家为一闾。
⑦鄙俚：粗野，庸俗。
⑧政治：政事的治理。
⑨讽谕：亦作"讽喻"，用委婉的言语进行劝说。
⑩立言：著书立说。《左传·襄公二十四年》："豹闻之，'太上有立德，其次有立功，其次有立言'，虽久不废，此之谓三不朽。"（我叔孙豹听说，"最高的是修身立德，其次是建功立业，再其次是著书立说"，这三样功业历久不衰，经久弥新，可以称得上是"三不朽"了。）孔颖达疏："立言，谓言得其要，理足可传，其身既没，其言尚存。"
⑪肆应咸宜：指施政顺利，起到良好的回应效果。肆应，各方响应。
⑫大典：重大筹措。
⑬不徒托之空言，原欲见之行事：《史记·太史公自序》：子曰："我欲载之空言，不如见之于行事之深切著明也。"司马贞《史记索隐》："空言，谓褒贬是非也。空立此文，而乱臣贼子惧也。"此指孔子未能获位施政，将理论见之于行事，而于晚年编纂《春秋》，以褒贬时事政治，标榜普世价值，寄托仁政理想，并流传生前身后。空言，只起褒贬作用而不见用于当世的言论主张。此仅相对于政治实践而言的，是相对的"空"，而非小觑或无视语言的力量。实际上儒家传统，还是非常注重"立言"的。如《左传·襄公二十四年》中叔孙豹有著名的"三不朽"之论，"立言"为其中之一。详参本章上注"立言"。
⑭口耳之习：即"口耳之学"，只凭嘴上说说，耳朵听听，亦即道听途说，没有入心。形容没有真才实学。《荀子·劝学》："君子之学也，入乎耳，箸乎心，布乎四体，形乎动静；端而言，蠕而动，一可以为法则。小人之学也，入乎耳，出乎口。口、耳之间则四寸耳，曷足以美七尺之躯哉？"（君子学习，是听在耳里，记在心里，表现在形体举止上。他的语言精深，举止文雅，哪怕是极细微的言行都可以垂范于人。）
⑮章句之功：义近"章句之徒"，指仅仅保持辨析章句、咬文嚼字的人或其行为。《汉书·扬雄传下》："当其亡事也，章句之徒相与坐而守之，亦亡所患。"章句，剖章析句，经学家解说经义的一种方式。
⑯帝王之学尤与儒生异：强调帝王之学虽出于儒学，但注重宏观大略，切近实务，与儒生之章句之学相异，更注重其宏观性和实用性。可详参

［泰伯第八·四］"帝王之学，与士庶异"词条注释。

【译文】

这一章是说，极力钻研经籍，重在实用。

孔子说：《诗经》作为经籍，本自人之常情，赅备于万物之理，上至朝堂宗庙筹划之典礼，下至街头里巷鄙俗之事务，政事治理上的得失都能够得到检验。而且它的言辞大多温柔敦厚而不激烈刚猛，大多委婉劝说而不率直批判，著书立说的意旨都能够得以显现。学习的人如果能够心领神会并身体力行，那么就会施加于政事而适用于政事，运用于言辞而有益于言辞，可以说是屡试不爽，处处受用。如果有这样一个人，他诵读《诗经》的篇章达到三百篇之多，而让他处理政务却手足无措，让他出使四方之国却不能自如运用，那就只是做了记诵的末端功夫，并没有得心应手。这样即便习读《诗经》再多，也终是无益。

大凡像《诗经》《尚书》等典籍所承载的，都是经世治国的重要筹措、修身养德的实用学问，不能只是依托言辞而空传于世，本来就是要在"事上见"，付诸行动以求实效。所以，读书就一定要明白其道理，明白其道理，就一定要去运用。不明白其道理，那就还只是道听途说的无心之学；不运用于实际，那就还只是咬文嚼字的无用之学。何况，帝王之学更要与空疏不实的儒学做派相区别，怎能陷于其中而不审时度势，活学活用呢？

【评析】

宋人邢昺疏解本章云："诗有国风、雅、颂，凡三百五篇，皆言天子诸侯之政也。古者使适四方，有会同之事，皆赋诗以见意。"概春秋时诗歌是唯一公认之经典，因此也就成为庙堂之上最重要的交际、表意手段。最具代表性的例子是范宣子使鲁求援时，主客双方引诗以对答：

晋范宣子来聘，且拜公之辱，告将用师于郑。公享之。宣子赋《摽有梅》。季武子曰："谁敢哉！今譬于草木，寡君在君，君之臭味也。欢以承命，何时之有？"武子赋《角弓》。宾将出，武子赋《彤弓》。宣子曰："城濮之役，我先君文公献功于衡雍，受彤弓于襄王，以为子孙藏。匄也，先君守官之嗣也，敢不承命。"君子以为知礼。（《左传·襄公八年》）

晋国范宣子来鲁国聘问，同时拜谢鲁襄公的朝见，报告将出兵郑国。襄公设享礼招待他。范宣子在宴会上赋《摽有梅》这首诗，男女及时求偶为喻，表达需求鲁国及时出兵讨郑助晋之意。季武子说："谁敢不及时啊！

现在用草木来比喻，贵国国君是花木，敝国国君不过是花木散发出来的气味而已。两者本为一体，不分彼此，我们自然高高兴兴地接受援救的命令，岂敢有所耽搁？"于是季武子也赋《角弓》这首诗以回应，以角弓不可松弛暗喻晋鲁两国有兄弟情谊，关系不可疏远。宾客将要退席的时候，季武子赋《彤弓》这首诗，表达鲁晋同为周朝股肱之臣，荣辱与共，共建大业。范宣子借这首诗解释道："城濮这一战，我们的先君文公在衡雍奉献战功，在襄王那里接受了彤弓，作为子孙的宝藏。我范匄乃先君官员的后嗣，岂敢不遵从您的命令？"君子认为范宣子懂得礼仪。

孔子重诗，可见也是时代风气使然。然而不同的是，孔子努力从古诗中获得滋养，并不只限于务求其用，而且还以推举诗之习用为己任，其推举经典的动作，本身就成为经典的一部分。这是一种高度的文化自觉的行为和状态。而其所成就的经典和围绕经典建构的学统，则为后世的文化价值观念铸就了一整套语义表征系统，奠定了文化自觉和认同的坚实基础。所以就有了王符在《潜夫论》中关于经典与学业关系的著名论述：

夫道成于学而藏于书，学进于振而废于穷……道之于心也，犹火之于人目也。中阱深室，幽黑无见，及设盛烛，则百物彰矣。此则火之耀也，非目之光也，而目假之，则为己明矣。天地之道，神明之为，不可见也。学问圣典，心思道术，则皆来睹矣。此则道之材也，非心之明也，而人假之，则为己知矣。

是故索物于夜室者，莫良于火；索道于当世者，莫良于典。典者，经也，先圣之所制；先圣得道之精者以行其身，欲贤人自勉以入于道。故圣人之制经以遗后贤也，譬犹巧倕之为规矩准绳以遗后工也。

昔倕之巧，目茂圆方，心定平直，又造规绳矩墨以诲后人。试使奚仲、公班之徒，释此四度，而效倕自制，必不能也；凡工妄匠，执规秉矩，错准引绳，则巧同于倕也。是故倕以其心来制规矩后工以规矩往合倕心也，故度之工，几于倕矣。

先圣之智，心达神明，性直道德，又造经典以遗后人。试使贤人君子，释于学问，抱质而行，必弗具也；及使从师就学，按经而行，聪达之明，德义之理，亦庶矣。是故圣人以其心来造经典，后人以经典往合圣心也，故修经之贤，德近于圣矣。

诗云："高山仰止，景行行止。""日就月将，学有缉熙于光明。"是故凡欲显勋绩扬光烈者，莫良于学矣。（东汉王符《潜夫论·赞学》）

人心、经典、学业三者，为道所贯。欲得人心之名，必依经典，此谓之学。故三者不可分割独立，否则必然饾饤琐屑，名实不副，道术为天下裂。

南朝文学理论家刘勰在其皇皇巨著《文心雕龙》中也因之推举经典，给予夫子开创之功以极高的评价：

自生人以来，未有如夫子者也。敷赞圣旨，莫若注经，而马、郑诸儒，弘之已精，就有深解，未足立家。唯文章之用，实经典枝条，五礼资之以成，六典因之致用，君臣所以炳焕，军国所以昭明。详其本源，莫非经典。（南朝梁·刘勰《文心雕龙·序志》）

这段文字是说：自从有人类以来，从没有像孔夫子这样影响深远的圣人。因此我想到，要阐明圣人的思想，最好是给经典做注解，但是马融、郑玄这些前代学者在这方面发挥得已很精当，即使我再有什么深入的见解，也不足以自成一家。其实现实中的各种规章制度，也不过只是经典的附生之物，各种礼仪要依托经典来完成，一切政务也要因循经典来实施，君功臣业也仰仗经典以焕发光彩，军事国政也借经典以发扬光大。仔细追溯一下经世济民的方方面面，没有一件不是从经典上发展而来的。

意大利当代作家伊塔洛·卡尔维诺（Italo Calvino）在其文集《为什么读经典》中的同名文章中，对"经典"做了多达14条的描述：

一、经典是那些你经常听人家说"我正在重读……"而不是"我正在读……"的书。

二、经典作品是这样一些书，它们对读过并喜爱它们的人构成一种宝贵的经验；但是对那些保留这个机会，等到享受它们的最佳状态来临时才阅读它们的人，它们也仍然是一种丰富的经验。

三、经典作品是一些产生某种特殊影响的书，它们要么本身以难忘的方式给我们的想象力打下印记，要么乔装成个人或集体的无意识隐藏在深层记忆中。

四、一部经典作品是一本每次重读都像初读那样带来发现的书。

五、一部经典作品是一本即使我们初读也好像是在重温的书。

六、一部经典作品是一本永不会耗尽它要向读者说的一切东西的书。

七、经典作品是这样一些书，它们带着先前的解释的气息走向我们，背后拖着它们经过文化或多种文化（或只是多种语言和风俗）时留下的足迹。

八、一部经典作品是这样一部作品，它不断在它周围制造批评话语的尘云，却也总是把那些微粒抖掉。

九、经典作品是这样一些书，我们越是道听途说，以为我们懂了，当我们实际读它们，我们就越是觉得它们独特、意想不到和新颖。

十、一部经典作品是这样一个名称，它用于形容任何一本表现整个宇宙的书，一本与古代护身符不相上下的书。

十一、"你的"经典作品是这样一本书，它使你不能对它保持不闻不问，它帮助你在与它的关系中甚至在反对它的过程中确立你自己。

十二、一部经典作品是一部早于其他经典作品的作品；但是那些先读过其他经典作品的人，一下子就认出它在众多经典作品的系谱中的位置。

十三、一部经典作品是这样一部作品，它把现在的噪音调成一种背景轻音，而这种背景轻音对经典作品的存在是不可或缺的。

十四、一部经典作品是这样一部作品，哪怕与它格格不入的现在占统治地位，它也坚持至少成为一种背景噪音。❶

这可能是最笼统但又最全面的描述，反复皴染经典的作用及影响，使之成为立体可感的图画。我们或正可以此为参照，来评价《论语》之经典性。

《论语》在汉代已是"不经之经"，具有极高的文化地位，然而此地位随着社会思潮的波动而不断升降浮沉，一言难尽。而在当代，《论语》则时常迷失于各种书单之中，不仅跌落神坛，甚而消失不见。其影响及价值到底如何，读者可尝试将《论语》代入卡尔维诺所定义的范围之中深入体会。不过，像《论语》类的儒家经典，因为是国家权力支持下的"载道"之物，所以在很长一段时间内，不仅具有文化意义上的经典性，而且更具有政治地位上的权威性，因而尊之为经天纬地之"经"，远胜"经典"的范畴。这是卡尔维诺所定义的经典之外的"中国特色"。当然，这并不影响经典在日常文化中发挥作用，因之有学者提出，当儒学与国家权力脱钩，它才能"更好地安于社会领域，为社会大众提供相应的优化精神生活的资源。"❷ 然而事实上，权力的离场，兼之文化的过度消费化，在很大程度上影响了人们对此类经典的认知和选择。

---

❶ ［意］卡尔维诺：《为什么读经典》，黄灿然、李桂蜜译，译林出版社2012年版，第1—9页。

❷ 任剑涛：《当经成为经典：现代儒学的型变》，社会科学文献出版社2018年版，第15页。

因为深受欧洲文化浸润，卡尔维诺自然而然地选择了西方文化经典进行阐释。在随后具体的分析文本中，丝毫没有提及孔子、《论语》，或者任何中国经典。不过，好在他补充表示，经典经过比较才更具文化价值：

经典帮助我们理解我们是谁和我们所到达的位置，进而表明意大利经典对我们意大利人是不可或缺的，否则我们就无从比较外国的经典；同样地，外国经典也是不可或缺的，否则我们就无从衡量意大利的经典。❶

这种开放式的研究，是使经典复活并重放光芒的必要步骤，因此具有重要的启发意义，或可拓宽经典研究者的视域，以实实在在的态度回溯经典，并重构经典。

【标签】

经；经典

【原文】

子曰："其身正，不令而行；其身不正，虽令不从。"

【解义】

此一章书，是示人君以端本①之教也。

孔子曰：从来君之令民，未有不欲其速应者。然民之应上，视乎上之自治身者，民之所则效②者也。果能言思可道，行思可乐，德义可尊，作事可法，③而其身正矣。则民之感化，不待教令而自然迁善④敏德⑤矣。若使其身不正——伦理不能尽，言动不能谨，声色乱其聪明⑥，便佞⑦惑其心志——则民心不服。虽有文告之繁，号令之施，日教天下以为善，而民亦有不从者矣。

可见，以身教者从，以言教者讼⑧。民之从与不从，不系乎上之令与不令，而视乎身之正与不正。有天下国家之责者，可不务修身以为出治⑨之本哉？

---

❶ ［意大利］卡尔维诺：《为什么读经典》，黄灿然、李桂蜜译，译林出版社2012年版，第10页。

【注释】

①端本：端正本体。

②则效：效法。

③言思可道……作事可法：其言谈，必须考虑到要让人们所称道奉行；其作为，必须想到可以给人们带来欢乐；其立德行义，能使人民为之尊敬；其行为举止，可使人民予以效法。出自《孝经·圣治章第九》，详参本书[先进第十一·五]"人之行莫大于孝"词条注释。

④迁善：去恶为善，改过向善。

⑤敏德：勉力于德行，及时行仁义之德。见于《尚书·大禹谟》："曰若稽古，大禹曰：'文命敷于四海，祗承于帝。'曰：'后克艰厥后，臣克艰厥臣，政乃乂，黎民敏德。'"（稽考古代传说，大禹说："文教普及四海，恭敬地继承尧、舜二帝的高尚品德和光荣传统。"又说："君主能够理解君主的艰难，臣下能够理解臣下的艰难，政事就能得到治理，众民就能勉力于德行了。"）

又，"敏德"又见于《周礼·地官》："师氏：掌以媺诏王。以三德教国子：一曰至德，以为道本；二曰敏德，以为行本；三曰孝德，以知逆恶。教三行：一曰孝行，以亲父母；二曰友行，以尊贤良；三曰顺行，以事师长。"[师氏负责以嘉言懿行诏诲天子。教育贵族子弟"三德"：一是至德（中正之德），用作道德的根本；二是敏德（及时行仁义之德），用作行为的根本；三是孝德，用以制止悖逆之事。教贵族子弟"三行"：一是孝敬之行，用以亲爱父母；二是交友之行，用以尊敬贤良之人；三是恭顺之行，用以侍奉师长。]师氏，周代官名，掌辅导王室，教育贵族子弟以及朝仪得失之事。媺，古同"美"。

附注：《尚书·洪范》中也列举"三德"："一曰正直，二曰刚克，三曰柔克。"（三种治理臣民的办法：一、正己正人，弘扬正气；二、针锋相对，以暴制暴；三、将心比心，柔性管理。要想使国家太平无事，就必须弘扬正气，维护正义；对于那些顽固不化的人，必须强硬镇压；对于那些可以亲近的人，要用柔性的方式来感化他们。）《周礼注疏》以《周礼》"三德"对应《尚书》"三德"，即以"刚克"对应"敏德"，也可备一说。详见《周礼注疏》（郑玄注，贾公彦疏）：德行，内外之称。在心为德，施之为行。至德，中和之德，覆帱、持载，含容者也。孔子曰："中庸之为德，其至矣乎！"敏德，仁义顺时者也。《说命》曰："敬孙务时敏，厥修乃来。"孝德，尊祖爱亲，守其所以生者也。孔子曰："武王、周公，其达孝矣乎！

夫孝者，善继人之志，善述人之事者也。"（孔子语出自《礼记·中庸》，可参［学而第一·十一］"善继善述"词条注释。）

⑥聪明：视听。可详参［子路第十三·二］同名词条注释。

⑦便佞：巧言善辩，阿谀逢迎。［季氏第十六·四］："友便辟，友善柔，友便佞，损矣。"（与那些致饰于外内无真诚的人、工于媚悦假面善变的人，或者口是心非夸夸其谈的人交往，可能会让你受到伤害。）

⑧以身教者从，以言教者讼：身体力行来教导，别人就会信从；只是空口说教而言不符实，就往往会生出是非。《后汉书·第五钟离宋寒列传·第五伦传》："故曰：'其身不正，虽令不从。'以身教者从，以言教者讼。"

⑨出治：治理国家。

【译文】

这一章，是告诉君主要端正自身来推行教化。

孔子说：向来君主诏令百姓，没有不希望他们迅速响应的。然而百姓回应主上，是要看主上自身的表现，因为这是百姓效仿的对象。如果主上真的能够言谈值得信任，做事带来快乐，立德让人尊敬，行为可以效法，那么他自身就是端正的了。这样的话，百姓也会受到感化，不等催促命令，就自然改过迁善而勉力行德了。如果连主上自己都立身不正——不能恪守伦理风俗，不能谨慎言行，声色犬马令其耳聋眼花，阿谀奉承使他忘乎所以——这样的话，百姓心里并不信服。即便用文书告示繁复发号施令，无论怎样天天说道教化辞令，恐怕老百姓也不会信从的。

由此可见，以身作则，百姓就会信从；信口开河，百姓就会异议。百姓是否信从，不在于在上者是不是已经发号施令，而在于其自身是否公正可信。担当天下国家重任的人，怎能不把修身立德作为治国安邦的根本方法呢？

【评析】

此外亦复本篇首章"先之劳之"之意，又有"为政"篇首章"为政以德"之意。笔者姑且将孔子这种"政者，正也"的说法归结为"正治"思想。将孔子所一直倡导的这一"正治"思想观念放置到《尚书·洪范》所列举"三德"中来看，更可见其真义，可谓"正治"兼备"三德"的含义，故本书将"三德"之内容全录于本章"敏德"词条注释之后，以便读者参考。

【标签】

身正，不令而行；为政；政者正也；先之劳之

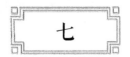

【原文】

子曰："鲁卫之政，兄弟也。"

【解义】

此一章书，是圣人慨鲁卫之衰，而惜其无人振兴之也。

孔子曰：自周公始封于鲁，康叔始封于卫，两国封建①之初，同为文王之子、武王之弟，原是兄弟之国。②当其盛也，一则尊尊而亲亲③，一则明德而慎罚④，开国规模⑤、其政事相类，如兄弟也。至于今日，鲁有僭窃⑥之臣而公室⑦日卑，卫有祢祖⑧之君而人伦乖置⑨——纲纪同一陵替⑩，法度同一纵弛⑪，何其仍然相类如兄弟也？亦可慨也夫！

盖二国之政虽衰，然典章⑫未泯，遗风犹在，如得孔子而用之，则转乱为治，势同反掌，周公、康叔之政何难再见⑬？惜乎不用，而徒付之浩叹⑭也！

【注释】

①封建：封邦建国。古代帝王把爵位、土地分赐亲戚或功臣，使之在各自区域内建立邦国。相传黄帝为封建之始，至周制度始备。《左传·僖公二十四年》："昔周公吊二叔之不咸，故封建亲戚，以蕃屏周。"孔颖达疏："故封立亲戚为诸侯之君，以为蕃篱，屏蔽周室。"《礼记·王制》："王者之制禄爵，公、侯、伯、子、男凡五等……天子之田方千里，公、侯田方百里，伯七十里，子、男五十里。"

②周公始封于鲁……原是兄弟之国：武王灭商后，同姜子牙、周公旦等人商议，把全国分成若干个侯国，由周天子分封给在灭商大业中做出贡献的姬姓亲族和有功之臣建都立国，充当周朝统治中心的屏障，即所谓的"封建亲戚，以藩屏周"（详参上注"封建"词条注释）。姜太公（姜尚），分封到现在的临淄一代，建立齐国；周公（姬旦），是周文王第四子，武王的弟弟，分封到曲阜一代，但是实际上他本人没有到封地履职，而只是留

在王畿辅佐周王。到了周成王的时候，周公的儿子伯禽到封地，建立鲁国。康叔，生卒年不详，姬姓，卫氏，名封，周文王姬昌与正妻太姒所生第九子，周武王姬发同母弟，因获封畿内之地康国（今河南禹州西北），故称康叔或康叔封。周成王即位后，发生三监之乱，康叔参与平定叛乱，因功改封于殷商故都朝歌（今河南淇县），建立卫国，成为卫国第一任国君。

③尊尊而亲亲：《礼记·大传》："上治祖祢，尊尊也；下治子孙，亲亲也；旁治昆弟，合族以食，序以昭缪，别之以礼义——人道竭矣。圣人南面而听天下，所且先者五，民不与焉：一曰治亲，二曰报功，三曰举贤，四曰使能，五曰存爱。五者一得于天下，民无不足，无不赡者。五者一物纰缪，民莫得其死。圣人南面而治天下，必自人道始矣。立权度量，考文章，改正朔，易服色，殊徽号，异器械，别衣服，此其所得与民变革者也。其不可得变革者则有矣——亲亲也，尊尊也，长长也，男女有别，此其不可得与民变革者也。"（排列好上代祖祢的顺序，是为了尊其所当尊；排列好下代子孙的顺序，是为了亲其所当亲；排列好兄弟等旁系亲属的顺序，聚合族人一起饮食，以昭穆次序排列座次，用礼义区别对待男女——人伦道理，就都在其中了。圣人一旦南面当政治理天下，有五件事情是当务之急，而一般的民事政务还不包括在内：第一件是治理亲属之间的亲疏关系，第二件是报答有功之臣，第三件是选拔德行出众的人，第四件是任用有才能的人，第五件是体恤有仁爱之心的人。这五件事如果都做到了，那么，百姓就不会不富足，生活就不会不优裕。这五件事如果有一件失误，老百姓就会遭殃，生活在水深火热之中。所以，圣人一旦南面当政治理天下，一定要从治亲、报功、举贤、使能、存爱这五个为人之道开始做起。重新确立度量衡标准，制礼作乐，修订历法，变易车马服色，采用不同的旌旗徽识，改换礼乐器具和兵甲，更改衣服上的图案纹饰，以上这些事情，都是可以随着朝代的更迭而让百姓也跟着改变的。但是，也有不能随着朝代的更迭而随意改变的，那就是同族相亲，尊祖敬宗，幼而敬长，男女有别，这四条可不能因为朝代更迭而变。)

④明德而慎罚：《尚书·康诰》："惟乃丕显考文王，克明德慎罚，不敢侮鳏寡，庸庸，祗祗，威威，显民。"（康叔封地在殷，上任前，周公训诫他说："只有你那英明的父亲——文王，能够崇尚德教而谨慎地使用刑罚，不敢欺侮那些无依无靠的人，任用那些应当受到任用的人，尊敬那些应当受到尊敬的人，镇压那些应当受到镇压的人，并让庶民了解他的这种治国之道。")

⑤规模：制度，程式。

⑥僭窃：越分窃取。
⑦公室：本指周代诸侯的家室，后泛指诸侯一家直接掌有的政权、军力、财产。
⑧祢祖：父与祖的庙。
⑨乖置：乱放。
⑩陵替：纲纪废弛，上下失序。陵，凌驾。替，废弛。《左传·昭公十八年》："下陵上替，能无乱乎？"（在下者凌驾于上，在上者政务废弛，能不发生动乱吗？）
⑪纵弛：松懈，放松。
⑫典章：制度、法令等的统称。
⑬再见：再现。
⑭浩叹：长叹，大声叹息。

【译文】

这一章，是圣人感慨于鲁国和卫国的衰败，并可惜没有人能够振兴此兄弟之国。

孔子说：当初周公封地于鲁，康叔封地于卫，两个国家封邦建国的时候，其国君的身份是一样的，都是文王的儿子、武王的弟弟，因此鲁卫本是兄弟之国。当它们繁盛的时候，一边是人伦教化，尊尊亲亲，一边是广施仁政，明德慎罚，建国的形制及其处理政事的方法，像兄弟之间一样，相差不大。而到了现在，鲁国内部有僭位窃权的大臣，而王室衰微，得不到尊重，卫国有承续祖先祭祀的国君，却人伦混乱，未能接续祖先功业——纲纪一样的废弛，法度一样的松懈，怎么仍然会如同兄弟般高度相似呢？这不是很让人感慨吗？

大概两个国家的政治表现不佳，但是其基本制度并未泯失，文化传统还在，如果能够让孔子这样的人来治理，就会从混乱变得安定，这简直是易如反掌，就像周公、康叔那时政通人和的景象也不难再现。但可惜孔子怀才不遇，所以这千古卓识也无处施展，也就只能落得这一声叹息了。

【评析】

这是《论语》中的妙喻之一：本为宗亲兄弟之国，然而在政道表现上也是伯仲之间，同气连枝、同生同死的节奏，真令人哀其不幸，怒其不争。但似乎世道沦落是当时社会共性的问题，无论夫子怎样游走疾呼，已无可避免了。所以尽管夫子只说了七个字，但是其中况味，虽千言万语难以表述。

最后《解义》做了"剧情翻转",将夫子的悲慨转化为乐观的判断,认为反倒是可以追根溯源,重新利用两国优裕的政治资源来治理好国家,给人以美好的期许。

【标签】

鲁卫之政,兄弟也;圣人南面而听天下;尊尊而亲亲

【原文】

子谓卫公子荆"善居室":"始有,曰:'苟合矣。'少有,曰:'苟完矣。'富有,曰:'苟美矣。'"

【解义】

此一章书,是举公子荆①以风②当世之有位也。

凡世禄之家,怙侈灭义,鲜克由礼,③其势然也。荆为卫之公子,能安分知足,淡于营求,故孔子尝谓卫公子荆之居室④可谓善矣:

当其品❶物用度草草粗具之时,未遂至于足用也,彼则曰:"今已苟且⑤聚合⑥矣。"(推其心,若将安于始有,而不复进望者焉。)

既而渐渐少有⑦,未遂至于尽备也,彼则曰:"今已苟且完备矣。"(推其心,若又将安于少有,而不复进求者焉。)

及其资用充裕,至于富有之时,未必至于精美也,彼则曰:"今已苟且华美矣。"(推其心,若处尽美极丰之境,而无以复加者焉。)

由始有,少有,而进于富有,既见⑧其循序有节,而无欲速之心。自"苟合","苟完",而至于"苟美",又见其随分⑨自安,而无贪得之意。公子荆之居室真善矣哉!

盖推⑩居室之善以居心,自能淡泊以明志;由居室之善以居国⑪,自能廉静⑫而寡欲。故孔子贤之,所以⑬风有位者深矣!

---

❶ 品:摛藻堂四库全书荟要本(同武英殿刻本)作"器"。

【注释】

①公子荆：字南楚，卫献公之子，卫国大夫。

②风：同"讽"，讽喻。

③世禄之家，怙侈灭义，鲜克由礼：世禄，世禄之制，贵族世代享有爵禄。怙侈，音 hùchǐ，放纵奢欲。本句出自《尚书·毕命》：王曰："……我闻曰：'世禄之家，鲜克由礼。'以荡陵德，实悖天道。敝化奢丽，万世同流。兹殷庶士，席宠惟旧，怙侈灭义，服美于人。骄淫矜侉，将由恶终。虽收放心，闲之惟艰。资富能训，惟以永年。惟德惟义，时乃大训。不由古训，于何其训。"（周康王说："……我听说：'世代享有禄位的人家，很少能够遵守礼法。'他们以放荡之心，轻蔑有德的人，实在是悖乱天道。腐败的风俗奢侈华丽，万世相同。如今殷商众士，处在宠位已经很久，放纵奢欲而泯灭道义，仅以华美的服饰夸示于人。他们骄恣过度，矜能自夸，终将自食恶果。放恣之心今天虽然收敛了，但防止他们走上邪路还是难事。拥有财富而又能接受教训，才可以长久。'要修德，要行义'，这是伟大的古训啊；若不用古训教导，又能用什么使他们顺从呢？"）

④居室：居家度日。

⑤苟且：勉强。

⑥聚合：凑合，意谓够用。

⑦少有：稍有，略有。

⑧见：现。

⑨随分：安分，守本分。

⑩推：推嬗，推移演变。

⑪居国：统治国家。

⑫廉静：谦逊沉静。

⑬所以：所用来。

【译文】

这一章是讲，推举公子荆来讽喻当世的统治者。

凡是世代享有爵位的家庭，放纵奢欲而轻视道义，而且很少遵守礼仪，这是时势造成的。荆作为卫国的公子，能够安于本分，知道满足，而淡泊寡欲，所以孔子曾夸赞他善于持家度日：

当公子荆的日用物品、吃穿用度基本具备的时候，也还谈不上足够，他就说："现在已经差不多足够了。"（推测他的心理，大概是满足于基本的物资，不再有增加的念头。）

等到稍微有所积累，但还是没有达到完备的时候，他就说："现在已经差不多完备了。"（推测他的心理，大概是满足于稍微丰足的状态，不再有增加的念头。）

等到物资用度充裕的时候，已经达到了富有的程度，但还谈不上精美，他就说："现在已经差不多华美了。"（推测他的心理，大概是觉得已经达到极尽丰美的境地了，不再有增加的念头。）

从基本具备，到略微充备，再到十分富足，就显现出他循序渐进而有所节制，毫无急功近利之心。从"差不多足够了"，到"差不多完备了"，再到"差不多完美了"，又能显现他安守本分而自足自安，毫无贪多务得之意。公子荆真是善于持家度日啊！

如果将这种持家度日的良善心态用于修炼身心，那么就可以做到淡泊明志；如果将这种持家度日的良善心态用于治理国家，那么就可以做到廉静寡欲。所以孔子在这里称善公子荆，也正是用来讽喻在位治政者的，这是多么深沉的心意啊！

【评析】

罕见孔夫子赞扬颜渊以外的人。此处对于公子荆的赞美，倒未必是公子荆本人真正做到了，而是孔子以之寄托自己的生活观念和审美情趣，至少他希望人们循着这一生活路线前进：从满足于最基本的物资配备，到感恩于生活充裕，最终实现审美理想，基于富足生活而又能以审美进行超越（"游于艺"），使此际人生得到升华。

通过生活的"三级跳"实现情志与物质之间的平衡与和谐。这条路线对于今天已然步入"现代"的人们来说，仍具有借鉴和启发意义。

【标签】

公子荆；富；美

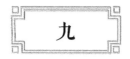

【原文】

子适卫，冉有仆。子曰："庶矣哉！"
冉有曰："既庶矣，又何加焉？"曰："富之。"

曰："既富矣，又何加焉？"曰："教之。"

【解义】

此一章书，是因卫民而发王道①之全也。

昔孔子适卫，冉有御车而行。见其人民众多，因慨然而叹曰：庶②矣哉！何其生齿③之众也？

孔子此言，一是惜其徒庶而不知所以经理④之方，一是幸其已庶而可施以教养之道。

冉有问曰：有国者固欲民之蕃庶⑤，不知既庶之后又何道以加之？

孔子曰：庶而不富，则民无以遂其生⑥。必也制田里，使之不饥不寒，薄税敛，使之丰衣足食，⑦而后，庶者可常保其庶也。

冉有又问曰：有国者固欲民之富足，不知既富之后，又何道以加之？

孔子曰：富而不教，则民无以复其性⑧。必也立学校，使之爱亲敬长，明礼义，使之型仁讲让⑨，而后，富者可常保其富也。

盖庶而富，既厚其生；富而教，又正其德。王道之大端⑩尽于此矣。

要之，富、教二者，为治世不易之常经⑪。圣贤一问答间，施为次第，规模⑫毕具。可见圣贤无念不存乎天下，无事不切于民生。有君师⑬之责者，尚其留意哉！

【注释】

①王道：儒家提出的一种"以德服人"，用"仁政"进行统治的政治主张，与霸道相对。详参本书［颜渊第十二·二十二］同名词条注释。

②庶：多。

③生齿：人口，人民。

④经理：治理。

⑤蕃庶：繁盛，众多。

⑥遂其生：使其遂生。遂生，指养生（保养生命，维持生计）。

⑦必也制田里……使之丰衣足食：指依照周制进行土地管理，引导民众进行耕种，以及征收赋税，分配资源等。可参《周礼·地官司徒第二·遂人》。这种仁政惠民的思想在《孟子》《礼记》等儒家典籍中皆有较多表述和充分体现。

⑧复其性：使其复性。复性，谓回复本性之善。本自《礼记·中庸》，唐人李翱提出"复性说"。详见本书［颜渊第十二·十四］同名词条注释。

⑨型仁讲让：以仁爱为典型，讲求礼让。出自《礼记·礼运》："孔子

曰：'大道之行也，与三代之英，丘未之逮也，而有志焉。大道之行也，天下为公，选贤与能，讲信修睦。故人不独亲其亲，不独子其子，使老有所终，壮有所用，幼有所长，矜寡孤独废疾者皆有所养。男有分，女有归。货恶其弃于地也，不必藏于己；力恶其不出于身也，不必为己。是故谋闭而不兴，盗窃乱贼而不作，故外户而不闭。是谓大同。今大道既隐，天下为家，各亲其亲，各子其子，货力为己，大人世及以为礼，城郭沟池以为固，礼义以为纪，以正君臣，以笃父子，以睦兄弟，以和夫妇，以设制度，以立田里，以贤勇知，以功为己。故谋用是作，而兵由此起。禹、汤、文、武、成王、周公，由此其选也。此六君子者，未有不谨于礼者也。以着其义，以考其信，着有过，刑仁讲让，示民有常。如有不由此者，在埶者去，众以为殃。是谓小康。'"（孔子说："大道实行的时代，和夏、商、周三代英明君主当政的时期，我孔丘未能赶得上，却有志于此。大道运行的时代，天下为大家公有［天下人都怀有公心］，选拔贤能之人当政，相互讲究信用，关系和睦。所以人们不只是把自己的亲人当作亲人，不只是把自己的子女当作子女，使老年人得到赡养，壮年人有用武之地，幼年人得到抚养，鳏寡孤独者及身体残疾之人都能得到供养。男子有正当职业，女人都适时出嫁，在事业和身份上都所归属。爱护财货，却不必藏于身边；能竭尽其力，却不必为自己。因此阴谋诡计不会运作，偷窃作乱无人从事，所以出外可以不关闭大门。这称为'大同世界'。今天大道衰微不显，天下为一家私有，各人只亲近自己的亲人，只慈爱自己的子女，挣财出力只为自己，诸侯世袭成为礼制，建城挖沟用以自保，将礼制仁义作为纲纪，用以摆正君臣关系，淳厚父子情义，使兄弟和睦，夫妇和谐，并以此设立制度，制定土地规则，尊重勇敢有智之人，将功劳归于自己。所以阴谋由此而生，战争由此而兴。夏禹、商汤、周文王、周武王、周成王和周公，是在这一时期出现的杰出人物。这六位君子，无不谨守礼制。以此彰显仁义，考察信用，曝光过失，以仁示范而讲究礼让，向民众昭示治国的常法。如有违反礼制者，在位者会因此而遭到黜退，民众也把他看作祸害。这称为'小康社会'。"）

⑩大端：本原。
⑪常经：永恒的规律，不变的规则。
⑫规模：制度，程式。
⑬君师：古代君、师皆尊，故常以君师称天子。

【译文】

这一章，是借着对卫国民生的观察来阐发王道的基本施政框架。

当年孔子到卫国，冉有为他驾车行进。就看到这里民众繁多，就感叹道：真多啊，这里的民众真是多啊！

孔子的这番话，一方面是惋惜这里徒多人口却不会加以治理，一方面是欣幸这里人口众多，可以作为施政教化的基础。

冉有就问道：治国者自然希望民众繁多，但是不知道人多之后，还要做什么呢？

孔子回答说：只是人多而不富裕，百姓就不容易得到供养而生存。所以，一定要制定好土地政策，使百姓免遭饥寒之苦；还要轻徭薄赋，使百姓丰衣足食，然后，就可以保持人口众多的状态了。

冉有接着问道：治国者当然本就希望民众富足，但是不知道民众富足之后，还要做什么呢？

孔子回答说：民众富裕而缺乏教化，就不会复归其良善的本性。所以，一定要设立学校，教育他们养成爱戴亲人和尊奉长者的习惯，还要阐明礼义，引导他们坚持学为好人、谦让有礼的状态，然后，就可以保持富裕的状态了。

大概人口众多而富裕，是注重其生存；富裕而教化，是端正其品德。王道的根本施政要求，都在这里了。

总而言之，富裕、教化这两样，是治国理政不变的规则。孔子师徒二人的问答过程，充分展现了王道政治的要义，次第分明，机制完备。由此可知，他们无时无刻不心怀天下，设身处地关切民生。身为天子者，也一定要用心于此吧！

【评析】

"富之"而后"教之"，此中政治智慧和胸襟，结合历史与现实种种，令人不禁慨叹！

冉有不断地追问"然后呢""然后呢"，求道心切之态溢于言表，给人一种即视的画面感。

【标签】

冉有；为政；富之，教之

十

【原文】

子曰:"苟有用我者,期月而已可也,三年有成。"

【解义】

此一章书,是孔子自拟用世之效,望世之终其用也。

昔孔子怀济世安民之志,而不得见用于时,故有感而言曰:当今之世无用我者耳!诚使有人焉,能委我以国政而用我,将见一年之内,大纲小纪次①举行,兴利除弊,拨乱②起衰③,政治粗立而可观矣。若至三年之久,则治定功成,化行俗美④,教养兼至,礼乐聿兴⑤,治道大备而有成⑥矣。然其如无用我者何哉?

盖圣人过化存神⑦,与天地合德⑧,用之期月⑨即有期月之效,用之三年即有三年之功。惜乎不得少试⑩,而徒托诸空言⑪也!岂非《春秋》之不幸哉?

【注释】

①次第:依次。
②拨乱:治理乱政。
③起衰:使衰败的社会振兴起来。
④化行俗美:即"教化行而习俗美",见于《汉书·董仲舒传》:"立大学以教于国,设庠序以化于邑,渐民以仁,摩民以谊(义),节民以礼,故其刑罚甚轻而禁不犯者,教化行而习俗美也。"
⑤礼乐聿兴:天下太平。聿,音 yù,文言助词,无义。
⑥有成:有成效,有成就。
⑦过化存神:圣人所到之处,人民无不被感化,而永远受其精神影响。出自《孟子·尽心上》,详参本书[学而第一·十]同名词条注释。
⑧与天地合德:其德行符合天地,与天地共同化育万物。详见本书[述而第七·三十五]同名词条注释。
⑨期月:一整月。期,音 jī。
⑩少试:稍加试验。
⑪托诸空言:依托言辞而空传于世。出自《史记·太史公自序》,详细

注释见本书［为政第二·十三］"托诸空言"词条注释。

【译文】

这一章是讲，孔子假设了自己被任用所能起到的实效，渴望自己最终为世所用。

往昔孔子怀有济世安民的志向，可惜不被任用，所以就因此感喟：这个时代没有人任用我啊！如果这里有个人，能够把国家的政务委任给我，那么一年的时间，我就可以使纲纪逐级推行，兴办对国家人民有益的事业，除去各种弊端，治理乱政，使衰败的社会重新振作起来，政治治理的框架搭建起来并初显成效。差不多三年的时间，那么就会达成既定目标，教化施行而民风淳美，教导和养育都能到位，天下太平而礼乐兴盛，因此治理之道完备而颇见成效。但是如果不任用我的话，就不好说了。

大概圣人所到之处，人民无不被感化，而永远受其精神影响，其德行符合天地，与天地共同化育万物，用其一月，就有一月的功效，用其三年，就有三年的成就。可惜他连一些小小机会也没有，也只能编纂《春秋》，以褒贬时事政治，寄托仁政理想，并流传生前身后了！这不也使皇皇一部《春秋》染上了悲剧色彩吗？

【评析】

孔子既自诩如此高效之政能，何以不见用于当时？岂止是因为君王不用、不为之故？

答案在［子路第十三·十二］的解义里。

【标签】

济世安民；过化存神；托诸空言

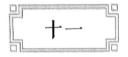

【原文】

子曰："'善人为邦百年，亦可以胜残去杀矣。'诚哉是言也！"

【解义】

此一章书，是言善人久道之化①也。

孔子曰：古语有云："善人治国，累世相继，至于百年之久，则盛德②所积，和气所蒸，亦可以胜其残暴，使民皆归于善而不用刑杀矣。"自今思之，人主一念醇厚③之心，积之又久，其民自化，夫岂严刑峻法④之所致哉？诚哉是言，信有此理也。

盖善人天资纯粹⑤，存心⑥忠厚，故积累之久，乃能如此。若夫圣人则绥来动和⑦，无俟⑧百年之久而礼明乐备，遍为尔德⑨，岂特刑措⑩不用而已哉？

【注释】

①久道之化：圣人恒守正道，就能使天下遵从教化，形成德风美俗。出自《周易·恒》彖辞："恒，久也。刚上而柔下，雷风相与，巽而动，刚柔皆应，恒。'恒，亨，无咎，利贞'，久于其道也。天地之道，恒久而不已也。'利有攸往'，终则有始也。日月得天，而能久照。四时变化，而能久成。圣人久于其道，而天下化成。观其所恒，而天地万物之情可见矣。"（恒，恒久。阳刚处上而阴柔处下，雷风相交，巽顺而动，阳刚与阴柔皆相互应，故为恒。"恒，亨通，无咎，利于守正"，是因为长久恒守正道啊。天地之道，恒久运行，周转不止。"利有所往"，这说明事物发展是周而复始的。日月经天，才能长久地照耀；四季交替，才能长久地运行。圣人能恒守其道，天下之德风美俗才能化育而成。观察其所恒守的正道，天地万物的情状就可以显现了。）

②盛德：崇高的品德。

③醇厚：敦厚朴实。

④峻法：严酷的法令。

⑤纯粹：纯正不杂，精纯完美。出自《周易·乾·文言》："刚健中正，纯粹精也。"详参本书［泰伯第八·八］同名词条注释。

⑥存心：保持心中先天固有善性。儒家以之为重要的自我修养方法。语出《孟子·尽心上》："存其心，养其性，所以事天也。"可详参本书［学而第一·三］同名词条注释。

⑦绥来动和：指圣人感召和教化百姓的能力。［子张第十九·二十五］：陈子禽谓子贡曰："子为恭也，仲尼岂贤于子乎？"子贡曰："君子一言以为知，一言以为不知，言不可不慎也。夫子之不可及也，犹天之不可阶而升也。夫子之得邦家者，所谓立之斯立，道之斯行，绥之斯来，动之斯和。其生也荣，其死也哀，如之何其可及也？"（陈子禽对子贡说："您太恭让了，怎么说孔丘比您还有才干呢？"子贡回答说："一句话可能会让人觉得

你很聪慧，一句话也有可能让人觉得你不明智，所以请谨慎说话啊。夫子就像苍天一样，不能用阶梯攀爬到达，他治理邦国家庭，想让国人立业，那么国人就会立业，教导国人，那么国人就会遵行，安抚百姓，那么百姓就会投靠，号令百姓，那么百姓就会响应。没有什么是夫子做不到的。他的一生何其荣耀，他的去世令人何其哀婉。我怎么能够跟他相比呢？"）

⑧俟：音 sì，等到。

⑨遍为尔德：《诗经·小雅·天保》："群黎百姓，遍为尔德。"（天下所有老百姓，受你感化有德行。）为，同"吪"，音 é，化，感化，教化。

⑩刑措：亦作"刑厝"。措，搁置。即置刑罚而不用，意为社会安定，生活谐和，无人违法而少有诉讼。《汉书·文帝纪》："断狱数百，几致刑措。"

【译文】

这一章是说，在有德之人的长期倡导之下，社会也会向善而化。

孔子说：古话说："有德之人治理国家，经过几代人的积累，长达百年之久，崇高的德行就会聚积，和合之气就会积聚氤氲，这样也可消除残暴之气，使百姓都归于和善，而不必再动用刑罚惩戒了。"而现在看来，国君一念之间，如果能够归于淳朴温厚，再加以积累和持续，自然会感化民众，这又怎能是依靠严刑酷法所能做到的呢？这话说得对，的确是这个道理。

大概有德之人生性精纯完美，居心忠诚宽厚，所以经过长期积累，才能达到这种效果。而如果像孔圣人那样非常有效地教化和感召百姓，完全不需要一百年那么久，就能够使礼乐健全完备，令百姓广泛受到感化而有德行，哪里只是（达到）减免刑罚那么微弱的效果呢？

【评析】

善人应得到善用，方能得到善治。这是儒家"南面而治"的中间环节，也是重要而必要的步骤。儒家政治的最高理想，竟然也是无为而治，但是这种"无为"不同于道家之顺其自然而完全无为。儒家"无为"的要义，大致有四个方面：一是正身恭己，二选贤举能，三是制礼作乐，四是久道之化。如果再简化，可分为三点：一是管好自己，二是选好人才，三是定好制度。这种机制下，善人方可得到善用，而能达到善治。善人是善政的有力支撑，也是善政的必然结果。

由此延伸开去，儒家的政治主张，似乎就是将整个社会变成一所学校，而君主就是校长，校长的责任就是选好教师、制定教纲，然后剩下的事情就是教师们执教的事情了；而全体民众自然也就成了学生，学生的成绩与教师的品德才干密切相关。治理体系变身为教育体系，体系中的各色人等都要对百姓的道德才干负责，其身份是"官员"，更是"教师"，官民之间是双向的"教""学"关系，而非单向的"治""受"关系。官员负担教化民众的任务，更强化其对社会和民众的责任。这种责任实际上无论一个政治体系是否予以明确标识，实际上都是存在着的。萧公权先生就此论说道：

> 近代论政治之功用者不外治人与治事之二端。孔子则持"政者正也"之主张，认定政治之主要工作乃在化人。非以治人，更非治事。故政治与教育同功，君长与师傅共职。国家虽有庠、序、学、校之教育机关，而政治社会之本身实不异一培养人格之伟大组织。《尚书·泰誓》谓："天佑下民，作之君，作之师。"颇足表现此种倾向。❶

正因如此，"教化不只为治术之一端，实孔子所立政策之主干"❷，所以，开门设教的孔子绝不只是掌握了几个为人所津津乐道的育人方法的教育家，亦是最根本意义上的政治家。

【标签】

善人；无为而治；善政；久道之化

【原文】

子曰："如有王者，必世而后仁。"

【解义】

此一章书，是言王道无近功也。

孔子曰：治天下者，必使教化浃洽①，德意②周流③，以至四海之内无一人不归于善，方谓之仁。顾④非王道不足以成至治⑤，非悠久⑥亦不足以成王道。如有圣人受命而兴，欲纳天下于同仁之域，必渐民以仁，摩民以义，⑦其涵养熏陶之深，至于三十年⑧之久，而后深仁厚泽，浃于肌肤，沦于

---

❶ 萧公权：《中国政治思想史》，商务印书馆2011年版，第72页。
❷ 萧公权：《中国政治思想史》，商务印书馆2011年版，第71页。

骨髓,⑨天下之人皆沐浴于道德之内,而有雍和⑩丕变⑪之风,固非求效旦夕所能致也。

盖立纲陈纪之权操之在上,故三年有成而不可谓速;渐仁摩义⑫之心化之在下,故必世后仁而不可谓迟。以王道治天下者,无欲速⑬之心而可哉。盖欲速之病与惰弛⑭等,均难语于久道之化⑮也。

【注释】

①浃洽:音 jiāqià,和谐,融洽。

②德意:布施恩德的心意。

③周流:周转,周遍流行。出自《周易·系辞下》:"变动不居,周流六虚。"详参本书[雍也第六·三十]同名词条注释。

④顾:文言连词,但,但看。

⑤至治:安定昌盛、教化大行的政治局面或时世。

⑥悠久:出自《礼记·中庸》:"悠久,所以成物也。"特指持久保持真诚的状态,以达到博厚高明的状态,而成就万物。详参本书[里仁第四·十一]"高明"词条注释。

⑦渐民以仁,摩民以义:即下文"渐仁摩义",用仁惠浸润,用节义砥砺,形容用道德教化百姓。渐摩,亦作"渐磨",浸润磨砺,教育感化。《汉书·董仲舒传》:"立大学以教于国,设庠序以化于邑,渐民以仁,摩民以谊(义),节民以礼,故其刑罚甚轻而禁不犯者,教化行而习俗美也。"

⑧三十年:即一世。

⑨浃于肌肤,沦于骨髓:浸润到肌肤之中,深入到骨髓之内。指发自内心地接纳,贯彻于身心,故能自主地采取行动。出自《淮南子·原道训》:"夫建钟鼓,列管弦,席旃茵,傅旄象,耳听朝歌北鄙靡靡之乐,齐靡曼之色,陈酒行觞,夜以继日,强弩弋高鸟,走犬逐狡兔。此其为乐也,炎炎赫赫,怵然若有所诱慕。解车休马,罢酒彻乐,而心忽然若有所丧,怅然若有所亡也。是何则?不以内乐外,而以外乐内;乐作而喜,曲终而悲;悲喜转而相生,精神乱营,不得须臾平。察其所以,不得其形,而日以伤生,失其得者也。是故内不得于中,禀授于外而以自饰也;不浸于肌肤,不浃于骨髓,不留于心志,不滞于五藏。故从外入者,无主于中不止;从中出者,无应于外不行。故听善言便计,虽愚者知说之;称至德高行,虽不肖者知慕之。说之者众,而用之者鲜;慕之者多,而行之者寡。所以然者何也?不能反诸性也。夫内不开于中而强学问者,不入于耳而不著于心,此何以异于聋者之歌也——效人为之,而无以自乐也,声出于口,则

越而散矣。夫心者，五藏之主也，所以制使四支，流行血气，驰骋于是非之境，而出入于百事之门户者也。是故，不得于心而有经天下之气，是犹无耳而欲调钟鼓、无目而欲喜文章也，亦必不胜其任矣。"（布置编钟组鼓，排列管弦乐队，铺上毡毯坐垫，陈列旄牛尾和象牙装饰的仪仗，耳听朝歌郊野的乐曲，眼看艳丽多姿的舞女，口品香甜清冽的美酒，通宵达旦地饮酒取乐；或者用强弓硬弩来射杀高飞的鸟，用善跑的猎犬来追逐狡兔，这样寻欢作乐真是热闹煊赫，使人如醉如痴，难忘难舍。然而，等到遣散车马，停撤宴饮，心里就会感到惆怅，若有所失。这是什么原因呢？因为这不是心怀欢乐去感受外界，而是以外界的欢快来刺激内心，所以奏乐则喜，曲终则悲，悲喜转换变化，扰乱了精神，没有片刻平静。考察其原因，在于不懂"乐"的要义，因而日复一日地伤害着心性，丧失了本该有的平和本性。如果内心不能自足，而只能依靠外界的刺激来取悦自我；而这种外界刺激不可能浸滋肌肤，透达骨髓，不可能留存于心间，滞藏于五脏。所以，从外界刺激感受到的欢乐，不可能在心中驻留而不散逸；而从内部心性自主产生的欢乐，因不受外界条件约束而长存。因此我们可以看到：当听到良言妙计，愚蠢之人也会喜悦；谈到高尚道德，不肖之人也会仰慕。可是，为什么喜欢者多而采纳者少，仰慕者多而践行者少？原因是这些人不能返诸心性。那种不是从本性产生学习愿望的人，如果勉强去学习，所学的东西是不会进入耳里留于心中的，这不就像聋子唱歌吗——只是仿效他人而无法自得其乐，歌声一出口便很快就散逸了。心是五脏的主宰，它控制着四肢的活动，使气血流通，并能辨别人间是非，洞察万物因由。所以，如果不是从内心世界有所得道，而空有治理天下之气概——就像耳聋却想鼓弄乐器，目盲而想观赏纹彩——是不可能做到的。）

⑩雍和：融洽，和睦。

⑪丕变：大变。

⑫渐仁摩义：见上注"渐民以仁，摩民以义"。

⑬无欲速：[子路第十三·十七]："无欲速，无见小利。欲速则不达，见小利则大事不成。"

⑭惰弛：怠惰松懈。

⑮久道之化：圣人恒守正道，就能使天下遵从教化，形成德风美俗。出自《周易·恒》象辞，详参本书[子路第十三·十一]同名词条注释。

【译文】

这一章是说，王道的实现非一日之功。

孔子说：治理天下的人，一定要使教化融洽于心，恩德遍布于民，以至于普天之下，无一人不归向善，这才能称得上仁政。但看——不采用王道仁政，不足以达到完美治理；不持久真诚以成就万物，就不以成就王道。如果有圣人领受天命而出现，想要使天下尽皆归于仁爱，一定要用仁惠浸润，用节义砥砺，坚持以德教化熏陶百姓，经历一世三十年那么长的时间，然后才可以使仁爱深存而恩泽厚施，浸润于皮肤之中，透彻于骨髓之内，全天下的人都感德沐恩，民风大变而至雍和融洽，这恐怕是朝夕之功难以达到的。

大概建章立制的权力操持在主上手里，所以只要动用权力就可以迅速做到，在短短三年之内达成目标并不算难；而熏陶教化是针对百姓的心理和行为，所以要不断浸润砥砺，依靠的是耐心和坚持，所以即便是用三十年的时间来改变世风人心，也已经很好了。用王道来治理天下的人，要有"无欲速"的心态才行。大概过犹不及，急功近利的毛病与怠惰懒政的问题算得上是一样的了，因为都不符合"久道之化"的施政要义。

【评析】

［子路第十三·十］到本章，三章连续一贯，表述了治政时效问题。《解义》最后的贯通解释，尤为精妙——圣人的治政理想，并非只是一般的纲纪体制，而更在于以道化民。一者极言其速，一者极言其久，但所达成的效果是不一样的。（可以联系参考［子路第十三·十七］）我们或可以据此理解孔子为何不被任用：他对政治的期许，并不是一般统治者所希望的富国强兵速效之举，而是王道化民的盛世之策；富国强兵是为个人一时的权力欲望，王道化民是为公共长久的民生福祉，公私之差，天壤之别也。故统治者对孔子没有耐心，孔子对他们也最终失去热情。

【标签】

王道；教化；渐仁摩义；久道之化

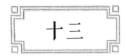

【原文】

子曰："苟正其身矣，于从政乎何有？不能正其身，如正人何？"

【解义】

此一章书,是孔子示端本①之化也。

孔子曰:为政所以正人也②,而其本在于正身。苟居心③制行动,遵礼法,不悖纲常④,不乖⑤宪度⑥,先自正其身矣,则上行下效,捷于影响,其于从政而正人也何难之有?若立身行己⑦一有未善,不能自正其身,则表仪⑧不端,焉能率下?未有己不正而能正人者也,其如正人何哉?

从政者惟反求诸身⑨而可矣。

【注释】

①端本:端正本体、自身。

②为政所以正人也:[颜渊第十二·十七]:季康子问政于孔子。孔子对曰:"政者,正也。子帅以正,孰敢不正?"

③居心:用心,存心。

④纲常:"三纲五常"的简称。"三纲"是指"君为臣纲,父为子纲,夫为妻纲",要求为臣、为子、为妻的必须绝对服从君、父、夫,同时也要求君、父、夫为臣、子、妻作出表率。它反映了封建社会中君臣、父子、夫妇之间的一种特殊的道德关系。"五常"即仁、义、礼、智、信,是用以调整、规范君臣、父子、兄弟、夫妇、朋友等人伦关系的行为准则。

⑤乖:背离,违背。

⑥宪度:法度。

⑦立身行己:存身自立,行为有度。行己,谓立身行事。

⑧表仪:表率,仪范。

⑨反求诸身:即"反求诸己",反过来追究自己,从自己方面找原因。出自《孟子·公孙丑上》,详参[里仁第四·十四]同名词条注释。

【译文】

在这一章中,孔子强调要端正自身来施行教化。

孔子说:政者,正也,为政就是要端正人的品行,而其根本在于施政者端正自身。如果用心控制行动,遵守礼法,而不背反纲常伦理,不违背法令,能够使自身端正,那么就会上行下效,快速影响,那么对于施政并使他人端正品行来说,又有什么困难呢?如果自身的立身行事还不够完美,不能使自身先行端正,那么就会使仪范不够端正,这样还怎么对下面的人示范和引领?没有自身不正而使他人端正的,这样自己不正还要去正人的,将如何正人？

因此，从政者一定回归自身来解决问题，自正以正人。

【评析】

一般的理解，是将儒家归为道德家，将儒学归为道德主义，然而儒家主张道德伦理，是从仁的角度出发，即从对人类全体最优化的价值负责的角度出发，从而将道德制度化以发挥道德的作用，用道德来平衡价值，而非制度道德化，为制度粉饰，或者束缚个人的自由。儒学所倡导的道德位列仁的范畴观照之下，不是不食人间烟火的哲学理念，其目的是使人类/人群总体价值最大化，而最大化群体价值的一个重要途径就是降低政治成本，从此角度而言的儒学或亦可谓之为"政治经济学"。

从经济学的视角来看，提升社会治理能效之基本方法，就是使治理主体产生最小限度的消耗，而又能在最大程度上生成总体价值。儒家的"无为而治"模式或正属于此类：在上者设定政治范式，做好榜样，选好人才，用好奖惩，简政放权，使政治形成自然生态，这种生态一旦生产，就会形成良性循环，以最低的运行成本获取最有效的社会治理。萧公权对此亦有精要之分析：

> 教化不只为治术之一端，实孔子所立政策之主干。
>
> 教化之方法有二：一曰以身作则，一曰以道诲人。孔子尤重视前者。盖政事尽于行仁，而行仁以从政者之修身为起点……若不仁而高立，则政治失其起点。纵有作为，恐不免治丝愈棼，徒劳无益……自孔子视之，修身以正人，是为事至简、收效至速、成功至伟之治术。苟能用之，则"不令而行""无为而治"。政平刑措，指日可期。❶

儒家认为，政治教化（社会总体性教育）是为政最重要的基础，而为政者自身的行为又是进行政治教化的最有效用的手段，就此而言，教育即政治，而且是最大的政治，因为它体现了政治最根本的目标和最基础的手段。这或许是中国传统教育与西方现代教育制度之最大不同处，如何将此两种教育制度（文化）进行融合，亦可谓当今社会发展之一大命题。

【标签】

儒学政治经济学；教化；教育；仁；道德

---

❶ 萧公权：《中国政治思想史》，商务印书馆2015年版，第71页。

【原文】

冉有❶退朝。子曰:"何晏也?"对曰:"有政。"子曰:"其事也。如有政,虽不吾以,吾其与闻之。"

【解义】

此一章书,是孔子讽弟子以警权臣也。

冉有为季氏家臣。一日自季氏之私朝①而退,来见孔子。

孔子曰:今日何退之晚也?

冉有对曰:适有国政,相与议之,故退之晏②耳。

孔子讽之曰:此必是季氏私家之事耳,非国政也。若是国政,则吾昔日曾为大夫,今虽致仕③不用,于礼犹得与闻之。兹既不与闻,则非鲁国之政明矣。

是时季氏专权,其于国政盖有不与同列④议于公朝⑤,而独与家臣谋于私室者。故孔子阳⑥为不知,而言所以正名分、抑权奸之意深矣。

【注释】

①私朝:大夫自家治事之朝。

②晏:迟,晚。

---

❶ 冉有:诸书多作"冉子",唯《解义》作"冉有",且多版本一致如此。本书亦认为孔门诸子不可与夫子于同一记事文中并称,且为保持《解义》原貌,故此处记作"冉有"。(相关引述文字中仍从众作"冉子"。)《论语》中冉有之名出现共26次,仅本章与[雍也第六·四]称"冉子"。然《解义》诸版本于[雍也第六·四]仍记作"冉子"。程树德《论语集释》对此问题进行了细致考察:周应宾《九经考异》:内府本作"冉有",韩氏《笔解》同。《集说》《集编》《纂疏》三本俱作"冉有"。翟氏《考异》:此与《适卫章》并当以作"冉有"为定。而《魏书·高闾传》:"高祖问:《论语》称冉子退朝云云,何者是事?"系冉子。《北史》载其事,亦为冉子。《〈诗·郑风·缁衣〉正义》《〈礼记·少仪〉正义》《〈文选·吴质答魏太〉笺注》引文亦为冉子。《集解》《释文》《石经》诸本均未有别作"冉有"者。朱子《或问》云:"《论语》中闵子、冉子亦或称子,则因其门人所记,而失之不革也。"想自有之。(中华书局1990年版,第913页。)

③致仕：辞去官职。《公羊传·宣公元年》："退而致仕。"何休注："致仕，还禄位于君。"
④同列：同僚。
⑤公朝：古代官吏在朝廷的治事之所，借指朝廷。
⑥阳：同"佯"，假装。

【译文】

这一章说的是，孔子通过讥讽弟子冉有的方式来警告季氏不要擅位弄权。

冉有当时在季氏那里做家臣。一天，他从季氏家的私会中回来，来见孔子。

孔子问：今天怎么回来得这么晚呢？

冉有回答说：正好有国事商议，所以回来晚了。

孔子就挖苦他说：这一定是季氏家的私事吧，不可能是国事。如果是国事，那么，我作为离职的大夫，依照礼制，仍然享有听闻通告的权利。现在既然没有听到，那就明摆着不是国家的政事。

当时季氏专权，他处理国事可能并不与同僚们在朝廷上商议，而是只在私家房间里密谋一下就可以了。所以孔子也假装不知情，而其所言，却正好可以用来正定公私名分，抑制权臣奸猾之心，这份心意是多么深沉啊。

【评析】

这是师徒间因政见相左而表现于生活中的一个小插曲：冉求与季氏密谋家族私利而上不得台面，又碍于孔子的面子而不便直说，所以托辞有事，但又不言明为何事，其态度已然明了。但孔子仍然心有不甘，就地吐了个槽，直揭谜底，不留情面。

师徒之间竟如此"斗智斗勇"，虽然冉有保持着对孔子最基本的尊重，但是这种敷衍的态度也着实让人为之气结。《论语》不避此事，并称冉有为"冉子"，自是冉有后学的力量使然。在《论语》这样看似纯粹而平和的文字里面，实际上也隐含着当时各种思想相互碰撞的丰富信息。

【标签】

冉有；季氏；为政

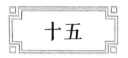

【原文】

定公问:"一言而可以兴邦,有诸?"

孔子对曰:"言不可以若是其幾①也。人之言曰:'为君难,为臣不易。'如知为君之难也,不几乎一言而兴邦乎?"

曰:"一言而丧邦,有诸?"

孔子对曰:"言不可以若是其幾也。人之言曰:'予无乐乎为君,唯其言而莫予违也。'如其善而莫之违也,不亦善乎?如不善而莫之违也,不几乎一言而丧邦乎?"

【解义】

此一章书,见国家之兴亡,由于君心之敬肆②也。

鲁定公问于孔子,曰:为治有要,不在多言。如一言所系,遂可以兴起国家者,果有之乎?

孔子对曰:一言至微,未可若是。而必期其兴邦之大效也,然亦有之。时人之言曰:"为君难,为臣不易。"盖人君势分③崇高,威福④由己,若无难为者。不知君之一身,上则天命去留所系,下则人心向背所关。一念不谨,或贻⑤四海之忧;一事不慎,或致无穷之患。为君岂不难乎?人臣职守有常,随分⑥自尽,若可易为者。不知臣之事君,上焉辅之以凝承天命⑦,下焉辅之以固结人心;致君⑧之道少亏,则有旷官⑨之咎;泽民之方未备,则有溺职⑩之愆⑪。为臣亦岂易乎?时人之言如此。人君惟不知其难,固无望于兴邦耳。如使真知为君之难,而兢业⑫以图之:处己不敢有一念之或肆,治民不敢有一事之或忽。由是以倡率臣工,皆务勤修职业⑬以共尽克艰⑭之责,将见君德日以清明⑮,政事日以修治⑯,天命于是乎眷佑⑰,人心于是乎爱戴,国家之兴盖可必矣。然则"为君难"一言,不几乎为兴邦之明训⑱乎?

定公又问曰:"一言兴邦"既闻之矣,若一言所系遂可以丧亡其国者,亦有之乎?

孔子对曰:一言甚小,未可若是。而必期其丧邦之大祸也,然亦有之。时人之言曰:"予不以为君为乐也,惟予凡有所言,臣下即遵奉而行,无敢违背,此乃其所乐也。"时人之言如此。夫言亦辨其善不善何如耳:如为君者出其言善，臣下皆遵奉而行，不敢违背，则都俞一堂⑲，明良喜起⑳，岂不甚善？如为君者出其言不善，臣下亦皆遵奉而行，不敢违背，则生民㉑必受其祸，社稷必为之危，而国不可以国㉒矣！然则唯言莫违之，一言不可期于丧邦乎？㉓

夫邦之兴也，取㉔必于心之难；邦之丧也，在恃其心之乐。敬肆之间，兴亡之介也。人君审其所以兴，鉴其所以亡，则可以永保天命，而长守无疆㉕之业矣。

【注释】

①幾：通"冀"。期望，希望。幾，简体为"几"，但此处为通假字，故用古字，以与下文"不几乎"区别词义。朱熹《论语集注》："言一言之间，为可以如此而必期其效。"钱穆《论语新解》："幾，期望义。与下'不几乎'，两几字义别。"杨伯峻释"幾"为机械意，今不取。

②敬肆：或敬畏或放肆。

③势分：权势，地位。

④威福：作威作福。此指统治者的赏罚之权。出自《尚书·洪范》，可详参本书［八佾第三·一］同名词条注释。

⑤贻：遗留，留下。

⑥随分：依据本性；按照本分。

⑦凝承天命：即"凝命"，《周易·鼎》："象曰，木上有火，鼎，君子以正位凝命。"（《象传》说："木上燃烧着火焰，象征着鼎器在烹煮食物。君子因为身居正位而专注'大烹以养贤'的使命。）凝，专注，注意力集中，严阵以待。

⑧致君：辅佐国君，使其成为圣明之主。

⑨旷官：空居官位，指不称职。《尚书·皋陶谟》："无旷庶官，天工，人其代之？"（不要让那些平庸的人来填充空缺的职位，因为这些职位是天道所赋，怎么能够由无所作为的人来替天行道呢？）

⑩溺职：失职，不尽职。

⑪愆：音 qiān，罪过，过失。

⑫兢业："兢兢业业"的省语。谨慎戒惧。出处及详解可参本书［学而第一·四］"兢兢业业"词条注释。

⑬职业：职分应作之事。

⑭克艰：攻坚克难。

⑮清明：物之轻清者，亦谓清澈明朗。

⑯修治：谓处理事务合宜。

⑰眷佑：亦作"睠佑"。眷顾佑助。

⑱明训：明确的训诫。《国语·晋语八》："图在明训，明训在威权。"（要注重明确的训诫，因为这样可以提升权威。）

⑲都俞一堂：《尚书·皋陶谟》："禹曰：'都！帝，慎乃在位。'帝曰：'俞！'"又《尧典》："帝曰：'吁，咈哉！'"（君臣共商国是），其密集对答的语气词展现出彼此默契和谐的关系。都、俞、吁、咈均为叹词：以为可，则曰都、俞；以为否，则曰吁、咈。后因用"都俞吁咈"形容君臣论政问答，融洽和睦。一堂，在一起。

⑳明良喜起：明良，谓贤明的君主和忠良的臣子。喜起，谓君臣协和，政治美盛。《尚书·皋陶谟》："庶尹允谐，帝庸作歌。曰：'敕天之命，惟时惟几。'乃歌曰：'股肱喜哉！元首起哉！百工熙哉！'皋陶拜手稽首飏言曰：'念哉！率作兴事，慎乃宪，钦哉！屡省乃成，钦哉！'乃赓载歌曰：'元首明哉，股肱良哉，庶事康哉！'又歌曰：'元首丛脞哉，股肱惰哉，万事堕哉！'帝拜曰：'俞，往钦哉！'"（百官相互信任，和睦团结。帝因此作歌道："勤劳地按照天命行事，时时事事都要小心谨慎。"又唱道："大臣由衷欢欣啊！君王事业兴盛啊！百官也要振作协同啊！"皋陶跪拜叩头继续说："要念念不忘啊！君王勤政一马当先，谨守法制，谨慎啊！经常省察你的成就，谨慎啊！"于是又作歌道："君王英明啊！大臣贤良啊！诸事安宁啊！"又歌唱道："君王所务恒钉琐屑了！大臣所从百无聊赖了！政务定要荒废芜杂了！"舜帝拜谢说："对啊！我们去干吧，谨慎从事！"）孔安国传："股肱之臣喜乐尽忠，君之治功乃起。"

㉑生民：人民。

㉒国不可以国：国家也就无法成为国家了。后一"国"字为名词动用，意为保持国家安定完整的状态。

㉓唯言莫违之，一言不可期于丧邦乎：如果君主说什么都不容置疑，不让臣下提出不同意见，那么就可能导致一言而亡国的危险。

㉔取：所宜取用的方法或态度。

㉕无疆：亦作"无彊"。无穷，永远。

【译文】

这一章告诉我们，国家的兴亡，往往在于君王为政之心是谨敬还是放纵。

鲁定公问孔子道：为政治国，要言不烦。如果有那么一句话就可以使国家兴盛，应该是什么呢？

　　孔子回答说：一句话的力量是非常有限的，很难像您说的，可以达到那么大的效果，但如果说对国家兴盛起到突出作用的，也还是有的。比如当前流行的一句话说："为君难，为臣不易。"大概君主地位高贵，作威作福起来，好像并没有什么难处。其实这是不知道君主也是凡身肉胎，对上要面对天命寄托，对下还要面对人心向背。一念之差，就可能给天下留下隐忧；一事不慎，就可能造成无穷祸患。即便身为君主，不是也有自己的难处吗？人臣的职守有常理常规，要依守本分来尽职尽责，看起来也并不难做。但岂知，人臣侍奉君主，对上要辅佐君主专注而庄严地承接天命任务，对下则要辅佐君主统领精神教化风习——要辅佐国君，使其成为圣明之主，如果做不到位，就可能使奸佞当道而贤良失位；要惠泽百姓，使他们安居乐业，如果做不到位，就会有乱政渎职的罪愆。身为大臣，不也是不容易吗？这句流行语说的就是这个意思。但如果君主不知道君主的难处所在，那就恐怕没有希望使邦国兴盛了。如果他真的知道为君之难，就会兢兢业业来谋划：自我管理不敢有一个念头任性放纵，治理民众不敢有一件事疏忽怠惰。这样来倡导、率领臣属百官，都能够各尽其责，勤于处理职分应为之事，来共同攻坚克难。这样就会使君主的道德清澈明朗，政事处理得当，就连苍天也会眷顾护佑，百姓也会衷心爱戴，国家的兴盛就指日可待了。就此而言，"为君难"这几个字，应该算得上是兴邦安国的至理明训了吧！

　　定公于是又问道："一言兴邦"，我是领教了；但是不是因由一句话就能够亡国灭种的呢？

　　孔子回答说：一句话的力量是非常有限的，很难像您说的，可以产生那么严重的后果。但如果说对国家衰亡起到突出作用的言辞，也还是有的。比如当前流行的一句话："我并不觉得身为君主有什么快乐，除非我说什么话，臣下就马上奉旨遵行，毫不违背，这正是为君的乐事啊。"这句流行语的意思就是这样。但是，对于君主的话，也要进行判断，看看是否恰当：如果君主所言良善，臣下都去奉旨遵行，不敢违背，那么就使上下和衷共济，齐心协力，君明臣忠而政通人和，不是非常之好吗？但如果君主所言不善，臣下依然奉旨遵行，不敢违背，那么就使人民百姓深受其祸，江山社稷危机四伏，恐怕国将不国、分崩离析了！如果像这样言听计从而毫不违逆，哪怕是一句简单的话，都可能使国家败亡。

　　要想使邦国之兴盛，君主应该采取充分正视为政之困难的心态；而那些致使邦国衰亡的，往往在于纵容自己，以不受违逆为乐事。谨敬与放纵的差别，也正是国家兴亡的分界线。君主审察邦国兴盛的原因，对照邦国衰亡的教训，就可以永远保留天命所任而持久守护无穷的功业了。

【评析】

任何"金句"都不会使一个朝代兴亡存废，但朝代兴亡存废似乎又与那么一二句紧要的话有着内在的关联。所以，就此而言，孔子与鲁定公之间的分歧也就可以理解了。

孔子与鲁定公的对话显得有些滑稽：鲁定公向孔子探求治国的要道"金句"（是所谓"一言而可以兴邦"），但实际上任何"金句"都不会使一个朝代兴亡存废，为政是需要居敬行简，但并不是简单到一两句话就可以改变政绩。这种急于求成的心态，本就不符合为政者的质素。故而孔子反复劝诫他说："言不可以若是其幾也"——不要急于求成，当君主没有你想象的那么容易。但是后面又煞有介事地回答他，貌似给了他一颗定心丸。

回应本篇首章［子路第十三·一］中夫子与子路关于为政的对话，就可以知道，其实为政不是没有金句，关键是有没有坚持按照金句去做。果然，鲁定公还没完没了，马上又发出"一言而丧邦"的问题，急于求成、患得患失的心态再次跃然纸上。

为政本来就不是一两句话那么简单的事，就像这世界本来就没有长生不老之药一样。（关于长生不老之药的相关论述可参本书［卫灵公第十五·二十九］［子张第十九·二十五］两章的评析文字。）

【标签】

鲁定公；为政；居敬行简；言；明良喜起；都俞一堂

【原文】

叶公问政。子曰："近者悦，远者来。"

【解义】

此一章书，见为政在得民心也。

叶公①问政于孔子。孔子曰：政在得民心而已。若能使民之近者被②吾之泽，欢欣鼓舞而说③，民之远者闻吾之风，倾心④趋附⑤而来，则为政之道得矣。

　　盖无实心实政⑥足以感人。仅以欢虞小补⑦，违道干誉⑧，则四境之内且不能服，况其远者乎？为人上者，宁迩柔远⑨之道，诚不可不亟⑩讲也。

【注释】

　　①叶公：芈姓，沈尹氏，名诸梁，字子高。春秋末期楚国军事家、政治家。大夫沈尹戍之子，封地在叶邑（今河南叶县南旧城），自称"叶公"。在叶地治水开田，颇具治绩。曾平定白公之乱，担任楚国宰相。因楚国封君皆称公，故称"叶公"，即"叶公好龙"故事的主角。

　　②被：同"披"，覆盖。

　　③说：同"悦"，欢悦。

　　④倾心：向往，仰慕。

　　⑤趋附：趋承依附，趋向归附。

　　⑥实心实政：实心实意，务实为政。《清实录康熙朝实录》卷二十三："此皆虚文。朕所不敢。惟日用平常，以实心行实政而已。"

　　⑦欢虞小补：欢虞，欢娱。小补，没有多大作用。指施政的霸主采用一些歌舞升平、取悦百姓的方法进行治理，只是治政上的小伎俩，起不到大的作用。出自《孟子·尽心上》，详见本书［学而第一·十］"过化存神"词条注释。

　　⑧违道干誉：违背正道去获得赞誉。出自《尚书·大禹谟》："益曰：'吁！戒哉！儆戒无虞，罔失法度，罔游于逸，罔淫于乐。任贤勿贰，去邪勿疑。疑谋勿成，百志惟熙。罔违道以干百姓之誉，罔咈百姓以从己之欲。无怠无荒，四夷来王。'"（伯益说："哎！要戒慎呀！警惕不要失误，不要放弃法度，不要沉湎于游玩安逸，不要放恣于安乐享受。任用贤人不要怀疑，去除奸佞不要犹豫。犹疑不决，难以成事；深思熟虑，方能兴业。不要违背正道去获得百姓的赞誉，不要违背民意来顺从自己的欲望。对这些不要懈怠，不要荒疏，就会实现盛治，四方边民的首领就会来朝见天子了。"）孔安国传："失道求名，古人贱之。"

　　⑨宁迩柔远：即"柔远能迩"，怀柔远方，优抚近地，谓安抚笼络远近之人而使归附。出自《古文尚书·舜典》（亦属于今文《尚书·尧典》）："咨，十有二牧，曰，'食哉惟时！柔远能迩，惇德允元，而难任人，蛮夷率服。'"（舜对十二州的君长感慨说："生产民食，必须依时！安抚远方的臣民，爱护近处的臣民，亲厚有德的人，信任善良的人，从而使政务得到顺利处理，同时又拒绝邪佞的人，这样，边远的民族都会顺从。"）又见于

《诗经·大雅·民劳》:"民亦劳止,汔可小康。惠此中国,以绥四方。无纵诡随,以谨无良。式遏寇虐,憯不畏明。柔远能迩,以定我王。"(民生实在太劳苦,但求需求基本足。爱护京师老百姓,安抚诸侯不动武。诡诈欺骗莫纵任,小人巴结别疏忽。掠夺暴行应制止,岂敢违禁明法度。爱民不分远和近,君心安定是洪福。)

⑩亟:音qì,屡次。

【译文】

这一章是说,为政在于得民心。

叶公向孔子请教如何为政。孔子说:为政只要在得民心而已,得民心者得天下:如果能够对近处的民众施加恩惠,使他们欢欣鼓舞,高兴不已,那么在远处的民众听闻之后,就会仰慕而归附。这就是深得为政之道了。

如果不是真心实意,务实为民,就不能真正触动老百姓。只是用歌舞升平的方式来取悦百姓,沽名钓誉,华而不实,那么在国境之内也无人信服,更何况外人呢?所以作为君主,要常讲悦近柔远的道理啊。

【评析】

为政之效最为显著的标志,便是民众的流向。《韩非子·难三》或因本章而铺衍成故事:

叶公子高问政于仲尼,仲尼曰:"政在悦近而来远。"
哀公问政于仲尼,仲尼曰:"政在选贤。"
齐景公问政于仲尼,仲尼曰:"政在节财。"
三公出,子贡问曰:"三公问夫子政一也。夫子对之不同,何也?"
仲尼曰:"叶都大而国小,民有背心,故曰'政在悦近而来远'。鲁哀公有大臣三人,外障距诸侯四邻之士,内比周而以愚其君,使宗庙不扫除,社稷不血食者,必是三臣也,故曰'政在选贤'。齐景公筑雍门,为路寝,一朝而以三百乘之家赐者三,故曰'政在节财'。"

这个故事写叶公、鲁哀公、齐景公问政,貌似孔子对这些一国之君也是因材施教、因人施策。但实际上,如果只是把孔子所提出来的"近者悦,远者来"作为一个公共性的政治诉求,而不过是针对叶公领地"都大而国小"的特点而已,那么这种理解和认识已经有所褊狭了。而实际上,韩非推举本章的目的,恰恰不是认可,而是反对:

或曰：仲尼之对，亡国之言也。恐民有倍心，而诚说之"悦近而来远"，则是教民怀惠。惠之为政，无功者受赏，而有罪者免，此法之所以败也。法败而政乱，以乱政治败民，未见其可也。且民有倍心者，君上之明有所不及也。不绍叶公之明，而使之悦近而来远，是舍吾势之所能禁而使与不行惠以争民，非能持势者也。夫尧之贤，六王之冠也。舜一从而咸包，而尧无天下矣。有人无术以禁下，恃为舜而不失其民，不亦无术乎？明君见小奸于微，故民无大谋；行小诛于细，故民无大乱。此谓"图难于其所易也，为大者于其所细也。"今有功者必赏，赏者不得君，力之所致也；有罪者必诛，诛者不怨上，罪之所生也。民知诛罚之皆起于身也，故疾功利于业，而不受赐于君。"太上，下智有之。"此言太上之下民无说也，安取怀惠之民？上君之民无利害，说以"悦近来远"，亦可舍已。

简而言之，韩非子从法家的立场出发，认为"近者悦，远者来"的政治只不过是惠民手段，但是这种手段往往会让百姓更加逐利而不守法则，因而更不利于依法治理社会。然而，"近者悦，远者来"只是结果，而非手段。民众谋利，其本身并不为过，关键在君主是否把握好资源分配与利益平衡，所推行政治是否只为了某个利益集团而罔顾社会整体利益，否则，"上下交征利而国危矣"（《孟子·梁惠王上》），必然也不会有"悦""来"之事了。

【标签】

叶公；近者悦，远者来；法家

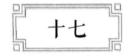

【原文】

子夏为莒父宰，问政。子曰："无欲速，无见小利。欲速，则不达；见小利，则大事不成。"

【解义】

此一章书，见治道①贵以远大为期也。
子夏②为鲁国莒父③邑宰④，问为政之道。孔子示之曰：为政之弊有二：方为其事而遽⑤责其效，是为欲速之弊；尔之为政，必推行有渐⑥，不可欲速以求目前之效。狃⑦于浅近而昧⑧于远大，是为见小之弊；尔之为政，必志量广大，不可见浅近事功便以为得。盖欲速，则求治太急而无次第，未得乎先而欲计乎后，未得乎此而欲行乎彼，将⑨求治愈急而行之愈碍，反不能达矣。见小利，则其心已足而无远图，谋及一身而不及天下，谋及一时而不及万世，将至所就小而所遗大，大事必不成矣。

从来久道而后化成⑩，无欲乃可言至治⑪。所贵以纯王之心行纯王之政⑫也。

【注释】

①治道：治理国家的方针、政策、措施等。《礼记·乐记》："唯君子为能知乐。是故审声以知音，审音以知乐，审乐以知政，而治道备矣。"认为音乐中蕴含治道。可详参本书［泰伯第八·十五］"审音"词条注释。

②子夏：卜商，字子夏，"孔门十哲"之一，擅长文学。其生平详见本书［先进第十一·三］"子夏"词条注释。

③莒父：古邑名，在今山东莒县。

④邑宰：县邑的主管。

⑤遽：急，仓促。

⑥渐：渐次。

⑦狃：音niǔ，贪图，满足。

⑧昧：本义昏暗，此指蒙蔽，不明白。

⑨将：副词。就要，将要。

⑩久道而后化成：圣人恒守正道，就能使天下遵从教化，形成德风美俗。出自《周易·恒》象辞，详参本书［子路第十三·十一］"久道之化"词条注释。

⑪至治：安定昌盛、教化大行的政治局面或时世。

⑫以纯王之心行纯王之政：怀有完美纯粹的王者之心，行使完美纯粹的王者之政。出自程颢《南庙试策五道》。详参本书［颜渊第十二·十四］"先儒谓'有纯王之心，而后有纯王之政'"词条注释。

【译文】

这一章是说，治国方针务求远大。

子夏在鲁国担任莒父邑宰的时候，向孔子请教为政之道。孔子就指导他说：为政有两个弊端：一个是刚刚从事这件事情就马上要见效，这是急于成功的弊病。你处理政务，一定要循序渐进，不能只顾着短期效应。满足于短浅利益而无视远大目标,这就是因小失大的弊病;你处理政务,一定要志向远大,不能因小失大。大概"欲速",就是因为急于求成而忙乱无序,未得陇而望蜀,这样的话,反倒是欲速而不达。得到小恩小惠,就一时满足,止步不前,只考虑自身而不顾及天下,只考虑一时而不念及长久,那么也就会导致捡了芝麻丢了西瓜,只能小成而无大功。

历来为政,需要长期坚守正道,才能教化民众积德向善;克制个人私欲,才能使国家文明昌盛。所以治道之要就是:怀有完美纯粹的王者之心,行使完美纯粹的王者之政。

【评析】

为政最忌鼠目寸光,急功近利,而又色厉内荏,假公济私。这理论放到现在,依然可以资鉴。为政理论本无须创新,因为"民为贵""政若舟"是基本的规则,执政为民是不变的目的和要求,而由规则达成目的,无须独辟蹊径,而有现成之路径可行。

【标签】

子夏;为政;欲速,则不达;纯王之心

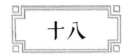

【原文】

叶公语孔子曰:"吾党有直躬者,其父攘羊,而子证之。"孔子曰:"吾党之直者异于是:父为子隐,子为父隐。——直在其中矣。"

【解义】

此一章书,是明直道①以示人也。

叶公自言于孔子曰:吾乡党②之中有躬行直道无所私曲③者,其父盗人之羊,而己为之子,乃从而证明其事。夫父子至亲,尚且不隐,则其直可知矣。

孔子答之曰:直者,人之生理④,所谓本心之自然。吾党之直者却异于尔党之直。如子或有过也,父但尽义方⑤之训,以冀⑥其改图⑦,外则隐之,而不使扬于人;父或有过也,子但尽几谏⑧之道以望其迁善⑨,外则隐之,而不使彰于众。盖父自当爱子,子自当爱父,互相容隐⑩乃顺其本心之自然而发之，于天理为顺，于人情为安，⑪不求为直而直即在相隐中也，奚⑫必证父攘羊⑬而后为直哉？

可见，道不远于人情，事必求夫当理。凡矫情⑭以沽誉⑮、立异⑯以为高者，皆圣人之所不取也。

【注释】

①直道：正道。

②乡党：周制，一万二千五百家为乡，五百家为党。本为行政建制，二者连用，泛指家乡或本地人。另如"州里"等，用法相似。

③私曲：偏私阿曲，不公正。

④生理：为人之道。

⑤义方：行事应该遵守的规范和道理。

⑥冀：音 jì，希望。

⑦改图：改变心意，改变计划。

⑧几谏：微谏，婉言劝谏。几，音 jī，微。

⑨迁善：去恶为善，改过向善。

⑩容隐：包庇隐瞒。

⑪于天理为顺，于人情为安：顺应了天理，安顿了人情。

⑫奚：哪里。

⑬攘羊：即前文之"盗羊"。

⑭矫情：故违常情以立异。

⑮沽誉：沽名钓誉。有意做作或用某种手段猎取名誉。

⑯立异：标新立异。

【译文】

这一章揭示什么是正直之道。

叶公告诉孔子说：我家乡有个认真践行正道的人，他公正不阿，就连他的父亲偷盗人家的羊，他作为儿子，竟然去给作证。就连父子这种至亲至近的关系，他都不会包庇藏匿，那么可想而知，他有多么正直！

孔子回答说：正直，是人与生俱来的本性，它发自本心，自然而然。但是我家乡的正直者恐怕不会像你们那里人那样做。如果是儿子犯了过失，父亲虽然也会以正道教训他，希望他能够改过自新，但对外却闭口不言，以避免让外人知道；而如果是父亲有过失，作为儿子，也只能象征性地说上几句，希望他能够改过向善，对外却闭口不言，以避免让外人知道。父亲自然疼爱儿子，儿子也自然敬爱父亲，彼此相互包庇隐瞒都是顺承人的自然本性使然，顺乎天理，安于人情，不用刻意追求正直而正直就在这个过程中了，哪里还需要去证明自己的父亲偷了羊，才能说明他是正直的呢？

可见，大道并不排斥人情，做事也要遵循天理。凡是那种违背常情常理，把沽名钓誉、标新立异当作非凡之举的做法，都是圣人所不认同的。

【评析】

孔夫子的话说得简洁而圆满，在使用"＊在其中矣"这个句式上似颇有心得：

子张学干禄。子曰："多闻阙疑，慎言其余，则寡尤；多见阙殆，慎行其余，则寡悔。言寡尤，行寡悔，禄在其中矣。"（[为政第二·十八]）

子曰："饭疏食饮水，曲肱而枕之，乐亦在其中矣。不义而富且贵，于我如浮云。"（[述而第七·十六]）

叶公语孔子曰："吾党有直躬者，其父攘羊，而子证之。"孔子曰："吾党之直者异于是：父为子隐，子为父隐。——直在其中矣。"（[子路第十三·十八]）

子曰："君子谋道不谋食。耕也，馁在其中矣；学也，禄在其中矣。君子忧道不忧贫。"（[卫灵公第十五·三十二]）

子夏曰："博学而笃志，切问而近思，仁在其中矣。"（[子张第十九·六]❶

"＊在其中矣"，大致的意思是在讲一种因果关系，因此所有的句子又可以换算成因果句式：

例1.（因为）言寡尤，行寡悔，（所以）禄。
例2.（因为）饭疏食饮水，曲肱而枕之，（所以）乐。
例3.（因为）父为子隐，子为父隐，（所以）直。

---

❶ 注：本章所记是子夏而非孔子话语，但也有子夏因袭孔子的影迹，故仍列举其中。

例4.（因为）博学而笃志，切问而近思，（所以）仁。

这种因果关系貌似一致，然而其内在的逻辑却并不一样，由上述四个案例，大概可以相应分为四个类型：

1. 正向因果：因为A，所以可以B。如例4，博学而笃志，切问而近思，因而能够达到仁的境界。这是一种最基础的因果关系。

2. 反向因果：因为A，本来是所以B，但其结果却恰是非B。如例3. 父为子隐，子为父隐，本是包庇隐藏，故意隐曲，不合法纪的行为，但是却认为这是诚直的行为。

3. 选择因果：因为A，所以可以B，但是也可以不B。如例2，饭疏食饮水，曲肱而枕之，可以乐，也可以不乐。

4. 间接因果：因为A，所以C；因为C，所以B，因此AB构成间接因果。如例1，言寡尤，行寡悔，所以工作顺利，工作顺利，所以能够得到俸禄。

由此而言，夫子在使用"＊在其中矣"这个简单的句式时，将词语的外延扩大到极致，具有非常丰富的含义。其中最为复杂的当是本章这种反向因果关系的表达。道理并不令人费解，是要想解释清楚，但往往会感到语言的乏力。所以笔者特意"炮制"了以上四种因果关系，以便在对比中更清晰地呈现本章所要表达的语义关系。因果关系实为非常深奥的哲学命题，笔者仅以这个命题的最表层意蕴来覆盖对于这一章的讨论。实际上，要想深刻理解因果关系，要将其纳入一个更大的语义场或事物关系之中，也就是说，上述四个因果关系类型中，除了第一个类型之外，其余类型的因果都要将其置于一个特定的话语情境或逻辑关系中才能成立。

就本章而言，学界众说纷纭，莫衷一是。笔者窃以为黄勇和（朱）苏力两位学者对于这一章的探讨颇有参考价值，兹录如下：

《论语·子路》"亲亲相隐章"记载孔子在与叶公讨论"直躬者，其父攘羊"时，主张子为父隐，并说"直在其中"。这段话在近十几年的中国学术界引起了广泛且持续的争论。有些人认为，"直"指"正直"，因此在其父攘羊时，子不应隐之，而应证之；而另一些人认为，"直"指"率直"，因此在其父攘羊时，子不会去证之，而自然会去隐之。但如果仔细阅读原文，孔子这里并未说子为父隐就是直，而是说直体现在子为父隐之中。因此，孔子这里说的直应理解为"正曲为直"之直。攘羊之父为"曲"父，孝子作为直者就应该正之，使之也成为直者。而为了正曲父为直父，最好的办法是"微谏"；而要使微谏达到目的，对于父之攘羊，最好的办法是隐之而不是证之。因此，在孔子那里，子为父隐本身不是直，而是实现直的手段，所以他说"直在其中"。从这个角度看，孔子在这段话中的思想还体现了其法律哲学关于罪犯的一个重要洞见。在西方法律哲学中，关于罪犯主要有"效用说"和"报应说"。两者都认为应该对罪犯加以惩罚，差别只在于惩罚的根据或目的。前者旨在通过惩罚使该罪犯和其他人不再犯同样的罪，后者则试图通过惩罚把罪犯加到受害人身上的痛苦以同样的程度还给罪犯，以达到一种平衡。这两种学说都存在问题。以孔子为代表的儒家认为，一个罪犯在给他人造成外在的身体或者物质利益伤害的同时，也给自身造成了内在的人性伤害，因此，人们应该医治罪犯的内在伤害，使其恢复健康的人性，即所谓的"正曲为直"。这代表的是一种关于罪犯的"康复说"。它既可以避免"效用说"和"报应说"的问题，又可以达到各自想达到的目的：罪犯的人性得到康复后，一方面不会再去犯罪（"效用论"的目的），另一方面又会设法对受害人做出某种可能的补偿（"报应论"的目的）。❶

黄勇认为"直在其中矣"，是法曲与情直的辩证。固然坚守法律准则十分重要，然而对于人来说更重要的是人性的自然表达，故此徇情而曲法，不只有其合理性，也符合法的终极目的，故而最终也是合法的。

"治国"与"齐家"毕竟是不同领域。因此，会有规范的冲突。但并非是"齐家"向"治国"妥协。在一些边际问题上，"治国"也会向"齐家"有所妥协。典型例子是在偷羊问题上，孔子曾断言"父为子隐，子为父隐，直在其中"。但不应将此理解为孔子不懂或不顾人间的基本是非对错，无视国家法律法令。必须理解，在孔子看来，诸如偷羊这类不当和不公行为，并不严重威胁社会的公正。父子或亲人间的相互包庇，这种情感尽管从社会角度看不好，却很自然；由于家和父子关系对于农村秩序甚至对各诸侯国都太重要了，因此有必要维护这种有利于家庭的自然情感。权衡起来，这要比维护相对抽象的社会公正更重要，至少就当时而言如此。孔子的这个判断客观上更多维护了"家"。但我们真应看清楚的是，令孔子做出这一"偏颇"判断的，不（只❷）有关"家"的意识形态，而是对两种同样珍贵的社会利益的权衡，对不同利益的边际考量——因为，孔子面对的是"偷

---

❶ 黄勇：《正曲为直：〈论语〉"亲亲相隐章"新解》摘要，载《南国学术》（澳门）2016年第3期，第366页。

❷ 按：本书加入。

羊",而不是"江洋大盗"或"窃国大盗"。用法学理论话语来说,孔子做出的不是一个教义学判断,而是一个高度关注经验后果的实用主义判断,一个本质上是法经济学的判断,其思考的无论深度还是精细程度都远超过今天宪法行政学者爱掉饬的"比例原则"。❶

(朱)苏力认为"直在其中矣"是"家法"与"国法"的辩证。家法曲从亲情,而国法持守刚正,本来有很大差异,而直躬之父攘羊,是大小两种法治边界的冲突问题。"直在其中矣"是一个未做判断的判断,实际上弥合了这种边界冲突所造成的裂缝。其言外之意是虽然不符合纲纪国法,但是符合人之常情,而且从后果来看,并不构成对国法机制的破坏,但如果因之而判罚,貌似维护了法律的正义,却侵犯了另外一种法治。

当然,尽管如此,孔子对直躬之父攘羊事件的辩护,自然与一般的护短、藏匿不同,而是对人之本情本性的肯定,也是对法律边界进行厘定的一个标志性事件。

【标签】

叶公;直躬;直;父为子隐,子为父隐;直在其中

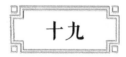

十九

【原文】

樊迟问仁。子曰:"居处恭,执事敬,与人忠。虽之夷狄,不可弃也。"

【解义】

此一章书,见仁不外于存心①之纯也。

樊迟问求仁之方。

孔子告之曰:所谓仁者,存其心而已②。时③乎居处④,无动无静,衣冠瞻视⑤,无敢惰慢⑥,此心俨然⑦恭庄⑧,而心存于居处;时乎执事⑨,无小无大,无敢急忽⑩,此心肃然⑪敬谨,而心存于执事;时乎与人交接,无众无寡,无敢欺伪,此心恪然⑫忠实,而心存乎与人。盖心无时而不存,在

---

❶ 苏力:《大国宪制:历史中国的制度构成》,北京大学出版社2018年版,第134页。按:此引文标点与原文略有不同,亦添加个别字词。

居处则见为严肃而恭,在执事则见为谨畏而敬,在与人则见为恳至[13]而忠。虽之夷狄[14],亦必确然固守,不可弃失也。

可见,仁者,心之全德[15],诚能常存此心,不杂不间[16],将至于全体不息[17],浑然天理[18]之周流[19]矣,岂非为仁之极功[20]乎?

【注释】

①存心:保持心中先天固有善性。儒家以之为重要的自我修养方法。语出《孟子·尽心上》:"存其心,养其性,所以事天也。"可详参本书［学而第一·三］同名词条注释。

②所谓仁者,存其心而已:《孟子·离娄下》:"君子所以异于人者,以其存心也。君子以仁存心,以礼存心。"(君子之所以不同于普通人,就是因为存的心思不一样。君子以仁爱存于心中,以礼义存于心中。能建立仁爱关系的人能爱别人,心中有礼义规范的人能尊敬别人。)可详参本书［学而第一·三］"存心"词条注释引文。

③时:当……的时候;当时,那时。

④居处:一说为平日的仪容举止(如朱熹、杨伯峻等),一说为平时生活起居。从文义上看,《解义》采后说。

⑤衣冠瞻视:衣冠整齐,目不斜视。出自［尧曰第二十·二］:"君子正其衣冠,尊其瞻视,俨然人望而畏之,斯不亦威而不猛乎?"(君子衣冠整齐、目光端正、严肃庄重的样子,使人望而有所畏惧,这也不是威严却不凶猛吗?)

⑥惰慢:懈怠不敬。

⑦俨然:严肃庄重的样子。

⑧恭庄:敬肃端庄。

⑨执事:从事工作,主管其事。

⑩怠忽:怠惰玩忽。

⑪肃然:严肃认真;庄严。

⑫恪然:谨慎、恭敬的样子。

⑬恳至:恳切。

⑭夷狄:古称东方部族为夷,北方部族为狄。常用以泛称除华夏族以外的各族。

⑮仁者,心之全德:仁,是人之本心就具有的至德。可详参本书［颜渊第十二·一］同名词条注释。

⑯不杂不间:不受干扰,毫不间断。可参下注。

⑰全体不息：指仁无处不在，无时不有的状态。《朱子语类·论语十》："孟武伯问三子仁乎，夫子但言三子才各有所长，若仁则不是易事。夫子虽不说三子无仁，但言'不知其仁'，则无在其中矣。仁是全体不息。所谓全体者，合下全具此心，更无一物之杂。不息，则未尝休息，置之无用处。全体似个桌子四脚，若三脚便是不全。不息，是常用也。或置之僻处，又被别人将去，便是息。此心具十分道理在，若只见得九分，亦不是全了。所以息者，是私欲间之。无一毫私欲，方是不息，乃三月不违以上地位。若违时，便是息。不善底心固是私，若一等闲思虑亦不得，须要照管得此心常在。"

⑱浑然天理：人心和天理浑然一体。出自《传习录》，详参本书［里仁第四·三］同名词条注释。

⑲周流：周转，周遍流行。出自《周易·系辞下》："变动不居，周流六虚。"详参本书［雍也第六·三十］同名词条注释。

⑳极功：最大之功。

【译文】

这一章是说，仁只是发自纯净的内心而已。

樊迟向孔子请教实现仁的方法。

孔子就告诉他：仁就是存仁于心。当日常起居的时候，无论一动一静，都要衣冠整齐，目不斜视，不敢有丝毫懈怠不敬，身心严肃庄重，且心思集中在起居上面；当从事工作的时候，事情无论是小是大，都不敢怠惰玩忽，身心严肃恭谨，且心思集中在工作上面；当与人交往的时候，无论人数多少，都真诚无伪，身心恭敬忠厚，且心思集中在对方。但凡心神，无时不在，在日常起居的时候就敬肃庄重而表现为端庄，在工作的时候就严谨审慎而表现为诚敬，在交往的时候就至为恳切而表现为忠厚。虽然到边境之外蛮夷之地，也要保持这种心境，不能丢弃。

由此可见，仁是人之本心就具有的至德，如果真的能够坚持以此存心，使其不受扰攘和污染，那么就会使仁心完善而不止息，天理人道浑然一体而周转无穷，这难道不是为仁的极致效用吗？

【评析】

"恭""敬"合成一个词，并被重点强调和解释，是在孟子那里。"恭"和"敬"不仅是人人所本能，而且正是礼的本源：

恻隐之心，人皆有之；羞恶之心，人皆有之；恭敬之心，人皆有之；是非之心，人皆有之。恻隐之心，仁也；羞恶之心，义也；恭敬之心，礼也；是非之心，智也。仁义礼智，非由外铄我也，我固有之也，弗思耳矣。（《孟子·告子上》）

人人本就有同情心、羞耻心、恭敬心和是非心。有同情心，就能近仁了；有羞耻心，就能从义了；有恭敬心，就能成礼了；有是非心，就能明智了。仁、义、礼、智都不是由外在的因素强加给我的，而是我本身所固有的，只不过平时没有用心罢了。

由之回顾本章，则可知孔子给樊迟的是一般性、普适性的为政信条。

而现在的"恭敬"成了描述态度的辞令，虽然与礼仪还有着比较牵强的关系，但与心源和仁义礼智不仅基本上没有什么关系，而且可能走到其反面去了。

【标签】

樊迟；仁；居处恭，执事敬，与人忠

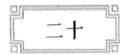

【原文】

子贡问曰："何如斯可谓之士矣？"子曰："行己有耻，使于四方，不辱君命，可谓士矣。"

曰："敢问其次。"曰："宗族称孝焉，乡党称弟焉。"

曰："敢问其次。"曰："言必信，行必果，硁硁然小人哉！——抑亦可以为次矣。"

曰："今之从政者何如？"子曰："噫！斗筲之人，何足算也？"

【解义】

此一章书，见士贵有实行^①也。

子贡问曰：五爵^②，士居其列；四民^③，士为之先——士之名亦难称^④

矣。必如何❶然后可以谓之士乎？

孔子曰：士必自重⑤，而后为国家⑥重。必其行之于己者，以道义为大闲⑦，凡非义之事皆耻而不为，是大本⑧既立矣。及其奉君命出使于四方⑨，或以政事，或以应对⑩，皆能奉职无忝⑪，不辱简命⑫，是有高世⑬之节，兼有济世之才，可谓之天下士⑭矣。

子贡又问曰：全材不易多得，取人不可求备，有次于此而可称为士者乎？

孔子曰：士固以才行相兼为贵，然与其行之不足，宁可才之不足。今有人焉——善事其亲，而宗族称其孝焉；善事其长，而乡党⑮称其弟⑯焉。此其人才或不及，而大节⑰无亏，可以为士之次矣。

子贡又问曰：人之品类不同，一节非无可取⑱，又有次于此而可称为士者乎？

孔子曰：人之言行本不可以意必⑲，然与其失之恣肆⑳，宁可失之固执㉑。今有人焉——知言贵信，即未必合理而亦必信；知行贵果㉒，即未必合理而亦必果，硁硁然㉓如小石之坚确㉔。盖拘泥固守，小人之见哉；然而非恶也，与诞谩㉕苟贱㉖之人不可同日而语——抑亦可以为士之次矣。

子贡又问曰：今之从政而为大夫者何如，亦可以为士否？

孔子乃叹息而鄙之曰：噫！此鄙细㉗猥琐之人，譬如斗筲小器㉘，所容无几，何足算而数之也？

此可见，论士以才行为准，而取人以实行为先，苟有其行，虽硁硁之小人，尤为圣门之所不弃。不然，若市井无行之徒，虽有小才，不过为攫取㉙势利、贪恋禄位之具而已。孔子之所谓"鄙夫"㉚，孟子之所谓"贱丈夫"㉛，皆此类也。国家亦何赖有此人而用之哉？

【注释】

①实行：德行，操行。

②五爵：五等爵位。《礼记·王制》："王者之制禄爵，公、侯、伯、子、男，凡五等。诸侯之上大夫卿，下大夫，上士、中士、下士，凡五等。"（天子为臣下制定俸禄和爵位。以爵位来说，有公、侯、伯、子、男，共五等。诸侯为其臣下制定的爵位，有上大夫卿、下大夫、上士、中士、下士，也是总共五等。）

---

❶ 如何：摛藻堂四库全书荟要本（同武英殿刻本）作"何如"。虽意义上无本质区别，但依《论语》原文，以"何如"为妥。

③四民：旧称士、农、工、商为四民。
④难称：难以定位。
⑤自重：谨言慎行，重视自身的人格操守。
⑥国家：古代诸侯的封地称国，大夫的封地称家。此以国家代指诸侯和大夫，进而指社会各阶层。
⑦大闲：基本的道德规范或行为准则。闲，阑（同"栏"）义，所以止物之出入。[子张第十九·十一]：子夏曰："大德不逾闲，小德出入可也。"（子夏说："人的德行，大处不可逾越界限，小处有一些出入是可以的。"）采杨伯峻译。
⑧大本：根本，事物的基础。
⑨四方：四方诸侯之国。
⑩应对：酬对，对答。此指善于交际辞令，在重要的国际交往中，依照上层社会交际的习惯，通过熟练引用《诗经》等经典文辞进行优雅而恰当的对答。详参[子路第十三·五]"评析"部分。
⑪忝：辱，有愧于。
⑫简命：简任，选派任命。
⑬高世：高超卓绝，超越世俗。
⑭天下士：才德非凡之士。《史记·鲁仲连邹阳列传》："始以先生为庸人，吾乃今日知先生为天下之士也。"
⑮乡党：周制，一万二千五百家为乡，五百家为党。本为行政建制，二者连用，泛指家乡或本地人。另如"州里"等，用法相似。
⑯弟：同"悌"，敬爱兄长，引申为顺从长上。
⑰大节：指品德操守的主要方面（对小节而言）。
⑱一节非无可取：即"非无一节可取"，在品格方面有所不足，但也不是毫无可取之处。
⑲意必：犹意断，固执。
⑳恣肆：放肆，无顾忌。
㉑固执：坚持。
㉒知行贵果：知道行动贵在有所成果。释"行必果"句。
㉓硁硁然：浅薄固执的样子。硁，音 kēng，敲打石头的声音。
㉔坚确：坚硬。
㉕诞谩：荒诞虚妄。王安石《推命对》："而屑屑焉甘意于诞谩虚怪之说，不已溺哉？"
㉖苟贱：卑鄙下贱。

㉗鄙细：微贱。
㉘斗筲小器：斗容十升；筲，竹器，容一斗二升，皆量小的容器。
㉙撄取：攫取。
㉚孔子之所谓"鄙夫"：[阳货第十七·十五]：子曰："鄙夫可与事君也与哉？其未得之也，患得之。既得之，患失之。苟患失之，无所不至矣。"（夫子说："鄙陋的人，没有功名的时候，处心积虑想去得到；如果已经得到，就忧心忡忡终日害怕失去。一旦怀有如此心态，那么就会无所不用其极。这样的人，你会与他一起共事吗？"）
㉛孟子之所谓"贱丈夫"：《孟子·公孙丑下》："古之为市也，以其所有易其所无者，有司者治之耳。有贱丈夫焉，必求龙断而登之，以左右望而罔市利。人皆以为贱，故从而征之。征商，自此贱丈夫始矣。"（古代的市场交易，本来不过是以有换无，并被有关部门进行管理。却有那么一个卑鄙的男子，一定要找一个独立的高地登上去，左盼右顾，恨不得把全市场的利润都由他一人捞去。人们都觉得这人卑鄙，因此纷纷向他征税。征收商业税也就从这个卑鄙的男子身上开始了。）

【译文】

这一章是说，士重在有德行。

子贡问道：士，既在诸侯五爵的社会上层之列，又居平民四类之首，属于普通的民众——看来对他很难定位啊。要怎样做才是合格的士呢？

孔子说：士人要先自重品格，然后才能为社会所尊重。所以一定要在自身行事上遵循道义的基本原则，以行不义之事为耻而不为，这就树立了做人的根本。当他尊奉君主的命令出使四方诸侯之国，无论是处理政务，还是交际公关，都能不愧本职，不辱使命，既有高超卓绝之品格，也有兼济天下之才华，这样就堪称才德非凡之士了。

子贡接着问道：德才兼备的人很难得，但是选人用人不能求全责备，如果说退而求其次的话，有什么堪称士呢？

孔子说：是的，士当取德才兼备，如果有所不足，宁可让他的才能弱一点，也要选取那种品行有所坚守的人：比如像这样的一个人——他善于侍奉亲人，宗族的人都称赞他孝顺；善于侍奉长上，家乡的人都称赞他谦恭。这样的人或许在才能方面有所不足，但基本的做人品格还是可靠的，算得上次一等的士人了。

子贡追问：人的品类各有不同，但也不是完全一无是处，如果更次一点儿的士，是什么样的呢？

孔子回答说：人的言行本来不能固执己见，但如果与那种放纵狂肆的性格相较，宁可接受这种固执的性格。现在有这样一种人——他知道出言必须守信，即便说的不对也要坚守；知道行动必有结果，即便行为不对也要坚持，就像敲打起来砭砭当当的、坚硬作响的小石头。倔强固执，就是小人的表现；但这还不属于恶行，与那种荒诞虚妄、顽固不化的人不能相提并论——或许这样的算是又次一等的士了。

子贡接着问：那么，现在这些从政任职的大夫们怎么样呢，算得上士吗？

孔子于是感慨一声，并且鄙夷地说：噫今！这些微贱猥琐的人，就像斗筲那样的小器件，能够容纳的东西寥寥无几，哪里还能算得上数啊！

由此可见，评价士人，要以才能和品行为标准，选人用人首要在德行，如果注重德行，即便是那种固执拘泥的小人，也不会被圣人之门所舍弃。如果不这样的话，就像那种市井无赖，虽然小有才能，但不过都是贪名夺利、贪财夺位的工具罢了。孔子所谓的"鄙夫"，孟子笔下的"贱丈夫"，都属于这种人。国家又岂能依赖并任用他们呢？

【评析】

台湾学者李鍌对这一章的解读非常周详：

孔子的回答，第一是"行己有耻"，也就是在道德上"有所不为"；第二是要"使于四方，不辱君命"，也就是在能力上"有所为"。只做到道德上"有所不为"，那是个自了汉；只做到能力上"有所为"，那可能是个奸雄。当这个标准达不到，退而求其次时，孔子的回答是"宗族称孝，乡党称弟"，也就是宁可才不足而德有余，不可才有余而德不足。再退而求其次，能做到"言必信，行必果"，虽然器量不是很恢宏，但是立身处世，也可以无所亏欠了。至于当时的从政者，连这最起码的诚信都做不到，那是斗筲之人，不够资格称作"士"。❶

对于第一等士的第一等要求，竟是"行己有耻"，有羞耻心，也就是李鍌先生所阐释的"有所不为"。对此，顾炎武借欧阳修文字，曾经就本章做进一步阐发，并将"耻"作为"四维"的首要一维：

（欧阳修）《五代史·冯道传》论曰："礼、义、廉、耻，国之四维，

---

❶ 李鍌：《论语》，正中书局2008年版，第163页。

'四维不张,国乃灭亡'。善乎,管生(管仲)之能言也! 礼义,治人之大法;廉耻,立人之大节。盖不廉则无所不取,不耻则无所不为。人而如此,则祸败乱亡亦无所不至,况为大臣,而无所不取,无所不为,则天下其有不乱,国家其有不亡者乎?"然而四者之中,耻尤为要。故夫子之论士,曰"行己有耻";《孟子》曰"人不可以无耻,无耻之耻,无耻矣",又曰"耻之于人大矣,为机变之巧者,无所用耻焉"。所以然者,人之不廉而至于悖礼犯义,其原皆生于无耻也,故士大夫之无耻,是谓国耻,吾观三代以下,世衰道微,弃礼义,捐廉耻,非一朝一夕之故。❶

如果说儒家政治的最高准则是"无为而治",对于作为至高权威的君主来说,是"恭己正南面而已矣"([卫灵公第十五·五]),那么对于治国经邦的大夫臣工来说,则是"行己有耻",有所不为。君主有所无为,臣工有所不为,则其政治几于"无为而治"之境矣。

【标签】

子贡;士;行己有耻;孝悌;言必信,行必果;小人

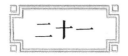

【原文】

子曰:"不得中行而与之,必也狂狷乎!狂者进取,狷者有所不为也。"

【解义】

此一章书,见圣人传道之深心也。

孔子曰:惟❷皇降锡,厥有一中①。盖不偏不倚②,纯粹以精③,人所受以生者④。凡人气拘物蔽⑤,不能修复此中。若中行⑥之士,率其资质之近⑦,无过不及⑧,中道⑨而行,乃传道之器⑩也。今既不得中行之士,以心印心⑪,与相授受⑫矣,求其下此而可教者,必也狂与狷乎?

盖流俗⑬之人,识趣⑭凡近而无向上之志,行履⑮卑陋,而鲜特立⑯之操,未可以进于道也。惟夫狂者进而取法于上⑰,动以远大自期,虽其行有

---

❶〔清〕顾炎武:《日知录》卷十三《廉耻》。
❷ 惟:摛藻堂四库全书荟要本(同武英殿刻本)为"维",此处两者通用。

所不逮，而迈往⑱之志，则有骎骎⑲乎不可以限量者；狷者自爱其身，非理❶之事断然不为⑳，虽其知有所未及，而能守之节，则有皎皎㉑乎不可以少污者。

吾于是因其志节而激励裁抑㉒之：狂者使之践履㉓笃实，以充其进取之志；狷者使之恢弘通达，以扩其不为之节。则今日之狂狷，固他日之中行也。传道庶几㉔其有望乎！

以是知：同流合污之乡愿㉕，最足以害道；有志有守㉖之狂狷，可进于中行。圣贤之教人，帝王之用人，其道一而已。有君师㉗治教㉘之责者，宜留意焉！

【注释】

①惟皇降锡，厥有一中：上天所赐给人的，只有一个中道而已。惟，句首助词，无义。皇，天。降锡，赐予。锡，同"赐"。厥，助词，无义。中，中道，中庸之道。

②不偏不倚：朱熹《中庸章句》题注："中者，不偏不倚，无过不及之名。"

③纯粹以精：纯正不杂而至精妙。《周易·乾·文言》："乾始能以美利利天下，不言所利，大矣哉！大哉乾乎！刚健中正，纯粹精也。"（乾为天，只有天才能把美满的利益施予天下，而且从不提起它的恩德，伟大呀！伟大的上天！真正是刚强、劲健、适中、均衡，达到了纯粹精妙的境地。）孔颖达疏："纯者不杂于阴柔，粹者不杂于邪恶也。"

④人所受以生者：人所能够禀受并得以生存。朱熹《中庸章句》注二十章"故为政在人，取人以身，修身以道，修道以仁"："仁者，天地生物之心，而人得以生者，所谓'元者，善之长'也。"《周易·乾·文言》："元者，善之长也；亨者，嘉之会也；利者，义之和也；贞者，事之干也。君子体仁足以长人，嘉会足以合礼，利物足以和义，贞固足以干事。君子行此四德者，故曰：'乾，元亨利贞。'"

⑤气拘物蔽：被禀性所拘束，被外物所遮蔽。明焦竑《焦氏四书讲录》论上卷四："只为气拘物蔽，不知问学，所以不能成器。"

⑥中行：即下文"中道而行"，遵行中庸之道。

⑦率其资质之近：控制其自身禀性。资质之近，即受天生禀性影响而

---

❶ 理：摘藻堂四库全书荟要本（同武英殿刻本）作"非礼之事"。依本章"非理之事断然不为"词条引文中程颐所言，当为"非理之事"。

产生对道的不同理解。可参《阳明先生文集·稽山承语》：或问三教同异。师曰："道大无外，若曰各道其道，是小其道矣。心学纯明之时，天下同风，各求自尽。就如此厅事，元是统成一间，其后子孙分居，便有中有傍。又传渐设藩篱，犹能往来相助。再久来渐有相较相争，甚而至于相敌。其初只是一家，去其藩篱仍旧是一家。三教之分，亦只似此。其初各以资质相近处学成片段，再传至四五则失其本之同，而从之者亦各以资质之近者而往，是以遂不相通。名利所在，至于相争相敌，亦其势然也。故曰：'仁者见之谓之仁，知者见之谓之知。'才有所见，便有所偏。"

⑧无过不及：中道（中庸之道）为用，无过无不及。[先进第十一·十六]：子贡问："师与商也孰贤？"子曰："师也过，商也不及。"曰："然则师愈与？"子曰："过犹不及。"[子贡问："颛孙师（子张）和卜商（子夏）两个人，谁强一些？"夫子回答说："师有些过；商有些不到位。"子贡追问："那么是师强一些吗？"夫子说："过和不到位同样不好。"]

⑨中道：中庸之道。

⑩传道之器：传播正道的大器之才。器，大器，喻人才。

⑪以心印心：佛家谓印证于心而顿悟。

⑫与相授受：相互给予和接受。

⑬流俗：平庸粗俗。

⑭识趣：识见志趣。

⑮行履：行为。

⑯特立：谓有坚定的志向和操守。

⑰取法于上：唐太宗《帝范》第四卷："取法于上，仅得乎中，取法于中，故为其下。"（取上等的为标准，也只能得到中等的结果。取中等的为标准，也只能得到下等的结果。）

⑱迈往：超脱凡俗。

⑲骎骎：马疾速奔驰貌，喻疾速。骎，音qīn。

⑳非理之事断然不为：程颐："视听言动，非理不为，即是礼，礼即是理也。不是天理，便是私欲。人虽有意于为善，亦是非礼。无人欲即皆天理。"（《二程遗书·伊川先生语一》）

㉑皎皎：洁白貌，清白貌。

㉒裁抑：制止，遏止。

㉓践履：实行，实践。

㉔庶几：差不多，近似。

㉕乡愿：指乡中貌似谨厚而实与流俗合污的伪善者。

㉖有守：有操守，有节操。出自《尚书·洪范》，详参本书［宪问第十四·一］（一）"有守有为"词条注释。

㉗君师：古代君、师皆尊，故常以君师称天子。

㉘治教：犹政教。指政事与教化。

【译文】

这一章，展现了圣人传授中庸之道的深切用心。

孔子说：上天真正能够给予人的，只有一个中道而已。它讲求不偏不倚，纯正不杂而至精妙，使人禀受而得以生存。一般的人往往被禀性所拘束，被外物所遮蔽，不能修复这天性中道。如果有那种秉持中正之道的人，控制其自身禀性，使其无过无不及，遵循中庸之道行事，这是传播正道的大器之才。现在既然缺乏行使中道的人，能够用心证悟，传递正道的，而退而求其次，那么就是狂者和狷者了吧？

大凡平庸粗俗之人，识见志趣肤浅短近而无卓越超拔的志向，行为也卑俗粗鄙，毫无志向和操守，因此很难在道行上有所进步。只有那些狂者，积极进取而选取上等的规范，以远大目标为行动方向，虽然他很难做得到，但是以其超脱凡俗的志向，使他突飞猛进而不可限量；狷者洁身自好，不符合天理的事情断然不做，虽然他的认知还未必全面，但是能够知而行之，行而守之，使他出淤泥而不染。

我于是因材施教，根据他们的志向和节操而分别加以褒贬和抑扬：狂者，就让他踏实做事，来配合他积极进取的心志；狷者，就让他宽阔胸怀，使有所不为而后有所为。这样就会使今天的狂狷之人，在将来变成行为中道之人。于是传播正道也就有希望了呵！

由此可知：毫无底线而同流合污的好好先生，既不进取向善，也不保守自治，反而是对正道最为有害的人；狂者有大志而狷者有操守，才能更进一步，达到中庸之道。其实，无论是圣贤对人的教导，还是帝王对人才的选用，都是遵循同一个道理而已。天子治理、教化天下，应该多留心于此啊！

【评析】

一般翻译，是把狂者和狷者对列，分指两种人；然而，狂狷何尝能够分开？若仅为狂者（有野心者），则秦始皇、成吉思汗等可混为一谈；若仅为狷者（有所不为者），则老子、杨朱可同属一类。如此混沌的解释，肯定不是孔子所认可的。

实际上，狂者和狷者应该是具有相同质素的，这样才有人格上的保障。我的理解是，狂者和狷者犹如一体两面：狂者进取，但不是不择手段；狷者不为，但不是无所事事。狂者和狷者的"者"字，不是代表某种人，而是指某一方面，思想上狂进而言行上狷介，事功上狂进而人格上狷介，这样的人虽然不甚合乎中庸之道，但也可敬可爱，值得交往。

【标签】

中行；狂狷；狂者；狷者；有所不为

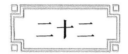

二十二

【原文】

子曰："南人有言曰：'人而无恒，不可以作巫医。'善夫！"
"不恒其德，或承之羞。"子曰："不占而已矣。"

【解义】

此一章书，是孔子致思有恒也。

孔子曰：学者进德修业①，贵有恒久不变之心。盖"维天之命，於穆不已"②，作圣之功，自强不息。是恒者，乃天地不贰③之真，而生人立命④之原也。南国之人有言曰："人而无常久之心，即巫医贱技亦不可为。"盖巫者为人祈祷，无恒则诚意不聚，不可以交鬼神；医者为人疗病，无恒则术业不精，不可以寄生死。南人之言如此。此虽常言，实有至理，不亦善乎？然不独南人有此言，《易》恒卦九三爻辞有云：人而不恒久其德，则内省多疚，外悔将至，人皆得以羞辱进之矣。⑤

孔子既引此辞，又曰：《大易》⑥之戒明显如此，人但不曾玩其占⑦、卜之辞而已矣，苟玩其占，岂不惕然⑧省悟哉？

此可见天下无难为之事，唯贵有纯一之心。君子恒其德，则可以为圣贤；圣人久其道，则可以化天下。⑨若朝为夕辍⑩，有初鲜终，⑪其于天下之事，务⑫蔑克有济⑬也，可不戒哉？

【注释】

①进德修业：提高道德修养，扩大功业建树。
②"维天之命，於穆不已"：出自《诗经·周颂·维天之命》，意为：

上天的道理，庄严而深远。於，音 wū，叹词，表示赞美。穆，庄严粹美。

③不贰：不重复，独一无二。

④立命：修身养性以奉天命。

⑤《易》恒卦……人皆得以羞辱进之矣：恒卦为《周易》第三十二卦，巽下震上，意为天地之道恒久，君子也应持志以恒，不偏离正道。恒卦九二爻《象》曰："九二'悔亡'，能久中也。"九二以阳居中，失位不正，所以有悔，然而能变为阴，行中和之道，故"能久中"。九三因不能持恒而重返困境。外悔：外遭遇愧悔和窘困。悔，即"悔吝"。《周易·系辞上》："悔吝者，忧虞之象也。"（"悔""吝"，是有忧愁与困难的象征。）

⑥《大易》：即《周易》。

⑦玩其占：《周易·系辞上》："故君子居则观其象而玩其辞，动则观其变而玩其占。"（所以君子平常居家之时就观察易象而探索玩味卦爻的文辞；出门行动，则观察六爻的变化，而揣摩占筮的吉凶。）

⑧惕然：警觉省悟貌。

⑨圣人久其道，则可以化天下：圣人恒守正道，就能使天下遵从教化，形成德风美俗。出自《周易·恒》彖辞，详参本书［子路第十三·十一］"久道之化"词条注释。

⑩朝为夕辍：早上开始做，到了晚上就放弃了。形容做事不持久。辍，停止。

⑪有初鲜终：《诗经·大雅·荡》："靡不有初，鲜克有终。"靡：无，不，没有；和"不"构成双重否定。初：开始。鲜：少。克：能。做事没有人不肯善始，但很少有人善终。告诫人们为人做事要善始善终。

⑫务：必须，一定。

⑬蔑克有济：无济于事，不可能有帮助。蔑，无，没有。

【译文】

这一章是讲，孔子希望人们恒久保持德行。

孔子说：学习者修为道德，建树功业，贵在有恒心。大概如《诗经·周颂·维天之命》所说，"维天之命，於穆不已"（天道运行，庄严深远），成为圣人，自强而不息。这是因为，恒心不仅是天地独一无二的真理，也是人修身养性以奉天命的本原。南方有句话说："一个人如果没有恒心，就连巫师、医生这样卑贱的技艺也做不了。"大概巫师只是为人祈祷，如果没有恒心，那么诚意就无法聚合，因此也就无法做到与鬼神感通交流；医生为人治病，没有恒心就会业务不精，不能把生死交给他。南方人的话就是这样说的。这虽然只是谚语常言，实际上也是至真之理，不是值得称善吗？其实不只是南方人的这句谚语，《周易·恒》九三爻辞也说："一个人如果不能持之以恒，那么就会招致内心的愧疚和外来的忧虑和困境，甚至人人都会因此而羞辱他。"

孔子在引用这番话之后，还说：《周易》的告诫如此鲜明，人们要么不去玩弄卦画爻辞，如果去玩弄，怎能不因此而猛然醒悟呢？

由此可见，天下没有难以做到的事情，重要的是要有精纯守一之心。君子持恒修德，就能够成为圣贤；圣人持久行道，就可以化育天下。而如果做事都只是虎头蛇尾，半途而废，那么天下任何事，恐怕都肯定会于事无补，这不是很值得警惕吗？

【评析】

"不占而已矣"，用动画电影《哪吒之魔童降世》（2019年上映）中的一句经典台词来说，就是"我命由我不由天"，做好自己能做的，自然会顺心遂愿。对于古代可能是最为神秘的职业——巫医——来说，其最重要的品质是有恒心，而不是天赋之异禀、与生俱来之能力。恒心是实现志业的最基本要求，没有恒心，不仅不能成事，而且会招致别人的羞辱。修为真正的道德更是如此。

恒者，持一而终也。首先是能够明理、立志，然后可恒可久。所以所谓"恒"，也寓含了最基本的原则：强调恒心，乃是强调人事而非神异，即便不排除神异的力量，但也首先强调人为品德的因素是首要的、最基本的，寓存了强烈的人本主义观念。

荀子提出"善为《易》者不占"，也基本上是承传了孔子的思想：

不足于行者，说过；不足于信者，诚言。故《春秋》善胥命，而《诗》非屡盟，其心一也。善为《诗》者不说，善为《易》者不占，善为礼者不相，其心同也。（《荀子·大略》）

译文：

行动不足的人往往说大话，好像很有执行力；不守信用的人往往言辞凿凿，好像很守信用。所以《春秋》记录了很多口头约定，但《诗》却反对过多盟约，表面上不一致，但实际上都是一样推崇诚信。精通《诗》的人不轻易解说，通达《易》的人不轻易占卜，熟习礼的人不轻易相礼，因为对他们来说，所掌握的知识在有无显隐之间已然发挥了应有的作用，至于说与不说，示与不示，已经没有什么差别了。

又：

子疾病，子路请祷。子曰："有诸？"子路对曰："有之《诔》曰：'祷尔于上下神祇。'"子曰："丘之祷久矣。"（[述而第七·三十五]）

本章与[述而第七·三十五]似乎讲明了同一个道理，即：无论天命还是《易》，其实并不玄妙，它们所宣传的仍然是做人的基本道理，而非神异鬼怪；所以尽人事而听天命就可以了，做好人自身应为可为之事，占与不占，祷与不祷，其实都是一样的。强调不占，其实为一种变相的占——独立养志，坚毅有恒，把命运把握在自己手中，自然可以不占而知，不求而得。

【标签】

巫医；恒；不恒其德，或承之羞；善为《易》者不占

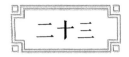

【原文】

子曰："君子和而不同，小人同而不和。"

【解义】

此一章书，是孔子严①和、同之辨也。

孔子曰：君子、小人心术不同，故其处人②亦异。君子之心公，其与人也，同寅协恭③，绝无乖戾④之心，既不挟势以相倾，亦不争利以相害，何其和也！然虽与人和，而不与人同——事当持正则执朝廷之法，不可屈挠；理有未当，则守圣贤之道不肯迁就——固未尝不问是非而雷同无别也。

小人之心私，其与人也，曲意徇物⑤，每怀阿比⑥之意，屈法以合己之党，背道以顺人之情，何其同也！然外若相同，而内实不和——势之所在，则挟势以相倾；利之所在，则争利以相害——固未尝一德一心而和衷⑦相与也。

此君子、小人之攸⑧分，而世道污隆⑨之所系。进退人才者，所宜慎辨也。

【注释】

①严：严明。

②处人：与人相处。
③同寅协恭：互相尊敬，同心协力地工作。《尚书·皋陶谟》："同寅协恭和衷哉。"（君臣之间相互敬重，同心同德办好政务。）
④乖戾：抵触，不一致。
⑤徇物：曲从世俗。
⑥阿比：偏袒勾结。
⑦和衷：和善。和衷相与，参上注"同寅协恭"引文。
⑧攸：助词，所。
⑨污隆：升与降。常指世道的盛衰或政治的兴替。

【译文】

这一章是讲，孔子严明"和"与"同"的区别。

孔子说：君子、小人的心术不同，所以其与人相处的表现也相异。君子的心思公道，那么他与人相处，相互尊敬并齐心协力，毫无抵触之感，既不用权势来倾轧，更不会因争夺名利而侵害他人，这是多么和合啊！然而，即便如此，君子也与他人有所不同——当他秉公办事时，就会依照朝廷的法规办事，不可阻挠；如果依理而不能通过，那么就会坚守圣贤之正道而不会迁就让步——因此这与那种不问是非一团和气的做法是大不一样的。

小人的心地自私，那么他与人相处，总是有意曲从世俗功利，每每经由偏袒勾结的路径，徇私枉法来迎合自己的同党，背道而驰来顺应他人的需求，这是多么"团结互助"啊！然而，即便如此，实际上他们貌合神离——彼此势不两立，相互倾轧；彼此争名夺利，相互侵害——因此他们从未同心同德而能够和善相处。

这是君子与小人的区别所在，也关系到世道盛衰。掌管人事进退职责的人，对此应该审慎辨别。

【评析】

本章言语简明，含义似一望便知，但做到"达诂"并不容易。

杨伯峻的《论语译注》一般是进行直译和简释，但是对本章却颇费文辞，其译文曰：

孔子说："君子用自己的正确意见来纠正别人的错误意见，使一切都做到恰到好处，却不肯盲从附和。小人只是盲从附和，却不肯表示自己的不

同意见。"❶

而注释则对译文做了比较细致的说明：

和，同——"和"与"同"是春秋时代的两个常用术语，《左传·昭公二十年》所载晏子对齐景公批评梁丘据的话，和《国语·郑语》所载史伯的话都解说得非常详细。"和"如五味的调和，八音的和谐，一定要有水、火、酱、醋各种不同的材料才能调和滋味，一定要有高下、长短、疾徐各种不同的声调才能使乐曲和谐。晏子说："君臣亦然。君所谓可，而有否焉，臣献其否以成其可；君所谓否，而有可焉，臣献其可以去其否。"因此史伯也说，"以他平他谓之和"。"同"就不如此，用晏子的话说："君所谓可，据亦曰可；君所谓否，据亦曰否；若以水济水，谁能食之？若琴瑟之专一，谁能听之？'同'之不可也如是。"我又认为这个"和"字与"礼之用和为贵"的"和"有相通之处。因此译文也出现了"恰到好处"的字眼。❷

颇多一番阐释功夫，然而却限于经籍前说，致使其对本章的解读有拘谨涩滞之感。

钱穆先生的译文较为简洁，同时保留了原文的含蓄语感兼及表达张力：

先生说："君子能相和，但不相同。小人只相同，但不相和。"❸

而其评论之曰：

和者无乖戾之心。同者有阿比之意。君子尚义，故有不同。小人尚利，故不能和。或说：和如五味调和成食，五声调和成乐，声味不同，而能相调和。同如以水济水，以火济火，所嗜好同，则必互争。今按：后儒言大同，即太和。仁义即大同之道。若求同失和，则去大同远矣。❹

以仁义为确立"和""同"的终极，似有意走出《左传》及前人匡囿，但又过于简约，欲言又止，笼统了之。

孔子每以君子小人对举，以"义""利"、"周""比"、"和""同"区别之，有些绝对化的嫌疑。但恰是这种绝然的说辞，却开拓出思辨的空间，

---

❶❷ 杨伯峻：《论语译注》，中华书局2009年版，第140页。
❸❹ 钱穆：《论语新解》，生活·读书·新知三联书店2002年版，第346页。

引人深思,耐人寻味。至若本章,但问:何以"君子和而不同",而又以"小人同而不和"呢?俗语不亦有"物以类聚,人以群分"之说吗,何以君子称"和"而小人称"同"呢?君子不亦有"志同道合"之"同"吗?而若小人不也是"同流合污"之"和"吗?

君子并非不同,只不过是强调其和;小人并非不和,只是因其所同而终不能和。其实从因果关系而言,则是因同而和,从现象角度而言,则是因和而同。一定要找到其内在逻辑,才可谓是对孔子话语本真含义的准确阐释。寻绎前人,也早已有对这一系列问题的深入探究。明人冯梦龙联系对比"周""比"、"公""私"之说,可谓荡开了"和"与"同"的语义层次,较为透彻地解释了"和而不同"与"同而不和"的内在区别:

"和""同",就君子、小人与人心相合处说;与"周""比"泛就用爱说者有辨。但君子与人心合处,是合以理;小人与人心合处,是合以私。"和"是公的"同","同"是私的"和"。君子纵意见各别,然其心总是为公,不害为"和",曰"和"便是"不同";小人嗜好皆同,同恶相济,然实各为其私,故曰"不和"。❶

由上,清李光地的解释最为简明而通透:

同德故和,以义相济故不同;同恶故同,各怀其私故不和。(李光地《榕村四书说》)

此谓之"达诂"可也。

【标签】

君子;小人;和而不同;公私

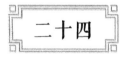

【原文】

子贡问曰:"乡人皆好之,何如?"子曰:"未可也。"

"乡人皆恶之,何如?"子曰:"未可也;不如乡人之善者好之,其不善

---

❶ 〔明〕冯梦龙:《四书指月》,《冯梦龙全集》第 21 册,李际宁、李晓明校点,江苏古籍出版社 1993 年版,第 188 页。

者恶之。"

【解义】

此一章书,见观人不以众而以类也。

子贡问曰:公道每出于众论。今有人焉,一乡之人皆爱敬之,果可以为贤乎?

孔子曰:负至德者固雅重①于时。然何至一乡之人皆好之?恐是同流合污者,未可以众好而信其为贤也。

子贡又问曰:正人多忤②于流俗③。今有人焉,一乡之人皆憎恶之,抑可以为贤乎?

孔子曰:抱独知④者固不谐于俗。然何至一乡之人皆恶之?恐是诡世戾俗⑤者,未可以众恶而信其为贤也。盖好恶之公不在于同,而善恶之分各以其类。与其以乡人皆好为贤,不如以乡人之善者好之之为得也;与其以乡人皆恶为贤,不如以乡人之不善者恶之之为得也。

盖善者徇乎天理,必喜其与己同也;不然者❶狃⑥于私欲,必嫉其与己异也。既能取信于君子,又不苟同于小人,其为贤也,复何疑哉?

不见❷观人之法:徒取其同,则群情⑦或有所蔽;各稽⑧其类,则实行⑨自不能掩⑩。辨官论才者,当以圣言为准可也。

【注释】

①雅重:甚器重,甚敬重。
②忤:逆,不顺从。
③流俗:社会上流行的风俗习惯。多含贬义。
④独知:知人所不知。
⑤诡世戾俗:标新立异以哗众取宠,欺世盗名。诡世,欺骗世人。戾俗,乖离世俗。
⑥狃:因袭,拘泥。
⑦群情:民意。
⑧稽:考核,查考。
⑨实行:德行,操行。
⑩掩:遮没;遮蔽。

---

❶ 不然者:摛藻堂四库全书荟要本(同武英殿刻本)作"不善者"。

❷ 不见:摛藻堂四库全书荟要本(同武英殿刻本)作"可见"。

【译文】

这一章是说，观察判断一个人不应该简单从众，而应该根据被评价者具体的类型。

子贡问孔子：一般为大家所公认的，都是公道。如果现在有这样一个人，整个乡里都对他爱敬有加，这样的人就一定是贤人吗？

孔子说：身承完美之德的人，当时往往极其受推崇。但是如果整个乡里的人都无一例外地推崇，这怎么会呢？恐怕这是善于表现而实际上以低俗名利来迎合众望的人吧，恐怕不能因为众人都推崇而相信他就是贤良的人。

子贡又问道：正人君子多与世俗不和。如果现在有这样一个人，整个乡里的人都对他憎恶有加，这样的人或许就是个贤人？

孔子说：怀抱真知灼见的人，往往不受世俗接纳。但是如果整个乡里的人都无一例外地憎恶，这怎么会呢？恐怕这是标新立异以哗众取宠、欺世盗名的人吧，恐怕不能因为众人都憎恶而相信他就是贤良的人。对一个人，与其乡里的人都说他好，不如乡里的好人认为他好，这才是真的好；与其乡里的人都嫌他不好，不如乡里恶人都认为他不好，这也才是真的好。

大概好人都遵循天理，也一定喜欢与自己志同道合的人；恶人则囿于私欲，也一定排斥与自己离心背德的人。如果既能获取君子的信任，又能与小人保持距离，这样的人肯定就是贤人了。

可见观察判断人的方法：只是依据众人的好恶进行区分，那么可能会因为民意遭到蒙蔽而误判；但如果按照品评者的类别进行判断，其实际德行就清楚明了。选贤任能者，也应该遵循圣人的这番论断啊。

【评析】

廓然大公，自能慧眼如炬；私心未了，譬若一叶障目。评人看人，要看两面，更要看评判者之初衷。因此评人便是评己。常识曰：以手指人，则一指向人，三指向己。此识可不知乎？孔子曰："择其善者而从之，其不善者而改之。"此句可不明乎？郭斌和、张竹明为所译《理想国》作译者引言云："见仁见智，存乎其人；毁之誉之，各求所安。"❶ 此语可不辨乎？

---

❶ 〔古希腊〕柏拉图：《理想国》，郭斌和、张竹明译，商务印书馆1981年版，第6页。

【标签】

子贡；乡人；善恶

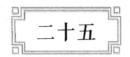

【原文】

子曰："君子易事而难说也。说之不以道，不说也；及其使人也，器之。小人难事而易说也。说之虽不以道，说也；及其使人也，求备焉。"

【解义】

此一章书，见君子、小人存心①待物②之不同也。

孔子曰：为人上者，操喜怒用舍之权。人有求副③其任使者，有求得其欢心者。惟君子之人易于服事，而难于取说④。何也？君子之心公而恕。公，则好尚⑤必以其正。人或以非礼之事说之，如声色货利⑥之物、阿徇⑦逢迎之事，彼必拒之而不为之说。是说之不亦难乎？恕，则用舍各适其宜。故虽持己方严，而及其使人之际，则又随才任能，惟器是适，虽一才一艺者，皆得进而效用于其前。其事之也，不亦易乎？

若夫小人则难于服事，而反易于❶取说。何也？小人之心私而刻⑧。私，则好尚不以其正⑨，惟谄谀之是甘⑩，慢游之是好⑪。人以声色货利之物、阿徇逢迎之事，一投其心，彼必欣然而从之矣。是说之不亦易乎？刻，则用舍不适其宜⑫。故虽易与亲狎⑬，而及其使人之际，则又责望无已，取必太深，不录其所长，而惟攻其所短，必求其全备而后已。其事之，不亦难乎？

要之，君子说人之顺理，小人说人之顺己。君子爱惜人才，故贤才日众；小人轻弃人才，故士气日沮。天理人欲之间每相反也，而其所关系⑭则甚钜⑮焉！用人者可不辨哉？

【注释】

①存心：保持心中先天固有善性。儒家以之为重要的自我修养方法。

---

❶ 于：摘藻堂四库全书荟要本（同武英殿刻本）作"以"。

语出《孟子·尽心上》："存其心，养其性，所以事天也。"可详参本书［学而第一·三］同名词条注释。

②待物：待人接物。

③副：相配，相称。

④取说：取悦。说，同"悦"。

⑤好尚：爱好和崇尚。

⑥声色货利：货，指钱财。利，指私利。贪恋歌舞、女色、钱财、私利。泛指寻欢作乐和要钱等行径。

⑦阿徇：迎合曲从。

⑧刻：刻薄，不厚道；苛刻。

⑨私，则好尚不以其正：私心过重，则所择取喜好之物就不会公正。

⑩谄谀之是甘：以谄谀逢迎为美事。

⑪慢游之是好：以游手好闲为乐事。慢游，游手好闲。

⑫刻，则用舍不适其宜：过于刻薄，则所取舍就不会得当。

⑬亲狎：亲近狎昵。

⑭关系：所产生的社会影响或社会效能。

⑮钜：同"巨"。

【译文】

这一章阐明君子和小人在居心起意和待人接物方面的不同之处。

孔子说：在上位的人，掌握生杀予夺之大权，人们有渴求受命于他而获得称心岗位的，也有渴求取悦于他而得到赏识的。君子这样的人容易服事，但难以取悦。为什么呢？因为君子怀有公心和恕道。怀有公心，就会崇尚正义而爱好公正。如果有人拿不符合礼义的事情来取悦他，比如声色财货的物品，或者是曲意逢迎的安排，都一定会遭到他的拒绝，而且令其不快，这样来取悦他不也是很困难吗？怀有恕道，那么就会是选人合宜而辞退合理。虽然他严于律己，但在选人用人的时候，能够根据其才能进行任用，根据其品性进行安置，即便是拥有简单才艺的人，也会因此得到更好的任用，从而取得更好的效用。所以说，事从于他，不也很容易吗？

而小人就不一样了，他们难于服事，但很容易取悦。为什么呢？因为小人私心太重而刻薄寡恩。私心太重，其崇尚私利而心怀叵测，以谄谀逢迎为美事，以游手好闲为乐事。如果有人用声色财货的行径，或者是曲意逢迎的安排，来投其所好，他肯定会欣然接受。这不是很容易取悦的吗？刻薄寡恩，就会造成选人用人不当。所以，虽然很容易偏私自己的亲信近交,当用人之际,又往往对他们不断批评责备,要求太过,不在意他们的优点,而常常批评他们的短处,求全责备,喋喋不休。这样的人,不是很难侍奉吗?

总而言之,君子因他人顺从天理而喜悦,小人因他人顺从自己而高兴。君子以公以恕,爱惜人才,所以身边的贤良之才逐日增加;小人以私以刻,不能惜才,所以身边人的士气不断低落。正因为遵循天理和放纵私欲之间格格不入,那么它们所产生的社会效能也有天壤之别啊。执政用人者,对此要仔细分辨!

【评析】

常言道,"得意忘形",这一成语本自《晋书·阮籍传》,谓人在得意高兴的时候,忽然间就会失去常态,而在无意间流露出人最内在、最真实的一面。故悦乐取舍之间,公私大小已明,君子小人已辨。此岂可不审慎待之耶?

【标签】

君子;小人

【原文】

子曰:"君子泰而不骄,小人骄而不泰。"

【解义】

此一章书,见君子、小人处己①之不同也。

孔子曰:君子、小人存心②不同,故其气象③亦自有辨:君子戒慎恐惧④,性分⑤之事已尽无歉,故道德润身,心广体胖,⑥但见其安舒自得而已,何尝矜己⑦傲物⑧,而或涉于骄乎?小人纵欲灭理⑨,非礼之事无所不为,惟才势自恃⑩,志得意满,但见其矜夸⑪自足而已,何尝从容不迫,而有所谓泰乎?

盖君子坦荡荡,何骄之有?小人长戚戚,⑫何泰之有?欲知君子小人之分,观诸此而已矣。

【注释】

①处己：自处，自我把持。

②存心：保持心中先天固有善性。儒家以之为重要的自我修养方法。语出《孟子·尽心上》："存其心，养其性，所以事天也。"可详参本书［学而第一·三］同名词条注释。

③气象：气度。

④戒慎恐惧：自戒谨慎，警惧忧患。出自《礼记·中庸》："君子戒慎乎其所不睹，恐惧乎其所不闻。"详参本书［里仁第四·十一］同名词条注释。

⑤性分：天性，本性。

⑥道德润身，心广体胖：《礼记·大学》："所谓诚其意者，毋自欺也。如恶恶臭，如好好色，此之谓自谦。故君子必慎其独也。小人闲居为不善，无所不至，见君子而后厌然，掩其不善，而著其善。人之视己，如见其肺肝然，则何益矣。此谓诚于中，形于外，故君子必慎其独也。曾子曰：'十目所视，十手所指，其严乎！'富润屋，德润身，心广体胖，故君子必诚其意。"（所谓使自己的意念诚实，就是说不要自己欺骗自己。就如同厌恶污秽的气味，就如同喜爱美丽的女子，不要欺骗自己，使自己感到心安理得，心满意足。所以君子一定要在独处的时候保持慎重。品德低下的人在私下里无恶不作，一见到品德高尚的人便遮掩躲闪，藏匿其不良行为，表面上装作善良恭顺。殊不知，别人看你自己，就像能看见你的心肝肺腑一样清楚，掩盖自己又有什么好处呢？心里是什么样的，就会显露在外表上。因此，君子在独处的时候一定要慎重自持。曾子说："许多双眼睛在注视着你，许多手指在指点着你，这难道不令人畏惧吗？"财富可以装饰房屋，品德却可以滋养身心，使心胸宽广而身体舒泰安康。所以，君子一定要使自己的意念真诚。）

⑦矜己：夸耀自己。

⑧傲物：高傲自负，轻视他人。

⑨纵欲灭理：放纵人欲而灭绝天理。谓程朱理学倡导"存天理、灭人欲"，而小人反之。可参本书［里仁第四·四］"存天理，遏人欲"词条注释。

⑩自恃：自负。

⑪矜夸：夸耀。

⑫君子坦荡荡……小人长戚戚：［述而第七·三十七］：子曰："君子坦

荡荡，小人长戚戚。"（君子心地平坦宽广，小人内心局促忧愁。）

【译文】

这一章展现了君子和小人在自我把持方面的不同。

孔子说：君子与小人的发心有所不同，所以他们的气度也判然有别：君子公开时自戒谨慎，独处时警惧忧患，恪尽本分而毫无遗憾，所以能够以道德滋养身心，心胸宽广而身体舒泰，只见他安舒自得，但又不自夸炫耀以倾轧别人，不会达到骄傲自满的地步；而小人却放纵私欲而背离天理，罔顾礼节而胡作非为，恃才傲物，志得意满，只见他自高自大，耀武扬威，却难以从容不迫，有那种泰然自若的气度。

正因为君子与天地参，心地平坦宽广，无须自骄；而小人斤斤计较，内心局促忧愁，无法泰然。要想知道君子与小人的差别，像这样观察一下他们的气度就可以了。

【评析】

愈为君子，则心愈恭而貌愈和，故曰"泰"；愈为小人，则心愈伪而貌愈巧，故曰"骄"。此处君子、小人定义，已全然脱离职位身份：居高位者而有骄矜之色者亦不过小人，布衣白丁而有泰然之气者亦堪称君子。以心相气度识人评人，不亦宜乎？

【标签】

君子；小人；气度

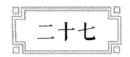

二十七

【原文】

子曰："刚、毅、木、讷，近仁。"

【解义】

此一章书，是孔子欲人就心体①以求仁也。

孔子曰：仁为心德②，本人人所固有者。但委靡③柔懦④，则不胜其物欲之私；巧言令色⑤，则自丧其本心之正——其去仁也远矣。若夫刚者强勇而不挠，毅者坚定而有守⑥，木⑦者质朴而无华，讷⑧者迟钝而不佞⑨——此皆真心之未漓⑩者。刚毅则不屈于物欲，欲之分数⑪少，则理之分数多矣；木讷则不至于外驰⑫，心不驰于外，则能存于内矣，岂不与仁相近乎？

盖凡人气禀⑬不齐，或有未至于此者，则当加以变化气质⑭之功；其有已至于此者，则当加以自强不息之学⑮。必使人欲尽绝，天理纯全，⑯且将与仁为一矣，岂止于近仁⑰而已哉？

【注释】

①心体：心之本体，本真的思想。

②仁为心德：《论语集注》注［学而第一·二］："仁者，爱之理，心之德也。"注［雍也第六·七］："仁者，心之德。心不违仁者，无私欲而有其德也。"注［述而第七·六］："仁，则私欲尽去而心德之全也。"朱熹《孟子集注·梁惠王章句》："仁者，心之德、爱之理。义者，心之制、事之宜也。"多有类似论述。

③委靡：柔顺。

④柔懦：优柔懦弱。

⑤巧言令色：［学而第一·三］：子曰："巧言令色，鲜矣仁！"（夫子说："言辞机巧以致满口套话，面色善变总是见风使舵，这样的人很少怀有仁心。"）

⑥有守：有操守，有节操。出自《尚书·洪范》，详参本书［宪问第十四·一］（一）"有守有为"词条注释。

⑦木：朴质。

⑧讷：语言迟钝，或如北方俗称之"懒语"。

⑨佞：善辩，巧言谄媚。

⑩漓：同"离"，背离，丧失。

⑪分数：数量，程度。

⑫外驰：心思向外奔驰，心猿意马。

⑬气禀：亦称"禀气"，指人生来对气的禀受，从某种程度上决定了人与人后天的差别。详参本书［为政第二·九］同名词条注释。

⑭变化气质：学习可改变人的气质，使之向善。北宋张载《经学理窟·义理》："为学大益，在自求变化气质，不尔皆为人之弊，卒无所发明，不得见圣人之奥。故学者先须变化气质，变化气质与虚心相表里。"认为人性可分为"天地之性"和"气质之性"。天地之性至善；气质之性有善有恶，甚至进而肯定它是恶的根源。为改恶从善，便提出"为学大益，在自求变化气质"。这实质上就是强调后天的学习与道德的自我修养在改变气质

之性中的决定性作用。

⑮自强不息之学：代指天人之学，以人道顺应天道而形成清新、刚健、积极的人文学问。"自强不息"出自《周易·乾·象传》："天行健，君子以自强不息。"（君子法上天刚健、运转不息之象，而自强不息，进德修业，永不停止。）

⑯必使人欲尽绝，天理纯全：即"存天理，灭人欲"，可参本书［里仁第四·四］"存天理，遏人欲"词条注释。

⑰近仁：切近仁德。

【译文】

这一章，是孔子希望人们回归心体自身来追求仁道。

孔子说：仁是本心之德，本来是每个人都自然拥有的。却因为自身过于柔顺懦弱，无法战胜私欲；或者是巧言令色，投机取巧，自甘丧失本心之中正——这样就偏离仁道太远了。像那刚毅的人坚强勇敢而不屈不挠，果敢的人坚定不移而有所操守，朴质的人真诚忠厚而朴实无华，懒语的人反应迟钝而不善言辞——这些都是真心尚未丧失的表现。刚强果敢，是因为不受物欲迷惑，在他们的认识中，欲望的成分极少，而理性的成分极多；朴质口拙，就不会精神散逸而心猿意马，这样就能够将心神集中在自身，关注自身品格，这不就是切近仁道了吗？

大概凡人的天生禀赋各不相同，如果还达不到刚、毅、木、讷的状态，就应该加强学习以变化这种先天气质；而如果已经达到了这种状态，就应该深入学习天人之学以顺应大道。一定要灭绝不合情理的私欲，而使内心纯然天理，那么就是达到仁境了，岂止切近仁道的状态呢？

【评析】

"木讷"大概是表现沉静，处事镇定、安然的样子，并非今日"榆木疙瘩"之谓。仁者可木讷，木讷者未必仁。

【标签】

仁；刚；毅；木讷

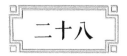

【原文】

子路问曰:"何如斯可谓之士矣?"子曰:"切切偲偲,怡怡如也,可谓士矣。朋友切切偲偲,兄弟怡怡。"

【解义】

此一章书,见士贵陶镕①其气质②而运之以中和③也。

子路问曰:士者,人之美称④。必如何斯可谓之士矣?

孔子示之曰:所谓士者,涵泳⑤于诗书礼乐之泽,必有温柔和厚之气,若于行己接人⑥之时,或径情直行⑦,或率意妄言,或过于严厉,而使人难亲,皆非所以为士也。必也切切焉情意恳到,而竭诚以相与;偲偲焉告诫详勉,而尽言以相正;又且怡怡焉容貌温和,而蔼然其可亲⑧。则恩义兼笃,刚柔不偏,非涵养之有素者不能也,可谓士矣。然此三者皆不可阙⑨,而其所施则不可混:朋友以义合⑩者,则当切切偲偲焉,规过劝善,侃然⑪振直谅⑫之风;兄弟以恩合者,则当怡怡焉,式好无尤⑬,蔼然笃天亲之爱。所养既善,而所施合宜,益征⑭士品之优矣。

可见,天下有一定之道,尤贵有各当之用;知其道而不善用之,犹为德之累也;惟❶兼体而时出之,乃为善与!⑮

【注释】

①陶镕:陶铸熔炼。比喻培育、造就。

②气质:指人的生理、心理等先天秉性。出自张载《经学理窟·义理》:"为学大益,在自求变化气质。",可详参本书[子路第十三·二十七]"变化气质"词条注释。

③中和:中庸之道的主要内涵。儒家认为能"致中和"(《礼记·中庸》),则天地万物均能各得其所,达于和谐境界。详参本书[述而第七·三十八]同名词条注释。

④士者,人之美称:《诗经·郑风·女曰鸡鸣》:"女曰'鸡鸣',士曰

---

❶ 惟:摘藻堂四库全书荟要本(同武英殿刻本)作"唯"。

'昧旦'。"孔颖达疏:"士者,男子之大号。"

⑤涵泳:浸润,沉浸。

⑥行己接人:立身行事,待人接物。

⑦径情直行:任凭主观意愿径直行事。指不合礼法而任由性情做事,实则有悖于君子之道。《礼记·檀弓下》中有子与子游关于是否需要具体的礼节规定的讨论,即论证了需要依礼而行,而非径情直行:有子与子游立,见孺子慕者。有子谓子游曰:"予壹不知夫丧之踊也,予欲去之久矣。情在于斯,其是也夫?"子游曰:"礼,有微情者,有以故兴物者;有直情而径行者,戎狄之道也。礼道则不然,人喜则斯陶,陶斯咏,咏斯犹,犹斯舞,舞斯愠,愠斯戚,戚斯叹,叹斯辟,辟斯踊矣。品节斯,斯之谓礼。人死,斯恶之矣,无能也,斯倍之矣。是故制绞、衾,设蒌、翣,为使人勿恶也。始死,脯醢之奠;将行,遣而行之;既葬而食之。未有见其飨之者也。自上世以来,未之有舍也,为使人勿倍也。故子之所刺于礼者,亦非礼之訾也。"(有子和子游在一块儿站着,看见一个小孩子在哭哭啼啼地寻找父母。有子对子游说:"我一向不知道为什么丧礼中有顿足的规定,我早就想废除这条规定。现在看来,孝子抒发悲哀思慕的感情应该就和这孩子一样,只要是发自内心,可以想怎么哭就怎么哭,还要什么规定呢!"子游说:"礼的种种规定,有的是用来约束感情的,有的是借外在的事物以引发人们内在的感情的;如果没有统一的规定,谁想怎么着就怎么着,那是野蛮民族的做法。如果依礼而行则不然。人们遇到可喜之事就感到开心,感到开心就想唱歌。唱歌还不尽兴,就晃动身体。晃动身体还不过瘾,就跳舞。疯狂地舞过之后,就会产生愠怒之心;有了愠怒之心,就会感到悲戚;悲戚则导致感叹;光感叹还觉得发泄得不够,于是就捶胸;捶胸还不够,那就要顿足了。对这种种感情和行动加以区别和节制,这就叫作礼。人一死,就要被人厌恶;而死人没有任何行为能力,人们因此就会背弃他。所以,制作专用的包裹尸体的袋子和被子来收纳和掩盖尸体,设置装饰灵柩的罩子和遮盖灵柩的翣扇作为棺饰,为的就是使人不厌恶死者。人刚死的时候,用肉脯、肉酱来供奉他;将要出葬,又设送行的遣奠;下葬以后,还有一系列馈食之祭。虽然从来没有看见他享用祭品,但是也并不因此而放弃祭祀,目的就在于不使人们背弃死者。所以,您刚才对礼所做的批评,实在也算不上是礼本身的缺陷。")

⑧必也切切偲偲情意恳到……而蔼然其可亲:朱熹《论语集注》:"切切,恳到也;偲偲,详勉也;怡怡,和悦也。"恳到:恳至,恳切。偲偲:互相勉励。怡怡:和顺貌,安适自得貌。

⑨阙：同"缺"。

⑩朋友以义合：[乡党第十·二十二]：朋友死，无所归。曰："于我殡。"朱熹《论语集注》："朋友以义合，死无所归，不得不殡。"

⑪侃然：刚直貌。

⑫直谅：正直诚信。

⑬式好无尤：即"式好"而"无犹"，出自《诗经·小雅·斯干》："秩秩斯干，幽幽南山。如竹苞矣，如松茂矣。兄及弟矣，式相好矣，无相犹矣。"（涧水清清流淌，幽幽南山沉静坐落。翠竹摇曳生姿，松林茂密静默。兄弟相携交游，彼此情深义重，而无防范之尤。）犹，通"猷"，音yóu，欺诈。

⑭征：证明，证验。

⑮天下有一定之道……乃为善与：乃化用张载《正蒙·太和篇第一》文意："天地之气，虽聚散、攻取百涂，然其为理也顺而不妄。气之为物，散入无形，适得吾体；聚为有象，不失吾常。太虚不能无气，气不能不聚而为万物，万物不能不散而为太虚。循是出入，是皆不得已而然也。然则圣人尽道其间，兼体而不累者，存神其至矣。彼语寂灭者往而不反，徇生执有者物而不化，二者虽有间矣，以言乎失道则均焉。聚亦吾体，散亦吾体，知死之不亡者，可与言性矣。"张载认为，圣人能够理解"气不能不聚而为万物，万物不能不散而为太虚"这一"气化"过程的必然性，不会为"气化"中某种暂时的形态所限制，既能理解"气"不能不聚而为万物，又能理解物不能不散而归于太虚。"气"之聚、散皆为必然，皆为不得已而然。因此对人生则不会执着生，也不会恐惧死，视人之生死为自然和必然，不为生死所累，故谓之"兼体"。"兼体"一词在《正蒙》一书中有多次出现，并表现同一含义，概为张载专创之语，以表达其哲学观念。王夫之《张子正蒙注》释"太和篇"曰："气无可容吾作为，圣人所存者神尔。兼体，谓存顺没宁也。神清通而不可象，而健顺五常之理以顺，天地之经以贯，万事之治以达，万物之志皆其所涵。存者，不为物欲所迁，而学以聚之，问以辨之，宽以居之，仁以守之，使与太和絪缊之本体相合无间，则生以尽人道而无歉，死以返太虚而无累，全而生之，全而归之，斯圣人之至德矣。"可供参考。

【译文】

这一章是说，士人贵在陶冶情操，致守中和之道。

子路问：士，是对男性的美称。但是做到怎样才算是真正的士呢？

孔子就解释给他听：所谓的士，要涵泳于诗书礼乐的润泽之中，富有温柔和厚的气质，无论是立身行事，还是待人接物，如果是任凭主观意愿径直行事，或者是不加克制而信口开河，或者是颐指气使、咄咄逼人，这些都让人难以亲近，而不是一个士人的表现。而士人一定是情真意切、竭诚相待；而且是谆谆告诫、义正词严；同时又是安然自得、和蔼可亲。这样就会是恩惠与情义并重，刚正与柔婉相兼，不是素有涵养的人是做不到的。这就是所谓的士了。而且，这三样不可或缺，同时也不可错位：对于朋友，要以义相待，所以要恳切告诫，规过劝善，而义不容辞；对于兄弟，要以恩相待，所以能够和谐相处，安心无虞，而天伦叙乐。平素涵养良善，那么言行自然合宜，处处能够见证士人优秀的品格。

由此可见，天下事无不有其道，重要的是要依循其道而行；如果只是知其道而不善于施行，反而会因此悖道反德，使自身受到拖累。因此，既要悟道，又要行道，以个人意志顺应当行之道，才是最好的。

【评析】

《诗经·小雅·斯干》之诗句，太美；《解义》之化用，太妙！

其中"秩秩斯干，幽幽南山"一句，曾被鲁迅写在《社戏》这篇名小说里：

我们鲁镇的习惯，本来是凡有出嫁的女儿，倘自己还未当家，夏间便大抵回到母家去消夏。那时我的祖母虽然还康健，但母亲也已分担了些家务，所以夏期便不能多日的归省了，只得在扫墓完毕之后，抽空去住几天，这时我便每年跟了我的母亲住在外祖母的家里。那地方叫平桥村，是一个离海边不远，极偏僻的，临河的小村庄；住户不满三十家，都种田，打鱼，只有一家很小的杂货店。但在我是乐土：因为我在这里不但得到优待，又可以免念"秩秩斯干，幽幽南山"了。

和我一同玩的是许多小朋友，因为有了远客，他们也都从父母那里得了减少工作的许可，伴我来游戏。在小村里，一家的客，几乎也就是公共的。我们年纪都相仿，但论起行辈来，却至少是叔子，有几个还是太公，因为他们合村都同姓，是本家。然而我们是朋友，即使偶尔吵闹起来，打了太公，一村的老老少少，也决没有一个会想出"犯上"这两个字来，而他们也百分之九十九不识字。

我们每天的事情大概是掘蚯蚓，掘来穿在铜丝做的小钩上，伏在河沿上去钓虾。虾是水世界里的呆子，决不惮用了自己的两个钳捧着钩尖送到嘴里去的，所以不半天便可以钓到一大碗。这虾照例是归我吃的。其次便是一同去放牛，但或者因为高等动物了的缘故罢，黄牛水牛都欺生，敢于欺侮我，因此我也总不敢走近身，只好远远地跟着，站着。这时候，小朋友们便不再原谅我会读"秩秩斯干"，却全都嘲笑起来了。

文字倒也有趣，不过其中表现出来的是幼学儿童免于背诵古诗文的欢喜，并不触及诗句的原意，但不管有意还是无意，终究还是给这句诗涂上了一抹灰色。

现在真正读起原诗来，真有点相见恨晚的遗憾！因为这首诗真是写得太好了：沉浸在此诗所描绘的情境之中，仿佛可见一群兄弟相携交游，欢声笑语淹没在茂林修竹深处，而溪水叮咚，南山苍翠，融情入境，清新自在。将最美好的情谊设定在与之相称的景色里，不是最让人愉悦的事情吗？而回顾孔夫子的那句"朋友切切偲偲，兄弟怡怡"，也是那么纯真无邪、甘之如饴，用这样的诗句来比附和解释，真的是再恰切再美妙不过了！

【标签】

兄弟；朋友；径情直行；《诗经·小雅·斯干》

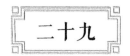

【原文】

子曰："善人教民七年，亦可以即戎矣。"

【解义】

此一章书，是思善人①教民之功也。

孔子曰：善人之道笃实无伪，存之内者皆实心②，而能使其情意之流通；发之外者皆实政，而能使其纲纪之振举。故其于民也，教之以孝弟忠信之行，使之知尊君亲上之义；教之以务农讲武之法，使之知攻守击刺之方。至于七年之久，亦可以即戎③而敌忾④御侮矣。

盖善人之教民，不专为兵戎之计，惟是训养有素⑤，则礼义既明，人心自固，即此休养生息⑥之民，可得其有勇知方⑦之用。然必待七年而仅可即戎，则兵可易言哉？乃知轻谈兵者，非知兵者也。孔子对卫灵公曰"军旅之事未之学"，⑧可知圣人之用意良深也。

【注释】

①善人：有道德的人，善良的人。[述而第七·二十六]：子曰："善人，吾不得而见之矣；得见有恒者，斯可矣。亡而为有，虚而为盈，约而为泰，难乎有恒矣。"邢昺疏："善人，即君子也。"该章解义："君子而外，天资粹美谓之善人。"

②实心：真心实意。

③即戎：用兵，作战。

④敌忾：抵抗所愤恨的敌人。

⑤有素：如同平时一样。

⑥休养生息：谓安定人民生活，使其经济得到恢复和发展。

⑦有勇知方：品格勇敢而坚守道义。[先进第十一·二十六]：子路率尔而对曰："千乘之国……由也为之，比及三年，可使有勇，且知方也。"何晏《集解》："方，义方。"

⑧孔子对卫灵公曰"军旅之事未之学"：[卫灵公第十五·一]：卫灵公问陈于孔子。孔子对曰："俎豆之事，则尝闻之矣；军旅之事，未之学也。"明日遂行。

【译文】

这一章讲的是，预期善人教化民众的成果。

孔子说：善人为道真实无伪，见之于内心，则为真心实意，情真意切；发之于外，则是真才实学，纲举目张。所以，对于民众，善人会教导他们父慈子孝、兄友弟恭，言忠信而行笃敬，使他们深明尊君亲上的大义；还会教给他们农事耕种和演兵习武的方法，使他们了解军事攻防和击刺格斗的技术。这样大概七年的时间，他们就可以兴兵作战而同仇敌忾了。

大概善人教导民众，并不是专门培养他们军事作战的能力，而是通过平素的训练，使他们明礼义，固心志，让人们安心生产而壮大实力，同时又培养了他们勇敢而正义的品格。然而，一定要长达七年之久才能勉强谈得上拥兵作战，那么，军事岂可轻举妄动和信口开河的呢？所以，动辄谈论动兵作战的人，实际上往往真的不懂军事。孔子当年在卫国的时候，对卫灵公说自己并没有学习军旅之事，而因此避免妄言军事，这可是圣人的良苦用心啊。

【评析】

举善人之义在教化百姓心志，而不是军事技术或能力。《解义》一语中的。

【标签】

善人；教化；军事

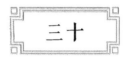

【原文】

子曰："以不教民战，是谓弃之。"

【解义】

此一章书，见用兵不可不慎也。

孔子曰：民必教而后可用。如或严刑峻法，不教以孝、弟、忠、信①之行，或居安忘危，不教以务农讲武之方，而徒然好大喜功，先为兵端，以素不教之民行战阵之事——是民既不知有尊君亲上之义，又不知有坐作②击刺之方，徒驱其民于锋镝③之间，而无益于胜负之数。是乃以卒予敌④也，非弃民而何？

所以古之帝王常于太平之日，时勤⑤不虞⑥之防，练而不弛，备而不用，井田军政合为一事，藏战于守，寓兵于农。⑦《易》曰："地中有水，师。君子以容民畜众。"⑧诚久安长治、万世不易之道也。唐之府兵⑨、明之卫所⑩，庶几⑪近之。

【注释】

①孝、弟、忠、信：儒家伦理观念之精髓，亦称"四德"。孔门弟子中曾参特以此见称。《孔子家语·弟子行第十二》："孔子曰：'孝，德之始也；悌，德之序也；信，德之厚也；忠，德之正也。参中夫四德者也，以此称之。'"（又见于《大戴礼记·卫将军文子》）

②坐作：坐与起，止与行。古代练兵的科目之一。

③锋镝：刀刃和箭镞。借指兵器，代指战争。

④以卒予敌：指不培训和装备兵卒，就等于让他们白白送死。《纪效新

书·长兵篇》："器械不利，以卒予敌也；手无博杀之方，徒驱之以刑，是鱼肉乎吾士也。"

⑤勤：担心，忧虑。

⑥不虞：意料不到。

⑦井田军政合为一事，藏战于守，寓兵于农：参《周礼·夏官司马第四·大司马》。古代军事是建立在井田制式的公有土地经济基础之上的，如下文所列府兵、卫所等兵役和屯田并用的军农一体化的军事制度。井田制只是古代膜拜的一种理想化的制度设计，历史上并没有出现真正的井田制，但后世有不少追随这一理想土地经济制度的做法和说法。

⑧《易》曰："地中有水，师。君子以容民畜众"：出自《周易·师》象辞，意为：坎为水，坤为地；师卦下坎上坤，即地中有水，地中有水就如同民中有兵，而且如此之多。君子深悟其中的道理，而广泛地容纳百姓、蓄养民众。师，作为历来军队编制的较高一级，即本于此义。

⑨唐之府兵：西魏大统年间（535—551）宇文泰所建。共二十四军，由六柱国分领，下设十二大将军、二十四开府。军士由各级将领统率，另立户籍，与民户有别。北周武帝时，府兵军士改称"侍官"，不属柱国，加强中央的控制。隋初确定军府名称为骠骑府，以骠骑将军为长官，车骑将军为副。有时也设立与骠骑府平行的车骑府。大业三年（607），改称鹰扬府，长官为鹰扬郎将，副为鹰击郎将。各府分隶十二卫；军人称"卫士"，其户籍改属州县。唐初一度恢复骠骑、车骑府的旧称，不久改为折冲府，设折冲都尉与左右果毅都尉。凡被选拔充当府兵的，平日务农，农隙教练，征发时自备兵器资粮，分番轮流宿卫京师，防守边境。折冲府的数字说法不一，据《新唐书·兵志》谓贞观十年（636）共有六百三十四府，分隶十二卫和东宫六率。军府绝大部分分布于京师附近的关内、河东、河南等道，用意在"举关中之众以临四方"，以加强中央集权制度。每府兵额由八百人至一千二百人，编制单位有团、旅、队、火。从高宗时起，府兵即因分番更代多不按时，负担过重，逃避兵役。玄宗开元时，以府兵无力自备兵器、资粮，须由政府拨给，卫士改用招募，戍边的兵士也改用官健。天宝八载（749），折冲府无兵可交，府兵制已名存实亡。

⑩明之卫所：明初在京师和各要害地方皆设卫所，屯驻军队。数府划为一个防区设卫，下设千户所和百户所。大抵五千六百人称卫，一千一百二十人称千户所，一百十二人称百户所；百户所设总旗二（每总旗辖五十人），小旗十（每小旗辖十人）。军士有军籍，世袭为军，以大部分屯田，小部分驻防。军饷的大部分由屯田收入支给。其军官，卫称指挥使，所称

千户、百户。各卫所分属于各省的都指挥使司（都司），统由中央的五军都督府分别管辖。至明代中叶，屯田多被军官吞蚀，军士破产散亡，所存无几，又无战斗训练，仅供地主、官僚役使，不能担任防卫，遂改用募兵代替。

⑪庶几：差不多，近似。

【译文】

这一章说明用民作战要慎重。

孔子说：民众要经过教习之后才能运用。如果只是使用严刑酷法来驱使，而不是教导他们言忠信而行孝悌；而且居安不思危，既不教导他们务农技术，也不训练他们的作战能力，而只是一味地好大喜功，穷兵黩武，让并未经过训练的民众去打仗——这些民众既不怀有家国忠义的心志，也不具备掩杀作战的方法，只是一味地把他们驱赶到战场上，对于战争的胜败并无益处。这哪里是上阵杀敌，而是给饿虎投食，白白葬送百姓啊！

所以，古代的帝王都是在太平安然之时，时刻防范突然突击，保持警备状态而不松懈，把井田农耕制度和军事训练合为一体，藏战于守，寓兵于农，既维持正常生产，又储备战时之需要。《周易·师》中说："地中源源不断地产生流水，这就是'师'。君子要蓄养百姓，充分包容他们，才能使国力强盛。"这实在是长治久安、万世不易的为政之道啊。唐代的府兵制和明代的卫所制，都与此类似。

【评析】

古代用兵，大致分为两种：养兵和募兵。养兵即兵农一体，平时耕种土地，战时上场杀敌。养兵有府兵、卫所等多种形式，但是二者又有所不同：府兵是以府养兵，是建立在均田制基础上的兵役制度，政府在统治中心区分配田地给百姓，使其耕种和作战，往往田地可以世代传承，百姓因此可以世代为兵。因此这种形式的军队又可以称为"世兵"。卫所则是屯兵制，即政府利用边疆地区驻军屯田，以田养兵，且田地不可以世传。府兵亦农亦兵，是可以作战的老百姓；卫所兵亦兵亦农，是种地蓄养自身的军队。募兵，大概是当代所谓的"雇佣兵"，是直接花钱雇用军人打仗。因土地逐渐兼并，府兵或卫所兵的经济基础受到破坏，政府不得已临时雇用军人作战。

但是我们不要被《解义》带偏了，一下子陷入古代兵制的谜团。联系上一章理解来理解本章，便很清楚：养民在养民志，用民在用民意，故平时树德立仁，爱戴百姓，他们到战时自然会保家卫国，奋勇杀敌。这里不过是用"战"这个假设的条件来强调平时教化民众的重要性。真正的战争其实是孔子所不愿意见到，也根本不想讨论。

【标签】

教化；军事；井田制；府兵；卫所

宪问第十四

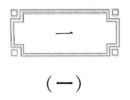

（一）

【原文】

宪问耻。子曰："邦有道，谷；邦无道，谷，耻也。"

【解义】

此一章书，见人贵有守有为①也。

原宪问于孔子曰：天下事何者最可愧耻？

孔子告之曰：士君子立身天地间，进必有为，退必有守。如邦家有道，圣君在上，言听计从，可以有为之时也，乃不能有所建明②，而但知食禄③；至若邦家无道，上无圣主，言不听而计不从，则卷而怀之④，独善其身⑤可也，乃犹靦颜⑥居位，而但知食禄——此二者皆可耻也。

盖君子居其位则思尽其职，称其职乃可食其禄。若世治⑦而不能有为，世乱而不能引退⑧，乃徒窃位素餐⑨，贪得无餍⑩，则其志行之卑陋甚矣。人之可耻，孰大于是？虽然，上有明圣之君，下必有廉隅⑪之士；礼、义、廉、耻，国之四维⑫，苟至于士习颓靡，廉耻扫地，则世道之不幸，而主持风教⑬者，焉能辞其责邪？

【注释】

①有守有为：有守，有操守，有节操。有为，有所作为。《尚书·洪范》："凡厥庶民，有猷，有为，有守，汝则念之。"（凡是臣民，都应该为天子深谋远虑，为天子有所作为，为天子坚持操守。你要记住这一点。）

②建明：犹"建白"，提出建议或陈述主张。

③食禄：享受俸禄。

④卷而怀之：收身而有所隐忍。[卫灵公第十五·七]：子曰："直哉史鱼！邦有道，如矢；邦无道，如矢。君子哉蘧伯玉！邦有道，则仕；邦无道，则可卷而怀之。"（夫子说：史鱼好正直啊！家邦遵守道义的时候，他像一支不可弯折的箭矢，不遵守道义的时候，他也还是如此坚贞。蘧伯玉真是个君子啊！家邦遵守道义的时候，他就出仕而有所作为；家邦不守道义的时候，他就收身而有所隐忍。）

⑤独善其身：世道混乱时保存好自身。《孟子·尽心上》："古之人，得志，泽加于民；不得志，修身见于世。穷则独善其身，达则兼善天下。"详参本书［述而第七·十一］"独善"词条注释。

⑥觍颜：厚颜。

⑦世治：时代太平，社会安定。

⑧引退：辞官，辞职。

⑨窃位素餐：义同"尸位素餐"，谓窃据高位而无功食禄。

⑩餍：音 yàn，满足。

⑪廉隅：棱角。比喻端方不苟的行为、品性。

⑫礼、义、廉、耻，国之四维：《管子·牧民》："国有四维，一维绝则倾，二维绝则危，三维绝则覆，四维绝则灭。倾可正也，危可安也，覆可起也，灭不可复错也。何谓四维？一曰礼，二曰义，三曰廉，四曰耻。礼不逾节，义不自进，廉不蔽恶，耻不从枉。故不逾节，则上位安；不自进，则民无巧诈；不蔽恶，则行自全；不从枉，则邪事不生。"（国有四个支柱，缺了一个支柱，国家就倾斜；缺了两个支柱，国家就危险；缺了三个支柱，国家就颠覆；缺了四支柱，国家就会灭亡。倾斜可以扶正，危险可以挽救，倾覆可以再起，如果灭亡了，那就无法挽回了。四个支柱是什么呢？一是礼，二是义，三是廉，四是耻。有礼，人们就不会越界犯规；有义，就不会贸然行事；有廉，就不会掩饰恶行；有耻，就不会屈从伪诈。只要你安分守己，就可高枕无忧；只要你讲信重义，人们就不会巧取豪夺；只要你坦荡无私，行为就自然产生完满的效果；只要你不趋从伪诈，邪恶的事情就会因此而减少。）

⑬风教：风俗教化。《诗大序》："风，风也，教也。风以动之，教以化之。"

【译文】

这一章是说，为人贵在能够有所坚守和有所作为。

原宪向孔子请教说：什么是天下最让人羞愧和耻辱的事情呢？

孔子告诉他说：大丈夫顶天立地，进取就要有所作为，隐退也要有所坚守。如果家国民族清明有道，有仁善的君主主政，广开言路而言听计从，这正是有所作为、大干一场的好机会，如果这个时候不能提出治国策略，而只是混天撩日，平庸无为而享受俸禄；或者是家国民族昏暗无道，没有仁善的君主主政，刚愎自用而不听劝谏，那么就收身而有所隐忍，能够全身而退，而如果为了享受那份俸禄，仍然觍颜无耻地任职——这两种情况都是可耻的。

大概君子在其位则谋其政、尽其职，称职才能享受其俸禄。但如果在太平之世却不能有所作为，混乱之世却不能全身而退，只是一味尸位素餐，贪得无厌，那么他的志向和行为都是极其鄙陋的，还有什么比这个更让人感到可耻的呢？即便如此，如果在上有开明圣达的君主，那么在下则一定有刚直不阿的士人；礼、义、廉、耻本是治国为政的四根支柱，如果士人不能够废弃习学，自律性和羞耻心也丧失殆尽，一塌糊涂，那么自然会导致世道大乱、天下罹患。可是，这于主导社会风俗教化的君主来说，恐怕也是难辞其咎吧！

【评析】

本章以君子价值为尺度去衡量社会之有道还是无道，然后决定是有为还是有所不为，主张君子为社会之中坚，要让君子人格主导社会价值，而非为社会价值所绑架和束缚。孔子反复为此申说，再三强调，虽然言辞不多，但重如千钧。当然，这件事发生在成人的世界，正当很多人不再考虑在这种是非取舍中坚持"独立之精神、自由之思想"之时，孔子总是提醒他们：要记得，要记得。

【标签】

原宪；耻；有守有为；礼；义；廉；耻；思维

（二）

【原文】

"克、伐、怨、欲不行焉，可以为仁矣？"子曰："可以为难矣，仁则吾不知也。"

【解义】

此一章书，见无私方为仁，制私未即为仁也。

原宪问于孔子曰：夫人一有自私之心，于是有盛气好胜为克，负能自矜为伐，忿恨不平为怨，贪得无厌为欲。四者皆心之累也。逐念制之，使不得行，则出乎私，必入乎理，窃意可以为仁矣。

孔子告之曰：圣学工夫①，易简②直截③，不尚苟难④也。人以道心为主，人心自然退听⑤。今于克、伐、怨、欲逐念而制之，使不得行，则终日营营⑥，百发百制⑦，如捍横流，如驭奔马，可以为难矣。若遂以为仁，则吾不知也。

盖仁者纯乎天理⑧，自无四者之累。今但曰"不行"，则不过强制其情，暂时不发而已。倘操持少懈，宁无潜滋暗长而不自觉者乎？所以未可即谓之仁也。

要之，原宪之问，徒知制其流；孔子之答，是欲澄其源。惟能致力于本原，则天理渐以浑全，私欲自然消灭矣。此求仁者所当知也。

【注释】

①工夫：亦称"功夫"，儒学对修治学问所用精力、时间、方法及其结果等的一个概括性的概念。

②易简：平易简约。《周易·系辞上》："乾以易知，坤以简能；易则易知，简则易从；易知则有亲，易从则有功；有亲则可久，有功则可大；可久则贤人之德，可大则贤人之业。易简而天下之理得矣。天下之理得，而成位乎其中矣。""夫《易》，广矣大矣，以言乎远则不御，以言乎迩则静而正，以言乎天地之间则备矣。夫乾，其静也专，其动也直，是以大生焉。夫坤，其静也翕，其动也辟，是以广生焉。广大配天地，变通配四时，阴阳之义配日月，易简之善配至德。"（乾为天，昭然运行于上而昼夜攸分，容易让人了解；坤为地，浑然化为万物，以简易为其功能。容易则易于知解，简易则容易遵从。容易使人了解则有人亲附；容易遵从，则行之可以建立功业。有人亲附则可以立身长久；有能成功则可以立身宏大。立身长久，就是贤人的美德；立身宏大，是贤人的事业。若能明白乾坤的平易与简约，那么就能了知天下的道理。能了知天下的道理，则能与天地并列为叁，而成就不朽的名位了。……《周易》的内容是多么广泛而博大——其所涉之广远，则无所不至；其所及之切近，则精审而正确；其所系之阔大，则具足万事万理。乾纯阳刚健，当它静止时，则专一而无他；当它变动时，则直遂而不挠。动静之间，宇宙由此产生。坤卦敦厚柔顺，当它静止时，则收敛深藏；当它变动时，则广生万物。动静之间，万物由此产生。易道的宽广博大，可以配合天地；变化通达，可以顺应四时；阴阳之理，交互形同日月；易简之善，可以涵养至德。）

③直截：简单明白。

④苟难：不刻意做有难度的事情来彰显自己的能力。《荀子·不苟》："君子行不贵苟难，说不贵苟察，名不贵苟传，唯其当之为贵。"（君子不因为事情称难而去为之以显其能，不因为事理艰深而去表达以显其知，也不

会因为可以称名而去参与以令人知，而只是依照心之本意和事之当然去做。）

⑤退听：退让顺从。

⑥营营：劳而不知休息；忙碌。

⑦百发百制：多次萌生，就多次克制。

⑧盖仁者纯乎天理：朱熹《论语集注》注［颜渊第十二·一］"克己复礼为仁"："仁者，本心之全德……为仁者，所以全其心之德也。盖心之全德，莫非天理，而亦不能不坏于人欲。故为仁者必有以胜私欲而复于礼，则事皆天理，而本心之德复全于我矣。"朱熹借注解这一章提出，仁者应克除私欲而使内心顺应天理，仁德与天理相应，合而为一。《解义》对此多有化用。可详参本书［颜渊第十二·一］"仁者，心之全德"词条注释。

【译文】

这一章揭示：没有私心才算作仁，仅能克制私心还算不上成仁。

原宪向孔子请教说：一个人一旦怀有自私自利的心思，就有各种表现：争强好胜——克；自负矜夸——伐；愤恨不平——怨；贪得无厌——欲。这四种表现使内心负累。那么就要遇到一个消灭一个，露苗头就打，出于私心而灭之公理，我私下以为这样可以成仁了。

孔子就纠正他说：修学成圣的工夫，实如乾坤易道之平易简约、简单明白，毋庸刻意以称难而逞能。如果人心依从道心，人心自然就会驯顺。现在对于克、伐、怨、欲各种念想都去有意克制，使它们无处藏身的话，则会每时每刻都劳劳碌碌，遇到一个念想就消灭一个念想，就像阻遏洪流，或者是驾驭快马，算是很难得了。但是如果把这种求仁的勤恳行为等同于仁道，我恐怕还不能苟同。

仁道，就是合乎天理，为仁者既已遵从天理，就自然不会产生这四种情况（更不消说去克除它们了）。现在如果只是说使它们"不行"，则不过是强加克制它们的苗头，使它们无法露头而已。但如果稍有松懈，就恐怕它们会潜滋暗长而又会有所发觉（然后又得起身"灭火"，劳而无功，疲惫不堪）。所以，这种状态还不能称得上是真正实现了仁道。

总而言之，原宪提出来的，只是努力扫除不仁的表现，从支流上解决问题；孔子的回答，是告知他要扶持仁心，正本清源。只有全力解决认知本原性的问题，才能真正做到使天理浑然一体而完整无缺地呈现，私心杂念因此涤荡清净。这是追求仁道的人所应该懂得的。

【评析】

俗语说："难者不会，会者不难。"似乎套用到孔子的话中也很合适：难者不仁，仁者不难。仁本是成就人、达到仁的境地，其过程可能比较曲折，但真正至于仁境之后，应该是"知者乐，仁者寿"，非常享受彼时的气象，而非总是陷于"难"的苦楚。

孔子与原宪的对话，一似禅宗"北渐"和"南顿"的分野。

"北渐"代表人物神秀作偈曰："身是菩提树，心如明镜台，时时勤拂拭，莫使惹尘埃。""南顿"代表人物惠能则作偈曰："菩提本无树，明镜亦非台，本来无一物，何处惹尘埃。"一个要脚踏实地，日用修持，是为渐悟；一个是自在具足，见性成佛，是为顿悟。渐悟之说严谨笃实，而易失之于琐碎，舍本逐末、本末倒置；顿悟之说灵动通透，而易失之于机巧，坐而论道、空谈快意。其实，从悟道践行的理路上来看，渐、顿本为一事之矛盾、一体之总分，有顿悟方能渐行，渐行以成顿悟；无顿悟则渐行不能成信，无渐行则顿悟不能落实。其实无论是渐悟派还是顿悟派，都不会画地自限，抱残守缺，只不过是强调了其中的一个方面，而在宗教中，偏至或许也是一种必要的法门，但亦不过无相之相。如果不能明白其中之道，就把佛法看得过于简单随意了。

原宪立志行仁，然而他所说的，不是行仁的险阻，而是未识于仁的困窘。行仁当然困难，但不应是陷于未知之难，而是行动之难，然此正亦促成仁知之途，故孔子教他要先把握仁心要义，从根源上解决认识的问题。毕竟，求仁的行为本身还不等于仁；而依仁心来行动，方能"求仁而得仁"。唐文治在其《四书大义》中解本章说："先儒谓克、伐者，因已所有而生气盈也；怨、欲者，因已所无而生气歉也。四者之病虽不同，无非气质用事。不行者，强制之功，其根株犹伏于中也。"❶即如孟子所云"求在我者"也——"万物皆备与我，反身而诚，乐莫大焉，强恕而行，求仁莫近焉"。(《孟子·尽心上》)

原宪所为，孔子也认为难得，并非完全否定。只是，大道精严，失之毫厘则谬以千里，故孔子学而不厌，诲人不倦。其实，即如孔子本人，也是由三十、四十岁的基础，而至五十、六十岁的层次，终至七十多岁"从心所欲，不逾矩"的境界，因由个人不懈的努力而进阶人生高远境界，并

---

❶ 唐文治：《四书大义》，上海交通大学出版社2016年版，第416页。

非"天纵之将圣"([子罕第九·六])。一路知难而进,而至于万世景仰,并非不做卓绝的努力就可以一蹴而就。不过,孔子的进阶,是学而时习之的快乐,而不是疲于应付的苦战,正因为先有了仁的方向,然后努力皆为实在,故进一步有进一步的快乐。而以孔子人生为比照,可以有三知:一知为难之为,二知乐学之乐,三知诲人之诲。知斯三者,不亦乐乎?

【标签】

原宪;仁;难;禅宗;顿悟;渐悟

【原文】

子曰:"士而怀居,不足以为士矣。"

【解义】

此一章书,是孔子因心以征①士品也。

孔子曰:士人立身天地间,任大责重,自有一种经天纬地学问,原无苟安②自便之私,故心境异乎常人,而品格超乎庶类③。若有怀居④一念,非惑于去就取舍之际,即溺于声色货利之间,则志以物移,心为形役⑤,恶⑥足以为士乎?

可见,圣贤安土乐天⑦,只是随其身之所安,无所执着其乐也。大凡人营私利己,惟狃⑧其身之所,便有所系恋,其累也深。一起念间,便为品行所关,人可不励志以自立乎?

【注释】

①征:验证,证明。
②苟安:苟且偷安。
③庶类:万物,万类。
④怀居:贪想安逸。
⑤心为形役:心神被生活、功名利禄所驱使。形容人的思想不自由,做一些违心的事。陶渊明《归去来兮辞》:"既自以心为形役,奚惆怅而独悲?"
⑥恶:古同"乌",疑问词,哪,何。

⑦安土乐天：安居营生而乐享天命。《礼记·哀公问》：孔子遂言曰："古之为政，爱人为大。不能爱人，不能有其身；不能有其身，不能安土；不能安土，不能乐天；不能乐天，不能成其身。"（孔子于是说道："古人的为政，把爱人看得最重要。不能爱人，就不能保有自身；不能保有自身，就不能安居营生；不能安居营生，就不能乐天知命。不能乐天知命，就不能成就自身。"）

⑧狃：因袭，拘泥。

【译文】

这一章是孔子根据内心所欲来验证士人的品格。

孔子说：士人立身于天地之间，任重而道远，因此要遵循经天纬地的学问，不能有苟且安稳、自求便利的私心，所以他的心境要与常人不同，他的品格要超凡出众。如果有贪图安逸的心思，要么在取舍上犹豫不决，或者是沉迷于声色犬马，情随事迁，心为形役，那哪里还能算得上一个士呢？

由此可见，圣贤安居营生而乐天知命，也不过是随遇而安，随缘任命，因无所住而生其心。如果一个人只图自私自利，只为既得一己之私而拘系，牵累深重，得不偿失。起心动念，便是品行的显露，更何况要承受其因果，所以人一定要砥砺自身，树立正确的志向啊！

【评析】

此言在经济时代更具反讽意味：在房价不断高企之时，房产几乎成了个人最重要的投资渠道和财富的标志，如果此时的"士"（在今天说约等于所谓的"知识人"）不"怀居"（投资房产），肯定是要落伍了。

其实古人说得倒也明白通达："怀者，每念不忘之义。""怀居"一语不是说"士"不能谋生和投资，只是不可以心心念念的都是房子、票子，还要从社会结构和总体价值中找到自己的本位并为之全力以赴。从"士"的本质出发而言，其志业不能只是资产价值和贪图享受，而应该是社会道义和全民福祉。如果"士"不能在自己所擅长的领域将社会价值和技术能力有机匹配，对社会道德体系和价值体系建构有所贡献，而只是像《解义》中所说的那样，完全把个人能力作为投资的本金，全部压在交易的天平上，就注定会因小失大，得不偿失。自私人格注定无法突破狭小格局，其人生价值必然十分有限。

对于这一点，郑永年先生曾专门撰文说道：

在中国社会中，历来就是"争名于朝，争利于市，争智于孤"。这里，"争名于朝"是对于政治人物来说的，"争利于市"是对商人来说的，而"争智于孤"则是对知识人来说的。今天的知识悲歌的根源就在于现代知识人已经失去了"争智于孤"的局面，而纷纷加入了"争名于朝"或者"争利于市"，有些知识人甚至更为嚣张，要名利双收。

....

一旦进入了名利场，知识人便缺少了知识的想象力。一个毫无知识想象力的知识群体如何进行知识创造呢？一个没有知识创造的国家如何崛起呢？正是因为知识之于民族和国家崛起的重要性，近来自上到下都在呼吁知识的创造、创新。为此，国家也投入了大量的财经资源，培养重点大学，建设新型智库，吸引顶级人才等。但现实情况极其糟糕，因为国家的投入越多，名利场越大；名利场越大，知识人越是腐败。❶

何以在中国政治制度显现出高度的韧性和灵活性，经济上跃升为世界第二大经济体的同时，中国的知识界却未能与社会的快速发展同步？

人们已经熟知《圣经·新约》所云"上帝的归上帝，凯撒的归凯撒"这句话，其道理也不难明白：价值理性与工具理性切不可混为一谈，思想与利益也不能完全画上等号；如果知识人没有自己的边界意识与本色表现，也就很难使自己获得应有的价值。这本来是不言自明的道理，但是知识人何以在现实的诱惑下连这种基本的常识也没有了呢？一叶障目，不见泰山。

【标签】

士而怀居；心为形役；安土乐天；价值理性；工具理性

【原文】

子曰："邦有道，危言危行；邦无道，危行言孙。"

---

❶ 郑永年：《名利场下的中国知识将向何处》，见郑永年《中国的当下与未来》，中信出版社2019年版，第361、363－364页。原文名《中国知识界进入一个悲歌时代》，编选时有删节。

【解义】

此一章书，是论君子持身①处世之法也。

孔子曰：君子言行一出于正，固不可违俗徇人②，而尤须审时度势。如邦有道之时，君臣一德同心③，绝无顾忌。则是非邪正之间，持论不阿④；去就⑤取与之际，秉正⑥不屈；言人之所不敢言，行人之所不敢行，危言危行⑦，而直道⑧以彰。

若邦无道之时，君臣猜疑携贰⑨，未免瞻狥⑩，过于直遂⑪，谤尤⑫随起。故持己以正，不可少屈以失己之常。至于议论可否，不妨从容巽顺⑬，倍加检点⑭。所谓"清其质而浊其文"⑮，"弱其志"而"强其骨"⑯，危行言孙⑰，方见明哲之学⑱也。

吾人立躬行己⑲，不因世运⑳为迁移，而善世守身㉑，自有经权㉒之妙用。然为人君者，至使臣下作危行言孙之计，则时事已不可问矣，岂国家之福哉？

【注释】

①持身：立身；修身。

②徇人：顺从他人，曲从他人。

③一德同心：同"同心同德"。思想统一，信念一致。《尚书·泰誓》："受有亿兆夷人，离心离德；予有乱臣十人，同心同德。"（商纣有亿万平民，不同心不同德；我有治国大臣十人，却同心同德。）

④不阿：不曲从，不逢迎。

⑤去就：取舍；离去或接近；担任官职或不担任官职。《庄子·秋水》："察乎安危，宁于祸福，谨于去就，莫之能害也。"（他们明察安危，安于祸福，谨慎处置取舍，因而没有什么东西能够伤害他们。）

⑥秉正：持心公正。

⑦危言危行：正言正行。危，正直。

⑧直道：正道。

⑨携贰：离心，有二心。

⑩瞻狥：即"瞻徇"，音 zhānxùn，徇顾私情。❶

⑪直遂：直截表达。

---

❶ 狥：摘藻堂四库全书荟要本（同武英殿刻本）作"徇"，通用。

⑫谤尤：毁谤和指责。

⑬从容巽顺：指不用强硬的手段或言辞去纠正长上的过失。从容，宽缓，不急不躁。巽顺，卑顺、顺从。《周易·蛊》："九二：干母之蛊，不可贞。《象》曰：'干母之蛊'，得中道也。"（九二：纠正母辈的弊乱之事，不可以强求。《象传》说："'纠正母辈的弊乱之事'，这是因为九二居于下卦之中，得中正之道的缘故。"）蛊卦之义在除弊治乱。九二指出纠正母辈的错误不是很容易，因为女性的性情难以全正，因此应该在顺其性情的前提下进行纠正，而不可强求，否则会败事。《二程易传·蛊传》对此也做了比较通透的阐释："'干母之蛊，不可贞。'"子之于母，当以柔巽辅导之，使得于义。不顺而致败蛊，则子之罪也。从容将顺，岂无道乎？若伸己刚阳之道，遽然矫拂则伤恩，所害大矣，亦安能入乎？在乎屈己下意，巽顺相承，使之身正事治而已。刚阳之臣事柔弱之君，义亦相近。"《解义》应该是引用蛊卦之义而取典于《二程易传》。

⑭检点：约束，慎重。

⑮清其质而浊其文：西晋夏侯湛《东方朔画赞》："先生瑰玮博达，思周变通，以为浊世不可以富乐也，故薄游以取位；苟出不可以直道也，故颉抗（颃）以傲世。傲世不可以垂训，故正谏以明节；明节不可以久安也，故谈谐以取容。洁其道而秽其迹，清其质而浊其文。"（东方朔先生认为在浊世中不可以争取富贵，所以稍事游历来取得地位。即便苟且取得了地位也不能行正直之道，所以采取一种灵活曲折的处世态度而傲视权贵；傲世这种态度是不能当作经验传给后世的，所以向上正直谏言来表明节操；坚守节操是不能保证长久平安的，所以出语诙谐来取悦他人。所以他的学说和道理是高洁独立的，而行为事迹却显得污秽；志向和品格是纯洁无瑕的，但其行文表达却含混不清。）

⑯"弱其志"而"强其骨"：《老子》第三章："不尚贤，使民不争；不贵难得之货，使民不为盗；不见可欲，使民心不乱。是以圣人之治，虚其心，实其腹，弱其志，强其骨。常使民无知无欲，使夫智者不敢为也。为无为，则无不治。"（不刻意推崇贤良智识，使百姓无意于争强好胜、互相争夺；不刻意推崇奇珍异宝，使百姓无意于寻古猎奇、占为己有；不让那些容易勾起欲望的东西出现，使百姓的心志不被扰乱。因此，圣人的治理原则是：放空百姓的心机，填饱百姓的肚腹，减弱百姓的意志，增强百姓的体质。保持百姓无知无欲的状态，让那些有才智的人也不敢妄生是非。圣人顺应自然"无为"的原则，那么天下也就自然大治了。）

⑰危行言孙：正直做事，但说话谦逊。孙，同"逊"。

⑱明哲之学：即明哲保身之学，指用明智的方式保全自己。《诗经·大雅·烝民》："肃肃王命，仲山甫将之。邦国若否，仲山甫明之。既明且哲，以保其身，夙夜匪解（同"懈"），以事一人。"（严肃对待王命令，仲山甫全力来推行。国内政事好与坏，仲山甫心里明如镜。既明事理又聪慧，善于应付保自身。日日夜夜不懈怠，侍奉周王致忠诚。）此处所谓"明哲之学"的具体做法，概指《礼记·中庸》中所云："国有道，其言足以兴；国无道，其默足以容。"可详参本书［述而第七·十七］"广大精微"词条注释。

⑲立躬行己：立身行事。

⑳世运：时代盛衰治乱的气运。

㉑善世守身：为善于世而保持品德和节操。"善世"见于《周易·乾》："龙德而中正者也。庸言之信，庸行之谨，闲邪存其诚，善世而不伐，德博而化。"（龙德圣人，立身中正，他平常所言必讲信用，平常行为必然谨慎，防止邪恶而内心保持真诚，惠泽世人而不自矜，其道德广大能够感化人心。）可参本书［子罕第九·十七］"存诚主敬"词条注释。

㉒经权：宋明理学用语，形容坚持原则而能变通、不固执。经，指事物的常住性或不易之常道；权，指事物发展过程中的变动性或权衡不同情况所采取的对策。

【译文】

这一章是谈论君子立身处世的原则。

孔子说：君子的言行要端正，虽然本就不应该违时绝俗或趋炎附势，但也一定要审时度势，见机行事。如果是家国政治清明有序，君臣上下同心同德，无须顾忌那么多。对于是非曲直的判断，可以持守正当的立场而不曲从；进退予夺的时候，持守公正的判断而不屈服；能够言人之所不敢言，行人之所不敢行，正言正行，从而使正直之道得到显扬。

但当家国政治昏暗无道的时候，君臣之间相互猜忌而怀有二心，人人徇顾私情，而且公开直露，肆无忌惮，于是毁谤和指责四起，怨声载道。所以当此之时，应当以正道自持，不能有丝毫松懈以致失去节操。至于评论时事是非，不妨宽缓卑顺，对自己强加约束。古人所谓"清其质而浊其文"（做人要品行高洁但表现浑浊），"弱其志"而"强其骨"（使他们头脑简单而四肢发达），就是要品行正直但言辞谦逊，这就是明哲保身的学问啊。

我们立身行事，不因为时势世运而改变，能够为善于世而又能保全自身，自然既能够坚守原则又能够灵活变通。但是，如果作为一国之君，竟然总是让臣下不能正言正行，而只能依靠隐忍驯顺的方法来"曲线救国"，那么治政的效果就可想而知了。他们哪怕是再聪明再圆熟，恐怕也无法给国家带来真正的福祉啊！

【评析】

君子的人格诉求，并不可能要求其毕见于言行，而应审时度势、因地制宜。但首先要怀有坚定的信念，才能去就随意而收放自如。犹如心中有一颗种子，在合于时令时播种，就会生根发芽，开花结果；但若未得时宜，切不可贸然播种，而只需贮藏以保障生存，静待时机。

其实孔子屡有"治世""乱世""有道""无道"之慨，也有清晰的去就取舍的判断，但是，一方面这种判断似乎过于"世故"——如果一味地强调个体的保全，则实际上很难坚守原则，亦即"危行""言逊"很难同时做到；另一方面，其本人之行迹似乎正与其所倡导的处事方式不尽相同，他指斥权贵僭越礼制或为礼不恭，推动堕三都以弱三桓，如此等等，在乱世依旧"危言危行"，既未收声，亦未收手，而是坚持"天下有道，丘不与易也"（[微子第十八·六]），"知其不可而为之"（[宪问第十四·三十八]）。所以，《论语》中所弥漫的这种处世哲学，似乎与孔子本人的性格和儒学的社会导向有所偏离，这个现象着实令人迷惑。

而与此同时，孔子在乱世能够游走各国，劝说政事，而能毫发无损、安然长寿，或与其遵行了这种处世原则有关。或者说，孔子所强调的处世原则，实则是当时社会乱象的反映，因此孔子不断告诫世人要择时言行，明哲保身。而于其本人而言，或者也许是"仁"的力量庇佑了他，因为毕竟，仁的学说是善意的，美好的，尽管不被采纳，但也不会招致敌意。

因此，笔者不由地联想到孔子在[子路第十三·二十一]一章中对狂狷者的偏爱态度："不得中行而与之，必也狂狷乎！狂者进取，狷者有所不为也。"言外之意是：狂者和狷者虽然都不够完美，却是发心良善而行为守则，是可爱的，也是可以期许的。

是狂者的进取，还是狷者的不为，则也要视时势而定，因此且不妨将两章合并：天下有道则如狂者，危言危行而进取不已；天下无道则如狷者，危行言逊而有所不为。

当然，孔子话语中的狂者，因为背离中道，因而有躁动、冒进之意，其所是未必为是；而其所谓的"狷者"，也可能过于保守，只顾洁身自好，因循固执，其所非亦未必为非。他们都不是理想人格的表现，但退而求其次，已有仁者中道的迹象，所以难能可贵。而现实中总有一种人物，生性自私而心胸狭隘，天下有道则独善其身，天下无道则浑水摸鱼，于人无助，于世无益，拔一毛而利天下不为也，极度现实和功利。恐怕夫子之所以称许狂狷者，其意正是与这一类人加以对比和评判。

如此对比联系，本章所蕴含的中道智慧和原则，已赫然在目矣。

【标签】

危言危行；危行言孙；明哲保身；狂者进取，狷者有所不为

【原文】

子曰："有德者必有言，有言者不必有德。仁者必有勇，勇者不必有仁。"

【解义】

此一章书，是合存发①以观人也。

孔子曰：凡人立品②，蕴藉③必期其深，渣滓④必期其尽，不徒以文章气节⑤争胜也。故理得于心谓之德⑥，敷⑦之议论谓之言，心体纯全谓之仁，慷慨激昂谓之勇。四者，即其所存，固可以知其所发；据其所发，未必可以信其所存。是在观人者知所尚耳：如有德者，内含冲美⑧，虽不藉夫言而英华⑨表著⑩，自然顺理成章⑪，故必有言；若有言者，斐亹⑫可听，或出于便给⑬亦未可知，岂可遽信其为有德？如仁者，心怀中正，原无藉乎勇而当几明决⑭，自然见义必为⑮，故必有勇。若勇者，秉志不回⑯，或出于血气⑰亦未可知，安可遽信其为有仁？

可见，德可以兼言，言不可以兼德，⑱华不胜实也；仁可以兼勇，勇不可以兼仁，⑲气不胜理⑳也。圣贤观人、朝廷用人，辨之不可以不严，不然，鲜不有毫厘千里㉑之失也。

【注释】

①存发：存心及其发抒、表现。
②立品：培养品德。
③蕴藉：宽厚而有涵养。

④渣滓：杂质，糟粕。

⑤文章气节：撰写表白气节操守的文章。文章，用作动词，气节，志气，节操。

⑥理得于心谓之德：宋张载《张子正蒙·至当篇第九》："循天下之理之谓道，得天下之理之谓德。"

⑦敷：音 fū，铺陈。

⑧冲美：谦冲之美。冲，谦虚，空虚。

⑨英华：精英华彩。《礼记·乐记》："是故情深而文明，气盛而化神，和顺积中而英华发外，唯乐不可以为伪。"（因此当情感发自于内心深处时，所发明出来的文华才是志向的显露；当志气充实盛大，使得心体灵秀的时候，受外物感动所引发的变化就会神奇微妙；和谐顺化之气积聚于心中，美好的光华发扬于外，到达这样由内至外、和谐光明的状态才有乐的流露，因此声、音都是可以造作的，而乐却无法伪装出来。）可详参本书［述而第七·十四］"乐之原系乎德"词条注释。

⑩表著：显扬昭著。

⑪顺理成章：《朱子语类》卷十九："文者，顺理而成章之谓也。"原指写作遵循事理，自成章法。后多用以指说话、做事合乎情理，不悖常例。

⑫斐亹：文采绚丽貌。亹，音 wěi。

⑬便给：灵巧敏捷。

⑭当几明决：见微知著而当机立断。几，隐微，指事物的迹象、先兆。《周易·系辞下》："几者，动之微，吉之先见者也。"

⑮见义必为：看到正义的事情就去做。

⑯秉志不回：义无反顾，坚守志向而不改变。西汉司马相如《美人赋》："女乃驰其上服，表其亵衣。皓体呈露，弱骨丰肌。时来亲臣，柔滑如脂。臣乃脉定于内，心正于怀，信誓旦旦，秉志不回。翻然高举，与彼长辞。"（美女脱去外衣，露出内衣，裸露雪白的身体，身姿骨感而肌肤丰满。当她贴近我时，皮肤柔滑细嫩如同膏脂。我屏息定脉，正心诚意，信从节操，守志不移。然后断然离开，与她再不相见。）

⑰血气：气质、禀性。

⑱德可以兼言，言不可以兼德：即本章"有德者必有言，有言者不必有德"之意。

⑲仁可以兼勇，勇不可以兼仁：即本章"仁者必有勇，勇者不必有仁。"之意。

⑳气不胜理：朱熹继承周敦颐、二程，兼采释、道各家思想，形成了

一个庞大的哲学体系。这一体系的核心范畴是"理"（或称"道""太极"）。朱熹所谓的理，一是先于自然现象和社会现象的形而上者，二是事物的规律，三是伦理道德的基本准则，几方面互相联系。朱熹又称理为太极，是天地万物之理的总体，即总万理的那个理。"太极只是一个理字"。（《朱子语类》卷一《理气上》）太极既包括万物之理，万物便可分别体现整个太极。这便是人人有一太极，物物有一太极。每一个人和物都以抽象的理作为它存在的根据，每一个人和物都具有完整的理，即"理一"。气是朱熹哲学体系中仅次于理的第二个范畴。它是形而下者，是有情、有状、有迹的；它具有凝聚、造作等特性；它是铸成万物的质料。天下万物都是理和气相统一的产物。朱熹认为理和气的关系有主有次。理生气并寓于气中，理为主，为先，是第一性的；气为客，为后，属第二性。故称"气不胜理"。

㉑毫厘千里："差之毫厘，谬以千里"的略语。开始相差一小点，结果就会造成很大的错误。详参本书［颜渊第十二·二十］"差之毫厘，谬以千里"词条注释。

【译文】

这一章是从人的存心及其表现的综合因素来观察判断人。

孔子说：一个人修养道德，希望是涵养品格越深越好，糟粕去除越净越好，而不只是以文采辞令表白气节品格来争胜夸功。理得之于心，是所谓"德"；对德进行铺陈议论，是所谓"言"；保持本心纯然的状态，是所谓"仁"；慷慨激昂，凛然正义，是所谓"勇"。这四种，依据其存心，就可以想象其相应的外在表现；但是根据外在表现，却未必可以因此推断就一定有相应的存心。这需要观察者注重什么样的标准：对于有德者，他们往往内心怀有一种谦冲之美，即便不去言说，也会英气外现，自然而然地呈现为华章藻蔚，所以一定会呈现为优美的言辞；如果只是言说，即便是文采绚丽而悦耳动听，但也许只是言辞技巧而已，怎么能马上相信他有内在的道德呢？又比如仁者，他们心怀中正，原本不需要勇力就可以当机立断，自然能够见义勇为，表现出勇敢的一面；但如果只是表现勇敢，秉持初志而不改变，那也有可能是因为天生禀性使然，怎么能够马上就说他是怀有仁心呢？

可见，德能包含言，但言并不包含德，外在的表现次于内在的心志；仁能包含勇，但勇并不包含仁，气的呈现次于理的本质。圣贤观察判断人，朝廷选拔录用人，都要严加分辨，不然的话，就会因失之毫厘而谬以千里了。

【评析】

德为言之本,勇为仁之用。无德之言和无仁之勇,往往容易迷惑人而至于错乱,其害甚大,故夫子既有对"巧言令色"行迹的严肃戒告([学而第一·三]),同时也有对"刚、毅、木、讷"品格的嘉许([子路第十三·二十七])。

【标签】

德;言;仁;勇

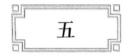

【原文】

南宫适问于孔子曰:"羿善射,奡荡舟,俱不得其死然❶。禹稷躬稼而有天下。"夫子不答。南宫适出,子曰:"君子哉若人!尚德哉若人!"

【解义】

此一章书,见圣贤尚德不尚力也。

南宫适①问于孔子曰:从来有天下者,孰得孰失,确有可凭:如有穷之君名羿,最善射,②寒浞之子名奡,能陆地行舟,③可谓勇力过人,何难陵压④一世,却俱不得善终?若夏禹之尽力沟洫⑤,后稷之教民稼穑⑥,不过务民本业,绝无奇异可矜⑦,而禹则及其身,稷则及其子孙,却皆有天下。夫以羿、奡之强,其亡也如彼;以禹、稷之弱,其兴也如此。得失果安在哉?

此时夫子默然不答,可否已在意中。南宫适会意而出,领悟已在言外。孔子复赞美之曰:今观适之所言,进禹、稷而退羿、奡,盖尚德不尚力,可知已⑧。其人品之高,诚为君子之人;心术之正,诚为尚德之人也。

古今尚力者亡,尚德者昌。观周家⑨卜年⑩八百之久,而嬴秦氏⑪不过二世而灭,得失昭然。可见圣贤之评论,不大彰明较著⑫哉?

---

❶ 然:一说"然"从下句,为句首转折。可详参本章"评析"部分所引用冯梦龙《四书指月》中的解读。

【注释】

①南宫适：即孔子弟子南容。[公冶长第五·二]章解义："南容，孔子弟子，居南宫因以为姓，名绦，又名适，字子容。"

②有穷之君名羿，最善射：《说文解字》："羿，羽之羿风；亦古诸侯者；一曰射师。"作为诸侯之义的"羿"，即上古时期东夷族有穷氏的部落首领，妘姓，史称"夷羿"，以善射著称。《左传·襄公四年》载："昔有夏之方衰也，后羿自𪗢迁于穷石，因夏民以代夏政。"夏朝太康继立后，他的五个兄弟为了争夺王位发动武装叛乱。后羿趁夏朝内乱发动政变，赶走太康，自立为夏王。此后他自恃善射，不修民事，终日沉溺于田猎，把国政全部交由寒浞主持。后来寒浞与后羿的家众勾结发动政变，杀死了后羿。（《左传·襄公四年》："浞行媚于内而施赂于外，愚弄其民而虞羿于田，树之诈慝以取其国家，外内咸服。羿犹不悛，将归自田，家众杀而亨之，以食其子。其子不忍食诸，死于穷门。"）寒浞篡取夏政后，杀掉了夏后相，使自太康失国以来分裂了五十四年的天下重新统一。后相的妻子逃亡在外，生下相的遗腹子少康。少康后来先后剿灭寒浞之子浇和豷，从而结束了后羿和寒浞对夏人的四十多年的统治，重新夺回夏朝政。寒浞之子"浇"即本章的"奡"。古汉语中两字相通，《春秋传》中记作"浇"，《论语》则记作"奡"。

③寒浞之子名奡，能陆地行舟：指奡力气极大，能在陆地行舟，或谓用周师冲锋陷阵。《史记·夏本纪》"索隐"引《左传》魏庄子曰："奡多力，能陆地行舟。使奡帅师灭斟灌、斟寻，杀夏帝相，封奡于过，封豷于戈。恃其诈力，不恤民事。初，奡之杀帝相也，妃有仍氏女曰后缗，归有仍，生少康。初，夏之遗臣曰靡，事羿，羿死，逃于有鬲氏，收斟寻二国余烬，杀寒浞，立少康，灭奡于过，后杼灭豷于戈，有穷遂亡也。"[寒浞的儿子奡非常勇武，在帮助寒浞夺权灭国的过程中立下战功，包括杀掉夏帝相（夏后相）。而夏后相的遗腹子少康最终诛灭寒氏而复国。]

④陵压：凌辱欺压。

⑤夏禹之尽力沟洫：即大禹治水之事。《山海经·海内经》：洪水滔天，鲧窃帝之息壤以堙洪水，不待帝命。帝令祝融杀鲧于羽郊。鲧复生禹，帝乃命禹卒布土以定九州岛。禹娶涂山氏女，不以私害公，自辛至甲四日，复往治水。禹治洪水，通轩辕山，化为熊。谓涂山氏曰："欲饷，闻鼓声乃来。"禹跳石，误中鼓，涂山氏往，见禹方坐熊，惭而去。至嵩高山下，化为石，方生启。禹曰："归我子！"石破北方而启生。（大禹的父亲鲧偷取天

帝的息壤，使之不断扩大来阻塞洪水，结果失败被杀。禹受命治水，在此过程中娶涂山氏之女为妻，新婚仅三四天，便出发治水。传说他化身为熊以便工作，使其妻误会而石化。生子启，启建立夏朝。）

⑥后稷之教民稼穑：后稷，周始祖，姬姓，名弃。后稷出生于稷山，故名。为童时，好种麻、菽。成人后，有相地之宜，善种谷物，教民稼穑。《竹书纪年》："汤时大旱七年，煎沙烂石，天下作饥，后稷是始降百谷，烝民乃粒，万邦作乂。"《尚书·尧典》及《古文尚书·益稷》（亦属于今文《尚书·皋陶谟》）对大禹治水和后稷播种的情况也有所呈现。

⑦矜：自矜，自夸。
⑧已：语气词。表确定语气，相当于"了"。
⑨周家：周朝。
⑩卜年：占卜预测统治国家的年数。亦指国运之年数。
⑪嬴秦氏：秦乃嬴姓，故名。
⑫彰明较著：彰、明、较、著：都是明显的意思。指事情或道理极其明显，很容易看清。《史记·伯夷列传》："此其尤大彰明较著者也。"

【译文】

这一章可见圣贤们崇尚道德而不崇尚武力。

南宫适向孔子请教说：那些曾经掌握天下的人，其是非得失，是有所依据的：比如有穷国的国君羿这个人，他善于射箭，还有寒浞的儿子奡，能够在陆地上行使船只，他们可以说是勇猛过人，凌辱欺压他人轻而易举，但却都暴尸街头，得不到善终。而像大禹这样的人，他只是用心去解除洪涝灾害，或者是像后稷这样的人，教给老百姓耕种庄稼来缓解饥荒，只是做了老百姓本应该做的事情，毫无神力奇迹可言，但其结果却是，大禹自身成为一代帝王，而后稷的子孙建立了周王朝，最终有君临天下的功业。那么，像后羿、奡这样孔武有力如此，而不得善终如彼；像禹、稷这样文弱单薄如彼，却建立一世功业如此。其得失成败，已自有定论了吧！

这个时候夫子默不作答，但其实已经算是表态了。南宫适亦心领神会，不言而出。孔子因此又赞美他说：今天考察南宫适所说的话，他褒扬禹和稷而贬抑羿和奡，这就是崇尚道德而摈斥武力，已经是明摆着的了。这个人品格高尚，实在是君子风范；他心术正直，实在是怀德之士啊。

自古及今，总是尚力者亡，尚德者昌。回顾周朝的运命有八百年之久，而秦朝的运命只有两世就灭亡了，尚力与尚德的成败得失，昭然可见。由此可见，圣贤们的评论，难道不是字字珠玑而掷地有声吗？

【评析】

本章论说暴力的方式尤值推敲。此处先引入明人冯梦龙所解：

"若由也不得其死然"，是未定之词；羿、奡是已然事，故"然"字当属"禹、稷"句，乃转下落重语。

"躬稼"，是说他微时事，不指平水土、教稼穑言。

说羿、奡，不言其篡逆，而言其善射、荡舟；说禹、稷，不言其大有功德于民，而言其"躬稼"，此正精神注射处。

羿、奡自负绝世之技力，无论保天下，以之自保有余矣，而乃不得其死；耕者贱业，而反有天下传之无穷。可见成败祸福，一毫不由人安排，惟有反身修德而已。然此意却在言外，妙处在说不了。"夫子不答"，其论已是无容再答也。[1]

冯氏以作家之眼细究南宫适表述的技巧和孔子不答的婉曲，深得其属事遣词之妙。然而，既然儒家反对武力，又何必以这种比较隐曲的方式表达出来呢？

我们暂且回到伯夷叔齐反对武王伐纣的故事：本来是听说周文王善待老者，于是他们欣然前往周土。未想半路上却遇到了抱着文王牌位前去讨伐商纣王的武王，夷齐二人劝阻不成，义不食周粟，隐于首阳山，采薇而食之，终饥饿而死。时作《采薇歌》，有"以暴易暴兮，不知其非矣"云云。

从孔门弟子对夷齐故事的熟稔程度来看，笔者猜测这应该是他们经常讨论的内容，而且讨论的核心很有可能就是仁政如何有效对抗暴力之类的主题。从《采薇歌》所唱的内容，我们恰可以找到孔门看待暴力的根本观点，那就是：暴力行为不仅严重危害社会，而且最终导致自身的覆灭，这是一种损人不利己的道路选择。"以暴易暴"，并未从根本上解决暴力自身的危害；而且其施行暴力者本人也多是"不得其死然"。

同时我们也要看到，孔子师徒虽然不认同暴力，但也只是一种"微言大义"，并不直斥暴力，而是以"微词"的方式来表达，相对来说措辞比较隐曲，态度比较暧昧。比如孔子品评《武》"尽美矣，未尽善也"（[八佾第三·二十五]），表面是评价音乐，实则是微讽武王任用武力而偏离于仁

---

[1] 〔明〕冯梦龙：《四书指月》，《冯梦龙全集》第 21 册，李际宁、李晓明校点，江苏古籍出版社 1993 年版，第 194–195 页。

道。孔子之所以深许南宫适，恰因为他不仅反对暴力，而且也是因为他的表达方式十分恰切。

总之，当时的儒家对于暴力事件只作事实评述，不做道德判断，但又同时提供价值判断或方法判断以表明独立不倚之立场。之所以如此，大概是因为在当时的情况下，杀戮是难以避免的，甚至是作为一种"不可抗拒力"存在的，儒家虽然在理论上极力反对暴力，但是也清醒地认识到其现实必然性，故而只是明智地采用了隐曲的表达方式，将理想信念与客观现实的矛盾冲突缓冲到最低限度。

【标签】

南宫适；羿；奡；禹；稷；君子；尚德

【原文】

子曰："君子而不仁者有矣夫，未有小人而仁者也。"

【解义】

此一章书，是孔子指心术之邪正以衡品也。

孔子曰：凡人有心即有仁。心有邪正，遂有仁、不仁之分；心有诚伪，遂有君子小人之别。则是仁者为君子，不仁者为小人也。君子以天下为念，然或气习①未除，私心难化，间有不仁爱处，却无伤于品，故君子而不仁者容或②有之。若小人止知有身，物欲久蔽，天理全无，非侈肆③以纵其奸，即矫饰④以逞其伪，间⑤有一念之仁，亦乍明而乍灭⑥耳——岂有小人而仁者哉？

总之，仁者直行⑦其心，立心于仁，则在在⑧皆仁，虽明见其不仁，其仁自在⑨；不仁者曲护⑩其迹，迹或似仁，却事事非仁，纵然依傍⑪名理⑫，自附于仁，适所以济⑬其不仁。君子、小人之辨如此，人主不可不致辨⑭也。

【注释】

①气习：气质，习性。
②容或：或许，也许。
③侈肆：奢侈恣肆。

④矫饰：造作夸饰，掩盖真相。
⑤间：偶尔，间或。
⑥乍明而乍灭：一会儿明亮，一会儿熄灭；若隐若现。
⑦直行：行正道，按照道义去做。
⑧在在：处处，到处。
⑨虽：即使。
⑩曲护：曲意袒护，委曲袒护。
⑪依傍：依靠。
⑫名理：为世人所熟知的名物与道理。
⑬济：增援，增加。
⑭致辨：详加辨别。

【译文】

这一章是孔子指明心术的邪曲和正直，来衡量人的品格。

孔子说：人心皆能行仁。人心有正直和邪曲的分别，所以也相应地会有仁与不仁的区分；人心有诚实和伪诈的分别，所以也相应地会有君子与小人的区别。也就是说，仁者为君子，不仁者为小人。君子心怀天下，可能是因为旧有的习性和私心不是那么容易改变，所以偶尔仍然会有不够仁爱的表现，却并不妨碍其整体品格，所以说君子或许也有偶尔不够仁道的表现。而小人却只知道满足自身，久为物欲遮蔽，罔顾天理，不是奢侈恣肆，飞扬跋扈，就是矫揉造作，弄虚作假，虽然偶尔良心发现，但也只是时有时无，若隐若现，微乎其微罢了——哪里有小人还怀有仁心的呢？

总而言之，仁者直道而行，依于仁而为，那么就会无处不仁，即便不显露仁的一面，但仁仍然存在；不仁者曲意掩藏真实的迹象，表面上看起来像是仁举，但事事不仁，即便是貌似与名物与真理走得很近，却恰恰增加了他的不仁。君子和小人有如此差别，君王不能不细加分辨啊。

【评析】

《说苑·杂言》中有连续多篇类似本章主题的故事，其中比较具有代表性的一篇是关于惠子与船夫的对话：

梁相死，惠子欲之梁，渡河而遽堕水中。船人救之。

船人曰："子欲何之而遽也？"

曰："梁无相，吾欲往相之。"

船人曰:"子居船楫之间而困。无我,则子死矣。子何能相梁乎?"

惠子曰:"居船楫之间,则吾不如子;至于安国家,全社稷,子之比我,蒙蒙如未视之狗耳!"

此可联系对比［子路第十三·四］樊迟请教学农而孔子不许。君子小人本身各具价值,甚至相互依托,只是对于孔子所定义的"君子"(政治人)而言,绝不能游离自己的天命本职而驰骛用心。君子固不能为小人之所能,但君子的使命是以政治人的身份去协调并优化政治,这是就社会宏观整体而言更具价值的事业。虽然在现实生活中他必然会面临"船人困境",但若无君子对社会秩序的调适,则国将不国、民生凋敝,船人求以舟楫安身立命而不可得矣。

俄国著名寓言家克雷洛夫有一则广为人知的寓言《鹰和鸡》,写母鸡与鹰之间的争议,也恰是这样的主题:一只凤头母鸡看到一只鹰从一个烘谷房飞到另外一个烘谷房,因此认为鹰并没有传说得那么神奇,因为它自己也可以这样飞来飞去。鹰不得不反驳道:"鹰有时飞得比鸡还要低,然而鸡永远也飞不到九天云霄!"作者因此附议道:

当你评论有才能人物的时候,
可不要自费心机计较他们的弱点;
而是要看到他们的强处和优点,
善于发现他们所达到的高度。

的确,君子或有不仁之事,却并不能因此将其草率视同小人。将君子的缺陷极端放大而不断攻讦,只顾一点不及其余,恐怕会对这种社会"脊梁"造成极大的精神挫伤,从而引起整个社会文化层面的震荡和混乱,以致在社会心理上留下深刻的创伤,长久无法平复。就此而言,本章所寓也的确是意义深远啊!

【标签】

樊迟;君子;小人

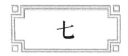

【原文】

子曰:"爱之,能勿劳乎?忠焉,能勿诲乎?"

【解义】

此一章书,是孔子立忠、爱之准以示人也。

孔子曰:天下情之所在,即为理之当然;如不合理,便非至情。如父之于子,自襁褓①以及②成人,惟恐抚鞠③勿周,然以姑息④为爱,则志佚而骄,爱之适⑤以害之也。惟真能爱子者,必使去其骄佚⑥,而勉以为圣为贤。是劳之者正所以成其爱——爱之,能勿劳乎?

臣之于君,自公孤⑦以及百僚⑧,分当⑨随事⑩开纳⑪,然以谄谀⑫为忠,则志卑而顺,忠之适以误之也。惟真能忠君者,务使去其卑顺,而勉以为尧为舜⑬。是诲之者正所以全其忠——忠焉,能勿诲乎?

然则爱之必至于劳,为子者不可惮劳,有一惮劳之念,即非所以自爱;忠焉必至于诲,为君者不可拒诲,有一拒诲之心,即非所以劝忠⑭。是在⑮为父与臣者,各尽其道,而为子与君者,亦当各体其情⑯也。

【注释】

①襁褓:音 qiǎngbǎo,背负婴儿用的宽带和包裹婴儿的被子。代指婴儿。

②以及:直到。

③抚鞠:抚育。

④姑息:无原则的宽容。

⑤适:正好,恰巧。

⑥骄佚:亦作"骄逸",骄纵放肆。

⑦公孤:公,三公;孤,少师、少傅、少保。泛指重臣。

⑧百僚:亦作"百寮",百官。

⑨分当:按照职分应当;理当。

⑩随事:随时随地。

⑪开纳:广泛采纳。《晋书·张寔传》:"偃聪塞智,开纳群言。"

⑫谄谀:谄媚阿谀。

⑬为尧为舜：成为尧舜那样的圣君。
⑭劝忠：勉励忠心的举动。
⑮是在：是，的确，表肯定。
⑯各体其情：将心比心，体恤其良苦用心。

【译文】

这一章是孔子向人明示忠和爱的判断标准。

孔子说：天下的情之所在，就是理所当然；如果不合理，那就是情意不够肫挚。就像父亲对待子女，从婴幼直到成人，唯恐抚育不够周到，但往往把姑息纵容也当作一种爱的表现，就会使他们骄纵放肆，这样来爱其实是在加害他们。真正爱子女的人，一定会使其远离骄纵放肆的性格，并且勉励他们成圣成贤。这样会使他们辛劳却是对他们真正的爱——爱他们，就要使他们辛劳为人。

就像臣下对于君主，从股肱之臣到群僚百官，依照本分就应该时时处处广开言路，然而如果把谄媚阿谀当作忠心的表现，那么就会使臣下卑躬屈膝，而这样的忠心其实是在误导君主。那些能够真正做到忠心于君主的人，一定会弃绝对君主一味地卑下顺从的态度，而是敢于谏言，勉励君主成为尧舜那样的圣君。这就是通过忠告来尽忠——忠心，就不能不忠告其君。

然而，承受父之爱，自然会辛劳，当子女的不能害怕辛劳，即便有一点儿害怕的想法，就算不上自爱。忠心于君就一定（敢于）忠告，身为国君不应该拒绝忠告，一旦有拒绝的心思，就无法再行勉励。的确，对于做父亲和臣下的，应该各尽其道，而身为子女和君主的，也应该将心比心，真正体恤对方的良苦用心。

【评析】

直觉本章前后两句为喻指关系——对待君主就像对待自己的孩子：对孩子虽然爱，但也要驱使他劳作以锻炼，这样才能成就大爱；对君主的忠诚，更表现为对他不厌其烦地劝说，这样才能成其赤忠。当然，诚如《解义》所说，这样做需要得到孩子或君主最终的理解和认同才行。

【标签】

为政；忠；君臣

【原文】

子曰："为命，裨谌草创之，世叔讨论之，行人子羽修饰之，东里子产润色之。"

【解义】

此一章书，是言辞命①得人之效也。

裨谌、世叔、子羽、子产，皆郑大夫。②

孔子曰：朝廷量能授官③，务期当任；人臣以身许国④，要在和衷⑤。郑以小国介强大之间⑥，而能抚绥⑦和睦⑧者，以用贤各得其当耳。即如辞命所以交邻，其为命也，以裨谌善谋，使之规模⑨大意而草创之；然恐意无断据⑩，以世叔⑪博闻，使之考究⑫典故⑬而讨论⑭之；又恐辞未合节⑮，以行人之官子羽⑯善于笔削⑰，使之删繁就简⑱而修饰⑲之；又恐文采未华，以东里子产⑳善于辞藻，使之推陈致新㉑而润色之。此辞命之所以独称美善也。

盖郑，小国也，而诸贤群集，各尽其材，此不形其所短，彼不矜其所长，同心共济，彷佛㉒虞廷㉓师济㉔之风，洵㉕人臣事君之善则㉖哉！

【注释】

①辞命：一般指辞令，此指外交文书。本章《解义》下文："辞命所以交邻。"

②裨谌、世叔、子羽、子产，皆郑大夫：《左传·襄公三十一年》中对四人才能及密切配合工作有与本章类似的论述："子产之从政也，择能而使之。冯简子能断大事；子太叔美秀而文；公孙挥能知四国之为，而辨于其大夫之族姓、班位、贵贱、能否，而又善于辞令；裨谌能谋，谋于野则获，谋于邑则否。郑国将有诸侯之事，子产乃问四国之为于子羽，且使多为辞令；与裨谌乘以适野，使谋可否；而告冯简子，使断之；事成，乃授子太叔，使行之，以应对宾客。是以鲜有败事。"（子产从事政务，能选择贤能而并加以任用。冯简子能决断大事；子太叔外貌秀美而内有文采；子羽能了解四方诸侯的政令，而且熟悉他们大夫的家族姓氏、官职爵位、地位贵贱和才能高低，又善于辞令；裨谌能出谋划策，在野外策划就正确，在城里策划就不得当。郑国将要有外交上的事情，子产就向子羽询问四方诸侯

的政令，并且让他写一些有关的外交辞令稿；和裨谌一起坐车到野外去，让他策划是否可行；把结果告诉冯简子，让他决定。计划完成，就交给子太叔执行，交往诸侯应对宾客，所以基本上很少有办不成的事情。）裨谌，音 Bì Chén。

③量能授官：根据人的能力大小而授予适当官职。《荀子·君道》："论德而定次，量能而授官。"

④以身许国：把身体献给国家，指宁愿为国家的安危奉献自己的生命。许，预先答应给予。

⑤和衷：和善。《尚书·皋陶谟》："同寅协恭和衷哉。"（君臣之间相互敬重，同心同德办好政务。）

⑥郑以小国介强大之间：郑国在地理上，北面和西面有晋国，南面有楚国，东面有宋国，这些国家在不同历史阶段都曾成为诸国的霸主，称雄一时。

⑦抚绥：安抚，安定。

⑧和睦：用作动词，使其友好相处。

⑨规模：用作动词，规划，筹谋。

⑩断据：判定的依据。

⑪世叔：世叔，即《左传》中的子太叔（古代，"太"和"世"两字通用），名游吉。春秋时期郑国正卿，郑定公八年（前522）接替子产担任郑国的执政。

⑫考究：考索研究。

⑬典故：典制和成例。

⑭讨论：探讨研究并加以评论。

⑮合节：合于节奏、节拍。

⑯行人之官子羽：行人，官名，掌管朝觐聘问事务，即外交事务。子羽，公孙挥的字。

⑰笔削：对作品删改订正。北宋欧阳修《免进五代史状》："至于笔削旧史，褒贬前世，着为成法，臣岂敢当。"

⑱删繁就简：去掉繁杂部分，使它趋于简明。

⑲修饰：修改润饰，使文字生动。

⑳东里子产：子产，春秋时期郑国著名政治家、思想家。东里，地名，在今郑州市，子产所居之地。子产之事，可详参本书［公冶长第五·十六］"子产"词条注释。

㉑推陈致新：推陈出新。

㉒彷佛：同"仿佛"，好像，谓大体相似。
㉓虞廷：亦作"虞庭"，指虞舜的朝廷。相传虞舜为古代的圣明之主，且君臣关系和谐，在朝堂上此问彼应，配合默契，从而实现盛治。故亦以"虞廷"为"圣朝"的代称。可参本书［子路第十三·十五］"明良喜起"和"都俞一堂"词条注释。
㉔师济：即"济济师师"，盛貌。喻指朝廷人才济济。唐陆贽《论裴延龄奸蠹书》："陛下勤修仪式，以靖四方，慎选庶官，以贞百度，内选则股肱耳目，外选则垣翰藩维。济济师师，咸钦至化，庶相感率，驯致大和。"
㉕洵：音 xún，实在。
㉖善则：好的榜样。则，楷模，准则。

【译文】

这一章是说外交辞令的制作得益于人才的任用。

裨谌、世叔、子羽、子产，皆郑国的大夫。

孔子说：朝廷根据人的能力大小而授予官职，指望他们能够胜任；而臣子也要全身心投入国之事业，重要的是与他人和衷共济，协同做事。郑国以一个小国的身份被夹在强国大国之间，然而却能够安抚他国并与其和睦相处的原因，就在于知贤善用。就比如用文书来与邻邦沟通，在制作文书的时候，因为裨谌善于谋划，就让他谋划基本框架；但又担心表达没有依凭，因为世叔博学多识，就让他考查探究典制或惯例并进行论证；还恐怕文书的遣词造句不够妥帖，因为外交官子羽善于修订文辞，就让他删繁就简，进行修改润饰，使文字生动；并且还要在文采上下功夫，因为东里的子产善于修辞，就让他更换陈词而创新语句，进一步加工润色。这正是外交文书之所以能够尽美尽善的原因啊。

郑只不过是个小国家，但是各类贤人能够聚集到一起，各尽其能，各显其才，不争长论短，不妒贤嫉能，而是齐心协力，和衷共济，仿佛舜帝时君臣都俞一堂、明良喜起的样子，这实在是臣下侍奉君上的良好榜样啊！

【评析】

《论语》的这一章，犹如一篇小品文，短短几句话的一个片段，却极优美生动。犹如《诗经·周南·芣苢》中运用平行结构语句的反复皴染手法，"之"字频频出现，以顺畅的节奏表现出大臣们各擅所长而和衷共济的工作状态，可谓深得修辞之妙，又于不经意处照见行文之美。

国事纷争扰攘，人心更是叵测难交，如此情境下，同僚往往是冤家对头，所以或许当时郑国的现实并非完全如此。然而在《论语》里，郑国四位大夫则被记述成为当时最强工作团队。孔子内心对和谐为政的强烈期许，也由此投射而跃然乎纸上。

【标签】

为政；裨谌；世叔；子羽（公孙挥）；子产

【原文】

或问子产。子曰："惠人也。"

问子西。曰："彼哉！彼哉！"

问管仲。曰："人也。夺伯氏骈邑三百，饭疏食，没齿无怨言。"

【解义】

此一章书，是孔子就人论品，以昭万世之公也。

春秋时如郑之子产①，楚之子西②，齐之管仲③，皆贤大夫也。子产听郑国之政，宽猛相济，④尝铸刑书以禁民之非⑤，其迹似乎寡恩，其心实本慈爱。一日，或人问子产为何如人，孔子曰：子产之德泽广被⑥，国人歌诵❶不衰，盖惠爱之人也。

子西为楚平王之子，名申，能逊国于昭王⑦，又能改修国政以定楚⑧，行事虽有可采，然不能革楚之僭号称王⑨，亦其短处。故或人又问子西为何如人，孔子不置可否，曰"彼哉彼哉"，外之也。

因又问管仲。管仲相桓公一匡天下⑩，有功于齐甚多。孔子曰：只举一事，便可见其为人：昔桓公夺大夫伯氏所食之骈邑三百户以封管仲，后来伯氏穷约，所饭不过疏食，至没齿终无怨恨。⑪非心服管仲之功，岂能如此？

三子一时并著贤名，而优劣则非一律。孔子以一字之褒贬⑫尽其生平，万世之公论⑬由此而定。然则方人⑭岂易易⑮哉？

【注释】

①郑之子产：春秋时期郑国著名政治家、思想家。可详参本书［公冶

---

❶ 诵：摛藻堂四库全书荟要本（同武英殿刻本）作"颂"。

长第五·十六]"子产"词条注释。

②楚之子西：公子申（？—前478），芈姓，熊氏，名申，字子西，楚平王庶子。平王死，令尹子常欲立之为王，被他拒斥，乃立平王太子，是为楚昭王。楚昭王十年（前546），都城郢被吴国攻占，昭王逃至随国，他仿照昭王的舆服来掩护其逃跑。次年，乘吴国内乱，与救楚秦军败吴，昭王还都。昭王十二年，任令尹，迁都于鄀，并改革楚政。楚惠王十年（前479），白公胜叛乱，子西被杀。

③齐之管仲：管仲（约前723—前645），姬姓，管氏，名夷吾，字仲，谥"敬"，颍上（今安徽颍上县）人。春秋初期齐国政治家。齐僖公三十三年（前698），开始辅佐公子纠。齐桓公元年（前685），经鲍叔牙推荐，被齐桓公任为卿。任职期间，对内大兴改革、富国强兵，对外尊王攘夷，九合诸侯，一匡天下，辅佐齐桓公成为"春秋五霸"之首。

④子产听郑国之政，宽猛相济：听政，坐朝处理政务，执政。

《左传·昭公二十年》：郑子产有疾，谓子大叔曰："我死，子必为政。唯有德者能以宽服民，其次莫如猛。夫火烈，民望而畏之，故鲜死焉。水懦弱，民狎而玩之，则多死焉。故宽难。"疾数月而卒。大叔为政，不忍猛而宽。郑国多盗，取人于萑苻之泽。大叔悔之，曰："吾早从夫子，不及此。"兴徒兵以攻萑苻之盗，尽杀之，盗少止。

仲尼曰："善哉！政宽则民慢，慢则纠之以猛。猛则民残，残则施之以宽。宽以济猛，猛以济宽，政是以和。《诗》曰，'民亦劳止，汔可小康。惠此中国，以绥四方'，施之以宽也。'毋从诡随，以谨无良。式遏寇虐，惨不畏明'，纠之以猛也。'柔远能迩，以定我王'，平之以和也。又曰：'不竞不絿，不刚不柔。布政优优，百禄是遒'，和之至也。"

及子产卒，仲尼闻之，出涕曰："古之遗爱也。"

（郑国的子产有病，对子太叔说："我死以后，您必定执政。只有有德行的人能够用宽厚仁慈来使百姓服从，其次就莫如猛厉严肃。猛厉严肃犹如烈火，因此使百姓保持畏惧，反而不会受到伤害；如果一味宽大，就像水一样柔弱，百姓轻慢对待，却容易溺亡其中。所以宽厚仁慈的政策反而难有成效。几个月后，子产病故。子太叔执政，不忍心猛厉严肃而奉行宽厚仁慈的政策，因此致使郑国盗贼成患，利用萑苻泽的天然环境藏身，不时为非作歹，无法无天。子太叔十分后悔，说："我早点听从夫子的话，就不至于到这一步了。"于是发兵攻打萑苻泽里的盗贼，将其悉数剿灭，这才使国内的匪患平息下来。

孔子听到后，说："此言有理！政事若过于宽厚仁慈，百姓就会怠惰散漫，这就要用猛厉严肃来调节。猛厉严肃容易伤害百姓，有所伤害就要用宽厚仁慈来调节。两者不断调节，平衡互补，因此政事调和。《诗经·大雅·民劳》说，'百姓已经很辛劳了，差不多可以稍稍安康。赐恩给中原各国，用以安定四方'，这是施政宽厚仁慈；但又说，'不要放纵随声附和的人，以约束不良之人。应当制止侵夺残暴的人，他们从来不怕法度'，这就是用猛厉严肃来调节。《诗经·大雅·民劳》还说，'安抚边远如柔服近邦，用来使我王安定'，这是用和平来安定国家；《诗经·商颂·长发》又说：'不急不缓，不刚不柔。施政平和宽裕，各种福禄自然而至'，这是和谐为政的最高境界。"

子产去世，孔子听到这个消息，不禁流泪说："这是继承和发扬了古人仁爱为政的遗风啊！"）

⑤尝铸刑书以禁民之非：昭公六年（前536），郑国执政子产将郑国的法律条文铸在象征诸侯权位的青铜鼎上，向全社会公布，史称"铸刑书"。叔向（羊舌氏，名肸）因此写信告知子产，认为铸造刑书不符往圣先贤的治政之道，有可能制造更多的问题，子产答复他说，认为他所讲有理，并感谢他，但铸造刑书可以解燃眉之急，有效缓解郑国处于大国威逼下的困境。《左传·昭公六年》：三月，郑人铸刑书。叔向使诒子产书，曰："始吾有虞于子，今则已矣。昔先王议事以制，不为刑辟，惧民之有争心也。犹不可禁御，是故闲之以义，纠之以政，行之以礼，守之以信，奉之以仁，制为禄位以劝其从，严断刑罚以威其淫。惧其未也，故诲之以忠，耸之以行，教之以务，使之以和，临之以敬，莅之以强，断之以刚。犹求圣哲之上、明察之官、忠信之长、慈惠之师，民于是乎可任使也，而不生祸乱。民知有辟，则不忌于上，并有争心，以征于书，而徼幸以成之，弗可为矣。夏有乱政而作《禹刑》，商有乱政而作《汤刑》，周有乱政而作《九刑》，三辟之兴，皆叔世也。今吾子相郑国，作封洫，立谤政，制参辟，铸刑书，将以靖民，不亦难乎？《诗》曰：'仪式刑文王之德，日靖四方。'又曰：'仪刑文王，万邦作孚。'如是，何辟之有？民知争端矣，将弃礼而征于书。锥刀之末，将尽争之。乱狱滋丰，贿赂并行，终子之世，郑其败乎！肸闻之，国将亡，必多制，其此之谓乎！"复书曰："若吾子之言，侨不才，不能及子孙，吾以救世也。既不承命，敢忘大惠？"（三月，郑国把刑法铸在鼎上。叔向派人送给子产一封信，说："开始我对您寄予希望，现在却不这样了。从前先王衡量事情的轻重来断定罪行，不制定刑法，这是害怕百姓有争夺之心。还是不能防止犯罪，因此用道义来防范，用政令来约束，用礼仪来奉行，用信用来保持，用仁爱来奉养。制定禄位以勉励服从的人，

严格判罪以威胁放纵的人。还恐怕不能收效,所以用忠诚来教诲他们,根据行为来奖励他们,用专业知识技艺教导他们,用和合的心态任用他们,用诚敬的态度对待他们,用威严的仪态会见他们,用果决的眼光判断他们。还要访求聪明贤能的卿相、明白事理的官员、忠诚守信的乡长、慈祥和蔼的老师,百姓在这种情况下才可以使用,而不至于发生祸乱。百姓知道有法律,就对尊长不再畏忌。大家都有争夺之心,用刑法作为根据,而且侥幸得到成功,就不能治了。夏朝有违犯政令的人,就制定《禹刑》。商朝有触犯政令的人,就制定《汤刑》。周朝有触犯政令的人,就制定《九刑》。三种法律的产生,都处于末世了。现在您辅佐郑国,划定田界水沟,实施饱受批评的政事,仿效三种法规制定法律,并把它们铸在鼎上,想用这样的办法来安定百姓,不也是难上加难吗?《诗经·周颂·我将》说:'效法文王的德行,每天抚定四方。'《诗经·周颂·文王》说:'效法文王,万邦信赖。'像这样为政,何必要用法律?百姓知道了争夺的依据,将会丢弃礼仪而征用刑书。刑书的一字一句,都要争个明白。触犯法律的案件更加繁多,贿赂到处使用。在您活着的时候,郑国恐怕要衰败吧!我羊舌肸听说,'国家将灭亡,必然多规矩',说的就是这个样子吧!"子产回复说:"确实如您所说。但是我公孙侨没有才能,不能考虑那么长远,我只能解救国家一时的围困。虽然不能接受您的命令,但仍然不会忘了您如此恩德!"）

⑥被:同"披",覆盖。

⑦能逊国于昭王:事见《左传·昭公二十六年》:九月,楚平王卒。令尹子常欲立子西,曰:"大子壬弱,其母非适也,王子建实聘之。子西长而好善。立长则顺,建善则治。王顺国治,可不务乎?"子西怒曰:"是乱国而恶君王也!国有外援,不可渎也;王有适嗣,不可乱也。败亲、速仇、乱嗣,不祥,我受其名。赂吾以天下,吾滋不从也,楚国何为?必杀令尹!"令尹惧,乃立昭王。[九月,楚平王去世。令尹子常想要立子西为楚王,说:"太子壬尚且年幼弱小,他的母亲也不是正室,而且是太子建本来所聘娶的秦女(后为其父亲楚平王听从费无极谗言而夺取的,有乱伦之嫌)。子西年龄大而且乐于为善。立年长者才顺乎情理,立善良者才使国家太平。君王顺理而国家太平,难道不值得这样做吗?"子西发怒说:"这是扰乱国家而败坏君王的恶行啊!太子壬有强大的秦国作后援,所以绝不能轻慢;君王有嫡出的继承人,所以绝不能淆乱。败坏亲情、招致仇敌、淆乱继承人,这样做不吉利,我也绝不会因此蒙受恶名。即使用整个天下来贿赂我,我也不能答应,何况区区一个楚国?我一定要杀死令尹!"子常因此害怕,还是按照原定方案拥立壬为昭王。]

⑧改修国政以定楚：事见《左传·定公六年》：四月己丑，吴大子终累败楚舟师，获潘子臣、小惟子及大夫七人。楚国大惕，惧亡。子期又以陵师败于繁扬。令尹子西喜曰："乃今可为矣。"于是乎迁郢于鄀，而改纪其政，以定楚国。（四月十五日，吴国的太子终累打败楚国的水军，俘虏了潘子臣、小惟子和七名大夫。楚国上下大为震恐，害怕大难临头，有亡国之忧。结果子期的陆军又在繁扬战败。令尹子西却高兴地说："到了这个地步，正好是加以整治的大好时机。"于是把楚国都城从郢地迁到鄀地，改革政治，使楚国得到安定。）

⑨楚之僭号称王：楚国作为南方大国，一直想要取得与周王朝平起平坐的地位，故早就有意突破当时的政治格局，自立为王。楚国第六任君主熊渠（前886—前877在位）僭越体制，封长子熊毋康为句亶王，次子熊挚红为鄂王，少子熊执疵为越章王，镇守长江中游的三个要地。周厉王继位后，以暴虐著称，熊渠担心受到周朝讨伐，便取消他们的王号。后楚武王熊通（前740—前690）于鲁桓公八年（前704）自立为武王（可详见《史记·楚世家》），开诸侯僭号称王之先河。但令尹子西实际上生活在楚平王、楚昭王和楚惠王时期，距离楚武王僭号称王已有200年之久，《解义》以孔子拿楚国既成之史事来指责子西，有似无稽之谈。

⑩管仲相桓公一匡天下：管仲辅助桓公称霸天下。[宪问第十四·十七] 子贡曰："管仲非仁者与？桓公杀公子纠，不能死，又相之。"子曰："管仲相桓公，霸诸侯，一匡天下，民到于今受其赐。微管仲，吾其披发左衽矣。岂若匹夫匹妇之为谅也，自经于沟渎，而莫之知也。"《史记·齐太公世家》：桓公曰："寡人兵车之会三，乘车之会六，九合诸侯，一匡天下。"

⑪昔桓公夺大夫伯氏所食之骈邑三百户以封管仲，后来伯氏穷约，所饭不过疏食，至没齿终无怨恨：骈邑，古地名，在今山东省临朐县。此事于史无见。可以据相关材料推测为二：一是管仲推行罚金赎罪的治政方式，以使齐国国力迅速壮大，而齐国大夫伯偃，用人不当，致使采邑内政混乱，被管仲依法罚没；二是依据《荀子·仲尼》文中"与之书社三百"解析，齐桓公非常敬重管仲，因此国人也都非常敬重他，即便是把三百书社的土地和人口分封给他，人们也都没有意见。穷约：贫困，贫贱。

⑫一字之褒贬：指对人评价用词准确，且含义丰富，在客观论述的基础上又寓有清晰的价值判断和好恶情绪。《春秋》用笔严谨，褒则称字，贬则称名，其引文用笔，常用一字寓意褒贬。因称"春秋笔法"。西晋杜预《春秋经传集解序》："《春秋》虽以一字为褒贬，然皆须数句以成言。"

⑬公论：公正之论。
⑭方人：评价他人。
⑮易易：简易，容易。

【译文】

　　这一章是孔子根据各个人物的情况进行品评，以此来昭示万世不易的公道。

　　春秋时，郑国的子产，楚国的子西，齐国的管仲，都是贤士大夫。子产执掌郑国政治，能够宽猛相济，铸造写有刑法的青铜鼎器来严明法律，警告民众，看似严峻苛严，但实际上也是一种慈爱。一天，有人向孔子问起子产的为人，孔子就说：子产的恩德广为覆盖，国人对他传颂不绝，他算得上是个惠爱之人了。

　　子西是楚平王的庶子，名申，能够逊让王位给昭王，又能够修改治国政策来使饱经战乱的楚国安定下来，其所行事虽然有可取之处，却不能顺势改变楚国僭号称王的痼弊，这也是其不足之处。所以当有人问及子西这个人怎么样时，孔子不置可否，只是说"这个人啊，这个人啊"，就避而不谈了。

　　因而又问起管仲。管仲辅佐齐桓公一匡天下，于齐国而言居功至伟。孔子说：只举一个例子，就知道这个人怎么样了：当年齐桓公夺取供养大夫伯偃的骈邑，有三百户的土地和人口之多，来封赐管仲，而致使伯偃只能粗茶淡饭地过活，但是伯偃直到终老都没有一句怨言。如果不是欣服管仲的功绩，又怎么会做到这样呢？

　　三个人名噪一时，但优缺点各不相同。孔子用一字寓褒贬的方式对他们的生平进行精准的评价，历史也依此对他们给予公正定论。然而，评价人难道是一件很容易下结论的事情吗？

【评析】

　　在孔子之时，子产、子西和管仲三人是大名鼎鼎的政治家。子产和子西与孔子的生时有交集，而管仲则早于孔子一百年。孔子应该非常关切这三个人的为政品格和事功，并以之为话题，与他人反复围绕其人其事展开讨论，以此彰显并推广自己的政见。

　　尽管孔子的评价具有很高的水准，但他并非只是想就事论事来表现自己的见解有多么高明；渴求施行仁政，恐怕更是孔子关注这三个人的直接动机。所以当谈论起这些握有实权的政治家时，孔子难免会有几分"酸葡萄"心理，这特别体现在对子西评价的缺位上。《解义》认为他不对子西进行具体评论，是因为不满于子西未能改变楚国僭号称王的历史遗留问题。但实际上，孔子本人的政治轨迹正是因为子西的干扰而发生了改变，使他失去了一次非常难得的机会，这或许才是他对子西避讳不谈的真正原因。事见《史记·孔子世家》：

> 昭王将以书社地七百里封孔子。
> 楚令尹子西曰："王之使使诸侯有如子贡者乎？"
> 曰："无有。"
> "王之辅相有如颜回者乎？"
> 曰："无有。"
> "王之将率有如子路者乎？"
> 曰："无有。"
> "王之官尹有如宰予者乎？"
> 曰："无有。"
> "且楚之祖封于周，号为子男五十里。今孔丘述三五之法，明周召之业，王若用之，则楚安得世世堂堂方数千里乎？夫文王在丰，武王在镐，百里之君卒王天下。今孔丘得据土壤，贤弟子为佐，非楚之福也。"
> 昭王乃止。
> 其秋，楚昭王卒于城父。

从子西这个人对孔子的防范来说，孔子的不幸，正在于他的优秀——孔门师徒所具备的能量，已然让诸侯感到威胁，因此他们自然不愿意"引狼入室"，让孔子有施展抱负的一线机会。

孔子曾言"君子喻于义，小人喻于利"（[里仁第四·十六]），君子什么事情都会联系到道义，并按照道义的原则做事；小人什么事情都会联系到利益，并尽可能牟取个人的实惠。而孔子与子西的遭遇，正是这句话的现实写照。孔子虽然极仁爱，极智慧，却也缺乏这样的权利视角和实操经验，所以当他面对子西的拒斥和排挤时，自然是始料不及而终究无法释怀的。这个心理阴影或正潜藏在孔子对子西未置一词的缺位评价之中。

【标签】

子产；子西；管仲；伯氏；惠人

十

【原文】

子曰："贫而无怨难，富而无骄易。"

【解义】

此一章书，是就常情事势论处境之难易也。

孔子曰：凡人境遇之来，最易摇撼，非有深心大力①，未免境与情迁。如处贫者，困顿拂抑②，易起怨尤③；非真能乐道、悠然自得者，即安义命④，难免怨嗟⑤，可见处逆境为最难。若处富者，只谦虚收敛，不存骄肆⑥之念，便能以礼自持，可见处顺境为最易。

夫人能处逆境者，或能处顺境；能处顺境者，未必尽能处逆境。所贵操守有素，外遇不累其心；恬淡自安，物欲不移其志。斯可以贫，亦可以富。人何可不勉其所难，而又何可忽其所易哉？

【注释】

①深心大力：坚定的意志，持久的力量。
②拂抑：遇挫。拂，违背，不顺。抑，抑制，阻止。
③怨尤：埋怨责怪。
④即安义命：乐天知命，随遇而安。义命，正道，天命。
⑤怨嗟：怨恨叹息。
⑥骄肆：骄纵放肆。

【译文】

这一章，根据人之常情和事之常态来谈论处境的难与易。

孔子说：人往往受境遇的驱使，如果不是有很强的定力和毅力，恐怕心境就会随着境遇而发生变化。贫穷者处于贫困或遇挫的状态，就容易心生埋怨和责怪；如果不是真的能够乐天知命、悠然自得的人，就无法听天由命，不免埋怨嗟叹，可见身处逆境是最为艰难的。如果身处富贵，只需要内心谦虚而行为收敛，不怀有骄纵放肆的念想，就能够用礼仪来约束自己，由此可见处于顺境是最为容易的。

一个人从逆境到顺境容易，从顺境到逆境，那就困难了。重要的是，要坚持操守,不因为身外所遇的环境而动心,能够始终恬淡安然;也不因为各种物欲而动摇自己的意志,既可以处贫,也可以安富。人在困境中自然要倍加自勉,而在顺境中,又岂可轻视对礼仪的遵守呢?

【评析】

这一章《论语》,单从文辞形式上来看,或因过于简洁和对仗而显得绝对。其实这不过是一种互文结构,重在提出"贫""富"/"无怨""无骄"/"难""易"等三组为道须面对的主客观条件、状态或表现,表示一种对比形式,从而富有张力,而不是把单一方面绝对化,仅从字面意思来理解。其中"贫""富"只是虚设条件,"难""易"只是可行程度,然重要的是无论何种情况下都要努力做到"无怨"和"无骄",这样才是君子之风,为道者的典范。冯梦龙、唐文治二人对本章所解最为简明:

吾人实地学问,必须从世味磨炼过来,方有得力处。处贫处富,只是一个道理。却将无怨无骄分别个难易出来,要人当身体验,造到处一化齐地位。❶

朱注:"处贫难,处富易。"愚案:圣人非泛论难易也,欲人勉为尽性知命之学也。❷

道德是一种价值自觉。高度自觉者可以价值理性驾驭工具理性,从而实现更高层次的人生价值。孔子寄希望于君子人格,但也不脱离现实盲目高蹈,而是提醒人们做好克制功夫。从这一层面而言,本章表达虽简,用词虽平,但极富张力,巧妙将价值诉求与人格砥砺等多种元素寓托其中,内涵充实而完满。

《论语》此类形式章句比比皆是,理解此形式所具有的包蕴性,就会明白:它们不过是一种提醒,而远非结论;结论总是在每个人向善好学的实际行动中。

【标签】

贫;富;教化;价值;正名

---

❶ 〔明〕冯梦龙:《四书指月》,《冯梦龙全集》第 21 册,李际宁、李晓明校点,江苏古籍出版社 1993 年版,第 165、197 页。

❷ 唐文治:《四书大义》,上海交通大学出版社 2016 年版,第 423 页。

【原文】

子曰："孟公绰为赵魏老则优,不可以为滕、薛大夫。"

【解义】

此一章书,是论用人者当因材器使也。

孟公绰①是鲁大夫,赵、魏是晋之世卿②。

孔子曰:人之材器③各有所宜,用人者尤当量能授职。如孟公绰,为人可云廉静寡欲④,是宜简而不宜繁者,使为家臣⑤之长,端谨⑥率属,即赵、魏大家,亦为之而有余。若夫大夫,则必任一国之政,非有理繁治剧⑦之才者,难以胜任。即如滕、薛小国⑧,征伐朝聘⑨,其政亦繁,恐非公绰之所长也。

然则人各有能、有不能,用得其当,皆可随事⑩以奏功⑪;用不得其当,必致因循⑫而丛脞⑬。知人善任,是在图治者加之意而已。

【注释】

①孟公绰:鲁国大夫,三桓孟氏族人,《史记·仲尼弟子列传》说他是孔子所尊敬的人。《左传·襄公二十五年》记载他准确预警崔杼弑君之事。

②赵、魏是晋之世卿:世卿,世代承袭为卿大夫。晋文公时设立三军六卿,即每军设将、佐各一名,依次为中军将、中军佐、上军将、上军佐、下军将、下军佐,其中,中军将为正卿,执政晋国。六卿出将入相,掌管晋国军政大事。六卿采用世袭制,主要由晋国狐氏、先氏、郤氏、胥氏、栾氏、范氏、中行氏、智氏、韩氏、赵氏、魏氏等十一个世族所把持,并控制晋国政局。后经过激烈兼并,到春秋晚期只剩下赵、魏、韩、范、智、中行氏六家,变成了名副其实的"六家"之"六卿"。春秋末期,范氏、中行氏两家被灭,晋国只剩下智、赵、韩、魏四家卿大夫,其中以智氏最强。晋阳之战(公元前455年)后,智氏被其余三家消灭,此后只剩下韩、赵、魏三家。公元前403年,由周威烈王册命,韩、赵、魏正式成为诸侯国,史称"三家分晋",标志着中国由春秋时代转变为战国时代。孔子言时,应指赵、魏、韩三家掌握晋国政权时期。三家势力,以韩最弱。

③材器:才能与器识。

④可云廉静寡欲：［宪问第十四·十二］："公绰之不欲"。廉静，秉性谦逊沉静。

⑤家臣：春秋时各国卿大夫的臣属。卿大夫家的总管叫宰，宰下又有各种官职，总称为家臣。后亦泛指诸侯、王公的私臣。

⑥端谨：端正谨饬。

⑦理繁治剧：同"剚（shí）繁治剧"，裁处繁剧的政务。

⑧滕、薛小国：周代诸侯国，在今山东省枣庄市的滕州、薛城一带。

⑨朝聘：古代诸侯亲自或派使臣按期朝见天子。春秋时期，政在霸主，诸侯朝见霸主，亦称朝聘。《礼记·王制》："诸侯之于天子也，比年一小聘，三年一大聘，五年一朝。"郑玄注："比年，每岁也。小聘，使大夫；大聘，使卿；朝，则君自行。然此大聘与朝，晋文霸时所制也。"

⑩随事：随便地，毫不经意地。

⑪奏功：收效，成功。

⑫因循：流连，徘徊不去。

⑬丛脞：琐碎，杂乱。脞，音 cuǒ。

【译文】

这一章是说，用人当根据其才能进行使用。

孟公绰是鲁国的大夫，赵氏和魏氏是晋国的世卿。

孔子说：才能与器识因人而异，任用人员也应量能授职。就像孟公绰，他为人清心寡欲，谦逊沉静，适合处理简要的事务，而不适合处理繁杂的事务，因此让他统领家臣，端正谨饬以引导众人，即便是在像晋国赵氏、魏氏那样的大国大家，也会得心应手，绰绰有余。如果是作为一个大夫，执掌一个国家的政务，须有删繁就简、理繁治剧的才干，不然就难以胜任。即便是像滕国、薛国那样的小国家，麻雀虽小而五脏俱全，需要应对征伐和朝聘等各种政务，事无巨细，都要打理，这恐怕是孟公绰所不擅长的。

然而人各有所长，也各有其短，任用得当，就可以立竿见影，卓见成效；任用不当，反而会使工作治丝益棼，止步不前。对于知人善任之事，治政者要更加重视才是。

【评析】

熊召政在其读史笔记《看尽西风木槿花》一文中，感慨于刘伯温的生平，认为：

在顺世中得宠的，多为三流人才；而在乱世中的成功者，则非一流人才莫属。顺世与乱世，人才的取向不同，质量也不同。够得上英雄级别的人，最好的生活环境便是乱世。❶

此言有理，但又有些粗疏。我们看，在春秋战国时期，各国诸侯大夫彼此竞夺，人才的选用关系到统治者自身及政治集团的生死存亡，所以在位者非常注重选人用人，作为紧俏的买方市场，人才往往可以恃才傲物，从容"就业"。像孟尝君任用冯谖，在冯谖不断升级个人配套条件的情况下，仍然耐心满足他，冯谖在最为关键的时刻也帮助孟尝君解决了重大危困。（见《战国策·齐策》）另外如大家所熟知的刘备"三顾茅庐"的著名故事，以"皇叔"之高贵身份延请一介书生诸葛亮出山相助。这在社会和平的语境下，几乎是不可能的。

其实，在任何时候，一流人才都是社会最为需要的，也都是统治者所关注的焦点，但是只有服从统治者意志和需要者才被视为人才，无论是顺世还是乱世，一流还是三流。

孔子对孟公绰的评论，不知道是在什么样的背景下发生的。仅从字面上来解读，感觉孔子只是想通过孟公绰任职之事来表达希求才德与职位相匹配的观点，而对其本人其实并无刻意褒贬之心。或许是有人想让孟公绰去管理鲁国的小型附属国，孔子从性格和能力两个方面来评断，认为孟公绰并不适合这项工作。在孔子那里，为政都要认真以待而不分大小——因为日常即政治，皆关乎大体，"是亦为政，奚其为为政"（[为政第二·二十一]），所以不可小觑；同时，为政又关乎民生，苛政猛于虎，一枝一叶总关情，即便是小国小邦，也不能任用庸才，敷衍了事。不管宰牛还是杀鸡，都得用上牛刀；不管是治大国还是理小家，都得任用君子仁人。这就是孔子仁政理想下的人才观。

【标签】

孟公绰；人才；廉静寡欲

---

❶ 熊召政：《看尽西风木槿花》，见熊召政《百年明朝一鉴开》，中国友谊出版公司2018年版，第61页。

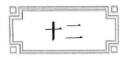

【原文】

子路问成人。子曰:"若臧武仲之知,公绰之不欲,卞庄子之勇,冉求之艺,文之以礼乐,亦可以为成人矣。"曰:"今之成人者何必然?见利思义,见危授命,久要不忘平生之言,亦可以为成人矣。"

【解义】

此一章书,是孔子告子路以人道之全与人道之难也。

子路问孔子曰:人生天地,兼体三才,①必如何可以为成人②?

孔子曰:成人亦难言矣。盖人之气禀③不同,全在优于学问④,或有一技之材而不能兼⑤,或有各足之材而不能化⑥,皆不可以为成人。必如臧武仲之智⑦,足以穷理;公绰之廉⑧,足以养心;卞庄子之勇⑨,足以力行;冉求之艺⑩,足以应事⑪。四者既已兼备,而又各就所长,节之礼以得其中正,和之乐以去其驳杂,⑫则气质⑬陶镕⑭,化其才智技俩,而归于德性,虽不可以为圣,而亦可以为成人矣。若夫今之成人,何必如此?果能见利思义而临财毋苟得,见危授命而临难毋苟免,⑮平日期许之言始终践之不逾——有是忠信之实,虽未能得人道之全,而本性⑯无亏,亦可进于成人之域也。

盖圣人立教⑰,止论学问,不论质地⑱。质地存乎天,而学问存乎人。子路忠信勇敢,有兼人⑲之才,所少者学问之功耳,故孔子以此勉之。然则变化气质⑳,尤学者之急务哉!

【注释】

①人生天地,兼体三才:三才,指天、地、人。《周易·说卦》:"是以立天之道曰阴与阳,立地之道曰柔与刚,立人之道曰仁与义。兼三才而两之,故《易》六画而成卦。"

②成人:意谓成德之人,即德才兼备的人,犹完人。自本章孔子提出理想的和现实的两种不同"成人"标准发凡,延伸为儒家关于人格培养的学说。战国末荀子以"德操"为"成人"的基本要求:"德操然后能定,能定然后能应,能定能应,夫是之谓成人。"(《荀子·劝学》)视"成人"为内自定而外应物的全德者。后儒沿用此语,其内容则随各家所持价值标准

之不同而异。南宋朱熹以为:"成人,犹言全人","浑然不见一善成名之迹,中正和乐,粹然无复偏倚驳杂之","非圣人之尽人道,不足以语此"(《论语集注》)。并以"醇儒"为"成人"的唯一标准。陈亮不同意朱熹之说,指出:"亮以为学者,学为成人。而儒者亦一门户中之大者耳。秘书(朱熹)不教以成人之道,而教以醇儒自律,岂揣其分量则止于此乎?"认为诸儒所谓"才德双全,智勇仁义交出而并见者",虽亦可为"成人","但有救时之志,除乱之功,则其所为虽不尽合义理,亦不自妨为一世英雄"(见朱熹《答陈同甫书》八)。❶

③气禀:亦称"禀气",指人生来对气的禀受,从某种程度上决定了人与人后天的差别。详参本书［为政第二·九］同名词条注释。

④学问:学习和询问(知识、技能等)。《周易·乾》:"君子学以聚之,问以辩之。"

⑤兼:兼备,同时具有或涉及几种事物或若干方面。

⑥化:此指依道德而变化自身,使发生根本改变。《礼记·中庸》:"动则变,变则化,唯天下圣诚为能化。"孔颖达疏:"初渐谓之变,变时新旧两体俱有,变尽旧体而有新体谓之为化。"

⑦臧武仲之智:其人其事参［宪问第十四·十四］注释①和③,以及本章"评析"部分孔子对其评价。

⑧公绰之廉:参［宪问第十四·十二］,指孟公绰之廉静寡欲。

⑨卞庄子之勇:卞庄子以勇著称。《春秋后传》载卞庄子勇可斗虎。《荀子·大略》称,"齐人欲伐鲁,忌卞庄子,不敢过卞"。《韩诗外传》:卞庄子好勇,母无恙时,三战而三北,交游非之,国君辱之,卞庄子受命,颜色不变。及母死三年,鲁兴师,卞庄子请从,至,见于将军,曰:"前犹与母处,是以战而北也辱吾身。今母没矣,请塞责!"遂走敌而斗,获甲首而献之,请以此塞一北。又获甲首而献之,请以此塞再北。将军止之曰:足。不止,又获甲首而献之曰:请以此塞三北。将军止之曰:"足,请为兄弟。"卞庄子曰:"夫北,以养母也。今母殁矣,吾责塞矣。吾闻之:节士不以辱生。"遂奔敌,杀七十人而死。君子闻之曰:"三北已塞责,又灭世断宗,士节小具矣,而于孝未终也。诗曰:'靡不有初,鲜克有终。'"(此典亦见于《新序》)。对卞庄子有较细致记载,然亦多批评之意。然卞庄子事并未见于《左传》,故其事存疑。因有学者认为卞庄子与孟庄子事迹多相

---

❶ 该词注释参《中国哲学大辞典》,上海辞书出版社2014年版,第82-83页。有改动。

近，为同一人。庄子封邑在卞，故又以卞为氏。而子路是卞地人，属于卞庄子的邑民。概卞地多好勇武精神，而孔子以子路同乡诫勉之。

⑩冉求之艺：指冉求精通经济管理，具有理财理政之能。

⑪应事：处理世务；应付人事。

⑫节之礼以得其中正，和之乐以去其驳杂："得其中正……去其驳杂"，乃化用《周易·乾·文言》语句："大哉乾乎！刚健中正，纯粹精也。"（伟大的上天！真正是刚强、劲健、适中、均衡，达到了纯粹精妙的境地。）可详参本书［泰伯第八·八］"纯粹"词条注释。

⑬气质：指人的生理、心理等先天秉性。出自张载《经学理窟·义理》："为学大益，在自求变化气质。"，可详参本书［子路第十三·二十七］"变化气质"词条注释。

⑭陶镕：陶铸熔炼。比喻浸润，影响。

⑮见利思义而临财毋苟得，见危授命而临难毋苟免：《礼记·曲礼上》："临财毋苟得，临难毋苟免。"（面对财货，不该取得的，绝不取得；面对危难，不该逃避的，绝不逃避。）苟得，不当得而得。孔颖达疏："非义而取，谓之苟得。"

⑯本性：此处指完美之人的基本品格。

⑰立教：树立教化；进行教导。

⑱质地：指人的品质或素质。

⑲兼人：胜过他人；能力倍于他人。［先进第十一·二十二］："求也退，故进之；由也兼人，故退之。"

⑳变化气质：学习可使改变人的先天禀性，使之向善。出自北宋张载《经学理窟·义理》："为学大益，在自求变化气质。"详参本书［子路第十三·二十七］同名词条注释。

【译文】

这一章是讲，孔子告诉子路完善为人之道的重点和难点。

子路向孔子请教说：人生天地之间，兼具天地的品格，要怎样才能成为一个完美的人呢？

孔子告诉他：如何成为完美的人是很难讲的。每个人的先天禀赋并不一样，关键在于是否掌握精进学问之道，而如果仅仅掌握一技之长而不能兼备其他才能，或者是怀有多项才能但仍不能德化而融通，都无法成为完美之人。（要想成为完美之人，）就一定要拥有臧武仲那样智慧的眼光，才能够穷通事理；具有孟公绰那样廉静的气质，才能够修身养性；具备卞庄子勇敢的品格，才能够身体力行；掌握冉求那样多样的才干，才能够应对诸事。如果能够同时具备这四个方面，又能够突出其专长的一面，并用礼制来约束克制，使其至中至正，用音乐来熏陶调和，使其精纯完美，就会使其心性气质得到陶铸熔炼，将所有的才智和技巧，都归于德性的统领之下，这样虽然还未能达到圣人的境地，但是已经可以称得上是完美之人了。退一步讲，对当今的完美之人，也不必如此期许。如果真的能够见利思义，面对财货能够适可而止而非贪得无厌，能够见危授命，面对危难能够挺身而出而非临阵脱逃，对平日所承诺的话能够坚持履行而不违背——做到这样的忠诚与信实，即便还算不上是全备了为人之道，但已经基本具备成为完美之人的品格，也算是达到完美之人的境地了。

大概圣人树立教化之道，重在以学问成全人，而不偏向于先天禀赋。先天禀赋是天命所赋，而学问之道是靠人自觉。子路其人忠信而勇敢，有过人之才干，只是还欠缺学问之功，所以孔子用这番话来勉励他。然而，学者正是需要通过学问来改变先天气质以健全自身啊！

【评析】

《解义》所讲的是对四个人取其所长，而结合其人其事，笔者以为《论语》原意更是偏向于避其所短。因为四人虽然有其优长，但须辩证去看其优长，而只有避免被这些优长所遮蔽中隐藏的缺陷，才能真正"成人"。

对于臧文仲，孔子称其"知"，实则是对其进行否定而非肯定。《左传·襄公二十三年》中孔子评价他说："知之难也。有臧武仲之知，而不容于鲁国，抑有由也。作不顺而施不恕也。"（真智慧并不容易做到。臧武仲算是聪明人了，却不能在鲁国容身。如果分析原因的话，他不顺应道理、不公正待人，恐怕不能算真正有智慧吧。）

从［宪问第十四·十一］来看，孟公绰在官场做个"花瓶"，倚老卖老还可以，但是无法操作实务，应对实战。所以他的"廉静""无欲"可谓有自知之明，但于社会实际无甚裨益，故亦无足称道。

卞庄子虽勇，但于母亲在世时经常战败，而于母亲去世后因无所挂念而骁勇奋战，连胜之后仍不停歇，最终战死沙场。其孝则孝矣，勇则勇矣，但或过于拘束，或过于激烈，最终连自我保护都做不到，不符合中庸精神，因此也就只能说他愚孝愚勇了。

冉求多才多艺，精通管理和经济，但是甘当季氏的爪牙，只是一味地帮助季氏敛财致富，气得孔子要发动弟子们鸣鼓而攻之。（［先进第十一·十七］）如果才艺用错了地方，只能是倒行逆施，助纣为虐，于社会来说，反倒不如一无所能、毫无所长。

这四个人每个人都有过人之处，但是对这些优长也需要仔细审视和有所取舍，也才称得上是成人。《解义》亦不受原文束缚，强调要通过学习来弥补先天禀赋之不足，使每个人都有成长为"成人"的机会，给人以极大的平等和自信，这也正是儒家倡导学习的本原之义。因此反复体味本章，倒是可以回归到人们所熟知的夫子的名言：

子曰："三人行，必有我师焉；择其善者而从之，其不善者而改之。"（[述而第七·二十二]）

在极少人、极小机会、极短时间的情境中，仍要抓紧一切机会随时随地向别人学习，并坚持改正不足，以成就君子品格。而君子品格则是"成人"的基准；以"成人"而成就世界，则是孔子的"大同"理路。由此而言，"学"虽似纯属个人"私事"，然关系人类社会之大局，意义重大而关涉深远。

2018年在北京召开的第24届世界哲学大会，以"学以成人"为主题展开全方位的哲学研讨，"努力面对全球文明发展过程中所产生的矛盾、冲突、不平等以及不公正等重大问题，在科学技术同质化和文化多样性之中，以哲学的智慧开启人类的新思维"[1]。其主题或源于此，也正是回归儒家为学之道来反思哲学，寻找儒学在学术研究全球化进程中的启示意义。面对"有关自我、社群、自然、精神、传统和现代性的根本问题"[2]，儒家为学成人之道，于当今世界或仍是兼备理论与实践意义的思想强音。

【标签】

臧武仲；孟公绰；卞庄子；冉求；成人；气禀；学问；变化气质

---

[1] 来源："第24届世界哲学大会"主题网站，网址：http://wcp2018.pku.edu.cn/index.htm。

[2] 来源："第24届世界哲学大会"主题网站，网址：http://wcp2018.pku.edu.cn/index.htm。

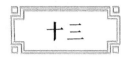

十三

【原文】

子问公叔文子于公明贾曰："信乎，夫子不言，不笑，不取乎？"

公明贾对曰："以告者过也。夫子时然后言，人不厌其言；乐然后笑，人不厌其笑；义然后取，人不厌其取。"

子曰："其然？岂其然乎？"

【解义】

此一章书，见随时处中①之不易也。

公叔文子②，卫大夫公孙枝。公明贾③，亦卫人。

孔子问公明贾曰：天下过情④之名固不可以居躬⑤，而矫情⑥之事亦非所以垂训⑦。涵养造诣，贵核其真；评论品题⑧，务期于当。当时⑨之人以"不言、不笑、不取"称文子，信有之乎？

公明贾曰：言、笑、取、予，吾人处己接物⑩之常，岂有全然不言、不笑、不取者？是亦言者之过也。吾夫子非不言，不过言不妄发，发必以时，故人不厌其言，而遂称为不言；夫子非不笑，不过一哂⑪一笑，乐得其正，故人不厌其笑，而遂称为不笑；夫子非不取，不过凡所当取，必揆⑫于义，故人不厌其取，而遂称为不取耳。

孔子疑而诘⑬之曰：时言、乐笑、义取，果其然乎？此非义理充溢于中、举动合宜于外者，不能随时合节⑭——汝夫子其⑮信然⑯乎？

孔子不正言其非，而姑为疑信之词以折⑰之，圣人勉人为善之怀，不大可见哉？

【注释】

①随时处中：朱熹《中庸章句》：仲尼曰："君子中庸，小人反中庸。中庸者，不偏不倚、无过不及，而平常之理，乃天命所当然，精微之极致也。惟君子为能体之，小人反是。君子之中庸也，君子而时中；小人之中庸也，小人而无忌惮也。"王肃本作"小人之反中庸也"，程子亦以为然。今从之。君子之所以为中庸者，以其有君子之德，而又能随时以处中也。小人之所以反中庸者，以其有小人之心，而又无所忌惮也。盖中无定体，随时而在，是乃平常之理也。君子知其在我，故能戒谨不睹、恐惧不闻，

而无时不中。小人不知有此,则肆欲妄行,而无所忌惮矣。

②公叔文子:公叔文子,名拔,或作发,《解义》认为其名为枝。清江永《四书古人典林》:"公叔文子,名发,《礼记注》作拔。《集注》名枝,字之误也。"概《解义》承袭了《集注》的错误说法。公叔文子单谥为"文",全谥为"贞惠文",世称"公叔文子",乃卫献公之孙,又称公孙拔。《礼记·檀弓下》:公叔文子卒,其子戍请谥于君,曰:"日月有时,将葬矣,请所以易其名者。"君曰:"昔者卫国凶饥,夫子为粥与国之饿者,是不亦'惠'乎?昔者卫国有难,夫子以其死卫寡人,不亦'贞'乎?夫子听卫国之政,修其班制,以与四邻交,卫国之社稷不辱,不亦'文'乎?故谓夫子'贞惠文子'。"[宪问第十四·十八]:公叔文子之臣大夫僎与文子同升诸公。子闻之,曰:"可以为'文'矣。"

③公明贾:卫国人,称公孙文子为"夫子",或为其家臣。贾,音 jiǎ。(采杨伯峻《论语译注》注音。)

④过情:超过实际情形,言过其实。

⑤居躬:自居。

⑥矫情:谓故违常情以立异。

⑦垂训:垂示教训。

⑧品题:评论人物,定其高下。

⑨当时:当今。

⑩处己接物:处己待人。

⑪嚬:同"颦",音 pín,皱眉。

⑫揆:揣度,揣测。

⑬诘:追问。

⑭随时合节:与时势要求相一致,中规中矩。

⑮其:副词,表诘问,犹岂,难道。

⑯信然:确实如此。

⑰折:责难,指出别人的错误或缺点。

【译文】

这一章是说,并不容易做到随时随地都适中合道。

公叔文子,即卫大夫公孙枝。公明贾,也是卫国人。

孔子向公明贾询问道:天下人所指称的言过其实的名誉自然不能靦颜自居,与实情不符的事情也难以垂训示范。对于个人的涵养和造诣,重要的是要审核为真;对于他人的品评判断,务必做到严谨公正。当今人们称赞他"不言、不笑、不取",的确有这回事吗?

公明贾回答:言说、嬉笑、获取和给予,这都是我们为人所为人处世的日常行为,哪有完全不言说、不嬉笑、不获取的呢?这恐怕是传言有误吧。我们的夫子并非不言说,只是不妄发言论,而是适时而发,所以人们不会觉得他说的多余,因而称赞他"不言";夫子并非不嬉笑,只是一皱眉一嬉笑之间,都能因乐而发,所以人们不会觉得他笑的过分,因此就称赞他"不笑";夫子并非不获取,只是在应该获取的时候,仍然揣度是否合乎道义,所以人们不会觉得他取的不公,因此就称赞他"不取"。不过如此罢了。

孔子不禁产生疑问:你们的夫子适时而言,因乐而笑,遵义而取,果真是这样的吗?如果不是内心满怀仁义道理,而外在行为符合礼节,就不可能做到这样中规中矩——你们的夫子难道真的如此吗?

孔子不直言公叔文子的过失,姑且只是用质疑的言辞进行责难,这也是与人为善之举啊。这种情怀,一般是见不到的吧。

【评析】

这一章难免令人费解,因为孔子在这个记述中表现得相当轻薄。且不论公叔文子其人如何,但至少公明贾的表述是可圈可点的:一是尽力去解除传言所造成的谜团,而不是添油加醋,夸夸其谈;二是其所描绘的是一个守时、慎言、真诚的人物形象,这个形象对于一般人来说已经是难能可贵了。公明贾的表述起码证明其本人的认识是具有相当高度的,即便现实中的公叔文子并未能真正做到如公明贾所言,但公明贾所描述的理想人格却足以证明其本人所怀有的极高层次的人格理想,因此我相信公明贾的表述起码是善意的而非矜夸的。

这一章恰可与[宪问第十四·二十五]对比阅读:

蘧伯玉使人于孔子。孔子与之坐而问焉,曰:"夫子何为?"对曰:"夫子欲寡其过而未能也。"使者出。子曰:"使乎!使乎!"

同样是当着臣下来评价对方的官长,应该说臣下的话语表达都是相当到位的,但是孔子对于二人的态度是极相反的。

仅从当前所能掌握的材料和语境来看,对于在对话中公明贾本人所表现出来的卓越的语言表达和认识能力,孔子罔顾人情,有失中庸,没有表现出起码的尊重,的确是一次比较糟糕的表现。

【标签】

公叔文子；公明贾

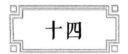

【原文】

子曰："臧武仲以防求为后于鲁，虽曰不要君，吾不信也。"

【解义】

此一章书，是诛鲁臣无君之心也。

臧武仲①，鲁大夫，名纥。防②是鲁封武仲所食之邑。武仲得罪于鲁，出奔邾，既而自邾归防，使人卑辞于鲁君，请立臧氏之后而后去，③似乎不忘先祀④，又请命⑤于君。后世之人将必以仲为贤矣。

孔子欲为后世人臣戒，而为诛心⑥之论曰：武仲求后之时，身居防邑，则以防而请后矣。窥其隐衷⑦，不过以君不遂其请，将据邑以叛，是要君以不得不从之势耳。⑧在武仲以为父兄之故，欲自讳其要君，而要君之迹昭然，谁能宽其罪而信之哉？

观孔子断武仲之罪如是之严，诛武仲之隐如是之确，《春秋》一字之贬⑨，为万世不易之经。人臣无将，将则必诛，⑩可不惧哉？可不戒哉？不然，一有无君之心，纵或幸逭⑪国法，漏脱一时，然得罪于名教⑫，得罪于神明，天下万世，人人得而诛之矣！

【注释】

①臧武仲：臧武仲，即臧孙纥（音 hé），又称臧孙、臧纥，谥"武"，臧文仲之孙，臧宣叔之子。鲁国大夫，封邑在防。

②防：臧武仲的封邑。今山东费县东北。

③武仲得罪于鲁……请立臧氏之后而后去：《左传·襄公二十三年》记载，臧武仲运用计谋帮助季武子废除了季武子的长子季孙弥的继承权，立季武子宠爱的季孙悼为季氏家族权力继承人，但同时得罪了季孙弥以及与之交好的孟孙家族。孟孙氏家族成员向季武子诬告臧武仲阴谋叛乱，季武子起初并不相信，但臧武仲听到这个消息后就暗中戒备，在出席孟孙氏葬礼时带上了披甲武士，多疑的季武子接到孟孙家人的再次诬告后竟信以为

真，愤怒地下令攻打臧武仲，臧氏和他的护卫们寡不敌众，只得奋力冲出鲁国国都曲阜，逃亡到邾国。防邑是臧氏家族的封邑。臧氏从邾国派遣使者带了大龟给他的异母弟臧贾，让臧贾向鲁国政府请求为臧氏家族"立后"来确保臧氏家族的权利。作为交换条件，臧武仲愿意舍弃防邑，流亡国外。据《春秋大事表·列国地名考异》记载，防距离齐国边境很近，鲁国不能失去这个战略要地。鲁襄公只能同意臧武仲的要求，册立了臧武仲的另一个异母弟臧为作为臧氏家族继承人，继承臧氏家族的宗祧。于是臧武仲离开防地，到了齐国。季孙氏也终于明白臧氏的无辜，与臧氏部属们盟誓，表示赞同臧氏"立后"的事实。

④先祀：对祖先的祭祀。

⑤请命：请求指示，表示愿意听命。

⑥诛心：揭露、指责人的思想、用心。

⑦隐衷：隐藏真情；不愿告人的心事。

⑧不过以君不遂其请，将据邑以叛，是要君以不得不从之势耳：此即本章原文"臧武仲以防求为后于鲁，虽曰不要君，吾不信也"句意。臧氏据防邑而"要挟"鲁君，既是事实，也是计谋，既是逼迫，也是妥协。孔子是从维护君主权威的角度来评论的，所以较为倾向于臧武仲所使用的是胁迫性的手段。此可详参本章注释③和评析部分。

⑨《春秋》一字之贬：《春秋》用笔严谨，褒则称字，贬则称名，其引文用笔，常用一字寓意褒贬。因称"春秋笔法"。西晋杜预《春秋经传集解序》："《春秋》虽以一字为褒贬，然皆须数句以成言。"

⑩人臣无将，将则必诛：无将，勿存叛逆篡弑之心。《公羊传·庄公三十二年》："君亲无将，将而诛焉。"《史记·刘敬叔孙通列传》："人臣无将，将即反，罪死无赦。"裴骃《集解》："臣瓒曰：'将，谓逆乱也。'"北宋苏辙《龙川别志》卷上："无将之戒，深著鲁经；不道之诛，难逃于汉法。"但"无将"一词也常被用反，称"无将之罪"，即谓心存谋逆之罪。《晋书·刘聪载记》："然后下官为殿下露表其罪，殿下与太宰拘太弟所与交通者考问之，穷其事原，主上必以无将之罪罪之。"

⑪逭：音 huàn，逃避。

⑫名教：指以正名定分为主的封建礼教。

【译文】

这一章讲的是，揭露鲁臣臧纥要君犯上的用心。

臧武仲，名纥，鲁国的大夫。防是鲁国封赐给他的采邑。臧武仲因为得罪了鲁国的权贵，逃到了邾国，又从邾国回到防，还派人到鲁君那里卑辞请求，希望能够让臧氏的后人承袭封邑，然后自己才离开，就好像是不敢舍弃宗族祭祀，还诚恳地向鲁君请求应允。后世之人恐怕一定会因此认为他是个贤良之人。

孔子为了让后世人臣引以为戒，于是就揭露臧武仲的真实用心，说：臧武仲求立臧氏后人的时候，他本人就在防地呢，（不是依靠空口文辞请求，而是）依凭占据了防地来申请。窥探其隐匿的心思，不过就是这样：如果国君不答应他，他就会依凭防地进行叛乱。所以这是凭恃占据要塞的形势来要挟国君，使他不能不答应。从臧武仲的角度来讲，他就是为了父兄家族，并讳言要挟国君的真实情况，但这种迹象已经非常明显了，这样谁能相信他，并认为他无罪呢？

我们看，孔子批判臧武仲的罪过是如此严厉，揭露臧武仲的隐恶用心是如此清楚，这是用了"春秋笔法"，一字为褒贬而成历史定论。人臣千万不能谋反叛逆，否则必遭诛伐，岂可不心存戒惧呢？岂可不心存戒惧呢？如果不这样，一旦心生犯上作乱的心思，哪怕能够逃脱一时的法律制裁，却逃不掉纲常礼教的批判，逃不掉上天神明的惩罚，恐怕是要声名狼藉，遗臭万年了。

【评析】

因为是给皇帝上课的讲义，所以这一章《解义》里，愚忠和教条的痕迹很是明显。如果还原为臧武仲其本人，恐怕他就不会这么轻易地表示忠心了。

他被人诬陷而被迫逃亡，只能凭借手中仅有的防地作为谈判筹码，来为族人博取一些本属于自身的利益，这又算得上什么叛逆呢？虽然他有倚势自傲、暗中威胁之嫌，但还是老老实实地向国君进行申请，得到国君的同意后，按照自己的承诺，逃亡到齐国去了。如若不然，他回到自己的封地，拥兵自重，在齐鲁两国之间进行挑拨，致使战乱和杀戮，对自身和鲁国又有何益？况且，在当时的政治环境下并无正义可言，谋臣只是权贵的一枚棋子，说起疑心就起疑心，说想杀你就马上动手，权贵们颐指气使，炙手可热，而臣子百姓跋前踬后，动辄得咎。即如在当时，君王失势，政在大夫，只是鲁君同意了臧武仲的请求，而如果季孙氏仍然质疑臧武仲的话，恐怕他还是难以达成心愿。无论怎样的说辞，所言有无道理，其实都是权力和势力说了算。

在当时的情况下，臧武仲只是巧妙地利用了手上的筹码，既维护了利益，又免于争战，两厢体面，既不失礼，也不失理——这实在堪称为政和生存的大智慧了。

政治本是利益关系的平衡术，臧武仲只是被迫放出"绝招"，以恶制恶而成功避险，可谓高明。虽然此举在孔子看来，只是耍小聪明，而且隐在冒犯了君臣之间应有的礼数，属悖逆之恶。但是如果抛开宣讲礼制宗法的心思，真正设身处地、将心比心地去看待这个问题，恐怕孔子就会得出不同的结论了。

【标签】

臧武仲；要君犯上；《春秋》；一字之贬

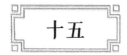

【原文】

子曰："晋文公谲而不正，齐桓公正而不谲。"

【解义】

此一章书，是孔子因事征心①，以发霸者之隐②也。

晋文公，名重耳。③齐桓公，名小白。④

孔子曰：吾观世运⑤，自帝降而王，王降而霸，⑥风愈下，则人心愈衰。然于短中取长，亦自有别。故五霸⑦之盛，莫如桓文⑧，论其心术，均非王道之正，而观其行事，亦有优劣之分：文公为人，不由正道，每以诈谋取胜，殆⑨诡谲⑩而不正；若桓公行事，仗义执言⑪，不由诡道，较之晋文则善矣，可谓正而不谲者乎！

春秋时，文公欲解宋围，必伐曹、卫以致楚；欲与楚战，又复曹、卫以携楚。⑫——何等诡秘阴险！桓公声罪伐楚，责包茅之不贡，⑬退师服楚，惟礼律之是遵⑭。——何等正大光明！

两人行事大概如此。

圣人一言可为千古定论矣。

【注释】

①因事征心：用事实来验证、考察其心理。

②发霸者之隐：发，揭露，暴露。霸者，即春秋五霸，亦即下文"五

霸"。《史记·十二诸侯年表》："以讨伐为会盟主，政由五伯。"唐司马贞《史记索隐》："伯，音霸。五霸者，齐桓公、晋文公、秦穆公、宋襄公、楚庄王也。"故一般采用司马贞《索隐》所列举的名位。此外各家也根据不同的标准对五霸进行"提名"：《荀子·王霸》：齐桓公、晋文公、楚庄王、吴王阖闾、越王勾践。西汉王褒《四子讲德论》（见于《文选》）：齐桓公、晋文公、秦穆公、楚庄王、越王勾践。《白虎通·号篇》：齐桓公、晋文公、秦穆公、楚庄王、吴王阖闾。《汉书注·诸侯王表》：齐桓公、晋文公、秦穆公、宋襄公、吴王夫差。但有史家认为在春秋的大部分时期，实际上的霸主都是晋国。"由于有晋国这样一个超级强国的存在（梁惠王说'晋国天下莫强焉'），所以北面可以阻止狄人的南侵，南面可以阻止楚人的北上，而西面也可以阻止秦人的东进（在那个时代秦经常是晋的同盟国而且只能以'遂霸西戎'为满足）。"❶ 所以，清人全祖望在《鲒埼亭集外编》中说："然则五霸之目，究以谁当之？曰齐一而晋四也。终晋之霸，由文襄至昭顷，凡十君，然实止四世。文公垂老而得国，急于求霸，既有成矣，而围郑之役，见欺于秦，此其所深恨也。幸襄公真肖子足以继霸，自灵以后而始衰成公，以邲之败几失霸，至景公而复振，至厉公而又衰，中兴于悼，其规模赫然有先公风，平公以后至昭顷，则无讥矣。故文也、襄也、景也、悼也。"即认为五霸为：齐桓公、晋文公、晋襄公、晋景公、晋悼公。当代著名史学家顾颉刚认为："晋文公的主要功绩是城濮之役遏住了楚国，使他们不得向北发展。晋襄公的主要功绩是崤之役遏住了秦国，使他们不得向东发展。有了他们父子，春秋时的中原诸国才获得休养生息的机会，才渐渐孕育了后来诸子百家的灿烂文化。"❷ 亦即肯定晋国对春秋时期的政治局面的掌控能力和作用。但无论何种说法，所有关于五霸的说法中，均肯定齐桓公和晋文公的霸主地位，二人亦被合称"齐桓晋文"。

③晋文公，名重耳：晋文公（前697—前628），姬姓，名重耳，是春秋时期晋国的第二十二任君主，公元前636年至前628年在位。重耳初为公子，谦虚而好学，善于结交有才能的人。在晋国骊姬之乱时被迫流亡在外十九年，直到公元前636年春，他在众人的劝说之下，才在秦穆公的支持下返回晋国，杀掉晋怀公夺取王位。他在位期间，重用狐偃、先轸、赵

---

❶ 钮先钟：《历史与战略：中西军事史新论》，广西师范大学出版社2003年版，第25页。

❷ 顾颉刚：《秦与晋的崛起和晋文公的霸业》，见《顾颉刚古史论文集》第二册，中华书局1988年版，第420页。

衰、贾佗、魏犨等忠诚于他而又有才干的人，实行通商宽农、明贤良、赏功劳等政策，设三军六卿（详参本书［宪问第十四·十一］"赵、魏是晋之世卿"词条注释），使晋国国力大增。对外联合秦国和齐国伐曹攻卫、救宋服郑，平定周室子带之乱，受到周天子赏赐。公元前632年，于城濮大败楚军，并召集齐、宋等国于践土会盟，成为春秋五霸中第二位霸主，开启了晋国长达百年的霸业。

④齐桓公，名小白：齐桓公（？—前643），姜姓，吕氏，名小白。春秋时齐国国君。公元前685至公元前643年在位。僖公之子，襄公之弟。为公子时因见内乱，离齐至莒（今山东莒县）。襄公被杀，齐之大夫迎立为君。即位后任用管仲，改革内政，国势强盛。桓公七年（前679）于鄄（今山东鄄城北）之会始称霸诸侯，奉行"尊王攘夷"政策。二十年，奉周王命讨伐卫国。二十二年，伐山戎，救燕国。二十五年，败狄救邢、卫二国。三十年，伐楚，与楚在召陵（今河南郾城东）结盟而还。三十四年，周因王子带争王位而起内乱，率诸侯会于洮（今山东鄄城西南），尊周襄王为王。次年，与诸侯盟于葵丘（今河南兰考东），规定与盟诸侯永保和好，维护等级制度。后又两次命诸侯戍周以御戎。因"尊王攘夷"而"九合诸侯"（实际上为十一次，"九"表多次，而非实指），是周王以外第一个号令天下的诸侯，故为春秋五霸之首。

⑤世运：时代盛衰治乱的气运。

⑥帝降而王，王降而霸：南宋陈亮《问皇帝王霸之道》："'一阴一阳之谓道'，而三极之立也：分阴阳于天，分刚柔于地，分仁义于人。天、地、人各有其道，则道既分矣。伏羲、神农用之以开天地，则曰皇道；黄帝、尧、舜用之以定人道之经，则曰帝道；禹、汤、文、武用之以治天下，则又曰王道；王道衰，五霸迭出，以相雄长，则又曰霸道。皇降而帝，帝降而王，王降而霸，各自为道，而道何其多门也邪？无怪乎诸子百家之为是纷纷也！"（《周易·系辞》上说"一阴一阳之谓道"，但是分为天、地、人三个极点：天含阴阳，地归刚柔，人存仁义。天、地、人各有其道，那么道就又有所区分了。伏羲、神农用来开天辟地，可称为"皇道"；皇帝、尧、舜用来经纶人道，可称为"帝道"；禹、商汤、周文、周武用来治理天下，可称为"王道"；王道衰落，五霸依次出现，各自雄长一时，则可称为"霸道"。皇道降格为帝道，帝道降格为王道，王道降格为霸道，时代不同，为道各异，可是怎么会有这么多的"道"呢？无怪乎会有诸子百家出现，众说纷纭，莫衷一是！）

⑦五霸：见本章注②"发霸者之隐"词条注释。

⑧桓文：即齐桓公和晋文公。
⑨殆：大概，几乎。
⑩诡谲：狡诈，狡黠；阴谋诡计。
⑪仗义执言：主持正义，说公道话。
⑫春秋时……又复曹、卫以携楚：此即晋楚争霸过程中的一段历史。晋文公重耳长期逃亡国外，宋、楚两国都曾经帮助过他。即位后，晋文公赏赐随从他流亡的臣属，并任用功臣，改革内政，扩充加强军队，使晋国财富充裕，国力强盛。晋文公四年（前633），楚成王和同盟诸侯因宋国背弃与其同盟关系，而派令尹子玉（芈姓，成氏，名得臣，字子玉。）率兵包围了宋国，宋国公孙固赶到晋国请求援助。晋文公听取狐偃的建议，攻打依附楚国的曹、卫两国，试图以此来吸引楚军，解除其对宋国的围困。晋文公五年（前632）夏，子玉派宛春与晋交涉：如果晋国答应让曹、卫复国，楚即解宋之围。此为子玉一石二鸟之策，如果晋国答应他的要求，则曹、卫、宋三国都会对楚国感恩戴德。如果晋国不答应他的要求，那么曹、卫、宋三国将会怨恨晋国。先轸则识破了子玉的计谋，并建议晋文公借机反制，一方面暗许曹、卫复国，劝其与楚绝交，孤立楚国，另一方面扣留楚使臣以激怒子玉，使其狂躁轻敌。最终，于当年四月，晋国与宋国、齐国、秦国联合，在城濮之战中战胜了晋国、郑国、陈国、蔡国的联合军队。使其成为晋楚争霸中的决定性一役。一个月后，晋文公主持践土之盟，在周襄王的许可下，成为春秋诸侯的霸主。（见于《左传·僖公二十七年/二十八年》《史记·晋世家》等）在针锋相对的斗争过程中，都是利用了计谋和争战来解决问题，而非依从礼制或公义来进行裁决，这与齐桓公解决对楚矛盾的方式判然有别，故为孔子所不许。致，招引，招致。必，连词，表示因果关系，犹则。携，提起，提着，此指挟制。
⑬桓公声罪伐楚，责包茅之不贡：公元前656年，齐桓公打着"尊王"的旗号，以楚国未能如期向周朝进攻祭祀用的包茅，和周昭王不明不白地死在汉水这两点为借口，率领齐、宋、陈、卫、郑、许、曹等国在侵占楚国附属国蔡国后，继续进攻楚国。楚王先是派使者找齐桓公评理，后又派大夫屈完（屈原）到联军中讲和。齐方展示了联军军力的强大，而屈完则秉持楚国防守的优势，并提出齐侯应以德服人。双方最终达成和解并盟誓。事见《左传·僖公四年》。
⑭惟礼律之是遵：倒装句，即"惟遵是礼律"，都是严格遵守礼法与刑律。

【译文】

这一章是说，孔子根据个人的行为事迹来考察其内心，揭露为霸者的隐秘。

晋文公，即重耳。齐桓公，即公子小白。

孔子说：我观察世代变化的规律，依然是从帝道降格为王道，王道降格为霸道，世风日下，人心不古。然而此过程中也有出类拔萃、与众不同者。所以，春秋五霸之中，最为兴盛强大的，当属齐桓公和晋文公。从他们为政的心术来说，都有挟持周王而号令天下之嫌，所以都不符合王道政治的要求，但是从他们的行为处事来说，两个人之间也有优劣之分：晋文公其人，做事不够正派，每次都是依靠计谋取胜，算得上是诡诈而不正直；而齐桓公行为处事，尚且能够仗义执言，而不使用阴谋诡计，比起晋文公来说，也还算是好的，可以称得上是正直而不诡诈了！

春秋时期，晋文公想解除楚国对宋国的围困，则要讨伐曹、卫两国来吸引楚国兵力；想要与楚国打仗，就暗地答应使曹、卫两国复国，以此孤立和挟持楚国——这种翻云覆雨的做法是多么诡秘阴险！齐桓公兴师问罪，指责楚国不进贡国家祭祀用的包茅；当楚国承认理屈，他便答应如期进贡就退兵，这些都是依照礼法和刑律进行的。——这种堂而皇之的做法是何等正大光明！

两人行为处事大概即是如此。

圣人这样一句话，足可以成为千古定论了。

【评析】

这一章所携带的历史信息量很大，因为涉及主导了春秋政治格局的两大历史人物，而孔子对他们的评价也确实在历史的长河中起到了"定调"的作用。因此，《解义》虽然并未直截地否定他们，但颇有微词。当然，这是揣度了孔子的意思之后的表现，因为孔子对春秋诸侯未能依从礼制来尊崇周王表示了极度的不满，所以，解义者在孔子貌似客观而谨严的评论笔法中，还是嗅到了批判的味道，并把它夸大了释放出来。

孔子的影响太大了，其一个简单的评价也会引发齿轮效应——在其身后，孟子、荀子等人纷陈王道霸业之利害得失，使"王""霸"被固化为典型而对立的政治模式，从而形成兴王抑霸的理想政治主张和德治传统。《解义》中只是简单引用了陈亮的文字，而实际上陈亮主张追求功利，其观点恰是对兴王抑霸这一儒学传统观念的巨大挑战，可谓标新立异，冒天下之大不韪。为坚持此说，他甚至与朱熹开展了三轮王霸义利之辨，使士林震动，聚讼纷纭。

义利之辨，乃关于道德行为与功利相互关系之辨析和争论。其说源远流长，可为之作小史也：《左传·昭公十年》："思义为愈。义，利之本也。"指出"义"既是"为愈（贤）"之依据，又是"利"之根本，认为义重于利。［里仁第四·十六］云："君子喻于义，小人喻于利。"将"义""利"对立作为区别"君子""小人"之道德标准。战国时期，墨子后学则以"义"为"利"，提出"义，利也"（《墨子·经上》）之义利统一观。孟子继承孔子之义利对立观，反对言"利"，主张存"义"（《孟子·梁惠王上》）。韩非子则提倡重"利"，谓"利所禁，禁所利，虽神不行"，指出"委利而不使进"，犹"为门而不使入"，是"乱之所以生也"（《韩非子·外储说左下》）。西汉董仲舒坚持儒家义利对立观，提出"仁人者，正其谊（义）不谋其利，明其道不计其功"（《汉书·董仲舒传》）。司马迁则认为，凡天下人，上自国君，下至百姓，无不谋利，故谓"天下熙熙，皆为利来；天下攘攘，皆为利往"（《史记·货殖列传》）。宋代理学家沿袭孔孟义利对立之说，谓"大凡出义则入利，出利则入义"（《二程遗书》卷十一），认为义利不可并存；又以"天理"为"义"，"人欲"为"利"，把儒家存义去利之说发展为"存天理，去人欲"。南宋时陈亮、叶适倡功利之学，反对理学家之义利观，主张"义利双行，王霸并用"（《陈亮集》卷十一），"既无功利，则道义者乃无用之虚语尔"（《习学记言》卷二十三），视"功利"为"道义"之本。明人李贽针对董仲舒"正其谊（义）不谋其利"，明确指出，"夫欲正义，是利之也；若不谋利，不正可矣。吾道苟明，则吾之功毕矣；若不计功，道又何时而可明也？"（《藏书·德业儒臣后论》）以义利统一观反对儒家关于义利对立之正统观点。清颜元更提出"盖正谊（义）便谋利，明道便计功……全不谋利计功，是空寂，是腐儒"（《颜习斋先生言行录·教及门》）。❶ 与朱熹论辩的焦点在于：朱熹崇尚夏商周三代，以之为天理流行，而闭口不谈汉唐功业，在于汉唐多有假借仁义而行其私之举。而陈亮则认为三代未必尽是天理流行，汉唐未必尽是人欲横行，"仁义背后或许隐藏了更多不为人知的意图；善未必是历史演变的动力与源泉，相反恶才是推动历史演变的根本力量；在人欲盛行的时代或许最为繁荣昌盛，而在天理流行的时代恰恰对人性残酷压制。"❷

---

❶ 参《中国历史大辞典》，上海辞书出版社2007年版，第3254—3255页。
❷ 曾誉铭：《义利之辨》，上海辞书出版社2017年版，第127页。

陈亮在《问皇帝王霸之道》中力陈事功的重要性,对于天下而言,应当王霸义利并重,以补救儒学尚道不尚事功的时弊,而这种也恰是针对宋朝积弊已久的时势国运,希望能够排除以事功为"王道之杂"的歧解观念,莫若义利王霸并用,以富国强兵,振弊兴衰:

本朝专用儒以治天下,而王道之说始一矣。然而德泽有余而事功不足,虽老成持重之士犹知病之,而富国强兵之说,于是出为时用,以济儒道之所不及。

因此,朱陈义利王霸之辨不仅是义理之学与事功之学的争辩,也是当时社会的"问题与主义"之争了。

【标签】

晋文公;齐桓公;陈亮;朱熹;正;义利之辨

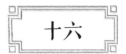

十六

【原文】

子路曰:"桓公杀公子纠,召忽死之,管仲不死。曰未仁乎?"子曰:"桓公九合诸侯,不以兵车,管仲之力也。如其仁!如其仁!❶"

【解义】

此一章书,是圣人就人论仁也。

子路曰:昔齐桓公小白出奔莒,其弟子纠奔鲁,争立为君。桓公归国杀其弟公子纠,缚召忽、管仲。召忽为子纠而死,独管仲不死,臣事桓公①,所谓"忘君事雠,忍心害理"②,得毋③心术之未仁乎?

孔子曰:稽古者当论其世,论人者难求其全。④昔桓公九❷合诸侯,不假兵车之力,而用衣裳之会,以大义率之,以大信一之,而诸侯服从,此管

---

❶ 如其仁!如其仁!:杨伯峻本作:"如其仁,如其仁。"并因王引之《经传释辞》注"如犹乃也"。孔子于此极力肯定管仲,语气强烈,《解义》以反问句式传述之,故本书均作感叹号。杨树达《论语疏证》、刘强《论语新识》亦用感叹号。

❷ 九:摘藻堂四库全书荟要本(同武英殿刻本)作"纠"。朱熹《论语集注》:"九,《春秋传》作'纠',督也,古字通用。"

仲之力也。⑤济人利物⑥，功莫大焉。以此观之，孰得而如管仲之仁？孰得而如管仲之仁？正不得以不死之故害其为仁也。

盖孔子特以忽⑦之功无足称，仲⑧之功不可没，固非与仲之生，而贬忽之死也。圣人权衡折中之论大率如此。不然，宋儒程子谓"宁可无魏征之事业，而不可无万世君臣之义"⑨，抑又何耶？

【注释】

①昔齐桓公小白出奔莒，其弟子纠奔鲁……臣事桓公：齐僖公禄甫生有三子二女（同父异母），长子诸儿（即后来的齐襄公），二子纠，三子小白（即后来的齐桓公），大女儿宣姜（后成为卫宣公夫人，复改嫁为卫昭伯夫人），小女文姜（后成为鲁桓公夫人）。齐襄公在位期间荒淫无道，与其鲁桓公夫人、自己的异母妹妹文姜私通乱伦，最终派彭生杀害妹夫鲁桓公。公元前686年，连称、管至父、公孙无知等人杀齐襄公，公孙无知自立为君。公元前685年，雍廪袭杀公孙无知相继死去。此前，纠恐遭杀害，携管仲、召忽到鲁国避难（因纠的母亲是"鲁女"——鲁君的女儿）；小白则携鲍叔牙等人到莒国避难（也因其母是"莒女"）。齐襄公和公孙无知相继死去，齐国内乱，君位空置，于是纠和小白均赴齐夺取君位。鲁庄公派兵护送纠返齐夺位，得知小白已携鲍叔牙等人先行赴齐，于是管仲请命，率轻骑到莒国通往齐国的路上截击小白。两军交战时，管仲箭射小白，小白佯装中箭，却暗中加速赴齐；而管仲以为小白死于箭下，已然高枕无忧，便放松警惕，迟到齐国，而此时小白已然到达齐国并顺利获得君位（史称齐桓公）。鲁庄公因此恼羞成怒，发兵攻打齐国，结果惨遭失败，并遭到齐军反击。齐桓公胁迫鲁国杀公子纠，交出管仲和召忽。鲁国在齐军大军压境的情况下，不得不处死了公子纠。召忽自杀以示尽忠，而管仲则被押回齐国。鲍叔牙与管仲原为同乡好友，深知管仲之能，因此向齐桓公大力保举管仲。齐桓公因此不仅没有杀死管仲，反而重用其为相。管仲不负重托，辅佐齐桓公对内大兴改革，富国强兵，对外尊王攘夷，九合诸侯，一匡天下，终于成就齐国霸业。（可参《史记·齐太公世家》："初，襄公之醉杀鲁桓公，通其夫人，杀诛数不当，淫于妇人，数欺大臣，群弟恐祸及，故次弟纠奔鲁。其母鲁女也。管仲、召忽傅之。次弟小白奔莒，鲍叔傅之。小白母，卫女也，有宠于釐公。小白自少好善大夫高傒。及雍林人杀无知，议立君，高、国先阴召小白于莒。鲁闻无知死，亦发兵送公子纠，而使管仲别将兵遮莒道，射中小白带钩。小白佯死，管仲使人驰报鲁。鲁送纠者行益迟，六日至齐，则小白已入，高傒立之，是为桓公。"注：釐公即齐僖

公,《史记》中为避讳改为齐釐公。雍林人,即雍廪。)又,《左传·鲁庄公九年》:九年春,雍廪杀无知。公及齐大夫盟于蔇,齐无君也。夏,公伐齐,纳子纠。桓公自莒先入。秋,师及齐师战于乾时,我师败绩。公丧戎路,传乘而归。秦子、梁子以公旗辟于下道,是以皆止。鲍叔帅师来言曰:"子纠,亲也,请君讨之;管、召,仇也,请受而甘心焉。"乃杀子纠于生窦。召忽死之。管仲请囚,鲍叔受之,及堂阜而税(通"脱",释放。)之。归而以告曰:"管夷吾治于高傒,使相可也。"公从之。本书按:依史料,纠为兄,小白为弟,但宋人故为谬说以附庸孔子之论。

②所谓"忘君事雠,忍心害理":语出朱熹《论语集注》对本章注解。雠,同"雠",仇,仇敌。忍心害理:心地残忍,丧尽天良。

③得毋:又作"得无""得亡"。能不,岂不,莫非。

④稽古者当论其世,论人者难求其全:考察古事,应当知人论世;评论人物,不能求全责备。稽古,考察古事。语出张居正《四书直解》对本章注解。原句作:"稽古者当论其世,论人者勿求其全。"此处稍异。

⑤昔桓公九合诸侯,不假兵车之力,而用衣裳之会,以大义率之,以大信一之,而诸侯服从,此管仲之力也:此句为《解义》演绎《论语》语句。管仲拜相后,大力主导内政改革以富国强兵(可详参《史记·管晏列传》《国语·齐语》等);但史传并无明确记载管仲对齐桓公进行会盟以统霸天下的事业有所介入,即,齐桓公成就霸业的基础在于管仲的富国强兵,但进行外交称霸,管仲参与的并不多。或管仲为相,对桓公有辅佐之功,桓公依管仲谏议为事,但明确记载其助益于桓公称霸的有两件事:一是公元前681年,齐鲁两国在齐国的柯地会盟,鲁国大夫曹刿(《史记·刺客列传》作曹沫)持剑胁迫桓公,以维护鲁国利益。管仲劝诫齐桓公以大局为重,卒使天下传播桓公信义之名。事见于《公羊传·庄公十三年》。二是公元前656年,以维护周天子礼制而责罚楚国不按时进攻为由,兴兵伐楚。事见于《左传·僖公四年》。《春秋谷梁传·庄公二十七年》:"[经]二十有七年……夏,六月,公会齐侯、宋公、陈侯、郑伯,同盟于幽。[传]同者,有同也,同尊周也。于是而后授之诸侯也。其授之诸侯何也?齐侯得众也。桓会不致,安之也。桓盟不日,信之也。信其信,仁其仁。衣裳之会十有一,未尝有歃血之盟也,信厚也。兵车之会四,未尝有大战也,爱民也。"([经]鲁庄公二十七年……夏季,六月,鲁庄公会同齐桓公、宋桓公、陈宣公、郑文公,在幽这个地方举行盟会。[传]"同"字的意思,就是说有共同的目的,即共同尊奉周王室。从此以后,将指挥调动诸侯的领导权授予齐桓公。经文中说将诸侯的领导权授予齐桓公,这是为什么?因

为齐桓公得到了诸侯们的拥护。凡是鲁侯参加齐桓公主持的会盟，经文不记载他回国后举行祭告祖庙的活动，这是表示他非常安全；凡是齐桓公参加会盟，经文也不记载会盟的日期，这表示他坚守信用。诸侯们都相信齐桓公的信义，认同他的仁爱。齐桓公参加过十一次诸侯之间的友好会见，从来不需要歃血为盟，这都是由于他的信义深厚。齐桓公还参加过四次诸侯之间带着军队的会盟，也没有发生过大规模的杀伐战斗，这都是因为他的仁慈爱民。）此段文字较为全面地介绍了齐桓公会盟诸侯，称霸天下的过程。其间未提及管仲的参与，而且实际上也并非都是"衣裳之会"，也有"兵车之会"（两者相对，前者指友好的会盟，后者指军事战争），孔子称"桓公九合诸侯，不以兵车，管仲之力也"，或为孔子在管仲身上寄托政治理想，故为之过誉，而实际上未必如此。

⑥济人利物：救助别人，对世事有益。

⑦忽：即召忽。

⑧仲：即管仲。

⑨宋儒程子谓宁可无魏征之事业，而不可无万世君臣之义：程子指二程中的程颢。此句直接出处不详，或为概述。朱熹《论语集注》对本章注解，即引用了程颢的看法："子贡意不死犹可，相之则已甚矣……程子曰：'桓公，兄也。子纠，弟也。仲私于所事，辅之以争国，非义也。桓公杀之虽过，而纠之死实当。仲始与之同谋，遂与之同死，可也；知辅之争为不义，将自免以图后功亦可也。故圣人不责其死而称其功。若使桓弟而纠兄，管仲所辅者正，桓夺其国而杀之，则管仲之与桓，不可同世之雠也。若计其后功而与其事桓，圣人之言，无乃害义之甚，启万世反复不忠之乱乎？如唐之王珪、魏征，不死建成之难，而从太宗，可谓害于义矣。后虽有功，何足赎哉？'愚谓管仲有功而无罪，故圣人独称其功；王、魏先有罪而后有功，则不以相掩可也。"对魏征和管仲的比较评论，曾是宋儒之间的一个重要话题，他们借对此问题的讨论来展现自己的政治观念，以之资政。详见本章"评析"部分。

【译文】

这一章是讲，圣人通过对管仲的评价来论述何者为仁。

子路问孔子：当年齐国国政混乱，公子小白到莒国逃难，他的弟弟公子纠到鲁国逃难，后来他们都回到齐国争当国君。最终，这次政治斗争以公子小白杀掉公子纠，并抓住了他的得力干将召忽和管仲为结局。召忽为公子纠死忠自杀，而管仲不但没有自杀，还臣服于桓公，这是忘记君主而侍奉仇人，实在是伤天害理啊，岂不是不仁不义吗？

孔子告诉他：考察古事，应当知人论世；评论人物，不能求全责备。当年桓公多次纠集诸侯会盟，（共同尊王攘夷）不是依靠车马军队的武力，而是使用和平的方式，以大信大义来统率诸侯而达成一致，这就是管仲的力量所致。能够免除战乱，而有益于社会，这是莫大的功劳啊。就此而言，又有谁比得上管仲的仁惠呢？又有谁比得上管仲的仁惠呢？他正因为不自杀效忠于故主而能够有此仁惠之举啊。

孔子这样有意无视召忽自杀效忠的价值，而强调管仲后来的事功，实际上并非只是简单地赞同管仲的苟活，而贬低召忽的死忠。圣人发出经过权衡和折中的言论大概就是这样了。不然的话，正如宋儒程颢所说的，宁可没有魏征因直言进谏唐太宗的千古美誉，也绝不能丧失他对太子李建成的忠心——这又该是怎么解释呢？

【评析】

《解义》文辞中又牵出一桩历史公案，即理学家程颐与史学家司马光对"管仲型"人物的评价。司马光与二程兄弟有着广泛而深入的学术接触，但他们因为对魏征的评价而发生了激烈的对峙。《二程集·河南程氏外书》卷十二：

> 司马温公修《通鉴》。
> 伊川一日问："修至何代？"
> 温公曰："唐初也。"
> 伊川曰："太宗、肃宗端的如何？"
> 温公曰："皆篡也。"
> 伊川曰："此复何疑？"
> 伊川曰："魏征如何？"
> 温公曰："管仲，孔子与之。某于魏征亦然。"
> 伊川曰："管仲知非而反正，忍死以成功业，此圣人所取其反正也。魏征只是事仇，何所取耶？"
> 然温公竟如旧说。

又，《二程集·河南程氏遗书》卷二上：

> 君实修《资治通鉴》，至唐事。
> 正叔问曰："敢与太宗、肃宗正篡名乎？"

曰:"然。"又曰:"敢辩魏征之罪乎?"

曰:"何罪?"

"魏征事皇太子,太子死,遂忘戴天之仇而反事之,此王法所当诛。后世特以其后来立朝风节而掩其罪。有善有恶,安得相掩?"

曰:"管仲不死子纠之难而事桓公,孔子称其能不死,曰:'岂若匹夫匹妇之为谅也,自经于沟渎而莫之知也。'与征何异?"

曰:"管仲之事与征异。齐侯死,公子皆出。小白长而当立,子纠少亦欲立。管仲奉子纠奔鲁,小白入齐,既立,仲纳子纠以抗小白。以少犯长,又所不当立,义已不顺。既而小白杀子纠,管仲以所事言之则可死,以义言之则未可死,故《春秋》书'齐小白入于齐',以国系齐,明当立也;又书'公伐齐纳纠',纠去子,明不当立也。至'齐人取子纠杀之',此复系子者,罪齐大夫既盟而杀之也。与征之事全异。"

司马光修《资治通鉴》,程颐试图在历史人物评价上进行挑战,结果却不为司马光所认可。唐太宗、肃宗同为篡位,两人之见并无不同,分歧则主要在对魏征的评价上。在司马光看来,魏征的选择如同管仲,都是在故主争位失败后投靠新主,后半生在政治上有杰出的表现,对管、魏均予以肯定。程颐则以为不然,他认为魏征和管仲两人之事完全不同,不能盲目类比:在两个夺位斗争中都出现了兄弟、君臣两种伦理关系。以发展顺序而言,两个事件中,都是先要处理兄弟关系,后处理君臣关系。嫡长继承在程颐看来天经地义,管仲帮助弟弟公子纠夺位,先已选择错误,出现道德瑕疵,所以他不死以事桓公,可看作将功赎罪。而魏征帮助太子李建成夺取大位,其正当性无可指摘,失败之后背离故主,反事得位不正的唐太宗李世民,则为变节。

程氏之论,自然有维持孔子"公论"的内在尺度,然而也难免牵强附会之嫌,这是因为,在事实上,公子小白和公子纠的兄弟关系被他弄错了——公子纠是兄,而小白是弟,小白杀纠不仅不符合儒家伦理道德,而且,在这场兄弟血腥相残的权力斗争中,又岂可辨得清楚孰是孰非呢?是故程氏之论实在迂腐,而《解义》虽然有所征引,但也是附以暧昧的态度,最终只是抛出了一个疑问的语气。

有趣的是,《解义》虽然对张居正的《论语直解》多有所借鉴,然而就此章的内容,则有所回避。张居正《论语直解》:

稽古者当论其世,论人者勿求其全。彼桓公当王室微弱,夷狄交侵之时,乃能纠合列国诸侯,攘夷狄以尊周室。且又不假兵车之力、杀伐之威,只是仗大义以率之,昭大信以一之,而诸侯莫不服从,若是者,皆管仲辅相之力也。使桓公不得管仲,则王室日卑,夷狄益横,其祸将有不可胜言者矣。夫仁者以济人利物为心,今观管仲之功,其大如此,则世之言仁者,孰有如管仲者乎?孰有如管仲者乎?殆未可以不死子纠之一节而遂病之也。

很显然,《论语直解》对管仲之功的认可,重在辅助齐桓公尊王攘夷之功;而《解义》则因为是对满族皇帝康熙讲解,主动回避了"攘夷"的内容,而强调了仁义的内涵。不然的话,恐怕要引起康熙帝的勃然大怒,从而招致杀身之祸了吧。谁曾想,古人的只言片语,不期然会演变成后世的口诛笔伐,乃至腥风血雨。

想一想,也是要为当时的日讲官们捏一把汗呢。

【标签】

子路;桓公;公子纠;召忽;管仲;仁

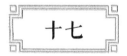

【原文】

子贡曰:"管仲非仁者与?桓公杀公子纠,不能死,又相之。"子曰:"管仲相桓公,霸诸侯,一匡天下,民到于今受其赐。微管仲,吾其被发左衽矣。岂若匹夫匹妇之为谅也,自经于沟渎而莫之知也?"

【解义】

此一章书,是圣人衡品不以小过而泯①大功也。

子贡复继子路而问曰:如管仲者,其为人非仁者与?桓公杀公子纠,仲既不能为子纠死,反又为桓公相,②心窃疑③之。

孔子曰:赐④疑管仲之不死,而又相桓。不知管仲既能相桓,亦可不死。试⑤即其相桓而言,桓为诸侯长以定霸,⑥天下由此而正,不独当世赖之,至今之民犹享太平之福,皆仲之赐也。则是管仲之功甚大,为利甚溥⑦,即谓管仲至今存可也。使当日无管仲,吾必被发左衽⑧,不能有今日之衣冠文物⑨矣。若不能立功,徒然一死,犹如匹夫匹妇之见,有小信而无远图,即自缢于沟渎⑩之中,将令天下后世泯然⑪无闻,管仲岂若是哉?

可见,豪杰之士,欲建不世⑫之大功,不惜一身之小节;而衡人者,尤当略其所短，录其所长，未可以常情恒理⑬臆断而浅测⑭之也。

【注释】

①泯：消灭，消除。

②桓公杀公子纠，仲既不能为子纠死，反又为桓公相：参上一章［宪问第十四·十六］注①。

③窃疑：私下里怀疑。

④赐：即子贡。子贡复姓端木，名赐，字子贡。古人相互称字以示尊敬，而孔子作为尊长可以直呼其名。

⑤试：副词，姑且，试着。

⑥桓为诸侯长以定霸：诸侯长，诸侯的领袖。定霸，奠定霸业。

⑦溥：音 pǔ，广大。

⑧被发左衽：头发披散不束，衣襟向左掩。古代指中原地区以外少数民族的装束（中原民族则是束发、衣襟右开），亦借指中原地区的人受少数民族统治。被，同"披"。衽，衣襟。

⑨衣冠文物：指悠久的文化与繁盛的文明。衣冠，古代士以上戴冠，这里借喻文人众多，礼教繁盛。文物，指礼乐制度，借指文化悠久。

⑩沟渎：沟洫，小河沟。

⑪泯然：消失净尽貌。

⑫不世：非一世所能有，罕有。多谓非凡。

⑬恒理：常理。

⑭浅测：简单推测。

【译文】

这一章是说，圣人衡量一个人的品格，不因小废大。

子贡就接续子路的话问道：像管子这样的人，算不得仁者吧？齐桓公杀掉自己的兄弟公子纠，作为臣属，管仲不仅不为自己的主上死忠，而且变节投降到桓公那里，还担任了国相，所以我私下里怀疑他的品格。

孔子说：端木赐对管仲不效忠公子纠而死，并且给杀主仇人齐桓公任职为相有看法。这是不了解管仲啊——他既可以相事桓公，也可以不去死忠。姑且从他相事桓公的功业来说，桓公作为统率诸侯而奠定霸业，使天下从此归正太平，不光是当时享用，即便是到了现在的人们，也还是享受到这种莫大的福惠，这都是拜管仲所赐啊。管仲的功业如此之大，施惠如此之广，所以盛赞他，愿他长寿至今。假如当时没有管仲，恐怕我辈现在已经是披发左衽的蛮夷之民了，哪里还能保持华夏悠久的文化和繁盛的文明成果？如果他只是因个人利害而白白一死，就像是匹夫匹妇的平凡之辈那样怀有平庸之志，只顾着小信小义而没有宏图大略，那就会在小河沟里自缢身亡，再也不会是一个举世闻名的管仲了。他怎么可能会选择这样去做呢？

由此可见，那些豪杰之士，如果希望建立不凡功业，就不会顾惜小的名节而因小失大；而评价他们的人，也应当取其所长而略其所短，不能拿常情常理来对他们妄加评判而简单推论。

【评析】

诚如上一章评析所言，《解义》因避忌清朝统治者的身份问题，而只能对夷夏问题隐而不谈。即使本章正是专门针对这一问题而设论，《解义》也还是回避了正面讨论，而只是强调品评人物之法。不过，把政治学的问题转变为价值观的讨论，就算是不跑题，也是老生常谈了。而就管仲功过评价的文字而言，大概是《史记·鲁仲连邹阳列传》中的说法最为公允：

规小节者不能成荣名，恶小耻者不能立大功。昔者管夷吾射桓公中其钩，篡也；遗公子纠不能死，怯也；束缚桎梏，辱也。若此三行者，世主不臣而乡里不通。乡使管子幽囚而不出，身死而不反于齐，则亦名不免为辱人贱行矣，臧获且羞与之同名矣，况世俗乎！故管子不耻身在缧绁之中而耻天下之不治，不耻不死公子纠而耻威之不信于诸侯。故兼三行之过而为五霸首，名高天下而光烛邻国。

译文：

谋求小节的人不能成就荣耀的名声，以小耻为耻的人不能建立大的功业。从前管仲射中桓公的衣带钩，这是犯上；放弃追随公子纠而不能从他去死，这是怯懦；身戴刑具遭受囚禁，这是受辱。具有这三种情况的人，恐怕国君不会再把他当作臣子，而乡亲们不会跟他来往。当初假使管子被长期囚禁，死在牢狱而不能返回齐国，那么也不免落个行为耻辱、卑贱的名声，恐怕就连奴婢也都会因为把他们的名字并列一起而感到羞耻，何况社会上的一般人呢！所以管仲没有因为身在牢狱感到耻辱，却以天下不能大治而感到耻辱，不以未能随从公子纠赴死感到耻辱，却以不能在诸侯中显扬威名为耻辱。因此，他虽然兼有犯上、怯懦、受辱三重过失，却辅佐齐桓公成为五霸之首，这使他最终名闻天下，辉耀四方。

对管仲的评价,仍然是孔子政治理想和君子人格的寄托。这两者不能在管仲身上完美统一,其实也正是孔子思想世界所面临巨大矛盾的投射——在孔子这里,与其说管仲是一个富有争议的人物,毋宁说他是作为理想政治和现实人性之间不断纠缠的象征。在一个难能可贵的实干政治家和一个完美的人格君子之间,孔子并没有那么固执和迂腐,他更倾向于前者,而不拘执于后者。二者的实质性区别是:前者是"政治即人格",把政绩作为展现人格的核心指标;后者是"人格即政治",以人格为完美政治的标准。虽然两者似为同义反复,却势同霄壤,在实现过程中也大相径庭,甚至有时背道而驰。政治的极顶和人性的纵深处,隐藏着不易为人察知的秘密,而只有精准地掌握它们的特质并施以正确的行动,才能做到各尽其用,各得其所。所以从孔子对管仲的评价来看,中庸之道得到再一次应用和呈现,并化解了看似极其对立、而稍有偏差则谬以万里的一组矛盾,也因此使我们对二者的理解都得到进一步升华。

另可参看［宪问第十四·十六］"评析"部分。

【标签】

子贡;管仲;桓公;公子纠;仁;中庸

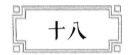

【原文】

公叔文子之臣大夫僎与文子同升诸公。子闻之,曰:"可以为'文'矣。"

【解义】

此一章书,是取人忘分①以荐贤也。

公叔文子是卫大夫,其后谥为"贞惠文子"。②大夫僎,先为文子家臣,后因文子荐其贤于卫君,始得与文子同为公朝之大夫,故记者③特记之。曰"公叔文子之臣",不没④文子忘分之善也;曰"大夫僎",明乎既荐之后所称也;曰"与文子同升诸⑤公",见僎之得升公朝⑥而为大夫,皆因文子之荐,故得与文子同也。

然则文子惟有知人之明,故能荐贤;有大公⑦之怀,故能忘己;且忠于事君,故能忘己以荐贤。孔子闻而深嘉⑧之曰:文者,美谥⑨也。今文子之为文，即荐贤之一事观之，其胸襟何等光明正大⑩，斯可以无愧矣！

可见荐贤为国，人臣盛事。倘略存妒嫉，稍有嫌疑⑪，便不能大道为公⑫、休休有容⑬。如文子者，庶几⑭有大臣⑮之风乎！

孔子删《书》，以《秦誓》终篇，拳拳于一个"臣之有容"。⑯其所以为后世人臣劝，至深远也。而三代⑰以后，媚嫉⑱者益多，不亦重负⑲圣人立教⑳之意哉？故人君欲择群臣，必自择大臣始。

【注释】

①取人忘分：不依据人的身份来选取人才。分，身份，等级，出身。

②公叔文子是卫大夫，其后谥为"贞惠文子"：参本书［宪问第十四·十三］"公叔文子"词条注释。

③记者：记述者。

④没：埋没。

⑤诸：于。

⑥公朝：古代官吏在朝廷的治事之所，借指朝廷。

⑦大公：谓以天下为公。

⑧嘉：嘉许。

⑨美谥：褒美的谥号。

⑩光明正大：言行正派而襟怀坦白。朱熹《答周益公书》："至若范公之心，则其正大光明，固无宿怨，而惓惓之义，实在国家。"

⑪嫌疑：迟疑，多虑。

⑫大道为公：即"大道之行也，天下为公"，大道运行的时代，天下为大家公有（天下人都怀有公心）。出自《礼记·礼运》，参本书［子路第十三·九］"型仁讲让"词条注释。

⑬休休有容：形容君子宽容而有气量。出自《尚书·秦誓》：（秦穆公伐郑，晋襄公帅师败诸崤。还归，作《秦誓》。）公曰："嗟！我士，听无哗！予誓告汝群言之首。古人有言曰：'民讫自若是多盘。'责人斯无难，惟受责俾如流，是惟艰哉！我心之忧，日月逾迈，若弗云来。惟古之谋人，则曰未就予忌；惟今之谋人，姑将以为亲。虽则云然，尚猷询兹黄发，则罔所愆。番番良士，旅力既愆，我尚有之；仡仡勇夫，射御不违，我尚不欲。惟截截善谝言，俾君子易辞，我皇多有之！昧昧我思之，如有一介臣，断断猗无他技，其心休休焉，其如有容。人之有技，若己有之；人之彦圣，其心好之，不啻若自其口出，是能容之。以保我子孙黎民，亦职有利哉！人之有技，冒疾以恶之；人之彦圣，而违之俾不达，是不能容。以不能保

我子孙黎民，亦曰殆哉！邦之杌陧，曰由一人；邦之荣怀，亦尚一人之庆。"〔(序：秦穆公攻打郑国不成，又在崤山遭遇晋襄公军队的伏击，痛失三军而惨败。回来以后，就作了《秦誓》)秦穆公说："嗟！我的军士们，听我讲，不要喧哗！我要向你们宣誓。古人说：'人如果总是师心自是，就会多出差错。'责备别人不是难事，但是受人责备，却仍能从善如流，这就难了！我内心忧虑重重，经常感到光阴逝去，好像时机一错过就不会再来，不容我补救。而时光飞逝，一去不返，这使我心生焦虑（不能及时改过）。对于往日的谋臣，我总是怪怨他们不能顺从我的意志，但是对于现在的谋臣，我愿意把他们作为至亲的人来信任。而且，我还要向忠厚长者请教，来避免过失。白发苍苍的良士，体力已经衰了，我还是亲近他们；强壮勇猛的武士，擅长射箭和驾车，我倒是不缺乏；只是那些浅薄善辩的人，使君子轻忽怠惰，我还能更加亲近这种人吗！我暗暗思量着，如果有这样一个臣工——诚实专一而没有别的本领，他的胸怀宽广而能宽容待人。别人有本领，就好像自己的一样；别人有才德，他发自内心地喜欢，而且口中也由衷地称颂。他能够这样宽容待人，用来保护我的子孙百姓，这是造福他们啊！而如果别人有本领，他就妒忌，就厌恶；别人有才德，他却阻挠使其不能为君主所识所用，这是不能宽容待人。用这样的人来保护我的子孙众民，那就是祸害他们啊！家的危险不安，可以因一人而起；国家的繁荣安定，也许是由于一个人的善良啊！"〕

⑭庶几：差不多，近似。

⑮大臣：官职尊贵而能高风亮节之臣。此处强调臣子的节义品质，惟大节大义，方能称"大"，而非仅指职高位重。《左传·昭公元年》："国之大臣，荣其宠禄，任其大节。"

⑯孔子删《书》，以《秦誓》终篇，拳拳于一个"臣之有容"：见上注"休休有容"。孔子删《书》，史传孔子晚年删述《诗经》《尚书》。以《秦誓》终篇，即指《尚书》最后一篇为《秦誓》。拳拳：紧握不舍，引申为恳切、勤勉的样子。

⑰三代：指夏、商、周。

⑱媢嫉：嫉妒。媢，音 mào，嫉妒。

⑲重负：严重辜负。

⑳立教：树立教化，进行教导。

【译文】

这一章是说，要能够忽略身份地位来选贤举能。

公叔拔是卫国的大夫，死后被赠谥为"贞惠文子"（简称"文子"）。大夫僎，原来就是公叔文子的家臣，后来通过公叔文子向卫君举荐，他也能够和文子同朝为官，平起平坐，所以记述者专门记录了这件事。记述中说他是"公叔文子之臣"，是不隐没公叔文子忽略其身份地位而举荐的善举；记述说"大夫僎"，就是明示他受到成功举荐后的称呼；记述说"与文子同升诸公"，说明僎能够晋身大夫，都是因为文子的推荐，所以能够得到与文子一样的地位。

然而，只有文子有知人的智慧，才能够推贤举能；有大公无私的情怀，才能忽略他与僎的身份差别；而且要能够忠于君主，才能忽略自身得失而推贤举能。孔子听说后就深加赞许，说："文"，是一个褒美的谥号。文子之所以称"文"，就从推举贤能这一点来看，他的胸襟是何等光明正大，已然无愧于这个谥号了！

可见，为国家推荐贤能，是人臣的大事。如果内心略有嫉妒偏私，稍加迟疑，就无法做到公心行道、宽容待人了。像文子这样的，算得上是大节大义之臣了吧！

孔子删述《书》经，把《秦誓》作为终篇，不过是在诚恳地阐明一个能够宽容待人的臣子是多么重要。他这样劝导后世人臣，寓意是非常深远的。但是，夏、商、周三代以后，嫉贤妒能、心胸狭隘者日渐增多，这不就是辜负了圣人教化的本意了吗？所以，君主想要选择臣属，就一定要从选择那些大节大义的臣子开始。

【评析】

孔子对公叔文子其人的品行不无微词（见［宪问第十四·十三]），但对于他的谥号却没有异议，这主要是因为他很好地履行了一名士大夫选贤举能的责任。可见，孔子是多么渴望"好人政治"——人人可成为君子，而君子可被任用——这样理想中的社会就会不期而至了。

此外，《秦誓》是秦穆公经历崤山之战的惨败（全军被歼，主帅被俘）之后得出来的沉痛教训和为政总结，然而就是这样一个本应宏观系统地讨论军事、形势、人事、政令、战术、决策等各种成因，而且表达惋惜、悲痛、愤怒的激烈情绪，同时也还要有宽慰和激励等性质内容的长篇大论的文字，实际上却非常简短，而且如此短小的篇幅就只聚焦在一点上：得到大公无私的人才最为重要。恰恰是这样一篇小文章，却抓住了冰山的一角，只写了秦穆公所认为的最为重要的一点，从而凸显了秦穆公对于造成这次重大战役全面失利根本原因的深刻认识，那就人才问题，而人才问题的关键则是其胸怀和品格问题。所以，《解义》以此来呼应本篇主旨，实在是再恰切不过了。

【标签】

公叔文子（公叔拔）；大夫僎；《尚书·秦誓》；选贤举能

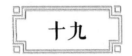

【原文】

子言卫灵公之无道也，康子曰："夫如是，奚而不丧？"孔子曰："仲叔圉治宾客，祝鮀治宗庙，王孙贾治军旅。夫如是，奚其丧？"

【解义】

此一章书，见用材贵得其当也。

卫灵公是周时诸侯。孔子以其彝伦不叙①，纲纪不张②，故尝言其"无道"。季康子③因问曰：诸侯无道，必至丧失其位，今灵公失德如是④，何故能保其位而不丧乎？

孔子曰：灵公虽云无道，其用人一节尚有可观。如仲叔圉⑤善于言语，即用之接待宾客⑥，应对⑦诸侯，则凡朝聘⑧往来，不至失礼，而无启衅召祸⑨之事。如祝鮀⑩熟于礼文⑪，即用之专管宗庙，料理祭祀，则凡祀事精虔⑫，神人胥悦⑬，而得系属⑭人心之原。如王孙贾⑮长于武事，即用之任为将帅，练习军士，则凡守御豫备⑯，临事无患，而免敌国窥伺之虞⑰。假使此数人者不能各用其材，此数事者不能各得其理，又何能保守此位哉？

夫有人而不用，与无人同；用人而弃其所长，绳⑱其所短，与不用同。今简任⑲协宜，相济⑳成美，其不丧宜也。

夫以灵公知人善任，尚可以保国，况有道之主得天下贤才而善用之，有不享太平而乐万年㉑者哉？

【注释】

①彝伦不叙：同"彝伦攸斁"，与"彝伦攸叙"相对，指伦常失序，治国安民的常理不能顺畅施行。彝伦，伦常。彝，音 yí，常。"彝伦攸斁""彝伦攸叙"见于《尚书·洪范》，可详参本书［子路第十三·三］"彝伦斁"词条注释。

②纲纪不张：张，伸张，施行。

③季康子：即季孙肥（？—前468），姬姓，季氏，名肥。谥"康"，因此史称"季康子"。春秋时期鲁国的正卿，"三桓"中季氏家族当权人物。

④灵公失德如是：卫灵公（前540—前493），姬姓，名元。本章《论语》记述孔子"差评"卫灵公——"子言卫灵公之无道也"，缺乏具体语境，概为后人的主观臆测：其一孔子在卫国未能得到重用，且卫灵公有对孔子失礼之处；其二是卫灵公宠爱南子，而南子的形象比较糟糕，而这也导致了卫国政治的混乱。卫灵公长子、伯姬之弟名叫蒯聩。蒯聩作为太子，不满灵公的宠妾南子（据说因为她和宋国公子朝私通而把卫灵公蒙在鼓里），企图谋害，反而遭到卫灵公驱逐。而实际上，卫灵公治政有术，比如本章中所述的能够知人善用。据《孔子家语·贤君第十三》，当鲁哀公问"当今之君，孰为最贤"时，孔子回答说："丘未之见也，抑有卫灵公乎？"对他的评价还是很高的。

⑤仲叔圉：即孔圉，孔文子。[公冶长第五·十五]中，孔子称他"敏而好学，不耻下问"。《左传·哀公十一年》记录了他专擅权势、翻云覆雨的德性："初，疾娶于宋子朝，其娣嬖。子朝出。孔文子使疾出其妻而妻之。疾使侍人诱其初妻之娣，置于犁，而为之一宫，如二妻。文子怒，欲攻之。仲尼止之。遂夺其妻。"（当初，卫国贵族太叔疾娶了宋国公子朝的女儿，她的妹妹随嫁。后来，宋子朝因故逃出宋国。孔圉就让太叔疾休了子朝的女儿，然后把自己的女儿孔姞嫁给他。但太叔疾却派人把他前妻的妹妹引诱出来，安置在"犁"这个地方，并给她修建了一所宫室，就好像这是他的第二个妻子。孔圉得知后恼羞成怒，准备派兵攻打太叔疾，被孔子劝阻。最后孔圉又把女儿强行要了回来。）可详参[公冶长第五·十五]"孔圉"词条注释。

⑥宾客：春秋、战国时多用称他国派来的使者。

⑦应对：酬对；对答。

⑧朝聘：古代诸侯亲自或派使臣按期朝见天子。春秋时期，政在霸主，诸侯朝见霸主，亦称朝聘。《礼记·王制》："诸侯之于天子也，比年一小聘，三年一大聘，五年一朝。"郑玄注："比年，每岁也。小聘，使大夫；大聘，使卿；朝，则君自行。然此大聘与朝，晋文霸时所制也。"

⑨启衅召祸：惹是生非。启衅，引发嫌隙，挑起争端。

⑩祝鲍：字子鱼，春秋时期卫国大夫。祝即祝史，祭祀中负责赞词。从其姓氏来看，从事祭祀为其家族职业，故而专长。在[雍也第六·十六]中孔子曾说："不有祝鲍之佞，而有宋朝之美，难乎免于今之世矣。"可详

参本书［雍也第六·十六］同名词条注释。

⑪礼文：礼乐仪制。

⑫精虔：诚敬貌。

⑬神人胥悦：胥，相也。或解释为共。北宋邵雍《诗书吟》："人神之胥悦，此所谓和羹。"

⑭系属：羁縻，笼络。

⑮王孙贾：卫灵公时期权臣，在［八佾第三·十三］中暗示孔子归附于他。另有战国时齐闵王侍臣名王孙贾，与此人不同。

⑯豫备：事先戒备。贾，音 jiǎ。

⑰虞：忧虑，忧患。

⑱绳：绳，衡量，度。《礼记·乐记》："立之学等，广其节奏，省其文采，以绳德厚。"（订立学习的进度，增益其节奏，审查其文采，以量度德的厚薄。）

⑲简任：经过选择而任用官员。

⑳相济：互相帮助、促成。

㉑万年：极言年代之久远。

【译文】

这一章是说，对待人才要因材施用。

卫灵公是周朝的诸侯。因为他致使伦常失序，纲纪失效，所以孔子曾经直接说他"无道"。季康子却因此有所疑问，说：如果诸侯无道，往往会亡国失位，而这个卫灵公如此无道无德，却为什么能够保有君位，而不会灭亡呢？

孔子回答说：虽然说卫灵公无道，但是他在任用人才方面却可圈可点。比如孔文子，其人善于言辞，卫灵公就用他负责接待外国使者，与诸侯酬对辞令，因此能够与列国诸侯礼尚往来，不会有失礼，也不会惹是生非，挑起事端。又比如祝鮀，他熟稔礼仪制度，卫灵公就让他主管宗庙工作，处理祭祀事务，那么就能够在祭祀的时候诚敬以待，使神人相悦，从而能够使人心本原有所归附。再比如王孙贾，他擅长军事斗争，卫灵公就用他作为三军统帅，进行军队操练，所以能够做好国防战备，即便是遇到军事危机也无妨，因为敌国并不敢轻举妄动。如果任用这些人不能各尽其长，他们做这些事不能各尽其理，卫灵公又怎么能够保住自己的君位呢？

如果有人才而不任用，那就等于没有人才；任用人才如果弃用其长处，而只在其短处上考量，那就等于未使用人才。现在经过选择而任用官员，使他们各施所能，各尽其长，而且能够相辅相成，相得益彰，那么卫灵公之保国存位，也是应该的。

如果说，就连卫灵公这样有失为君之道的人，只要做到知人善任，就可以保国存位，更何况是有道的君主？他们只要能够做到得天下英才而善用之，不就可以乐享长治久安了吗？

【评析】

将卫灵公直接评定为"无道"，似乎不应该是孔子本人所愿为的——因为他一贯主张"为尊者讳"，而公然给一方诸侯"差评"，明显违背了这一原则。

说起卫灵公的"无道"，除了本章注释④中所推测的两个原因，那么在这里似乎还可以强调第三点，即，明显贬低卫灵公，以凸显选人用人的重要性。当然，孔子所列举的三个人当中，通过他们仅有的资料来看，其本身也并非都是像子产等人那样的理想政治人物，自身也有很多缺陷，比如孔文子的翻云覆雨，公孙贾的仗势欺人，然而他们也有自己的专长，并且为卫灵公所倚重。他们这样一个个并不完美的人物，却因为能够各施所长，故而组成了一个优秀的工作团队，从而在内政外交和军事防御等方面做到有效保障，使国家利益得到维护，使君主权位得到稳固。

很显然，偌大的一个卫国，绝不是这样几个大臣能够完全支撑的，政治也不是这样三言两语能够摩画清楚的，而且在他们共同治理下的社会，并不符合孔子的政治理想，而只是具备了比较好的施政基础而已。（参［子路第十三·九］孔子与冉有"富之教之"的对话。）极言卫灵公之无道，而又以三大臣来举例，只不过烘托重用人才的主旨而已。人才本就是事业的核心和基础，这段貌似不实的话，反倒表明了对为政选人用人的迫切建议，因此也与上一章一脉相承。

或许正唯孔子未能在卫国得到卫灵公的尊重和重用，没有职位和施政的机会，所以内心有这样一种渴念，屡屡提出人才的问题，也算是对自己的一种心理补偿吧。

【标签】

卫灵公；季康子；仲叔圉；祝鲍；王孙贾；人才

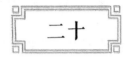

【原文】

子曰:"其言之不怍,则为之也难。"

【解义】

此一章书,是孔子激人勇行也。

孔子曰:士君子①干旋宇宙②,必有一种深沉含蓄之气,方能实心③图事,不徒以夸众④眩听⑤自矜⑥也。凡人之出言最易,力行最难。然行能践言者,惟此羞愧之心可以自励。既知羞愧,惟恐名不称实,便能勇于力行。若一意夸张,全不知耻,是不自揣其能否⑦。言之既出而欲践之,盖亦难矣。所以言之未出,当先勉其所为;为之既力,犹必践其所言。不然,而高自称许⑧,徒作欺人之词。其为之也,不亦难乎?

孔子非欲人缄口结舌⑨,正欲人竭力有为,故以愧悔之心发其勇行之气。"古者言之不出,耻躬之不逮"⑩,即此意也。

【注释】

①士君子:周制,"士"指州长、党正,"君子"指卿、大夫和士。代指有德有位的人。《礼记·乡饮酒义》:"乡人、士君子,尊于房中之间,宾主共之也。"

②干旋宇宙:意同"旋乾转坤",比喻从根本上改变社会面貌或已成的局面。干旋,旋转,推动。韩愈《潮州刺史谢上表》:"陛下即位以来,躬亲听断,旋乾转坤。"宇宙,本指屋檐和栋梁,引申为天地,此处代指天下、国家。宋艾性夫《游古汴赵氏溪园》:"已向掌中旋宇宙,正须胸次着云山。"

③实心:真心实意。

④夸众:夸示于众人。

⑤眩听:扰乱视听。

⑥自矜:自负,自夸。

⑦不自揣其能否:不自量力。

⑧高自称许:自高而称许。

⑨缄口结舌:闭口不言,似不能言。汉王充《潜夫论》:"此智士所以

钳口结舌，括囊共默而已者也。"括囊，结扎袋口，喻缄口不言。《周易·坤》："括囊，无咎无誉。"孔颖达疏："括，结也；囊，所以贮物，以譬心藏知也。闭其知而不用，故曰括囊。"

⑩"古者言之不出，耻躬之不逮"：[里仁第四·二十二]子曰："古者言之不出，耻躬之不逮也。"（夫子说："先前的人们，都是言语不轻易出口，主要是耻于言行不一。"）

【译文】

这一章是讲，孔子激励人们着力于行动。

孔子说：士君子们推转运行家国天下，一定要有一种深沉内敛的气韵，才能真心实意地去做事，而不只是靠哗众取宠、淆乱视听来自我矜夸。对于一个人来说，说话可能是最容易做到的事情，但是坚持行动则是最难做到的。如果是言出必行的人，那么不论结果如何，起码这份羞耻心是值得肯定的。如果感到羞愧，担心名不符实，便能振奋起来，勇敢地去做。而如果只是一味地自我夸耀，全然不知道"人外有人，天外有天"，这是杯水车薪、不自量力啊。如果是说到马上就去做，恐怕也是很困难了（何况是根本就没有想到去做呢）。因此，话还没有说出来的时候，就要先勉力去做了；既然用力去做，那就是等于践行所说的话了。（其言未必要说出来，而要"做"出来。）不然的话，只是一味自高自大，又豪言壮语，夸夸其谈，这不过是自欺欺人的辞令而已。这种不靠谱的话如果要落实到行动上，不也是太困难了吗？

孔子并非让人缄口不言，而是希望人们竭尽全力去做，从而沉实有为，所以要人对自己的言行反省愧悔，从而激发奋勇行动的志气。他所说的"古者言之不出，耻躬之不逮"，（先前的人们，都是言语不轻易出口，主要是耻于言行不一。）也正是这个意思。

【评析】

孔学是不折不扣的理想主义，大概在任何时代，人们都不会改变这种看法。然而恰恰是这种公认的理想主义，却又拥有一个最为现实主义的注脚，即孔子非常强调行动的力量。从诸如本章的内容来看，孔子又是坚定的行动派，在这位儒学的集大成和创革者这里，简直是"无行动，不儒学"。

从"理想主义"到"现实主义"的距离，很遥远，似乎中国几千年的历史，都还并未达到这个理想的高度，而且，在现实中向着这个理想，哪怕是向前迈进一步，都需要付出排山倒海、雷霆万钧式的力量。但是这个理想又很近，因为它就是兄友弟恭、父慈子孝的日常伦理，就是君臣父子的责任方程式，就是"譬如平地，虽覆一篑，进，吾往也"（［子罕第九·十九］）的点滴积累。一个儒学者，本就应该一手理想主义，誓要悲天悯人，为天地立心，以天下仁爱为己任；一手现实主义，力辟巧言令色，为生民立命，知其不可而为之。只喊口号不去行动，连篇累牍却无法落实，则理想主义自然就只能是空中楼阁，徒劳人心；舍弃天地观念，缺乏入世情怀，则现实主义就会变得粗鄙而野蛮丑陋，毫无生机。因此，对于孔学，应该从理想主义和现实主义相结合的维度去发现和探索。

【标签】

言；行；理想主义；现实主义

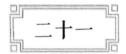

【原文】

陈成子弑简公。孔子沐浴而朝，告于哀公曰："陈恒弑其君，请讨之。"公曰："告夫三子！"

孔子曰："以吾从大夫之后，不敢不告也。君曰'告夫三子'者！"
之三子告，不可。孔子曰："以吾从大夫之后，不敢不告也。"

【解义】

此一章书，见孔子以讨罪正君臣之义也。

陈成子①，齐大夫，名恒，弑②其君简公。

孔子尝为鲁司寇③，时已致仕④家居⑤，闻之，郑重其事⑥，沐浴齐戒⑦而朝于鲁哀公，曰：君臣为人伦之大节⑧，弑逆⑨实天理所难容。陈恒不道，上弑其君，请兴兵讨之。

时鲁有三家之臣专权擅政⑩，哀公不能自主⑪，对孔子曰：可往告⑫夫三子（即三家之孟孙、叔孙、季孙）也。

孔子退而言曰⑬：弑君之贼，法所当诛。我虽致仕，义难缄默。君乃⑭不自命三子，而使我往告！（其感叹之意，实有不能出诸口者。）

因奉君命而往告，三子以为不可。孔子曰：齐有弑君之臣，鲁有讨罪之义⑮。君臣大伦⑯，所系甚重。我从大夫之后⑰，不敢不告，亦吾尽吾心而已。

盖鲁之三家犹齐之陈恒也。孔子之告哀公，固知哀公之不能自主，孔子之告三子，亦知三子之必不允从⑱。其始也，不过披沥以陈⑲；其继也，不过奉命而往；终亦托诸空言，而不得见诸行事⑳。然而未诛不臣之身，已诛不臣之心㉑矣。故曰"《春秋》成而乱臣贼子惧"㉒。

【注释】

①陈成子：齐大夫，名恒，弑其君简公。田恒，即田成子，因其家族出自陈国，也称为陈恒、陈成子。汉朝为汉文帝刘恒避讳，改称"田常"。公元前485年，承袭父亲田乞之位，而后唆使齐国大夫鲍息弑杀齐悼公，立齐简公。齐简公不听臣下劝阻，而立田恒和阚止任齐国的左右相。（事见《左传·鲁哀公十四年》）公元前481年，田恒发动政变，杀死了阚止和齐简公，拥立齐简公的弟弟为国君，即齐平公。此后，田恒独揽齐国大权，尽诛鲍、晏诸族。

②弑：音shì，古时称臣杀君、子杀父母。

③孔子尝为鲁司寇：司寇，中国古代司法官吏名称。《周礼·秋官》：大司寇"掌建邦三典，以佐王刑邦国，诘四方"，小司寇"以五刑听万民之狱讼"。

④致仕：辞去官职。孔子任大司寇后，在鲁定公支持下，开始大力整治鲁国的三桓势力（"隳三都"），结果无法控制局面，最终遭到三家联手反扑，致使这次政治变革的努力功亏一篑。而孔子因此也不得不"下野"。兼之齐国担心鲁国在孔子的治理下，变得富强，从而威胁到齐国的利益，因此选派八十名美女赠送给鲁定公，使鲁定公因此贪恋女色而不务正业，成功离间了鲁定公和孔子的关系。后孔子因未得到鲁君象征赐予重臣待遇的祭肉，不得不离开鲁国。（[微子第十八·四]："齐人归女乐，季桓子受之，三日不朝，孔子行。"另可参《孔子家语·子路初见第十九》）

⑤家居：指辞去官职或无职业，在家里闲住。此时在鲁哀公十四年（前481），孔子已经周游列国后，于公元前484年返回鲁国。返回鲁国后，孔子并未得到任命，而是以"国老""专家"的身份来咨政。

⑥郑重其事：对某事态度十分严肃认真。

⑦齐戒：斋戒。齐，同"斋"。

⑧大节：基本的法纪、纲纪。

⑨弑逆：此指弑君叛逆。

⑩时鲁有三家之臣专权擅政：鲁有三家之臣，指"三桓"，指鲁国大夫

孟孙、叔孙、季孙这三大家族。详参本书［八佾第三·二］"三家"词条注释。三桓势力逐渐强大，实际上左右了鲁国政治，鲁公室反而卑于三家，在关乎国家重大方面的举措要受制于三桓，是故下文有鲁哀公让孔子向三桓报请国事的举动。

⑪自主：自己作主，不受别人支配。

⑫告：报请，报告并请求。

⑬孔子退而言曰：此事见于《左传·哀公十四年》。退，退朝，离开朝堂。

⑭乃：却。

⑮齐有弑君之臣，鲁有讨罪之义：鲁国为周公旦的封地，其子伯禽代为赴往治理。因周公尽心为周，故周王朝予鲁国以"郊祭文王""奏天子礼乐"的特别礼遇。(《史记·鲁周公世家》："于是成王乃命鲁得郊祭文王。鲁有天子礼乐者，以褒周公之德也。")在《诗经·鲁颂·閟宫》这首颂扬鲁僖公的古诗里，就明确表达出来鲁国的特殊价值："大启尔宇，为周室辅。"(开疆拓土，辅佐周室。)故鲁国较他国更有维护周礼的义务，因此孔子提出对齐国内政中出现弑君犯上的行为进行讨伐。

⑯大伦：基本的伦理道德。

⑰我从大夫之后：我跟随大夫之后。自谦之词。

⑱允从：允诺，依从。

⑲披沥以陈：竭尽忠诚地陈词。披沥，即"披肝沥胆"。披，披露。沥，往下滴。比喻真心相见，倾吐心里话，形容非常忠诚。

⑳终亦托诸空言，而不得见诸行事：《史记·太史公自序》：子曰："我欲载之空言，不如见之于行事之深切著明也。"司马贞《史记索隐》："空言，谓褒贬是非也。空立此文，而乱臣贼子惧也。"此指孔子未能获位施政，将理论见之于行事，而于晚年编纂《春秋》，以褒贬时事政治，标榜普世价值，寄托仁政理想，并流传生前身后。详参本书［子路第十三·五］"不徒托之空言，原欲见之行事"词条注释。

㉑不臣之心：不忠君的思想。不臣：不守臣子的本分，封建社会中不忠君。后也指犯上作乱的野心。

㉒《春秋》成而乱臣贼子惧：《孟子·滕文公下》："孔子成《春秋》而乱臣贼子惧。"(孔子著述《春秋》，使乱臣贼子感到惧怕。)详参本书《御制〈日讲四书解义〉序》"辟邪说以正人心"词条注释。

【译文】

　　这一章是说，孔子用报请讨伐弑君之罪的行为来厘正君臣之间的关系和道义。

　　陈成子，是齐国的大夫，名恒，弑杀了他的君主齐简公。

　　孔子曾经担任鲁国的司寇，当时已经辞职在家赋闲，听到这件事后，十分严肃庄重地对待，于是进行沐浴斋戒后朝见鲁哀公，说：君臣关系是人伦关系中的基本准则，弑君犯上实在是天理所不容的。陈桓不遵君臣之道，竟然对上弑君，请您发兵讨伐他。

　　当时，鲁国三桓擅权专政，哀公并无实权，所以无法拿出主意，就对孔子说：你还是去报请三家大夫（即孟孙、叔孙、季孙三家）吧。

　　孔子于是辞君退朝，并且说：弑君的贼人，本就是依法当诛。我虽然已经辞职，但依照道义却不能坐视不管，三缄其口。君上不自己发布命令，让三家讨伐陈恒，却让我去报请他们！（这种感叹的意味，实在难以言传。）

　　于是他遵从哀公的命令，去三桓那里报请讨伐陈恒。但是三家没有一个同意的。孔子说：齐国已然出现弑君犯上的臣子，鲁国有讨伐问罪的义务。君臣这种基本的人伦关系，其所牵系的是国家兴亡的重大问题。而我也曾忝列士大夫之林，仍有向君主谏言的义务，所以不敢不报请征讨陈恒，以尽为臣之心，以达封国之意。

　　其实鲁国的三桓跟陈恒也差不多。孔子报请哀公，本来就知道哀公无法做主，他转而去报请三家大夫，其实也是知道他们不会同意。一开始，他披肝沥胆，忠诚进谏；接着，他只能是奉命前往三家一一报请；然而最终也只能枉费口舌，毫无事功。虽然没有惩罚到弑君犯上的陈恒，却已然达到了警醒三家的目的，使他们检讨自己的不臣之心。由此看来，孔子的言行无不触发那些乱臣贼子内心最为脆弱的神经，所谓的"《春秋》成而乱臣贼子惧"，是非常有道理的。

【评析】

　　无论怎样，在孔子的时代，这样直截的谏言方式，对聪明的三桓族人来说，很显然是一种讽喻，乃至挑衅，而非一次出于"国际"公共事件的请愿，因此，很有可能会让孔子付出惨重的代价，会否因此遭遇不测也未为可知。

　　所以，孔子一开始的沐浴斋戒这个细节，就有了多重意味：沐浴斋戒上朝，以示对国君的尊重和对仪礼的谨细，但也可能是做好了不再生还的准备。斋戒沐浴的整个过程，都需要沉静下来，因此可使人思虑清晰。想好了，就毅然决然地去做。

苟利国家，死生以之。超乎个人生死的大义大勇，在静默地执行这个寻常仪式的过程中，已然完成了。

陈成子杀齐简公，三桓也最终驱逐鲁哀公，致其客死他乡（《左传·哀公二十七年》）。此即《解义》所谓"鲁之三家犹齐之陈恒"之义吧。因此本章对于鲁国的政局来说，就如同一段预言，历史最终证明了孔子所宣判的可能性。

反过来看，在这个弑君僭礼之举泛滥成灾的时代，却也隐含着另外一种无奈，那些大权在握的大夫们看似翻云覆雨，炙手可热，而且内心一定是充满了焦虑和矛盾的。因为他们自我膨胀的方式是如此可笑：

八佾舞于庭。（[八佾第三·一]）

这些新崛起的政治势力想要刷"存在感"，却找不到一种全新的方式，而只能回归传统礼制的老路，而且是局限在自家的院子里。因此，从文化意义上来说，他们以僭越的方式来完成的，恰恰也是一种自我救赎。从这种意义上，他们却是极端老实和保守的，"老实"得有些可怜。

所以对于毫无实权而又屡屡以言语侵犯他们的老先生，却能够容忍，保持克制。

八佾舞于庭，是可忍，孰不可忍？（[八佾第三·一]）

季康子患盗，问于孔子。孔子对曰："苟子之不欲，虽赏之不窃。"苟子之不欲，虽赏之不窃。（[颜渊第十二·十八]）

在威权时代，这样公然指斥当朝权贵的话，竟然能出自温文尔雅的孔夫子之口，也能够为权倾一时的季氏所接受。这样的一个孔子能够保全性命而自然生死，也算得上奇迹了。在所有人失去方向的时候，反倒是孔子的极高的文化站位及坚定的忠君态度能够慑服他们。

《史记·孔子世家》中借郑人之口说孔子"累累若丧家之狗"，孔夫子对此一笑而过，而且以此自嘲。显然，郑人口中与夫子口中的"丧家狗"，绝然不是同一范畴：郑人幸灾乐祸的是"丧家"之状，而夫子自信为狗的忠实之心——它虽然落魄，但没有人比这只丧家狗更具有对"家"的忠诚，更有资格做"家"的守护者，而这个"家"对每一个人的重要意义都不言而喻。

这一章中，其实孔子已经摆明了身份，只是一介旧臣而已。但其实，他当时虽然没有职位，却被鲁国尊为国老，而且其弟子冉有、子贡等人在当时的实力尚不可小觑，所以他尚掌握一定的话语权和具有一定的影响力。他不惜冒险去劝说和讽喻鲁君和三桓，可谓为国为礼鞠躬尽瘁，越是细细还原这一过程，将感知的镜头拉近，我们就可以看到一个愈发清晰的贴合孔子暮年状态的形象———一匹老马：

老骥伏枥，志在千里。烈士暮年，壮心不已。（〔汉〕曹操《步出夏门行·龟虽寿》）

请同韶护公勿疑，老马由来识途久。（〔宋〕毛滂《寄曹使君》）

【标签】

陈成子；齐简公；三桓；载之空言，不如见之于行事之深切著明

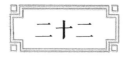

【原文】

子路问事君。子曰："勿欺也，而犯之。"

【解义】

此一章书，是孔子教子路以纯臣①之道也。

子路问人臣事君当何如。

孔子曰：事君之道无他，惟诚与直而已。而欲行其直，必先尽其诚。凡进言②宣力③，务使实意④恳到⑤，内可质⑥诸⑦己，外可质诸人；勿用诈用术，而此中有所欺也。自是⑧而上有圣明❶之君，下无烦匡救之事⑨，岂非厚幸⑩乎？然或未能无过，则本此勿欺之一念，无诡谀⑪，无畏避，侃侃⑫然尽言谏诤⑬，引以向道，而塞其违心⑭。虽犯君之怒，不恤⑮也。事君之道，尽于此矣。

夫未能无欺而欲犯，则犯由于矫饰；既能勿❷欺而不犯，则欺中于周

---

❶ 圣明：摛藻堂四库全书荟要本（同武英殿刻本）作"明圣"。
❷ 勿：摛藻堂四库全书荟要本（同武英殿刻本）作"弗"。

全⑯。二者实相须⑰而亦相成。

孔子岂独告子路？正以立万世事君之极则⑱也。

【注释】

①纯臣：忠纯笃实之臣。

②进言：对尊长者或平辈提供意见。

③宣力：效力，尽力。

④实意：真诚的心意。

⑤恳到：恳至，恳切。

⑥质：对质，验证。

⑦诸：兼词，之于。

⑧自是：自然就会。

⑨上有圣明之君，下无烦匡救之事：《史记·管晏列传》：管仲世所谓贤臣，然孔子小之。岂以为周道衰微，桓公既贤，而不勉之至王，乃称霸哉？语曰，"将顺其美，匡救其恶，故上下能相亲也"，岂管仲之谓乎？（管仲是世人所说的贤臣，然而孔子小看他，难道是因为周朝统治衰微，齐桓公既然贤明，而管仲不勉励他实行王道，却辅佐他只称霸主吗？古语说，"要顺势助成君子的美德，纠正挽救他的过错，所以君臣百姓之间能亲密无间"，这大概就是在说管仲吧？）

⑩厚幸：大幸。

⑪谄谀：谄媚阿谀。

⑫侃侃：刚直貌。

⑬谏诤：直言规劝。

⑭违心：二心，异心。

⑮不恤：不忧悯，不顾惜。

⑯欺中于周全：违心说话，使事情得到周全。

⑰相须：亦作"相需"。互相依存；互相配合。

⑱极则：最高准则。

【译文】

这一章是说，孔子教给子路用忠纯笃实的臣子之心来对待君主。

子路请教臣子如何对待君主。

孔子告诉他：侍奉君主的要义并不复杂，只有忠诚与正直这两样而已。不过，要想做到正直，也要先恪尽忠诚。凡是尽心进谏，一定要真心实意，言辞恳切，使所思所言，问心无愧，经得起考验；不要怀有不诚之心，也不要耍手段，在这个过程中有所欺瞒。这样自然就会有助于使君主圣明，而无须再去费力匡扶了，这不是一件幸事吗？然而如果尚不能做到如此完美，那就本着"勿欺"这个念头，口中不谄媚阿谀，心中不畏惧避忌，直言进谏，引导君主通往大道，阻塞他分心旁顾，走向邪路。这样即使惹他发怒，也在所不惜。侍奉君主的要义，就全都在这里了。

如果不能做到心中真诚而不欺骗君主，却表面上去犯颜进谏，那不过是装模作样罢了；如果能够做到心中真诚而不欺骗君主，面上也能做到不冒犯，这恐怕是违心说话以使情状得到周全（这其实都是不符合事君之道的）。内心无欺，直言进谏，这两样往往是相生相成的。

这番话，孔子哪里只是单独对子路说的，这是告诫千秋万世，为之树立了极致的准则啊。

【评析】

"忠"在《论语》中多为"中心为忠"之义，即忠于自身。但本章与［宪问第十四·七］（子曰："忠焉，能勿诲乎？"）章，将"忠心"外移，表现出臣属对君主的"忠"，后世以"忠"为"忠君报国"，概以此两章为滥觞也，故此二章可并置阅读。

【标签】

忠；君臣

【原文】

子曰："君子上达，小人下达。"

【解义】

此一章书，是孔子论君子小人心术①之各殊也。

孔子曰：君子之所以为君子，小人之所以为小人，其初只争一念之公私②，而其后遂各底其极③，有大相悬④者。盖天理本自高明⑤，君子凡事必循天理，而不杂于人欲之私，由是志气⑥清明⑦，知日求其精，行日求其备，势⑧不至为贤为圣不止。其阅历⑨于高明之途，而愈积愈上，盖上达者也。

人欲本自污下⑩，小人凡事必徇⑪人欲，而不念夫天理之公，由是志气昏昧，天良日益损，邪行日益多，势不至为狂为愚不止。其沉溺于污下之途，而愈流愈下，盖下达者也。

夫人惟一心⑫，心入于正则达向上，心入于邪则达向下。人品之不同，只视乎此。故治心之功，诚不可不严也。

【注释】

①心术：指思想品质，居心。

②一念之公私：朱熹《论语集注》注解［子路第十三·二］：程子曰："仲弓曰：'焉知贤才而举之？'子曰：'举尔所知。尔所不知，人其舍诸？'便见仲弓与圣人用心之大小。推此义，则一心可以丧邦，一心可以兴邦，只在公私之间尔。"亦可参考本章"人惟一心"词条引文。

③各底其极：到达终极。底，同"厎"，引致，达到。

④相悬：差别大，相去悬殊。

⑤高明：高大光明。可参本书［里仁第四·十一］"高明"词条注释。

⑥志气：意志和精神。

⑦清明：神志清晰，清察明审。

⑧势：形势，情势。

⑨阅历：经历。此处为动词。

⑩污下：卑下，鄙陋。

⑪徇：音 xùn，顺从，曲从。

⑫人惟一心：人的所作所为，只在一念之间。意谓发心决定事态。清章梫《康熙政要》："圣祖庭训曰：人惟一心，起为念虑，念虑之正与不正，只在顷刻之间，若一念之不正，顷刻而知之。即从而正之，自不至离道之远。《书》曰：惟圣罔念作狂，惟狂克念作圣。一念之微，静以存之，动则察之，必使俯仰无愧，方是实在工夫。是故古人治心，防于念之初生。情之未起，所以用力甚微，而收功甚巨也。"

【译文】

这一章讲的是，孔子讨论君子和小人在心志上的差别（及其对人格境界的养成所产生的决定性作用）。

孔子说：君子之所以能够成为君子，小人之所以能够成为小人，其初始不过在于一念的公与私，然后就各自达到其极致，从而造成天壤之别。大概天理本来高大光明，君子凡事都要遵循天理，并不间杂个人私欲，因此会神清气爽，知识逐日精进，行为渐趋完美，其情势是不成贤成圣就不罢休。经由高大光明的道路，自然会日积月累而天天向上，这就是所谓的"上达"了。

人的私欲本就是卑下的，而小人凡事都依从私欲，而不考虑天理公道，因此会神思恍惚，天赋之良心逐渐受到损伤，无道之恶行逐渐增加，其情势是不达到疯狂、愚昧的地步，就不会停下来。经由卑下鄙陋的道路，自然会愈演愈烈而每况愈下。大概这就是所谓的"下达"吧。

人惟一心，事出一念。心思正派就会通达向上长进之路，心思邪曲就会通达向下沉沦之途。看一个人人品如何，只要看其取向如何便可。所以，修身养性的功夫，实在是不能不严苛啊。

【评析】

君子无论在何种情况下，都会自我激励，以扩大格局来提升境界，从而选择兼顾己身与他人的道路，这样的路自然会越走越宽。小人凡事都因陋就简，自私自利，不断给自己找借口，枉曲因果，混淆逻辑，即便是别人不来找麻烦，恐怕就已自找了一大堆麻烦。《礼记·中庸》：

子曰："愚而好自用，贱而好自专，生乎今之世，反古之道。如此者，灾及其身者也。"（夫子说："愚蠢却常师心自用，卑劣而又好独断专行，生活在今天，却偏偏装模作样，故作风雅。这样其实是很容易惹火烧身的啊。"）

这里孔子所云，不过是我们日常所见所识，但惟"上达""下达"寥寥四字而已。上达者本有上达之心，下达者自有下达之意。君子小人，各怀其志，各得其果。凡遇人遇事，以此衡量，高下立判。

【标签】

君子上达，小人下达；人惟一心；公私

【原文】

子曰："古之学者为己，今之学者为人。"

【解义】

此一章书，是孔子论学者①用心之不同也。

孔子曰：古今同此道即同此学，而学者之心则各有别。古之学者专务求于内，致知以穷乎理之原②，力行以蓄乎德之实，所勉者，皆真实③切近④工夫⑤。未能有得于己，不已也；既能有得于己，尤不已也。此其心惟为己者。

然今之学者专务求于外，不必知之至，而止⑥期足以见其知；不必行之尽，而止期足以见其行。所尚者，皆修饰名誉⑦之事。苟可以邀⑧人之知，无弗为⑨也；即不可以邀人之知，亦无弗为也。此其心惟为人者然。

盖为己者，终必有以及于人，体全斯用备⑩也；为人者，究未能有所得于己，鹜末必丧本⑪也。岂古今人之不相及⑫与？其用心各殊，而得力亦相反。此孔子所以深勉学者夫！

【注释】

①学者：学习者。与今意略有区别。

②致知以穷乎理之原：即"穷理致知"，"穷理尽性"和"格物致知"并称。穷究事物的原委、道理。可分别参考本书［学而第一·一］"穷理尽性"词条注释和［八佾第三·十五］"致知格物"词条注释。

③真实：真正的，实在的。

④切近：贴近，相近。此引申为适用，切合实际。

⑤工夫：理学家称积功累行、涵蓄存养心性为工夫。

⑥止：仅，只。

⑦修饰名誉：矫饰造作以沽名钓誉。

⑧邀：请求，谋求。

⑨弗为：即"知而弗为"，知道而并不去做。《孔子家语·子路初见第十九》：孔篾问行己之道。子曰："知而弗为，莫如勿知；亲而弗信，莫如勿亲。乐之方至，乐而勿骄；患之将至，思而勿忧。"孔篾曰："行己乎？"子曰："攻其所不能，补其所不备。毋以其所不能疑人，毋以其所能骄人。终日言，无遗己之忧，终日行，不遗己患，唯智者有之。"（孔子的侄子孔篾向他请教立身行事的要义。孔子告诉他："知道了道理不去实践，不如不知道的好；相互亲近但是不能相互信任，不如不去亲近。令人高兴的事情将要到来，高兴但不能自满；祸患将要到来，思索解决之道，不要过分忧郁。"孔篾问："这样就可以立身行事了吗？"孔子说："修养钻研自己所不

能，弥补自己不完备之处。不要因自己所不能，就以为别人也不能；也不要以自己有所能而恃才傲物。整天说话，而不会给自己留下忧患；终日行事，而不给自己留下隐患。只有真正明智的人才能做到。"）

⑩体全斯用备：本体周全而功用就齐备了。《朱子语类》卷四十："曾点父子为学，每每相反。曾点天资高明，用志远大，故能先见其本；往往于事为之间，有不屑用力者焉。是徒见其忠之理，而不知其恕之理也。曾子一日三省，则随事用力，而一贯之说，必待夫子告之而后知。是先于恕上得之，而忠之理则其初盖未能会也。然而一唯之后，本末兼该，体用全备，故其传道之任，不在其父，而在其子。则其虚实之分，学者其必有以察之！"

⑪骛末必丧本：舍本逐末；贪求细枝末节就容易贻误根本。可参考上注"体全斯用备"引文。

⑫不相及：根本的差别。

【译文】

这一章讲的是，孔子论说学习者对于学业各有用心。

孔子说：古往今来，同道就是同学，但同学未必是同道。古代的学习者专门向内探求，格物致知以穷理尽性，并身体力行以蓄德笃实，所勉力为之的，都是实实在在的涵养修为的功夫。如果不能用于自身，就不会停止探求；如果能够用于自身，那就更不会停止探求并精进不息。这就是一门心思为了自身的心性品德的丰足。

然而，现在的学习者，只是一味地向外探求，不是把知识用于自身，而只是满足于让人知道他有知识；不是躬身实践，精进不已，而是满足于让人知道他有德行。他最想追求的，都不过是矫揉造作以沽名钓誉罢了。如果可以使人了解，他不会知而行之；如果不能使人了解，那他就更不会知而行之了。这就是学而贪求他人知道者的样子。

学而为自身修为者，最终可以惠及他人，因为本体周全则必然功用齐备；学而为炫示他人者，最终会一无所获，因为他舍本逐末而枉费心意。这难道是古人和今人之间根本的差别吗？非也，只不过是因为其用心不同，所以效用也不一样罢了。这正是孔子所深切勉励学习者的啊！

【评析】

"为己"有两义，一者为学成己身，一者为学为己有。兹录二人话语以证之。

其一为日本"日本近代教育之父"福泽谕吉在其《劝学篇》中对修治学问的比喻,他在其中讽刺了那些将学习作为身外学问的"知道分子":

> 为学不限于读书,这是人所共知的事情,实已无待赘言。学问的要诀,在于活用,不能活用的学问,便等于无学。从前有这样一个故事:一个朱子学派的书生,在江户钻研多年,把朱子学派各大家的学说抄写成本,昼夜不息,几年之间抄了几百卷,自以为学业成就,可以返回故乡。他自己走东海道,把抄写的书放在箱里,托绕道航行的船装运,不幸船在远州洋面出事。由于遭此灾难,书生自身虽然返回家乡,可是学问则尽沉海底。这时候他的身心已经一无所有,恢复所谓"空无一物"的原状,其愚昧正与以前无异。现在的洋学家,也不是没有这种毛病,试到现在都市的学校里去看一看他们那种读书和讨论问题的情况,似乎也不能不称他们是学者。但如一旦收回他们的原书,让他们到乡村里去,恐怕他们在遇到亲戚朋友的时候,就会说出"我的学问存放在东京了"这种奇谈吧。❶

其二,是时任人民日报社副总编辑的卢新宁,在北京大学中文系2012届毕业典礼上以师姐的身份所作的致辞,她在其中鼓励人文学科的学生,以学问涵养身心,是为大用:

> 是的,跟你们一样,我们曾在中文系就读,甚至读过同一门课程,青涩的背影都曾被燕园的阳光定格在五院青藤缠满的绿墙上。但那是上个世纪的事了,我们之间横亘着20多年的时光。那个时候我们称为理想的,今天或许你们笑称其为空想;那时的我们流行书生论政,今天的你们要面对诫勉谈话;那时的我们熟悉的热词是民主、自由,今天的你们记住的是"拼爹""躲猫猫""打酱油";那个时候的我们喜欢在三角地❷游荡,而今天的你们习惯隐形于伟大的互联网。
>
> 我们那时的中国依然贫穷却豪情万丈,而今天这个世界第二大经济体,还在苦苦寻找迷失的幸福,无数和你们一样的青年喜欢用"囧"形容自己的处境。
>
> 20多年时光,中国到底走了多远?存放我们青春记忆的"三角地"早已荡然无存,见证你们少年心绪的"一塔湖图"正在创造新的历史。你们

---

❶ [日]福泽谕吉:《劝学篇》,群力译,东尔校,商务印书馆2010年版,第68页。

❷ 三角地:北京大学校园的中心地带,位于北京大学一百周年纪念讲堂南,由于学生活动集中而闻名。

这一代人，有着远比我们当年更优越的条件，更广博的见识，更成熟的内心，站在更高的起点。

我们想说的是，站在这样高的起点，由北大中文系出发，你们不缺前辈大师的庇荫，更不少历史文化的熏染。《诗经》《楚辞》的世界，老庄孔孟的思想，李白杜甫的词章，构成了你们生命中最为激荡的青春时光。我不需要提醒你们，未来将如何以具体琐碎消磨这份浪漫与绚烂；也不需要提醒你们，人生将以怎样的平庸世故，消解你们的万丈雄心；更不需要提醒你们，走入社会，要如何变得务实与现实，因为你们终将以一生浸淫其中。

我唯一的害怕，是你们已经不相信了——不相信规则能战胜潜规则，不相信学场有别于官场，不相信学术不等于权术，不相信风骨远胜于媚骨。你们或许不相信了，因为追求级别的越来越多，追求真理的越来越少；讲待遇的越来越多，讲理想的越来越少；大官越来越多，大师越来越少。因此，在你们走向社会之际，我想说的只是，请看护好你曾经的激情和理想。在这个怀疑的时代，我们依然需要信仰。

…………

我想起中文系百年时，陈平原先生的一席话。他提到西南联大时的老照片给自己的感动：一群衣衫褴褛的知识分子，器宇轩昂地屹立于天地间。这应当就是国人眼里北大人的形象。不管将来的你们身处何处，不管将来的你们从事什么职业，是否都能常常自问，作为北大人，我们是否还存有那种浩然之气？那种精神的魅力，充实的人生，"天地之心""生民之命""往圣绝学"，是否还能在我们心中激起共鸣？

马克思曾慨叹，法兰西不缺少有智慧的人但缺少有骨气的人。今天的中国，同样不缺少有智慧的人但缺少有信仰的人。也正因此，中文系给我们的教育，才格外珍贵。从母校的教诲出发，20多年社会生活给的我最大启示是：当许多同龄人都陷于时代的车轮下，那些能幸免的人，不仅因为坚强，更因为信仰。不用害怕圆滑的人说你不够成熟，不用在意聪明的人说你不够明智，不要照原样接受别人推荐给你的生活，选择坚守、选择理想，选择倾听内心的呼唤，才能拥有最饱满的人生。❶

深味以上两则文字，则孔子大义益明。孔子辨识学为人己的差别，实际上不只是在修为的层面，更是在应用的方面。只有学而为己，反倒是可

---

❶ 节选自搜狐网：https://www.sohu.com/a/229304329_293137。

以得到在现实中的应用，因为为己则成己，而必然在现实中付诸实践；而学而为人，则为学术而学术，人与学术两隔，也必然与现实相脱节。时人每谓"此人适合做行政""某人应该去做学问"等等，似学问与行政判如霄壤，不可共进，实为悖谬之论。学而为己方能为人，学而为人则必然曲己。每个人的生命都是有限的，所能创造价值也是有限的，但没有树立主体意识，而又丧失文化本位，又有何价值（非只是利益）建树可言——

皮之不存，毛将安附？（《左传·僖公十四年》）

【标签】

学者；自我；知识；价值；理想

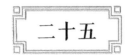

【原文】

蘧伯玉使人于孔子。孔子与之坐而问焉，曰："夫子何为？"对曰："夫子欲寡其过而未能也。"

使者出。子曰："使乎！使乎！"

【解义】

此一章书，见圣贤相契①不在离合之迹②，而在学问之心也。

昔卫国有贤大夫蘧瑗（字伯玉），孔子至卫，尝主于其家。③既而反鲁④，伯玉使人来候问孔子。孔子敬其主以及其使，与之坐而问曰：进修之事无穷，夫子⑤今日之所为，当不同于昔日也，不识夫子何为？

使者对曰：凡人孰能无过？贵有以省察克治⑥之耳。夫子战兢惕励⑦，此中未尝一日敢弛——一念之失必谨，一事之非必饬⑧——诚欲寡其过耳。而人欲难于尽消，天理难于来复⑨，日期⑩寡过焉，而尚若未能也。

夫欲寡过，则不自为无过，而克治严；欲寡过而未能，则不自为己能，而功修⑪密。非伯玉之贤，不能有此心；非使者之贤，不能知伯玉之有此心。是以孔子于使者既出而深赞之曰：其真可谓使乎！其真可谓使乎！嘉⑫使者愈怀伯玉矣。

盖圣贤为己之学⑬，原无可自足之时，"寡过未能"，乃伯玉日励而不容自已⑭之心也。孔子之素所深信于伯玉者⑮，以此。使者能委曲⑯道之，故不禁重与⑰乎使也。然则圣贤之相契，无非学问之真，岂犹夫世俗往来之末⑱哉？

【注释】

①相契：彼此默契。

②离合之迹：距离的远近，是否在一起。

③卫国有贤大夫蘧瑗……尝主于其家：蘧瑗（qúyuàn），字伯玉，谥"成子"，春秋时期卫国大夫，以善于改过闻名。《淮南子·原道训》："蘧伯玉年五十而有四十九年非。"此典化用于《庄子·则阳》："蘧伯玉行年六十而六十化，未尝不始于是之而卒诎之以非也。未知今之所谓是之非五十九非也。"（蘧伯玉六十年来不断改变自己，没有不是开始认为正确而后来认为是错误的，他不知道现在所肯定的不就是五十九岁时所否定的吗！）孔子周游列国，十年在卫国，九年居蘧伯玉家。（《史记·孔子世家》："去即过蒲。月余，反乎卫，主蘧伯玉家。"主，寓居。）蘧伯玉对孔子多有帮助，孔子也对蘧伯玉极为赞赏，多次不吝好评。可见二人关系之密，并惺惺相惜。

④既而反鲁：不久后孔子返回鲁国。孔子于公元前484年返回鲁国。据此可判断，此事发生在这一时段。既而，不久。反，同"返"。

⑤夫子：古代对男子的敬称。孔门尊称孔子为夫子，后因以专指孔子。然在孔子当时，"夫子"尚为一个泛指的称谓，如同后来所谓的"先生"，并非专称。

⑥省察克治：省察，反省检查自己。克治，克制私欲邪念。出于王阳明《传习录》，指初始为学时用于省察自身、克除杂念的为学功夫。（详参本书［述而第七·三］同名词条注释。）

⑦战兢惕励：小心谨慎，时刻保持戒惧。战兢，即战战兢兢，谨慎小心，以防不测。出自《诗经·小雅·小旻》，详解参本书［泰伯第八·三］"战战兢兢，如临深渊，如履薄冰"词条注释。惕励，即"惕厉"，警惕谨慎，警惕激励。语出《周易·乾》："君子终日乾乾，夕惕若厉，无咎。"（君子每日自强不息，深夜也要谨慎自省，如临危境，不能稍懈，这样才能免于灾患。）

⑧一念之失必谨，一事之非必饬：谨饬，谨慎小心。谨，慎重，小心。饬，谨慎。朱熹《戊申封事》："愿陛下自今以往，一念之顷必谨而察之：此为天理耶，人欲耶？果天理也，则敬以充之，而不使其少有壅阏；果人

欲也,则敬以克之,而不使其少有凝滞。推而至于言语动作之间,用人处事之际,无不以是裁之,则圣心洞然,中外融澈,无一毫之私欲得以介乎其间,而天下之事将惟陛下所欲为,无不如志矣。"壅闷:壅遏闭塞。

⑨来复:往还,去而复来。语见《周易·复》:"反复其道,七日来复,利有攸往。"(逆反于本来之道,七天就会有一个反复的过程,认真践行就会吉祥顺利。)复者,各返其所始。《周易·系辞下》:"《复》,德之本也。"

⑩日期:每日期盼。

⑪功修:用功修为。

⑫嘉:嘉许。

⑬圣贤为己之学:见上一章。

⑭自已:自行止步不前。

⑮孔子之素所深信于伯玉者:参见本章注③。

⑯委曲:文辞转折含蓄。

⑰重与:深度赞许。

⑱末:琐细平凡的行为。

【译文】

由这一章可知,圣人与贤士大夫之间的默契交往,不在于是否在一起,而在于求学问道的心迹是否相近。

当年卫国有位贤士大夫蘧伯玉,孔子到卫国的时候,就曾寓居他的家中。不久后,孔子返回鲁国。蘧伯玉派人前往问候孔子。孔子因为尊敬蘧伯玉,所以给予其使者以极高礼遇,请他坐下来,问他:常言道"活到老,学到老",离别数日,伯玉先生恐怕现在又有所精进了吧!不知道他现在做些什么呢?

使者回答说:人无完人,孰能无过?重要的是能够进行反省自查,克除杂念。蘧先生现在每天都是谨慎戒惧,没有一天敢于放松的——对于一个念头的偏差都要谨慎以待,对于一件事情的过失都要谨慎改过——都是诚心诚意地改正过失罢了。可是人欲难以彻底消除,天理只是得失相继,往来循环,所以他每日都希望能够减少过失,但又觉得做不到。

想要减少过失,就不会主动地去犯错,所以能够严于克制私欲邪念;想要减少过失却做不到,也就不会自以为是,就会勤于用功修为。如果不是达到了蘧伯玉这样的贤良程度,就不会有这种改过心态;如果不是有使者这样的贤能本领,也就不会理解蘧伯玉的心理状态。所以孔子在使者出去之后,就连声赞赏说:真是好使者啊!真是好使者啊!嘉许使者,其实也是感怀蘧伯玉的表现。

但凡圣贤为己之学，本来就不会止步不前，"寡过未能"，其实只是蘧伯玉每天自勉，不使自满的心态表现而已。孔子向来信服蘧伯玉，正是因为这一点。因为使者能够委婉地表达出蘧伯玉的为学之道，所以孔子也不禁连声称赞他。然而，这种圣贤之间的相互默契，是出于真真正正的学问，与那些寻常平庸的投机应诺还是大不一样的。

【评析】

孔子自卫返鲁，蘧伯玉恐怕是担心他路上的安全问题，还专门派人前来问讯，可见二人情谊之笃厚。

如果《解义》所述属实，亦即本章故事发生在孔子返回鲁国之后，那么此事至少发生于公元前484年，也就是在出生于公元前585年的蘧伯玉101岁的时候。而这位百岁老人所关注的，仍然只是检点并修改自己的过失问题。这是一项纵贯其人生大半历程的浩大工程——自从他20岁的时候就已经开始了。明代思想家袁黄（即了凡先生）在其著名的《了凡四训》一书中这样写道：

昔蘧伯玉当二十岁时，已觉前日之非而尽改之矣；至二十一岁，乃知前之所改未尽也；及二十二岁，则回视二十一岁，犹在梦中。岁复一岁，递递改之，行年五十，而犹知四十九年之非，古人改过之学如此。

后来又在其专门教导儿子袁天启（袁俨）的《训儿俗说》中说：

蘧伯玉二十岁知非改过，至二十一岁回视昔之所改，又觉未尽；直至行年五十，犹知四十九年之非，乃真是寡过的君子。

这个典故屡被了凡先生提起，可见其受此启发之深。了凡之学，可谓终于功过格亦即改过之学的具体落实。而了凡之善书及其功过格流传极广，影响亦极深，可谓惠人无数，功德无量。在这一点上，我们亦当不断回望那个与孔子有忘年之交的蘧伯玉先生。

附论：据说孔子周游列国十四年，其中十年是在卫国，每次都是离开卫国而又很快返回卫国，最长的一次，是在卫国待了大概三年的时间。而这当中又有九年是住在蘧伯玉家里，故从时间上推论，蘧伯玉派使者对孔子的问候，应该是孔子不在其家中居住的时候。《史记·孔子世家》中仅有两次孔子寓居蘧伯玉家的记录：初到卫国，"孔子遂适卫，主于子路妻兄颜浊邹家。"因卫灵公受谗言，武力包围孔子住所，迫使孔子离卫适陈，结果在匡地，因被误会为阳虎而被围困。围解后在蒲地待了一个多月，就"反乎卫，主蘧伯玉家"。孔子在卫国仍不得重用，便离开卫国，前往晋国，打算面见赵简子寻找机会，但半途放弃。"反乎卫，入主蘧伯玉家。"后来，孔子到楚国寻找机会，无功而返，"孔子自楚反乎卫。是岁也，孔子年六十三，而鲁哀公六年也。"但此处未再明确说明孔子居住于何处。

【标签】

蘧伯玉；改过；谨慎；孔子适卫

【原文】

(子曰："不在其位，不谋其政。")❶
曾子曰："君子思不出其位。"

【解义】

此一章书，是曾子述艮卦之象辞①以示人也。

曾子曰：凡人心所用为思，身所处为位。思适安乎其位，天理之公也；思苟越乎其位，人欲之私也。是以君子即其见在②所居之地，求其日用常行之道。如为君臣，则思仁敬；为父子，则思慈孝；为兄弟，则思友恭③。貌、言、视、听，则思肃、义、哲、谋④。君子之心惟安于所遇如此。

盖艮者，止也。⑤君子观艮止之象，而知物各有其分⑥，故思亦止于其分。世之憧憧⑦往来，邪妄⑧胶扰⑨而莫能自制者，其亦未审于"慎思"⑩之义耳。故宋儒程子⑪曰"人心不可有所系"⑫，又曰"心要在腔子里"⑬，正所以教人慎用其思，善用其心，以全此虚灵不昧⑭之本体⑮耳。若乃❷⑯二氏之说⑰，非驰于幻妄而溺于有，则沦于空寂而堕于无，⑱岂圣贤操持⑲存养⑳之正道哉？甚矣，心学㉑之不明，圣贤之忧也！

【注释】

①是曾子述艮卦之象辞：艮卦是《周易》第五十二卦。《说卦》曰"艮

---

❶ 此段在［泰伯第八·十四］已出，《解义》因之而未予重解。
❷ 若乃：摘藻堂四库全书荟要本（同武英殿刻本）作"乃若"。两词同义。

为止",山静止不动,各安其所,故其卦象意味着"抑止"。艮卦的象辞云:"兼山,艮。君子以思不出其位。"(两山并列,即为"艮"。君子观此象而知自己所思所想应当不超出自己所处之位。)末句与本章同文。《解义》据此认为本章乃曾子援引了艮卦象辞的内容,并据以进行阐释。象辞,《周易》解释卦象与爻象之辞。

②见在:现时,现在。

③为君臣,则思仁敬……则思友恭:《礼记·礼运》:"何谓人情?喜、怒、哀、惧、爱、恶、欲,七者弗学而能。何谓人义?父慈、子孝、兄良、弟弟、夫义、妇听、长惠、幼顺、君仁、臣忠,十者谓之人义。讲信修睦,谓之人利,争夺相杀,谓之人患。故圣人之所以治人七情,修十义,讲信修睦,尚辞让,去争夺,舍礼何以治之?"《左传·隐公三年》:"贱妨贵,少陵长,远间亲,新间旧,小加大,淫破义,所谓六逆也。君义,臣行,父慈,子孝,兄爱,弟敬,所谓六顺也。去顺效逆,所以速祸也。君人者将祸是务去,而速之,无乃不可乎?"

④貌、言、视、听,则思肃、乂、哲、谋:出自《尚书·洪范》:"五事:一曰貌,二曰言,三曰视,四曰听,五曰思。貌曰恭,言曰从,视曰明,听曰聪,思曰睿。恭作肃,从作乂,明作晰,聪作谋,睿作圣。"(五事:一是态度,二是言论,三是观察,四是听闻,五是思考。仪容要恭敬,言论要正当,观察要明白,听闻要聪敏,思考要通达。仪容恭敬,臣民就严肃;言论正当,天下就大治;观察明白,就不会受蒙蔽;听闻聪敏,就能判断正确;思考通达,就能成为圣明之人。)

⑤艮者,止也:艮卦为两山并列形象,是人们在日常生活中所看到的最为静止的物象。因此艮卦象征着静止、抑止,一则为止于形位之背,二则为止于动静之时。止得其时,则"其道光明",止得其所,则"思不出其位"。

⑥分:本分。

⑦憧憧:往来不绝貌。《周易·咸》:"憧憧往来,朋从尔思。"

⑧邪妄:乖谬,不合常理。北宋叶适《陈君墓志铭》:"奉持其心,不使一思虑杂于邪妄也。"

⑨胶扰:扰乱,搅扰。北宋程俱《过方子通惟深》:"尘中等胶扰,念此将焉从。"

⑩慎思:谨慎思考。《礼记·中庸》:"博学之,审问之,慎思之,明辨之,笃行之。"(要广泛地学习,审慎地询问,慎重地思考,明确地分辨,切实地实践。)可详参本书[里仁第四·十四]"明善诚身"词条引文。

⑪宋儒程子：指宋儒"二程"，即兄程颢（明道先生），弟程颐（伊川先生）因二程话语有时难分，故于《河南程氏遗书》中称"二先生"，指或为两人之中一人所语。

⑫"人心不可有所系"：人心不可受制于外物（包括忧、患、好、乐等情感）而不能自主。《河南程氏遗书》卷第十一："人心不得有所系。"❶《性理大全》引《二程遗书》卷五注此语曰："人心常要活，则周流无穷，而不滞于一隅。"张伯行解曰："人心本活，才系于物便不活。不活则滞矣。"

⑬"心要在腔子里"：与"人心不可有所系"同义，即心要有所主宰，专注于当下。见于《河南程氏遗书·二先生语七》❷，又见于《近思录·存养》。心本在腔子里，不在腔子里，或放逸而丧失了，或为外物牵引而迷失了。所以孟子说："学问之道无他，求其放心而已矣。"（《孟子·告子上》）《朱子语类·程子之书二》："心要在腔壳子里。"心要有主宰。……问："'心要在腔子里。'若虑事应物时，心当如何？"曰："思虑应接，亦不可废。但身在此，则心合在此。"曰："然则方其应接时，则心在事上；事去，则此心亦不管著。"曰："固是要如此。"（德明）或问"心要在腔子里"。曰："人一个心，终日放在那里去，得几时在这里？孟子所以只管教人'求放心'。今人终日放去，一个身恰似个无梢工底船，流东流西，船上人皆不知。某尝谓，人未读书，且先收敛得身心在这里，然后可以读书求得义理。而今硬捉在这里读书，心飞扬那里去，如何得会长进！"（贺孙）或问："'心要在腔子里'，如何得在腔子里？"曰："敬，便在腔子里。"又问："如何得会敬？"曰："只管恁地滚做甚么？才说到敬，便是更无可说。"（贺孙）

⑭虚灵不昧：虚灵，心灵。不昧，不迷惑，不晦暗。出自朱熹《大学章句集注》中对"大学之道，在明明德，在亲民，在止于至善"的解释："大学者，大人之学也。明，明之也。明德者，人之所得乎天，而虚灵不昧，以具众理而应万事者也。"此乃借用唐译《大智度论》佛语，并予以重新阐释，强调"具众理而应万事"的重要性，认为心因"虚灵"而能"具众理""应万事"，亦因其"知觉"而能"知此事，觉此理"。（《朱文公文集·答胡广仲》）明王阳明也据此指出："'虚灵不昧，众理具而万事出'。

---

❶ 《明道先生语一》，见《二程集》，中华书局2004年版，第124页。
❷ 《河南程氏遗书》卷第七"二先生语七"，见《二程集》，中华书局2004年版，第96页。

心外无理,心外无事。"(《传习录》)。❶

⑮本体:指最根本的、内在的、本质的定位;本真。

⑯若乃:至于。用于句子开头,表示另起一事。

⑰二氏之说:指佛老之说,即佛教和道家的学问。胡适《费氏父子的学说》:"山林幽简之俦行于一室,名曰二氏。老氏,其徒静坐相传为专养心性。佛氏,其徒静坐相传为专悟心性。"

⑱非驰于幻妄而溺于有,则沦于空寂而堕于无:即指佛教和道家思想不安于实际,道家侈谈心性之论,而佛教徒论空寂之说,前者过度强调心性对现实的超越,后者则过度渲染世相的虚无,都偏离了现世生活的本位,有失中正。

⑲操持:操守。

⑳存养:存心养性,保存本心,培养善性。出自《孟子·尽心上》,可详参本书[学而第一·八]同名词条注释。

㉑心学:泛指修心之学。

【译文】

这一章讲的是,曾子借《周易·艮》的象辞来示人以本位思考的道理。

曾子说:用心处即是思想,处身处即是位置。思想正好合乎其位置,这就是符合天理之公正;思想如果超出了位置,这就是私欲之膨胀。所以,君子会依据当时当地的处境,来探求日用常行的道理。比如为君为臣,则思君仁臣敬,为父为子,则思父慈子孝,为兄为弟,则思兄友弟恭。态度要恭敬,言论要正当,观察要明白,听闻要聪敏,思考要通达。(做好应为之"五事",才能服众,治政,兼听,明辨和成圣。)君子之心惟有安于本位才是。

"艮",就是静止。君子观察艮形静止之象,就会知道事物自有其本分,所以思想也要安于本分。世间熙攘往来的人们,不乏乖谬邪妄、庸人自扰之辈,究其因,也都是没有做到谨慎其思的程度。所以宋儒二程先生说,"人心不可有所牵累而妄求",又说,"心要安然,归于本位",正是用来教导人们要慎用思想,而善于调整心态,从而保全心灵本体不受蒙昧。至于佛老之学说,不是妄谈心性,就是强言空寂,对于生死、有无反倒是过于执泥,这哪里符合圣贤操守本心、涵养本性的正道呢?修心之学不能够清

---

❶ 可参《中国哲学大辞典》"虚灵明觉"词条,上海辞书出版社2014年版,第185页。

明，这是圣人贤士所大为忧虑的！

【评析】

因本章原紧承"不在其位，不谋其政"句（本书文本因依杨本篇章安排，故将其并置为一章，一般文本则将其分为上下两章，而该句为［泰伯第八·十四］章重出，故此《解义》未重录），一般注疏因此上下章句的关系，往往因循解释，将其简单视为同义，而未能深入检视并揭橥之。

本章《解义》缘起于艮卦之象，终于释道对比，中间贯通宋明理学，可谓着实用力。此或因本章正与《周易》艮卦相对应，于《论语》中鲜见；然更重要之原因在于，儒家力主入世，务求实践，因此历来重视"位"这一范畴，对其多有论说，而本章虽为寥寥几字，却尤为精警，颇多启发。清人陆陇其对本章阐述极尽精微，不仅与《解义》相互印证，且更进一步，通过广泛征引比对，以"思"为"位"的前摄条件进行探究，将二者的对位关系做了全面检讨，并基于这种关系更加清晰地揭示"礼""君子"等儒学核心概念的基本内涵和内在要求：

这一章"思"字是以临事之思言。若学者平日读书讲道，天下事皆其分内事，皆当讲究，原非位之可限。虽《中庸》言"慎思"，子夏言"近思"，然皆不是以"位"限定，惟是事到面前，须要审我之"位"，有事当如此，而我之位不当如此者，便乱做不得。此比"思无邪"更细一层：邪者，违理之谓也；出位者，未尝违理而不合乎时中之谓也。这"位"字要看得好，《注》谓"记者因上章之语而类记之"，然上章"位"字说得粗，"位"对"政"言，不过是"公卿大夫"之"位"。此"位"字说得细，随处皆有"位"：富贵、贫贱、患难，位也；君臣、父子、夫妇、兄弟、朋友，位也。同一君臣而亲疏之不同，同一父子而嫡庶之不同，以至处治、处乱、处盛、处衰又种种不同，莫非"位"也。又如"礼仪三百，威仪三千"，有一件则有一"位"，当揖时则有揖的位，当让时则有让的位。位变则理从而变。昨日之位应如此，今日之位又不应如此；彼处之位应如此，此处之位又不应如此。内而喜、怒、哀、乐，外而视、听、言、动，须要恰合乎位之所当然——稍有过焉是出位也，稍不及焉亦出位也。此比"素其位而行"亦较细。"素其位而行"，只是富贵、贫贱、患难之位。

这出位病痛，大抵皆起于思，思得一毫不差，发出来方能不差。然思最难得不出位，有因"适""莫"而出位者，有因"意、必、固、我"而出位者，有溺于声色、货利而出位者，有拘于气禀、习俗而出位者，有惑于异端、曲学而出位者，有"志动气"而出位者，有"气动志"而出位者。内而徇己，则见有身不见有"位"；外而徇人，则见有人不见有"位"。见之不明则不能不出，守之不固则不能不出。是必有居敬之功，然后专一而不出；有穷理之功，然后心精明而不出：是非君子不能。君子只是运用天理到烂熟的人，此心如权度一般，随物之轻重长短各适其本分，无一丝过、不及，"位"应如是，思即如是，无一物可以摇惑得他，无一物可以牵制得他。千变万化，却只在一定不易的道理上，所以在《易》为"艮止之象"。《易》所谓"不获其身"者，言君子只见此"位"之理，而不见有身也，见有身则不免徇己，而出乎位矣。《易》所谓"行其庭不见其人"者，言君子只见此位之理，而不见有人也，见有人则不免徇人，而出于位矣。

孔子之"从心所欲不逾矩"，此不出位也；颜子之"如有所立卓尔"，此不出位也；《孟子》之"无恐惧、疑惑而不动心"，此不出位也；《大学》之"止于至善"、《中庸》之"发而皆中节"，此不出位也。《大全》南轩张氏曰："'位'非独职位，大而君臣父子，微而一事一物，当其时与其地，所思止而不越，皆'不出其位'也。"说得极明。明季讲家乃有"以心为位"，以"此心动而无动"为不出位，且引程子"心要在腔子里"以证之。晚村谓："程子是说存养心体，非说思也。"足破其谬矣。

学者读这章书，切不可粗看了。若秀才闭门不管闲事，便可谓不出位，则人人皆君子矣。这不出位不是容易的事，日用间言一动稍与其位之理不合，便是出位。试返躬自省，一日之内，还是出位时多，还是不出位时多，须将居敬穷理工夫猛力去做，做得一分，方能免得一分出位。或疑思而稍出其位，犹贤胜过于废思者，如不曰"如之何、如之何"，此贸贸昏庸糊涂貌而不知思者也。佛老之徒，溺于虚无而不肯思者也，其病痛更甚于出位。不知思而出位，病痛正不小。从古败坏天下之人，岂皆不思，只是思出其位耳。失之毫厘，差以千里，莫谓稍一出位无大关系也。❶

陆氏从"思""位"关系发出绵密之探讨，植根于儒学仁道本体，延伸于礼制、人格之实践，焕发出中庸理性之精神，富有启迪、沃濯之效验。因"位"而"思"，可谓之"忠"；而"思"不出其"位"，可谓之"恕"。因"忠"而致"恕"，由"恕"而返"忠"，是为仁道矣。因此，以"位"为基点探索忠恕之仁道，可知是对儒学实践理路的呈现，言辞虽然极简短，

---

❶ 陆陇其：《松阳讲义》，周军、彭善德、彭忠德校注，华夏出版社2013年版，第255—258页。

其运思却极恳切，意义亦极重大。

君子曰有"九思"（[季氏第十六·十]）而"思不出其位"，简约其说，用今语"文化自觉"一词概括之可也。后世每言"各人自扫门前雪，休管他人瓦上霜""静坐常思己过，闲谈莫论人非""事不关己，高高挂起"，则失位失序，罔思罔顾，去君子之"位"之"思"亦远矣！

刘强认为本章为"曾子所言，当系后来曾门弟子修纂《论语》时补入"，是曾子思想的植入片段，因此借之展开对曾子学说的批判❶，亦多有启发，可以参看。

【标签】

忠；恕；思；位；君子；礼

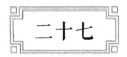

【原文】

子曰："君子耻其言而过其行。"

【解义】

此一章书，见君子黜浮①崇实之心也。

孔子曰：言易放②则当耻，行难尽则当过。若使不惧其言之胜于行，而好为浮夸③，不欲其行之胜于言，而急于践履④，是言之数多而行之数少，求其有所成就，难矣。惟君子心存于慎言，以言为耻而不使有余；心存于敏行⑤，于行必过而不使不足，又安患言不日损而行不日积也？此君子之所以为君子与！

盖言行原未尝不相因而见⑥：始也，敛⑦言而行益笃；究⑧也，行至而言自从。人能以君子之心为心⑨，斯行可举，而言亦无不可扬矣。虞廷⑩敷奏以言，必明试以功⑪。孔子听其言必观其行⑫，职⑬此意也夫！

【注释】

①黜浮：革除浮华。

---

❶ 刘强：《论语新识》，岳麓书社2016年版，第402－403页。

②放：放纵。
③浮夸：虚浮，不切实际。
④践履：实行，实践。
⑤敏行：敏于行。[里仁第四·二十四]：子曰："君子欲讷于言而敏于行。"
⑥相因而见：相互促成并显现。见，同"现"。
⑦敛：约束，节制。
⑧究：同"始"相对，到底，最终。
⑨以君子之心为心：理解君子并像君子一样行为处事。
⑩虞廷：亦作"虞庭"，指虞舜的朝廷。相传虞舜为古代的圣明之主，且君臣关系和谐，在朝堂上此问彼应，配合默契，从而实现盛治。故亦以"虞廷"为"圣朝"的代称。可参本书[子路第十三·十五]"明良喜起"和"都俞一堂"词条注释。
⑪敷奏以言，必明试以功：《古文尚书·舜典》（亦属于今文《尚书·尧典》）："五载一巡守，群后四朝。敷奏以言，明试以功，车服以庸。"（每五年巡视一次，诸侯在四岳朝见。普遍地使他们报告政务，然后认真地考察他们的政绩，赏赐车马衣物作为酬劳。）敷奏，陈奏，向君上报告。敷，普遍。明试，认真考验。明，认真。功，政绩。庸，功劳。
⑫孔子听其言必观其行：[公冶长第五·十]：子曰："吾于人也，听其言而信其行；今吾于人也，听其言而观其行。于予与改是。"
⑬职：犹惟、只。表示主要由于某种原因。

【译文】

这一章，显示出君子摒弃浮华而崇尚实干的心理。

孔子说：言语容易放纵就要自以为耻，实行难以到位就要努力付出。如果一个人不以自身言语超过行动为忧惧，而到处夸口，或者不想行动胜于言语，因此荒怠少动，这就是言语多但行动少，想让他有所成就，那就很难了。只有君子存心慎言，以放纵言语为耻而加以克制；存心敏行，刻意行动而避免有所不到，这样哪里还要担心言语一天天不减少，而行动不一天天增加呢？这是君子之所以能够成为君子的要诀吧！

大概言语与行动都是相互因由出现：一开始的时候，节制言语，就会使行动增加；到了最终，行动到位了，也就等于言语了。如果人们能够怀有君子之心，像他们那样笃实于行动而谨慎于言语，那么就能够行动起来，从而言语也可以得到宣扬了。（就像《尚书》上所说的那样，）在朝堂之上有所陈奏报告，后面的行动就要经得起检验。孔子所谓的"听其言必观其行"，就是这个意思吧！

【评析】

言行关系知易行难，尽管《解义》尽力阐述，但仍有不逮。因《论语》中关于言行的关系已经说了很多了，这里仅说明一个"耻"字就足够了。

君子与耻的关联度如此密切：君子以能够担当责任而立，以能够行使责任为荣，不能则为耻。因此一"耻"字是君子自觉的阈限，而非他者之所迫，且又强于他者之所迫。世人好议善论，夸夸其谈未为不可，但君子不可以；使个人价值预期与价值实践能够相匹配，才是君子的义命。既为君子，认知当不成问题，关键是能否践履所知。天地间是有道义的，君子的使命是知而行之，不然这道义就是虚伪之学，天地间也是无情无义的了。

如果天地无情无义，人群族类又可往何处栖身，君子又何以仁义自处？

【标签】

君子；耻；言行；敷奏以言，明试以功

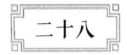

【原文】

子曰："君子道者三，我无能焉：仁者不忧，知者不惑，勇者不惧。"子贡曰："夫子自道也。"

【解义】

此一章书，见圣人道愈高而心愈歉①也。

孔子曰：道体②无穷，非身历之，不知其事之有难尽也。君子之所以为道者三，而我则无能焉。三者维③何？一在于仁——仁者理胜而私欲尽去④，凡穷通⑤得失，举⑥不足以动其心，未尝无可忧也，而不忧；一在于知⑦——知者识胜⑧而事几⑨能晰，凡是非邪正，举不足以蔽其心，未尝无可惑也，而不惑；一在于勇——勇者气胜而刚直常伸，虽当大任、赴大难，举不足以屈其心，未尝无可惧也，而不惧。夫不忧、不惑、不惧，君子

"仁""知""勇"❶之道然⑩也,而我皆无能,其敢不自勉哉!

究之道造其极⑪,斯能者益忘其能。维时⑫子贡曰:此特夫子之自谦如此也。以赐⑬观之,夫子于"仁""知""勇"之道,岂真有未能者乎?

盖道至圣人而自视弥歉,学至贤者而所见甚亲。学为君子者,惟常存此歉然⑭不足之心,则其于道也庶几⑮矣。

【注释】

①歉:少,不足。
②道体:道的本体,道的主旨。
③维:乃,是。
④仁者理胜而私欲尽去:仁者,能够做到心存天理而摒弃私欲。朱熹《论语集注》注[颜渊第十二·一]"克己复礼为仁":"仁者,本心之全德……为仁者,所以全其心之德也。盖心之全德,莫非天理,而亦不能不坏于人欲。故为仁者必有以胜私欲而复于礼,则事皆天理,而本心之德复全于我矣。"可详参本书[颜渊第十二·一]"仁者,心之全德"词条注释。
⑤穷通:困厄与显达。
⑥举:皆,全。
⑦知:通"智"。
⑧识胜:胜于识见。
⑨事几:事情的苗头、征兆。
⑩然:当然,本然的表现。
⑪道造其极:悟道修为,达到至高修养。道造,即造道,穷究事理并躬行实践,以提高品德修养。
⑫维时:斯时,当时。
⑬赐:即子贡。子贡自谓。古人向人自称其名以示谦敬。
⑭歉然:不足的样子。
⑮庶几:大概,差不多。

【译文】

这一章显示了,圣人修道的层次越高,反倒觉得自己有所不足。

孔子说:道的本体无穷广大,不是亲身体验,就不会发觉修道而难以

---

❶ 仁、知、勇:文渊阁本顺序作知、仁、勇;摘藻堂四库全书荟要本(同武英殿刻本)作"仁、知、勇"。据本章原文及解义顺序,应作"仁、知、勇"。今从荟要本。

尽道。一个君子修道为人，可以做到三点，而我却一样都做不到。是哪三样呢？一个是体仁——仁者能够做到心存天理而摒弃私欲，无论通达还是窘困，是得还是失，全都不能让他动心，不是没有可忧虑的，而是根本不去忧虑这一点；一个是智识——智者胜于认知而见微知著，所有的是非正邪，都不能够使他的心灵受到蒙蔽，不是他没有困惑，而是从不在这一点上困惑；一个是勇敢——勇者盛气凌人而义无反顾，即使是担当大任、奔赴大难，也全都在所不惜，一往直前，他不是毫无畏惧，而是从不在这一点上退缩。不忧、不惑、不惧，是君子之仁之道、智之道和勇之道的本然表现，但是我却都做不到，哪里还敢不努力啊！

探究起来，越是那种修道悟道到了登峰造极地步的人，反倒是不自居其能。当时子贡说：这不过是夫子的自谦罢了。以我端木赐来看，夫子对于"仁""知""勇"的道理，没有一样不通达的。

大概，反倒是圣人自视修道不足，贤者越学越谦和。学习成为君子的人，只有常常心存谦虚而不自满，也就更接近于道了。

【评析】

本章内容亦复见于［子罕第九·二十九］，只是语句顺序稍不同。在《解义》中重出而不似其他篇章略去不讲，概因本章有夫子自道之辞。夫子自道"未及"之辞，或为自谦，或为勉人，《论语》中常有类似表达。

对本章的理解，另可参看［述而第七·三］［宪问第十四·三十八］及［颜渊第十二·四］三章"评析"部分。夫子非不忧也，不过忧其所忧，乐其所乐，非常人可及。与此二章对比阅读，更可感知夫子不惑、不忧、不惧之精神。

【标签】

知者不惑；仁者不忧；勇者不惧；天理；私欲

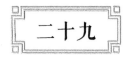

二十九

【原文】

子贡方人。子曰:"赐也贤乎哉!❶ 夫我则不暇。"

【解义】

此一章书,见学者当以自治①为先也。

子贡平日比方②人物而较其短长,不可谓非穷理③之事,然专务为此,则心驰于外而疏于内矣。故夫子婉以警之曰:赐也,尔能方④人,其亦贤乎哉!盖惟自治有余,而后得以暇及于人耳。若以我自审,方虑义理无穷,虽日孜孜⑤焉而有未逮⑥,又何暇⑦较量⑧他人乎!

凡人之为学,终其身无可已时,即终其身,无有暇时。以孔子之圣,而犹自谓不暇,则凡有志于学者,其孰有暇时邪?于此知学至圣人,而其功愈专。希圣⑨者可以勉矣!

【注释】

①自治:修养自身的德性。

②比方:比较,对照。

③穷理:即"穷理尽性",穷究天下万物的根本原理,彻底洞明人类的心体自性。出自《周易·说卦》。可详参本书[学而第一·一]"穷理尽性"词条注释。

④方:或谓之"谤",讥评。

⑤孜孜:勤勉,不懈怠。可详参本书康熙《御制〈日讲四书解义〉序》"孳孳"词条注释。

⑥未逮:不及,没有达到。

⑦暇:空闲,闲暇。

⑧较量:评定。

⑨希圣:仰慕圣人,效法圣人。

---

❶ "!":杨伯峻《论语译注》作问号,本书认为此处为孔子反语,故用感叹号。金良年《论语译注》采用感叹号,与本书同。

【译文】

这一章是说，学习者应当优先考虑修养自身的德性。

子贡平时喜欢品评人物，对他们品长论短。当然这也不能不说是在探究事理，但如果只是一味用心于此，就会使心思外泄而疏于自身的涵养。所以夫子婉转讽刺他说：端木赐啊，你这么善于评价他人，真是有本事啊！大概是你自身德性修养得足够了，然后才有工夫去观照别人。但如果让我评判自己，恐怕是义理无穷无尽，即便是每天都发愤努力也学不完，修不尽，哪里有工夫去评价他人啊！

人要活到老，学到老，终其一生，没有一刻可以松懈。即便像孔子这样的圣人，仍然是学而时习，日无暇晷，但凡有志于学习的人，哪个敢说自己还有余力旁顾呢？于此可知，学习到了圣人的境界，反倒是更加专心用功了。仰慕圣人者因此要更加努力啊！

【评析】

子贡喜欢讥评别人，因此遭到孔子的一顿教训；但孔子自身又很喜欢评价人，好似于人于己有不同的标准者。唐文治先生之解读或可将此矛盾冰释：

> 比方人物，而较其短长，知人之学，亦圣门所重也。然知人必先自镜，乃能确得其浅深高下，而无所差失，故夫子赞子贡优长于此，而复恐其自治之疏，特自反以教之。俗解夫子有贬之意，夫贬则可直言告之矣，故曲其言，恐非圣人语气。❶

概孔子之意，一是要自反内省，修身进学无暇他顾；二是要有评人质量，以大度小，而不能以小度大；三是评人乃为评世之法，为世立言，非为个人喜怒恩怨。常言道"静坐常思己过，闲谈莫论人非"，似有乡愿之态，不过一个人若能真正做到这种程度，也可称得上修为之人。

【标签】

子贡；言语；乡愿

---

❶ 唐文治：《四书大义》，上海交通大学出版社2016年版，第442-443页。

三十

【原文】

子曰:"不患人之不己知,患其不能也。"

【解义】

此一章书,是孔子论为学者当反己①以自修也。

孔子曰:凡人往往急于求人②而缓于求己,常患名誉之不著③,而不患德业之无成。不知知存于人,非己所得而主④;其或不知,不足为患也。若夫学焉而不能穷其理,行焉而不能践其实,我所见知之处,反之于心而莫可自信,是则所当患尔。⑤

盖知⑥与不知存乎人,于己何与⑦?能与不能存乎己,于人何与?孔子曰:"遁世不见,知而不悔。"⑧《易》曰:"遁世无闷,不见是而无闷。"⑨圣贤真切⑩为己之学⑪,固如此。彼汲汲⑫于闻达⑬者,重外而轻内也。其能事⑭亦可概见⑮矣。

【注释】

①反己:返回自身。反,同"返"。
②求人:苛求他人。
③著:显著,彰显。
④主:主宰,掌握。
⑤学焉而不能穷其理……是则所当患尔:此句意近[述而第七·三]:子曰:"德之不修,学之不讲,闻义不能徙,不善不能改,是吾忧也。"
⑥知:被理解。
⑦何与:何干。
⑧孔子曰:"遁世不见,知而不悔。":遁世,隐居避世,不为人知。遁,逃避。见,被。《礼记·中庸》:子曰:"……君子依乎中庸,遁世不见知而不悔,唯圣者能之。"(君子遵循中庸之道行事,即便为世所忘,鲜为人知,但仍义无反顾。)引文可详参本书[泰伯第八·九]"索隐行怪"词条注释。
⑨《易》曰:"遁世无闷,不见是而无闷。":《周易·乾·文言》:初九曰:"潜龙勿用。"何谓也?子曰:"龙,德而隐者也。不易乎世,不成乎

名,遁世无闷,不见是而无闷。乐则行之,忧则违之,确乎其不可拔,'潜龙'也。"(初九爻辞说:"潜藏的龙,无法施展。"这是什么意思?孔子说:"龙,比喻有才德而隐居的君子。操行坚定不为世风所转移,不求虚名,隐居避世但并不自觉苦闷,言行不为世人所赏识也并不烦恼。喜欢的事就去做,烦扰的事就避开它,坚定而不可动摇。这就是所谓的'潜龙'了。")闷,苦闷,烦恼。

⑩真切:用作动词,真切探求。

⑪为己之学:详见[宪问第十四·二十四]:子曰:"古之学者为己,今之学者为人。"

⑫汲汲:心情急切貌,引申为急切追求。

⑬闻达:显达。

⑭能事:所能之事。

⑮概见:可见一斑,窥见其概貌。

【译文】

这一章讲的是,孔子谈论学习者应当返回自身,重视自身的修为。

孔子说:一般人往往都是严于律人而宽于律己,常常担心声誉不够显著,却对德业的废弛无动于衷。其实他们不知道的是,是否知名,这依托于他人的看法,并非自己想要操纵就能操控的;即便不为人所知又如何,这其实是忧虑不来的。如果学习了,但不能穷理尽性,行动了,但不能落实到位,那么我所被人了解的一面,却很可能让我难辞其咎而无所适从。所以,这是最应该当心的。

大概是否被了解是他人的事,于我何干?但能不能做得到,则纯然是我自己的事情了,又于人何干呢?孔子曾说:"隐居避世而不被人理解,并不需要因此而愧悔。"《周易·乾·文言》上说:"遁世无闷,不见是而无闷。"(操行坚定不为世风所转移,不求虚名,隐居避世但并不自觉苦闷,言行不为世人所赏识也并不烦恼。)圣贤们本来就是如此真切探求为己之学。那些急切盼望能够显达的人,重视表面的声誉而忽视内在的修为,那么他的操行和能力也自然可见一斑了。

【评析】

"宪问"篇自二十四章至本章(三十章),均为讨论为己、责己之学。强调此学即是强调内在价值尺度和精神自足,这在现实中反倒很容易碰壁。在现实中碰壁,然后回到内心世界自我检讨一番,养好伤然后再去现实中碰壁。这种思路不仅可以延伸出来心学，也可以造就阿Q式"精神胜利法"。儒家一方面过度强调礼制的外在约束，另一方面又总是过度强调反躬自省，二者之间并无有效对接手段，好似礼制全凭个人自觉来实现，而缺乏必要的机制进行"强链接"，致使个人与礼制犹如船只与铁锚之间缺少必要的链条一样，船只随时可以漂走，而致弃人于岸，无处问津，或迫人跳船下水，任由淹没——恐怕这也是令人"细思极恐"的事情吧！

【标签】

患；遁世无闷；心学；礼；精神胜利法

【原文】

子曰："不逆诈，不亿不信，抑亦先觉者，是贤乎！"

【解义】

此一章书，是孔子戒①人之用察为明②也。

孔子曰：人之于己未见其事之欺我也，而设一意以迎③之，是谓逆诈④；未见其心之疑我也，而设一意以度之，是谓亿不信⑤。有人于此，其居心也以正，其接物⑥也以诚，于凡人之诈者，不逆料其诈，人之不信者，不亿度其不信。然或不逆、不亿，而受人之诈与不信，以致堕人之奸⑦，即非真能鉴物，而物无遁情⑧者矣。乃⑨其视诈与不信，无不有以见其隐，不烦推测之方而自有洞鉴之识，抑亦⑩诚能先觉者，是非心体⑪清明⑫，而烛事几⑬，晰义理⑭，未易臻⑮此，可不谓贤乎？

盖不断生于不明，明自无所不断。⑯不明生于不诚，诚自无所不明。⑰然非有诚、正、格、致⑱之功，亦何能本体⑲光莹⑳，先知先觉如此乎？故曰"至诚如神"㉑，又曰"圣人齐戒，以神明其德"㉒。盖万事一理，万人一心㉓，表里始终自然通贯㉔，岂术家射覆恍惚、揣摩之说㉕邪？

【注释】

①戒：同"诫"，警告，劝人警惕。
②用察为明：即"察察为明"，在细枝末节上用心而自以为明察。察察，分析明辨。明，精明。《晋书·皇甫谧传》："若乃圣帝之创化也，参德

乎二皇，齐风乎虞夏，欲温温而和畅，不欲察察而明切也。"

③迎：预测，推算。

④逆诈：事先即猜疑别人存心欺诈。

⑤亿不信：亿而不信，即臆测而不相信。亿，臆测，预料。

⑥接物：与人交往。

⑦堕人之奸：使人堕入奸猾的境地。

⑧物无遁情：事物展露无遗，没有隐情。北宋邵雍《诗书吟》："丹诚入秀句，万物无遁情。"（把赤诚之心化为优美的文辞，将万物尽情展现出来。）

⑨乃：若，如果。

⑩抑亦：副词，表示推测，也许，或许。

⑪心体：心之本体，本真的思想。

⑫清明：清察明审。

⑬烛事几：指能够洞幽烛微，见微知著。烛，烛照，洞明。事几，事情的苗头、征兆，代指事体、事理。南宋魏了翁《刘少监挽诗》："端重嗤浮俗，深沉烛事几。"明宋端仪《立斋闲录·书刘忠愍公遗翰后》："呜呼！自古以来，士鲜全节，如公者，天地间盖不多见。其明有以烛事几于未然，其忠欲以救事势于将然，其直气正言至于忤权奸死而不悔，是盖天与之以全节，足以为人臣之大防，立万世之人纪矣。顾若予辈之庸碌不足为重轻者，何足道哉！何足道哉！"

⑭晰义理：明白义理。义理，合于一定的伦理道德的行事准则。

⑮臻：音 zhēn，至于，达到。

⑯不断生于不明，明自无所不断：此中"明""断"均具佛学意味，应为《解义》援佛释儒之辞，意谓人性本明，但因痴念所扰而无明，因此应断尽无明而重回明境。明，梵语 vidyaˆ，巴利语 vijjaˆ，音译作费陀、苾驮，即灼照透视，意指破除愚痴之暗昧，而悟达真理之神圣智慧。与之相对为"无明"，谓暗钝之心无照了诸法事理之明。即痴之异名也。《本业经》："无明者，名不了一切法。"《大乘义章》："于法不了为无明。……言无明者，痴暗之心。体无慧明，故曰无明。"断，乃断缚离系而得证之义。《大乘起信论广释卷》："无明断尽，觉道圆明。"《妙法莲华经台宗会义》："心性本来竖彻三世，三世不出现前一念，但由无明，不能远见。佛既无明断尽，心性洞朗。"

⑰不明生于不诚，诚自无所不明：《礼记·中庸》："自诚明谓之性，自明诚谓之教。诚则明矣，明则诚矣。"（由于天然具有真诚之心而自然明白

什么是善，并能自觉自立于至善之境的，叫作圣人的天性；由后天的修养而明白什么是善，然后能够以真诚之心追求至善之境的，这是贤人通过努力的结果，叫作人为的教化。天然具有真诚之心，自然就明白什么是善；若能明白什么是善，也就可以拥有真诚之心了。）引文可详参本书康熙《御制〈日讲四书解义〉序》"性、教、中和"词条注释。另，朱熹《论语集注》：杨氏曰："君子一于诚而已，然未有诚而不明者。故虽不逆诈、不亿不信，而常先觉也。若夫不逆不亿而卒为小人所罔焉，斯亦不足观也已。"

⑱诚、正、格、致：即诚心、正意、格物、致知，简称"格致诚正"，代指儒家围绕明德、亲民、至善"三纲领"，由个人身心修养而逐层达成社会理想的"八条目"。《礼记·大学》："古之欲明明德于天下者，先治其国；欲治其国者，先齐其家；欲齐其家者，先修其身；欲修其身者，先正其心；欲正其心者，先诚其意；欲诚其意者，先致其知；致知在格物。"出处及译文可详参本书［为政第二·十七］"格致诚正"词条注释。

⑲本体：指最根本的、内在的、本质的定位；本真。

⑳光莹：光润晶莹，光辉明亮。

㉑至诚如神：精诚所至，就可以如同神灵一样，预知事物的发展变化。《礼记·中庸》："至诚之道，可以前知。国家将兴，必有祯祥；国家将亡，必有妖孽；见乎蓍龟，动乎四体。祸福将至：善，必先知之；不善，必先知之。故至诚如神。"（最高境界的真诚可以预知未来。国家将要兴盛，往往会有吉兆；国家将要衰败，必定有妖孽出现。这种预示吉凶的征兆，可以从蓍草龟甲的占卜方式中表现出来，也可以从人们的动作仪态上表现出来。祸福要来临时，如果是好事，一定会预先知道；如果是不好的事，也一定会预先知道。因此，最高境界的真诚的人，就能够如同神灵一般预知未来。）

㉒圣人齐戒，以神明其德：引自《周易·系辞上》（引文与原文稍有出入）："是以明于天之道，而察于民之故，是兴神物以前民用。圣人以此齐戒，以神明其德夫。"（所以，只有明白天地万物之道，才能够清楚地了解民众的事情，正是圣人取神妙的蓍草来占验吉凶得失之理，并以此来指导民用之事。圣人用《周易》之理以肃敬警惕，以其理之神妙而明其道德。）齐戒，斋戒。齐，同"斋"。《广雅·释诂》："齐，敬也。"戒，警惕。《系辞》引文详见本书［述而第七·十三］"神武不杀"词条注释。

㉓万事一理，万人一心：南宋陆九渊《年谱》："人同此心，心同此理。往古来今，概莫能外。"

㉔通贯：通晓，贯通。

㉕术家射覆恍惚、揣摩之说：术士占卜时闪烁恍惚、因缘附会的说辞。术家，特指操占验、阴阳等方术的人。射覆，古时的一种猜物游戏，亦往往用以占卜。恍惚，迷离，难以捉摸。揣摩，揣度对方，以相比合。清纪昀（晓岚）《阅微草堂笔记·滦阳消夏录四》："若以梦寐之恍惚，加以射覆之揣测，据为信谳（证据确凿的判决），鲜不谬矣。"

【译文】

在这一章中，孔子告诫人们不要在细枝末节上过度用心而自以为明察。

孔子说：一个人，如果自己并未明确发现他人有所欺骗，却假设有这种情况并进行推测，这就是"逆诈"；如果自己并未明确发现他人有所怀疑，却假设有这种情况并加以揣度，这就是"亿不信"。现在这里有这样一个人，他正直居心，真诚待人，对于奸诈的人，也不假设他们奸诈，对于不可靠的人，也不揣度他们不可靠的情况。然而不逆料，不揣度，任凭他人的奸诈与不可靠，就会致使他们更加堕落奸猾，乃至其品行也昭然若揭，暴露无遗，连基本的鉴别能力都没有，也可以清楚地看到他们的斑斑劣迹。如果他能够一眼看穿奸诈与不可靠，无不都是根据可见的情状来判断其隐情，不用推测的手段就自然可以直觉和洞见，或许他们真的是能够先知先觉的人吧。在这一点上，如果不是身心清朗明察，能够洞幽烛微，见微知著，深明符合伦理道德的行事准则，恐怕也难以做到这一点——这样的人还怎能不称为贤良呢？

大概不够明断是因为不够明察，明察自然不会不够明断。不够明察是因为不够诚直，诚直了自然不会有所不明。然而，如果不是经过诚心、正意、格物、致知的修为功夫，又怎么能够使人的本真达到如此通透晶莹的地步，而能够这样先知先觉？所以《礼记·中庸》上说"至诚如神"（精诚所至，就可以如同神灵一样，预知事物的发展变化），《周易·系辞（上）》上也说"圣人齐戒，以神明其德"（圣人斋戒以肃敬警惕，以其理之神妙而明其道德）。大概万事同为一理，万人同怀一心，表里内外始终自然而然地贯通联系，哪里需要江湖术士占卜算卦那样闪烁恍惚、因缘附会的说辞呢？

【评析】

夫子反复强调"三达德"曰："仁者不忧，知者不惑，勇者不惧。"（[宪问第十四·二十八]，亦见于[子罕第九·二十九]），可知三达德齐聚并进，未尝偏失。是故"井有仁焉"，不能陷之（[雍也第六·二十六]）；岁月悠乎，不能扰之（[雍也第六·二十六]）；奥灶之别，不能诱之（[八佾第三·十三]）；晨门故问，不能迷之（[宪问第十四·三十八]）；桓魋伐树，不能阻之（[述而第七·二十三]）；暴虎冯河，不能胜之（[述而第七·十一]）。因仁而知，是为明知；因仁而勇，是为上勇。《礼记·中庸》曰："诚则明矣，明则诚矣。"既明且诚，则其义于此亦明矣！

【标签】

知（智）；仁；勇；诚；明

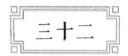

【原文】

微生亩谓孔子曰："丘何为是栖栖者与？无乃为佞乎？"孔子曰："非敢为佞也，疾固也。"

【解义】

此一章书，见圣人以道易天下之心也。

昔孔子欲行其道，周流①列国。当时隐士有姓微生名亩者，谓孔子曰：行藏②各有其时。人不我知③，亦听之已耳④。丘⑤于列国何为如是栖栖然⑥，依恋而不舍与？世之有心干宠⑦者，往往专事口给⑧以希遇合⑨，今无乃⑩习为便佞⑪而取悦⑫乎？

孔子曰：君子立身正己⑬，期合于道。必欲以佞为逢时⑭之计，丘则何敢独是⑮？守拘滞⑯之见，以隐遁⑰为高，而果于忘世⑱，此则固执不通，而我之所深疾也——其何忍置斯世于度外⑲邪？

盖凡事以中道⑳为归㉑，佞以悦人与固以守己㉒，皆非中㉓也。若使尽如微生亩者，虽不至于佞，而未免于固，天下亦安赖有圣人哉？

【注释】

①周流：周游，到处漂泊。
②行藏：指出处或行止。出自 [述而第七·十一]，详参本书 [子罕第九·十三] 同名词条注释。
③人不我知：否定句宾语前置，正常语序为：人不知我。

④听之已耳：随它去吧。听，任凭，随。

⑤丘：这是以尊长的口气直称孔子之名。

⑥栖栖然：忙碌不安貌。

⑦干宠：求得宠信。干，求，请求。

⑧口给：口才敏捷，能言善辩。[公冶长第五·五]："御人以口给，屡憎于人。"（应对机敏，伶牙俐齿，滔滔不绝，往往会只让人心怀抵触，而且容易在不经意间得罪别人。）

⑨遇合：相遇而彼此投合。

⑩无乃：莫非，难道是。

⑪便佞：巧言善辩，阿谀逢迎。

⑫取悦：取得别人的喜欢，犹讨好。

⑬立身正己：指存身自立，行为有度。立身正己：摛藻堂四库全书荟要本（同武英殿刻本）作"立身行己"。

⑭逢时：逢迎时势。

⑮何敢独是：怎么敢去这样做？独，如，类似。是，这样。

⑯拘滞：拘泥呆板。

⑰隐遁：隐居，远避尘世。

⑱果于忘世：固执于出世之见，完全忘却世情。可详参本书[宪问第十四·三十九]同名词条注释。

⑲度外：心意计虑之外。置度外，犹言不介意。

⑳中道：中庸之道。

㉑归：本，宗旨。

㉒守己：安守本分。

㉓中：中道，中庸之道。

【译文】

这一章，昭示了圣人想要用大道来变易天下的心志。

当年孔子周游列国，致力推行其治世大道。当时有个复姓微生名亩的隐士，对孔子说：是否出山，要看时候，人们不了解我，那就随它去吧，而你孔丘为何还要在各国之间奔走游说，恋恋不舍呢？这个世界上，那些渴求宠信的人，往往只顾着依靠口才来求得认同，现在难道你也是依靠阿谀逢迎来取悦当政者吗？

孔子说：君子立身行事，依道而为。如果定说要去巧言令色，委曲求全，我孔丘怎么敢去这样做？但是，如果呆板而保守，一味地强调隐居避世，而自视甚高并且顽固不化，这也是让我深以为非的——我们岂能忍心将这个世界置之度外，任其颠倒倾覆呢？

大概，凡事都要遵循中庸之道的宗旨，无论是巧言取媚或者固执难化，都是不符合中庸之道的。如果让人人都像微生亩那样，虽然不会巧言令色，但恐怕也是扞格不通，（这样的话，）那还要指望圣人来改变什么呢？

【评析】

孔子最反感巧言令色，却被别人视作巧言令色之人。人生中最荒诞的事莫过于此类。孔子处境极其孤独，由此可见。

"事君尽礼，人以为谄也"（[八佾第三·十八]）是说孔子执守礼制不被人理解，而这一章则是说孔子执守中庸之道不被理解。不过这种情况恰可以用来说明中庸的深刻性和重要性。

孔子在面对王侯、仕宦、隐者乃至其弟子等人的时候都是非常孤独的，缺少理解和支持。然而也是伟大的，因为他从未因此停下脚步而放低对中庸之道的执着追求。

【标签】

微生亩；中庸

【原文】

子曰："骥不称其力，称其德也。"

【解义】

此一章书，是孔子尚德之论也。

人之重君子者以才，而其所以称君子者以德，犹马之为骥①者以力，而其所以称骥者以德。是以孔子曰：马而以骥名，亦知其所由得名之故乎？骥之能存乎②任重而致远，则力安可少也？然使仅有其力，而难于控御，更不免于蹄啮③，是无其德矣，何足为骥乎？故称骥者不称其有驰骤④之力，而称其有调良⑤之德也。

即一骥而其重在德，有如斯矣！天下之必有赖乎德者，独一骥乎哉？盖君子之才与德，原缺一不可，而德为尤要。有德者无才，不如有才；无德者有才，不如无才。无才之德不可为德，无德之才不可为才。所以元凯⑥不失才子之名，而共兜不在俊乂之列⑦，分合轻重⑧之间，用人者不可不审也。

【注释】

①骥：好马，骏马。

②存乎：生存，存活；保存，保全。

③蹄啮：马用蹄踢和用嘴咬。

④驰骤：驰骋，疾奔。

⑤调良：驯服善良。

⑥元凯：亦作"元恺"（依其出处《左传》，应作"恺"），"八元八恺"的省称。传说高辛氏（帝喾）有才子八人，称为八元；高阳氏（颛顼）有才子八人，称为八恺。其人均不可考。元，善。恺，和乐。《左传·文公十八年》：季文子使大史克对（鲁宣公）曰："……昔高阳氏有才子八人，苍舒、隤敱、梼戭、大临、龙降、庭坚、仲容、叔达，齐圣广渊，明允笃诚，天下之民谓之八恺。高辛氏有才子八人，伯奋、仲堪、叔献、季仲、伯虎、仲熊、叔豹、季狸，忠肃共懿，宣慈惠和，天下之民谓之八元。此十六族也，世济其美，不陨其名，以至于尧，尧不能举。舜臣尧，举八恺，使主后土，以揆百事，莫不时序，地平天成。举八元，使布五教于四方，父义、母慈、兄友、弟共、子孝，内平外成。昔帝鸿氏有不才子，掩义隐贼，好行凶德，丑类恶物，顽嚚不友，是与比周，天下之民谓之浑敦（同"浑沌"）。少皞氏有不才子，毁信废忠，崇饰恶言，靖谮庸回，服谗蒐慝，以诬盛德，天下之民谓之穷奇。颛顼有不才子，不可教训，不知话言，告之则顽，舍之则嚚，傲很明德，以乱天常，天下之民谓之梼杌。此三族也，世济其凶，增其恶名，以至于尧，尧不能去。缙云氏有不才子，贪于饮食，冒于货贿，侵欲崇侈，不可盈厌，聚敛积实，不知纪极，不分孤寡，不恤穷匮，天下之民以比三凶，谓之饕餮。舜臣尧，宾于四门，流四凶族，浑敦、穷奇、梼杌、饕餮，投诸四裔，以御魑魅。是以尧崩而天下如一，同心戴舜，以为天子，以其举十六相，去四凶也。故《虞书》数舜之功，曰'慎徽五典，五典克从'，无违教也。曰'纳于百揆，百揆时序'，无废事也。曰'宾于四门，四门穆穆'，无凶人也。"

⑦共兜不在俊乂之列：共兜，共工和驩兜的合称。《古文尚书·舜典》（亦属于今文《尚书·尧典》）："流共工于幽州，放驩兜于崇山，窜三苗于三危，殛鲧于羽山，四罪而天下咸服。"《史记·五帝本纪》对此内容进行

演绎:"流共工于幽陵,以变北狄,放驩兜于崇山,以变南蛮,迁三苗于三危,以变西戎,殛鲧于羽山,以变东夷,四罪而天下咸服。"故有观点以为"四罪"对应"四凶":共工对应梼杌,驩兜对应混沌,三苗对应饕餮,鲧对应穷奇。然上句典出于《左传》,而下句对应之名称不同,亦无道理。不过此处仅以共兜代指有才无德之类,尚可通释。俊乂,亦作"俊艾",才德出众的人。

⑧分合轻重:区分、判断。

【译文】

这一章讲的是,孔子论述应崇尚品德。

人们敬仰君子是因为他有才能,但是真正成就君子的却是他的品德,就像把马称为骥,是因为它有日行千里的实力,但是使它拥有这种实力的却是因为它的毅力。所以孔子说:是马但却称作"骥",大家知道它得到这个名称的原因吗?骥能负重历远徙而能存活下来,充足的力量自是必不可少。然而如果只是强蛮有力,而难以控制,常常踢蹬口撕,这样没有品德,是难以成为骥的。所以,称赞骥其实不只是因为它有驰骋千里的实力,更是因为它有驯服良善的品德。

对一匹良马都是这样看重品德,那么天下需要进行品德考量的,会有多少呢?本来,君子的才能与品德应二者并重,缺一不可,且品德尤为重要。有德但无才还不够,需要增长才干;无德却有才,还不如无才。没有才干,就无法使道德有所依托;没有品德,其才干也未必能用到正途,故不可妄称才干。所以,八元八恺,善良和乐,堪称才子;共工驩兜,行凶作恶,实为不义。用人者对人物的区分、判断和取舍,一定要慎重以待。

【评析】

"无才之德不可为德,无德之才不可为才。"(没有才干,品德不成其为品德;没有品德,才干不称其为才干。)《解义》这句总结特别到位,甚至堪比原文更精彩。

我们常说"德才兼备",其中就蕴含了这层意思,而实际上德、才不可独举,而是相生相成的。换句话说,品德意味着道德价值评价,而才干意味着实用价值评价,只有在道德价值评价与实用价值评价相匹配的时候,其行为价值是最优化和最大化的,单一价值评价看似更容易达到抛物线的顶点,但或许恰恰是不稳定的,易倾覆的。因此两者的交加,反大于单一价值之和,因为是稳定的、合中的、共生的。

【标签】

德；才

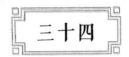

【原文】

或曰："以德报怨，何如？"子曰："何以报德？以直报怨，以德报德。"

【解义】

此一章书，是孔子论报施①之道也。

或人②问于孔子曰：人情仇怨相寻③，亦安有极④哉？若能于人之有怨于我者，竟⑤忘焉，而以德报，毋亦⑥忠厚之道邪，夫子以为何如？

孔子曰：略怨而报以德，非不厚也，但于我所怨者，而既以德报之，则人之有德于我者，又将何以报之乎？宜若⑦更无可以报德者矣？夫有怨有德，人情所不能忘，而所以报之，自各有道：必也于我所怨者，去其平日之怨，而惟处之以直——当报则报，无过责⑧焉；不当报则不报，无逞忿⑨焉——一准乎理之自然，而不以私意行乎其间，是则虽曰报怨，而未尝害其为公也。至人之有德于我者，则必以德报之，彼之施于我者固重，而我之予乎彼者亦不轻。此报德之道则然⑩也，而岂可漫⑪以报怨哉？

盖凡事在不失其中⑫，或人矫枉之过⑬，圣人持理之平⑭。必如孔子之言，然后德怨之报各得其当，而无太过不及⑮之差矣。

【注释】

①报施：还报所施。

②或人：某人，有些人。

③仇怨相寻：冤冤相报。

④极：终点。

⑤竟：遍，全。

⑥毋亦：不也是。

⑦宜若：表拟测或推断之词。犹言似乎，好像。

⑧过责：过于苛责。

⑨逞忿：逞怒。

⑩则然：清清楚楚。
⑪漫：随意；胡乱。
⑫凡事在不失其中：凡事适度，无过无不及。
⑬矫枉之过：矫枉过正。
⑭持理之平：持理公平。
⑮太过不及：不遵循中庸之道，要么太过，要么不及。与"无过不及"相反。出自［先进第十一·十六］：子曰："过犹不及。"可详参本书［子路第十三·二十一］"无过不及"词条注释。

【译文】

这一章是讲，孔子谈论报施之道。

有人问孔子：人世间冤冤相报何时了。如果能够有这样一个人，对于他人造成的仇怨，完全忘掉，尽释前嫌，甚至还表现出高风亮节的品格来对待他人，这不也符合忠厚之道吗，夫子觉得这样做怎么样呢？

孔子说：忽略怨恨而还报以高尚之德，这个人算得上忠厚了，可是，如果对于与我有怨恨的人，也都用高尚之德来还报，那么如果对于那些对我有德惠的人，我还报给他们什么呢？好像没有什么更好的可以报答他们了吧？其实怨恨和德惠，是人之常情，在所难忘，而予以还报的，也各有其道：一定要对于我所怀恨在心的，去除平时的怨愤，只以正直待之——该还报的就还报，不要过分自责；不当还报的就不报，不要逞一时激愤——都要依从天理，自然而然，而不根据个人意愿为所欲为，这样虽然说要去还彼怨报，但是却未有损于公道。至于那些对我有德惠的人，当然应当以德惠还报，他对我施加的德惠越重，我就越同等地还报。还报德惠的规则也是清清楚楚的，怎么可以随意地用报德的方法来报怨呢？

大概凡事都要不失中庸之道，这个与孔子讨论问题的人在报怨问题上有矫枉过正之弊，而孔圣人则用持守天理公平的方法来解答。一定要像孔子所说的那样，然后报德报怨才能恰如其分，各自归正，而没有太过和不及的问题。

【评析】

这一问其实是问出了大问题：孔子被深度误解并因此被投合——因为孔子崇尚道德，因此人们也总是将道德一味地拔高，以为这就是道德。下一章感慨"莫我知也夫"，或以此也。

如果说德是天地和谐关系，则仁为人际和谐关系，德是仁在天地价值体系中的映射，仁是德在人世间的具体实践。而无论德还是仁，都要遵循中庸之道，即价值对等共生规律。中庸之道使之保持平衡、和谐的最佳状态。德、仁，是一种动态关系呈现，而非单纯主观意愿或客观行为。以直报怨，其过程正是德行，而定义这种德行的，正是因为遵循了中庸之道。

孔子则把德纳入理性（中庸）的框架，在人际交往中保持平衡关系。仁者不仅要有大仁大爱，而且要把这种大仁大爱合理地施用，即以中庸来调节，使施仁者与受仁者保持平等的关系。以率真（直）回应抱怨（不直），以德性行为（德）回应德性行为（德），德就在其中了。

人们常常将道德固化，而不理解道德乃是一种动态关系，而这种动态关系的平衡准则正是中庸之道。所以即便本意是想做有道德的事情，但实际上却可能背离了道德。泰戈尔诗云："所有的鸟儿都以为，把鱼举在空中，是一种善举。"（《飞鸟集》）或正是这种表现。而孔子也不禁感慨："中庸之为德也，其至矣乎！民鲜久矣。"（［雍也第六·二十九］）

本章故此结论：中庸是仁德实现的平衡法则，脱离了中庸之道的道德不独是虚伪的，也可能是非常危险的。

【标签】

仁；德；中庸；报怨以德；以直报怨；以德报德

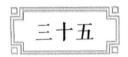

【原文】

子曰："莫我知也夫！"子贡曰："何为其莫知子也？"子曰："不怨天，不尤人，下学而上达。知我者其天乎！"

【解义】

此一章书，是孔子以心知①发子贡也。

孔子道德高厚，其用心得力②之处，原不求人知，而人亦不易知。故发叹曰：今之人其莫我知也夫③！

子贡问曰：以夫子之圣，宜无有不知者，何为而人皆莫知子也？

孔子曰：欲人之知者，必先有以异于人，而后可以知于人。若我之所为，其何有异焉？穷通④出于天也，用舍⑤出于人也，我无不顺而受之。遭时之穷而不得于天，则责之于己而不怨天；值时之舍而不得于人，则反⑥之于己而不尤⑦人。但知亹勉⑧于天理之常⑨，致力于人事之近⑩，凡所当知者，必求其无不知，所当行者，必求其无不行，只曰⑪从事⑫于下学⑬而已。乃⑭积累既深，自然知日精，而行日进，渐达于理之上者焉，初何尝甚异于人哉？惟是⑮心存为己⑯，仰不愧天⑰，或者上天于冥冥之中能知我耳！人之所以莫我知者，正在此也。

盖子贡平日求知于外，未尝从心体⑱切实用功，孔子故为此言，以启其心悟之学。学者诚能反己自修，循序渐进⑲，则自有与天相合之原⑳，虽人不我知，奚㉑足患㉒哉？

【注释】

①心知：心智。知，同"智"。
②用心得力：用心而得力，发愿而成真。
③今之人其莫我知也夫：其，语气助词，无意。莫我知，为否定句宾语前置，即"莫知我"。
④穷通：困厄与显达。
⑤用舍：被任用或不被任用。
⑥反：同"返"。
⑦尤：怨恨，归咎。
⑧亹勉：勉励，尽力。
⑨天理之常：天道常理，指不为人的意志所改变的恒常之道，强调人对恒常之道的敬畏和遵从。《荀子·天论》："天行有常，不为尧存，不为桀亡。应之以治则吉，应之以乱则凶。"（天道是持久不变的，它并不因为尧那样仁德的君主而存在，也不因为桀那样残暴的君主而消失。符合应用规律来适应它，就获得吉祥；应用紊乱来适应它，就遭到凶灾。）
⑩人事之近：即"人道迩"，指要遵循人际道德规范，而不妄求非人的神秘力量。出自《左传·昭公十八年》：鲁昭公十八年（前524），夏五月，大火星在黄昏出现，鲁国大夫梓慎判断会发生火灾，其后果然宋、卫、陈、郑四国都发生了火灾。其后，郑国星占家裨灶预言郑将发生大火，人们劝子产按照裨灶的话，用玉器禳祭，以避免火灾。子产回答说："天道远，人道迩，非所及也，何以知之？灶焉知天道？是亦多言矣，岂不或信？"（天道夐远而不可知，而人道切近而可为，两者并不相关，怎么能够通过人的感知而判断这就是天道呢？裨灶怎么能够懂得天道呢？这个人类似的话说多了，只是偶尔说中了而已，并非准确的预言。）于是没有答应按照裨灶的话去做，结果也没有发生火灾。（原文可参看本书［公冶长第五·十六］

"评析"部分。)

⑪只日:只是每天。

⑫从事:致力于。[泰伯第八·五]:"昔者吾友尝从事于斯矣。"

⑬下学:即"下学人事"(皇侃《论语义疏》),学习人情事理的基本常识。朱熹《论语集注》(程子曰):"学者须守'下学上达'之语,乃学之要。盖凡下学人事,便是上达天理。"

⑭乃:助词。无义。

⑮惟是:只有这样。

⑯心存为己:内心真正为提升自己而努力。

⑰仰不愧天:《孟子·尽心上》:"仰不愧于天,俯不怍于人。"(抬头无愧于天,低头无愧于人。)引文可详参本书[公冶长第五·十一]"不愧不怍"词条注释。

⑱心体:心之本体,本真的思想。

⑲反己自修,循序渐进:出自朱熹《论语集注》对本章的阐释:"不得于天而不怨天,不合于人而不怨人,但知下学而自然上达。此但自言其反己自修,循序渐进耳,无以甚异于人而致其知也。"反,同"返"。

⑳原:宽广平坦之地。此处代表可能性。

㉑奚:哪里。

㉒患:忧虑,担心和焦虑。

【译文】

这一章是讲,孔子启发子贡用心感知的能力。

孔子的道德高尚而深厚,他有所用心便可实现目标,本就不希望为人所知,而人们也不容易知道。所以他就感叹说:现在的人都不了解我啊!

子贡就问:夫子的圣大,已是无人不知无人不晓,怎么却说没有人知道您呢?

孔子回答说:想要为人所知名,就要有不同于寻常人的地方,然后就会被人知道。但我所做的,有什么不同寻常的呢?困厄与显达取决于上天,任用与否取决于他人,我都是应势顺受而已。如果遭遇困厄之时而天命不顾,就自责无能而不抱怨上天;遭遇弃置之时而无人赏识,就反求自身而不归咎他人。只知道要勉力以合恒常之天理,尽力于切近之人事,凡是应当为人知晓的,一定力求做到无人不知,应当作为的,无不力求行无不尽,只是每天都尽力于人事之学而已。积累既已足够深厚,自然知识和行动日益精进,就渐渐了解了恒常之道,而当初,哪里与普通人有本质上的差别呢？只有这样用心用力，不愧对上天，或许上天在冥冥之中可以感知到我的诚心吧！人们所不能了解我的，正在于此吧。

大概子贡平时有向外在求知的倾向，未能从心之本体切实用功，所以孔子会说这番话，来启发他开悟。学习者如果真的能够返回自身而不断修为，并循序渐进，那么自然就会达到天人相合的境界，即使不被人了解，又有何值得忧虑的呢？

【评析】

《解义》大概是依循本章的意涵而引用了《荀子·天论》与《左传·昭公十八年》中的两个关于天道的典故，然而这两个典故实际上是相互矛盾的：前者认为天行有常，为可知，可依从；而后者是天道遥远，为不可知，故不必盲求。

问题还不止于此：如果依循《荀子》，那么人在问道的过程中，只能是一个被动的接受者，其自身可选择的主动性其实是微乎其微的；如果依循《左传》的故事，则人又容易欺天无知，任性妄为。这是更深一层的矛盾，天与人的裂痕越来越大，这样不是有悖于天人合一之道吗？

然而或许正是这样一对难以弥合的裂痕，人自身的作用被凸显了出来。如果不是天人合一，而是偏重一方，不遵循天道，则人无法超越而陷于本性和欲望，不尊重人性，则容易迷失自我，则人之价值如何安放，生命与蝼蚁何异？

所谓天人合一，正是天人相参、相合，天是人之天，人是天之人，两者互为定义，相互阐释。孔子所谓"不怨天，不尤人，下学而上达"，不正是弥合天人之别，而致力乎合一的主张吗？故将本章视作孔子求道做人的心灵理路可也。

【标签】

天人合一；天行有常；天道远，人道迩；子产

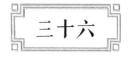

【原文】

公伯寮愬①子路于季孙。子服景伯以告，曰："夫子固有惑志于公伯寮，吾力犹能肆诸市朝。"

子曰："道之将行也与，命也；道之将废也与，命也。公伯寮其如命何！"

【解义】

此一章书，见人当安命，而不必尤人也。

昔子路仕于鲁，为季氏宰。鲁人有公伯寮②愬愬子路于季孙，季孙听愬言而疑子路。鲁大夫子服景伯③怀不平之心，以其事告于孔子曰：夫子④之于子路，固将因伯寮之愬而不无惑志矣。谗邪安可听其害正？以吾之力犹能诛伯寮而陈其尸于市朝，以正其罪而明其诬也。

孔子闻而晓之曰：君子岂不欲行其道于天下？而道之或行或废，莫不有天焉。其为道之将行也与，则动与世合，是命之通也。其为道之法废也与，则动与世违，是命之穷也。行与废，皆由于命，则由今日何独非命⑤？使命而得行，寮必不能使之废，其因寮而废者，即命之当废耳。公伯寮其如命何哉？子大夫其听之可也。

审乎孔子之言，见君子进退，上关天意，凡得失毁誉俱当置之度外⑥。但⑦孔子不言命⑧，而于弥子瑕则曰"有命"⑨，于公伯寮则曰命也，盖不欲以行、废之权归之谗诌之人耳❶。

【注释】

①愬：同"诉"。

②公伯寮：公伯氏，名寮（《史记·仲尼子弟列传》作"僚"，一作"缭"），字子周。春秋末年鲁国人，与子路同做季氏的家臣。在孔子一生中的几件大事上起到决定性作用，在孔子执行"堕三都"计划过程中，暗地里将孔子呈现鲁定公的简札私自透漏给季氏，由此孔子得罪季氏。孔子在冬祭未有得到祭肉的情况下，季氏让公伯寮带给孔子玉玦，并让公伯寮告诉孔鲤是定公亲言送此物给孔子。此举使得孔子认为定公寓意诀别，孔子决定开始周游列国。由此公伯寮得到了季氏赏赐，退出孔子弟子行列。《史记·仲尼弟子列传》以及马融注都把他列为孔子弟子，而且名列第二十四，孔子的重要弟子。孔子家语弟子解里没有公伯寮，若干古注或认为他不是孔子的弟子，或认为他因愬子路，被后人剔除其弟子之名。❷

---

❶ 耳：摘藻堂四库全书荟要本（同武英殿刻本）作"尔"。但回流版上文"即命之当废耳"，句末语气词为"耳"。两字通用。

❷ 参李炳南《论语讲要》，长江文艺出版社 2019 年版，第 247－248 页。有改动。

③子服景伯：名何，鲁国大夫。《论语》又记其事于［子张第十九·二十三］。

④夫子：古代对男子的敬称。孔门也尊称孔子为夫子，后世因以特指孔子。而在孔子的时代，还未成为特指，因此在本对话中是指季孙氏，而非孔子。

惑志：疑心。朱熹《集注》："言其有疑于寮之言也。"这是一处明显的误解。疑心的对象应该是子路，而非公伯寮。《解义》即持此说。

⑤则由今日何独非命：那么今天子路之所为也自然归于天命。由，子路。

⑥置之度外：度：考虑。不在考虑之内。指不把个人的生死利害等放在心上。

⑦但：尽管。

⑧孔子不言命：［子罕第九·一］：子罕言利，与命与仁。（夫子平日少言利，只赞同命与仁。）

⑨弥子瑕则曰"有命"：此记录见于《孟子·万章上》：弥子之妻与子路之妻，兄弟也。弥子谓子路曰："孔子主我，卫卿可得也。"子路以告。孔子曰："有命。"孔子进以礼，退以义，得之不得曰"有命"，而主雍渠于侍人瘠环，是无义无命也。（卫国宠臣弥子瑕的妻子与子路的妻子是姊妹俩，所以弥子瑕对子路说："孔子如果跟从我，可以得到卫国卿相的地位。"子路把这话告诉了孔子。孔子说："听从天命安排。"孔子在进取时依据礼法，退隐时也依据道义，获得官位和获不得官位都是"听从天命安排"。而住在宦官痈疽家和太监瘠环家里，既不合乎正义也不合乎天命。）主，寓居。

【译文】

这一章是讲，人应该安于天命而不需要担心人祸。

当时子路在鲁国做官，是季氏家的主管。鲁国人中有一个叫公伯寮的在季孙面前诋毁子路，季孙因此听信了谗言，开始怀疑子路。鲁国的大夫子服景伯为此抱打不平，把这件事告诉孔子说：季孙先生对待子路，可能会因为公伯寮的诋毁而对他产生怀疑。我怎能对这种邪曲害正的做法坐视不管？凭借我的力量，一定可以勘定其罪过、揭穿其诬陷之实，使他因此受到刑罚而暴尸街头。

孔子听了之后，就启发他：难道君子不希望大道能够施行吗？大道能否施行，都在于天命。如果大道能够施行，那么正直的人的所作所为，一定顺畅无阻，这就是天命通达的时候；而如果大道被废弃，那么正直的人动辄得咎，这就是天命衰微的时候。大道的施行和废弃，都是由天命运数来决定的，那么今天子路所面对的也是天命（而非公伯寮）。如果天命通达，大道得行，那么公伯寮一个人根本就不可能使它废弃（子路也不可能受到伤害）；即便（使子路受到伤害），大道受到废弃，那么也是天命所致，公伯寮又怎能干涉天命的运行呢？您对于公伯寮所作所为听之任之就可以了，不必在意。

细细揣度孔子的话，可以知道，君子仁人的晋升与离退，都和天命相关。一个人的得失荣辱，都不用放在心上。尽管孔子不常讨论"命"，却对弥子瑕说"遵从天命"（而拒绝了他的权力诱惑），在公伯寮诋毁子路的事件上则又说"兴衰由命"，大概是不希望把天道的兴替简单地归因于谄媚宵小之徒吧。

【评析】

"圣人之所谓命，与常人之所谓命，事同而情异。"❶ 孔子对"命"的依托，不同于常人：常人对"命"常怀有畏惧和不安，以其为不可抗因素，故谓之"命运"，仅仅是在特别危困的时候祈求平安；而孔子颇有大道在我、天命惟尊的自信，所以他虽然怀有敬畏，但安之若素，即便在爱徒遇到危难的时刻，也仍然秉持着惯常对天命的遵守，毫不慌乱。

这章对话表面上是孔子与子服景伯因"公伯寮愬子路"而展开的一番讨论，而其背后，实则不过是孔子与季氏之间的政见较量：季氏猜忌子路，恐怕不是一个公伯寮能挑拨起来的，实际上是针对孔门及其政治主张的对抗心理所致；而孔子对子服景伯所说的话，也并不是针对区区一个公伯寮，实际上应该是趁机回应季氏的挑衅。他们只不过是借这个事件来申明自己的政见而驳斥对方的立场而已。因此这一幕，就像是在孔子与季氏隔空对话，非常富有戏剧性。

【标签】

子路；季孙；子服景伯；公伯寮

---

❶ 宋理学家陈淳语，见朱熹《答陈安卿》，载《晦庵集》卷五十七。

宪问第十四

（一）

【原文】

子曰："贤者辟世，其次辟地，其次辟色，其次辟言。"

【解义】

此一章书，是孔子叹世道之衰也。

孔子曰：天生贤者，本为世用，而贤者亦无不欲行其道于天下，岂乐于辟哉①？无如时不可为，则不得不洁身②引去③，而以辟全其身④矣。大约时之所遇不同，而所以为辟之由各异：有见举世无道，则隐居不仕，终其身辟而不出者；其次有见此地无道，则辟而适于他邦者；其次有见其君礼貌既衰而辟色⑤者；其次有与其君议论不合而辟言⑥者。凡此皆因乎时之当然而然者也。

夫辟岂贤者之心哉？《易》曰："天地闭，贤人隐辟。"⑦盖有大不得已者也。孔子之在春秋，辙环⑧几遍⑨，而道终不行，宜其海滨老矣⑩。然辟地、辟色、辟言，而卒未尝辟世，盖圣人之于世，固有不忍漠视者耳❶。

【注释】

①辟：古同"避"，躲，设法躲开。

②洁身：保持自身清白。《晏子春秋·问上》："圣人伏匿隐处，不干长上，洁身守道，不与世陷乎邪。"

③引去：离去，引退。

④以辟全其身：全身而退。

⑤辟色：避开礼貌不恭者。

⑥辟言：谓他人恶言相加或口出不逊则走避之。

⑦《易》曰"天地闭，贤人隐辟"：《周易·坤·文言》："天地变化，草木蕃；天地闭，贤人隐。《易》曰'括囊，无咎无誉'，盖言谨也。"（天

---

❶ 耳：摘藻堂四库全书荟要本（同武英殿刻本）作"尔"。

地变化，阴阳二气交通，则草木繁衍；天地闭塞昏暗，贤人就退避归隐。《周易》说"束紧口袋，没有过错，也没有荣誉"，大概说的就是要严谨处事吧。）

⑧辙环：喻周游各地。韩愈《进学解》："昔者孟轲好辩，孔道以明，辙环天下，卒老于行。"

⑨几遍：差不多遍布天下列国。

⑩道终不行，宜其海滨老矣：化用了［公冶长第五·七］的语义：子曰："道不行，乘桴浮于海。"（夫子说："仁道不被应用于今世，我干脆乘只小船漂流到大海里。"）

【译文】

这一章是讲，孔子慨叹世道衰微。

孔子说：老天让贤能的人出生，本就是为了被当世任用，而贤能的人无不向往能把自己的才德施行于天下，哪里有主动愿意隐辟而不被任用的呢？只不过在当时无法作为，就不得不洁身自好、全身而退罢了。大概因时机不同、境遇有别，所以这些隐辟的原因就有所不同：有的是看到整个社会混乱无道，就隐居不仕，一辈子隐辟也不出来；其次是看到这个地方混乱无道，那么就避开这个地方，到别的地方去；再次，就是看到君主丧礼辱节，就干脆离开这种不文明的地方；复次是因为与君主话不投机，道不同不相为谋，因此不再言语。这些都是因时因世、自然而然罢了。

隐世辟居哪里是贤良之人的本意呢？《周易·坤·文言》说"天地闭，贤人隐"（天地之大道关闭，贤良的人就会隐蔽起来），他们隐辟大概是因为万不得已啊。孔子在春秋的时候，逡巡往返，周游列国，但始终不被重用，还不如到海边养老好了。然而他只是隐辟于异地他乡、别国国君和言说辞令，以至终老，但从未隐辟于社会之外。大概这就是因孔子独具圣者仁心，不忍抛却对人间冷暖的关怀而独善其身。

【评析】

此所谓贤者或正乃夫子所谓之狷者。"狷者有所不为也"（［子路第十三·二十一］），而贤者"辟世""辟地""辟色""辟言"，都是有所不为而辟。

君子有所为，则积极进取，于平时"入则孝，出则悌，谨而信，泛爱众，而亲仁"（［学而第一·六］），于危时"可以托六尺之孤，可以寄百里之命，临大节而不可夺"（［泰伯第八·六］，曾子语）。然而有所不为，并非无所作为，而是拒不与世浮沉，同流合污，正是有所不为以为为，敢于以一介之躯向整个社会说"不"，不光看不到消极、晦暗的精神状态，而更见其澡雪精神之昂扬、独立人格之建树。

由此可以探知，孔子对君子概念的改造，由身份地位而人格精神，由家族血统而道德个体，这种转换看似悄然，实际却带动巨大的社会变革：个体被凸显出来，而个体人格竟也获得足以与社会相抗衡乃至对标的地位——不是以社会来衡量个人，而是以个人来衡量社会——君子人格是自立、自明的，不需要社会的认可，反过来却可以用来标识和衡量现实社会，因为君子人格是与理想社会价值同构，并立共生。认识到这一点，就会明白，这种狷者有所不为、贤者有所避离的选择，实际上正是以一种"不合作"的态度来标榜其自身价值的过程。

抓住君子这个个体之人——社会构成的最基本的单位——去进行变革，才可谓是极微观又极盛大的社会革命。社会最大的改造，本应关乎个体、归于个体，而非集体性的、潮流式的、"运动版"的。如果一个社会不尊重个人生命的意志和权利，又有何正当性和希望可言呢？而如果一个社会，不是在社会个体的身心方面有所积淀和成就，整个社会的富强和兴盛又何从谈起呢？就此而言，孔子所大力倡导并身体力行的"因材施教"之策，既是教育理论，更是人权理论，因为它尊重了每一个个体的发展和成就，因而从这种意义来看，这种教育方法本身就极具人文思想价值。

当然，这里的"狷介""避世"，是置于孔子对君子人格的总体定义之中的，不能孤立来看。人终究是社会关系的总和❶，脱离社会关系和时代背景，并不能够真正独立构成个体价值和人格。就这一重意义而言，只讲君子的主体价值，不讲社会的客观作用，或只讲君子对社会道义的担当，而不讲社会对君子人格的培育，都是极其悖谬的。而此抑或正乃理学、心学各有侧重，割裂两脉，分道扬镳，而终未能汇流融通的根本原因。

【标签】

避世；狷介；君子；独立人格；因材施教

---

❶ 马克思：《关于费尔巴哈的提纲》，载《马克思恩格斯选集》（第一卷），中共中央马克思恩格斯列宁斯大林著作编译局编译，人民出版社2012年版，第135页。

（二）

【原文】

子曰："作者七人矣。"

【解义】

此一章书，是孔子忧时之意也。

孔子曰：君子之出处①视乎其时：时而盛②，则在野者常聚而升之于朝；时而衰，则在朝者常散而归之于野。我观今日其作③而隐去者，盖已七人矣。

夫七人岂其无用世④之思哉？而何以高蹈远举⑤如是其不少⑥也？夫国家之用人，惟其贤而已，故尝得一二贤士，遂足以成天下之治；举七人而群隐焉，则世道之降可知。是以有国家者，能使贤士效忠于朝，而不至荒遁⑦于野，则以几⑧于上治⑨不难矣。

【注释】

①出处：出仕和隐退。
②时而盛：而，连词，表假设，如果。
③作：起来；起身。
④用世：见用于世，为世所用。
⑤高蹈远举：隐居避世。
⑥不少：不稍，一刻也不停留。少，同"稍"，片刻。
⑦荒遁：犹"遁荒"，隐居荒野。
⑧几：及，达到。
⑨上治：犹"盛治"，盛世之治，昌明的政治。

【译文】

这一章，表现了孔子对时势的忧虑。

孔子说：君子是出仕还是归隐要根据时势：如果时势兴盛，那么在野之士就会群起到朝堂谋事；如果时势衰败，那么当朝之士往往会散失而归隐于野。我观察当前起身离去归隐田野的人，大概已经有七个之多了。

这七个人岂能没有见用于世之心呢？但又何以这样隐居避世，一刻也不逗留呢？国家选人用人，就应当选用贤人，所以如果得到一二名真正贤良之士，就足以使天下大治；却有七名贤良之士群起避世隐居，那么世道沉沦已是可想而知。所以，主掌国家者，要能使贤良之士效忠于朝廷，而不至于隐遁于荒野，这样达到盛治也就很容易了。

【评析】

现在常有人会说这么一句话，"这地球离了谁都照样转"。的确，世界按照自有的规律向前发展，仅凭个人意志是难以改变这个世界的，所以《荀子·天论》里面也说，"天行有常，不为尧存，不为桀亡"。不过这样的说法，就好像把"人总是要死的"命题偷换为"人现在死掉也是可以的"，完全出自虚无的心理。对于这种虚无，鲁迅先生倒是有一段为人所熟知的话，可以用来破题：

我们从古以来，就有埋头苦干的人，有拼命硬干的人，有为民请命的人，有舍身求法的人……虽是等于为帝王将相作家谱的所谓"正史"，也往往掩不住他们的光耀，这就是中国的脊梁。

这一类的人们，就是现在也何尝少呢？他们有确信，不自欺；他们在前仆后继的战斗，不过一面总在被摧残，被抹杀，消灭于黑暗中，不能为大家所知道罢了。说中国人失掉了自信力，用以指一部分人则可，倘若加于全体，那简直是诬蔑。❶

鲁文抓住了君子精神，也阐明了中华文明赓续辉煌的内蕴力量。对传统文化一直持强烈批判态度的鲁迅，对于这一点反而看得非常清楚。而实际上，即便是像本章所特别记述的隐者，其实也不是毫无价值判断，也不是明哲保身或离群索居，而是以保持对社会和时代的距离来藏存自身的志向和品德。无所作为也是大有所为，用不在场来彰显一种在场的力量，以不合作的行为表现出对社会基本的价值判断和价值引导。《论语》惜字如金，却不惜以较大篇幅叙写隐者与孔子师生的交际过程，其真实意图或正在此。

社会的确是照样运行，地球也不至于停转，但是只有把个人的价值与社会价值进行"交互"运转的人生才更有意义。毕竟每个人只有一个人生，此生总是要做点有意义的事情，与时俱进，俯仰无愧。逝者如斯夫，不舍昼夜；一万年太久，只争朝夕，不亦可乎？

莫等闲，白了少年头，空悲切。

---

❶ 鲁迅：《中国人失掉自信力了吗》，收入《且介亭杂文》，载《鲁迅全集》第6卷，人民文学出版社2005年版，第122页。

【标签】

隐者；君子；脊梁；民族精神；文化

【原文】

子路宿于石门。晨门曰："奚自？"子路曰："自孔氏。"曰："是知其不可而为之者与？"

【解义】

此一章书，见圣人视天下无不可为之时也。

昔子路从孔子游，偶宿于石门①之地。时有贤人隐于下位②而掌晨启门者③，问曰：汝从何来？

子路曰：从孔氏④而来。

晨门⑤曰：君子相时而动⑥，可为则⑦为，不可为即止。彼孔氏者，既知时事之不可为，则藏焉已耳⑧，而犹周流⑨不倦，未尝一日忘情⑩于天下，是非知其不可而必勉强以为之者与⑪？子之从之，其劳⑫甚矣！

盖贤者视天下有不可为之时，才力有定也⑬；圣人视天下无不可为之时，其道无所不可也。晨门贤而隐于抱关⑭，知世之不可为而遂已，未知道之无不可为而不容已⑮，乃以是讥孔子。圣、贤之相越⑯，岂不甚远哉？

【注释】

①石门：鲁城外门也。
②下位：卑贱的职位。
③掌晨启门者：掌管晨昏开门关门事务的人。
④孔氏：代指孔子。
⑤晨门：早晨的门，代指掌管城门开闭的人。以职业代指人物。
⑥相时而动：见机行事；观察时机，针对具体情况采取行动。
⑦则：就。
⑧已耳：罢了。
⑨周流：周游，到处漂泊。
⑩忘情：无喜怒哀乐之情，引申为感情上不受牵挂。

⑪与：同"欤"，语气词。
⑫劳：疲劳，劳苦。《周易·系辞上》：子曰："劳而不伐。"孔颖达疏："虽谦退疲劳而不自伐其善也。"
⑬才力有定：才能有限。
⑭抱关：监门（小吏）。
⑮不容已：不容自已，自身控制不住。
⑯相越：相去。

【译文】

这一章可以看出，对于圣人来说，（世界不像隐者所认为的那样，）没有不可为的时候。

当年子路跟随孔子周游列国，有一次碰巧住在鲁国城门附近。当时有个隐身于门官这样卑下职位的贤士，他问子路从哪里来。

子路告诉他，从孔氏家族而来。

门官说：君子要见机行事，可以做就做，不能做就停下。那个孔老夫子，既然已经知道时事并不可为，就藏身隐居罢了，却还周游列国，孜孜不倦，没有一日将天下忘怀于心，这不是知其不可而勉强为之的人吗？你跟从他，恐怕是徒劳无功啊！

大概这位贤士判定天下已处于不可为之时，是因为他的才能有限；而孔圣人却认为天下无不可为之事，是因为他掌握着大道，因此无不可为。门官贤良却隐身于监门小吏，知道当世不可为即马上停止，却不知道大道在身而使命在肩，应义不容辞而义无反顾，却以自己的眼光和心胸来讥评孔子。看来，圣人与贤士的差别，还是非常悬殊的啊！

【评析】

因为道家思想是被作为儒家思想的对立面提出来的，所以人们容易把在《论语》中出现的与孔子总是唱对台戏的隐者，归结为道家人物。但实际上隐者与道家或并非一致，而不过是单纯作为儒家进行思想辩论而有意塑造出来的一批人物，与其说他们是道家，毋宁说他们是另类的儒家。虽然他们有与道家在形象和思想上的巧合与相似性，但并不代表二者为一物，甚至二者之间未必有什么必然联系。

通过本章和上一章的联系对比，就很容易看得出来孔子思想中也对归隐和"无为"的价值判断，貌似与道家思想有某种联系，但其实却有着本质性的不同：

老子讲"无为而治"，是讲祛除繁苛，顺其自然；孔子讲"无为而治"，是讲德盛化民，"惇信明义，崇德报功，垂拱而天下治"（《尚书·武城》）。❶

其实只有当与儒家并举的时候，才能发现道家身上那种单向度的纯粹的审美的生活态度。而另类的儒家所含有的"道家因素"，却也只有放置到儒学的基础框架中，才能被真正理解，而不能简单认同为道家，或者归结为道家。

关键一点是，隐者批判孔子，并不是在其行仁道，而在于其处世态度。其实就连孔子本人也推崇"有道则见，无道则隐"（［泰伯第八·十三］），更何况是隐者？那么，孔子为何背离自己一再宣扬的"权变哲学"，对抗完全履行了自己"无道则隐"观点的隐者，而知其不可而为之呢？知其不可，是知也；然又为之，是否不知乎？是否可为乎？这个梗怎么破？

冯梦龙引用王宇泰的话解释说：

慈父之于子，孝子之于亲，虽明知疾不可为，犹皇皇求医药而疗之。圣人之于天下，亦犹是也。不知其不可而为，是不知；知其不可而遂不为，是不仁。圣兼知、仁也。❷

既知且仁，以大仁附于知，以大知辅于仁，是为其仁者之知也。王氏一语可谓切中孔子与隐者之分水岭。

知其不可而为之，是为一种可贵的入世精神，不光隐者反对，且更不易为所入之世接受，特别是那些手握权柄的王侯将相。因此这必将面临着现实的迎头痛击，以致惨遭失败。不过又恰是这种失败，让孔子思想迸发出更加强大的力量。漫画家蔡志忠先生因此以豁达的眼光来看待孔子的"官场失意"：

如果孔子的政治理念，获得列国某一君主的支持，那么他一生的成就充其量也只会跟管仲、子产媲美而已。

由于政治上的不得意，却因祸得福迫使他将大部分时间用在教育上。失之东隅，收之桑榆，他成为中国有史以来最伟大的教育家、思想家。❸

日本学者白川静先生更是将孔子的失败归结为其思想学说不断成长以至于伟大的推动力量：

---

❶ 冷成金：《论语的精神》，上海古籍出版社2016年版，第411页。
❷〔明〕冯梦龙：《四书指月》，《冯梦龙全集》第21册，李际宁、李晓明校点，江苏古籍出版社1993年版，第211页。
❸ 蔡志忠：《论语解密》，山东人民出版社2016年版，第56页。

正因为他是现实中的失败者,所以孔子更能接近他的理想社会。社会性的成功一般会限定一个人进一步成长的可能性,有时还会拒绝新的世界。所以说,思想原本是失败者的所有物。对于孔子来说,政治上的彷徨对发扬其思想是绝对必需的。在极限的情况中,人会通过不断堆积内心的矛盾而成长起来。在这样的过程中,人能伟大起来。❶

他因为狷介不合作而有为,因为明知不可而强为之,因为失败而达道。俗常所见的价值判断和人生选择在这里似乎都显得十分矛盾、悖谬,甚至看起来也会背离其一贯的主张,已是"知其不可"而又要兀自"为之"。然而这一切在圣人身上却又那么和谐、自然,实现了奇迹般的翻转。如此过程不正照见其念兹在兹的"仁者不忧,知者不惑,勇者不惧"([子罕第九·二十九],又见于[宪问第十四·二十八])吗?

另可参看[子罕第九·五]、[卫灵公第十五·二]等章"评析"部分关于孔子"失败者"形象的论述。

【标签】

子路;隐者;知其不可而为之

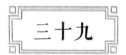

【原文】

子击磬于卫,有荷蒉而过孔氏之门者,曰:"有心哉,击磬乎!"既而曰:"鄙哉,硁硁乎!莫己知也,斯己而已矣。深则厉,浅则揭。"

子曰:"果哉!末①之难矣。"

【解义】

此一章书,是圣人不忘天下之心也。

昔孔子思以道济天下,故周流②四方。时而在卫,偶然击磬,其忧世之心已寓于磬③矣。适有隐士荷④草器⑤而过孔氏之门者,闻磬声而知之,曰:有心于世哉,斯人之击磬乎!⑥

---

❶ [日]白川静:《孔子传》,转引自[韩]姜莹基《孔子,那久远的未来之路》,强恩芳等译,北京大学出版社2014年版,第274页。

盖人心之感，往往托之乐音。隐士乃贤者，自能审音而喻其微⑦也。既而⑧讥之曰：何其鄙哉，识之不达而硁硁⑨然坚确⑩以守乎！君子进退各因乎时，世莫己知，则道与时违，斯洁身⑪引去⑫而已矣。凡徒步涉水者，见水之深，则衣下体之衣而涉之；见水之浅，则摄上体之衣而涉之。⑬当厉⑭而厉，当揭⑮而揭，诚知深浅之宜也。用世者乃不自度量，人不己知而不止，毋乃⑯不如涉水者之随遇而能通乎？

孔子闻其言而叹曰：斯人之言，其果于忘世⑰哉！君子欲行其道于天下，无非为救时之计也。若但独善其身⑱，置天下于度外，则亦无所难矣，而谓⑲我能已乎⑳？

天下虽当不可为治之时，而圣人不忍听㉑其不治。盖圣人与天地合德㉒，视万物为一体㉓。天地之生物，无不欲物之遂其生也。㉔苟视斯民之饥寒沉溺㉕，而不急于遂其生，则非天地生物之心，即非圣人之心矣。故圣人之心不能一日忘天下，亦如天地之心不能一日忘万物。㉖彼荷蒉者何足以知之？

【注释】

①末：代词，表示没有什么。

②周流：周游，到处漂泊。

③磬：音 qìng，一种打击乐器，用石或玉制成，形状像曲尺。单个使用的叫特磬，成组使用的叫编磬。

④荷：肩负，扛。

⑤草器：《论语》原文作"蒉"，音 kuì，古代用草编的筐子，一般用来盛土。

⑥有心于世哉，斯人之击磬乎：倒装句，正常语序为：斯人之击磬，有心于世哉。

⑦喻其微：明白其内中款曲、详情。

⑧既而：不久，马上。

⑨硁硁：浅陋固执。[子路第十三·二十]："言必信，行必果，硁硁然小人哉！"

⑩坚确：坚硬。

⑪洁身：保持自身清白。《晏子春秋·问上》："圣人伏匿隐处，不干长上，洁身守道，不与世陷乎邪。"

⑫引去：离去，引退。

⑬凡徒步涉水者……则摄上体之衣而涉之：即原文"深则厉，浅则揭"之意。该句出自《诗经·邶风·匏有苦叶》。摄，提起，牵引。

⑭厉：涉水。此处喻与世浮沉，同流合污。

⑮揭：音 qì，提起衣裳。此处喻明哲保身，洁身自好。

⑯毋乃：莫非，岂非。

⑰果于忘世：固执于出世之见，完全忘却世情。朱熹《论语集注》释本章末孔子之叹"果哉！末之难矣"："果哉，叹其果于忘世也。末，无也。圣人心同天地，视天下犹一家，中国犹一人，不能一日忘也。故闻荷蒉之言，而叹其果于忘世。且言人之出处，若但如此，则亦无所难矣。"

⑱独善其身：世道混乱时保存好自身。出自《孟子·尽心上》："古之人，得志，泽加于民；不得志，修身见于世。穷则独善其身，达则兼善天下。"详参本书［述而第七·十一］"独善"词条注释。

⑲而谓：乃谓。

⑳已乎：语气词。

㉑听：听从，任由。

㉒圣人与天地合德：圣人的德行符合天地，化育万物。《周易·乾·文言》："夫'大人'者，与天地合其德。"可详参本书［述而第七·三十五］"与天地合德"词条注释。

㉓视万物为一体：参见［雍也第六·三十］"仁者，以天地万物为一体"词条引文。

㉔天地之生物，无不欲物之遂其生也：遂，生长，养育。《礼记·乐记》："土敝则草木不长，水烦则鱼鳖不大，气衰则生物不遂。"

㉕沉溺：沉没在水中，比喻苦难、痛苦的处境。

㉖圣人之心不能一日忘天下，亦如天地之心不能一日忘万物：明代胡广等编著《四书大全》注本章：新安陈氏曰："圣人之心不能一日忘天下，亦如天地之心不能一日忘万物。天地生物之心，不以闭塞成冬之时而息，圣人道济天下之心不以天地闭、贤人隐之时而息也。圣人不能忘世之心，荷蒉初闻其磬声而知之。然观其'既而曰'以下之言，则非深知圣人之心者。要之，果于忘世之人岂能深知圣人所以不能忘世之心哉！"

【译文】

这一章，展现了圣人不能忘怀天下而独善己身的心志。

当年孔子思索如何用大道周济天下，所以周游列国，游说诸侯。当时正好在卫国的居所，偶尔击磬以明志，将忧怀天下的心意寓托于乐音之中。正好有个扛着草筐的隐士从孔子门前经过，听到磬声就明了孔子的心意，说：这个人击磬，是有心于治世啊！

大概人心的感受，往往可以托付于乐音之中。隐士是一个贤良之士，自然能够审察乐音而明白其意。他于是马上讥讽道：明明认识浅陋，却顽固不化，这实在是可鄙啊！常言道，识时务者为俊杰，既然不为世人了解而时运不济，那就赶紧全身而退罢了。就像诗（《诗经·邶风·匏有苦叶》）上说的，过河的时候，如果水很深而根本无法避免"湿身"，那就穿着衣服直接过去；如果水不是很深，那就提起衣裳过去。该同流合污就同流合污，能够洁身自好就洁身自好，这才是识时务的表现。企图治世者不自量力，不为世人所理解却执意勉强为之，莫非还不明白要像过河者那样，根据具体情况来顺利通行的道理吗？

孔子听到这番话，就感慨道：这个人这样说话，的确是固执于出世之见啊！君子想要推行大道于天下，无非是为了解救时弊，如果只是考虑在混乱的世道中保全自身，而弃置天下于不顾，其实并不难做到，但我就能就此忍心放弃吗？

即使当时之天下已不可救药，圣人仍不忍听之任之，而希望扶大厦于将倾，挽狂澜于既倒。大概圣人的德行符合天地之道，视自身与万物为一体之仁。天地滋生而化育万物，自然希望万物得到供养并生生不息。如果看到民众陷身于饥寒交迫、水深火热之中，却不忧心于保养他们的生命，这是无视天地生民化育之道，也是辜负圣人一体为仁之心啊。所以，圣人的心中没有一刻可以忘怀天下之责任，就像天地之道没有一天可以舍弃万物之存养。那个只会扛草筐的人哪里能够懂得这些？

【评析】

为什么是在卫国击磬，又为什么是一个荷蒉之人经过发出的问讯。这种人物速写而又刻意标识某些特征的文字是想传递给我们什么信息呢？

首先，《论语》对无名隐者进行了类型化、符号化的描述。这个人叫什么名字、长什么样子、穿什么样子的衣服，我们一概不得而知，故此我们虽然知道他扛着一个草筐，但是甚至连草筐里装的是什么都不知道。很显然，这种描述方法不是一个特例，而是对当时隐者进行记述时所使用的通例：

《论语》所记隐士皆以其事名之。门者谓之"晨门"，杖者谓之"丈人"，津者谓之"沮""溺"，接孔子之舆者谓之"接舆"，非名亦非字也。❶

---

❶ 曹之升：《四书摭余说》，转引自杨伯峻：《论语译注》，中华书局2009年版，第191页。

为直观呈现，故列表如下：

隐者	出处	命名依据
晨门	［宪问第十四·三十八］	职业
荷蒉	［宪问第十四·三十九］	所持工具
接舆	［微子第十八·五］	身体动作
长沮、桀溺	［微子第十八·六］	身形、劳作特点
荷蓧丈人	［微子第十八·七］	所持工具、年龄

不记录其本人的真实姓名，不描写衣装容貌，而只是描写持有的器具或操守的职业，并以之为代称。这样的写法极其特别。杨伯峻《论语译注》说："'长沮''桀溺'不是真姓名。其姓名当时不暇询问，后世更无由知道了。"❶ 也有人认为接舆并非无名之辈，而是一个叫陆通的楚国人——因为这个陆通的字是接舆，所以就认定孔子所见到的就是一个姓陆名通字接舆的人。这样粗浅地进行关联，实属无稽。因为陆氏是由战国时期齐宣王少子田通受封于平原陆乡（今山东平原县境内），因以得姓，而早在孔子所处的春秋时代又怎么可能突然冒出来一个姓陆名通的人呢？

以接舆为陆通的观点，大概是源起于晋人皇甫谧所作的《高士传》：

陆通，字接舆，楚人也。好养性，躬耕以为食。楚昭王时，通见楚政无常，乃佯狂不仕，故时人谓之楚狂。

孔子适楚，楚狂接舆游其门，曰："凤兮凤兮，何如德之衰也？来世不可待，往世不可追也。天下有道，圣人成焉。天下无道，圣人生焉。方今之时，仅免刑焉。福轻乎羽，莫之知载。祸重乎地，莫之知避。已乎已乎，临人以德。殆乎殆乎，画地而趋。迷阳迷阳，无伤吾行。却曲却曲，无伤吾足。山木自寇也，膏火自煎也。桂可食故伐之，漆可用故割之。人皆知有用之用，而不知无用之用也。"

孔子下车，欲与之言。趋而避之，不得与之言。

楚王闻陆通贤，遣使者持金百镒，车马二驷，往聘通，曰："王请先生治江南。"通笑而不应。使者去，妻从市来，曰："先生少而为义，岂老违之哉？门外车迹何深也！妾闻：'义士非礼不动。'妾事先生，躬耕以自食，亲织以为衣，食饱衣暖，其乐自足矣，不如去之。"于是夫负釜甑，妻戴纴

---

❶ 杨伯峻：《论语译注》，第193页。

器，变名易姓，游诸名山，食桂栌实，服黄菁子，隐蜀峨眉山，寿数百年。俗传以为仙云。

同一人物而前后名称不一，很显然是未经考量而草率地将两个故事进行了拼接。而且，对此人典故的引用的并非《论语》的原文，前面是《庄子·人间世》中的文字，而后面则是被《韩诗外传》《列女传》等汉代书籍传抄的文字。前者将被庄子借用并改写来批评儒家的人物形象（庄子经常如此）混同儒家笔下的人物原型，将接舆这个隐者简单地归入道家❶；后者则并未在道家与道教之间进行区分，干脆将接舆归为道教人物，以至依传说构画其仙人形象，可谓完全脱离了儒家人物原型。混淆儒家和道家，兼之混同道家和道教，实则是思想史上大谬不然的事情，因此完全不足为据。

这些描述文字的过度简化，实际上却突出了某一类型化特征，而且一般不是后世白描手法中描写其本身身体上最突出的特点，而突出其体力劳动的一方面。古人云："大隐隐于市，小隐隐于野。"而这些隐者，却不做空间上的刻意选择，而是隐于体力劳动。体力劳动对于他们而言不仅是生存的基础条件，还是对抗社会混乱统治秩序的表达方式。这是具有"儒家特色"的隐者，在魏晋名士身上仍然可以看到这种"隐"的方式及其呈现出来的强烈的入世意义。

其次是孔子击磬也带有鲜明的符号性和典型化特征。《礼记·明堂位》中说：

土鼓、蒉桴、苇籥，伊耆氏之乐也。拊搏玉磬揩击，大琴大瑟，中琴小瑟，四代之乐器也。"又说："夏后氏之鼓，足；殷，楹鼓；周，县鼓；垂之和钟，叔之离磬，女娲之笙簧。夏后氏之龙簨虡，殷之崇牙，周之璧翣。

可见，磬是古代常规的乐器，不仅年代远古，堪与女娲之时的乐器同代，而且在古代乐器中一直沿用。

《礼记·乐记》中，子夏对古代乐器及乐音进行了综述：

圣人作为鞉、鼓、椌、楬、埙、篪，此六者，德音之音也。然后钟、磬、竽、瑟以和之，干、戚、旄、狄以舞之。此所以祭先王之庙也，所以献、酬、酳、酢也，所以官序贵贱各得其宜也，所以示后世有尊卑长幼之

---

❶ 可参考王馨鑫《"楚狂接舆歌"与庄子的处世哲学》，载《文艺评论》2012年10期，第158页。

序也。钟声铿,铿以立号,号以立横,横以立武。君子听钟声则思武臣。石声磬,磬以立辨,辨以致死。君子听磬声则思死封疆之臣。丝声哀,哀以立廉,廉以立志。君子听琴瑟之声则思志义之臣。竹声滥,滥以立会,会以聚众。君子听竽、笙、箫、管之声则思畜聚之臣。鼓鼙之声谨,谨以立动,动以进众。君子听鼓鼙之声则思将帅之臣。君子之听音,非听其铿锵而已也,彼亦有所合之也。

从这段相当凝练的文字来看,古人根据乐器音色的不同而分不同场合协作演奏,并赋予其不同的意义。依据孟子的描述,是"金声而玉振"(《孟子·万章下》),即先敲击金钟,然后继之以玉磬,反复如是,使声音绵绵不绝,间不容发。可知磬一般不是独自演奏,而是与钟一起合奏,而且磬的声音非常特别,其铿然之声,极具激励警示作用:"石声磬,磬以立辨,辨以致死。君子听磬声则思死封疆之臣。"

孔子跟从鲁国乐师襄学习音乐的故事见于《孔子家语》和《史记·孔子世家》等多个版本,可知孔子学习音乐的专注和深入:

孔子学琴于师襄子。襄子曰:"吾虽以击磬为官,然能于琴。今子于琴已习,可以益矣。"孔子曰:"丘未得其数也。"

有间,曰:"已习其数,可以益矣。"孔子曰:"丘未得其志也。"

有间,曰:"已习其志,可以益矣。"孔子曰:"丘未得其为人也。"

有间,孔子有所缪然思焉,有所睪然高望而远眺,曰:"丘迨得其为人矣。黮而黑,颀然长,旷如望羊,奄有四方,非文王其孰能为此?"

师襄子避席叶拱而对曰:"君子圣人也,其传曰《文王操》。"(《孔子家语·辩乐解第三十五》)

孔子跟从学琴的乐师襄恰是一名击磬师,《论语》中记述了礼崩乐坏、乐师四散的情形:

大师挚适齐,亚饭干适楚,三饭缭适蔡,四饭缺适秦,鼓方叔入于河,播鼗武入于汉,少师阳、击磬襄入于海。([微子第十八·九])

襄是跑得最远的一个,大概也是最决绝的一个。这或许因他所掌握的音乐影响了他的性格,而孔子向其学习音乐,恐怕也不只是承袭了演奏技术,还有其艺术情操。

"乐者,音之所由生也;其本在人心之感于物也。"(《礼记·乐记》)"君无故玉不去身,大夫无故不彻县磬,士无故不彻琴瑟。"(《礼记·曲礼下》）夫子周游施道，希冀多在卫，失望亦多在卫，故此周游往返卫国为最繁，其于卫击磬正当其困塞无路之时，故此独自击磬以明志。此荷蒉者能够听取乐音中的铿然之志，并因此讽劝，可见并非贩夫走卒、引车卖浆之流。然夫子既已击磬，而非弹琴鼓瑟，其志可知也，又岂可轻易动之呢？荷蒉可谓知音而不知人、知道而不明道者也。

世人、隐者乃至孔门弟子不解孔子之意，而孔子苦心孤诣之下，却也能够以包容之心待之，其人与其道正因此可见合而为一也。王阳明释其为道之道曰：

昔者孔子之在当时，有议其为谄者，有讥其为佞者，有毁其未贤，诋其为不知礼，而侮之以为东家丘者，有嫉且沮之者，有恶而欲杀之者。晨门、荷蒉之徒，皆当时之贤士，且曰"是知其不可而为之者欤"，"鄙哉！硁硁乎！莫己知也，斯已而已矣"。虽子路在升堂之列，尚不能无疑于其所见，不悦于其所欲往，而且以之为迂，则当时之不信夫子者，岂特十之二三而已乎？然而夫子汲汲遑遑，若求亡子于道路，而不暇于暖席者，宁以蕲人之知我信我而已哉？盖其天地万物一体之仁，疾痛迫切，虽欲已之，而自有所不容已。故其言曰："吾非斯人之徒与而谁与"，"欲洁其身而乱大伦"，"果哉，末之难矣"。呜呼！此非诚以天地万物为一体者，孰能以知夫子之心乎？若其"遁世无闷"，"乐天知命"者，则固"无入而不自得"，"道并行而不相悖"也。（王阳明《传习录·答聂文蔚》）

彭亚非先生也细腻地捕捉到孔子与隐者之间的特殊关系和宽容态度，并呼吁世人真正读懂孔子知其不可而为之态度背后的思想实质：

有意思的是孔子的态度。他并没有因为这个汉子的鄙视和批评而有什么不快。恰恰相反，他似乎还挺欣赏这个能听出他的心声并且当面教训他的人。事实上，孔子一直很敬重那些不同流俗、玩世不恭和我行我素的人，因为他们不仅表现出对现实的深刻的批判精神，而且往往还显示出某种超越现实的通达境界。

…………

孔子在一定的程度上认可他们，是因为他们的生存态度也部分地符合孔子的人格精神，即宁愿弃世自渎，也决不与浊世同流合污。而孔子的宽容，则充分显示了孔子更高的精神境界。孔子理解他们的不满，但不能完全认可他们的弃世。因为如果所有人都放弃责任，这个世界肯定将无可救药地走向沉沦。更何况，孔子自认有救世良方，他需要的只是机会。因此，世界可以不接受他，他自己却决不放弃。一个不再有孔子这样的存有救世之心的人的社会，才是一个真正没有希望了的、彻底没有希望了的社会。❶

孔子不仅没有因为隐者强烈的反对而放弃自己的思想，反而借此开发出更高的精神境界，使其救弊仁民之心更加坚毅而恒定。这种心志在日常休憩玩乐的生活场景记录中无意间流露出来，正随那一声声清脆绵长的磬音，余韵回响，流布至今。

【标签】

隐者；磬；道家；道教；万物一体之仁

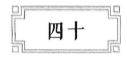

四十

【原文】

子张曰："《书》云，高宗谅阴，三年不言。①何谓也？"子曰："何必高宗，古之人皆然。君薨，百官总己以听于冢宰三年。"

【解义】

此一章书，见②古人居丧③，既不废礼，复④不废政也。

谅阴，天子居丧之名。⑤

子张问于孔子曰：《商书》"说命"篇有云，商王高宗武丁，当商王小乙薨，居丧于谅阴，三年不亲政事，不发语言。⑥夫人君三年不言，则臣下安⑦所禀令⑧乎？《书》⑨所云何谓也？

孔子曰：父母之丧，不分贵贱，三年不言，何必高宗为然，古之为君者无不皆然。礼：君薨⑩，嗣君⑪居庐守丧。庶务⑫难以亲理，而又不容坐废⑬，百官各总摄⑭己职，以听命于冢宰⑮，如是者三年。既有冢宰以为君裁决事几⑯，则辅相得人，命令可守，嗣君虽不言，何忧国之生乱哉？

大凡⑰人君，以孝治天下⑱者也。诚如古居丧之礼，则百官尽臣道以成相道⑲，而嗣君亦得委⑳君道以伸㉑子道矣。后世贤如汉文，而犹有短丧之举，㉒其遗讥史册，不亦宜乎？

---

❶ 彭亚非：《论语选评》，岳麓书社2006年版，第214—215页。

【注释】

①高宗谅阴，三年不言：《尚书·周书·无逸》："其在高宗，时旧劳于外，爰暨小人。作其即位，乃或亮阴，三年不言。其惟不言，言乃雍。"（殷高宗时，有好多年在外过着平民的劳苦生活，于是有机会接触庶民生活。"等他即位以后，又碰到父死守丧之事，便三年保持沉默。"可当他一说话，群臣都一致赞成。）另，《尚书·商书·说命上》：王宅忧，亮阴三祀。既免丧，其惟弗言，群臣咸谏于王曰："呜呼！知之曰明哲，明哲实作则。天子惟君万邦，百官承式。王言惟作命，不言臣下罔攸禀令。"王庸作书以诰曰："以台正于四方，惟恐德弗类，兹故弗言。恭默思道，梦帝赉予良弼，其代予言。"乃审厥象，俾以形旁求于天下。说筑傅岩之野，惟肖。爰立作相，王置诸其左右。"（殷高宗居父丧，三年默而不言。服丧期满，他还是不论政事。群臣都向王进谏说："哎呀！通晓事理的叫作明哲，明哲的人实可制作法则。天子统治万邦，百官承受法式。王的话就作教命，王不说，臣下就无从接受教命。"王因此作书告谕群臣说："要我做四方的表率，我恐怕德行不好，所以不发言。我恭敬沉默地思考治国的办法，梦见上天赐给我一位贤良的助手，他将代替我发言。"于是仔细回忆梦中之人的形象，并细致地画出了他的形象，使人拿着图像到天下广泛寻找。傅说在傅岩之野筑土，同图像相似。于是王立他为相，把他安置在身边任用。）《解义》遵《论语》原文，取《说命》语义。因《论语》所采并非《尚书》完整原文，故此处亦不作直接引语处理。

②见：表明。

③居丧：犹守孝。处在直系尊亲的丧期中。

④复：又，也。

⑤谅阴，天子居丧之名："谅阴"，是专指天子居丧。谅阴，同"亮阴"（见下注），本义为"凶庐"，即居丧时所住的房子。

⑥《商书》"说命"篇有云，商王高宗武丁……不发语言"：《商书》"说命"篇，即《尚书·商书·说命》。其事指《说命》上篇首句："王宅忧，亮阴三祀。既免丧，其惟弗言。"（殷高宗武丁为其父亲小乙居丧，三年不说话。服丧期满，他还是不说话。）亮阴，同"谅阴"，指帝王居丧。孔安国传："阴，默也，居忧信默，三年不言。"孔颖达疏："王居父忧，信任冢宰，默而不言，已三年矣。"

⑦安：哪里。

⑧禀令：受命。

⑨《书》：即《尚书》。
⑩薨：音 hōng，死的别称。自周代始，人之死亡，有尊卑之分，"薨"专指诸侯之死。
⑪嗣君：继位的国君。
⑫庶务：各种政务，各种事务。
⑬坐废：废弃不用，意谓耽误。
⑭总摄：主宰，主持。
⑮冢宰：周官名，为六卿之首，亦称太宰。《尚书·周官》："冢宰掌邦治，统百官，均四海。"朱熹《诗集传》："冢宰，又众长之长也。"
⑯事几：事情的苗头、征兆，代指事体、事理。
⑰大凡：大要，大抵。
⑱以孝治天下：《孝经·孝治》："昔者，明王之以孝治天下也，不敢遗小国之臣，而况于公、侯、伯、子、男乎？"
⑲相道：辅佐之道。
⑳委：委任，委派。
㉑伸：尽，竭尽。
㉒后世贤如汉文，而犹有短丧之举：此指汉文帝临终下诏，要求后人简略三年之丧的制度，包括降低丧服、随葬物品的标准，以及减少服丧期限等。详见《汉书·文帝纪》：七年夏六月己亥，帝崩于未央宫。遗诏曰："朕闻之，盖天下万物之萌生，靡不有死。死者天地之理，物之自然，奚可甚哀？当今之世，咸嘉生而恶死，厚葬以破业，重服以伤生，吾甚不取。且朕既不德，无以佐百姓；今崩，又使重服久临，以罹寒暑之数，哀人父子，伤长老之志，损其饮食，绝鬼神之祭祀，以重吾不德，谓天下何！朕获保宗庙，以眇眇之身托于天下君主之上，二十有余年矣。赖天之灵，社稷之福，方内安宁，靡有兵革。朕既不敏，常畏过行，以羞先帝之遗德；惟年之久长，惧于不终。今乃幸以天年得复供养于高庙，朕之不明与嘉之，其奚哀念之有？其令天下吏民，令到出临三日，皆释服。无禁取（娶）妇嫁女祠祀饮酒食肉。自当给丧事服临者，皆无践。绖带无过三寸。无布车及兵器。无发民哭临宫殿中。殿中当临者，皆以旦夕各十五举音，礼毕罢。非旦夕临时，禁无得擅哭以下，服大红（功）十五日，小红（功）十四日，纤七日，释服。它不在令中者，皆以此令比类从事。布告天下，使明知朕意。霸陵山川因其故，无有所改。归夫人以下至少使。"……乙巳，葬霸陵。按：后人对此褒贬不一。北宋王安石《汉文帝》："轻刑死人众，丧短生者偷。仁者自此薄，哀哉不能谋。露台惜百金，灞陵无高丘。浅恩施一

时，长患被九州。"认为汉文帝此举以小恩遗后患。王夫之《读通鉴论》："汉文短丧，而孝道衰于天下，乃其由来有渐也；先王权衡恩义之精意，相沿以晦，而若强天下以难从也。"认为孝道并不受丧期长短的影响。《解义》对汉文帝短丧之举亦有微辞。

【译文】

这一章表明，古人居丧，可以兼顾礼制和治政。

"谅阴"，是指天子居丧。

子张向孔子请教：《尚书·商书·说命》中说，商王武丁在父亲小乙去世之后，就居住在居丧用的"凶庐"里面，三年不处理政事，也不说话。如果君主三年都不说话，那么臣属听命于谁呢？《尚书》所说的，该怎么解释呢？

孔子回答说：其实双亲的丧事，是不分贵贱高低的，所有人都要居丧三年，沉默三年，何止是高宗武丁这样做，古代的君主无不要这样做。依礼，君主去世，继位的国君要居处于凶庐之中守丧。这时，各种政务就难以亲自处理了，但是又不能荒废，因此需要各级官员各自统管好自己分内之事，并听从百官之长——冢宰的指挥，三年中都要这样。既然有冢宰为君主裁决事务，那么既有人予以辅佐，政令又能够畅行，继位君主即便沉默不语，也不用担心国家的治理。

大多数君主都是以孝治天下的。如果他们都能够坚守古代居丧之礼，那么百官就会恪守为臣之道，以尽辅佐之责；而继位君主也能够得以将治政的权责暂时委托他人，以完成人子的孝道。后世的汉文帝如此贤良，（却也没能掌握三年之丧的要义，）最终发出缩减丧期的遗诏。他因这件事遭受历史的讥评，不也确确是难辞其咎吗？

【评析】

三年之丧，之所以被坚定地执行而又被反复讨论（对汉文帝的评价就是一个例子），是因为它是一个古训，具有非常深远的历史渊源。一般的说法是，这个制度带有原始宗教的色彩，因此在现实中不易被理解。

然而综合《尚书》中两则关于商高宗武丁执行三年之丧以及本章后面两章来看，这个制度显然是由宗教性转为人文性了。

武丁给出三年不言的解释，是因为觉得自己刚刚执政，担心自己出错，更需要仰仗大臣的辅助；然而在这个过程里，他并非完全依赖他人，而是在不断思考、寻觅和沉淀、成长，果然，三年之后，他马上择定了傅说来辅政，从而实现了"武丁中兴"的盛世景象。

《解义》从政治的角度去阐释，一是君主的示范作用；二是臣子的自觉。这恰好对应了此后两章的内容："上好礼，则民易使也"；"修己以安人""修己以敬""修己以安百姓"。诚然，在现实中，世俗的权力恐怕不会有这个耐心，因为社会从来不乏权力的竞夺，如果一个君王三年不临政，恐怕早就被下面的人架空了。然而儒家所倡导的三年之丧，并非将帝王完全隔离，以致出现权力真空，而是希冀君主能够以身作则，"为政以德，譬如北辰居其所，而众星共之。"（[为政第二·一]），臣下则各司其职，修己安人，兢兢业业。君臣协作，上下一心，从而实现国家的有序治理。因此将三年之丧放置于儒家无为而治的理想政治架构下，自有其合理性和适用性。

《解义》所举汉文帝的例子，实际上有其特殊性和现实依据：一是从汉文帝本人的角度，而不是从后继者、临丧者的角度来说的；二是汉文帝是从道家的立场出发来否定三年之丧的；三是从社会生产角度来缩减丧期，这和汉初社会经济凋敝、社会生产有待恢复和加强的时代特征密切相关。因此整个例子本就有其合理性，而且其实也不难理解。它并不与孔子所倡导的三年之丧有本质性的冲突，毕竟民生是为政的首要任务。无为而治只作为一种手段，其最终目的也还是为了民生。如果真的能够对百姓有利，则自然有利于政治，若孔子生于其时，恐怕也不会反对吧！

【标签】

子张；武丁（商高宗）；傅说；汉文帝；三年之丧；无为而治

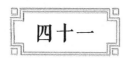

【原文】

子曰："上好礼，则民易使也。"

【解义】

此一章书，是言为国当以礼也。

孔子曰：居上者常患民之难使，然民之难使，由于不知礼耳。诚使上之于礼，心诚好之，修之于身，而视、听、言、动①之必谨；达之于政，而教训②号令之咸当。如此则礼义③以明，等威④以辨，为民者莫不安分循理⑤，不待我之驱逼⑥，而自乐于使令矣。

此所谓"安上治民，莫善于礼"⑦者也。然必为上之人真心实意以好之而后可，不然，则因循⑧仪节，不过虚文⑨，未足以化民而成俗⑩也。

【注释】

①视、听、言、动：[颜渊第十二·一]颜渊问仁。子曰："克己复礼为仁。一日克己复礼，天下归仁焉。为仁由己，而由人乎哉？"颜渊曰："请问其目。"子曰："非礼勿视，非礼勿听，非礼勿言，非礼勿动。"颜渊曰："回虽不敏，请事斯语矣。"程颐阐释说：视、听、言、动四个方面，是人体的感官，都受人内心的支配而感应外在事物，而约束这些外在形式，也是存养心性的良方。（朱熹、吕祖谦《近思录》卷五，可详参本书 [泰伯第八·四]"有诸中必形诸外，制乎外必养乎中"词条注释。）

②教训：教导训戒。

③礼义：同"礼仪"。

④等威：与一定的身份、地位相应的威仪。《左传·文公十五年》："伐鼓于朝，以昭事神，训民事君，示有等威，古之道也。"

⑤循理：依照道理或遵循规律。

⑥驱逼：驱遣，驱使逼迫。

⑦"安上治民，莫善于礼"：《孝经·广要道章第十二》子曰："教民亲爱，莫善于孝；教民礼顺，莫善于悌；移风易俗，莫善于乐；安上治民，莫善于礼。"（夫子说："教育民众相亲相爱、和顺有礼，没有比奉行孝悌之道更好的了；要转移风气，改变旧习俗，没有比凭借音乐更好的了；要使国家安定、民众安居，没有比推行礼教更好的了。"）另，《说苑·修文》：天下有道，则礼乐征伐自天子出。夫功成制礼，治定作乐，礼乐者，行化之大者也。孔子曰："移风易俗，莫善于乐；安上治民，莫善于礼。是故圣王修礼文，设庠序，陈钟鼓，天子辟雍，诸侯泮宫，所以行德化。诗云：'镐京辟雍，自西自东，自南自北，无思不服。'此之谓也。"

⑧因循：轻率；随随便便。

⑨虚文：虚浮不诚的形式。

⑩化民而成俗：教育感化民众，使之形成良好文明的风俗习惯。《礼记·学记》："君子如欲化民成俗，其必由学乎！"可详参本书 [泰伯第八·二]"化民成俗"词条注释。

【译文】

这一章是说,应当用礼制治国。

孔子说:治政者常担心民众不听从驱遣,然而这正是由于他们不懂礼、不守礼。如果真的能够让治政者诚心好礼,切身修礼,视、听、言、动无不谨慎,非礼勿为;同时,将这一点延伸于政治上,发号施令、教导训戒,无不依礼而行,那么自然就会使礼仪彰明,威仪彰显,民众也无不明白事理而安分守己,不用治政者费力驱遣,他们也乐于主动去执行命令了。

这正是《孝经》中所谓的"安上治民,莫善于礼"(要使国泰民安,最好推行礼教)吧。然而,这需要在上位的人真心实意地好礼行礼,才能达到这样的效果。不然的话,只是装模作样,敷衍了事,是很难达到化民成俗的效用的。

【评析】

本章讲"上"(主政者,君主),下一章讲"君子"(为政者,士),都不是讲管辖治理及其方法,而是讲教化引导及其原则。极度强调为政者自身的修为及示范作用,亦即强调价值体系的有序构建这一点,可谓是儒学最为显著的特点,因此它既是政治学,同时还是管理学。

【标签】

礼;为政;教

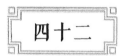

【原文】

子路问君子。子曰:"修己以敬。"

曰:"如斯而已乎?"曰:"修己以安人。"

曰:"如斯而已乎?"曰:"修己以安百姓。修己以安百姓,尧舜其犹病诸?"

【解义】

此一章书,是言修己①治人之要也。

子路问为君子之道当如何。

孔子曰：君子之所以为君子者，以敬修其身而已。盖无事，则收敛身心，使天理常存；有事，则点检②言行，使人欲不作。如此则身修而德成矣，岂不可为君子乎？

子路又问：君子之道甚大，岂但如此而已乎？

孔子曰：敬者，人己合一之理。诚能修己以敬，则此感而彼通③，可以推之而安人矣。

又问：君子之道甚大，岂但如此而已乎？

孔子曰：敬者，天下为公④之理。诚能修己以敬，则正己而物正⑤，可以推之而安百姓矣。夫修己以安百姓，其学问至精，其功用至大，虽尧舜之圣，其心犹歉然⑥不敢自以为足也，而谓未足以尽君子乎？

盖敬为修己治人之要，而亦学问彻始彻终之道。⑦千圣相传，不外乎此。近而公私邪正，远而废兴存亡，皆于一念敬肆⑧之几⑨决之。君天下者，诚不可以不审⑩也！

【注释】

①修己：自我修养。

②点检：反省，检点。

③此感而彼通：即感通，谓此有所感而通于彼。意即一方的行为感动对方，从而导致相应的反应。出自《周易·系辞上》："《易》无思也，无为也，寂然不动，感而遂通天下之故——非天下之至神，其孰能与于此？"详解参本书［学而第一·五］"感通"词条注释。

④天下为公：《礼记·礼运》："大道之行也，天下为公。"

⑤正己而物正：《孟子·尽心上》：孟子曰："有事君人者，事是君则为容悦者也；有安社稷臣者，以安社稷为悦者也；有天民者，达可行于天下而后行之者也；有大人者，正己而物正者也。"（孟子说："有侍奉君主的人，专以讨得君主的欢心为喜悦；有安定国家的臣，以安定国家为喜悦；有顺应天理的人，当他的主张能行于天下时，他才去实行；有伟大的人，端正自己，天下万物便随之端正。"）

⑥歉然：不满足貌，惭愧貌。

⑦敬为修己治人之要，而亦学问彻始彻终之道：清陆世仪《思辨录辑要》："'居敬穷理'四字是学者学圣人第一功夫。彻上彻下，彻首彻尾，总只此四字。四个字是'居敬穷理'，一个字是'敬'。"

⑧敬肆：诚敬与纵恣。

⑨几：同"机"。

⑩审：详究，细察。

【译文】

这一章，是论述修为自身来治理他人的要道。

子路向孔子请教怎样做到君子之道。

孔子告诉他：君子之所以成为君子，不外乎诚敬修为自身。无事之时，就收敛身心，常常思虑天理；有事之时，就检点自身，不使私欲膨胀。既然可以做到修身成德了，难道还不可以算是成为君子吗？

子路追问：君子之道不是博大精深吗，难道做到这么一点儿就可以（成为君子）了吗？

孔子说：诚敬，就是人己合一。如果真的能够做到诚敬修为自身，自然能够由此及彼，感而遂通，因此可以推己及人，相安无事。

子路接着问道：君子之道不是博大精深吗？难道做到这一点儿就可以（成就君子）了吗？

孔子说：诚敬，就会以天下为公。如果真的能够做到诚敬修为自身，自然能够正己而正万物，推而广之，可以平治天下，使国泰民安。修为自身而使国泰民安，这是学问至精至纯的表现，其功用至大至尚，即便是像尧舜那样的圣人，在这一方面恐怕也会自觉亏缺而不敢自满，区区普通君子就更不在话下了。

大概诚敬是修为自身以治人治政的要诀，也是坚持学问学以致用的要道。古今圣贤，前后承传，不外乎此。切近的公私正邪之心，复远的兴废存亡之史，也都不过是在一念诚敬或纵恣之间决定了。君临天下者，对此实在是不可以不审慎啊！

【评析】

君子正己便有治政之功。然而关键是君子要居于政治的核心，作为社会的表率，成为社会价值体系的锚点，因此才能够形成广泛而深远的社会影响力。我国近代教育家郭秉文也因以总结"修己治人"为中国古代教育的宗旨：

我们观察到，文明初期的教育宗旨，不管有意识或无意识，都仅仅是为了更好地利用环境和生产更多的物质资源。然而，在尧舜时期和夏、商两朝，社会发展到比较高的程度，导致教育目的发生了改变。此时教育宗旨明确为实现人我和平相处，维系国家安定。这种双重目标体现在一个熟悉的中国词语中："修己治人"，意为修养自己和统治别人。修养自己就是将"五伦"的原则运用于自己的日常生活；统治别人就是用礼乐有效地控制公共与私人生活。用更通俗的话说，教育的目的就是以德行和文化修养自己，通过提升自己领导能力和品质影响他人生活，并以此控制社会。这一教育目的在中国历史上历经后世数百年都不曾改变。❶

从中可见孔子教育思想与政治思想之一体、社会道德与政治思想之互动关系。梁启超对此章也格外重视，以之为儒学法门：

儒家哲学，范围广博。概括说起来，其用功所在，可以《论语》"修己安人"一语括之。其学问最高目的，可以《庄子》"内圣外王"一语括之。做修己的功夫，做到极处，就是内圣；做安人的功夫，做到极处，就是外王……《论语》说"修己以安人"，加上一个"以"字，正是将外王学问纳入内圣之中，一切以各人的自己为出发点。以现在语解释之，即专注重如何养成健全人格。人格锻炼到精纯，便是内圣；人格扩大到普遍，便是外王。儒家千言万语，各种法门，都不外归结到这一点。❷

刘强以本章为《礼记·大学》之肇始，"修己""安人""安百姓"分别对应"修身""齐家""治国平天下"❸，可备一说。

从而亦可知本章关涉之重要、牵系之广大。

【标签】

子路；君子；修己；尧舜；《礼记·大学》

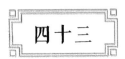

【原文】

原壤夷俟。子曰："幼而不孙弟，长而无述焉，老而不死，是为贼。"以杖叩其胫。

---

❶ 郭秉文：《中国教育制度沿革史》，储朝晖译，商务印书馆2014年版，第20-21页。
❷ 梁启超：《儒家哲学》，岳麓书社2010年版，第3页。
❸ 刘强：《论语新识》，岳麓书社2016年版，第422-423页。

【解义】

此一章书,是圣人恶人无礼也。

原壤是孔子故人,①素放荡于礼法之外,尝蹲踞②以待孔子。孔子责之曰:汝自卑幼之时,则不知孙弟③之道,及至长大,则无一善④之可称述⑤,今又老而不死,徒足以伤风败俗,为民之贼⑥而已。

因以所曳⑦之杖微击其胫⑧,盖使之勿蹲踞也。

圣人于败坏礼教之人深恶而痛责之,亦维持世教⑨之一端⑩也。

【注释】

①原壤是孔子故人:《礼记·檀弓下》记录了孔子与原壤的另一则故事:孔子之故人曰原壤,其母死,夫子助之沐椁。原壤登木曰:"久矣予之不托于音也。"歌曰:"狸首之斑然,执女手之卷然。"夫子为弗闻也者而过之。从者曰:"子未可以已乎?"夫子曰:"丘闻之:亲者毋失其为亲也,故者毋失其为故也。"(孔子有个叫原壤的故交,他的母亲去世了,孔子帮他清洗椁木。原壤噔噔地敲击着椁木说:"我很久没有唱歌抒怀了。"于是唱道:"椁木的花纹那么美,就像狸猫头一样斑斓;手握你手卷卷然,如此细腻而柔软。"孔子装作没听见而走开。随从的人问:"夫子为什么不与他断绝往来呢?"孔子道:"因为我知道:亲人虽有过失,但还是亲人;老友虽有过失,也还是老友。")

②蹲踞:即《论语》原文"夷",踞坐,坐时两腿八字张开,两脚底和臀部着地,两膝上耸。古人以此为野蛮无礼的举动。《淮南子·说山训》:"以非义为义,以非礼为礼,譬犹裸走而追狂人,盗财而予乞者,窃简而写法律,蹲踞而诵《诗》《书》。"

③孙弟:同"逊悌",敬顺兄长,谓知礼崇文。

④一善:一种善行,一种美德。

⑤称述:称扬述说。

⑥贼:对人有危害的人。

⑦曳:音 yè,拉,牵引。

⑧胫:小腿。

⑨世教:当世的正统思想、正统礼教。摛藻堂四库全书荟要本(同武英殿刻本)作"世道"。

⑩一端:事情的一点或一个方面。

【译文】

这一章记述了圣人对无礼举动的厌恶。

原壤是孔子故交,平素放荡不守礼法,曾经以不雅的踞坐方式等待孔子。孔子责备他说:你自从年幼位卑的时候,就不知道逊让孝悌之道,长大之后,也一无是处,现在成了老不死的,也还是伤风败俗,有辱斯文,真的是毒害百姓的人啊。

因此就用所拿的手杖轻轻击打他的小腿,大概是表示不想让他那样坐着。

圣人这样对于破坏礼教的人表现出极度的厌恶之情,实则是维持世风教化的一个表现。

【评析】

固然原壤踞坐在地上岔开腿对着别人,极不礼貌;而孔子动不动就打人,其实也是极不礼貌的举动。

孔夫子贸然使用"暴力",而且是对自己的"发小"又打又骂,此情此景画面感极强,也算是《论语》中非常特殊的场面了。

原壤的做法,以今天的话来说,是不讲礼貌,"为老不尊"。在时下,我们也可以见到一些老年人不遵守公共秩序,不维护公共卫生,这或许是受教育水平和长期生活习惯所致,然而实际上,如果一个人保持自尊和富有学习精神,是完全可以"活到老,学到老","为老而尊"的。因为年龄大了就放弃公共礼仪,实则不仅缺乏学习精神,恐怕也是因为早就丧失了自尊。孔子之所以对多年情谊的朋友进行指斥,大概正是出于这方面的原因,而非因原壤对他不够尊重。

当然,孔子在这一刻似乎一下子变成了另外一个人,腿脚可能不够麻利的他,竟然没说两句,就动起手来,可见其激动异常;而这种行为,却也是我们所能见到的日常——两个年迈的伙伴,因话不投机而不觉间动手动脚——也算是最为生活化的体态语言了,所以又可见其亲切、生动。

本章随意而真切的记述,不光让我们深切感受到一个老年孔子的性格和神态,也感受到原壤以其无礼来呈现出亲密的特殊关系,其情景如在眼前,细腻生动,惟妙惟肖。

【标签】

原壤;礼;贼;学

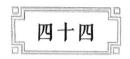

【原文】

阙党童子将命。或问之曰:"益者与?"子曰:"吾见其居于位也,见其与先生并行也。非求益者也,欲速成者也。"

【解义】

此一章书,是圣人教小子之道也。

昔阙党①之中有童子者,来学于孔子,孔子使之答应宾客,而传往来之命②。或人问曰:此童子殆③学有进益,故夫子使之传命以宠异④之与⑤?

孔子曰:童子之礼当隅坐⑥随行⑦,吾见此童子尝居于长者之位也,又见其尝与先生⑧并行也。夫为童子而不守礼安分如此,则非能求益者,但躐等凌节⑨,而欲速进于成人之列耳。故我使之传宾客之命,观少长之序,所以裁抑⑩之,而非所以宠异之也。

盖圣门之教,固贵敏求⑪,尤忌凌躐⑫。学者宜知所从事矣。

【注释】

①阙党:孔子生陬邑之昌平乡,后迁曲阜之阙里,亦称阙党。

②传往来之命:传命,即传达命令。古代两国往来,举行朝聘问之礼时,给出使者专门配备的"介",介的作用就是在主宾之间传递信息。介传递信息非常讲究,此可见于《礼记·聘义》:"聘礼:上公七介,侯、伯五介,子、男三介,所以明贵贱也。介绍而传命,君子于其所尊弗敢质,敬之至也。三让而后传命,三让而后入庙门,三揖而后至阶,三让而后升,所以致尊让也。"(聘礼的要求:爵为上公的诸侯,派卿出聘用七个介;爵为侯伯的诸侯,派卿出聘用五个介;爵为子男的诸侯,派卿出聘用三个介。这是为了表明贵贱。聘宾将介一溜儿排开,一个挨着一个地站着,然后才传达聘君的命令,这是君子对于他所尊敬的人极其尊敬,不敢有所简慢的表示。聘宾辞让三次以后才传达聘君的问候,谦让了三次以后才随着摈者进入庙门,进门之后,主君又互行了三次揖礼才来到堂阶跟前,升堂之前,彼此又互相谦让了三次,然后才由主君率先登阶,聘宾接着登阶。这些都是表示尊敬谦让的。)孔子使童子担任其"介"以传命,目的正是让他在这种非常谨严的礼制中体验长幼尊卑的秩序,从而懂得学习的进阶和次序。

③殆：大概。

④宠异：特别的宠爱。

⑤与：同"欤"，语气词。

⑥隅坐：坐于席角旁。古无椅，布席共坐于地，尊者正席，卑者坐于旁位。

⑦随行：（依长幼尊卑的顺序）跟在别人后面走，跟着同行。《礼记·王制》："父之齿随行，兄之齿雁行，朋友不相逾。"（与父亲年龄相当的人同行，应跟随在他后方；与兄长年龄相当的人同行，应该如雁行一样并行并稍后；与朋友同行，并肩走而不抢先或超越。）

⑧先生：此指长辈。

⑨躐等凌节：即"学不躐等"和"不凌节而施"，见于《礼记·学记》："大学始教，皮弁祭菜，示敬道也。宵雅肄三，官其始也。入学鼓箧，孙其业也。夏楚二物，收其威也。未卜禘不视学，游其志也。时观而弗语，存其心也。幼者听而弗问，学不躐等也。此七者，教之大伦也……大学之法，禁于未发之谓豫，当其可之谓时，不凌节而施之谓孙，相观而善之谓摩。此四者，教之所由兴也。"躐等，逾越等级，不按次序。凌节，同"陵节"，逾越法度。

⑩裁抑：制止，遏止。

⑪圣门之教，固贵敏求：敏求，勉力以求。孔子每每标举机敏的学问之道，称孔文子"敏而好学"（[公冶长第五·十五]），自称"敏以求之者也"（[述而第七·二十]），还称说"君子欲讷于言而敏于行"（[里仁第四·二十四]），对此可谓非常重视。

⑫凌躐：即"躐等凌节"。

【译文】

这一章，展示了孔圣人教育小孩子的方法。

当时在孔子的故乡阙里这个地方，有个小孩子来向孔子学习，孔子就让他帮助在主客之间跑腿，传接信息。有人问道：这个小孩子大概是学习颇为进步，所以您给他特殊待遇，让他担任传命的职责吧？

孔子回答说：依礼，小孩子应当坐于一隅而行于身后，但我看到这个小孩子，时常坐在长者的位置，而且还曾经与长辈并行。作为小孩子却不安分守礼，所以他还无法进步，只顾着超越等级层次，希求快速获得成人的礼遇。所以我让他去传接信息，从而观察长幼尊卑的秩序，借以压制他（的浮躁），而不是给他特殊待遇。

圣人之门，虽然重视敏求敏行，但更加忌讳学习上的躐等凌节。学习者因此也就知道该怎样去做了吧。

【评析】

此或为孔子教学案例。为学不是事功，求速非为激进，此乃两样事，不可混淆以误导学问，而有失中庸之则。故夫子教训之。

《解义》以想象之笔还原现场情景，浅近生动，如在目前。

【标签】

阙党童子；为学；礼

笔耕论语

《日讲论语解义》译注评析 下卷

华国栋 撰

中山大學出版社
· 广州 ·

版权所有　翻印必究

图书在版编目（CIP）数据

笔耕论语：《日讲论语解义》译注评析：全三卷/华国栋撰．—广州：中山大学出版社，2022.8

ISBN 978-7-306-07561-1

Ⅰ.①笔…　Ⅱ.①华…　Ⅲ.①《论语》-注释　Ⅳ.①B222.2

中国版本图书馆 CIP 数据核字（2022）第 104026 号

BIGENG LUNYU：《RIJIANG LUNYU JIEYI》YIZHU PINGXI

出 版 人：	王天琪
策划编辑：	王延红
责任编辑：	王延红
封面设计：	林绵华　陆炜錾
责任校对：	邱紫妍　李昭莹
责任技编：	靳晓虹
出版发行：	中山大学出版社
电　　话：	编辑部 020-84111946，84113349，84111997，84110779，84110776
	发行部 020-84111998，84111981，84111160
地　　址：	广州市新港西路 135 号
邮　　编：	510275　传　真：020-84036565
网　　址：	http://www.zsup.com.cn　E-mail：zdcbs@mail.sysu.edu.cn
印 刷 者：	广东虎彩云印刷有限公司
规　　格：	787mm×1092mm　1/16
总 印 张：	102.5
总 字 数：	1830 千字
版次印次：	2022 年 8 月第 1 版　2025 年 4 月第 2 次印刷
总 定 价：	168.00 元（全三卷）

如发现本书因印装质量影响阅读，请与出版社发行部联系调换

卫灵公第十五

【原文】

卫灵公问陈于孔子。孔子对曰："俎豆之事，则尝闻之矣；军旅之事，未之学也。"明日遂行。

【原文】

在陈绝粮，从者病，莫能兴。子路愠见曰："君子亦有穷乎？"子曰："君子固穷，小人穷斯滥矣。"

【解义】

此一章书，见圣人不贬道以苟容①，不因穷而失志也。

昔孔子在卫，卫灵公以战阵之道问于孔子。孔子对曰：吾自少学礼，其于陈设俎豆之事②，则尝闻其说③矣，若夫军旅之事④，则固未之学⑤也。

夫以孔子之圣，文事武备⑥宜无所不知。盖以卫灵公不留心⑦于治国之道，而汲汲⑧以兵戎之事为问，则其不足与有为⑨可知，是以孔子不对，而明日⑩遂行⑪焉。此圣人之见几而作⑫也。

既去卫而适陈，在陈国时粮食断绝，从者皆饥饿而病，莫能兴起⑬。子路愠怒⑭见于孔子曰：君子之人亦有时而穷困若此乎？

孔子曰：穷通⑮得丧⑯，系于所遇。君子盖亦有穷时也，但君子则能以义命⑰自安而固守其穷，小人一遇困穷则不能坚忍顺受，而无所不至矣。

此圣人之处困而亨⑱也。

孔子，大圣人也，乃时⑲君既不能行其道，又不能接⑳以礼，致使一去于卫，一厄于陈，遭遇之穷困如此，则春秋之世运㉑，尚可问耶？

【注释】

①苟容：即苟合取容，屈从附和以取悦于世。

②陈设俎豆之事：代指礼事。俎豆，古代祭祀、宴飨时盛食物用的两种礼器。亦泛指各种礼器。

③尝闻其说：谦称自己对礼仪略有了解。
④军旅之事：代指军事。军旅，为古代军队编制的两个级别，代指军队。《周礼·地官·小司徒》："五人为伍，五伍为两，四两为卒，五卒为旅，五旅为师，五师为军，以起军旅，以作田役。"
⑤固未之学：与"尝闻其说"相对，意谓根本没有学习过。
⑥文事武备：《孔子家语·相鲁第一》："定公与齐侯会于夹谷，孔子摄相事，曰：'臣闻有文事者，必有武备，有武事者，必有文备。古者诸侯并出疆，必具官以从，请具左右司马。'定公从之。"从这个典故来看，孔子非常重视文事和武备之间的关系，故《解义》据此认为他不可能不了解武备，只是不愿意帮助卫灵公以武力治国和军事扩张。
⑦留心：关注，关心。
⑧汲汲：心情急切貌，引申为急切追求。
⑨不足与有为：不值得合作。
⑩明日：第二天。
⑪遂行：就离开。
⑫见几而作：谓事前明察事物细微的变化，把握住有利时机而有所动作。《周易·系辞下》："君子见几而作，不俟终日。"（君子能根据几微的征兆进行判断，所以能够把握时机而有所行动，不必等待以后。）可参本书[雍也第六·十一]"颜氏之子"词条注释。
⑬兴起：起立。
⑭愠怒：恼怒。
⑮穷通：困厄与显达。
⑯得丧：得失。
⑰义命：正道，天命。泛指本分。
⑱处困而亨：朱熹《论语集注》："圣人当行则行，无所顾虑，处困而亨，无所怨悔，于此可见。"《周易·困》："困：亨；贞，大人吉，无咎；有言不信。"《周易本义》："困者，穷而不能自振之义。"《周易正义》："困者，穷厄委顿之名，道穷力竭，不能自济，故名为'困'。"
⑲乃时：当时。
⑳接：接见；接待。《尚书·太甲中》："奉先思孝，接下思恭。"
㉑世运：时代盛衰治乱的气运。

【译文】

这一章表明，圣人不会降志贬道来苟合取容，也不会因处穷遭困而变节丧志。

当年孔子在卫国的时候,卫灵公向孔子询问军事斗争之道。孔子回答说:我自幼学习的都是礼制,对于如何摆设礼器,我就略有所闻,但对于军旅战阵之事,根本没有学习过啊。

以孔子的圣明,对于文事武备无所不知。大概是因为卫灵公不关注治国之道,却急着探求军事,很明显是不值得在政治上进行合作的,所以孔子不再正面回答他的问题,第二天就离开了卫国。这是圣人见微知著而见机行事。

在离开卫国后,到了陈国,却在陈国遭遇围困,乃至粮食断绝,随从的人都因受饥挨饿而病倒了,连站都站不起来了。子路因此十分恼怒,他对孔子抱怨道:难道君子也会遇到如此窘困的情况吗?

孔子说:通达还是窘困,得到还是失去,都与所遇到的具体情况有关。君子当然也会遭遇窘困,但是君子能够自安于天命、本分,小人一遇到窘困就丧失了本分而不能坚持,开始胡作非为起来了。

这是圣人身处窘困但依然保持思想的通达。

即便是孔子这样的大圣人,当时的君主既不能推行其仁道,又不能以礼相待,使他不得不离开卫国,然后又在陈国受到围困,圣人尚且连续遭遇如此困厄,那么春秋之世的时代运命,便可想而知了。

【评析】

这两章所述两个事件可能在时间上有一定的连续性,但是所表达的意思是极不一样的:一个涉及治国方略,一个坚守君子人格。如果说二者的共同点,大概就是对理想的坚守。

一般观点认为孔子避而不谈军事,是反对军事而崇尚文治,此或不妥。毕竟"兵者,国之大事,死生之地,存亡之道"(《孙子兵法·始计篇》),军事是立国之保障,特别是在战火纷纭的春秋末期,任何国家都不可忽视军事。而孔子本人也提出"有文事者必有武备,有武备者必有文事"(《孔子家语·相鲁》)的文武兼备主张,并在夹谷之会之时充分展示了其军事才能(《左传·定公十年》),不然他应该会完全摒弃军事策略,而对这次建立在武力背景上的外交事件也无能为力。

但是军事归军事,国防归国防,二者实则不可完全等同。卫灵公当政的 60 年(前 534—前 493)里,卫国大体上处于和平时期,基本上没有发动有效的对外战争,也未参与大型的军事集团斗争,而对卫国产生较大影响的,反倒是其内乱斗争——在齐豹、北宫喜、褚师圃、公子朝四家叛乱时,卫灵公被迫逃离国都。当后面卫灵公问及孔子战阵之事的时候，实则当时并无外敌入侵之虞，反倒是内心挥之不去的权力欲望使他更加关心军事，而不是保家卫国的需要。而这已经远离儒家所定义的军事功能了。

很显然，孔子对于卫和卫灵公是一度抱有极大期待的，一次在鲁国的时候，他曾放言自己的治政三部曲：

子适卫，冉有仆。
子曰："庶矣哉！"
冉有曰："既庶矣，又何加焉？"
曰："富之。"
曰："既富矣，又何加焉？"
曰："教之。"（[子路第十三·九]）

国家治理的终极目的是百姓知书达礼、幸福安康，因而礼制教化是更为基本、持久而有效的管理机制。相对而言，军事不仅是外围的治理手段，也是致使国家内乱的隐患。季氏将伐颛臾，孔子就痛斥了这种以军事行动解决内部矛盾的行迹，提出用武力手段攻击内部的异己力量，于国于邦反倒是更大的隐患。而与之相呼应的则是卫灵公死后的卫国内乱，蒯聩与自己的儿子争夺王位，双方纠集各自的势力，兵戎相见，大打出手，整个国家被这种权力之争撕裂开来，乃至无辜者也深受其害，其影响着实恶劣。

就以上而言，当卫灵公与孔子谈及军事的时候，恐怕并非出自国是公心，而是出自个人的权欲。这种利欲熏心的小人人格与清高"固穷"的君子人格恰好构成了对比，也更加彰明了孔子捍卫理想、坚守本质的形象。

不过，再美好的理想，其落地都是需要通过权力来实现的，如果不与现实权力有效对接，恐怕游历再多的国家，出入卫国君门再多次（据《史记·孔子世家》记载，孔子曾五入五出卫国），都是没有用的。然而，这种"权力意志"又在本质上与孔子的理想相冲突。在孔子那里，这样的权力恐怕恰恰是"毒药"，而不是"良药"。从这个意义上而言，孔子在陈地被困时所说的"固穷"，不仅是衣食匮乏、处境窘困的"穷"，同时也是执守初心、安贫乐道的"穷"；其在郑国"与弟子相失"，被人描述为"累累若丧家之狗"，而孔子却欣然以之自嘲，可知这丧家之狗亦最忠诚守家之狗。

日本学者白川静先生将孔子归结为一个"失败者"，认为正是这样的失败，其理想才得以延续并壮大。而这正是"固穷"的表现和必然结果——

正因为他是现实中的失败者，所以孔子更能接近他的理想社会。社会性的成功一般会限定一个人进一步成长的可能性，有时还会拒绝新的世界。所以说，思想原本是失败者的所有物。对于孔子来说，政治上的彷徨对发扬其思想是绝对必需的。在极限的情况下，人会通过不断堆积内心的矛盾而成长起来。在这样的过程中，人能伟大起来。❶

白川静先生对孔子"失败者"形象的定义非常到位，而钱穆先生则走得更远，他将中国历史的发展也归功于和孔子一样的"失败者"：

惟有中国，却能在衰乱世生出更多人物，生出更多更具伟大意义与价值的人物，由他们来持续上面传统，来开创下面新历史。他们的历史性价值，虽不表现在其当身，而表现在其身后。此即中国历史文化传统精神真价值所在，亦即是中国历史上一项最有意义的特殊性。……诚然，历史乃是成功者的舞台，失败者只能在历史中作陪衬。但就中国以往历史看，则有时失败不得志的，反而会比得志而成功的更伟大。此处所谓伟大，即指其对此下历史将会发生大作用与大影响言，而得志与成功的，在其身后反而会比较差。❷

今天我们只看重得志成功和有表现的人，却忽略了那些不得志失败和无表现的人。因此也遂觉自己并无责任可言。诸位当知，中国历史所以能经历如许大灾难大衰乱，而仍然绵延不断，隐隐中主宰此历史维持此命脉者，正在此等不得志不成功和无表现的人物身上。……当知各人的成败，全视其志业。但"业"是外在的，在我之身外，我们自难有把握要业必成。"志"则是内在的，只在我心，用我自己的心力便可掌握住。故对每一人，且莫问其事业，当先看其意志。❸

幸好，中国的"孔子"们只是"失败者"。我们恐怕很难想象一个人获得权力后，是否还能是原来的他——君子固穷固然不一定得到身边人的理解，但是君子能否固权、固富，那就很难说了。台湾学者王健文先生感慨于孔子这位"二千五百年前的顽强老人"，和他生命终了之前大概二十年光景的生命图景，因此专著孔子个人的"断代史"，来刻画孔子崎岖的晚年历程，名之曰"流浪的君子"。

---

❶ ［日］白川静：《孔子传》，转引自［韩］姜莹基《孔子，那久远的未来之路》，强恩芳等译，北京大学出版社2014年版，第274页。

❷ 钱穆：《中国历史研究法》，九州出版社2012年版，第89—90页。

❸ 钱穆：《中国历史研究法》，九州出版社2012年版，第104—105页。

孔子生命中的最后二十年，在我看来，是悲欣交集，夹杂着企盼与失落、绝望与悟道的复杂心境。晚年的孔子，不再有行道的机会，抱憾而终。对孔子来说，这不是他想要的人生终局，但是我却常想：幸而如此，才成就了历史上永恒的圣者图像。

　　如果孔子真能得君行道，历史上，也许增加了左右一个世代的管仲或子产，却可能失去了影响千秋万世的"孔子"。也许，孔子连管仲、子产都做不了……

　　…………

　　如果有一天，君子不再流浪了，他还能是个君子吗？

　　流浪的君子一无所有，因此他拥有一切；流浪的君子没什么可以失去的，因此他什么也不会失去。如果有一天，君子不再流浪，当他在现实权位中得其所居时，原来的梦想还会安居在他的心中吗？他的梦想也是人们的梦想吗？

　　当然，孔子深刻地觉察了这个问题，"不患无位，患所以立，不患莫己知，求为可知也"。他提醒道：在追求行道的机会时，权位只是手段，立身处世之道才是根本。孔子也曾说："鄙夫可与事君也与哉？其未得之也，患得之；既得之，患失之。苟患失之，无所不至矣。""患得"与"患失"都会让人乱了分寸，特别是"患失"之心更为激切，若是得之不以其道，"患失"之际更是无所不用其极。

　　我不知道若孔子有机会得君行道，历史会怎样记录他？历史难以假设，却是必须提问。❶

　　我们需要用审慎的、发展的眼光看待一切历史问题，然而面对孔子时，却又不能完全用今天的眼光去评价他，反倒是可以在关乎他的生平的仅存的记录，特别是他的流浪与执守中，找到他孜孜不倦的人生理想，同时也重新找回我们社会和人生的重心。

　　不是吗？

【标签】

卫灵公；军事；权力；理想主义；君子固穷

---

❶ 王健文：《流浪的君子——孔子的最后二十年》，生活·读书·新知三联书店2008年版，第104-107页。

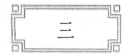

【原文】

子曰:"赐也,女以予为多学而识之者与?"对曰:"然,非与?"曰:"非也,予一以贯之。"

【解义】

此一章书,言学贵乎知要也。

子贡之学多而能识矣,而于道之本原尚未能悟,故孔子呼而问之曰:赐也,汝见我于天下事物之理无所不知,将谓我是多学而一一记识之,故能如此乎?

子贡对曰:以赐观于夫子,诚多学而识之者也,抑①别有切要②所在,而无事于此者与③?

观子贡方信忽疑④之间,可见其力学⑤已久,进道⑥有机,故孔子因而告之曰:我非多学而识之者也。盖天下事物虽多,其理则一,惟明乎理之原,则自能尽乎事物之变。我于天下事物之理无不周知者,惟一以贯⑦之而已。

可见,学问之道以明理为要,而后世学者率皆用力于记诵辞章,以夸多斗靡⑧。故以圣学论之则不精,以王道论之则无用。此皆逐末务外,而不知本实之过也。所以为学图治,必在知本。

【注释】

①抑:或许,或者。
②切要:要领,纲要。
③与:同"欤",语气词。
④方信忽疑:将信将疑。
⑤力学:用功学习。
⑥进道:进阶,进步。
⑦一以贯之:用一个根本性的事理贯通事情的始末或全部的道理。语见本章和[里仁第四·十五]:子曰:"参乎!吾道一以贯之。"
⑧夸多斗靡:原指写文章以篇幅多、辞藻华丽夸耀争胜,后也指比赛豪华奢侈。

【译文】

这一章是说，学习贵在把握要道。

子贡勤奋学习而富有学识，但对为学之道还未能透悟，所以孔子叫他过来，问道：赐啊，你看我对天下的事务和道理无所不知，是不是认为因为我能够博闻强记，所以才能做到这一点呢？

子贡回答说：对于我来说，夫子实在是善于学习而且卓有成效，难道是学习上别有法门，不需要这么做吗？

体味子贡将信将疑的话，就可以知道他持久用功学习，已经产生了学习进阶的机缘，所以孔子就告诉他：我并不是因为加倍努力学习而做到博学多识的。天下事务虽然繁多，但其内在的道理却是统一的，只有明了最根本的原理，才能通达事物的各种变化。我之所以对万物及诸理无所不知，只是因为用最根本的原理去贯通它们而已。

由此可知，学问之道最根本的还是要明理，而后世的学者仅仅只是勤奋于记诵之学，并且用来显摆夸饰。所以，从圣人之学的标准来看是不够精深，从王道适用的角度来看则是不切实际。这都是舍本逐末，徒向外求，而不知向内求本的错误态度啊。所以，无论是为学求进，还是励精图治，都一定要了知根本，从根本做起。

【评析】

本章对子贡所言，与孔子对曾子所言"吾道一以贯之"（［里仁第四·十五］）有所联系，但尚有很大不同：一以贯之的"吾道"，是在言明一种哲学体系化构建，即哲学方法论和思想状态；而此处的"一以贯之"则是一种认知方法：先建立认知本体和认知体系（"一"），然后根据这个认知体系来形成对世间一切事物的认识（即如老子所谓的"一生二，二生三，三生万物"）。前者是后者的基础，后者是前者的必然路向，前者已定，则后者必然向前者回归。

因此所谓的"一以贯之"，大概是像动物的血脉或植物的根系，有主有次、有粗有细，但一脉贯通，竟体灵活，学术与生命融为一体，学术滋养生命，生命演绎学术，终究使人自在自足、完整统一。

相比而言，在当代社会，人被各种信息碎片所冲击，又为形色世界所诱惑，恐怕终其一生也难以建立完整的自在自足的知识体系。兼之著书都为稻粱谋，学术和思想可以批量贩卖，为学术而学术，为思想而思想，功利主义、个人主义的色彩太过浓厚，以多见多识为能事，多抄多炒为本领，反而会使学术思想与个人内心越来越分裂，实际行动与道德高标越来越龃龉，而非贯通融合、知行一致。如此情形，是可谓得还是失呢？

"古之学者为己，今之学者为人。"（［宪问第十四·二十四］）夫子如是说，为古今学术树立了一面"照妖镜"。

【标签】

子贡；一以贯之；认识论；学

【原文】

子曰："由！知德者鲜矣。"

【解义】

此一章书，是圣人欲学者求自得①也。

孔子呼子路而告之曰：义理之得于心者谓之德。②非实有是德者，不能知其意味之真也。今之人知德者鲜矣。

然则欲知德者，其惟躬行实体③，而求其自得于心矣乎！

【注释】

①自得：快然自得，自得其是，得之于心而快然自足。《礼记·中庸》："君子无入而不自得焉。"（君子无论处于何种境地，都可以自得其是。）引文可详参本书［子罕第九·十四］"无入而不自得"词条注释。又见于《孟子·离娄下》："君子深造之以道，欲其自得之也。自得之则居之安，居之安则资之深，资之深则取之左右逢其原，故君子欲其自得之也。"

②义理之得于心者谓之德：乃引用张居正《四书直解》对本章的解读。理从心而得，称之为"德"。《朱子语类》卷六："存之于中谓理，得之于心为德，发见于行事为百行。"［子张第十九·二］解义："理得乎心谓之德。"

③实体：义同"躬行"，身体力行。

【译文】

这一章是讲，圣人寄希望于学习者能够达到快然自得的境地。

孔子直接叫来子路，并且告诉他：得义理于内心，与心相合，即德。

如果并不具有这种德，就不懂得这句话的真义。可惜现在的人们很少具有这种知德了。

然而，如果想拥有这种知德，就只有躬行实践，在这一过程中使内心真正收获并获得自足之感。

【评析】

联系上一章，不妨将"知德"理解为一个偏正语式：知之德。"知德者"就是"通过实践感知品德的人"。知德，才能成德。"知德者"才能成为真正的"德者"。德不是死记硬背能够得来，也不是高头文章能够标榜，更不是智慧玄妙能够生产，而是切实知行合一，知而行之，行而证知。德行是在实践中体悟并实证的。本章《解义》未做过多阐发，然亦切中肯綮。

【标签】

子路；知德；成德

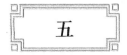

【原文】

子曰："无为而治者，其舜也与？夫何为哉？恭己正南面而已矣。"

【解义】

此一章书，是孔子赞帝治之盛也。

孔子曰：自古人君致治①者多矣，然皆不能无所作为而治也。若无所作为而天下自治②者，其舜也与？盖舜承尧之后，礼乐法度皆已具备，在廷诸臣如九官十二牧③，又皆有贤圣之才以分任④之，所以为舜者⑤，但见其率由而不改其旧⑥，分命而不尸其功，⑦夫何所作为哉？不过垂衣拱手⑧，端居南面⑨，穆穆然⑩著⑪其敬德之容而已。

盖舜之德盛，故其化神。⑫然其所以能然者，以其绍尧得人⑬也。可见，为人君者必有法祖⑭之心，而后可以遵先王之法；必有求贤之劳，而后可以享任人之逸。试取所谓"兢兢业业，一日二日万几"⑮，与所谓"恭己无为"云者合而观之，而后知古帝之以君道立人极⑯者，诚度越⑰乎千古也。

【注释】

①致治：使国家在政治上安定清平。

②天下自治：天下自然而然地得到治理。

③九官十二牧：即《古文尚书·舜典》（亦属于今文《尚书·尧典》）所记由舜设立的官职及任命。"九官"即伯禹作司空，弃为后稷，契做司徒，皋陶做士，垂为共工，益做朕虞，夔为典乐，龙为纳言，俞做秩宗。"十二牧"，即十二州及其长官。

④分任：分别承担。

⑤为舜者：像舜那样的帝王们。

⑥率由而不改其旧：遵循旧制。率由，遵循，沿用。谓遵循成规。《诗经·大雅·假乐》："不愆不忘，率由旧章。"（不违背，也不遗忘，一切都按先王之典章。）

⑦分命而不尸其功：命令大臣们各司其职，各行其是，但自己功成不居。分命，命令，任命。尸，享，居。《尚书·尧典》中繁复而不失生动地记述了尧分派大臣完成各项重任的过程：乃命羲和，钦若昊天，历象日月星辰，敬授民时。分命羲仲，宅嵎夷，曰旸谷。寅宾出日，平秩东作。日中，星鸟，以殷仲春。厥民析，鸟兽孳尾。申命羲叔，宅南交，（曰明都）。平秩南讹，敬致。日永星火，以正仲夏。厥民因，鸟兽希革。分命和仲，宅西，曰昧谷。寅饯纳日，平秩西成。宵中星虚，以殷仲秋。厥民夷，鸟兽毛毨。申命和叔，宅朔方，曰幽都。平在朔易。日短星昴，以正仲冬。厥民隩，鸟兽氄毛。帝曰："咨！汝羲暨和。期三百有六旬有六日，以闰月定四时成岁。允厘百工，庶绩咸熙。"（于是尧帝命令羲氏与和氏，恭谨地遵循上天的意志，根据日月星辰运行的规律制定出历法，并教导民众按照时令节气从事生产活动。又分别命令羲仲，到东方的旸谷居住。在那里主持每天祭祀日出的仪式，辨别查看民众的春季生产。春分日昼夜长短相等，南方朱雀七宿黄昏时出现在天空的正南方，依此确定仲春［春天的第二个月］。这时人们分散在田野里耕种，鸟兽开始交配繁衍。命令羲叔，到南方的明都居住。辨别测定太阳往南运行的情况，恭敬地主持祭祀。夏至日白昼时间最长，东方苍龙七宿中的火星黄昏时出现在南方，依此确定仲夏［夏天的第二个月］。这时人们住在高处，鸟兽的羽毛稀疏。命令和仲到西方的昧谷居住。恭敬地主持祭祀日落的仪式，辨别查看农民的秋季生产。秋分日昼夜长短相等，北方玄武七宿中的虚星黄昏时出现在天的正南方，依此确定仲秋［秋天的第二个月］。这时人们又回到平地上居住，鸟兽换生新毛。命令和叔，到北方的幽都居住。辨别观察太阳往北运行的情况。冬至日白昼时间最短，西方白虎七宿中的昴星黄昏时分出现在天空正南方，依此确定仲冬［冬天的第二个月］。这时人们住在室内，鸟兽长出又密又软

的细毛。尧说："啊！你们羲氏与和氏啊，一周年是三百六十六天，要用加设闰月的办法确定春夏秋冬四季而成一岁。由此规定百官的事务，许多事情就都要兴办起来了。"）

⑧垂衣拱手：《尚书·武成》："列爵惟五，分土惟三。建官惟贤，位事惟能。重民五教，惟食、丧、祭。惇信明义，崇德报功。垂拱而天下治。"（武王设立爵位为五等，区分封地为三等。建立官长依据贤良，安置众吏依据才能。注重人民的五常之教和民食、丧葬、祭祀，重视诚信，讲明道义；崇重有德者，报答有功者。于是武王垂衣拱手而天下大治。）

⑨端居南面：即"恭己正南面"，指无为而治的样子。

⑩穆穆然：端庄恭敬的样子。

⑪著：彰显。

⑫盖舜之德盛，故其化神：指舜内在积郁的道德力量会造成外在神奇的影响，详参［学而第一·十］"德盛化神，积中形外"词条注释。

⑬绍尧得人：即"绍尧之德"（《礼记正义·乐记第十九》），"得人君之道"（《孟子注疏·滕文公章句上》），继承尧的德业，并掌握了为君之道。绍，承继。

⑭法祖：效法先祖。

⑮兢兢业业，一日二日万几：《尚书·皋陶谟》："无教逸欲有邦，兢兢业业，一日二日万几。"（舜帝的大臣皋陶在和舜、禹一起讨论政事的时候，说：作为君主，不要贪图私欲享受，要谨慎勤勉地处理政务，要知道每天都要日理万机。）兢兢业业，谨慎戒惧。一日二日，指天天。万几，即万端，指纷繁的政务。

⑯人极：纲纪，纲常。社会的准则。

⑰度越：超过。

【译文】

这一章是讲，孔子赞叹舜帝治政的盛举。

孔子说：自古以来，实现清平政治的帝王有很多，但是往往不是无为而治。能够做到这样的，大概也就只有舜帝了吧！舜承继尧之帝位，礼乐法度已然全备，九官十二牧等朝廷诸官职，也由圣贤人士来担任。所以像舜帝这样的位置，只需要遵循旧制来施政，把事务交代给各级官员，而且不贪图功名，那还有什么可做的呢？不过是抄手不动，向南端坐，彰显其端庄恭谨的敬天之容罢了。

舜帝盛德，就会引发民众及天地万物产生微妙的变化。然而他能够做到这样,是因为他继承了尧的德业,并掌握了为君之道。由此可见:作为君,主要有法从先祖的心意,然后可以遵守先王的成法;而且要付出选贤任能的辛劳,然后才能享有垂拱而治的安逸。试将《尚书》所讲的"一日二日万几"的兢兢业业,与本章所讲的"恭己南面"的无为而治合起来看,就会明白,古代帝王用为君之道树立人世的规则,实在是千古不变的为政之道啊。

【评析】

"无为而治"并非"不作为",所谓"无为",便是简政,而此简政,即做好德治(为政以德)和人治(选贤任能)这两个最为重要的为政因素,自然有治政的功效。这在冉雍(字仲弓)身上有非常清晰的揭示:

子曰:"雍也可使南面。"([雍也第六·一])

仲弓问子桑伯子。子曰:"可也简。"仲弓曰:"居敬而行简,以临其民,不亦可乎?居简而行简,无乃大简乎?"子曰:"雍之言然。"([雍也第六·二])

说冉雍可以使南面,不是说他有帝王的气象,而是说他理解了"居敬行简"的治政要领。

做好表率,给社会的价值观立心,同时选好用好贤良之士,使其各尽所能,充分践行"核心价值观",这样社会自然会得到完善的治理。所以,"无为而治"是儒家为政的基本理念,是从主政者的角度提出来的,因而成功的帝王被塑造为"垂拱而治八荒""敛衽而朝万国"(唐太宗李世民《大唐三藏圣教序》)的形象。所以,如果我们稍加注意就会观察到这样一个细节:很多庙堂里的王者雕塑,但凡是中国本土人物,也多为此垂衣拱手之形象。因此,如果读者去参拜这样的圣像,也不妨深切缅怀并仔细揣摩一下,其所代表的远古的完美主义政治理想。

【标签】

舜;无为而治;垂拱而治;德治;德盛化神

【原文】

子张问行。子曰："言忠信，行笃敬，虽蛮貊之邦，行矣；言不忠信，行不笃敬，虽州里，行乎哉？立，则见其参于前也；在舆，则见其倚于衡也。夫然后行。"子张书诸绅。

【解义】

此一章书，见立诚为制行①之本也。

子张问：人必如何，然后在在②皆可通行而无碍乎？

孔子曰：人唯至诚，乃能感物。③诚使所言者皆发于衷、符于事，而忠信焉，所行者皆无浮薄④、无放肆，而笃敬焉，则虽蛮貊⑤之邦素不相知者，一诚之孚，无所不格，⑥亦可以行之而无碍矣。若言不忠信，行不笃敬，则虚伪轻薄之人也，虽州里⑦之近，其可以行乎哉？然此忠信笃敬非他，乃吾心之诚也。吾心之诚，本有炯然⑧不容自欺、昭然⑨不可自昧⑩者，必也时时刻刻警觉提撕⑪——如立在此处，则见此忠信笃敬参⑫于吾之前；或在车上，则见此忠信笃敬倚于车之衡⑬。盖惟其存之也密⑭，故心目之间，如或见之。若此，则诚积于心，发于言行之际，以之动天地、格鬼神，无所不可，又何不可行之有哉⑮？

子张闻孔子之言，即书于大带⑯之上，盖欲时时接于目而省于心⑰也。其佩教⑱诚切矣。

夫制行以存诚⑲为要，而存诚以省察为先。念虑⑳之间乃言行之本，省察其念虑之微，以达于言行之际，则真意感孚㉑，表里通贯，虽豚鱼㉒可格，而况于人乎？故曰："至诚而不动者，未之有也；不诚，未有能动者也。"㉓是故君子诚之为贵㉔。

【注释】

①制行：德行。
②在在：处处，到处。
③人唯至诚，乃能感物：只有天下至诚的人，才可以化育万物而使之达到至善之境。《礼记·中庸》："其次致曲，曲能有诚。诚则形，形则著，著则明，明则动，动则变，变则化。唯天下至诚为能化。"（那些仅次于

"至诚"的贤人，则从一些局部的细小方面下功夫进行推究；能够从局部的细小方面逐一进行探究，也能达到真诚的境界。内心达到了真诚，就会从形象上表现出来；在形象上表现出来了，就会渐渐显著；显著了，就会日益彰明而有光辉；彰明而有光辉了，就能感动人心乃至万物；人心感动了，就可以使人们改过自新而变革其品德；人们的品德改变了，就能使之感化而达到至善之境。只有天下至诚的人，才可以化育万物而使之达到至善之境。）

④浮薄：轻薄，不朴实。

⑤蛮貊：亦作"蛮貉"。古代称南方和北方落后部族。

⑥一诚之孚，无所不格：意谓"精诚所至，金石为开"，专精至诚，可以感格天地上下，而成诸事。一诚，专诚。孚，信用，诚信。格，感格，感通。

⑦州里：古代二千五百家为州，二十五家为里。本为行政建制，二者连用，泛指家乡或本土。另如"乡党"等，用法相似。

⑧烱然：明亮的样子，光明的样子。烱，古同"炯"。

⑨昭然：明白的样子。

⑩昧：本义暗，昏暗；引申为愚昧，糊涂。

⑪提撕：拉扯，提携；教导，提醒。

⑫参：高。

⑬衡：古代车辕前端的横木。

⑭存之也密：时时处处予以关注，注意守护。

⑮何不可行之有哉：疑问句宾语前置，即"何不可行"作为"有"的宾语。正常语序为：有何不可行（有何处不可通行）。

⑯大带：《论语》原文作"绅"。古代贵族礼服束腰用的带子，有革带、大带之分。大带加于革带之上，用丝线织成，系于腰间，下垂部分谓绅。

⑰接于目而省于心：触目而警心。

⑱佩教：受教。佩，佩带，佩挂，引申为承受，担负。《王文成公全书·年谱附录二》："夫尊其人，在行其道，想像于其外，不若佩教于其身。"

⑲存诚：心怀坦诚。出自《周易·乾》：九二曰"见龙在田，利见大人"，何谓也？子曰："龙德而中正者也。庸言之信，庸行之谨，闲邪存其诚，善世而不伐，德博而化。《易》曰'见龙在田，利见大人'，君德也。"（九二的爻辞说"当巨龙出现在田间，就利于拜见大人"，这是什么意思呢？孔子说："龙德圣人，立身中正，他平常所言必讲信用，平常行为必然谨慎，防止邪恶而内心保持真诚，惠泽世人而不自矜，其道德广大能够感化

人心。《周易》说'巨龙出现在田间,有利于拜见大人',是在讲君子之德啊。")

⑳念虑:思虑。

㉑感孚:使人感动信服。

㉒豚鱼:豚(小猪,亦泛指猪)和鱼。多比喻微贱之物。

㉓至诚而不动者……未有能动者也:出自《孟子·离娄上》,孟子曰:"居下位而不获于上,民不可得而治也。获于上有道,不信于友,弗获于上矣。信于友有道,事亲弗悦,弗信于友矣。悦亲有道,反身不诚,不悦于亲矣。诚身有道,不明乎善,不诚其身矣。是故,诚者,天之道也;思诚者,人之道也。至诚而不动者,未之有也;不诚,未有能动者也。"(孟子说:"下级不能得到上级的赏识,就无法治理好百姓。得到上级的赏识是有门径的,首先要取得朋友的信任,不然,就不能得到上级的信任。取信于朋友是有门径的,首先要得到父母的欢心,不然,就不能取信于朋友。让父母高兴是有门径的,首先要诚心正意,不然,就不能让双亲高兴。使自己诚心正意是有门径的,首先要懂得什么是善,不然,就不能使自己诚心诚意。因此,诚,是上天的准则;追求诚,是为人的准则。自身至诚而不能使别人动心的,是从来没有的。不诚心,则是不可能感动别人的。")

㉔诚之为贵:出自《礼记·中庸》:"诚者,自成也;而道,自道也。诚者,物之终始,不诚无物。是故君子诚之为贵。(所谓真诚,是用以自我完善的基础;而所谓中庸之道,则是用以引导自己的标准。真诚,贯穿万物的始终,没有真诚就没有万物。因此,君子把真诚看得非常珍贵。)

【译文】

这一章意在说明,真诚是德行的根本。

子张请教说:一个人应该怎样,才能处处通顺无阻?

孔子回答说:一个人只有至真至诚,才能感通天地万物。如果所说真的发自内心而又符合实际,也就是言辞忠信,如果所行没有轻薄、放肆,这就是行为笃敬,那么即便是到了文明不够开化的蛮荒之地,身处语言习俗不同的人群之中,如果能够保持专诚之心,则仍可以感格上下,无不可为。反之,如果言辞不够忠信,行为不够笃敬,那就是一个虚伪轻薄的人了,即便是在家乡方圆几许的小地方,恐怕也到处碰壁,寸步难行。然而所谓的"忠信笃敬"不是其他,不过是我们诚心的体现而已。我们的诚心,本来就明亮昭然,不容欺隐,而一定要时时刻刻警醒自觉——如果站在那里，就像这忠信笃敬竖立于身之正前；如果乘于车上，就像这忠信笃敬倚身于车之横木。只有时时处处注意于此，才能心思目见，处之如在。像这样，真诚蕴积于心，外现于言行之实，以此来感通天地鬼神，无所不能，又有何处不可通行的呢？

子张听了孔子的话，就马上将其书写于束腰的大带之上，大概是想随时可以看到以铭记自省。他禀受教诲之心实在是恳切啊。

德行重在心怀真诚，心怀真诚重在反省自察。所思所想是所言所行的根本，对自己所思所想进行细致入微的反省自察，从而在言行上有所体现，那么其真心诚意就会使人感动而信服，由内而外地产生效用，以至于豚鱼之类的微贱之物都能被感化，更何况是有心智的人呢？所以，就像《孟子》中所说的那样：自身至诚而不能使别人动心的，是从来没有的；不诚心，则是不可能感动别人的。所以，君子把真诚看得非常珍贵。

【评析】

本章可谓"克己复礼"的具体化。由此可以联想到两段话，一段是夫子关于为仁由己的表白：

子曰："富与贵，是人之所欲也，不以其道得之，不处也。贫与贱，是人之所恶也，不以其道得之，不去也。君子去仁，恶乎成名？君子无终食之间违仁，造次必于是，颠沛必于是。"（[里仁第四·五]）

译文：

夫子说："富与贵，人人所欲，但若不以当得富贵之道而富贵了，君子将不安处此富贵。贫与贱，人人所恶，但若不以当得贫贱之道而贫贱了，君子将不违去此贫贱。君子若背离了仁德，又怎么能称为君子呢？君子连一顿饭的时间都不会背离仁德，仓促急遽之时不会背离仁德，颠沛流离时不会弃仁德。

这是更全面的表述，以非常之时，喻"君子无终食之间违仁"的信念。另一段是《礼记》中关于佩戴玉器内涵与功用的说明：

古之君子必佩玉，右徵角，左宫羽，趋以《采齐》，行以《肆夏》，周还中规，折还中矩，进则揖之，远则扬之，然后锵鸣也。故君子在车，则闻鸾和之声，行则鸣佩玉，是以非辟之心无自入也。（《礼记·玉藻》）

译文：

君子出入、进退、俯仰之间，身上的佩玉只有在不快不慢、节奏匀称的步伐下，才会发出韵律和谐、悦耳动听的声音，随时都给人以警醒和启示，这样邪僻的念头就无从进入君子的心中。

这是更具体更细致的表述。通过对玉器文化内涵的解读来阐明君子日常行为规范和要求。表面上是繁复的形式和芜杂的细节，而实际上则是对内心的不断警醒和启示。

因上，我们不妨总结说：真正值得信守的思想，是浸润到骨子里的，在命运的重大波折面前，而或在生活的每一细节之中，都是可信而且可"行"（必要性及实践性）的。

【标签】

子张；言忠信，行笃敬；诚

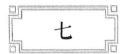

【原文】

子曰："直哉史鱼！邦有道，如矢；邦无道，如矢。君子哉蘧伯玉！邦有道，则仕；邦无道，则可卷而怀之。"

【解义】

此一章书，是孔子赞卫大夫以风①有位②也。

史鱼、蘧伯玉皆卫大夫。③

孔子曰：直哉，史鱼之为人也！盖人固有自守以正，而时异势殊，或不能不委曲以随俗者，惟史鱼当邦家有道之时，危言危行④，如矢之直，即当邦家无道之时，亦危言危行，如矢⑤之直。是乃忠鲠性成⑥、有死无二⑦者也，岂不可为直乎？

君子哉，蘧伯玉之为人也！盖人德有未成，则其出处进退⑧之际，必有不能尽当于理者，惟蘧伯玉则当邦家有道（正君子道长⑨之时也），彼则出而仕焉，以行其志；当邦家无道（是君子道消⑩之时也），彼即卷而怀之⑪，以善其身。卷舒⑫行藏⑬，因时合理，岂不可为君子乎？

夫人品不同，故臣节⑭有此二者。为国家者，上之当求出处合义之人，其次则骨鲠⑮直行之士，亦不可少也。

【注释】

①风：同"讽"，讽喻。
②有位：有位者，指居官之人。
③史鱼、蘧伯玉皆卫大夫：史鱼，名佗，字子鱼，也称史䲡。春秋时卫国大夫。卫灵公时任祝史，负责卫国对社稷神的祭祀，故称祝佗。蘧伯玉生平事迹见［宪问第十四·二十五］"蘧瑗"词条注释。
④危言危行：正言正行。危，正直。［宪问第十四·三］：子曰："邦有道，危言危行；邦无道，危行言孙。"
⑤矢：箭。
⑥忠鲠性成：即忠鲠成性，秉性忠诚耿直。忠鲠，亦作"忠梗"，忠诚耿直。
⑦有死无二：表示意志坚定，虽死不变，至死不渝。《左传·僖公十五年》："必报德，有死无二。"
⑧出处进退：指出仕或隐退。
⑨君子道长：化用自《周易·泰》："君子道长，小人道消也。"（君子德行之道发扬光大，小人卑劣之道路尽途穷。）可详参本书［公冶长第五·一/二］同名词条注释。
⑩君子道消：化用自《周易·否》："小人道长，君子道消也。"（小人卑劣之道盛起畅通，而君子德行之道云消日落。）可详参本书［公冶长第五·一/二］"小人道长"词条注释。
⑪卷而怀之：收身而有所隐忍。卷，收。怀，藏。
⑫卷舒：卷起与展开，代指进退。
⑬行藏：指出处或行止。［述而第七·十一］子谓颜渊曰："用之则行，舍之则藏，惟我与尔有是夫！"（夫子对颜渊说："如果被任用，就去依道而行；如不被任用，干脆就藏身事外。大概只有我和你才能做到这样吧！"）
⑭臣节：臣子的节操。
⑮骨鲠：鱼骨、鱼刺。比喻刚直。

【译文】

这一章是讲，孔子通过赞誉卫国的两位贤士大夫来讽喻指居官之人。

史鱼和蘧伯玉都是卫国的大夫。

孔子说：史鱼为人真实耿直啊！一个人虽然追求正直，但是受到时势所迫，也不得不委曲求全、趋炎附势，但史鱼这个人，在家国政治清明之时，能够像笔直的箭杆一样，正言正行，即便家国政治昏暗之时，他仍然能够像笔直的箭杆一样，正言正行。这正是秉性忠诚耿直，虽死而不渝。这是真的正直啊！

蘧伯玉为人，真的是个君子啊！一个人的品格还未成熟之时，会在出仕或隐退的时候，无法做到完全合理，只有蘧伯玉足够清醒明决：在家国政治清明的时候（此正值君子之道行时当运），他就出仕做官，施展抱负；在家国政治昏暗的时候（此正值君子之道云消日落），他就收身隐忍，全身而退。能够做到这样卷舒因时、行藏合理，难道还不算是君子吗？

因为每个人各有自己的品格，所以两个臣子的节操表现不同。真正为国家考虑，最好是有像蘧伯玉这样处处合乎道义的士大夫，其次像史鱼这样的忠直之士，也是必不可少啊。

【评析】

孔子对二人的评价应该是客观地建立在其行为处事之上的。史鱼之事有比较清楚的文字记载：

> 正直者，顺道而行，顺理而言，公平无私，不为安肆志，不为危激行……昔者，卫大夫史鱼病且死，谓其子曰："我数言蘧伯玉之贤而不能进，弥子瑕不肖而不能退。为人臣，生不能进贤而退不肖，死不当治丧正堂，殡我于室、足矣。"卫君问其故，子以父言闻，君造然召蘧伯玉而贵之，而退弥子瑕，从殡于正堂，成礼而后去。生以身谏，死以尸谏，可谓直矣。（《韩诗外传》卷七）

史鱼临死之前让儿子故意违背礼制，将自己的尸体放到正堂，以示自己因没有恪尽推举人才的职守而失礼，因此最终打动卫灵公。其诚可感，其志可佩。

孔子与蘧伯玉是忘年交，所以他对蘧伯玉作出的评价应该是有事实依据的。但可惜，在当前所对应的史料文字中，尚找不到具体事迹来支撑这一评价。唐司马贞《史记索隐》引大戴礼曰："外宽而内直，自娱（排遣）于隐括（同"隐栝"，用以矫正邪曲的器具）之中，直己而不直人，汲汲于仁，以善存亡，蘧伯玉之行也。"《孔子家语·弟子行》《韩诗外传》等文字中亦有类似表述。然而这些文字应皆为后人根据本章文字扩充、附会到蘧伯玉身上，仅为评论而已，并不属于事实依据。在清代学者江永编纂的《四书古人典林》这部对古人典故搜罗汇集较为全面的著作中，在蘧伯玉名下也尚且找不到相关的记录。

蘧伯玉也以正直著称，但他的性格与做法都与史鱼不一样。其所谓"直己而不直人"，即内直而外宽，用今天的话来说就是"严以律己，宽以待人"，能屈能伸，通权达变。蘧伯玉的这种"直"，更合于"用之则行，舍之则藏""有道则见，无道则隐"的君子之道，所以孔子感叹说"君子哉蘧伯玉"。《解义》也清晰地指出了这一点。

在诸多阐释文字中，胡晓地先生结合上一章的内容，认为史鱼和蘧伯玉分别对应其职责差别和"言忠信""行笃敬"的类型，解释得恰切圆满，故录之在兹，谨供参考：

史官秉笔直书，无可避祸，只应如矢般的直，这是其职位要求的"行笃敬"，否则难有信史，更难让不愿史上留恶名的君王所畏惧。蘧伯玉作为言官，其职位要求是"言忠信"，如果做不到，他可以选择隐身不仕来保护自己。可见，孔子眼中的君子不是无原则、无条件地去"行笃敬、言忠信"，做所谓的忠臣；而是识时有智慧的，不逞一时之勇，不做无谓牺牲。❶

【标签】

史鱼；蘧伯玉；用之则行，舍之则藏；直

【原文】

子曰："可与言而不与之言，失人；不可与言而与之言，失言。知者不失人，亦不失言。"

【解义】

此一章书，见言语当因人而发也。

孔子曰：人之品诣①不能尽同，而我之语默②贵当其可。有如③其人，造诣精深，事理通达，是可与言之人也，而我乃不与之言，则是无知人之明，岂非失人乎？若其人昏愚无识，或造诣未到，是不可与言之人也，而我乃强与之言，则是轻于发言，岂非失言乎？惟智者，穷理④知人，权衡⑤

---

❶ 胡晓地：《论语通贯：孔子政治哲学刍议》，中国社会科学出版社2019年版，第250页。

素定⑥，故可与言则言，不至失人；不可与言则不言，亦不至失言也。

夫言者，君子所赖以开导乎人者也，必以诚而能动，亦必以明而能审。明以审之，则发皆中节⑦；诚以动之，则闻者格心⑧。即至于臣子⑨之感悟⑩君父，亦莫不由乎此，故不可不谨也。

【注释】

①品诣：品类，品行。
②语默：说话或沉默。语本《周易·系辞下》："君子之道，或出或处，或默或语。"
③有如：如果，假如。
④穷理：即"穷理尽性"，穷究天下万物的根本原理，彻底洞明人类的心体自性。出自《周易·说卦》。可详参本书［学而第一·一］"穷理尽性"词条注释。
⑤权衡：评量。
⑥素定：犹宿定。预先确定。
⑦中节：守节秉义，中正不变。
⑧格心：匡正思想。
⑨臣子：臣属和子嗣的合称，与"君父"相对。
⑩感悟：感动之，使醒悟。

【译文】

这一章是说，对人说话，要因人而异，有所判断和取舍。

孔子说：每个人的品性各不相同，对他们说话也要适得其可。如果这个人具有一定的修为造诣，能够通达事理，这是可以与其交流沟通的人，而如果我不与其交流沟通，那是没有知人之明，不就是"空失其人"了吗？如果这个人愚昧无知，或者造诣修为不够到位，很难与其进行交流沟通，我却偏要强行说服他，那就是轻率言语，不就是"白费口舌"了吗？只有智者，能够穷通事理而善于知人，对人的评量有直觉而准确的判断，所以能够对当说话的人去说话，不会空失其人；不当说话则不说话，不会白费口舌。

言辞，是君子赖以开导他人的，但必须以足够的真诚，方能打动他人，也必须有所明察，方能进行判断。明察以判断，那么所发出的言语就会合理中节；以真诚来言说，那么听闻者才会动心。像臣属之于君主、儿子之于父亲，想使他们感动而醒悟，也无不要明审而真诚以之，所以，言辞一定要谨慎啊。

【评析】

可与另一章并置来看：

子曰："可与言而不与之言，失人；不可与言而与之言，失言。知者不失人，亦不失言。"（[卫灵公第十五·八]）

子曰："君子不以言举人，不以人废言。"（[卫灵公第十五·二十三]）

两者所言似乎相同，但又有些矛盾。前者的核心在人，以言来观人，态度比较坚决；后者关注的主要在言，察言以观人，态度比较温和。

【标签】

言语；人事

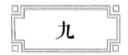

九

【原文】

子曰："志士仁人，无求生以害仁，有杀身以成仁。"

【解义】

此一章书，是言仁为固有之良①，不可以生死利害而变也。

孔子曰：好生恶死，人之常情。然事有适遭其变者，贪生畏死，则失其本心之安②。故有志之士与夫成德之人③，当义理④与躯命⑤不可两全之际，断不肯偷生苟免⑥以害吾之仁，宁可致命遂志⑦以成吾之仁。

盖仁为人立命⑧之根，全之则虽死犹生，失之则虽生犹死也。然求仁必先于去欲，无欲则身命犹可舍，而况于富贵功名之末⑨乎？

彼盖自求其心之安，故利有所不计，而患有所不避⑩也。国家欲得临大节而不可夺⑪之人，必于淡泊宁静⑫之中求之。

【注释】

①仁为固有之良：[述而第七·三十] 章解义："盖天下无无心之人，亦无无仁之心。是仁乃本来之良，人所固有，但人蔽于私欲而不知求，遂

流于不仁，而以为远耳。"

②本心之安：指仁为人的精神居所，安于本心，即安于仁。可详参本书［卫灵公第十五·三十五］"仁，人之安宅也"词条注释。

③成德之人：即"仁人"。朱熹《论语集注》："志士，有志之士。仁人，则成德之人也。"盛德，高尚的品德。

④义理：合于一定的伦理道德的行事准则。

⑤躯命：生命。

⑥偷生苟免：苟且偷生。

⑦致命遂志：舍生取义，舍弃生命来实现理想。致命，舍弃生命。遂，达到，实现。

⑧立命：精神上安定。

⑨末：细微，卑微，微不足道。

⑩利有所不计，而患有所不避：北宋苏洵《心术》："为将之道，当先治心……见小利不动，见小患不避，小利小患，不足以辱吾技也，夫然后有以支大利大患。夫惟养技而自爱者，无敌于天下。"

⑪临大节而不可夺：［泰伯第八·六］曾子曰："可以托六尺之孤，可以寄百里之命，临大节而不可夺也——君子人与？君子人也。"（曾子说："能够临危受命、临危不惧而托付大业的人，肯定就只有君子了。"）大节：大的节义，在关键时候的抉择。

⑫淡泊宁静：即"淡泊明志，宁静致远"。诸葛亮《诫子书》："夫君子之行，静以修身，俭以养德。非澹泊无以明志，非宁静无以致远。"淡泊，同"澹泊"，恬淡，不追名逐利。宁静，谓清静寡欲，不慕荣利。

【译文】

这一章是说，仁心是人与生俱来的优点，因此不能因为生死利害而改变仁心。

孔子说：希求生存而逃避死亡，这是人之常情。然而恰逢其时（当义赴死而不死），却贪生怕死，就会失去心灵的安居之所。所以有志于仁之士和修为道德之人，遇到大道义理与身家性命无法两相保全的时候，绝不肯苟且偷生来使仁德受损，而宁可舍生取义来成就仁德。

仁，是人的立命之根，如果能够顾全仁德，那就是虽死犹生，否则就是虽生犹死。其实，要想完备仁德，就要先克除欲望，如果真的达到无欲无求的状态，那么连身家性命都可抛弃，更何况是功名富贵这些身外之物呢？

如果想真正实现心灵安宁，就不要那么计较利益得失，同时也不能回避生死忧患。国家想要选择那些深明大义、忠贞不渝之士，那就应当选择淡泊名利而清静寡欲之人。

【评析】

由普世的价值观而生成一种坚定的信念，则成为驱动历史潮流滚滚向前而不至于偏颇的巨大动力，特别是在家国内忧外患之时，信念所汇聚的正是铢积寸累而万古如斯的经验与智慧，丝毫不可撼动。"仁以为己任……死而后已"便是这种信念的充分体现。后人中有多少仁人志士、英雄豪杰，在临危蹈难、慷慨赴义之时，口诵心惟、念念不忘的，正是这一句话！

【标签】

杀身成仁；生死

十

【原文】

子贡问为仁。子曰："工欲善其事，必先利其器。居是邦也，事其大夫之贤者，友其士之仁者。"

【解义】

此一章书，是言为仁在于亲师取友①也。

子贡问为仁之道当如何。孔子曰：为仁固是一己之事，亦必有所资助而后成。譬如百工②技艺之人，将欲精善其所为之事，必先磨利其所用之器。是则百工亦有所资，况于为仁者乎？是以君子居是邦也，于大夫之贤者，则必执弟子之礼③以事之，则此心有所严惮④而不敢放肆矣；于士之仁者，则必以交游之礼⑤而友之，则此心有所观感⑥而不至怠惰矣，仁不于是成乎？

夫成仁之道，不独学者有资于师友而已也，人主一日之间⑦亲贤士大夫之时，多相与讲磨⑧道义，熏陶气质⑨，则圣心日纯，圣德日进矣。

【注释】

①亲师取友：即"五年视博习亲师，七年视论学取友"，指端正学习态

度，向师友或他人学习。《礼记·学记》："古之教者，家有塾，党有庠，术有序，国有学。比年入学，中年考校。一年视离经辨志，三年视敬业乐群，五年视博习亲师，七年视论学取友，谓之小成；九年知类通达，强立而不反，谓之大成。夫然后足以化民易俗，近者说服，而远者怀之，此大学之道也。"（古时候的教育制度是：在以二十五家为"闾"的地方设立学校，名"塾"；在以五百家为"党"的地方设立学校，名"庠"；在以万二千五百家为"遂"的地方设立学校，名"序"；在天子、诸侯的国都设立的学校，名"大学"。这些学校每年招收学生，每隔一年考查学生的成就一次：第一年考查学生分析经文的能力和志趣；第三年考查学生的专业能力和人际关系；第五年考查学生的知识体系和师生关系；第七年考查学生的学术能力和自学能力。合格的就算是"小成"了。到第九年，学生对于学业已能触类旁通，他们的见解行动已能坚定不移，这就叫作"大成"。这样才能起到教化人民、移风易俗的效果，使近处的人心悦诚服，远处的人向往归附，这就是达成学问的路径。）

②百工：各种工匠。

③执弟子之礼：指对待比自己学问好、道德高的人，以弟子对待师长的礼节来对待。

④严惮：畏惧，害怕。

⑤交游之礼：朋友之礼。交游，朋友，亦解作动词，指交际，结交朋友。

⑥观感：看到事物以后受到启发和教育。《周易·咸》："观其所感，而天地万物之情可见矣。"

⑦一日之间：一天之间。此暗含劝诫：每一天都坚持用功于仁，不能荒废时日。可参［里仁第四·六］，子曰："我未见好仁者，恶不仁者。好仁者，无以尚之；恶不仁者，其为仁矣，不使不仁者加乎其身。有能一日用其力于仁矣乎？我未见力不足者。盖有之矣，我未之见也。"钱穆《论语新解》："仁者，人心。然必择而安之，久而不去，始可成德，故仁亦有待于用力。惟所需于用力者不难，因其用力之处即在己心，即在己心之好恶，故不患力不足。然孔子亦仅谓人人可以用力于仁，并不谓用了一天力，便得为仁人。只说用一天力即见一天功，人自不肯日常用力，故知非力不足。又既是心所不好，白不肯用力为之。虽一日之短暂，人自不愿为其所不好而用力。故因说未见有好仁恶不仁者，而说及未见有能一日用其力于仁者。"

⑧讲磨：讲习磨砺。

⑨熏陶气质：日益熏陶，改变人的先天气质，使之向善。张载《经学理窟·义理》："为学大益，在自求变化气质。"可详参本书［子路第十三·二十七］"变化气质"词条注释。

【译文】

这一章是说，可从师友或他人身上习得为仁进学之道。

子贡请教怎样修为仁道。孔子说：修为仁道本来是个人自身的事情，但也需要依托外力才能成就。就比如说，各种工匠艺人，想要做事精到，就要先拥有做这事情的利器。所以就是普普通通的工匠都要有所凭借来成事，更何况是要修道成仁的士子呢？所以，君子在一个地方居住，就要用弟子之礼来对待当地的贤士大夫，内心有所忌惮而不敢放肆失礼；对于那些同样在修习仁道的士子，就要用朋友之礼来示意友好，那么自己内心也会因所遇所见而受到启发和教育，仁心由此也就渐渐修成了。

成就仁道，不光是学习者需要依凭师友来成就自己，就连君主也要每天坚持用功于仁，通过频频与贤士大夫接触的时机，来与他们切磋琢磨以提升学问，熏陶渐染以升华气质，这样也就会使心灵日趋纯洁，而道德日趋进步了。

【评析】

子曰"三人行，必有我师焉"（［述而第七·二十二］），极言主动学习、自我求变的必要性；又曰"鲁国君子者，斯焉取斯"（［公冶长第五·三］），极言学习对象与进学环境的重要性。本章以工善利器为喻，大致是综合上述两章意思，劝勉人们向善好学，安贫乐道，而非煽动朋比为奸，结党营私。毕竟这里讲的是君子的为仁之道，而非世俗的"成功之道"。

在儒家那里，交友主要是学习、为仁的一种方式，而非世俗所谓的"互帮互助""朋友多了路好走"。这一点曾子说得极为简洁清楚："君子以文会友，以友辅仁。"（［颜渊第十二·二十四］）

【标签】

子贡；仁；友；工欲善其事，必先利其器

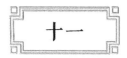

【原文】

颜渊问为邦。子曰:"行夏之时,乘殷之辂,服周之冕,乐则《韶》《舞》。放郑声,远佞人。郑声淫,佞人殆。"

【解义】

此一章书,是论王道①而归之慎独②也。

颜渊问为邦之道。

孔子曰:治道③必斟酌尽善④,然后无弊⑤。故以正朔论之,则夏建寅,商建丑,周建子,三代不同也。⑥然钦昊天所以授民时⑦,建寅则于民事为切⑧,故必行夏之时焉。

车辂之制⑨不同,然辂宜质⑩也,殷之木辂⑪则质而得中⑫,故必乘殷之辂焉。

冠冕之制⑬不同,然冕宜华⑭也,周之冕疏⑮则文而得中⑯,故必服周之冕焉。

乐之音容⑰,代各不同。然乐以象德⑱,有虞⑲之德最盛大,《韶》之乐⑳最隆,故乐必用《韶》《舞》㉑焉。

此皆礼乐法度斟酌尽善之道也。

然而,心术㉒之间尤不可以不谨——如郑国之声,则宜放弃之;邪佞之人,则宜远绝之。㉓盖郑国之声淫声也,不放,则荡人心矣;邪佞之人倾侧㉔危殆㉕,不远,则覆人邦家㉖矣。

可见,王道之要归㉗,在于谨独㉘。必使主志清明㉙,君德纯粹㉚,不迷声色㉛,不嬖㉜邪佞,然后可以损益百王㉝,而立无弊之道。

孔子告颜渊之言,诚万世帝王之法也。

【注释】

①王道:儒家提出的一种"以德服人",用"仁政"进行统治的政治主张,与霸道相对。详参本书［颜渊第十二·二十二］同名词条注释。

②慎独:儒家道德修养用语,指在无人觉察的闲居独处时,尤须谨慎地对待自己的行为,自觉遵循道德要求。《礼记·中庸》说:"道也者,不可须臾离也,可离非道也。是故君子戒慎乎不睹,恐惧乎其所不闻,莫见

乎隐，莫显乎微，是故君子慎其独也。"东汉郑玄注："慎独者，慎其闲居之作为。"《大学》说："诚于中，形于外，故君子必慎其独也。"以为慎独要"诚其意"而"毋自欺也"，从道德心理对"慎独"作了阐发。南宋朱熹则以理学的观点进行发挥。认为对待人所不知而己所独知的微细之事，君子之心应"常存敬畏"，不敢疏忽，此"所以存天理之本然而不使离于须臾之顷也"，"所以遏人欲于将萌而不使其滋长于隐微之中"（《中庸章句》）。将"慎独"作为"存天理"的重要方法。真德秀又以"主敬"说释"慎独"："盖戒惧慎独者，敬也。"（《西山答问》）明末刘宗周贯通本体论、认识论、人性论和修养论，以"心学"论"慎独"，认为"独"即"至善之所统会也"，是"本心""良知"，为"物之本，性之体"。"而慎独者，格之始事也"（《刘子全书》卷十二）。"千古相传只'慎独'二字要诀，先生（指王守仁）言致良知，正指此。"（《刘子全书》卷十）又说："独即天命之性所藏精处，而慎独即尽性之学。"（《刘子全书》卷五）视"慎独"为能使人的道德修养达到"尽性"的必要途径。❶

③治道：治理国家的方针、政策、措施等。

④斟酌尽善：充分考量，细致考虑，使思虑达到完美。

⑤无弊：完美无瑕。

⑥以正朔论之，则夏建寅，商建丑，周建子，三代不同也：正朔，确定正月初一的时辰。古代帝王易姓受命，必改正朔，意味天命王权，以授时令。故谓帝王新颁的历法为"正朔"。夏、殷、周三代的正朔因之各不相同。《礼记·大传》："改正朔，易服色。"孔颖达疏："改正朔者，正，谓年始；朔，谓月初，言王者得政示从我始，改故用新，随寅丑子所损也。周子、殷丑、夏寅，是改正也；周半夜（凌晨）、殷鸡鸣（黎明）、夏平旦（日出），是易朔也。"《史记·历书》："王者易姓受命，必慎始初，改正朔，易服色，推本天元，顺承厥意。"唐杨炯《公卿以下冕服议》："夫改正朔者，谓夏后氏建寅，殷人建丑，周人建子。"建寅，指夏历正月。古代以北斗星斗柄的运转计算月份，斗柄指向十二辰中的寅即为夏历正月。建丑，指以夏历十二月（丑月）为岁首的历法。建子，指以夏历十一月（子月）为岁首的历法。

⑦钦昊天所以授民时：《尚书·尧典》："乃命羲和，钦若昊天，历象日月星辰，敬授民时。"（尧帝于是命令羲氏与和氏，敬慎地遵循天数，推演

---

❶ 参《中国哲学大辞典》，上海辞书出版社2014年版，第106页。

日月星辰运行的规律，制定出历法，敬慎地把天时节令告诉人们。）钦，尊敬，恭敬。昊天，苍天。昊，元气博大貌。民时，犹农时。出处详参本书[卫灵公第十五·五]"分命而不尸其功"词条注释。

⑧建寅则于民事为切：《尚书·尧典》中尧帝命令羲氏与和氏制定的历法，或为夏历的肇始，且重视农事的开展："寅宾出日，平秩东作。日中，星鸟，以殷仲春。厥民析，鸟兽孳尾。"（辨别测定太阳东升的时刻。昼夜长短相等，南方朱雀七宿黄昏时出现在天的正南方，依据这些确定仲春时节。这时，人们分散在田野，鸟兽开始生育繁殖。）出处详参本书[卫灵公第十五·五]"分命而不尸其功"词条注释。《易经证释》："夏重人时，商重地利，周重天道。三代之易，各异其首，即夏首艮，商首坤，周首乾。而岁时亦如之——夏建寅，商建丑，周建子。观其历数，知其治功。"认为夏朝将岁首定在农历正月初一，是出于人道农事的考虑。可备一说。

⑨车辂之制：辂，音lù，古代的一种大车。《释名》："天子所乘曰辂，辂亦车也。谓之辂，言行路也。金辂，以金玉饰车也。象辂、革辂、木辂，各随所名也。"《周礼·春官·巾车》中对周代车辆的规制有较为明晰的记载，可见其规制的严谨及等级的森严："王之五路：一曰玉路，锡，樊缨十有再就，建大常，十有二斿，以祀；金路，钩，樊缨九就，建大旗，以宾，同姓以封；象路，朱，樊缨七就，建大赤，以朝，异姓以封；革路，龙勒，条缨五就，建大白，以即戎，以封四卫；木路，前樊鹄缨，建大麾，以田，以封蕃国。王后之五路：重翟，锡面朱总；厌翟，勒面缋总；安车，雕面鹥总；（皆有容盖）翟车，贝面组总，有握；辇车，组挽，有翣，羽盖。王之丧车五乘：木车，蒲蔽，犬衣冥，尾櫜疏饰，小服皆疏；素车，棼蔽，犬㡛，素饰，小服皆素；藻车，藻蔽，鹿浅㡛，革饰。駹车，萑蔽，然㡛，髹饰。漆乘，藩蔽，犴㡛，雀饰。服车五乘：孤乘夏篆，卿乘夏缦，大夫乘墨车，士乘栈车，庶人乘役车。凡良车、散车不在等者，其用无常。"[天子的五种车：一是玉辂，驾车的马有用金镂饰的当卢，樊和缨都用五彩的罽饰缠绕十二匝，车上树大常旗，大常下饰有十二旒，用于祭祀；二是金辂，驾车的马有金饰的钩，樊和缨都用五彩的罽饰缠绕九匝，车上树大旂旗，用于会见宾客，或者赏赐给同姓诸侯；三是象辂，驾车的马配有朱红的络头，樊和缨都用五彩的罽饰缠绕七匝，车上树大赤旗，用于上朝，或赏赐给异姓诸侯；四是革辂，驾车的马配有白黑二色杂饰的皮革做的络头，樊和缨都用丝绦缠绕五匝，车上树大白旗，用于军事，或赏赐给守卫四方的诸侯；五是木辂，驾车的马饰有浅黑色的樊和白色的缨，车上树有大麾旗，用于田猎，或赏赐给蕃国。王后的五种车：一是重翟，驾车的马

面上有用金镂饰的当卢,马勒两侧缀饰着红色的缯带;二是厌翟,驾车的马面上戴有杂饰黑白二色的韦做的当卢,马勒两侧缀饰着画有花纹的缯带;三是安车,驾车的马面上戴有画饰的当卢,马勒两侧缀饰着青黑色的缯带;(以上三种车上都设有容盖。)四是翟车,驾车的马面戴着有用贝壳装饰的当卢,马勒两侧缀饰着丝带,车上设有帐幕;五是辇车,有供人牵引用的丝带,车两侧有扇形装饰,上设羽盖。天子(及王后)的丧车有五种:一是木车,用蒲草做车上的藩蔽,车轼上覆盖用白犬皮做的覆笭,设有用犬皮尾做的长兵器套,二者都用粗布饰边,还有白犬皮做成的短兵器套,也是用粗布饰边;二是素车,用麻布做车上的藩蔽,车轼上覆盖用白犬皮做的覆笭,车上设有短兵器套,覆笭和短兵器套都用白缯饰边;三是藻车,用苍色的缯做车上的藩蔽,车轼上覆盖用浅毛的鹿皮做的覆笭,覆笭用去毛的鹿皮革饰边;四是駹车,用细苇席做车上的藩蔽,车轼上覆盖用果然(一种长尾猿,白面黑颊,尾长于身)皮做的覆笭,覆笭用赤而微黑的皮革饰边;五是漆车,用黑漆的细苇席做车上的藩蔽,车轼上覆盖用犴皮做的覆笭,覆笭用黑而微赤的皮革饰边。执行公务的车有五种:王侯乘用车厢绘有五彩且车毂雕刻文饰的马车,一般卿乘用车厢绘有五彩(且车毂不雕刻文饰)的马车,大夫乘用车厢涂成黑色的马车,士乘用车厢涂成黑色且未蒙皮革的马车,平民乘用有方形车厢可载运器物的马车。无论是制作精细的车还是制作粗糙的车,只要不在上述规定的等级之中,其用途就不固定。]鲁成公二年(前589),孙桓子因报仲叔于奚救命之恩,就随意答应他使用繁缨(即樊缨)这种马饰,实有违周礼车辂之制,孔子因而痛惜之,提出"唯器与名,不可以假人"的观点。可详参本书[子路第十三·三]"孔子惜之"词条注释。

⑩质:朴质实用。

⑪殷之木辂:木辂,即上述《周礼·春官·巾车》所记述的,为帝王五种大车之一,但区别于玉车、金车等,只涂漆而不覆以革,亦无金、玉、象牙之饰。可见商代的车子比周代的车子要自然朴质,故本章中孔子主张用"殷之辂"。

⑫得中:适当,适宜。

⑬冠冕之制:《周礼·夏官·弁师》对周代冠冕之制有明细的记载,并强调要严格遵守规制:"弁师:掌王之五冕,皆玄冕、朱里、延纽,五采缫十有二就,皆五采玉十有二,玉笄、朱纮。诸侯之缫斿九就,瑉玉三采,其余如王之事,缫斿皆就,玉瑱、玉笄。王之皮弁,会五采玉璂,象邸玉笄,王之弁绖,弁而加环绖。诸侯及孤卿大夫之冕,韦弁、皮弁、弁绖,

各以其等为之，而掌其禁令。"（弁师的职责：掌管王的五冕，五冕的延都是玄表、朱里，武的两侧都有贯笄的纽，冕的前沿都悬有五彩丝绳贯穿玉珠做成的十二旒，每旒都有五彩玉珠十二颗，纽中都贯玉笄，笄两端都系朱纮。诸侯的冕上有彩色丝绳做的九旒，每旒都有三彩的瑱玉珠九颗，其他方面，如延纽等与王冕相同。丝线绳做的旒都具备三彩，冕两侧缀有玉瑱，纽中贯有玉笄。王的皮弁，缝中饰有用五彩的玉珠贯结的璂，弁下有象骨做的周缘，弁中贯有玉笄。王吊丧戴的弁绖，是在弁上面加环绖。诸侯及孤、卿、大夫的冕、韦弁、皮弁和弁绖，各依他们的爵等来装饰缫旒和玉璂，而掌管有关的禁令，严禁僭越。）

⑭ 冕宜华：因为冕象征着王权等级，不准降格或僭越，故此主张。

⑮ 冕旒：古代大夫以上的礼冠。顶有延，前有旒（音liú，古代帝王礼帽前后的玉串），故曰"冕旒"。天子之冕十二旒，诸侯九，上大夫七，下大夫五。见上注"冠冕之制"。

⑯ 文而得中：同上文"质而得中"相呼应，指周代的冠冕制度是根据不同等级而设，使其华丽的设计与身份相匹配。

⑰ 音容：指乐音的音色旋律。

⑱ 乐以象德：指乐具有引导欣赏者效法它所包含的伦理道德的教化作用。这一范畴出自《礼记·乐记》，认为君主圣贤是道德的典范，对百姓施行教化，要使民象君之德。为此圣王作"雅颂之声"，将反映人的情感的乐纳入礼的规范，既以乐来歌功颂德，又将体现君之德的礼乐作为教化百姓象君之德的手段，充分肯定了礼乐在感动人的善心、陶冶人的性情、培养人的德行上的作用。《礼记·乐记》："天地之道，寒暑不时则疾，风雨不节则饥。教者，民之寒暑也，教不时则伤世；事者，民之风雨也，事不节则无功。然则先王之为乐也，以法治也，善则行象德矣。（按照天地运行的规律，该热不热、该冷不冷人就会生病，风雨不调就会发生饥荒。乐教对于人民来说就好比是寒暑交替，不及时就会损害世道人心；礼制对于人民来说就好比是风雨，没有节制办事就会劳而无功。由此看来，先王的制乐，就是用它来作为治理人民的一种方法，用得好就能使人们的行为合乎道德。）

"夫豢豕为酒，非以为祸也，而狱讼益繁，则酒之流生祸也。是故先王因为酒礼，一献之礼，宾主百拜，终日饮酒而不得醉焉——此先王之所以备酒祸也。故酒食者，所以合欢也；乐者，所以象德也；礼者，所以缀淫也。是故先王有大事，必有礼以哀之；有大福，必有礼以乐之。哀乐之分，皆以礼终。乐也者，圣人之所乐也，而可以善民心，其感人深，其移风易俗，故先王著其教焉。（譬如养猪酿酒，本来不是为了制造祸端，但是人际争端和法官断狱却日益增多，这就是饮酒无度造成的。先王有鉴于此，就特地制定了饮酒之礼。就为一次敬酒，宾主之间就要行很多礼，这样一来，即令整天饮酒也不至于喝醉。这就是先王防备酗酒闹事的方法。所以喝酒吃饭，是为了皆大欢喜，增进友谊。乐是用来表现德行的，礼是用来制止越轨行为的。所以先王遇到死丧之类的大事，一定要用适当的礼表示悲哀之情；先王有了喜庆之类的大事，一定要用适当的礼表示欢乐之心。悲哀和欢乐的程度，都以礼的规定作为标准。乐是圣人所喜欢的，因其可以改善民心，感人至深，它容易移风易俗，所以先王才注重乐的教化。）

"夫民有血气心知之性，而无哀乐喜怒之常，应感起物而动，然后心术形焉。是故志微、噍杀之音作，而民思忧；啴谐慢易、繁文简节之音作，而民康乐；粗厉猛起、奋末广贲之音作，而民刚毅。廉直、劲正、庄诚之音作，而民肃敬；宽裕肉好、顺成和动之音作，而民慈爱；流辟邪散、狄成涤滥之音作，而民淫乱。（人都具有血气，又有知好歹的本性，但其喜怒哀乐的情感却不是固定不变的。这取决于对外界如何感应，人的内心也就表现出相应的情感。譬如说，在演奏细微急促的曲调时，人们就感到忧郁；在演奏宽和、平缓、含义丰富而节奏简明的曲调时，人们就感到舒畅；在演奏粗厉、发声有力而收声昂奋、充满激情的曲调时，人们就感到振奋；在演奏清明、正直、端庄、诚恳的曲调时，人们就感到肃敬；在演奏宽舒、圆润、流畅、柔和的曲调时，人们就感到慈爱；在演奏流荡、邪僻、轻佻、放纵的曲调时，人们就感到淫乱。）

"是故先王本之情性，稽之度数，制之礼义，合生气之和，道五常之行，使之阳而不散，阴而不密，刚气不怒，柔气不慑，四畅交于中而发作于外，皆安其位而不相夺也。然后立之学等，广其节奏，省其文采，以绳德厚；律小大之称，比终始之序，以象事行；使亲疏贵贱、长幼男女之理，皆形见于乐。故曰：'乐观其深矣。'"（所以先王在制乐时，必依据人的性情，参考音律的度数，使其清浊高下各得其宜。既合乎造化的平和，又依循五常的德行，使其阳气发扬而不至流散，阴气收敛而不至闭塞，含刚毅之气而不至发怒，有柔顺之气而不至胆怯，四者交融于中而表现在外，皆安于其位而不互相妨害。然后订立学习进度，增益其节奏，审查其文采，以量度德的厚薄。同时比照音律度数的匀称，排列章节起讫的次序，以使五声各像其代表之物，使亲疏、贵贱、长幼、男女之间的伦理关系都表现在乐中。所以古人说："通过音乐可以深刻地观察社会。"）

⑲有虞：即有虞氏，古部落名。有，词头，无义。舜出于该族，故以

此代指舞。

⑳《韶》之乐：舜继绍尧德之盛，故为《韶》乐。《礼记·乐记》："韶，继也。"郑玄注："韶之言绍也，言舜能继绍尧之德。"

㉑乐必用《韶》《舞》：《韶》，虞舜时乐名。孔子称其"尽善尽美"（[八佾第三·二十五]），且为之沉迷陶醉，"三月不知肉味"（[述而第七·十四]）。《古文尚书·益稷》（亦属于今文《尚书·皋陶谟》）："箫韶九成，凤皇来仪。"（韶乐演奏了九次以后，连凤凰都成双成对，上下翻舞。）杨伯峻本释《舞》即《武》，即武王时音乐。古代诗乐舞一体，《礼记·乐记》中孔子与宾牟贾关于《武》的讨论中，既有对其音乐内涵的探究，也有对其舞蹈动作的分析。但孔子对《武》乐的评价略有微词，且从《解义》上下文意来看，应当仅指《韶》乐。

㉒心术：思想品质，居心。

㉓郑国之声，则宜放弃之，邪佞之人，则宜远绝之：即原文"郑声淫，佞人殆"之意。其义同[阳货第十七·十八]子曰："恶紫之夺朱也，恶郑声之乱雅乐也，恶利口之覆邦家者。"（夫子说："厌恶紫色，因为它以耀眼夺目的色彩抢占了大红色的主位；厌恶郑声，因为它用淫邪轻浮的乐音扰乱了雅乐的主调；厌恶能言善辩，因为它淆乱是非，颠倒黑白，其口才足以混淆视听，君主如果不经考察就误加信任，就会被诱使，举动悖理，用人不当，甚至很快导致国破家亡。"）《解义》将此二章联系，可互相参看。放弃：抛弃。邪佞：奸邪，伪善。

㉔倾侧：倾斜，覆灭，败亡。

㉕危殆：危殆，危险。《管子·立政》："夫朋党处前，贤不肖不分，则争夺之乱起，而君在危殆之中。"

㉖覆人邦家：出自[阳货第十七·十八]，见上注"郑国之声则宜放弃之"。

㉗要归：要点所在，要旨。

㉘谨独：犹慎独。谓独处时谨慎不苟。

㉙清明：神志清晰，清察明审。

㉚纯粹：纯正不杂，精纯完美。出自《周易·乾·文言》："刚健中正，纯粹精也。"详参本书[泰伯第八·八]同名词条注释。

㉛不迩声色：不近声色。迩，近。

㉜嬖：音bì，宠爱。

㉝损益百王：即"知所损益"和"百王莫违"，喻孔子通明治世之道，而其主张必将成为时代所遵循的为政准则。

"损益"见于[为政第二·二十三]，子张问："十世可知也？"子曰："殷因于夏礼，所损益，可知也；周因于殷礼，所损益，可知也。其或继周者，虽百世，可知也。"（子张问："三百年后的世界会是什么样子呢？"夫子说："商朝沿袭了夏朝的体制，周朝沿袭了商朝的体制，虽然有所变化，但是文化的脉络还是清晰可见。所以，即便是三千年后，社会的发展还是可以预见的。"）意谓孔子对社会发展的认知和自信。

"百王"出自《孟子·公孙丑上》，子贡曰："见其礼而知其政，闻其乐而知其德，由百世之后，等百世之王，莫之能违也。自生民以来，未有夫子也。"（子贡说："见了一国礼制，就能知道一国的政治，听了一国的音乐，就能了解一国的德教，即使从一百代以后来评价这一百代的君主，也没有谁能违背夫子之道。自有人类以来，没有谁能比得上夫子的。"）意谓孔子之道可行于百代。唐皮日休《襄州孔子庙学记》："三代礼乐，吾知其损益；百王宪章，吾知其消息。"

【译文】

这一章是讲，把仁治王道归结为慎独自律。

颜渊向孔子请教治理邦国之道。

孔子说：治政之道一定要充分考量，并做到尽善尽美而无缺陷。所以，从制授历法以显示王道尊严的角度来讲，夏朝是以寅月为开端，商朝是以丑月为开端，周代是以子月为开端，易姓受命，各不相同。然而应当敬慎地遵循天数，推演日月星辰运行的规律，以制授历法，以正月为开端对农事最为有利，所以历法应该采用夏朝的。

三代车辆的制度也有所不同，然而综合考量，则车子作为交通工具，应当以朴质实用为主，而商代的以木头装饰的大车质实适用，所以要选择商代的用车制度。

三代冠冕的制度也有所不同，然而综合考量，则冠冕作为身份标志，应当以华丽精巧为主，而周代带有疏饰的冠冕文丽适用，所以要选择周代的冠冕制度。

三代的音乐特色也各不相同。然而音乐是品德的体现，虞舜绍继唐尧的辉煌功业，且品德崇高而盛大，所以体现他品德的《韶》乐可谓尽善尽美，所以一定要用《韶》乐来演示乐舞。

这些都充分考量之后，礼乐法度能够得体而适用。

然而，这些礼乐法度都牵涉人心思想，所以不能不审慎选择——像郑国音乐那样的，就应该彻底弃绝；像伪善小人那样的，就应该远避疏离。

大概郑国的音乐太过于淫邪，不弃绝，就会扰乱人心；伪善的小人翻云覆雨，不疏离，就要祸国殃民了。

因此，仁政王道的关键最终在于慎独自律，一定要让君主清察明审、纯洁无瑕、远离声色犬马，不亲近邪佞宵小，然后他们就可以知所损益而明白百世不易之理，而行完美无瑕之政。

孔子告诉颜渊的话，实则是万世帝王持身为政的要道。

【评析】

遍观整部《论语》，所记录关于颜渊的实质性的内容较少，大皆为师徒二人的相互评价，而且主要是孔子对颜渊的评价，我们可以从中窥见颜渊的大致形象。颜渊向孔子请教的具体内容，很少，一者为仁，即［颜渊第十二·一］章，一者为政，即本章。孔子的回答却不怎么针对颜渊"因材施教"，而是借着颜渊的问题来集中表述自己的观点。这些观点都凝练而厚重，可谓孔子深思熟虑之后的总结。由此也可见颜渊的好学善问以及孔子对颜渊的重视。就本章来说，孔子的回答包括为政的两大要素：一个是礼乐制度，一个是用人机制。这实则是孔子一贯强调的。

【标签】

颜渊；为政；礼乐；损益百王；乐以象德

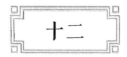

十二

【原文】

子曰："人无远虑，必有近忧。"

【解义】

此一章书，言人当思患预防也。

孔子曰：天下之事变无常，事机无定，人不可安于其近而忽乎其远——如几席①之间、目前之事，近也；四海之隔、万世之遥，远也——然人虑不周于四海，则患即伏于几席之间；计不及于万年，则祸即藏于目前之地。何则？事虽未形，几则已动，②见几③而预为之谋，则永永④无患，不然则忧至无日⑤也。

古之帝王不下堂阶而周知天下⑥，制治于未乱，保邦于未危⑦，皆能为远虑者也。然所以能为远虑，必由于见几之明；欲其见几之明，又必由于穷理致知⑧、清心寡欲⑨。察乎天命去留之靡常⑩、人心向背之难保⑪，是以朝乾夕惕⑫、战战兢兢⑬，虽欲不思患预防而不可得也。

圣人之言，垂戒⑭远矣。

【注释】

①几席：几和席，为古人凭依、坐卧的器具。

②事虽未形，几则已动：朱熹《中庸章句》解"莫见乎隐，莫显乎微，故君子慎其独也"："独者，人所不知而己所独知之地也。言幽暗之中，细微之事，迹虽未形而几则已动，人虽不知而己独知之，则是天下之事无有著见明显而过于此者。是以君子既常戒惧，而于此尤加谨焉，所以遏人欲于将萌，而不使其滋长于隐微之中，以至离道之远也。"

③见几：从事物细微的变化中预见其先兆。《周易·系辞下》："君子见几而作，不俟终日。"可参本书[雍也第六·十一]"颜氏之子，其殆庶几乎"条目注释。

④永永：长远，长久。

⑤无日：不日，为时不久。

⑥古之帝王不下堂阶而周知天下：东汉何休《春秋公羊传注疏》："男年六十、女年五十无子者，官衣食之，使之民间求诗，乡移于邑，邑移于国，国以闻于天子，故王者不出牖户尽知天下所苦，不下堂而知四方。"北宋王昭禹《周礼详解》："土训掌道地图以诏地事，则王不下堂而知天下矣。"由此可知，古代用绘制地图和民间采风等多种形式搜集信息，以助益政事。

⑦制治于未乱，保邦于未危：喻治国理政要防患于未然。《尚书·周官》：王曰："若昔大猷，制治于未乱，保邦于未危。"（周成王说："古代那些伟大的谋略就是，治理国事在动乱发生之先，保家卫国在危难发生之前。"）

⑧穷理致知：即"穷理尽性"和"格物致知"。穷究事物的原委、道理。致知，获得知识。格物，推究事物的道理。可分别参考本书[学而第一·一]"穷理尽性"词条和[八佾第三·十五]"致知格物"词条注释。

⑨清心寡欲：保持心地清净，减少欲念。

⑩天命去留之靡常：即"天命靡常"义，出自《尚书·咸有一德》："天难谌，命靡常。常厥德，保厥位。厥德匪常，九有以亡。"（伊尹说："上天难信，天命无常。经常修德，可以保持君位；不经常修德，九州因此

就会失掉。")

⑪人心向背之难保：亦取《尚书·咸有一德》文义。强调虽然为政有不可控的因素，但是仍然可以保持德行纯一，以趋利避害，并获得民众的支持。

⑫朝乾夕惕：终日保持警惕谨慎。语出《周易·乾》："君子终日乾乾，夕惕若厉，无咎。"（君子每日自强不息，深夜也要谨慎自省，如临危境，不能稍懈，这样才能免于灾患。）

⑬战战兢兢：谨慎小心，以防不测。出自《诗经·小雅·小旻》，详解参本书[泰伯第八·三]"战战兢兢，如临深渊，如履薄冰"词条注释。

⑭垂戒：亦作"垂诫"。垂示警戒。

【译文】

这一章是说，要防患于未然。

孔子说：天下的事情变化无常、时机易逝，因此人们不能只安于现状而不放眼未来——触手可及、就在当下，这很近；远在千里、时隔万年，这很远——但如果人们不考虑远在千里的事情，那么触手可及的事情也可能会有隐患；如果不作长久的考虑，那么眼前当下就可能滋生祸端。为什么会这样呢？其实，事情虽然没有完整呈现，但已经露出端倪，根据这些微小的征兆而早做打算和防备，那么就可以高枕无忧了，不然的话，恐怕是马上就大难临头了。

古代的帝王不出门就能知晓天下事，所以运筹帷幄，未雨绸缪，都能够做到深谋远虑。之所以能够如此，那是因为能够明察秋毫而当机立断；能够做到明察秋毫而当机立断，那是因为可以穷究事理而清净寡欲。深知天命靡常、人心惟危，故而朝乾夕惕，战战兢兢，修德自省，自然可以做到未雨绸缪、防患于未然了。

孔圣人所垂训的话，真是意味深长啊。

【评析】

"人无远虑，必有近忧"已成为生活中常用之谚语，指做事要有目的性和计划性。而在孔子这里，"人"之"远虑"是什么呢？很显然，它并不是普通的做事目标，而是对人的总体观照。用哲学话语来讲，它就是对世界观、价值观的探讨。具体就儒学而言，则是对于人的本性的思考和基于此种思考之上的对人类社会与个体的发展理想及其实现途径的不断探索。基于这一点，孔夫子的意思是说，人如果不能找到本性自证的理想，社会如果不能建立学以成人的教化机制，那么所做的一切都可能是悖谬的，社会及人生之忧患也就比比皆是、随处可见了。

《解义》提倡因见几而判断，只是从这一章的俗常意义和传统智慧、道德训诫角度进行的解读，没有联系上下章句，把夫子的话语与其对人本性情的定义及其乐天知命的态度联系起来，因此有断章取义之嫌，理解还不够透彻。

【标签】

人无远虑，必有近忧；见几；乐天知命

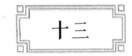

【原文】

子曰："已矣乎！吾未见好德如好色者也。"

【解义】

此一章书，是孔子切望人之好德也。

孔子每以好德望人，至此复叹曰：今人于己之德或始作而终辍，于人之德或外慕而内疏。好之极其诚而如好色者已矣乎，吾终不得见其人矣！

孔子言此，盖深有望于天下，而反为绝望之辞以儆①之也。先儒有云："惟其深喻，是以笃好。"②故《大学》言"诚意"，欲其好善如好好色，③而必先之以"格物致知"④。苟能于德之在己者，究其当然⑤而进修不懈；于德之在人者，察其本末，而向慕⑥无已。知之既深，则好之自笃。故世之好德者少，以知德者鲜也。

【注释】

①儆：音 jǐng，告戒，警告。

②先儒有云："惟其深喻，是以笃好"：朱熹《论语集注》解［里仁第四·十六］"君子喻于义，小人喻于利"：程子曰："君子之于义，犹小人之于利也。唯其深喻，是以笃好。"先儒，即程子（程颐）。

③《大学》言"诚意"，欲其好善如好好色：《礼记·大学》："所谓诚其意者，毋自欺也。如恶恶臭，如好好色，此之谓自谦。"（所谓使自己的意念诚实，就是说不要自己欺骗自己。就如同厌恶污秽的气味，就如同喜

爱美丽的女子,不要欺骗自己,使自己感到心安理得,心满意足。)

④而必先之以"格物致知":《礼记·大学》:"欲诚其意者,先致其知。致知在格物。"(想要使自己意念真诚,必定要获取知识;获取知识的途径则在于探究事理。)可详参［宪问第十四·三十一］"诚、正、格、致"词条注释引文。

⑤当然:应然,应当的样子。

⑥向慕:向往仰慕。

【译文】

这一章,是孔子殷切期望人们能够崇尚道德。

孔子一直希望人们崇尚道德,所以这个时候就又感叹说:现在的人对于个人的道德修为,要么是半途而废,要么是眼高手低。那种修为道德像好色一样发自内心而真心诚意的人恐怕是绝迹了吧,我反正是没有见过!

孔子说这番话,正是因为寄希望于天下人崇德而为,所以用这种态度决绝的话来进行警告。先儒程子曾经说过:"只有真正深刻地明白(道德仁义的内涵及其价值),才会笃定不移地去崇尚和实践。"所以,《礼记·大学》中提出要"诚意",也就是要端正心意,像喜好美色那样,出于自然而发自肺腑,因而要先通过探索事理而加以认知。如果从自身探求进德,就应当明了自己该如何做,然后精进不已;如果通过向他人学习来成就自己,就应当对其深加考量,并不断追求。了解得越深,追求得就越笃定有力。所以说,世上崇尚道德的人之所以稀少,最终还是因为人们并未能认识到道德的巨大力量。

【评析】

本章与［子罕第九·十八］重出,《解义》未按照惯例略去,而是更进一步进行阐释。对［子罕第九·十八］重在主句分解,对本章则注重对孔子的语气、心态进行分析,而且更进一步分析孔子为何鼓励人们好德。

将好德与好色对举,是个具有挑战性的话题,里面实际又隐含了双重话题:一是好德与好色可否比较的问题,二是德性本有本无、是好是坏的问题。儒家倡导人的道德,实际上是建立在"天赋道德"这个自明公理上的,因而把人定义为道德的,从而又把人的发展目标定位为人的自我实现,即完美道德的修炼。所以儒家不断激发鼓励学习者,使人由自然本体进升到道德本体。好德与好色之论,实际上是儒家在对人的秉性进行重新编码和定义的过程,孔子的话,似并未否定人之好色的本性,只是鼓励人们像回归这种本性一样，同时也回归好德的"天之性"；宋儒则是夸大了好色与好德之间的差异，将两者对立起来解读，这显然是绝对化了，尚未抓住孔子的语意关键。

【标签】

道德；好色；诚意

【原文】

子曰："臧文仲其窃位者与？知柳下惠之贤而不与立也！"

【解义】

此一章书，是孔子深责臧文仲之蔽贤也。

臧文仲，鲁国执政之卿。①柳下惠，鲁国贤人，②为士师③者。

孔子曰：爵位④以待贤才，乃朝廷之公器⑤，非一人所得私也。故唐虞之臣更相汲引，不为比周，成周之廷，⑥互相推让，不为标榜⑦；即至春秋时齐鲍叔荐管仲⑧，郑子皮荐子产⑨，度德量才，甘居人下，皆从国家起见，不私其身。若我鲁臧文仲，其盗窃爵位而阴据⑩之者与！何也？君子居位不但自求称职，又当与天下之贤才共襄国事⑪；乃文仲明知柳下惠是有德贤人，不肯举之共立于公朝，盖恐柳下惠进用⑫，形己之短⑬而夺其位也。揆诸以人⑭，事君之义岂是如此？非窃位而何？

盖孔子此言所以深警后世：人臣当以荐贤为务，蔽贤为戒；而为人君者，亦宜如古之帝王，使进贤者蒙上赏，蔽贤者受显罚⑮——则才俊充庭，而国家乂安⑯矣。孔子赞公叔文子⑰而讥臧文仲，诚以荐贤为国，大臣之道当然。乃后世媢嫉⑱者多，而休容⑲者绝少，此治道之所以不古与？

【注释】

①臧文仲，鲁国执政之卿：臧文仲（？—前617），姬姓，臧氏，名辰，臧哀伯次子，谥号"文"，故称臧文仲。曲阜人，春秋时鲁国大夫。世袭司寇，执礼维护公室。另可参本章"评析"部分。

②柳下惠，鲁国贤人：柳下惠（前720—前621），展氏，字禽，春秋时期鲁国人，鲁孝公的儿子公子展的后裔。"柳下"是他的食邑，"惠"为

其私谥,故后人称"柳下惠"。孔子深许柳下惠之德,称其为"逸民"(见[微子第十八·八],《解义》释"逸民"为"自遂其高、自行其志、不为世法所拘之人")。其为人行事,可参本章"评析"部分内容。

③士师:《周礼》列为秋官司寇之属官,执掌禁令、狱讼、刑罚之事。可参[子张第十九·十九]同名词条注释。

④爵位:爵号,官位。

⑤公器:共用之器。《旧唐书·张九龄传》:"官爵者,天下之公器,德望为先,劳旧次焉。"

⑥唐虞之臣更相汲引,不为比周,成周之廷:唐虞,唐尧虞舜,指尧帝和舜帝。汲引,引荐,提拔,提携。《汉书·刘向传》:"禹、稷与皋陶传相汲引,不为比周。"比周,结党营私。[为政第二·十四]:子曰:"君子周而不比,小人比而不周。"

⑦标榜:夸耀,称扬。《后汉书·党锢传序》:"自是正直废放,邪枉炽结,海内希风之流,遂共相标榜,指天下名士,为之称号。"概欺世者必盗名,因此"标榜"在"蔽贤"者身上更恶劣。

⑧春秋时齐鲍叔荐管仲:鲍叔,即鲍叔牙(?—前644),姒姓,鲍氏,名叔牙,颖上(今属安徽)人,春秋时期齐国大夫。鲍叔牙早年与管仲为同乡好友。齐国内乱,鲍叔牙等人追随公子小白(即后来的齐桓公)逃往莒,管仲、召忽追随公子纠逃往鲁国。公元前686年,鲍叔牙帮助公子小白在与公子纠争夺齐国王位的斗争中胜利。公子小白登位后即胁迫鲁国杀公子纠,交出管仲和召忽。鲁国在齐军大军压境的情况下,不得不处死公子纠。召忽自杀以示尽忠,而管仲则被押回齐国。鲍叔牙深知管仲之能,因此向齐桓公大力保举管仲。齐桓公不计前嫌(在争夺君位的过程中被管仲射中一箭,幸亏是射中了衣带钩),决定重用管仲,因此派大夫施伯到鲁国以亲戮管仲之名将其带回齐国。后不光没有杀死管仲,反而重用其为相。(可详参本书[宪问第十四·十六]注①,及[宪问第十四·十五]"齐桓公"词条注释、《国语·齐语》等)管仲也因此对鲍叔牙非常敬重,自述鲍叔牙对他的知遇之恩:"吾始困时,尝与鲍叔贾,分财利多自与,鲍叔不以我为贪,知我贫也。吾尝为鲍叔谋事而更穷困,鲍叔不以我为愚,知时有利不利也。吾尝三仕三见逐于君,鲍叔不以我为不肖,知我不遭时也。吾尝三战三走,鲍叔不以我为怯,知我有老母也。公子纠败,召忽死之,吾幽囚受辱,鲍叔不以我为无耻,知我不羞小节而耻功名不显于天下也。生我者父母,知我者鲍子也。"(《史记·管晏列传》)"鲍叔荐管仲"因此作为知人善用、荐贤举能的典范,成为历史美谈。

⑨郑子皮荐子产：子皮（？—前529），姬姓，罕氏，名虎，字子皮。郑国七穆（春秋时期郑穆公的后代，驷氏、罕氏、国氏、良氏、印氏、游氏、丰氏等七家卿大夫家族，以卿族执政，故称。七穆中又以罕氏最强。）之一罕氏的宗主，郑穆公曾孙。郑公子喜（子罕）之孙，公孙舍之（子展）之子。春秋后期郑国当国、卿大夫。子产（？—前522），姬姓，公孙氏，名侨，字子产，又字子美，谥成子。郑穆公之孙，公子发之子。在政治上，子皮作为郑国最为强势的宗族长，非常赏识子产，而屡屡予以支持：驷氏的子晳（公孙黑）和良氏的伯有（良霄）发生矛盾，子产因反对他们内斗而准备离开，子西则力排众议，亲自挽留子产；后伯有战死，子产头枕在他大腿上大哭，哭罢按卿的礼节予以安葬。驷氏一族大怒，想攻杀子产，结果又是子皮以护礼为由阻止；此后子产在子皮的授权下执政，锐意改革，但因限制丰卷的特权而险遭攻击，罕虎阻断子产的逃亡计划，并驱逐了丰卷。（以上事见《左传·襄公三十年》）在子皮的不断支持下，子产的改革终获成功，并使郑国由此中兴。

⑩阴据：私下占有。

⑪共襄国事：相互协助，以成就国之大事。

⑫进用：选拔任用。

⑬形己之短：相比较而显示自己的不足和劣势。

⑭揆诸以人：根据其人的言行来判断。揆，度也。

⑮古之帝王，使进贤者蒙上赏，蔽贤者受显罚：《汉书·武帝纪》："且进贤受上赏，蔽贤蒙显戮，古之道也。"上赏，最高的赏赐，重赏。显罚，即"显戮"，明正典刑，陈尸示众。

⑯乂安：太平，安定。

⑰孔子赞公叔文子：尽管孔子认为公叔文子做得还不够好，但却因他推举自己的家臣到朝为官，而对其深加赞许。可参看［宪问第十四·十三］［宪问第十四·十八］两章。

⑱媢嫉：嫉妒。媢，音 mào，嫉妒。

⑲休容：宽容，气量大。

【译文】

在这一章中，孔子对臧文仲不能推举贤人予以痛加指责。

臧文仲，是鲁国执掌政务的卿大夫。柳下惠，是鲁国的贤良人士，曾经担任士师一职。

孔子说：爵位本来是用来任用贤才的，是国家的公用之器，而非个人的私有之物。所以尧帝和舜帝的臣工们相互推举，相互提携，不自夸耀，而相谦让，周而不比，虞廷师济；到了春秋时期，齐国有鲍叔牙力荐管仲，郑国有子皮力保子产，都是度德量才，宁可屈居其下，都是以国家社稷为重，而不顾个人得失。但像我们鲁国的臧文仲，他难道不是个窃位素餐而中饱私囊的家伙吗？为什么这么说呢？君子居其位，谋其事，不光要尽心尽职，而且还要与天下英才共谋国之大事；而这个臧文仲明明知道柳下惠是位有德操的贤人，却未曾推举到朝廷，大概是害怕柳下惠受到任用，把自己比下去，夺了他的职位吧！根据其人的言行来判断，这哪里是在恪尽忠君之义？这不是窃占职位又是什么呢？

孔子的这番话，就是在严厉警戒后世：作为臣子，应该尽力荐举贤良，切忌嫉贤妒能而埋没人才；作为君主，也应该像古代的帝王那样，大力褒奖进贤达能者，严惩嫉贤妒能者——这样才会才俊满朝，而国家太平。孔子称赞公叔文子推举家臣，而讥评臧文仲贬抑柳下惠，实是因为为国荐贤是大臣应然之责。后世嫉贤妒能而埋没人才者愈多，胸怀宽广而推贤举能者愈少，恐怕这正是人心不古、治道难盛的原因吧。

【评析】

本章牵连旧典，饶富深意，然众说多简，不遑详解，唯《解义》铺衍其义，可谓丰厚。故此笔者延展其说，聊作赘述。

本章涉及的两个人物——臧文仲和柳下惠，在历史上也都较为有名，而孔子也都对他们有所评价，而且是一褒一贬，在《论语》中分别有所记录，因此两人于本章"合集"而遇，以增益其所褒贬，在孔门弟子之外，则堪称《论语》中绝无仅有的例子。也因此让我们可以以此对比评论两章，从而更加透彻地了解孔夫子评判人物的深意。

臧文仲曾服事鲁庄公、闵公、僖公、文公四位国君，可谓"四朝元老"，又兼之臧文仲登上鲁国政治舞台的时候，正值齐桓公始霸、齐鲁力量对比悬殊的时期，他受命于危乱之际，肩负内外斡旋之重任，这充分显示出其军事及外交方面的才能，可谓肱股之臣、国之栋梁。即便如此，孔子却对其评价不高：

子曰："臧文仲居蔡，山节藻棁，何如其知也？"（[公冶长第五·十八]）

这一章直接点名批评臧文仲用蔡龟来装饰房屋，而且房子使用了山形的柱头斗拱，梁上刻绘了繁复的水草图案，因为其一味追求奢华，徒具形式，而非发自内心地遵礼守礼，用手段代替了结果，过于迷信而不够明智。

孔子对臧文仲的"差评"，在《左传·文公二年》中有一个汇总：

仲尼曰："臧文仲，其不仁者三，不知者三：下展禽，置六关，妾织蒲，三不仁也；作虚器，纵逆祀，祀爰居，三不知也。"（孔子说："臧文仲这个人，有三件事不仁爱，有三件事不明智：使柳下惠居于下位而不推举任用，设立六个关口以乱收税费，任由小妾织席贩卖而与民争利，这三件事做得有失仁爱；用蔡龟装饰房屋而粗俗迷信，纵容夏父弗忌举行逆序之祭而不加阻止，让国人祭祀海鸟爰居而有失国体，这三件事做得也不明智。"）

其中提到的"展禽"即柳下惠。柳下惠，实为鲁贤人公子展之后，故以展为氏，名获字禽，食邑在柳下，谥惠，故后人称柳下惠。

孔子指责臧文仲的第一件事，就是"下展禽"，亦即贬黜柳下惠。与之相联系的应该是另外一章：

柳下惠为士师，三黜。人曰："子未可以去乎？"曰："直道而事人，焉往而不三黜？枉道而事人，何必去父母之邦？"（[微子第十八·二]）

臧文仲世袭司寇，而柳下惠为士师，《周礼》中将士师列为秋官司寇之属官（见《周礼·秋官司寇》），故可知柳下惠是臧文仲的下属。柳下惠直道事人，却屡遭贬黜，可以想见其为人，也可看出其主官的为人处世方式和人格倾向。而孔子所指斥臧文仲的另外两宗罪"纵逆祀""祀爰居"，恰也都是臧文仲主管礼法范围内之事，而柳下惠当时亦直言其不当（事见《国语·鲁语》），概乃其屡遭贬黜之诱因，却也恰恰是为孔子所赞赏处。

那么，柳下惠是个什么样的人呢？柳下惠死后，其妻在述评其平生的诔文中，对他进行了极高的评价，并私谥其"惠"。见《列女传·贤明传》：

柳下既死，门人将诔之。妻曰："将诔夫子之德耶，则二三子不如妾知之也。"乃诔曰："夫子之不伐兮，夫子之不竭兮；夫子之信诚，而与人无害兮；屈柔从俗，不强察兮；蒙耻救民，德弥大兮；虽遇三黜，终不蔽兮。恺悌君子，永能厉兮。嗟乎惜哉，乃下世兮！庶几遐年，今遂逝兮！呜呼哀哉，魂神泄兮！夫子之谥，宜为惠兮！"（柳下惠死后，门人打算作诔文哀悼之。他的妻子认为自己最了解柳下惠，所以作诔文说："夫子有无上之德而不自夸；诚直待人，却与世无争，与人无害；夫子曲意柔顺以顺从世俗，而不强察明辨，咄咄逼人；即使被贬也要蒙耻留任，只为为民服务，德行着实广大；曾遭三次贬黜，却不改变自己的志向。夫子正是这样恺悌和乐以为人，而严肃庄重以处事啊。哎呀太让我痛惜，夫子魂灵已远逝！本可长寿，却突然离世！哎呀太让我悲哀，夫子魂灵已远逝！观其一生，谥号可以称'惠'了！"）

一个连自己的老婆都对其品格赞不绝口的人，大概可以称得上古今完人了。后来人们惯于称其"柳下惠"，而不是代表其家族名望的姓氏名字"展禽"，概有以也。

其实，臧文仲其人为礼也谨，多有事功，但是遇到下属柳下惠，反而显得不堪，为孔子所不齿，何也？这或许应该归因于孔学的职业观和价值观：君子只有无尽的责任，而无片刻的闲暇。（[泰伯第八·七]曾子曰："士不可以不弘毅，任重而道远。"）因此，出于生命价值的职责要求，则一定是最高层次的要求。如果读书只是照本宣科，做官只是装模作样，对身份缺乏一种本质内在的要求，就不会有真正的责任感、敬业心，更不会在事业上有所进步，在品德上实现升华。故而孔子要君子"畏天命，畏大人，畏圣人之言"（[季氏第十六·八]），而指斥樊迟学农学圃（[子路第十三·四]），贬抑臧文仲不举柳下惠，所指其实一也。

臧文仲的"山节藻棁"，问题不仅在于一味追求奢华的生活，更是因为他认识的庸俗浅薄，用手段代替结果，则必然追求表面的事功，而非大道斯任的义命——即便是遇到一个品格近乎完美的柳下惠，竟然也麻木不觉，可见其为人处世，仅凭权力的任性，而无道德的自觉。初心和动机已然出了问题，则必然不会有更具功德的事业。这大概正是其为人深遭孔子鄙弃之处。

柳下惠即便身遭贬黜之辱，但依然尽心尽职，不舍不弃。相较而言，两者虽然位居高下，品行却倒悬翻转，权力与道德的较量，职位与责任的错位，在这一章中展露无遗，靡不毕现。孔夫子正是通过这样一个对比，对世人深警而诫勉之。

清代学者江永编辑《四书古人典林》，将柳下惠列入"古贤部"，位在"诸侯部"之前，而将臧文仲列入"大夫部"，位在"诸侯部"之后，或正是基于这种孔子的评判倾向，亦可见孔子评点人物在历史上的极大影响力。

不过，孔夫子反对急功近利的道德评判，确实是为君子设立了无极之限，使其逊志时敏，日进无疆。

但是这样推崇柳下惠而贬抑臧文仲是否有"至清至察"之虞，有些急功近利而不近乎人性呢？

传说柳下惠之道德贞洁，与陌生女子独处，女子坐其怀而不乱，故传为美谈。但也有人怀疑其真实性，认为未必有其实，而是世人误解文传所致。此不赘述。倒是《孔子家语》中，有一则因之而成说的故事，更是耐人寻味：

鲁人有独处室者，邻之釐妇（即"嫠妇"，寡妇）亦独处一室。夜，暴风雨至，釐妇室坏，趋而托焉，鲁人闭户而不纳。

釐妇自牖与之言："何不仁而不纳我乎？"

鲁人曰："吾闻男女不六十不同居，今子幼，吾亦幼，是以不敢纳尔也。"

妇人曰："子何不如柳下惠然，妪不逮门之女（怀抱那个一起错过开城门的女子，用体温来温暖她），国人不称其乱。"

鲁人曰："柳下惠则可，吾固不可。吾将以吾之不可，学柳下惠之可。"

孔子闻之曰："善哉！欲学柳下惠者，未有似于此者。期于至善，而不袭其为，可谓智乎！"（《孔子家语·好生第十》）

这个"鲁人"并不盲目树立一个道德的大旗，然后以之为是，自视甚高，而是基于人性的弱点给自己设立一道严固的防线，看似拘谨保守，画地自限，却也是知止有定，量力而行，因此得到了孔子的认可——毕竟，一个人所推崇的道德和能够实现的道德之间，存在着巨大的差距，对此保持清醒认识，才算是善于学习并富于智慧的人。

【标签】

人才、柳下惠、臧文仲、管仲、鲍叔牙

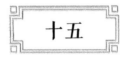

【原文】

子曰："躬自厚而薄责于人，则远怨矣。"

【解义】

此一章书，是孔子言远怨之道也。

孔子曰：世人怠于自修，而又畏人好修，①故其责己也常轻，其责人也常重，此所以致人之怨恶也。诚能②于己身之过痛自咎责③，不肯轻恕；于他人之过虽亦竭诚规正④,却不失之太苛。厚于责己,则身无不修之行;薄于责人,则人有乐从之意。虽非有意远怨,而人自然无怨矣。

古之成汤检身若不及,与人不求备。⑤人主诚欲圣德日新,人情⑥悦服,曷⑦可不以此为法?

【注释】

①世人怠于自修,而又畏人好修:韩愈《原毁》:"怠者不能修,而忌者畏人修。"(怠惰的人不能自我修养,而忌妒的人害怕别人修身养性。)怠,疏懒,懈怠。自修:自我完善。

②诚能:指确实有才能、有修为的人。

③咎责:责备。

④规正:规劝匡正。

⑤古之成汤检身若不及,与人不求备:《尚书·伊训》:伊尹乃明言烈祖之成德,以训于王。曰:"……先王肇修人纪,从谏弗咈,先民时若。居上克明,为下克忠,与人不求备,检身若不及,以至于有万邦。兹惟艰哉!"(伊尹于是列举大功之祖成汤的大德,来教导太甲说:"先王努力讲求做人的纲纪,听从谏言而不违反,顺从前贤的话;处在上位能够明察,为臣下能够尽忠;结交人不求全责备,检点自己好像怕来不及一样。因此他可以成功治理泱泱大国。这本是很难的呀!")成汤,亦作"成商",商开国之君,契的后代,子姓,名履,又称天乙。夏桀无道,汤伐之,遂有天下,国号商,都于亳。

⑥人情:民情。

⑦曷:同"何"。

【译文】

这一章是讲,孔子谈论远离怨愤的方法。

孔子说:人们怠惰于自身的修为,同时又畏忌别人的修身养性,所以对自己要求很少,对别人要求很多,这正是招人怨愤和厌恶的地方。真正有修为的人,就会对自身的过失自咎自责,不肯轻易放过;同时对他人的过失虽然竭诚予以规劝纠正,但不会过于苛责而有失分寸。严于律己,就会处处检点而有所修为;薄责于人,反而可以裨益他人,使其乐于相交。虽然不要刻意回避怨愤,但是也自然不会招致怨愤。

古代的商王成汤就是忙于反身自省,改过自新,而宽以待人,对人不求全责备。(因此他可以成功治理泱泱大国。)君主如果想日有进德,而使百姓心悦诚服的话，何不取法成汤之道呢？

【评析】

怕就怕只是口头上的自责，为了让人无怨而发出的自责，让人怨无可怨，因为一旦埋怨就好像过于小气一样。所以"躬自厚"不可太厚，过犹不及。

【标签】

自省；自责；厚；怨

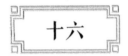

【原文】

子曰："不曰'如之何，如之何'者，吾末如之何也已矣。"

【解义】

此一章书，是孔子勉人慎思也。

孔子曰：天下凡事皆有义理，必熟思之而其义始精，必审处①之而其理始当。使②于临事之时不能反复裁度，心口相语曰"于义理当如之何，当如之何"，是不能熟思而审处之矣。此等人率意妄行，是非利害有所不顾，虽与之言，必不见信。吾且奈之何哉？

是以古之君子，穷其理于无事之先，察其几于有事之际，《虞书》所谓"惟几惟康"③、《商书》所谓"虑善以动，动惟厥时"④者，此也。谋国者其念之哉！

【注释】

①审处：审慎筹划，审慎处理。
②使：假使。
③《虞书》所谓"惟几惟康"：即《尚书·虞书·益稷》中，禹告诫舜要慎于职守，居安思危。惟几惟康，即思危以居安。惟，思。几，危。康，安。
④《商书》所谓"虑善以动，动惟厥时"：即《尚书·商书·说命中》记载，傅说劝谏商王武丁，不轻施号令，不轻易动武，谨慎选人用人，善

于反省自咎。如果在这四个方面谨慎戒备，也就基本上完善了。随后又强调在选人用人方面慎加考虑，合理处置："惟治乱在庶官。官不及私昵，惟其能；爵罔及恶德，惟其贤。虑善以动，动惟厥时。有其善，丧厥善；矜其能，丧厥功。惟事事，乃其有备，有备无患。无启宠纳侮，无耻过作非。惟厥攸居，政事惟醇。"（国家的治和乱，在于百官。因此官职不可因关系亲近而授予之，而应该选人以能；爵位不可滥施于小人，而应任人唯贤。凡事应三思而后行，并要审时度势，见机行事。自矜自夸，形象就会大打折扣；自高自大，事功就会渐行渐远。做任何事情，一定要有准备，有备而无患。不要因为开启徇私宠幸的大门而最终自取其辱；不要因为逃避罪过而文过饰非，欲盖弥彰。商王果能使所居所行，皆能如我所言，那么政事就会纯正而不杂乱。）

【译文】

这一章，是孔子勉励人们慎重思考。

孔子说：天下的事情都有一定的义理，一定要深思熟虑才能得到其中精义，一定要审慎筹划才能做到合理。如果遇到事情不能在内心反复思忖考量，心里想着"这个按照道理该怎么办，该怎么办"，就不能深思熟虑并合理处置了。这样的人往往率性而为，一意孤行，连是非利害都不考虑了，即便是亲口告诉他，也未必会相信，这样的人我还能说他什么呢？

所以说，古代的君子在做事之前就通达事理，在处理事情的时候注意观察征兆、细节，《尚书·虞书·益稷》中所说的"惟几惟康"（慎于职守，居安思危）、《尚书·商书·说命中》中所说的"虑善以动，动惟厥时"（有备无患，见机行事），说的都是这个道理。谋略国家大事的人应当记得啊！

【评析】

大概孔夫子是想让人们平时好好地"念经"吧——经常念叨念叨诸如"我是谁，为了谁"之类的"金句"，大概也就心安志坚，不会迷失自我了，遇到问题和困难也会迸发出积极的力量来解决。

【标签】

明理；居安思危；虑善以动，动惟厥时

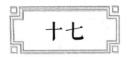

【原文】

子曰:"群居终日,言不及义,好行小慧,难矣哉!"

【解义】

此一章书,是言损友①之为害也。

孔子曰:君子讲学以会友,取善以辅仁,②然后道明德立③,有规过长善④之功,无善柔便佞⑤之患。若与众人群聚而居,至于终日之久,口不道《诗》《书》,而惟以游谈谑浪⑥为相亲⑦;语不及道义,而惟以挟数任术⑧为能事⑨。如此,则放僻邪侈⑩之心滋长于中,行险侥幸⑪之机习熟于外,欲求入德⑫而免于患害,岂不难矣哉?

古之圣王,处士于庠序,而董以师儒之官,⑬斥去⑭憸邪⑮,不使见恶行,故其教不肃而成其学,不劳而能,而无士习不端之患⑯也。不然,子衿佻达⑰,言伪行坚⑱,日中于士习而莫之救,风俗日漓⑲,人才日坏,其所关系宁⑳浅鲜㉑耶?

【注释】

①损友:对自己有害的朋友。可详参本书[学而第一·三]同名词条注释。

②君子讲学以会友,取善以辅仁:[颜渊第十二·二十四]:曾子曰:"君子以文会友,以友辅仁。"朱熹《论语集注》:"学以会友,则道益明;取善以辅仁,则德日进。"

③道明德立:指君子明道立德,学有所成。出自朱熹《孟子集注·公孙丑章句上》,可详参本书[卫灵公第十五·三十二]同名词条注释。

④规过长善:义同"劝善规过",规劝改正错误,勉励善行上进。

⑤善柔便佞:善柔,阿谀奉承。便佞,巧言善辩,阿谀逢迎。

⑥游谈谑浪:游谈,言谈浮夸不实。谑浪,戏谑放荡。

⑦相亲:互相亲近,沉瀣一气。

⑧挟数任术:惯用权术和计谋。

⑨能事:所擅长之事。

⑩放僻邪侈:即"放辟邪侈",指肆意作恶。放、侈,放纵。辟、邪,

不正派，不正当。《孟子·梁惠王上》："苟无恒心，放辟邪侈，无不为已。"（如果没有恒常之心，恐怕百姓就会放纵恣肆，无法无天，无恶不作。）

⑪行险侥幸：冒险行事以求得意外的成功。行险，冒险。侥幸，偶然地获得成功或意外地免遭不幸。《礼记·中庸》："故君子居易以俟命，小人行险以侥幸。"（讲求中庸之道的君子，安分守己，居于平坦安全之地，静待天命的来临，而小人却背离中庸之道，肆无忌惮，铤而走险，以期获得非分之物。）可详参本书［子罕第九·十四］"无入而不自得"词条引文。

⑫入德：进入圣人品德修养的境域。出自《礼记·中庸》，可参本书［述而第七·二十九］"可与入德"词条注释。

⑬古之圣王，处士于庠序，而董以师儒之官：古代的圣王设立庠序之类的学校，让学官主管教导，让士人到里面学习。处，放置。庠序，古代学校。董，主持，监管。师儒，古代指教官或学官。

⑭斥去：排除。

⑮憸邪：奸邪，邪恶。代指其人或其事。憸，音 xiān。

⑯教不肃而成其学，不劳而能，而无士习不端之患：《国语·齐语》：桓公曰："成民之事若何？"管子对曰："四民者，勿使杂处，杂处则其言哤，其事易。"公曰："处士、农、工、商若何？"管子对曰："昔圣王之处士也，使就闲燕；处工，就官府；处商，就市井；处农，就田野。令夫士，群萃而州处，闲燕则父与父言义，子与子言孝，其事君者言敬，其幼者言弟。少而习焉，其心安焉，不见异物而迁焉。是故其父兄之教不肃而成，其子弟之学不劳而能。夫是，故士之子恒为士……"（桓公问："怎样使百姓各就其业呢？"管仲回答："士、农、工、商，不要让他们混杂居住。混杂居住会使他们相互干扰，工作不安心。"桓公问："那么怎样来安排士、农、工、商的住地呢？"管仲回答："过去圣王把士人的住处安排在清静的地方，把工匠的住处安排在官府，把商人的住处安排在市场，把农民的住处安排在田野。让那些士人聚集在一起居住，空闲时父辈之间谈论礼义，子侄辈之间谈论孝道，侍奉国君的人谈论恪尽职守，年幼的则谈论兄弟和睦。从小就受到熏陶，他们的思想就安定了，不再见异思迁。所以父兄的教诲不用督促就能实行，子弟的学习无须费力就能掌握。这样，士人的后代就一直是士人了……"）

⑰子衿佻达：指学校废弃而人心涣散。《诗经·郑风·子衿》："青青子衿，悠悠我心。纵我不往，子宁不嗣音？青青子佩，悠悠我思。纵我不往，子宁不来？挑兮达兮，在城阙兮。一日不见，如三月兮。"子衿，周代读书人的服装，代指士人。挑兮达兮，即挑达，《解义》作"佻达"，音 tiāotà，

独自走来走去的样子。《毛诗·序》:"《子衿》,刺学校废也,乱世则学校不修焉。"孔颖达疏:"郑国衰乱不修学校,学者分散,或去或留,故陈其留者恨责去者之辞,以刺学校之废也。经三章皆陈留者责去者之辞也。"然以今解,则为情诗,女子在城楼苦等恋人,缠绵婉曲,回环入妙。

⑱言伪行坚:即"言伪而辩,行僻而坚",出于《荀子·宥坐》:孔子为鲁摄相,朝七日而诛少正卯。门人进问曰:"夫少正卯鲁之闻人也,夫子为政而始诛之,得无失乎?"孔子曰:"居,吾语女其故。人有恶者五,而盗窃不与焉:一曰心达而险,二曰行辟而坚,三曰言伪而辩,四曰记丑而博,五曰顺非而泽。此五者,有一于人,则不得免于君子之诛,而少正卯兼有之。故居处足以聚徒成群,言谈足饰邪营众,强足以反是独立。此小人之桀雄也,不可不诛也……"(孔子做了鲁国的代理宰相,当政才七天就杀了少正卯。学生进来问他:"少正卯是鲁国的名人啊。老师执掌了政权就先把他杀了,这不是弄错了吧!"孔子说:"坐下,我告诉你原因。人有五种严重的罪恶,但是连盗窃之罪都算不上:一是聪明过人却居心险恶,二是行为邪僻且顽固不化,三是话语伪诈又巧言善辩,四是记闻丑恶而乐此不疲,五是是非颠倒还推波助澜。这五种罪恶,如果某个人只要有其中一种,就难逃君子的诛杀,少正卯却同时具有这五种罪恶。所以,在其居住的地方,很容易招徕同党,聚众成群,而其言谈足以掩饰邪恶,迷惑众人,他刚愎自用,足以反是为非而独树一帜。这是小人中的枭雄,不可不杀啊……")

⑲风俗日漓,人才日坏:漓,浇漓,浇薄,浅薄。人才,人的才能。

⑳宁:难道。

㉑浅鲜:细小,微小。

【译文】

这一章,是谈论交友不善的危害。

孔子说:君子讲学论道以结交朋友,择善而从以辅助仁德,这样就会使自己通明道理而完善道德,既能帮助自己改过向善,又能使自己远离是非之地。但如果与这样的一群人聚集居处:他们每天不学无术,游谈无根,却以戏谑放荡为亲昵友好;从不探讨天道正义,却以勾心斗角、以权谋私为能事。如果这样的话,就会使放纵恣肆之心潜滋暗长,投机取巧之性明目张胆,这个时候还想修为道德而远避祸患,那就太难了!

古代的圣王,将士人安排到学校清静之地,让学官来监督教导他们,使他们远离奸邪,不见恶行,所以对他们的教导不需要专门的说教就能学到，不耗费心思就能懂得，自然也就不用担忧他们品行不端。而如果不这样的话，那么就会使学校废弃而士风离散，士人们行为邪僻却又顽固不化，说话虚伪却还巧言善辩，已经到了极端恶劣、可诛可伐的地步了，如果每天都浸染在这样的士林风气之中，那恐怕就会无从挽回，不可救药了。这样就会使世风日下，情理浇薄，人心不古。这实在是关涉世道人心安定的大事，岂可小觑呀！

【评析】

"今人不见古时月，今月曾经照古人。"（李白《把酒问月》）世情不同，故不必以古德强求今人。道理其实大家都懂，但是何必正襟危坐，严词厉色，不苟言笑，拒人于千里之外？莫如觥筹交错，推杯换盏，把酒言欢，一切都在这杯酒里了。

来，干杯！

【标签】

交友；言不及义

【原文】

子曰："君子义以为质，礼以行之，孙以出之，信以成之。君子哉！"

【解义】

此一章书，见成德①之人乃可以成天下之务②也。

孔子曰：天下之务，有当然之理，有自然之势，苟识见不定，涵养不深，未能期于尽善也。所以君子事无论大小，惟要③诸义以为质干④——一人而具天下之谋，一日而存百世之虑，其择善定见⑤为何如者，而正非径情而直行⑥也。义之中自有不可紊⑦之节文焉，礼以行之；⑧又未可自是而轻物⑨也，义之中自有不可少之谦让焉，孙以出之⑩；且未可矫于始而怠于终⑪也，义之中自有真实⑫而坚忍⑬之志焉，信以成之⑭。

夫既义以为质，原未尝有轻于图功之心，而又众美兼备，并非徒存好义之名。以此处事，何事不宜？以此济人，何人不赖⑮？非成德之君子，乌能⑯如此哉？

有经世宰物⑰之责者，当以是为法矣。

【注释】

①成德：盛德，高尚的品德。

②成天下之务：成务，成就事业。出自《周易·系辞上》："夫《易》何为者也？夫《易》开物成务，冒天下之道，如斯而已者也。"可详参本书［述而第七·十三］"神武不杀"词条引文。

③要：同"邀"，迎合。引申为"符合"。

④质干：躯体，泛指事物的根本、行为的原则。

⑤择善定见：定见，明确的见解或主张。择善定见，义同"择善固执"，见《礼记·中庸》："诚之者，择善而固执之者也。"（要使人做到真诚，则需要主动选择实践善德并坚持不懈。）可详参本书［里仁第四·十四］"明善诚身"词条引文。

⑥径情而直行：任凭主观意愿径直行事。可参本书［子路第十三·二十八］"径情直行"词条注释。

⑦紊：乱。

⑧义之中自有不可紊之节文焉，礼以行之：礼仪是义的固定的有条理的表现形式。节文，制定礼仪，使行之有度。朱熹《中庸章句》："仁者人也，亲亲为大；义者宜也，尊贤为大；亲亲之杀，尊贤之等，礼所生也……具此生理，自然便有恻怛慈爱之意，深体味之可见。宜者，分别事理，各有所宜也。礼，则节文斯二者而已。"朱熹《四书集注》注解［述而第七·十八］："诗以理情性，书以道政事，礼以谨节文，皆切于日用之实，故常言之。"

⑨自是而轻物：自以为是而轻视他人。轻物，看不起人。《吕氏春秋·骄恣》："亡国之主，必自骄，必自智，必轻物。自骄则简士，自智则专独，轻物则无备。"高诱注："自谓有过人之智，故曰轻物。"

⑩孙以出之：谦逊地表达出来。孙，同"逊"。

⑪矫于始而怠于终：开始勤奋用功而最终懈怠以对。矫，强。

⑫真实：真心实意。

⑬坚忍：坚毅，有韧性。

⑭信以成之：用诚信的态度完成它。

⑮赖：依靠，凭借。

⑯乌能：怎么能。

⑰经世宰物：经世，治理国事。宰物，谓从政治民，掌理万物。

【译文】

这一章是说，品德高尚的人才能成就天下之事。

孔子说：天下的事务，有其本然之理，有其自然之道，如果认识不到位，修为不深厚，就很难做到完善。所以，对于君子来说，无论事情大小，都要以符合道义为原则——不管是一个人谋划天下之事，一天思虑百年之忧，都要做到择善而从并坚持不懈，而不能仅凭一时热情。道义中要用有条不紊的形式来表现的，那就是礼仪；不能自以为是而轻视他人，而道义本身就要求为人谦让，所以要用谦逊的方式表达出来；而且还要善始善终，不能虎头蛇尾，因为道义内在的要求是真诚而坚忍，故而要用诚信的态度来完成它。

既然内在遵从道义，那么本身不会有急功近利之心，而又兼备守礼、谦逊和诚信诸德，且非贪图急、好义的虚名浮誉，以这种品质来做事，还会有什么不合宜的呢？以这种态度来济助他人，还会有什么人不信赖的呢？如果不是品德高尚的人，怎能达到如此境界呢？

因此，那些治理国事、主宰万物的为政者，也应当从这番话中取法啊。

【评析】

义理云者，义以致理也，辞书谓之"合于一定的伦理道德的行事准则"❶，也就是人们通过行动来呈现或兑现所认知之理。这一过程有三个途径：礼仪节文以规范，谦逊传达以沟通，诚信执守以完成。故可推论，唯知义理之间的平衡，而后才有知与行的匹配合一。孔子之非子路"闻斯行诸"之说（[先进第十一·二十二]），非知而不行，而乃责其未知——即知即行，则知非深知，而行非善行；故应知其然，亦知其所以然，知之，而知如何行之，为深知也。深知亦为行也。王阳明云"知者行之始，行者知之成"（《传习录》），或即此而谓也。

另，[雍也第六·二十七] "评析"部分对知行互动关系的论说，亦可供参考。

【标签】

君子；义；礼；逊；信

---

❶ 《汉语大词典》，上海辞书出版社 2008 年版，第 12696 页。

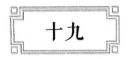

【原文】

子曰:"君子病无能焉,不病人之不己知也。"

【解义】

此一章书,见君子为己之学也。

孔子曰:今之学者每以人不己知为;君子则不然,其所病①者,惟是道德无所成,才器②无所取,庸碌无能,斯为切身③之患耳。至于人不己知,于己何与④,于人何尤⑤?君子不以为病也。

盖自修之道,原贵实不贵名。有能而求知于人,其心术⑥已坏;况无能而求人之知,其为虚伪可⑦胜道⑧哉?君子反求诸己⑨,唯务暗修⑩,而诚中形外⑪,则终有不可掩者⑫。故学问以求实为要。

【注释】

①病:焦虑,忧心。
②才器:才能和器局。
③切身:最紧迫的。
④于己何与:对自己又有什么帮助。
⑤于人何尤:对别人又有什么可怨尤。
⑥心术:心态,居心。
⑦可:岂可,怎能。
⑧胜道:说得尽。胜,音 shēng,尽。
⑨君子反求诸己:君子反过来追究自己,从自身找原因。出自《孟子·公孙丑上》,可参本书[子路第十三·十三]"反求诸身"词条注释。
⑩暗修:暗自修为。
⑪诚中形外:心中精诚而表现于外在。《礼记·大学》:"诚于中,形于外,故君子必慎其独也。"(心里是什么样的,就会显露在外表。因此,君子在独处的时候一定要慎重自持。)可详参本书[子路第十三·二十六]"道德润身,心广体胖"词条引文。
⑫终有不可掩者:《礼记·中庸》:子曰:"鬼神之为德,其盛矣乎!视之而弗见,听之而弗闻,体物而不可遗。使天下之人,齐明盛服,以承祭

祀。洋洋乎！如在其上，如在其左右。《诗》曰：'神之格思，不可度思，矧可射思。'夫微之显，诚之不可掩，如此夫！"（夫子说："鬼神的德行可真是大得很啊！看它也看不见，听它也听不到，但它却体现在万物之中，使人无法离开它。天下的人都斋戒沐浴，清净身心，盛装华服来祭祀它。它如此盛大广阔，好像就在你的头上，好像就在你左右。"《诗经·大雅·抑》说：鬼神的降临，不可揣度，怎么能够怠慢不敬呢？鬼神的形象虽然隐微虚无，而其功德却又昭明彰显。诚明以对待鬼神，是如此不可藏匿啊！）

【译文】

这一章是说，君子务求为己之学。

孔子说：当今的学者总是觉得人家不知道自己的学识本领；真正的君子就不会这样，他们所焦虑的，只是怕自身道德未至完满，才识无可取材，庸庸碌碌，无能为力，这才是最紧迫的忧患啊。至于人家不了解自己，对自己又有什么帮助，跟别人又有什么关系？君子才不忧心这个呢。

大概自我修为之道，本就贵在实用而非虚名。如果怀有才能，就总是希求他人知道，这说明心态不够好；而如果才能贫乏，还希求别人以为有才，那就是太过虚伪了！君子总是反身自求，心中用力，而且诚于中，形于外，是否诚明，昭然若揭。因此，做学问重在求真务实。

【评析】

君子、小人往往相反：君子病无能焉，不病人之不己知也；小人反是，病人之不己知，不病无能。君子知逝者如斯，故深潜自修，精进不已，无暇旁顾，有"进，吾往也"（［子罕第九·十九］）的充实；而小人以不知为耻，以不能为能，铺张扬厉，肆无忌惮。君子病小人所为，小人疾君子所能，彼此对视，似乎都"病得不轻"。

在现代社会数字化管理环境中，一切都予以量化、扁平化、可视化，如果不能形成深度有效的评价体系，恐怕易于滋生小人习性，不利于君子的生存和发展。

所以，下一章提出了君子与名的问题。

【标签】

君子；小人

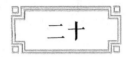

【原文】

子曰："君子疾没世而名不称焉。"

【解义】

此一章书，是孔子以名为教也。

孔子曰：君子为己之学①，初非有意于名也。然名者实之宾②，未有道明德立③而名誉不彰于天下者。若自少至老，尽一生而不见称于人，则其无为善之实可知。此君子之所疾④也。君子非疾其无名也，乃疾其无致名之实耳。

盖三代而前唯恐好名，三代而后惟恐不好名。⑤好名而后自修，人之常情也。圣贤维世⑥之意，帝王御世⑦之权⑧，岂外乎此哉？

【注释】

①君子为己之学：[宪问第十四·二十四]：子曰："古之学者为己，今之学者为人。"

②名者实之宾：名声是事实的附属品。出自《庄子·逍遥游》：尧让天下于许由，曰："日月出矣，而爝火不息，其于光也，不亦难乎？时雨降矣，而犹浸灌，其于泽也，不亦劳乎？夫子立而天下治，而我犹尸之，吾自视缺然，请致天下！"许由曰："子治天下，天下既已治也，而我犹代子，吾将为名乎？名者，实之宾也，吾将为宾乎？鹪鹩巢于深林，不过一枝；偃鼠饮河，不过满腹。归休乎君，予无所用天下为！庖人虽不治庖，尸祝不越樽俎而代之矣！"[尧打算把天下让给许由，说："太阳和月亮都已升起来了，可是火把还在燃烧不熄，它要跟太阳和月亮的光亮相比，不是自不量力吗？季雨及时降落了，可是还在不停地浇水灌地，这和季雨的泽被万物相比，不是徒劳无功吗？夫子您如能入主国君之位，天下一定会获得大治，可现在却由我来空居其位，而我已经越觉能力的不足，就请允许我把天下交给您吧！"许由回答说："你治理天下，已经天下太平了啊；这样我却还要去替代你，难道我需要善治的名声吗？名声是事实所派生出来的次要东西，难道我也需要去追求这次要的东西吗？灵巧善织的鹪鹩在枝繁叶茂的森林中筑巢，只需借用一根树枝就能把巢筑好；硕大善饮的鼹鼠到波

浪滔滔的大河边喝水，只要喝饱一肚子水就足够了。（其实我也和它们一样，并无更多欲求。）所以你还是打消念头回去吧，天下虽大，但对于我来说实在没有什么所谓啊！就像厨师即使三天不下厨，主祭人也不会抛下自己的行当跑到厨房里去做饭的！]

③道明德立：指君子明道立德，学有所成。出自朱熹《孟子集注·公孙丑章句上》，可详参本书［卫灵公第十五·三十二］同名词条注释。

④疾：忧虑。

⑤三代而前唯恐好名，三代而后惟恐不好名：出自《宋史·陈埙传》：李全在楚州有异志，埙以书告弥远："痛加警悔，以回群心；蚤正典刑，以肃权纲；大明黜陟，以饬政体。"不纳。未几，贾贵妃入内，埙又言："乞去君侧之蛊媚，以正主德；从天下之公论，以新庶政。"弥远召埙，问之曰："吾甥殆好名邪？"埙曰："好名，孟子所不取也。夫求士于三代之上，惟恐其好名；求士于三代之下，惟恐其不好名耳。"（大意：陈埙对其舅舅——南宋权臣史弥远屡发信函，直陈时事而谏议之。史弥远却认为他是在沽名钓誉。于是陈埙自明其志说："孟子不喜欢那种唯名是图、沽名钓誉的人。在夏商周三代之前不会择取名士，因为社会重实而不尚名；三代之后则会推举名士，因为他们尚且能够用心正名以维护世道。"）好名，孟子所不取也。《孟子·尽心下》：孟子曰："好名之人能让千乘之国，苟非其人，箪食豆羹见于色。"（孟子说："喜好名声的人，出于名声的需要甚至可以出让大国国君的位置，但如果得不到名声，就是让出蝇头小利，他也不会乐意去做。"）

⑥维世：维护世道。

⑦御世：治理天下。《鬼谷子·忤合》："圣人居天地之间，立身御世，施教，扬声，明名也。"（圣人生活在世界上，立身处世都是为了教化众人，扩大影响，宣扬名制。）

⑧权：谋略，计谋。

【译文】

这一章是讲，孔子关于名声的教导。

孔子说：君子所求的是为己成圣之学，本意并非为求名。名声，本就是事实的附属物，所以，如果能够通明道理而完善道德，自然会誉满天下。但如果从小到老，终其一生，都没有好的名声，这就说明其本人本真缺失，乏善可陈。这正是君子所忧虑的。不是忧虑没有好名声，而是忧虑没有带来好名声的事实。

在夏商周三代之前不会择取名士，因为社会重实而不尚名；三代之后则会推举名士，因为他们尚且能够用心正名以维护世道。注重名声，然后才能够自我主动修为，这也是人之常情吧。圣贤维护世道的本意，帝王治理社会的谋略，都是由此而发吧！

【评析】

上一章称"君子病无能焉，不病人之不己知也"，这一章又说"君子疾没世而名不称焉"，一个说不用担心别人不了解自己，不求声名，一个说最忌讳直到死也名不副实，似乎矛盾。

此题何解？笔者参考《解义》，以为有两点可解：其一是君子为正名而非求名；其二是名实有上下，君子小人各有所取：君子为循名责实，正人正己；小人为沽名钓誉，自欺欺人。

子路曰："卫君待子而为政，子将奚先？"子曰："必也正名乎！"（[子路第十三·三]）

是为正名。

初九曰："潜龙勿用。"何谓也？

子曰："龙，德而隐者也。不易乎世，不成乎名，遁世无闷，不见是而无闷。乐则行之，忧则违之，确乎其不可拔，'潜龙'也。"（《周易·乾·文言》）

译文：

初九爻辞说："潜藏的龙，无法施展。"这是什么意思？孔子说："龙，比喻有才德而隐居的君子。操行坚定不为世风所转移，不求虚名，隐居避世但并不自觉苦闷，言行不为世人所赏识也并不烦恼。喜欢的事就去做，烦扰的事就避开它，坚定而不可动摇。这就是所谓的'潜龙'了。"

此为不求名。

正名，是为所有名及价值构建表征体系，而非仅为正自己之名。不求名，是中心自主而力避虚荣，不为名利所动。因此在对待名的态度上也正好照见君子和小人的心理。《解义》引用陈埴的话，将君子和小人对待名的态度做了意义上的桥接，非常巧妙："三代而前唯恐好名，三代而后惟恐不好名。"唯恐好名是希望防止巧言令色，僭越礼制，唯恐不好名是希望能够循名责实，恢复礼制。其实何必以三代设限，在任何时代对名和实的抑扬都是相对的,作为君子,就要努力忽略名相而务求真实。至于小人,能够注意名誉而不胡作非为,就已经很好了。孔夫子一再提及"名"的问题,并指责社会上屡屡出现的名实不符的问题,意在戒告君子不求名而正名。即便是在自己身上,有名还是无名,都要谨慎,避免名不对位("名不称")的问题。

正名,而非为己正名,更非求名,而是匡正社会的价值体系及其评价指标。如果社会的"名"正了,君子又何必担心自己的名声呢?如若不然,君子又要那份虚荣做甚?它只会让君子感到累赘和羞耻吧!

【标签】

正名;君子;潜龙勿用;为己之学

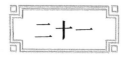

【原文】

子曰:"君子求诸己,小人求诸人。"

【解义】

此一章书,见君子小人用心①之不同也。

孔子曰:人必有所用其心,而人品即于此分焉。君子凡事皆反求诸己②,如学问暗修③之功,惟求自慊④于心,即获上信友⑤之事,必不由他途⑥而进。盖兢兢然⑦恐阙失⑧在己,而未尝自宽⑨也。

若小人凡事妄求诸人,德不加修,而违道以干誉⑩,情偶有拂⑪,而任私⑫以推怨⑬。盖戚戚焉⑭责备于人⑮,而未尝自反⑯也。

夫求诸己,则可以成物⑰;求诸人,适足以丧己⑱。均一求也,而君子小人悬殊如此。衡品⑲者,其不可以不致辨⑳也与!

【注释】

①用心:存心,居心。

②反求诸己:反过来追究自己,从自身找原因。以孟子语证本章"君子求诸己"。《孟子·公孙丑上》:"仁者如射:射者正己而后发,发而不中,不怨胜己者,反求诸己而已矣。"(行仁的人就如比赛射箭:射箭手先要端正自己的姿势,然后放箭;射不中,不怨恨赢了自己的人,只会反过来在

自己身上找原因罢了。）

③暗修：暗自修行砥砺，不为人所知。

④自慊：自足，自快。慊，音 qiè。王阳明《传习录》："当行则行，当止则止，当生则生，当死则死，斟酌调停，无非是致其良知以求自慊而已。"

⑤获上信友：《礼记·中庸》："在下位不获乎上，民不可得而治矣。获乎上有道，不信乎朋友，不获乎上矣；信乎朋友有道，不顺乎亲，不信乎朋友矣；顺乎亲有道，反诸身不诚，不顺乎亲矣；诚身有道，不明乎善，不诚乎身矣。诚者，天之道也；诚之者，人之道也。"（在下位的人得不到上级的信任，百姓就治理不好；得到上级的信任是有途径的——得不到朋友的信任，就得不到上级的信任；得到朋友的信任是有途径的——不顺从父母，就得不到朋友的信任；顺从父母是有途径的——如果反求于自身而缺乏真诚，就不能顺从父母；内心真诚是有途径的——如果不明了什么是真正的善，就不能使自身做到真诚。）可参考本书［里仁第四·二十六］"苟能明善诚身，自能获上信友"词条注释。

⑥他途：别的途径。多指不正当的途径。

⑦兢兢然：小心谨慎的样子。

⑧阙失：失误，错误。

⑨自宽：自我宽慰。

⑩违道以干誉：违背正道去获得赞誉。出自《尚书·大禹谟》，详见本书［子路第十三·十六］"违道干誉"词条注释。

⑪拂：违背，不顺。

⑫任私：放纵私心。任，放纵，不加约束。

⑬推怨：推脱为抱怨之词。推，推诿，推断。西晋潘安《西征赋》："扞矢言而不纳，反推怨以归咎。"（拒不听从直言进谏，反而把这个推脱为抱怨之词而加以怪罪。）

⑭戚戚焉：忧惧貌，忧伤貌。［述而第七·三十七］子曰："君子坦荡荡，小人长戚戚。"（君子心地平坦宽广，小人内心局促忧愁。）

⑮责备于人：对人求全责备。

⑯自反：反躬自问，自己反省。即上文"反求诸己"意。

⑰成物：成全万物，使自身以外的一切有所成就。《礼记·中庸》："成己，仁也；成物，知也。"可详参本书［述而第七·二］"成己"词条注释。

⑱丧己：《庄子·外篇·缮性》："丧己于物，失性于俗者，谓之倒置之民。"（丧失自身于偶得之物，迷失真性于俗常之思，这就是本末倒置

的人。)

⑲衡品：铨选品评。亦指铨选品评人才的官职。铨选，选才授官。铨，音 quán，衡量轻重。

⑳致辨：仔细端详，细加辨别。

【译文】

这一章，言明君子与小人在内在心志的不同。

孔子说：人们各有用心，而人品于此便高下立判。君子无论做什么事，都是从自身找原因，就像做学问进修为的功夫，只求内心自足，从而获得上级的赏识和朋友的信任，从不走歪门邪道，投机取巧。大概常常惶恐于自己是否有过失，从不敢有一丝一毫的放松。

但是，小人就会凡事从别人身上找原因，不光不修德进学，而且背道而驰，沽名钓誉，稍微遇挫，就会放任私心杂念而迁怒怪罪他人。大概常常忧心忡忡而对人求全责备，却从不反躬自省。

从自身找原因，反而可以成就一切；从别人身上找原因，却足以丧失自身。虽然都是有所寻求，（但因为本心和方向的不同，）就会造成君子与小人之见的霄壤之别。选才授官者，也要对这一点详加辨别啊！

【评析】

乍一看，本章文字似乎言之凿凿，顺理成章，大快人心；但若简单将君子、小人与求诸己、求诸人简单对应，却过于绝对，难免武断。虽然孔子是这样说的，但是其本意是否就像字面上给人的直观感觉，到底如何理解，却要慢慢商议。

首先，孔子将君子、小人并置对举，貌似赞扬、勉励君子而贬抑、抨击小人，然而他其实很少直接指斥小人，有意针对某个人为了批评而批评，更多的是为了劝勉激励自己的学生成为君子，而避免沦落为小人。

其次，孔子常常说君子怎样、小人怎样，却很少说谁是君子、谁是小人，因此其所谓君子小人并非专指，一般也并不加以过多限定。它们只是一组对生的概念，无须将其对号入座，简单对应到某个人身上。孔子对管仲的评价即如此：

子路曰："桓公杀公子纠，召忽死之，管仲不死。曰未仁乎？"子曰："桓公九合诸侯，不以兵车，管仲之力也。如其仁！如其仁！"（[宪问第十四·十六]）

子贡曰:"管仲非仁者与?桓公杀公子纠,不能死,又相之。"子曰:"管仲相桓公,霸诸侯,一匡天下,民到于今受其赐。微管仲,吾其被发左衽矣。岂若匹夫匹妇之为谅也,自经于沟渎而莫之知也?"([宪问第十四·十七])

子曰:"管仲之器小哉!"
或曰:"管仲俭乎?"曰:"管氏有三归,官事不摄,焉得俭?"
"然则管仲知礼乎?"曰:"邦君树塞门,管氏亦树塞门。邦君为两君之好,有反坫,管氏亦有反坫。管氏而知礼,孰不知礼?"([八佾第三·二十二])

当子路和子贡对管仲归顺并效劳杀主仇人之事耿耿于怀,认为其不仁之时,孔子却认为管仲虽有个人的不诚信,却又承担了社会的大义,以其实际功业使百姓受益,故而嘉许其仁,并说明此等作为远非小信小义的匹夫匹妇之可比。但是孔子也骂管仲"小器",因为他个人有些膨胀,僭礼而不自知。([八佾第三·二十二])依孔子的标准,管仲时而君子,时而小人,但是很显然,孔子对管仲的评价并非给他本人一个盖棺定论的评判,而是以他的行为处事为典型案例,依此来界定何者为君子,何者为小人,如此而已。

再次,也是最为重要的一点,即,孔子所言说的君子、小人是分多种场合、多种类型的,而不是单一的定义,或单纯人格的界定:"君子喻于义,小人喻于利"([里仁第四·十六])是价值观念上的君子、小人;"女为君子儒,无为小人儒"([雍也第六·十三])则是境界上的君子、小人;"君子而不仁者有矣夫,未有小人而仁者也"([宪问第十四·六])是指用心上的君子、小人;"君子之德风,小人之德草"([颜渊第十二·十九])是德操上的君子、小人;"君子周而不比,小人比而不周"([为政第二·十四])是行为上的君子、小人;"君子怀德,小人怀土;君子怀刑,小人怀惠"([里仁第四·十一])是地位和思想上的君子、小人;"君子上达,小人下达"([宪问第十四·二十三])与本章,则是志业和心法上的君子、小人。

孔夫子所言的君子、小人,并非像后世那样,将其指代范围和类型大大压缩,仅从人格上进行限定,以至于君子、小人给人一种势同水火、不共戴天的对立感:既为君子,自应高高在上,不可一世,因为什么都是好的、对的；若是小人，必定灰头土脸，低人一等，因为什么都是坏的、错的。这样认识的结果，就是随意给人"贴标签""下结论"，盖棺定论，不容置疑。对于这种行为特点，子贡曾经借评价商纣的恶名揭示出来：

子贡曰："纣之不善，不如是之甚也。是以君子恶居下流，天下之恶皆归焉。"（[子张第十九·二十]）

诚然，一个人应当特别注意言行和声誉，一旦被公认为品德上有缺陷，就会招致不虞之毁。但是，子贡也揭示了人们认识中的缺陷，即"贴标签"的行为过于武断，容易遮蔽对一个人的全面判断，这种社会心理并不利于人道社会的构建。

复次，小人其实又可以分为多种类型，但孔子对"小人"的总体态度比较温和，其所公开严厉指责的往往不是小人而是伪道德者。小人和伪道德者在《论语》语境中的内涵和外延显然并不相同。

子贡曰："君子亦有恶乎？"

子曰："有恶：恶称人之恶者，恶居下流而讪上者，恶勇而无礼者，恶果敢而窒者。"

曰："赐也亦有恶乎？"

"恶徼以为知者，恶不孙以为勇者，恶讦以为直者。"（[阳货第十七·二十四]）

孔子最为厌恶的大概是巧言令色或不思进取之人，因为他们固着于狭小的道德境地，不仅不思进取，甚至用虚假的道德表象来伪装自己。因此如果其本身是小人，而不故步自封、画地自限，那么其定然也会受到孔子的肯定。其实没有谁就一定是君子，或一定是小人。夫子说"一日克己复礼，天下归仁焉"（[颜渊第十二·一]）。一念求诸己，则可为君子；一念求诸人，则可为小人。

故本章旨在揭示一个动态而客观的评价过程，通过对比，令人反观内省，深自砥砺，有所进步，而非为表扬而表扬，为批判而批判，徒具形式，华而不实，因此自然可以达到勉励和鼓舞学习者成长的预期效果。其中孔夫子的态度尽管有些许苛刻严厉，但更多的是温婉宽厚。[述而第七·三十八]章评价夫子"温而厉"，于此可见一斑。

【标签】

成己；成物；自我；反身；自省；温而厉

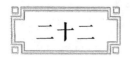

【原文】

子曰:"君子矜而不争,群而不党。"

【解义】

此一章书,是言君子持己处众①之得宜也。

孔子曰:人之立品②尚严毅③者最不易得,然或自视太高,责人太详,每至于乖戾④而不觉也。君子则但以礼法自持,惟恐一言一动之偶诡于正⑤,可谓矜⑥矣,而未尝以气陵人⑦,何争之有?人之度量⑧能休容⑨者最不易得,然或包荒⑩是务,瞻徇⑪为心,每至于阿私⑫而不觉也。君子则但以宽厚待人,惟期天下国家之共偕于道⑬,可谓群矣,而未尝以情徇物⑭,何党⑮之有?

盖矜易隣⑯于争,群易流于党,唯君子性情学问交底于至⑰,所以各得其正而无弊,天下所以赖有君子也。

【注释】

①持己处众:要求自己,与他人相处。朱熹《论语集注》注本章:"庄以持己曰矜,然无乖戾之心,故不争;和以处众曰群,然无阿比之意,故不党。"

②立品:培养品德。

③严毅:严厉刚毅。

④乖戾:悖谬,不合情理。

⑤偶诡于正:偶,偶然。诡于正,违背正道。常作"不诡于正"。清叶燮《己畦文集·南游集·序》:"诗言情而不诡于正,可以怨者也。"

⑥矜:庄以持己曰矜。

⑦以气陵人:以势压人;颐指气使,盛气凌人。

⑧度量:器量,涵养。

⑨休容:宽容,气量大。

⑩包荒:包含荒秽。

⑪瞻徇:徇顾私情。

⑫阿私:偏私,不公道。

⑬共偕于道：共同达到大道。
⑭徇物：曲从世俗。
⑮党：结党营私。
⑯隣：即"鄰"，同"邻"。
⑰交底于至：同"交底于极"，都能够达到极致。交，一起，同时。底，古同"抵"，达到。明末清初黄宗羲《宋元学案·晦翁学案》：（朱熹）"其为学，大抵穷理以致其知，反躬以践其实，而以居敬为主。全体大用，兼综条贯；表里精粗，交底于极。"

【译文】

这一章是说，君子能够做到自持待人两相得宜。

孔子说：一个人想要养成严厉刚毅的品德是非常不容易的，但是如果因此就自视甚高，对别人求全责备，不留余地，反而会使自己偏激悖谬而不自知。而君子却能够随时用礼法来约束自己，唯恐一言一行有违正道，这可以称得上庄重自持了，因此也自然不会盛气凌人，又怎么会引发争端呢？一个人想要具有宽宏大量的气度是非常不容易的，一般很容易包藏私欲、唯利是图，以至于阿附偏私而不自觉。而君子却能够宽厚待人，只期望天下之人能够共至大道，这可以称得上合德合群了，所以自然也不会随波逐流，又怎么会结党营私呢？

一般来说，庄矜往往会引发争端，合群又容易形成朋党，只有君子能够把学问和性情两个方面同时做到极致，使学问极高而性情中和，没有偏弊，这也正是天下需要仰赖君子的原因。

【评析】

心正则矜，但无私争；为公而群，但不结党。公、正二字不啻于政治人的首要品格。刘强巧妙联系，解本章曰："矜而不争，即泰而不骄也；群而不党，即周而不比也。"❶ 故表彰君子之品德，以照见小人之奸邪，而防治小人之私弊，正需君子之公正。

孔子每以君子小人对举，其诫勉惕励之心昭然："张彦陵曰：世道之祸，莫大于'争'与'党'，然势必借'君子'之名，方能高自标榜。故

---

❶ 刘强：《论语新识》，岳麓书社2016年版，第446页。

夫子揭出'君子'二字，为立异同者药石。"❶

【标签】

君子；小人；正直；公私；结党

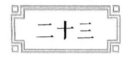

【原文】

子曰："君子不以言举人，不以人废言。"

【解义】

此一章书，见君子之听言审而取善弘①也。

孔子曰：任天下事者系乎人，议天下事者存乎言。使人与言兼善，岂非君子之至愿哉？而不能尽然也——

其言虽有可采，而其人尚未可信。若以敷奏之工，即加以车服之庸，②则天下之饰言③以求进者多矣。君子则但取其言而已，不以言举人④。

其人虽无足录，而其言则确有可听。若以狂瞽⑤之名，概任其嘉言之伏⑥，则天下之饰貌⑦以求容⑧者多矣。君子则姑置其人而已，不以人废言。

总之，君子操用舍进退⑨之权，全无私意存乎其间。为天下得人，不妨详于责实；为天下求言，不妨宽于论过。所以师济⑩在位⑪，而謇谔⑫成风也与？

【注释】

①听言审而取善弘：广开言路而察纳雅言。对所听之言审慎对待，不因言举人，不因人废言，最大限度地吸收好的建议。

②若以敷奏之工，即加以车服之庸：出自《尚书·尧典》："五载一巡守，群后四朝。敷奏以言，明试以功，车服以庸。"（每五年巡视一次，诸侯在四岳朝见。使他们充分地报告政务，然后认真地考察他们的政绩，赏赐车马衣物作为酬劳。）此处隐去"明试以功"这个检验步骤，而仅仅根据其报告言辞，不加审查就给予奖励。可参本书［先进第十一·二十一］"古

---

❶〔明〕冯梦龙：《四书指月》，《冯梦龙全集》第 21 册，李际宁、李晓明校点，江苏古籍出版社 1993 年版，第 225 页。张振渊，字彦陵，明朝人。

帝王取人之法"词条注释。

③饰言：花言巧语。

④举人：推举，选拔人才。

⑤狂瞽：愚妄无知。

⑥嘉言之伏：与"嘉言罔攸伏"相对，不听从良善的言辞，使之隐匿消散。《尚书·大禹谟》：曰若稽古，大禹曰："文命敷于四海，祗承于帝。"曰："后克艰厥后，臣克艰厥臣，政乃乂，黎民敏德。"帝曰："俞！允若兹，嘉言罔攸伏，野无遗贤，万邦咸宁。稽于众，舍己从人，不虐无告，不废困穷。惟帝时克。"（稽考古代传说，大禹说："文教普及四海，恭敬地继承尧、舜二帝的高尚品德和光荣传统。"又说："君主能够理解君主的艰难，臣下能够理解臣下的艰难，政事就能得到治理，众民就能勉力于德行了。"舜说："对，你所言甚是！这样，良善的言辞就不会遭到隐匿，贤良的人才就不会被遗弃到朝廷之外，万国的民众就享有安宁了。政事同众人讨论，舍弃私见，依从众人，不虐待无依无靠的人们，不放弃除困济穷的事情。只有帝尧能够这样。"）

⑦饰貌：修饰容貌。

⑧求容：取悦。

⑨用舍进退：人才的取舍和职位的升降。

⑩师济：即"济济师师"，盛貌。喻指朝廷人才济济。唐陆贽《论裴延龄奸蠹书》："陛下勤修仪式，以靖四方，慎选庶官，以贞百度，内选则股肱耳目，外选则垣翰藩维。济济师师，咸钦至化，庶相感率，驯致大和。"

⑪在位：居官位，做官。

⑫蹇谔：又作"謇谔"，忠直敢言貌，正直貌。蹇，通"謇"，音jiǎn，正直。

【译文】

这一章是说，君子要审慎对待他人的言辞，同时要最大限度地知人善用，择善而从。

孔子说：处理天下诸事，关键在于人才；商议天下诸事，关键在于言辞。如果所得到的人才与言辞都是上好的，这岂不是君子最大的愿望吗？但实际上恐怕并不能如愿——

要么是其言辞有可取之处，但是这个人本身并不可信。如果仅凭报告文书的辞令工整华丽，就马上给予奖励，那么天下人就会竞相巧言修辞以邀宠晋升。所以君子只能择取其好的言辞，但并不可以因此就任用其人。

要么是其人的才德乏善可陈，但他所说的话也有一定的道理。但如果这个人有愚妄无知的名声，就推测他有良言，只不过是藏匿了，那么天下人就会竞相乔装打扮以投机取悦。所以君子只需要把这个人搁置在一边，只要不因为这个人而废弃他可取的言辞就好了。

总而言之，君子操持选人用人和晋升贬黜的权力，心中全无半点私心杂念。为天下选人用人，就要言行一致，细加考究；为天下求取意见，不妨大度容人，千虑一得。这样就可使朝廷人才济济而从善如流了。

【评析】

王蒙先生认为本章这样的说法是"客观与理性的态度"❶，大抵没有错。不过现实中因人取言、因言废人的事情总还是在发生。

"说你行，你就行，不行也行；说你不行，你就不行，行也不行"。一切话语皆权力所使，福柯如是说。

【标签】

言；人才；话语权力

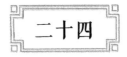

二十四

【原文】

子贡问曰："有一言而可以终身行之者乎？"子曰："其恕乎！己所不欲，勿施于人。"

【解义】

此一章书，是示人以守约①之学也。

子贡问曰：天下之理虽无穷，必择其要而后可守。有一言之微为众理所不能外，而可以终身奉行者乎？

孔子曰：理莫备于一心，执要②者亦在乎推心③而已。欲求终身可行，其必恕之一言乎？恕者，以己之心度人之心，己所不欲之事，即勿以施之于人。不求人心之合，而只求自心之安。此即所谓约而可守者，宁④不可以

---

❶ 王蒙：《天下归仁》，北京联合出版公司2015年版，第318页。

终身行之乎?

可见圣贤学问,先戒偏私;帝王功用⑤,首重絜矩⑥。诚以恕之一言而推行之,则大道为公⑦之世也,岂仅勉赐⑧而已哉?

【注释】

①守约:简易可行。

②执要:掌握要害,抓住关键。

③推心:以诚相待。

④宁:难道。

⑤功用:修养,造诣。

⑥絜矩:絜,音 xié,度量。矩,画方形的用具,引申为法度。儒家以絜矩来比喻道德上的规范。

⑦大道为公:即"大道之行也,天下为公",大道运行的时代,天下为大家公有(天下人都怀有公心)。出自《礼记·礼运》,参本书[子路第十三·九]"型仁讲让"词条注释。

⑧勉赐:慰勉赐赠。

【译文】

这一章,是启示人们遵守简易可行的恕道。

子贡请教说:天下的道理无穷无尽,一定要选择其精要,然后才能有所执守。这其中,是不是有一句最为精要而包含众理的话,可以用来终身奉行的呢?

孔子说:一心而不可能了知万理,其最关键的不外乎"真诚"二字而已。那么,要想求得可以奉行一生的话,恐怕就是一个"恕"字了。所谓"恕",就是将心比心,己所不欲,勿施于人。重要的不是去迎合他人的心理,而是要让自己能够安心于所为。这就是所谓简易可行的道理,可以用一生坚持的学问。

由此可见,圣贤要修行学问,就要先行戒除偏私;帝王要提升造诣,就要遵从基本的规则。如果能够将恕道推演开去,就连"大道为公""天下大同"的理想也可以实现,岂止是夸奖几句、赐赠珍宝那样的小恩小惠那么简单的事情?

【评析】

不求人心之合,而只求自心之安。仁者安仁。

【标签】

子贡；恕；己所不欲，勿施于人

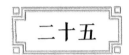

【原文】

子曰："吾之于人也，谁毁谁誉？如有所誉者，其有所试矣。斯民也，三代之所以直道而行也。"

【解义】

此一章书，见圣人无私好恶也。

孔子曰：是非者，天下之公也；毁誉①者，一人之私也。吾之于人也，非不称人之恶，然人之恶如是，而吾之称之也亦如是，未尝过其实也，于谁而毁乎？非不扬人之善，然人之善如是，而吾之扬之也亦如是，未尝浮②于真也，于谁而誉乎？夫毁固不免于刻薄③，而誉或不失为忠厚。然即有所誉者，亦必有所试验④，而非妄为夸许，务使当之者无愧，闻之者见信尔。誉且不敢轻易⑤，又何况于毁乎。凡此者，非吾之私心也，正以斯民也——既禀天理之公⑥，又被⑦先王教化之泽，是则公是，非则公非——三代⑧之所以直道而行，吾焉能枉⑨其是非之实，而容私意于其间哉？

盖天下有善恶，自不能无好恶；然好恶之过，反不足以为惩为劝；不若因物付物⑩者，乃为大公至正⑪也。以此而操赏罚之权，何古道之不可复哉？

【注释】

①毁誉：诋毁或赞誉。
②浮：偏离，游离。
③刻薄：冷酷无情。
④试验：考察测验。
⑤轻易：随便改变。
⑥禀天理之公：遵循天理公道。禀，遵循，奉行。
⑦被：音 pī，承受。
⑧三代：即夏、商、周三代。

⑨枉：弯曲，委屈。引申为行为不合正道或违法曲断。

⑩因物付物：不将主观意向强加给所对待之物，而是依从其本性来任用它。北宋邵雍《皇极经世·心学篇》："不我物，则能物物。圣人利物而无我。不我物，不以我强物也。能物物，则因物付物矣。故圣人因物而利之，无一有我之见。夫天不自天，并物为天。地不自地，并物为地。圣不自圣，同物乃圣。是皆无我而已。"清王先谦《庄子集解·齐物论第二》："正因者，因其大而大之，因其小而小之，所谓因物付物，无容心于其间也。"

⑪大公至正：犹"大中至正"，极为公正，不偏不倚。

【译文】

这一章是说，孔圣人不以私心好恶来判定是非曲直。

孔子说：正确与否，天下其实自有公论；赞誉与否，却受个人主观影响。我这个人，对于别人的恶习并非不加以判断，但是这个人的恶习是怎样，我就说成怎样，不会言过其实，所以这是一种客观的判断，而非有意诋毁。我也不是不称道别人的善行，但是这个人的善行是怎样，我就宣扬成怎样，绝不浮夸失真，所以这是一种判断，而非过誉。诋毁的话往往会偏于刻薄，赞誉的话往往符合事实。然而，即便是有所赞誉的人和事，也一定要有所核验，而不是妄加赞许，一定要让其人当之无愧，而听闻者确信不疑。就连赞誉都不敢随意，更何况是诋毁呢。凡此种种，都不是出于个人私心，而是因为这些民众自有其传统——他们秉承天理公道，又承受先王教化的润泽，所是所非都依从公理——夏商周三代都是依正直之道运转，而我（身处其中，作为一员），岂能罔顾公理是非，而允许私意独断呢？

天下既有善恶，则自然有善恶的评判；然而如果这种评判过分了，反而不利于劝善惩恶；不如根据万物本性而为之，反而可以达到大公至正的境界。如果遵循此道来执掌生杀大权，还有什么古风古道不能复现的呢？

【评析】

这一章是说夫子遵循直道以评人。评人者，亦自评也。与其说夫子在此处评价他人，不如说是在树立评人的标准，并以评人之道彰显其为人之道。而结合夫子一生的苦苦寻觅，好似他也期待能够遇见理解自己并给予其正当评价的人。

这种期待，或是夫子的孤独，但更是其自信。夫子毕其一生托举成仁成圣之学，却往往自谦，不敢称仁称圣，（[述而第七·三十四]：子曰："若圣与仁，则吾岂敢？抑为之不厌，诲人不倦，则可谓云尔已矣。"）乃至不敢称学（[述而第七·二]：子曰："默而识之，学而不厌，诲人不倦，何有于我哉？"），亦若文王自谦自勉之望道而未见，故此时时鞭策自警，砥砺进学。

后人对孔子称圣称仁，或出于真正习得者而尊崇有加。然如若其学并未获得孔子本真，而徒有尊崇之举反而无稽。东汉史学家班固对此直陈利弊，一针见血：

儒家者流，盖出于司徒之官，助人君顺阴阳、明教化者也。游文于六经之中，留意于仁义之际，祖述尧舜，宪章文武，宗师仲尼，以重其言，于道最为高。孔子曰："如有所誉，其有所试。"唐虞之隆、殷周之盛，仲尼之业已试之效者也。然惑者既失精微，而辟者又随时抑扬，违离道本，苟以哗众取宠。后进循之，是以五经乖析，儒学渐衰。此辟儒之患。（《汉书·艺文志》）

译文：

儒家学派，大概是源于古代的司徒之官，其宗旨是辅助君主顺应阴阳推行教化。他们研习六经，专心探讨仁义相关的问题，遵循尧舜之道，效法文武，尊崇孔子为宗师，来彰显他们言辞的重要和道行的高深。孔子说："如果要对人有所赞誉，就要对他有所考察。"唐尧虞舜时代的兴隆，殷周时代的盛大，已经证明孔子之道的行之有效。但迷惑不明者本不懂儒道之精微，而又有浅薄无知之徒趋炎附势，背德忘本，只是把儒学当作哗众取宠的学问。后人又因循他们，以之为榜样，因此五经更加阐释不通，互相矛盾，以致儒学渐渐衰落。这正是鄙陋之儒酿成的恶果。

故此与夫子自道不符，好似后人伪作之言。而深究其义，乃知本章所言，实犹如今日所云"文化自信"，乃其对公德大道的自信，而非个人小我之自信。一旦没有个人的得失之患，不会沉陷于"井有仁焉"（[雍也第六·二十六]）之类的问题，才可谓真正的自信。

明末清初思想家王夫之曰："圣人之语，自如元气流行，人得之以为人，物得之以为物，性命各正，而栽者自培，倾者自覆。"❶铿锵其鸣，亦可视作夫子话语的千载回响。

---

❶ 王夫之：《读四书大全说》，中华书局1975年版，第214页。

【标签】

直道；毁誉；因物付物

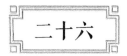

【原文】

子曰："吾犹及史之阙文也。有马者借人乘之，今亡矣夫！"

【解义】

此一章书，见圣人革薄从忠①之思也。

孔子曰：世道②之污隆③，人心为之也，乃人心之变，有日异而岁不同者。④试举一二事观之：方我生之初，古道⑤犹存，为史官者或闻见未真，考据未确，即阙⑥之而传疑⑦焉，未尝任私意为笔削⑧也。有马者或彼此相假⑨，有无相通，即借人而共乘焉，未尝挟所有以骄吝⑩也。乃今则不然——果于自用⑪者，不求是非之真；专于自私者，略无公溥⑫之意——吾不意人心风俗之遽至于是也！

盖运会⑬之日降，由于教化之不明。有世道之责者，可不思所以挽救之哉？

【注释】

①革薄从忠：革除轻薄的习俗，使之随从忠厚的行为。
②世道：社会道德风尚。
③污隆：升与降。常指世道的盛衰或政治的兴替。
④人心之变，有日异而岁不同者：人心变化非常之快，可谓日新月异。
⑤古道：古代之道。泛指古代的制度、学术、思想、风尚等。
⑥阙：空缺，缺失。
⑦传疑：谓将自己认为有疑义的问题如实告人。亦谓传授有疑义的问题。
⑧笔削：本指著述。笔，书写记录。削，删改时用刀削刮简牍。引申为对作品删改订正。
⑨假：借。
⑩挟所有以骄吝：《朱子语类》卷三十五，释［泰伯第八·十一］："骄

吝，是挟其所有，以夸其所无。挟其所有，是吝；夸其所无，是骄。而今有一样人，会得底不肯与人说，又却将来骄人。"（骄吝，就是一方面藏掖自己所有，不与人分享共进，另一方面又去夸口自己所有而别人没有的。前者即为吝，后者即为骄。现在就有这样一种人，自己所会的死活不肯与人分享，但又在有些时候拿来夸口自负。）可详参本书［泰伯第八·十一］"骄焉而夸人所无……不肯善与人同"词条注释。

⑪果于自用：刚愎自用，十分固执自信，不考虑别人的意见。果，果决，武断。自用，自行其是，不接受别人的意见。《尚书·仲虺之诰》："好问则裕，自用则小。"《礼记·中庸》："愚而好自用，贱而好自专。"

⑫公溥：公共。溥，音pǔ，广大。

⑬运会：时运，际会，时势。

【译文】

这一章，是圣人希望革除人们轻薄的习俗，使之随从忠厚的行为。

孔子说：社会风俗道德的升降，都是人心所造就，只要人心改变了，社会风气就会日新月异。就拿一两件事来说吧：我小的时候，古道旧俗还在，那些史记之官对于没有亲见亲证的事件，记录态度非常严谨，宁缺毋滥，避免以讹传讹，所以不会随意改动。拥有马匹的人，相互借用，互通有无，也就是共同使用、共同乘坐，从不吝啬藏掖，更不以己所有而夸人所无以自骄。现在却大不一样了——刚愎自用而不求真务实，自私自利而毫无公共意识——我没有想到人心世俗会沦落到这个地步！

大概之所以世风日降，是因为教化未能彰明。所以，那些负有教化社会道德风尚职责的人，务必力挽狂澜而解民于倒悬了。

【评析】

人心不古，世风日下，自私成俗，骄吝成势。

孔夫子发出号召说，赶紧教育啊教育啊——

他的意思是通过教育改变社会，但没想到教育多已被社会所改变。

【标签】

世道；教化；骄吝

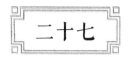

【原文】

子曰:"巧言乱德。小不忍,则乱大谋。"

【解义】

此一章书,是圣人示人以听言处事之法也。

孔子曰:凡言之有理者,不过平正切实而已。乃有巧言焉,或为软美①以取悦,或为新奇以惊世,若误听之,必至是非颠倒,真伪混淆,适足以乱德而已。

至于谋大事者,必有忍,其乃有济②。乃或以小利而轻动,以小害而辄③阻,而不少忍④焉,则不世之功⑤或败于一朝之忿⑥,非常之患致率于姑息⑦之私,适足以乱大谋而已。

然则有天下国家者,众言当前,取舍动关主术⑧;万几在御⑨,颦笑即系国谋⑩。苟非至明至断,乌⑪能肆应咸宜⑫哉?

【注释】

①软美:柔和美好;温顺。宋陈亮《戊申再上孝宗皇帝书》:"正言以迂阔而废,巽言以软美而入。"

②必有忍,其乃有济:《尚书·君陈》:"尔无忿疾于顽,无求备于一夫。必有忍,其乃有济;有容,德乃大。"(你不要愤恨那些愚蠢而顽固的人,对于普通百姓不要求全责备。一定要有耐心,这样你才能成功;能够宽容,德行才能光大。)济,成事。

③辄:就,马上。

④少忍:稍加忍耐。

⑤不世之功:非凡之功,形容功劳极大。不世,不是每代都有。

⑥一朝之忿:一时的气愤。[颜渊第十二·二十一]"一朝之忿,忘其身,以及其亲,非惑与?"

⑦姑息:无原则的宽容。

⑧主术:君主控制臣下的权术。

⑨万几在御:处理纷繁的政务。万几,即万端,指纷繁的政务。出自《尚书·皋陶谟》,可详参本书[里仁第四·二十二]"兢业万几"词条

注释。

⑩颦笑即系国谋：一颦一笑也牵系国家大事。颦，音 pín，皱眉。《韩非子·内储说上》：韩昭侯使人藏弊裤，侍者曰："君亦不仁矣，弊裤不以赐左右而藏之。"昭侯曰："非子之所知也。吾闻明主之爱一嚬（同'颦'）一笑，嚬有为嚬，而笑有为笑。今夫裤，岂特嚬笑哉！裤之与嚬笑相去远矣。吾必待有功者，故收藏之未有予也。"《京本通俗小说》："世路窄狭，人心叵测，大道既远，人情万端……所以古人云'颦有为颦，笑有为笑'，颦笑之间，最宜谨慎。"

⑪乌：疑问副词。何，哪里。

⑫肆应咸宜：指施政顺利，收到良好的回应效果。肆应，各方响应。

【译文】

这一章是讲，孔圣人启示察纳雅言、审时度势而成事的方法。

孔子说：大凡那些有道理的话语，往往都很平实。反倒是那些花言巧语，要么是恭顺柔美，意在谄媚取宠，要么是标新立异，以图惊世骇俗，如果未加审详而判断不准，就会是非颠倒，真假不分，淆乱道德，动荡人心。

对于图谋国务大事的为政者，一定要能够忍，事情才能有所成就。如果因为遇到小利就轻易动摇，因为遇到小害就马上退却，不能稍加忍耐，那么，即便是天大的功业，也会因一时的情绪而败坏，因自私自利而毫无原则，终将导致严重的祸患，这正可以搅乱整体的谋划啊。

然而，君临天下者，有百官谏言在前，其所取所舍深切关系到治政纲要；要处理纷繁的政务，而一颦一笑也可牵系国家走向。如果不慎重对待而明察明断，又怎能顺利施政而收效显著呢？

【评析】

Simon Lyes《论语》译本将本章译作：

The Master said: "Clever talk ruins virtue. Small impatiences ruin great plans." ❶

---

❶ Simon Leys: *The Analects of Confucius*, W. W. Norton & Company (1997): 77.

将"乱"字译为"ruin",带有比较强烈的情绪在里面,用当前流行语来说,就是"很丧"。ruin 的复数 ruins 的意思就是废墟了。因此这个词容易引人浮想联翩,动情之处不觉怃然。

【标签】

小不忍,则乱大谋;忍;乱

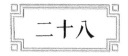

【原文】

子曰:"众恶之,必察焉;众好之,必察焉。"

【解义】

此一章书,是孔子示人以好恶之真也。

孔子曰:好善恶恶者,人之情也,而偏私附会者正复不少。乃有人焉,众人皆恶之矣——夫何恶之之多也?苟非大奸巨憝①之人,即或高世遗俗之累②,必进而深察③焉。见其真有可恶,方可同恶。不然,何敢从众而蔽善也?

有人焉,众人皆好之矣——夫何好之之多也?苟非真才实学之士,即或沽名钓誉之流,必进而深察焉。见其确有可好,方可同好。不然,何嫌④违众⑤而市恩⑥也?

盖众论偶然相符,惟公论⑦久而后定。于此加察,则孤立⑧者不患乎无助,而朋比⑨者难逃于洞观⑩。人才之消长⑪悉关于此,可不慎哉?

【注释】

①巨憝:元凶,大恶人。憝,音 duì,坏,恶。

②高世遗俗之累:《战国策·赵策二》(赵武灵王):"有高世之功者,必负遗俗之累;有独知之虑者,必被庶人之怨。"(赵武灵王说:"建立了盖世功勋的人,必然要因其超凡脱俗而遭受不解和责难;有独到见解的人,也必然因标新立异而招致众人的误解和孤立。")另,《史记·商鞅列传》:孝公既用卫鞅,鞅欲变法,恐天下议己。卫鞅曰:"疑行无名,疑事无功。且夫有高人之行者,固见非于世;有独知之虑者,必见敖于民。愚者闇于成事,知者见于未萌。民不可与虑始,而可与乐成。论至德者不和于俗,成大功者不谋于众。是以圣人苟可以彊国,不法其故;苟可以利民,不循

其礼。"孝公曰:"善。"(大意:秦孝公想进行变革而有所犹豫,商鞅就勉励他:将要推行的政治设计虽然高明而深远,但未必能够为一般民众所理解和接受;要打破这种认识的误区才能有所成就。秦孝公听后表示认同。)

③深察:洞察幽微,深入考察。
④何嫌:何妨。
⑤违众:与众不同,违反常规。
⑥市恩:谓以私惠取悦于人,示好以刁买人心。
⑦公论:公正的评论。
⑧孤立:独立,特立独行。
⑨朋比:阿附,勾结。
⑩洞观:透彻地了解,深入地观察。
⑪消长:增减。

【译文】

这一章,是孔子告诫弟子要辩证对待众人的好恶之情。

孔子说:喜好善而厌恶恶,是人之常情,但也不排除因此造成众多的一叶障目而偏听偏信。如果有一个人,大家都厌恶他——那么,为什么会有这么多人厌恶他呢?如果不是大奸大恶之人,那就是因超凡脱俗而遭遇不解而牵累,所以要对其进行深究细察。如果其结果是他真有可恶之处,才能随同众人去厌恶他。不然的话,又岂能因媚俗从众而遮蔽其人之善呢?

如果有一个人,大家都喜欢他——那么,为什么会有这么多人喜欢他呢?如果不是有真才实学的读书人,那就恐怕是沽名钓誉的伪君子了,所以也要对其进行深究细察。如果其结果是他真有可嘉之处,才能随同众人去喜欢他。不然的话,又何妨力排众议而坚持己见,而非谄媚曲从以博取人心呢?

大概普通的评价只是碰巧与事实相符,而公正之论则要经过时间的检验。所以,如果能够对事对人细加考量,那么特立独行的人就不再会孤立无助,而结党营私的人也难逃公论的评判。一个社会人才的增减也与此息息相关,又岂可不慎重对待呢?

【评析】

这一章文字不难理解,然而真要做到独立判断却很困难,现实中众恶而不察、众好而从众的现象反而更加多见。正因为如此,很多荒谬的事情发生了,鲁迅笔下的"看客"形象堪称经典。一国民众如此"不察",发人深省。

如何理性判断，可引申并分解为四个角度。

角度一：察世

人心与世态往往密切关联。唐文治解本章云："叔季之世（按：谓衰乱将亡的末世），有好恶而无是非。"❶ 究其根源，不过是过多依个人得失进行判断，不是无是非，而乃得失之欲遮蔽了是非之理。《吕氏春秋》中攫金者的故事，正生动地描绘了人的基本判断为物欲所遮蔽的情形：

齐人有欲得金者，清旦被衣冠，往鬻金者之所，见人操金，攫而夺之。吏搏而束之，问曰："人皆在焉，子攫人之金，何故？"

对吏曰："殊不见人，徒见金耳！"（《吕氏春秋·先识览·去宥》）

一个人唯利是图如此，则一个社会也可能如此。所以孔子频频辨明"义""利"之别，并发出"有道""无道"之叹：

君子喻于义，小人喻于利。（［里仁第四·十六］）

天下有道则见，无道则隐。邦有道，贫且贱焉，耻也；邦无道，富且贵焉，耻也。（［泰伯第八·十三］）

然而问题在于，世人大多是逐利的，而君子"喻于义"而"徇于道"，又往往是特立独行而背离主流的。故此孔子说要注意观察和判断人的初衷，或正为对君子品格的珍惜和保护，因为保护了他们，才能保护社会价值链的平衡。（有鉴于此，《庄子·渔父》和《楚辞·渔父》也可以对比阅读矣！）

角度二：察人

孔夫子对人的观察似乎颇有心得，但侧重点有所不同，因此要进行类别的区分。

子曰："视其所以，观其所由，察其所安，人焉廋哉？人焉廋哉？"（［为政第二·十］）

宰予昼寝。子曰："朽木不可雕也，粪土之墙不可杇也；于予与何诛？"子曰："始吾于人也，听其言而信其行；今吾于人也，听其言而观其行。于予与改是。"（［公冶长第五·十］）

---

❶ 唐文治：《四书大义》，上海交通大学出版社2016年版，第489页。

这些话表面上都是讲对个体的观察方法，但前者实则是讲一个人无法藏匿自身，因此要注重自身修为；而后者是痛斥之后的话，实则表现出对他的不信任。最为重要的是，如何在人群中观察一个人，即通过人与人之间的相互评论来对人进行判断。[子路第十三·二十四] 中子贡与孔子讨论了这个问题：

子贡问曰："乡人皆好之，何如？"
子曰："未可也。"
"乡人皆恶之，何如？"
子曰："未可也；不如乡人之善者好之，其不善者恶之。"

所谓"物以类聚，人以群分"，这是依照类群进行鉴别的方法，似乎有些粗疏，但在现实中却实属难得。《孟子·梁惠王下》则强调不可以众人之好恶来判断和取舍人才，则表现出更为审慎的态度：

孟子见齐宣王曰："所谓故国者，非谓有乔木之谓也，有世臣之谓也。王无亲臣矣，昔者所进，今日不知其亡也。"
王曰："吾何以识其不才而舍之？"
曰："国君进贤，如不得已，将使卑逾尊，疏逾戚，可不慎与？左右皆曰贤，未可也；诸大夫皆曰贤，未可也；国人皆曰贤，然后察之；见贤焉，然后用之。左右皆曰不可，勿听；诸大夫皆曰不可，勿听；国人皆曰不可，然后察之；见不可焉，然后去之。左右皆曰可杀，勿听；诸大夫皆曰可杀，勿听；国人皆曰可杀，然后察之；见可杀焉，然后杀之。故曰，国人杀之也。如此，然后可以为民父母。"

前面两例可归结为对个人品德修为的提醒，而后面两例的重点则是对社会的警示。无论是前者，还是后者，都有必然的联系，都是为政者所必要考察的内容。本章连用两个"必"字，其强调意味非同一般，可知孔子之重视程度。

角度三：察实

冯梦龙对本章的解读更为理性和透辟，认为观察者要力避从众心理，因为其主要任务不是对人做出判断，而是对事实做出判断：

"众"字与"公"字不同："公"以心言，"众"以迹言。"察"，非察众言，察其本人可好恶之实也。"必察"，亦非定与相左，只是虚心观理。可疑正在一"众"字。好恶至于动众，必非常人；不是大贤，定是大奸，

故不可不察。❶

若事实清楚则其人之是非亦明，则首先要心怀"公"字，否则势必不察。然如何"公"？则又指向下一角度。

角度四：察法

较"察实"更进一步，则是观察者自身的心理和方法，即因"理"而"公"。观察者如何尽量保持理性而明察事实？依照北宋理学家邵雍的说法，就是避免"以我观物"，而要"以物观物"：

圣人之所以能一万物之情者，谓其能反观也。所以谓之反观者，不以我观物也。不以我观物者，以物观物之谓也。（《皇极经世·绪言》）

夫所以谓之观物者，非以目观之也。非观之以目，而观之以心也。非观之以心，而观之以理也。……虽然水之能一万物之形，又未若圣人之能一万物之情也。谓其圣人之能反观也。所以谓之反观者，不以我观物也。不以我观物者，以物观物之谓也。（《皇极经世·观物》，又见于《渔樵问对》）

"众人"和"我"观察时都必然带有主观因素，应尽量摒弃主观因素而遵循客观之"理"，"以物观物"，即遵循事物本身之理来看待。

由上看来，本章所涉非止于对日常人物的评价，而乃对公理意识的推行、世态人心的扶正，直涉社会价值建构，故不应小觑，而须审慎对待。社会价值体系犹如一个正方体，有六个侧面：一侧是国家意志，一侧是个体行为；一侧是顶层设计，一侧是考察标准；一侧是精英意识，一侧是公众心理。一体六面，又可平切为三个层次：小而为个人行为和声誉名节，大而至国家意志和价值标准，中间则是引领机制和世态人心。虽然孔子在这里提到的是"考察标准"这一个侧面，实则与其他侧面息息相关、紧密互动。

孔子所言虽简，但指涉极大，背后隐含着对社会价值生态营构之运思，因此具有重要的社会学和政治学意义。以此价值体系建模观察，则许多社会问题或更为清晰可解。比如法国社会学家古斯塔夫·勒庞所谓群体因心理上的盲目性而成"乌合之众"，亦不过六面失序所造成之畸形状态。另如

---

❶〔明〕冯梦龙：《四书指月》，《冯梦龙全集》第 21 册，李际宁、李晓明校点，江苏古籍出版社 1993 年版，第 228 页。

日本思想家福泽谕吉所谓之"客人"则是个体行为与国家意志脱离所致：

> 在一个国家里面，才德足以担任统治者的，千人中不过一人。假如有个百万人口的国家，其中智者不过千人，其余九十九万多人都是无知的小民。智者以才德来统治这些人民，或爱民如子，或抚牧如羊；他们恩威并用，指示方向，人民也不知不觉地服从上面的命令，从而国内听不到盗窃杀人的事情，治理得很安稳。可是国人中便有主客的分别，主人是那一千个力能统治国家的智者，其余都是不闻不问的客人。既是客人，自然就用不着操心，只要依从主人就行，结果对于国家一定是漠不关心，不如主人爱国了。在这种情形之下，国内的事情还能勉强对付，一旦与外国发生战事，就不行了。那时候无知的人民虽不至倒戈相向，但因自居客位，就会认为没有牺牲性命的价值，以致多数逃跑，结果这个国家虽有百万人口，到了需要保卫的时候，却只剩下少数的人，要想国家独立就很困难了。❶

只有当社会建构了稳固的价值体系，明确了评价标准，从而使个人所为得到较为清晰的判定时，人们才能心安自得，社会才能稳定发展。所谓盛世之治，其实亦不过是这种"人心正而至于天下平"的社会状态吧。

【标签】

观人；品德；君子

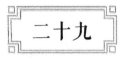

二十九

【原文】

子曰："人能弘道，非道弘人。"

【解义】

此一章书，是孔子勉人任道①也。

孔子曰：道之大原虽出于天②，而道之实理则备乎人。人之求道者往往谓我能是，是亦足矣。不知人力不至，而道体③亦狭。由穷理尽性以至于参赞位育，④虽道之量固然，而实人之功为之也。人能弘道⑤，岂道之自能弘

---

❶ [日] 福泽谕吉：《劝学篇》，群力译，东尔校，商务印书馆2010年版，第15-16页。

人哉?

总之,私欲未尽,则本体不完;⑥功用⑦未全,则德量⑧有缺。有斯道之任⑨者,甚不可自诿⑩,以负上天赋畀⑪之意也。

【注释】

①任道:肩负弘道重任。

②道之大原虽出于天:《汉书·董仲舒传》:"道之大原出于天,天不变,道亦不变,是以禹继舜,舜继尧,三圣相受而守一道。"(天是道的本源,天不变,道因此也不会变,所以禹继承舜的志业,舜继尧的志业,人事有所变化,但是所坚守的道却是一样的。)大原,根源,根本。

③道体:道的本体,道的主旨。

④由穷理尽性以至于参赞位育:穷理尽性,穷究天下万物的根本原理,彻底洞明人类的心体自性。出自《周易·说卦》。可详参本书[学而第一·一]同名词条注释。参赞位育,指人尽其诚信,达于中庸平和的境地,从而辅助天地正常运转,以达到万物和谐生长的效果。出自《礼记·中庸》。可详参本书[述而第七·十七]同名词条注释。前者指人对天道的主动探求,为能知道;后者则指人求得天道而自觉遵道而行,为能弘道。将这两个概念相贯通,正合乎本章"人能弘道"之意涵。

⑤人能弘道:人具备知道、体道的能力,而又有顺应道、弘扬道的责任。能,胜任,能做到。

⑥私欲未尽,则本体不完:指人受到私心欲望的影响,而不能充分认识到自身本就具备的道体。本体:指最根本的、内在的、本质的定位;本真。王阳明《传习录》:黄以方问:"先生格致之说,随时格物以致其知,则知是一节之知,非全体之知也,何以到得'溥博如天,渊泉如渊'地位?"先生曰:"人心是天渊。心之本体,无所不该,原是一个天,只为私欲障碍,则天之本体失了;心之理无穷尽,原是一个渊,只为私欲窒塞,则渊之本体失了。如今念念致真知,将此障碍窒塞一齐去尽,则本体已复,便是天渊了。"乃指天以示之曰:"比如面前见天,是昭昭之天,四外见天,也只是昭昭之天。只为许多房子墙壁遮蔽,便不见天之全体,若撤去房子墙壁,总是一个天矣。不可道跟前天是昭昭之天,外面又不是昭昭之天也。于此便见一节之知即全体之知,全体之知即一节之知,总是一个本体。"(大意:人对天道的感知,关键是扫除内心的障碍,而非道大不可尽知。)

⑦功用:修养,造诣。

⑧德量:道德涵养和气量。

⑨斯道之任：指君子负有主动承担道义的责任。《孟子·万章上》对此有比较清晰的表述：万章问曰："人有言，'伊尹以割烹要汤'，有诸？"孟子曰："否，不然。伊尹耕于有莘之野，而乐尧舜之道焉。非其义也，非其道也，禄之以天下，弗顾也；系马千驷，弗视也。非其义也，非其道也，一介不以与人，一介不以取诸人，汤使人以币聘之，嚣嚣然曰：'我何以汤之聘币为哉？我岂若处畎亩之中，由是以乐尧舜之道哉？'汤三使往聘之。既而幡然改曰：'与我处畎亩之中，由是以乐尧舜之道，吾岂若使是君为尧舜之君哉？吾岂若使是民为尧舜之民哉？吾岂若于吾身亲见之哉？天之生此民也，使先知觉后知，使先觉觉后觉也。予，天民之先觉者也；予将以斯道觉斯民也。非予觉之，而谁也？'思天下之民匹夫匹妇有不被尧舜之泽者，若己推而内之沟中。其自任以天下之重如此，故就汤而说之，以伐夏救民。吾未闻枉己而正人者也，况辱己以正天下者乎？圣人之行不同也，或远或近，或去或不去，归洁其身而已矣。吾闻其以尧舜之道要汤，末闻以割烹也。《伊训》曰：'天诛造攻自牧宫，朕载自亳。'"（万章问："人们说'伊尹曾用割肉烹调技术来求用于商汤'，有这件事吗？"孟子说："不，不是这样的。伊尹在有莘国的郊野耕地种田，而仰慕尧舜治世之道。如果不合乎其所秉持之义，不敬重其所遵守之道，即使把天下的财富都作为俸禄给他，他也不屑一顾；即使给他一千辆马车，他也不看一眼。如果不合乎其所秉持之义，不敬重其所遵守之道，他一丁点儿东西也不会送给别人，也不会向别人要。商汤派人用皮币帛礼聘请他，他自负地说：'我要汤的厚礼财物干什么呢？去商朝当官，又怎么能比得上我栖身于田野之中，以尧舜之道自足而自得其乐呢？'商汤还是坚持再三派人去聘请他。他后来终于改变了想法，说：'我与其栖身田野之中，以尧舜之道自足而自得其乐，但哪如使现在的君主成为尧舜一样的君主呢？哪如使现在的百姓成为尧舜之世的百姓呢？哪如在有生之年亲眼看到这样的盛世呢？上天生育这些民众，使先明理的人启发后明理的人，使先觉悟的人启发后觉悟的人。我，是天生的先行觉悟的人，我要用我所掌握的尧舜之道来启发这些普通的民众。如果不是我去启发他们觉醒，那还将会有谁呢？'思量这天下的百姓，饮食男女、一介平民，如果不能享有尧舜之道的教诲，那是非常不幸的，就好像是自己亲手将他们推进水沟里一样。伊尹就是出于天下担当，才俯就商汤的征召，并说服其讨伐夏桀以拯救人民。我从没有听说过委屈自身而能够矫正别人，也没有听说过辱没自己却能够匡正天下的人。圣人的处世方式各有不同——有的与君主保持距离，有的与君主亲密无间，有的归隐江湖，有的高居庙堂——但归根结底，能够洁身自好就好了。我只听说伊尹

以尧舜之道求用于商汤,却没有听说他用烹调的技术侍奉商汤。《尚书·伊训》里记载大臣伊尹勉励商王太甲的话说,上天的惩罚由夏桀自身造成,其乱由内而生,我们的汤王只需在毫不费力地拿下商都亳邑后,谋划如何治理天下而已。")

⑩自诿:自行推诿。诿,音 wěi,推托,推诿。

⑪赋畀:给予。特指天赋的权利。畀,音 bì,赐予,给予。

【译文】

这一章,是孔子勉励人们主动履行大道。

孔子说:道本源于上天,而所有的道理都能被人所感知,如果一个人说我能得道并体道,那就足够了。如果一个人不用心于道,那么道就无法得以完全呈现。只有通过穷究天下万物的根本原理,彻底洞明人类的心体自性,才能尽其诚信,达到中庸平和的境地,从而辅助天地正常运转,以达到万物和谐生长的效果。所以说,道是本然不变的,却通过人的努力来使其完好运行。人具备认知道、践行道的能力,而又有顺应道、弘扬道的责任,哪能无所作为,坐等道动而人随呢?

总而言之,人受到私欲干扰,就无法充分认识到自身本就具备的道体;修为不到位,那么道德涵养就有所缺憾。君子本就有"以斯道觉斯民"的重任,因此绝不可以推卸责任,而让百姓放任自流,白白辜负上天所赋之道。

【评析】

本章文字极简,却关涉极广,是解码儒学诸多命题及章句的一把钥匙。倪培民《孔子:人能弘道》一书恰以对本章主题的探究为切入点和论说主线而作。此处撷其精要为论:

首先,"弘道"是孔子的核心关怀。它表明孔子学说的特点不在于描述真理,而在于指导现实人生、追求人的完美化和社会的和谐共生……其次,"弘道"而非"遁道",意味着没有一个预先设定的普遍标准,表达了孔子之道本质上是允许无限制创造性的人生艺术……第三,也凸显了孔子哲学"即凡而圣",即从平凡的人生中开发出精神性、神圣性的特点,这也是儒家与大多数宗教相区别的主要特征。❶

---

❶ [美]倪培民:《孔子:人能弘道》,中译本补记,李子华译,上海人民出版社2013年版,第3页。

笔者以为，儒学中天、人、道三者共同构成了天与道、天与人、人与道、道与道四种关系：其一，天蕴含道，"道之大原出于天，天不变，道亦不变"。（董仲舒《举贤良对策》）天启人以道，而非左右人，是依靠人感知体悟，主动向道。子曰："天何言哉？四时行焉，百物生焉，天何言哉？"（[阳货第十七·十九]）所以：其二，天人合一；其三，人能弘道。

　　人能弘道，即天人合一之具体化之行为，天道远而人道迩，以人道应和天道，"道"成为天人之间的动态链接。故此既不限制"天"的界限，又赋予人以自由度，还保持了道的灵活性。倪培民认为：

　　儒家和道家的最高目标通常都被描绘为"天人合一"。对于道家而言，这种合一即人与自然的和谐、保持自然的习性和个性与周围环境的融合。对于儒家来说，这种合一就是通过人的积极参与来创造万物的和谐。它伴随着一种很强的使命感和责任感。正如杜维明先生所说，这是一种宇宙人类观（anthropocosmic）的视野，而不是人类中心主义的态度。人类中心主义将人置于控制和摆布万物之权力中心，宇宙人类观是将人放在对整个宇宙负责任的中心。❶

　　其四，道与道的关系。

　　"人能弘道"的观点也告诉了我们"道"更是一条轨迹、一种行为方式或开辟道路的行为，而不是一个纯粹客观和外在于人类行为的形而上学的实体。把儒家的道当做一个实体，是对儒家基本特征的完全误解，因为儒家的总体关怀是引导人类的生活方式，而不是去获得有关终极实在本体的知识。❷

　　倪培民在这里的表述描摹了儒家之道的动态表现。其实这种表现，并非儒家之道不够清晰，而是这种表现只是连亘、黏合"天—人—道"的另外一种关系，亦谓之"道"，这种道的作用是有效稳固前三种关系。为便于区分，笔者将前三种关系称为"为人之道"（或"天人之道"），而将第四种关系称之为"为道之道"。"人能弘道，非道弘人"的整体意蕴实际上就是在严明这种"为道之道"。有为道之道在，"为人之道"才得以稳固和确

---

❶ [美]倪培民：《孔子：人能弘道》，中译本补记，李子华译，上海人民出版社2013年版，第37页。

❷ [美]倪培民：《孔子：人能弘道》，中译本补记，李子华译，上海人民出版社2013年版，第36页。

定，儒家之"道"才是完整的、立体的、有机的。

由此回顾夫子"朝闻夕死"之言（[里仁第四·八]），则会发现，夫子亦在强调"为道之道"，而非直言生死之理。（可详参该章"评析"部分。）"知其不可而为之"（[宪问第十四·三十八]）亦乃为道之体现，而非"不识时务"之迂腐举动。《孔子：人能弘道》一书引用美国著名汉学家顾立雅（Herrlee Glessner Creel）的话说：

> 如果孔子待在鲁国，陶醉于一个闲职，满足于和他的学生们一起漫步，那么，他将只是一个布道者；而踏上他那无望的求索之旅，他却变成了一个预知者。这样一位文弱的、在某些方面还不谙世故的君子，在其五十多岁的年纪，出发去救助世界，说服他那个时代的顽固的统治者不要去压迫他们的臣民，这个画面是有些荒唐。但这是一种伟大的荒唐，只有在伟人身上才找得到的荒唐。（Creel，1949）❶

另如[述而第七·六][里仁第四·四][里仁第四·九][述而第七·十六][雍也第六·十一]和[述而第七·二十三]等诸章皆有"为道之道"的意蕴，读者可参看，兹不赘述。

人能弘道，是人的在场，高扬人的主体性，但亦不是越高亢越激越就越合理。用马克思主义哲学原理来说，就是既要发挥主观能动性，但一定要以尊重客观规律为前提。自以为占据了真理的峰顶，就可以藐视一切，随意践踏他人意志和尊严，实则会"以理杀人"（清戴震《与某书》），酿成恶果。

王蒙将儒道两家的为道之道进行比较，其结论颇为精警：

> 孔孟强调的是道的主体性，道是靠人来弘扬的。老庄强调的是道的自然性、自行性，还有就是人的行为的经常的有限性、相对性乃至谬误性，他们强调的是人少折腾，多来点自然而然。
>
> 他们讲的都有道理，但首要的应该是孔孟的主体说责任说，可以说孔孟的说法是人生的预热，老庄的说法是人生可能出现的高烧的降温。没有预热的人生等于拒绝人生，等于行尸走肉。没有降温的人生又可能是害人害己，轻举妄动，自找麻烦，点火自焚。❷

---

❶ [美]倪培民：《孔子：人能弘道》，中译本补记，李子华译，上海人民出版社2013年版，第27页。
❷ 王蒙：《天下归仁》，北京联合出版公司2015年版，第322—323页。

对于此中意味，笔者姑妄借古籍中关于"不死之药"的文字"戏说"一番。冯梦龙《醒世恒言》中借唐初"通事舍人裴晤"之口复述了东方朔关于"不死之药"的一则轶事：

> 汉武帝时，曾闻得有人修得神仙不死之药，特差中大夫去求他药方，这中大夫也是未到前，适值那人死了。武帝怪他去迟，不曾求得药方，要杀这大夫。亏着东方朔谏道："那人既有不死之药，定然自己吃过，不该死了；既死了，药便不验，要这方也没用。"武帝方悟。（第三十八卷·李道人独步云门）

然而搜之古史，尚无此传。可能是冯氏根据《韩非子》或《博物志》上相关故事合撰出来的。这大概是古人对迷信不死之药的机智辩解，所以有不同版本的流传，到了明代作家冯梦龙那里，便融汇成了东方朔个人的别传轶事，借以表明自己对不死之药的态度：古人从根本认识上并不否认不死之药的存在，只是对于不死之药这个不可知之物，要保持足够的理性，使其为人所用，而不是因为迷信而罔顾常情常理。

恰好，明人凌濛初的小说《二刻拍案惊奇》里也有关于"不死之药"的评议，将其中道理及意蕴表述得形象而清楚：

> 可见神仙自有缘分。仙药就在面前，又有人有心指引的，只为无缘，几自不得到口。却有一等痴心的人，听了方士之言，指望炼那长生不死之药，死砒死汞，弄那金石之毒到了肚里，一发不可复救。古人有言："服药求神仙，多为药所误。"自晋人作兴那五石散、寒食散之后，不知多少聪明的人彼此坏了性命。臣子也罢，连皇帝里边药发不救的也有好几个。这迷而不悟，却是为何？只因制造之药，其方未尝不是仙家的遗传。却是神仙制炼此药，须用身心宁静，一毫嗜欲具无，所以服了此药，身中水火自能匀炼，故能骨力坚强，长生不死。今世制药之人，先是一种贪财好色之念横于胸中，正要借此药力挣得寿命，可以恣其所为，意思先错了。又把那耗精劳形的躯壳要降伏他金石熬炼之药。怎当得起？所以十个九个败了。❶

希望长生不老、永保福禄乃人之常情，可以理解，若因此简餐素食、修身养性，或可达到一定之效果；但若一味炼丹寻药，罔顾常识而贪心不足，侈求多福，则必然南辕北辙，适得其反。长生不死之药诸故事恰可比

---

❶ 凌濛初：《二刻拍案惊奇》卷十八"甄监生浪吞秘药 春花婢误泄风情"。

喻人之求道——道亦有道,可离非道也。

【标签】

人能弘道;斯道之任;天人合一;天人之道;为道之道

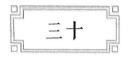

【原文】

子曰:"过而不改,是谓过矣。"

【解义】

此一章书,是圣人望人改过也。

孔子曰:凡人日用之间不能无一言之差、一事之失。若觉而即悔,悔而即改,尚安得谓之过耶?惟夫过而不改——或迹未显而倖①人之可欺,或事已彰而遂非以自饰②——因循畏惮③,究④不自新,则无心之差反成怙终⑤之失,偶尔之误遂⑥贻⑦生平之尤⑧,是乃谓之过矣。岂不可惜哉?

所以,古之圣人不鹜⑨无过之名,而贵改过之实。舜,圣帝也,而有予违汝弼之戒⑩;汤,明王也,而有改过不吝之勇。⑪岂非后世人主所当取法者耶?

【注释】

①倖:同"幸",希望。
②遂非以自饰:意同"饰非遂过",文过饰非以成非,为了掩饰错误反而造成更大的过失。出自《吕氏春秋·审应》:魏惠王建议韩昭侯,在灭掉郑国后,要抚恤分封郑国后人。韩国公子食我(人名)却用当年魏国囚禁晋国国君的例子来反唇相讥。这就是拿别人的过失来掩盖自己的过失,是极不道义的表现。故曰:"公子食我之辩,适足以饰非遂过。"又,唐陆贽《论宣令除裴延龄度支使状》:"裴延龄僻戾而好动,躁妄而多言,遂非不悛,坚伪无耻。"
③因循畏惮:因畏罪而延宕,犹豫不决。因循,延宕,拖延。畏惮,畏惧。
④究:最终,到底。
⑤怙终:谓凭恃奸诈终不改过。《古文尚书·舜典》(亦属于今文《尚

书·尧典》）："眚灾肆赦，怙终贼刑。"（因过失犯罪，赦免；坚持不改，当视如杀人重罪，不赦免。）孔颖达疏："怙恃奸诈，欺罔时人，以此自终，无心改悔，如此者，当刑杀之。"又，《尚书·康诰》：王曰："呜呼！封，敬明乃罚。人有小罪，非眚，乃惟终自作不典，式尔，有厥罪小，乃不可不杀；乃有大罪，非终，乃惟眚灾，适尔，既道极厥辜，时乃不可杀。"（周成王告诫康叔：对刑罚要谨慎严明。如果一个人犯了小罪，而不是过失，还经常干一些违法的事，这样，虽然他的罪过最小，却不能不杀；如果一个人犯了大罪，但不是一贯如此，而只是由过失造成的灾祸，这只是偶然犯罪，可以按法律给予适当处罚，而不是把他杀掉。）眚，音shěng，过失。

⑥遂：于是。

⑦贻：音yí，遗留，留下。

⑧尤：过失，罪愆。

⑨不骛：不盲目追求。骛，音wù，本指马乱跑，引申为胡乱追求。

⑩舜，圣帝也，而有予违汝弼之戒：舜帝曾告诫臣下帮助自己改正过失。圣帝，圣主，圣君。《古文尚书·益稷》（亦属于今文《尚书·皋陶谟》）：帝曰："臣作朕股肱耳目。予欲左右有民，汝翼。予欲宣力四方，汝为。予欲观古人之象，日、月、星辰、山、龙、华虫作会；宗彝、藻、火、粉米、黼黻，绣以五采，彰施于五色，作服，汝明。予欲闻六律、五声、八音，在治忽，以出纳五言，汝听。予违，汝弼，汝无面从，退有后言。钦四邻！庶顽谗说，若不在时，侯以明之，挞以记之，书用识哉，欲并生哉！工以纳言，时而飏之，格则承之庸之，否则威之。"（舜帝对禹说："大臣们要作为我的左膀右臂和心腹耳目。我想帮助百姓，你们就辅佐我。我想用力治理好四方，你们就协助我。我想再现古人衣服上的图像——将日、月、星辰、山、龙、雉等六种图形绘在上衣上，将虎和蜼（wěi）、水草、火焰、白米、斧形纹、亚形纹等六种形状绣在下衣上，用五种颜料明显地做成五种色彩不同的衣服，以标识身份等级——你们要去完成。我要听六种乐律、五种声音、八类乐器的演奏，从声音的哀乐中考察政治的得失，取舍各方的意见，你们要负责审查取样。我有过失，你们就要及时指正，不要当面不说，背后乱说。要敬重左右辅弼的大臣！至于一些愚蠢而又喜欢流言蜚语的人，如果不能明察做臣的道理，要用端正身心的射侯之礼来训导他们，乃或鞭打警戒他们，用刑书记录他们的罪过，不置他们于死地但要记住教训。任用官吏要根据他所进纳的言论，好的就称颂宣扬，正确的就进献上去以便采用，否则就要惩罚他们。"）

⑪汤，明王也，而有改过不吝之勇：商汤被勉励要听从别人的建议，毫不保守地改正过失。明王，圣明的君主。《尚书·仲虺之诰》："用人惟己，改过不吝。"孔安国传："用人之言，若自己出；有过则改，无所吝惜，所以能成王业。"孔颖达认为这是"以此美汤"，实际上这是左相仲虺作诰来勉励商王汤的话，而不是赞美他。成汤，即商汤（约前1670—前1587），子姓，名履，又名天乙，商朝开国君主。仲虺（huǐ），为奚仲之后，商汤之左相，居于薛。

【译文】

这一章，是孔圣人希望人们能够真切改过。

孔子说：每个人在平时难免言差语错，有所纰漏。如果能够自知而马上后悔，后悔而后马上就改正，那么这也就不算什么过失了。但如果有过而不改——要么觉得事情还没有败露而可以瞒天过海，要么是东窗事发而文过饰非——总之是畏罪不前，抱残守缺，反而从最初的无心之失演变成怙恶不悛，由一时之错拖延成终生之罪，因而成了真正的过错了。这不是很可惜吗？

所以，古代的圣人不盲目追求"无过"的美名，而是更加注重真切地改过。像舜帝这样的圣君，也要专门要求臣下帮助自己改正过失。像商汤这样的明君，也被勉励毫不保留地改正过失。他们不正值得后世的君主效法吗？

【评析】

犹如人类虽然知道了圆周率，却无法画出一个完美的圆形；纵然人类已经达到了极高的理性，然而因现实中的客观条件及各种机缘，发生过错的概率是很高的。

伯格曼电影《第七封印》中十字军骑士布洛克和死神之间的一盘象棋，无论布洛克怎样机智勇敢，最后还是输掉了这盘棋。韩国著名围棋棋手李世石同人工智能机器人阿尔法围棋（AlphaGo）的比赛，最终也是以失败告终。人生如棋，每一名棋手的对手不是别人，而正是棋的规则本身：一旦有所差误，便会立刻遭遇失败。就此而言，人难免有过失，并因此必然承受失败的痛苦。

但是夫子说，不能因为人犯错，就对人否定，不论人是否完美的造物，都要给自己制造机会，借以实现更完美的自己。

儒学的宽厚博大之处，在于允许人犯错，给人以弹性的空间，并不提倡用绝对的律令以要挟或禁止,([为政篇第二·三]:"道之以政,齐之以刑。")更不似宗教的原罪,以十八层地狱的磨难来制造对死后的恐惧。在儒学的世界,人能弘道,君子能,小人也能,善人能,恶人也能,早也能,晚也能,快也能,慢也能,一日克己复礼,天下归仁,我欲仁,斯仁至矣。

然而这种宽厚和包容,并不是无底线的。《左传·宣公二年》记载:大夫士季劝勉滥杀无辜的晋灵公:"人谁无过,过而能改,善莫大焉。"(这语气所包含的仁厚与劝勉一似于孔子语。)然而晋灵公当面说要改正,但转身依然如故。大夫赵盾于是反复劝说,结果晋灵公就派人意图将其杀死。后晋灵公不断加害赵盾,将其逼走。然而因其多行不义,遭赵盾堂弟赵穿袭杀。此正乃"过而不改,是谓过矣",并最终自食恶果。

夫子曰:"人之过也,各于其党。观过,斯知仁矣。"([里仁第四·七])若与本章并列,或可得出对于过错的态度和类型:过而不知,是为愚也;过而矫饰,是为伪也;过而不改,是为过也;过而持之,是为恶也……《论语》所记各章构成了语义矩阵,故将相关内涵的文字并置,则会构成涵义极其丰富的语义群,从而使各章的文字更具张力。故本句虽然简短,但若与相关篇章联系,则会认识到儒学在关于人的成长之上自有一种关照的精神,它虽然待人宽厚,却也界限森严,不可任意逾越。

《解义》不仅准确把握了夫子的语义精神,而且以帝王改过为例,有劝勉当世君主的意味。实际上,中国古代许多主政者留下知过改过的美名。此譬如坦陈"百姓有过,在予一人"([尧曰第二十·一])的周武王,将出师伐纣的可能性风险全部放在了自己身上。又比如惨遭崤之战失败的秦穆公,最终归咎于自己不能任用好人才的问题。(详参[宪问第十四·十八]"休休有容"词条引文及该章"评析"部分。)

常人改过,尚且难为,帝王改过,可谓难为之甚也。但如果他们出于正义,发于公心,自然可以坦然面对种种问题并积极解决。老子的弟子柏矩因此评价道:

古之君人者,以得为在民,以失为在己;以正为在民,以枉为在己;故一形有失其形者,退而自责。"(《庄子·则阳》)

意思是说:古代的君主,把所得归功给人民,把过失归罪于自己;把正确归于人民,把错误归于自己。所以,他们一旦错判而造成冤狱,就会在暗地里不断责备自己。这样的说辞,多少有些理想化的影子,但也言明一国之君主应当有强烈的"首责"意识。

世间大概还有一种高贵,不管是不是自己的过错,也要勇于承担起其后果。古希腊索福克勒斯所作悲剧《俄狄浦斯王》便寓托了这样的主旨。其实说到最后，俄狄浦斯王撇开各种奇遇，也不过是在命运摆布下的一个普通人。而与此同时，比起头上的王冠，他在面对悲剧命运时所表现出来的人类自反的精神，更足使他堪称王者中的王者。

实际上，一个国家的治理仅仅依靠主政者的自觉恐怕还远远不够。为在体制上纠正君主的偏失，中国古代也设立谏官制度，担任谏官者可以直陈君王过失而免受处罚。谏者，直言以劝正也，"夫人君而无谏臣则失正"（《孔子家语·子路初见》）。早在周代，地官司徒所属有保氏，负责规谏天子；春秋时期，齐国设大谏，晋国设中大夫，赵国设左右司过，楚国设左徒；到了汉代，置光禄大夫、太中大夫、谏大夫、中散大夫、议郎等官职；隋唐时设纳言、左右拾遗与左右补阙；宋设左右谏议大夫，以司谏、正言佐之。此后各代虽不设专门的谏官，但是也由御史兼职，起到对政治谏议纠偏的作用。

钱穆《中国历代政治得失》一书对谏官制度有比较清晰的梳理，❶ 兹不赘述。不过对于这种制度的理解，可以白居易作为一个典型的案例。

在一般人的视野当中，白居易只是一个大诗人，好像只存在于文学史的空间里，而实际上，他在现实生活中的官方身份是一名谏官，在谏议制度方面有深入的研究，并力行谏议，是名副其实的政治家。而他所写的诗歌也是为了反映社会现实，借以补察时政，指摘时弊。故从其诗歌中，也可以大略想见他的为官品格。

（唐宪宗）问：国家立谏诤之官，开启沃之路久矣，而謇谔者未尽其节，谋猷者未竭其诚。思欲取天下之耳目裨我视听，尽天下之心智为我思谋，政之壅蔽者决于中，令之绝灭者通于外，上无违德，下无隐情。可为何方，得至于此？

又问：先王立训，唯谏是从。然则历代君臣，有贤有否，至若献替之际，是非之间，若君过臣规，固宜有言必纳，如上得下失，岂可从谏如流？以是训人，其义安在？

臣闻：天子之耳不能自聪，合天下之耳听之而后聪也；天子之目不能自明，合天下之目视之而后明也；天子之心不能自圣，合天下之心思之而后圣也。若天子唯以两耳听之，两目视之，一心思之，则十步之内不能闻

---

❶ 可参看该书《第三讲·宋代》"丁谏垣与政府之水火"一节，生活·读书·新知三联书店2001年版，第72－76页。

也,百步之外不能见也,殿庭之外不能知也。而况四海之大,万几之繁者乎?圣王知其然,故立谏诤讽议之官,开献替启沃之道,俾乎补察遗阙,辅助聪明。犹惧其未也。于是设敢谏之鼓,建进善之旌,立诽谤之木,工商得以流议,士庶得以传言,然后过日闻而德日新矣。是以古之圣王,由此途出焉。

臣又闻:不弃死马之骨,然后良骥可得也;不弃狂夫之言,然后嘉谋可闻也。苟臣管见之中有可取者,陛下取而行之,苟臣刍言之中,有可采者,陛下采而用之,则闻之者必曰:"如某之言,如某之见,犹且不弃,况愈于某之徒欤?"则天下谋猷之士,得不比肩而至乎?天下謇谔之臣,得不继踵而来乎?故览其谋猷,则天下之利病如悬于握中矣;纳其謇谔,则朝廷之得失如指诸掌内矣。所谓用天下之耳听之,则无不聪也;用天下之目视之,则无不明也;用天下之心识思谋之,则无不圣神也。圣神启于上,聪明达于下,如此则何壅蔽之有耶?何绝灭之有耶?

臣又尝观,历代人君有愚有贤,举事非尽失也;人臣有能有否,出言非尽得也。然则先王勤勤恳恳,劝从谏、诫自用者,又何哉?岂不以自古以来,君虽有得,未有愎谏而理者也,况其有失乎?臣虽有失,未有从谏而乱者也,况其有得乎?

勤恳劝诫之义,在于此矣。惟陛下鉴之。❶

在这篇与唐宪宗的对话记录中,白居易诚恳而系统地阐释了谏官体制的重要作用,也可以表明他作为一名谏官的重大使命。正是因为怀有这种强烈的使命感,他频繁上书言事,直言犯谏,起到了矫正时弊的作用。但良言终究逆耳,大概没有任何一个人能够真正忍受别人总是直陈其过,唐宪宗对白居易的直言劝谏也表示不堪忍受,几欲惩治,好在当时的宰相李绛进行了劝阻,白居易才幸免于难。(事见《旧唐书·白居易传》)

不过白居易最后还是被宪宗借故"修理"了——贬官江州。在那里,他写下了脍炙人口的长诗《琵琶行》。

【标签】

过;改过;谏官制;謇谔之风;白居易

---

❶ 《白氏长庆集卷六十五·策林四》,载《白居易集笺校》(六),朱金城笺校,上海古籍出版社 1988 年版,第 2552–2554 页。

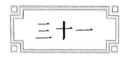

三十一

【原文】

子曰:"吾尝终日不食,终夜不寝,以思,无益,不如学也。"

【解义】

此一章书,是圣人警人徒思之弊也。

孔子曰:精微之理非深思不能入,而徒思亦未可据。吾尝终日不食,终夜不寝,一意①于思矣,此时之钻研不可谓不耑②也,然毕竟徒索于空虚,而于道终无所得,盖甚无益耳。不如好古敏求③,致力于实学④者,为足以启闻见而益修来⑤也。

夫思原不可废,但思而不学,则用其心于无用之地矣。此慎思笃行⑥之功所以兼贯⑦而不可偏恃⑧也与!

【注释】

①一意:专心。

②耑:同"专"。

③好古敏求:[述而第七·二十]:子曰:"我非生而知之者,好古,敏以求之者也。"王阳明《传习录》:"好古敏求者,好古人之学而敏求此心之理耳。"敏求,勉力以求。

④实学:切实有用的学问。朱熹《中庸章句·题解》引程子曰:"其书始言一理,中散为万事,末复合为一理,放之则弥六合,卷之则退藏于密,其味无穷,皆实学也。"

⑤修来:谓修业进德以求将来之功。

⑥慎思笃行:代指《礼记·中庸》"学、问、思、辨、行"一体化的治学方法:"博学之,审问之,慎思之,明辨之,笃行之。"(要广泛地学习,审慎地询问,慎重地思考,明确地分辨,切实地实践。)可详参本书[里仁第四·十四]"明善诚身"词条引文。

⑦兼贯:兼备。

⑧偏恃:专赖一方面。

【译文】

这一章,是孔圣人警告学人们,一味地凭空思考是无益的。

孔子说:精微的道理需要深入思考才能明白,但并不是只依靠思考就足够的。如果我一天到晚废寝忘食,只是专心思考。这种钻研精神,不可谓不专注,但是毕竟只是向虚空中探求,是不可能得道的,所以这样只是无益而反损。这还不如崇尚古人而勤勉探求,用功于实际的学问,这样就可以开阔视野,修德进业,以备将来之用了。

思考本身是好的,但是如果只是思考而不求学,那么思考再多也是无用的。这正是深入的思考和行动的功夫两者均不可或缺的原因吧!

【评析】

夫子劝人向学之辞,被荀子以排比句式演绎得更加整饬而动听:

吾尝终日而思矣,不如须臾之所学也;吾尝跂而望矣,不如登高之博见也。登高而招,臂非加长也,而见者远;顺风而呼,声非加疾也,而闻者彰……(《荀子·劝学》)

从孔子极力倡学,到荀子非常形象地强调学习对人的功用,大到无以复加的地步。而实际上古代被"学而优则仕"思想所影响的人才观,也给中国社会的发展和进步提供了稳定而持久的智力支持。

纵览古今,中国历来不乏劝学的传统,亦乃有所谓"学统":从《荀子·劝学》到王符《潜夫论·赞学》、颜之推《颜氏家训》,以及韩愈《符读书城南》、白居易《劝学文》、司马光《劝学歌》、朱熹《劝学文》等,以至清末曾国藩家书、张之洞《劝学篇》。国与民、政与治、法与理、学与道,这些对举的概念或范畴,往往也会彼此照射,形成所谓的"聚合效应""并置效果"。学习好似只是关乎个人的修为和生存,其实却远非个人私事,而是关系到国家命运、百姓福祉的治政基础,因为"学"既可以是日常的思想行为习惯的提升,也可以是国家变革进步力量的源泉。因此从历代劝学之书中也可以观测到时代兴替的总体趋势和真实表现。

【标签】

学;学统;劝学;《劝学篇》;曾国藩

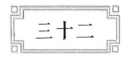

三十二

【原文】

子曰:"君子谋道不谋食。耕也,馁在其中矣;学也,禄在其中矣。君子忧道不忧贫。"

【解义】

此一章书,见求道之不可以已也。

孔子曰:人不能无所谋,而知要者必推君子。君子之所谋者,惟在乎道,朝夕敏求①,只期有得于身心,至于食之有无,则不暇计也。盖尝观农夫之耕也,本为求食,而或年岁不登②,则无所得食,不求馁③而馁在其中矣;君子为学,本为谋道,而至道明德立④,则见用于时,不求禄而禄在其中矣。可见,皇皇⑤求利者,小人之事;皇皇求仁义者,君子之务。君子所以忧道之不得,恐无以成己而成物。⑥岂忧贫之难安,而仅干禄⑦以速富哉?

然则朝廷诏禄⑧养贤,原以寓激劝⑨之典⑩;君子程功受禄⑪,方可免尸素⑫之讥。若汲汲于富贵,戚戚于贫贱,⑬断非⑭载道之器⑮也,国家亦何赖有此人而用之哉?

【注释】

①朝夕敏求:早晚之间,用心悟道。朝夕,早晚。[里仁第四·八]:子曰:"朝闻道,夕死可矣。"敏求,勉力以求。[述而第七·二十]:子曰:"我非生而知之者,好古,敏以求之者也。"王阳明《传习录》:"好古敏求者,好古人之学而敏求此心之理耳。"

②年岁不登:收成不好。岁,收成,年景。登,谷物成熟。

③馁:音něi,饥饿。

④道明德立:明道立德,学有所成。《孟子·公孙丑上》:公孙丑问曰:"夫子加齐之卿相,得行道焉,虽由此霸王不异矣。如此,则动心否乎?"孟子曰:"否。我四十不动心。"朱熹注:四十强仕,君子道明德立之时。孔子四十而不惑,亦不动心之谓。(年至四十,身体强壮,可以入仕从政了,这也正是君子明道立德、学有所成的时刻。孔子所谓的"四十而不惑",也就是孟子所谓的"不动心"。)陈宏谋《学仕遗规》:"夫学之成也,谓道明德立。"

⑤皇皇：同"惶惶"，急忙，急遽。

⑥恐无以成己而成物：恐怕不能成就自己，从而也无法成全万物。《礼记·中庸》："诚者，非自成己而已也，所以成物也。成己，仁也；成物，知也。"（真诚，并不只是成全自己就可以了，还要成全万物。成全自己是仁义，成全万物是智慧。）可详参本书［述而第七·二］"成己"词条注释。

⑦干禄：求禄位，求仕进。

⑧诏禄：报请王者授予俸禄。

⑨激劝：激发鼓励。

⑩典：常道，准则。

⑪程功受禄：依据其所付出的工作量领受工资。程功，衡量功绩，计算完成的工作量。

⑫尸素：即"尸位素餐"，居位食禄而不尽职。

⑬汲汲于富贵，戚戚于贫贱：急求富贵，担心贫贱。汲汲，形容心情急切，努力追求。《汉书·扬雄传》："雄少而好学，不为章句，训诂通而已，博览无所不见。为人简易佚荡，口吃不能剧谈，默而好深湛之思。清静亡为，少耆欲，不汲汲于富贵，不戚戚于贫贱，不修廉隅以徼名当世。家产不过十金，乏无儋石之储，晏如也。自有下度：非圣哲之书不好也；非其意，虽富贵不事也。"（扬雄小时候好读书，但不求甚解，因此博览群书，无所不知。为人简朴平易，悠闲自在，口才不好，不善言辞，因此他就更加喜欢独自琢磨问题。清心寡欲，清静无为，不贪求大富大贵，不因贫穷而忧戚，甚至不刻意修饰以沽名钓誉。他家无积蓄，缺柴少米，但他仍然心满意足，自得其乐。他做人坚守自己的原则：非圣贤之书不读；不符合自己心意的事，即使能富贵也不去做。）

⑭断非：决然不是。

⑮载道之器：承担道义之人。器，人才。

【译文】

这一章是说，求道不可半途而废。

孔子说：人不能无所谋求，但是君子更应该知道去谋求什么。君子所谋求的，不外乎道，早晚用心悟道，只希望能够有所开悟，以至于连是否有饭可食，都没有工夫考虑。就比如说农夫耕种，本来是为了有饭吃，但如果年成不好，那就没得吃，不想挨饿但也不得不挨饿；君子为学，本来是为了得道，到了道明德立，学有所成的时候，自然会被任用，不去求得禄位也自然可以得到。由此可见，匆匆忙忙追求利益的，是小人所做之事；

急急切切务求仁义的,是君子当务之事。君子之所以忧虑不能得道,是因为担心因此无法成全他物。他的忧虑哪里是不能安穷处困,而仅仅追求禄位而致富呢?

其实,朝廷招贤纳士,本来就含有劝勉励志的初衷;君子士人根据贡献多少而领受俸禄,才能免除尸位素餐之嫌。如果只是汲汲追求富贵,而戚戚忧虑贫贱,这样的人绝非国之栋梁,不可以委以重任!

【评析】

在教育学历化、职能专业化、职业职称化、教职科研化的今天来看,夫子所言实难成真。然而夫子本就是言说一种理想教育体系下个人的诉求和表现——作为政治人的君子应该努力探索治国之道,行为人之仁,促使社会发展,天下太平,是政治人的使命,努力达成这一使命,则自然可以成学成己而食禄自足。由此可知,在孔夫子眼里,好的教育对社会进步有实质性的推动,对人的价值的实现有根本性的"增值",人们生活在一个价值体系完整而自觉的时代,社会评价机制客观有效,个体能够充分发展。虽然这只是一种非常理想的状态,但或许只有在这样的理想社会中,每个人才能获得真正的自由和幸福。

夫子的话往往比较温婉、平淡,却深刻、严谨,寓托着对社会发展最为殷切的期盼和最美好的祝愿。因此他不断提醒我们,要踏实地做一个人,经营一份志业,这样才不负此生,不负生而为人的运命。

【标签】

君子;道;食;禄;忧道不忧贫

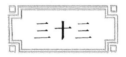

三十三

【原文】

子曰:"知及之,仁不能守之;虽得之,必失之。知及之,仁能守之。不庄以莅之,则民不敬。知及之,仁能守之,庄以莅之,动之不以礼,未善也。"

【解义】

此一章书,是孔子以全德①望人也。

孔子曰：天下之理，固自无穷，而君子之学，务求其备。今有人资质明敏，学识渊通②，于身心性命之理、修己治人之道，智足以知之矣，由此而服膺勿失③，念兹在兹④，亦何至有初鲜终⑤，既得而复失之哉？乃持循⑥不力，遂尔⑦私欲间隔⑧，是始而得之者，终必失之，亦何益乎？所以见道既真，体道尤贵力也。

若夫知及之，而仁又能守之，德之修于内者既全矣。

乃于临民⑨之际，或容不庄而失之慢⑩，貌不庄而失之佻⑪，是在己已无居尊之体⑫，民将谁敬乎？所以在内者既纯，在外者更当谨也。至若知及之，仁能守之，又庄以莅⑬之，是内外之间，其德交底⑭于纯矣。

然所以鼓舞作兴⑮乎民者，犹未合乎义理之节文⑯，则民徒有作肃⑰之心，而不能臻⑱夫风动⑲之美，亦岂得为尽善乎？所以学无止境，必至于尽善而后已也。

可见，道合内外，兼本末，⑳一有未纯，即为全德之累。此体道者贵乎日进㉑，岂可以苟有所得而自足耶？

【注释】

①全德：至德，完美的道德。

②渊通：渊博通达。

③服膺勿失：牢记不忘。服膺：铭记在心，衷心信奉。《礼记·中庸》：子曰："回之为人也，择乎中庸，得一善，则拳拳服膺而弗失之矣。"（夫子说："颜回的做人方式，在于选择了中庸之道，如果从中领悟了一条有益的道理，就牢牢地记在心中，真诚信服，永不丢失。"）可参本书［泰伯第八·五］"拳拳服膺"词条注释。

④念兹在兹：心心念念于德行。《尚书·大禹谟》：帝曰："格，汝禹！朕宅帝位三十有三载，耄期倦于勤。汝惟不怠，总朕师。"禹曰："朕德罔克，民不依。皋陶迈种德，德乃降，黎民怀之。帝念哉！念兹在兹，释兹在兹，名言兹在兹，允出兹在兹，惟帝念功。"（帝舜道："禹，你过来！我居帝位已经三十三年了，如今已到老耄昏聩的时期，这样繁忙地处理政事委实感到疲倦。你平时毫不懈怠，今后就接替我总管民众吧！"禹连忙答道："我的德行还不能胜任，恐怕民众是不会依从我的。皋陶勇往力行，广施德行，德泽普及下民，民众都感恩于他。您可要顾念他啊！他平日一心挂念的就是德行，有所释怀也是因为德行，经常在口头上谈论的是德行，真诚以待的也是德行。所以说，您可得要顾念他的功德啊！"）

⑤有初鲜终：《诗经·大雅·荡》："靡不有初，鲜克有终。"靡：无，

不，没有；和"不"构成双重否定。初：开始。鲜：少。克：能。很多人做事善始，但很少有人善终。告诫人们为人做事要善始善终。

⑥持循：遵循。

⑦遂尔：于是乎。

⑧私欲间隔：明胡广《四书大全》释［公冶长第五·二十六］：新安陈氏曰："人心天理本自周流，特为私欲间隔，故不得遂其与人同适之乐，与人同利之仁尔。"朱熹《论语集解》注本章："知此理而无私欲以间之，则所知者在我而不失矣。"

⑨临民：治民。

⑩慢：轻忽，怠慢。

⑪佻：轻佻，不庄重。

⑫居尊之体：身处尊贵之地，自然养成高贵不俗的气质。东汉赵岐《孟子注疏》注《尽心上》："孟子之范，见王子之仪，声气高凉，不与人同。还至齐，谓诸弟子，喟然叹曰：居尊则气高，居卑则气下。居之移人气志使之高凉，若供养之移人形身使充盛也。'大哉居乎'者，言当慎所居，人必居仁也。凡人与王子岂非尽是人之子也，王子居尊势，故仪声如是也。"

⑬莅：音lì，临视，治理。

⑭交底：交，一起，同时。底，古同"抵"，达到。［卫灵公第十五·二十二］"交底于至"词条注释。

⑮作兴：使振兴、奋起。

⑯节文：礼节，仪式。可参本书［子罕第九·十一］"天理节文"词条注释。

⑰作肃：《尚书·洪范》："恭作肃，从作乂，明作晰，聪作谋，睿作圣。"（仪容恭敬，臣民就严肃；言论正当，天下就大治；观察明白，就不会受蒙蔽；听闻聪敏，就能判断正确；思考通达，就能成为圣明之人。）可详参本书［宪问第十四·二十六］"为君臣……则思友恭"词条注释。

⑱臻：音zhēn，至于，达到。

⑲风动：指教化产生广泛响应。《尚书·大禹谟》：帝曰："俾予从欲以治，四方风动，惟乃之休。"（舜帝说："使你按照我的愿望治理百姓，四方的臣民就会闻风而动，这是你的美德使然。"）

⑳道合内外，兼本末：语本张居正《四书直解》。

㉑日进：《周易·益》象传："日进无疆。"（每天有无限的进步。）可详解参本书［子罕第九·二十二］"日进无疆"词条引文。

【译文】

这一章中,孔子希望君子成就完美之德。

孔子说:天理无穷,而君子不器。如果一个人天性聪敏,学识渊博,对于身心性命之理、修己治人之道,都能够了如指掌,而又能够牢记不忘,心心念念沉浸其中,那就不会有始无终,得而复失了。但如果不能坚持遵循天理,于是乎受私欲所阻隔,即便有所得,最终也会失去,无所裨益。所以,既然得到了真理,最重要的就是身体力行了。

如果能够认知天理,又能依靠仁德来守护它,那么内修之德就能够全备了。

但如果在治理民众的时候,仪容不齐整而流于侮慢,面色不庄重而失于轻佻,自己本身就失去尊贵者应有的涵养,百姓又怎么会敬重呢?所以,内在纯粹,那么外表也更应该谨慎啊。认知到位,仁德能守,又能够庄敬治民,那么就能够使内外之德,共同达到纯粹完美的境地了。

然而,如果用来鼓舞激励民众的,是不合乎义理的礼仪形式,那么即便使民众怀有敬肃之心,也无法达到随风而化的效果,所以还不够完美。因此要使他们学无止境,达到完美的境地。

由此可见,体道要内外相合,本末兼善,如果稍有不足,那就有伤大体了。所以体道者应日进不已,精益求精,哪能稍有所得就止步不前呢?

【评析】

即便是最美的设计蓝图,在转换成现实的时候,难免都会有所差误。所以,即便是公认的最美好的思想,如果不能经人执守而运用于现实,恐怕只能沦为笑谈。因此孔夫子在这里所言说的,只是一味让有志者日进不已,坚持不懈,用真干、实干来落实思想,见诸行动。

于此,不妨牵出儒释学者之间的一段辩难,作为儒学知及仁守的见证:

佛学(一作氏)只是以生死恐动人。可怪二千年来,无一人觉此,是被他恐动也。圣贤以生死为本分事,无可惧,故不论死生。佛之学为怕死生,故只管说不休。下俗之人固多惧,易以利动。至如禅学者,虽自曰异此,然要之只是此个意见,皆利心也。

吁曰:"此学,不知是本来以公心求之,后有此蔽,或本只以利心上得之?"

(程颐)曰:"本是利心上得来,故学者亦以利心信之。庄生云'不恒化'者，意亦如此也。如杨、墨之害，在今世则已无之。如道家之说，其害终小。惟佛学，今则人人谈之，弥漫滔天，其害无涯。旧尝问学佛者，'《传灯录》几人？'云'千七百人'。某曰：'敢道此千七百人无一人达者。果有一人见得圣人"朝闻道夕死可矣"与曾子易箦之理，临死须寻一尺布帛裹头而死，必不肯削发胡服而终。是诚无一人达者。'禅者曰：'此迹也，何不论其心？'曰：'心迹一也，岂有迹非而心是者也？正如两脚方行，指其心曰："我本不欲行，他两脚自行。"岂有此理？盖上下、本末、内外，都是一理也，方是道。庄子曰"游方之内""游方之外"者，方何尝有内外？如此，则是道有隔断，内面是一处，外面又别是一处，岂有此理？'学禅者曰：'草木鸟兽之生，亦皆是幻。'曰：'子以为生息于春夏，及至秋冬便却变坏，便以为幻，故亦以人生为幻，何不付与他。物生死成坏，自有此理，何者为幻？'"（《河南程氏遗书》卷一《端伯传师说》）

吁，即李吁，字端伯，二程门人。程颐称"《语录》只有李吁得其意，不拘言语，无错编者"，可知其深得其师许可。本篇正记录了他们师徒之间的问答唱和，借以批评佛教生死观"以生死恐动人"的丑恶，而"圣贤以生死为本分事，无可惧，故不论生死"，指出"天地生一世人，自足了一世事"，斥责"学禅者"那种"以人生为幻"的观点，通过儒释对比而还原儒学仁道本质，理路十分清晰明了。

【标签】

知；仁；庄；敬；礼；儒释之辩

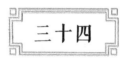

三十四

【原文】

子曰："君子不可小知而可大受也，小人不可大受而可小知也。"

【解义】

此一章书，是言任人①之法也。

孔子曰：天下有君子，即有小人。其人品原自不同，而材器②之异更有迥然不侔③者。如君子所务者远大，而不屑于细微，若止以一才一艺试之，则将无以见其长，不可也。惟夫大艰难、大利害，则君子之德器④足以胜之，材识⑤足以理之，此乃其可任者也。

至小人所图者卑近而不知夫高远，若竟以天下国家任之，则必不能胜其任，不可也。惟夫效一官⑥、办一事，则彼之智计足以筹⑦之，奔走足以副⑧之，此乃其可取者也。

君子小人之不同，盖如此。

要之，大受之器多厚重，而小知之才多便捷。⑨若厚重者而以为庸碌之流，便捷者而以为俊杰之士，将恐用违其材，而所关者非小也。此正心穷理⑩，斯为鉴别之良法与！

【注释】

①任人：委用人。指委人以官职。

②材器：才能与器识。

③迥然不侔：迥然不同。侔，音móu，相等，齐。

④德器：道德修养与才识度量。

⑤材识：才能与见识。

⑥效一官：即"知效一官"，才智能力可以胜任一官之职。知，同"智"，才智。效，胜任。《庄子·逍遥游》："故夫知效一官，行比一乡，德合一君，而征一国者，其自视也，亦若此矣。"

⑦筹：谋划。

⑧副：辅助。

⑨大受之器多厚重，而小知之才多便捷：张居正《四书直解》注本章："大受之器厚重而难窥，小知之才便捷而易见。"大受，承担重任，委以重任。

⑩正心穷理：即"正心"和"穷理"的合称，代指儒家的心性天理学说。正心，即正定心念。出自《礼记·大学》："古之欲明明德于天下者，先治其国；欲治其国者，先齐其家；欲齐其家者，先修其身；欲修其身者，先正其心；欲正其心者，先诚其意；欲诚其意者，先致其知；致知在格物。"（古代凡是想将高尚的德性弘扬于天下的人，必定要治理好自己的国家；想要治理好自己国家的人，必定要整顿好自己的家族；想要整顿好自己家族的人，必定要修养好自身的品德；想要修养好自身品德的人，必定要端正自己的心意；想要端正自己心意的人，必定要使自己的意念真诚；想要使自己意念真诚的人，必定要获取知识；获取知识的途径则在于探究事理。）穷理，即"穷理尽性"，穷究天下万物的根本原理，彻底洞明人类的心体自性。出自《周易·说卦》。可详参本书［学而第一·一］"穷理尽

性"词条注释。

【译文】

这一章，是谈论选人任人之法。

孔子说：天下有君子，也有小人。他们的品格本就不同，所以才能也迥然有别。君子所务求的是高远宏大的事业，而无暇于琐细微小的事务，如果用一项技艺专长来考察他，恐怕他只能是一无所长。但只有遇到大艰难、大利害的时候，他的道德器度才能够胜任无虞，他的才能见识能够处理得当。

而小人跟君子就不同了，他们所考虑的都是切近卑微的事情，而不会是高远宏大的事情。如果让他们来承担天下国家的重任，肯定是无法胜任的。但是让他们担任一个专职的官职，处理一件具体的事情，他们的智识足以筹措到位，行动起来也足以有效，这正是他们可取的地方。

君子和小人的不同，就是这样。

简要而言，承担重任者深藏不露而不易为人所识，有奇技专长者显山露水而容易为人称道。如果因为深藏不露就把他们视为庸碌之辈，而显山露水的人却被视作俊杰人才，这样恐怕就会德位不配，无法做到因材施用，其所关系非同小可，不能等闲视之。所以，只有正定心念而穷通天理，（用宏观正义的法则来选人用人，）才是鉴察人才的良方啊！

【评析】

儒家政治，核心是人，是培养承担公共道义的政治人——君子。孔夫子对于政治，心心念念的就是选贤举能，其所主张的选人用人之法，也正是本自执政用人者自身的政治诉求和价值定位。选人用人为了政治，选什么人、用什么人实际上也正彰显了一种为政的品质，所以《解义》最终用"正心穷理"一语来作为本章的总结。

【标签】

君子；小人；选人用人；正心穷理

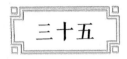

【原文】

子曰:"民之于仁也,甚于水火。水火,吾见蹈而死者矣,未见蹈仁而死者也。"

【解义】

此一章书,是言人不可须臾①离仁也。

孔子曰:仁之理与人相亲,水火之功与人甚切。故凡具此生而为民者,但知水火为养生②之具,有甚于仁;抑知仁为人之本心,乃人之所以为人者,③更有甚于水火哉!盖水火虽足以养人之生,而亦有时伤人之命,如蹈④水而溺,蹈火而焚,吾尝见有死者矣。若仁,则统四端,兼万善,⑤终食之间可蹈也,造次颠沛亦可蹈也。⑥仁者恒安⑦,仁者必寿⑧,亦安有蹈仁而死者哉?

夫仁甚切于人,过于水火,乃人于水火则不能离,而独于仁则违之者何居?仁,人之安宅也,旷安宅而弗居,⑨岂不重可惜哉?

【注释】

①须臾:片刻。

②养生:保养生命;维持生计。

③仁为人之本心,乃人之所以为人者:仁是人之天性和本质所在,也是人之为人的根本。《朱子语类》卷三十四,释[述而第七·六]"依于仁":"仁者,人之本心也。依,如'依乎中庸'之依,相依而不舍之意。既有所据守,又当依于仁而不违,如所谓'君子无终食之间违仁'是也。"《明儒学案·南中王门学案二·太常唐凝庵先生鹤徵·桃溪劄记》:"仁生机也,已者形骸,即耳目口鼻四肢也,礼则物之则也。《中庸》曰:'仁者人也。'孟子曰:'仁也者人也。'则人之形骸,耳目口鼻四肢,何莫非此生机?而生我者,即是生天、生地、生人、生物者也,何以不相流通,必待于克己复礼也?人惟形骸,耳目口鼻四肢之失其则,斯有所间隔,非特人我天地不相流通,虽其一身生机,亦不贯彻矣,故曰:'罔之生也幸而免。'苟能非礼勿视,目得其则矣;非礼勿听,耳得其则矣;非礼勿言,口得其则矣;非礼勿动,四肢得其则矣。耳目口鼻四肢各得其则,则吾一身无往

非生机之所贯彻,其有不与天地万物相流通者乎?生机与天地万物相流通,则天地万物皆吾之所生生者矣,故曰'天下归仁'。《中庸》曰:'凡有血气者,莫不尊亲。'则归仁之验也。"

④蹈:践踏,踩。

⑤若仁,则统四端,兼万善:儒家认为仁德是与生俱来的,而仁德又是各种德性和美好的基础。统四端,义同"仁包四德",指仁又包含了仁、义、礼、智的全部内涵。可详参本书[子罕第九·一]"仁包四德"词条注释。本句出于二程。清陈宏谋《宏谋十约》:人有仁义礼智之性,斯有恻隐羞恶辞让是非之心。人不知性有仁、义、礼、智,观于心之恻隐、羞恶、辞让、是非而知之。此孟子最善指点处也,夫四德兼该,斯可以言仁,四端备具,斯可以言心。然《易》曰:"元者,善之长也。"程子曰:"仁统四端,兼万善。"朱子也以仁为众善之源,百行之本。是不独无恻隐之心者不可以言仁,即无羞恶辞让是非之心皆之不仁,即谓之无恻隐之心者不言仁,仁者而义礼智皆统之矣。《中庸》曰:"仁者,人也。"孟子曰:"仁,人心也。"程子曰:"满腔子皆恻隐之心,人秉天地之心。"以为性即体,天地生物之心以为心,此心不待外求随人可以取,随事可以体验。故孟子言四端,而独举"孺子入井"一段情事指点恻隐之心。凡遇此心萌动,即滋培而长养之,务充满其分量,毋遏绝其根荄,由致曲以几于诚,而仁不可胜用矣。

又,王夫之《读四书大全说》反论之曰:盖仁者,无私欲也,欲乱之则不能守,汲黯所谓"内多欲而外行仁义"是也;仁者,无私意也,私意惑其所见则不能守,季文子之所以陷于逆而不决是也;仁者,固执其所择者也,执之不固则息,乘之而不能守,冉有所云"非不说子之道,力不足者"是也。去私欲,屏私意,固执其知之所及而不息,此三者足以言仁矣。岂必天理浑全,廓然大公,物来顺应,以统四端而兼万善,然后为能守哉?

⑥终食之间可蹈也,造次颠沛亦可蹈也:出自[里仁第四·五]:"君子无终食之间违仁,造次必于是,颠沛必于是。"(君子连一顿饭的时间都不会背离仁德,仓促急遽之时不会背离仁德,颠沛流离时不会弃仁德。)终食之间:吃完一顿饭的时间,形容时间很短。造次颠沛:流离失所,生活困顿。可详参本书[子罕第九·二十七]"终食无违"词条注释。

⑦仁者恒安:[里仁第四·二]:子曰:"不仁者,不可以久处约,不可以长处乐。仁者安仁,知者利仁。"

⑧仁者必寿:[雍也第六·二十三]:子曰:"知者乐水,仁者乐山。知者动,仁者静。知者乐,仁者寿。"

⑨仁,人之安宅也,旷安宅而弗居:出自《孟子·离娄上》:孟子曰:

"自暴者，不可与有言也；自弃者，不可与有为也。言非礼义，谓之自暴也；吾身不能居仁由义，谓之自弃也。仁，人之安宅也；义，人之正路也。旷安宅而弗居，舍正路而不由，哀哉！"（孟子说："自己残害自己的人，不要和他言谈；自己抛弃自己的人，不要和他共事。言谈违背礼义，这就是自我残害；自己不能依据仁、遵循义来行事，叫作自我放弃。仁，是人们安适的精神住宅；义，是人所要经过的正路。空着安适的住宅不去居住，舍弃正确的道路不去行走，真是可悲啊！"）

【译文】

这一章是说，君子片刻也不能离开仁德。

孔子说：仁道与人形影不离，而水火与人息息相关。但凡一个百姓，只知道需要水和火来维持生计，这可能比什么都重要；但知道，仁道发自人的本心，是人之所以为人的最本质属性，这可比水火重要得多了！应该说，水火可以使人活命，但有时也会使人丧命，比如说落水溺亡，或丧身火海，我是曾经见到过这些情形的。但是，仁德统筹仁、义、礼、智四德，是做各种善事的根本和缘起，哪怕是一顿饭的工夫也要做到，在颠沛流离中也要做到，而为仁者自然安心而长寿，我倒从未见过身处仁道之中而丧命的呢！

所以，仁对于人来说，其重要性甚于水火，人离开这些水火就不能生存了，如果离开仁又怎么可能居处呢？仁德，才是人的真正的栖息之所，舍弃而不居住，这不是太可惜了吗？

【评析】

一贯强调正向价值，是儒学的积极意义之所在，但或也是其本身沉陷于现实的一大根本原因。仁道忠恕，一厢情愿，似乎美好，但无论仁者如何仁爱广大，却始终有价值上的他者存在。如果人人为仁者，此社会或可谓完美无瑕，但是这在现实中并不可能，现实中总有非仁者、不仁者，而在仁者与非仁者、不仁者的共生环境中，仁者的努力似乎永远为非仁者所破坏或利用：

昔者有馈生鱼于郑子产，子产使校人畜之池。校人烹之，反命曰："始舍之，圉圉焉，少则洋洋焉，悠然而逝。"子产曰："得其所哉，得其所哉！"校人出曰："孰谓子产智，予既烹而食之，曰'得其所哉，得其所哉'。"（出自《孟子·万章上》，译文可参［雍也第六·二十六］"评析"

部分)

子产放鱼而校人烹鱼,君子务其义而小人求其利。王蒙先生评点这一章说:"窃以为,孔子的说法更好的解读是:仁是对于君王、臣子、君子、士的要求。老百姓多半做不到仁,但是老百姓需要仁政,需要仁政却不会为了仁政而冒险、而不惜死,所以说老百姓对于仁的感受甚于水火。"❶ 尽管孟子评价校人烹鱼的事件说,"故君子可欺以其方,难罔以非其道",但这是君子的坚持,他们仍然改变不了鱼不断被吃的事实和校人得利忘义的禀性。

【标签】

仁;仁者;非仁者;他者;校人烹鱼

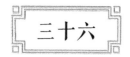

【原文】

子曰:"当仁,不让于师。"

【解义】

此一章书,是勉人勇于为仁也。

孔子曰:仁乃心之全德①,存诸己而无假②于人。所以担当是仁者,全在一心,勇往无所退避,则仁始为我有,而无摇夺③之患。故以常人之情言之,凡弟子于师宜无所不让;若仁为己任,乃吾所自有者,而自为之,原未尝争于师,又何必让于师耶?师且不让,他人可知矣。

盖仁者,人所同具之理,苟能用其力焉,则一日克复,天下归仁,④又何所容其退避耶?故曰:"君子体仁,足以长人。"⑤

【注释】

①仁乃心之全德:仁,是人之本心就具有的至德。可详参本书[颜渊第十二·一]"仁者,心之全德"词条注释。

②假:借助。

---

❶ 王蒙:《天下归仁》,北京联合出版公司2015年版,第326页。

③摇夺：因外力影响而动摇改变决心。

④盖仁者……天下归仁：[颜渊第十二·一]：颜渊问仁。子曰："克己复礼为仁。一日克己复礼，天下归仁焉。为仁由己，而由人乎哉？"颜渊曰："请问其目。"子曰："非礼勿视，非礼勿听，非礼勿言，非礼勿动。"颜渊曰："回虽不敏，请事斯语矣。"（颜渊请教如何为仁。夫子说："约束自己，使所为合乎礼，就是为仁了。只要一天做到这样，全天下便都是无所不仁了。所以为仁之事，全在自己，不在他人。"颜渊请教具体的纲目。夫子说："非礼勿视，非礼勿听，非礼勿言，非礼勿动。"颜渊说："我虽然不够聪敏，但愿意去努力做到。"）

⑤"君子体仁，足以长人"：《周易·乾·文言》"君子体仁，足以长人。"（君子实践仁德之本，就足以为人们的尊长。）长人：为人君长，指居上位者、官长。可与本书[颜渊第十二·十九]"长人"词条注释互参。

【译文】

这一章是讲，勉励人们勇敢地追求仁德。

孔子说：仁，是人之本心就具有的至德。它本就存在于每个人自身，而不需要借助他人来实现。所以要想修为仁德，就全在自己是否用心，如果勇敢追求，责无旁贷，那么才会真正拥有，而不会受外界影响而丢失。所以，按照常情常理来说，作为弟子，对老师什么都要谦让；但对于修道为仁来说，这本是自己所拥有的，也要依靠自身来修为，本身就不是可跟老师分享之物，又何必对老师谦让呢？对自己的老师都不必谦让，更不用说对其他人了。

仁，是每个人都可以体知的道理，如果用心于修为仁道，那么如果有一天能够克己复礼以为仁，全天下便都是无所不仁了，又怎能允许自己退避不为呢？所以《文言》说："君子体仁，足以长人。"（君子实践仁德之本，就足以为人们的尊长。）

【评析】

捍卫师之道，莫过于捍卫学之道，即"当仁"（得仁，得道）。师生本是共学、共进、共道的关系，唯有得道才是教学的根本目的，而非师生之间的人际关系、裙带关系、利益关系。故师道尊严亦在于学道之中矣。从师生关系，亦可看出一个时代之教育品格。

【标签】

当仁,不让于师;共道;教育;师生关系

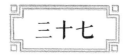

【原文】

子曰:"君子贞①而不谅②。"

【解义】

此一章书,是言君子一心任理而无所私也。

孔子曰:人之为学固贵能守,然亦不可不辨焉。有见理明而守之不易者,贞也,乃天下之公也。亦有执己见而必不可移者,谅也,是一己之私也。人惟察理不明,体道未真,故以谅为贞者,往往有之。君子则以精一之学③为不拔④之操,上而立业建功,下而出言制行,虽万变纷然,要皆合乎时措之宜⑤,而归于至当之则,未尝偏执意见之私,而不达夫权变⑥之理,硁硁然⑦守之而不易也。

君子之为君子者,盖如此。

故欲为君子者,必当于其贞者求之;若以谅为贞,则执一己之小信,而害义理之大公。如王安石之徒,非明鉴与!⑧

【注释】

①贞:诚信,大信。《贾子·道术篇》:"言行抱一谓之贞"。(采杨伯峻注)

②谅:固执。

③精一之学:儒家所倡导的纯粹合一之学。《尚书·大禹谟》:"人心惟危,道心惟微,惟精惟一,允执厥中。"(人的欲念芜杂而有危害,而道的内涵精微至极,只有体察道的精微并始终如一地遵守,如此才是实实在在地秉承那不偏不倚的中之道。)宋儒称为"十六字心传",认为应该去除私心杂念而遵循天理行事,把这看成个人道德修养和治理国家的原则。可参本书[颜渊第十二·一]"人心、道心之说"词条注释。王阳明曾经一再地把自己成熟时期的思想学说称为"精一之学",其弟子称之为"精一之训"。

④不拔：不可拔除，不可动摇，形容牢固。

⑤时措之宜：因时制宜。《礼记·中庸》："成己，仁也；成物，知也；性之德也，合内外之道。故时措之宜也。"郑玄注："时措，言得其时而用也。"孔颖达疏："措犹用也。言至诚者成万物之性，合天地之道，故得时而用之，则无往而不宜。"

⑥权变：随机应变。

⑦硁硁然：浅陋固执的样子。

⑧如王安石之徒，非明鉴与：此指王安石变法过程中，名为安邦治国，富国强民，但在实际变法过程中坚持一些明显错误的做法，起到了负面的作用。明鉴，明显的鉴戒。

【译文】

这一章，是说君子应当信从天理而不可因循私欲。

孔子说：君子为学贵在有恒，但也要看清楚是学了什么。那种明理而守护的，叫作"贞"，是遵循天下的公理。但也有那种固执己见的，叫作"谅"，是遵循一己之私。一个人察理不明，体道不真，只是把"谅"当作"贞"，这种情况却很常见，十有八九。君子本身要深明纯粹合一之学并坚持不懈，上能够为国家建功立业，下能够谨言慎行，即使世态万千，也总能因时制宜，处理得当，绝不偏执偏信，有失体统且顽固不化。

君子之所以能够成为君子，正因为如此。

所以，想要成为君子，就应当坚守"贞"德；如果以"谅"为"贞"，偏执于小我的认识，就会为害义理之公道。像王安石这类人，不就是明显的例子吗！

【评析】

《论语》原文说是要"贞而不谅"，《解义》则更偏重讲"以谅为贞"的危害。前者强调通权达变，审时度势，将习得之理有效运用于实践；后者则强调要去除私欲，以探寻并守护真正的大道。《解义》对原文的阐释有很大程度的偏离，却也是面向日常的问题。求道惟真，持德惟纯，为道为德本身就需要与之相协的态度。师心自用，自以为是，本身就已经偏离道德的要求了，愈用愈坚持反而为"不贞"。《中庸》所说的"愚而好自用，贱而好自专"，朱熹所说的"弥近理而大乱真"（《中庸章句·序》），都是在告诫人们对待道德要自反自省，慎之又慎，避开"以谅为贞"的认识误区和行为陷阱。

【标签】

君子；贞；谅；以谅为贞；精一之学

【原文】

子曰："事君，敬其事而后其食。"

【解义】

此一章书，是言为臣者当以纯心①事君，而不可有冀望②之私也。

孔子曰：人臣事君，尊卑虽有不同，而分内当尽之职则为事，朝廷分给之禄则为食，事之与食原相因③而至者。但人多以食为重，而反以事为轻，于是利禄之念动于中，而朝夕营谋皆其身家之计，其于职分之所当为，竟付之不问，甚而患得患失，皆由此而起。若纯臣④之心则不然：于职任之事，惟一心敬谨以办理之，如上而论道经邦⑤，下而分猷宣力⑥，或官守⑦，或言责，但思修其职而效其忠，国尔忘家，公尔忘私，⑧一念寅清⑨，无所系恋，即国家诏禄⑩有典⑪，直以为后而不遑⑫计矣。

盖所敬在事，则其心专；所后在食，则其心一。惟专惟一，则事君之外皆无所用其心，以之亮天工而凝庶绩⑬，亦何难之有哉？此诚可以为万世人臣法矣。不然，溺职旷官⑭，素餐窃禄⑮，即幸免谴斥⑯，如清夜⑰何？如清议⑱何？为臣不易，所当取而深思之也。

【注释】

①纯心：纯粹专一之心。
②冀望：希图，企图。
③相因：相关，相互依托。
④纯臣：忠纯笃实之臣。
⑤论道经邦：研究治国之道，以经营治理国家。出自《尚书·周官》。
⑥分猷宣力：按照所分管职务效力。分猷，分谋，分管。宣力，效力，尽力。
⑦官守：官位职守；官吏的职责。
⑧国尔忘家，公尔忘私：一心为国，不顾家庭；一心为公，忘记私利。

出自西汉贾谊《新书·阶级》："为人臣者，主尔忘身，国尔忘家，公尔忘私。利不苟就，害不苟去，唯义所在，主上之化也。"

⑨寅清：《古文尚书·舜典》："夙夜惟寅，直哉惟清。"（舜帝要求伯夷：从早到晚，都要恭敬、正直、清洁地主持祭礼。）后世多以"寅清"为官吏箴戒之辞，谓言行敬谨，持心清正。

⑩诏禄：报请王者授予俸禄。

⑪典：常道，准则。

⑫不遑：无暇，没有闲暇。

⑬亮天工而凝庶绩：信奉天职所赋而专注地做好各种事务。亮，寅亮，恭敬信奉。天工，天的职任；古以为王者法天而建官，代天行职事。出自《尚书·皋陶谟》，可参下注"溺职旷官"。凝，谓精力专注或注意力集中。庶绩，各种事业。出自《尚书·尧典》："允厘百工，庶绩咸熙。"（由此规定百官的事务，许多事情就都兴办起来。）可参考本书［卫灵公第十五·五］"分命而不尸其功"词条注释。

⑭溺职旷官：溺职，失职，不尽职。旷官，空居官位，指不称职。《尚书·皋陶谟》："无旷庶官，天工，人其代之?"（不要让那些平庸的人来填充空缺的职位，因为这些职位是天道所赋，怎么能够让无所作为的人来替天行道呢?）

⑮素餐窃禄：尸位素餐，无功受禄。

⑯谴斥：谴责，呵斥。

⑰清夜：清静的夜晚。指独自面对内心的时候。清魏秀仁《花月痕》第四六回："而内阁大臣，尤循常袭故，旅进旅退于唯唯诺诺之间，清夜扪心，其能自慰乎?"

⑱清议：对时政的议论，社会舆论。

【译文】

这一章是说，臣子应当以纯粹专一的心理来侍奉君主，而不应该有过分自私的企图。

孔子说：臣子侍奉君主，虽然职位尊卑有所不同，但是在各自职分所属的范围内做事，朝廷分发俸禄以为食粮，做事与俸禄是相互依托的。但是人们往往看重所得之俸禄，却容易轻忽了职责，因此心中总是想着功名利禄，早晚营求谋划的也都是个人和家庭的礼仪，而对于职责所属的事情，竟然不闻不问，乃至于斤斤计较，患得患失，这都是没有摆正职责与俸禄之间的关系所造成的。如果是忠纯笃实之臣，表现就会大有不同：他们对于职责所属之事，只求专心恭谨地办理，上至安邦定国之道，下至分工负责之事，要么是职守，要么是责任，只是考虑如何做好本职而效忠君主，因为国家忘记了小家，因为公事忽略了私事，一门心思考虑无愧职守，毫不在意个人得失，即便是国家因功受禄，也置之身后而无暇考虑。

因为诚敬于其事，自然会专注于其心；考虑所得于次要，自然会一心奉公职。唯有专心奉公，对于侍奉君主之外的事情毫不分心，用这种状态来信奉天职所赋而专注地做好各种事务，并不难做到。这实在值得所有的臣子们效法啊。如果不这样的话，而只是敷衍卸责，玩忽职守，一味地尸位素餐，无功受禄，即便侥幸免于谴责呵斥之罚，那么，又怎么面对扪心自问和天下公议呢？为臣之道深重，不能等闲视之，这个问题是应当深思熟虑的。

【评析】

孔夫子所说，其实是不到半句话。复原之后再翻译成现代文，应该是这样的：

大臣要以满腔忠敬事奉君主，自然能够得到相应的薪酬；
如果大臣不以满腔忠敬事奉君主，就不可能得到薪酬；
而如果大臣以满腔忠敬事奉君主，却得不到相应薪酬或等价的回报，那么大家就看着办吧！

如果只是将原句孤立来看，这种"事君之敬"就容易被混同于个人修为的"主敬"工夫，从而变得没有限度。《解义》便陷入了这种混沌，不过好在认为敬君乃敬天下之事，但意思上到底差了一层。其实 [八佾第三·十九] 中便说得清楚，孔子告诉鲁定公"君使臣以礼，臣事君以忠"——大臣给君主以应有的敬重，所以君主也应给到大臣所需要的认可。这也是一种特殊形式的等价交换，谁都不许赖账。

这个道理其实大家都很明白，所以孔夫子只是点到为止，不把话挑明了讲。

【标签】

敬；公心

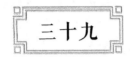

三十九

【原文】

子曰："有教无类。"

【解义】

此一章书，是见圣贤立教之公心也。

孔子曰：人性本无不同，而气质不无或异，①故有智即不能无愚，有贤即不能无不肖②。然存乎人者，虽有智愚、贤不肖之殊，而君子教人惟知大道为公③，无一人不在栽成④之内，初何尝因其等类而有所分别耶？

《易》曰："君子以教思无穷，容保民无疆。"⑤故尧舜帅天下以仁，而于变时雍，⑥遂咸归⑦于甄陶⑧之内。此作君作师⑨，诚无二道也与！

【注释】

①人性本无不同，而气质不无或异：[阳货第十七·二] 子曰："性相近也，习相远也。"

②不肖：不贤。不成才，不正派。

③大道为公：大即"大道之行也，天下为公"，大道运行的时代，天下为大家公有（天下人都怀有公心）。出自《礼记·礼运》，参本书 [子路第十三·九]"型仁讲让"词条注释。

④栽成：犹栽培。谓教育而成就之。

⑤《易》曰："君子以教思无穷，容保民无疆"：出于《周易·临》"象辞"："泽上有地，临；君子以教思无穷，容保民无疆。"（君子居上位时，要像"地临泽"那样费尽心思去教导、养育他所属的民众。)

⑥尧舜帅天下以仁，而于变时雍：于变时雍，出自《尚书·尧典》，意为民众因受教化而和睦。《尚书·尧典》中称尧帝恭敬节俭，明察是非，道德纯备，温和宽容，他诚实恭谨，推贤尚善，光辉普照四方，感通天地上下。他能举用同族中德才兼备的人，使家族和睦团结。家族和睦以后，又考察百官中有善行者，加以表彰鼓励。百官的政事辨明了，又协调万邦诸侯，努力使各个邦族之间都能够做到团结无间，亲如一家。天下臣民在尧的教育下，因此也就随之和睦起来。以上可详参本书 [泰伯第八·十九] "格于上下"词条注释。舜帝秉承尧帝事业，"慎徽五典""宾于四门"（真

诚地履行父义、母慈、兄友、弟恭、子孝这五种伦理道德规范，在明堂门口迎接觐见的四方部落首领），等等，推行一系列符合儒家仁政范畴的施政策略。可参本书［宪问第十四·三十三］"元凯"词条中引用《左传·文公十八年》材料中对舜帝功德的概括。亦可参考《古文尚书·舜典》（亦属于今文《尚书·尧典》）。

⑦归：趋向，归附。

⑧甄陶：本指烧制瓦器，喻指化育，培养造就。

⑨作君作师：《尚书·泰誓上》："天佑下民，作之君，作之师，惟其克相上帝，宠绥四方。"（上天佑护天下万民，为之设立君主，设立师长，让他们辅助上帝，爱护和安定四方。）

【译文】

这一章，可见圣贤授徒讲学的公正之心。

孔子说：人之初，性相近，而习相远：有智者，也有愚者，有贤者，也有不肖者。然而尽管如此，君子教导他们，仍然秉持大道公心，一视同仁，并不因为他们自身有所差等而区别对待，而是对所有人尽心教导培育。

《周易·临》中说，君子对待民众，就像陆地浸入水泽那样，承担起教导他们的责任。所以尧舜等古圣先贤用仁道来率领天下，民众因受教导而和睦，使天下都归于教化之中。由此看来，无论是作为君主，还是作为师长，他们所为不过都是以仁政施教，化育百姓，所行之道是一样的啊！

【评析】

教是天下事，故当公心以待天下人，一视同仁。王蒙先生对这一章的阐释非常简明："孔子对于君子与小人的区分是看得很清楚的，但教育例外，这说明教育是带有理想主义色彩的。教育有可能也有必要比现实更靠前更包容也更阔大一点。"❶ 读者可以细品其中意味。

【标签】

有教无类；教育；教化；作君作师

---

❶ 王蒙：《天下归仁》，北京联合出版公司2015年版，第328页。

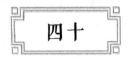

【原文】

子曰："道不同，不相为谋。"

【解义】

此一章书，是辨道术①以正人心之意也。

孔子曰：人之存心②制行③，纷然不一。有善则必有恶，有正则必有邪，是其所由之道不同也。如人之欲谋议者，或筹画④国事，或讲明⑤学术，必得同道之人而始有济⑥；若夫道不同者，心术异尚，意见参差⑦——此以为是者，彼必以为非；此以为可者，彼必以为否——即终日议论，讫⑧无成功。甚矣，不可与之相谋也！

要之：大道著，则异端自消；正学明，斯邪说自熄。⑨上无异教，下无异学，⑩其斯为一道同风⑪之盛与！

【注释】

①道术：道，政治主张或思想体系。术，路径，方法，手段。
②存心：犹居心。谓心里怀有的意念。
③制行：德行。
④筹画：谋划。
⑤讲明：讲解发明。
⑥济：成功。
⑦参差：纷纭繁杂。
⑧讫：完结，终了。
⑨大道著，则异端自消；正学明，斯邪说自熄：即《孟子·滕文公下》"杨墨之道不息，孔子之道不著""正人心，息邪说，距诐行，放淫辞"之意：（孟子曰：）"世衰道微，邪说暴行有作，臣弑其君者有之，子弑其父者有之。孔子惧，作《春秋》。《春秋》，天子之事也。是故孔子曰：'知我者其惟《春秋》乎！罪我者其惟《春秋》乎！'圣王不作，诸侯放恣，处士横议，杨朱墨翟之言盈天下。天下之言，不归杨则归墨。杨氏为我，是无君也；墨氏兼爱，是无父也。无父无君，是禽兽也。公明仪曰：'庖有肥肉，厩有肥马，民有饥色，野有饿莩，此率兽而食人也。'杨墨之道不息，孔子

之道不著。是邪说诬民，充塞仁义也。仁义充塞，则率兽食人，人将相食。吾为此惧。闲先圣之道，距杨墨，放淫辞，邪说者不得作。作于其心，害于其事；作于其事，害于其政。圣人复起，不易吾言矣。昔者禹抑洪水而天下平，周公兼夷狄驱猛兽而百姓宁，孔子成春秋而乱臣贼子惧。《诗》云：'戎狄是膺，荆舒是惩。'则莫我敢承。无父无君，是周公所膺也。我亦欲正人心，息邪说，距诐行，放淫辞，以承三圣者。岂好辩哉？予不得已也。能言距杨墨者，圣人之徒也。"大道即孔子之道，正学即正人心之学。

⑩上无异教，下无异学：明胡直《胡子衡齐·申言上》：难者曰："昔者孔门诲人，不一其说，如问仁一也，而答屡异。其他答问孝、问君子，语皆异。四教则有文行忠信之异。至于孟子，则有五教。今子之语，若画一焉，是不失之径乎？径固禅者流矣。"胡子曰："不然，昔者唐虞三代，上无异教下无异学，道德本一风俗本同，故不必画一其语，而趋者无不一。孔孟之世，去古未辽，故其为教亦不必画一其语，而趋者无不一。何则？知本故也。"

⑪一道同风：又作"道一风同"，或"道德一，风俗同"。受道德教化而形成同一社会风习。出自《礼记·王制》。可详参本书康熙《御制〈日讲四书解义〉序》同名词条注释。

【译文】

这一章，是从区分本在道理和做事手段的角度来告诉人们诚心正意的重要性。

孔子说：人们的居心和德行，等等不一：其中有善有恶，有正有邪，这都是其所本源的道所致。如果想要有所谋议——无论是商议筹谋国家大事，还是讲解发明学术问题，首先一定要建立在大家所共同遵守的思想体系的基础之上，这样才可能有结果；如果没有这个共同的基础，内心所追求的不一样，意见也纷纭复杂——这个认为是的，那个却以为非；这个认为可以的，那个却坚决认为不可以——这样哪怕是天天讨论，最终也不会有结果。这样的话，还怎么相互谋议呢？

简要而言：大道彰显，异端就会消失；正学彰明，邪说就会止息。在上没有异端教化，在下没有异端邪说，人们就会受道德教化而形成同一社会风习，这实在是盛世美好的气象啊！

【评析】

道不同，则子不语，知其不可而不为；政不合，则四方游说，力求机遇以施政。子曰："不患无位，患所以立。不患莫己知，求为可知也。"（［里仁第四·十四］）

概思想必须高邈，必须独立，然而行动应许踏实，可以折中。此前章所谓"君子贞而不谅"（［卫灵公第十五·三十七］）是也。既怀抱理想，也不脱离现实，这使得儒家常常处于被人嘲弄指责的尴尬境地。实际上，在现代社会推行一种理想主义，自然极难，因此屡遭质疑也属常情，只是人们太习惯以得失成败论英雄，使理想家之儒学为很多社会问题及其失败背锅，但其实正是因为儒学给社会集体以希望，所以它终归扎根社会，影响了一代又一代人。这也是其不懈努力的结果和在一定意义上获得成功的标志。

【标签】

道不同，不相为谋；一道同风

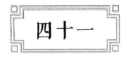

【原文】

子曰："辞达而已矣。"

【解义】

此一章书，是示人修辞之则也。

孔子曰：凡人存之于心者则为意，而宣之于言者则有辞；盖辞以达意，非求多于意之外也。自夫以富丽为工、浮靡相尚①者，或极力铺扬②而真意反晦③，或过求华藻④而本指⑤不明，殊无益也。抑知辞也者，止取达意而已，无余事耶。

盖周末文胜⑥，辞命⑦特其一⑧耳。孔子质切⑨言之，其为世道人心计，至深远哉！

【注释】

①浮靡相尚：相互攀比浮艳绮靡之风。浮靡，浮艳绮靡。相尚，互相

超过。

②铺扬：铺张扬厉，张大其事，极意宣扬。

③真意反晦：本意却晦暗不明。真意，本意，原意。晦，昏暗不明。

④华藻：华丽的辞藻。南宋陆游《上殿札子》之二："太平既久，日趋于文，放而不还，末流愈远，浮虚失实，华藻害道。"

⑤本指：同"本旨"，原意。

⑥周末文胜：周末，周朝末年。文胜，本义指过于注重文藻修辞。如清王韬《弢园文录外编》所言："隆古以还，靡得而知之矣，唐、虞而降至于三代，其治不相袭。如夏尚忠，商尚质，周尚文。至于周末文胜，卮言日出，诸子百家各鸣异说，而朝聘宴享往来酬酢之间，其言词之繁、礼仪之费，徒尚虚文而无实用，其弊至于不可胜言。"但依《论语》相关篇章而言，应指礼仪过于注重形式，反而有失其质。[先进第十一·一]：子曰："先进于礼乐，野人也；后进于礼乐，君子也。如用之，则吾从先进。"朱熹《论语集注》注该章：程子曰："先进于礼乐，文质得宜，今反谓之质朴，而以为野人。后进之于礼乐，文过其质，今反谓之彬彬，而以为君子。盖周末文胜，故时人之言如此，不自知其过于文也。"[雍也第六·十八]：子曰："质胜文则野，文胜质则史。文质彬彬，然后君子。"（质朴超过了文采，就会粗野；文采超过了质朴就会浮华。文采和质朴相辅相成，配合恰当，这才是君子。）

⑦辞命：辞令。

⑧特其一：只是其中之一。

⑨质切：恳切，朴实真切。

【译文】

这一章是讲，明确修辞的原则。

孔子说：存于人心之中的称为"意"，表达为言语的称为"辞"；"辞"用以准确传达"意"，而不是多余的东西。那些以辞藻丰富华丽为精巧，而追比浮艳绮靡文风的人，有的是极力夸大，铺张扬厉，使要表达的原意反而晦暗不明，有的是过于追求华丽的辞藻而没有表达到位，这都是非常无益的。要知道，言辞只求传情达意，点到为止，避免画蛇添足，节外生枝。

大概在周代末期，过于注重文采形式，辞令只不过是其中一部分。孔子恳切地说出这番话，实际上是从维护世道人心的角度来谈的，这实在是关系深远啊！

【评析】

所谓达者，乃是无过无不及，亦求文字中庸，以成文质彬彬之君子文章者也。可知文风好的时代，定然也是君子辈出、群贤毕至的时代。舞文弄墨、咬文嚼字、文山会海、书件连藏只会使社会低效运行，也自然鲜见君子出头露面。

【标签】

辞达而已矣；文质彬彬；周末文胜；君子

【原文】

师冕见，及阶，子曰："阶也。"及席，子曰："席也。"皆坐，子告之曰："某在斯，某在斯。"

师冕出。子张问曰："与师言之道与？"子曰："然；固相师之道也。"

【解义】

此一章书，见圣心无往而非仁也。

师是掌乐之官。冕是乐师之名。古者乐师多用瞽①者，以其耳能审音也。

昔有师冕来见孔子，孔子迎之。进，方其及阶，遂告之曰：阶也。盖恐其不知升也。

迨②至席，又告之曰：席③也。恐其不知坐也。

及与众皆坐，复告之曰，某人在斯，某人在斯。抑恐其不知某某之所在，问答失所向也。

当时及门之人④，凡于孔子言动之间无弗⑤留心体察。

于是，师冕出而子张问于孔子曰：一师耳，夫子乃周旋详悉⑥如此。凡与言者，岂亦道固如是与？

孔子告之曰：然。古者，瞽必有相⑦，随事告之，使不迷于所从。我之所与言者，固此道也。

可见，圣人之心无往非仁，况不成人⑧之在前，而有不动其矜恤⑨之意耶？推之而老安少怀⑩，俾⑪万物⑫各得其所⑬，亦犹是⑭而已矣。

【注释】

①瞽：音 gǔ，失明，目盲。
②迨：音 dài，等到。
③席：坐席。
④及门之人：即及门弟子，又称"受业弟子"，亲自登门去老师家里或教学地点受教育的学生叫作及门弟子。可详参本书［泰伯第八·三］"及门弟子"词条注释。
⑤无弗：无不。
⑥周旋详悉：一举一动都悉心观察。周旋，古代行礼时进退揖让的动作。此指一举一动。
⑦相：导引盲者的人。
⑧不成人：古称肢体、器官等有缺陷的人。
⑨矜恤：怜悯抚恤。
⑩老安少怀：［公冶长第五·二十六］中，孔子自述平生之志，是"老者安之，朋友信之，少者怀之"。（天下的老人都能得到安养，朋友都能相互信任，年轻人都能得到关爱。）
⑪俾：使。
⑫万物：犹众人。
⑬各得其所：各自得到其所需要的。
⑭犹是：像这样。

【译文】

这一章，可见圣人之心无处不体现仁意。

"师"，是古代掌管音乐的乐官。"冕"，是这位乐师的名字。古代的乐师一般都是由盲人来担任，因为他们的听力更加敏锐，善于判断乐音。

当年乐师冕来会见孔子，孔子出门迎接。进门上阶梯的时候，孔子就提醒他到了台阶，恐怕他不知道抬腿。

快到坐席了，孔子就又提醒他前面是席子，恐怕他不知道已经到了坐的地方了。

等到大家坐定，孔子就再提醒他，谁谁在这边，谁谁在那边。大概恐怕他不知道别人坐在那边，说话的时候找不对方向。

当时的门人弟子，对于孔子的一言一行无不留心观察体会。

于是，当乐师冕离开的时候，子张就请教孔子说：这不过是一个乐师罢了,夫子却也一举一动体贴周到,难道只要与人说话,都要做到这样吗?

孔子回答他说:是的。在古时候,盲人身边都要配备一名助手,随时把遇到的具体情况告诉他,以防不知所向。我刚才的言行,也正是遵循了此道。

由此可见,圣人之心无处不仁,更何况是身体有残疾的人在跟前,哪能不牵动怜悯之心而出手相助呢?由此推演开去,夫子讲求"老安少怀",使百姓各得所需,各安所安,也就是像他对乐师冕所做的那样啊。

【评析】

居处恭,执事敬,与人忠。道在其中矣。

子张其人张扬狂疏,不拘小节,故有此问;夫子温良恭俭让,因人施教,故有此答。

【标签】

子张;师冕;相;礼;敬;因材施教

季氏第十六

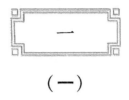

（一）

【原文】

季氏将伐颛臾。冉有、季路见于孔子曰："季氏有事于颛臾。"

孔子曰："求！无乃尔是过与？夫颛臾，昔者先王以为东蒙主，且在邦域之中矣，是社稷之臣也。何以伐为？"

【解义】

此一章书，见圣人正名分以维鲁也。

颛臾，伏羲之后，鲁附庸也。①季氏贪其土地，欲举兵伐之。以鲁臣而取鲁君之属国，以大夫而操天子之重权，无鲁，实无周矣！

时冉有、季路皆为季氏家臣。②因见于孔子曰，季氏将有征伐之事于颛臾。盖与谋而心有不安，欲探孔子意之可否以为行止③也。

是时二子同仕季氏，而冉有则尝为聚敛④，能得季氏之心。故孔子独呼其名而责之曰：求！凡当无事之时，而忽起兵端，则与谋之人不能无罪。今颛臾之事，得非⑤尔协赞⑥之过与？况欲加兵颛臾，夫亦未知颛臾耳——昔周先王怀柔百神⑦，乃封彼于东蒙山下以为祭祀主⑧——非盗窃名器者比⑨，不可伐也；且在我鲁封疆之内，非敌国外患，不必伐也；况附庸于鲁，为公家⑩之臣，不在季氏管辖之内，不当伐也。

夫伐人者，须有隙可乘⑪；而师出者，必有言可执。今颛臾之伐，将以何者为名乎？

此孔子欲正名分，故言之严正如此。

【注释】

①颛臾，伏羲之后，鲁附庸也：附庸，附属于诸侯大国的小国。

②家臣：春秋时各国卿大夫的臣属。卿大夫家的总管叫宰，宰下又有各种官职，总称为家臣。后亦泛指诸侯、王公的私臣。

③行止：行步止息，犹言动和定。

④冉有则尝为聚敛：[先进第十一·十七]：季氏富于周公，而求也为之聚敛而附益之。子曰："非吾徒也。小子鸣鼓而攻之，可也。"（季氏比周

公还富有，冉求却还千方百计为他搜刮，增加更多的财富。夫子说："他不是我的门徒，我的弟子们，你们可以大张旗鼓地讨伐他。"）

⑤得非：犹得无，莫非是。

⑥协赞：协助，辅佐。

⑦怀柔百神：谓帝王祭祀山川，招来神祇，使各安其位。《诗经·周颂·时迈》："怀柔百神，及河乔岳。"毛传："怀，来；柔，安。"郑玄笺："来安群神，望于山川，皆以尊卑祭之。"

⑧封彼于东蒙山下以为祭祀主：东蒙，即今蒙山，在鲁东，故古称"东蒙""东山"，地处山东省临沂市西北、沂蒙山区腹地，是沂蒙山区最高大的山脉。鲁使颛臾主其祭。

⑨非盗窃名器者比：不能与那些窃权夺位者相提并论。名器，名号与车服仪制。古代用以区别尊卑贵贱的等级。此指国家权位。《左传·成公二年》："唯器与名，不可以假人，君之所司也。"杜预注："器，车服。名，爵号。"

⑩公家：本指周代诸侯的家室，后泛指诸侯一家直接掌有的政权、军力、财产。

⑫有隙可乘：指事情有漏洞可以利用。

【译文】

这一章是讲，圣人正定名分来维护鲁国的政治安定。

颛臾，乃伏羲后人之国，鲁国的附属国。季氏贪图该国土地，准备举兵攻打。季氏以鲁国大臣的身份去攻打属于国君的附属国，企图以大夫的地位僭越使用天子的大权，这不仅辱没了鲁国，也辱没了整个周朝啊！

当时冉有、子路都在季氏家中担任家臣。他们为此专门拜见孔子，说：季氏将要攻打颛臾了。大概是因为他们也参与了这件事而心有不安，所以说出来，想试探一下孔子的意见。

当时两个人在季氏门下做事，而冉有善于经营，专门给季氏聚敛财富，所以能够得到季氏的欢心。孔子因此首先责备他，直呼其名说：冉求啊！本来天下无事，然而忽然发生战事，这不可谓不是参与谋划者的责任。现在颛臾战事将近，恐怕也是你办的好事吧！想要出兵颛臾，难道不知道这个国家的历史吗——它可是当年周代先王祭祀天地山川，正式封立其国于东蒙山下，以传承宗族祭祀——它非同于窃权夺位之国，不可以征伐；在我们鲁国边境之内，属于内部矛盾，不是外部矛盾，不需要征伐；何况它附属于鲁国，身份上属于公室的臣属，而不是他季氏自家的一亩三分地，不该他去征伐。

要去征伐，首先是对方有错在先，其次要师出有名。现在去征伐颛臾，要以什么名堂呢？

这是孔子想要正定名分，所以表达得义正词严。

（二）

【原文】

冉有曰："夫子欲之，吾二臣者皆不欲也。"

孔子曰："求！周任有言曰：'陈力就列，不能者止。'危而不持，颠而不扶，则将焉用彼相矣？且尔言过矣，虎兕出于柙，龟玉毁于椟中，是谁之过与？"

【解义】

此三节书是冉有欲谢①己过，而孔子切责②之也。

冉有因孔子责己，知伐颛臾之非，乃因而自解之曰：颛臾之伐，乃出于我夫子③季氏之意，吾二臣者皆不愿有此举也。

孔子又呼而责之曰：求！尔既身与其事，岂得归咎④于人？昔良史周任⑤有言曰："为人臣者能布其力而无稍懈⑥，则可就其列⑦而无所忝⑧。若既无以赞成其美⑨，而又无以匡救⑩其过，是不能陈力⑪矣。即当止而不仕，避而去之⑫可也，岂仍可觍颜⑬就列乎？"如瞽者有相⑭，以其能为扶持，得无⑮倾危⑯颠仆之患耳。若危而不能持，颠而不能扶，则有相而与无相同，亦将焉用彼为哉？今汝为季氏之臣，而不能匡救其失，与彼相又何异耶？

且尔以颛臾之伐非尔所欲者，此言过矣！譬之虎兕⑰，猛兽也，羁之于柙而不令出；龟玉，重宝也，⑱藏之于椟⑲而无使毁。此典守⑳者之责也。若虎兕出于柙之外，龟玉毁于椟之中，则典守者不得辞其责。今汝为季氏用事㉑，犹典物者之不容诿㉒也。既不能谏止其失，而反以不欲为解其罪，将欲谁诿乎？

孔子之切责又如此。

【注释】

①谢：推脱。

②切责：严词斥责。

③夫子：古代对男子的敬称。根据语境来看，夫子是家臣对宗主的尊

称，此指季氏。孔门尊称孔子为"夫子"，后世亦将其固化为专指。但在孔子当时，该词并非专指。

④归咎：归罪。

⑤良史周任：东汉马融《论语注》："周任，古之良吏。"

⑥靳：音jìn，吝惜。

⑦就其列：就列，就位，任职。

⑧忝：羞辱，有愧于。

⑨赞成其美：佐助并促成好事。赞成，佐助并促成。

⑩匡救：匡正补救。

⑪陈力：贡献，施展才力。

⑫避而去之：辞别离开。避，离开，辞别。去，离开。

⑬觍颜：厚颜。

⑭相：导引盲者的人。

⑮得无：能不，岂不。

⑯倾危：倾斜欲倒。

⑰虎兕：虎与犀牛。喻猛兽，或凶恶残暴的人。兕音sì。

⑱龟玉，重宝也：龟玉指龟甲和宝玉。古代认为是国家的重器。

⑲椟：柜、函一类的藏物器。

⑳典守：主管，保管。

㉑用事：谓有所事。指起兵，使用武力。

㉒诿：推托，把责任推给别人。

【译文】

这三节文字是讲冉有想要推脱自己的责任，但孔子更加严厉地斥责了他。

冉有因为孔子责备自己，已经知道了征伐颛臾的错误，因而自我辩解说：出兵颛臾，是我们宗主季夫子的意思，我们两个臣下其实并不希望如此。

孔子又一次直呼其名，责备说：冉求！受人之托，忠人之事。你们既然身为季氏家臣又参与其事，怎么能把责任推脱给别人呢？古代著名的清官周任曾经说过："陈力就列，不能者止。"意思是说，身为人臣就要全力以赴，这样才能无愧于职位。如果不能助其成就好事，也不能帮助其力避过失，这就是不能"陈力"啦。这就应该马上辞职不干，卷起包袱走人，怎么还会厚颜无耻地继续留任呢？古代的时候，盲人身边要有一名相来扶持引导，以避免他倾斜跌倒。如果倾斜欲倒而不去搀扶，跌倒却不去扶起来，那么有没有相都是一个样，那还要相干什么？现在你身为季氏家臣，不能力避其过，与这样的相又有什么区别呢？

而且，你所谓的征伐颛臾并不是你所主张的，此言也是大错特错！比方说，老虎和犀牛这类猛兽，本身是要关在大笼子里，不让出来；龟壳和玉器，是关乎国家祭祀礼仪的珍宝，本身要珍藏于盒中，以免损坏。这都是由看守者负责做到的。如果猛兽跑出笼外，珍宝毁于盒中，看守者肯定难辞其咎。现在你给季氏起兵兴事，就如同所谓的看守者，一样不容推诿责任。不光不能进谏劝阻季氏犯错，而且还要为其敷衍塞责，这是想忽悠谁呢？

孔子就是这样严厉指责未尽职责者的。

（三）

【原文】

冉有曰："今夫颛臾，固而近于费。今不取，后世必为子孙忧。"

孔子曰："求！君子疾夫舍曰欲之而必为之辞。丘也闻有国有家者，不患寡而患不均，不患贫而患不安。盖均无贫，和无寡，安无倾。夫如是，故远人不服，则修文德以来之。既来之，则安之。今由与求也，相夫子，远人不服，而不能来也；邦分崩离析，而不能守也；而谋动干戈于邦内。吾恐季孙之忧，不在颛臾，而在萧墙之内也。"

【解义】

此六节书是孔子因冉有之饰辞①，既喻②之以理，又晓之以祸福也。

时冉有不能置辨③，乃又强辞④以对曰：季氏之欲伐颛臾非有他故，以其城郭⑤完固⑥，与己之费邑⑦相近耳。夫彼固则难于攻克，而地近则易受侵凌，倘失今不取，则滋蔓⑧难图，后世必为子孙害。盖彼为子孙计，是以欲伐也。

冉有此言，是不惟自解其责，而且饰季氏之过。故孔子又呼而责之曰：求！凡人贪得无厌，皆欲心为之。今季氏之伐颛臾，是其欲之也。今却舍其贪得之情，而以子孙为辞，岂非君子所疾哉？

夫季氏之患，亦特患寡与贫耳。丘闻之，诸侯之有国，大夫之有家者，不患人民⑨寡少，而患上下之分僭乱⑩而不均⑪；不患财用贫乏，而患上下之心乖离⑫而不安。盖所谓贫者，乃起于不均耳。若上下之间皆得均平，则各收其所入，各享其所有，何贫之有？所谓寡者，亦由于不和耳。若上下均平，共相和睦，则在此不求有所增，在彼不知有所损，何寡之有？惟均与和，则未有不安者。名分既定，而无所疑；嫌隙⑬不起，情谊相属⑭而恒相保⑮，祸乱潜消⑯，又何倾之有哉？

夫为国而至无贫、无寡、无倾，则内治既修，外患自息，近者悦而远者自服矣。设有不服，亦不必劳师动众，用武力以迫之也，但当修其文德⑰，广布教化以怀来⑱之。及其来而归也，亦惟不拂其情，不易其俗，使之相安则已耳，⑲亦何尝利其所有⑳耶？丘之所闻者盖如此。

今由、求辅相季氏，吾意：平日之所规谏者，必在力求均安；临事之所匡救者，必在增修文德。乃外而远人不服，既不能来；内而邦家分崩，又不能守。舍此不谋，而与之谋伐颛臾，是动干戈㉑于邦内也。夫季氏以固而近费，岂非以颛臾为忧耶？不知贪远利而忽近防——上下离心㉒，乱将作矣。吾恐季孙之忧不在颛臾，而在萧墙之内㉓也。可不醒哉？

按：是时四分鲁国，季氏之不臣甚矣。㉔故孔子责由、求之长恶㉕，反复笃切㉖如此。其所以正君臣之分而杜㉗僭窃㉘之萌者，严矣哉！

【注释】

①饰辞：虚浮不实之词，托词掩饰。
②喻：使明白。
③置辨：即"置辩"。申辩，反驳。
④强辞：无理强辩之词。
⑤城郭：亦作"城廓"，城墙。城指内城的墙，郭指外城的墙。
⑥完固：完好坚固。
⑦费邑：春秋时鲁国季氏的领地，今名山东费（音 fèi）县。费，古音 bì。
⑧滋蔓：生长蔓延。常喻祸患的滋长扩大。
⑨人民：此指宗族姻亲（"人"）和非宗族的无地位的一般民众（"民"）。
⑩僭乱：犯上作乱。
⑪不均：不公平。
⑫乖离：背离。
⑬嫌隙：因猜疑或不满而产生的恶感、仇怨。
⑭相属：相接连。
⑮相保：互相救助。

⑯潜消：暗中消除，化解于无形之中。

⑰文德：指礼乐教化。与"武功"相对。

⑱怀来：亦作"怀徕"，招来。

⑲不拂其情，不易其俗，使之相安则已耳：《礼记·王制》："凡居民材，必因天地寒煖燥湿、广谷大川异制。民生其间者异俗：刚柔轻重迟速异齐，五味异和，器械异制，衣服异宜。修其教，不易其俗；齐其政，不易其宜。"（凡安置百姓，必须考虑百姓的生活习惯及当地的地形、气候而因势利导，各取其宜。因为生在深山谷和长在大河边上的人，风俗习惯就有所不同：有的性情急躁，有的性情迟缓，酸苦甘辛咸五味也各有偏爱，使用的工具也各有不同，穿的衣服也各有所好。国家应当注重对他们进行礼义方面的教育，不必改变其原有的风俗；同时应当注重统一政令，不必改变其自然的习惯。）

⑳何尝利其所有：因古之王制，谓何必以其所有为利，指在内部压榨民生利益而不择手段。利，此为意动用法，以……为利。

㉑干戈：干和戈是古代常用武器，因之用作兵器的通称。干，盾牌。

㉒离心：不同心，不团结。

㉓萧墙之内：代指官廷内部（权力中心）。萧墙，指古代宫室内作为屏障的矮墙。萧，通"肃"，使人肃敬意。何晏《论语集解》引郑玄曰："萧之言肃也；墙谓屏也。君臣相见之礼，至屏而加肃敬焉，是以谓之萧墙。"杨伯峻《论语译注》："'萧墙之内'指鲁君。当时季孙把持鲁国政治，和鲁君矛盾很大，也知道鲁君想收拾他以收回主权，因此怕颛臾凭借有利的地势起而帮助鲁国，于是要先下手为强，攻打颛臾。孔子这句话，深深地刺中了季孙的内心。"

㉔是时四分鲁国，季氏之不臣甚矣：鲁桓公有四子，嫡长子鲁庄公继承鲁国国君；庶长子庆父（后代称孟孙氏）、庶次子叔牙（后代称叔孙氏）、嫡次子季友（后代称季氏）皆按封建制度被鲁庄公封官为卿，后代皆形成了大家族，史称"三桓"。钱穆《论语新解》："是时四分鲁国，季氏取其二，孟孙、叔孙各取其一，独附庸尚隶属于公家。今季氏又欲取之，故孔子言颛臾乃先王封国不可伐，在封域之中不必伐，是公家之臣则又非季氏所当伐。"季氏独大，在很大程度上掌控鲁国政治，而恣意僭越礼制而争权夺利，故谓之"不臣甚矣"。四分鲁国，事见昭公五年，可参本书［季氏第十六·三］"自季武子专政以来"词条注释。

㉕长恶：助长恶事。

㉖笃切：十分殷切。

㉗杜:杜绝,阻遏。
㉘僭窃:越分窃取。

【译文】

这六节文字,是孔子针对冉有虚浮不实之词而发的,既让他明白道理,又知道其中的利害。

当时冉有已经自知理屈,但仍然不肯善罢甘休,又强加争辩说:季氏想要征伐颛臾其实原因只有一个,就是因为颛臾城墙坚固,与其所封地费邑非常相近。这样的城市易守难攻,因此其附近的地方就容易受到侵凌,如果不趁现在拿下它,恐怕以后它羽翼丰满,就更难对付了,这样就会贻害子孙。所以为了子孙后代的安危,也要去征伐它。

冉有这番话,不光是敷衍塞责,而且还为季氏之过信口雌黄。所以孔子又不免再次直呼其名,说道:冉求!人们贪得无厌,都是放纵欲望所致。现在季氏征伐颛臾,只是利欲熏心罢了。现在不直说贪得无厌之情,却拿子孙安危来说事,这是君子所不齿的事情啊。

其实季氏所担心的,也不过是贫弱被人欺而已。我孔丘曾听说过,诸侯对于其国家,大夫对于其家室,不担心自己的族人势力弱小,而是担心上下的名分混乱而分配不均衡;不担忧钱财物资匮乏,而是担心上上下下的人心涣散而不安定。所以所谓的贫穷,只是不均衡罢了。如果社会分配公平合理,人们能够各收其所应入,各享其所自有,又怎么会贫穷呢?而所谓的寡少,也是因为上下不够和谐。如果上下分配均平,并且和谐共处,彼此不会你争我夺不可罢休,那么怎么还会再有寡少之说呢?只有分配均平而相处和谐,社会才不会有不安定的因素。社会名分既已定格,彼此不会猜忌;这样就不会有嫌隙,彼此同甘共苦患难与共,矛盾既已被消解于无形,又何须担心有倾危之难呢?

治国理政,能够做到均平无贫、和谐无寡、相安无倾的状态,那么内政得到有效处理,自然也就不会有外患了,而且可以达到"近者悦,远者来"的神奇效果。即便是人家不愿意顺服,也不用劳师动众,动辄采用武力进行胁迫,而应该更加注重修行文德,通过礼乐教化的方式招徕他们。等到他们前来归附,也不用强迫他们改变自身风俗,相安无事就好,何必唯利是图呢?我孔丘所闻知的道理就是这样。

现在仲由、冉求辅助季氏,我想你们的责任应该是这样:在平时规劝进谏,力求均平和谐;遇到重大事务进行救助,重要的就是推行礼仪教化。如果外交上远方之国不够顺服,做不到使其来附;内政上矛盾重重,邦家几欲分崩离析，却又无力守护。（那就是太失败了。）不考虑这些，却一心想着参与征伐颛臾，这不过是内斗而已啊。那个季氏，因为颛臾城墙坚固而距离自己的封地较近，就忧心忡忡了。其实，他这是舍近求远啊——如果上下人心涣散，内乱很快就产生了。我恐怕这个季氏之孙所忧虑的不是颛臾，而恐怕是在自己人身上吧。你们怎么还不明白呢？

说明：当时鲁国四分而季氏有其二，占比最高，势力独大，不光僭越礼制胡作非为，而且利欲熏心、变本加厉，非得攻打属于国君利益范围的颛臾，可见其不臣之心已昭然若揭了。所以孔子责备仲由、冉求两个人助纣为虐，一直反复告诫、深切教诲。这其间所展示出来的正定君臣之分而阻遏僭越的态度，实在是严明啊！

【评析】

师徒之间就季氏的"内斗"行为发生了激烈的讨论，其中涉及政治、经济和文化等命题，内容十分丰富，因此兼具历史、政治和文化等多重意义。它虽然是《论语》中篇幅最长的一章，但相关注疏评价也基本上没有什么争议，本书因之亦不作赘论，但以为有两个饶富意味的"观测点"值得关注。

一个是冉有在夫子（孔子）面前称季康子为"夫子"，一词足可见其内心倾向。当然，在孔子之时，"夫子"本义还是指称权贵宗主，而且不用于当面称呼。但在明知孔子看待季氏的态度的情况下，仍然脱口而出"夫子"一词，可知其潜意识中并不完全认同孔子的意见，而对季氏保持足够的虔敬。冉有曾向孔子提出"力不足（于孔学仁道）"的问题，但彼心非此心，不是力有不足而乃心有不至，本质上并非不尊重孔子，但又与孔子意见分歧，所以言辞扭捏，以自谦方式提出"转学"的想法。夫子心知肚明，虽并不说破，却又以泛泛而谈一语中的，予以恳切的提醒。（[雍也第六·十二]）这种分歧发展到后来，也就是本章所呈现的师徒之间的公然对弈。

另一个是子路的表现。他和冉有一起去找老师报告和说明情况，姑且不论此过程中孔子与冉求之间如何唇枪舌剑、针锋相对，但看一贯性格耿直、言语粗率的子路，竟然在此对话过程中沉默不语。这种沉默太不符合子路的性格和一贯的表现，却恰表明他站在孔子与冉求、理想与现实之间的矛盾心理。

【标签】

冉有；子路；季氏；颛臾；不患寡而患不均，不患贫而患不安

【原文】

孔子曰："天下有道，则礼乐征伐自天子出；天下无道，则礼乐征伐自诸侯出。自诸侯出，盖十世希不失矣；自大夫出，五世希不失矣；陪臣执国命，三世希不失矣。天下有道，则政不在大夫。天下有道，则庶人不议。"

【解义】

此一章书，乃统论天下之势而见大权①宜归于一也。

孔子曰：天下之治乱视乎天下之大权。权在上则治，权在下则乱，盖不爽②也。我思天下有道之时，世际③昌明④，体统不紊⑤，君主治于上，臣奉行于下，故礼乐以教天下，征伐以威天下，皆操于朝廷，自天子出焉，虽诸侯不得僭⑥也。

若夫天下无道，乃时当昏暗，名分不明，政柄⑦皆移于下，而威福⑧不由乎上，则礼乐征伐而自诸侯出焉，虽天子莫能主也。夫礼乐征伐而自诸侯出，则于理逆矣。大抵不过十世⑨，少有不失其柄者。

盖诸侯既可以僭天子，则大夫亦可以僭诸侯，势必起而夺之，而权在大夫矣。至自大夫出，则逆理甚矣。大约不越五世，鲜有不失其柄者。

盖大夫既可以效诸侯，则陪臣⑩亦可以效大夫，势必起而夺之，而权在陪臣矣。夫礼乐征伐乃天子之命也，迨⑪自诸侯与大夫出，则竟成侯国之命矣。至是而陪臣执之，其逆理愈甚。不过三世，鲜有不失其柄者。盖奸臣贼子，人人得而诛之，势必为他人所夺，而权又不在陪臣矣。

总之，天下无道则僭乱⑫纷起，权势不归于一耳。若天下有道，则乾纲独揽⑬，凡政之行于天下者皆出自天子，彼诸侯且不得与，宁有下而在大夫者乎？然大权在上，非徒以势服人也。盖天下有道，则朝政清明⑭，张弛⑮各当，在大小臣工固无弗遵守成宪⑯，即彼庶人亦惟有"不识不知，顺帝之则"⑰而已，无有从而非议之者。议且不敢，僭乱者又何自而起乎？

盖人主大权不可以一日不尊，名分不可以一日不正，积渐陵夷⑱，太阿倒置⑲，为患何可胜言⑳？故当时，君弱臣强，下陵上替㉑，孔子目击时事，遂穆然㉒思有道之思，虽以致慨㉓，亦以致望㉔也。后世若汉之阉宦㉕、唐之藩镇㉖、宋之权奸㉗、明之妇寺㉘，皆始于人主优柔姑息㉙，遂养成积重难返㉚之势，乾纲解纽㉛，国祚㉜随之。良可为之浩叹㉝！《大易》之指㉞，谓"君德贵刚"㉟，噫，刚之时义㊱大矣哉！

【注释】

①大权：重大的权柄，支配的力量。

②不爽：不差，没有差错。

③世际：世代之际，指世代更替。

④昌明：兴盛发达。

⑤体统不紊：体制不混乱。体统，体制，规矩。紊，音 wěn，乱。

⑥僭：音 jiàn，超越本分，冒用在上者的职权、名义行事。

⑦政柄：犹政权。

⑧威福：作威作福。此指统治者的赏罚之权。出自《尚书·洪范》，可详参本书〔八佾第三·一〕同名词条注释。

⑨十世：十代。世，父子相承为世，因以指一代。

⑩陪臣：臣属的臣属，此指大夫的家臣。古代天子以诸侯为臣，诸侯以大夫为臣，大夫又自有家臣。因之大夫对于天子，大夫之家臣对于诸侯，都是隔了一层的臣，即所谓"重臣"，因之都称为"陪臣"。

⑪迨：音 dài，等到，达到。

⑫僭乱：犯上作乱。

⑬乾纲独揽：大权独揽。乾纲，朝纲，君权。

⑭清明：指政治有法度，有条理。

⑮张弛：谓弓弦拉紧和放松。因以喻事物之进退、起落、兴废等。此指施政宽严相济。

⑯大小臣工固无弗遵守成宪：群臣百官没有不遵守既有法规的。臣工，群臣百官。无弗，无不。成宪，原有的法律、规章制度。

⑰"不识不知，顺帝之则"：不用知识也不用智慧，只需顺应帝王的法则。出自《列子·仲尼》，可详参本书〔泰伯第八·十九〕"康衢之歌"词条注释。

⑱积渐陵夷：逐渐衰落。积渐，逐渐形成。陵夷，本指山坡缓平貌，喻指由盛到衰，衰颓，衰落。

⑲太阿倒置：又作"太阿倒持"，意指把太阿宝剑倒着拿，比喻以把柄授与人，自身反面临危险或灾害。太阿，古宝剑名，相传为春秋时欧冶子、干将所铸。

⑳何可胜言：怎么能说得尽。胜，尽。

㉑下陵上替：纲纪废弛，上下失序。陵，凌驾。替，废弛。《左传·昭公十八年》："下陵上替，能无乱乎？"（在下者凌驾于上，在上者政务废弛，能不发生动乱吗？）

㉒穆然：静思貌。

㉓致慨：发出感慨。

㉔致望：寄予希望。

㉕汉之阉宦：阉宦，宦官。古代以阉割后失去男性功能之人在宫中侍奉皇帝及其家族，称为宦官。史书上也称阉（奄）人、奄寺、阉宦、宦者等。宦官本为内廷执役的奴仆，不能干预外政，但因与皇室关系密切，故历史上常造成奄宦专权的局面。宦官专权是封建专制主义中央集权的伴生物，是皇权旁落、皇权与相权、皇帝与朝臣、中央与地方矛盾斗争的结果，其实质乃是封建皇权的变形和延伸。东汉、唐、明三朝，是中国历史宦官专权最严重的时期。自东汉中期以后，因多由幼主临朝，政权多落入皇太后为首的外戚之中。皇帝成年后，不甘于外戚专权的局面，便依靠身边的宦官发动政变，这样，宦官在皇帝的支持下形成政治集团而操纵政权。东汉桓帝、灵帝时，宦官专权，世家大族李膺等联结太学生抨击朝政。公元166年，宦官将李膺等逮捕，后虽释放，但终身不许做官。灵帝时，外戚解除党禁，欲诛灭宦官，事泄。宦官于公元169年将李膺等百余人下狱处死，并陆续囚禁、流放、处死数百人。后灵帝在宦官挟持下下令凡"党人"的门生故吏、父子兄弟，都免官禁锢。历史上称为"党锢之祸"。

㉖唐之藩镇：唐初在地方设立军镇，以镇遏周边游牧部族的入侵。唐玄宗为防止边陲各异族的进犯，大量扩充防戍军镇，设立节度使，共设九个节度使和一个经略使，时称"天宝十节度"，统称"藩镇"，亦称"方镇"。藩是"保卫"之意，镇是指军镇。节度使既统所属地方甲兵，又多兼按察、安抚、度支等使，掌握一方军政、经济大权，权限过大，亦有身兼数镇者，日渐发展为割据势力，终至酿成安史之乱。安史之乱之后，唐政府中央权力削弱，藩镇势力更加嚣张，整个北方列镇相望，大者连州十数，小者犹兼三四，形成军阀割据混战局面。各藩镇在其辖区内，官爵、甲兵、租赋、刑杀皆自专之。节度使职位或子承父位，或部将承袭，或士卒自择，号为留后，强迫朝廷承认。藩镇之间，或相互攻战，或联合攻唐，经年混战不息。

㉗宋之权奸：权奸，弄权作恶的奸臣。宋代被定为奸臣的人超过其他朝代，成为宋代政治的一个突出特点。《宋史》专门书写"奸臣传"，胪列蔡确、邢恕、吕惠卿、章惇、曾布、安惇、蔡京（以及其弟蔡卞，其子蔡

攸、蔡絛)、赵良嗣、黄潜善、汪伯彦、秦桧、万俟卨、韩侂胄、丁大全、贾似道等人。他们的共同特点是擅弄权术，瞒上欺下，巧取豪夺，祸国殃民。其中蔡京、秦桧等人已经成为历史奸邪人物的典型形象。这是与当时宋朝皇帝昏庸无能、文人治国和外族入侵等内外因素分不开的。在这种社会背景下，很多当权政治人物多是上下其手、党同伐异的类型，故蔡东藩在《宋史通俗演义》评议说："徽宗即位以后，所用宰辅，除韩忠彦外，无一非小人。蔡京固小人之尤者也……"当然，也与宋史撰写者的态度有关，比如吕惠卿、章惇等人在历史上实际上多正面贡献，有人认为不当列入奸臣传，而史弥远其人是典型的权奸，却未被列入其中。

㉘明之妇寺：妇寺，亦指宦官。《金史·宦者传序》："古之宦者皆出于刑人，刑余不可列于士庶，故掌官寺之事，谓之'妇寺'焉。"明武宗朱厚照时的刘瑾、明熹宗朱由校时的魏忠贤等太监，均在皇帝授意下擅权专政，滥施奖惩，造成政治的混乱和民生的凋敝，甚至将整个朝代推向覆灭的境地，因之成为宦官"暗黑形象"的典型。《明史·本纪第二十二·熹宗》："明自世宗而后，纲纪日以陵夷，神宗末年，废坏极矣。虽有刚明英武之君，已难复振。而重以帝之庸懦，妇寺窃柄，滥赏淫刑，忠良惨祸，亿兆离心，虽欲不亡，何可得哉？"黄宗羲认为宦官之祸以有明一代为最。《明夷待访录·阉宦上》："阉宦之祸，历汉、唐、宋而相寻无已，然未有若明之为烈也。汉、唐、宋有干预朝政之阉宦，无奉阉宦之朝政。今夫宰相六部，朝政所自出也。而本章之批答，先有口传，后有票拟。天下之财赋，先内库而后太仓。天下之刑狱，先东厂而后司法司。其他无不皆然。则是宰相六部，为阉宦奉行之员而已。"

㉙优柔姑息：优柔寡断，不够果决。优柔，犹豫不决，不果断。姑息，无原则的宽容。

㉚积重难返：经过长时间形成的思想作风或习惯，很难改变。

㉛乾纲解纽：喻国家纲纪废弛。纽，束也。解束，谓失纲纪也。

㉜国祚：国运。

㉝浩叹：长叹，大声叹息。

㉞《大易》之指：《大易》，即《周易》。指，旨意，意向。

㉟君德贵刚：本作"君道贵刚"，出自朱熹《周易本义》，释第十四卦"大有"卦，"六五，厥孚交如，威如，吉"："大有之世，柔顺而中，以处尊位。虚己以应九二之贤，而上下归之，是其孚信之交也。然君道贵刚，太柔则废，当以威济之，则吉。如其象占如此，亦戒辞也。"大有卦所呈现出来的是"柔得尊位""上下应之"的太平盛世景象。杨万里《诚斋易

传》:"六爻亨一,吉二,无咎三。明主在上,群贤毕集,无一败治小人,无一害治之匪德。"实际上将该卦寓托为君明臣贤、各得其位、各得其所的理想政治模型。

㊱时义:对时政的见解。

【译文】

这一章,是纵论天下政治,其结论是要集中政权,归于君王。

孔子说:天下政治有序还是无序,关键在权力的归属。权力在君主那里就会有序,在臣属那里就会无序,这一点不会错。我认为,天下政治有道的时候,世代承传而兴盛发达,体制明晰而有条不紊。君主施政于上,臣属奉行于下,所以礼乐教化能够广施天下,征伐威权能够震慑天下,这些都能被朝廷控制和掌握,由天子亲自指挥,即使那些身为诸侯者,也不能冒替行事。

而如果天下政治无道,世道昏暗,名分混乱,政权落到下面人手里,赏罚之权不在君主,礼乐教化和征伐威权由诸侯发出,即便是天子也无从控制。这就是悖逆天理了。在这种情况下,传承不会超过十代,恐怕就要改朝换代了。

既然诸侯可以僭越并取代天子行使职权,那么大夫也可以僭越取代诸侯,这样一来,群起争锋,自然会由大夫来掌权。礼乐教化和征伐威权由大夫发起,那就更是逆反天理了。在这种情况下,传承不会超过五代,恐怕就要改旗易帜了。

既然大夫可以仿效诸侯,那么陪臣自然也可以仿效大夫,一样地群起争锋,争权夺势,最终权力落到陪臣手里。本来,礼乐教化和征伐威权都是天子的特权,等到这些权力落到诸侯和大夫手里,就变成了侯国君臣的特权了。若它落在陪臣手里,简直是伤天害理,无法无天了。在这种情况下,传承不会超过三代,肯定就要更姓改物了。因为对于奸臣贼子,人人都能够得而诛之,这样权位势必被别人抢走,权力又不在陪臣手里了。

总而言之,如果天下政治无道,就会导致犯上作乱而乱象丛生,权力和威望不能一统于君主身上了。如果天下政治有道,就会大权独揽,天下可行之政均由天子发出,那些诸侯也无权触及,更不用说下面的大夫们了。然而,这不仅仅是权力和威望归属的问题。天下政治有道,那么朝廷政治清明,张弛有度,宽严相济,大大小小的臣子百官无不遵守既有法规,就连普通的老百姓也说,"我们不需要知道太多,只要听从主上的话就好了",没有人会有异议。平时连异议都没有,又有谁敢犯上作乱呢?

因此，君主的权威一定要获得尊重，名分一定要获得正定，不然的话，日积月累而致逐渐衰败，以致大权旁落，小人当政，那就祸患无穷了！所以，在那个时候，君弱臣强，上下失序，孔子感到触目惊心，于是潜心思考正名尊权之事，虽此过程不免唉声叹气，但更主要的是发出主张并有所期待。后世诸如汉代的宦官干政、唐代的藩镇割据、宋代的权奸当道、明代的阉党误国，其原始，却在于君主的优柔寡断，一味退让，最终积重难返，致使纲纪废弛，国运衰颓。这实在是令人不禁仰天长叹啊！《周易》的要旨，说是要"君道贵刚"，是啊，"刚"之义对于时政来说，意义真是太重大了！

【评析】

《论语》本义是指斥臣下僭越，政权旁落，而《解义》力举"刚"政，告诫主政者要痛革时弊，以避颓势。虽然似乎都是君臣事，但是侧重不同，彰显的态度也不一样。《解义》实际上暗中把问题的根源归结为君主自身的问题上了，这样虽然已经是非常委婉的表达，但也已是相当大胆和直截了。当然，一种政治制度的疾病是无法自愈的，仅仅依靠呼吁某个君主个人的刚强振作与有为并无实用，很难从根本上解决问题，要不然就会像崇祯之流成为既努力又统治短暂的末代皇帝了。

【标签】

僭礼；纲纪；治政；刚；党锢之祸；藩镇

【原文】

孔子曰："禄之去公室五世矣，政逮于大夫四世矣，故夫三桓之子孙微矣。"

【解义】

此一章书，是专论鲁事，以见"大夫专政，五世希不失"①之意。

孔子曰：从来盛衰之理相为倚伏，故国赋②不可以久侵，而国柄③亦不可以久窃，以下陵上④，终非长久之道也。如我鲁自文公薨，公子遂杀子赤而立宣公，于时三家始盛，⑤国之赋税皆不入公室⑥，而入于私家，历成、襄、昭、定，凡五世矣。

当公室既衰，政遂下逮⁷于大夫，自季武子专政以来，历悼、平、桓，又四世矣。夫彼拥赋税，操政权，⁸岂不以为世世可以安享？乃及今观之，阳货已执桓子⁹，而公山弗扰又以费畔⁰，可见僭窃¹¹之事断无不败之理。宜乎三桓之子孙微弱而不振也。所谓"自大夫出，而五世希不失"者，不信然¹²哉？

盖孔子虽论鲁事，亦以见权臣之僭乱¹³终归无益后世，乱臣贼子败不旋踵¹⁴，前后一辙¹⁵。然则¹⁶圣人之言诚万世之龟鉴¹⁷哉！

【注释】

①"大夫专政，五世希不失"：见上一章［季氏第十六·二］。

②国赋：国家规定的赋税。

③国柄：国家权柄。

④以下陵上：陵，凌驾。可参本书［季氏第十六·二］"下陵上替"词条注释。

⑤我鲁自文公薨，公子遂杀子赤而立宣公，于时三家始盛：公子遂杀子赤而立宣公，事发于鲁文公十八年，二月鲁文公去世，十月公子遂弑杀子赤，立宣公。为后事留下隐患。（因史书避讳其实，故未明言，但可见于《春秋公羊传·定公十五年》，因仲婴齐卒事追溯之。）宣公时，以季文子为首的三桓日益强盛，而公室式微。具体表现为宣公十五年（前594），宣公听季文子的建议，推行初税亩，开垦私田，使得更多的百姓归附季氏，结果民不知君而只知季氏。宣公十八年（前591），宣公与公孙归父谋"去三桓，以张大公室"。于是公孙归父到晋国为公娶晋女，以借晋人除三桓。结果公孙归父还没回到鲁国，宣公薨逝，而季文子对朝臣解释了当年立齐宣公的种种过失：南通于楚，既不能固，又不能坚事齐、晋。朝臣愤慨。公孙归父听说后逃到齐国。季文子执政，三桓雄起。薨，音hōng，死的别称。自周代始，人之死亡，有尊卑之分，"薨"用以称诸侯之死。三家，即"三桓"，指鲁国大夫孟孙、叔孙、季孙这三大家族，可详参本书［八佾第三·二］"三家"词条注释。

⑥公室：本指周代诸侯的家室，后泛指诸侯一家直接掌有的政权、军力、财产。

⑦逮：及，至。

⑧自季武子专政以来……夫彼拥赋税，操政权：季武子（？—前535），即季孙宿。春秋时鲁国正卿，公元前568—前535年执政。其父为季文子

（季孙行父）。其孙为季平子（季孙意如）。文子、武子、平子三人辅佐鲁国文、宣、成、襄、昭、定六位国君，位列三卿之首，独专国政。襄公十一年（前562），季武子打破"三卿更帅以征伐，不得专其民"的规则，依托周礼"天子六军，诸侯大国三军"的礼制，增设中军，恢复三军之制，三桓各主一军，专用其民而征其赋。由此公室益弱而三桓渐强。襄公十二年（前561），三桓"十二分其国民，三家得七，公得五，国民不尽属公，公室已是卑矣"。昭公五年（前537），罢中军，四分公室，季孙称左师，孟氏称右师，叔孙氏则自以叔孙为军名，"三家自取其税，减已税以贡于公，国民不复属于公，公室弥益卑矣"。自此，季氏专权，三桓日益强大而鲁国公室日益弱小。

⑨阳货已执桓子：《史记·孔子世家》："桓子嬖臣曰仲梁怀，与阳虎有隙。阳虎欲逐怀，公山不狃止之。其秋，怀益骄，阳虎执怀。桓子怒，阳虎因囚桓子，与盟而释之。"

⑩公山弗扰又以费畔：事见［阳货第十七·五］，但不见于《左传》。前人多有疑问而争论。公山弗扰，和阳虎同为季桓子的家臣。季桓子非常器重他，派他守护家族采食之地费邑。

⑪僭窃：越分窃取。

⑫信然：果然，果真。

⑬僭乱：犯上作乱。

⑭败不旋踵：形容很快就遭到失败。旋踵，转动一下脚后跟，喻时间极短。

⑮一辙：同一车轮碾出的痕迹。喻趋向相同。

⑯然则：连词。犹言"如此，那么"或"那么"。

⑰龟鉴：同"镜鉴"，比喻可供人对照学习的榜样或引以为戒的教训。鉴，镜子。此或指龟纹镜，以龟为主纹，有的亦配置十二生肖和八卦等花纹，多产于唐代。

【译文】

这一章，是通过鲁国的事例，来说明上一章所谓"大夫专政，五世希不失"之论。

孔子说：盛衰总是相倚相生，这是至理。所以，侵占国家赋税长久不了，侵夺国家权柄也长久不了，在下位而侵凌上位，这不符合国家长治久安之道。像我们鲁国，自从文公薨逝，公子遂弑杀子赤而立宣公，却为三桓兴盛埋下了伏笔，此后三桓四分公室，公有资产被纳入私家，正好是从宣公到成公、襄公、昭公、定公，共五代。

公室力量被削弱后，政权于是下至大夫，自季武子专政以来，到季悼子、季平子、季桓子，共四代了。本来他们家族坐拥国家赋税，操持军政大权，貌似可以高枕无忧，世代享有了。可是现在看来，他们的家臣阳虎已经拘执了季桓子，而公山弗扰又据费邑发生叛乱，是所谓上梁不正下梁歪，他们的下属也学起他们来了，他们通过僭越所获得的权力自然不可长久。由此可知，三桓子孙最后的弱不禁风，也是必然的。我所说过的"自大夫出，而五世希不失"，不是果有其事吗？

其实，虽然孔子在这里是讨论鲁国的事情，但也有一般性的意义，可知权臣犯上作乱，最终无益，其败乱指日可待，如出一辙。既然如此，圣人的话应当让后世万代引以为鉴啊！

【评析】

常言道"上梁不正下梁歪"，亦云"多行不义必自毙"（《左传·隐公元年》），恶政本身具有一种反噬作用，即当政的大臣僭权夺位，那么他的手下也会效仿，结果形成恶性循环，纷争四起，杀戮不断，最终僭权夺位者自身也难以全身而退。这就是恶政的反噬作用。历史似乎就是这样亦步亦趋，一代不如一代，谁都无力改变这个局面。孔夫子虽在当时已然掌握这一规律，却无人信从，他对此也只能是悻然长叹，无计可施。

【标签】

僭越；反噬；公室；盛衰

【原文】

孔子曰："益者三友，损者三友。友直，友谅，友多闻，益矣。友便辟，友善柔，友便佞，损矣。"

【解义】

此一章书，见取友之当慎也。

孔子曰：人之成德①虽存于己，而亦资于人，故友道不可不重也。然友之而益我者有三，友之而损我者亦有三。所谓益我者，一曰直，乃言语直切,不事回护②者。于此友之,则可以攻吾之过而迁于善。一曰谅③,乃诚实无伪,表里如一者。于此友之,则可以消吾之伪而进于诚。一曰多闻,乃博闻广览,多学多识者。于此友之,则可以广吾之知识而进于明。凡此皆益于我者也。知其益我,则当于三者而兼收之矣。

所谓损者,一曰便辟④,乃习熟仪节,全无直切者。于此友之,则不得闻过而习于浮荡⑤。一曰善柔⑥,乃工于悦媚,略无诚实者。于此友之,则与之亵狎⑦而流于虚伪。一曰便佞⑧,乃口实捷给⑨而中鲜知识者。于此友之,则知识日昏而流于寡陋。凡此皆损我者也。知其损我,则当悉去此三者矣。

盖人无贵贱,皆须友以成其德。惟详审而慎择之,斯可以有益而无损。况人主前后左右,辅、弼、疑、丞⑩,皆有规劝匡绳⑪、交修⑫一德⑬之任,是乌⑭可不慎选其人也哉?

【注释】

①成德:盛德,高尚的品德。
②回护:袒护、庇护。
③谅:诚信,诚实。
④便辟:亦作"便僻",曲意逢迎。
⑤浮荡:浮夸,不踏实。
⑥善柔:阿谀奉承。
⑦亵狎:亲近宠幸。
⑧便佞:巧言善辩,阿谀逢迎。
⑨捷给:应对敏捷。
⑩辅、弼、疑、丞:古称"四辅",即相传古代天子身边的四个辅佐官员,供天子咨询。后泛指辅佐大臣。
⑪匡绳:匡扶和约束。
⑫交修:多方面培养。是君主要求臣下帮助自己修为的话语。出自《尚书·说命下》,可详参本书 [述而第七·二十二] 同名词条注释。
⑬一德:谓始终如一,永恒其德。强调德行需要不断操持才能保持纯正。可详参本书 [述而第七·二十二] "德无常师,主善为师" 词条注释。
⑭乌:怎,何。

【译文】

这一章是说,选择朋友要慎重。

孔子说：一个人想要达到至德的状态，一方面要靠自己努力，另外也要有人相助，所以说交友之道很重要。对我有益和无益反损的朋友各有三类。有益于我的三类：一类是耿直率真型的，其说话直快，不假修饰。交往这类朋友，可以直击自己的过失，帮助自己改正。一类是诚实守信型的，其真诚无伪，表里如一。交往这类朋友，可以消除自己的虚伪，助益个人诚信。还有一类是博学多识型的，其博闻广见，好学多识。交往这类朋友，可以增益自己的知识，更加明白事理。这些都是有益于我进步的类型。知道有益于我，那就广交这三种类型的朋友，多多益善。

有损于我的三类：一类是曲意逢迎型的，其精通世故，虚与委蛇。交往这类朋友，不光听不到他的直言劝诫，而且会受其谄媚所引，喜好浮夸而不实。一类是阿谀奉承型的，其八面玲珑，毫无诚意。交往这类朋友，表面上亲近狎昵，但实际上只是逢场作戏。还有一类是巧言善辩型的，其口才一流，但不过是无知妄说。交往这类朋友，难免受其影响，认知就会日趋昏暗不清，愈发孤陋寡闻。这些都是有损于我进步的类型。知道有损于我，那就拒绝交往这三种类型的朋友，当机立断。

人无论高低贵贱，都要通过交友来成全道德修为。只有详加审查而慎重选择，才能做到有益而无损。其实君主的生前身后，设有辅、弼、疑、丞这样的辅佐谏言的官位，他们对君主都有规劝匡扶和多方培养以成纯德的重要责任，对这样的人的选择，又怎能不慎之又慎呢？

【评析】

在孔子眼中，朋友不外乎另一个自己。交友交心，以共同成德，事道，进学，奉礼。慎重选择朋友，就是慎重选择了自我成长的道路。"君子以文会友，以友辅仁"（［颜渊第十二·二十四］），曾子如是说。

【标签】

友；损益；君子

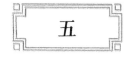

【原文】

孔子曰："益者三乐，损者三乐。乐节礼乐，乐道人之善，乐多贤友，益矣。乐骄乐，乐佚游，乐宴乐，损矣。"

【解义】

此一章书，言人之好尚①宜端也。

孔子曰：凡人意之所好，则为乐。然乐不同而损益亦异。盖益者有三，而损者亦有三焉。所谓益者：一是好在礼乐，于制度声容②乐为节制，而合乎中和③之则；一是好在人善，于嘉言懿行④乐于称道，而致其景仰之诚；一是好在贤友，于直、谅、多闻⑤乐于众多，而广其进修之助。夫乐节礼乐，则身心胥⑥进于中和；乐道人善，则善量无间⑦于人己；乐多贤友，则随在皆切于观型⑧。若此者，岂非有益于我者乎？故曰益矣。

所谓损者：一是好在骄乐⑨，而恣情纵欲，侈荡⑩忘返⑪；一是好在佚游⑫，而偷安流荡⑬，怠弃自安⑭；一是好在宴乐，而宴饮嬉戏，流连⑮无度。夫乐骄乐，则侈肆⑯而不知节，流于狂放；乐佚游，则昏惰而恶闻善，入于怠荒⑰；乐宴乐，则淫溺⑱而狎小人，习于污下。若此者，岂非有损于我者乎？故曰损矣。

夫人有好乐而损益分，甚矣，乐之不可不慎也！惟时时省察，闲邪存诚⑲，则所乐自皆天理之正，而无人欲之私，斯可以有益而无损。然心之存放⑳，只争㉑几微之介㉒，而后遂有霄壤之分㉓，故存遏㉔之功不可以不加密㉕也。

【注释】

①好尚：爱好和崇尚。

②制度声容：制度，规模，样式。声容，声调。

③中和：中庸之道的主要内涵。儒家认为能"致中和"（《礼记·中庸》），则天地万物均能各得其所，达于和谐境界。详参本书［述而第七·三十八］同名词条注释。

④嘉言懿行：有教育意义的好言语和好行为。嘉、懿：美善。

⑤直、谅、多闻：见上一章［季氏第十六·四］"友直，友谅，友多闻，益矣"。

⑥胥：全，都。

⑦无间：不断；不分。

⑧随在皆切于观型：随处都可供观瞻仿效。随在，随处。型，本义为浇铸器物用的模子，引申为法式，楷模。

⑨骄乐：骄纵享乐。

⑩侈荡：奢侈放纵。

⑪忘返：忘记回来。指沉迷所喜好之物而不能自拔。

⑫佚游：逸游。放纵游荡而无节制。

⑬偷安流荡：偷安，只图目前的安逸。流荡，放荡，不受拘束。

⑭怠弃自安：自甘堕落。怠弃，怠惰荒废。

⑮流连：盘桓，滞留。

⑯侈肆：奢侈恣肆。

⑰怠荒：懒惰放荡。

⑱淫溺：迷恋沉溺。

⑲闲邪存诚：约束邪念，保持诚实。闲，防备，禁止。

⑳存放：指心之修为得失。存心，居心，发心。《孟子·离娄下》："君子所以异于人者，以其存心也。"放心，散失本心。《孟子·告子上》："学问之道无他，求其放心而已矣。"

㉑争：欠，相差。

㉒几微之介：几微，细微，一点点。介，通"芥"，小草，喻轻微纤细的事物。

㉓霄壤之分：天壤之别，比喻差别极大。

㉔存遏：即"存天理，遏人欲"。可参本书［里仁第四·四］"存天理，遏人欲"词条注释。

㉕加密：更加细密、严谨。

【译文】

这一章是说，人的喜好要端正。

孔子说：人们喜好一样事物，就是乐于做某件事。然而乐于去做的事情也有损有益。有益的事情有三类，有损的事情也有三类。有益的三类：一类是喜好礼乐，对于形式及音乐有所节制，从而使自己达到中和的境界；一类是喜好人之优点，对于别人的嘉言懿行乐于称道，从而在使自己拥有令人景仰的心志；还有一类是喜好交结益友，耿直、诚信和博学的朋友，多多益善，从而在更大程度上助益自己进步。乐于节制礼乐，就会使自己的身心都能达到中和之境；乐称他人之善，其善就不分人我而共有之了；乐于广交益友，那么到处都可以找到直接有助于自己学习的榜样。这样做，不是对我大有益处吗？所以说是有益啊。

有损的三类：一类是喜好骄纵享乐，因此恣情纵欲，放辟邪侈，为所欲为；一类是纵情游乐，苟且安逸而放任自流，自甘堕落；还有一类是喜好宴饮取乐，日夜宴饮，纸醉金迷，声色犬马。喜好骄纵享乐，就会奢侈恣肆，不知节制，归于狂放不羁之流；喜好纵情游乐，就会昏庸怠惰，拒绝良言劝诫，归为懒惰放荡之类；喜好宴饮取乐，就会迷恋沉溺，与小人为伍，落于卑污下流之属。这样做，不是对我大有损害吗？所以说是有损啊。

人都有喜好，但是有损和益的差别，所以，一定要高度审慎自己的喜好啊！只有时刻省察，约束邪念，保持诚实，才能使所喜好的符合天理之公正，而去除人欲之私，这样就可以做到有益而无损了。需要注意的是，心有忽微之差，则行有霄壤之别，所以要愈加存天理而遏人欲啊。

【评析】

世人乐其所得，夫子乐其所不失。有所不为，则有所不失，诚如今日流行词曰"底线思维"。只有严守底线，才能真正有所得，有所乐。

乐而不淫，有所不为，与人为善，是为可乐。

【标签】

乐；礼；友；损益

【原文】

孔子曰："侍于君子有三愆：言未及之而言谓之躁，言及之而不言谓之隐，未见颜色而言谓之瞽。"

【解义】

此一章书，是孔子教人以时然后言①也。

孔子曰：人之立言贵于当可，语默应对务因乎时。凡卑幼侍立于尊长之前，其过有三，不可不知也：当君子之言问未及于我，此非可言之时也，而乃率尔②便言，则谓之躁妄③。是一失也。如言问已及于我，此正可言之时也，乃缄默不言，则谓之深隐。是二失也。至若时虽可言，又须观其颜色，察其意向，然后应对不差；乃不候④君子之颜色⑤，而任意肆言⑥，则与无目之人何异？谓之瞽⑦。是三失也。

盖躁者先时，隐者后时，瞽者不知所谓时。皆由涵养⑧未到，所以语默皆愆⑨。学者必须讲求⑩于平日，审察于临时⑪，庶⑫合乎时中⑬之妙，而动无不宜也。

【注释】

①时然后言：［宪问第十四·十三］："夫子（公叔文子）时然后言，人不厌其言。"

②率尔：急遽貌，轻率貌。

③躁妄：急躁轻率。

④候：伺望，侦察。引申为观察。《陈书·后主沈皇后传论》："（张贵妃）才辩疆记，善候人主颜色。"

⑤颜色：面色，表情，神色。

⑥肆言：无所顾忌地说话；纵言。

⑦瞽：目盲。

⑧涵养：指涵养德性或涵养本原，道德修养要重视养心存心的工夫。可详参本书［为政第二·四］同名词条注释。

⑨愆：罪过，过失。

⑩讲求：修习研究。

⑪临时：谓当其时其事。

⑫庶：将近，差不多。

⑬时中：立身行事，合乎时宜，无过与不及。《礼记·中庸》："君子之中庸也，君子而时中。"（君子的言行符合中庸，因为君子的言行时刻都不偏不倚。）可详参本书［宪问第十四·十三］"随时处中"词条注释。

【译文】

这一章是讲，孔子教导人们说话要把握时机。

孔子说：一个人的言辞要恰当，而且该说不该说要适时。卑幼之人在尊长面前，在这方面容易发生三种情况的过失，不能不注意啊：当尊长还没有问你话时，你不应当出声，却轻率地说出口，这就是急躁妄言了。这是第一种过失。当尊长已经问话，你应该马上应答，却缄默不言，这就是深机隐晦了。这是第二种过失。到了该说的时候，也还需要察言观色，了解尊长的意向，然后再说，才不会出错。如果不观察尊长的神色，就随意放言，那与没有眼睛的人有什么差别？所以称其为"盲目"。这是第三种过失。

急躁者先于时，隐深者后于时，盲目者不分时机，都是因为身心修养不够，所以常常言或不言都容易犯错。因此，学习者应注重在平时修习，并在当时审慎观察，这样才差不多可以做到合乎时宜，无过无不及。

【评析】

《周易·系辞上》说："言行，君子之枢机。枢机之发，荣辱之主也。"《周易·系辞下》则又说："吉人之辞寡，躁人之辞多。"意谓说话要耐住性子，要看时候，以中和而致中庸，如此大抵无错。

【标签】

君子；言；时中

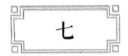

【原文】

孔子曰："君子有三戒：少之时，血气未定，戒之在色；及其壮也，血气方刚，戒之在斗；及其老也，血气既衰，戒之在得。"

【解义】

此一章书，是言君子以理御气①之功也。

孔子曰：君子一生，无所不致其戒谨②，而其加意③防闲④者有三：人方年少之时，血气⑤未定，易动于欲，所当戒者在于女色。盖好色乃迷心之鸩毒、伐性之斧斤⑥，此而不谨，或以败德，或以伤生⑦，故君子当此不敢有纵欲乱性之事。此一戒也。

及其壮也，血气方刚，易动于气，所当戒者在于争斗。盖好刚使气，无非一朝之忿⑧、匹夫之勇⑨，此而不谨，或以酿祸，或以轻生⑩，君子当此，不敢有好勇斗狠⑪之失。此二戒也。

及其老也，血气既衰，易生贪心，所当戒者，在于苟得⑫。盖取予辞受，自有礼义以为之防⑬、廉耻以为之制，此而不谨，或以丧守，或以取怨，故君子当此，不敢有晚节不终⑭之事。此三戒也。

此三者，自少至老，皆所当戒。圣人各指其最甚者以示人。当随时⑮致警⑯，去其嗜欲⑰，养以理义，不使血气之变得以胜其志气⑱之常，常者为主，而变者恒听命焉。⑲所以心无日而不惕⑳，德与年而俱进㉑也。

【注释】

①以理御气：朱熹语（依王夫之《读四书大全说》），意谓遵从天理而

克制个人气质、欲望。"理"和"气"是中国哲学史的一对范畴。理指法则、规律,气指构成万物的始基。北宋张载首先把理气作为一对哲学范畴提出:"天地之气,虽聚散攻取百涂,然其为理也,顺而不妄。"(《正蒙·太和》)他认为宇宙的根本是气,而气的千变万化都有一定之理。"二程"认为理和气相依不离而以理为本。朱熹在"二程"基础上提出:"有是理,后生是气。""有是理便是有气,但理是本。"(《朱子语类》卷一)理是本体,可以派生出二气五行万物,而万物又复归于理。主张理先气后,气不胜理,以理御气。另可详参本书 [宪问第十四·四]"气不胜理"词条注释。明王廷相、明清之际王夫之和清戴震均对朱熹理气说有所辩驳。

②戒谨:犹戒慎。小心谨慎。

③加意:注重;特别注意。

④防闲:防,堤也,用于治水;闲,圈栏也,用于治兽。引申为防备和禁阻。

⑤血气:同"气血",指人体内的气和血。中医学认为气与血各有其不同作用而又相互依存,以营养脏器组织,维持生命活动。

⑥迷心之鸩毒、伐性之斧斤:南宋真德秀《大学衍义》:"知旨酒厚味为迷心之鸩毒,思所以却之;知淫声美色为伐性之斧斤,思所以远之。此道心之发也。是心为主而无以汨丧,则理义日充其去尧舜不远矣。"鸩毒,毒酒,毒药。伐性,危害身心。斧斤,泛指利器。斤,斫木斧也。

⑦伤生:伤害生命。

⑧一朝之忿:一时的气愤。[颜渊第十二·二十一]:"一朝之忿,忘其身,以及其亲,非惑与?"

⑨匹夫之勇:单凭个人的勇力争勇斗狠,而非出于公心惠仁百姓。出自《孟子·梁惠王下》,详参本书 [阳货第十七·二十三]"乃匹夫之徒勇"词条注释。

⑩轻生:轻视生命而任由危害。

⑪好勇斗狠:爱逞威风,喜欢斗殴。形容人凶强好斗。

⑫苟得:不当得而得。

⑬防:大堤,界限。

⑭晚节不终:同"晚节不保",到了晚年却不能保持节操。晚节,指晚年的节操。

⑮随时:任何时候,不拘何时。

⑯致警:保持警惕。

⑰嗜欲:嗜好与欲望。多指贪图身体感官方面享受的欲望。

⑱志气：意志和精神。

⑲常者为主，而变者恒听命焉：朱熹《中庸章句序》："必使道心常为一身之主，而人心每听命焉。"听命，从命，遵从。

⑳心无日而不惕：《周易·乾》："君子终日乾乾，夕惕若厉，无咎。"（君子每日自强不息，深夜也要谨慎自省，如临危境，不能稍懈，这样才能免于灾患。）

㉑德与年而俱进：德行随年岁增长而增进。明归有光《少傅陈公六十寿诗序》："德与年而俱进，如日升月恒。"

【译文】

这一章是讲，君子要依据理性来驾驭秉性。

孔子说：君子的一生，要慎之又慎，特别加以提防的有三种情况：正当年少气盛，容易萌生欲望，所以应当戒近女色。好色是迷乱心灵的剧毒、伤害身心的利器，如不加戒谨，要么败坏道德，要么伤害性命，所以君子因此不敢有为纵欲乱性之事。这是第一戒。

到了壮年，血气方刚，容易动气，所以应当戒用武力。依凭刚猛有力就任意使气，不过是因一时怨忿或匹夫之勇，如不加戒谨，要么惹是生非，要么轻生丧命，所以君子因此不敢有为好勇斗狠之失。这是第二戒。

到了老年，血气衰弱，易动贪念，所以应当戒除不义之财。人的得失成败，本就应当以礼义为原则，以廉耻为底线，如不加戒谨，要么自取其辱，要么天怒人怨，所以君子因此不敢有为晚节不保之事。这是第三戒。

这三种情况，自年少至年老，都有所戒谨。圣人不过是指出最为重要的部分进行提醒。君子应当时时处处保持警惕，摒除奢欲，以理义自我涵养，不因为血气的变化不定而动摇本有的心志和信念，要坚持这种心志和信念，而使变化无常的心态为之所约束。所以，君子要时刻保持警惕内省，使德行与日俱增。

【评析】

戒色、戒斗、戒得，可谓儒家"三戒"。此外又有"慎独""自讼""改过"等修身条目。

佛家则有五戒（佛门四众弟子的基本戒）、八戒（为了在家弟子制定的、暂时的出家修行的戒律与斋法，亦称"八关斋戒"）、十戒（沙弥及沙弥尼基本持戒）；最严明者为比丘、比丘尼所应受持的具足戒，据《四分律》所载，比丘戒有二百五十条，比丘尼戒有三百四十八条。此外有"十善""八正道",勉人积极为善,修成正果。

《圣经》中有著名的"摩西十诫"。古希腊毕达哥拉斯学派也还有"勿食豆子"等令人费解的信条。

凡此种种宗教的、种族的、学派的禁忌,可以试做一番比较。不过儒家除在礼仪执行过程之外,在日常生活和个人生活中似乎并没有"必"无的诉求("毋必"),而只是不提倡、不建议诸如此类的告诫。这多少使它有一定的包容度,使日常更具自在自得的生活气息。

【标签】

以理御气;戒色;戒斗;戒得

【原文】

孔子曰:"君子有三畏:畏天命,畏大人,畏圣人之言。小人不知天命而不畏也,狎大人,侮圣人之言。"

【解义】

此一章书,是言君子小人敬肆①之不同也。

孔子曰:君子检心修己②,观乎天人相与③之际,甚可畏也。其所畏有三:天以仁义礼智之性赋畀④于人,是谓天命。若不能戒慎恐惧⑤,则性体⑥有亏,是曰亵天⑦。君子静存动察⑧,不敢一念稍弛,日用⑨之间常如上帝⑩鉴临⑪者然。此其所畏者一。

至若大人⑫,正体⑬备天命之理而行为世法⑭者也。君子惟恐有悖于大人,即有悖于天命,故尊崇其德位⑮,不敢少有⑯怠慢之意。此其所畏者二。

至若圣人之言,正阐扬⑰天命之理而言为世则⑱者也。君子惟恐有违于圣言,即有违于天命,故佩服⑲其谟训⑳,不敢少有违背之失。此其所畏者三。

君子之三畏,其切于修身诚己如此者,皆由识得天命流行,无在不有,㉑故小心敬慎,无时不然耳。

若小人智识㉒昏迷㉓,不知天命之所存,视以为虚渺㉔而莫之畏也。惟其不畏天命,故于德位之大人本当尊敬也,而反亵狎㉕之;于典谟㉖之圣言本当信从也,而反侮慢㉗之。

君子修之吉，小人悖之凶，㉘一念敬肆之间而已。

盖帝王之学，莫要于主敬㉙；主敬之功，莫先于致知。㉚故知天者自能敬天，敬天者自能见天人之一理、幽明之无间，㉛而无之敢忽㉜焉。此受天命者㉝不可不知也。

【注释】

①肆：不受拘束，纵恣。

②检心修己：检视内心来提高自我修养。

③天人相与：关于天人关系的一种观点，认为天道和人道，或自然和人事之间是互相参与、相互感应和影响的。故另谓之"天人感应""天人合一"。董仲舒《举贤良对策》："臣谨案《春秋》之中，视前世已行之事，以观天人相与之际，甚可畏也。国家将有失道之败，而天乃先出灾害以谴告之，不知自省，又出怪异以警惧之，尚不知变，而伤败乃至。以此见天心之仁爱人君而欲止其乱也。"

④赋畀：给予。特指天赋的权利。

⑤戒慎恐惧：自戒谨慎，警惧忧患。出自《礼记·中庸》："君子戒慎乎其所不睹，恐惧乎其所不闻。"详参本书[里仁第四·十一]同名词条注释。

⑥性体：本性，气质。

⑦亵天：轻慢天意。

⑧静存动察：即"静时存养，动时省察"。明吴与弼《日录》："一事少含容，盖一事差，则当痛加克己复礼之功，务使此心湛然虚明，则应事可以无失。静时涵养，动时省察，不可须臾忽也。苟本心为事物所挠，无澄清之功，则心愈乱，气愈浊，梏之反复，失愈远矣。"此为黄宗羲所赏识，举以为康斋（吴与弼之号）学问之要。《明儒学案·崇仁学案一·前言》："康斋倡道小陂，一禀宋人成说。言心，则以知觉而与理为二，言工夫，则静时存养，动时省察。故必敬义夹持，明诚两进，而后为学问之全功。"王阳明《传习录·门人陆澄录》："省察是有事时存养，存养是无事时省察。"

⑨日用：日常，平时。

⑩上帝：天帝。

⑪鉴临：审察，监视。

⑫大人：指在高位者。

⑬体：本体。

⑭行为世法：君子（即本章所谓"大人"，有德位者）秉持德行，经得

住考验，能够行为世人楷模，言为天下准则。《礼记·中庸》："君子之道，本诸身，征诸庶民，考诸三王而不缪，建诸天地而不悖，质诸鬼神而无疑，百世以俟圣人而不惑。质诸鬼神而无疑，知天也；百世以俟圣人而不惑，知人也。是故君子动而世为天下道，行而世为天下法，言而世为天下则。"译文可详参本书［为政第二·十四］"告天地，质鬼神"词条注释。

⑮德位：指德位相配，以德配位。

⑯少有：稍有。

⑰阐扬：阐明发扬；宣扬。

⑱言为世则：见上注"行为世法"。

⑲佩服：犹言遵循。

⑳谟训：谟和训，《尚书》文体名，代指指示、训诫。

㉑天命流行，无在不有：上天之意旨广泛流布，无处不在。朱熹《论语集注》释［先进第十一·二十六］："曾点之学，盖有以见夫人欲尽处，天理流行，随处充满，无少欠阙。"

㉒智识：智力，识见。

㉓昏迷：愚昧，糊涂。

㉔虚渺：虚无缥缈。

㉕亵狎：轻慢，不庄重。

㉖典谟：《尚书》中《尧典》《舜典》和《大禹谟》《皋陶谟》等经典篇章的并称，代指经典文本。

㉗侮慢：对人轻忽，态度傲慢，乃至冒犯无礼。《尚书·大禹谟》："侮慢自贤，反道败德。"

㉘君子修之吉，小人悖之凶：北宋周敦颐《太极图说》："乾道成男，坤道成女。二气交感，化生万物。万物生生，而变化无穷焉。惟人也得其秀而最灵。形既生矣，神发知矣。五性感动，而善恶分，万事出矣。圣人定之以中正仁义而主静，立人极焉。故圣人与天地合其德，日月合其明，四时合其序，鬼神合其吉凶。君子修之，吉；小人悖之，凶。"（乾为阳，成为雄性的象征；坤为阴，成为雌性的象征。阴阳交接感应，化育孕生万物。万物生生不息，变化无穷。其中只有人能够领受天地灵气而成为万物灵长。人的形体产生后，也受到感发而有神智。仁、义、礼、智、信五种品质得以开启，因此能够区分善恶是非，于是错综纷杂的事情也就出现了。面对这纷繁局面，圣人确立仁义中正之道，清心寡欲以不断修为，这样树立起了做人的最高标准。符合这一标准的圣人，就如同《周易》上所说，其德性能够与天地相合，其光明与日月共存，其进退与四季相符，其奖善

惩恶与鬼神降施吉凶一致。君子修养中正仁义,所以就会吉利;小人违背中正仁义,故而是凶险的。)

㉙主敬:宋代理学家程颐提出的一种道德修养方法。以敬作为修养方法,敬,指自我抑制的能力。初见于[子路第十三·十九]("居处恭,执事敬,与人忠")和《周易·乾·文言》("敬以直内,义以方外")。此两处"敬"本为谨慎的意思,程颐据此发挥为内心涵养功夫。程颐认为,进学在于致知,涵养则在于敬。内心涵养不是屏去闻见思虑的禅定,而在于在交感万物的思虑中能使心有所主。"如何为主,敬而已矣""所谓敬者,主一之谓敬""一者无他,只是整齐严肃,则心便一",意谓整饬自己的思虑,经常保持自觉的状态,心便能专一而不为外物所诱,以明天理。同时,敬能虚静,但敬不就是虚静。心有所主,还要处物行义,于事物上能明其是非。义与敬相辅,否则主敬便成了空寂无事。朱熹强调"敬只是此心自做主宰处"(《朱子语类》卷十二),并认为"主敬致知,交相为助"(《答张敬夫》),把道德修养和求知活动结合在一起。

㉚主敬之功,莫先于致知:《朱子全书》卷九,伊川谓:"学莫先于致知,未有致知而不在敬者。致知是主善而师之也;敬是克一而协之也。敬则心存,心存则理具,于此而得失可验,故曰未有致知而不在敬者。"

㉛知天者自能敬天,敬天者自能见天人之一理、幽明之无间:幽明,有形无形之象。《周易·系辞上》:"仰以观于天文,俯以察于地理,是故知幽明之故。"(上则观察天上日月星辰的天文,下则观察大地山河动植的地理,所以能够明了昼夜光明幽晦的道理。)可详参本书[子罕第九·十一]"道之无方体"词条注释。《说苑·辨物》:颜渊问于仲尼曰:"成人之行何若?"子曰:"成人之行达乎情性之理,通乎物类之变,知幽明之故,睹游气之源,若此而可谓成人。既知天道,行躬以仁义,饬身以礼乐。夫仁义礼乐,成人之行也;穷神知化,德之盛也。"

㉜忽:怠忽,轻视。
㉝受天命者:接受天命的人。指更立朝代之人,君主。

【译文】

这一章,是谈论君子与小人之间敬与不敬的差别。

孔子说:君子检视自我而修养身心,因参悟天人交互的道理,而处处心存敬畏。其所敬畏者有三种:上天赋予人以仁义礼智的本性,即所谓"天命"。如果不能自戒谨慎,警惧忧患,就会亏损本性,那就是轻慢天意了。所以君子静时存养,动时省察,不敢有一念之松懈,在生活日常也慎独自律,像上帝在随时察看一样。这是第一种敬畏。

至于敬畏高官大人,是因为他们本身体现了天命而可以作为世人行为的典范。君子唯恐忤逆大人尊旨,因为这就等于背反了天命,所以尊崇大人之德位相配,不敢有丝毫怠慢。这是第二种敬畏。

至于敬畏圣人之言,是因为它阐明发扬了天命而可以作为天下行为的准则。君子唯恐违背圣人之言,因为这就等于违背了天命,所以遵守圣人的训诫,不敢有丝毫违背。这是第三种敬畏。

君子的这三种敬畏,之所以其如此注重修身立诚,乃是因为天命充塞,无处不在,所以要小心谨慎,无时无刻保持敬畏之心。

而小人,所识所见昏暗不清,不知上有天命所在,而以为是虚无缥缈的事情而不加敬畏。正因为不敬畏天命,所以对于有德位的大人,本应当尊敬,却反而目无尊长,轻狂失礼;对于经典文本中的圣人之言,本应当信从,却侮慢自贤,自以为是。

天命所在,君子保持敬畏之心以修行,吉祥;小人背离天命而不事敬畏,凶险。这都是敬与不敬一念之间所造成的差别。

帝王之学,最重要的是主敬;主敬的功夫,最要紧的是致知。所以,能够懂得天命的人,自然会敬畏上天,敬畏上天的人,也自然能够彻悟天人合一之理、有无相生之道,而不敢有丝毫轻忽怠慢。这是奉承天命的君主一定要明了的。

【评析】

《解义》释"畏"为"主敬",乃发自戒告君王之衷心,变君子之语为君王之语。不便说君王有所畏,而因畏而生敬,亦可说得通。所谓畏者、敬者,因视宇宙古今有一终极道理而人力所始终不及者,天命之上,而有天命,大人之上,而有大人,圣言之上,而有圣言,因此即便是君王,也要戒慎恐惧,兢兢业业,坚持不懈,惟日不足。儒家"勤王"的逻辑和秘诀便在于此。

【标签】

君子;畏;戒慎恐惧;主敬;天人一理;幽明无间

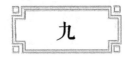

【原文】

孔子曰："生而知之者上也，学而知之者次也；困而学之，又其次也；困而不学，民斯为下矣。"

【解义】

此一章书，是勉人学问①以变化气质②也。

孔子曰：人之气质各不相同，概而言之，略有四等：有气禀③清明④，天资纯粹⑤，不待学问自能知此义理，是为生而知之者。此等之人，所谓"不思不勉，从容中道"⑥之圣人，乃品之最上者也。

然天下上智能有几人？亦有生来未能便知，必待讲求习学，而后能通晓义理，是为学而知之者。此等之人虽得于天者，清明纯粹之中不无少有渣滓⑦，然其间易达，其疑易通⑧，一经学问⑨，即生知之次⑩也。

亦有资禀⑪愚钝，浊多清少，驳多粹少⑫，却能因心衡虑⑬，发愤向学，是为困而学之。此等之人，人一己百，人十己千，虽愚必明，虽柔必强。⑭又生知之次也。

若资质既锢蔽⑮而不通，又自安于蒙昧而不觉，则甘于自弃，是为困而不学。如此之民斯为下矣。使其能学，又安在不可进于知哉？

可见，赋质虽有高下之分，成功⑯终无彼此之别，殊途而同归，百虑而一致。⑰学之为益大矣哉！

【注释】

①学问：此指主动学习和询问，通过学与问的过程来改变自身。《周易·乾》："君子学以聚之，问以辩之。"

②变化气质：学习可改变人的先天秉性，使之向善。出自北宋张载《经学理窟·义理》："为学大益，在自求变化气质。"详参本书［子路第十三·二十七］同名词条注释。

③气禀：亦称"禀气"，指人生来对气的禀受，从某种程度上决定了人与人后天的差别。详参本书［为政第二·九］同名词条注释。

④清明：神志清晰，清察明审。

⑤纯粹：纯正不杂，精纯完美。出自《周易·乾·文言》："刚健中正，

纯粹精也。"详参本书［泰伯第八·八］同名词条注释。

⑥"不思不勉，从容中道"：指思想修为可以自然而然得道的境界。《礼记·中庸》："诚者，不勉而中，不思而得，从容中道，圣人也。"（秉性真诚，不必努力就能达到，不必思考就能获得，从容不迫、自然而然地实行中庸之道，这就是圣人。）可参本书［子罕第九·十一］"自思勉而至于不思不勉"词条注释。

⑦渣滓：杂质，糟粕。

⑧其间易达，其疑易通：本章意涵出自朱熹《四书或问》，而本句原作"其间易达，其碍易通"。碍，繁体作"礙"，故可推论古人承袭本句时误以"礙"为"疑"，或《解义》作者故意为之。

⑨一经学问：指学问上融会贯通，无所疑问。一经，贯通。

⑩生知之次：即次于生知，比生而知之次一等的层次。

⑪资禀：天资，禀赋。

⑫驳多粹少：驳，本指马毛色不纯。此指混杂不精纯。粹，纯而不杂。宋儒"气质说"中多以"粹""驳"等词汇进行描述。可详见本章"评析"部分引文。

⑬困心衡虑：心意困苦，思虑阻塞。表示费尽心力，经过艰苦的思考。困，忧。衡，横。出于《孟子·告子下》："困于心，衡于虑，而后作。"

⑭人一己百，人十己千，虽愚必明，虽柔必强：指用功学习，加倍努力，自然会达到理想的效果。《礼记·中庸》："人一能之己百之，人十能之己千之。果能此道矣。虽愚必明，虽柔必强。"（别人一次能做的，我用百倍的功夫；别人十次能做的，我用千倍的功夫。如果真能这样努力，即便愚笨也会变得聪明，即使柔弱也会变得刚强。）可参本书［里仁第四·十四］"明善诚身"词条注释。

⑮锢蔽：禁锢蔽塞。

⑯成功：成效。

⑰殊途而同归，百虑而一致：本指天道浩大，最终归一。此处指各种资质禀赋的人通过学习，都能达到同样的境界，认识同样的道理。《周易·系辞下》《易》曰："憧憧往来，朋从尔思。"子曰："天下何思何虑？天下同归而殊途，一致而百虑。天下何思何虑？"日往则月来，月往则日来，日月相推而明生焉。寒往则暑来，暑往则寒来，寒暑相推而岁成焉。往者屈也，来者信也，屈信相感而利生焉。尺蠖之屈，以求信也；龙蛇之蛰，以存身也。精义入神，以致用也；利用安身，以崇德也。过此以往，未之或知也；穷神知化，德之盛也。（咸卦九四爻辞说："思虑不能专一，因而有

往来不定，憧憧万端，存有各种思绪，他的朋党也相率地、互相地遵从他的思想。"孔子说："天下的事物，有何足以困扰忧虑的呢？天下同归于一个目标，所走的途径有不同。同归于一个好的理想，有百种不同的思虑。"宇宙自然的运行，循环不息，日月往来交替，因而有光明的出现。寒暑往来的交替，遂有春夏秋冬四时递相推移的岁序。已往的事情，已经屈缩，将来的事情，即将伸展，屈缩伸张，互相交感而用，而利益的产生，也就在其中了。尺蠖把身子屈缩起来，正是养精蓄锐，等待时机以求伸展行进。龙蛇之类，严冬酷寒的时候在土洞里冬眠，以保全它们的躯体。专精地研究精粹微妙的义理，到达神而化之的境界，则从心所欲，而不逾矩，也就可以学以致用了。利用易学所显示的道理，而安洽其身，则可以随遇而安，怡然自得，心广体胖，以推崇吾人的德业。如超过以上易理所显示的事情，则虽圣人，也是不会知道的。至于专研宇宙无穷的奥妙，了解万事万物变化的原理，而默然和而化之，这是圣人极崇高的道德功夫。）

【译文】

这一章，是勉励人们求学问道来超越先天禀赋，提升自我。

孔子说：人的先天禀赋有所不同，大概可以分为四个层次：第一个层次是禀气清察明审，天资精纯完美，不用专门的学习就能明了事理，这是所谓的生而知之者。这一层次的人，即《中庸》中所谓的"不思不勉，从容中道"（自然可以得道）的圣人，是层级最高的一类人。

但是全天下这样的人很少见。还有一个层次的人，他们不是生而知之，而是一定要通过学习，然后才能明白事理，这是所谓的学而知之者。这个层级的人虽然天资尚可，却含有混杂不纯的成分，不过他们所不理解、有障碍的地方容易打通并达成理解，最终能够融会贯通。这是比生而知之次一等的层次。

还有一个层次的人，他们天生愚钝，资质中污浊驳杂的成分多而清晰纯粹的成分少，他们于困顿之中却能够通过坚持不懈的努力，发奋学习，这就是所谓的困而学之者。这一层次的人，只要付出百倍千倍的努力，即使资质平平，也能够由愚蠢而变得明慧，由柔弱变得刚强。这是比生而知之次而又次的层次。

如果天生资质完全淤塞不通，而其本人又自足于蒙昧无知，自甘放弃，这就是所谓的困而不学者。这一层次属于民众之中最差的一类了。其实如果他们能够主动学习的话，又怎么知道不会进步而有智识呢？

总而言之，人的天生禀赋虽然有高下之分，但终究能够达到同样的境界,路径不同而结果一样,思虑不同而同归至理。所以说,学习的效益真是太大了啊!

【评析】

本篇《解义》不像大部分篇章那样源于《论语集注》,而是源于朱熹的《四书或问》。而且牵引出儒学理论自身设论的薄弱之处,因此对其理论的自洽构成冲击:

> 或问气质之说。
> 曰:"程子言之已详,亦具于后篇矣。"
> 曰:"其所以有是四等者,何也?"
> 曰:"人之生也,气质之禀,清明纯粹,绝无渣滓,则于天地之性,无所间隔,而凡义理之当然,有不待学而了然于胸中者,所谓生而知之圣人也。其不及此者,则以昏明、清浊、正偏、纯驳之多少胜负为差。其或得于清明纯粹而不能无少渣滓者,则虽未免乎小有间隔,而其间易达,其碍易通,故于其所未通者,必知学以通之,而其学也,则亦无不达矣,所谓学而知之大贤也。或得于昏浊偏驳之多,而不能无少清明纯粹者,则必其窒塞不通然后知学,其学又未必无不通也,所谓困而学之众人也。至于昏浊偏驳又甚,而无复少有清明纯粹之气,则虽有不通,而憒然莫觉,以为当然,终不知学以求其通也,此则下民而已矣。"
> 曰:"诸说如何?"
> 曰:"范氏之说亦善,此与《中庸》本文之意,虽非专为劝诫而发,然其语意上下之势,似亦有此理者。谢氏所谓人皆有圣质者,亦非也。若以资质而论,则此章正论其所禀之不齐,而非谓其皆有圣质。若以性之理而言,则此章乃论其不齐之质,而非论其一源之性也。"
> 又谓"圣愚之分,特在念不念敏不敏耳":"夫生而知之者,岂其气禀初不异于众人,特以念与敏而得为圣人耶?"
> 又谓"困而学者,勉强以求复其初":"夫学者固求以复其初也,然以上文考之,所知者殆为知此义理而已,未遽及乎复其初之事也,不止于疏而已也。"[1]

一方面强调本性自足,却要"变化气质",这或许正是儒学理论自身最

---

[1] 朱熹:《四书或问》,《朱子全书》卷六,安徽教育出版社2002年版,第871–872页。

基础也是最深层次自相矛盾的地方。

【标签】

气质；变化气质；《中庸》；《四书或问》

【原文】

孔子曰："君子有九思：视思明，听思聪，色思温，貌思恭，言思忠，事思敬，疑思问，忿思难，见得思义。"

【解义】

此一章书，是言君子思诚之学①也。

孔子曰：凡人持己接物②，各有当然之则，使未能从容中道③，不可不随时随处而各致其思④也。君子兢兢业业⑤，存天理，遏人欲，⑥其思大要有九：如目之于视，则思视远惟明⑦，不为物蔽于外，而视诚矣。耳之于听，则思听德惟聪⑧，不为物壅⑨于内，而听诚矣。颜色⑩则思温和，暴厉⑪之色不见于面，而色诚矣。容貌则思恭谨，惰慢⑫之气不设⑬于身，而貌诚矣。发言则思忠实，而无一念之或欺⑭；行事则思敬慎，而无一毫之或苟，而言与行诚矣。心中有疑则思问于师友，以解其惑；与人忿争⑮则思难及身亲⑯，而惩其怒⑰。至于临财之际，又必思其义之当得与否，如义所不当得，断不苟取⑱，而无不诚矣。

君子各致其思如此。此九者，皆存心治身⑲之要，君子养之于未发之先，持之于方发之际。⑳其存之也精，故其应之也当；其虑之也密，故其处之也周；要不外一心之用㉑而已。

【注释】

①思诚之学：真诚用心于修身克己之学。《孟子》谓"诚者，天之道也；思诚者，人之道也"，见《孟子·离娄上》："诚身有道，不明乎善，不诚其身矣。是故，诚者，天之道也；思诚者，人之道也。至诚而不动者，未之有也；不诚，未有能动者也。"（因此，诚，是上天的准则；追求诚，是为人的准则。自身至诚而不能使别人动心的，是从来没有的。不诚心，则是不可能感动别人的。）详参本书［卫灵公第十五·六］"至诚而不动者"

词条引文。《中庸》云:"诚者,天之道也;诚之者,人之道也。诚者,不勉而中,不思而得,从容中道,圣人也;诚之者,择善而固执之者也。"(真诚,是上天的品德;做到真诚,是人的品德。天生真诚,不必勉为其难就能达到,不必苦思冥想就能获得,从容而自然地符合天道法则,这是圣人才能做到的;要使人做到真诚,则需要主动选择实践善德并坚持不懈。)详参本书［里仁第四·十四］"明善诚身"词条引文。

②持己接物:持守自身,与人交往。

③从容中道:出自《礼记·中庸》:"从容中道,圣人也。"详见上注"思诚之学"。

④致其思:致思,谓集中心思于某一方面。

⑤兢兢业业:谨慎戒惧。《尚书·皋陶谟》:"无教逸欲有邦,兢兢业业,一日二日万几。"(舜帝的大臣皋陶在和舜、禹一起讨论政事的时候,说:"作为君主,不要贪图私欲享受,要谨慎勤勉地处理政务,每天都要日理万机。")可详参本书［学而第一·四］"兢兢业业"词条注释。

⑥存天理,遏人欲:详参本书［里仁第四·四］同名词条注释。

⑦视远惟明:《尚书·太甲中》:"视远惟明,听德惟聪。"(能看到远处,才是视觉明睿;能听从良言,才是听觉聪敏。)

⑧听德惟聪:见上注"视远惟明"词条注释。

⑨壅:音 yōng,聚积,拥塞。

⑩颜色:面色,表情,神色。

⑪暴厉:凶暴乖戾。

⑫惰慢:懈怠不敬。

⑬设:陈列,摆设。

⑭无一念之或欺:毫无欺瞒之心,没有任何一个念想虚假不实。

⑮忿争:愤怒相争。

⑯难及身亲:危及自身及亲人。

⑰惩其怒:惩怒,制怒,止怒。惩,戒止。

⑱断不苟取:绝不苟且获取。

⑲存心治身:修养身心。

⑳养之于未发之先,持之于方发之际:《中庸》:"喜怒哀乐之未发,谓之中;发而皆中节,谓之和。"程颐:"涵养久,则喜怒哀乐自中节。"(《二程遗书》卷十八)

㉑要不外一心之用:总而言之是把握好内心,心力至则凡事可为。要,要之,总而言之。《宋史·岳飞传》:"阵而后战,兵法之常;运用之妙,存

乎一心。"王阳明《传习录·答顾东桥书》："夫万物万事之理不外于吾心。"《佛遗教经》："制之一处，无事不办。"

【译文】

这一章是讲，君子用心无所不诚的学问。

孔子说：君子要修己待人，自然要遵循应有之理路，要想自然达成中庸之道，就不能不时时处处聚精会神，全力以赴。君子谨慎戒惧，心存天理而克制私欲，要从九个方面用心：用眼睛看，不受眼前外物干扰，能够看到远处，才算是视觉明睿，这是由于用心观察。用耳朵听，不受内心情绪影响，能够听从良言，才算是听觉聪敏，这是由于耐心倾听的缘故。表情要做到温和，从不流露凶暴乖戾，这就是尽心和气了。仪容相貌要做到恭敬谨慎，避免身上散发懈怠不敬的气息，这样就是恭谨礼仪了。说话要做到忠实，没有丝毫虚假。做事要做到敬慎，没有丝毫马虎，这样就是忠信笃敬了。心中有疑问就要向师友请教，以解惑释疑。与人发生冲突时要顾惜自身及家人安全，以隐忍制怒。财货当前之时，一定要做到以义为原则来衡量取舍，不义之财，绝不苟且获取，这样就是无时无刻不克己归仁了。

君子就是这样在任何情况下都能够真诚用心于修身克己。这九个方面，都是存养克制身心的关键，君子要在私欲未发之前存养身心，也要在事情正在发生之时加以克制。如果能够做到存养精到，那么遇事克制时也会得当；如果平时能够思虑精细，那么遇事处理时也会周全。总而言之，这都不外乎要把握好自己的内心。

【评析】

"九思"与其说是"思考"，不妨准确说是"反思"或"省察"。视、听、色、貌等九者，人之常具感官、形态，常见于人而不见于己，似平常而易失察、失态者，故夫子于此处再三警告提撕。

【标签】

持己接物；君子；九思；见得思义

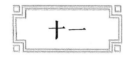

十一

【原文】

孔子曰:"见善如不及,见不善如探汤。吾见其人矣,吾闻其语矣。隐居以求其志,行义以达其道。吾闻其语矣,未见其人也。"

【解义】

此一章书,是见人品不以洁己①为高,而以经世②为大也。

孔子曰:成己成物,原儒者体用合一之学③,吾岂不欲尽得若人,与之相遇哉?然正未可一概论也。如见有善事,则欣慕之,如有所追而不及,真知可好而好之极,其诚如此;见有不善则痛绝之,如以手探热汤④,真知可恶而恶之极,其诚又如此。此等笃信自修⑤之人,吾见今有此人矣,吾闻古有此语矣。

至若士方困穷⑥未遇⑦、隐居伏处⑧之时,则立志卓然不苟⑨,凡致君泽民⑩之事,一一预为讲求⑪,而备其道于一身;及其遭逢知遇⑫,出仕行义⑬之日,则取平日经纶⑭位育⑮之怀,一一见之设施⑯,而达其道于天下。此等出处⑰合宜、体用全备⑱之人,吾但闻古有此语矣,未见当世有此人也。虽欲闻见之相符,岂可得哉?

盖修齐治平⑲,理本一贯⑳;用舍行藏㉑,道有兼该㉒。圣人原欲以独善其身者兼善天下㉓,不徒以避世为贤,而以济世为贵,故有怀夫三代之英㉔而慨然长思也。

【注释】

①洁己:洁身自好。
②经世:治国经邦。
③成己成物,原儒者体用合一之学:《礼记·中庸》:"诚者,自成也;而道,自道也。诚者,物之终始,不诚无物。是故君子诚之为贵。诚者,非自成己而已也,所以成物也。成己,仁也;成物,知也。性之德也,合外内之道也,故时措之宜也。"(所谓真诚,是用以自我完善的基础;而所谓中庸之道,则是用以引导自己的标准。真诚,贯穿万物的始终,没有真诚就没有万物。因此,君子把真诚看得非常珍贵。真诚,并不只是成全自己就可以了,还要成全万物。成全自己是仁义,成全万物是智慧。这是发

自本性的德行，是把外在的事物和内在的德性融合为一的基本法则。因此，随时加以运用都无不适宜。）成己成物，自身有成就，也要成全万物，使自身以外的一切有所成就。两者相辅相成。

④热汤：沸水，热水。

⑤笃信自修：笃定信念以自我修为。

⑥困穷：艰难窘迫。

⑦未遇：未得到赏识和重用。

⑧伏处：隐居。

⑨卓然不苟：超凡脱俗，卓尔不群。卓然，卓越，突出。不苟，不随便，不马虎。

⑩致君泽民：南宋王应麟《三字经》："上致君，下泽民。"（对上辅佐君主，对下惠泽百姓。）致君，辅佐国君，使其成为圣明之主。

⑪讲求：修习研究。

⑫知遇：赏识，意指被重用。

⑬出仕行义：为行义而出仕。行义，躬行仁义。孔子一向主张出仕以道利天下，若不能推行仁义，宁可不出仕。虽然他一直渴望得到施政的机遇。[泰伯第八·十三]："天下有道则见，无道则隐。"[宪问第十四·一]："邦有道，谷。邦无道，谷，耻也。"[宪问第十四·三]："邦有道，危言危行，邦无道，危行言孙。"[微子第十八·六]："天下有道，丘不与易也。"

⑭经纶：整理丝缕、理出丝绪和编丝成绳，统称经纶。引申为筹划治理国家大事。

⑮位育：正位而育，天地依照自然规律运转，从而使万物正常生育。《礼记·中庸》："致中和，天地位焉，万物育焉。"（能够达到"中和"的境界，那么天地就可以各就其位而运行不息，万物便能够各随其性而生长发育了。）可详参本书[述而第七·十七]"参赞位育"词条注释。

⑯见之设施：付诸实施。设施，措置，施展。

⑰出处：出仕和隐退。

⑱体用全备：本体和功用都兼备。

⑲修齐治平：指提高自身修为，管理好家庭，治理好国家，安抚天下百姓苍生的政治抱负。出自《礼记·大学》，可详参[子罕第九·十八]同名词条注释。

⑳理本一贯：内在之理一以贯之，融会贯通。

㉑用舍行藏：任用就出来做事，不被任用就退隐。[述而第七·十一]：

子谓颜渊曰："用之则行，舍之则藏，惟我与尔有是夫！"（夫子对颜渊说："如果被任用，就去依道而行；如不被任用，干脆就藏身事外。大概只有我和你才能做到这样吧！"）

㉒道有兼该：道理上互补而达到全面。兼该，兼备。

㉓圣人原欲以独善其身者兼善天下：圣人独善其身与兼善天下的心志其实都是一样的，只是因际遇不同而选择不同的方式而已。《孟子·尽心上》："古之人，得志，泽加于民；不得志，修身见于世。穷则独善其身，达则兼善天下。"详参本书［述而第七·十一］"独善"词条注释。

㉔三代之英：指夏、商、周三代的英明君王。《礼记·礼运》："大道之行也，与三代之英，丘未之逮也，而有志焉。"（大道运行的五帝时代，和夏、商、周三代英明的君主当政的时代，我孔丘都未能赶得上，但是古书里都是有记载的。）可详参本书［子路第十三·九］"复其性"词条注释。

【译文】

这一章是说，真正高尚的人品，不只是洁身自好，而更要经邦治国，有益于社会。

孔子说：成己以成物，本就是儒者本体和功用合而为一的学问，我怎能不愿意遇到这样的人，并悉心与之相交呢？但这也恰恰是不可一概而论的。有这样一种人，他们一看到美善的事物，就欣慕不已而马上去追求，就像怕是追不到一样，由此可见其是发自内心的喜好，所以诚心去求；同时，他们见到丑恶的事物，如同碰到了滚烫的热水，避之唯恐不及，由此可见是发自内心的厌恶，所以诚心排斥。这样笃定信念以自我修为的人，我不光见到过真人，而且也听说古代就有这样的人。

士人处于穷困之中而未能被任用，隐居不出的时候，其立志仍然超凡脱俗，卓尔不群，凡是能够对上辅佐君主、对下惠泽百姓的学问，都逐一研习和筹划，以道养身而坐待时机；一旦得到重用，能够出仕来行使道义的时候，就将平时所筹划的治国理政、正位而育的方略拿出来，逐项付诸实施，使其修为之道畅行于天下。这种能够完美处理好隐居和出仕、本体和功用的人，我听说古代有这样的人，却从未在现实中见到过这样的人。要想使所闻与所见相符，还是难啊！

修齐治平，由个人修为到治理家国天下，所遵守的都是一脉贯通的道理；用舍行藏，是隐居修为还是出仕行义，不过是相互补充。圣人本就可以独善其身之道而为兼济天下之志，不只是为了离群索居做个贤人，而更以济世安民为重，所以，他追昔抚今，不禁发出感怀三代盛世的慨然沉思。

【评析】

上下两句并置，见与闻互动，意思应该放到一起来看，总不过是夫子励人奋发向善，持志不移，教人不光要做到基本的向善而行，且更加注重持志和行义，并非仅在主观上向善去恶，而不见在行动上真正持志行义。此是孔子之特殊表达方式，将语词并置则更具张力，涵义丰富，耐人寻味。其中感慨有之，惋惜有之，希冀有之。读其文字，可以想见其人教学时的姿态——谆谆教诲，亹亹不倦，语重心长，情真意切。

【标签】

见善如不及，见不善如探汤；隐居以求其志，行义以达其道；成己成物

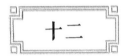

【原文】

齐景公有马千驷，死之日，民无德而称焉。伯夷叔齐饿于首阳之下，民到于今称之。其斯之谓与？（"诚不以富，亦祇以异。"）❶

【解义】

此一章书，是言尚德而不尚富也。

孔子尝言：人之足以享大名垂后世者，视其生平自立何如耳，至于富贵贫贱，初无与也①。昔者齐景公以诸侯之贵，畜马至千驷②之多，富贵极矣，然功业不著③于时，德泽不加于众，身死之日，民无可称之德焉。其易忘之速如此。伯夷、叔齐仅商之遗老，④而以武王伐纣为非义，耻食周粟，至饿死首阳山下，贫困极矣！然而风节⑤著于当时，名闻施于后世，民到于今犹称述不衰⑥。其思慕之久如此。可见，无善可称，身没而名随灭；⑦有善可称，世远而名愈芳。是名之称不称，初不系于富贵贫贱也。《小雅·我行其野》之诗有云：人之所称，诚不以其财之富，而只以其行事之异。⑧其即景公、夷齐⑨之谓与？

由孔子之言推之，布衣韦带⑩之士，克⑪自树立其道德行谊⑫，犹足传

---

❶ 本句原属 [颜渊第十二·十]，程颐认为此句为错简所致，当属本章。可详参本章注⑧。

诸无穷，声施⑬不朽。若居帝王之位，兼圣贤之德，光前烈而裕后昆⑭，其鸿名休誉⑮，有不垂诸天下万世者哉？

【注释】

①初无与也：本就无关。初，本，本来。

②千驷：四千匹马，言马极多。

③著：明显，显著。

④伯夷、叔齐仅商之遗老：孤竹国从属商。商朝初年（约前1600），商封墨氏为孤竹君。伯夷、叔齐乃孤竹国国君之子，商亡后仍以商民自称，故称其为商之遗老。

⑤风节：风骨节操。

⑥民到于今犹称述不衰：夷齐风骨影响深远，后人专门立庙祭祀，并因以作诗文传颂。可详参本书［公冶长第五·二十三］"评析"部分。

⑦无善可称，身没而名随灭：［卫灵公第十五·二十］：子曰："君子疾没世而名不称焉。"程颐《答朱长文书》（《二程文集》卷九）："夫子疾没世而名不称焉者，疾没身无善可称云尔，非谓疾无名也。名者可以厉中人，君子所存，非所汲汲。"

⑧《小雅·我行其野》之诗有云……而只以其行事之异：《诗经》本句原作："成不以富，亦祇以异。"［颜渊第十二·十］中作"诚不以富，亦祇以异。""诚"为本字。程颐认为此句为错简所致，当属本章而非［颜渊第十二·十］。（《河南程氏遗书·伊川先生语八下》）《解义》参照了程颐的观点，故将该句置于本章中解读。因此《解义》版本的《论语》原文［颜渊第十二·十］处未置入此句（详见该章注①），但在本章原文处亦未置入，只是在解义时做了间接引用。

⑨夷齐：即伯夷、叔齐。

⑩布衣韦带：古时隐士或未仕者的粗陋衣服。韦带，无饰的皮带。李贤注《后汉书·周磐传》："以韦皮为带，未仕之服也，求仕则服革带。"

⑪克：能。

⑫行谊：品行，道义。

⑬声施：名声流传。即本章前谓"名闻施于后世"。

⑭光前烈而裕后昆：光大前业，为祖先增光；遗惠后代，为后代造福。形容人功业伟大。因有成语"光前裕后"。唐司空图《蒲帅燕国太夫人石氏墓志》："允集大勋，以光前烈。"《尚书·仲虺之诰》："王懋昭大德，建中于民，以义制事，以礼制心，垂裕后昆。"［大王（商汤）要努力显扬大德，

对人民建立中正之道，用义裁决事务，用礼制约思想，把宽裕之道传给后人。]南宋王应麟《三字经》："扬名声，显父母，光于前，裕于后。"前烈，前人的功业。后昆，后代，后嗣。

⑮鸿名休誉：鸿名，大名，盛名。休誉，美好的声誉。

【译文】

这一章是说，要崇尚品德而非富贵。

孔子曾经说过：判断一个人能否真正享有长远声誉，是看其生平依凭什么来自立，但至于其身份是富贵还是贫贱，本就与此无关。当时齐景公以大国诸侯的显赫地位，蓄养骏马几千匹，可谓极其富贵，但是他的功业并未因此而显扬，其德泽也没有普施于众人，到了他死去那天，百姓竟然无法依凭什么好的德行来称颂他。他因此就很快被遗忘了。伯夷、叔齐是孤竹国君之子，商朝遗老旧臣，他们认为武王伐纣乃以暴制暴，仍属不义，所以耻之而不食周粟，最终饿死于首阳山下，这可谓贫困至极了！但是他们的风骨节操著称于当时，闻名于后世，百姓到如今还赞不绝口。人们对他们的思慕之情长久难忘。由此可见，如果一个人乏善可陈，则身死而旋即名灭；如果有善可以称道，其声名则会历久而弥新。因此，名声是否会被称道，本就无关乎富贵还是贫贱。《诗经·小雅·我行其野》中说，人们所称颂的，并非其财富，而只是其行事的品格。这说的不就是景公与夷齐之间的差别吗？

由孔子的这番话推想开去，即便是布衣韦带的贫寒之士，如果能够自行树立其道德品行，也足以闻名遐迩而千古流芳。如果是居于帝王之位，而又兼备圣贤之德，这样就能够光大前人事业而惠及后世子孙，其必将获得宏大的名声和美好的赞誉，并垂范于天下万世。

【评析】

众生平等，虽王冠玉帛，不过一时形迹；凡夫可贵，即立德行善，可许万世英名。

【标签】

齐景公；伯夷叔齐；富贵；德行

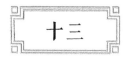

【原文】

陈亢问于伯鱼曰:"子亦有异闻乎?"

对曰:"未也。尝独立,鲤趋而过庭。曰:'学诗乎?'对曰:'未也。''不学诗,无以言。'鲤退而学诗。他日,又独立,鲤趋而过庭。曰:'学礼乎?'对曰:'未也。''不学礼,无以立。'鲤退而学礼。闻斯二者。"

陈亢退而喜曰:"问一得三,闻诗,闻礼,又闻君子之远其子也。"

【解义】

此一章书,是见圣人大道为公①之心也。

陈亢②受学有年,未识圣人立教③之公,妄以私意窥度④圣人,疑必阴厚⑤其子。一日问于伯鱼⑥曰:最亲莫如父子,最近莫如家庭。子亦尝有独得夫子⑦之教,而异于群弟子之所闻者乎?

伯鱼对曰:我未尝有所异闻也。夫子尝一日闲居独立⑧,鲤趋走而过庭⑨。(此正可以有闻之时也。)夫子但问⑩曰:"曾学诗⑪否乎?"鲤以实对曰:"未曾学也。"夫子因教之曰:"诗本人情⑫,该物理⑬,学之者事理通达,无昏塞⑭之患,心气和平⑮,无躁急之失,必然长于言语⑯。若不学诗,欲言语应对之皆善,不可得也。"

鲤于是受教,退而学诗,凡"风""雅""三颂"⑰,因而究其旨矣。

他日,夫子又尝闲居独立,鲤复趋走而过于庭。(前此未授,此日可以闻之矣。)夫子但问曰:"曾学礼否乎?"鲤以实对曰:"未曾学也。"夫子因教之曰:"礼有三千三百之仪、恭俭庄敬之体,⑱学之者品节详明⑲,义精而不惑⑳,德性坚定,守固㉑而不摇,必卓然有以自立㉒。若不学礼,欲规矩准绳之悉合,不可得也。"鲤于是受教,退而学礼,凡礼仪、威仪㉓,因而习其事矣。

当独立之时,闻于夫子不过如此而已,亦何尝有异闻哉?

陈亢闻之,退㉔而喜曰:吾问伯鱼者一耳,而所得有三:闻学诗之可以言,一也;闻学礼之可以立,二也;又闻君子之教,推其子而远之,全无偏私之意,三也。不亦深可幸哉?

要之,圣人固不私其子,亦何尝远其子?当其可而教之,教子与教门人一耳。诗、礼、雅言㉕教子如此,教门人如此,教天下后世亦不过如此。

此圣人之教所以如日月之经天、江河之行地[20]与!

【注释】

①大道为公:即"大道之行也,天下为公",大道运行的时代,天下为大家公有(天下人都怀有公心)。出自《礼记·礼运》,参本书[子路第十三·九]"型仁讲让"词条注释。

②陈亢:(前511—前430),字子禽。见本书[学而第一·十]"子禽"词条注释。

③立教:树立教化,进行教导。

④窥度:猜测。

⑤阴厚:私下里厚待。

⑥伯鱼:孔鲤(前532—前483),子姓,孔氏,名鲤,字伯鱼。见[阳货第十七·十]同名词条注释。

⑦夫子:此释孔鲤称孔子亦称夫子。

⑧闲居独立:安闲居家时单独站立。

⑨鲤趋走而过庭:鲤,孔鲤自称其名,以示谦恭。趋走,小步疾行,以示庄敬。过庭,经过庭院,后因本章以指承受父训或径指父训。

⑩但问:只问。

⑪诗:指《诗》。本书认为,"诗"本非文集,而乃经过孔子增删编纂;在孔子(编纂)之前,"诗"是泛称,即指当时所有之诗,并非成书之作,故称"诗"而不称"《诗》";而其之称为"经",立为经学文本,署名《诗经》,更是远晚于孔子之西汉时事。所以,孔子之时之"诗",大多当不用书名,亦不能简单用"《诗经》"指称。至于《礼记·经解》中,"《诗》教""《礼》教"(孔子之时,礼乃以实操形式存在,并未成书记载)之谓,主要有两方面原因:一是《礼记》为后人撰述,其真伪仍待详辨;二是该篇文字以《诗》《书》《礼》《乐》《易》《春秋》为六经系统,已属专称。故本书以《论语》为孔子本人最真实记录材料,于孔子称诗处,不加特殊标记,以示区别。其他文籍,可按约定俗成,不必强求。

⑫诗本人情:朱熹《论语集注》释[泰伯第八·八]"兴于诗"句:"诗本性情,有邪有正,其为言既易知,而吟咏之间,抑扬反复,其感人又易入。故学者之初,所以兴起其好善恶恶之心,而不能自已者,必于此而得之。"

⑬赅物理:通晓万物之理。赅,赅备,通晓。物理,事物的道理、规律。

⑭昏塞：昏愦闭塞。

⑮心气和平：朱熹《论语集注》释本章："事理通达，而心气和平，故能言。"《明儒学案·诸儒学案下·给事中郝楚望先生敬》："为仁在养气，心气和平，自然与万物相亲。今人血气运动，即谓之生，都不知自己性命，安顿何处，故云：'百姓日用而不知。'"

⑯必然长于言语：此指《诗经》在政治、交际方面的功用。在政治话语、外交辞令中以引用《诗经》为惯例。故此处言语不是指一般的言说话语，而是专指"引用《诗经》言说"。

⑰"风""雅""三颂"：《诗经》的三个组成部分。《诗大序》认为风是用于教化、讽刺的作品；雅是反映王室政治成败得失的作品；颂是赞美君主、祭祀神灵的作品。这一说法在古代具有很大影响。现在一般认为"风"是古代各地方的民间乐歌；"雅"是西周王畿（今陕西中部）的乐歌；"颂"是宗庙祭祀用的乐歌，其中部分是舞曲。"颂"包括"周颂""鲁颂""商颂"三个部分，故称"三颂"。

⑱礼有三千三百之仪、恭俭庄敬之体：礼有礼仪三百、威仪三千，体系宏富；又能教人以谦恭节俭、庄重虔敬，本体实在。"三千三百之仪"见《礼记·中庸》："大哉，圣人之道！洋洋乎，发育万物，峻极于天。优优大哉！礼仪三百，威仪三千，待其人然后行。"（真是伟大啊，圣人之道！它浩浩荡荡充塞天地，生育万物，它高大挺拔，可与天相参。真是宽裕丰富而广大啊，礼的纲要有三百之多，而细目多达数千，要等到圣贤出现才能得以实行。）可详参本书［述而第七·十七］"广大精微"词条注释。"恭俭庄敬"见《礼记·经解》："恭俭庄敬，《礼》教也。"（如果其人谦恭节俭、庄重虔敬，那就是《礼》的教化效果。）详参［述而第七·一］"评析"部分引文。

⑲品节详明：审慎明敏于个人品行节操。品节，品行，节操。详明，审慎明敏。

⑳义精而不惑：精研事物的微义，而至于明白无惑。义精，即"精义"，精研事物的微义。《周易·系辞下》："精义入神，以致用也。"

㉑守固：谓信守不变。

㉒卓然有以自立：卓然独立，与众不同。卓然，卓越，突出。

㉓礼仪、威仪：见上注"礼有三千三百之仪"词条注释。

㉔退：返回，归。

㉕诗、礼、雅言：代指孔子教育的内容和所使用的标准语音。［述而第七·十八］："子所雅言，《诗》、《书》、执礼，皆雅言也。"（夫子平日用雅

言的，如诵诗、读书，及执行礼事。）

㉖日月之经天、江河之行地：太阳和月亮每天经过天空，江河永远流经大地。比喻人或事物的永恒、伟大。南朝宋范晔《后汉书·冯衍传上》："其事昭昭，日月经天，河海带地，不足以比。"

【译文】

这一章，可见孔圣人大道为公之心。

陈亢其人在孔子门下受教多年，但不明白孔圣人是以公心设教，竟然以私心来猜测圣人，认为他肯定在背地里厚待自己的儿子孔鲤，教给他特别的东西。于是有一天，他向孔鲤打听道：伯鱼，天底下最亲的人莫过于父子，最近的关系莫过于家庭。你是否专门得到过夫子的教导，与平时我们这群弟子们有所不同呢？

孔鲤回答说：我从没有受到过与众不同的教诲。夫子有一次闲居在家，独立于中庭，我小步快走经过那里。（这时候正好可以单独面对，而有所闻教。）夫子只问我："你学过诗了吧？"我如实禀告说："未曾学过。"夫子于是教诲我："诗本于人的性情，全备万物之理，学习它就能够通达事理，而不会昏愦无知，就会心气和平，而不会狂躁焦急，这样也就会让人更善于为政话语和外交辞令。如果不学诗，要想善于这方面的言语应对，恐怕不太可能。"

于是我领教之后，回去学诗，遍览《诗》的风、雅、颂三个部分，因此能够理解他们的意思了。

又有一天，夫子又闲居独立中庭的时候，我也恰好从他身边经过。（此前没有专门授予的"异闻"，大概这个时候可以学到了。）夫子也只是问我："学过礼吗？"我如实禀告："没有学过。"夫子于是就教诲我："礼制规约，正所谓'礼仪三百，威仪三千'，体系庞大但具体而微；它能教人谦恭节俭、庄重虔敬，本体实而体用兼备。学礼，就会使人审慎明敏于个人品行节操，精通事理而至于明白无惑，德性坚定，能够坚守而不动摇，这样自然会卓然独立，卓尔不群。但如果不学礼，要想做到动静合宜、举止得体，恐怕是不可能的。"我领受教诲，回去学礼，大小礼仪，均学而习练之。

当我和夫子私下见面的时候，从他那里听到的也不过是这些了，从没有听到过特殊的东西。

陈亢听完回来后，高兴地说：我只问了伯鱼一个问题，却得到了三个重要的信息：听到学诗才会善于政事辞令，此其一；听到学礼才能独立自主,此其二;又听到君子之教,对亲子也会保持距离,并无任何偏私之处,此其三。这对我来说,不是非常有益吗,真是幸事一件!

简要言之,孔圣人既不偏私其子,但也不会斥而远之。无论是谁,只要到了门下,而且愿意学习,孔圣人都是有教无类,一视同仁。他用诗、礼、雅言教育儿子,教给门人弟子的也是如此,教给天下后世的也均不过如此。正因为如此,圣人的教化才能够如日月经天、江河行地般恒久而伟大啊!

【评析】

夫子有教无类,不只纳平民、贵族于一体教育,不分贵贱亲疏,连亲生儿子也一视同仁。孔学实为政治学,而公天下之公诚为政治学最大的学问,故此孔夫子不是没有私心,不想关照儿子,而是在公德公义这件事情上没有办法自私。从这一点而言,陈亢不明夫子学问之道殊甚,其为徇私探幽之问,直如跳梁小丑耳。

【标签】

孔鲤;陈亢;《诗经》;礼;有教无类

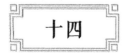

【原文】

邦君之妻,君称之曰夫人,夫人自称曰小童;邦人称之曰君夫人,称诸异邦曰寡小君;异邦人称之亦曰君夫人。

【解义】

此一章书,是定名正分之意也。

孔子尝引古礼曰:夫妇为人伦之始,闺门乃万化①之原。况邦君之妻内有理阴助阳之责,外有母仪②四国之尊,其称谓之际非可苟也。故邦君称之曰夫人,言其与己敌体③也。夫人自称于君前曰小童,此谦言年幼无知,不敢与君敌体之意。而国中之人不敢轻也,称之曰君夫人,言其相君以主内治者也。称之于邻国曰寡小君④,此谦言寡德忝⑤为小君以治内之意。而邻国之人不敢轻也,称之亦曰君夫人,以其为一国之主母,尊称之词与本国同也。

夫以邦君之妻一称谓之间而有定分⑥如此,然则名实之际可不谨哉?盖《诗》始《关雎》⑦,礼本婚姻。福之兴,莫不由乎室家;治之隆,莫不原⑧于阃内⑨。妃匹⑩之名正,然后可以配至尊而为宗庙主⑪,此纲纪之首,王教之端,故孔子及之。

【注释】

①万化:指万事万物,大自然。
②母仪:人母的仪范。
③敌体:彼此地位相等,无上下尊卑之分。
④寡小君:寡,寡德之人,一般为君主谦称;小君,意谓比国君帝王稍低一等。
⑤忝:辱,有愧于。此用作谦辞,表示辱没他人,自己有愧。
⑥定分:确定名分。
⑦《诗》始《关雎》:《毛诗序》:"《关雎》,后妃之德也,风之始也,所以风天下而正夫妇也。"把《诗经》首篇《关雎》阐释为"后妃之德",强调夫妻和睦、家庭和谐的重要性。
⑧原:同"源"。
⑨阃内:家庭,妻室。阃,音kǔn,内室。
⑩妃匹:配偶,指夫或妻。
⑪宗庙主:古代宗法体制(以家族为中心,按血统、嫡庶来组织、统治社会的法则)下,宗族事务由宗子统理,而主掌宗庙祭祀事务即担任"宗庙主"是这一地位的重要标志,所以称"宗庙主"为宗族的首领,权力的核心。

【译文】

这一章是讲确定名分的涵义。

孔子曾经引用古礼说:夫妻关系是人伦的开始,女性是万事万物的源头,对内有理阴助阳的责任,对外有为举国示范母亲礼仪的尊荣,所以对她的称谓,不能够马虎。国君称她为"夫人",意思是彼此地位相等,不相上下。夫人则在国君面前称自己是"小童",这是谦称自己年幼无知,不敢与君主并驾齐驱的意思。但是国人不敢轻忽,尊称她为"君夫人",意思是指她辅助国君来主持内政。国人与别国交流的时候,则称她是"寡小君",这是谦称自己的国君夫人为寡德之人,愧为国之小君,而帮助国君治理内政的意思。但是邻国的人却也同样不敢轻忽,尊称她为"君夫人",这是因为她身为一国之母，就要与尊称本国国母同等地位来尊称她。

一个邦国的国君夫人，其称谓就如此厘清名分，由此可知名称和实情之关系岂可不谨慎对待呢？《诗经》始于《关雎》之夫妻和谐共鸣，礼仪也以婚姻庆典为基本仪式，福分的兴起无不是因为夫妻关系的和谐，政治的隆盛也无不是源自家庭人际的和睦。妻的名义正而无偏，然后才能够与至尊的君主相匹配，从而能够主持宗族事务。这是纲纪之首要、王教之开端，所以孔子专门讨论这件事。

【评析】

这一章阐释得比较细致、恰切。历来相关的阐释比较重视探究这段话是否为孔子所说，以及国君夫人在政治身份上的从属地位。而《解义》则把君德与妇德联系到一起，以妇德衬托君德，使我们更加理解古代礼仪所体现出来的内涵及其美感——它不仅是一种基于权力和礼仪的称谓，更是美好品德的体现和宣示。本章正是通过这种巧妙的对比和烘托，表现出一种谦卑、礼让而又大方、得体的礼制观念。

【标签】

邦君之妻；礼；君德；妇德

阳货第十七

【原文】

阳货欲见孔子，孔子不见，归孔子豚。

孔子时其亡也，而往拜之。

遇诸途。谓孔子曰："来！予与尔言。"曰："怀其宝而迷其邦，可谓仁乎？"

曰："不可。"

"好从事而亟失时，可谓知乎？"

曰："不可。"

"日月逝矣，岁不我与。"

孔子曰："诺。吾将仕矣。"❶

【解义】

此一章书，见圣人之待小人不恶而严①也。

阳货尝囚季桓子而专国政，②因孔子为鲁国人望③，欲其来见己。孔子以货乱臣④，义不往见。货遂托大夫赐士之礼，瞰孔子之亡，而归以蒸豚，欲致孔子往拜而见之也。⑤孔子亦时货之亡也而往拜之。是恐堕⑥小人之计而处之以权⑦，仍遂⑧其不见之初心⑨耳。

不意与货相遇于涂⑩中。货乃迎而谓孔子曰：来⑪！予与尔言。曰：道德，治世之宝也。怀宝者必当弘济时艰⑫，措置⑬国家于有道。苟怀藏其宝而不用，坐视⑭国之迷乱，可谓之仁乎？

孔子曰：仁者心存救世，使怀宝迷邦，不可谓仁也。

货又曰：时者，有为之资也。有为者必当乘时而出，始能展布其措施之略。苟⑮平日好从济世之事，而数⑯失事机之会，可谓之智乎？

---

❶ 杨伯峻《论语译注》认同毛奇龄《论语稽求》中的观点，认为本章中间几个"曰"字，都是阳货的自为问答。故标点如下：阳货欲见孔子，孔子不见，归孔子豚。孔子时其亡也，而往拜之。遇诸途。谓孔子曰："来！予与尔言。"曰："怀其宝而迷其邦，可谓仁乎？"曰："不可。——好从事而亟失时，可谓知乎？"曰："不可。——日月逝矣，岁不我与。"孔子曰："诺；吾将仕矣。"此备一说。但据《解义》文本，可知解义者认为此间为阳虎与孔子的问答，与杨本不一，故原文采用问答式标点。此识。

孔子曰：智者审乎事机，使⑰从事失时，不可谓智也。

货又曰：往而不返者，日月之逝，不可复追；来而日积者，年岁之增，不复为我少留。及今不仕，更待何时？

孔子应之曰：诺。君子未尝不欲仕，吾将出而仕矣。

货自为有心之讥，孔子自为无心之答。⑱其不激不随⑲如此。

盖圣人之待小人，不恶而严：始也，据理以待之；继也，据理以答之。虽倨傲狡黠⑳，机警百出，而终无所施其奸。是货虽见孔子，犹之乎未见也。

【注释】

①不恶而严：出自《周易·遁》："《象》曰：天下有山，遁。君子以远小人，不恶而严。"（《象传》说：天空之下耸立高山，这种景象象征着小人于朝廷得势，而君子于山林遁隐。这时，君子不应与小人针锋相对，但也要严明立场，坚持原则，不与他们同流合污。）恶，威猛，猛烈。

②阳货尝囚季桓子而专国政：《左传·定公五年》："九月……乙亥，阳虎囚季桓子及公父文伯，而逐仲梁怀。冬十月丁亥，杀公何藐。己丑，盟桓子于稷门之内。庚寅，大诅，逐公父歜及秦遄，皆奔齐。"（鲁定公五年九月二十八日，阳虎囚禁季桓子及其堂兄弟公父文伯，驱逐梁仲怀。冬十月初十，杀了季氏族人公何藐。十二日，逼迫季桓子在鲁国南城门上盟誓。十三日，举行大诅祭以祈神加祸于反对自己的人。驱逐公父文伯及季平子姑婿秦遄，二人都逃往齐国。）

③人望：声望，威望。

④孔子以货乱臣：即[季氏第十六·二]章中孔子所谓"陪臣执国命"，是典型的犯上作乱。

⑤货遂托大夫赐士之礼……欲致孔子往拜而见之也：古礼，大夫有赐于士，士拜受，又亲拜于赐者之室。阳货故矫托"大夫赐士之礼"，送给孔子豚，令孔子也必须仪礼回馈拜见，从而达到见面而招纳孔子的意图。托，矫托，假托。瞰，音kàn，窥视，侦伺。亡，外出。归，通"馈"，赠送。蒸豚，蒸熟的小猪。时，通"伺"，等候。

《孟子·滕文公下》中对此有所描述和解释：孟子曰："古者不为臣不见。段干木逾垣而辟之，泄柳闭门而不纳，是皆已甚。迫，斯可以见矣。阳货欲见孔子而恶无礼。大夫有赐于士，不得受于其家，则往拜其门。阳货瞰孔子之亡也，而馈孔子蒸豚；孔子亦瞰其亡也，而往拜之。当是时，阳货先，岂得不见？曾子曰：'胁肩谄笑，病于夏畦。'子路曰：'未同而言，观其色赧赧然，非由之所知也。'由是观之，则君子之所养，可知已矣。"（孟子说："古礼约定：不是臣属，就不能谒见主公。因此，段干木翻墙躲避魏文侯的来访，泄柳关门不接待鲁穆公，这么做其实都有些过分了。如非势不得已，还是可以见一下的。阳货想要孔子来见他，又怕被说成不合古礼而遭拒绝。按照当时礼节，大夫赠赐礼物给士，士若当时因故不能在家接受礼物，事后就应该前往大夫家拜谢。阳货探听到孔子不在家，给孔子送去一只蒸熟的小猪；孔子也趁阳货不在家时，才上门拜谢。当时，阳货既已先送了礼物来，孔子哪能不去见他呢？曾子说：'耸肩谄媚，强作笑颜，真比大热天在地里干活还难受。'子路说：'明明合不来还要交谈，看他脸色羞惭得通红的样子，这是我不能理解的。'由此看来，君子所要培养的道德操守，也就可想而知了。"）

⑥堕：落入。
⑦权：权变。
⑧遂：顺遂，完成。
⑨初心：本意。
⑩涂：同"途"，道路。
⑪来：语气词。
⑫弘济时艰：对当时出现的困难进行大力援救和资助。弘，大。济，接济，救助。《尚书·顾命》："弘济于艰难。"
⑬措置：处置，安排。
⑭坐视：坐着观看。谓袖手旁观，对该管的事故意不管或漠不关心。
⑮苟：如果，如若。
⑯数：音 shuò，屡次。
⑰使：假使。
⑱货自为有心之讥，孔子自为无心之答：阳货处处显露机心，不断暗示以威压；孔子则处处申明大义，故作不知以婉拒。
⑲不激不随：不卑不亢，不偏激也不屈从。
⑳倨傲狡黠：傲慢而又诡诈。倨傲，傲慢不恭。狡黠，诡诈。

【译文】

这一章是讲，圣人对待得势小人的态度——不得罪，但也不妥协，坚持原则，严明立场，绝不同流合污。

阳货曾囚禁季桓子而把持鲁国政治，因为孔子在鲁国颇具声望，就想让他来见面（以便招纳）。孔子认为阳货是乱臣，据义以辞。于是，阳货就矫托大夫赐士之礼，伺探孔子不在家的时候，赠送给他蒸熟的小猪，而依照礼节，孔子就要登门拜谢，这样他就可以见到孔子了。孔子于是也趁着阳货不在家的时候去拜谢。这是不想落入阳货的圈套而以权变之法应付，仍然坚持不见阳货的本意。

非常不巧，他在半路上遇到了阳货。阳货就走上前来，对孔子说：来！我跟你说句话。接着他说道：道德，是治世的珍宝。怀有道德珍宝的人，一定要大力整治时弊，将国家推向治理正途。如果怀藏这种珍贵的才干而不使用，对于混乱的国家现状坐视不管，能否称得上仁义呢？

孔子回答说：仁者自然心中怀有救世的愿望，如果怀有治国道德而使邦国迷乱，就不能称得上是仁义。

阳货又说：时间，是有所作为者的资本。要想有所作为，就一定要把握时机，乘时而出，这样才能大展宏图。如果平时口口声声说想要匡时济世，却屡屡坐失良机，这样能够称得上是有智慧吗？

孔子回答说：智者审时度势，如果坐失时机，不能称得上是智慧。

阳货接着敦促道：日月如梭，而时不我待；此时不为，更待何时啊？

孔子说：嗯。君子从不会不想着出仕而有所作为，我也想要出仕啦。

阳货之言，句句紧逼，不断暗示，别有用心；孔子回答，简短从容，坐而论道，故作不知。他就是如此不卑不亢。

孔圣人对待小人阳货，既不招惹得罪，也能够阐明原则：一开始，是据理以待，礼尚往来；随后，也是据理以答，将计就计。虽然阳货倨傲而奸猾，用尽机心，但其阴谋最终没能得逞。所以说，即使他见到了孔子，也和没有见到一样。

【评析】

对《论语》的阐释，重在横向联系，在《论语》乃至《左传》等典籍中寻找人物轨迹和意义关联。学者们对阳货与孔子交往关系的探析，可以帮助我们深入感知孔子为政的性格和品格。

孔子担任鲁国要职一事或为鲁国内部政治斗争格局的产物，这与阳虎在鲁国的政治行径有着密切的关联：

回到鲁国后，差不多又过了十年，鲁国的政局起了变化，孔子无意之中竟获出仕。事情是这样的：定公五年，季氏的家臣阳虎（即阳货）与仲梁怀争执，季桓子偏向仲梁怀，阳虎一怒而拘禁了怀和桓子，独专鲁政；定公八年，阳虎得到公山不狃的鼓励，正式开始叛乱，想取三桓而代之。

这些叛臣自然很想找一个有名望的人参与他们，以资号召，而孔子适是在野之身，便成为他们拉拢的对象。这就发生了"阳货（虎）欲见孔子，孔子不见"的一段故事了。孔子表面上答应阳货愿意考虑出仕，但事实上他当然不会和这班人同流合污。定公九年，阳虎事败奔齐，鲁国的政局总算又恢复了表面的平静。三桓经此巨变，一面惊讶于反抗势力之坐大，一面又不敢很快地恢复跋扈姿态，遂想找一个当政些时的人以廓清国内的政治气氛。孔子于是适逢其会地在这个时候翩然出仕。其时孔子已五十一岁了。❶

日本学者白川静则将孔子的人生轨迹和施政路径放大到与阳虎的对立和纠葛之中：

孔子的教团是在什么时候形成的并不清楚，而孔子的名字出现于世是阳虎和公山弗扰正企图从季氏那里叛乱出来的时候。从阳虎失势之后，子路当了季氏的宰相这一面来说，当时，也许子路已经在季氏那里做事了。孔子正打算接受弗扰的邀请时，遭到了子路的强烈反对，大概也是这个原因吧。阳虎独揽大权的时候，孔子四十八岁。阳虎之所以对邀请孔子特别热心，也是因为这个教团已经形成，并且很引人注目的缘故吧。

…………

当时，阳虎是季氏的宰相，盛极一时，而拥有无数门生的孔子，对阳虎来说是一个很刺眼的存在，换言之，这里存在着竞争者的意识。所以，孔子拒绝了阳虎的招请，而阳虎镇住三桓建立了专制统治以后，孔子就不得不逃往齐国去避难了。据《墨子》和《晏子春秋》的记载，孔子在齐国频繁地进行了仕宦活动。当仕宦因失败而告终，便在实力派田氏门前诅了咒以后，才愤愤离去之事在《墨子·非儒篇》里有记载，而《论语·述而》里却说，（孔子在齐国，）聆听古乐，差不多三月不知肉味，竟然如此地热衷于音乐。

阳虎失势流亡齐国时，孔子与他错开回国了。❷

从上述阳虎与孔子的交集来看，阳虎是孔子人生历程和施政轨迹中的一个挥之不去的影子，应该说对孔子的政治生涯产生了极大的影响，只是

---

❶ 张蓓蓓：《孔子》，载于《中国历代思想家》，王寿南主编，九州出版社2011年版，第148页。

❷ ［日］白川静：《孔子传》，吴守钢译，人民出版社2014年版，第119－123页。

这一点在《论语》中表现得非常隐晦罢了。我们由此或可以解释在《论语》中竟然有"阳货"这样一个作为首章和篇名的存在。阳货在孔子年少时曾经侮辱过孔子,而且作为"陪臣执国命"([季氏第十六·二])式的人物,深为孔子所反感,因此他最终不会和这样的人合作。相比之下,对于公山弗扰、佛肸这样的同样是犯上作乱式的人物,孔子竟然能够容忍,并且希图通过他们来恢复东周的政治秩序。其区别恰恰在于,阳虎本质上是排斥孔子的,他之所以邀请孔子,并非出自对孔子的赏识,而只不过是政治上的拉拢而或倾轧,孔子实难通过他在政治上有所建树,所以无论阳虎说得多么天花乱坠、煞有介事,孔子都是不可能与之为伍的。由此也可见,孔子虽然极度向往施政机会,但在可与不可之间是非常果决明断的。

【标签】

阳虎(阳货);公山弗扰;佛肸;日月逝矣,岁不我与

【原文】

子曰:"性相近也,习相远也。"

【解义】

此一章书,是圣人教人以复性①也。

孔子曰:人之善恶相悬②,不知实由于习,而往往归咎于性,无怪乎言性之纷纷③也。盖有生之初,虽气有清浊,质有厚薄之不同,然同禀④天地之精、五行之秀⑤,其清而厚者固可以为善,即有浊而薄者未必纯乎为恶。善恶分数⑥相去原不太远,盖相近也。及乎德性以情欲而迁,气质以渐染而变,习为善者日进乎高明⑦,习为恶者愈流于污下。于是贤不肖之相去,或相什伯,或相千万。⑧非性之咎⑨,习使然也。人之善恶系乎习,而不系乎性。如此则克其气禀之偏,以复其天命之本,⑩非学问不为功矣。

夫孔子曰"性相近",孟子曰"性善"⑪,其辞虽若各异,其意乃实相成:孟子之言性,指其不杂乎气质者言之也,本然之性也;孔子之言性,以其不离乎气质者言之也,气质之性也。知有本然之性,则尽性至命者,当无异道矣;知有气质之性,则尽人合天者,当无异教矣。⑫

宋儒程子气质之说,盖深得孔子性、习之意,且可发明孟氏性善之

说⑬，有功于斯道不小。不然，几何⑭不惑于告子、荀卿、杨雄辈之纷纷⑮哉？

【注释】

①复性：谓回复本性之善。即下文所谓"克其气禀之偏，以复其天命之本"，"知有本然之性，则尽性至命"。《礼记·中庸》："自诚明，谓之性；自明诚，谓之教。诚则明矣，明则诚矣。唯天下至诚，为能尽其性；能尽其性，则能尽人之性；能尽人之性，则能尽物之性；能尽物之性，则可以赞天地之化育；可以赞天地之化育，则可以与天地参矣。"（由于诚恳而明白事理，这叫作天性；由于明白事理而做到诚恳，这就是教育。真诚就会明白事理，能够明白事理也就能够做到真诚了。只有天下最为真诚的圣人，才能充分发挥自己固有的本性。能发挥自己固有的本性，就能充分调动一切人所固有的本性；能够调动一切人所固有的本性，就可以协助天地造化养育万物；可以协助天地造化养育万物，则至诚的功效就可以与天地并列为三了。）唐李翱提出"复性说"，其《复性书》曰："妄情灭息，本性清明，周流六虚，所以谓之能复其性也。"认为性是人先天的内在本质，是善的；性之动而产生情，情是人后天的外在表现，是恶的。喜、怒、哀、惧、爱、恶、欲之情掩匿了善性，使之难以得到扩充，故须去情以复性。通过"视听言行，循礼而动"，"忘嗜欲而归性命之道"；"能尽其性，则能尽人之性"，"能尽物之性"；"弗虑弗思"，"知本无有思，动静皆离"等修养方法，最后灭除妄邪的情欲，恢复至善的本性，进而达到"广大清明，照乎天地，感而遂通天下"的"至诚"境界，便是复性。

②善恶相悬：为善为恶，彼此悬殊。

③言性之纷纷：即包括下文所谓"孔子曰'性相近'，孟子曰'性善'"，"告子、荀卿、杨雄辈之纷纷"，对人之本性的不同学说。

④禀：禀受，领受，承受。

⑤天地之精、五行之秀：古人以金、木、水、火、土为"五行"，并认为它们是构成世间万物的基本要素；而作为万物之灵的人类则是由其中最优秀的成分组成的。《礼记·礼运》："故人者，其天地之德，阴阳之交，鬼神之会，五行之秀气也……故人者，天地之心也，五行之端也。"（可详参［乡党第十·十七］"圣人其体天地之心为心"词条注释。）

⑥分数：犹天命，天数。

⑦高明：特指君子修为达到高大光明的境地，上配于天，以普惠万物。出自《礼记·中庸》，引文详解可参本书［里仁第四·十一］"高明"词条

注释。

⑧贤不肖之相去，或相什伯，或相千万：《孟子·滕文公上》："夫物之不齐，物之情也。或相倍蓰，或相什伯，或相千万。"不肖，不成才，不正派。什伯，谓超过十倍、百倍。

⑨咎：过失，罪过。

⑩克其气禀之偏，以复其天命之本：气禀之偏，同"气质之偏"。北宋张载认为人性可分为"天地之性"和"气质之性"。天地之性至善；气质之性有善有恶，甚至进而肯定它是恶的根源。为改恶从善，便提出"为学大益，在自求变化气质"，强调后天的学习与道德的自我修养在改变气质之性中的决定性作用。可参本章注释①和⑬，以及［先进第十一·十八］"气质之偏"［子路第十三·二十七］"变化气质"等词条注释。气禀，亦称"禀气"，指人生来对气的禀受，从某种程度上决定了人与人后天的差别。详参本书［为政第二·九］同名词条注释。

⑪孟子曰"性善"：孟子提出人性本善的理论。孟子认为人性即"人所以异于禽兽"的本质属性，具体指"恻隐""羞恶""辞让""是非"等四种道德心理，它们是仁、义、礼、智四德的根始："恻隐之心，仁之端也；羞恶之心，义之端也；辞让之心，礼之端也；是非之心，智之端也。"其皆"非由外我也，我固有之"，"凡有四端于我者，知皆扩而充之矣，若火之始然，泉之始达"。（《孟子·公孙丑上》，可详参本书［八佾第三·一］"不忍之心"词条引文。）肯定"四德"之善是"四端"之心的扩充和发展，此"乃若其（人性'四端'）情，则可以为善矣，乃所谓善也"（《孟子·告子上》）。并视此"善性"为"不虑而知"的先验"良知"，"不学而能"的天赋"良能"，合而谓之"良心"。南宋朱熹注："良者，本然之善也。"（《孟子集注》）又认为本善之性是"圣人与我同类者"，为"人皆有之"的人类共性，主张人性平等，肯定"人皆可以为尧舜"而人有为不善者，其原因不在于人性本身，是由于后天环境浸染和主观不努力，从而"放其良心""失其本心"所致。"富岁子弟多赖，凶岁子弟多暴，非天降才殊尔也，其所以陷溺其心者然也。"（《孟子·告子上》）后儒的人性论虽各具形式，但大多都肯定人性中具有为善的心理根据，并赋予"无不善"的价值规定，以为人性之根本。北宋程颐说："孟子所言，便正言性之本。"（《二程遗书》卷十九）成为中国古代人性论的基本倾向。❶

---

❶ 参《中国哲学大辞典》，上海辞书出版社2014年版，第94－95页。

⑫孟子之言性……本然之性也；孔子之言性……气质之性也……当无异教矣：

尽性至命，即《周易·说卦》中所云："穷理、尽性，以至于命。"意为：穷究天下万物的根本原理，彻底洞明人类的心体自性，以达到改变人类命运的崇高目标，从而使人类行为与自然规律能够和谐平衡、生生不息。穷理尽性以至于命。

尽人合天：遵行天人合一之道，而尽人事以听天命。民国段正元："克己复礼者，尽人合天也。""尽其心者，尽人事也；知其性者，尽人合天也。知其性则知天者，命之原本乎天性与天道也。"（《段正元文集》卷六）

⑬宋儒程子气质之说，盖深得孔子性、习之意，且可发明孟氏性善之说：二程认为人性有"天命之性"和"气质之性"的区别，前者是天理在人性中的体现，未受任何损害和扭曲，因而是至善无疵的；后者则是气化而生的，不可避免地受到"气"的侵蚀，产生弊端，因而具有恶的因素。发明：阐述，阐发。另可参考本章"性善"词条注释。

⑭几何：又怎么会。

⑮告子、荀卿、杨雄辈之纷纷：指告子、荀子和扬雄等人对人性提出了不同的观点。

告子，即《孟子·告子》篇中的主人公，在与孟子论争时提出"性无善无不善"的人性论，认为"生之谓性"，"食色，性也"。人性和水一样，"水无分于东西"，性也"无分于善不善"，"以人性为仁义"，犹如"以杞柳为桮棬"。

荀卿，即荀子（约前313—前238），名况，字卿，战国末期赵国人，古代著名思想家、文学家、政治家。在人性问题上，提倡性恶论，主张人性有恶，否认天赋的道德观念，强调后天环境和教育对人的影响。

杨雄：即扬雄（前53—18），字子云，成都人。西汉时期辞赋家、思想家，著有《法言》《太玄》等。提出"人之性也善恶混"的观点，认为"人之性也善恶混。修其善则为善人，修其恶则为恶人。"（《法言·修身》）宋儒对其人其说评价不高，而《解义》因循之。评价不高的原因，或非因其学说观点，而乃对其人格的不满，因其跟从了王莽建立伪朝，并写文歌颂。清人考释其姓为杨，徐复观认为扬雄本姓杨，因避仇故改姓为扬。❶

---

❶ 见徐复观《两汉思想史》卷二《扬雄论究》，九州出版社2013年版，第406—407页。

【译文】

这一章是讲，圣人教诲人们以复归本性之善。

孔子说：人们因为善与恶的表现相差悬殊，但往往将其归咎于先天本性，而不是后天习得，所以也就无怪乎对人的本性议说纷纷，莫衷一是了。其实人之出生，虽然气有清浊之差，质有厚薄不同，但都是同样禀受天地精华而凝聚五行之秀，气清质厚者固然可以为善，而气浊质薄者未必就一定去作恶。善者与恶者的本性差别并不太大，实质上还很相近。但是到了后来，德性受人情物欲所改变，气质受到世风熏染而渐变，修习为善者越来越接近高大光明之境，修习作恶者则越来越沦落于卑下鄙陋之流。于是贤良与不贤者，相差十倍百倍、千倍万倍。这都不是先天本性的原因，而是后天习得所使然。人的善恶系于习得，而非系于本性。这样的话，克制其先天气禀的偏差，恢复其天命本性，不通过求学问道是无法奏效的。

孔子认为"性相近"，孟子认为"性善"，他们的言辞虽貌似不同，但实际意思却相辅相成。孟子所说的性，是指不带有气质差别的本然之性；孔子所说的性，是带有气质特点的气质之性。洞悉人具有本然之性，就会穷理尽性，以至于仁以为任，究竟天命，自然不会走上异道歧路；明了人具有气质之性，就会尽人事而听天命，探寻天人合一之道，自然不会相信异端邪说了。

宋儒程子关于气质之性的学说，实际上深得孔子"性近习远"之旨，也可以阐明发挥孟子性善之说，对理解孔孟之道有所裨益。不然的话，人们又怎么会不被告子、荀子、扬雄之辈关于人性善恶的纷纭杂说所迷惑呢？

【评析】

笔者窃以为，古人基于本章所引发的"性善""性恶""气质"诸说，实际上并非出自同一哲学层面或价值判断角度，但又是密切关联的价值论论断。"性善"偏向的是主体价值，"性恶"偏向的是他者价值，"气质"则有主客观价值同一的倾向，但又比较机械。对天性问题的讨论实则是关于人的本质问题的最为深入的探究，它在孔子这里是被悬置了的，存而不论，悬而不疑，不讲 what（是何），而是讲 how（如何），故云"性相近也，习相远也"，不讲性之本质如何，只说性之呈现相近，因而要黾勉求进，致力于学，终究还是回到本体上来。后者如孟子、荀子、扬雄、朱熹等人，因循探求，虽有偏至，但终究有所割裂而致歧解。

【标签】

性善；性恶；气质；性相近也，习相远也

【原文】

子曰："唯上知与下愚不移。"

【解义】

此一章书，亦教人变化气质①之意也。

孔子曰：人之气质固相近矣，然就其中有一等，气极其清，质极其粹②，而为上智者；有一等，气极其浊，质极其驳③，而为下愚者。上智之人虽与不善人居，自不肯为恶。然唯上智为然耳。人不皆上智，未有习于恶而不移于恶者也。下愚之人虽与善人居，自不肯为善。然唯下愚为然耳。人不皆下愚，未有习于善而不移于善者也。

可见，天下之人习而不移者少，为习所移者多；美恶固非一定，而转移之权诚在乎习，不得诿④夫性也。

《传》曰"习与性成"，又曰"习成自然"，⑤然则习顾⑥可不慎哉？古之人主每致诚于狎习，而加严于近习也，⑦职是故⑧矣。

【注释】

①变化气质：学习可改变人的先天秉性，使之向善。出自北宋张载《经学理窟·义理》："为学大益，在自求变化气质。"详参本书［子路第十三·二十七］同名词条注释。

②粹：纯而不杂。

③驳：与"粹"相对，驳杂，不纯。宋儒"气质说"中多以"粹""驳"等词汇进行描述。可详见本书［季氏第十六·九］"驳多粹少"词条注释，以及"评析"部分引文。

④诿：推托，推诿。

⑤《传》曰"习与性成"，又曰"习成自然"：传曰，古书上说。依引文内容来看，此所谓"传"，应为《孔丛子》。《孔丛子·执节》中对"习与性成"和"习成自然"的内容有集中的论述。

习与性成，习惯与品性都已养成。本于《尚书·商书·太甲上》（原文见下注），见于《孔丛子·执节》：赵孝成王问曰："昔伊尹为臣而放其君，其君不怨，何行而得乎此也？"子顺答曰："伊尹执人臣之节而弼其君以礼，亦行此道而已矣。"王曰："方以放君为名，而先生称礼，何也？"子顺曰："以礼括其君，使入于善也。"曰："其说可得闻乎？"答曰："其在《商书》：太甲嗣立而干冢宰之政，伊尹曰：'惟王旧行不义，习与性成，予不狎于不顺，王始即桐，迓于先王其训，罔以后人迷。'王往居忧，允思厥祖之明德。是言太甲在丧，不明乎人子之道而欲知政，于是伊尹使之居桐，近汤之墓，处忧哀之地，放之不俾知政。三年服竟，然后反之。即所以奉礼执节事太甲者也。率其君以义，强其君以孝道，未有行此见怨也。"王曰："善哉！我未之闻也。"（赵成王问孔斌："那时候伊尹作为臣子，却流放了他的君主太甲，但并未遭到太甲的怨恨，这是怎么回事呢？"孔斌回答说："伊尹是坚守人臣的节义来用礼辅佐君主，这件事不过如此而已。"赵孝成王疑惑地问道："刚刚还说是流放君主，先生却说是依循了礼制，为什么呢？"孔斌解释说："是因为用礼制来约束君主，帮助他为善。"赵孝成王说："能具体说说吗？"孔斌回答说："这件事记录在《尚书·商书》之中：太甲一旦继承君位就胡乱干扰冢宰的政务，伊尹说：'大王屡教不改，习惯与品性已经养成，我不能够亲近你这个不遵循义理的人，大王现在就去桐地，在靠近汤王墓室的地方接受先王的遗训，以后不能再这样执迷不悟。'于是商王太甲就到桐地为商汤服丧，诚恳怀思其先祖的光明之德。这件事说的是，太甲在为商汤服丧期间，不明了人子当时应尽之孝道，却急着去主持政务，于是伊尹让他到桐地居住，在靠近商汤墓室的地方，保持对先辈的忧哀之思，就是为此才流放他，不让他执政。服丧三年之后，才让他回来。这就是所谓的因尊奉礼制、仗义执节来服事商王太甲的过程。引导其君主以道义，力主君主遵守孝道，这样做自然不会招致怨恨。"赵孝成王说道："很好！这还真的是我闻所未闻的。"）

习成自然，即"习与体成，则自然矣"，见于《孔丛子·执节》：魏安釐王问天下之高士于子顺，子顺曰："世无其人也；抑可以为次，其仲连乎？"王曰："鲁仲连，强作之者也，非体自然也。"子顺曰："人皆作之。作之不止，乃成君子——文武欲作尧舜而至焉，昔我先君夫子欲作文武而至焉。作之不变，习与体成；习与体成，则自然也。"（魏国国君安釐王向孔斌询问天下高士的事情，孔斌说："当今世上没有这种人；如果说可以有次一等的，那么这个人就是鲁仲连了。"安釐王说："鲁仲连只是做做样子吧，这还并不是他本性的自然流露。"孔斌说："人都是强迫自己去做一些事情的。假如不停地这样做下去，就会成为君子——文王、武王想去达到尧舜的程度，就做到了；往昔我先人孔夫子想达到文王、武王的程度，也做到了。始终不变地这样做，习惯与本性渐渐地融合为一体，这样所强迫自己做的事情就成为自然习性了。"）

⑥顾：岂，难道。

⑦古之人主每致诚于狎习，而加严于近习：即指《孔丛子·执节》中所讲，伊尹认为商王太甲多行不义，习以成性，屡教不改，因此有必要流放到先王商汤墓地，让其通过亲近接触先王，感知其遗训教诲，才能有所悔改。事本见于《尚书·太甲上》：王未克变。伊尹曰："兹乃不义，习与性成。予弗狎于弗顺，营于桐宫，密迩先王其训，无俾世迷。"王徂桐宫居忧，克终允德。（译文参上注《孔丛子·执节》中孔斌与赵孝成王对话。）《尚书正义》："狎习是相近之义，故训为近也。不顺即是近不顺也。习为不义，近于不顺，则当日日益恶，必至灭亡，故伊尹言已不得使王近于不顺，故经营桐墓，立宫墓旁，令太甲居之，不使复知朝政，身见废退，必当改悔为善也。"致诚，受到劝诫。狎习，亲近熟习。近习，指君主宠爱亲信的人。

⑧职是故：职是之故，由于这种原因。

【译文】

这一章，也是教人改变先天秉性的意思。

孔子说：人的秉性气质虽然本就相近，但也有分层：其中有一种，气禀极其清朗而品质极纯粹，是为上智者；也有一种，气禀极其浑浊而品质极其驳杂，是为下愚者。上智者即便与不好的人在一起，自然不会作恶。但也只是上智者能够如此洁身自好。而且，人们并非都是上智者，所以很少能够生活在不善的环境中而不去作恶的。下愚者即使与良善之人一起生活，但仍然不肯为善。然而也只有下愚者这样顽固不化的。人们并非都是下愚者，所以很少能够生活在善的环境中而不去为善。

由此可见：天下的人其实很少有不因生活风习而改变的，大多数人还是会为之改变；所以说人的善恶本来并不是一定的，而能否改变，关键在于生活环境和社会风习，而不能将其完全归结为本性。

古书上说"习与性成"，又说"习成自然"，既然如此，那么怎能不慎重于所习近的人与事呢？古代的君王每每受到劝诫，要注重有所偏好的风习，更要注意有所宠溺的人物，大概就是这个原因吧。

【评析】

如本章《解义》，一般解读，是将本章承接上一章，讲一般人乃非圣非愚之中人，是勉人不断进取之意，而勉人进取，则更能发现自身不足，故可通过修习而不断进升层次。因此这是一个因知成学、因学成知，知与学互动递进的过程。

但是如果脱离这个语境，把这一章放置到现实语境中，我们会发现其实很多人非常固执和保守，本为下愚，却自以为上智，其情形诚如《中庸》所说，"愚而好自用，贱而好自专"，冥顽不灵、顽固不化，而自以为是、不思进取。一个人越是自我，反倒可能越是自我束缚，画地自限，知学互动的关系被斩断，因此永远发现不了自己的不足，自然也不可能进行自我更新并获得真正的进步。这样的人难成大器，遑论不器之君子。

故笔者以为，应该从以上两个方面理解本章，两者相互比照，更可以看出夫子标举"性相近、习相远"的良苦用心，以及对世人的恳切劝勉。

【标签】

伊尹；上知（智）；下愚；习与性成；习成自然

四

【原文】

子之武城，闻弦歌之声。夫子莞尔而笑，曰："割鸡焉用牛刀？"

子游对曰："昔者偃也闻诸夫子曰：'君子学道则爱人，小人学道则易使也。'"子曰："二三子！偃之言是也。前言戏之耳。"

【解义】

此一章书，是言为治者当以道化民也。

子游①为武城②宰③，孔子观风问俗④至于其邑，闻弦歌⑤之声遍于下里⑥，其以礼乐为教可知矣。夫上有善治，则下有善俗。⑦孔子一生不得行其道于天下，子游一旦⑧得行其道于武城，故孔子闻之，不觉喜见颜色⑨，遂莞尔⑩而笑，曰：小邑而治以礼乐之大道，犹割鸡而用牛刀也。割鸡之小，焉用此牛刀之大为？

子游对曰：偃之治武城，盖尊所闻，行所知⑪耳。昔者，偃也尝闻诸夫子曰："在上之君子而学道，则岂弟⑫之心油然自生，而推以爱人；在下之小人而学道，则尊卑之分肃然知敬，而易于驱使。"是礼、乐、《诗》《书》所以养其中和⑬之德，而化其乖戾⑭之气。在上在下，为大为小，斯须⑮不可或离⑯。今武城虽小，亦有君子小人焉，安敢不以大道治之乎？

孔子遂呼门弟子⑰而告之曰：二三子，言偃之言诚为当理，我前"焉用割鸡"之言特戏之，以观其自信何如耳。岂真为邑小而不必以大道治之哉？

盖孔子之心无非欲以道化天下，故喜子游之以道治武城，又坚二三子之信，而望其共尊所闻，共行所知⑱，以登斯世于上理⑲也。

【注释】

①子游：言偃（前506—前443），字子游，又称叔氏，春秋时吴人，孔门十哲之一，擅文学。曾任鲁国武城宰，其间遵行孔子礼乐教化之旨，弦歌之声遍闻，故深得孔子赏识。

②武城：鲁国城邑，今山东德州市境内。

③宰：主管，主持。此指地方行政长官。

④观风问俗：观察民风，了解民情。观风，谓观察民风，了解施政得失。语出《礼记·王制》："命大师陈诗以观民风。"问俗，了解民俗。《礼记·曲礼上》："入境而问禁，入国而问俗，入门而问讳。"

⑤弦歌：依琴瑟而咏歌。指礼乐教化。

⑥下里：乡里，乡野。

⑦上有善治，则下有善俗：上面有好的治政策略，在民间就会有好的民俗。《周易·渐》："山上有木，渐。君子以居贤德善俗。"（木植山上，不断生长，是渐卦的卦象。君子观此卦象，取法于山之育林，从而以贤德自居，担负起改善风俗的社会责任。）孔颖达疏："君子求贤，得使居位，化风俗使清善。"

⑧一旦：一天之间。形容极快速。

⑨喜见颜色：喜形于色。

⑩莞尔：微笑貌。

⑪尊所闻，行所知：出自《汉书·董仲舒传》，仲舒对曰："曾子曰：'尊其所闻，则高明矣；行其所知，则光大矣。高明光大，不在于它，在乎加之意而已。'"（董仲舒说："曾子曾说过：'尊重其所闻知的道，就会达到高明的境地；遵行其所知之道，就会拥有光大的事功。高明而广大，不在于其他，而在于自身是否用心。'"）

⑫岂弟：亦作"恺悌"，和乐平易。《诗经·小雅·蓼萧》："既见君子，

孔燕（宴）岂弟。"（终于见到周天子，一起宴饮，其乐融融。）

⑬中和：中庸之道的主要内涵。儒家认为能"致中和"（《礼记·中庸》），则天地万物均能各得其所，达于和谐境界。详参本书［述而第七·三十八］同名词条注释。

⑭乖戾：抵触，不和。

⑮斯须：须臾，片刻。

⑯不可或离：同"不可或缺"，一点也不能缺少。或，稍微。

⑰门弟子：即及门弟子，又称"受业弟子"，亲自登门去老师家里或教学地点受教育的学生叫作及门弟子。可详参本书［泰伯第八·三］"及门弟子"词条注释。

⑱共尊所闻，共行所知：见上注"尊所闻，行所知"。

⑲登斯世于上理：使世上之人都能够明白大道至理。

【译文】

这一章是说，治政者应当用道义来教化民众。

子游担任武城的长官，孔子到这座城邑体察民风民情，乡间和弦唱歌之声不绝于耳，这让孔子充分感知到这里以礼乐施教化的浓厚氛围。在上者以善于治，则百姓中有善俗。孔子一生不得志，未能真正推行其道于天下，但子游一有机会就马上将孔子之道推行于其所治理的武城，所以孔子听闻弦歌之声，自然深知其意，于是不禁喜形于色，开心笑道：小小的城邑还要用礼乐大道来治理，这不是杀鸡焉用宰牛刀吗？

子游认真地回答说：我言偃治理武城，是尊我所闻，行我所知。往昔，我曾听到夫子说过："官长、君子学道则生和乐平易之心，然后就会推己及人，仁者爱人；平民、小人学道则知尊卑之别，然后就会心生敬畏，克己复礼。"这正是要用礼、乐、《诗》《书》来涵养其中正和平的品德，而化除其乖戾不和的气质。无论是在上之君子，还是在下之平民，都须臾不能离开礼乐教化，片刻不可或缺。现在武城虽然狭小，也有君子、小人可以施行教化，岂敢不用大道来治理呢？

孔子于是就号召一众及门弟子过来，告诉他们说：你们几个听着，言偃的话非常有理，我前边说的"杀鸡焉用宰牛刀"，只是说句笑话，是为了试探他是否自信而已。哪有真的因为所治之邑狭小，而不用大道之理的呢？

孔子的本意，无非是想用道义来教化天下，所以很是欣赏子游在武城施行大道，并且还要弟子们坚定信心，希望他们能够共同尊所闻，行所知，努力使世人都能够明白大道至理。

【评析】

实在是夫子难得的一笑——不仅是因为弟子获得施政的机会,更重要的是弟子贯彻了自己的礼乐教化思想,且获得了显著的效果。这在夫子一生颠沛流离、施政无门的大背景下,的确是一抹令人欣慰的亮色。

【标签】

子游(言偃);弦歌;礼乐;割鸡焉用牛刀

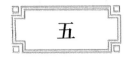

【原文】

公山弗扰以费畔,召,子欲往。
子路不说,曰:"末之也,已,何必公山氏之之也?"
子曰:"夫召我者,而岂徒哉?如有用我者,吾其为东周乎?"

【解义】

此一章书,是见孔子有振鲁兴周之意也。
公山弗扰①是鲁大夫季氏家臣,曾与阳货共执季桓子,遂据费邑以叛,因使人召孔子。孔子愤公室②之不振,思欲堕费③久矣。今幸其家臣内叛,衅④起私门,拨乱反正⑤在此一举。欲往之心是亦振鲁兴周之机会也。子路不达⑥孔子之意,艴然⑦不悦,曰:道既不行,无所往也,斯可已矣,何必又往应公山氏之召也?
孔子晓之曰:公山弗扰特来召我,岂徒然⑧哉?必将有以用我也。当今之时,如有用我而委以国政,必将正名分⑨,讨僭窃⑩,使文、武、周公之道灿然复兴⑪而后愉快乎!奈何末之而遂已也⑫?
孔子表其用世⑬之志如此。
盖公山弗扰之叛,叛季氏也,非叛鲁也。孔子之欲往,为鲁也,非为公山弗扰也。使孔子得行其志,必以政在大夫者还于诸侯,政在诸侯者归于天子。圣人转移⑭之妙用,有非子路所能窥者。故欲往者,以其有是道也,然而终不往者,知其必不能也。不忘世,亦不贬道⑮,非圣人其孰能之?

【注释】

①公山弗扰:又名公山不狃,字子泄。季氏家臣,担任季氏食邑费的

邑宰。鲁定公八年（前502），公山不狃与季桓子产生不可调和的矛盾。公山不狃遂联合阳虎一同反对季氏，囚禁了季桓子，季桓子用计逃脱，阳虎兵败逃亡齐国。公山弗扰仍盘踞费邑。（事见于《史记·孔子世家》）

②公室：本指周代诸侯的家室，后泛指诸侯一家直接掌有的政权、军力、财产。

③堕费：鲁定公十二年（前498），孔子任鲁国大司寇，并"摄相事"，代执国政。其重要政治举措，即"堕三都"。（详见本书［雍也第六·九］"常欲堕之者"词条注释。）季孙氏的费邑即其中一个目标。作为费邑之宰的公山弗扰早有准备并顽强抵抗，但最终被击败，并逃往齐国，费邑终被拆毁。事见于《左传·定公十二年》。

④衅：音xìn，争端，仇怨。

⑤拨乱反正：消除混乱局面，恢复正常秩序。拨，治理。反，通"返"，回复。

⑥不达：不理解。

⑦艴然：同"怫然"，愤怒貌。

⑧徒然：偶然。谓无因，无缘无故。

⑨正名分：孔子为治理乱世，坚持循名责实的方法来恢复周礼，从而肯定宗法等级秩序和社会规范。语见［子路第十三·三］，可详参该章及本书［八佾第三·十七］"正名"词条注释。

⑩僭窃：越分窃取。代指僭窃者。

⑪文、武、周公之道灿然复兴：《汉书·董仲舒传》："周宣王思昔先王之德，兴滞补弊，明文、武之功业，周道灿然复兴，诗人美之而作。"

⑫末之而遂已也：没有完成它。末，副词，表示否定，相当于"未""没有""不"。遂、已：完成，实现。

⑬用世：见用于世，为世所用。

⑭转移：改变。

⑮不忘世，亦不贬道：忘世，忘却世情。可详参本书［宪问第十四·三十九］"果于忘世"词条注释。贬道，贬损折中其道。贬，抑退，谦退。事指孔子在"陈蔡之厄"中表现出来的坚守大道而毫不融通退缩的人生信念。孔子因受楚昭王邀约，打算去往楚国，因此遭受陈蔡两国的猜忌和围困，史称"陈蔡之厄"。此厄使孔子师徒孤立无援，饱受饥病困扰。孔子与子路、子贡和颜回分别讨论处于这一困境的原因和解决办法。子路对此表现很不自信，认为自身出了问题；子贡则说："夫子之道至大也，故天下莫能容夫子。夫子盖少贬焉！"劝告孔子不要太理想主义，对自己的道进行折

中以适应现实。但孔子并不认同。颜回则说："夫子之道至大，故天下莫能容。虽然，夫子推而行之，不容何病，不容然后见君子。"认为孔子之道至大至善，不为世人所接纳，但并不说明其不好，而是更能显示出君子的价值和意义，故此于危难之中仍然坚守道义。此说为孔子所激赏。在此过程中，孔子通过与弟子间的对话，实则也阐明了他不畏现实困窘，而矢志于道，毫不融通和退缩的坚定信念。相关内容可详参本书[先进第十一·三]"昔孔子……受厄于陈蔡之间"词条注释。

【译文】

这一章，展现了孔子振兴鲁国乃至周王朝的心志。

公山弗扰是鲁国大夫季氏的家臣，他曾经与阳货联手拘执季桓子，事败之后，仍然据守费邑进行反叛活动，在这种情况下，他派人招纳孔子，想以此来充实自己的实力。孔子悲愤于鲁国公族的萎靡不振，早就想摧毁费邑这样的三桓的权势窝点了。现在正巧季氏的家臣内乱，祸端生于自家，因此能否趁机拨乱反正，全部在此一举。所以说他想接受公山弗扰的邀请，实际上是想抓住这个振兴鲁国乃至周王朝的良机。子路不理解孔子的心意，怫然而怒，说道：不能有所为，那就有所不为，您怎么像走火入魔了一样，去公山氏那里蹚什么浑水呢？

孔子就跟他解释说：公山弗扰专门来招纳我，岂是无缘无故这么做？他肯定是想任用我啊。现在这个时候，如果我能够被任用而执掌国政，就一定会正定君臣名分，讨伐僭位窃权者，使文、武、周公的治政之道复现光辉，恢复东周的国家秩序和繁盛景象，而后才能心满意足啊！为什么不能去实现呢？

孔子这是表达了见用于世的政治抱负。

大概公山弗扰的反叛，是反叛季氏，而非反叛鲁国。孔子想要去参与，也是为了鲁国，而非为了公山弗扰。假使孔子能够得志以推行其道，就一定会将诸侯之权还给诸侯，天子之权还给天子。圣人曲线救国的神机妙策，是子路所无法理解的。所以，他之所以接受公山弗扰之约而欣然前往，是根据自己的为政策略来决定的，但是最终没有去成，是因为又有所判断，知道这个方法现实中还行不通。屡屡遇挫而不灰心丧志，遭受困厄而不贬损其道，不是圣人其本人，谁又能如此呢？

【评析】

与本篇首章和上一章联系在一起，可知夫子的选择带有几分无可奈何和几分一厢情愿，但实际上本就注定他不可能真正投奔公山弗扰，从而获得权力并有所作为，哪怕在他看来，在这样的政治乱局中的空档期才有获得施政的机会。

学者多以为本章为不可能之事，却不知这不过是夫子为政命途的一个投射——仅是一种叙事形式而已，其所反衬的正是夫子尴尬的处境和务求仁政理想的心志。此心志借此话语方式而得以彰显。至于此事件是否为真，倒不必过于计较，毕竟，历史之风尘本就散漫无稽，何必为真，又何必当真呢？

【标签】

公山弗扰；东周；不忘世，亦不贬道

【原文】

子张问仁于孔子。孔子曰："能行五者于天下为仁矣。"

"请问之。"曰："恭，宽，信，敏，惠。恭则不侮，宽则得众，信则人任焉，敏则有功，惠则足以使人。"

【解义】

此一章书，是言为仁之实功①也。

子张②问仁道于孔子。孔子曰：仁者，心之理，心存则理得。③不可有一刻间断、一毫亏缺，必于五者推行运用，无适不然④；而至于天下之大，则其心公平，其理周遍，内外合一，体用全备⑤而为仁矣。

子张请问五者之目。孔子告之曰：心不慢而恭，心不褊⑥而宽，心不伪而信，心不怠而敏，心不刻⑦而惠。凡此皆理之所在，特患不能行耳。诚能恭以持己⑧，则有可畏之威⑨，人自不敢侮慢⑩矣；宽以待物⑪，则有容人之量，人自然心悦诚服矣；一于诚信，则人皆倚赖于我，而不我疑矣；勤敏作事⑫，则无因循苟且⑬之病，而事无不济矣；恩泽及人，则人之蒙我惠者皆有感戴⑭之心，而无不乐为我用矣。信⑮能行此五者于天下，则仁岂外是哉？

盖仁，人心也。⑯理具于心⑰，本非寂灭⑱，无刻不与天下相应接，无处不与天下相感通⑲。必事事物物各得其理，而后心存理得，体全用备，自然邦家无怨，天下归仁。⑳盖由其心体周流，所以物我无间，㉑神圣之理该，而帝王之道备㉒矣。

【注释】

①实功：实际做法。

②子张：复姓颛孙、名师，字子张。春秋战国时期陈国人，小孔子48岁。提出"士见危致命，见得思义"的伦理观点。

③仁者，心之理，心存则理得：朱熹《论语集注》释本章：行是五者，则心存而理得矣。明蔡清《四书蒙引》："子张问仁，而孔子告以五者。若无朱子解出'心存理得'字，何处见得是仁？恭、宽、信、敏、惠，都要说个心存理得意。心存则理得，不可分贴。恭则心不放，宽则心不褊，信则心不伪，敏则心不怠，惠则心不刻，此皆理之所在，故心存则理得矣。"

④无适不然：到处都这样。无适，到处。朱熹《论语集注》释［里仁第四·二］："不仁之人，失其本心，久约必滥，久乐必淫。惟仁者则安其仁而无适不然，知者则利于仁而不易所守，盖虽深浅之不同，然皆非外物所能夺矣。"

⑤体用全备：本体和功用都兼备。

⑥褊：音 biǎn，狭小，狭隘。

⑦不刻：不刻薄，不苛刻。

⑧恭以持己：恭谨以持身自律。

⑨则有可畏之威：［学而第一·八］："君子不重，则不威。"

⑩侮慢：对人轻忽，态度傲慢，乃至冒犯无礼。

⑪待物：对待他人。

⑫作事：处事。可参本书［颜渊第十二·十七］"作事可法"词条注释。

⑬因循苟且：沿袭旧的，敷衍应付。

⑭感戴：感激爱戴。

⑮信：果真，确实。

⑯仁，人心也：《孟子·告子上》："仁，人心也；义，人路也。舍其路而弗由，放其心而不知求，哀哉！人有鸡犬放，则知求之；有放心而不知求。学问之道无他，求其放心而已矣。"（仁，就是人的本心；义，就是人所走的道路。放弃了道路不走，失去了本心而不知道寻找，真是可悲啊！鸡狗丢失了倒知道去找回来，本心迷失了却不知道去寻找。学问之道无他，不过就是把那迷失的本心找回来而已。）

⑰理具于心：宋明理学用语。程朱学派认为"天下只有一个理"，理得于天而具于心，万物之理亦心中所具之理。朱熹说："心包万理，万理具于一心。"（《朱子语类》卷九）"万物之理具于吾身"（《孟子集注》）"此心本来虚灵，万理具备，事事物物皆所当知。（《朱子语类》卷六十）陆王学派认为"心外无理""心即理""万物之理皆不外于吾心"。南宋陆九渊提出："宇宙即是吾心，吾心即是宇宙。（《象山年谱》）"人皆有是心，心皆具是理，心即理也。"（《与李宰书》）明王守仁进一步提出"心外无物""心外无理"，认为"虚灵不昧（指心），众理具而万事出，心外无理，心外无事（《传习录》），把"心"看作万理毕具，万事所从出。胡直又发挥王守仁之说："大哉察（悟察）乎！其诸人心神理之昭，诚之不可掩夫，是故察之外无理也。"（《胡子衡齐·理问》）断言"理"皆在于心而非在于物，除主观的自我认识（"察"）之外不存在客观之"理"。❶

⑱本非寂灭：并不是佛老所谓的虚无寂灭。寂灭，佛教语，意为"涅槃"，即超脱生死的理想境界。《无量寿经》："超出世间，深乐寂灭。"儒学者反对佛老学说，故针对佛教寂灭说予以驳斥。明人夏尚朴云："吾儒之学，静中须有物，譬如果核，虽未萌芽，然其中自有一点生意。释、老所谓静，特虚无寂灭而已，如枯木死灰，安有物乎？"（《明儒学案·崇仁学案四》）明人胡居仁云："禅家存心有两三样，一是要无心，空其心，一是羁制其心，一是照观其心；儒家则内存诚敬，外尽义理，而心存。故儒者心存万理，森然具备，禅家心存而寂灭无理；儒者心存而有主，禅家心存而无主；儒家心存而活，异教心存而死。然则禅家非是能存其心，乃是空其心、死其心、制其心、作弄其心也。"（《明儒学案·崇仁学案二》）

⑲感通：谓此有所感而通于彼。意即一方的行为感动对方，从而导致相应的反应。出自《周易·系辞上》，详参本书［学而第一·五］同名词条注释。

⑳必事事物物各得其理，而后心存理得，体全用备，自然邦家无怨，天下归仁：张居正《四书直解》解［颜渊第十二·二］云："主敬行恕，而至邦家无怨，则心存理得而仁在是矣。"意与本章相近。

事事物物各得其理：王阳明《传习录·答顾东桥书》："若鄙人所谓致知格物者，致吾心之良知于事事物物也。吾心之良知，即所谓天理也。致吾心良知之天理于事事物物，则事事物物皆得其理矣。致吾心之良知者，

---

❶ 参《中国哲学大辞典》，上海辞书出版社2014年版，第187页，有改动。

致知也。事事物物皆得其理者，格物也。是合心与理而为一者也。"

邦家无怨：[颜渊第十二·二] 子曰：仲弓问仁。子曰："出门如见大宾，使民如承大祭。己所不欲，勿施于人。在邦无怨，在家无怨。"仲弓曰："雍虽不敏，请事斯语矣。"（仲弓请教仁德。夫子说："仁德就是敬肃而无怨。出门之前做好充足的仪容准备，就如同去接待贵宾一样恭敬有礼；役使百姓要做到人位匹配，好像是在指挥盛大的祭祀典礼。自己所不欲为之事，亦切莫强加于人。在邦国家室工作时，竭尽所能而无所抱怨。"仲弓说："我虽然资质愚钝，也要遵行您的教诲。"）

天下归仁：[颜渊第十二·一] 子曰："克己复礼为仁。一日克己复礼，天下归仁焉。"（约束自己，使所为合乎礼，就是为仁了。只要一天做到这样，全天下便都是无所不仁了。）可参该章《解义》，或[卫灵公第十五·三十六]"盖仁者……天下归仁"词条注释。

㉑心体周流，所以物我无间：因为内心灵动圆满，所以能够达到物我浑然一体的崇高境界和君子人格。

心体周流：朱熹："心者，兼体用而言"（《朱子全书》卷二十），"心者体用周流，无不贯彻"（《朱子全书》卷四十）。心体，心之本体，本真的思想。周流，周转，周遍流行。出自《周易·系辞下》："变动不居，周流六虚。"详参本书[雍也第六·三十]同名词条注释。

物我无间：物我两忘、无私无我、物我浑然一体的崇高境界和君子人格。明吴与弼在其《日录》中说，"男儿须挺然生世间"，"须以天地之量为量，圣人之德为德"，"不为外物所汩"。对贫寒艰难要"随分，节用，安贫"，而且说，"人须于贫贱患难上立得脚住，克治粗暴，是心性纯然，上不怨天，下不尤人，物我两忘，惟知有理而已"。"大抵学者践履工夫，从至难至危处试验过，方始无往不利。若舍至难至危，其他践履，不足道也。""看来人不于贫困上着力，终不济事，终是脆懦。"

㉒神圣之理该，而帝王之道备：乃化用班固《东都赋》："案六经而校德，眇古昔而论功。仁圣之事既该，而帝王之道备矣。"该，同"赅"，完备。

【译文】

这一章是讲，为仁的实际做法。

子张向孔子请教为仁之道。孔子说：仁是关乎心的道理，只要存有本心，则自能明理，所以要坚持存乎本心，不能有一刻间断、一点缺失，一定要在五个方面同时推进，无时无刻，无不如此；即便是用之于普天之下，也能持心公平，无不依理，做到内心和外在言行相一致，那么就会心体与功用具备，称得上仁了。

于是子张请教这五个方面的具体内容。孔子就告诉他：一是恭，心不侮慢而为恭谨；二是宽，心不褊狭而为宽容；三是信，心不伪诈而为诚信；四是敏，心不怠慢而为明敏，五是惠，心不刻薄而为惠爱。这些都是为仁的心理所在，恐怕并不是每一点都能做得到。如果能够恭谨以自持，就会有让人敬畏的威仪，别人自然不敢轻忽怠慢；如果能够宽容以待人，做到心宽体胖，自然就会让人心悦诚服；如果能够坚守诚信，人们就会对我信赖有加，坚信不疑；如果能够勤敏做事，而非因循守旧，敷衍塞责，那么事情就没有办不好的；对别人施加恩惠，那么受惠之人自然对我满怀感激爱戴，这样就不难为我所用了。如果于天地之间真的能够做到这五点，那自然就是实现了仁德啊。

仁，就是人心。天理本就在于人之本心之中，而非佛老所谓寂灭之道，人之本心无时无刻不与天地万事相关联，无处无地不与天地万物相感通。格物而后致知，本心存养而天理自得，这样就心体与功用全备，能够主敬行恕，克己复礼，而使邦家无怨而天下归仁了。因为心之体用流动不居，所以物我之间能够交互感通，以至于洞明天命义理，这样帝王之道也就完善了。

【评析】

这一章文字本身比较简单，但是《解义》却非常复杂，因为杂糅了各种儒学派系的话语，涵盖了诸多基础概念，而这些基础概念很难解释，历代儒学者对此也缺乏系统清晰的论述。大概是因为这段话比较整饬，简明扼要地概括了施政的要义，解义者也比较重视这段话，因而想给这段话装饰一些哲学和传统的背景，以此显得它"根正苗红"、博大精深，但实际上这一章多被认为属于伪造，并非夫子所言，解义者在这里是过度解释了。

【标签】

子张；恭，宽，信，敏，惠；物我无间；心体

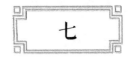

【原文】

佛肸召，子欲往。

子路曰："昔者由也闻诸夫子曰：'亲于其身为不善者，君子不入也。'佛肸以中牟畔，子之往也，如之何？"

子曰："然，有是言也。不曰坚乎，磨而不磷；不曰白乎，涅而不缁。吾岂匏瓜也哉？焉能系而不食？"

【解义】

此一章书，是孔子自明其用世①之意也。

佛肸是晋大夫赵简子之家臣，为中牟宰，时简子与范、中行相攻，佛肸因据中牟以叛。②一日，佛肸使人来召③孔子，孔子欲往，盖亦犹应公山弗扰之意④也。子路不达⑤而阻之曰：昔者由闻夫子有言，凡人有悖理乱常⑥、亲身为不善者，君子不入其党⑦，恐其浼⑧己也。今佛肸据中牟以畔，而夫子乃欲往应其召，何自背于昔日之言乎？

孔子曰：汝谓"身为不善，君子不入"，此言诚然，我曾有此言也。然人固有可浼者，有不可浼者。譬之于物：有至坚厚者，虽磨之不能使损而为薄；有至洁白者，虽染之不能使变而为黑。我之志操坚白，彼虽不善，焉能浼我哉？且君子之学，贵适于用。我岂若匏瓜⑨然，徒然悬系而不见食于人？则亦弃物⑩而已，何益于世哉？

盖圣人道大德宏，能化物⑪而不为物所化。若使⑫坚白不足，而自试于磨涅⑬，则已且不免于辱，何能转移一世⑭？君子处世，审己⑮而动可也。

【注释】

①用世：见用于世，为世所用。

②佛肸是……据中牟以叛：佛肸（Bì Xī），春秋末年晋卿赵鞅的家臣，为中牟宰，但投靠范氏、中行（háng）氏。范氏、中行氏与赵、魏、韩、智等六家（即晋国六卿）联合对抗赵鞅，佛肸借机反叛。可详参本书［宪问第十四·十一］"晋之世卿"词条注释。叛，《摛藻堂四库全书荟要》本（同武英殿刻本）作"畔"。两字相通。以前后一致论，应为"畔"。

③召：邀请。

④亦犹应公山弗扰之意：见［阳货第十七·五］章解义。意谓孔子并非为其人其权，而是为获取行政之机，以正名、复礼，恢复周制。

⑤不达：不明白，不通达。

⑥悖理乱常：违背天理，败坏纲常。

⑦不入其党：不同流合污。党，朋党，同伙。

⑧浼：音 měi，沾污，玷污。

⑨匏瓜：一年生草本植物，果实比葫芦大，老熟后可剖制成器具。

⑩弃物：废物。

⑪化物：感化外物，化育外物。

⑫使：假使。

⑬磨涅：即上文所谓"打磨""染色"。

⑭转移一世：改变全天下。转移，改变。一世，举世，全天下。

⑮审己：省察自己。

【译文】

这一章是讲，孔子表达希望能够为世所用的强烈愿望。

佛肸是晋国大夫赵简子的家臣，任中牟宰，当赵氏与范氏、中行氏两大世族发生争斗的时候，佛肸也以中牟为据点发动叛乱。有一天，佛肸派人来邀请孔子，孔子想要答应，大概也是和想去公山弗扰那里一样，只是借助这样的施政机会来实现自己复兴东周的理想。子路不理解，并且阻挠说：往昔我曾听夫子说过，凡是有悖天理而淆乱纲常、为非作歹的人，君子是不会与其同流合污的。现在佛肸以中牟为据点发动叛乱，而您却想要接受他的邀请，参与其行事，这不是言而无信，出尔反尔吗？

孔子说：你所说的，确有其理，且确有其事。但是要知道，人与人也是有差别的，有的人是容易被环境所污染，有的是不会被污染的。打个比方：一般的物品，都是打磨就变薄，浸染就变黑。却有至为坚硬之物，打磨不能使之变薄；也有至为洁白之物，浸染也不会变黑。我的志向节操至坚而白，哪怕在再恶劣的环境中，我也不会受到污染。而且，君子所学，重在实践。我难道是一个匏瓜吗，只能白白地挂在那里当摆设而不被食用？若是如此，那就只是废物一件，对此世有何用呢？

圣人道大德宏，能够化育万物而不会被万物所改变。但如果自身修为节操不够，而放置于打磨浸染的环境中，恐怕就会辱身丧志了，哪里还能够去改变全天下呢？君子处世行事，要对自己有足够清醒的认识才可以。

【评析】

佛肸占据中牟而背叛赵简子，实际上是晋国内部政治势力斗争的一个缩影。春秋无义战，而赵简子从晋国世族中的胜出，更堪称血腥和残暴。

晋定公之十四年，范、中行作乱。明年春，简子谓邯郸大夫午曰："归我卫士五百家，吾将置之晋阳。"午许诺，归而其父兄不听，倍言。赵鞅捕午，囚之晋阳。乃告邯郸人曰："我私有诛午也，诸君欲谁立？"遂杀午。赵稷、涉宾以邯郸反。晋君使籍秦围邯郸。荀寅、范吉射与午善，不肯助秦而谋作乱，董安于知之。十月，范、中行氏伐赵鞅，鞅奔晋阳，晋人围之。范吉射、荀寅仇人魏襄等谋逐荀寅，以梁婴父代之；逐吉射，以范皋绎代之。荀栎言于晋侯曰："君命大臣，始乱者死。今三臣始乱而独逐鞅，用刑不均，请皆逐之。"十一月，荀栎、韩不佞、魏哆奉公命以伐范、中行氏，不克。范、中行氏反伐公，公击之，范、中行败走。丁未，二子奔朝歌。韩、魏以赵氏为请。十二月辛未，赵鞅入绛，盟于公宫。其明年，知伯文子谓赵鞅曰："范、中行虽信为乱，安于发之，是安于与谋也。晋国有法，始乱者死。夫二子已伏罪而安于独在。"赵鞅患之。安于曰："臣死，赵氏定，晋国宁，吾死晚矣。"遂自杀。赵氏以告知伯，然后赵氏宁。

孔子闻赵简子不请晋君而执邯郸午，保晋阳，故书《春秋》曰"赵鞅以晋阳畔"。

…………

晋定公十八年，赵简子围范、中行于朝歌，中行文子奔邯郸。明年，卫灵公卒。简子与阳虎送卫太子蒯聩于卫，卫不内，居戚。

晋定公二十一年，简子拔邯郸，中行文子奔柏人。简子又围柏人，中行文子、范昭子遂奔齐。赵竟有邯郸、柏人。范、中行余邑入于晋。赵名晋卿，实专晋权，奉邑侔于诸侯。❶

据说赵简子曾经对孔子的治国学问非常感兴趣，一度邀请孔子过来辅政，而激切渴望施政机会的孔子自然会接渐而行，迫不及待。但是从赵简子的种种为政行迹来说，孔子很难认同他的为政手段。

其一，就国事来说，赵简子心怀叵测，蓄谋已久，早就构画以晋阳（今太原市）为根据地进行权力竞夺，致使晋国内战事扰攘，混乱不堪，实

---

❶ 《史记·赵世家》，中华书局1982年版，第六册，第1789–1792页。

属不仁不义。

其二，就政事来说，赵简子杀害既是同堂共事的卿大夫又是本族本姓的邯郸大夫赵午，在礼制和伦理上都完全说不过去，所以孔子后来在《春秋》中称其为"畔"❶，属极严厉之判定。

其三，从外交上来说，赵简子送还蒯聩与儿子争夺君位，引发卫国内乱，祸害苍生，遗患无穷。

其四，就人事上来说，赵简子任用孔子的宿敌、鲁国政坛上的毒瘤阳虎，而杀害窦鸣犊、舜华两名贤良，举枉错诸直，前者为孔子所不齿，后者令孔子寒心绝望。孔子当时已在投奔赵简子的路上，快到黄河边上听到二人的死讯，于是马上就折返了。❷

其五，就情感上来说，苌弘是周天子的臣属，又曾教导过孔子，是孔子的老师，无论于公于私，赵简子迫害苌弘致死❸，也同样对孔子造成了莫大的伤害。

因此，孔子对赵简子应该是非常敌视的。而此时赵简子手下的佛肸起而对抗他，并有意联合孔子，如果说孔子想要以此来彰显自己对赵简子的态度，或者是自己急于施政的心理，或许还可以说得通。但如果说真的想在佛肸那里获得施政机会，恐怕也只是一厢情愿、天方夜谭。因此如果说孔子曾经考虑渡过黄河，到晋国寻找施政机会，这实在是让人匪夷所思——似乎不去的理由有一大堆，但可以去的理由却没有一个。

【标签】

佛肸；赵简子；赵杀鸣犊；苌弘

---

❶《左传·定公十三年》："秋，晋赵鞅入于晋阳以叛。"畔，同"叛"。

❷《史记·孔子世家》：孔子既不得用于卫，将西见赵简子。至于河而闻窦鸣犊、舜华之死也，临河而叹曰："美哉水，洋洋乎！丘之不济此，命也夫！"子贡趋而进曰："敢问何谓也？"孔子曰："窦鸣犊、舜华，晋国之贤大夫也。赵简子未得志之时，须此两人而后从政；及其已得志，杀之乃从政。丘闻之也，刳胎杀夭则麒麟不至郊，竭泽涸渔则蛟龙不合阴阳，覆巢毁卵则凤皇不翔。何则？君子讳伤其类也。夫鸟兽之于不义也尚知辟之，而况乎丘哉！"乃还息乎陬乡，作为《陬操》以哀之。

❸《左传·哀公三年》："刘氏、范氏世为婚姻，苌弘事刘文公，故周与范氏。赵鞅以为讨。六月癸卯，周人杀苌弘。"

八

【原文】

子曰:"由也!女闻'六言六蔽'矣乎?"对曰:"未也。"

"居!吾语女。好仁不好学,其蔽也愚;好知不好学,其蔽也荡;好信不好学,其蔽也贼;好直不好学,其蔽也绞;好勇不好学,其蔽也乱;好刚不好学,其蔽也狂。"

【解义】

此一章书,是孔子教子路好学以成其德也。

孔子呼子路而告之曰:凡人意所趋向,有一善行①,即有蔽②于一偏之处③。由也,女曾闻六言④之美而其中有六蔽矣乎?

是时子路方侍坐⑤,因起而对曰:六言中有六蔽,由未之闻也!

孔子曰:女⑥复坐而居⑦,吾当一一告女。盖天下事莫不有至当不易⑧之理,人必孜孜⑨好学以穷究乎理⑩,然后所行无弊而德可成。

如仁主于爱⑪,固美德也,然徒慕爱人为美,而不好学以明仁❶之理⑫,则心为爱所蔽,将必有从井救人⑬之事,而人己俱丧矣,岂不为愚?

智主于知⑭,亦美德也,然徒慕多智❷为美,而不好学以明知之理⑮,则心为知所蔽,将必入于异学⑯之流,而放诞⑰无归⑱矣,岂不为荡⑲?

言而有信,亦美德也,然徒慕信实⑳为美,而不好学以明信之理㉑,则心为信所蔽,将执己之信㉒,而于人之利害有所不恤㉓矣,岂不为贼㉔?

直而无隐㉕,亦美德也,然徒慕直道为美,而不好学以明直之理㉖,则心为直所蔽,将攻发人之阴私㉗,而急切无所容矣,岂不为绞㉘?

遇事勇敢,亦美德也,然徒慕勇敢为美,而不好学以明勇之理㉙,则心为勇所蔽,将逞其血气之强而肆行无忌㉚矣,岂不为乱?

刚强不屈,亦美德也,然徒慕刚强为美,而不好学以明刚之理㉛,则心为刚所蔽,将多所轻躁㉜而无沉静之度㉝矣,岂不为狂?

盖仁、智、信、直、勇、刚,六言虽美,而不从事于学,遂有愚、荡、

---

❶ 仁:《摛藻堂四库全书荟要》本(同武英殿刻本)作"人"。显然为误。

❷ 智:《摛藻堂四库全书荟要》本(同武英殿刻本)作"知"。根据上下文意,此处应为"知"。

贼、绞、乱、狂之蔽，将美者亦变而为恶矣！

此可见，学问之功必不可已。古帝王所以不恃其绝世之资㉞，而必勤勤念典㉟，以求合于中正之道也。

【注释】

①善行：美好的品行。

②蔽：用作动词，则为遮蔽义。用作名词，则意为弊端、病患。

③一偏之处：偏失之处。

④六言：六种美德：仁、知、信、直、勇、刚。何晏《论语集解》："六言六蔽者，谓下六事：仁、知、信、直、勇、刚也。"

⑤侍坐：在尊长近旁陪坐。

⑥女：同"汝"。

⑦复坐而居：回到坐席上坐下。古人之坐，乃铺席于地，两膝着席，如跪，臀部压在脚后跟上，故又称"跽坐"。《礼记·曲礼上》："先生书策，琴瑟在前，坐而迁之，戒勿越。"孔颖达疏："坐亦跪也。"居，即前所谓"坐"，跽坐。此处之"坐"与"居"如都理解为跽坐的动作，则有重复之嫌。故笔者认为此处"坐"，同"座"，即坐席、座位义。

⑧至当不易：形容极为恰当，不能改变。

⑨孜孜：勤勉，不懈息。

⑩穷究乎理：穷究天下万物的根本原理。可详参本书［学而第一·一］"穷理尽性"词条注释。

⑪仁主于爱：仁的主要内涵是爱。主，崇尚，注重。朱熹《孟子集注·离娄章句上》注"仁之实，事亲是也；义之实，从兄是也"句："仁主于爱，而爱莫切于事亲。"

⑫仁之理：可联系［颜渊第十二·二十二］理解，樊迟问仁。子曰："爱人。"《礼记·哀公问》：孔子遂言曰："古之为政，爱人为大。不能爱人，不能有其身；不能有其身，不能安土；不能安土，不能乐天；不能乐天，不能成其身。"（孔子于是说道："古人的为政，把爱人看得最重要。不能爱人，就不能保有自身；不能保有自身，就不能安居营生；不能安居营生，就不能乐天知命。不能乐天知命，就不能成就自身。"）《孟子·离娄下》："君子所以异于人者，以其存心也。君子以仁存心，以礼存心。仁者爱人，有礼者敬人。爱人者，人恒爱之；敬人，人恒敬之。"（君子之所以不同于普通人，就是因为存的心思不一样。君子以仁爱存于心中，以礼义存于心中。能建立仁爱关系的人能爱别人，心中有礼义规范的人能尊敬别

人。能爱别人的人，别人也能常常爱他；能尊敬别人的人，别人也常常尊敬他。）

⑬从井救人：出自［雍也第六·二十六］，宰我虚拟了仁者的困境，而孔子认为不能拘泥于仁而为仁，并因此陷入困境，在对话中展示出仁德的深度内涵。［雍也第六·二十六］：宰我问曰："仁者，虽告之曰，'井有仁焉'。其从之也？"子曰："何为其然也？君子可逝也，不可陷也；可欺也，不可罔也。"（宰我一直纠缠于内心的某种矛盾，终于斗胆开口向孔子请教：夫子，如果有人心怀叵测地告诉我说，水井里面有"仁"，那么我也要跳进井里吗？这本是仁心不够坚定的表现，宰我也生怕孔子责怪。孔子却轻轻地化解了这个问题：何必受这样的问题的拘束呢？真正求"仁"的人，可以受人的诱导去井里寻找"仁"，但你坚持对"仁"的追求，没有自欺，这也就够了，何必埋陷于一种探求"仁"的结果呢？你可以为人所欺骗，但内心要坚定，是非判断要明晰。）《解义》实则将两章内容互相发见，此可见之于［雍也第六·二十六］"好仁必好学"词条注释。

⑭智主于知：智识注重认知。

⑮知之理：可联系［为政第二·十七］理解：子曰："由！诲女知之乎！知之为知之，不知为不知，是知也。"（夫子说：子路，我告诉你什么算是"知"吧：要明白自己知道什么，不知道什么。这才是真正的"知"。）

⑯异学：异端邪说。［为政第二·十六］：子曰："攻乎异端，斯害也已。"（夫子说："在异端邪说上下功夫，真是为害匪浅啊。"）

⑰放诞：浮夸虚妄。

⑱无归：无所归宿。指精神和思想上无所依守，失去道德标准或价值判断。

⑲荡：浮荡。

⑳信实：诚实，真实可靠。

㉑信之理：可联系［宪问第十四·十七］：子贡曰："管仲非仁者与？桓公杀公子纠，不能死，又相之。"子曰："管仲相桓公，霸诸侯，一匡天下，民到于今受其赐。微管仲，吾其被发左衽矣。岂若匹夫匹妇之为谅也，自经于沟渎而莫之知也？"（子贡说："管仲算不上一名仁者吧？齐桓公杀了他原来的主人公子纠，管仲非但不能为公子纠效忠殉难，却又当了齐桓公的辅相。"夫子说："管仲辅佐桓公，使其称霸诸侯，也让天下一切得到匡正，人民直到今天还受他的好处。假设没有管仲，我今天怕也还是披发左衽的蛮荒之人呢。哪像匹夫匹妇的小老百姓那样，因为遵循小信小义，而自缢而死在沟渎中，哪里还能有机会建立不世之业，为世所见知啊！"）

㉒执己之信：秉持自己的信义。《左传·襄公二十二年》："君人执信，臣人执共，忠信笃敬，上下同之，天之道也。"

㉓不恤：不忧悯，不顾惜。

㉔贼：本义败坏，毁坏。此处指贼害，即表面为义而内在为害，徒有诚敬严肃之表，而内怀市恩贾义之心，为非作歹而故作不知。《淮南子·主术训》："若欲饰之，乃是贼之。"高诱注："贼，败也。"元王恽《劝农诗·省讼》："唆汝致争元是贼，劝令和忍是良师。"

㉕直而无隐：直言不讳，坦白直率而毫无隐患。隐，隐讳，隐瞒。

㉖直之理：[子路第十三·十八] 中有探讨"直"与"隐"的关系：叶公语孔子曰："吾党有直躬者，其父攘羊，而子证之。"孔子曰："吾党之直者异于是：父为子隐，子为父隐。——直在其中矣。"（叶公带着一个矛盾的问题来请教夫子："我们那个地方有一个性情耿直的人，他的父亲偷羊，他却去指证这件事。"夫子说："我们这个地方的人不这样，父亲为儿子隐瞒，儿子为父亲隐瞒，但我们认为这才是一种耿直的表现。"）

㉗攻发人之阴私：攻发，揭发，揭露。阴私，隐秘不可告人的事。

㉘绞：绞切，过于急切而至偏激。

㉙勇之理：可联系 [述而第七·十一] 中孔子与子路关于勇德的讨论："暴虎冯河，死而无悔者，吾不与也。必也临事而惧，好谋而成者也。"（徒手搏虎，徒身涉河，死了也不追悔的人，我是不愿和他共事的。那种遇事能小心谨慎，并且善于谋划以成事的人，我希望和这样的人一起共事。）

㉚逞其血气之强而肆行无忌：语本 [季氏第十六·七]：孔子曰："君子有三戒：少之时，血气未定，戒之在色；及其壮也，血气方刚，戒之在斗；及其老也，血气既衰，戒之在得。"（孔子说："君子应该警惕戒备三件事情：年轻时，血气未定，便要警戒色欲熏心、迷恋女色；壮年时，血气旺盛，便要警戒肆无忌惮、争强好斗；年老时，血气衰弱，便要警戒利令智昏、贪得无厌。"）

㉛刚之理：可联系 [公冶长第五·十一]：子曰："吾未见刚者。"或对曰："申枨。"子曰："枨也欲，焉得刚？"（夫子说："我没见过刚毅不屈的人。"有人答道："申枨不是吗？"夫子说："申枨啊，他欲望太多，哪里能做得到？"）

㉜轻躁：轻率浮躁。

㉝沉静之度：沉稳娴静的气度。

㉞绝世之资：聪明绝顶，禀赋过人。绝世，冠绝当世。资，禀赋，才质。

㉟勤勤念典：勤奋于学。勤勤，勤苦，努力不倦。念典，即"念终始典于学"。《尚书·兑命》："念终始典于学，厥德修罔觉。"（始终用心于学习，这样修养就会在不知不觉中提高。）

【译文】

　　这一章是讲，孔子教导子路要通过力行学习来成就其优秀品德。

　　孔子把子路叫过来，并告诉他：常人也有其优点，但是有多少优点，但也可能在其中寓存了多少偏失和弊病。由啊，你曾听说过六种美德中实际上也暗含六种弊病吗？

　　这时子路本是陪同孔子坐着的，听到这番话就马上起身说：六种美德竟然也是六种弊病，我真是闻所未闻啊！

　　孔子就说道：你回到坐席上坐下，我一点一点地告诉你。天下之事，本来就有其颠扑不破的道理，一个人只有孜孜以求，了知根本原理，洞明心体自性，然后才能做到行为无过失并成就品德。

　　就像因怀有仁慈而崇尚爱，这本是美德，但如果只是把爱人当作一种美德，而不能通过学习来通明仁的本质，那么心灵就会被爱所遮蔽，也许就会发生盲目救助他人的事情，结果使自己和被救助的人同样陷入困境，这不就成了迂腐吗？

　　拥有智识因而注重认知，也是一种美德，但如果只是追求多知多识，而不能通过学习来明白知有所限，那么就会盲目追求知识，也许就会因此攻乎异端、浮夸虚妄而六神无主，这不就成了浮荡吗？

　　言而有信，也是一种美德，但如果只是觉得诚实就可以了，而不能通过学习来掌握诚信的尺度，那么就会拘执于个人的小信小义，但对公众的利益弃之不顾，这不就成了贼害吗？

　　直言不讳，也是一种美德，但如果单纯主张直率，而不能通过学习来把握直率与隐讳的关系，那么就很容易受到这种心理的误导，甚至把揭发别人的阴私当作乐事，不假考虑而且毫不包容体恤，这不就成了绞切吗？

　　遇事勇敢以对，也算是一种美德，但如果只是为勇敢而勇敢，而不能够通过学习来做到智勇双全，一味地逞强斗气且肆无忌惮，这不就成了祸乱吗？

　　刚强不屈，也是一种美德，但如果只强调刚强，而不能通过学习认识到"无欲则刚"的道理，那么心理上反而会受到这种气质的影响，使自己焦躁不安，缺乏沉稳娴静的气度，这不就成了狂妄吗？

　　孔子的意思是说：仁慈、智识、诚信、直率、勇敢、刚强，这六种品德虽然好，但是如果不善于通过学习来涵养和把握，就会产生迂腐、浮荡、贼害、绞切、祸乱和狂妄的弊病，美德善意就会变成恶习劣行了！

这就说明，一定要坚持学问的功夫修为。所以，就连古代的帝王也不敢恃才傲物，目空一切，而仍然勤奋地用心学习，希求自己能够符合中正之道。

【评析】

孔子说，对待自身所拥有的美德更需要谨慎，要通过不断学习进行扶正。这里的"学"，倒不是什么知识学问，而是一种自我审视和反省的方法，知有不足，然后力学。很多人不是没有美德，而是缺乏孔子所说的反省意识，这反而容易让所谓的美德将个人束缚，君子一不小心变成了小人，好事也往往变成了坏事。

【标签】

六言六弊；学；仁主于爱

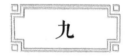

【原文】

子曰："小子何莫学夫诗？诗，可以兴，可以观，可以群，可以怨。迩之事父，远之事君；多识于鸟兽草木之名。"

【解义】

此一章书，见《诗》之为益甚备，人不可以不学也。

孔子告门弟子①曰：自予删《诗》②以来，《诗》教③之尊尚矣！尔小子何不于《诗》学之乎？盖《诗》之中善恶具陈④，善者可以为劝⑤，恶者可以为惩，吾心感发之机于此，有勃然⑥不能自已者，故可以兴；《诗》之中美刺⑦并列，美者可以考⑧其得，刺者可以考其失，吾身行事之实，于此有惕然⑨感动⑩者，故可以观；其叙述情好⑪，每于和乐之中寓庄敬⑫之节，故可以处群而不至于流⑬；其发舒悲愤，犹于责望⑭之中存忠厚之意，故可以处怨而不伤于激。

至于近而家庭，则事父之道备焉，所以教人孝者至矣；远而朝廷，则事君之道备焉，所以教人忠者至矣。且其间因物起兴⑮，比类托情⑯，或指鸟兽，或指草木，称名不一，无不具载于中，可以供我所识者多矣。

《诗》之有益于人如此，诚能学之，则性情于是得正焉，伦纪[17]于是得修焉，闻见于是得广焉。尔小子可不学乎哉？

盖温柔敦厚，《诗》教也。[18]古者太史采风[19]，上自郊庙[20]，下及里巷[21]，政事之得失、性情之邪正、风化[22]之美恶、习俗之贞淫，皆于此觇[23]之。非若后世比词属句[24]，斗靡夸多[25]，侈[26]扬乎风云月露[27]之盛，徒以娱耳目而荡心志[28]也。

【注释】

①门弟子：即及门弟子，又称"受业弟子"，亲自登门去老师家里或教学地点受教育的学生叫作及门弟子。可详参本书［泰伯第八·三］"及门弟子"词条注释。

②删《诗》：《诗经》的编集，在历史上有广泛影响的有"献《诗》""采《诗》""删《诗》"三种说法。"删《诗》"说是指孔子对古诗的裁度和整理。孔子自陈："吾自卫反鲁，然后乐正，雅颂各得其所。"对此有笼统的表述。（［子罕第九·十五］）距其生时较近的《史记·孔子世家》则做了较为详细的表述：古者《诗》三千余篇，及至孔子，去其重，取可施于礼义，上采契、后稷，中述殷、周之盛，至幽、厉之缺，始于衽席，故曰："《关雎》之乱以为风始，《鹿鸣》为小雅始，《文王》为大雅始，《清庙》为颂始。"三百五篇孔子皆弦歌之，以求合《韶》《武》雅颂之音。礼乐自此可得而述，以备王道，成六艺。按：此可能是对孔子所言的演绎，而未必为实，后代学者对此也颇多质疑。

③《诗》教：指《诗经》怨而不怒、温柔敦厚的教育作用。可参本章下注"温柔敦厚，《诗》教也"词条注释。

④陈：敷陈，铺叙。

⑤劝：劝诫。

⑥勃然：强烈而突出。

⑦美刺：又称"美恶"，赞美和讽恶。中国古代关于诗歌批判功能的一种说法。可详参本书［泰伯第八·八］同名词条注释。

⑧考：考察。

⑨惕然：警觉省悟貌。

⑩感动：触动。

⑪情好：感情，交情。

⑫庄敬：庄严恭敬。

⑬处群而不至于流：能够用于群体活动而使之不无节制。流，放纵，无节制。

⑭责望：责怪抱怨。

⑮因物起兴：释《诗经》"兴"的手法，即先言他物以引起所咏之词，抒发所感之情。兴，引发。

⑯比类托情：释《诗经》"比"的手法，即用比喻的方法来寄托情感。比类，即类比，以彼物比此物，通过类比来泛化形象，寄意托情。托情，寄托情感。

⑰伦纪：伦常纲纪。

⑱温柔敦厚，《诗》教也：《礼记·经解》："入其国，其教可知也。其为人也，温柔敦厚，《诗》教也。"（进入一个国家，只要看看那里的风俗，就可以知道该国的教化如何了。那里的人们如果温和柔顺、朴实忠厚，那就是《诗》的教化效果。）可参本书［述而第七·一］"评析"对《礼记·经解》的引文部分。

⑲古者太史采风：太史，官名。西周、春秋时太史掌记载史事、编写史书、起草文书，兼管国家典籍和天文历法等。采风，对民情风俗的采集，特指对地方民歌民谣的搜集。清崔述《崔东壁遗书·通论十三国风》中记载"采《诗》"说这种观点，但是同时予以了辩驳和否定："旧说'周太史掌采列国之风，今自邶、鄘以下十二国风，皆周太师巡行之所采也'。余按：克商以后，下逮陈灵近五百年，何以前三百年所采殊少，后二百年所采甚多？周之诸侯千八百国，何以独此九国有风可采，而其余皆无之……且十二国风中，东迁以后之诗居其大半，而《春秋》之策，王人至鲁虽微贱无不书者，何以绝不见有采风之使？乃至《左传》之广搜博采而亦无之，则此言出于后人臆度无疑也。"

⑳郊庙：古帝王祭天地的郊宫和祭祖先的宗庙。

㉑里巷：犹街巷。

㉒风化：风俗，风气。

㉓觇：音 chān，窥视，观察。

㉔比词属句：并排词语，连用句式。指堆积辞藻和修辞，滥用文字形式，而无实际内容。比，并列，排列。属，音 zhǔ，继续，联结。

㉕斗靡夸多：指写文章以篇幅多、辞藻华丽夸耀争胜。

㉖侈：夸大。

㉗风云月露：指绮丽浮靡，吟风弄月的诗文。出自《隋书·李谔传》："连篇累牍，不出月露之形，积案盈箱，唯是风云之状。"

㉘娱耳目而荡心志：本作"娱人耳目而荡人心志"。《宋史全文》：帝谓辅臣曰："祀日适与真宗大忌同，其施乐邪？"王曾曰："但设而不作耳。"又问古今乐之异同。曾曰："古乐用于天地、宗庙、社稷、山川、鬼神，而听者莫不和悦。今乐则不然，徒娱人耳目而荡人心志，自昔人君流连荒亡者，莫不由此。"帝曰："朕于声技未尝留意，内外宴游，皆勉强尔。"

按：流连荒亡，指沉溺于游乐。出自《孟子·梁惠王下》："流连荒亡，为诸侯忧，从流下而忘反谓之流，从流上而忘反谓之连，从兽无厌谓之荒，乐酒无厌谓之亡。先王无流连之乐、荒亡之行。"

【译文】

这一章，是说《诗经》内涵宏富，为益甚多，人们一定要认真学习。

孔子告诉及门弟子：自从我删述《诗》以来，它已经产生了教人温柔敦厚的重要作用。你们怎能不学《诗》呢？《诗》中敷陈善恶之事，向善者因之可以自我勉励，纵恶者因之可以引以为戒，每个人的心灵会油然而生一种情绪，因此可谓之"兴发"；《诗》中也将赞美和讽恶并举，赞美的诗篇是考察其所成就的，讽恶的诗篇是考察其所过失的，因此我们的行为处事，自然会因此而警觉省悟，有所触动，因此可谓之"观照"；它还可以有效地交流情感，在和睦欢乐的氛围中又不失庄严恭敬的仪容，所以用于群体活动而使之不无节制；而且，通过《诗》来抒发悲愤的负面情绪，即便是有所责怪抱怨，但由于被融化在忠诚厚意之中，也不会显得过激。

就近处说，在家庭环境中使用并遵循它，就会很好地掌握侍奉父母的方式和方法，所以说它可以教人以至孝；就远处说，在朝廷之上使用并遵循它，就会很好地掌握侍奉君主的原则和分寸，所以说它可以教人以至忠。并且，因为在《诗》当中，即是由物起兴，而有类比抒情，要么指称鸟兽以起兴，要么是因由草木而抒情，称说名称种类繁多，都已经记录在《诗》里面了，所以可以让我认识到的品类物种极多。

《诗》对人的好处太多了。如果人们能够好好学习，那么人们的性情因此会得到纠正，社会的伦常纲纪因此得到修复，人们的见识眼界也会因此得到扩展。你们怎能不学习它呢？

人们的温和柔顺、朴实忠厚，正是《诗》的教化效果。古代的太史采集诗歌，上自君王祭祀的郊庙，下到百姓生活的街巷，政治事务的得失、民心情意的正邪、风气教化的美丑、生活习俗的贞淫，都能在此中一窥究竟。这完全不同于后世诗文的比词属句而斗靡夸多、吟风弄月而蛊心丧志。

【评析】

所谓的兴、观、群、怨，便是源于自然情感、成于文化经典的一整套感知和表达方式，即文化表意系统。因此这是孔子努力通过树立文化经典来整合文化资源、更新文化符号体系的系列成果。此诚如王小盾先生所言：

> 孔子从周代的仪式活动中提炼出了一套术语，来表达政教礼仪为中心的新理论。比如根据对仪式的内部情实的理解，建立"仁"的观念，也就是把对宗庙祖先的"忠信爱敬"落实为"忠恕""爱人"。又比如根据对仪式的外部规范的理解，建立"礼"的观念，也就是把天人的关系推广为人伦的关系，发展了"天命"理论。这三条，是孔子理论最突出的建树。比如"兴"，指的是采用"引譬连类"的方法，通过学诗来阐明政教礼仪；而"引譬连类"就是一种常见的仪式讲述的方法。又比如"观"，指的是用"相感"的方式来观风、观志、观盛衰，参与礼仪政教；"相感"也是一种常见的仪式思维。至于"多识于鸟兽草木之名"，则出于培养祭典人才的要求。以上情况意味着，孔子是带着旧时代的烙印走进经典时代的；他代表了上古思想的特殊阶段，亦即从仪式中心转化到伦理中心的阶段。他之所以具有这种代表性，是因为，他的理论和实践，都表现了把仪式事物、神话事物道德伦理化的倾向。他采用对"六经"进行人间化解释的方法，使古礼走下神坛，成为人间社会的合理关系的代表。❶

虽然在孔子其时并没有今天"表征""意象""建构""解构"之类的文化理论及其词汇，但在文化实践上已经走得很远了，其文化创制之功完全本自对残酷现实和人心人性的观照，而一下子达到了"生民未有"而"百王莫违"❷的高度。

【标签】

《诗经》；兴观群怨；经典化

---

❶ 王小盾：《经典之前的中国智慧》，北京大学出版社2016年版，第402页。
❷ 子贡语，见《孟子·公孙丑上》：子贡曰："见其礼而知其政，闻其乐而知其德，由百世之后，等百世之王，莫之能违也。自生民以来，未有夫子也。"

【原文】

子谓伯鱼曰:"女为《周南》《召南》矣乎?人而不为《周南》《召南》,其犹正墙面而立也与?"

【解义】

此一章书,是孔子教伯鱼①重修齐②以端化源③也。

孔子呼伯鱼而告之曰:女④尝学夫《周南》《召南》之诗⑤矣乎?盖《周南》自《关雎》以下,言文王后妃闺门之化行于南国者也;《召南》自《鹊巢》以下,言南国诸侯夫人与大夫之妻,皆被文王后妃之化而成其德也。⑥是两篇所言皆修身、齐家之事,于人伦日用最为切要,学者不但诵说⑦,必身体力行之,方为有益。人若不学《周南》《召南》,则无以正性情,笃伦理;身且不知修,家且不知齐矣,又安望其推而远之,以移易风俗哉?譬如面墙而立⑧,寸步之外尚不可行,无论其远已⑨。

洵⑩乎,二《南》不可以不学也!况人君为万邦之仪型⑪,未有不修身、齐家,而可以治国、平天下者。则二《南》之当习,又不独学者为然矣!

【注释】

①伯鱼:孔鲤(前532—前483),子姓,孔氏,名鲤,字伯鱼。春秋末期鲁国陬邑(今山东曲阜)人,孔子唯一的儿子。因其诞时鲁昭公赐孔子一尾鲤鱼而得名。

②修齐:修身、齐家。属儒家八条目中的内容。修身,陶冶身心,涵养德性。齐家,治家。

③化源:教化的本源。

④女:同"汝",你。

⑤《周南》《召南》之诗:即下文所称"二《南》"。周南是周公统治下的南方地域,召南是召公统治下的南方地域,二《南》包括长江、汉水、汝水流域的诗歌。《周南》总计11篇:《关雎》《葛覃》《卷耳》《樛木》《螽斯》《桃夭》《兔罝》《芣苢》《汉广》《汝坟》和《麟之趾》。《召南》总计14篇,包括:《鹊巢》《采蘩》《草虫》《采蘋》《甘棠》《行露》《羔

羊》《殷其雷》《摽有梅》《小星》《江有汜》《野有死麕》《何彼襛矣》和《驺虞》。

⑥《周南》自《关雎》以下……而成其德也:《毛诗序》:"然则《关雎》《麟趾》之化,王者之风,故系之周公。南,言化自北而南也。《鹊巢》《驺虞》之德,诸侯之风也,先王之所以教,故系之召公。《周南》《召南》,正始之道,王化之基。"南宋赵顺孙《四书纂疏》:或问:"二《南》何以为诗之首篇?"曰:"《周南》之诗,言文王后妃闺门之化;《召南》之诗,言诸侯之国夫人大夫妻被文王后妃之化而成德之事。盖文王治岐而化行于江汉之域,自北而南,故其乐章以'南'名之,盖《诗》之正风也。"古人认为《周南》自《关雎》开始,即为"王化之始",对《诗经》中的诗歌泛伦理化和政治化的解读。即如朱熹《诗集传》解释《关雎》:"周之文王生有圣德,又得圣女姒氏以为之配。宫中之人,于其始至,见其有幽闲贞静之德,故作是诗。"可参本书〔泰伯第八·十五〕"《关雎》为王化之始"词条注释。

⑦诵说:讽诵讲说。

⑧面墙而立:《尚书·周官》:"不学墙面,莅事惟烦。"(不学习就像面墙而立,临事就会慌乱。)孔安国传:"人而不学,其犹正墙面而立。"

⑨已:语气词,相当于"了"。

⑩洵:音 xún,诚实,实在。

⑪仪型:做楷模,做典范。

【译文】

这一章,是孔子教导儿子孔鲤,要重视修身、齐家,从而奠定教化的根本。

孔子直呼孔鲤的名字,并且告诉他:你学习过《周南》《召南》里的诗篇吗?《周南》从《关雎》开始,后面的内容,都是谈及文王后妃太姒的闺门妇道所能够施行教化到南方之国;《召南》从《雀巢》开始,后面的内容都是谈南方诸国的国君夫人和大夫妻子们,受到太姒的感化而修为道德。这两部分的诗篇所谈的,都是修身、齐家的事情,对于人伦日用最为切要,学习者不但应当讽诵讲说,而且一定要身体力行,才真正受益。一个人如果不学习《周南》《召南》里的诗篇,就不会正定性情,专注于伦理;连自身都不知修为,家族都不知治理,又哪里能够指望将其品德和经验推广到其他地方,以起到移风易俗的作用呢?这就像是面墙而立,本就寸步难行,更不用说去远的地方了。

的确，二《南》之诗是一定要学的啊！况且君主身为天下万邦的榜样，如果不能修身以齐家，又何谈治国而平天下呢？所以，对于二《南》的学习，不应只是学习者的必修课（还应当是为政者的必修课啊）！

【评析】

孔子不仅谙熟商周的文化传统，而且还熟稔地使用极其高明的文化手法，诸如将《诗》经典化，梳理传统文化而构建经典文本，从而使其功能发挥到极致。

面墙而立之说可谓生花妙喻，极为形象。朱熹对此注释亦极通透，他说："言即其至近之地，而一物无所见，一步不可行。"（《论语集注》）又说："不知所以修身齐家，则不待出门，便已动不得了。所谓之'正墙面'者，谓至近之地亦行不得故也。"（《朱子语类》卷四十七）《解义》也是化用了朱子的解释。

既警诫疏于学习者必将面临的窘境，又为其敞开了《诗经》之门。而孔子所强调的是《诗经》中的修身教化，这样看来，这堵墙又是心中之墙，能够真正打开其门，进入庭院的，也只能是学习者自己。

【标签】

伯鱼；《诗经》；正墙面而立

【原文】

子曰："礼云礼云，玉帛云乎哉？乐云乐云，钟鼓云乎哉？"

【解义】

此一章书，是欲人深思礼乐之本也。

孔子曰：先王制礼，未有不用玉帛者。然必先有恭敬之意存于中，而后假玉帛以将之①，非特虚文②而已。然则所谓"礼云礼云"者，岂徒玉帛云乎哉？先王制乐，未有不用钟鼓者。然必先有和乐之意蕴于心，而后假钟鼓以宣之，非特虚器③而已。然则所谓"乐云乐云"者，岂徒钟鼓云乎哉？

盖礼以敬为本④，使不得所为敬，虽玉帛交错，而礼之本失矣；乐以和为本⑤，使不得所为和，虽钟鼓铿锵，而乐之本失矣。

中者，无体之礼；和者，无声之乐。⑥大礼与天地同节，大乐与天地同和。⑦百年而后兴者，亦斯须不可去⑧。然则有制作⑨之任者，何可不亟求⑩其原，而考究其实哉？

【注释】

①假玉帛以将之：借助玉帛来呈现。假，假借。将，传达，表达。《后汉书·章帝纪》："聘问以通其意，玉帛以将其心。"玉帛，圭璋和束帛。古代祭祀、会盟、朝聘等使用的两种贵重的玉制礼器。圭上圆（或剑头形）下方，璋从纵向分成两半的玉器，形状像半个圭。《礼记·礼器》："圭璋特。"（圭璋单独进献。）孔颖达疏："'圭璋特'者，'圭璋'，玉中之贵也；'特'谓不用他物媲之也。诸侯朝王以圭，朝后执璋，表德特达不加物也。"束帛，捆为一束的五匹帛。古代用为聘问、馈赠的礼物。

②虚文：虚浮不诚的形式。

③虚器：虚设而不用的器物。意谓形同虚设。

④礼以敬为本：[八佾第三·二十六]：子曰："居上不宽，为礼不敬，临丧不哀，吾何以观之哉？"朱熹《论语集注》注曰："居上，主于爱人，故以宽为本；为礼，以敬为本；临丧，以哀为本。既无其本，则以何者而观其所行之得失哉？"

⑤乐以和为本：《礼记·乐记》："故礼以道其志，乐以和其声，政以一其行，刑以防其奸。礼乐刑政，其极一也；所以同民心而出治道也。凡音者，生人心者也。情动于中，故形于声。声成文，谓之音。是故治世之音安以乐，其政和。乱世之音怨以怒，其政乖。亡国之音哀以思，其民困。声音之道，与政通矣。"译文参[先进第十一·十五]"治之象征乎乐"，另可参本章注⑦"大乐与天地同和"词条注释。

⑥中者，无体之礼；和者，无声之乐："无体之礼""无声之乐"，出自《礼记·孔子闲居》：孔子闲居，子夏侍。子夏曰："敢问《诗》云'凯弟君子，民之父母'，何如斯可谓'民之父母'矣？"孔子曰："夫民之父母乎，必达于礼乐之原，以致'五至'，而行'三无'，以横于天下。四方有败，必先知之。此之谓'民之父母'矣。"（孔子避人独居，子夏在旁边侍立。子夏问道："请问《诗》上所说的'平易近人的君王，就好比百姓的父母怎样做才可以被称作'百姓的父母'呢？"孔子回答说："说到'百姓的父母'，他必须通晓礼乐的本源，达到'五至'，做到'三无'，并用来普及于天下；不管任何地方出现了灾祸，他一定能够最早知道。做到了这些，

才算是百姓的父母啊！"）

子夏曰："民之父母，既得而闻之矣，敢问何谓'五至'？"孔子曰："志之所至，诗亦至焉；诗之所至，礼亦至焉；礼之所至，乐亦至焉；乐之所至，哀亦至焉；哀乐相生。是故正明目而视之，不可得而见也；倾耳而听之，不可得而闻也；志气塞乎天地。此之谓'五至'。"（子夏说："什么是'百姓的父母'，学生已经领教了。请问什么叫作'五至'呢？"孔子回答说："既有爱民之心至于百姓，就会有爱民的诗歌至于百姓；既有爱民的诗歌至于百姓，就会有爱民的礼至于百姓；既有爱民的礼至于百姓，就会有爱民的乐至于百姓；既有爱民的乐至于百姓，就会有哀民不幸之心至于百姓。哀与乐是相生相成的。这种道理，尽管你瞪大眼睛来看，却无法看得到；这种声音，尽管你竖起耳朵来听，也无法听得到；但这种浩然广大之气却充塞于天地之间，不闻不见但即可充盈于心。这就叫作'五至'。"）

子夏曰："'五至'既得而闻之矣，敢问何谓'三无'？"孔子曰："无声之乐，无体之礼，无服之丧，此之谓'三无'。"子夏曰："'三无'既得略而闻之矣，敢问何诗近之？"孔子曰："'夙夜其命宥密'，无声之乐也；'威仪逮逮，不可选也'，无体之礼也；'凡民有丧，匍匐救之'，无服之丧也。"（子夏说："学生已经明白什么是'五至'了。再请问什么是'三无'呢？"孔子回答说："没有声音的音乐，没有形式的礼仪，没有丧服的服丧，这就叫作'三无'。"子夏说："什么是'三无'，大体上已经懂了。再请问什么诗最近乎'三无'的含义？"孔子回答说："诗《昊天有成命》中说'夙夜其命宥密'，意思是'日夜谋政，志在安邦'，自有一种和乐之气，这就是没有声音的音乐啊；诗《柏舟》中说'威仪逮逮，不可选也'，意思是'仪态安详，无可挑剔'，自有一种恭敬态度，这就是没有形式的礼仪啊；诗《谷风》中说'凡民有丧，匍匐救之'，意思是'路见不平，拔刀相助'，自有一种悲壮气概，这就是没有丧服的丧礼啊。"）

孙希旦《礼记集解》："无声之乐，谓心之和而无待于声也。无体之礼，谓心之敬而无待于事也。无服之丧，谓心之至诚恻怛而无待于服也。三者存乎心，由是而之焉则为志，发焉则为诗，行焉则为礼，为乐，为哀，而无所不至。盖五至者礼乐之实，而三无者礼乐之原也。"

另一，《礼记·仲尼燕居》也谈及礼的内在性问题：仲尼燕居，子张、子贡、言游侍，纵言至于礼。子曰："居！女三人者，吾语女礼，使女以礼周流，无不遍也。"子贡越席而对曰："敢问何如？"子曰："敬而不中礼，谓之野；恭而不中礼，谓之给；勇而不中礼，谓之逆。"子曰："给夺慈仁。"子曰："师，尔过；而商也不及。子产犹众人之母也，能食之不能教也。"子贡越席而对曰："敢问将何以为此中者也?"子曰："礼乎礼!夫礼所以制中也。"(孔子在家闲坐,子张、子贡、子游在一旁侍立。他们闲谈时说到了礼。孔子说:"你们坐下来吧,我来给你们讲一讲什么是礼,以便你们能够随处运用,处处普及。"子贡马上离开坐席回答说:"请问夫子要讲的礼是怎样的呢?"孔子回答说:"虽然内心恭敬,却不合乎礼的要求,那叫粗野;虽然外表恭顺,却不合乎礼的要求,那叫谄媚;虽然勇敢却不合乎礼的要求,那叫作乱。"孔子又补充强调:"巧言谄媚只是淆乱视听,破坏道德。"接着他又对子张说:"颛孙师,你做事往往过火,而卜商却往往做得不够。子产好像是百姓的慈母,他能让百姓吃饱,却不知道怎样教育他们。"子贡又马上离开坐席问道:"请问怎样做才能恰到好处呢?"孔子说:"还是只有礼呀!礼就是用来制约和调节,使人做到恰到好处的。")

另二,上述《礼记·孔子闲居》及《礼记·仲尼燕居》内容合见于《孔子家语·论礼第二十七》,文字编排上有所不同。

⑦大礼与天地同节,大乐与天地同和:出自《礼记·乐记》:"乐者为同,礼者为异。同则相亲,异则相敬,乐胜则流,礼胜则离。合情饰貌者,礼乐之事也。礼义立,则贵贱等矣;乐文同,则上下和矣;好恶著,则贤不肖别矣。刑禁暴,爵举贤,则政均矣。仁以爱之,义以正之,如此,则民治行矣。乐由中出,礼自外作。乐由中出故静,礼自外作故文。大乐必易,大礼必简。乐至则无怨,礼至则不争。揖让而治天下者,礼乐之谓也。暴民不作,诸侯宾服,兵革不试,五刑不用,百姓无患,天子不怒,如此,则乐达矣。合父子之亲,明长幼之序,以敬四海之内天子如此,则礼行矣。大乐与天地同和,大礼与天地同节。和故百物不失,节故祀天祭地,明则有礼乐,幽则有鬼神。如此,则四海之内,合敬同爱矣。"(乐的作用在于协调上下,礼的作用在于区别贵贱。上下协调就会互相亲近,区别贵贱就会互相尊重。过分强调乐会使人际关系随便,过分强调礼会使人际关系疏远。要使人际关系内心感情融洽、外表互相尊重,这就是礼乐应尽的职能了。礼的制度建立了,贵贱的等级才有区别。乐的文采协调了,上下的关系才能和睦。善恶的标准明确了,好人与坏人也就容易区别了。用刑罚来禁止强暴,用爵位来推举贤能,政治也就公平了。用仁来爱护人民,用义来纠正邪恶。这样一来,老百姓就能治理好了。乐从内心发出,礼从外部表现。因为乐从内心发出,所以诚实无伪;因为礼从外部表现,所以文质彬彬。最高级的乐一定是平缓的,最隆重的礼一定是简朴的。乐深入民心,就会消除怨恨;礼得到贯彻,就会消除争斗。古代圣王之所以凭谦恭礼让就把天下治理得井井有条,正是由于礼乐在起作用。没有乱民闹事,诸侯

归服，兵革不用，刑罚不用，百姓无所忧虑，天子无所不满，做到这一步，就表明乐已经深入民心了。四海之内，使父子关系密切，长幼之序分明，大家都敬爱天子，做到这一步，就表明礼得到贯彻了。最高尚的乐像天地那样和谐，最隆重的礼又像天地那样有别。由于和谐，所以万物各得其所；由于有别，所以要祭天祀地。人世间有礼乐，幽冥中有鬼神。这样，四海之内就能互敬互爱了。）

⑧斯须不可去：片刻不能离开。斯须，须臾，片刻。
⑨制作：指礼乐等方面的典章制度。
⑩亟求：急求。此处表示以迫切的心情去探求。

【译文】

这一章是讲，希望人们深入思考礼乐的本质。

孔子说：先王设置仪礼，没有不使用玉帛的。然而一定要心中怀有恭敬之意，然后才通过玉帛来表达，而不是徒有形式。然而所说的"礼啊礼啊"，难道只是玉帛吗？先王设置礼仪，没有不使用钟鼓的。然而一定要心中贮存和乐之意，然后才通过钟鼓来宣扬，而不是徒作摆设。但是所谓的"乐啊乐啊"，难道只是钟鼓吗？

大概礼制的根本在诚敬，如果不能诚敬以行礼，哪怕是玉帛铺陈交错，也无关礼之要旨；音乐的根本在和乐，如果不能和乐以奏乐，哪怕是钟鼓齐鸣，也有失乐之实质。

内心诚敬，那就是无体之礼；内心和乐，那就有无声之乐。最隆重的礼又像天地那样有别，最高尚的乐像天地那样和谐。即便是后世兴起之国，也同样须臾不可偏离。所以，那些有制礼作乐、建章立制职责的人，怎么能够不深切考察礼乐之本原，而细究其实情呢？

【评析】

孔子的表达其实已经足够清晰，意思也足够明了，而《解义》的任务，则是将其与经籍中的相关论述进行关联，从而使《论语》原文的题外意义更加充盈，系统价值更加凸显。因此《解义》在字里行间的引述，实具不可小觑的作用和力量。比如本章所引用的《礼记》中的文字，使古代礼乐制度的要义得以分层立体呈现，虽然只是只言片语的引用，却已然堪称一篇微观的论文。而《解义》中类似的表述，可谓俯拾皆是。

兴之所至，不妨随意。由《解义》引述的文字扩展开去，笔者索性再引用《礼记》中的两段文字，将古代礼乐制度的建构意图和重要意义予以补充说明。

其一,也是出自《礼记·仲尼燕居》。它强调礼的作用是给人的行为赋值,是一套完整的价值表征系统,可以给人以清晰的行动指南和定位:

子曰:"礼者何也?即事之治也。君子有其事必有其治。治国而无礼,譬犹瞽之无相与?伥伥其何之?譬如终夜有求于幽室之中,非烛何见?若无礼,则手足无所错,耳目无所加,进退揖让无所制。是故以之居处,长幼失其别,闺门、三族失其和,朝廷、官爵失其序,田猎、戎事失其策,军旅、武功失其制,宫室失其度,量鼎失其象,味失其时,乐失其节,车失其式,鬼神失其飨,丧纪失其哀,辨说失其党,官失其体,政事失其施。加于身而错于前,凡众之动失其宜。如此,则无以祖洽于众也。"……子曰:"夫礼也者,理也,乐也者,节也。君子无礼不动,无节不作。"

译文:

孔子说:"礼是什么呢?礼就是做事的办法。君子一定有要做的事,那就必定要有做事的办法,治理国家而没有礼,那就好比盲人走路而没有助手,迷迷茫茫不知该往哪里走;又好比整夜在暗室中寻找东西,没有火把能看见什么呢?如果没有礼,就会手脚不知该往哪儿放,耳朵不知该不该听,眼睛不知该往哪里看,在社交场合的进退揖让人无从遵循,全都乱了套。这样一来,长辈和晚辈也就会失去差别,家庭和远近族人也难以和睦相处,朝廷和官府也会秩序混乱,田猎和军事训练也无章可循,作战打仗也没有了规矩,五味和四时乱配,乐曲的演奏乱无章法,车辆的制造也不按程式,鬼神得不到应有的祭享,丧事失去哀伤的气氛,《诗》、《书》、礼、乐的解说就没有理论的依据,百官行事不成体统,政令公务无法开展。在这种情况下,就会举措失当,动辄得咎。这样还怎么倡导和教化百姓呢?"……孔子又说:"礼,就是道理;乐,就是节制。如果没有道理,君子就不会采取行动;如果没有节制,君子就不演奏音乐。"

其二,出自《礼记·礼器》。它提出,可以从礼的标准和角度进行观察判断,小至一人,大至一国,均可如此把礼作为一个宏观的评价体系:

礼也者,反其所自生;乐也者,乐其所自成。是故先王之制礼也以节事,修乐以道志。故观其礼乐而治乱可知也。蘧伯玉曰:"君子之人达。"故观其器而知其工之巧,观其发而知其人之知。故曰:君子慎其所以与人者。

译文：

礼是追溯事物本始的产物，乐则是大功告成以后人心快乐的表达。因此，先王通过制礼以规范言行，通过作乐以陶冶情操。因此观察一个国家的礼乐就可以了解到这个国家的治乱状态。蘧伯玉说："君子都很通达事理。"他们只要观察了器物，就可以推知工匠的巧拙；只要观察了人的外在表现，就可以推知他的才智。所以说：君子对于用来与人交往的礼乐是无不谨慎的。

此外，在《礼记·仲尼燕居》中，把礼覆盖到揖让进退、迎来送往的日常行为当中，君子所作，无不是礼的一部分——"无物而不在礼矣"，乃至于"古之君子，不必亲相与言也，以礼乐相示而已"。

既然已经到了无不为礼的地步，那么两个人连话也不用说了，只通过行礼就彼此明白了。礼已然成为人际沟通和表达的价值和语义系统。在这个宏观语义系统中，人们之间的沟通超乎语言之外，因而是无限而有效的。因为表达和沟通的有效性，所以社会自然会因之安定下来。

【标签】

礼乐；《礼记·孔子闲居》；五至三无

十二

【原文】

子曰："色厉而内荏，譬诸小人，其犹穿窬之盗也与？"

【解义】

此一章书，是孔子为饰貌者①警也。

孔子曰：有一等人，观其外貌严厉，似有作为之人，而内实柔弱，全无执持。此其色可令人见，而心不可令人知。譬诸小人中如窃盗，穿壁逾墙，取人财物，而外饰良善之状，惟恐人知，真可耻之甚也！

凡外阳而内阴，外健而内顺②者，皆穿窬③类也。訑訑④之声音颜色⑤，拒人于千里之外⑥，而吮痈舐痔⑦，无所不为，昏夜乞哀，白日骄人⑧。孔子所谓"难事而易悦"者，⑨其斯人之徒⑩与！

若夫外貌和易近人，不以色待物⑪，而其中则有确乎其不可夺⑫者，非君子其孰能之？然则君子、小人，可望而知，亦自不难辨也。如吕公著，生平无疾言厉色，而大节所在，则万夫莫当其勇。⑬司马光诸事可对人说，开诚布公，略无城府。⑭其正毅之操、忠直之气，⑮可以贯日月⑯而格鬼神⑰。彼小人傀儡⑱面孔，魑魅⑲肺肝，视此⑳何啻㉑天壤㉒哉？

【注释】

①饰貌者：矫饰容貌者。

②外阳而内阴，外健而内顺：化用自《周易·否》："《彖》曰：'否之匪人，不利君子贞，大往小来。'则是天地不交而万物不通也，上下不交而天下无邦也。内阴而外阳，内柔而外刚，内小人而外君子。小人道长，君子道消也。"（《彖传》说："否卦象征了闭塞黑暗的局势下，不利于君子坚守正道。这时乾刚正气外泄，阴暗浊气盛起，天地阴阳互不交合，万物的生养互不畅通，君臣上下互不沟通，天下离异难成邻邦。内心阴柔而外表刚阳，对内柔顺而对外刚健，内养为小人而外现是君子。小人卑劣之道盛起畅通，而君子德行之道云消日落。"）

③穿窬：穿墙打洞。指偷窃行为。窬，音 yú，本义门旁像圭形的小洞。何晏《论语集解》引孔安国注曰："窬，窬墙。"刘宝楠《论语正义》："云'窬，窬墙'者，谓窬即逾之假借。"即以"窬"通"逾"，意为"翻越"。（《解义》亦取此说，文中直解为"逾"。）而本书认为"窬"取其本义即可，穿窬，即穿墙打洞。

④訑訑：洋洋自得貌，沾沾自喜貌。訑，音 yí。

⑤颜色：面容，面色。

⑥拒人于千里之外：把人挡在千里之外。形容态度傲慢，坚决拒绝别人，或毫无商量的余地。出自《孟子·告子下》，本作"距人于千里之外"。

⑦吮痈舐痔：为人舔吸疮痔上的脓血。比喻卑劣地奉承人。吮，吮吸。痈，毒疮。舐，舔。

⑧昏夜乞哀，白日骄人：朱熹《孟子集注·万章章句下》注解"齐人有一妻一妾"："由君子观之，则人之所以求富贵利达者，其妻妾不羞也，而不相泣者，几希矣。孟子言自君子而观，今之求富贵者，皆若此人耳。使其妻妾见之，不羞而泣者少矣，言可羞之甚也。赵氏曰：'言今之求富贵者，皆以枉曲之道，昏夜乞哀以求之，而以骄人于白日，与斯人何以异哉？'"

⑨孔子所谓"难事而易悦"者：[子路第十三·二十五]子曰："君子易事而难说也。说之不以道，不说也；及其使人也，器之。小人难事而易

说也。说之虽不以道，说也；及其使人也，求备焉。"（夫子说："君子易于共事，但难于取悦。如果你做事的方式不合其道，他是不可能接纳你的。当他用人的时候，却会根据你的才德来取舍。小人易于讨好，但难于共事。你只要讨好他，哪怕不合道理，他都会很高兴。当他用人的时候，却往往百般挑剔，求全责备。"）

⑩斯人之徒：与这个人一伙。

⑪待物：对待他人。

⑫其中则有确乎其不可夺：其内心有所坚守，不为外在境遇所改变心志。《周易·乾·文言》初九曰："潜龙勿用。"何谓也？子曰："龙，德而隐者也。不易乎世，不成乎名，遁世无闷，不见是而无闷。乐则行之，忧则违之，确乎其不可拔，'潜龙'也。"（初九爻辞说："潜藏的龙，无法施展。"这是什么意思？孔子说："龙，比喻有才德而隐居的君子。操行坚定不为世风所转移，不求虚名，隐居避世但并不自觉苦闷，言行不为世人所赏识也并不烦恼。喜欢的事就去做，烦扰的事就避开它，坚定而不可动摇。这就是所谓的'潜龙'了。"）

⑬吕公著……则万夫莫当其勇：吕公著（1018—1089），字晦叔，寿州（今安徽省凤台县）人。吕夷简之子。北宋时期著名政治家、学者。《宋史·司马光吕公著列传》："吕公著自少讲学，即以治心养性为本，平居无疾言遽色，于声利纷华，泊然无所好。暑不挥扇，寒不亲火，简重清静，盖天禀然。其识虑深敏，量闳而学粹，遇事善决，苟便于国，不以私利害动其心。与人交，出于至诚，好德乐善，见士大夫以人物为意者，必问其所知与其所闻，参互考实，以达于上。每议政事，博取众善以为善，至所当守，则毅然不回夺。神宗尝言其于人材不欺，如权衡之称物。尤能避远声迹，不以知人自处。"其性情简重，但为政尚忠耿直，于所当言则直言无忌，不避安危，诸如，宋英宗时，谏阻其对生父濮王赵允让尊讳，遭贬；宋神宗时，谏阻贬黜司马光，遭贬；谏阻恢复肉刑，又谏阻兴兵；谏阻王安石青苗法，又谏阻任用吕惠卿，遭贬；与司马光共同执政时，也是直言其事，不顾情面。欧阳修《荐王安石吕公著札子》曾评价他说："器识深远，沉静寡言，富贵不染其心，利害不移其守。"大节：大的节义，在关键时候做出的抉择。

⑭司马光……略无城府：司马光（1019—1086），字君实，号迂叟，谥号文正，陕州夏县涑水乡（今山西夏县）人，世称涑水先生。北宋政治家、史学家、文学家。为人温良谦恭、刚正不阿；做事用功，刻苦勤奋。以"日力不足，继之以夜"自诩，堪称儒学教化下的典范。《宋史·司马光吕

公著列传》："光孝友忠信，恭俭正直，居处有法，动作有礼……自少至老，语未尝妄，自言：'吾无过人者，但平生所为，未尝有不可对人言者耳。'诚心自然，天下敬信。"南宋王称著《东都事略》，对司马光评价极高："君子之用世也，惟人心，岂可以强得哉，湛然无欲，而推之以至诚，斯天下归仁矣。光以忠事仁宗，而大计以定，以义事英宗，而大伦以正，以道事神宗，而大名以立，以德事哲宗，而大器以安。方其退居于洛也，若与世相忘矣，及其一起，则泽被天下。此无他，诚而已。诚之至也，可使动天地、感鬼神，而况于人乎？故其生也，中国四夷望其用；及其死也，罢市巷哭思其德。其能感人心也如此，是岂人力所致哉，自古未之有也。"开诚布公，以诚心待人，坦白无私。略无，全无，毫无。城府，城池和府库，比喻人的心机（多而难测）。

⑮正毅之操、忠直之气：应指司马光敢于担当、直言进谏的品格。即如公然反对王安石变法，不惜以上疏请求外任，因此居洛阳著述十五年，不问政事。此举其坚持向宋仁宗进谏立嗣之事，《宋史·司马光吕公著列传》：仁宗始不豫，国嗣未立，天下寒心而莫敢言。谏官范镇首发其议，光在并州闻而继之，且贻书劝镇以死争。至是，复面言："臣昔通判并州，所上三章，愿陛下果断力行。"帝沉思久之，曰："得非欲选宗室为继嗣者乎？此忠臣之言，但人不敢及耳。"光曰："臣言此，自谓必死，不意陛下开纳。"帝曰："此何害，古今皆有之。"光退未闻命，复上疏曰："臣向者进说，意谓即行，今寂无所闻，此必有小人言陛下春秋鼎盛，何遽为不祥之事。小人无远虑，特欲仓卒之际，援立其所厚善者耳。'定策国老''门生天子'之祸，可胜言哉？"帝大感动曰："送中书。"光见韩琦等曰："诸公不及今定议，异日禁中夜半出寸纸，以某人为嗣，则天下莫敢违。"琦等拱手曰："敢不尽力！"

⑯贯日月：忠诚之心可以贯通日月。形容忠诚至极。
⑰格鬼神：感格鬼神，与之感通互动。
⑱傀儡：亦作"傀垒"，原指木偶，后比喻不能自主、受人操纵的人或组织。
⑲魑魅：古代神话传说中的山神，也指山林中害人的鬼怪。
⑳视此：与之相对比。
㉑何啻：何止，岂止。
㉒天壤：天地。比喻相差悬殊。

【译文】

这一章是讲，孔子警告（不修心正德而）矫饰容貌的人。

孔子说：有这样一帮人，表面看上去道貌岸然，好像是德行有所执守的人，但实际上却内心柔弱，毫无原则。这些人只是徒有其表，而不知其内心。就像那些盗贼，一门心思穿墙跳梁，窃取他人财物，却装得像个好人似的，唯恐让人知道自己的真实行迹，这真是太可耻了！

凡是那种外表阳刚而内心阴柔，外表刚健而内在柔顺，就是外在君子而内在小人的盗贼啊。表面上颐指气使，不可一世，而暗地里谄言取媚，低三下四，白天装神，晚上弄鬼。孔子所说的那种难以共事却容易取悦的人，就是这一类人吧！

如果神态和悦，平易近人，不盛气凌人，而内心有所坚守，不为外在境遇而改变心态，不是君子的话，恐怕很难做到这一点。然而是君子还是小人，一看就能判断出来，并非难事。像宋代的吕公著，他平素淡泊宁静，从不疾言厉色，但如果是节义之所在，则大义凛然，一往直前而万夫莫当。又像他同时期的司马光，孝友忠信，恭俭正直，对人开诚布公，毫无城府，但是他刚正不阿、大义凛然、忠毅正直的品格，可以气贯长虹而感天动地。小人们的沐猴而冠、魑魅魍魉，与吕公著、司马光等君子相比，简直是天壤之别啊！

【评析】

每个人只有一个人生，真诚以待、学以成人大概是最好的"消费"生命的方式；而色厉内荏者譬若掩耳盗铃，欺人自欺，愚不可及耳。故儒家每以诚正、慎独戒人，苦口婆心，喋喋不休。

【标签】

色厉内荏；正心诚意；慎独

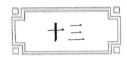

十三

【原文】

子曰："乡愿，德之贼也。"

【解义】

此一章书,是孔子严乱德之防①也。

孔子曰:德之患,莫甚于似是而非。乡人之中有以愿称者②,貌为忠信廉洁,以取悦于世,人遂信之,称其为善。若此似德非德,而反乱乎德,非德之害而何?

盖德者,人心中正③之理,自有其真。今乡愿外貌涂饰④,与世逢迎,人以为德在是,而终不知正理所在。以此惑人心,坏风俗,深可恶也。乡愿似近于德,而其实相远;狂狷似远于德,而其实相近。⑤圣贤取狂狷而恶乡愿⑥,有以也夫!⑦

【注释】

①严乱德之防:即"严防乱德",严厉戒告乱德者。

②乡人之中有以愿称者:即"乡愿"之意,指乡中貌似谨厚,而实与流俗合污的伪善者。《孟子》中称"乡原"。《孟子·尽心下》用狂者、狷者和乡原进行比较,以对其进行批判:

万章问曰:"孔子在陈曰:'盍归乎来!吾党之士狂简,进取,不忘其初。'孔子在陈,何思鲁之狂士?"(万章问道:"孔子在陈国说:'何不回鲁国去啊!我乡里的年轻弟子志大而狂放,想进取而不改旧习。'孔子在陈国时,为什么要惦念鲁国那些狂放的士人呢?")

孟子曰:"孔子'不得中道而与之,必也狂獧(同"狷")乎!狂者进取,獧者有所不为也'。孔子岂不欲中道哉?不可必得,故思其次也。"(孟子说:"孔子说过,'找不到言行合乎中庸之道的人交往,那也就只能同狂者和狷者交往了。狂者志大才疏而积极进取,狷者洁身自好而有所不为'。孔子难道不想结交合乎中庸之道的人吗?只是不一定能结交到,所以想结交次一等的人。")

"敢问何如斯可谓狂矣?"曰:"如琴张、曾晳、牧皮者,孔子之所谓狂矣。""何以谓之狂也?"曰:"其志嘐嘐然,曰'古之人,古之人'。夷考其行而不掩焉者也。狂者又不可得,欲得不屑不洁之士而与之,是獧也。是又其次也。孔子曰:'过我门而不入我室,我不憾焉者,其惟乡原乎!乡原,德之贼也。'"(万章问:"请问怎样的人能称作狂放的人?"孟子说:"像琴张、曾晳、牧皮,就是孔子所说的狂放的人。"万章问:"为什么说他们狂放呢?"孟子说:"他们志向远大、气势不凡,开口便说'古代的人怎么样,古代的人怎么样'。平心而论,他们的行动和言论并不吻合。如果这样的狂者也结交不到,就想找到洁身自好之人来同他结交,这种人就是狷者。这是又次一等的了。孔子说:'路过我门口而不进我屋子,我不感到遗憾的,大概只有乡原吧!乡原,是戕害道德的人。")

曰:"何如斯可谓之乡原矣?"曰:"'何以是嘐嘐也?言不顾行,行不顾言,则曰"古之人,古之人"。''行何为踽踽凉凉?生斯世也,为斯世也,善斯可矣。'阉然媚于世也者,是乡原也。"(万章问:"怎样的人能称他为乡原呢?"孟子说:"乡原指责狂者说:'为什么志向、口气那么大?说的不顾做的,做的不顾说的,却还说什么"古代的人,古代的人"。'又批评狷者说:'做事为什么那样孤孤单单?生在这个社会,为这个社会做事,只要人家认为好就行了。'像宦官那样在世上献媚邀宠的人就是乡原。")

万章曰:"一乡皆称原人焉,无所往而不为原人,孔子以为德之贼,何哉?"曰:"非之无举也,刺之无刺也;同乎流俗,合乎污世;居之似忠信,行之似廉洁;众皆悦之,自以为是,而不可与入尧舜之道——故曰德之贼也。孔子曰:'恶似而非者:恶莠,恐其乱苗也;恶佞,恐其乱义也;恶利口,恐其乱信也;恶郑声,恐其乱乐也;恶紫,恐其乱朱也;恶乡原,恐其乱德也。'君子反经而已矣。经正,则庶民兴;庶民兴,斯无邪慝矣。"(万章问:"一乡的人都称他老好人,所到之处也表现出是个老好人,孔子却认为这种人戕害道德,什么道理呢?"孟子说:"这种人,要批评他,却举不出具体事例来;要指责他,却又觉得没什么能指责的;能随波逐流,与世同流合污;平时相处似乎忠厚,行为似乎很廉洁;大家都喜欢他,他也自认为不错,却根本无法同他一起习学尧舜之道——所以说是'戕害道德的人'。孔子说过,要憎恶似是而非的东西:憎恶莠草,是怕它淆乱禾苗;憎恶歪才,是怕它淆乱道义;憎恶巧言善辩,是怕它淆乱诚信;憎恶郑国音乐,是怕它淆乱雅乐;憎恶紫色,是怕它淆乱大红色;憎恶乡原,是怕他淆乱道德。君子是要回复到正道罢了。正道树立,百姓就会奋发振作;百姓奋发振作,就不会有邪恶了。")

③中正:得当,不偏不倚。

④涂饰:把颜料、油漆等涂上,谓着意修饰装扮。

⑤乡愿似近于德,而其实相远;狂狷似远于德,而其实相近:取《孟子·尽心下》文意。可详参本章上注"乡人之中有以愿称者"。

⑥圣贤取狂狷而恶乡愿:亦取《孟子·尽心下》之文意,即于狂者、狷者和乡愿的不同态度:可取狂者,次可取狷者,而对于乡愿,则是"过我门而不入我室,我不憾焉",可谓厌而远之,势不两立。可详参本章上注"乡人之中有以愿称者"。

⑦有以也夫：是有原因的啊。有以，有原因。也夫，语气词连用，表强烈语气。

【译文】

这一章，是孔子严防乱德者。

孔子说：道德最大的敌人，就是似是而非的伪道德。乡里有人以忠厚著称的，貌似忠信廉洁，但只是表面上那样，以用来取悦他人，人们因不知就里而往往轻信于他，对他赞不绝口。但这种伪道德绝不是道德的表现，而且会淆乱视听，有悖道德，不是危害道德的害群之马，又能是什么呢？

德，就是人心怀有中正之理，然后自然有其真实的呈现。而现在的乡愿只在外表上虚荣矫饰，一味迎合世态，让人以为这就是道德，反而不知道正德正道是什么样子。这样所造成的对人心的迷惑，对风俗的破坏，极其恶劣，着实可恶。（正像《孟子》中所说的那样。）相较而言：乡愿表面上像是道德，但实际上却违背道德，似近而实远；狂狷者表面上狂乱悖德，内在却也有德行操守，似远而实近。圣贤宁可惜取狂狷之士为友，也誓不与乡愿往来，的确是有因由的啊！

【评析】

这种人，大概没有什么历史观，也没有开发出生命的"大价值观"。他们大概以为："一万年太久，只'装'朝夕"就可以了。

【标签】

乡愿；德之贼

【原文】

子曰："道听而涂①说，德之弃也。"

【解义】

此一章书，是见人当蓄德②也。

孔子曰：凡人闻一善言，必存之于心，体之于身，方有实得，③而德为我蓄。若有所闻，不能体验力行，徒事侈口④谈论，此入耳出口之学⑤。譬在道路，偶有所闻，即于涂间与人论说，虽善言日闻⑥，何能有诸己⑦哉？是自弃其德也。

盖学问之道，以默识⑧为功，以主静⑨为要。心存则气静，气静斯言寡。⑩然则谨言为蓄德之方，而存心⑪又谨言之本与！

【注释】

①涂：同"途"。

②蓄德：蓄积德行。

③凡人闻一善言，必存之于心，体之于身，方有实得：意取于《礼记·中庸》子曰："回之为人也，择乎中庸，得一善，则拳拳服膺而弗失之矣。"（夫子说："颜回做人，在于选择了中庸之道，如果从中领悟了一条有益的道理，就牢牢地记在心中，真诚信服，永不丢失。"）拳拳，紧握不舍，引申为恳切、勤勉的样子。服膺，铭记在心，衷心信奉。

④侈口：饶舌，多嘴。

⑤入耳出口之学：言学习只是入于耳而未入于心，出于口而未出于行，徒为拾人牙慧，鹦鹉学舌，人云亦云，而未加审问慎思，更不能明辨笃行。

⑥善言日闻：即"日闻善言"，每天都听取好的建议。张居正《帝鉴图说》："尧置敢谏之鼓，使天下得尽良言；立诽谤之木，使天下得攻其过。圣如帝尧，尽善尽美；宜无谏无谤者，而犹拳拳之心以求言闻过为务，故下情无所壅而君，德日以光。然欲法尧为治，亦不必置鼓立木，徒仿其迹，但能容受直言不加谴责，言之当理者，时加奖赏以劝励之，则善言日闻而太平可致矣。"

⑦有诸己：有益于自己。诸，兼词，之于。

⑧默识：默而识之。[述而第七·二]：子曰："默而识之，学而不厌，诲人不倦，何有于我哉？"（夫子说："诚敬专一地识记，学习上永不自满，对弟子的教导丝毫不懈怠，这些我都做到了吗？"）

⑨主静：宋明理学家的道德修养方法。源于古代儒家，《礼记·乐记》即云："人生而静，天之性也。"并掺杂佛、道的寂静无为思想。"主静"一语首由周敦颐在其《太极图说》中提出："圣人定之以中正仁义而主静，立人极焉。"他用未有天地以前的"无极"原来是"静"的，来证明人的天性本来也是"静"的，由于后天染上了"欲"，故须通过"无欲"工夫，以求达到"静"的境界（"无欲故静"）。以后它一直是理学的主要思想。

⑩心存则气静，气静斯言寡：心思聚存（专于心）则气定神闲，气定

神闲则自然会少言寡语。

⑪存心：保持心中先天固有善性。儒家以之为重要的自我修养方法。语出《孟子·尽心上》："存其心，养其性，所以事天也。"可详参本书［学而第一·三］同名词条注释。

【译文】

这一章告诉人们，应当注意蓄养德行。

孔子说：一个人如果听到了一句有道理的话，就要用心记住，并身体力行，这样才能真正有所得，并且会蓄积个人的德行。如果有所听闻，不能身体力行，而只是夸口空谈，那就成了鹦鹉学舌般的学问了。又可比作道听途说，即便每天都能听到那些有益的话（却不加吸收和实行），对自己又有什么用呢？这简直是自暴自弃啊。

求学问道，本就应默而识之，静观自得。心神凝聚则会心平气静，心平气静就会少言寡语。然而，谨慎言语是蓄养德行的方法，而心神凝聚也是谨慎言语的基础啊。

【评析】

钱穆先生解此章云：

德必由内心修而后成。故必尊师博文，获闻嘉言懿训，而反体之于我心，潜修密诣，深造而默成之，始得为己之德。道听，听之易。涂说，说之易。入于耳，即出于口，不内入于心，纵闻善言，亦不为己有。其德终无可成。❶

道听而途说，哗众以取宠，巧言以乱德，犹如买椟而还珠，枉费此生以自欺欺人耳。

夫子云，"古之学者为己，今之学者为人"（［宪问第十四·二十四］），又云"逝者如斯夫，不舍昼夜"（［子罕第九·十七］），复云"学如不及，犹恐失之"（［泰伯第八·十七］），其苦心孤诣、谆谆教诲，道听途说者识否？

【标签】

道听途说；德；主静；默识

---

❶ 钱穆：《论语新解》，生活·读书·新知三联书店2002年版，第455页。

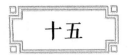

【原文】

子曰："鄙夫可与事君也与哉？其未得之也，患得之。既得之，患失之。苟患失之，无所不至矣。"

【解义】

此一章书，是孔子严鄙夫之戒①，以立臣道之防②也。

孔子曰：为人臣者必忘身尽忠③，而后可以事君。有一等④鄙夫，不知道义，不顾名节，是可使之立朝而与同事君也与哉⑤？盖鄙夫之心止知有势位利禄而已：当禄位未得，则百计⑥营求，皇皇然⑦，惟以不得为患；及禄位既得，则又多方为持禄恋位之计，惟恐失之。夫至有患失⑧之心，则凡阿意求容⑨，行私罔上⑩者，将何事不可为乎？小则为卑污⑪之行，大则陷悖逆⑫之恶，皆生于此患失之一念而已。以此人事君，其害可胜言⑬哉？

盖鄙夫但知富贵，不顾名节，但知身家，不顾君父，一念贪位窃禄⑭之私，扩而充之，至于禽兽之不若者。可见，人臣事君当以此为戒，而人君用人之际，亦不可以不加察。倘鄙夫在前，急宜去⑮之，以清有位、励廉耻⑯。其有关于社稷苍生之计、人心世道之防，匪浅鲜⑰也。

自古以来，鄙夫不可枚举⑱，即如唐之李林甫⑲、宋之秦桧⑳、元之王文统㉑、明之严嵩㉒，嫉贤误国，无所不至，而皆始于自私自利之一念，遂成骑虎难下㉓之势。是可不为之鉴哉？

【注释】

①严鄙夫之戒：即"严戒鄙夫"，严厉戒告粗鄙之人。鄙夫，粗鄙之人，庸俗浅陋的人。

②立臣道之防：即"为臣道立防"，为臣子之道设立严格的界限。防，大堤，界限。

③忘身尽忠：忘身，即"徇国忘身"，为国尽忠而将个人得失、安危置之度外。尽忠，即"尽忠报国"，为国家竭尽忠诚，牺牲一切。

④一等：一众，一群。

⑤也与哉：语气词连用，表示极强烈的情感。也与，亦作"也欤"。

⑥百计：千方百计，想尽或用尽一切办法。

⑦皇皇然：同"惶惶然"，六神无主，惶恐不安。
⑧患失：患得患失。
⑨阿意求容：同"阿意取容"，曲从其意，以取悦于人。阿意，迎合他人的意旨。求容，取悦。
⑩行私罔上：同"协（挟）私罔上"，怀抱私情，欺骗君上。
⑪卑污：卑鄙龌龊。
⑫悖逆：违逆，忤逆。
⑬胜言：尽言。
⑭窃禄：犹言无功受禄。
⑮去：去除。
⑯清有位、励廉耻：使有位者保持高洁的品格，勉励他们顾全礼义廉耻。欧阳修《五代史·冯道传》："礼、义、廉、耻，国之四维，'四维不张，国乃灭亡'。善乎，管生之能言也！礼义，治人之大法；廉耻，立人之大节。盖不廉则无所不取，不耻则无所不为。人而如此，则祸败乱亡亦无所不至，况为大臣，而无所不取，无所不为，则天下其有不乱，国家其有不亡者乎？"
⑰浅鲜：细小，微小。
⑱不可枚举：不可胜数，举不胜举，不能够一个个地列举。形容数量、种类极多。
⑲李林甫：（683—753），字哥奴，祖籍陇西成纪（今甘肃秦安县）。担任唐玄宗时期宰相十九年，独揽朝政，一手遮天，蒙蔽皇帝耳目，同时想方设法排除异己。《资治通鉴·唐纪三十一》："李林甫为相，凡才望功业出己右及为上所厚、势位将逼己者，必百计去之；尤忌文学之士，或阳与之善，啖以甘言而阴陷之。世谓李林甫'口有蜜，腹有剑'。"李林甫之私欲过重，利用权谋打击异己，不遗余力，已经达到极致，遭遇其害者甚众。此不赘述，仅举一例：李林甫曾梦到一个白皙多须、个子高大的男子逼近自己，以为其有害于己。他醒后觉得此人像是户部尚书兼御史大夫裴宽，就以为这是裴宽想取代他的迹象。于是李林甫借口裴宽是前宰相李适之（李林甫已经将其构陷贬黜）党羽，将他贬斥出朝。（见《旧唐书·李林甫传》）其贪权夺位之机心与含沙射影之阴毒，可见一斑。
⑳秦桧：（1090—1155），字会之，南宋江宁（今江苏南京）人。中国历史上著名的奸臣之一。历任左司谏、御史中丞，靖康二年（1127）被俘至金，后为完颜昌（挞懒）所信用。建炎四年（1130）随金军攻楚州，被挞懒纵归，诈称杀死监守金兵，夺船逃回。绍兴元年（1131）任参知政事，

旋拜相。次年，被劾专主和议而罢。八年再相，前后贬逐张浚、赵鼎，独相十七年，收韩世忠、岳飞、张俊三大将兵权，以"莫须有"的罪名构陷岳飞，终将其杀害。与宋高宗赵构共同主持议和投降活动，向金纳币称臣，订立"绍兴和议"，以图朝廷偏安。当权之时，结党营私，控制台谏，屡兴大狱，斥逐异己。

㉑王文统：（？—1262），字以道，益都（今山东青州）人，元初政治家。金朝末年考中经义进士，后为元世祖忽必烈所重用。王文统取法汉制，为元朝确立一套政治经济制度，对元朝的建立及其巩固起了重大作用。但其为人刻薄善妒，极力排斥忠臣中书左丞张文谦，又以推举姚枢、窦默、许衡等人为由，使他们脱离忽必烈左右。后以谋反罪被诛。

㉒严嵩：（1480—1567），明朝著名的权奸之臣。他逢迎取媚于明世宗朱厚熜（嘉靖皇帝），而贪占权柄、利欲熏心，利用权谋残酷打压异己。《明史·奸臣传》对此概括得较为精到："嵩无他才略，惟一意媚上，窃权罔利。帝英察自信，果刑戮，颇护己短，嵩以故得因事激帝怒，戕害人以成其私。张经、李天宠、王忬之死，嵩皆有力焉。前后劾嵩、世蕃（严嵩之子）者，谢瑜、叶经、童汉臣、赵锦、王宗茂、何维柏、王晔、陈垲、厉汝进、沈炼、徐学诗、杨继盛、周鈇、吴时来、张翀、董传策皆被遣。经、炼用他过置之死，继盛附张经疏尾杀之（注释详见本章'评析'部分）。他所不悦，假迁除（谓官职之升迁除授）、考察（对官吏政绩的考核）以斥者甚众，皆未尝有迹也。"

㉓骑虎难下：骑在老虎背上不能下来。比喻做一件事情进行下去有困难，但情况又不允许中途停止，陷于进退两难的境地。出自《晋书·温峤传》："今之事势，义无旋踵，骑猛兽安可中下哉？"《新唐书·李林甫传》载：李林甫的儿子李岫担任"将作监"一职，见父亲权势熏天，担心盈满为患，忧虑不已。一次，李岫随父游园，看到一个车夫拉着一辆重车走过，他就借机劝谏："父亲大人久居相位，树敌甚多，以致前路荆棘遍布。一旦祸事临头，想跟这个车夫一样恐怕都不可能了。"李林甫怃然而叹，说："势已至此，无法回头了！"此典正暗合《解义》所言"骑虎难下"之意。

【译文】

这一章是讲，孔子严肃戒告粗鄙之人，来确立为臣之道的界限。

孔子说：身为臣子，应当有舍己为公、尽忠报国之心，然后才谈得上去侍奉君主。如果有一众粗鄙之人，既不遵循大道公义，也不顾全名誉节操，这样的人还可以让他在朝廷任职并与之共事君主吗？大概在粗鄙之人的心里，只有功名利禄而已：没有得到职位，就千方百计钻营求取，惶惶然不可终日；既已得到职位，又想方设法保位占位，惴惴然犹恐失之。一旦内心总是患得患失，就会曲从其意，以取悦于人，而又怀抱私情，欺骗君上，投机取巧，不择手段——小则行迹卑鄙，大则倒行逆施，都不过是由斤斤计较于私欲的患得患失之一念造成的。用这样的人来侍奉君主，不但毫无助益，反而为害匪浅。

大概粗鄙之人只顾贪求财富权贵，不顾全名誉节操，只顾个己身家，不顾全君王父母，一门心思争权夺势，追逐功名利禄，以至于丧心病狂，禽兽不如。由此可见，臣子侍奉君主应当引以为戒，而君主选人用人的时候，也不能不细加审察。如果这是一个粗鄙之人，应立即去除，以勉励在位者保持节操，顾全廉耻。这是关乎社稷苍生的国之大计、人心世道的大限，绝不可等闲视之啊。

自古以来，卑鄙之人不胜枚举，就像唐代的李林甫、宋代的秦桧、元代的王文统和明代的严嵩，他们嫉贤妒能，祸国殃民，无所不为，也都不过因为一念之私，遂成进退维谷、骑虎难下之势。这些人的身世及下场，还不足以鉴戒吗？

【评析】

《解义》所列举历代权奸之人事，令人触目惊心，但也匪夷所思。即如明代之严嵩，《明史·奸臣传》所记述他"继盛附张经疏尾杀之"的具体情况是这样的：

会都御史张经、李天宠坐大辟。嵩揣帝意必杀二人，比秋审，因附继盛名并奏，得报。其妻张氏伏阙上书，言："臣夫继盛误闻市井之言，尚狃书生之见，遂发狂论。圣明不即加戮，俾从吏议。两经奏谳，俱荷宽恩。今忽阑入张经疏尾，奉旨处决。臣仰惟圣德，昆虫草木皆欲得所，岂惜一回宸顾，下垂覆盆？倘以罪重，必不可赦，愿即斩臣妾首，以代夫诛。夫虽远御魑魅，必能为疆场效死，以报君父。"嵩屏不奏，遂以三十四年十月朔弃西市，年四十。临刑赋诗曰："浩气还太虚，丹心照千古。生平未报恩，留作忠魂补。"天下相与涕泣传颂之。

杨继盛因弹劾严嵩而反遭严嵩诬陷下狱。严嵩屡欲置之于死地，但经人保护，杨继盛入狱三年仍未被嘉靖皇帝处死。后严嵩诬陷兵部尚书张经抗倭不力，嘉靖皇帝因此御批处死张经。严嵩趁机在处死张经的奏疏之后附上杨继盛的名字，世宗在批阅奏疏时并未注意到这个情况，于是便草草同意将其与张经一并处死。

杨继盛的妻子张氏向嘉靖皇帝上书，指明丈夫被处死只是"误入"行刑名单（"阑入张经疏尾"），她请求替丈夫一死，换来丈夫生命为国杀敌。严嵩却将此书扣下不奏，仍然将杨继盛处死。张氏此后殉夫自缢。其事如此冤屈，可悲可叹！张氏如此贞烈，可歌可泣！

所谓匪夷所思者，是为汉以后儒风大盛，天下无不尊儒、习儒，无不循儒、用儒，更何况一朝权臣宰相者乎？宰相作为儒教治国体制下的行政长官，本应是儒之大者，耳濡目染、口唯心诵的本就是仁义道德，然其行径何至如此不仁之甚哉？

这样的故事实在让人压抑，心焦不已。古往今来，有多少人孜孜不倦于权谋与名利，然何曾想过"青山有幸埋忠骨，白铁无辜铸佞臣"，历史终归会澄清一切，那些炙手可热、背信弃义的罪恶权谋即便一时得逞，但终究会背负万古的骂名。栽者自培，而倾者自覆，一切皆咎由自取，其成败得失已不可论，只是可惜枉读了那么多圣贤书，到底是会错了圣人意。夫子仅此一句"苟患失之，无所不至矣"，可谓道尽古今权宦心理，不知其人识否？念此，不禁想起苏子之《前赤壁赋》。赋云：

且夫天地之间，物各有主，苟非吾之所有，虽一毫而莫取。惟江上之清风，与山间之明月，耳得之而为声，目遇之而成色，取之无禁，用之不竭，是造物者之无尽藏也，而吾与子之所共适。

相比权奸者的斯文扫地、臭名昭彰，此文乃古往今来最为光明磊落之胸襟、潇散洒脱之告白，想必亦乃治疗患得患失、抑郁、焦虑等一众心病之良药，名之曰"无我"可也。

【标签】

患得患失；李林甫；秦桧；王文统；严嵩

【原文】

子曰："古者民有三疾，今也或是之亡也——古之狂也肆，今之狂也荡；古之矜也廉，今之矜也忿戾；古之愚也直，今之愚也诈而已矣。"

【解义】

此一章书,是即气质①以验②风俗③之薄④也。

孔子曰:人之气禀⑤不皆中和⑥,往往有出于偏驳⑦者,即如身有疾病⑧者,然亦谓之疾⑨然。古之时风气淳厚,其间虽有过中失正⑩之人,要皆⑪质任自然⑫,本真⑬犹未失也。今则习俗之染日趋于甚,即此三疾或亦无之⑭矣——

盖人有志愿太高者,是狂之疾。然古之狂也,不过阔略⑮自处,不拘小节,肆⑯焉而已。乃今之狂,则恣情⑰自放⑱,并逾大闲⑲,而流于荡⑳矣。人有持守过严者,是矜㉑之疾。然古之矜也,不过崖岸峻绝㉒,示人难亲,廉㉓焉而已。乃今之矜,则任意使气㉔,辄与人忤㉕,而流于忿戾㉖矣。人有资识㉗不足者,是愚之疾。然古之愚也,不过径情自遂㉘,率其本来㉙,直焉而已。乃今之愚,则挟私妄作㉚,反用机巧㉛,而流于诈矣。

夫狂而肆、矜而廉、愚而直,虽气质之偏㉜,若加以学问,其疾痛犹可砭治㉝。至于肆变而荡、廉变而忿戾、直变而诈,则本真尽丧,并其质之偏而失之,譬之沉疴已入膏肓㉞,虽扁卢㉟亦无所用之矣。人可不思勉强学问㊱,以变化气质㊲乎哉?

【注释】

①气质:指人的生理、心理等先天秉性。可详参本章"气质之偏"词条注释。

②验:检验,判断。

③风俗:相沿积久而成的风气、习俗。

④薄:厚薄。

⑤气禀:亦称"禀气",指人生来对气的禀受,从某种程度上决定了人与人后天的差别。详参本书[为政第二·九]同名词条注释。

⑥中和:中庸之道的主要内涵。儒家认为能"致中和"(《礼记·中庸》),则天地万物均能各得其所,达于和谐境界。详参本书[述而第七·三十八]同名词条注释。

⑦偏驳:不周遍。

⑧疾病:此指重病。

⑨疾:小的伤病。

⑩过中失正:超过中庸的界限,有失中正。朱熹《论语集注》:"子在陈曰:'归与!归与!吾党之小子狂简,斐然成章,不知所以裁之。'……

夫子初心，欲行其道于天下，至是而知其终不用也。于是始欲成就后学，以传道于来世。又不得中行之士而思其次，以为狂士志意高远，犹或可与进于道也。但恐其过中失正，而或陷于异端耳，故欲归而裁之也。"

⑪要皆：大都，大皆。

⑫质任自然：率真自然，不假修饰。《宋史·本纪第三·太祖三》："帝性孝友节俭，质任自然，不事矫饰。"

⑬本真：天性，本性。

⑭或亦无之：或许也比不上。无之，无如之。

⑮阔略：疏放，不拘束。

⑯肆：不受拘束，纵恣。

⑰恣情：纵情。

⑱自放：自我放纵，摆脱礼法的约束。

⑲并逾大闲：逾越基本的道德规范或行为准则，严重违反道德。闲，阑（同"栏"）义，所以止物之出入。［子张第十九·十一］子夏曰："大德不逾闲，小德出入可也。"（子夏说："人的德行，大处不可逾越界限，小处有一些出入是可以的。"采杨伯峻译）

⑳荡：放荡不羁。

㉑矜：矜持，约束。

㉒崖岸峻绝：本指山崖、堤岸的高峻耸立，引申为操守、节概的矜庄和孤高。

㉓廉：本义是器物的棱角，喻人的禀性方正，刚直。

㉔任意使气：随意发作，恣逞意气。

㉕辄与人忤：动不动就与人发生冲突。辄，就。忤，音 wǔ，违逆，触犯。

㉖悻戾：蛮横无理，动辄发怒。

㉗资识：才质和识见。

㉘径情自遂：依据本性本情做事，坚定而不计后果。径情，即"径情直行"，任凭主观意愿径直行事。可参本书［子路第十三·二十八］"径情直行"词条注释。自遂，即"强直自遂"，指刚正而自行其意，不为人所动摇。

㉙率其本来：放任本性。本来，人本有的心性。

㉚挟私妄作：放纵私欲而任性妄为。挟私，心怀私念。妄作，无知而任意胡为。

㉛反用机巧：把智慧用于不正当的地方，倒行逆施。机巧，诡诈。

㉜气质之偏：先天秉性的偏失。宋代理学认为人的天生气质有好有坏，因而有所偏失，而人为自己的私欲所蒙蔽，因此要明理见性，"存天理，遏人欲"，即克制私欲，通过不断对天理的探知和学习，来改变这种先天不良的因素，从而体悟万事万物的共同之理。详解可参［先进第十一·十八］同名词条注释。

㉝砭治：针砭治病。砭，音 biān，古代用以治病的石针。

㉞沉疴已入膏肓：病入膏肓，无可挽救。沉疴：拖延长久的重病，难治的病。膏肓，古代医学以心尖脂肪为膏，心脏与膈膜之间为肓。

㉟扁卢：泛指名医。战国时名医扁鹊又称卢医，故云。

㊱勉强学问：发奋努力于学问。出自董仲舒《举贤良对策》（见于《汉书·董仲舒传》）："强勉学问，则闻见博而知益明；强勉行道，则德日起而大有功。"详参［雍也第六·十二］"董子曰……则德日起而大有功"词条注释。

㊲变化气质：学习可改变人的气质，使之向善。出自北宋张载《经学理窟·义理》："为学大益，在自求变化气质。"详参本书［子路第十三·二十七］同名词条注释。

【译文】

这一章是讲，从人的秉性气质来判断时代风俗的厚薄。

孔子说：人的天性禀赋并非都能达到中和的标准，然而也有那种完全超出常规的问题，（这些问题没有得到甄别，）就像"疾病"（重病）却也被泛泛地称作"疾"（小病）一样。古时候风气淳朴厚道，即便是人做了出格之事，其天性未失而良心未泯；而现在，在习俗的熏染下却越来越鄙陋，而且愈演愈烈，就连这三种有问题的人也不多见了——

像那些志向过于高大的人，便是得了狂妄的毛病。但是古代的狂妄者，不过是自身粗疏，不拘小节，想使自己松散自然而已。而现在人的狂妄，则是自我放纵，无法无天，已经是流于恣肆放荡的地步了。那些对自己过于严格的人，便是得了矜持的毛病。但是古代的矜持者，不过是孤高自许，难以亲近，想使自己廉直方正而已。而现在人的矜持，则是意气用事，任性而为，动辄与人发生矛盾，已经是流于蛮横粗暴的地步了。那些认识不到位的人，便是得了愚蠢的毛病。然而古代的愚人，也不过是径情直行，放任本性，想使自己直来直去而已。而现在人的愚蠢，则是纵情遂欲，倒行逆施，这已经到了鲜廉寡耻的地步了。

古代人的狂妄而松散、矜持而自廉、愚蠢而耿直，虽然在秉性上有所偏失，然而如果能够辅以学问修养，这些毛病还是可以诊治的。而像现代人的松散而至于放荡、自廉而至于蛮横、耿直而至于诡诈，那就是丧失了本性，连其本质已经完全偏失了，就像病入膏肓一样，即便是像扁鹊那样的名医，也无计可施了。一个人岂能不发奋努力于学问，通过不断的学习来改变自身天生的秉性，而向善呢？

【评析】

夫子的这番话很有意思，意味也很深沉：看一个时代，可以通过一个人的人品来判断，而且是通过一个品行不怎么好的人来看——即便是一个品行比较差的人，言行收敛，也还不那么让人感到恐惧，因为社会存在着控制其继续"恶化"的力量，所以这个时代还不怎么糟糕，人们生活在其中会有自信心和安全感；如果是品行不好的人，不仅差得令人匪夷所思，而且顺风顺水，得势猖狂，这就让人感到恐怖了，因为整个社会的风气出了问题。不过反过来说，无论时代怎么样，一个人总归可以做回自己，坚持个人操守和品格，独立不倚，洁身自好。个人品格与时代风气一方面极度相关，另一方面一个人却仍可以坚持走自己的路。只是，好的品格，在良好的时代风气下，可以如鱼得水，春风得意；而不好的品格，在不良的社会风气影响下，则会变本加厉，无以复加。

西班牙著名哲学家奥尔特加·伊·加塞特（José Ortega y. Gasset）❶曾抛出一个最具穿透力的人文观点——一个人乃是其与环境的总和：

> 对于环境，我们应该去寻找它本原的样子，它确切的界限与特点，以及它在广阔的世界视野中的准确位置。我们不能永远沉醉于神圣价值，而应该为我的个体生命在这些价值中谋求一个适当的位置。总之，对环境的重新吸纳决定了一个人的具体命运。……我即是与我所处的环境，如果我不能拯救我的环境，自己也无法得救。❷

诚然，纵使时代不能为每一个人负责，但每一个人都要为自己的时代负责，因为不仅个人所处的时代造就了个人，而且个人所处的时代也是个人总体价值的一部分。因之，在国家危亡的时代，顾炎武发出"天下兴亡，匹夫有责"（《日知录·正始》）的呐喊；在和平年代，社会文明的兴盛发

---

❶ ［乡党第十·十一］"评析"部分对其有详细介绍。
❷ ［西］奥尔特加·伊·加塞特：《堂吉诃德沉思录》，王军、蔡潇洁译，商务印书馆2021年版，第17—18页。

展,也都离不开社会每一个个体的高度自觉和自律。没有一个真正热爱、珍重生命者不善待所处的时代,而非不惜代价、不择手段地以破坏时代来求发展,因为不仅个人的发展会给社会造成巨大的破坏,而且,那样的个人所得,终究因时代的整体沉没而背负巨大的历史债务。所谓历史,也不过主体与价值、个人与社会加减乘除的种种算术结果而已。没有主体,毫无价值可言;丧失总体,又何来个体可言?这两组辩证关系,或正是体味夫子话语内涵的入口。

《解义》最终将解决问题的关键归结为个人自觉、自主的学习进步,看似顺承了夫子的一贯之旨,而实际上忽略了上述辩证关系,因而未能掌握孔学本真并灵活运用,明显是误入歧途了。

【标签】

狂;肆;荡;矜;廉;忿戾;愚;直

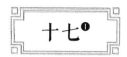

【原文】

子曰:"巧言令色,鲜矣仁。"

【原文】

子曰:"恶紫之夺朱也,恶郑声之乱雅乐也,恶利口之覆邦家者。"

【解义】

此一章书,是严邪正之防也。

孔子曰:天下之理有邪有正,而邪每足以胜正。如色以朱为正①,自紫色一出,其冶艳②足以眩目,而朱反为所夺。是故恶紫,以其能夺朱也。乐以雅为正③,自郑声④一出,其淫哇⑤足以悦耳,而雅乐反为所乱。是故恶

---

❶ 本章已见于[学而第一·三],《解义》因其重出而未重解。

郑声，以其能乱雅乐也。至若事理之是非，人才之贤否，本有定论，乃有一种利口⑥之人，变乱是非，颠倒贤否，便佞⑦足以惑听，人主不察而误信之，必至举动乖方⑧，用舍倒置，而邦家之倾覆不难矣。是则尤可恶之甚者也。

孔子此言，其意专恶利口，借紫与郑声为喻耳。盖谗佞⑨之徒，日习于侧，则君子退，小人进，国事⑩不可为矣。自古皆然。关系非细⑪，人君不可以不审也。

【注释】

①色以朱为正：朱，大红色。夏尚黑，殷尚白，周尚赤。周以朱赤为正色。详参本章"评析"部分。

②冶艳：艳丽异常。

③乐以雅为正：雅是周王朝直辖地区的音乐，即所谓正声雅乐。雅即"正"的意思，周人所认为的正声叫作雅乐，分为大雅、小雅，属于朝廷的"正乐"。

④郑声：指春秋战国时郑国的音乐。[卫灵公第十五·十一]中，孔子认为治理国家，要"行夏之时，乘殷之辂，服周之冕，乐则韶舞"，同时要"放郑声，远佞人。郑声淫，佞人殆"。（推行夏代利农之法，乘殷代质朴之车，戴周代华美之冕，赏尽善尽美之《韶》。同时要弃绝郑国音乐，疏远奸佞之人。因郑声淫荡放纵，而奸佞之人祸国殃民。）给郑国的音乐下了定论并极力排斥。刘宝楠《论语正义》："《五经异义·鲁论》说郑国之俗，有溱、洧之水，男女聚会，讴歌相感，故云郑声淫。"

⑤淫哇：淫邪之声。

⑥利口：能言善辩。

⑦便佞：音piánnìng，巧言善辩，阿谀逢迎。[季氏第十六·四]："友便辟，友善柔，友便佞，损矣。"（与那些致饰于外、内无真诚的人，工于媚悦假面善变的人，或者口是心非、夸夸其谈的人交往，可能会让你受到伤害。）

⑧乖方：违背法度，失当。

⑨谗佞：奸邪谄媚。

⑩国事：国家的政事。

⑪细：微小。

【译文】

这一章是讲,要严防淫邪对雅正的侵害。

孔子说:天下的道理有邪曲也有公正,而邪曲却往往胜过公正。用色彩来作比喻:红色本为正色,但是一旦紫色出现,其异常艳丽的色彩十分炫目,因此红色的地位反被紫色抢夺。所以厌恶紫色,因为它以耀眼夺目的色彩抢占了大红色的主位。再用音乐来作比喻:雅乐本来为正乐,但是一旦郑声响起,其淫邪的声音动人悦耳,因而雅乐的主旋律反被其扰乱。所以厌恶郑声,因为它用淫邪轻浮的乐音扰乱了雅乐的主调。由此推论,事理的是非、人才的良莠,本来都自有定论,但有一种能言善辩的人,淆乱是非,颠倒黑白,其口才足以混淆视听,君主如果不经考察就误加信任,就会被诱使举动悖理,用人不当,甚至很快导致国破家亡。这就正是如此厌恶紫色和郑声的真正原因。

孔子说这番话,最主要的还是厌恶巧言善辩,只不过借紫色和郑声来作比喻罢了。大概那些奸邪谄媚之徒,如果每天都是他们陪伴在君主身边,就会使君子被疏远而小人得到亲近,那么国务政事将会多么糟糕,就不用提了。自古以来,都是这样。因此在对待巧言善辩之人这件事情上,关系十分重大,君主一定要审慎以待啊。

【评析】

杨伯峻推论"紫之夺朱"说,以证孔子之言曰:

春秋时候,鲁桓公和齐桓公都喜欢穿紫色衣服。从《左传》哀公十七年卫浑良夫"紫衣狐裘"而被罪的事情看来,那时的紫色可能已代替了朱色而变为诸侯衣服的正色了。❶

夏尚黑,殷尚白,周尚赤。西汉末纬书《易纬·周易乾凿度》上卷记孔子曰:"朱赤者,盛色也。"孔子从周,故推崇朱赤为正色。但是原本为杂色的紫色竟然逐渐"逆袭",成为席卷上下的"潮流色",因此必然为维护周礼的孔子所不容。

老子云:"天下皆知美之为美,斯恶已;皆知善之为善,斯不善已。"(如果天下人都知道什么是美的,那么什么是不美的,就明了了;如果天下

---

❶ 杨伯峻:《论语译注》,中华书局2009年版,第185页。

人都知道什么是善的,那么什么是不善的,也就明了了。)美与不美、善与不善似乎并没有严格固定的界限,但将它们放在一起的时候,却又是一清二楚、泾渭分明。是否善于对比并从中养正择善,那也是为人或者为政的大智慧了。

【标签】

恶;紫之夺朱;郑声;夏尚黑,殷尚白,周尚赤;雅;正乐

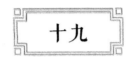

【原文】

子曰:"予欲无言。"子贡曰:"子如不言,则小子何述焉?"子曰:"天何言哉?四时行焉,百物生焉,天何言哉?"

【解义】

此一章书,是见学贵心悟也。

孔子示弟子曰:道以有言,而传亦以多言而晦。予自今以后,将欲无言矣。

圣门子贡正以言语观①圣人者,疑而问曰:夫子之道至大,门弟子②得以传述者,赖有言也。今夫子若不言,则小子③更何所传而述④之乎?

孔子晓之曰:予之无言,非有所秘而不言也,亦以天下之道有不待言而显者。试观夫天高高在上,何尝有言哉?但见运为四时,则春夏秋冬往来递禅⑤,而未尝或息⑥也;发⑦为百物⑧,则飞潜⑨动植蕃育⑩日盛,而未有或止也。是天虽不言,而所以行、所以生,皆有默为之宰⑪者。天又何俟⑫于言哉?

盖圣人一动一静,莫非至理之发见,就如时行物生,莫非天道之流行,何待言而始明?⑬学者但当随处体认⑭,自能领悟于言外。若徒以言语求之,则虽至理当前,而终不能察。故孔子发为无言之论,欲学者实求诸⑮心得躬行之际,而无徒骛⑯于口耳诵述之末⑰也。不善求之,或舍其中正⑱之理,栖心⑲于虚无幻杳⑳之域,以为无言之妙在是也,则又谬以万里㉑矣。故学者不可不慎思㉒焉。

【注释】

①观:观感。

②门弟子：即及门弟子，又称"受业弟子"，亲自登门去老师家里或教学地点受教育的学生叫作及门弟子。可详参本书［泰伯第八·三］"及门弟子"词条注释。

③小子：谦词，学生，晚辈。

④述：遵循，继承。

⑤递禅：更替，逐步转化。

⑥或息：片刻止息。或，有时。

⑦发：意同下文"发见"，显现，出现。

⑧百物：犹万物。

⑨飞潜：指鸟和鱼。

⑩蕃育：繁衍。蕃，音 fān。

⑪宰：主宰，主导。

⑫俟：等到。

⑬圣人一动一静……何待言而始明：朱熹《论语集注》释本章：四时行，百物生，莫非天理发见流行之实，不待言而可见。圣人一动一静，莫非妙道精义之发，亦天而已，岂待言而显哉？此亦开示子贡之切，惜乎其终不喻也。程子曰："孔子之道，譬如日星之明，犹患门人未能尽晓，故曰'予欲无言'。若颜子则便默识，其他则未免疑问，故曰'小子何述'。"又曰："'天何言哉，四时行焉，百物生焉'，则可谓至明白矣。"按：此与前篇无隐之意相发，学者详之。

⑭体认：体察认识。

⑮求诸：求之于。

⑯骛：音 wù，本指马乱跑，引申为胡乱追求。

⑰末：细枝末节。

⑱中正：得当，不偏不倚。

⑲栖心：寄心。

⑳幻杳：虚玄不可捉摸。

㉑谬以万里：即"差之毫厘，谬以千里"，开始相差一小点，结果就会造成很大的错误。《礼记·经解》：《易》曰："君子慎始，差若毫厘，缪以千里。"（"缪"同"谬"。）而《汉书·司马迁传》作："差以豪牦，谬以千里。"但《周易》自身并无此句。

㉒慎思：谨慎思考。《礼记·中庸》："博学之，审问之，慎思之，明辨之，笃行之。"（要广泛地学习，审慎地询问，慎重地思考，明确地分辨，切实地实践。）可详参本书［里仁第四·十四］"明善诚身"词条引文。

【译文】

这一章是说,学习重在心证体悟,而不在外在的语言形式。

孔子示意弟子们说:大道可以言说,但是传述大道,却往往会因为多言反而使道理晦暗不明。我从今以后,打算不言语了。

圣人门下的子贡正是通过言语来观感圣人之道的,因此疑问道:夫子之道至为广大,及门弟子能够赖以承传述说的,正是依赖于言辞。如果现在夫子不再言语,那我们这些学生要依靠什么来继承您的学问呢?

孔子向他解释说:我之所谓"无言",并非在"不言"之中有所隐秘,而是因为天下之道本来就是不依托言语来彰显的。试看那高高在上的苍天,它何尝言说呢?只见它四时运转,于是就有了春夏秋冬的四季往复更迭,从未停止;只见它化育万物,于是就有了鸟兽草木的繁衍存续,生生不息。上天又何尝依托言辞呢?

大概圣人在一动一静之间,无不显现出至理,就像四时运转和万物生息,无不是天道运转的结果一样,哪里需要言说才能彰明?学习者只需时时处处用心体察认知,自然能够在言语之外有所领悟。如果只从言辞方面去探求,哪怕是至理就在眼前,恐怕也不能真正察知。所以孔子发出"无言"之论,只是希望学习者能用心领会而有所得,并于实践中验证,而不只是追求口耳记诵之学这样的细枝末节。如果不善于探求,也就会舍弃中正的道理,把心思灌注在虚无缥缈的地方,以为无言就是玄秘,那就真的是大谬不然了。所以,学习者真的不能不慎重对待这个问题。

【评析】

无言非不识或不能言。天本无言,而我亦无须言,只要除去芜杂,躬自体认,自能以心印天,与道为一。无言之我可以明了无言之天;而于不能明了者,言又何用?

关于本章解读,可参本书 [述而第七·十] 评析中西蒙·利斯(Simon Leys)对孔子"不言"之意义的阐述。

【标签】

予欲无言;天何言哉

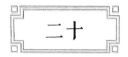

【原文】

孺悲欲见孔子，孔子辞以疾。将命者出户，取瑟而歌，使之闻之。

【解义】

此一章书，见圣人不屑之教诲①也。

昔鲁人有孺悲者，一日来求见孔子，孔子不与相见，托言有疾以辞之。想其时必有得罪处也，然犹恐其未悟，乃俟传命者出户，遂取瑟鼓之而歌，使孺悲闻而知其非疾焉。

夫始以疾辞，既绝之矣，而又使之知其非疾，则警之也。苟孺悲自反所以见拒之由，而能改其过，则圣人之所以教之者实深矣。圣人之教思无穷②，于此可见一端云。

【注释】

①不屑之教诲：《孟子·告子下》："教亦多术矣。予不屑之教诲也者，是亦教诲之而已矣。"（教育也有多种方式方法。我不屑于教诲他，本身就是对他的教诲。）

②教思无穷：出于《周易·临》"象辞"："泽上有地，临；君子以教思无穷，容保民无疆。"（君子居上位时，要像"地临泽"那样费尽心思去教导、养育他所属的民众。）

【译文】

这一章是说，孔圣人以不屑于采用教育人来教育人的方式。

以前有一个叫孺悲的鲁国人，某天前来拜会孔子。孔子不想见他，就借口身体不适来推辞。这很可能是因为孺悲在什么地方得罪了孔子。但是又怕他不明白拒绝不见的真实意思，于是等到传话的人走出大门外，就弹起瑟并歌唱，让孺悲明白并非真的因为生病了才不见他。

刚开始以生病相推辞，已经把见面的请求回绝了，却又故意让孺悲知道其并未生病，不过是为了让他警醒。如果孺悲能够因此自我反省被拒之门外的原因，并能够改正过错，那么就会明白，孔圣人用来教育他的用心实在是深切啊。孔圣人如此费尽心思来教育他人，于此事可见一斑。

【评析】

孺悲因何要见孔子，而孔子为何不见？因为没有具体的历史记录材料，甚至连孺悲本人到底是怎样的一个人都还不清楚。

历代对此章的解读多猜测以为孺悲得罪了孔子，而孔子以拒绝见面、不屑理睬的方式来教育他。这也正好与《孟子·告子下》所说的"不屑之教"相通，可见圣人只是故作姿态，本心并无积怨。《解义》将其中婉曲阐释得十分周详。

但是，孔子既然"辞以疾"，但又为了让孺悲知道自己在家，于是"取瑟而歌"。——可是，为什么会用弹琴歌唱这种方式来婉转表达呢？

《礼记·曲礼上》中说："父母有疾，冠者不栉（zhì，整齐），行不翔（穿着讲究），言不惰（闲聊），琴瑟不御，食肉不至变味，饮酒不至变貌，笑不至矧（shěn，齿龈），怒不至詈（lì，责骂），疾止复故。"（父母有病的时候，人们心中忧虑，头发忘了梳理整齐，走路不像平日那样讲究穿着打扮，不说闲话，不摆弄乐器，吃肉不讲求花样，饮酒不喝到脸红，笑不露齿，气不怒骂，直到父母病愈才恢复常态。）那么，根据《礼记》中所记录的礼制，长者身体不适，家中是不能奏乐歌唱的，因此"取瑟而歌"恰恰是最为直接地对"疾"这个拒绝之辞的否定。由此可知孔子对礼制的熟稔和巧妙的运用——他大概是想通过这样一种貌似不合乎礼制的方式来对孺悲进行这方面的警示吧！

【标签】

孺悲；瑟；教思无穷

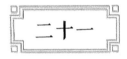

【原文】

宰我问："三年之丧，期已久矣。君子三年不为礼，礼必坏；三年不为乐，乐必崩。旧谷既没，新谷既升，钻燧改火，期可已矣。"

子曰："食夫稻，衣夫锦，于女安乎？"

曰："安。"

"女安，则为之！夫君子之居丧，食旨不甘，闻乐不乐，居处不安，故不为也。今女安，则为之！"

宰我出。子曰："予之不仁也！子生三年，然后免于父母之怀。夫三年之丧，天下之通丧也，予也有三年之爱于其父母乎！"

【解义】

此一章书，见短丧之甚不可也。

宰我问于孔子曰：古制人子居父母之丧必以三年，以予观之，即短为一年亦已久矣，不可变通其制乎？盖礼乐斯须不可去身者也。乃君子之居丧三年，不习礼则仪节多疏，而礼必坏矣；三年不习乐，则音律皆废，而乐必崩矣。且以期年①言之，谷之旧者既尽，新者又登，而物候②变矣。钻木之燧以取火者，阅历四时，四改其火，而气候变矣。③则期年之久亦足尽人子之情，而丧至此可以止矣。

孔子因诘④之曰：三年之丧，食必蔬食⑤，衣必衰麻⑥。今女欲改为期年，则期年之后，即食夫稻，衣夫锦，于女之心安乎？宰我不察而直应曰：安。孔子遂责之曰：凡人有所不为，止为心有不安。女既安于食稻衣锦，则任女为之矣。夫君子之居丧也，其哀痛之情最为迫切，虽食美味而不以为甘，闻美音而不以为乐，至寝苫枕块⑦，身之居处不能即安，惟其心有不忍，故不为食稻衣锦之事也。今女既以为安，则期年之丧又何不可为乎？

宰我既出，孔子恐其真以为可安而行之，又为探其本以斥之，而使之闻之，曰：人子之爱其亲，固自天性，何予爱亲之薄而不仁也夫？父母之丧所以必三年者，正以子生三年，然后免于父母之怀抱，故丧亦以三年为期，以稍尽报亲之情耳。自天子达于庶人，皆有父母之恩，皆当有三年之服，乃天下通行者也。予⑧亦人子也，宁独无三年怀抱之恩于其父母乎？而乃欲短为期年，何其心之忍也？

夫论父母罔极之恩⑨，虽三年之丧犹未能遽尽其情，何况期年？宰我亦甚昧其本心之良矣！故孔子责之，并以教天下万世也。以此立教，后世尚有以日易月如汉之文景者⑩，悲夫！

【注释】

①期年：一年。期，音jī。

②物候：指生物长期适应温度条件的周期性变化，形成与此相适应的生长发育节律。

③钻木之燧以取火者，阅历四时，四改其火，而气候变矣：古代钻木以取火，所用之木会因为季节不同而变。朱熹《论语集注》：马（马融）曰："《周书·月令》有更火之文。春取榆柳之火，夏取枣杏之火，季夏

（夏季的最后一个月，农历六月）取桑柘之火，秋取柞楢之火，冬取槐檀之火。一年之中，钻火各异木，故曰改火也。"

④诘：诘问，责问，反问。

⑤蔬食：粗食，主要指植物性饮食。

⑥衰麻：衰衣麻绖。衰衣，指斩衰或齐衰。麻绖（dié），服丧期间系在头部或腰部的葛麻布带。古代天子以下，丧服分为五个等级：斩衰（cuī）、齐衰（zīcuī）、大功、小功、缌（sī）麻。

⑦寝苫枕块：苫，音 shān，草荐，铺床用的草垫子。睡在草荐上，头枕着土块。古时宗法所规定的居父母丧的礼节。《仪礼·既夕礼》："居倚庐，寝苫枕块。"

⑧予：宰予，字子我，故亦称宰我。

⑨父母罔极之恩：《诗经·小雅·蓼莪》："蓼蓼者莪，匪莪伊蒿。哀哀父母，生我劬劳……父兮生我，母兮鞠我。拊我畜我，长我育我，顾我复我，出入腹我。欲报之德，昊天罔极！"（那长得高高大大的看似莪蒿却不是，而是青蒿。可怜的我的父亲和母亲，生我养我很辛劳！父亲母亲生养我，抚恤我，教育我，在家将我捧在手心，在外记挂心头。我想要报答他们，他们的恩情如昊天之无穷啊！）朱熹《诗集传》："言父母之恩，如天无穷，不知所以为报也。"后因以"罔极"指父母恩德无穷。

⑩后世尚有以日易月如汉之文景者：《汉书·文帝纪》："服大红十五日，小红十四日，纤七日，释服。"汉文帝将三年服丧改为象征性的36天服丧，以一天来代表一个月。

【译文】

这一章是说，缩短守丧的时间是十分不好的。

宰我问孔子：古代的礼制中，子女为父母守丧，一定要三年。在我看来，即使是缩短为一年，恐怕也是很长了，为什么不对这种规制进行变通呢？礼乐是片刻也不能离开的，但是在守丧的三年之中，不能够习练礼仪，致使疏漏礼节，乃至礼制损坏；三年不能够习练音乐，致使音律遗忘，乃至整个音乐体系崩塌。就一年时间而言，旧的谷子都已用尽，新的谷子丰收，这也是万物秉性使然。钻木取火，也要根据四季节气的变化而用不同的木材，这是因为气候变化了。其实一年的时间，也足可以表达子女的情意，服丧这么长的时间也就可以了。

孔子于是就反问他："三年之丧"的古礼规定，吃饭一定是粗食，穿衣一定是麻衣。现在你想要改成一年之丧，期满之后就吃细粮穿丝绸，这样你会心安吗？

宰我不加思索就直接回答说"心安"。

孔子于是责骂他说：一个人有所不为，就是因为心有不安。你既然心安于锦衣玉食，那就好自为之吧。君子在守丧的时候，沉浸于深深的哀痛之中，即便美味佳肴也不觉得好吃，余音绕梁也不觉得好听，就连睡草席、枕土块（这样认真地执行守丧之礼），起居坐卧之间都不能心安，是因为其内心不能释怀，所以绝不会去考虑吃穿方面的需要。如果现在你觉得心安，那就服丧一年好了。

宰我离开后，孔子担心他真的安于一年之期并真的那样做，所以就让人转告宰我，对这件事深加检讨并斥责他说：儿女敬爱双亲本就属于天性，为何你对双亲的情感如此淡薄乃至于到了不仁的地步？之所以为父母守丧三年，是因为子女出生三年后，才能离开父母的怀抱，所以守丧也是三年，只是以此微薄的情意来报答父母（对子女三年时间极其辛苦）的抚育之恩罢了。从天子到普通人，都有父母养育之恩，也都应当服丧三年，这是天下应该通行的礼制。宰我也是做子女的，难道单单不用报答父母三年的抚育之恩吗？却又要缩短时间为一年之丧，怎么能够忍心去做呢？

就父母无尽的恩德来说，即便是守丧三年，也不能一下子报答完，更不用说一年了。宰我也实在是昧着良心来说话，所以孔子责备他，并以此来教导普天之下、万世之人。即便是如此树立教化规范，却也仍有像汉文帝那样用一天代替一个月来违逆三年之丧的礼制的，可悲啊！

【评析】

宰我与孔子之间的关系相比其他学生，对立得非常厉害，师徒俩矛盾很深，所以宰我提出的问题也特别尖锐，甚至可以说是对孔子基本思想主张的挑衅。比如宰我提出"井有仁焉"（[雍也第六·二十六]），说如果水井里面有仁，那么仁者也会冒着生命危险去寻找吗？故意设置情境来对孔子一贯主张的仁学进行辩难。这是孔门最具挑战性的教学事件之一，宰予因此也堪称孔门弟子中最具反叛性格的一个。

《礼记·三年问》中反倒认为一年之丧也是符合天地周转变化的周期的，未为不可。大概后人还是把孔子和宰我的观点进行了"中和"。不知道孔子在此是遵循了古礼，还是对古礼进行了重新阐释。"三年之辩"实则牵系社会文明重大的变革中一个基本的原则性问题："传统"与"当代"的关系如何协调。孔子所坚持的"三年"，恐非古礼本身所强制，而不过是孔子赋予旧说以新意。这是孔子革故鼎新，实现文化变革的重要方式。孔子在文化方面是变革者和理想主义者,然而在传统上是保守主义者。而宰我（包括三桓等）所代表的,可能是更加激进的变革派和现实主义者。因此从这个视角来看待孔子所高度重视而一贯主张的"中庸",也可以归为一种调节和平衡文明表现形式和文化价值机制之间关系的基本原则吧。

【标签】

宰我；三年之丧；礼坏乐崩；孝

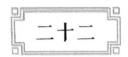

【原文】

子曰："饱食终日,无所用心,难矣哉！不有博弈者乎？为之,犹贤乎已。"

【解义】

此一章书,是示人当收放心①也。

孔子曰：凡人生各有当为之事,则各有当用之心。若终日之间惟知饱食,悠游旷废,一无所用其心,则神志昏惰,百事俱废,欲以进德而成人,岂不难哉？不有博与弈②者乎？盖局戏为博,围棋为弈,为此事者虽非得其正,然其心亦有所用,犹胜于悠悠❶度日,一无所用者也。

夫孔子非教人博弈,特甚言无所用心之不可尔。况乎人君一心,关系四海之大,万民之众,一日二日万几,其兢兢业业,③有不容稍假④者,尤当深省于斯也。

【注释】

①收放心：找回散失的本心。出于《孟子·告子上》："学问之道无他,求其放心而已矣。"可详参本书［阳货第十七·六］"仁,人心也"词条注释。

②博与弈：博,六博,古代的一种棋类游戏,焦循《孟子正义》中认为是先掷骰子然后行棋的方式,但后人不行棋而专注于掷骰子,故成为赌

---

❶ 悠悠：摛藻堂四库全书荟要本（同武英殿刻本）作"悠忽"。

博。该游戏盛行于先秦两汉，今已失传。弈，围棋。

③一日二日万几，其兢兢业业：《尚书·皋陶谟》："无教逸欲有邦，兢兢业业，一日二日万几。"（舜帝的大臣皋陶在和舜、禹一起讨论政事的时候，说："作为君主，不要贪图私欲享受，要谨慎勤勉地处理政务，要知道每天都要日理万机。"）兢兢业业，谨慎戒惧。一日二日，指天天。万几，即万端，指纷繁的政务。

④稍假：片刻。假，同"暇"。

【译文】

这一章是讲，告诉人要找回迷失的本心。

孔子说：但凡人生都要有要做的事情，所以也要有所用心。如果每天都只是酒足饭饱、游手好闲而荒废时间，不能在一件事情上有所用心，就会神志昏惛，什么事都做不好，如果以这样的状态而企图修德成人，岂有可能？不是有六博和围棋吗？玩一玩六博，下一下围棋，做这些游戏，虽然不应是日常守正之行，但是它们可以使心思有所专用，也胜过天天无聊度日、无所用心的状态。

孔子的本意并不是让人去博弈，只是强调不要无所用心地生活。何况是一国之君，他的心念关系到全国上下、百姓万民，天天都有忙不完的事情，因此要兢兢业业，勤勉不辍，不得一刻偷闲。这是要特别检省的。

【评析】

以现有的条件（"饱食"），本可以有相应的修为，成就一定的事业，于己于人都有益，然而却不知道自己该做什么（"无所用心"）；好似无欲无求，于他人无损，然而实质上却连自己活着的真正使命是什么，漠视生命的价值，不独可惜，亦且可耻，所以孔子愤愤地说这种人"难矣哉"。

生生大德，善待生命，珍惜每一个当下，便是莫大的道德，这其实是每一个人都可以做到的。儒家依循天人合一之道，秉持积极进取的人生态度，要用不懈的努力来把生命填满，使之充盈而富有意义，把生命之德性演绎为给时间赋值。故孔子有临水叹逝之感，也有朝闻夕死之慨，两者并不矛盾，反更彰显珍惜生命的态度。

无意义的生存状态本质上就是在浪费时间、漠视生命，这在根本上是与儒家相对立的，实则是儒家在日常生活状态下的"异己"力量，至少从孔子或儒家仁爱思想出发，对自己生命不负责任是恕无可恕、忍不可忍的，因此孔子以微词（"不有博弈者乎"）挞伐之。

"《阳货》一篇,痛人心风俗之迁流也。"❶ 综观《阳货》整篇,确实是批判较多,孔子"戾气"较重。但对比来看,孔子所批判的都是在本质上与儒家思想有所扞格者,而这种批判,又包含着关爱和劝善的态度。由此看"饱食终日"一章,亦有其重要意义,而且在整个《阳货篇》里也具有一定的代表性。

【标签】

饱食终日,无所用心;时;求其放心;人生的意义

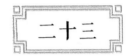

【原文】

子路曰:"君子尚勇乎?"子曰:"君子义以为上,君子有勇而无义为乱,小人有勇而无义为盗。"

【解义】

此一章书,是教人以理制气①之学也。

昔子路好勇,问于孔子曰:天下事惟勇足以任之——君子为人亦尚勇乎?

孔子教之曰:君子之人,惟义为上而已。盖义者,制事之宜,立身之宰。②君子于义所当为,则奋迅直前,毫无退避,知有义不知有勇也。若有位③之君子,徒知有勇,而无义以制之,则妄逞其势,以逆理犯分④而为乱;若无位之小人,徒知有勇,而无义以制之,则自恃其力,以肆欲妄行而为盗⑤。徒勇之害如此,故君子不上⑥也。

此可见,凡人作事⑦,惟准乎天理之宜,自反而缩,则可以常伸万物之上,此乃勇之大者。⑧若夫血气用事⑨,乃匹夫之徒勇,非圣贤之大勇也。⑩孔子曰"勇者不惧"⑪,又曰"仁者必有勇,勇者不必有仁"⑫,其此意也夫!

【注释】

①以理制气:同"以理御气"。朱熹的理气论,认为理(天理规则)在

---

❶ 唐文治:《四书大义》,上海交通大学出版社2016年版,第560页。

气（具象万物）先，"气不胜理"，因而应因理以制气，即各种具体的行为都应该依天理而行。另可详参本书［宪问第十四·四］"气不胜理"和［季氏第十六·七］"以理御气"词条注释。

②义者，制事之宜，立身之宰：朱熹《孟子集注·梁惠王章句》："仁者，心之德、爱之理。义者，心之制、事之宜也。"南宋蔡沉《春秋五论》："敬者，一心之主宰，万事之根底；义者，一心之裁制，万事之准则。以敬为入德门户，以义为立身之宰。"宰，主宰，主导。

③有位：居官。

④逆理犯分：违逆天理而僭越本分。犯分，僭越等级名分。

⑤为盗：本指做偷窃、劫掠的勾当。此指为非作歹，胡作非为。未必是指偷盗。

⑥上：尚，提倡，崇尚。

⑦作事：处事，施政。

⑧准乎天理之宜，自反而缩，则可以常伸万物之上，此乃勇之大者：《孟子·公孙丑上》："吾尝闻大勇于夫子矣：自反而不缩，虽褐宽博，吾不惴焉；自反而缩，虽千万人吾往矣。"（我曾经听到夫子关于大勇的论说：反躬自问而觉理亏，虽然对方是身穿粗布衣服的贫贱百姓，我也不会威吓他们；反躬自问而觉理直，哪怕对方是千军万马，我也一往直前，在所不辞。）自反，反躬自问，自己反省。缩，直，理直，有理。常伸万物之上，即心体刚毅，不为物欲所困，而能够统筹制理万物。可详参本书［公冶长第五·十一］同名词条注释。

⑨血气用事：语本［季氏第十六·七］，详参本书［阳货第十七·八］"逞其血气"词条注释。

⑩乃匹夫之徒勇，非圣贤之大勇也：指不是追求出于个人勇力的争勇斗狠，而是追求古圣先王一怒为天下，发兵攻伐不义之师，护佑百姓福祉的高尚德行。出自《孟子·梁惠王下》，齐宣王问曰："交邻国有道乎？"孟子对曰："有。惟仁者为能以大事小，是故汤事葛，文王事昆夷。惟智者为能以小事大，故大王事獯鬻，勾践事吴。以大事小者，乐天者也；以小事大者，畏天者也。乐天者保天下，畏天者保其国。《诗》云：'畏天之威，于时保之。'"（齐宣王问："和邻国交往有什么好的方法吗？"孟子回答说："有。只有有仁德者才能屈尊大国身份而尊事小国，所以商汤曾经服事葛国，周文王善待昆夷人。只有有智慧者才愿意降格为小国身份而尊奉别人为大国，所以周太王古公亶父谨慎地结交猃狁，越王勾践去吴国听差。屈尊大国身份侍奉小国的，是乐遵天命者；以小国身份尊奉别国的，是敬畏

天命者。乐遵天命者，能安定天下；敬畏天命者，能安定自己的国家。《诗经·周颂·我将》中说：'畏惧上天的威严，才能够获得安定。'")

王曰："大哉言矣！寡人有疾，寡人好勇。"对曰："王请无好小勇。夫抚剑疾视曰，'彼恶敢当我哉'。此匹夫之勇，敌一人者也。王请大之！《诗》云：'王赫斯怒，爰整其旅，以遏徂莒，以笃周祜，以对于天下。'此文王之勇也。文王一怒而安天下之民。《书》曰：'天降下民，作之君，作之师，惟曰其助上帝宠之四方。有罪无罪惟我在，天下曷敢有越厥志？'一人衡行于天下，武王耻之。此武王之勇也。而武王亦一怒而安天下之民。今王亦一怒而安天下之民，民惟恐王之不好勇也。"（宣王说："先生的话可真深奥呀！不过，我有个毛病，就是逞强好勇。"孟子说："那就请大王不要好小勇。有的人动不动按剑怒视说，'他怎么敢抵挡我呢'。这其实是匹夫之勇，只能对付一个人罢了。大王请一定要大勇！《诗经·大雅·皇矣》中说：'文王义愤填膺，于是调兵遣将，阻击侵略莒国的敌军，厚施周朝福祉，不负天下百姓的期望。'这是文王之勇。文王一怒，便使天下百姓都得到了安定。《尚书·泰誓》说：'老天降生民众，为之设立君主，设立师长，让他们辅助上帝来照顾天下四方民众。有罪无罪由我来审察处理，哪个敢不安分守己违背上天意志呢？'商纣王横行霸道，有违上天旨意，武王深以为耻，随即誓师伐纣。这是武王之勇。武王也是一怒，便使天下百姓都得到了安定。如今大王如果也能做到一怒便使天下百姓都得到安定，那么，老百姓还会唯恐大王您不喜好勇呢！"）

⑪孔子曰"勇者不惧"：见于［子罕第九·二十九］，又见于［宪问第十四·二十八］，子曰："君子道者三，我无能焉：仁者不忧，知者不惑，勇者不惧。"子贡曰："夫子自道也。"

⑫"仁者必有勇，勇者不必有仁"：出自［宪问第十四·四］，子曰："有德者必有言，有言者不必有德。仁者必有勇，勇者不必有仁。"

【译文】

这一章，是教给人们依据天理规则来克己行事的学问。

当年子路崇尚勇力，就向孔子请教说：破解天下困局，惟求一马当先，所向披靡——君子也应该崇尚勇力吧！

孔子教导他说：所谓君子，以道义为行动指南，惟道义是从。义，就是心之克制、事之适宜，是身心的主导者。道义之所在，则为身心之所在，君子应该遵从道义的方向而一往无前，哪里顾得上什么勇力，心中只有道义啊。如果是身居官位的君子，只知道滥用勇力，而不用道义加以约束，往往会权欲熏心而逞性妄为,乃至于违逆天理而僭越本分,犯上作乱;如果是没有官位的平民,只知道使用勇力,而不用道义加以约束,往往会自恃力强而罔顾法规,乃至于为所欲为而烧杀抢掠,无所不作。这就是只知道有勇力而不知道有道义的危害。所以君子并不是无条件地崇尚勇力。

由此可知,但凡人们处事为政,都应遵循天理规则,自忖合理,就可以义无反顾地用之来统筹万物,这就是大勇者的表现。如果只是意气用事,那就是匹夫暴虎冯河的蛮力,而非圣贤之道济天下的大勇。孔子说"勇者不惧"(真正的勇者无所畏惧),又说"仁者必有勇,勇者不必有仁"(仁者自然具有勇德,而勇者未必有仁德),说的就是这个意思吧!

【评析】

勇者,乃抱非常之心,行非常之事。大勇之人必先突破自身局限,乃今日所谓扩大格局、放长眼光者是也。而仁者,乃怀天地之心,拥古今之,必坚毅果敢,破除万难。故真仁者必大勇,真勇者必大仁。仁以为勇,必成大勇;勇以为仁,亦必成大仁。

【标签】

君子;小人;勇;义;盗;仁;理气

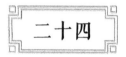

【原文】

子贡曰:"君子亦有恶乎?"子曰:"有恶:恶称人之恶者,恶居下流而讪上者,恶勇而无礼者,恶果敢而窒者。"

曰:"赐也亦有恶乎?""恶徼①以为知者,恶不孙以为勇者,恶讦以为直者。"

【解义】

此一章书,是见圣贤用恶②以维世③之意也。

子贡为世风民俗起见④而问曰:君子心气和平⑤,与人接物声色不形⑥,然亦有所恶者乎?

孔子曰:好善恶恶⑦,人心之公。君子岂无所恶?如人之有恶,自当容隐⑧,有专喜称人之过恶而扬之者,恶其心之不仁;上下之间,自有定分,有身居污下⑨而谤讪尊长者，恶其心之不敬；好刚使气，当节之以礼文⑩，徒勇者，恶其心暴⑪无礼，必至犯上作乱矣；临事果敢⑫，当加之以学问⑬，窒塞⑭者，恶其执迷任性，未免率意妄为矣。此人心之公也，故君子恶之。

因问子贡曰：赐也，汝亦有恶乎？

子贡对曰：明觉自然者，知也；⑮若无照物之识⑯，专务伺察⑰动静以为能，则恶其托于知⑱。见义必为者，勇也；⑲若无兼人⑳之气，悻然㉑傲世凌物㉒以为强，则恶其托于勇。顺理无私者，直也；㉓若无正大之心，专好攻讦㉔阴私而不讳㉕，则恶其托于直。赐之所恶如此。

由此以观，孔子恶心体㉖之不明者，恐其非理而妄作也；子贡恶心术之不正者，恐其以似而害真也。圣贤以忠厚长者之道望天下，其意岂有岐㉗哉？

【注释】

①徼：音jiāo，抄袭。

②用恶：因由"恶"的观念。用，介词，犹言以，表示凭借或者原因。

③维世：维护世道。此指建立人际关系运行的标准和维度。

④起见：起意，考虑。

⑤心气和平：指通明事理而自然拥有良好的心理状态。朱熹《论语集注》注［季氏第十六·十三］"不学诗，无以言"："事理通达，而心气和平，故能言。"

⑥声色不形：即"不形声色"，不露声色，不把内心表露出来。

⑦好善恶恶：崇尚美善，憎恨丑恶。

⑧容隐：本义指包庇隐瞒。指亲亲相容隐、同居相容隐、亲亲得相首匿等，是中国古代中华法律体系中一项规定，指"禁止亲属之间互相控诉或者作证，以保护传统的伦理秩序"。此处指容忍和隐晦他人的缺点或过失，而更注重自身的改过迁善。

⑨污下：低洼，喻指地位卑下，鄙陋。

⑩礼文：礼乐仪制。

⑪心暴：暴躁。

⑫果敢：果决勇敢。

⑬学问：此处指应审慎对待，虚心求教。《周易·乾·文言》："君子学以聚之，问以辩之，宽以居之，仁以行之。"（君子依靠学来积累知识，依靠求问来辨明是非，依靠宽容来居处合宜，依靠仁德来行动自得。）

⑭窒塞：闭塞，堵住。

⑮明觉自然者，知也：王阳明《大学问》："意之所发，有善有恶，不有以明其善恶之分，亦将真妄错杂，虽欲诚之，不可得而诚矣。故欲诚其意者，必在于致知焉。致者，至也，如云丧致乎哀之致。《易》'言知至至之'，'知至'者，知也，'至之'者，致也。'致知'云者，非若后儒所谓充扩其知识之谓也，致吾心之良知焉耳。良知者，孟子所谓'是非之心，人皆有之'者也。是非之心，不待虑而知，不待学而能，是故谓之良知。是乃天命之性，吾心之本体，自然良知明觉者也。"

⑯照物之识：观照万物而形成认知。

⑰伺察：侦视，观察。

⑱托于知：矫托之知，貌似智慧，小聪明。托，矫托，假托。

⑲见义必为者，勇也：[为政第二·二十四] 子曰："非其鬼而祭之，谄也。见义不为，无勇也。"

⑳兼人：胜过他人；能力倍于他人。

㉑悻然：怨恨失意貌。此处指装腔作势，故作恼怒，而对人颐指气使。

㉒傲世凌物：即"傲物"，高傲自负，轻视他人。

㉓顺理无私者，直也：《韩诗外传》卷七："正直者顺道而行，顺理而言，公平无私，不为安肆志，不为危易（一作'敭'）行。"（正直的人依正道行事，据正理说话，公正无私，不会为了保全自身而放弃志向，也不会因为害怕危险而改变德行。）

㉔攻讦：举发他人的过失或阴私而加以攻击。

㉕讳：隐讳不言。

㉖心体：心之本体，本真的思想。

㉗岐：同"歧"，不相同，不一致。

【译文】

这一章，是圣贤二人因由对厌恶情绪的讨论，来试图建立人际交往的维度。

子贡因思虑世风民俗问题，就向孔子请教：君子事理通达而心气和平，待人接物不形于色，但是也会有所厌恶吗？

孔子说：崇尚美善，憎恨丑恶，是人们共同的心理。即便是作为君子，也会有厌恶之情。如果别人有不良行为，也要有所容忍和隐讳，却专门有这样一种人，喜欢搬弄是非，品头论足，我厌恶其居心不仁；上下阶层之间，各有名分，但有这样一种人，身居下位但经常侮慢尊长，我厌恶其居心不敬；秉性任性使气，那就应当学习礼节来克制，但有这样一种人，勇而无礼，我厌恶其心性暴躁，因为恐怕他一定会犯上作乱啊；遇事不仅要果决勇敢，而且还要审慎对待，虚心求教，但有这样一种人，自我封闭，我厌恶其师心自用，因为恐怕会率性妄为啊。其实这也是公众的心理，所以君子也会怀有同样的厌恶之情。

孔子也趁机反问子贡：赐，你也会有所厌恶吗？

子贡回答说：能够明觉自然，是真正的智慧；但如果一个人没有对万物的观照而形成本真的认知，而只是以察言观色、投机取巧为能事，我就厌恶这种小聪明。见义而有为，是真正的勇敢；但如果一个人并没有过人之处，而只是把装腔作势、颐指气使当作强大，我就厌恶这种纸老虎。能够顺理而言，公平无私，是真正的正直；但如果一个人心怀不够正大光明，而只是把善于揭短告密、不择手段当作正直，我就厌恶这种真小人。我所厌恶的就是这样子。

由以上来看，孔子所厌恶的，主要是针对心之本体受到蒙蔽的人，恐怕他们不能学习正道而胡作非为；子贡所厌恶的，主要是针对心术不正的人，恐怕他们似是而非，以假乱真。圣贤二人都是用忠厚长者的心态来评测厌恶之情，并寄托公平心态于天下，他们的心理实质上也都是一样的。

【评析】

"圣人者，以己度者也。"（《荀子·非相》）君子务求为己之学，不遑他顾。所以"子贡方人"，而孔子讽刺之。（[宪问第十四·二十九]）因此，本章所讨论的厌恶之情，不是出于他人对待自己的态度，也不是本着自己对于他人的爱憎，不关乎利益和是非，而是出于世道人心，将心比心，以诚换诚，希望建立一种规则，使人们明白，最好不要被负面的情绪控制，即便有所干扰，也要符合中庸之道，不能罔顾原则，有失道义，而因陋就简，随波逐流。

《解义》非常准确地辨明了本章的表述层次：夫子的气象阔大，所以从心体的思想本源来看待世态人心；子贡的品格方正，所以从心术的行为表现来言说喜怒爱憎。师徒二人一唱一和，讽喻世态，直指人心，可谓金声玉振，绕梁不绝。

【标签】

子贡；恶

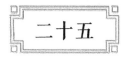

【原文】

子曰:"唯女子与小人为难养也,近之则不孙,远之则怨。"

【解义】

此一章书,见畜臣妾者当御之有道也。

孔子曰:从来御人之法贵乎宽严互济,而宽严之用又在因人而施。若宽以待之而不见恩、严以待之而易丛怨①者,其唯女子与小人乎?盖女子、小人最易狎昵②,以其情可亲也,亦最难畜养,以其心不测也。故亲近之,则狎恩恃爱③,全无恭孙④之礼;如疏远之,则失其所望,便生怨恨之心。此其所以为难养也。

果能庄以涖之⑤,则有以消其狎习⑥之念,而侮慢⑦之端⑧以息⑨;恩以结之⑩,则有以弥⑪其觖望⑫之心,而僭越⑬之事不生。又何"难养"之足虑乎?

古来英君谊辟⑭,明足以决几⑮,敏足以断事。至于左右蓺御⑯之间,往往处之不当,易于偾事⑰。盖女子每藉⑱小人以揽外权,小人必藉女子以希内宠,人主防闲⑲不密,多以无意而中之。稽⑳之前代㉑,如客魏㉒之类为患甚烈,有国家者,其可不审察于几微之际㉓乎?

【注释】

①丛怨:怨恨丛集。

②狎昵:亲近,亲昵。

③狎恩恃爱:因为享受恩惠和爱护而不加珍惜,放纵自己,对亲近之人不够庄敬。

④恭孙:同"恭逊"。

⑤庄以涖之:以严肃庄重的态度去对待他们。涖,同"莅",音lì,到。《荀子·非相》:"谈说之术:矜庄以莅之,端诚以处之,坚强以持之,譬称以喻之,分别以明之,欣欢、芬芗以送之,宝之,珍之,贵之,神之。如是则说常无不受。"(谈话劝说的方法是:以严肃庄重的态度去面对他,以端正真诚的心地去对待他,以坚定刚强的意志去扶持他,用比喻称引的方法来使他通晓,用条分缕析的方法来使他明了,热情、和气地向他灌输,

使自己的话显得宝贵、珍异、重要、神妙。像这样,那么劝说起来就往往不会不被接受。)

⑥狎习:亲近熟习。

⑦侮慢:对人轻忽,态度傲慢,乃至冒犯无礼。

⑧端:事物的一头,一个方面。

⑨以息:因此止息。

⑩恩以结之:即"恩结",以恩惠相待。

⑪弭:通"弭",止息。《周礼·春官·小祝》:"弭灾兵,远罪疾。"孙诒让《周礼正义》:"汉时通用弭为弭,此经例用古字作弭……凡云弭者,并取安息御止之义。"

⑫觖望:不满,怨望。觖,音 jué,挑剔,不满。

⑬僭越:超越本分行事。

⑭英君谊辟:英明的君主依从治政的要义来有意疏远那些与自己亲近的人来触及政治和权力。谊,义。辟,远,疏远。南宋罗大经《鹤林玉露》:"至于曹彬之平江南,功亦不细矣,然使相之除,终至吝惜,止于赐钱百万而已。夫太祖岂食言之君,而曹彬亦岂饱则扬去之人哉!英君谊辟,远虑微权,众人固不识也。"清龙文彬《明会要》:"自是迄于唐、宋,宦官之弊,无代无之。非无英君谊辟,殷为防闲,而卒阴受其沉毒,而莫之觉,总由于制之不得其道也。"都是讲君主对身边亲信之人的有意控制和主动疏远。

⑮决几:根据事物的征兆进行判断和决定。几,隐微,多指事物的迹象、先兆。

⑯暬御:同"亵御",指亲近侍从之人。暬,"亵"的异体字,亲近,亲狎。御,侍从,近臣。《诗经·小雅·雨无正》:"曾我暬御,憯憯日瘁。"(我这些昔日的近臣侍卫,一天天憔悴不堪。)

⑰偾事:败事。偾,音 fèn,败坏,破坏。《礼记·大学》:"一家仁,一国兴仁;一家让,一国兴让;一人贪戾,一国作乱。其机如此。此谓一言偾事,一人定国。"

⑱藉:同"借"。

⑲防闲:水堤和兽圈,引申为防备和禁阻。防,堤也,用于治水。闲,圈栏也,用于治兽。

⑳稽:考核,查考。

㉑前代:即明代。

㉒客魏:即"客魏之祸"。明熹宗朱由校的乳母"奉圣夫人"客(qiě)

氏与司礼监掌印太监魏征贤结为"对食",两人互相勾结,结党营私,祸国殃民。是上文"女子每藉小人以揽外权,小人必藉女子以希内宠"的典型案例。

㉓几微之际:事态未扩大之前。

【译文】

这一章是讲,君主畜养臣子和妻妾应当驾驭得当。

孔子说:一直以来,管理驾驭人的方法注重宽严相济,而这也要看具体的情形来施行。像那种宽厚对待而不知感恩、严格管理就牢骚满腹的一帮人,也就是女子和小人了吧!女子和小人比较容易亲近,因为在情理上容易亲近,也最难畜养,因为他们心思不正而善变,难以判断。所以,一旦亲近他们,他们就会得意忘形,肆无忌惮,全不注意谦恭逊让理解;而如果疏远他们,他们会因此大失所望,而易生怨恨之心。这就是他们难以畜养的原因。

如果真的能够以严肃庄重的态度去对待他们,就可以做到消解其亲近熟习的念头,止息其傲慢无礼的表现;同时又给予其足够的恩惠,那就会止息他们的不满情绪,不再发生造次越礼的事情。这样又怎么会有所谓"难养"的事情呢?

自古以来,英明的君主依从治政的要义来有意疏远那些与自己亲近的人,以防他们触及政治和权力,从而造成干扰和纷争。其英明智慧和敏锐果决的品格,足以使其当机立断。而身边亲近之人,往往因为处置不当而容易滋生事端,引发公众的怨愤。这主要是指内宫的女子和朝廷的小人,彼此凭借,相互勾结,因此得到权力和宠幸。而君主往往对此防范不够严密,不经意而中招。查考有明一代,像"客魏之祸"那样的事情往往遗患无穷。作为一国之主,岂可不因此而谨慎对待身边之人,以防微杜渐呢?

【评析】

这句话饱受后人争议,它几乎成了孔老夫子的几大千古罪状之一。尽管古往今来的研究几乎把这一章每一个字都讲烂了(特别在"女子"和"小人"的实际身份上下足了功夫),但充其量也就不出于是非肯否之间,脱离一般语义层面的理解而故作别解,实在大可不必。

其实孔夫子深受诟病的重要原因,并不在于指出了女子与小人如何不好,而是把两者放到了一起来互相喻指:以女子喻小人,也以小人喻女子。此犹言近代为人深恶之"华人与狗"一语,有两者相类、伯仲之间、不相上下之意。其修辞精巧之处在此，饱受争议之处也在此：女子嫌其把自己与小人列为同类，而小人也不愿与女子为伍，他们都深以对方为不齿。与其说是对孔夫子的评价不满，不妨说是对孔夫子把他们放在同一个当量级别上不满。

对于这一章的解读，不妨"先立乎其大者"（《孟子·告子上》）。从《论语》的一贯之旨与上下几章来看，这一章讨论的虽然是现实感非常强烈的女人与小人的问题，但其实其中的主角并不是他们，而是君子。要点是君子要明了所交往的对象所具有的特点，然后有所应对。暂且搁置女子与小人是否不逊与多怨的问题，而就不逊与多怨这种现象本身而言，则是内心失正、不合中庸的表现。一旦一个人不把持守中庸之道以修身立德作为人生的重大目标，则很容易流于不逊与多怨的境地。因此这正是对君子的警告，也正与上下几章强调君子修为立身行事内涵相一致。上一章言君子有所恶，而恶中有所守，本章则言君子有所防，防中有所立。如果只是以居高临下口吻贬抑女子、小人，或以强制手段打击他们，则君子又何以自我标榜而自处自立呢？所以君子无暇他顾而唯有迅疾自勉自新，"朝闻道，夕死可矣"，否则时不我与，"年四十而见恶焉，其终也已"……这番言辞是多么语重心长，如果读不出夫子对君子人格和境界的殷切期盼和谆谆教导，则亦为小人儒矣。

将此论题宕开去，则是一个"现代感"十足的哲学命题——在现实生活中，君子并非坐而论道，不食人间烟火，而"难养"的女子、小人正代表着一种极端的"他者"现象，而"他人即地狱"（法国存在主义哲学家萨特在其剧作《禁闭》抛出来的一个著名论题），"近之则不逊，远之则怨"似乎恰是这种他者现象生活化的、最生动的描述，而因此对于这一现代命题的解答有所启发。君子与女子、小人如何相处，或者说君子如何面对这种"三观不合"的尴尬境地？那么如何穿透史上对此问题的辩争而使对本章的理解符合孔子的一贯之道呢？

诚然，"他者"是一种客观的存在，然而在主体性价值面前，实则没有"他者"，否则定然要度越他者。在儒学道义中，他者在主观上并不存在，因为君子认可"和而不同"。他人不是地狱，而是炼狱，也即自我修炼更新的契机。君子的机宜不是去消灭他者，而是解除"他者的他者"，也即通过不断提升自我来重塑人际关系并实现价值建构。而如果社会中的每个人都以这种主体价值建构作为人生的根本，把交往的重心和关切点放在自身的精神品格提升，则又何以存在真正意义上的"他者"呢？就本章而言，女子、小人的现象犹如"井有仁焉"（[雍也第六·二十六]）的虚设情境，以此来考察君子与之居处的能力，而如果只是一味主张跳井救人而以为善举，则反而有违君子本位，因小失大了。

《解义》的高明之处在于，并不于女子、小人品质问题上作过多纠缠，而是将重点放在如何处理与女子、小人类型的人物关系上，提醒君子自重自持，谨慎交往，对他们要宽严相济、恩威并施，以此来解决"难养"的问题。这也算是回归到君子的"主体"视角，但惜乎只是仍然侧重对待女子、小人的品质问题，解决的方法也是日常的管理和交往手段，还没有完全落实到孔学本义和君子"心源"上。

以君子情怀提炼、升华自身而消融、度越他者，正乃仁道精神内核的体现。

【标签】

女子；小人；近之则不孙（逊），远之则怨；君子；主体价值

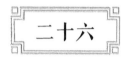

【原文】

子曰："年四十而见恶焉，其终也已。"

【解义】

此一章书，是勉人及时进修①也。

孔子曰：吾人励志躬行，须在乘时建业。盖日月易迈②，神志③易衰。若少壮未能加勉，便贻老大之悲。④人年至四十，正道明德立之时也⑤。前此年富力强，何难勇于精进？有善者可益进于善，有过者可几⑥于无过。若至此时，犹有过恶见恶于人，则是善之未迁者终于不迁，过之未改者终于不改矣，岂不可惜哉？

盖日月易迈，时不再来，学者当时时自警，以日新其德⑦。孔子此言正如清夜晨钟，令人发深省⑧也！

【注释】

①进修：进德修业。
②日月易迈：时光易逝，人生易老。《诗经·唐风·蟋蟀》："蟋蟀在堂，岁聿其逝。今我不乐，日月其迈。无已大康，职思其外。好乐无荒，

良士蹶蹶。"（天寒蟋蟀躲进堂屋，一年匆匆又临岁暮。我不及时寻欢作乐，日月如梭时光飞逝。行乐克制不宜过度，分外之事并行不误。喜好娱乐不废正业，贤良之士敏于事务。）

③神志：精神志气。

④若少壮未能加勉，便贻老大之悲：汉乐府《长歌行》尾句："少壮不努力，老大徒伤悲。"贻，遗留，留下。

⑤人年至四十，正道明德立之时也：《孟子集注·公孙丑章句上》：公孙丑问曰："夫子加齐之卿相，得行道焉，虽由此霸王不异矣。如此，则动心否乎？"孟子曰："否。我四十不动心。"朱熹注：四十强仕，君子道明德立之时。孔子四十而不惑，亦不动心之谓。（年至四十，身体强壮，可以入仕从政了，这也正是君子明道立德、学有所成的时刻。孔子所谓的"四十而不惑"，也就是孟子所谓的"不动心"。）陈宏谋《学仕遗规》："夫学之成也，谓道明德立。"可参本书［卫灵公第十五·三十二］"道明德立"词条注释。

⑥几：将近，几乎。

⑦日新其德：出自《周易·大畜》，《象》曰："大畜，刚健笃实辉光，日新其德，刚上而尚贤。能止健，大正也。'不家食吉'，养贤也。'利涉大川'，应乎天也。"（《象传》说："大畜具有刚健笃实的美德，因而光辉焕发，这种美德日新月异。阳刚居上而崇尚贤能之辈，能积蓄刚健者，这就是天下之崇高的正理啊。'不要让贤良能人闲困在家里，应该让他们出来为国效力'，说明国君能崇尚贤能之辈。'有利于涉越江川巨流开创大业'，说明国政举措顺应天理。"）另，《礼记·大学》："汤之《盘铭》曰：'苟日新，日日新，又日新。'"《周易·系辞上》："富有之谓大业，日新之谓盛德。"可详参本书［述而第七·三］"日新"词条注释。

⑧清夜晨钟，令人发深省：杜甫《游龙门奉先寺》诗："欲觉闻晨钟，令人发深省。"

【译文】

这一章，是勉励人们及时进德修业。

孔子说：我们致力于志业并为此躬身践行，要及时有所建树。时光易逝，人生易老，精神志气容易丧失。"少壮不努力，老大徒伤悲。"人到了四十岁，正值道明德立的时候。在此之前，年富力强，勇于精进，无不可为，有良善的一面更加向善，有过失的一面可以改过。如果到了四十岁，还有过恶受人厌恶，那就终止了迁善改过之功，尘埃落定，人生已成定局，这不是很可惜吗？

正是因为时光易逝，时不再来，因此学习者要时时警惕，每天都使自己的品格快速得到提升。孔子的这番话，就像静夜里的晨钟一样，警心涤虑，发人猛醒。

【评析】

在现今经济社会中，四十岁已然是"油腻"的中年，上有老下有小、左用钱右用人的阶段，而且又面临着壮志未酬身体衰退、前有堵截后有追兵的生活困局，很多人会落得天怒人怨狗也嫌的尴尬处境。求其不动心也，难！

"你要想一想，你到了这个年龄活得是否有尊严，是否还是劣迹斑斑、顽固不化？"夫子的话总是发人猛省，这一句来得尤为劲爆而严厉。

但是夫子之意并非鄙弃生活中的 loser，他只是让你厘清自己所立与所遇之间的关系，从而更加勇猛精进、毅决改过。也许现实生活中的物质财富和人际关系并不是你能决定的，但是你更应该重视自身的品德修为，并把握这最后自我救赎的机会。

加强身心修养，奋发有为，道明德立，才是对抗"油腻"的良方。朱熹如是解说。

如果理解了夫子话语中的这一层意思，就会觉得他是多么善意而温厚。

【标签】

四十不动心；四十而不惑；道明德立

微子第十八

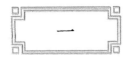

【原文】

微子去之，箕子为之奴，比干谏而死。孔子曰："殷有三仁焉。"

【解义】

此一章书，是孔子原情①之论也。

微子是纣庶兄，箕子、比干是纣诸父②。当时，纣恶不悛③，其国将危，臣下虽有进谏之忠，君上绝无纳谏之美。故微子随事箴规④，然谏而不听，则引身⑤而去之；箕子矢心⑥报主，逢纣之怒，囚系为奴，因佯狂⑦而受辱；比干直言极谏，不惮⑧批鳞⑨，遂至剖心而死。

三人或去，或奴，或死，各就一己分量⑩，随地自尽⑪，审度一时事势，尽力而行，均之无愧于心者矣。孔子从而断之曰"殷有三仁焉"。

夫论人者当略迹而原其心⑫，评古者又考时而哀其志⑬。三人之行虽有不同，而其救过图存，出于忠爱之诚，则一也。盖去以存祀，非忘君也；奴以俟时，非惧祸也；死以悟主，非沽名也。三子之心可以无愧，得孔子一言之断，而臣节益昭然于天下后世矣。

【注释】

①原情：推究本情。

②诸父：指伯父和叔父等。

③不悛：坚持作恶，不肯悔改。悛，音 quān，改过，悔改。

④箴规：劝诫规谏。箴，音 zhēn，规诫性的韵文。

⑤引身：抽身，撤身。

⑥矢心：同"矢志"，发誓，下定决心。

⑦佯狂：假装癫狂，装疯卖傻。

⑧不惮：不怕。

⑨批鳞：批，打，碰触。鳞，逆鳞。古人以龙比喻君主，传说龙喉下有逆鳞径尺，有触之必怒而杀人。因此"批鳞"指敢于触犯君威，直言犯上。

⑩分量：力量、状态。

⑪自尽：尽自己的才力，详尽陈述自己的意见。

⑫略迹而原其心：即"略迹原心"，亦作"略迹原情"，略过事物的表面情状，而从其用心上加以体谅。出自明张煌言《答赵安抚书》："英君察相，尚能略其迹而原其心，感其诚而哀其遇。"

⑬哀其志：王逸《离骚经序》："哀其不遇，而愍其志焉。"愍同"悯"。

【译文】

这一章是讲，孔子推究本情的观点。

微子是纣王的哥哥，箕子、比干是纣王的叔父。当时纣王作恶不知悔改，国家面临危难，臣下有直言进谏的忠诚，但君上没有虚心接受意见的美德。所以微子就事论事进行劝谏，劝谏了纣王，但他并不接受，于是微子转头就走。箕子下定决心报效君主，（多次劝谏纣王）致使纣王一怒之下，将其降格为奴并加以囚禁，他就假装疯癫来屈辱避祸；比干有话直说极力劝谏，不怕冒犯纣王，最终遭致剖挖心脏的酷刑而死去。

三个人，一个索性离开，一个藏身为奴，一个遭致极刑，都是根据自己的具体情况，审时度势，竭尽所能，全力以赴，他们做的都无愧于他们的本心。孔子因此断言说"殷代有三位仁人"。

所以，评论人的时候应当检省对其为人处事的表面情状和最终结果的考察，而探究其心如何；评论历史的时候，也要考察其当时的境况，哀叹其不幸并同情其初心立志。（微子、箕子、比干）这三个人的行为表现虽然有所不同，但是他们对国家的救亡图存之志、对君王的忠诚亲爱之心，都是一样的。大概微子之离开是为了保存宗族祭祀，并非疏于效忠君王；箕子藏身为奴而待时报国，并不是害怕杀身之祸；比干以死来让君主醒悟，并不是沽名钓誉。三位君子都堪称问心无愧，且经过孔子这么一语评断，他们作为臣子的节操就更加彰显于天下后世了。

【评析】

原文相当简练，而《解义》阐发得十分深致。归纳起来有两点：一是仁人忠君爱国的表现不同，但是内在却一致，因此对他们的评价要略迹原心、考时哀志，也就是看其用心、志愿如何，而非以事功和成效，故仁人之定位，重在心志，在人情；二是孔子对三人的评价，不仅为他们树立了一组仁者的雕像，而且其人物评价准则也在后世产生了深远的影响。孔子一言而能如此，前可告慰往者，后能昭示来者，其词岂不伟哉？

【标签】

微子；箕子；比干；仁；略迹原心

【原文】

柳下惠为士师，三黜。人曰："子未可以去乎？"曰："直道而事人，焉往而不三黜？枉道而事人，何必去父母之邦？"

【解义】

此一章书，见守道不违之意也。

柳下惠①，鲁国之贤人。士师，掌刑狱之官。

昔柳下惠为鲁之士师，三被退黜而不去。或讽②之曰：吾人抱道匡时，合则留，不合则去。子屡摈③若此，尚未可他去以行其志乎？

柳下惠曰：立身行己④，以道自持。若操不避黜之念，则吾道常伸；有一避黜之心，则吾道必屈。我之所以被黜者，只是直道而行，不肯自屈耳。近日人情，大抵喜枉而恶直，我但守直道事人，到处落落难容⑤，安往而不三黜？苟能阿意⑥顺从，枉道而事，自然到处和同，又何必去父母之邦以求合乎？然吾道必不可枉，宗国⑦必不可去，惟有持公秉正，自矢靡他⑧。其黜与否，则听之人而已，于道何损益哉？

可见，世衰则群邪得志，世治⑨则众正弹冠⑩，今古一辙。柳下惠宁守道而不从时，可谓和而介者矣，诚可以为后世人臣法。

【注释】

①柳下惠：（前720—前621），展氏，字禽，春秋时期鲁国人，鲁孝公的儿子公子展的后裔。"柳下"是他的食邑，"惠"为其私谥，故后人称"柳下惠"。孔子对柳下惠深许其德，称其为"逸民"（见[微子第十八·八]，《解义》释"逸民"为"自遂其高、自行其志、不为世法所拘之人"）。其为人行事，可参本书[卫灵公第十五·十四]"评析"中的内容。

②讽：讽劝。

③摈：音bìn，排除，抛弃。

④立身行己：存身自立，行为有度。行己，谓立身行事。

⑤落落难容：形容为人孤僻，不易为人接纳。
⑥阿意：曲己之意，迎合他人。
⑦宗国：同宗之国，指诸侯国。诸侯与天子同宗，故称其分封之地为宗国。此处"宗国"有故国、故地之意。
⑧自矢靡他：《诗经·墉风·柏舟》："之死矢靡它。"（到死也不能没有它。）形容用情专一，至死不变。
⑨世治：社会清明。治，得到有效治理，实现太平清明的社会景象。
⑩弹冠：喻指正直、坦荡做人。见《楚辞·渔父》："吾闻之，新沐者必弹冠，新浴者必振衣。"

【译文】

这一章表现的是坚守大道而不违背的含义。

柳下惠，鲁国的贤人。士师，掌管刑狱判罚的法官。

往昔柳下惠担任鲁国的法官，多次被贬黜但不离开。于是就有人讽劝他说：我们抱持道义匡救时弊，合用就留下，不合用就离开；而你屡屡遭遇如此摈弃，难道不可以离开去实现自己的志向吗？

柳下惠回答说：立身行事，要用道义来自我约束（而非事功或者名利）。如果秉持不怕贬黜的心念，就会让大道得到伸张；如果一旦怀有避忌贬黜的心思，那么大道就得不到伸张。我之所以遭到贬黜，只因依据正直之道来做事，不肯让自己屈从他人而已。当前的人情世态，大都喜欢枉曲而厌恶正直，我如果只是正直待人，所到之处无不格格不入，（这样的话，）去哪里不会遭遇多次贬黜呢？如果能够曲意逢迎，顺从他人，枉顾道义来做事，自然到处与他人和谐同心，又何必离开生养之地的故乡来寻求与他人和合相处呢？然而我绝不能枉顾道义，也绝不能离开故土，只有秉持正义，誓死不悔。是否遭到贬黜，那只能听从他人的安排，但是这对于道义本身有什么增损吗？

由此可见，社会衰败则群氓奸邪的意志就任意恣肆，社会清明则正义之属就能够坦荡做人，当今和古代，都是一样。柳下惠宁可坚守道义也不屈从时俗，可以称得上温和而又耿直的人了，他实在可以为后世臣子所效法。

【评析】

这一章仍然是对前一章内容的延伸讨论，继续讨论对人物进行评价的标准问题。前一章是评价的内在标准，本章则是评价的自我标准。一般而言，人们往往用事功和名利来衡量一个人，也即用社会的公共价值观来衡量一个人，然而《论语》中的柳下惠则不轻易苟同而从众，他只是以"道"的标准来衡量自己，这正是孔子以君子人格来衡定社会的完美案例。如果他在这个时代遭遇了磨难和不幸，那不是个人的不幸而恰是时代的不幸。所以推而广之，君子仁人的境遇也是对照社会真实面貌的一面镜子，真正美好的社会一定是一个让君子仁人能够顶天立地、"直道事人"的社会。

【标签】

柳下惠；直；直道事人

【原文】

齐景公待孔子曰："若季氏，则吾不能；以季、孟之间待之。"曰："吾老矣，不能用也。"孔子行。

【解义】

此一章书，见圣人以道自重也。

当时列国礼贤虚文①日胜，孔子志期行道，难以虚拘②。一日适齐，景公素知孔子之贤，思有以尊礼之，因与臣下议曰：国家待贤之礼，要在丰约得宜。如鲁君之待季氏，礼极其隆，我则有所不能；鲁君之待孟氏，于礼过简，我又以为不可。今斟酌于可否之间，审度于丰约之际，当于季孟二者之间待之，则庶乎其可耳。

既而又曰：孔子在齐虽宜礼接，但吾年已老，恐不能用而竟其施行也。

孔子闻之，知景之不可与有为也，遂去齐焉。

夫孔子至齐，思欲移风易俗，转霸为王③，以殚其尊周之志④。乃忌之者众，嫉之者深，景公已无进用之实意，而徒拟议于礼节之虚文，是岂孔子之心哉？孔子行而齐终不复变矣，岂不甚可惜耶？

【注释】

①虚文：虚浮不诚的形式。
②虚拘：以虚假的礼仪笼络人。
③转霸为王：霸，霸道，古时指以武力、刑法、权势等统治天下的政

策；王，王道，圣王之道，即由怀有仁爱之心的圣王来实现的政治。

④以殚其尊周之志：殚志，尽力实现志向。尊周，重塑周代的礼制规范和中央权威，使其得到尊重。

【译文】

这一章是讲，孔圣人以道为己任（而不看重虚文浮礼）。

当时列国对贤良人才虚礼以待的情况渐增，而孔子志在行道，难以虚情假意来回应。一次他去齐国的时候，齐景公向来知道孔子的贤达，考虑给他很高的礼遇，于是就和臣子们商量说：我国对待贤人的礼仪，关键是要轻重、厚薄得当。（对待孔子）如果要像鲁君对待季氏那样，礼仪极其隆重，恐怕不合适；如果像鲁君对待孟氏那样，礼节又过于简朴，我也觉得不好。现正在可否、轻重之间犹豫不定，或者可以在季氏和孟氏之间的范围来接待孔子，差不多可以了吧。

没过多久他又说道：孔子到了我国，虽然可以以礼相待，但是我年岁已经大了，恐怕不能真正任用他来做事了。

孔子听说后，明白齐景公不可能助益自己实现政治理想，于是就离开了齐国。

孔子到齐国去，本打算在当地移风易俗，变霸道为王道，以完成他重塑周朝中央权威的志愿，但是忌惮他的人太多，嫉恨他的人又太决绝，齐景公本人也没有真正任用他的意愿，而只是把重点放到用什么样的礼仪来接待他这样的场面上的事情，这怎么能是孔子所期待和满足的呢？孔子最终离开齐国而齐国最终也没有发生变化，这不是太可惜了吗？

【评析】

现实太沉重。或许正因为如此，现世的人们没有信心来应对现实中的诸多难题，从而虚文浮礼，名不符实，欺世盗名，自欺欺人；孔子的政治理想也因之更艰巨，任重而道远。

孔子只是到访过齐国一次，但在当时或未像后来那样"国际知名"，因而关于齐景公考虑重用孔子的故事，不知道从何说起。至于晏婴阻挠任用孔子并批判儒学，也应该发生在孔子前期，未必是在孔子周游列国的时候。

【标签】

齐景公；晏婴；转霸为王

【原文】

齐人归女乐，季桓子受之，三日不朝，孔子行。

【解义】

此一章书，是记孔子见几①明决②之意也。

季桓子，名斯，是鲁大夫。鲁定公时，孔子曾为司寇三月，而国大治③。齐人闻而惧之，乃送女子八十人，彩衣文马④，舞康乐⑤，而陈于南门之外。是时桓子擅权⑥于上，定公徒拥虚名，因语鲁君为周道游⑦，往观终日，卒受女乐。是鲁已中齐人之计矣。溺声色而娱耳目，怠政事而慢贤才，三日不复视朝，使君不临、臣不会，简贤弃礼⑧。孔子虽欲谏而无由，于是遂行。

夫列国之君大约有好贤之名而不能用，定公能用矣而又不能终。孔子抱经纶匡济之学，使得时而驾⑨，信任勿疑，唐虞三代⑩之治可以复见。惜乎所遇多艰，莫克⑪大展其志。此诚斯道之厄，而时会之不偶⑫也。

【注释】

①见几：从事物细微的变化中预见其先兆。《周易·系辞下》："君子见几而作，不俟终日。"可参本书［雍也第六·十一］"颜氏之子"词条注释。

②明决：明达有决断。

③国大治：国家得到了很好的治理。《史记·孔子世家》中想象性地刻画了这种大治的情况："粥（同'鬻'）羔豚者弗饰贾，男女行者别于涂（同'途'），涂不拾遗，四方之客至乎邑者，不求有司，皆予之以归。"

④彩衣文马：穿着表演的彩色服装，骑着带有纹饰的马匹。文通"纹"。

⑤舞康乐：伴随荒淫的音乐起舞。康通"荒"，荒淫。康乐，荒淫的音乐。此段描写齐人用反间计的内容应源于《史记·孔子世家》，但有出入，因而表意效果不甚相同。本译仅信从于《解义》文本。

⑥擅权：专权，独揽权力。

⑦语鲁君为周道游：劝说鲁定公到各处巡游。

⑧简贤弃礼：轻视贤良，荒废礼仪。简，简略，轻视。朱熹《论语集

注》尹氏曰:"受女乐而怠于政事如此,其简贤弃礼,不足与有为可知矣。夫子所以行也,所谓见几而作,不俟终日者与?"

⑨得时而驾:《史记·老子韩非列传》中孔子向老子问礼之时,老子告诉他:君子得其时则驾,不得其时则蓬累而行。(君子在时运来临时就应当驾车外出[一般指出仕做官],时运不佳时则像一株蓬草,随风走走停停。)

⑩唐虞三代:唐指陶唐氏,尧出于该族;虞指有虞氏,舜出于该族。唐虞三代指尧、舜和夏(包括禹)、商、周三代。

⑪克:能。

⑫不偶:不遇,不合。

【译文】

这一章记述了孔子根据事物的征兆而进行决断的过程。

季桓子,姓名季孙斯,鲁国的大夫。鲁定公的时候,孔子曾担任三个月的司寇,因此国家得到了很好的治理。齐国人听说后,害怕鲁国强大而对其构成威胁,于是送来80名美女,将她们安置在鲁国都城的南门外。她们穿着华美的服装,骑着带有纹饰的骏马,伴随荒淫的音乐起舞。当时季桓子在上擅权专政,鲁定公只是徒有虚名而无实权,季桓子于是劝说定公以外出巡视为名,整天跑去观看那些女乐,并最终接受了她们。这是鲁国中了齐国的反间计啊。(鲁定公)只顾贪娱耳目之欢而沉溺于声色犬马,荒殆政事而慢待贤才,三天不上朝议政,以致国君不来、臣属不到,而贤良遭弃、礼仪荒废的局面。孔子虽然想劝谏但是无从施展,于是便离开了鲁国。

春秋列国的国君一般都是沽名爱才但并不予以任用,鲁定公能够任用但是又不能坚持。孔子怀抱经纶政治、匡时济世的才学,如果能够让他占取时运而任意驰骋,经受信任而不被猜疑,相信唐虞三代那样的盛世也可以复现。可惜他遭遇坎坷,无法大展宏图。这实在是仁道困厄、时运不济啊!

【评析】

这一章在《左传》中没有记载,却在《孟子》和《史记》中被重点书写并感慨系之:

定公十四年,孔子年五十六,由大司寇行摄相事,有喜色。门人曰:"闻君子祸至不惧,福至不喜。"孔子曰:"有是言也。不曰'乐其以贵下人'乎?"于是诛鲁大夫乱政者少正卯。与闻国政三月,粥羔豚者弗饰贾;男女行者别于涂;涂不拾遗;四方之客至乎邑者不求有司,皆予之以归。

齐人闻而惧,曰:"孔子为政必霸,霸则吾地近焉,我之为先并矣。盍致地焉?"黎鉏曰:"请先尝沮之;沮之而不可则致地,庸迟乎!"于是选齐国中女子好者八十人,皆衣文衣而舞康乐,文马三十驷,遗鲁君。陈女乐文马于鲁城南高门外,季桓子微服往观再三,将受,乃语鲁君为周道游,往观终日,怠于政事。子路曰:"夫子可以行矣。"孔子曰:"鲁今且郊,如致膰乎大夫,则吾犹可以止。"桓子卒受齐女乐,三日不听政;郊,又不致膰俎于大夫。孔子遂行,宿乎屯。而师己送,曰:"夫子则非罪。"孔子曰:"吾歌可夫?"歌曰:"彼妇之口,可以出走;彼妇之谒,可以死败。盖优哉游哉,维以卒岁!"师己反,桓子曰:"孔子亦何言?"师己以实告。桓子喟然叹曰:"夫子罪我以群婢故也夫!"(《史记·孔子世家》)

孔子之去齐,接淅而行;去鲁,曰:"迟迟吾行也,去父母国之道也!"可以速而速,可以久而久,可以处而处,可以仕而仕,孔子也。(《孟子·万章下》)

孔子离开鲁国,真正的原因应该是其与鲁定公联合开展的"堕三都"行动的失败。在这场源起于孔子但最终没有能被孔子所左右的军事运作中,三桓由开始的颓势直至后来迫不得已的反击成功,所以必然要在政治上进行"洗牌"。但三桓鉴于孔子当时在社会上的声誉和影响力,恐怕是一时难以下手。而《论语》作为记述孔子生平言辞的一手材料,竟然也对堕三都的事情讳莫如深,而只是记述了一件貌似反间计的不温不火的事件。在这个事件中,鲁定公是因为好色还是因为受到三桓的胁迫去观看女色不得而知。只是,孔子没有得到代表大夫身份所应收到的祭肉(这件事也同样在《论语》中缺席),实际上等于没有收到连任的聘书,孔子也就只能主动辞职了。令人错愕的是,孔子所一心维护的鲁定公在此过程中扮演了不派发祭肉而胁迫孔子辞职的角色,而与孔子站在对立面的季桓子反倒是非常在意孔子当时的感受,甚至对孔子离开鲁国表示些许惭愧。

桓子卒受齐女乐,三日不听政;郊,又不致膰俎于大夫。孔子遂行,宿乎屯。而师己送,曰:"夫子则非罪。"孔子曰:"吾歌可夫?"歌曰:"彼妇之口,可以出走;彼妇之谒,可以死败。盖优哉游哉,维以卒岁!"师己反,桓子曰:"孔子亦何言?"师己以实告。桓子喟然叹曰:"夫子罪我以群婢故也夫!"(《史记·孔子世家》)

我想，如果鲁定公也在此时派人去慰问孔子，孔子一定会悻悻然地说："已矣乎！吾未见好德如好色者也。"

【标签】

鲁定公；季桓子；齐人归女乐；孔子去鲁

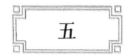

五

【原文】

楚狂接舆歌而过孔子曰："凤兮凤兮！何德之衰？往者不可谏，来者犹可追。已而，已而！今之从政者殆而！"孔子下，欲与之言。趋而辟之，不得与之言。

【解义】

此一章书，见用世之难，当守道以自重①也。

接舆是楚之狂士。

昔周室寖衰②，贤人遁迹③。孔子周流④至楚，有狂士接舆者唱歌而过孔子之车前曰：凤凰为希有之瑞，能审时知势，故有道则见，无道则隐，德甚盛也。今际何时，犹不藏身敛翼，而有高冈翔唳⑤之思？何德之衰而不自重耶？然往者之日栖身尘埃不可谏止，来者之日功名不遂尚可改图。及时而隐，正在此时。可以已矣，可以已矣！试观今之从政者，非惟不能建功立业，亦且危殆而不可保，凤何不自爱⑥而甘蹈此殆乎？

孔子闻其歌词，知为隐君子也，欲下车与言出处之大义，以明不得已之心。乃楚狂既绝用世之念，不欲闻用世之言，遂趋而避之。孔子终不得与之言。

盖避世之意坚，故避言之意更果也。然孔子周流列国，不能一日忘天下之深衷，夫岂忘世之徒所得而窥其意量⑦哉？

【注释】

①自重：谨言慎行，自持尊重。
②寖衰：渐趋衰落。寖，即"浸"，逐渐。
③遁迹：避世隐居，使人不知踪迹。
④周流：周游，到处漂泊。

⑤哕：音 huì，鸟鸣。
⑥自爱：自我爱惜，自我保护。
⑦意量：胸怀，胸襟，抱负。

【译文】

这一章是讲，孔子入世致用的困难，应当坚守大道而自我持重。

接舆是楚国的狂士。

当时周室渐衰，贤人归隐。孔子周游到了楚国，楚国的狂士接舆经过孔子的车子，唱着歌说：凤凰作为稀有的祥瑞之物，也能够审时度势，因此在天下政治昌明清平的时候入世出现，政治昏暗无道的时候避世归隐，这正是盛德大义的表现。现在是什么时候了，还不赶紧收起羽翼藏身安处，却还想着要飞上山冈高声鸣叫？为什么道德衰坏而不能自我持重呢？即便是以前栖身红尘随波逐流，已然无法追溯谏阻，但是未来还是可以有所把握加以改变的。及时归隐吧，就在这个时候。可以停下来了，可以停下来了！来看一看现在的从政者吧，他们非但不能建功立业，反而更加危险无可救药了。凤凰你为什么不能够自我保护却甘心身赴此难呢？

孔子听了他的歌词，知道这是归隐的君子，就想下车和他讨论出仕还是归隐的大是大非问题，以此来昭明自己不得已而为之的心志。而接舆既然已经断绝了为世所用的念想，也就不想去听那些出仕为用的言辞，于是疾步离开，避免交谈。孔子最终也没有能够跟他说上话。

大概他避世归隐的心意已决，所以避免交谈的意志也就更加果决。然而孔子在各国之间游走，没有一天忘记匡扶天下的初衷，这岂是避世索居的家伙们所能够窥见的胸怀啊！

【评析】

如果深入探究就会发现一个有意思的问题，就是在《论语》中并未记录过孔子与隐者的"当面对质"，致使孔子总是无法正面申述自己的主张，而只能在梦境一样的境遇或通过弟子与他们的间接交流中传递自己的想法。这似乎构成了一个巨大的隐喻——那些隐者并非别人，而正是孔子自己，是他自己的另一个维度而已，因此他们根本不可能正面相见。

孔子与那些隐者的思想并无本质性的差异，都知道一个正向的社会应该是什么样子，应该如何实现。只是他们已然绝望，而孔子依然坚持。因此这些隐者可谓孔子的"前生后世"，所以孔子与他们对话总是十分谦恭，而他们却十分倨傲。也许接舆只是孔子的一个梦境，而接舆歌罢遁迹，正好不过是梦醒而已。孔子所昼思夜想的,是社会兴盛,政通人和,然而也有失望和退却,犹豫和颓废,他与隐者的对话或许正好是其矛盾内心的婉曲写照。

【标签】

接舆;隐士;狂士;往者不可谏,来者犹可追

【原文】

长沮、桀溺耦而耕,孔子过之,使子路问津焉。

长沮曰:"夫执舆者为谁?"

子路曰:"为孔丘。"

曰:"是鲁孔丘与?"

曰:"是也。"

曰:"是知津矣。"

问于桀溺。

桀溺曰:"子为谁?"

曰:"为仲由。"

曰:"是鲁孔丘之徒与?"

对曰:"然。"

曰:"滔滔者天下皆是也,而谁以易之?且而与其从辟人之士也,岂若从辟世之士哉?"耰而不辍。

子路行以告。夫子怃然曰:"鸟兽不可与同群,吾非斯人之徒与而谁与?天下有道,丘不与易也。"

【解义】

此一章书,见圣贤救世之深仁也。

长沮、桀溺二人皆隐者,并耕于野,其避世之心已见于力稼间矣。孔子经过其地,不知渡口,使子路问津,亦是汲引①共济之意。

长沮问曰:在舆执辔者为谁?

子路曰:为孔丘。(欲以圣人之名动之也。)

沮问曰:即是鲁国孔丘与?

子路对曰：诚是也。

长沮曰：彼游遍天下，无处不到，是知津矣。

又问桀溺。

溺曰：子为谁？

子路曰：为仲由。（知同心济世之人也。）

因问曰：是鲁国孔丘之徒与？

子路对曰：然。

桀溺曰：人贵识时，如今世道滔滔然日流于下，不可复返，若欲易乱为治，将谁与转移乎？且而与其从避人之士，今日之齐，明日之楚，终无一遇；岂若从避世之士，离群远俗，长与之辞②为乐哉？

遂自治其田，耰而不辍。

子路以二人之言告孔子。孔子怃然③叹曰：高飞远举④，遗弃世人，止有鸟兽，势不可与同群。若斯人者，同一气类，吾非斯人之徒与而谁与？岂可绝人逃世以为洁乎？彼谓"天下无道，谁与易之"，我正为无道耳。若使民安物阜，天下有道，亦愿与击壤之民共观德化⑤之盛。岂乐于多事哉，二人何不谅我也？

从来圣贤己饥己渴⑥，原有悯时忧世之心，若置理乱⑦于不闻，生民何所托命⑧乎？是殆与石隐者流⑨不可同日而语⑩也。

【注释】

①汲引：引导，开导。

②长与之辞：与混乱时世长久分开。张衡《归田赋》："谅天道之微昧，追渔父以同嬉，超埃尘以遐逝，与世事乎长辞。"

③怃然：失望的样子。怃，音 wǔ。

④高飞远举：飞得又高又远。举，飞，去。

⑤德化：用道德教化的方式来治理。

⑥己饥己渴：视百姓的饥渴窘困为自己的，推己及人，感同身受，形容对民生疾苦感到急迫而想有所改变。概应作"己饥己溺"，见《孟子·离娄下》："禹思天下有溺者，由己溺之也；稷思天下有饥者，由己饥之也，是以如是其急也。"（禹想着天下有处于水深火热中的人，就像自己也处于水深火热中一样；稷想着天下还有忍饥挨饿的人，好像自己也还在忍饥挨饿一样——所以他们拯救百姓才这样急迫。）

⑦理乱：治理整顿纷乱。

⑧托命：托寄性命，借以生存。

⑨石隐者流：隐者之流，或谓隐于山林田野，无特定称谓或归类。古文多出此语但出处不详，概出自［宪问第十四·三十八］"石门隐者"之简称：子路宿于石。晨门曰："奚自？"子路曰："自孔氏。"曰："是知其不可而为之者与？"明赵凤翀撰《辨隐录》，列古人之隐居者，分龙隐、高隐、知隐、神隐、石隐、痴隐、仕隐七门。《四库全书总目》认为其"强生分别，殊无义例"："高隐列张鷟，殆忘其屈节蔡京。石隐列郭璞，殆忘其见戮王敦。痴隐以屈原、雪庵和尚与焦光、朱桃椎连名。仕隐以胡广、谯周、冯道与柳下惠同传。皆几于黑白不分。"

⑩不可同日而语：不能相提并论。

【译文】

这一章展现孔门圣贤匡时济世的深厚仁德。

长沮、桀溺两个人都是隐者，他们一起在田野里合力耕地，其实他们避世隐居的心思在这种勤恳务农的行为上已经显现出来了。孔子正好经过他们耕种的土地，不知道过河的渡口在哪里，就让子路去问，其实也暗含开导他们共同济度世人的意思。

长沮问子路：在马车上拉着缰绳的那个人是谁？

子路回答说：是孔丘。（这是希望用圣人的名号来打动他。）

长沮又问：就是鲁国的孔丘吗？

子路回答说：确实是。

长沮说：他周游列国，没有没去过的地方，那肯定是知道渡口了。

子路于是改向桀溺问路。

桀溺问：你又是谁啊？

子路回答说：在下仲由。（子路也是和孔子一起匡时济世的人。）

桀溺接着问他：那你是鲁国孔丘的门徒吧？

子路回答说：是的。

桀溺于是说：一个人很重要的一点是能够审时度势。现在的世道，就像这滔滔的河水一样，每天都渐趋下流，不可逆转，如果你想改变世道混乱为清明，能够和谁一起来做到呢？而且，你与其跟从躲避不善之人的人（指孔子），今天去齐国，明天去楚国，最终也找不到善施仁政的君主；那还不如跟从躲避不善之世的人（指隐者），远离人群和世俗，与之永久分离而自得其乐呢！

他们于是埋头耕田，不停劳作。

子路回来把两个人的话告诉孔子。孔子怅然若失，感慨道：遗弃世人而远走高飞的，只能是鸟兽之类，我们势必不能与它们合伙同群。而这些世人，与我们是同一类属，我不与他们相处还能够和谁相处呢？怎么能够把弃绝人事而逃离社会视为高洁呢？他所说的"天下无道，和谁一起能够改变"（天下无道的局势无可改变），而我正是因为天下无道才去这么做的。我宁可生活在政治清明、民生安定、物产丰盛的时代，像普通的老百姓那样抄起手无所事事，而能够享有道德教化畅行天下的太平盛世。我岂想没事找事啊（这是不得已而为之罢了），这两个人为什么这么不体谅我呢？

圣贤之士历来都是推己及人，悲天悯人，如果他们对于平治时乱的事情也不闻不顾，那么老百姓的命运又能托付给谁呢？这大概正是那些归隐山林之徒所无法比得上的。

【评析】

"吾非斯人之徒与而谁与"一句，即说明儒学之究竟，乃在人之道。人道是其最大外延。尽管夫子称"有道则见，无道则隐"（[泰伯第八·十三]），但是这种"道"应该是治道而非人道，故其谈隐避，也是隐避于治道之外，而非人道之外，与其所面对的隐者非同一隐意也。故此语可谓说尽儒家异于道家之旨。

【标签】

长沮；桀溺；子路；隐者；人道

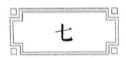

【原文】

子路从而后，遇丈人，以杖荷蓧。
子路问曰："子见夫子乎？"
丈人曰："四体不勤，五谷不分。孰为夫子？"植其杖而芸。
子路拱而立。
止子路宿，杀鸡为黍而食之，见其二子焉。
明日，子路行以告。子曰："隐者也。"使子路反见之。至，则行矣。
子路曰："不仕无义。长幼之节，不可废也；君臣之义，如之何其废之？欲洁其身，而乱大伦。君子之仕也，行其义也。道之不行，已知之矣。"

【解义】

此一章书，见圣贤出处①之大义也。

昔孔子周流②列国，子路随行，偶失在后，遇丈人③以杖挑竹器④而行，因问曰：曾见吾夫子否？

丈人遂责之曰：人皆力耕自食，子于四体则不勤劳，于五谷则不分辨，徒然⑤从师远游，何济于世？孰知为尔夫子乎？

遂植其杖而芸田⑥，不复更答。

子路默然自失，拱手而立，敬以动之。

丈人见子路改容而礼，亦起敬心，遂止宿于其家，且杀鸡为黍而食，以致酬酢⑦之情；呼其二子出见，以致殷勤之谊。观丈人之为，固与草野倨侮⑧者不同矣。

明日，子路前行，追及孔子，具以其事告。孔子曰：此贤而隐者也。使子路往见之，将告以出处之大道，丈人已先行而不得见矣。

子路述孔子之意语其二子曰：天地之间，人伦⑨为大；五伦⑩之内，君臣为先。若不仕则无君臣之义矣。昨使二子出见，亦知长幼之节；夫长幼既不可废，何独于君臣之大义而废之？若以隐遁为高，惟知自洁，不几乱君臣之大伦⑪乎？君子之所以仕者，岂为贪图利禄？只为君令臣共⑫昭揭⑬于天地间以行此义耳！至于道之不行，非待今日，我盖⑭已知之矣，何丈人所见之不广哉？

当时隐士相习成风，皆明于保身而昧于行义。赖有孔子以扶世教⑮、正人心为任，其惓惓⑯接引⑰若辈也，意綦⑱深哉！

【注释】

①出处：音 chūchǔ，出仕和退隐。

②周流：周游，到处漂泊。

③丈人：老人。

④竹器：《论语》原文作"蓧"，音 diào，古代一种竹编的除草农具。

⑤徒然：白白地，不起作用。

⑥芸田：芸同"耘"，除草。

⑦酬酢：宾主互相敬酒，泛指交际应酬。酬，向客人敬酒。酢，音 zuò，向主人敬酒。

⑧草野倨侮：《韩非子·说难》："略事陈意，则曰怯懦而不尽；虑事广肆，则曰草野而倨侮。"（如果你只是顺应君主的主张来简略表达，那么君

主就会说你胆小而不敢完全说出自己的意见;如果你把事情考虑得很广泛而又不受约束地说出来,那么君主就会说你粗野莽撞而倨傲侮慢。)草野,粗野莽撞。倨侮,音 jùwǔ,傲慢。

⑨人伦:指人与人之间的关系,特指长幼尊卑之间的关系和应遵守的行为准则。

⑩五伦:古人五种人伦关系(君臣、父子、兄弟、夫妇、朋友)和言行准则。

⑪大伦:基本的伦理道德。

⑫君令臣共:国君发令臣下恭从。见《左传·昭公二十六年》(晏婴与齐景公语):"礼之可以为国也久矣,与天地并。君令臣共(通'恭'),父慈子孝,兄爱弟敬,夫和妻柔,姑慈妇听,礼也。君令而不违,臣共而不贰;父慈而教,子孝而箴;兄爱而友,弟敬而顺;夫和而义,妻柔而正;姑慈而从,妇听而婉:礼之善物也。"(礼用来治理国家已经很久了,它和天地同样长久。国君发令臣下恭从,父亲慈爱儿子孝顺,哥哥仁爱弟弟恭敬,丈夫亲和妻子温柔,婆婆仁慈媳妇听话,这是礼。国君发令而不违背道义,臣下恭敬而无二心;父亲慈爱而能教诲,儿子孝顺而能箴劝;哥哥仁爱而友好,弟弟恭敬而和顺;丈夫亲和而合理,妻子温柔而正派;婆婆仁慈而听从规劝,媳妇听话而委婉陈词:这是上乘之礼。)

⑬昭揭:显扬,宣示。

⑭蚤:同"早"。

⑮世教:当世的正统思想、正统礼教。

⑯惓惓:同"拳拳",恳切诚挚。

⑰接引:引导,摄引。

⑱綦:音 qí,文言副词,极。

【译文】

这一章展现圣贤对出仕和退隐之大是大非的判断。

往日孔子周游列国,子路随同,有一次偶然在后面走失了,正好碰见一个用长杖挑着竹制农具的老人,于是就向他打听:请问您有见过我们家夫子经过吗?

老人却马上责备他说:人们都是靠力气种地吃饭,而你们却四体不勤、五谷不分,只是枉费精力跟从你们的老师到各国游说,这样对社会有什么帮助?谁知道哪个是你们的老师啊!

随后他把长杖用力地插立在地上,然后就去田里除草,不再理睬子路。

子路因此黯然失语，不知所措，只是拱手而立，想要以诚敬来打动他。

老人看到子路面色改变而又更加礼貌，也就心生钦敬，于是留宿他在家中，杀鸡煮饭给他吃，以尽地主之谊，还让他的两个儿子出来拜见子路，以表示深情厚谊。由此判断老人的所作所为，与那些粗率傲慢的（隐者）绝对不是同一类人。

第二天，子路继续向前赶路，终于追上孔子，并将此事禀告孔子。孔子认为这老人家是贤良之士而又归隐的人（尚有可能讨论出处之道并规劝他出仕）。于是他又派遣子路前去会见，想要把出仕及归隐之重要的区别告诉他，但是老人早已离开了。

于是子路向老人的两个儿子转达孔子的话：天地之间人际关系是最重要的，而五种人际关系中，君臣关系是要最先考虑的。如果不出仕，就丧失了君臣之间的道义。昨天令尊让你们两位出来见面，说明他深知长幼有序的道理；既然长幼的次序（这样的次级人伦）不可丧失，为何单单像君臣之间这样的重大的道义却丢弃了？如果只是一味地认为隐遁就是孤高出众，只是追求自身洁净，不也差不多扰乱了君臣这至为重要的伦理关系了吗？君子之所以出仕，难道只是因为贪图功名利禄？其实只是为了君主下令而臣下恭从这样的重要关系在天地间显示并能够实行啊！至于大道不能够推行，不是到了今天才这样，我早已经知道了，为什么老人家所见所识如此褊狭呢？

在当时，隐士之间因袭成风，都因循明哲保身之道而弃绝尊道行义之举。幸亏有孔子这样的圣人，以扶植礼教、匡正人心为己任，他诚挚地对这些人进行引导教化，其用心是多么深淳啊！

【评析】

隐者都是以批评或劝诫孔子的面目出现的，而孔子所为实则无害于世，无碍于隐，只是表现出来的为道原则和策略与他们不同而已；而孔子对于隐者也大皆尊重，希望能够与他们深度交流，表明立场。所以孔子与隐者之间并非完全对立，而有一种暧昧的关系在。在本章，解义者认为子路所言乃是孔子的心声，而且仍然诚恳地对着并不在眼前的隐者进行劝说。其苦心孤诣，在与隐者的交往中形神毕现，可想而知。

【标签】

荷蓧丈人；子路；隐者；四体不勤，五谷不分；欲洁其身，而乱大伦

【原文】

逸民：伯夷、叔齐、虞仲、夷逸、朱张、柳下惠、少连。子曰："不降其志，不辱其身，伯夷、叔齐与！"谓柳下惠、少连"降志辱身矣，言中伦，行中虑，其斯而已矣"；谓虞仲、夷逸"隐居放言，身中清，废中权"。"我则异于是，无可无不可。"❶

【解义】

此一章书，见圣人时中之用①也。

逸民是自遂其高、自行其志、不为世法所拘之人，可考见者有七人焉，如伯夷、叔齐②、虞仲③、夷逸④、朱张⑤、柳下惠⑥、少连⑦是也。然七人隐遁⑧虽同，而制行⑨各异。孔子从而断之曰：立志高尚，不降志以屈人，持身峻洁⑩，不辱身以徇世⑪，其伯夷、叔齐与！是清而逸者。

若夫柳下惠、少连，游于浊世而不铮铮⑫以立异，虽降屈其志，卑辱其身，乃所言者必合乎伦理，所行者必当乎人心，但生不逢时，于卑论侪俗⑬中默寓⑭挽回之意，与他人之降辱不同，其可取者在此而已矣。是和而逸者。

至于虞仲、夷逸，则隐居自适，放浪语言，未必中虑中伦，然其身合于清洁，其废弃合于权宜，盖与害义伤教者不同。此放而逸者。

七人⑮可谓志高行洁矣，而我则异是：世既不能离我，我亦不能离世；在天下或有可不可之遇，而我不设一可不可之心，不过随时制宜，无有偏执，此我之所以异于逸民耳。

可见七人自成其一节之高，孔子则合乎大成之圣。他日孟子"清任和时"之论⑯，亦此意与！

【注释】

①时中之用：《礼记·中庸》："君子中庸，小人反中庸。君子之中庸也，君子而时中。时中，即随时以处中，与时偕行。"可详参本书［宪问第

---

❶ 本章标点未依照杨伯峻本，参考了金良年版本《论语译注》，但亦略有更改。

十四·十三]"随时处中"词条注释。

②伯夷、叔齐：参［公冶长第五·二十三］"伯夷、叔齐"词条注释。

③虞仲：周朝先祖为古公亶父，姬姓，名亶（dǎn）。长子泰伯，次子虞仲，三子季历。据《史记》载，古公亶父觉得季历最为贤明，而季历的儿子姬昌有圣瑞之兆。长子泰伯、次子虞仲明白了父亲的心意，于是让位出逃到吴地，建立吴国。姬昌即周文王。详参本书［泰伯第八·一］"昔周太王古公生三子"词条及［述而第七·三十一］"鲁昭公素称知礼"词条注释。钱穆《论语新解》："或谓即仲雍，然仲雍在夷、齐前，又继位为吴君，不当入逸民之列。或说：《史记》吴君周章弟虞仲，武王封之故夏墟，此虞仲虽亦为君，然其有国出于意外。由前言之，亦逸民也。今按：此虞仲本是吴君周章之弟，何以知其为虞君之前乃一逸民，窃恐亦未是。或疑乃春秋时虞君之弟，故系以国名而称伯仲，殆亦让国之贤公子，而书传失其记载。"

④夷逸：钱穆《论语新解》："或疑夷逸非人名，因虞仲逸于夷，故曰夷逸。然依逸民伯夷之类，当称夷逸虞仲，不当曰虞仲夷逸。且逸于夷之虞仲，终为吴君，不得曰隐，又不得曰废。夷逸殆亦人名，而书传无考耳。"

⑤朱张：钱穆《论语新解》："此下孔子分别评说诸人，而独缺朱张。或疑朱张当作诔张，诔张为幻，即阳狂也。曰逸民，曰夷逸，曰朱张，三者品其目，夷、齐、虞仲、惠、连，五人举其人。然夷逸已辨如前。柳下惠少连亦非阳狂。或疑朱张即孔子弟子仲弓，然孔子评述古昔贤人，不应以己弟子厕名其间。盖朱张之言行，孔子时已无可得称，故孔子但存其名，不加论列耳。"

⑥柳下惠：参本书［微子第十八·二］同名词条注释。

⑦少连：其人见《礼记·杂记》篇，东夷之子。孔子称其善居丧。

⑧隐遁：隐居，远避尘世。

⑨制行：道德和行为准则。

⑩峻洁：品行高洁。

⑪狥世：狥同"徇"，音xùn，曲从。

⑫铮铮：形容金属撞击所发出的响亮声音，比喻坚贞、刚强。

⑬卑论侪俗：降低言论的格调、情趣以混同于一般俗人。侪，音chái，同辈或同类的人。

⑭默寓：暗中寄托。

⑮七人：《论语》原文与《解义》实则均列举六人，未涉及朱张。冯梦

龙《四书指月》:"朱张,字子弓,荀卿谓通则一天下,穷则独立贵名,仲尼、子弓是也。邢昺氏云:'朱张与孔子同,故独不列。'"此说源自皇侃《注疏》引王弼语,详见本章"评析"部分。

⑯孟子"清任和时"之论:即孟子对伯夷、伊尹、柳下惠和孔子等四人的综论。见于《孟子·万章下》:"伯夷,圣之清者也;伊尹,圣之任者也;柳下惠,圣之和者也;孔子,圣之时者也。孔子之谓集大成。集大成也者,金声而玉振之也。金声也者,始条理也;玉振之也者,终条理也。始条理者,智之事也;终条理者,圣之事也。"(伯夷,在圣人中属于清高的;伊尹,是圣人中勇于担责的;柳下惠,是圣人中比较随和的;孔子是圣人中能够与时偕行的。孔子可以说是综合了上述诸人的优点。"集大成"的意思,就好像先敲钟后击磬以完成一段完美音乐的演奏过程。先敲钟,开始就合乎音律;玉器也随之震响,也合乎音律。善始,是有智慧;善终,则是成圣。)

【译文】

这一章是展现孔圣人因时处世的中庸之行。

所谓"逸民",是指那些高洁自许、意志坚定、不受世俗礼法约束的人,当前有案可考的有七位,就是伯夷、叔齐、虞仲、夷逸、朱张、柳下惠、少连等人。这七个人虽然都隐居山林而远离社会,但是各人行为准则都有所不同。因此,孔子对他们进行判断:志向高尚,不降低自己的志向而屈从他人,洁身自好,不辱没身份而曲从世俗,那就是伯夷、叔齐了吧!他们是逸民之中的清高者。

像那柳下惠、少连两位,在浊世生存但不崭露头角、标新立异,虽然降尊屈身,但是其所言说都合乎道理,所行动都合乎人心,但只因生不逢时,只能委身平庸,人云亦云,在俗常话语之中寓托高洁的心意,这与别人纯粹的降志辱身有所不同,其值得赞赏的在于这一点。他们是逸民中的随和者。

至于虞仲、夷逸两位,则完全隐居山林,只图自己舒适,说话放言无忌,做事不一定经过深虑,也未必合乎伦理。他们是逸民中的狂放者。

七个人可以称得上志行高洁,而我却与他们不一样:社会既不能离开我,我也不能离开社会;天下之大,有可为可从与不可为不可从之分,而我对自己却并无此分别心,只是根据时机来行事,并不偏激,这是我与他们有所区别的原因。

由此可见,七个人都有自己的高洁之处,然而孔子则是集其大而成至圣。后来孟子所作"清任和时"之论，也就是这个意思吧！

【评析】

或许行文称"逸者"而不称"隐者"，是为彰明逸者之品格高于隐者，所以本章所评述的逸者并不包括前面接舆、长沮、桀溺等隐者，他们很显然多少带有个人、自我的色彩，而本章七名"逸民"，《解义》称其"是自遂其高、自行其志、不为世法所拘之人"，虽然多皆无迹可考，但从仅知的人物事迹中，也大致可以了解到他们所属的人格类型——他们与隐者还是俨然有别的。王弼注曰："逸民者，节行超逸也。"（《论语注疏》）又接着引用苞氏的话说，"此七人皆逸民之贤者"，意思是这七个人又是节行超逸者的杰出代表。

但是，他们本身的事迹多皆难寻，因此孔子在本章中对他们的评价也难以找到实证。他们与孔子之间的人格形象关系也因此变得较为复杂。孟子把他们大皆归为孔子一类，但认为孔子又高于他们："伯夷，圣之清者也；伊尹，圣之任者也；柳下惠，圣之和者也；孔子，圣之时者也。孔子之谓集大成。"（出自《孟子·万章下》，详见本章"清任和时"词条注释。）

然而，《论语》文本和《孟子》在表述部分都遗漏了朱张这个人，而史料对其也失载阙如，以至于这个名字迷雾重重，难以达诂。

朱张其人，一说是在《荀子》中有四次与孔子并列称述的子弓。（如本章所引明人冯梦龙简述。）然而此"子弓"，常被解释为孔子弟子冉雍。冉雍字仲弓，称子弓亦可，且孔子对其评价极高，堪与颜回并列而自成一派。朱张或被解释为是馯臂子弓，因为他不仅是名副其实的"子弓"，而且正乃接续孔子易学而传承于荀子之桥梁。因此学者对《荀子》中备受荀子推崇的子弓也是众说纷纭，莫衷一是。钱穆先生综述云：

按：荀子书屡称仲尼、子弓，杨倞注（见《非相》）子弓盖仲弓也。元吴策亦主其说。俞樾曰："仲弓称子弓，犹季路称子路。子路、子弓，其字也，曰季曰仲，至五十而加以伯仲也。"

今按：后世常兼称孔、颜，荀卿独举仲尼、子弓，盖子弓之与颜回，其德业在伯仲之间，其年辈亦略相当，孔门前辈有颜回、子弓，犹后辈之有游、夏矣。子曰，"雍也可使南面"，则孔子之称许仲弓，固甚至也。

又按：《论语》逸民伯夷、叔齐、虞仲、夷逸、朱张、柳下惠、少连，皇侃《疏》引王弼曰：朱张字子弓，荀卿以比孔子。《论语》逸民下序六

人，而阙朱张，明取舍与己同也。是以子弓为朱张。王弼之意似指传《易》之馯臂子弓也。此亦一说，未知孰是。❶

钱先生总结分析如此丰富，却没有"标准答案"，其又于《论语新解》中提出"朱张当作诪张"新说（详见本章注释"朱张"词条），然而也只是词义上的推论，并无实证。

就《论语》来说，其所涉及人物除无名无姓人物，均大致有史料记载，但仅存一名而无所查考者，恐怕仅此一例殊甚。朱张是否荀子笔下之子弓，抑或可以从荀子原文处寻绎。荀子写子弓，最为用力处乃其《儒效篇》。在这篇文字中，荀子将儒者分为俗儒、雅儒、大儒，并列述儒者之用，其中大儒之用最大，不仅在位有其用，即便不在位，也能产生巨大的社会影响力。而荀子将孔子与子弓并列称为这种大儒：

彼大儒者，虽隐于穷闾漏屋，无置锥之地，而王公不能与之争名；在一大夫之位，则一君不能独畜，一国不能独容，成名况乎诸侯，莫不愿得以为臣；用百里之地，而千里之国莫能与之争胜；笞棰暴国，齐一天下，而莫能倾也——是大儒之征也。其言有类，其行有礼，其举事无悔，其持险、应变曲当；与时迁徙，与世偃仰，千举万变，其道一也——是大儒之稽也。其穷也，俗儒笑之；其通也，英杰化之，嵬琐逃之，邪说畏之，众人愧之。通则一天下，穷则独立贵名。天不能死，地不能埋，桀跖之世不能污，非大儒莫之能立，仲尼、子弓是也。（《荀子·儒效篇》）

译文：

那些大儒，即使身为一介平民，隐居于小巷陋室，贫无立锥之地，但纵然是天子诸侯也无法与他们竞争名望；如果他们身为士大夫，委身于诸侯治国，恐怕也难为一国国君所能单独任用，因为不是一个诸侯国所能单独容纳，他们的盛名堪比诸侯，各国诸侯无不希望任用他们；他们若为官方圆百里之地，那千里见方的大国也无法与之争胜；他们除暴安良，统一天下，无人可挡——这就是大儒所具有的特征。他们言之有度，行之合礼，做事刚毅果决，能临机应变，快速应对，鲜留后患；他们顺应时世，因时制宜，而能够以不变应万变——这正是大儒经得起考验的地方。他们穷困失意的时候，就连庸俗的儒者都会讥笑他们；但是当其得志显达的时候，英雄豪杰也无不因缘求变，怪诞鄙陋之人赶紧跑掉了，持异端邪说的人不

---

❶ 钱穆：《孔子弟子通考》，载《先秦诸子系年》，商务印书馆2015年版，第79页。

敢面对他，一般民众在其面前，无不为之愧服。他们得志便足可感召天下，不得志就超然独立，珍惜名节。志业如此伟大，不因生命终止而消失，不因一时失意而久隐难显，即便身处桀跖当道的乱世之中也矢志不移，不与时漂移，同流合污，不是大儒，又有谁能够如此立身处世呢？而仲尼、子弓就是这样的人。

似乎后人对孔子怀才不遇而耿耿于怀，所以在德位关系的论述上颇费脑筋和口舌。孟子于《万章篇》，荀子于《儒效篇》中所论，亦皆不过如此。就《儒效篇》对大儒的定义和讨论来看，主旨不离本章大义，荀子所谓之大儒神似孔子所谓之逸者，或可因之谓朱张为荀子笔下"子弓"可也。

以子弓为仲弓之说在称谓习惯上有明显瑕疵，有强辩之嫌。何以荀子屡称子弓而非仲弓，而仲弓同时代的人虽亦称季路为子路，但并未称仲弓为子弓？作为后来人的荀子即便是出于钦敬，也不必刻意改变前人约定之称谓。更何况，依周制，步入老年乃称伯仲叔季（《礼记·檀弓上》："幼名，冠字，五十以伯仲，死谥，周道也。"），后人敬前人而不称终老之名，却称其年轻时未必采用之名，很难说得过去。

与孔子并列称名，除了像孔颜、孔孟这样以因源承续关系来代称儒学的说法外，并不见孔子与其他弟子并列。一般来说，以孔子之声名威望，其弟子不应该与之并举，即便是备受孔子赞誉者，更不用说是其隔代弟子。孔子与易学之关系本就不明，却因有感于馯臂子弓与荀子在易学上的传承，而不顾其人与荀子"大儒"道德人格定位的偏离，有些牵强附会、本末倒置了。

【标签】

逸民；伯夷；叔齐；柳下惠；无可无不可；随时处中；清任和时；大儒；朱张

【原文】

大师挚适齐，亚饭干适楚，三饭缭适蔡，四饭缺适秦，鼓方叔入于河，播鼗武入于汉，少师阳、击磬襄入于海。

【解义】

此一章书，记孔子正乐之功也。

太师是乐官之长，少师是乐官之佐。古之国君必作乐以侑食①，故有亚饭、三饭、四饭之名。

鲁自三家②僭越，歌《雍》舞佾③，私家④盛而公室⑤衰，音乐已废缺矣。自孔子正乐之后⑥，群公知先君之乐不可下移于僭妄之门，于是太师名挚者去而适齐，掌亚饭之乐名干者去而适楚，掌三饭之乐名缭者去而适蔡，掌四饭之乐名缺者去而适秦。虽所适之国不同，而其洁身之志则一也。掌鼓名方叔者入居河内⑦，掌播鼗⑧名武者入于汉中，为乐官之佐名阳者与掌击磬名襄者，入于海岛。虽所适之地各异，而其避乱之心则一也。

盖伶官⑨去而鲁事日非。使非孔子正乐之功，则上替下凌⑩，其何以为国乎？以其人去鲁而乐存，殆犹愈于人在鲁而乐亡也。叙述之间，感慨系之矣。

【注释】

①侑食：劝食。侑，音 yòu，佐助。《周礼·天官·膳夫》："以乐侑食，膳夫授祭。"郑玄注：侑犹劝也。

②三家：即"三桓"，指鲁国大夫孟孙、叔孙、季孙这三大家族。详参本书[八佾第三·二]"三家"词条注释。三桓当时实力强大，架空了国君，左右了权力，常常僭越礼制。

③歌《雍》舞佾：歌《雍》指"三家者以《雍》彻"（[八佾第三·二]）；天子祭祖唱《雍》诗来撤走祭品，三桓却也"以《雍》彻"，严重僭越了礼制。舞佾指"八佾舞于庭"（[八佾第三·一]）；八佾是天子使用的舞蹈队列级别，三桓也在自家庭院里采用这一队列形式，也属于僭越礼制的行为。

④私家：家，古为士大夫封地，而非一家一户意义上的小家庭。

⑤公室：本指周代诸侯的家室，后泛指诸侯一家直接掌有的政权、军力、财产。

⑥自孔子正乐之后：鲁哀公十一年（前484），孔子从卫国回到鲁国，首先厘正了《雅》《颂》之诗错乱而不合于乐的状况。[子罕第九·十五]：子曰："吾自卫反鲁，然后乐正，雅颂各得其所。"

⑦河内：指黄河以北的晋国。

⑧播鼗：摇鼓。鼗，音 táo，拨浪鼓。

⑨伶官：乐官。
⑩上替下陵：同"下陵上替"，指上下失序，纲纪废坠。陵，通"凌"。

【译文】

这一章是讲，记述孔子正定音乐的功用。

太师是最高的乐官，少师是太师的副官。古代的国君吃饭的时候一定分不同场次奏乐来烘托氛围，激发食欲，所以有"亚饭""三饭""四饭"的名目。

鲁国自从遭遇孟孙、叔孙、季孙三桓强权僭越礼制，三家以《雍》撤而八佾舞于庭，大夫之家兴盛而诸侯之国衰落，音乐遭到废弃而残缺。自从孔子正定音乐之后，各位乐官因此明白前代君主的音乐绝不能降格流转到僭越礼制的人那里，于是名字叫作"挚"的音乐主官离开鲁国去了齐国，分管亚饭音乐的叫作"干"的乐师离开鲁国去了楚国，分管三饭音乐的名字叫作"缭"的乐师离开鲁国去了蔡国，分管四饭音乐的名字叫作"缺"的乐师离开鲁国去了秦国。虽然他们所到之国有所不同，但是他们洁身自好以此明志的心意是一样的。负责击鼓的名字叫作"方叔"的乐师跑去了黄河以北，负责摇鼓的名字叫作"武"的乐师跑到了汉水以南，名字叫作"阳"的音乐副官和负责击磬的名字叫作"襄"的乐师则跑去了海岛之上。虽然他们去的地方不同，但是他们躲避乱世的心理是一样的。

大概这些乐官纷纷离开是因为鲁国的情况越来越糟糕。假如不是孔子正定音乐而使乐官纷走，就会使上下失序，礼愈崩而乐愈坏，恐怕会国将不国了。虽然他们离开鲁国，却使音乐体面地保存了下来，这比他们留在鲁国而音乐精神丧亡要强得多。虽然这一章只是平白记叙，但字里行间，颇多感慨。

【评析】

这一章以铺叙手法写宫廷乐师之遭遇，笔致简洁而画面感充盈。一句话便是一段人生、一种命运、一个时代。低吟浅唱之，便有无尽韵味，如临其境，如遇其人，兴替所存，满目悲凉。

乐师纷纷逃离王宫府邸而流浪他乡，在那个信息传递十分落后的时代，其名姓和归所却都被清晰地记录，这是因为什么，又是怎么做到的呢？

《解义》或许是受朱熹《集注》的影响，把乐师的行为归因到孔子的功劳簿上，说是孔子删述定正六经，使他们深明大义而纷纷逃离政治混乱的国度。这样的说法未免有些牵强。乐师们的逃亡纵然有个人的选择或政治的逼迫，然而乐师逃离本身或许并不能说明什么，因为他们跟其他技师一样，只是依托一种专长来安身立命，不应该被赋予额外的意义。但依儒家的观念，乐师出逃是礼崩乐坏到一定程度的一个表现——即便在"八佾舞于庭，是可忍孰不可忍"之时，乐师仍然可以凭借自己的技能服务于主顾，甚至有可能大受青睐。而至于后来，政局究竟到了何等混乱的境地，才使他们连谋生的饭碗都不要而逃命于外（尽管《论语》的措辞看上去是他们自己主动离开而且各具心志）了呢？这也许正是因为当时的礼制完全遭到毁弃，怀有礼乐技能的人完全没有用武之地了。

因此，乐师外逃事件与其说是政治的崩盘，不如说是文化的坍塌。如果只是出于政治原因，这些作为技师的乐官或许尚可以不分蜀魏，隔江犹唱后庭花；但是如果政治体系本身已不需要以往的礼乐文化体系来支撑，那么这些乐官自然没有留存的必要了。

朱熹认为这个记录未必是孔子所为。那么到底是谁用这样的文字来记录的呢？不管怎样，正因为本章使用了非常客观的记述笔法，反倒使文字更具意味，平静之中隐藏着抑郁不平之气。（《解义》也敏锐地捕捉到了这种气息。）钱穆先生将这一幕与唐代安史之乱的表现联系起来，以艺人命运之零落看时代动荡之丧乱：

此章记鲁衰，乐官四散，逾河蹈海以去，云天苍凉，斯人寥落。记者附诸此篇，盖不胜其今昔之悲感。记此八人，亦所以追思孔子也。唐史记安禄山乱，使梨园子弟奏乐，雷海青辈皆毁其乐器，被杀而不悔，此亦类于入河入海之心矣。❶

与雷海青同在梨园担任宫廷乐师的李龟年，因安史之乱而流落江南。杜甫因与之相遇而感慨系之，作七绝《江南逢李龟年》，恰借此乐师的命运来传达时代的兴替之感：

岐王宅里寻常见，崔九堂前几度闻。
正是江南好风景，落花时节又逢君。

这确实是一首耐人寻味的好诗。但此实属"国家不幸诗家幸"（清赵翼《题遗山诗》），恐怕作为诗人的杜甫宁愿没有此作品，而在长安的街头与乐师一别不见，相忘于江湖。

---

❶ 钱穆：《论语新解》，生活·读书·新知三联书店2002年版，第478页。

【标签】

礼乐；音乐；文化；教育

【原文】

周公谓鲁公曰："君子不施①其亲，不使大臣怨乎不以。故旧无大故，则不弃也。无求备于一人！"

【解义】

此一章书，是周公训子以忠厚开国之道也。

鲁公是周公之子伯禽。昔伯禽受封于鲁②，周公训诫之曰：立国之道，忠厚为先，而忠厚之道不过亲亲、任贤、录旧、用人数者而已。盖亲乃国家之本，恩义不笃，则亲亲之道以乖。君子于一本九族之谊，肫挚③周详，不使其有遗弃焉。大臣为吾之股肱，信任不专，便生疑贰，必须推心委任，俾之各展其长，不使大臣怨我之不信用也。故旧为吾之世臣，休戚与共，若念旧之意衰，则先世之功德俱泯④，必也贤者世官，不贤者亦得世禄，非有恶逆⑤大故，不忍轻于废弃。至于人之才具，各有短长，若欲求全责备，则用才之途既狭，亦非因材器使⑥之意，必也量能授职，使人各尽其能，不可求备于一人。

周公之训辞如此。此数者皆忠厚之基，培植国家之本。其后周祚⑦八百，鲁亦与周并传，享祚独久⑧，皆德泽殷流⑨之所致。然则，开国承家可不佩⑩古训，而思永图哉！

【注释】

①施：同"弛"，怠慢。

②伯禽受封于鲁：西周初年，周公被封于鲁，由于他要留在京师辅佐周王，不能亲赴封地，因此周王命其长子伯禽代替他去鲁国就封。

③肫挚：音 zhūnzhì，真挚诚恳。

④泯：泯灭。

⑤恶逆：指中国古代法律规定的杀害直系和旁系尊亲属或兄、姊、夫及夫之直系尊亲属，或殴打祖父母、父母的犯罪行为。以穷恶尽逆，绝弃

人伦，故称"恶逆"。古代"十恶"之四。

⑥器使：重用，量材使用。

⑦祚：音 zuò，福，福运，赐福。

⑧独久：独，其，那么。

⑨德泽殷流：广施恩德。德泽，恩德，恩惠。殷流，盛行。

⑩佩：钦敬，心悦诚服。

【译文】

这一章是讲，周公训诫儿子，要以忠厚之道来建立国家。

鲁国开国国君是周公的儿子伯禽。当时伯禽代父受封到鲁地，周公训诫他说：建立国家的要道，要以忠厚之道为先决，而此道不过是亲近亲人、任用贤人、录用故人和选人用人这几样而已。大概亲族是国家的根本，如果对亲族的情义不够笃实，那么就会违背亲亲之道。君子对于一本同源的九族的关怀，要真诚而全面，不能有所遗漏。大臣是国君的肱股，如果不专注和信任，就会滋生猜忌和背叛，一定要推心置腹加以委任，使其各尽所能，各施所长，不要让他们埋怨自己不被信任和任用。故旧之人是国君世代跟随的臣子，君臣休戚相关，生死与共，如果顾念旧人的心思松散了，那么先世创立的功德也会随之泯灭了，因此他们之中，贤良的人要世袭官位，不够贤良的人也要承袭俸禄待遇，如果不是大逆不道，就不要轻易废弃与他们修好和善的关系。至于选用各类人才，他们尺有所短、寸有所长，如果想要尽善尽美、求全责备，就会使进人渠道愈发褊狭。当然，并不是有才无才都拉进来，而如果可以的话，要根据其才能大小来分别授权任职，让他们在各自的能力范围内去做事，各尽其能，而不能对人求全责备。（"知人"重要，"善任"更重要。）

周公就是如此对鲁君训诫的。这几条都是忠厚之德的基础，建立国家的根本。后来周王朝运数长达八百年之久，鲁国也与周朝一起流传，享有上天赐福也那么长久，这都是广施恩德的必然结果。所以，建立国家、承传家业的人，怎能不钦敬古代的训示，而以此来考虑国家的长治久安呢？

【评析】

本章记录的是周朝初期的事情，也氤氲着《尚书》的气息，特别是带有《尚书》所特有的"训政"语气。

笔者姑妄推论《尚书》乃孔子后学者因受孔子思想影响而编纂（详见本书［尧曰第二十·一（四）］"评析"部分），也不排除完全伪作的可能。

就此而言，本章也很有可能是伪作者打入《论语》中的一根楔子。

【标签】

周公；鲁公（伯禽）；人才；公心；无求备于一人

【原文】

周有八士：伯达、伯适、仲突、仲忽、叔夜、叔夏、季随、季骊。

【解义】

此一章书，是追思周初人才之盛而纪之也。

记者曰：贤才之生关乎气运。周昔盛时，太和之元气①既萃，而涵濡②之德泽尤隆。于时山川钟秀③，贤哲笃生④，即一家之中有八士焉：曰伯达，明于义理；曰伯适，宏❶于度量；曰仲突，有御侮之材；曰仲忽，有总理之能；曰叔夜，柔顺不迫，得夜之道；曰叔夏，刚明不屈，得夏之义；曰季随，才能顺应；曰季骊，德比良骥。虽以伯、仲、叔、季为次第，均之为宅俊⑤之彦⑥也。

此八士者，毓于一母，萃于一门，而又皆有迈轶⑦群伦⑧之德，斯真邦家之光矣！

从来天开圣王，有道之长⑨，必有英贤应运而起，以赞襄⑩盛治⑪。然天能生之，而不能用之。是在人主——敬贤礼士，罗而致之殿廷，则师济满朝⑫，庶务⑬就理。于以奏升平康泰之治，不亦休⑭哉？

【注释】

①太和之元气："太和"取自《周易·乾卦象传》："乾道变化，各正性命，保合大和，乃利贞。"大通"太"，"大和"就是"太和"。但"太"具有"比大还大"的意思，"太"是"大于大""最于最"，因此"太和"具有根本性意义与特征。元气，大化之始气。古人认为是太和元气哺育了世间万物。

---

❶ 宏：《摛藻堂四库全书荟要》本（同武英殿刻本）作"弘"。

②涵濡：滋润，沉浸。

③钟秀："钟灵毓秀"的简写，意思是凝聚了天地间的灵气，孕育着优秀的人物。

④笃生：生而得天独厚。

⑤宅俊：出自《尚书·周书·立政》，三宅三俊的简称。宅，考虑。俊，进用。三宅是指"宅乃事，宅乃牧，宅乃准"（考虑政务是否得当，考虑管理是否有效，考虑司法是否公正）；三俊是指运用三宅的科目登进人才。

⑥彦：才德出众之人。《诗经·桧风·羔裘》：彼其之子，邦之彦兮。

⑦迈轶：超过。

⑧群伦：同类或同等的人们。

⑨有道之长：全称"万年有道之长"，是臣子颂扬朝廷的一句成语，亦即久远的意思。

⑩赞襄：辅助，协助。

⑪盛治：昌明的政治。

⑫师济满朝：喻指朝廷人才济济。师济即"济济师师"，盛貌。唐陆贽《论裴延龄奸蠹书》："陛下勤修仪式，以靖四方，慎选庶官，以贞百度，内选则股肱耳目，外选则垣翰藩维。济济师师，咸钦至化，庶相感率，驯致大和。"

⑬庶务：古时指各种政务。

⑭休：美好，美善。

【译文】

这一章是因为追思周朝初期人才鼎盛的气象而记录下来。

记述者记载：贤才产生的多少与朝代的气数和命运密切相关。周王朝当年兴盛之时，太和元气萃集，浸润恩德昌隆。当时山川河谷钟灵毓秀，贤哲辈出得天独厚，有一家之中培养了八名贤士大夫：一个是伯达，他深明大义；一个是伯适，他宽宏大量；一个是仲突，他武艺超群；一个是仲忽，他善于统理；一个是叔夜，他得深夜之启发，处事和柔安稳；一个是叔夏，他受暑热之磨砺，刚直不屈；一个是季随，他才能兼备；一个是季骝，他好比千里马坚毅忠诚。虽然他们按照伯、仲、叔、季的次序来排列，但都是经过精挑细选出来的优秀人才。

这八位贤士，同为一母所生，集中于一个门第，又都有出类拔萃的德行，他们真的是其邦其家的荣耀啊！

从来上天开启圣王之治,其长治久安,一定需要英才贤士响应时运而出现,来协助实现昌明的政治。然而老天可以让他们出生,但不能予以任用。因此这个任务落在君主身上——礼贤下士,把他们网罗到宫廷之中,济济一堂,使各种政务马上得到办理。这样来实现升平康泰的治理效果,不是上善之策吗?

【评析】

本章记录着实简略,又无太多史料可考,因此本来几无意义;倒是《解义》自身所透露出阐释者的政治观念颇有意思,也因此可以观测到此章与全篇内容所潜在一种内在的关联。

阐释者之意即贤才与盛世的共生关系:盛世出贤才,贤才辅盛世。而我们也可以将其引申为一种辩证的关系:盛世因时势安定而争名夺利,尘沙泛起,良莠莫辨;贤才因世乱凶年而穷且益坚,斯人独立,卓然不群。个人价值取向与社会的治乱既要密切关联,也要保持距离。这是孔子所不断探究的命题:"笃信好学,守死善道,危邦不入,乱邦不居。天下有道则见,无道则隐。邦有道,贫且贱焉,耻也;邦无道,富且贵焉,耻也。"([泰伯第八·十三])如此种种,不一而足。大概皆在慨叹盛世出贤人,而乱世出隐者,隐者与贤人可能为同一人,却因时代的熏染和激变而与孔子成为陌路人。因之,孔子与隐者之间的相互辩诘,以及对治世乱世的反复讨论,恰与本章产生一种无形的关联和比对,平静的笔调下,仍隐藏颇多叹惋和失落。由此而言,将此章作为篇尾,也确有其实在意义,而非毫无作用之闲笔。

【标签】

周;人才;隐者;士

子张第十九

【原文】

子张曰:"士见危致命,见得思义,祭思敬,丧思哀,其可已矣。"

【解义】

此一章书,见论人者当观其大节①也。

子张曰:士之为士,贵在立身②。果于死生利害之关、幽明③始终之际,实心勘透④,不但可以验学问之纯,亦可以征品行之笃。今之为士者,若能见危难则委命以赴公家之急,绝无瞻顾之心;见财利则思义之当得与否,绝无苟且之念;至于祭祀则思敬⑤以追远⑥,而恪⑦将其如在之诚⑧;居丧⑨则思哀以慎终,而极致其思慕之笃。光明俊伟⑩,外行既极其刚方⑪;仁孝诚敬,内行复极其恺挚⑫。其可谓之士也矣。

兹数者,为士修己之大闲⑬,可以对明廷而质癏瘝⑭;亦国家取士之大法,将以敦气节而励修能。若不务立乎其大,徒拘拘⑮于小廉曲谨⑯之行,是岂可以衡量天下之士哉?

【注释】

①大节:高远宏大的志节、节概,或指品德操守的主要方面(对小节而言)。

②立身:对自身事业或人格的定位。

③幽明:黑白,是非。

④实心勘透:实心,一心。勘透,看透。

⑤思敬:尽心。[季氏第十六·十]:"言思忠,事思敬。"

⑥追远:追念远祖。[学而第一·九]:"慎终,追远,民德归厚矣。"

⑦恪:谨慎而恭敬。

⑧如在之诚:如在,如同亲在。[八佾第三·十二]:"祭如在,祭神如神在。"(祭祀祖先就像祖先真在面前,祭神就像神真在面前。)

⑨居丧:犹守孝。处在直系尊亲的丧期中。

⑩光明俊伟:光明,襟怀坦白,没有私心。俊伟,出类拔萃,卓异壮美。

⑪刚方:刚直方正。

⑫恺挚：和乐诚挚。恺，音 kǎi，欢乐，和乐。
⑬大闲：基本的道德规范或行为准则。可详参本书［子路第十三·二十］同名词条注释。
⑭对明廷而质寤寐：对明廷，指向外对接朝廷，用以处事为人。质寤寐，即寤寐质，早晚质问内心。寤，醒来；寤寐，睡着。寤寐，在此处指日夜，早晚。
⑮拘拘：拘泥。
⑯小廉曲谨：细微的廉洁谨慎，指注意小节而不识大体。朱熹《答或人》："乡原是一种小廉曲谨、阿世徇俗之人。"

【译文】

这一章是说，观察评论一个人应该看他大的格局。

子张说：士之能够成为士，重要的在于对自身的定位。如果能够在生死利害攸关之时、是非曲直难辨之际，内心可以清楚地进行判断，不但以此来判断一个人的学问是否纯熟，也可以来验证一个人的品行是否笃实。现在的士人，如果能够在国家危难的时候把身家性命都投入救急，行动起来没有丝毫犹豫；得到财物就考虑是否合理，处置起来没有丝毫含糊；在祭祀的时候要尽心追念，谨慎而恭敬，就像他们在眼前一样；居丧的时候，要尽心哀悼而谨慎送终，极致表达思念追慕的心意。胸怀坦荡，卓异不凡，处置事业外务刚直方正；仁爱孝慈，诚明恭敬，修养内心气质和乐真挚。这样可以称之为士了。

这几条，是士人修为的标准，可以以此外对朝廷（以之处事），也可以以此内对心灵（朝夕叩问）。因此它们也是国家招贤纳士的基本原则，可以用来敦厚人品和增长才干。如果不确定根本性的方向，只是拘泥于细枝末节，那怎么能够去衡量天下的士人呢？

【评析】

本章《解义》与张居正的阐释接近，但更明晰。

见危致命，见得思义，应该不是儒家自身的诉求，而是从政治的角度，亦即从国家/政府的角度提出来的。一个社会需要这样的中坚力量（即鲁迅先生所谓的"脊梁"）来承载道义，但是这种道义的承担实际上应该有一个对应的评价和激励机制。如果给这样的一个"英雄"形象拍照，那么国家的价值体系和激励机制则必然是这个人身后的大背景。如果只是一味地让个人去"大义凛然""铁肩担道义"，那么社会总体并不会因之受益，而个人的牺牲则很有可能是无辜的。

《解义》从内外两个角度来分解，非常精到。向外牺牲奉献，向内叩问自求。这两者共同建构了"士"之个体。然而这个个体并不孤立，其身后有国家的价值系统，还有自古及今的文化传统在。这一内一外、一纵一横两个维度，共同健全了每一个个体。

"光明俊伟"的典故出自明代的薛瑄。薛瑄初仕之时就因自己身为御史而拒绝当朝首辅杨士奇等人的私下会见，因为这样有可能会蝇营狗苟，以权谋私。他居官期间，能够严于律己，勤廉从政，刚直不阿，执法如山，因而获得"光明俊伟"的美誉。而与杨士奇交往这样一个私密的事件被发掘出来并广为颂扬，其实正是社会文化系统坚挺而有效的标志。如果一个士人当了官差，能够公而忘私，公事公办，想必工作绝不会差；如果一个社会实实在在地以人格论人，以境界养人，那么这一定是一个不太差的时代。

传说赵普"半部《论语》治天下"。其典出自南宋龚昱所记《乐庵语录》，乃其师李衡（乐庵先生）口述赵普事，读来颇有意味：

> 先生（指李衡）所至授徒，其教人无他术，但以《论语》朝夕讨究，能参其一言一句者，莫不有得。或曰："李先生教学且三十年，只是一部《论语》。"先生闻之曰："此真知我者！太宗欲相赵普，或谮之曰：'普山东学究，惟能读《论语》耳。'太宗疑之以告普。普曰：'臣实不知书，但能读《论语》。佐艺祖（指太祖）定天下才用得半部，尚有一半可以辅陛下。'太宗释然，卒相之。又有一前辈平生蓄一异书，虽子弟莫得见。及其终，发箧以视，乃《论语》一部。此书诚不可不读；既读之，又须行之。"

原来所谓"半部《论语》"与"定天下""治天下"，并非哪一部分可以"定"，哪一部分可以"治"的问题，而是《论语》所衍生的与"天下"相对应的语义关系，即从《论语》自身来看，其要义乃是建构一个完整有效的价值体系，使每个人都在这个体系中找到自己的定位和努力的方向，也使每个人的付出和努力得到社会价值体系的准确回应，从而产生好的社会效应。此即如［子张第十九·二十五］所言：夫子就像苍天一样，不能用阶梯攀爬到达。他治理邦国家庭，想让国人立业，国人就会立业；教导国人，国人就会遵行；安抚百姓，百姓就会投靠；号令百姓，百姓就会响应。没有什么是夫子做不到的。

质言之，只有在社会价值体系健全的基础之上才能形成治政者的公信力和执行力，所以，建构完整的社会价值体系尤为重要。如果孔子所倡导的君子是一个演艺水平出众的演员，那么健全的社会价值体系就一定是那个可以让他尽情演绎的舞台。

【标签】

子张；薛瑄；士；见危致命，见得思义；光明俊伟；半部《论语》治天下

【原文】

子张曰："执德不弘，信道不笃，焉能为有？焉能为亡？"

【解义】

此一章书，见为学者存乎量之广而志之坚也。

子张曰：理得乎心谓之德①，德必执而后有守②，执必弘而后有成。若使既执持其德而轻喜易足，不复加以扩充之功，是能执而不能弘也。

理所当然谓之道，道必信而后无惑，信必笃而后不移。若使既信从乎道，而锐始怠终，不复操以坚忍之志，是能信而不能笃也。

夫不弘则所执者小，而德无由以新；不笃则所信者虚，而道无由以进。是人也，将终无所成就。有是人不足为当世重，焉能为有？无是人不足为当世轻，又焉能为无乎？

盖为学之道，知与行而已。有所得而执之太狭，则行未尽；有所闻而信之不笃，则知未深。故学者能始事善于信，终事善于执，则知之真，行之力，卓然③为斯世可有不可无之人，而吾道庶几其有托也。否则，泛泛悠悠④，迄无成就，亦何关于得失之数⑤哉？

【注释】

①理得乎心谓之德：理从心而得，称之为"德"。《朱子语类》卷六："存之于中谓理，得之于心为德，发见于行事为百行。"［卫灵公第十五·四］引张居正《四书直解》："义理之得于心者谓之德。"

②有守：有操守，有节操。出自《尚书·洪范》，详参本书［宪问第十四·一］（一）"有守有为"词条注释。

③卓然：卓越，突出。

④泛泛悠悠：喻舟行水上，晃晃悠悠，漂泊不定。南朝梁王籍诗作《入若耶溪》："艅艎何泛泛，空水共悠悠。"

⑤得失之数：成败得失的定数、命运。

【译文】

这一章是阐明学者应有宽宏的道德追求和坚毅的品格操守。

子张说：天理为心所感知就是"德"，德一定是有所据持才能成为操守，而只有不断弘扬扩大才能够成就至德。如果持德自满，未能不断扩充提高，那就是能够做却做不好。

天理应然之义就是"道"，道一定要信从才能扫除疑惑，而且这种信从只有达到笃定的地步才不会蜕变。如果信了道，却虎头蛇尾、一曝十寒，或者朝三暮四持之不恒，那就是信从但不够笃定。

如果不够弘大，就会器识狭小，品德就无从更新；如果不够笃定，就会信仰虚无，道行就无从提升。因此这样的人，也就终究无所成就。有这个人，又不能为当世所倚重，又怎么算得上有他？没有这个人，这个世界也不会觉得有所缺失（多一个不多，少一个不少，可有可无）。又怎么评断有他好还是没他好呢？

大概为学的要义，在于知和行这两样而已。有所认知但拘泥固执于此，就会在行动上有所不足；有所领会但轻浮游移，就会在思想认知方面十分浅薄。所以求学的人能够做到以信仰开始，以行动结束，就会获得真知且行动有力，因此定会出类拔萃，卓然不群，成为被当世所倚重之人，而不是可有可无，而且我们的道德因此就会有所依托（传承）了。不然的话，人生就如同泛舟水上，晃晃悠悠，摇摆不定，最终也不会有所成就，这样的结果又跟那些所谓的影响得失成败的命运数理有什么关系呢？

【评析】

这一章的理解本无大的争议，但是对于末尾两句的阐释，有两个取向，却也值得关注：一个是说这个人无益于世，可有可无，无足轻重；一个是认为这个人在道德方面建树不多，徒有其表，形同于无。《解义》即持前者，其实早自皇侃《论语义疏》就持此种阐释。而笔者支持后者，认为子张意在强化对道德要有持续不断的诉求，是对士人修道修德的殷切砥砺，而非对他人进行评价，更非蔑视和攻击。

其实这一判断是与孔子一贯倡导君子人格的不断上升的要求是一致的。比如，"君子不器""女为君子儒，无为小人儒""苗而不秀者有矣夫，秀而不实者有矣夫？"等，比比皆是。如果认为这是拿来讥评别人的话，却也是子张的性格因素使然，尚在情理之中。不过我宁可相信他此时是遵从了孔子的一贯主张。孔子贬斥诸弟子的话，不能片面地理解——对于锐意进取者来说是一种砥砺，对于顽固不化者而言则是一种讥讽。有心无心，见仁见智，如何理解，关键还是看听者的心态吧！

【标签】

子张；德；道；器识

【原文】

子夏之门人问交于子张。子张曰："子夏云何？"

对曰："子夏曰：'可者与之，其不可者拒之。'"

子张曰："异乎吾所闻：君子尊贤而容众，嘉善而矜不能。我之大贤与，于人何所不容？我之不贤与，人将拒我，如之何其拒人也？"

【解义】

此一章书，见两贤论交之异也。

昔子夏①笃信谨守，而于择交也严；子张才高意广②，而于纳交也泛。是以两贤论交，所见遂各不同。

子夏之门人问交道于子张。子张曰：汝师子夏云何？

门人对曰：子夏曰："其人有益于己，是可者也，则与之交。其人无益于己，是不可者也，则拒绝之。"子夏之说如此。

子张曰：子夏此言异乎吾平日之所闻。吾闻君子之交，于人之才德出众者则尊礼之，至于庸众之人亦含容而不弃。于人之有善可取者则嘉奖③之，至于不能之人亦矜悯④而不绝⑤。此不特可者为君子之所与，即不可者亦未尝为君子之所拒也。且吾反己而观拒之之说：论我之贤与不贤，皆非可施之于交也——我果大贤与，于人何所不容，而何必拒人？我果不贤与，则人将先拒乎我，而如之何其能拒人也？

盖拒则邻于太迫，容则几于太滥。得拒之意而善用之，使不至于刻⑥；得容之意而善用之，使不至于流。交道庶其无弊哉！

【注释】

①子夏：卜商，字子夏，孔门十哲之一，擅长文学。其生平详见本书[先进第十一·三]"子夏"词条注释。

②子夏笃信谨守……子张才高意广：[先进第十一·十六]子贡问："师与商也孰贤？"子曰："师也过，商也不及。"曰："然则师愈与？"子曰："过犹不及。"（子贡问："子张和子夏两个人，谁强一些？"夫子回答说："师有些过；商有些不到位。"子贡追问："那么是师强一些吗？"夫子说："过和不到位同样不好。"）朱熹《四书章句集注》："子张才高意广，而好为苟难，故常过中。子夏笃信谨守，而规模狭隘，故常不及。"

③嘉奖：称赞并奖励。

④矜悯：哀怜，怜悯。

⑤不绝：完全不屑，彻底否定。

⑥刻：刻薄。

【译文】

这一章说的是，子夏与子张对交往之道的不同观点。子夏本性谨严，信道不移，所以择友比较谨慎；子张属意高远，所以交际比较广泛。因而两位贤人对交往的看法也有所不同。

子夏的弟子向子张请教交往之道，子张反问他——你们的老师是怎么讲的？

弟子回答说：卜先生说，对自己有益的就交往，否则就拒绝。（这是子夏的观点。）

子张说：子夏所说的，跟我往日在夫子那里所听到的有所不同。我听（夫子）说，君子之间的交往，只要是其人才德超乎一般，就要以礼相待，然而对于普通的庸众也要有所包容而不放弃。对于那些怀有长处而可资学习的人就赞许，对于那些缺少长处的人也要同情而不完全否定。这样的话，不但有才能的人会被君子接纳，而且那些平庸的人也不会被君子拒辞。并且，我们可以用（子夏）这种拒绝庸众的说法来反身自视：如果只是以贤良与否来论，这种择友之道是不合用的——我如果真的贤能过人，对别人又有什么不可包容的呢，又何必拒人千里？如果我只是俗不可耐，那么恐怕别人早就排斥我了，哪里还能等到我去拒绝与别人交往？

大概拒绝交往有点太过于严苛，而无所不交就有些泛滥。对于一些人即便可以拒之门外但仍能够使用他的长处，而不至于刻薄寡恩；对一些人虽然能够宽怀包容，但仍要注重使其发挥长处，而不至于令其放纵自任。（这样的话）交往之道就差不多没有什么问题了吧！

【评析】

为什么要谈论交友之道？朋友是君子人格的扩充和外现，也因此是人格的滋养，是所谓"君子以文会友，以友辅仁"（曾子语，见［颜渊第十二·二十四］），所以孔门多谈及"友"的问题。

大概是谨守孔子"无友不如己者"（［学而第一·八］，另见于［子罕第九·二十五］）的教导，所以子夏交友谨守，曲高和寡。然而无论是孔子还是子夏，应该都不是今天所谓的"势利眼"，他们择友并非抱着现实的功利目的，而是依据自身的修为倾向，因此不能把他们的择友标准视为偏执自私的表现，而是视为追求自身人格提升的手段。

子张的话有对子夏故意辩驳的意味，但是同时也表达了对自己不断"扩容""增量"的人格追求。在这一点上，其实子张和子夏是一致的，也是符合孔门气象的。

他们是把交友之道当作一种学习之道（"学而时习之"而后便是"有朋自远方来"）；《解义》则是把交友之道视为为政之道，认为主政者应当兼容并包，因材施用，虽然是出于劝谏君王的政治目的，但是过于牵强，对原文有所曲解。

【标签】

子夏；子张；贤；交友

【原文】

子夏曰："虽小道，必有可观者焉；致远恐泥，是以君子不为也。"

【解义】

此一章书，见君子择术之严也。

子夏曰：道之散著于天下者无穷，正心修身以治人，道之大者也；专一家之业而治于人，①道之小者也。然虽偏曲之小道，其始皆由圣人之创造，而各有一事一物之理，以之济民生而资世用，未必无可观者焉。独是能于此者，或不能于彼，在百家众技犹未可相兼，而况圣贤治平之大略乎？苟推而极之天下国家之远，恐有窒而难通者矣，是以君子以正心修身为务，使愈远而愈通，而于此小道有不为也。

盖惟有所不为，斯无不可为。君子一身，内而性命之微，外而经纶之业，体用②全备，彻始彻终③。虽至技能之末，未尝不可偶一试之。然用心于其大者，则大者举，而小者亦可不废也。④故凡为君子者，存乎其所用心尔。

【注释】

①正心修身以治人……专一家之业而治于人："治人""治于人"见于《孟子·滕文公上》："有大人之事，有小人之事。且一人之身，而百工之所为备，如必自为而后用之，是率天下而路也。故曰，或劳心，或劳力；劳心者治人，劳力者治于人；治于人者食人，治人者食于人——天下之通义也。"（官员有官员的事，百姓有百姓的事。况且，每一个人所需要的生活资料要靠各种工匠的劳作才能齐备，如果都一定要自己亲手做成才能使用，那就是率领天下的人疲于奔命。所以说：有的人劳于心智，有的人劳于体力；劳于心智的人会统领别人，劳于体力的人会被人统领；被统领者奉养别人，统领者需要被人奉养——这就是通行天下的要义。）

②体用：中国哲学的一对范畴，指本体和作用。"体"是指最根本的、内在的、本质的范畴，"用"是"体"的外在表现、表象。

③彻始彻终：彻头彻尾，从头到尾，完完全全。程颢《中庸解》："诚者，物之始终，犹俗言彻头彻尾。"

④然用心于其大者，则大者举，而小者亦不可废也：《孟子·告子上》公都子问曰："钧是人也，或为大人，或为小人，何也？"孟子曰："从其大体为大人，从其小体为小人。"曰："钧是人也，或从其大体，或从其小体，何也？"曰："耳目之官不思，而蔽于物。物交物，则引之而已矣。心之官则思，思则得之，不思则不得也。此天之所与我者。先立乎其大者，则其小者弗能夺也。此为大人而已矣。"（公都子问："同样是人，有的成为君子，有的成为小人，这是为什么呢？"孟子说："注重身体重要部分的成为君子，注重身体次要部分的成为小人。"公都子说："同样是人，有的人注重身体重要部分，有的人注重身体次要部分，这又是为什么呢？"孟子说："眼睛、耳朵这类器官不会思考，所以为外物所蒙蔽，一与外物接触，便容易受到迷惑而误入歧途。心则有思考的能力，用心思考就能领会，不用心思考就得不到。这是上天特意赋予我们人类的。所以，首先把心这个身体

的重要部分树立起来,其他次要部分就不会被引入迷途。这样便可以成为君子了。")

【译文】

这一章能够展现君子对道术的严谨选择。

子夏说:道体现在天下万事万物上,无穷无尽,正心修身来引导教化百姓,这是大道;有一技之长而受人引导教化,这是小道。虽然那些雕虫小技也是自圣人创作,而且各事各物都有其内在之道理,也都有助于民生日用,未必没有可取之处。只是这往往是能这样做,但不能那样做(彼此差别太大,顾此而失彼),百家工种都不能兼顾并修,更何况是与圣贤们治国平天下的远谋大略呢?如果以此类推来考虑国家的宏观大局和长远之计,就恐怕会有所牵制而难以胜任,所以君子要以正心修身的大道为本职,使大道更加高远通达,同时要远离小道,有所不为。

大概是有所不为,才能无不可为。君子作为一个完整的价值个体,于内能够感受个体性命之精微,于外能够操持经天纬地之事业,体用兼备,内外兼修。即便是那些雕虫小技,也未尝不可尝试一下。然而如果专心于大道,使大道流通,那些小道也就不会遭到废弃。所以凡是君子仁人,决定他们人生志向的仍在于他们如何用心。

【评析】

《解义》对这一章的解释应该主要是引用了《孟子·滕文公》的意涵。孟子在和农学家许行讨论君主为政之道的时候,指出治政者应以大道和大局为重,起到引领百姓的作用,而不是事必躬亲。这与本章的主旨是吻合的,与孔子一贯的主张也是一致的。(所不同的是,孔子更加注重人格境界的提升和人格上的统领,而孟子在此处则提倡治政者统揽大的管理事务。)

君子有君子的责任和使命,并非不劳而获、尸位素餐。社会乃至家庭,都要有合理的分工,使智力和体力相匹配的人力资源得到合理的配置并发挥作用,这可谓非常适用的管理经济学了。

但是,由于儒家主导而形成的这一套"责任分工机制"在很大程度上被简化为统治与被统治、剥削与被剥削、歧视与被歧视的绝对对立和不平等关系,因此简单地代之以"平均主义"来寻求人人平等,反而容易造成道德真空和人格混乱。如何在对传统文化进行扬弃的基础上实现社会道德完整重塑,这样的问题同样值得深思。

【标签】

子夏；道；君子；有大人之事，有小人之事

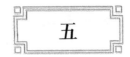

【原文】

子夏曰："日知其所亡，月无忘其所能，可谓好学也已矣。"

【解义】

此一章书，是子夏示人以心学之功也。

子夏曰：凡人之为学，始患其因循而不求所未至，继患其怠弃①而不守所已然。若此者，殆骛②乎学而未能好者也。有能于每日之中审乎己所从事，而未有得者，切切焉深以为念，而知其所亡；更于每月之中审乎己所从事，而既有得者，兢兢焉永以自持，而无忘其所能。夫知所亡，则功愈进而日益；无忘所能，则德愈积而日新。此非笃于向进者能之乎？可谓好学也已。

盖人有生之时皆学时也，诚知日有所进，月有所守，以期无负此时，则心常存而不放③，业日广而有功。古人所以务时敏④，惜寸阴，不敢有一毫之间息也。

【注释】

①怠弃：怠惰废弃，荒废。
②骛：音 wù，本指马乱跑，引申为胡乱追求。
③心常存而不放：内心坚持而不放弃。王阳明《答徐成之》："日用间何莫非天理流行，但此心常存而不放，则义理自熟。"
④务时敏：时时努力。敏，努力。《尚书·说命下》："惟学，逊志务时敏，厥修乃来。"（学习态度要谦逊，必须时时努力，这样学业才能长进。）

【译文】

这一章讲的是，子夏告诉人们修持成学的心念。

子夏说：但凡一个人进行学习，首先是怕他因循固执不求新知，然后就是怕他因怠惰而荒废，不能巩固已经学到的知识。像这样的，一般都是希望学习但未能深入实践的人。如果能够于每天当中审度自己所经历的事情，知道自己的不足和欠缺，并因此念念不忘，就是知道自己的不足了；而在一个月之中能够审度自己所经历的事务，能够有所心得和收获，而且能够兢兢业业坚持不懈，就是不丢弃自己的所能所会。能够每天察知不足，功业才会精进而逐日增长；每月不忘其所能会，德行才会积累而逐日自新。这不是笃志于求学进步的人才能做到的吗？这样才能称之为好学啊。

大概一个人活到老学到老，真正知道每天有所进取，每月有所持守，才是不虚度时日，那么就会用心坚持此学习之道而不懈怠，使功业逐日增长以臻于成熟。因此古人时时努力，珍惜光阴，不敢有丝毫懈怠。

【评析】

这句话出自子夏而非孔子。很多我们熟知的话未必是孔子说的，然而因为人们熟知孔子，所以将身边的名言经常归到他身上。虽然这些言辞有可能是孔子教育的结果，但是毕竟也是经过弟子倾心体会所凝练出来的，反倒不像孔子的话言简意深，因此或许更便于一般学习者理解和认知。刘强先生因之联系子夏渡河西行传道授业之业绩说：

"日知其所亡"，即"博学于文"；"月无忘其所能"，即"约之以礼"。如此，则可下学而上达，知行合一，深造自得也。子夏后教授于西河，为魏文侯师，门人有田子方、段干木、吴起、禽滑厘、公羊高之徒，卓然一大师巨擘，正赖此"日知""月无忘"之功也。❶

若以"日知其所无"为博学于文之学，而以"月无忘"为礼仪实践之行，亦不外"学而时习之""温故而知新"之意。语意环拱孔子话语，但又有不同意味。

顾炎武著《日知录》，既采此语为书名以勉励学问，"采铜于山"❷，明道经世，终成传世之皇皇巨著。

【标签】

子夏；好学；《日知录》

---

❶ 刘强：《论语新识》，岳麓书社2016年版，第524页。
❷ 《日知录·与人书十》："尝谓今人纂辑之书，正如今人之铸钱。古人采铜于山，今人则买旧钱，名之曰废铜，以充铸而已。所铸之钱既已粗恶，而又将古人传世之宝，春剉碎散，不存于后，岂不两失之乎？承问《日知录》又成几卷，盖期之以废铜；而某自别来一载，早夜诵读，反复寻究，仅得十余条，然庶几采山之铜也。"

【原文】

子夏曰："博学而笃志，切问而近思，仁在其中矣。"

【解义】

此一章书，是子夏示人以求仁之实功也。

子夏曰：人惟无所用其心，则其心遂放逸而不存耳。诚能于理之散著乎事物者，博以学之，使广其闻见，而且志之必笃，不徒泛骛①以求焉；理之著乎日用者，切以问之，使得其周详，而又思之自近，不为旷远之谋焉。之四者，乃为学之事，非求仁之事。然仁，人心也②，心存于内则为仁，驰于外则非仁。今既用心于学、问、志、思，则心不驰于外矣。不驰于外，则存于内者自熟③矣。虽未及乎力行，而仁自在其中矣。

可见，圣贤求仁之道不越乎心学者，从事于仁，亦纯其心以求之可耳。

【注释】

①泛骛：泛，浮浅，不切实际。

②仁，人心也：仁，就是人的本心。出于《孟子·告子上》："仁，人心也；义，人路也。"可详参本书［阳货第十七·六］同名词条注释。

③自熟：即"自惟至熟"，意思是自己考虑得已非常成熟。嵇康《与山巨源绝交书》："朝廷有法，自惟至熟，有必不堪者七，甚不可者二。"

【译文】

这一章讲的是，子夏告诉人们切实有效的追求仁道的方法。

子夏说：如果一个人不能用心做事，那么他的心思就会散漫而不专注。如果真的能够把心思集中用于体现在万事万物的道理上来，广泛地学习，增长见闻，而且专心致志，笃定恒久，不只是走马观花泛泛而谈；对体现在伦常日用上的道理，能够切实体会并深入其中来探求，这样就能够对事物有比较全面的理解，对其探究思考自然不断深入，而不是更加隔膜、疏远了。这四点，讲的是学习方法，而不是追求仁道的事情。然而仁道就是心之向学，把心安放于自身体内就是仁；如果渴求外物而心神不安，那就不是仁了。现在既然把心思用于博学、笃志、切问、近思，那么心神就不外散了。心神不外散，就会储存在体内而达到思虑完善的境地。即便还没有真正去做，但是已经是在践履仁道了。

由此可见，圣贤们实则不会跨越心学来谈仁道，所以想尽力从事仁道，只要让自己用心纯粹就可以了。

【评析】

"博学而笃志，切问而近思"，何以就能够使"仁在其中"了呢？

朱熹在《论语集注》中举出程子对这一问题的自问自答：

程子曰："博学而笃志，切问而近思，何以言仁在其中矣？学者要思得之。了此，便是彻上彻下之道。"又曰："学不博则不能守约，志不笃则不能力行。切问近思在己者，则仁在其中矣。"又曰："近思者以类而推。"苏氏曰："博学而志不笃，则大而无成；泛问远思，则劳而无功。"

朱熹对这一问题的理解也寓托于对本章的阐释之中：

四者皆学问思辨之事耳，未及乎力行而为仁也。然从事于此，则心不外驰，而所存自熟，故曰仁在其中矣。

其实无论程子、朱熹，还是《解义》，都无外乎认为"博学笃志""切问近思"是实现仁的路径方法。但是既然如此，何以子夏不说"可以为仁"，而说"仁在其中"呢？

孔夫子似乎很喜欢使用"×在其中矣"这种类型的句子，对此，笔者在［子路第十三·十八］"评析"部分进行了探析。虽然这一章是出自子夏而非孔子，但我们仍然可以推论这是依从了孔子的表达习惯，甚至是转述了孔子的话语。所以可以一并纳入对孔子对这个句式的习惯性用法的探讨中来。

身为作家的冯梦龙也敏锐地捕捉到了《论语》中的这个句式，并专门进行了分析：

朱子曰：凡言"在其中"者，非在此而自在此之词。"博学"云云，虽非所以为仁，然用心于此，仁即在其中矣，与"禄在其中""直在其中"同语气。❶

---

❶〔明〕冯梦龙：《四书指月》，《冯梦龙全集》第 21 册，李际宁、李晓明校点，江苏古籍出版社 1993 年版，第 272 页。

冯氏对朱熹的话引用得当，发现问题也足够精细，但可惜解释得还不够清楚（仍然没有解释清楚"仁在其中"的意蕴），只是将同类句式进行了简单的并列，所以总结也将就了些。

如果对"仁在其中矣"这句话"切问而近思"，不妨如此解释：真正地为仁，体现在各个环节。而这种"博学而笃志，切问而近思"的学习过程和学习状态本身就是仁（出于仁），也只有这样才能达到仁（成于仁），因此可谓：孔门之"学"与"仁"互相定义，本为一体，学即仁也，仁即学也。如此而已。因此可知孔门之"学"有其特定内涵，非一般之学也。子夏此语，亦可谓切中仁学关系之要，而其前往西河讲学，以传道授业为己任，亦可谓仁人矣。

本章评析可与［子张第十九·二十二］互参。

【标签】

子夏；博学笃志；切问近思；仁；学

【原文】

子夏曰："百工居肆以成其事，君子学以致其道。"

【解义】

此一章书，是见君子非学无以造道之极①也。

子夏曰：吾人凡有所为，必志向有定，功力克纯，而后可以获效。如百工各执一技，若迁于异物而不专务其业，则事何以成？惟居于官府造作之肆，耳目之所接在是，心思之所营在是，故得尽巧尽力以成其事焉。

君子以道自命，若夺于外诱而不专用其心，则道何以致？惟习乎穷理尽性②之学，一事之未知，期于必知，一事之未行，期于必行，故得日积月累以致其道焉。

盖道不远人③，原听人之自致。而天下不皆致道之人，有学、有不学故也。苟欲求尽乎道之全体，非实从事于学，何由哉？

甚矣，人之不可不务学也！

【注释】

①造道之极：悟道修为，达到至高修养。造道，穷究事理并躬行实践，以提高品德修养。

②穷理尽性：穷究天下万物的根本原理，彻底洞明人类的心体自性。出自《周易·说卦》。可详参本书［学而第一·一］同名词条注释。

③道不远人：大道不会拒斥人。《礼记·中庸》："道不远人，人之为道而远人，不可以为道。"

【译文】

这一章是说，君子不学就无法达到道的制高点。

子夏说：我们学人要想有所作为，就一定要志向坚定，用功专一，然后才能有所成就。就像工匠们都只是操持一门技术，如果见异思迁，而不能够专心于一项业务，那么就很难成事。只有身处大型制作工坊之中，耳濡目染，专心致志，才能够熟能生巧，百炼成钢。

同样，君子以奉道为己任，如果被外物所惑而不能凝心静虑，那么怎么能够体认大道呢？只有学习穷理尽性的学问，一件事情不知道，就务求知道，一件事情未能做到，就一定要去做到，这样才能够通过日积月累来体认大道。

大道不会拒斥人，原本是因为人能够自己体认得道。而天下不都是得道的人，是因为有的人去学习，有的人不去学而已。如果想要认知道的全部，却不去切实地学，又从哪里得道呢？

的确，一个人绝不能不务求学习！

【评析】

道不远人，但非道弘人，而乃人能弘道，因此君子对于道要始终保持一种探求而不满足的态度，打起十二分精神，孜孜以求，津津乐道。

这一章的解义，很大程度上因循了朱熹《集注》的内容，把百工之精业作为一个喻体，勉励君子专心于道，并达到一种极致。

可能这一章内容并不为人们所重视，所以习惯性地、想当然地因循朱熹，因此很多注解把"致其道"理解为达到道的极致。而实际上，此处之"致"，更有"深入""体认"的意思，毕竟大道阔远，一不能凭空想象，二不能纸上谈兵，所谓"臻于至境"，犹如攀爬高峰，需要峰回路转，迤逦前行，而非探囊取物，唾手可得。因此，此处的"致"字，理解为"要求透彻理解而身体力行"更为贴切。

回头来看百工成事与君子致道之间的关系。《解义》认为君子应该像百工专心于技那样而致力于道,显然把百工当作君子学习的典范,或者比拟的对象。然而,联系古代社会分工的层级和儒家主流对君子责任的定位来看,儒家认为社会有不同分工,而君子的主要责任是上层建筑方面的建构,而非具体的手工劳动:

樊迟请学稼。子曰:"吾不如老农。"请学为圃。曰:"吾不如老圃。"樊迟出。子曰:"小人哉,樊须也!上好礼,则民莫敢不敬;上好义,则民莫敢不服;上好信,则民莫敢不用情。夫如是,则四方之民襁负其子而至矣,焉用稼?"([子路第十三·四])

有大人之事,有小人之事。且一人之身,而百工之所为备,如必自为而后用之,是率天下而路也。故曰,或劳心,或劳力;劳心者治人,劳力者治于人;治于人者食人,治人者食于人——天下之通义也。(《孟子·滕文公上》)

既然分工如此,则各有各的境界和精神追求,无论是孔子所谓的"君子",还是孟子所谓的"治人者",很显然都会有更高的更自觉的自我要求,这是一般的手工劳动者所无法相提并论的。当然这并非可以说明他们歧视手工劳动,而是对教化责任和社会分工的认知使然。

这一章与本篇第四章("虽小道,必有可观者焉")或为脱节的上下文,意涵基本一致。把百工和君子对举,其鲜明之义,并非让君子向百工学习,或者像百工那样用心,而是言明百工、君子各有职守,从而勉励君子栖身于道,不舍昼夜。从某种意义上而言,君子是社会精神意志和价值取向的典范和引导者,百工自然也要崇尚并追随君子。如果志道君子还要习得"工匠精神",还要大儒子夏来告诫"专心"之基础法门,然后才能去躬身于道并有所得——为道而不能自足,那么这个道能是个什么残次品呢——这真的是太过迂阔了。

【标签】

子夏;百工;君子;道不远人;穷理尽性;学;道

【原文】

子夏曰:"小人之过也必文。"

【解义】

此一章书,是子夏为文过者戒也。

子夏曰:人非上圣,孰能无过?知其过而改之,则不至终于过矣。若小人之于过也,明知有悖于理,而徇①于私欲,不能迁善②以自新,复恐人之知其过,则必曲为文饰,以著其善而匿其非,以为可掩人之耳目,孰知其欲盖而弥彰也,可不以是为戒哉?

盖君子有过,幸人知之,③而不敢自欺以欺人④,故卒改而为善;小人之过惟恐人知,而徒欺人以欺己,故卒流而为恶。信乎,过之宜改不宜文也!

【注释】

①徇:音 xùn,依从,曲从。

②迁善:去恶为善,改过向善。《周易·益》:"君子见善则迁之,见过则改之。"

③君子有过,幸人知之:[述而第七·三十一]:"丘也幸,苟有过,人必知之。"

④自欺以欺人:《朱子语类》卷十八"大学五或问下":"因说自欺欺人曰:欺人亦是自欺,此又是自欺之甚者。"

【译文】

这一章是讲,子夏要小人戒除文过饰非的问题。

子夏说:一般之人都非圣贤,谁能没有过错呢?知道自己的过错并且改正,就不会让过错成为过错。但是小人对于过错,明明自己也知道有悖于常理,但是受私欲驱遣,不能改过向善来更新自己,反而恐怕别人知道自己的过错,就一定会歪曲文饰自己的表现,显现好的一面,藏匿不好的一面,以为这样就能够不被人察觉,哪里知道这样是欲盖弥彰,怎么能不以此为戒呢?

大概君子有过错，反倒以人家指出来为幸事，而不是（文过饰非，）拿来欺骗自己，再拿去欺骗别人，而最终能够改正过错，把坏事变成好事；小人有过错，唯恐别人知道，（所以加以掩饰，）这不过是拿欺骗别人的东西来欺骗自己，所以最终使坏事变成了更坏的事。的确，过错要改正，而不应该掩饰！

【评析】

子曰："过而不改，是谓过矣。"（［卫灵公第十五·三十］）又曰："不迁怒，不贰过。"（［雍也第六·三］）概小人文过饰非即为"过而不改"，而很可能"贰过"，而难以成就君子仁矣。此是自绝之路：因是小人则必然文过饰非，而文过饰非者必成小人也。此"必"字用得语重心长啊。

"文"字在此可解为"自欺欺人"，而自欺欺人正是小人的做派和必然结果。此成语本就是朱熹首创而用于本章注释，《解义》又专门引用之，最为恰切不过。

【标签】

子夏；小人；过；自欺欺人

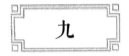

九

【原文】

子夏曰："君子有三变：望之俨然，即之也温，听其言也厉。"

【解义】

此一章书，是形容君子中和①气象也。

子夏曰：君子盛德在躬②，容貌辞气各当其可。故相接之时，其形于身者顷刻变异，计之约略有三：方远而望之，手恭而足重③，俨然有威之可畏焉——以貌若此，宜不可得而亲矣；及近而即之，心平而气和，则又见其温焉——以色若此，宜可得而亲矣；及听其言也，义正而词严，是是非非——确乎其不可易，则又见其厉焉。不滞于声色，不偏于刚柔，此其所以为君子乎！

夫君子岂有心于变哉？自望之、即之、听之者，则以为俨然而又温，温而又厉，在君子，实不知其然而然也。

盖君子道全德备，履中蹈和④，故其著为形容，徵为❶词气，⑤俱有以协阴阳之极而备四时❷之宜，诚中形外⑥，又何疑焉？

【注释】

①中和：中庸之道的主要内涵。儒家认为能"致中和"（《礼记·中庸》），则天地万物均能各得其所，达于和谐境界。详参本书［述而第七·三十八］同名词条注释。

②盛德在躬：内在品质优秀，道德高尚。盛德，品德高尚。躬，自身。《说文解字》："躬，身也。"

③手恭而足重：《礼记·玉藻》："君子之容舒迟，见所尊者齐遫。足容重，手容恭，目容端，口容止，声容静，头容直，气容肃，立容德，色容庄，坐如尸。"（君子的容貌要恬淡娴雅，见到尊长要谦和恭谨。步伐要稳重，手势要恭敬，目不斜视，口不妄言，不随便制造声响，头颈要端直不歪，气度要肃穆不倨，站立要身体微俯如有所得，待人面容庄重而不怠慢，坐姿就像祭礼中的尸端坐在神位一样。）

④履中蹈和：履，实行；蹈，遵循。西汉焦赣《易林蛊之兑》："含和履中，国无灾殃。"

⑤著为形容，徵为词气：著，音zhù，显明，显出。形容，身形、容貌，音容、相貌。徵，通"征"，征兆，迹象，表征，即通过一定事物来呈现。

⑥诚中形外：心中精诚而表现于外在。《礼记·大学》："诚于中，形于外，故君子必慎其独也。"（心里是什么样的，就会显露在外表上。因此，君子在独处的时候一定要慎重自持。）可详参本书［子路第十三·二十六］"道德润身，心广体胖"词条引文。

【译文】

这一章是形容君子中庸平和的气象。

子夏说：君子怀有高尚的品德，就连音容相貌也恰如其分，所以与他交往的时候，他身上的变化会在顷刻之间发生，大概分为这三种：当你远远看过去的时候，他举止端庄稳重，威仪俨然而令人生畏——如果是这样的面貌，很显然难以亲近；等到近距离接触的时候，他心平气和，待人宽

---

❶ 为：《摛藻堂四库全书荟要》本（同武英殿刻本）作"诸"。
❷ 时：《摛藻堂四库全书荟要》本（同武英殿刻本）作"气"。

厚，却又能够让人感知其温厚的一面——如果容色如此，那么还是可以放松地交流的；但等到听他说话，是就是，非就非，黑白分明，义正辞严，很显然是不可改变，又足见其严厉。这种容颜气色的变化和举止性情的中和，都是君子才能够表现出来的吧！

其实这哪里是君子有意变化啊？如果从观望、接触和听闻这个过程来看，就会以为他仪容俨然但又态度温和，态度温和却又言辞警励，但是君子本人始终如一，实在并没有什么变化，不会这样刻意为之。

大概君子道德完善，行必中和，所以很容易通过音容笑貌彰显出来，也会在言谈话语中有所呈现，这能够有助于协和阴阳而随物赋形，因时变化。所谓的"诚中形外"（心中精诚而表现于外在），大概是毫无疑问的吧！

【评析】

子夏的言辞似乎是孔子的回声，相似度很高但又严重失真。例如本章，他能够比较贴合孔子话语的原意来摹画一个"道貌岸然"的君子形象，但也正如引号所寓，道貌岸然者未必是君子。

子温而厉，威而不猛，恭而安。（[述而第七·三十八]）

（孔子）曰："君子惠而不费，劳而不怨，欲而不贪，泰而不骄，威而不猛。"（[尧曰第二十·二]）

所幸《解义》对此很好地进行了辨识，指出了子夏所描摹的君子只是一个外在的形象，这与《论语》中孔子的言谈举止还是有着本质上的不同的。君子本身并无变化，只是接触他的人的心理发生了变化，强调的是君子的内在气质的外显和始终如一。子夏的本意或许是好的，但是往往会致使人徒具其表，照猫画虎反类犬，立论不实的文字足以为后世一大群色厉内荏的伪君子们背书了。

【标签】

子夏；君子三变；温而厉；诚中形外

十

【原文】

子夏曰:"君子信而后劳其民;未信,则以为厉己也。信而后谏;未信,则以为谤己也。"

【解义】

此一章书,是子夏示人以事上使下之道也。

子夏曰:君子于君民之际,必诚意交孚①,而后可以有为。如劳民之事本非民所乐为,惟平日爱民之意实可质②之于民,而民无不信我之爱,然后不得已而劳其民,则民原③其平日之爱,皆知其出于不得已而无所怨矣。若使未信于民而劳之,虽事之当劳而民不喻④,其心则以为病⑤己也。谏君之言本非君所乐闻,惟平日爱君之意实可通之于君,而君亦以是信我之爱,然后不得已而谏其君,则君鉴其平日之爱,深知其出于不得已,而无所嫌矣。若使未信于君而谏之,虽事之当谏而君莫察其隐,则以为谤己也。

夫必信而后劳,信而后谏。将未信而终不可劳,终不可谏乎?非也。其有待于信者,理也;其无待于信者,势也。为劳民、谏君者计,则无不当以信为归。若为所劳、为所谏者趋事赴功⑥,乃其常分⑦,听言纳谏,乃其正理,又何容计及于信与未信之间也?倘以民情未孚,而公家急迫之役,亦寝而不举;君志未格⑧,而荩臣⑨披沥⑩之言俱匿焉莫告——自古迄今,有是理耶?

【注释】

①交孚:互相信任。孚,相信,信任。
②质:抵押。《说文解字》:"质,以物相赘也。"此处理解为交付。
③原:推究。
④喻:理解。
⑤病:祸害,损害。
⑥趋事赴功:创办事业,建立功绩。
⑦常分:本分。
⑧君志未格:君主的认识没有得到纠正。格,纠正,匡正。《孟子·离娄上》:"人不足与适也,政不足间也。惟大人为能格君心之非。君仁莫不

仁，君义莫不义，君正莫不正。一正君而国定矣。"（孟子说："人事不值得过度指责，政事不值得过度评议。只有君子才能纠正国君的认识。国君行仁，就没有人不仁；国君怀义，就没有人不义；国君正直，就没有人不正直。因此，只要国君品行端正，国家就安定了。"）

⑨荩臣：指帝王所进用的臣子，后称忠诚之臣。荩，同"进"。
⑩披沥：犹披肝沥胆。指竭诚相见，坦诚相示。

【译文】

这一章是讲，子夏告诉人们侍奉君上和指使民众的道理。

子夏说：君子对于君上和民众，一定要诚心诚意，相互信任，然后才能够有所作为。如果指使民众的事情本来就不是他们本意想做的，比如使民众辛劳之事本就是他们所不乐意接受的，只有平时爱护民众的情意真正付与民众，而民众则没有不相信我的爱护之意，那么后面不得已去役使民众，民众就会推原你平时对他们的情意，都知道你这样做是不得已而为之，因此也不会对你有所怨愤。如果还没有让民众对你产生信任就去役使他们，即便这件事该他们做他们也不会理解，因为他们打心眼里认为这能危害他们。劝谏君上的话本就不是他们所乐意听到的（那就不要去劝谏）。只有平时对君上的忠爱能够让他们深切地感受得到，并使他们对你深信不疑，而后面如果不得已去劝谏君上时，那么君上会鉴于他们平时对他的忠爱，认识到这样做也是不得已而为之，因此就不会有所嫌弃。但如果还没有使君主充分信任就去劝谏，虽然就事理本身来说是正确的，但君主对实情还不了解的话，就可能会误判你是在毁谤他。

一定要先获取信任然后役使民众，受到信任之后再劝谏君上。难道未获取信任就一直不能役使或者劝谏吗？不是的。获取信任是基于理性判断，未获取信任也要奋起有为，因为是大势所趋，责无旁贷。只因这里是针对平时需要上对君上、下对民众的臣工而言，一切都要以信任为旨归。然而尽心尽力为民众和君上建功立业，这是本分所在；广开言路，察纳雅言，也是天经地义的道理，（如果这两者发生冲突，但都是为了君民上下，）又何必计较是否被信任呢？如果民众不够信任，即便任务紧迫，他们也会弃之不顾；如果君上不改正自己的认识，即便忠臣有披肝沥胆之言，君上也会置之不理——自古至今，哪有这个道理呢？

【评析】

子夏的话，大概是转译了孔子"人而无信，不知其可"（[为政第二·

二十二］）这一句话的意蕴，比较容易理解。但是二者仍然有所差别：孔子所讲的信任更加宽泛，联系"为政"首章，则知其更加强调君主立信的重要性；而子夏更多强调的是君子为臣之道，虽然没有孔子那么广阔，但是也为君子划定了行为界限——做事并非凭良心和责任就可以，受到信任也很重要，在于在沟通和理解的基础上展开工作，不然的话，再努力也没有用。

《解义》不单对原文进行了细致的演绎，而且对其进行了引申，使之俨然成为一篇小而精的政论文。它主要表达了两层意思：一是从正反两面来说，臣工要以信为基开展工作，无信不立；二是臣工为了大局，即便不被信任也要对上对下恪尽职守，哪怕民风君意不守常理，臣工也没有必要刻意去获取信任，但仍然要尽职尽责。第二层意思对原文文意进行了延伸，不只是强调工作方法，更突出君子道义。这就在一定程度上超出了原文的定位，更为深入，也更切近现实。

但是，一个翻译的细节让笔者心生矛盾——结尾"有是理耶"，直观判断应该是个反问句，结合上文来译，也正好恰当。但是这样的结果却不免令人失望，因为如果这样的话，即便民众多疑而君上失职，君子仍然要卓然独立，坚持己见，但在现实当中，其境遇及结局可想而知。君子是应该有所担当，然而这种超出了责任范围的担当是无意义的，甚而是有害的。一个职位的权和责一定要对位，一个人的德和能也要匹配，如果失衡的话，不仅伤害到个人身心，还可能危及社会公义。子贡义务为鲁国赎回国人而不依规接受国家补偿，这本是想做好事，却遭到孔子的批评，因为这样做抬高了道德标准，致使别人因为不好意思接受补偿而干脆不去赎回国人（《吕氏春秋·先识览·察微篇》）。所以，在《论语》中，孔子有很多话语在讲义利关系，是两者之间的互动平衡乃至转化，而非偏执对立乃至撕裂。

君子不应该无原则地做一个好人，他既要有耿直的君子人格，也需要理性的价值判断，一个真正读圣贤书的人，不应该只是一个纯然的"高级打工仔"，一味地顺上应下，也不应该只是一味地两头燃烧牺牲奉献，而应该致力于社会的总体和谐和个体的权利义务。由此大而言之，社会之大信任、大道义，在于君民上下价值观的一体性、一致性，不然的话，一个任道直行的君子也可能无所作为，甚至格格不入、无处容身。

自古迄今，有是理耶！

【标签】

子夏；君子；信

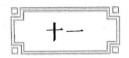

【原文】

子夏曰："大德不逾闲，小德出入可也。"

【解义】

此一章书，言人当先立其大者①也。

子夏曰：吾人一身毋论大与小，而莫不尽善者上也。然或不能，必于大德所在，如君臣、父子之伦，进退、出处之节，咸各得其正，而于当然之规矩无少逾焉，则本原立矣。其他动静、语默及凡事物细微，皆小德耳，虽偶有出入，未尽合理，亦无害也。若拘拘于小廉小节②，而于大者不无遗憾，斯亦不足观也已③。

盖观人与治身之道不同：观人者务得其大，治身者不遗乎小。《书》曰"不矜细行，终累大德"④，正未可谨于大而忽于细也。魏徵谏怀鹞⑤，程颐规折柳⑥，皆是此意。盖修身克己，贵乎严密，虽须臾之顷、毫发之微，俱有不容放过处。一或放过，便亏欠本体⑦，缺陷工夫⑧。先儒曰"'克勤小物'最难"⑨，信哉！

【注释】

①人当先立其大者：参本书［子张第十九·四］注④。

②小廉小节：义同"小廉曲谨"，谓细微的廉洁谨慎，指注意小节而不识大体。朱熹《答或人》："乡原是一种小廉曲谨、阿世徇俗之人。"

③斯亦不足观也已：［泰伯第八·十一］："如有周公之才之美，使骄且吝，其余不足观也已。"（如果一个人之妙才堪比周公，却有自骄之态而以吝啬远人，那么他的那些才能也就不值得一提了。）

④不矜细行，终累大德：出自《尚书·旅獒》。矜，顾惜，注重。细行，生活小节。累，带累，损害。

⑤魏徵谏怀鹞：刘悚《隋唐嘉话》："太宗得鹞，绝俊异，私自臂之。望见郑公（魏徵），乃藏于怀。公知之，遂前白事，因语古帝王逸豫，微以讽谏。语久，帝惜鹞且死，而素严敬徵，欲尽其言。徵语不时尽，鹞死怀中。"

⑥程颐规折柳：程颐在担任宋哲宗经筵老师的时候，规劝他不要折断

柳枝。南宋沈作喆《寓简》转述此事,刘元城器之❶言:哲宗皇帝尝因春日经筵讲罢,移坐一小轩中,赐茶,自起折一枝柳。程颐为说书,遽起谏曰:"方春万物生荣,不可无故摧折。"哲宗色不平,因掷弃之。

⑦本体:指最根本的、内在的、本质的定位;本真。

⑧工夫:亦称"功夫",儒学对修治学问所用精力、时间、方法及其结果等的一个概括性的概念。

⑨"克勤小物"最难:《二程遗书》卷十一,明道先生语一:"'克勤小物'最难。"(能够勤勉于细碎小事算得上难能可贵了。)《尚书·毕命》:"惟公懋德,克勤小物,弼亮四世,正色率下,罔不祗师言。"(周康王对毕公说:"你不仅把德政发扬光大,又能够从小处做起,辅佐四代君主,公正的风采成为天下的表率,无人不敬重你的言辞。")

【译文】

这一章是说,一个人应当先树立大的德行。

子夏说:我们每一个人,无论身份高低,都是那些至善的人居于上流。如果做不到至善,也应该在大的德行方面,比如君臣父子的伦理,晋升贬黜或入世出世的节操,等等,都能够做到正直,对于那些必要的规矩不能有丝毫违背,这就是把一个人的根本树立起来了。像那些言谈举止、鸡毛蒜皮的生活琐细,都是小的德行而已,虽然偶尔有些偏差,不太合理,但于己于人无伤大雅。如果斤斤计较于小廉曲谨,而在大的德行方面有所缺憾,那么就不再值得观察和谈论了。

大概观察他人与修养自身的路向不同:观察他人,务必要取其大处;修身养性,则着眼于细微。《尚书·旅獒》说"不矜细行,终累大德"(不注意小节方面的修养,最终就会伤害大节),说的正是不能只顾大的德行而忽略细微小事。唐太宗痴迷于鹞鹰,而大臣魏徵直谏致使鹞鹰死于其怀中;宋哲宗无聊折断柳枝,而经师程颐立刻谏阻其随意伤生。这些都是顾虑细节的表现。所以修身养性、克己复礼,贵在严谨细密,哪怕是须臾之间、毫发之末,都不能有所放纵。一旦放纵,便会使本真有所亏欠,而使所耗费的心血受到亏损。先儒明道先生(程颢)就说过"'克勤小物'最难"(能够勤勉于细碎小事算得上难能可贵了),的确是这样啊!

---

❶ 刘元城器之即刘安世,字器之,号元城、读易老人。北宋后期大臣,以直谏闻名。

【评析】

子夏之于孔子，总有些似是而非。

同样是对大德、小节的辨析，孔子也有过类似的说法，但是说得比较矛盾，特别是对管仲的评价，一方面骂他"管仲之器小哉"且不知礼（[八佾第三·二十二]），一方面又称许"管仲九合诸侯，不以兵车，管仲之力也。如其仁，如其仁！"（[宪问第十四·十六]）。他还评价说："管仲相桓公，霸诸侯，一匡天下，民到于今受其赐。微管仲，吾其披发左衽矣。岂若匹夫匹妇之为谅也，自经于沟渎，而莫之知也。"（[宪问第十四·十七]）

虽然前后对管仲的评价比较矛盾，但是我们可以比较清晰地看到其中的理路：一方面极力称许管仲的事功，即便他背叛了原来的君主，却能够力挽狂澜，救民水火，这是符合仁的内涵的；另一方面，即便管仲有极高的事功和职位，但是孔子仍然指斥他不知礼、不守礼的"小器"做派。由此可见，孔子一方面重视实现仁政王道的社会理想，哪怕像是叛臣反将，或许也有转变的可能——"佛肸召，子欲往"（[阳货第十七·七]），子路劝阻，孔子仍然认为自己有希望在这种混乱的社会环境中实现自己的政治理想；但另一方面，儒学对人格、礼制的要求是极为谨严的，"八佾舞于庭""臧文仲山节藻棁""邦君树塞门，管氏亦树塞门。邦君为两君之好，有反坫，管氏亦有反坫"，这些都是孔子所不能容忍的，哪怕是对礼制一丝一毫的僭越，都是关乎根本性的原则，而这些原则一旦有所动摇，那么国家就不会安宁，人民就不会乐业，社会动荡将露出端倪。风起于青蘋之末，浪成于微澜之间，本原的东西一旦发生变化，后面的连锁反应则可能如同蝴蝶效应般发生微妙而急遽的变化。所以在孔子这里，大和小互为辩证，彼此有深刻而必然的机理联系。

然而在子夏这里，乍一看似乎满是孔子的味道，但实际上却不够严谨，漏洞百出，易致狂放粗疏之弊，故而朱熹在《论语集注》中引用了吴氏的话说："此章之言，不能无弊，学者详之。"《解义》也在评语中就此进行了专门的辩驳，认为人己虽然有别，但"大"与"小"密切相关，特别是于君于臣而言之小事小节，则是于国于民而言之大是大非，所以必然要"克勤小物"，兢兢业业，不能有丝毫马虎。"些小吾曹州县吏，一枝一叶总关情。"（郑板桥《潍县署中画竹呈年伯包大丞括》）为政一方，兹事体大，治如烹鲜，民意弗违。

由此看来，《论语》后期的编纂，未必在弘扬子夏诸贤，倒有一种鲜明的对比的意味。而且这同时也敞开了一系列新的命题：对人能否求全责备？

仁者的归途在哪里呢？什么样的人才能称得上君子？君子的现实人生会不会被沉重的道德标尺所绑架和束缚，丝毫动弹不得？孔子没有提出问题，也没有给出答案，他的弟子们似乎感知到了一系列问题，但是他们也似乎无力给出一个让人信服的答案。

【标签】

子夏；大德；小德；克勤小物

【原文】

子游曰："子夏之门人小子，当洒扫应对进退，则可矣，抑末也。本之则无，如之何？"

子夏闻之，曰："噫！言游过矣！君子之道，孰先传焉？孰后倦焉？譬诸草木，区以别矣。君子之道，焉可诬也？有始有卒者，其惟圣人乎！"

【解义】

此一章书，见施教当有序也。

昔子夏以笃实自守，故其教人先从下学①切近处用功。子游不知其意，而讥之曰：学有本有末，务末而失本者，非为学之要也。子夏之门人小子，当洒扫及应对与进退之间，仪节详习，则诚有可观矣。抑②此特小学③之末节也，其于大学④正心、诚意之本务⑤则无有，如之何其可哉？

子夏闻之而叹曰：噫，言游⑥过矣！君子教人之道，孰以为先而传焉，孰以为后而倦焉？在教者之心，固无不欲遍物而示之也，但学者所至，自有浅深，譬如草木之有大小，其区类判然各别，是以因材而授，不能无分先后耳。苟不量其造诣之浅深，不问其功夫之生熟，而概以高且远者强而语之，则是诬之而已。君子教人之道焉可诬也？彼洒扫应对，小学之始事也，正心诚意，大学之终事也。合始终而一贯，不俟⑦积渐⑧而遂极其至者，惟圣人为然。若以此责之门人小子，不失其序乎？

盖事有大小，理无大小。无大小则学不可驰骛⑨而进，有大小则教不可凌躐⑩而施。故洒扫应对，毋论理之所难忽，而亦事之所当先者与！

【注释】

①下学：[宪问第十四·三十五]："不怨天，不尤人，下学而上达，知

我者其天乎!"皇侃《义疏》:"下学,学人事;上达,达天命。"钱穆《论语新解》:"下学,学于通人事。上达,达于知天命。于下学中求知人道,又知人道之原本于天。由此上达,而知道之由于天命,又知道之穷通之莫非由于天命,于是而明及天人之际,一以贯之。"

②抑:但是,不过。

③④小学、大学:小学最初是指为贵族子弟设置的初级学校。《大戴礼记·保傅篇》:"及太子少长,知妃色,则入于小学,小者所学之宫也。……古者八岁而就外舍,学小艺焉,履小节焉。"大学又称"太学",古代最高学府。太学之名始于西周,在当时又有多种格局和称谓,这里如官廷,贵族们常在这里祭祀、举办宴会等。此处对小学、大学有所指称,但主要是指学问的等级而非具体的教育机构。

⑤正心、诚意之本务:指正心、诚意乃为政之本。《礼记·大学》:"古之欲明明德于天下者,先治其国;欲治其国者,先齐其家;欲齐其家者,先修其身;欲修其身者,先正其心;欲正其心者,先诚其意;欲诚其意者,先致其知;致知在格物。"出处及译文可详参本书[为政第二·十七]"格致诚正"词条注释。

⑥言游:指子游。子游姓言,名偃,字子游,亦称"言游"。

⑦俟:等待。

⑧积渐:逐渐累积。

⑨驰骛:疾驰,奔腾。骛,音wù,纵横奔驰。

⑩凌躐:超出寻常顺序。躐,音liè,超越。

【译文】

这一章是讲,进行教学要按照一定的次序。

子夏平时注重脚踏实地,逐步提升,所以他教学都是先让人在人事、常识等方面用功。子游不知其意,因此讥诮他说:学习有根本和枝叶之分,追求枝叶而不顾根本,这还是没有领会到学习的要领。子夏的门人后生们,如果说是在洒扫庭除、言谈举止方面,详细学习相关仪礼形式,那么还是有点看头的。但是这不过是初级学问所接触的细枝末节而已,距离高等学问所要练习的正心诚意的功夫还远着呢,这有什么啊?

子夏听到之后非常感慨:噫,言子游错了!君子教给别人道理,哪里分什么先后大小?老师的心意,无不是把所有的道理都教给学生啊,但是学生所能够习得的,自有深浅多少的差别,就像草木有高有低、有大有小一样,他们自身就因为品类不同而有明显的差别,因此会对他们因材施教,不能不按照一定的进阶次序进行教导。如果不考量其天赋造诣的浅深，不判断其经验积累的生熟，而一概用高深的道理告诉他们，这不过是欺骗他们罢了。君子教导他人岂可欺骗？那些洒扫应对的小事，正是初级教育开始时所要修习的，正心诚意的修炼功夫，则是高等教育最终所要从事的。能够将这些自始至终而一以贯之，不需要循序渐进而一下子能够达到极致的，恐怕只有圣人才能做到。而如果以此来责备门人后生，不是有悖常规吗？

大概所接触的事务有大有小，但是它们所蕴含的道理则不分大小。道理不分大小，那么学习就不能好高骛远，贪多务得；事务有大小，那么学习就不能违背次序，躐等而施。所以，洒扫应对的日常仪礼，不仅在道理上不可忽视，而且所从事的次序也应当以它们为先啊！

【评析】

这算得上儒学史上一则"公案"了，恰与禅宗惠能与神秀"斗法"的故事相对应。神秀作偈子称："身是菩提树，心如明镜台，时时勤拂拭，勿使惹尘埃。"惠能则回应："菩提本无树，明镜亦非台，本来无一物，何处惹尘埃。"其语紧扣佛教"空"之宗旨，似乎更高一等，因而被五祖弘忍确认为接班人，称"六祖"，从而把禅宗发扬光大，使之蔚然独秀。神秀"拂尘看净"，成"渐修派"；惠能"见性成佛"，成"顿悟派"。冯梦龙则直言之："子游是顿教，子夏是渐教。"❶ 可谓中肯。

笔者关于渐顿关系之浅见，可参见本书［宪问第十四·一］（二）"评析"部分。

【标签】

子游；子夏；惠能；神秀；顿悟；禅宗

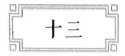

【原文】

子夏曰："仕而优则学，学而优则仕。"

---

❶〔明〕冯梦龙：《四书指月》，《冯梦龙全集》第 21 册，李际宁、李晓明校点，江苏古籍出版社 1993 年版，第 274 页。

【解义】

此一章书，见仕与学当先尽其事而后及其余也。

子夏曰：仕要于称职，学主于进修，二者理实相资，而事期各尽。当仕之时，大君责①其报政②，小民望其有为，仕则有仕所应尽之职。故凡仕者必先夙夜匪懈③，求不负乎君民之意。自是而有余力，则益励乃学④，以益其闻见，而迪⑤其才能，庶几更有裨于仕也。若仕未优而学，则于仕为旷官⑥矣，虽学亦何为乎？

当学之时，致知⑦以穷其原，力行以践其实，学则有学所务尽之功。故凡学者必先黾勉不遑⑧，务深造⑨乎知行之极。自是而有余力，则始出而仕，以措其经纶而广其利济⑩，庶几得以展所学也。若学未优而仕，则于学为废业矣，虽仕亦奚益乎？

盖学而后仕，尽人知之，既仕而犹不忘乎学，则人所易忽也，故子夏首为仕者告以"仕而优则学"。夫已仕者尚不可不学，则未仕者必学优而后可仕，明矣。人主任官授职，必得夫学而后仕、仕不废学之人而用之，则道德之真儒，经济⑪之实效，庶几两得⑫矣。

【注释】

①责：要求。

②报政：陈报政绩。

③夙夜匪懈：日夜谨慎工作，勤奋不懈。夙夜，早晚，朝夕。匪，不。懈，懈怠。《诗经·大雅·烝民》："肃肃王命，仲山甫将之。邦国若否，仲山甫明之。既明且哲，以保其身，夙夜匪解（同'懈'），以事一人。"（严肃对待王的命令，仲山甫全力来推行。国内政事好与坏，仲山甫心里明如镜。既明事理又聪慧，善于应付保自身。日日夜夜不懈息，侍奉周王致忠诚。）

④益励乃学：更加勉力于自身的学问。励，勉力。乃，你的。

⑤迪：开导。

⑥旷官：空居官位，不作为，不称职。

⑦致知：达到完善的理解。

⑧黾勉不遑：勤奋努力，唯恐不及。黾勉，勉励，尽力。不遑，来不及，没有时间。

⑨深造：造，达到。

⑩利济：救济，施恩泽。

⑪经济：经时济世。
⑫两得：同时兼得两种长处和利益。

【译文】

这一章是说，做官与为学两样事情，应当先做好其中一样，然后再去做另外一样。

子夏说：做官主要是称职，为学重点是进步，两者在道理上讲是相互依托的，但是具体而言却各有从事。做官的时候，大德之君主要求他为政有功，草莽之民众期盼他做事有效，做官就是要做好自己的本职。所以凡是做官的人一定要先做到日夜勤奋不懈，以期不辜负君主和民众的心愿。如果能够做到这些，还有精力的话，则更加用功于学问，来增长见识，开启才智，这样才算是更有助于做官。如果做官还不能游刃有余就去为学，那么做官就是为官不为，即便是去学了，又有什么作为呢？

而在为学的时候，应探究事理直到究其根源，明明白白，并且能够身体力行来实践验证所学，所以说为学应该有其所必须达到的程度。所以为学的人一定要勤奋努力，唯恐不及，务求达到知之而行之的极致。如果能够做到这些，还有精力的话，才开始出仕做官，来施展其满腹经纶的才华并博施广济，这样才差不多可以施展运用其才学了。如果一个人为学还未达到充裕的地步就去做官，那么对于学业来说就是一种荒废，即便是做官，对他又有什么好处呢？

大概先为学而后做官，大家都知道，而做官之后仍然不忘记为学，就是人们所容易疏忽的，所以子夏先是告诫做官的人要"仕而优则学"。就连那些已经做官的人仍然不能不去学习，那么还没有做官的人更是要在深度学习之后才能够去做官，这是非常清楚的了。君主任命官员，也一定要用那些为学圆满而去做官的人，或者是做官仍然不荒废为学的人，那么就既可以得到道德文章的大儒，又能够得到经时济世的实际效用，算得上是两全其美了。

【评析】

就本章而言，做官首先是责任担当，对君民上下都负有不言的承诺，因此实际上将个人与职业融为一体，把职业也人格化了，所以做官也需要通过学习来不断进行自我完善。如《解义》所言，因为强调为官者学习的重要性，所以把"仕而优则学"作为首句。

人们熟知"学而优则仕"这句话，但大多可能是出于误解：把做官当作学习的目的，也因此把学历作为做官的跳板。其关键在于：一是把做官当作谋取名利的工具而非利国利民的事业；二是把学习等同于学历，以完全功利的态度来对待学习，而非将其作为自我完善和反哺社会的途径；三是社会管理平面化、数字化，选用人才唯学历论。而这三者又是紧密联系、互为因果的。一切以功利的观念和上层设计为主导的做官、为学的评价准则，往往会使社会趋于严重的形式主义，形式主义一旦形成不可抗逆的潮流，社会就会趋于固化和保守，如此则人格无独立性，学习无成长性。

实际上，这里的"学"在孔门话语体系中并非学历或学校教育，而是一个人自我成长和完善的主要渠道。"优"字不是优秀，而是优裕，也就是有多余的精力。因此"学而优则仕"的意思不是学习好了就可以去做官了，而是在学习时精力有余的情况下可以去做官，学习自身被优先考虑，甚至做官只是验证学习的一种途径。而社会上对"学而优"的误解和对做官的极端功利态度，致使这句话几乎被理解为完全相反的意思。也因此，与"学而优则仕"相对应的，在现实中也可能是"学而优则不仕"，包括三个向度：一者是死学高分但不适用于社会，则自不足以做官；一者是成绩优良，但社会的官僚体系自有运作的"潜规则"，官制与学制无法实现并轨，仅凭学业成绩单还是无法融入其中；一者是善于学习者有意回避和独立于官制体系之外，以商业运作或其他方式来实现自我价值。

孔子的时代还没有虚浮的学历，但权力斗争已然把官位作为利益竞夺的焦点，然而孔门依然主张政府致力协调公共利益，呼吁做官首先不是专业技术，也不是功名利禄，而是社会公共道义和责任。在此框架下，学与官的关系本是相谐相生，然而因为学统自身的分化（形式化），却致使两者关系变得非常复杂，而子夏此语确实对此产生了较为直接且极其深远的影响，足称"始作俑者"。

当今之世也强调学习，而且是各级干部的重要任务，也仍然强调真才实学、学以致用。然而形式主义和功利主义的结合，往往容易造就学霸官员和官员学历两个"怪胎"。干部必须保持不断学习，但是，即便学习再重要，其本身不是目的，就像一个人喝水是为了保持健康，而非为了喝水而喝水。对学习要有本质意义上的理解，才会真正激发学习的动力和热情；如无立人之本，则无立学之本，也无成学之志；无立学之本，则无立官之本，也无助为官之功。从如此角度、逻辑出发，方可厘清学与官的关系，也才会把为学和做官向实处和纵深处延伸。

张居正《四书直解》解本章云：

优是有余力的意思。

子夏说:"凡人为学,则以藏修为主。出仕则以尽职为忠,固各有所专。然学所以求此理,而不仕则学为无用。仕所以行此理而不学,则仕为无本,乃相须以为用者也。故凡出仕而在位者,当夙夜匪懈,先尽其居官之事,待职业修举有余力之时,却也不可闲过了光阴,仍须从事于学,以讲明义理,考究古今。则聪明日启,智虑日精,所以资其仕者,不益深乎?未仕而为学者,当朝夕黾勉,先进其务学之事,待涵养纯熟,有余力之时,却不可虚负了所学,必须出仕从政,以致君泽民,行道济时。则抱负既宏,设施亦大,所以验其学者,不亦广乎?"

要之,仕学不可偏废,而学尤终身受用之地。盖义理无穷,若不时时讲究,则临民治事之际,未免有差,此念始终典于学,古之贤臣所以惓惓为君告也。

"学"是为人,"仕"是处世,两者相须为用,相得益彰,不可偏废。发散开去,可以发现子夏之言与孔子的一贯主张恰有暗合之处:学而优则仕,不正是"学而时习之"吗?仕而优则学,不也是"温故而知新"吗?学而时习之,学以成我,仕以证学,不是很快乐吗?温故而知新,不独新知,而乃新我,不也值得欣喜吗?

《直解》文字清晰、中肯而深刻,笔者以为要胜于《解义》。这段话所关涉范围极为深广,而影响亦极为久远。无论是求学者还是为官者,真正理解子夏这段话,也算是难得的"人间清醒"了。

【标签】

子夏;学;形式主义;功利主义;学而优则仕

【原文】

子游曰:"丧致乎哀而止。"

【解义】

此一章书,是子游示人以崇本之意也。

子游曰:凡事文质相须①,而居丧②尤人子之大节③,徒尚文而略质,失其实矣。以吾观之，人子执亲之丧，但能于哀痛之诚致之，以至乎其极，如是而止，安事文饰乎❶哉？

盖哀既有余，则礼虽不足，无伤也。要之，丧固贵于哀，而礼之节文④亦不可废。子游特为专事乎文者言耳，岂真欲废文也与？

【注释】

①文质相须：外表与内里相互依存。相须，亦作"相需"，互相依存，互相配合。

②居丧：犹守孝。处在直系尊亲的丧期中。

③大节：基本的法纪、纲纪，品行的重要条目。

④节文：礼节，仪式。可参本书［子罕第九·十一］"天理节文"词条注释。

【译文】

这一章是子游告诉人要注重根本。

子游说：所有事情都是表里内外相互依托，而像居丧致哀这样对于儿女来说重大的礼节，如果只注重仪礼形式而忽略内在情感，就会丧失这种礼节的本义。在我看来，儿女办理双亲的丧事，只要能够真心诚意地表达自己的哀痛之情，以致无以复加的地步，就可以了，哪里需要过于注重外在的礼节形式呢？

大概哀伤过多，哪怕礼节不到位也无妨。简而言之，丧礼虽然注重表达哀伤之情，但礼仪形式也不可或缺。子游所言，大概是针对那些只注重礼仪形式的人来说的吧，哪里是真的要废弃礼仪形式呢？

【评析】

子游的话显然是有所针对，《解义》也清楚地指出了这一点。然而，如若不通过一定的礼仪形式来表达或传递丧亲之痛，又可以用什么形式来做到呢？

在笔者看来，礼仪的重要性，乃在于它既有节制/克制日常情感特别是激烈情绪泛滥的一面，也为日常情感的释放打开了一个出口，使那些难以言说的情感得以合理地表达。因此，礼制对于人类生活本身来说，就是一

---

❶ 乎：摛藻堂四库全书荟要本（同武英殿刻本）作"为"。

种管控和规范，它使人的生活有理有度，切近伦常而合乎中庸。因此，中庸于礼制而言，是总体原则，不符合中庸原则的礼仪实践，可能都会显得粗疏或者拘泥。就此而言，子游或《解义》都似乎还没能深入而完整地揭示出礼制的中庸原则，但也算得上比较理想的案例了。

【标签】

子游；丧；礼；中庸

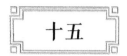

【原文】

子游曰："吾友张也为难能也，然而未仁。"

【解义】

此一章书，见子游规朋友之义也。

子游曰：心驰于外者疏于内。吾友张也，有过高之才，人所不能为者而张独为之，是为难能也。然而少诚实则无以全乎心之德，少恻怛则无以全乎爱之理①，其于仁则犹未也。曷不②反而图乎切近者耶？

由此知求仁之道，惟专事乎内者乃可有成。若不事乎内而徒骛③乎外，虽功名甚盛，文采可观，亦君子之所不许也。故学者以鞭辟近里④为吃紧工夫⑤。

【注释】

①少诚实则……全乎爱之理：朱熹《四书章句集注》本章注："子张行过高，而少诚实恻怛之意。""学而第一"篇"有子曰"章注："仁者，爱之理、心之德也。"《解义》融合二注为一，恰好解释子张的"未仁"。恻怛，音cèdá，恻隐，见到灾祸心生同情。

②曷不：何不。

③骛：音wù，本指马乱跑，引申为胡乱追求。

④鞭辟近里：意指深入剖析，探求透彻。程颢语："学只要鞭辟近里，著己而已。"可详参本书［雍也第六·十三］"近里著己"词条注释。

⑤吃紧工夫：紧要的事情。吃紧，重要，紧要。理学家称积功累行、涵蓄存养心性的过程为工夫，此处仅作"工作""事情"讲。

【译文】

这一章显示出子游对朋友子张的规劝。

子游说：心思虚浮于外物就往往会疏于反躬自省，我的朋友子张有过人之处，能为一般人所不能，所以说他"难能"。但是如果内心不够诚实就不能使心德纯粹完整，缺乏同情心就无法全尽挚爱之理，这样来说就还是没有达到仁的标准。为什么不回转心思来做那些更切近仁道的事情呢？

由此可以知道，只有专注于内心者才能成就仁道。如果不专注于内心而只是旁骛外物，即便是功名丰盛，文采斐然，也是君子所不认可的。所以，为学者应当把深入探求内心作为紧要的事情来做。

【评析】

这一章原文深刻，《解义》也巧妙。作为同窗好友，子游对子夏的评价有些尖锐但也坦诚恳切，面上是对人的评价，内里却是对仁道内蕴的探求。孔子论仁总是稍嫌空泛，而且往往不说什么是"仁"，也从不轻许何人达到了"仁"的境地。子游对子张的评价，应该说是符合孔学对仁的释义的，而且直接用在子张身上，非常具体而清晰，使我们可依此进行比较直观的比照。或许《解义》是用了心学的观念进行阐释，而且在原文语境非常简略的情况下，此解未必切合原意，却非常深刻：把表面上的"能"与内核的"仁"进行了清晰的比对和研判，认为"难能"远未达到"深仁"的境地。这对于那些以能为仁、清高自诩的人来说，不啻一声惊雷，醍醐灌顶，振聋发聩。

【标签】

子游；子张；仁

十六

【原文】

曾子曰："堂堂乎张也，难与并为仁矣。"

【解义】

此一章书，是曾子救子张之失也。

曾子曰：友所以辅仁，然必以笃实为务者，乃可相助有成。若堂堂乎张也，徒用心于威仪容貌之文，而于己无体认密察①之功，于人无切偲②观感③之助，盖难与之共为仁矣。

夫仁本于心，惟求之至近，而修其在内者，为足以几之。故从事于仁者，宁内有余而外不足，勿外有余而内不足也。孔子曰"刚、毅、木、讷，近仁"④，则圣人之论仁，亦可知矣。

【注释】

①密察：缜密辨察。《礼记·中庸》："文理密察，足以有别也。"朱熹《集注》："密，详细也；察，明辨也。"

②切偲：即"切切偲偲"。[子路第十三·二十八]："切切偲偲，怡怡如也，可谓士矣。"朱熹《四书或问》："切切者，教告恳恻而不扬其过；偲偲者，劝勉详尽而不强其从。二者皆有忠爱之诚，而无劲忤之害。"偲，音sī，相互勉励，相互督促。

③观感：由观看而引起的感动。《朱子语类》卷二三："先之以明德，则有固有之心者必观感而化。"

④刚、毅、木、讷，近仁：出自[子路第十三·二十七]。

【译文】

这一章是讲，曾子指正子张的缺点。

曾子说：朋友是用来辅助仁道的，然而一定是那种笃定务实的人，才能相互帮助乃至有成。而像那虚张声势的子张，只是把心思全部用在威仪容貌的表面功夫上，而从自身来说缺乏躬身体认、缜密辨察的修炼功夫，对别人来说没有恳切勉励、明德感人的热诚助益，这样的人就很难让人与他共同修为仁道了。

仁本自于内心，只有切近希求，并内在修炼，才能差不多做得到。所以有志于仁道的人，宁可内在充实而外在不足，也不愿意外在充裕而内在不足。孔子说"刚、毅、木、讷，近仁"，（刚毅、果敢、朴实、谨慎，接近于仁，）那么孔圣人对仁的看法也就很清楚了。

【评析】

相较子游对子张的批判，曾子对子张的批判同样含蓄，但更加深刻。

【标签】

曾子；子张；仁

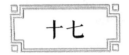

【原文】

曾子曰："吾闻诸夫子：人未有自致者也，必也亲丧乎！"

【解义】

此一章书，是曾子使人自识其良心①之意。

曾子曰：吾尝闻之夫子，人之一心，本自真纯恻怛②，苟能随事尽心，则心之所至，力亦随赴，自有不容已者③。然人往往情迁物诱④，失其本心，未有能自推致者也，必也父母之丧乎！

盖父母天性之戚⑤，而又当不幸大故⑥，居丧⑦之时，哀痛迫切⑧，发乎至情，乃能内尽其诚，外备其礼，不待勉强，无少遗憾。此良心发见⑨，至真至切，固非情迁物诱所能夺也。诚能即此心而推广之，人伦物理之间无一念之不实，无一事之不尽，亲亲仁民爱物⑩，随处触发，随处充满，虽仁育天下，无难也。

【注释】

①良心：《孟子·告子上》："虽存乎人者，岂无仁义之心哉？其所以放其良心者，亦犹斧斤之于木也。"朱熹《集注》："良心者，本然之善心，即所谓仁义之心也。"

②恻怛：音 cèdá，恻隐，见到灾祸心生同情。

③自有不容已者：不能自我克制。不容，不能。已，抑制，克制。

④情迁物诱：指心志和情感不够专敬，容易受到环境的影响或外物的诱惑而发生变动。晋支遁《咏大德诗》："既丧大澄真，物诱则智荡。"南宋徐元杰《题静轩》："主静非专在静时，至于动处亦随之。圣贤学问惟知止，敬义工夫要夹持。所养勿忘由勿助，其中何虑又何思。莫教鹘突名轩意，物诱情迁几坐驰。"

⑤天性之戚：戚，忧愁，悲哀。[里仁第四·二十一]："父母之年，不可不知也。一则以喜，一则以惧。"

⑥大故：《孟子·滕文公上》："今也不幸，至于大故。"赵岐注："（大故）谓大丧也。"

⑦居丧：犹守孝。处在直系尊亲的丧期中。

⑧迫切：深切强烈。

⑨发见：即"发现"，显现，出现。

⑩亲亲仁民爱物：出自《孟子·尽心章句上》："君子之于物也，爱之而弗仁；于民也，仁之而弗亲。亲亲而仁民，仁民而爱物。"（君子对于万物，爱惜它但以仁德来对待它；对百姓施行仁德，但不亲近他们。亲近自己的父母，就能够以仁德对待百姓，以仁德对待百姓就会爱惜万物。）

【译文】

这一章是讲，曾子使人认识自己的良心。

曾子说：我曾经听夫子说过，人心本是纯真慈悲，如果对事尽心尽意，那么心意所到，也就自然拥有相应的力量，以至于不能自已，难以克制。然而人往往情随事迁、心猿意马，丢失了本真之心，没有能够使心意达到极致的境地，如果有，那就一定是父母的丧亡之事了！

父母本自使人忧戚，如果一旦不幸去世，居丧期间亡亲之哀痛深切强烈，出于极致的情感，才能够既竭诚于内，又守礼于外，不用外力勉强，也不落下失礼之憾。这就是良心的显现，极度真挚而恳切，绝对不会受其他情感和物欲的因素所影响。如果真的能够将这样的心意发扬光大，在人际之关系、事物之联系中，没有一刻不实在，没有一事不尽力，亲爱双亲、仁爱民众而博爱万物，无处不能触发你的仁心，无处不洋溢着浓厚的爱意，（即便用这样的心意来）教化培育全天下的人，恐怕也不会有什么问题。

【评析】

孔学之所以被持久热爱，是因为建构在日常伦理之上，上至国家形态，下至平民个人，都充满了关切。而其所关切的是日常、人情、生死，给人以非常内在的观照和指导，因此为压抑的现实和矛盾的人生揭开一个透气孔，让人于人群中得以自由呼吸，感知生的温度和宝贵。仔细体味《论语》字里行间的情愫，无不充满这样的宽厚与体贴。

天道远，人道迩。非道弘人，人能弘道。孔学直视人之道，以人的自我实现为中心，以人的尊严和价值为旨归，以人际的仁爱和责任为架构，构建了以人自身而非非人为主导的生命价值哲学，故谓之"人学"可也。

【标签】

曾子；丧；良心；亲亲；仁民；爱物

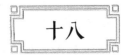

【原文】

曾子曰："吾闻诸夫子：孟庄子之孝也，其他可能也；其不改父之臣与父之政，是难能也。"

【解义】

此一章书，是曾子引言孟庄子继述①之孝也。

庄子，鲁世卿②，名速。其父孟献子，相鲁，有贤德。

曾子曰：有家虽与有国不同，然其培养人材，建立法度，以为子孙之计，其道则一。吾尝闻诸夫子孟庄子之孝也：其他生事死葬③，致爱致悫④，人犹可能也；惟是献子所用之臣皆贤臣，所行之政皆善政，庄子于父没之后，继志述事，略无更改，不敢适己自便⑤，树私人以间老成⑥，作聪明以乱旧法⑦，世济其美⑧，不忝前人⑨，是为难能也。庄子之能立身行道，显亲扬名⑩，光缵⑪先业者，以此。

《书》曰："人惟求旧。"⑫《诗》曰："不愆不忘，率由旧章。"⑬曾子之言岂但为有家训哉？⑭推而广之，治国平天下，不外乎此矣。

【注释】

①继述：即下文"继志述事"，继承先辈的志业来言事理政。

②世卿：世代为卿的家族。

③生事死葬：[为政第二·五] 孟懿子问孝。子曰："无违。"……"生，事之以礼，死，葬之以礼，祭之以礼。"

④致爱致悫：即"致爱则存，致悫则著"，因为至爱而不忘先祖相貌，因为至诚而感到先祖如在目前。出自《礼记·祭义》："祭之日，入室，僾然必有见乎其位；周还出户，肃然必有闻乎其容声；出户而听，忾然必有闻乎其叹息之声。是故先王之孝也，色不忘乎目，声不绝乎耳，心志嗜欲不忘乎心。致爱则存，致悫则著。著存不忘乎心，夫安得不敬乎？"（到了祭祀那天，进入庙堂就仿佛看到了去世的亲人在神位上；祭祀结束转身出

门,肃然起敬地听到了亲人的动静;出门倾听,又哀愁地听到了亲人的叹息之声。所以先王对先祖的孝就是,先祖的容貌总在眼前不会忘记,先祖的声音总在耳边不会断绝,先祖的志愿喜好也会铭记在心。因为至爱而心怀他们的音容笑貌,因为至诚而感到他们如在眼前。存于心而见于前,念念不忘,这哪里还有不尊敬的呢?)致,尽其极,极致。存,存于心中,念念不忘。悫,音què,诚实。著,彰显,显现。

⑤适己自便:只为了自己顺心如意而损害天理。朱熹《四书章句集注》:子谓子夏曰:"女为君子儒,无为小人儒。"……谢氏曰:"君子小人之分义与利之闲而已。然所谓利者岂必殖货财之谓?以私灭公、适己自便,凡可以害天理者皆利也。"

⑥树私人以间老成:培植自己的亲信而疏离家室老臣。私人,古时称公卿、大夫或王室的家臣。树,种植,培植。间,拨去,除去。老成,旧臣,老臣。

⑦作聪明以乱旧法:出自《尚书·蔡仲之命》:"率自中,无作聪明乱旧章;详乃视听,罔以侧言改厥度。"(要遵循正道,不要自作聪明扰乱先王的成法;要审慎视听,不要因一面之词改变正常的法度。)

⑧世济其美:世代传承美德。

⑨不忝前人:无愧于前辈。忝,音tiǎn,辱,有愧于。

⑩立身行道,显亲扬名:《孝经·开宗明义》:"身体发肤,受之父母,不敢毁伤,孝之始也。立身行道,扬名于后世,以显父母,孝之终也。"(人的身体四肢、毛发皮肤,都是来自父母,不敢有所损伤,这是孝的开始。修养自身,推行道义,有所建树,显扬名声于后世,以彰显父母的养育之恩,这是孝的归宿。)

⑪缵:音zuǎn,继承。

⑫《书》曰:"人惟求旧":《尚书·盘庚上》迟任有言曰:"人惟求旧,器非求旧,惟新。"(古代贤人迟任曾经说过,用人应该专用世家旧臣,不能像使用器具一样,不用旧的而用新的。)

⑬不愆不忘,率由旧章:出自《诗经·大雅·假乐》。意谓不违背,也不遗忘,一切都按先王之典章。愆,违反。忘,怠忽。率由,遵循,沿用。

⑭曾子之言岂但为有家训哉:曾子崇尚孝道,一说曾子作《孝经》,其思想成为后世家风家训的重要资源。

【译文】

这一章是曾子引述孔子的话来谈论孟庄子,继承先辈的志业来言事理政的孝道。

鲁国世卿孟孙氏第六代宗主，谥"庄"，姓仲孙，名速。他的父亲是孟献子，曾经做过鲁国国相，有美好的德行。

曾子说：大夫之家虽然与诸侯之国有所不同，但是在人才培养、法制设立和长远谋划方面，都是一样（注重孝道）。我曾经听夫子这样说过孟庄子的孝道：其他的，像生前侍奉逝后安葬，极致爱敬而忾闻僾见，这样的孝道，是别人也还可以做到的；只有这一点——献子所用大臣都是贤臣，所行政事都是善政，庄子在父亲去世之后，继承他的用人和行政，而不敢随意根据一己的心志而任意妄为，培植自己的亲信而疏离家室老臣，自作聪明扰乱先王的成法，这样就使世代传承美德，无愧于祖辈先人，这是难能可贵的了。庄子之所以能够修养自身，推行道义，有所建树，流芳万世，而彰显父母的养育之恩，继承并光大先人的事业，正因为如此。

《尚书·盘庚上》中说"人惟求旧"（用人应该专用世家旧臣），《诗经·大雅·假乐》中也说"不愆不忘，率由旧章"。（不违背，也不遗忘，一切都按先王之典章。）曾子的话难道只是孝道家训用来教导族人？将其推广开去，用来治理国家、平和天下，也不外乎此道。

【评析】

也许孔子所倡导的种种复古/守旧的行为主张只是从坚守价值观的视角来看待眼前的问题。旧有的社会秩序看似固执、保守乃至落后，却沉淀出比较稳定的价值观，一个人只有深度认同并执守统一而稳定的价值观，人生才有幸福和意义可言。而一些新人则热衷于打破旧有的价值观束缚来标新立异，自作主张，因为他们在旧有的社会秩序和价值观中很难找到自己的位置，因此不惜强力变革，重新洗牌。这两者的冲突可谓难以避免的社会矛盾，它们同样也构成了社会发展的动力，所以在某些历史事件上也带有这种矛盾的印记。

孔子本人其实也是在旧有的价值观体系中纳入了诸多创新的因素。与其说孔门执着于三年之孝和"人惟求旧"的保守主张，不如说他坚持的是在旧的秩序形式中对生活日常进行赋义——这其实又是完全革命性、创新性的做法。

【标签】

曾子；孟庄子；孝；人惟求旧

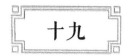

【原文】

孟氏使阳肤为士师，问于曾子。曾子曰："上失其道，民散久矣。如得其情，则哀矜而勿喜！"

【解义】

此一章书，是曾子教人恤刑①之意。

阳肤，曾子弟子。士师②，治狱官名。

孟氏使阳肤为士师，来问曾子，盖欲得明慎③之要，以求情法之平也。

曾子教之曰：先王之世，下之生业④厚，上之教化修，民既足于仰事俯育⑤，而又当仁渐义摩⑥之后，亲逊成风，锥刀不竞⑦，此所以犯法者寡，渐至刑措⑧不用也。今也，上失其教养之道，一则饥寒所迫，救死而不赡⑨，一则礼义消亡⑩，捍网⑪而不知。始也，以上之失道，至于民心离散，不相顾恤；继也，以民心离散，至于忿争倾夺，告讦⑫无已。狱讼繁多，因之而起。为士师者，苟得其犯法之情实⑬，则当原其所以致此之由，纵不可曲法以庇民，能勿惕然⑭深省，哀矜庶狱⑮之不辜⑯乎？若以发奸摘伏⑰，沾沾自喜，非仁人长者之用心也。

曾子之告阳肤如此。

虽然，阳肤一士师耳，民之生死，科条⑱具在，不得意为出入也。独计为民上者，何以使百姓有迫于不得已，陷于不自知之事？且使治狱之吏虽疾痛惨怛，而束于文法莫可奈何？何如使百姓丰衣足食，向风从善⑲，自不犯法之为愈⑳乎？

【注释】

①恤刑：慎用刑法。出自《古文尚书·舜典》（亦属于今文《尚书·尧典》）："钦哉钦哉，惟刑之恤哉。"

②士师：古代执掌禁令刑狱的官名。《周礼·秋官·士师》："士师之职，掌国之五禁之法，以左右刑罚：一曰宫禁，二曰官禁，三曰国禁，四曰野禁，五曰军禁。"

③明慎：明察审慎。《周易·旅》："《象》曰：山上有火，旅；君子以明慎用刑，而不留狱。"（《象辞》说："《旅》卦的卦象是艮［山］下离

[火] 上，为火势匆匆蔓延之表象，象征行旅之人匆匆赶路；君子观此应谨慎使用刑罚，明断决狱。"）

④生业：产业，资财。

⑤仰事俯育：同"仰事俯畜"，上要侍奉父母，下要养活妻儿，泛指维持一家生活。《孟子·梁惠王上》："是故明君制民之产，必使仰足以事父母，俯足以畜妻子。"

⑥仁渐义摩：即"渐仁摩义"，用仁惠浸润，用节义砥砺，形容用道德教化百姓。渐摩，亦作"渐磨"，浸润磨砺，教育感化。《汉书·董仲舒传》："立大学以教于国，设庠序以化于邑，渐民以仁，摩民以谊（义），节民以礼，故其刑罚甚轻而禁不犯者，教化行而习俗美也。"

⑦锥刀不竞：不争名夺利。唐代陈子昂《感遇》诗之十："务光让天下，商贾竞刀锥。"（务光，古代隐士，相传商汤让位给他，他不肯接受，负石沉水而死。）

⑧刑措：亦作"刑厝"。措，搁置。即置刑罚而不用，意为社会安定，生活谐和，无人违法而少有诉讼。《汉书·文帝纪》："断狱数百，几致刑措。"

⑨救死而不赡：救死都来不及。出自《孟子·梁惠王上》："此惟救死而不赡，奚暇治礼义哉？"（这样救死的时间犹感不足，哪里有空去讲什么礼义？）

⑩礼义消亡：礼法道义消亡。《诗经·卫风·氓·序》："礼义消亡，淫风大行。礼，谓人所履；义，谓事之宜。"

⑪捍网：触犯法网。

⑫告讦：指责，告发。讦音jié。

⑬情实：实情，真相。

⑭惕然：警觉省悟的样子。

⑮庶狱：刑狱诉讼之事。

⑯不辜：无罪。辜，罪。

⑰发奸摘伏：揭发隐秘的坏人坏事，成功告破案件。摘，同"擿"，音tī，挑，揭发奸邪。

⑱科条：法令条文。

⑲向风从善：受到良好品格的影响而依从善良之举。[颜渊第十二·十九]："君子之德风，小人之德草，草上之风，必偃。"

⑳愈：较好，胜过，更好。

【译文】

这一章是讲，曾子教导人慎用刑法。

阳肤，曾子弟子。士师，司法官。

孟氏让阳肤去担任司法官，于是阳肤就来向曾子请教明断判案的要诀，以使断狱达到合情与合法的平衡。

曾子教导他说：先王的时代，在下者资材丰厚，在上者教化修备，这样民众既足可以养活家人，也可在仁义教化得到逐步推广之后，民风亲和谦逊，不争名夺利，这才是实现违法犯罪减少，乃至刑法置之而不用的安定社会的根本原因。可是现在，在上者丧失教化养育之道，一方面是饥寒交迫，救死扶伤都来不及，另一方面则是礼法道义漫灭，即便触犯了法令禁区也麻木无知。刚上来的时候，从在上者丧失道义开始，造成民心涣散，不能相互帮助；然后，就从民心涣散的状态发展到愤然争讼、不断告发的地步，因此也就产生大量的诉讼案件。作为司法官，如果掌握了违犯法令的实际情况，就应该推原其所以犯罪的根本原因，虽然不能够枉曲法令来袒护百姓，但也要有所警醒自觉，对不幸遭遇刑狱判案者心怀同情与悲悯。如果因为成功告破案件就沾沾自喜，就还不具备仁人长者之心啊。

曾子就是这样告诫阳肤的。

尽管如此，阳肤不过只是一个司法官，百姓的生死断狱，还是根据实实在在的刑法条目来判断，不能受到主观意志的影响而有所出入。这里只能说作为民众的主上，怎么能够陷百姓于迫不得已或动辄得咎的窘迫境地，而且使司法官吏即便为之痛心疾首，又受制于法令条文而无能为力，无可奈何呢？何不想办法让百姓丰衣足食，让好的社会风气影响他们向善发展呢？这样自然就没有犯法的情况发生了，岂不更好？

【评析】

儒家倡导仁政，也因此将法治边缘化。这大概有两方面的原因：一方面是因为儒家认为法治有外在的约束和威悚作用，而无内心的自觉和发动作用，因此对于恶人恶事的治理往往滞后，江心补漏，为时晚矣（［为政篇第二·三］子曰："道之以政，齐之以刑，民免而无耻；道之以德，齐之以礼，有耻且格。"）；另一方面，法治只问所然，不问所以然，即便有所谓"情法之平"，然而仍然不能避免不知法的百姓无辜获罪。如果说曾子在此强调的是一种司法者个体的仁心善意，则《解义》本着仁政思想，则更加强调为政者的责任和自省，这与孔子"为政以德"（［为政第二·一］）和

"政者，正也"（[颜渊第十二·十七]）的思想相呼应，也给本章内容以更为有力的补充。翻开《尚书》，我们发现这种为政者慎刑而自问的观念也是周朝统治者治国理政的核心观念之一，而后世的治政思想也不断因循，因此记录繁复，比比皆是。

当然，儒家将法治边缘化并非完全否定法治，而只是更加注重把仁政作为宏观主导的思维，以生活的补给和正向的引导（"教化"）来作为日常的目标来习练，而法治则不构成这样的条件——毕竟车子行走在路上是为了交通，而不是为了交通法规。法治当然必要而且重要，但是法治不仅具有工具性，而更应当具有人文性，因此法治更需要纳入宏观的视野，在政治整体格局下着眼法治——它就像一箱组套工具中的一件"重器"，没有它肯定不行，但是只用它也不行，它必须和其他国家工具一起协作才更为有效。

【标签】

曾子；阳肤；仁；法治；渐仁摩义

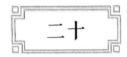

【原文】

子贡曰："纣之不善，不如是之甚也。是以君子恶居下流，天下之恶皆归焉。"

【解义】

此一章书，是子贡借纣以警戒后人之意。

子贡曰：古今言淫虐无道者，莫过于纣。以予观之，纣之不善殆不如言者之甚也。盖因纣当日为恶彰著，故天下不善之名悉归之。譬如地形卑下之处，众水于此钟聚，虽欲却之，其道无由。是以君子知上达①之难，下流之易，时时省察，在在②制防，诚恐忽不及持。一陷身于下流，则凡天下败名③失检④、弃理畔义⑤之事，尽以归之。至于独蒙恶声，不可解免，亦其所处污下，有以致之使然也。

可见，天下善恶两途，如冰炭之不相入。苟以善小而弗为，以恶小而为之，⑥积而不返，遂成不可复回之势。惟知之明，断之勇，谨小慎微，塞源拔本⑦，以入于尧舜之道，不难矣。

【注释】

①上达：上进，向上发展。修养德性，务求通达于仁义境界。[宪问第十四·二十三]："君子上达，小人下达。"

②在在：处处。

③败名：名声败坏。

④失检：不够检点，不够谨慎克制。

⑤畔义：畔同"叛"。

⑥以善小而弗为，以恶小而为之：《三国志·蜀书·先主传》（刘备语）："勿以恶小而为之，勿以善小而不为。惟贤惟德，能服于人。"

⑦塞源拔本：拔掉树根，塞住水的源头，比喻从根本上解决问题。出自《左传·昭公九年》："伯父若裂冠毁冕，拔本塞原，专弃谋主，虽戎狄其何有余一人。"王阳明晚年回复顾璘（顾东桥）作"拔本塞源论"，在理学史和思想史上有相当重要的地位，《解义》援用该语，有接续其说之意。

【译文】

这一章是讲，子贡用纣的事情警告后人（要修身向善，谨慎自持）。

子贡说：自古至今，大概纣算是最为荒淫为政、暴虐无道的人。在我看来，纣的恶事并没有传言的那么厉害。大概是因为纣在当时劣迹斑斑，尽人皆知，所以人们习惯性地把所有不好的名声都归结到他头上了。这就像地势上的低洼处，周边所有的流水都会汇聚到此处，即便不想这样，但是也没有办法。所以君子要知道不断修为以提高层次境界的困难和放纵不学沦为下流的便易，时时反省自察，处处克制提防，真切警惕这种道德滑坡而无法控制的局面。一旦沦陷于道德的低位，那么天底下那些污名无赖、背信弃义的丑闻，（虽然未必都是他所作所为，）都可能会归结到他的身上。到了这种只由他蒙受这种最大恶名而难以辩解的地步，也是他陷身泥潭污淖，有所原因造成的。

由此可见，天下的善恶两条路，如同水火不容。如果能够以善小而不为，以恶小而为之，直至积重难返的地步。只有明智选择，勇于决断，谨小慎微，正本清源，这样就可以遵行尧舜之道，（成就尧舜之事）并不难啊。

【评析】

纣的时代距离子贡其实并不遥远，但可见当时关于纣之劣迹的传闻已经遍布天下，只是在当时应该还是有一些比较原生态的信息流播，子贡尚可以根据这些信息，对纣的形象进行"修复"还原。而到了后世人们的眼里，纣恐怕基本上就被锁定为小说《封神演义》里面的一个暴君角色了。子贡并无意于对纣王生平进行考据，而是借他来说事。孔子要自己成为一个君子，并勉励人人都努力，几乎是无条件地去成为这样的君子；子贡则更加实际——他要在人群中间做一个君子，既要克己成仁，也要谨慎提防因个人差误而造成的难以抗拒的公众舆论效应。

【标签】

子贡；纣；君子恶居下流

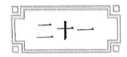

【原文】

子贡曰："君子之过也，如日月之食焉：过也，人皆见之；更也，人皆仰之。"

【解义】

此一章书，是子贡劝人改过迁善之意。

子贡曰：人非圣人，孰能无过？过而能改，善莫大焉。①常人惮②于改过，一有乖违，便多方掩饰，惟恐人知，是重其过也。君子有过，不妨昭示于人，绝不隐讳，如日月之食焉，分秒③亏缺，人皆得而见之，及其知过即改，亦如日月亏而复圆，贞明④之体，容光必照⑤，人皆得而仰之也。

是以君子平时反身克己⑥，常求无过。倘检摄⑦不到，而有过未尝不知，知则必改，以省察刻励⑧为先，以因循隐蔽为戒，如成汤之改过不吝⑨，子路之闻过则喜⑩，圣贤进德修业⑪，未有不由此也。

【注释】

①人非圣人……善莫大焉：出自《左传·宣公二年》。

②惮：音 dàn，怕，畏惧。

③分秒：一分一秒，喻细小。秒，音 miǎo，树梢，末端。

④贞明：日月能固守其运行规律而常明。《周易·系辞下》："日月之道，贞明者也。"孔颖达疏："言日月照临之道，以贞正得一而为明也。"

⑤容光必照：《孟子·尽心上》："日月有明，容光必照焉。"（日月的光辉不放过任何一个能够容纳光线的小缝隙。）容光，指能够容纳光线的小缝隙。

⑥君子平时反身克己：即《孟子·公孙丑上》"反求诸己"之意，详参［里仁第四·十四］"反求诸己"词条注释。

⑦检摄：约束监督。

⑧刻励：琢磨推敲。

⑨成汤之改过不吝：指商王汤虚心听取他人意见，并勇于改过。可详参本书［卫灵公第十五·三十］"汤……改过不吝之勇"词条注释。

⑩子路之闻过则喜：《孟子·公孙丑上》："子路人告之以有过则喜。"

⑪进德修业：提高道德修养，扩大功业建树。

【译文】

这一章是子贡劝人改过向善。

子贡说：人非圣人，孰能无过？过而能改，善莫大焉。一般人往往不情愿改正过错，一旦背离正道，就找各种借口加以掩饰，唯恐被人知道实情，这是加重了他的过错呀。君子有过错，不妨明白地展示出来，绝不遮掩隐藏，就像日食月食，略微有所亏缺都会直接呈现，让人人都看得到，那么等到自己改过之后，也就像日食月食结束而恢复圆满光明，这样也就会使人仰望而尊敬。

所以君子平时要反省自身，自我克制，常常务求没有过失。有时候自我不一定察觉得到，但有所过失最终一定会知道，知道了就一定去改正，要进行自我预防，时刻省察鞭策，而且要力戒习惯性的欺瞒，就像成汤对改过毫不保留，子路乐于接受别人的批评意见，圣贤们提升德行、修习志业，没有不进行过改过自新的。

【评析】

通过对过错的态度及相应行动来判断一个人，子贡似乎对这一点颇有心得。就《解义》所举之例来看，这一章与上一章有着深度的关联，好像是孔子师徒对殷商历史及人物进行检讨的两个片段。

关于人的过失，孔子总是以一种极开明的态度对待之。他称幸过失为人所知（［述而第七·三十一］："丘也幸，苟有过，人必知之。"），赞扬颜回"不迁怒，不贰过"（［雍也第六·三］），深许蘧伯玉至百岁高龄仍欲寡其过（［宪问第十四·二十五］），倡导"三人行，必有我师焉……其不善者而改之"（[述而第七·二十二]），又谓"过而不改，是谓过矣"（[卫灵公第十五·三十]），总是"三令五申"，勉人改过自新。弟子概因此深受影响，并以砥砺自勉而因以教人。子路"闻过则喜"（《孟子·公孙丑上》），子夏也说过"小人之过也必文"（[子张第十九·八]），曾子则坚持"吾日三省吾身"（[学而第一·四]），子贡于本章则以日月去食以形容之，赞美之。上承古圣先王"百姓有过，在予一人"（《尚书·泰誓中》）之担当自责精神，下启弟子反躬自省之为人态度，迄宋儒每以"气质之偏""变化气质"来强调性与学的学问之道，明人王阳明以"破心中贼"之克己意志大胜"山中贼"❶，袁了凡循孔子所敬蘧伯玉改过事迹而成改过之法，如此等等，构成道统中修身改过之一路，亦可谓源远流长矣。

【标签】

子贡；改过之学

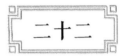

【原文】

卫公孙朝问于子贡曰："仲尼焉学？"子贡曰："文武之道，未坠于地，在人。贤者识其大者，不贤者识其小者，莫不有文武之道焉。夫子焉不学，而亦何常师之有？"

【解义】

此一章书，是子贡言孔子宪章文武①之学。

公孙朝，卫大夫，问于子贡曰：仲尼于天下事事物物博闻广见，无所不知，果焉从受学而能之乎？

子贡晓之曰：帝王之道备于文武，其一代谟烈②，文章、礼乐、政教之类，虽去今已远，犹未至坠落于地，不可讲求，固在人也。世有识见宏远之贤者，则能佩服③考订而识其大纲；其识见浅近而不贤者，亦以传闻习见而识其节目④。人之贤不贤虽不同，而识大识小，莫不有文武之道存焉。吾夫子宪章文武，故文武之道所在，即夫子之学所在。贤者识大，即从而学

---

❶ 王阳明：《与杨仕德薛尚谦》，载《阳明先生文集·阳明先生文录卷之一》。

其大者，是谓夫子师贤可也；不贤者识小，则从而学其小者，是谓夫子并师不贤亦可也。而亦何常师⑤之有哉？此不独绍⑥文武之谟烈，且接尧舜以来之心传⑦，较之他人之学有定在、师有常主者，其大小远近不侔⑧矣。

《书》曰："德无常师，主善为师。"⑨以孔子生知之圣，尚且问礼老聃⑩，问官郯子⑪，徵文考献⑫，好古敏求⑬，无非博求义理之无穷，以为折衷⑭反约⑮之本。信乎，为万世圣学之模范也与！

【注释】

①宪章文武：效法周文王、周武王之制。
②谟烈：谋略与功业。谟，音mó，议谋，策略，规划。烈，功业。
③佩服：铭记，牢记。
④节目：枝节，条目。
⑤常师：固定的老师。
⑥绍：连续，继承。
⑦心传：泛指世世代代相传的学说。
⑧侔：音móu，平等，齐整。
⑨德无常师，主善为师：《尚书·咸有一德》："德无常师，主善为师；善无常主，协于克一。"（德行修养是没有固定的老师的，以善为原则的人都是自己学习的榜样；善行不固定于某一个人身上，能始终如一合乎纯正之德的，才能保持善行。）
⑩问礼老聃：老聃（dān）即老子，姓李名耳，字聃，曾任周之守藏室之史（图书馆官员）。传说孔子曾携南宫敬叔到老子处向他请教礼仪的事情。
⑪问官郯子：郯（tán）子，以"鹿乳奉亲"（采用鹿乳为父母治疗眼疾）的孝亲故事而闻名。据说他还熟知帝王少昊氏以鸟名官之事，孔子曾向他请教学习这方面的知识。
⑫徵文考献：对古籍文献进行考证、查究。徵，求证，证明，现代汉语常写作"征"。考，研究。
⑬好古敏求：[述而第七·二十]："我非生而知之者，好古，敏以求之者也。"王阳明《传习录》："好古敏求者，好古人之学而敏求此心之理耳。"敏求，勉力以求。
⑭折衷：即"折中"，使适中，犹言取正。
⑮反约：反同"返"，由博返约，指做学问从广博出发，继而务精深，最终达到简约。[雍也第六·二十七]：子曰："君子博学于文，约之以礼，

亦可以弗畔矣夫！"《孟子·离娄下》："博学而详说之，将以反说约也。"

【译文】

这一章说的是，子贡概述孔子以文王、武王为典范来制定规章制度的学问。

卫国大夫公孙朝问子贡：孔夫子博学多识，无所不知，是真的通过自己学习而得来的吗？

子贡就明白告诉他：帝王治政的道理在文王和武王那里就已经非常全面了，他们一世谋略和功业，文章典籍、礼制乐律、政治教化等，虽然距离现在已经非常久远，但是仍然没有被完全毁弃和遗忘，关键还是在于和它接触的人。这个时代那些有远见卓识的贤良之士，就会铭记和深入考究，来认知其宏观大略；那些见识短浅而不够贤良的人，也可以通过耳濡目染来感知其细枝末节。虽然人有贤与不贤的不同和识见大小的区别，但是都能感知文王和武王的治政之道。我家孔夫子效法文王、武王，那么自然所学即文王、武王之道。贤良之士对宏观大略了然于胸，那就向他们学习这种远大的视角与格局；不够贤良的人只是了解细枝末节，那就向他们去学习一些细碎的技艺，因而可以说夫子也会向那些不够贤良的人学习。所以哪里有什么固定的老师呢？他不仅能够承续文王、武王的谋略和事业，也能够接续自尧舜以来的学术传统，这与那些学习有固定的场所、求教有固定的老师的人的学习来比较，自是判然有别。

《尚书·咸有一德》中说："德无常师，主善为师。"（培养品德没有固定的老师，只要是注重善行的便可以作为老师。）像孔子这样生而知之的圣人，尚且向老子请教礼仪，向郯子学习官制，求证整理文献，爱好古文化而敏捷以探求，无不是为了博学多识，广泛涉猎，尔后能够在此基础之上由博返约，凝练升华。的确，这堪称千秋万世的求学模范了啊。

【评析】

这一章《解义》比较通透。如果联系儒学自身的发展历程与历史境遇，则能体会出其中有一种对儒学之生命力自明的意味：先孔子之儒学，历久不竭，源来有自，文武之道虽然没落，但并未湮灭，只经孔子用心吸收和学习，便能得到足够的营养而发扬光大；后孔子之儒学，虽时有断续，但草蛇灰线，伏脉千里，依靠民间的广泛传播和学者的自觉萃取。儒学之存续，亦且如此，亦应如此。所以，儒学之"学"不是简单的学习或者习得，而内与仁相携相生，学而为仁，外与道并立并存，学以弘道。笔者曾断言，儒学之中，如果说仁是世界观，则学是其方法论，非学无以成仁，非仁无以为学。故《论语》开篇论学，良有以也。

本章评析可与［子张第十九·六］互参。

【标签】

子贡；公孙朝；学；文武之道；德无常师，主善为师

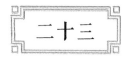

【原文】

叔孙武叔语大夫于朝曰："子贡贤于仲尼。"

子服景伯以告子贡。

子贡曰："譬之宫墙，赐之墙也及肩，窥见室家之好。夫子之墙数仞，不得其门而入，不见宗庙之美，百官之富。得其门者或寡矣。夫子之云，不亦宜乎！"

【解义】

此一章书，是子贡尊圣人之意。

叔孙武叔①、子服景伯②，皆鲁大夫。

昔孔子道大德全，鲁人莫或③窥其底蕴。一日，叔孙武叔语大夫于朝曰：人皆称仲尼为圣人，以我观之，子贡之才辨④博达，殆更过于仲尼。子服景伯闻此以告子贡。

子贡曰：人之浅深，固不可以悬望⑤而决，叔孙之言，非但不知夫子，并不知赐矣。试以人所易晓者喻之，其譬诸宫之有墙乎！赐也，造诣未深，才识有限，墙之高不过及肩，凡室中所有一器一物，有目者皆能徧览⑥而得之；若夫子之墙，高至于数仞，体势崇峻，莫究莫殚⑦，苟非⑧得其门而入焉，则亦徒为面墙而已。其中宗庙之美，百官⑨之富，礼乐制度损益乎百王⑩，政事文章黼黻⑪乎万世，又孰从而见之哉？是则得夫子之门者或寡矣！见赐易而见夫子难，则必至轻视夫子而重视赐，叔孙所云不亦宜乎？

子贡深折⑫其儗人之失伦⑬，而更惜其所见之不远也。从来惟圣知圣，若武叔者，又乌⑭足怪哉？

【注释】

①叔孙武叔：姬姓，叔孙氏，名州仇，谥号曰"武"，称叔孙州仇，史

称叔孙武叔。东周时期诸侯国鲁国司马，三桓之一。因孔子隳三都而心生怨怼。

②子服景伯：名何，鲁国大夫。《论语》又记其事于［宪问第十四·三十六］。

③莫或：没有。

④才辨：一作"才辩"，才智机辩。

⑤悬望：远望。

⑥循览：浏览。

⑦莫究莫殚：殚，尽。无法探其究竟。

⑧苟非：如果不是。

⑨百官：即"百馆"，各种房屋。官通"馆"。

⑩礼乐制度损益乎百王：即"知所损益"和"百王莫违"，喻孔子通明治世之道，而其主张必将成为时代所遵循的为政准则。详参本书［卫灵公第十五·十一］"损益百王"词条注释。

⑪黼黻：音 fǔfú，泛指礼服上所绣的华美花纹，此指焕发文采，辉映后世。

⑫深折：大力批驳。折，批驳。

⑬儗人之失伦：儗同"拟"，比拟、对比，比较。儗人，把人作对比。伦，辈，类。《礼记·曲礼下》："儗人必于其伦。"（将人进行对比的时候，要找属于同一类的。）

⑭乌：文言疑问词，哪，何。

【译文】

这一章主要是讲，子贡对孔圣人的尊崇。

叔孙武叔和子服景伯都是鲁国的大夫。而当时孔子的大道达德并不为世人所了解，鲁国人有眼不识泰山。一天，叔孙武叔在朝堂上和同僚们议论孔子说：人们都说孔老二是圣人，依我看，子贡才智机辩，广阔通达，恐怕超过了他。

子服景伯听到这话就告诉了子贡。子贡说：一个人是肤浅还是深刻，当然不能只是远远地打量一下就能决定的。叔孙武叔的话说明，他不仅不了解夫子，也不了解我。我可以拿一个简明易懂的比喻来说，就像是宫殿外面的墙：我子贡造诣不深，才识也很有限，所以我的这堵墙差不多才到人的肩膀这么高，因此我屋子里的器物，人家都能够看得清清楚楚；而夫子宫殿外面的墙，有数仞之高，其体量之高大，几乎难以探其究竟，如果不是找到门径进入里面，恐怕你所面对的只是一堵墙而已，其宗庙的辉煌壮观，和房屋的富丽华美，其受百代帝王所遵从的礼乐制度和辉映万世的治政典籍，又哪里能看得到呢？然而真正得到夫子家门径的人，太少了。你们理解我容易，但理解夫子就很难，所以就会导致看轻夫子而看重我。如果这样的话，叔孙武叔这样说也是可以理解的了。

子贡深入批驳了叔孙武叔这种拿不同等量级的人来比较的错误，同时也十分惋惜其见识的短浅。其实自古以来也只有圣人才能理解圣人，所以叔孙武叔此举也就不足为怪了。

【评析】

有万仞之学，有及肩之学。孔子以学立教，极力主张为学之道，因此其学不止有所学，而且有其所以学，仅就此而言，则犹如树木生长，根深而蒂固，本立而道生，及至万仞而不止，子贡譬诸日月，可谓浃洽。

故此万仞之学，不仅在高大峻绝，而更在其尚学重道，学而为人，并就此铸就中华学统。世人探知道问学说的心态和风向，往往也与对待孔子的尚学主张密切相关，而对孔子之否定或反对本身，亦且不仅观点相左或敌对，而在于对学识道义的罔顾或霸持。

孔学之墙高耸，但并非杜门不出、戒备森严，而是拥彗清道、倒屣迎宾，以进取开放的姿态面向社会和公众，故云"有朋自远方来，不亦乐乎"，"学而不厌，诲人不倦"。其实孔家庭院的这堵墙并不难以穿越，只是"谁能出不由户，何莫由斯道也"（[雍也第六·十七]），孔子曾如斯感慨，既不能降格以求，又惋惜世人莫从，故落寞之情自然流露，溢于言表。但其实更大的问题不在于人们不善于学，而在于把学看得过于轻巧和功利，因此"为学日益"却可能"为道日损"，"高山流水"也必然"曲高和寡"，背离孔子的善意和初衷。

置身于万仞宫墙之内的孔子又有几人能识，毕竟世人太习惯于踮起脚尖就可以看得到的风景。

【标签】

叔孙武叔；子服景伯；子贡；学；万仞宫墙

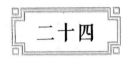

【原文】

叔孙武叔毁仲尼。子贡曰:"无以为也!仲尼不可毁也。他人之贤者,丘陵也,犹可逾也;仲尼,日月也,无得而逾焉。人虽欲自绝,其何伤于日月乎?多见其不知量也。"

【解义】

此一章书,是子贡深责武叔之毁圣也。

叔孙武叔前言仲尼不及子贡,至是又复毁之。子贡曰:彼无用此为也!人之分量不同,或以流俗之毁谤而轻,或更以流俗之谤毁而重,仲尼则非流俗之可得而轻重者。彼其道德高深冠绝千古,固不可得而毁也。盖他人之贤者如丘陵然,自平地观之虽有差殊,然其所至,尚未峻绝①,更有高乎此者则得而逾之矣。至于仲尼如日月然,万物皆在其照临之下,孰得加于其上而逾越之乎?纵有庸陋无识之人欲自弃绝于圣人之教,然圣人磨而不磷,涅而不缁,②日月高明之体必不能抑之使卑,则于圣人曾何亏损?只见其不知分量,于圣凡高下惛然③莫辨,徒为庸妄人耳!

子贡言此,非徒戒其不当毁,正明其毁之无益,可谓晓之深而责之切矣。

夫道益高则谤益重,圣人尚不能免,况其他乎?

【注释】

①峻绝:极其高大。峻,山高而陡。

②磨而不磷,涅而不缁:磨了以后不变薄,染了以后不变黑。比喻坚守品格,不因环境而改变。[阳货第十七·七]:"不曰坚乎?磨而不磷;不曰白乎?涅而不缁。"(不是说坚硬的东西磨也磨不坏吗?不是说洁白的东西染也染不黑吗?)

③惛然:神志不清。

【译文】

这一章是讲,子贡痛斥叔孙武叔对孔子的诋毁。

叔孙武叔前面说孔子不如子贡(已经是有意贬低了),现在变本加厉直接进行诋毁（甚至可能是直接谩骂）。子贡说：他怎么能这样做呢！人的品格各异，有的人因遭受世俗流言而积毁销骨，声名狼藉，而有的人却越是遭受误解，越是彰显其高洁。然而，像夫子这样的圣人是俗常观念所不能称量的，他道德高标，冠绝千古，是根本无法诋毁的。大概其他的贤人志士，其人格高度如同丘陵小山一样，如果在平地上去观察，的确是比一般地方要高出很多，但是它的高度并未达到险峻高绝的地步，所以还有比它更高的山峰（因此可以比对它的不足）。但是夫子高如日月星辰，万物都在他的辉映照耀之下，谁还能超过他（有资格来对他评头论足）呢？即便有那种浅陋粗鄙的人想要自行放弃接受圣人的教诲（并反过来诋毁圣人），然而圣人就像坚石一样打磨也不会变薄，犹如白沙一样浸染也不会变黑，他居于高如日月这样的本位，肯定无人可以倾轧，其品格也不会因诋毁而遭到损伤，却因此反衬出（那些存心诋毁者的）不自量力——他们连神圣与平凡、高尚与卑下都区分不清，这样做不是庸人自扰、喷血自污吗？

子贡这样说，不只是警告叔孙武叔他们不要诋毁孔子，而且让他们知道诋毁非但无用反而自损，这真是称得上深知其意而又责之恳切了。

为道越是高深就往往被诋毁排斥得越厉害，连孔圣人也在所难免，更何况其他人呢？

【评析】

子贡前章以深宫高墙喻孔子的学问，本章则以日月喻其光辉高洁，下一章则喻以天而无阶可登。他人愈毁则子贡愈誉，可见其对孔子敬仰之至，无以复加了。

【标签】

子贡；叔孙武叔；仲尼不可毁

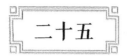

【原文】

陈子禽谓子贡曰："子为恭也，仲尼岂贤于子乎？"

子贡曰："君子一言以为知，一言以为不知，言不可不慎也。夫子之不可及也，犹天之不可阶而升也。夫子之得邦家者，所谓立之斯立，道之斯行，绥之斯来，动之斯和。其生也荣，其死也哀，如之何其可及也？"

【解义】

此一章书，亦子贡知圣之深、尊圣之至也。

昔孔子道大难名，及门之士如陈子禽①者，虽亲炙圣②，尚未能升堂入室。一日谓子贡曰：子于平日每尊崇仲尼，以为不可及，此特推逊其师为恭敬耳？仲尼岂果贤于子乎？

子贡斥之曰：子何言之过也！夫君子一言而当，即成其为知；一言不当，即成其为不知。知与不知，关系于一言之间，言不可以不慎也。子为此言亦不知之甚矣。子之意岂以夫子为可及乎？吾夫子圣由天纵，道冠百王③，大而化，圣而神，④有非思勉⑤所能至者，殆犹天之轻清成象⑥，不可以阶梯之具攀跻⑦而升也。惟夫子穷而在下，故有非常之道德，而不见其非常之事功。使或得邦家而治之，其过化存神⑧之妙，岂可意量哉？是即所谓立之斯立，爱养方施而民生已遂也；道之斯行，教化未遍而民性已复也；绥⑨之斯来，一为抚循⑩而远至迩安也；动之斯和，一为鼓励，而时雍于变⑪也。其生也荣，凡有血气，莫不尊亲；其死也哀，遏密八音⑫，如丧考妣⑬也。其德化感人之速、入人之深如此——正如天之显仁藏用⑭，万物自生自成于其中而不知所以然也——如之何其可及乎？子之言亦不知之甚矣！

子贡之语子禽者，虽未然之事，然当时孔子相鲁⑮，三月大治，亦小试行道之端。退而删定六经⑯，修明⑰先圣之道法，凡修身、齐家、治国、平天下⑱之要，莫不备具。后代帝王从之则治，逆之则乱。⑲立、道、绥、动之效，传之千万世而无穷。有天下者诚欲体尧蹈舜⑳，驾三代而轶汉唐㉑，舍诵法孔子，其何道之从哉？

【注释】

①陈子禽：陈亢（前511—前430），妫姓，字子亢，一字子禽，春秋末年陈国人。孔子的弟子，小孔子40岁。

②虽亲炙圣：虽然亲自得到圣人的教诲。亲炙，直接受到教诲。

③道冠百王：意谓孔子之道可行于百代。《孟子·公孙丑上》：子贡曰："见其礼而知其政，闻其乐而知其德，由百世之后，等百世之王，莫之能违也。自生民以来，未有夫子也。"（子贡说："见了一国礼制，就能知道一国的政治，听了一国的音乐，就能了解一国的德教，即使从一百代以后来评价这一百代的君主，也没有谁能违背夫子之道。自有人类以来，没有谁能比得上夫子的。"）

④大而化，圣而神：《孟子·尽心下》："可欲之谓善，有诸己之谓信，

充实之谓美,充实而有光辉之谓大,大而化之之谓圣,圣而不可知之之谓神。"(使人想与他交好叫作善,自己怀善叫作信,善充满全身叫作美,充满并且能发出光辉叫作大,光大并且能使天下人感化叫作圣,圣又高深莫测叫作神。)

⑤思勉:想着努力做得更好。《弟子规》:"道人善,即是善;人知之,愈思勉。"

⑥轻清成象:按照理学解释,气有轻清、重浊之分,轻清之气飘扬上升而成日月星辰之象。南宋程端蒙、程若庸《性理字训》:"得气之阳,轻清成象,运乎地外,大无不覆,主于生物,是之谓天;得气之阴,重浊成形,函于天中,广无不载,主于成物,是之谓地。"

⑦攀跻:攀登。跻,音jī。

⑧过化存神:圣人所到之处,人民无不被感化,而永远受其精神影响。出自《孟子·尽心上》,详参本书[学而第一·十]同名词条注释。

⑨绥:安抚。

⑩抚循:同"抚循""拊巡",安抚,抚慰。

⑪时雍于变:随教化而变,和睦相处。时雍,民众因受教化而和睦。出自《尚书·尧典》,可详参本书[泰伯第八·十九]"格于上下"词条注释。

⑫遏密八音:各种乐器停止演奏,乐声寂静。《尚书·尧典》:"二十有八载,帝乃殂落。百姓如丧考妣,三载,四海遏密八音。"(当舜摄理政务第二十八年的时候,帝尧便去世了。百官和民众如同死去父母一样悲痛欲绝,此后三年,全天下停止一切娱乐活动,以示哀悼。)遏,阻止。密,寂静。

⑬如丧考妣:好像死了父母一样地着急和伤心。考,已死的父亲。妣,音bǐ,已死的母亲。

⑭显仁藏用:出自《周易·系辞上》:"显诸仁,藏诸用,鼓万物而不与圣人同忧,盛德大业至矣哉!"(天道表现为各种美好的仁德,又隐藏在日用事物之中,它鼓动万物生长但不跟圣人一样有所忧虑,它体现出来的盛大的美德和宏伟的事业可以说至高无上了!)

⑮孔子相鲁:孔子在担任鲁国大司寇时,曾代理国相。《史记·孔子世家》:"定公十四年,孔子年五十六,由大司寇行摄相事。"然学界对此有所质疑。

⑯退而删定六经:皮锡瑞《经学历史》:"(孔子)晚年知道不行,退而删定六经,以教万世。"六经,《诗》《书》《礼》《易》《乐》《春秋》等六部儒家经典,曾经孔子整理编订。清章学诚《校雠通议》:"六艺,非孔氏

之书，乃周官之旧典也。《易》尊太卜，《书》藏外史，《礼》在宗伯，《乐》隶司乐，《诗》颂太师，《春秋》存于国史。"

⑰修明：昌明，阐明。

⑱修身、齐家、治国、平天下：简称"修齐治平"，指提高自身修为，管理好家庭，治理好国家，安抚天下百姓苍生的政治抱负。出自《礼记·大学》："古之欲明明德于天下者，先治其国；欲治其国者，先齐其家；欲齐其家者，先修其身；欲修其身者，先正其心；欲正其心者，先诚其意；欲诚其意者，先致其知；致知在格物。物格而后知至，知至而后意诚，意诚而后心正，心正而后身修，身修而后家齐，家齐而后国治，国治而后天下平。"出处及译文可详参本书［为政第二·十七］"格致诚正"词条注释。

⑲从之则治，逆之则乱：依从此道就会安定，逆反此道就会混乱。《黄帝内经·素问·四气调神大论篇第二》："道者，圣人行之，愚者佩之。从阴阳则生，逆之则死，从之则治，逆之则乱。反顺为逆，是为内格。是故圣人不治已病治未病，不治已乱治未乱，此之谓也。夫病已成而后药之，乱已成而后治之，譬犹渴而穿井，斗而铸锥，不亦晚乎？"（注：内格又名"关格"，为内部闭塞不通所致。格，通"阁"。《广雅》："阁，止也。"转注为扞格、闭塞。）

⑳体尧蹈舜：复现尧舜时的景象。崔寔《政论》："且济时拯世之术，岂必体尧蹈舜，然后乃理哉？"（见于《后汉书·崔骃列传》）

㉑驾三代而轶汉唐：超过夏商周三代和汉唐盛世。驾轶，陵驾，超越。

【译文】

这一章也是讲，子贡深知孔子之圣并保持至高的尊敬。

当时孔子之道极高极深，难以形容刻画，因此不易为人理解。即便是像陈子禽这样的士大夫，曾经亲临孔子之门，聆听孔子教诲，也还不能升堂入室，真正理解孔子。一天，他对子贡说：你平时总是尊崇仲尼先生，说是不可企及，这应该不过是客套话，表达对你老师的恭敬吧？仲尼难道真的比你还优秀？

子贡驳斥他说：您说话太过了！作为一个君子，（说一句算一句，）说得恰当，那就是明智；说得不恰当，那就是不明智。明智与否（是否君子），都与这一句话有关系，所以说话不能不慎重。您刚才这么说话就是极不明智了。您的意思是，夫子是可以被轻易理解的吗？我们的夫子乃是天生之圣人，其道为百世君王所尊，以其道化育万民而可称圣乃至于神，这不是想着努力去做就能够达到的，大概就像轻清之气飘扬上升而成日月星晨之象，这是不可能用阶梯之类的工具攀爬能够到达的。即便是夫子身处下位未达于上的时候，如果没有达到超乎寻常的道德境界，也无法真正体会到他所做的超乎寻常的事功。如果能够让他治理邦家小国，他所经过的地方就会受到教化，所治理过的地方就会保有他的精神，这其中微妙，岂是可以臆度和测量的吗？所以有所谓的"立之斯立"，就是爱惜养护使民众生存无忧；所谓"道之斯行"，就是礼乐教化尚未完全普及，但是民众仁爱的本性已经被唤醒；所谓"绥之斯来"，就是一用仁政安抚，民众就远者来、近者安；所谓"动之斯和"，就是一旦为音乐感动，就会随教化而变，彼此和睦。夫子生时，百姓以他为荣，凡有人情义气的人，无不尊敬亲爱他；夫子死时，百姓无不哀痛，停止了各种音乐活动，就像失去了生身父母。他的道德教化对人感化如此之快、影响如此之深——就像天道既显现其美好的仁德，也隐藏于日用事物之中，万物在其抚育之下自然成长而不知所以然——这（我们普通人）怎么能算真正理解呢？所以说您的话实在是不够明智啊！

子贡告诉陈子禽的话，虽然并非全部都是事实，但是当时孔子在鲁国代理相位，三个月就实现政通人和的局面，这也是他小试牛刀的开始。他晚年隐退居家，删述修订六经，阐明往圣先贤的道学法术，包括修身、齐家、治国、平天下的治政精要，无不囊括其中。后代的帝王依从此道，天下就会太平；逆反此道，天下就会混乱。因此，"立""道""绥""动"的功用，可传承到千代万世乃至于无穷。君临天下者如果真的想要复现尧舜时的景象，甚至超过夏商周三代和汉唐盛世，如果不去诵习取法于孔子，那用什么方法可以实现呢？

【评析】

子贡被记录在《孟子》中的一段话，亦可以视作其对孔子之尊崇态度的"孟子版"：

见其礼而知其政，闻其乐而知其德，由百世之后，等百世之王，莫之能违也。自生民以来，未有夫子也。（《孟子·公孙丑上》）

这段话的意思是说：见了一国的礼制，就能知道一国的政治，听了一国的音乐，就能了解一国的德教，即使从一百代以后来评价这一百代的君主，也没有谁能违背夫子之道。自有人类以来，没有谁能比得上夫子的。很难说这段话是子贡说的，还是孟子杜撰的，毕竟孟子之前并无相关记录，而其句式表达完全是孟子的文风，所以此或为孟子矫托子贡而已。不过将这段话放归到历史和现实中，也并非虚夸，而是更多地表达出对孔子其人的高度尊崇及对其思想传承的笃定信念。对此，日本17世纪儒学者伊藤仁斋❶解释说：

> 夫子以前，虽教法略备，然学问未开，道德未明；直至夫子，然后道德学问初发挥得尽矣。使万世学者知专由仁义而行，而种种鬼神卜筮之说皆以义理断之，不与道德相混，故谓学问自夫子始斩新开辟可也。孟子引宰我、子贡、有若三子之语，曰"贤于尧舜远矣"，又曰"自生民以来，未有盛于孔子也"，盖诸子尝得亲炙夫子，知其实度越乎群圣人，而后措词如此。愚断以《论语》为"最上至极宇宙第一书"，为此故也。❷

显然，这是在孟子刻意推崇孔子的心理作用下发生的，子贡只因在众弟子中最多礼赞孔子的言辞，所以被孟子拉进了"孔粉见面会"。不过将子贡对孔子的所有赞词概括之，亦不过《孟子》中"生民未有""百王莫违"八字而已。所谓"生民未有"，借唐初诗人陈子昂的诗句来说，就是"前无古人，后无来者"（《登幽州台歌》），将孔子推举到无以复加的地位。迄今，曲阜孔庙大成殿上还悬挂着这四字巨幅匾额。

然而，孔子之思想品格何以称"百王莫违"，其现实境遇又如何呢？尽管自汉代（武帝）以来，历朝历代帝王都对孔子尊崇有加，以至于出现像元成宗《加封孔子大成至圣碑》❸那样极具代表性的"好评"，但并不是一帆风顺，"百王莫违"，历史总是在尊孔与尊周（周公）、尊孔与反孔之间曲折反复，迂回跌宕。而其实，孔子的事业或并不在帝王，而在世情人心——"故人情者，圣王之田也。"❹《礼记·礼运》正揭櫫了孔子志业之

---

❶ 伊藤仁斋（1627—1705），名维桢，字源助，号仁斋，又号古义堂，日本江户前期儒学家，古义学派（又称堀川学派）的创立者，著有《语孟字义》《童子问》《论语古义》《孟子古义》《中庸发挥》《大学定本》等。

❷ ［日］伊藤仁斋：《论语古义·总论》，京师书坊日本正德二年（1712）版，第5页。

❸ 《加封孔子大成至圣碑》碑文："上天眷命，皇帝圣旨：盖闻先孔子而圣者，非孔子无以明；后孔子而圣者，非孔子无以法。所谓祖述尧舜，宪章文武，仪范百王，师表万世者也。朕缵承丕绪，敬仰休风。循治古之良规，举追封之盛典，加号'大成至圣文宣王'。遣使阙里，祀以太牢。于戏，父子之亲，君臣之义，永惟圣教之尊。天地之大，日月之明，奚罄名言之妙。尚资神化，祚我皇元。主者施行。大德十一年七月十九日。"

❹ 《礼记·礼运》："圣王修义之柄、礼之序以治人情。故人情者，圣王之田也。修礼以耕之，陈义以种之，讲学以耨之，本仁以聚之，播乐以安之。"（可详参［子路第十三·四］"筋骸之束"词条注释。）

所在：

> 孔子曰："大道之行也，与三代之英，丘未之逮也，而有志焉。"

> 大道之行也，天下为公，选贤与能，讲信修睦。故人不独亲其亲，不独子其子，使老有所终，壮有所用，幼有所长，矜寡孤独废疾者皆有所养。❶

孔子之志业在世情人心，在礼制文化，在千秋万世，故其所得也必不在封赐名号、权势利益和馨香祷祝。对此，北宋著名理学家邵雍（1012—1077）将孔子思想的特质及价值一言蔽之，十分精辟：

> 人谓仲尼惜乎无土，吾独以为不然。匹夫以百亩为土，大夫以百里为土，诸侯以四境为土，天子以四海为土，仲尼以万世为土。（《皇极经世书·观物篇》）

正因为如此，就皇权与儒学关系而言，是帝王依托孔子为政，而非孔子依傍帝王立言，故其成败得失亦不由权力定夺。元天历二年（1329），翰林院学士曹元用（1268—1330）受元文宗委派到曲阜祭孔，在记述文字中，他在开篇简要记录了祭祀过程后，便马上抛出了内心积蕴已久的"金句"：

> 元用窃谓：孔子之教，非帝王之政不能及远；帝王之政，非孔子之教不能善俗。教不能及远，无损于道；政不能善俗，必危其国。❷

其语气平和，却表达了十分坚定的儒学信念。明末文学家、思想家吕坤在其《呻吟语》中则以尤为强烈的语气，表达了在今天看来亦觉具有挑衅性的观点：

> 公卿争议于朝，曰"天子有命"，则屏然不敢屈直矣；师儒相辩于学，曰"孔子有言"，则寂然不敢异同矣。故天地间，惟理与势为最尊。虽然，理又尊之尊也。庙堂之上言理，则天子不得以势相夺。即相夺焉，而理则常伸于天下万世。故势者，帝王之权也；理者，圣人之权也。帝王无圣人之理，则其权有时而屈。然则理也者，又势之所恃以为存亡者也。以莫大

---

❶ 出自《礼记·礼运》，可参本书［子路第十三·九］"型仁讲让"词条注释。
❷〔元〕曹元用：《遣官祭阙里庙碑》，见〔明〕陈镐撰，孔贞丛著（修订补撰）：《阙里志》，明万历三十七年（1609）刻本，第十卷，第40页。

之权,无僭窃之禁,此儒者之所不辞而敢于任斯道之南面也。❶

毕竟,"上帝的归上帝,凯撒的归凯撒"(《圣经·新约》),不仅是因为他们各有所擅,而且亦各得其所——彼此对终极价值的诉求既非一样,则其成就自然不可兼得。(就此而言,像秦皇汉武那样渴望既拥有现世辉煌,又追求长生不老——意味着同时拥有此生现世和永生恒久之价值——实属痴心妄想,也必然遭遇失败。)孔子的价值或正在其无位,正因其无位,他思考出无位而有为的思想策略,反倒完成对现实的超越:"由于政治上的不得意,却因祸得福迫使他将大部分时间用在教育上。失之东隅,收之桑榆,他成为中国有史以来最伟大的教育家、思想家。"❷ 在所谓的失败面前,如果坚持以更阔大更长远的视野来看待,则亦不失成功的意义。延至清代,尚有人为孔子有德而无位的事情斤斤计较,不过为清廷以治统凌道统之行径狡辩,实属无稽。❸ 孔子渴望通过权力来实现自己的政治理想,但其目标并非为了权力,而且撇去权力因素,孔子却可以依然存在,而且这正是其在当代中国社会继续发挥积极作用的基本条件。对此,王赓武先生提出:

20世纪的我们大多拒斥或许被称为"国教儒学"的儒家思想,即那种已成为帝国正统的观念。20世纪的大多数中国思想家都视其为完全过时、完全失效,不再为中国人所需要的东西而摒弃之。他们转而去寻找别的东西。

在另辟蹊径的过程中,他们尝试了许多思想,但无一在中国真正奏效……因此中国人回归自己的过去。一百年后,他们现在又绕回去不再摒弃儒家思想了。中国人曾那么竭力地要抛弃儒家,但它不断卷土重来。很多人会说,儒家之所以不会消失,是因为它里面有很多基本真理。儒家思想从根本上说并没有错。

当你将孔子及其基本思想与作为国学正统的儒教分开的那一刻,你就会另眼看待它了。这是耐人寻味的地方。历经漫漫两千多年的时间,即使在儒家做出各种妥协来支撑天朝国体的时候,作为个人的儒家弟子也一直

---

❶ 〔明〕吕坤:《呻吟语》卷一《内篇 礼集·谈道》,上海古籍出版社2000年版,第54页。标点略有改动。

❷ 蔡志忠:《论语解密》,山东人民出版社2016年版,第56页。另可参本书〔宪问第十四·三十八〕〔卫灵公第十五·二〕等章关于"失败者"的讨论。

❸ 可参杨念群《为何崇"周公"而抑"孔子"?》,见杨念群著《何处是"江南"?》第七章:"经世"观念的变异与清朝"大一统"历史观的构造。生活·读书·新知三联书店2017年版,第347−359页。

心向孔子，私心里明白当以真孔子为他们的依归。但在现实生活中，他们必须向国家所扶持的儒家意识形态看齐。所以他们在做一个真正的好儒家和做一个只服务于皇帝和皇朝那部分的好儒家之间撕扯着，后者是通过成为体制的一部分而在社会上有所作为。

所以说，私底下有个孔子，台面上还有一个孔子，两个同时存在着。你可以从新儒家哲学的发展中看到这一点。这个哲学本身朝着一个方向发展，但实际情况是，作为个体的儒家不得不作出选择。他们可以一心一意地忠于儒家的原则，也可以选择谋一个公职服务于国家，成为国家眼中的那种好儒家。这就是为"儒"与为"官"的区别。这两种儒家在中国古往今来的历史上都可以找到。❶

他将儒学分解为服务于官方政治的"国教儒学"和遵从孔子思想本真的个体儒学，这样才能解读儒学拥有强大生命力的根本原因。任剑涛先生也秉持这种"两分法"而深入探讨道："国家一旦不再直接且全面支持儒家，那么儒家就只能安于社会领域，为社会大众提供相应的优化精神生活的资源。"❷他提出："一部人类思想史证明，凡是与权力勾连过紧的思想体系，到头来都会丧失思想活力，成为自我颠覆的思想体系。……经学的出现，乃是儒家接受权力驯化的结果。"❸就此而言，"让儒家与国家权力脱钩，是一件双赢的事情"❹，"经学退出国家权力舞台，反倒成全了儒家之谓儒家的社会文化活力"❺。

由上，我们可知《孟子》所云"百王莫违"的"合法性"，重点不在王者的认可，而在来源于其现实的"适用性"。此恰如《中庸》所云：

> 君子之道，本诸身，征诸庶民，考诸三王而不缪，建诸天地而不悖，质诸鬼神而无疑，百世以俟圣人而不惑。

---

❶ ［新加坡］黄基明：《王赓武谈世界史：欧亚大陆与三大文明》第四章：中国与西部边缘的交锋，刘怀昭译，当代世界出版社2020年版，第169-177页。

❷ 任剑涛：《当经典成为经典：现代儒学的型变》，社会科学文献出版社2018年版，第15页。

❸ 任剑涛：《当经典成为经典：现代儒学的型变》，社会科学文献出版社2018年版，第23-24页。

❹ 任剑涛：《当经典成为经典：现代儒学的型变》，社会科学文献出版社2018年版，第15页。

❺ 任剑涛：《当经典成为经典：现代儒学的型变》，社会科学文献出版社2018年版，第26页。

通过此段文字，《中庸》似乎是有针对性地回应并高度概括了"百王莫违"的深刻内涵：君子之道，本是出自人之为人的考量，也自然在人自身得到回应，这样再经过往圣及现实的验证，自然通行不悖，为世所用。

孔子思想作为传统文化的精髓，具有一种深入人心的影响力，乃至对当今社会仍具有感化乃至统摄的力量。当代作家张锐锋先生对此深有感触，在其别开生面的孔子传记——《别人的宫殿》一书中，他以细腻的笔触表达了自己对于孔子影响力的切身感受：

我想，我的这一切也许与那遥远的孔子有着密切的关系。孔子并未在两千多年前逝去，而是一直生活于每一个人的生活里。我也并非生活于今天，我还生活在昨天，甚至置身于我并不熟悉的孔子的时代。有时候，我听人讲述孔子，就像听到别人在讲述我自己。我虽然不了解孔子，可我感到自己的内心原是有着孔子的遭遇的。❶

孔子既不神秘，也不遥远，其不过是本着一个普通人的心灵诉求而坚持追求理想社会的"流浪的君子"❷ 而已。虽然他终其一生从未真正如愿进入权力核心来施展政治抱负，其思想流传也是起起落落、曲曲折折，却因为深入人心而拥有传世的力量——《孟子》中所谓"莫违"的真正力量正在于此吧！对此，当代文化学者柳长松先生感慨道："中国人读书，读来读去都要上溯到孔子那里……似乎历朝历代的最干净、最正直、最担当的心灵，都可以从孔子那里得到印证和共鸣。"❸

【标签】

子贡；陈亢（子禽）；立之斯立，道之斯行，绥之斯来，动之斯和；百王莫违；生民未有

---

❶ 张锐锋：《别人的宫殿：六十二双眼睛中的孔子》书跋《两千几百年之后，一个人谈孔子及自己》，昆仑出版社1998年版，第316页。

❷ 这一称谓见王健文先生《流浪的君子——孔子的最后二十年》（生活·读书·新知三联书店2008年版）一书，可详参本书［卫灵公第十五·三］"评析"部分相关引介。

❸ 柳长松：《孔子的删定六经》，来源：作者新浪博客，网址：http://blog.sina.com.cn/s/blog_ 566198f50102vjd0. html。

尧曰第二十

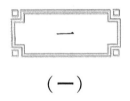

（一）

【原文】

尧曰："咨！尔舜！天之历数在尔躬，允执其中。四海困穷，天禄永终。"

舜亦以命禹。

【解义】

此一章书，是记者历叙帝王相传之道，以见孔子与门人相授受者，亦不外乎此也。

记者曰，昔唐尧①将禅位于虞舜②，其戒命③之词曰：咨！尔舜！自古天位相传之次第，犹岁时节气之先后，是谓历数④。今尔德当天心，天之历数已属尔身矣。然天位维艰⑤，命不易保，必有道以安天下之民，而后克⑥永享禄位⑦。尔宜廓然大公⑧，心无偏倚，凡万几⑨之来，因时顺应，皆以中道处之，自始至终，信能执守而不失焉，则民心悦安，而天禄⑩可常保矣。苟不能执中⑪，而凡事徇一己之偏，则政乖民乱⑫，四海困穷，而怨叛将作，尔所受于天之禄位，亦永终而不可复享矣。可不戒哉？

其后虞舜禅位于夏禹，亦以"允执厥中"命之。⑬其间虽有"人心""道心""惟精惟一"之训⑭，"无稽勿听""弗询勿庸"之词⑮，无非所以发明⑯尧之一言，非有异也。

夫以尧、舜、禹三大圣人，其授受之际，叮咛告戒不过如此。则"执中"也者，岂非万世人君之标准哉？

【注释】

①唐尧：尧（约前2377—前2259），上古"五帝"之一，姓伊祁，号放勋，古唐国人，谥曰"尧"，故称"唐尧"。尧从兄长帝挚那里继承帝位，并禅让于舜。

②虞舜：舜（约前2277—约前2178），上古"五帝"之一，妫姓，名重华，字都君，号有虞氏，谥号"舜"，故称"虞舜"。

③戒命：戒同"诫"。

④历数：天命，运数。

⑤维艰：只有困难。

⑥克：能。

⑦禄位：俸给与爵次，泛指职位。

⑧廓然大公：公而忘我，坦荡无私。语出程颢《答横渠先生定性书》："君子之学，莫若廓然大公，物来而顺应。"详解见本书［里仁第四·三］同名词条注释。

⑨万几：指帝王日常处理的纷繁的政务。

⑩天禄：天赐的福禄，后常指帝位。《尚书·大禹谟》："四海困穷，天禄永终。"

⑪执中：即"允执厥中"（实实在在地秉承那不偏不倚的中和之道）。可参本章注⑬。

⑫政乖民乱：乖乱，变乱或动乱，反常。

⑬其后虞舜禅位于夏禹，亦以"允执厥中"命之：指记录在《尚书·大禹谟》一篇中的舜对禹所说的治政精要："人心惟危，道心惟微，惟精惟一，允执厥中。"（人的欲念芜杂而有危害，而道的内涵是精微至极的，只有体察道的精微并始终如一地遵守，如此才是实实在在地秉承那不偏不倚的中和之道。）

⑭"人心""道心""惟精惟一"之训：见上注。

⑮"无稽勿听""弗询勿庸"之词：也是对舜传授禹治政精要的简写。《尚书·大禹谟》："无稽之言勿听，弗询之谋勿庸。"（未经考查没有根据的话不要听，没有征询过意见的谋划不能采用。）

⑯发明：阐发使之显明。

【译文】

这一章是记录者历次记叙上古帝王递相传授的治政之道，来展现孔子授与弟子门人的学问也不外乎这些。

记录者记载：从前尧帝将要禅让帝位给舜，他告诫舜说：咨！你，舜！自从古代开始，上天所赋予的这个位置按照次序传递，就像每年的节气一样先后有序，这就是所谓的天命运数。现在你的德行高居于天之中心，上天运数已经归向于你了。然而上天所赋之位十分艰难，连自己的生命都可能难以保全，因此一定要有安民济世之道，然后才能永远享有你的高位。你应大公无私，心无偏袒，虽日理万机，也要顺时应变，使其都符合道的要求，自始至终，恒定不变，这样才确可以做好本职而没有过失。这样就会使民心欣悦平和，而你就可以稳居帝位了。如果不能执行不偏不倚的中和之政，凡事都是依循一己偏私，那么就会导致兵荒马乱，天下困苦，怨恨和叛乱的行为就会发生，而你所得到的天赋权位，也将永远不能再享有了。这怎可不戒防呢？

后来舜禅位给禹，也是以"允执厥中"来诫命他。其中虽然有"人心""道心""惟精惟一"这样的训诫，"无稽勿听""勿询勿庸"这样的言辞，无非都是对尧的这一段话进行阐发显扬，它们并无二致。

即便像尧、舜、禹这样的大圣人，他们授受权位和为政经验时，所叮嘱告诫的不过都是这样的话。这么说来，"执中"之语，难道不是万世君王所应该遵守的治政标准吗？

（二）

【原文】

曰："予小子履敢用玄牡，敢昭告于皇皇后帝：有罪不敢赦。帝臣不蔽，简在帝心。朕躬有罪，无以万方；万方有罪，罪在朕躬。"

【解义】

此一节书是述汤告诸侯之辞也。

记者曰：继禹而膺①历数者，商汤②也。汤既伐桀③而作诰④以告诸侯，先述其初请命⑤于帝⑥而伐桀之词，曰：予小子履，敢用黑色之牡牲⑦，敢⑧昭告于皇天后土之神⑨：今夏桀有罪，己必讨之而不敢赦；天下贤人皆上帝之臣，己必用之而不蔽。盖其罪其贤，皆简阅⑩在上帝之心，己安敢违之而自任其私意乎？

予之初请命者如此。今既为天子矣，其责任尤有重焉者。盖天以万方臣庶付之于我，则朕躬⑪若有过，举而得罪，是己不能奉若天道而致之，万方小民何预⑫焉？若万方臣庶得罪犯法，是己所以表率抚驭者未得其道，其罪无可逭矣。尔诸侯其共体之！

此汤告诸侯之辞也。

观其请命之辞，则伐桀之举出于天；观其告诸侯之词，见天下之责在于己。承天子民⑬，栗栗危惧⑭。视三圣之执中，殆异世而同符⑮也与！

【注释】

①膺：音 yīng，接受，承受。

②汤：商汤（约前1670—前1587），即成汤，子姓，名履。商朝开国君主。

③桀：（？—前1600），姒姓，夏后氏，名癸，一名履癸，谥号桀，故史称"夏桀"。

④诰：以上告下的文书，古代以大义谕众叫诰。

⑤请命：请求指示。

⑥帝：天帝、上天。

⑦牡牲：牡，公牛。牲，牺牲，祭品。

⑧敢："敢"字与前重复，疑衍出。

⑨皇天后土之神：天地神明。皇天，天，天帝。后土，地，土神。

⑩简阅：考察。

⑪朕躬：我，我自身。

⑫预：参与。

⑬承天子民：受上天安排来治理百姓。子民，以民为子。

⑭栗栗危惧：栗栗，发抖的样子。《尚书·汤诰》："栗栗危惧，若将陨于深渊。"（瑟瑟发抖，好像将要坠落于深渊之中。）

⑮同符：符合，相合。

【译文】

这一节记录了商朝开国君主汤公昭告诸侯的话语。

记录者记载：继禹之后承接天命王位的，是商汤。他讨伐夏桀并写诰书来昭示诸侯，先叙述他向天帝请求攻伐夏桀的文辞，说：在下子履，冒昧地用黑色的公牛作为牺牲祭品，昭告于天地神明：现在夏桀罪大恶极，我一定要讨伐他而不敢私下赦免；天下的贤人也都是天帝的臣民，我一定任用他们而不偏私舞弊。无论他们是怀有贤才还是犯有罪愆，都在天帝那里有一笔清清楚楚的账单，所以我哪里敢欺瞒上天而任意处置呢？

我当时就是这样请命的。现在我既然成为天子了，责任就更加重大了。老天把上上下下的百姓臣民都交给我来管理，如果我犯了错，举动失误而遭遇罪罚，那是我不能奉行天道造成的，这与天下的小老百姓又有什么干系呢？如果天下的百姓臣民因罪犯法，这都是我所做的表率引领工作不到位所造成的，因此这些罪责我也无可推诿啊！你们王公诸侯们也要体会到这一点！

这是商汤戒告诸侯们的话。

看他祈请天命的文辞就会明白，讨伐夏桀的行动实际是出于上天的意志；而看他戒告诸侯的话语，他在其中表达了以天下为己任的态度。顺承天意来治理百姓，因此而感到如履薄冰，不敢懈怠。纵观尧、舜、汤三位圣人的执中之治，虽然在不同世代，但彼此理念相同，若合符节。

（三）

【原文】

周有大赉，善人是富。"虽有周亲，不如仁人。百姓有过，在予一人。"

谨权量，审法度，修废官，四方之政行焉。兴灭国，继绝世，举逸民，天下之民归心焉。

所重：民、食、丧、祭。

【解义】

此五节书皆述武王之事也。

记者曰：继汤而膺①历数者，周武王也。武王初克商时，即反纣之所为，散鹿台②之财，发钜桥③之粟，大赉④于四海，而万姓悦服。然非人人而富之也，惟有功德之善人⑤，则加厚而是富焉，以示激劝⑥。其赏善之公如此。

当其伐纣之初，誓师⑦之词有曰：纣虽有至亲亿万之多，然皆离心离德⑧，不如我周家，臣子皆仁厚有德之人，同心同德而可恃也。是伐纣有必克⑨之理矣。今我既获仁人，若不往正其罪，则百姓嗟怨归罪于我之一身。盖谓百姓畏纣之虐，望周之深，而责武王不拯己于水火之中也。其以除暴为己任如此。

又，纣之时权量无准，法度咸斁，百官不职。武王既定天下，于是取权之轻重，量之大小，皆谨而较之，使归中正之则。而官府不得以侵渔⑩民间，不得以欺诈。若礼乐制度，凡可损、可益、可因、可革者，皆审而定之，使合义理之当然。有官职废坠不举者，则重新修理，使在官百职一时尽举，无复向日⑪颓废之患。由是王章所布，在在⑫遵守，而四方之政无有壅遏⑬而不行者焉。武王之以义正天下如此。

纣之时，灭人之国，绝人之世，逸民⑭播弃⑮而不用。武王方有天下，封黄帝、尧、舜、夏商之后于其国土；已灭者则裂茅土以兴之⑯，使享有国邑；世系已绝者，则取支庶以继之，使绵其宗祀。又释箕子之囚，复商容⑰之位，贤人隐逸在下者则举用焉，使野无遗俊⑱。三者皆人心所欲也，武王行之，由是德意所被⑲，人人欣戴⑳，而天下之民无不倾心而归向焉。武王之以仁感天下如此。

至于加意㉑民事，非独一端，而所尤重者，则惟在食以养生、丧以送死、祭以追远之三者。故制田里以厚民生㉒，定为丧祭之礼以教民孝，所以维人心而厚风俗㉓也。

由武王之事观之，德泽周遍，政教修明㉔，无非表建中德㉕，而无负上天宠绥㉖之命也。其接尧、舜、禹、汤之中统㉗，良有以夫！

【注释】

①膺：音 yīng，接受，承受。
②鹿台：商纣王所建之宫苑，用于积财、玩乐之处。
③钜桥：商纣王用于存储粮食的仓库。
④赉：音 lài，赏赐。
⑤善人：有道德的人，善良的人。[述而第七·二十六] 子曰："善人，吾不得而见之矣；得见有恒者，斯可矣。亡而为有，虚而为盈，约而为泰，难乎有恒矣。"邢昺疏："善人，即君子也。"该章《解义》："君子而外，天资粹美谓之善人。"
⑥激劝：激发鼓励。
⑦誓师：出征前统帅向战士宣告作战的意义，表示决心。
⑧离心离德：思想不统一，信念不一致。
⑨克：胜。
⑩侵渔：侵夺他人的财物。渔，捕鱼，此处引申为得到财物。
⑪向日：往日，从前。
⑫在在：处处。
⑬壅遏：音 yōng'è，阻塞。
⑭逸民：怀有才德而隐逸避世的人。
⑮播弃：弃置，舍弃。
⑯裂茅土以兴之：茅土，指王、侯的封爵。古天子分封王侯时，用代表方位的五色土筑坛，按封地所在方向取一色土，包以白茅而授之，作为受封者得以有国建社的表征。
⑰商容：商末殷纣王时期主掌礼乐的大臣，著名贤者，因为不满纣王的荒唐暴虐，多次进谏而被黜；一说他曾经试图用礼乐教化纣王而失败，逃入太行山隐居。周武王胜殷之后，席不暇暖，式商容之闾（连坐席都没有暖热就去容商的大门前请求拜见），以示对忠臣贤者的尊敬。武王想要封商容为三公，被商容推辞了。

⑱野无遗俊：即"野无遗贤"，民间没有被弃置不用的人才。出自《尚书·大禹谟》，可参本书［卫灵公第十五·二十三］"嘉言之伏"词条注释。

⑲德意所被：广施恩德。德意，布施恩德的心意。被，音pī，覆盖，担当。

⑳欣戴：悦服拥护。

㉑加意：注重，特别注意，特别用心。

㉒制田里以厚民生：指依照周制进行土地管理，引导民众进行耕种，以及征收赋税、分配资源等，来充实百姓的生活。可参《周礼·地官司徒第二·遂人》。

㉓维人心而厚风俗：使人心依从，使风俗淳厚。

㉔修明：谨饬而清明。

㉕表建中德：设立牌坊来表彰有德行的人。表建，即"旌表建坊"，官府为忠孝节义的人立牌坊赐匾额，以示表彰。中德，合乎道德。《尚书·酒诰》："尔克永观省，作稽中德。"（你们要能够一直自我省察，言行举止合乎道德标准。）

㉖宠绥：指帝王对各地进行安抚。

㉗中统："允执厥中"的治统。

【译文】

这五节文字都是叙述周武王的事情。

记录者记载：在商汤之后承受天命运数的，是周武王。武王当初克伐商王朝的时候，就是一反纣的所作所为，分散其集聚在鹿台的财宝，分发其囤积在钜桥的谷物，大赏天下，使天下人为之心悦诚服。但是这并非让每个人都因此而富有，而主要是对那些积德行善的人厚加赏赐而使其富足，以达到劝善和奖励的效果。他奖善惩恶就是如此公道。（其一）

武王开始伐纣的时候，对讨伐大军宣誓说：虽然纣王有亲族达亿万之众，但对他都离心离德，人心涣散，比不上我周家，上下都是仁厚有德的人，大家同心同德，可以依恃互助。这是伐纣而必胜的根本依据。现在我既然拥有仁人志士，而不去纠正其罪过，那么百姓就会指责抱怨，把罪责都归结到我一个人的身上。这大概是说，百姓畏惧商纣的暴虐，期待周国崛起而代之的愿望十分强烈，而责备武王不能够救民于水火。他（武王）就是这样，把伐纣除暴当作义不容辞的责任。（其二）

此外，商纣在位的时候标准混乱，法令不行，官员失职。周武王既已统定天下，就稳定称量标准，谨慎校对调整，使之归于公允中正的原则。

这样官府就无法作奸犯科，鱼肉百姓了。对于礼乐制度，或减少，或增加，或因循，或变革，都审度并确定，使它们符合义理。有的官职遭到废弃，就重新建树，使各种职务都得到任命，不再有以前那种颓废无为的窘态。从此周王宪章所传布的地方，无不遵守而行，天下四方的政令也因此没有滞塞不前无法推行的了。武王这样用道义来匡正天下。(其三)

商纣在位的时候，大肆覆灭诸侯之国，并对其族人斩尽杀绝，对高士逸民也任其自生自灭，弃置不用。武王一旦拥有天下，就让黄帝、尧、舜和夏、商的后代回到其封地上营生；已经灭国的诸侯就重新划分封地，使他们复兴其国；已经灭族的诸侯，就找到他们的支系庶族来继承繁衍，使其宗族祭祀得到延续。他还释放了箕子这样的囚徒，恢复商容的职位，隐逸在外的贤能之人均被选拔任用，乃至在乡野没有留下一个贤才。这三点都是民意所渴望的事情，武王都做到了，此实乃道德和民意所承载，人人所欣悦拥护之举动，因此天下之人没有不心向往之的。武王就是这样用仁德来感动天下的。(其四)

至于武王关注民生民事，不止一点，而他所特别注重的是食以养生、丧以送死、祭以追远这三样事情。所以他制定田产制度来优待民生，设定丧礼来教导民众孝道，使人心有所依从，从而使风俗更加淳厚。(其五)

从武王的政治举措来看，能够做到用道德润泽天下，使政治教化谨饬而清明，不过就是建立中庸之德，而不辜负上天的眷顾和安抚。这种作为，可谓承接了尧、舜、禹和汤的执中治统，的的确确是这样啊！

(四)

【原文】

宽则得众，信则民任焉，敏则有功，公则说。

【解义】

此一节书是统论帝王之道也。

记者既历叙尧、舜、禹、汤、文、武之事，因总论之曰：二帝三王①因时立政，设施②虽不同，而为治之道不外宽、信、敏、公四者。人君以天下为量，惟宽以有容，而包涵无外，则四海度内③，万物一体④，众莫不归附之矣。

出治⑤以至诚为本，惟信以行政⑥而内外如一，则上以诚感，下以诚应，而民莫不倚仗之矣。

庶事⑦所以丛脞⑧者，不能励精图治也。惟勤敏而宵旰不遑⑨，则百度⑩振举⑪，所为有功矣。

人心所以乖违⑫者，不能虚衷顺应⑬也。惟大公⑭而好恶不作，则举措合宜，莫不悦服矣。

此四者，帝王所以成唐虞三代⑮之盛治也。夫分言之曰"宽""信""敏""公"，约言之不过一"中"⑯而已。有天下者，执此"中"而不失，以比隆于二帝三王也，何难之有？

【注释】

①二帝三王：二帝，唐尧、虞舜；三王，夏禹、商汤、周武王。泛指古代帝王。

②设施：设计及其施行。

③度内：计虑之内。

④万物一体：即儒学所谓"天地万物为一体"，是说通过人生而具有的仁爱之性，由"爱人"扩展到"爱物"，从而使人与天地万物构成一个息息相关的有机整体。北宋程颢和明代王阳明等理学家，在儒家"爱人"的思想基础上，提出了这一整体观念。参［雍也第六·三十］"仁者，以天地万物为一体"词条注释。

⑤出治：治理国家。

⑥行政：推行政事。

⑦庶事：古时指各种政务、政事。

⑧丛脞：音 cóngcuǒ，细碎，杂乱。

⑨宵旰不遑：早晚勤于政事，唯恐来不及。宵旰，音 xiāogàn，即宵衣旰食，天不亮就穿衣起床，天黑了还不休息，形容特别勤奋。不遑，来不及。

⑩百度：各种制度。

⑪振举：振作，整顿。

⑫乖违：错乱反常。

⑬虚衷顺应：一般作"虚衷应物"，或"虚心应物""虚己应物""虚衷御物"等，虚心以顺应事物的变化。虚衷，虚心，不怀有成见。衷，心胸。应物，顺应事物。

⑭大公：即"廓然大公"，公而忘我，坦荡无私。语出程颢《答横渠先生定性书》："君子之学，莫若廓然大公，物来而顺应。"详解见本书［里仁第四·三］"廓然大公"词条注释。

⑮唐虞三代：唐指陶唐氏，尧出于该族；虞指有虞氏，舜出于该族。唐虞三代指尧、舜和夏（包括禹）、商、周三代。

⑯中：中庸之道。

【译文】

这一节总论帝王之道。

记录者既已多次记载了尧、舜、禹、汤和武王的治政经验，因此总结说：二帝三王能够根据具体时机来建树政治，所进行的具体设计及其施行方略虽然有所不同，但是他们的为政之道不外乎宽厚、诚信、敏捷和公正四个方面。君王有涵养天下之气量，唯有宽厚方能包容，而如果能做到无不包涵，那么四海之大，都在计虑之内，万物虽多，也可一体为仁，因此民众没有不归附的。

治理国家以至真至诚为根本，唯有诚信以推行政事并且做到内外相符、表里如一，那么上面的人真诚以待，下面的人就会以诚相应，那么民众就无不倚重而信从了。

各种政务之所以十分杂乱，是因为不能够励精图治。只有宵衣旰食、早起晚睡，而犹恐操之不及，这样各种制度得到提振，所作所为才能达到效果。

人心之所以错乱，是因为不能虚心来顺应事物的变化。只有立天地之大公大正，才不会有个人好恶的干扰，那么所举止施措都会合宜适当，百姓没有不心悦诚服的。

这四项，是帝王们能够使唐虞三代兴盛的根本原因。分开来说是"宽""信""敏""公"，概括来说不过就是一个"中"字而已。拥有天下的人，只要坚持这个"中"字而不松懈，就是与二帝三王那样的丰功伟绩进行争胜比肩，又有何难？

【评析】

本章表达奇特，与《论语》其他文字风格内容明显不一，是否《论语》本有文字，历来争议颇多。兹引柳宗元与钱穆之说为代表以试论之。

柳宗元在《论语辩》中认为本章是孔子因《尚书》之旨讽刺时世而有意为之之语：

或问之曰："《论语》书记问对之辞尔，今卒篇之首章然有是，何也？"柳先生曰："《论语》之大，莫大乎是也。是乃孔子常常讽道之辞云尔。彼孔子者，覆生人之器者也。上言尧舜之不遭，而禅不及已；下之无汤之势，而已不得为天吏。生人无以泽其德，日视闻其劳死怨呼，而已之德涸焉无所依而施，故于常常讽道云尔而止也。此圣人之大志也，无容问对于其间。弟子或知之，或疑之不能明，相与传之。故于其为书也，卒篇之首，严而立之。"

钱穆先生对本章这一问题进行了深入而细致的探析，认为《尧曰篇》在《论语》中纯属画蛇添足，系后人伪造无疑：

《论语》编集孔子言行，至《微子》篇已讫。《子张》篇记门弟子之言，而以子贡之称道孔子四章殿其后，《论语》之书，可谓至此已竟。本篇历叙尧、舜、禹、汤、武王所以治天下之大端，而又以孔子之言继之，自谨权量审法度以下，汉儒即以为是孔子之言，陈后王之法，因说此篇乃《论语》之后序，犹《孟子》之书亦以历叙尧、舜、汤、文、孔子之相承作全书之后序也。然此章全不著子曰字，是否孔子语，尚不可知。或谓此乃孔子常常讽道之辞，殊无证。《泰伯》篇末已备载孔子论述尧、舜、禹、文、武之事，他章论尧、舜以下古帝王者尚亦有之，皆已数见，何必此章乃独为孔子常所讽道？且当时诸侯卿大夫及门弟子问政，孔子随而答之，其语散见于《论语》者亦已甚富，安见此章谨权量审法度以下乃为孔子陈后王之法，若其他各篇所记，反是零碎偶尔之辞，而此章所云始是孔子毕生抱负所在，而综括最举其纲要，此亦未必然。且孔子自云："文王既殁，文不在兹乎？天之将丧斯文也，后死者不得与于斯文也。天之未丧斯文也，舍吾其谁。"又曰："吾久已不复梦见周公。"是孔子以文王、周公之道统自任，确已情见乎辞矣。若此章远溯上古，历叙尧、舜、禹、汤、武王而承以孔子自陈后王之法，则若孔子之意，乃以王者自任，此恐自战国晚年荀卿之徒，始有此等想象。孟子已言王天下，然尚不以孔子当王者。《论语》只言"用我者我其为东周乎"。又曰"郁郁乎文哉吾从周"。可证孔子生时，其心中仅欲复兴周道，未尝有继尧、舜、禹、汤、文、武以新王自任之意。其弟子门人，亦从未以王者视孔子，此证之《论语》而可知。故疑此章乃战国末年人意见，上承荀子尊孔子为后王而来，又慕效《孟子》书末章而以己意附此于《论语》之末。或疑此章多有脱佚，似亦不然。盖此章既非孔子之言，又非其门弟子之语，而自尧、舜、禹、汤而至武王，终以孔子，

其次序有条不紊，其为全书后序而出于编订者某一人或某几人之手，殆可无疑。❶

《解义》解析这一章也颇为用力，但并未对一般学术上争议的文字真伪问题进行探讨。毕竟解义者的任务是教导年轻的康熙皇帝施行仁政，而这些大致源自《尚书》的治政经验正好可以借题发挥，大书特书，因此对于这一章文字明显有别于其他篇章的问题也忽略不计了。这个"忽略不计"的现象倒为我们寻绎这一章出现在《论语》中的原因提供了线索。

《解义》大量引用《尚书》文字，说明《论语》与《尚书》的契合度非常高，以本章尤甚，似乎在回溯《论语》语义，以证明其"根正苗红"，源来有自，这样的表达就更具合法性与合理性。这其实反倒说明里面有很大的问题：因为在孔子屡屡言《诗》，却极少言《书》，但据《解义》来看，后者又屡屡与《论语》发生语义联系，相互照应。若以《尚书》成书在先而《论语》成书在后，那么：先前之书全貌并不见于后来之书，然先前之书屡应后来之书而未被后来之书大量引用，此岂非咄咄怪事哉？据刘起釪先生《尚书学史》统计，《论语》有九处文字与《尚书》有关。但是实际上，《论语》中明文提及《尚书》的只有三章：

或谓孔子曰："子奚不为政？"子曰："《书》云：'孝乎惟孝，友于兄弟，施于有政。'是亦为政，奚其为为政？"（[为政第二·二十一]）

子所雅言，《诗》、《书》、执礼，皆雅言也。（[述而第七·十八]）

子张曰："《书》云，高宗谅阴，三年不言。何谓也？"子曰："何必高宗，古之人皆然。君薨，百官总己以听于冢宰三年。"（[宪问第十四·四十]）

[述而第七·十八]中并未涉及实质性的内容，但为我们提供了一个重要的角度，即孔子非常重视《诗经》和《尚书》的阅读和学习。可是，同样是古代王官之学的教材，何以记录在《论语》里的孔子如此重视《诗经》而以不提及《尚书》，也从未见其强调学习《尚书》的重要性呢？这或许是因为当时的《尚书》（西汉以前仅称《书》，西汉改称《尚书》，取"上古之书"义）本属官方机要，是典型的"高干内参"，孔子作为一介士大夫，

---

❶ 钱穆：《论语新解》，生活·读书·新知三联书店2002年版，第506–507页。

或并无资格参看这样的文本，而只是道听途说，与弟子偶做谈资；或是因为这样最高级别的文字，一般是经过巫史精研成文后铸造于珍贵的青铜器具上，收藏于王室贵胄之宫，虽得到有效保护，但相对散乱，不易遍览；或其有资格翻阅，但因当时禁止传入民间，严守礼制的孔子自然不会违禁传述。而《诗经》本多源于民间，是非常生活化的文字，而且是推行政治教化的不二文本，故孔子大力倡导之。因此我们可以暂且认为，因为文本来源不同，使《诗经》和《尚书》在《论语》中有明显不同的表现。

[为政第二·二十一]中称引自《尚书》的"孝乎惟孝，友于兄弟，施于有政"一语，与后世所传《尚书·君陈》中文字并不一致。杨伯峻《论语译注》认为《论语》所引"乃《尚书》的逸文，作《伪古文尚书》的便从这里采入《君陈篇》"❶。这里非常值得注意的一点是，这是《论语》入后世《尚书》的例子，反倒不是《尚书》掺入《论语》的例子。也就是说，我们今天看到的《尚书》文本，很有可能是借用了散记于《论语》中的古原本《尚书》的材料，而加以重新整合的。看似《论语》是在学习《尚书》文句，而实际上《论语》是后世《尚书》编纂的来源资料，而在孔子讨论当时，未必有《尚书》之成书。史传孔子删定诗书，也有对《尚书》的编纂，不过孔子在自述之中，有谈到《春秋》和《周易》，但并未言及《尚书》，因此只能说孔子接触过《尚书》相关的材料，或未真正成书。故此，这也说明本章这种散乱无稽的文字，或恰是一手的文本，只是因为巧合而散入《论语》竹简当中。

错简证明之二，即《子张篇》的掺入。

《尧曰》一章是《论语》全书后序，古人序文常在篇末，如《庄子》之有《天下》篇，《史记》自序，不乏先例。子张以下，《古论语》本系列为一篇，郑玄就《鲁论》篇章考之《齐古》，取《鲁论》所未及者附载于后，犹今人文集之补遗也。就中《阳货篇》"子张问仁于孔子"一章，应属《子张篇》文，不知何时错简，误列《阳货篇》中。皇本作"子张问政于孔子"，与"问仁"相对，一也；俱称"孔子曰"，二也；每章均有总纲，三也。其应属《子张篇》无疑。❷

细究[尧曰第二十·二]，则会发现这一章也与程树德先生分析的情况相一致，即符合《子张篇》的文本特征，理论上应该归入《子张篇》，而被

---

❶ 杨伯峻：《论语译注》，中华书局2009年版，第20页。
❷ 程树德：《论语集释》，中华书局1990年版，第1380页。

放置到了《尧曰篇》中，有明显的错简问题。

但是，这一章的位置又可能不仅仅是错简的问题。在错简、子张和《尚书》之间似乎又隐藏着一种内在的关系。孔子之后，儒分为八："有子张之儒，有子思之儒，有颜氏之儒，有孟氏之儒，有漆雕氏之儒，有仲良氏之儒，有孙氏之儒，有乐正氏之儒。"（《韩非·显学》）概子张之儒兴盛一时，伺机扩张，在各个方面争夺话语权。其表现之一，大概在传承《尚书》方面的记录。子张向孔子请教《尚书》，尤其用力。《论语》中明确记述弟子向孔子请教《尚书》的，只有子张一人。而在《孔丛子》中，专有"论书"一篇，其中共有15章记述孔子与子张、子夏、宰我、鲁定公、齐景公、公西赤、季桓子、孟懿子、鲁哀公等人就《尚书》文字进行问答和讨论的内容，其中与子张之间的问答为四次，为最多。《子张篇》和［尧曰第二十·二］子张问政中夹杂与《尚书》文本内容风格高度近似的一章（即本章），似乎可以从以上表述中找到一些线索和依据。

汉代《尚书》权威的代表伏生，在其《尚书大传》中留下的关于《尚书》讨论的文字中，则以子夏为最。但是伏生留下的文字，也与和子张有关的文字有着同样的问题。［宪问第十四·四十］中，子张所请教的是引自《尚书·无逸》中的内容，文字较为简洁，而作为后世学者伏生的《尚书大传》中，却出现了比《论语》原文更加详细完整的内容。

《书》曰："高宗梁暗，三年不言。"何谓"梁暗"也？《传》曰："高宗居倚庐，三年不言，百官总己以听于冢宰，而莫之违，此之谓梁暗。"

子张曰："何谓也？"

孔子曰："古者，君薨，王世子听于冢宰三年，不敢服先王之服、履先王之位而听焉。以民臣之义则不可一日无君矣。不可一日无君，犹不可一日无天也。以孝子之隐乎，则孝子三年弗居矣。故曰：义者彼也，隐者此也。远彼而近此，则孝子之道备矣。"❶

这很显然附会了《论语》的内容，不得不让人更加审慎地端详《论语》与存本《尚书》的先后问题，以及孔门后学依托《尚书》展开学术话语权的竞夺现象。古代成书，一定是一个长期的集体创作的过程，不可能一蹴而就，因此不同的编纂者会在字里行间植入自己学术团体的意志，因之会使相关的典籍带有后世的思想印迹，这已是学界共识。比如，虽然孔子一

---

❶ 伏生：《尚书大传·毋逸》。

贯谈论礼制，但是当时并不存在成文礼，礼制文字的结集成书，如《仪礼》《周礼》《礼记》等礼制书籍，到了汉代才真正出现，这也就意味着汉人是在儒学传统下重新构建了礼制系统，未必能够客观详实地呈现古代礼制的原貌。

何以《论语》鲜载而后世文字横陈呢？究其因，乃是后世编纂本的《尚书》在不断完善的过程中，反倒是因为尊儒的倾向，过度受到标志孔子"正统"资料之《论语》的影响。孔子对后世的影响是深刻而全面的，比如"黄帝四面"（《尸子》）、"夔一足"（《吕氏春秋·察传》）的祛魅化解释，解构了殷商时期浓厚的宗教气息，形成以天人合一但最终归结于人的理性的世界观。既有如此深刻的文化变革，其在文辞书籍方面的影响也就是自然而然的了。

中国自古有强大的复古尊古传统，故今人多附会古人（而实际上很有可能更多的是矫托古人）。所以，有些文本虽然可能诞生于《论语》之前，但其定本可能因后于《论语》而变，犹如磁针遇到强大磁场而改变磁极。因之，对于部分古籍非但不能因今而释古，而倒是可以因古以释今。英国著名哲学家阿尔弗雷德·诺思·怀特海（Alfred North Whitehead，1861—1947）说西方两千多年的哲学都是柏拉图的注脚❶，而我们亦不妨仿照说中国两千年儒家典籍都是孔子的注脚，而或更其甚之。东汉赵岐《孟子题辞》曰："《论语》者，五经之锟鎝，六艺之喉衿也。"唐陆德明于《经典释文》中阐释这句话说："盖以《论语》一书撰圣师之微言，摭古今之法语，包罗弘富，不专一业。"明杨宗吾则说："六经譬则山海，《论语》其泛海之航、上山之阶乎？"（载朱彝尊《经义考》）从根本上而言，《论语》讨论之命题极重要，其所涵盖亦极广泛，涉及社会人生的各个方面，与各种重要典籍（《尚书》《礼记》乃至《庄子》《韩非子》等）发生语义广泛而深刻之联系也是必然。而从上述角度而言，不是《论语》一开始就站在了制高点上，而是后世的不断追捧和阐释，以及围绕其修订和丰富相关论著，对其起到了奠基和抬升的作用，致使其地位越来越高。这恐怕也是《论语》与《理想国》的极大不同之处。

细究《尧曰》一篇之杂乱情形，则完全可以有理由说其首章是《尚书》的伪造者将其植入《论语》中，以便借之奠定后世所编纂之《尚书》文字

---

❶ [英]怀特海：《过程与实在——宇宙论研究》，李步楼译，商务印书馆2011年版，第63页。原文作："欧洲哲学传统的最稳定的一般特征，是由对柏拉图的一系列注释组成的。"

的合法性。同时又鉴于在一定时期子张之儒的影响力,故将原本属于《子张篇》的问政文字调至此处,甚或也是伪造,因为其一是主政与修德之内容混杂,其二很多内容已然出现在《论语》各处,"五美四恶"之说更像是采自《论语》的一碗大杂烩。虽是借由圣人的"人设"来掺假,但是也不敢造次,故而不记录说者姓名而堆砌如是。故此可以说,本章要么是错简,要么是掺入,但不可能是属于《论语》自身的文字。

《解义》也正是在此复古尊古传统中不能超越,故释《尚书》为源,而以《论语》为流,岂不知其所采用之《尚书》极有可能是以《论语》为源不断改造的产物,故其引用《尚书》内容用来阐释《论语》得心应手,极为恰切,而实则不过自我因循、同语反复而已。

【标签】

子张;《尚书》;为政;万物一体

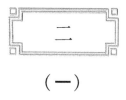

(一)

【原文】

子张问于孔子曰:"何如斯可以从政矣?"

子曰:"尊五美,屏四恶,斯可以从政矣。"

子张曰:"何谓五美?"

子曰:"君子惠而不费,劳而不怨,欲而不贪,泰而不骄,威而不猛。"

【解义】

此一章书,是记孔子答子张问政之言,以继帝王之统也。

子张问于孔子曰:君子出而用世①,当何所作为,斯可以居位②而从政矣?

孔子曰:治道不一端,惟在审所取舍而已。政有美而致治者五事,诚能尊而行之,则百姓蒙③其福。有恶而害治者四事,诚能屏④而绝之,则百姓去其害,斯可以从政矣。

子张又问曰:何谓五美?

孔子曰:凡施惠于人者,未免有所费,君子则惠而不费,有益于下而无损于上，其为美一也；劳民之力者，多致民之怨，君子则劳而不怨，既已劳民之力，而又不拂民之心⑤，其为美二也；人心有所欲，易至于贪，君子未尝无欲也，而于己有所得，于人无所求，欲而不贪，其为美三也；人志意舒泰，易至于骄，君子虽泰然自得也，而无一毫骄傲之意，其为美四也；人以威临民，易至于猛，君子虽有威可畏也，而不至于猛厉⑥而难堪，其为美五也。

凡此五美，皆为政者所当尊也。

【注释】

①出而用世：出，出于世，到社会上。用世，见用于世，在社会上担当责任。

②居位：一般指居官任职，此处指居于本位，从本职角度去考虑。

③蒙：蒙受。

④屏：音 bǐng，摒弃。

⑤拂民之心：扰乱民心。

⑥猛厉：严酷，严厉。

【译文】

这一章记录孔子回答子张关于治政的话，其旨在探讨如何承继帝王的治统。

子张问孔子：君子出于世而承担社会责任，应该怎么做，才能够做好本职来从事政治事务呢？

孔子回答说：治政之道有很多头绪，但最主要的莫过于审度取舍得失的分寸而已。政治有美善而有效的不过五件事，如果真的能够遵从而执行，那么百姓一定可以保有其福祉。政治也有凶恶而危害的四件事，如果真的能够彻底摒除，那么百姓就会免受其害，这样从事政治也算是可以的了。

子张追问：什么是五美呢？

孔子说：凡是对他人施加恩惠，自己就难免有所消耗，但是君子却可以做到惠而不费（帮助他人但并不消耗自己），既有益于老百姓，而同时又不会给国家带来损耗，这是第一种美事；让老百姓去劳动出力，往往会招致他们的怨恨，但是君子能够让他们劳作但不会怨恨，既可让他们出力，又不会扰怫民意，这是第二种美事；人心有所欲求，容易造成贪婪，君子也不是没有欲望，（关键是其欲望的实现）对自己来说有所得，但对于别人来说却无所奢求，有欲望而不贪婪过度，这是第三种美事；当一个人志得意满的时候，容易显露骄态，但是君子不同，他虽然安然自得，却没有骄傲自负的姿态，这是第四种美事；当一个人显示自己的威仪的时候，往往（连装带吓）刚猛粗厉，但君子不同，他虽然威严庄重使人敬畏，却不是靠威吓的手段而让人难以接受，这是第五种美事。

这五种美事，都应该为治政的人所遵行。

【评析】

一般是"善"与"恶"相对，然而本章对应"四恶"的，何以不是"五善"而是"五美"呢？不过在这里可以肯定的是，无论是"五美"还是"四恶"，都是对君子品格的要求和培养。依照［八佾第三·二十五］中对《韶》《武》之美善的对比，"美"更倾向于对自身的要求，而"善"则注重人际的交往。

【标签】

子张；五美；四恶

（二）

【原文】

子张曰："何谓惠而不费？"

子曰："因民之所利而利之，斯不亦惠而不费乎？择可劳而劳之，又谁怨？欲仁而得仁，又焉贪？君子无众寡，无小大，无敢慢，斯不亦泰而不骄乎？君子正其衣冠，尊其瞻视，俨然人望而畏之，斯不亦威而不猛乎？"

【解义】

此一节书是详五美之事也。

子张闻五美之目，而未知其实，因问曰：何谓"惠而不费"？

孔子备举①而告之曰：凡施惠而捐己之财，则费矣。又安得人人而给之？君子因天下之利以利天下之民，制其田里，教之树畜，②但就百姓本然之生理③为之区画④而已，非分吾所有以予民也，斯不亦惠而不费乎？

劳民而不量其力，则民必怨；君子用民之力，不夺民之时，不兴不急之务⑤，佚道使民⑥，又何得而怨之？

欲非其所当然，则贪矣。若仁覆天下⑦之念，不至兼济万物，其欲不止，则以不忍之心行不忍之政⑧。欲者仁而得者即仁，又焉贪？

君子无论人之众寡、事之大小，一惟临之以敬谨，而不敢有慢易⑨之心，则应务皆当，而此心自安舒矣。然本之兢业⑩自持⑪之内，非侈然自放⑫也，斯不亦泰而不骄乎？

君子端正其衣冠，尊肃其瞻视⑬，俨然⑭于上，人自望而畏之，非作威以加人也，斯不亦威而不猛乎？

夫惠不费、劳不怨，施于人者也；欲不贪、泰不骄、威不猛，存于己者也。为政内外、始终之道备矣。

【注释】

①备举：详细列举。

②制其田里，教之树畜：指依照周制进行土地管理，引导民众进行耕种，以及征收赋税、分配资源等。可参《周礼·地官司徒第二·遂人》。

③生理：生计、经营。

④区画：筹划，安排。

⑤不急之务：无关紧要的或不急于做的事情。

⑥佚道使民：佚道，使百姓安乐之道。《孟子·尽心上》："以佚道使民，虽劳不怨。"（为了让老百姓安逸而役使他们，他们虽然辛苦也不会怨恨。）

⑦仁覆天下：出自《孟子·离娄上》："（圣人）既竭心思焉，继之以不忍人之政，而仁覆天下矣。"（圣人已然殚精竭虑，推行富有同情心的政治，使仁政足以普惠天下。）可详参本书［颜渊第十二·一］同名词条注释。

⑧不忍之心行不忍之政：不忍之心，同情心，怜悯心。《孟子·公孙丑上》："人皆有不忍人之心。先王有不忍人之心，斯有不忍人之政矣。以不忍人之心，行不忍人之政，治天下可运之掌上。"（每个人都有同情心。古代圣王由于怀有同情心，因此才有怜悯体恤百姓的政治。用同情心，施行怜悯体恤百姓的政治，治理天下就可以像在手掌心里面运转东西一样容易了。）

⑨慢易：怠忽，轻慢。《管子·内业》："思索生知，慢易生忧，暴傲生怨，忧郁生疾。"

⑩兢业："兢兢业业"的省语。谨慎戒惧。出处及详解可参本书［学而第一·四］"兢兢业业"词条注释。

⑪自持：自我克制，自律。

⑫侈然自放：自大骄纵，为所欲为。侈然，自大，骄纵。自放，自我放纵。

⑬瞻视：外貌、仪态。
⑭俨然：严肃庄重的样子。

【译文】

这一节详细论述"五美"。

子张听到"五美"的名目，但是不知道具体的涵义，因此就从什么是"惠而不费"问起。

孔子就详细地给他解释说：凡是用自己的财物来向他人施惠的，就是"费"。而且，即便是一个人非常富有，又怎么可能把自己的财物给到所有人呢？君子仁人因凭天下的利好而优待天下的民众，制定土地政策，教导他们栽植牧畜的技术，只不过对百姓本就拥有的生计进行规划和指导而已，而不是把我自己所有之物分给他们，这不就是"惠而不费"吗？

让百姓劳动但不考量其实际情况，那么他们就会抱怨；君子动用民众劳力，不占用他们的农耕时间，不急着去做那些无关紧要的事情，为了让老百姓安逸而役使他们，他们怎么会怨恨呢？

欲望，如果不是适当的，那就是贪欲了。如果怀有以仁爱之心覆盖天下的念想，即便做不到兼顾善待天下万事万物，但仍然心有不甘，那么就以同情怜悯之心来体恤善待百姓以施政。想要实现仁，那么回报给你的也是仁，哪里还算是贪欲？（并不是贪与不贪的问题，而是为己为人的问题。）

君子不论对应的人是多是少，事情是小是大，一定要用谨慎恭敬的态度来对待，而不敢有丝毫的怠慢之心，那么应该做的都会得当，而自己心里也自然会安然舒适。因为君子本来就刻苦勤奋、自觉自律，而非自大骄纵、任性妄为，这样自然就安然而无骄态了。

君子衣冠整齐，仪态端庄，庄严上座，人们看到自然心生敬畏，而不需要故意摆出一副威仪赫赫、凛然不可侵犯的样子。这不是有威仪而不猛厉吗？

惠而不费、劳而不怨，这是指对待他人而言的；欲而不贪、泰而不骄、威而不猛，这些都是针对自己而言的。（注意这五点）治政的内外、本末的道理都全备了。

【评析】

以"五不"实现"五美"，即在中庸之理性把握下绽放仁爱之光。《论语》将"不"字妙用到极致，因此体会其"不"字之用，大抵可领会孔子之中庸且乐观的人生态度。此可参阅［尧曰第二十·三］"评析"部分。

【标签】

仁；中庸；惠而不费；劳而不怨；欲而不贪；泰而不骄；威而不猛；仁覆天下

（三）

【原文】

子张曰："何谓四恶？"

子曰："不教而杀谓之虐；不戒视成谓之暴；慢令致期谓之贼；犹之与人也，出纳之吝谓之有司。"

【解义】

此一节书是详四恶之事也。

子张又问曰：何以谓之四恶？

孔子曰：为政欲民不为恶，则当素教之，教而不从乃可加刑。苟不教而遽杀其民，则残酷不仁而谓之"虐"。

凡有所兴作，则当先期告戒之，使知奉行，渐次整理，乃可责其成功。苟不戒而遽考其成功，则急遽无渐而谓之"暴"。

凡有所征求，如赋税、兴工聚众之类，必告戒谆切而后民知奉公。若故意慢其令于前，而刻期以急之于后，是误民而必刑之，以罔害其民也①，则谓之"贼"。

至若有功当赏，则断然赏之而后足以劝。若均之以物与人也，而于出此纳彼之时，迟回顾惜，悭吝而不即予，则是有司②。为人守财，不敢自专③之事，而非为政之体，人不竞奋④图功矣。

四恶之实如此，皆为政者所为❶屏⑤也。记者叙此，以上继帝王执中⑥之治统⑦。孔子之为政从可知矣。

【注释】

①是误民而必刑之，以罔害其民也：罔民，欺骗陷害百姓。出自《孟子·梁惠王上》："无恒产而有恒心者，惟士为能。若民，则无恒产，因无

---

❶ 为：摛藻堂四库全书荟要本（同武英殿刻本）作"当"。

恒心。苟无恒心，放辟邪侈，无不为已。及陷于罪，然后从而刑之，是罔民也。"（没有固定的产业，却有稳定不变的思想，只有士人能做到。至于百姓，没有固定的产业，随之就没有稳定不变的思想。如果没有稳定不变的思想，就因极其自私而胡作非为，坏事做绝。等到犯了罪，然后就用刑法处置他们，这就像是安下罗网坑害百姓。哪有仁人做了君主可以用这种方法治理的呢？）

②有司：指主管某部门的官吏；泛指官吏。

③自专：自任专权。

④竞奋：奋勇争先。

⑤屏：音 bǐng，摒弃。

⑥执中：即"允执厥中"，不偏不倚的中和之道。

⑦治统：治理国家的一脉相传的统系。

【译文】

这一节是细致论述"四恶"。

子张又问：怎么才算是"四恶"呢？

孔子回答说：治政者如果想让老百姓不作恶，就应该在平时教导他们，如果教导了还不听从，才能够施加刑罚来进行惩治。如果事先不进行教导而（一旦他们有所触犯）就马上痛下杀手，这就是残酷施暴，乃不仁之举，可以称之为"虐"。（这是一恶）

治政之目标纲领，应该先行广而告之，让老百姓了解并遵行，逐渐推进，就可以要求他们做到位了。如果不事先告诫而马上让他们做好，只要马上得到结果而不要过程，可以称之为"暴"。（这是一恶）

凡是有所征敛，比如赋税、民力，等等，就要先告诉这样做的必要性，让老百姓知道这样做是为了集体好。如果在前面故意拖延不加告知，而后面却限定紧迫的日期来完成，这是误导了民众而又坚持惩罚他们，这就是欺骗陷害他们啊。这样称得上"贼"了。（又是一恶）

如果立了功，就一定要兑现奖励政策，这样才能够对百姓有足够的激励作用。如果只是把财务平均地进行分配，而且在兑现奖励的时候，还患得患失犹豫不决，不马上给付，这就像有司这种小的职属了——在治政的时候一味守财悭吝，锱铢必较，本来不该把细碎之事当作要务专职来做，（如果还是这样的话）就不能尽治政之主责，也没有什么心力去建功立业了。（也是一恶）

这就是四种恶政，都是治政者所应当摒弃的。记录者记叙下来，以此承继帝王允执厥中的治政传统，那么，孔子的为政之道也就可从知晓了。

【评析】

该章言语不清本就难解，而若施之以现实语境，则更难解矣。

我们姑且将四种恶政简记为虐民、暴民、贼民、限民——大概这是古之历朝历代都容易存在的问题吧！所以《论语》原文有所隐讳而言辞含混，而《解义》分层阐释，但也有所避忌，因为如果说前三恶尚属治政手段的问题，那么最后一项属于为政者人格的问题，解义者可能会动辄得咎，故而含糊其词。其实，既然标榜"率土之滨，莫非王土"，为政者本应该拥有保有四海、囊括天下的情怀和胸襟，而不应该把个人的得失、物欲的享受和声名的传播当作为政的目标。

正因为如此，《论语》的这一节（特别是关于"有司"的解释）依然难解，而《解义》也笼统之以暧昧之，未做明辨。或许正是如此，也才更应该引起治政者的注意和自省——毕竟有些道理从来都是不言自明的。

【标签】

四恶；有司；暴；贼；允执厥中

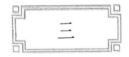

【原文】

孔子曰："不知命，无以为君子也；不知礼，无以立也；不知言，无以知人也。"

【解义】

此一章书，是孔子言圣学之始事也。

孔子曰：修身处世之道固自多端，然其要有三：知命①、知礼②、知言③而已。盖人之有生，吉凶祸福皆有定命，必知命而信之，尽人事以听天，乃能为君子。若不知命，则不顾义理，而见害必避，见利必趋，徒丧其守，而陷于小人之归矣，何以为君子？此命之不可不知也。

至于礼者，可以消非僻④之心，振惰慢之气。知之则德性坚定，威仪检摄⑤，而有以自立；若不知礼，则耳目手足惶惑失措，无以持身⑥而自立矣。此礼之不可不知也。

至于人之邪正，己之取舍系焉，不可不知，而其要在知言。盖人心之动，因言以宣，即其言语之当否，可以知其心术之邪正。若不知言，则邪正何由而辨？无以知人而定取舍也。此言之不可不知也。

《论语》以是终篇，诚示人以修己处世之要道，必自知人矣。盖惟精之功先于惟一⑦，格致之学先于诚正⑧，故朱子曰，"论轻重，行为重；论先后，知为先"⑨。譬如行路，目先见而后足履之，庶无冥行倾跌之患，⑩否则，伥伥⑪其何之矣？奈何后之儒者混知行为一途，而不以讲学明理为急务哉！

【注释】

①知命：认知天命。

②知礼：通达礼仪。

③知言：辨明言辞。

④非僻：亦作"非辟"，邪恶。《礼记·玉藻》："古之君子必佩玉，右徵角，左宫羽，趋以《采齐》，行以《肆夏》，周还中规，折还中矩，进则揖之，远则扬之，然后锵鸣也。故君子在车，则闻鸾和之声，行则鸣佩玉，是以非辟之心无自入也。"（君子出入、进退、俯仰之间，身上的佩玉只有在不快不慢、节奏匀称的步伐下，才会发出韵律和谐、悦耳动听的声音，随时都给人以警醒和启示，这样邪僻的念头就无从进入君子的心中。）

⑤威仪检摄：威仪，细小的行为。检摄，约束监督。

⑥持身：修身，把握自身。

⑦惟精之功先于惟一：《尚书·大禹谟》："人心惟危，道心惟微，惟精惟一，允执厥中。"（人的欲念芜杂而有危害，而道的内涵是精微至极的，只有体察道的精微并始终如一地遵守，如此才是实实在在地秉承那不偏不倚的中和之道。）

⑧格致之学先于诚正：格致，格物致知。诚正，正心诚意。《礼记·大学》："古之欲明明德于天下者，先治其国；欲治其国者，先齐其家；欲齐其家者，先修其身；欲修其身者，先正其心；欲正其心者，先诚其意；欲诚其意者，先致其知；致知在格物。"（古代凡是想将高尚的德性弘扬于天下的人，必定要治理好自己的国家；想要治理好自己国家的人，必定要整顿好自己的家族；想要整顿好自己家族的人，必定要修养好自身的品德；想要修养好自身品德的人，必定要端正自己的心意；想要端正自己心意的人，必定要使自己的意念真诚；想要使自己意念真诚的人，必定要获取知识；获取知识的途径则在于探究事理。）可详参本书［为政第二·十七］"格致诚正"词条注释。

⑨论轻重……知为先：出自《朱子语类》卷九："知、行常相须，如目无足不行，足无目不见。论先后，知为先；论轻重，行为重。"

⑩譬如行路……庶无冥行倾跌之患：冥行，夜间行路。《朱子语类》卷七十三："徒明不行，则明无所用，空明而已；徒行不明，则行无所向，冥行而已。"

⑪伥伥：无所适从的样子。伥，音 chāng。

【译文】

这一章是讲，孔子谈论圣人之学所基本要做到的事情。

孔子说：修养身心处理世事的道理固然有多种，但最紧要的不过是认知天命、通达礼仪、辨明言辞这三点而已。但凡人生在世，吉凶祸福都有命定定数，一定要认知天命并且相信它，极尽人力所能而听从上天的安排，才能算得上一名君子。如果不认知天命，就会罔顾天理大义，一定会趋利避害而毫无原则，这样就会陷于小人之境，还怎么做君子？这就是不能不认知天命的原因。

至于礼仪，它可以时刻提醒消除邪僻的心思，提振懒惰散漫的习气，通达礼仪就会使德性坚定，谨细礼节，从而可以树立好的形象；如果不懂得礼仪，举手投足都会忙乱无措，有失体面，因此无从修身以自立人格。这就是不能不通达礼仪的原因。

至于他人的正直与否，是与自己的取舍密切相关的，所以不能不明了，而这当中的关键在于辨明其言辞。但凡一个人内心有所思动，就会通过言语传达出来，所以通过其言辞是否正当，就可以辨明他的心术是否正直。如果不能够辨明言辞，那么怎么去分辨一个人是正直还是邪曲？这样就无法去判断一个人而决定对他的取舍了。这就是不能不辨明言辞的原因。

《论语》以这一章来终结，是要告诉世人修身处世的关键，在于明智通达之知。大概探知精微之道要先于衡定坚守之行，格物致知的明理学问要先于正心诚意的修身功夫，所以朱子说，在知与行两者之间，行很重要，但知为先导。就像走路一样，眼睛先看到（先知）而后脚才能走过去（后行），这样才不会有摸黑行走而跌倒的隐患，不然的话，就会无所适从，还怎么走路呢？无奈后来的儒学者把知与行混为一谈，并不把讲学明理作为当务之急啊！

【评析】

学人将《论语》首章简称"三乐"，本章作为尾章，简称"三知"，以示对应之意。其实，首尾两章都贯彻着"三不"，而且是三个双重否定。其中意味，以唐文治先生把握独到，尤为恰切。

此章三"不"字，三"无以"字，本为浅者而言，然深味之，则精微广大，天德、王道、圣功，无所不该，然后知圣人之言，意蕴闳深，把之不尽。❶

纵览《论语》一万六千言，单"不"字却用了548次❷，为《论语》中单一词性用字频率最高者。故整部《论语》似乎都在提供一种对此际人生的提醒和观照——人生本就如此，但可以如彼；如果能够如彼，将会更好地如此。孔学不给人生设限，不主张清规戒律，但时时发出善意而委婉的提醒，随处告诫人们避免那些不好的事情，如能进一步为"学而时习之"的人生，则人生在自我超越之后才能真正实现自我。简言之，生而为人而学以成人，一切以"人"的完美呈现为目标：明白此生可贵，则自然惜时精进；洞悉此生可为，则必然爱好学习；"可贵"而又"可为"，"学者学所以为人"❸，则自然"可乐"了。本书首章评析中引用明代学者王艮作《乐学歌》云，"乐是乐此学，学是学此乐"，将"学"与"乐"双向循环解释，貌似同语反复，却实则为"比翼齐飞"，互相定义，不可偏失，否则便是割裂，便是歧解。

学而时习、精进不已，乃"人生使用"之要略，由此方可获得真正之悦乐。倘若对此熟视无睹，充耳不闻，而旁求秘籍法门，攻乎异端，顾左右而言他，即便孔夫子复生，也只能叹息道："说而不绎，从而不改，吾末如之何也已矣。"（[子罕第九·二十四]）

是耶，非耶？

【标签】

知；不；圣人；君子；天命；礼；言

---

❶ 唐文治：《四书大义》，上海交通大学出版社2016年版，第623页。
❷ 据杨伯峻先生统计。见《论语译注》，中华书局2009年版，第218页。
❸ 宋初思想家张载语，见《张载集》，章锡琛点校，中华书局1978年版，第321页。

《论语》 重要概念及人物索引

重要概念

安

君子食无求饱，居无求安 1.14
视其所以，观其所由，察其所安 2.10
仁者安仁，知者利仁 4.2
老者安之，朋友信之，少者怀之 5.26
子温而厉，威而不猛，恭而安 7.38
安见方六七十如五六十而非邦也者 11.26
修己以敬 14.42
修己以安人 14.42
修己以安百姓 14.42
不患贫而患不安 16.1
均无贫，和无寡，安无倾 16.1
既来之，则安之 16.1
食夫稻，衣夫锦，于女安乎 16.1
曰："安。" 16.1
女安，则为之 17.21
闻乐不乐，居处不安 17.21

耻

恭近于礼，远耻辱也 1.13
民免而无耻 2.3
有耻且格 2.3
士志于道，而耻恶衣恶食者 4.9
耻躬之不逮也 4.22
敏而好学，不耻下问 5.15
左丘明耻之，丘亦耻之 5.25
邦有道，贫且贱焉，耻也 8.13
邦无道，富且贵焉，耻也 8.13
而不耻者，其由也与 9.27
行己有耻 13.20
宪问耻 14.1
邦有道，谷；邦无道，谷，耻也 14.1
君子耻其言而过其行 14.27

达

赐也达 6.8
己欲达而达人 6.30
达巷党人曰 9.2
丘未达，不敢尝 10.16
士何如斯可谓之达矣 12.20
何哉，尔所谓达者 12.20
是闻也，非达也 12.20
夫达也者，质直而好义 12.20
在邦必达，在家必达 12.20
樊迟未达 12.22
授之以政，不达 13.5
欲速，则不达 13.17
君子上达，小人下达 14.23
下学而上达 14.35
辞达而已矣 15.41

行义以达其道 16.11

道

君子务本,本立而道生 1.2
道千乘之国 1.5
三年无改于父之道 1.11
先王之道,斯为美 1.12
就有道而正焉 1.14
古之道也 3.16
天下之无道也久矣 3.24
不以其道得之 4.5
朝闻道,夕死可矣 4.8
士志于道,而耻恶衣恶食者 4.9
吾道一以贯之 4.15
夫子之道,忠恕而已矣 4.15
三年无改于父之道,可谓孝矣 4.20
邦有道,不废;邦无道,免于刑戮 5.2
道不行,乘桴浮于海 5.7
夫子之言性与天道,不可得而闻也 5.13
有君子之道四焉 5.16
邦有道,则知;邦无道,则愚 5.21
非不说子之道 6.12
力不足者,中道而废 6.12
何莫由斯道也 6.17
鲁一变,至于道 6.24
志于道 7.6
君子所贵乎道者三 8.4
士不可以不弘毅,任重而道远 8.7
守死善道 8.13
天下有道则见,无道则隐 8.13

邦有道,贫且贱焉,耻也 8.13
邦无道,富且贵焉,耻也 8.13
予死于道路乎 9.12
是道也,何足以臧 9.27
可与共学,未可与适道 9.30
可与适道,未可与立 9.30
子张问善人之道 11.20
所谓大臣者,以道事君,不可则止 11.24
如杀无道,以就有道,何如 12.19
忠告而善道之 12.23
君子易事而难说也。说之不以道,不说也 13.25
小人难事而易说也。说之虽不以道,说也 13.25
邦有道,谷;邦无道,谷,耻也 14.1
邦有道,危言危行;邦无道,危行言孙 14.3
子言卫灵公之无道也 14.19
君子道者三,我无能焉 14.28
道之将行也与,命也 14.36
道之将废也与,命也 14.36
邦有道,如矢;邦无道,如矢 15.7
邦有道,则仕 15.7
邦无道,则可卷而怀之 15.7
三代之所以直道而行也 15.25
人能弘道,非道弘人 15.29
君子谋道不谋食 15.32
君子忧道不忧贫 15.32
道不同,不相为谋 15.40
与师言之道与 15.42
固相师之道也 15.42

天下有道，则礼乐征伐自天子出 16.2

天下无道，则礼乐征伐自诸侯出 16.2

天下有道，则政不在大夫 16.2

天下有道，则庶人不议 16.2

乐道人之善 16.5

行义以达其道 16.11

君子学道则爱人，小人学道则易使也 17.4

道听而途说，德之弃也 17.14

直道而事人，焉往而不三黜？枉道而事人，何必去父母之邦 18.2

天下有道，丘不与易也 18.6

道之不行，已知之矣 18.7

信道不笃 19.2

虽小道，必有可观者焉 19.4

君子学以致其道 19.7

君子之道，孰先传焉？孰后倦焉 19.12

君子之道，焉可诬也 19.12

上失其道，民散久矣 19.19

文武之道，未坠于地，在人 19.22

莫不有文武之道焉 19.22

道之斯行 19.25

德

慎终，追远，民德归厚矣 1.9

为政以德 2.1

道之以政，齐之以刑 2.3

道之以德，齐之以礼 2.3

君子怀德 4.11

德不孤，必有邻 4.25

中庸之为德也，其至矣乎 6.29

德之不修 7.3

据于德 7.6

天生德于予，桓魋其如予何 7.23

泰伯，其可谓至德也已矣 8.1

周之德，其可谓至德也已矣 8.20

吾未见好德如好色者也 9.18/15.13

子张问崇德辨惑 12.10

主忠信，徙义，崇德也 12.10

君子之德风，小人之德草 12.19

敢问崇德，修慝，辨惑 12.21

先事后得，非崇德与 12.21

不恒其德 13.22

有德者必有言，有言者不必有德 14.4

尚德哉若人 14.5

骥不称其力，称其德也 14.33

以德报怨 14.34

何以报德？以直报怨，以德报德 14.34

由！知德者鲜矣 15.4

巧言乱德 15.27

故远人不服，则修文德以来之 16.1

死之日，民无德而称焉 16.12

乡愿，德之贼也 17.13

道听而途说，德之弃也 17.14

何德之衰 18.5

执德不弘 19.2

大德不逾闲，小德出入可也 19.11

弟（悌）

孝弟也者，其为仁之本与 1.2

其为人也孝弟，而好犯上者，鲜矣　1.2
出则弟　1.6
乡党称弟焉　13.20
幼而不孙弟　14.43

刚

吾未见刚者　5.11
枨也欲，焉得刚　5.11
刚、毅、木、讷近仁　13.27
血气方刚，戒之在斗　16.7
好刚不好学，其蔽也狂　17.8

恭

夫子温、良、恭、俭、让以得之　1.10
恭近于礼，远耻辱也　1.13
耻躬之不逮也　4.22
足恭　5.25
恭而安　7.38
恭而无礼则劳　8.2
与人恭而有礼　12.5
居处恭　13.19
恭己正南面而已矣　15.5
貌思恭　16.10
恭，宽，信，敏，惠　17.6
恭则不侮　17.6

鬼

非其鬼而祭之，谄也　2.24
务民之义，敬鬼神而远之　6.22
菲饮食而致孝乎鬼神　8.21
季路问事鬼神。子曰："未能事人，焉能事鬼？"　11.12

过

过，则勿惮改　1.8/9.25
人之过也，各于其党。观过，斯知仁矣　4.7
由也好勇过我，无所取材　5.7
吾未见能见其过而内自讼者也　5.27
有颜回者好学，不迁怒，不贰过　6.3
加我数年，五十以学《易》，可以无大过矣　7.17
丘也幸，苟有过，人必知之　7.31
过之，必趋　9.10
过位，色勃如也　10.4
师也过，商也不及　11.16
过犹不及　11.16
先有司，赦小过，举贤才　13.2
以告者过也　14.13
夫子欲寡其过而未能也　14.25
君子耻其言而过其行　14.27
有荷蒉而过孔氏之门者　14.39
过而不改，是谓过矣　15.30
求！无乃尔是过与　16.1
且尔言过矣，虎兕出于柙，龟玉毁于椟中，是谁之过与　16.1
鲤趋而过庭……鲤趋而过庭　16.13
楚狂接舆歌而过孔子　18.5
长沮、桀溺耦而耕，孔子过之　18.6
小人之过也必文　19.8
言游过矣　19.12
君子之过也，如日月之食焉：过也，人皆见之；更也，人皆仰之

19.21
百姓有过，在予一人　20.1

和

礼之用，和为贵　1.12
知和而和　1.12
而后和之　7.32
君子和而不同，小人同而不和　13.23
盖均无贫，和无寡，安无倾　16.1
动之斯和　19.25

惠

小人怀惠　4.11
其养民也惠　5.16
或问子产。子曰："惠人也。"　14.9
知柳下惠之贤而不与立也　15.14
恭，宽，信，敏，惠　17.6
惠则足以使人　17.6
君子惠而不费　20.2
何谓惠而不费　20.2
斯不亦惠而不费乎　20.2

骄

富而无骄　1.15
使骄且吝　8.11
君子泰而不骄，小人骄而不泰　13.26
贫而无怨难，富而无骄易　14.10
乐骄乐　16.5
泰而不骄　20.2

教

举善而教不能，则劝　2.20
子以四教　7.25
"既富矣，又何加焉？"曰："教之。"　13.9
善人教民七年　13.29
以不教民战，是谓弃之　13.30
有教无类　15.39
不教而杀谓之虐　20.2

敬

敬事而信　1.5
不敬，何以别乎　2.7
使民敬、忠以劝　2.20
临之以庄，则敬　2.20
为礼不敬　3.26
见志不从，又敬不违　4.18
其事上也敬　5.16
久而敬之　5.17
居敬而行简　6.2
敬鬼神而远之　6.22
孟敬子问之　8.4
门人不敬子路　11.15
君子敬而无失　12.5
上好礼，则民莫敢不敬　13.4
执事敬　13.19
修己以敬　14.42
行笃敬　15.6
行不笃敬　15.6
不庄以莅之，则民不敬　15.33
事君，敬其事而后其食　15.38
事思敬　16.10
祭思敬　19.1

君子

人不知，而不愠，不亦君子乎 1.1
君子务本，本立而道生 1.2
君子不重，则不威 1.8
君子食无求饱，居无求安 1.14
君子不器 2.12
子贡问君子 2.13
君子周而不比 2.14
君子无所争 3.7
其争也君子 3.7
君子之至于斯也 3.24
君子去仁，恶乎成名 4.5
君子无终食之间违仁 4.5
君子之于天下也 4.10
君子怀德 4.11
君子怀刑 4.11
君子喻于义 4.16
君子欲讷于言而敏于行 4.24
君子哉若人！鲁无君子者 5.3
有君子之道四焉 5.16
君子周急不继富 6.4
女为君子儒 6.13
文质彬彬，然后君子 6.18
君子可逝也，不可陷也 6.26
君子博学于文，约之以礼 6.27
得见君子者，斯可矣 7.26
吾闻君子不党，君子亦党乎 7.31
躬行君子，则吾未之有得 7.33
君子坦荡荡 7.37
君子笃于亲，则民兴于仁 8.2
君子所贵乎道者三 8.4
君子人与？君子人也 8.6
君子多乎哉？不多也 9.6

君子居之，何陋之有 9.14
君子不以绀緅饰 10.6
后进于礼乐，君子也 11.1
论笃是与，君子者乎 11.21
如其礼乐，以俟君子 11.26
司马牛问君子 12.4
君子不忧不惧 12.4
斯谓之君子已乎 12.4
君子敬而无失，与人恭而有礼 12.5
君子何患乎无兄弟也 12.5
君子质而已矣，何以文为 12.8
惜乎，夫子之说君子也 12.8
君子成人之美，不成人之恶 12.16
君子之德风 12.19
君子以文会友，以友辅仁 12.24
君子于其所不知，盖阙如也 13.3
故君子名之必可言也，言之必可行也 13.3
君子于其言，无所苟而已矣 13.3
君子和而不同 13.23
君子易事而难说也 13.25
君子泰而不骄 13.26
君子哉若人 14.5
君子而不仁者有矣夫 14.6
君子上达 14.23
君子思不出其位 14.26
君子耻其言而过其行 14.27
君子道者三，我无能焉 14.28
子路问君子 14.42
君子亦有穷乎 15.2
君子固穷，小人穷斯滥矣 15.2
君子哉蘧伯玉 15.7
君子义以为质，礼以行之，孙以出

之，信以成之。君子哉 15.18
君子病无能焉，不病人之不己知也 15.19
君子疾没世而名不称焉 15.20
君子求诸己 15.21
君子矜而不争，群而不党 15.22
君子不以言举人，不以人废言 15.23
君子谋道不谋食 15.32
君子忧道不忧贫 15.32
君子不可小知而可大受也 15.34
君子贞而不谅 15.37
君子疾夫舍曰欲之而必为之辞 16.1
侍于君子有三愆 16.6
君子有三戒 16.7
君子有三畏：畏天命，畏大人，畏圣人之言 16.8
君子有九思 16.10
又闻君子之远其子也 16.13
君子学道则爱人 17.4
亲于其身为不善者，君子不入也 17.7
君子三年不为礼，礼必坏；三年不为乐，乐必崩 17.21
夫君子之居丧，食旨不甘，闻乐不乐，居处不安，故不为也 17.21
君子尚勇乎 17.23
君子义以为上，君子有勇而无义为乱 17.23
君子亦有恶乎 17.24
君子之仕也，行其义也 18.7
君子不施其亲，不使大臣怨乎不以 18.10
君子尊贤而容众，嘉善而矜不能 19.3
致远恐泥，是以君子不为也 19.4
君子学以致其道 19.7
君子有三变 19.9
君子信而后劳其民 19.10
君子之道，孰先传焉？孰后倦焉 19.12
君子之道，焉可诬也 19.12
是以君子恶居下流，天下之恶皆归焉 19.20
君子之过也，如日月之食焉 19.21
君子一言以为知，一言以为不知 19.25
君子惠而不费，劳而不怨 20.2
君子正其衣冠，尊其瞻视 20.2

乐

有朋自远方来，不亦乐乎 1.1
未若贫而乐 1.15
人而不仁，如乐何 3.3
乐而不淫，哀而不伤 3.20
子语鲁大师乐，曰："乐其可知也。" 3.23
不仁者不可以久处约，不可以长处乐 4.2
回也不改其乐 6.11
知之者不如好之者，好之者不如乐之者 6.20
知者乐水，仁者乐山 6.23
知者动，仁者静。知者乐，仁者寿 6.23
不图为乐之至于斯也 7.14

乐亦在其中矣　7.16
发愤忘食，乐以忘忧　7.19
成于乐　8.8
吾自卫反鲁，然后乐正　9.15
先进于礼乐，野人也；后进于礼乐，君子也　11.1
如其礼乐，以俟君子　11.26
事不成，则礼乐不兴；礼乐不兴，则刑罚不中　13.3
予无乐乎为君　13.15
文之以礼乐　14.12
乐然后笑　14.13
乐则《韶》《舞》　15.11
天下有道，则礼乐征伐自天子出；天下无道，则礼乐征伐自诸侯出　16.2
益者三乐，损者三乐　16.5
乐节礼乐，乐道人之善，乐多贤友，益矣　16.5
乐骄乐，乐佚游，乐宴乐，损矣　16.5
乐云乐云，钟鼓云乎哉　17.11
恶郑声之乱雅乐也　17.18
三年不为乐，乐必崩　17.21
夫君子之居丧，食旨不甘，闻乐不乐　17.21
齐人归女乐　18.4

礼

礼之用，和为贵　1.12
不以礼节之，亦不可行也　1.12
恭近于礼，远耻辱也　1.13
未若贫而乐，富而好礼者也　1.15
道之以德，齐之以礼　2.3
生，事之以礼　2.5
死，葬之以礼，祭之以礼　2.5
殷因与夏礼　2.23
周因于殷礼　2.23
人而不仁，如礼何　3.3
林放问礼之本　3.4
礼，与其奢也，宁俭　3.4
礼后乎　3.8
夏礼，吾能言之　3.9
殷礼，吾能言之　3.9
孰谓鄹人之子知礼乎　3.15
是礼也　3.15
尔爱其羊，我爱其礼　3.17
君使臣以礼　3.19
然则管仲知礼乎　3.22
管氏而知礼，孰不知礼　3.22
为礼不敬　3.26
能以礼让为国乎　4.13
不能以礼让为国，如礼何　4.13
君子博学于文，约之以礼　6.27
子所雅言，《诗》、《书》、执礼　7.18
陈司败问昭公知礼乎　7.31
君而知礼，孰不知礼　7.31
恭而无礼则劳，慎而无礼则葸　8.2
勇而无礼则乱，直而无礼则绞　8.2
立于礼　8.8
麻冕，礼也　9.3
拜下，礼也　9.3
约我以礼　9.11
享礼，有容色　10.5
先进于礼乐，野人也　11.1
后进于礼乐，君子也　11.1
如其礼乐，以俟君子　11.26

为国以礼　11.26
克己复礼为仁　12.1
一日克己复礼,天下归仁焉　12.1
非礼勿视,非礼勿听,非礼勿言,
　　非礼勿动　12.1
与人恭而有礼　12.5
博学于文,约之以礼　12.15
事不成,则礼乐不兴;礼乐不兴,
　　则刑罚不中　13.3
上好礼,则民莫敢不敬　13.4
文之以礼乐　14.12
上好礼,则民易使也　14.41
礼以行之　15.18
动之不以礼,未善也　15.33
天下有道,则礼乐征伐自天子出
　　16.2
天下无道,则礼乐征伐自诸侯出
　　16.2
乐节礼乐　16.5
不学礼,无以立　16.13
闻礼　16.13
礼云礼云,玉帛云乎哉　17.11
君子三年不为礼,礼必坏　17.21
恶勇而无礼者　17.24
不知礼,无以立也　20.3

敏

敏于事而慎于言　1.14
君子欲讷于言而敏于行　4.24
敏而好学,不耻下问　5.15
好古,敏以求之者也　7.20
回虽不敏,请事斯语矣　12.1
雍虽不敏,请事斯语矣　12.2
恭,宽,信,敏,惠　17.6

敏则有功　17.6/20.1

命

五十而知天命　2.4
不幸短命死矣　6.3
命矣夫　6.10
可以寄百里之命　8.6
子罕言利与命与仁　9.1
必复命　10.3
君命召　10.20
赐不受命,而货殖焉　11.19
死生有命　12.5
使于四方,不辱君命　13.20
为命,裨谌草创之　14.8
见危授命　14.12
道之将行也与,命也　14.36
道之将废也与,命也　14.36
公伯寮其如命何　14.36
阙党童子将命　14.44
陪臣执国命　16.2
畏天命　16.8
小人不知天命而不畏也　16.8
将命者出户　17.20
士见危致命　19.1
舜亦以命禹　20.1

佞

雍也仁而不佞　5.5
焉用佞　5.5
不有祝鲍之佞　6.16
是故恶夫佞者　11.25
丘何为是栖栖者与?无乃为佞乎
　　14.32
非敢为佞也,疾固也　14.32

放郑声，远佞人　15.11
佞人殆　15.11
友便辟，友善柔，友便佞，损矣　16.4

让

夫子温、良、恭、俭、让以得之　1.10
揖让而升　3.7
能以礼让为国乎　4.13
不能以礼让为国，如礼何　4.13
三以天下让　8.1
其言不让　11.26
当仁不让于师　15.36

仁

孝弟也者，其为仁之本与　1.2
巧言令色，鲜矣仁　1.3
泛爱众，而亲仁　1.6
人而不仁，如礼何？人而不仁，如乐何　3.3
里仁为美。择不处仁，焉得知　4.1
不仁者不可以久处约，不可以长处乐　4.2
仁者安仁，知者利仁　4.2
唯仁者能好人，能恶人　4.3
苟志于仁矣，无恶也　4.4
君子去仁，恶乎成名　4.5
君子无终食之间违仁　4.5
我未见好仁者，恶不仁者　4.6
好仁者，无以尚之　4.6
恶不仁者，其为仁矣，不使不仁者加乎其身　4.6
有能一日用其力于仁矣乎　4.6

观过，斯知仁矣　4.7
雍也仁而不佞　5.5
不知其仁，焉用佞　5.5
孟武伯问子路仁乎　5.8
不知其仁也　5.8
仁矣乎　5.19
未知；——焉得仁　5.19
回也，其心三月不违仁　6.7
问仁　6.22
仁者先难而后获，可谓仁矣　6.22
知者乐水，仁者乐山　6.23
知者动，仁者静。知者乐，仁者寿　6.23
仁者，虽告之曰"井有仁焉"　6.26
可谓仁乎　6.30
何事于仁　6.30
夫仁者，己欲立而立人，己欲达而达人　6.30
能近取譬，可谓仁之方也已　6.30
依于仁　7.6
求仁而得仁　7.15
仁远乎哉？我欲仁，斯仁至矣　7.30
若圣与仁，则吾岂敢　7.34
君子笃于亲，则民兴于仁　8.2
仁以为己任，不亦重乎　8.7
人而不仁，疾之已甚，乱也　8.10
子罕言利与命与仁　9.1
仁者不忧　9.29
颜渊问仁　12.1
克己复礼为仁。一日克己复礼，天下归仁焉　12.1
为仁由己，而由人乎哉　12.1

仲弓问仁 12.2
司马牛问仁 12.3
仁者，其言也讱 12.3
斯谓之仁已乎 12.3
色取仁而行违 12.20
樊迟问仁 12.22/13.19
不仁者远矣 12.22
君子以文会友，以友辅仁 12.24
如有王者，必世而后仁 13.12
刚、毅、木、讷近仁 13.27
克、伐、怨、欲不行焉，可以为仁
　　矣 14.1
仁则吾不知也 14.1
仁者必有勇，勇者不必有仁 14.4
君子而不仁者有矣夫，未有小人而
　　仁者也 14.6
管仲不死。曰：未仁乎 14.16
如其仁，如其仁 14.16
管仲非仁者与 14.17
仁者不忧 14.28
志士仁人，无求生以害仁，有杀身
　　以成仁 15.9
子贡问为仁 15.10
友其士之仁者 15.10
知及之，仁不能守之；虽得之，必
　　失之 15.33
知及之，仁能守之。不庄以莅之，
　　则民不敬 15.33
知及之，仁能守之，庄以莅之，动
　　之不以礼，未善也 15.33
民之于仁也，甚于水火 15.35
未见蹈仁而死者也 15.35
当仁，不让于师 15.36
怀其宝而迷其邦，可谓仁乎 17.1

子张问仁于孔子 17.6
能行五者于天下为仁矣 17.6
好仁不好学，其蔽也愚 17.8
巧言令色，鲜矣仁 17.17
予之不仁也 17.21
殷有三仁焉 18.1
仁在其中矣 19.6
吾友张也为难能也，然而未仁
　　19.15
难与并为仁矣 19.16
虽有周亲，不如仁人 20.1
欲仁而得仁 20.2

善

举善而教不能，则劝 2.20
子谓《韶》，"尽美矣，又尽善也。"
　　3.25
谓《武》，"尽美矣，未尽善也。"
　　3.25
晏平仲善与人交，久而敬之 5.17
愿无伐善，无施劳 5.26
善为我辞焉 6.9
不善不能改 7.3
择其善者而从之，其不善者而改之
　　7.22
善人，吾不得而见之矣 7.26
多闻，择其善者而从之 7.28
子与人歌而善，必使反之 7.32
人之将死，其言也善 8.4
守死善道 8.13
夫子循循然善诱人 9.11
求善贾而沽诸 9.13
子张问善人之道 11.20
善哉 12.11

子欲善而民善矣 12.19
善哉问 12.21
忠告而善道之 12.23
善居室 13.8
善人为邦百年，亦可以胜残去杀矣 13.11
如其善而莫之违也，不亦善乎 13.15
如不善而莫之违也，不几乎一言而丧邦乎 13.15
"南人有言曰：'人而无恒，不可以作巫医。'善夫！" 13.22
不如乡人之善者好之，其不善者恶之 13.24
善人教民七年，亦可以即戎矣 13.29
羿善射 14.5
工欲善其事，必先利其器 15.10
知及之，仁能守之，庄以莅之，动之不以礼，未善也 15.33
友便辟，友善柔，友便佞，损矣 16.4
乐道人之善 16.5
见善如不及，见不善如探汤 16.11
亲于其身为不善者，君子不入也 17.7
嘉善而矜不能 19.3
纣之不善，不如是之甚也 19.20
善人是富 20.1

神

祭神如神在 3.12
敬鬼神而远之 6.22
子不语怪，力，乱，神 7.21
祷尔于上下神祇 7.35
菲饮食而致孝乎鬼神 8.21
季路问事鬼神 11.12

慎

慎终，追远 1.9
敏于事而慎于言 1.14
多闻阙疑，慎言其余 2.18
多见阙殆，慎行其余 2.18
子之所慎：齐，战，疾 7.13
慎而无礼则葸 8.2
言不可不慎也 19.25

圣

必也圣乎 6.30
圣人，吾不得而见之矣 7.26
若圣与仁，则吾岂敢 7.34
夫子圣者与 9.6
固天纵之将圣 9.6
畏圣人之言 16.8
侮圣人之言 16.8
有始有卒者，其惟圣人乎 19.12

诗

《诗》云"如切如磋，如琢如磨"（《诗经·卫风·淇奥》） 1.15
始可与言诗已矣 1.15/3.8
《诗》三百 2.2
三家者以《雍》彻（《诗经·周颂·雍》） 3.2
"相维辟公，天子穆穆"（《诗经·周颂·雍》） 3.2
"巧笑倩兮，美目盼兮，素以为绚

1577

兮。"（逸诗） 3.8

《关雎》，乐而不淫，哀而不伤。
（《诗经·周南·关雎》）
3.20

暴虎冯河（《诗经·小雅·小旻》，
《诗经·郑风·大叔于田》）
7.11

子所雅言，《诗》、《书》、执礼
7.18

《诗》云："战战兢兢，如临深渊，
如履薄冰。" 8.3

兴于《诗》 8.8

《关雎》之乱（《诗经·周南·关
雎》） 8.15

《雅》《颂》各得其所 9.15

"不忮不求，何用不臧？"（《诗经·
邶风·雄雉》） 9.27

"唐棣之华，偏其反而。岂不尔思？
室是远而。"（逸诗） 9.31

南容三复白圭（《诗经·大雅·
抑》） 11.6

"诚不以富，亦祇以异"（《诗经·
小雅·我行其野》） 12.10

"深则厉，浅则揭。"（《诗经·邶风·
匏有苦叶》） 14.39

诵《诗》三百 13.5

学诗乎 16.13

不学诗，无以言 16.13

鲤退而学诗 16.13

闻诗 16.13

小子何莫学夫诗 17.9

《周南》《召南》（《诗经·国风》）
17.10

诗，可以兴，可以观，可以群，可

以怨 17.9

士

士志于道，而耻恶衣恶食者 4.9

虽执鞭之士 7.12

士不可以不弘毅，任重而道远 8.7

士何如斯可谓之达矣 12.20

何如斯可谓之士矣 13.20/13.28

行己有耻，使于四方，不辱君命，
可谓士矣 13.20

切切偲偲，怡怡如也，可谓士矣
13.28

士而怀居，不足以为士矣 14.2

志士仁人 15.9

友其士之仁者 15.10

柳下惠为士师 18.2

且而与其从辟人之士也，岂若从辟
世之士哉 18.6

周有八士 18.11

士见危致命，见得思义，祭思敬，
丧思哀，其可已矣 19.1

孟氏使阳肤为士师，问于曾子
19.19

思

思无邪 2.2

学而不思则罔，思而不学则殆
2.15

见贤思齐焉 4.17

季文子三思而后行 5.20

慎而无礼则葸 8.2

岂不尔思 9.31

未之思也 9.31

见利思义 14.12

君子思不出其位　14.26
吾尝终日不食，终夜不寝，以思，无益，不如学也　15.31
君子有九思：视思明，听思聪，色思温，貌思恭，言思忠，事思敬，疑思问，忿思难，见得思义　16.10
见得思义，祭思敬，丧思哀　19.1
切问而近思　19.6

天

五十而知天命　2.4
天子穆穆　3.2
知其说者之于天下也　3.11
获罪于天，无所祷也　3.13
君子之于天下也　4.10
夫子之言性与天道，不可得而闻也　5.13
予所否者，天厌之！天厌之　6.28
天生德于予　7.23
三以天下让　8.1
天下有道则见　8.13
舜禹之有天下也不与焉　8.18
唯天为大　8.19
舜有臣五人而天下治　8.20
三分天下有其二　8.20
天之将丧斯文也，后死者不得与于斯文也；天之未丧斯文也，匡人其如予何　9.5
固天纵之将圣　9.6
吾谁欺，欺天乎　9.12
噫！天丧予！天丧予　11.9
天下归仁焉　12.1
富贵在天　12.5

舜有天下　12.22
汤有天下　12.22
禹稷躬稼而有天下　14.5
一匡天下　14.17
不怨天，不尤人　14.35
知我者其天乎　14.35
天下有道，则礼乐征伐自天子出；天下无道，则礼乐征伐自诸侯出　16.2
天下有道，则政不在大夫。天下有道，则庶人不议　16.2
畏天命　16.8
小人不知天命而不畏也　16.8
天何言哉　17.19
天下之通丧也　17.21
滔滔者天下皆是也　18.6
天下有道，丘不与易也　18.6
天下之恶皆归焉　19.20
夫子之不可及也，犹天之不可阶而升也　19.25
天之历数在尔躬　20.1
天禄永终　20.1

文

行有余力，则以学文　1.6
文献不足故也　3.9
郁郁乎文哉！吾从周　3.14
夫子之文章，可得而闻也　5.13
孔文子何以谓之"文"也　5.15
是以谓之"文"也　5.15
臧文仲居蔡　5.18
令尹子文三仕为令尹　5.19
陈文子有马十乘　5.19
季文子三思而后行　5.20

质胜文则野，文胜质则史　6.18
文质彬彬，然后君子　6.18
君子博学于文，约之以礼　6.27/
　　12.15
子以四教：文，行，忠，信　7.25
文，莫吾犹人也　7.33
焕乎其有文章　8.19
文王既没，文不在兹乎　9.5
天之将丧斯文也，后死者不得与于
　　斯文也；天之未丧斯文也，匡
　　人其如予何　9.5
博我以文　9.11
文学：子游，子夏　11.3
君子质而已矣，何以文为　12.8
文犹质也，质犹文也　12.8
君子以文会友，以友辅仁　12.24
文之以礼乐　14.12
子问公叔文子于公明贾曰　14.13
晋文公谲而不正　14.15
公叔文子之臣大夫僎与文子同升诸
　　公。子闻之，曰："可以为
　　'文'矣。"　14.18
吾犹及史之阙文也　15.26
故远人不服，则修文德以来之
　　16.1
小人之过也必文　19.8
文武之道，未坠于地　19.22
莫不有文武之道焉　19.22

贤

贤贤易色　1.7
见贤思齐焉，见不贤而内自省也
　　4.17
贤哉，回也　6.11

古之贤人也　7.15
师与商也孰贤　11.16
举贤才　13.2
焉知贤才而举之　13.2
赐也贤乎哉　14.29
抑亦先觉者，是贤乎　14.31
贤者辟世　14.37
事其大夫之贤者　15.10
知柳下惠之贤而不与立也　15.14
乐多贤友　16.5
不有博弈者乎？为之，犹贤乎已
　　17.22
君子尊贤而容众　19.3
我之大贤与，于人何所不容？我之
　　不贤与，人将拒我，如之何其
　　拒人也　19.3
贤者识其大者，不贤者识其小者
　　19.22
子贡贤于仲尼　19.23
他人之贤者，丘陵也，犹可逾也
　　19.24

小人

小人比而不周　2.14
小人怀土　4.11
小人怀惠　4.11
小人喻于利　4.16
无为小人儒　6.13
小人长戚戚　7.37
君子成人之美，不成人之恶。小人
　　反是　12.16
小人之德草　12.19
小人哉，樊须也　13.4
硁硁然小人哉　13.20

小人同而不和 13.23
小人难事而易说也 13.25
小人骄而不泰 13.26
未有小人而仁者也 14.6
小人下达 14.23
小人穷斯滥矣 15.2
小人求诸人 15.21
小人不可大受而可小知也 15.34
小人不知天命而不畏也 16.8
小人学道则易使也 17.4
色厉而内荏，譬诸小人，其犹穿窬之盗也与 17.12
小人有勇而无义为盗 17.23
唯女子与小人为难养也，近之则不孙，远之则怨 17.25
小人之过也必文 19.8

孝

其为人也孝弟，而好犯上者，鲜矣 1.2
孝弟也者，其为仁之本与 1.2
入则孝 1.6
三年无改于父之道，可谓孝矣 1.11/4.20
孟懿子问孝 2.5
孟孙问孝于我 2.5
孟武伯问孝 2.6
子游问孝 2.7
今之孝者，是谓能养 2.7
子夏问孝 2.8
曾是以为孝乎 2.8
孝慈，则忠 2.20
孝乎惟孝 2.21
菲饮食而致孝乎鬼神 8.21

孝哉闵子骞 11.5
宗族称孝焉 13.20
孟庄子之孝也 19.18

信

与朋友交而不信乎 1.4
敬事而信 1.5
谨而信 1.6
与朋友交，言而有信 1.7
主忠信 1.8/9.25/12.10
信近于义，言可复也 1.13
人而无信，不知其可也 2.22
吾斯之未能信 5.6
听其言而信其行 5.10
十室之邑，必有忠信如丘者焉 5.28
述而不作，信而好古 7.1
子以四教：文，行，忠，信 7.25
正颜色，斯近信矣 8.4
笃信好学 8.13
悾悾而不信 8.16
民信之矣 12.7
自古皆有死，民无信不立 12.7
信如君不君 12.11
上好信，则民莫敢不用情 13.4
言必信，行必果 13.20
信乎，夫子不言，不笑，不取乎 14.13
吾不信也 14.14
不亿不信 14.31
言忠信 15.6
言不忠信 15.6
信以成之 15.18
恭，宽，信，敏，惠 17.6

信则人任焉　17.6
好信不好学，其蔽也贼　17.8
信道不笃　19.2
君子信而后劳其民；未信，则以为
　　厉己也　19.10
信而后谏；未信，则以为谤己也
　　19.10

学

学而时习之，不亦说乎　1.1
行有余力，则以学文　1.6
虽曰未学，吾必谓之学矣　1.7
君子不重，则不威；学则不固　1.8
就有道而正焉，可谓好学也已
　　1.14
吾十有五而志于学　2.4
学而不思则罔，思而不学则殆
　　2.15
子张学干禄　2.18
敏而好学，不耻下问　5.15
不如丘之好学也　5.28
弟子孰为好学　6.3
有颜回者好学　6.3
未闻好学者也　6.3
君子博学于文，约之以礼　6.27
学而不厌，诲人不倦　7.2
学之不讲　7.3
五十以学《易》，可以无大过矣
　　7.17
正唯弟子不能学也　7.34
三年学，不至于谷，不易得也
　　8.12
笃信好学　8.13
学如不及，犹恐失之　8.17

博学而无所成名　9.2
可与共学，未可与适道　9.30
文学：子游，子夏　11.3
何必读书，然后为学　11.25
非曰能之，愿学焉　11.26
博学于文，约之以礼　12.15
樊迟请学稼　13.4
请学为圃　13.4
古之学者为己，今之学者为人
　　14.24
下学而上达　14.35
军旅之事，未之学也　15.1
女以予为多学而识之者与　15.3
不如学也　15.31
学也，禄在其中矣　15.32
学而知之者次也；困而学之，又其
　　次也；困而不学，民斯为下矣
　　16.9
学诗乎　16.13
不学诗，无以言　16.13
鲤退而学诗　16.13
君子学道则爱人，小人学道则易使
　　也　17.4
好仁不好学，其蔽也愚；好知不好
　　学，其蔽也荡；好信不好学，
　　其蔽也贼；好直不好学，其蔽
　　也绞；好勇不好学，其蔽也乱；
　　好刚不好学，其蔽也狂　17.8
小子何莫学夫诗　17.9
可谓好学也已矣　19.5
博学而笃志　19.6
君子学以致其道　19.7
仕而优则学，学而优则仕　19.13
夫子焉不学？而亦何常师之有

19.22
仲尼焉学　19.22

孙（逊）

奢则不孙　7.36
与其不孙也，宁固　7.36
邦无道，危行言孙　14.3
幼而不孙弟　14.43
孙以出之　15.18
后世必为子孙忧　16.1
故夫三桓之子孙微矣　16.3
恶不孙以为勇者　17.24
近之则不孙　17.25

义

信近于义，言可复也　1.13
见义不为，无勇也　2.24
义之与比　4.10
君子喻于义　4.16
其使民也义　5.16
务民之义　6.22
闻义不能徙　7.3
不义而富且贵，于我如浮云　7.16
徙义　12.10
质直而好义　12.20
上好义，则民莫敢不服　13.4
见利思义，见危授命　14.12
义然后取，人不厌其取　14.13
群居终日，言不及义　15.17
君子义以为质　15.18
见得思义　16.10/19.1
行义以达其道　16.11
君子义以为上　17.23
君子有勇而无义为乱，小人有勇而
　　无义为盗　17.23
不仕无义　18.7
君臣之义　18.7
君子之仕也，行其义也　18.7

勇

见义不为，无勇也　2.24
由也好勇过我　5.7
勇而无礼则乱　8.2
好勇疾贫，乱也　8.10
勇者不惧　9.29/14.28
由也为之，比及三年，可使有勇
　　11.26
仁者必有勇，勇者不必有仁　14.4
卞庄子之勇　14.12
好勇不好学，其蔽也乱　17.8
君子尚勇乎　17.23
君子有勇而无义为乱，小人有勇而
　　无义为盗　17.23
恶勇而无礼者　17.24
恶不孙以为勇者　17.24

忧

父母唯其疾之忧　2.6
人不堪其忧，回也不改其乐　6.11
德之不修，学之不讲，闻义不能徙，
　　不善不能改，是吾忧也　7.3
发愤忘食，乐以忘忧　7.19
知者不惑，仁者不忧，勇者不惧
　　9.29
君子不忧不惧　12.4
不忧不惧，斯谓之君子已乎　12.4
内省不疚，夫何忧何惧　12.4
司马牛忧曰　12.5

仁者不忧，知者不惑，勇者不惧
　　14.28
人无远虑，必有近忧　15.12
君子忧道不忧贫　15.32
今不取，后世必为子孙忧　16.1
吾恐季孙之忧，不在颛臾　16.1

友（朋）

有朋自远方来　1.1
与朋友交而不信乎　1.4
与朋友交，言而有信　1.7
无友不如己者　1.8
孝乎惟孝，友于兄弟　2.21
朋友数，斯疏矣　4.26
匿怨而友其人　5.25
愿车马衣（轻）裘与朋友共，敝之而无憾　5.26
朋友信之　5.26
昔者吾友尝从事于斯矣　8.5
毋友不如己者　9.25
朋友死，无所归　10.22
朋友之馈　10.23
子贡问友　12.23
君子以文会友，以友辅仁　12.24
朋友切切偲偲　13.28
友其士之仁者　15.10
益者三友，损者三友。友直，友谅，友多闻，益矣。友便辟，友善柔，友便佞，损矣　16.4
乐多贤友　16.5
吾友张也为难能也，然而未仁　19.15

政

夫子至于是邦也，必闻其政　1.10
为政以德，譬如北辰居其所而众星共之　2.1
道之以政，齐之以刑，民免而无耻　2.3
或谓孔子曰："子奚不为政？"　2.21
孝乎惟孝，友于兄弟，施于有政　2.21
是亦为政，奚其为为政　2.21
旧令尹之政，必以告新令尹　5.19
仲由可使从政也与……由也果，于从政乎何有　6.8
赐也可使从政也与……赐也达，于从政乎何有　6.8
求也可使从政也与……求也艺，于从政乎何有　6.8
不在其位，不谋其政　8.14
政事：冉有，季路　11.3
子贡问政。子曰："足食，足兵，民信之矣。"　12.7
齐景公问政于孔子。孔子对曰："君君，臣臣，父父，子子。"　12.11
子张问政。子曰："居之无倦，行之以忠。"　12.14
季康子问政于孔子。孔子对曰："政者，正也。子帅以正，孰敢不正？"　12.17
季康子问政于孔子……子为政，焉用杀　12.19
子路问政。子曰："先之劳之。"

13.1
仲弓为季氏宰，问政。子曰："先有司，赦小过，举贤才。"
13.2
子路曰："卫君待子而为政，子将奚先？"子曰："必也正名乎！"
13.3
诵《诗》三百，授之以政　13.5
鲁卫之政，兄弟也　13.7
苟正其身矣，于从政乎何有？不能正其身，如正人何？　13.13
有政……如有政，虽不吾以，吾其与闻之　13.14
叶公问政。子曰："近者悦，远者来。"　13.16
子夏为莒父宰，问政　13.17
曰："今之从政者何如？"子曰："噫！斗筲之人，何足算也？"　13.20
不在其位，不谋其政　14.26
天下有道，则政不在大夫　16.2
禄之去公室五世矣，政逮于大夫四世矣　16.3
今之从政者殆而　18.5
其不改父之臣与父之政，是难能也　19.18
谨权量，审法度，修废官，四方之政行焉　20.1
子张问于孔子曰："何如斯可以从政矣？"子曰："尊五美，屏四恶，斯可以从政矣。"　20.2

知

人不知，而不愠，不亦君子乎　1.1

知和而和　1.12
告诸往而知来者　1.15
不患人之不己知，患不知人也　1.16
五十而知天命　2.4
温故而知新，可以为师矣　2.11
由！诲女知之乎！知之为知之，不知为不知，是知也　2.17
人而无信，不知其可也　2.22
子张问："十世可知也？"　2.23
所损益，可知也　2.23
虽百世，可知也　2.23
不知也；知其说者之于天下也　3.11
孰谓鄹人之子知礼乎　3.15
然则管仲知礼乎　3.22
管氏而知礼，孰不知礼　3.22
乐其可知也　3.23
择不处仁，焉得知　4.1
知者利仁　4.2
斯知仁矣　4.7
不患莫己知，求为可知也　4.14
不可不知也　4.21
不知其仁　5.5
子曰："不知也。"　5.8
不知其仁也　5.8
回也闻一以知十，赐也闻一以知二　5.9
何如其知也　5.18
未知，焉得仁　5.19
邦有道，则知；邦无道，则愚　5.21
其知可及也，其愚不可及也　5.21
不知所以裁之　5.22

知之者不如好之者，好之者不如乐
　　之者　6.20
樊迟问知　6.22
敬鬼神而远之，可谓知矣　6.22
知者乐水　6.23
知者动，仁者静。知者乐，仁者寿
　　6.23
三月不知肉味　7.14
不知老之将至云尔　7.19
我非生而知之者　7.20
盖有不知而作之者　7.28
多见而识之，知之次也　7.28
昭公知礼乎　7.31
孔子曰："知礼。"　7.31
君而知礼，孰不知礼　7.31
苟有过，人必知之　7.31
吾知免夫！小子　8.3
不可使知之　8.9
吾不知之矣　8.16
太宰知我乎　9.6
吾有知乎哉？无知也　9.8
焉知来者之不如今也　9.23
岁寒，然后知松柏之后凋也　9.28
知者不惑　9.29/14.28
未知生，焉知死　11.12
"不吾知也！"如或知尔，则何以哉
　　11.26
且知方也　11.26
问知。子曰："知人。"　12.22
乡也吾见于夫子而问知　12.22
焉知贤才而举之　13.2
举尔所知；尔所不知　13.2
君子于其所不知　13.3
如知为君之难也　13.15

仁则吾不知也　14.1
若臧武仲之知　14.12
自经于沟渎而莫之知也　14.17
不患人之不己知　14.30
莫我知也夫　14.35
何为其莫知子也　14.35
知我者其天乎　14.35
是知其不可而为之者与　14.38
莫己知也　14.39
由！知德者鲜矣　15.4
知者不失人，亦不失言　15.8
知柳下惠之贤而不与立也　15.14
君子病无能焉，不病人之不己知也
　　15.19
知及之，仁不能守之；虽得之，必
　　失之　15.33
知及之，仁能守之。不庄以莅之，
　　则民不敬　15.33
知及之，仁能守之，庄以莅之，动
　　之不以礼，未善也　15.33
君子不可小知而可大受也，小人不
　　可大受而可小知也　15.34
小人不知天命而不畏也　16.8
生而知之者上也，学而知之者次也
　　16.9
好从事而亟失时，可谓知乎　17.1
好知不好学，其蔽也荡　17.8
恶徼以为知者　17.24
是知津矣　18.6
已知之矣　18.7
日知其所亡　19.5
多见其不知量也　19.24
君子一言以为知，一言以为不知
　　19.25

直

举直错诸枉　2.19/12.22
举枉错诸直　2.19
孰谓微生高直　5.24
人之生也直　6.19
直而无礼则绞　8.2
狂而不直　8.16
质直而好义　12.20
举直错诸枉，能使枉者直　12.22
吾党有直躬者　13.18
吾党之直者异于是　13.18
父为子隐，子为父隐——直在其中矣　13.18
以直报怨　14.34
直哉史鱼　15.7
三代之所以直道而行也　15.25
友直，友谅，友多闻，益矣　16.4
好直不好学，其蔽也绞　17.8
古之愚也直　17.16
恶讦以为直者　17.24
直道而事人，焉往而不三黜　18.2

志

父在，观其志　1.11
吾十有五而志于学　2.4
苟志于仁矣，无恶也　4.4
士志于道　4.7
见志不从，又敬不违　4.18
盍各言尔志　5.26
愿闻子之志　5.26
志于道　7.6
匹夫不可夺志也　9.26
亦各言其志也　11.26

亦各言其志也已矣　11.26
夫子固有惑志于公伯寮　14.36
志士仁人　15.9
隐居以求其志　16.11
不降其志，不辱其身　18.8
降志辱身矣　18.8
博学而笃志　19.6

中

禄在其中矣　2.18
虽在缧绁之中　5.1
中道而废　6.12
中人以上，可以语上也；中人以下，不可以语上也　6.21
中庸之为德也，其至矣乎　6.29
乐亦在其中矣　7.16
立不中门　10.4
车中　10.26
言必有中　11.14
亿则屡中　11.19
礼乐不兴，则刑罚不中；刑罚不中，则民无所错手足　13.3
直在其中矣　13.18
不得中行而与之，必也狂狷乎　13.21
耕也，馁在其中矣；学也，禄在其中矣　15.32
且在邦域之中矣　16.1
龟玉毁于椟中　16.1
佛肸以中牟畔　17.7
言中伦，行中虑　18.8
身中清，废中权　18.8
仁在其中矣　19.6
允执其中　20.1

忠

为人谋而不忠乎　1.4
主忠信　1.8/9.25/12.10
使民敬、忠以劝　2.20
孝慈，则忠　2.20
臣事君以忠　3.19
夫子之道，忠恕而已矣　4.15
忠矣　5.19
十室之邑，必有忠信如丘者焉　5.28
子以四教：文，行，忠，信　7.25
居之无倦，行之以忠　12.14
忠告而善道之　12.23
与人忠　13.19
忠焉，能勿诲乎　14.7
言忠信　15.6
言思忠　16.10

孔门弟子

陈亢（子禽）

子禽问于子贡曰　1.10
陈亢问于伯鱼曰　16.13
陈亢退而喜曰　16.13

樊迟（樊须）

樊迟御　2.5
樊迟曰　2.5
樊迟问知　6.22
樊迟从游于舞雩之下　12.21
樊迟问仁　12.22/13.19
樊迟未达　12.22
樊迟退　12.22

樊迟请学稼　13.4
樊迟出　13.4
小人哉，樊须也　13.4

公伯寮

公伯寮愬子路于季孙　14.36
夫子固有惑志于公伯寮　14.36
公伯寮其如命何　14.36

高柴（子羔）

柴也愚　11.8

公西赤

赤也何如　5.8
赤也，束带立于朝，可使与宾客言也　5.8
赤之适齐也　6.4
赤也惑　11.22
赤！尔何如　11.26
唯赤则非邦也与　11.26
赤也为之小，孰能为之大　11.26

公西华（子华）

子华使于齐　6.4
公西华曰　7.34/11.22

公冶长

子谓公冶长可妻也　5.1

闵子骞（闵子）

季氏使闵子骞为费宰　6.9
闵子骞曰　6.9/11.14
德行：颜渊，闵子骞，冉伯牛，仲弓　11.3

孝哉闵子骞　11.5
闵子侍侧，訚訚如也　11.13

南宫适（南容）

子谓南容，邦有道　5.2
南容三复白圭　11.6
南宫适问于孔子曰　14.5
南宫适出　14.5

漆雕开

子使漆雕开仕　5.6

琴牢（琴张）❶

牢曰子云　9.7

冉耕（伯牛）

伯牛有疾　6.10
德行：颜渊，闵子骞，冉伯牛，仲
　　弓　11.3

冉求（冉有）

冉求曰　6.12
仲由、冉求可谓大臣与　11.24
冉求之艺　14.12
子谓冉有曰　3.6
求也何如　5.8
求也，千室之邑，百乘之家，可使
　　为之宰也　5.8
冉子为其母请粟　6.4
冉子与之粟五秉　6.4
求也可使从政也与　6.8
求也艺　6.8
冉有曰：　7.15/13.9/16.1
政事：冉有，季路　11.3

冉有、子贡，侃侃如也　11.13
冉有问　11.22
求也问"闻斯行诸"　11.22
求也退，故进之　11.22
曾由与求之问　11.24
今由与求也　11.24
子路、曾皙、冉有、公西华侍坐
　　11.26
子适卫，冉有仆　13.9
冉子退朝　13.14
冉有、季路见于孔子曰　16.1
求！无乃尔是过与　16.1

冉雍（仲弓）

雍也仁而不佞　5.5
雍也可使南面　6.1
仲弓问子桑伯子　6.2
雍之言然　6.2
子谓仲弓　6.6
德行：颜渊，闵子骞，冉伯牛，仲
　　弓　11.3
仲弓问仁　12.2
仲弓曰　12.2
雍虽不敏，请事斯语矣　12.2
仲弓为季氏宰，问政　13.2

申枨❷

枨也欲，焉得刚　5.11

---

❶《史记·仲尼弟子列传》无此人，而《孔子家语·弟子解》有其名。
❷ 一般认为申枨是孔门七十二贤之一，但《史记·仲尼弟子列传》中记为申党。杨伯峻认为古音"党"和"枨"音相近，故申党就是申枨。

司马牛

司马牛问仁 12.3
司马牛问君子 12.4
司马牛忧曰 12.5

澹台灭明❶

有澹台灭明者，行不由径 6.14

巫马期

揖巫马期而进之 7.31
巫马期以告 7.31

颜路

颜路请子之车以为之椁 11.8

颜回（颜渊）

吾与回言终日 2.9
回也不愚 2.9
女与回也孰愈 5.9
赐也何敢望回 5.9
回也闻一以知十 5.9
颜渊季路侍 5.26
颜渊曰 5.26/12.1
有颜回者好学 6.3/11.7
回也，其心三月不违仁 6.7
回也不改其乐 6.11
贤哉，回也 6.11
子谓颜渊曰 7.11
子谓颜渊，曰 9.21
昔者吾友尝从事于斯矣 8.5
颜渊喟然叹曰 9.11
语之而不惰者，其回也与 9.20
德行：颜渊，闵子骞，冉伯牛，仲

弓 11.3
回也非助我者也 11.4
颜渊死 11.8/11.9/11.10/11.11
回也视予犹父也 11.11
回也其庶乎 11.19
子畏于匡，颜渊后 11.23
子在，回何敢死 11.23
颜渊问仁 12.1
回虽不敏，请事斯语矣 12.1
颜渊问为邦 15.11

有若（有子）

有子曰 1.2
哀公问于有若曰 12.9
有若对曰 12.9

原宪（原思）

原思为之宰 6.5
宪问耻 14.1

宰我（宰予）

哀公问社于宰我 3.21
宰予昼寝 5.10
于予与何诛 5.10
于予与改是 5.10
宰我问曰 6.26
言语：宰我，子贡 11.3
宰我问 17.21
宰我出 17.21
予之不仁也 17.21

———

❶ 史上一般认为澹台灭明为孔子弟子，但杨伯峻《论语译注》附录孔门弟子名单中未将其列入。

予也有三年之爱于其父母乎 17.21

曾子（曾参）

曾子曰　1.4/1.9/4.15/8.5/8.6/
8.7/12.24/14.26/19.16/
19.17/19.18/19.19
参乎　4.15
曾子有疾　8.3/8.4
曾子言曰　8.4
参也鲁　11.18
孟氏使阳肤为士师，问于曾子
19.19

曾皙（曾点）

子路、曾皙、冉有、公西华侍坐
11.26
点！尔何如　11.26
吾与点也　11.26
三子者出，曾皙后　11.26
曾皙曰　11.26

子羔（高柴）

柴也愚　11.18
子路使子羔为费宰　11.25

子贡（端木赐）

子禽问于子贡曰　1.10
子贡曰　1.10/1.15/5.12/5.13/
6.30/7.15/9.6/9.13/12.7/
14.17/14.28/14.35/17.19/
17.24/19.20/19.21/19.22/
19.23/19.24/19.25
子贡问君子　2.13
子贡欲去告朔之饩羊　3.17

赐也　3.17
子贡问曰　5.4/5.15
子谓子贡曰　5.9
赐也何敢望回　5.9
赐也闻一以知二　5.9
赐也，非尔所及也　5.12
赐也可使从政也与　6.8
赐也达　6.8
太宰问于子贡曰　9.6
言语：宰我，子贡　11.3
冉有、子贡，侃侃如也　11.13
子贡问　11.16
赐不受命，而货殖焉　11.19
子贡问政　12.7
子贡问友　12.23
子贡方人　14.29
赐也贤乎哉　14.29
子贡问为仁　15.10
赐也亦有恶乎　17.24
卫公孙朝问于子贡曰　19.22
子贡贤于仲尼　19.23
子服景伯以告子贡　19.23
赐之墙也及肩　19.23
陈子禽谓子贡曰　19.25

子贱（宓不齐）

子谓子贱　5.3

子路（季路，仲由）

由！诲女知之乎　2.17
从我者，其由与　5.7
子路闻之喜　5.7
由也好勇过我　5.7
孟武伯问子路仁乎　5.8

由也，千乘之国，可使治其赋也 5.8
子路有闻，未之能行 5.14
颜渊季路侍 5.26
子路曰 5.26/7.11/11.25/13.3/14.16/14.38/17.7/17.23/18.6/18.7
仲由可使从政也与 6.8
由也果 6.8
子见南子，子路不说 6.28
叶公问孔子于子路，子路不对 7.19
子疾病，子路请祷 7.35
子路对曰 7.35
子路使门人为臣 9.12
久矣哉，由之行诈也 9.12
衣敝缊袍，与衣狐貉者立，而不耻者，其由也与 9.27
子路终身诵之 9.27
子路共之 10.27
政事：冉有，季路 11.3
季路问事鬼神 11.12
子路，行行如也 11.13
若由也，不得其死然 11.13
由之瑟奚为于丘之门 11.15
门人不敬子路 11.15
由也升堂矣，未入于室也 11.15
由也喭 11.18
由也兼人，故退之 11.22
子路问 11.22
由也问闻斯行诸 11.22
仲由、冉求可谓大臣与 11.24
曾由与求之问 11.24
子路使子羔为费宰 11.25

子路、曾皙、冉有、公西华侍坐 11.26
子路率尔而对曰 11.26
由也为之，比及三年，可使有勇 11.26
夫子何哂由也 11.26
子路无宿诺 12.12
片言可以折狱者，其由也与 12.12
子路问政 13.1
野哉，由也 13.3
子路问曰 13.28/18.7
子路问成人 14.12
子路问事君 14.22
公伯寮愬子路于季孙 14.36
子路宿于石门 14.38
子路问君子 14.42
子路愠见曰 15.2
由！知德者鲜矣 15.4
冉有、季路见于孔子曰 16.1
今由与求也，相夫子 16.1
子路不说 17.5
昔者由也闻诸夫子曰 17.7
由也！女闻六言六蔽矣乎 17.8
使子路问津焉 18.6
子路行以告 18.6/18.7
为仲由 18.6
子路从而后 18.7
子路拱而立 18.7
止子路宿 18.7
使子路反见之 18.7

子夏（卜商）

子夏曰 1.7/12.5/12.22/19.3/19.4/19.5/19.6/19.7/19.8/19.9/

19.10/19.11/19.13
子夏问孝　2.8
起予者商也　3.8
子夏问曰　3.8
子谓子夏曰　6.13
文学：子游，子夏　11.3
师与商也孰贤　11.16
商也不及　11.16
商闻之矣　12.5
见子夏曰　12.22
子夏为莒父宰　13.17
子夏之门人问交于子张　19.3
子夏云何　19.3
子夏之门人小子　19.12
子夏闻之，曰　19.12

子游（言偃）

子游问孝　2.7
子游曰　4.26/19.12/19.14/19.15
非公事，未尝至于偃之室也　6.14
子游为武城宰　6.14
文学：子游，子夏　11.3
子游对曰　17.4
昔者偃也闻诸夫子曰　17.4
偃之言是也　17.4
言游过矣　19.12

子张（颛孙师）

子张学干禄　2.18
子张问　2.23/12.20
子张问曰　5.19/15.42
师与商也孰贤　11.16
师也过　11.16
然则师愈与　11.16

师也辟　11.18
子张问善人之道　11.20
子张问明　12.6
子张问崇德辨惑　12.10
子张问政　12.14
子张对曰　12.20
子张曰　14.40/19.1/19.2/19.3/20.2
子张问行　15.6
子张书诸绅　15.6
子张问仁于孔子　17.6
子夏之门人问交于子张　19.3
吾友张也为难能也，然而未仁　19.15
堂堂乎张也　19.16
子张问于孔子曰　20.2

其他人物

（鲁）哀公

哀公问曰　2.19
哀公问社于宰我　3.21
哀公问　6.3
哀公问于有若曰　12.9
告于哀公曰　14.21

羿

羿荡舟　14.5

八士：伯达、伯适、仲突、仲忽、叔夜、叔夏、季随、季騧

周有八士：伯达、伯适、仲突、仲忽、叔夜、叔夏、季随、季騧

18.11

比干

比干谏而死　18.1

裨谌

裨谌草创之　14.8

卞庄子

卞庄子之勇　14.12

播鼗武

播鼗武入于汉　18.9

伯牛

伯牛有疾　6.10

伯禽（鲁公）

周公谓鲁公曰　18.10

伯氏

夺伯氏骈邑三百　14.9

伯夷、叔齐（夷齐）

伯夷、叔齐不念旧恶　5.23
伯夷、叔齐何人也　7.15
伯夷叔齐饿于首阳之下　16.12
逸民：伯夷、叔齐　18.8
不降其志，不辱其身，伯夷、叔齐与　18.8

陈成子（陈恒）

陈成子弑简公　14.21
陈恒弑其君　14.21

陈司败

陈司败问昭公知礼乎　7.31

陈文子

陈文子有马十乘　5.19

陈子禽（陈亢）

子禽问于子贡曰：夫子至于是邦也　1.10
陈亢问于伯鱼曰　16.13
陈亢退而喜　16.13
陈子禽谓子贡曰　19.25

晨门

晨门曰　14.38

楚狂接舆

楚狂接舆歌而过孔子曰　18.5

崔杼（崔子）

崔子弑齐君　5.9
犹吾大夫崔子也　5.9

达巷党人

达巷党人曰　9.2

（鲁）定公

定公问君使臣　3.19
定公问一言可以兴邦　13.15

佛肸

佛肸以中牟畔　17.7
佛肸召　17.1

皋陶

举皋陶　12.22

公伯寮

公伯寮愬子路于季孙　14.36
夫子固有惑志于公伯寮　14.36
公伯寮其如命何　14.36

公明贾

子问公叔文子于公明贾曰　14.13

公山弗扰

公山弗扰以费畔　17.5

公叔文子

子问公叔文子于公明贾曰　14.13
公叔文子之臣大夫僎与文子同升诸公　14.18

公孙朝

卫公孙朝问于子贡曰　19.22

公子荆

子谓卫公子荆　13.8

公子纠

子路曰桓公杀公子纠　14.16
子贡曰……桓公杀公子纠　14.17

鼓方叔

鼓方叔入于河　18.9

管仲（管氏）

管仲之器小哉　8.22
管仲俭乎　8.22
管氏有三归　8.22
然则管仲知礼乎　8.22
管氏亦树塞门　8.22
管氏亦有反坫　8.22
管氏而知礼　8.22
问管仲　14.9
管仲不死　14.16
管仲之力也　14.16
管仲非仁者与　14.17
管仲相桓公　14.17
微管仲　14.17

荷蒉

子击磬于卫，有荷蒉而过孔氏之门者　14.39

荷蓧

子路从而后，遇丈人，以杖荷蓧　18.7

击磬襄

少师阳、击磬襄入于海　18.9

箕子

箕子为之奴　18.1

棘子成

棘子成曰　12.8

季桓子

季桓子受之　18.4

季康子

季康子问使民敬忠以劝　2.20
季康子问仲由可使从政也与　6.8
康子馈药　10.16
季康子问弟子孰为好学　11.7
季康子问政于孔子　12.17
季康子患盗　12.18
季康子问政于孔子曰如杀无道　12.19
康子曰夫如是奚而不丧　14.19

季氏（季孙）

孔子谓季氏　3.1
季氏旅于泰山　3.6
季氏使闵子骞为费宰　6.9
季氏富于周公　11.17
仲弓为季氏宰　13.2
季氏将伐颛臾　16.1
季氏有事于颛臾　16.1
若季氏　18.3
公伯寮愬子路于季孙　14.36
吾恐季孙之忧　16.1

季文子

季文子三思而后行　5.20

季子然

季子然问　11.24

（齐）简公

陈成子弑简公　14.21

晋文公

晋文公谲而不正　14.15

孔鲤（伯鱼）

鲤也死，有棺而无椁　11.8
陈亢问于伯鱼曰　16.13
鲤趋而过庭　16.13（2次）
鲤退而学诗　16.13
鲤退而学礼　16.13
子谓伯鱼曰　17.10

孔圉（仲叔圉，孔文子）

孔文子何以谓之　5.15
仲叔圉治宾客　14.19

老彭

窃比于我老彭　7.1

林放

林放问礼之本　3.4
曾谓泰山不如林放乎　3.6

令尹子文

令尹子文三仕为令尹　5.19

柳下惠

知柳下惠之贤而不与立也　15.14
柳下惠为士师　18.2
柳下惠、少连　18.8
朱张、柳下惠　18.8

鲁大师

子语鲁大师乐　3.23

孟公绰

孟公绰为赵魏老则优　14.11

孟敬子

孟敬子问知　8.4

孟氏

孟氏使阳肤为士师　19.19

孟孙

孟孙问孝于我　2.5

孟武伯

孟武伯问孝　2.6
孟武伯问子路仁乎　5.8

孟懿子

孟懿子问孝　2.5

孟之反

孟之反不伐　6.15

孟庄子

孟庄子之孝也　19.18

南子

子见南子　6.28

宁武子

宁武子，邦有道　5.21

齐桓公

齐桓公正而不谲　14.15
桓公杀公子纠　14.16/14.17
桓公九合诸侯　14.16
管仲相桓公　14.17

齐景公

齐景公问政于孔子　12.11
齐景公有马千驷　16.12
齐景公待孔子曰　18.3

蘧伯玉

蘧伯玉使人于孔子　14.25
君子哉蘧伯玉　15.7

阙党童子

阙党童子将命　14.44

孺悲

孺悲欲见孔子　17.21

三饭缭

三饭缭适蔡　18.9

少连

逸民：伯夷、叔齐、虞仲、夷逸、
朱张、柳下惠、少连　18.8

少师阳

少师阳、击磬襄入于海　18.9

师冕

师冕见　15.42

师冕出　15.42

史鱼
直哉史鱼　15.7

世叔
世叔讨论之　14.8

叔孙武叔
叔孙武叔语大夫于朝曰　19.23
叔孙武叔毁仲尼　19.24

舜
舜亦以命禹　20.1
尧舜其犹病诸　6.30
舜禹之有天下也而不与焉　8.18
舜有臣五人而天下治　8.20
舜有天下　12.22
尧舜其犹病诸　14.42
其舜也与　15.5
咨！尔舜　20.1

司马桓魋
桓魋其如予何　7.23

四饭缺
四饭缺适秦　18.9

宋朝
而有宋朝之美　6.16

大师挚
大师挚适齐　18.9

太宰
太宰问于子贡曰　9.6
太宰知我乎　9.6

泰伯
泰伯，其可谓至德也已矣　8.1

汤
汤有天下　12.22

王孙贾
王孙贾问曰：与其媚于奥　3.13
王孙贾治军旅　14.19

微生高
孰谓微生高直　5.24

微生亩
微生亩谓孔子曰　14.32

微子
微子去之　18.1

卫灵公
子言卫灵公之无道也　14.19
卫灵公问陈于孔子　15.1

（周）文王
文王既没　9.5

吴孟子
谓之吴孟子　7.31

（周）武王

武王曰：予有乱臣十人　8.20

亚饭干

亚饭干适楚　18.9

颜路

颜路请子之车以为之椁　11.8

晏婴（晏平仲）

晏平仲善与人交　5.17

阳肤

孟氏使阳肤为士师　19.19

阳货

阳货欲见孔子　17.1

尧

尧曰　20.1
尧舜其犹病诸　6.30
大哉尧之为君也　8.19
唯尧则之　8.19
尧舜其犹病诸　14.42

叶公

叶公问孔子于子路　7.19
叶公问政　13.16
叶公语孔子曰　13.18

伊尹

举伊尹　12.22

仪封人

仪封人请见　3.24

夷逸

逸民：伯夷、叔齐、虞仲、夷逸、朱张、柳下惠、少连　18.8

羿

羿善射　14.5

虞仲

逸民：伯夷、叔齐、虞仲、夷逸、朱张　18.8
虞仲、夷逸，隐居放言　18.8

禹

舜亦以命禹　20.1
舜禹之有天下也而不与焉！　8.18
禹，吾无间然矣　8.21
禹，吾无间然矣　8.21
禹稷躬稼而有天下　14.5

原壤

原壤夷俟　14.43

臧文仲

臧文仲其窃位者与　15.14
臧文仲居蔡　5.18

臧武仲

若臧武仲之知　14.12
臧武仲以防求为后于鲁　14.14

长沮桀溺

长沮、桀溺耦而耕　18.6
问于桀溺　18.6

（鲁）昭公

陈司败问昭公知礼乎　7.31

召忽

召忽死之　14.16

周公（姬旦）

周公谓鲁公曰　18.10
久矣吾不复梦见周公　7.5
如有周公之才之美　8.11
季氏富于周公　11.17

周任

周任有言曰陈力就列不能者止　16.1

纣

纣之不善　19.20

朱张

逸民：伯夷、叔齐、虞仲、夷逸、朱张、柳下惠、少连　18.8

祝鲍

不有祝鲍之佞　6.17
祝鲍治宗庙　14.19

子产

子谓子产　5.16
东里子产润色之　14.8
或问子产　14.9

子服景伯

子服景伯以告　14.36
子服景伯以告子贡　19.23

子桑伯子

仲弓问子桑伯子　6.2

子西（公子申）

问子西　14.9

子羽

行人子羽修饰之　14.8

左丘明

左丘明耻之　5.25

参考书目

日讲四书解义［M］. 四库全书文渊阁本、武英殿本.

日讲四书解义［M］. 钦定四库全书荟要本. 长春：吉林出版集团有限责任公司，2005.

日讲四书解义. 李孝国，等，今注［M］. 北京：中国书店，2017.

日讲四书解义［M］. 薛治，点校. 北京：华龄出版社，2012.

日讲四书解义［M］. 宋书功，萧红艳，校. 北京：中医古籍出版社，2012.

杨伯峻. 论语译注［M］. 北京：中华书局，2009.

刘强. 论语新识［M］. 长沙：岳麓书社，2016.

朱熹. 四书章句集注［M］. 北京：中华书局，1983.

张居正. 四书直解［M］. 北京：九州出版社，2010.

冯梦龙. 论语指月［M］. 阿袁，编注. 合肥：安徽人民出版社，2012.

冯梦龙. 四书指月［M］//冯梦龙全集：第21册. 李际宁，李晓明，校点. 南京：江苏古籍出版社，1993.

唐文治. 四书大义［M］. 上海：上海交通大学出版社，2016.

唐文治. 四书大义［M］. 张旭辉，刘朝霞，徐炜君，崔燕南，整理. 上海：上海人民出版社，2018.

钱穆. 论语新解［M］. 北京：生活·读书·新知三联书店，2002.

李泽厚. 论语今读［M］. 北京：中华书局，2015.

江永. 四书古人典林［M］. 合肥：安徽人民出版社，2011.

金良年. 论语译注［M］. 上海：上海古籍出版社，2012.

王蒙. 天下归仁［M］. 北京：北京联合出版公司，2015.

傅佩荣. 论语三百讲［M］. 北京：北京联合出版公司，2019.

彭亚非. 论语选评［M］. 长沙：岳麓书社，2006.

彭亚非. 论语析义［M］. 石家庄：河北人民出版社，2017.

冷成金. 论语的精神［M］. 上海：上海古籍出版社，2016.

黄瑞云. 论语本原［M］. 郑州：中州古籍出版社，2018.

裴斐.《论语》讲评［M］. 南京：凤凰出版社，2007.

吴天明. 论语本意［M］. 北京：商务印书馆，2019.

潘重规. 论语今注 [M]. 太原：山西人民出版社，2020.

杜道生. 论语新注新译 [M]. 北京：中华书局，2011.

徐刚. 孔子之道与《论语》其书 [M]. 北京：北京大学出版社，2009.

余东海. 论语点睛 [M]. 北京：中国友谊出版公司，2016.

李竞恒. 论语新劄：自由孔学的历史世界 [M]. 福州：福建教育出版社，2014.

孙福万. 论语易解：《论语》与《周易》的对话 [M]. 北京：团结出版社，2018.

胡晓地. 论语通贯：孔子政治哲学刍议 [M]. 北京：中国社会科学出版社，2019.

王曙光. 论语心归 [M]. 北京：北京大学出版社，2019.

钱穆. 先秦诸子系年 [M]. 北京：商务印书馆，2015.

钱穆. 人生十论 [M]. 北京：生活·读书·新知三联书店，2009.

钱穆. 中国历代政治得失 [M]. 北京：生活·读书·新知三联书店，2001.

钱穆. 中国文化精神 [M]. 北京：九州出版社，2012.

钱穆. 中国思想史 [M]. 北京：九州出版社，2012.

钱穆. 中国历史研究法 [M]. 北京：九州出版社，2012.

钱穆. 国史大纲 [M]. 北京：商务印书馆，1996.

郭沫若. 十批判书 [M]. 北京：人民出版社，2012.

顾颉刚. 顾颉刚古史论文集 [M]. 北京：中华书局，1988.

王元化. 思辨录 [M]. 上海：华东师范大学出版社，2017.

蔡仁厚. 孔子的生命境界：儒学的反思与开展 [M]. 长春：吉林出版集团有限责任公司，2010.

蒙培元. 孔子 [M]. 北京：北京大学出版社，2019.

吴建杰. 中国近代思想家文库：张之洞卷 [M]. 北京：中国人民大学出版社，2014.

熊召政. 百年明朝一鉴开 [M]. 北京：中国友谊出版公司，2018.

熊召政. 明朝大悲咒 [M]. 西安：陕西师范大学出版总社有限公司，2016.

黄俊杰. 东亚儒学的新视野 [M]. 上海：华东师范大学出版社，2008.

胡兰成. 中国的礼乐风景 [M]. 北京：中国长安出版社，2012.

康熙. 庭训格言 [M]. 郑州：中州古籍出版社，2010.

陈捷先. 康熙写真［M］. 北京：商务印书馆，2011.

姚念慈. 康熙盛世与帝王心术：评"自古得天下之正莫如我朝"［M］. 北京：生活·读书·新知三联书店，2018.

阎崇年. 康熙大帝［M］. 北京：人民出版社，2019.

白新良. 康熙大传［M］. 北京：人民文学出版社，2014.

陈祖武. 清代学术源流［M］. 北京：北京师范大学出版社，2012.

黄进兴. 优入圣域：权力、信仰与正当性［M］. 修订版. 北京：中华书局，2010.

黄进兴. 从理学到伦理学：清末民初道德意识的转化［M］. 北京：中华书局，2014.

黄源盛. 汉唐法制与儒家传统［M］. 增订本. 桂林：广西师范大学出版社，2020.

曾誉铭. 义利之辨［M］. 上海：上海辞书出版社，2017.

杨照. 论语：所有人的孔老师［M］. 台北：联经出版事业股份有限公司，2013.

韩廷一. 论语新解读［M］. 新北：台湾商务印书馆，2016.

萧公权. 中国政治思想史［M］. 北京：商务印书馆，2011.

柳诒徵. 中国文化史［M］. 长沙：岳麓书社，2010.

任继愈. 中国哲学发展史（秦汉）［M］. 北京：人民出版社，1985.

任继愈. 中国哲学史［M］. 北京：人民出版社，2010.

侯外庐. 中国思想通史［M］. 北京：人民出版社，1956.

劳思光. 新编中国哲学史［M］. 北京：生活·读书·新知三联书店，2015.

汤一介. 中国儒学史［M］. 北京：北京大学出版社，2011.

郭齐勇. 中国哲学史［M］. 北京：高等教育出版社，2006.

郭齐勇. 中国儒学之精神［M］. 上海：复旦大学出版社，2009.

彭亚非，等. 华夏审美风尚史［M］. 北京：北京师范大学出版社，2016.

白寿彝. 中国通史［M］. 上海：上海人民出版社，2015.

冯友兰. 中国哲学简史［M］. 北京：北京大学出版社，2013.

牟宗三. 中国哲学十九讲［M］. 长春：吉林出版集团有限责任公司，2010.

牟宗三. 心体与心性［M］. 长春：吉林出版集团有限责任公司，2013.

韦政通. 中国思想史［M］. 长春：吉林出版集团有限责任公司，2009.

韦政通. 传统与现代之间 [M]. 北京：中华书局，2011.

费孝通. 乡土中国 [M]. 修订本. 刘豪兴，编. 上海：上海人民出版社，2013.

张岱年，程宜山. 中国文化精神 [M]. 北京：北京大学出版社，2015.

杨向奎. 大一统与儒家思想 [M]. 北京：北京出版社，2016.

杨国荣. 成己与成物：意义世界的生成 [M]. 北京：北京大学出版社，2020.

观照孔夫子：圣迹全图赏析 [M]. 于敏中，绘. 东耳，译注. 北京：故宫出版社，2013.

蔡志忠. 论语解密 [M]. 济南：山东人民出版社，2016.

蔡志忠. 孔子世家 [M]. 济南：山东人民出版社，2016.

江逸子. 论语画解 [M]. 北京：世界知识出版社，2011.

孔祥林. 孔子图说 [M]. 北京：中华书局，2016.

陈宝良. 明代士大夫的精神世界 [M]. 北京：北京师范大学出版社，2017.

任继愈. 任继愈谈孔子、孟子、韩非 [M]. 北京：石油工业出版社，2018.

杨念群. 何处是"江南" [M]. 北京：生活·读书·新知三联书店，2017.

李鍌. 中国文化基本教材《论语》[M]. 新北：正中书局，2008.

陈冠学. 论语新注 [M]. 台北：东大图书公司，1995.

崔大华. 儒学的现代命运：儒家传统的现代阐释 [M]. 北京：人民出版社，2012.

董平. 先秦儒学广论 [M]. 杭州：浙江大学出版社，2015.

蒋庆. 政治儒学：当代儒学的转向、特质与发展 [M]. 福州：福建教育出版社，2014.

邵龙宝. 全球化语境下的儒学价值与现代践行 [M]. 上海：同济大学出版社，2010.

刘余莉. 半部论语治天下 [M]. 北京：团结出版社，2017.

卞朝宁. 《论语》人物评传 [M]. 南京：江苏人民出版社，2015.

赵新. 君子的世界：先秦儒家的诗教与欲望 [M]. 长春：吉林大学出版社，2014.

吴飞. 南菁书院与近世学术 [M]. 北京：生活·读书·新知三联书店，2019.

司马迁. 史记［M］. 北京：中华书局，1982.

班固. 汉书［M］. 北京：中华书局，2012.

范晔. 后汉书［M］. 李贤，等，注. 北京：中华书局，1965.

司马光. 资治通鉴［M］. 北京：中华书局，1956.

赵尔巽，等. 清史稿［M］. 北京：中华书局，2020.

朱熹，吕祖谦. 近思录［M］. 郑州：中州古籍出版社，2012.

陆德明. 经典释文序录疏证：附经籍旧音二种［M］. 吴承仕，疏证. 张力伟，点校. 北京：中华书局，2008.

白居易集［M］. 朱金城，笺校. 上海：上海古籍出版社，1988.

皮锡瑞. 经学历史［M］. 北京：中华书局，1985.

陈大齐. 论语辑释［M］. 北京：华夏出版社，2010.

陈大齐. 论语臆解［M］. 台北：台湾商务印书馆，1996.

梁漱溟. 中国文化要义［M］. 上海：上海人民出版社，2005.

徐复观. 学术与政治之间［M］. 北京：九州出版社，2013.

徐复观. 两汉思想史［M］. 北京：九州出版社，2013.

徐复观. 儒家思想与现代社会［M］. 北京：九州出版社，2014.

程树德. 论语集释［M］. 北京：中华书局，1990.

崔述. 崔东壁遗书［M］. 顾颉刚，编订. 上海：上海古籍出版社，2013.

改琦. 孔子圣迹图选［M］. 福州：福建美术出版社，2004.

李长之. 孔子的故事［M］. 南昌：二十一世纪出版社，2011.

李长之. 司马迁之人格与风格［M］. 北京：读书·生活·新知三联书店，1984.

李长之. 迎中国的文艺复兴［M］. 北京：商务印书馆，2013.

潘光旦. 中国近代思想家文库·潘光旦卷［M］. 北京：中国人民大学出版社，2015.

张其昀. 孔学今义［M］. 北京：北京大学出版社，2009.

刘梦溪. 中国文化的张力：传统解故［M］. 北京：中信出版社，2019.

李敬泽. 咏而归［M］. 北京：中信出版社，2017.

左克厚，刘思言. 论语旧注今读［M］. 北京：九州出版社，2013.

邓志峰. 王道复兴与晚明师道复兴运动［M］. 上海：复旦大学出版社，2020.

彭春凌. 儒学转型与文化新命：以康有为、章太炎为中心：1898—1927［M］. 北京：北京大学出版社，2014

顾宏义，戴扬本，等. 历代四书序跋题记资料汇编［M］. 上海：上海古籍出版社，2010.

萧延中. 中国思维的根系［M］. 北京：中央编译出版社，2020.

李零. 我们的经典［M］//去圣乃得真孔子：《论语》纵横谈. 北京：生活·读书·新知三联书店，2014.

李亮. 古代兴衰：授时历与大统历［M］. 郑州：中州古籍出版社，2016.

杨美惠. 礼物、关系学与国家：中国人际关系与主体性建构［M］. 赵旭东，孙珉，译. 南京：江苏人民出版社，2009.

薛涌. 学而时习之［M］. 北京：新星出版社，2007.

周赟. 中国礼仪文化［M］. 北京：中华书局，2019.

张文江. 史记太史公自序讲记（外一篇）［M］. 上海：上海文艺出版社，2015.

张灏. 幽暗意识与民主传统［M］. 成都：四川教育出版社，2013.

熊十力. 原儒［M］. 上海：上海古籍出版社，2019.

陈来. 宋明理学［M］. 北京：生活·读书·新知三联书店，2011.

陈来. 仁学本体论［M］. 北京：生活·读书·新知三联书店，2014.

陈少明. 经典世界的人、事、物［M］. 上海：上海三联书店，2008.

陈少明. 思史之间：《论语》的观念史释读［M］. 上海：上海三联书店，2009.

陈少明. 做中国哲学［M］. 北京：生活·读书·新知三联书店，2015.

杨义. 论语还原［M］. 北京：中华书局，2015.

叶舒宪，萧兵.《论语》：大传统视野的新认识［M］. 武汉：湖北人民出版社，2020.

林存光. 孔子新论［M］. 北京：人民出版社，2012.

王小盾. 经典之前的中国智慧［M］. 北京：北京大学出版社，2016.

刘萍.《论语》与近代日本［M］. 北京：中国青年出版社，2015.

孔安国，孔颖达. 尚书正义［M］. 上海：上海古籍出版社，2007.

礼记［M］. 胡平生，张萌，译注. 北京：中华书局，2017.

仪礼［M］. 彭林，译注. 北京：中华书局，2012.

周礼［M］. 吕友仁，李正辉，注译. 郑州：中州古籍出版社，2010.

尚书［M］. 王世舜，王翠叶，译注. 北京：中华书局，2012.

尚书译注［M］. 李民，王健，译注. 上海：上海古籍出版社，2012.

周易［M］. 杨天才，张善文，译注. 北京：中华书局，2011.

来知德. 周易集注［M］. 北京：九州出版社，2012.

程俊英. 诗经译注［M］. 上海：上海古籍出版社，2012.

荀子［M］. 方勇，李波，译注. 北京：中华书局，2015.

韩非子［M］. 高华平，等，译注. 北京：中华书局，2010.

列子［M］. 叶蓓卿，译注. 北京：中华书局，2011.

管子［M］. 李山，译注. 北京：中华书局，2016.

淮南子［M］. 陈广忠，译注. 北京：中华书局，2012.

扬雄. 法言［M］. 韩敬，译注. 北京：中华书局，2012.

桓宽. 盐铁论［M］. 陈桐生，译注. 北京：中华书局，2015.

皇侃. 论语义疏［M］. 高尚榘，校点. 北京：中华书局，2013.

老子［M］. 汤漳平，王朝华，译注. 北京：中华书局，2014.

庄子［M］. 方勇，译注. 北京：中华书局，2015.

左传［M］. 郭丹，等，译注. 北京：中华书局，2012.

王维堤，唐书文. 春秋公羊传译注［M］. 上海：上海古籍出版社，2004.

孟子［M］. 宁镇疆，注译. 郑州：中州古籍出版社，2013.

孟子［M］. 方勇，译注. 北京：中华书局，2015.

论语 大学 中庸［M］. 陈晓芬，徐儒宗，译注. 北京：中华书局，2011.

刘向，撰. 向宗鲁，校证. 说苑校证［M］. 北京：中华书局，1987.

韩婴，撰. 徐维遹，校释. 韩诗外传［M］. 北京：中华书局，1980.

黎靖德. 朱子语类［M］. 王星贤，点校. 北京：中华书局，1986.

苏轼. 论语说［M］//舒大刚，曾枣庄. 三苏全书：第三册. 北京：语文出版社，2001.

二程集［M］. 王孝鱼，点校. 北京：中华书局，2004.

陆九渊集［M］. 钟哲，点校. 北京：中华书局，1980.

周敦颐集［M］. 陈克明，点校. 北京：中华书局，1990.

张载集［M］. 章锡琛，点校. 北京：中华书局，1978.

黄宗羲. 明儒学案［M］. 沈芝盈，校点. 北京：中华书局，2008.

黄宗羲. 明夷待访录［M］. 段志强，译注. 北京：中华书局，2011.

吕氏春秋［M］. 陆玖，译注. 北京：中华书局，2011.

春秋繁露［M］. 张世亮，等，译注. 北京：中华书局，2012.

孔子家语［M］. 王国轩，王秀梅，译注. 北京：中华书局，2011.

杨朝明，宋立林. 孔子家语通解［M］. 济南：齐鲁书社，2013.

傅亚庶. 孔丛子校释 [M]. 北京：中华书局，2011.

郭沂，校注. 孔子集语校注：附补录 [M]. 北京：中华书局，2017.

吕留良. 四书讲义 [M]. 陈鏦，编. 俞国林，点校. 北京：中华书局，2017.

孙希旦. 礼记集解 [M]. 北京：中华书局，1989.

刘宝楠. 论语正义 [M]. 北京：中华书局，1990.

杨树达. 论语疏证 [M]. 上海：上海古籍出版，2006.

黄式三. 论语后案 [M]. 南京：凤凰出版社，2008.

李炳南. 论语讲要 [M]. 武汉：长江文艺出版社，2019.

苏轼文集 [M]. 茅维，编. 孔凡礼，点校. 北京：中华书局，1986.

孙承泽. 春明梦余录 [M]. 王剑英，点校. 北京：北京出版社，2018.

陈宏谋. 五种遗规 [M]. 北京：中国华侨出版社，2012.

吕坤. 呻吟语 [M]. 上海：上海古籍出版社，2000.

章学诚. 文史通义 [M]. 罗炳良，译注. 北京：中华书局，2012.

薛瑄. 读书录 读书续录 [M]. 上海：复旦大学出版社，2018.

陈建. 陈建著作二种 [M]. 黎业明，点校. 上海：上海古籍出版社，2015.

蔡东潘. 中国历代通俗演义 [M]. 北京：北京燕山出版社，2007.

唐宋文举要 [M]. 高步瀛，笺释. 陈廷烨，整理. 武汉：崇文书局，2019.

朱维铮. 壶里春秋 [M]. 北京：中信出版社，2018.

朱维铮. 朱维铮史学史论集 [M]. 上海：复旦大学出版社，2015.

江文也. 孔子的乐论 [M]. 杨儒宾，译. 上海：华东师范大学出版社，2007.

甘怀真. 皇权、礼仪与经典诠释：中国古代政治史研究 [M]. 上海：华东师范大学出版社，2008.

干春松. 制度化儒家及其解体 [M]. 北京：中国人民大学出版社，2012.

干春松. 儒学小史 [M]. 上海：上海人民出版社，2019.

张涛. 孔子在美国：1849年以来孔子在美国报纸上的形象变迁 [M]. 北京：北京大学出版社，2011.

邢千里. 中国历代孔子图像演变研究 [M]. 济南：山东大学出版社，2013.

邢义田. 画外之意：汉代孔子见老子画像研究 [M]. 北京：生活·读

书·新知三联书店，2020.

刘小枫. 拯救与逍遥［M］. 上海：华东师范大学出版社，2011.

刘小枫. 儒教与民族国家［M］. 北京：华夏出版社，2015.

金耀基. 中国文明的现代转型［M］. 广州：广东人民出版社，2016.

金景芳，吕绍刚，吕文郁. 孔子新传［M］. 北京：新世界出版社，2020.

白平. 孔子传［M］. 北京：求真出版社，2012.

林语堂. 孔子的智慧［M］. 黄嘉德，译. 长沙：湖南文艺出版社，2016.

林语堂. 生活的艺术［M］. 越裔，译. 长沙：湖南文艺出版社，2018.

张宏杰. 中国国民性演变历程［M］. 长沙：湖南人民出版社，2013.

王寿南. 中国历代思想家［M］. 北京：九州出版社，2011.

蔡尚思. 十家论孔［M］. 上海：上海人民出版社，2007.

李渊庭，阎秉华. 梁漱溟先生讲孔孟［M］. 上海：上海三联书店，2008.

李泽厚. 中国古代思想史论［M］. 北京：生活·读书·新知三联书店，2008.

韩星. 走进孔子：孔子思想的体系、命运与价值［M］. 福州：福建教育出版社，2017.

张怀帆. 微说论语［M］. 北京：电子工业出版社，2013.

唐翼明. 论语新诠［M］. 长沙：岳麓书社，2016.

论语.［M］. 唐翼明，诠解. 北京：作家出版社，2018.

高尚榘. 论语歧解辑录［M］. 北京：中华书局，2011.

崔栢滔. 论语大义［M］. 北京：中央编译出版社，2011.

张祥龙. 从现象学到孔夫子［M］. 北京：商务印书馆，2011.

张祥龙. 拒秦兴汉和应对佛教的儒家哲学：从董仲舒到陆象山［M］. 桂林：广西师范大学出版社，2012.

陈桐生.《论语》十论［M］. 广州：暨南大学出版社，2012.

陈桐生. 巡礼战国文人心态［M］. 北京：人民出版社，2016.

陈桐生.《史记》与诸子百家之学［M］. 合肥：安徽大学出版社，2006.

梁涛. 新四书与新儒学［M］. 北京：中国人民大学出版社，2020.

周行己. 周行己集：外一种［M］. 陈小平，点校. 杭州：浙江古籍出版社，2013.

王阳明，撰. 邓艾民，注. 传习录注疏［M］. 上海：上海古籍出版社，

2015.

张岱. 四书遇 [M]. 朱宏达, 点校. 杭州：浙江古籍出版社, 2017.

王夫之. 读四书大全说 [M]. 北京：中华书局, 1975.

陆陇其. 松阳讲义 [M]. 周军, 彭善德, 彭忠德, 校注. 北京：华夏出版社, 2013.

陈澧. 东塾读书记：外一种 [M]. 杨志刚, 编校. 上海：中西书局, 2012.

陈澧. 东塾读书记 [M]. 北京：朝华出版社, 2017.

石成金. 传家宝 [M]. 北京：线装书局, 2008.

王国维. 王国维文集 [M]. 北京：中国文史出版社, 1997.

李元度. 天岳山馆文钞 诗存 [M]. 王澧华, 校点. 长沙：岳麓书社, 2009.

梁启超. 梁启超全集 [M]. 汤志军, 汤仁泽, 编. 北京：中国人民大学出版社, 2018.

胡适. 中国哲学史大纲 [M]. 长沙：岳麓书社, 2009.

张东荪. 思想与社会 [M]. 长沙：岳麓书社, 2010.

侯外庐. 中国古代思想学说史 [M]. 长沙：岳麓书社, 2010.

陈焕章. 孔门理财学 [M]. 北京：商务印书馆, 2015.

马一浮. 泰和宜山会语 法数勾玄 [M]. 武汉：崇文书局, 2019.

朱自清. 经典常谈 [M]. 长沙：岳麓书社, 2010.

许地山. 国粹与国学 [M]. 长沙：岳麓书社, 2011.

雷海宗. 中国文化与中国的兵 [M]. 长沙：岳麓书社, 2010.

贺麟. 文化与人生 [M]. 北京：商务印书馆, 2002.

翦伯赞. 司马迁和他的历史学 [M]. 北京：人民出版社, 2019.

金克木. 书读完了 [M]. 黄德海, 编. 上海：上海文艺出版社, 2017.

余英时. 论戴震与章学诚：清代中期学术思想史研究 [M]. 北京：生活·读书·新知三联书店, 2012.

余英时. 现代儒学的回顾与展望 [M]. 北京：生活·读书·新知三联书店, 2012.

余英时. 论天人之际：中国古代思想起源试探 [M]. 台北：联经出版事业股份有限公司, 2014.

郭沂. 开新：当代儒学理论创构 [M]. 北京：北京大学出版社, 2013.

文史哲编辑部. 儒学：历史、思想与信仰 [M]. 北京：商务印书馆, 2011.

姚中秋.《论语》大义浅说［M］.北京：中国友谊出版公司，2016.

卢雪崑.复兴孔子 继往开来：你需要的哲学与思维训练［M］.桂林：广西师范大学出版社，2015.

薛仁明.孔子随喜［M］.北京：新星出版社，2013.

张锐锋.别人的宫殿：六十二双眼睛中的孔子［M］.北京：昆仑出版社，1998.

顾涛.中国的射礼［M］.南京：南京大学出版社，2013.

杨世文.近百年儒学文献研究史［M］.福州：福建人民出版社，2015.

唐代兴，唐梵凌.《论语》思想学说导论［M］.上海：上海三联书店，2019.

陈明.儒者之维［M］.北京：北京大学出版社，2004.

俞吾金.新十批判书［M］.北京：商务印书馆，2018.

张千帆.为了人的尊严：中国古典政治哲学批判与重构［M］.北京：中国民主法制出版社，2012.

张卫波.民国初期尊孔思潮研究［M］.北京：人民出版社，2006.

苏力.大国宪制：历史中国的制度构成［M］.北京：北京大学出版社，2018.

马勇.中国儒学三千年［M］.贵阳：孔学堂书局，2021.

谁来教育老师：《普罗泰戈拉》发微［M］.刘小枫，编.蒋鹏，译.李向利，校.北京：华夏出版社，2015.

盛洪.儒学的经济学解释［M］.北京：中国经济出版社，2016.

任剑涛.当经典成为经典：现代儒学的型变［M］.北京：社会科学文献出版社，2018.

唐明贵.论语学史［M］.中国社会科学出版社，2009.

中国孔子研究基金会.《孔子研究》精华［M］.济南：齐鲁书社，2016.

王中江，李存山.中国儒学：第8辑［M］.北京：社会科学文献出版社，2013.

李山.永不妥协的生命：孔子的一生［M］.南昌：江西人民出版社，2013.

许子滨.礼制语境与经典诠释［M］.上海：上海古籍出版社，2018.

房延军.平视孔夫子［M］.南京：凤凰出版社，2013.

钱宁.《论语》纲要：从道理到定理［M］.北京：生活·读书·新知三联书店，2019.

费勇. 如琢如磨：《论语》心读[M]. 广州：广东经济出版社，1998.

费勇. 人生真不如陶渊明那一杯酒[M]. 杭州：浙江文艺出版社，2017.

袁行霈. 陶渊明集笺注[M]. 北京：中华书局，2011.

梁家荣. 仁礼之辨：孔子之道的再释与重估[M]. 北京：北京大学出版社，2010.

彭林. 中国古代礼仪文明[M]. 北京：中华书局，2013.

孙隆基. 中国文化的深层结构[M]. 北京：中信出版社，2015.

金观涛，刘青峰. 兴盛与危机：论中国社会超稳定结构[M]. 北京：法律出版社，2010.

金观涛，刘青峰. 开放中的变迁：再论中国社会超稳定结构[M]. 北京：法律出版社，2010.

郑永年. 中国的文明复兴[M]. 北京：东方出版社，2018.

郑永年. 中国的当下与未来[M]. 北京：中信出版社，2019.

刘叙杰. 中国古代建筑史：卷1：原始社会、夏、商、周、秦、汉建筑[M]. 北京：中国建筑工业出版社，2009.

王健文. 流浪的君子：孔子的最后二十年[M]. 北京：生活·读书·新知三联书店，2008.

刀尔登. 鸢回头[M]. 太原：山西人民出版社，2020.

黄煌. "无为"与"治道"：后儒学视域的"无为"[M]. 武汉：华中师范大学出版社，2015.

北京大学，等. 中国现代文学史参考资料：独幕剧选：第一册[M]. 上海：上海教育出版社，1979.

清华大学国学研究院. 后革命时代的中国[M]. 德里克，主讲. 上海：上海人民出版社，2015.

塞缪尔·亨廷顿，劳伦斯·哈里森. 文化的重要作用：价值观如何影响人类进步[M]. 程克雄，译. 北京：新华出版社，2010.

柏拉图. 理想国[M]. 郭斌和，张竹明，译. 北京：商务印书馆，1986.

亚里士多德. 政治学[M]. 吴寿彭，译. 北京：商务印书馆，1965.

亚里士多德. 尼各马可伦理学[M]. 廖申白，译. 北京：商务印书馆，2003.

丹尼尔·贝尔. 资本主义文化矛盾[M]. 赵一凡，等，译. 北京：生活·读书·新知三联书店，1989.

约瑟夫·列文森. 儒教中国及其现代命运［M］. 郑大华，任菁，译. 桂林：广西师范大学出版社，2009.

顾立雅. 孔子与中国之道（修订版）［M］. 高专诚，译. 郑州：大象出版社，2014.

倪培民. 孔子：人能弘道［M］. 李子华，译. 上海：上海人民出版社，2013.

倪培民. 孔子：人能弘道（修订珍藏本）［M］. 李子华，译. 北京：世界图书出版公司北京分公司，2020.

金安平. 孔子：喧嚣时代的孤独哲人［M］. 黄煜文，译. 桂林：广西师范大学出版社，2011.

金安平. 论语英译及评注［M］. 鄢秀，译. 桂林：广西师范大学出版社，2019.

夏含夷. 孔子之前：中国经典诞生的研究［M］. 黄圣松，等，译. 上海：中西书局，2019.

赫伯特·芬格莱特. 孔子：即凡而圣［M］. 彭国翔，张华，等，译. 南京：江苏人民出版社，2010.

倪德卫，万白安. 儒家之道：中国哲学之探讨［M］. 周炽成，译. 南京：江苏人民出版社，2006.

史景迁. 雍正王朝之大义觉迷［M］. 温洽溢，吴家恒，译. 桂林：广西师范大学出版社，2011.

史景迁. 康熙：重构一位中国皇帝的内心世界［M］. 温洽溢，译. 桂林：广西师范大学出版社，2011.

魏斐德. 中华帝国的衰落［M］. 梅静，译. 北京：民主与建设出版社，2017.

魏定熙. 权力源自地位：北京大学、知识分子与中国政治文化，1898—1929［M］. 张蒙，译. 南京：江苏人民出版社，2015.

费正清. 中国：传统与变革［M］. 赖肖尔，陈仲丹，译. 江苏人民出版社，2012.

狄百瑞. 儒家的困境［M］. 黄水婴，译. 北京：北京大学出版社，2009.

狄百瑞. 中国的自由传统［M］. 北京：中华书局，2016.

杜维明. 体知儒学：儒家当代价值的九次对话［M］. 杭州：浙江大学出版社，2012.

杜维明. 中庸：论儒学的宗教性［M］. 北京：生活·读书·新知三联

书店，2013．

杜维明．青年王阳明：行动中的儒家思想［M］．北京：生活·读书·新知三联书店，2013．

罗伯特·所罗门，凯思林·希金斯．大问题：简明哲学导论［M］．张卜天，译．桂林：广西师范大学出版社，2014．

郝大维，安乐哲．汉哲学思维的文化深渊［M］．施忠连，译．南京：江苏人民出版社，1999．

郝大维，安乐哲．先贤的民主：杜威、孔子与中国民主之希望［M］．何刚强，译．南京：江苏人民出版社，2010．

安乐哲．儒家角色伦理学：一套特色伦理学词汇［M］．孟巍隆，译．田辰山，等，校译．济南：山东人民出版社，2017．

罗思文．莫把《论语》作书读［M］．何金俐，译．北京：北京大学出版社，2020．

包弼德．历史上的儒学［M］．王昌伟，译．杭州：浙江大学出版社，2009．

迈克尔·普鸣，克里斯蒂娜·格罗斯–洛．哈佛中国哲学课［M］．胡洋，译．北京：中信出版社，2017．

亨利·基辛格．论中国［M］．胡利平，等，译．北京：中信出版社，2015．

安靖如．当代儒学政治哲学：进步儒学发凡［M］．韩华，译．南昌：江西人民出版社，2015．

安靖如．圣境：宋明理学的当代意义［M］．吴万伟，译．北京：中国社会科学出版社，2017．

戴梅可，魏伟森．幻化之龙：两千年中国历史变迁中的孔子［M］．何剑叶，译．西安：陕西人民出版社，2019．

易劳逸．家族、土地与祖先：近世中国四百年社会经济的常与变［M］．苑杰，译．重庆：重庆出版社，2019．

阿尔伯特·克雷格．哈佛极简中国史：从文明起源到20世纪［M］．北京：中信出版社，2019．

肯尼思·J．格根．关系性存在：超越自我与共同体［M］．杨莉萍，译．上海：上海教育出版社，2017．

乔纳森·朴赖斯．孔子之路［M］．陈东生，陈晨，译．济南：齐鲁书社，2012．

伊藤维桢．论语古义［M］．京都：京师书坊，日本正德二年（1712）．

加地伸行. 论儒教［M］. 于时化, 译. 济南：齐鲁书社, 2000.

加地伸行. 论语之心［M］. 林秋雯, 译. 长沙：湖南人民出版社, 2021.

白川静. 孔子传［M］. 吴守钢, 译. 北京：人民出版社, 2014.

福泽谕吉. 劝学篇［M］. 群力, 译. 东尔, 校. 北京：商务印书馆, 2010.

子安宣邦. 孔子的学问［M］. 吴燕, 译. 北京：生活·读书·新知三联书店, 2017.

沟口雄三. 中国的历史脉动［M］. 乔志航, 等, 译. 北京：生活·读书·新知三联书店, 2014.

陈舜臣. 论语抄［M］. 蒋剑波, 译. 北京：中国画报出版社, 2021.

陈舜臣. 茶事遍路［M］. 余晓潮, 龙利方, 译. 桂林：广西师范大学出版社, 2009.

家井真.《诗经》原意研究［M］. 陆越, 译. 南京：江苏人民出版社, 2015.

涩泽荣一. 论语与算盘［M］. 金贝, 译. 北京：九州出版社, 2012.

津田左右吉. 论语与孔子思想［M］. 曹惠景, 译注. 台北：联经出版公司, 2015.

津田左右吉. 儒道两家关系论［M］. 李继煌, 译. 太原：山西人民出版社, 2015.

宇野哲人. 孔子［M］. 陈彬和, 译. 太原：山西人民出版社, 2015.

宇野哲人. 论语读本［M］. 刘栋, 译. 北京：北京联合出版公司, 2020.

北村泽吉. 儒学概论［M］. 太原：山西人民出版社, 2015.

五来欣造. 儒教政治哲学［M］. 胡朴安, 郑啸厓, 译. 太原：山西人民出版社, 2015.

松平赖宽. 论语征集览［M］. 上海：上海古籍出版社, 2017.

三野象麓. 论语象义［M］. 上海：上海古籍出版社, 2017.

山本日下. 论语私考［M］. 上海：上海古籍出版社, 2017.

井上靖. 孔子［M］. 刘慕沙, 译. 北京：北京十月文艺出版社, 2014.

下村湖人. 论语故事（论语物语）［M］. 傅怡, 译. 北京：中国文史出版社, 2014.

长与善郎. 康熙大帝［M］. 张靖晗, 译. 北京：海豚出版社, 2016.

白取春彦. 好语录的安慰［M］. 陈冠贵, 译. 台北：日出, 2014.

中岛敦. 山月记［M］. 杨晓钟，等，译. 西安：陕西人民出版社，2018.

和辻哲郎. 孔子［M］. 刘幸，译. 上海：上海古籍出版社，2021.

海德格尔. 荷尔德林诗的阐释［M］. 孙周兴，译. 北京：商务印书馆，2000.

马克斯·韦伯. 新教伦理与资本主义精神［M］. 马奇炎，陈婧，译. 北京：北京大学出版社，2012.

马克斯·韦伯. 儒教与道教［M］. 悦文，译. 西安：陕西师范大学出版社，2000.

雅斯贝尔斯. 大哲学家［M］. 李雪涛，等，译. 北京：社会科学文献出版社，2012.

奥尔特加·伊·加塞特. 堂吉诃德沉思录［M］. 王军，蔡潇洁，译. 北京：商务印书馆，2021.

奥尔特加·加塞特. 大众的反叛［M］. 刘训练，佟德志，译. 太原：山西人民出版社，2020.

何塞·奥尔特加·伊·加塞特. 没有主心骨的西班牙［M］. 赵德明，译. 桂林：漓江出版社，2015.

奥尔特加·加塞特. 大学的使命［M］. 徐小洲，陈军，译. 杭州：浙江教育出版社，2001.

何塞·奥尔特加－加赛特. 哲学是什么［M］. 谢伯让，高慧涵，译. 北京：电子工业出版社，2013.

巴尔塔沙·葛拉西安. 内心需要照耀［M］. 李汉昭，译. 北京：九州出版社，2013.

姜莹基. 孔子，那久远的未来之路［M］. 强恩芳，等，译. 北京：北京大学出版社，2014.

胡司德. 古代中国的动物与灵异［M］. 蓝旭，译. 南京：江苏人民出版社，2015.

希伦达·拉尔夫·刘易斯. 君主制的历史［M］. 荣予，方力维，译. 北京：生活·读书·新知三联书店，2016.

特里·伊格尔顿. 论文化［M］. 张舒语，译. 北京：中信出版社，2018.

程艾蓝. 中国思想史［M］. 冬一，戎恒颖，译. 郑州：河南大学出版社，2018.

黄基明. 王赓武谈世界史：欧亚大陆与三大文明［M］. 刘怀昭，译.

北京：当代世界出版社，2020.

贾瓦哈拉尔·尼赫鲁. 尼赫鲁世界史［M］. 梁本斌，等，译. 北京：中信出版社，2016.

柏应理，等. 中国哲学家孔夫子［M］. 汪聂才，齐飞智，等，译. 郑州：大象出版社，2021.

李明. 中国近事报道（1687—1692）［M］. 郑州：大象出版社，2004.

庄士敦. 儒学与近代中国［M］. 潘崇，崔萌，译. 李宪堂，审校. 天津：天津人民出版社，2010.

庄士敦. 狮龙共舞：一个英国人笔下的威海卫与中国传统文化［M］. 刘本森，译. 威海市博物馆，郭大松，校. 南京：江苏人民出版社，2014.

魏斐德. 讲述中国历史［M］. 梁禾，主编. 长沙：岳麓书社，2022.

休斯顿·史密斯. 人的宗教［M］. 刘安云，译. 刘述先，校订. 海口：海南出版社，2013.

罗思文，安乐哲. 儒家角色伦理：21 世纪道德视野［M］. 吕伟，译. 王秋，校. 杭州：浙江大学出版社，2020.

安乐哲. "生生"的中国哲学：安乐哲学术思想选集［M］. 田辰山，温海明，等，译. 北京：人民出版社，2021.

墨子刻. 摆脱困境：新儒学与中国政治文化的演进［M］. 颜世安，高华，黄东兰，译. 南京：江苏人民出版社，1996.

周启荣. 清代儒家礼教主义的兴起：以伦理道德、儒学经典和宗族为切入点的考察［M］. 毛立坤，译. 天津：天津人民出版社，2017.

罗丽莎. 儒学与女性［M］. 丁佳伟，曹秀娟，译. 南京：江苏人民出版社，2015.

迈克尔·舒曼. 孔子改变世界［M］. 路大虎，赵良峰，译. 北京：中国青年出版社，2020.

高木智见. 先秦社会与思想：试论中国文化的核心［M］. 何晓毅，译，上海：上海古籍出版社，2011.

藤塚邻，高田真治. 近代日本《论语》研究选译［M］. 陈东，译. 北京：线装书局，2021.

宫崎市定. 宫崎市定读《论语》［M］. 王新新，等，译. 桂林：广西师范大学出版社，2019.

赵吉惠，郭厚安. 中国儒学辞典［M］. 沈阳：辽宁人民出版社，1988.

孔范今，桑思奋，孔祥林. 孔子文化大典［M］. 北京：中国书店，1994.

张岱年. 中国哲学大辞典 [M]. 上海：上海辞书出版社，2014.

张立文. 朱熹大辞典 [M]. 上海：上海辞书出版社，2013.

董玉整. 中国理学大辞典 [M]. 广州：暨南大学出版社，1995.

夏乃儒. 孔子辞典 [M]. 上海：上海辞书出版社，2008.

D. C. Lau. The Analects [M]. London：Penguin Group，1979.

Chichung Huang. The Analects of Confucius（Lun Yu）[M]. New York：Oxford University Press，1997.

Simon Leys. The Analects of Confucius [M]. New York：W. W. Norton Company，1997.

James Legge. The Confucian Analects [M]. Dover：Dover Publications，2013.

Zhou Chuncai. The Illustrated Book of Confucius [M]. Beijing：New World Press，2013.

E. Bruce Brooks（白牧之），A. Taeko Brooks（白妙子）. The Original Analects：Sayings of Confucius and His Successors（论语辨）[M]. New York：Columbia University Press，2001.

Lu Wensheng，Julia K. Murray. Confucius：His Life and Legacy in Art [M]. New York：Chinese Institute，2010.

Amy Olberding. Moral Exemplars in the Analects：The Good Person is That [M]. New York：Routledge. 2012.

后　　记

　　每过十年，江湖上各大武林门派的掌门人都会收到"侠客岛"发布的"赏善罚恶令"，被邀请前往喝"腊八粥"，可是应邀之人都是有去无回，杳无音讯……多年以后，谜底才被揭开：这些人并未遇害，而是因为沉迷于破解岛上留下的武功绝学《太玄经》图谱而乐不思蜀，流连忘返……

　　这正是金庸先生武侠小说《侠客行》中的故事。我觉得这个故事正好可以譬喻关于《论语》的阐释和接受：《论语》恰似一部意蕴不尽的武功图谱，所有见识过它真面目的人，都会因为自己的解读而练就自己的独门"功夫"；因之，围绕《论语》的相关注疏则蕴积为一个海上之岛，它在江湖之外，构建了一个另类的令人着魔的世界（侠客岛也是一种江湖，只是这江湖有着理想和情义在）；因为种种历史原因，一部分人对《论语》的认知，大概就像江湖上对待侠客岛上之腊八粥的态度——虽然它本是珍馐美味，但因为种种传闻和误会而被认为是穿肠毒药，因此令人闻风丧胆，谈粥色变。而实际上，食用它的人却大有裨益、无不受用。

　　而我却因机缘巧合到"岛上"来闲逛，不期然窥见了《论语》之精妙，并因此极力邀请别人也赶紧来品尝"腊八粥"。所以撰写这部《笔耕论语》，作为邀约，以引导更多的读者岛上一游。

　　对于《论语》之种种，前人之述备矣，我谨借金庸先生的精彩故事来寓托我撰写此书的心意。

　　刚接触到这部《解义》原始材料，只是想着做一下比较准确的标点和译注，然后快速成书，却未曾想在具体开展的过程中，发现《解义》内蕴是如此丰厚，足让我"仰之弥高，钻之弥坚"，一发不可收拾，"工期"因此延展了十数倍之多。好不容易熬到完成初稿，开始整理参考书目，本以为这会是一个比较轻快的抄写过程，却未曾想这反倒是最艰难的时刻。因为在此过程中，又要将它们一一翻开来查对，此时才发现自己竟还有那么多的材料未及查阅或审详，欠账实在太多，因而只能投入更多时间和精力来深入复习和重读，尽最大可能吸收借鉴他人成果。所以这本书对我来说，与其说是一个编纂写作的过程，不妨说是一个学思互动的过程，因此称本书为一部学习笔记亦未为不可。

　　同时，这些书目也寄托着我个人重塑《论语》阐释方法的"野心"，即回归文本，汇聚众说，熔为一炉，铸成新知。具体来说，就是以《日讲论语解义》这部珍贵的注疏版本为载体，使古今中外各种注解和阐释在这里再次碰撞，以期生成一部现代版的《论语集释》。当然，在信息提取高度便捷的今天，这种"集释"方式显然再也无法造就程树德先生那样的鸿篇巨制，因为既无可能全面整理，也无必要搜罗抄写。其实现代形态的《论语》注释，除了源源不断的各类传统译注形式的版本外，更多的则是已然融入各类文本当中，以更加分散的形态分布，虽然不再那么集中，但或许更具阐释价值，特别是国内外诸多思想文化著作以及丰富的儒学研究成果，都为《论语》在现实语境或更为广阔的文化背景中的阐释和运用做出了十分有益的拓展和探索。吸收其中引用或注释《论语》的部分，在评析中加以引介，一方面能充实并光大《论语》文本的内涵，另一方面便于读者深度感知其于当代社会的价值和意义，使其对《论语》的接受更加便捷有效。既然《论语》在新时代仍不失为"轴心"思想之原力，要想使其"重光"，则必须做足这种融会贯通的功夫，才能打磨出新，让世人充分领受其本色的魅力；而若方法不对，则会造成某种程度的破坏，使其蒙尘而显得黯淡无光，复被"毒药"之名，岂不欲益反损，责莫大焉？这种阐释路径是我对《论语》及其读者的责任心使然，但无疑也是一项几乎无法完成的任务，我只能暂且抛出这样一个意向，并尽我所能而为之，此正如史迁所谓，"虽不能至，然心向往之"（《史记·孔子世家》）。其中诸多不足之处，诚望读者海涵。毕竟，孔门之学本就是"高山仰止，景行行止"（《诗经·小雅·车辖》），故"观于海者难为水，游于圣人之门者难为言"（《孟子·尽心上》），以本人识见之浅薄、学力之微弱，实难望其项背而不无缺憾。即使读者不能于本书内容有所得，也希望读者从书目之中有所涉猎，择其一二用心探研，自然开卷受益而不废江河。

  尽管整理出来的参考书目显得有些臃肿，而实际上相关阅读远不止如此，除了一部分图书未及列入外，还参考了大量的电子版古籍、学术论文和网络作品，因为篇幅所限，惜未能在此一一列举。在对书目梳理的过程中，我时常感喟曾有如此之多的学人呕心沥血来对《论语》进行注疏，或围绕《论语》展开批判，孜孜不倦，乐此不疲。而我也因"读其书，知其人"而感怀不已、欣羡有加。因此，列举书目于我而言，与其说是为了学术规范的需要，毋宁说是一种诚恳致敬的方式。我向如此众多之优秀的著作者学习，也因受他们激励而坚持书写。

  衷心感谢中山大学出版社的领导和编辑给予本书出版的大力支持！特别是王延红编辑，她曾经在微信朋友圈把编辑比喻成幼儿园的老师，要用心照料作者的"孩子",呈现出高度负责的工作态度和覃思专精的业务素养。而这本书很显然是我既粗且笨的"孩子",最终能够顺利"毕业",自然离不开编辑们的辛勤付出,我对此深表敬意和谢忱!

非常感谢张中鹏、林志鹏、孙海燕、胡庆亮、耿之矗等诸多亦师亦友的兄弟们,我正是在他们悉心的引导和热情鼓励下坚持完成了这本书。他们与我同龄,但都是饱学之博士、青年之才俊,学识见解远胜于我,我在与他们交往的过程中偷师了不少,所以我总是在与他们交往的时光里"偷着乐",并经常肆意推销这本书以不断讨教,虐坏了他们的耳朵。

对父母亲人之爱是我完成这部书的最大精神动力。《论语》是大爱之书,它让基于血缘的亲情得到了最为内在的回应和持续不断的升华,并因此将"笔耕"转化成为一种深沉而别致的表达方式——我希望借此研习成果寄托对他们的无尽爱意,充塞天地之间而与世流传。

华国栋
2021 年 3 月 3 日晚于广州